Shriman MAHĀBHĀRATAM

Part II

3. VANA PARVA

4. VIRĀTPARVA

WITH

Bharata Bhawadeepa By Nīalkaṇṭha.

NAG PUBLISHERS

11A/U.A. (POST OFFICE BUILDING) JAWAHAR NAGAR, DELHI-7.

This publication has been brought out with the financial assistance from the Govt. of India, Ministry of Human Resource Development.

(i) 11A/U.A. (POST OFFICE BUILDING), JAWAHAR NAGAR, DELHI-110 007

(ii) 8A/U.A.-3, JAWAHAR NAGAR, DELHI-110 007

(iii) JALALPUR MAFI (CHUNAR-MIRZAPUR) U.P.

ISBN-81-7081-184-8

I S B N : 81-7081-182-1 (7 Vols Set)

REPRINT

1988

PRICE Rs. 7 Vols. Set

PRINTED IN INDIA

Published by : NAG SHARAN SINGH FOR NAG PUBLISHERS
11A/U.A., Jawahar Nagar, Delhi-110 007 and Printed at New Gian Offset Printers
495. D.D.A. Complex, Shahzada Bagh Extn., Daya Basti, Delhi.

श्रीमन्महाभारतम्

द्वितीय खण्ड

३. वनपर्व

४. विराटपर्व

चतुर्धरवंशावतंसश्रीमन्नीलकण्ठविरचितभारतभावदीपाख्यटीकया समेतम् ।

नाग प्रकाशक
११ ए/यू. ए., जवाहर नगर, दिल्ली-७

नाग पब्लिशर्स

१. ११ए/यू. ए. (पोस्ट आफिस बिल्डिंग),
जवाहरनगर, दिल्ली ११०००७

२. ८ए/यू. ए. ३ जवाहरनगर दिल्ली ११०००७

३. जलालपुरमाफी (चुनार-मिर्जापुर) उ० प्र०

पुनर्मुद्रित
१९८८

नागशरण सिंह द्वारा नाग पब्लिशर्स, जवाहर नगर, दिल्ली-७ के लिए प्रकाशित तथा न्यू ज्ञान आफसेट प्रिंटर्स, ४९५ डी० डी० ए० कम्पलेक्स, शाहजादा बाग एक्सटेंशन, दयाबस्ती, दिल्ली-३५ द्वारा मुद्रित।

अथ श्रीमहाभारते सटीकं वनपर्व प्रारभ्यते

वनपर्व ३.
पांडव
ऋषि

वनपर्व ।

--३--

विषयानुक्रमणिका ।

अध्यायः विषयः पृष्ठम् ।

(१) अरण्यपर्व

१ कपटद्यूतजितानां पाण्डवानां
द्रौपद्या सहारण्यं प्रतिप्रस्थान-
म्—तेन दुर्योधनतिरस्कारपूर्वक
पौराणां पाण्डवैः सह वनं प्रति
गन्तुं प्रस्थानम्—युधिष्ठिरेणानु-
नयपूर्वकं तेषां पुनः पुरं प्रति
निवर्तनम्—जान्हवीतटगतवट-
मेत्य तत्रागतब्राह्मणकदम्बेन स-
ह रात्रियापनम्— १

२ पाण्डवैः सह मुनिगणस्य वनं
गन्तुमिच्छा—स्वस्य हृतसर्व-
स्वत्वमाकलयता युधिष्ठिरेण
भवतां पोषणमशक्यमिति नि-
वेद्य प्रतिनिवर्तनप्रार्थना-ब्राह्म-
णानां वयं स्वयमेवात्मभरणं
कृत्वा केवलं युष्मत्सहवासवां-
च्छयैव भवतां सार्धमागच्छाम
इति वाक्यं श्रुत्वा स्वस्याकिं-
चनत्वं विचिन्त्य युधिष्ठिरस्य
परिखेदः-विषीदन्तं युधिष्ठिरं
प्रति तच्छोकनिवर्तनाय शौनक-
कृतो ज्ञानोपदेशः—युधिष्ठिर-
शौनकसंवादः-अन्ततः शममा-
स्थाय तपसा द्विजानां भरणाय
सिद्धिमन्विच्छ इति शौनकेन
द्विजपोषणोपायनिदर्शनं च— १

३ युधिष्ठिरप्रार्थितेन पाण्डवपुरो-
हितेन धौम्येन सूर्याष्टोत्तरशत-
नामकथनम्-धौम्यप्रेरणया ब्राह्म-
णभरणाय युधिष्ठिरेण सूर्योपा-
सना—युधिष्ठिरकृता सूर्य-
स्तुतिः—स्तुतिप्रसन्नेन विव-
स्वता युधिष्ठिरायाक्षयस्थालिप्र-
दानम्—सूर्यदत्ताक्षयस्थाल्याऽ-
गणितद्विजपोषणे युधिष्ठिर-
शक्तिः—धौम्यपादवन्दनम्-द्वि-
जैः सह पाण्डवानां काम्यकवन-
गमनम्— ४

४ पाण्डववनवासतः पौरसंताप-
मालक्ष्य कार्यव्याकुलस्य धृत-
राष्ट्रस्य नीतिकुशलं विदुरं प्रति
पौरानुरंजनं केनोपायेन कार्य-
मिति प्रश्नः-पाण्डवानां पुना

राज्यस्थापनमेव मुख्यः प्रजारञ्जनोपाय इति विदुरेण कथनम्—तच्छ्रुत्वाऽयं पाण्डवपक्षपातीति साक्षित्य धृतराष्ट्रेण विदुरनिर्भत्सनम्—धृतराष्ट्रकृतापमानस्य विदुरस्याश्रयार्थं पाण्डवान् प्रति प्रस्थानम्— ६

५ विदुरस्य काम्यके पाण्डवसमागमः—तेन धृतराष्ट्रकृतनिर्भत्सनादिकथनपूर्वकं युधिष्ठिरं प्रति हितोपदेशः— ७

६ विदुरवियोगविषण्णेन धृतराष्ट्रेण कृतं विदुरानयनाय संजयप्रेषणम्—सञ्जयमुखात् धृतराष्ट्रसंदेशं श्रुत्वा विदुरस्य पुनर्धृतराष्ट्रं प्रत्यागमनम्—धृतराष्ट्रविदुरसंवादः— ७

७ विदुरस्य पुनरागमनेन खिन्नेन दुर्योधनेन कर्ण-शकुनि-दुःशासनैः सह पाण्डवविषय आलोचनम्-वनस्थान् पाण्डवान् हन्तुं कर्णानुमतिः—पाण्डववधार्थं दुर्योधनादीनां वनगमनाय प्रस्थानम्—तत्समालोच्य दिव्यचक्षुषा व्यासेन तेषां प्रतिषेधः— ८

८ व्यासेन धृतराष्ट्रं प्रति पाण्डवैः सह विरोधस्यानर्थमूलकत्वं प्रदर्श्य शमविधानकथनम्— ८

९ धृतराष्ट्रवचनात् तस्य पुत्रस्नेहं दुस्त्यजं ज्ञात्वा दृष्टांततया सुरभ्युपाख्यानकथनपूर्वकं कौरवाणां जीवितरक्षणाय पाण्डवैः सह शम एव विधेय इति भगवद्व्यासस्य धृतराष्ट्रं प्रत्युपदेशः— ९

१० धृतराष्ट्रेण दुर्योधनानुशासनं प्रार्थितेन व्यासेन तत्रागमिष्यन्तं महामुनिं मैत्रेयं प्रति तत्प्रार्थनाविधानपूर्वकं स्ववासं प्रति गमनम्—मैत्रेयागमनम्—तं प्रति धृतराष्ट्रप्रश्नः-दुर्योधनाय हितमुपदिशति मैत्रेये तमुपदेशं स्वोरुताडनपूर्वकं हास्यं कृत्वा अशृण्वति दुर्योधने भीमगदया तवोरुभेदो भवेदिति तं प्रति मैत्रेयशापः—पाण्डवपराक्रमकथनप्रसङ्गेन मैत्रेयेण भीमकृते किर्मीरवधे कथिते मैत्रेयं प्रति विस्तरेण किर्मीरवधविषये धृतराष्ट्रप्रश्नः—किर्मीरवधो विदुराच्छ्रोतव्य इत्युक्त्वा मैत्रेयस्य गमनम्— ९

(२) किर्मीरवधपर्व

११ मैत्रेयप्रेरितेन विदुरेण धृतराष्ट्राय भीमकृतकिर्मीरवधप्रकारनिरूपणम्—

रात्रौ वनं गच्छत्सु पाण्डवेषु मार्गं निरुध्य स्थितस्य किर्मीरस्य युधिष्ठिरेण संवादः। किर्मीरवधोद्यतमर्जुनं निवार्य वृकोदरस्य किर्मीरेण सह युद्धारंभः। द्वयोर्बाहुयुद्धप्रसङ्गे भ्रामणपूर्वकं भीमेन कृतः किर्मीरवधः— १०

(३) अर्जुनाभिगमनपर्व

१२ पाण्डवदर्शनार्थं भोजादिष्वागतेषु दुर्योधनादिमारणोद्यतस्य श्रीकृष्णस्यार्जुनेन कृतं तत्पूर्ववृत्तांतकथनपूर्वकं निवारणम्—कृष्णस्वरूपं वर्णयित्वा कृष्णाग्रे द्रौपद्या विलपनम्—द्रौपदीकृतं हिडिंबवधादिभीमपराक्रमवर्णनम्—स्वदुःखनिवेदनपूर्वकं विलपन्त्या द्रौपद्याः श्रीकृष्णेन सान्त्वनम्— ११

१३ युधिष्ठिरं प्रति त्वद्व्यसनस्य द्यूतकाले स्वकीयमानर्तेष्वसांनिध्यमेव कारणमित्यादिकथनपूर्वकं सान्त्वनं श्रीकृष्णेन— १५

शकेण चित्रसेनद्वारा तस्यास्तं प्रति यापनमः-अ६ वेपभूषादिकरणपूर्वकमर्जनस-सीपगतया तया स्वप्रार्थनां व्यथीं इतवते ऽर्जुनाय कुपितया क्रीवो भवेतिशापदानम्-चित्र-सेनादर्जुनस्योर्वशीशापवृत्तांत-श्रवणोत्तरमयं शापो भाव्यज्ञात-समयमात्रोपयोगितया भव-त्वितीन्द्रेण शापावसाने कथि-तेऽर्जुनस्य हर्षः-७७ शक्रेण स्वर्गमागतं लोमशं प्रति पार्थमहिमानुवर्णनपूर्वकं युधि-ष्टिराय तड्डतांतकथनप्रार्थना-पाण्डवान्प्रतीन्द्रसंदेशकथनार्थं लोमशस्य काम्यकवनगमनम् ४३ **४८** अर्जुनस्य पाश्रुपताद्यस्त्रलाभस्त-लोंकगमनादिवृत्तांतश्रवणेन

परिखिद्यता धृतराष्ट्रेण सञ्ज-

याग्रे स्वपुत्रान्प्रति परिशोच-

88

नम्-

अ९ सञ्जयधृतराष्ट्रसंवादः— ५० वैद्याम्पायनेन जनमेजयं प्रति पा-ण्डवानामरण्ये भोज्यवस्तुकथ-५१ सञ्जयेन धृतराष्ट्रं प्राति चारद्वा-रा श्रुतस्य पाण्डवदिदक्षया वनं गतानां कृष्णादीनां दुर्यो-धनादिवधप्राति**ज्ञादिप्रकारस्य** वृत्तान्तस्य कथनम्-४२ (६) नलोपाख्यानपर्व ५२ वैश्वास्पायनकथितोऽर्जुनराहित-तानां पाण्डवानां वृत्तान्तः--भी-मयुधिष्टिरयोरर्जुनमधिकृत्य संवा-दे प्रवृत्ते पाण्डवान् प्रत्यागतस्य वृहद्श्वस्य युधिष्ठिरेण संवादः-युधिष्ठिरं प्रति बृहद्श्वेन नलो-पाख्यानकथनोपक्रमः ४६ **५३** नलोपाच्यानारंभः--नलवर्णन-म-भीमराजादमयन्त्यत्पत्यादि-वर्णनम् । दमयन्त्यां समुत्कण्डि

तेन नलेन वने विहरत्स हंसेप्वे-कतमस्य ग्रहणम्-प्रतिक्रियाप्र-तिज्ञानेनाःमानं मोचितवता हंसेन नलगुणानुवर्णनेन दमयः न्त्या नले रागोत्पादनमः ४७ ५४ सखीद्वारा दमयन्तीविरहकार-णं ज्ञात्वा भीमराजेन कृतः ख-यंवरोद्योगः -- स्वर्ग गतेन नार-देनेंद्रादीन् प्रति दमयन्ती गुणान्-वर्णनपूर्वकं तत्स्वयंवरप्रवृत्ति-कथनम्-दमयन्तीस्वयंवरार्थमा-गच्छद्भिरिन्द्रादिभिः पथिदृष्ट-स्य नलस्य दमयन्तीदौत्येन व रणम्─ ५५ देवानां दौत्यमङ्गीकृत्य दमय-न्त्यय्रे गतस्य नलस्य दमयन्त्या सह संवादः-५६ नलदमयन्तीसंवादः-दमयन्ती-कथितमुपायं श्रुत्वा प्रत्याग-तस्य नलस्य देवसमीपे दमयन्ती-

वाक्यकथनम् ७७ स्वयंवरमण्डपे नृपादीनामा-गमनोत्तरमिन्द्राग्नियमवरुणैर्नल-सारूप्येण प्रवेशः-पञ्चनलदर्श-नेन मोहितया दमयन्त्या कृतां प्रार्थनां श्रुत्वा देवानां स्वस्वरूप-धारणम्-इन्द्रादिदेवानां प्रसा-देन दमयन्त्या नले वृते नलाय वरान् दत्वा देवेषु स्वर्ग गतेषु नुपादीनामपि स्वस्वनगरगम-नम्-विवाहानन्तरं स्वनगरं गत्वा दमयन्त्या सह विहरतो नलाइमयन्त्यां पुत्रकन्ययोह-त्पात्तः— ५८ दमयन्तीस्वयंवरानन्तरं दिवं गच्छतामिन्द्रादीनां मध्येमार्ग कालद्वापरयोर्टर्शनम्—देवैः स्वयंवरे दमयन्त्या नलवरणं निवेदिते द्वापरद्वितीयेन कालि-ना नलपराभवप्रतिज्ञानम्:- ५०

५९ कलिना कृतसंकेतेन पुष्करेणाहूतस्य पणपूर्वकं क्रीडतो नलस्य पराजयः—नलनिवारणार्थमागतानां पौरादीनां यत्नवैफल्येन निवृत्तिः- ५०

६० स्वयत्नवैफल्येन चिन्ताक्रान्तया दमयन्त्या कृतं वार्ष्णेयाख्यसूतद्वारा विदर्भान्प्रति स्वपुत्रकन्ययोः प्रेषणम्--वार्ष्णेयस्य विदर्भगृहे नलपुत्रकन्ययोः स्थापनपूर्वकमयोध्यायामृतुपर्णगृहे वासः- ५१

६१ द्यूते सर्वस्वापहारानन्तरं पुष्करवाक्येन कुपितस्यैकवस्त्रस्य दमयन्तीसहितस्य नलस्य पुरान्निर्गमनम्--दमयन्त्या सह वने वसता नलेन हिरण्यशकुनग्रहणार्थं तदुपर्याच्छादितं वस्त्रं गृहीत्वोत्पतितानां शकुनानां नलं प्रत्युक्तिः—नलदमयन्तीसंवादः— ५१

६२ एकवस्त्रावृतयोर्नलदमयन्त्यो रात्रौ सभाप्रवेशानन्तरं दमयन्त्यां निद्रितायामर्धवस्त्रखण्डनपूर्वकं वने दमयन्तीं त्यक्त्वा कलिप्रविष्टस्य नलस्य गमनम्— ५२

६३ निद्रातो व्युत्थाय विलापपूर्वकं वने चरन्त्या दमयन्त्या अजगरेण ग्रहणम्—अजगरग्रस्ताया दमयन्त्या विलापं श्रुत्वाऽऽगतेन वनचरेणाजगरस्य वधः--दमयन्त्या आत्मकामुकस्य तद्व्याधस्य स्वपातिव्रत्यमहिम्ना शापेन हननम्:- ५२

६४ वने विलापपूर्वकं भ्रमन्त्या दमयन्त्यास्तापसाश्रमप्रवेशः--अभिवादनपूर्वकं स्ववृत्तान्तं कथयित्वा विलपन्तीं दमयन्तीमाश्वासयतामृषीणामाश्रमसहितानामन्तर्धानम्—तेन विस्मितताया अनेकपर्वतादिदर्शनपूर्वकं भ्रमन्त्या दमयन्त्या कदाचिद्वणिक्समूहमध्ये प्रवेशः--वणिक्समीपे स्ववृत्तान्तं कथयित्वा दमयन्त्याः सार्थवाहेन संवादः- ५३

६५ दमयन्त्याः सार्थेन सह चेदिराजपुरं प्रति प्रस्थानम्-वनमध्ये सरस्तीरशायिनि सार्थे निशीथे पानीयपानागतयूथनिहतभूयिष्ठे दिष्ट्या दमयन्त्याः शेषीकारः-हतावशिष्टेन जनेन सह चेदिराजपुरं गताया दमयन्त्या राजमात्रा स्वान्तःपुराधिवासनम्— ५६

६६ दमयन्तीं त्यक्त्वाऽटव्यामटन्तं दावानलाक्रांतवनगतार्तनादश्रवणेन वह्निं प्रविशन्तं नलं प्रति वनवह्निवेष्टितेन कर्कोटकेनात्मपरिरक्षणप्रार्थना—कर्कोटकनागेन सह वह्नेर्निर्गत्य गच्छतो नलस्य दशमे पदे कर्कोटकेन दंशनेन वैरूप्यसंपादनम्—कर्कोटकेन सान्त्वनपूर्वकं निजस्वरूपाविष्करणेच्छायां स्वस्मरणेन पुनः पूर्वरूपप्राप्तिमुक्त्वा नलाय वासोयुगदानम्— ५७

६७ कर्कोटकनागवचनान्नलेनायोध्यायां बाहुक इति नाम्ना प्रविश्य ऋतुपर्णनृपसमीपमुपसर्पणम्—ऋतुपर्णेन तस्य सारथ्यकर्मणि योजना-दमयन्तीं स्मृत्वा विलपतो नलस्य जीवलेन संवादः— ५७

६८ भीमराजेन नलदमयन्त्यन्वेषणार्थं नानादिक्षु प्रेषितानां ब्राह्मणानां मध्यात् सुदेवनाम्ना विप्रेण चेदिराजगृहे दमयन्तीदर्शनम्--विप्रेण सह सबाष्पं भाषमाणां दमयन्तीं दृष्ट्वा राजमात्रा विप्रं प्रति दमयन्तीकुलशीलादिप्रश्नः-- ५८

७) तीर्थयात्रापर्व

दयोऽग्निसहिताः स्कन्दं ररखुः-१६२ २२७ ब्रहादिषु स्कदं परिवार्य स्थि-तेषु पेरावतारूढस्येन्द्रस्य स्क-न्दाजिघांसयाऽऽगमनम्-इन्द्रा-दीन् दृष्ट्या स्कन्दो विनदन्नाग्ने-ज्वालाः ससर्ज—ताभिराग्ने-ज्वालाभिर्दद्यमाना देवास्तं शरणं ययुः—इन्द्रत्यक्तवज्ञाहतात् स्क-न्ददक्षिणपार्थ्याद्विशाखः संब-भूव—स्कन्टाङ्गीतस्तमिन्दः श-रणं गतः—

२२८ इन्द्रवज्रप्रहाराष्ट्रत्यक्षाः स्कन्द-पारिषदाः कुमारा कुमार्यश्चा-द्यापि गर्भस्थानुत्पन्नाश्च वाल-कान् झन्ति—काक्यादि सप्त-मार्गणस्तद्वीर्यसम्भव एकः शिद्युश्छागवक्षत्रश्चेत्येवं नवको गणः—

२२९ श्रिया जुएं स्कन्दं भवा निन्द्रोऽस्तु इति ऋषय ऊहुस्तः सह इन्द्रेण

च संवादः कार्तिकेयस्य-इन्द्रवाक्यात्स्कन्देन सेनापति-त्वेंगीकृते स्कन्दस्य देवसहितंद्र-कृतः सेनापतित्वाभिषेकः-स्कन्दस्य रुद्रसुनुत्वाद्यत्पत्ति-कथनम् केतुस्थानेऽशिदत्त-कुकुराचलंकृतं स्कन्दं सह-स्रशो देवसनाः समाजग्मः-इन्द्रेण पूर्व केशिता मोचिताया देवसेनायास्तत्वेरणया स्कन्देन कृतं पाणिग्रहणम्— २३० पूर्वमृषित्यक्तानामागतानां प-ण्णामृपिपत्नीनां तत्प्रार्थनया मातृत्वेन स्कन्दकृतस्तत्परिग्रहः-रोहिणीज्येष्ठतास्पर्धया अभि-जिति स्वाधिकारं त्यक्तवा गते नक्षत्रसंख्यापूर्व्धिमन्द्र-प्रार्थनया षट्कत्तिकानामुपरि-गमनम् - ब्राह्मयादिस्पर्धया आ-गतानां विनतादिमातृणां त-

त्यार्थनया स्कंदकृतो मातृत्वेना-क्रीकारः-ताभिः स्कन्दस्य संवादः-विनतादीनां विशेष-संज्ञां गर्भहरणादि तत्कर्म, स्क-न्दप्रहविशेषाणां विनतादीनां शान्तयश्च-मनुष्याणां षोडश-वर्षादर्ध्वं ये ग्रहास्तेषां संज्ञा-कर्मादिकथनम् शिवभक्तानां त्रहपीडाभावकथनम्— १६४ २३१ आगतया स्वाह्या प्रार्थितस्य स्कन्दस्य तस्यै वरप्रदानादि-पितरं शिवं प्रति गन्तुं ब्रह्मणा प्रेरितस्य कुमारस्य महेश्वरं प्रति गमनम्-धनाद्यर्थिभिः स्क-न्दगणाः संद्या नमस्याश्चेति कथनम् - अभिषेकसमय आग-तस्य शिवस्याञ्चया सप्तममारुत-स्कन्धरक्षणाङ्गीकरणं स्कंदेन--कार्येषु मया त्वं द्रष्टस्य इत्युक्त्वा शिवन स्कंदविसर्जनम् स्कन्ट-

गमनोत्तरं देवदानवयोर्युद्धप्रसङ्ग देवेषु महिपासुरेण विमुखी-कृतेषु तत्रागत्य स्कंदेन शक्त्या कृतो महिपवधस्तत्वारिषदैश्च कृतो दानववधः-१६४ रप्रश्ने मार्कण्डेयकथितानि स्क-न्दनामानि तत्पाठफलं च-मार्कण्डेयकथितः स्कन्दस्तव-स्तत्पाठफलश्रुतिश्च— (१३) द्रौपदीसत्यभामासंवादपर्व २३३ एकत्र मिलिते द्वीपदसित्यभा-मे कुरुयदुकथा अकथयताम्-केन चरित्रेण पाण्डवेषु त्वं

वर्तसे, केन मंत्रादिना पाण्डवा-

स्त्वद्वरागा इत्यादि सत्यभामा

द्रौपदीं पप्रच्छ-मन्त्रादिना प-

तिवशीकरणादिकमसत्स्त्रीसमा-

चरणमनु पृच्छासि, नाहमसती,

येन पाण्डवा मद्भशावातिनस्तत्क-

दिति भीममुक्त्वा युधिष्ठिरो
दुर्योधनादिमोचनमनुजज्ञे—भ-
वन्तो दुर्योधनादिरथानारुह्य ता-
न्मोचयंत्विति युधिष्ठिराज्ञानं-
तरं तन्मोचनेऽर्जुनप्रतिज्ञा— २०३
२४४ युधिष्ठिरादिष्टांश्चतुरः पाण्डवा-
न् सज्जीभूयागतान्दृष्ट्वा युद्धार्थं
परावृत्यागतान्गन्धर्वान्प्रत्यर्जु-
नस्य दुर्योधनादिमोचनाज्ञा
तामनङ्गीकुर्वत्सु गन्धर्वेषु
दुर्योधनादिमोचनं प्रतिज्ञात-
वत्यर्जुने च चतुर्भिः पाण्डवैः
सह गन्धर्वाणां तुमुलं युद्धम्— २०४
२४५ अर्जुनेनेन्द्रजालाद्यस्त्रप्रहारेण
त्रासितान् गन्धर्वान्दृष्ट्वा गदाह-
स्तश्चित्रसेनोऽर्जुनमधावत्—अ-
र्जुनेन गदायां छिन्नायां चित्र-
सेनेन मुक्तानि दिव्यास्त्राण्यर्जु-
र्जुने दिव्यास्त्रैर्निवारयति चित्र-
सेनान्तर्धानम्—अन्तर्हितं चि-
त्रसेनं शब्दवेदिभिर्दिव्यास्त्रैस्ता-
डितवत्यर्जुने प्रियसखित्वेना-
त्मानं चित्रसेनो दर्शयामास—
अर्जुनोऽपि सखायं दृष्ट्वाऽस्त्राणि-
सञ्जहार—ततोऽर्जुनेनास्त्रोपसं-
संहारे कृते भीमादीनां युद्धोपरम-
पूर्वकं चित्रसेनेन सह संलापः— २०४
२४६ कौरवानिग्रहे त्वं कथं प्रवृत्त इत्य-
र्जुनेन पृष्टे पाण्डवान्प्रति स्वैश्वर्य-
प्रदर्शनार्थमागतं दुर्योधनं बद्ध्वाऽऽ
नयेतीन्द्राज्ञया आगतोऽहमे-
नं बद्ध्वा नेष्यामीत्याह स्म चित्र-
सेनः—मम भ्राताऽयं मुच्यता-
मित्यर्जुने वदति पापोऽयं न
मोचनार्ह इति चित्रसेनवाक्यम्–
ततो युधिष्ठिरसमीपागतेषु स-
र्वेषु युधिष्ठिरो दुर्योधनादीन्
मोचयित्वा गन्धर्वान्प्रशशंस—
युधिष्ठिरानुज्ञया गन्धर्वेषु ग-
तेषु 'साहसमेवं न कार्यम् । गृहं
गच्छ' इति युधिष्ठिरादिष्टस्य दु-
र्योनस्य स्वपुरं प्रति प्रस्थानम्— २०५
२४७ मानी दुर्योधनस्तथावमानितः
कथं स्वपुरं जगामेति जनमेजय-
प्रश्ने वैशम्पायनस्योत्तरम्—
मध्येमार्गं क्वचन रमणीये देशे
विश्राम्यन्तं दुर्योधनं प्रत्या-
गतेन गन्धर्वकृते दुर्योधनब-
न्धनमोचनेऽपरिजानता कर्णेन
भ्रमात्तस्य गन्धर्वजेतृत्वेन रू-
पेण प्रशंसनम्— २०५
२४८ दुर्योधनेन कर्णं प्रति युद्धे सा-
नुजस्य स्वस्य गन्धर्वैर्बन्धनस्य
युधिष्ठिरचोदनया भीमादिभि-
र्गन्धर्वाणां रणे पराजयस्य च
कथनम्— २०६
२४९ दुर्योधनेन कर्णं प्रति स्वबन्धन-
विषये चित्रसेनार्जुनसंवादप्रका-
रकथनपूर्वकं युधिष्ठिरात्स्वस्य
बन्धमोचनकथनम्—तथा प्रा-
योपवेशने निजाध्यवसायकथन-
पूर्वकं दुःशासनं प्रति राज्य-
पालनविधानम्—कर्णेन दुर्यो-
धनं प्रति प्रायोप्रवेशनान्निवर्तना-
य सान्त्वोक्तिः— २०७
२५० त्वद्विषयवासिभिस्त्वत्प्रजारूपैः
पाण्डवैः कृतं मोचनं न खेदावह-
मित्याद्युक्त्या कर्णकृतो दुर्योध-
नानुरञ्जनप्रयत्नः—बहुधा कर्णेन
सान्त्वितेनापि दुर्योधनेन प्रा-
योपवेशाध्यवसायादपरावर्त-
नम्— २०७
२५१ शकुनिना भ्रात्रादिभिश्च बोधि-
तोऽपि दुर्योधनस्तान्सर्वाननना-
दृत्य यथाविधि प्रायोपवेशं च-
कार—दुर्योधने प्रायोपविष्टे स्व-
पक्षक्षयं दृष्ट्वा दानवा अथर्ववेद-
प्रोक्तक्रियया कृत्यां निर्माय पा-
ताले दुर्योधनानयनाय तामादि
दिशुः—दानवैरादिष्टायाः कृ-
त्याया निमेषार्धेन दुर्योधनं गृ-
हीत्वा पातालगमनम्— २०७

२५२ पातालवासिभिर्दैत्यदानवैर्दुर्योधनं प्रति हेतूपन्यासपूर्वकं प्रायोपवेशानिश्चयान्निवर्तनम्—पुनः कृत्यया दुर्योधनस्य पूर्वस्थानं प्रत्यानयनम्—परेद्युः कर्णादिप्रार्थनया दुर्योधनेन सर्वैः सह स्वपुरं प्रत्यागमनम्— २०८

२५३ पाण्डवेषु वने वसत्सु धार्तराष्ट्राः किमकुर्वतेति जनमेजयप्रश्ने वैशम्पायनस्योत्तरम्—भीष्मे दुर्योधनभर्त्सनपूर्वकं संधिर्भवत्वित्युपदिशति दुर्योधनो विहस्य शकुनिना सह प्रतस्थे—तमनु कर्णादयो निर्जग्मुः—भीष्मोऽपि स्वगृहं विवेश—भीष्मगमनानन्तरं मन्त्रिभिर्मन्त्रयति दुर्योधनेऽहं पृथ्वीं जेष्यामीति प्रतिज्ञातवन्तं कर्णं दुर्योधनो दिग्विजयार्थं प्रस्थापयामास— २०९

२५४ दिग्विजयार्थं निर्गतः कर्णोऽखिला दिशो जित्वा हस्तिनापुरमाययौ—दुर्योधनेन कृतप्रशंसः कर्णो दिग्विजयसंपादितं धनं गृहीत्वा धृतराष्ट्रं प्रति जगाम स चालिंगनपूर्वकं तं व्यसर्जयत्— २०९

२५५ स्वस्य राजसूयकरणेच्छां प्रदर्शयंतं दुर्योधनं प्रति कर्ण आह स्म योग्यस्त्वमाह्वयस्व द्विजवरानिति—राजसूयकरणे प्रार्थितो दुर्योधनपुरोधास्तमब्रवीत् 'कृतराजसूये युधिष्ठिरे जीवति त्वत्कुलेऽन्यो राजसूयो न भविताऽतस्तत्तुल्यं विष्णुयागं कुरु' इति-ततो यज्ञभूमिसंस्कारार्थं लांगलादिकरणे शिल्पिन आज्ञापयामास दुर्योधनः— २१०

२५६ विदुरादिषु विष्णुयागप्रवृत्तं दुर्योधनं धृतराष्ट्राय निवेदयत्सु धृतराष्ट्रादीनां संतोषः—दुर्योधने निमन्त्रणाय दूतान् प्रेषयति सति दुःशासनः पाण्डवान्प्रति दूतं प्रेषयति स्म—दुःशासनप्रेषितो दूतो युधिष्ठिरवाक्यं भीमसेनवाक्यं च दुर्योधनाय न्यवेदयत्—धृतराष्ट्राज्ञया विदुरेण सत्कृतेषु ब्राह्मणादिषु दुर्योधनोऽपि ब्राह्मणादिसत्कारपूर्वकं पुरं गन्तुमियेष— २१०

२५७ बन्दिभिर्जनैश्च स्तूयमानो दुर्योधनः पितरौ भीष्मादींश्चाभिवन्द्य हास्तिनपुरं प्रविवेश—त्वामहं राजसूयेन योजयिष्यामीति दुर्योधनं प्रति कर्णे वदति सति कदेदं भविष्यतीत्युक्तवान्दुर्योधनः—अर्जुनवधविषये नियमपूर्वकं प्रतिज्ञां कुर्वति कर्णे धार्तराष्ट्राः पाण्डवाञ्जितान् मन्यमानाः स्वस्ववेश्मनि प्रविविशुः—पाण्डवा दूतमुखात्कर्णप्रतिज्ञां श्रुत्वोद्विग्नाः सन्तो द्वैतवनं त्यक्तुमीषुः २११

(१५ मृगस्वप्नोद्भवपर्व

२५८ द्वैतवनस्थैर्मृगैः स्वप्ने युधिष्ठिरमागत्यास्माकं वंशक्षयस्तव भ्रातृभिः कृतोऽतस्त्वं स्थानान्तरं गच्छेत्युक्ते दयया युधिष्ठिरः काम्यकं वनं जगाम— २११

(१६ व्रीहिद्रौणिकपर्व

२५९ दुःखितं युधिष्ठिरं द्रष्टुमागतो व्यासो दुःखिनः पौत्रान् दृष्ट्वा विमनाः सन्नुवाच-दुःखादेरचिरस्थायित्वं तपोमाहात्म्यं च कथयति व्यासे तपोदानयोः किं महदिति युधिष्ठिरप्रश्नः—दानान्न दुष्करं तातेत्याद्युक्त्वा व्रीहिद्रोणदानेन मुद्गलो महत्फलमापेति व्यास आह— २१२

२६० विस्तरेण मुद्गलचरितं श्रोतुं युधिष्ठिरप्रश्ने व्यासकथितं मुद्गलचरितम्—मुद्गल उञ्छवृत्त्यैकेन पक्षेण व्रीहिद्रोणं सम्पाद्य तेन

दर्शपोर्णमासौ विधाय शेषमः
तिथिभ्यो दत्वा स्वयं भुजानः का
लमतिवाह्यामास-मुद्रलिच सपरीक्षणाय दुर्वाससा प्रदृहत्वा
याचनेऽप्यविकृतमनसा तेन तदा
तदाऽज्ञदानेन तत्तापणम—तन्महिम्ना सविमानन देवदूतेन सशरीरस्यैव मुद्रलस्य स्वर्ग प्रत्याह्वानम्—मुद्रलेन तं प्रति
स्वर्गस्वरूपनिरूपणप्रार्थना— २१२

२६१ देवजूनात्स्वर्गसुखस्यास्थिरतां प रिजानता मुद्रछेन स्वर्गानभि-रोचनपूर्वकं देवदृतस्य स्वर्ग प्र-ति प्रेपणम्—स्यासेन मुधिष्ठि-रं प्रति सुद्रछोपाख्यानकथनपूर्वकं स्वाश्रमं प्रति गमनम्—

(१७) द्रौपदीहरणपर्व

२६२ कदाचन शिष्यायुतसहितेन दु-र्वाससा दुर्योधनगृहं प्रति गमन-

म्-द्रयोधनेन स्वपरिचर्यासन्द्रप्टं तं प्रति ब्राह्मणादीनां दौपदाश्च भोजनावसाने भोजनाय पाण्ड-वान्यति गमनप्रार्थना - दुर्वास-सस्तस्मै तद्वरदानपूर्वकं पा-ण्डवान्यति प्रस्थानम्-२६३ दुर्वाससा दुर्योधनप्रार्थनास-फलोकरण द्रौपदीमोजनानन्तर-मागत्य पाण्डवान्त्रत्यस्याच-नम्—ततो युधिष्टिरानुमत्या शिष्यायुतेन सह दुर्वाससः स्ना नाय नदीं प्रति गमनम् अत्रा-न्तरे द्रौपदीप्रार्थनया श्रीकृष्णे-न समीपागमनम् द्रौपद्या निवेदितदुर्वासोवृत्तान्तेन कृ-ष्णेन स्वीयञ्चान्नेत्रृत्तये द्वीपदीं प्रत्यन्नयाचनम्-तयाऽत्रस्य शे-याभावे निवेदितेऽत्रस्थालीमाना-य्य तत्कण्ठलग्नशाकपुलाकमञ्ज-णेन साशिष्यस्य दुर्वाससस्तृति-

जननम-ततो भोजनाय क्र-

ष्णनिदेशात्सहदेवेनाव्हाने 'वयं सर्वे तृप्ताः ' इति शिष्यैर्निवेदि-तेऽम्बरीपोदन्तं समृत्वा शिष्यैः सह लिजातस्य दुर्वाससः पला-यनम्—दुर्वासच्छलाद्गीतान् पाण्डवान् पूर्वमृत्तकथनपूर्वक-माश्वास्य श्रीकृष्णस्य खस्यान-गमनम्—

२६४ पकदा पञ्चस्विप पाण्डवेषु सृगयार्थं गतेषु सपारेज नेन सैन्थवेन
मार्गवेशात्तदागश्रमगमनम्-तत्र
विजन द्रौपदीदर्शनश्चिमितहृदा
जयद्रथेन तत्सिविधि प्रति कोदिकास्याख्यस्य स्वानुचरस्य
प्रेषणम्—

२६५ जयद्रथप्रेरणया द्रीपदीमेत्य को-टिकास्येन तात्पत्मर्त्कुळादि-प्रश्नः— २१६

२६६कोटिकास्यं प्रति द्रौपद्या स्ववृत्त-कथनम्— २१६ २६७ जयद्रथं प्रति कोटिकास्येन द्रौ- पदीवाक्यं कथितं स्वयमेव द्रौपदीमेत्य पाण्डवानां कुशल-पृच्छा-द्रौपद्याऽपि कुशलप्रश्च-पूर्वकं पाण्डवकुशलं कथिय-त्वो जयद्रथातिथ्यकरणम्-द्रौ-पदीं कामयमानं प्रलोभनवा-क्यानि वदन्तं जयद्रथं प्रति मैंवं, लज्जस्व, इत्यादि द्रौपदी-वाक्यम—

२६८ द्रौपद्या स्वाभिलापिणो जयद्रथ-स्य भत्स्निम्—उभयोक्तरप्रत्यु-त्तरामनन्तरं वलाद्रौपटीं हृत्वा गच्छन्तं जयद्रथं प्रति दुर्भाष-णपूर्वकं द्रौत्यनुगमनम्— २१७

२६९ मृगयातः परावृत्तानां मध्ये-मार्गं दुश्चिह्नदर्शनेन खिद्यमाना-नां पाण्डवानामाश्रमाभिगम-नम—आश्रममाग्त्य धात्रेयि-कां रुदतीं दृष्टवत्सु पाण्डवेष्वि-द्रसेनेन पृष्टया धात्रेयिकया द्रौ-पदीवृत्तान्तकथनम्—तच्छ्रत्वा

न्तस्य 'हा! सीते!' 'हा' लक्ष्मण!' इति रामस्वरसमा-
नस्वरश्रवणेन विषण्णायाः सी-
तायाः परुषभाषणश्रवणाल्लक्ष्म-
णेन राममार्गानुसरणम्—अत्रा-
न्तरे रावणेन संन्यासिवेषेणा-
गत्य सीतापहरणम्— २२५
२७९ सीतामादाय गच्छता रावणस्य
मध्येमार्गं निरोधकस्य जटायुषः
पक्षच्छेदपूर्वकं लङ्काप्रवेशः—
मृगहननपूर्वकं प्रतिनिवृत्तेन
रामेण मध्येमार्गं संगतस्य लक्ष्म-
णस्य विजने सीतात्यजनेन
हेतुना गर्हणपूर्वकं स्वावासगमन-
म्—सीतान्वेषिणा सलक्ष्मणेन
रामेण मार्गे स्वग्राहिणः कब-
न्धस्य वधः—कबन्धदेहान्निर्ग-
तेन गन्धर्वेण रामं प्रति पम्पातटे
सुग्रीवं प्रति गमनचोदना— २२६
२८० रामलक्ष्मणयोः पम्पासरोगमन-
पूर्वकं ऋष्यमूकं गतयोः सतो-
स्तत्र सुग्रीवेण रामस्य सख्या-
दि—रामप्रेरणया सुग्रीवे वा-
लिना सह युद्ध्यमाने रामेण कृ-
तो वालिवधः—लंकां गतेन
रावणेनाशोकवनिकासमीपे सी-
तां निवेद्य तद्रक्षणार्थं यो-
जितासु राक्षसीषु तां निर्भर्त्स्य
तद्वाक्यं कथयितुं रावणं प्रति
गतासु त्रिजटाकृतं सीतासा-
न्त्वनम्— २२७
२८१ रावणेन सीतासमीपमेत्य बहु-
धा प्रलोभनेऽप्यविकृतमानस-
या सीतया प्रत्याख्याने स्वमंदि-
रं प्रति गमनम्— २२८
२८२ माल्यवत्पर्वते वसता रामेण
शरदागमेऽपि विषयासक्त्या
स्वानुपसर्पिणं सुग्रीवं प्रति त-
त्समयस्मारणाय लक्ष्मणप्रेषणम्-
सुग्रीवेण सह रामान्तिकमाग-
तेन लक्ष्मणेन तं प्रति सीतान्वे-
षणाय सुग्रीवकृतवानरप्रेषणनिरू-
पणम्-ततो लङ्कायाः प्रतिनिवृ-
त्तेन हनूमताऽङ्गदादिभिः सह
मधुवनभङ्गपूर्वकं रामाय सीता-
वृत्तान्तादिनिवेदनपूर्वकं सी-
तादत्तचूडामणिदानम्— २२९
२८३ वानरसेनापतिभिः स्वसैन्यैः स-
ह रामसुग्रीवोपासनम्—वान-
रसेनादिभिः सह सागरतीरमु-
पागतेन रामेण सेनानां सागर-
तरणाय समुद्राराधनार्थं नि-
यमेन दर्भसंस्तरे शयनम्—सा-
गरेण रामं प्रति स्वप्ने स्वात्मद-
र्शनपूर्वकं नलनामकवानरेण
सेतुनिर्माणप्रेरणा—रामेण शर-
णार्थिनो विभीषणस्य ल-
ङ्काराज्येऽभिषेचनपूर्वकं सेतु-
मार्गेण सैन्यैः सह लङ्कागमन-
म्—दौत्येनाङ्गदं प्रति रावणस-
मीपे प्रेषणम्— २३०
२८४ अङ्गदेन रावणाय रामसंदेशनि-
वेदनं पुना रामसमीपागमनं
च—वानरै रामाज्ञया लङ्काप्रा-
कारभेदनपूर्वकं राक्षसानां वा-
नराणां च मिथो युद्धम्— २३१
२८५ युद्धार्थमागतै रावणादिभिः
सह रामादीनां युद्धम्— २३१
२८६ विभीषणेन प्रहस्ते हते हनुम-
दादीनां राक्षसैः सह युद्धप्रसङ्गे
हनुमता कृतो धूम्राक्षवधः—रा-
वणः कुम्भकर्णमुत्थाप्य युद्धार्थं
गन्तुं तमादिदेश— २३२
२८७ युद्धं कुर्वतः कुम्भकर्णस्य लक्ष्म-
णकृतो वधः— २३२
२८८ युद्धार्थं रावणेनाज्ञप्तस्येंद्रजि-
तो लक्ष्मणेन सह युद्ध्यमानस्य
मायायुद्धम्— २३३
२८९ इन्द्रजिच्छरजालबन्धेन मोहा-
धिगमपूर्वकं भूमौ पतितयो रा-

मलक्ष्मणयोर्विभीषणेन प्रज्ञानास्त्रेण मोहापनोदनम्—तथा सुग्रीवेण महौषध्या तयोर्विशल्यकरणम्—ततो रामादीनां नेत्रेषु कुबेरदूतानीतजलमार्जनेनातीन्द्रियवस्तुदर्शनशक्त्युदयः-ततः पुनरुपागतस्येन्द्रजितो लक्ष्मणेन वधः—ततः पुत्रवधामर्षेण सीतावधोद्यतस्य रावणस्याविन्ध्याख्येन वृद्धामात्येन साम्ना ततो विनिवर्तनम्— २३३

२९० इन्द्रजिद्वधक्रोधाद्रावणेन स्वयमेव युद्धाय रामं प्रत्यभियानम्—युद्धार्थमागतेन रावणेन प्रवर्तितां मायां लक्ष्मणवाक्याद्रामो निराचकार—तदा इन्द्रेण रामाय मातलिसनाथस्य निजरथस्य प्रेषणम्—श्रीरामेण मायायोधिनो रावणस्य ब्रह्मास्त्रेण वधः— २३४

२९१ रावणवधानन्तरं सहर्षैर्देवैः पूजितेन रामेण विभीषणाय लङ्कादानम्—अविंध्यनाम्ना राक्षसवृद्धेन रामसमीपं प्रति सीताया आनयनम्—सीतां दृष्ट्वा तच्छीलशङ्कया प्रत्याख्यातवति रामे सीताया भूमिपतनपूर्वकं मूर्च्छा—मूर्च्छितायां सीतायां विषीदत्सु वानरेष्वंतरिक्षगतैर्ब्रह्मादिदेवैः सीतायाः सौशील्यख्यापनपूर्वकं रामं प्रति तद्ग्रहणप्रेरणा—रामदशरथयोः संवादानन्तरं रामेण सीताङ्गीकारः-रामं प्रति ब्रह्मादीनां वरदानानंतरं सीतया हनूमंतं प्रति वरे दत्ते देवानामन्तर्धानम्-ससैन्यः सलक्ष्मणो रामः पुष्पकमारुह्य निर्गतो मध्येमार्गं सीतां प्रति वनानि दर्शयन् किष्किंधामागत्यांगदं यौवराज्येऽभिषिच्य-रामेण सीतालक्ष्मणादिभिः सहायोध्यां प्रति प्रस्थानम्-दौत्येन भरतं प्रति हनूमत्प्रेषणपूर्वकं नन्दिग्राममागतेन रामेण भरतादिभिः सहायोध्यां प्रत्यागमनम्—वसिष्ठादिभिः सीतया सह राज्येऽभिषिक्तेन रामेण सुग्रीवविभीषणादीनां सबहुमानं स्वस्वपुरप्रेषणपूर्वकं सुखेन प्रजापालनम्—रामस्य दशाश्वमेधकरणम्—" २३४

२९२ मार्कण्डेयेन युधिष्ठिराश्वासनम् २३६

(२०) पतिव्रतामाहात्म्यपर्व

२९३ पतिव्रताविषये युधिष्ठिरप्रश्ने मार्कण्डेयकृतः सावित्र्युपाख्यानोपक्रमः—पुत्रार्थं तपस्यतोऽश्वपतेः सावित्र्याः सकाशात् कन्याप्राप्तिरूपवरलाभः—सावित्रीवरदानेन लब्धायाः कन्याया अश्वपतिना कृतं सावित्रीति नामकरणम्—स्वयमेव पतिवरणार्थमश्वपतिप्रेषितायाः सावित्र्या वरान्वेषणार्थं तपोवनगमनम्— २३६

२९४ मनसा स्वानुगुणवरनिर्धारणपूर्वकं वनादागतया सावित्र्या नारदेन सह सम्भाषमाणस्य पितुरन्तिकमेत्य तयोः पादाभिवादनम्-नारदसंनिधौ पितुः पृष्ट्या तया सत्यवतः पतित्वेन मनसा वरणकथनम्—पित्रा नारदवचनात्तस्याल्पायुष्ट्वनिवेदनपूर्वकं वरान्तरवरणं प्रचोदितयाऽपि तया स्वाध्यवसायादनिवर्तनम्—राज्ञाऽपि तस्या निर्बन्धान्नारदवचनाच्च तस्मा एव तस्या दानाध्यवसायः— २३७

२९५ वैवाहिकं सज्जीकृत्याश्वपतेर्द्युमत्सेनाश्रमगमनानंतरमुभयोः संवादः—सत्यवता सह सावित्र्या विवाहं कृत्वाश्वपतौ गते सा-

(२२) आरणेयपर्व

॥ समाप्तेयं वनपर्वानुक्रमणिका ॥

शुभं भवतु

ॐ

॥ श्रीगणेशाय नमः ॥ यंदेवोमुनिनिचयश्चुथाक्षुथावान् यत्कृप्यामुनिनिवहोऽपितृप्तिमाप ॥ तस्यैवंनिजजगदंतरात्मभावं व्याकर्तुंःपदमुपयामगोपसूनोः ॥ १ ॥ यज्जिज्ञासालभ्यतेयन्नमुख्यैर्यत्रैकाग्र्यंप्रार्थ्यतेमंयमाद्यैः ॥ तंसेवेऽहंसद्गुरुं लक्ष्मणार्यंब्रह्मब्रह्मज्ञानिवंशावतंसम् ॥ २ ॥ प्रणम्यनारायणतीर्थवर्यान्श्रीरेशमिश्रांश्चहमीरपुर्यान् ॥ कुर्मोगुरूणांहृदयानुरूपमारण्यकेपर्वणिभावदीपम् ॥ ३ ॥ तत्र पूर्वस्मिन्पर्वणिद्रौपदीत्राणेनभक्तेर्माहात्म्यंदर्शितं । साचप्रतिज्ञापालनसत्समागमतीर्थाटनस्वधर्माचरणादिनालभ्यतइतितत्तदाख्यायिकामुखेनेहप्रतिपाद्य द्रौपदीदत्तशाकलेशाशनेनकृष्णेतृप्तेसतिदौर्वाससोपाख्यानेनभगवतोजगदंतरात्मत्वंदर्शितं धर्मयुधिष्ठिरसंवादेनभगवत्त्वमधिगमोपायसहितंचसंक्षेपेणोक्तं एवंद्यूतजिताःपार्थाइत्यादिना मंत्रायसमुपाविशन्निसंतेनग्रंथेन । तत्रप्रथमेऽध्यायेसदसत्संगयोर्गुणदोषौ । द्वितीयेशौनकयुधिष्ठिरसंवादेन काम्यधर्मनिंदायोगप्रशंसाचदर्शिता । एवमिति । पार्थाइतिच्छत्रिन्यायेनमाद्रीसुतयोरप्युपलक्षणं । दुरात्मभिर्दुष्टचित्तैः सहामात्यैःकर्णादिभिः निकृत्याछलेन १ पूर्वःपितापरीक्षित्

॥ श्रीवेदव्यासायनमः ॥ ॥ नारायणंनमस्कृत्यनरंचैवनरोत्तमम् ॥ देवींसरस्वतींचैवततोजयमुदीरयेत् ॥ १ ॥ जनमेजयउवाच ॥ एवंद्यूतजिताःपार्थाःकोपिताश्चदुरात्मभिः ॥ धार्त्तराष्ट्रैःसहामात्यैर्निकृत्याद्विजसत्तम १ श्राविताःपरुषावाचःसृजद्भिर्वैरमुत्तमम् ॥ किमकुर्वतकौरव्याममपूर्वपितामहाः २ कथंचैश्वर्यविभ्रष्टाःसहसादुःखमेयुषः ॥ वनेविजह्रिरेपार्थाःशक्रप्रतिमतेजसः ३ केवैतानन्ववर्त्तंतप्राप्तान्व्यसनमुत्तमम् ॥ किमाचाराःकिमाहाराःक्वचवासोमहात्मनाम् ४ कथंचद्वादशसमावनेतेषांमहामुने ॥ व्यतीयुर्ब्राह्मणश्रेष्ठशूराणामरिघातिनाम् ५ कथंचराजपुत्रीसाप्रवरासर्वयोषिताम् ॥ पतिव्रतामहाभागासततंसत्यवादिनी ६ वनवासमदुःखार्हादारुणंप्रत्यपद्यत ॥ एतदाचक्ष्वमेसर्वंविस्तरेणतपोधन ७ श्रोतुमिच्छामिचरितंभूरिद्रविणतेजसाम् ॥ कथ्यमानंत्वयाविप्रपरंकौतूहलंहिमे ८ ॥ वैशंपायनउवाच ॥ एवंद्यूतजिताःपार्थाःकोपिताश्चदुरात्मभिः ॥ धार्त्तराष्ट्रैःसहामात्यैर्निर्ययुर्गजसाह्वयात् ९ वर्द्धमानपुरद्वारादभिनिष्क्रम्यपांडवाः ॥ उदङ्मुखाःशस्त्रभृतःप्रययुःसहकृष्णया १० इंद्रसेनादयश्चैवभृत्याःपरिचतुर्दश ॥ रथैरनुययुःशीघ्रैःस्त्रियआदायसर्वशः ११ गतानेतान्विदित्वातुपौराःशोकाभिपीडिताः ॥ गर्हयंतोऽसकृद्भीष्मविदुरद्रोणगौतमान् ॥ ऊचुर्विगतसंत्रासाःसमागम्यपरस्परम् १२ ॥ पौराऊचुः ॥ नेदमस्तिकुलंसर्वंनवयंनचनोगृहाः १३ यत्रदुर्योधनःपापःसौबलेयेनपालितः ॥ कर्णदुःशासनाभ्यांचराज्यमेतच्चिकीर्षति १४ नतत्कुलंनचाचारोनधर्मोऽर्थःकुतःसुखम् ॥ यत्रपापसहायोऽयंपापोराज्यंचिकीर्षति १५ दुर्योधनोगुरुद्वेषीत्यक्ताचारसुहृज्जनः ॥ अर्थलुब्धोऽभिमानीचनीचःप्रकृतिनिर्घृणः १६ नेयमस्तिमहीकृत्स्नायत्रदुर्योधनोनृपः ॥ साधुगच्छामहेसर्वेयत्रगच्छंतिपांडवाः १७ सानुक्रोशामहात्मानोविजितेंद्रियशत्रवः ॥ ह्रीमंतःकीर्तिमंतश्चधर्माचारपरायणाः १८

तस्यपितामहाः २ एयुषःप्राप्तवंतः ३ उत्तमंतीव्रम् ४ । ५ । ६ । ७ द्रविणंपराक्रमस्तेजोदेहकांतिश्च तेउभेपुष्कलेयेषांतेभूरिद्रविणतेजसः 'द्रविणंचपराक्रमे' इतिविश्वः ८ गजसाह्वयात्हस्तिनापुरात् ९ वर्द्धमानपुरंनाम ग्रामविशेषस्तदभिमुखंद्वारंतस्मात् । वृधुर्हिंसायांवर्द्धमानाहिंसकास्तेषांपुरं । कुत्सितमार्गेणनिःसारिताइत्यन्ये १० परिचतुर्दशअधिकचतुर्दशाः पंचदशेत्यर्थः । संख्ययाव्ययासन्नेतिसमासः समासांतविधेरनित्यत्वाद्बहुव्रीहौ संख्येयेइतिप्राप्तस्यडच्प्रत्ययस्याभावः ११ । १२ । १३ । १४ । १५ प्रकृतिनिर्घृणःस्वभावनिर्दयः १६ । १७ सानुक्रोशाःसदयामहात्मानउदारचित्ताः । विजिताःइंद्रियाणिचशत्रवश्चयैस्तेविजितेंद्रियशत्रवः । ह्रीरकार्यान्निवर्तिकाचित्तवृत्तिः धर्मोयमनियमादिस्तस्य आचरणमाचारोधर्माचारः १८

कौंतेयत्वंमाद्रेयत्वंचच्छत्रिन्यायेनभल्येकंपंचस्वपिपर्याप्तं माद्रीतिन्हस्वत्वमार्षम १९ । २० । २१ भक्तानाराधनापरान् । अनुरक्तान्प्रीतिमतः । सुहृदोविनानाउपकारमनपेक्ष्योपकारकान् । प्रियान्प्रीतिविषयान् । हितेरतानभ्युदयसाधनपरान् हितेरतानित्यलुक्समासः प्रियाश्चतेहितेरताश्चेतिविग्रहः नाविनश्येमविनाशंनप्रार्थयामहे । प्रार्थनायांलिङ् नेतिवितर्के । विनश्येमेतितर्कयामहइतिप्राञ्चः २२ २३ आपःअपः २४ । २५ । २६ अवदातानिशुद्धानि विद्यावैदिकीनतुकौलिक्यादिः । कर्मवेदार्थानुष्ठानं । योनिःपूर्वप्रज्ञा श्येनयागादेर्हिंसासाधनस्यवेदार्थत्वेपिनावदातत्वमस्त्यतो जन्मांतरीयसंस्कारोपि शुद्धएवापेक्षितः । 'तंविद्याकर्मणीसमन्वारभेतेपूर्वप्रज्ञाच' इतिश्रुतेरत्रयोनिशब्देनमुख्यंप्रवृत्तिकारणंपूर्वप्रज्ञैवग्राह्यं । अन्येतुयोनिशब्देनपितृमातृशुद्धिमाहुः । समास्यासंगतिः । संपूर्वस्यासगतावित्यस्यरूपं । अपिशब्दाच्छास्त्रमपिसम्यक्ज्ञानहेतुतयागुरु सत्संगस्तुततोऽपिगरीयान् । नगाथागाथिनंशास्तीतिकेवलशास्त्रस्यप्रागेवाकिंचित्करत्वोक्तेः २७ निरारंभाः अग्निहोत्राद्यकुर्वाणाअपि हिशब्दः एतद्धस्मवैतद्विद्वांसः पूर्वे

॥ वैशंपायनउवाच ॥ ॥ एवमुक्त्वाऽनुजग्मुस्तेपांडवांस्तान्समेत्यच ॥ ऊचुःप्रांजलयःसर्वेकौंतेयान्माद्रिनंदनान् १९ क्वगमिष्यथभद्रंवस्त्यक्त्वाऽस्मान्दुःखभागिनः ॥ वयमप्यनुयास्यामोयत्रयूयंगमिष्यथ २० अधर्मेणजितान्श्रुत्वायुष्मांस्त्यक्तघृणैःपरैः ॥ उद्विग्नाःस्मोभृशंसर्वेनास्मान्हातुमिहार्हथ २१ भक्तानुरक्तान्सुहृदःसदाप्रियहितेरतान् ॥ कुराजाधिष्ठितेराज्येनविनश्येमसर्वशः २२ श्रूयतांचाभिधास्यामोगुणदोषान्नरर्षभाः ॥ शुभाशुभाधिवासेनसंसर्गःकुरुतेयथा २३ वस्त्रमापस्तिलान्भूमिंगंधोवासयतेयथा ॥ पुष्पाणामधिवासेनतथासंसर्गजागुणाः २४ मोहजालस्ययोनिर्हिमूढैरेवसमागमः ॥ अहन्यहनिधर्मस्ययोनिःसाधुसमागमः २५ तस्मात्प्राज्ञैश्चवृद्धैश्चसुस्वभावैस्तपस्विभिः ॥ सद्भिश्चसहसंसर्गःकार्यःशमपरायणैः २६ येषांत्रीण्यवदातानिविद्यायोनिश्चकर्मच ॥ तान्सेवेत्तैःसमास्याहिशास्त्रेभ्योऽपिगरीयसी २७ निरारंभाह्यपिवयंपुण्यशीलेषुसाधुषु ॥ पुण्यमेवाप्नुयामेहपापंपापोपसेवनात् २८ असतांदर्शनात्स्पर्शात्संजल्पाच्चसहासनात् ॥ धर्माचाराःप्रहीयंतेसिद्ध्यंतिचनमानवाः २९ बुद्धिश्चहीयतेपुंसांनीचैःसहसमागमात् ॥ मध्यमैर्मध्यतांयातिश्रेष्ठतांयातिचोत्तमैः ३० अनीचैर्नाप्यविषयैर्नाधर्मिष्ठैर्विशेषतः ॥ येगुणाःकीर्तितालोकेधर्मकामार्थसंभवाः ॥ लोकाचारेषुसंभूतावेदोक्ताःशिष्टसंमताः ३१ तेयुष्मासुसमस्ताश्चव्यस्ताश्चैवेहसद्गुणाः ॥ इच्छामोगुणवन्मध्येवस्तुंश्रेयोऽभिकांक्षिणः ३२ ॥ युधिष्ठिरउवाच ॥ धन्यावयंयदस्माकंस्नेहकारुण्ययंत्रिताः ॥ असतोऽपिगुणानाहुर्ब्राह्मणप्रमुखाःप्रजाः ३३ तदहंभ्रातृसहितःसर्वान्विज्ञापयामिवः ॥ नान्यथातद्धिकर्तव्यमस्मत्स्नेहानुकंपया ३४ भीष्मःपितामहोराजाविदुरोजननीचमे ॥ सुहृज्जनश्चप्रायोमेनगरेनागसाह्वये ३५ तेत्वस्मद्धितकामार्थंपालनीयाःप्रयत्नतः ॥ युष्माभिःसहिताःसर्वेशोकसंतापविह्वलाः ३६

ऽग्निहोत्रं नजुहवांचक्रिरे'इति श्रौतीमर्थसिद्धिं द्योतयति । तत्संगाल्लब्धात्मविद्यानांकिमग्निहोत्रादिनेतिभावः २८ नसिद्ध्यंति सिद्धिश्चित्तशुद्धिस्तांनप्राप्नुवंति धर्माचारहीनत्वात् २९ । ३० अविषयैः अगोचरैरप्रसिद्धैरित्यर्थः धर्मकामार्थसंभवाः धर्मादीनांसंभवउत्पत्तिर्येभ्यस्ते शिष्टानांवेदप्रामाण्यवादिनांसंमताः ३१ समस्ताःएकीभूताः व्यस्ताःपृथक्पृथग्भूताः । श्रेयःस्वर्गादपिप्रशस्ततरमात्मसुखम् ३२ एवंपौरवचनैः सत्संगगुणा असत्संगदोषाश्चउपादानाय हानायचउक्ताः । धन्याइत्यादिना । शत्रोरपिसुखंदेयमितिदर्शयति पौरनिवर्तनप्रसंगेन ३३ स्नेहोवात्सल्यंतत्सहिताअनुकंपादयास्नेहानुकंपातया ३४ । ३५ शोकसंतापविह्वलाः शोकःइष्टवियोगजंदुःखंतेनसंतापः देहेन्द्रियादेरवसादस्तेनविह्वलाःव्याकुलाः ३६

आगमनेत्यविभक्तिकं अस्माभिःसहआगमनेशापिताः ममशपथंकारिताइत्यर्थः ३७ । ३८ । ३९ समागम्यसंपृच्छय ४० निवृत्तेषुतुपौरेष्वित्यादिना भिक्षापानभूतराष्ट्रजानित्यंतेनग्रंथेन ध
र्मात्मानमनिच्छंतमपि बलात्संतोऽनुगृण्हंतीत्युच्यते ४१ ऊषुःवासंचक्रुः ४२ उदकेनैवनत्वन्नेन ऊषुर्निन्युः ४३ साग्नयःदारैःसहिताः अनग्नयस्तदन्येस्नातकब्रह्मचार्यादयः ४४ प्रादुष्कृताःप्रक
टीकृताःअग्नयोयैस्ते । रम्यत्वं तापविरहात्संध्यारागादिशोभातश्च । दारुणोरक्षःपिशाचादिसंचारकालत्वात् । ब्रह्मघोषपुरस्कारः उच्चैःश्रुत्युपन्यासपूर्वकः संजल्पःपरस्परसंवादः ४५ आश्वासयंतः
वनवासस्यापिश्रेयस्करत्वोपपादनेनेतिशेषः ४६ ॥ इत्यारण्यकेपर्वणिनैलकंठीयेभारतभावदीपेप्रथमोऽध्यायः ॥ १ ॥ ॥ प्रभातायामरुणोदयेनउद्दीपितायां रजन्याश्चरमभागेइतियावत्

निवर्ततागतादूरंसमागमनशापिताः ॥ स्वजनेन्यासभूतेमेकार्यास्नेहान्वितामतिः ३७ एतद्धिममकार्याणांपरमंहृदिसंस्थितम् ॥ कृतातेनतुतुष्टिर्मेसत्कारश्चभ
विष्यति ३८ ॥ वैशंपायनउवाच ॥ तथाऽनुमंत्रितास्तेनधर्मराजेनताःप्रजाः ॥ चक्रुरार्तस्वरंघोरंहाराजन्निितिसंहताः ३९ गुणान्पार्थस्यसंस्मृत्यदुःखार्ताः
परमातुराः ॥ अकामाःसंन्यवर्ततसमागम्याथपांडवान् ४० निवृत्तेषुतुपौरेषुरथानास्थायपांडवाः ॥ आजग्मुर्जान्हवीतीरंप्रमाणाख्यंमहावटम् ४१ तेतंदिव
सशेषेणवटंगत्वातुपांडवाः ॥ ऊषुस्तांरजनींवीराःसंस्पृश्यसलिलंशुचि ४२ उदकेनैवतांरात्रिमूषुस्तेदुःखकार्शिताः ॥ अनुजग्मुश्चतत्रैतान्स्नेहात्केचिद्द्विजा
तयः ४३ साग्नयोऽनग्नयश्चैवसशिष्यगणबांधवाः ॥ सतैःपरिवृतोराजाशुशुभेब्रह्मवादिभिः ४४ तेषांप्रादुष्कृताग्नीनांमुहूर्तेरम्यदारुणे ॥ ब्रह्मघोषपुरस्कारःसं
जल्पःसमजायत ४५ राजानंतुकुरुश्रेष्ठंतेहंसमधुरस्वराः ॥ आश्वासयंतोविप्राग्र्याःक्षपांसर्वांव्यनोदयन् ४६ ॥ इतिश्रीमहाभारतेआरण्यकेपर्वणिअरण्यप
र्वणिपौरप्रत्यागमनेप्रथमोऽध्यायः ॥ १ ॥ वैशंपायनउवाच ॥ प्रभातायांतुशर्वर्यांतेषामक्लिष्टकर्मणाम् ॥ वनंयियासतांविप्रास्तस्थुर्भिक्षाभुजोऽग्रतः १ तानु
वाचततोराजाकुंतीपुत्रोयुधिष्ठिरः ॥ वयंहिहृतसर्वस्वाहृतराज्याहृतश्रियः २ फलमूलामिषाहारावनंगच्छामदुःखिताः ॥ वनंचदोषबहुलंबहुव्यालसरीसृपम्
३ ॥ परिक्लेशश्चवोमन्येध्रुवंतत्रभविष्यति ॥ ब्राह्मणानांपरिक्लेशोदैवतान्यपिसादयेत् ॥ किंपुनर्मामितोविप्रानिवर्तध्वंयथेष्टतः ४ ॥ ब्राह्मणाऊचुः ॥ गति
र्याभवतांराजंस्तांवयंगंतुमुद्यताः ॥ नार्हस्यस्मान्परित्यक्तुंभक्तान्सद्धर्मदर्शिनः ५ अनुकंपांहिभक्तेषुदेवताह्यपिकुर्वते ॥ विशेषतोब्राह्मणेषुसदाचारावलंबि
षु ६ ॥ युधिष्ठिरउवाच ॥ ममापिपरमाभक्तिर्ब्राह्मणेषुसदाद्विजाः ॥ सहायविपरिभ्रंशस्त्वयंसादयतीवमाम् ७ आहरेयुरिमेयेऽपिफलमूलमृगांस्तथा ॥ तइमे
शोकजैर्दुःखैर्भ्रातरोमेविमोहिताः ८ द्रौपद्याविप्रकर्षेणराज्यापहरणेनच ॥ दुःखार्दितानिमान्क्लेशैर्नाहंयोक्तुमिहोत्सहे ९ ॥ ब्राह्मणाऊचुः ॥ अस्मत्पोषणजा
चिंतामाभूत्तेहृदिपार्थिव ॥ स्वयमाहृत्यचान्नानित्वाऽनुयास्यामहेवयम् १० अनुध्यानेनजप्येनविधास्यामःशिवंतव ॥ कथाभिश्चाभिरम्याभिःसहरंस्यामहेवयम् ११

यियासतांयातुंगंतुमिच्छतां भिक्षाभुजःब्राह्मणाः १ धनंराज्यंतद्भयकृताश्रीः ब्राह्मणतर्पणादिरूपाशोभाचास्माकंनष्टेत्याह वयंहीति २ व्यालाःश्वापदाःवृकव्याघ्रादयः 'व्यालोभुजंगमेक्रूरेश्वाप
देदुष्टदंतिनि' इतिविश्वः ३ । ४ भक्ताअपिमूढाश्चेत्स्युः किंतर्हितैरित्यतआह सद्धर्मदर्शिनइति । सतोब्राह्मणोयेधर्माः सत्यकामत्वसत्यसंकल्पत्वादयस्तदनुभाविनः ५ । ६ । ७ । ८ । ९ । १०
अनुध्यानेनइष्टचिंतनेन जप्येनस्वस्त्ययनेनेत्यदृष्टद्वाराउपकारमुक्त्वा दृष्टद्वारापितमाह कथाभिरिति ११

प्रत्यादेशंधिक्कारम् १२ । १३ एवंब्राह्मणभरणसामर्थ्याभावात्खिन्नंराजानंप्रति शोकमोहनिवर्तकंवचनंशौनकआहेत्याह इत्युक्त्वेति । अध्यात्मं आत्मानंशारीरमधिकृत्यप्रवृत्तंशास्त्रमध्यात्मं वेदांतस्तत्र रतः १४ योगश्चित्तवृत्तिनिरोधः सांख्यंप्रकृतिपुरुषविवेकस्तयोर्निष्णातः १५ शोकेस्थीयतेऽनेनेतिव्युत्पत्त्यास्थानशब्दोहेतुवचनः शोकोमनस्तापःभयंमरणात्त्रासः तयोर्हेतवइष्टवियोगानिष्टसंयोगादयस्तेषांसहस्रादीनि १६ ननुधर्मसामर्थ्याभावादेवममशोकभयेनतुराज्यच्युतवनवासकृते इत्याशंक्याह नहीति । प्रवृत्तिरूपोयज्ञदानादिधर्मोज्ञानाविरोधी । ज्ञानेहि 'यत्रत्वस्यसर्वमात्मैवाभूत्तत्केनकंपश्येत्' इतिद्वैतोपमर्दः श्रूयते । कर्माणितु द्वैतोपजीवनान्यतस्तयोर्विरोधःप्रसिद्धइतिहिशब्दोद्योतयति पशुबीजवधादिसाध्यत्वाद्दोषबहुलश्चातएवश्रेयोघातीमोक्षाविरोधी तत्रनसज्जंते नात्यंतमभिनिवेशिनोभवंति १७ एवंकर्मनिष्ठांनिंदित्वा योगनिष्ठांग्राहयतिअष्टांगामिति । 'यमनियमासनप्राणायामप्रत्याहारधारणाध्यानसमाधयोऽष्टावंगानि'इति योगसूत्रोक्तानि संकल्पप्रबाधादीनिवा वक्ष्यमाणान्यष्टावंगानियस्याःसाबुद्धिस्तत्त्वमस्यादिवाक्यजाप्रज्ञा यांसर्वंकृत्स्नमश्रेयोमूलाज्ञानंतदभिघातिनीं श्रुतिस्मृतिभ्यांसमायुक्तांसम्यग्दृढीकृतां । सात्वव्यवस्थिताऽप्रमत्तसन्निधानादितिभावः १८ अर्थकृच्छ्रे

॥ युधिष्ठिरउवाच ॥ एवमेतन्नसंदेहोरमेऽहंसततंद्विजैः ॥ न्यूनभावात्तुपश्यामिप्रत्यादेशमिवात्मनः १२ कथंद्रक्ष्यामिवःसर्वान्स्वयमाहृत्यभोजिनः ॥ मद्भक्त्याक्लिश्यतोऽनर्हान्धिक्पापान्धृतराष्ट्रजान् १३ ॥ वैशंपायनउवाच ॥ इत्युक्त्वासनृपःशोचन्निषसादमहीतले ॥ तमध्यात्मरतोविद्वान्शौनकोनामवैद्विजः १४ योगेसांख्येचकुशलोराजानमिदमब्रवीत् १५ शोकस्थानसहस्राणिभयस्थानशतानिच ॥ दिवसेदिवसेमूढमाविशंतिनपंडितम् १६ नहिज्ञानविरुद्धेषुबहुदोषेषुकर्मसु ॥ श्रेयोघातिषुसज्जंतेबुद्धिमंतोभवद्विधाः १७ अष्टांगांबुद्धिमाहुर्यांसर्वश्रेयोभिघातिनीम् ॥ श्रुतिस्मृतिसमायुक्तांराजन्सात्वय्यवस्थिता १८ अर्थकृच्छ्रेषुदुर्गेषुव्यापत्सुस्वजनस्यच ॥ शारीरमानसैर्दुःखैर्नसीदंतिभवद्विधाः १९ श्रूयतांचाभिधास्यामिजनकेनयथापुरा ॥ आत्मव्यवस्थानकरागीताःश्लोकामहात्मना २० मनोदेहसमुत्थाभ्यांदुःखाभ्यामर्दितंजगत् ॥ तयोर्व्याससमासाभ्यांशमोपायमिमंशृणु २१ व्याधेरनिष्टसंस्पर्शाच्छ्रमादिष्टविवर्जनात् ॥ दुःखंचतुर्भिःशारीरंकारणैःसंप्रवर्तते २२ तदातत्प्रतिकाराच्चसततंचाविचिंतनात् ॥ आधिव्याधिप्रशमनंक्रियायोगद्वयेनतु २३ मतिमंतोह्यतोवैद्याःशमंप्रागेवकुर्वते ॥ मानसस्यप्रियाख्यानैःसंभोगोपनयैर्नृणाम् २४ मानसेनहिदुःखेनशरीरमुपतप्यते ॥ अयःपिंडेनतप्तेनकुंभसंस्थमिवोदकम् २५ मानसंशमयेत्तस्माज्ज्ञानेनाग्निमिवांबुना ॥ प्रशांतेमानसेह्यस्यशारीरमुपशाम्यति २६

षुधननाशेषु अशनवसनाद्यभावात् । दुर्गेषुदुस्तरेषुशारीरदुःखेषु । विपरीतास्वापत्सुस्त्रीकर्षणादिषु । मनोदुःखेषुचोपस्थितेषु तैःसंतोनावसीदंति । शारीरंदुःखंतितिक्षया मानसंविवेकेनच नाशयितुंसमर्था इत्यर्थः १९ आत्मव्यवस्थानकराः मनःस्थैर्यहेतवः २० व्याससमासाभ्यांविस्तरसंक्षेपाभ्यां २१ व्याधिःप्रसिद्धः अनिष्टंकंटकादिः श्रमोव्यायामः इष्टमन्नादि २२ प्रतिकाराद्दौषधोपानत्स्वाध्यान्नादिभिरुपशमनात् आधिव्याधिप्रशमनमविचिंतनाच्च क्वचिद्विषयेऽत्यंतनिमग्नचित्तस्यनमनोव्यथाव्याधिप्रभवावेदनाचभवतीतिप्रसिद्धं इदमेवक्रियायोगद्वयम् २३ मतीति । अतोवक्ष्यमाणाद्धेतोः वैद्याः विद्यावंतः प्रागेव मानसस्यशमंकुर्वते प्रियाख्यानैरनुकूलवचनैः बहुलाभदर्शनैर्धनहान्यादिजं संभोगोपनयैः स्त्र्यादिसमर्पणैःकामादिजम् २४ मानसस्यप्राक्प्रशमने हेतुमाह मानसेनहीति २५ । २६

स्नेहोरागःसज्जतेप्रवर्तते प्रवृत्त्याचदुःखयोगमुपैति २७ आयासःक्लेशः स्नेहात्रागात् २८ भावःभावनासंकल्पसंज्ञा अनुरागःपश्चाद्भाविनीप्रीतिः । अयंभावः दुःखजन्मप्रवृत्तिदोषमिथ्याज्ञानानामुत्तरोत्त
रापाये तदनंतरापायादपवर्गः दोषनिमित्तंरूपादयोविषयाःसंकल्पकृताइतिन्यायसूत्राभ्यामज्ञानात्संकल्पस्ततोविषयस्ततस्तत्रप्रीतिस्ततस्तल्लाभायप्रवृत्तिस्ततोजन्मततःसुखदुःखे ततोरागद्वेषवासना ततःपुनः
संकल्पइतिक्रमः । तत्रमूलभूतोरागःस्नेहशब्देनोक्तः सभावस्यहेतुः । ततोविषयसिद्धयुत्तरंजायमानोरागोऽनुराग इति । तत्रभावानुरागयोर्मध्ये पूर्वोभावोऽत्यंतमश्रेयस्करः तस्मात्संकल्पत्यागएव
मुख्यंसाधनं तथाच वक्ष्यति । 'यत्किंचिदपि संकल्प्य नरोदुःखे निमज्जति ॥ नकिंचिदपि संकल्प्य सुखमक्षय्यमश्नुते' इति २९ कोटरेति । रागएवदोषः ३० विप्रयोगे विषयेणसहवियो
गस्त्यागोन किंतु सत्यपिसमागमेयोविषयदोषदर्शीसएवत्यागी सएवचविरागंभजते निर्वैरश्चद्वेषाभावान्निरवग्रहःप्रतिबंधशून्यः ३१ मित्राणि धनानिचप्राप्य तेषुस्नेहंनलिप्सेतनकामयेत् । मित्रेभ्यइत्या
दिके ल्यब्लोपे पंचम्यौ । किंचस्वशरीराल्लिंगाख्यात्समुत्थमुत्पन्नमपिस्नेहं ज्ञानेन भोग्यानामवस्तुत्वानित्यत्वज्ञानेननाशयेत् ३२ ज्ञानान्वितेषु नित्यानित्यविवेकवत्सु । युक्तेषु नित्यवस्तुप्राप्तये उद्युक्तेषु

मनसोदुःखमूलंतुस्नेहइत्युपलभ्यते ॥ स्नेहात्तुसज्जतेजंतुर्दुःखयोगमुपैतिच २७ स्नेहमूलानिदुःखानिस्नेहजानिभयानिच ॥ शोकहर्षौतथाऽऽयासःसर्वंस्नेहात्प्रवर्तते ॥
२८ स्नेहाद्भावोऽनुरागश्चप्रजज्ञेविषयेतथा ॥ अश्रेयस्कावुभावेतौपूर्वस्तत्रगुरुःस्मृतः २९ कोटराग्निर्यथाऽशेषंसमूलंपादपंदहेत् ॥ धर्मार्थौतुतथाल्पोऽपिरागदोषोवि
नाशयेत् ३० विप्रयोगेनतुत्यागीदोषदर्शीसमागमे ॥ विरागंभजतेजंतुर्निर्वैरोनिरवग्रहः ३१ तस्मात्स्नेहंनलिप्सेतमित्रेभ्योधनसंचयात् ॥ स्वशरीरसमुत्थंचज्ञानेन
विनिवर्तयेत् ३२ ज्ञानान्वितेषुयुक्तेषुशास्त्रज्ञेषुकृतात्मसु ॥ नतेषुसज्जतेस्नेहःपद्मपत्रेष्विवोदकम् ३३ रागाभिभूतःपुरुषःकामेनपरिकृष्यते ॥ इच्छासंजायतेतस्य
ततस्तृष्णाविवर्धते ३४ तृष्णाहिसर्वपापिष्ठानित्योद्वेगकरीस्मृता ॥ अधर्मबहुलाचैवघोरापापानुबंधिनी ३५ यादुस्त्यजादुर्मतिभिर्यानजीर्यतिजीर्यतः ॥ योऽसौ
प्राणांतिकोरोगस्तांतृष्णांत्यजतःसुखम् ३६ अनाद्यंतातुसातृष्णाअंतर्देहगतानृणाम् ॥ विनाशयतिभूतानिअयोनिजइवानलः ३७ यथैधःस्वसमुत्थेनवह्निनानाश
मृच्छति ॥ तथाऽकृतात्मालोभेनसहजेनविनश्यति ३८ राजतःसलिलादग्नेश्चोरतःस्वजनादपि ॥ भयमर्थवतांनित्यंमृत्योःप्राणभृतामिव ३९ तथाह्यामिषमाकाशे
पक्षिभिःश्वापदैर्भुवि ॥ भक्ष्यतेसलिलेमत्स्यैस्तथासर्वत्रवित्तवान् ४० अर्थएवहिकेषांचिदनर्थंभजतेनृणाम् ॥ अर्थश्रेयसिचासक्तोनश्रेयोविंदतेनरः ४१ तस्मादर्था
गमाःसर्वेमनोमोहविवर्द्धनाः ॥ कार्पण्यंदर्पमानौचभयमुद्वेगएवच ४२ अर्थजानिविदुःप्राज्ञादुःखान्येतानिदेहिनाम् ॥ अर्थस्योत्पादनेचैवपालनेचतथाक्षये ४३

ततएवशास्त्रज्ञेषु कृतात्मसु ध्याने संस्कृतंचित्तेषु । तेषुप्रसिद्धेषुस्नेहोरागो नसज्जते नसंगंप्राप्नोति ३३ रागोरम्यवस्तुदर्शनेचित्तस्योत्फुल्लता । कामस्तल्लिप्सा । इच्छालब्धेतस्मिन्रुच्यतिशयात्पुनस्त
दभिलाषः । पुनःपुनस्तल्लाभेऽप्यतृप्तिस्तृष्णा ३४ । ३५ जीर्यतः जरामृत्युग्रस्तस्य ३६ अनाद्यंता तन्मूलवासनानामनादित्वात् अंतर्देहः बाह्यतरोदेहोऽन्नमयः बाह्यो लिंगशरीरं अंतर्देहो मनस्तद्ग
ता अयस्तप्तायःपिंडं निजःस्वरूपस्थः अनलोवन्हिः । अयोनिजमिवानलमितिपाठेतुनास्तिअलंपर्याप्तिर्यस्यतत् इंधनसहस्रैरतृप्तंतेजोऽग्न्याख्यमितिविशेष्यमध्याहृत्ययोज्यम् ३७ अकृतात्माअनिर्जितचे
ताः ३८ । ३९ । ४० केषांचिन्मूढानांधीमतामप्यर्थो नात्यंतिकश्रेयस्करइत्याह अर्थश्रेयसिअर्थसाध्येश्रेयसिज्योतिष्टोमादौ ४१ कार्पण्यमर्थव्ययोपस्थितौदैन्यं । दर्पःपरपरिभवेच्छा । मानोऽह
मेवश्रेष्ठइतिमतिः । भयंस्वत्वोच्छेदशंका । उद्वेगःशंकाकृतंचित्तस्यानवस्थितत्वम् ४२ । ४३

सहंतिसहंते ४४ अर्थादुःखंप्रयच्छंति यदिपरिसक्तुमिष्यंते तस्मान्नाशमर्थार्जनादिजंदुःखंनचिंतयेत् ४५ पिपासायास्तृष्णायाः ४६ नगृद्ध्येतइच्छांनकुर्यात् तत्रयौवनादौ ४७ संचयान् अर्थान् तज्जान् अर्थत्यागजान् अनीहार्थोयदृच्छालब्धोऽर्थः ४८ नस्पर्शनमस्पर्शनं सुप्सुपेतिनशब्देननैकधेत्यादिवत्समासः ४९ एवंसर्वेष्वर्थवद्यौवनादिषु अर्थतःधनात् ५० अर्थोपभोगःविषयोपभोगः अर्थेप्सुताधनेप्सुता। 'अर्थःप्रकारेविषये वित्तकारणवस्तुषु' इतिविश्वः। आत्मोपभोगेतिपठोनिर्मूलः ५१। ५२ भूतानामिति। देवपितृमनुष्याणामुपलक्षणंदृश्यते पंचमहायज्ञेषु। अपचमानेभ्यः 'यतिश्चब्रह्मचारीच पक्का

सहंतिचमहद्दुःखंघ्नंतिचैवार्थकारणात् ॥ अर्थादुःखंपरित्यक्तुंपालिताश्चैवशत्रवः ४४ दुःखेनचाधिगम्यंतेतस्मान्नाशंनचिंतयेत् ॥ असंतोषपरामूढाःसंतोषंयांतिपंडिताः ४५ अंतोनास्तिपिपासायाःसंतोषःपरमंसुखम् ॥ तस्मात्संतोषमेवेहपरंपश्यंतिपंडिताः ४६ अनित्यंयौवनंरूपंजीवितंरत्नसंचयः ॥ ऐश्वर्यंप्रियसंवासोगृद्ध्येत्तत्रनपंडितः ४७ त्यजेतसंचयांस्तस्मात्तज्जान्क्लेशान्सहेतच ॥ नहिसंचयवान्कश्चिद्दृश्यतेनिरुपद्रवः ॥ अतश्चधार्मिकैःपुंभिरनीहार्थःप्रशस्यते ४८ धर्मार्थंयस्यवित्तेहावरंतस्यनिरीहता ॥ प्रक्षालनाद्धिपंकस्यश्रेयोनस्पर्शनंनृणाम् ४९ युधिष्ठिरैवंसर्वेषुनस्पृहांकर्तुमर्हसि ॥ धर्मेणयदितेकार्यंविमुक्तेच्छोभवार्थतः ५० ॥ युधिष्ठिरउवाच ॥ नार्थोपभोगलिप्सार्थमियमर्थेप्सुताचमम ॥ भरणार्थंतुविप्राणांब्रह्मन्कांक्षेनलोभतः ५१ कथंह्यस्मद्विधोब्रह्मन्वर्त्तमानोगृहाश्रमे ॥ भरणंपालनंचापिनकुर्यादनुयायिनाम् ५२ संविभागोहिभूतानांसर्वेषामेवदृश्यते ॥ तथैवापचमानेभ्यःप्रदेयंगृहमेधिना ५३ तृणानिभूमिरुदकंवाक्चतुर्थीचसूनृता ॥ सतामेतानिगेहेषुनोच्छिद्यंतेकदाचन ५४ देयमार्तस्यशयनंस्थितश्रांतस्यचासनम् ॥ तृषितस्यचपानीयंक्षुधितस्यचभोजनम् ५५ चक्षुर्दद्यान्मनोदद्याद्वाचंदद्यात्सुभाषिताम् ॥ उत्थायचासनंदद्यादेषधर्मःसनातनः ॥ प्रत्युत्थायाभिगमनंकुर्यान्न्यायेनचार्चनाम् ५६ अग्निहोत्रमनड्वांश्चज्ञातयोऽतिथिबांधवाः ॥ पुत्रादाराश्चभृत्याश्चनिर्दहेयुरपूजिताः ५७ आत्मार्थंपाचयेन्नान्नंनवृथाघातयेत्पशून् ॥ नचतत्स्वयमश्नीयाद्विधिवद्यन्ननिर्वपेत् ५८ श्वभ्यश्चश्वपचेभ्यश्चवयोभ्यश्चावपेद्भुवि ॥ वैश्वदेवंहिनामैतत्सायंप्रातश्चदीयते ५९ विघसाशीभवेत्तस्मान्नित्यंचामृतभोजनः ॥ विघसोभुक्तशेषंतुयज्ञशेषंतथाऽमृतम् ६० चक्षुर्दद्यान्मनोदद्याद्वाचंदद्याच्चसूनृताम् ॥ अनुव्रजेदुपासीतसयज्ञःपंचदक्षिणः ६१ योदद्यादपरिक्लिष्टमन्नमध्वनिवर्तते ॥ श्रांतायादृष्टपूर्वायतस्यपुण्यफलंमहत् ६२ एवंयोवर्त्ततेवृत्तिंवर्तमानोगृहाश्रमे ॥ तस्यधर्मंपरंप्राहुःकथंवाविप्रमन्यसे ६३ ॥ शौनकउवाच ॥ अहोबतमहत्कष्टंविपरीतमिदंजगत् ॥ येनापत्रपतेसाधुरसाधुस्तेनतुष्यति ६४

त्स्वामिनावुभौ' इति स्मृतेर्यत्यादिभ्यः ५३ तृणान्यासनार्थानि ५४ स्थितश्रांतस्य स्थितःऊर्ध्वंस्थितस्तत्सहितस्यश्रांतस्यचासनंतृणमयंदद्यादतिथयेइतिशेषः ५५ न्यायेनवर्णाश्रमानुरूप्येण ५६ ५७ वृथा श्राद्धयज्ञादिनिमित्तंविना। 'देवान्पितॄन्समभ्यर्च्य खादन्मांसंनदोषभाक्' इति स्मृतेः। यदन्नंननिर्वपेन्नदद्यात् देवपितृभूतमनुष्येभ्य इतिशेषः ५८ विश्वंसर्वजातीयंप्राणिजातं देवोदेवता यस्यस्तद्विश्वदेवं स्वार्थेतद्धितः वैश्वदेवंनामकर्म ५९। ६०। ६१ अपरिक्लिष्टंकार्पण्यंविना अध्वनिवर्त्ततेमार्गस्थाय ६२ धर्मपरं गार्हस्थ्यात्परोधर्मोनास्तीतिभावः ६३ अपत्रपते निर्लज्जइत्यपवादंलभते ६४

अप्राज्ञइतिच्छेदः प्रकर्षेणअज्ञःप्राज्ञइतिवा शिश्नोदरकृतेइति दिव्यांगनाभोगलिप्सया दिव्यरूपादिभोगलिप्सयाच विघसंदेवताद्युपयुक्तशेषं कामुकोबहुकरोति मोहआत्माऽज्ञानंरागस्तज्जेप्रपंचेप्रीतिः वशंइच्छाऐश्वर्यंवा तैः आक्रांतः 'वशमिच्छाप्रभुत्वयोः' इतिविश्वः । इंद्रियार्थाःशब्दादयस्तेषां वशआयत्ततातदनुगस्तदर्थी ६५ हारिभिःहरणशीलैः एवंवर्णाश्रमाभिमानपूर्वकं यज्ञादीननुतिष्ठतामात्मस्वरूपाज्ञानात्तत्तत्कर्मफलतयोपस्थितेषु विषयेषु रागवतामिंद्रियैर्विषयान्प्रतिहृतानां तत्रनिमग्नचित्तानां परमार्थस्यात्यंतास्फुरणलक्षणं विमूढसंज्ञत्वंभवतीत्युक्तं ६६ तदुपपादयति। षडिति दीपप्रभावत्तैजसंमनो नेत्रादिद्वारा तत्तद्विषयंप्रतिगत्वा तदावरकमज्ञानमभिभाव्यतंविषयंप्रकाशयतियदा तदैषांविषयविदांमनस्तत्तद्विषयहानोपादानोपेक्षालोचनाख्यमननात्मकमंतःकरणंप्रादुर्भवतिविशेषेणपीनंभवति तत्रपूर्वसंकल्पजंयथापूर्वसंस्कारं हीनेऽप्युपादेयबुद्धिरुत्तमेहानबुद्धिर्विपरीतावाबुद्धिर्भवति सोऽयंमनःप्रादुर्भावः ६७ तस्मिंश्चजातेकिंस्यात्तदाह मनोयस्येति यस्यपुंसोमनः इंद्रियस्यैंद्रियाणांविषयान्शब्दादीन्सेवितुंयाति उच्छलति तस्यतद्विषयभोगार्थमौत्सुक्यं विलंबासहत्वंभवति चततः प्रवृत्तिर्जायते ६८ प्रवृत्तश्च लोभाग्नौमोहाग्नौपतति। यतःकामेनविषयबाणैर्निहतः अतिरागान्मुह्यतीत्यर्थः ६९ महामोहेअंधेतमसि ७० अविद्याआत्माज्ञानं ततःपरमानंदतिरोधानात्क्षुद्रानंदप्राप्तयेकर्म ततस्तत्फलभोगेष्वतृप्तिस्तृष्णा ७१ । ७२ अबुधानांगृहस्थानांविघसाशनमेवपरमोधर्मइतिमन्वानानांगतिः कर्मनिष्ठा

शिश्नोदरकृतेऽप्राज्ञःकरोतिविघसंबहु ॥ मोहरागवशाक्रांतइंद्रियार्थवशानुगः ६५ ह्रियतेबुध्यमानोऽपिनरोहारिभिरिंद्रियैः ॥ विमूढसंज्ञोदुष्टाश्वैरुद्भ्रांतैरिवसारथिः ६६ षडिंद्रियाणिविषयंसमागच्छंतिवैयदा ॥ तदाप्रादुर्भवत्येषांपूर्वसंकल्पजंमनः ६७ मनोयस्यैंद्रियस्येहविषयान्यातिसेवितुम् ॥ तस्यौत्सुक्यंसंभवति प्रवृत्तिश्चोपजायते ६८ ततःसंकल्पबीजेनकामेनविषयेषुभिः ॥ विद्धःपततिलोभाग्नौज्योतिर्लोभात्पतंगवत् ६९ ततोविहारैराहारैर्मोहितश्चयथेप्सया ॥ महामोहेसुखेमग्नोनात्मानमवबुध्यते ७० एवंपततिसंसारेतासुतास्विहयोनिषु ॥ अविद्याकर्मतृष्णाभिर्भ्राम्यमाणोऽथचक्रवत् ७१ ब्रह्मादिषुतृणांतेषुभूतेषुपरिवर्तते ॥ जलेभुवितथाऽऽकाशेजायमानःपुनःपुनः ७२ अबुधानांगतिस्त्वेषाबुधानामपिमेशृणु ॥ येधर्मेश्रेयसिरताविमोक्षरतयोजनाः ७३ तदिदंवेदवचनंकुरुकर्मत्यजेतिच ॥ तस्माद्धर्मानिमान्सर्वान्नाभिमानात्समाचरेत् ७४ इज्याध्ययनदानानितपःसत्यंक्षमादमः ॥ अलोभइतिमार्गोऽयंधर्मस्याष्टविधःस्मृतः ७५ अत्रपूर्वश्चतुर्वर्गःपितृयाणपथेस्थितः ॥ कर्त्तव्यमितियत्कार्यंनाभिमानात्समाचरेत् ७६ उत्तरोदेवयानस्तुसद्भिराचरितःसदा ॥ अष्टांगेनैवमार्गेणविशुद्धात्मासमाचरेत् ७७

फलमुक्तं बुधानांतेभ्योऽन्येषांसंन्यासिनामपिगतिंमेमत्तःशृणु धर्मेश्रेयसिप्रवृत्तिधर्मोऽपिप्रशस्यः निवृत्तिधर्मःप्रशस्यतरस्तस्मिन्रताः अतएवविमोक्षरतयः ७३ तदिदमिति । 'कुर्वन्नेवेहकर्माणिजिजीविषेच्छतंसमाः' इति । 'त्यजतैवहितज्ज्ञेयंसक्तुःप्रत्यक्परंपदं' इतिचद्विविधाअपिश्रुतयःसंति तत्रयेऽभिमानात्कर्मकुर्वंतेतेपूर्वोक्तरीत्यांऽधंतमोविशंति येचशुद्धाःसंन्यासिनस्तेकृतकृत्याएवभवंति तत्रतुमध्यमस्यगतिरियमित्याह तस्मादिति।तथाचवक्ष्यति ।'एतान्यपितुकर्माणिसंगंत्यक्त्वाफलानिच ॥ कर्त्तव्यानीतिमेपार्थ निश्चितंमतमुत्तमं' इति ७४ । ७५ पितृयाणपथे धूमादिमार्गे आवृत्तिफले। कर्त्तव्यमवश्यानुष्ठेयं नित्याग्निहोत्रसंध्योपासनादि । अभिमानात्संगात् ७६ उत्तरश्चतुर्वर्गः ससंदमःक्षमाअलोभश्च देवयानोऽर्चिरादिमार्गोऽनावृत्तिफलः अष्टांगेन वक्ष्यमाणसंकल्पसंबंधाद्यंगाष्टकवतामार्गेणप्रकारेण यत्कर्त्तव्यं तदाचरेदितिपूर्वेणसंबंधः। शुद्धात्मा शुद्धचित्तः ७७

संकल्पोमानसंकर्म तस्यसंबंधोनिरोधस्तेन अंतरिंद्रियनिग्रहाख्यः शमउक्तः। इंद्रियनिग्रहोदमः । व्रतविशेषः अहिंसादीनिव्रतानितेषांविशेषःसार्वभौमत्वं सर्वदेशकालेषुचसर्वप्रकारेणाहिंसात्यागइत्यर्थः ७८ आहारोहितमितमेध्याशनं तस्ययोगात्कर्मणांविधिवत्त्यागः ततश्चित्तनिरोधनात् ७९ । ८० । ८१ । ८२ कर्ममयी यज्ञयुद्धादिकर्मरूपसाधनप्रधानासिद्धिः पितृमातृमयी 'द्यौःपितापृथिवीमाता' इतिश्रुतेः परलोकेहलोकफलप्रधाना सात्वयाप्राप्तैव चकारएवशब्दार्थः तपसादेवताध्यानजपादिनायासिद्धिस्तां ८३ अनुग्रहात्तपसइतिशेषः ८४ ॥ इत्यारण्यकेपर्वणिनैलकंठीयेभारतभावदीपेद्वितीयोऽध्यायः ॥ २ ॥ ॥ शौनकेनेति १ । २ । ३ धर्मेणयोगमयेनेनतुकर्मणा ४ सूर्याराधनंविवक्षुःसूर्यस्यसार्वात्म्यंतावदाहप्ररोचनार्थं । सवितामसविता उत्पादकःपरमात्मेत्यर्थः ५ तेजोरसान्जलानि उद्धृत्यादायमहींनिविशते

सम्यक्संकल्पसंबंधात्सम्यक्चेंद्रियनिग्रहात् ॥ सम्यग्व्रतविशेषाच्चसम्यक्चगुरुसेवनात् ७८ सम्यगाहारयोगाच्चसम्यक्चाध्ययनागमात् ॥ सम्यक्कर्मोपसंन्यासात्सम्यक्चित्तनिरोधनात् ७९ एवंकर्माणिकुर्वंतिसंसारविजिगीषवः ॥ रागद्वेषविनिर्मुक्ताऐश्वर्यंदेवतागताः ८० रुद्राःसाध्यास्तथाऽऽदित्यावसवोऽथ तथाऽश्विनौ ॥ योगैश्वर्येणसंयुक्ताधारयंतिप्रजाइमाः ८१ तथात्वमपिकौंतेयशममास्थायपुष्कलम् ॥ तपसासिद्धिमन्विच्छयोगसिद्धिंचभारत ८२ पितृमातृमयीसिद्धिःप्राप्ताकर्ममयीचते ॥ तपसासिद्धिमन्विच्छद्विजानांभरणायवै ८३ सिद्धाहियद्यदिच्छंतिकुर्वंतेतदनुग्रहात् ॥ तस्मात्तपःसमास्थायकुरुष्वात्ममनोरथम् ८४ ॥ ॥ इ॰महाभा॰आरण्यकेप॰अ॰प॰पांडवानांप्रव्रजनेद्वितीयोऽध्यायः २ ॥ ॥ ॥ ॥ वैशंपायनउवाच ॥ शौनकेनैवमुक्तस्तुकुंतीपुत्रोयुधिष्ठिरः ॥ पुरोहितमुपागम्यभ्रातृमध्येऽब्रवीदिदम् १ प्रस्थितंमाऽनुयांतीमेब्राह्मणावेदपारगाः ॥ नचास्मिपोषणेशक्तोबहुदुःखसमन्वितः २ परित्यक्तुंनशक्तोऽस्मिदानशक्तिश्चनास्तिमे ॥ कथमत्रमयाकार्यंतद्ब्रूहिभगवन्मम ३ ॥ वैशंपायनउवाच ॥ मुहूर्त्तमिवसध्यात्वाधर्मेणान्विष्यतांगतिम् ॥ युधिष्ठिरमुवाचेदंधौम्योधर्मभृतांवरः ४ ॥ धौम्यउवाच ॥ पुरासृष्टानिभूतानिपीड्यंतेक्षुधयाभृशम् ॥ ततोऽनुकंपयातेषांसवितास्वपितायथा ५ गत्वोत्तरायणंतेजोरसानुद्धृत्यरश्मिभिः ॥ दक्षिणायनमावृत्तोमहींनिविशतेरविः ६ क्षेत्रभूतेततस्तस्मिन्नोषधीरोषधीपतिः ॥ दिवस्तेजःसमुद्धृत्यजनयामासवारिणा ७ निषिक्तश्चंद्रतेजोभिःस्वयोनौनिर्गतेरविः ॥ ओषध्यःषड्रसामेध्यास्तदन्नंप्राणिनांभुवि ८ एवंभानुमयंह्यन्नंभूतानांप्राणधारणम् ॥ पितैषसर्वभूतानांतस्मात्तंशरणंव्रज ९ राजानोहिमहात्मानोयोनिकर्मविशोधिताः ॥ उद्धरंतिप्रजाःसर्वास्तपआस्थायपुष्कलम् १० भीमेनकार्त्तवीर्येणवैन्येननहुषेणच ॥ तपोयोगसमाधिस्थैरुद्धृताह्यापदःप्रजाः ११ तथात्वमपिधर्मात्मन्कर्मणाचविशोधितः ॥ तपआस्थायधर्मेणद्विजातीन्भरभारत १२

स्वोष्मणामहींवासयति ६ ओषधीपतिश्चंद्रः दिवस्तेजः अंतरिक्षगतंमेघाकारेणपरिणतंतेजःउद्धृत्य मेघानुद्भाव्येत्यर्थः। जनयामास तदुत्थेनवारिणाओषधीः ७ स्वयोनौबीजेनिर्गते अंकुरादिरूपेणनिष्पन्नेसति रविरेवओषधीरूपोभवति तदन्नंताभ्यओषधीभ्योऽन्नंअदनीयंधान्यंतच्च पुनर्जलोष्मयोगादंकुरादिक्रमेणधान्ययोनिरिति रविरेवान्नमन्नयोनित्वात् । अन्येतु । यदादर्शे चंद्रेस्वयोनौसूर्यएकतांगच्छति तदाचंद्रतेजोभिरमृतमयैर्निषिक्तोभवति ततश्चंद्ररूपेणबहिर्निर्गत्य ओषधीराप्याययति तेनान्नंभवतीत्याहुः ८ । ९ । १० तपोयोगोव्रतस्वीकारस्तत्पूर्वकः समाधिर्ध्यानंतत्स्थैस्तन्निष्ठैः ११ धर्मेणध्यानेन १२

१३ । १४ । १५ सूर्योर्यमेति । अत्रसूर्योपाधिकंब्रह्मसर्वकर्तृत्वसर्वज्ञत्वंसर्वात्मत्त्वादिभिर्धर्मैःस्तूयते तद्यथा सूर्यः सूतेआलोकमितिसूर्यः १ अर्यमागतिमत्वात् २ भगःसर्वैश्वर्यसंपन्नत्वात् ३ त्व
ष्टाविश्वशिल्पकरत्वात् ४ पूषापोषकः ५ अर्कःअर्चनीयः ६ सविताजगत्प्रसवनात् ७ रविःवेदत्रयीशब्दमयः ८ गभस्तिमान्सहस्राकिरणः ९ अजोऽनादिः १० कालः मुहूर्तादिःतत्प्रवर्त्तकत्वा
त् ११ मृत्युःप्राणहर्ता १२ धाताजगत्कर्ता १३ प्रभाकरःदीप्तिकरः १४ । १६ पृथिवीत्यादिनामभिःसार्वात्म्यस्यैवप्रपंचः । परायणंमूलकारणं २० । १७ । २८ शुचिरग्निः २९ शौरिःकृष्णः ३०
१८ । ४० तेजसांपतिःसूर्यः ४१ धर्मध्वजोधर्मप्रधानः ४२ । ४३ वेदांगःवेदशरीरःत्रयीमयत्वात् ४४ । ४५ । १९ । ४८ कलिः सर्वमलाश्रयइत्येकंनाम ४९ । २० अश्वत्थःसंसारवृक्षःसए
वसंवत्सरकरः नतुषष्ठःपदार्थःकालोनामकश्चिदस्ति कालोपाधिभूतंद्रव्यमेवस्वस्यअतीतानागतादिव्यवहारहेतुर्भवतीतिभावः ५६ कालचक्रःकालप्रवर्त्तकोयोविभावसुःसइत्येकंनाम ५७ पुरुषः पूर्षुकर्मे
न्द्रियपंचकज्ञानेंद्रियपंचकमनआदिचतुष्टयप्राणादिपंचकभूतपंचककामकर्माविद्याख्यासुवसतीतिपुरुषःजीवरूपः ५८ सएवशाश्वतःआद्यंतशून्यः ५९ योगीकर्मज्ञानाधिकारी ६० व्यक्ताव्यक्तःकार्यकार

॥ जनमेजयउवाच ॥ कथंकुरूणामृषभःसतुराजायुधिष्ठिरः ॥ विप्रार्थमाराधितवान्सूर्यमद्भुतदर्शनम् १३ ॥ वैशंपायनउवाच ॥ शृणुष्वावहितो राजन्शु
चिर्भूत्वासमाहितः ॥ क्षणंचकुरुराजेंद्रसंप्रवक्ष्याम्यशेषतः १४ धौम्येनतुयथापूर्वंपार्थायसुमहात्मने ॥ नामाष्टशतमाख्यातंतच्छृणुष्वमहामते १५ ॥ धौ
म्यउवाच ॥ सूर्योऽर्यमाभगस्त्वष्टापूषार्कःसवितारविः ॥ गभस्तिमानजःकालोमृत्युर्धाताप्रभाकरः १६ पृथिव्यापश्चतेजश्चखंवायुश्चपरायणम् ॥ सोमो
बृहस्पतिःशुक्रोबुधोंऽगारकएवच १७ इंद्रोविवस्वान्दीप्तांशुःशुचिःशौरिःशनैश्चरः ॥ ब्रह्माविष्णुश्चरुद्रश्चस्कंदोवैवरुणोयमः १८ वैद्युतोजाठरश्चाग्निरैंधनस्ते
जसांपतिः ॥ धर्मध्वजोवेदकर्त्तावेदांगोवेदवाहनः १९ कृतंत्रेताद्वापरश्चकलिःसर्वमलाश्रयः ॥ कलाकाष्ठामुहूर्त्ताश्चक्षपायामस्तथाक्षणः २० संवत्सरकरोऽश्व
त्थःकालचक्रोविभावसुः ॥ पुरुषःशाश्वतोयोगीव्यक्ताव्यक्तःसनातनः २१ कालाध्यक्षःप्रजाध्यक्षोविश्वकर्मातमोनुदः ॥ वरुणःसागरोंऽशश्चजीमूतोजीवनोऽ
रिहा २२ भूताश्रयोभूतपतिःसर्वलोकनमस्कृतः ॥ स्रष्टासंवर्त्तकोवह्निःसर्वस्यादिरलोलुपः २३ अनंतःकपिलोभानुःकामदःसर्वतोमुखः ॥ जयोविशालोवरदः
सर्वधातुनिषेचिता २४ मनःसुपर्णोभूतादिःशीघ्रगःप्राणधारकः ॥ धन्वंतरिर्धूमकेतुरादिदेवोऽदितेःसुतः २५ द्वादशात्माऽरविंदाक्षःपितामातापितामहः ॥
स्वर्गद्वारंप्रजाद्वारंमोक्षद्वारंत्रिविष्टपम् २६ देहकर्त्ताप्रशांतात्माविश्वात्माविश्वतोमुखः ॥ चराचरात्मासूक्ष्मात्मामैत्रेयःकरुणान्वितः २७

णात्मा ६१ सनातनोनिरुपाधिः ६२ । २१ । ६५ तमोनुदःअज्ञानहंतामोक्षदइत्यर्थः ६६ अंशःअंशयतिविभाजयतिकर्मफलानीत्यंशः ६९ । ७० जीवनःजलवज्जीवनहेतुः ७१ । ७२ । २२
संवर्तकःप्रलयकालिकोवह्निरित्येकं ७७ । २३ सर्वेषांधातूनांत्वगादीनांदेहगतानां निषेचितासेचकआप्यायकः ८८ । २४ । मनोरूपीसुपर्णइत्येकं ८९ भूतादिरहंकारः ९० आदिदेवोऽदितेःसुतः
इत्येकंनाम विष्णुरित्यर्थः ९५ । २५ पितामातापितामहः द्यावापृथिव्योःपिताहिरण्यगर्भस्तस्यापिपितेत्यर्थः ९८ स्वर्गद्वारंब्रह्मलोकप्राप्तिद्वारं 'सूर्यद्वारेणतेविरजाःप्रयांति'इतिश्रुतेस्तदेवप्रजाद्वारं
'अग्नौप्रास्ताहुतिःसम्यगादित्यमुपतिष्ठते । आदित्याज्जायतेवृष्टिर्वृष्टेरन्नंततःप्रजाः'इति क्रमेणइहपरलोकप्रापकइत्यर्थः ९९ मोक्षद्वारंक्रममुक्तिस्थानभूतंत्रिविष्टपंस्वर्गभूमिरित्येकं १०० । २६ मैत्रेयः
मित्रेषुसर्वभूताभयप्रदेषुसाधुर्मैत्रेयः १०७ करुणान्वितइति पतितत्रासादीनामपित्रातेत्यर्थः १०८ । २७

२८ । २९ । ३० शुचिश्वासौसुमनाश्वेतिकर्मधारयः शोकएवदवाग्निर्यस्मिन् तस्मात्सागरात्सागरवदपारात्संसारात् ३१ विप्रत्यागसमाधिस्थःविप्रेभ्यस्त्यागः सज्यमानमन्नंतदर्थसमाधिस्थःनियमस्थः यूपदार्वादिवत्प्रकृतिविकाराभावेपिचतुर्थीसमासः अश्वघासादिवत्षष्ठीसमासोवा । संयतात्मानियमितचित्तः ३२ तपःसूर्याष्टशतनामजपाख्यम् ३३ योगंचित्तैकाग्र्यं आस्थायकृत्वा ३४ प्राणानामासमंतात्यमनंनिग्रहस्तेनप्राणायामेन आरब्धवान् ततःजपानंतरम् ३५ चक्षुःचक्षुरादिप्रवर्तकत्वात् बाह्यरूपेणचचक्षुरनुग्राहकत्वात् अतएवसर्वदेहिनामात्मायोनिःउत्पत्तिलयस्थानं भूतानांवियदादीनाम् आचारः आसमंताचारयतीत्याचारोऽतर्यामी ३६ सांख्यानांज्ञाननिष्ठानांयोगिनांचित्तनिरोधकानामनावृतार्गलद्वारंत्वं आवृणोतीत्यावृतंकपाटंकर्तरिक्तः अर्गलाकपाटविष्टंभकंतिर्यक्काष्ठं तदुभयरहितंमुक्तिद्वारंत्वं मुमुक्षतांगतिश्चत्वमेव

एतद्वैकीर्त्तनीयस्यसूर्यस्यामिततेजसः ॥ नामाष्टशतकंचेदंप्रोक्तमेतत्स्वयंभुवा २८ सुरगणपितृयक्षसेवितंह्यसुरनिशाचरसिद्धवंदितम् ॥ वरकनकहुताशनप्रभंप्रणिपतितोऽस्मिहितायभास्करम् २९ सूर्योदयेयःसुसमाहितःपठेत्सपुत्रदारान्धनरत्नसंचयान् ॥ लभेतजातिस्मरतांनरःसदाधृतिंचमेधांचसविंदतेपुमान् ३० इमंस्तवंदेववरस्ययोनरःप्रकीर्तयेच्छुचिसुमनाःसमाहितः ॥ विमुच्यतेशोकदवाग्निसागराल्लभेतकामान्मनसायथेप्सितान् ३१ ॥ वैशंपायनउवाच ॥ एवमुक्तस्तुधौम्येनतत्कालसदृशंवचः ॥ विप्रत्यागसमाधिस्थःसंयतात्मादृढव्रतः ३२ धर्मराजोविशुद्धात्मातपआतिष्ठदुत्तमम् ॥ पुष्पोपहारैर्बलिभिरर्चयित्वादिवाकरम् ३३ सोऽवगाह्यजलंराजादेवस्याभिमुखोऽभवत् ॥ योगमास्थायधर्मात्मावायुभक्षोजितेंद्रियः ३४ गांगेयंवार्युपस्पृश्यप्राणायामेनतस्थिवान् ॥ शुचिःप्रयतवाग्भूत्वास्तोत्रमारब्धवांस्ततः ३५ ॥ युधिष्ठिरउवाच ॥ त्वंभानोजगतश्चक्षुस्त्वमात्मासर्वदेहिनाम् ॥ त्वंयोनिःसर्वभूतानांत्वमाचारःक्रियावताम् ३६ त्वंगतिःसर्वसांख्यानांयोगिनांत्वंपरायणम् ॥ अनावृतार्गलद्वारंत्वंगतिस्त्वंमुमुक्षताम् ३७ त्वयासंधार्यतेलोकस्त्वयालोकःप्रकाश्यते ॥ त्वयापवित्रीक्रियतेनिर्व्याजंपाल्यतेत्वया ३८ त्वामुपस्थायकालेतुब्राह्मणावेदपारगाः ॥ स्वशाखाविहितैर्मंत्रैरर्चंत्यृषिगणार्चित ३९ तवदिव्यंरथंयांतमनुयांतिवरार्थिनः ॥ सिद्धचारणगंधर्वायक्षगुह्यकपन्नगाः ४० त्रयस्त्रिंशच्चवैदेवास्तथावैमानिकागणाः ॥ सोपेंद्राःसमहेंद्राश्चत्वामिष्ट्वासिद्धिमागताः ४१ उपयांत्यर्चयित्वातुत्वांवैप्राप्तमनोरथाः ॥ दिव्यमंदारमालाभिस्तूर्णंविद्याधरोत्तमाः ४२ गुह्याःपितृगणाःसप्तयेदिव्यायेचमानुषाः ॥ तेपूजयित्वात्वामेवगच्छंत्याशुप्रधानताम् ४३ वसवोमरुतोरुद्रायेचसाध्यामरीचिपाः ॥ वालखिल्यादयःसिद्धाःश्रेष्ठत्वंप्राणिनांगताः ४४ सब्रह्मकेषुलोकेषुसप्तस्वप्यखिलेषुच ॥ नतद्भूतमहंमन्येयदर्कादतिरिच्यते ४५ संतिचान्यानिसत्वानिवीर्यवंतिमहांतिच ॥ नतुतेषांतथादीप्तिःप्रभावोवायथातव ४६ ज्योतींषित्वयिसर्वाणित्वंसर्वज्योतिषांपतिः ॥ त्वयिसत्यंचसत्त्वंचसर्वेभावाश्चसात्त्विकाः ४७

प्राप्यंपदमपित्वमेवेत्यर्थः ३७ निर्व्याजंराजवत्प्रत्युपकाराशारूपंमिषंविनाकेवलंकृपयैवेत्यर्थः ३८ । ३९ । ४० त्रयस्त्रिंशत 'अष्टौवसवएकादशरुद्राद्वादशादित्याःप्रजापतिश्चवषट्कारश्च' इतिश्रुतिप्रसिद्धाःगणास्तदन्यानिविश्वेदेवादीनिसमुदायदैवतानि सिद्धिंज्ञानम् ४१ उपयांतित्वामेव त्वांअर्चयित्वातुप्राप्तमनोरथाभवंति ४२ सप्तार्यमाग्निष्वात्तादयः प्रधानतांजगत्कारणताम् ४३ । ४४ अस्यसार्वात्म्यमाह सब्रह्मकेष्विति । नमन्येनास्तीतिमन्येसर्वस्यैकात्म्यात् ४५ । ४६ सत्यं सत्पृथिव्यप्तेजांसि सत् वाय्वाकाशौ तदात्मकंसत्यं सत्त्वंबुद्धिसत्त्वंसात्त्विकाभावाः धर्मोज्ञानंविरागऐश्वर्यमित्याद्याः ४७

सुनाभंसुदर्शनम् ४८ । ४९ । ५० प्रावाराःवस्त्रविशेषाः ५१ त्रयोदशद्वीपवर्तीसुदर्शनाद्यवांतरद्वीपयोगात् गोभिःरश्मिभिः ५२ । ५३ । ५४ । ५५ अमानवस्येतिच्छेदः अमानवोऽर्चिरादिमार्गेणगतस्यब्र
ह्मलोकप्रापकःपुरुषः ५६ । ५७ त्वद्दीधितयस्त्वत्किरणाः सैरावताःमेघस्योपरियोमेघःसऐरावतस्तत्सहिताः आभूतंयावच्चतुर्विधभूतग्रामंतस्यसंप्लवःजलेनाभिप्लावनम् ५८ द्वादशधा । ' अरुणोमाघमासेतुसू
र्योवैफाल्गुनेतथा ' इत्यादिस्मृत्युक्तारुणादिरूपेण ५९ । ६० हंतिगच्छतिविश्वंसंहरतीतिवाहंसः वृषाकपिःहरोहरिर्वा ६१ गवांरश्मीनाम् ६२ सप्तसप्तिःसप्ताश्वः धामकेशीज्योतिर्मयकिरणवान् आशुगामीस

त्वत्तेजसाकृतंचक्रंसुनाभंविश्वकर्मणा ॥ देवारीणांमदोयेननाशितःशार्ङ्गधन्वना ४८ त्वमादायांशुभिस्तेजोनिदाघेसर्वदेहिनाम् ॥ सर्वौषधिरसानांचपुनर्वर्षा सुमुंचसि ४९ तपंत्यन्येदहंत्यन्येगर्जंत्यन्येतथाघनाः ॥ विद्योतंतेप्रवर्षंतितवप्रावृषिरश्मयः ५० नतथासुखयत्यग्निर्नप्रावारानकंबलाः ॥ शीतवातार्दितं लोकंयथातवमरीचयः ५१ त्रयोदशद्वीपवतींगोभिर्भासयसेमहीम् ॥ त्रयाणामपिलोकानांहितायैकःप्रवर्त्तसे ५२ तवयद्युदयोनस्यादंधंजगदिदंभवेत् ॥ नच धर्मार्थकामेषुप्रवर्त्तेरन्मनीषिणः ५३ आधानपशुबंधेष्टिमंत्रयज्ञतपःक्रियाः ॥ त्वत्प्रसादादवाप्यंतेब्रह्मक्षत्रविशांगणैः ५४ यदहर्ब्रह्मणःप्रोक्तंसहस्रयुगसंमितम् ॥ तस्यत्वमादिरंतश्चकालज्ञैःपरिकीर्तितः ५५ मनूनांमनुपुत्राणांजगतोऽमानवस्यच ॥ मन्वंतराणांसर्वेषामीश्वराणांत्वमीश्वरः ५६ संहारकालेसंप्राप्तेतवक्रोध विनिःसृतः ॥ संवर्त्तकाग्निस्त्रैलोक्यंभस्मीकृत्यावतिष्ठते ५७ त्वद्दीधितिसमुत्पन्नानानावर्णामहाघनाः ॥ सैरावताःसाशनयःकुर्वंत्याभूतसंप्लवम् ५८ कृत्वाद्वाद शधाऽऽत्मानंद्वादशादित्यतांगतः ॥ संहृत्यैकार्णवंसर्वंत्वंशोषयसिरश्मिभिः ५९ त्वामिंद्रमाहुस्त्वंरुद्रस्त्वंविष्णुस्त्वंप्रजापतिः ॥ त्वमग्निस्त्वंमनःसूक्ष्मंप्रभुस्त्वं ब्रह्मशाश्वतम् ६० त्वंहंसःसविताभानुरंशुमालीवृषाकपिः ॥ विवस्वान्मिहिरःपूषामित्रोधर्मस्तथैवच ६१ सहस्ररश्मिरादित्यस्तपनस्त्वंगवांपतिः ॥ मार्तं डोऽर्कोरविःसूर्यःशरण्योदिनकृत्तथा ६२ दिवाकरःसप्तसप्तिर्धामकेशीविरोचनः ॥ आशुगामीतमोघ्नश्चहरिताश्वश्चकीर्त्यसे ६३ सप्तम्यामथवाषष्ठ्यांभक्त्यापूजां करोतियः ॥ अनिर्विण्णोऽनहंकारीतंलक्ष्मीर्भजतेनरम् ६४ नतेषामापदःसंतिनाधयोव्याधयस्तथा ॥ येतवानन्यमनसाकुर्वंत्यर्चनवंदनम् ६५ सर्वरोगैर्विर हिताःसर्वपापविवर्जिताः ॥ त्वद्भावभक्ताःसुखिनोभवंतिचिरजीविनः ६६ त्वंममापन्नकामस्यसर्वातिथ्यंचिकीर्षतः ॥ अन्नमन्नपतेदातुमभितःश्रद्धयार्हसि ६७ येचतेऽनुचराःसर्वेपादोपांतंसमाश्रिताः ॥ माठरारुणदंडाद्यास्तांस्तान्वंदेऽशनिक्षुभान् ६८ क्षुभयासहितामैत्रीयाश्चान्याभूतमातरः ॥ ताश्चसर्वानमस्यामि पांतुमांशरणागतम् ६९ ॥ वैशंपायनउवाच ॥ एवंस्तुतोमहाराजभास्करोलोकभावनः ॥ ततोदिवाकरःप्रीतोदर्शयामासपांडवम् ॥ दीप्यमानःस्ववपुषाज्वल न्निवहुताशनः ७०

त्राशावहइतिपाठेदिव्यव्यवहारनिर्वाहकः आशायाःप्रसिद्धायाइष्टार्थसमर्पणेनपूरकोवा ६३ अनिर्विण्णःपूजनेआसक्तः ६४ । ६५ त्वद्भावभक्ताःसूर्यएवसर्वत्रास्तीतिभावोभावना तत्रभक्ताआदृताः ६६ श्रद्धया आतिथ्यंचिकीर्षतइतिसंबंधः ६७ अशनिक्षुभान् विद्युद्दशन्यादिप्रवर्त्तकान् ६८ क्षुभामैत्र्यौनिग्रहानुग्रहकर्त्र्यौदेवते भूतमातरः गौरीपद्मादयः ब्राह्मीमाहेश्वर्यादयश्च ६९ । ७०

७१ गृण्हीष्वगृहाण पिठरंपरिवेषणपात्रं ताम्रंताम्रमयं वत्स्यतिवृत्तिंजनजीविकारूपांकरिष्यति पात्रेणपात्रप्रसूतेनान्नेन ७२ यावद्वत्स्यतितावदन्नाद्यमोदनादिकमक्षय्यंभविष्यतीतिसंबंधः चतुर्विधंलेह्यंचो ष्यंभक्ष्यंपेयंच ७३ । ७४ । ७५ । ७६ । ७७ । ७८ । ७९ । ८० महानसेपाकशालायां साधयामासकारयामासअन्नमितिशेषः ८१ संस्कृतंपक्कम् ८२ । ८३ पार्षती पृषतःद्रुपदपितुःगोत्रापत्यम् ८४ यज्ञि यार्थाःयज्ञार्हाणिवस्तूनि आज्यपशुपुरोडाशीयादीनि प्रवर्ततेनिःसरंति । विधिमंत्रप्रमाणतः विधिर्वसंतेवसंतेज्योतिषायजेतेत्यादिरज्ञातज्ञापनरूपः । मंत्रःअनुष्ठेयार्थस्मारकइषेत्वेत्यादिः तावेवप्रमाणे ताभ्या

॥ विवस्वानुवाच ॥ यत्तेऽभिलषितंकिंचित्तत्त्वंसर्वमवाप्स्यसि ॥ अहमन्नंप्रदास्यामिसप्तपंचचतेसमाः ७१ गृह्णीष्वपिठरंताम्रंमयादत्तंनराधिप ॥ यावद्वत्स्यं तिपांचालीपात्रेणानेनसुव्रत ७२ फलमूलामिषंशाकंसंस्कृतंयन्महानसे ॥ चतुर्विधंतदन्नाद्यमक्षय्यंतेभविष्यति ७३ इतश्चतुर्दशेवर्षेभूयोराज्यमवाप्स्यसि ॥ वैशंपायनउवाच ॥ एवमुक्त्वातुभगवांस्तत्रैवांतरधीयत ७४ इमंस्तवंप्रयतमनाःसमाधिनापठेदिहान्योऽपिवरंसमर्थयन् ॥ तत्तस्यदद्याच्चरविर्मनीषितंतदाप्नुया द्यद्यपितत्सुदुर्लभम् ७५ यश्चेदंधारयेन्नित्यंशृणुयाद्वाऽप्यभीक्ष्णशः ॥ पुत्रार्थीलभतेपुत्रंधनार्थीलभतेधनम् ॥ विद्यार्थीलभतेविद्यांपुरुषोऽप्यथवास्त्रियः ७६ उभेसंध्ये पठेन्नित्यंनारीवापुरुषोयदि ॥ आपदंप्राप्यमुच्येतबद्धोमुच्येतबंधनात् ७७ एतद्ब्रह्मादददौपूर्वंशक्रायसुमहात्मने ॥ शक्राच्चनारदःप्राप्तोधौम्यस्तुतदनंतरम् ॥ धौम्याद्यु धिष्ठिरःप्राप्यसर्वान्कामानवाप्तवान् ७८ संग्रामेचजयेन्नित्यंविपुलंचाप्नुयाद्वसु ॥ मुच्यतेसर्वपापेभ्यःसूर्यलोकंसगच्छति ७९ ॥ वैशंपायनउवाच ॥ लब्ध्वावरं तुकौंतेयोजलादुत्तीर्यधर्मवित् ॥ जग्राहपादौधौम्यस्यभ्रातॄंश्चपरिषस्वजे ८० द्रौपद्यासहसंगम्यवंद्यमानस्तयाप्रभुः ॥ महानसेतदानींतुसाधयामासपांडवः ८१ संस्कृतंप्रसवंयातिस्वल्पमन्नंचतुर्विधम् ॥ अक्षय्यंवर्धतेचान्नंतेनभोजयतेद्विजान् ८२ भुक्तवत्सुचविप्रेषुभोजयित्वाऽनुजानपि ॥ शेषंविघससंज्ञंतुपश्चाद्भुंक्तेयु धिष्ठिरः ८३ युधिष्ठिरंभोजयित्वाशेषमश्नातिपार्षती ॥ द्रौपद्यांभुज्यमानायांतदन्नंक्षयमेतिच ॥ एवंदिवाकरात्प्राप्यदिवाकरसमप्रभः ८४ कामान्मनोभिलषितान् ब्राह्मणेभ्योऽददात्प्रभुः ॥ पुरोहितपुरोगाश्चतिथिनक्षत्रपर्वसु ॥ यज्ञियार्थाःप्रवर्तंतेविधिमंत्रप्रमाणतः ८५ ततःकृतस्वस्त्ययनाधौम्येनसहपांडवाः ॥ द्विजसंघैः परिवृताःप्रययुःकाम्यकंवनम् ८६ इत्यारण्यकेप०अरण्यपर्वणिकाम्यकवनप्रवेशे तृतीयोऽध्यायः ॥ ३ ॥ ॥ वैशंपायनउवाच ॥ वनंप्रविष्टेष्वथपांडवेषुप्रज्ञाचक्षु स्तप्यमानोऽम्बिकेयः ॥ धर्मात्मानंविदुरमगाधबुद्धिंसुखासीनोवाक्यमुवाचराजा १ ॥ धृतराष्ट्रउवाच ॥ प्रज्ञाचतेभार्गवस्येवशुद्धाधर्मंचत्वंपरमंवेत्थसूक्ष्मम् ॥ समश्चत्वंसंमतःकौरवाणांपथ्यंचैषांममचैवब्रवीहि २

मित्यर्थः ८५ । ८६ ॥ ॥ इत्यारण्यकेपर्वणिनैलकंठीये भारतभावदीपेकाम्यकप्रवेशे तृतीयोऽध्यायः ॥ ३ ॥ ॥ ॥ ननुएवंकर्मजसिद्ध्यपेक्षयायोगजासिद्धेःप्राबल्यंचेत् किमितिसर्वेऽपितांना द्रियंतइत्याशंक्य मूढाःदृष्टद्वारकफलेष्वर्थेषुहितोपदेष्टारंद्विषंति किमुतादृष्टद्वारकेष्वित्याह वनंप्रविष्टेष्वित्यध्यायेन । आंबिकेयइतिपूर्ववरूपमार्षम् १ सूक्ष्मोधर्मोज्ञानंतद्वत्त्वादेव त्वं कौरवाणां पांडवधार्तराष्ट्रा णांसमः पक्षपातशून्यः एषांपांडवानां ममचसपुत्रस्येतिशेषः २

एवंगते एवंपांडवप्रव्राजनाद्युक्तरूपेसंकटेगतेप्राप्तेसति । उद्धरेयुःउन्मूलयेयुः ३ । ४ सइति । यउक्तविधःसएवधर्मोयुधिष्ठिररूपोविप्रलब्धःवंचितः अक्षवत्यांद्यूतक्रीडायां सत्यासंधाप्रतिज्ञायस्यतं ५ दुष्प्रणीतस्यदुरात्मभिःकृतस्य शेषस्य पांडवमानहानिलक्षणस्यवधस्य उपायंदोषप्रशांतिप्रकारं ६ अभिमृष्टंदत्तं स्वकेनधनेनेतिशेषः ७ एवंकृतेसति त्वांधर्मोनस्यादितिनैव किंतुस्यादेव स्यादित्यव्ययंसज्ञेदित्यर्थे ८ एवंकृत्वा शेषंनष्टावशिष्टंभाग्यं ९ । १० । ११ चकर्थकृतवान् इदंच वक्ष्यमाणंच कर्त्ताकरिष्यसि १२ एकराज्यंयदिअनुमंता तर्हितापोनभविता नचेत् यदिवानुमंता तर्हिसुतंनिगृ

एवंगतेविदुरयदद्यकार्यंपौराश्चेमेकथमस्मान्भजेरन् ॥ तेचाप्यस्मान्नोद्धरेयुःसमूलांस्तत्त्वंब्रूयाःसाधुकार्याणिवेत्सि ३ ॥ विदुरउवाच ॥ त्रिवर्गोऽयंधर्ममूलो नरेंद्रराज्यंचेदंधर्ममूलंवदंति ॥ धर्मेराजन्वर्त्तमानःस्वशक्त्यापुत्रान्सर्वान्पाहिपांडोःसुतांश्च ४ सवैधर्मोविप्रलब्धःसभायांपापात्मभिःसौबलेयप्रधानैः ॥ आहूयकुंतीसुतमक्षवत्यांपराजैषीत्सत्यसंधंसुतस्ते ५ एतस्यतेदुष्प्रणीतस्यराजञ्छेषस्याहंपरिपश्याम्युपायम् ॥ यथापुत्रस्तवकौरव्यपापान्मुक्तोलोकेप्रतितिष्ठेतसाधु ६ तद्वैसर्वंपांडुपुत्रालभंतांयत्तद्राजन्नभिसृष्टंत्वयासीत् ॥ एषधर्मःपरमोयत्स्वकेनराजातुष्येन्नपरस्वेषुगृद्ध्येत् ७ यशोननश्येज्ज्ञातिभेदश्चनस्याद्धर्मोनस्यान्नैवचैवंकृतेत्वाम् ॥ एतत्कार्यंतवसर्वप्रधानंतेषांतुष्टिःशकुनेश्चावमानः ८ एवंशेषंयदिपुत्रेषुतेस्यादेतद्राजंस्त्वरमाणःकुरुष्व ॥ तथैतदेवंनकरोषिराजन्ध्रुवंकुरूणांभविताविनाशः ९ नहिक्रुद्धोभीमसेनोऽर्जुनोवाशेषंकुर्याच्छात्रवाणामनीके ॥ येषांयोद्धासव्यसाचीकृतास्त्रोधनुर्येषांगांडिवंलोकसारम् १० येषांभीमोबाहुशालीचयोद्धातेषांलोकेकिंनुनप्राप्यमस्ति ॥ उक्तंपूर्वंजातमात्रेसुतेतेमयायत्तेहितमासीत्तदानीम् ११ पुत्रंत्यजेममहितंकुलस्यहितंपरंनचतत्त्वंचकर्थ ॥ इदंचराजन्हितमुक्तंनचेत्त्वमेवंकर्त्तापरितप्ताऽसिपश्चात् १२ यद्येतदेवमनुमंतासुतस्तेसंप्रीयमाणःपांडवैरेकराज्यम् ॥ तापोनतेभवितापीतियोगान्नचेन्निगृण्हीष्वसुतंसुखाय १३ दुर्योधनंत्वहितंवैनिगृह्यपांडोःपुत्रंप्रकुरुष्वाधिपत्ये ॥ अजातशत्रुर्हिविमुक्तरागोधर्मेणेमांपृथिवींशास्तुराजन् १४ ततोराजन्पार्थिवाःसर्वएववैश्याइवास्माननुपतिष्ठंतुसद्यः ॥ दुर्योधनःशकुनिःसूतपुत्रःप्रीत्याराजन्पांडुपुत्रान्भजंतु १५ दुःशासनोयाचतुभीमसेनंसभामध्येद्रुपदस्यात्मजांच ॥ युधिष्ठिरंत्वंपरिसांत्वयस्वराज्येचैनंस्थापयस्वाभिपूज्य १६ त्वयापृष्टःकिमहमन्यद्वदेयमेतत्कृत्वाकृतकृत्योसिराजन् १७ ॥ धृतराष्ट्रउवाच ॥ एतद्वाक्यंविदुरयत्तेसभायामिहप्रोक्तंपांडवान्प्राप्यमांच ॥ हितंतेषामहितंमामकानामेतत्सर्वंममनावैतिचेतः १८ इदंत्विदानींगतएवनिश्चितंतेषामर्थेपांडवानांयदात्थ ॥ तेनाद्यमन्येनासिहितोममेतिकथंहिपुत्रंपांडवार्थेत्यजेयम् १९

ण्हीष्व १३ पक्षांतरमाह दुर्योधनमिति १४ । १५ याचतु मदपराधंक्षमस्वेतिप्रार्थयतु १६ । १७ नावैति नांगीकरोति १८ तत्रहेतुमाह इदमिति । तथादुर्योधनबंधनं युधिष्ठिरायराज्यप्रदानमित्येवंप्रकारकंमुख्योपायंयदात्थ तदिदंकृतएवंनिश्चितं नकुतश्चित् । गतइतिपाठे पांडवानामर्थे गतःप्राप्तइत्यर्थः । लब्धपदाःपांडवाः मदीयान्नहिंस्युरित्यत्र नियामकंनास्तीतिभावः १९

२० जिह्मंकुटिलं २१ नेदमस्तीदंकुलं २२ ॥ ॥ इत्यारण्यकेप० नैलकंठीयेभारतभावदीपेचतुर्थोऽध्यायः ॥ ४ ॥ हितोपदेशेऽपिदुष्टाःकुप्यंतीत्युक्त्वा संतस्तत्रैवतुष्यंतीत्याह पांडवाइत्य ध्यायेन १ । २ मरुधन्वसु मरुषुनिर्जलदेशेषु धन्वसुजांगलदेशेषु । 'धन्वाजांगलदेशेस्यात्' इतिविश्वः ३ । ४ । ५ । ६ आराहूरतः ७ । ८ आद्रवआगच्छ अपयातुंनिवर्तितुं संशयिते पणी

असंशयंतेऽपिममैवपुत्रादुर्योधनस्तुममदेहात्प्रसूतः ॥ स्वंवैदेहंपरहेतोस्त्यजेतिकोनुब्रूयात्समतामन्ववेक्ष्य २० समांजिह्मंविदुरसर्वंब्रवीषिमानंचतेऽहमधिकंधारयामि ॥ यथेच्छकंगच्छवातिष्ठवात्वंसुसांत्व्यमानाऽप्यसतीस्त्रीजहाति २१ ॥ वैशंपायनउवाच ॥ एतावदुक्त्वाधृतराष्ट्रोऽन्वपद्यदंतर्वेश्मसहसोत्थायराजन् ॥ नेदमस्तीत्यथविदुरोभाषमाणःसंप्राद्रवद्यत्रपार्थाबभूवुः २२ ॥ इत्यारण्यकेप० अ० प० विदुरवाक्यप्रत्याख्यानेचतुर्थोऽध्यायः ॥ ॥ ४ ॥ वैशंपायनउवाच ॥ पांडवास्तुवनेवासमुद्दिश्यभरतर्षभाः ॥ प्रययुर्जाह्नवीकूलात्कुरुक्षेत्रंसहानुगाः १ सरस्वतीदृषद्वत्यौयमुनांचनिषेव्यते ॥ ययुर्वनेनैववनंसततंपश्चिमांदिशम् २ ततःसरस्वतीकूलेसमेषुमरुधन्वसु ॥ काम्यकंनामददृशुर्वनंमुनिजनप्रियम् ३ तत्रतेन्यवसन्वीरावनेबहुमृगद्विजे ॥ अन्वास्यमानामुनिभिःसांत्व्यमानाश्चभारत ४ विदुरस्त्वथपांडूनांसदादर्शनलालसः ॥ जगामैकरथेनैवकाम्यकंवनमृद्धिमत् ५ ततोगत्वाविदुरःकाम्यकंतच्छीघ्रैरश्वैर्वाहिनास्यंदनेन ॥ ददर्शासीनंधर्मात्मानंविविक्तेसार्द्धंद्रौपद्याभ्रातृभिर्ब्राह्मणैश्च ६ ततोऽपश्यद्विदुरंतूर्णमारादभ्यायांतंसत्यसंधःसराजा ॥ अथाब्रवीद्भ्रातरंभीमसेनांकिंनुक्षत्तावक्ष्यतिनःसमेत्य ७ कच्चिन्नायंवचनात्सौबलस्यसमाह्वातादेवनायोपयातः ॥ कच्चित्क्षुद्रःशकुनिर्नायुधानिजेष्यत्यस्मान्पुनरेवाक्षवत्याम् ८ समाहूतःकेनचिदाद्रवेतिनाहंशक्तोभीमसेनापयातुम् ॥ गांडीवेचसंशयितेकथंनुराज्यप्राप्तिःसंशयिताभवेन्नः ९ ॥ वैशंपायनउवाच ॥ ततउत्थायविदुरंपांडवेयाःप्रत्यगृण्हन्नृपतेसर्वएव ॥ तैःसत्कृतःसचसानाजमीढोयथोचितंपांडुपुत्रान्समेयात १० समाश्वस्तंविदुरंतेनरर्षभास्ततोऽपृच्छन्नागमनायहेतुम् ॥ सचापितेभ्योविस्तरतःशशंसयथावृत्तोधृतराष्ट्रोऽम्बिकेयः ११ ॥ विदुरउवाच ॥ अवोचन्मांधृतराष्ट्रोनुगुप्तमजातशत्रोपरिगृह्याभिपूज्य ॥ एवंगतेसमतामभ्युपेत्यपथ्यंतेषांममचैवब्रवीहि १२ मयाप्युक्तंयत्क्षमंकौरवाणांहितंपथ्यंधृतराष्ट्रस्यचैव ॥ तद्वैतस्मैनरुचामभ्युपैतिततश्चाहंक्षममन्यन्नमन्ये १३ परंश्रेयःपांडवेयामयोक्तंनमेतच्चश्रुतवानांबिकेयः ॥ यथाऽऽतुरस्येवहिपथ्यमन्नंनरोचतेस्मास्यतदुच्यमानम् १४ नश्रेयसेनीयतेऽजातशत्रोस्त्रीश्रोत्रियस्येवगृहेप्रदुष्टा ॥ ध्रुवंनरोचेद्भरतर्षभस्यपतिःकुमार्याइवषष्टिवर्षः १५ ध्रुवंविनाशोनृपकौरवाणांनवैश्रेयोधृतराष्ट्रःपरैति ॥ यथाचपर्णेपुष्करस्यावसिक्तंजलंनतिष्ठेत्पथ्यमुक्तंतथाऽस्मिन् १६

कृतेमानि कथंनःराज्यप्राप्तिर्यतःसंशयिता गांडीवनाशादित्यर्थः ९ । १० यथावृत्तःयादृशाचारः ११ अनुगुप्तमनुरक्षितारं हितोपदेशेनेतिशेषः कर्त्तरिक्तः अब्रवीदित्यबोचदितिसंबंधः १२ रुचांप्रीतिं अन्यतमान्नोऽन्यद्वैरं १३ । १४ । १५ परैतिपराप्नुवति पुष्करस्यकमलस्य १६

श्रद्धाइष्टोऽयमितिधीः १७ धार्यत्वांनविस्मर्त्तव्यं १८ उपासतेउपास्ते प्रतीक्षते तृणैःस्तोकमग्निमिवात्मानंसहायसंपत्त्यासंवर्धयन् एकएवशत्रूणांकात्स्न्येंनोच्छेदात् १९ सहायार्जनोपायमाह यस्येति । अविभक्तं साधारणं वसुवित्तं २० विप्रलापंविगतःप्रलापोऽनर्थकंवचोयस्मात्तत्तथा पूज्यःस्तव्यः वनवासांतेबहुनाधनेनबहून्सहायान्प्राप्य त्वमेवशत्रूच्छेदंकृत्वा राज्यंप्राप्स्यसीत्यर्थः २१ । २२ ॥ ॥ इत्यारण्यकेप०नै० भा०पंचमोऽध्यायः ॥ ५ ॥ ॥ गतेइति । महाप्राज्ञः विदुरोपदेशेस्थितानांजयोभविष्यतीतिजानन् १ संधिविग्रहकारिणं संधिविग्रहादिनीतिज्ञत्वकृतं भविष्यतिआगामिनिकाले २ विदुरस्मारमोहितः स्मरः

ततःक्रुद्धोधृतराष्ट्रोऽब्रवीन्मांयस्मिन्श्रद्धाभारततत्रयाहि ॥ नाहंभूयःकामयेत्वांसहायंमहीमिमांपालयितुंपुरंवा १७ सोऽहंत्यक्तोधृतराष्ट्रेणराज्ञाप्रशासितुंत्वामुपया तोनरेंद्र ॥ तद्वैसर्वंयन्मयोक्तंसभायांतद्धार्यतांयत्प्रवक्ष्यामिभूयः १८ क्लेशैस्तीव्रैर्युज्यमानःसपत्नैःक्षमांकुर्वन्कालमुपासतेयः ॥ संवर्धयन्स्तोकमिवाग्निमात्मवान्सवै भुंक्तेपृथिवीमेकएव १९ यस्याविभक्तंवसुराजन्सहायैस्तस्यदुःखेऽप्यंशभाजःसहायाः ॥ सहायानामेषसंग्रहणेऽभ्युपायःसहायाप्तौपृथिवीप्राप्तिमाहुः २० सत्यं श्रेष्ठंपांडवविप्रलापंतुल्यंचान्नंसहभोज्यंसहायैः ॥ आत्माचैषामग्रतोनस्मपूज्यएवंवृत्तिर्वर्द्धतेभूमिपालः २१ ॥ युधिष्ठिरउवाच ॥ एवंकरिष्यामियथाब्रवीषिपरांबुद्धि मुपगम्याप्रमत्तः ॥ यच्चाप्यन्यद्देशकालोपपन्नंतद्वैवाच्यंतत्करिष्यामिकृत्स्नम् २२ ॥ ॥ इ०म०भा०आरण्यकेप०अरण्यप०विदुरनिर्वासेपंचमोऽध्यायः ५ ॥ ॥ वैशंपायनउवाच ॥ गतेतुविदुरेराजन्नाश्रमंपांडवान्प्रति ॥ धृतराष्ट्रोमहाप्राज्ञःपर्यतप्यतभारत १ विदुरस्यप्रभावंचसंधिविग्रहकारितम् ॥ विवृद्धिंचपरांमत्वा पांडवानांभविष्यति २ ससभाद्वारमागम्यविदुरस्मारमोहितः ॥ समक्षंपार्थिवेंद्राणांपपाताविष्टचेतनः ३ सतुलब्ध्वापुनःसंज्ञांसमुत्थायमहीतलात् ॥ समीपोप स्थितंराजासंजयंवाक्यमब्रवीत् ४ भ्रातामममसुहृच्चैवसाक्षाद्धर्मइवापरः ॥ तस्यस्मृत्याऽद्यसुभृशंहृदयंदीर्यतीवमे ५ तमानयस्वधर्मज्ञंममभ्रातरमाशुवै ॥ इतिब्रुव न्सनृपतिःकृपणंपर्यदेवयत् ६ पश्चात्तापाभिसंतप्तोविदुरस्मारमोहितः ॥ भ्रातृस्नेहादिदंराजासंजयंवाक्यमब्रवीत् ७ गच्छसंजयजानीहिभ्रातरंविदुरंमम ॥ यदिजी वतिरोषेणमयापापेननिर्धुतः ८ नहितेनममभ्रात्रासुसूक्ष्ममपिकिंचन ॥ व्यलीकंकृतपूर्वंवैप्राज्ञेनामितबुद्धिना ९ सव्यलीकंपरंप्राप्तोमत्तःपरमबुद्धिमान् ॥ त्य क्ष्यामिजीवितंप्राज्ञतंगच्छानयसंजय १० तस्यतद्वचनंश्रुत्वाराज्ञस्तमनुमान्यच ॥ संजयोबाढमित्युक्त्वाप्राद्रवत्काम्यकंप्रति ११ सोऽचिरेणसमासाद्यतद्वनंयत्र पांडवाः ॥ रौरवाजिनसंवीतंददर्शाथयुधिष्ठिरम् १२ विदुरेणसहासीनंब्राह्मणैश्चसहस्रशः ॥ भ्रातृभिश्चाभिसंगुप्तंदेवैरिवपुरंदरम् १३ युधिष्ठिरमुपागम्यपूजयामाससं जयः ॥ भीमार्जुनयमांश्चापितदुक्तंप्रतिपेदिरे १४

कामस्तस्मात्केनचित्प्रतिबद्धादुत्पन्नोद्वेषःस्मारइत्युच्यते विदुरद्वेषेण ममनाशोभविष्यतीतिचिंतयामोहंप्राप्तइत्यर्थः स्नेहेत्यपपाठः ३ । ४ द्वेषमेवस्नेहरूपेणनाटयितुंसभाद्वारेराज्ञांसमक्षंपतित्वोत्थायआह भ्रातेत्यादि ५ । ६ । ७ निर्धुतोनिःसारितः ८ व्यलीकमप्रियं ९ । १० मानितःसम्मितरान्मानयित्वेत्यनुमान्येत्यस्यार्थः ११ । १२ । १३ । १४

१५ । १६ । १७ । १८ धृतराष्ट्रःप्रतापवानितिपाठेमोहेनप्रकृष्टंतापंप्राप्तइत्यर्थः १९ प्रजागरेआधिभवायामुन्निद्रतायां विचित्रंविगतदिव्यवस्तुकं अपेतलक्ष्मीकमित्यर्थः २० । २१ । २२ भवंतीति । दीनत्वात पांडवेषुममपक्षपातोनतुत्वत्पुत्रद्वेषादितिभावः २३ । २४ । २५ ॥ ॥ इत्यारण्यकेप० नै० भार० षष्ठोऽध्यायः ॥ ६ ॥ श्रुत्वाचेति १ अबुद्धिरज्ञानंतज्जंतमोरागद्वेषात्मकंमोहं २ सुहृत्वशुभचिंतकःहितेरतःशुभकर्ता ३ । ४ वारणोवानवग्रहइतिपाठे वाशब्दइवार्थेनवगृहीतोगजइवेत्यर्थः निरंकुर्निरवग्रहइतिपाठे निरवग्रहःप्रतिबंधाभावेऽपिनिरंकुर्निराहारोभूत्वाशोषंगमिष्यामीत्यर्थः । 'प्रतिबंधेऽप्यवग्रहः' इति विश्वः ।

राज्ञापृष्टःसकुशलंसुखासीनश्चसंजयः ॥ शशंसागमनेहेतुमिदंचैवाब्रवीद्वचः १५ ॥ ॥ संजयउवाच ॥ ॥ राजास्मरतितेक्षत्तर्धृतराष्ट्रोंऽबिकासुतः ॥ तंपश्यगत्वात्वंक्षिप्रंसंजीवयचपार्थिवम् १६ सोऽनुमान्यनरश्रेष्ठान्पांडवान्कुरुनंदनान् ॥ नियोगाद्राजसिंहस्यगंतुमर्हसिसत्तम १७ ॥ वैशंपायनउवाच ॥ एवमुक्तस्तुविदुरोधीमान्स्वजनवल्लभः ॥ युधिष्ठिरस्यानुमतेपुनरायाद्गजाह्वयम् १८ तमब्रवीन्महातेजाधृतराष्ट्रोंऽबिकासुतः ॥ दिष्ट्याप्राप्तोऽसिधर्मज्ञदिष्ट्यास्मरसिमेऽनघ १९ अद्यचाहंदिवारात्रौत्वत्कृतेभरतर्षभ ॥ प्रजागरेप्रपश्यामिविचित्रंदेहमात्मनः २० सोऽंकमानीयविदुरंमूर्द्धन्याघ्रायचैवह ॥ क्षम्यतामितिचोवाचयदुक्तोऽसिमयानघ २१ ॥ विदुरउवाच ॥ क्षांतमेवमयाराजन्गुरुर्मेपरमोभवान् ॥ एषोऽहमागतःशीघ्रंत्वद्दर्शनपरायणः २२ भवंतिहिनरव्याघ्रपुरुषाधर्मचेतसः ॥ दीनाभिपातिनोराजन्नात्रकार्याविचारणा २३ पांडोःसुतायादृशामेतादृशास्तवभारत ॥ दीनाइतीवमेबुद्धिरभिपन्नाऽद्यतान्प्रति २४ ॥ वैशंपायनउवाच ॥ अन्योन्यमनुनीयैवंभ्रातरौद्वौमहाद्युती ॥ विदुरोधृतराष्ट्रश्चलेभातेपरमांमुदम् २५ ॥ ॥ इतिश्रीमहाभारतेआरण्यकेपर्वणिअरण्यपर्वणिविदुरप्रत्यागमनेषष्ठोऽध्यायः ६ ॥ ॥ वैशंपायनउवाच ॥ श्रुत्वाचविदुरंप्राप्तंराज्ञाचपरिसांत्वितम् ॥ धृतराष्ट्रात्मजोराजापर्यतप्यतदुर्मतिः १ ससौबलेयमानाय्यकर्णदुःशासनौतथा ॥ अब्रवीद्वचनंराजाप्रविश्याबुद्धिजंतमः २ एषप्रत्यागतोमंत्रीधृतराष्ट्रस्यधीमतः ॥ विदुरःपांडुपुत्राणांसुहृद्विद्वान्हितेरतः ३ यावदस्यपुनर्बुद्धिंविदुरोनापकर्षति ॥ पांडवानयनेतावन्मंत्रयध्वंहितंमम ४ अथपश्याम्यहंपार्थान्प्राप्तानिहकथंचन ॥ पुनःशोषंगमिष्यामिनिरंबुर्निरवग्रहः ५ विषमुद्बंधनंचैवशस्त्रमग्निप्रवेशनम् ॥ करिष्येनहितान्वृद्धान्पुनर्द्रष्टुमिहोत्सहे ६ ॥ शकुनिरुवाच ॥ किंबालिशमतिंराजन्नास्थितोऽसिविशांपते ॥ गतास्तेसमयंकृत्वानैतदेवंभविष्यति ७ सत्यवाक्येस्थिताःसर्वेपांडवाभरतर्षभ ॥ पितुस्तेवचनंतातनग्रहीष्यंतिकर्हिचित् ८ अथवातेग्रहीष्यंतिपुनरेष्यंतिवापुरम् ॥ निरस्यसमयंसर्वेपणोऽस्माकंभविष्यति ९ सर्वेभवामोमध्यस्थाराज्ञश्छंदानुवर्तिनः ॥ छिद्रंबहुप्रपश्यंतःपांडवानांसुसंवृताः १०

निरयुरितिनिरासुरितिचपाठौचिंत्यौ ५ मरणार्थंविषादिकंकरिष्येस्वीकरिष्येऋद्धान्ऋद्धिमतः ६ । ७ । ८ पणःकार्याकार्यविवेकलक्षणोव्यवहारः अस्माकमितिपांडवानपिगृहीत्वोक्तं ९ छिद्रंसमयातिक्रमदोषंबहुबहुलंप्रपश्यंतोऽन्येपिसुसंवृताःपांडवेभ्योऽधर्मवज्र्ययोभीताःसंतोनिलीयस्थास्यंतीत्यर्थः १०

११ । १२ । १३ नातिहृष्टमनाःपांडवानांनिंदायांसत्यामपिआगमनासहिष्णुत्वात्कर्णेनस्वपराक्रमयोग्यस्यवचनस्यानुक्तेश्च १४ उपलभ्यदुर्योधनाशयमितिशेषः १५ उद्यम्योत्क्षिप्यआत्मानंदेहम् १६ वयं किंकराःपाणयइवकिंकरपाणयः पश्यंतश्चारचक्षुषेतिवत् । किंकुर्मइतिकृत्वाकृतांजलिपाणयइतिप्राञ्चः । प्रियंचिकीर्षामो नतुशक्नुमःप्रियेस्थातुमितिसंबंधः धृतराष्ट्रेणानिरुद्धत्वात् १७ दंशिताःसन्नद्धाः १८ । १९ परिद्यूनाःखिन्नाःवर्जितविजिगीषावा शक्याजेतुमितिशेषः २० । २१ । २२ । २३ । २४ ॥ ॥ इतिआरण्यकेपर्वणिनैलकंठीयेभारतभावदीपेसप्तमोऽध्यायः ॥ ७ ॥ ॥ ॥

॥ दुःशासनउवाच ॥ एवमेतन्महाप्राज्ञयथावदसिमातुल ॥ नित्यंहिमेकथयतस्तवबुद्धिर्विरोचते ११ ॥ कर्णउवाच ॥ काममीशामहेसर्वेदुर्योधनतवेप्सितम् ॥ ऐकमत्यंहिनोराजन्सर्वेषामेवलक्षये १२ नागमिष्यंतितेधीराअकृत्वाकालसंविदम् ॥ आगमिष्यंतिचेन्मोहात्पुनर्द्यूतेनतान्जय १३ ॥ वैशंपायनउवाच ॥ एवमुक्तस्तुकर्णेनराजादुर्योधनस्तदा ॥ नातिहृष्टमनाःक्षिप्रमभवत्सपराङ्मुखः १४ उपलभ्यततःकर्णोविवृत्यनयनेशुभे ॥ रोषाद्दुःशासनंचैवसौबलंचतमेवच १५ उवाचपरमक्रुद्धउद्यम्यात्मानमात्मना ॥ अथोमममतंयत्तुतन्निबोधतभूमिपाः १६ प्रियंसर्वेकरिष्यामोराज्ञःकिंकरपाणयः ॥ नचास्यशक्नुमःस्थातुंप्रियेसर्वेह्यतंद्रिताः १७ वयंतुशस्त्राण्यादायरथानास्थायदंशिताः ॥ गच्छामःसहिताहंतुंपांडवान्वनगोचरान् १८ तेषुसर्वेषुशांतेषुगतेष्वविदितांगतिम् ॥ निर्विवादाभविष्यंतिधार्तराष्ट्रास्तथावयम् १९ यावदेवपरिद्यूनायावच्छोकपरायणाः ॥ यावन्मित्रविहीनाश्चतावच्छक्यामतंमम २० तस्यतद्वचनंश्रुत्वापूजयंतःपुनःपुनः ॥ बाढमित्येवतेसर्वेप्रत्यूचुःसूतजंतदा २१ एवमुक्त्वातुसंरब्धारथैःसर्वेपृथक्पृथक् ॥ निर्ययुःपांडवान्हंतुंसहिताःकृतनिश्चयाः २२ तान्प्रस्थितान्परिज्ञायकृष्णद्वैपायनःप्रभुः ॥ आजगामविशुद्धात्मादृष्ट्वादिव्येनचक्षुषा २३ प्रतिषिध्याथतान्सर्वान्भगवाँल्लोकपूजितः ॥ प्रज्ञाचक्षुषमासीनमुवाचाभ्येत्यसत्वरम् २४ ॥ इति श्रीमहाभारतेआरण्यकेपर्वणिअरण्यप०व्यासागमनेसप्तमोऽध्यायः ॥ ७ ॥ व्यासउवाच ॥ धृतराष्ट्रमहाप्राज्ञनिबोधवचनंमम ॥ वक्ष्यामित्वांकौरवाणांसर्वेषांहितमुत्तमम् १ नमेप्रियंमहाबाहोयद्गताःपांडवावनम् ॥ निकृत्यानिकृताश्चैवदुर्योधनपुरोगमैः २ तेस्मरंतःपरिक्लेशान्वर्षेपूर्णेत्रयोदशे ॥ विमोक्ष्यंतिविषंक्रुद्धाःकौरवेयेषुभारत ३ तदयंकिंनुपापात्मातवपुत्रःसुमंदधीः ॥ पांडवान्नित्यसंक्रुद्धोराज्यहेतोर्जिघांसति ४ वार्यतांसाध्वयंमूढःशमंगच्छतुतेसुतः ॥ वनस्थांस्तानयंहंतुमिच्छन्प्राणान्विमोक्ष्यति ५ यथाहिविदुरःप्राज्ञोयथाभीष्मोयथावयम् ॥ यथाकृपश्चद्रोणश्चतथासाधुर्भवानपि ६ विग्रहोहिमहाप्राज्ञस्वजनेनविगर्हितः ॥ अधर्म्यमयशस्यंचमाराजन्प्रतिपद्यताम् ७ समीक्षायादृशीह्यस्यपांडवान्प्रतिभारत ॥ उपेक्ष्यमाणासाराजन्महांतमनयंस्पृशेत् ८ अथवाऽयंसुमंदात्मावनंगच्छतुतेसुतः ॥ पांडवैःसहितोराजन्नेकएवासहायवान् ९ ततःसंसर्गजःस्नेहःपुत्रस्यतवपांडवैः ॥ यदिस्यात्कृतकार्योऽद्यभवेस्त्वंमनुजेश्वर १०

धृतेति १ निकृताःनिर्जिताः २ विषमिवविषंशस्त्रम् ३ । ४ । ५ भवानपिअस्तीतिशेषः ६ स्वजनेनसार्द्धंविग्रहंमाप्रतिपद्यतांभवान्मागादित्यर्थः ७ समीक्षाविचारपूर्विकाबुद्धिः ८ अथवेति । भीष्मादिवद्वनेसहवासात्तवपुत्रस्ययुधिष्ठिरेणस्नेहश्चेत्त्वंकृतकृत्योभविष्यसीत्यर्थः ९ । १०

एतदपिदुर्घटमित्याह अथवेति । नमृतस्यापिसर्पतीतिपाठेसहजोदोषोजन्मांतरेऽप्यनुवर्त्ततइत्यर्थः ११ अत्रगत क्षमंउचितंतत्पुराकार्यमन्यथावोयुष्माकमर्थःप्रयोजनमभिवर्द्धतेनश्यति । निवर्त्ततइतिपाठेऽपिसएवार्थः । अतिवर्त्ततेइतिपाठे वोयुष्मानर्थोऽतिक्रामतिअतीत्यगच्छतीत्यर्थः १२ ॥ ॥ इतिआरण्यके०नै०भा०अष्टमोऽध्यायः ॥ ८ ॥ ॥ ॥ भगवन्निति १ । २ । ३ परंशत्रुंशोकहेतुत्वात्परंश्रेष्ठंप्रीतिहेतुत्वात 'नकुपुत्रात्परःशत्रुर्नसत्पुत्रात्परःसखा'इत्युक्तेः ४ सुरभ्यादेवधेन्वाअन्यैरश्वबलादिभिर्हेतुभिःपरंश्रेष्ठंस्थानंनविद्यतेअपितुपुत्रादेव । तथाचश्रुतिः'अन्नंहप्राणंशरणंहवासोरूपंहिरण्यंपशवोविवाहाः ।

अथवाजायमानस्ययच्छीलमनुजायते ॥ श्रूयतेतन्महाराजनामृतस्यापसर्पति ११ कथंवामन्यतेभीष्मोद्रोणोऽथविदुरोऽपिवा ॥ भवान्वाऽत्रक्षमंकार्यंपुरावोऽर्थोऽभिवर्धते १२ ॥ ॥ इतिश्रीमहाभारतेआरण्यकेपर्वणिअरण्यपर्वणिव्यासवाक्येऽष्टमोऽध्यायः ८ ॥ ॥ धृतराष्ट्रउवाच ॥ भगवन्नाहमप्येतद्रोचयेद्यूतसंभवम् ॥ मन्येतद्विधिनाऽऽकृष्यकारितोऽस्मीतिवैमुने १ नैतद्रोचयतेभीष्मोनद्रोणोविदुरोनच ॥ गांधारीनेच्छतिद्यूतंतत्रमोहात्प्रवर्तितम् २ परित्यक्तुं नशक्नोमिदुर्योधनमचेतनम् ॥ पुत्रस्नेहेनभगवन्जानन्नपिप्रियव्रत ३ ॥ व्यासउवाच ॥ वैचित्रवीर्यनृपतेसत्यमाहयथाभवान् ॥ दृढंविद्मःपरंपुत्रंपरंपुत्रान्नविद्यते ४ इंद्रोऽप्यश्रुनिपातेनसुरभ्याप्रतिबोधितः ॥ अन्यैःसमृद्धैरप्यर्थैर्नसुतान्मन्यतेपरम् ५ अत्रतेवर्तयिष्यामिमहदाख्यानमुत्तमम् ॥ सुरभ्याश्चैवसंवादमिंद्रस्यचविशांपते ६ त्रिविष्टपगताराजन्सुरभीप्रारुदत्किल ॥ गवांमातापुरातातताभिंद्रोऽन्वकृपायत ७ ॥ इंद्रउवाच ॥ किमिदंरोदिषिशुभेकच्चित्क्षेमंदिवौकसाम् ॥ मनुष्येष्वथनागेषुनैतदल्पंभविष्यति ८ ॥ सुरभिरुवाच ॥ विनिपातोनतेकश्चिद्दृश्यतेत्रिदशाधिप ॥ अहंतुपुत्रंशोचामितेनरोदिमिकौशिक ९ पश्यैनंकर्षकंक्षुद्रंदुर्बलंममपुत्रकम् ॥ प्रतोदेनाभिनिघ्नंतंलांगलेनचपीडितम् १० निषीदमानंसोत्कंठंवध्यमानंसुराधिप ॥ कृपाविष्टाऽस्मिदेवेंद्रमनश्चोद्विजतेमम ॥ एकस्तत्रबलोपेतोधुरमुद्वहतेऽधिकाम् ११ अपरोऽप्यबलप्राणःकृशोधमनिसंततः ॥ कृच्छ्रादुद्वहतेभारंतंवैशोचामिवासव १२ वध्यमानःप्रतोदेनतुद्यमानःपुनःपुनः ॥ नैवशक्नोतितंभारमुद्वोढुंपश्यवासव १३ ततोऽहंतस्यशोकार्ताविरौमिभृशदुःखिता ॥ अश्रूण्यावर्त्तयंतीचनेत्राभ्यांकरुणायती १४ ॥ शक्रउवाच ॥ तवपुत्रसहस्रेषुपीड्यमानेषुशोभने ॥ किंकृपायितवत्यत्रपुत्रएकत्रहन्यति १५ सुरभिरुवाच ॥ यदिपुत्रसहस्राणिसर्वत्रसमतैवमे ॥ दीनस्यतुसतःशक्रपुत्रस्याभ्यधिकाकृपा १६ ॥ ॥ व्यासउवाच ॥ ॥ तदिंद्रःसुरभीवाक्यंनिशम्यभृशविस्मितः ॥ जीवितेनापिकौरव्यमेनेऽभ्यधिकमात्मजम् १७ प्रववर्षचतत्रैवसहसातोयमुल्बणम् ॥ कर्षकस्याचरन्विघ्नंभगवान्पाकशासनः १८

सखाहजायाकृपणंहदुहिताज्योतिर्हपुत्रःपरमेव्योमन्' इति ५ अत्रपुत्रस्यशोकहेतुत्वेऽर्थे ६ अन्वकृपायतानुकंपितवान् ७ । ८ कौशिकहेइंद्र ९ प्रतोदेनतीक्ष्णाग्रलोहवतादंडेन १० धुरंभारम् ११ धमनिसंततःशिराभिर्व्याप्तःनिर्मांसइत्यर्थः १२ वधोदंडाघातेन तोदःप्रतोदेन १३ । १४ कृपायितवतीकृपांकृतवती । पाठांतरेकृपायितंकृपैवहन्यतिहन्यमाने । पुत्रएकोहिहन्यतेइतिपाठेबहुषुपुत्रेषुहिमसिद्धं एकःकश्चिद्धन्यतएवेत्यर्थः १५ । १६ । १७ उल्बणमुत्कटम् १८

१९ । २० मंदास्त्वत्पुत्रवत्कपटानभिज्ञाः २१ । २२ । २३ ॥ ॥ इत्यारण्यकेपर्वणिनैलकंठीयेभारतभावदीपेनवमोऽध्यायः ॥ ९ ॥ ॥ ॥ एवमिति । विनाशकालेसाधूनपिमूढाअवजानंती
त्यध्यायतात्पर्यम् १ । २ । ३ अन्विष्यअवेक्ष्यभ्रातॄन्पंचेतिशेषः ४ अनुशास्ताअनुशासिष्यति ५ अक्रियायामकरणे कार्यस्यावश्यकर्त्तव्यस्य ६ । ७ क्रियाभिःसत्कारैः ८ । ९ । १० यदृच्छयादैवात् ११

तद्यथासुरभिःप्राहसमश्वेतास्तुतेतथा ॥ सुतेषुराजन्सर्वेषुहीनेष्वभ्यधिकाकृपा १९ यादृशोमेसुतःपांडुस्तादृशोमेऽसिपुत्रक ॥ विदुरश्चमहाप्राज्ञःस्नेहादेत
द्ब्रवीम्यहम् २० चिरायतवपुत्राणांशतमेकश्चभारत ॥ पांडोःपंचैवलक्ष्यंतेतेऽपिमंदाःसुदुःखिताः २१ कथंजीवेयुरत्यंतंकथंवर्धेयुरित्यपि ॥ इतिदीनेषुपार्थे
षुमनोमेपरितप्यते २२ यदिपार्थिवकौरव्यान्जीवमानानिहेच्छसि ॥ दुर्योधनस्तवसुतःशमंगच्छतुपांडवैः २३ ॥ ॥ इतिश्रीमहाभारतेआरण्यकेपर्वणि
अरण्यपर्वणिसुरभ्युपाख्यानेनवमोऽध्यायः ९ ॥ ॥ धृतराष्ट्रउवाच ॥ एवमेतन्महाप्राज्ञयथावदसिनोमुने ॥ अहंचैवविजानामिसर्वेचेमेनराधिपाः १
भवांश्चमन्यतेसाधुयत्कुरूणांमहोदयम् ॥ तदेवविदुरोऽप्याहभीष्मोद्रोणश्चमांमुने २ यदित्वहमनुग्राह्यःकौरव्येषुदयायदि ॥ अन्वशाधिदुरात्मानंपुत्रंदुर्योध
नंमम ३ ॥ व्यासउवाच ॥ अयमायातिवैराजन्मैत्रेयोभगवानृषिः ॥ अन्विष्यपांडवान्भ्रातॄनितोऽस्मद्दिदृक्षया ४ एषदुर्योधनंपुत्रंतवराजन्महानृषिः ॥
अनुशास्तायथान्यायंशमायास्यकुलस्यच ५ ब्रूयाद्यदेषकौरव्यतत्कार्यमविशंकया ॥ अक्रियायांतुकार्यस्यपुत्रंतेशप्स्यतेरुषा ६ ॥ वैशंपायनउवाच ॥ ए
वमुक्त्वाययौव्यासोमैत्रेयःप्रत्यदृश्यत ॥ पूजयाप्रतिजग्राहसपुत्रस्तंनराधिपः ७ अर्घ्याद्याभिःक्रियाभिर्वैविश्रांतंमुनिसत्तमम् ॥ प्रश्रयेणाब्रवीद्राजाधृतराष्ट्रोंऽ
बिकासुतः ८ सुखेनागमनंकच्चिद्भगवन्कुरुजांगलान् ॥ कच्चित्कुशलिनोवीराभ्रातरःपंचपांडवाः ९ समयेस्थातुमिच्छंतिकच्चिच्चभरतर्षभाः ॥ कच्चित्कुरूणां
सौभ्रात्रमव्युच्छिन्नंभविष्यति १० ॥ मैत्रेयउवाच ॥ तीर्थयात्रामनुक्रामन्प्राप्तोस्मिकुरुजांगलान् ॥ यदृच्छयाधर्मराजंदृष्टवान्काम्यकेवने ११ तंजटाजिनसं
वीतंतपोवननिवासिनम् ॥ समाजग्मुर्महात्मानंद्रष्टुंमुनिगणाःप्रभो १२ तत्राश्रौषंमहाराजपुत्राणांतवविभ्रमम् ॥ अनयंद्यूतरूपेणमहाभयमुपस्थितम् १३
ततोऽहंत्वामनुप्राप्तःकौरवाणामवेक्षया ॥ सदाह्यभ्यधिकःस्नेहःप्रीतिश्चत्वयिमेप्रभो १४ नैतदौपयिकंराजंस्त्वयिभीष्मेचजीवति ॥ यदन्योन्येनतेपुत्राविरो
ध्यंतेकथंचन १५ मेढीभूतःस्वयंराजन्निग्रहेप्रग्रहेभवान् ॥ किमर्थमनयंघोरमुत्पद्यंतमुपेक्षसे १६ दस्यूनामिवयद्वृत्तंसभायांकुरुनंदन ॥ तेननभ्राजसेराजंस्ता
पसानांसमागमे १७ ॥ वैशंपायनउवाच ॥ ततोव्यावृत्यराजानंदुर्योधनममर्षणम् ॥ उवाचश्लक्ष्णयावाचामैत्रेयोभगवानृषिः १८ ॥ मैत्रेयउवाच ॥ दुर्यो
धनमहाबाहोनिबोधवदतांवर ॥ वचनंमेमहाभागब्रुवतोयद्धितंतव १९ माद्रुहःपांडवान्राजन्कुरुष्वप्रियमात्मनः ॥ पांडवानांकुरूणांचलोकस्यचनरर्षभ २०

१२ विभ्रमं द्यूतानर्थेऽप्यर्थबुद्धिम् १३ । १४ औपयिकंयोग्यम् १५ मेढीभूतः खलदामस्तंभीभूतः प्रग्रहेअनुग्रहे १६ । १७ व्यावृत्याभिमुखीभूयेत्यर्थः १८ । १९ । २०

विक्रांतयोधिनःविक्रांताश्चयुद्धशीलाश्च वज्रसंहननाःवज्रकायाअतएवदृढाः २१ । २२ प्रद्रवतांगच्छताम् २३ समरेजेतुमितिपाठेक्षमइत्यध्याहारः २४ पशुमारेणपशुमारणप्रकारेण २५ । २६ । २७ मन्युवशं क्रोधवशं मेतिनिषेधार्थोनिपातोनतुमाङ् २८ । २९ । ३० । ३१ प्रणुदितःप्रेरितः । प्रचुदितइतिपाठेऽपिसएवार्थः ३२ । ३३ । ३४ । ३५ । ३६ विलक्षयन्भीमस्यबलंविशेषेणअयमस्मज्जय्योनवेति राक्षस

॥ १० ॥

तेहिसर्वेनरव्याघ्राःशूराविक्रांतयोधिनः ॥ सर्वेनागायुतप्राणावज्रसंहननादृढाः २१ सत्यव्रतधराःसर्वेसर्वेपुरुषमानिनः ॥ हंतारोदेवशत्रूणांरक्षसांकामरूपिणाम्
२२ हिडिंबबकमुख्यानांकिर्मीरस्यचरक्षसः ॥ इतःप्रद्रवतांरात्रौयःसतेषांमहात्मनाम् २३ आवृत्यमार्गंरौद्रात्मातस्थौगिरिरिवाचलः ॥ तंभीमःसमरश्लाघी
बलेनबलिनांवरः २४ जघानपशुमारेणव्याघ्रःक्षुद्रमृगंयथा ॥ पश्यदिग्विजयेराजन्यथाभीमेनपातितः २५ जरासंधोमहेष्वासोनागायुतबलोयुधि ॥ संबं
धीवासुदेवश्चश्यालाःसर्वेचपार्षताः २६ कस्तान्युधिसमासीतजरामरणवान्नरः ॥ तस्यतेशमएवास्तुपांडवैर्भरतर्षभ २७ कुरुमेवचनंराजन्मामन्युवशम
न्वगाः ॥ ॥ वैशंपायनउवाच ॥ ॥ एवंतुब्रुवतस्तस्यमैत्रेयस्यविशांपते २८ ऊरुंगजकराकारंकरेणाभिजघानसः ॥ दुर्योधनःस्मितंकृत्वाचरणेनोल्लिखन्महीम्
२९ नाकिंचिदुक्त्वादुर्मेधास्तस्थौकिंचिदवाङ्मुखः ॥ तमशुश्रूषमाणंतुविलिखंतंवसुंधराम् ३० दृष्ट्वादुर्योधनंराजन्मैत्रेयंकोपआविशत् ॥ सकोपवशमापन्नो
मैत्रेयोमुनिसत्तमः ३१ विधिनासंप्रणुदितःशापायास्यमनोदधे ॥ ततःसवार्युपस्पृश्यकोपसंरक्तलोचनः ॥ मैत्रेयोधार्त्तराष्ट्रंतमशपद्दुष्टचेतसम् ३२ यस्मात्त्वं
मामनादृत्यनेमांवाचंचिकीर्षसि ॥ तस्मादस्याभिमानस्यसद्यःफलमवाप्नुहि ३३ त्वदभिद्रोहसंयुक्तंयुद्धमुत्पत्स्यतेमहत् ॥ तत्रभीमोगदाघातैस्तवोरुंभेत्स्यते
बली ३४ इत्येवमुक्तेवचनेधृतराष्ट्रोमहीपतिः ॥ प्रसादयामासमुनिंनैतदेवंभवेदिति ३५ ॥ ॥ मैत्रेयउवाच ॥ ॥ शमंयास्यतिचेत्पुत्रस्तवराजन्यदातदा ॥
शापोनभवितातातविपरीतेभविष्यति ३६ ॥ ॥ वैशंपायनउवाच ॥ ॥ विलक्षयंस्तुराजेंद्रोदुर्योधनपितातदा ॥ मैत्रेयंप्राहकिर्मीरःकथंभीमेनपातितः ३७
॥ मैत्रेयउवाच ॥ ॥ नाहंवक्ष्यामितेभूयोनतेशुश्रूषतेसुतः ॥ एषतेविदुरःसर्वमाख्यास्यतिगतेमयि ३८ इत्येवमुक्त्वामैत्रेयःप्रातिष्ठतयथागतम् ॥ किर्मीर
वधसंविग्नोबहिर्दुर्योधनोययौ ३९ ॥ ॥ इतिश्रीमहाभारतेआरण्यकेपर्वणिअरण्यपर्वणिमैत्रेयशापेदशमोऽध्यायः ॥ १० ॥ ॥ समाप्तंचारण्यपर्व ॥ अथकि
र्मीरवधपर्व ॥ ॥ धृतराष्ट्रउवाच ॥ ॥ किर्मीरस्यवधंक्षत्तःश्रोतुमिच्छामिकथ्यतां ॥ रक्षसाभीमसेनस्यकथमासीत्समागमः १ ॥ विदुरउवाच ॥ ॥ शृणुभी
मस्यकर्मेदमतिमानुषकर्मणः ॥ श्रुतपूर्वंमयातेषांकथांतेषुपुनःपुनः २ इतःप्रयाताराजेंद्रपांडवाद्यूतनिर्जिताः ॥ जग्मुस्त्रिभिरहोरात्रैःकाम्यकंनामतद्वनम् ३

बलद्वारालक्षयन् हेतौशतृप्रत्ययः । विलक्षणइतिपाठेदुर्योधनस्यदुराग्रहेणशापभयाद्विच्छायः । वलक्षस्तत्रेतिपाठे'वलक्षोधवलोऽर्जुनः'इति कोशात्सएवार्थः ३७ । ३८ किर्मीरवधसंविग्नःकिर्मीरस्यवधोयस्मात्त स्माद्भीमसेनात्संविग्नः शत्रुयशोदुःखश्रवणमित्यर्थः ३९ ॥ ॥ इतिआरण्यकेप० नै० भार० दशमोऽध्यायः ॥ १० ॥ ॥ ॥ किर्मीरस्येति १ । २ । ३

आभीलेभयंकरे । स्वाभीलेइत्यपिपाठः । 'आभीलंभीषणेकृच्छ्रे'इतिविश्वः । अर्द्धसमयेऽर्द्धज्ञानेगतेसतिलोकेतंद्रावतिसतीत्यर्थः । 'समयःशपथाचारकालेसिद्धांतसंविदोः' इतिविश्वः । संप्राप्तेइत्यपपाठः
४ । ५ । ६ । ७ स्पष्टेति । अक्षिबलाकयोःकेशार्करश्म्योर्दंततडितोश्चोपमोपमेयभावः । तडिद्वक्रमित्यपपाठः ८ 'महानादःकुंजरेस्याद्वार्षिकाब्देभयानके' इति विश्वः ९ संपेतुःएकीबभूवुः १० । ११ । १२

रात्रौनिशीथेत्वाभीलेगतेऽर्धसमयेनृप ॥ प्रचारेपुरुषादानांरक्षसांघोरकर्मणाम् ४ तद्वनंतापसानित्यंगोपाश्ववनचारिणः ॥ दूरात्परिहरंतिस्मपुरुषादभयात्किल ५
तेषांप्रविशतांतत्रमार्गमावृत्यभारत ॥ दीप्ताक्षंभीषणंरक्षःसोल्मुकंप्रत्यपद्यत ६ बाहूमहांतौकृत्वाचतथास्यंचभयानकं ॥ स्थितमावृत्यपंथानंयेनयांतिकुरूद्वहाः
७ स्पष्टाष्टदंष्ट्रंताम्राक्षंप्रदीप्तोर्ध्वशिरोरुहम् ॥ सार्करश्मितडिच्चक्रंसबलाकमिवांबुदम् ८ सृजंतंराक्षसींमायांमहानादनिनादितम् ॥ मुंचंतंविपुलान्नादान्सतोयमिव
तोयदम् ९ तस्यनादेनसंत्रस्ताःपक्षिणःसर्वतोदिशम् ॥ विमुक्तनादाःसंपेतुःस्थलजाजलजैःसह १० संप्रद्रुतमृगद्वीपिमहिषर्क्षसमाकुलम् ॥ तद्वनंतस्यनादेनसंप्र
स्थितमिवाभवत् ११ तस्योरुवाताभिहतास्ताम्रपल्लवबाहवः ॥ विदूरजाताश्चलताःसमाश्लिष्यंतिपादपान् १२ तस्मिन्क्षणेऽथप्रववौमारुतोभृशदारुणः ॥ रजसा
संवृतंतेननष्टज्योतिरभून्नभः १३ पंचानांपांडुपुत्राणामविज्ञातोमहारिपुः ॥ पंचानामिंद्रियार्थानांशोकावेशइवातुलः १४ सदृष्ट्वापांडवान्दूरात्कृष्णाजिनसमावृतान् ॥
आवृणोत्तद्वनद्वारंमैनाकइवपर्वतः १५ तंसमासाद्यवित्रस्ताकृष्णाकमललोचना ॥ अदृष्टपूर्वंसंत्रासाच्न्यमीलयतलोचने १६ दुःशासनकरोत्सृष्टविप्रकीर्णशिरो
रुहा ॥ पंचपर्वतमध्यस्थानदीवाकुलतांगता १७ मोमुह्यमानांतांतत्रजगृहुःपंचपांडवाः ॥ इंद्रियाणिप्रसक्तानिविषयेषुयथारतिम् १८ अथतांराक्षसींमायामुत्थितां
घोरदर्शनाम् ॥ रक्षोघ्नैर्विविधैर्मंत्रैर्धौम्यःसम्यक्प्रयोजितैः १९ पश्यतांपांडुपुत्राणांनाशयामासवीर्यवान् ॥ सनष्टमायोऽतिबलःक्रोधविस्फारितेक्षणः २० काममू
र्तिधरःक्रूरःकालकल्पोऽव्यदृश्यत ॥ तमुवाचततोराजादीर्घप्रज्ञोयुधिष्ठिरः २१ कोभवान्कस्यवाकिंतेक्रियतांकार्यमुच्यताम् ॥ प्रत्युवाचाथतद्रक्षोधर्मराजंयुधिष्ठिरम्
२२ अहंबकस्यवैभ्राताकिर्मीरइतिविश्रुतः ॥ वनेऽस्मिन्काम्यकेशून्येनिवसामिगतज्वरः २३ युधिनिर्जित्यपुरुषानाहारंनित्यमाचरन् ॥ केयूयमभिसंप्राप्ताभ
क्ष्यभूताममांतिकम् ॥ युधिनिर्जित्यवःसर्वान्भक्षयिष्येगतज्वरः २४ ॥ ॥ वैशंपायनउवाच ॥ युधिष्ठिरस्तुतच्छ्रुत्वावचस्तस्यदुरात्मनः ॥ आचचक्षेततःसर्वं
गोत्रनामादिभारत २५ ॥ युधिष्ठिरउवाच ॥ पांडवोधर्मराजोऽहंयदितेश्रोत्रमागतः ॥ सहितोभ्रातृभिःसर्वैर्भीमसेनार्जुनादिभिः २६ हृतराज्योवनेवासंवस्तुंकृतमति
स्ततः ॥ वनमभ्यागतोघोरमिदंतवपरिग्रहम् २७ ॥ विदुरउवाच ॥ किर्मीरस्त्वब्रवीदेनंदिष्ट्यादेवैरिदंमम ॥ उपपादितमद्येहचिरकालान्मनोगतम् २८ भीमसेन
वधार्थंहिनित्यमभ्युद्यतायुधः ॥ चरामिपृथिवींकृत्स्नांनैनंचासादयाम्यहम् २९

१३ पंचानांशब्दादीनामिंद्रियार्थानामिंद्रियैरर्थ्यमानानांकृते शोकावेशःशोकागमः १४ । १५ । १६ । १७ । १८ । १९ । २० । २१ । २२ । २३ । २४ । २५ । २६ । २७ । २८ । २९

३० वैत्रकीयवनेएकचक्रायाम् ३१ मह्यंमम ३२।३३ । ३४लब्धास्मिपलप्स्यामि ३५ । ३६ महासुरंवातापिं ३७ । ३८ आरुज्यभंक्त्वा दशव्यामं व्यामोविस्तारितयोःकरयोस्तिर्यगंतरं उद्विद्धमुत्पाटितम् ३९ वज्रेणनिष्पेषश्चूर्णीभावोयस्यपर्वतस्यतद्वत्गौरवंगुरुत्वंयस्यतत्तथा ४० । ४१ कक्ष्यामुत्पीड्यपरिधानवस्त्रंदृढीकृत्य ४२ । ४३ । ४४ उदस्तमुत्क्षिप्तं अलातमुल्मुकं ४५ रक्षःराक्षसं आव्रजत्आगच्छत्

सोऽयमासादितोदिष्ट्याभ्रातृहाकांक्षितश्चिरम् ॥ अनेनहिममभ्राताबकोविनिहतःप्रियः ३० वैत्रकीयवनेराजन्ब्राह्मणच्छद्मरूपिणा ॥ विद्याबलमुपाश्रित्यनह्य स्त्यस्यौरसंबलम् ३१ हिडिंबश्चसखामह्यंदयितोवनगोचरः ॥ हतोदुरात्मनाऽनेनस्वसाचास्यहृतापुरा ३२ सोऽयमभ्यागतोमूढोममेदंगहनंवनम् ॥ प्रचारसमये स्माकमर्द्धरात्रेस्थितेसमे ३३ अद्यास्ययातयिष्यामितद्वैरंचिरसंभृतम् ॥ तर्पयिष्यामिचबकंरुधिरेणास्यभूरिणा ३४ अद्याहमनृणोभूत्वाभ्रातुःसख्युस्तथैवच ॥ शांतिंलब्धाऽस्मिपरमांहत्वाराक्षसकंटकम् ३५ यदितेनपुरामुक्तोभीमसेनोबकेनवै ॥ अद्यैनंभक्षयिष्यामिपश्यतस्तेयुधिष्ठिर ३६ एनंहिविपुलप्राणमद्यहत्वावृकोदरम् ॥ संभक्ष्यजरयिष्यामियथाऽगस्त्योमहासुरम् ३७ एवमुक्तस्तुधर्मात्मासत्यसंधोयुधिष्ठिरः ॥ नैतदस्तीतिसक्रोधोभर्त्सयामासराक्षसम् ३८ ततोभीमोमहाबाहुरारुज्यतरसाद्रुमम् ॥ दशव्याममथोद्विद्धंनिष्पत्रमकरोत्तदा ३९ चकारसज्यंगांडीवंवज्रनिष्पेषगौरवम् ॥ निमेषांतरमात्रेणतथैवविजयोऽर्जुनः ४० निवार्यभीमोजिष्णुंतंतद्रक्षोमेघनिःस्वनम् ॥ अभिद्रुत्याब्रवीद्वाक्यंतिष्ठतिष्ठेतिभारत ४१ इत्युक्त्वैनमतिक्रुद्धःकक्ष्यामुत्पीड्यपांडवः ॥ निष्पिष्यपाणिनापाणिंसंदष्टौष्ठपुटोबली ४२ तमभ्यधावद्वेगेनभीमोवृक्षायुधस्तदा ॥ यमदंडप्रतीकाशंततस्तंतस्यमूर्धनि ४३ पातयामासवेगेनकुलिशंमघवानिव ॥ असंभ्रांतंतुतद्रक्षःसमरेप्रत्यदृश्यत ४४ चिक्षेपचोल्मुकंदीप्तमशनिंज्वलितामिव ॥ तदुदस्तमलातंतुभीमःप्रहरतांवरः ४५ पदासव्येनचिक्षेपतद्रक्षःपुनराव्रजत् ॥ किर्मीरश्चापिसहसावृक्षमुत्पाट्यपांडवम् ४६ दंडपाणिरिवक्रुद्धःसमरेप्रत्यधावत ॥ तद्वृक्षयुद्धमभवन्महीरुहविनाशनम् ४७ वालिसुग्रीवयोर्भ्रात्रोर्यथास्त्रीकांक्षिणोःपुरा ॥ शीर्षयोःपतितावृक्षाबिभिदुर्नैकधातयोः ४८ यथैवोत्पलमालानिमत्तयोर्द्विपयोस्तथा ॥ मुंजवज्जर्जरीभूताबहवस्तत्रपादपाः ४९ चीराणीवव्युदस्तानिरेजुस्तत्रमहावने ॥ तद्वृक्षयुद्धमभवन्मुहूर्तंभरतर्षभ ॥ राक्षसानांचमुख्यस्यनराणामुत्तमस्यच ५० ततःशिलांसमुत्क्षिप्यभीमस्ययुधितिष्ठतः ॥ प्राहिणोद्राक्षसःक्रुद्धोभीमश्चनचचालह ५१ तंशिलाताडनजडंपर्यधावतराक्षसः ॥ बाहुविक्षिप्तकिरणःस्वर्भानुरिवभास्करम् ५२ तावन्योन्यंसमाश्लिष्यप्रकर्षंतौपरस्परम् ॥ उभावपिचकाशेतेप्रवृद्धौवृषभाविव ५३ तयोरासीत्सुतुमुलःसंप्रहारःसुदारुणः ॥ नखदंष्ट्रायुधवतोर्व्याघ्रयोरिवदृप्तयोः ५४ दुर्योधननिकाराच्चबाहुवीर्याच्चदर्पितः ॥ कृष्णानयनदृष्टश्चव्यवर्द्धतवृकोदरः ५५

४६ । ४७ स्त्रीतारा ४८ उत्पलमालानिपद्मक्षेत्राणि । 'मालंक्षेत्रेजनेमाले' इति विश्वः । पद्मसमूहइत्यर्थः ४९ चीराणिवृक्षवल्कलानि ५० । ५१ । ५२ । ५३ । ५४ निकारात्परिभवात् कृष्णानयनदृष्टंयेन सतथा द्रौपद्याकर्षणेनकुपितइत्यर्थः ५५

प्रभिन्नकरटामुखंप्रभिन्नेव्यक्तीभूतेकरटयोर्गंडयोर्मुखेमदनिर्गममार्गौयस्यतम् ५६ । ५७ । ५८ । ५९ व्यस्पंदतकिंचिच्चलनंकृतवान् ६० योक्रयामासबबंधरशनयापशुमिव ६१ । ६२ पशुमारंपशुमिवमाराथि
त्वा । कषादित्वादनुप्रयोगः'समूलघातंन्यवधीदरींश्च'इतिवत् ६३ । ६४ । ६५ । ६६ । ६७ । ६८ । ६९ । ७० । ७१ । ७२ । ७३ । ७४ । ७५ ॥ ॥ इत्यारण्यकेपर्वणिनैलकंठीयेभारतभावदीपेए

अभिपद्यचबाहुभ्यांप्रत्यगृह्णादमर्षितः ॥ मातंगमिवमातंगःप्रभिन्नकरटामुखम् ५६ सचाप्येनंततोरक्षःप्रतिजग्राहवीर्यवान् ॥ तमाक्षिपद्भीमसेनोबलेन
बलिनांवरः ५७ तयोर्भुजविनिष्पेषादुभयोर्बलिनोस्तदा ॥ शब्दःसमभवद्घोरोवेणुस्फोटसमोयुधि ५८ अथैनमाक्षिप्यबलाद्गृह्यमध्येवृकोदरः ॥ धूनयामास
वेगेनवायुश्चंडइवद्रुमम् ५९ सभीमेनपरामृष्टोदुर्बलोबलिनारणे ॥ व्यस्पंदतयथाप्राणंविचकर्षचपांडवम् ६० ततएनंपरिश्रांतमुपलक्ष्यवृकोदरः ॥ योक्र
यामासबाहुभ्यांपशुंरशनयायथा ६१ विनदंतंमहानादंभिन्नभेरीस्वनंबली ॥ भ्रामयामाससुचिरंविस्फुरंतमचेतसम् ६२ तंविषीदंतमाज्ञायराक्षसंपांडुनंद
नः ॥ प्रगृह्यतरसादोर्भ्यांपशुमारममारयत् ६३ आक्रम्यचकटीदेशेजानुनाराक्षसाधमम् ॥ पीडयामासपाणिभ्यांतस्यकंठंवृकोदरः ६४ अथजर्जरसर्वांगं
व्याविद्धनयनांबरम् ॥ भूतलेभ्रामयामासवाक्यंचेदमुवाचह ६५ हिडिंबबकयोःपापनत्वमश्रुप्रमार्जनम् ॥ करिष्यसिगतश्चापियमस्यसदनंप्रति ६६ इत्येव
मुक्त्वापुरुषप्रवीरस्तंराक्षसंक्रोधपरीतचेताः ॥ विस्रस्तवस्त्राभरणंस्फुरंतमुद्भ्रांतचित्तंव्यसुमुत्ससर्ज ६७ तस्मिन्हतेतोयदतुल्यरूपेकृष्णांपुरस्कृत्यनरेंद्रपुत्राः ॥
भीमंप्रशस्याथगुणैरनेकैर्हृष्टास्ततोद्वैतवनायजग्मुः ६८ ॥ विदुरउवाच ॥ एवंविनिहतःसंख्येकिर्मीरोमनुजाधिप ॥ भीमेनवचनात्तस्यधर्मराजस्यकौरव ६९ ततो
निष्कंटकंकृत्वावनंतदपराजितः ॥ द्रौपद्यासहधर्मज्ञोवसतिंतामुवासह ७० समाश्वास्यचतेसर्वेद्रौपदींभरतर्षभाः ॥ प्रहृष्टमनसःप्रीत्याप्रशशंसुर्वृकोदरम् ७१ भीम
बाहुबलोत्पिष्टेविनष्टेराक्षसेततः ॥ विविशुस्तेवनंवीराःक्षेमंनिहतकंटकम् ७२ समयागच्छतामार्गेविनिकीर्णोभयावहः ॥ वनेमहतिदुष्टात्माद्दष्टोभीमबलाद्धतः ७३
तत्राश्रौषमहंचैतत्कर्मभीमस्यभारत ॥ ब्राह्मणानांकथयतांयेतत्रासन्समागताः ७४ ॥ वैशंपायनउवाच ॥ एवंविनिहतंसंख्येकिर्मीरंरक्षसांवरम् ॥ श्रुत्वाध्यानपरोरा
जानिशश्वासार्त्तवत्तदा ७५ ॥ ॥ इतिश्रीमहाभारतेआरण्यकेपर्वणिकिर्मीरवधपर्वणिविदुरवाक्येएकादशोऽध्यायः ॥ ११ ॥ ॥ समाप्तंचकिर्मीरवधपर्व ॥
॥ अथार्जुनाभिगमनपर्व ॥ ॥ वैशंपायनउवाच ॥ भोजाःप्रव्रजितान्श्रुत्वावृष्णयश्चांधकैःसह ॥ पांडवान्दुःखसंतप्तान्समाजग्मुर्महावने १ पांचालस्यच
दायादोधृष्टकेतुश्चचेदिपः ॥ केकयाश्चमहावीर्याभ्रातरोलोकविश्रुताः २ वनेद्रष्टुंययुःपार्थान्क्रोधामर्षसमन्विताः ॥ गर्हयंतोधार्त्तराष्ट्रान्किंकुर्मइतिचाब्रुवन् ३ वा
सुदेवंपुरस्कृत्यसर्वेतेक्षत्रियर्षभाः ॥ परिवार्योपविविशुर्धर्मराजंयुधिष्ठिरम् ॥ अभिवाद्यकुरुश्रेष्ठंविषण्णःकेशवोऽब्रवीत् ४

कादशोऽध्यायः ॥ ११ ॥ ॥ ॥ एवमधर्मरुचीनांदुर्योधनादीनांव्यासादिभिराप्तैरुपदेशेकृतेऽपि मैत्रेयशापेऽपि किर्मीरवधेनमहाभयेऽपिप्रत्युपस्थितेसतिनधर्मेरुचिरुत्पद्यतइत्युक्तम् । संप्रतिधर्मरुची
नांपांडवानामुपरि परमेश्वरस्येतरेषांचानुग्रहं पांडवानांकृष्णतत्त्वविज्ञानंचवर्णयति भोजाःप्रव्रजितानित्यादिनाऽध्यायेन १ । २ । ३ । ४

दुःशासनश्चतुर्थोयेषाम् ५ तस्यदुर्योधनस्यपदानुगाःसहायाः ६ निकृत्याछलेनोपचरन्वर्त्तमानः ७ अभिषंगेणदुःखेनपराभवेनवा ८ । ९ पुरुषस्यपुरिशरीरेशयानस्याप्रमेयस्याहंकारादिवत्प्रमातुमयोग्यस्य विषयित्वात् अतएवसत्यस्यकालत्रयेऽपिबाधशून्यस्य विषयस्यहिबाधःस्वप्नादौदृष्टः । अमिततेजसस्त्रिविधपरिच्छेदशून्यचिन्मात्रस्य प्रजापतिपतेःसूत्रविराजोरपिस्वामिनः । विष्णोर्व्यापकस्य लोकनाथस्यांतर्यामिणः । एवंतत्पदार्थमुक्त्वात्वंपदार्थमाहधीमतइति बुद्ध्युपाधेःअनयोःसामानाधिकरण्यादभेदः अस्यैवसूत्रभूतस्यश्लोकस्यविवरणमुत्तरोग्रंथः १० तत्रतपस्विनांक्षमैवोचितेतिदर्शयितुंभगवतःक्रोधोपशमनायतदीयंजन्मांतरीयंतपएवतावदुदाहरतिदशेत्यादिना यत्रसायंकालस्तत्रैवगृहंयस्यसयत्रसायंगृहइत्येकंपदम् ११ । १२ । १३ अवकृष्टोत्तरासंगस्त्यक्तोत्तरीयवस्त्रः १४ । १५ तपसःप्रयोजनमाहलोकेति १६ 'क्षेत्रज्ञःसर्वभूतानामादिरंतश्चकेशव'इत्यस्यार्थः क्षेत्रं । 'महाभूतान्यहंकारोबुद्धिरव्यक्तमेवच ॥ इंद्रियाणिदशैकंचपंचचेंद्रियगोचराः । इच्छाद्वेषःसुखंदुःखंसंघातश्चेतनाधृतिः' । एतत्क्षेत्र

वासुदेवउवाच ॥ दुर्योधनस्यकर्णस्यशकुनेश्चदुरात्मनः ॥ दुःशासनचतुर्थानांभूमिःपास्यतिशोणितम् ५ एतान्निहत्यसमरेयेचतस्यपदानुगाः ॥ तांश्चसर्वान्विनिर्जित्यसहितान्सनराधिपान् ६ ततःसर्वेऽभिषिंचामोधर्मराजंयुधिष्ठिरम् ॥ निकृत्योपचरन्वध्यएषधर्मःसनातनः ७ ॥ वैशंपायनउवाच ॥ पार्थानामभिषंगेणतथाक्रुद्धंजनार्दनम् । अर्जुनःशमयामासदिधक्षंतमिवप्रजाः ८ संक्रुद्धंकेशवंदृष्ट्वापूर्वदेहेषुफाल्गुनः ॥ कीर्त्तयामासकर्माणिसत्यकीर्त्तेर्महात्मनः ९ पुरुषस्याप्रमेयस्यसत्यस्यामिततेजसः ॥ प्रजापतिपतेर्विष्णोर्लोकनाथस्यधीमतः १० ॥ अर्जुनउवाच ॥ दशवर्षसहस्राणियत्रसायंगृहोमुनिः ॥ व्यचरस्त्वंपुराकृष्णपर्वतेगंधमादने ॥ ११ दशवर्षसहस्राणिदशवर्षशतानिच ॥ पुष्करेष्ववसःकृष्णत्वमपोभक्षयन्पुरा १२ ऊर्ध्वबाहुर्विशालायांबदर्यांमधुसूदन ॥ अतिष्ठएकपादेनवायुभक्षःशतंसमाः ॥ १३ अवकृष्टोत्तरासंगःकृशोधमनिसंततः ॥ आसीःकृष्णसरस्वत्यांसत्रेद्वादशवार्षिके १४ प्रभासमप्यथासाद्यतीर्थंपुण्यजनोचितम् ॥ तथाकृष्णमहातेजादिव्यंवर्षसहस्रकम् १५ अतिष्ठस्त्वमथैकेनपादेननियमस्थितः ॥ लोकप्रवृत्तिहेतोस्त्वमितिव्यासोममाब्रवीत् १६ क्षेत्रज्ञःसर्वभूतानामादिरंतश्चकेशव ॥ निधानंतपसांकृष्णयज्ञस्त्वंचसनातनः १७ निहत्यनरकंभौममाहृत्यमणिकुंडले ॥ प्रथमोत्पादितंकृष्णमेध्यमश्वमवासृजः १८ कृत्वातत्कर्मलोकानामृषभःसर्वलोकजित् ॥ अवधीस्त्वंरणेसर्वान्समेतान्दैत्यदानवान् १९ ततःसर्वेश्वरत्वंचसंप्रदायशचीपतेः ॥ मानुषेषुमहाबाहोप्रादुर्भूतोऽसिकेशव २० सत्वंनारायणोभूत्वाहरिरासीःपरंतप ॥ ब्रह्मासोमश्चसूर्यश्चधर्मोधातायमोऽनलः २१ वायुर्वैश्रवणोरुद्रःकालःखंपृथिवीदिशः ॥ अजश्चराचरगुरुःस्रष्टात्वंपुरुषोत्तम २२

मितिभगवताव्याख्यातं कोशपंचकात्मकंतज्ज्ञस्तत्प्रकाशकोऽतरात्मेत्यर्थः । सर्वभूतानांसर्वेषांवियदादीनां जरायुजादीनां जरायुजादीनांचजीवानामादिःपरमकारणं । अंतोलयस्थानं रजतस्येवशुक्तिः । अवांतरकारणानामविद्याकामकर्मादीनां क्षेत्रमध्येअव्यक्तेच्छादिपदैरुपात्तत्वात् । एतेनप्रपंचस्यमिथ्यात्वाज्जीवपरयोरैक्याच्चाद्वैतं कृष्णतत्त्वमुक्तम् १७ भौमंभूमिपुत्रं प्रथमोत्पादितंसर्वभूतानांप्रथमेनाहंकारेणोत्पादितंभूतादिरहंकारइतिप्रसिद्धं मेध्यंयज्ञियम् १८ तत्कर्मअश्वोत्सर्गाख्यम् १९ । २० सत्वंक्षेत्रज्ञः शुद्धचिन्मात्रोभूस्थानीयःसन्नारायणोनरेणपरमात्मनासृष्टंनारंस्थूलसूक्ष्मकारणरूपमुपाधित्रयंतदेवायनंवासस्थानंयस्यसतथा । वृक्षांकुरबीजस्थानीयविराट्सूत्रांतर्यामिरूपोभूत्वा हरिः परिणतबीजसहस्रगर्भफलस्थानीयःसांबमूर्त्तिरासीः । ईषत्पक्वफलोपमाश्चब्रह्मादयस्त्वमेव २१ हेपुरुषोत्तम उक्तेभ्योबीजादिस्थानीयेभ्यउत्तमभूस्थानीयनिर्विशेषचिन्मात्ररूपअजोविष्णुःचराचरगुरुरुद्रः स्रष्टादक्षप्रजापत्यादिः २२

परायणंसर्वोत्कृष्टंप्राप्यदेवश्रेष्ठः क्रतुभिरयजइत्यन्वयः अधृष्यइतिपाठेत्वंयजइत्यध्याहारः २३ । २४ । २५ । २६ संप्राप्यसम्यग्व्याप्य आदित्यस्यंदनेसूर्यदेहे भास्करंमंडलाभिमानिनंजीवम् २७ । २८ सादिताश्छिन्नामौरवाआंत्रतंतिमयाः । मुरवेष्टनेअस्मादौणादिकेउकप्रत्ययेतद्धितः मौर्वीशब्दोऽप्यतएवमध्यमस्वरलोपेनानिष्पन्नः २९ जारूथ्यांनगर्याम् ३० अवाप्सीरवाप्तवानसि भोज्यांभोजवंशजाम् ३१ सौभंखेचरंपुरम् ३२ । ३३ । ३४ नृशंस्यंनिर्दयत्वम् । दीर्घपाठेत्वाङ्पूर्वोऽयंशब्दोज्ञेयः ३५ आसीनंचैत्यमध्येत्वां चैत्यमायतनं आध्यात्मिकंहृदयपुंडरीकं बाह्यंदेवालयादि चित्तमध्यस्थमित्यपिपा

परायणंदेवमूर्धाक्रतुभिर्मधुसूदन ॥ अयजोभूरितेजावैकृष्णचैत्ररथेवने २३ शतंशतसहस्राणिसुवर्णस्यजनार्दन ॥ एकैकस्मिंस्तदायज्ञेपरिपूर्णानिभागशः २४ अदितेरपिपुत्रत्वमेत्ययादवनंदनः ॥ त्वंविष्णुरितिविख्यातइंद्रादवरजोविभुः २५ शिशुर्भूत्वादिवंखंचपृथिवींचपरंतप ॥ त्रिभिर्विक्रमणैःकृष्णक्रांतवानसितेजसा २६ संप्राप्यदिवमाकाशमादित्यस्यंदनेस्थितः ॥ अत्यरोचश्चभूतात्मन्भास्करंस्वेनतेजसा २७ प्रादुर्भावसहस्रेषुतेषुतेषुत्वयाविभो ॥ अधर्मरुचयःकृष्णनिहताःशतशोऽसुराः २८ सादितामौरवाःपाशानिसुंदनरकौहतौ ॥ कृतःक्षेमःपुनःपंथाःपुरंप्राग्ज्योतिषंप्रति २९ जारूथ्यामाहुतिःक्राथःशिशुपालोजनैःसह ॥ जरासंधश्चशैब्यश्च शतधन्वाचनिर्जितः ३० तथापर्जन्यघोषेणरथेनादित्यवर्चसा ॥ अवाप्सीर्महिषींभोज्यांरणेनिर्जित्यरुक्मिणम् ३१ इंद्रद्युम्नोहतःकोपाद्यवनश्चकसेरुमान् ॥ हतः सौभपतिःशाल्वस्त्वयासौभंचपातितम् ३२ एवमेतेयुधिहताभूयश्चान्यान्शृणुष्वह ॥ इरावत्यांहतोभोजःकार्तवीर्यसमोयुधि ३३ गोपतिस्तालकेतुश्चत्वयाविनिहतावुभौ ॥ तांचभोगवतींपुण्यामृषिकांतांजनार्दन ३४ द्वारकामात्मसात्कृत्वासमुद्रंगमयिष्यसि ॥ नक्रोधोनचमात्सर्यंनानृतंमधुसूदन ॥ त्वयितिष्ठतिदाशार्हनन्नृशंस्यंकुतोऽनृजु ३५ आसीनंचैत्यमध्येत्वांदीप्यमानंस्वतेजसा ॥ आगम्यऋषयःसर्वेऽयाचंताभयमच्युत ३६ युगांतेसर्वभूतानिसंक्षिप्यमधुसूदन ॥ आत्मन्यैवात्मसात्कृत्वाजगदासीःपरंतप ३७ युगादौतववार्ष्णेयनाभिपद्माद‌जायत ॥ ब्रह्माचराचरगुरुर्यस्येदंसकलंजगत् ३८ तंहंतुमुद्यतौघोरौदानवौमधुकैटभौ ॥ तयोर्व्यतिक्रमंदृष्ट्वाक्रुद्धस्यभवतोहरेः ३९ ललाटाज्जातवान्शंभुःशूलपाणिस्त्रिलोचनः ॥ इत्थंतावपिदेवेशौत्वच्छरीरसमुद्भवौ ४० त्वन्नियोगकरावेतावितिमेनारदोऽब्रवीत् ॥ तथानारायणपुराक्रतुभिर्भूरिदक्षिणैः ४१ इष्टवांस्त्वंमहासत्रंकृष्णचैत्ररथेवने ॥ नैवंपरेनापरेवाकरिष्यंतिकृतानिवा ४२ यानिकर्माणिदेवत्वंबालएवमहाबलः ॥ कृतवान्पुंडरीकाक्षबलदेवसहायवान् ॥ कैलासभवनेचापिब्राह्मणैर्न्यवसःसह ४३ ॥ वैशंपायनउवाच ॥ एवमुक्त्वामहात्मानमात्माकृष्णस्यपांडवः ॥ तूष्णीमासीत्ततःपार्थमित्युवाचजनार्दनः ४४ ममैवत्वंतवैवाहंयेमदीयास्तवैवते ॥ यस्त्वांद्वेष्टिसमांद्वेष्टियस्त्वामनुसमामनु ४५

ठः नित्यमध्यस्थमितिपाठेऽपिमध्यंहृदयाब्जमेव ३६ आत्मन्यैवनिमित्तांतरंविनाआत्मसादात्ममात्रम् ३७ युगादौतववार्ष्णेयेत्यादिसार्द्धश्लोकत्रयंक्वचिन्नदृष्टं यस्यकृतिरिदंसकलं असौदेवोऽपित्वन्नियोगकरइतिविपरिणामेनयोज्यम् ३८ । ३९ । ४० । ४१ । ४२ कर्माणिपूतनावधादीनि ४३ एवंतत्पदार्थस्वरूपंप्रपंच्य तस्यत्वंपदार्थाभेदमाह एवमिति ४४ ममैवत्वंब्रह्मणएवस्वरूपंजीवः तवैवाहं जीवस्यैवशुद्धंरूपंब्रह्म नततोऽन्यत् येमदीयास्तवैवते ब्रह्मगताऔपाधिकाःसर्वेश्वरत्वादयस्तेऽपिजीवस्यैवतस्माद्योजीवंद्वेष्टि सब्रह्मद्वेष्टियोजीवंयातिसब्रह्मयाति । अद्रोहीसन्सर्वभूतेषुभगवद्भावंपश्येदित्यर्थः ४५

४६ ननुमित्रयोर्मयात्मात्वंतवात्माहमित्यभेदोपचारोदृष्टोनत्वभेदइत्याशंक्याहानन्यइति । मित्रयोर्हिन्यत्वंप्रत्यक्षदृष्टंतदिहनिरस्यतेअपूर्वार्थज्ञापकत्वाद्वाक्यस्य अनन्यत्वमप्यौपचारिकमस्त्वित्याशंक्याह नावयोरिति अंतरंभेदः वेदितुंविचारयितुं जीवेशयोर्भेदोदुर्निरूपइत्यर्थः तथाहि किंदेहभेदादात्मभेदउतात्मभेदात् नाद्यः कायव्यूहकृतयोगिन्यव्याप्तेः नांत्यः उपाधिपरामर्शंविनाभेदस्याविभाव्यमानत्वात् मुक्तात्मानौजीवेशौवानस्वभावभिन्नौ उक्तहेतोःघटमठाकाशवदिति ४७ समावायेसमूहे संरब्धेषुकुपितेषु ४८ । ४९ एवंविधस्यात्मतत्त्वस्याधिगमायध्यानस्तवनसेवादिनाकृष्णएवशरणीकरणीयइत्याहद्रौपदीवाक्येन पूर्वेइत्यादिना पूर्वेसृष्टेःप्राक्कालेत्वामेकमाहुः'सदेवसोम्येदमग्रआसीत्' इत्याद्याःश्रुतयः । प्रजाभिसर्गेचप्रजापतिंत्वामाहुः 'सर्वस्यवशीसर्वस्येशानः' इत्याद्याःश्रुतयः । ईशत्वमपिनराजवत् किंतूपादानत्वेनेत्याह स्रष्टारमिति ५० विष्णुःविशतीतिविष्णुः 'अंतःप्रविष्टःशास्ताजनानाम्' इतिश्रुतेः । कारयिताक्रियाकर्त्ताकर्मचत्वमेवासीतिपादचतुष्टयार्थः ५१ क्षमादुःखसहता सत्त्यं सत्पृथिव्यप्तेजांसि त्यत् वाय्वाकाशौ तदात्मकंतस्माच्चसंभूतोयज्ञोऽपित्वमसि ५२ भूतभावनवियदादिस्रष्टः भूतेशभूतनियंतः । 'यआकाशमंतरोयमयती' इत्यादिश्रुतेराकाशादेरपिनियम्यत्वादस्मदादिवच्चेतनत्वंद्रष्टव्यं तत्रचेतनानु

नरस्त्वमसिदुर्द्धर्षहरिर्नारायणोह्यहम् ॥ कालेलोकमिमंप्राप्तौनरनारायणावृषी ४६ अनन्यःपार्थमत्तस्त्वंत्वत्तश्चाहंतथैवच ॥ नावयोरंतरंशक्यंवेदितुंभरतर्षभ ४७ ॥ वैशंपायनउवाच ॥ एवमुक्तेतुवचनेकेशवेनमहात्मना ॥ तस्मिन्वीरसमावायेसंरब्धेष्वथराजसु ४८ धृष्टद्युम्नमुखैर्वीरैर्भ्रातृभिःपरिवारिता ॥ पांचालीपुंडरीकाक्षमासीनंभ्रातृभिःसह ॥ अभिगम्याब्रवीत्क्रुद्धाशरण्यंशरणैषिणी ४९ ॥ ॥ द्रौपद्युवाच ॥ ॥ पूर्वेप्रजाभिसर्गेत्वामाहुरेकंप्रजापतिम् ॥ स्रष्टारंसर्वलोकानामसितोदेवलोऽब्रवीत् ५० विष्णुस्त्वमसिदुर्द्धर्षत्वंयज्ञोमधुसूदन ॥ यष्टात्वमसियष्टव्योजामदग्न्योयथाब्रवीत् ५१ ऋषयस्त्वांक्षमामाहुःसत्त्यंचपुरुषोत्तम ॥ सत्त्याद्यज्ञोऽसिसंभूतःकश्यपस्त्वांयथाब्रवीत् ५२ साध्यानामपिदेवानांशिवानामीश्वरेश्वर ॥ भूतभावनभूतेशयथात्वांनारदोऽब्रवीत् ५३ ब्रह्मशंकरशक्राद्यैर्देववृंदैःपुनःपुनः ॥ क्रीडसेत्वंनरव्याघ्रबालःक्रीडनकैरिव ५४ द्यौश्चतेशिरसाव्याप्तापद्भ्यांचपृथिवीप्रभो ॥ जठरंतेइमेलोकाःपुरुषोऽसिसनातनः ५५ विद्यातपोभितप्तानांतपसाभावितात्मनाम् ॥ आत्मदर्शनतृप्तानामृषीणामसिसत्तमः ५६ राजर्षीणांपुण्यकृतामाहवेष्वनिवर्त्तिनाम् ॥ सर्वधर्मोपपन्नानांत्वंगतिःपुरुषर्षभ ॥ त्वंप्रभुस्त्वंविभुश्चत्वंभूतात्मात्वंविचेष्टसे ५७ लोकपालाश्चलोकाश्चनक्षत्राणिदिशोदश ॥ नभश्चंद्रश्चसूर्यश्चत्वयिसर्वंप्रतिष्ठितम् ५८ मर्त्यताचैवभूतानाममरत्वंदिवौकसाम् ॥ त्वयिसर्वंमहाबाहोलोककार्यंप्रतिष्ठितम् ५९

पलंभस्त्वरणिस्थाग्नेरिवानभिव्यक्तत्वान्नत्वभावादितिभावः ५३ ब्रह्मादिनियंतृत्वंवैश्वरूप्यंचाहद्वाभ्यां ब्रह्मेति ५४ । ५५ विद्यावेदाधिगमोब्रह्मचारिधर्मः तपस्तदर्थानुष्ठानंगृहस्थधर्मः तपसाकृच्छ्रचांद्रायणादिनावानप्रस्थधर्मेणचभावितात्मनांशोधितचित्तानामतएवात्मदर्शनतृप्तानांयतीनांसत्तमःसत्सतमः सत्संस्वप्नेंद्रजालादिप्रातिभासिकं सत्सतरोव्यवहारः सत्सतमंब्रह्म इतरयोर्बाधावधिभूतत्वात् ५६ सर्वेधर्माःपापपुण्यादयस्तैरुपपन्नानामपित्वमेवगतिः दीनदयालुत्वात्पापिष्ठानामप्युद्धर्त्तेतिभावः प्रभुर्नियंता विभुर्व्यापकः भूतात्माजीवः बुद्ध्याद्याकारपरिणतानिभूतान्येवात्मत्वेनमन्यमानः । 'अस्तिखल्वन्योऽपरोभूतात्मायोऽयंसितासितैःकर्मफलैरभिभूयमानःसदसद्योनिमापद्यते' इति मैत्रायणीयेभूतात्मपदस्यजीवेरूढिदर्शनात् विचेष्टसेकर्माणिकुरुषे ५७ त्वयिसर्वंप्रतिष्ठितंलोकपालादिपदस्यत्वमेवप्रापकइत्यर्थः ५८ अस्यैवव्याख्या मर्त्यताचेति । मर्त्यतासंसारः भूतानांसाधारणजीवानां अमृतत्वंमुक्तिः दिवौकसांदिव्यदृष्टिमतांसात्विकानाम् ५९

एवंस्वर्गापवर्गार्थिभिःकृष्णएवशरणीकरणीयइतिकृष्णस्तुतिप्रसंगादुक्तं संप्रतिदृष्टफलार्थमपिसएवानुसर्त्तव्यइत्याह सातेऽहंदुःखमाख्यास्येइत्यादिना। अत्रात्मानिकृष्णस्यकरुणोत्पादनार्थंदुःखनिवेदनंतत्प्रसंगेनम
हामहिम्नामपिसंसारिणांदुर्गतिःप्रपंचितावैराग्योत्पादनाय प्रणयाद्विश्रंभात् आख्यानेहेतुमाह ईशस्त्वमिति ६० । ६१ स्त्रीधर्मिणीरजस्वला ६२ । ६३ ईषुःऐच्छन् ६४ स्नुषावधूः ६५ धर्मपत्नींयज्ञसंयोगिनीं
६६ विप्रकृतांदुःखंप्रापितां मर्षयेतांक्षमेतां ६७ । ६८ । ६९ जाथात् उत्पद्येत ७० नान्वपद्यंतनानुगृहीतवंतः ७१ । ७२ । ७३ । ७४ धार्त्तराष्ट्राणामपराधं दुर्बलीयसांदुर्बलतराणां ७५ । ७६

सातेऽहंदुःखमाख्यास्येप्रणयान्मधुसूदन ॥ ईशस्त्वंसर्वभूतानांयेदिव्यायेचमानुषाः ६० कथंनुभार्यापार्थानांतवकृष्णसखीविभो ॥ धृष्टद्युम्नस्यभगिनीसभांकृष्ये
तमादृशी ६१ स्त्रीधर्मिणीवेपमानाशोणितेनसमुक्षिता ॥ एकवस्त्राविकृष्टाऽस्मिदुःखिताकुरुसंसदि ६२ राज्ञांमध्येसभायांतुरजसाऽतिपरिप्लुता ॥ दृष्ट्वाचमांधार्त्त
राष्ट्राःप्राहसन्पापचेतसः ६३ दासीभावेनमांभोक्तुमीषुस्तेमधुसूदन ॥ जीवत्सुपांडुपुत्रेषुपंचालेषुचवृष्णिषु ६४ नन्वहंकृष्णभीष्मस्यधृतराष्ट्रस्यचोभयोः ॥
स्नुषाभवामिधर्मेणसाहंदासीकृताबलात् ६५ गर्हयेपांडवांस्त्वेवयुधिश्रेष्ठान्महाबलान् ॥ यत्क्लिश्यमानांप्रेक्षंतेधर्मपत्नींयशस्विनीम् ६६ धिग्बलंभीमसेनस्यधि
क्पार्थस्यचगांडिवम् ॥ यौमांविप्रकृतांक्षुद्रैर्मर्षयेतांजनार्दन ६७ शाश्वतोऽयंधर्मपथःसद्भिराचरितःसदा ॥ यद्भार्यांपरिरक्षंतिभर्तारोऽल्पबलाअपि ६८ भार्यायांरक्ष्य
माणायांप्रजाभवतिरक्षिता ॥ प्रजायांरक्ष्यमाणायामात्माभवतिरक्षितः ६९ आत्माहिजायतेतस्यांतस्माज्जायाभवत्युत ॥ भर्त्ताचभार्ययारक्ष्यःकथंजायान्म
मोदरे ७० नन्विमेशरणंप्राप्तंनत्यजंतिकदाचन ॥ तेमांशरणमापन्नांनान्वपद्यंतपांडवाः ७१ पंचभिःपतिभिर्जाताःकुमारामेमहौजसः ॥ एतेषामप्यवेक्षार्थंत्रातव्याऽ
स्मिजनार्दन ७२ प्रतिविंध्योयुधिष्ठिरात्सुतसोमोवृकोदरात् ॥ अर्जुनाच्छ्रुतकीर्तिश्चशतानीकस्तुनाकुलिः ७३ कनिष्ठाच्छ्रुतकर्माचसर्वेसत्यपराक्रमाः ॥ प्रद्युम्नोया
दृशःकृष्णतादृशास्तेमहारथाः ७४ नन्विमेधनुषिश्रेष्ठाअजेयायुधिशात्रवैः ॥ किमर्थंधार्त्तराष्ट्राणांसहंतेदुर्बलीयसाम् ७५ अधर्मेणहृतंराज्यंसर्वेदासाःकृतास्तथा ॥
सभायांपरिकृष्टाऽहमेकवस्त्रारजस्वला ७६ नाधिज्यमपियच्छक्यंकर्तुमन्येनगांडिवम् ॥ अन्यत्रार्जुनभीमाभ्यांत्वयावामधुसूदन ७७ धिग्बलंभीमसेनस्यधिक्पार्थ
स्यचपौरुषम् ॥ यत्रदुर्योधनःकृष्णमुहूर्त्तमपिजीवति ७८ यएतानाक्षिपद्राष्ट्रात्सहमात्राऽविहिंसकान् ॥ अधीयानान्पुराबालान्व्रतस्थान्मधुसूदन ७९ भोजनेभी
मसेनस्यपापःप्राक्षेपयद्विषम् ॥ कालकूटंनवंतीक्ष्णंसंभृतंलोमहर्षणम् ८० तज्जीर्णमविकारेणसहान्नेनजनार्दन ॥ सशेषत्वान्महाबाहोभीमस्यपुरुषोत्तम ८१ प्रमा
णकोट्यांविश्वस्तंतथासुप्तंवृकोदरम् ॥ बद्ध्वैनंकृष्णगंगायांप्रक्षिप्यपुरमाव्रजत् ८२ यदाविबुद्धःकौंतेयस्तदासंछिद्यबंधनम् ॥ उदतिष्ठन्महाबाहुर्भीमसेनोमहाबलः ८३
आशीविषैःकृष्णसर्पैर्भीमसेनमदंशयत् ॥ सर्वेष्वेवांगदेशेषुनममारचशत्रुहा ८४

अधिज्यमारोपितगुणं ७७ । ७८ आक्षेपतद्दूरेकृतवान् अविहिंसकानअदुःखदान् ७९ संभृतंसहितं संभृतमितिपाठेबहुलं ८० सशेषत्वात् आयुषःअतिशेषः ८१ प्रमाणकोट्यां प्रमाणाख्येगंगातीर
स्थोवटविशेषस्तत्प्रदेशे ८२ । ८३ । ८४

अपोथयत्प्रहृतवान् अपहस्तेनहस्तपृष्ठेन ८५ उपाधाक्षीत्दाहार्थंउपहृतवान् आर्याश्वश्रूः ८६ । ८७ । ८८ । ८९ वैनतेयः विनतापुत्रः ९० । ९१ । ९२ । ९३ । ९४ । ९५

प्रतिबुद्धस्तुकौंतेयःसर्वान्सर्पानपोथयत् ॥ सारथिंचास्यदयितमपहस्तेनजघ्निवान् ८५ पुनःसुप्तानुपाधाक्षीद्बालकान्वारणावते ॥ शयानानार्ययासार्द्धंकोनुतत्कर्तुमर्हति ८६ यत्रार्यारुदतीभीतापांडवानिदमब्रवीत् ॥ महद्व्यसनमापन्नाशिखिनापरिवारिता ८७ हाहताऽस्मिकुतोन्वद्यभवेच्छांतिरिहानलात् ॥ अनाथाविनशिष्यामिबालकैःपुत्रकैःसह ८८ तत्रभीमोमहाबाहुर्वायुवेगपराक्रमः ॥ आर्यामाश्वासयामासभ्रातृंश्चापिवृकोदरः ८९ वैनतेयोयथापक्षीगरुत्मान्पततांवरः ॥ तथैवाभिपतिष्यामिभयंवोनेहविद्यते ९० आर्यामंकेनवामेनराजानंदक्षिणेनच ॥ अंसयोश्चयमौकृत्वापृष्ठेबीभत्सुमेवच ९१ सहसोत्पत्त्यवेगेनसर्वानादायवीर्यवान् ॥ भ्रातृनार्यांचबलवान्मोक्षयामासपावकात् ९२ तेरात्रौप्रस्थिताःसर्वेसहमात्रायशस्विनः ॥ अभ्यगच्छन्महारण्येहिडिंबवनमंतिकात् ९३ श्रांताःप्रसुप्तास्तत्रेमेमात्रासहसुदुःखिताः ॥ सुप्तांश्चैनानभ्यगच्छद्धिडिंबानामराक्षसी ९४ सादृष्ट्वापांडवांस्तत्रसुप्तान्मात्रासहक्षितौ ॥ हृच्छयेनाभिभूतात्माभीमसेनमकामयत् ९५ भीमस्यपादौकृत्वातुस्वउत्संगेततोऽबला ॥ पर्यमर्दतसंहृष्टाकल्याणीमृदुपाणिना ९६ तामबुद्ध्यदमेयात्माबलवान्सत्यविक्रमः ॥ पर्यपृच्छततांभीमःकिमिहेच्छस्यनिंदिते ९७ एवमुक्तातुभीमेनराक्षसीकामरूपिणी ॥ भीमसेनंमहात्मानमाहचैवमनिंदिता ९८ पलायध्वमितःक्षिप्रंममभ्रातैषवीर्यवान् ॥ आगमिष्यतिवोहंतुंतस्माद्गच्छतमाचिरम् ९९ अथभीमोऽभ्युवाचैनांसाभिमानमिदंवचः ॥ नोद्विजेयमहंतस्मान्निहनिष्येऽहमागतम् १० तयोःश्रुत्वातुसंजल्पमागच्छद्राक्षसाधमः ॥ भीमरूपोमहानादान्विसृजन्भीमदर्शनः १ ॥ राक्षसउवाच ॥ केनसार्धंकथयसिआनयैनंममांतिकम् ॥ हिंडिंबेभक्षयिष्यामोनचिरंकर्तुमर्हसि २ साकृपासंगृहीतेनहृदयेनमनस्विनी ॥ नैनमैच्छत्तदाऽऽख्यातुमनुक्रोशादनिंदिता ३ सनादान्विनदन्घोरान्राक्षसःपुरुषादकः ॥ अभ्यद्रवतवेगेनभीमसेनंतदाकिल ४ तमभिद्रुत्यसंक्रुद्धोवेगेनमहताबली ॥ अगृह्णात्पाणिनापाणिंभीमसेनस्यराक्षसः ५ इंद्राशनिसमस्पर्शंवज्रसंहननंदृढम् ॥ संहत्यभीमसेनायव्याक्षिपत्सहसाकरम् ६ गृहीतंपाणिनापाणिंभीमसेनस्यरक्षसा ॥ नामृष्यतमहाबाहुस्तत्राक्रुद्ध्यद्वृकोदरः ७ तदाऽऽसीत्तुमुलंयुद्धंभीमसेनहिडिंबयोः ॥ सर्वास्त्रविदुषोर्घोरंवृत्रवासवयोरिव ८ विक्रीड्यसुचिरंभीमोराक्षसेनसहानघ ॥ निजवानमहावीर्यस्तंतदानिर्बलंबली ९ हत्वाहिडिंबंभीमोऽथप्रस्थितोभ्रातृभिःसह ॥ हिडिंबामग्रतःकृत्वायस्यांजातोघटोत्कचः १०० ततःसंप्राद्रवन्सर्वेसहमात्रापरंतपाः ॥ एकचक्रामभिमुखाःसंवृताब्राह्मणव्रजैः ११ प्रस्थानेव्यासएषांचमंत्रीप्रियहितेरतः ॥ ततोऽगच्छन्नेकचक्रांपांडवाःसंशितव्रताः १२ तत्राप्यासादयामासुर्बकंनाममहाबलम् ॥ पुरुषादंप्रतिभयंहिडिंबेनैवसंमितम् १३ तंचापिविनिहत्योग्रंभीमःप्रहरतांवरः ॥ सहितोभ्रातृभिःसर्वैर्द्रुपदस्यपुरंययौ ११४

९६ । ९७ । ९८ । ९९ । १०० । १०१ । १०२ । कृपासंगृहीतेनस्नेहवशेन १०३ । १०४ । १०५ संहत्यमुष्टीकृत्य १०६ । १०७ । १०८ । १०९ । ११० । ११ । १२ । १३ । १४

१५ । १६ । १७ । १८ । १९ दिव्येनअमानुषेणअग्निकुंडोद्भवत्वात् १२० । २१ । २२ सुजातौर्मलग्नौ २३ । २४ । २५ विशोकवद्विशोकाइव २६ संबंधात् पितृष्वस्रीयभार्यात्वात् गौरवादग्निकुंडोद्भवत्वात् सख्या त्वद्भक्तिमत्वात् प्रभुत्वेनसामर्थ्यवत्त्वेनत्वदीयेन २७ । २८ । २९ । १३० द्रौपदीवाक्यंच श्रुत्वाऽर्जुनआबभाषेइतिव्यवहितेनसंबंधः ३१ अत्रहे

लब्धाऽहमपितत्रैववसता सव्यसाचिना ॥ यथात्वयाजिताकृष्णरुक्मिणीभीष्मकात्मजा १५ एवंसुयुद्धेपार्थेनजिताऽहंमधुसूदन ॥ स्वयंवरेमहत्कर्मकृत्वानसुकरंपरैः १६ एवंक्लेशैःसुबहुभिःक्लिश्यमानासुदुःखिता ॥ निवसाम्यार्ययाहीनाकृष्णधौम्यपुरःसरा १७ तइमेसिंहविक्रांतावीर्येणाभ्यधिकाःपरैः ॥ निहीनैःपरिक्लिश्यंतींसमुपेक्षंतिमांकथम् १८ एतादृशानिदुःखानिसहंतीदुर्बलीयसाम् ॥ दीर्घकालंप्रदीप्ताऽस्मिपापानांपापकर्मणाम् १९ कुलेमहतिजाताऽस्मिदिव्येनविधिनाकिल ॥ पांडवानांप्रियाभार्यास्नुषापांडोर्महात्मनः १२० कचग्रहमनुप्राप्तासास्मिकृष्णवरासती ॥ पंचानांपांडुपुत्राणांप्रेक्षतांमधुसूदन २१ इत्युक्त्वाप्रारुदत्कृष्णामुखंप्रच्छाद्यपाणिना ॥ पद्मकोशप्रकाशेनमृदुनामृदुभाषिणी २२ स्तनावपतितौपीनौसुजातौशुभलक्षणौ ॥ अभ्यवर्षतपांचालीदुःखजैरश्रुबिंदुभिः २३ चक्षुषीपरिमार्जंतीनिःश्वसंतीपुनःपुनः ॥ बाष्पपूर्णेनकंठेनकुद्धावचनमब्रवीत् २४ नैवमेपतयःसंतिनपुत्रानचबांधवाः ॥ नभ्रातरोनचपितानैवत्वंमधुसूदन २५ येमांविप्रकृतांक्षुद्रैरुपेक्षध्वंविशोकवत् ॥ नचमेशाम्यतेदुःखंकर्णोयत्प्राहसत्तदा २६ चतुर्भिःकारणैःकृष्णत्वयारक्ष्याऽस्मिनित्यशः ॥ संबंधाद्गौरवात्सख्यात्प्रभुत्वेनैवकेशव २७ ॥ वैशंपायनउवाच ॥ अथतामब्रवीत्कृष्णस्तस्मिन्वीरसमागमे ॥ वासुदेवउवाच ॥ रोदिष्यंतिस्त्रियोह्येवंयेषांकुद्धाऽसिभाविनि ॥ बीभत्सुशरसंछन्नाञ्शोणितौघपरिप्लुतान् २८ निहतान्वल्लभान्वीक्ष्यशयानान्वसुधातले ॥ यत्समर्थंपांडवानांतत्करिष्यामिमाशुचः २९ सत्यंतेप्रतिजानामिराज्ञांराज्ञीभविष्यसि ॥ पतेद्द्यौर्हिमवान्शीर्येत्पृथिवीशकलीभवेत् १३० शुष्येत्तोयनिधिःकृष्णेनमेमोघंवचोभवेत् ॥ तच्छ्रुत्वाद्रौपदीवाक्यंप्रतिवाक्यमथाच्युतात् १३१ साचीकृतमवेक्षत्सापांचालीमध्यमंपतिम् ॥ आबभाषेमहाराजद्रौपदीमर्जुनस्तदा ३२ मारोदीःशुभताम्राक्षियदाहमधुसूदनः ॥ तथातद्भवितादेविनान्यथावरवर्णिनि ३३ ॥ धृष्टद्युम्नउवाच ॥ अहंद्रोणंहनिष्यामिशिखंडीतुपितामहम् ॥ दुर्योधनंभीमसेनःकर्णंहंताधनंजयः ३४ रामकृष्णौव्यपाश्रित्यअजेयाःस्मरणेस्वसः ॥ अपिवृत्रहणायुद्धेकिंपुनर्धृतराष्ट्रजैः ३५ ॥ वैशंपायनउवाच ॥ इत्युक्तेऽभिमुखावीरावासुदेवमुपास्थिताः ॥ तेषांमध्येमहाबाहुःकेशवोवाक्यमब्रवीत् १३६ ॥ इतिश्रीमहाभारतेआरण्यकेपर्वणिअर्जुनाभिगमनपर्वणिद्रौपद्याश्वासनेद्वादशोऽध्यायः ॥ १२ ॥

तुःयतःपांचालीसाचीकृतंवक्रीभूतंयथास्यात्तथामध्यमंपार्थंतमेवावैक्षदितियतइत्यध्याहृत्ययोज्यं ३२ । ३३ । ३४ स्वसःहेभगिनि ३५ । १३६ ॥ ॥ इत्यारण्यकेपर्वणिनैलकंठीयेभारतभावदीपेद्रौपदीसांत्वनेद्वादशोऽध्यायः ॥ १२ ॥ ॥ ॥ ॥

निरूपितासससाधनात्रअविद्या संप्रतिभगवत्स्मरणमेवतत्सान्निध्यहेतुः सान्निध्यंचसर्वापत्तरणक्कदितिभंग्यंतरेणप्रतिपाद्यते नैतदित्यादिनाऽध्यायेन । यदहंद्वारकायांनवद्वारवत्संदेहनगर्यांतवमांचिंतयतःसन्निहितः स्यांतर्हि एतत् कृच्छ्रंवनवाससंकटं भवान्नानुप्राप्तःस्यात् यथाद्रौपदीकृच्छ्रकालेमांस्मृतवती वस्त्रराशिप्रदानेनमयासभायांकृच्छ्रान्मोचिता तथात्वमप्यक्षपातनकाले मां यदिस्मरेस्तर्हिनैतत्कृच्छ्रंप्राप्नुयाः प्रत्यु ततवैवजयःस्यादितिभावः १ अनाहूतोऽपि स्वक्षेमार्थमप्रार्थितोऽपिवारयेयं द्यूतमंतर्यामित्वेन कथापक्षेत्वृजुरेवार्थः २ बहिर्यामित्वेनापिद्यूतवारणोपायमाह भीष्मेतिद्वाभ्याम् ३ राजेंद्रधृतराष्ट्र तवपुत्राणांद्यूते नालमितिवैचित्रवीर्यादीन्प्रतित्वन्निमित्तं हेप्रभोयुधिष्ठिर अहंतत्रद्यूतेदोषानचक्षं व्यक्तंकथितवान्स्यामितिसंबंधः ४ वीरसेनसुतःनलः यैःअक्षैरितिशेषः ५ सातत्यमविच्छेदंप्रसंगस्यद्यूतक्रीडायाः हीयमानोऽ

वासुदेवउवाच ॥ नैतत्कृच्छ्रमनुप्राप्तोभवान्स्याद्वसुधाधिप ॥ यद्यहंद्वारकायांस्यांराजन्सन्निहितःपुरा १ आगच्छेयमहंद्यूतमनाहूतोपिकौरवैः ॥ आंबिकेयेनदुर्द्धर्ष राज्ञादुर्योधनेनच ॥ वारयेयमहंद्यूतंबहून्दोषान्प्रदर्शयन् २ भीष्मद्रोणौसमानाय्यकृपंबाल्हीकमेवच ॥ वैचित्रवीर्यंराजानमलंद्यूतेनकौरव ३ पुत्राणांतवराजेंद्रत्वन्निमि त्तमितिप्रभो ॥ तत्राचक्षमहंदोषान्यैर्भवान्व्यतिरोपितः ४ वीरसेनसुतोयैस्तुराज्यात्प्रभ्रंशितःपुरा ॥ अतर्कितविनाशश्चदेवनेनविशांपते ५ सातत्यंचप्रसंगस्यवर्ण येयंयथातथम् ६ स्त्रियोऽक्षामृगयापानमेतत्कामसमुत्थितम् ॥ दुःखंचतुष्टयंप्रोक्तंयैर्नरोभ्रश्यतेश्रियः ७ तत्रसर्वत्रवक्तव्यंमन्यंतेशास्त्रकोविदाः ॥ विशेषतश्चवक्तव्यं द्यूतेपश्यंतितद्विदः ८ एकाहाद्द्रव्यनाशोऽत्रध्रुवंव्यसनमेवच ॥ अभुक्तनाशश्चार्थानांवाक्पारुष्यंचकेवलम् ९ एतच्चान्यच्चकौरव्यप्रसंगिकटुकोदयम् ॥ द्यूतेब्रूयांमहा बाहोसमासाद्यांबिकासुतम् १० एवमुक्तोयदिमयागृह्णीयाद्वचनंमम ॥ अनामयंस्याद्धर्मश्चकुरूणांकुरुवर्द्धन ११ नचेत्समम राजेंद्रगृह्णीयान्मधुरंवचः ॥ पथ्यंचभर तश्रेष्ठनिगृह्णीयांबलेनतम् १२ अथैनमपनीतेनसुहृदोनामदुर्हृदः ॥ सभासदोऽनुवर्तेरंस्तांश्चहन्यांदुरोदरान् १३ असान्निध्यंतुकौरव्यममानर्तेष्वभूत्तदा ॥ येनेदंव्यस नंप्राप्ताभवंतोद्यूतकारितम् १४ सोऽहमेत्यकुरुश्रेष्ठद्वारकांपांडुनंदन ॥ अश्रौषंत्वांव्यसनिनंयुयुधानाद्यथातथम् १५ श्रुत्वैवचाहंराजेंद्रपरमोद्विग्नमानसः ॥ तूर्णमभ्या गतोऽस्मित्वांद्रष्टुकामोविशांपते १६ अहोकृच्छ्रमनुप्राप्ताःसर्वेस्मभरतर्षभ ॥ सोऽहंत्वांव्यसनेमग्नंपश्यामिसहसोदरैः १७ ॥ ॥ इ० म० भा० आ० प० अर्जुनाभिग मनप० वासुदेववाक्येत्रयोदशोऽध्यायः ॥ १३ ॥ ॥ युधिष्ठिरउवाच ॥ असान्निध्यंकथंकृष्णतवासीद्वृष्णिनंदन ॥ क्वचासीद्विप्रवासस्तेकिंचाकार्षीःप्रवासतः १

पि जयाशयापुनःपुनर्दीव्यसे वैसर्गः ६ कामःरागः ७ वक्तव्यमधिगंतव्यंज्ञातव्यंगसर्थस्यवजेरिदंरूपं वचेरेववार्थांतरम् ८ तदेवाहएकाहादिति । व्यसनंराज्यभ्रंशादि अर्थानांधर्मार्थकामानांपुमर्थानाम् ९ । १० ११ । १२ अपनीतेनान्याये न दुरोदरान्द्यूतकारान् १३ आनर्त्तेष्वासमंतान्नर्त्तयंति तेषुधीविलासेषु पक्षेदेशविशेषेषु १४ कथांतरमवतारयितुंकथापक्षमेवानुसरति सोऽहमित्यादिना एत्यागत्य युयुधानात्सा त्यकेः १५ । १६ । १७ इत्यारण्यकेपर्वणिनैलकंठीयेभारतभावदीपेत्रयोदशोऽध्यायः ॥ १३ ॥ ॥ असान्निध्यमिति । अत्रसंक्षेपविस्ताराभ्यांसौभवधउपाख्यायते तस्यतात्पर्यं संसारसागरमध्येद्वार काख्येस्थूलसूक्ष्मदेहद्वयरूपेऽत्रै विस्मरणरूपाद्भगवदसंनिधानात् कामगमंमनोरथाख्यंसौभमारुह्यागतेनशाल्वाख्येनमहामोहेनशोकाद्यैरुपद्रुतेसति प्रद्युम्नादिस्वरूपायज्ञादयोधर्मास्तंवारयितुमक्षमाअभूवन्–

ततोऽहं चित्तद्वारकामेत्य चिदात्मानंमामधिक्षिपंतंशाल्वमोहमहंब्रह्मविद्यास्त्रेणहतवान् तत्पुरंचमनोरथसौभंपातितवानिति । एवमेवयुद्धादिरूपकेणसर्वत्राख्यायिकातात्पर्यमुन्नेयं तथाचश्रुतिः 'द्वयाह प्राजापत्यादेवाश्चासुराश्च' इत्यादिनादेवासुरशब्दैः शमकामादीन्विवक्षित्त्वातद्युद्धरूपकेणाध्यात्मिकमर्थंनिरूपयतितद्वदिहापिज्ञेयं श्रुत्यनुसारित्वाद्भारतस्मृतेः १ । २ । ३ सरोषवशं रोषेणसहितंसामर्थ्यं । 'वशमिच्छाप्रभुत्वयोः' इतिविश्वः । दुरात्मवान्दुष्टचित्तः यद्वादुःस्थितःरोषवत्त्वात् आत्मवान्युद्धादौधृतिमान्सामर्थ्यवत्त्वात् दुःस्थितश्चासावात्मवांश्चेतिसमासः ४ इहस्थे

॥ कृष्णउवाच ॥ शाल्वस्यनगरंसौभंगतोऽहंभरतर्षभ ॥ निहंतुंकौरवश्रेष्ठतत्रमेशृणुकारणम् २ महातेजामहाबाहुर्यःसराजामहायशाः ॥ दमघोषात्मजोवीरःशिशुपालोमयाहतः ३ यज्ञेतेभरतश्रेष्ठराजसूयेऽर्हणांप्रति ॥ सरोषवशमापन्नोनामृष्यतदुरात्मवान् ४ श्रुत्वातंनिहतंशाल्वस्तीव्ररोषसमन्वितः ॥ उपायाद्द्वारकांशून्यामिहस्थेमयिभारत ५ सतत्रयोधितोराजन्कुमारैर्वृष्णिपुंगवैः ॥ आगतःकामगंसौभमाहत्यैवंनृशंसवत् ६ ततोवृष्णिप्रवीरांस्तान्बालान्हत्वाबहूंस्तदा ॥ पुरोद्यानानिसर्वाणिभेदयामासदुर्मतिः ७ उक्तवांश्चमहाबाहोक्वासौवृष्णिकुलाधमः ॥ वासुदेवःसमंदात्मावसुदेवसुतोगतः ८ तस्ययुद्धार्थिनोदर्पंयुद्धेनाशयिताऽस्म्यहम् ॥ आनर्त्ताःसत्यमाख्याततत्रगंताऽस्मियत्रसः ९ तंहत्वाविनिवर्तिष्येकंसकेशिनिषूदनम् ॥ अहत्वाननिवर्त्तिष्येसत्येनायुधमालभे १० क्वासौक्वासावितिपुनस्तत्रतत्रप्रधावति ॥ मयाकिलरणेयोद्धुंकांक्षमाणःससौभराट् ११ अद्यतंपापकर्माणंक्षुद्रंविश्वासघातिनम् ॥ शिशुपालवधामर्षाद्गमयिष्येयमक्षयम् १२ ममपापस्वभावेनभ्रातायेननिपातितः ॥ शिशुपालोमहीपालस्तंवधिष्येमहीपते १३ भ्राताबालश्चराजाचनचसंग्राममूर्धनि ॥ प्रमत्तश्चहतोवीरस्तंहनिष्येजनार्दनम् १४ एवमादिमहाराजविलप्याद्दिवमास्थितः ॥ कामगेनससौभेनक्षिप्त्वामांकुरुनंदन १५ तमश्रौषमहंगत्वायथावृत्तःसदुर्मतिः ॥ मयिकौरव्यदुष्टात्मामार्तिकावतकोनृपः १६ ततोऽहमपिकौरव्यरोषव्याकुलमानसः ॥ निश्चित्यमनसाराजन्वधायास्यमनोदधे १७ आनर्त्तेषुविमर्दंचक्षेपंचात्मनिकौरव ॥ प्रवृद्धमवलेपंचतस्यदुष्कृतकर्मणः १८ ततःसौभवधायाहंप्रतस्थेपृथिवीपते ॥ समयासागरावर्त्तेदृष्टआसीत्परीप्सता १९ ततःप्रध्माप्यजलजंपांचजन्यमहंनृप ॥ आहूयशाल्वंसमरेयुद्धायसमवस्थितः २० तन्मुहूर्त्तमभूद्युद्धंतत्रमेदानवैःसह ॥ वशीभूताश्चमेसर्वेभूतलेचनिपातिताः २१ एतत्कार्यंमहाबाहोयेनाहंनागमंतदा ॥ श्रुत्वैवहास्तिनपुरंद्यूतंचाविनयोत्थितम् ॥ द्रुतमागतवान्युष्मान्द्रष्टुकामःसुदुःखितान् २२ ॥ ॥ इतिश्रीमहाभारतेआरण्यकेपर्वणिअर्जुनाभिगमनपर्वणि सौभवधोपाख्यानेचतुर्दशोऽध्यायः ॥ १४ ॥ ॥

त्वत्समीपस्थे ५ सौभंसुष्ठुभांतितेसुभाःकांचनादयोधातवस्तज्जम् ६ । ७ । ८ आनर्त्ताःभोआनर्त्तदेश्याः आख्यातकथयत ९ । १० । ११ । १२ । १३ । १४ क्षिप्त्वाकुत्सयित्वा १५ मार्तिकावतकः एतन्नामकदेशवासी १६ । १७ अवलेपंगर्वंज्ञात्वेतिशेषः १८ सागरस्यआसमंताद्वर्त्तोवर्त्तनंयस्मिन् सागरद्वीपेइत्यर्थः १९ जलजंशंखं २० । २१ द्यूतंश्रुत्वैवहास्तिनपुरमागतवान् २२ ॥ ॥ इत्यारण्यकेपर्वणिनैलकंठीयेभारतभावदीपेचतुर्दशोऽध्यायः ॥ १४ ॥ ॥ ॥

अर्थाधीनौधर्मकामावर्थस्तुस्वराज्यरक्षापरराज्यावमर्दाभ्यांराज्ञाप्राप्यतइतितावेवशाल्वप्रसंगात्सम्यक्श्रोतुकामःपृच्छति वासुदेवेति । कथ्यतःकथयतः कंट्वादियगंतात्शत्रंतस्यरूपम् १ श्रुतश्रवाशिशुपालमा तातज्जंश्रौतश्रवं उपायात्उपागतः २ अरुंधत्सेनया वैहायसंखेचरं व्यूह्य स्वरक्षापरोपमर्दयोग्यरचनाविशेषेणस्थापयित्वाऽधिष्ठितःसम्यक्स्थितः ३ अभितःपरितउपरितश्चायुधानांसरणंनिःसरणमभिसार स्तेनसर्वेणानाच्छिद्रेण । सर्वाभ्योदिग्भ्योयुगपदविरलायुधसमूहागमेनेसर्थः ४ पताकाध्वजांचलः । तोरणानिबहिर्द्वाराणि चक्राणि योधगणाः हुडास्तदाश्रयस्थानानिभाषायां 'बुरुज' संज्ञानि अन्येतुविण्मू त्रोत्सर्जनशृंगाणिहुडाइत्याहुः उदाहरंतिच । 'कल्प्यंतेहुडशृंगाणिरथस्योपरिसूरिभिः ॥ विण्मूत्रस्पर्शशुद्ध्यर्थंकरादिस्पर्शउद्यते' इति । यंत्राण्याग्नेयौषधबलेनदृषत्पिंडोत्क्षेपणानि महांति 'कमान' संज्ञानि । क्षुद्राणिसीसगुलिकोत्क्षेपणानि 'बंदूख' संज्ञानि । खनकाःसुरंगद्वारागुप्तमार्गकर्तारः ५ उपशल्यालोहमुखाःकीलास्तद्युक्ताःप्रतोल्योरथ्यामार्गायस्यांसा । अट्टालकाउपरिगृहाः । गोपुराणिपुरद्वाराणि साट्टानिअट्टेनान्नेनसहितानिअट्टालकादीनियस्यांसा । साट्टेतिविशेषणंउपशल्यस्यग्रामांतस्यरथ्यायाश्चावृत्त्यासंबध्यते । चक्रग्रहणीसैन्यनिग्राहिका 'मोर्चा' इति म्लेच्छप्रसिद्धा । सोल्कालातावपोथिका

॥ युधिष्ठिरउवाच ॥ वासुदेवमहाबाहोविस्तरेणमहामते ॥ सौभस्यवधमाचक्ष्वनहितृप्यामिकथ्यतः १ ॥ वासुदेवउवाच ॥ हतंश्रुत्वामहाबाहोमयाश्रौतश्रवंनृप ॥ उपायाद्भरतश्रेष्ठशाल्वोद्वारवतींपुरीम् २ अरुंधत्तांसुदुष्टात्मासर्वतःपांडुनंदन ॥ शाल्वोवैहायसंचापितत्पुरंव्यूह्यधिष्ठितः ३ तत्रस्थोऽथमहीपालोयोधयामासतांपु रीम् ॥ अभिसारेणसर्वेणतत्रयुद्धमवर्त्तत ४ पुरीसमंताद्विहितासपताकासतोरणा ॥ सचक्रासहुडाचैवसयंत्रखनकातथा ५ सोपशल्यप्रतोलीकासाट्टाट्टालकगोपुरा ॥ सचक्रग्रहणीचैवसोल्कालातावपोथिका ६ सोष्ट्रिकाभरतश्रेष्ठसभेरीपणवानका ॥ सतोमरांकुशाराजन्सशतघ्नीकलांगला ७ सभुशुंडयश्मगुडकासायुधासपरश्वधा ॥ लोहचर्मवतीचापिसाग्निःसगुडशृंगिका ८ शास्त्रदृष्टेनविधिनासुयुक्ताभरतर्षभ ॥ रथैरनेकैर्विविधैर्गदसांबोद्धवादिभिः ९ पुरुषैःकुरुशार्दूलसमर्थैःप्रतिवारणे ॥ अति ख्यातकुलैर्वीरैर्दृष्टवीर्यैश्वसंयुगे १० मध्यमेनचगुल्मेनरक्षिभिःसासुरक्षिता ॥ उत्क्षिप्तगुल्मैश्वतथाहयैश्वसपताकिभिः ११ आघोषितंचनगरेनपातव्यासुरेतिवै ॥ प्रमादंपरिरक्षद्भिरुग्रसेनोद्धवादिभिः १२ प्रमत्तेष्वभिघातंहिकुर्याच्छाल्वोनराधिपः ॥ इतिकृत्वाऽप्रमत्तास्तेसर्वेवृष्ण्यंधकाःस्थिताः १३ आनर्ताश्वतथासर्वेनटानर्त्त कगायनाः ॥ बहिर्निर्वासिताःक्षिप्रंरक्षद्भिर्वित्तसंचयम् १४ संक्रमाभेदिताःसर्वेनावश्चप्रतिषेधिताः ॥ परिखाश्चापिकौरव्यकीलैःसुनिचिताःकृताः १५

सोल्कमलातंज्वालासहितमुल्मुकंयस्यांसासोल्कालाता अवबद्धाःपोथिकायंत्रबद्धाःकाष्ठपाषाणादयोरिपूणामुपरिपातनाययस्यामितिप्राञ्चः । उल्केवोल्काप्राणहरत्वाद्यंत्रोत्क्षिप्तोगोलः । अलातंसकाष्ठदंडं लोहमयमाग्नेयंप्रहरणं 'बाण' इतिभाषायांप्रसिद्धं । तयोरप्रत्याख्येयगयोरपिपोथिकाःपातयिव्योमंत्रमय्यःशक्तयःकर्णायेंद्रदत्तशक्तिसदृशास्तद्युक्ताःसोल्कालातावपोथिकाः ६ उष्ट्रिकामृच्चर्ममयानिभांडानि । सर्ष्टिकेतिपाठेऋष्टयआयुधविशेषाः ७ अश्मगुडकावर्तुलीकृताःपाषाणाःलोहमयानिचर्माणिकमठपृष्ठाकाराणि महारवकाणि साग्निःआग्नेयौषधसहिता गुडागोलकाःशृंगिकास्तदुत्क्षेपकयंत्राणि । शत्रूणामुप रिपातनायतप्तोगुडोद्रवीभूतोयत्रशिखरेस्थाप्यतेतत्सहितेत्यन्ये ८ । ९ । १० मध्यमोगुल्मःयत्रस्थितेनयोधसंघेनचतुर्दिगवस्थितारिपवोद्रष्टुंबाणादिनाप्रहर्तुंचशक्यंतेतादृशमुच्चस्थानं । उत्क्षिप्तगुल्मैःपरकी यगुल्मोच्चाटनकरैः ११ । १२ अप्रमत्ताइतिच्छेदः १३ । १४ संक्रमानदीसेतवः कीलैःशूलैः सुनिचिताःव्याप्ताः १५

उदपानाःकूपाः । 'अंबरीषोभवेद्भ्राष्ट्रः' इति विश्वः । गुप्ताग्निरित्यन्ये । विषमालोहकंटकाद्याकीर्णा १६ । १७ । १८ । १९ अनुरथ्यासुप्रतिरथ्यं २० वेतनंधनं भक्तंनित्यभोजनं कृतोपधानंकृताविशेषं
२१ कुप्यंस्वर्णरूप्येतरद्धनंताम्रादि ग्रहोरणोद्यमस्तमनुलक्षीकृत्यभृतोऽनुग्रहभृतस्तत्कालस्वीकृतोनकश्चित् किंतुचिरसंभृताएव कृपाभृतोनकिंतुशौर्यभृतएवेतिवा २२ भूरिदक्षिणाबहवोदाक्षिण्ययुक्तायस्यां
आहुकेनउग्रसेनेन २३ ॥ इत्यारण्यकेपर्वणिनैलकंठीयेभारतभावदीपेपंचदशोऽध्यायः ॥ १५ ॥ ॥ तामिति १ समेदेशे चतुरंगंचत्वारिरथनागाश्वपादातान्यंगानियस्य २ । ३ पंथानःपुरेधान्याद्यागमन

उदपानाःकुरुश्रेष्ठतथैवाप्यंबरीषकाः ॥ समंतात्क्रोशमात्रंचकारिताविषमाचभूः १६ प्रकृत्याविषमंदुर्गंप्रकृत्याचसुरक्षितम् ॥ प्रकृत्याचायुधोपेतंविशेषेणत
दाऽनघ १७ सुरक्षितंसुगुप्तंचसर्वायुधसमन्वितम् ॥ तत्पुरंभरतश्रेष्ठयथेंद्रभवनंतथा १८ नचामुद्रोऽभिनिर्यातिनचामुद्रःप्रवेश्यते ॥ वृष्ण्यंधकपुरेराजंस्तदासौभसमा
गमे १९ अनुरथ्यासुसर्वासुचत्वरेषुचकौरव ॥ बलंबभूवराजेंद्रप्रभूतगजवाजिमत् २० दत्तवेतनभक्तंचदत्तायुधपरिच्छदम् ॥ कृतोपधानंचतदाबलमासीन्महाभुज
२१ नकुप्यवेतनीकश्चिन्नचातिक्रांतवेतनी ॥ नानुग्रहभृतःकश्चिन्नचादृष्टपराक्रमः २२ एवंसुविहिताराजन्द्वारकाभूरिदक्षिणा ॥ आहुकेनसुगुप्ताचराज्ञाराजीवलोचन
२३ ॥ ॥ इतिश्रीमहाभारतेआरण्यकेपर्वणिअर्जुनाभिगमनपर्वणिसौभवधोपाख्यानेपंचदशोऽध्यायः १५ ॥ ॥ वासुदेवउवाच ॥ तांतूपयातोराजेंद्रशाल्वःसौ
भपतिस्तदा ॥ प्रभूतनरनागेनबलेनोपविवेशह १ समेनिविष्टासासेनाप्रभूतसलिलाशये ॥ चतुरंगबलोपेताशाल्वराजाभिपालिता २ वर्जयित्वाश्मशानानिदेवता
यतनानिच ॥ वल्मीकांश्चैत्यवृक्षांश्चतन्निविष्टमभूद्बलम् ३ अनीकानांविभागेनपंथानःसंवृताभवन् ॥ प्रवणायचनैवासन्शाल्वस्यशिबिरेनृप ४ सर्वायुधसमोपेतंसर्वश
स्त्रविशारदम् ॥ रथनागाश्वकलिलंपदातिध्वजसंकुलम् ५ तुष्टपुष्टबलोपेतंवीरलक्षणलक्षितम् ॥ विचित्रध्वजसन्नाहंविचित्ररथकार्मुकम् ६ सन्निवेश्यचकौरव्यद्वार
कायांनरर्षभ ॥ अभिसारयामासतदावेगेनपतगेंद्रवत् ७ तदापतंतंसंदृश्यबलंशाल्वपतेस्तदा ॥ निर्यायबोधयामासुःकुमारावृष्णिनंदनाः ८ असहंतोऽभियानंतच्छा
ल्वराजस्यकौरव ॥ चारुदेष्णश्चसांबश्चप्रद्युम्नश्चमहारथः ९ तेरथैर्दंशिताःसर्वेविचित्राभरणध्वजाः ॥ संसक्ताःशाल्वराजस्यबहुभिर्योधपुंगवैः १० गृहीत्वाकार्मुकंसां
बःशाल्वस्यसचिवंरणे ॥ योधयामाससंहृष्टःक्षेमवृद्धिंचमूपतिम् ११ तस्यबाणमयंवर्षंजांबवत्याःसुतोमहत् ॥ मुमोचभरतश्रेष्ठयथावर्षंसहस्रदृक् १२ तद्बाणवर्षंतुमुलं
विषेहेसचमूपतिः ॥ क्षेमवृद्धिर्महाराजहिमवानिवनिश्चलः १३ ततःसांबायराजेंद्रक्षेमवृद्धिरपिस्वयम् ॥ मुमोचमायाविहितंशरजालंमहत्तरम् १४ ततोमायामयं
जालंमाययैवविदीर्यसः ॥ सांबःशरसहस्रेणरथमस्याभ्यवर्षत १५

मार्गाः प्रवणायगूढभावेननिम्नगमनाय ४ कलिलंसंकटं ५ । ६ अभिसारयामासनगरसमीपंगमयामास सैन्यं पतगेंद्रवत् सौभंचोपरितःअभिसारयामास ७ आपतंतमापतत् निर्यायनिर्गत्य पुराद्बहिः ८ । ९
दंशिताःसंनद्धाः १० । ११ । १२ । १३ । १४ । १५

अपायात्पलायितः जवनैःशीघ्रगैः १६ । १७ अभिपन्नःआभिमुख्येनासादितः १८ व्याविद्ध्य भ्रमयित्वा १९ रुग्णःक्षुण्णश्चगजादिपदाघातैः २० । २१ । २२ । २३ । २४ । २५ । २६ सौभेन
खचरेणपुरेण २७ । २८ निर्याय निर्गत्य अवस्थाप्यआश्वास्य आनर्त्तानांद्वारकावासिनां २९ । ३० धनुर्भुजविनिर्मुक्तैःधनुषःभुजेनकौटिल्येनअसाकर्षणजेननिर्मुक्तैः । भुजकौटिल्येतुदादिः ३१ नश्यति

ततःसविद्धःसांबेनक्षेमवृद्धिश्चमूपतिः ॥ अपायाज्जवनैरश्वैःसांबबाणप्रपीडितः १६ तस्मिन्विप्रद्रुतेक्रूरेशाल्वस्याथचमूपतौ ॥ वेगवान्नामदैतेयःसुतंमेऽभ्यद्रव
द्बली १७ अभिपन्नस्तुराजेंद्रसांबोवृष्णिकुलोद्वहः ॥ वेगंवेगवतोराजंस्तस्थौवीरोविधारयन् १८ सवेगवतिकौंतेयसांबोवेगवतींगदाम् ॥ चिक्षेपतरसावीरोव्या
विद्ध्यसत्यविक्रमः १९ तयात्वभिहतोराजन्वेगवान्न्यपतद्भुवि ॥ वातरुग्णइवक्षुण्णोजीर्णमूलोवनस्पतिः २० तस्मिन्विनिहतेवीरेगदानुन्नेमहासुरे ॥ प्रविश्य
महतींसेनांयोधयामाससमेसुतः २१ चारुदेष्णेनसंसक्तोविविंध्योनामदानवः ॥ महारथःसमाज्ञातोमहाराजमहाधनुः २२ ततःसुतुमुलंयुद्धंचारुदेष्णविविंध्ययोः ॥
वृत्रवासवयोराजन्यथापूर्वंतथाऽभवत् २३ अन्योन्यस्याभिसंक्रुद्धावन्योन्यंजघ्नतुःशरैः ॥ विनदंतौमहारावान्सिंहाविवमहाबलौ २४ रौक्मिणेयस्ततोबाणमग्न्यर्को
पमवर्चसम् ॥ अभिमंत्र्यमहास्त्रेणसंदधेशत्रुनाशनम् २५ सविविंध्यायसक्रोधःसमाहूयमहारथः ॥ चिक्षेपमेसुतोराजन्सगतासुरथापतत् २६ विविंध्यंनिहतंदृष्ट्वातां
चविक्षोभितांचमूम् ॥ कामगेनससौभेनशाल्वःपुनरुपागमत् २७ ततोव्याकुलितंसर्वंद्वारकावासितद्बलम् ॥ दृष्ट्वाशाल्वंमहाबाहोसौभस्थंनृपतेतदा २८ ततोनिर्या
यकौरव्यअवस्थाप्यचतद्बलम् ॥ आनर्त्तानांमहाराजप्रद्युम्नोवाक्यमब्रवीत् २९ सर्वेभवंतस्तिष्ठंतुसर्वेपश्यंतुमांयुधि ॥ निवारयंतंसंग्रामेबलात्सौभंसराजकम् ३०
अहंसौभपतेःसेनामायसैर्भुजगैरिव ॥ धनुर्भुजविनिर्मुक्तैर्नाशयाम्यद्ययादवाः ३१ आश्वसध्वंनभीःकार्यासौभराडद्यनश्यति ॥ मयाऽभिपन्नोदुष्टात्मासससौभोविनशि
ष्यति ३२ एवंब्रुवतिसंहृष्टेप्रद्युम्नेपांडुनंदन ॥ धिष्ठितंतद्बलंवीरयुयुधेचयथासुखम् ३३ ॥ इतिश्रीमहाभारतेआरण्यकेपर्वणिअर्जुनाभिगमनपर्वणिसौभवधोपाख्या
नेषोडशोऽध्यायः ॥ १६ ॥ ॥ ॥ ॥ ॥ ॥ ॥ ॥ ॥ वासुदेवउवाच ॥ एवमुक्त्वारौक्मिणेयोयादवान्भरतर्षभ ॥ दंशितै
र्हरिभिर्युक्तंरथमास्थायकांचनम् १ उच्छ्रित्यमकरंकेतुंव्यात्ताननमिवांतकम् ॥ उत्पतद्भिरिवाकाशंतैर्हयैरन्वयात्परान् २ विक्षिपन्नादयंश्चापिधनुःश्रेष्ठंमहाबलैः ॥
तूणखड्गधरःशूरोबद्धगोधांगुलित्रवान् ३ सविद्युच्छुरितंचापंविहरन्वैतलात्तलम् ॥ मोहयामासदैतेयान्सर्वान्सौभनिवासिनः ४ तस्यविक्षिपतश्चापंसंदधानस्यचास
कृत् ॥ नांतरंददृशेकश्चिन्निघ्नतःशात्रवान्रणे ५

आशुमरिष्यति । वर्त्तमानसामीप्येवर्त्तमानवद्वेतिलट् ३२ धिष्ठितमधिष्ठितं । धिषावचनप्रागल्भ्येनस्थितमितिवा ३३ ॥ इत्यारण्यकेपर्वणिनैलकंठीयेभारतभावदीपेषोडशोऽध्यायः ॥ १६ ॥ ॥ एवमुक्त्वेति ।
हरिभिरश्वैः १ अन्वयादुपगतः २ विक्षिपन् परान्धिकुर्वन् महाबलैर्हयैः ३ समानंविद्युच्छुरितेनविद्युत्कंपनेनेतिसविद्युच्छुरितं तलात्तलंसव्यापसव्यहस्ततलपरिवर्त्तेन ४ विक्षिपतःकर्षतः ५

विकल्पतेभिद्यते ६ जलेचरोमीनःतिमिर्मीनःवाहमुख्यैरथश्रेष्ठैः ७ । ८ । ९ । १० । ११ सानुकर्षःरथाधस्थकाष्ठमनुकर्षः सरथःतूणवान् १२ । १३ । १४ । १५ आपततेतिविसर्गलोपआर्षः १६ । १७

मुखस्यवर्णोनविकल्पतेऽस्यचेलुश्चगात्राणिनचापितस्य ॥ सिंहोन्नतंचाप्यभिगर्जतोऽस्यशुश्रावलोकोद्भुतवीर्यमग्र्यम् ६ जलेचरःकांचनयष्टिसंस्थोव्यात्ताननः
सर्वतिमिप्रमाथी ॥ वित्रासयन्राजतिवाहमुख्यैशाल्वस्यसेनाप्रमुखेध्वजाग्र्यः ७ ततस्तूर्णंविनिष्पत्यप्रद्युम्नःशत्रुकर्षणः ॥ शाल्वमेवाभिदुद्रावविधित्सुःकलहंनृप
८ अभियानंतुवीरेणप्रद्युम्नेनमहारणे ॥ नामर्षयतसंक्रुद्धःशाल्वःकुरुकुलोद्वह ९ सरोषमदमत्तोवैकामगादवरुह्यच ॥ प्रद्युम्नंयोधयामासशाल्वःपरपुरंजयः १०
तयोःसुतुमुलंयुद्धंशाल्ववृष्णिप्रवीरयोः ॥ समेतादद्दशुर्लोकाबलिवासवयोरिव ११ तस्यमायामयोवीररथोहेमपरिष्कृतः ॥ सपताकःसध्वजश्चसानुकर्षःसतूणवान्
१२ सतंरथवरंश्रीमान्समारुह्यकिलप्रभो ॥ मुमोचबाणान्कौरव्यप्रद्युम्नायमहाबलः १३ ततोबाणमयंवर्षंव्यसृजत्तरसारणे ॥ प्रद्युम्नोभुजवेगेनशाल्वंसंमोहयन्निव
१४ सतैरभिहतःसंख्येनामर्षयतसौभराट् ॥ शरान्दीप्ताग्निसंकाशान्मुमोचतनयेमम १५ तानापततबाणौघान्सचिच्छेदमहाबलः ॥ ततश्चान्यान्शरान्दीप्तान्प्र
चिक्षेपसुतेमम १६ सशाल्वबाणैराजेंद्रविद्धोरुक्मिणिनंदनः ॥ मुमोचबाणंत्वरितोमर्मभेदिनमाहवे १७ तस्यवर्मविभिद्याशुसबाणोमत्सुतेरितः ॥ विव्याधहृदयंपत्री
समुन्मोहपपातच १८ तस्मिन्निपतितेवीरेशाल्वराजेविचेतसि ॥ संप्राद्रवन्दानवेंद्रादारयंतोवसुंधराम् १९ हाहाकृतमभूत्सैन्यंशाल्वस्यपृथिवीपते ॥ नष्टसंज्ञेनिप
तितेतदासौभपतौनृपे २० ततउत्थायकौरव्यप्रतिलभ्यचचेतनाम् ॥ मुमोचबाणान्सहसाप्रद्युम्नायमहाबलः २१ तैःसविद्धोमहाबाहुःप्रद्युम्नःसमरेस्थितः ॥ शत्रु
देशेभृशंवीरोव्यवासीदद्रथेतदा २२ तंसविद्ध्वामहाराजशाल्वोरुक्मिणिनंदनम् ॥ ननादसिंहनादंवैनादेनापूरयन्महीम् २३ ततोमोहंसमापन्नेतनयेममभारत ॥
मुमोचबाणांस्त्वरितःपुनरन्यान्दुरासदान् २४ सतैरभिहतोबाणैर्बहुभिस्तेनमोहितः ॥ निश्चेष्टःकौरवश्रेष्ठप्रद्युम्नोऽभूद्रणाजिरे २५ इतिश्रीमहाभारतेआरण्य
केपर्वणिअर्जुनाभिगमनपर्वणिसौभवधोपाख्यानेसप्तदशोऽध्यायः ॥ १७ ॥ वासुदेवउवाच ॥ शाल्वबाणार्दितेतस्मिन्प्रद्युम्नेबलिनांवरे ॥ वृष्णयोभग्नसं
कल्पाविव्यथुःपृतनागताः १ हाहाकृतमभूत्सर्वंवृष्ण्यंधकबलंततः ॥ प्रद्युम्नेमोहितेराजन्परेचमुदिताभृशम् २ तंतथामोहितंदृष्ट्वासारथिर्जवनैर्हयैः ॥ रणाद
पाहरत्तूर्णंशिक्षितोदारुकिस्तदा ३ नातिदूरापयातेतुरथेरथवरप्रणुत ॥ धनुर्गृहीत्वायंतारंलब्धसंज्ञोऽब्रवीदिदम् ४ सौतेकिंतेव्यवसितंकस्माद्यासिपराङ्मुखः ॥
नैषवृष्णिप्रवीराणामाहवेधर्मउच्यते ५

१८ । १९ । २० । २१ जत्रुदेशेकंठमूलेव्यवासीदद्विशेषेणावसादंप्राप्तः २२ । २३ । २४ । २५ ॥ ॥ इत्यारण्यकेपर्वणिनैलकंठीये भारतभावदीपेसप्तदशोऽध्यायः ॥ १७ ॥ ॥
॥ ॥ ॥ शाल्वेति १ । २ । ३ । ४ । ५

कच्चित्सौतेनतेमोहःशाल्वंदृष्ट्वामहाहवे ॥ विषादोवारणंदृष्ट्वाब्रूहिमेत्वंयथातथम् ६ ॥ सौतिरुवाच ॥ जनार्दनेनमेमोहोनापिमांभयमाविशत् ॥ अतिभारंतुते
मन्येशाल्वंकेशवनंदन ७ सोपयामिशनैर्वीरबलवानेषपापकृत् ॥ मोहितश्चरणेशूरोरक्ष्यःसारथिनारथी ८ आयुष्मंस्त्वंमयानित्यंरक्षितव्यस्त्वयाऽप्यहम् ॥
रक्षितव्योरथीनित्यमितिकृत्वाऽपयाम्यहम् ९ एकश्चासिमहाबाहोबहवश्चापिदानवाः ॥ नसमंरौक्मिणेयाहंरणेमत्वाऽपयामिवै १० एवंब्रुवतिसूतेतुतदामक
रकेतुमान् ॥ उवाचसूतंकौरव्यनिवर्तयरथंपुनः ११ दारुकात्मजमैवंत्वंपुनःकार्षीःकथंचन ॥ व्यपयानंरणात्सौतेजीवतोममकर्हिचित् १२ नसवृष्णिकुलेजा
तोयोवैत्यजतिसंगरम् ॥ योवानिपतितंहंतितवास्मीतिचवादिनम् १३ तथास्त्रियंचयोहंतिबालंवृद्धंतथैवच ॥ विरथंविप्रकीर्णंचभग्नशस्त्रायुधंतथा १४ त्वंच
सूतकुलेजातोविनीतःसूतकर्मणि ॥ धर्मज्ञश्चासिवृष्णीनामाहवेष्वपिदारुके १५ सजानंश्चरितंकृत्स्नंवृष्णीनांपृतनामुखे ॥ अपयानंपुनःसौतेमैवंकार्षीःकथं
चन १६ अपयातंहतंपृष्ठेभ्रांतंरणपलायितम् ॥ गदाग्रजोदुराधर्षःकिंमांवक्ष्यतिमाधवः १७ केशवस्याग्रजोवाऽपिनीलवासामदोत्कटः ॥ किंवक्ष्यतिमहाबाहु
र्बलदेवःसमागतः १८ किंवक्ष्यतिशिनेर्नप्तानरसिंहोमहाधनुः ॥ अपयातंरणात्सूतसांबश्चसमितिंजयः १९ चारुदेष्णश्चदुर्धर्षस्तथैवगदसारणौ ॥ अक्रूरश्चमहाबाहुः
किंमांवक्ष्यतिसारथे २० शूरंसंभावितंशांतंनित्यंपुरुषमानिनम् ॥ स्त्रियश्चवृष्णिवीराणांकिंमांवक्ष्यंतिसंहताः २१ प्रद्युम्नोऽयमुपायातिभीतस्त्यक्त्वामहाहवम् ॥
धिगेनमितिवक्ष्यंतिनतुवक्ष्यंतिसाध्विति २२ धिग्वाचापरिहासोऽपिममवामद्विधस्यवा ॥ मृत्युनाऽभ्यधिकःसौतेसत्वंमाव्यपयाःपुनः २३ भारंहिमयिसंन्यस्य
यातोमधुनिहाहरिः ॥ यज्ञंभारतसिंहस्यनहिशक्योऽद्यमर्षितुम् २४ कृतवर्मामयावीरोनिर्यास्यन्नेववारितः ॥ शाल्वंनिवारयिष्येऽहंतिष्ठत्वमितिसूतज २५ सचरां
भावयन्मांवैनिवृत्तोहृदिकात्मजः ॥ तंसमेत्यरणंत्यक्त्वाकिंवक्ष्यामिमहारथम् २६ उपयांतंदुराधर्षंशंखचक्रगदाधरम् ॥ पुरुषंपुंडरीकाक्षंकिंवक्ष्यामिमहाभुजम् २७
सात्यकिंबलदेवंचयेचान्येंऽधकवृष्णयः ॥ मयास्पर्धंतिसततंकिंनुवक्ष्यामितानहम् २८ त्यक्त्वारणमिमंसौतेपृष्ठतोऽभ्याहतःशरैः ॥ त्वयाऽपनीतोविवशोनजीवेयंकथं
चन २९ सनिवर्तरथेनाशुपुनर्दारुकनंदन ॥ नचैतदेवंकर्तव्यमथापत्सुकथंचन ३० नजीवितमहंसौतबहुमन्येकथंचन ॥ अपयातोरणाद्भीतःपृष्ठतोऽभ्याहतःशरैः ३१
कदापिसूतपुत्रत्वंजानीषेमांभयार्दितम् ॥ अपयातंरणंहित्वायथाकापुरुषंतथा ३२ नयुक्तंभवतात्यक्तंसंग्रामंदारुकात्मज ॥ मयियुद्धार्थिनिभृशंसत्वंयाहियतोरणम्
३३ ॥ ॥ इ०म०भा०आ०प०अ०प०सौभवधोपाख्यानेऽष्टादशोऽध्यायः ॥ १८ ॥ ॥ ॥ ॥ ॥ ॥

इत्यारण्यकेपर्वणिनैलकंठीयेभारतभावदीपेऽष्टादशोऽध्यायः ॥ १८ ॥ ॥ ॥ ॥ ॥ ॥ ॥ ॥ ॥

एवमुक्तइति १ । २ । ३ । ४ । ५ । ६ । ७ यमकानिसदृशानिइतराणिविसदृशानि ८ । ९ । १० । ११ । १२ । १३ । १४ । १५ । १६ । १७ । १८ । १९ । २० । २१ । २२ । २३ । २४

॥ वासुदेवउवाच ॥ एवमुक्तस्तुकौंतेयसूतपुत्रस्ततोऽब्रवीत् ॥ प्रद्युम्नंबलिनांश्रेष्ठंमधुरंश्लक्ष्णमंजसा १ नमेभयंरौक्मिणेयसंग्रामेयच्छतोहयान् ॥ युद्धज्ञोऽस्मिच
वृष्णीनांनात्रकिंचिदतोऽन्यथा २ आयुष्मन्नुपदेशस्तुसारथ्येवर्ततांस्मृतः ॥ सर्वार्थेषुरथीरक्ष्यस्त्वंचापिभृशपीडितः ३ त्वंहिशाल्वप्रयुक्तेनशरेणाभिहतोभृशम् ॥
कश्मलाभिहतोवीरततोऽहमपयातवान् ४ सत्वंसात्वतमुख्याद्यलब्धसंज्ञोयदृच्छया ॥ पश्यमेहयसंयानेशिक्षांकेशवनंदन ५ दारुकेणाहमुत्पन्नोयथावच्चैवशिक्षितः ॥
वीतभीःप्रविशाम्येतांशाल्वस्यप्रथितांचमूम् ६ ॥ वासुदेवउवाच ॥ एवमुक्त्वाततोवीरहयान्संचोद्यसंगरे ॥ रश्मिभिस्तुसमुद्यम्यजवेनाभ्यपतत्तदा ७ मंडलानिवि
चित्राणियमकानीतराणिच ॥ सव्यानिचविचित्राणिदक्षिणानिचसर्वशः ८ प्रतोदेनाहताराजन्रश्मिभिश्चसमुद्यताः ॥ उत्पतंतइवाकाशेव्यचरंस्तेहयोत्तमाः ९ तेहस्त
लाघवोपेतंविज्ञायनृपदारुकिम् ॥ दह्यमानाइवतदानास्पृशंश्चरणैर्महीम् १० सोपसव्यांचमूंतस्यशाल्वस्यभरतर्षभ ॥ चकारनातियत्नेनतदद्भुतमिवाभवत् ११
अमृष्यमाणोऽपसव्यंप्रद्युम्नेनचसौभराट् ॥ यंतारमस्यसहसात्रिभिर्बाणैःसमार्दयत् १२ दारुकस्यसुतस्तत्रबाणवेगमचिंतयन् ॥ भूयएवमहाबाहोप्रययावपसव्यतः
१३ ततोबाणान्बहुविधान्पुनरेवससौभराट् ॥ मुमोचतनयेवीरममरुक्मिणिनंदने १४ तानप्राप्तान्शितैर्बाणैश्चिच्छेदपरवीरहा ॥ रौक्मिणेयःस्मितंकृत्वादर्शयन्ह
स्तलाघवम् १५ छिन्नान्दृष्ट्वातुतान्बाणान्प्रद्युम्नेनचसौभराट् ॥ आसुरींदारुणींमायामास्थायव्यवसृजच्छरान् १६ प्रयुज्यमानमाज्ञायदैतेयास्त्रंमहाबलम् ॥ ब्रह्मास्त्रे
णांतराच्छित्वामुमोचान्यान्पतत्रिणः १७ तेतदस्त्रंविधूयाशुविव्यधूरुधिराशनाः ॥ शिरस्युरसिवक्त्रेचसमुमोहपपातच १८ तस्मिन्निपतितेक्षुद्रेशाल्वेबाणप्रपीडिते ॥
रौक्मिणेयोपरंबाणंसंदधेशत्रुनाशनम् १९ तमर्चितंसर्वदाशार्हपूगैराशीविषाग्निज्वलनप्रकाशम् ॥ दृष्ट्वाशरंज्यामभिनीयमानंबभूवहाहाकृतमंतरिक्षम् २० ततोदेव
गणाःसर्वेसेंद्राःसहधनेश्वराः ॥ नारदंप्रेषयामासुःश्वसनंचमनोजवम् २१ तौरौक्मिणेयमागम्यवचोऽब्रूतांदिवौकसाम् ॥ नैषवध्यस्त्वयावीरशाल्वराजःकथंचन २२
संहरस्वपुनर्बाणमवध्योऽयंत्वयारणे ॥ एतस्यचशरस्याजौनावध्योऽस्तिपुमान्कचित् २३ मृत्युरस्यमहाबाहोरणेदेवकिनंदनः ॥ कृष्णःसंकल्पितोधात्रातन्मिथ्या
नभवेदिति २४ ततःपरमसंहृष्टःप्रद्युम्नःशरमुत्तमम् ॥ संजहारधनुःश्रेष्ठात्तूणेचैवन्यवेशयत् २५ ततउत्थायराजेंद्रशाल्वःपरमदुर्मनाः ॥ व्यपायात्सबलस्तूर्णं
प्रद्युम्नशरपीडितः २६ सद्वारकांपरित्यज्यक्रूरोवृष्णिभिरार्दितः ॥ सौभमास्थायराजेंद्रदिवमाचक्रमेतदा २७ ॥ इतिश्रीमहाभारतेआरण्यकेपर्वणिअर्जुनाभिगमनपर्व
णिसौभवधोपाख्यानेएकोनविंशोऽध्यायः ॥ १९ ॥

 २५ । २६ । २७ ॥ ॥ इत्यारण्यकेपर्वणिनैलकंठीयेभारतभावदीपेएकोनविंशोऽध्यायः ॥ १९ ॥ ॥ ॥ ॥ ॥ ॥ ॥ ॥ ॥ ॥ ॥ ॥

आनर्त्तेति १ । २ हृदिकात्मजं कृतवर्माणम् ३ । ४ । ५ । ६ । ७ । ८ । ९ त्रिःसामात्रिस्वरा नीचमंद्रतारभावेन त्रिःसमाहन्यतामित्यपिपठंति १० । ११ वाचयित्वास्वस्तिवाचनादानितिशेषः १२ । १३ जितकाशिनाजयशोभिना । जिताः काशयोदेशविशेषायेनेतिवा तेहिशूरत्वेनातिप्रसिद्धाः काश्योवावैदेहोवेतिश्रुतिलिंगात् १४ मार्तिकावतंदेशविशेषमासदंप्राप्तः १५ सागरमंतिकात्सागरसमीपेअन्वयामनु

॥ वासुदेवउवाच ॥ आनर्त्तनगरंमुक्तंततोऽहमगमंतदा ॥ महाक्रतौराजसूयेनिवृत्तेनृपतेतव १ अपश्यंद्वारकांचाहंमहाराजहतत्विषम् ॥ निःस्वाध्यायवषट्कारां निर्भूषणवरस्त्रियम् २ अनभिज्ञेयरूपाणिद्वारकोपवनानिच ॥ दृष्ट्वाशंकोपपन्नोऽहमपृच्छंहृदिकात्मजम् ३ अस्वस्थनरनारीकमिदंवृष्णिकुलंभृशम् ॥ किमिदंनर शार्दूलश्रोतुमिच्छामितत्त्वतः ४ एवमुक्तःसतुमयाविस्तरेणेदमब्रवीत् ॥ रोधंमोक्षंचशाल्वेनहार्दिक्योराजसत्तम ५ ततोऽहंभरतश्रेष्ठश्रुत्वासर्वमशेषतः ॥ विनाशेशाल्वराजस्यतदैवाकरवंमतिम् ६ ततोहंभरतश्रेष्ठसमाश्वास्यपुरेजनम् ॥ राजानमाहुकंचैवतथैवानकदुंदुभिम् ७ सर्वान्वृष्णिप्रवीरांश्चहर्षयन्नब्रुवंतदा ॥ अप्रमादःसदाकार्योनगरेयादवर्षभाः ८ शाल्वराजविनाशायप्रयातंमांनिबोधत ॥ नाहत्वातंनिवर्तिष्येपुरींद्वारवतींप्रति ९ सशाल्वंसौभनगरंहत्वाद्रष्टाऽस्मिवःपुनः ॥ त्रिःसामाहन्यतामेषादुंदुभिःशत्रुभीषणा १० तेमयाऽऽश्वासितावीरायथावद्भरतर्षभ ॥ सर्वेमामब्रुवन्हृष्टाःप्रयाहिजहिशात्रवान् ११ तैःप्रहृष्टात्मभिर्वीरैराशीर्भिरभिनंदितः ॥ वाचयित्वाद्विजश्रेष्ठान्प्रणम्यशिरसाभवम् १२ शैब्यसुग्रीवयुक्तेनरथेनानादयन्दिशः ॥ प्रध्मायशंखप्रवरंपांचजन्यमहंनृप १३ प्रयातोऽस्मिनरव्याघ्रबलेनमहतावृतः ॥ क्लृप्तेनचतुरंगेणयत्तेनजितकाशिना १४ समतीत्यबहून्देशान्गिरींश्चबहुपादपान् ॥ सरांसिसरितश्चैवमार्तिकावतमासदम् १५ तत्राश्रौषंनरव्याघ्रशाल्वंसागरमंतिकात् ॥ प्रयांतंसौभमास्थायतमहंपृष्ठतोऽन्वयाम् १६ ततःसागरमासाद्यकुक्षौतस्यमहोर्मिणः ॥ समुद्रनाभ्यांशाल्वोऽभूत्सौभमास्थायशत्रुहन् १७ ससमालोक्यदूरान्मांस्मयन्निवयुधिष्ठिर ॥ आह्वयामासदुष्टात्मायुद्धायैवमुहुर्मुहुः १८ तस्यशार्ङ्गविनिर्मुक्तैर्बहुभिर्मर्मभेदिभिः ॥ पुरंनासाद्यतशरैस्ततोमांरोषआविशत् १९ सचापिपापप्रकृतिर्दैतेयापसदोनृप ॥ मय्यवर्षतदुर्धर्षःशरधाराःसहस्रशः २० सैनिकान्ममसूतंचहयांश्चसमवाकिरत् ॥ अचिंतयंतस्तुशरान्वयंयुद्ध्यामभारत २१ ततःशतसहस्राणिशराणांनतपर्वणाम् ॥ चिक्षिपुःसमरेवीरामयिशाल्वपदानुगाः २२ तेहयांश्चरथंचैवतदादारुकमेवच ॥ छादयामासुरसुरास्तैर्बाणैर्मर्मभेदिभिः २३ नहयानरथोवीरनयंतामम दारुकः ॥ अदृश्यंतशरैश्छन्नास्तथाऽहंसैनिकाश्चमे २४ ततोऽहमपिकौंतेयशराणामयुतान्बहून् ॥ आमंत्रितानांधनुषादिव्येनविधिनाऽक्षिपम् २५

गतवानस्मि १६ महोर्मिणः महोर्मिमतः व्रीह्यादित्वादिनिः नाभ्यांगर्भेगुप्तइत्यर्थः १७ । १८ तस्यपुरं मदीयैःशरैर्नासाद्यतेतिसंबंधः १९ । २० । २१ नतानिनिम्नीकृतानिपर्वाणिग्रंथयोयेषांश्लक्ष्णानामित्यर्थः २२ । २३ । २४ आमंत्रितानामभिमंत्रितानां दिव्येनविधिनाअलौकिकयाऽस्त्रविद्यया २५

विषयोगोचरःतत्रहेतुः खेविषक्तंलग्नम् २६ तलस्वनैर्हस्ततलशब्दैः २७ दानवानामंगेष्वितिसंबंधः रुचिरापांगाश्चित्रपुंखाः २८ वध्यतांवध्यमानानां २९ । ३० । ३१ प्राणेनबलेन ३२ । ३३ असयः
खड्गाः शक्तिःकौमारी कुलिशानिवज्राणि पाशावारुणाः ऋष्टयोदंडाः शक्त्यादीनांक्रमोदीप्तिर्गतिःशोभावातांपांतितेशक्तिकुलिशपाशर्ष्टिकनपाः कार्तिकेयेंद्रवरुणयमायुधतुल्याइत्यर्थः । कनीत्रिश्रीगति

नतत्रविषमस्त्वासीन्ममसैन्यस्यभारत ॥ खेविषक्तंहितत्सौभंक्रोशमात्रइवाभवत् २६ ततस्तेप्रेक्षकाःसर्वेरंगवाटइवस्थिताः ॥ हर्षयामासुरुच्चैर्मांसिंहनादतलस्वनैः २७ मत्कराग्रविनिर्मुक्तादानवानांशरास्तथा ॥ अंगेषुरुचिरापांगाविविशुःशलभाइव २८ ततोहलहलाशब्दःसौभमध्येव्यवर्धत ॥ वध्यतांविशिखैस्तीक्ष्णैःपततांचमहार्णवे २९ तेनिकृत्तभुजस्कंधाःकबंधाकृतिदर्शनाः ॥ नदंतोभैरवान्नादान्निपतंतिस्मदानवाः ३० पतितास्तेऽपिभक्ष्यंतेसमुद्रांभोनिवासिभिः ॥ ततोगोक्षीरकुंदेंदुमृणालरजतप्रभम् ३१ जलजंपांचजन्यंवैप्राणेनाहमपूरयम् ॥ तान्दृष्ट्वापतितांस्तत्रशाल्वःसौभपतिस्ततः ३२ मायायुद्धेनमहतायोधयामासमांयुधि ॥ ततोगदाहलाःप्रासाःशूलशक्तिपरश्वधाः ३३ असयःशक्तिकुलिशपाशर्ष्टिकनपाःशराः ॥ पट्टिशाश्चभुशुंड्यश्चप्रपतंत्यनिशंमयि ३४ तामहंमाययैवाशुप्रतिगृह्यव्यनाशयम् ॥ तस्यांहतायांमायायांगिरिशृंगैरयोधयत् ३५ ततोऽभवत्तमइवप्रकाशइवचाभवत् ॥ दुर्दिनंसुदिनंचैवशीतमुष्णंचभारत ३६ अंगारपांशुवर्षंचशस्त्रवर्षंचभारत ॥ एवंमायांप्रकुर्वाणोयोधयामासमांरिपुः ३७ विज्ञायतदहंसर्वंमाययैवव्यनाशयम् ॥ यथाकालंतुयुद्धेनव्यधमंसर्वतःशरैः ३८ ततोव्योममहाराजशतसूर्यमिवाभवत् ॥ शतचंद्रंचकौंतेयसहस्रायुततारकम् ३९ ततोनाज्ञायततदादिवारात्रंतथादिशः ॥ ततोऽहंमोहमापन्नःप्रज्ञास्त्रंसमयोजयम् ४० ततस्तदस्त्रंकौंतेयधूतंतूलमिवानिलैः ॥ तथातदभवद्युद्धंतुमुलंलोमहर्षणम् ॥ लब्धालोकस्तुराजेंद्रपुनःशत्रुमयोधयम् ४१ ॥ ॥ इतिश्रीमहाभारतेआरण्यकेपर्वणिअर्जुना०प०सौभवधोपाख्यानेविंशोऽध्यायः ॥ २० ॥ ॥ वासुदेवउवाच ॥ ॥ एवंसपुरुषव्याघ्रःशाल्वराजोमहारिपुः ॥ युध्यमानोमयासंख्येवियदभ्यगमत्पुनः १ ततःशतघ्नीश्चमहागदाश्चदीप्तांश्चशूलान्मुसलानसींश्च ॥ चिक्षेपरोषान्मयिमंदबुद्धिःशाल्वोमहाराजजयाभिकांक्षी २ तानाशुगैरापततोऽहमाशुनिवार्यहंतुंखगमान्खएव ॥ द्विधात्रिधाचाच्छिनमाशुमुक्तैस्ततोंऽतरिक्षेनिनदोबभूव ३ ततःशतसहस्रेणशराणांनतपर्वणाम् ॥ दारुकंवाजिनश्चैवरथंचसमवाकिरत् ४ ततोमामब्रवीद्वीरदारुकोविह्वलन्निव ॥ स्थातव्यमितितिष्ठामिशाल्वबाणप्रपीडितः ॥ अवस्थातुंनशक्नोमिअंगंमेव्यवसीदति ५ इतितस्यनिशम्याहंसारथेःकरुणंवचः ॥ अवेक्षमाणोयंतारमपश्यंशरपीडितम् ६ नतस्योरसिनोमूर्ध्निनकायेनभुजद्वये ॥ अंतरंपांडवश्रेष्ठपश्याम्यनिचितंशरैः ७

द्युताविति बोपदेवः ३४ । ३५ । ३६ । ३७ । ३८ । ३९ । ४० तदस्त्रंमायामयम् ४१ ॥ ॥ इत्यारण्यकेपर्वणिनैलकंठीयेभारतभावदीपेविंशोऽध्यायः ॥ २० ॥ ॥ ॥ एवंसइति १
२ । ३ । ४ । ५ । ६ । ७

वाणवरोत्पीडात्क्षतस्थानात् उल्बणमुत्कटम् ८ अस्तंभयमाश्वासितवान् ९ अथमांपुरुषःकश्चिदित्यादेरध्यायशेषस्यतात्पर्यं भगवानपिक्षुद्रजनमाययामोहितः किमुतक्षुद्रजनोभगवन्माययेति शुद्धचैतन्याश्रितभेवाज्ञानमितिवा १० । ११ पितृसखआहुकः १२ उपायायोपगम्य विषक्तेऽन्यत्रव्यासक्ते शूरसुतोवसुदेवः १३ । १४ । १५ अहंजगर्हे । वैचित्यात्पारोक्ष्येलिट् निंदितवान् १६ । १७

॥ २० ॥ सतुबाणवरोत्पीडाद्विस्रवत्यसृगुल्बणम् ॥ अभिवृष्टेयथामेवेगिरिर्गैरिकधातुमान् ८ अभीषुहस्तंतंदृष्ट्वासीदंतंसारथिंरणे ॥ अस्तंभयंमहाबाहोशाल्वबाणप्रपीडि अ०
तम् ९ अथमांपुरुषःकश्चिद्द्वारकानिलयोऽब्रवीत् ॥ त्वरितोरथमारोप्यसौहृदादिवभारत १० आहुकस्यवचोवीरतस्यैवपरिचारकः ॥ विषण्णःसन्नकंठेनतन्निबो
धयुधिष्ठिर ११ द्वारकाधिपतिर्वीरआहत्वामाहुकोवचः ॥ केशवेहिविजानीष्वयत्त्वांपितृसखोऽब्रवीत् १२ उपायायाद्यशाल्वेनद्वारकांवृष्णिनंदन ॥ विषक्तेत्व २२
यिदुर्धर्षहतःशूरसुतोबलात् १३ तदलंसाधुयुद्धेननिवर्तस्वजनार्दन ॥ द्वारकामेवरक्षस्वकार्यमेतन्महत्तव १४ इत्यहंतस्यवचनंश्रुत्वापरमदुर्मनाः ॥ निश्चयंना
धिगच्छामिकर्त्तव्यस्येतरस्यच १५ सात्यकिंबलदेवंचप्रद्युम्नंचमहारथम् ॥ जगर्हेमनसावीरतच्छ्रुत्वामहदप्रियम् १६ अहंहिद्वारकायाश्चपितुश्चकुरुनंदन ॥ तेषुर
क्षांसमाधायप्रयातःसौभपातने १७ बलदेवोमहाबाहुःकच्चिज्जीवतिशत्रुहा ॥ सात्यकीरौक्मिणेयश्चचारुदेष्णश्चवीर्यवान् १८ सांबप्रभृतयश्चैवेत्यहमासंसुदुर्म
नाः ॥ एतेषुहिनरव्याघ्रजीवत्सुनकथंचन १९ शक्यःशूरसुतोहंतुमपिवज्रभृतास्वयम् ॥ हतःशूरसुतोव्यक्तंव्यक्तंचैतेपरासवः २० बलदेवमुखाःसर्वइतिमेनि
श्चितामतिः ॥ सोऽहंसर्वविनाशंतंचिंतयानोमुहुर्मुहुः ॥ सुविह्वलोमहाराजपुनःशाल्वमयोधयम् २१ ततोऽपश्यंमहाराजप्रपतंतमहंतदा ॥ सौभाच्छूरसुतंवी
रततोमांमोहआविशत् २२ तस्यरूपंप्रपततःपितुर्मममनराधिप ॥ ययातेःक्षीणपुण्यस्यस्वर्गादिवमहीतलम् २३ विशीर्णमलिनोष्णीषप्रकीर्णांबरमूर्धजः ॥ प्रप
तन्दृश्यतेहस्मक्षीणपुण्यइवग्रहः २४ ततःशार्ङ्गधनुःश्रेष्ठंकरात्प्रपतितंमम ॥ मोहापन्नश्चकौंतेयरथोपस्थउपाविशम् २५ ततोहाहाकृतंसर्वंसैन्यंमेगतचेतनम् ॥
मांदृष्ट्वारथनीडस्थंगतासुमिवभारत २६ प्रसार्यबाहूपततःप्रसार्यचरणावपि ॥ रूपंपितुर्मेविबभौशकुनेःपततोयथा २७ तंपतंतंमहाबाहोशूलपट्टिशपाणयः ॥ अ
भिघ्नंतोभृशंवीरममचेतोह्यकंपयन् २८ ततोमुहूर्तात्प्रतिलभ्यसंज्ञामहंतदावीरमहाविमर्दे ॥ नतत्रसौभंनरिपुंचशाल्वंपश्यामिवृद्धंपितरंनचापि २९ ततोममासीन्म
नसिमायेयमितिनिश्चितम् ॥ प्रबुद्धोऽस्मिततोभूयःशतशोऽवाकिरञ्छरान् ३० ॥ ॥ इतिश्रीमहाभारतेआरण्यकेपर्वणिअर्जुनाभिगमनपर्वणिसौभवधोपाख्या
नेएकविंशोऽध्यायः २१ ॥ ॥ वासुदेवउवाच ॥ ततोऽहंभरतश्रेष्ठप्रगृह्यरुचिरंधनुः ॥ शरैरपातयंसौभाच्छिरांसिविबुधद्विषाम् १ शरांश्चाशीविषाकारानूर्ध्वगांस्ति
ग्मतेजसः ॥ प्रेषयंशाल्वराजायशार्ङ्गमुक्तान्सुवाससः २ ततोनादृश्यततदासौभंकुरुकुलोद्वह ॥ अंतर्हितंमाययाऽभूत्ततोऽहंविस्मितोऽभवम् ३

१८ । १९ । २० । २१ । २२ । २३ । २४ । २५ । २६ । २७ । २८ । २९ । ३० ॥ ॥ इत्यारण्यकेपर्वणि नैलकंठीयेभारतभावदीपेएकविंशोऽध्यायः ॥ २१ ॥ ॥ ॥ ॥ २० ॥
ततोऽहमिति १ सुवाससःसुपुंखान् २ । ३

विकृताननमूर्धजाईतितेषांस्वरूपकथनंनतुतद्दर्शनं धिष्ठितेप्रागल्भ्येनस्थिते । विष्ठितेइतिपाठेऽपिसएवार्थः ४ शब्दएवसाहोलक्ष्यंयत्रतत्तथा शब्दवेधिशब्देत्वमुपारमन्न्यपतदित्यर्थः । शब्दसाहंशब्द
बाधानिवारकंवा ५ शब्दसाधनैःशब्दएवसाधनंलक्ष्यसंबंधेकारणंयेषांतैःपुरस्यादृश्यत्वात् ६ । ७ । ८ प्राग्ज्योतिषंपूर्वसमुद्रतीरस्थंनगरविशेषं यतःकामगममतःप्राग्ज्योतिषंगत्वाव्यदृश्यत ९ । १० । ११
अप्रख्यातिमदर्शनं इयांप्राप्तवान् १२ । १३ । १४ । १५ एवमिति । हेवीरहेअच्युत एवंमांसौभराजोविजितवान्एतदप्यहंपश्चादश्रौषं पूर्वंमोहमापन्नःसन्संज्ञालाभानंतरंश्रुतवान्सारथिमुखेनेतिशेषः १६ इंद्रद

अथदानवसंघास्तेविकृताननमूर्धजाः ॥ उदक्रोशन्महाराजधिष्ठितेमयिभारत ४ ततोऽस्त्रंशब्दसाहंवैत्वरमाणोमहारणे ॥ अयोजयंतद्वधायततःशब्दउपारमत्
५ हतास्तेदानवाःसर्वेयैःसशब्दउदीरितः ॥ शरैरादित्यसंकाशैर्ज्वलितैःशब्दसाधनैः ६ तस्मिन्नुपरतेशब्देपुनरेवान्यतोऽभवत् ॥ शब्दोऽपरोमहाराजतत्रापि
प्राहरंशरैः ७ एवंदशदिशःसर्वास्तिर्यगूर्ध्वंचभारत ॥ नादयामासुरसुरास्तेचापिनिहतामया ८ ततःप्राग्ज्योतिषंगत्वापुनरेवव्यदृश्यत ॥ सौभंकामगमंवीर
मोहयन्ममचक्षुषी ९ ततोलोकांतकरणोदानवोदारुणाकृतिः ॥ शिलावर्षेणमहतासहसामांसमावृणोत् १० सोऽहंपर्वतवर्षेणवध्यमानःपुनःपुनः ॥ वल्मीकइव
राजेंद्रपर्वतोपचितोऽभवम् ११ ततोऽहंपर्वतचितःसहयःसहसारथिः ॥ अप्रख्यातिमियांराजन्सर्वतःपर्वतैश्चितः १२ ततोवृष्णिप्रवीरायेममासन्सैनिकास्तदा ॥
तेभयार्त्तादिशःसर्वेसहसाविप्रदुद्रुवुः १३ ततोहाहाकृतमभूत्सर्वेकिलविशांपते ॥ द्यौश्चभूमिश्चखंचैवादृश्यमानेतथामयि १४ ततोविषण्णमनसोममराजन्सुहृ
ज्जनाः ॥ रुरुदुश्चुक्रुशुश्चैवदुःखशोकसमन्विताः १५ द्विषतांचप्रहर्षोऽभूदार्तिश्चाद्विषतामपि ॥ एवंविजितवान्वीरपश्चादश्रौषमच्युत १६ ततोऽहमिंद्रदयितं
सर्वपाषाणभेदनम् ॥ वज्रमुद्यम्यतान्सर्वान्पर्वतान्समशातयम् १७ ततःपर्वतभारार्त्तामंदप्राणविचेष्टिताः ॥ हयाममममहाराजवेपमानाइवाभवन् १८ मेघजालइवा
काशेविदार्याभ्युदितंरविम् ॥ दृष्ट्वामांबांधवाःसर्वेहर्षमाहारयन्पुनः १९ ततःपर्वतभारार्त्तान्मंदप्राणविचेष्टितान् ॥ हयान्संदृश्यमांसूतःप्राहतात्कालिकंवचः २०
साधुसंपश्यवार्ष्णेयशाल्वंसौभपतिंस्थितम् ॥ अलंकृष्णावमन्यैनंसाधुयत्नंसमाचर २१ मार्दवंसखितांचैवशाल्वादद्यव्यपाहर ॥ जहिशाल्वंमहाबाहोमैनंजीवयके
शव २२ सर्वैःपराक्रमैर्वीरवध्यःशत्रुरमित्रहन् ॥ नशत्रुरवमंतव्योदुर्बलोऽपिबलीयसा २३ योऽपिस्यात्पीठगःकश्चित्किंपुनःसमरेस्थितः ॥ सत्वंपुरुषशार्दूलसर्वै
यत्नैरिमंप्रभो २४ जहिवृष्णिकुलश्रेष्ठमात्वांकालोऽत्यगात्पुनः ॥ नैषमार्दवसाध्योवैमतोनापिसखातव २५ येनत्वंयोधितोवीरद्वारकाचावमर्दिता ॥ एवमादि
तुकौंतेयश्रुत्वाऽहंसारथेर्वचः २६ तत्त्वमेतदितिज्ञात्वायुद्धेमतिमधारयम् ॥ वधायशाल्वराजस्यसौभस्यचनिपातने २७ दारुकंचाब्रुवंवीरमुहूर्तंस्थीयतामिति ॥
ततोऽप्रतिहतंदिव्यमभेद्यमतिवीर्यवान् २८

यितमिंद्रदैवत्यंवज्रंवज्रास्त्रं । यद्वा इंद्रोऽप्यस्यैवविभूतिरतस्तच्छस्त्रमप्येतदीयमेवेतिध्येयं समशातयंनाशितवान् १७ । १८ आहारयन्प्रापितवंतः १९ तात्कालिकंतत्कालयोग्यम् २० । २१ । २२ । २३ पीठगः
स्वासनस्थः अयुध्यमानोऽपीत्यर्थः २४ । २५ । २६ । २७ । २८

२९ प्रतिलोमानांविपरीताचाराणांम्लेच्छानां ३० क्षुरांतंतीक्ष्णपरिधिं ३१ तस्मैसौभायप्राप्रहिणवंहितवान् ३२ । ३३ क्रकचःदंतुरखङ्गः ३४।३५ । ३६ । ३७ । ३८ । ३९ । ४० । ४१ यद्यागच्छेयंतर्हिन

आग्नेयमस्त्रंदयितंसर्वसाहंमहाप्रभम् ॥ योजयंतत्रधनुषादानवांतकरंरणे २९ यक्षाणांराक्षसानांचदानवानांचसंयुगे ॥ राज्ञांचप्रतिलोमानांभस्मांतकरणंमहत् ३० क्षुरांतममलंचक्रंकालांतकयमोपमम् ॥ अनुमंत्र्याहमतुलंद्विषतांविनिबर्हणम् ३१ जहिसौभंस्ववीर्येणयेचात्ररिपवोमम ॥ इत्युक्त्वाभुजवीर्येणतस्मैप्राहिणवंरुषा ३२ रूपंसुदर्शनस्यासीदाकाशेपततस्तदा ॥ द्वितीयस्येवसूर्यस्ययुगांतेप्रतपिष्यतः ३३ तत्समासाद्यनगरंसौभंव्यपगतत्विषम् ॥ मध्येनपाटयामासक्रकचोदार्विवोच्छ्रितम् ३४ द्विधाकृतंततःसौभंसुदर्शनबलाद्धतम् ॥ महेश्वरशरोद्धूतंपपातत्रिपुरंयथा ३५ तस्मिन्निपतितेसौभेचक्रमागात्करंमम ॥ पुनश्चादायवेगेनशाल्वायेत्यहमब्रुवम् ३६ ततःशाल्वंगदांगुर्वीमाविध्यंतंमहाहवे ॥ द्विधाचकारसहसाप्रजज्वालचतेजसा ३७ तस्मिन्विनिहतेवीरेदानवास्त्रस्तचेतसः ॥ हाहाभूतादिशोजग्मुरर्दितामममसायकैः ३८ ततोऽहंसमवस्थाप्यरथंसौभसमीपतः ॥ शंखंप्रध्माप्यहर्षेणसुहृदःपर्यहर्षयम् ३९ तन्मेरुशिखराकारंविध्वस्ताट्टालगोपुरम् ॥ दह्यमानमभिप्रेक्ष्यस्त्रियस्ताःसंप्रदुद्रुवुः ४० एवंनिहत्यसमरेसौभंशाल्वंनिपात्यच ॥ आनर्तान्पुनरागम्यसुहृदांप्रीतिमावहम् ४१ तदेतत्कारणंराजन्यदहंनागसाह्वयम् ॥ नागमंपरवीरघ्ननहिजीवेत्सुयोधनः ४२ मय्यागतेऽथवावीरद्यूतंनभवितातथा ॥ अद्याहंकिंकरिष्यामिभिन्नसेतुरिवोदकम् ४३ ॥ वैशंपायनउवाच ॥ एवमुक्त्वामहाबाहुःकौरवंपुरुषोत्तमः ॥ आमंत्र्यप्रययौश्रीमान्पांडवान्मधुसूदनः ४४ अभिवाद्यमहाबाहुर्धर्मराजंयुधिष्ठिरम् ॥ राज्ञामूर्धन्युपाघ्रातोभीमेनचमहाभुजः ४५ परिष्वक्तश्चार्जुनेनयमाभ्यांचाभिवादितः ॥ संमानितश्चधौम्येनद्रौपद्याचार्चितोऽश्रुभिः ४६ सुभद्रामभिमन्युंचरथमारोप्यकांचनम् ॥ आरुरोहरथंकृष्णःपांडवैरभिपूजितः ४७ शैब्यसुग्रीवयुक्तेनरथेनादित्यवर्चसा ॥ द्वारकांप्रययौकृष्णःसमाश्वास्ययुधिष्ठिरम् ४८ ततःप्रयातेदाशार्हेधृष्टद्युम्नोऽपिपार्षतः ॥ द्रौपदेयानुपादायप्रययौस्वपुरंतदा ४९ धृष्टकेतुःस्वसारंचसमादायाथचेदिराट् ॥ जगामपांडवान्दृष्ट्वारम्यांशुक्तिमतींपुरीम् ५० केकयाश्चाप्यनुज्ञाताःकौंतेयेनामितौजसा ॥ आमंत्र्यपांडवान्सर्वान्प्रययुस्तेऽपिभारत ५१ ब्राह्मणाश्चविशश्चैवतथाविषयवासिनः ॥ विसृज्यमानाःसुभृशंनत्यजंतिस्मपांडवान् ५२ समवायःसराजेंद्रसुमहाद्भुतदर्शनः ॥ आसीन्महात्मनांतेषांकाम्यकेभरतर्षभ ५३

हिजीवेत ४२ किंकरिष्यामिअद्याहमकिंचित्करइत्यर्थः उदकंधारयितुमितिशेषः ४३ । ४४ । ४५ । ४६ । ४७ । ४८ । ४९ धृष्टकेतुःशिशुपालसुतः स्वसारंकरेणुमतींनकुलभार्याम् ५० केकयाःसहदेवश्यालाः ५१ । ५२ समवायःमेलकः ५३

शशास आज्ञापयामास एवमुक्त्वामहाबाहुरित्याद्यध्यायशेषस्याग्रिमाध्यायसहितस्यतात्पर्यम् पांडवेष्विवसाधुषुसर्वैनिसर्गातरज्यंते धार्त्तराष्ट्रेष्विवासाधुषुद्वेषवंतोभवंतीति ५४ ॥ इत्यारण्यकेपर्वणिनैलकंठीये भारतभावदीपेसौभवधोपाख्यानेद्वाविंशोऽध्यायः ॥ २२ ॥ ॥ तस्मिन्निति १ भूतपतिःशिवः निष्कःअष्टोत्तरशतंसुवर्णानि वक्षोऽलंकारोवा । शिक्षेतिव्याकरणाद्यंगानामुपलक्षणं अक्षराणिवेदःनित्यत्वात्क्षरणशून्यः । 'वाचाविरूपनित्यया' इतिश्रुतेः । मंत्रःप्रणवःतान्पाठतोऽर्थतश्चजानन्तीति शिक्षाक्षरमंत्रविद्वयः २ प्रेष्याःकर्मकराः पुरःप्रागेव जघन्यंपाश्चात्त्यंद्वारकादेशम् ३ राजपुत्र्यासुभद्रयासह ४ । ५ । ६ प्रव

युधिष्ठिरस्तुविप्रांस्तानुमान्यमहामनाः ॥ शशासपुरुषान्कालेरथान्योजयतेतिवै ५४ ॥ इतिश्रीमहाभारतेआरण्यकेपर्वणिअर्जुनाभिगमनपर्वणिसौभवधोपा
ख्यानेद्वाविंशोऽध्यायः ॥ २२ ॥ ॥ वैशंपायनउवाच ॥ तस्मिन्दशार्हाधिपतौप्रयातेयुधिष्ठिरोभीमसेनार्जुनौच ॥ यमौचकृष्णाचपुरोहितश्चरथान्म
हार्हान्परमाश्वयुक्तान् १ आस्थायवीराःसहितावनायप्रतस्थिरेभूतपतिप्रकाशाः ॥ हिरण्यनिष्कान्वसनानिगाश्चप्रादायशिक्षाक्षरमंत्रविद्भ्यः २ प्रेष्याःपुरोविं
शतिरात्तशस्त्राधनूंषिशस्त्राणिशरांश्चदीप्तान् ॥ मौर्वीश्चयंत्राणिचसायकांश्चसर्वेसमादायजघन्यमीयुः ३ ततस्तुवासांसिचराजपुत्र्याधात्र्यश्चदास्यश्चविभूषणंच ॥
तदिंद्रसेनस्त्वरितःप्रगृह्यजघन्यमेवोपययौरथेन ४ ततःकुरुश्रेष्ठमुपेत्यपौराःप्रदक्षिणंचक्रुरदीनसत्वाः ॥ तंब्राह्मणाश्चाभ्यवदन्प्रसन्नामुख्याश्चसर्वेकुरुजांगलानाम् ५
सचापितानभ्यवदत्प्रसन्नःसहैवतैर्भ्रातृभिर्धर्मराजः ॥ तस्थौचतत्राधिपतिर्महात्मादृष्ट्वाजनौघंकुरुजांगलानाम् ६ पितेवपुत्रेषुसुतेषुभावंचक्रेकुरूणामृषभोमहा
त्मा ॥ तेचापितस्मिन्भरतप्रबर्हेतदाबभूवुःपितरीवपुत्राः ७ ततस्तमासाद्यमहाजनौघाःकुरुप्रवीरंपरिवार्यतस्थुः ॥ हानाथहाधर्मइतिब्रुवाणाह्रीताश्चसर्वेऽश्रु
मुखाश्चराजन् ८ वरःकुरूणामधिपःप्रजानांपितेवपुत्रानपहायचास्मान् ॥ पौरानिमान्जानपदांश्चसर्वान्हित्वाप्रयातःक्वनुधर्मराजः ९ धिग्धार्त्तराष्ट्रंसुनृशंसबु
द्धिंधिक्सौबलंपापमतिंचकर्णम् ॥ अनर्थमिच्छंतिनरेंद्रपापायेधर्मनित्यस्यसतस्तवैवम् १० स्वयंनिवेश्याप्रतिमंमहात्मापुरंमहादेवपुरप्रकाशम् ॥ शतक्रतुप्रस्थ
ममेयकर्माहित्वाप्रयातःक्वनुधर्मराजः ११ चकारयामप्रतिमांमहात्मासभांमयोदेवसभाप्रकाशाम् ॥ तांदेवगुप्तामिवदेवमायांहित्वाप्रयातःक्वनुधर्मराजः १२ तान्ध
र्मकामार्थविदुत्तमौजाबीभत्सुरुच्चैःसहितानुवाच ॥ आदास्यतेवासमिमंनिरुष्यवनेषुराजाद्विषतांयशांसि १३ द्विजातिमुख्याःसहिताःपृथक्चभवद्भिरासाद्यतप
स्विनश्च ॥ प्रसाद्यधर्मार्थविदश्चवाच्यायथार्थसिद्धिःपरमाभवेन्नः १४ इत्येवमुक्तेवचनेऽर्जुनेनतेब्राह्मणाःसर्ववर्णाश्चराजन् ॥ मुदाऽभ्यनंदन्सहिताश्चचक्रुःप्रद
क्षिणंधर्मभृतांवरिष्ठम् १५ आमंत्र्यपार्थंचवृकोदरंचधनंजयंयाज्ञसेनींयमौच ॥ प्रतस्थिरेराष्ट्रमपेतहर्षायुधिष्ठिरेणानुमतायथास्वम् १६ इतिश्रीमहाभारतेआरण्यकेप
र्वणिअर्जुनाभिगमनपर्वणिद्वैतवनप्रवेशेत्रयोविंशोऽध्यायः ॥ २३ ॥

र्हेश्रेष्ठे ७ ह्रीताःकुराज्येतिष्ठामइतिहेतोःशंकयालज्जिताः भीताइतिपाठांतरम् ८ । ९ अनर्थंद्यूतजं एवमेवंप्रकारम् १० । ११ । १२ बीभत्सुरर्जुनः आदास्यतेआच्छिद्यग्रहीष्यति यशांसियशस्कराणिदिव्यसभादीनि १३ भवद्भिःपौरैः वाच्याःप्रार्थ्याः १४ । १५ । १६ ॥ इत्यारण्यकेपर्वणि नैलकंठीये भारतभावदीपे त्रयोविंशोऽध्यायः ॥ २३ ॥

तदइति । सत्यसंगरः सत्यप्रतिज्ञः १ समाःवर्षाणि संधिरार्षः २ शरदोवत्सरान् ३ । ४ । ५ । ६ । ७ अनुभावान्कर्त्तव्याकर्त्तव्यविषयान्निश्चयान् प्रभावोनिग्रहानुग्रहशक्तिः। 'अनुभावोनिश्चयेस्यात्प्रभावःशक्तितेजसोः' इतिविश्वः ८ श्रेयोमोक्षःकारणंतत्साधनम् ९ द्वैतंद्वौशोकमोहौइतोगतौयस्मात्तद्वीतंद्वीतमेवद्वैतं स्वार्थेतद्धितः वनंजलंयस्मिन्द्वैतवनं पुण्येनपावनेनजलेनउचितंसमवेतं एतेनद्वैतवनशब्दार्थःसूचितः

॥ वैशंपायनउवाच ॥ ॥ ततस्तेषुप्रयातेषुकौंतेयःसत्यसंगरः ॥ अभ्यभाषतधर्मात्माभ्रातॄन्सर्वान्युधिष्ठिरः १ द्वादशेमाःसमास्माभिर्वस्तव्यंनिर्जने वने ॥ समीक्षध्वंमहारण्येदेशंबहुमृगद्विजम् २ बहुपुष्पफलंरम्यंशिवंपुण्यजनावृतम् ॥ यत्रेमाःशरदःसर्वाःसुखंप्रतिवसेमहि ३ एवमुक्तेप्रत्युवाचधर्मराजंधनंजयः ॥ गुरुवन्मानवगुरुंमानयित्वामनस्विनम् ४ ॥ अर्जुनउवाच ॥ ॥ भवानेवमहर्षीणांवृद्धानांपर्युपासिता ॥ अज्ञातंमानुषेलोकेभवतोनास्तिकिंचन ५ त्वयाह्युपासितानित्यंब्राह्मणाभरतर्षभ ॥ द्वैपायनप्रभृतयोनारदश्चमहातपाः ६ यःसर्वलोकद्वाराणिनित्यंसंचरतेवशी ॥ देवलोकाद्ब्रह्मलोकंगंधर्वाप्सरसामपि ७ अनुभावांश्चजानासिब्राह्मणानांनसंशयः ॥ प्रभावांश्चैववेत्थत्वंसर्वेषामेवपार्थिव ८ त्वमेवराजन्जानासिश्रेयःकारणमेवच ॥ यत्रेच्छसिमहाराजनिवासंतत्रकुर्महे ९ इदंद्वैतवनंनामसरःपुण्यजलोचितम् ॥ बहुपुष्पफलंरम्यंनानाद्विजनिषेवितम् १० यत्रेमाद्वादशसमाविहरेमेतिरोचये ॥ यदितेऽनुमतंराजन्किमन्यन्मन्यतेभवान् ११ ॥ युधिष्ठिरउवाच ॥ ममाप्येतन्मतंपार्थत्वयायत्समुदाहृतम् ॥ गच्छामःपुण्यविख्यातंमहद्द्वैतवनंसरः १२ ॥ वैशंपायनउवाच ॥ ततस्तेप्रययुःसर्वेपांडवाधर्मचारिणः ॥ ब्राह्मणैर्बहुभिःसार्धंपुण्यंद्वैतवनंसरः १३ ब्राह्मणाःसाग्निहोत्राश्चतथैवचनिरग्नयः ॥ स्वाध्यायिनोभिक्षवश्चतथैववनवासिनः १४ बहवोब्राह्मणास्तत्रपरिवव्रुर्युधिष्ठिरम् ॥ तपःसिद्धामहात्मानःशतशःसंशितव्रताः १५ तेयात्वापांडवास्तत्रब्राह्मणैर्बहुभिःसह ॥ पुण्यंद्वैतवनंरम्यंविविशुर्भरतर्षभाः १६ तत्सालतालाम्रमधूकनीपकदंबसर्जार्जुनकर्णिकारैः ॥ तपात्ययेपुष्पधरैरुपेतंमहावलंराष्ट्रपतिर्ददर्श १७ महाद्रुमाणांशिखरेषुतस्थुर्मनोरमांवाचमुदीरयंतः ॥ मयूरदात्यूहचकोरसंघास्तस्मिन्वनेबर्हिणकोकिलाश्च १८ करेणुयूथैःसहयूथपानांमदोत्कटानामचलप्रभाणाम् ॥ महांतियूथानिमहाद्विपानांतस्मिन्वनेराष्ट्रपतिर्ददर्श १९ मनोरमांभोगवतीमुपेत्यपूतात्मनांचीरजटाधराणाम् ॥ तस्मिन्वनेधर्मभृतांनिवासेददर्शसिद्धर्षिगणाननेकान् २० ततःसयानादवरुह्यराजासभ्रातृकःसजनःकाननंतत् ॥ विवेशधर्मात्मवतांवरिष्ठस्त्रिविष्टपंशक्रइवामितौजाः २१ तंसत्यसंधंसहिताऽभिपेतुर्दिदृक्षवश्चारणसिद्धसंघाः ॥ वनौकसश्चापिनरेंद्रसिंहंमनस्विनंतंपरिवार्यतस्थुः २२ सतत्रसिद्धानभिवाद्यसर्वान्प्रत्यर्चितोराजवद्देववच्च ॥ विवेशसर्वैःसहितोद्विजाग्र्यैःकृतांजलिर्धर्मभृतांवरिष्ठः २३

उचसमवायेदिवादिः १० विहरेमप्रीत्यानयेम ११ । १२ । १३ । १४ । १५ यात्वागत्वा १६ तपात्ययेवर्षासु महावलंमहावनं दंत्यादिरयंशब्दः 'देवावैवलेगाःपर्यपश्यन्' इतिवनेवलशब्दप्रयोगदर्शनात् १७ १८ करेणुःहस्तिनी १९ भोगवतींसरस्वतींनदीम् २० । २१ चारणाःदेवगायनाः सिद्धाःमहर्षयः २२ । २३

महाद्रुमःकदंबः २४ । २५ लतावतानावनतःवल्लीतंतुभिरावृततयानम्रः २६ ॥ इत्यारण्यकेपर्वणिनैलकंठीयेभारतभावदीपेचतुर्विंशोऽध्यायः ॥ २४ ॥ तत्काननमित्याद्यध्यायद्वयेनवृद्धतमाभ्यांमार्कण्डे
यदालभ्याभ्यांधर्मस्यास्यागोब्राह्मणभक्तिश्चकर्तव्येत्युच्यते । तत्कारणांमतिपाठेतद्वनंकारणं चिक्रीडिषाहेतुः कृच्छ्रंवनवाससंकटम् १ । २ इष्टीर्दर्शपौर्णमासाद्याः पित्र्याणिपिंडपितृयज्ञदर्शश्राद्धादीनि
३ राष्ट्रादपेत्यनिर्गत्य वनेवसतांतीव्रंदुःसहंसमृद्धंपुष्कलंचतेजोयस्य ४ । ५ अस्मयतविस्मितवान् ६ ह्रियाप्रागल्भ्यसंकोचेन ७ । ८ । ९ सहस्रनेत्रःप्रतिमारूपांतरंयस्य ' देवा

सपुण्यशीलःपितृव महात्मातपस्विभिर्धर्मपरैरुपेत्य ॥ प्रत्यर्चितःपुष्पधरस्यमूलेमहाद्रुमस्योपविवेशराजा २४ भीमश्चकृष्णाचधनंजयश्चयमौचतेचानुचरा
नरेंद्रम् ॥ विमुच्यवाहानवशाश्चसर्वेतत्रोपतस्थुर्भरतप्रबर्हाः २५ लतावतानावनतःसपांडवैर्महाद्रुमःपंचभिरेवधन्विभिः ॥ बभौनिवासोपगतैर्महात्मभिर्महा
गिरिर्वारणयूथपैरिव २६ ॥ इतिश्रीमहाभारतेआरण्यकेपर्वणिअर्जुनाभिगमनपर्वणिद्वैतवनप्रवेशेचतुर्विंशोऽध्यायः ॥ २४ ॥ ॥ वैशंपायनउवाच ॥
तत्काननंप्राप्यनरेंद्रपुत्राःसुखोचितावासमुपेत्यकृच्छ्रम् ॥ विजह्रुरिंद्रप्रतिमाःशिवेषुसरस्वतीशालवनेषुतेषु १ यतींश्वराजासमुनींश्चसर्वांस्तस्मिन्वनेमूलफलै
रुदग्रैः ॥ द्विजातिमुख्यान्नृपभःकुरूणांसंतर्पयामाससमहानुभावः २ इष्टीश्चपित्र्याणितथाक्रियाश्चमहावनेवसतांपांडवानाम् ॥ पुरोहितस्तत्रसमृद्धतेजाश्चका
रधौम्यःपितृवन्नृपाणाम् ३ अपेत्यराष्ट्राद्वसतांतुतेषामृषिःपुराणोऽतिथिराजगाम ॥ तमाश्रमंतीव्रसमृद्धतेजामार्कंडेयःश्रीमतांपांडवानाम् ४ तमागतंज्वलित
हुताशनप्रभंमहामनाःकुरुवृषभोयुधिष्ठिरः ॥ अपूजयत्सुरऋषिमानवार्चितंमहामुनिंह्यनुपमसत्ववीर्यवान् ५ ससर्वविद्द्रौपदींवीक्ष्यकृष्णांयुधिष्ठिरंभीमसेनार्जुनौच ॥
संस्मृत्यरामंमनसामहात्मातपस्विमध्येऽस्मयतामितौजाः ६ तंधर्मराजोविमनाइवाब्रवीत्सर्वेह्रियासंतितपस्विनोऽमी ॥ भवानिदंकिंस्मयतीवहृष्टस्तपस्विनां
पश्यतांमामुदीक्ष्य ७ ॥ मार्कंडेयउवाच ॥ नतातहृष्यामिनचस्मयामिप्रहर्षजोमांभजतेनदर्पः ॥ तवापदंत्वद्यसमीक्ष्यरामंसत्यव्रतंदाशरथिंस्मरामि ८ सचापि
राजासहलक्ष्मणेनवनेनिवासंपितुरेवशासनात् ॥ धन्वीचरन्पार्थमयैवदृष्टोगिरेःपुराऋष्यमूकस्यसानौ ९ सहस्रनेत्रप्रतिमोमहात्मायमस्यनेतानमुचेश्चहंता ॥ पितु
र्निदेशादनघःस्वधर्मंवासंवनेदाशरथिश्चकार १० सचापिशक्रस्यसमप्रभावोमहानुभावःसमरेष्वजेयः ॥ विहायभोगानचरद्वनेषुनेशेबलस्येतिचरेदधर्मम् ११ भूपा
श्चनाभागभगीरथादयोमहीमिमांसागरांतांविजित्य ॥ सत्येनतेऽप्यजयंस्तातलोकान्नेशेबलस्येतिचरेदधर्मम् १२ अलर्कमाहुर्नरवर्यसंतंसत्यव्रतंकाशिकरूषराजम् ॥
विहायराज्यानिवसूनिचैवनेशेबलस्येतिचरेदधर्मम् १३

नामस्मि[illegible]वासवः' [illegible]त्युक्त[illegible]त्वात् । अतएवयमस्यनियंतुरपिनेतानिर्वाहकः नमुचेश्चहंता इतिसर्वमिंद्रकर्मतस्यैवकर्मेत्यर्थः १० तदेवाहसचेति । शक्रस्यसमप्रभावःकृत्स्नप्रभावः समशब्दःसर्वपर्यायःसर्व
नामा । प्रभावःशक्तिः अनुभावोभावसूचनंविद्याबलमित्यर्थः । शक्रस्वप्रभावादिकमयमेवातोऽसौसमरेष्वजेयः । तस्मादितिसर्वत्राध्याहारः । बलस्यबहुसामर्थ्यस्यईशेप्रभवामीतिहेतोरधर्मंनचरेत्
शक्तौसत्यांधर्ममेवाचरेन्नत्वधर्ममित्यर्थः ११ । १२ । १३

धात्राईशेन पुराणैर्वेदवाक्यैर्विहितोविधिरग्निहोत्रादिः १४ पशवोऽपिबलवानस्मीतिदर्पेणाधर्मनचरंतीत्याह महाबलानिति । 'विषाणंदंतशृंगयोः' इतिकोशः १५ एवंसर्पादिष्वपिज्ञेयमित्याह सर्वाणीति । स्वयोनितोजन्मानुरूपम् १६ विभाप्रभासैववसुवित्तंयस्य १७ आदास्यसेग्रहीष्यसि १८ । १९ ॥ इत्यारण्यकेपर्वणिनैलकंठीयेभारतभावदीपेपंचविंशोऽध्यायः ॥ २५ ॥ वसत्स्विति । अनुकीर्णंव्याप्तम् १

धात्राविधिर्योविहितःपुराणैस्तंपूजयंतोनरवर्यसंतः ॥ सप्तर्षयःपार्थदिविप्रभांतिनेशेबलस्येतिचरेदधर्मम् १४ महाबलान्पर्वतकूटमात्रान्विषाणिनःपश्यगजान्नरेंद्र ॥ स्थितान्निदेशेनरवर्यधातुर्नेशेबलस्येतिचरेदधर्मम् १५ सर्वाणिभूतानिनरेंद्रपश्यतथायथावद्विहितंविधात्रा ॥ स्वयोनितःकर्मसदाऽऽचरंतिनेशेबलस्येतिचरेदधर्मम् १६ सत्येनधर्मेणयथार्हवृत्त्याह्रियातथासर्वभूतान्यतीत्य ॥ यशश्चतेजश्चतवापिदीप्तंविभावसोर्भास्करस्येवपार्थ १७ यथाप्रतिज्ञंचमहानुभावकृच्छ्रंवनेवासमिमंनिरुष्य ॥ ततःश्रियंतेजसातेनदीप्तामादास्यसेपार्थिवकौरवेभ्यः १८ ॥ वैशंपायनउवाच ॥ तमेवमुक्त्वावचनंमहर्षिस्तपस्विमध्येसहितंसुहृद्भिः ॥ आमंत्र्यधौम्यंसहितांश्चपार्थास्ततःप्रतस्थेदिशमुत्तरांसः १९ ॥ इतिश्रीमहाभारतेआरण्यकेपर्वणिअर्जु०द्वैतवनप्रवेशेपंचविंशोऽध्यायः ॥ २५ ॥ वैशंपायनउवाच ॥ वसत्सुवैद्वैतवनेपाण्डवेषुमहात्मसु ॥ अनुकीर्णंमहारण्यंब्राह्मणैःसमपद्यत १ ईर्यमाणेनसततंब्रह्मघोषेणसर्वशः ॥ ब्रह्मलोकसमंपुण्यमासीद्द्वैतवनंसरः २ यजुषामृचांसाम्नांचगद्यानांचैवसर्वशः ॥ आसीदुच्चार्यमाणानांनिःस्वनोहृदयंगमः ३ ज्याघोषश्चैवपार्थानांब्रह्मघोषश्चधीमताम् ॥ संसृष्टंब्रह्मणाक्षत्रंभूयएवव्यरोचत ४ अथाब्रवीद्बकोदाल्भ्योधर्मराजंयुधिष्ठिरम् ॥ संध्यांकौंतेयमासीनमृषिभिःपरिवारितम् ५ पश्यद्वैतवनेपार्थब्राह्मणानांतपस्विनाम् ॥ होमवेलांकुरुश्रेष्ठसंप्रज्वलितपावकाम् ६ चरंतिधर्मंपुण्येऽस्मिंस्त्वयागुप्ताधृतव्रताः ॥ भृगवोंऽगिरसश्चैववासिष्ठाःकाश्यपैःसह ७ आगस्त्याश्चमहाभागाआत्रेयाश्चोत्तमव्रताः ॥ सर्वस्यजगतःश्रेष्ठाःब्राह्मणाःसंगतास्त्वया ८ इदंतुवचनंपार्थशृणुष्वगदतोमम ॥ भ्रातृभिःसहकौंतेययत्त्वांवक्ष्यामिकौरव ९ ब्रह्मक्षत्रेणसंसृष्टंक्षत्रंचब्रह्मणासह ॥ उदीर्णेदहतःशत्रून्वनानीवाग्निमारुतौ १० नाब्राह्मणस्तातचिरंबुभूषेदिच्छन्निमंलोकममुंचजेतुम् ॥ विनीतधर्मार्थमपेतमोहंलब्ध्वाद्विजंनुदतिनृपःसपत्नान् ११ चरन्नैःश्रेयसंधर्मंप्रजापालनकारितम् ॥ नाध्यगच्छद्बलिर्लोकेतीर्थमन्यत्रवैद्विजात् १२ अनूनमासीदसुरस्यकामैर्वैरोचनेःश्रीरपिचाक्षयाऽऽसीत् ॥ लब्ध्वामहींब्राह्मणसंप्रयोगात्तेष्वाचरन्दुष्टमथोव्यनश्यत् १३ नाब्राह्मणंभूमिरियंसभूतिर्वर्णंद्वितीयंभजतेचिराय ॥ समुद्रनेमिर्नमतेतुतस्मैयंब्राह्मणःशास्तिनयैर्विनीतम् १४ कुंजरस्येवसंग्रामेपरिगृह्यांकुशग्रहम् ॥ ब्राह्मणैर्विप्रहीनस्यक्षत्रस्यक्षीयतेबलम् १५

२ गद्यानांब्राह्मणवाक्यानांपादाक्षरादिनियमहीनानाम् ३ । ४ संध्यामुपास्येतिशेषः ५ । ६ । ७ । ८ । ९ । १० अब्राह्मणोब्राह्मणहीनोनृपः बुभूषेदैश्वर्यमिच्छेत् तस्येच्छतोऽपिजयोदुर्लभइत्यर्थः । विनीतौसम्यकशिक्षितौधर्मार्थौयेन ११ तीर्थमुपायं १२ वैरोचनेर्बलेः १३ । १४ अंकुशग्रहमंकुशेननिगृह्णातितं परिगृह्यवर्जयित्वा परिवर्जने १५

१६ । १७ बुद्धिपर्येषणंबुद्धेःसाकल्येनसंग्रहणम् १८ यथार्हतीर्थेयथायोग्यपात्रे प्रतिपादनायदानाय १९ वृत्तिर्वर्त्तनम् २० । २१ । २२ । २३ । २४ । २५ इत्यारण्यकेपर्वणिनैलकंठीयेभारतभावदीपेषड्विं

ब्राह्मण्यनुपमादृष्टिःक्षात्रमप्रतिमंबलम् ॥ तौयदाचरतःसार्धंतदालोकःप्रसीदति १६ यथाहिसुमहानग्निःकक्षंदहतिसानिलः ॥ तथादहतिराजन्योब्राह्मणेन
समंरिपुम् १७ ब्राह्मणेष्वेवमेधावीबुद्धिपर्येषणंचरेत् ॥ अलब्धस्यचलाभायलब्धस्यपरिवृद्धये १८ अलब्धलाभायचलब्धवृद्धयेयथार्हतीर्थप्रतिपादनाय ॥
यशस्विनंवेदविदंविपश्चितंबहुश्रुतंब्राह्मणमेववासय १९ ब्राह्मणेषूत्तमावृत्तिस्तवनित्यंयुधिष्ठिर ॥ तेनतेसर्वलोकेषुदीप्यतेप्रथितंयशः २० ॥ वैशंपायनउवाच ॥
ततस्तेब्राह्मणाःसर्वेबकंदाल्भ्यमपूजयन् ॥ युधिष्ठिरेस्तूयमानेभूयःसुमनसोऽभवन् २१ द्वैपायनोनारदश्चजामदग्न्यःपृथुश्रवाः ॥ इंद्रद्युम्नोभालुकिश्चकृतचेताः
सहस्रपात् २२ कर्णश्रवाश्चमुंजश्चलवणाश्वश्चकाश्यपः ॥ हारीतःस्थूणकर्णश्चअग्निवेश्योऽथशौनकः २३ कृतवाक्सुवाक्चैवबृहदश्वोविभावसुः ॥ ऊर्ध्वरेता
वृषामित्रःसुहोत्रोहोत्रवाहनः २४ एतेचान्येचबहवोब्राह्मणाःसंशितव्रताः ॥ अजातशत्रुमानर्चुःपुरंदरमिवर्षयः २५ इतिश्रीमहाभारतेआरण्यकेपर्वणिअर्जुनाभिग
मनपर्वणिद्वैतवनप्रवेशेषड्विंशोऽध्यायः ॥ २६ ॥ ॥ वैशंपायनउवाच ॥ ततोवनंगताःपार्थाःसायाह्नेसहकृष्णया ॥ उपविष्टाःकथाश्चक्रुर्दुःखशोकपरायणाः १
प्रियाचदर्शनीयाचपंडिताचपतिव्रता ॥ अथकृष्णाधर्मराजमिदंवचनमब्रवीत् २ ॥ द्रौपद्युवाच ॥ ननूनंतस्यपापस्यदुःखमस्मासुकिंचन ॥ विद्यतेधार्त्तराष्ट्रस्यनृशं
सस्यदुरात्मनः ३ यस्त्वांराजन्मयासार्धमजिनैःप्रतिवासितम् ॥ वनंप्रस्थाप्यदुष्टात्मानान्वतप्यतदुर्मतिः ४ आयसंहृदयंनूनंतस्यदुष्कृतकर्मणः ॥ यस्त्वांधर्मपरं
श्रेष्ठंरूक्षाण्यश्रावयत्तदा ५ सुखोचितमदुःखार्हंदुरात्मासमुहृद्गणः ॥ ईदृशंदुःखमानीयमोदतेपापपूरुषः ६ चतुर्णामेवपापानामस्रंनपतितंतदा ॥ त्वयिभारतनिष्क्रां
तेवनायाजिनवाससि ७ दुर्योधनस्यकर्णस्यशकुनेश्चदुरात्मनः ॥ दुर्भ्रातुस्तस्यचोग्रस्यराजन्दुःशासनस्यच ८ इतरेषांतुसर्वेषांकुरूणांकुरुसत्तम ॥ दुःखेनाभिपरी
तानांनेत्रेभ्यःप्रापतज्जलम् ९ इदंचशयनंदृष्ट्वायच्चासीत्तेपुरातनम् ॥ शोचामित्वांमहाराजदुःखानर्हंसुखोचितम् १० दांतंयच्चसभामध्यआसनंरत्नभूषितम् ॥ दृष्ट्वाकु
शबृसींचेमांशोकोमांरुंधयत्ययम् ११ यदपश्यंसभायांत्वांराजभिःपरिवारितम् ॥ तच्चराजन्नपश्यंत्याःकाशांतिर्हृदयस्यमे १२ यात्वाऽहंचंदनादिग्धमपश्यंसूर्यवर्च
सम् ॥ सात्वांपंकमलादिग्धंदृष्ट्वामुह्यामिभारत १३ यात्वाऽहंकौशिकैर्वस्त्रैःशुभ्रैराच्छादितंपुरा ॥ दृष्टवत्यस्मिराजेंद्रसात्वांपश्यामिचीरिणम् १४ यच्चतद्रुक्मपात्री
भिर्ब्राह्मणेभ्यःसहस्रशः ॥ ह्रियतेतेगृहादन्नंसंस्कृतंसार्वकामिकम् १५

शोऽध्यायः ॥ २६ ॥ ॥ ततइति । इतोध्यायद्वयस्यतात्पर्यंसुशीलाऽपिस्त्रीधर्मंसाजयतिकिमुतेतरेति १ । २ अस्मासुदुःखितेष्वितिशेषः ३ । ४ । ५ आनीयप्रापय्य ६ अस्रंनेत्रजलम् ७ । ८ । ९ । १०
दांतंगजदंतमयं कुशबृसींकुशासनं रुंधयतिआवृणोतिमोहयतीत्यर्थः ११ । १२ त्वाऽहं त्वामहं आदिग्धंलिप्तम् १३ कौशिकैःकोशजैः १४ । १५

अगृहाणांब्रह्मचारिणां १६ सहस्राणिसहस्रसंज्ञानिसत्रपरिवेषणपात्राणि 'तेषांयत्सहस्रंसत्रपरिवेषणंततस्त्वयैतोदास्यंति' इतिबह्वृचब्राह्मणेदर्शनात्। सत्कृतानिप्रसह्युपयोगात्संभावितानि सर्वकामैःकाम्यमानै रन्नैः यत्यैःसहस्रैःसर्वैःकामैर्मनोरथैर्द्विजानअपूजयथाः वनेतुएकमेवसूर्यदत्तंपरिवेषणपात्रमित्यर्थः १७ । १८ । १९ । २० मन्युःक्रोधः २१ । २२ । २३ अर्जुनेनकार्त्तवीर्येण २४ शरावमर्देबाणपाते २५ ।

यतीनामगृहाणांतेतथैवगृहमेधिनाम् ॥ दीयतेभोजनंराजन्नतीवगुणवत्प्रभो १६ सत्कृतानिसहस्राणिसर्वकामैःपुरागृहे ॥ सर्वकामैःसुविहितैर्यदपूजयथाद्विजान् १७ तच्चराजन्नपश्यंत्याःकाशांतिर्हृदयस्यमे ॥ यत्तेभ्रातॄन्महाराजयुवानोमृष्टकुंडलाः १८ अभोजयंतमृष्टान्नैःसूदाःपरमसंस्कृतैः ॥ सर्वांस्तानद्यपश्यामिवनेवन्येनजीविनः १९ अदुःखार्हान्मनुष्येंद्रनोपशाम्यतिमेमनः ॥ भीमसेनमिमंचापिदुःखितंवनवासिनम् २० ध्यायतःकिंनमन्युस्तेप्राप्तेकालेविवर्धते ॥ भीमसेनंहिकर्माणिस्वयंकुर्वाणमच्युतम् २१ सुखार्हंदुःखितंदृष्ट्वाकस्मान्मन्युर्नवर्धते ॥ सत्कृतंविविधैर्यानैर्वस्त्रैरुच्चावचैस्तथा २२ तंतेवनगतंदृष्ट्वाकस्मान्मन्युर्नवर्धते ॥ अयंकुरूनरणेसर्वान्हंतुमुत्सहतेप्रभुः २३ त्वत्प्रतिज्ञांप्रतीक्षंस्तुसहतेऽयंवृकोदरः ॥ योऽर्जुनेनार्जुनस्तुल्योद्विबाहुर्बहुबाहुना २४ शरावमर्देशीघ्रत्वात्कालांतकयमोपमः ॥ यस्यशस्त्रप्रतापेनप्रणताःसर्वपार्थिवाः २५ यज्ञेतवमहाराजब्राह्मणानुपतस्थिरे ॥ तमिमंपुरुषव्याघ्रंपूजितंदेवदानवैः २६ ध्यायंतमर्जुनंदृष्ट्वाकस्माद्राजन्नकुप्यसि ॥ दृष्ट्वावनगतंपार्थमदुःखार्हंसुखोचितम् २७ नचतेवर्धतेमन्युस्तेनमुह्यामिभारत ॥ योदेवांश्चमनुष्यांश्चसर्पांश्चैकरथोऽजयत् २८ तंतेवनगतंदृष्ट्वाकस्मान्मन्युर्नवर्धते ॥ योयानैरद्भुताकारैर्हयैर्नागैश्चसंवृतः २९ प्रसह्यवित्तान्यादत्तपार्थिवेभ्यःपरंतप ॥ क्षिपत्येकेनवेगेनपंचबाणशतानियः ३० तंतेवनगतंदृष्ट्वाकस्मान्मन्युर्नवर्धते ॥ श्यामंबृहंतंतरुणंचर्मिणामुत्तमंरणे ३१ नकुलंतेवनेदृष्ट्वाकस्मान्मन्युर्नवर्धते ॥ दर्शनीयंचशूरंचमाद्रीपुत्रंयुधिष्ठिर ३२ सहदेवंवनेदृष्ट्वाकस्मात्क्षमसिपार्थिव ॥ नकुलंसहदेवंचदृष्ट्वातेदुःखितावुभौ ३३ अदुःखार्हौमनुष्येंद्रकस्मान्मन्युर्नवर्धते ॥ द्रुपदस्यकुलेजातांस्नुषांपांडोर्महात्मनः ३४ धृष्टद्युम्नस्यभगिनींवीरपत्नीमनुव्रताम् ॥ मांवैवनगतांदृष्ट्वाकस्मात्क्षमसिपार्थिव ३५ नूनंचतववैनास्तिमन्युर्भरतसत्तम ॥ यत्तेभ्रातॄंश्चमांचैवदृष्ट्वानव्यथतेमनः ३६ ननिर्मन्युःक्षत्रियोऽस्तिलोकेनिर्वचनंस्मृतम् ॥ तदद्यत्वयिपश्यामिक्षत्रियेविपरीतवत् ३७ योनदर्शयतेतेजःक्षत्रियःकालआगते ॥ सर्वभूतानितंपार्थसदापरिभवंत्युत ३८ तत्त्वयानक्षमाकार्याशत्रून्प्रतिकथंचन ॥ तेजसैवहितेशक्यानिहंतुंनात्रसंशयः ३९ तथैवयःक्षमाकालेक्षत्रियोनोपशाम्यति ॥ अप्रियःसर्वभूतानांसोऽमुत्रेहचनश्यति ४० ॥ इतिश्रीमहाभारतेआरण्यकेपर्वणि अर्जुनाभिगमनपर्वणिद्रौपदीपरितापवाक्येसप्तविंशोऽध्यायः ॥ २७ ॥

२६ । २७ । २८ । २९ आदत्तआदवान् ३० चर्मिणांखड्गचर्मधराणाम् ३१ । ३२ । ३३ । ३४ । ३५ । ३६ निर्वचनंक्षत्रियशब्दस्य क्षरतेहिनस्तीतिक्षत्रमिति ३७ हिंसत्वंनियमितिचेत्तत्राह योनेति । तेजःक्रोधः ३८ । ३९ । ४० ॥ इत्यारण्यकेपर्वणि नैलकंठीये भारतभावदीपे सप्तविंशोऽध्यायः ॥ २७ ॥

अत्रापीति १ आगतागमंप्राप्तरहस्यम् २ । ३ श्रेयःप्रशस्ततरं अत्रक्षमातेजसोर्मध्ये ४ । ५ । ६ । ७ अस्यएनं ८ । ९ । १० अधिकृताःअन्नपानादिसंरक्षणेनियुक्ताः प्रदिष्टानिइदमस्मैदेयमित्याज्ञा
पितानि ११ एनंक्षमिणं भर्तृपूजाभिःस्वाम्युचितमानेन १२ । १३ । १४ नित्यमुदिताःनित्यंहोलकाद्युत्सवपराः १५ । १६ तेजसाक्रोधेन १७ । १८ उपालंभंधिक्कारम् १९ । २० उपकर्तॄनितिच्छेदः

॥ द्रौपद्युवाच ॥ अत्राप्युदाहरंतीममितिहासंपुरातनम् ॥ प्रह्लादस्यचसंवादंबलेर्वैरोचनस्यच १ असुरेंद्रंमहाप्राज्ञंधर्माणामागतागमम् ॥ बलिःपप्रच्छदैत्येंद्रंप्रह्लादं
पितरंपितुः २ ॥ बलिरुवाच ॥ क्षमास्विच्छ्रेयसीतातउताहोतेजइत्युत ॥ एतन्मेसंशयंतातयथावद्ब्रूहिपृच्छते ३ श्रेयोयदत्रधर्मज्ञब्रूहिमेतदसंशयम् ॥ करिष्या
मिहितत्सर्वंयथावदनुशासनम् ४ तस्मैप्रोवाचतत्सर्वमेवंपृष्टःपितामहः ॥ सर्वनिश्चयवित्प्राज्ञःसंशयंपरिपृच्छते ५ ॥ प्रल्हादउवाच ॥ नश्रेयःसततंतेजोननित्यं
श्रेयसीक्षमा ॥ इतितातविजानीहिद्वयमेतदसंशयम् ६ योनित्यंक्षमतेतातबहून्दोषान्सविंदति ॥ भृत्याःपरिभवंत्येनमुदासीनास्तथाऽरयः ७ सर्वभूतानिचाप्य
स्यननमंतेकदाचन ॥ तस्मान्नित्यंक्षमातातपंडितैरपिवर्जिता ८ अवज्ञायहितंभृत्याभजंतेबहुदोषताम् ॥ आदातुंचास्यवित्तानिप्रार्थयंतेऽल्पचेतसः ९ यानंवस्त्राण्य
लंकारान्शयनान्यासनानिच ॥ भोजनान्यथपानानिसर्वोपकरणानिच १० आददीरन्नधिकृतायथाकाममचेतसः ॥ प्रदिष्टानिचदेयानिनदद्युर्भर्तृशासनात् ११ न
चैनंभर्तृपूजाभिःपूजयंतिकथंचन ॥ अवज्ञानंहिलोकेऽस्मिन्मरणादपिगर्हितम् १२ क्षमिणंतादृशंतातब्रुवंतिकटुकान्यपि ॥ प्रेष्याःपुत्राश्चभृत्याश्चतथोदासीनवृत्त
यः १३ अथास्यदारानिच्छंतिपरिभूयक्षमावतः ॥ दाराश्चास्यप्रवर्त्ततेयथाकाममचेतसः १४ तथाचनित्यमुदितायदिनाल्पमपीश्वरात् ॥ दंडमर्हंतिदुष्यंतिदुष्टा
श्चाप्यपकुर्वते १५ एतेचान्येचबहवोनित्यंदोषाःक्षमावताम् ॥ अथवैरोचनेदोषानिमान्विद्ध्यक्षमावताम् १६ अस्थानेयदिवास्थानेसततंरजसावृतः ॥ क्रुद्धोदंडान्प्र
णयतिविविधान्स्वेनतेजसा १७ मित्रैःसहविरोधंचप्राप्नुतेतेजसावृतः ॥ आप्नोतिद्वेष्यतांचैवलोकात्स्वजनतस्तथा १८ सोऽवमानादर्थहानिमुपालंभमनादरम् ॥ संता
पद्वेषमोहांश्चशत्रूंश्चलभतेनरः १९ क्रोधाद्दंडान्मनुष्येषुविविधान्पुरुषोऽनयात् ॥ भ्रश्यतेशीघ्रमैश्वर्यात्प्राणेभ्यःस्वजनादपि २० योपकर्तॄंश्चहर्तॄंश्चतेजसैवोपगच्छ
ति ॥ तस्मादुद्विजतेलोकःसर्पाद्वेश्मगतादिव २१ यस्मादुद्विजतेलोकःकथंतस्यभवोभवेत् ॥ अंतरंतस्यदृष्ट्वैवलोकोविकुरुतेध्रुवम् २२ तस्मान्नात्युत्सृजेत्तेजोनचनि
त्यंमृदुर्भवेत् ॥ कालेकालेतुसंप्राप्तेमृदुस्तीक्ष्णोऽपिवाभवेत् २३ कालेमृदुर्योभवतिकालेभवतिदारुणः ॥ सवैसुखमवाप्नोतिलोकेऽमुष्मिन्निहैवच २४ क्षमाकालां
स्तुवक्ष्यामिशृणुमेविस्तरेणतान् ॥ येतेनित्यमसंत्याज्यायथाप्राहुर्मनीषिणः २५ पूर्वोपकारीयस्तेस्यादपराधेगरीयसि ॥ उपकारेणततस्यक्षंतव्यमपराधिनः २६
अबुद्धिमाश्रितानांतुक्षंतव्यमपराधिनाम् ॥ नहिसर्वत्रपांडित्यंसुलभंपुरुषेणवै २७

संधिरार्षः उपकर्तॄन् कोशादिवृद्धिकरान् हर्तॄन् चोरान् २१ भवःऐश्वर्यं अंतरंछिद्रं विकुरुतेप्रथयति २२ । २३ । २४ असंत्याज्याःकोपेनानतिक्रमणीयाः २५ पूर्वेसांपूर्वकालेवाउपकारीउपकर्ता
२६ अबुद्धिंमौर्ख्यम् २७

२८ अपकृतेअपकारे २९ । ३० मृदुनासाम्ना ३१ सामापिदेशकालापेक्षयैवकर्त्तव्यमित्याह देशेति ३२ । ३३ । ३४ उत्स्रष्टुंप्रयोक्तुम् ३५ । ३६ ॥ ॥ इत्यारण्यकेपर्वणिनैलकंठीयेभारतभावदीपेअष्टाविंशोऽध्यायः ॥ २८ ॥ क्रोधइति । पैरैरपकृताआप्तैश्चोद्दीपिताः सामर्थ्यवंतोऽपिसंतःक्षमामेवश्रयंतइत्यध्यायतात्पर्यं । भावयितावर्धयिताजितःसन्निति शेषः १ तदेवाह योहीति २ लोकआत्मास्वर्गोवातन्नाशनं ३ तदेवाह क्रुद्धइति । श्रेयसःश्रेष्ठान्श्रेयोऽपिप्राप्येतिवाल्यब्लोपेपंचमीमाश्रित्यव्याख्येयम् ४ । ५।६ । ७ तं क्रोधंविक्रमं। धीरैरितिपाठेविपरीतःक्रमोयेनतमित्यर्थः चरेदाचरेत् ८ अप्रतिक्रुध्यन् त्रायते द्वयोरा

अथचेद्बुद्धिजंकृत्वाब्रूयुस्तेतदबुद्धिजम् ॥ पापान्स्वल्पेऽपितान्हन्यादपराधेतथाऽनृजून् २८ सर्वस्यैकोऽपराधस्तेक्षंतव्यःप्राणिनोभवेत् ॥ द्वितीयेसतिवध्यस्तुस्वल्पेऽप्यपकृतेभवेत् २९ अजानताभवेत्कश्चिदपराधःकृतोयदि ॥ क्षंतव्यमेवतस्याहुःसुपरीक्ष्यपरीक्षया ३० मृदुनादारुणंहंतिमृदुनाहंत्यदारुणम् ॥ नासाध्यंमृदुनाकिंचित्तस्मात्तीव्रतरंमृदु ३१ देशकालौतुसंप्रेक्ष्यबलाबलमथात्मनः ॥ नादेशकालेकिंचित्स्याद्देशकालौप्रतीक्षताम् ॥ तथालोकभयाच्चैवक्षंतव्यमपराधिनः ३२ एतएवंविधाःकालाःक्षमायाःपरिकीर्तिताः ॥ अतोऽन्यथाऽनुवर्तत्सुतेजसःकालउच्यते ३३ तदहंतेजसःकालंतवमन्येनराधिप ॥ धार्त्तराष्ट्रेषुलुब्धेषुसततंचापकारिषु ३४ नहिकश्चित्क्षमाकालोविद्यतेऽद्यकुरून्प्रति ॥ तेजसश्चागतेकालेतेजउत्स्रष्टुमर्हसि ३५ मृदुर्भवत्यनुज्ञातस्तीक्ष्णादुद्विजतेजनः ॥ कालेप्राप्तेद्वयंचैतद्योवेदसमहीपतिः ३६ ॥ इतिश्रीमहाभारतेआरण्यकेपर्वणिअर्जुनाभिगमनपर्वणिद्रौपदीवाक्येअष्टाविंशोऽध्यायः ॥ २८ ॥ युधिष्ठिरउवाच ॥ क्रोधोहंतामनुष्याणांक्रोधोभावयितापुनः ॥ इतिविद्धिमहाप्राज्ञेक्रोधमूलौभवाभवौ १ योहिसंहरतेक्रोधंभवस्तस्यसुशोभने ॥ यःपुनःपुरुषःक्रोधंनित्यंनसहतेशुभे ॥ तस्याभावायभवतिक्रोधःपरमदारुणः २ क्रोधमूलोविनाशोहिप्रजानामिहदृश्यते ॥ तत्कथंमादृशःक्रोधमुत्सृजेल्लोकनाशनम् ३ क्रुद्धःपापंनरःकुर्यात्क्रुद्धोहन्याद्गुरूनपि ॥ क्रुद्धःपरुषयावाचाश्रेयसोऽप्यवमन्यते ४ वाच्यावाच्येहिकुपितोनप्रजानातिकर्हिचित् ॥ नाकार्यमस्तिक्रुद्धस्यनावाच्यंविद्यतेतथा ५ हिंस्यात्क्रोधादवध्यांस्तुवध्यान्संपूजयीतच ॥ आत्मानमपिचक्रुद्धःप्रेषयेद्यमसादनम् ६ एतान्दोषान्प्रपश्यद्भिर्जितःक्रोधोमनीषिभिः ॥ इच्छद्भिःपरमंश्रेयइहचामुत्रचोत्तमम् ७ तंक्रोधंवर्जितंधीरैःकथमस्मद्विधश्चरेत् ॥ एतद्द्रौपदिसंधायनमेमन्युःप्रवर्धते ८ आत्मानंचपरांश्चैवत्रायतेमहतोभयात् ॥ क्रुध्यंतमप्रतिक्रुध्यन्द्वयोरेषचिकित्सकः ९ मूढोयदिक्लिश्यमानःक्लिश्यतेऽशक्तिमान्नरः ॥ बलीयसांमनुष्याणांत्यजत्यात्मानमात्मना १० तस्यात्मानंसंत्यजतोलोकानश्यंत्यनात्मनः ॥ तस्माद्द्रौपद्यशक्तस्यमन्योर्नियमनंस्मृतम् ११

त्मपरयोः चिकित्सकःदोषापहर्त्ता ९ एतदेवाह मूढइति । बलीयसामुपरियदिअशक्तिमान्क्लिश्यतेक्रुध्यते तर्हिआत्मानंदेहंत्यजति १० अनात्मनःअजितचित्तस्यनियमनंकर्त्तव्यमितिस्मृतं अशक्तःक्रोधंजित्वा आत्मानमात्महत्यादोषात् परंचपरहत्यादोषात्त्रायतइत्यर्थः ११

शक्तस्यापिक्रोधजयेआत्मपरत्रातृत्वमाह विद्वानिति १२ । १३ । १४ । १५ प्रसृजेत्प्रकर्षेणप्रयुंजीत सुयोधनवधादपिसुयोधनाद्वधंप्राप्यापीत्यर्थः । यदुक्तंतेजसश्चागतेकालेतेजउत्स्रष्टुमर्हसीतितत्राह तेजस्वी
ति । क्रोधजिदेवतेजस्वीनतुक्रोधीत्यर्थः १६ । १७ प्रत्युतक्रोधाजयेदोषमाह क्रुद्धोहीति १८ तुदतिव्यथयतिपरुषोक्त्यादिना तेजसिसतिक्रोधजयित्वमेवतेजोनान्यदित्यर्थः १९ एतदेवतेजोलक्षणप्रदर्शनेनप्रति
पादयति दाक्ष्यमिति । दाक्ष्यंकर्मसुकौशलं । अमर्षःशत्रोरपकारोपायचिंतनं । शौर्यंपराभिभवशक्तिः । शीघ्रत्वंआशुकारिता । अंजसाआर्जवेन २० क्रुद्धैःकालयुक्तंदेशकालोपपन्नंतेजःसुदुःसहम् २१
पंडितैरित्युपहासोमूर्खैरित्यर्थः । अपंडितैरितिगौडपाठःस्वच्छः । रजःरजोगुणपरिणामः २२ स्वधर्मान् अपगःअपहायगच्छतीतितथा द्वितीयायाअलुगार्षः जातिभ्रष्टात्पतितादपिक्रोधीहीनइत्यर्थः २३ स

विद्वांस्तथैवयःशक्तःक्लिश्यमानोनकुप्यति ॥ अनाशयित्वाक्लेष्टारंपरलोकेचनंदति १२ तस्माद्बलवताचैवदुर्बलेनचनित्यदा ॥ क्षंतव्यंपुरुषेणाहुरापत्स्वपिविजान
ता १३ मन्योर्हिविजयंकृष्णेप्रशंसंतीहसाधवः ॥ क्षमावतोजयोनित्यंसाधोरिहसतांमतम् १४ सत्यंचानृततःश्रेयोनृशंसाच्चानृशंसता ॥ तमेवंबहुदोषंतुक्रोधं
साधुविवर्जितम् १५ मादृशःप्रसृजेत्कस्मात्सुयोधनवधादपि ॥ तेजस्वीतियमाहुर्वैपंडितादीर्घदर्शिनः १६ नक्रोधोऽभ्यंतरस्तस्यभवतीतिविनिश्चितम् ॥ यस्तु
क्रोधंसमुत्पन्नंप्रज्ञयाप्रतिबाधते १७ तेजस्विनंतंविद्वांसोमन्यंतेतत्त्वदर्शिनः ॥ क्रुद्धोहिकार्यंसुश्रोणिनयथावत्प्रपश्यति ॥ नाकार्यंनचमर्यादांनरःक्रुद्धोऽनुपश्य
ति १८ हंत्यवध्यानपिक्रुद्धोगुरून्क्रुद्धस्तुदत्यपि ॥ तस्मात्तेजसिकर्तव्यःक्रोधोदूरेप्रतिष्ठितः १९ दाक्ष्यंह्यमर्षःशौर्यंचशीघ्रत्वमितितेजसः ॥ गुणाःक्रोधाभिभूतेनन
शक्याःप्राप्तुमंजसा २० क्रोधंत्यक्त्वातुपुरुषःसम्यक्तेजोऽभिपद्यते ॥ कालयुक्तंमहाप्राज्ञेक्रुद्धैस्तेजःसुदुःसहम् २१ क्रोधस्तुपंडितैःशश्वत्तेजइत्यभिनिश्चितम् ॥
रजस्तुलोकनाशायविहितंमानुषंप्रति २२ तस्माच्छश्वत्त्यजेत्क्रोधंपुरुषःसम्यगाचरन् ॥ श्रेयान्स्वधर्मानपगोनक्रुद्धइतिनिश्चितम् २३ यदिसर्वमबुद्धीनामतिक्रांत
मचेतसाम् ॥ अतिक्रमोमद्विधस्यकथंस्वित्स्यादनिंदिते २४ यदिनस्युर्मानुषेषुक्षमिणःपृथिवीसमाः ॥ नस्यात्संधिर्मनुष्याणांक्रोधमूलोहिविग्रहः २५ अभिष
क्तोह्यभिषजेदाहन्याद्गुरुणाहतः ॥ एवंविनाशोभूतानामधर्मःप्रथितोभवेत् २६ आक्रुष्टःपुरुषःसर्वंप्रत्याक्रोशेदनंतरम् ॥ प्रतिहन्याद्धतश्चैवतथाहिंस्याच्चहिंसि
तः २७ हन्युर्हिपितरःपुत्रान्पुत्राश्चापितथापितॄन् ॥ हन्युश्चपतयोभार्याःपतीन्भार्यास्तथैवच २८ एवंसंकुपितेलोकेजन्मकृष्णेनविद्यते ॥ प्रजानांसंधिमू
लंहिजन्मविद्धिशुभानने २९ ताःक्षिपेरन्प्रजाःसर्वाःक्षिप्रंद्रौपदितादृशे ॥ तस्मान्मन्युर्विनाशायप्रजानामभवायच ३० यस्मात्तुलोकेदृश्यंतेक्षमिणःपृथिवीस
माः ॥ तस्माज्जन्मचभूतानांभवश्चप्रतिपद्यते ३१

र्वंक्षमार्जवादिकं अबुद्धीनांमूढैःअतिक्रांतंलंघितं अनिंदितेप्रशस्तेविषयेक्षमादौ २४ । २७ अभिषक्तःतापितःअभिषजेत्तापयेत् गुरुणाऽपिहतस्तंआहन्यात्ताडयेत् किमुतान्यमितिभावः एवंविनाशःअधर्मश्च
प्रथितोभवेत् २६ आक्रुष्टोवाचाताडितः हतोऽन्येनाभिगतःहिंसितस्ताडितः २७ । २८ जन्मोत्पत्तिः तत्रहेतुःप्रजानांसंधिःदंपत्योःप्रीतिः शमइतिपाठेक्षमा २९ तादृशेक्रोधपरेराज्ञिसति क्षिपेरन्नश्येयुः
अभवायानैश्वर्याय ३० जन्मप्रतिपद्यतेअन्यथाक्रोधप्राबल्येपूर्ववयस्येवदंपत्योर्नाशाज्जन्मासंभवइत्यर्थः ३१

बलीयसाबलवत्तरेणस्वाम्यादिनायथाआकृष्टस्ताडितोवाऽशक्तःक्षमते तथायःप्रभाववानपिक्षमतेतस्यलोकाइतिसार्द्धश्लोकोवाक्यम् ३३ अन्यथादोषमाहार्द्धेन क्रोधनस्त्विति ३४ अत्रेति । क्षमावतांगाथाःप्रशंसाःक्षमावतांमध्येमहात्मना ३५ क्षमाधर्मइति । क्षमाहीनस्यधर्मादिरनर्थकरइत्यर्थः । यःधर्मादिफलार्थी ३६ ब्रह्मब्राह्मणजातिः सत्यंपरंब्रह्मापिक्षमाप्राप्यं भूतंसंचितं तपःभाविचक्षमैवरक्षति ३७ अति अतिक्रम्यप्राप्नुवंति तदूर्ध्वंपदमितिशेषः ब्रह्मविदांवेदविदाम् ३८ यजुषांत्रेताग्निसाध्यकर्मवतां कर्मिणांवापीकूपादिधर्मवताम् ३९ । ४० । ४१ सर्वमनःप्राणेंद्रियाणांवेगंक्षमतेसोढुंशक्नोति ४२

क्षंतव्यंपुरुषेणेहसर्वापत्सुसुशोभने ॥ क्षमावतोहिभूतानांजन्मचैवप्रकीर्तितम् ३२ आकुष्टस्ताडितःक्रुद्धःक्षमतेयोबलीयसा ॥ यश्चनित्यंजितक्रोधोविद्वानुत्तमपूरुषः ३३ प्रभाववानपिनरस्तस्यलोकाःसनातनाः ॥ क्रोधनस्त्वल्पविज्ञानःप्रेत्यचेहचनश्यति ३४ अत्राप्युदाहरंतीमागाथानित्यंक्षमावताम् ॥ गीताःक्षमावतांकृष्णेकाश्यपेनमहात्मना ३५ क्षमाधर्मःक्षमायज्ञःक्षमावेदाःक्षमाश्रुतम् ॥ यएतदेवंजानातिससर्वंक्षंतुमर्हति ३६ क्षमाब्रह्मक्षमासत्यंक्षमाभूतंचभाविच ॥ क्षमातपःक्षमाशौचंक्षमयेदंधृतंजगत् ३७ अतियज्ञविदांलोकान्क्षमिणःप्राप्नुवंतिच ॥ अतिब्रह्मविदांलोकानतिचापितपस्विनाम् ३८ अन्येवैयजुषांलोकाःकर्मिणामपरेतथा ॥ क्षमावतांब्रह्मलोकेलोकाःपरमपूजिताः ३९ क्षमातेजस्विनांतेजःक्षमाब्रह्मतपस्विनाम् ॥ क्षमासत्यंसत्यवतांक्षमायज्ञःक्षमाशमः ४० तांक्षमांतादृशींकृष्णेकथमस्मद्विधस्त्यजेत् ॥ यस्यांब्रह्मचसत्यंचयज्ञालोकाश्चधिष्ठिताः ४१ क्षंतव्यमेवसततंपुरुषेणविजानता ॥ यदाहिक्षमतेसर्वंब्रह्मसंपद्यतेतदा ४२ क्षमावतामयंलोकःपरश्चैवक्षमावताम् ॥ इहसन्मानमृच्छंतिपरत्रचशुभांगतिम् ४३ येषांमन्युर्मनुष्याणांक्षमयाऽभिहतःसदा ॥ तेषांपरतरेलोकास्तस्मात्क्षांतिःपरामता ४४ इतिगीताःकाश्यपेनगाथानित्यंक्षमावताम् ॥ श्रुत्वागाथाःक्षमायास्त्वंतुष्यद्रौपदिमाक्रुधः ४५ पितामहःशांतनवःशमंसंपूजयिष्यति ॥ कृष्णश्चदेवकीपुत्रःशमंसंपूजयिष्यति ४६ आचार्योविदुरःक्षत्ताशममेववदिष्यतः ॥ कृपश्चसंजयश्चैवशममेववदिष्यतः ४७ सोमदत्तोयुयुत्सुश्चद्रोणपुत्रस्तथैवच ॥ पितामहश्चनोव्यासःशमंवदतिनित्यशः ४८ एतैर्हिराजानियतंचोद्यमानःशमंप्रति ॥ राज्यंदातेतिमेबुद्धिर्नचेल्लोभान्नशिष्यति ४९ कालोऽयंदारुणःप्राप्तोभरतानामभूतये ॥ निश्चितंमेसदैवैतत्पुरस्तादपिभाविनि ५० सुयोधनोनार्हतीतिक्षमामेवंनविंदति ॥ अर्हस्तत्राहमित्येवंतस्मान्मांविंदतेक्षमा ५१ एतदात्मवतांवृत्तमेषधर्मःसनातनः ॥ क्षमाचैवानृशंस्यंचतत्कर्त्तास्म्यहमंजसा ५२ ॥ ॥ इतिश्रीमहाभारतेआरण्यकेपर्वणिअर्जुना०द्रौपदीयुधिष्ठिरसंवादेऊनात्रिंशोऽध्यायः ॥ २९ ॥ ॥

द्रौपद्युवाच ॥ नमोधात्रेविधात्रेचयौमोहंचक्रतुस्तव ॥ पितृपैतामहेवृत्तेवोढव्येतेऽन्यथामतिः १

४३ परतरेसत्यलोके लोकाःभोग्यपदार्थाः ४४ तुष्य तुष्टाभव ४५ । ४६ । ४७ । ४८ राजाधृतराष्ट्रःतत्पुत्रोवादातादास्यति ४९ अभूतयेनाशाय ५० नार्हतिराज्यमितिशेषः तत्रहेतुः इतीति । एवंउक्तरीत्या ५१ अंजसातत्त्वतः ५२ ॥ ॥ इत्यारण्यकेपर्वणिनैलकंठीयेभारतभावदीपे ऊनत्रिंशोऽध्यायः ॥ २९ ॥ ॥ नमोधात्रइति । धात्रेईश्वराय विधात्रेपूर्वकर्मणे वृत्ते बलेनराज्याक्रमणरूपे १

ईश्वरस्यापिकर्मापेक्षत्वात्प्रथमंकर्मप्राबल्यमेवाह कर्मभिरिति । चिंतितःकल्पितोलोकोभोगसाधनं गत्यांगत्यांऊर्ध्वाधोमध्यमोत्तमाधमयोनिषु नित्यानिअपरिहार्यफलानि लोभात्मोहात् मोक्षंकर्मफलेभ्योदुःखे भ्योमुक्तियियासतिप्राप्तुमिच्छति २ कर्मनित्यत्वमेवाह नेहेति । इहजन्मनिपुरुषःपूर्वकर्मभिर्बाध्यमानो धर्मादिनानश्रियमाप्नोति आनृशंस्यंदया घृणालोकापवादभयम् ३ तत्रत्वमेवदृष्टांतइत्याह त्वामित्यादिना ४ तदानींराज्यकाले अद्यराज्यच्युतौ जातुकदाचिद्धर्मात्प्रियतरंनहितेअध्यगमन्ज्ञातवंतः किंतुजीवितादपिप्रियतरंधर्ममेवाध्यगमन् ५ । ६ । ७ । ८ । ९ शृंगंप्रभुत्वाभिमानः १० । ११ तेत्वया मोक्षिणः संन्यासिनोमोक्षाश्रमस्थाः १२ आरण्यकेभ्योवानप्रस्थेभ्यः लौहानिसौवर्णादीनि । लोहानांकांचनंवरमितिलिंगात् १३ । १४ पाकयज्ञागृह्याग्निसाध्याइष्टयः १५ । १६ । १७ परीतयाविपरीतया १८

कर्मभिश्चिंतितोलोकोगत्यांगत्यांपृथग्विधः ॥ तस्मात्कर्माणिनित्यानिलोभान्मोक्षंयियासति २ नेहधर्मानृशंस्याभ्यांनक्षांत्यानार्जवेनच ॥ पुरुषःश्रियमाप्नोतिनघृणित्वेनकर्हिचित ३ त्वांचव्यसनमभ्यागादिदंभारतदुःसहम् ॥ यत्त्वंनार्हसिनापीमेभ्रातरस्तेमहौजसः ४ नहितेऽध्यगमन्जातुतदानींनाद्यभारत ॥ धर्मात्प्रियतरंकिंचिदपिचेज्जीवितादिह ५ धर्मार्थमेवतेराज्यंधर्मार्थंजीवितंचते ॥ ब्राह्मणागुरवश्चैवजानंत्यपिचदेवताः ६ भीमसेनार्जुनौचोभौमाद्रेयौचमया सह ॥ त्यजेस्त्वमितिमेबुद्धिर्नतुधर्मंपरित्यजेः ७ राजानंधर्मगोप्तारंधर्मोरक्षतिरक्षितः ॥ इतिमेश्रुतमार्याणांत्वांतुमन्येनरक्षति ८ अनन्याहिनरव्याघ्रनित्यदाधर्ममेवते ॥ बुद्धिःसततमन्वेतिछायेवपुरुषंनिजा ९ नावमंस्थाहिसदृशान्नावरान्श्रेयसःकुतः ॥ अवाप्यपृथिवींकृत्स्नांनतेशृंगमवर्द्धत १० स्वाहाकारैःस्वधाभिश्चपूजाभिरपिचद्विजान् ॥ दैवतानिपितॄंश्चैवसततंपार्थसेवसे ११ ब्राह्मणाःसर्वकामैस्तेसततंपार्थतर्पिताः ॥ यतयोमोक्षिणश्चैवगृहस्थाश्चैवभारत १२ भुंजतेरुक्मपात्रीभिर्यत्राहंपरिचारिका ॥ आरण्यकेभ्योलौहानिभाजनानिप्रयच्छसि ॥ नादेयंब्राह्मणेभ्यस्तेगृहेकिंचनविद्यते १३ यदिदंवैश्वदेवांतेशांतयेक्रियतेगृहे ॥ तद्दत्त्वातिथिभूतेभ्योराजन्शिष्टेनजीवसि १४ इष्टयःपशुबंधाश्चकाम्यनैमित्तिकाश्चये ॥ वर्ततेपाकयज्ञाश्चयज्ञकर्मचनित्यदा १५ अस्मिन्नपिमहारण्येविजने दस्युसेविते ॥ राष्ट्रादपेत्यवसतोधर्मस्तेनावसीदति १६ अश्वमेधोराजसूयःपुंडरीकोऽथगोसवः ॥ एतैरपिमहायज्ञैरिष्टंतेभूरिदक्षिणैः १७ राजन्परीतयाबुद्ध्याविषमेक्षपराजये ॥ राज्यंवसून्यायुधानिभ्रातॄन्मांचासिनिर्जितः १८ ऋजोर्मृदोर्वदान्यस्यह्रीमतःसत्यवादिनः ॥ कथमक्षव्यसनजाबुद्धिरापतितातव १९ अतीवमोहमायातिमनश्चपरिभूयते ॥ निशाम्यतेदुःखमिदमिमांचापदमीदृशीम् २० अत्राप्युदाहरंतीममितिहासंपुरातनम् ॥ ईश्वरस्यवशेलोकास्तिष्ठंतेनात्मनोयथा २१ धातैवखलुभूतानांसुखदुःखेप्रियाप्रिये ॥ दधातिसर्वमीशानःपुरस्ताच्छुक्रमुच्चरन् २२ यथादारुमयीयोषानरवीरसमाहिता ॥ ईरयत्यंगमंगानितथाराजन्निमाःप्रजाः २३

ऋजोरवक्रस्य मृदोर्दयालोः १९ निशाम्यआलोच्य मममनोमोहंमौढ्यमायातिपरिभूयतेचेत्यन्वयः परिभवआर्तिः २० लोकाभोग्यानितिष्ठंतेप्रकाशंते । प्रकाशनस्थेयाख्ययोश्चेतितङ् २१ धाताईश्वरः शुक्रंप्राक्कर्मबीजं उच्चरन्नुत्कर्षेणानुसरन् २२ यथेति । हेनरवीर सूत्रधारेणसमाहितासम्यङ्नियुक्तासतीअंगमीरयति तथाइमाःप्रजाःअंगानिहस्तादीनि ईश्वरेणसमाहिताःसत्यईरयंति । चेष्टयंत्यंगकर्माणीतिपाठे हेअंगकर्माणिकर्तॄणि कर्मानुरोधीईश्वरइत्यर्थः इमाःप्रजाः चेष्टयंतीतिसंबंधः २३

अंतर्बहिर्व्याप्तौआकाशदृष्टांतः भूतानिजरायुजादीनि २४ बद्धोवाबद्धइव अन्येषामुपाध्यायादीनाम् २५ नसिनासिकायां नस्यंनासासूत्रं तेनवाओतःप्रोतः अत्रद्वौआकाशशकुनिसूत्रदृष्टांतौईश्वरस्य व्यापकत्वप्रेरकत्वयोः त्रयोमणिवृषवृक्षदृष्टांताजीवस्यास्वातंत्र्ये २६ आदेशमाज्ञामन्वेतिअनुसरति तत्रहेतुः तन्मयोहितदर्पणइति । यथामृन्मयोघटोमृद्येवलीयतेऽतोमध्येपिमृदधीनोऽनन्य एवंजीवोऽपीश्वर स्यैवरूपभेदस्तन्मयस्तदर्पणश्चातोमध्येऽपितत्प्रेर्यएवेत्यर्थः यथोक्तम् । 'अजनिचयन्मयंतदविमुच्यनियंतृभवेत्' इतियद्यन्मयंतत्तन्नियम्यमिति तस्यार्थः । अयमात्माधीनोनकिंतुकंचनानिर्देश्यरूपं कालं कालयितारमीशंभजत्यनुसरति २७ । २८ । २९ चरतेभुंक्ते कर्मव्यतिहारेतङ् । फलप्रदत्वेनोपकारकमीशंजीवोभुंक्ते कर्मकर्तृत्वेनोपकारकंजीवमीशोभुंक्तइत्यर्थः अयमिति । राजवत्तटस्थतयानचलक्ष्यते अंतर्या मित्वात् ३० नन्वीश्वरोजीवादन्योऽनन्यो वा । आद्येनचायमितिलक्ष्यतइत्यनुपपन्नं द्वितीयेतयोःशास्तृशास्यभावानुपपत्तिरित्याशंक्याह हेतुमात्रमिति । विभुश्चिदात्मायेनप्रयोज्येनकर्मकारयते ततइ दंशरीरंमहाभूतान्यहंकारइत्यादिनोक्तरूपंस्थूलसूक्ष्मदेहद्वयं तदेवकर्तृइत्यर्थः । ननुजडेकर्तृत्वासंभवइत्याशंक्याह धातुःक्षेत्रसंज्ञितंक्षेत्रमिवक्षेत्रंचिदात्मनआभासरूपबीजनिवापस्थानं चिदाभासयुक्तंक्षेत्रंकर्तृ

आकाशइवभूतानिव्याप्यसर्वाणिभारत ॥ ईश्वरोविदधातीहकल्याणंयच्चपापकम् २४ शकुनिस्तंतुबद्धोवानियतोऽयमनीश्वरः ॥ ईश्वरस्यवशेतिष्ठेन्नान्येषां नात्मनःप्रभुः २५ मणिःसूत्रइवप्रोतोनस्योतइवगोवृषः ॥ स्रोतसोमध्यमापन्नःकूलाद्वृक्षइवच्युतः २६ धातुरादेशमन्वेतितन्मयोहितदर्पणः ॥ नात्माधीनो मनुष्योऽयंकालंभजतिकंचन २७ अज्ञोजंतुरनीशोऽयमात्मनःसुखदुःखयोः ॥ ईश्वरप्रेरितोगच्छेत्स्वर्गंनरकमेवच २८ यथावायोस्तृणाग्राणिवशंयांतिबलीयसः ॥ धातुरेवंवशंयांतिसर्वभूतानिभारत २९ आर्येकर्मणियुंजानःपापेवापुनरीश्वरः ॥ व्याप्यभूतानिचरतेनचायमितिलक्ष्यते ३० हेतुमात्रमिदंधातुःशरीरंक्षेत्रसंज्ञितम् ॥ येनकारयतेकर्मशुभाशुभफलंविभुः ३१ पश्यमायाप्रभावोऽयमीश्वरेणयथाकृतः ॥ योहंतिभूतैर्भूतानिमोहयित्वाऽऽत्ममायया ३२ अन्यथापरिदृष्टानिमुनिभिस्तत्त्व दर्शिभिः ॥ अन्यथापरिवर्त्तंतेवेगाइवनभस्वतः ३३ अन्यथैवहिमन्यंतेपुरुषास्तानितानिच ॥ अन्यथैवप्रभुस्तानिकरोतिविकरोतिच ३४ यथाकाष्ठेनवाकाष्ठमश्मा नंचाश्मनापुनः ॥ अयसाचाप्ययश्छिंद्यान्निर्विचेष्टमचेतनम् ३५ एवंसभगवान्देवःस्वयंभूःप्रपितामहः ॥ हिनस्तिभूतैर्भूतानिच्छद्मकृत्वायुधिष्ठिर ३६ संप्रयोज्यवि योज्यायंकामकारकरःप्रभुः ॥ क्रीडतेभगवान्भूतैर्बालःक्रीडनकैरिव ३७

इत्यर्थः । तच्चहेतुमात्रंइच्छाद्यात्मकत्वात् हेतुरपिनमुख्यहेतुभूतं बिंबप्रतिबिंबदृष्टांतेनचिदाभासस्यचिदात्मतंत्रत्वात् तथाचाभासस्यान्यत्वमादायशास्तृशास्यभावोव्यावहारिकः परमार्थतस्तुक्षेत्रस्यसुप्तिस माध्योरभावान्नचायमितिलक्ष्यतइत्युक्तमितिभावः ३१ अयंपूर्वोक्तोमायायाअघटितघटनापटीयस्याअनिर्वचनीयाज्ञानाख्यायाःप्रभावः यईश्वरोभूतैःपृथक्पृथक्क्षेत्राभिमानिभिर्मोहयित्वा अनात्मनिदेहा दावात्मबुद्धिंजनयित्वा ३२ मोहमेवविवृणोतिद्वाभ्यां अन्यथेति । तत्त्वदर्शिभिः स्वप्नमायेंद्रजालवद्दृष्टान्यपि मूढानांसत्यवत्परिवर्त्तंतेभासंते वेगाःकरप्रसराः नभस्वतआकाशगामिनः सूर्यस्यतेजोमयाःसंतो जलहृदवदवभासंते ३३ अनित्याशुचिदुःखरूपाण्यपितानिनित्यशुचिसुखस्वरूपाणिमन्यंते अन्यथाकरोति गगनवदजातमप्यंकुरादिक्रमेणजनयति विकरोतिचजीर्णत्वादिभावंचनयति ३४ अयोवत्तरुवक्ष केवलंनिश्चेष्टं किंत्वचेतनमपि ३५ छद्ममायाम् ३६ संप्रयोज्यसंयोगंकृत्वा कामकारइच्छातयैवकरोतीतिकामकारकरः बालःप्राकृतः क्रीडनकैःमारीप्रभृतिभिः ३७

नमात्रिति । ईशोनदयालुःप्रत्युतनृशंसइत्यर्थः ३८ किंचईशस्यदुष्टेषुपक्षपातःसाधुषुचद्वेषोदृश्यतेऽतःसनिंद्यएवेत्याह आर्यानित्यादित्रिभिः । चिंतयाधनादिध्यानेन ३९ । ४० धर्माभिशंकिनीतिपाठेधर्मश्रद्धा
शून्येफलंयज्ञादिनातृप्तिंकिमश्नुतेअपितुनैवेत्यर्थः ४१ कर्मेति । कृतंकर्मयदिकर्त्तारमेवगच्छतिनत्वन्यंतर्हिकारयितृत्वादीश्वरोऽपिपापेनलिप्येतैवेत्यर्थः ४२ अथेति । कर्त्तारंकारयितारमीश्वरंऐश्वर्यादेवकर्म
नस्पृशतितर्हितत्प्रयोज्याजीवाएवकर्मभिर्हतास्तथाचईश्वरोबलाद्दीनान्नरकेपातयतीसत्यंतंनिंद्यएवंसइतिभावः ४३ ॥ ॥ इत्यारण्यकेपर्वणि नैलकंठीये भारतभावदीपे त्रिंशोऽध्यायः ॥ ३० ॥ ॥ एवंध
र्मेश्वरयोराक्षेपेप्राप्तेप्रत्यक्षानुमानागमैस्तौसमर्थयितुमध्यायआरभ्यते वल्गुचित्रेति । वल्गुशोभनं श्लक्ष्णंसुकुमारं नास्तिक्यंवेदविद्विष्टं १ यदुक्तं त्वांचेद्व्यसनिनमित्यादिनाधर्मस्यनैष्फल्येत्वदभिभवएवदृष्टांतइतित
त्राह नाहमिति । कर्म धर्मं फलार्थिनाकृतोधर्मोयदिनिष्फलःस्यात्तर्हिभवेदयमाक्षेपो नत्वहंतथाऽऽचरामीत्यर्थः ननुफलेच्छायाअभावेकिमर्थंधर्मःकर्तव्यइत्यतआह ददामीत्यादिना देयमृणमित्येवददामि ।
'जायमानोवैब्राह्मणस्त्रिभिर्ऋणवाजायते ब्रह्मचर्येणऋषिभ्यो यज्ञेनदेवेभ्यः प्रजयापितृभ्यः' इतिश्रुतेः । ऋणवाऋणवान् २ यथाशक्तियत्कर्त्तव्यंतत्करोमीत्यन्वयः ३ धर्ममिति । वेदवाक्यात्शिष्टाचाराच्चनि

नमातृपितृवद्राजन्धाताभूतेषुवर्त्तते ॥ रोषादिवप्रवृत्तोऽयंयथाऽयमितरोजनः ३८ आर्यान्शीलवतोदृष्ट्वान्हीमतोवृत्तिकर्षितान् ॥ अनार्यान्सुखिनश्चैवविह्वलानिव
चिंतया ३९ तवेमामापदंदृष्ट्वासमृद्धिंचसुयोधने ॥ धातारंगर्हयेपार्थविषमंयोऽनुपश्यति ४० आर्यशास्त्रातिगेक्रूरेलुब्धेधर्मापचायिनि ॥ धार्त्तराष्ट्रेश्रियंदत्वाधाता
किंफलमश्नुते ४१ कर्मचेत्कृतमन्वेतिकर्त्तारंनान्यमृच्छति ॥ कर्मणातेनपापेनलिप्यतेनूनमीश्वरः ४२ अथकर्मकृतंपापंनचेत्कर्त्तारमृच्छति ॥ कारणंबलमेवेहज
नान्शोचामिदुर्बलान् ४३ ॥ ॥ इतिश्रीमहाभारतेआरण्यकेपर्वणिअर्जुना॰द्रौपदीवाक्येत्रिंशोऽध्यायः ॥ ३० ॥ ॥ युधिष्ठिरउवाच ॥ वल्गुचित्रपदंश्लक्ष्णं
याज्ञसेनित्वयावचः ॥ उक्तंतच्छ्रुतमस्माभिर्नास्तिक्यंतुप्रभाषसे १ नाहंकर्मफलान्वेषीराजपुत्रिचराम्युत ॥ ददामिदेयमित्येवयजेयष्टव्यमित्युत २ अस्तुवात्रफलंमा
वाकर्त्तव्यंपुरुषेणयत् ॥ गृहेवावसताकृष्णेयथाशक्तिकरोमितत् ३ धर्मंचरामिसुश्रोणिनधर्मफलकारणात् ॥ आगमाननतिक्रम्यसतांवृत्तमवेक्ष्यच ४ धर्मएवमनः
कृष्णेस्वभावाच्चैवमेधृतम् ॥ धर्मवाणिज्यकोहीनोजघन्योधर्मवादिनाम् ५ नधर्मफलमाप्नोतियोधर्मंदोग्धुमिच्छति ॥ यश्चैनंशंकतेकृत्वानास्तिक्यात्पापचेतनः ६
अतिवादाद्वदाम्येषमाधर्ममभिशंकिथाः ॥ धर्माभिशंकीपुरुषस्तिर्यग्गतिपरायणः ७ धर्मोयस्याभिशंक्यःस्यादार्षंवादुर्बलात्मनः ॥ वेदाच्छूद्रइवापेयात्सलो
कादजरामरात् ८

ष्काममेवधर्मंचरामि । 'अग्निहोत्रंजुहुयात्स्वर्गकामः' इतिस्वर्गादिफलश्रुतिस्तुधर्मेप्ररोचनार्थेतिभावः ४ स्वभावात् । 'शौर्यंतेजोधृतिर्दाक्ष्यंयुद्धेचाप्यपलायनम् । दानमीश्वरभावश्चक्षात्रंकर्मस्वभावजम्' इतिगी
तावचनोक्तधर्माचरणशीलएवक्षत्रियोनान्यइतिनियमान्मेमयाधर्मेमनोधृतं यतोधर्मवाणिज्यकोधर्मात्स्वर्गादिफलमिच्छन्हीनोमुख्यफलात्च्युतोऽतएवजघन्योनीचः ५ धर्मफलं । 'तमेतंवेदानुवचनेनब्राह्मणा
विविदिषंतियज्ञेनदानेनतपसाऽनाशकेन' इतिश्रुतेर्विद्याविविदिषा वा धर्मफलंमुख्यंतन्नाप्नोति यश्चैनंधर्मंशंकते विश्वासंनकुरुते सोऽपिधर्मफलंनाप्नोति पापचेतनःपापबुद्धिः ६ अतिवादात् मानांतरमति
क्रांतोवादोवचनं तस्माद्वेदैकप्रामाण्यात् ७ आर्षंऋषयोमंत्रास्तद्द्रष्टारोमन्वादयोवा धर्ममूलभूतंमंत्रजातंवा मन्वादिवाक्यंवेत्यर्थः । अर्थेवेतिपाठे फलेविषयेइत्यर्थः । दुर्बलात्मनःविवेकाक्षमचित्तस्य अपेयात्अ
पगच्छेत् लोकादात्मलोकात् । स्वर्लोकादितिपाठेऽप्यानंदरूपादात्मलोकादित्यर्थः । अनात्मलोकेषुअजरामरत्वयोरसंभवात् अजरामरात् मोक्षरूपात् ८

बालोऽपिस्थविरेषुयोक्तव्योनियोक्तव्यो गणनीयः ९ । १० एवंधर्मस्यवेदैकगम्यत्वादनतिशंक्यत्वंवेदस्यचश्रेष्ठप्रमाणत्वमुक्त्वाप्रत्यक्षत्वादपिधर्मफलस्यानतिशंक्यत्वमाह प्रत्यक्षंहीत्यादिना । चिरजीविताचिरजीवी ११ । १२ । १३ धर्मंकर्त्तव्यंवर्णयंति प्रत्यक्षागमबुद्धयः अस्माकंवेदैकगम्यमप्यर्थंप्रत्यक्षेणपश्यंतइत्यर्थः १४ क्षेपोनिंदा शंकाफलेसंशयः १५ एतच्चमूढकार्यमित्याह उन्मत्तानित्यादिना । आगतनिश्चयान् प्राप्ततत्त्वनिश्चयान् १६ उन्नद्धोदृप्तः श्रेयसोधर्मस्य अन्यत्रातींद्रियेधर्माद्यर्थे १७ ध्यायन् अर्थांश्चिंतयन्नपि लोकान्धर्मप्राप्यान् १८ कामलोभावत्यंतंगच्छतिप्राप्नोतीतिकामलोभातिगः १९ आनंत्यं ब्रह्मभावम् २० शंकल्याणम् २१ । २२ । २३ । २४ । अनुमानमपिधर्मेप्रमाणमित्याह अफलइति । अयंभावः यदिधर्मोनस्यात्तर्हिऊर्ध्वगतिंकश्चिदपिनाप्नुयात् । जायस्वम्रियस्वेतिमशकादीनां पूर्वसंस्कारात्पुनःपुनस्तत्तज्जातीयदेहस्यैवप्राप्तिश्रुतेरंधंतमःप्राप्तिरेवसर्वेषांस्यात् ततश्च शास्त्रानर्थक्यं । यदितुधर्मोऽस्तितर्हितेषामपिविशिष्टदेशनिवासादिजनितस्यपुण्यस्यापरिहार्यत्वादूर्ध्वगतिः संभवति

वेदाध्यायीधर्मपरःकुलेजातोमनस्विनि ॥ स्थविरेषुसयोक्तव्योराजर्षिधर्मचारिभिः ९ पापीयान्सहिशूद्रेभ्यस्तस्करेभ्योविशिष्यते ॥ शास्त्रातिगोमंदबुद्धिर्योधर्मम भिशंकते १० प्रत्यक्षंहित्वयादृष्टऋषिर्गच्छन्महातपाः ॥ मार्कंडेयोऽप्रमेयात्माधर्मेणचिरजीविता ११ व्यासोवसिष्ठोमैत्रेयोनारदोलोमशःशुकः ॥ अन्येचऋषयः सर्वेधर्मेणैवसुचेतसः १२ प्रत्यक्षंपश्यसिह्येतान्दिव्ययोगसमन्वितान् ॥ शापानुग्रहणेशक्तान्देवेभ्योऽपिगरीयसः १३ एतेहिधर्ममेवादौवर्णयंतिसदाऽनघे ॥ कर्त्तव्य ममरप्रख्याःप्रत्यक्षागमबुद्धयः १४ अतोनार्हसिकल्याणिधातारंधर्ममेवच ॥ राज्ञिमूढेनमनसाक्षेप्तुंशंकितुमेवच १५ उन्मत्तान्मन्यतेबालःसर्वानागतनिश्चयान् ॥ धर्माभिशंकीनान्यस्मात्प्रमाणमधिगच्छति १६ आत्मप्रमाणउन्नद्धःश्रेयसोह्यवमन्यकः ॥ इंद्रियप्रीतिसंबद्धंयदिदंलोकसाक्षिकम् ॥ एतावन्मन्यतेबालोमोहमन्यत्र गच्छति १७ प्रायश्चित्तंनतस्यास्तियोधर्ममभिशंकते ॥ ध्यायन्सकृपणःपापोनलोकान्प्रतिपद्यते १८ प्रमाणाद्धिनिवृत्तोहिवेदशास्त्रार्थनिंदकः ॥ कामलोभातिगो मूढोनरकंप्रतिपद्यते १९ यस्तुनित्यंकृतमतिर्धर्ममेवाभिपद्यते ॥ अशंकमानःकल्याणिसोऽमुत्रानंत्यमश्नुते २० आर्षंप्रमाणमुत्क्रम्यधर्मंनप्रतिपालयन् ॥ सर्वशा स्त्रातिगोमूढःशंजन्मसुनविंदति २१ यस्यनार्षंप्रमाणंस्याच्छिष्टाचारश्चभाविनि ॥ नवैतस्यपरोलोकोनायमस्तीतिनिश्चयः २२ शिष्टैराचरितंधर्मंकृष्णेमाऽस्माभिशं किथाः ॥ पुराणमृषिभिःप्रोक्तंसर्वज्ञैःसर्वदर्शिभिः २३ धर्मएवप्लवोनान्यःस्वर्गंद्रौपदिगच्छताम् ॥ सैवनौःसागरस्यैववणिजःपारमिच्छतः २४ अफलोयदिधर्मःस्या च्चरितोधर्मचारिभिः ॥ अप्रतिष्ठेतमस्येतज्जगन्मज्जेदनिंदिते २५ निर्वाणंनाधिगच्छेयुर्जीवेयुःपशुजीविकाम् ॥ विद्यांतेनैवयुज्येयुर्नचार्थंकेचिदाप्नुयुः २६

२५ ननुयथातृणातक्षीरंक्षीराद्दधीतिवत् परिणामक्रमादेवतत्तद्विशिष्टदेहलाभादूर्ध्वगतिर्भविष्यति किंधर्मेणेत्याशंक्याह निर्वाणमिति । दध्नोपिगवोपभुक्तात्क्षीरमूत्रादिनीचपरिणामदृष्टेर्नैतद्युक्तं । तथाचमोक्षासिद्धिः तस्यांचसत्यां बोधशून्याः पशुजीविकांजीवेयुरंधंतमःप्रविशेयुरेवेत्यर्थः । ततश्चतेपशुतुल्याविद्यांविद्ययानैवयुज्येरन् । संतुतर्हिस्वभावेनैवसर्वेऽपिप्राणिनः किंविद्ययाकिंवामोक्षेणेत्याशंक्याह नचार्थं केचिदाप्नुयुरिति । अयंभावः घटशरावोदंचनादिकार्यवैचित्र्यं क्रियावैचित्र्यायत्तंयथादृष्टं तथाऐहिकयत्नाभावेपिनृपुपश्वादिषुज्ञानैश्वर्यतारतम्यंदृश्यमानंजन्मांतरीयक्रियानुमापकं तदभावेजगद्वैचित्र्यस्याकस्मिकनिधिलाभादेश्चासंभवःस्यादिति २६

अनादिपरंपरागतःशिष्टाचारोऽपिधर्मास्तित्वेप्रमाणमित्याह तपश्चेत्यादिना २७ विप्रलंभोवंचनं अयंयज्ञादिधर्मः २८। २९ श्रेयसिश्रेयोनिमित्तंधर्मंव्यचरन् तद्धिधर्मोहिश्रेयःश्रेयःसाधनं सनातनमनाद्यनन्तं
३०। ३१ अनुभवोऽपिधर्मेप्रमाणमित्याह त्वमिति। अयंभावः 'अग्नौप्रास्ताहुतिःसम्यगादित्यमुपतिष्ठते । आदित्याज्जायतेवृष्टिर्वृष्टेरन्नंततःप्रजाः' इति स्मृतेः। पंचाग्निविद्यायांचद्युपर्जन्यपृथिवीपुरुषयो
षास्वग्निषुश्रद्धासोमवर्षान्नरेतआहुतयोहूयंते ततःशरीरमितिक्रमेण 'पंचम्यामाहुतावापःपुरुषवचसोभवंति' इतिश्रुतेश्चसर्वेषांप्राणिनामुत्पत्तिरवगता तत्रगर्भवासाख्यारेतोद्रव्यकपंचम्याहुत्यवस्थाऽत्यंतदुःखम
यीपुण्यवशाद्द्रोणस्यनासीत् द्रौपदीधृष्टद्युम्नयोस्त्वतिपुण्यवशात्रेतोरूपमलपरिणामहेतुरन्नाहुतिरपिनास्ति साक्षादग्निकुण्डोद्भवत्वात् तदिदंधर्मफलंतवानुभवसिद्धमतोधर्मेमाऽवमंस्था इति ३२ उपमानं
निदर्शनं कर्मस्वादरवशादल्पेनअन्नाच्छादनमात्रेणतुष्टोभवति नतुकर्माण्युपेक्ष्यबहुलाभार्थयततेइत्यर्थः ३३। ३४ श्रुतंवेदोदितंपुण्यंयेषांपापानामनिष्टसाधनानांचफलोदयः स्वर्गनरकहेतुत्वं प्रभवउत्पत्तिः
अविद्येतियावत् अत्ययोनाशः विद्येतियावत् देवगुह्यानिवेदैकवेद्यत्वात्। 'तस्मादेषांतन्नप्रियंयदेतन्मनुष्याविद्युः' इतिश्रुतेर्देवगोप्यान्येतानिस्वपशुभूतपुरुषविनाशकत्वात् ३५ एतानीति। अत्रएतेषुदेवगुह्ये

तपश्चब्रह्मचर्यंचयज्ञःस्वाध्यायएवच ॥ दानमार्जवमेतानियदिस्युरफलानिवै २७ नाचरिष्यन्परेधर्मंपरेपरतरेचये ॥ विप्रलंभोऽयमत्यंतंयदिस्युरफलाःक्रियाः २८
ऋषयश्चैवदेवाश्चगंधर्वासुरराक्षसाः ॥ ईश्वराःकस्यहेतोस्तेचरेयुर्धर्ममादृताः २९ फलदंत्विहविज्ञायधातारंश्रेयसिध्रुवम् ॥ धर्मंतेव्यचरन्कृष्णेतद्धिश्रेयःसनातनम्
३० सनायमफलोधर्मोनाधर्मोऽफलवानपि ॥ दृश्यंतेऽपिहिविद्यानांफलानितपसांतथा ३१ त्वमात्मनोविजानीहिजन्मकृष्णेयथाश्रुतम् ॥ वेत्थचापियथाजातो
धृष्टद्युम्नःप्रतापवान् ३२ एतावदेवपर्याप्तमुपमानंशुचिस्मिते ॥ कर्मणांफलमाप्नोतिधीरोऽल्पेनापितुष्यति ३३ बहुनाप्यपिविद्वांसोनैवतुष्यंत्यबुद्धयः ॥ तेषांन
धर्मजांकिंचित्प्रेत्यशर्मास्तिवापुनः ३४ कर्मणांश्रुतपुण्यानांपापानांचफलोदयः ॥ प्रभवश्चात्ययश्चैवदेवगुह्यानिभाविनि ३५ एतानिवेदयःकश्चिन्मुह्यंतेत्रप्रजाइमाः
॥ अपिकल्पसहस्रेणनसश्रेयोऽधिगच्छति ३६ रक्ष्याण्येतानिदेवानांगूढमायाहिदेवताः ॥ कृताशाश्चव्रताशाश्चतपसादग्धकिल्बिषाः ॥ प्रसादैर्मानसैर्युक्ताः
पश्यंत्येतानिवैद्विजाः ३७ नफलादर्शनाद्धर्मःशंकितव्योनदेवताः ॥ यष्टव्यंचप्रयत्नेनदातव्यंचानसूयता ३८ कर्मणांफलमस्तीहतथैतद्धर्मशाश्वतम् ॥ ब्रह्माप्रो
वाचपुत्राणांयदृषिर्वेदकश्यपः ३९ तस्मात्तेसंशयःकृष्णेनीहारइवनश्यतु ॥ व्यवस्यसर्वमस्तीतिनास्तिक्यंभावमुत्सृज ४० ईश्वरंचापिभूतानांधातारंमाचवैक्षिप ॥
शिक्षस्वैनंनमस्वैनंमातेऽभूद्बुद्धिरीदृशी ४१

युत्तिषयेष्विमाःप्राकृताःप्रजामुह्यंते अविद्यामपिविद्यात्वेनविद्यांचाविद्यात्वेनगृह्णंति एवंपुण्यपापविपर्ययोऽपिज्ञेयः अतएतानियस्तत्त्वतोवेदसश्रेयोदेवानांहिततरंकर्मनाधिगच्छतिनानुसरति कर्तृत्वादिमदन्तः
करणस्यविविक्तत्वादितिभावः ३६ कृतानाशिताआशायैस्ते । कृहिंसायांस्वादिः। व्रतंहितंमितंमेध्यंचाश्नंतितेव्रताशाश्चव्रताशाश्चशांतादांताइत्यर्थः तपसाश्रवणमननात्मकेनालोचनेन मनःप्रसादैर्ध्यानफलैर्यु
क्ताद्विजायोगिनः एतानिदेवगुह्यानि ३७। ३८ धर्मशाश्वतंधर्मस्यशश्वद्भवोयंस्वभावः ३९ व्यवस्यनिश्चित्य भावमभिप्रायम् ४० एवंधर्मश्रैष्ठ्यंनिश्चित्यईश्वरश्रैष्ठ्यमप्याह ईश्वरमिति। धातारंदधातिकर्मफला
नियथास्वंविभजतीतितं कर्मणामाशुतरविनाशित्वात्नष्टानांचकालांतरीयफलहेतुत्वायोगात् अपूर्वकल्पनायाश्च 'सर्वस्यवशीसर्वस्येशानः' इति सर्वस्येश्वराधीनत्वप्रतिपादकश्रुत्याबाधात् लौकिकराज
भृत्यदृष्टांताच्च कर्मभिस्तुष्टोरुष्टोवाईश्वरएवसदसत्फलविभाजकइतिभावः। माक्षिपमानिंदांकुरु शिक्षस्वशास्त्राचार्योपदेशादधीष्व ४१

४२ ॥ ॥ इत्यारण्यकेपर्वणिनैलकंठीयेभारतभावदीपे एकत्रिंशोऽध्यायः ॥ ३१ ॥ नावमन्य इति १ । २ स्थावराइतरेजनावा हियस्मादकर्मणोनजीवंत्यतःकर्मकर्त्तव्यमितियोजना । तथाचायंप्रयोगः स्थावरजीविका प्राक्कर्मपूर्विकाजीविकात्वात्पाकादिक्रियापूर्वकास्मदादिजीविकावदिति ३ स्थावरेषूक्तंन्यायंतिर्यक्षुयोजयति यावदिति । सद्योजातस्यगोवत्सस्य स्तनपानादिप्रवृत्तिरपिस्वजनकसंस्कारहेतु प्राक्तनकर्मसत्त्वेप्रमाणमित्यर्थः यावद्गोस्तनपानात्गोस्तनपानादेरित्यर्थः यावच्छायोपसेवनात् प्रतिमाद्वारकभोगादित्यर्थः । अयंभावः कौलिकशास्त्रप्रसिद्ध्याशत्रुनिर्मितायांचैत्रप्रतिमायांशत्रुणाकंटका दिनानुन्नायांचैत्रोव्यथते तत्रव्यथानिमित्तमांतरंधातुवैषम्यं बाह्यंवाकंटकवेधादि नार्किंचिद्दृष्टमस्ति किंतुकेवलमदृष्टमेव अनेनैवन्यायेनजंतवःकर्मणाप्राचीनेनैववृत्तिंजीवनमाप्नुवंति ४ जंगमेष्विति प्रेत्यमृत्वा ५ उत्थानंउत्तिष्ठतिप्रवर्त्ततेऽस्मादित्युत्थानंप्राक्कर्मसंस्कारस्तं सर्वेऽपिप्राणिनोऽभिजानंत्यनुभवंति ततःकर्मसुप्रवर्त्ततेतत्फलंचाप्नुवंति तस्मात्कर्मतत्संस्कारपरंपरेयमनादिरित्यर्थः ६ सर्वेहीति । यथाऽयंबकःपूर्वसं

यस्यप्रसादात्तद्भक्तोमर्त्योगच्छत्यमर्त्यताम् ॥ उत्तमांदेवतांकृष्णेमाऽवमंस्थाःकथंचन ४२ ॥ ॥ इतिश्रीमहाभारतेआरण्यकेपर्वणिअर्जुनाभिगमनपर्वणियुधि
ष्ठिरवाक्येएकत्रिंशोऽध्यायः ३१ ॥ ॥ द्रौपद्युवाच ॥ ॥ नावमन्येनगर्हेचधर्मंपार्थकथंचन ॥ ईश्वरंकुतएवाहमवमंस्येप्रजापतिम् १ आर्ताऽहं
प्रलपामीदमितिमांविद्धिभारत ॥ भूयश्चविलपिष्यामिसुमनास्त्वंनिबोधमे २ कर्मखल्विहकर्त्तव्यंजानताऽमित्रकर्शन ॥ अकर्माणोहिजीवंतिस्थावरानेतरेजनाः ३
यावद्गोस्तनपानाच्चयावच्छायोपसेवनात् ॥ जंतवःकर्मणावृत्तिमाप्नुवंतियुधिष्ठिर ४ जंगमेषुविशेषेणमनुष्याभरतर्षभ ॥ इच्छंतिकर्मणावृत्तिमवाप्तुंप्रेत्यचेहच ५
उत्थानमभिजानंतिसर्वभूतानिभारत ॥ प्रत्यक्षंफलमश्नंतिकर्मणांलोकसाक्षिकम् ६ सर्वेहिस्वंसमुत्थानमुपजीवंतिजंतवः ॥ अपिधाताविधाताचयथाऽयमुदकेबकः
७ अकर्मणांवैभूतानांवृत्तिःस्यान्नहिकाचन ॥ तदेवाभिप्रपद्येतनविहन्यात्कदाचन ८ सकर्मकुरुमाग्लासीःकर्मणाभवदंशितः ॥ कृतंहियोऽभिजानातिसहस्रेसो
ऽस्तिनास्तिच ९ तस्यचापिभवेत्कार्यंविवृद्धौरक्षणेतथा ॥ भक्ष्यमाणोह्यनादानात्क्षीयेतहिमवानपि १० उत्सीदेरन्प्रजाःसर्वानकुर्युःकर्मचेद्भुवि ॥ तथाह्येतान
वर्धेरन्कर्मचेदफलंभवेत् ११ अपिचाप्यफलंकर्मपश्यामःकुर्वतोजनान् ॥ नान्यथाह्यपिगच्छंतिवृत्तिंलोकाःकथंचन १२ यश्चदिष्टपरोलोकेयश्चापिहठवादिकः ॥
उभावपिशठावेतौकर्मबुद्धिःप्रशस्यते १३

स्कारात्वृत्त्यर्थीध्यायतिएवंधाताईश्वरोऽप्यनादिसंस्कारवशात् पूर्वपूर्वकल्पस्वरूपामेवसृष्टिंकरोति । 'धातायथापूर्वमकल्पयत्' इतिश्रुतेः । तथाविधाताधर्मोऽपिपूर्वसंस्कारानुरोधेनैवकर्माणिप्रवर्त्तयति अन्यथा संसारानादित्वानभ्युपगमेकृतहानाकृताभ्यागमादिदोषःस्यादितिभावः ७ एवंप्राक्तनकर्मप्राबल्यमुपपाद्यऐहिकानामपितेषांप्राबल्यमाह अकर्मणामिति । याञ्चवामुखचालनादिदृष्टयत्नशून्यानजीविकाऽस्तिअ तस्तदेवदृष्टफलंकर्मैवनविहन्यात्दैवपरोभूत्वानत्यजेदित्यर्थः ८ दंशितःसन्नद्धः कृतंकर्मकर्तुमितिशेषः ९ तस्यकर्मणःकार्यंप्रयोजनंरक्षणेऽर्थानामितिशेषः अनादानादसंग्रहात् लब्धेनार्थेननसंतोष्टव्यंकिंतुत द्विवृद्ध्यर्थंकर्मकर्त्तव्यमित्यर्थः १० । ११ अपिचेतिकर्मणांकचिदफलत्वेऽप्यावश्यकत्वंनित्यमित्यर्थः १२ यश्चेति । दिष्टपरोमंत्रौषधाद्यदृष्टद्वारैवार्थसाधनपरःकौलिकः । हठवादिकः प्राग्जन्माभावादकृतमेवो पस्थास्यतीतिवदन्चार्वाकः । एतौशठौप्राक्कर्मानंगीकारात् । पाठांतरेअपसदौअधमौ । कर्मबुद्धिःप्राक्तनंतात्कालिकंचकर्मसहितंसदिष्टसाधनमितिबुद्धिमान् १३

निर्विचेष्टो दृष्टयत्नहीनः शयेत्शेयात् आमोऽपकः १४ । १५ हठादीनुव्याचष्टे अकस्मादिति। अचिंतितस्यातर्कितस्यचलाभोहठः १६ दैवंदेवताराधनम् १७ पौरुषंयथोक्तप्रतिग्रहादिवृत्तिः १८ स्वभावो
यःप्राक्कर्मानुग्रहः यथा नष्टकपर्दिकान्वेषणप्रवृत्तस्यरत्नलाभः १९ एतच्चतुष्टयजोऽपिलाभः पूर्वकर्मफलमेव २० स्वकर्मैव कर्माधीनएव विदधात्यर्पयति पूर्वकृतं पूर्वकर्मजम् २१ एतदेवस्पष्टयति यदीति
२२ कारणमिति । यःकर्मणिवर्त्तते सोऽयं मानुषदेहः प्राग्भवीयस्तस्यप्रवर्तकस्यधातुरपिकारणंप्रवर्त्तकःसधाता एनंवर्त्तमानदेहंबीजांकुरवत् धातृप्रेर्योदेहोदेहप्रेर्यश्चधातेत्यर्थः देहोदेहसाध्यंकर्म २३ । २४
ननुपूर्वकर्मैवप्रवर्तकंचेत्किंपुरुषकारेणेत्याशंक्याह मनसेति २५ एतदपिप्राक्कर्मजमेवेत्याशंक्याह संख्यातुमिति । संख्यातुंप्राक्कर्मैवकारणं नपुरुषकारइतिनिश्चेतुं तत्रहेतुःअगारेति २६ तिलेइति । पंग्वंधन्या

योहिदिष्टमुपासीनोनिर्विचेष्टःसुखंशयेत् ॥ अवसीदेत्सदुर्बुद्धिरामोघटइवोदके १४ तथैवहठदुर्बुद्धिःशक्तःकर्मण्यकर्मकृत् ॥ आसीतनचिरंजीवेदनाथइवदुर्बलः १५
अकस्माद्दिहयःकश्चिदर्थंप्राप्नोतिपूरुषः ॥ तंहठेनेतिमन्यंतेसहियत्नोनकस्यचित् १६ यच्चापिकिंचित्पुरुषोदिष्टंनामभजत्युत ॥ दैवेनविधिनापार्थतद्दैवमितिनिश्चि
तम् १७ यत्स्वयंकर्मणाकिंचित्फलमाप्नोतिपूरुषः ॥ प्रत्यक्षमेतल्लोकेषुतत्पौरुषमितिश्रुतम् १८ स्वभावतःप्रवृत्तोयःप्राप्नोत्यर्थंनकारणात् ॥ तत्स्वभावात्मकंविद्धिफ
लंपुरुषसत्तम १९ एवंहठाच्चदैवाच्चस्वभावात्कर्मणस्तथा ॥ यानिप्राप्नोतिपुरुषस्तत्फलंपूर्वकर्मणाम् २० धाताऽपिहिस्वकर्मैवतैस्तैर्हेतुभिरीश्वरः ॥ विदधातिविभ
ज्येहफलंपूर्वकृतंनृणाम् २१ यद्ध्ययंपुरुषःकिंचित्कुरुतेवैशुभाशुभम् ॥ तद्धात्रृविहितंविद्धिपूर्वकर्मफलोदयम् २२ कारणंतस्यदेहोऽयंधातुःकर्मणिवर्त्तते ॥ सयथा
प्रेरयत्येनंतथाऽयंकुरुतेऽवशः २३ तेषुतेषुहिकृत्येषुविनियोक्तामहेश्वरः ॥ सर्वभूतानिकौंतेयकारयत्यवशान्यपि २४ मनसाऽर्थान्विनिश्चित्यपश्चात्प्राप्नोतिकर्मणा ॥
बुद्धिपूर्वंस्वयंवीरपुरुषस्तत्रकारणम् २५ संख्यातुंनैवशक्यानिकर्माणिपुरुषर्षभ ॥ अगारनगराणांहिसिद्धिःपुरुषहैतुकी २६ तिलेतैलंगविक्षीरंकाष्ठेपावकमंततः ॥
धियाधीरोविजानीयादुपायंचास्यसिद्धये २७ ततःप्रवर्त्ततेपश्चात्कारणैस्तस्यसिद्धये ॥ तांसिद्धिमुपजीवंतिकर्मजामिहजंतवः २८ कुशलेनकृतंकर्मकर्त्रासाधुस्वनु
ष्ठितम् ॥ इदंत्वकुशलेनेतिविशेषादुपलभ्यते २९ इष्टापूर्त्तफलंनस्यान्नशिष्योनगुरुर्भवेत् ॥ पुरुषःकर्मसाध्येषुस्याच्चेदयमकारणम् ३० कर्तृत्वादेवपुरुषःकर्मसिद्धौप्रश
स्यते ॥ असिद्धौनिंद्यतेचापिकर्मनाशात्कथंत्विह ३१ सर्वमेवहठेनैकेदैवेनैकेवदंत्युत ॥ पुंसःप्रयत्नजंकेचित्त्रैधमेतन्निरुच्यते ३२

येनप्राक्कर्मसिद्धमेवपुरुषकारोऽभिव्यनक्तीत्यर्थः अस्यतैलादेः सिद्धयेप्राप्तये २७ कारणैर्यंत्रनिपीडनादिभिः तांसिद्धिंतैलादिप्राप्तिं । कर्मणामितिपाठे सिद्धिफलं तां तैलप्राप्तिम् २८ कुशलेनेति । विशेषात्फ
लभेदात्ऐहिककर्मणोऽपिप्राबल्यमस्तीत्यर्थः २९ विधिप्रतिषेधशास्त्रवैयर्थ्यान्यथानुपपत्त्याऽपि पुरुषकारस्यश्रैष्ठ्यमाह इष्टेतिद्वाभ्यां । इष्टंयागादि आपूर्त्तंतडागारामादि ३० । ३१ सर्वमिति । हठादयोऽक
स्मात्दिहयःकश्चिदित्यादिश्लोकत्रयेणव्याख्याताः स्वभावस्यापिहठेएवांतर्भावः हठनैकेचार्वाकाः दैवेनैकेकौलिकाः प्रयत्नजंप्राकृताः ३२

एतैरेवनार्थसिद्धिरितिवैदिकाइत्याह नचेति । अदृश्यं धर्माधर्मरूपंप्राक्कर्म तदेवदिष्टंहठादिकंसर्वमित्यर्थः ३३ अत्रपूर्वपक्षः दृश्यतेहीति । स्वभावतोऽयत्नतः ३४ चतुर्थंप्राक्कर्मकुशलाइत्युपहासः इतिप्रतिजानंती त्यध्याहृत्ययोज्यम् ३५ सिद्धांतमाह तथेति ३६ । ३७ त्रिद्वारामिति । हठादित्रयंद्वारमेवार्थसिद्धेर्मुख्यंकारणंकर्मैवेत्यर्थः । आत्मादेहः देहवत्तेजडाइत्यर्थः । यथालोकाइतिपाठेलोकालोकायतिकाः ३८ कर्त्त व्यमेवेति । यथाग्रामकामस्यसांग्रहणीष्टीराजसेवाचेतिद्वयमनुष्ठेयं तद्वदिहदिष्टपौरुषात्मकंकर्मकर्त्तव्यमेव हठपक्षस्त्याज्यएवेत्यर्थः एकांतेनातिशयेन अनीहोनिश्चेष्टः हठवादीत्यर्थः ३९ भवत्येवफलसिद्धिः अलसोऽसम्यक्कारी ४० असंभवेत्विति । अंगवैकल्यात्कर्मफलानुत्पादेतस्यफलस्यहेतुःप्रायश्चित्तंदोषप्रतिसमाधानंलक्षयेत् कर्मतःफलाभावेंऽगवैकल्यंकल्प्यं नतुकर्मवैयर्थ्यमितिभावः । कर्मणिमांगेकृते

॥ ३० ॥ नचैवैतावताकार्यंमन्यंतइतिचापरे ॥ अस्तिसर्वमदृश्यंतुदिष्टंचैवतथाहठः ३३ दृश्यतेहिहठाच्चैवदिष्टाच्चार्थस्यसंततिः ॥ किंचिद्दैवाद्धठात्किंचित्किंचिदेवस्व भावतः ३४ पुरुषःफलमाप्नोतिचतुर्थंनात्रकारणम् ॥ कुशलाःप्रतिजानंतियेवैतत्त्वविदोजनाः ३५ तथैवधाताभूतानामिष्टानिष्टफलप्रदः ॥ यदिनस्यान्नभूतानां कृपणोनामकश्चन ३६ यंयमर्थमभिप्रेप्सुःकुरुतेकर्मपूरुषः ॥ तत्तत्सफलमेवस्याद्यदिनस्यात्पुराकृतम् ३७ त्रिद्वारामर्थसिद्धिंतुनानुपश्यंतियेनराः ॥ तथैवानर्थ सिद्धिंचयथैवात्मातथैवते ३८ कर्त्तव्यमेवकर्मेतिमनोरेषविनिश्चयः ॥ एकांतेनह्यनीहोऽयंपराभवतिपूरुषः ३९ कुर्वतोहिभवत्येवप्रायेणेहयुधिष्ठिर ॥ एकांतंफल सिद्धिंतुनविंदत्यलसःक्वचित् ४० असंभवेत्वस्यहेतुःप्रायश्चित्तंतुलक्षयेत् ॥ कृतेकर्मणिराजेंद्रतथाऽऽनृण्यमवाप्नुते ४१ अलक्ष्मीराविशत्येनंशयानमलसंनरम् ॥ निःसंशयंफलंलब्ध्वादक्षोभूतिमुपाश्नुते ४२ अनर्थाःसंशयावस्थाःसिद्ध्यंतेमुक्तसंशयाः ॥ धीरानराःकर्मरतानतुनिःसंशयाःक्वचित् ४३ एकांतेनह्यनर्थोऽयंवर्त्ततेऽ स्मासुसांप्रतम् ॥ सतुनिःसंशयंनस्यात्त्वयिकर्मण्यवस्थिते ४४ अथवाऽसिद्धिरेवस्यादभिमानंतदेवते ॥ वृकोदरस्यबीभत्सोर्भ्रात्रोश्चयमयोरपि ४५ अन्येषांकर्म सफलमस्माकमपिवापुनः ॥ विप्रकर्षेणबुद्ध्येतकृतकर्मायथाफलम् ४६ पृथिवींलांगलेनेहभित्त्वाबीजंवपत्युत ॥ आस्तेऽथकर्षकस्तूष्णींपर्जन्यस्तत्रकारणम् ४७ वृष्टिश्चेन्नानुगृह्णीयादनेनास्तत्रकर्षकः ॥ यदन्यःपुरुषःकुर्यात्तत्कृतंसफलंमया ४८ तच्चेदफलमस्माकमपराधोनमेक्वचित् ॥ इतिधीरोऽन्ववेक्ष्यैवनात्मानंतत्रगर्हयेत् ४९ कुर्वतोनार्थसिद्धिर्मेभवतीतिहभारत ॥ निर्वेदोनात्रकर्तव्योद्वावन्यौह्यत्रकारणम् ५० सिद्धिर्वाप्यथवाऽसिद्धिरप्रवृत्तिरतोऽन्यथा ॥ बहूनांसमवायेहिभावानां कर्मसिद्धयः ५१ गुणाभावेफलंन्यूनंभवत्यफलमेवच ॥ अनारंभेहिनफलंनगुणोदृश्यतेक्वचित् ५२

आनृण्यं फलानुत्पादेऽपिनिर्दोषत्वम् ४१ । ४२ अनर्थाअर्थहीनाः ननुनिश्चितं धीरानिःसंशयादुर्लभाइत्यर्थः ४३ अनर्थोराज्यच्युतिः कर्मणिपौरुषे ४४ असिद्धिरितिच्छेदः कृतेऽपिपौरुषेयदिफलासि द्धिरेवस्यात्तर्हितदेवतेतवभ्रातॄणांवृकोदरादीनामभिमानंसाकल्येनप्रमाणंराज्यानर्हत्वेस्यात् । तदाराज्याशाविच्छेदान्नममराज्यार्थमुद्वेगःस्यादितिभावः ४५ अन्येषामस्माकंवाकर्मसफलं यथातथाकृतकर्मैवविप्रक र्षेणकर्मकरणांतेबुध्येत त्वंत्वकृतकर्मातत्कथंबुध्येरितिभावः ४६ । ४७ । ४८ । ४९ निर्वेदोवैराग्यं द्वावन्यौपौरुषानिर्वेदौ अत्रफलसिद्धौ ५० सिद्धिरसिद्धिर्वाऽस्तु किंत्वप्रवृत्तिरेवमास्त्वित्यर्थः बहूनांसर्वेषां समवायेसमुदाये भावानांकारणानाम् ५१ गुणोऽप्रधानसंगं तदभावेगुणःशौर्यादिः ५२ ॥ ३० ॥

उपायाःसामादयः स्वस्तिवृद्धयेकल्याणवृद्धये ५३ अप्रमत्तेनेति । तत् देशकालादियोगाख्यंकार्यमादरणीयं तत्रपराक्रमःपुरुषकारस्तुउपदेष्टाकार्यकर्तामुख्यइत्यर्थः भूयिष्ठंश्रेष्ठंकर्मयोगेषुकार्यघटनासुपराक्र
मोदृश्यमेवप्रसिद्धएव श्रेष्ठत्वेनतस्मात्पराक्रमेयतितव्यमितिभावः ५४ ननु भ्रातृषुधार्त्तराष्ट्रेषुकथंपराक्रांतुंशक्यमित्याशंक्यसामासंभवमाहयत्रेति अवेक्षेतादरंकुर्यात् श्रेयांसंप्रशस्ततरंकर्मचभेदंदानाख्यंवा
५५ दुर्मेधसिदुर्योधनेतुनसामभेददानानामुपायानांसंभवोऽस्ति अतस्तत्रदंडएवश्रेयानित्याह व्यसनमिति । व्यसनंराष्ट्रोपप्लवादि विवासनंदेशान्निःसारणम् ५६ उत्थानयुक्तोयत्नवान् अंतरैषणेछिद्रान्वेषणे ।
आनृण्येनिर्दोषत्वं । परस्यामात्यादेः ५७ नन्वशक्तःकथमुत्थानंकुर्यामित्याशंक्याह नत्वेवेति ५८ एवंसंस्थितिकाईदृग्व्यवस्थावती । सांसिद्धिकीतिपाठेस्वाभाविकीत्यर्थः । सिद्धिःफलसिद्धिः तत्रेतिकाला

देशकालावुपायांश्चमंगलंस्वस्तिवृद्धये ॥ युनक्तिमेधयाधीरोयथाशक्तियथाबलम् ५३ अप्रमत्तेनतत्कार्यमुपदेष्टापराक्रमः ॥ भूयिष्ठंकर्मयोगेषुदृश्यमेवपराक्र
मः ५४ यत्रधीमानवेक्षेतश्रेयांसंबहुभिर्गुणैः ॥ साम्नैवार्थंततोलिप्सेत्कर्मचास्मैप्रयोजयेत् ५५ व्यसनंवाऽस्यकांक्षेतविवासंवायुधिष्ठिर ॥ अपिसिंधोर्गिरेर्वाऽ
पिकिंपुनर्मर्त्यधर्मिणः ५६ उत्थानयुक्तःसततंपरेषामंतरैषणे ॥ आनृण्यमाप्नोतिनरःपरस्यात्मनएवच ५७ नत्वेवात्माऽवमंतव्यःपुरुषेणकदाचन ॥ नह्या
त्मपरिभूतस्यभूतिर्भवतिशोभना ५८ एवंसंस्थितिकासिद्धिरियंलोकस्यभारत ॥ तत्रसिद्धिर्गतिःप्रोक्ताकालावस्थाविभागतः ५९ ब्राह्मणंमेपितापूर्वंवासया
मासपंडितम् ॥ सोऽब्रवीत्सर्वमेवेमंप्राहपित्रेमेभरतर्षभ ६० नीतिंबृहस्पतिप्रोक्तांभ्रातॄन्मेऽग्राहयत्पुरा ॥ तेषांसकाशादश्रौषमहमेतांतदागृहे ६१ समांराज
न्कर्मवतीमागतामाहसांत्वयन् ॥ शुश्रूषमाणामासीनांपितुरंकेयुधिष्ठिर ॥ ६२ ॥ ॥ इतिश्रीमहाभारतेआरण्यकेपर्वणिअर्जुना०द्रौपदीवाक्येद्वात्रिंशोऽध्या
यः ॥ ३२ ॥ ॥ ॥ ॥ ॥ ॥ वैशंपायनउवाच ॥ ॥ याज्ञसेन्यावचःश्रुत्वाभीमसेनोह्यमर्षणः ॥ निःश्वसन्नुपसंगम्यक्रुद्धोराजानमब्र
वीत् १ राज्यस्यपदवींधर्म्यांव्रजसत्पुरुषोचिताम् ॥ धर्मकामार्थहीनानांकिन्नोवस्तुंतपोवने २ नैवधर्मेणतद्राज्यंनार्जवेननचौजसा ॥ अक्षकूटमधिष्ठायहृतं
दुर्योधनेनवै ३ गोमायुनेवसिंहानांदुर्बलेनबलीयसाम् ॥ आमिषंविघसाशेनतद्वद्राज्यंहिनोहृतम् ४ धर्मलेशप्रतिच्छन्नःप्रभवंधर्मकामयोः ॥ अर्थमुत्सृज्यकिं
राजन्दुःखेषुपरितप्यसे ५ भवतोऽनवधानेनराज्यंनःपश्यतांहृतम् ॥ आहार्यमपिशक्रेणगुप्तंगांडीवधन्वना ६ कुणीनामिवबिल्वानिपंगूनामिवधेनवः ॥
हृतमैश्वर्यमस्माकंजीवतांभवतःकृते ७ भवतःप्रियमित्येवंमहद्व्यसनमीदृशम् ॥ धर्मकामेप्रतीतस्यप्रतिपन्नाःस्मभारत ८

वस्थयोरानुकूल्येनगतिरन्वेषणेयत्नः सैवसिद्धिःसिद्धिमूलं ५९ । ६० । ६१ कर्मवतीमागतांकिंचित्कार्योद्देशेनपितुरंतिकेआगताम् ६२ ॥ इत्यारण्यकेपर्वणिनैलकंठीयेभारतभावदीपेद्वात्रिंशोऽध्यायः ॥ ३२ ॥
याज्ञसेन्या इति १ एवंद्रौपद्याप्राक्कर्माधीनांफलसिद्धिमंगीकृत्यापि तद्द्वारभूतस्यपुरुषकारस्यप्राबल्येप्रतिपादिते राजानमुद्योजयन्भीमआह राज्यस्यपदवीमित्यादि । पदवींप्राप्तिमार्गं धर्म्यांवनवासकालपालन
रूपाद्धर्मादनपेतां किंप्रयोजनमितिशेषः २ कूटंकपटम् ३ विघसोभूतबलिशेषःश्वकाकादियोग्यस्तद्भक्षकेनशुनकेनेत्यर्थः ४ धर्मलेशःप्रतिज्ञापालनजस्तेनप्रतिच्छन्नआवृतः अर्थंराज्याख्यम् ५ अनवधानेनप्रमादे
नपश्यतामित्यनादरेषष्ठी ६ कुणीनांहस्तविकलानां पंगूनांपादविकलानां षष्ठीपूर्ववत् । भवतःकृतेभवन्निमित्तं ७ धर्मकामेधर्मेच्छायांप्रतीतस्यविश्वस्तस्य । धर्मकाम्याप्रतीतस्येतिपाठेधर्मेच्छायांविश्वस्तस्य ८

शास्त्रैःशमवचनैः भवतांभास्समानानांयोगिनां ९ । १० मृगचर्यामिवएनांवनचर्यां अबलस्थैर्निषेवितामित्येकंपदं बलवद्भिरसेवितामित्यर्थः ११ । १२ नआपन्नइतिसंबंधः १३ । १४ । १५ अलंसमर्थान्सतः १६ । १७ गांपृथिवीं १८ । १९ कुसलक्षणेकरणीयस्वरूपे २० कुधर्मंतनोतीतिकुधर्मतत कुधर्मबीजमित्यर्थः २१ धर्मार्थौ बलसाध्यहेमंतप्रातःस्नानशत्रुजयसंभवौ २२ धर्मार्थिनत्वर्थकामार्थं अर्थप्रयोजनं २३ । २४ अतिवेलमसंतं २५ इतरावर्थकामौ २६ कामतोरममाणस्यतस्यकामांतेनिधनमितिसंबंधः २७ साहिधर्मार्थरूपाहि २८ अर्थपरिग्रहोऽर्थार्थमेवालंबनीयः इतरेतरयोनींतौधर्मादर्थःप्रणीयतेऽर्थाच्च

कर्षयामःस्वमित्राणिनंदयामश्चशात्रवान् ॥ आत्मानंभवतांशास्त्रैर्नियम्यभरतर्षभ ९ यद्वयंनतदैवैतान्धार्त्तराष्ट्रान्निहन्महि ॥ भवतःशास्त्रमादायतन्नस्तपति दुष्कृतम् १० अथैनामन्ववेक्षस्वमृगचर्यामिवात्मनः ॥ दुर्बलाचरितांराजन्नबलस्थैर्निषेविताम् ११ यांनकृष्णोनबीभत्सुर्नाभिमन्युर्नसृंजयाः ॥ नचाहमभिनं दामिनचमाद्रीसुतावुभौ १२ भवान्धर्मोधर्मइतिसततंव्रतकर्शितः ॥ कच्चिद्राजन्ननिर्वेदादापन्नःक्लीबजीविकाम् १३ दुर्मनुष्याहिनिर्वेदमफलंस्वार्थघातकम् ॥ अशक्ताःश्रियमाहर्तुमात्मनःकुर्वतेप्रियम् १४ सभवान्दृष्टिमान्शक्तःपश्यन्नस्मासुपौरुषम् ॥ आनृशंस्यपरोराजन्नानर्थमवबुद्ध्यसे १५ अस्मानमीधार्त्तराष्ट्राः क्षममाणानलंसतः ॥ अशक्तानिवमन्यंतेतद्दुःखंनाहवेवधः १६ तत्रचेद्युध्यमानानामजिह्ममनिवर्तिनाम् ॥ सर्वशोहिवधःश्रेयान्प्रेत्यलोकान्लभेमहि १७ अ थवावयमेवैतान्निहत्यभरतर्षभ ॥ आददीमहिगांसर्वांतथापिश्रेयएवनः १८ सर्वथाकार्यमेतन्नःस्वधर्ममनुतिष्ठताम् ॥ कांक्षतांविपुलांकीर्तिंवैरंप्रतिचिकीर्षताम् १९ आत्मार्थंयुध्यमानानांविदितेकृत्यलक्षणे ॥ अन्यैरपहृतेराज्येप्रशंसैवनगर्हणा २० कर्षणार्थोहियोधर्मोमित्राणामात्मनस्तथा ॥ व्यसनंनामतद्राजन्नध र्मःसकुधर्मतत २१ सर्वथाधर्मनित्यंतुपुरुषंधर्मदुर्बलम् ॥ त्यजतस्तातधर्मार्थौप्रेतंदुःखसुखेयथा २२ यस्यधर्मोहिधर्मार्थंक्लेशभाङ्गनसपंडितः ॥ नसधर्मस्यवेदा र्थंसूर्यस्यांधःप्रभामिव २३ यस्यचात्मार्थमेवार्थःसचनार्थस्यकोविदः ॥ रक्षेतभृतकोऽरण्येयथागास्तादृगेवसः २४ अतिवेलंहियोऽर्थार्थीनेतरावनुतिष्ठति ॥ सवध्यःसर्वभूतानांब्रह्महेवजुगुप्सितः २५ सततंयश्चकामार्थीनेतरावनुतिष्ठति ॥ मित्राणितस्यनश्यंतिधर्मार्थाभ्यांचहीयते २६ तस्यधर्मार्थहीनस्यकामांते निधनंध्रुवम् ॥ कामतोरममाणस्यमीनस्येवांभसःक्षये २७ तस्माद्धर्मार्थयोर्नित्यंनप्रमाद्यंतिपंडिताः ॥ प्रकृतिःसाहिकामस्यपावकस्यारणिर्यथा २८ सर्वथाध र्ममूलोऽर्थोधर्मश्चार्थपरिग्रहः ॥ इतरेतरयोनींतौविद्धिमेघोदधीयथा २९ द्रव्यार्थस्पर्शसंयोगेयाप्रीतिरुपजायते ॥ सकामश्चित्तसंकल्पःशरीरंनास्यदृश्यते ३० अर्थार्थीपुरुषोराजन्बृहंतंधर्ममिच्छति ॥ अर्थमिच्छतिकामार्थीनकामादन्यमिच्छति ३१ नहिकामेनकामोऽन्यःसाध्यतेफलमेवतत ॥ उपयोगात्फलस्ये वकाष्ठाद्भस्मेवपंडितैः ३२

धर्मइत्यर्थः मेघादुदधिपुष्टिरुदधेर्मेघपूर्तिरिव २९ द्रव्यस्यस्रक्चंदनादेःस्पर्शः अर्थस्यस्वर्णादेःसंयोगोलाभः ३० । ३१ उपयोगःसाक्षात्प्रीत्युत्पादनेनकृतार्थत्वं काष्ठाद्भस्मसाध्यं नतुभस्मतोऽपिभस्मांतरंसाध्यमस्तितद्वत ३२

वैतंसिकोवीतंसेनजीवतीतिपक्षिहंता । वीतंसंबंधनोपायेमृगाणांपक्षिणामपि ' इतिविश्वः । विहिंसता विशिष्टहिंसावत्त्वम् ३३ प्रकृतिस्वरूपम् ३४ व्यक्तमिति । अर्थःप्रयोजनंकामाख्यं सद्रव्येणस्त्रीध नगोहस्त्यश्वात्मनापरिगृह्यतइतिद्रव्यपरिग्रहः अस्यद्रव्यस्यप्रकृतिरुयादिरूपां विकृतिंत्यागभोगादिरूपाम् ३५ तस्यस्त्रीधनादिरूपद्रव्यस्य नाशेअदर्शनेअभावे विनाशेलब्धस्यवियोगे जरामरणेस्त्रीगोऽश्वादी नां सोऽयमनर्थः स्त्रीपरामर्शराज्यनाशादिरूपः । अनर्थपरिहारायधर्मोऽपिलंघनीयइतिभावः ३६ पंचानांश्रोत्रादीनांविषयेशब्दादौ मनसोविषयः संकल्पः हृदयस्यनिश्चयः ३७ पृथक्भिन्नान्दृष्ट्वा ३८

इमान्शकुनकान्राजन्हंतिवैतंसिकोयथा ॥ एतद्रूपमधर्मस्यभूतेषुहिविहिंसता ३३ कामाल्लोभाच्चधर्मस्यप्रकृतिंयोनपश्यति ॥ सवध्यःसर्वभूतानांप्रेत्यचेहचदुर्मतिः ॥ ३४ व्यक्तंतेविदितोराजन्नार्थोद्रव्यपरिग्रहः ॥ प्रकृतिंचापिवेत्थास्यविकृतिंचापिभूयसीम् ३५ तस्यनाशेविनाशेवाजरयामरणेनवा ॥ अनर्थइतिमन्यंतेसोऽयमस्मासु वर्त्तते ३५ इंद्रियाणांचपंचानांमनसोहृदयस्यच ॥ विषयेवर्त्तमानानांयाप्रीतिरुपजायते ३७ सकामइतिमेबुद्धिःकर्मणांफलमुत्तमम् ॥ एवमेवपृथग्दृष्ट्वाधर्मार्थौकाममे वच ३६ नधर्मपरएवस्यान्नचार्थपरमोनरः ॥ नकामपरमोवास्यात्सर्वान्सेवेतसर्वदा ३९ धर्मंपूर्वेधनंमध्येजघन्येकाममाचरेत् ॥ अहन्यनुचरेदेवमेषशास्त्रकृ तोविधिः ४० कामंपूर्वेधनंमध्येजघन्येधर्ममाचरेत् ॥ वयस्यनुचरेदेवमेषशास्त्रकृतोविधिः ४१ धर्मंचार्थंचकामंचयथावद्वदतांवर ॥ विभज्यकालेकालज्ञः सर्वान्सेवेतपंडितः ४२ मोक्षोवापरमंश्रेयएषराजन्सुखार्थिनाम् ॥ प्राप्तिंवाबुद्धिमास्थायसोपायांकुरुनंदन ४३ तद्वाशुक्रियतांराजन्प्राप्तिंवाऽप्यधिगम्य ताम् ॥ जीवितंह्यातुरस्येवदुःखमंतरवर्तिनः ४४ विदितश्चैवमेधर्मःसततंचरितश्चते ॥ जानंतस्त्वयिशंसंतिसुहृदःकर्मचोदनाम् ४५ दानंयज्ञाःसतांपूजावे दधारणमार्जवम् ॥ एषधर्मःपरोराजन्बलवान्प्रेत्यचेहच ४६ एषनार्थविहीनेनशक्योराजन्निषेवितुम् ॥ अखिलाःपुरुषव्याघ्रगुणाःस्युर्यद्यपीतरे ४७ धर्म मूलंजगद्राजन्नान्यद्धर्माद्विशिष्यते ॥ धर्मश्चार्थेनमहताशक्योराजन्निषेवितुम् ४८ नचार्थोभैक्ष्यचर्येणनापिक्लैब्येनकर्हिचित् ॥ वेत्तुंशक्यःसदाराजन्केवलं धर्मबुद्धिना ४९ प्रतिषिद्धाहितेयाच्ञायायासिध्यतिवैद्विजः ॥ तेजसैवार्थलिप्सायांयतस्वपुरुषर्षभ ५० भैक्ष्यचर्यानविहितानचविट्शूद्रजीविका ॥ क्ष त्रियस्यविशेषेणधर्मस्तुबलमौरसम् ५१ स्वधर्मंप्रतिपद्यस्वजहिशत्रून्समागतान् ॥ धार्त्तराष्ट्रवनंपार्थमयापार्थेननाशय ५२ उदारमेवविद्वांसोधर्मंप्राहुर्मनीषि णः ॥ उदारंप्रतिपद्यस्वनावरेस्थातुमर्हसि ५३ अनुबुद्ध्यस्वराजेंद्रवेत्थधर्मान्सनातनान् ॥ क्रूरकर्माभिजातोऽसियस्मादुद्विजतेजनः ५४ प्रजापालनसंभूतंफलं तवनगर्हितम् ॥ एषतेविहितोराजन्धात्राधर्मःसनातनः ५५

३९ धर्मंपूर्वेअहनिचरेत् ४० कामंपूर्वेवयसिचरेत् ४१ । ४२ । ४३ प्राप्तिमहोदयंवाराज्यलाभजम् । 'प्राप्तिर्लाभेमहोदये' इतिविश्वः । तन्मोक्षाख्यंश्रेयः दुःखंदुःखदम् ४४ कर्मचोदनांप्रवृत्तिज नकंवेदवाक्यं शंसंतिकथयंति ४५ । ४६ अखिलाः खिलंशल्यंतद्रहिताः ४७ । ४८ क्लैब्येनकातर्येणवेत्तुंलब्धुम् ४९ द्विजोब्राह्मणः तेजसापराभिभवशक्त्या ५० औरसमुत्साहः ५१ । ५२ उदा रमीश्वरभावं अवरेअनैश्वर्ये ५३ क्रूरंहिंसात्मकंक्षात्रंकर्मयस्य ५४ । ५५

अपचितोहीनः ५६ शिथिलंदुर्बलम् ५७ नभूतिमनैश्वर्यनपुनःश्रियंनास्तिपुनःश्रीर्ययेतिनभूतेरेवविशेषणम् । उभयत्रनैकधेतिवन्नशब्देनसमासः । व्यजयतपराभूतवान् ५८ जिह्वांजिह्वायाःप्रियंसान्त्वं उत्कोचमित्यर्थः । क्षुद्राणांशत्रुपक्षीयाणांनिकृत्याभेदरूपेणच्छलेन शल्यकोव्याधः सहिस्रेभ्योभक्ष्यंदत्वाविश्वास्यहत्वाआहारंलभतेतद्वत् शल्यकःश्वावित् क्षुद्रान्मधुमक्षिकाविशेषान्जिह्वांदत्वाबहिर्निःसार्य भक्षयतितद्वज्जिह्वांवाचंदत्वाशत्रूनजहीतिप्राञ्चः ५९ । ६० बलवतःशत्रून्परांनिकृतिंसंवत्सरशब्दंमीमांसकन्यायेनदिनपरंकुर्वितिभावः ६१ । ६२ सत्वेनबलेनप्रमाणेनसंधेन उत्साहेनशत्रुपक्षीयैःसहसंधानलक्षणेनसूत्रेण । 'प्रमाणंनित्यमर्यादासंघवादिप्रमादिषु । उत्साहस्तूद्यमेसूत्रे' इतिविश्वः । अप्रमादीमहोत्साहीत्यपिपाठः ६३ सत्वादन्यस्यवितथत्वेहेतुः नत्विति । प्रसक्तमुपकारकत्वेनप्रत्यासन्नं इष्टमित्यर्थः ६४ अर्थत्यागोपीति । दुर्योधनेराज्यार्पणंनश्रेयसेऽपितुखरकंडूयनवदपकारायैव यथाखरकंडूयनंस्पर्शदोषात्सद्योदुःखदस्नाननिमित्तं गोकंडूयनवच्चपरत्रनहितं एवमेतदपीतिश्लोकद्वयार्थः ६५ विप

तस्मादपचितःपार्थलोकेहास्यंगमिष्यसि ॥ स्वधर्माद्धिमनुष्याणांचलनंनप्रशस्यते ५६ सक्षात्रंहृदयंकृत्वात्यक्त्वेदंशिथिलंमनः ॥ वीर्यमास्थायकौरव्यधुरमुद्वहधुर्यवत् ५७ नहिकेवलधर्मात्मापृथिवींजातुकश्चन ॥ पार्थिवोव्यजयद्राजन्नभूतिंनपुनःश्रियम् ५८ जिव्हांदत्वाबहूनांहिक्षुद्राणांलुब्धचेतसाम् ॥ निकृत्यालभते राज्यमाहारमिवशल्यकः ५९ भ्रातरःपूर्वजाताश्चसुसमृद्धाश्चसर्वशः ॥ निकृत्यानिर्जितादेवैरसुराःपार्थिवर्षभ ६० एवंबलवतःसर्वमितिबुद्ध्वामहीपते ॥ जहिशत्रून्महाबाहोपरांनिकृतिमास्थितः ६१ नह्यर्जुनसमःकश्चिद्युधियोधोधनुर्धरः ॥ भवितावापुमान्कश्चिन्मत्समोवागदाधरः ६२ सत्वेनकुरुतेयुद्धंराजन्सुबलवानपि ॥ नप्रमाणेननोत्साहात्सत्वस्थोभवपांडव ६३ सत्वंहिमूलमर्थस्यवितथंयदतोऽन्यथा ॥ नतुप्रसक्तंभवतिवृक्षच्छायेवहैमनी ६४ अर्थत्यागोऽपिकार्यःस्यादर्थंश्रेयांसमिच्छता ॥ बीजौपम्येनकौंतेयमातेऽभूदत्रसंशयः ६५ अर्थेनतुसमोऽनर्थोयत्रलभ्येतनोदयः ॥ नतत्रविपणःकार्यःखरकंडूयनंहितत् ६६ एवमेवमनुष्येंद्र धर्मंत्यक्त्वाल्पकंनरः ॥ बृहंतंधर्ममाप्नोतिसबुद्धइतिनिश्चितम् ६७ अमित्रंमित्रसंपन्नंमित्रैर्भिंदंतिपंडिताः ॥ भिन्नैर्मित्रैःपरित्यक्तंदुर्बलंकुरुतेवशम् ६८ सत्वेन कुरुतेयुद्धंराजन्सुबलवानपि ॥ नोद्यमेननहोत्राभिःसर्वाःस्वीकुरुतेप्रजाः ६९ सर्वथासंहतैरेवदुर्बलैर्बलवानपि ॥ अमित्रःशक्यतेहंतुंमधुहाभ्रमरैरिव ७० यथाराजन्प्रजाःसर्वाःसूर्यःपातिगभस्तिभिः ॥ अत्तिचैवतथैवत्वंसदृशःसवितुर्भव ७१

णःप्रतिज्ञा नकार्योननिर्वाहः ६६ एवमेवबीजौपम्येनप्रतिज्ञानिर्वाहजमल्पंधर्मंत्यक्त्वा राज्यलाभजोदानयागादिर्महान्धर्मआदर्तव्यइत्यर्थः ६७ युवानमल्पबुद्धिं । 'यदेकःस्थविरोवेत्तिनतत्तरुणकोटयः' इत्युक्तेः । दुर्बलमित्यपिपाठः ६८ पक्वबुद्धेःसर्वत्रसावधानस्यमित्राणिदुर्भेद्यान्यतस्तादृशेदुर्योधनेबलमेवश्रेयइत्याह सत्वेनेति । युद्धेनैवशत्रुजये कृतेप्रजाःस्वाधीनाभवंति नतूद्यमेननिग्रहेणनहोत्राभिः सांत्वेनाऽऽह्वानैः ६९ संहतैर्मिलितैः मधुहामध्वर्थंगतः । ओहाङ्गतावित्यस्यरूपं । भ्रमरैर्मधुपटलस्थैः सविषवक्त्रैर्युगपद्दष्टोम्रियतइतिप्रसिद्धं । कालप्रतीक्षायांहिशत्रुर्बलवान्भूत्वाऽस्मान्जेष्यतीतिभावः ७० यथेति । अत्तिर सशोषणेन पातिवर्षेण तथात्वंदुर्योधनादीन्वशमानीयपालयेत्यर्थः ७१

एतद्धर्मेः पालनंवक्ष्यमाणंतपःस्वधर्मः पुराणमनादि । एतच्चावितथमितिपाठांतरेपुराणंवेदविहितमित्यर्थः ७२ सृष्टेनविहितेनधर्मेणेत्यर्थः इतरेणमरणेन ७३ अपेयात् अपगच्छेत् व्यवसितोनिश्चितः ७४ । ७५ ७६ । ७७ ननुकथंतर्हिमयाराज्यार्थमनृतंकर्त्तव्यमतआह यदेनइति । एनःपापमवाप्नुवन्नवाप्तिहेतोः ७८ । ७९ । ८० परस्यापिराज्यानर्हत्वादवरोपणमुचितमित्याह श्वदृतावितिः। श्वदृतौसारमेयचर्मकोशे ब्रह्म वेदः वृषलेशूद्रे ८१ स्वाध्यायमधिकुर्वतेश्वदृताविति श्लोकंवेदवत्स्त्र्यादयोनित्यंपठंतीत्यर्थः ८२ भवताहेतुना उपद्रवेराज्यभ्रंशे ८३ अर्थविभावकोजयार्जितमर्थंप्रदातुं । तुमुन्ण्वुलौक्रियायांक्रियार्थायामितिण्वुल्

एतच्चापितपोराजन्पुराणमितिनःश्रुतम् ॥ विधिनापालनंभूमेर्यत्कृतंनःपितामहैः ७२ नतथातपसाराजन्लोकान्प्राप्नोतिक्षत्रियः ॥ यथासृष्टेनयुद्धेनविजये
नेतरेणवा ७३ अपेयात्किलभासूर्याल्लक्ष्मीश्चंद्रमसस्तथा ॥ इतिलोकोव्यवसितोदृष्ट्वेमांभवतोव्यथाम् ७४ भवतश्चप्रशंसाभिर्निंदाभिरितरस्यच ॥ कथायु
क्ताःपरिषदःपृथग्राजन्समागताः ७५ इदमभ्यधिकंराजन्ब्राम्हणाःकुरवश्चते ॥ समेताःकथयंतीहमुदिताःसत्यसंधताम् ७६ यन्नमोहान्नकार्पण्यान्नलोभान्नभयादपि ॥
अनृतंकिंचिदुक्तंतेनकामान्नार्थकारणात् ७७ यदेनःकुरुतेकिंचिद्राजाभूमिमवाप्नुवन् ॥ सर्वंतन्नुदतेपश्चाद्यज्ञैर्विपुलदक्षिणैः ७८ ब्राह्मणेभ्योऽददद्ग्रामान्गाश्चराज
न्सहस्रशः ॥ मुच्यतेसर्वपापेभ्यस्तमोभ्यइवचंद्रमाः ७९ पौरजानपदाःसर्वेप्रायशःकुरुनंदन ॥ सवृद्धबालसहिताःशंसंतित्वांयुधिष्ठिर ८० श्वदृतौक्षीरमासक्तं
ब्रह्मवावृषलेयथा ॥ सत्यंस्तेनेबलंनार्यांराज्यंदुर्योधनेतथा ८१ इतिलोकेनिर्वचनंपुरश्चरंतिभारत ॥ अपिचैताःस्त्रियोबालाःस्वाध्यायमधिकुर्वते ८२ इमामवस्थां
चगतेसहास्माभिररिंदम ॥ हंतनष्टाःस्मसर्वेवैभवतोपद्रवेसति ८३ सभवान्रथमास्थायसर्वोपकरणान्वितम् ॥ त्वरमाणोऽभिनिर्यातुविप्रेभ्योऽर्थविभावकः ८४
वाचयित्वाद्विजश्रेष्ठानद्यैवगजसाह्वयम् ॥ अस्त्रविद्भिःपरिवृतोभ्रातृभिर्दृढधन्विभिः ८५ आशीविषसमैर्वीरैर्मरुद्भिरिववृत्रहा ॥ अमित्रांस्तेजसामृद्नन्नसुरानिववृत्रहा ॥
श्रियमादत्स्वकौंतेयधार्तराष्ट्रान्महाबल ८६ नहिगांडीवमुक्तानांशराणांगार्ध्रवाससाम् ॥ स्पर्शमाशीविषाभानांमर्त्यःकश्चनसंसहेत् ८७ नसवीरोनमातंगोनचसोऽ
श्वोऽस्तिभारत ॥ यःसहेतगदावेगंममक्रुद्धस्यसंयुगे ८८ सृंजयैःसहकैकेयैर्वृष्णीनांवृषभेणव ॥ कथंस्विद्युधिकौंतेयनराज्यंप्राप्नुयामहे ८९ शत्रुहस्तगतांराजन्कथं
स्विन्नाहरेर्महीम् ॥ इहयत्नमुपाहृत्यबलेनमहताऽन्वितः ॥ ९० ॥ ॥ इतिश्रीमहाभारतेआरण्यकेपर्वणिअर्जु०भीमवाक्येत्रयस्त्रिंशोऽध्यायः ॥ ३३ ॥
॥ वैशंपायनउवाच ॥ सएवमुक्तस्तुमहानुभावःसत्यव्रतोभीमसेनेनराजा ॥ अजातशत्रुस्तदनंतरंवैधैर्यान्वितोवाक्यमिदंबभाषे १ ॥ युधिष्ठिरउवाच ॥ असंशयंभा
रतसत्यमेतद्यन्मांतुदन्वाक्यशल्यैःक्षिणोषि ॥ नत्वांविगर्हेप्रतिकूलमेवममानयाद्धिव्यसनंवआगात् २

८४ वाचयित्वाआशीर्वादान् ८५ धार्तराष्ट्रादितिच्छेदः ८६ गार्ध्रवाससांगृध्रपक्षमयपुंखवतां संसहेत् सम्यक्सहेत ८७ । ८८ सृंजयादिभिःसहायैः स्विदितिविस्मयेनशिरश्चालने ८९ उपाहृत्यआलंब्य ॥ ९० ॥ इत्यारण्यकेपर्वणिनैलकंठीयेभारतभावदीपेत्रयस्त्रिंशोऽध्यायः ॥ ३३ ॥ ॥ सएवमिति १ एवमम ममैव वोयुष्मान् २

अन्वपद्यमनुसृतवान् जिहीर्षन्हर्तुमिच्छन् शठः कूटपाशकर्तृत्वात् कितवो द्यूतकारः ३ प्रवपन् पातयन् अक्षपूगान्पाशसमूहान् वृजिनं दुःखदं व्यसनं ४ कामानुकूलानिच्छानुकूलान् अयुजो विषमान् युजः स मान् । शक्यमिति यः पुरुषस्य धैर्यं हन्यात् स मन्युर्यदि नाभविष्य तर्ह्यात्मा मनो नियंतुं शक्य समभविष्यदित्यध्याहृत्य योज्यं परस्यानुकूलानक्षान् दृष्ट्वा मन्युवशान्मम द्यूतोपरमे बुद्धिर्नासीदित्यर्थः ५ । ६ । ७ । ८ समा वर्षाणि अथापरं वर्षं ९ अवभोत्स्यंते ज्ञास्यंति १० नो इति निपातः वितस्तादिपंचनद्युपलक्षितो देशः ११ सर्वे शतमपि भ्रातरः सराजा दुर्योधनः १२ नोऽस्माकं जघन्यं नीचं कृच्छ्ररूपाः क्लिष्टरूपाः १३ शांतिं

अहं ह्यक्षानन्वपद्यं जिहीर्षन् राज्यं सराष्ट्रं धृतराष्ट्रस्य पुत्रात् ॥ तन्मां शठः कितवः प्रत्यदेवीत्सुयोधनार्थं सुबलस्य पुत्रः ३ महामायः शकुनिः पार्वतीयः सभामध्ये प्रवपन्नक्षपूगान् ॥ अमायिनं मायया प्रत्यजैषीत्ततोऽपश्यं वृजिनं भीमसेन ४ अक्षांश्च दृष्ट्वा शकुनेर्यथावत्कामानुकूलानयुजो युजश्च ॥ शक्यं नियंतुमभविष्यदात्मा मन्युस्तु हन्यात्पुरुषस्य धैर्यम् ५ यंतुं नात्मा शक्यते पौरुषेण मानेन वीर्येण च तात नद्धः ॥ न ते वाचो भीमसेनाभ्यसूये मन्ये तथा तद्भवितव्यमासीत् ६ स नो राजा धृतराष्ट्रस्य पुत्रो न्यपातयद्व्यसने राज्यमिच्छन् ॥ दास्यं च नोऽगमयद्भीमसेन यत्राभवच्छरणं द्रौपदी नः ७ त्वं चापि तद्वेत्थ धनंजयश्च पुनर्द्यूतायागतांस्तान्सभां नः ॥ यन्मांब्रवीद्धृतराष्ट्रस्य पुत्र एकग्लहार्थं भरतानां समक्षम् ८ वने समा द्वादश राजपुत्र यथाकामं विदितमजातशत्रो ॥ अथापरं चाविदितश्चरेथाः सर्वैः सह भ्रातृभिश्छद्मगूढः ९ त्वां चेच्छ्रुत्वा तात तथा चरंतमवभोत्स्यंते भारतानां चराश्च ॥ अन्यांश्चरेथास्तावतोऽब्दांस्तथा त्वं निश्चित्य तत्प्रतिजानीहि पार्थ १० चरेश्चेन्नो विदितः कालमेतं युक्तो राजन्मोहयित्वा मदीयान् ॥ ब्रवीमि सत्यं कुरुसंसदीह तवैव ता भारत पंच नद्यः ११ वयं चैतद्भारत सर्व एव त्वया जिताः कालमपास्य भोगान् ॥ वसेम इत्याह पुरा स राजा मध्ये कुरूणां स मयोक्तस्तथेति १२ तत्र द्यूतमभवन्नो जघन्यं तस्मिन्जिताः प्रव्रजिताश्च सर्वे ॥ इत्थं तु देशाननुसंचरामो वनानि कृच्छ्राणि च कृच्छ्ररूपाः १३ सुयोधनश्चापि न शांतिमिच्छन्भूयः स मन्योर्वशमन्वगच्छत् ॥ उद्योजयामास कुरूंश्च सर्वान्ये चास्य केचिद्वशमन्वगच्छन् १४ तं संधिमास्थाय सतां सकाशे को नाम जह्यादिह राज्यहेतोः ॥ आर्यस्य मन्ये मरणाद्गरीयो यद्धर्ममुत्क्रम्य महीं प्रशासेत् १५ तदैव चेद्वीरकर्माकरिष्यो यदा द्यूते परिघं पर्यमृक्षः ॥ बाहू दिधक्षन्वारितः फाल्गुनेन किं दुष्कृतं भीम तदाऽभविष्यत् १६ प्रागेव चैवं समयक्रियायाः किं नाब्रवीः पौरुषमाविदानः ॥ प्राप्तं तु कालं त्वभिपद्य पश्चात्किं मामिदानीमतिवेलमात्थ १७ भूयोऽपि दुःखं मम भीमसेन दूये विषस्येव रसं हि पीत्वा ॥ यद्याज्ञसेनीं परिक्लिश्यमानां संदृश्य तत्क्षांतमिति स्म भीम १८ न त्वद्य शक्यं भरतप्रवीर कृत्वा यदुक्तं कुरुवीरमध्ये ॥ कालं प्रतीक्षस्व सुखोदयस्य पक्तिं फलानामिव बीजवापः १९

नेच्छन् अनिच्छन् उद्योजयामास उत्कर्षेण स्वेच्छया तेषु तेषु दुर्गदेशादिपालनकार्येषु स्थापनयोजितवान् १४ । १५ पर्यमृक्षः परामृष्टवानसि दिधक्षन् दग्धुमिच्छन् १६ समयक्रियातः प्रागेव चेदिदमब्रवीस्तर्हि किं दुष्कृतमभविष्यन्न किमपीत्यर्थः आविदानो जानन् प्राप्तं कालं कालतुल्यां विपदमभिपद्य स्वीकृत्य अतिवेलमतिशयेन १७ भूयोऽपि बहुपि दूये उपतप्ये १८ यदुक्तं यां प्रतिज्ञां कृत्वा बीजवापः कृषीवलः १९

पूर्वंनिकृतौवंचितः वैरंवैरिसमूहं सपुष्पंसफलंविदित्वापुष्टतरंज्ञात्वा यदायदिनिकृंतेच्छिद्यात् तदाहिप्रसिद्धं महागुणंमहान्तंगुणंहरत्याहरति २० । २१ अमृतात्देवभावात्कलांषोडशंभागम् २२
इत्यारण्यकेपर्वणिनैलकंठीयेभारतभावदीपे चतुस्त्रिंशोऽध्यायः॥ ३४ ॥ संधिमिति । पतत्रिणाबाणवच्छीघ्रगामिना प्राणहरेणवा स्रोतसानिप्रवाहिना १ प्रत्यक्षंप्रत्यक्षेणज्ञातं कालबंधनः कालवश्यः फेनधर्मानिः
सारः फलधर्मापतनशीलः २ सूच्येवांजनचूर्णस्य यथाकज्जलक्षोदस्यातिश्लक्ष्णस्य सूक्ष्माग्रयासूच्याऽपिकिंचिदपचीयते एवंनिमेषादपियस्यायुरपचीयते सकिमित्यत्राधिप्रतिपालयेन्नकथमपीत्यध्याहृत्ययोज्यं ।
'चूर्णःक्षोदक्षारभेदे' इति विश्वः । शून्येवेतिपाठेऽपिसएवार्थः श्वयतेप्रविशतीतिशूनः स्थूलसूची'सूवा' इति प्रसिद्धः अल्पःशूनः शूनी तयेति योगात् । पूर्णस्येत्यपपाठः ३ प्रमाणविदायुःप्रमाणज्ञः ४ । ५ । ६

यदाहिपूर्वंनिकृतोनिकृंतेद्वैरंसपुष्पंसफलंविदित्वा ॥ महागुणंहरतिहिपौरुषेणतदावीरोजीवतिजीवलोके २० श्रियंचलोकेलभतेसमग्रांमन्येचास्मैशत्रवःसन्नमंते ॥
मित्राणिचैनमचिराद्भजंतेदेवाइवेंद्रमुपजीवंतिचैनम् २१ ममप्रतिज्ञांचनिबोधसत्यांवृणेधर्मममृताज्जीविताच्च ॥ राज्यंचपुत्राश्चयशोधनंचसर्वंनसत्यस्यकलामु
पैति २२ ॥ ॥ इतिश्रीमहाभारतेआरण्यकेपर्वणिअर्जु० युधिष्ठिरवाक्येचतुस्त्रिंशोऽध्यायः ॥ ३४ ॥ भीमसेनउवाच ॥ संधिंकृत्वैवकालेनह्यन्तकेनपत
त्रिणा ॥ अनंतेनाप्रमेयेणस्रोतसासर्वहारिणा १ प्रत्यक्षंमन्यसेकालंमर्त्यःसन्कालबंधनः ॥ फेनधर्मामहाराजफलधर्मातथैवच २ निमिषादपिकौंतेययस्यायुर
पचीयते ॥ सूच्येवांजनचूर्णस्यकिमितिप्रतिपालयेत् ३ योनूनममितायुःस्यादथवाऽपिप्रमाणवित् ॥ सकालंवैप्रतीक्षेतसर्वप्रत्यक्षदर्शिवान् ४ प्रतीक्ष्यमाणः
कालोनःसमाराजंस्त्रयोदश ॥ आयुषोऽपचयंकृत्वामरणायोपनेष्यति ५ शरीरिणांहिमरणंशरीरेनित्यमाश्रितम् ॥ प्रागेवमरणात्तस्माद्राज्यायैवघटामहे ६ यो
नयातिप्रसंख्यानमस्पष्टोभूमिवर्धनः ॥ अयातयित्वावैराणिसोऽवसीदतिगौरिव ७ योनयातयतेवैरमल्पसत्वोद्यमःपुमान् ॥ अफलंजन्मतस्याहंमन्येदुर्जात
जायिनः ८ हैरण्यौभवतोबाहूश्रुतिर्भवतिपार्थिवी ॥ हत्वाद्विषंतंसंग्रामेभुंक्ष्वबाहुजितंवसु ९ हत्वावैपुरुषोराजन्निकर्तारमरिंदम ॥ अह्नायनरकंगच्छेत्स्वर्गेणा
स्यसंमितः १० अमर्षजोहिसंतापःपावकाद्दीप्तिमत्तरः ॥ येनाहमभिसंतप्तोननक्तंनदिवाशये ११ अयंचपार्थोबीभत्सुर्वरिष्ठोज्याविकर्षणे ॥ आस्तेपरमसंत
प्तोनूनंसिंहइवाशये १२ योऽयमेकोऽभिमनुतेसर्वान्लोकेधनुर्भृतः ॥ सोऽयमात्मजमूष्माणंमहाहस्तीवयच्छति १३ नकुलःसहदेवश्चवृद्धामाताचवीरसूः ॥ तवै
वप्रियमिच्छंतआसतेजडमूकवत् १४

यातिप्राप्नोति नसंख्यानं प्रकृष्टंसाधुकीर्तिं यतोऽस्पष्टःशौर्याद्यभावादितरैरविदितः भूमिवर्धनो भूमिहिंसकः भूमेर्भारभूतइत्यर्थः अयातयित्वाअनिस्तीर्य गौर्बलीवर्दइव सोऽप्यशक्तश्चेत्गोषुसंख्यानंस्पष्टतांवाऽ
प्यप्राप्नुवन्भूमेर्भारभूतो भवति ७ दुर्जातजायिनोकुजन्मभाजः ८ हैरण्यौहिरण्यस्वामिनौ श्रुतिःकीर्तिःपार्थिवीपृथोराज्ञइवेत्यर्थः ९ निकर्त्तारंवंचकं अह्नायसद्यः सनरकमापदं १० । ११ आशयेस्वस्थाने १२
अभिमनुते हिनस्ति । 'यदिवेमर्याभिमंस्येकनीयोऽन्नंकरिष्ये' इतिबृहदारण्यकादावभिपूर्वस्यमन्यतेर्हिंसार्थत्वदृष्टेः । इमंप्रथमजं सूक्ष्मंबीजभूतमितिश्रुतिपदस्यार्थः । आत्मजं चित्तजमूष्माणंतापम् १३ । १४

प्रतिविंध्यतःप्रतिविंध्यस्यमातादौपदी १५ । १६ । १७ तृणाविष्टःकथंमत्स्यंत्वजेयमितिलज्जयाव्याप्तः आनृशंस्याद्दयालुत्वात १८ मंदकस्यकुत्सितमंदस्य अनुवाको गुरूक्तमनुवचनं तद्धता अध्यात्मशून्यस्य वेदाक्षरमात्राभ्यासिनः १९ घृणीदयालुः जायथाःजातोऽसि २० । २१ आस्सेतूष्णींभूतोऽसि पीठसर्पवद्जगरवत् २२ अज्ञातवासस्यदुष्करत्वमाह तृणानामिति २३ संवर्तुंसंवरीतुंछादितुं २४ अनूपेबहुजलेदेशे २५ । २६ । २७ । २८ । २९ । ३० निकर्त्तव्यंनीचंसूचनादिकर्मकर्त्तव्यं ३१ । ३२ 'योमासः ससंवत्सरः' इतिश्रुतेर्मासःप्रतिनिधिःसंवत्सरस्यास्ति । 'सोमाभावेपूतिकानभिषुणुयात'

सर्वेतेप्रियमिच्छंतिबांधवाःसहसंजयैः ॥ अहमेकश्चसंतप्तोमाताचप्रतिविंध्यतः १५ प्रियमेवतुसर्वेषांयद्ब्रवीम्युतकिंचन ॥ सर्वेहिव्यसनंप्राप्ताःसर्वेयुद्धाभिनंदिनः १६ नातःपापीयसींकांचिदापद्राजन्भविष्यति ॥ यन्नोनीचैरल्पबलैराज्यमाच्छिद्यभुज्यते १७ शीलदोषाद्घृणाविष्टआनृशंस्यात्परंतप ॥ क्लेशांस्तितिक्षसेराजन्नान्यःकश्चित्प्रशंसति १८ श्रोत्रियस्येवतेराजन्मंदकस्याविपश्चितः ॥ अनुवाकहताबुद्धिर्नैषातत्त्वार्थदर्शिनी १९ घृणीब्राह्मणरूपोऽसिकथंक्षत्रेयुजायथाः ॥ अस्यांहियोनौजायंतेप्रायशःक्रूरबुद्धयः २० अश्रौषीस्त्वंराजधर्मान्यथावैमनुरब्रवीत् ॥ क्रूरान्निकृतिसंपन्नान्विहितानशमात्मकान् २१ धार्त्तराष्ट्रान्महाराजक्षमसेकिंदुरात्मनः ॥ कर्त्तव्येपुरुषव्याघ्रकिमास्सेपीठसर्पवत् २२ बुद्ध्यावीर्येणसंयुक्तःश्रुतेनाभिजनेनच ॥ तृणानांमुष्टिनैकेनहिमवंतंचपर्वतम् २३ छन्नमिच्छसिकौंतेययोऽस्मान्संवर्तुमिच्छसि ॥ अज्ञातचर्यागूढेनपृथिव्यांविश्रुतेनच २४ दिवीवपार्थसूर्येणनशक्याचरितुंत्वया ॥ बृहच्छालइवानूपेशाखापुष्पपलाशवान् २५ हस्तीश्वेतइवाज्ञातःकथंजिष्णुश्चरिष्यति ॥ इमौचसिंहसंकाशौभ्रातरौसहितौशिशू २६ नकुलःसहदेवश्चकथंपार्थचरिष्यतः ॥ पुण्यकीर्तीराजपुत्रीद्रौपदीवीरसूरियम् २७ विश्रुताकथमज्ञाताकृष्णापार्थचरिष्यति ॥ मांचापिराजन्जानंतिह्याकुमारमिमाःप्रजाः २८ नाज्ञातचर्यांपश्यामिमेरोरिवनिगूहनम् ॥ तथैवबहवोऽस्माभीराष्ट्रेभ्योविप्रवासिताः २९ राजानोराजपुत्राश्चधृतराष्ट्रमनुव्रताः ॥ नहितेऽप्युपशाम्यंतिनिकृतावानिराकृताः ३० अवश्यंतैर्निकर्त्तव्यमस्माकंतत्प्रियैषिभिः ॥ तेऽप्यस्मासुप्रयुंजीरन्प्रच्छन्नान्सुबहूंश्चरान् ॥ आचक्षीरंश्चनोज्ञात्वाततःस्यात्सुमहद्भयम् ३१ अस्माभिरुषिताःसम्यग्वनेमासास्त्रयोदश ॥ परिमाणेनतान्पश्यतावतःपरिवत्सरान् ३२ अस्तिमासःप्रतिनिधिर्यथाप्राहुर्मनीषिणः ॥ पूतिकानिवसोमस्यतथेदंक्रियतामिति ३३ अथवाऽनडुहेराजन्साधवेसाधुवाहिने ॥ सौहित्यदानादेतस्मादेनसःप्रतिमुच्यते ३४ तस्माच्छत्रुवधेराजन्क्रियतांनिश्चयस्त्वया ॥ क्षत्रियस्यहिसर्वस्यनान्योधर्मोऽस्तिसंयुगात् ३५ ॥ ॥ इतिश्रीमहाभारतेआरण्यकेपर्वणिअर्जुनाभिगमनपर्वणिभीमवाक्येपंचत्रिंशोऽध्यायः ॥ ३५ ॥

इतिश्रुतेः पूतिकाःसोमस्यप्रतिनिधयः ३३ 'अनडुहेपूर्णपात्रमुपाहृत्यानृतान्मुच्यते' इतिधर्मशास्त्रोक्तंप्रायश्चित्तंवाकर्त्तव्यमित्याहाथवेति । सौहित्यमातृप्तिभोजनंतस्यदानात् एतस्मात्मिथ्यावादकृतादेनसःपापात् ३४ । ३५ ॥ ॥ इत्यारण्यकेपर्वणि नैलकंठीये भारतभावदीपे पंचत्रिंशोऽध्यायः ॥ ३५ ॥

भीमसेनेति १ आयत्यामुत्तरकाले तदात्वेवर्त्तमानकाले यस्तान्पश्यति २ जानमानोजानन् अम्त्रिकरणत्वमार्षम् ३ इतिकृत्यतामितिकर्त्तव्यतां अपदांतरमविलंबितम् ४ ममादत्स्वांगीकुरु ५
व्यथंते व्यथयंति ६ सुमंत्रितेशोभनमंत्रे क्रियमाणेसति सुविक्रांतेउत्कर्षेणोपस्थिते सुकृतेपुण्यकर्मणिसुविचारितेनिश्चितेसति चकारोयथार्थे ७ बलंशारीरंसामर्थ्यं दर्पोगर्वस्ताभ्यामुत्थितःप्रवृत्तः ८

वैशंपायनउवाच ॥ ॥ भीमसेनवचःश्रुत्वाकुंतीपुत्रोयुधिष्ठिरः ॥ निःश्वस्यपुरुषव्याघ्रःसंप्रदध्यौपरंतपः १ श्रुतामेराजधर्माश्चवर्णानांचविनिश्चयाः ॥ आयत्यांचत
दात्वेचयःपश्यतिसपश्यति २ धर्मस्यजानमानोऽहंगतिमग्र्यांसुदुर्विदाम् ॥ कथंबलात्करिष्यामिमेरोरिवविमर्दनम् ३ समुहूर्त्तमिवध्यात्वाविनिश्चित्येतिकृत्यताम् ॥
भीमसेनमिदंवाक्यमपदांतरमब्रवीत् ४ ॥ ॥ युधिष्ठिरउवाच ॥ ॥ एवमेतन्महाबाहोयथावदसिभारत ॥ इदमन्यत्समादत्स्ववाक्यंमेवाक्यकोविद ५ म
हापापानिकर्माणियानिकेवलसाहसात् ॥ आरभ्यंतेभीमसेनव्यथंतेतानिभारत ६ सुमंत्रितेसुविक्रांतेसुकृतेसुविचारिते ॥ सिद्ध्यंत्यर्थामहाबाहोदैवंचात्रप्रदक्षिणम्
७ यत्तुकेवलचापल्याद्बलदर्पोत्थितःस्वयम् ॥ आरब्धव्यमिदंकार्यंमन्यसेशृणुतत्रमे ८ भूरिश्रवाःशलश्चैवजलसंधश्चवीर्यवान् ॥ भीष्मोद्रोणश्चकर्णश्चद्रोणपुत्रश्च
वीर्यवान् ९ धार्त्तराष्ट्रादुराधर्षादुर्योधनपुरोगमाः ॥ सर्वएवकृतास्त्राश्चसततंचाततायिनः १० राजानःपार्थिवाश्चैवयेऽस्माभिरुपतापिताः ॥ संश्रिताःकौरवंपक्षं
जातस्नेहाश्चसंप्रति ११ दुर्योधनहितेयुक्तानतथाऽस्मासुभारत ॥ पूर्णकोशाबलोपेताःप्रयतिष्यंतिसंगरे १२ सर्वेकौरवसैन्यस्यसपुत्रामात्यसैनिकाः ॥ संविभ
क्ताहिमात्राभिर्भोगैरपिचसर्वशः १३ दुर्योधनेनतेवीरामानिताश्चविशेषतः ॥ प्राणांस्त्यक्ष्यंतिसंग्रामेइतिमेनिश्चितामतिः १४ समायद्यपिभीष्मस्यवृत्तिरस्मासु
तेषुच ॥ द्रोणस्यचमहाबाहोकृपस्यचमहात्मनः १५ अवश्यंराजपिंडस्तैर्निर्वेश्यइतिमेमतिः ॥ तस्मात्त्यक्ष्यंतिसंग्रामेप्राणानपिसुदुस्त्यजान् १६ सर्वेदिव्या
स्त्रविद्वांसःसर्वेधर्मपरायणाः ॥ अजेयाश्चेतिमेबुद्धिरपिदेवैःसवासवैः १७ अमर्षीनित्यसंरब्धस्तत्रकर्णोमहारथः ॥ सर्वास्त्रविदनाधृष्योह्यभेद्यकवचावृतः १८
अनिर्जित्यरणेसर्वानेतान्पुरुषसत्तमान् ॥ अशक्योह्यसहायेनहंतुंदुर्योधनस्त्वया १९ ननिद्रामधिगच्छामिचिंतयानोवृकोदर ॥ अतिसर्वान्धनुर्ग्राहान्सूतपु
त्रस्यलाघवम् २० ॥ ॥ वैशंपायनउवाच ॥ ॥ एतद्वचनमाज्ञायभीमसेनोऽत्यमर्षणः ॥ बभूवविमनास्त्रस्तोनचैवोवाचकिंचन २१ तयोःसंवदतोरेवं
तदापांडवयोर्द्वयोः ॥ आजगाममहायोगीव्यासःसत्यवतीसुतः २२ सोऽभिगम्ययथान्यायंपांडवैःप्रतिपूजितः ॥ युधिष्ठिरमिदंवाक्यमुवाचवदतांवरः २३
॥ व्यासउवाच ॥ ॥ युधिष्ठिरमहाबाहोवेद्मितेहृदयस्थितम् ॥ मनीषयाततःक्षिप्रमागतोऽस्मिनरर्षभ २४ भीष्माद्द्रोणात्कृपात्कर्णाद्द्रोणपुत्राच्चभारत ॥ दुर्योध
नान्नृपसुतात्तथादुःशासनादपि २५

९ । १० । ११ । १२ सैन्यस्यसैन्यसंबंधिनःसर्वे मात्राभिरंशपरिच्छेदैः १३ । १४ । १५ राजपिंडोराजदत्तोग्रासोनिर्वेश्यआनृण्यार्थंशोधनीयः १६ । १७ । १८ । १९ लाघवंशीघ्रताम्
२० । २१ । २२ । २३ । २४ । २५

२६ । २७ । २८ । २९ । ३० साधयिष्यतिराज्यम् ३१ । ३२ । ३३ । ३४ । ३५ । ३६ उपयोगोव्ययः वीरुधःप्रतानवत्यः औषध्यःफलपाकांताः ३७ । ३८ अनुज्ञायपृष्ट्वा ३९ ब्रह्मंत्रम ४० । ४१
४२ । ४३ । ४४ । ४५ ॥ ॥ इत्यारण्यकेपर्वणिनैलकंठीयेभारतभावदीपे षट्त्रिंशोऽध्यायः ॥ ३६ ॥ ॥ कस्यचितकस्मिंश्चित १ । २ वनवासं द्रौपदीवियोगम् । 'गृहिणीगृहमुच्यते'

॥ ३० ॥ यत्तेभयममित्रघ्नहृदिसंपरिवर्तते ॥ तत्तेऽहंनाशयिष्यामिविधिदृष्टेनकर्मणा २६ तच्छ्रुत्वाधृतिमास्थायकर्मणाप्रतिपादय ॥ प्रतिपाद्यतुराजेंद्रततःक्षिप्रंज्वरंजहि ॥ अ०
२७ ततएकांतमुन्नीयपाराशर्योयुधिष्ठिरम् ॥ अब्रवीदुपपन्नार्थमिदंवाक्यविशारदः २८ श्रेयसस्तेपरःकालःप्राप्तोभरतसत्तम ॥ येनाभिभविताशत्रून्रणेपार्थोधनुर्द्ध ३७
रः २९ गृहाणेमांमयाप्रोक्तांसिद्धिंमूर्तिमतीमिव ॥ विद्यांप्रतिस्मृतिंनामप्रपन्नायब्रवीमिते ३० यामवाप्यमहाबाहुरर्जुनःसाधयिष्यति ॥ अस्त्रहेतोर्महेंद्रंचरु
द्रंचैवाभिगच्छतु ३१ वरुणंचकुबेरंचधर्मराजंचपांडव ॥ शक्तोह्येषसुरान्द्रष्टुंतपसाविक्रमेणच ३२ ऋषिरेषमहातेजानारायणसहायवान् ॥ पुराणःशाश्वतोदेवस्त्वजे
योजिष्णुरच्युतः ३३ अस्त्राणींद्राच्चरुद्राच्चलोकपालेभ्यएवच ॥ समादायमहाबाहुर्महत्कर्मकरिष्यति ३४ वनादस्माच्चकौंतेयवनमन्यद्विचिंत्यताम् ॥ निवासार्थाय
यद्युक्तंभवेद्वःपृथिवीपते ३५ एकत्रचिरवासोहिनप्रीतिजननोभवेत् ॥ तापसानांचसर्वेषांभवेदुद्वेगकारकः ३६ मृगाणामुपयोगश्चवीरुदोषधिसंक्षयः ॥ बिभर्षिचबहू
न्विप्रान्वेदवेदांगपारगान् ३७ ॥ ॥ वैशंपायनउवाच ॥ ॥ एवमुक्त्वाप्रपन्नायशुचयेभगवान्प्रभुः ॥ प्रोवाचलोकतत्त्वज्ञोयोगीविद्यामनुत्तमाम् ३८ धर्मराजाय
धीमान्सव्यासःसत्यवतीसुतः ॥ अनुज्ञायचकौंतेयंतत्रैवांतरधीयत ३९ युधिष्ठिरस्तुधर्मात्मातद्ब्रह्ममनसायतः ॥ धारयामासमेधावीकालेकालेसदाऽभ्यसन् ४०
सव्यासवाक्यमुदितोवनाद्द्वैतवनात्ततः ॥ ययौसरस्वतीकूलेकाम्यकंनामकाननम् ४१ तमन्वयुर्महाराजशिक्षाक्षरविशारदाः ॥ ब्राह्मणास्तपसायुक्तादेवेंद्रमृषयो
यथा ४२ ततःकाम्यकमासाद्यपुनस्तेभरतर्षभ ॥ न्यविशंतमहात्मानःसामात्याःसपरिच्छदाः ४३ तत्रतेन्यवसन्राजन्किंचित्कालंमनस्विनः ॥ धनुर्वेदपरावी
राःशृण्वंतोवेदमुत्तमम् ४४ चरंतोमृगयांनित्यंशुद्धैर्बाणैर्मृगार्थिनः ॥ पितृदैवतविप्रेभ्योनिर्वपंतोयथाविधि ४५ ॥ ॥ इतिश्रीमहाभारतेआरण्यकेपर्वणिअर्जुना
भिगमनपर्वणिकाम्यकवनगमनेषट्त्रिंशोऽध्यायः ॥ ३६ ॥ ॥ वैशंपायनउवाच ॥ ॥ कस्यचित्त्वथकालस्यधर्मराजोयुधिष्ठिरः ॥ संस्मृत्यमुनिसंदेशमिदंवच
नमब्रवीत् १ विविक्तेविदितप्रज्ञमर्जुनंपुरुषर्षभं ॥ सांत्वपूर्वंस्मितंकृत्वापाणिनापरिसंस्पृशन् २ समुहूर्तमिवध्यात्वावनवासमरिंदमः ॥ धनंजयंधर्मराजोरहसीदमु
वाचह ३ ॥ ॥ युधिष्ठिरउवाच ॥ ॥ भीष्मेद्रोणेकृपेकर्णेद्रोणपुत्रेचभारत ॥ धनुर्वेदश्चतुष्पादएतेष्वद्यप्रतिष्ठितः ४ दैवंब्राह्मंमानुषंचसयत्नंसचिकित्सितम् ॥
सर्वास्त्राणांप्रयोगंचअभिजानंतिकृत्स्नशः ५

इतिस्मृतेः ३ चतुष्पादः आदानसंधानविमोक्षसंहाराश्चत्वारःपादा यस्य ४ दैवमैंद्रवरुणाद्यस्त्रं ब्राह्मं ब्रह्मास्त्रं मानुषं धनुर्बाणादि यत्नो ग्रहणधारणप्रयोगरूपः चिकित्सापरप्रयुक्तानामेषांप्रतीकारः ॥ ३६ ॥
एवंतेसर्वास्त्राणांप्रयोगमभितःसाकल्येनजानन्ति ५

गुरुवत्गुरुपित्रव ६ शांतिंदोषपरिहारंकर्तुं व्यवहर्तंनियतंते ७ शक्तिंसामर्थ्यंनहापयिष्यंतित्याजयिष्यंत्यपितुउद्दीपयिष्यंति ८ । ९ उपनिषत्रहस्यविद्यां १० । ११ प्रतिपालयप्राप्नुहि १२ मार्गंनदद्तअद
दत १३ बलंसर्वास्त्ररूपं १४ ततःशक्रात् १५ दीक्षितःस्वीकृतव्रतः अध्यापयत विद्ययायोजितवान् १६ अनुजज्ञे गमनायानुज्ञातवान् १७ । १८ । १९ । २० । २१ इतिवक्ष्यमाणमब्रुवन् २२ । २३

तेसर्वेधृतराष्ट्रस्यपुत्रेणपरिसांत्विताः ॥ संविभक्ताश्चतुष्टाश्चगुरुवत्तेषुवर्तते ६ सर्वयोधेषुचैवास्यसदाप्रीतिरनुत्तमा ॥ आचार्यामानितास्तुष्टाःशांतिंव्यवहरं
त्युत ७ शक्तिंनहापयिष्यंतितेकालेप्रतिपूजिताः ॥ अद्यचेयंमहीकृत्स्नादुर्योधनवशानुगा ८ सग्रामनगरापार्थससागरवनाकरा ॥ भवानेवप्रियोऽस्माकंत्वयि
भारःसमाहितः ९ अत्रकृत्यंप्रपश्यामिप्राप्तकालमरिंदम ॥ कृष्णद्वैपायनात्तातगृहीतोपनिषन्मया १० तयाप्रयुक्तयासम्यक्जगत्सर्वंप्रकाशते ॥ तेनत्वंब्र
ह्मणाताततसंयुक्तःसुसमाहितः ११ देवतानांयथाकालंप्रसादंप्रतिपालय ॥ तपसायोजयात्मानमुग्रेणभरतर्षभ १२ धनुष्मान्कवचीखड्गीमुनिःसाधुव्रतेस्थितः ॥
नकस्यचिद्ददन्मार्गंगच्छतातोत्तरांदिशम् १३ इंद्रेह्यस्त्राणिदिव्यानिसमस्तानिधनंजय ॥ वृत्राद्भीतैर्बलंदेवैस्तदाशक्रेसमर्पितम् १४ तान्येकस्थानिसर्वाणि
ततस्त्वंप्रतिपत्स्यसे ॥ शक्रमेवप्रपद्यस्वसतेऽस्त्राणिप्रदास्यति १५ दीक्षितोऽद्यैवगच्छत्वंद्रष्टुंदेवंपुरंदरम् ॥ वैशंपायनउवाच ॥ एवमुक्त्वाधर्मराजस्तमध्या
पयतप्रभुः १६ दीक्षितंविधिनाऽनेनधृतवाक्कायमानसम् ॥ अनुजज्ञेततदावीरंभ्राताभ्रातरमग्रजः १७ निदेशाद्धर्मराजस्यद्रष्टुकामःपुरंदरम् ॥ धनुर्गांडीवमा
दायतथाऽक्षय्येमहेषुधी १८ कवचीसतलत्राणोबद्धगोधांगुलित्रवान् ॥ हुत्वाग्निंब्राह्मणान्निष्कैःस्वस्तिवाच्यमहाभुजः १९ प्रातिष्ठतमहाबाहुःप्रगृहीतशरास
नः ॥ वधायधार्तराष्ट्राणांनिःश्वस्योर्ध्वमुदीक्ष्यच २० तंदृष्ट्वातत्रकौंतेयंप्रगृहीतशरासनम् ॥ अब्रुवन्ब्राह्मणाःसिद्धाभूतान्यंतर्हितानिच २१ क्षिप्रमाप्नुहि
कौंतेयमनसायद्यदिच्छसि ॥ अब्रुवन्ब्राह्मणाःपार्थमितिकृत्वाजयाशिषः २२ संसाधयस्वकौंतेयध्रुवोऽस्तुविजयस्तव ॥ तंतथाप्रस्थितंवीरंशालस्कंधोरुमर्जुनम्
२३ मनांस्यादायसर्वेषांकृष्णावचनमब्रवीत् ॥ कृष्णोवाच ॥ यत्तेकुंतीमहाबाहोजातस्यैच्छद्धनंजय २४ तत्तेऽस्तुसर्वंकौंतेययथाचस्वयमिच्छसि ॥ माऽ
स्माकंक्षत्रियकुलेजन्मकश्चिदवाप्नुयात् २५ ब्राह्मणेभ्योनमोनित्यंयेषांभैक्ष्येणजीविका ॥ इदंमेपरमंदुःखंयःसपापःसुयोधनः २६ दृष्ट्वामांगौरितिप्राहप्रहसन्
राजसंसदि ॥ तस्माद्दुःखादिदंदुःखंगरीयइतिमेमतिः २७ यत्तत्परिषदोमध्येबह्वयुक्तमभाषत ॥ नूनंतेभ्रातरःसर्वेत्वत्कथाभिःप्रजागरे २८ रंस्यंतेवीरकर्माणिकथयं
तःपुनःपुनः ॥ नैवनःपार्थभोगेषुनधनेनोतजीविते २९ तुष्टिर्बुद्धिर्भवित्रीवात्वयिदीर्घप्रवासिनि ॥ त्वयिनःपार्थसर्वेषांसुखदुःखेसमाहिते ३० जीवितंमरणंचैवराज्य
मैश्वर्यमेवच ॥ आपृष्टोमेऽसिकौंतेयस्वस्तिप्राप्नुहिभारत ३१

यतमंगलं तेतव २४ । २५ । २६ गौरितिबहुपुरुषभोग्येत्युपहासः २७ अभाषतशत्रुर्यत्तस्मात्दुःखादिदंत्वद्वियोगजमितिपूर्वेणसंबंधः २८ । २९ । ३० । ३१

३२ तवत्वाम ३३ ज्येष्ठापचायीज्येष्ठपूजनशीलः । ज्येष्ठोपचायीतिपाठेज्येष्ठवृद्धिकरणशीलः ३४ । ३५ । ३६ । ३७ शुष्मिणोबलिनः । शुष्ममितिबलनामेतियास्कः ३८ । ३९ । ४० । ४१ । ४२ । ४३ । ४४ । ४५ । विनीतौजितौक्रोधहर्षौयैः ४६ । ४७ । ४८ । ४९ । ५० । ५१ । ५२ कामान्काम्यंतइतिव्युत्पत्त्या इष्टान् लोकान्भोगान् ५३ नलोभान्नपुनःकामादितिनशब्दोवाशब्दार्थौ लोभाद्वाका

बलवद्भिर्विरुद्धंनकार्यमेतत्त्वयाऽनघ ॥ प्रयाह्यविघ्नेनैवाशुविजयायमहाबल ॥ नमोधात्रेविधात्रेचस्वस्तिगच्छह्यनामयम् ३२ ह्रीःश्रीःकीर्तिर्द्युतिःपुष्टिरुमालक्ष्मीः सरस्वती ॥ इमावैतवपांथस्यपालयंतुधनंजय ३३ ज्येष्ठापचायीज्येष्ठस्यभ्रातुर्वचनकारकः ॥ प्रपद्येऽहंवसून्रुद्रानादित्यान्समरुद्गणान् ३४ विश्वेदेवांस्तथासाध्यान् शांत्यर्थंभरतर्षभ ॥ स्वस्तितेऽस्त्वांतरिक्षेभ्यःपार्थिवेभ्यश्चभारत ३५ दिव्येभ्यश्चैवभूतेभ्योयेचान्येपरिपंथिनः ॥ वैशंपायनउवाच ॥ एवमुक्त्वाऽऽशिषःकृष्णाविरराम यशस्विनी ३६ ततःप्रदक्षिणंकृत्वाभ्रातॄन्धौम्यंचपांडवः ॥ प्रातिष्ठतमहाबाहुःप्रगृह्यरुचिरंधनुः ३७ तस्यमार्गादपाक्रामन्सर्वभूतानिगच्छतः ॥ युक्तस्यैंद्रेणयोगेनपराक्रांतस्यशुष्मिणः ३८ सोऽगच्छत्पर्वतांस्तातततपोधननिषेवितान् ॥ दिव्यंहैमवतंपुण्यंदेवजुष्टंपरंतपः ३९ अगच्छत्पर्वतंपुण्यमेकाह्नैवमहामनाः ॥ मनोजवगतिर्भूत्वायोगयुक्तोयथाऽनिलः ४० हिमवंतमतिक्रम्यगंधमादनमेवच ॥ अत्यक्रामत्सदुर्गाणिदिवारात्रमतंद्रितः ४१ इंद्रकीलंसमासाद्यततोऽतिष्ठद्धनंजयः ॥ अंतरिक्षेऽतिशुश्रावतिष्ठेतिसवचस्तदा ४२ तच्छ्रुत्वासर्वतोदृष्टिंचारयामासपांडवः ॥ अथापश्यत्सव्यसाचीवृक्षमूलेतपस्विनम् ४३ ब्राह्म्याश्रियादीप्यमानंपिंगलंजटिलंकृशम् ॥ सोऽब्रवीदर्जुनंतत्रस्थितंदृष्ट्वामहातपाः ४४ कस्त्वंतातेहसंप्राप्तोधनुष्मान्कवचीशरी ॥ निबद्धासितलत्राणःक्षत्रधर्ममनुव्रतः ४५ नेहशस्त्रेणकर्तव्यंशांतानामेषआलयः ॥ विनीतक्रोधहर्षाणांब्राह्मणानांतपस्विनाम् ४६ नेहास्तिधनुषाकार्यंनसंग्रामोऽत्रकर्हिचित् ॥ निक्षिपैतद्धनुस्तातप्राप्तोऽसिपरमांगतिम् ४७ ओजसातेजसावीरयथानान्यःपुमान्क्वचित् ॥ तथाहसन्निवाभीक्ष्णंब्राह्मणोऽर्जुनमब्रवीत् ॥ नचैनंचालयामासधैर्यात्सुधृतनिश्चयम् ४८ तमुवाचततःप्रीतःसद्विजःप्रहसन्निव ॥ वरंवृणीष्वभद्रंतेशक्रोऽहमरिसूदन ४९ एवमुक्तःसहस्राक्षंप्रत्युवाचधनंजयः ॥ प्रांजलिःप्रणतोभूत्वाशूरःकुरुकुलोद्वहः ५० ईप्सितोह्येषवैकामोवरंचैनंप्रयच्छमे ॥ त्वत्तोऽद्यभगवन्नस्त्रंकृत्स्नमिच्छामिवेदितुम् ५१ प्रत्युवाचमहेंद्रस्तंप्रीतात्माप्रहसन्निव ॥ इहप्राप्तस्यकिंकार्यमस्त्रैस्तवधनंजय ५२ कामान्वृणीष्वलोकांस्त्वंप्राप्तोऽसिपरमांगतिम् ॥ एवमुक्तःप्रत्युवाचसहस्राक्षंधनंजयः ५३ नलोभान्नपुनःकामान्नदेवत्वंपुनःसुखम् ॥ नचसर्वामरैश्वर्यंकामयेत्रिदशाधिप ५४ भ्रातॄंस्तान्विपिनेत्यक्त्वावैरमप्रतियात्यच ॥ अकीर्तिंसर्वलोकेषुगच्छेयंशाश्वतीःसमाः ५५ एवमुक्तःप्रत्युवाचवृत्रहापांडुनंदनम् ॥ सांत्वयन्श्लक्ष्णयावाचासर्वलोकनमस्कृतः ५६ यदाद्रक्ष्यसिभूतेशंत्र्यक्षंशूलधरंशिवम् ॥ तदादातास्मितेतातदिव्यान्यस्त्राणिसर्वशः ५७

मात्यर्थः ५४ अप्रतियात्यानिस्तीर्य एतेन ज्येष्ठभ्रात्राज्ञिवनमैंद्रपदप्राप्तावपिनोपेक्षणीयमित्युक्तम ५५ । ५६ । ५७

५८ । ५९ इत्यारण्यकेपर्वणिनैलकंठीयेभारतभावदीपेसप्तत्रिंशोऽध्यायः ॥ ३७ ॥ भगवन्निति १ । २ । ३ । ४ । ५ दैन्यहर्षातिविस्मयात दैन्यंनाशभयात हर्षोमहादेवप्रतिभटत्वात विस्मयस्तत्प्रसादेना

क्रियतांदर्शनेयत्नोदेवस्यपरमेष्ठिनः ॥ दर्शनात्तस्यकौंतेयसंसिद्धःस्वर्गमेष्यसि ५८ इत्युक्त्वाफाल्गुनंशक्रोजगामादर्शनंपुनः ॥ अर्जुनोऽप्यथतत्रैवतस्थौयो गसमन्वितः ॥ ५९ ॥ इतिश्रीमहाभारतेआरण्यकेपर्वणिअर्जुनाभिगमनपर्वणिइंद्रदर्शनेसप्तत्रिंशोऽध्यायः ॥ ३७ ॥ समाप्तंचार्जुनाभिगमनपर्व ॥ अथकैरा तपर्व ॥ जनमेजयउवाच ॥ भगवन्श्रोतुमिच्छामिपार्थस्याक्लिष्टकर्मणः ॥ विस्तरेणकथामेतांयथास्त्राण्युपलब्धवान् १ यथाचपुरुषव्याघ्रोदीर्घबाहुर्धनंज यः ॥ वनंप्रविष्टस्तेजस्वीनिर्मनुष्यमभीतवत् २ किंचतेनकृतंतत्रवसताब्रह्मवित्तम ॥ कथंचभगवान्स्थाणुर्देवराजश्चतोषितः ३ एतदिच्छाम्यहंश्रोतुंत्वत्प्र सादाद्द्विजोत्तम ॥ त्वंहिसर्वज्ञदिव्यंचमानुषंचैववेत्थह ४ अत्यद्भुततमंब्रह्मन्रोमहर्षणमर्जुनः ॥ भवेनसहसंग्रामंचकाराप्रतिमंकिल ५ पुराप्रहरतांश्रेष्ठःसंग्रामे ष्वपराजितः ॥ यच्छ्रुत्वानरसिंहानांदैन्यहर्षातिविस्मयात ६ शूराणामपिपार्थानांहृदयानिचकंपिरे ॥ यद्यच्चकृतवानन्यत्पार्थस्तदखिलंवद ७ नह्यस्यनिं दितंजिष्णोःसुसूक्ष्ममपिलक्षये ॥ चरितंतस्यशूरस्यतन्मेसर्वंप्रकीर्तय ८ ॥ वैशंपायनउवाच ॥ कथयिष्यामितेतातकथामेतांमहात्मनः ॥ दिव्यांपौरवशा र्दूलमहतीमद्भुतोपमाम् ९ गात्रसंस्पर्शसंबद्धांत्र्यंबकेणसहानघ ॥ पार्थस्यदेवदेवेनशृणुसम्यक्समागमम् १० युधिष्ठिरनियोगात्सजगामामितविक्रमः ॥ शक्रं सुरेश्वरंद्रष्टुंदेवदेवंचशंकरम् ११ दिव्यंतद्धनुरादायखड्गंचकनकत्सरुम् ॥ महाबलोमहाबाहुरर्जुनःकार्यसिद्धये १२ दिशंह्युदीचींकौरव्योहिमवच्छिखरंप्रति ॥ ऐंद्रिःस्थिरमनाराजन्सर्वलोकमहारथः १३ त्वरयापरयायुक्तस्तपसेधृतनिश्चयः ॥ वनंकंटकितंघोरमेकएवान्वपद्यत १४ नानापुष्पफलोपेतंनानापक्षिनि षेवितम् ॥ नानामृगगणाकीर्णंसिद्धचारणसेवितम् १५ ततःप्रयातेकौंतेयेवनंमानुषवर्जितम् ॥ शंखानांपटहानांचशब्दःसमभवद्दिवि १६ पुष्पवर्षंचानुमह न्निपपातमहीतले ॥ मेघजालंचविततंछादयामाससर्वतः १७ सोऽतीत्यवनदुर्गाणिसन्निकर्षेमहागिरेः ॥ शुशुभेहिमवत्पृष्ठेवसमानोऽर्जुनस्तदा १८ तत्रापश्य द्द्रुमान्फुल्लान्विहगैर्वल्गुनादितान् ॥ नदीश्चविपुलावर्तावैदूर्यविमलप्रभाः १९ हंसकारंडवोद्गीताःसारसाभिरुतास्तथा ॥ पुंस्कोकिलरुताश्चैवक्रौंचबर्हिणना दिताः २० मनोहरवनोपेतास्तस्मिन्नतिरथोऽर्जुनः ॥ पुण्यशीतामलजलाःपश्यन्प्रीतमनाऽभवत् २१ रमणीयेवनोद्देशेरममाणोऽर्जुनस्तदा ॥ तपस्युग्रेवर्त मानउग्रतेजामहामनाः २२ दर्भचीरंनिवस्याथदंडाजिनविभूषितः ॥ शीर्णंचपतितंभूमौपर्णंसमुपयुक्तवान् २३

लौकिकसामर्थ्यलाभात ६ । ७ । ८ । ९ । १० । ११ कनकत्सरुंस्वर्णमुष्टिं १२ ऐंद्रिरर्जुनः १३ कंटकितंकंटकाक्रांतं १४ । १५ । १६ । १७ । १८ वल्गुमधुरं १९ । २० । २१ २२ दर्भचीरंतृणमयंवासः निवस्यपरिधाय समुपयुक्तवान्भुक्तवान २३

द्विगुणेनषट्रात्रेणाख्ययादतिवाहितवान् २४ । २५ निरालंबोनिराश्रयः २६ । २७ । २८ । २९ धूमायमयन्धूमवतीरिवकुर्वन् ३० । ३१ । ३२ संकल्पंमनोरथं ३३ । ३४ । ३५ इत्यारण्यके पर्वणिनैलकं

॥ ३७ ॥ पूर्णेपूर्णेत्रिरात्रेतुमासमेकंफलाशनः ॥ द्विगुणेनहिकालेनद्वितीयंमासमत्ययात् २४ तृतीयमपिमासंसपक्षेणाहारमाचरन् ॥ चतुर्थेत्वथसंप्राप्तेमासेभरतसत्त अ०

मः २५ वायुभक्षोमहाबाहुरभवत्पांडुनंदनः ॥ उर्ध्वबाहुर्निरालंबःपदांगुष्ठाग्रधिष्ठितः २६ सदोपस्पर्शनाच्चास्यबभूवुरमितौजसः ॥ विद्युदंभोरुहनिभाजटा ३८

स्तस्यमहात्मनः २७ ततोमहर्षयःसर्वेजग्मुर्देवंपिनाकिनम् ॥ निवेदयिषवःपार्थंतपस्युग्रेसमास्थितम् २८ तंप्रणम्यमहादेवंशशंसुःपार्थकर्मतत् ॥ एषपार्थो

महातेजाहिमवत्पृष्ठमास्थितः २९ उग्रेतपसिदुष्पारेस्थितोधूमाययन्दिशः ॥ तस्यदेवेशनवयंविद्मःसर्वेचिकीर्षितम् ३० संतापयतिनःसर्वानसौसाधुनिवार्य

ताम् ॥ तेषांतद्वचनंश्रुत्वामुनीनांभावितात्मनाम् ३१ उमापतिर्भूतपतिर्वाक्यमेतदुवाचह ॥ महादेवउवाच ॥ नवोविषादःकर्तव्यःफाल्गुनंप्रतिसर्वशः ३२

शीघ्रंगच्छतसंहृष्टायथागतमतंद्रिताः ॥ अहमस्यविजानामिसंकल्पंमनसिस्थितम् ३३ नास्यस्वर्गस्पृहाकाचिन्नैश्वर्यस्यतथाऽऽयुषः ॥ यत्तस्यकांक्षितंसर्वं

तत्करिष्येऽहमद्यवै ३४ ॥ वैशंपायनउवाच ॥ तच्छ्रुत्वाशर्ववचनमृषयःसत्यवादिनः ॥ प्रहृष्टमनसोजग्मुर्यथास्वान्पुनरालयान् ३५ ॥ इतिश्रीमहाभारतेआर

ण्यकेपर्वणिकैरातप० मुनिशंकरसंवादेअष्टत्रिंशोऽध्यायः ॥ ३८ ॥ वैशंपायनउवाच ॥ गतेषुतेषुसर्वेषुतपस्विषुमहात्मसु ॥ पिनाकपाणिर्भगवान्सर्वपापहरोहरः

१ कैरातंवेषमास्थायकांचनद्रुमसन्निभम् ॥ विभ्राजमानोविपुलोगिरिर्मेरुरिवापरः २ श्रीमद्धनुरुपादायशरांश्चाशीविषोपमान् ॥ निष्पपातमहावेगोदहनोदे

हवानिव ३ देव्यासहोमयाश्रीमान्समानव्रतवेषया ॥ नानावेषधरैर्हृष्टैर्भूतैरनुगतस्तदा ४ किरातवेषसंछन्नःस्त्रीभिश्चापिसहस्रशः ॥ अशोभततदाराजन्

सदेशोऽतीवभारत ५ क्षणेनतद्वनंसर्वंनिःशब्दमभवत्तदा ॥ नादःप्रस्रवणानांचपक्षिणांचाप्युपारमत् ६ ससन्निकर्षमागम्यपार्थस्याक्लिष्टकर्मणः ॥ मूकंनाम

दनोःपुत्रंददर्शाद्भुतदर्शनम् ७ वाराहंरूपमास्थायतर्कयंतमिवार्जुनम् ॥ हंतुंपरंदीप्यमानंतमुवाचाथफाल्गुनः ८ गांडीवंधनुरादायशरांश्चाशीविषोपमान्

सज्यंधनुर्वरंकृत्वाज्याघोषेणनिनादयन् ९ यन्मांप्रार्थयसेहंतुमनागसमिहागतम् ॥ तस्मात्त्वांपूर्वमेवाहंनेताऽद्ययमसादनम् १० दृष्ट्वातंप्रहरिष्यंतंफाल्गुनं

दृढधन्विनम् ॥ किरातरूपीसहसावारयामासशंकरः ११ मयैषप्रार्थितःपूर्वमिंद्रकीलसमप्रभः ॥ अनादृत्यचतद्वाक्यंप्रजहाराथफाल्गुनः १२ किरातश्चसमं

तस्मिन्नेकलक्ष्येमहाद्युतिः ॥ प्रमुमोचाशनिप्रख्यंशरमग्निशिखोपमम् १३ तौमुक्तौसायकौताभ्यांसमंतत्रनिपेततुः ॥ मूकस्यगात्रेविस्तीर्णेशैलसंहननेतदा १४ ॥ ३७ ॥

कंठीयेभारतभावदीपेअष्टत्रिंशोऽध्यायः ॥ ३८ ॥ गतेष्विति १ । २ । ३ भूतैःप्रमथाख्यैःस्वपार्षदैः ४ । ५ । ६ । ७ अर्जुनंहंतुंतर्कयंतमिच्छंतं क्रोधेनदीप्यमानमिव ८ । ९ नेतानेष्यामि १० । ११ इंद्रकीलो

माहेंद्रमणिमयःपर्वतः १२ सममेककालं १३ शैलसंहननेशैलवद्दृढे १४

अशनिर्मेघजंवज्रं वज्रमिंद्रप्रहरणं संनिपातोयोगः १५ सदानवः राक्षसमिव १६ । १७ । १८ । १९ अभिपन्नः परिगृहीतः कामाद्यदृच्छातः परिभवान्ममाभिभवाय २० । २१ । २२ मत्कृतेमन्निमित्तं

यथाऽशनेर्विनिर्घोषोवज्रस्येवचपर्वते ॥ तथातयोःसन्निपातःशरयोरभवत्तदा १५ सविद्धोबहुभिर्बाणैर्दीप्तास्यैःपन्नगैरिव ॥ ममारराक्षसंरूपंभूयःकृत्वाविभीषणम् १६ सददर्शततोजिष्णुःपुरुषंकांचनप्रभम् ॥ किरातवेषसंछन्नंस्त्रीसहायममित्रहा १७ तमब्रवीत्प्रीतमनाःकौंतेयःप्रहसन्निव ॥ कोभवानटतेशून्येवनेस्त्रीगणसंवृतः १८ नत्वमस्मिन्वनेघोरेबिभेषिकनकप्रभ ॥ किमर्थंचत्वयाविद्धोवराहोमत्परिग्रहः १९ मयाऽभिपन्नःपूर्वंहिराक्षसोऽयमिहागतः ॥ कामात्परिभवाद्वापिनमेजीवन्विमोक्ष्यसे २० नह्येषमृगयाधर्मोयस्त्वयाऽद्यकृतोमयि ॥ तेनत्वांभ्रंशयिष्यामिजीवितात्पर्वताश्रयम् २१ इत्युक्तःपांडवेयेनकिरातःप्रहसन्निव ॥ उवाचश्लक्ष्णयावाचापांडवंसव्यसाचिनम् २२ नमत्कृतेत्वयावीरभीःकार्यावनमंतिकात् ॥ इयंभूमिःसदाऽस्माकमुचितावसतांवने २३ त्वयातुदुष्करःकस्मादिहवासःप्ररोचितः ॥ वयंतुबहुसत्त्वेऽस्मिन्निवसामस्तपोधन २४ भवांस्तुकृष्णवर्त्माभःसुकुमारःसुखोचितः ॥ कथंशून्यमिमंदेशमेकाकीविचरिष्यति २५ ॥ अर्जुनउवाच ॥ गांडीवमाश्रयंकृत्वानाराचांश्चाग्निसन्निभान् ॥ निवसामिमहारण्येद्वितीयइवपावकिः २६ एषचापिमयाजंतुर्मृगरूपंसमाश्रितः ॥ राक्षसोनिहतोघोरोहंतुंमामिहचागतः २७ ॥ किरातउवाच ॥ मयैषधन्वनिर्मुक्तैस्ताडितःपूर्वमेवहि ॥ बाणैरभिहतःशेतेनीतश्चयमसादनम् २८ ममैषलक्ष्यभूतोहिममपूर्वपरिग्रहः ॥ ममैवचप्रहारेणजीविताद्व्यपरोपितः २९ दोषान्स्वान्नार्हसेऽन्यस्मैवक्तुंस्वबलदर्पितः ॥ अवलिप्तोऽसिमंदात्मन्नमेजीवन्विमोक्ष्यसे ३० स्थिरोभवस्वमोक्ष्यामिसायकानशनीनिव ॥ घटस्वपरयाशक्त्यामुंचत्वमपिसायकान् ३१ तस्यतद्वचनंश्रुत्वाकिरातस्यार्जुनस्तदा ॥ रोषमाहारयामासताडयामासचेषुभिः ३२ ततोहृष्टेनमनसाप्रतिजग्राहसायकान् ॥ भूयोभूयइतिप्राहमंदमंदेत्युताचह ३३ प्रहरस्वशरानेतान्नाराचान्मर्मभेदिनः ॥ इत्युक्तोबाणवर्षंसमुमोचसहसाऽर्जुनः ३४ ततस्तौतत्रसंरब्धौराजमानौमुहुर्मुहुः ॥ शरैराशीविषाकारैस्ततक्षातेपरस्परम् ३५ ततोऽर्जुनःशरवर्षंकिरातेसमवासृजत ॥ तत्प्रसन्नेनमनसाप्रतिजग्राहशंकरः ३६ मुहूर्तंशरवर्षंतत्प्रतिगृह्यपिनाकधृक् ॥ अक्षतेनशरीरेणतस्थौगिरिरिवाचलः ३७ सदृष्ट्वाबाणवर्षंतुमोघीभूतंधनंजयः ॥ परमंविस्मयंचक्रेसाधुसाध्विितिचाब्रवीत् ३८ अहोऽयंसुकुमारांगोहिमवच्छिखराश्रयः ॥ गांडीवमुक्तान्नाराचान्प्रतिगृह्णात्यविह्वलः ३९ कोऽयंदेवोभवेत्साक्षाद्रुद्रोयक्षःसुरोऽसुरः ॥ विद्यतेहिगिरिश्रेष्ठेत्रिदशानांसमागमः ४० नहिमद्बाणजालानामुत्सृष्टानांसहस्रशः ॥ शक्तोऽन्यःसहितुंवेगमृतेदेवंपिनाकिनम् ४१ देवोवायदिवायक्षोरुद्रादन्योव्यवस्थितः ॥ अहमेनंशरैस्तीक्ष्णैर्नयामियमसादनम् ४२

वनमंतिकाद्वनस्यसमीपे २३ प्ररोचितःस्वीकृतः २४ । २५ पावकिःस्वामीकार्तिकेयः २६ । २७ । २८ । २९ दोषान्मृगयाधर्मातिक्रमरूपान् ३० स्थिरःसन्भवस्वप्राप्नुहि ३१ । ३२ । ३३ । नाराचान् शरजातिभेदान् ३४ । ३५ । ३६ । ३७ । ३८ अहोयमितिसंधिरार्षः ३९ । ४० महितुंसोढुं ऋतेविना ४१ । ४२

४३ । ४४ । ४५ । ४६ । ४७ । ४८ । ४९ संप्रयुद्धः सम्यक्प्रयुद्धं यद्धतं प्रहारो यस्य मः ५० । ५१ असक्तम कुंठितं ५२ पफाल विशीर्णः ५३ । ५४ धूमं क्रोधावेशेन ५५ । ५६ । ५७ । ५८ । ५९ । ६०

ततोहृष्टमनाजिष्णुर्नाराचान्मर्मभेदिनः ॥ व्यसृजच्छतधाराजन्मयूखानिवभास्करः ४३ तान्प्रसन्नेनमनसाभगवान्लोकभावनः ॥ शूलपाणिःप्रत्यगृह्णात्
शिलावर्षमिवाचलः ४४ क्षणेनक्षीणबाणोऽथसंवृत्तःफाल्गुनस्तदा ॥ भीश्चैनमाविशत्तीव्रातंदृष्ट्वाशरसंक्षयम् ४५ चिंतयामासजिष्णुस्तुभगवंतंहुताशनम् ॥
पुरस्ताद्क्षयौदत्तौतूणौयेनास्यखांडवे ४६ किंनुमोक्ष्यामिधनुषायन्मेबाणाःक्षयंगताः ॥ अयंचपुरुषःकोऽपिबाणान्ग्रसतिसर्वशः ४७ हत्वाचैनंधनुष्कोट्या
शूलाग्रेणवकुंजरम् ॥ नयामिदंडधारस्ययमस्यसदनंप्रति ४८ प्रगृह्याथधनुष्कोट्याज्यापाशेनावकृष्यच ॥ मुष्टिभिश्चापिहतवान्वज्रकल्पैर्महाद्युतिः ४९ सं
प्रयुद्धोधनुष्कोट्याकौंतेयःपरवीरहा ॥ तदप्यस्यधनुर्दिव्यंजग्राहगिरिगोचरः ५० ततोऽर्जुनोग्रस्तधनुःखड्गपाणिरतिष्ठत ॥ युद्धस्यांतमभीप्सन्वैवेगेनाभि
जगामतम् ५१ तस्यमूर्ध्निशितंखड्गमसक्तंपर्वतेष्वपि ॥ मुमोचभुजवीर्येणविक्रम्यकुरुनंदनः ५२ तस्यमूर्धानमासाद्यपफालासिवरोहिसः ॥ ततोवृक्षैःशिला
भिश्चयोधयामासफाल्गुनः ५३ तदावृक्षान्महाकायःप्रत्यगृह्णादथोशिलाः ॥ किरातरूपीभगवांस्ततःपार्थोमहाबलः ५४ मुष्टिभिर्वज्रसंकाशैर्धूममुत्पादयन्मुखे ॥
प्रजहारदुराधर्षेकिरातसमरूपिणि ५५ ततःशक्राशनिसमैर्मुष्टिभिर्भृशदारुणैः ॥ किरातरूपीभगवानर्दयामासफाल्गुनम् ५६ ततश्चटचटाशब्दःसुघोरःसमपद्यत ॥
पांडवस्यचमुष्टीनांकिरातस्यचयुध्यतः ५७ सुमुहूर्तंतुतद्युद्धमभवल्लोमहर्षणम् ॥ भुजप्रहारसंयुक्तंवृत्रवासवयोरिव ५८ जघानाथततोजिष्णुःकिरातमुरसाबली ॥
पाण्डवंचविचेष्टंतंकिरातोऽप्यहनद्बली ५९ तयोर्भुजविनिष्पेषात्संघर्षेणोरसोस्तथा ॥ समजायतगात्रेषुपावकोऽङ्गारधूमवान् ६० ततएनंमहादेवःपीड्यगात्रैःसुपी
डितम् ॥ तेजसाव्यक्रमद्रोषाच्चेतस्तस्यविमोहयन् ६१ ततोऽभिपीडितैर्गात्रैःपिंडीकृतइवाबभौ ॥ फाल्गुनोगात्रसंरुद्धोदेवदेवेनभारत ६२ निरुच्छ्वासोऽभवच्चैवस
न्निरुद्धोमहात्मना ॥ पपातभूम्यांनिश्चेष्टोगतसत्वइवाभवत् ६३ समुहूर्तंतथाभूत्वासचेताःपुनरुत्थितः ॥ रुधिरेणाप्लुतांगस्तुपांडवोभृशदुःखितः ६४ शरण्यंशरणं
गत्वाभगवंतंपिनाकिनम् ॥ मृन्मयंस्थंडिलंकृत्वामाल्येनापूजयद्भवम् ६५ तच्चमाल्यंतदापार्थःकिरातशिरसिस्थितम् ॥ अपश्यत्पांडवश्रेष्ठोहर्षेणप्रकृतिंगतः ६६
पपातपादयोस्तस्यततःप्रीतोऽभवद्भवः ॥ उवाचचैनंवचसामेघगंभीरगीर्हरः ॥ जातविस्मयमालोक्यततःक्षीणांगसंहतिम् ६७ ॥ भवउवाच ॥ भोभोफाल्गुनतुष्टो
ऽस्मिकर्मणाऽप्रतिमेनते ॥ शौर्येणानेनधृत्याचक्षत्रियोनास्तितेसमः ६८ समंतेजश्चवीर्यंचममाद्यतवचानघ ॥ प्रीतस्तेऽहंमहाबाहोपश्यमांभरतर्षभ ६९ ददामितेवि
शालाक्षचक्षुःपूर्वऋषिर्भवान् ॥ विजेष्यसिरणेशत्रूनपिसर्वान्दिवौकसः ७०

पीड्य निपीड्य ६१ गात्रेषु संरुद्ध श्वलनहीनः ६२ । ६३ । ६४ । ६५ प्रकृतिं स्वास्थ्यं ६६ । ६७ । ६८ । ६९ चक्षुर्दिव्यज्ञानं ७०

७१ । ७२ । ७३ कपर्दिन्नित्यादिनामानि शिवसहस्रनामव्याख्यायांव्याख्यास्यंते ७४ । ७५ । ७६ । मीढुषेवर्षकाय ७७ मार्जालीयायकिरातायशुद्धदेहायवा । 'मार्जालीयःस्मृतःशूद्रेबिडालेकायशोधने'

प्रीत्याचतेऽहंदास्यामियदस्त्रमनिवारितम् ॥ त्वंहिशक्तोमदीयंतदस्त्रंधारयितुंक्षणात् ७१ ॥ वैशंपायनउवाच ॥ ततोदेवंमहादेवंगिरिशंशूलपाणिनम् ॥ ददर्श
फाल्गुनस्तत्रसहदेव्यामहाद्युतिम् ७२ सजानुभ्यांमहींगत्वाशिरसाप्रणिपत्यच ॥ प्रसादयामासहरंपार्थःपरपुरंजयः ७३ ॥ अर्जुनउवाच ॥ कपर्दिन्सर्वदेवेशभग
नेत्रनिपातन ॥ देवदेवमहादेवनीलग्रीवजटाधर ७४ कारणानांचपरमंजानेत्वांत्र्यंबकंविभुम् ॥ देवानांचगतिंदेवंत्वत्प्रसूतमिदंजगत् ७५ अजेयस्त्वंत्रिभिर्लो
कैःसदेवासुरमानुषैः ॥ शिवायविष्णुरूपायविष्णवेशिवरूपिणे ७६ दक्षयज्ञविनाशायहरिरुद्रायवैनमः ॥ ललाटाक्षायशर्वायमीढुषेशूलपाणये ७७ पिनाकगो
प्त्रेसूर्यायमार्जालीयायवेधसे ॥ प्रसादयेत्वांभगवन्सर्वभूतमहेश्वर ७८ गणेशंजगतःशंभुंलोककारणकारणम् ॥ प्रधानपुरुषातीतंपरंसूक्ष्मतरंहरम् ७९ व्यति
क्रमंमेभगवन्क्षंतुमर्हसिशंकर ॥ भगवन्दर्शनाकांक्षीप्राप्तोऽस्मीमंमहागिरिम् ८० दयितंतवदेवेशतापसालयमुत्तमम् ॥ प्रसादयेत्वांभगवन्सर्वलोकनमस्कृतम्
८१ नमेस्यादपराधोऽयंमहादेवातिसाहसात् ॥ कृतोमयाऽयमज्ञानाद्विमर्दोयस्त्वयासह ॥ शरणंप्रतिपन्नायतत्क्षमस्वाद्यशंकर ८२ ॥ वैशंपायनउवाच ॥ त
मुवाचमहातेजाःप्रहस्यवृषभध्वजः ॥ प्रगृह्यरुचिरंबाहुंक्षांतमित्येवफाल्गुनम् ८३ परिष्वज्यचबाहुभ्यांप्रीतात्माभगवान्हरः ॥ पुनःपार्थंसांत्वपूर्वमुवाचवृषभ
ध्वजः ८४ ॥ ॥ इतिश्रीमहाभारतेआरण्यकेपर्वणिकैरातपर्वणिमहादेवस्तवेएकोनचत्वारिंशोऽध्यायः ३९ ॥ ॥ देवदेवउवाच ॥ नरस्त्वंपूर्वदेहेवैना
रायणसहायवान् ॥ बदर्यांतप्तवानुग्रंतपोवर्षायुतान्बहून् १ त्वयिवापरमंतेजोविष्णौवापुरुषोत्तमे ॥ युवाभ्यांपुरुषाग्र्याभ्यांतेजसाधार्यतेजगत् २ शक्राभिषे
केसुमहद्धनुर्जलदनिःस्वनम् ॥ प्रगृह्यदानवाःशस्तास्त्वयाकृष्णेनचप्रभो ३ तदेतदेवगांडीवंतवपार्थकरोचितम् ॥ मायामास्थाययद्ग्रस्तंमयापुरुषसत्तम ४
तूणौचाप्यक्षयौभूयस्तवपार्थयथोचितौ ॥ भविष्यतिशरीरंचनीरुजंकुरुनंदन ५ प्रीतिमानस्मितेपार्थभवान्सत्यपराक्रमः ॥ गृहाणवरमस्मत्तःकांक्षितंपुरुषो
त्तम ६ नत्वयापुरुषःकश्चित्पुमान्मर्त्येपुमानद ॥ दिविवावर्त्ततेक्षत्रंत्वत्प्रधानमरिंदम ७ ॥ अर्जुनउवाच ॥ भगवन्ददासिचेन्मह्यंकामंप्रीत्यावृषध्वज ॥ का
मयेदिव्यमस्त्रंतद्घोरंपाशुपतंप्रभो ८ यत्तद्ब्रह्मशिरोनामरौद्रंभीमपराक्रमम् ॥ युगांतेदारुणेप्राप्तेकृत्स्नंसंहरतेजगत् ९ कर्णभीष्मकृपद्रोणैर्भवितातुमहाहवः ॥
त्वत्प्रसादान्महादेवजयेयंतान्यथायुधि १० दहेयंयेनसंग्रामेदानवान्राक्षसांस्तथा ॥ भूतानिचपिशाचांश्चगंधर्वानथपन्नगान् ११ यस्मिन्शूलसहस्राणि
गदाश्चोग्रप्रदर्शनाः ॥ शराश्चाशीविषाकाराःसंभवंत्यनुमंत्रिते १२

इतिनिश्वः ७८ । ७९ । ८० । ८१ । ८२ । ८३ । ८४ इत्यारण्यकेपर्वणिनैलकंठीयेभारतभावदीपेएकोनचत्वारिंशोऽध्यायः ॥ ३९ ॥ नरस्त्वमिति १ । २ शस्तामारिताः ३ त्वयापुरुषइतिपाठे समभिव्याहारः ४ । ५ । ६ त्वत्प्रधानं त्वमेवश्रेष्ठोयस्मिन्क्षत्रे ७ कामंवरं ८ । ९ । १० । ११ । १२

१३ विनिर्वृत्तोविशेषेणकृतकृत्यः १४ संहारेनिवर्त्तने १५ । १६ । १७ मनसासंकल्पमात्रेणनिपातयेत् शत्रुं धनुषेतिबाणप्रयोगेण १८ अधीष्वाध्यापय १९।२० उपतस्थे कर्मव्यतिहारेतङ् पार्थोऽस्त्रंप्रत्युपनत वन०

म.भा.टी. युध्येयंयेनभीष्मेणद्रोणेनचकृपेणच ॥ सूतपुत्रेणचरणेनित्यंकटुकभाषिणा १३ एषमेप्रथमःकामोभगवन्भगनेत्रहन् ॥ त्वत्प्रसादाद्विनिर्वृत्तःसमर्थःस्यामहं अ०

॥ ३९ ॥ यथा १४ ॥ भवउवाच ॥ ददामितेऽस्त्रंदयितमहंपाशुपतंविभो ॥ समर्थोधारणेमोक्षेसंहारेचासिपांडव १५ नैतद्वेदमहेंद्रोऽपिनयमोनचयक्षराट् ॥ वरुणो ४०

ऽप्यथवावायुःकुतोवेत्स्यंतिमानवाः १६ नत्वेतत्सहसापार्थमोक्तव्यंपुरुषेक्वचित् ॥ जगद्विनाशयेत्सर्वमल्पतेजसिपातितम् १७ अवध्योनामनास्त्यत्रत्रैलोक्ये

सचराचरे ॥ मनसाचक्षुषावाचाधनुषाचनिपातयेत् १८ ॥ वैशंपायनउवाच ॥ तच्छ्रुत्वात्वरितःपार्थःशुचिर्भूत्वासमाहितः ॥ उपसंगम्यविश्वेशमधीष्वेत्य

थसोऽब्रवीत् १९ ततस्त्वध्यापयामाससरहस्यनिवर्त्तनम् ॥ तदस्त्रंपांडवश्रेष्ठंमूर्तिमंतमिवांतकम् २० उपतस्थेचतत्पार्थंयथात्र्यक्षमुमापतिम् ॥ प्रतिजग्राहतच्चा

पिप्रीतिमानर्जुनस्तदा २१ ततश्चचालपृथिवीसपर्वतवनद्रुमा ॥ ससागरवनोद्देशासग्रामनगराकरा २२ शंखदुंदुभिघोषाश्चभेरीणांचसहस्रशः ॥ तस्मिन्मु

हूर्त्तेसंप्राप्तेनिर्घाताश्चापतन्मुहुः २३ अथास्त्रंजाज्वलद्घोरंपांडवस्यामितौजसः ॥ मूर्तिमद्वैस्थितंपार्श्वेददृशुर्देवदानवाः २४ स्पृष्टस्यत्र्यंबकेणाथफाल्गुनस्या

मितौजसः ॥ यत्किंचिदशुभंदेहेतत्सर्वंनाशमीयिवत् २५ स्वर्गंगच्छेत्यनुज्ञातस्त्र्यंबकेणतदाऽर्जुनः ॥ प्रणम्यशिरसाराजन्प्रांजलिर्देवमैक्षत २६ ततःप्रभुस्त्रि

दिवनिवासिनांवशीमहामतिर्गिरिशउमापतिःशिवः ॥ धनुर्महद्दितिजपिशाचसूदनंददौभवःपुरुषवरायगांडिवम् २७ ततःशुभंगिरिवरमीश्वरस्तदासहोमया

सिततटसानुकंदरम् ॥ विहायतंपतगमहर्षिसेवितंजगामखंपुरुषवरस्यपश्यतः २८ ॥ ॥ इतिश्रीमहाभारतेआरण्यकेपर्वणिकैरा० शिवप्रस्थानेचत्वारिंशो

ऽध्यायः ॥ ४० ॥ वैशंपायनउवाच ॥ तस्यसंपश्यतस्त्वेवपिनाकीवृषभध्वजः ॥ जगामादर्शनंभानुर्लोकस्येवास्तमीयिवान् १ ततोऽर्जुनःपरंचक्रेविस्मयंपर

वीरहा ॥ मयासाक्षान्महादेवोदृष्टइत्येवभारत २ धन्योऽस्म्यनुगृहीतोऽस्मियन्मयात्र्यंबकोहरः ॥ पिनाकीवरदोरूपीदृष्टःस्पृष्टश्चपाणिना ३ कृतार्थंचावग

च्छामिपरमात्मानमाहवे ॥ शत्रूंश्चविजितान्सर्वान्निर्वृत्तंचप्रयोजनम् ४ इत्येवंचिंतयानस्यपार्थस्यामिततेजसः ॥ ततोवैडूर्यवर्णाभोभासयन्सर्वतोदि

शः ॥ यादोगणवृतःश्रीमानाजगामजलेश्वरः ५ नागैर्नदैर्नदीभिश्चदैत्यैःसाध्यैश्चदैवतैः ॥ वरुणोयादसांभर्त्तावशीतंदेशमागमत् ६ अथजांबूनदवपुर्विमा

नेनमहार्चिषा ॥ कुबेरःसमनुप्राप्तोयक्षैरनुगतःप्रभुः ७ विद्योतयन्निवाकाशमद्भुतोपमदर्शनः ॥ धनानामीश्वरःश्रीमानर्जुनंद्रष्टुमागतः ८

॥ ३९ ॥

एवमस्त्रंपार्थंप्रतीत्यर्थः २१ । २२ निर्घाताउत्पाताः २३ । २४ । २५ । २६ वशीवशइच्छातद्वान् तज्जयीत्यर्थः २७ । २८ ॥ इत्यारण्यकेपर्वणिनैलकंठीयेभारतभावदीपेचत्वारिंशोऽध्यायः ॥ ४० ॥

तस्येति । अस्तंस्वस्थानमदर्शनंच १ । २ । ३ परमात्मानं कृतार्थंकृतकृत्यं निर्वृत्तंनिष्पन्नं ४ वैडूर्यंरत्नविशेषः यादांसिजलजंतवस्तेषांगणः ५ नागाःसर्पाः ६ । ७ । ८

९ । १० । ११ भानुमंतिदीप्तिमंति १२ । १३ । १४ । १५ । १६ । वितरामोयच्छामः १७ । १८ संसाध्योजेतव्यः १९ । २० ममपितुःसूर्यस्य २१ । २२ । २३ मृधेसंग्रामे २४ लघ्वी

तथालोकांतकृच्छ्रीमान्यमःसाक्षात्प्रतापवान् ॥ मर्त्यमूर्तिधरैःसार्धंपितृभिर्लोकभावनैः ९ दंडपाणिरचिंत्यात्मासर्वभूतविनाशकृत् ॥ वैवस्वतोधर्मराजोविमाने
नावभासयन् १० त्रीँल्लोकान्गुह्यकांश्चैवगंधर्वांश्चसपन्नगान् ॥ द्वितीयइवमार्त्तंडोयुगांतेसमुपस्थिते ११ तेभानुमंतिचित्राणिशिखराणिमहागिरेः ॥ समास्था
यार्जुनंतत्रददृशुस्तपसाऽन्वितम् १२ ततोमुहूर्त्ताद्भगवानैरावतशिरोगतः ॥ आजगामसहेंद्राण्याशक्रःसुरगणैर्वृतः १३ पांडुरेणातपत्रेणध्रियमाणेनमूर्द्धनि ॥
शुशुभेतारकाराजःसितमभ्रमिवस्थितः १४ संस्तूयमानोगंधर्वैर्ऋषिभिश्चतपोधनैः ॥ शृंगंगिरेःसमासाद्यतस्थौसूर्यइवोदितः १५ अथमेघस्वनोधीमान्व्याजहा
रशुभांगिरम् ॥ यमःपरमधर्मज्ञोदक्षिणांदिशमास्थितः १६ अर्जुनार्जुनपश्यास्माँल्लोकपालान्समागतान् ॥ दृष्टिंतेवितरामोऽद्यभवानर्हतिदर्शनम् १७ पूर्वर्षिरमि
तात्मात्वंनरोनाममहाबलः ॥ नियोगाद्ब्रह्मणस्तातमर्त्यतांसमुपागतः १८ त्वयाचवसुसंभूतोमहावीर्यःपितामहः ॥ भीष्मःपरमधर्मात्मासंसाध्यश्चरणेऽनघ १९
क्षत्रंचाग्निसमस्पर्शंभारद्वाजेनरक्षितम् ॥ दानवाश्चमहावीर्यायेमनुष्यत्वमागताः २० निवातकवचाश्चैवदानवाःकुरुनंदन ॥ पितुर्ममांशोदेवस्यसर्वलोकप्रतापिनः
२१ कर्णश्चसुमहावीर्यस्त्वयावध्योधनंजय ॥ अंशाश्चक्षितिसंप्राप्तादेवदानवरक्षसाम् २२ त्वयानिपातितायुद्धेस्वकर्मफलनिर्जिताम् ॥ गतिंप्राप्स्यंतिकौंतेयय
थास्वमरिकर्षण २३ अक्षयातवकीर्तिश्चलोकेस्थास्यतिफाल्गुन ॥ त्वयासाक्षान्महादेवस्तोषितोहिमहामृधे २४ लघ्वीवसुमतीचापिकर्त्तव्याविष्णुनासह ॥ गृहा
णास्त्रंमहाबाहोदंडमप्रतिवारणम् ॥ अनेनास्त्रेणसुमहत्त्वंहिकर्मकरिष्यसि २५ ॥ वैशंपायनउवाच ॥ प्रतिजग्राहतत्पार्थोविधिवत्कुरुनंदनः ॥ समंत्रंसोपचारंच
समोक्षविनिवर्त्तनम् २६ ततोजलधरश्यामोवरुणोयादसांपतिः ॥ पश्चिमांदिशमास्थायगिरमुच्चारयन्प्रभुः २७ पार्थक्षत्रियमुख्यस्त्वंक्षत्रधर्मेव्यवस्थितः ॥ पश्यमां
पृथुताम्राक्षवरुणोऽस्मिजलेश्वर २८ मयासमुद्यतान्पाशान्वारुणाननिवारितान् ॥ प्रतिगृह्णीष्वकौंतेयसरहस्यनिवर्त्तनान् २९ एभिस्तदामयावीरसंग्रामेतारका
मये ॥ दैतेयानांसहस्राणिसंयतानिमहात्मनाम् ३० तस्मादिमान्महासत्वमत्प्रसादसमुत्थितान् ॥ गृहाणनहितेमुच्येदंतकोऽप्याततायिनः ३१ अनेनत्वंयदाऽस्त्रे
णसंग्रामेविचरिष्यसि ॥ तदानिःक्षत्रियाभूमिर्भविष्यतिनसंशयः ३२ ॥ वैशंपायनउवाच ॥ ततःकैलासनिलयोधनाध्यक्षोऽभ्यभाषत ॥ दत्तेष्वस्त्रेषुदिव्येषु
वरुणेनयमेनच ३३ प्रीतोऽहमपितेप्राज्ञपांडवेयमहाबल ॥ त्वयासहसमागम्यअजितेनतथैवच ३४ सव्यसाचिन्महाबाहोपूर्वदेवसनातन ॥ सहास्माभिर्भ
वान्श्रांतःपुराकल्पेषुनित्यशः ३५

भारशून्या २५ सोपचारंसेनिकर्त्तव्यनाकं २६ । २७ । २८ । २९ संयतानिबद्धानि ३० । ३१ । ३२ । ३३ अजितेनकृष्णेनयथातथैवप्रीतोऽस्मि ३४ पूर्वदेव नररनारायणसख ३५

३६ । ३७ । ३८ । ३९ उद्यतमुपस्थितम ४० । ४१ देवगतिंदेवानांपरायणत्वम् ४२ । ४३ आगंताआयास्यति ४४ । ४५ । ४६ । ४७ । ४८ । ४९ ॥ इत्यारण्यकेपर्वणिनैलकंठीयेभारतभावदीपे एकचत्वारिंशोऽध्यायः ॥ ४१ ॥ गतेष्विति १ । २ पाटयन् द्विधाकुर्वन् ३ । ४ तुलागुडाभांडगोलकाः भांडानितु ' नाल बंदूख ' इत्यादिम्लेच्छभाषयाप्रसिद्धान्याग्नेयौषधबलेनपाषाणगोलका

॥ ४० ॥ दर्शनात्तेत्विदंदिव्यंप्रदिशामिनरर्षभ ॥ अमनुष्यान्महाबाहोदुर्जयानपिजेष्यसि ३६ मत्तश्चैवभवानाशुगृह्णात्वस्त्रमनुत्तमम् ॥ अनेनत्वमनीकानिधार्तराष्ट्रस्यध क्ष्यसि ३७ तदिदंप्रतिगृह्णीष्वअंतर्धानंप्रियंमम ॥ ओजस्तेजोद्युतिकरंप्रस्वापनमरातिनुत् ३८ महात्मनाशंकरेणत्रिपुरंनिहतंयदा ॥ तदैतदस्त्रंनिर्मुक्तंयेनद ग्धामहासुराः ३९ त्वदर्थमुद्यतंचेदंमयासत्यपराक्रम ॥ त्वमर्होधारणेचास्यमेरुप्रतिमगौरव ४० ततोऽर्जुनोमहाबाहुर्विधिवत्कुरुनंदनः ॥ कौबेरमधिजग्राहदि व्यमस्त्रंमहाबलः ४१ ततोऽब्रवीद्देवराजःपार्थमक्लिष्टकारिणम् ॥ सांत्वयन्श्लक्ष्णयावाचामेघदुंदुभिनिःस्वनः ४२ कुंतीमातर्महाबाहोत्वमीशानःपुरातनः ॥ परां सिद्धिमनुप्राप्तःसाक्षाद्देवगतिंगतः ४३ देवकार्यंतुसुमहत्त्वयाकार्यमरिंदम ॥ आरोढव्यस्त्वयास्वर्गःसज्जीभवमहाद्युते ४४ रथोमातलिसंयुक्तआगंतात्वत्कृतेम हीम् ॥ तत्रतेऽहंप्रदास्यामिदिव्यान्यस्त्राणिकौरव ४५ तान्दृष्ट्वालोकपालांस्तुसमेतान्गिरिमूर्धनि ॥ जगामविस्मयंधीमान्कुंतीपुत्रोधनंजयः ४६ ततोऽर्जुनोम हातेजालोकपालान्समागतान् ॥ पूजयामासविधिवद्वाग्भिरद्भिःफलैरपि ४७ ततःप्रतिययुर्देवाःप्रतिमान्यधनंजयम् ॥ यथागतेनविबुधाःसर्वेकाममनोजवाः ४८ ततोऽर्जुनोमुदंलेभेलब्धास्त्रःपुरुषर्षभः ॥ कृतार्थमथचात्मानंसमेनेपूर्णमानसम् ४९ ॥ ॥ इतिश्रीमहाभारतेआरण्यकेपर्वणिकैरा०देवप्रस्थानेएकचत्वारिंशोऽ ध्यायः ४१ ॥ ॥ कैरातपर्वसमाप्तम् ॥ अथेंद्रलोकाभिगमनपर्व ॥ ॥ वैशंपायनउवाच ॥ गतेषुलोकपालेषुपार्थःशत्रुनिबर्हणः ॥ चिंतयामासराजेंद्रदेवराजर थंप्रति १ ततश्चिंतयमानस्यगुडाकेशस्यधीमतः ॥ रथोमातलिसंयुक्तआजगाममहाप्रभः २ नभोवितिमिरंकुर्वन्जलदान्पाटयन्निव ॥ दिशःसंपूरयन्नादैर्महामे घरवोपमैः ३ असयःशक्तयोभीमागदाश्चोग्रप्रदर्शनाः ॥ दिव्यप्रभावाःप्रासाश्चविद्युतश्चमहाप्रभाः ४ तथैवाशनयश्चैवचक्रयुक्तास्तुलागुडाः ॥ वायुस्फोटाः सनिर्घातामहामेघस्वनास्तथा ५ तत्रनागामहाकायाज्वलितास्याःसुदारुणाः ॥ सिताभ्रकूटप्रतिमाःसंहताश्चतथोपलाः ६ दशवाजिसहस्राणिहरीणांवातरंहसाम् ॥ वहंतियंनेत्रमुषंदिव्यंमायामयंरथम् ७ तत्रापश्यन्महानीलंवैजयंतंमहाप्रभम् ॥ ध्वजमिंदीवरश्यामंवंशंकनकभूषणम् ८ तस्मिन्रथेस्थितंसूतंतप्तहेमविभूषितम् ॥ दृष्ट्वा पार्थोमहाबाहुर्देवमेवान्वतर्कयत् ९ तथातर्कयतस्तस्यफाल्गुनस्याथमातलिः ॥ सन्नतःप्रस्थितोभूत्वावाक्यमर्जुनमब्रवीत् १० ॥ मातलिरुवाच ॥ भोभोशक्रात्मज श्रीमन्शक्रस्त्वांद्रष्टुमिच्छति ॥ आरोहतुभवान्शीघ्रंरथमिंद्रस्यसंमतम् ११ आहमाममरश्रेष्ठःपितातवशतक्रतुः ॥ कुंतीसुतमिहप्राप्तंपश्यन्तुत्रिदशालयाः १२

दिनिक्षेपपात्राणि वायुस्फोटाःवेगवशाद्वायुंजनयंतः सनिर्घाताअशनिध्वनियुक्ताश्चमहामेघस्वनाः ५ । ६ ' त्वक्केशवालरोमाणिसुवर्णाभानियस्यतु ॥ हरिःसवर्णतोऽश्वस्तुपीतकौशेयसंनिभः ' वातरं हसांहरीणांवाजिनांसहस्राणीत्येकदेशान्वयः नेत्रमुषंदृष्टिचोरम ७ वैजयंतंनाम्नादेवेंद्रध्वजम ८ । ९ । १० । ११ । १२ ॥ ४० ॥

१३ । १४ । १५ । १६ । १७ । १८ येमे नियमितवान् १९ आप्लुतःस्नातः २० । २१ । २२ । २३ । २४ ।२५।२६।२७ ललितंक्रीडितं २८।२९।३०।३१।३२। ३३ विप्रकृष्ट

एषशक्रःपरिवृतोदेवैर्ऋषिगणैस्तथा ॥ गंधर्वैरप्सरोभिश्चत्वांदिदृक्षुःप्रतीक्षते १३ अस्माल्लोकाद्देवलोकंपाकशासनशासनात् ॥ आरोहत्वंमयासार्धंलब्धास्त्रःपुनरे
ष्यसि १४ ॥ अर्जुनउवाच ॥ मातलेगच्छशीघ्रंत्वमारोहस्वरथोत्तमम् ॥ राजसूयाश्वमेधानांशतैरपिसुदुर्लभम् १५ पार्थिवैःसुमहाभागैर्यज्वभिर्भूरिदक्षिणैः ॥
दैवतैर्वासमारोढुंदानवैर्वारथोत्तमम् १६ नातप्ततपसाशक्यएषदिव्योमहारथः ॥ द्रष्टुंवाऽप्यथवास्प्रष्टुमारोढुंकुतएवच १७ त्वयिप्रतिष्ठितेसाधोरथस्थेस्थिरवाजि
नि ॥ पश्चादहमथारोक्ष्येसुकृतीसत्पथंयथा १८ ॥ वैशंपायनउवाच ॥ तस्यतद्वचनंश्रुत्वामातलिःशक्रसारथिः ॥ आरुरोहरथंशीघ्रंहयान्येमेचरश्मिभिः
१९ ततोऽर्जुनोहृष्टमनागंगायामाप्लुतःशुचिः ॥ जजापजप्यंकौंतेयोविधिवत्कुरुनंदनः २० ततःपितॄन्यथान्यायंतर्पयित्वायथाविधि ॥ मंदरंशैलराजंतमा
प्रष्टुमुपचक्रमे २१ साधूनांपुण्यशीलानांमुनीनांपुण्यकर्मणाम् ॥ त्वंसदासंश्रयःशैलस्वर्गमार्गाभिकांक्षिणाम् २२ त्वत्प्रसादात्सदाशैलब्राह्मणाःक्षत्रियाविशः ॥
स्वर्गंप्राप्ताश्चरंतिस्मदेवैःसहगतव्यथाः २३ अद्रिराजमहाशैलमुनिसंश्रयतीर्थवन् ॥ गच्छाम्यामंत्रयित्वात्वांसुखमस्म्युषितस्त्वयि २४ तवसानूनिकुंजाश्चनद्यः
प्रस्रवणानिच ॥ तीर्थानिचसुपुण्यानिमयादृष्टान्यनेकशः २५ फलानिचसुगंधीनिभक्षितानिततस्ततः ॥ सुसुगंधाश्चवार्योघास्त्वच्छरीरविनिःसृताः २६ अ
मृतास्वादनीयामेपीताःप्रस्रवणोदकाः ॥ शिशुर्यथापितुरंकेसुसुखंवर्त्ततेनग २७ तथातवांकेललितंशैलराजमयाप्रभो ॥ अप्सरोगणसंकीर्णेब्रह्मघोषानुनादिते
२८ सुखमस्म्युषितःशैलतवसानुषुनित्यदा ॥ एवमुक्त्वाऽर्जुनःशैलमामंत्र्यपरवीरहा २९ आरुरोहरथंदिव्यंद्योतयन्निवभास्करः ॥ सतेनादित्यरूपेणदिव्येना
द्भुतकर्मणा ३० ऊर्ध्वमाचक्रमेधीमान्प्रहृष्टःकुरुनंदनः ॥ सोऽदर्शनपथंयातोमर्त्यानांधर्मचारिणाम् ३१ ददर्शाद्भुतरूपाणिविमानानिसहस्रशः ॥ नतत्रसूर्यः
सोमोवाद्योततेनचपावकः ३२ स्वयैवप्रभयातत्रद्योतंतेपुण्यलब्धया ॥ तारारूपाणियानीहदृश्यंतेद्युतिमंतिवै ३३ दीपवद्विप्रकृष्टत्वात्तनूनिसुमहांत्यपि ॥
तानितत्रप्रभास्वंतिरूपवंतिचपांडवः ३४ ददर्शस्वेषुधिष्ण्येषुदीप्तिमंतःस्वयाऽर्चिषा ॥ तत्रराजर्षयःसिद्धावीराश्चनिहतायुधि ३५ तपसाचजितंस्वर्गंसंपेतुः
शतसंघशः ॥ गंधर्वाणांसहस्राणिसूर्यज्वलिततेजसाम् ३६ गुह्यकानामृषीणांचतथैवाप्सरसांगणान् ॥ लोकानात्मप्रभान्पश्यन्फाल्गुनोविस्मयान्वितः ३७
पप्रच्छमातलिंप्रीत्यासचाप्येनमुवाचह ॥ एतेसुकृतिनःपार्थस्वेषुधिष्ण्येष्ववस्थिताः ३८ तान्दृष्टवानसिविभोतारारूपाणिभूतले ॥ ततोऽपश्यत्स्थितंद्वारि
शुभंवैजयिनंगजम् ३९ ऐरावतंचतुर्दंतंकैलासमिवशृंगिणम् ॥ ससिद्धमार्गमाक्रम्यकुरुपांडवसत्तमः ४० व्यरोचतयथापूर्वंमांधातापार्थिवोत्तमः ॥ अभिचक्राम
लोकान्सराज्ञांराजीवलोचनः ४१

त्वाद्दूरत्वादसुमहान्त्यपितनूनिसूक्ष्माणिदृश्यंते ३४ धिष्ण्येषुस्थानेषु ३५ । ३६ आत्मनैवसूर्यादिवत्प्रभांति तानात्मप्रभान् ३७ । ३८ वैजयिनंविजयिनमेववैजयिनं स्वार्थेतद्धितः ३९ । ४० । ४१

संक्रमन् गच्छन् अमरावतींनाम्ना ४२ ॥ इत्यारण्यकेपर्वणिनैलकंठीयेभारतभावदीपेद्विचत्वारिंशोऽध्यायः ॥ ४२ ॥ ददर्शेति १ सौगंधिकानांकल्हाराणांपुष्पाणांचमिश्रेणवायुनेतिसंबंधः २ नंदनंनामतः ३ नातप्ततपस इति । तप आदीनांनिषेधमुखेनस्वर्गसाधनत्वंविधीयते ४ । ५ यज्ञहनैः द्रव्यंदेवताचयज्ञस्वरूपंतत्रयोदक्षिणाहीनं देवतास्वरूपज्ञानहीनंचयज्ञंकरोति सव्रृथापशुबीजघातीयज्ञहनइत्युच्यते । तथाचश्रूयतेशतपथे 'घ्नंतिवाएतद्यज्ञं यदेनंतन्वतेयत्वेवराजानमभिषुण्वंतितत्तं घ्नंतियत्पशुं संज्ञपयंतिविशासतितत्तं घ्नंत्युलूखलमुसलाभ्यां दृषदुपलाभ्यांहविर्यज्ञं घ्नंतिसएषयज्ञोहतोनददक्षेतंदेवादक्षिणाभिरदक्षयंस्तद्येनं दक्षिणाभिरदक्षयंस्तद्दक्षिणानामेति' राजानंसोमवल्लींअभिषुण्वंतिकंडयंतिसंज्ञपयंतिघ्नंतिविशासतिविशसनंकरोति नददक्षेदक्षोनबभूवअदक्षयन् दक्षमकुर्वन् । असंज्ञायामपि

एवंससंक्रमंस्तत्रस्वर्गलोकेमहायशाः ॥ ततोददर्शशक्रस्यपुरींताममरावतीम् ४२ ॥ इतिश्रीमहाभारतेआरण्यकेपर्वणिइंद्रलोकाभिगमनपर्वणिद्विचत्वारिंशोऽध्यायः ॥ ४२ ॥ वैशंपायनउवाच ॥ ददर्शसपुरींरम्यांसिद्धचारणसेविताम् ॥ सर्वर्तुकुसुमैःपुण्यैःपादपैरुपशोभिताम् १ तत्रसौगंधिकानांचपुष्पाणांपुण्यगंधिनाम् ॥ उद्वीज्यमानोमिश्रेणवायुनापुण्यगंधिना २ नंदनंचवनंदिव्यमप्सरोगणसेवितम् ॥ ददर्शदिव्यकुसुमैराह्वयद्भिरिवद्रुमैः ३ नातप्ततपसाशक्योद्रष्टुंनानाहिताग्निना ॥ सलोकःपुण्यकर्तॄणांनापियुद्धेपराङ्मुखैः ४ नायज्वभिर्नाव्रतिकैर्नवेदश्रुतिवर्जितैः ॥ नानाप्लुतांगैस्तीर्थेषुयज्ञदानबहिष्कृतैः ५ नापियज्ञहनैःक्षुद्रैर्द्रष्टुंशक्यःकथंचन ॥ पानपैर्गुरुतल्पैश्चमांसादैर्वादुरात्मभिः ६ सतद्दिव्यंवनंपश्यन्दिव्यगीतनिनादितम् ॥ प्रविवेशमहाबाहुःशक्रस्यदयितांपुरीम् ७ तत्रदेवविमानानिकामगानिसहस्रशः ॥ संस्थितान्यभियातानिददर्शायुतशस्तदा ८ संस्तूयमानोगंधर्वैरप्सरोभिश्चपांडवः ॥ पुष्पगन्धवहैःपुण्यैर्वायुभिश्चानुवीजितः ९ ततोदेवाःसगंधर्वाःसिद्धाश्चपरमर्षयः ॥ हृष्टाःसंपूजयामासुःपार्थमक्लिष्टकारिणम् १० आशीर्वादैःस्तूयमानोदिव्यवादित्रनिःस्वनैः ॥ प्रतिपेदेमहाबाहुःशंखदुंदुभिनादितम् ११ ॥ नक्षत्रमार्गंविपुलंसुरवीथीतिविश्रुतम् ॥ इंद्राज्ञयाययौपार्थःस्तूयमानःसमंततः १२ तत्रसाध्यास्तथाविश्वेमरुतोऽथाश्विनौतथा ॥ आदित्यावसवोरुद्रास्तथाब्रह्मर्षयोऽमलाः १३ राजर्षयश्चबहवोदिलीपप्रमुखान्नृपाः ॥ तुंबुरुर्नारदश्चैवगंधर्वौचहाहाहूहूः १४ तान्ससर्वान्समागम्यविधिवत्कुरुनंदनः ॥ ततोऽपश्यद्देवराजंशतक्रतुमरिंदमः १५ ततःपार्थोमहाबाहुरवतीर्यरथोत्तमात् ॥ ददर्शसाक्षाद्देवेशंपितरंपाकशासनम् १६ पांडुरेणातपत्रेणहेमदंडेनचारुणा ॥ दिव्यगंधाधिवासेनव्यजनेनविधूयता १७ विश्वावसुप्रभृतिभिर्गंधर्वैःस्तुतिवंदिभिः ॥ स्तूयमानंद्विजाग्र्यैश्चऋग्यजुःसामसंभवैः १८

हंतेर्घः । यज्ञहैरित्यपपाठः । अतएवक्षुद्रैर्लुब्धैः पानशब्दोनिरुपपदोमद्यवाची गुरुतल्पसमभिव्याहाराद्वापानपैर्मद्यपैःमांसादैर्वृथामांसभक्षकैः । अन्यत्रतु 'देवान्पितॄन्समभ्यर्च्यखादन्मांसंनदोषभाक्' इतिस्मृतेर्नदोषः अतएवदुरात्मभिर्हिंस्रैः ६ । ७ अभितोयांतिएतान्देशानित्यभियातान्यापानभूमयः ८ । ९ । १० । ११ । १२ । १३ । १४ । १५ पाकशासनंपाकशब्दः प्रशस्तेनीचेचवर्तते । 'योमापाकेनमनसाचरंतं । योऽस्मात्पाकतर' इत्यादिप्रयोगात् तेनदेवादीनामधिपतिरितिवा दुष्टानांदंडयितेतिवापाकशासनपदस्यावयवार्थः पाकनामादैत्यइत्यन्ये १६ । १७ स्तुतिवंदिभिःस्तुत्यावंदमानैः १८

१९ । २० प्रश्रयःअवनतंविनयेनप्रह्वीभूतं २१ । २२ । २३ । २४ वज्रग्रहणस्यचिन्हंकिणोयस्मिन् २५ । २६ चतुर्दश्यामिति । यद्यपिदर्शेएवसूर्येंद्रोरेकासनगतत्वमेकनक्षत्रस्थत्वादस्तिनचतुर्दश्यांतथाऽपिसामीप्यलक्षणयाएकराशिस्थत्वमत्रग्राह्यं अन्यथाश्विनीस्थेसूर्ये चतुर्दश्यांरेवतीयोगेएकराशिस्थितत्वस्याप्यलाभात् २७ साम्नाप्रीत्या वल्गुनारम्येण गीतानिअमंत्रोपरिगानं साममंत्रोपरिगानं २८ । २९ । ३० ३१ चेतोऽलोचनात्मिकाचित्तवृत्तिः । बुद्धिरध्यवसायरूपा । मनःसंकल्पविकल्पात्मकं कटाक्षादिभिश्चित्तस्यवृत्त्यंतरंहरंतीत्यर्थः ३२ ॥ इत्यारण्यकेपर्वणिनैलकंठीयेभारतभावदीपेत्रिचत्वारिंशोऽध्यायः

ततोऽभिगम्यकौंतेयःशिरसाऽभ्यगमद्बली ॥ सचैनंवृत्तपीनाभ्यांबाहुभ्यांप्रत्यगृह्णत १९ ततःशक्रासनेपुण्येदेवर्षिगणसेविते ॥ शक्रःपाणौगृहीत्वैनमुपावेशयदंतिके २० मूर्ध्निचैनमुपाघ्रायदेवेंद्रःपरवीरहा ॥ अंकमारोपयामासप्रश्रयावनतंतदा २१ सहस्राक्षनियोगात्सपार्थःशक्रासनंगतः ॥ अध्यक्रामदमेयात्माद्वितीयइववासवः २२ ततःप्रेम्णावृत्रशत्रुरर्जुनस्यशुभंमुखम् ॥ पस्पर्शपुण्यगंधेनकरेणपरिसांत्वयन् २३ प्रमार्जमानःशनकैर्बाहूचास्यायतौशुभौ ॥ ज्याशरक्षेपकठिनौस्तंभाविवहिरण्मयौ २४ वज्रग्रहणचिह्नेनकरेणपरिसांत्वयन् ॥ मुहुर्मुहुर्वज्रधरोबाहूचास्फोटयन्शनैः २५ स्मयन्निवगुडाकेशंप्रेक्षमाणःसहस्रदृक् ॥ हर्षेणोत्फुल्लनयनोनचातृप्यतवृत्रहा २६ एकासनोपविष्टौतौशोभयांचक्रतुःसभाम् ॥ सूर्याचंद्रमसौव्योमचतुर्दश्यामिवोदितौ २७ तत्रस्मगाथागायंतिसाम्नापरमवल्गुना ॥ गंधर्वास्तुंबुरुश्रेष्ठाःकुशलागीतसामसु २८ घृताचीमेनकारंभापूर्वचित्तिःस्वयंप्रभा ॥ उर्वशीमिश्रकेशीचदंडगौरीवरूथिनी २९ गोपालीसहजन्याचकुंभयोनिःप्रजागरा ॥ चित्रसेनाचित्रलेखासहाचमधुरस्वरा ३० एताश्चान्याश्चननृतुस्तत्रतत्रसहस्रशः ॥ चित्तप्रसादनेयुक्ताःसिद्धानांपद्मलोचनाः ३१ महाकटितटश्रोण्यःकंपमानैःपयोधरैः ॥ कटाक्षहावमाधुर्यैश्चेतोबुद्धिमनोहरैः ३२ ॥ इतिश्रीमहाभारतेआरण्यकेपर्वणिइंद्रलोकाभिगमनपर्वणिइंद्रसभादर्शनेत्रिचत्वारिंशोऽध्यायः ॥ ४३ ॥

वैशंपायनउवाच ॥ ततोदेवाःसगंधर्वाःसमादायार्घ्यमुत्तमम् ॥ शक्रस्यमतमाज्ञायपार्थमानर्चुरंजसा १ पाद्यमाचमनीयंचप्रतिग्राह्यनृपात्मजम् ॥ प्रवेशयामासुरथोपुरंदरनिवेशनम् २ एवंसंपूजितोजिष्णुरुवासभवनेपितुः ॥ उपशिक्षन्महास्त्राणिससंहाराणिपांडवः ३ शक्रस्यहस्तादयितंवज्रमस्त्रंचदुःसहम् ॥ अशनीश्चमहानादामेघबर्हिणलक्षणाः ४ गृहीतास्त्रस्तुकौंतेयोभ्रातॄन्सस्मारपांडवः ॥ पुरंदरनियोगाच्चपंचाब्दानवसत्सुखी ५ ततःशक्रोऽब्रवीत्पार्थंकृतास्त्रंकालआगते ॥ नृत्यंगीतंचकौंतेयचित्रसेनादवाप्नुहि ६ वादित्रंदेवविहितंनृलोकेयन्नविद्यते ॥ तदर्जयस्वकौंतेयश्रेयोवैतेभविष्यति ७ सखायंप्रददौचास्यचित्रसेनंपुरंदरः ॥ सतेनसहसंगम्यरेमेपार्थोनिरामयः ८ गीतवादित्रनृत्यानिभूयएवादिदेशह ॥ तथापिनालभच्छर्मतपस्वीद्यूतकारितम् ९ दुःशासनवधामर्षीशकुनेःसौबलस्यच ॥ ततस्तेनातुलांप्रीतिमुपागम्यक्वचित्क्वचित् ॥ गांधर्वमतुलंनृत्यंवादित्रंचोपलब्धवान् १०

॥ ४३ ॥ ततइति १ । २ । ३ मेघबर्हिणलक्षणाः अकालेऽपिउद्यतैर्मेघैर्नृत्यमानैश्चमयूरैर्यदशन्यस्त्रं देशांतरेप्रयुक्तमितिलक्ष्यते देशांतरीयैस्ताअशनीर्बर्हीरित्यर्थः ४ भ्रातॄन्सस्मारस्वर्गेऽपिदुःखितभ्रातृस्मरणेनदुःखवानेवाभूदित्यर्थः ५ । ६ । ७ । ८ । ९ । १०

११ इत्यारण्यकेपर्वणिनैलकंठीयेभारतभावदीपेचतुश्चत्वारिंशोऽध्यायः ॥ ४४ ॥ आदाविति १ उर्वशींगच्छ साचफाल्गुनमुपातिष्ठतु २ । ३ । ४ । ५ । ६ प्रतिभानंसमयेस्फूर्तिः ७ वर्चःशरीरे विशेषेण यदिजेतजस्तद्वान्वर्चस्वीतेजःशौर्यंतेनयुक्तः । चतुराख्यानपंचमान् चतुश्चतुःसंख्यान् विभक्तिलोपआर्षः आख्यानं भारतादि । चतुरप्रियमाख्यानं चतुराख्यानमितिमध्यमपदलोपेनवाशाकपार्थिवादि वत्समासः ८ गुरुशुश्रूषांमेधांचप्रत्येकमष्टगुणामधीतेप्राप्नोति । गुणाश्चवाक्यशेषादेवयथायथमूह्याः । ब्रह्मचर्यमुपस्थनिग्रहः । दाक्ष्यंअनालस्यं प्रसवैर्द्वैर्मातुः कुलेद्वेपितुस्तैश्चतुर्भिः वयासातारुण्येन ९ रक्षिता पालकः । अकत्थनइतिपाठकश्चेतिश्लाघारहित्यं । स्थूलमिवसुज्ञेयंलक्ष्यंलक्षयितुंयोग्यंसूक्ष्मंयस्य सूक्ष्मानप्यर्थानस्थूलवज्झटित्येवावगच्छतीत्यर्थः दातावा १० रूपवान्सुंदरः ११ कांतःसुखदः अतएवप्रियः

सशिक्षितोलब्धगुणाननेकान्वादित्रगीतार्थगुणांश्चसर्वान् ॥ नशर्मलेभेपरवीरहंताभ्रातॄन्स्मरन्मातरंचैवकुंतीम् ११ ॥ इतिश्रीमहाभारतेआरण्यकेपर्वणिइंद्रलोकाभिगमनपर्वणिचतुश्चत्वारिंशोऽध्यायः ॥ ४४ ॥ ॥ ॥ ॥ वैशंपायनउवाच ॥ ॥ आदावेवाथतंशक्रश्चित्रसेनंरहोब्रवीत् ॥ पार्थस्यचक्षुरुर्वश्यां सक्तंविज्ञायवासवः १ गंधर्वराजगच्छाद्यप्रहितोऽप्सरसांवराम् ॥ उर्वशींपुरुषव्याघ्रसोपातिष्ठतुफाल्गुनम् २ यथार्चितोगृहीतास्त्रोविद्ययामन्नियोगतः ॥ तथात्वयाविधातव्यंस्त्रीषुसंगविशारदः ३ एवमुक्तस्तथेत्युक्त्वासोऽनुज्ञांप्राप्यवासवात् ॥ गंधर्वराजोऽप्सरसमभ्यगादुर्वशींवराम् ४ तांदृष्ट्वाविदितोहृष्टःस्वागतेनार्चितस्तया ॥ सुखासीनःसुखासीनांस्मितपूर्वंवचोऽब्रवीत् ५ विदितंतेस्तुसुश्रोणिप्रहितोऽहमिहागतः ॥ त्रिदिवस्यैकराजेनत्वत्प्रसादाभिनंदिना ६ यस्तुदेवमनुष्येषुप्रख्यातःसहजैर्गुणैः ॥ श्रियाशीलेनरूपेणव्रतेनचदमेनच ॥ प्रख्यातोबलवीर्येणसंमतःप्रतिभानवान् ७ वर्चस्वीतेजसायुक्तःक्षमावान्वीतमत्सरः ॥ सांगोपनिषदान्वेदांश्चतुराख्यानपंचमान् ८ योऽधीतेगुरुशुश्रूषांमेधांचाष्टगुणाश्रयाम् ॥ ब्रह्मचर्येणदाक्ष्येणप्रसवैर्वयसाऽपिच ९ एकोवैरक्षिताचैवत्रिदिवंमघवानिव ॥ अकत्थनोमानयितास्थूललक्ष्यःप्रियंवदः १० सुहृदश्चान्नपानेनविविधेनाभिवर्षति ॥ सत्यवाक्पूजितोवक्तारूपवाननहंकृतः ११ भक्तानुकंपीकांतश्चप्रियश्चस्थिरसंगरः ॥ प्रार्थनीयैर्गुणगणैर्महेन्द्रवरुणोपमः १२ विदितस्तेऽर्जुनोवीरःसस्वर्गफलमाप्नुयात् ॥ तवशक्राभ्यनुज्ञातःपादावद्यप्रपद्यताम् ॥ तदेवंकुरुकल्याणिप्रपन्नस्त्वांधनंजयः १३ एवमुक्तास्मितंकृत्वासंमानंबहुमन्यच ॥ प्रत्युवाचोर्वशीप्रीताचित्रसेनमनिंदिता १४ यस्त्वस्यकथितःसत्योगुणोद्देशस्त्वयामम ॥ तंश्रुत्वाऽव्यथयंपुंसोवृणुयांकिमतोऽर्जुनम् १५ महेंद्रस्यनियोगेनत्वत्तःसंप्रणयेनच ॥ तस्यचाहंगुणौघेनफाल्गुनेजातमन्मथा ॥ गच्छत्वंहियथाकाममागमिष्याम्यहंसुखम् १६ ॥ इतिश्रीमहाभारतेआरण्यकेपर्वणिइंद्रलोकाभिगमनपर्वणिचित्रसेनोर्वशीसंवादेपंचचत्वारिंशोऽध्यायः ॥ ४५ ॥

प्रेमास्पदंप्रसववयोतिरिक्ताब्रह्मचर्यादयोऽष्टौशुश्रूषागुणाःसत्यवाक्त्वादयः पूजितत्वादन्येऽष्टौमेधागुणाइतिविभागः । यद्वा 'शुश्रूषाश्रवणंचैवग्रहणंधारणंतथा ॥ ऊहापोहार्थविज्ञानंतत्त्वज्ञानंचधीगुणाः' इतिधीगुणाष्टकंग्राह्यं १२ स्वर्गफलंत्वत्संगंतवपादावितिप्रपन्नइतिच रतार्थिनोदीनतादर्शिता १३ बहुमन्य मत्वा १४ गुणोद्देशःगुणलेशः तमर्जुनंपुंसःयतःकुतश्चित्सकाशाच्छ्रुत्वा अव्यथयंस्वार्थेणिच्प्रागेवकामव्यथांप्राप्तवत्यस्मि अतोहेतोरर्जुनंकिंवृणुयामितिकाक्वा प्रागेववृतत्वंदर्शयति १५ । १६ इत्यारण्यकेपर्वणिनैलकंठीयेभारतभावदीपेपंचचत्वारिंशोऽध्यायः ॥ ४५ ॥

ततइति १ रूपेणसौंदर्येण २ । ३ रमंती रमयंती ४ । ५ केशहस्तेन हस्तः शुंडादंडःतेनेववेण्येत्यर्थः ६ आह्वयंतीस्पर्धयाएह्यियुध्यावहेइतिवदंतीव ७ । ८ । ९ उन्नतःपीवरश्चनितंबएवेति विशेषणंविशेष्ये

वैशंपायनउवाच ॥ ॥ ततोविसृज्यगंधर्वंकृतकृत्यंशुचिस्मिता ॥ उर्वशीचाकरोत्स्नानंपार्थदर्शनलालसा १ स्नानालंकरणैर्हृद्यैर्गंधमाल्यैश्चसुप्रभैः ॥ धनंजयस्य
रूपेणशरैर्मन्मथचोदितैः २ अतिविद्धेनमनसामन्मथेनप्रदीपिता ॥ दिव्यास्तरणसंस्तीर्णेविस्तीर्णेशयनोत्तमे ३ चित्तसंकल्पभावेनसुचित्ताऽनन्यमानसा ॥
मनोरथेनसंप्राप्तंरमंत्येनंहिफाल्गुनम् ४ निर्गम्यचंद्रोदयनेविगाढेरजनीमुखे ॥ प्रस्थितासापृथुश्रोणीपार्थस्यभवनंप्रति ५ मृदुकुंचितदीर्घेणकुमुदोत्कर
धारिणा ॥ केशहस्तेनललनाजगामाथदिशजती ६ भ्रूक्षेपालापमाधुर्यैःकांत्यासौम्यतयाऽपिच ॥ शशिनंवक्त्रचंद्रेणसाऽऽह्वयंतीवगच्छती ७ दिव्यांगरागौसु
मुखौदिव्यचंदनरूषितौ ॥ गच्छंत्याहाररुचिरौस्तनौतस्याववल्गतुः ८ स्तनोद्वहनसंक्षोभान्नम्यमानापदेपदे ॥ त्रिवलीदामचित्रेणमध्येनातीवशोभिना ९
अधोभूधरविस्तीर्णनितंबोन्नतपीवरम् ॥ मन्मथायतनंशुभ्रंरसनादामभूषितम् १० ऋषीणामपिदिव्यानांमनोव्याघातकारणम् ॥ सूक्ष्मवस्त्रधरंरेजेजघ
नंनिरवद्यवत् ११ गूढगुल्फधरौपादौताम्रायततलांगुली ॥ कूर्मपृष्ठोन्नतौचापिशोभेतेकिंकिणीकिणौ १२ सीधुपानेनचाल्पेनतुष्ट्याऽथमदनेनच ॥ विलास
नैश्चविविधैःप्रेक्षणीयतराऽभवत् १३ सिद्धचारणगंधर्वैःसाप्रयाताविलासिनी ॥ बह्वाश्चर्येऽपिवैस्वर्गेदर्शनीयतमाकृतिः १४ सुसूक्ष्मेणोत्तरीयेणमेघवर्णेनराज
ता ॥ तनुरभ्रावृताव्योम्निचंद्रलेखेवगच्छती १५ ततःप्राप्ताक्षणेनैवमनःपवनगामिनी ॥ भवनंपांडुपुत्रस्यफाल्गुनस्यशुचिस्मिता १६ तत्रद्वारमनुप्राप्ता
द्वास्थैश्चनिवेदिता ॥ अर्जुनस्यनरश्रेष्ठउर्वशीशुभलोचना १७ उपातिष्ठततद्वेश्मनिर्मलंसुमनोहरम् ॥ सशंकितमनाराजन्प्रत्युद्गच्छत्ततांनिशि १८ दृष्ट्वै
वचोर्वशींपार्थोलज्जासंवृतलोचनः ॥ तदाऽभिवादनंकृत्वागुरुपूजांप्रयुक्तवान् १९ ॥ अर्जुनउवाच ॥ अभिवादयेत्वांशिरसाप्रवराप्सरसांवरे ॥ किमाज्ञापयसेदेवि
प्रेष्यस्तेऽहमुपस्थितः २० फाल्गुनस्यवचःश्रुत्वागतसंज्ञातदोर्वशी ॥ गंधर्ववचनंसर्वंश्रावयामासतंतदा २१ ॥ उर्वश्युवाच ॥ यथामेचित्रसेनेनकथितंमनुजोत्त
म ॥ तत्तेऽहंसंप्रवक्ष्यामियथाचाहमिहागता २२ उपस्थानेमहेंद्रस्यवर्तमानेमनोरमे ॥ तवागमनतोवृत्तेस्वर्गस्यपरमोत्सवे २३ रुद्राणांचैवसान्निध्यमादित्यानां
चसर्वशः ॥ समागमेऽश्विनोश्चैववसूनांचनरोत्तम २४ महर्षीणांचसर्वेषुराजर्षिप्रवरेषुच ॥ सिद्धचारणयक्षेषुमहोरगगणेषुच २५ उपविष्टेषुसर्वेषुस्थानमान
प्रभावतः ॥ ऋध्याप्रज्वलमानेषुअग्निसोमार्कवर्ष्मसु २६ वीणासुवाद्यमानासुगंधर्वैःशक्रनंदन ॥ दिव्येमनोरमेगेयेप्रवृत्तेपृथुलोचन २७ सर्वाप्सरःसुमुख्यासुप्र
नृत्तासुकुरूद्वह ॥ त्वंकिलानिमिषःपार्थमामेकांतत्रदृष्टवान् २८ तत्रचावभृथेतस्मिन्नुपस्थानेदिवौकसाम् ॥ तवपित्राऽभ्यनुज्ञातागताःस्वंस्वंगृहंसुराः २९

णबहुलमितिबाहुलकात्समासः १० अवद्यवतदोषवत्तदभावोनिरवद्यवत् ११ । १२ । १३ । १४ । १५ । १६ । १७ । १८ । १९ । २० । २१ । २२ । २३ । २४ । २५ । २६ । २७ । २८ अवभृथो यज्ञान्तस्नानं तत्प्राप्ते २९

३० । ३१ । ३२ । ३३ तेनचित्रसेनेनतवपित्राचेंद्रेणचशुश्रूषितुंसेवितुम ३४ । ३५ । ३६ दुःश्रुतंमेऽस्तुममश्रवणंव्यर्थमस्तु यत्त्वमेवंविधदुष्कर्मयोग्यतांमयिसंभावयसीत्यर्थः ३७ । ३८ । ३९ । ४०

तथैवाप्सरसःसर्वाविशिष्टाःस्वगृहंगताः ॥ अपिचान्याश्चशत्रुघ्नतवपित्राविसर्जिताः ३० ततःशक्रेणसंदिष्टश्चित्रसेनोममांतिकम् ॥ प्राप्तःकमलपत्राक्षसचमामब्रवीदथ ३१ त्वत्कृतेऽहंसुरेशेनप्रेषितोवरवर्णिनि ॥ प्रियंकुरुमहेंद्रस्यममचैवात्मनश्चह ३२ शक्रतुल्यंरणेशूरंसदौदार्यगुणान्वितम् ॥ पार्थंप्रार्थयसुश्रोणित्वमित्येवंतदाऽब्रवीत् ३३ ततोऽहंसमनुज्ञातातेनपित्राचतेऽनघ ॥ तवांतिकमनुप्राप्ताशुश्रूषितुमरिंदम ३४ त्वद्गुणाकृष्टचित्ताऽहमनंगवशमागता ॥ चिराभिलषितोवीरममाप्येषमनोरथः ३५ ॥ वैशंपायनउवाच ॥ ॥ तांतथाब्रुवतींश्रुत्वाभृशंलज्जावृतोऽर्जुनः ॥ उवाचकर्णौहस्ताभ्यांपिधायत्रिदशालये ३६ दुःश्रुतंमेऽस्तुसुभगेयन्मांवदसिभाविनि ॥ गुरुदारैःसमानामेनिश्चयेनवरानने ३७ यथाकुंतीमहाभागायथेंद्राणीशचीमम ॥ तथात्वमपिकल्याणिनात्रकार्याविचारणा ३८ यच्चेक्षितासिविस्पष्टंविशेषेणमयाशुभे ॥ तच्चकारणपूर्वंहिशृणुसत्यंशुचिस्मिते ३९ इयंपौरववंशस्यजननीमुदितेतिह ॥ त्वामहंदृष्टवांस्तत्रविज्ञायोत्फुल्ललोचनः ४० नमामर्हसिकल्याणिअन्यथाध्यातुमप्सरः ॥ गुरोर्गुरुतरामेत्वंममत्वंवंशवर्धिनी ४१ ॥ उर्वश्युवाच ॥ अनावृताश्चसर्वाःस्मदेवराजाभिनंदन ॥ गुरुस्थानेनमांवीरनियोक्तुंत्वमिहार्हसि ४२ पुरोर्वंशेहियेपुत्रानप्तारोवात्विहागताः ॥ तपसारमयन्त्यस्मान्नचतेषांव्यतिक्रमः ४३ तत्प्रसीदनमामार्तांविसर्जयितुमर्हसि ॥ हृच्छयेनचसंतप्तांभक्तांचभजमानद ४४ ॥ अर्जुनउवाच ॥ शृणुसत्यंवरारोहेयत्त्वांवक्ष्याम्यनिंदिते ॥ शृण्वंतुमेदिशश्चैवविदिशश्चसदेवताः ४५ यथाकुंतीचमाद्रीचशचीचैवममानघे ॥ तथाचवंशजननीत्वंहिमेऽद्यगरीयसी ४६ गच्छमूर्ध्नाप्रपन्नोऽस्मिपादौतेवरवर्णिनि ॥ त्वंहिमेमातृवत्पूज्यारक्ष्योऽहंपुत्रवत्त्वया ४७ ॥ वैशंपायनउवाच ॥ एवमुक्तातुपार्थेनउर्वशीक्रोधमूर्च्छिता ॥ वेपंतीभ्रुकुटीवक्राशशापाथधनंजयम् ४८ ॥ ॥ उर्वश्युवाच ॥ ॥ तवपित्राभ्यनुज्ञातांस्वयंचगृहमागताम् ॥ यस्मान्मांनाभिनंदेथाःकामवाणवशंगताम् ४९ तस्मात्त्वंनर्तनःपार्थस्त्रीमध्येमानवर्जितः ॥ अपुमानितिविख्यातःषंढवद्विचरिष्यसि ५० एवंदत्त्वाऽर्जुनेशापंस्फुरदोष्ठीश्वसंत्यथ ॥ पुनःप्रत्यागताक्षिप्रमुर्वशीगृहमात्मनः ५१ ततोऽर्जुनस्त्वरमाणश्चित्रसेनमरिंदमः ॥ संप्राप्यरजनीवृत्तंतदुर्वश्यायथातथा ५२ निवेदयामासतदाचित्रसेनायपांडवः ॥ तत्रचैवंयथावृत्तंशापंचैवपुनःपुनः ५३ अवेदयच्चशक्रस्यचित्रसेनोऽपिसर्वशः ॥ ततआनाय्यतनयंविविक्तेहरिवाहनः ५४ सांत्वयित्वाशुभैर्वाक्यैःस्मयमानोऽभ्यभाषत ॥ सुपुत्राऽद्यपृथातातत्वयापुत्रेणसत्तम ५५ ऋषयोऽपिहिधैर्येणजितावैतेमहाभुज ॥ यत्तुदत्तवतीशापमुर्वशीतवमानद ५६ सचापितेऽर्थकृत्तातसाधकश्चभविष्यति ५७

अप्सरइत्येकत्वमार्षं । यद्वास्यादेकत्वेऽप्सराअपीतिशब्दार्णवादेकत्वंसाधु ४१ । ४२ । ४३ । ४४ । ४५ । ४६ । ४७ भ्रुकुट्यावक्रा नतुमनसा हितार्थत्वाच्छापस्येतिभावः ४८ । ४९ । ५० । ५१ । ५२ । ५३ । ५४ । ५५ । ५६ । ५७

५८ । ५९ । ६० । ६१ । ६२ । ६३ ॥ ॥ इत्यारण्यकेपर्वणिनैलकंठीयेभारतभावदीपेषट्चत्वारिंशोऽध्यायः ॥ ४६ ॥ कदाचिदिति १ । २ । ३ । ४ । ५ । ६ । ७ । ८ । ९ । १०

अज्ञातवासोवस्तव्योभवद्भिर्भूतलेऽनघ ॥ वर्षेत्रयोदशेवीरतंतत्रक्षपयिष्यसि ५८ तेननर्तनवेषेणअपुंस्त्वेनतथैवच ॥ वर्षमेकंविहृत्यैवततःपुंस्त्वमवाप्स्यसि
५९ एवमुक्तस्तुशक्रेणफाल्गुनःपरवीरहा ॥ मुदंपरमिकांलेभेनचशापंव्यचिंतयत् ६० चित्रसेनेनसहितोगंधर्वेणयशस्विना ॥ रेमेसस्वर्गभवनेपांडुपुत्रोधनंज
यः ६१ इदंयःशृणुयाद्वृत्तंनित्यंपांडुसुतस्यवै ॥ नतस्यकामःकामेषुपापकेषुप्रवर्त्तते ६२ इदममरवरात्मजस्यघोरंशुचिचरितंविनिशम्यफाल्गुनस्य ॥ व्यपगत
मददंभरागदोषास्त्रिदिवगताविरमंतिमानवेंद्राः ६३ ॥ ॥ इतिश्रीमहाभारतेआरण्यकेपर्वणिइंद्रलोकाभिगमनपर्वणिउर्वशीशापोनामषट्चत्वारिंशोऽध्यायः ॥ ४६॥
॥ ॥ वैशंपायनउवाच ॥ ॥ कदाचिदटमानस्तुमहर्षिरुतलोमशः ॥ जगामशक्रभवनंपुरंदरदिदृक्षया १ ससमेत्यनमस्कृत्यदेवराजंमहामुनिः ॥
ददर्शार्धासनगतंपांडवंवासवस्यहि २ ततःशक्राभ्यनुज्ञातआसनेविष्टरोत्तरे ॥ निषसादद्विजश्रेष्ठःपूज्यमानोमहर्षिभिः ३ तस्यदृष्ट्वाऽभवद्बुद्धिःपार्थमिंद्रासनेस्थितम् ॥
कथंनुक्षत्रियःपार्थःशक्रासनमवाप्तवान् ४ किंत्वस्यसुकृतंकर्मकेलोकावैविनिर्जिताः॥ सएवमनुसंप्राप्तःस्थानंदेवनमस्कृतम् ५ तस्यविज्ञायसंकल्पंशक्रोवृत्रनिषूदनः ॥
लोमशंप्रहसन्वाक्यमिदमाहशचीपतिः ६ ब्रह्मर्षेश्रूयतांयत्तेमनसैतद्विवक्षितम् ॥ नायंकेवलमर्त्योवैमानुषत्वमुपागतः ७ महर्षेममपुत्रोऽयंकुंत्यांजातोमहाभुजः ॥
अस्त्रहेतोरिहप्राप्तःकस्माच्चित्कारणांतरात् ८ अहोनैनंभवान्वेत्तिपुराणमृषिसत्तमम् ॥ शृणुमेवदतोब्रह्मन्योऽयंयच्चास्यकारणम् ९ नरनारायणौयौतौपुराणावृषिसत्तमौ ॥
ताविमावनुजानीहिहृषीकेशधनंजयौ १० विख्यातौत्रिषुलोकेषुनरनारायणावृषी ॥ कार्यार्थमवतीर्णौतौपृथ्वींपुण्यप्रतिश्रयाम् ११ यन्नशक्यंसुरैर्द्रष्टुमृषिभिर्वामहा
त्मभिः ॥तदाश्रमपदंपुण्यंबदरीनामविश्रुतम् १२ सनिवासोऽभवद्विप्रविष्णोर्जिष्णोस्तथैवच ॥ यतःप्रववृतेगंगासिद्धचारणसेविता १३ तौमन्नियोगाद्ब्रह्मर्षेक्षितौजातौ
महाद्युती ॥ भूमेर्भारावतरणंमहावीर्यौकरिष्यतः १४ उद्वृत्ताह्यसुराःकेचिन्निवातकवचाइति ॥ विप्रियेषुस्थितास्माकंवरदानेनमोहिताः १५ तर्कयंतेसुरान्हंतुंबलदर्प
समन्विताः ॥ देवान्नगणयंत्येतेतथादत्तवराहिते १६ पातालवासिनोरौद्रादनोःपुत्रामहाबलाः ॥ सर्वेदेवनिकायाहिनालंयोधयितुंहितान् १७ योसौभूमिगतः
श्रीमान्विष्णुर्मधुनिषूदनः ॥ कपिलोनामदेवोऽसौभगवानजितोहरिः १८ येनपूर्वंमहात्मानःखनमानारसातलम् ॥ दर्शनादेवविहताःसगरस्यात्मजाविभो १९
तेनकार्यंमहत्कार्यमस्माकंद्विजसत्तम ॥ पार्थेनचमहायुद्धेसमेताभ्यांनसंशयः २० सोसुरान्दर्शनादेवशक्तोहंतुंसहानुगान् ॥ निवातकवचान्सर्वान्नागानिवमहाह्र
दे २१ किंतुनाल्पेनकार्येणप्रबोध्योमधुसूदनः ॥ तेजसःसुमहाराशिःप्रबुद्धःप्रदहेज्जगत् २२

११ । १२ । १३ । १४ । १५ । १६ देवनिकायादेवसमूहाःनालम् नसमर्थाः १७ कपिलः । 'ऋषिंपुराणंकपिलं यस्तमग्रेज्ञानैर्बिभर्तिजायमानंचपश्येत्' इति श्रुतिप्रसिद्धः अग्रेजायमानम् पांचरात्रा
गमेऽनिरुद्धत्वेन वेदेसूत्रात्मत्वेनचव्यवहृतम् नारायणम् १८ । १९ । २० । २१ प्रबोध्योविज्ञाप्यः २२

तेषांनिवातकवचानांप्रतिसमासनेसंक्षेपणे २३ । २४ । २५ । २६ गुडाकेशोऽर्जुनः २७ । २८ । २९ । ३० । ३१ । ३२ । ३३ संप्रतिज्ञायांगीकृत्य ३४ । ३५ ॥ ॥ इत्यारण्यकेपर्वणिनैलकंठीये

अयंतेषांसमस्तानांशक्तःप्रतिसमासने ॥ तान्निहत्यरणेशूरःपुनर्यास्यतिमानुषान् २३ भवानस्मन्नियोगेनयातुतावन्महीतलम् ॥ काम्यकेद्रक्ष्यसेवीरंनिवसंतंयुधिष्ठिरम् २४ सवाच्योममसंदेशाद्धर्मात्मासत्यसंगरः ॥ नोत्कंठाफाल्गुनेकार्याकृतास्त्रःशीघ्रमेष्यति २५ नाशुद्धबाहुवीर्येणनाकृतास्त्रेणवारणे ॥ भीष्मद्रोणादयोयुद्धेशक्याःप्रतिसमासितुम् २६ गृहीतास्त्रोगुडाकेशोमहाबाहुर्महामनाः ॥ नृत्यवादित्रगीतानांदिव्यानांपारमीयिवान् २७ भवानपिविविक्तानितीर्थानिमनुजेश्वर ॥ भ्रातृभिःसहितःसर्वैर्द्रष्टुमर्हत्यरिंदम २८ तीर्थेष्वाप्लुत्यपुण्येषुविपाप्माविगतज्वरः॥ राज्यंभोक्ष्यसिराजेंद्रसुखीविगतकल्मषः २९ भवांश्चैनंद्विजश्रेष्ठपर्यटंतंमहीतलम् ॥ त्रातुमर्हतिविप्राग्र्यतपोबलसमन्वितः ३० गिरिदुर्गेषुचसदादेशेषुविषमेषुच ॥ वसंतिराक्षसारौद्रास्तेभ्योरक्षांविधास्यति ३१ एवमुक्तेमहेंद्रेणबीभत्सुरपिलोमशम् ॥ उवाचप्रयतोवाक्यंरक्षेथाःपांडुनंदनम् ३२ यथागुप्तस्त्वयाराजाचरेत्तीर्थानिसत्तम ॥ दानंदद्याद्यथाचैवतथाकुरुमहामुने ३३ ॥ वैशंपायनउवाच ॥ ॥ तथेतिसंप्रतिज्ञायलोमशःसुमहातपाः ॥ काम्यकंवनमुद्दिश्यसमुपायान्महीतलम् ३४ ददर्शतत्रकौंतेयंधर्मराजमरिंदमम् ॥ तापसैर्भ्रातृभिश्चैवसर्वतःपरिवारितम् ३५ ॥ इतिश्रीमहाभारतेआरण्यकेपर्वणिइंद्रलो०लोमशगमनेसप्तचत्वारिंशोऽध्यायः ॥ ४७ ॥ ॥ जनमेजयउवाच ॥ ॥ अत्यद्भुतमिदंकर्मपार्थस्यामिततेजसः ॥ धृतराष्ट्रोमहाप्राज्ञःश्रुत्वाविप्रकिमब्रवीत् १ ॥ ॥ वैशंपायनउवाच ॥ ॥ शक्रलोकगतंपार्थंश्रुत्वाराजांऽबिकासुतः ॥ द्वैपायनादृषिश्रेष्ठात्संजयंवाक्यमब्रवीत् २ ॥ ॥ धृतराष्ट्रउवाच ॥ ॥ श्रुतंमेसूतकार्त्स्न्येनकर्मपार्थस्यधीमतः ॥ कच्चित्तवापिविदितंयाथातथ्येनसारथे ३ प्रमत्तोग्राम्यधर्मेषुमंदात्मापापनिश्चयः ॥ ममपुत्रःसुदुर्बुद्धिःपृथिवींघातयिष्यति ४ यस्यनित्यमृतावाचःस्वैरेष्वपिमहात्मनः ॥ त्रैलोक्यमपितस्यस्याद्योद्धायस्यधनंजयः ५ अस्यतःकर्णिनाराचांस्तीक्ष्णाग्रांश्चशिलाशितान् ॥ कोऽर्जुनस्याग्रतस्तिष्ठेदपिमृत्युजरातिगः ६ ममपुत्रादुरात्मानःसर्वेमृत्युवशानुगाः ॥ येषांयुद्धंदुराधर्षैःपांडवैःप्रत्युपस्थितम् ७ तथैवचनपश्यामियुधिगांडीवधन्वनः ॥ अनिशंचिंतयानोऽपियएनमुदियाद्रथी ८ द्रोणकर्णौप्रतीयातांयदिभीष्मोऽपिवारणे ॥ महान्स्यात्संशयोलोकेतत्रपश्यामिनोजयम् ९ घृणीकर्णःप्रमादीचआचार्यःस्थविरोगुरुः ॥ अमर्षीबलवान्पार्थःसंरंभीदृढविक्रमः १० संभवेत्तुमुलंयुद्धंसर्वशोऽप्यपराजितम् ॥ सर्वेह्यस्त्रविदःशूराःसर्वेप्राप्तामहद्यशः ११ अपिसर्वेश्वरत्वंहितेवांछंत्यपराजिताः ॥ वधेनूनंभवेच्छांतिरेतेषांफाल्गुनस्यवा १२ नतुहंताऽर्जुनस्यास्तिजेतावाऽस्यनविद्यते ॥ मन्युस्तस्यकथंशाम्येन्मांचैवप्रतिसंहितः १३

भारतभावदीपेसप्तचत्वारिंशोऽध्यायः ॥ ४७ ॥ ॥ अत्यद्भुतमिदंकर्मेत्यादेरध्यायद्वयस्यतात्पर्यंपरोत्कर्षेश्रुतेस्वनाशशंकयामूढस्तप्यतइति १ । २ । ३ । ४ ऋताःसत्याः ५ । ६ । ७ । ८ प्रतीयातांप्रतिगच्छेताम् ९ घृणीदयालुः प्रमादीअनवहितः संरंभीउद्यमी १० । ११ । १२ । १३

१४ । १५ । १६ अपीति । सव्यसाचिनोरथघोषेणापि तत् तत्रणे १७ यत्यद्वा उद्वसन् निषंगादुद्धरन् । प्रवपयन् प्रेरयन् । स्थातास्थास्यति आततायीशस्त्रपाणिः यथोक्तं । 'अग्निदोगरदश्चैवशस्त्र
पाणिर्धनापहः । क्षेत्रदारापहारीचषडेतेआततायिनः' । अपारणीयः अनुल्लंघनीयः जेतुमशक्यः १८ ॥ ॥ इत्यारण्यकेपर्वणिनैलकंठीयेभारतभावदीपेइंद्रलोकाभिगमनपर्वणि अष्टचत्वारिंशो

त्रिदशेशसमोवीरः खांडवेऽग्निमतर्पयत् ॥ जिगायपार्थिवान्सर्वान्राजसूयेमहाक्रतौ १४ शेषंकुर्याद्गिरेर्वज्रोनिपतन्मूर्ध्निसंजय ॥ नतुकुर्युःशराःशेषंक्षिप्तास्तातकिरीटिना
१५ यथाहिकिरणाभानोस्तपंतीहचराचरम् ॥ तथापार्थभुजोत्सृष्टाःशरास्तप्स्यंतिमत्सुतान् १६ अपितद्रथघोषेणभयार्त्ताःसव्यसाचिनः ॥ प्रतिभातिविदीर्णेवसर्व
तोभारतीचमूः १७ यदुद्वमन्प्रवपंश्चैवबाणान्स्थाताऽऽततायीसमरेकिरीटी ॥ सृष्टोंऽतकःसर्वहरोविधात्राभवेद्यथातद्वदपारणीयः १८ ॥ इतिश्रीमहाभारतेआरण्य
केपर्वणिइंद्रलोकाभिगमनपर्वणिधृतराष्ट्रविलापेअष्टचत्वारिंशोऽध्यायः ४८ ॥ ॥ संजयउवाच ॥ यदेतत्कथितंराजंस्त्वयादुर्योधनंप्रति ॥ सर्वमेतद्यथा
तत्त्वंनैतन्मिथ्यामहीपते १ मन्युनाहिसमाविष्टाःपांडवास्तेमहौजसः ॥ दृष्ट्वाकृष्णांसभांनीतांधर्मपत्नींयशस्विनीम् २ दुःशासनस्यतावाचःश्रुत्वातेदारुणोदयाः ॥
कर्णस्यचमहाराजजुगुप्संतीतिमेमतिः ३ श्रुतंहिमेमहाराजयथापार्थेनसंयुगे ॥ एकादशतनुःस्थाणुर्धनुषापरितोषितः ४ कैरातंवेषमास्थाययोधयामासफाल्गुनम् ॥
जिज्ञासुःसर्वदेवेशःकपर्दीभगवान्स्वयम् ५ तत्रैनंलोकपालास्तेदर्शयामासुरच्युतम् ॥ अस्त्रहेतोःपराक्रांततपसाकौरवर्षभम् ६ नैतदुत्सहतेचान्योलब्धुमन्यत्रफाल्गु
नात् ॥ साक्षाद्दर्शनमेतेषामीश्वराणांनरोभुवि ७ महेश्वरेणयोराजन्नजीर्णोह्यष्टमूर्तिना ॥ कस्तमुत्सहतेवीरोयुद्धेजरयितुंपुमान् ८ आसादितमिदंवोरंतुमुलंलोमहर्ष
णम् ॥ द्रौपदींपरिकर्षद्भिःकोपयद्भिश्चपांडवान् ९ यत्तुप्रस्फुरमाणौष्ठोभीमःप्राहवचोऽर्थवत् ॥ दृष्ट्वादुर्योधनेनोरूद्रौपद्यादर्शितावुभौ १० उरूभेत्स्यामितेपापग
दयाभीमवेगया ॥ त्रयोदशानांवर्षाणामंतेदुर्द्यूतदेविनः ११ सर्वेप्रहरतांश्रेष्ठाःसर्वेचामिततेजसः ॥ सर्वेसर्वास्त्रविद्वांसोदेवैरपिसुदुर्जयाः १२ मन्येमन्युसमुद्भूताः
पुत्राणांतवसंयुगे ॥ अंतंपार्थाःकरिष्यंतिभार्यामर्षसमन्विताः १३ ॥ ॥ धृतराष्ट्रउवाच ॥ ॥ किंकृतंसूतकर्णेनवदतापरुषंवचः ॥ पर्याप्तवैरमेतावद्यत्कृष्णा
सासभांगता १४ अपीदानींममसुतास्तिष्ठेरन्मंदचेतसः ॥ तेषांभ्रातागुरुर्ज्येष्ठोविनयेनावतिष्ठते १५ ममापिवचनंसूतनशुश्रूषतिमंदभाक् ॥ दृष्ट्वामांचक्षुषाहीनंनिर्वि
चेष्टमचेतसम् १६ येचास्यसचिवामंदाःकर्णसौबलकादयः ॥ तेतस्यभूयसोदोषान्वर्द्धयंतिविचेतसः १७ स्वैरमुक्ताह्यपिशराःपार्थेनामिततेजसा ॥ निर्दहेयुर्मम
सुतान्किंपुनर्मन्युनेरिताः १८

ऽध्यायः ४८ ॥ ॥ यदेतदिति १ । २ । ३ । ४ । ५ । ६ । ७ नजीर्णोनक्षीणः अष्टौ पंचभूतानि सूर्यचंद्रपुरुषाश्चमूर्तयोयस्य ८ । ९ । १० दुर्द्यूतदेविनः छद्मद्यूतेनजेतुकामस्य ११ । १२
अंतंनाशम् १३ । १४ । विनयेनीतौ १५ । १६ । १७ । १८

१९ । २० । २१ । २२ नहिसंतीतिशेषः २३ ॥ ॥ इत्यारण्यकेप० नै० भा० एकोनपंचाशत्तमोऽध्यायः ४९ ॥ ॥ यदिदंशोचितमित्यादेरध्यायद्वयस्यतात्पर्यं सत्यसंरक्षणेकृतेदेवामानुषा
 श्चानुगृह्णंतीति १ । २ वानेयंवनभवंनीवारादि कृष्टंकर्षणजंग्राम्यधान्यम् ३ शुद्धैर्विषालिप्तैः 'विषलिप्तेनबाणेनयोहतोमृगपक्षिणौ । तयोर्मांसंकलंजंतद्भुक्त्वाचांद्रायणंचरेत् ' इतिस्मृतेः ।

 पार्थबाहुबलोत्सृष्टामहाचापविनिःसृताः ॥ दिव्यास्त्रमंत्रमुदिताःसादयेयुःसुरानपि १९ यस्यमंत्रीचगोप्ताचसुहृच्चैवजनार्दनः ॥ हरिस्त्रैलोक्यनाथःसकिंनुतस्यननि
र्जितम् २० इदंहिसुमहच्चित्रमर्जुनस्येहसंजय ॥ महादेवेनबाहुभ्यांयत्समेतइतिश्रुतिः २१ प्रत्यक्षंसर्वलोकस्यखाण्डवेयत्कृतंपुरा ॥ फाल्गुनेनसहायार्थेवन्हेर्दामो
दरेणच २२ सर्वथानहिमेपुत्राःसहामात्याःससौबलाः ॥ क्रुद्धेपार्थेचभीमेचवासुदेवेचसात्वते २३ ॥ ॥ इतिश्रीमहाभारतेआरण्यकेपर्वणिइंद्रलोकाभिगमनपर्वणि
धृतराष्ट्रखेदेएकोनपंचाशत्तमोऽध्यायः ४९ ॥ ॥ जनमेजयउवाच ॥ यदिदंशोचितंराज्ञाधृतराष्ट्रेणवैमुने ॥ प्रव्राज्यपांडवान्वीरान्सर्वमेतन्निरर्थकम् १ कथंच
राजपुत्रंतमुपेक्षेताल्पचेतसम् ॥ दुर्योधनंपांडुपुत्रान्कोपयानंमहारथान् २ किमासीत्पांडुपुत्राणांवनेभोजनमुच्यताम् ॥ वानेयमथवाकृष्टमेतदाख्यातुनोभवान् ३ ॥
वैशंपायनउवाच ॥ वानेयंचमृगांश्चैवशुद्धैर्बाणैर्निपातितान् ॥ ब्राह्मणानांनिवेद्याग्रमभुंजन्पुरुषर्षभाः ४ तांस्तुशूरान्महेष्वासांस्तदानिवसतोवने ॥ अन्वयुर्ब्रा
ह्मणाराजन्साग्नयोऽनग्नयस्तथा ५ ब्राह्मणानांसहस्राणिस्नातकानांमहात्मनाम् ॥ दशमोक्षविदांतत्रयान्बिभर्तियुधिष्ठिरः ६ रुरून्कृष्णमृगांश्चैवमेध्यांश्चान्यान्वने
चरान् ॥ बाणैरुन्मथ्यविविधैर्ब्राह्मणेभ्योन्यवेदयत् ७ नतत्रकश्चिद्दुर्वर्णोव्याधितोवाऽपिदृश्यते ॥ कृशोवादुर्बलोवाऽपिदीनोभीतोऽपिवापुनः ८ पुत्रानिवप्रियान्भ्रा
तॄन्ज्ञातीनिवसहोदरान् ॥ पुपोषकौरवश्रेष्ठोधर्मराजोयुधिष्ठिरः ९ पतींश्चद्रौपदीसर्वान्द्विजातींश्चयशस्विनी ॥ मातृवद्भोजयित्वाग्रेशिष्टमाहारयत्तदा १० प्राचीं
राजादक्षिणांभीमसेनोयमौप्रतीचीमथवाऽप्युदीचीम् ॥ धनुर्धरामांसहेतोर्मृगाणांक्षयंचक्रुर्नित्यमेवोपगम्य ११ तथातेषांवसतांकाम्यकेवैविहीनानामर्जुनेनोत्सुका
नाम् ॥ पंचैववर्षाणितथाव्यतीयुरधीयतांजपतांजुह्वतांच १२ ॥ ॥ इतिश्रीमहाभारतेआरण्यकेपर्वणिइंद्रलोकाभिगमनपर्वणिपार्थाहारकथनेपंचाशत्तमोऽ
ध्यायः ५० ॥ ॥ ॥ ॥ वैशंपायनउवाच ॥ ॥ तेषांतच्चरितंश्रुत्वामनुष्यातीतमद्भुतम् ॥ चिंताशोकपरीतात्मामन्युनाऽभिपरिप्लुतः १
दीर्घमुष्णंचनिःश्वस्यधृतराष्ट्रोंऽबिकासुतः ॥ अब्रवीत्संजयंसूतमामंत्र्यपुरुषर्षभ २ नरात्रौनदिवासूतशांतिंप्राप्नोमिवैक्षणम् ॥ संचिंत्यदुर्नयंघोरमतीतंद्यूतजंहितत् ३
तेषामसह्यवीर्याणांशौर्यंधैर्यंधृतिंपराम् ॥ अन्योन्यमनुरागंचभ्रातॄणामतिमानुषम् ४ देवपुत्रौमहाभागौदेवराजसमद्युती ॥ नकुलःसहदेवश्चपांडवौयुद्धदुर्मदौ ५ दृढा
युधौदूरपातौयुद्धेचकृतनिश्चयौ ॥ शीघ्रहस्तौदृढक्रोधौनित्ययुक्तौतरस्विनौ ६

अग्रेहंतकारप्रदेयम् ४ अनग्नयः परिव्राजकाः ५ । ६ । ७ । ८ । ९ आहारयत् आहारंकृतवती १० । ११ । १२ ॥ ॥ इत्यारण्यकेपर्वणिनै० भा० पंचाशत्तमोऽध्यायः ॥ ५० ॥ ॥ तेषामिति ।
मन्युनादैन्येन १ । २ । ३ । ४ । ५ । ६

७ । ८ नक्षंस्येतेक्षमांनकरिष्यतः ९ । १० सहितुंसोढुं ११ शैक्ययाशिक्यस्थया भूमिंभित्त्वापातालंप्रवेक्ष्यतीतिभयादंतरिक्षएवधृतयेत्यर्थः १२ १३ । १४ पुत्रस्तेत्वया १५ । १६ । १७ । १८

भीमार्जुनौपुरोधाययदातौरणमूर्धनि ॥ स्थास्येतेसिंहविक्रांतावश्विनाविवदुःसहौ ७ निःशेषमिहपश्यामिममसैन्यस्यसंजय ॥ तौह्यप्रतिरथौयुद्धेदेवपुत्रौमहारथौ ८
द्रौपद्यास्तंपरिक्लेशंनक्षंस्येतेत्वमर्षिणौ ॥ वृष्णयोऽथमहेष्वासाःपंचालावामहौजसः ९ युधिसत्याभिसंधेनवासुदेवेनरक्षिताः ॥ प्रधक्ष्यंतिरणेपार्थाःपुत्राणांममवा
हिनीम् १० रामकृष्णप्रणीतानांवृष्णीनांसूतनंदन ॥ नशक्यःसहितुंवेगःसर्वैस्तैरपिसंयुगे ११ तेषांमध्येमहेष्वासोभीमोभीमपराक्रमः ॥ शैक्ययावीरघातिन्यागदया
विचरिष्यति १२ तथागांडीवनिर्घोषंविस्फूर्जितमिवाशनेः ॥ गदावेगंचभीमस्यनालंसोढुंनराधिपाः १३ ततोहंसुहृदांवाचोदुर्योधनवशानुगः ॥ स्मरणीयाःस्मरि
ष्यामिमयायानकृताःपुरा १४ ॥ संजयउवाच ॥ व्यतिक्रमोऽयंसुमहांस्त्वयाराजन्नुपेक्षितः ॥ समर्थेनापियन्मोहात्पुत्रस्तेननिवारितः १५ श्रुत्वाहिनिर्जितान्द्यूते
पांडवान्मधुसूदनः ॥ त्वरितःकाम्यकेपार्थान्समभावयदच्युतः १६ द्रुपदस्यतथापुत्राधृष्टद्युम्नपुरोगमाः ॥ विराटोधृष्टकेतुश्चकेकयाश्चमहारथाः १७ तैश्चयत्कथितं
राजन्दृष्ट्वापार्थान्पराजितान् ॥ चारेणविदितंसर्वंतन्मयाऽऽवेदितंचते १८ समागम्यवृतस्तत्रपांडवैर्मधुसूदनः ॥ सारथ्येफाल्गुनस्याजौतथेत्याहचतान्हरिः १९ अम
र्षितोहिकृष्णोऽपिदृष्ट्वापार्थांस्तदागतान् ॥ कृष्णाजिनोत्तरासंगानब्रवीच्चयुधिष्ठिरम् २० यासासमृद्धिःपार्थानामिंद्रप्रस्थेबभूवह ॥ राजसूयेमयादृष्टान्नृपैरन्यैःसुदुर्ल
भा २१ यत्रसर्वान्महीपालान्शस्त्रतेजोभयार्दितान् ॥ सवंगांगान्सपौंड्रोड्रान्सचोलद्राविडांध्रकान् २२ सागरानूपकांश्चैवयेचप्रांताभिवासिनः ॥ सिंहलान्बर्बरान्
म्लेच्छान्येचलंकानिवासिनः २३ पश्चिमानिचराष्ट्राणिशतशःसागरांतिकान् ॥ पल्हवान्दरदान्सर्वान्किरातान्यवनान्शकान् २४ हारहूणांश्चचीनांश्चतुषारान्सै
न्धवांस्तथा ॥ जागुडान्रामठान्मुंडान्स्त्रीराज्यमथतंगणान् २५ केकयान्मालवांश्चैवतथाकाश्मीरकानपि ॥ अद्राक्षमहमाहूतान्यज्ञेतेपरिवेषकान् २६ सातेसमृद्धि
र्यैराप्ताचपलाप्रतिसारिणी ॥ आदायजीवितंतेषामाहरिष्यामितामहम् २७ रामेणसहकौरव्यभीमार्जुनयमैस्तथा ॥ अक्रूरगदसांबैश्चप्रद्युम्नेनाहुकेनच २८ धृष्ट
द्युम्नेनवीरेणशिशुपालात्मजेनच ॥ दुर्योधनंरणेहत्वासद्यःकर्णंचभारत २९ दुःशासनंसौबलेयंयश्चान्यःप्रतियोत्स्यते ॥ ततस्त्वंहास्तिनपुरेभ्रातृभिःसहितोवसन् ३०
धार्त्तराष्ट्रींश्रियंप्राप्यप्रशाधिपृथिवीमिमाम् ॥ अथैनमब्रवीद्राजातस्मिन्वीरसमागमे ३१ शृण्वत्स्वेतेषुवीरेषुधृष्टद्युम्नमुखेषुच ॥ ॥ युधिष्ठिरउवाच ॥ ॥ प्रति
गृह्णामितेवाचमिमांसत्यांजनार्दन ३२

१९ । २० । २१ । २२ । २३ । २४ । २५ । २६ प्रातिसारिणीप्रतीपंसरतीति नीचानुगामिनीत्यर्थः आहरिष्यामि इदानीमेवेतिशेषः अतएवप्रार्थना सर्वंमांकुर्विति २७ । २८ । २९
३० । ३१ । ३२

३३ । ३४ समयामासुः सम्युक्तमित्याचख्युः । समशब्दात्तदाचष्टइतिणिच्लिटिआम् । शमयामासुरितिपाठेस्पष्टोर्थः ३५ । ३६ । ३७ । ३८ । ३९ । ४० अहतलक्षणाअखंडितध्वजाः । आहवलक्षणा इतिपाठेआहवयोग्यानिशौर्यद्योतकानिलक्षणानिसामुद्रिकचिह्नानियेषामित्यर्थः ४१ । ४२ युयुधानः सात्यकिः ४३ केसरिणः क्रोधेनोच्छ्रितसटान् ४४ । ४५ । ४६ ॥ इत्यारण्यकेपर्वणिनैलकंठीयेभारत

॥ ४६ ॥ अमित्रान्मेमहाबाहोसानुबंधान्हनिष्यसि ॥ वर्षात्त्रयोदशादूर्ध्वंसत्यंमांकुरुकेशव ३३ प्रतिज्ञातोवनेवासोराजमध्येमयाह्ययम् ॥ तद्धर्मराजवचनंप्रतिश्रुत्यसभासदः ३४ धृष्टद्युम्नपुरोगास्तेसमयामासुरंजसा ॥ केशवंमधुरैर्वाक्यैःकालयुक्तैरमर्षितम् ३५ पांचालींप्राहुरक्लिष्टांवासुदेवस्यशृण्वतः ॥ दुर्योधनस्तवक्रोधाद्देवित्यक्ष्यतिजीवितम् ३६ प्रतिजानीमहेसत्यंमाशुचोवरवर्णिनि ॥ येस्मतेऽक्षजितांकृष्णेदृष्ट्वात्वांप्राहसंस्तदा ॥ मांसानितेषांखादंतोहरिष्यन्तिवृकद्विजाः ३७ पास्यंतिरुधिरंतेषां गृध्रागोमायवस्तथा ॥ उत्तमांगानिकर्षन्तोयैःकृष्टाऽसिसभातले ३८ तेषांद्रक्ष्यसिपांचालिगात्राणिपृथिवीतले ॥ क्रव्यादैःकृष्यमाणानिभक्ष्यमाणानिवासकृत् ॥ ३९ परिक्लिष्टाऽसियैस्तत्रयैश्चासिसमुपेक्षिता ॥ तेषामुत्कृत्तशिरसांभूमिःपास्यतिशोणितम् ४० एवंबहुविधावाचस्तऊचुर्भरतर्षभाः ॥ सर्वेतेजस्विनःशूराःसर्वेचाहतलक्षणाः ४१ तेधर्मराजेनवृतावर्षादूर्ध्वंत्रयोदशात् ॥ पुरस्कृत्योपयास्यंतिवासुदेवंमहारथाः ४२ रामश्चकृष्णश्चधनंजयश्चप्रद्युम्नसांबौयुयुधानभीमौ ॥ माद्रीसुतौकेकयराजपुत्राःपंचालपुत्राःसहमत्स्यराज्ञा ४३ एतान्सर्वांल्लोकवीरानजेयान्महात्मनःसानुबंधान्ससैन्यान् ॥ कोजीवितार्थीसमरेऽभ्युदीयात्क्रुद्धान्सिंहान्केसरिणोयथैव ४४ ॥ धृतराष्ट्रउवाच ॥ यन्माऽब्रवीद्विदुरोद्यूतकालेत्वंपांडवान्जेष्यसिचेन्नरेंद्र ॥ ध्रुवंकुरूणामयमंतकालोमहाभयोभविताशोणितौघः ४५ मन्येतथातद्भवितेतिसूतयथाक्षत्ताप्राहवचःपुरामाम् ॥ असंशयंभवितायुद्धमेतद्गतेकालेपांडवानांयथोक्तम् ४६ ॥ इतिश्रीमहाभारतेआरण्यकेपर्वणिइंद्रलोकाभिगमनपर्वणिधृतराष्ट्रविलापेएकपंचाशत्तमोऽध्यायः ॥ ५१ ॥ ॥ समाप्तमिंद्रलोकाभिगमनपर्व ॥ अथनलोपाख्यानपर्व ॥ ॥ जनमेजयउवाच ॥ अस्त्रहेतोर्गतेपार्थेशक्रलोकंमहात्मनि ॥ युधिष्ठिरप्रभृतयःकिमकुर्वतपांडवाः १ ॥ ॥ वैशंपायनउवाच ॥ ॥ अस्त्रहेतोर्गतेपार्थेशक्रलोकंमहात्मनि ॥ आवसन्कृष्णयासार्धंकाम्यकेभरतर्षभाः २ ततःकदाचिदेकांतेविविक्तइवशाद्वले ॥ दुःखार्ताभरतश्रेष्ठानिषेदुःसहकृष्णया ३ धनंजयंशोचमानाःसाश्रुकंठाःसुदुःखिताः ॥ तद्वियोगार्दितान्सर्वान्शोकःसमभिपुप्लुवे ४ धनंजयवियोगाच्चराज्यभ्रंशाच्चदुःखिताः ॥ अथभीमोमहाबाहुर्युधिष्ठिरमभाषत ५ निदेशात्तेमहाराजगतोऽसौभरतर्षभः ॥ अर्जुनःपांडुपुत्राणांयस्मिन्प्राणाःप्रतिष्ठिताः ६ यस्मिन्विनष्टेपंचालाःसहपुत्रैस्तथावयम् ॥ सात्यकिर्वासुदेवश्चविनश्येयुर्नसंशयः ७ योऽसौगच्छतिधर्मात्माबहून्क्लेशान्विचिंतयन् ॥ भवन्नियोगाद्बीभत्सुस्ततोदुःखतरंनुकिम् ८ यस्यबाहूसमाश्रित्यवयंसर्वेमहात्मनः ॥ मन्यामहेजितानाजौपरान्प्राप्तांचमेदिनीम् ९ यस्यप्रभावान्नमयासभामध्येधनुष्मतः ॥ नीतालोकममुंसर्वेधार्तराष्ट्राःससौबलाः १० ॥ ४६ ॥

भावदीपेएकपंचाशत्तमोऽध्यायः ५१ ॥ अस्त्रेति १ आवसन् आवासंकृतवंतः २ । ३ पुप्लुवेप्लावितवान् ४ । ५ निदेशात आज्ञातः ६ । ७ । ८ । ९ अमुंलोकंपरलोकम् १०

११ । १२ अहीनपौरुषाअपिवयंउपप्लुताःकृताः येबालामूर्खादुर्योधनादयस्तेबलिभिःसामंतदत्तैर्धनैर्बलवत्तराःकृताः १३ । १४ मानीनशःमानाशय १५।१६ । १७ । १८ । १९ । २० बालिशःबालवद्वृथाहठी दीर्घसूत्रश्चिरकारी २१ । २२।२३ वेदेश्रूयते । विश्वसृजा॰सहस्रसंवत्सरम्' इति । अत्रहिसंवत्सरशब्दोदिनपरःकृतः अन्यथाशतायुर्वैपुरुषइतिश्रुतेरनधिकारिकंशास्त्रमप्रमाणंस्यात्तावदायुषोलोकेऽदर्शनाच्चकृच्छ्रतइतिद्वादशवार्षिकंप्रायश्चित्तंप्रतिज्ञातं ततकृच्छ्रतःकृच्छ्रैरपिसद्योभवति तथाहि । 'त्रिंशताप्राजापत्यकृच्छ्रैरेकोऽब्दोभवति' एवंमित्रविंदेष्टिपवित्रेष्टिमृगारेष्टिप्रभृतिभिर्दशदशप्राजापत्यस्थानेधर्मशास्त्रेविहिता

तेवयंबाहुबलिनःक्रोधमुत्थितमात्मनः ॥ सहामहेभवन्मूलंवासुदेवेनपालिताः ११ वयंहिसहकृष्णेनहत्वाकर्णमुखान्परान् ॥ स्वबाहुविजितांकृत्स्नांप्रशासेमवसुंधराम् १२ भवतोद्यूतदोषेणसर्वेवयमुपप्लुताः ॥ अहीनपौरुषाबालाबलिभिर्बलवत्तराः १३ क्षात्रंधर्मंमहाराजत्वमवेक्षितुमर्हसि ॥ नहिधर्मोमहाराजक्षत्रियस्यवनाश्रयः १४ राज्यमेवपरंधर्मंक्षत्रियस्यविदुर्बुधाः ॥ सक्षत्रधर्मविद्राजामाधर्म्यान्नीनशःपथः १५ प्राग्द्वादशसमाराजन्धार्त्तराष्ट्रान्निहन्महि ॥ निवर्त्यचवनात्पार्थमानाय्यच जनार्दनम् १६ व्यूढानीकान्महाराजजवेनैवमहामते ॥ धार्त्तराष्ट्रानमुंलोकंगमयामिविशांपते १७ सर्वानहंहनिष्यामिधार्त्तराष्ट्रान्ससौबलान् ॥ दुर्योधनंचकर्णंचयोवाऽन्यःप्रतियोत्स्यते १८ मयाप्रशमितेपश्चात्त्वमेष्यसिवनंपुनः ॥ एवंकृतेनतेदोषोभविष्यतिविशांपते १९ यज्ञैश्चविविधैस्तातकृतंपापमरिंदम ॥ अवधूयमहाराजगच्छेमस्वर्गमुत्तमम् २० एवमेतद्भवेद्राजन्यदिराजानबालिशः ॥ अस्माकंदीर्घसूत्रःस्याद्भवान्धर्मपरायणः २१ निकृत्यानिकृतिप्रज्ञाहंतव्याइतिनिश्चयः ॥ नहिनैकृतिकंहत्वानिकृत्यापापमुच्यते २२ तथाभारतधर्मेषुधर्मज्ञैरिहदृश्यते ॥ अहोरात्रंमहाराजतुल्यंसंवत्सरेणह २३ तथैववेदवचनंश्रूयतेनित्यदाविभो ॥ संवत्सरोमहाराजपूर्णोभवतिकृच्छ्रतः २४ यदिवेदाःप्रमाणास्तेदिवसादूर्ध्वमच्युत ॥ त्रयोदशसमाःकालोज्ञायतांपरिनिष्ठितः २५ कालोदुर्योधनंहंतुंसानुबंधमरिंदम ॥ एकाग्रंपृथिवींसर्वांपुराराजन्करोतिसः २६ द्यूतप्रियेणराजेंद्रतथातद्भवताकृतम् ॥ प्रायेणाज्ञातचर्यायांवयंसर्वेनिपातिताः २७ नतंदेशंप्रपश्यामियत्रसोऽस्मान्सुदुर्जनः ॥ नविज्ञास्यतिदुष्टात्माचारैरितिसुयोधनः २८ अधिगम्यचसर्वान्नोवनवासमिमंततः ॥ प्रव्राजयिष्यतिपुनर्निकृत्याऽधमपूरुषः २९ यद्यस्मानभिगच्छेतपापःसहिकथंचन ॥ अज्ञातचर्यामुत्तीर्णान्दृष्ट्वाचपुनराह्वयेत् ३० द्यूतेनतेमहाराजपुनर्द्यूतमवर्तत ॥ भवांश्चपुनराहूतोद्यूतेनैवापनेष्यति ३१ सतथाऽक्षेषुकुशलोनिश्चितोगतचेतनः ॥ चरिष्यसिमहाराजवनेषुवसतीःपुनः ३२ यद्यस्मान्सुमहाराजकृपणान्कर्तुमर्हसि ॥ यावज्जीवमवेक्षस्ववेदधर्मांश्चकृत्स्नशः ३३ निकृत्यानिकृतिप्रज्ञोहन्तव्यइतिनिश्चयः ॥ अनुज्ञातस्त्वयागत्वायावच्छक्तिसुयोधनम् ३४ यथैवकक्षमुत्सृष्टोदहेदनिलसारथिः ॥ हनिष्यामितथामंदमनुजानातुमेभवान् ३५

भिर्द्वादशवार्षिकंव्रतंसमापितुंशक्यमित्यर्थः २४ । २५ । पुराअग्रे २६ । २७ । २८ । २९ । ३० द्यूतेद्यूतार्थंपुनराह्वयेत् नन्वाहूतोऽप्यहंनगमिष्यामीत्याशंक्याहपुनर्द्यूतमवर्त्तत पूर्वमप्यनुद्यूतस्यकृतत्वात्पुनरपिद्यूतंकरिष्यस्येवेत्यर्थः अपनेष्यतिदूरीकरिष्यति श्रियमितिशेषः ३१ । ३२ । ३३ । ३४ कक्षंतृणंअभिलक्ष्येतिशेषः ३५

३६ । ३७ अनृतमिति । विश्वसृजांसत्रेसंवत्सरशब्दोनकालपरःकिंतुः'पंचपंचाशतस्त्रिवृतःसंवत्सराःपंचपंचाशतःपंचदशाः'इत्यादिश्रुतौसंवत्सरपदस्यत्रिवृदादिशब्दसामानाधिकरण्यादहःशब्दवाच्यक्रतुपरत्वंदृष्टंअतःसंवत्सरशब्दोदिनपरइतिमवादमात्रं पंचपंचाशतइतिपंचाशदधिकंशतद्वयमुच्यते । नहिकालेनकर्त्तव्यंव्रतंकर्मणासमापयितुंशक्यमितिभावः ३८। ३९ । ४० । ४१ । ४२ । ४३ । ४४ । ४५ । ४६

॥ वैशंपायनउवाच ॥ एवंब्रुवाणंभीमंतुधर्मराजोयुधिष्ठिरः ॥ उवाचसांत्वयन्राजामूर्ध्न्युपाघ्रायपांडवम् ३६ असंशयंमहाबाहोहनिष्यसिसुयोधनम् ॥ वर्षात्त्रयोदशादूर्ध्वं सहगांडीवधन्वना ३७ यत्त्वमाभाषसेपार्थप्राप्तःकालइतिप्रभो ॥ अनृतंनोत्सहेवक्तुंनह्येतन्ममविद्यते ३८ अंतरेणापिकौंतेयनिकृतिंपापनिश्चयम् ॥ हंतात्वमसि दुर्धर्षसानुबंधंसुयोधनम् ३९ एवंब्रुवतिभीमंतुधर्मराजेयुधिष्ठिरे ॥ आजगाममहाभागोबृहदश्वोमहानृषिः ४० तमभिप्रेक्ष्यधर्मात्मासंप्राप्तंधर्मचारिणम् ॥ शास्त्रवन्मधुपर्केणपूजयामासधर्मराट् ४१ आश्वस्तंचैनमासीनमुपासीनोयुधिष्ठिरः ॥ अभिप्रेक्ष्यमहाबाहुःकृपणंबह्वभाषत ४२ अक्षद्यूतेचभगवन्धनंराज्यंचमेहृतम् ॥ आहूयनिकृतिप्रज्ञैःकितवैरक्षकोविदैः ४३ अनक्षज्ञस्यहिसतोनिकृत्यापापनिश्चयैः ॥ भार्याचमेसभांनीताप्राणेभ्योऽपिगरीयसी ४४ पुनर्द्यूतेनमांजित्वावनवासंसुदारुणम् ॥ प्राव्राजयन्महारण्यमजिनैःपरिवारितम् ४५ अहंवनेदुर्वसतीर्वसन्परमदुःखितः ॥ अक्षद्यूताधिकारेचगिरःशृण्वन्सुदारुणाः ४६ आर्त्तानांसुहृदांवाचोद्यूतप्रभृतिशंसताम् ॥ अहंहृदिश्रिताःस्मृत्वासर्वरात्रीर्विचिंतयन् ४७ यस्मिंश्चैवसमस्तानांप्राणागांडीवधन्वनि ॥ 'विनामहात्मनातेनगतसत्त्वइवाभवम् ॥ ४८ कदाद्रक्ष्यामिबीभत्सुंकृतास्त्रंपुनरागतम् ॥ प्रियवादिनमक्षुद्रंदयायुक्तमतंद्रितः ४९ अस्तिराजामयाकश्चिदल्पभाग्यतरोभुवि ॥ भवतादृष्टपूर्वोवाश्रुतपूर्वोऽपिवाक्वचित् ॥ नमत्तोदुःखिततरःपुमानस्तीतिमेमतिः ५० ॥ बृहदश्वउवाच ॥ यद्ब्रवीषिमहाराजनमत्तोविद्यतेक्वचित् ॥ अल्पभाग्यतरःकश्चित्पुमानस्तीतिपांडव ५१ अत्रतेवर्णयिष्यामियदिशुश्रूषसेऽनघ ॥ यस्त्वत्तोदुःखिततरोराजाऽऽसीत्पृथिवीपते ५२ ॥ वैशंपायनउवाच ॥ अथैनमब्रवीद्राजाब्रवीतुभगवानिति ॥ इमामवस्थांसंप्राप्तंश्रोतुमिच्छामिपार्थिवम् ५३ ॥ बृहदश्वउवाच ॥ शृणुराजन्नवहितःसहभ्रातृभिरच्युत ॥ यस्त्वत्तोदुःखिततरोराजाऽऽसीत्पृथिवीपते ५४ निषधेषुमहीपालोवीरसेनइतिश्रुतः ॥ तस्यपुत्रोऽभवन्नाम्नानलोधर्मार्थकोविदः ५५ सनिकृत्याजितोराजापुष्करेणेतिनःश्रुतम् ॥ वनवासंसुदुःखार्तोभार्ययान्यवसत्सह ५६ नतस्यदासानरथोनभ्रातानचबांधवाः ॥ वनेनिवसतोराजन्शिष्यंतेस्मकदाचन ५७ भवान्हिसंवृतोवीरैर्भ्रातृभिर्देवसंमितैः ॥ ब्रह्मकल्पैर्द्विजाग्र्यैश्चतस्मान्नार्हसिशोचितुम् ५८ ॥ युधिष्ठिरउवाच ॥ विस्तरेणाहमिच्छामिनलस्यसुमहात्मनः ॥ चरितंवदतांश्रेष्ठतन्ममाख्यातुमर्हसि ५९ ॥ ॥ इतिश्रीमहाभारतेआ०नलोपाख्यानपर्वणि द्विपंचाशत्तमोऽध्यायः ॥ ५२ ॥ ॥ ॥

४७।४८ । ४९ अत्रेवार्थेसत्यंसर्वथानराज्यमितिआख्यायिकाद्वाराभमिसेनंबोधयितुंराज्ञाबृहदश्वःप्रवर्त्यते अस्तिराजामयाकश्चिदित्यादिना ५० । ५१ । ५२ । ५३ । ५४ । ५५ पुष्करेणराज्ञा ५६ शिष्यंतेअवशिष्टाः कालस्त्वविवक्षितः ५७ । ५८ । ५९ ॥ इत्यारण्यकेपर्वणिनैलकंठीयेभारतभावदीपेद्विपंचाशत्तमोध्यायः ॥ ५२ ॥

आसीदिति। उपपन्नोतियुक्तः १।२।३।४।५।६।७।८।९।१०।११ सौदामनीप्रावृषेण्यमेघसंबंधिनी सुष्ठुजगतोजीवनंददतितेसुदामानोमेघास्तेषांसमूहःसौदामनः प्रावृट्कालस्तत्संबंधिनी

॥ बृहदश्वउवाच ॥ आसीद्राजानलोनामवीरसेनसुतोबली ॥ उपपन्नोगुणैरिष्टैरूपवानश्वकोविदः १ अतिष्ठन्मनुजेंद्राणांमूर्ध्निदेवपतिर्यथा ॥ उपर्युपरिसर्वेषामादि
त्यइवतेजसा २ ब्रह्मण्योवेदविच्छूरोनिषधेषुमहीपतिः ॥ अक्षप्रियःसत्यवादीमहानक्षौहिणीपतिः ३ ईप्सितोवरनारीणामुदारःसंयतेंद्रियः ॥ रक्षिता
धन्विनांश्रेष्ठःसाक्षादिवमनुःस्वयम् ४ तथैवासीद्विदर्भेषुभीमोभीमपराक्रमः ॥ शूरःसर्वगुणैर्युक्तःप्रजाकामःसचाप्रजः ५ सप्रजार्थेपरंयत्नमकरोत्सुसमाहि
तः ॥ तमभ्यगच्छद्ब्रह्मर्षिर्दमनोनामभारत ६ तंसभीमःप्रजाकामस्तोषयामासधर्मवित् ॥ महिष्यासहराजेंद्रसत्कारेणसुवर्चसम् ७ तस्मैप्रसन्नोदमनःसभार्यायवरं
ददौ ॥ कन्यारत्नंकुमारांश्चत्रीनुदारान्महायशाः ८ दमयंतींदमंदांतंदमनंचसुवर्चसम् ॥ उपपन्नान्गुणैःसर्वैर्भीमान्भीमपराक्रमान् ९ दमयंतीतुरूपेणतेजसायशसा
श्रिया ॥ सौभाग्येनचलोकेषुयशःप्रापसुमध्यमा १० अथतांवयसिप्राप्तेदासीनांसमलंकृतम् ॥ शतंशतंसखीनांचपर्युपासच्छचीमिव ११ तत्रस्मराजतेभैमीसर्वाभ
रणभूषिता ॥ सखीमध्येऽनवद्यांगीविद्युत्सौदामनीयथा १२ अतीवरूपसंपन्नाश्रीरिवायतलोचना ॥ नदेवेषुनयक्षेषुतादृग्रूपवतीक्वचित् १३ मानुषेष्वपिचान्येषुदृष्ट
पूर्वाऽथवाश्रुता ॥ चित्तप्रसादनीबालादेवानामपिसुंदरी १४ नलश्चनरशार्दूलोलोकेष्वप्रतिमोभुवि ॥ कंदर्पइवरूपेणमूर्तिमानभवत्स्वयम् १५ तस्याःसमीपेतुन
लंप्रशशंसुःकुतूहलात् ॥ नैषधस्यसमीपेतुदमयंतींपुनःपुनः १६ तयोरदृष्टःकामोऽभूच्छृण्वतोःसततंगुणान् ॥ अन्योन्यंप्रतिकौंतेयसव्यवर्धतहृच्छयः १७
अशक्नुवन्नलःकामंतदाधारयितुंहृदा ॥ अंतःपुरसमीपस्थेवनआस्तेरहोगतः १८ सददर्शततोहंसान्जातरूपपरिष्कृतान् ॥ वनेविचरतांतेषामेकंजग्राहपक्षिणम् १९
ततोंऽतरिक्षगोवाचंव्याजहारनलंतदा ॥ हंतव्योऽस्मिनतेराजन्करिष्यामितवप्रियम् २० दमयंतीसकाशेत्वांकथयिष्यामिनैषध ॥ यथात्वदन्यंपुरुषंनसामंस्यति
कर्हिचित् २१ एवमुक्तस्ततोहंसमुत्ससर्जमहीपतिः ॥ तेतुहंसाःसमुत्पत्यविदर्भानगमंस्ततः २२ विदर्भनगरींगत्वादमयंत्यास्तदांतिके ॥ निपेतुस्तेगरुत्मंतःसाददर्श
चतान्खगान् २३ सातानद्भुतरूपान्वैदृष्ट्वासखिगणावृता ॥ हृष्टाग्रहीतुंखगमांस्त्वरमाणोपचक्रमे २४ अथहंसाविसस्रपुःसर्वतःप्रमदावने ॥ एकैकशस्तदाकन्या
स्तानहंसान्समुपाद्रवन् २५ दमयंतीतुयंहंसंसमुपाधावदंतिके ॥ समानुषींगिरंकृत्वादमयंतीमथाब्रवीत् २६ दमयंतिनलोनामनिषधेषुमहीपतिः ॥ अश्विनोःसदृशो
रूपेनसमास्तस्यमानुषाः २७ कंदर्पइवरूपेणमूर्तिमानभवत्स्वयम् ॥ तस्यवैयदिभार्यात्वंभवेथावरवर्णिनि २८ सफलंतेभवेज्जन्मरूपंचेदंसुमध्यमे ॥ वयंहिदेवगं
धर्वमनुष्योरगराक्षसान् २९

साहिअसंतद्योतमानाभवतीतिप्रसिद्धम् १२।१३।१४ मूर्तिमानशरीरी १५ प्रशशंसुः वार्ताहराइतिशेषः १६ हृच्छयः कामः १७। १८ जातरूपपरिष्कृतान्सुवर्णपक्षान् १९ अन्तरिक्षगः खगः २०
२१।२२ गरुत्मंतः पक्षवंतः २३।२४।२५।२६।२७।२८।२९

दृष्टवंतोनचास्माभिर्दृष्टपूर्वस्तथाविधः ॥ त्वंचापिरत्नंनारीणांनरेषुचनलोवरः ३० विशिष्टयाविशिष्टेनसंग्रामोगुणवान्भवेत् ॥ एवमुक्तातुहंसेनदमयंतीविशांपते ३१
अब्रवीत्तत्रतंहंसंत्वमप्येवंनलेवद ॥ तथेत्युक्त्वांऽडजःकन्यांविदर्भस्यविशांपते ॥ पुनरागम्यनिषधान्नलेसर्वंन्यवेदयत् ३२ ॥ ॥ इतिश्रीमहाभारतेआरण्यकेपर्वणि
नलोपाख्यानप०हंसदमयंतीसंवादेत्रिपंचाशत्तमोऽध्यायः ॥ ५३ ॥ ॥ ॥ बृहदश्वउवाच ॥ ॥ दमयंतीतुतच्छ्रुत्वावचोहंसस्यभारत ॥ ततःप्रभृ
तिनस्वस्थानलंप्रतिबभूवसा १ ततश्चिंतापरादीनाविवर्णवदनाकृशा ॥ बभूवदमयंतीतुनिःश्वासपरमातदा २ ऊर्ध्वदृष्टिर्ध्यानपराबभूवोन्मत्तदर्शना ॥ पांडुवर्णाक्षणे
नाथहृच्छयाविष्टचेतना ३ नशय्यासनभोगेषुरतिंविंदतिकर्हिचित् ॥ ननक्तंनदिवाशेतेहाहेतिरुदतीपुनः ४ तामस्वस्थांतदाकारांसख्यस्ताजज्ञुरिंगितैः ॥ ततोविदर्भपत
येदमयंत्याःसखीजनः ५ न्यवेदयत्तामस्वस्थांदमयंतींनरेश्वरे ॥ तच्छ्रुत्वानृपतिर्भीमोदमयंतींसखीगणात् ६ चिंतयामासतत्कार्यंसुमहत्स्वांसुतांप्रति ॥ किमर्थंदुहि
तामेऽद्यनातिस्वस्थेवलक्ष्यते ७ ससमीक्ष्यमहीपालःस्वांसुतांप्राप्तयौवनाम् ॥ अपश्यदात्मनाकार्यंदमयंत्याःस्वयंवरम् ८ ससन्निमंत्रयामासमहीपालान्विशांपतिः ॥
अनुभूयतामयंवीराःस्वयंवरइतिप्रभो ९ श्रुत्वातुपार्थिवाःसर्वेदमयंत्याःस्वयंवरम् ॥ अभिजग्मुस्ततोभीमंराजानोभीमशासनात् १० हस्त्यश्वरथघोषेणपूरयंतोवसुंध
राम् ॥ विचित्रमाल्याभरणैर्बलैर्दृश्यैःस्वलंकृतैः ११ तेषांभीमोमहाबाहुःपार्थिवानांमहात्मनाम् ॥ यथार्हमकरोत्पूजांतेऽवसंस्तत्रपूजिताः १२ एतस्मिन्नेवकाले
तुसुराणामृषिसत्तमौ ॥ अटमानौमहात्मानाविंद्रलोकमितोगतौ १३ नारदःपर्वतश्चैवमहाप्राज्ञौमहाव्रतौ ॥ देवराजस्यभवनंविविशातेसुपूजितौ १४ तावर्चयित्वा
मघवाततःकुशलमव्ययम् ॥ पप्रच्छानामयंचापितयोःसर्वगतंविभुः १५ ॥ नारदउवाच ॥ आवयोःकुशलंदेवसर्वत्रगतमीश्वर ॥ लोकेचमघवन्कृत्स्नेनृपाःकुशलि
नोविभो १६ ॥ बृहदश्वउवाच ॥ नारदस्यवचःश्रुत्वापप्रच्छबलवृत्रहा ॥ धर्मज्ञाःपृथिवीपालास्त्यक्तजीवितयोधिनः १७ शस्त्रेणनिधनंकालेयेगच्छंत्यपराङ्मुखाः ॥
अयंलोकोऽक्षयस्तेषांयथैवममकामधुक् १८ क्वनुतेक्षत्रियाःशूरानहिपश्यामितानहम् ॥ आगच्छतोमहीपालान्दयितानतिथीन्मम १९ एवमुक्तस्तुशक्रेणनारदः
प्रत्यभाषत ॥ ॥ नारदउवाच ॥ शृणुमेमघवन्येननदृश्यंतेमहीक्षितः २० विदर्भराज्ञोदुहितादमयंतीतिविश्रुता ॥ रूपेणसमतिक्रांतापृथिव्यांसर्वयोषितः २१ त
स्याःस्वयंवरःशक्रभवितानचिरादिव ॥ तत्रगच्छन्तिराजानोराजपुत्राश्चसर्वशः २२ तांरत्नभूतांलोकस्यप्रार्थयंतोमहीक्षितः ॥ कांक्षंतिस्मविशेषेणबलवृत्रनिषूदन
२३ एतस्मिन्कथ्यमानेतुलोकपालाश्चसाग्निकाः ॥ आजग्मुर्देवराजस्यसमीपममरोत्तमाः २४

कैःश्चेष्टितैः ५ नरेश्वरेनलनिमित्तम् ६ । ७ । ८ सन्निमंत्रयामासआमंत्रितवान् अनुभूयतांप्रेक्ष्यतांभवद्भिः ९ । १० । ११ । १२ । १३ । १४ । १५ । १६ । १७ । १८ । १९ महीक्षितः पृथ्वीश्वराः
२० । २१ । २२ । २३ । २४

२५ । २६ । २७ । २८ । विगतोविनष्टःदयंयंतींप्राप्स्यामइतिसंकल्पोयेषाम् २९ । ३० । ३१ ॥ इत्यारण्यकेपर्वणि नैलकंठीये भारतभावदीपे चतुःपंचाशत्तमोऽध्यायः ॥ ५४ ॥ ॥ तेभ्य इति ।

ततस्तेशुश्रुवुःसर्वेनारदस्यवचोमहत् ॥ श्रुत्वैवचाब्रुवन्हृष्टागच्छामोवयमप्युत २५ ततःसर्वेमहाराजसगणाःसहवाहनाः ॥ विदर्भानभिजग्मुस्तेयतःसर्वेमहीक्षितः
२६ नलोऽपिराजाकौंतेयश्रुत्वाराज्ञांसमागमम् ॥ अभ्यगच्छददीनात्मादमयंतीमनुव्रतः २७ अथदेवाःपथिनलंददृशुर्भूतलेस्थितम् ॥ साक्षादिवस्थितंमूर्त्यामन्मथं
रूपसंपदा २८ तंदृष्ट्वालोकपालास्तेभ्राजमानंयथारविम् ॥ तस्थुर्विगतसंकल्पाविस्मितारूपसंपदा २९ ततोंऽतरिक्षेविष्टभ्यविमानानिदिवौकसः ॥ अब्रुवन्नैषधंराज
न्नवतीर्यनभस्तलात् ३० भोभोनिषधराजेंद्रनलसत्यव्रतोभवान् ॥ अस्माकंकुरुसाहाय्यंदूतोभवनरोत्तम ३१ ॥ ॥ इतिश्रीमहाभारतेआरण्यकेपर्वणिनलोपाख्या
नपर्वणिइंद्रनारदसंवादेचतुःपंचाशत्तमोऽध्यायः ॥ ५४ ॥ ॥ बृहदश्वउवाच ॥ तेभ्यःप्रतिज्ञायनलःकरिष्यइतिभारत ॥ अथैतान्परिपप्रच्छकृतांजलिरुपस्थितः १
केवैभवंतःकश्चासौयस्याहंदूतईप्सितः ॥ किंचतद्वोमयाकार्यंकथयध्वंयथातथम् २ एवमुक्तेनैषधेनमघवानभ्यभाषत ॥ अमरान्वैनिबोधास्मान्दमयंत्यर्थमागतान् ३
अहमिंद्रोऽयमग्निश्चतथैवायमपांपतिः ॥ शरीरांतकरोनृणांयमोऽयमपिपार्थिव ४ त्वंवैसमागतानस्मान्दमयंत्यैनिवेदय ॥ लोकपालामहेंद्राद्याःसमायांतिदिदृक्षवः ५
प्राप्तुमिच्छंतिदेवास्त्वांशक्रोऽग्निर्वरुणोयमः ॥ तेषामन्यतमंदेवंपतित्वेवरयस्वह ६ एवमुक्तःसशक्रेणनलःप्रांजलिरब्रवीत् ॥ एकार्थसमुपेतंमांनप्रेषयितुमर्हथ ७ कथं
तुजातसंकल्पःस्त्रियमुत्सृजतेपुमान् ॥ परार्थमीदृशंवक्तुंतत्क्षमंतुमहेश्वराः ८ ॥ ॥ देवाऊचुः ॥ करिष्यइतिसंश्रुत्यपूर्वमस्मासुनैषध ॥ नकरिष्यसिकस्मात्त्वंव्रजनैष
धमाचिरम् ९ ॥ बृहदश्वउवाच ॥ एवमुक्तःसदेवैस्तैर्नैषधःपुनरब्रवीत् ॥ सुरक्षितानिवेश्मानिप्रवेष्टुंकथमुत्सहे १० प्रवेक्ष्यसीतितंशक्रःपुनरेवाभ्यभाषत ॥ जगाम
सतथेत्युक्त्वादमयंत्यानिवेशनम् ११ ददर्शतत्रवैदर्भींसखीगणसमावृताम् ॥ देदीप्यमानांवपुषाश्रियाचवरवर्णिनीम् १२ अतीवसुकुमारांगींतनुमध्यांसुलोचनाम् ॥
आक्षिपंतीमिवप्रभांशशिनःस्वेनतेजसा १३ तस्यदृष्ट्वैववव्रधेकामस्तांचारुहासिनीम् ॥ सत्यंचिकीर्षमाणस्तुधारयामासहृच्छयम् १४ ततस्तानैषधंदृष्ट्वासंभ्रांताःपर
मांगनाः ॥ आसनेभ्यःसमुत्पेतुस्तेजसातस्यधर्षिताः १५ प्रशशंसुश्चसुप्रीतानलंताविस्मयान्विताः ॥ नचैनमभ्यभाषंतमनोभिस्त्वभ्यपूजयन् १६ अहोरूपमहो
कांतिरहोधैर्यंमहात्मनः ॥ कोऽयंदेवोऽथवायक्षोगंधर्वोवाभविष्यति १७ नतास्तंशक्नुवंतिस्मव्याहर्तुमपिकिंचन ॥ तेजसाधर्षितास्तस्यलज्जावत्योवरांगनाः १८ अथै
नंस्मयमानंतुस्मितपूर्वाभिभाषिणी ॥ दमयंतीनलंवीरमभ्यभाषतविस्मिता १९ कस्त्वंसर्वानवद्यांगममहृच्छयवर्धन ॥ प्राप्तोस्यमरवद्वीरज्ञातुमिच्छामितेऽनघ २०
कथमागमनंचेहकथंचासिनलक्षितः ॥ सुरक्षितंहिमेवेश्मराजाचैवोग्रशासनः २१

१ । २ । ३ । ४ । ५ । ६ एकार्थमेकप्रयोजनं यूयमिवाहमपिदमयंतींप्रार्थयामीत्यर्थः ७ । ८ । ९ । १० प्रवेक्ष्यसीति अदृश्योऽशक्तिस्तुभ्यंदत्तेतिभावः ११ । १२ । १३ । १४ धर्षिताअभिभूताः
१५ । १६ । १७ । १८ । १९ । २० । २१

२२ । २३ । २४ । २५ ॥ इत्यारण्यकेप० न० भारतभा० पंचपंचाशत्तमोऽध्यायः ॥ ५५ ॥ ॥ सेति । यथाश्रद्धंदेवेभ्योनमस्कृत्यप्रणयस्वेतिसंबंधः प्रणयस्वपरिणयस्वमामितिशेषः १ विश्रब्धं

एवमुक्तस्तुवैदर्भ्यानलस्तांप्रत्युवाचह ॥ नलउवाच ॥ नलंमांविद्धिकल्याणिदेवदूतमिहागतम् २२ देवास्त्वांप्राप्तुमिच्छंतिशक्रोऽग्निर्वरुणोयमः ॥ तेषामन्य तमंदेवंपतिंवरयशोभने २३ तेषामेवप्रभावेणप्रविष्टोऽहमलक्षितः ॥ प्रविशंतंनमांकश्चिदपश्यन्नाप्यवारयत् २४ एतदर्थमहंभद्रेप्रेषितःसुरसत्तमैः ॥ एतच्छ्रुत्वाशुभेबुद्धिंप्रकुरुष्वयथेच्छसि २५ ॥ इतिश्रीमहाभारतेआरण्यकेपर्वणिनलोपाख्यानपर्वणिनलस्यदेवदौत्येपंचपंचाशत्तमोऽध्यायः ५५ ॥ ॥ बृहदश्वउवाच ॥ सानमस्कृत्यदेवेभ्यःप्रहस्यनलमब्रवीत् ॥ प्रणयस्वयथाश्रद्धंराजन्किंकरवाणिते १ अहंचैवहियच्चान्यन्ममास्तिवसुकिंचन ॥ तत्सर्वंतवविश्रब्धंकुरुप्रणयमीश्वर २ हंसानांवचनंयत्तुतन्मांदहतिपार्थिव ॥ त्वत्कृतेहिमयावीरराजानःसन्निपातिताः ३ यदित्वंभजमानांमांप्रत्याख्यास्यसिमानद ॥ विषमग्निंजलंरज्जुमास्थास्येतवकारणात् ४ एवमुक्तस्तुवैदर्भ्यानलस्तांप्रत्युवाचह ॥ तिष्ठत्सुलोकपालेषुकथंमानुषमिच्छसि ५ येषामहंलोककृतामीश्वराणांमहात्मनाम् ॥ नपादरजसातुल्योमनस्तेतेषुवर्त्तताम् ६ विप्रियंह्याचरन्मर्त्योदेवानांमृत्युमृच्छति ॥ त्राहिमामनवद्यांगिवरयस्वसुरोत्तमान् ७ विरजांसिचवासांसिदिव्याश्चित्राःस्रजस्तथा ॥ भूषणानितुमुख्यानिदेवान्प्राप्यतुभुंक्ष्ववै ८ यइमांपृथिवींकृत्स्नांसंक्षिप्यग्रसतेपुनः ॥ हुताशमीशंदेवानांकातंनवरयेत्पतिम् ९ यस्यदंडभयात्सर्वेभूतग्रामाःसमागताः ॥ धर्ममेवानुरुध्यंतिकातंनवरयेत्पतिम् १० धर्मात्मानंमहात्मानंदैत्यदानवमर्दनम् ॥ महेंद्रंसर्वदेवानांकातंनवरयेत्पतिम् ११ क्रियतामविशंकेनमनसायदिमन्यसे ॥ वरुणंलोकपालानांसुहृद्वाक्यमिदंशृणु १२ नैषधेनैवमुक्तासादमयंतीवचोऽब्रवीत् ॥ समाप्लुताभ्यांनेत्राभ्यांशोकजेनाथवारिणा १३ देवेभ्योऽहंनमस्कृत्यसर्वेभ्यःपृथिवीपते ॥ वृणेत्वामेवभर्त्तारंसत्यमेतद्ब्रवीमिते १४ तामुवाचततोराजावेपमानांकृतांजलिम् ॥ दौत्येनागत्यकल्याणितथाभद्रेविधीयताम् १५ कथंह्यहंप्रतिश्रुत्यदेवतानांविशेषतः ॥ परार्थेयत्नमारभ्यकथंस्वार्थमिहोत्सहे १६ एषधर्मोयदिस्वार्थोममापिभवितातततः ॥ एवंस्वार्थंकरिष्यामितथाभद्रेविधीयताम् १७ ततोबाष्पाकुलांवाचंदमयंतीशुचिस्मिता ॥ प्रत्याहरंतीशनकैर्नलंराजानमब्रवीत् १८ उपायोऽयंमयादृष्टोनिरपायोनरेश्वर ॥ येनदोषोनभवितातवराजन्कथंचन १९ त्वंचैवहिनरश्रेष्ठदेवाश्चेंद्रपुरोगमाः ॥ आयांतुसहिताःसर्वेममयत्रस्वयंवरः २० ततोऽहंलोकपालानांसन्निधौत्वांनरेश्वर ॥ वरयिष्येनरव्याघ्रनैवंदोषोभविष्यति २१ एवमुक्तस्तुवैदर्भ्यानलोराजाविशांपते ॥ आजगामपुनस्तत्रयत्रदेवाःसमागताः २२ तमपश्यंस्तथायांतंलोकपालामहेश्वराः ॥ दृष्ट्वाचैनंततोऽपृच्छन्वृत्तांतंसर्वमेवतम् २३ कच्चिद्दृष्टात्वयाराजन्दमयंतीशुचिस्मिता ॥ किमब्रवीच्चनःसर्वान्वदभूमिपतेऽनघ २४

सविश्वासंयथास्यात्तथा प्रणयंपरिणयनंविवाहं २ सन्निपातिताःमेलिताः ३ । ४ । ५ । ६ । ७ । ८ । ९ । १० । ११ । १२ । १३ । १४ । १५ । १६ । १७ । १८ । १९ । २० । २१ । २२ । २३ । २४

महाकक्षंमहांतंराजद्वारप्रदेशम् २५ । २६ । २७ । २८ । २९ । ३० ३१ ॥ इत्यारण्यकेपर्वणिनैलकंठीयेभारतभावदीपेषट्पंचाशत्तमोऽध्यायः ॥ ५६ ॥ अथेति १ । २ । ३ । ४ । ५ । ६ । ७

॥ नलउवाच ॥ भवद्भिरहमादिष्टोदयमंत्यानिवेशनम् ॥ प्रविष्टःसुमहाकक्षंदंडिभिःस्थविरैर्वृतम् २५ प्रविशन्तंचमांतत्रनकश्चिद्दृष्टवान्नरः ॥ ऋतेतांपार्थिवसुतांभव
तामेवतेजसा २६ सख्यश्चास्यामयादृष्टास्ताभिश्चाप्युपलक्षितः ॥ विस्मिताश्चाभवन्सर्वादृष्ट्वामांविबुधेश्वराः २७ वर्ण्यमानेषुचमयाभवत्सुरुचिरानना ॥ मामेवगतसं
कल्पावृणीतेसासुरोत्तमाः २८ अब्रवीच्चैवमांबालाआयांतुसहिताःसुराः ॥ त्वयासहनरव्याघ्रममयत्रस्वयंवरः २९ तेषामहंसंनिधौत्वांवरयिष्यामिनैषध ॥ एवंतव
महाबाहोदोषोनभवितेतिह ३० एतावदेवविबुधाययावृत्तमुपाहृतम् ॥ मयाऽशेषेप्रमाणंतुभवंतस्त्रिदशेश्वराः ३१ ॥ इतिश्रीमहाभारतेआरण्यकेपर्वणिनलोपाख्या
नप०नलकर्तृकदेवदूत्येषट्पंचाशत्तमोऽध्यायः ५६ ॥ ॥ बृहदश्वउवाच ॥ अथकालेशुभेप्राप्तेतिथौपुण्येक्षणेतथा ॥ आजुहावमहीपालान्भीमोराजास्वयंवरे
१ तच्छ्रुत्वापृथिवीपालाःसर्वेहृच्छयपीडिताः ॥ त्वरिताःसमुपाजग्मुर्दमयंतीमभीप्सवः २ कनकस्तंभरुचिरंतोरणेनविराजितम् ॥ विविशुस्तेनृपारंगंमहासिंहाइ
वाचलम् ३ तत्रासनेषुविविधेष्वासीनाःपृथिवीक्षितः ॥ सुरभिस्रग्धराःसर्वेप्रमृष्टमणिकुंडलाः ४ तांराजसमितिंपुण्यांनागैर्भोगवतीमिव ॥ संपूर्णांपुरुषव्याघ्रैर्व्याघ्रैर्गि
रिगुहामिव ५ तत्रस्मपीनादृश्यंतेबाहवःपरिघोपमाः ॥ आकारवर्णसुश्लक्ष्णाःपंचशीर्षाइवोरगाः ६ सुकेशांतानिचारूणिसुनासाक्षिभ्रुवाणिच ॥ मुखानिराज्ञांशोभंतेन
क्षत्राणियथादिवि ७ दमयंतीततोरंगंप्रविवेशशुभानना ॥ मुष्णंतीप्रभयाराज्ञांचक्षूंषिचमनांसिच ८ तस्यागात्रेषुपतितातेषांदृष्टिर्महात्मनाम् ॥ तत्रतत्रैवसक्ताऽ
भून्नचचालचपश्यताम् ९ ततःसंकीर्त्यमानेषुराज्ञांनामसुभारत ॥ ददर्शभैमीपुरुषान्पंचतुल्याकृतीनिह १० तान्समीक्ष्यततःसर्वान्निर्विशेषाकृतीन्स्थितान् ॥ संदेहा
दथवैदर्भीनाभ्यजानान्नलंनृपम् ११ यंयंहिददृशेतेषांतंतंमेनेनलंनृपम् ॥ साचिंतयंतीबुद्ध्याऽथतर्कयामासभाविनी १२ कथंहिदेवान्जानीयांकथंविद्यांनलंनृपम् ॥
एवंसंचिंतयंतीसावैदर्भीभृशदुःखिता १३ श्रुतानिदेवलिंगानितर्कयामासभारत ॥ देवानांयानिलिंगानिस्थविरेभ्यःश्रुतानिमे १४ तानीहतिष्ठतांभूमावेकस्यापिन
लक्षये ॥ साविनिश्चित्यबहुधाविचार्यचपुनःपुनः १५ शरणंप्रतिदेवानांप्राप्तकालममन्यत ॥ वाचाचमनसाचैवनमस्कारंप्रयुज्यसा १६ देवेभ्यःप्रांजलिर्भूत्वावेपमाने
दमब्रवीत् ॥ हंसानांवचनंश्रुत्वायथामेनैषधोवृतः ॥ पतित्वेतेनसत्येनदेवास्तंप्रदिशंतुमे १७ मनसावचसाचैवयथानाभिचराम्यहम् ॥ तेनसत्येनविबुधास्तमेवप्रदिश
तुमे १८ यथादेवैःसमेभर्त्ताविहितोनिषधाधिपः ॥ तेनसत्येनमेदेवास्तमेवप्रदिशंतुमे १९ यथेदंव्रतमारब्धंनलस्याराधनेमया ॥ तेनसत्येनमेदेवास्तमेवप्रदिशंतुमे २०

मुष्णंतीहरंती ८ । ९ । १० । ११ । १२ । १३ । १४ । १५ । १६ । १७ । १८ । १९ । २०

२१ । २२ । २३ मनुष्याःसस्वेदाःसनिमेषाम्लायमानस्रजःसरजस्काभूमिस्पृशः देवास्तद्विपरीताः । हृषितस्रजश्चेतरजोहीनाश्चेतिसमासः २४ । २५।२६ । २७ । २८ । २९ । ३० यद्यस्मान्मांभजसितस्मात्ते तववचनेरतमित्येनतविद्धि ३१ । ३२ । ३३ । ३४ । ३५ आत्मभवमात्मनआविर्भावम् ३६ अन्नरसंयादृशेतादृशेऽप्यन्नेविशिष्टरसवत्ताम् ३७ भार्त्वंसत्तां मिथुनमेकैकेनद्वयंद्वयमपीत्यर्थः ३८ अनुभूयदृष्ट्वा ३९

स्वंचैववरुपंकुर्वंतुलोकपालामहेश्वराः ॥ यथाऽहमभिजानीयांपुण्यश्लोकंनराधिपम् २१ निशम्यदमयंत्यास्तत्करुणंप्रतिदेवितम् ॥ निश्चयंपरमंतथ्यमनुरागंचनैषधे २२ मनोविशुद्धिंबुद्धिंचभक्तिंरागंचनैषधे ॥ यथोक्तंचक्रिरेदेवाःसामर्थ्यंलिंगधारणे २३ साऽपश्यद्विबुधान्सर्वानस्वेदान्स्तब्धलोचनान् ॥ हृषितस्रग्रजोहीनान्स्थितानस्पृशतःक्षितिम् २४ छायाद्वितीयोम्लानस्रग्रजःस्वेदसमन्वितः ॥ भूमिष्ठोनैषधश्चैवनिमेषेणचसूचितः २५ सासमीक्ष्यतुतान्देवान्पुण्यश्लोकंचभारत ॥ नैषधंवरयामासभैमीधर्मेणपांडव २६ विलज्जमानावस्त्रांतंजग्राहायतलोचना ॥ स्कंधदेशेऽसृजत्तस्यस्रजंपरमशोभनाम् २७ वरयामासचैवैनंपतित्वेवरवर्णिनी ॥ ततोहाहेतिसहसामुक्तःशब्दोनराधिपैः २८ देवैर्महर्षिभिस्तत्रसाधुसाध्वितिभारत ॥ विस्मितैरीरितःशब्दःप्रशंसद्भिर्नलंनृपम् २९ दमयंतींतुकौरव्यवीरसेनसुतोनृपः ॥ आश्वासयद्वरारोहांप्रहृष्टेनांतरात्मना ३० यत्त्वंभजसिकल्याणिपुमांसंदेवसन्निधौ ॥ तस्मान्मांविद्धिभर्त्तारमेतत्तेवचनेरतम् ३१ यावच्चमेधरिष्यंतिप्राणादेहेशुचिस्मिते ॥ तावत्त्वयिभविष्यामिसत्यमेतद्ब्रवीमिते ३२ दमयंतीतथावाग्भिरभिनंद्यकृतांजलिः ॥ तौपरस्परतःप्रीतौदृष्ट्वात्वग्निपुरोगमान् ३३ तानेवशरणंदेवान्जग्मतुर्मनसातदा ॥ वृतेतुनैषधेभैम्यालोकपालामहौजसः ३४ प्रहृष्टमनसःसर्वेनलायाष्टौवरान्ददुः ॥ प्रत्यक्षदर्शनंयज्ञेगतिंचानुत्तमांशुभाम् ३५ नैषधायददौशक्रःप्रीयमाणःशचीपतिः ॥ अग्निरात्मभवंप्रादाद्यत्रवांछतिनैषधः ३६ लोकानात्मप्रभांश्चैवददौतस्मैहुताशनः ॥ यमस्त्वन्नरसंप्रादाद्धर्मेचपरमांस्थितिम् ३७ अपांपतिरपांभावंयत्रवांछतिनैषधः ॥ स्रजश्चोत्तमगंधाढ्याःसर्वेचमिथुनंददुः ३८ वरानेवंप्रदायास्यदेवास्तेत्रिदिवंगताः ॥ पार्थिवाश्चानुभूयास्यविवाहंविस्मयान्विताः ३९ दमयंत्याश्चमुदिताःप्रतिजग्मुर्यथागतम् ॥ गतेषुपार्थिवेंद्रेषुभीमःप्रीतोमहामनाः ४० विवाहंकारयामासदमयंत्यानलस्यच ॥ उष्यतत्रयथाकामंनैषधोद्विपदांवरः ४१ भीमेनसमनुज्ञातोजगामनगरंस्वकम् ॥ अवाप्यनारीरत्नंतुपुण्यश्लोकोऽपिपार्थिवः ४२ रेमेसहतयाराजन्शच्येवबलवृत्रहा ॥ अतीवमुदितोराजाभ्राजमानोंऽशुमानिव ४३ अरंजयत्प्रजावीरोधर्मेणपरिपालयन् ॥ ईजेचाप्यश्वमेधेनययातिरिवनाहुषः ४४ अन्यैश्चबहुभिर्धीमान्क्रतुभिश्चाप्तदक्षिणैः ॥ पुनश्चरमणीयेषुवनेषूपवनेषुच ४५ दमयंत्यासहनलोविजहारामरोपमः ॥ जनयामासचततोदमयंत्यांमहामनाः ॥ इंद्रसेनंसुतंचापिइंद्रसेनांचकन्यकाम् ४६ एवंसयजमानश्चविहरंश्चनराधिपः ॥ ररक्षवसुसंपूर्णांवसुधांवसुधाधिपः ४७ ॥ ॥ इतिश्रीमहाभारतेआरण्यकेपर्वणिनलोपाख्यानपर्वणिदमयंतीस्वयंवरेसप्तपंचाशत्तमोऽध्यायः ॥ ५७ ॥

४० उष्यवासंकृत्वा ४१ । ४२ । ४३ । ४४ । ४५ । ४६ । ४७ ॥ ॥ इत्यारण्यकेपर्वणिनैलकंठीये भारतभावदीपे सप्तपंचाशत्तमोऽध्यायः ॥ ५७ ॥ ॥ ॥ ॥

एवंदेवेभ्योलब्धवरस्य रूपौदार्यादिमतो दमयंतीलाभजंमुखमुक्त्वा तस्यैवसंप्रतिदुर्व्यसनजामापदंवक्तुमुपक्रमते वृतेतुनैषधेइत्यादिना १ । २ । ३ निवृत्तःसमाप्तः ४ । ५ ६ । ७ । ८ । ९ यस्मिन्निति । दाक्ष्यं
नित्योत्साहः सत्यमितिपाठेयथार्थभाषणं धृतिर्वाङ्मनःकायानामचमादआप्तौतदुत्तंभनार्थेयत्नविशेषोमनोधर्मः ज्ञानंशब्दतोऽर्थतश्च तपःस्वधर्मनिष्ठा शौचंवाह्यंमृज्जलादिजमाभ्यंतरंभावशुद्धिः दमोवाह्येंद्रि
यनिग्रहः शमोमनोनिग्रहः ध्रुवाणिविघ्नैरप्यचाल्यानि १० । ११ । १२ । १३ । १४ इत्यारण्यकेपर्वणि नैलकंठीये भारतभावदीपे अष्टपंचाशत्तमोऽध्यायः ॥ ५८ ॥ ॥ एवमिति । समयंसंकेतं १ । २ अन्वा

॥ बृहदश्वउवाच ॥ वृतेतुनैषधेभैम्यालोकपालामहौजसः ॥ यांतोददृशुरायांतंद्वापरंकलिनासह १ अथाब्रवीत्कलिंशक्रःसंप्रेक्ष्यबलवृत्रहा ॥ द्वापरेणसहायेनक
लेब्रूहिक्वयास्यसि २ ततोऽब्रवीत्कलिःशक्रंदमयंत्याःस्वयंवरम् ॥ गत्वाहिवरयिष्येतांमनोहिममतांगतम् ३ तमब्रवीत्प्रहस्येंद्रोनिर्वृत्तःसस्वयंवरः ॥ वृतस्त
यानलोराजापतिरस्मत्समीपतः ४ एवमुक्तस्तुशक्रेणकलिःकोपसमन्वितः ॥ देवानामंत्र्यतान्सर्वानुवाचेदंवचस्तदा ५ देवानांमानुषंमध्येयत्सापतिमविंद
त ॥ तत्रतस्याभवेन्न्याय्यंविपुलंदंडधारणम् ६ एवमुक्तेतुकलिनाप्रत्यूचुस्तेदिवौकसः ॥ अस्माभिःसमनुज्ञातेदमयंत्यानलोवृतः ७ काचसर्वगुणोपेतंनाश्र
येतनलंनृपम् ॥ योवेदधर्मानखिलान्यथावच्चरितव्रतः ८ योऽधीतेचतुरोवेदान्सर्वानाख्यानपंचमान् ॥ नित्यंतृप्तागृहेयस्यदेवायज्ञेषुधर्मतः ॥ अहिंसानिर
तोयश्चसत्यवादीदृढव्रतः ९ यस्मिन्दाक्ष्यंधृतिर्ज्ञानंतपःशौचंदमःशमः ॥ ध्रुवाणिपुरुषव्याघ्रेलोकपालसमेनृपे १० एवंरूपंनलंयोवैकामयेच्छपितुंकले ॥ आ
त्मानंसशपेन्मूढोहन्यादात्मानमात्मना ११ एवंगुणंनलंयोवैकामयेच्छपितुंकले ॥ कृच्छ्रेसनरकेमज्जेदगाधेविपुलेन्हदे ॥ एवमुक्त्वाकलिंदेवाद्वापरंचदिवंययुः १२
ततोगतेषुदेवेषुकलिर्द्वापरमब्रवीत् ॥ संहर्तुंनोत्सहेकोपंनलेवत्स्यामिद्वापर १३ भ्रंशयिष्यामितंराज्यान्नभैम्यासहरंस्यते ॥ त्वमप्यक्षान्समाविश्यसाहाय्यंकर्तुमर्हसि
१४ ॥ इतिश्रीमहाभारतेआरण्यकेपर्वणिनलोपाख्यानपर्वणिकलिदेवसंवादेअष्टपंचाशत्तमोऽध्यायः ॥ ५८ ॥ ॥ बृहदश्वउवाच ॥ एवंससमयंकृत्वाद्वापरेण
कलिःसह ॥ आजगामततस्तत्रयत्रराजासनैषधः १ सनित्यमंतरप्रेप्सुर्निषधेष्ववसच्चिरम् ॥ अथास्यद्वादशेवर्षेददर्शकलिरंतरम् २ कृत्वामूत्रमुपस्पृश्यसंध्या
मन्वास्तनैषधः ॥ अकृत्वापादयोःशौचंतत्रैनंकलिराविशत् ३ ससमाविश्यचनलंसमीपंपुष्करस्यच ॥ गत्वापुष्करमाहेदमेहिदीव्यनलेनवै ४ अक्षद्यूतेनलंजेता
भवान्हिसहितोमया ॥ निषधान्प्रतिपद्यस्वजित्वाराज्यंनलंनृपम् ५ एवमुक्तस्तुकलिनापुष्करोनलमभ्ययात् ॥ कलिश्चैववृषोभूत्वागवांपुष्करमभ्ययात् ६ आसा
द्यतुनलंवीरंपुष्करःपरवीरहा ॥ दिव्यावेत्यब्रवीद्भ्रातावृषेणेतिमुहुर्मुहुः ७

नतउपासितवान सोऽस्नेस्पेतिपाठेमञ्चपास्तेसेत्यर्थः आर्षःसंधिः ३ सकलिःनलंसमाविश्य रूपांतरेणपुष्करंचाब्रवीत् दीव्यद्यूतंकुरु ४ । ५ साहाय्यमेवाह कलिश्चेति । गवांवृषः अत्र गोशब्दोलक्षितलक्षणया
ऽक्षशब्दवाच्येषुपाशेषुवर्त्तते वृषःश्रेष्ठः पाशश्रेष्ठोभूत्वा ६ वृषेणाक्षमुख्येन ७

नचक्षमेततोराजासमाह्वानंमहामनाः ॥ वैदर्भ्याःप्रेक्षमाणायाःपणकालममन्यत ८ हिरण्यस्यसुवर्णस्ययानयुग्यस्यवाससाम् ॥ आविष्टःकलिनाद्यूतेजीयतेस्मन लस्तदा ९ तमक्षमदसंमत्तंसुहृदांनतुकश्चन ॥ निवारणेऽभवच्छक्तोदीव्यमानमरिंदमम् १० ततःपौरजनाःसर्वेमंत्रिभिःसहभारत ॥ राजानंद्रष्टुमागच्छन्निवारयितु मातुरम् ११ ततःसूतउपागम्यदमयंत्यैन्यवेदयत् ॥ एषपौरजनोदेविद्वारितिष्ठतिकार्यवान् १२ निवेद्यतांनैषधायसर्वाःप्रकृतयःस्थिताः ॥ अमृष्यमाणाव्यसनं राज्ञोधर्मार्थदर्शिनः १३ ततःसाबाष्पकलयावाचादुःखेनकर्शिता ॥ उवाचनैषधंभैमीशोकोपहतचेतना १४ राजन्पौरजनोद्वारित्वांदिदृक्षुरवस्थितः ॥ मंत्रिभिः सहितःसर्वैराजभक्तिपुरस्कृतः १५ तंद्रष्टुमर्हसीत्येवंपुनःपुनरभाषत ॥ तांतथारुचिरापांगींविलपंतींतथाविधाम् १६ आविष्टःकलिनाराजानाभ्यभाषतकिंचन ॥ ततस्तेमंत्रिणःसर्वेतेचैवपुरवासिनः १७ नायमस्तीतिदुःखार्ताव्रीडिताजग्मुरालयान् ॥ तथातदभवद्द्यूतंपुष्करस्यनलस्यच ॥ युधिष्ठिरबहून्मासान्पुण्यश्लोकस्त्वजी यत १८ ॥ इतिश्रीमहाभारतेआरण्यकेपर्वणिनलोपाख्यानपर्वणिनलद्यूतेएकोनषष्टितमोऽध्यायः ॥ ५९ ॥ ॥ बृहदश्वउवाच ॥ दमयन्तीततोदृष्ट्वापुण्यश्लोकंनरा धिपम् ॥ उन्मत्तवदनुन्मत्तादेवनेगतचेतसम् १ भयशोकसमाविष्टाराजन्भीमसुतातातः ॥ चिंतयामासतत्कार्यंसुमहत्पार्थिवंप्रति २ साशंकमानातत्पापंचिकीर्षंतीच तत्प्रियम् ॥ नलंचहृतसर्वस्वमुपलभ्येदमब्रवीत् ३ बृहत्सेनामतियशांतांधात्रींपरिचारिकाम् ॥ हितांसर्वार्थकुशलामनुरक्तांसुभाषिताम् ४ बृहत्सेनेव्रजामात्यानाना य्यनलशासनात् ॥ आचक्ष्वयद्धृतंद्रव्यमवशिष्टंचयद्वसु ५ ततस्तेमंत्रिणःसर्वेविज्ञायनलशासनम् ॥ अपिनोभागधेयंस्यादित्युक्त्वानलमाव्रजन् ६ तास्तुसर्वाःप्रकृत योद्वितीयंसमुपस्थिताः ॥ न्यवेदयद्भीमसुतानचतत्प्रत्यनंदत ७ वाक्यमप्रतिनंदंतंभर्तारमभिवीक्ष्यसा ॥ दमयंतीपुनर्वेश्मव्रीडिताप्रविवेशह ८ निशम्यसततंचाक्षान् पुण्यश्लोकपराङ्मुखान् ॥ नलंचहृतसर्वस्वंधात्रींपुनरुवाचह ९ बृहत्सेनेपुनर्गच्छवार्ष्णेयंनलशासनात् ॥ सूतमानयकल्याणिमहत्कार्यमुपस्थितम् १० बृहत्सेनातु साश्रुत्वादमयंत्याःप्रभाषितम् ॥ वार्ष्णेयमानयामासपुरुषैराप्तकारिभिः ११ वार्ष्णेयंतुततोभैमीसांत्वयच्छ्लक्ष्णयागिरा ॥ उवाचदेशकालज्ञाप्राप्तकालमनिंदिता १२ जानीषेत्वंयथाराजासम्यग्वृत्तःसदात्वयि ॥ तस्यत्वंविषमस्थस्यसाहाय्यंकर्तुमर्हसि १३ यथायथाहिनृपतिःपुष्करेणैवजीयते ॥ तथातथाऽस्यवैद्यूतेरागोभूयोऽभिव र्धते १४ तथाचपुष्करस्याक्षाःपतंतिवशवर्तिनः ॥ तथाविपर्ययश्चापिनलस्याक्षेषुदृश्यते १५ सुहृत्स्वजनवाक्यानियथावन्नशृणोतिच ॥ ममापिचतथा वाक्यंनाभिनंदतिमोहितः १६

१७ विनशेद्विनश्येत्नलइतिशेषः १८ मिथुनंकुमारींकुमारंच कुंडिनंभीमस्यनगरम् १९ । २० मुख्यशोमुख्येषुमुख्येषु २१ वाहिनाअश्वरथेन २२ । २३ अटमानोवेतनार्थीपर्यटन् २४भृतिंवेतनम् २५

नूनंमन्येनदोषोऽस्तिनैषधस्यमहात्मनः ॥ यत्तुमेवचनंराजानाभिनंदतिमोहितः १७ शरणंत्वांप्रपन्नास्मिसारथेकुरुमद्वचः ॥ नहिमेशुध्यतेभावःकदाचिद्विनशेदपि
१८ नलस्यदयितानश्वान्योजयित्वामनोजवान् ॥ इदमारोप्यमिथुनंकुंडिनंयातुमर्हसि १९ ममज्ञातिषुनिक्षिप्यदारकौस्यंदनंतथा ॥ अश्वांश्चेमान्यथाकामंवसवा
ऽन्यत्रगच्छवा २० दमयंत्यास्तुतद्वाक्यंवार्ष्णेयोनलसारथिः ॥ न्यवेदयदशेषेणनलामात्येषुमुख्यशः २१ तैःसमेत्यविनिश्चित्यसोनुज्ञातोमहीपते ॥ ययौमिथुन
मारोप्यविदर्भांस्तेनवाहिना २२ हयांस्तत्रविनिक्षिप्यसूतोरथवरंचतम् ॥ इंद्रसेनांचतांकन्यामिंद्रसेनंचबालकम् २३ आमंत्र्यभीमंराजानमार्तःशोचन्नलंनृपम् ॥ अट
मानस्ततोऽयोध्यांजगामनगरींतदा २४ ऋतुपर्णंसराजानमुपतस्थेसुदुःखितः ॥ भृतिंचोपययौतस्यसारथ्येनमहीपते २५ ॥ इतिश्रीमहाभारतेआरण्यकेपर्वणिन
लोपाख्यानपर्वणिकुंडिनंप्रतिकुमारकुमारीप्रस्थापनेषष्टितमोऽध्यायः ६० ॥ ॥ बृहदश्वउवाच ॥ ततस्तुयातेवार्ष्णेयेपुण्यश्लोकस्यदीव्यतः ॥ पुष्करेणहृतंराज्यंय
च्चान्यद्वसुकिंचन १ हृतराज्यंनलंराजन्प्रहसन्पुष्करोऽब्रवीत् ॥ द्यूतंप्रवर्ततांभूयःप्रतिपाणोऽस्तिकस्तव २ शिष्टातेदमयंत्येकासर्वमन्यज्जितंमया ॥ दमयंत्याःपणःसा
धुवर्त्ततांयदिमन्यसे ३ पुष्करेणैवमुक्तस्यपुण्यश्लोकस्यमन्युना ॥ व्यदीर्यतेवहृदयंनचैनंकिंचिदब्रवीत् ४ ततःपुष्करमालोक्यनलःपरममन्युमान् ॥ उत्सृज्यसर्वगा
त्रेभ्योभूषणानिमहायशाः ५ एकवासाह्यसंवीतःसुहृच्छोकविवर्धनः ॥ निश्चक्रामततोराजात्यक्त्वासुविपुलांश्रियम् ६ दमयंत्येकवस्त्राऽथगच्छंतंपृष्ठतोऽन्वगात् ॥
सतयाबाह्यतःसार्धंत्रिरात्रंनैषधोऽवसत् ७ पुष्करस्तुमहाराजघोषयामासवैपुरे ॥ नलेयःसम्यगातिष्ठेत्सगच्छेद्वध्यतांमम ८ पुष्करस्यतुवाक्येनतस्यविद्वेषणेनच ॥
पौरानतस्यसत्कारंकृतवंतोयुधिष्ठिर ९ सतथानगराभ्यासेसत्कारार्होनसत्कृतः ॥ त्रिरात्रमुषितोराजाजलमात्रेणवर्तयन् १० पीड्यमानःक्षुधातत्रफलमूलानिकर्षयन् ॥
प्रातिष्ठतततोराजादमयंतीतमन्वगात् ११ क्षुधयापीड्यमानस्तुनलोबहुतिथेऽहनि ॥ अपश्यच्छकुनान्कांश्चिद्धिरण्यसदृशच्छदान् १२ सचिंतयामासतदानिषधाधि
पतिर्बली ॥ अस्तिभक्ष्योममाद्यायंवसुचेदंभविष्यति १३ ततस्तान्परिधानेनवाससासमावृणोत् ॥ तस्यतद्वस्त्रमादायसर्वेजग्मुर्विहायसा १४ उत्पतंतःखगावाक्यमे
तदाहुस्ततोनलम् ॥ दृष्ट्वादिग्वाससंभूमौस्थितंदीनमधोमुखम् १५ वयमक्षाःसुदुर्बुद्धेतववासोजिहीर्षवः ॥ आगतानहिनःप्रीतिःसवाससिगतेत्वयि १६ तान्समीपगता
नक्षानात्मानंचविवाससम् ॥ पुण्यश्लोकस्तदाराजन्दमयंतीमथाब्रवीत् १७ येषांप्रकोपादैश्वर्यात्प्रच्युतोऽहमनिंदिते ॥ प्राणयात्रांनविंदेयंदुःखितःक्षुधयान्वितः १८

॥ ॥ इत्यारण्यकेपर्वणिनैलकंठीयेभारतभावदीपेषष्टितमोऽध्यायः ॥ ६० ॥ ॥ ॥ ॥ ॥ ततइति १ प्रतिपाणःपणनीयंद्रव्यम् २ । ३ । ४ । ५ । ६ तयासार्धंबाह्यतःबहिः ७
८ तस्यनलस्य ९ नगराभ्यासे नगरसमीपे १० । ११ । १२ १३ । १४ । १५ । १६ । १७ । १८

१९ । २० । २१ । २२ । २३ । २४ । २५ । २६ । २७ । २८ । २९ । ३० अलमत्यर्थम् ३१ । ३२ अपकृष्टेनकलिकर्षितेन ३३ । ३४ । ३५ यद्यपिपूजयिष्यतितथापित्वंसुखंनोवत्स्यसि

येषांकृतेनसत्कारमकुर्वन्मयिनैषधाः ॥ इमेतेशकुनाभूत्वावासोभीरुहरंतिमे १९ वैषम्यंपरमंप्राप्तोदुःखितोगतचेतनः ॥ भर्त्ताते॒ऽहंनिबोधेदंवचनंहितमात्मनः २० एतेगच्छंतिबहवःपंथानोदक्षिणापथम् ॥ अवंतीमृक्षवंतंचसमतिक्रम्यपर्वतम् २१ एषविंध्योमहाशैलःपयोष्णीचसमुद्रगा ॥ आश्रमाश्चमहर्षीणांबहुमूलफलान्विताः २२ एषपंथाविदर्भाणामसौगच्छतिकोसलान् ॥ अतःपरंचदेशोऽयंदक्षिणेदक्षिणापथः २३ एतद्वाक्यंनलोराजादमयंतींसमाहितः ॥ उवाचासकृदार्तोहिभैमीमुद्दिश्यभारत २४ ततःसाबाष्पकलयावाचादुःखेनकर्षिता ॥ उवाचदमयंतीतंनैषधंकरुणंवचः २५ उद्वेजतेमेहृदयंसीदंत्यंगानिसर्वशः ॥ तवपार्थिवसंकल्पंचिंतयंत्याःपुनःपुनः २६ हृतराज्यंहृतद्रव्यंविवस्त्रंक्षुच्छ्रमान्वितम् ॥ कथमुत्सृज्यगच्छेयमहंत्वांनिर्जनेवने २७ श्रांतस्यतेक्षुधार्त्तस्यचिंतयानस्यतत्सुखम् ॥ वनेघोरेमहाराजनाशयिष्याम्यहंक्लमम् २८ नचभार्यासमंकिंचिद्विद्यतेभिषजांमतम् ॥ औषधंसर्वदुःखेषुसत्यमेतद्ब्रवीमिते २९ ॥ नलउवाच ॥ एवमेतद्यथात्थत्वंदमयंतिसुमध्यमे ॥ नास्तिभार्यासमंमित्रंनरस्यार्त्तस्यभेषजम् ३० नचाहंत्यक्तुकामस्त्वांकिमलंभीरुशंकसे ॥ त्यजेयमहमात्मानंनचैवत्वामनिंदिते ३१ ॥ दमयंत्युवाच ॥ यदिमांत्वंमहाराजनविहातुमिहेच्छसि ॥ तत्किमर्थंविदर्भाणांपंथाःसमुपदिश्यते ३२ अवैमिचाहंनृपतेनतुमांत्यक्तुमर्हसि ॥ चेतसात्वपकृष्टेनमांत्यजेथामहीपते ३३ पंथानंहिममाभीक्ष्णमाख्यासिचनरोत्तम ॥ अतोनिमित्तंशोकंमेवर्धयस्यमरोपम ३४ यदिचायमभिप्रायस्तवज्ञातीन्व्रजेदिति ॥ सहितावेवगच्छावोविदर्भान्यदिमन्यसे ३५ विदर्भराजस्तत्रत्वांपूजयिष्यतिमानद ॥ तेनत्वंपूजितोराजन्सुखंवत्स्यसिनोगृहे ३६ ॥ इ० महाभारतेआरण्यके० नलोपाख्यानप० नलवनयात्रायामेकषष्टितमोऽध्यायः ॥ ६१ ॥

॥ नलउवाच ॥ यथाराज्यंतवपितुस्तथाममनसंशयः ॥ नतुतत्रगमिष्यामिविषमस्थःकथंचन १ कथंसमृद्धोगत्वाऽहंतवहर्षविवर्धनः ॥ परिच्युतोगमिष्यामितवशोकविवर्धनः २ ॥ बृहदश्वउवाच ॥ इतिब्रुवन्नलोराजादमयंतींपुनःपुनः ॥ सांत्वयामासकल्याणींवाससोर्धेनसंवृताम् ३ तावेकवस्त्रसंवीतावटमानावितस्ततः ॥ क्षुत्पिपासापरिश्रांतौसभांकांचिदुपेयतुः ४ तांसभामुपसंप्राप्यतदासनिषधाधिपः ॥ वैदर्भ्यासहितोराजानिषसादमहीतले ५ सवैविवस्त्रोविकटोमलिनःपांसुगुंठितः ॥ दमयंत्यासहश्रांतःसुष्वापधरणीतले ६ दमयंत्यपिकल्याणीनिद्रयाऽपहृताततः ॥ सहसादुःखमासाद्यसुकुमारीतपस्विनी ७ सुप्तायांदमयंत्यांतुनलोराजाविशांपते ॥ शोकोन्मथितचित्तात्मानस्मशेतेयथापुरा ८

नवासंकरिष्यसि श्वशुरगृहवासस्यनीचतावहत्वात् ३६ ॥ ॥ इत्यारण्यकेपर्वणिनैलकंठीयेभारतभावदीपेएकषष्टितमोऽध्यायः ॥ ६१ ॥ ॥ ॥ ॥ एतदेवसमर्थयन्नलउवाच यथेति १ । २ । ३ पाठांतरेउपोषतुः उपेत्यवासंचक्रतुः ४ । ५ विकटः कटस्तृणासनंतद्रहितः अतएवपांसुगुंठितः ६ । ७ । ८

परिध्वंसं कालिनावस्त्रापहरणादिक्लेशम् ९ जनस्यपरिशेषाद्भार्यायाएव १० । ११ । १२ । १३ । १४ दमयंत्यांविषयेन्यवर्त्ततनिवृत्तासतीविसर्जनेऽभूदितिशेषः १५ । १६ । १७ । १८ निवस्यपरिधाय

सतद्राज्यापहरणंसुहृत्त्यागंचसर्वशः ॥ वनेचतंपरिध्वंसंप्रेक्ष्यचिंतामुपेयिवान् ९ किंनुमेस्यादिदंकृत्वाकिंनुमेस्यादकुर्वतः ॥ किंनुमेमरणंश्रेयःपरित्यागोजनस्यवा १०
मामियंह्यनुरक्तैवंदुःखमाप्नोतिमत्कृते ॥ मद्विहीनात्वियंगच्छेत्कदाचित्स्वजनंप्रति ११ मयिनिःसंशयंदुःखमियंप्राप्स्यत्यनुव्रता ॥ उत्सर्गेसंशयःस्यात्तुविंदेतापिसु
खंक्वचित् १२ सविनिश्चित्यबहुधाविचार्यचपुनःपुनः ॥ उत्सर्गंमन्यतेश्रेयोदमयंत्यानराधिप १३ नचैषातेजसाशक्याकैश्चिद्धर्षयितुंपथि ॥ यशस्विनीमहाभागा
मद्भक्तेयंपतिव्रता १४ एवंतस्यतदाबुद्धिर्दमयंत्यांन्यवर्त्तत ॥ कलिनादुष्टभावेनदमयंत्याविसर्जने १५ सोऽवस्त्रतामात्मनश्चतस्याश्चाप्येकवस्त्रताम् ॥ चिंतयित्वाऽध्य
गाद्राजावस्त्रार्धस्यावकर्त्तनम् १६ कथंवासोविकर्तेयंनचबुद्ध्येतमेप्रिया ॥ विचिंत्यैवंनलोराजासभांपर्यचरत्तदा १७ परिधावन्नथनलइतश्चेतश्चभारत ॥ आससादस
भोद्देशेविकोशंखड्गमुत्तमम् १८ तेनार्धंवाससश्छित्त्वानिवस्यचपरंतपः ॥ सुप्तामुत्सृज्यवैदर्भींप्राद्रवद्गतचेतनाम् १९ ततोनिवृत्तहृदयःपुनरागम्यतांसभाम् ॥ दम
यंतींतदादृष्ट्वारुरोदनिषधाधिपः २० यांनवायुर्नचादित्यःपुरापश्यतिमेप्रियाम् ॥ सेयमद्यसभामध्येशेतेभूमावनाथवत् २१ इयंवस्त्रावकर्तेनसंवीताचारुहासिनी ॥
उन्मत्तेववरारोहाकथंबुद्ध्वाभविष्यति २२ कथमेकासतीभैमीमयाविरहिताशुभा ॥ चरिष्यतिवनेघोरेमृगव्यालनिषेविते २३ आदित्यावसवोरुद्राअश्विनौसमरु
द्गणौ ॥ रक्षंतुत्वांमहाभागेधर्मेणासिसमावृता २४ एवमुक्त्वाप्रियांभार्यांरूपेणाप्रतिमांभुवि ॥ कलिनाऽपहृतज्ञानोनलःप्रातिष्ठदुद्यतः २५ गत्वागत्वानलोराजा
पुनरेतिसभांमुहुः ॥ आकृष्यमाणःकलिनासौहृदेनावकृष्यते २६ द्विधेवहृदयंतस्यदुःखितस्याभवत्तदा ॥ दोलेवमुहुरायातियातिचैवसभांप्रति २७ अवकृष्टस्तु
कलिनामोहितःप्राद्रवन्नलः ॥ सुप्तामुत्सृज्यतांभार्यांविलप्यकरुणंबहु २८ नष्टात्माकलिनास्पृष्टस्तत्तद्विगणयन्नृपः ॥ जगामैकांवनेशून्येभार्यामुत्सृज्यदुःखितः २९
इतिश्रीमहाभारतेआरण्यकेपर्वणिनलोपाख्यानपर्वणिदमयंतीपरित्यागेद्विषष्टितमोध्यायः ॥ ६२ ॥ ॥ बृहदश्वउवाच ॥ अपक्रांतेनलेराजन्दमयंतीगतक्लमा ॥
अबुध्यतवरारोहासंत्रस्ताविजनेवने १ अपश्यमानाभर्त्तारंशोकदुःखसमन्विता ॥ प्राक्रोशदुच्चैःसंत्रस्तामहाराजेतिनैषधम् २ हानाथहामहाराजहास्वामिन्किंजहासि
माम् ॥ हाहताऽस्मिविनष्टास्मिभीताऽस्मिविजनेवने ३ ननुनाममहाराजधर्मज्ञःसत्यवागसि ॥ कथमुक्तातथासत्यंसुप्तामुत्सृज्यकानने ४ कथमुत्सृज्यगंताऽसिद
क्षांभार्यामनुव्रताम् ॥ विशेषतोऽनपकृतेपरेणापकृतेसति ५

१९ । २० । २१ । २२ । २३ । २४ । २५ । २६ । २७ । २८ । २९ ॥ ॥ इत्यारण्यकेपर्वणिनै० द्विषष्टितमोऽध्यायः ॥ ६२ ॥ ॥ अपेति १ । २ । ३ तथासत्यंयत्स्वयंवरेउक्तं त्वांनत्यक्ष्यामीति ४ अनपकृते अपकाराभावे ५

शक्यसेतागिरःसन्यक्तुंमयिनरेश्वर ॥ यास्तेषांलोकपालानांसन्निधौकथिताःपुरा ६ नाकालेविहितोमृत्युर्मर्त्यानांपुरुषर्षभ ॥ यत्रकांतात्वयोत्सृष्टामुहूर्तमपिजीवति ७ पर्याप्तःपरिहासोऽयमेतावान्पुरुषर्षभ ॥ भीताऽहमतिदुर्धर्षदर्शयात्मानमीश्वर ८ दृश्यसेदृश्यसेराजन्नेषदृष्टोऽसिनैषध ॥ आवार्यगुल्मैरात्मानंकिंमांनप्रतिभाषसे ९ नृशंसंबतराजेंद्रयन्मामेवंगतामिह ॥ विलपंतींसमागम्यनाश्वासयसिपार्थिव १० नशोचाम्यहमात्मानंनचान्यदपिकिंचन ॥ कथंतुभवितास्येकइतित्वांनृपशोचिमि ११ कथंनुराजंस्तृषितःक्षुधितःश्रमकर्षितः ॥ सायान्हेवृक्षमूलेषुमामपश्यन्भविष्यसि १२ ततःसातीव्रशोकार्ताप्रदीप्तेवचमन्युना ॥ इतश्चेतश्चरुदतीपर्यधावतदुःखिता १३ मुहुरुत्पततेबालामुहुःपततिविह्वला ॥ मुहुरालीयतेभीतामुहुःक्रोशतिरोदिति १४ अतीवशोकसंतप्तामुहुर्निःश्वस्यविह्वला ॥ उवाचभैमीनिःश्वस्यरुदत्यथपतिव्रता १५ यस्याभिशापाद्दुःखार्तोदुःखंविंदतिनैषधः ॥ तस्यभूतस्यनोदुःखाद्दुःखमप्यधिकंभवेत् १६ अपापचेतसंपापोयएवंकृतवान्नलम् ॥ तस्माद्दुःखतरंप्राप्यजीवत्वसुखजीविकाम् १७ एवंतुविलपंतीसाराज्ञोभार्यामहात्मनः ॥ अन्वेषमाणाभर्तारंवनेश्वापदसेविते १८ उन्मत्तवद्भीमसुताविलपंतीइतस्ततः ॥ हाहाराजन्निितिमुहुरितश्चेतश्चधावति १९ तांक्रंदमानामत्यर्थंकुररीमिववाशतीम् ॥ करुणंबहुशोचंतींविलपंतींमुहुर्मुहुः २० सहसाऽभ्यागतांभैमीमभ्यासपरिवर्तिनीम् ॥ जग्राहाजगरोग्राहोमहाकायःक्षुधान्वितः २१ साग्रस्यमानाग्राहेणशोकेनचपरिप्लुता ॥ नात्मानंशोचतितथायथाशोचतिनैषधम् २२ हानाथमामिहवनेग्रस्यमानामनाथवत् ॥ ग्राहेणानेनविजनेकिमर्थंनानुधावसि २३ कथंभविष्यसिपुनर्मामनुस्मृत्यनैषध ॥ कथंभवान्जगामाद्यमामुत्सृज्यवनेप्रभो २४ पापान्मुक्तःपुनर्लब्ध्वाबुद्धिंचेतोधनानिच ॥ श्रांतस्यतेक्षुधार्तस्यपरिग्लानस्यनैषध ॥ कःश्रमंराजशार्दूलनाशयिष्यतितेऽनघ २५ ततःकश्चिन्मृगव्याधोविचरन्गहनेवने ॥ आक्रंदमानांसंश्रुत्यजवेनाभिससारह २६ तांतुदृष्ट्वातथाग्रस्तामुरगेणायतेक्षणाम् ॥ त्वरमाणोमृगव्याधःसमभिक्रम्यवेगतः २७ मुखतःपाटयामासशस्त्रेणनिशितेनच ॥ निर्विचेष्टंभुजंगंतंविशस्यमृगजीवनः २८ मोक्षयित्वासतांव्याधःप्रक्षाल्यसलिलेनह ॥ समाश्वास्यकृताहारामथपप्रच्छभारत २९ कस्यत्वंमृगशावाक्षिकथंचाभ्यागतावनम् ॥ कथंचेदंमहत्कृच्छ्रंप्राप्तवत्यसिभाविनि ३० दमयंतीतथातेनपृच्छ्यमानाविशांपते ॥ सर्वमेतद्यथावृत्तमाचचक्षेऽस्यभारत ३१ तामर्धवस्त्रसंवीतांपीनश्रोणिपयोधराम् ॥ सुकुमारानवद्यांगींपूर्णचंद्रनिभाननाम् ३२ अरालपक्ष्मनयनांतथामधुरभाषिणीम् ॥ लक्षयित्वामृगव्याधःकामस्यवशमीयिवान् ३३

क्रोशंतीं २० ग्राहःसर्पः अजगरः तद्वत्स्थूलः २१ । २२ । २३ बुद्धिलाभादूर्ध्वंमांविनाकथंभविष्यसि कथंजीविष्यसि २४ । २५ । २६ । २७ विशस्यविदार्य २८ । २९ । ३० । ३१ । ३२ अरालानि कुटिलानि शोभमानानिवा पक्ष्माणिनयनप्रांतकेशाययोस्ताहृशेनयनेयस्याइतितथा ३३

३४ मन्युनाक्रोधेन ३५ । ३६ पतिराज्यविनाकृता पत्याराज्येनचरहिता अतीतवाक्पथेवाचाप्यनिवार्येसति कालेधूम्रवर्णेव्याधे ३७ परासुर्गतप्राणः ३८ व्यसुर्विगतप्राणः ३९ ॥ ॥ इत्यारण्यकेपर्वणि

तामेवंश्लक्ष्णयावाचालुब्धकोमृदुपूर्वया ॥ सांत्वयामासकामार्तस्तदबुध्यतभाविनी ३४ दमयंत्यपितंदुष्टमुपलभ्यपतिव्रता ॥ तीव्ररोषसमाविष्टाप्रजज्वालेव
मन्युना ३५ सतुपापमतिःक्षुद्रःप्रधर्षयितुमातुरः ॥ दुर्धर्षांतर्कयामासदीप्तामग्निशिखामिव ३६ दमयंतीतुदुःखार्तापतिराज्यविनाकृता ॥ अतीतवाक्पथेकाले
शशापैनंरुषाऽन्विता ३७ यद्यहंनैषधादन्यंमनसाऽपिनचिंतये ॥ तथाऽयंपततांक्षुद्रोपरासुर्मृगजीवनः ३८ उक्तमात्रेतुवचनेतथासमृगजीवनः ॥ व्यसुःपपातमेदिन्या
मग्निदग्धइवद्रुमः ३९ ॥ इतिश्रीमहाभारतेआरण्यकेपर्वणिनलोपाख्यानपर्वणिअजगरग्रस्तदमयंतीमोचनेत्रिषष्टितमोऽध्यायः ॥ ६३ ॥ ॥ बृहदश्वउवाच ॥
सानिहत्यमृगव्याधंप्रतस्थेकमलेक्षणा ॥ वनंप्रतिभयंशून्यंझिल्लिकागणनादितम् १ सिंहद्वीपिरुरुव्याघ्रमहिषर्क्षगणैर्युतम् ॥ नानापक्षिगणाकीर्णंम्लेच्छतस्करसे
वितम् २ शालवेणुधवाश्वत्थतिंदुकेंगुदकिंशुकैः ॥ अर्जुनारिष्टसंछन्नंस्यंदनैश्चसशाल्मलैः ३ जंब्वाम्रलोध्रखदिरसालवेत्रसमाकुलम् ॥ पद्मकामलकप्लक्षकदंबो
दुंबरावृतम् ४ बदरीबिल्वसंछन्नंन्यग्रोधैश्चसमाकुलम् ॥ प्रियालतालखर्जूरहरीतकिबिभीतकैः ५ नानाधातुशतैर्नद्धान्विविधानपिचाचलान् ॥ निकुंजान्परिसंघु
ष्टान्दरीश्चाद्भुतदर्शनाः ६ नदीःसरांसिवापीश्चविविधांश्चमृगद्विजान् ॥ साबहून्भीमरूपांश्चपिशाचोरगराक्षसान् ७ पल्वलानितडागानिगिरिकूटानिसर्वशः ॥
सरितोनिर्झरांश्चैवददर्शाद्भुतदर्शनान् ८ यूथशोददृशेचात्रविदर्भाधिपनंदिनी ॥ महिषांश्चवराहांश्चऋक्षांश्चवनपन्नगान् ९ तेजसायशसालक्ष्म्यास्थित्याचपरयायुता ॥
वैदर्भीविचरत्येकानलमन्वेषतीतदा १० नाबिभ्यत्सानृपसुताभैमीतत्राथकस्यचित् ॥ दारुणामटवींप्राप्यभर्तृव्यसनपीडिता ११ विदर्भतनयाराजन्विललापसु
दुःखिता ॥ भर्तृशोकपरीतांगीशिलातलमथाश्रिता १२ ॥ दमयंत्युवाच ॥ व्यूढोरस्कमहाबाहोनैषधानांजनाधिप ॥ क्वनुराजन्गतोऽस्यद्यविसृज्य
विजनेवने १३ अश्वमेधादिभिर्वीरक्रतुभिर्भूरिदक्षिणैः ॥ कथमिष्ट्वानरव्याघ्रमयिमिथ्याप्रवर्तसे १४ यत्त्वयोक्तंनरश्रेष्ठमत्समक्षंमहाद्युते ॥ स्मर्तुमर्हसिकल्याण
वचनंपार्थिवर्षभ १५ यच्चोक्तंविहगैर्हंसैःसमीपेतवभूमिप ॥ मत्समक्षंयदुक्तंचतदवेक्षितुमर्हसि १६ चत्वारएकतोवेदाःसांगोपांगाःसविस्तराः ॥ स्वधीतामनुज
व्याघ्रसत्यमेकंकिलैकतः १७ तस्मादर्हसिशत्रुघ्नसत्यंकर्तुंनरेश्वर ॥ उक्तवानसियद्वीरमत्सकाशेपुरावचः १८ हावीरनलनामाहंनष्टाकिलतवानघ ॥ अस्यामट
व्यांघोरायांकिंमांनप्रतिभाषसे १९ कर्षयत्येषमांरौद्रोव्यात्तास्योदारुणाकृतिः ॥ अरण्यराट्क्षुधाविष्टःकिंमांनत्रातुमर्हसि २० नमेत्वदन्याकाचिद्धिप्रियाऽस्ती
त्यब्रवीःसदा ॥ तामृतांकुरुकल्याणपुरोक्तांभारतींनृप २१

नैलकंठीयेभारतभावदीपेत्रिषष्टितमोऽध्यायः ॥ ६३ ॥ ॥ सेति । प्रतिभयंभीषणं झिल्लिकातीक्ष्णशब्दःपतंगविशेषः १ । २ । ३ । ४ । ५ । ६ । ७ । ८ । ९ । १० । ११ । १२ । १३ । १४
१५ । १६ । १७ । १८ । १९ अरण्यराट्शार्दूलः मांममचित्तंकर्षयतिव्यथयति २० । २१

२२ । २३ । २४ । २५ । २६ । २७ । २८ । २९ परव्यूहाःशत्रुसैन्यानि । परव्यसनेतिपाठेपरेषांदुःखस्यनाशनम् ३० । ३१ । ३२ । ३३ । ३४ । ३५ । ३६ । ३७ । ३८ । ३९ । ४० । ४१ । ४२

उन्मत्तांविलपंतींमांभार्यामिष्टांनराधिप ॥ इप्सितामीप्सितोऽसित्वंकिंमांनप्रतिभाषसे २२ कृशांदीनांविवर्णांचमलिनांवसुधाधिप ॥ वस्त्रार्धप्रावृतामेकांविलपंतीमनाथवत् २३ यूथभ्रष्टामिवैकांमांहरिणींपृथुलोचन ॥ नमानयसिमामार्यरुदंतीमरिकर्शन २४ महाराजमहारण्येअहमेकाकिनीसती ॥ दमयंत्यभिभाषेत्वांकिंमांनप्रतिभाषसे २५ कुलशीलोपसंपन्नचारुसर्वांगशोभन ॥ नाद्यत्वांप्रतिपश्यामिगिरावस्मिन्नरोत्तम २६ वनेचास्मिन्महाघोरेसिंहव्याघ्रनिषेविते ॥ शयानमुपविष्टंवास्थितंवानिषधाधिप २७ प्रस्थितंवानरश्रेष्ठममशोकविवर्धन ॥ कंनुपृच्छामिदुःखार्तात्वदर्थेशोककर्शिता २८ कच्चिद्दृष्टस्त्वयाऽऽरण्येसंगत्येहनलोनृपः ॥ कोनुमेवाऽथप्रष्टव्योवनेऽस्मिन्प्रस्थितंनलम् २९ अभिरूपंमहात्मानंपरव्यूहविनाशनम् ॥ यमन्वेषसिराजानंनलंपद्मनिभेक्षणम् ३० अयंसइतिकस्याद्यश्रोष्यामिमधुरांगिरम् ॥ अरण्यराडयंश्रीमांश्चतुर्दंष्ट्रोमहाहनुः ३१ शार्दूलोऽभिमुखोऽभ्येतिव्रजाम्येनमशंकिता ॥ भवान्मृगाणामधिपस्त्वमस्मिन्काननेप्रभुः ३२ विदर्भराजतनयांदमयंतीतिविद्धिमाम् ॥ निषधाधिपतेर्भार्यांनलस्यामित्रघातिनः ३३ पतिमन्वेषतीमेकांकृपणांशोककर्षिताम् ॥ आश्वासयमृगेंद्रेहयदिदृष्टस्त्वयानलः ३४ अथवात्वंवनपतेनलंयदिनशंससि ॥ मांखादयमृगश्रेष्ठदुःखादस्माद्विमोचय ३५ श्रुत्वाऽरण्येविलपितंनमामाश्वासयत्ययम् ॥ यामिमांस्वादुसलिलामापगांसागरंगमाम् ३६ इमंशिलोच्चयंपुण्यंशृंगैर्बहुभिरुच्छ्रितैः ॥ विराजद्भिरिवानेकैर्नैकवर्णैर्मनोरमैः ३७ नानाधातुसमाकीर्णैर्विविधोपलभूषितम् ॥ अस्यारण्यस्यमहतःकेतुभूतमिवोत्थितम् ३८ सिंहशार्दूलमातंगवराहर्क्षमृगायुतम् ॥ पतत्रिभिर्बहुविधैःसमंतादनुनादितम् ३९ किंशुकाशोकबकुलपुन्नागैरुपशोभितम् ॥ कर्णिकारधवप्लक्षैःसुपुष्पैरुपशोभितम् ४० सरिद्भिःसविहंगाभिःशिखरैश्चसमाकुलम् ॥ गिरिराजमिमंतावत्पृच्छामिनृपतिंप्रति ४१ भगवन्नचलश्रेष्ठदिव्यदर्शनविश्रुत १ शरण्यबहुकल्याणनमस्तेऽस्तुमहीधर ४२ प्रणमेत्वाऽभिगम्याहंराजपुत्रींनिबोधमाम् ॥ राज्ञःस्नुषांराजभार्यांदमयंतीतिविश्रुताम् ४३ राजाविदर्भाधिपतिःपितामममहारथः ॥ भीमोनामक्षितिपतिश्चातुर्वर्ण्यस्यरक्षिता ४४ राजसूयाश्वमेधानांक्रतूनांदक्षिणावताम् ॥ आहर्त्तापार्थिवश्रेष्ठःपृथुचार्वंचितेक्षणः ४५ ब्रह्मण्यःसाधुवृत्तश्चसत्यवागनसूयकः ॥ शीलवान्वीर्यसंपन्नःपृथुश्रीर्धर्मविच्छुचिः ४६ सम्यग्गोप्ताविदर्भाणांनिर्जितारिगणःप्रभुः ॥ तस्यमांविद्धितनयांभगवंस्त्वामुपस्थिताम् ४७ निषधेषुमहाराजःश्वशुरोमेनरोत्तमः ॥ गृहीतनामाविख्यातोवीरसेनइतिस्मह ४८ तस्यराज्ञःसुतोवीरःश्रीमान्सत्यपराक्रमः ॥ क्रमप्राप्तंपितुःस्वंयोराज्यंसमनुशास्तिह ४९ नलोनामाऽरिहाश्यामःपुण्यश्लोकइतिश्रुतः ॥ ब्रह्मण्योवेदविद्वाग्मीपुण्यकृत्सोमपोऽग्निमान् ५०

४३ । ४४ । ४५ ब्रह्मण्यः ब्रह्मणि ब्राह्मणजातौ वेदे वैदिककर्मणि परमात्मनिवा साधुः ४६ । ४७ । ४८ । ४९ अग्निमान् । नित्ययोगेमतुप् सर्वदैवाग्निविच्छेदशून्यइत्यर्थः ५०

५१ । ५२ । ५३ । ५४ । ५५ । ५६ । ५७ । ५८ आम्नायसारिणींवेदानुगांसत्यामित्यर्थः ऋद्धामदीनां आश्वासयतेतिबहुत्वंवक्तुर्वैक्लव्यात्नदोषावहम् ५९ । ६० । ६१ । ६२ अब्भक्षैरिति सर्वं

यष्टादाताचयोद्धाचसम्यक्चैवप्रशासिता ॥ तस्यमामबलांश्रेष्ठांविद्धिभार्यामिहागताम् ५१ त्यक्तश्रियंभर्तृहीनामनाथांव्यसनान्विताम् ॥ अन्वेषमाणाभर्तारंत्वंमां
पर्वतसत्तम ५२ समुल्लिखद्भिरेतैर्हित्वयाशृंगशतैर्नृपः ॥ कच्चिद्दृष्टोऽचलश्रेष्ठवनेऽस्मिन्वानलोनृपः ५३ गजेंद्रविक्रमोधीमान्दीर्घबाहुरमर्षणः ॥ विक्रांतःसत्त्ववान्वीरो
भर्ताममहायशाः ५४ निषधानामधिपतिःकच्चिद्दृष्टस्त्वयानलः ॥ किंमांविलपतीमेकांपर्वतश्रेष्ठविह्वलाम् ५५ गिरानाश्वासयस्यद्यस्वांसुतामिवदुःखिताम् ॥
वीरविक्रांतधर्मज्ञसत्यसंधमहीपते ५६ यद्यस्यस्मिन्वनेराजन्दर्शयात्मानमात्मना ॥ कदासुस्निग्धगंभीरांजीमूतस्वनसन्निभाम् ५७ श्रोष्यामिनैषधस्याहंवाचं
तामममृतोपमाम् ॥ वैदर्भीत्येवविस्पष्टांशुभांराज्ञोमहात्मनः ५८ आम्नायसारिणीमृद्धांममशोकविनाशिनीम् ॥ भीतामाश्वासयतमांनृपतेधर्मवत्सल ५९ इतिसा
तंगिरिश्रेष्ठमुक्त्वापार्थिवनंदिनी ॥ दमयंतीततोभूयोजगामदिशमुत्तराम् ६० सागत्वात्रीनहोरात्रान्ददर्शपरमांगना ॥ तापसारण्यमतुलंदिव्यकाननशोभितम् ६१
वसिष्ठभृग्वत्रिसमैस्तापसैरुपशोभितम् ॥ नियतैःसंयताहारैर्दमशौचसमन्वितैः ६२ अब्भक्षैर्वायुभक्षैश्चपत्राहारैस्तथैवच ॥ जितेंद्रियैर्महाभागैःस्वर्गमार्गदिदृ
क्षुभिः ६३ वल्कलाजिनसंवीतैर्मुनिभिःसंयतेंद्रियैः ॥ तापसाध्युषितंरम्यंददर्शाश्रममंडलम् ६४ नानामृगगणैर्जुष्टंशाखामृगगणायुतम् ॥ तापसैःसमुपेतंच
सादृष्ट्वैवसमाश्वसत् ६५ सुभ्रूःसुकेशीसुश्रोणीसुकुचासुद्विजानना ॥ वर्चस्विनीसुप्रतिष्ठास्वसितायतलोचना ६६ साविवेशाश्रमपदंवीरसेनसुतप्रिया ॥ योषि
द्रत्नंमहाभागादमयंतीतपस्विनी ६७ साऽभिवाद्यतपोवृद्धान्विनयावनतास्थिता ॥ स्वागतंतइतिप्रोक्तातैःसर्वैस्तापसोत्तमैः ६८ पूजांचास्यायथान्यायंकृत्वा
तत्रतपोधनाः ॥ आस्यतामित्यथोचुस्तेब्रूहिकिंकरवामहे ६९ तानुवाचवरारोहाकच्चिद्भगवतामिह ॥ तपःस्वग्निषुधर्मेषुमृगपक्षिषुचानघाः ७० कुशलंवो
महाभागाःस्वधर्माचरणेषुच ॥ तैरुक्ताकुशलंभद्रेसर्वत्रेतियशस्विनी ७१ ब्रूहिसर्वानवद्यांगिकात्वंकिंचचिकीर्षसि ॥ दृष्ट्वैवतेपरंरूपंद्युतिंचपरमामिह ७२ विस्म
योनःसमुत्पन्नःसमाश्वसिहिमाशुचः ॥ अस्यारण्यस्यदेवीत्वमुताहोऽस्यमहीभृतः ७३ अस्याश्चनद्याःकल्याणिवदसत्यमनिंदिते ॥ साऽब्रवीत्तानृषीन्नाहमरण्य
स्यास्यदेवता ७४ नचाप्यस्यगिरेर्विप्रानैवनद्याश्चदेवता ॥ मानुषींमांविजानीतयूयंसर्वेतपोधनाः ७५ विस्तरेणाभिधास्यामितन्मेशृणुतसर्वशः ॥ विदर्भेषु
महीपालोभीमोनाममहीपतिः ७६ तस्यमांतनयांसर्वेजानीतद्विजसत्तमाः ॥ निषधाधिपतिर्धीमान्नलोनाममहायशाः ७७ वीरःसंग्रामजिद्विद्वान्ममभर्त्ताविशां
पतिः ॥ देवताभ्यर्चनपरोद्विजातिजनवत्सलः ७८

वाक्यंसावधारणमितिन्यायेनअंबुमात्रभक्षैरित्यर्थः ६३ । ६४ । ६५ सुद्विजाननाशोभनदंतयुक्तमुखी वर्चस्विनीधर्मजेनतेजसायुक्ता सुप्रतिष्ठासुजघना प्रतिष्ठत्यस्मिन्निति प्रतिष्ठशब्दोजघनवाची ६६ वीरसेनसु
तस्यनलस्यप्रिया ६७ । ६८ । ६९ । ७० । ७१ । ७२ । ७३ । ७४ । ७५ । ७६ । ७७ । ७८

७९ । ८० । ८१ । ८२ । ८३ । ८४ । ८५ । ८६ । ८७ । ८८ श्रेयसामोक्षेण योक्ष्येयोजयिष्ये योगःनलेनदेहंत्यक्त्वामोक्षंप्राप्स्येइत्यर्थः अन्यथाआत्महत्यादोषात्श्रेयोयोगोनसंभवेत् ८९

गोप्तानिषधवंशस्यमहातेजामहाबलः ॥ सत्यवान्धर्मवित्प्राज्ञःसत्यसंधोऽरिमर्दनः ७९ ब्रह्मण्योदैवतपरःश्रीमान्परपुरंजयः ॥ नलोनामनृपश्रेष्ठोदेवराजसमद्युतिः ८० ममभर्त्ताविशालाक्षःपूर्णेंदुवदनोऽरिहा ॥ आहर्त्ताक्रतुमुख्यानांवेदवेदांगपारगः ८१ सपत्नानांमृधेहंतारविसोमसमप्रभः ॥ सकैश्चित्निकृतिप्रज्ञैरनार्यैरकृतात्मभिः ८२ आहूयपृथिवीपालःसत्यधर्मपरायणः ॥ देवनेकुशलैर्जिह्मैर्हृतंराज्यंवसूनिच ८३ तस्यमामवगच्छध्वंभार्यांराजर्षभस्यवै ॥ दमयंतीतिविख्यातांभर्तुर्दर्शनलालसाम् ८४ सावनानिगिरींश्चैवसरांसिसरितस्तथा ॥ पल्वलानिचसर्वाणितथाऽरण्यानिसर्वशः ८५ अन्वेषमाणाभर्त्तारंनलंरणविशारदम् ॥ महात्मानंकृतास्त्रंचविचरामीहदुःखिता ८६ कच्चिद्भगवतांरम्यंतपोवनमिदंनृपः ॥ भवेत्प्राप्तोनलोनामनिषधानांजनाधिपः ८७ यत्कृतेऽहमिदंब्रह्मन्प्रपन्नाभृशदारुणम् ॥ वनंप्रतिभयंघोरंशार्दूलमृगसेवितम् ८८ यदिकैश्चिदहोरात्रैर्नद्रक्ष्यामिनलंनृपम् ॥ आत्मानंश्रेयसायोक्ष्येदेहस्यास्यविमोचनात् ८९ कोनुमेजीवितेनार्थस्तमृतेपुरुषर्षभम् ॥ कथंभविष्याम्यद्याहंभर्तृशोकाभिपीडिता ९० तथाविलपतीमेकामरण्येभीमनंदिनीम् ॥ दमयंतीमथोचुस्तेतापसाःसत्यदर्शिनः ९१ उदर्कस्तवकल्याणिकल्याणोभविताशुभे ॥ वयंपश्यामतपसाक्षिप्रंद्रक्ष्यसिनैषधम् ९२ निषधानामधिपतिंनलंरिपुनिपातिनम् ॥ भैमिधर्मभृतांश्रेष्ठंद्रक्ष्यसेविगतज्वरम् ९३ विमुक्तंसर्वपापेभ्यःसर्वरत्नसमन्वितम् ॥ तदेवनगरंश्रेष्ठंप्रशासतमरिंदमम् ९४ द्विषतांभयकर्त्तारंसुहृदांशोकनाशनम् ॥ पतिंद्रक्ष्यसिकल्याणिकल्याणाभिजनंनृपम् ९५ एवमुक्त्वानलस्येष्टांमहिषींपार्थिवात्मजाम् ॥ तापसांऽतर्हिताःसर्वेसाग्निहोत्राश्रमास्तथा ९६ सादृष्ट्वामहदाश्चर्यंविस्मिताह्यभवत्तदा ॥ दमयंत्यनवद्यांगीवीरसेननृपस्नुषा ९७ किंनुस्वप्नोमयादृष्टःकोऽयंविधिरिहाभवत् ॥ क्वनुतेतापसाःसर्वेक्वतदाश्रममंडलम् ९८ क्वसापुण्यजलारम्यानदीद्विजनिषेविता ॥ क्वनुतेहनगाहृद्याःफलपुष्पोपशोभिताः ९९ ध्यात्वाचिरंभीमसुतादमयंतीशुचिस्मिता ॥ भर्तृशोकपरादीनाविवर्णवदनाऽभवत् १०० सागत्वाऽथापरांभूमिंबाष्पसंदिग्धयागिरा ॥ विललापाश्रुपूर्णाक्षीदृष्ट्वाऽशोकतरुंततः १ उपगम्यतरुश्रेष्ठमशोकंपुष्पितंवने ॥ पल्लवापीडितंहृद्यंविहंगैरनुनादितम् २ अहोबतायमगमःश्रीमानस्मिन्वनांतरे ॥ आपीडैर्बहुभिर्भातिश्रीमान्पर्वतराडिव ३ विशोकांकुरुमांक्षिप्रमशोकप्रियदर्शन ॥ वीतशोकभयाबाधंकच्चित्त्वंदृष्टवान्नृपम् ४ नलंनामारिदमनंदमयंत्याःप्रियंपतिम् ॥ निषधानामधिपतिंदृष्टवानसिमेप्रियम् ५ एकवस्त्रार्धसंवीतंसुकुमारतनुत्वचम् ॥ व्यसनेनार्दितंवीरमरण्यमिदमागतम् १०६

९० । ९१ उदर्कः उत्तरकालः ९२ । ९३ प्रशासतं । जक्षित्यादयःषडितिनुमभावः ९४ । ९५ तापसा इतिच्छेदः संधिरार्षः ९६ । ९७ । ९८ । ९९ । १०० बाष्पोबाष्पवदुष्णउच्छ्वासवायुस्तेनसंदिग्धयाऽस्फुटाक्षरया १०१ पल्लवैरापीडितंभूषितम् २ अगमःवृक्षः आपीडैःपुष्पफलादिरूपैरलंकारैः ३ । ४ । ५ सुकुमाराद्दुःखासहा यतस्तनुर्मृद्वीत्वक्यस्यतम् १०६

अशोकनग हेवीतशोकवृक्ष १०७ । ८ । ९ । १० महासार्थमहांतंजनसमूहम् ११ । १२ । १३ उपसर्पउपसृत्यसर्पअभ्यासलोपआर्षः वरारोहाविस्तीर्णजघना १४पांसुयुक्ताःध्वस्ताः मुक्तबंधाश्चशिरोरुहाःकेशाः

यथाविशोकागच्छेयमशोकनगतत्कुरु ॥ सत्यनामाभवाशोकअशोकःशोकनाशनः १०७ एवंसाऽशोकवृक्षंतमार्तावैपरिगम्यह ॥ जगामदारुणतरंदेशंभैमीवरांगना ८
साददर्शनगान्नैकान्नैकाश्चसरितस्तथा ॥ नैकांश्चपर्वतान्रम्यान्नैकांश्चमृगपक्षिणः ९ कंदरांश्चनितंबांश्चनदीश्चाद्भुतदर्शनाः ॥ ददर्शतान्भीमसुतापतिमन्वेषतीतदा १०
गत्वाप्रकृष्टमध्वानंदमयंतीशुचिस्मिता ॥ ददर्शाथमहासार्थंहस्त्यश्वरथसंकुलम् ११ उत्तरंतंनदींरम्यांप्रसन्नसलिलांशुभाम् ॥ सुशीततोयांविस्तीर्णांह्रदिनींवेतसैर्वृ
ताम् १२ प्रोद्घुष्टांक्रौञ्चकुररैश्चक्रवाकोपकूजिताम् ॥ कूर्मग्राहझषाकीर्णांविपुलद्वीपशोभिताम् १३ साद्दृष्ट्वैवमहासार्थंनलपत्नीयशस्विनी ॥ उपसर्पवरारोहाजनमध्यं
विवेशह १४ उन्मत्तरूपाशोकार्त्तातथावस्त्रार्धसंवृता ॥ कृशाविवर्णामलिनापांसुध्वस्तशिरोरुहा १५ तांदृष्ट्वातत्रमनुजाःकेचिद्भीताःप्रदुद्रुवुः ॥ केचिच्चिंतापराजग्मुः
केचित्तत्रविचुक्रुशुः १६ प्रहसंतिस्मतांकेचिदभ्यसूयंतिचापरे ॥ अकुर्वतदयांकेचित्पप्रच्छुश्चापिभारत १७ काऽसिकस्यासिकल्याणिकिंवामृगयसेवने ॥
त्वांदृष्ट्वाव्यथिताःस्मेहकश्चित्त्वमपिमानुषी १८ वदसत्यंवनस्यास्यपर्वतस्याथवादिशः ॥ देवतात्वंहिकल्याणित्वांवयंशरणंगताः १९ यक्षीवाराक्षसीवात्वमुताहोऽ
सिवरांगना ॥ सर्वथाकुरुनःस्वस्तिरक्षवाऽस्माननिंदिते २० यथाऽयंसर्वथासार्थःक्षेमीशीघ्रमितोव्रजेत् ॥ तथाविधत्स्वकल्याणियथाश्रेयोहिनोभवेत् २१ तथोक्ता
तेनसार्थेनदमयंतीनृपात्मजा ॥ प्रत्युवाचततःसाध्वीभर्तृव्यसनपीडिता २२ सार्थवाहंचसार्थंचजनायेचात्रकेचन ॥ युवस्थविरबालाश्चसार्थस्यचपुरोगमाः २३
मानुषींमांविजानीतमनुजाधिपतेःसुताम् ॥ नृपस्नुषांराजभार्यांभर्तृदर्शनलालसाम् २४ विदर्भराण्ममपिताभर्त्ताराजाचनैषधः ॥ नलोनाममहाभागस्तंमार्गाम्य
पराजितम् २५ यदिजानीतनृपतिंक्षिप्रंशंसतमेप्रियम् ॥ नलंपुरुषशार्दूलममित्रगणसूदनम् २६ तामुवाचानवद्यांगींसार्थस्यमहतःप्रभुः ॥ सार्थवाहःशुचिर्नामशृणुक
ल्याणिमद्वचः २७ अहंसार्थस्यनेतावैसार्थवाहःशुचिस्मिते ॥ मनुष्यंनलनामानंनपश्यामियशस्विनि २८ कुंजरद्वीपिमहिषशार्दूलर्क्षमृगानपि ॥ पश्याम्यस्मिन्वने
कृत्स्नेह्यमनुष्यनिषेविते २९ ऋतेत्वांमानुषींमर्त्यंनपश्यामिमहावने ॥ तथानोयक्षराडद्यमणिभद्रःप्रसीदतु ३० साऽब्रवीद्वणिजःसर्वान्सार्थवाहंचतंततः ॥ क्वनुयास्यति
सार्थोऽयमेतदाख्यातुमर्हसि ३१ ॥ ॥ सार्थवाहउवाच ॥ ॥ सार्थोऽयंचेदिराजस्यसुबाहोःसत्यदर्शिनः ॥ क्षिप्रंजनपदंगंतालाभायमनुजात्मजे १३२ ॥
इतिश्रीमहाभारतेआरण्यकेपर्वणिनलोपाख्यानपर्वणिदमयंतीसार्थवाहसंगमेचतुःषष्टितमोऽध्यायः ॥ ६४ ॥ ॥ ॥ ॥ ॥ ॥ ॥ ॥

यस्याः १५ । १६ । १७ । १८ । १९ । २० । २१ । २२ । २३ । २४ मार्गामिअन्वेषयामि २५ । २६ । २७ । २८ । २९ । ३० । ३१ । १३२ ॥ इत्यारण्यकेपर्वणि नैलकंठीयेभारतभावदीपे चतुः
षष्टितमोऽध्यायः ॥ ६४ ॥

सेति १ पद्मैः सौगंधिकैश्चपद्मविशेषैर्युक्तत्वात्पद्मसौगंधिकंनामसरः २ यवसंघासः ३ श्रान्तवाहाः श्रांतवाहनाः निवेशायवासाय ४ पश्चिमांवेलांसंध्यां सरस्तीरभुवं वा ५ । ६ । ७ । ८ । ९

॥ ५६ ॥

॥ बृहदश्वउवाच ॥ सातच्छ्रुत्वाऽनवद्यांगीसार्थवाहवचस्तदा ॥ जगामसहतेनैवसार्थेनपतिलालसा १ अथकालेबहुतिथेवनेमहतिदारुणे ॥ तडागंसर्वतोभद्रंपद्मसौगं धिकंमहत् २ ददृशुर्वणिजोरम्यंप्रभूतयवसेंधनम् ॥ बहुपुष्पफलोपेतंनानापक्षिनिषेवितम् ३ निर्मलस्वादुसलिलंमनोहारिसुशीतलम् ॥ सुपरिश्रांतवाहास्तेनिवेशा यमनोदधुः ४ संमतेसार्थवाहस्यविविशुर्वनमुत्तमम् ॥ उवाससार्थःसुमहान्वेलामासाद्यपश्चिमाम् ५ अथार्धरात्रसमयेनिःशब्दस्तिमितेतदा ॥ सुप्तेसार्थेपरिश्रांते हस्तियूथमुपागमत् ६ पानीयार्थंगिरिनदींमदप्रस्रवणाविलाम् ॥ अथापश्यतसार्थंतंसार्थजान्सुबहून्गजान् ७ तेतान्ग्राम्यगजान्दृष्ट्वासर्वेवनगजास्तदा ॥ समाद्रवंत वेगेनजिघांसंतोमदोत्कटाः ८ तेषामापततांवेगःकरिणांदुःसहोऽभवत् ॥ नगाग्रादिवशीर्णानांशृंगाणांपततांक्षितौ ९ स्पंदतामपिनागानांमार्गानष्टावनोद्भवाः ॥ मार्गंसंरुद्ध्यसंसुप्तंपद्मिन्याःसार्थमुत्तमम् १० तेतंममर्दुःसहसाचेष्टमानंमहीतले ॥ हाहाकारंप्रमुंचंतःसार्थिकाःशरणार्थिनः ११ वनगुल्मांश्चधावन्तोनिद्रांधाबहवो भवन् ॥ केचिद्दंतैःकरैःकेचित्केचित्पद्भ्यांहतागजैः १२ निहतोष्ट्राश्वबहुलाःपदातिजनसंकुलाः ॥ भयादाधावमानाश्चपरस्परहतास्तदा १३ घोरान्नादान्विमुंचंतोनिपे तुर्धरणीतले ॥ वृक्षेष्वारुह्यसंरब्धाःपतिताविषमेषुच १४ एवंप्रकारैर्बहुभिर्दैवेनाक्रम्यहस्तिभिः ॥ राजन्विनिहतंसर्वंसमृद्धंसार्थमंडलम् १५ आरावःसुमहांश्चासीत्त्रै लोक्यभयकारकः ॥ एषोऽग्निरुत्थितःकष्टस्त्रायध्वंधावताधुना १६ रत्नराशिर्विशीर्णोऽयंगृह्णीध्वंकिंप्रधावत ॥ सामान्यमेतद्द्रविणंनमिथ्यावचनंमम १७ एवमेवाभि भाषंतोविद्रवंतिभयात्तदा ॥ पुनरेवाभिधास्यामिचिंतयध्वंसकातराः १८ तस्मिंस्तथावर्त्तमानेदारुणेजनसंक्षये ॥ दमयंतीचबुबुधेभयसंत्रस्तमानसा १९ अपश्य द्वैशसंतत्रसर्वलोकभयंकरम् ॥ अदृष्टपूर्वंतद्दृष्ट्वाबालापद्मनिभेक्षणा २० संसक्तवदनाश्वासाउत्तस्थौभयविह्वला ॥ येतुतत्रविनिर्मुक्ताःसार्थात्केचिदविक्षताः २१ तेऽब्रु वन्सहिताःसर्वेकस्येदंकर्मणःफलम् ॥ नूनंनपूजितोऽस्माभिर्मणिभद्रोमहायशाः २२ तथायक्षाधिपःश्रीमान्नवैवैश्रवणःप्रभुः ॥ नपूजाविघ्नकर्तॄणामथवाप्रथमंकृता २३ शकुनानांफलंवाथविपरीतमिदंध्रुवम् ॥ ग्रहानविपरीतास्तुकिमन्यदिदमागतम् २४ अपरेत्वब्रुवन्दीनाज्ञातिद्रव्यविनाकृता ॥ याऽसावद्यमहासार्थेनारीह्युन्मत्तदर्श ना २५ प्रविष्टाविकृताकाराकृत्वारूपममानुषम् ॥ तयेयंविहितापूर्वंमायापरमदारुणा २६ राक्षसीवाध्रुवंयक्षीपिशाचीवाभयंकरी ॥ तस्याःसर्वमिदंपापंनात्रकार्याविचारणा २७ यदिपश्यामतांपापांसार्थघ्नींनैकदुःखदाम् ॥ लोष्टभिःपांसुभिश्चैवतृणैःकाष्ठैश्चमुष्टिभिः २८ अवश्यमेवहन्यामःसार्थस्यकिलकृत्यकाम् ॥ दमयंतीतु तच्छ्रुत्वावाक्यंतेषांसुदारुणम् २९

पद्मिन्याःपद्मवत्याःसरस्याः १० । ११ । १२ । १३ । १४ । १५ । १६ । १७ । १८ । १९ । २० । २१ । २२ । २३ । २४ । २५ । २६ । २७ लोष्टभिरितिप्रयोगादेवलोष्टशब्दोनकारांतोऽप्यस्तीति ज्ञायते २८ कृत्यैवकृत्यका कुत्सिताकृत्याकृत्यकेतिवाताम् २९

३० । ३१ । ३२ । अपश्चिमामपरावर्तिनीम् ३३ । ३४ । ३५ । ३६ । ३७ । ३८ । ३९ पापकृतंपापंकर्म ४० । ४१ । ४२ । ४३ । ४४ । ४५ अमार्जितांधूसरवेणीम् ४६ ४७ । ४८ । ४९

ह्रीताभीताचसंविग्नाप्राद्रवद्यत्रकाननम् ॥ आशंकमानातत्पापमात्मानंपर्यदेवयत् ३० अहोममोपरिविधेःसंरंभोदारुणोमहान् ॥ नानुबध्नातिकुशलंकस्येदंक
र्मणःफलम् ३१ नस्मराम्यशुभंकिंचित्कृतंकस्यचिदण्वपि ॥ कर्मणामनसावाचाकस्येदंकर्मणःफलम् ३२ नूनंजन्मांतरकृतंपापमापतितंमहत् ॥ अपश्चिमा
मिमांकष्टामापदंप्राप्तवत्यहम् ३३ भर्तृराज्यापहरणंस्वजनाच्चपराजयः ॥ भर्त्रासहवियोगश्चतनयाभ्यांचविच्युतिः ३४ निर्नाथतावनेवासोबहुव्यालनिषेविते ॥
अथापरेद्युःसंप्राप्तेहतशिष्टाजनास्तदा ३५ देशात्तस्माद्विनिष्क्रम्यशोचंतेवैशसंकृतम् ॥ भ्रातरंपितरंपुत्रंसखायंचनराधिप ३६ अशोचत्तत्रवैदर्भीकिंनुमेदुष्कृतं
कृतम् ॥ योऽपिमेनिर्जनेऽरण्येसंप्राप्तोऽयंजनार्णवः ३७ सहतोहस्तियूथेनमंदभाग्यान्ममैवतत् ॥ प्राप्तव्यंसुचिरंदुःखंनूनमद्यापिवैमया ३८ नाप्राप्तकालोम्रियते
श्रुतंवृद्धानुशासनम् ॥ यानाहमद्यमृदिताहस्तियूथेनदुःखिता ३९ नह्यदैवकृतंकिंचिन्नराणामिहविद्यते ॥ नचमेबालभावेऽपिकिंचित्पापकृतंकृतम् ४०
कर्मणामनसावाचायदिदंदुःखमागतम् ॥ मन्येस्वयंवरकृतेलोकपालाःसमागताः ४१ प्रत्याख्यातामयातत्रनलस्यार्थायदेवताः ॥ नूनंतेषांप्रभावेनवियोगंप्राप्त
वत्यहम् ४२ एवमादीनिदुःखार्तासाविलप्यवरांगना ॥ प्रलापानितदातानिदमयंतीपतिव्रता ४३ हतशेषैःसहतदाब्राह्मणैर्वेदपारगैः ॥ अगच्छद्राजशार्दू
लचंद्रलेखेवशारदी ४४ गच्छंतीसाऽचिराद्बालापुरमासादयन्महत् ॥ सायाह्नेचेदिराजस्यसुबाहोःसत्यदर्शिनः ४५ अथवस्त्रार्धसंवीताप्रविवेशपुरोत्तमम् ॥
तांविह्वलांकृशांदीनांमुक्तकेशीममार्जिताम् ४६ उन्मत्तामिवगच्छंतींददृशुःपुरवासिनः ॥ प्रविशंतींतुतांदृष्ट्वाचेदिराजपुरींतदा ४७ अनुजग्मुस्तत्रबालाग्रामि
पुत्राःकुतूहलात् ॥ सातैःपरिवृताऽगच्छत्समीपंराजवेश्मनः ४८ तांप्रासादगताऽपश्यद्राजमाताजनैर्वृताम् ॥ धात्रीमुवाचगच्छैनामानयेहममांतिकम् ४९
जनेनक्लिश्यतेबालादुःखिताशरणार्थिनी ॥ तादृग्रूपंचपश्यामिविद्योतयतिमेगृहम् ५० उन्मत्तवेषाकल्याणीश्रीरिवायतलोचना ॥ साजनंवारयित्वातंप्रासाद
तलमुत्तमम् ५१ आरोप्यविस्मिताराजन्दमयंतीमपृच्छत ॥ एवमप्यसुखाविष्टाबिभर्षिपरमंवपुः ५२ भासिविद्युदिवाभ्रेषुशंसमेकासिकस्यवा ॥ नहितेमानु
षंरूपंभूषणैरपिवर्जितम् ५३ असहायानरेभ्यश्चनोद्विजस्यमरप्रभे ॥ तच्छ्रुत्वावचनंतस्याभैमीवचनमब्रवीत् ५४ मानुषींमांविजानीहिभर्त्तारंसमनुव्रताम् ॥
सैरंध्रींजातिसंपन्नांभुजिष्यांकामवासिनीम् ५५ फलमूलाशनामेकांयत्रसायंप्रतिश्रयाम् ॥ असंख्येयगुणोभर्त्तामांचनित्यमनुव्रतः ५६ भक्ताऽहमपितंवीरंछाये
वानुगतापथि ॥ तस्यदैवात्प्रसंगोऽभूदतिमात्रंसुदेवने ५७

५० प्रासादतलंप्रासादोपरि ५१ । ५२ । ५३ । ५४ सैरन्ध्रीं सीराःप्रतिसीरास्तासांसमूहंसैरं धारयित्रींनेपथ्यधारिणीमंतःपुरचरीमित्यर्थः भुजिष्यांदासीं कामवासिनींयत्रकामइच्छातत्रैव वसंतीम्
५५ यत्रसायंकालस्तत्रैवप्रतिश्रयोगृहंयस्यास्ताम् ५६ । ५७

५८ । ५९ । ६० । ६१ । ६२ । ६३ । ६४ । ६५ । ६६ हेवीरप्रजायिनि वीरानेवप्रजायतेसूतेमावीरप्रजायिनी ६७ । ६८ । ६९ पश्येयंदृष्ट्वाचतान्पृच्छेयमपि ७० । ७१ । ७२ । ७३ । ७४ । ७५

द्यूतेसनिर्जितश्चैववनमेकउपेयिवान् ॥ तमेकवसनंवीरमुन्मत्तमिवविह्वलम् ५८ आश्वासयंतीभर्त्तारमहमप्यगमंवनम् ॥ सकदाचिद्वनेवीरःकस्मिंश्चित्कारणांतरे ५९ क्षुत्परीतस्तुविमनास्तदप्येकंव्यसर्जयत् ॥ तमेकवसनानग्नमुन्मत्तवदचेतसम् ६० अनुव्रजंतीबहुलानस्वपामिनिशास्तदा ॥ ततोबहुतिथेकालेसुप्तामुत्सृज्य मांक्वचित् ६१ वाससोऽर्धंपरिच्छिद्यत्यक्तवान्मामनागसम् ॥ तंमार्गमाणाभर्त्तारंदह्यमानादिवानिशम् ६२ साऽहंकमलगर्भाभमपश्यंतीहृदिप्रियम् ॥ नविंदाम्यमरप्रख्यंप्रियंप्राणेश्वरंप्रभुम् ६३ तामश्रुपरिपूर्णाक्षींविलपंतींतथाबहु ॥ राजमाताऽब्रवीदार्त्तांभैमीमार्त्तस्वरांस्वयम् ६४ वसस्वमयिकल्याणिप्रीतिर्मेपरमात्वयि ॥ मृगयिष्यंतितेभद्रेभर्त्तारंपुरुषामम ६५ अपिवास्वयमागच्छेत्परिधावन्नितस्ततः ॥ इहैववसतीभद्रेभर्त्तारमुपलप्स्यसे ६६ राजमातुर्वचःश्रुत्वादमयंतीवचोऽब्रवीत् ॥ समयेनोत्सहेवस्तुंत्वयिवीरप्रजायिनि ६७ उच्छिष्टंनैवभुंजीयांनकुर्यांपादधावनम् ॥ नचाहंपुरुषानन्यान्प्रभाषेयंकथंचन ६८ प्रार्थयेद्यदिमांकश्चिद्दंडयस्तेसपुमान्भवेत् ॥ वध्यश्चतेऽसकृन्मंदइतिमेव्रतमाहितम् ६९ भर्तुरन्वेषणार्थंतुपश्येयंब्राह्मणानहम् ॥ यद्येवमिहवत्स्यामित्वत्सकाशेनसंशयः ७० अतोऽन्यथानमेवासोवर्त्ततेहृदयेक्वचित् ॥ तांप्रहृष्टेनमनसाराजमातेदमब्रवीत् ७१ सर्वमेतत्करिष्यामिदिष्ट्यातेव्रतमीदृशम् ॥ एवमुक्त्वाततोभैमींराजमाताविशांपते ७२ उवाचेदंदुहितरंसुनंदांनामभारत ॥ सैरंध्रीमभिजानीष्वसुनंदेदेवरूपिणीम् ७३ वयसातुल्यतांप्राप्तासखीतवभवत्वियम् ॥ एतयासहमोदस्वनिरुद्विग्नमनाःसदा ७४ ततःपरमसंहृष्टासुनंदागृहमागमत् ॥ दमयंतीमुपादायसखीभिःपरिवारिता ७५ सातत्रपूज्यमानावैदमयंतीव्यनंदत ॥ सर्वकामैःसुविहितैर्निरुद्वेगाऽवसत्तदा ७६ ॥ इतिश्रीमहाभारतेआरण्यकेपर्वणिनलोपाख्यानपर्वणिदमयंतीचेदिराजगृहवासेपंचषष्टितमोऽध्यायः ६५ ॥ ॥ बृहदश्वउवाच ॥ उत्सृज्यदमयंतींतुनलोराजाविशांपते ॥ ददर्शदावंदह्यंतंमहांतंगहनेवने १ तत्रशुश्रावशब्दंवैमध्येभूतस्यकस्यचित् ॥ अभिधावनलेत्युच्चैःपुण्यश्लोकेतिचासकृत् २ माभैरितिनलश्चोक्त्वामध्यमग्नेःप्रविश्यतम् ॥ ददर्शनागराजानंशयानंकुण्डलीकृतम् ३ सनागःप्रांजलिर्भूत्वावेपमानोनलंतदा ॥ उवाचमांविद्धिराजन्नागंकर्कोटकंनृप ४ मयाप्रलब्धोमहर्षिर्नारदःसुमहातपाः ॥ तेनमन्युपरीतेनशप्तोऽस्मिमनुजाधिप ५ तिष्ठत्वंस्थावरइवयावदेवनलःक्वचित् ॥ इतोनेताहितत्रत्वंशापान्मोक्ष्यसिमत्कृतात् ६ तस्यशापान्नशक्तोऽस्मिपदाद्विचलितुंपदम् ॥ उपदेक्ष्यामितेश्रेयस्त्रातुमर्हतिमांभवान् ७ सखाचतेभविष्यामिमत्समोनास्तिपन्नगः ॥ लघुश्चतेभविष्यामिशीघ्रमादायगच्छमाम् ८ एवमुक्त्वामनागेंद्रोबभूवांगुष्ठमात्रकः ॥ तंगृहीत्वानलःप्रायाद्देशंदावविवर्जितम् ९

७६ । ७७ ॥ इत्यारण्यकेपर्वणि नैलकंठीये भारतभावदीपे पंचषष्टितमोऽध्यायः ६५ ॥ ॥ उत्सृज्येति १ । २ । ३ । ४ मयाप्रलब्धोब्रह्मर्षिर्नारद इति पाठांतरम् ५ तत्रकाले ६ । ७ लघुर्गुरुत्ववर्जितः ८ दावविवर्जितंवह्निहीनम् ९

१० । ११ दशइत्युक्तेऽदशत् आज्ञांविनानागोनदशतीतिभावः १२ । १३ । १४ यत्कृतेइति । सकलिः । एतेनयोयच्छरीरेप्रविशतिसतेनशरीरेणसुखंदुःखंवाऽश्नातीतिसूचितं दृष्टंचैतद्ग्रहावेशादौ । इदंदमयंत्याद्त्तस्यशापस्यफलंकलिर्भुंक्तेइतिभावः १५ । १६ अनागाःनिरपराधः निकृतोवंचितः मेमया १७ । १८ । १९ । २० अक्षहृदयंद्यूतेजयावहं अश्वहृदयेनविद्ययाविद्यांपरिवर्त्तयेदित्यर्थः २१ । २२

आकाशदेशमासाद्यविमुक्तंकृष्णवर्त्मना ॥ उत्स्रष्टुकामंतंनागःपुनःकर्कोटकोऽब्रवीत् १० पदानिगणयन्गच्छस्वानिनैषधकानिचित् ॥ तत्रतेऽहंमहाबाहोश्रेयोधास्यामियत्परम् ११ ततःसंख्यातुमारब्धमदशद्दशमेपदे ॥ तस्यदष्टस्यतद्रूपंक्षिप्रमंतरधीयत १२ सदृष्ट्वाविस्मितस्तस्थावात्मानंविकृतंनलः ॥ स्वरूपधारिणंनागंददर्शसमहीपतिः १३ ततःकर्कोटकोनागःसांत्वयन्नलमब्रवीत् ॥ मयातेऽन्तर्हितंरूपंनत्वांविद्युर्जनाइति १४ यत्कृतेचासिनिकृतोदुःखेनमहतानल ॥ विषेणसमदीयेनत्वयिदुःखंनिवत्स्यति १५ विषेणसंवृतैर्गात्रैर्यावत्त्वांनविमोक्ष्यति ॥ तावत्त्वयिमहाराजदुःखंवैसनिवत्स्यति १६ अनागायेननिकृतस्त्वमनर्होजनाधिप ॥ क्रोधादसूययित्वातंरक्षामेभवतःकृता १७ नतेभयंनरव्याघ्रदंष्ट्रिभ्यःशत्रुतोऽपिवा ॥ ब्रह्मविद्भ्यश्चभवितामत्प्रसादान्नराधिप १८ राजन्विषनिमित्ताचनतेपीडाभविष्यति ॥ संग्रामेषुचराजेंद्रशश्वज्जयमवाप्स्यसि १९ गच्छराजन्नितःसूतोबाहुकोऽहमितिब्रुवन् ॥ समीपमृतुपर्णस्यसहिचैवाक्षनैपुणः २० अयोध्यांनगरींरम्यामद्यवैनिषधेश्वर ॥ सतेऽक्षहृदयंदाताराजाऽश्वहृदयेनवै २१ इक्ष्वाकुकुलजःश्रीमान्मित्रंचैवभविष्यति ॥ भविष्यसियदाऽक्षज्ञःश्रेयसायोक्ष्यसेतदा २२ सममेष्यसिदारैस्त्वंमास्मशोकेमनःकृथाः ॥ राज्येनतनयाभ्यांचसत्यमेतद्ब्रवीमिते २३ स्वंरूपंचयदाद्रष्टुमिच्छेथास्त्वंनराधिप ॥ संस्मर्त्तव्यस्तदातेऽहंवासश्चेदंनिवासयेः २४ अनेनवाससाच्छन्नःस्वंरूपंप्रतिपत्स्यसे ॥ इत्युक्त्वाप्रददौतस्मैदिव्यंवासोयुगंतदा २५ एवंनलंचसंदिश्यवासोदत्वाचकौरव ॥ नागराजस्ततोराजंस्तत्रैवांतरधीयत २६ ॥ इतिश्रीमहाभारतेआरण्यकेपर्वणिनलोपाख्यानपर्वणिनलकर्कोटकसंवादेषट्षष्टितमोऽध्यायः ॥ ६६ ॥ ॥ ॥ ॥ बृहदश्वउवाच ॥ तस्मिन्नंतर्हितेनागेप्रययौनैषधोनलः ॥ ऋतुपर्णस्यनगरंप्राविशद्दशमेऽहनि १ सराजानमुपातिष्ठद्बाहुकोऽहमितिब्रुवन् ॥ अश्वानांवाहनेयुक्तःपृथिव्यांनास्तिमत्समः २ अर्थकृच्छ्रेषुचैवाहंप्रष्टव्योनैपुणेषुच ॥ अन्नसंस्कारमपिचजानाम्यन्यैर्विशेषतः ३ यानिशिल्पानिलोकेऽस्मिन्यच्चैवान्यत्सुदुष्करम् ॥ सर्वंयतिष्येतत्कर्तुंमृतुपर्णभरस्वमाम् ४ ॥ ऋतुपर्णउवाच ॥ वसबाहुकभद्रंतेसर्वमेतत्करिष्यसि ॥ शीघ्रयानेसदाबुद्धिर्ध्रियतेमेविशेषतः ५ सत्वमातिष्ठयोगंतंयेनशीघ्राहयाममम ॥ भवेयुरश्वाध्यक्षोऽसिवेतनंतेशतंशता ६ त्वामुपस्थास्यतश्चेमौनित्यंवार्ष्णेयजीवलौ ॥ एताभ्यांरंस्यसेसार्धंवसवैमयिबाहुक ७ ॥ बृहदश्वउवाच ॥ एवमुक्तोनलस्तेनन्यवसत्तत्रपूजितः ॥ ऋतुपर्णस्यनगरेसहवार्ष्णेयजीवलः ८

२३ निवासयेःपरिधेहि २४ । २५ । २६ ॥ इत्यारण्यकेपर्वणि नैलकंठीये भारतभावदीपे षट्षष्टितमोऽध्यायः ॥ ६६ ॥ तस्मिन्निति १ । २ । ३ । ४ । ५ शतंशता शतानि मासिकंवेतनंदशसहस्रंसुवर्णाइत्यर्थः ६ । ७ । ८

९ तस्यमंदस्य तंमंदंउपतिष्ठतिजीवनार्थमितिशेषः १० । ११ । १२ अदृढतरंदमयंत्यांमिथ्याप्रतिज्ञात्वंस्वस्यानुसंधायेयमुक्तिः व्ययुज्यतवियुक्तः १३ । १४ । १५ । १६ । १७ । १८ मारिष आर्य १९ ॥ इत्यारण्यकेपर्वणि नैलकंठीये भारतभावदीपे सप्तषष्टितमोऽध्यायः ॥ ६७ ॥ ॥ हृतेति । प्रेष्यतांदासताम् १ । २ । ३ अग्रंब्राह्मणभोजनंतदर्थंहियंतेराजधनात्पृथक्क्रियंतेतेअग्रहाराः

॥ ५८ ॥ सवैतत्रावसद्राजावैदर्भीमनुचिंतयन् ॥ सायंसायंसदाचेमंश्लोकमेकंजगादह ९ क्वनुसाक्षुत्पिपासार्त्ताश्रांताशेतेतपस्विनी ॥ स्मरंतीतस्यमन्दस्यकंवासाऽद्योपतिष्ठति १०
एवंब्रुवंतंराजानंनिशायांजीवलोऽब्रवीत् ॥ कामेनांशोचसेनित्यंश्रोतुमिच्छामिबाहुक ११ आयुष्मन्कस्यवानारीयामेवमनुशोचसि ॥ तमुवाचनलोराजामंदप्रज्ञस्य
कस्यचित् १२ आसीद्बहुमतानारीतस्यादृढतरंवचः ॥ सवैकेनचिदर्थेनतयामंदोव्ययुज्यत १३ विप्रयुक्तःसमंदात्माभ्रमत्यसुखपीडितः ॥ दह्यमानःसशोकेनदिवा
रात्रमतंद्रितः १४ निशाकालेस्मरंस्तस्याःश्लोकमेकंस्मगायति ॥ सविभ्रमन्महींसर्वांक्वचिदासाद्यकिंचन १५ वसत्यनर्हस्तद्दुःखंभूयएवानुसंस्मरन् ॥ सातुतंपुरुषं
नारीकृच्छ्रेऽप्यनुगतावने १६ त्यक्तातेनाल्पपुण्येनदुष्करंयदिजीवति ॥ एकाबालाऽनभिज्ञाचमार्गाणामतथोचिता १७ क्षुत्पिपासापरीतांगीदुष्करंयदिजीवति ॥
श्वापदाचरितेनित्यंवनेमहतिदारुणे १८ त्यक्तातेनाल्पभाग्येनमंदप्रज्ञेनमारिष ॥ इत्येवंनैषधोराजादमयंतीमनुस्मरन् ॥ अज्ञातवासंन्यवसद्राज्ञस्तस्यनिवेशने १९
॥ इतिश्रीमहाभारतेआरण्यकेपर्वणिनलोपाख्यानपर्वणिनलविलापेसप्तषष्टितमोऽध्यायः॥ ६७॥ ॥ बृहदश्वउवाच॥ हृतराज्येनलेभीमःसभार्येप्रेष्यतांगते ॥
द्विजान्प्रस्थापयामासनलदर्शनकांक्षया १ संदिदेशचतान्भीमोवसुदत्वाचपुष्कलम् ॥ मृगयध्वंनलंचैवदमयंतींचमेसुताम् २ अस्मिन्कर्मणिसंपन्नेविज्ञातेनि
षधाधिपे ॥ गवांसहस्रंदास्यामियोवस्तावानयिष्यति ३ अग्रहारांश्चदास्यामिग्रामंनगरसंमितम् ॥ नचेच्छक्याविहानेतुंदमयंतीनलोऽपिवा ४ ज्ञातमात्रेऽपिदास्या
मिगवांदशशतंधनम् ॥ इत्युक्तास्तेययुर्हृष्टाब्राह्मणाःसर्वतोदिशम् ५ पुरराष्ट्राणिचिन्वंतोनैषधंसहभार्यया ॥ नैवक्वापिप्रपश्यंतिनलंवाभीमपुत्रिकाम् ६ ततश्चेदिपुरीं
रम्यांसुदेवोनामवैद्विजः ॥ विचिन्वानोऽथवैदर्भीमपश्यद्राजवेश्मनि ७ पुण्याहवाचनेराज्ञःसुनंदासहितांस्थिताम् ॥ मंदंप्रख्यायमानेनरूपेणाप्रतिमेनताम् ८ निब
द्धांधूमजालेनप्रभामिवविभावसोः ॥ तांसमीक्ष्यविशालाक्षीमधिकंमलिनांकृशाम् ॥ तर्कयामासभैमीतिकारणैरुपपादयन् ९ ॥ सुदेवउवाच ॥ यथेयंमेपुरादृष्टा
तथारूपेयमंगना ॥ कृतार्थोऽस्म्यद्यदृष्ट्वेमांलोककांतामिवश्रियम् १० पूर्णचंद्रनिभांश्यामांचारुवृत्तपयोधराम् ॥ कुर्वतींप्रभयादेवींसर्वावितिमिरादिशः ११ चारुपद्म
विशालाक्षींमन्मथस्यरतीमिव ॥ इष्टांसमस्तलोकस्यपूर्णचंद्रप्रभामिव १२ विदर्भसरसस्तस्माद्दैवदोषादिवोद्धृताम् ॥ मलपंकानुलिप्तांगींमृणालीमिवचोद्धृताम् १३
पौर्णमासीमिवनिशांराहुग्रस्तनिशाकराम् ॥ पतिशोकाकुलांदीनांशुष्कस्रोतांनदीमिव १४ ॥ ५८ ॥

क्षेत्रादयः ४ । ५ । ६ । ७ । ८ कारणैर्लिंगैः उपपादयन् इयमेवदमयंतीतिनिश्चिन्वन् ९ । १० श्यामांसदाषोडशवार्षिकीम् । ' शीतेचैवोष्मलानित्यंग्रीष्मेचातीवशीतला । मध्यःक्षीणस्तुयस्यास्तुसाश्यामेत्य भिधीयते ' इत्यन्ये ११ । १२ । १३ शुष्कस्रोतांशुष्कप्रवाहां । छांदसंटाबंतत्वम् १४

पद्मिनींसरसीं १५ सुजातांगींअन्यूनानधिकांगीम् १६ । १७ । १८ । १९ । २० । २१ । २२ लब्धाचलब्ध्वेव २३ । २४ । २५ । २६ । २७ । २८ । २९ । ३० । ३१ । ३२ सुनंदाकथयामासेतिसंबंधः

विध्वस्तपर्णकमलांवित्रासितविहंगमाम् ॥ हस्तिहस्तपरामृष्टांव्याकुलामिवपद्मिनीम् १५ सुकुमारींसुजातांगींरत्नगर्भगृहोचिताम् ॥ दह्यमानामिवार्केणमृणाली
मिवचोद्धृताम् १६ रूपौदार्यगुणोपेतांमण्डनार्हाममंडिताम् ॥ चंद्रलेखामिवनवांव्योम्निनीलाभ्रसंवृताम् १७ कामभोगैःप्रियैर्हीनांहीनांबंधुजनेनच ॥ देहंधारयतींदी
नंभर्तृदर्शनकांक्षया १८ भर्त्तानामपरंनार्याभूषणंभूषणैर्विना ॥ एषाहिरहितातेनशोभमानानशोभते १९ दुष्करंकुरुतेऽत्यंतंहीनोयदनयानलः ॥ धारयत्यात्मनोदेहंनशो
केनापिसीदति २० इमामसितकेशांतांशतपत्रायतेक्षणाम् ॥ सुखार्हांदुःखितांदृष्ट्वाममापिव्यथतेमनः २१ कदानुखलुदुःखस्यपारंयास्यतिवैशुभा ॥ भर्तुःसमागमा
त्साध्वीरोहिणीशशिनोयथा २२ अस्यानूनंपुनर्लाभान्नैषधःप्रीतिमेष्यति ॥ राजाराज्यपरिभ्रष्टःपुनर्लब्ध्वाचमेदिनीम् २३ तुल्यशीलवयोयुक्तांतुल्याभिजनसंवृ
ताम् ॥ नैषधोऽर्हतिवैदर्भींतंचेयमसितेक्षणा २४ युक्तंतस्याप्रमेयस्यवीर्यसत्ववतोमया ॥ समाश्वासयितुंभार्यांपतिदर्शनलालसाम् २५ अहमाश्वासयाम्येनां
पूर्णचंद्रनिभाननाम् ॥ अदृष्टपूर्वांदुःखस्यदुःखार्तांध्यानतत्पराम् २६ ॥ बृहदश्वउवाच ॥ एवंविमृश्यविविधैःकारणैर्लक्षणैश्चताम् ॥ उपागम्यततोभैमींसुदेवो
ब्राह्मणोऽब्रवीत् २७ अहंसुदेवोवैदर्भिभ्रातुस्तेदयितःसखा ॥ भीमस्यवचनाद्राज्ञस्त्वामन्वेष्टुमिहागतः २८ कुशलीतेपिताराज्ञिजननीभ्रातरश्चते ॥ आयुष्मंतौकुश
लिनौतत्रस्थौदारकौचतौ २९ त्वत्कृतेबंधुवर्गाश्चगतसत्वाइवासते ॥ अन्वेष्टारोब्राह्मणाश्चभ्रमंतिशतशोमहीम् ३० ॥ बृहदश्वउवाच ॥ अभिज्ञायसुदेवंतंदमयंती
युधिष्ठिर ॥ पर्यपृच्छततान्सर्वान्क्रमेणसुहृदःस्वकान् ३१ रुरोदचभृशंराजन्वैदर्भीशोककर्शिता ॥ दृष्ट्वासुदेवंसहसाभ्रातुरिष्टंद्विजोत्तमम् ३२ ततोरुदंतींतांदृष्ट्वासुनंदा
शोककर्शिता ॥ सुदेवेनसहैकांतेकथयंतींचभारत ३३ जनित्र्याःकथयामाससैरंध्रीरुदतेभृशम् ॥ ब्राह्मणेनसहागम्यतांवेदयदिमन्यसे ३४ अथचेदिपतेर्माताराज्ञ
श्चांतःपुरात्तदा ॥ जगामयत्रसाबालाब्राह्मणेनसहाभवत् ३५ ततःसुदेवमानाय्यराजमाताविशांपते ॥ प्रपच्छभार्याकस्येयंसुतावाकस्यभाविनी ३६ कथंचनष्टाज्ञा
तिभ्योभर्तुर्वावामलोचना ॥ त्वयाचविदिताविप्रकथमेवंगतासती ३७ एतदिच्छाम्यहंश्रोतुंत्वत्तःसर्वमशेषतः ॥ तत्त्वेनहिममाचक्ष्वपृच्छंत्यादेवरूपिणीम् ३८ एव
मुक्तस्तयाराजन्सुदेवोद्विजसत्तमः ॥ सुखोपविष्टआचष्टदमयंत्यायथातथम् ३९ ॥ इतिश्रीमहाभारतेआरण्यकेपर्वणिनलोपाख्यानपर्वणिदमयंतीसुदेवसंवादेअष्ट
षष्टितमोऽध्यायः ॥ ६८ ॥ ॥ ॥ ॥ ॥ ॥ ॥ ॥ ॥

३३ वेदविचारय । वेदयतेरिदंरूपं णिजभावआर्षः ३४ । ३५ । ३६ । ३७ । ३८ । ३९ ॥ ॥ इत्यारण्यकेपर्वणि नैलकंठीये भारतभावदीपे अष्टषष्टितमोऽध्यायः ॥ ६८ ॥ ॥ ॥ ॥

विदर्भराज इति १ । २ । ३ । ४ पिप्लुः रक्ततिलकाकृतिर्लांछनं महाराष्ट्राणां 'मस' इति प्रसिद्धम् ५ । ६ । ७ । ८ । ९ । १० अपकृष्टेन दूरीकृतेन ११ । १२ । १३ । १४ । १५ । १६ । १७ । १८ । १९

सुदेवउवाच ॥ विदर्भराजोधर्मात्माभीमोनाममहाद्युतिः ॥ सुतेयंतस्यकल्याणीदमयंतीतिविश्रुता १ राजातुनैषधोनामवीरसेनसुतोनलः ॥ भार्येयंतस्यकल्याणी
पुण्यश्लोकस्यधीमतः २ सद्यूतेनजितोभ्रात्राहृतराज्योमहीपतिः ॥ दमयंत्यागतःसार्धंनप्राज्ञायतकस्यचित् ३ तेवयंदमयंत्यर्थेचरामःपृथिवीमिमाम् ॥ सेयमासादि
ताबालातवपुत्रनिवेशने ४ अस्यारूपेणसदृशीमानुषीनहिविद्यते ॥ अस्याह्येषभ्रुवोर्मध्येसहजःपिप्लुरुत्तमः ५ श्यामायाःपद्मसंकाशोलक्षितोऽन्तर्हितोमया ॥ मलेन
संवृतोह्यस्याश्छन्नोऽभ्रेणेवचंद्रमाः ६ चिह्नभूतोविभूत्यर्थमयंधात्राविनिर्मितः ॥ प्रतिपत्कलुषस्येंदोर्लेखानातिविराजते ७ नचास्यानश्यतेरूपंवपुर्मलसमाचितम् ॥
असंस्कृतमभिव्यक्तंभातिकांचनसन्निभम् ८ अनेनवपुषाबालापिप्लुनाऽनेनसूचिता ॥ लक्षितेयंमयादेवीनिभृतोऽग्निरिवोष्मणा ९ तच्छ्रुत्वावचनंतस्यसुदेवस्यविशां
पते ॥ सुनंदाशोधयामासपिप्लुप्रच्छादनंमलम् १० समलेनापकृष्टेनपिप्लुस्तस्याव्यरोचत ॥ दमयंत्यायथाव्यभ्रेनभसीवनिशाकरः ११ पिप्लुंदृष्ट्वासुनंदाचराजमाताच
भारत ॥ रुदत्यौतांपरिष्वज्यमुहूर्तमिवतस्थतुः १२ उत्सृज्यबाष्पंशनकैराजमातेदमब्रवीत् ॥ भगिन्यादुहितामेऽसिपिप्लुनाऽनेनसूचिता १३ अहंचतवमाताचरा
ज्ञस्तस्यमहात्मनः ॥ सुतेदशार्णाधिपतेःसुदाम्नश्चारुदर्शने १४ भीमस्यराज्ञःसादत्तावीरबाहोरहंपुनः ॥ त्वंतुजातामयादृष्टादशार्णेषुपितुर्गृहे १५ यथैवतेपितुर्गेहंत
थैवममभाविनि ॥ यथैवचममैश्वर्यंदमयंतितथातव १६ तांप्रहृष्टेनमनसादमयंतीविशांपते ॥ प्रणम्यमातुर्भगिनीमिदंवचनमब्रवीत् १७ अज्ञायमानाऽपिसतीसुखम
स्म्युषितात्वयि ॥ सर्वकामैःसुविहितारक्ष्यमाणासदात्वया १८ सुखात्सुखतरोवासोभविष्यतिनसंशयः ॥ चिरविप्रोषितांमातर्मामनुज्ञातुमर्हसि १९ दारकौचहि
मेनीतौवसतस्तत्रबालकौ ॥ पित्राविहीनौशोकार्तौमयाचैवकथंनुतौ २० यदिचापिप्रियंकिंचिन्मयिकर्तुमिहेच्छसि ॥ विदर्भान्यातुमिच्छामिशीघ्रंमेयानमादिश २१
बाढमित्येवतामुक्त्वाहृष्टामातृष्वसानृप ॥ गुप्तांबलेनमहतापुत्रस्यानुमतेततः २२ प्रास्थापयद्राजमाताश्रीमतींनरवाहिना ॥ यानेनभरतश्रेष्ठस्वन्नपानपरिच्छदाम् २३
ततःसानचिरादेवविदर्भानगमत्पुनः ॥ तांतुबंधुजनःसर्वःप्रहृष्टःसमपूजयत् २४ सर्वान्कुशलिनोदृष्ट्वाबांधवान्दारकौचतौ ॥ मातरंपितरंचोभौसर्वंचैवसखीजनम् २५
देवताःपूजयामासब्राह्मणांश्चयशस्विनी ॥ परेणविधिनादेवीदमयंतीविशांपते २६ अतर्पयत्सुदेवंचगोसहस्रेणपार्थिवः ॥ प्रीतोदृष्ट्वैवतनयांग्रामेणद्रविणेनच ॥
२७ साव्युष्टारजनींतत्रपितुर्वेश्मनिभाविनी ॥ विश्रांतामातरंराजन्निदंवचनमब्रवीत् २८

दारकौसुतःसुताच । बालकौअल्पवयस्कौ २० । २१ । २२ । २३ । २४ । २५ । २६ । २७ व्युष्टावासंकृतवती २८

यतयत्नंकुरु । अनुदात्तेत्त्वलक्षणस्यात्मनेपदस्य चक्षिङोङित्करणेनानित्यत्वज्ञापनात २९ । ३० । ३१ । ३२ । ३३ प्रदेशितःप्रकर्षेणप्रेरितः ३४ मृत्वागत्वा तेतथाप्रस्थिताःसंतःअब्रुवन्नलान्वेषणाय प्रस्थिताःस्मेतीतिशेषः ३५ ब्रूयास्तवदत । ब्रुवध्वमितिपाठेत्वार्षस्तङ् ३६ । ३७ । ३८ वदस्व । भासनोपसंभाषेत्यादिनावदेस्तङ् ३९ वायुनेति । शोकाग्निःकालवायुनादिनेदिनेवर्धमानोदमयंतो शरीरवनंधक्ष्यतीतिरूपकेणोक्तं । दहतीतिलट्प्रयोगस्तुवर्त्तमानसामीप्ये ४० भर्त्तव्याऽन्नादिना रक्षणीयादस्युप्रभृतिभ्यः पतिनेतिपत्या । असमासेऽपिघिसंज्ञाकार्यमार्षं उभयंरक्षणभरणात्मकम ४१ मानुक्रोशः

॥ दमयंत्युवाच ॥ मांचेदिच्छसिजीवंतींमातःसत्यंब्रवीमिते ॥ नरवीरस्यचैतस्यनलस्यानयनेयत २९ दमयंत्यातथोक्तातुसादेवीभृशदुःखिता ॥ बाष्पेणापिहि ताराज्ञीनोत्तरंकिंचिदब्रवीत् ३० तदवस्थांतुतांदृष्ट्वासर्वमंतःपुरंतदा ॥ हाहाभूतमतीवासीद्भृशंचप्ररुरोदह ३१ ततोभीमंमहाराजंभार्यावचनमब्रवीत् ॥ दमयं तीतवसुताभर्तारमनुशोचति ३२ अपकृष्यचलज्जांसास्वयमुक्तवतीनृप ॥ प्रयतन्तुतवप्रेष्याःपुण्यश्लोकस्यमार्गणे ३३ तथाप्रदेशितोराजाब्राह्मणान्वशवर्तिनः ॥ प्रास्थापयद्दिशःसर्वायतध्वंनलमार्गणे ३४ ततोविदर्भाधिपतेर्नियोगाद्ब्राह्मणास्तदा ॥ दमयंतीमथोसृत्वाप्रस्थितास्तेतथाब्रुवन् ३५ अथतानब्रवीद्भैमीसर्वराष्ट्रे ष्विदंवचः ॥ ब्रूयास्तजनसंसत्सुतत्रतत्रपुनःपुनः ३६ क्वनुत्वंकितवच्छित्वावस्त्रार्धंप्रस्थितोमम ॥ उत्सृज्यविपिनेसुप्तामनुरक्तांप्रियांप्रिय ३७ सावैयथात्वया दृष्टातथाऽऽस्तेत्वत्प्रतीक्षिणी ॥ दह्यमानाभृशंबालावस्त्रार्धेनाभिसंवृता ३८ तस्यारुदत्याःसततंतेनशोकेनपार्थिव ॥ प्रसादंकुरुवैवीरप्रतिवाक्यंवदस्वच ३९ एवमन्यच्चवक्तव्यंकृपांकुर्याद्यथामयि ॥ वायुनाधूयमानोहिवनंदहतिपावकः ४० भर्तव्यारक्षणीयाचपत्नीहिपतिनासदा ॥ तन्नष्टमुभयंकस्माद्धर्मज्ञस्यसत स्तव ४१ ख्यातःप्राज्ञःकुलीनश्चसानुक्रोशोभवान्सदा ॥ संवृत्तोनिरनुक्रोशःशंकेमद्भाग्यसंक्षयात् ४२ तत्कुरुष्वनरव्याघ्रदयांमयिनरर्षभ ॥ आनृशंस्यंपरोधर्म स्त्वत्तएवहिमेश्रुतः ४३ एवंब्रुवाणान्यदिवःप्रतिब्रूयात्कथंचन ॥ सनरःसर्वथाज्ञेयःकश्चासौक्वनुवर्तते ४४ यश्चैवंवचनंश्रुत्वाब्रूयात्प्रतिवचोनरः ॥ तदादायवचस्तस्य ममावेद्यंद्विजोत्तमाः ४५ यथाचवोनजानीयाद्ब्रुवतोममशासनात् ॥ पुनरागमनंचैवतथाकार्यमतंद्रितैः ४६ यदिवासौसमृद्धःस्याद्यदिवाऽप्यधनोभवेत् ॥ यदिवाऽप्यसमर्थःस्याज्ज्ञेयमस्यचिकीर्षितम् ४७ एवमुक्तास्त्वगच्छंस्तेब्राह्मणाःसर्वतोदिशम् ॥ नलंमृगयितुंराजंस्तदाव्यसनिनंतथा ४८ तेपुराणिसराष्ट्रा णिग्रामान्घोषांस्तथाऽऽश्रमान् ॥ अन्वेषंतोनलंराजन्नाधिजग्मुर्द्विजातयः ४९ तच्चवाक्यंतथासर्वेतत्रतत्रविशांपते ॥ श्रावयांचक्रिरेविप्रादमयंत्यायथेरितम् ॥ ॥ ५० ॥ इतिश्रीमहाभारतेआरण्यकेपर्वणिनलान्वेषणेएकोनसप्ततितमोऽध्यायः ॥ ६९ ॥ ॥ बृहदश्वउवाच ॥ अथदीर्घस्यकालस्यपर्णादोनाम वैद्विजः ॥ प्रत्येत्यनगरंभैमीमिदंवचनमब्रवीत् १

सदयः ४२ । ४३ । ४४ । ४५ ममशासनात् ब्रुवतोवःयुष्मान् । यथावचइतिपाठे ब्रुवतोभवत्समुदायस्यवचोनजानीयादितियोज्यम् ४६ । ४७ । ४८ । ४९ । ५० ॥ इत्यारण्यकेपर्वणि नैलकंठीये भारतभावदीपे एकोनसप्ततितमोऽध्यायः॥ ६९ ॥ ॥ अथेति १

भांगासुरिमृतुपर्णम् २ । ३ । ४ । ५ । ६ । ७ गोपायंतिपालयंति । जितःस्वर्गस्तामिरिति शेषः ८ । ९ । १० । ११ । १२ । १३ । १४ । १५ । १६ । १७ । १८ । १९ । २० । २१ । २२ । २३

नैषधंमृगयाणेनदमयंतिमयानलम् ॥ अयोध्यांनगरींगत्वाभांगासुरिमुपस्थितः २ श्रावितश्चमयावाक्यंत्वदीयंसमहाजने ॥ ऋतुपर्णोमहाभागोयथोक्तंवरवर्णिनि ३ तच्छ्रुत्वानाब्रवीत्किंचिदृतुपर्णोनराधिपः ॥ नचपारिषदःकश्चिद्भाष्यमाणोमयाऽसकृत् ४ अनुज्ञातंतुमांराज्ञाविजनेकश्चिदब्रवीत् ॥ ऋतुपर्णस्यपुरुषोबाहुकोनामनामतः ५ सूतस्तस्यनरेंद्रस्यविरूपोह्रस्वबाहुकः ॥ शीघ्रयानेषुकुशलोमृष्टकर्त्ताचभोजने ६ सविनिःश्वस्यबहुशोरुदित्वाचपुनःपुनः ॥ कुशलंचैवमांपृष्ट्वापश्चादिदमभाषत ७ वैषम्यमपिसंप्राप्तागोपायंतिकुलस्त्रियः ॥ आत्मानमात्मनासत्योजितःस्वर्गोनसंशयः ८ रहिताभर्तृभिश्चैवनकुप्यंतिकदाचन ॥ प्राणांश्चारित्रकवचान्धारयंतिवरस्त्रियः ९ विषमस्थेनमूढेनपरिभ्रष्टसुखेनच ॥ यत्सातेनपरित्यक्तातत्रनक्रोद्धुमर्हति १० प्राणयात्रांपरिप्रेप्सोःशकुनैर्हृतवाससः ॥ आधिभिर्दह्यमानस्यश्यामानक्रोद्धुमर्हति ११ सत्कृताऽसत्कृतावाऽपिपतिंदृष्ट्वातथागतम् ॥ भ्रष्टराज्यंश्रियाहीनंक्षुधितंव्यसनाप्लुतम् १२ तस्यतद्वचनंश्रुत्वात्वरितोऽहमिहागतः ॥ श्रुत्वाप्रमाणंभवतीराज्ञश्चैवनिवेदय १३ एतच्छ्रुत्वाऽश्रुपूर्णाक्षीपर्णादस्यविशांपते ॥ दमयंतीरहोऽभ्येत्यमातरंप्रत्यभाषत १४ अयमर्थोनसंवेद्योभीमेमातःकदाचन ॥ त्वत्सन्निधौनियोक्ष्येऽहंसुदेवंद्विजसत्तमम् १५ यथानन्नृपतिर्भीमःप्रतिपद्येतमेमतम् ॥ तथात्वयाप्रकर्तव्यंममचेत्प्रियमिच्छसि १६ यथाचाहंसमानीतासुदेवेनाशुबांधवान् ॥ तेनैवमंगलेनाशुसुदेवोयातुमाचिरम् १७ समानेतुंनलंमातरयोध्यांनगरीमितः ॥ विश्रांतंतुततःपश्चात्पर्णादंद्विजसत्तमम् १८ अर्चयामासवैदर्भीधनेनातीवभाविनी ॥ नलेचेहागतेतत्रभूयोदास्यामितेवसु १९ त्वयाहिमेबहुकृतंयदन्योनकरिष्यति ॥ यद्भर्त्राऽहंसमेष्यामिशीघ्रमेवद्विजोत्तम २० सएवमुक्तोऽथाश्वास्यआशीर्वादैःसुमंगलैः ॥ गृहानुपययौचापिकृतार्थःसुमहामनाः २१ ततःसुदेवमाभाष्यदमयंतीयुधिष्ठिर ॥ अब्रवीत्सन्निधौमातुर्दुःखशोकसमन्विता २२ गत्वासुदेवनगरीमयोध्यावासिनंनृपम् ॥ ऋतुपर्णंवचोब्रूहिसंपतन्निवकामगः २३ आस्थास्यतिपुनर्भैमीदमयंतीस्वयंवरम् ॥ तत्रगच्छंतिराजानोराजपुत्राश्चसर्वशः २४ तथाचगणितःकालःश्वोभूतेसभविष्यति ॥ यदिसंभाविनीयंतेगच्छशीघ्रमरिंदम २५ सूर्योदयेद्वितीयंसाभर्त्तारंवरयिष्यति ॥ नहिसज्ज्ञायतेवीरोनलोजीवतिवानवा २६ एवंतयायथोक्तोवैगत्वाराजानमब्रवीत् ॥ ऋतुपर्णंमहाराजसुदेवोब्राह्मणस्तदा ॥ २७ ॥ इतिश्रीमहाभारतेआरण्यकेपर्वणिनलोपाख्यानपर्वणिदमयंतीपुनःस्वयंवरकथनेसप्ततितमोऽध्यायः ॥ ७० ॥ ॥ बृहदश्वउवाच ॥ श्रुत्वावचःसुदेवस्यऋतुपर्णोनराधिपः ॥ सांत्वयन्श्लक्ष्णयावाचाबाहुकंप्रत्यभाषत १

२४ संभाविनी संभावितादृयंगतिरितिशेषः २५ । २६ । २७ ॥ इत्यारण्यकेपर्वणि नैलकंठीये भारतभावदीपे सप्ततितमोऽध्यायः ॥ ७० ॥ ॥ श्रुत्वेति १

२। ३।४।५।६ सापत्या अपत्यसहिता ७।८।९।१०।११।१२ तेजः कांतिविशेषः। बलंशक्तिः। कुलंजातिविशेषः। शीलंमादिचित्तानुसारिता। हीनैर्लक्षणैःशतपदीप्रभृतिभिर्व
र्जितान्। प्रोथंनासिका। हनुरधरंमुखफलकं १३ शुद्धान्हृदावर्त्तादिदुष्टावर्त्तहीनान् सिंधुजान्सिंधुदेशजान् १४ तेत्वयानविमलब्धव्यानवंचनीयाः बलंभारसहिष्णुता प्राणोवेगवत्ता वक्ष्यंतिवहनंकरिष्यंति

विदर्भान्यातुमिच्छामिदमयंत्याःस्वयंवरम् ॥ एकाह्नाहयतत्त्वज्ञमन्यसेयदिबाहुक २ एवमुक्तस्यकौंतेयतेनराज्ञानलस्यह ॥ व्यदीर्यतमनोदुःखात्प्रदध्यौचमहामनाः
३ दमयंतीवदेदेतत्कुर्याद्दुःखेनमोहिता ॥ अस्मदर्थेभवेद्वाऽयमुपायश्चिंतितोमहान् ४ नृशंसंबतवैदर्भीभर्तृकामातपस्विनी ॥ मयाक्षुद्रेणनिकृताकृपणापापबुद्धिना ५
स्त्रीस्वभावश्चलोलोकेममदोषश्चदारुणः ॥ स्यादेवमपिकुर्यात्साविवासाद्गतसौहृदा ६ ममशोकेनसंविग्नानैराश्यात्तनुमध्यमा ॥ नैवंसाकर्हिचित्कुर्यात्सापत्याचविशेषतः
७ यदत्रसत्यंवाऽसत्यंगत्वावेत्स्यामिनिश्चयम् ॥ ऋतुपर्णस्यवैकाममात्मार्थंचकरोम्यहम् ८ इतिनिश्चित्यमनसाबाहुकोदीनमानसः ॥ कृतांजलिरुवाचेदमृतुपर्णं
जनाधिपम् ९ प्रतिजानामितेवाक्यंगमिष्यामिनराधिप ॥ एकाह्नापुरुषव्याघ्रविदर्भनगरींनृप १० ततःपरीक्षामश्वानांचक्रेराजन्सबाहुकः ॥ अश्वशालामुपागम्य
भांगासुरिर्नृपाज्ञया ११ सत्वर्यमाणोबहुशऋतुपर्णेनबाहुकः ॥ अश्वान्जिज्ञासमानोवैविचार्यचपुनःपुनः ॥ अध्यगच्छत्कृशानश्वान्समर्थानध्वनिक्षमान् १२ तेजो
बलसमायुक्तान्कुलशीलसमन्वितान् ॥ वर्जितान्लक्षणैर्हीनैःपृथुप्रोथान्महाहनून् १३ शुद्धान्दशभिरावर्तैःसिंधुजान्वातरंहसः ॥ दृष्ट्वातानब्रवीद्राजाकिंचित्कोपसम
न्वितः १४ किमिदंप्रार्थितंकर्तुंप्रलब्धव्यानतेवयम् ॥ कथमल्पबलप्राणावक्ष्यंतीमेहयामम ॥ महदध्वानमपिचमन्तव्यंकथमीदृशैः १५ ॥ बाहुकउवाच ॥ एको
ललाटेद्वेमूर्ध्निद्वौद्वौपार्श्वोपपार्श्वयोः ॥ द्वौद्वौवक्षसिविज्ञेयौप्रयाणेचैकएवतु १६ एतेहयागमिष्यंतिविदर्भान्नात्रसंशयः ॥ यानन्यान्मन्यसेराजन्ब्रूहितान्योजया
मिते १७ ॥ ऋतुपर्णउवाच ॥ त्वमेवहयतत्त्वज्ञःकुशलोह्यसिबाहुक ॥ यान्मन्यसेसमर्थांस्त्वंक्षिप्रंतानेवयोजय १८ ततःसदश्वांश्चतुरःकुलशीलसमन्वितान् ॥
योजयामासकुशलोजवयुक्तान्रथेनलः १९ ततोयुक्तंरथंराजासमारोहत्त्वरान्वितः ॥ अथपर्यपतन्भूमौजानुभिस्तेहयोत्तमाः २० ततोनरवरःश्रीमान्नलोराजाविशां
पते ॥ सांत्वयामासतानश्वांस्तेजोबलसमन्वितान् २१ रश्मिभिश्चसमुद्यम्यनलोयातुमियेषसः ॥ सूतमारोप्यवार्ष्णेयंजवमास्थायवैपरम् २२

अध्वानंनिःशब्दं महदतिदूरे दमयंत्याःपुनर्भूत्वात्तद्वरणेमहतीलज्जा तयाचअवृतेमहत्तरालज्जेतिप्रच्छन्नतयैवतत्रगतमपिवेगवशादगतमिवयथाभवतितथागंतव्यमितिभावः १५ 'एकोललाटेद्वौमूर्ध्निद्वौद्वौ
पार्श्वोपपार्श्वयोः। द्वौद्वौवक्षसिविज्ञेयौ प्रयाणेचैकएवतु' इतिश्लोकः क्वचिन्नदृश्यते। तदर्थस्तुवक्षसिद्वौपुरस्ताद्द्वौ पश्चादिति प्रयाणेपृष्ठभागेएवंद्वादश आवर्तपदमनुपज्ययोज्यम् १६ एतेइति। एतेषुस्थलेष्वावर्त
२१ वंतइतिशेषः १७।१८।१९।२०।२१ सूतमिति। आरोप्यसूतस्थानादुपर्युपवेश्य स्वयमेवसूतत्वंचकारेत्यर्थः २२

२३ । २४ । २५ । २६ शालिहोत्रः अश्वशास्त्रप्रणेता आचार्यः २७ । २८ । २९ । ३० । ३१ । ३२ अंततः निर्णयेन ३३ । ३४ । ३५ । ३६ इत्यारण्यकेपर्वणि नैलकंठीये भारतभावदी

तेचोद्यमानाविधिवद्बाहुकेनहयोत्तमाः ॥ समुत्पेतुरथाकाशंरथिनंमोहयन्निव २३ तथातुदृष्ट्वातानश्वान्वहतोवातरंहसः ॥ अयोध्याधिपतिःश्रीमान्विस्मयंपरमंययौ २४ रथघोषंतुतंश्रुत्वाहयसंग्रहणंचतत् ॥ वार्ष्णेयश्चिंतयामासबाहुकस्यहयज्ञताम् २५ किंनुस्यान्मातलिरयंदेवराजस्यसारथिः ॥ तथातल्लक्षणंवीरेबाहुकेदृश्यते महत् २६ शालिहोत्रोऽथकिंनुस्याद्धयानांकुलतत्त्ववित् ॥ मानुषंसमनुप्राप्तोवपुःपरमशोभनम् २७ उताहोस्विद्भवेद्राजानलःपरपुरंजयः ॥ सोऽयंनृपतिरायात इत्येवंसमचिंतयत् २८ अथचेहनलोविद्यांवेत्तितामेवबाहुकः ॥ तुल्यंहिलक्षयेज्ञानंबाहुकस्यनलस्यच २९ अपिचेदंवयस्तुल्यंबाहुकस्यनलस्यच ॥ नायंनलोमहावीर्यस्तद्विद्यश्चभविष्यति ३० प्रच्छन्नाहिमहात्मानश्चरंतिपृथिवीमिमाम् ॥ दैवेनविधिनायुक्ताःशास्त्रोक्तैश्चनिरूपणैः ३१ भवेन्नमतिभेदोमेगात्रवैरूप्यतांप्रति ॥ प्रमाणात्परिहीनस्तुभवेदितिमतिर्मम ३२ वयःप्रमाणंतत्तुल्यंरूपेणतुविपर्ययः ॥ नलंसर्वगुणैर्युक्तंमन्येबाहुकमंततः ३३ एवंविचार्यबहुशोवार्ष्णेयःपर्यचिंतयत् ॥ हृदयेनमहाराजपुण्यश्लोकस्यसारथिः ३४ ऋतुपर्णश्चराजेंद्रोबाहुकस्यहयज्ञताम् ॥ चिंतयन्मुमुदेराजासहवार्ष्णेयसारथिः ३५ ऐकाग्र्यंचतथोत्साहंहयसंग्रहणंचतत् ॥ परंयत्नंचसंप्रेक्ष्यपरांमुदमवापह ३६ ॥ इतिश्रीमहाभारतेआरण्यकेपर्वणिनलोपाख्यानपर्वणिऋतुपर्णविदर्भगमनेएकसप्ततितमोऽध्यायः ॥ ७१ ॥ बृहदश्वउवाच ॥ सनदीःपर्वतांश्चैववनानिचसरांसिच ॥ अचिरेणातिचक्रामखेचरःखेचरन्निव १ तथाप्रयातेतुरथेतदाभांगासुरिर्नृपः ॥ उत्तरीयमधोऽपश्यद्भ्रष्टंपरपुरंजयः २ ततःसत्वरमाणस्तुपटेनिपतितेतदा ॥ ग्रहीष्यामीतितंराजानलमाहमहामनाः ३ निगृह्णीष्वमहाबुद्धेहयानेतान्महाजवान् ॥ वार्ष्णेयोयावदेनंमेपटमानयतामिह ४ नलस्तंप्रत्युवाचाथदूरेभ्रष्टःपटस्तव ॥ योजनंसमतिक्रांतोनाहर्तुंशक्यतेपुनः ५ एवमुक्तेनलेनाथतदाभांगासुरिर्नृपः ॥ आससादवनेराजन्फलवंतंबिभीतकम् ६ तंदृष्ट्वाबाहुकंराजात्वरमाणोऽभ्यभाषत ॥ ममापिसूतपश्यत्वंसंख्यानेपरमंबलम् ७ सर्वःसर्वंनजानातिसर्वज्ञोनास्तिकश्चन ॥ नैकत्रपरिनिष्ठाऽस्तिज्ञानस्यपुरुषेक्वचित् ८ वृक्षेऽस्मिन्यानिपर्णानिफलान्यपिचबाहुक ॥ पतितान्यपियान्यत्रतत्रैकमधिकंशतम् ९ एकपत्राधिकंचात्रफलमेकंचबाहुक ॥ पंचकोट्योऽथपत्राणांद्वयोरपिचशाखयोः १० प्रचिनुह्यस्यशाखेद्वेयाश्चाप्यन्याःप्रशाखिकाः ॥ आभ्यांफलसहस्रेद्वेपंचोनंशतमेवच ११ ततोरथमवस्थाप्यराजानंबाहुकोऽब्रवीत् ॥ परोक्षमिवमेराजन्कत्थसेशत्रुकर्शन १२ प्रत्यक्षमेतत्कर्ताऽस्मिशातयित्वाबिभीतकम् ॥ अथात्रगणितेराजन्विद्यतेनपरोक्षता १३ प्रत्यक्षंतेमहाराजशातयिष्येबिभीतकम् ॥ अहंहिनाभिजानामिभवेदेवंनवेतिवा १४

पेएकसप्ततितमोऽध्यायः ॥ ७१ ॥ ॥ सइति १ । २ । ३ । ४ । ५ । ६ । ७ । ८ । ९ । १० । ११ । १२ । १३ । १४

१५ । १६ । १७ । १८ । १९ । २० । २१ । २२ । २३ । २४ । २५ अक्षहृदयज्ञं अक्षाणामक्षाभिमानिदेवतायाहृदयवद्वशीकरणार्थोमंत्रःअक्षहृदयं येनज्ञातेनद्यूतेऽक्षाअनुकूलाभवंति । संख्यानेराशी
कृतानांपत्रपुष्पफलधान्यादीनां राश्यायामविस्तारोच्छ्रायाद्यालोचनेनपाटीगणितरीत्याझटितितत्संख्याकथने २६ । २७ । २८ अनयोर्मध्येऽक्षाणांहृदयंपरंश्रेष्ठंइतरत्तुत्वयाऽपिज्ञायतइतिभावः ऋतुःकालः
तद्वच्छीघ्रगामि पर्णं प्रियतेव्याप्रियतेव्यायच्छतेदेशांतरमनेनेतिपर्णंवाहनंयस्येतिऋतुपर्णनामनिरुक्तिः अन्येतु ऋतानिसत्यानिगणितानिपर्णानियस्येतिपाठांतरंविप्रकल्प्यव्याकुर्वते २९ तस्याक्षहृदयज्ञस्ये

संख्यास्यामिफलान्यस्यपश्यतस्तेजनाधिप ॥ मुहूर्तमपिवार्ष्णेयोरश्मीन्यच्छतुवाजिनाम् १५ तमब्रवीन्नृपःसूतंनायंकालोविलंबितुम् ॥ बाहुकस्त्वब्रवीदेनंपरंयत्नं
समास्थितः १६ प्रतीक्षस्वमुहूर्तंत्वमथवात्वरतेभवान् ॥ एषयातिशिवःपंथायाहिवार्ष्णेयसारथिः १७ अब्रवीदृतुपर्णस्तुसांत्वयन्कुरुनंदन ॥ त्वमेवयंतानान्योऽस्ति
पृथिव्यामपिबाहुक १८ त्वत्कृतेयातुमिच्छामिविदर्भान्हयकोविद ॥ शरणंत्वांप्रपन्नोऽस्मिनविघ्नंकर्तुमर्हसि १९ कामंचतेकरिष्यामियन्मांवक्ष्यसिबाहुक ॥ विद
र्भान्यदियात्वाद्यसूर्यंदर्शयिताऽसिमे २० अथाब्रवीद्बाहुकस्तंसंख्यायचबिभीतकम् ॥ ततोविदर्भान्यास्यामिकुरुष्वैवंवचोमम २१ अकामइवतंराजागणयस्वेत्युवा
चह ॥ एकदेशंचशाखायाःसमादिष्टंमयाऽनघ २२ गणयस्वाश्वतत्त्वज्ञततस्त्वंप्रीतिमावह ॥ सोऽवतीर्यरथात्तूर्णंशातयामासतंद्रुमम् २३ ततःसविस्मयाविष्टोराजान
मिदमब्रवीत् ॥ गणयित्वायथोक्तानितावंत्येवफलानितु २४ अत्यद्भुतमिदंराजन्दृष्टवानस्मितेबलम् ॥ श्रोतुमिच्छामितांविद्यांययैतज्ज्ञायतेनृप २५ तमुवाचततो
राजात्वरितोगमनेनृप ॥ विद्ध्यक्षहृदयज्ञंमांसंख्यानेचविशादरम् २६ बाहुकस्तमुवाचाथदेहिविद्यामिमांमम ॥ मत्तोपिचाश्वहृदयंगृहाणपुरुषर्षभ २७ ऋतुपर्णस्ततो
राजाबाहुकंकार्यगौरवात् ॥ हयज्ञानस्यलोभाच्चतंतथेत्यब्रवीद्वचः २८ यथोक्तंत्वंगृहाणेदमक्षाणांहृदयंपरम् ॥ निक्षेपोमेऽश्वहृदयंत्वयितिष्ठतुबाहुक ॥ एवमुक्त्वाददौवि
द्यामृतुपर्णोनलायवै २९ तस्याक्षहृदयज्ञस्यशरीरान्निःसृतःकलिः ॥ कर्कोटकविषंतीक्ष्णंमुखात्सततमुद्वमन् ३० कलेस्तस्यतदार्तस्यशापाग्निःसविनिःसृतः ॥ सते
नकर्शितोराजादीर्घकालमनात्मवान् ३१ ततोविषविमुक्तात्मास्वंरूपमकरोत्कलिः ॥ तंशप्तुमैच्छत्कुपितोनिषधाधिपतिर्नलः ३२ तमुवाचकलिर्भीतोवेपमानःकृतांज
लिः ॥ कोपंसंयच्छनृपतेकीर्तिंदास्यामितेपराम् ३३ इंद्रसेनस्यजननीकुपितामाऽशपत्पुरा ॥ यदात्वयापरित्यक्ताततोऽहंभृशपीडितः ३४ अवसंस्त्वयिराजेंद्रसुदुः
खमपराजित ॥ विषेणनागराजस्यदह्यमानोदिवानिशम् ॥ शरणंत्वांप्रपन्नोऽस्मिशृणुचेदंवचोमम ३५ येचत्वांमनुजालोकेकीर्तयिष्यंत्यतंद्रिताः ॥ मत्प्रसूतंभयंतेषां
नकदाचिद्भविष्यति ३६ भयार्तंशरणंयातंयदिमांत्वंनशप्स्यसे ॥ एवमुक्तोनलोराजान्ययच्छत्कोपमात्मनः ३७

तिसर्वेषांमंत्राणांतत्त्वं मनोमयकोशाख्यःसूत्रात्माऽतएवतंप्रकृत्यश्रूयते । 'तस्ययजुरेवशिरःऋग्दक्षिणःपक्षःसामोत्तरःपक्षः' इत्यादि तमजानंतंहिअत्यंतंधर्मिष्ठमपिकलिर्बाधते नतुमंत्रज्ञमितिभावः ३० शापाग्निर्द
मयंतीनिसृष्टःसविषरूपः अनात्मवान हृदयशून्योमूढइत्यर्थः ३१ । ३२ । ३३ । ३४ । ३५ । ३६ । ३७

अदृश्यइतिच्छेदः कथयन्कथांकुर्वन् ३८ फलानिसंख्यायअक्षविद्यासामर्थ्यात्तराशेरायामादिकमनालोच्यैवेतिभावः ३९ । ४० द्विजानिवपक्षिणइव ४१ । ४२ ; ४३ ॥ इत्यारण्यकेपर्वणि नैलकंठीये भारतभावदीपे द्विसप्ततितमोध्यायः ॥ ७२ ॥ ॥ ॥ ॥ ततइति १ । २ नलाश्वाःविदर्भनगरेयेदमयंत्याऽपत्याभ्यांसहप्रेषिताः ३ । ४ । ५ । ६ शिखिनोमयूराःमेघध्वनितभ्रमाच्चुक्रुशुः

ततोभीतःकलिःक्षिप्रंप्रविवेशबिभीतकम् ॥ कलिस्त्वन्यैस्तदाऽदृश्यःकथयन्नैषधेनवै ३८ ततोगतज्वरोराजानैषधःपरवीरहा ॥ संप्रनष्टेकलौराजासंख्यायास्य फलान्युत ३९ मुदापरमयायुक्तस्तेजसाऽथपरेणवै ॥ रथमारुह्यतेजस्वीप्रययौजवनैर्हयैः ४० बिभीतकश्चाप्रशस्तःसंवृत्तःकलिसंश्रयात् ॥ हयोत्तमानुत्पततो द्विजानिवपुनःपुनः ४१ नलःसंनोदयामासप्रविष्टेनांतरात्मना ॥ विदर्भाभिमुखोराजाप्रययौसमहायशाः ४२ नलेतुसमतिक्रांतेकलिरप्यगमद्गृहम् ॥ ततोगतज्वरो राजानलोऽभूत्पृथिवीपतिः ॥ विमुक्तःकलिनाराजन्रूपमात्रवियोजितः ४३ ॥ इतिश्रीमहाभारतेआरण्यकेपर्वणिनलोपाख्यानपर्वणिकलिनिर्गमेद्विसप्ततितमोऽध्यायः ॥ ७२ ॥ ॥ बृहदश्वउवाच ॥ ततोविदर्भान्संप्राप्तंसायाह्नेसत्यविक्रमम् ॥ ऋतुपर्णंजनाराज्ञेभीमायप्रत्यवेदयन् १ सभीमवचनाद्राजाकुंडिनंप्राविशत्पुरम् ॥ नादयन्रथघोषेणसर्वाःसविदिशोदिशः २ ततस्तंरथनिर्घोषंनलाश्वास्तत्रशुश्रुवुः ॥ श्रुत्वातुसमहृष्यंतपुरेवनलसन्निधौ ३ दमयंतीतुशुश्रावरथघोषंनलस्यतम् ॥ यथा मेघस्यनदतोगंभीरंजलदागमे ४ परंविस्मयमापन्नाश्रुत्वानादंमहास्वनम् ॥ नलेनसंगृहीतेषुपुरेवनलवाजिषु ॥ सदृशंरथनिर्घोषंमेनेभैमीतथाहयाः ५ प्रासादस्थाश्च शिखिनःशालास्थाश्चैववारणाः ॥ हयाश्चशुश्रुवुस्तस्यरथघोषंमहीपतेः ६ तच्छ्रुत्वारथनिर्घोषंवारणाःशिखिनस्तथा ॥ प्रणेदुरुन्मुखाराजन्मेघनादइवोत्सुकाः ७ दमयंत्युवाच ॥ यथाऽसौरथनिर्घोषःपूरयन्निवमेदिनीम् ॥ ममाल्हादयतेचेतोनलएषमहीपतिः ८ अथचंद्राभवक्त्रंतंनपश्यामिनलंयदि ॥ असंख्येयगुणंवीरंविनंक्ष्यामिन संशयः ९ यदिवैतस्यवीरस्यबाह्वोर्नाद्याहमंतरम् ॥ प्रविशामिसुखस्पर्शंनभविष्याम्यसंशयम् १० यदिमांमेघनिर्घोषोनोपगच्छतिनैषधः ॥ अद्यचामीकरप्रख्यंप्रवेक्ष्यामिहुताशनम् ११ यदिमांसिंहविक्रांतोमत्तवारणविक्रमः ॥ नाभिगच्छतिराजेंद्रोविनंक्ष्यामिनसंशयः १२ नस्मराम्यनृतंकिंचिन्नस्मराम्यपकारताम् ॥ नचपर्युषितं वाक्यंस्वैरेष्वपिकदाचन १३ प्रभुःक्षमावान्वीरश्चदाताचाप्यधिकोनृपैः ॥ रहोऽनीचानुवर्तीचक्लीबवन्ममनैषधः १४ गुणांस्तस्यस्मरंत्यामेतत्परायादिवानिशम् ॥ हृदयंदीर्यतइदंशोकात्प्रियविनाकृतम् १५ एवंविलपमानासानष्टसंज्ञेवभारत ॥ आरुरोहमहद्वेश्मपुण्यश्लोकदिदृक्षया १६ ततोमध्यमकक्षायांददर्शरथमास्थितम् ॥ ऋतुपर्णंमहीपालंसहवार्ष्णेयबाहुकम् १७ ततोवतीर्यवार्ष्णेयोबाहुकश्चरथोत्तमात् ॥ हयांस्तानवमुच्याथस्थापयामासवैरथम् १८ सोऽवतीर्यरथोपस्थादृतुपर्णो नराधिपः ॥ उपतस्थेमहाराजंभीमंभीमपराक्रमम् १९

७ । ८ । ९ । १० । ११ । १२ पर्युषितंप्रतिज्ञातकालातिलंघि १३ जितेंद्रियत्वमेवाह रहइति । रहसिकर्तव्येसुरतविषये नीचकर्मपारदार्यादितदनुवर्ततेइतितदन्यःअनीचानुवर्ती परस्त्रीषुक्लीबइत्यर्थः १४ । १५ । १६ । १७ । १८ । १९

२० । २१ । २२ । २३ । २४ । २५ । २६ । २७ नैतदेवं एतत्एतस्मिन्काले एवंविचार्यनव्यसर्जयत् किंतुविश्राम्यतामित्येवोवाचेत्युत्तरेणान्वयः २८ । २९ दिष्टं निर्दिष्टम् ३० । ३१ । ३२ । ३३

तंभीमःप्रतिजग्राहपूजयापरयाततः ॥ सतेनपूजितोराज्ञाऋतुपर्णोनराधिपः २० सतत्रकुंडिनेरम्येवसमानोमहीपतिः ॥ नचकिंचित्तदाऽपश्यत्प्रेक्षमाणोमुहुर्मुहुः ॥
सतुराज्ञासमागम्यविदर्भपतिनातदा २१ अकस्मात्सहसाप्राप्तंस्त्रीमंत्रंनस्माविंदति ॥ किंकार्यंस्वागतंतेऽस्तुराज्ञापृष्टःसभारत २२ नाभिजज्ञेसनृपतिर्दुहित्रर्थे
समागतम् ॥ ऋतुपर्णोऽपिराजासधीमान्सत्यपराक्रमः २३ राजानंराजपुत्रंवानस्मपश्यतिकंचन ॥ नैवस्वयंवरकथांनचविप्रसमागमम् २४ ततोऽविगणय
द्राजामनसाकोसलाधिपः ॥ आगतोऽस्मीत्युवाचैनंभवंतमभिवादकः २५ राजाऽपिचस्मयन्भीमोमनसासमचिंतयत् ॥ अधिकंयोजनशतंतस्यागमनकारणम्
२६ ग्रामान्बहूनतिक्रम्यनाध्यगच्छद्यथातथम् ॥ अल्पकार्यंविनिर्दिष्टंतस्यागमनकारणम् २७ पश्चादुदर्केज्ञास्यामिकारणंयद्भविष्यति ॥ नैतदेवंसनृपति
स्तंसत्कृत्यव्यसर्जयत् २८ विश्राम्यतामित्युवाचक्लांतोऽसीतिपुनःपुनः ॥ ससत्कृतःप्रहृष्टात्माप्रीतःप्रीतेनपार्थिवः २९ राजप्रेष्यैरनुगतोदिष्टंवेश्मसमाविशत् ॥
ऋतुपर्णेगतेराजन्वार्ष्णेयसहितेनृपे ३० बाहुकोरथमादायरथशालामुपागमत् ॥ समोचयित्वातानश्वानुपचर्यचशास्त्रतः ३१ स्वयंचैतान्समाश्वास्यरथोपस्थ
उपाविशत् ॥ दमयंत्यपिशोकार्तादृष्ट्वाभांगासुरिंनृपम् ३२ सूतपुत्रंचवार्ष्णेयंबाहुकंचतथाविधम् ॥ चिंतयामासवैदर्भीकस्यैषरथनिःस्वनः ३३ नलस्येवमहा
नासीन्नचपश्यामिनैषधम् ॥ वार्ष्णेयेनभवेन्नूनंविद्यासैवोपशिक्षिता ३४ तेनाद्यरथनिर्घोषोनलस्येवमहानभूत् ॥ आहोस्विदृतुपर्णोऽपियथाराजानलस्तथा ॥
यथाऽयंरथनिर्घोषोनैषधस्येवलक्ष्यते ३५ एवंसातर्कयित्वातुदमयंतीविशांपते ॥ दूतींप्रस्थापयामासनैषधान्वेषणेशुभा ३६ ॥ इतिश्रीमहाभारतेआरण्यकेपर्व
णिनलोपाख्यानपर्वणिभीमपुरप्रवेशेत्रिसप्ततितमोऽध्यायः ७३ ॥ ॥ दमयन्त्युवाच ॥ गच्छकेशिनिजानीहिकएषरथवाहकः ॥ उपविष्टोरथोपस्थेविकृतो
ह्रस्वबाहुकः १ अभ्येत्यकुशलंभद्रेमृदुपूर्वंसमाहिता ॥ पृच्छेथाःपुरुषंह्येनंयथातत्त्वमनिंदिते २ अत्रमेमहतीशंकाभवेदेषनलोनृपः ॥ यथाचमनसस्तुष्टिर्हृदय
स्यचनिर्वृत्तिः ३ ब्रूयाश्चैनंकथांतेत्वंपर्णादवचनंयथा ॥ प्रतिवाक्यंचसुश्रोणिबुद्ध्येथास्त्वमनिंदिते ४ ततःसमाहितागत्वादूतीबाहुकमब्रवीत् ॥ दमयंत्य
पिकल्याणीप्रासादस्थाह्युपैक्षत ५ ॥ ॥ केशिन्युवाच ॥ ॥ स्वागतंतेमनुष्येंद्रकुशलंतेब्रवीम्यहम् ॥ दमयंत्यावचःसाधुनिबोधपुरुषर्षभ ६ कदावै
प्रस्थितायूयंकिमर्थमिहचागताः ॥ तत्त्वंब्रूहियथान्यायंवैदर्भीश्रोतुमिच्छति ७ ॥ बाहुकउवाच ॥ श्रुतःस्वयंवरोराज्ञाकोसलेनमहात्मना ॥ द्वितीयोदमयं
त्यावैभविताश्वइतिद्विजात् ८ श्रुत्वैतत्प्रस्थितोराजाशतयोजनयायिभिः ॥ हयैर्वातजवैर्मुख्यैरहमस्यचसारथिः ९

३४ आहोस्विदित्याश्चर्यार्थे अतएवसमानार्थकंवाक्यमावर्तितं ३५ । ३६ ॥ इत्यारण्यके नै० भा० त्रिसप्ततितमोऽध्यायः ॥ ७३ ॥ ॥ गच्छेति १ । २ । ३ पर्णादवचनं कनुत्वंकितवच्छित्त्वावस्त्रार्धं
प्रस्थितोममेत्यादिश्रुत्वा विरूपोन्हस्वबाहुकःकश्चित्प्रत्युत्तरंदत्तवांस्तल्लक्षणएवायमितिभावः ४ । ५ । ६ । ७ । ८ । ९

॥ केशिन्युवाच ॥ अथयोऽसौतृतीयोवःसकुतःकस्यवापुनः ॥ त्वंचकस्यकथंचेदंत्वयिकर्मसमाहितम् १० ॥ बाहुकउवाच ॥ पुण्यश्लोकस्यवैसूतोवार्ष्णेय इतिविश्रुतः ॥ सनलेविद्रुतेभद्रेभांगासुरिमुपस्थितः ११ अहमप्यश्वकुशलःसूतत्वेचप्रतिष्ठितः ॥ ऋतुपर्णेनसारथ्येभोजनेचवृतःस्वयम् १२ ॥ केशिन्यु वाच ॥ अथजानातिवार्ष्णेयःक्वनुराजानलोगतः ॥ कथंचत्वयिवातेनकथितंस्यात्तुबाहुक १३ ॥ बाहुकउवाच ॥ इहैवपुत्रौनिक्षिप्यनलस्यशुभकर्मणः ॥ गत स्ततोयथाकामंनैषजानातिनैषधम् १४ नचान्यःपुरुषःकश्चिन्नलंवेत्तियशस्विनि ॥ गूढश्चरतिलोकेऽस्मिन्नष्टरूपोमहीपतिः १५ आत्मैवतुनलंवेदयाचास्यत दनंतरा ॥ नहिवैस्वानिलिंगानिनलःशंसतिकर्हिचित् १६ ॥ केशिन्युवाच ॥ योऽसावयोध्यांप्रथमंगतोऽसौब्राह्मणस्तदा॥ इमानिनारीवाक्यानिकथयानःपुनःपुनः १७ क्वनुत्वंकितवच्छित्त्वावस्त्रार्धंप्रस्थितोमम ॥ उत्सृज्यविपिनेसुप्तामनुरक्तांप्रियांप्रिय १८ सावैयथासमादिष्टातथाऽस्तेत्वत्प्रतीक्षिणी ॥ दह्यमानादिवारात्रौ वस्त्रार्धेनाभिसंवृता १९ तस्यारुदत्याःसततंतेनदुःखेनपार्थिव ॥ प्रसादंकुरुमेवीरप्रतिवाक्यंवदस्वच २० तस्यास्त्वत्प्रियमाख्यानंप्रवदस्वमहामते ॥ तदेव वाक्यंवैदर्भीश्रोतुमिच्छत्यनिंदिता २१ एतच्छ्रुत्वाप्रतिवचस्तस्यदत्तंत्वयाकिल ॥ यत्पुरातत्पुनस्त्वत्तोवैदर्भीश्रोतुमिच्छति २२ ॥ बृहदश्वउवाच ॥ एवमुक्त स्यकेशिन्यानलस्यकुरुनंदन ॥ हृदयंव्यथितंचासीदश्रुपूर्णेचलोचने २३ सनिगृह्यात्मनोदुःखंदह्यमानोमहीपतिः ॥ बाष्पसंदिग्धयावाचापुनरेवेदमब्रवीत् २४ ॥ बाहुकउवाच ॥ वैषम्यमपिसंप्राप्तागोपायंतिकुलस्त्रियः ॥ आत्मानमात्मनासत्योजितःस्वर्गोनसंशयः २५ रहिताभर्तृभिश्चापिनक्रुध्यंतिकदाचन ॥ प्राणांश्चा रित्रकवचान्धारयंतिवरस्त्रियः २६ विषमस्थेनमूढेनपरिभ्रष्टसुखेनच ॥ यत्सातेनपरित्यक्तातत्रनक्रोद्धुमर्हति २७ प्राणयात्रांपरिप्रेप्सोःशकुनैर्हृतवाससः ॥ आधिभिर्दह्यमानस्यश्यामानक्रोद्धुमर्हति २८ सत्कृताऽसत्कृतावाऽपिपतिंदृष्ट्वातथाविधम् ॥ राज्यभ्रष्टंश्रियाहीनंक्षुधितंव्यसनाप्लुतम् २९ एवंब्रुवाणस्तद्वाक्यंनलः परमदुर्मनाः ॥ नबाष्पमशकत्सोढुंप्ररुरोदचभारत ३० ततःसाकेशिनीगत्वादमयंत्यैन्यवेदयत् ॥ तत्सर्वंकथितंचैवविकारंतस्यचैवतम् ३१ ॥ इतिश्रीमहाभा रतेआरण्यकेपर्वणिनलोपाख्यानप० नलकेशिनीसंवादेचतुःसप्ततितमोऽध्यायः ॥ ७४ ॥ ॥ ॥ बृहदश्वउवाच ॥ ॥ दमयंतीतुतच्छ्रुत्वाभृशंशोक परायणा ॥ शंकमानानलंतंवैकेशिनीमिदमब्रवीत् १ गच्छकेशिनिभूयस्त्वंपरीक्षांकुरुबाहुके ॥ अब्रुवाणासमीपस्थाचरितान्यस्यलक्षय २ यदाचार्किंचि त्कुर्यात्सकारणंतत्रभामिनि ॥ तत्रसंचेष्टमानस्यलक्षयंतीविचेष्टितम् ३

पर्वणिनैलकंठीयेभारतभावदीपेचतुःसप्ततितमोऽध्यायः ॥ ७४ ॥ ॥ दमयंतीति १ । २ पाठांतरेसंलक्ष्यंलक्षणीयं तेत्वया ३

४ । ५ । ६ । ७ शुच्युपचारःजलस्थलशुद्धादिपरः ८ संचारंद्वारंऱ्हस्वमप्युत्सर्पतिदीर्घंभवति ९ संकटेसंकुचिते एतेनभूमिजयोदर्शितः १० पाशवंपशुसंबंधि ११ कुंभाःपूर्णा एवेतिजलधातुजयउक्तः १२ वन्हि
जयमाह तृणेतित्रिभिः । सवितुःसकाशात् समादधत् उद्दीपितवान् १३ । १४ । १५ वायुजयमाह अतीवेतिद्वाभ्यां । पुष्पेषुक्षीणोंऽशोझटितिवायुनाआपूर्यतइत्यर्थः १६ । १७ कर्मपाकादि चेष्टाभूतजयादि

नचास्यप्रतिबंधेनदेयोऽग्निरपिकेशिनि ॥ याचतेनजलंदेयंसर्वथात्वरमाणया ४ एतत्सर्वंसमीक्ष्यत्वंचरितंमेनिवेदय ॥ निमित्तंयत्त्वयादृष्टंबाहुकेदैवमानुषम् ५ यच्चा
न्यदपिपश्येथास्तच्चाख्येयंत्वयामम ॥ दमयंत्यैवमुक्तासाजगामाथचकेशिनी ६ निशम्याथहयज्ञस्यलिंगानिपुनरागमत् ॥ सातत्सर्वंयथावृत्तंदमयंत्यैन्यवेदयत् ॥
निमित्तंयत्तयादृष्टंबाहुकेदैवमानुषम् ७ ॥ केशिन्युवाच ॥ दृढंशुच्युपचारोऽसौनमयामानुषःक्वचित् ॥ दृष्टपूर्वःश्रुतोवापिदमयंतितथाविधः ८ ऱ्हस्वमासाद्यसंचारं
नासौविनमतेक्वचित् ॥ तंतुदृष्ट्वायथासंगमुत्सर्पतियथासुखम् ९ संकटेऽप्यस्यसुमहान्विवरोजायतेऽधिकः ॥ ऋतुपर्णस्यचार्थायभोजनीयमनेकशः १० प्रेषितंतत्र
राज्ञातुमांसंबहुचपाशवम् ॥ तस्यप्रक्षालनार्थायकुंभास्तत्रोपकल्पिताः ११ तेतेनावेक्षिताःकुंभाःपूर्णाएवाभवंस्ततः ॥ ततःप्रक्षालनंकृत्वासमधिश्रित्यबाहुकः १२
तृणमुष्टिंसमादायसवितुस्तंसमादधत् ॥ अथप्रज्वलितस्तत्रसहसाहव्यवाहनः १३ तदद्भुततमंदृष्ट्वाविस्मिताऽहमिहागता ॥ अन्यच्चतस्मिन्सुमहदाश्चर्यंलक्षितंमया
१४ यदग्निमपिसंस्पृश्यनैवासौदह्यतेशुभे ॥ छंदेनचोदकंतस्यवहत्यावर्जितंद्रुतम् १५ अतीवचान्यत्सुमहदाश्चर्यंदृष्टवत्यहम् ॥ यत्सपुष्पाण्युपादायहस्ताभ्यांममृदे
शनैः १६ मृद्यमानानिपाणिभ्यांतेनपुष्पाणिनान्यथा ॥ भूयएवसुगंधीनिहृषितानिभवंतिहि ॥ एतान्यद्भुतलिंगानिदृष्ट्वाऽहंद्रुतमागता १७ ॥ बृहदश्वउवाच ॥
दमयंतीतुतच्छ्रुत्वापुण्यश्लोकस्यचेष्टितम् ॥ अमन्यतनलंप्राप्तंकर्मचेष्टाभिसूचितम् १८ साशंकमानाभर्त्तारंबाहुकंपुनरिंगितैः ॥ केशिनींश्लक्ष्णयावाचारुदतीपुनरब्र
वीत् १९ पुनर्गच्छप्रमत्तस्यबाहुकस्योपसंस्कृतम् ॥ महानसाच्छ्रितंमांसमानयस्वेहभाविनि २० सागत्वाबाहुकस्याग्रेतन्मांसमपकृष्यच ॥ अत्युष्णमेवत्वरिताता
त्क्षणात्प्रियकारिणी २१ दमयंत्यैततःप्रादात्केशिनीकुरुनंदन ॥ साचितानलसिद्धस्यमांसस्यबहुशःपुरा २२ प्राश्यमत्वानलंसूतंप्राक्रोशद्भृशदुःखिता ॥ वैक्लव्यंपरमं
गत्वाप्रक्षाल्यचमुखंततः २३ मिथुनंप्रेषयामासकेशिन्यासहभारत ॥ इंद्रसेनांसहभ्रात्रासमभिज्ञायबाहुकः २४ अभिद्रुत्यततोराजापरिष्वज्यांकमानयत् ॥ बाहुकस्तु
समासाद्यसुतौसुरसुतोपमौ २५ भृशंदुःखपरीतात्मासुस्वरंप्ररुरोदह ॥ नैषधोदर्शयित्वातुविकारमसकृत्तदा ॥ उत्सृज्यसहसापुत्रौकेशिनीमिदमब्रवीत् २६ इदंचस
दृशंभद्रेमिथुनंममपुत्रयोः ॥ अतोदृष्ट्वैवसहसाबाष्पमुत्सृष्टवानहम् २७ बहुशःसंपतंतींत्वांजनःशंकेतदोषतः ॥ वयंचदेशातिथयोगच्छभद्रेयथासुखम् २८ ॥ इतिश्री
महाभारतेआरण्यकेपर्वणिनलोपाख्यानपर्वणिकन्यापुत्रदर्शनेपंचसप्ततितमोऽध्यायः ॥ ७५ ॥ ॥ ॥ ॥ ॥ ॥ ॥ ॥ ॥

१८ बाहुकंबाहुकरूपिणमिति रूपभेदात्संशयोऽस्तिनतुक्रियातइत्यर्थः १९ । २० । २१ मांसस्यमांसं बहुशःबहुवारम् २२ । २३ । २४ । २५ । २६ । २७ संपतन्तीं आयांतीं दोषतः कामदोषेण २८
॥ इत्यारण्यकेपर्वणि नैलकंठीये भारतभावदीपे पंचसप्ततितमोऽध्यायः ॥ ७५ ॥ ॥ ॥ ॥ ॥ ॥ ॥ ॥ ॥

॥ बृहदश्वउवाच ॥ सर्वंविकारंदृष्ट्वातुपुण्यश्लोकस्यधीमतः ॥ आगत्यकेशिनीसर्वंदमयंत्यैन्यवेदयत् १ दमयंतीततोभूयःप्रेषयामासकेशिनीम् ॥ मातुःसकाशंदुःखा र्त्तानलदर्शनकांक्षया २ परीक्षितोमेबहुशोबाहुकोनलशंकया ॥ रूपेमेसंशयस्त्वेकःस्वयमिच्छामिवेदितुम् ३ सवाप्रवेश्यतांमातर्मांवाऽनुज्ञातुमर्हसि ॥ विदितंवा ऽथवाऽज्ञातंपितुर्मेसंविधीयताम् ४ एवमुक्तातुवैदर्भ्यासादेवीभीममब्रवीत् ॥ दुहितुस्तमभिप्रायमन्वजानात्सपार्थिवः ५ सावैपित्राऽभ्यनुज्ञातामात्राचभरतर्षभ ॥ नलंप्रवेशयामासयत्रतस्याःप्रतिश्रयः ६ तांस्मदृष्ट्वैवसहसादमयंतींनलोनृपः ॥ आविष्टःशोकदुःखाभ्यांबभूवाश्रुपरिप्लुतः ७ तंतुदृष्ट्वातथायुक्तंदमयंतीनलंतदा ॥ तीव्र शोकसमाविष्टाबभूववरवर्णिनी ८ ततःकाषायवसनाजटिलामलपंकिनी ॥ दमयंतीमहाराजबाहुकंवाक्यमब्रवीत् ९ पूर्वंदृष्टस्त्वयाकश्चिद्धर्मज्ञोनामबाहुक ॥ सुप्तामु त्सृज्यविपिनेगतोयःपुरुषःस्त्रियम् १० अनागसंप्रियांभार्यांविजनेश्रममोहिताम् ॥ अपहायतुकोगच्छेत्पुण्यश्लोकमृतेनलम् ११ किमुतस्यमयाबाल्यादपराद्धं महीपतेः ॥ योमामुत्सृज्यविपिनेगतवान्निद्रयार्दिताम् १२ साक्षाद्देवानपाहायवृतोयःसपुरामया ॥ अनुव्रतांसाभिकामांपुत्रिणींत्यक्तवान्कथम् १३ अग्नौपाणिंगृही त्वातुदेवानामग्रतस्तथा ॥ भविष्यामीतिसत्यंतुप्रतिश्रुत्यक्वतद्व्रतम् १४ दमयंत्याब्रुवंत्यास्तुसर्वमेतदरिंदम ॥ शोकजंवारिनेत्राभ्यामसुखंप्रास्रवद्बहु १५ अतीवकृ ष्णसाराभ्यांरक्तांताभ्यांजलंतुतत् ॥ परिस्रवन्नलोदृष्ट्वाशोकार्त्तामिदमब्रवीत् १६ ममराज्यंप्रनष्टंयन्नाहंतत्कृतवान्स्वयम् ॥ कलिनातत्कृतंभीरुयच्चत्वामहमत्यजम् १७ यत्त्वयाधर्मकृच्छ्रेतुशापेनाभिहतःपुरा ॥ वनस्थयादुःखितयाशोचंत्यामांदिवानिशम् १८ समच्छरीरेत्वच्छापाद्दह्यमानोऽवसत्कलिः ॥ त्वच्छापदग्धःसततंसोऽग्ना वग्निरिवाहितः १९ ममचव्यवसायेनतपसाचैवनिर्जितः ॥ दुःखस्यांतेनचानेनभवितव्यंहिनौशुभे २० विमुच्यमांगतःपापस्ततोहमिहचागतः ॥ त्वदर्थंविपुलश्रो णिनहिमेऽन्यत्प्रयोजनम् २१ कथंनुनारीभर्तारमनुरक्तमनुव्रतम् ॥ उत्सृज्यवरयेदन्यंयथात्वंभीरुकर्हिचित् २२ दूताश्चरंतिपृथिवींकृत्स्नांनृपतिशासनात् ॥ भैमीकि लस्मभर्त्तारंद्वितीयंवरयिष्यति २३ स्वैरवृत्तायथाकाममनुरूपमिवात्मनः ॥ श्रुत्वैववचैवंत्वरितोभांगासुरिरुपस्थितः २४ दमयंतीतुतच्छ्रुत्वानलस्यपरिदेवितम् ॥ प्रांजलिर्वेपमानाचभीतावचनमब्रवीत् २५ दमयंत्युवाच ॥ नमामर्हसिकल्याणदोषेणपरिशंकितुम् ॥ मयाहिदेवानुत्सृज्यवृतस्त्वंनिषधाधिप २६ तवाभिगमनार्थं तुसर्वतोब्राह्मणागताः ॥ वाक्यानिममगाथाभिर्गायमानादिशोदश २७ ततस्त्वांब्राह्मणोविद्वान्पर्णादोनामपार्थिव ॥ अभ्यगच्छत्कोसलायामृतुपर्णनिवेशने २८ ॥ ६४ ॥ तेनवाक्येकृतेसम्यक्प्रतिवाक्येतथाऽऽहृते ॥ उपायोऽयंमयादृष्टोनैषधानयनेतव २९

३० । ३१ सदागतिर्वायुः ३२ । ३३ चंद्रमाश्चित्ताभिमानिनीदेवता ३४ । ३५ ३६ । ३७ । ३८ । ३९ । ४० । ४१ । ४२ । ४३ । ४४ । ४५ । ४६ । ४७ कल्येप्रभाते ४८ । ४९ । ५० । ५१

त्वामृतेनहिलोकेन्यएकाह्नात्पृथिवीपते ॥ समर्थोयोजनशतंगंतुमश्वैर्नराधिप ३० स्पृशेयंतेनसत्येनपादावेतौमहीपते ॥ यथानासत्कृतंकिंचिन्मनसाऽपिचराम्यहम् ॥
३१अयंचरतिलोकेऽस्मिन्भूतसाक्षीसदागतिः ॥ एषमेमुंचतुप्राणान्यदिपापंचराम्यहम् ३२ यथाचरतितिग्मांशुःपरेणभुवनंसदा ॥ समुंचतुममप्राणान्यदिपापंचरा
म्यहम् ३३ चंद्रमाःसर्वभूतानामंतश्चरतिसाक्षिवत् ॥ समुंचतुममप्राणान्यदिपापंचराम्यहम् ३४ एतेदेवास्त्रयःकृत्स्नंत्रैलोक्यंधारयंतिवै ॥ विब्रुवंतुयथासत्यमेतद्देवा
स्त्यजंतुमाम् ३५ एवमुक्तस्तथावायुरंतरिक्षादभाषत ॥ नैषाकृतवतीपापंनलसत्यंब्रवीमिते ३६ राजन्शीलनिधिःस्फीतोदमयंत्यासुरक्षितः ॥ साक्षिणोरक्षिणश्चा
स्यावयंत्रीन्परिवत्सरान् ३७ उपायोविहितश्चायंत्वदर्थमतुलोऽनया ॥ नह्येकान्हाशतंगंतात्वामृतेऽन्यःपुमानिह ३८ उपपन्नात्वयाभैमीत्वंचभैम्यामहीपते ॥ नात्र
शंकात्वयाकार्यासंगच्छसहभार्यया ३९ तथाब्रुवतिवायौतुपुष्पवृष्टिःपपातह ॥ देवदुंदुभयोनेदुर्ववौचपवनःशिवः ४० तदद्भुतमयंदृष्ट्वानलोराजाऽथभारत ॥ दम
यंत्यांविशंकांतामुपाकर्षदरिंदमः ४१ ततस्तद्वस्त्रमजरंप्रावृणोद्वसुधाधिपः ॥ संस्मृत्यनागराजंततोलेभेस्वकंवपुः ४२ स्वरूपिणंतुभर्तारंदृष्ट्वाभीमसुतातदा ॥
प्राक्रोशदुच्चैरालिंग्यपुण्यश्लोकमनिंदिता ४३ भैमीमपिनलोराजाभ्राजमानोयथापुरा ॥ सस्वजेस्वसुतौचापियथावत्प्रत्यनंदत ४४ ततःस्वोरसिविन्यस्यवक्त्रंतस्यशु
भानना ॥ परीतातेनदुःखेननिशश्वासायतेक्षणा ४५ तथैवमलदिग्धांगींपरिष्वज्यशुचिस्मिताम् ॥ सुचिरंपुरुषव्याघ्रस्तस्थौशोकपरिप्लुतः ४६ ततःसर्वंयथावृत्तंदम
यंत्यानलस्यच ॥भीमायाकथयत्प्रीत्यावैदर्भ्याजननीनृप ४७ ततोऽब्रवीन्महाराजःकृतशौचमहंनलम् ॥ दमयंत्यासहोपेतंकल्येद्रष्टासुखोषितम् ४८ ततस्तौसहि
तौरात्रिंकथयन्तौपुरातनम् ॥ वनेविचरितंसर्वमूषतुर्मुदितौनृप ४९ गृहेभीमस्यनृपतेःपरस्परसुखैषिणौ ॥ वसेतांहृष्टसंकल्पौवैदर्भीचनलश्चह ५० सचतुर्थेततोवर्षे
संगम्यसहभार्यया ॥ सर्वकामैःसुसिद्धार्थोलब्धवान्परमांमुदम् ५१ दमयंत्यपिभर्तारमासाद्याप्यायिताभृशम् ॥ अर्धसंजातसस्येवतोयंप्राप्यवसुंधरा ५२ सैवंसमे
त्यव्यपनीयतंद्रांशांतज्वराहर्षविवृद्धसत्त्वा ॥ रराजभैमीसमवाप्तकामाशीतांशुनारात्रिरिवोदितेन ५३ ॥ इतिश्रीमहाभारतेआरण्यकेपर्वणिनलमदयंतीसमागमेषट्सप्त
तितमोऽध्यायः ॥ ७६ ॥ ॥ बृहदश्वउवाच ॥ ॥ अथतांव्युषितोरात्रिंनलोराजास्वलंकृतः ॥ वैदर्भ्यासहितःकालेददर्शवसुधाधिपम् १ ततोऽभिवा
दयामासप्रयतःश्वशुरंनलः ॥ ततोऽनुदमयंतीचववन्देपितरंशुभा २

५२ ॥ ५३ ॥ इत्यारण्यकेपर्वणि नैलकंठीये भारतभावदीपे षट्सप्ततितमोऽध्यायः ॥ ७६ ॥ ॥ ॥ अथेति १ । २

तंभीमःप्रतिजग्राहपुत्रवत्परयामुदा ॥ यथार्हंपूजयित्वाचसमाश्वासयतप्रभुः ३ नलेनसहितांतत्रदमयंतींपतिव्रताम् ॥ तामर्हणांनलोराजाप्रतिगृह्ययथाविधि ४ परिचर्यांस्वकांतस्मैयथावत्प्रत्यवेदयत् ॥ ततोबभूवनगरेसुमहान्हर्षजःस्वनः ५ जनस्यसंप्रहृष्टस्यनलंदृष्ट्वातथागतम् ॥ अशोभयच्चनगरंपताकाध्वजमालिनम् ६ सिक्ताःसुमृष्टपुष्पाढ्याराजमार्गाःस्वलंकृताः ॥ द्वारिद्वारिचपौराणांपुष्पभंगोपकल्पिताः ७ अर्चितानिचसर्वाणिदेवतायतनानिच ॥ ऋतुपर्णोऽपिशुश्रावबाहुकच्छद्मिनंनलम् ८ दमयंत्यासमायुक्तंजहृषेचनराधिपः ॥ तमानाय्यनलंराजाक्षमयामासपार्थिवम् ९ सचतंक्षमयामासहेतुभिर्बुद्धिसंमितः ॥ ससत्कृतोमहीपालोनैषधंविस्मिताननः १० उवाचवाक्यंतत्त्वज्ञोनैषधंवदतांवरः ॥ दिष्ट्यासमेतोदारैःस्वैर्भवानित्यभ्यनंदत ११ कच्चित्तुनापराधंतेकृतवानस्मिनैषध ॥ अज्ञातवासेवसतोमद्गृहेवसुधाधिप १२ यदिवाऽबुद्धिपूर्वाणियदिबुद्ध्याऽपिकानिचित् ॥ मयाकृतान्यकार्याणितानित्वंक्षंतुमर्हसि १३ नलउवाच ॥ नमेऽपराधंकृतवांस्त्वंस्वल्पमपिपार्थिव ॥ कृतेऽपिचनमेकोपःक्षंतव्यंहिमयातव १४ पूर्वंह्यपिसखामेऽसिसंबंधीचजनाधिप ॥ अतऊर्ध्वंतुभूयस्त्वंप्रीतिमाहर्तुमर्हसि १५ सर्वकामैःसुविहितैःसुखमस्म्युषितस्त्वयि ॥ नतथास्वगृहेराजन्यथातवगृहेसदा १६ इदंचैवहयज्ञानंत्वदीयंमयितिष्ठति ॥ तदुपाकर्तुमिच्छामिमन्यसेयदिपार्थिव ॥ एवमुक्त्वाददौविद्यामृतुपर्णायनैषधः १७ सचतांप्रतिजग्राहविधिदृष्टेनकर्मणा ॥ गृहीत्वाचाश्वहृदयंराजन्भांगासुरिर्नृपः १८ निषधाधिपतेश्चापिदत्वाऽक्षहृदयंनृपः ॥ सूतमन्यमुपादायययौस्वपुरमेवह १९ ऋतुपर्णेगतेराजन्नलोराजाविशांपते ॥ नगरेकुंडिनेकालंनातिदीर्घमिवावसत् २० ॥ ॥ इतिश्रीमहाभारतेआरण्यकेपर्वणिनलोपाख्यानपर्वणिऋतुपर्णस्वदेशगमनेसप्तसप्ततितमोऽध्यायः ॥ ७७ ॥ ॥ बृहदश्वउवाच ॥ समासमुष्यकौंतेयभीममामंत्र्यनैषधः ॥ पुरादल्पपरीवारोजगामनिषधान्प्रति १ रथेनैकेनशुभ्रेणदंतिभिःपरिषोडशैः ॥ पंचाशद्भिर्हयैश्चैवषट्शतैश्चपदातिभिः २ सकंपयन्निवमहींत्वरमाणोमहीपतिः ॥ प्रविवेशाथसंरब्धस्तरसैवमहामनाः ३ ततःपुष्करमासाद्यवीरसेनसुतोनलः ॥ उवाचदीव्यावपुनर्बहुवित्तंमयाऽर्जितम् ४ दमयंतीचयच्चान्यन्ममकिंचनविद्यते ॥ एषवैममसंन्यासस्तवराज्यंतुपुष्कर ५ पुनःप्रवर्ततांद्यूतमितिमेनिश्चितामतिः ॥ एकपाणेनभद्रंतेप्राणयोश्चपणावहे ६ जित्वापरस्वमाहृत्यराज्यंवायदिवावसु ॥ प्रतिपाणःप्रदातव्यःपरमोधर्मउच्यते ७ नचेद्वांछसित्वंद्यूतंयुद्धद्यूतंप्रवर्त्तताम् ॥ द्वैरथेनास्तुवैशांतिस्तववाममवानृप ८

म. भा. टी. ३ । ४ । ५ । ६ पुष्पभंगःपुष्पसंमर्दः ७ । ८ । ९ । १० । ११ । १२ । १३ । १४ । १५ । १६ उपाकर्तुंदातुं १७ । १८ । १९ । २० ॥ २१ ॥ इत्यारण्यकेपर्वणिनैलकंठीयेभारतभावदीपेसप्तसप्ततितमोऽध्यायः ॥ ७७ ॥

॥ उष्यवासंकृत्वा १ । २ । ३ । ४ राज्यमेकपाणेनैव ममतुदमयंत्यादिच ५ प्राणयोश्च पणावहे युद्धमपिवर्त्ततामित्यर्थः ६ । ७ । ८

९ । १० । ११ । १२ । १३ । १४ । १५ । १६ । १७ । १८ । १९ । २० । २१ । २२ । २३ । २४ । २५ । २६ । २७ । २८ । २९ । ३० । ३१ । ३२ ॥ ३३ ॥ इत्यारण्यके

वंशभोज्यमिदंराज्यमर्थितव्यंथयथातथा ॥ येनकेनाप्युपायेनवृद्धानामितिशासनम् ९ द्वयोरेकतरेबुद्धिःक्रियतामद्यपुष्कर ॥ कैतवेनाक्षवत्यांतुयुद्धेवानाम्यतां
धनुः १० नैषधेनैवमुक्तस्तुपुष्करःप्रहसन्निव ॥ ध्रुवमात्मजयंमत्वाप्रत्याहपृथिवीपतिम् ११ दिष्ट्यात्वयाऽर्जितंवित्तंप्रतिपाणायनैषध ॥ दिष्ट्याचदुष्कृतं
कर्मदमयंत्याःक्षयंगतम् १२ दिष्ट्याचध्रियसेराजन्सदारोऽद्यमहाभुज ॥ धनेनानेनवैभैमीजितेनसमलंकृता १३ मामुपस्थास्यतिव्यक्तंदिविशक्रमिवाप्सराः ॥
नित्यशोहिस्मरामित्वांप्रतीक्षेऽपिचनैषध १४ देवनेनममप्रीतिर्नभवत्यसुहृद्गणैः ॥ जित्वात्वद्यवरारोहांदमयंतीमनिंदिताम् १५ कृतकृत्योभविष्यामिसाहिमेनि
त्यशोहृदि ॥ श्रुत्वातुतस्यतावाचोबह्वबद्धप्रलापिनः १६ इयेषसशिरश्छेत्तुंखड्गेनकुपितोनलः ॥ स्मयंस्तुरोषताम्राक्षस्तमुवाचनलोनृपः १७ पणावःकिं
व्याहरसेजितोनव्याहरिष्यसि ॥ ततःप्रावर्ततद्यूतंपुष्करस्यनलस्यच १८ एकपाणेनभद्रंतेनलेनसपराजितः ॥ सरत्नकोशनिचयैःप्राणेनपणितोऽपिच १९ जि
त्वाचपुष्करंराजाप्रहसन्निदमब्रवीत् ॥ ममसर्वमिदंराज्यमव्यग्रंहतकंटकम् २० वैदर्भीनत्वयाशक्याराजापसदवीक्षितुम् ॥ तस्यास्त्वंसपरीवारोमूढदासत्वमा
गतः २१ नत्वयातत्कृतंकर्मयेनाहंविजितःपुरा ॥ कलिनातत्कृतंकर्मत्वंचमूढनबुद्ध्यसे २२ नाहंपरकृतंदोषंत्वय्याधास्येकथंचन ॥ यथासुखंवैजीवत्वंप्राणा
नवसृजामिते २३ तथैवसर्वसंभारंस्वमंशंवितरामिते ॥ तथैवचममप्रीतिस्त्वयिवीरनसंशयः २४ सौहार्दंचापिमेत्वत्तोनकदाचित्प्रहास्यति ॥ पुष्करत्वंहिमे
भ्रातासंजीवशरदःशतम् २५ एवंनलःसांत्वयित्वाभ्रातरंसत्यविक्रमः ॥ स्वपुरंप्रेषयामासपरिष्वज्यपुनःपुनः २६ सांत्वितोनैषधेनैवंपुष्करःप्रत्युवाचतम् ॥
पुण्यश्लोकंतदाराजन्नभिवाद्यकृतांजलिः २६ कीर्तिरस्तुतवाक्षय्याजीववर्षायुतंसुखी ॥ योमेवितरसिप्राणानधिष्ठानंचपार्थिव २८ सतथासत्कृतोराज्ञामासमुष्य
तदानृपः ॥ प्रययौपुष्करोहृष्टःस्वपुरंस्वजनावृतः २९ महत्यासेनयासार्धंविनीतैःपरिचारकैः ॥ भ्राजमानइवादित्योवपुषापुरुषर्षभ ३० प्रस्थाप्यपुष्करंरा
जावित्तवन्तमनामयम् ॥ प्रविवेशपुरंश्रीमानत्यर्थमुपशोभिताम् ३१ प्रविश्यसांत्वयामासपौरांश्वनिषधाधिपः ॥ पौराजानपदाश्चापिसंप्रहृष्टतनूरुहाः ३२
ऊचुःप्रांजलयःसर्वेसामात्यप्रमुखाजनाः ॥ अद्यस्मनिर्वृताराजन्पुरेजनपदेऽपिच ॥ उपासितुंपुनःप्राप्तादेवाइवशतक्रतुम् ॥ ३३ ॥ ॥ इतिश्रीमहाभार
तेआरण्यकेपर्वणिनलोपाख्यानपर्वणिपुष्करपराभवपूर्वकंराज्यप्रत्यानयनेअष्टसप्ततितमोऽध्यायः ॥ ७८ ॥ ॥ ॥ ॥ बृहदश्वउवाच ॥ प्रशांतेतुपुरेहृ
ष्टेसंप्रवृत्तेमहोत्सवे ॥ महत्यासेनयाराजादमयंतीमुपानयत् १

पर्वणि नैलकंठीये भारतभावदीपे अष्टसप्ततितमोऽध्यायः ॥ ७८ ॥ ॥ ॥ ॥ प्रशांतेवीतशोके १

२ । ३ । ४ वक्ष्यसेदीव्यसे वशकांतावित्यस्यरूपम् ५ । ६ । ७ । ८ । ९ । १० । ११ । १२ । १३ । १४ । १५ । १६ । १७ तद्भयम् १८ पुनर्द्यूतंकरिष्यसीतिराजानंप्रति पूर्वंभीमसेनेनोक्तंतत्रपरिहार

दमयंतीपपिपितासत्कृत्यपरवीरहा ॥ प्रास्थापयदमेयात्माभीमोभीमपराक्रमः २ आगतायांतुवैदर्भ्यांसपुत्रायांनलोनृपः ॥ वर्तयामासमुदितोदेवराडिवनंदने ३
तथाप्रकाशतांयातोजंबूद्वीपेसराजसु ॥ पुनःशशासतद्राज्यंप्रत्याहृत्यमहायशाः ४ ईजेचविविधैर्यज्ञैर्विधिवत्स्वाप्तदक्षिणैः ॥ तथात्वमपिराजेंद्रससुहृद्यक्ष्यसेऽचिरात्
५ दुःखमेतादृशंप्राप्तोनलःपरपुरंजयः ॥ देवनेननरश्रेष्ठसभार्योभरतर्षभ ६ एकाकिनैवसुमहन्नलेनपृथिवीपते ॥ दुःखमासादितंघोरंप्राप्तश्चाभ्युदयःपुनः ७
त्वंपुनर्भ्रातृसहितःकृष्णयाचैवपांडव ॥ रमसेऽस्मिन्महारण्येधर्ममेवानुचिंतयन् ८ ब्राह्मणैश्चमहाभागैर्वेदवेदांगपारगैः ॥ नित्यमन्वास्यसेराजंस्तत्रकापरि
देवना ९ कर्कोटस्यनागस्यदमयंत्यानलस्यच ॥ ऋतुपर्णस्यराजर्षेःकीर्तनंकलिनाशनम् १० इतिहासमिमंचापिकलिनाशनमच्युत ॥ शक्यमाश्वसितुंश्रुत्वा
त्वद्विधेनविशांपते ११ अस्थिरत्वंचसंचिंत्यपुरुषार्थस्यनित्यदा ॥ तस्योदयेव्ययेचापिनचिंतयितुमर्हसि १२ श्रुत्वेतिहासंनृपतेसमाश्वसिहिमाशुचः ॥
व्यसनेत्वंमहाराजनविषीदितुमर्हसि १३ विषमावस्थितेदैवेपौरुषेऽफलतांगते ॥ विषादयंतिनात्मानंसत्त्वोपाश्रयिणोनराः १४ येचेदंकथयिष्यंतिनलस्यच
रितंमहत् ॥ श्रोष्यंतिचाप्यभीक्ष्णंवैनालक्ष्मीस्तान्भजिष्यति १५ अर्थास्तस्योपपत्स्यंतेधन्यतांचगमिष्यति ॥ इतिहासमिमंश्रुत्वापुराणंशश्वदुत्तमम् १६
पुत्रान्पौत्रान्पशूंश्चापिलभतेनृषुचाग्रताम् ॥ आरोग्यप्रीतिमांश्चैवभविष्यतिनसंशयः १७ भयात्त्रस्यसियच्चत्वमाह्वयिष्यतिमांपुनः ॥ अक्षज्ञइतितत्तेहंनाश
यिष्यामिपार्थिव १८ वेदाक्षहृदयंकृत्स्नमहंसत्यपराक्रम ॥ उपपद्यस्वकौंतेयप्रसन्नोऽहंब्रवीमिते १९ ॥ वैशंपायनउवाच ॥ ततोहृष्टमनाराजाबृहदश्वमुवाचह ॥
भगवन्नक्षहृदयंज्ञातुमिच्छामितत्त्वतः २० ततोक्षहृदयंप्रादात्पांडवायमहात्मने ॥ दत्वाचाश्वशिरोऽगच्छदुपस्प्रष्टुंमहातपाः २१ बृहदश्वेगतेपार्थमश्रौषीत्स
व्यसाचिनम् ॥ वर्तमानंतपस्युग्रेवायुभक्षंमनीषिणम् २२ ब्राह्मणेभ्यस्तपस्विभ्यःसंपतद्भ्यस्ततस्ततः ॥ तीर्थशैलवनेभ्यश्चसमेतेभ्योदृढव्रतः २३ इतिपा
र्थोमहाबाहुर्दुरापंतपआस्थितः ॥ नतथादृष्टपूर्वोऽन्यःकश्चिदुग्रतपाइति २४ यथाधनंजयःपार्थस्तपस्वीनियतव्रतः ॥ मुनिरेकचरःश्रीमान्धर्मोविग्रहवानिव
२५ तंश्रुत्वापांडवोराजंस्तप्यमानंमहावने ॥ अन्वशोचतकौंतेयःप्रियंवैभ्रातरंजयम् २६ दह्यमानेनतुहृदाशरणार्थीमहावने ॥ ब्राह्मणान्विविधज्ञानान्पर्यपृच्छद्यु
धिष्ठिरः २७ ॥ इतिश्रीमहाभारतेआरण्यकेपर्वणिनलोपाख्यानपर्व० बृहदश्वगमनेऊनाशीतितमोऽध्यायः ॥ ७९ ॥ ॥ समाप्तंचनलोपाख्यानपर्व ॥ ॥

माह वेदेति । वेदवेद्मि । उपपद्यस्वगृहाण १९ । २० अश्वशिरोऽश्वविद्यांययाबृहदश्वइतिमुनेर्नाम । उपस्प्रष्टुं स्नानादिकंकर्तुम् २१ । २२ । २३ । २४ । २५ जयंजयभाजमर्जुनम् २६ । २७ ॥ इत्यारण्यके पर्वणि नैलकंठीये भारतभावदीपे ऊनाशीतितमोऽध्यायः ॥ ७९ ॥ ॥ ॥ ॥

भगवन्काम्यकात्पार्थेगतेमेप्रपितामहेइत्यादिरध्यायस्तीर्थयात्राप्रस्तावार्थः । यन्नदानाद्यसमर्थस्यहितीर्थयात्रैवावश्यकी यथोक्तं । 'द्वाविमौग्रसतेभूमिःसर्पो बिलशयानिव । राजानं चाविरोद्धारं दरिद्रं चाप्रवासिनम्' इति । तत्रापिबंधुवियोगः सर्वेषांदुःखदस्तेनचचित्तस्यानवस्थितत्वंभवतीत्यवान्तरतात्पर्यम् १ । २ । ३ । ४ आक्षिप्तसूत्राश्छिन्नसूत्राः । द्विजाःपक्षिणः ५ । ६ । ७ मेध्यान् यज्ञार्हान् ८ उपाकृत्य

अथतीर्थयात्रापर्व ॥ जनमेजयउवाच ॥ भगवन्काम्यकात्पार्थेगतेमेप्रपितामहे ॥ पांडवाःकिमकुर्वंस्तेतमृतेसव्यसाचिनम् १ सहितेषांमहेष्वासोगतिरासीदनीकजित् ॥ आदित्यानांयथाविष्णुस्तथैवप्रतिभातिमे २ तेनेंद्रसमवीर्येणसंग्रामेष्वनिवर्तिना ॥ विनाभूतावनेवीराःकथमासन्पितामहाः ३ ॥ वैशंपायनउवाच ॥ गतेतु पांडवेतातकाम्यकात्सत्यविक्रमे ॥ बभूवुःपांडवेयास्तेदुःखशोकपरायणाः ४ आक्षिप्तसूत्रामणयश्छिन्नपक्षाइवद्विजाः ॥ अप्रीतमनसःसर्वेबभूवुरथपांडवाः ५ वनं तुतदभूत्तेनहीनमक्लिष्टकर्मणा ॥ कुबेरेणयथाहीनंवनंचैत्ररथंतथा ६ तमृतेतेनरव्याघ्राःपांडवाजनमेजय ॥ मुदमप्राप्नुवंतोवैकाम्यकेन्यवसंस्तदा ७ ब्राह्मणार्थेपराक्रांताःशुद्धैर्बाणैर्महारथाः ॥ निघ्नंतोभरतश्रेष्ठमेध्यान्बहुविधान्मृगान् ८ नित्यंहिपुरुषव्याघ्रावन्याहारमरिंदमाः ॥ उपाकृत्यउपाहृत्यब्राह्मणेभ्योन्यवेदयन् ९ सर्वेसंन्यवसंस्तत्रसोत्कंठाःपुरुषर्षभाः ॥ अहृष्टमनसःसर्वेगतेराजन्धनंजये १० विशेषतस्तुपांचालीस्मरंतीमध्यमंपतिम् ॥ उद्विग्नंपांडवश्रेष्ठमिदंवचनमब्रवीत् ११ योर्जुनेनार्जुनस्तुल्योद्विबाहुर्बहुबाहुना ॥ तमृतेपांडवश्रेष्ठवनंनप्रतिभातिमे १२ शून्यामिवप्रपश्यामितत्रतत्रमहीमिमाम् ॥ बह्वाश्चर्यमिदंचापिवनंकुसुमितद्रुमम् १३ नतथारमणीयंवैतमृतेसव्यसाचिनम् ॥ नीलांबुदसमप्रख्यंमत्तमातंगगामिनम् १४ तमृतेपुंडरीकाक्षंकाम्यकंनातिभातिमे ॥ यस्यवाधनुषोघोषःश्रूयतेचाशनिस्वनः ॥ नलभेशर्मवैराजन्स्मरंतीसव्यसाचिनम् १५ तथालालप्यमानांतांनिशम्यपरवीरहा ॥ भीमसेनोमहाराजद्रौपदीमिदमब्रवीत् १६ ॥ भीमउवाच ॥ मनःप्रीतिकरंभद्रे यद्ब्रवीषिसुमध्यमे ॥ तन्मेप्रीणातिहृदयममृतप्राशनोपमम् १७ यस्यदीर्घौसमौपीनौभुजौपरिघसन्निभौ ॥ मौर्वीकृतकिणौवृत्तौखड्गायुधधनुर्धरौ १८ निष्कांगदकृतापीडौपंचशीर्षाविवोरगौ ॥ तमृतेपुरुषव्याघ्रंनष्टसूर्यमिवांबरम् १९ यमाश्रित्यमहाबाहुंपंचालाःकुरवस्तथा ॥ सुराणामपियत्तानांपृतनासुनबिभ्यति २० यस्यबाहूसमाश्रित्यवयंसर्वेमहात्मनः ॥ मन्यामहेजितानाजौपरान्प्राप्तांचमेदिनीम् २१ तमृतेफाल्गुनंवीरंनलभेकाम्यकेधृतिम् ॥ पश्यामिचदिशःसर्वास्तिमिरेणावृताइव ॥ ततोऽब्रवीत्साश्रुकंठोनकुलःपांडुनन्दनः २२ ॥ नकुलउवाच ॥ यस्मिन्दिव्यानिकर्माणिकथयंतिरणाजिरे ॥ देवाअपियुधांश्रेष्ठंतमृतेकारतिर्वने २३ उदीचींयोदिशंगत्वाजित्वायुधिमहाबलान् ॥ गन्धर्वमुख्यान्शतशोहयान्लेभेमहाद्युतिः २४

हिंसित्वा उपाहृत्ययज्ञार्थंसमाहृत्य ९ । १० । ११ । १२ । १३ । १४ । १५ । १६ । १७ । मौर्वीकृतकिणौ किणंआघातचिह्नम् १८ निष्कांगदकृतापीडौ साष्टशतंसुवर्णानिष्कस्तत्कृतेनांगदेन कृतभू
३ षणौ १९ । २० । २१ । २२ । २३ । २४

॥ ६७ ॥ राज्ञेतित्तिरिकल्माषान्श्रीमतोऽनिलंरहसः ॥ प्रादाद्भ्रात्रेप्रियःप्रेम्णाराजसूयेमहाक्रतौ २५ तमृतेभीमधन्वानंभीमादवरजंवने ॥ कामयेकाम्यकेवासंनेदानीममरोपमम्
२६ ॥ सहदेवउवाच ॥ योधनानिचकन्याश्चयुधिजित्वामहारथः ॥ आजहारपुराराज्ञेराजसूयेमहाक्रतौ २७ यःसमेतान्मृधेजित्वायादवानमितद्युतिः ॥ सुभद्रामाज
हारैकोवासुदेवस्यसंमते २८ तस्यजिष्णोर्बृसींदृष्ट्वाशून्यामिवनिवेशने ॥ हृदयंमेमहाराजनशाम्यतिकदाचन २९ वनादस्माद्विवासंतुरोचयेऽहमरिन्दम ॥ नहिन
स्तमृतेवीररमणीयमिदंवनम् ३० ॥ इतिश्रीमहाभारतेआरण्यकेपर्वणितीर्थयात्रापर्वणि अर्जुनानुशोचनेअशीतितमोऽध्यायः ॥ ८० ॥ ॥ वैशंपायनउवाच ॥
धनंजयोत्सुकानांतुभ्रातॄणांकृष्णयासह ॥ श्रुत्वावाक्यानिविमनाधर्मराजोऽप्यजायत १ अथापश्य महात्मानंदेवर्षितत्रनारदम् ॥ दीप्यमानंश्रियाब्राह्म्याहुतार्चि
षमिवानलम् २ तमागतमभिप्रेक्ष्यभ्रातृभिःसहधर्मराट् ॥ प्रत्युत्थाययथान्यायंपूजांचक्रेमहात्मने ३ सतैःपरिवृतःश्रीमान्भ्रातृभिःकुरुसत्तमः ॥ विबभावतिदीप्तौ
जादेवैरिवशतक्रतुः ४ यथाचवेदान्सावित्रीयाज्ञसेनीतथापतीन् ॥ नजहौधर्मतःपार्थान्मेरुमर्कप्रभायथा ५ प्रतिगृह्यचतांपूजांनारदोभगवानृषिः ॥ आश्वासय
द्धर्मसुतंयुक्तरूपमिवानघ ६ उवाचचमहात्मानंधर्मराजंयुधिष्ठिरम् ॥ ब्रूहिधर्मभृतांश्रेष्ठकेनार्थःकिंददानिते ७ अथधर्मसुतोराजाप्रणम्यभ्रातृभिःसह ॥ उवाचप्रां
जलिर्भूत्वानारदंदेवसंमितम् ८ त्वयितुष्टेमहाभागसर्वलोकाभिपूजिते ॥ कृतमित्येवमन्येऽहंप्रसादात्तवसुव्रत ९ यदित्वहमनुग्राह्योभ्रातृभिःसहितोऽनघ ॥ संदेहं
मेमुनिश्रेष्ठतत्त्वतश्छेत्तुमर्हसि १० प्रदक्षिणांयःकुरुतेपृथिवींतीर्थतत्परः ॥ किंफलंतस्यकार्त्स्न्येनतद्भवान्वक्तुमर्हति ११ ॥ नारदउवाच ॥ शृणु राजन्नवहितोयथा
भीष्मेणधीमता ॥ पुलस्त्यस्यसकाशाद्वैसर्वमेतदुपश्रुतम् १२ पुराभागीरथीतीरेभीष्मोधर्मभृतांवरः ॥ पित्र्यंव्रतंसमास्थायन्यवसन्मुनिभिःसह १३ शुभेदेशेत
थाराजन्पुण्येदेवर्षिसेविते ॥ गंगाद्वारेमहाभागदेवगंधर्वसेविते १४ सपितॄंस्तर्पयामासदेवांश्चपरमद्युतिः ॥ ऋषींश्चतर्पयामासविधिदृष्टेनकर्मणा १५ कस्यचि
त्त्वथकालस्यजपन्नेवमहायशाः ॥ ददर्शाद्भुतसंकाशंपुलस्त्यमृषिसत्तमम् १६ सतंदृष्ट्वोग्रतपसंदीप्यमानमिवश्रिया ॥ प्रहर्षमतुलंलेभेविस्मयंपरमंययौ १७ उप
स्थितंमहाभागंपूजयामासभारत ॥ भीष्मोधर्मभृतांश्रेष्ठोविधिदृष्टेनकर्मणा १८ शिरसाचार्घमादायशुचिःप्रयतमानसः ॥ नामसंकीर्तयामासतस्मिन्ब्रह्मर्षिसत्तमे
१९ भीष्मोऽहमस्मिभद्रंतेदासोऽस्मितवसुव्रत ॥ तवसंदर्शनादेवमुक्तोऽहंसर्वकिल्बिषैः २० एवमुक्त्वामहाराजभीष्मोधर्मभृतांवरः ॥ वाग्यतःप्रांजलिर्भूत्वातूष्णीमा ॥ ६७ ॥
सीद्युधिष्ठिर २१

२२ ॥ इत्यारण्यकेपर्वणिनैलकंठीयेभारतभावदीपेएकाशीतितमोऽध्यायः ॥ ८१ ॥ अनेनेति १ । २ । ३ । ४ । ५ । ६ । ७ । ८ यस्यहस्तौचेति । दुष्प्रतिग्रहपरपीडादिभ्योनिवृत्तिर्हस्तसंयमः । दृष्टिपूतेदेशेपादन्यासः पादसंयमः । परानिष्टचिंतनाभावोमनःसंयमः । विद्यासंयमोऽभिचाररहित्यं । तपःसंयमोदंभराहित्यं । कीर्तिसंयमः पापकीर्तिराहित्यम् ९ अस्यैवश्लोकस्यव्याख्यानं प्रतिग्रहादित्सादित्रितयं

तंदृष्ट्वानियमेनाथस्वाध्यायाम्नायकर्शितम् ॥ भीष्मंकुरुकुलश्रेष्ठंमुनिःप्रीतमनाभवत् २२ ॥ ॥ इतिश्रीम० आ० तीर्थयात्राप० पार्थनारदसंवादेएकाशीतितमो
ऽध्यायः ८१ ॥ ॥ पुलस्त्यउवाच ॥ अनेनतवधर्मज्ञप्रश्रयेणदमेनच ॥ सत्येनचमहाभागतुष्टोऽस्मितवसुव्रत १ यस्येदृशस्तेधर्मोऽयंपितृभक्त्याऽऽश्रितोऽनघ ॥
तेनपश्यसिमांपुत्रप्रीतिश्चपरमात्वयि २ अमोघदर्शीभीष्माहंब्रूहिकिंकरवाणिते ॥ यद्वक्ष्यसिकुरुश्रेष्ठतस्यदाताऽस्मितेऽनघ ३ ॥ भीष्मउवाच ॥ प्रीतेत्वयिमहाभाग
सर्वलोकाभिपूजिते ॥ कृतमेतावतामन्येयदहंदृष्टवान्प्रभुम् ४ यदित्वहमनुग्राह्यस्तवधर्मभृतांवर ॥ संदेहंतेप्रवक्ष्यामितन्मेत्वंछेत्तुमर्हसि ५ अस्तिमेहृदयेकश्चित्तीर्थेभ्यो
धर्मसंशयः ॥ तमहंश्रोतुमिच्छामितद्भवान्वक्तुमर्हति ६ प्रदक्षिणांयःपृथिवींकरोत्यमरसन्निभ ॥ किंफलंतस्यविप्रर्षेतन्मेब्रूहितपोधन ॥ ७ ॥ पुलस्त्यउवाच ॥ हंतते
कथयिष्यामियदृषीणांपरायणम् ॥ तदेकाग्रमनाःपुत्रशृणुतीर्थेषुयत्फलम् ८ यस्यहस्तौचपादौचमनश्चैवसुसंयतम् ॥ विद्यातपश्चकीर्तिश्चसतीर्थफलमश्नुते ९ प्रतिग्र
हादपावृत्तःसंतुष्टोयेनकेनचित् ॥ अहंकारनिवृत्तश्चसतीर्थफलमश्नुते १० अकल्ककोनिरारंभोलघ्वाहारोजितेंद्रियः ॥ विमुक्तःसर्वपापेभ्यःसतीर्थफलमश्नुते ११
अक्रोधनश्चराजेंद्रसत्यशीलोदृढव्रतः ॥ आत्मोपमश्चभूतेषुसतीर्थफलमश्नुते १२ ऋषिभिःक्रतवःप्रोक्तादेवेष्विहयथाक्रमम् ॥ फलंचैवयथातथ्यंप्रेत्यचेहचसर्वशः १३
नतेशक्यादरिद्रेणयज्ञाःप्राप्तुंमहीपते ॥ बहूपकरणायज्ञानानासंभारविस्तराः १४ प्राप्यंतेपार्थिवैरेतैःसमृद्धैर्वानरैःक्वचित् ॥ नार्थन्यूनैर्नावगणैरेकात्मभिरसाधनैः
१५ योदरिद्रैरपिविधिःशक्यःप्राप्तुंनरेश्वर ॥ तुल्योयज्ञफलैःपुण्यैस्तंनिबोधयुधांवर १६ ऋषीणांपरमंगुह्यमिदंभरतसत्तम ॥ तीर्थाभिगमनंपुण्यंयज्ञैरपिविशिष्यते
१७ अनुपोष्यत्रिरात्राणितीर्थान्यनभिगम्यच ॥ अदत्वाकांचनंगाश्चदरिद्रोनामजायते १८ अग्निष्टोमादिभिर्यज्ञैरिष्ट्वाविपुलदक्षिणैः ॥ नतत्फलमवाप्नोतितीर्थाभि
गमनेनयत् १९ नृलोकेदेवदेवस्यतीर्थंत्रैलोक्यविश्रुतम् ॥ पुष्करंनामविख्यातंमहाभागःसमाविशेत् २० दशकोटिसहस्राणितीर्थानांवैमहामते ॥ सान्निध्यंपुष्करे
येषांत्रिसंध्यंकुरुनंदन २१ आदित्यावसवोरुद्राःसाध्याश्चसमरुद्गणाः ॥ गंधर्वाप्सरसश्चैवनित्यंसन्निहिताविभो २२ यत्रदेवास्तपस्तप्त्वादैत्याब्रह्मर्षयस्तथा ॥ दिव्य
योगामहाराजपुण्येनमहताऽन्विताः २३ मनसाऽप्यभिकामस्यपुष्कराणिमनस्विनः ॥ पूयंतेसर्वपापानिनाकपृष्ठेचपूज्यते २४ तस्मिंस्तीर्थेमहाराजनित्यमेवपितामहः॥
उवासपरमप्रीतोभगवान्कमलासनः २५

अपावृत्तोनिवृत्तः संतोषोऽलंबुद्धिः १० अकल्ककःदंभादिहीनः । 'कल्कःशाठ्येचदंभेच' इतिविश्वः ११ आत्मोपमोदयावान् १२ । १३ । १४ अवगणैरसहायैर्नीचसहायैर्वा एकात्मभिरसहायैः असाधनैः पत्न्यादिरहितैः १५ । १६ । १७ । १८ । १९ । २० । २१ । २२ । २३ । २४ । २५

२६ । २७ । २८ । २९ । ३० । ३१ । ३२ उपस्पृष्टंस्नातंभवेत् ३३ । ३४ उष्ट्वावासंकृत्वा ३५ ऋतून्सर्वान्प्राप्नोति संवत्सरात्मकप्रजापतिसायुज्यंप्राप्नोतीत्यर्थः । 'ऋतुर्भूत्वासंवत्सरमप्येति संवत्सरःप्रजापतिः प्रजापतिर्वावैषः' इतिश्रुतेः ऋतूनित्यपिपाठः ३६ । ३७ अत्रपुष्करस्तुतिप्रस्तावेविषमश्लोकव्याख्यायां 'त्रीणिशृंगाणिशुभ्राणि त्रीणिप्रस्रवणानिच । पुष्कराण्यादिसिद्धानिनविद्मस्तत्रकारणम्' इतिश्लोकः पठितोव्याख्यातश्च इदानींमंदबुद्धिभिर्दुर्व्याख्येयतया परित्यक्तइति नपुस्तकांतरेषुदृश्यते । अत्रप्राचांव्याख्या 'श्रयतेः शृणातेर्वाशृंगाणि मुमुक्षुभिराश्रयणीयानि पापहिंसकानिवा । शुभ्राणिभ्राजिष्णूनि त्रीणिपुष्कराणि तेषांमध्येसरस्वतीप्रस्रवतीति तान्येवत्रीणिप्रस्रवणानि । आदिसिद्धानितीर्थांतरवदुत्पत्तिरहितानि अतएवतत्रतीर्थत्वापादकं कारणंनविद्मइति । वस्तुतस्तु 'वेदारण्यंपंचनदंगौरीमायूरमार्जुनम् ।

पुष्करेषुमहाभागदेवाःसर्षिगणाःपुरा ॥ सिद्धिंसमभिसंप्राप्ताःपुण्येनमहताऽन्विताः २६ तत्राभिषेकंयःकुर्यात्पितृदेवार्चनेरतः ॥ अश्वमेधाद्दशगुणंफलंप्राहुर्मनीषिणः २७ अप्येकंभोजयेद्विप्रंपुष्करारण्यमाश्रितः ॥ तेनासौकर्मणाभीष्मप्रेत्यचेहचमोदते २८ शाकैर्मूलैःफलैर्वाऽपियेनवर्तयतेस्वयम् ॥ तद्वैदद्याद्ब्राह्मणायश्रद्धावाननसूयकः २९ तेनैवप्राप्नुयात्प्राज्ञोहयमेधफलंनरः ॥ ब्राह्मणाःक्षत्रियावैश्याःशूद्रावाराजसत्तम ३० नवैयोनौप्रजायंतेस्नातास्तीर्थेमहात्मनः ॥ कार्तिकींतुविशेषेणयोऽभिगच्छतिपुष्करम् ३१ प्राप्नुयात्सनरोलोकान्ब्रह्मणःसदनेऽक्षयान् ॥ सायंप्रातःस्मरेद्यस्तुपुष्कराणिकृतांजलिः ३२ उपस्पृष्टंभवेत्तेनसर्वतीर्थेषुभारत ॥ जन्मप्रभृतियत्पापंस्त्रियावापुरुषेणवा ३३ पुष्करेस्नातमात्रस्यसर्वमेवप्रणश्यति ॥ यथासुराणांसर्वेषामादिस्तुमधुसूदनः ३४ तथैवपुष्करंराजंस्तीर्थानामादिरुच्यते ॥ उष्ट्वाद्वादशवर्षाणिपुष्करेनियतःशुचिः ३५ ऋतून्सर्वानवाप्नोतिब्रह्मलोकंसगच्छति ॥ यस्तुवर्षशतंपूर्णमग्निहोत्रमुपासते ३६ कार्तिकींवावसेदेकांपुष्करेसममेवतत् ३७ त्रीणिशृङ्गाणिशुभ्राणित्रीणिप्रस्रवणानिच ॥ पुष्कराण्यादिसिद्धानिनविद्मस्तत्रकारणम् ३८ दुष्करंपुष्करेगंतुंदुष्करंपुष्करेतपः ॥ दुष्करंपुष्करेदानंवस्तुंचैवसुदुष्करम् ३९ उष्यद्वादशरात्रंतुनियतोनियताशनः ॥ प्रदक्षिणमुपावृत्यजंबूमार्गंसमाविशेत् ४० जंबूमार्गंसमाविश्यदेवर्षिपितृसेवितम् ॥ अश्वमेधमवाप्नोतिसर्वकामसमन्वितः ४१ तत्रोष्यरजनीःपंचपूतात्माजायतेनरः ॥ नदुर्गतिमवाप्नोतिसिद्धिंप्राप्नोतिचोत्तमाम् ४२ जंबूमार्गादुपावृत्यगच्छेत्तंदुलिकाश्रमम् ॥ नदुर्गतिमवाप्नोतिब्रह्मलोकंचगच्छति ४३ आगस्त्यंसरआसाद्यपितृदेवार्चनेरतः ॥ त्रिरात्रोपोषितोराजन्नग्निष्टोमफलंलभेत् ४४ शाकवृत्तिःफलैर्वाऽपिकौमारंविंदतेपरम् ॥ कण्वाश्रमंततोगच्छेच्छ्रीजुष्टंलोकपूजितम् ४५ धर्मारण्यंहितत्पुण्यमाद्यंचभरतर्षभ ॥ यत्रप्रविष्टमात्रोवैसर्वपापैःप्रमुच्यते ४६ अर्चयित्वापितॄन्देवान्नियतोनियताशनः ॥ सर्वकामसमृद्धस्ययज्ञस्यफलमश्नुते ४७

श्रीवांछंकुंभकोणंचकाशीक्षेत्रसमानिषट्' इत्यादिवदिहकाशीसाम्येनपुष्करंस्तूयते । तथाचायमर्थः पुराणांतरेषुवाराणस्यास्त्रिकोणत्वस्मरणात्त्रयःकोणाएवत्रीणिशृंगाणि शुभ्राणिरजस्तमोमलहीनत्वेन शुद्धसत्वमयानिज्ञानप्रदत्वात् । तथाचश्रुतिरविमुक्तंप्रकृत्याह अत्रहिजंतोःप्राणेषूत्क्रममाणेषुरुद्रस्तारकंब्रह्मव्याचष्टे येनासावमृतीभूत्वामोक्षीभवतीति । त्रीणिप्रस्रवणानि त्रयःप्रवाहाअसीवरणयोर्गंगायाश्च । अथवानेनत्रिवेण्येवग्राह्या । तथा त्रीणिपुष्कराण्येतानि त्रीणिकाशीप्रयागपुष्कराण्यादिसिद्धानीत्यादि प्राग्वत् । तेनकाश्या काशीप्रयागाभ्यांवा समानमिदंपुष्करं त्रित्वसाम्यादिदिपुष्करस्तुतिःकृता भवति ३८ । ३९ । ४० । ४१ । ४२ । ४३ । ४४ । ४५ । ४६ । ४७

प्रदक्षिणंततःकृत्वाययातिपतनंव्रजेत् ॥ हयमेधस्ययज्ञस्यफलंप्राप्नोतितत्रवै ४८ महाकालंततोगच्छेन्नियतोनियताशनः ॥ कोटितीर्थमुपस्पृश्यहयमेधफलं
लभेत् ४९ ततोगच्छेतधर्मज्ञःस्थाणोस्तीर्थमुमापतेः ॥ नाम्नाभद्रवटंनामत्रिषुलोकेषुविश्रुतम् ५० तत्राभिगम्यचेशानंगोसहस्रफलंलभेत् ॥ महादेवप्रसादा
न्नगाणपत्यंचविंदति ५१ समृद्धमसपत्नंचश्रियायुक्तंनरोत्तमः ॥ नर्मदांससमासाद्यनदींत्रैलोक्यविश्रुताम् ५२ तर्पयित्वापितृन्देवानग्निष्टोमफलंलभेत् ॥ द
क्षिणंसिंधुमासाद्यब्रह्मचारीजितेंद्रियः ५३ अग्निष्टोममवाप्नोतिविमानंचाधिरोहति ॥ चर्मण्वतींसमासाद्यनियतोनियताशनः ॥ रन्तिदेवाभ्यनुज्ञातमग्निष्टोमफलं
लभेत् ५४ ततोगच्छेतधर्मज्ञहिमवत्सुतमर्बुदम् ॥ पृथिव्यांयत्रवैछिद्रंपूर्वमासीद्युधिष्ठिर ५५ तत्राश्रमोवसिष्ठस्यत्रिषुलोकेषुविश्रुतः ॥ तत्रोष्यरजनीमेकां
गोसहस्रफलंलभेत् ५६ पिंगतीर्थमुपस्पृश्यब्रह्मचारीजितेंद्रियः ॥ कपिलानांनरश्रेष्ठशतस्यफलमश्नुते ५७ ततोगच्छेतराजेंद्रप्रभासंतीर्थमुत्तमम् ॥ तत्रसन्नि
हितोनित्यंस्वयमेवहुताशनः ५८ देवतानांमुखंवीरज्वलनोऽनिलसारथिः ॥ तस्मिंस्तीर्थेनरःस्नात्वाशुचिःप्रयतमानसः ५९ अग्निष्टोमातिरात्राभ्यांफलं
प्राप्नोतिमानवः ॥ ततोगत्वासरस्वत्याःसागरस्यचसङ्गमे ६० गोसहस्रफलंतस्यस्वर्गलोकंचविंदति ॥ प्रभयादीप्यतेनित्यमग्निवद्भरतर्षभ ६१ तीर्थेसलिलराज
स्यस्नात्वाप्रयतमानसः ॥ त्रिरात्रमुषितःस्नातस्तर्पयेत्पितृदेवताः ६२ प्रभासतेयथासोमःसोऽश्वमेधंचविंदति ॥ वरदानंततोगच्छेतीर्थंभरतसत्तम ६३ विष्णो
र्दुर्वाससायत्रवरोदत्तोयुधिष्ठिर ॥ वरदानेनरःस्नात्वागोसहस्रकलंलभेत् ६४ ततोद्वारवतींगच्छेन्नियतोनियताशनः ॥ पिंडारकेनरःस्नात्वालभेद्बहुसुवर्णकम् ६५
तस्मिंस्तीर्थेमहाभागपद्मलक्षणलक्षिताः ॥ अद्यापिमुद्राद्दृश्यंतेतदद्भुतमरिंदम ६६ त्रिशूलांकानिपद्मानिदृश्यंतेकुरुनंदन ॥ महादेवस्यसान्निध्यंतत्रवैपुरुष
र्षभ ६७ सागरस्यचसिंधोश्चसंगमंप्राप्यभारत ॥ तीर्थेसलिलराजस्यस्नात्वाप्रयतमानसः ६८ तर्पयित्वापितृन्देवानृषींश्चभरतर्षभ ॥ प्राप्नोतिवारुणंलोकंदी
प्यमानंस्वतेजसा ६९ शंकुकर्णेश्वरंदेवमर्चयित्वायुधिष्ठिर ॥ अश्वमेधाद्दशगुणंप्रवदंतिमनीषिणः ७० प्रदक्षिणमुपावृत्त्यगच्छेतभरतर्षभ ॥ तीर्थंकुरुवरश्रेष्ठ
त्रिषुलोकेषुविश्रुतम् ७१ दमीतिनाम्नाविख्यातंसर्वपापप्रणाशनम् ॥ तत्रब्रह्मादयोदेवाउपासंतेमहेश्वरम् ७२ तत्रस्नात्वाचपीत्वाचरुद्रंदेवगणैर्वृतम् ॥ जन्म
प्रभृतियत्पापंतत्स्नातस्यप्रणश्यति ७३ दमीचात्रनरश्रेष्ठसर्वदेवैरभिष्टुतः ॥ तत्रस्नात्वानरव्याघ्रहयमेधमवाप्नुयात् ७४ गत्वायत्रमहाप्राज्ञविष्णुनाप्रभविष्णु
ना ॥ पुराशौचंकृतंराजन्हत्वादैतेयदानवान् ७५ ततोगच्छेतधर्मज्ञवसोर्धारामभिष्टुताम् ॥ गमनादेवतस्यांहिहयमेधफलंलभेत् ७६ स्नात्वाकुरुवरश्रेष्ठप्रयतात्मास
माहितः ॥ तर्प्यदेवान्पितॄंश्चैवविष्णुलोकेमहीयते ७७ तीर्थंचात्रसरःपुण्यंवसूनांभरतर्षभ ॥ तत्रस्नात्वाचपीत्वाचवसूनांसंमतोभवेत् ७८

४८ । ४९ । ५० । ५१ । ५२ । ५३ । ५४ ५४ । ५६ । ५७ । ५८ । ५९ । ६० । ६१ । ६२ । ६३ । ६४ । ६५ । ६६ । ६७ । ६८ । ६९ । ७० । ७१ । ७२ । ७३ । ७४ । ७५ । ७६ । ७७ ७८

सिंधूत्तममितिख्यातंसर्वपापप्रणाशनम् ॥ तत्रस्नात्वानरश्रेष्ठलभेद्बहुसुवर्णकम् ७९ भद्रतुंगंसमासाद्यशुचिःशीलसमन्वितः ॥ ब्रह्मलोकमवाप्नोतिगतिंचपरमां
व्रजेत् ८० कुमारिकाणांशक्रस्यतीर्थंसिद्धनिषेवितम् ॥ तत्रस्नात्वानरःक्षिप्रंस्वर्गलोकमवाप्नुयात् ८१ रेणुकायाश्चतत्रैवतीर्थंसिद्धनिषेवितम् ॥ तत्रस्नात्वाभवे
द्विप्रोनिर्मलश्चंद्रमायथा ८२ अथपंचनदंगत्वानियतोनियताशनः ॥ पंचयज्ञानवाप्नोतिक्रमशोयेऽनुकीर्तिताः ८३ ततोगच्छेतराजेंद्रभीमायाःस्थानमुत्तमम् ॥
तत्रस्नात्वातुयोन्यांवैनरोभरतसत्तम ८४ देव्याःपुत्रोभवेद्राजंस्तप्तकुंडलविग्रहः ॥ गवांशतसहस्रस्यफलंप्राप्नोतिमानवः ८५ श्रीकुंडंतुसमासाद्यत्रिषुलोकेषुवि
श्रुतम् ॥ पितामहंनमस्कृत्यगोसहस्रफलंलभेत् ८६ ततोगच्छेतधर्मज्ञविमलंतीर्थमुत्तमम् ॥ अद्यापियत्रदृश्यंतेमत्स्याःसौवर्णराजताः ८७ तत्रस्नात्वानरः
क्षिप्रंवासवंलोकमाप्नुयात् ॥ सर्वपापविशुद्धात्मागच्छेतपरमांगतिम् ८८ वितस्तांचसमासाद्यसंतर्प्यपितृदेवताः ॥ नरःफलमवाप्नोतिवाजपेयस्यभारत ८९
काश्मीरेष्वेवनागस्यभवनंतक्षकस्यच ॥ वितस्ताख्यमितिख्यातंसर्वपापप्रमोचनम् ९० तत्रस्नात्वानरोनूनंवाजपेयमवाप्नुयात् ॥ सर्वपापविशुद्धात्मागच्छेच्च
परमांगतिम् ९१ ततोगच्छेतवडवांत्रिषुलोकेषुविश्रुताम् ॥ पश्चिमायांतुसंध्यायामुपस्पृश्ययथाविधि ९२ चरुंसप्तार्चिषेराजन्यथाशक्तिनिवेदयेत् ॥ पितॄणा
मक्षयंदानंप्रवदंतिमनीषिणः ९३ ऋषयःपितरोदेवागंधर्वाप्सरसांगणाः ॥ गुह्यकाःकिन्नरायक्षाःसिद्धाविद्याधरानराः ९४ राक्षसादितिजारुद्राब्रह्माचमनुजाधि
प ॥ नियतःपरमांदीक्षामास्थायाब्दसहस्रिकीम् ९५ विष्णोःप्रसादनंकुर्वंश्चरुंचश्रपयंस्तथा ॥ सप्तभिःसप्तभिश्चैवऋग्भिस्तुष्टावकेशवम् ९६ ददावष्टगुणैश्वर्यंते
षांतुष्टस्तुकेशवः ॥ यथाभिलषितानन्यान्कामान्दत्वामहीपते ९७ तत्रैवान्तर्दधेदेवोविद्युदभ्रेषुवैयथा ॥ नाम्नासप्तचरुंतेनख्यातंलोकेषुभारत ९८ गवांशतसह
स्रेणराजसूयशतेनच ॥ अश्वमेधसहस्रेणश्रेयान्सप्तार्चिषेचरुः ९९ ततोनिवृत्तोराजेंद्ररुद्रंपदमथाविशेत् ॥ अर्चयित्वामहादेवमश्वमेधफलंलभेत् १०० मणिमं
तंसमासाद्यब्रह्मचारीसमाहितः ॥ एकरात्रोषितोराजन्नग्निष्टोमफलंलभेत् १०१ अथगच्छेतराजेंद्रदेविकांलोकविश्रुताम् ॥ प्रसूतिर्यत्रविप्राणांश्रूयतेभरतर्षभ
१०२ त्रिशूलपाणेःस्थानंचत्रिषुलोकेषुविश्रुतम् ॥ देविकायांनरःस्नात्वासमभ्यर्च्यमहेश्वरम् १०३ यथाशक्तिचरुंतत्रनिवेद्यभरतर्षभः ॥ सर्वकामसमृद्धस्ययज्ञस्यलभ
तेफलम् १०४ कामाख्यंतत्ररुद्रस्यतीर्थंदेवनिषेवितम् ॥ तत्रस्नात्वानरःक्षिप्रंसिद्धिंप्राप्नोतिभारत १०५ यजनंयाजनंचैवतथैवब्रह्मवालुकम् ॥ पुष्पांभश्चउपस्पृ
श्यनशोचेन्मरणंगतः १०६ अर्धयोजनविस्तारापंचयोजनमायता ॥ एतावतीवेदिकातुपुण्यादेवर्षिसेविता १०७ ततोगच्छेतधर्मज्ञदीर्घसत्रंयथाक्रमम् ॥ त
त्रब्रह्मादयोदेवाःसिद्धाश्चपरमर्षयः १०८

९ । १० । ११ । १२ । १३ । १४ । । १५ । १६ । १७ । १८ । १९ । २० । २१ । २२ २३ । २४ । २५ । २६ । २७ । २८ ॥ ॥ इत्यारण्यकेपर्वणि नैलकंठीये भारतभावदीपे द्व्यशीतितमो

दीर्घसत्रमुपासंतेदीक्षितानियतव्रताः १०९ गमनादेवराजेंद्रदीर्घसत्रमरिंदम ॥ राजसूयाश्वमेधाभ्यांफलंप्राप्नोतिभारत १० ततोविनशनंगच्छेन्नियतोनियताशनः ॥
गच्छत्यंतर्हितायत्रमेरुपृष्ठेसरस्वती ११ चमसेऽथशिवोद्भेदेनागोद्भेदेचदृश्यते ॥ स्नात्वातुचमसोद्भेदेअग्निष्टोमफलंलभेत् १२ शिवोद्भेदेनरःस्नात्वागोसहस्रफलंल
भेत् ॥ नागोद्भेदेनरःस्नात्वानागलोकमवाप्नुयात् १३ शशयानंचराजेंद्रतीर्थमासाद्यदुर्लभम् ॥ शशरूपप्रतिच्छन्नाःपुष्करायत्रभारत १४ सरस्वत्यांमहाराजअनुसंव
त्सरंचते ॥ दृश्यंतेभरतश्रेष्ठवृत्तांवैकार्तिकींसदा १५ तत्रस्नात्वानरव्याघ्रद्योततेशशिवत्सदा ॥ गोसहस्रफलंचैवप्राप्नुयाद्भरतर्षभ १६ कुमारकोटीमासाद्यनियतःकुरु
नन्दन ॥ तत्राभिषेकंकुर्वीतपितृदेवार्चनेरतः १७ गवामयुतमाप्नोतिकुलंचैवसमुद्धरेत् ॥ ततोगच्छेतधर्मज्ञरुद्रकोटिंसमाहितः १८ पुरायत्रमहाराजमुनिकोटिःसमा
गता ॥ हर्षेणमहताऽऽविष्टारुद्रदर्शनकांक्षया १९ अहंपूर्वमहंपूर्वंद्रक्ष्यामिवृषभध्वजम् ॥ एवंसंप्रस्थिताराजन्नृषयःकिलभारत २० ततोयोगीश्वरेणापियोगमास्थाय
भूपते ॥ तेषांमन्युप्रणाशार्थमृषीणांभावितात्मनाम् २१ सृष्टाकोटीतिरुद्राणामृषीणामग्रतःस्थिता ॥ मयापूर्वतरंदृष्टइतितेमेनिरेपृथक् २२ तेषांतुष्टोमहादेवो
मुनीनांभावितात्मनाम् ॥ भक्त्यापरमयाराजन्वरंतेषांप्रदिष्टवान् २३ अद्यप्रभृतियुष्माकंधर्मवृद्धिर्भविष्यति ॥ तत्रस्नात्वानरव्याघ्ररुद्रकोट्यांनरःशुचिः २४ अश्व
मेधमवाप्नोतिकुलंचैवसमुद्धरेत् ॥ ततोगच्छेतराजेंद्रसंगमंलोकविश्रुतम् २५ सरस्वत्यामहापुण्यंकेशवंसमुपासते ॥ यत्रब्रह्मादयोदेवाऋषयश्चतपोधनाः २६ अभि
गच्छन्तिराजेंद्रचैत्रशुक्लचतुर्दशीम् ॥ तत्रस्नात्वानरव्याघ्रविंदेद्बहुसुवर्णकम् ॥ सर्वपापविशुद्धात्माब्रह्मलोकंचगच्छति २७ ऋषीणांयत्रसत्राणिसमाप्तानिनराधिप ॥
तत्रावसानमासाद्यगोसहस्रफलंलभेत् १२८ ॥ ॥ इतिश्रीमहाभारतेआरण्यकेपर्वणितीर्थयात्रापर्वणिपुलस्त्यतीर्थयात्रायांद्व्यशीतितमोऽध्यायः ॥ ८२ ॥
॥पुलस्त्यउवाच ॥ ततोगच्छेतराजेंद्रकुरुक्षेत्रमभिष्टुतम् ॥ पापेभ्योयत्रमुच्यंतेदर्शनात्सर्वजंतवः १ कुरुक्षेत्रंगमिष्यामिकुरुक्षेत्रेवसाम्यहम् ॥ यएवंसततंब्रूयात्सर्वपापैः
प्रमुच्यते २ पांसवोऽपिकुरुक्षेत्रेवायुनासमुदीरिताः ॥ अपिदुष्कृतकर्माणंनयंतिपरमांगतिम् ३ दक्षिणेनसरस्वत्यादृषद्वत्युत्तरेणच ॥ येवसंतिकुरुक्षेत्रेतेवसंति
त्रिविष्टपे ४ तत्रमासंवसेद्धीरःसरस्वत्यांयुधिष्ठिर ॥ यत्रब्रह्मादयोदेवाऋषयःसिद्धचारणाः ५ गंधर्वाप्सरसोयक्षाःपन्नगाश्चमहीपते ॥ ब्रह्मक्षेत्रंमहापुण्यमभिगच्छं
तिभारत ६

ऽध्यायः ८२ ॥ ॥ तत इति १ । २ । ३ । ४ । ५ ततोगच्छेतराजेंद्रकुरुक्षेत्रमिति कुरुक्षेत्रप्रस्तावे बृहस्पतिरुवाचयाज्ञवल्क्यं 'यदनुकुरुक्षेत्रंदेवानांदेवयजनंसर्वेषांभूतानांब्रह्मसदनम्' इति जाबालोपनिषत्सु
प्रसिद्धमनुकुरुक्षेत्रंस्तौति ब्रह्मक्षेत्रमिति ६

कुत्सितंरौतीतिकुरुपापं तस्यक्षेपणात्त्रायतइतिकुरुक्षेत्रंपापनिवर्त्तकं ब्रह्मोपलब्धिस्थानत्वाद्ब्रह्मसदनमिति श्रौतपदद्वयार्थंसंगृह्णात्यर्धेन 'पापानिचप्रणश्यंतिब्रह्मलोकंचगच्छति' ब्रह्मैवलोकस्तं ब्रह्मविद्भूत्वाब्रह्मैवभवतीत्यर्थः ७ श्रौतस्यदेवयजनपदस्यार्थं संगृह्णातिराजसूयेति ८ । ९ । १० । ११ । १२ । १३ । १४ । १५ । १६ । १७ । १८ । १९ । २० । २१ । २२ । २३ कुरुक्षेत्रस्यप्रस्तुतस्य तत्

॥ ७० ॥ मनसाऽप्यभिकामस्यकुरुक्षेत्रंयुधिष्ठिर ॥ पापानिविप्रणश्यंतिब्रह्मलोकंचगच्छति ७ गत्वाहिश्रद्धयायुक्तःकुरुक्षेत्रंकुरूद्वह ॥ फलंप्राप्नोतिचतदाराजसूयाश्वमेधयोः ८ ततोमचक्रुकंनामद्वारपालंमहाबलम् ॥ यक्षंसमभिवाद्यैवगोसहस्रफलंलभेत् ९ ततोगच्छेतधर्मज्ञविष्णोःस्थानमनुत्तमम् ॥ सततंनामराजेंद्रयत्रसन्निहितोहरिः १० तत्रस्नात्वाचनत्वाचत्रिलोकप्रभवंहरिम् ॥ अश्वमेधमवाप्नोतिविष्णुलोकंसगच्छति ११ ततःपारिप्लवंगच्छेत्तीर्थंत्रैलोक्यविश्रुतम् ॥ अग्निष्टोमातिरात्राभ्यांफलं प्राप्नोतिभारत १२ पृथिवीतीर्थमासाद्यगोसहस्रफलंलभेत् ॥ ततःशालूकिनींगत्वातीर्थसेवीनराधिप १३ दशाश्वमेधेस्नात्वाचतदेवफलमाप्नुयात् ॥ सर्पदेवींसमासाद्यनागानांतीर्थमुत्तमम् १४ अग्निष्टोममवाप्नोतिनागलोकंचविंदति ॥ ततोगच्छेतधर्मज्ञद्वारपालंतरंतुकम् १५ तत्रोष्यरजनीमेकांगोसहस्रफलंलभेत् ॥ ततः पंचनदंगत्वानियतोनियताशनः १६ कोटितीर्थमुपस्पृश्यहयमेधफलंलभेत् ॥ अश्विनोस्तीर्थमासाद्यरूपवानभिजायते ॥ १७ ततोगच्छेतधर्मज्ञवाराहंतीर्थमुत्तमम् ॥ विष्णुर्वाराहरूपेणपूर्वंयत्रस्थितोऽभवत् १८ तत्रस्नात्वानरश्रेष्ठअग्निष्टोमफलंलभेत् ॥ ततोजयंत्यांराजेंद्रसोमतीर्थंसमाविशेत् १९ स्नात्वाफलमवाप्नोतिराजसूयस्यमानवः ॥ एकहंसेनरःस्नात्वागोसहस्रफलंलभेत् २० कृतशौचंसमासाद्यतीर्थसेवीनराधिप ॥ पुंडरीकमवाप्नोतिकृतशौचोभवेच्चसः २१ ततोमुंजवटंनामस्थाणोःस्थानंमहात्मनः ॥ उपोष्यरजनीमेकांगाणपत्यमवाप्नुयात् २२ तत्रैवचमहाराजयक्षिणींलोकविश्रुताम् ॥ स्नात्वाऽभिगम्यराजेंद्रसर्वान्कामानवाप्नुयात् २३ कुरुक्षेत्रस्यतद्द्वारंविश्रुतंभरतर्षभ ॥ प्रदक्षिणमुपावृत्त्यतीर्थसेवीसमाहितः २४ संमितंपुष्कराणांचस्नात्वाऽर्च्यपितृदेवताः ॥ जामदग्न्येनरामेणकृतंतत्सुमहात्मना २५ कृतकृत्योभवेद्राजन्नश्वमेधंचविंदति ॥ ततोरामह्रदानाच्छेत्तीर्थसेवीसमाहितः २६ तत्ररामेणराजेंद्रतरसादीप्ततेजसा ॥ क्षत्रमुत्साद्यवीरेणह्रदाःपंच निवेशिताः २७ पूरयित्वानरव्याघ्ररुधिरेणेतिविश्रुतम् ॥ पितरस्तर्पितास्सर्वेतथैवप्रपितामहाः २८ ततस्तेपितरःप्रीतारामसूचुर्नराधिप ॥ पितरऊचुः ॥ रामराम महाभागप्रीताःस्मतवभार्गव २९ अनयापितृभक्त्याचविक्रमेणचतेविभो ॥ वरंवृणोष्वभद्रंतेकिमिच्छसिमहाद्युते ३० एवमुक्तःसराजेंद्ररामःप्रहरतांवरः ॥ अब्रवीत्प्रांजलिर्वाक्यंपितॄन्सगगनेस्थितान् ३१ भवंतोयदिमेप्रीतायद्यनुग्राह्यतामयि ॥ पितृप्रसादमिच्छेयंतपआप्यायनंपुनः ३२ यच्चरोषाभिभूतेनक्षत्रमुत्सादितंमया ॥ ततश्चपापान्मुच्येयंयुष्माकंतेजसाऽप्यहम् ३३ ॥ ७० ॥

यक्षाभिवंदनादिकंद्वारंप्रापकं तच्चेदंकुरुक्षेत्रमविमुक्ताख्यं 'अविमुक्तंवैकुरुक्षेत्रम्' इतिश्रुतेः । स्मृतिश्च 'इमानितुपवित्राणिकाशीप्राप्तिकराणिच' इति । अतएवानुकुरुक्षेत्रमितिश्रुत्यानिर्दिष्टंकुरुक्षेत्रादिसेवनप्राप्यत्वात् २४ । २५ । २६ । २७ । २८ । २९ । ३० । ३१ । ३२ । ३३

३४ । ३५ । ३६ । ३७ । ३८ । ३९ । ४० । ४१ । ४२ । ४३ । ४४ । ४५ । ४६ । ४७ । ४८ । ४९ । ५० । ५१ । ५२ । ५३ । ५४ । ५५ । ५६ काशीश्वरस्यतीर्थेषुमणिकार्णिकादिषु

ह्रदाश्चतीर्थभूतामेभवेयुर्भुविविश्रुताः ॥ एतच्छ्रुत्वाशुभंवाक्यंरामस्यपितरस्तदा ३४ प्रत्यूचुःपरमप्रीतारामंहर्षसमन्विताः ॥ तपस्तेवर्धतांभूयःपितृभक्त्याविशेषतः
३५ यच्चरोषाभिभूतेनक्षत्रमुत्सादितंत्वया ॥ ततश्चशापान्मुक्तस्त्वंपतितास्तेस्वकर्मभिः ३६ ह्रदाश्चतवतीर्थत्वंगमिष्यंतिनसंशयः ॥ ह्रदेषुतेषुयःस्नात्वापितॄन्संत
र्पयिष्यति ३७ पितरस्तस्यवैप्रीतादास्यंतिभुविदुर्लभम् ॥ ईप्सितंचमनःकामंस्वर्गलोकंचशाश्वतम् ३८ एवंदत्वावरान्राजन्रामस्यपितरस्तदा ॥ आमंत्र्यभार्ग
वंप्रीत्यातत्रैवांतर्हितास्ततः ३९ एवंरामह्रदाःपुण्याभार्गवस्यमहात्मनः ॥ स्नात्वाह्रदेषुरामस्यब्रह्मचारीशुभव्रतः ४० राममभ्यर्च्यराजेंद्रलभेद्बहुसुवर्णकम् ॥ वंशमू
लकमासाद्यतीर्थसेवीकुरूद्वह ४१ स्ववंशमुद्धरेद्राजन्स्नात्वावैवंशमूलके ॥ कायशोधनमासाद्यतीर्थंभरतसत्तम ४२ शरीरशुद्धिःस्नातस्यतस्मिंस्तीर्थेनसंशयः ॥
शुद्धदेहश्चसंयातिशुभाँल्लोकाननुत्तमान् ४३ ततोगच्छेतधर्मज्ञतीर्थंत्रैलोक्यविश्रुतम् ॥ लोकायत्रोद्धृताःपूर्वंविष्णुनाप्रभविष्णुना ४४ लोकोद्धारंसमासाद्यतीर्थंत्रैलो
क्यपूजितम् ॥ स्नात्वातीर्थवरेराजन्लोकानुद्धरतेस्वकान् ४५ श्रीतीर्थंचसमासाद्यस्नात्वानियतमानसः ॥ अर्चयित्वापितॄन्देवान्विंदतेश्रियमुत्तमाम् ४६ कपिला
तीर्थमासाद्यब्रह्मचारीसमाहितः ॥ तत्रस्नात्वाऽर्चयित्वाचपितॄन्स्वान्दैवतान्यपि ४७ कपिलानांसहस्रस्यफलंविंदतिमानवः ॥ सूर्यतीर्थंसमासाद्यस्नात्वानियतमा
नसः ४८ अर्चयित्वापितॄन्देवानुपवासपरायणः ॥ अग्निष्टोममवाप्नोतिसूर्यलोकंचगच्छति ४९ गवांभवनमासाद्यतीर्थसेवीयथाक्रमम् ॥ तत्राभिषेकंकुर्वाणोगो
सहस्रफलंलभेत् ५० शंखिनीतीर्थमासाद्यतीर्थसेवीकुरूद्वह ॥ देव्यास्तीर्थेनरःस्नात्वालभतेरूपमुत्तमम् ५१ ततोगच्छेतराजेंद्रद्वारपालमरंतुकम् ॥ यच्चतीर्थंसरस्व
त्यांयक्षेंद्रस्यमहात्मनः ५२ तत्रस्नात्वानरोराजन्नग्निष्टोमफलंलभेत् ॥ ततोगच्छेतराजेंद्रब्रह्मावर्तंनरोत्तमः ५३ ब्रह्मावर्तेनरःस्नात्वाब्रह्मलोकमवाप्नुयात् ॥ ततोगच्छे
तराजेंद्रसुतीर्थकमनुत्तमम् ५४ तत्रसन्निहितानित्यंपितरोदैवतैःसह ॥ तत्राभिषेकंकुर्वीतपितृदेवार्चनेरतः ५५ अश्वमेधमवाप्नोतिपितृलोकंचगच्छति ॥ ततोऽम्बुमत्यां
धर्मज्ञसुतीर्थकमनुत्तमम् ५६ काशीश्वरस्यतीर्थेषुस्नात्वाभरतसत्तम ॥ सर्वव्याधिविनिर्मुक्तोब्रह्मलोकेमहीयते ५७ मातृतीर्थंचतत्रैवयत्रस्नातस्यभारत ॥ प्रजाविव
र्धतेराजन्ननतन्वींश्रियमश्नुते ५८ ततःशीतवनंगच्छेन्नियतोनियताशनः ॥ तीर्थंतत्रमहाराजमहदन्यत्रदुर्लभम् ५९ पुनातिगमनादेवदृष्टमेकंनराधिप ॥ केशानभ्यु
क्ष्यवैतस्मिन्पूतोभवतिभारत ६० तीर्थंतत्रमहाराजश्वाविल्लोमापहंस्मृतम् ॥ यत्रविप्रानरव्याघ्रविद्वांसस्तीर्थतत्पराः ६१ प्रीतिंगच्छंतिपरमांस्नात्वाभरतस
त्तम ॥ श्वाविल्लोमापनयनेतीर्थेभरतसत्तम ६२

स्नानमात्राद्ब्रह्मलोकेक्रममुक्तिस्थाने महीयते ५७ । ५८ । ५९ । ६० । ६१ । ६२

प्राणायामैर्निर्हरंतिस्वलोमानिद्विजोत्तमाः ॥ पूतात्मानश्चराजेंद्रप्रयांतिपरमांगतिम् ६३ दशाश्वमेधिकंचैवतस्मिंस्तीर्थेमहीपते ॥ तत्रस्नात्वानरव्याघ्रगच्छेतपरमां
गतिम् ६४ ततोगच्छेतराजेंद्रमानुषंलोकविश्रुतम् ॥ यत्रकृष्णमृगाराजन्व्याधेनशरपीडिताः ६५ विगाह्यतस्मिन्सरसिमानुषत्वमुपागताः ॥ तस्मिंस्तीर्थेनरःस्ना
त्वाब्रह्मचारीसमाहितः ६६ सर्वपापविशुद्धात्मास्वर्गलोकेमहीयते ॥ मानुषस्यतुपूर्वेणक्रोशमात्रेमहीपते ६७ आपगानामविख्यातानदीसिद्धनिषेविता ॥ श्यामाकं
भोजनेतत्रयःप्रयच्छतिमानवः ६८ देवान्पितॄन्समुद्दिश्यतस्यधर्मफलंमहत् ॥ एकस्मिन्भोजितेविप्रेकोटिर्भवतिभोजिता ६९ तत्रस्नात्वाऽर्चयित्वाचपितॄन्वैदैवता
निच ॥ उषित्वारजनीमेकामग्निष्टोमफलंलभेत् ७० ततोगच्छेतराजेंद्रब्रह्मणःस्थानमुत्तमम् ॥ ब्रह्मोदुंबरमित्येवप्रकाशंभुविभारत ७१ तत्रसप्तर्षिकुंडेषुस्नातस्यनरपुं
गव ॥ केदारेचैवराजेंद्रकपिलस्यमहात्मनः ७२ ब्रह्माणमधिगत्वाचशुचिःप्रयतमानसः ॥ सर्वपापविशुद्धात्माब्रह्मलोकंप्रपद्यते ७३ कपिष्ठलस्यकेदारंसमासाद्यसुदु
र्लभम् ॥ अंतर्धानमवाप्नोतितपसादग्धकिल्बिषः ७४ ततोगच्छेतराजेंद्रसरकंलोकविश्रुतम् ॥ कृष्णपक्षेचतुर्दश्यामभिगम्यवृषध्वजम् ७५ लभेतसर्वकामान्हि
स्वर्गलोकंचगच्छति ॥ तिस्रःकोट्यस्तुतीर्थानांसरकेकुरुनंदन ७६ रुद्रकोट्यांतथाकूपेह्रदेषुचमहीपते ॥ इलास्पदंचतत्रैवतीर्थंभरतसत्तम ७७ तत्रस्नात्वाऽर्चयित्वा
चदैवतानिपितॄनथ ॥ नदुर्गतिमवाप्नोतिवाजपेयंचविंदति ७८ किंदानेचनरःस्नात्वाकिंजप्येचमहीपते ॥ अप्रमेयमवाप्नोतिदानंजप्यंचभारत ७९ कलश्यांवार्युपस्पृ
श्यश्रद्दधानोजितेंद्रियः ॥ अग्निष्टोमस्ययज्ञस्यफलंप्राप्नोतिमानवः ८० सरकस्यतुपूर्वेणनारदस्यमहात्मनः ॥ तीर्थंकुरुकुलश्रेष्ठअंबाजन्मेतिविश्रुतम् ८१ तत्रती
र्थेनरःस्नात्वाप्राणानुत्सृज्यभारत ॥ नारदेनाभ्यनुज्ञातोलोकान्प्राप्नोत्यनुत्तमान् ८२ शुक्लपक्षेदशम्यांचपुंडरीकंसमाविशेत् ॥ तत्रस्नात्वानरोराजन्पुंडरीकफलंलभेत्
८३ ततस्त्रिविष्टपंगच्छेत्त्रिषुलोकेषुविश्रुतम् ॥ तत्रवैतरणीपुण्यानदीपापप्रणाशिनी ८४ तत्रस्नात्वाऽर्चयित्वाचशूलपाणिंवृषध्वजम् ॥ सर्वपापविशुद्धात्मागच्छेत
परमांगतिम् ८५ ततोगच्छेतराजेंद्रफलकीवनमुत्तमम् ॥ तत्रदेवाःसदाराजन्फलकीवनमाश्रिताः ८६ तपश्चरंतिविपुलंबहुवर्षसहस्रकम् ॥ दृषद्वत्यांनरःस्नात्वात
र्पयित्वाचदेवताः ८७ अग्निष्टोमातिरात्राभ्यांफलंविंदतिभारत ॥ तीर्थेचसर्वदेवानांस्नात्वाभरतसत्तम ८८ गोसहस्रस्यराजेंद्रफलंविंदतिमानवः ॥ पाणिखातेनरःस्ना
त्वातर्पयित्वाचदेवताः ८९ अग्निष्टोमातिरात्राभ्यांफलंविंदतिभारत ॥ राजसूयमवाप्नोतिऋषिलोकंचविंदति ९० ततोगच्छेतराजेंद्रमिश्रकंतीर्थमुत्तमम् ॥ तत्रती
र्थानिराजेंद्रमिश्रितानिमहात्मना ९१ व्यासेननृपशार्दूलद्विजार्थमितिनःश्रुतम् ॥ सर्वतीर्थेषुसस्नातिमिश्रकेस्नातियोनरः ९२

६३ । ६४ । ६५ । ६६ । ६७ । ६८ । ६९ । ७० । ७१ । ७२ । ७३ । ७४ । ७५ । ७६ । ७७ । ७८ । ७९ । ८० । ८१ । ८२ । ८३ । ८४ । ८५ । ८६ । ८७ । ८८ । ८९ । ९० । ९१ । ९२

ततोव्यासवनंगच्छेन्नियतोनियताशनः ॥ मनोजवेनरःस्नात्वागोसहस्रफलंलभेत् ९३ गत्वामधुवटींचैवदेव्यास्तीर्थेनरःशुचिः ॥ तत्रस्नात्वाऽर्चयित्वाचपितृन्देवांश्च
पूरुषः ९४ सदेव्यासमनुज्ञातोगोसहस्रफलंलभेत् ॥ कौशिक्याःसंगमेयस्तुदृषद्वत्याश्चभारत ९५ स्नातिवैनियताहारःसर्वपापैःप्रमुच्यते ॥ ततोव्यासस्थलीनाम
यत्रव्यासेनधीमता ९६ पुत्रशोकाभितप्तेनदेहत्यागेकृतामतिः ॥ ततोदेवैस्तुराजेंद्रपुनरुत्थापितस्तदा ९७ अभिगत्वास्थलींतस्यगोसहस्रफलंलभेत् ॥ किंदत्तं
कूपमासाद्यतिलप्रस्थंप्रदायच ९८ गच्छेतपरमांसिद्धिमृणैर्मुक्तःकुरूद्वह ॥ वेदीतीर्थेनरःस्नात्वागोसहस्रफलंलभेत् ९९ अहश्चसुदिनंचैवद्वेतीर्थेलोकविश्रुते ॥
तयोःस्नात्वानरव्याघ्रसूर्यलोकमवाप्नुयात् १०० मृगधूमंततोगच्छेत्रिषुलोकेषुविश्रुतम् ॥ तत्राभिषेकंकुर्वीतगंगायांनृपसत्तम १ अर्चयित्वामहादेवमश्वमेधफलं
लभेत् ॥ देव्यास्तीर्थेनरःस्नात्वागोसहस्रफलंलभेत् २ ततोवामनकंगच्छेत्रिषुलोकेषुविश्रुतम् ॥ तत्रविष्णुपदेस्नात्वाअर्चयित्वाचवामनम् ३ सर्वपापविशुद्धात्मा
विष्णुलोकंसगच्छति ॥ कुलंपुनेनरःस्नात्वापुनातिस्वकुलंततः ४ पवनस्यहृदेस्नात्वामरुतांतीर्थमुत्तमम् ॥ तत्रस्नात्वानरव्याघ्रविष्णुलोकेमहीयते ५ अमराणां
हृदेस्नात्वासमभ्यर्च्यामराधिपम् ॥ अमराणांप्रभावेनस्वर्गलोकेमहीयते ६ शालिहोत्रस्यतीर्थेचशालिसूर्येयथाविधि ॥ स्नात्वानरवरश्रेष्ठगोसहस्रफलंलभेत् ७
श्रीकुंजंचसरस्वत्यास्तीर्थंभरतसत्तम ॥ तत्रस्नात्वानरश्रेष्ठअग्निष्टोमफलंलभेत् ८ ततोनैमिषकुंजंचसमासाद्यकुरूद्वह ॥ ऋषयःकिलराजेंद्रनैमिषेयास्तपस्विनः ९
तीर्थयात्रांपुरस्कृत्यकुरुक्षेत्रंगताःपुरा ॥ ततःकुंजःसरस्वत्याःकृतोभरतसत्तम १० ऋषीणामवकाशःस्याद्यथातुष्टिकरोमहान् ॥ तस्मिन्कुंजेनरःस्नात्वाअग्निष्टोम
फलंलभेत् ११ ततोगच्छेतधर्मज्ञकन्यातीर्थमनुत्तमम् ॥ कन्यातीर्थेनरःस्नात्वागोसहस्रफलंलभेत् १२ ततोगच्छेतराजेंद्रब्रह्मणस्तीर्थमुत्तमम् ॥ तत्रवर्णावरःस्ना
त्वाब्राह्मण्यंलभतेनरः १३ ब्राह्मणश्चविशुद्धात्मागच्छेतपरमांगतिम् ॥ ततोगच्छेन्नरश्रेष्ठसोमतीर्थमनुत्तमम् १४ तत्रस्नात्वानरोराजन्सोमलोकमवाप्नुयात् ॥
सप्तसारस्वतंतीर्थंततोगच्छेन्नराधिप १५ यत्रमंकणकःसिद्धोमहर्षिर्लोकविश्रुतः ॥ पुरामंकणकोराजन्कुशाग्रेणेतिनःश्रुतम् १६ क्षतःकिलकरेराजंस्तस्यशा
करसोऽस्रवत् ॥ सवैशाकरसंदृष्ट्वाहर्षाविष्टःप्रनृत्तवान् १७ ततस्तस्मिन्प्रनृत्तेतुस्थावरंजंगमंचयत् ॥ प्रनृत्तमुभयंवीरतेजसातस्यमोहितम् १८ ब्रह्मादिभिःसुरै
राजनृषिभिश्चतपोधनैः ॥ विज्ञप्तोवैमहादेवऋषेरर्थेनराधिप १९ नायंनृत्येद्यथादेवतथात्वंकर्तुमर्हसि ॥ तंप्रनृत्तंसमासाद्यहर्षाविष्टेनचेतसा ॥ सुराणांहितकामार्थ
मृषिंदेवोऽभ्यभाषत २० भोभोमहर्षेधर्मज्ञकिमर्थंनृत्यतेभवान् ॥ हर्षस्थानंकिमर्थंवातवाद्यमुनिपुंगव १२१

९३ । ९४ । ९५ । ९६ । ९७ । ९८ । ९९ । १०० । १ । २ । ३ । ४ । ५ । ६ । ७ । ८ । ९ । १० । ११ । १२ । १३ । १४ । १५ । १६ । १७ । १८ । १९ । २० । १२१

२२ । २३ । २४ हिमसन्निभमतिश्वेतमिक्षुविकारं खंडशर्करारव्यम २५ । २६ । २७ । २८ । २९ । ३० । ३१ । ३२ । ३३ । ३४ । ३५ । ३६ । ३७ । ३८ । ३९ । ४० । ४१ । ४२ । ४३ । ४४

ऋषिरुवाच ॥ तपस्विनोधर्मपथेस्थितस्यद्विजसत्तम ॥ किन्नपश्यसिमेब्रह्मन्कराच्छाकरसंस्रुतम् १२२ यंदृष्ट्वासंप्रनृत्तोहंहर्षेणमहतान्वितः ॥ तंप्रहस्याब्रवी द्देवऋषिंरागेणमोहितम् २३ अहंतुविस्मयंविप्रनगच्छामीतिपश्यमाम् ॥ एवमुक्त्वानरश्रेष्ठमहादेवेनधीमता २४ अंगुल्यग्रेणराजेंद्रस्वांगुष्ठस्ताडितोऽनघ ॥ ततोभस्मक्षताद्राजन्निर्गतंहिमसन्निभम् २५ तद्दृष्ट्वाव्रीडितोराजन्समुनिःपादयोर्गतः ॥ नान्यंदेवात्परंमेनेरुद्रात्परतरंमहत् २६ सुरासुरस्यजगतोगतिस्त्व मसिशूलधृक् ॥ त्वयासर्वमिदंसृष्टंत्रैलोक्यंसचराचरम् २७ त्वमेवसर्वान्ग्रससिपुनरेवयुगक्षये ॥ देवैरपिनशक्यस्त्वंपरिज्ञातुंकुतोमया २८ त्वयिसर्वेप्रदृश्यंतेसुराब्र ह्मादयोऽनघ ॥ सर्वस्त्वमसिलोकानांकर्ताकारयिताचह २९ त्वत्प्रसादात्सुराःसर्वेमोदंतीहाकुतोभयाः ॥ एवंस्तुत्वामहादेवमृषिर्वचनमब्रवीत् १३० त्वत्प्रसादा न्महादेवततोमेनक्षरेत्तपः ॥ ततोदेवःप्रहृष्टात्माब्रह्मर्षिमिदमब्रवीत् ३१ तपस्तेवर्धतांविप्रमत्प्रसादात्सहस्रधा ॥ आश्रमेचेहवत्स्यामित्वयासहमहामुने ३२ सप्त सारस्वतेस्नात्वाअर्चयिष्यंतियेतुमाम् ॥ नतेषांदुर्लभंकिंचिदिहलोकेपरत्रच ३३ सारस्वतंचतेलोकंगमिष्यंतिनसंशयः ॥ एवमुक्त्वामहादेवस्तत्रैवांतरधीयत ३४ ततस्त्वौशनसंगच्छेत्त्रिषुलोकेषुविश्रुतम् ॥ यत्रब्रह्मादयोदेवाऋषयश्चतपोधनाः ३५ कार्तिकेयश्चभगवांस्त्रिसंध्यंकिलभारत ॥ सान्निध्यमकरोन्नित्यंभार्गवप्रियकाम्य या ३६ कपालमोचनंतीर्थंसर्वपापप्रमोचनम् ॥ तत्रस्नात्वानरव्याघ्रसर्वपापैःप्रमुच्यते ३७ अग्नितीर्थंततोगच्छेत्तत्रस्नात्वानरर्षभ ॥ अग्निलोकमवाप्नोतिकुलंचैवसमुद्ध रेत् ३८ विश्वामित्रस्यतत्रैवतीर्थंभरतसत्तम ॥ तत्रस्नात्वानरश्रेष्ठब्राह्मण्यमधिगच्छति ३९ ब्रह्मयोनिंसमासाद्यशुचिःप्रयतमानसः ॥ तत्रस्नात्वानरव्याघ्रब्रह्मलोकंप्रप द्यते १४० पुनात्यासप्तमंचैवकुलंनास्त्यत्रसंशयः ॥ ततोगच्छेत्तराजेंद्रतीर्थंत्रैलोक्यविश्रुतम् ४१ पृथूदकमितिख्यातंकार्तिकेयस्यवैनृप ॥ तत्राभिषेकंकुर्वीत पितृदेवार्चनेरतः ४२ अज्ञानाज्ज्ञानतोवापिस्त्रियावापुरुषेणवा ॥ यत्किंचिदशुभंकर्मकृतंमानुषबुद्धिना ४३ तत्सर्वंनश्यतेतत्रस्नातमात्रस्यभारत ॥ अश्वमेध फलंचास्यस्वर्गलोकंचगच्छति ४४ पुण्यमाहुःकुरुक्षेत्रंकुरुक्षेत्रात्सरस्वती ॥ सरस्वत्याश्चतीर्थानितीर्थेभ्यश्चपृथूदकम् ४५ उत्तमंसर्वतीर्थानांयस्त्यजेदात्म नस्तनुम् ॥ पृथूदकेजप्यपरोनैवश्वोमरणंतपेत् ४६ गीतंसनत्कुमारेणव्यासेनचमहात्मना ॥ एवंसनियतंराजन्नभिगच्छेत्पृथूदकम् ४७ पृथूदकात्तीर्थतमंना न्यत्तीर्थंकुरूद्वह ॥ तन्मेध्यंतत्पवित्रंचपावनंचनसंशयः ४८ तत्रस्नात्वादिवंयांतियेपिपापकृतोनराः ॥ पृथूदकेनरश्रेष्ठएवमाहुर्मनीषिणः ४९ मधुस्रवंचत त्रैवतीर्थंभरतसत्तम ॥ तत्रस्नात्वानरोराजन्गोसहस्रफलंलभेत् १५०

४६ पृथूदकेजप्यपरोयस्तनुंत्यजेत्तंश्वोमरणं-पुनर्मरणंनतपेत् । यद्वा पूर्वेद्युरेवकृतजपंश्वोपि जीवितांतंमरणंनतपेत् एकरात्रेणैवसर्वपापविमोकोभवतीत्यर्थः ४६ । ४७ । ४८ । ४९ । १५०

ततोगच्छेतराजेंद्रतीर्थंमेध्यंयथाक्रमम् ॥ सरस्वत्यारुणायाश्चसंगमंलोकविश्रुतम् १५१ त्रिरात्रोपोषितःस्नात्वामुच्यतेब्रह्महत्यया ॥ अग्निष्टोमातिरात्राभ्यांफलंविंद
तिमानवः ५२ आसप्तमंकुलंचैवपुनातिभरतर्षभ ॥ अर्धकीलंचतत्रैवतीर्थंकुरुकुलोद्वह ५३ विप्राणामनुकंपार्थंदर्भिणानिर्मितंपुरा ॥ व्रतोपनयनाभ्यांचाप्युपवासेन
वाऽप्युत ५४ क्रियामंत्रैश्चसंयुक्तोब्राह्मणःस्यान्नसंशयः ॥ क्रियामंत्रविहीनोऽपितत्रस्नात्वानरर्षभ ॥ चीर्णव्रतोभवेद्विद्वान्दृष्टमेतत्पुरातनैः ५५ समुद्राश्चापिचत्वारः
समानीताश्चदर्भिणा ॥ तेषुस्नातोनरश्रेष्ठनदुर्गतिमवाप्नुयात् ५६ फलानिगोसहस्राणांचतुर्णांविंदतेचसः ॥ ततोगच्छेतधर्मज्ञतीर्थंशतसहस्रकम् ५७ साहस्रकंचतत्रै
वद्वेतीर्थेलोकविश्रुते ॥ उभयोर्हिनरःस्नात्वागोसहस्रफलंलभेत् ५८ दानंवाऽप्युपवासोवासहस्रगुणितंभवेत् ॥ ततोगच्छेतराजेंद्ररेणुकातीर्थमुत्तमम् ५९ तीर्थाभिषेकं
कुर्वीतपितृदेवार्चनेरतः ॥ सर्वपापविशुद्धात्माअग्निष्टोमफलंलभेत् १६० विमोचनमुपस्पृश्यजितमन्युर्जितेंद्रियः ॥ प्रतिग्रहकृतैर्दोषैःसर्वैःसपरिमुच्यते ६१ ततःपं
चवटींगत्वाब्रह्मचारीजितेंद्रियः ॥ पुण्येनमहतायुक्तःसतांलोकेमहीयते ६२ यत्रयोगेश्वरःस्थाणुःस्वयमेववृषध्वजः ॥ तमर्चयित्वादेवेशंगमनादेवसिद्ध्यति ६३ तै
जसंवारुणंतीर्थंदीप्यमानंस्वतेजसा ॥ यत्रब्रह्मादिभिर्देवैर्ऋषिभिश्चतपोधनैः ६४ सैनापत्येनदेवानामभिषिक्तोगुहस्तदा ॥ तैजसस्यतुपूर्वेणकुरुतीर्थंकुरूद्वह ६५ कुरु
तीर्थेनरःस्नात्वाब्रह्मचारीजितेंद्रियः ॥ सर्वपापविशुद्धात्माब्रह्मलोकंप्रपद्यते ६६ स्वर्गद्वारंततोगच्छेन्नियतोनियताशनः ॥ स्वर्गलोकमवाप्नोतिब्रह्मलोकंचगच्छति
६७ ततोगच्छेदनरकंतीर्थसेवीनराधिप ॥ तत्रस्नात्वानरोराजन्नदुर्गतिमवाप्नुयात् ६८ तत्रब्रह्मास्वयंनित्यंदेवैःसहमहीपते ॥ अन्वास्तेपुरुषव्याघ्रनारायणपुरोगमैः
६९ सान्निध्यंतत्रराजेंद्ररुद्रपत्न्याःकुरूद्वह ॥ अभिगम्यचतांदेवींनदुर्गतिमवाप्नुयात् १७० तत्रैवचमहाराजविश्वेश्वरमुमापतिम् ॥ अभिगम्यमहादेवंमुच्यतेसर्वकि
ल्बिषैः ७१ नारायणंचाभिगम्यपद्मनाभमरिंदम ॥ राजमानोमहाराजविष्णुलोकंचगच्छति ७२ तीर्थेषुसर्वदेवानांस्नातःसपुरुषर्षभ ॥ सर्वदुःखैःपरित्यक्तोद्योतते
शशिवन्नरः ७३ ततःस्वस्तिपुरंगच्छेत्तीर्थसेवीनराधिप ॥ प्रदक्षिणमुपावृत्यगोसहस्रफलंलभेत् ७४ पावनंतीर्थमासाद्यतर्पयेत्पितृदेवताः ॥ अग्निष्टोमस्ययज्ञस्यफलं
प्राप्नोतिभारत ७५ गंगाह्रदश्चतत्रैवकूपश्चभरतर्षभ ॥ तिस्रःकोट्यस्तुतीर्थानांतस्मिन्कूपेमहीपते ७६ तत्रस्नात्वानरोराजन्स्वर्गलोकंप्रपद्यते ॥ आपगानांनरःस्ना
त्वाअर्चयित्वामहेश्वरम् ७७ गाणपत्यमवाप्नोतिकुलंचैवसमुद्धरेत् ॥ ततःस्थाणुवटंगच्छेत्त्रिषुलोकेषुविश्रुतम् ७८ तत्रस्नात्वास्थितोरात्रिंरुद्रलोकमवाप्नुयात् ॥
बदरीपाचनंगच्छेद्वसिष्ठस्याश्रमंगतः १७९

५१ । ५२ । ५३ । ५४ । ५५ । ५६ । ५७ । ५८ । ५९ । ६० । ६१ । ६२ । ६३ । ६४ । ६५ । ६६ । ६७ । ६८ । ६९ । ७० । ७१ । ७२ । ७३ । ७४ । ७५ । ७६ । ७७ । ७८ ७९

१८० । ८१ । ८२ । ८३ । ८४ । ८५ । ८६ । ८७ । ८८ । ८९ । १९० । ९१ सन्निहत्यां कुरुक्षेत्रेअस्यैवनामांतरंसन्निहतीति ९२ तन्निर्वक्ति पृथिव्यामित्यादिना । अत्रोपक्रमोपसंहारयोःकुरुक्षेत्रमा त्रपरत्वात्तदेवांगितीर्थांतराणितु फलवत्संनिधावफलंतदंगमितिन्यायेन तत्प्राशस्त्यांगभूतानि तेषामपिपृथक्फलश्रवणंतुगुणफलन्यायेनज्ञेयं यथायोगांगानामपियमनियमादीनामहिंसाप्रतिष्ठादीनांतत्संनिधौवैरत्याग इत्यादिनापृथक्फलंस्मर्यतेतद्वदितिभावः ९३ । ९४ । ९५ । ९६ । ९७ । ९८ । ९९ । २०० । १ पृथिव्यामिति । नैमिषंनैमिषारण्येकृतंपुण्यंपृथिव्यामेवसंततिसंपत्तिसार्वभौमादिपदप्राप्तिहेतुरित्यर्थः अंत

बदरींभक्षयेत्तत्रत्रिरात्रोपोषितोनरः ॥ सम्यग्द्वादशवर्षाणिबदरींभक्षयेत्तुयः १८० त्रिरात्रोपोषितस्तेनभवेत्तुल्योनराधिप ॥ रुद्रमार्गंसमासाद्यतीर्थसेवीनराधिप ८१
अहोरात्रोपवासेनशक्रलोकेमहीयते ॥ एकरात्रंसमासाद्यएकरात्रोषितोनरः ८२ नियतःसत्यवादीचब्रह्मलोकेमहीयते ॥ ततोगच्छेतराजेंद्रतीर्थंत्रैलोक्यविश्रुतम् ८३
आदित्यस्याश्रमोयत्रतेजोराशेर्महात्मनः ॥ तस्मिंस्तीर्थेनरःस्नात्वापूजयित्वाविभावसुम् ८४ आदित्यलोकंव्रजतिकुलंचैवसमुद्धरेत् ॥ सोमतीर्थेनरःस्नात्वातीर्थसे
वीनराधिप ८५ सोमलोकमवाप्नोतिनरोनास्त्यत्रसंशयः ॥ ततोगच्छेतधर्मज्ञदधीचस्यमहात्मनः ८६ तीर्थंपुण्यतमंराजन्पावनंलोकविश्रुतम् ॥ यत्रसारस्वतोयातः
सोऽगिरास्तपसोनिधिः ८७ तस्मिंस्तीर्थेनरःस्नात्वावाजिमेधफलंलभेत् ॥ सारस्वतींगतिंचैवलभतेनात्रसंशयः ८८ ततःकन्याश्रमंगच्छेन्नियतोब्रह्मचर्यवान् ॥ त्रि
रात्रोपोषितोराजन्नियतोनियताशनः ८९ लभेत्कन्याशतंदिव्यंस्वर्गलोकंचगच्छति ॥ ततोगच्छेतधर्मज्ञतीर्थंसन्निहतीमपि १९० तत्रब्रह्मादयोदेवाऋषयश्चतपोध
नाः ॥ मासिमासिसमायांतिपुण्येनमहतान्विताः ९१ सन्निहत्यामुपस्पृश्यराहुग्रस्तेदिवाकरे ॥ अश्वमेधशतंतेनतत्रेष्टंशाश्वतंभवेत् ९२ पृथिव्यांयानितीर्थानिअंतरि
क्षचराणिच ॥ नद्योह्रदास्तडागाश्चसर्वप्रस्रवणानिच ९३ उदपानानिवाप्यश्चतीर्थान्यायतनानिच ॥ निःसंशयममावास्यांसमेष्यंतिनराधिप ९४ मासिमासिनरव्या
घ्रसन्निहत्यांनसंशयः ॥ तीर्थसन्निहनादेवसन्निहत्येतिविश्रुता ९५ तत्रस्नात्वाचपीत्वाचस्वर्गलोकेमहीयते ॥ अमावास्यांतुतत्रैवराहुग्रस्तेदिवाकरे ९६ यःश्राद्धंकुरुते
मर्त्यस्तस्यपुण्यफलंश्रृणु ॥ अश्वमेधसहस्रस्यसम्यगिष्टस्ययत्फलम् ९७ स्नातएवसमाप्नोतिकृत्वाश्राद्धंचमानवः ॥ यत्किंचिद्दुष्कृतंकर्मस्त्रियावापुरुषेणवा ९८ स्ना
तमात्रस्यतत्सर्वंनश्यतेनात्रसंशयः ॥ पद्मवर्णेनयानेनब्रह्मलोकंप्रपद्यते ९९ अभिवाद्यततोयक्षंद्वारपालंमचक्रुकम् ॥ कोटितीर्थमुपस्पृश्यलभेद्बहुसुवर्णकम् २००
गंगाह्रदश्चतत्रैवतीर्थंभरतसत्तम ॥ तत्रस्नायीतधर्मज्ञब्रह्मचारीसमाहितः १ राजसूयाश्वमेधाभ्यांफलंविंदतिमानवः ॥ पृथिव्यांनैमिषंतीर्थमन्तरिक्षेचपुष्करम् २०२
त्रयाणामपिलोकानांकुरुक्षेत्रंविशिष्यते ॥ पांसवोऽपिकुरुक्षेत्राद्वायुनासमुदीरिताः ३

रिक्षेसूर्यचंद्रादिमार्गे नक्षत्रादिचक्रे पुष्करंप्रापयतीत्यर्थः २०२ त्रयाणामिंद्रादिलोकेनसहत्रयाणामुप रिब्रह्मलोकेकुरुक्षेत्रसेवीक्रममुक्तिस्थानंप्राप्नोतीत्यर्थः । नयंतिपरमांगतिमितिमुक्तिफलदर्शकवाक्यशेषात् अत्रकुरुक्षेत्रपदेनकाश्येव । 'काशीश्वरस्यतीर्थेषुस्नात्वाभरतसत्तम । सर्वव्याधिविनिर्मुक्तोब्रह्मलोकेमही यते' इत्यनेनसमानार्थत्वात् । तथाचपाठक्रमादर्थक्रमस्यबलवत्वात् 'पृथिव्यांनैमिषंपुण्यमंतरिक्षेचपुष्करम्'इत्यतःपरं 'येवसंतिकुरुक्षेत्रेतेवसंतित्रिविष्टपे' इत्ययंग्रंथोद्रष्टव्यः । अन्यथातृतीयलोकस्यानुक्तेस्त्रयाणा–

मित्यसंमतंस्यात् । त्रिविष्टपेइत्यध्याहारेणवावाक्यपूरणंस्यात् तच्चायुक्तं श्रौतार्थेसंभवे दर्शिताचाविमुक्तेऽपिकुरुक्षेत्रपदस्यश्रौतीरूढिरविमुक्तंवकुरुक्षेत्रमितिजाबालोपनिषदि नचोपक्रमोपसंहारैकरू
प्येणप्रसिद्धकुरुक्षेत्रस्यप्राकरणिकत्वेनतीर्थांतरवद्वाराणस्यास्तत्प्रकरणपठितत्वात्तदंगत्वंस्यादितिवाच्यं प्रकरणाल्लिंगस्यबलीयस्त्वात् तथाहि । 'तेवसंतित्रिविष्टपेस्वर्गेलोकेमहीयते' इत्यादिवाक्यशेषात्स्व
र्गप्राप्तिरेवकुरुक्षेत्रफलमवगम्यतेनचात्रत्यंत्रिविष्टपादिपदंब्रह्मलोकपरंकर्तुंशक्यं ब्रह्मवेदीकुरुक्षेत्रमितिवाक्यशेषविरोधात् तत्रचवेदीशब्देनतस्यकर्मभूमित्वावगमात् 'तेषांकुरुक्षेत्रंवेदिरासीत्' इतितैत्तिरी
यकब्राह्मणात् । 'तेषांकुरुक्षेत्रंदेवयजनमास' इतिशतपथश्रुतेश्च । नचकर्मभूमेर्विद्याफलप्रदत्वंयुज्यते । 'कर्मणापितृलोकोविद्ययादेवलोकः' इतितयोःफलभेदश्रवणात् । पितृलोकःस्वर्गलोकः देवलोकोब्रह्म
लोकः । वाराणस्यास्तुज्ञानभूमित्वंसर्वश्रुतिप्रसिद्धं । एतदेवात्र । 'पांसवोऽपिकुरुक्षेत्राद्वायुनासमुदीरिताः । अपिदुष्कृतकर्माणंनयंतिपरमांगतिं' इतिप्रदर्श्य 'दक्षिणेनसरस्वत्याउत्तरेणदृषद्वतीं येवसंति
कुरुक्षेत्रेतेवसंति त्रिविष्टपे' इत्यनंतरश्लोकेनप्रसिद्धकुरुक्षेत्रफलंप्रदर्श्यते नचैतदेवपूर्वश्लोकेनस्तूयतइतिवाच्यं श्रुतिस्मृतिप्रसिद्धिबलात्तस्यभूतार्थवादत्वेसंभवत्यभूतार्थवादत्वोपगमस्यायोगात् वाल्मकियेमोक्षो

अपिदुष्कृतकर्माणंनयंतिपरमांगतिम् ॥ दक्षिणेनसरस्वत्याउत्तरेणदृषद्वतीम् २०४ येवसंतिकुरुक्षेत्रेतेवसंतित्रिविष्टपे ॥ कुरुक्षेत्रंगमिष्यामिकुरुक्षेत्रेवसाम्यहम् ५
अप्येकांवाचमुत्सृज्यसर्वपापैःप्रमुच्यते ॥ ब्रह्मवेदीकुरुक्षेत्रंपुण्यंब्रह्मर्षिसेवितम् ६ तस्मिन्वसंतियेमर्त्यानतेशोच्याःकथंचन ७ तरंतुकारंतुकयोर्यदंतरंरामहृदानांच
मचक्रुकस्यच ॥ एतत्कुरुक्षेत्रसमंतपंचकंपितामहस्योत्तरवेदिरुच्यते २०८ ॥ इतिश्रीमहाभारतेआरण्यकेपर्वणितीर्थयात्रापर्वणिपुलस्त्यतीर्थयात्रायांत्र्यशीतितमोऽ
ध्यायः ८३ ॥ ॥ पुलस्त्यउवाच ॥ ततोगच्छेन्महाराजधर्मतीर्थमनुत्तमम् ॥ यत्रधर्मोमहाभागस्तप्तवानुत्तमंतपः १ तेनतीर्थंकृतंपुण्यंस्वेननाम्नाचविश्रुतम् ॥
तत्रस्नात्वानरोराजन्धर्मशीलःसमाहितः २ आसप्तमंकुलंचैवपुनीतेनात्रसंशयः ॥ ततोगच्छेतराजेंद्रज्ञानपावनमुत्तमम् ३ अग्निष्टोममवाप्नोतिमुनिलोकंचगच्छति ॥
सौगंधिकवनंराजंस्ततोगच्छेतमानवः ४ तत्रब्रह्मादयोदेवाऋषयश्चतपोधनाः ॥ सिद्धचारणगंधर्वाःकिन्नराश्चमहोरगाः ५ तद्वनंप्रविशन्नेवसर्वपापैःप्रमुच्यते ॥
ततश्चापिसरिच्छ्रेष्ठानदीनामुत्तमानदी ६ प्लक्षादेवीस्मृताराजन्पुण्यादेवीसरस्वती ॥ तत्राभिषेकंकुर्वीतवल्मीकान्निःसृतेजले ७ अर्चयित्वापितॄन्देवानश्वमेधफलं
लभेत् ॥ ईशानाध्युषितंनामतत्रतीर्थंसुदुर्लभम् ८

पायेषु । 'छायामूचीतापमूचीमुख्यमूचीतिचत्रिकं । त्रिकोणंतपसापूतंवाराणस्याःसमंकृतम् । गतास्तेनत्रिकोणेनयेकेचिदिहजंतवः । वायवःपांसवोवाऽपितेऽपिमुक्तिपरांगताः' इतिभंग्यंतरेणपूर्वश्लोकार्थस्यप्रत्य
भिज्ञानात् तथाचयद्यपिकाश्याःकुरुक्षेत्रांगत्वंप्रकरणात्प्रसक्तं तथापियोग्यतयाफलतारतम्यलिंगान्नतत्संभवति सान्निध्यात्तुपरस्पराकांक्षादिकमुत्थाप्यतीर्थांतरशेषीभूतस्यापिकुरुक्षेत्रस्यकाशीशेषत्वंज्ञेयम् ।
तथाचवाक्याल्लदुर्बलोऽपिसंनिधिः 'अनर्थक्यप्रतिहतानांविपरीतंबलाबलम्' इतिन्यायेनबलवत्तयास्वर्गलोकेमहीयतइतिवाक्यावगतमपिकुरुक्षेत्रफलंतिरोधाय 'प्रतितिष्ठंतिहवैयएतारात्रीरुपयंति' इत्यादौरा
त्रिसत्रस्यप्रतिष्ठाशेषितामिव पांसवोऽपिकुरुक्षेत्रइत्यर्थवादेनमुक्तिफलशेषिताप्रविमुक्तसंज्ञस्यकुरुक्षेत्रस्यव्यवस्थापयन्सहैकवाक्यतांगत्वाप्रसिद्धकुरुक्षेत्रस्याविमुक्तशेषतांगमयति । तथाचायंपांसवोऽपीत्यादिश्लो
कद्वयार्थः येपरमगतिप्रदांकाशींगंतुमिच्छंतितेकुरुक्षेत्रेवसेयुरिति । तेवसंतित्रिविष्टपेइतितु योगांगफलवद्गुणफलमितिप्रागुक्तंनविस्मर्त्तव्यं । तत्सिद्धंसर्वेषांतीर्थानांकुरुक्षेत्रप्रापकत्वंकुरुक्षेत्रस्यतुकाशी
प्रापकत्वमिति २०३ । ४ । ५ । ६ । ७ । २०८ ॥ ॥ इत्यारण्यकेप० नैलकंठीयेभारतभावदीपेत्र्यशीतितमोऽध्यायः ॥ ८३ ॥ ॥ ॥ ततइति १ । २ । ३ । ४ । ५६ । ७ । ८

शम्यामुद्गराकृतिर्यज्ञोपकरणविशेषः सबलवताक्षिप्तोयावद्दूरंपतेत्तावान्देशःशम्यानिपातः तेषुषट्सु । संपेतिपाठेसंपतत्यनयेतियष्टिःसंपा ९ पुरातनेभविष्यपुराणादा १० । ११ । १२ । १३ । १४ । १५

षट्सुशम्यानिपातेषुवल्मीकादितिनिश्चयः ॥ कपिलानांसहस्रंचवाजिमेधंचविंदति ९ तत्रस्नात्वानरव्याघ्रदृष्टमेतत्पुरातने ॥ सुगंधांशतकुंभांचपंचयक्षांचभारत
१० अभिगम्यनरश्रेष्ठस्वर्गलोकेमहीयते ॥ त्रिशूलखातंतत्रैवतीर्थमासाद्यभारत ११ तत्राभिषेकंकुर्वीतपितृदेवार्चनेरतः ॥ गाणपत्यंचलभतेदेहंत्यक्त्वानसंशयः
१२ ततोगच्छेतराजेंद्रदेव्यास्थानंसुदुर्लभम् ॥ शाकंभरीतिविख्यातात्रिषुलोकेषुविश्रुता १३ दिव्यंवर्षसहस्रंहिशाकेनकिलसुव्रता ॥ आहारंसाकृतवतीमासिमासि
नराधिप १४ ऋषयोऽभ्यागतास्तत्रदेव्याभक्त्यातपोधनाः ॥ आतिथ्यंचकृतंतेषांशाकेनकिलभारत १५ ततःशाकंभरीत्येवनामतस्याःप्रतिष्ठितम् ॥ शाकंभरीं
समासाद्यब्रह्मचारीसमाहितः १६ त्रिरात्रमुषितःशाकंभक्षयित्वानरःशुचिः ॥ शाकाहारस्ययत्किंचिद्वर्षैर्द्वादशभिःकृतम् १७ तत्फलंतस्यभवतिदेव्याश्छंदेनभा
रत ॥ ततोगच्छेत्सुवर्णाख्यंत्रिषुलोकेषुविश्रुतम् १८ तत्रविष्णुःप्रसादार्थंरुद्रमाराधयत्पुरा ॥ वरांश्चसुबहूँल्लेभेदैवतेषुसुदुर्लभान् १९ उक्तश्चत्रिपुरघ्नेनपरितुष्टेन
भारत ॥ अपिचत्वंप्रियतरोलोकेकृष्णभविष्यसि २० त्वन्मुखंचजगत्सर्वंभविष्यतिनसंशयः ॥ तत्राभिगम्यराजेंद्रपूजयित्वावृषध्वजम् २१ अश्वमेधमवाप्नोति
गाणपत्यंचविंदति ॥ धूमावतींततोगच्छेत्त्रिरात्रोपोषितोनरः २२ मनसाप्रार्थितान्कामान्लभतेनात्रसंशयः ॥ देव्यास्तुदक्षिणार्धेनरथावर्तोनराधिप २३ तत्रा
रोहेतधर्मज्ञश्रद्दधानोजितेंद्रियः ॥ महादेवप्रसादाद्धिगच्छेतपरमांगतिम् २४ प्रदक्षिणमुपावृत्यगच्छेतभरतर्षभ ॥ धारांनाममहाप्राज्ञःसर्वपापप्रमोचनीम् ॥
२५ तत्रस्नात्वानरव्याघ्रनशोचतिनराधिप ॥ ततोगच्छेतधर्मज्ञनमस्कृत्यमहागिरिम् २६ स्वर्गद्वारेणयत्तुल्यंगंगाद्वारंनसंशयः ॥ तत्राभिषेकंकुर्वीतकोटि
तीर्थेसमाहितः २७ पुंडरीकमवाप्नोतिकुलंचैवसमुद्धरेत् ॥ उष्यैकांरजनींतत्रगोसहस्रफलंलभेत् २८ सप्तगंगेत्रिगंगेचशक्रावर्तेचतर्पयन् ॥ देवान्पितॄंश्चविधिवत्
पुण्येलोकेमहीयते २९ ततःकनखलेस्नात्वात्रिरात्रोपोषितोनरः ॥ अश्वमेधमवाप्नोतिस्वर्गलोकंचगच्छति ३० कपिलावटंततोगच्छेत्तीर्थसेवीनराधिप ॥ उपो
ष्यरजनींतत्रगोसहस्रफलंलभेत् ३१ नागराजस्यराजेंद्रकपिलस्यमहात्मनः ॥ तीर्थंकुरुवरश्रेष्ठसर्वलोकेषुविश्रुतम् ३२ तत्राभिषेकंकुर्वीतनागतीर्थेनराधिप ॥ कपि
लानांसहस्रस्यफलंविन्दतिमानवः ३३ ततोललितकंगच्छेच्छांतनोस्तीर्थमुत्तमम् ॥ तत्रस्नात्वानरोराजन्नदुर्गतिमवाप्नुयात् ३४ गंगायमुनयोर्मध्येस्नातियः
संगमेनरः ॥ दशाश्वमेधानाप्नोतिकुलंचैवसमुद्धरेत् ३५ ततोगच्छेतराजेंद्रसुगंधंलोकविश्रुतम् ॥ सर्वपापविशुद्धात्माब्रह्मलोकेमहीयते ३६

१६ । १७ छंदेनइच्छया १८ । १९ । २० त्वन्मुखंत्वत्प्रधानम् २१ । २२ । २३ । २४ । २५ । २६ । २७ । २८ । २९ । ३० । ३१ । ३२ । ३३ । ३४ । ३५ । ३६

रुद्रावर्तंततोगच्छेत्तीर्थसेवीनराधिप ॥ तत्रस्नात्वानरोराजन्स्वर्गलोकेचगच्छति ३७ गंगायाश्चनरश्रेष्ठसरस्वत्याश्चसंगमे ॥ स्नात्वाऽश्वमेधंप्राप्नोतिस्वर्गलोकं
चगच्छति ३८ भद्रकर्णेश्वरंगत्वादेवमर्च्ययथाविधि ॥ नदुर्गतिमवाप्नोतिनाकपृष्ठेचपूज्यते ३९ ततःकुब्जाम्रकंगच्छेत्तीर्थसेवीनराधिप ॥ गोसहस्रमवाप्नोतिस्वर्ग
लोकंचगच्छति ४० अरुंधतीवटंगच्छेत्तीर्थसेवीनराधिप ॥ सामुद्रकमुपस्पृश्यब्रह्मचारीसमाहितः ४१ अश्वमेधमवाप्नोतित्रिरात्रोपोषितोनरः ॥ गोसहस्रफलं
विद्यात्कुलंचैवसमुद्धरेत् ४२ ब्रह्मावर्तंततोगच्छेद्ब्रह्मचारीसमाहितः ॥ अश्वमेधमवाप्नोतिसोमलोकंचगच्छति ४३ यमुनाप्रभवंगत्वासमुपस्पृश्ययामुनम् ॥
अश्वमेधफलंलब्ध्वास्वर्गलोकेमहीयते ४४ दर्वीसंक्रमणंप्राप्यतीर्थंत्रैलोक्यपूजितम् ॥ अश्वमेधमवाप्नोतिस्वर्गलोकंचगच्छति ४५ सिंधोश्चप्रभवंगत्वासिद्धग
न्धर्वसेवितम् ॥ तत्रोष्यरजनीःपंचविंदेद्बहुसुवर्णकम् ४६ अथवेदींसमासाद्यनरःपरमदुर्गमाम् ॥ अश्वमेधमवाप्नोतिस्वर्गलोकंचगच्छति ४७ ऋषिकुल्यांस
मासाद्यवासिष्ठंचैवभारत ॥ वासिष्ठींसमतिक्रम्यसर्वेवर्णाद्विजातयः ४८ ऋषिकुल्यांसमासाद्यनरःस्नात्वाविकल्मषः ॥ देवान्पितॄंश्चार्चयित्वाऋषिलोकंप्रपद्यते ॥
४९ यदितत्रवसेन्मासंशाकाहारोनराधिप ॥ भृगुतुंगंसमासाद्यवाजिमेधफलंलभेत् ५० गत्वावीरप्रमोक्षंचसर्वपापैःप्रमुच्यते ॥ कृत्तिकामघयोश्चैवतीर्थमासाद्य
भारत ५१ अग्निष्टोमातिरात्राभ्यांफलमाप्नोतिमानवः ॥ तत्रसंध्यांसमासाद्यविद्यातीर्थमनुत्तमम् ५२ उपस्पृश्यचवैविद्यांयत्रतत्रोपपद्यते ॥ महाश्रमेवसेद्रात्रिं
सर्वपापप्रमोचने ५३ एककालंनिराहारोलोकानावसतेशुभान् ॥ षष्ठकालोपवासेनमासमुष्यमहालये ५४ सर्वपापविशुद्धात्माविंदेद्बहुसुवर्णकम् ॥ दशापरान्दशपूर्वा
न्नरानुद्धरतेकुलम् ५५ अथवेतसिकांगत्वापितामहनिषेविताम् ॥ अश्वमेधमवाप्नोतिगच्छेदौशनसींगतिम् ५६ अथसुंदरिकातीर्थंप्राप्यसिद्धनिषेवितम् ॥ रूपस्य
भागीभवतिदृष्टमेतत्पुरातनैः ५७ ततोवैब्राह्मणींगत्वाब्रह्मचारीजितेंद्रियः ॥ पद्मवर्णेनयानेनब्रह्मलोकंप्रपद्यते ५८ ततस्तुनैमिषंगच्छेत्पुण्यंसिद्धनिषेवितम् ॥ तत्र
नित्यंनिवसतिब्रह्मादेवगणैःसह ५९ नैमिषंमृगयाणस्यपापस्यार्धंप्रणश्यति ॥ प्रविष्टमात्रस्तुनरःसर्वपापैःप्रमुच्यते ६० तत्रमासंवसेद्धीरोनैमिषेतीर्थतत्परः ॥ पृथि
व्यांयानितीर्थानितानितीर्थानिनैमिषे ६१ कृताभिषेकस्तत्रैवनियतोनियताशनः ॥ गवांमेधस्ययज्ञस्यफलंप्राप्नोतिभारत ६२ पुनात्यासप्तमंचैवकुलंभरतसत्तम ॥
यस्त्यजेन्नैमिषेप्राणानुपवासपरायणः ६३ समोदेत्सर्वलोकेषुएवमाहुर्मनीषिणः ॥ नित्यंमेध्यंचपुण्यंचनैमिषंनृपसत्तम ६४ गंगोद्भेदंसमासाद्यत्रिरात्रोपोषितोनरः ॥
वाजपेयमवाप्नोतिब्रह्मभूतोभवेत्सदा ६५ सरस्वतींसमासाद्यतर्पयेत्पितृदेवताः ॥ सारस्वतेषुलोकेषुमोदतेनात्रसंशयः ६६ ततश्चबाहुदांगच्छेद्ब्रह्मचारीसमाहितः ॥
तत्रोष्यरजनीमेकांस्वर्गलोकेमहीयते ६७ देवसत्रस्ययज्ञस्यफलंप्राप्नोतिकौरव ॥ ततःक्षीरवतींगच्छेत्पुण्यांपुण्यतरैर्वृताम् ६८

पितृदेवार्चनपरोवाजपेयमवाप्नुयात् ॥ विमलाशोकमासाद्यब्रह्मचारीसमाहितः ६९ तत्रोष्यरजनीमेकांस्वर्गलोकेमहीयते ॥ गोप्रतारंततोगच्छेत्सरय्वास्तीर्थ
मुत्तमम् ७० यत्ररामोगतःस्वर्गंसभृत्यबलवाहनः ॥ देहंत्यक्त्वामहाराजतस्यतीर्थस्यतेजसा ७१ रामस्यचप्रसादेनव्यवसायाच्चभारत ॥ तस्मिंस्तीर्थेनरःस्ना
त्वागोप्रतारेनराधिप ७२ सर्वपापविशुद्धात्मास्वर्गलोकेमहीयते ॥ रामतीर्थेनरःस्नात्वागोमत्यांकुरुनंदन ७३ अश्वमेधमवाप्नोतिपुनातिचकुलंनरः ॥ शतसाहस्र
कंतीर्थंतत्रैवभरतर्षभ ७४ तत्रोपस्पर्शनंकृत्वानियतोनियताशनः ॥ गोसहस्रफलंपुण्यंप्राप्नोतिभरतर्षभ ७५ ततोगच्छेतराजेंद्रभर्तृस्थानमनुत्तमम् ॥ अश्वमे
धस्ययज्ञस्यफलंप्राप्नोतिमानवः ७६ कोटितीर्थेनरःस्नात्वाअर्चयित्वागुहंनृप ॥ गोसहस्रफलंविद्यात्तेजस्वीचभवेन्नरः ७७ ततोवाराणसींगत्वाअर्चयित्वावृषध्व
जम् ॥ कपिलाह्रदेनरःस्नात्वाराजसूयमवाप्नुयात् ७८ अविमुक्तंसमासाद्यतीर्थसेवीकुरूद्वह ॥ दर्शनाद्देवदेवस्यमुच्यतेब्रह्महत्यया ७९ प्राणानुत्सृज्यतत्रैवमो
क्षंप्राप्नोतिमानवः ॥ मार्कंडेयस्यराजेंद्रतीर्थमासाद्यदुर्लभम् ८० गोमतीगंगयोश्चैवसंगमेलोकविश्रुते ॥ अग्निष्टोममवाप्नोतिकुलंचैवसमुद्धरेत् ८१ ततोगयां
समासाद्यब्रह्मचारीसमाहितः ॥ अश्वमेधमवाप्नोतिकुलंचैवसमुद्धरेत् ८२ तत्राक्षयवटोनामत्रिषुलोकेषुविश्रुतः ॥ तत्रदत्तंपितृभ्यस्तुभवत्यक्षयमुच्यते ८३ म
हानद्यामुपस्पृश्यतर्पयेत्पितृदेवताः ॥ अक्षयान्प्राप्नुयाल्लोकान्कुलंचैवसमुद्धरेत् ८४ ततोब्रह्मसरोगत्वाधर्मारण्योपशोभितम् ॥ ब्रह्मलोकमवाप्नोतिप्रभातामेवशर्वरीम्
८५ ब्रह्मणातत्रसरसियूपश्रेष्ठःसमुच्छ्रितः ॥ यूपंप्रदक्षिणीकृत्वावाजपेयफलंलभेत् ८६ ततोगच्छेतराजेंद्रधेनुकंलोकविश्रुतम् ॥ एकरात्रोषितोराजन्प्रयच्छेत्तिलधे
नुकाम् ८७ सर्वपापविशुद्धात्मासोमलोकंव्रजेद्ध्रुवम् ॥ तत्रचिह्नंमहद्राजन्नद्यापिसुमहत्कृशम् ८८ कपिलायाःसवत्सायाश्चरंत्याःपर्वतेकृतम् ॥ सवत्सायाःपदानिस्म
दृश्यंतेऽद्यापिभारत ८९ तेषूपस्पृश्यराजेंद्रपदेषुनृपसत्तम ॥ यत्किंचिदशुभंकर्मतत्प्रणश्यतिभारत ९० ततोगृध्रवटंगच्छेत्स्थानंदेवस्यधीमतः ॥ स्नायीतभस्मनातत्र
अभिगम्यवृषध्वजम् ९१ ब्राह्मणेनभवेच्चीर्णंव्रतंद्वादशवार्षिकम् ॥ इतरेषांतुवर्णानांसर्वपापंप्रणश्यति ९२ उद्यंतंचततोगच्छेत्पर्वतंगीतनादितम् ॥ सावित्र्यास्तुपदं
तत्रदृश्यतेभरतर्षभ ९३ तत्रसंध्यामुपासीतब्राह्मणःसंशितव्रतः ॥ तेनह्युपास्ताभवतिसंध्याद्वादशवार्षिकी ९४ योनिद्वारंचतत्रैवविश्रुतंभरतर्षभ ॥ तत्राभिगम्यमुच्ये
तपुरुषोयोनिसंकटात् ९५ कृष्णशुक्लावुभौपक्षौगयायांयोवसेन्नरः ॥ पुनात्यासप्तमंराजन्कुलंनास्त्यत्रसंशयः ९६ एष्टव्याबहवःपुत्रायद्येकोऽपिगयांव्रजेत् ॥ यजे
तवाऽश्वमेधेननीलंवावृषमुत्सृजेत् ९७

६९ । ७० । ७१ व्यवसायान्निश्चयात् ७२ । ७३ । ७४ । ७५ । ७६ । ७७ । ७८ । ७९ । ८० । ८१ । ८२ । ८३ । ८४ । ८५ । ८६ । ८७।८८ । ८९ । ९० ।९१ ।९२।९३ ।९४।९५ ।९६ ।९७

ततःफल्गुंव्रजेद्राजंस्तीर्थसेवीनराधिप ॥ अश्वमेधमवाप्नोतिसिद्धिंचमहतींव्रजेत् ९८ ततोगच्छेतराजेंद्रधर्मप्रस्थंसमाहितः ॥ तत्रधर्मोमहाराजनित्यमास्ते
युधिष्ठिर ९९ तत्रकूपोदकंकृत्वातेनस्नातःशुचिस्तथा ॥ पितॄन्देवांस्तुसंतर्प्यमुक्तपापोदिवंव्रजेत् १०० मतंगस्याश्रमस्तत्रमहर्षेर्भावितात्मनः ॥ तंप्रवि
श्याश्रमंश्रीमच्छ्रमशोकविनाशनम् १०१ गवामयनयज्ञस्यफलंप्राप्नोतिमानवः ॥ धर्मंतत्राभिसंस्पृश्यवाजिमेधमवाप्नुयात् २ ततोगच्छेतराजेंद्रब्रह्मस्थानम
नुत्तमम् ॥ तत्राभिगम्यराजेंद्रब्रह्माणंपुरुषर्षभ ३ राजसूयाश्वमेधाभ्यांफलंविंदतिमानवः ॥ ततोराजगृहंगच्छेत्तीर्थसेवीनराधिप ४ उपस्पृश्यततस्तत्रकक्षी
वानिवमोदते ॥ यक्षिण्यानैत्यकंतत्रप्राश्नीतपुरुषःशुचिः ५ यक्षिण्यास्तुप्रसादेनमुच्यतेब्रह्महत्यया ॥ मणिनागंततोगत्वागोसहस्रफलंलभेत् ६ तैर्थिकंभुंज
तेयस्तुमणिनागस्यभारत ॥ दष्टस्याशीविषेणापिनतस्यक्रमतेविषम् ७ तत्रोष्यरजनीमेकांगोसहस्रफलंलभेत् ॥ ततोगच्छेतब्रह्मर्षेर्गौतमस्यवनंप्रियम् ८
अहल्यायाह्रदेस्नात्वाव्रजेतपरमांगतिम् ॥ अभिगत्वाऽऽश्रमंराजन्विंदतेश्रियमात्मनः ९ तत्रोदपानंधर्मज्ञत्रिषुलोकेषुविश्रुतम् ॥ तत्राभिषेकंकृत्वातुवाजिमेधम
वाप्नुयात् ११० जनकस्यतुराजर्षेःकूपस्त्रिदशपूजितः ॥ तत्राभिषेकंकृत्वातुविष्णुलोकमवाप्नुयात् ११ ततोविनशनंगच्छेत्सर्वपापप्रमोचनम् ॥ वाजपेयमवा
प्नोतिसोमलोकंचगच्छति १२ गंडकींतुसमासाद्यसर्वतीर्थजलोद्भवाम् ॥ वाजपेयमवाप्नोतिसूर्यलोकंचगच्छति १३ ततोविशल्यामासाद्यनदींत्रैलोक्यविश्रुताम् ॥
अग्निष्टोममवाप्नोतिस्वर्गलोकंचगच्छति १४ ततोऽधिवंगंधर्मज्ञसमाविश्यतपोवनम् ॥ गुह्यकेषुमहाराजमोदतेनात्रसंशयः १५ कंपनांतुसमासाद्यनदींसिद्धनि
षेविताम् ॥ पुंडरीकमवाप्नोतिस्वर्गलोकंचगच्छति १६ अथमाहेश्वरींधारांसमासाद्यधराधिप ॥ अश्वमेधमवाप्नोतिकुलंचैवसमुद्धरेत् १७ दिवौकसांपुष्करिणींस
मासाद्यनराधिप ॥ नदुर्गतिमवाप्नोतिवाजिमेधंचविंदति १८ अथसोमपदंगच्छेद्ब्रह्मचारीसमाहितः ॥ माहेश्वरपदेस्नात्वावाजिमेधफलंलभेत् १९ तत्रकोटीतु
तीर्थानांविश्रुताभरतर्षभ ॥ कूर्मरूपेणराजेंद्रह्यसुरेणदुरात्मना १२० ह्रियमाणाहृताराजन्विष्णुनाप्रभविष्णुना ॥ तत्राभिषेकंकुर्वीततीर्थकोट्यांयुधिष्ठिर
२१ पुंडरीकमवाप्नोतिविष्णुलोकंचगच्छति ॥ ततोगच्छेतराजेंद्रस्थानंनारायणस्यच २२ सदासंनिहितोयत्रविष्णुर्वसतिभारत ॥ यत्रब्रह्मादयोदेवाऋष
यश्चतपोधनाः २३ आदित्यावसवोरुद्राजनार्दनमुपासते ॥ शालग्रामइतिख्यातोविष्णुरद्भुतकर्मकः २४ अभिगम्यत्रिलोकेशंवरदंविष्णुमव्ययम् ॥ अश्वमे
धमवाप्नोतिविष्णुलोकंचगच्छति २५ तत्रोदपानंधर्मज्ञसर्वपापप्रमोचनम् ॥ समुद्रास्तत्रचत्वारःकूपेसंनिहिताःसदा २६ तत्रोपस्पृश्यराजेंद्रनदुर्गतिम
वाप्नुयात् ॥ अभिगम्यमहादेवंवरदंरुद्रमव्ययम् १२७

विराजतियथासोमोभवैर्मुक्तोनराधिप ॥ जातिस्मरमुपस्पृश्यशुचिःप्रयतमानसः १२८ जातिस्मरत्वमाप्नोतिस्नात्वातत्रनसंशयः ॥ माहेश्वरपुरंगत्वाअर्चयि
त्वावृषध्वजम् २९ ईप्सितांल्लभतेकामानुपवासान्नसंशयः ॥ ततस्तुवामनंगत्वासर्वपापप्रमोचनम् १३० अभिगम्यहरिंदेवंनदुर्गतिमवाप्नुयात् ॥ कुशिकस्या
श्रमंगच्छेत्सर्वपापप्रमोचनम् ३१ कौशिकींतत्रगच्छेतमहापापप्रणाशिनीम् ॥ राजसूयस्ययज्ञस्यफलंप्राप्नोतिमानवः ३२ ततोगच्छेतराजेंद्रचंपकारण्यमुत्त
मम् ॥ तत्रोष्यरजनीमेकांगोसहस्रफलंलभेत् ३३ अथजेष्ठिलमासाद्यतीर्थंपरमदुर्लभम् ॥ तत्रोष्यरजनीमेकांगोसहस्रफलंलभेत् ३४ तत्रविश्वेश्वरंदृष्ट्वादेव्या
सहमहाद्युतिम् ॥ मित्रावरुणयोर्लोकानाप्नोतिपुरुषर्षभ ३५ त्रिरात्रोपोषितस्तत्रअग्निष्टोमफलंलभेत् ॥ कन्यासंवेद्यमासाद्यनियतोनियताशनः ३६ मनोःप्र
जापतेर्लोकानाप्नोतिपुरुषर्षभ ॥ कन्यायांयेप्रयच्छंतिदानमण्वपिभारत ३७ तदक्षय्यमितिप्राहुर्ऋषयःसंशितव्रताः ॥ ततोनिर्वीरमासाद्यत्रिषुलोकेषुविश्रुतम्
३८ अश्वमेधमवाप्नोतिविष्णुलोकंचगच्छति ॥ येतुदानंप्रयच्छंतिनिर्वीरासंगमेनराः ३९ तेयांतिनरशार्दूलशक्रलोकमनामयम् ॥ तत्राश्रमोवसिष्ठस्यत्रिषुलोके
षुविश्रुतः १४० तत्राभिषेकंकुर्वाणोवाजपेयमवाप्नुयात् ॥ देवकूटंसमासाद्यब्रह्मर्षिगणसेवितम् ४१ अश्वमेधमवाप्नोतिकुलंचैवसमुद्धरेत् ॥ ततोगच्छेतराजेंद्रकौ
शिकस्यमुनेर्ह्रदम् ४२ यत्रसिद्धिंपरांप्राप्तोविश्वामित्रोऽथकौशिकः ॥ तत्रमासंवसेद्वीरकौशिक्यांभरतर्षभ ४३ अश्वमेधस्ययत्पुण्यंतन्मासेनाधिगच्छति ॥
सर्वतीर्थवरेचैवयोवसेतमहाह्रदे ४४ नदुर्गतिमवाप्नोतिविंद्याद्बहुसुवर्णकम् ॥ कुमारमभिगम्याथवीराश्रमनिवासिनम् ४५ अश्वमेधमवाप्नोतिनरोनास्त्यत्रसंश
यः ॥ अग्निधारांसमासाद्यत्रिषुलोकेषुविश्रुताम् ४६ तत्राभिषेकंकुर्वाणोह्यग्निष्टोममवाप्नुयात् ॥ अभिगम्यमहादेवंवरदंविष्णुमव्ययम् ४७ पितामहसरोगत्वाशै
लराजसमीपतः ॥ तत्राभिषेकंकुर्वाणोह्यग्निष्टोममवाप्नुयात् ४८ पितामहस्यसरसःप्रसुतालोकपावनी ॥ कुमारधारातत्रैवत्रिषुलोकेषुविश्रुता ४९ यत्रस्नात्वा
कृतार्थोऽस्मीत्यात्मानमवगच्छति ॥ षष्ठकालोपवासेनमुच्यतेब्रह्महत्यया १५० ततोगच्छेतधर्मज्ञतीर्थसेवनतत्परः ॥ शिखरंवैमहादेव्यागौर्यास्त्रैलोक्यविश्रु
तम् ५१ समारुह्यनरश्रेष्ठस्तनकुंडेषुसंविशेत् ॥ स्तनकुंडमुपस्पृश्यवाजपेयफलंलभेत् ५२ तत्राभिषेकंकुर्वाणःपितृदेवार्चनेरतः ॥ हयमेधमवाप्नोतिशक्र
लोकंचगच्छति ५३ ताम्रारुणंसमासाद्यब्रह्मचारीसमाहितः ॥ अश्वमेधमवाप्नोतिब्रह्मलोकंचगच्छति ५४ नंदिन्यांचसमासाद्यकूपंदेवनिषेवितम् ॥ नरमेध
स्ययत्पुण्यंतदाप्नोतिनराधिप ५५ कालिकासंगमेस्नात्वाकौशिक्यरुणयोर्गतः ॥ त्रिरात्रोपोषितोराजन्सर्वपापैःप्रमुच्यते ५६ उर्वशीतीर्थमासाद्यततःसोमा
श्रमंबुधः ॥ कुंभकर्णाश्रमंगत्वापूज्यतेभुविमानवः ५७ कोकामुखमुपस्पृश्यब्रह्मचारीयतव्रतः ॥ जातिस्मरत्वमाप्नोतिदृष्टमेतत्पुरातनैः १५८

प्राङ्नदींचसमाद्यकृतात्माभवतिद्विजः ॥ सर्वपापविशुद्धात्माशक्रलोकंचगच्छति ५९ ऋषभद्वीपमासाद्यमेध्यंक्रौंचनिषूदनम् ॥ सरस्वत्यामुपस्पृश्यविमानस्थो
विराजते ६० औद्दालकंमहाराजतीर्थंमुनिनिषेवितम् ॥ तत्राभिषेकंकृत्वावैसर्वपापैःप्रमुच्यते ६१ धर्मतीर्थंसमासाद्यपुण्यंब्रह्मर्षिसेवितम् ॥ वाजपेयमवाप्नोति
विमानस्थश्चपूज्यते ६२ अथचंपांसमासाद्यभागीरथ्यांकृतोदकः ॥ दंडार्तमभिगत्वातुगोसहस्रफलंलभेत् ६३ ॥ इतिश्रीमहाभारतेआरण्यकेपर्वणितीर्थ० पुल
स्त्यतीर्थयात्रायांचतुरशीतितमोऽध्यायः ॥ ८४ ॥ ॥ पुलस्त्यउवाच ॥ अथसंध्यांसमासाद्यसंवेद्यंतीर्थमुत्तमम् ॥ उपस्पृश्यनरोविद्यांलभतेनात्रसंशयः १
रामस्यचप्रभावेणतीर्थंराजन्कृतंपुरा ॥ तल्लौहित्यंसमासाद्यविंद्याद्बहुसुवर्णकम् २ करतोयांसमासाद्यत्रिरात्रोपोषितोनरः ॥ अश्वमेधमवाप्नोतिप्रजापतिकृतोविधिः
३ गंगायास्तत्रराजेंद्रसागरस्यचसंगमे ॥ अश्वमेधंदशगुणंप्रवदंतिमनीषिणः ४ गंगायास्त्वपरंपारंप्राप्ययःस्नातिमानवः ॥ त्रिरात्रमुषितोराजन्सर्वपापैःप्रमुच्यते
५ ततोवैतरणींगच्छेत्सर्वपापप्रमोचनीम् ॥ विरजंतीर्थमासाद्यविराजतियथाशशी ६ प्रतरेच्चकुलंपुण्यंसर्वपापंव्यपोहति ॥ गोसहस्रफलंलब्ध्वापुनातिस्वकुलंनरः
७ शोणस्यज्योतिरथ्यायाःसंगमेनियतःशुचिः ॥ तर्पयित्वापितॄन्देवानग्निष्टोमफलंलभेत् ८ शोणस्यनर्मदायाश्चप्रभेदेकुरुनंदन ॥ वंशगुल्मउपस्पृश्यवाजि
मेधफलंलभेत् ९ ऋषभंतीर्थमासाद्यकोशलायांनराधिप ॥ वाजपेयमवाप्नोतित्रिरात्रोपोषितोनरः १० गोसहस्रफलंविंद्यात्कुलंचैवसमुद्धरेत् ॥ कोशलांतुसमा
साद्यकालतीर्थमुपस्पृशेत् ११ वृषभैकादशफलंलभतेनात्रसंशयः ॥ पुष्पवत्यामुपस्पृश्यत्रिरात्रोपोषितोनरः १२ गोसहस्रफलंलब्ध्वापुनातिस्वकुलंनृप ॥ ततो
बदरिकातीर्थेस्नात्वाभरतसत्तम १३ दीर्घमायुरवाप्नोतिस्वर्गलोकंचगच्छति ॥ तथाचंपांसमासाद्यभागीरथ्यांकृतोदकः १४ दंडाख्यमभिगम्यैवगोसहस्रफलंलभेत् ॥
लपेटिकांततोगच्छेत्पुण्यांपुण्योपशोभिताम् १५ वाजपेयमवाप्नोतिदेवैःसर्वैश्चपूज्यते ॥ ततोमहेंद्रमासाद्यजामदग्न्यनिषेवितम् १६ रामतीर्थेनरःस्नात्वाअश्वमेध
फलंलभेत् ॥ मतंगस्यतुकेदारस्तत्रैवकुरुनंदन १७ तत्रस्नात्वाकुरुश्रेष्ठगोसहस्रफलंलभेत् ॥ श्रीपर्वतंसमासाद्यनदीतीरमुपस्पृशेत् १८ अश्वमेधमवाप्नोतिपू
जयित्वावृषध्वजम् ॥ श्रीपर्वतेमहादेवोदेव्यासहमहाद्युतिः १९ न्यवसत्परमप्रीतोब्रह्माचत्रिदशैःसह ॥ तत्रदेवह्रदेस्नात्वाशुचिःप्रयतमानसः २० अश्वमेधमवाप्नो
तिपरांसिद्धिंचगच्छति ॥ ऋषभंपर्वतंगत्वापांड्येदेवतपूजितम् ॥ वाजपेयमवाप्नोतिनाकपृष्ठेचमोदते २१ ततोगच्छेतकावेरींवृतामप्सरसांगणैः ॥ तत्रस्ना
त्वानरोराजन्गोसहस्रफलंलभेत् २२

२३ । २४ । २५ । २६ । २७ । २८ निदर्शनमुदाहरणं २९ तदेवाह गायत्रीमिति । योयोनिसंकरजःसचेत्तत्रगायत्रींपठति तस्यसम्यक्पठतोऽपि तीर्थमाहात्म्यात्सागायत्रीगाथास्वरनियमहीनागद्यवन्मुखा

ततस्तीरेसमुद्रस्यकन्यातीर्थमुपस्पृशेत् ॥ तत्तोयंस्पृश्यराजेंद्रसर्वपापैःप्रमुच्यते २३ अथगोकर्णमासाद्यत्रिषुलोकेषुविश्रुतम् ॥ समुद्रमध्येराजेंद्रसर्वलोकनमस्कृतम् २४ यत्रब्रह्मादयोदेवाऋषयश्चतपोधनाः ॥ भूतयक्षपिशाचाश्चकिन्नराःसमहोरगाः २५ सिद्धचारणगंधर्वमानुषाःपन्नगास्तथा ॥ सरितःसागराःशैलाउपासंत उमापतिम् २६ तत्रेशानंसमभ्यर्च्यत्रिरात्रोपोषितोनरः ॥ अश्वमेधमवाप्नोतिगाणपत्यंचविंदति २७ उष्यद्वादशरात्रंतुपूतात्माचभवेन्नरः ॥ ततएवचगायत्र्याःस्थानंत्रैलोक्यपूजितम् २८ त्रिरात्रमुषितस्तत्रगोसहस्रफलंलभेत् ॥ निदर्शनंचप्रत्यक्षंब्राह्मणानांनराधिप २९ गायत्रींपठतेयस्तुयोनिसंकरजस्तथा ॥ गाथाचगाथिकाचापितस्यसंपद्यतेनृप ३० अब्राह्मणस्यसावित्रींपठतस्तुप्रणश्यति ॥ संवर्त्तस्यतुविप्रर्षेर्वापीमासाद्यदुर्लभाम् ३१ रूपस्यभागीभवतिसुभगश्चप्रजायते ॥ ततोवेणांसमासाद्यत्रिरात्रोपोषितोनरः ३२ मयूरहंससंयुक्तंविमानंलभतेनरः ॥ ततोगोदावरींप्राप्यनित्यंसिद्धनिषेविताम् ३३ गवांमेधमवाप्नोतिवासुकेर्लोकमुत्तमम् ॥ वेणायाःसंगमेस्नात्वावाजिमेधफलंलभेत् ३४ वरदासंगमेस्नात्वागोसहस्रफलंलभेत् ॥ ब्रह्मस्थानंसमासाद्यत्रिरात्रोपोषितोनरः ३५ गोसहस्रफलंविंद्यात्स्वर्गलोकंचगच्छति ॥ कुशप्लवनमासाद्यब्रह्मचारीसमाहितः ३६ त्रिरात्रमुषितःस्नात्वाअश्वमेधफलंलभेत् ॥ ततोदेवह्रदेऽरण्येकृष्णवेणाजलोद्भवे ३७ जातिस्मरह्रदेस्नात्वाभवेज्जातिस्मरोनरः ॥ यत्रक्रतुशतैरिष्ट्वादेवराजोदिवंगतः ३८ अग्निष्टोमफलंविंद्याद्गमनादेवभारत ॥ ततःसर्वह्रदेस्नात्वागोसहस्रफलंलभेत् ३९ ततोवापींमहापुण्यांपयोष्णींसरितांवराम् ॥ पितृदेवार्चनरतोगोसहस्रफलंलभेत् ४० दंडकारण्यमासाद्यपुण्यंराजन्नुपस्पृशेत् ॥ गोसहस्रफलंतस्यस्नातमात्रस्यभारत ४१ शरभंगाश्रमंगत्वाशुकस्यचमहात्मनः ॥ नदुर्गतिमवाप्नोतिपुनातिचकुलंनरः ४२ ततःशूर्पारकंगच्छेज्जामदग्न्यनिषेवितम् ॥ रामतीर्थेनरःस्नात्वाविंद्याद्बहुसुवर्णकम् ४३ सप्तगोदावरेस्नात्वानियतोनियताशनः ॥ महत्पुण्यमवाप्नोतिदेवलोकंचगच्छति ४४ ततोदेवपथंगत्वानियतोनियताशनः ॥ देवसत्रस्ययत्पुण्यंतदेवाप्नोतिमानवः ४५ तुंगकारण्यमासाद्यब्रह्मचारीजितेंद्रियः ॥ वेदानध्यापयत्तत्रऋषिःसारस्वतःपुरा ४६ तत्रवेदेषुनष्टेषुमुनेरंगिरसःसुतः ॥ ऋषीणामुत्तरीयेषुसूपविष्टोयथासुखम् ४७ ओंकारेणयथान्यायंसम्यगुच्चारितेनह ॥ येनयत्पूर्वमभ्यस्तंतत्सर्वंसमुपस्थितम् ४८ ऋषयस्तत्रदेवाश्चवरुणोग्निःप्रजापतिः ॥ हरिर्नारायणस्तत्रमहादेवस्तथैवच ४९ पितामहश्चभगवान्देवैःसहमहाद्युतिः ॥ भृगुंनियोजयामासयाजनार्थेमहाद्युतिम् ५० ततःसचक्रेभगवानृषीणांविधिवत्तदा ॥ सर्वेषांपुनराधानंविधिदृष्टेनकर्मणा ५१

न्निःसरति गाथिकाग्राम्यगीतवत् स्वरवर्णविकृतागीतिकेतिपाठेऽपिसएवार्थः ३० अब्राह्मणस्यतुप्राक्सिद्धाऽपि तत्रनस्फुरतीतिभावः ३१ । ३२ । ३३ । ३४ । ३५ । ३६ । ३७ । ३८ ३९ । ४० ४१ । ४२ । ४३ । ४४ । ४५ । ४६ । ४७ । ४८ । ४९ । ५० । ५१

५२ । ५३ । ५४ । ५५ । ५६ । ५७ । ५८ । ५९ । ६० । ६१ । ६२ । ६३ । ६४ । ६५ । ६६ । ६७ । ६८ । ६९ । ७० । ७१ चक्रचराः सूर्योदयः ७२ । ७३ । ७४ । गंगायमुनयोरिति

आज्यभागेनतत्राग्निंतर्पयित्वायथाविधि ॥ देवाःस्वभवनंयाताऋषयश्चयथाक्रमम् ५२ तदरण्यंप्रविष्टस्यतुंगकंराजसत्तम ॥ पापप्रणश्यत्यखिलंस्त्रियोवापुरुषस्यवा ५३
तत्रमासंवसेद्धीरोनियतोनियताशनः ॥ ब्रह्मलोकंव्रजेद्राजन्कुलंचैवसमुद्धरेत् ५४ मेधाविकंसमासाद्यपितॄन्देवांश्चतर्पयेत् ॥ अग्निष्टोममवाप्नोतिस्मृतिंमेधांचविंदति
५५ अत्रकालंजरंनामपर्वतंलोकविश्रुतम् ॥ तत्रदेवह्रदेस्नात्वागोसहस्रफलंलभेत् ५६ योस्नातःस्नापयेत्तत्रगिरौकालंजरेनृप ॥ स्वर्गलोकेमहीयेतनरोनास्त्यत्रसंशयः
५७ ततोगिरिवरश्रेष्ठेचित्रकूटेविशांपते ॥ मंदाकिनींसमासाद्यसर्वपापप्रणाशिनीम् ५८ तत्राभिषेकंकुर्वाणःपितृदेवार्चनेरतः ॥ अश्वमेधमवाप्नोतिगतिंचपरमांव्रजेत्
५९ ततोगच्छेतधर्मज्ञभर्तृस्थानमनुत्तमम् ॥ यत्रनित्यंमहासेनोगुहःसन्निहितोनृप ६० तत्रगत्वानृपश्रेष्ठगमनादेवसिध्यति ॥ कोटितीर्थेनरःस्नात्वागोसहस्रफलंल
भेत् ६१ प्रदक्षिणमुपावृत्यज्ये .नंव्रजेन्नरः ॥ अभिगम्यमहादेवंविराजतियथाशशी ६२ तत्रकूपेमहाराजविश्रुताभरतर्षभ ॥ समुद्रास्तत्रचत्वारोनिवसंतियुधिष्ठिर
६३ तत्रोपस्पृश्यराजेंद्रपितृदेवार्चनेरतः ॥ नियतात्मानरःपूतोगच्छेतपरमांगतिम् ६४ ततोगच्छेतराजेंद्रशृंगवेरपुरंमहत् ॥ यत्रतीर्णोमहाराजरामोदाशरथिःपुरा ६५
तस्मिंस्तीर्थेमहाबाहोस्नात्वापापैःप्रमुच्यते ॥ गंगायांतुनरःस्नात्वाब्रह्मचारीसमाहितः ६६ विधूतपाप्माभवतिवाजपेयंचविंदति ॥ ततोमुंजवटंगच्छेत्स्थानंदेवस्य
धीमतः ६७ अभिगम्यमहादेवमभिवाद्यचभारत ॥ प्रदक्षिणमुपावृत्यगाणपत्यमवाप्नुयात् ६८ तस्मिंस्तीर्थेतुजाह्नव्यांस्नात्वापापैःप्रमुच्यते ॥ ततोगच्छेतराजेंद्र
प्रयागमृषिसंस्तुतम् ६९ यत्रब्रह्मादयोदेवादिशश्चसदिगीश्वराः ॥ लोकपालाश्चसाध्याश्चपितरोलोकसम्मताः ७० सनत्कुमारप्रमुखास्तथैवपरमर्षयः ॥ अंगिरःप्रमु
खाश्चैवतथाब्रह्मर्षयोऽमलाः ७१ तथानागाःसुपर्णाश्चसिद्धाश्चक्रचरास्तथा ॥ सरितःसागराश्चैवगंधर्वाप्सरसोऽपिच ७२ हरिश्चभगवानास्तेप्रजापतिपुरस्कृतः ॥
तत्रत्रीण्यग्निकुंडानियेषांमध्येनजाह्नवी ७३ वेगेनसमतिक्रांतासर्वतीर्थपुरस्कृता ॥ तपनस्यसुतादेवीत्रिषुलोकेषुविश्रुता ७४ यमुनागंगयासार्द्धंसंगतालोकपावनी ॥
गंगायमुनयोर्मध्यंपृथिव्याजघनंस्मृतम् ७५ प्रयागंजघनस्थानमुपस्थमृषयोविदुः ॥ प्रयागंसप्रतिष्ठानंकंबलाश्वतरौतथा ७६ तीर्थंभोगवतीचैववेदिरेषाप्रजापतेः ॥
तत्रवेदाश्चयज्ञाश्चमूर्तिमन्तोयुधिष्ठिर ७७ प्रजापतिमुपासंतेऋषयश्चतपोधनाः ॥ यजंतेक्रतुभिर्देवास्तथाचक्रधरानृपाः ७८ ततःपुण्यतमंनामत्रिषुलोकेषुभारत ॥ प्र
यागंसर्वतीर्थेभ्यःप्रवदंत्यधिकंविभो ७९

स्त्रीरूपायाःपृथिव्यामेरुपृष्ठशीर्षायाः । हरिद्वारादारभ्य जघनंनाभेरधोभागः ७५ जघनस्यस्थानमवस्थानंसमाप्तिरंतइतियावत् तदेवोपस्थं । तथाच पृथिव्याअपत्यभूतानितीर्थानितत्फलभूताःस्वर्गाश्च तानिसर्वा
णिप्रयागादुत्पन्नानि.तिप्रयागस्यतीर्थराजत्वमुक्तम् ७६ । ७७ । ७८ । ७९

८० । ८१ । ८२ नवेदवचनादिति । लोकवेदविरुद्धस्य हठमरणस्यापवादोऽयं अहिंसाविधेरिवपश्वालंभविधिरितिप्राञ्चः वस्तुतस्तु वाराणसीमरणवद्यादृच्छिकमरणविषयएवायंग्रंथोनहठमरणप्रतिपादकः 'सितासितेसरितेयत्रसंगथेतत्राप्लुतासोदिवमुत्पतंति ॥ येवैतन्वंविसृजंतिधीरास्तेजनासोअमृतत्वंभजंते' 'ब्रह्मज्ञानेनमुच्यंतेप्रयागमरणेनच' इत्यादिश्रुतयःस्मृतयश्चतादृशाएव हठमरणे 'जलेवाऽपिस्थलेवाऽपि शस्त्रेणोद्बद्ध्यवापुनः ॥ नरकंतेप्रयांत्याशुआत्मानंघातयंतिये'इतिदोषस्मरणात् नचास्यैवापवादःप्रयागमरणविधिरितिवाच्यं तस्यहठमरणपरत्वासिद्धेः सिद्धौवाअचिकित्स्यरोगादिदोषवतांभृगुपतनादिनाऽपि मरणेप्राप्तेऽपिप्रयागमरणनियमविधिरयंभविष्यति नचकाम्योऽयंमरणविधिर्नित्यस्यमरणनिषेधविधेर्बाधकः काम्यत्वाच्चनायमुल्लंघनेप्रत्यवायावहइतिवाच्यं उक्तेर्थेबाधकाभावेऽपिवाक्यस्यहठमरणपरत्वमपूर्वविध्यर्थत्वंचकल्पयतोगौरवापत्तेः अभ्युपगमेवा ब्राह्मणव्यतिरिक्तविषयएवायंविधिः भृग्वादिपतनेनमरणमन्यत्रब्राह्मणादिति स्मृतेः । युक्तंतुशुद्धशबलब्रह्मज्ञानयोरिव काशीप्रयागमरणयोःसद्योमुक्तिक्रममुक्तिपरत्वं।

गमनात्तस्यतीर्थस्यनामसंकीर्त्तनादपि ॥ मृत्युकालभयाच्चापिनरःपापात्प्रमुच्यते ८० तत्राभिषेकंयःकुर्यात्संगमेलोकविश्रुते ॥ पुण्यंसफलमाप्नोतिराजसूयाश्वमेधयोः ८१ एषायजनभूमिर्हिदेवानामभिसंस्कृता ॥ तत्रदत्तंसूक्ष्ममपिमहद्भवतिभारत ८२ नवेदवचनात्ताततनलोकवचनादपि ॥ मतिरुत्क्रमणीयातेप्रयागमरणंप्रति ८३ दशतीर्थसहस्राणिषष्टिःकोटयस्तथाऽपराः ॥ येषांसान्निध्यमत्रैवकीर्तितंकुरुनंदन ८४ चतुर्विधेचयत्पुण्यंसत्यवादिषुचैवयत् ॥ स्नातएवतदाऽऽप्नोतिगंगायमुनसंगमे ८५ तत्रभोगवतीनामवासुकेस्तीर्थमुत्तमम् ॥ तत्राभिषेकंयःकुर्यात्सोऽश्वमेधफलंलभेत् ८६ तत्रहंसप्रपतनंतीर्थंत्रैलोक्यविश्रुतम् ॥ दशाश्वमेधिकंचैवगंगायांकुरुनंदन ८७ कुरुक्षेत्रसमागंगायत्रतत्रावगाहिता ॥ विशेषेवैकनखलेप्रयागेपरमंमहत् ८८ यद्यकार्यशतंकृत्वाकृतंगंगावसेचनम् ॥ सर्वंतत्तस्यगंगापोदहत्यग्निरिवेन्धनम् ८९ सर्वंकृतयुगेपुण्यंत्रेतायांपुष्करंस्मृतम् ॥ द्वापरेऽपिकुरुक्षेत्रंगंगाकलियुगेस्मृता ९० पुष्करेतुतपस्तप्येद्दानंदद्यान्महालये ॥ मलयेत्वग्निमारोहेद्भृगुतुंगेत्वनाशनम् ९१ पुष्करेतुकुरुक्षेत्रेगंगायांमगधेषुच ॥ स्नात्वातारयतेजंतुःसप्तसप्तवरांस्तथा ९२ पुनातिकीर्तितापापंदृष्टाभद्रंप्रयच्छति ॥ अवगाढाचपीताचपुनात्यासप्तमंकुलम् ९३ यावदस्थिमनुष्यस्यगंगायाःस्पृशतेजलम् ॥ तावत्सपुरुषोराजन्स्वर्गलोकेमहीयते ९४ यथापुण्यानितीर्थानिपुण्यान्यायतनानिच ॥ उपास्यपुण्यंलब्ध्वाचभवत्यमरलोकभाक् ९५ नगंगासदृशंतीर्थंनदेवःकेशवात्परः ॥ ब्राह्मणेभ्यःपरंनास्तिएवमाहपितामहः ९६ यत्रगंगामहाराजसदेशस्तत्तपोवनम् ॥ सिद्धिक्षेत्रंचतज्ज्ञेयंगंगातीरसमाश्रितम् ९७ इदंसत्यंद्विजातीनांसाधूनामात्मजस्यज ॥ सुहृदांचजपेत्कर्णेशिष्यस्यानुगतस्यच ९८

तथाहि तीर्थमाहात्म्योपसंहारे । 'यत्रगंगामहाराजसदेशस्तत्तपोवनं ॥ सिद्धिक्षेत्रंचविज्ञेयंगंगातीरसमाश्रितम्' इतिगंगायास्तदाश्रितस्यसिद्धिक्षेत्रस्यच विज्ञेयत्वोक्त्या तयोरेवमहत्तरत्वंदर्शितं तत्रयमुनयामंगतायाएवगंगायाअत्रग्रहणं प्रयागप्रशंसाधिकारात् प्रतिष्ठानेप्रतिष्ठितातीर्थयात्रेत्युपसंहाराच्च प्रतिष्ठानेप्रयागेसिद्धिक्षेत्रपदेनवाराणस्येवसिद्धिशब्दस्यनिरुपपदस्यमुक्तिवाचित्वात्काश्याश्चमुक्तिक्षेत्रत्वप्रसिद्धेः तदेवमध्यायचतुष्टयेऽपिभंग्यंतरेणसाक्षाद्वाकाशीकीर्त्तनादुक्तविधोपसंहाराच्चपुष्करगंगाप्रयागादीनांसेवनंकाशीप्राप्तिकरमिति । 'अन्यानितुपवित्राणिकाशीप्राप्तिकराणिहि ॥ काशींप्राप्यविमुच्यंतेनान्यथाकल्पकोटिभिः' इत्यादिपूर्वोदाहृतपुराणांतरसंवादेनसिद्धम् ८३ । ८४ चतुर्विधेचतस्रोविद्याः वेदत्रयमात्मविद्याचेतिविद्यंतेऽस्मिन्सचतुर्विधस्तस्मिन् ८५ । ८६ । ८७ । ८८ । ८९ । ९० । ९१ । ९२ । ९३ । ९४ । ९५ । ९६ । ९७ । ९८

९९ । १०० । १०१ । २ । ३ अगमानिअगम्यानि ४ समीक्षयादर्शनेच्छया ५ । ६ भावितैःशुद्धैःकरणैरिंद्रियैः ७ अकृतात्माअवशीकृतचित्तः ८ । ९ । ११० । ११ । १२ । १३ प्रतिष्ठानेप्रयागे प्रति
ष्ठितासमाप्ता १४ अश्वमेधेति । अग्र्यंफलंक्रममुक्तिस्थानं 'उषावाअश्वस्यशिरः'इत्यादिश्रुतेः सोपानस्याश्वमेधस्यतत्प्रापकत्वावगमात् सामान्यफलंत्वैंद्रपदप्राप्तिरितिप्रसिद्धम् १५ अष्टगुणमणिमाद्यष्टगुण

इदंधन्यमिदंमेध्यमिदंस्वर्ग्यमनुत्तमम् ॥ इदंपुण्यमिदंरम्यंपावनंधर्म्यमुत्तमम् ९९ महर्षीणामिदंगुह्यंसर्वपापप्रमोचनम् ॥ अधीत्यद्विजमध्येचनिर्मलःस्वर्गमाप्नुयात्
१०० श्रीमत्स्वर्ग्यंतथापुण्यंसपत्नशमनंशिवम् ॥ मेधाजननमग्र्यंवैतीर्थवंशानुकीर्तनम् १ अपुत्रोलभतेपुत्रमधनोधनमाप्नुयात् ॥ महींविजयतेराजावैश्योधनम
वाप्नुयात् २ शूद्रोयथेप्सितान्कामान्ब्राह्मणःपारगःपठन् ॥ यश्चेदंशृणुयान्नित्यंतीर्थपुण्यंनरःशुचिः ३ जातीःसस्मरतेबह्वीर्नाकपृष्ठेचमोदते ॥ गम्यान्यपिचती
र्थानिकीर्तितान्यगमानिच ४ मनसातानिगच्छेतसर्वतीर्थसमीक्षया ॥ एतानिवसुभिःसाध्यैरादित्यैर्मरुदश्विभिः ५ ऋषिभिर्देवकल्पैश्चस्नातानिसुकृतैषिभिः ॥
एवंत्वमपिकौरव्यविधिनाऽनेनसुव्रत ६ व्रजतीर्थानिनियतःपुण्यंपुण्येनवर्धयन् ॥ भावितैःकरणैःपूर्वमास्तिक्याच्छ्रुतिदर्शनात् ७ प्राप्यंतेतानितीर्थानिसद्भिःशास्त्रा
नुदर्शिभिः ॥ नाव्रतीनाकृतात्माचनाशुचिर्नचतस्करः ८ स्नातितीर्थेषुकौरव्यनचवक्रमतिर्नरः ॥ त्वयातुसम्यग्वृत्तेननित्यंधर्मार्थदर्शिना ९ पितापितामहश्चैव
सर्वेचप्रपितामहाः ॥ पितामहपुरोगाश्चदेवाःसर्षिगणान्नृप १० तवधर्मेणधर्मज्ञनित्यमेवाभितोषिताः ॥ अवाप्स्यसित्वंलोकान्वैवसूनांवासवोपम ॥ कीर्तिंचमहतीं
भीष्मप्राप्स्यसेभुविशाश्वतीम् ११ ॥ नारदउवाच ॥ एवमुक्त्वाऽभ्यनुज्ञायपुलस्त्योभगवानृषिः ॥ प्रीतःप्रीतेनमनसातत्रैवांतरधीयत १२ भीष्मश्चकुरुशार्दूलशास्त्र
तत्त्वार्थदर्शिवान् ॥ पुलस्त्यवचनाच्चैवपृथिवींपरिचक्रमे १३ एवमेषामहाभागाप्रतिष्ठानेप्रतिष्ठिता ॥ तीर्थयात्रामहापुण्यासर्वपापप्रमोचनी १४ अनेनविधिनाय
स्तुपृथिवींसंचरिष्यति ॥ अश्वमेधशतंसाग्र्यंफलंप्रेत्यसभोक्ष्यति १५ ततश्चाष्टगुणंपार्थप्राप्स्यसेधर्ममुत्तमम् ॥ भीष्मःकुरूणांप्रवरोयथापूर्वमवाप्तवान् १६ नेताच
त्वमृषीन्यस्मात्तेनतेऽष्टगुणंफलम् ॥ रक्षोगणविकीर्णानितीर्थान्येतानिभारत ॥ नगतिर्विद्यतेऽन्यस्यत्वामृतेकुरुनंदन १७ इदंदेवर्षिचरितंसर्वतीर्थाभिसंवृतम् ॥
॥ यःपठेत्कल्यमुत्थायसर्वपापैःप्रमुच्यते १८ ऋषिमुख्याःसदायत्रवाल्मीकिस्त्वथकश्यपः ॥ आत्रेयःकुंडजठरोविश्वामित्रोऽथगौतमः १९ असितोदेवलश्चैव
मार्कंडेयोथगालवः ॥ भरद्वाजोवसिष्ठश्चमुनिरुद्दालकस्तथा २० शौनकःसहपुत्रेणव्यासश्चतपतांवरः ॥ दुर्वासाश्चमुनिश्रेष्ठोजाबालिश्चमहातपाः २१ एतेऋषिवराः
सर्वेत्वत्प्रतीक्षास्तपोधनाः ॥ एभिःसहमहाराजतीर्थान्येतान्यनुव्रज २२ एषतेलोमशोनाममहर्षिरमितद्युतिः ॥ समेष्यतिमहाराजतेनसार्धमनुव्रज २३ मयापिस
हधर्मज्ञतीर्थान्येतान्यनुक्रमात् ॥ प्राप्स्यसेमहतींकीर्तिंयथाराजामहाभिषः १२४

७ युक्तं धर्मधर्मफलम् १६ हेतुमाह नेताचेति । गणफलेनतुल्यफलत्वान्नेतुरनंतंफलमित्यर्थः १७ । १८ । १९ । १२० । २१ । २२ । २३ । महाभिषःशांतनुरूपेणावतीर्णः १२४

२५ रश्मिवान्सूर्यः २६ । २७ । २८ । २९ । ३० । ३१ । ३२ ॥ इत्यारण्यकेपर्वणिनैलकंठीयेभारतभावदीपेपंचाशीतितमोऽध्यायः ॥ ८५ ॥ भ्रातॄणामिति १ अमितात्माअमितधैर्यः । 'आत्माबुद्धौ धृतौदेहे' इतिकोशात् २ । ३ । ४ त्रियुगौ धर्मस्यभार्यायांमूर्तिसंज्ञायांकृतयुगेऽवतीर्णौ नरनारायणौ तावेवद्वापरांतेऽपिकेशवार्जुनावितिपुराणपुरुषावेतौ नास्मदादिवन्मानुषावितिभावः । पुंडरीकाक्षो साक्षाद्विष्णू । यद्वा त्रीणियुगानि युगलानिषडैश्वर्याणि भगसंज्ञानिवा षडंगानिवा ययोस्तौत्रियुगौ तानिचपुराणांतरेस्मर्यंते । 'ऐश्वर्यस्यसमग्रस्यज्ञानस्ययशसःश्रियः ॥ वैराग्यस्यचधर्मस्यषण्णांभग इतींगना' इंगनासंज्ञा । 'सर्वज्ञतातृप्तिरनादिबोधःस्वतंत्रतानित्यमलुप्तशक्तिः ॥ अनंतशक्तिश्चविभोर्विभुज्ञाः षडाहुरंगानि महेश्वरस्य'इति । अन्येतुज्ञानैश्वर्ये वीर्यबले तेजःपराक्रमौ चेतित्रीणियुगलानीत्याहुः

यथाययातिर्धर्मात्मायथाराजापुरूरवाः ॥ तथात्वंराजशार्दूलस्वेनधर्मेणशोभसे २५ यथाभगीरथोराजायथारामश्चविश्रुतः ॥ तथात्वंसर्वराजभ्योभ्राजसेरश्मिवानिव २६ यथामनुर्यथेक्ष्वाकुर्यथापूरुर्महायशाः ॥ यथावैन्योमहाराजतथात्वमपिविश्रुतः २७ यथाचवृत्रहासर्वान्सपत्नान्निर्दहन्पुरा ॥ त्रैलोक्यंपालयामासदेवराड्विगत ज्वरः २८ तथाशत्रुक्षयंकृत्वात्वंप्रजाःपालयिष्यसि ॥ स्वधर्मविजितामुर्वींप्राप्यराजीवलोचन २९ ख्यातिंयास्यसिधर्मेणकार्तवीर्यार्जुनोयथा ३० ॥ वैशंपायनउवाच ॥ ॥ एवमाश्वास्यराजानंनारदोभगवानृषिः ॥ अनुज्ञाप्यमहाराजतत्रैवांतरधीयत ३१ युधिष्ठिरोऽपिधर्मात्मातमेवार्थंविचिन्तयन् ॥ तीर्थयात्राश्रितंपुण्यमृषीणांप्र त्यवेदयत् ३२ ॥ इतिश्रीमहाभारतेआरण्यकेपर्वणितीर्थयात्रापर्वणिपुलस्त्यतीर्थयात्रायांनारदवाक्येपंचाशीतितमोऽध्यायः ॥ ८५ ॥ ॥ वैशंपायनउवाच ॥ भ्रातॄणांमतमाज्ञायनारदस्यचधीमतः ॥ पितामहसमंधौम्यंप्राहराजायुधिष्ठिरः १ मयासपुरुषव्याघ्रोजिष्णुःसत्यपराक्रमः ॥ अस्त्रहेतोर्महाबाहुरमितात्माविवा सितः २ सहिवीरोऽनुरक्तश्चसमर्थश्चतपोधनः ॥ कृतीचभृशमप्यस्त्रेवासुदेवइवप्रभुः ३ अहंह्येतावुभौब्रह्मन्कृष्णावरिविघातिनौ ॥ अभिजानामिविक्रांतौतथाव्यासः प्रतापवान् ४ त्रियुगौपुंडरीकाक्षौवासुदेवधनंजयौ ॥ नारदोपितथावेदयोऽप्यशंसत्सदामम ५ तथाऽहमपिजानामिनरनारायणावृषी ॥ शक्तोऽयमित्यतोमत्वामया संप्रेषितोऽर्जुनः ६ इंद्रादनवरःशक्तःसुरसूनुःसुराधिपम् ॥ द्रष्टुमस्त्राणिचादातुमिंद्रादितिविवासितः ७ भीष्मद्रोणावतिरथौकृपोद्रौणिश्चदुर्जयः ॥ धृतराष्ट्रस्यपुत्रेण वृतायुधिमहारथाः ८ सर्वेवेदविदःशूराःसर्वास्त्रविदुषस्तथा ॥ योद्धुकामाश्चपार्थेनसततंयेमहाबलाः ॥ सचदिव्यास्त्रवित्कर्णःसूतपुत्रोमहारथः ९ योऽस्त्रवेगानि लबलःशरार्चिस्तलनिःस्वनः ॥ रजोधूमोऽस्त्रसंपातोधार्त्तराष्ट्रानिलोद्धतः १० निसृष्टइवकालेनयुगांतेज्वलनोमहान् ॥ ममसैन्यमयंकक्षंप्रधक्ष्यतिनसंशयः ११ तंसकृष्णानिलोद्धूतोदिव्यास्त्रज्वलनोमहान् ॥ श्वेतवाजिबलाकाभृद्गांडीवेंद्रायुधोल्बणः १२ संरब्धःशरधाराभिःसुदीप्तंकर्णपावकम् ॥ अर्जुनोदीरितोमेघःशम यिष्यतिसंयुगे १३

तत्रज्ञानमनपरोधंत्रैकालिकार्थस्फुरणम् । ऐश्वर्यमिच्छानभिघातः । बलमुपक्रांतनिर्वाहः । वीर्यकाममंत्रशक्तिः । तेजःपराभिघातः । पराक्रमोयथाकालमुत्थानमितितल्लक्षयाचक्षतेच तन्निर्मूलं पुनरुक्ति दोषादयुक्तंच ५ । ६ अनवरोऽन्यूनः ७ । ८ अस्त्रविदुषोऽस्त्रविद्वांसः ९ रजइति । रजःकार्यक्रोधःसएवधूमोयस्य धार्त्तराष्ट्रैरनिलैरिवउद्धतउद्दीपितः १० कक्षंतृणवनम् ११ उल्बणोदुःसहः १२ अर्जुनो दीरितोऽर्जुननामा १३

१४ अलं जेतुंपर्याप्तः तुशब्दःपक्षांतरे प्रतिक्रियाजयोपायः अर्जुनंविनाऽरयोदुर्जयाइत्यर्थः १५ द्रष्टारोद्रक्ष्यामः १६ अवधानंस्वास्थ्ययम् १७ । १८ । १९ २० । २१ ॥ ॥ इत्यारण्यकेपर्वणि

ससाक्षादेवसर्वाणिशक्रात्परपुरंजयः ॥ दिव्यान्यस्त्राणिबीभत्सुस्ततश्चप्रतिपत्स्यते १४ अलंसतेषांसर्वेषामितिमेधीयतेमतिः ॥ नास्तित्वानिकृतार्थानांरणेऽरीणां
प्रतिक्रिया १५ तेवयंपांडवंसर्वेगृहीतास्त्रमरिंदमम् ॥ द्रष्टारोनहिबीभत्सुर्भारमुद्यम्यसीदति १६ वयंतुतमृतेवीरंवनेऽस्मिन्द्विपदांवर ॥ अवधानंनगच्छामः
काम्यकेसहकृष्णया १७ भवानन्यद्वनंसाधुबह्वन्नंफलवच्छुचि ॥ आख्यातुरमणीयंचसेवितंपुण्यकर्मभिः १८ यत्रकंचिद्वयंकालंवसन्तःसत्यविक्रमम् ॥ प्रती
क्षामोऽर्जुनंवीरंवृष्टिकामाइवांबुदम् १९ विविधानाश्रमान्कांश्चिद्द्विजातिभ्यःप्रतिश्रुतान् ॥ सरांसिसरितश्चैवरमणीयांश्चपर्वतान् २० आचक्ष्वनहिमेब्रह्मन्रोचते
तमृतेऽर्जुनम् ॥ वनेऽस्मिन्काम्यकेमासोगच्छामोऽन्यांदिशंप्रति २१ ॥ ॥ इतिश्रीमहाभारतेआरण्यकेपर्वणितीर्थयात्रापर्वणिधौम्यतीर्थयात्रायांषडशीतितमो
ऽध्यायः ॥ ८६ ॥ ॥ वैशंपायनउवाच ॥ तान्सर्वानुत्सुकान्दृष्ट्वापांडवान्दीनचेतसः ॥ आश्वासयंस्तथाधौम्योबृहस्पतिसमोऽब्रवीत् १ ब्राह्मणानुमतान्पुण्याना
श्रमान्भरतर्षभ ॥ दिशस्तीर्थानिशैलांश्चशृणुमेवदतोऽनघ २ यान्श्रुत्वागदतोराजन्विशोकोभविताऽसिह ॥ द्रौपद्याचानयासार्धंभ्रातृभिश्चनरेश्वर ३ श्रवणाच्चै
वतेषांत्वंपुण्यमाप्स्यसिपांडव ॥ गत्वाशतगुणंचैवतेभ्यएवनरोत्तम ४ पूर्वंप्राचींदिशंराजन्राजर्षिगणसेविताम् ॥ रम्यांतेकथयिष्यामियुधिष्ठिरयथास्मृति ५ तस्यां
देवर्षिजुष्टायांनैमिषंनामभारत ॥ यत्रतीर्थानिदेवानांपुण्यानिचपृथक्पृथक् ६ यत्रसागोमतीपुण्यारम्यादेवर्षिसेविता ॥ यज्ञभूमिश्चदेवानांशामित्रंचविवस्वतः ७
तस्यांगिरिवरःपुण्योगयोराजर्षिसत्कृतः ॥ शिवंब्रह्मसरोयत्रसेवितंत्रिदशर्षिभिः ८ यदर्थेपुरुषव्याघ्रकीर्तयंतिपुरातनाः ॥ एष्टव्याबहवःपुत्रायद्येकोऽपिगयांव्रजेत् ९
यजेतवाऽश्वमेधेननीलंवावृषमुत्सृजेत् ॥ उत्तारयतिसंतत्यादशपूर्वान्दशावरान् १० महानदीचतत्रैवतथागयशिरोनृप ॥ यत्रासौकीर्त्यतेविप्रैरक्षय्यकरणोवटः ११
यत्रदत्तंपितृभ्योऽन्नमक्षय्यंभवतिप्रभो ॥ साचपुण्यजलातत्रफल्गुनामामहानदी १२ बहुमूलफलाचापिकौशिकीभरतर्षभ ॥ विश्वामित्रोऽध्यगाद्यत्रब्राह्मणत्वं
तपोधनः १३ गंगायत्रनदीपुण्यायस्यास्तीरेभगीरथः ॥ अयजत्तत्रबहुभिःक्रतुभिर्भूरिदक्षिणैः १४ पंचालेषुचकौरव्यकथयन्त्युत्पलावनम् ॥ विश्वामित्रोऽ
यजद्यत्रपुत्रेणसहकौशिकः १५ यत्रानुवंशंभगवान्जामदग्न्यस्तथाजगौ ॥ विश्वामित्रस्यतांदृष्ट्वाविभूतिमतिमानुषीम् १६ कान्यकुब्जेऽपिबत्सोममिंद्रेणसहकौ
शिकः ॥ ततःक्षत्रादपाक्रामद्ब्राह्मणोऽस्मीतिचाब्रवीत् १७

नैलकंठीयेभारतभावदीपेषडशीतितमोऽध्यायः ॥ ८६ ॥ ॥ तानिति १ । २ । ३ । ४ । ५ । ६ । शामित्रंशमितुःकर्म यज्ञेपशुमारणं विवस्वतःपुत्रस्ययमस्येतिशेषः ७ तीर्थान्तरमाह तस्यामिति ।
तस्यांप्राच्यांदिशि राजर्षिरपिगयसंज्ञः ८ । ९ । १० । ११ । १२ । १३ । १४ । १५ । १६ । १७

पवित्रमिति । पविर्वज्रंतत्तुल्यंजन्ममरणादिदुःखंतस्मात्त्रायतइतिपवित्रं अतएवऋषिभिर्जुष्टंसेवितं पुण्यंधर्मवृद्धिहेतुः पावनंपापनाशनम् १८ । १९ । २० । २१ । २२ यत्रभागीरथीति । सरसिमणिकर्णिकाख्ये प्रविष्टाआसीत् ब्रह्मशालाब्रह्मोपलब्धिसद्दर्शवाराणस्याख्यम् 'अविमुक्तंवैकुरुक्षेत्रंदेवानांदेवयजनंसर्वेषांभूतानांब्रह्मसदनम्' इति श्रुतिप्रसिद्धम् २३ आकीर्णाव्याप्ता मंगलीयोमंगलावहः २४ केदारोऽपि

पवित्रमृषिभिर्जुष्टंपुण्यंपावनमुत्तमम् ॥ गंगायमुनयोर्वीरसंगमंलोकविश्रुतम् १८ यत्रायजतभूतात्मापूर्वमेवपितामहः ॥ प्रयागमितिविख्यातंतस्माद्भरतसत्तम १९ अगस्त्यस्यतुराजेंद्रतत्राश्रमवरोनृप ॥ तत्तथातापसारण्यंतापसैरुपशोभितम् २० हिरण्यबिंदुःकथितोगिरौकालंजरेमहान् ॥ आगस्त्यपर्वतोरम्यः पुण्योगिरिवरःशिवः २१ महेंद्रोनामकौरव्यभार्गवस्यमहात्मनः ॥ अयजत्तत्रकौंतेयपूर्वमेवपितामहः २२ यत्रभागीरथीपुण्यासरस्यासीद्युधिष्ठिर ॥ यत्रसा ब्रह्मशालेतिपुण्याख्याताविशांपते २३ धूतपाप्मभिराकीर्णापुण्यंतस्याश्चदर्शनम् ॥ पवित्रोमंगलीयश्चख्यातोलोकेमहात्मनः २४ केदारश्चमतंगस्यमहानाश्रम उत्तमः ॥ कुण्डोदःपर्वतोरम्योबहुमूलफलोदकः २५ नैषधस्तृषितोयत्रजलंशर्मचलब्धवान् ॥ यत्रदेववनंपुण्यंतापसैरुपशोभितम् २६ बाहुदाचनदीयत्रनंदाचगिरिमूर्धनि ॥ तीर्थानिसरितःशैलाःपुण्यान्यायतनानिच २७ प्राच्यांदिशिमहाराजकीर्तितानिमयातव ॥ तिसृष्वन्यानिपुण्यानिदिक्षुतीर्थानिमेशृणु ॥ सरितःपर्वतांश्चैवपुण्यान्यायतनानिच २८ ॥ इतिश्रीमहाभारतेआरण्यकेपर्वणितीर्थयात्राप० धौम्यतीर्थयात्रायांसप्ताशीतितमोऽध्यायः ॥ ८७ ॥ धौम्यउवाच ॥ दक्षिणस्यांतुपुण्यानिशृणुतीर्थानिभारत ॥ विस्तरेणयथाबुद्धिकीर्त्यमानानितानिवै १ यस्यामाख्यायतेपुण्यादिशिगोदावरीनदी ॥ बह्वारामाबहुजलातापसाचरिता शिवा २ वेणाभीमरथीचैवनद्यौपापभयापहे ॥ मृगद्विजसमाकीर्णेतापसालयभूषिते ३ राजर्षेस्तस्यचसरिन्नृगस्यभरतर्षभ ॥ रम्यतीर्थाबहुजलापयोष्णीद्विजसेविता ४ अपिचात्रमहायोगीमार्कंडेयोमहायशाः ॥ अनुवंश्यांजगौगाथांनृपस्यधरणीपतेः ५ नृगस्ययजमानस्यप्रत्यक्षमितिनःश्रुतम् ॥ अमाद्यदिंद्रःसोमेनदक्षिणाभिर्द्विजातयः ६ पयोष्ण्यांयजमानस्यवाराहेतीर्थउत्तमे ॥ उद्धृतंभूतलस्थंवावायुनासमुदीरितम् ॥ पयोष्ण्याहरतेतोयंपापमामरणांतिकम् ७ स्वर्गादुत्तुंगममलंविषाणंयत्रशूलिनः ॥ स्वमात्मविहितंदृष्ट्वामर्त्यःशिवपुरंव्रजेत् ८ एकतःसरितःसर्वागंगाद्याःसलिलोच्चयाः ॥ पयोष्णीचैकतःपुण्यातीर्थेभ्योहिमतामम ९ माठरस्यवनंपुण्यंबहुमूलफलंशिवम् ॥ यूपश्चभरतश्रेष्ठवरुणस्रोतसेगिरौ १० प्रवेण्युत्तरमार्गेतुपुण्येकण्वाश्रमेतथा ॥ तापसानामरण्यानिकीर्तितानियथाश्रुति ११ वेदीशूर्पारकेतातजमदग्नेर्महात्मनः ॥ रम्यापाषाणतीर्थाचपुनश्चंद्राचभारत १२ अशोकतीर्थंतत्रैवकौंतेयबहुलाश्रमम् ॥ अगस्त्यतीर्थंपांड्येषुवारुणंचयुधिष्ठिर १३

काश्यामेव २५ नैषधोनलः तत्रैवलोलार्कदक्षिणेनलग्रामस्यदर्शनात् । तीर्थांतरमाह यत्रदेववनमिति २६ । २७ । २८ ॥ इत्यारण्यकेपर्वणि नैलकंठीये भारतभावदीपे सप्ताशीतितमोऽध्यायः ॥ ८७ ॥ ॥ दक्षिणस्यामिति १ । २ । ३ । ४ अनुवंश्यांवंशानुरूपां नतुनृगमात्रानुरूपाम् ५ । ६ । ७ । ८ । ९ । १० । ११ १२ । १३

कुमार्यः कुमारीव्रताचरंतोबाल्याद्रागादिहीना अपिपरमेवपतिंप्रार्थयंतोभगवद्भक्ताइत्यर्थः । अतएवश्रीभागवतेद्रविडेष्वेवभगवद्भक्तभूयस्त्वंसमर्थ्यते । पांड्येषुद्रविडविशेषेषु १४ महन्मोक्षफलम् १५ । १६ । १७ १८ । १९ । २० । २१ । २२ तप्तांगःकृततपस्कः २३ सनातनोधर्मः 'इज्याचारदमाहिंसादानस्वाध्यायकर्मणाम् ॥ अयंतुपरमोधर्मोयद्योगेनात्मदर्शनम्' इतियाज्ञवल्क्योक्तः । तत्रात्मदर्शनाख्यस्यधर्मस्यात्म

कुमार्यःकथिताःपुण्याःपांड्येष्वेवनरर्षभ ॥ ताम्रपर्णींतुकौंतेयकीर्तयिष्यामितांशृणु १४ यत्रदेवैस्तपस्तप्तंमहदिच्छद्भिराश्रमे ॥ गोकर्णइतिविख्यातस्त्रिषुलोकेषुभारत १५ शीततोयोबहुजलःपुण्यस्तातशिवःशुभः ॥ ह्रदःपरमदुष्प्रापोमानुषैरकृतात्मभिः १६ तत्रवृक्षतृणाद्यैश्चसम्पन्नःफलमूलवान् ॥ आश्रमोऽगस्त्यशिष्यस्यपुण्योदेवसमोगिरिः १७ वैदूर्यपर्वतस्तत्रश्रीमान्मणिमयःशिवः ॥ अगस्त्यस्याश्रमश्चैवबहुमूलफलोदकः १८ सुराष्ट्रेष्वपिवक्ष्यामिपुण्यान्यायतनानिच ॥ आश्रमान्सरितश्चैवसरांसिचनराधिप १९ चमसोद्भेदनंविप्रास्तत्रापिकथयंत्युत ॥ प्रभासंचोदधौतीर्थंत्रिदशानांयुधिष्ठिर २० तत्रपिंडारकंनामतापसाचरितंशिवम् ॥ उज्जयंतश्चशिखरीक्षिप्रंसिद्धिकरोमहान् २१ तत्रदेवर्षिवीरेणनारदेनानुकीर्तितः ॥ पुराणःश्रूयतेश्लोकस्तंनिबोधयुधिष्ठिर २२ पुण्येगिरौसुराष्ट्रेषुमृगपक्षिनिषेविते ॥ उज्जयंतेस्मतप्तांगोनाकपृष्ठेमहीयते २३ पुण्याद्वारवतीतत्रयत्रासौमधुसूदनः ॥ साक्षाद्देवःपुराणोसौसहिधर्मःसनातनः २४ येचवेदविदोविप्रायेचाध्यात्मविदोजनाः ॥ तेवदंतिमहात्मानंकृष्णंधर्मंसनातनम् २५ पवित्राणांहिगोविंदःपवित्रंपरमुच्यते ॥ पुण्यानामपिपुण्योऽसौमंगलानांचमंगलम् ॥ त्रैलोक्यंपुण्डरीकाक्षोदेवदेवःसनातनः २६ अव्ययात्माव्ययात्माचक्षेत्रज्ञःपरमेश्वरः ॥ आस्तेहरिरचिंत्यात्मात्रैवमधुसूदनः २७ ॥ इतिश्रीमहाभारतेआरण्यकेपर्वणितीर्थयात्रापर्वणिधौम्यतीर्थयात्रायामष्टाशीतितमोऽध्यायः ॥ ८८ ॥ ॥ धौम्यउवाच ॥ आनर्तेषुप्रतीच्यांवैकीर्तयिष्यामितेदिशि ॥ यानितत्रपवित्राणिपुण्यान्यायतनानिच १ प्रियंग्वाम्रवणोपेतावानीरफलमालिनी ॥ प्रत्यक्स्रोतानदीपुण्यानर्मदातत्रभारत २ त्रैलोक्येयानितीर्थानिपुण्यान्यायतनानिच ॥ सरिद्वनानिशैलेंद्राद्देवाश्चसपितामहाः ३ नर्मदायांकुरुश्रेष्ठसहसिद्धर्षिचारणैः ॥ स्नातुमायांतिपुण्यौघैःसदावारिषुभारत ४ निकेतःश्रूयतेपुण्योयत्रविश्रवसोमुनेः ॥ जज्ञेधनपतिर्यत्रकुबेरोनरवाहनः ५ वैदूर्यशिखरोनामपुण्योगिरिवरःशिवः ॥ नित्यपुष्पफलास्तत्रपादपाहरितच्छदाः ६ तस्यशैलस्यशिखरेसरःपुण्यंमहीपते ॥ फुल्लपद्मंमहाराजदेवगंधर्वसेवितम् ७ बह्वाश्चर्यंमहाराजदृश्यतेतत्रपर्वते ॥ पुण्येस्वर्गोपमेचैवदेवर्षिगणसेविते ८

नोऽनन्यत्वात्सहिधर्मइतिसामानाधिकरण्यम् २४ एतदेवस्पष्टयति येचेत्यादिना २५ । २६ अव्ययात्माअक्षरस्वरूपी व्ययात्माक्षरस्वरूपी क्षेत्रज्ञोजीवःसएव परमेश्वरः 'क्षेत्रज्ञंचापिमांविद्धि' इतिभगवद्वचनात् क्षेत्रं जीवईशश्चत्रयमप्यव्ययाख्यंब्रह्मैवेत्यर्थः 'भोक्ताभोग्यंप्रेरितारंचमत्वासर्वंप्रोक्तंत्रिविधंब्रह्मचैतत्' इतिश्रुतेः २७ ॥ ॥ इत्यारण्यकेपर्वणि० नैलकण्ठीये भा० अष्टाशीतितमोऽध्यायः ॥ ८८ ॥ ॥ आनर्तेषुपश्चिमाश्रितेषु । अवंतिष्वितिपाठे अवंतिषुप्रतीच्यांचेतिचैशब्दश्चार्थः १ प्रत्यक्स्रोतापश्चिमवाहिनी २ । ३ । ४ । ५ । ६ । ७ बह्वाश्चर्यंवेदध्वनिश्रवणादि ८

९ । १० । ११ । १२ । १३ शाम्यतांशमवताम् १४ । १५ वैखानसानांहैरण्यगर्भाणां कर्ममार्गत्यक्त्वाध्यायपराणामित्यर्थः १६ संश्रयार्थायवासार्थम् १७ अभिकामस्यगन्तुमिच्छोः१८॥इत्यारण्यकेप० नै० भा० ऊननवतितमोऽध्यायः ॥ ८९ ॥ ॥ ॥ उदीच्यामिति १ मंत्रयतः कथयतः कथाप्रतिग्रहःकथायामनसिधारणं २ । ३ सारस्वतैःसरस्वत्यांप्राप्तैः ४ सहदेवःसृंजयपुत्रः शम्याक्षेपे

ह्रदिनीपुण्यतीर्थाचराजर्षेस्तत्रवैसरित् ॥ विश्वामित्रनदीराजन्पुण्यापरपुरंजय ९ यस्यास्तीरेसतांमध्येययातिर्नहुषात्मजः ॥ पपातसपुनर्लोकान्लेभेधर्मान्सनातनान् १० तत्रपुण्योह्रदःख्यातोमैनाकश्चैवपर्वतः ॥ बहुमूलफलोपेतस्त्वसितोनामपर्वतः ११ आश्रमःकक्षसेनस्यपुण्यस्तत्रयुधिष्ठिर ॥ च्यवनस्याश्रमश्चैवविख्यातस्तत्रपांडव १२ तत्राल्पेनैवसिद्ध्यंतिमानवास्तपसाविभो ॥ जंबूमार्गोमहाराजऋषीणांभावितात्मनाम् १३ आश्रमःशाम्यतांश्रेष्ठमृगद्विजनिषेवितः ॥ ततःपुण्यतमाराजन्सततंतापसैर्युता १४ केतुमालाचमेध्याचगंगाद्वारंचभूमिप ॥ ख्यातंचसैंधवारण्यंपुण्यंद्विजनिषेवितम् १५ पितामहसरःपुण्यंपुष्करंनामनामतः ॥ वैखानसानांसिद्धानामृषीणामाश्रमःप्रियः १६ अप्यत्रसंश्रयार्थायप्रजापतिरथोजगौ ॥ पुष्करेषुकुरुश्रेष्ठगाथांसुकृतिनांवर १७ मनसाऽप्यभिकामस्यपुष्कराणिमनस्विनः ॥ विप्रणश्यंतिपापानिनाकपृष्ठेचमोदते १८ ॥ इतिश्रीमहाभारतेआरण्यकेपर्वणितीर्थयात्रापर्वणिधौम्यतीर्थयात्रायामूननवतितमोऽध्यायः ॥ ८९ ॥ ॥ ॥

॥ धौम्यउवाच ॥ उदीच्यांराजशार्दूलदिशिपुण्यानियानिवै ॥ तानितेकीर्त्तयिष्यामिपुण्यान्यायतनानिच १ शृणुष्वावहितोभूत्वाममंत्रयतःप्रभो ॥ कथाप्रतिग्रहोवीरश्रद्धांजनयतेशुभाम् २ सरस्वतीमहापुण्याह्रदिनीतीर्थमालिनी ॥ समुद्रगामहावेगायमुनायत्रपांडव ३ यत्रपुण्यतरंतीर्थंप्लक्षावतरणंशुभम् ॥ यत्रसारस्वतैरिष्ट्वागच्छंत्यवभृथैर्द्विजाः ४ पुण्यंचाख्यायतेदिव्यंशिवमग्निशिरोऽनघ ॥ सहदेवोऽयजद्यत्रशम्याक्षेपेणभारत ५ एतस्मिन्नेवचार्थेऽसौइंद्रगीतायुधिष्ठिर ॥ गाथाचरतिलोकेऽस्मिन्गीयमानाद्विजातिभिः ६ अग्नयःसहदेवेनयेचितायमुनामनु ॥ तेतस्यकुरुशार्दूलसहस्रशतदक्षिणाः ७ तत्रैवभरतोराजाचक्रवर्तीमहायशाः ॥ विंशतिःसप्तचाष्टौचहयमेधानुपाहरत् ८ कामकृद्योद्विजातीनांश्रुतस्तातयथापुरा ॥ अत्यंतमाश्रमःपुण्यःशरभंगस्यविश्रुतः ९ सरस्वतीनदीसद्भिःसततंपार्थपूजिता ॥ वालखिल्यैर्महाराजयत्रेष्टमृषिभिःपुरा १० दृषद्वतीमहापुण्यायत्रख्यातायुधिष्ठिर ॥ न्यग्रोधाख्यस्तुपांचाल्यःपांचाल्योद्विपदांवर ११ दाल्भ्यघोषश्चदाल्भ्यश्चधरणीस्थोमहात्मनः ॥ कौंतेयानंतयशसःसुव्रतस्यामितौजसः १२ आश्रमःख्यायतेपुण्यस्त्रिषुलोकेषुविश्रुतः ॥ एतावर्णाववर्णौचविश्रुतौमनुजाधिप १३

णबलवताक्षिप्ताशम्यालगुडविशेषोयावद्दूरंपतेत्तावानयज्ञमंडपोयस्मिन्यज्ञेसशम्याक्षेपस्तेन ५ । ६ । ७ विंशतिः विंशतिवारमावर्तिताःसप्त अष्टौचेति अष्टाचत्वारिंशदधिकंशतं । त्रयस्त्रिंशच्छतंराजेतिश्रुतिः विंशतिमितिपाठेऽत्यंतहीनसंख्यत्वात्पंचत्रिंशत् ८ । ९ । १० । ११ । १२ एताकृष्णमृगी तद्वर्णौकृष्णौनरनारायणावित्यर्थः वस्तुतस्त्ववर्णौ वर्णाःलोहितशुक्लकृष्णाः रजःसत्वतमांसितद्रहितौ १३

१४।१५।१६।१७।१८।१९।२०।२१।२२।२३।२४ विशालांनामतः बदरीमनु बदरीसमीपे २५।२६।२७।२८।२९।३०।३१।३२।३३ विहरिष्यसिपरिह

वेदज्ञौवेदविद्वांसौवेदविद्याविदावुभौ ॥ ईजातेक्रतुभिर्मुख्यैःपुण्यैर्भरतसत्तम १४ समेत्यबहुशोदेवाःसेंद्राःसवरुणाःपुरा ॥ विशाखयूपेऽतप्यंततेनपुण्यतमश्वसः १५
ऋषिर्महान्महाभागोजमदग्निर्महायशाः ॥ पलाशकेषुपुण्येषुरम्येष्वयजतप्रभुः १६ यत्रसर्वाःसरिच्छ्रेष्ठाःसाक्षात्तमृषिसत्तमम् ॥ स्वंस्वंतोयमुपादायपरिवार्योपत
स्थिरे १७ अपिचात्रमहाराजस्वयंविश्वावसुर्जगौ ॥ इमंश्लोकंतदावीरप्रेक्ष्यदीक्षांमहात्मनः १८ यजमानस्यवैदेवान्जमदग्नेर्महात्मनः ॥ आगम्यसरितोविप्रान्मधु
नासमतर्पयन् १९ गंधर्वयक्षरक्षोभिरप्सरोभिश्वसेवितम् ॥ किरातकिन्नरावासंशैलंशिखरिणांवरम् २० बिभेदतरसागंगागंगाद्वारंयुधिष्ठिर ॥ पुण्यंतत्ख्यायतेराज
न्ब्रह्मर्षिगणसेवितम् २१ सनत्कुमारःकौरव्यपुण्यंकनखलंतथा ॥ पर्वतश्वपुरुर्नामयत्रयातःपुरूरवाः २२ भृगुर्यत्रतपस्तेपेमहर्षिगणसेविते ॥ राजन्सआश्रमः
ख्यातोभृगुतुंगोमहागिरिः २३ यःसभूतंभविष्यच्चभवच्चभरतर्षभ ॥ नारायणःप्रभुर्विष्णुःशाश्वतःपुरुषोत्तमः २४ तस्यातियशसःपुण्यांविशालांबदरीमनु ॥ आश्र
मःख्यायतेपुण्यस्त्रिषुलोकेषुविश्रुतः २५ उष्णतोयवहागंगाशीततोयवहापुरा ॥ सुवर्णसिकताराजन्विशालांबदरीमनु २६ ऋषयोयत्रदेवाश्वमहाभागामहौजसः ॥
प्राप्यनित्यंनमस्यंतिदेवंनारायणंप्रभुम् २७ यत्रनारायणोदेवःपरमात्मासनातनः ॥ तत्रकृत्स्नंजगत्सर्वंतीर्थान्यायतनानिच २८ तत्पुण्यंपरमंब्रह्मतत्तीर्थंतत्तपोव
नम् ॥ तत्परंपरमंदेवंभूतानांपरमेश्वरम् २९ शाश्वतंपरमंचैवधातारंपरमंपदम् ॥ यंविदित्वानशोचंतिविद्वांसःशास्त्रदृष्टयः ३० तत्रदेवर्षयःसिद्धाःसर्वेचैवतपोधनाः ॥
आदिदेवोमहायोगीयत्रास्तेमधुसूदनः ३१ पुण्यानामपितत्पुण्यमत्रतेसंशयोऽस्तुमा ॥ एतानिराजन्पुण्यानिपृथिव्यांपृथिवीपते ३२ कीर्त्तितानिनरश्रेष्ठतीर्थान्याय
तनानिच ॥ एतानिवसुभिःसाध्यैरादित्यैर्मरुद्भिश्विभिः ३३ ऋषिभिर्देवकल्पैश्वसेवितानिमहात्मभिः ॥ चरन्नेतानिकौंतेयसहितोब्राह्मणर्षभैः ॥ भ्रातृभिश्वमहाभागै
रुत्कंठांविहरिष्यसि ३४ ॥ इतिश्रीमहाभारतेआरण्यकेपर्वणितीर्थयात्रापर्वणिधौम्यतीर्थयात्रायांनवतितमोऽध्यायः ॥ ९० ॥ ॥ ॥ ॥ वैशंपायन
उवाच ॥ एवंसंभाषमाणेतुधौम्येकौरवनंदन ॥ लोमशःसमहातेजाऋषिस्तत्राजगामह १ तंपांडवाग्रजोराजासगणोब्राह्मणाश्चते ॥ उपातिष्ठन्महाभागंदिविशक्रमिवा
मराः २ समभ्यर्च्ययथान्यायंधर्मपुत्रोयुधिष्ठिरः ॥ पप्रच्छगमनेहेतुमटनेचप्रयोजनम् ३ सपृष्टःपांडुपुत्रेणप्रीयमाणोमहामनाः ॥ उवाचश्लक्ष्णयावाचाहर्षयन्निव
पांडवान् ४ संचरन्नस्मिकौंतेयसर्वांल्लोकान्यदृच्छया ॥ गतःशक्रस्यभवनंतत्रापश्यंसुरेश्वरम् ५ तवचभ्रातरंवीरमपश्यंसव्यसाचिनम् ॥ शक्रस्यार्धास
नगतंतत्रमेविस्मयोमहान् ६

 रिष्यसि ३४ ॥ इत्यारण्यकेपर्वणिनैलकंठीये भारतभावदीपे नवतितमोऽध्यायः ॥ ९० ॥ ॥ ॥ ॥ एवमिति १।२।३।४।५।६

७ । ८ । ९ । १० । ११ समंत्रंप्रयोगादौमंत्रभक्तिं । संहारस्त्यक्तस्याकर्षणं । प्रायश्चित्तं अस्त्राग्निनानिरपराधानांदाहेयोदोषस्तस्यशोधनं । मंगलं दग्धानामेवारामादीनांपुनर्विकसनं । वज्रंच वज्रवदप्रतीकार्यं रौद्रमेव १२ । १३ गीतंलौकिकंगानं सामरूगानं १४ अनुजस्यभीमस्यानुजः १५ । १६ । १७ सुरकार्यंनिवातकवचादीनांवधः । दिवौकसैरितिबहुलंछंदसीत्यस् १८ । १९ सत्यसंधं सत्यप्रतिज्ञम् २० वरवर्णिनमतिसुंदरम २१ महेश्वरसुतप्रख्यं स्कंदतुल्यं अतिस्कंधमुन्नतांसं । ज्ञानगतिस्कंधमितिपाठेयोगिश्रेष्ठम् २२ । २३ अपहरिष्यामिकवचकुंडलापहरणेंद्रेण कृतेमति तदपींद्रस्यांतःप्रविश्यसंपादयिष्यामि

आसीत्पुरुषशार्दूलदृष्ट्वापार्थंतथागतम् ॥ आहमांतत्रदेवेशोगच्छपांडुसुतान्प्रति ७ सोऽहमभ्यागतःक्षिप्रंदिदृक्षुस्त्वांसहानुजम् ॥ वचनात्पुरुहूतस्यपार्थस्यचमहात्मनः ८ आख्यास्येतेप्रियंतातमहत्पांडवनंदन ॥ ऋषिभिःसहितोराजन्कृष्णयाचैवतच्छृणु ९ यत्त्वयोक्तोमहाबाहुरस्त्रार्थंभरतर्षभ ॥ तदस्त्रमाप्तंपार्थेनरुद्रादप्रतिमंविभो १० यत्तद्ब्रह्मशिरोनामतपसारुद्रमागमत् ॥ अमृतादुत्थितंरौद्रंतल्लब्धंसव्यसाचिना ११ तत्समंत्रंससंहारंसप्रायश्चित्तमंगलम् ॥ वज्रमस्त्राणिचान्यानिदंडादीनियुधिष्ठिर १२ यमात्कुबेराद्वरुणादिंद्राच्चकुरुनंदन ॥ अस्त्राण्यधीतवान्पार्थोदिव्यान्यमितविक्रमः १३ विश्वावसोस्तुतनयाद्गीतंनृत्यंचसामच ॥ वादित्रंचयथान्यायंप्रत्यविंदद्यथाविधि १४ एवंकृतास्त्रःकौंतेयोगांधर्वंवेदमाप्तवान् ॥ सुखंवसतिबीभत्सुरनुजस्यानुजस्तव १५ यदर्थंमांसुरश्रेष्ठइदंवचनमब्रवीत् ॥ तच्चतेकथयिष्यामियुधिष्ठिरनिबोधमे १६ भवान्मनुष्यलोकेऽपिगमिष्यतिनसंशयः ॥ ब्रूयाद्युधिष्ठिरंतत्रवचनान्मेद्विजोत्तम १७ आगमिष्यतितेभ्राताकृतास्त्रःक्षिप्रमर्जुनः ॥ सुरकार्यंमहत्कृत्वायदशक्यंदिवौकसैः १८ तपसाऽपित्वमात्मानंयोजयभ्रातृभिःसह ॥ तपसोहिपरंनास्तितपसाविंदतेमहत् १९ अहंचकर्णंजानामियथावद्भरतर्षभ ॥ सत्यसंधंमहोत्साहंमहावीर्यंमहाबलम् २० महाहवेष्वप्रतिमंमहायुद्धविशारदम् ॥ महाधनुर्धरंवीरंमहास्त्रंवरवर्णिनम् २१ महेश्वरसुतप्रख्यमादित्यतनयंप्रभुम् ॥ तथार्जुनमतिस्कंधंसहजोल्बणपौरुषम् २२ नसपार्थस्यसंग्रामेकलामर्हतिषोडशीम् ॥ यच्चापितेभयंकर्णान्मनसिस्थमरिंदम २३ तच्चाप्यपहरिष्यामिसव्यसाचिन्युपागते ॥ यच्चतेमानसंवीरतीर्थयात्रामिमांप्रति ॥ समहर्षिर्लोमशस्तेकथयिष्यत्यसंशयम् २४ यच्चकिंचित्तपोयुक्तंफलंतीर्थेषुभारत ॥ ब्रह्मर्षिरेषब्रूयात्तेनतच्छ्रद्धेयमन्यथा २५ ॥ इतिश्रीमहाभारतेआरण्यकेपर्वणितीर्थयात्रापर्वणिलोमशसंवादेएकनवतितमोऽध्यायः ॥ ९१ ॥ ॥ लोमशउवाच ॥ ॥ धनंजयेनचाप्युक्तंयत्तच्छृणुयुधिष्ठिर ॥ युधिष्ठिरंभ्रातरंमेयोजयेर्धर्म्ययाश्रिया १ त्वंहिधर्मान्परान्वेत्थतपांसिचतपोधन ॥ श्रीमतांचापिजानासिधर्मंराज्ञांसनातनम् २ सभवान्परमंवेदपावनंपुरुषंप्रति ॥ तेनसंयोजयेथास्त्वंतीर्थपुण्येनपांडवान् ३ यथातीर्थानिगच्छेतगाश्चदद्यात्सपार्थिवः ॥ तथासर्वात्मनाकार्यमितिमामर्जुनोऽब्रवीत् ४

आर्षेणाभेददर्शनेनाहंमनुरभवमित्यादिवदहमेवेन्द्ररूपीकरिष्यामीति २४ ततश्रद्धेयंनत्वन्यथागृहीतव्यमित्यर्थः २५ ॥ इत्यारण्यकेपर्वणि नैलकंठीये भारतभावदीपे एकनवतितमोऽध्यायः ॥ ९१ ॥ ॥ धनंजयेनेति । योजयेः योजय धर्म्ययाधर्मादनपेतया १ । २ पुरुषंप्रतिपुरुषस्येत्यर्थः ३ । ४

भवताचानुगुप्तोऽसौचरेत्तीर्थानिसर्वशः ॥ रक्षोभ्योरक्षितव्यश्चदुर्गेषुविषमेषुच ५ दधीचइवदेवेंद्रंयथाचाप्यंगिराखिम् ॥ तथारक्षस्वकौंतेयानूराक्षसेभ्योद्विजोत्तम
६ यातुधानाहिबहवोराक्षसाःपर्वतोपमाः ॥ त्वयाऽभिगुप्तंकौंतेयंनविवर्तेयुरंतिकम् ७ सोऽहमिंद्रस्यवचनान्नियोगादर्जुनस्यच ॥ रक्षमाणोभयेभ्यस्त्वांचरिष्यामित्व
यासह ८ द्विस्तीर्थानिमयापूर्वंदृष्टानिकुरुनंदन ॥ इदंतृतीयंद्रक्ष्यामितान्येवभवतासह ९ इयंराजर्षिभिर्याताुण्यकृद्भिर्युधिष्ठिर ॥ मन्वादिभिर्महाराजतीर्थयात्रा
भयापहा १० नानृजुर्नाकृतात्माचनाविद्योनचपापकृत् ॥ स्नातितीर्थेषुकौरव्यनचवक्रमतिर्नरः ११ त्वंतुधर्ममतिर्नित्यंधर्मज्ञःसत्यसंगरः ॥ विमुक्तःसर्वसंगेभ्योभू
यएवभविष्यसि १२ यथाभगीरथोराजाराजानश्चगयादयः ॥ यथाययातिःकौंतेयतथात्वमपिपांडव १३ ॥ युधिष्ठिरउवाच ॥ नहर्षात्संप्रपश्यामिवाक्यस्यास्योत्तरं
क्वचित् ॥ स्मरेद्धिदेवराजोयंकोनामाभ्यधिकस्ततः १४ भवतासंगमोयस्यभ्राताचैवधनंजयः ॥ वासवःस्मरतेयस्यकोनामाभ्यधिकस्ततः १५ यच्चमांभगवानाहती
र्थानांदर्शनंप्रति ॥ धौम्यस्यवचनादेषाबुद्धिःपूर्वंकृतैवमे १६ तद्यदामन्यसेब्रह्मन्गमनंतीर्थदर्शने ॥ तदैवगंतास्मितीर्थान्येषमेनिश्चयःपरः १७ ॥ वैशंपायनउवाच ॥
गमनेकृतबुद्धिंतुपांडवंलोमशोऽब्रवीत् ॥ लघुर्भवमहाराजलघुःस्वैरंगमिष्यसि १८ ॥ ॥ युधिष्ठिरउवाच ॥ ॥ भिक्षाभुजोनिवर्तंतांब्राह्मणायतयश्चये ॥ क्षुत्तड
ध्वश्रमायासशीतार्तिमसहिष्णवः १९ तेसर्वेविनिवर्तंतांयेचमिष्टभुजोद्विजाः ॥ पक्वान्नलेह्यपानानांमांसानांचविकल्पकाः २० तेऽपिसर्वेनिवर्तंतांयेचसूदानुयायिनः ॥
मयायथोचिताजीव्यैःसंविभक्ताश्चवृत्तिभिः २१ येचाप्यनुगताःपौराराजभक्तिपुरःसराः ॥ धृतराष्ट्रंमहाराजमभिगच्छंतुतेचवै २२ सदास्यतियथाकालमुचितायस्य
याश्वृतिः ॥ सचेद्यथोचितांवृत्तिंनदद्यान्मनुजेश्वरः २३ अस्मत्प्रियहितार्थायपांचाल्योवःप्रदास्यति २४ ॥ वैशंपायनउवाच ॥ ततोभूयिष्ठशःपौरागुरुभारप्र
पीडिताः ॥ विप्राश्चयतयोमुख्याजग्मुर्नागपुरंप्रति २५ तान्सर्वान्धर्मराजस्यप्रेम्णाराजांऽबिकासुतः ॥ प्रतिजग्राहविधिवद्धनैश्चसमतर्पयत् २६ ततःकुंती
सुतोराजालघुभिर्ब्राह्मणैःसह ॥ लोमशेनचसुप्रीतस्त्रिरात्रंकाम्यकेऽवसत् २७ ॥ ॥ इतिश्रीमहाभारतेआरण्यकेपर्वणितीर्थयात्रापर्वणिलोमशतीर्थयात्रायांद्विनवति
तमोऽध्यायः ॥ ९२ ॥ ॥ वैशंपायनउवाच ॥ ततःप्रयांतंकौंतेयंब्राह्मणावनवासिनः ॥ अभिगम्यतदाराजन्निदंवचनमब्रुवन् १ राजंस्तीर्थानिगंतासि
पुण्यानिभ्रातृभिःसह ॥ ऋषिणाचैवसहितोलोमशेनमहात्मना २ अस्मानपिमहाराजनेतुमर्हसिपांडव ॥ अस्माभिर्हिनशक्यानित्वदृतेतानिकौरव ३

१९ विकल्पकाः मृष्टामृष्टविभाजकाः २० आजीव्यैर्भृत्यादिभिः वृत्तिभिर्जीवनहेतुभिरन्नादिभिः २१ । २२ । २३ पांचल्योद्रुपदः । वःयुष्मभ्यं २४ । २५ । २६ । २७ ॥ इत्यारण्यकेपर्वणि नैलकंठीये
भारतभावदीपे द्विनवतितमोऽध्यायः ॥ ९२ ॥ ॥ ॥ ॥ ततइति १ । २ । ३

दुर्गाणिकंटकाद्याक्रांतत्वात् विषमाणिहिंस्रव्याघ्राद्यावृतत्वात् ४ । ५ । ६ । ७ । ८ । ९ । १० । ११ । १२ अनुकीर्णानिव्याप्तानि । नोऽस्मान् १३ । १४ । १५ । १६ । १७ । १८ । १९ आर्जवमृजुबुद्धिंश्रद्धामित्यर्थः २० । २१ । २२ । २३ । २४ । २५ । २६ कठिनानियष्टीः 'काठी' इतिमहाराष्ट्रप्रसिद्धेः । अन्येतुशिक्यानिकरंडानिवेतिव्याचख्युः २७ परिचतुर्दशैःपंचदशभिः चतुर्दशभ्यः

श्वापदैरुपसृष्टानिदुर्गाणिविषमाणिच ॥ अगम्यानिनरैरल्पैस्तीर्थानिमनुजेश्वर ४ भवतोभ्रातरःशूराधनुर्धरवराःसदा ॥ भवद्भिःपालिताःशूरैर्गच्छामोवयमप्युत ५ भवत्प्रसादाद्धिवयंप्राप्नुयामःसुखंफलम् ॥ तीर्थानांपृथिवीपालवनानांचविशांपते ६ तववीर्यपरित्राताःशुद्धास्तीर्थपरिप्लुताः ॥ भवेमधूतपाप्मानस्तीर्थसंदर्शनान्नृप ७ भवानपिनरेंद्रस्यकार्तवीर्यस्यभारत ॥ अष्टकस्यचराजर्षेर्लोमपादस्यचैवह ८ भरतस्यचवीरस्यसार्वभौमस्यपार्थिव ॥ ध्रुवंप्राप्स्यतिदुष्प्रापान्लोकांस्तीर्थपरिप्लुतः ९ प्रभासादीनितीर्थानिमहेंद्रादींश्चपर्वतान् ॥ गंगाद्याःसरितश्चैवप्लक्षादींश्चवनस्पतीन् १० त्वयासहमहीपालद्रष्टुमिच्छामहेवयम् ॥ यदितेब्राह्मणेष्वस्तिकाचित्प्रीतिर्जनाधिप ११ कुरुक्षिप्रंवचोऽस्माकंततःश्रेयोऽभिपत्स्यसे ॥ तीर्थानिहिमहाबाहोतपोविघ्नकरैःसदा १२ अनुकीर्णानिरक्षोभिस्तेभ्योनस्त्रातुमर्हसि ॥ तीर्थान्युक्तानिधौम्येननारदेनचधीमता १३ यान्युवाचचदेवर्षिर्लोमशःसुमहातपाः ॥ विधिवत्तानिसर्वाणिपर्यटस्वनराधिप १४ धूतपाप्मासहास्माभिर्लोमशेनाभिपालितः ॥ सराजापूज्यमानस्तैर्हर्षादश्रुपरिप्लुतः १५ भीमसेनादिभिर्वीरैर्भ्रातृभिःपरिवारितः ॥ बाढमित्यब्रवीत्सर्वांस्तानृषीन्पांडवर्षभः १६ लोमशंसमनुज्ञाप्यधौम्यंचैवपुरोहितम् ॥ ततःसपांडवश्रेष्ठोभ्रातृभिःसहितोवशी १७ द्रौपद्याचानवद्यांग्यागमनायमनोदधे ॥ अथव्यासोमहाभागस्तथापर्वतनारदौ १८ काम्यकेपांडवंद्रष्टुंसमाजग्मुर्मनीषिणः ॥ तेषांयुधिष्ठिरोराजापूजांचक्रेयथाविधि ॥ सत्कृतास्तेमहाभागायुधिष्ठिरमथाब्रुवन् १९ ऋषयऊचुः ॥ युधिष्ठिरयमौभीममनसाकुरुतार्जवम् ॥ मनसाकृतशौचावैशुद्धास्तीर्थानियास्यथ २० शरीरनियमंप्राहुर्ब्राह्मणामानुषंव्रतम् ॥ मनोविशुद्धांबुद्धिंचदैवमाहुर्व्रतंद्विजाः २१ मनोह्यदुष्टंशौचायपर्याप्तंवैनराधिप ॥ मैत्रींबुद्धिंसमास्थायशुद्धास्तीर्थानिद्रक्ष्यथ २२ तेयूयंमानसैःशुद्धाःशरीरनियमव्रतैः ॥ दैवंव्रतंसमास्थाययथोक्तंफलमाप्स्यथ २३ तेतथेतिप्रतिज्ञायकृष्णयासहपांडवाः ॥ कृतस्वस्त्ययनाःसर्वेमुनिभिर्दिव्यमानुषैः २४ लोमशस्योपसंगृह्यपादौद्वैपायनस्यच ॥ नारदस्यचराजेंद्रदेवर्षेःपर्वतस्यच २५ धौम्येनसहितावीरास्तथातैर्वनवासिभिः ॥ मार्गशीर्ष्यामतीतायांपुष्येणप्रययुस्ततः २६ कठिनानिसमादायचीराजिनजटाधराः ॥ अभेद्यैःकवचैर्युक्तास्तीर्थान्यन्वचरंस्ततः २७ इंद्रसेनादिभिर्भृत्यैरथैःपरिचतुर्दशैः ॥ महानसव्यापृतैश्चतथान्यैःपरिचारिकैः २८ सायुधाबद्धनिस्त्रिंशास्तूणवंतःसमार्गणाः ॥ प्राङ्मुखाःप्रययुर्वीराःपांडवाजनमेजय २९ ॥ ॥ इतिश्रीमहाभारतेआरण्यकेपर्वणितीर्थ०लोमशतीर्थयात्रायांत्रिनवतितमोऽध्यायः ॥ ९३ ॥ ॥ ॥

परिउपरीतिव्युत्पत्तेः संख्ययाव्ययासन्नेतिसमासः बहुव्रीहौसंख्येयेडजितिडच् २८ । २९ ॥ इत्यारण्यकेपर्वणि नैलकंठीये भारतभावदीपे त्रिनवतितमोऽध्यायः ॥ ९३ ॥ ॥ ॥ ॥ ॥

नवाइति । निर्गुणमुत्तमगुणहीनं १ परानशत्रून् २ । ३ समूलः पुत्रपौत्रादिवंशवृद्धिमूलंतत्सहितः ४ । ५ । ६ विविशुःस्नानार्थमितिशेषः अधर्मस्तीर्थयात्राऽप्रवेशजस्तत्कर्तृन् अधर्मकृतः । अधर्मेण कृत उत्पादितोवादर्पोगर्वः ततोमानः पूज्योऽस्मीतिबुद्धिः ७ ततःपूजायाअलाभेप्रतिघातेवाक्रोधः ततःअह्रीःअकार्येप्रवृत्तिः ततःअलज्जा लज्जानिघ्नतादोषाद्भयं तस्यनाशः ८ नचिरात्शीघ्रमेव ९ । १०

युधिष्ठिरउवाच ॥ नवैनिर्गुणमात्मानंमन्येदेवर्षिसत्तम ॥ तथाऽस्मिदुःखसंतप्तोयथानान्योमहीपतिः १ परांश्चनिर्गुणान्मन्येनचधर्मगतानपि ॥ तेचलोमश लोकेऽस्मिन्नृध्यंतेकेनहेतुना २ ॥ लोमशउवाच ॥ नात्रदुःखंत्वयाराजन्कार्यंपार्थकथंचन ॥ यदधर्मेणवर्धेयुरधर्मरुचयोजनाः ३ वर्धत्यधर्मेणनरस्ततोभद्रा णिपश्यति ॥ ततःसपत्नाञ्जयतिसमूलस्तुविनश्यति ४ मयाहिदृष्टादैतेयादानवाश्चमहीपते ॥ वर्धमानाह्यधर्मेणक्षयंचोपगताःपुनः ५ पुरादेवयुगेचैवदृष्टं सर्वंमयाविभो ॥ अरोचयन्सुराधर्मंधर्मंतत्यजिरेऽसुराः ६ तीर्थानिदेवाविविशुर्नाविशन्भारतासुराः ॥ तानधर्मकृतोदर्पःपूर्वमेवसमाविशत् ७ दर्पान्मानःसम भवन्मानात्क्रोधोव्यजायत ॥ क्रोधादह्रीस्ततोऽलज्जावृत्तंतेषांततोऽनशत् ८ तानलज्जान्गतह्रीकान्हीनवृत्तान्वृथाव्रतान् ॥ क्षमालक्ष्मीःस्वधर्मश्चनचिरात्प्र जहुस्ततः ९ लक्ष्मीस्तुदेवानगमदलक्ष्मीरसुरान्नृप ॥ तानलक्ष्मीसमाविष्टान्दर्पोपहतचेतसः १० दैतेयान्दानवांश्चैवकलिरप्याविशत्ततः ॥ तानलक्ष्मीसमा विष्टान्दानवान्कलिनाहतान् ११ दर्पाभिभूतान्कौंतेयक्रियाहीनानचेतसः ॥ मानाभिभूतानचिराद्विनाशःसमपद्यत १२ निर्यशस्कास्तथादैत्याःकृत्स्नशोवि लयंगताः ॥ देवास्तुसागरांश्चैवसरितश्चसरांसिच १३ अभ्यगच्छन्धर्मशीलाःपुण्यान्यायतनानिच ॥ तपोभिःक्रतुभिर्दानैराशीर्वादैश्चपांडव १४ प्रजहुःसर्व पापानिश्रेयश्चप्रतिपेदिरे ॥ एवमादानवंतश्चनिरादानाश्चसर्वशः १५ तीर्थान्यगच्छन्विबुधास्तेनापुर्भूतिमुत्तमाम् ॥ तथात्वमपिराजेंद्रस्नात्वातीर्थेषुसानुजः १६ पुनर्वेत्स्यसितांलक्ष्मीमेषपंथाःसनातनः ॥ यथैवहिनृगोराजाशिबिरौशीनरोयथा १७ भगीरथोवसुमनागयःपूरुःपुरूरवाः ॥ चरमाणास्तपोनित्यंस्पर्श नादंभसश्चते १८ तीर्थाभिगमनात्पूतादर्शनाच्चमहात्मनाम् ॥ अलभंतयशःपुण्यंधनानिचविशांपते १९ तथात्वमपिराजेंद्रलब्धासुविपुलांश्रियम् ॥ यथा चेक्ष्वाकुरभवत्सपुत्रजनबांधवः २० मुचुकुंदोऽथमांधातामरुत्तश्चमहीपतिः ॥ कीर्तिंपुण्यामविंदन्तयथादेवास्तपोबलात् २१ देवर्षयश्चकात्स्न्र्येनतथात्वमपि वेत्स्यसि ॥ धार्तराष्ट्रास्त्वधर्मेणमोहेनचवशीकृताः ॥ नचिराद्वैविनंक्ष्यंतिदैत्याइवनसंशयः २२ ॥ इतिश्रीमहाभारतेआरण्यकेपर्वणितीर्थयात्राप० लोमशतीर्थयात्रा यांचतुर्नवतितमोऽध्यायः ॥ ९४ ॥ ॥ ॥ ॥ वैशंपायनउवाच ॥ तेतथासहितावीरावसंतस्तत्रतत्रह ॥ क्रमेणपृथिवीपालनैमिषारण्यमागताः १ ततस्तीर्थेषुपुण्येषुगोमत्याःपांडवान्नृप ॥ कृताभिषेकाःप्रददुर्गाश्चवित्तंचभारत २

११ । १२ । १३ । १४ आदानवंतः आर्जवादिनियमग्रहणवंतः निरादानाअप्रतिबद्धाः सर्वशः देवादिभिरपि १५ । १६ वेत्स्यसिलप्स्यसे १७ । १८ । १९ । २० । २१ । २२ ॥ ॥ इत्यारण्यके पर्वणिनैलकंठीये भारतभावदीपे चतुर्नवतितमोऽध्यायः ॥ ९४ ॥ ॥ ॥ ॥ तेतथेति १ । २

३ । ४ । ५ । ६ । ७ । ८ । ९ वानीरमालिनी वेत्रवल्लीकयुक्ता १० । ११ । १२ । १३ । १४ । १५ । १६ । १७ । १८ । १९ । २० । २१ ब्रह्मशब्देनवेदध्वनिना २२ । २३ । २४ । २५ । २६

तत्रदेवान्पितॄन्विप्रांस्तर्पयित्वापुनःपुनः ॥ कन्यातीर्थेऽश्वतीर्थेचगवांतीर्थेचभारत ॥ कालकोटयांवृषप्रस्थेगिरावुष्यचकौरवाः ३ बाहुदायांमहीपालचक्रुः
सर्वेऽभिषेचनम् ॥ प्रयागेदेवयजनेदेवानांपृथिवीपते ४ ऊपुराप्लुत्यगात्राणितपश्चातस्थुरुत्तमम् ॥ गंगायमुनयोश्चैवसंगमेसत्यसंगराः ५ विपाप्मानोमहा
त्मानोविप्रेभ्यःप्रददुर्वसु ॥ तपस्विजनजुष्टांचततोवेदींप्रजापतेः ६ जग्मुःपांडुसुताराजन्ब्राह्मणैःसहभारत ॥ तत्रतेन्यवसन्वीरास्तपश्चातस्थुरुत्तमम् ७ सं
तर्पयंतःसततंवन्येनहविषाद्विजान् ॥ ततोमहीधरंजग्मुर्धर्मज्ञेनाभिसंस्कृतम् ८ राजर्षिणापुण्यकृतागयेनानुपमद्युते ॥ नगोगयशिरोयत्रपुण्याचैवमहानदी ९
वानीरमालिनीरम्यानदीपुलिनशोभिता ॥ दिव्यंपवित्रकूटंचपवित्रंधरणीधरम् १० ऋषिजुष्टंसुपुण्यंतत्तीर्थंब्रह्मसरोत्तमम् ॥ अगस्त्योभगवान्यत्रगतोवै
वस्वतंप्रति ११ उवासचस्वयंतत्रधर्मराजःसनातनः ॥ सर्वासांसरितांचैवसमुद्भेदोविशांपते १२ यत्रसंनिहितोनित्यंमहादेवःपिनाकधृक् ॥ तत्रतेपांडवावीरा
श्चातुर्मास्यैस्तदेजिरे १३ ऋषियज्ञेनमहतायत्राक्षयवटोमहान् ॥ अक्षयेदेवयजनेअक्षयंयत्रवैफलम् १४ तेतुतत्रोपवासांस्तुचक्रुर्निश्चितमानसाः ॥ ब्राह्मणा
स्तत्रशतशःसमाजग्मुस्तपोधनाः १५ चातुर्मास्येनायजंतआर्षेणविधिनातदा ॥ तत्रविद्यातपोवृद्धाब्राह्मणावेदपारगाः ॥ कथांप्रचक्रिरेपुण्यांसदसिस्थामहा
त्मनाम् १६ तत्रविद्याव्रतस्नातःकौमारंव्रतमास्थितः ॥ शमठोऽकथयद्राजन्नामूर्तरयसंगयम् १७ ॥ शमठउवाच ॥ अमूर्तरयसःपुत्रोगयोराजर्षिसत्तमः ॥
पुण्यानियस्यकर्माणितानिमेशृणुभारत १८ यस्ययज्ञोबभूवेहबह्वन्नोबहुदक्षिणः ॥ यत्रान्नपर्वताराजन्शतशोऽथसहस्रशः १९ घृतकुल्याश्चदध्नश्चनद्योबहुश
तास्तथा ॥ व्यंजनानांप्रवाहाश्चमहार्हाणांसहस्रशः २० अहन्यहनिचाप्येतद्याचतांसंप्रदीयते ॥ अन्येचब्राह्मणाराजन्भुंजतेऽन्नंसुसंस्कृतम् २१ तत्रवैद
क्षिणाकालेब्रह्मघोषोदिवंगतः ॥ नचप्रज्ञायतेकिंचिद्ब्रह्मशब्देनभारत २२ पुण्येनचरताराजन्भूर्दिशःस्वंनभस्तथा ॥ आपूर्णमासीच्छब्देनतदप्यासीन्महा
द्भुतम् २३ यत्रस्मगाथागायंतिमनुष्याभरतर्षभ ॥ अन्नपानैःशुभैस्तृप्तादेशेदेशेसुवर्चसः २४ गयस्ययज्ञेकेत्वद्यप्राणिनोभोक्तुमीप्सवः ॥ तत्रभोजनशिष्ट
स्यपर्वताःपंचविंशतिः २५ नतस्मपूर्वेजनाश्चक्रुर्नकरिष्यंतिचापरे ॥ गयोयदकरोद्यज्ञेराजर्षिरमितद्युतिः २६ कथंतुदेवाहविषागयेनपरितर्पिताः ॥ पुनःशक्ष्यं
त्युपादातुमन्यैर्दत्तानिकानिचित् २७ सिकतावायथालोकेयथावादिवितारकाः ॥ यथावावर्षतोधाराअसंख्येयाःस्मकेनचित् ॥ तथागणयितुंशक्यागययज्ञेनद
क्षिणाः २८ एवंविधाःसुबहवस्तस्ययज्ञामहीपतेः ॥ बभूवुरस्यसरसःसमीपेकुरुनंदन २९ ॥ इतिश्रीमहाभारतेआरण्यकेपर्वणितीर्थयात्राप० लोमशतीर्थ
यात्रायांगययज्ञकथनेपंचनवतितमोऽध्यायः ॥ ९५ ॥ ॥ ॥

२७ सिकतादिवद्यज्ञेदक्षिणानगणयितुंशक्याइत्यन्वयः २८ । २९ ॥ ॥ इत्यारण्यकेपर्वणि नैलकंठीये भारतभावदीपे पंचनवतितमोऽध्यायः ॥ ९५ ॥ ॥ ॥ ॥ ॥

तनईति । दुर्जयायांवातापिपुर्यांमणिमतीसंज्ञायाम १ । २ । ३ । ४ । ५ नादात नदत्तवान ६ । ७ कामरूपी यथाकामंरूपाणिकर्तुंसमर्थः संस्कृत्यपक्त्वा ८ सचइल्वलश्च ९ । १० । ११
१२ । १३ । १४ सोऽपृच्छदिति । तान भवंलंबमानेनरूपेणतेषामुद्भवं पृच्छत् । पृच्छतिर्द्विकर्मा किमर्थंयूयंलंबध्वमित्यपृच्छदित्यर्थः । तेऋषयःकंपिताइवसंतस्तेतवसंतानहेतोरयमस्माकंभव
इतिप्रत्यूचुरितिसंबंधः १५ एतस्यैवविवरणंतेतस्माइति १६ । १७ वःयुष्माकंकामंईप्सितंकरिष्ये १८ प्रसवसंतानंसंततेरविच्छेदम् १९ तस्यतस्यसिंहमृगादेःअंगं कटिदृष्ट्यादिसर्वगुणवती

वैशंपायनउवाच ॥ ततःसंप्रस्थितोराजाकौंतेयोभूरिदक्षिणः ॥ अगस्त्याश्रममासाद्यदुर्जयायामुवासह १ तत्रैवलोमशंराजापप्रच्छवदतांवरः ॥ अगस्त्येनेहवातापिः
किमर्थमुपशामितः २ आसीद्वाकिंप्रभावश्चसदैत्योमानवांतकः ॥ किमर्थंचोदितोमन्युरगस्त्यस्यमहात्मनः ३ ॥ लोमशउवाच ॥ इल्वलोनामदैतेयआसीत्कौरव
नंदन ॥ मणिमत्यांपुरिपुरावातापिस्तस्यचानुजः ४ सब्राह्मणंतपोयुक्तमुवाचदितिनंदनः ॥ पुत्रंमेभगवानेकमिंद्रतुल्यंप्रयच्छतु ५ तस्मैसब्राह्मणोनादात्पुत्रंवासवसं
मितम् ॥ चुक्रोधसोऽसुरस्तस्यब्राह्मणस्यततोभृशम् ६ तदाप्रभृतिराजेंद्रइल्वलोब्रह्महाऽसुरः ॥ मन्युमान्भ्रातरंछागंमायावीह्यकरोत्ततः ७ मेषरूपीचवातापिःकामरू
प्यभवत्क्षणात् ॥ संस्कृत्यचभोजयतितंतंविप्रंजिवांसति ८ सचाह्वयतियंवाचागतंवैवस्वतक्षयम् ॥ सपुनर्देहमास्थायजीवन्स्मप्रत्यदृश्यत ९ ततोवातापिमसुरंछागंकृ
त्वासुसंस्कृतम् ॥ तंब्राह्मणंभोजयित्वापुनरेवसमाह्वयत् १० तामिल्वलेनमहतास्वरेणवाचमीरिताम् ॥ श्रुत्वाऽतिमायोबलवान्क्षिप्रंब्राह्मणकंटकः ११ तस्यपार्श्वंवि
निर्भिद्यब्राह्मणस्यमहासुरः ॥ वातापिःप्रहसन्राजन्निश्चक्रामविशांपते १२ एवंसब्राह्मणान्राजन्भोजयित्वापुनःपुनः ॥ हिंसयामासदैतेयइल्वलोदुष्टचेतनः १३
अगस्त्यश्चापिभगवानेतस्मिन्कालएवतु ॥ पितृन्ददर्शगर्तेवैलंबमानानधोमुखान् १४ सोऽपृच्छल्लंबमानांस्तान्भवंतइवकंपिताः ॥ संतानहेतोरितितेप्रत्यूचुर्ब्रह्म
वादिनः १५ तेतस्मैकथयामासुर्वयंतेपितरःस्वकाः ॥ गर्तमेतमनुप्राप्तालंबामप्रसवार्थिनः १६ यदिनोजनयेथास्त्वमगस्त्यापत्यमुत्तमम् ॥ स्यान्नोऽस्मान्निरयान्मो
क्षस्त्वंचपुत्राप्नुयागतिम् १७ सतानुवाचतेजस्वीसत्यधर्मपरायणः ॥ करिष्येपितरःकामंव्येतुवोमानसोज्वरः १८ ततःप्रसवसंतानंचिंतयन्भगवानृषिः ॥ आत्म
नःप्रसवस्यार्थेनापश्यत्सदृशींस्त्रियम् १९ सतस्यतस्यसत्वस्यतत्तदंगमनुत्तमम् ॥ संगृह्यतत्समैरंगैर्निर्ममेस्त्रियमुत्तमाम् २० सतांविदर्भराजस्यपुत्रार्थेतप्यतस्तपः ॥
निर्मितामात्मनोऽर्थायमुनिःप्रादान्महातपाः २१ सातत्रजज्ञेसुभगाविद्युत्सौदामनीयथा ॥ विभ्राजमानावपुषाव्यवर्धतशुभानना २२ जातमात्रांचतांदृष्ट्वावैदर्भःपृथिवी
पतिः ॥ प्रहर्षेणद्विजातिभ्योन्यवेदयतभारत २३ अभ्यनन्दन्ततांसर्वेब्राह्मणावसुधाधिप ॥ लोपामुद्रेतितस्याश्चचक्रिरेनामतेद्विजाः २४

मित्यर्थः २० । २१ जज्ञेजाता सौदामनीतिविशेष्यं विद्युदितिविशेषणंद्युतिविशेषोपपादनार्थं 'कुर्यांहरस्यापिपिनाकपाणेर्धैर्यच्युतिंकेममधन्विनोऽन्ये' इत्यादौपिनाकपाणिपदंऊर्जितचा
पवत्त्वद्योतनार्थमुपक्षीणंमत्वविशेष्यसमर्पणायाऽभिनिहरस्येतिपृथक्प्रत्युक्तं तद्वदिहापिध्येयम् २२ । २३ मुद्राणांतत्तन्मृगादिजातिगतानामसाधारणानांचिन्हानांकमनीयचक्षुष्ट्वादीनांलोपइवलोपस्तिर–

स्कारोयययासालोपामुद्रा । आहिताग्न्यादिवत्पूर्वनिपातः । अन्येष्वपिदृश्यतइतिदीर्घः । प्रकारांतरेणयोगेतुवेदेपदपाठलोपआमुद्रेत्यवग्रहःस्यात्सचनदृश्यतेऽतउक्तविधैवव्युत्पत्तिर्युक्ता २४ । २५ वशानुगाः

॥ ८८ ॥ ववृधेसामहाराजबिभ्रतीरूपमुत्तमम् ॥ अप्स्विवोत्पलिनीशीघ्रमग्नेरिवशिखाशुभा २५ तांयौवनस्थांराजेंद्रशतंकन्याःस्वलंकृताः ॥ दास्यःशतंचकल्याणीमुपात
स्थुर्वशानुगाः २६ सास्मदासीशतवृतामध्येकन्याशतस्यच ॥ आस्तेतेजस्विनीकन्यारोहिणीवदिविप्रभा २७ यौवनस्थामपिचतांशीलाचारसमन्विताम् ॥ नवव्रे
पुरुषःकश्चिद्भयात्तस्यमहात्मनः २८ सातुसत्यवतीकन्यारूपेणाप्सरसोऽप्यति ॥ तोषयामासपितरंशीलेनस्वजनंतथा २९ वैदर्भींतुतथायुक्तांयुवतींप्रेक्ष्यवैपिता ॥
मनसाचिंतयामासकस्मैदद्यामिमांसुताम् ३० ॥ इतिश्रीमहाभारतेआरण्यकेपर्वणितीर्थयात्रापर्वणिलोमशतीर्थयात्रायांअगस्त्योपाख्यानेषण्णवतितमोऽध्यायः
॥ ९६ ॥ ॥ लोमशउवाच ॥ यदात्वमन्यतागस्त्योगार्हस्थ्येतांक्षमामिति ॥ तदाऽभिगम्यप्रोवाचवैदर्भंपृथिवीपतिम् १ राजन्निवेशेबुद्धिर्मेवर्ततेपुत्रकारणात् ॥
वरयेत्वांमहीपाललोपामुद्रांप्रयच्छमे २ एवमुक्तःसमुनिनामहीपालोविचेतनः ॥ प्रत्याख्यानायचाशक्तःप्रदातुंचैवनैच्छत ३ ततःसभार्यामभ्येत्यप्रोवाचपृथिवीपतिः ॥
महर्षिर्वीर्यवानेषक्रुद्धःशापाग्निनादहेत् ४ तंतथादुःखितंदृष्ट्वासभार्यंपृथिवीपतिम् ॥ लोपामुद्राभिगम्येदंकालेवचनमब्रवीत् ५ नमत्कृतेमहीपालपीडामभ्येतुमर्हसि ॥
प्रयच्छमामगस्त्यायत्राह्यात्मानंमयापितः ६ दुहितुर्वचनाद्राजासोऽगस्त्यायमहात्मने ॥ लोपामुद्रांततःप्रादाद्विधिपूर्वंविशांपते ७ प्राप्यभार्यामगस्त्यस्तुलोपामु
द्रामभाषत ॥ महार्हाण्युत्सृजैतानिवासांस्याभरणानिच ८ ततःसादर्शनीयानिमहार्हाणितनूनिच ॥ समुत्ससर्जरंभोरूर्वसनान्यायतेक्षणा ९ ततश्चीराणिजग्राहवल्क
लान्यजिनानिच ॥ समानव्रतचर्याचबभूवायतलोचना १० गंगाद्वारमथागम्यभगवानृषिसत्तमः ॥ उग्रमातिष्ठततपःसहपत्न्याऽनुकूलया ११ साप्रीताबहुमानाच्चपतिं
पर्यचरत्तदा ॥ अगस्त्यश्चपरांप्रीतिंभार्यायामचरत्प्रभुः १२ ततोबहुतिथेकालेलोपामुद्रांविशांपते ॥ तपसाद्योतितांस्नातांददर्शभगवानृषिः १३ सतस्याःपरिचारेण
शौचेनचदमेनच ॥ श्रियारूपेणचप्रीतोमैथुनायाजुहावताम् १४ ततःसाप्रांजलिर्भूत्वालज्जमानेवभाविनी ॥ तदासप्रणयंवाक्यंभगवंतमथाब्रवीत् १५ असंशयंप्रजा
हेतोर्भार्यांपतिरविन्दत ॥ यातुत्वयिममप्रीतिस्तामृषेकर्तुमर्हसि १६ यथापितुर्गृहेविप्रप्रासादेशयनंमम ॥ तथाविधेत्वंशयनेमामुपैतुमिहार्हसि १७ इच्छामित्वांस्र
ग्विणंचभूषणैश्चविभूषितम् ॥ उपसर्तुंयथाकामंदिव्याभरणभूषिता १८

इच्छानुरूपाः २६ । २७ । २८ । २९ । ३० ॥ ॥ इत्यारण्यकेपर्वणि नैलकंठीये भारतभावदीपे षण्णवतितमोऽध्यायः ॥ ९६ ॥ ॥ यदेति १ निवेशेविवाहे २ । ३ । ४ । ५ । ६ । ७ । ८ । ९
१० । ११ । १२ स्नातांऋतावितिशेषः १३ परिचारेणसेवया १४ । १५ । १६ । १७ । १८

भूषणोऽयं चीरकाषायादिस्तपस्विनांश्लाघ्योऽयंसामग्रीकलापो भोगसंपर्केणापवित्रोनैवभवत्वितिशेषः १९ । २० । २१ । २२ ऋतोः कालःषोडशदिनानितेष्वल्पोऽवशिष्टः २३ । २४ । २५ ॥ इत्यारण्य
केपर्वणि नैलकंठीये भारतभावदीपे सप्तनवतितमोऽध्यायः ॥ ९७ ॥ ॥ ॥ ततइति । यंवेदवेत्ति १ विषयांतेदेशसीमांते २ आगमनेनिमित्तभूतामर्थितां किमिच्छन्नागतोऽसीतिपप्रच्छेत्यर्थः

अन्यथानोपतिष्ठेयंचीरकाषायवासिनी ॥ नैवापवित्रोविप्रर्षेभूषणोऽयंकथंचन १९ ॥ अगस्त्यउवाच ॥ नतेधनानिविद्यंतेलोपामुद्रेतथामम ॥ यथाविधानिकल्या
णिपितुस्तवसुमध्यमे २० ॥ लोपामुद्रोवाच ॥ ईशोऽसितपसासर्वंसमाहर्तुंतपोधन ॥ क्षणेनजीवलोकेयद्वसुकिंचनविद्यते २१ ॥ अगस्त्यउवाच ॥ एवमेतद्यथा
त्थत्वंतपोव्ययकरंतुतत् ॥ यथातुमेननश्येततपस्तन्मांप्रचोदय २२ ॥ लोपामुद्रोवाच ॥ अल्पावशिष्टःकालोऽयमृतोर्ममतपोधन ॥ नचान्यथाऽहमिच्छामित्वा
मुपैतुंकथंचन २३ नचापिधर्ममिच्छामिविलोप्तुंतेकथंचन ॥ एवंतुमेयथाकामंसंपादयितुमर्हसि २४ ॥ अगस्त्यउवाच ॥ यद्येषकामःसुभगेतवबुद्ध्याविनिश्चितः ॥
हर्तुंगच्छाम्यहंभद्रेचरकाममिहस्थिता २५ ॥ ॥ इतिश्रीमहाभारतेआरण्यकेपर्वणितीर्थयात्रापर्वणिलोमशतीर्थयात्रायामगस्त्योपाख्यानेसप्तनवतितमोऽध्यायः
॥ ९७ ॥ लोमशउवाच ॥ ततोजगामकौरव्यसोऽगस्त्योभिक्षितुंवसु ॥ श्रुतर्वाणंमहीपालंयंवेदाभ्यधिकंनृपैः १ सविदित्वातुनृपतिःकुंभयोनिमुपागतम् ॥ विषयां
तेसहामात्यःप्रत्यगृह्णात्सुसत्कृतम् २ तस्मैचार्घ्यंयथान्यायमानीयपृथिवीपतिः ॥ प्रांजलिःप्रयतोभूत्वापप्रच्छागमनेर्थिताम् ३ ॥ अगस्त्यउवाच ॥ वित्तार्थिनम
नुप्राप्तंविद्धिमांपृथिवीपते ॥ यथाशक्त्यविहिंस्यान्यान्संविभागंप्रयच्छमे ४ ॥ लोमशउवाच ॥ ततआयव्ययौपूर्णौतस्मैराजान्यवेदयत् ॥ अतोविद्वन्नुपादत्स्वयदत्र
वसुमन्यसे ५ ततआयव्ययौदृष्ट्वासमौसममतिर्द्विजः ॥ सर्वथाप्राणिनांपीडामुपादानादमन्यत ६ सश्रुतर्वाणमादायब्रध्नश्वमगमत्ततः ॥ सचतौविषयस्यांतेप्रत्यगृह्णा
द्यथाविधि ७ तयोरर्घ्यंचपाद्यंचब्रध्नश्वःप्रत्यवेदयत् ॥ अनुज्ञाप्यचपप्रच्छप्रयोजनमुपक्रमे ८ ॥ अगस्त्यउवाच ॥ वित्तकामाविहप्राप्तौविद्ध्यावांपृथिवीपते ॥
यथाशक्त्यविहिंस्यान्यान्संविभागंप्रयच्छनौ ९ ॥ लोमशउवाच ॥ ततआयव्ययौपूर्णौताभ्यांराजान्यवेदयत् ॥ अतोज्ञात्वातुगृह्णीतंयदत्रव्यतिरिच्यते १० तत
आयव्ययौदृष्ट्वासमौसममतिर्द्विजः ॥ सर्वथाप्राणिनांपीडामुपादानादमन्यत ११ पौरुकुत्संततोजग्मुस्त्रसदस्युंमहाधनम् ॥ अगस्त्यश्चश्रुतर्वाचब्रध्नश्वश्चमहीपतिः
१२ त्रसदस्युस्तुतान्दृष्ट्वाप्रत्यगृह्णाद्यथाविधि ॥ अभिगम्यमहाराजविषयांतेमहामनाः १३ अर्चयित्वायथान्यायमिक्ष्वाकूराजसत्तमः ॥ समस्तांश्चततोऽपृच्छत्प्रयो
जनमुपक्रमे १४ ॥ अगस्त्यउवाच ॥ वित्तकामानिहप्राप्तान्विद्धिनःपृथिवीपते ॥ यथाशक्त्यविहिंस्यान्यान्संविभागंप्रयच्छनः १५ ॥ लोमशउवाच ॥ ततआय
व्ययौपूर्णौतेषांराजान्यवेदयत् ॥ एतज्ज्ञात्वह्युपादध्वंयदत्रव्यतिरिच्यते १६

३ । ४ । ५ उपादानात् धनग्रहणात् ६ । ७ उपक्रमेआगमने ८ नौआवाभ्याम् ९ । १० । ११ । १२ । १३ । १४ । १५ । १६

१७ । १८ वसुमान् धनवान् १९ अध्यायतात्पर्यंब्राह्मणेनापिहिंसापूर्वकंभिक्षानकर्तव्येति २० ॥ इत्यारण्यकेपर्वणि नैलकंठीये भारतभावदीपे अष्टनवतितमोऽध्यायः ॥ ९८ ॥ इल्वलइति १ । २ । ३ । ४

ततआयव्ययौदृष्ट्वासमौसममतिर्द्विजः ॥ सर्वथाप्राणिनांपीडामुपादानादमन्यत १७ ततःसर्वेसमेत्याथतेनृपास्तंमहामुनिम् ॥ इदमूचुर्महाराजसमवेक्ष्यपरस्परम् १८ अयंवैदानवोब्रह्मन्निल्वलोवसुमान्भुवि ॥ तमतिक्रम्यसर्वेऽद्यवयंचार्थामहेवसु १९ ॥ लोमशउवाच ॥ तेषांतदाऽऽसीदुचितमिल्वलस्यैवभिक्षणम् ॥ ततस्तेसहिता राजन्निल्वलंसमुपाद्रवन् ॥ २० ॥ ॥ इतिश्रीमहाभारतेआरण्यकेपर्वणितीर्थयात्रापर्वणिलोमशतीर्थयात्रायामगस्त्योपाख्यानेअष्टनवतितमोऽध्यायः ॥ ९८ ॥

॥ लोमशउवाच ॥ इल्वलस्तान्विदित्वातुमहर्षिसहितान्नृपान् ॥ उपस्थितान्सहामात्योविषयांतेह्यपूजयत् १ तेषांततोऽसुरश्रेष्ठस्त्वातिथ्यमकरोत्तदा ॥ सुसंस्कृतेनकौरव्यभ्रात्रावातापिनायदा २ ततोराजर्षयःसर्वेविषण्णागतचेतसः ॥ वातापिंसंस्कृतंदृष्ट्वामेषभूतंमहासुरम् ३ अथाब्रवीदगस्त्यस्तान्राजर्षीन्नृषिसत्तमः ॥ विषादोवोनकर्तव्योह्यहंभोक्ष्येमहासुरम् ४ धुर्यासनमथासाद्यनिषसादमहानृषिः ॥ तंपर्यवेषद्दैत्येंद्रइल्वलःप्रहसन्निव ५ अगस्त्यएवकृत्स्नंतुवातापिंबुभुजेततः ॥ भुक्तवत्यसुरोऽऽह्वानमकरोत्तस्यचेल्वलः ६ ततोवायुःप्रादुरभूद्धस्तस्यमहात्मनः ॥ शब्देनमहतातातगर्जन्निवयथाघनः ७ वातापेनिष्क्रमस्वेतिपुनःपुनरुवाचह ॥ तंप्रहस्याब्रवीद्राजन्नगस्त्योमुनिसत्तमः ८ कुतोनिष्क्रमितुंशक्तोमयाजीर्णस्तुसोऽसुरः ॥ इल्वलस्तुविषण्णोऽभूद्दृष्ट्वाजीर्णंमहासुरम् ९ प्रांजलिश्चसहामात्यैरिदंवचनमब्रवीत् ॥ किमर्थमुपयाताःस्थब्रूतकिंकरवाणिवः १० प्रत्युवाचततोऽगस्त्यःप्रहसन्निल्वलंतदा ॥ ईशंह्यसुरविद्मस्त्वांवयंसर्वेधनेश्वरम् ११ एतेचनातिधनिनोधनार्थश्चमहान्मम ॥ यथाशक्त्यविहिंस्यान्यान्संविभागंप्रयच्छनः १२ ततोऽभिवाद्यतमृषिमिल्वलोवाक्यमब्रवीत् ॥ दित्सितंयदिवेत्सित्वंततोदास्यामितेवसु १३ ॥ अगस्त्यउवाच ॥ गवांदशसहस्राणिराज्ञामेकैकशोऽसुर ॥ तावदेवसुवर्णस्यदित्सितंतेमहासुर १४ मह्यंततोवैद्विगुणंरथश्चैवहिरण्मयः ॥ मनोजवौवाजिनौचदित्सितंतेमहासुर १५ जिज्ञास्यतांरथःसद्योव्यक्तएषहिरण्मयः ॥ ततःप्रव्यथितोदैत्योददावभ्यधिकंवसु १६ विरावश्चसुरावश्चतस्मिन्युक्तौरथेहयौ ॥ ऊहतुःसवसून्याशुतावगस्त्याश्रमंप्रति १७ सर्वान्राज्ञःसहागस्त्यान्निमेषादिवभारत ॥ अगस्त्येनाभ्यनुज्ञाताजग्मूराजर्षयस्तदा ॥ कृतवांश्चमुनिःसर्वंलोपामुद्राचिकीर्षितम् १८ ॥ लोपामुद्रोवाच ॥ कृतवानसितत्सर्वंभगवन्ममकांक्षितम् ॥ उत्पादयसकृन्मह्यमपत्यंवीर्यवत्तरम् १९ ॥ अगस्त्यउवाच ॥ तुष्टोहमस्मिकल्याणितववृत्तेनशोभने ॥ विचारणामपत्येतुतववक्ष्यामितांशृणु २० सहस्रंतेऽस्तुपुत्राणांशतंवादशसंमितम् ॥ दशवाशततुल्याःस्युरेकोवाऽपिसहस्रजित् २१

५ । ६ । ७ । ८ । ९ । १० । ११ । १२ दित्सितंमयायुष्मभ्यंदातुमिष्टं एतेनपरचित्ताभिज्ञत्वमगस्त्यस्यपरीक्षितम् १३ । १४ । १५ । १६ । १७ । १८ । १९ । २० दशसंमितं दशशतसंमितम् २१

२२ समभवत्संगमंचकार २३ शारदानशरदाऋतुनायुक्तानसंवत्सरानित्यर्थः २४ प्राच्यवदुदरान्निर्गतोऽभवदित्यर्थः २५ । २६ । २७ युक्तमध्ययनेध्मवाहनादौ २८ । २९ प्राह्लादिःप्रह्लादगोत्रोद्भवः ३०
३१ शिलानांतलेष्वधोभागेषुसंत्रस्तालीना तेनपातालगामित्वमुक्तं शेषेणस्वर्गभूगतत्वमितित्रिपथगात्वमुक्तंगंगायाः ३२ । ३३ । ३४ रामोजामदग्न्यः हृतंदाशरथिरामेण ३५ । ३६ । ३७ तस्य

॥ लोपामुद्रोवाच ॥ सहस्रसंमितःपुत्रएकोऽप्यस्तुतपोधन ॥ एकोहिबहुभिःश्रेयान्विद्वान्साधुरसाधुभिः २२ ॥ लोमशउवाच ॥ सतथेतिप्रतिज्ञायतयासमभवन्मु
निः ॥ समयेसमशीलिन्याश्रद्धावान्श्रद्दधानया २३ ततआधायगर्भंतमगमद्वनमेवसः ॥ तस्मिन्वनगतेगर्भोवन्वृधेसप्तशारदान् २४ सप्तमेऽब्देगतेचापिप्राच्यव
त्समहाकविः ॥ ज्वलन्निवप्रभावेणदृढस्युर्नामभारत २५ सांगोपनिषदान्वेदान्जपन्निवमहातपाः ॥ तस्यपुत्रोऽभवदृषेःसतेजस्वीमहाद्विजः २६ सबालएवतेज
स्वीपितुस्तस्यनिवेशने ॥ इध्मानांभारमाजह्रेइध्मवाहस्ततोऽभवत् २७ तथायुक्तंतुतंदृष्ट्वामुमुदेसमुनिस्तदा ॥ एवंसजनयामासभारतापत्यमुत्तमम् २८ लेभिरे
पितरश्चास्यलोकान्राजन्यथेप्सितान् ॥ ततऊर्ध्वमयंख्यातस्त्वगस्त्यस्याश्रमोभुवि २९ प्राह्लादिरेवंवातापिरगस्त्येनोपशामितः ॥ तस्यायमाश्रमोराजन्रमणी
यैर्गुणैर्युतः ३० एषाभागीरथीपुण्यादेवगंधर्वसेविता ॥ वातेरितापताकेवविराजतिनभस्तले ३१ प्रतार्यमाणाकूटेषुयथानिम्नेषुनित्यशः ॥ शिलातलेषुसंत्रस्ताप
न्नगेंद्रवधूरिव ३२ दक्षिणान्वैदिशंसर्वांप्लावयंतीचमातृवत् ॥ पूर्वंशंभोर्जटाभ्रष्टासमुद्रमहिषीप्रिया ॥ अस्यांनद्यांसुपुण्यायांयथेष्टमवगाह्यताम् ३३ युधिष्ठिरनिबोधेदं
त्रिषुलोकेविश्रुतम् ॥ भृगोस्तीर्थंमहाराजमहर्षिगणसेवितम् ३४ यत्रोपस्पृष्टवान्रामोहृतंतेजस्तदाप्तवान् ॥ अत्रत्वंभ्रातृभिःसार्धंकृष्णयाचैवपांडव ३५ दु
र्योधनहृतंतेजःपुनरादातुमर्हसि ॥ कृतवैरेणरामेणयथाचोपहृतंपुनः ३६ ॥ ॥ वैशंपायनउवाच ॥ ॥ सतत्रभ्रातृभिश्चैवकृष्णयाचैवपांडवः ॥ स्नात्वादे
वान्पितॄंश्चैवतर्पयामासभारत ३७ तस्यतीर्थस्यरूपंवैदीप्तादीप्ततरंबभौ ॥ अप्रधृष्यतरश्चासीच्छात्रवाणांनरर्षभ ३८ अपृच्छच्चैवराजेंद्रलोमशंपांडुनंदनः ॥ भग
वन्किमर्थंरामस्यहृतमासीद्वपुःप्रभो ॥ कथंप्रत्याहृतंचैवएतदाचक्ष्वपृच्छतः ३९ ॥ ॥ लोमशउवाच ॥ ॥ शृणुरामस्यराजेंद्रभार्गवस्यचधीमतः ॥ जातो
दशरथस्यासीत्पुत्रोरामोमहात्मनः ४० विष्णुःस्वेनशरीरेणरावणस्यवधायवै ॥ पश्यामस्तमयोध्यायांजातंदाशरथिंततः ४१ ऋचीकनन्दनोरामोभार्गवोरेणुकासु
तः ॥ तस्यदाशरथेःश्रुत्वारामस्याक्लिष्टकर्मणः ४२ कौतूहलान्वितोरामस्त्वयोध्यामगत्पुनः ॥ धनुरादायतद्दिव्यंक्षत्रियाणांनिबर्हणम् ४३ जिज्ञासमानोरामस्यवी
र्यंदाशरथेस्तदा ॥ तंवैदशरथःश्रुत्वाविषयांतमुपागतम् ४४ प्रेषयामासरामस्यरामंपुत्रंपुरस्कृतम् ॥ सतमभ्यागतंदृष्ट्वाउद्यतास्त्रमवस्थितम् ४५ प्रहसन्निवकौंतेय
रामोवचनमब्रवीत् ॥ कृतकालंहिराजेंद्रधनुरेतन्मयाविभो ४६

युधिष्ठिरस्य तीर्थस्यतीर्थेस्नातस्य ३८ वपुस्तेजः ३९ । ४० । ४१ दाशरथेःश्रुत्वा धनुर्भंजनादिपराक्रममितिशेषः कर्मणिवाषष्ठी ४२ । ४३ । ४४ । ४५ कृतकालं कृताःहिंसिताःकालतुल्याः
क्षत्रियायेनतद्धनुः । कृञ्हिंसायांस्वार्थेणिद्रूपम् ४६

४७ बाहुवीर्यविषये नकत्थनंश्लाघनंनास्ति ४८ व्यपदेशेनउक्त्या ४९ । ५० । ५१ । ५२ । ५३ श्रूयतेचकाराद्दृश्यतेच तवदर्पयुक्तत्वमितिशेषः अथापिक्षम्यते ५४ क्षत्रियेभ्यः क्षत्रियान्निजित्वा ५५

समारोपययत्नेनयदिशक्तोसिपार्थिव ॥ इत्युक्तस्त्वाहभगवंस्त्वंनाधिक्षेप्तुमर्हसि ४७ नाहमप्यधमोधर्मेक्षत्रियाणांद्विजातिषु ॥ इक्ष्वाकूणांविशेषेणबाहुवीर्येणकत्थनम् ४८ तमेवंवादिनंतत्ररामोवचनमब्रवीत् ॥ अलंवैव्यपदेशेनधनुरायच्छराघव ४९ ततोजग्राहरोषेणक्षत्रियर्षभसूदनम् ॥ रामोदाशरथिर्दिव्यंहस्ताद्रामस्यकार्मुकम् ५० धनुरारोपयामाससलीलइवभारत ॥ ज्याशब्दमकरोच्चैवस्मयमानःसवीर्यवान् ५१ तस्यशब्दस्यभूतानिवित्रसंत्यशनेरिव ॥ अथाब्रवीत्तदारामोरामंदाशरथिस्तदा ५२ इदमारोपितंब्रह्मन्किमन्यत्करवाणिते ॥ तस्यरामोददौदिव्यंजामदग्न्योमहात्मनः ॥ शरमाकर्णदेशांतमयमाकृष्यतामिति ५३ ॥ लोमशउवाच ॥ एतच्छ्रुत्वाऽब्रवीद्रामःप्रदीप्तइवमन्युना ॥ श्रूयतेक्षम्यतेचैवदर्पपूर्णोऽसिभार्गव ५४ त्वयाह्यधिगतंतेजःक्षत्रियेभ्योविशेषतः ॥ पितामहप्रसादेनतेनमांक्षिपसिध्रुवम् ५५ पश्यमांस्वेनरूपेणचक्षुस्तेवितराम्यहम् ॥ ततोरामशरीरेवैरामःपश्यतिभार्गवः ५६ आदित्यान्सवसून्रुद्रान्साध्यांश्चसमरुद्गणान् ॥ पितरोहुताशनश्चैवनक्षत्राणिग्रहास्तथा ५७ गन्धर्वाराक्षसायक्षानद्यस्तीर्थानियानिच ॥ ऋषयोवालखिल्याश्चब्रह्मभूताःसनातनाः ५८ देवर्षयश्चकात्स्न्येनसमुद्राःपर्वतास्तथा ॥ वेदाश्चसोपनिषदोवषट्कारैःसहाध्वरैः ५९ चेतोमंतिचसामानिधनुर्वेदश्चभारत ॥ मेघवृंदानिवर्षाणिविद्युतश्चयुधिष्ठिर ६० ततःसभगवान्विष्णुस्तंवैबाणंमुमोचह ॥ शुष्काशनिसमाकीर्णंमहोल्काभिश्चभारत ६१ पांसुवर्षेणमहतामेघवर्षैश्चभूतलम् ॥ भूमिकंपैश्चनिर्घातैर्नादैश्चविपुलैरपि ६२ सरामंविह्वलंकृत्वातेजश्चाक्षिप्यकेवलम् ॥ आगच्छज्ज्वलितोबाणोरामबाहुप्रचोदितः ६३ सतुविह्वलतांगत्वाप्रतिलभ्यचचेतनाम् ॥ रामःप्रत्यागतप्राणःप्राणमद्विष्णुतेजसम् ६४ विष्णुनासोऽभ्यनुज्ञातोमहेंद्रमगमत्पुनः ॥ भीतस्तुतत्रन्यवसद्व्रीडितस्तुमहातपाः ६५ ततःसंवत्सरेऽतीतेहृतौजसमवस्थितम् ॥ निर्मदंदुःखितंदृष्ट्वापितरोराममब्रुवन् ६६ ॥ पितरऊचुः ॥ नवैसम्यगिदंपुत्रविष्णुमासाद्यवैकृतम् ॥ सहिपूज्यश्चमान्यश्चत्रिषुलोकेषुसर्वदा ६७ गच्छपुत्रनदींपुण्यांवधूसरकृताभयाम् ॥ तत्रोपस्पृश्यतीर्थेषुपुनर्वपुरवाप्स्यसि ६८ दीप्तोदंनामतत्तीर्थंयत्रतेप्रपितामहः ॥ भृगुर्देवयुगेरामतप्तवानुत्तमंतपः ६९ तत्तथाकृतवान्रामःकौन्तेयवचनात्पितुः ॥ प्राप्तवांश्चपुनस्तेजस्तीर्थेऽस्मिन्पांडुनंदन ७० एतदीदृशकंतातरामेणाक्लिष्टकर्मणा ॥ प्राप्तमासीन्महाराजविष्णुमासाद्यवैपुरा ७१ ॥ इतिश्रीमहाभारतेआरण्यकेपर्वणितीर्थयात्रापर्वणिलोमशतीर्थयात्रायांजामदग्न्यतेजोहानिकथनेएकोनशततमोऽध्यायः ॥ ९९ ॥ ॥ ॥ युधिष्ठिरउवाच ॥ भूयएवाहमिच्छामिमहर्षेस्तस्यधीमतः ॥ कर्मणांविस्तरंश्रोतुमगस्त्यस्यद्विजोत्तम १

५६ । ५७ । ५८ । ५९ चेतोमंति चेतनावंति आर्षपदत्वमयुक्तंरूपं चेतस्वंतीत्यपेक्षितम ६० । ६१ । ६२ । ६३ । ६४ । ६५ । ६६ । ६७ । ६८ । ६९ ७० । ७१ ॥ इत्यारण्यकेपर्वणिनैलकंठीयेभारतभावदीपेएकोनशततमोऽध्यायः ॥ ९९ ॥ ॥ भूयइति १

२ । ३ । ४ । ५ । ६ । ७ सवोदास्यतिईप्सितमितिशेषः ८ । ९ । १० षडस्त्रिषट्कोणम् ११ । १२ । १३ जीवंजीववदिवेतिलुप्तोपमा यतोजीवकैःक्षुद्रजीवैःपश्वादिभिर्नादितमतश्चेतनमिवेत्यर्थः १४
१५ करेणुभिर्हस्तिनीभिः । प्रभिन्नंमदस्राविं । करटामदोद्भेदस्थानंगंडस्थलैकदेशस्तस्यमुखमुपरिभागोयेषांतैः १६ । १७ त्रिविष्टपसमप्रख्यंस्वर्गतुल्यप्रकाशम् १८ । १९ । २० । २१ परासोःगतप्राणस्य

॥ लोमशउवाच ॥ शृणुराजन्कथांदिव्यामद्भुतामतिमानुषीम् ॥ अगस्त्यस्यमहाराजप्रभावममितौजसः २ आसन्कृतयुगेघोरादानवायुद्धदुर्मदाः ॥ कालकेयाइ
तिविख्यातागणाःपरमदारुणाः ३ तेतुवृत्रंसमाश्रित्यनानाप्रहरणोद्यताः ॥ समंतात्पर्यधावन्तमहेंद्रप्रमुखान्सुरान् ४ ततोवृत्रवधेयत्नमकुर्वंस्त्रिदशाःपुरा ॥ पुरं
दरंपुरस्कृत्यब्रह्माणमुपतस्थिरे ५ कृतांजलींस्तुतान्सर्वान्परमेष्ठीत्युवाचह ॥ विदितंमेसुराःसर्वंयद्वःकार्यंचिकीर्षितम् ६ तमुपायंप्रवक्ष्यामियथावृत्रंवधिष्यथ ॥
दधीचइतिविख्यातोमहानृषिरुदारधीः ७ तंगत्वासहिताःसर्वेवरंवैसंप्रयाचत ॥ सवोदास्यतिधर्मात्मासुप्रीतेनांतरात्मना ८ सवाच्यःसहितैःसर्वैर्भवद्भिर्जयकांक्षिभिः ॥
स्वान्यस्थीनिप्रयच्छेतित्रैलोक्यस्यहितायवै ९ सशरीरंसमुत्सृज्यस्वान्यस्थीनिप्रदास्यति ॥ तस्यास्थिभिर्महाघोरंवज्रंसंस्क्रियतांदृढम् १० महच्छत्रुहणंघोरंषड
स्त्रिभीमनिःस्वनम् ॥ तेनवज्रेणवैवृत्रंवधिष्यतिशतक्रतुः ११ एतद्वःसर्वमाख्यातंतस्माच्छीघ्रंविधीयताम् ॥ एवमुक्तास्ततोदेवाअनुज्ञाप्यपितामहम् १२
नारायणंपुरस्कृत्यदधीचस्याश्रमंययुः ॥ सरस्वत्याःपरेपारेनानाद्रुमलतावृतम् १३ षट्पदोद्गीतनिनदैर्विघुष्टंसामगैरिव ॥ पुंस्कोकिलरवोन्मिश्रंजीवंजीवकनादितम्
१४ महिषैश्चवराहैश्चसृमरैश्चमरैरपि ॥ तत्रतत्रानुचरितंशार्दूलभयवर्जितैः १५ करेणुभिर्वारणैश्चप्रभिन्नकरटामुखैः ॥ सरोवगाढैःक्रीडद्भिःसमंतादनुनादितम् १६ सिंह
व्याघ्रैर्महानादान्नदद्भिरनुनादितम् ॥ अपरैश्चापिसंलीनैर्गुहाकंदरशायिभिः १७ तेषुतेष्ववकाशेषुशोभितंसुमनोरमम् ॥ त्रिविष्टपसमप्रख्यंदधीचाश्रममागमन् १८
तत्रापश्यन्दधीचंतेदिवाकरसमद्युतिम् ॥ जाज्वल्यमानंवपुषायथालक्ष्म्यापितामहम् १९ तस्यपादौसुराराजन्नभिवाद्यप्रणम्यच ॥ अयाचंतवरंसर्वेयथोक्तंपरमेष्ठिना
२० ततोदधीचःपरमप्रतीतःसुरोत्तमांस्तानिदमभ्युवाच ॥ करोमियद्वोहितमद्यदेवाःस्वंचापिदेहंस्वयमुत्सृजामि २१ सएवमुक्त्वाद्विपदांवरिष्ठःप्राणान्वशीस्वान्सहसो
त्ससर्ज ॥ ततःसुरास्तेजगृहुःपरासोरस्थीनितस्याथयथोपदेशम् २२ प्रहृष्टरूपाश्चजयायदेवास्त्वष्टारमागम्यतमर्थमूचुः ॥ त्वष्टातुतेषांवचनंनिशम्यप्रहृष्टरूपः
प्रयतःप्रयत्नात् २३ चकारवज्रंभृशमुग्ररूपंकृत्वाचशक्रंसउवाचहृष्टः ॥ अनेनवज्रप्रवरेणदेवभस्मीकुरुष्वाद्यसुरारिमुग्रम् २४ ततोहतारिःसगणःसुखंवैप्रशाधिकृ
त्स्नंत्रिदिवंदिविष्ठः ॥ त्वष्ट्रातथोक्तस्तुपुरंदरस्तद्वज्रंप्रहृष्टःप्रयतोह्यगृह्णात् २५ ॥ ॥ इतिश्रीमहाभारतेआरण्यकेपर्वणितीर्थयात्रापर्वणिलोमशतीर्थयात्रायांवज्रनिर्माण
कथनेशततमोऽध्यायः ॥ १०० ॥ ॥ लोमशउवाच ॥ ॥ ततःसवज्रीबलिभिर्दैवतैरभिरक्षितः ॥ आससादततोवृत्रंस्थितमावृत्यरोदसी १ काल
केयैर्महाकायैःसमंतादभिरक्षितम् ॥ समुद्यतप्रहरणैःसशृंगैरिवपर्वतैः २

२२ । २३ । २४ । २५ ॥ इत्यारण्यकेपर्वणि नैलकंठीये भारतभावदीपे शततमोऽध्यायः ॥ १०० ॥ ॥ ॥ ततइति । रोदसीद्यावापृथिव्यौ १ । २

३ वीरबाहुभिः सार्धमादावुद्यताः पश्चादन्यैः प्रतिपिष्टास्तेषाम् ४ तालैस्तालफलैः ५ । ६ । ७ । ८ । ९ व्यदधदनिहितवान् १० । ११ । १२ बलस्थंबलवंतम् १३ । १४ माल्यधारीमालाधारी १५

ततोयुद्धंसमभवद्देवानांदानवैःसह ॥ मुहूर्तंभरतश्रेष्ठलोकत्रासकरंमहत् २ उद्यतप्रतिपिष्टानांखड्गानांवीरबाहुभिः ॥ आसीत्सुतुमुलःशब्दःशरीरेष्वभिपात्यताम् ४ शिरोभिःप्रपतद्भिश्चाप्यंतरिक्षान्महीतलम् ॥ तालैरिवमहाराजवृंताद्भ्रष्टैरदृश्यत ५ तेहेमकवचाभूत्वाकालेयाःपरिघायुधाः ॥ त्रिदशानभ्यवर्तंतदावदग्धाइवाद्रयः ६ तेषांवेगवतांवेगंसाभिमानंप्रधावताम् ॥ नशेकुस्त्रिदशाःसोढुंतेभग्नाःप्राद्रवन्भयात् ७ तान्दृष्ट्वाद्रवतोभीतान्सहस्राक्षःपुरंदरः ॥ वृत्रेविवर्धमानेचकश्मलंमहदाविशत् ८ कालेयभयसंत्रस्तोदेवःसाक्षात्पुरंदरः ॥ जगामशरणंशीघ्रंतंतुनारायणंप्रभुम् ९ तंशक्रंकश्मलाविष्टंदृष्ट्वाविष्णुःसनातनः ॥ स्वतेजोव्यदधच्छक्रेबलमस्यविवर्धयन् १० विष्णुनागोपितंशक्रंदृष्ट्वादेवगणास्ततः ॥ सर्वेतेजःसमादध्युस्तथाब्रह्मर्षयोऽमलाः ११ ससमाप्यायितःशक्रोविष्णुनादैवतैःसह ॥ ऋषिभिश्चमहाभागैर्बलवान्समपद्यत १२ ज्ञात्वाबलस्थंत्रिदशाधिपंतुननादवृत्रोमहतोनिनादान् ॥ तस्यप्रणादेनधरादिशश्चखंद्यौर्नगाश्चापिचचालसर्वम् १३ ततोमहेंद्रःपरमाभितप्तःश्रुत्वारवंघोररूपंमहांतम् ॥ भयेनिमग्नस्त्वरितोमुमोचवज्रंमहत्तस्यवधायराजन् १४ सशक्रवज्राभिहतःपपातमहासुरःकांचनमाल्यधारी ॥ यथामहाशैलवरःपुरस्तात्समंदरोविष्णुकराद्विमुक्तः १५ तस्मिन्हतेदैत्यवरेभयार्तःशक्रःप्रदुद्रावसरःप्रवेष्टुम् ॥ वज्रंसमेनेनकराद्विमुक्तंवृत्रंभयाच्चापिहतंनमेने १६ सर्वेचदेवामुदिताःप्रहृष्टामहर्षयश्चेंद्रमभिष्टुवंतः ॥ सर्वांश्चदैत्यांस्त्वरिताःसमेत्यजघ्नुःसुरावृत्रवधाभितप्तान् १७ तैस्त्रास्यमानास्त्रिदशैःसमेतैःसमुद्रमेवाविविशुर्भयार्ताः ॥ प्रविश्यचैवोदधिमप्रमेयंझषाकुलंनक्रसमाकुलंच १८ तदास्ममंत्रंसहिताःप्रचक्रुस्त्रैलोक्यनाशार्थमभिस्मयंतः ॥ तत्रस्मकेचिन्मतिनिश्चयज्ञास्तांस्तानुपायाननुवर्णयंति १९ तेषांतुतत्रक्रमकालयोगाद्घोरामतिश्चिंतयतांबभूव ॥ येसंतिविद्यातपसोपपन्नास्तेषांविनाशःप्रथमंतुकार्यः २० लोकाहिसर्वेतपसाध्रियंतेतस्मात्त्वरध्वंतपसःक्षयाय ॥ येसंतिकेचिच्चवसुन्धरायांतपस्विनोधर्मविदश्चतज्ज्ञाः २१ तेषांवधःक्रियतांक्षिप्रमेवतेषुप्रनष्टेषुजगत्प्रनष्टम् ॥ एवंहिसर्वेगतबुद्धिभावाजगद्विनाशेपरमप्रहृष्टाः २२ दुर्गंसमाश्रित्यमहोर्मिमंतंरत्नाकरंवरुणस्यालयंस्म २३ ॥ इतिश्रीमहाभारतेआरण्यकेपर्वणितीर्थयात्राप० लोमशतीर्थयात्रायांवृत्रवधोपाख्यानेएकाधिकशततमोध्यायः ॥ १०१ ॥ ॥ लोमशउवाच ॥ समुद्रंतेसमाश्रित्यवरुणंनिधिमंभसः ॥ कालेयाःसंप्रवर्ततत्रैलोक्यस्यविनाशने १ तेरात्रौसमभिक्रुद्धाभक्षयंतिसदामुनीन् ॥ आश्रमेषुचयेसंतिपुण्येष्वायतनेषुच २ वसिष्ठस्याश्रमेविप्राभक्षितास्तैर्दुरात्मभिः ॥ अशीतिःशतमष्टौचनवचान्येतपस्विनः ३

हतमपिवृत्रंभयात्नहतमितिमेने १६ । १७ । १८ । १९ । २० ध्रियंतेजीवंति २१ गतबुद्धिभावाःप्राप्तधीनिश्चयाः २२ वरुणस्यालयंसमुद्रम् २३ ॥ इत्यारण्यकेपर्वणि नैलकंठीये भारतभावदीपे एकाधिकशततमोऽध्यायः ॥ १०१ ॥ ॥ ॥ समुद्रमिति । कालेयाःकालायाःकश्यपभार्यायाःपुत्राः १ । २ । ३

४ । ५ । ६ कालोपसृष्टाःमृत्युनाग्रस्ताः ७ तापसेषुप्रवृत्तान्दैत्यांस्तापसाएवतपसाकुतोनवारयंतिइत्याशंक्याह तपस्विष्विति तपसैवधनवत्सु देहनाशेऽपितपोनाशोमाभूदितिभावः ८ शरिरैर्मांसा
दिरहितत्वादस्थिमात्रैरित्यर्थः ९ अतएवशंखराशितुल्यैः १० कलशैः शिरोघटैः ११ । १२ । १३ । १४ दानवानांवधायेतिशेषः १५ क्षयंगृहंनाशंवा १६ । १७ । १८ । १९ इंगतिचलतीतिइंगंपचा

च्यवनस्याश्रमंगत्वापुण्यंद्विजनिषेवितम् ॥ फलमूलाशनानांहिमुनीनांभक्षितंशतम् ४ एवंरात्रौस्मकुर्वंतिविविशुश्चार्णवंदिवा ॥ भरद्वाजाश्रमेचैवनियताब्रह्मचारिणः
५ वाय्वाहारांबुभक्षाश्चविंशतिःसंनिषूदिताः ॥ एवंक्रमेणसर्वांस्तानाश्रमान्दानवास्तदा ६ निशायांपरिबाधंतेमत्ताभुजबलाश्रयात् ॥ कालोपसृष्टाःकालेयाघ्नंतो
द्विजगणान्बहून ७ नचैनानन्वबुध्यंतमनुजामनुजोत्तम ॥ एवंप्रवृत्तान्दैत्यांस्तांस्तापसेषुतपस्विषु ८ प्रभातेसमदृश्यंतनियताहारकर्शिताः ॥ महीतलस्थामु
नयःशरीरैर्गतजीवितैः ९ क्षीणमांसैर्विरुधिरैर्विमज्जांत्रैर्विसंधिभिः ॥ आकीर्णैराबभौभूमिःशंखानामिवराशिभिः १० कलशैर्विप्रविद्धैश्चस्रुवैर्भग्नैस्तथैवच ॥ विकी
र्णैरग्निहोत्रैश्चभूर्बभूवसमावृता ११ निःस्वाध्यायवषट्कारंनष्टयज्ञोत्सवक्रियम् ॥ जगदासीन्निरुत्साहंकालेयभयपीडितम् १२ एवंसंक्षीयमाणाश्चमानवामनुजेश्वर
॥ आत्मत्राणपराभीताःप्राद्रवंतदिशोभयात् १३ केचिद्गुहाःप्रविविशुर्निर्झरांश्चापरेतथा ॥ अपरेमरणोद्विग्नाभयात्प्राणान्समुत्सृजन् १३ केचिदत्रमहेष्वासाःशूराः
परमहर्षिताः ॥ मार्गमाणाःपरंयत्नंदानवानांप्रचक्रिरे १५ नचैतानधिजग्मुस्तेसमुद्रंसमुपाश्रितान् ॥ श्रमंजग्मुश्चपरममाजग्मुःक्षयमेवच १६ जगत्युपशमंयातेनष्ट
यज्ञोत्सवक्रिये ॥ आजग्मुःपरमामार्तिंत्रिदशामनुजेश्वर १७ समेत्यसमहेंद्राश्चभयान्मंत्रंप्रचक्रिरे ॥ शरण्यंशरणंदेवंनारायणमजंविभुम् १८ तेऽभिगम्यनम
स्कृत्यवैकुंठमपराजितम् ॥ ततोदेवाःसमस्तास्तेतदोचुर्मधुसूदनम् १९ त्वंनःस्रष्टाचभर्ताचहर्ताचजगतःप्रभो ॥ त्वयासृष्टमिदंविश्वंयच्चेंगंयच्चनेंगति २० त्वयाभूमिः
पुरानष्टासमुद्रात्पुष्करेक्षण ॥ वाराहंवपुराश्रित्यजगदर्थेसमुद्धृता २१ आदिदैत्योमहावीर्योहिरण्यकशिपुःपुरा ॥ नारसिंहंवपुःकृत्वासूदितःपुरुषोत्तम २२ अवध्यः
सर्वभूतानांबलिश्चापिमहासुरः ॥ वामनंवपुराश्रित्यत्रैलोक्याद्भ्रंशितस्त्वया २३ असुरश्चमहेष्वासोजंभइत्यभिविश्रुतः ॥ यज्ञक्षोभकरःक्रूरस्त्वयैवविनिपातितः २४
एवमादीनिकर्माणियेषांसंख्यानविद्यते ॥ अस्माकंभयभीतानांत्वंगतिर्मधुसूदन २५ तस्मात्त्वांदेवदेवेशलोकार्थंज्ञापयामहे ॥ रक्षलोकांश्चदेवांश्चशक्रंचमहतो
भयात् २६ ॥ ॥ इतिश्रीमहाभारतेआरण्यकेपर्वणितीर्थयात्रापर्वणिलोमशतीर्थयात्रायांविष्णुस्तवेद्व्यधिकशततमोऽध्यायः ॥ १०२ ॥ ॥ ॥
॥ देवाऊचुः ॥ ॥ तवप्रसादाद्वर्धंतेप्रजाःसर्वाश्चतुर्विधाः ॥ ताभाविताभावयंतिहव्यकव्यैर्दिवौकसः १ लोकाह्येवंविवर्धंतेह्यन्योन्यंसमुपाश्रिताः ॥ त्वत्प्रसादान्निरु
द्विग्नास्त्वयैवपरिरक्षिताः २

यच्चजंगमं नेंगतिस्थावरम् २० । २१ । २२ । २३ । २४ । २५ । २६ ॥ ॥ इत्यारण्यकेपर्वणिनैलकंठीयेभारतभावदीपेद्व्यधिकशततमोऽध्यायः ॥ १०२ ॥ ॥ तवेति । चतुर्विधाःसुरनरतिर्यक्स्थावराः
दिवौकसोदेवान् १ । २

३ । ४ । ५ । ६ । ७ । ८ । ९ । १० ११ । १२ वारुणिंमैत्रावरुणपुत्रम् १३ अभिष्टुवन्अस्तुवन् अड्भावआर्षः १४ । १५ नगोत्तमःपर्वतेषुश्रेष्ठःवध्योनाम्ना १६ तमसाविंध्यवृद्ध्याआवृते ग्रस्तालोके

इदंचसमनुप्राप्तंलोकानांभयमुत्तमम् ॥ नचजानीमकेनेमेरात्रौवध्यंतिब्राह्मणाः ३ क्षीणेषुचब्राह्मणेषुपृथिवीक्षयमेष्यति ॥ ततःपृथिव्यांक्षीणायांत्रिदिवंक्षयमेष्यति
४ त्वत्प्रसादान्महाबाहोलोकाःसर्वेजगत्पते ॥ विनाशंनाधिगच्छेयुस्त्वयावैपरिरक्षिताः ५ ॥ विष्णुरुवाच ॥ विदितंमेसुराःसर्वंप्रजानांक्षयकारणम् ॥ भवतांचा
पिवक्ष्यामिशृणुध्वंविगतज्वराः ६ कालेयइतिविख्यातोगणःपरमदारुणः ॥ तैश्चवृत्रंसमाश्रित्यजगत्सर्वंप्रमाथितम् ७ तेवृत्रंनिहतंदृष्ट्वासहस्राक्षेणधीमता ॥ जीवि
तंपरिरक्षंतःप्रविष्टावरुणालयम् ८ तेप्रविश्योदधिंघोरंनक्रग्राहसमाकुलम् ॥ उत्सादनार्थंलोकानांरात्रौघ्नंतिऋषीनिह ९ नतुशक्याःक्षयंनेतुंसमुद्राश्रयगाहिते ॥
समुद्रस्यक्षयेबुद्धिर्भवद्भिःसंप्रधार्यताम् १० अगस्त्येनविनाकोहिशक्तोऽन्योऽर्णवशोषणे ॥ अन्यथाहिनशक्यास्तेविनासागरशोषणम् ११ एतच्छ्रुत्वातदादेवा
विष्णुनासमुदाहृतम् ॥ परमेष्ठिनमाज्ञाप्यअगस्त्यस्याश्रमंययुः १२ तत्रापश्यन्महात्मानंवारुणिंदीप्ततेजसम् ॥ उपास्यमानमृषिभिर्देवैरिवपितामहम् १३
तेऽभिगम्यमहात्मानंमैत्रावरुणिमच्युतम् ॥ आश्रमस्थंतपोराशिंकर्मभिःस्वैरभिष्टुवन् १४ ॥ देवाऊचुः ॥ नाहुषेणाभितप्तानांत्वंलोकानांगतिःपुरा ॥ भ्रंशित
श्चसुरैश्वर्याल्स्वर्लोकाल्लोककंटकः १५ क्रोधात्प्रवृद्धःसहसाभास्करस्यनगोत्तमः ॥ वचस्तवानतिक्रामन्विंध्यःशैलोनवर्धते १६ तमसाचावृतेलोकेमृत्युनाभ्यर्दिताः
प्रजाः ॥ त्वामेवनाथमासाद्यनिर्वृतिंपरमांगताः १७ अस्माकंभयभीतानांनित्यशोभगवान्गतिः ॥ ततस्त्वार्ताःप्रयाचामोवरंत्वांवरदोह्यसि १८ ॥ इतिश्रीमहा
भारतेआरण्यकेपर्वणितीर्थयात्रापर्वणिलोमशतीर्थयात्रायामगस्त्यमाहात्म्यकथनेत्र्यधिकशततमोऽध्यायः ॥ १०३ ॥ युधिष्ठिरउवाच ॥ किमर्थंसहसाविंध्यःप्रवृद्धः
क्रोधमूर्च्छितः ॥ एतदिच्छाम्यहंश्रोतुंविस्तरेणमहामुने १ ॥ लोमशउवाच ॥ अद्रिराजंमहाशैलंमेरुंकनकपर्वतम् ॥ उदयास्तमनेभानुःप्रदक्षिणमवर्तत २ तंतुदृष्ट्वा
तथाविंध्यःशैलःसूर्यमथाब्रवीत् ॥ यथाहिमेरुर्भवतानित्यशःपरिगम्यते ३ प्रदक्षिणश्चक्रियतेमामेवंकुरुभास्कर ॥ एवमुक्तस्ततःसूर्यःशैलेंद्रंप्रत्यभाषत ४ नाहमात्मे
च्छयाशैलंकरोम्येनंप्रदक्षिणम् ॥ एषमार्गःप्रदिष्टोमेयैरिदंनिर्मितंजगत् ५ एवमुक्तस्ततःक्रोधात्प्रवृद्धःसहसाऽचलः ॥ सूर्याचंद्रमसोर्मार्गंरोद्धुमिच्छन्परंतप ६
ततोदेवाःसहिताःसर्वएवविंध्यंसमागम्यमहाद्रिराजम् ॥ निवारयामासुरुपायतस्तंनचस्मतेषांवचनंचकार ७ अथाभिजग्मुर्मुनिमाश्रमस्थंतपस्विनंधर्मभृतांवरिष्ठम् ॥
अगस्त्यमत्यद्भुतवीर्यवंतंतंचार्थमूचुःसहिताःसुरास्ते ८ ॥ देवाऊचुः ॥ सूर्याचंद्रमसोर्मार्गंनक्षत्राणांगतिंतथा ॥ शैलराजोऽवृणोत्येषविंध्यःक्रोधवशानुगः ९
तंनिवारयितुंशक्तोनान्यःकश्चिद्द्विजोत्तम ॥ ऋतेत्वांहिमहाभागतस्मादेनंनिवारय १०

लोकेजगतिसति १७ । १८ ॥ इत्यारण्यकेपर्वणि नैलकंठीये भारतभावदीपे त्र्यधिकशततमोऽध्यायः ॥ १०३ ॥ ॥ किमर्थमिति १ । २ । ३ । ४ । ५ । ६ । ७ । ८ । ९ । १०

११ । १२ । १३ । १४ । १५ । १६ । १७ । १८ । १९ । २० । २१ । २२ । २३ । २४ ॥ ॥ इत्यारण्यकेपर्वणिनैलकंठीये भारतभावदीपे चतुरधिकशततमोऽध्यायः ॥ १०४ ॥ ॥

तच्छ्रुत्वावचनंविप्रःसुराणांशैलमभ्यगात् ॥ सोऽभिगम्याब्रवीद्विंध्यंसदारःसमुपस्थितम् ११ मार्गमिच्छाम्यहंदत्तंभवतापर्वतोत्तम ॥ दक्षिणामभिगंताऽस्मिदिशंका
र्येणकेनचित् १२ यावदागमनंमह्यंतावत्त्वंप्रतिपालय ॥ निवृत्तेमयिशैलेंद्रततोवर्धस्वकामतः १३ एवंससमयंकृत्वाविंध्येनामित्रकर्शन ॥ अद्यापिदक्षिणादेशाद्वारुणिर्न
निवर्तते १४ एतत्तेसर्वमाख्यातंयथाविंध्योनवर्धते ॥ अगस्त्यस्यप्रभावेणयन्मांत्वंपरिपृच्छसि १५ कालेयास्तुयथाराजन्सुरैःसर्वैर्निषूदिताः ॥ अगस्त्याद्वरमासाद्यत
न्मेनिगदतःशृणु १६ त्रिदशानांवचःश्रुत्वामैत्रावरुणिरब्रवीत् ॥ किमर्थमभियाताःस्थवरंमत्तःकमिच्छथ ॥ एवमुक्तास्ततस्तेनदेवतामुनिमब्रुवन् १७ एवंत्वयेच्छा
मकृतंहिकार्यंमहार्णवंपीयमानंमहात्मन् ॥ ततोवधिष्यामसहानुबंधान्कालेयसंज्ञान्सुरविद्विषस्तान् १८ त्रिदशानांवचःश्रुत्वातथेतिमुनिरब्रवीत् ॥ करिष्येभवतांका
मंलोकानांचमहत्सुखम् १९ एवमुक्त्वाततोऽगच्छत्समुद्रंसरितांपतिम् ॥ ऋषिभिश्चतपःसिद्धैःसार्धंदेवैश्चसुव्रत २० मनुष्योरगगंधर्वयक्षकिंपुरुषास्तथा ॥ अनुज
ग्मुर्महात्मानंद्रष्टुकामास्तदद्भुतम् २१ ततोऽभ्यगच्छन्सहिताःसमुद्रंभीमनिःस्वनम् ॥ नृत्यंतमिवचोर्मीभिर्वल्गंतमिववायुना २२ हसंतमिवफेनौघैःस्खलंतंकंदरेषुच ॥
नानाग्राहसमाकीर्णंनानाद्विजगणान्वितम् २३ अगस्त्यसहितादेवाःसगंधर्वमहोरगाः ॥ ऋषयश्चमहाभागाःसमासेदुर्महोदधिम् २४ ॥ इतिश्रीमहाभारतेआरण्यके
पर्वणितीर्थयात्रापर्वणिलोमशतीर्थयात्रायामगस्त्योदधिगमनेचतुरधिकशततमोऽध्यायः ॥ १०४ ॥ लोमशउवाच ॥ ॥ समुद्रंससमासाद्यवारुणिर्भगवानृषिः ॥
उवाचसहितान्देवानृषींश्चैवसमागतान् १ अहंलोकहितार्थंवैपिबामिवरुणालयम् ॥ भवद्भिर्यदनुष्ठेयंतच्छीघ्रंसंविधीयताम् २ एतावदुक्त्वावचनंमैत्रावरुणिरच्युतः ॥ समु
द्रमपिबत्क्रुद्धःसर्वलोकस्यपश्यतः ३ पीयमानंसमुद्रंतंदृष्ट्वासेंद्रास्तदामराः ॥ विस्मयंपरमंजग्मुःस्तुतिभिश्चाप्यपूजयन् ४ त्वंनस्त्राताविधाताचलोकानांलोकभावन ॥
त्वत्प्रसादात्समुच्छेदंनगच्छेत्सामरंजगत् ५ सपूज्यमानस्त्रिदशैर्महात्मागंधर्वतूर्येषुनदत्सुसर्वशः ॥ दिव्यैश्चपुष्पैरवकीर्यमाणोमहार्णवंनिःसलिलंचकार ६ दृष्ट्वाकृतंनिःस
लिलंमहार्णवंसुराःसमस्ताःपरमप्रहृष्टाः ॥ प्रगृह्यदिव्यानिवरायुधानितान्दानवान्जघ्नुरदीनसत्वाः ७ तेवध्यमानास्त्रिदशैर्महात्मभिर्महाबलैर्वेगिभिरुन्नदद्भिः ॥ नसे
हिरेवेगवतांमहात्मनांवेगंतदाधारयितुंदिवौकसाम् ८ तेवध्यमानास्त्रिदशैर्दानवाभीमनिःस्वनाः ॥ चक्रुःसुतुमुलंयुद्धंमुहूर्तमिवभारत ९ तेपूर्वंतपसादग्धामुनिभिर्भावि
तात्मभिः ॥ यतमानाःपरंशक्त्यात्रिदशैर्विनिषूदिताः १० तेहेमनिष्काभरणाःकुंडलांगदधारिणः ॥ निहताबह्वशोभंतपुष्पिताइवकिंशुकाः ११ हतशेषास्ततःकेचि
त्कालेयामनुजोत्तम ॥ विदार्यवसुधांदेवींपातालतलमास्थिताः १२

समुद्रमिति १ । २ । ३ । ४ । ५ । ६ । ७ । ८ । ९ । १० । ११ । १२

॥ ९० ॥ निहतान्दानवान्दृष्ट्वात्रिदशामुनिपुंगवम् ॥ तुष्टुवुर्विविधैर्वाक्यैरिदंवचनमब्रुवन् १३ त्वत्प्रसादान्महाबाहोलोकैःप्राप्तंमहत्सुखम् ॥ त्वत्तेजसाचनिहताःकालेयाःक्रूरवि
क्रमाः १४ पूरयस्वमहाबाहोसमुद्रंलोकभावन ॥ यत्त्वयासलिलंपीतंतदस्मिन्पुनरुत्सृज १५ एवमुक्तःप्रत्युवाचभगवान्मुनिपुंगवः ॥ जीर्णंतद्धिमयातोयमुपा अ०
योऽन्यःप्रचिंत्यताम् १६ पूरणार्थंसमुद्रस्यभवद्भिर्यत्नमास्थितैः ॥ एतच्छ्रुत्वातुवचनंमहर्षेर्भावितात्मनः १७ विस्मिताश्चविषण्णाश्चबभूवुःसहिताःसुराः ॥ पर १०६
स्परमनुज्ञाप्यप्रणम्यमुनिपुंगवम् १८ प्रजाःसर्वामहाराजविप्रजग्मुर्यथागतम् ॥ त्रिदशाविष्णुनासार्धमुपजग्मुःपितामहम् १९ पूरणार्थंसमुद्रस्यमंत्रयित्वापुनःपुनः ॥
ऊचुःप्रांजलयःसर्वेसागरस्याभिपूरणम् २० ॥ ॥ इतिश्रीमहाभारतेआरण्यकेपर्वणितीर्थयात्रापर्वणिलोमशतीर्थयात्रायामगस्त्योपाख्यानेपंचाधिकशततमोऽध्यायः
॥ १०५ ॥ ॥ लोमशउवाच ॥ तानुवाचसमेतांस्तुब्रह्मालोकपितामहः ॥ गच्छध्वंविबुधाःसर्वेयथाकामंयथेप्सितम् १ महताकालयोगेनप्रकृतिंयास्यतेऽर्णवः ॥
ज्ञातींश्चकारणंकृत्वामहाराज्ञोभगीरथात् २ पितामहवचःश्रुत्वासर्वेविबुधसत्तमाः ॥ कालयोगंप्रतीक्षंतोजग्मुश्चापियथागतम् ३ ॥ युधिष्ठिरउवाच ॥ ॥ कथंवैज्ञा
तयोब्रह्मन्कारणंचात्रकिंमुने ॥ कथंसमुद्रःपूर्णश्चभगीरथप्रतिश्रयात् ४ एतदिच्छाम्यहंश्रोतुंविस्तरेणतपोधन ॥ कथ्यमानंत्वयाविप्रराज्ञांचरितमुत्तमम् ५ वैशंपायन
उवाच ॥ ॥ एवमुक्तस्तुविप्रेंद्रोधर्मराज्ञामहात्मना ॥ कथयामाससमाहात्म्यंसगरस्यमहात्मनः ६ ॥ लोमशउवाच ॥ इक्ष्वाकूणांकुलेजातःसगरोनामपार्थिवः ॥
रूपसत्वबलोपेतःसचापुत्रःप्रतापवान् ७ सहैहयान्समुत्साद्यतालजंघांश्चभारत ॥ वशेचकृत्वाराजन्यान्स्वराज्यमन्वशासत ८ तस्यभार्येत्वभवतांरूपयौवनदर्पिते ॥
वैदर्भीभरतश्रेष्ठशैब्याचभरतर्षभ ९ सपुत्रकामोनृपतिस्तप्यतेस्ममहत्तपः ॥ पत्नीभ्यांसहराजेंद्रकैलासंगिरिमाश्रितः १० सतप्यमानःसुमहत्तपोयोगसमन्वितः ॥
आससादमहात्मानंत्र्यक्षंत्रिपुरमर्दनम् ११ शंकरंभवमीशानंपिनाकिंशूलपाणिनम् ॥ त्र्यम्बकंशिवमुग्रेशंबहुरूपमुमापतिम् १२ सतंदृष्ट्वैववरदंपत्नीभ्यांसहितोनृपः ॥
प्रणिपत्यमहाबाहुःपुत्रार्थेसमयाचत १३ तंप्रीतिमान्हरःप्राहसभार्यंनृपसत्तमम् ॥ यस्मिन्वृतोमुहूर्तेऽहंत्वयेहनृपतेवरम् १४ षष्टिःपुत्रसहस्राणिशूराःपरमदर्पिताः ॥
एकस्यांसंभविष्यंतिपत्न्यांनरवरोत्तम १५ तेचैवसर्वेसहिताःक्षयंयास्यंतिपार्थिव ॥ एकोवंशधरःशूरएकस्यांसंभविष्यति १६ एवमुक्त्वातुतंरुद्रस्तत्रैवांतरधीयत ॥
सचापिसगरोराजाजगामस्वंनिवेशनम् १७ पत्नीभ्यांसहितस्तत्रसोऽतिहृष्टमनास्तदा ॥ तस्यतेमनुजश्रेष्ठभार्येकमललोचने १८ वैदर्भीचैवशैब्याचगर्भिण्यौसंबभूव
तुः ॥ ततःकालेनवैदर्भीगर्भालाबुंव्यजायत १९

२० । २१ । २२ । २३ ॥ इत्यारण्यकेपर्वणिनैलकंठीयेभारतभावदीपेषडधिकशततमोऽध्यायः ॥ १०६ ॥ ॥ एतच्छ्रुत्वेति १ । २ । ३ । ४ । ५ । ६ । ७ । ८ । ९ । १० । ११ । १२ । १३

शैब्याचसुषुवेपुत्रंकुमारंदेवरूपिणम् ॥ तदालाबुंसमुत्स्रष्टुंमनश्चक्रेसपार्थिवः २० अथांतरिक्षाच्छुश्रावववाचंगम्भीरनिःस्वनाम् ॥ राजन्मासाहसंकार्षीःपुत्रान्नत्यक्तु
मर्हसि २१ अलाबुमध्यान्निष्कृष्यबीजंयत्नेनगोप्यताम् ॥ सोपस्वेदेषुपात्रेषुघृतपूर्णेषुभागशः २२ ततःपुत्रसहस्राणिषष्टिंप्राप्स्यसिभारत ॥ महादेवेनदिष्टंतेपुत्र
जन्मनराधिप ॥ अनेनक्रमयोगेनमातेबुद्धिरतोऽन्यथा २३ ॥ ॥ इतिश्रीमहाभारतेआरण्यकेपर्वणितीर्थयात्रापर्वणिलोमशतीर्थयात्रायांसगरसंततिकथनेषडधिक
शततमोऽध्यायः ॥ १०६ ॥ ॥ लोमशउवाच ॥ एतच्छ्रुत्वांऽतरिक्षाच्चसराजाराजसत्तमः ॥ यथोक्तंतच्चकाराथश्रद्दधद्भरतर्षभ १ एकैकशस्ततःकृत्वाबीजंबीजं
नराधिपः ॥ घृतपूर्णेषुकुंभेषुतान्भागान्विदधेततः २ धात्रीश्चैकैकशःप्रादात्पुत्ररक्षणतत्परः ॥ ततःकालेनमहतासमुत्तस्थुर्महाबलाः ३ षष्टिःपुत्रसहस्राणितस्याप्रति
मतेजसः ॥ रुद्रप्रसादाद्राजर्षेःसमजायंतपार्थिव ४ तेघोराःक्रूरकर्माणआकाशपरिसर्पिणः ॥ बहुत्वाच्चावजानंतःसर्वाँल्लोकान्सहामरान् ५ त्रिदशांश्चाप्यबाधंतत
थागंधर्वराक्षसान् ॥ सर्वाणिचैवभूतानिशूराःसमरशालिनः ६ वध्यमानास्ततोलोकाःसागरैर्मंदबुद्धिभिः ॥ ब्रह्माणंशरणंजग्मुःसहिताःसर्वदैवतैः ७ तानुवाच
महाभागःसर्वलोकपितामहः ॥ गच्छध्वंत्रिदशाःसर्वेलोकैःसार्धंयथागतम् ८ नातिदीर्घेणकालेनसागराणांक्षयोमहान् ॥ भविष्यतिमहाघोरःस्वकृतैःकर्मभिःसुराः
९ एवमुक्तास्तुतेदेवालोकाश्चमनुजेश्वर ॥ पितामहमनुज्ञाप्यविप्रजग्मुर्यथागतम् १० ततःकालेबहुतिथेव्यतीतेभरतर्षभ ॥ दीक्षितःसगरोराजाहयमेधेनवीर्यवान्
११ तस्याश्वोव्यचरद्भूमिंपुत्रैःसपरिरक्षितः ॥ समुद्रंसससमासाद्यनिस्तोयंभीमदर्शनम् १२ रक्ष्यमाणःप्रयत्नेनतत्रैवांतरधीयत ॥ ततस्तेसागरास्तातहृतंमत्वाहयो
त्तमम् १३ आगम्यपितुराचख्युरदृश्यंतुरगंहृतम् ॥ तेनोक्तादिक्षुसर्वासुसर्वेऽमार्गतवाजिनम् १४ ततस्तेपितुराज्ञायदिक्षुसर्वासुतंहयम् ॥ अमार्गंतमहाराजसर्वे
चपृथिवीतलम् १५ ततस्तेसागराःसर्वेसमुपेत्यपरस्परम् ॥ नाध्यगच्छंततुरगमश्वहर्तारमेवच १६ आगम्यपितरंचोचुस्ततःप्रांजलयोग्रतः ॥ ससमुद्रवनद्वीपासनदी
नदकंदरा १७ सपर्वतवनोद्देशानिखिलेनमहीनृप ॥ अस्माभिर्विचिताराजन्शासनात्तवपार्थिव १८ नचाश्वमधिगच्छामोनाश्वहर्तारमेवच ॥ श्रुत्वातुवचनंतेषांसरा
जाक्रोधमूर्च्छितः १९ उवाचवचनंसर्वांस्तदादैववशान्नृप ॥ अनागमायगच्छध्वंभूयोमार्गतवाजिनम् २० यज्ञियंतंविनाह्यश्वंनागंतव्यंहिपुत्रकाः ॥ प्रतिगृह्यतुसंदेशं
पितुस्तेसगरात्मजाः २१ भूयएवमहींकृत्स्नांविचेतुमुपचक्रमुः ॥ अथापश्यंततेवीराःपृथिवीमवदारिताम् २२ समासाद्यबिलंतच्चाप्यखनन्सगरात्मजाः ॥
कुद्दालैर्हेषुकैश्चैवसमुद्रंयत्नमास्थिताः २३

१४ । १५ । १६ । १७ । १८ । १९ । २० । २१ । २२ हेषुकैः हेषयतिसर्पयत्येभिरिति मृत्तिकोत्क्षेपणैःमदंडैर्लोहपत्रैः । हेषृप्रसर्पणेऽस्यरूपम् २३

सागरैःसगरसूनुभिः २४। २५ । २६ । २७ पूर्वोत्तरेऐशान्याम् २८। २९। ३०। ३१। ३२। ३३। ३४। ३५। ३६। ३७। ३८। ३९। ४०। ४१। ४२। ४३। ४४। ४५। ४६

सखन्यमानःसहितैःसागरैर्वरुणालयः ॥ अगच्छत्परमामार्तिंदीर्यमाणःसमंततः २४ असुरोरगरक्षांसिसत्वानिविविधानिच ॥ आर्तनादमकुर्वन्तवध्यमानानि सागरैः २५ छिन्नशीर्षाविदेहाश्चभिन्नत्वगस्थिसंधयः ॥ प्राणिनःसमदृश्यंतशतशोऽथसहस्रशः २६ एवंहिखनतांतेषांसमुद्रंवरुणालयम् ॥ व्यतीतःसुमहान्का लोनचाश्वःसमदृश्यत २७ ततःपूर्वोत्तरेदेशेसमुद्रस्यमहीपते ॥ विदार्यपातालमथसंक्रुद्धाःसगरात्मजाः २८ अपश्यंतहयंतत्रविचरंतंमहीतले ॥ कपिलंचम हात्मानंतेजोराशिमनुत्तमम् ॥ तेजसादीप्यमानंतुज्वालाभिरिवपावकम् २९ तेतंदृष्ट्वाहयंराजन्संप्रहृष्टतनूरुहाः ॥ अनादृत्यमहात्मानंकपिलंकालचोदिताः ॥ ३० संक्रुद्धाःसंप्रधावंतअश्वग्रहणकांक्षिणः ॥ ततःक्रुद्धोमहाराजकपिलोमुनिसत्तमः ३१ वासुदेवेतियंप्राहुःकपिलंमुनिपुंगवम् ॥ सचक्षुर्विकृतंकृत्वातेजस्तेषुस मुत्सृजन् ३२ ददाहसुमहातेजामंदबुद्धीन्ससागरान् ॥ तान्दृष्ट्वाभस्मसाद्भूतान्नारदःसुमहातपाः ३३ सगरांतिकमागच्छत्तच्चतस्मैन्यवेदयत् ॥ सतच्छ्रुत्वा वचोघोरंराजामुनिमुखोद्गतम् ३४ मुहूर्तंविमनाभूत्वास्थाणोर्वाक्यमचिंतयत् ॥ अंशुमंतंसमाहूयअसमंजःसुतंतदा ३५ पौत्रंभरतशार्दूलइदंवचनमब्रवीत् ॥ षष्टिस्तानिसहस्राणिपुत्राणाममितौजसाम् ३६ कापिलंतेजआसाद्यमत्कृतेनिधनंगताः ॥ तवचापिपितातातपरित्यक्तोमयाऽनघ ॥ धर्मंसंरक्षमाणेनपौराणां हितमिच्छता ३७ ॥ युधिष्ठिरउवाच ॥ किमर्थंराजशार्दूलःसगरःपुत्रमात्मजम् ॥ त्यक्तवान्दुस्त्यजंवीरंतन्मेब्रूहितपोधन ३८ ॥ लोमशउवाच ॥ असमं जाइतिख्यातःसगरस्यसुतोह्यभूत् ॥ यंशैब्याजनयामासपौराणांसहिदारकान् ३९ गलेषुक्रोशतोगृह्यनद्यांचिक्षेपदुर्बलान् ॥ ततःपौराःसमाजग्मुर्भयशोकप रिप्लुताः ४० सगरंचाभ्यभाषंतसर्वेप्रांजलयःस्थिताः ॥ त्वंनस्त्रातामहाराजपरचक्रादिभिर्भयात् ४१ असमंजोभयाद्घोरात्ततोनस्त्रातुमर्हसि ॥ पौराणांवचनंश्रुत्वा घोरंनृपतिसत्तमः ४२ मुहूर्तंविमनाभूत्वासचिवानिदमब्रवीत् ॥ असमंजाःपुराद्द्यसुतोमेविप्रवास्यताम् ४३ यदिवोमत्प्रियंकार्यमेतच्छीघ्रंविधीयताम् ॥ एवमुक्तानरेन्द्रेणसचिवास्तेनराधिप ४४ यथोक्तंत्वरिताश्चक्रुर्यथाऽऽज्ञापितवान्नृपः ॥ एतत्तेसर्वमाख्यातंयथापुत्रोमहात्मना ४५ पौराणांहितकामेनसगरेणवि वासितः ॥ अंशुमांस्तुमहेष्वासोयदुक्तःसगरेणहि ॥ तत्तेसर्वंप्रवक्ष्यामिकीर्त्यमानंनिबोधमे ४६ ॥ सगरउवाच ॥ पितुश्चतेऽहंत्यागेनपुत्राणांनिधनेनच ॥ अलाभेनतथाऽश्वस्यपरितप्यामिपुत्रक ४७ तस्माद्दुःखाभिसंतप्तंयज्ञविघ्नाच्चमोहितम् ॥ हयस्यानयनात्पौत्रनरकान्मांसमुद्धर ४८ अंशुमानेवमुक्तस्तुसगरेण महात्मना ॥ जगामदुःखात्तंदेशंयत्रवैदारितामही ४९ सतुतेनैवमार्गेणसमुद्रंप्रविवेशह ॥ अपश्यच्चमहात्मानंकपिलंतुरगंचतम् ५० सदृष्ट्वातेजसोराशिंपुराण मृषिसत्तमम् ॥ प्रणम्यशिरसाभूमौकार्यमस्मैन्यवेदयत् ५१

४७। ४८। ४९। ५०। ५१

५२।५३।५४।५५।५६।५७।५८।५९।६०।६१।६२।६३।६४।६५।६६।६७ । ६८ ।६९।७० ॥ ॥ इत्यारण्यकेपर्वणि नैलकंठीये भारतभावदीपे सप्ताधिकशततमो

ततःप्रीतोमहाराजकपिलोंऽशुमतोऽभवत् ॥ उवाचचैनंधर्मात्मावरदोस्मीतिभारत ५२ सवव्रेतुरगंतत्रप्रथमंयज्ञकारणात् ॥ द्वितीयंवरकंवव्रेपितॄणांपावनेच्छ
या ५३ तमुवाचमहातेजाःकपिलोमुनिपुंगवः ॥ ददानितवभद्रंतेयद्यत्प्रार्थयसेऽनघ ५४ त्वयिक्षमाचधर्मश्चसत्यंचापिप्रतिष्ठितम् ॥ त्वयाकृतार्थःसगरःपुत्र
वांश्चत्वयापिता ५५ तवचैवप्रभावेनस्वर्गंयास्यंतिसागराः ॥ पौत्रश्चतेत्रिपथगांत्रिदिवादानयिष्यति ५६ पावनार्थंसागराणांतोषयित्वामहेश्वरम् ॥ हयंनय
स्वभद्रंतेयज्ञियंनरपुंगव ५७ यज्ञःसमाप्यतांतातसगरस्यमहात्मनः ॥ अंशुमानेवमुक्तस्तुकपिलेनमहात्मना ५८ आजगामहयंगृह्ययज्ञवाटंमहात्मनः ॥ सो
ऽभिवाद्यततःपादौसगरस्यमहात्मनः ५९ मूर्ध्नितेनाप्युपाघ्रातस्तस्मैसर्वंन्यवेदयत् ॥ यथादृष्टंश्रुतंचापिसागराणांक्षयंतथा ६० तंचास्मैहयमाचष्टयज्ञवाटमु
पागतम् ॥ तच्छ्रुत्वासगरोराजापुत्रजंदुःखमत्यजत् ६१ अंशुमंतंचसंपूज्यसमापयततंक्रतुम् ॥ समाप्तयज्ञःसगरोदेवैःसर्वैःसभाजितः ६२ पुत्रत्वेकल्पयामा
ससमुद्रंवरुणालयम् ॥ प्रशास्यसुचिरंकालंराज्यंराजीवलोचनः ६३ पौत्रेभारंसमावेश्यजगामत्रिदिवंतदा ॥ अंशुमानपिधर्मात्मामहींसागरमेखलाम् ६४
प्रशशासमहाराजयथैवास्यपितामहः ॥ तस्यपुत्रःसमभवद्दिलीपोनामधर्मवित् ६५ तस्मैराज्यंसमाधायअंशुमानपिसंस्थितः ॥ दिलीपस्तुततःश्रुत्वापि
तॄणांनिधनंमहत् ६६ पर्यतप्यतदुःखेनतेषांगतिमचिंतयत् ॥ गंगावतरणेयत्नंसुमहच्चाकरोन्नृपः ६७ नचावतारयामासचेष्टमानोयथाबलम् ॥ तस्यपुत्रःसमभ
वच्छ्रीमान्धर्मपरायणः ६८ भगीरथइतिख्यातःसत्यवागनसूयकः ॥ अभिषिच्यतुतंराज्येदिलीपोवनमाश्रितः ६९ तपःसिद्धिसमायोगात्सराजाभरतर्षभ ॥
वनाज्जगामत्रिदिवंकालयोगेनभारत ॥ ७० ॥ ॥ इतिश्रीमहाभारतेआरण्यकेपर्वणितीर्थयात्रापर्वणिलोमशतीर्थयात्रायामगस्त्यमाहात्म्यकथनेसप्ताधिकशततमो
ऽध्यायः ॥ १०७ ॥ ॥ ॥ ॥ लोमशउवाच ॥ सतुराजामहेष्वासश्चक्रवर्तीमहारथः ॥ बभूवसर्वलोकस्यमनोनयननंदनः १ सशुश्रावमहाबा
हुःकपिलेनमहात्मना ॥ पितॄणांनिधनंघोरमप्राप्तिंत्रिदिवस्यच २ सराज्यंसचिवेन्यस्यहृदयेनविदूयता ॥ जगामहिमवत्पार्श्वंतपस्तप्तुंनरेश्वर ३ आरिराधयिषुर्गंगां
तपसादग्धकिल्बिषः ॥ सोऽपश्यतनरश्रेष्ठहिमवंतंनगोत्तमम् ४ शृंगैर्बहुविधाकारैर्धातुमद्भिरलंकृतम् ॥ पवनालंबिभिर्मेघैःपरिषिक्तंसमंततः ५ नदीकुंजनितंबैश्च
प्रासादैरुपशोभितम् ॥ गुहाकंदरसंलीनसिंहव्याघ्रनिषेवितम् ६ शकुनैश्चविचित्रांगैःकूजद्भिर्विविधागिरः ॥ भृंगराजैस्तथाहंसैर्दात्यूहैर्जलकुक्कुटैः ७ मयूरैःश
तपत्रैश्चजीवंजीवककोकिलैः ॥ चकोरैरसितापांगैस्तथापुत्रप्रियैरपि ८

ऽध्यायः ॥ १०७ ॥ ॥ सप्तेति १।२।३।४।५।६। ७।८

जलस्थानेषुरम्येषुपद्मिनीभिश्चसंकुलम् ॥ सारसानांचमधुरैर्व्याहृतैःसमलंकृतम् ९ किन्नरैरप्सरोभिश्चनिषेवितशिलातलम् ॥ दिग्वारणविषाणाग्रैःसमंताद्घृ
ष्टपादपम् १० विद्याधरानुचरितंनानारत्नसमाकुलम् ॥ विषोल्बणभुजंगैश्चदीप्तजिह्वैर्निषेवितम् ११ क्वचित्कनकसंकाशंक्वचिद्रजतसन्निभम् ॥ क्वचिदंज
नपुंजाभंहिमवंतमुपागमत् १२ सतुतत्रनरश्रेष्ठस्तपोघोरंसमाश्रितः ॥ फलमूलांबुसंभक्षःसहस्रंपरिवत्सरान् १३ संवत्सरसहस्रेतुगतेदिव्येमहानदी ॥ दर्शया
मासतंगंगातदामूर्तिमतीस्वयम् १४ ॥ गंगोवाच ॥ किमिच्छसिमहाराजमत्तःकिंचददानिते ॥ तद्ब्रवीहिनरश्रेष्ठकरिष्यामिवचस्तव १५ एवमुक्तःप्रत्युवा
चराजाहैमवतींतदा ॥ पितामहामेवरदेकपिलेनमहानदि १६ अन्वेषमाणास्तुरगंनीतावैवस्वतक्षयम् ॥ षष्टिस्तानिसहस्राणिसागराणांमहात्मनाम् १७ कपि
लंदेवमासाद्यक्षणेननिधनंगताः ॥ तेषामेवंविनष्टानांस्वर्गेवासोनविद्यते १८ यावत्तानिशरीराणित्वंजलैर्नाभिषिंचसि ॥ तावत्तेषांगतिर्नास्तिसागराणांमहान
दि १९ स्वर्गंनयमहाभागेमत्पितॄन्सगरात्मजान् ॥ तेषामर्थेनयाचामित्वामहंवैमहानदि २० ॥ लोमशउवाच ॥ ॥ एतच्छ्रुत्वावचोराज्ञोगंगालोकनम
स्कृता ॥ भगीरथमिदंवाक्यंसुप्रीतासमभाषत २१ करिष्यामिमहाराजवचस्तेनात्रसंशयः ॥ वेगंतुममदुर्धार्यंपतंत्यागगनाद्भुवम् २२ नशक्तस्त्रिषुलोकेषुकश्चिद्धा
रयितुंनृप ॥ अन्यत्रविबुधश्रेष्ठान्नीलकंठान्महेश्वरात् २३ तंतोषयमहाबाहोतपसावरदंहरम् ॥ सतुमांप्रच्युतांदेवःशिरसाधारयिष्यति २४ सकरिष्यतितेकामंपितॄ
णांहितकाम्यया ॥ एतच्छ्रुत्वाततोराजन्महाराजोभगीरथः २५ कैलासंपर्वतंगत्वातोषयामासशंकरम् ॥ तपस्तीव्रमुपागम्यकालयोगेनकेनचित् २६ अगृ
ह्णाच्चवरंतस्माद्गंगायाधारणेनृप ॥ स्वर्गेवासंसमुद्दिश्यपितॄणांसनरोत्तमः २७ ॥ ॥ इतिश्रीमहाभारतेआरण्यकेपर्वणितीर्थयात्रापर्वणिलोमशतीर्थयात्रायामग
स्त्योपाख्यानेअष्टाधिकशततमोऽध्यायः ॥ १०८ ॥ लोमशउवाच ॥ भगीरथवचःश्रुत्वाप्रियार्थंचदिवौकसाम् ॥ एवमस्त्वितिराजानंभगवान्प्रत्यभाषत १
धारयिष्येमहाभागगगनात्प्रच्युतांशिवाम् ॥ दिव्यांदेवनदींपुण्यांत्वत्कृतेनृपसत्तम २ एवमुक्त्वामहाबाहोहिमवंतमुपागमत् ॥ वृतःपारिषदैर्घोरैर्नानाप्रहरणो
द्यतैः ३ तत्रस्थित्वानरश्रेष्ठंभगीरथमुवाचह ॥ प्रयाचस्वमहाबाहोशैलराजसुतांनदीम् ४ पतमानांसरिच्छ्रेष्ठांधारयिष्येत्रिविष्टपात् ॥ एतच्छ्रुत्वावचोराजाश
र्वेणसमुदाहृतम् ५ प्रयतःप्रणतोभूत्वागंगांसमनुचिंतयत् ॥ ततःपुण्यजलारम्याराज्ञासमनुचिंतिता ६ ईशानंचस्थितंदृष्ट्वागगनात्सहसाच्युता ॥ तांप्र
च्युतामथोदृष्ट्वादेवाःसार्धंमहर्षिभिः ७ गंधर्वोरगयक्षाश्चसमाजग्मुर्दिदृक्षवः ॥ ततःपपातगगनाद्गंगाहिमवतःसुता ८ समुद्भूतमहावर्तामीनग्राहसमाकुला ॥
तांदधारहरोराजन्गंगांगगनमेखलाम् ९

१० । ११ । १२ । १३ । १४ । १५ । १६ । १७ । १८ । १९ । २० । २१ ॥ इत्यारण्यकेपर्वणिनैलकंठीयेभारतभावदीपेनवाधिकशततमोऽध्यायः ॥ १०९ ॥ ततइति १ भावान्पदार्थान २ वाताबद्धावाते नाबद्धामेघाउपलाश्चभवन् वातंविनैवसहसामेघाःशिलाश्चप्रयुज्यंतेइत्यर्थः । भवन्नित्यडभावआर्षः । वाचायत्रभवन्नितिपाठेशब्दोवारणेनैवयत्रमेघाउपलाश्च हेभवन् भासमानआविर्भवंतीतिशेषः ३ नचदृश्य

ललाटदेशेपतितांमालांमुक्तामयीमिव ॥ साबभूवविसर्पंतीत्रिधाराजन्समुद्रगा १० फेनपुंजाकुलजलाहंसानामिवपंक्तयः ॥ क्वचिदाभोगकुटिलाप्रस्खलंतीक्वचित्क्वचित् ११ साफेनपटसंवीतामत्तेवप्रमदाऽव्रजत् ॥ क्वचित्सातोयनिनदैर्नदंतीनादमुत्तमम् १२ एवंप्रकारान्सुबहून्कुर्वतीगगनाच्च्युता ॥ पृथिवीतलमासाद्यभगीरथमथाब्रवीत १३ दर्शयस्वमहाराजमार्गंकेनव्रजाम्यहम् ॥ त्वदर्थमवतीर्णाऽस्मिपृथिवींपृथिवीपते १४ एतच्छ्रुत्वावचोराजाप्रातिष्ठतभगीरथः ॥ यत्रतानिशरीराणिसागराणांमहात्मनाम् १५ प्लावनार्थंनरश्रेष्ठपुण्येनसलिलेनच ॥ गंगायाधारणंकृत्वाहरोलोकनमस्कृतः १६ कैलासंपर्वतश्रेष्ठंजगामत्रिदशैःसह ॥ समासाद्यसमुद्रंचगंगयासहितोनृपः १७ पूरयामासवेगेनसमुद्रंवरुणालयम् ॥ दुहितृत्वेचनृपतिर्गंगांसमनुकल्पयत् १८ पितॄणांचोदकंतत्रददौपूर्णमनोरथः ॥ एतत्तेसर्वमाख्यातंगंगात्रिपथगायथा १९ पूरणार्थंसमुद्रस्यपृथिवीमवतारिता ॥ समुद्रश्चयथापीतःकारणार्थंमहात्मना २० वातापिश्चयथानीतःक्षयंसब्रह्महाप्रभो ॥ अगस्त्येनमहाराजयन्मांत्वंपरिपृच्छसि २१ ॥ इतिश्रीमहाभारतेआरण्यकेपर्वणितीर्थयात्राप० लोमशतीर्थयात्रायामगस्त्यमाहात्म्यकथनेनवाधिकशततमोऽध्यायः॥१०९ ॥

वैशंपायनउवाच ॥ ॥ ततःप्रयातःकौन्तेयःक्रमेणभरतर्षभ ॥ नंदामपरनंदांचनद्यौपापभयापहे १ पर्वतंससमासाद्यहेमकूटमनामयम् ॥ अचिंत्यानद्भुतान्भावान्ददर्शसुबहून्नृपः २ वाताबद्धाभवन्मेघाउपलाश्चसहस्रशः ॥ नाशकुवंस्तमारोढुंविषण्णमनसोजनाः ३ वायुर्नित्यंववौतत्रनित्यंदेवश्चवर्षति ॥ स्वाध्यायघोषश्चतथाश्रूयतेनचदृश्यते४ सायंप्रातश्चभगवान्दृश्यतेहव्यवाहनः ॥ मक्षिकाश्चादशंस्तत्रतपसःप्रतिघातिकाः ५ निर्वेदोजायतेतत्रगृहाणिस्मरतेजनः ॥ एवंबहुविधान्भावानद्भुतान्वीक्ष्यपांडवः ॥ लोमशंपुनरेवाथपर्यपृच्छत्तदद्भुतम् ६ ॥ लोमशउवाच ॥ यथाश्रुतमिदंपूर्वमस्माभिररिकर्शन ॥ तदेकाग्रमनाराजन्निबोधगदतोमम ७ अस्मिन्नृषभकूटेऽभूदृषभोनामतापसः ॥ अनेकशतवर्षायुस्तपस्वीकोपनोभृशम् ८ सवैसंभाष्यमाणोऽन्यैःकोपाद्गिरिमुवाचह ॥ यइहव्याहरेत्कश्चिदुपलानुत्सृजेस्तथा ९ वातंचाहूयमाशब्दमित्युवाचसतापसः ॥ व्याहरंश्चेहपुरुषोमेघशब्देनवार्यते १० एवमेतानिकर्माणिराजंस्तेनमहर्षिणा ॥ कृतानिकानिचित्क्रोधात्प्रतिषिद्धानिकानिचित् ११ नंदांत्वभिगतादेवाःपुराराजन्नितिश्रुतिः ॥ अन्वपद्यंतसहसापुरुषादेवदर्शिनः १२ तेदर्शनंत्वनिच्छंतोदेवाःशक्रपुरोगमाः ॥ दुर्गंचक्रुरिमंदेशंगिरिंप्रत्यूहरूपकम् १३

तेऽध्येता ४ । ५ निर्वेदोगिरिदर्शनेवैराग्यं गृहाणिस्त्र्यादीनि ६ पृष्टश्चलोमशउवाच यथाश्रुतमिति ७ ऋषभकूटेऋषभाश्रितेशैलशृंगे ८ । ९ । माशब्दंकुर्वितिशेषः १० । ११ अन्वपद्यंतअनुगतवंतः देवदर्शिनो देवदर्शनार्थिनः १२ प्रत्यूहरूपकं दर्शनेविघ्नरूपं १३

१४ नियतवाङ्मौनवान् १५ । १६ । १७ । १८ हेकुरुश्रेष्ठ १९ । २० । २१ । २२ काश्यपस्यविभांडकस्य ऋश्येतितालव्यादिः । मूर्धन्यादिपाठःप्रामादिकः । ऋश्योमृगस्तस्यैवशृंगमस्यास्तीतिऋश्यशृंगं

तदाप्रभृतिकौन्तेयनरागिरिमिमंसदा ॥ नाशक्नुवन्नभिद्रष्टुंकुतएवाधिरोहितुम् १४ नातप्ततपसाशक्योद्रष्टुमेषमहागिरिः ॥ आरोढुंवापिकौन्तेयतस्मान्नियत वाग्भव १५ इहदेवास्तदासर्वेयज्ञानाजह्रुरुत्तमान् ॥ तेषामेतानिलिंगानिदृश्यंतेऽद्यापिभारत १६ कुशाकारेवदूर्वेयंसंस्तीर्णेवचभूरियम् ॥ यूपप्रकाराबहवो वृक्षाश्चेमेविशांपते १७ देवाश्चऋषयश्चैववसंत्यद्यापिभारत ॥ तेषांसायंतथाप्रातर्दृश्यतेहव्यवाहनः १८ इहाप्लुतानांकौंतेयसद्यःपाप्माऽभिहन्यते ॥ कुरुश्रेष्ठाभिषेकंवैतस्मात्कुरुसहानुजः १९ ततोनंदाप्लुतांगस्त्वंकौशिकीमभियास्यसि ॥ विश्वामित्रेणयत्रोग्रंतपस्तप्तमनुत्तमम् २० ॥ वैशंपायनउवाच ॥ ततस्तत्रसमाप्लुत्यगात्राणिसगणोनृपः ॥ जगामकौशिकींपुण्यांरम्यांशीतजलांशुभाम् २१ ॥ लोमशउवाच ॥ एषादेवनदीपुण्याकौशिकीभरतर्षभ ॥ विश्वामित्राश्रमोरम्यएषचात्रप्रकाशते २२ आश्रमश्चैवपुण्याख्यःकाश्यपस्यमहात्मनः ॥ ऋश्यशृंगःसुतोयस्यतपस्वीसंयतेंद्रियः २३ तपसोयःप्रभावेणवर्षयामास वासवम् ॥ अनावृष्ट्यांभयाद्यस्यववर्षबलवृत्रहा ॥ २४ मृग्यांजातःसतेजस्वीकाश्यपस्यसुतःप्रभुः ॥ विषयेलोमपादस्ययश्चकाराद्भुतंमहत् २५ निर्वर्तितेषुसस्येषुयस्मैशांतांददौनृपः ॥ लोमपादोदुहितरंसावित्रींसवितायथा २६ ॥ युधिष्ठिरउवाच ॥ ऋश्यशृंगःकथंमृग्यामुत्पन्नःकाश्यपात्मजः ॥ विरुद्धेयोनिसंसर्गेकथंचतपसायुतः २७ किमर्थंचभयाच्छक्रस्तस्यबालस्यधीमतः ॥ अनावृष्ट्यांप्रवृत्तायांववर्षबलवृत्रहा २८ कथंरूपाचसाशांताराजपुत्रीयतव्रता ॥ लोभयामासयाचेतोमृगभूतस्यतस्यवै २९ लोमपादश्चराजर्षिर्यदाश्रूयतधार्मिकः ॥ कथंवैविषयेतस्यनावर्षत्पाकशासनः ३० एतन्मेभगवन्सर्वंविस्तरेणयथातथम् ॥ वक्तुमर्हसिशुश्रूषोर्ऋश्यशृंगस्यचेष्टितम् ३१ ॥ लोमशउवाच ॥ विभांडकस्यविप्रर्षेस्तपसाभावितात्मनः ॥ अमोघवीर्यस्यसतःप्रजापतिसमद्युतेः ३२ शृणुपुत्रोयथाजातऋश्यशृंगःप्रतापवान् ॥ महाह्रदेमहातेजाबालःस्थविरसंमतः ३३ महाह्रदंसमासाद्यकाश्यपस्तपसिस्थितः ॥ दीर्घकालंपरिश्रांतऋषिःसदेवसम्मितः ३४ तस्यरेतःप्रचस्कंददृष्ट्वाऽप्सरसमुर्वशीम् ॥ अप्सूपस्पृशतोराजन्मृगीतच्चापिबत्तदा ३५ सहतोयेनतृषितागर्भिणीचाभवत्ततः ॥ सापुरोक्ताभगवताब्रह्मणालोककर्तृणा ३६ देवकन्यामृगीभूत्वामुनिंसूयविमोक्ष्यसे ॥ अमोघत्वाद्विधेश्चैवभावित्वाद्दैवनिर्मितात् ३७ तस्यांमृग्यांसमभवत्तस्य पुत्रोमहानृषिः ॥ ऋश्यशृंगस्तपोनित्योवनएवाभ्यवर्तत ३८ तस्यर्ष्यशृंगंशिरसिराजन्नासीन्महात्मनः ॥ तेनर्श्यशृंगइत्येवंतदासप्रथितोऽभवत् ३९ नतेनदृष्टपूर्वोऽन्यःपितुरन्यत्रमानुषः ॥ तस्मात्तस्यमनोनित्यंब्रह्मचर्येऽभवन्नृप ४०

ऋश्योनतुप्यर्क्षितिसंबंधवर्णात् २३ । २४ । २५ । २६ । २७ । २८ । २९ । ३० शुश्रूषोर्मे इतिसंबंधः ३१ । ३२ महार्हस्यातिपूज्यस्य ३३ । ३४ । ३५ तोयेनमहाऽपिबदित्यन्वयः ३६ सूयप्रसूयत्रिधेर्वि धिनाकस्य दैवनिर्मिताद्धेतोर्भावित्वात् अपरिहार्यत्वाच्च ३७ । ३८ । ३९ । ४०

अंगानांदेशानाम ४१ तेनकामातबुद्धिपूर्वंब्राह्मणस्यप्रतिश्रुत्येतिशेषः मिथ्याकृतं । मयातुभ्यंदातुंकिमपिनप्रतिश्रुतमित्यपलापंकृतवानित्यर्थः ४२ तत्रहेतुःपुरोहितस्यापचारोदोषः सोऽपि यदृच्छया
ब्राह्मणापराधाभावेऽपिस्वेच्छयाकृतः ४३ । ४४ । ४५ निष्कृतिंप्रायश्चित्तम ४६ वानेयंवनभवम ४७ । ४८ । ४९ । ५० । ५१ । ५२ सर्वत्रपरवंचनादौ । निष्णाताःकुशलाः ५३

एतस्मिन्नेवकालेतुसखादशरथस्यवै ॥ लोमपादइतिख्यातोह्यंगानामीश्वरोऽभवत् ४१ तेनकामात्कृतंमिथ्याब्राह्मणस्येतिनःश्रुतिः ॥ सब्राह्मणैःपरित्यक्तस्त
तोवैजगतःपतिः ४२ पुरोहितापचाराच्चतस्यराज्ञोयदृच्छया ॥ नववर्षसहस्राक्षस्ततोऽपीडयंतवैप्रजाः ४३ सब्राह्मणान्पर्यपृच्छत्तपोयुक्तान्मनीषिणः ॥
प्रवर्षणेसुरेंद्रस्यसमर्थान्पृथिवीपते ४४ कथंप्रवर्षेत्पर्जन्यउपायःपरिदृश्यताम् ॥ तमूचुश्चोदितास्तेतुस्वमतानिमनीषिणः ४५ तत्रत्वेकोमुनिवरस्तंराजान
मुवाचह ॥ कुपितास्तवराजेंद्रब्राह्मणानिष्कृतिंचर ४६ ऋश्यशृंगंमुनिसुतमानयस्वचपार्थिव ॥ वानेयमनभिज्ञंचनारीणामार्जवेरतम् ४७ सचेदवतरेद्राज
न्विषयंतेमहातपाः ॥ सद्यःप्रवर्षेत्पर्जन्यइतिमेनात्रसंशयः ४८ एतच्छ्रुत्वावचोराजन्कृत्वानिष्कृतिमात्मनः ॥ सगत्वापुनरागच्छत्प्रसन्नेषुद्विजातिषु ४९
राजानमागतंश्रुत्वाप्रतिसंजहृषुःप्रजाः ॥ ततोंऽगपतिराहूयसचिवान्मंत्रकोविदान् ५० ऋश्यशृंगागमेयत्नमकरोन्मंत्रनिश्चये ॥ सोऽध्यगच्छदुपायंतुतैरमा
त्यैःसहाच्युतः ५१ शास्त्रज्ञैरलमर्थज्ञैर्नीत्यांचपरिनिष्ठितैः ॥ ततश्चानाययामासवारमुख्यामहीपतिः ५२ वेश्याःसर्वत्रनिष्णातास्ताउवाचसपार्थिवः ॥ ऋ
श्यशृंगमृषेःपुत्रमानयध्वमुपायतः ५३ लोभयित्वाऽभिविश्वास्यविषयंममशोभनाः ॥ ताराजभयभीताश्चशापभीताश्चयोषितः ५४ अशक्यमूचुस्तत्कार्यंवि
वर्णागतचेतसः ॥ तत्रत्वेकाजरद्योषाराजानमिदमब्रवीत् ५५ प्रयतिष्येमहाराजतमानेतुंतपोधनम् ॥ अभिप्रेतांस्तुमेकामांस्त्वमनुज्ञातुमर्हसि ५६ ततःश
क्ष्याम्यानयितुमृश्यशृंगमृषेःसुतम् ॥ तस्याःसर्वमभिप्रेतमन्वजानात्सपार्थिवः ५७ धनंचप्रददौभूरिरत्नानिविविधानिच ॥ ततोरूपेणसंपन्नावयसाचमही
पते ॥ स्त्रियआदायकाश्चित्साजगामवनमंजसा ५८ ॥ इतिश्रीमहाभारतेआरण्यकेपर्वणितीर्थयात्रापर्वणिलोमशतीर्थयात्रायामृश्यशृंगोपाख्यानेदशाधिकश
ततमोऽध्यायः ॥ ११० ॥ ॥ लोमशउवाच ॥ सातुनाव्याश्रमंचक्रेराजकार्यार्थसिद्धये ॥ संदेशाच्चैवनृपतेःस्वबुद्ध्याचैवभारत १ नानापुष्पफलैर्वृक्षैः
कृत्रिमैरुपशोभितैः ॥ नानागुल्मलतोपेतैःस्वादुकामफलप्रदैः २ अतीवरमणीयंतदतीवचमनोहरम् ॥ चक्रेनाव्याश्रमंरम्यमद्भुतोपमदर्शनम् ३ ततोनिबध्यतांनावम
दूरेकाश्यपाश्रमात् ॥ चारयामासपुरुषैर्विहारंतस्यवैमुनेः ४ ततोदुहितरंवेश्यांसमाधायेतिकार्यताम् ॥ दृष्ट्वांतरंकाश्यपस्यप्राहिणोद्बुद्धिसंमताम् ५ सातत्रगत्वाकुश
लातपोनित्यस्यसंनिधौ ॥ आश्रमंतंसमासाद्यददर्शतमृषेःसुतम् ६ ॥ वेश्योवाच ॥ ॥ कच्चिन्मुनेकुशलंतापसानांकच्चिद्वोमूलफलंप्रभूतम् ॥ कच्चिद्भवा
न्रमतेचाश्रमेऽस्मिंस्त्वांवैद्रष्टुंसांप्रतमागतोऽस्मि ७

५४ जरद्योषावृद्धास्त्री ५५ । ५६ अन्वजानादनुज्ञातवान् ५७ । ५८ ॥ इत्यारण्यकेपर्वणि नैलकंठीये भारतभावदीपे दशाधिकशततमोऽध्यायः ॥ ११० ॥ ॥ ॥ सात्विति । नाव्या
श्रमंनावातार्यमाश्रमं १ । २ । ३ मुनेर्विभांडकस्य । विहारंबहिर्गमनं । चारयामासचारैरधिगतवती ४ समाधायबोधयित्वा । इतिकार्यतामितिकर्तव्यतां । अंतरमसान्निध्यम् ५ । ६ । ७

८ । ९ कौश्यांवृस्यामास्वकुशासनेउपविश । यथोपजोपंयथासुखं । सुखायांसुखकर्याम् १० । ११ । १२ । १३ अनर्हाण्यत्युत्तमत्वादमूल्यानि १४ । १५ मूलेसमीपेविभज्यमानाअंगमोटनादी
निकुर्वाणा । निषेवमाणामूचीवदभ्यंतरंप्रविशंती । पिवुनंतुसंतानेइति धातुः १६ । १७ कायंदेहंपीडयआलिंगनेननिपीड्य । अपदेशंछलम् १८ भावेनाभिप्रायेण १९ प्रवेष्टितोव्याप्तः २० । २१

कच्चित्तपोवर्द्धतेतापसानांपिताचतेकच्चिदहीनतेजाः ॥ कच्चित्त्वयाप्रीयतेचैवविप्रकच्चित्स्वाध्यायःक्रियतेचर्श्यशृंग ८ ॥ ऋश्यशृंगउवाच ॥ ऋद्धद्याभवान्
ज्योतिरिवप्रकाशतेमन्येचाहंत्वामभिवादनीयम् ॥ पाद्यंवैतेसंप्रदास्यामिकामाद्यथाधर्मंफलमूलानिचैव ९ कौश्यांबृस्यामास्वयथोपजोषंकृष्णाजिनेनावृतायां
सुखायाम् ॥ क्वचाश्रमस्तवकिंनामचेदंव्रतंब्रह्मंश्चरसिदेववत्त्वम् १० ॥ वेश्योवाच ॥ ममाश्रमःकाश्यपपुत्ररम्यस्त्रियोजनंशैलमिमंपरेण ॥ तत्रस्वधर्मो
नाभिवादनंमेनचोदकंपाद्यमुपस्पृशामि ११ भवतानाभिवाद्योऽहमभिवाद्योभवान्मया ॥ व्रतमेतादृशंब्रह्मन्परिष्वज्योभवान्मया १२ ॥ ऋश्यशृंगउवाच ॥
फलानिपक्वानिददामितेऽहंभल्लातकान्यामलकानिचैव ॥ करूषकानींगुदधन्वनानिपिप्पलानांकामकारंकुरुष्व १३ ॥ लोमशउवाच ॥ सातानिसर्वाणिविवर्ज
यित्वाभक्ष्याण्यनर्हाणिददौततोऽस्य ॥ तान्यृश्यशृंगस्यमहारसानिभृशंसुरूपाणिरुचिंददुर्हि १४ ददौचमाल्यानिसुगंधवंतिचित्राणिवासांसिचभानुमंति ॥
पेयानिचाग्र्याणिततोमुमोदचिक्रीडचैवप्रजहासचैव १५ साकंदुकेनारमतास्यमूलेविभज्यमानाफलितालतेव ॥ गात्रैश्चगात्राणिनिषेवमाणासमाश्लिषच्चासकृदृ
श्यशृंगम् १६ सर्जानशोकांस्तिलकांश्चवृक्षान्सुपुष्पितानवनाम्यावभज्य ॥ विलज्जमानेवमदाभिभूताप्रलोभयामासमुतंमहर्षेः १७ अथर्श्यशृंगंविकृतंसमीक्ष्य
पुनःपुनःपीडयचकायमस्य ॥ अवेक्ष्यमाणाशनकैर्जगामकृत्वाऽग्निहोत्रस्यतदाऽपदेशम् १८ तस्यांगतायांमदनेनमत्तोविचेतनश्चाभवदृश्यशृंगः ॥ तामेवभावेनगते
नशून्येविनिःश्वसन्नार्तरूपोबभूव १९ ततोमुहूर्त्ताद्धरिपिंगलाक्षःप्रवेष्टितोरोमभिरानखाग्रात् ॥ स्वाध्यायवान्वृत्तसमाधियुक्तोविभांडकःकाश्यपःप्रादुरासीत् २० सो
पश्यदासीनमुपेत्यपुत्रंध्यायंतमेकंविपरीतचित्तम् ॥ विनिःश्वसंतंमुहुरूर्ध्वदृष्टिंविभांडकःपुत्रमुवाचदीनम् २१ नकल्प्यंतेसमिधःकिन्नुतातकच्चिद्धुतंचाग्निहोत्रंत्वयाऽद्य ॥
सुनिर्णिक्तंस्रुक्स्रुवंहोमधेनुःकच्चित्सवत्साऽद्यकृतात्वयाच २२ नवैयथापूर्वमिवासिपुत्रचिंतापरश्चासिविचेतनश्च ॥ दीनोतिमात्रंत्वमिहाद्यकिंनुपृच्छामित्वांकइहाद्यागत
तोऽभूत् २३ ॥ ॥ इतिश्रीमहाभारतेआरण्यकेपर्वणितीर्थयात्रापर्वणिलोमशतीर्थयात्रायामृश्यशृंगोपाख्यानेएकादशाधिकशततमोऽध्यायः ॥ १११ ॥ ॥
॥ ऋश्यशृंगउवाच ॥ इहागतोजटिलोब्रह्मचारीनवैह्रस्वोनातिदीर्घोमनस्वी ॥ सुवर्णवर्णःकमलायताक्षःस्वतःसुराणामिवशोभमानः १ समृद्धरूपःसवितेवदीप्तःसुश्ल
क्ष्णकृष्णाक्षिरतीवगौरः ॥ नीलाःप्रसन्नाश्चजटाःसुगंधाहिरण्यरज्जुग्रथिताःसुदीर्घाः २

कल्प्यंतेसिद्धाःक्रियंते । निर्णिक्तंप्रक्षालितं । सवत्साकृतादोहनायेतिशेषः २२ । २३ ॥ ॥ इत्यारण्यकेपर्वणि नैलकंठीये भारतभावदीपे एकादशाधिकशततमोऽध्यायः ॥ १११ ॥ ॥ ॥
इहागतइति । स्वतएवनालंकारादिना १ । २

आधाररूपाआलवालसदृशी कंठाभरणविशेषः । ‘ आधारश्चाधिकरणेऽप्यालवालेऽबुधारणे ’ इतिविश्वः ३ विलग्नइवेतिकृशत्वंलक्ष्यते अतिक्रांतप्रमाणातिकृशा ४ कलापकौभूषणविशेषौस्वार्थेकः । ‘ कलापः संहतेबर्हेतूणीरेभूषणेहरे’ इतिविश्वः । कंकणावित्यर्थः ५ । ६ । ७ । ८ । ९ तथाफलंफलसदृशंकंदुकम् १० प्रीतिराह्लादः । रतिरासक्तिः ११ । १२ । १३ । १४ भूश्चलितेवेतिमधुपानजाभ्रांतिःसूचिता

आधाररूपापुनरस्यकंठेविभ्राजतेविद्युदिवांतरिक्षे ॥ द्वौचास्यपिंडावधरेणकंठादजातरोमौसुमनोहरौच ३ विलग्नमध्यश्वसनाभिदेशेकटिश्चतस्यातिकृतप्रमाणा ॥
तथाऽस्यचीरांतरतःप्रभातिहिरण्मयीमेखलामेयथेयम् ४ अन्यच्चतस्याद्भुतदर्शनीयंविकूजितंपादयोःसंप्रभाति ॥ पाण्योश्चतद्वत्स्वनवन्निबद्धौकलापकावक्षमाला
यथेयम् ५ विचेष्टमानस्यचतस्यतानिकूजंतिहंसाःसरसीवमत्ताः ॥ चीराणितस्याद्भुतदर्शनानिनेमानितद्वन्ममरूपवंति ६ वक्त्रंचतस्याद्भुतदर्शनीयंप्रव्याहृतं
ह्लादयतीवचेतः ॥ पुंस्कोकिलस्येवचतस्यवाणीतांशृण्वतोमेव्यथितोंऽतरात्मा ७ यथावनंमाधवमासिमध्येसमीरितंश्वसनेनेवभाति ॥ तथासभात्युत्तमपुण्य
गंधीनिषेव्यमाणःपवनेनतात ८ सुसंयताश्चापिजटाविषक्ताद्वैधीकृतानातिसमाललाटे ॥ कर्णौचचित्रैरिवचक्रवाकैःसमावृतौतस्यसुरूपवद्भिः ९ तथाफलंवृ
त्तमथोविचित्रंसमाहरत्पाणिनादक्षिणेन ॥ तद्भूमिमासाद्यपुनःपुनश्चसमुत्पतत्यद्भुतरूपमुच्चैः १० तच्चाभिहत्वापरिवर्त्ततेऽसौवातेरितोवृक्षइवावघूर्णन् ॥ तंप्रेक्षतः
पुत्रमिवामराणांप्रीतिःपरातातरतिश्चजाता ११ समेसमाश्लिष्यपुनःशरीरंजटासुगृह्याभ्यवनाम्यवक्त्रम् ॥ वक्त्रेणवक्त्रंप्रणिधायशब्दंचकारतन्मेऽजनयत्प्रहर्षम्
१२ नचापिपाद्यंबहुमन्यतेऽसौफलानिचेमानिमयाऽऽहृतानि ॥ एवंव्रतोऽस्मीतिचमामवोचत्फलानिचान्यानिसमाददन्मे १३ मयोपयुक्तानिफलानियानिने
मानितुल्यानिरसेनतेषाम् ॥ नचापितेषांत्वगियंयथैषांसाराणिनैषामिवसंतितेषाम् १४ तोयानिचैवातिरसानिमह्यंप्रादात्सवैपातुमुदाररूपः ॥ पीत्वैवयान्य
भ्यधिकःप्रहर्षोममाभवद्भूश्चलितेवचासीत् १५ इमानिचित्राणिचगंधवंतिमाल्यानितस्योद्ग्रथितानिपट्टैः ॥ यानिप्रकीर्येहगतःस्वमेवसआश्रमंतपसाद्योतमानः
१६ गतेनतेनास्मिकृतोविचेतागात्रंचमेसंपरिदह्यतीव ॥ इच्छामितस्यांतिकमाशुगंतुंतंचेहनित्यंपरिवर्तमानम् १७ गच्छामितस्यांतिकमेवतातकानामसाब्रह्म
चर्याचतस्य ॥ इच्छाम्यहंचरितुंतेनसार्धंयथातपःसचरत्यार्यधर्मा १८ चर्तुंतथेच्छाहृदयेममास्तिदुनोतिचित्तंयदितंनपश्ये १९ ॥ इतिश्रीमहाभारतेआर
ण्यकेपर्वणितीर्थयात्रापर्वणिलोमशतीर्थयात्रायामृश्यशृंगोपाख्यानेद्वादशाधिकशततमोऽध्यायः ॥ ११२ ॥ ॥ ॥ विभांडकउवाच ॥ रक्षांसिचैतानिचरं
तिपुत्ररूपेणतेनाद्भुतदर्शनेन ॥ अतुल्यवीर्याण्यभिरूपवंतिविघ्नंसदातपसश्चिंतयंति १ सुरूपरूपाणिचतानितातप्रलोभयंतेविविधैरुपायैः ॥ सुखाच्चलोकाच्च
निपातयंतितान्युग्ररूपाणिमुनीन्वनेषु २ नतानिसेवेतमुनिर्यतात्मासतांलोकान्प्रार्थयानःकथंचित् ॥ कृत्वाविघ्नंतापसानांरमंतेपापाचारास्तापसस्तान्नपश्येत् ३

१५ । १६ । १७ । १८ । १९ ॥ इत्यारण्यकेपर्वणि नैलकंठीये भारतभावदीपे द्वादशाधिकशततमोऽध्यायः ॥ ११२ ॥ ॥ रक्षांसीति १ । २ । ३

४ श्रमाय आश्रमाय ५ अश्रावणेन अपाखंडेनवैदिकेन । 'श्रावणोमासिपाखंडे' इतिविश्वः । आश्रावणेनेतिप्रश्लेषेतुइष्ट्याद्यर्थं तत्राश्रयावयेत्यादिशब्दप्रयोगात् । वेशयोपावेश्या ६ । ७ । ८ आश्रमोयत्रस्थै

असज्जनेनाचरितानिपुत्रपापान्यपेयानिमधूनितानि ॥ माल्यानिचैतानिनवैमुनीनांस्मृतानिचित्रोज्ज्वलगंधवंति ४ रक्षांसितानीतिनिवार्यपुत्रंविभांडकस्तांमृगयां
बभूव ॥ नासादयामासयदात्र्यहेणतदासपर्यावव्रतेश्रमाय ५ यदापुनःकाश्यपोवैजगामफलान्याहर्तुंविधिनाऽश्रावणेन ॥ तदापुनर्लोभयितुंजगामसावेशयोषामुनि
मृश्यशृंगम् ६ दृष्ट्वैवताम्ऋश्यशृंगःप्रहृष्टःसंभ्रांतरूपोऽभ्यपततदानीम् ॥ प्रोवाचचैनांभवतोश्रमायगच्छावयावन्नपितामयैति ७ ततोराजन्काश्यपस्यैकपुत्रंप्रवेश्ययोगे
नविमुच्यनावम् ॥ प्रमोदयंत्योविविधैरुपायैराजग्मुरंगाधिपतेःसमीपम् ८ संस्थाप्यतामाश्रमदर्शनेतुसंतारितांनावमथातिशुभ्राम् ॥ नीरादुपादायतथैव
चक्रेनाव्याश्रमंनामवनंविचित्रम् ९ अंतःपुरेतंतुनिवेश्यराजाविभांडकस्यात्मजमेकपुत्रम् ॥ ददर्शदेवंसहसाप्रविष्टमापूर्यमाणंचजगज्जलेन १० सलोमपादःपरिपूर्णकामः
सुतांददावृश्यशृंगायशांताम् ॥ क्रोधप्रतीकारकरंचचक्रेगाश्चैवमार्गेषुचकर्षणानि ११ विभांडकस्यात्रजतःसराजापशून्प्रभूतान्पशुपांश्चवीरान् ॥ समादिशत्पुत्रगृ
द्धीमहर्षिर्विभांडकःपरिपृच्छेद्यदावः १२ सवक्तव्यःप्रांजलिभिर्भवद्भिःपुत्रस्यतेपशवःकर्षणंच ॥ किंतेप्रियंवैक्रियतांमहर्षेदासाःस्मसर्वेतववाचिबद्धाः १३
अथोपायात्समुनिश्चंडकोपःस्वमाश्रमंमूलफलंगृहीत्वा ॥ अन्वेषमाणश्चनतत्रपुत्रंददर्शचुक्रोधततोभृशंसः १४ ततःसकोपेनविदीर्यमाणआशंकमानोनृपतेर्विधा
नम् ॥ जगामचंपांप्रतिधक्ष्यमाणस्तमंगराजंसपुरंसराष्ट्रम् १५ सवैश्रांतःक्षुधितःकाश्यपस्तान्घोषान्समासादितवान्समृद्धान् ॥ गोपैश्चतैर्विधिवत्पूज्यमानोराजेव
तांरात्रिमुवासतत्र १६ अवाप्यसत्कारमतीवतेभ्यःप्रोवाचकस्यप्रथिताःस्थगोपाः ॥ ऊचुस्ततस्तेऽभ्युपगम्यसर्वेधनंतवेदंविहितंसुतस्य १७ देशेषुदेशेषुसपूज्य
मानस्तांश्चैवशृण्वन्मधुरान्प्रलापान् ॥ प्रशांतभूयिष्ठरजाःप्रहृष्टःसमाससादांगपतिंपुरस्थम् १८ सपूजितस्तेननरर्षभेणददर्शपुत्रंदिविदेवंयथेंद्रम् ॥ शांतांस्नुषांचैव
ददर्शतत्रसौदामनीमुच्चरंतींयथैव १९ ग्रामांश्चघोषांश्चसुतस्यदृष्ट्वाशांतांचशांतोऽस्यपरःसकोपः ॥ चकारतस्यैवपरंप्रसादंविभांडकोभूमिपतेर्नरेंद्र २० सतत्रनि
क्षिप्यसुतंमहर्षिरुवाचसूर्याग्निसमप्रभावः ॥ जातेचपुत्रेवनमेवाव्रजेथाराज्ञःप्रियाण्यस्यसर्वाणिकृत्वा २१ सतद्वचःकृतवानृश्यशृंगोययौचयत्रास्यपिताबभूव ॥
शांताचैनंपर्यचरन्नरेंद्रखेरोहिणीसोममिवानुकूला २२ अरुंधतीवासुभगावसिष्ठंलोपामुद्रावायथाह्यगस्त्यम् ॥ नलस्यवैदमयंतीयथाऽभूद्यथाशचीवज्रधरस्यचैव
२३ नारायणीचेंद्रसेनाबभूववश्यानित्यंमुद्गलस्याजमीढ ॥ तथाशांताऋश्यशृंगंवनस्थंप्रीत्यायुक्तापर्यचरन्नरेन्द्र २४

दृश्यतेतावतिदेशेआश्रमदर्शने ९ । १० । ११ । १२ । १३ । १४ । १५ । १६ । १७ । १८ । १९ । २० । २१ । २२ । २३ । २४

२५ ॥ ॥ इत्यारण्यकेपर्वणिनैलकंठीयेभारतभावदीपेत्रयोदशाधिकशततमोऽध्यायः ॥ ११३ ॥ ॥ ॥ ॥ ॥ ततइति १ । २ । ३ । ४ उत्तरंतीरंवैतरण्याः ५ । ६ । ७ मापरस्त्वम भिद्रोग्धा परभागस्यनाशंमाकुर्वित्यर्थः धर्मान्मावशीः धर्मसाधनान्यज्ञभागान्सर्वान्कामयेथाः । वशकांतौअस्यलुङिरूपम् ८ । ९ । १० अयातयामंतात्कालिकम् ११ । १२ । १३ । १४ । १५ । १६

तस्याश्रमःपुण्यएषोऽवभातिमहाह्रदंशोभयन्पुण्यकीर्तिः ॥ अत्रस्नातःकृतकृत्योविशुद्धस्तीर्थान्यन्यान्यनुसंयाहिराजन् २५ ॥ इतिश्रीमहाभारतेआरण्यकेपर्वणि तीर्थयात्रापर्वणिलोमशतीर्थयात्रायामृश्यशृंगोपाख्यानेत्रयोदशाधिकशततमोऽध्यायः ॥ ११३ ॥ ॥ वैशंपायनउवाच ॥ ततःप्रयातःकौशिक्याःपांडवोजनमेजय ॥ आनुपूर्व्येणसर्वाणिजगामायतनान्यथ १ ससागरंसमासाद्यगंगायाःसंगमेनृप ॥ नदीशतानांपंचानांमध्येचक्रेसमाप्लवम् २ ततःसमुद्रतीरेणजगामवसुधाधिपः ॥ भ्रातृभिःसहितोवीरःकलिंगान्प्रतिभारत ३ ॥ लोमशउवाच ॥ एतेकलिंगाःकौंतेययत्रवैतरणीनदी ॥ यत्रायजतधर्मोऽपिदेवान्शरणमेत्यवै ४ ऋषिभिःसमुपायुक्तंयज्ञियंगिरिशोभितम् ॥ उत्तरंतीरमेतद्धिसततंद्विजसेवितम् ५ समानंदेवयानेनपथास्वर्गमुपेयुषः ॥ अत्रवैऋषयोऽन्येऽपिपुराक्रतुभिरीजिरे ६ अत्रैवरुद्रोराजेंद्रपशुमादत्तवान्मखे ॥ पशुमादायराजेंद्रभागोऽयमितिचाब्रवीत् ७ हृतेपशौतदादेवास्तमूचुर्भरतर्षभ ॥ मापरस्वमभिद्रोग्धामाधर्मान्सकलान्वशीः ८ ततःकल्याणरूपाभिर्वाग्भिस्तेरुद्रमस्तुवन् ॥ इष्ट्याचैनंतर्पयित्वामानयांचक्रिरेतदा ९ ततःसपशुमुत्सृज्यदेवयानेनजग्मिवान् ॥ तत्रानुवंशोरुद्रस्यतंनिबोधयुधिष्ठिर १० अयातयामंसर्वेभ्योभागेभ्योभागमुत्तमम् ॥ देवाःसंकल्पयामासुर्भयाद्रुद्रस्यशाश्वतम् ११ इमांगाथामत्रगायन्नपःस्पृशतियोनरः ॥ देवयानोऽस्यपंथाश्चचक्षुषाऽभिप्रकाशते १२ ॥ वैशंपायनउवाच ॥ ततोवैतरणींसर्वेपांडवाद्रौपदीतथा ॥ अवतीर्यमहाभागास्तर्पयांचक्रिरेपितॄन् १३ ॥ युधिष्ठिरउवाच ॥ उपस्पृश्येहविधिवदस्यांनद्यांतपोबलात् ॥ मानुषादस्मिविषयादपेतःपश्यलोमश १४ सर्वान्लोकान्प्रपश्यामिप्रसादात्तवसुव्रत ॥ वैखानसानांजपतामेषशब्दोमहात्मनाम् १५ ॥ लोमशउवाच ॥ त्रिशतंवैसहस्राणियोजनानांयुधिष्ठिर ॥ यत्रध्वनिंशृणोष्येनंतूष्णीमास्वविशांपते १६ एतत्स्वयंभुवोराजन्वनंदिव्यंप्रकाशते ॥ यत्रायजतराजेंद्रविश्वकर्माप्रतापवान् १७ यस्मिन्यज्ञेहिभूर्दत्ताकश्यपायमहात्मने ॥ सपर्वतवनोद्देशादक्षिणार्थेस्वयंभुवा १८ अवासीदच्चकौंतेयदत्तमात्रामहीतदा ॥ उवाचचापिकुपितालोकेश्वरमिदंप्रभुम् १९ नमांमर्त्यायभगवन्कस्मैचिद्दातुमर्हसि ॥ प्रदानंमोघमेतत्तेयास्याम्येषारसातलम् २० विषीदंतींतुतांदृष्ट्वाकश्यपोभगवानृषिः ॥ प्रसादयांबभूवाथततोभूमिंविशांपते २१ ततःप्रसन्नापृथिवीतपसातस्यपांडव ॥ पुनरुन्मज्यसलिलाद्वेदीरूपास्थितावभौ २२ सैषाप्रकाशतेराजन्वेदीसंस्थानलक्षणा ॥ आरुह्यात्रमहाराजवीर्यवान्वैभविष्यसि २३

'भूमिर्हजगावित्युदाहरंतिनमामर्त्यःकश्चनदातुमर्हतिविश्वकर्मन्भौवनमांदिदासिथनिमंक्ष्येऽहंसलिलस्यमध्येमोघस्तएषकश्यपायाससंगरः'इतिश्रुतेरर्थंसंगृण्हाति यत्रायजतराजेंद्रेत्यादिना १७ । १८ । १९ २० । २१ । २२ । २३

२४ । २५ स्नानाद्यर्थंसमुद्रप्रार्थनामंत्रमाह ओंनमइति । विश्वंगुप्तंलीनमस्मिन्प्रलयेइतिविश्वगुप्तः विश्वस्मात्परायश्रेष्ठायविष्णवेइत्यर्थः । लवणांभसिक्षारोदके २६ अग्निर्मित्रश्चतेजस्त्वादग्निवत्सूर्योऽप्यपांयोनिः अपामितिशेषः । विष्णोर्व्यापकस्यात्मनोरेतःशरीराकारपरिणतमभिव्यक्तिस्थानंत्वं हेसमुद्र अमृतस्यनाभिःसुधायागर्भस्थानम् २७ इडायज्ञः विष्णोरेतोधाःविष्णोरेतःजीवःसधीयतेऽस्मिन्नदेहे अमृतस्य

॥ ९६ ॥ सैषासागरमासाद्यराजन्वेदीसमाश्रिता ॥ एतामारुह्यभद्रंतेत्वमेकस्तरसागरम् २४ अहंचतेस्वस्त्ययनंप्रयोक्ष्येयथात्वमेनामधिरोहसेऽद्य ॥ स्पृष्टाहिमर्त्येनततःसमुद्रमेषावेदीप्रविशत्याजमीढ २५ ओंनमोविश्वगुप्तायनमोविश्वपरायते ॥ सान्निध्यंकुरुदेवेशसागरेलवणांभसि २६ अग्निर्मित्रोयोनिरापोऽथदेव्योविष्णोरेतस्त्वममृतस्यनाभिः ॥ एवंब्रुवन्पांडवसत्यवाक्यंवेदीमिमांत्वंतरसाऽधिरोह २७ अग्निश्चतेयोनिरिडाचदेहोरेतोधाविष्णोरमृतस्यनाभिः ॥ एवंजपन्पांडवसत्यवाक्यंततोवगाहेतपतिंनदीनाम् २८ अन्यथाहिकुरुश्रेष्ठदेवयोनिरपांपतिः ॥ कुशाग्रेणापिकौंतेयनस्प्रष्टव्योमहोदधिः २९ ॥ वैशंपायनउवाच ॥ ततःकृतस्वस्त्ययनोमहात्मायुधिष्ठिरःसागरमभ्यगच्छत् ॥ कृत्वाचतच्छासनमस्यसर्वंमहेंद्रमासाद्यनिशामुवास ३० ॥ इतिश्रीमहाभारतेआरण्यके० तीर्थयात्रा० लोमशतीर्थयात्रायांमहेंद्राचलगमनेचतुर्दशाधिकशततमोऽध्यायः ॥ ११४ ॥ ॥ वैशंपायनउवाच ॥ सतत्रतामुषित्वैकांरजनींपृथिवीपतिः ॥ तापसानांपरंचक्रेसत्कारंभ्रातृभिःसह १ लोमशस्तस्यतान्सर्वानाचख्यौतत्रतापसान् ॥ भृगूनंगिरसश्चैववसिष्ठानथकाश्यपान् २ तान्समेत्यसराजर्षिरभिवाद्यकृतांजलिः ॥ रामस्यानुचरंवीरमपृच्छदकृतव्रणम् ३ कदातुरामोभगवांस्तापसान्दर्शयिष्यति ॥ तेनैवाहंप्रसंगेनद्रष्टुमिच्छामिभार्गवम् ४ ॥ अकृतव्रणउवाच ॥ आयानेवासिविदितोरामस्यविदितात्मनः ॥ प्रीतिस्त्वयिचरामस्यक्षिप्रंत्वांदर्शयिष्यति ५ चतुर्दशीमष्टमींचरामंपश्यंतितापसाः ॥ अस्यांरात्र्यांव्यतीतायांभवित्रीश्वश्चतुर्दशी ६ ॥ युधिष्ठिरउवाच ॥ भवाननुगतोरामंजामदग्न्यंमहाबलम् ॥ प्रत्यक्षदर्शीसर्वस्यपूर्ववृत्तस्यकर्मणः ७ सभवान्कथयत्वद्ययथारामेणनिर्जिताः ॥ आहवेक्षत्रियाःसर्वेकथंकेनचहेतुना ८ ॥ अकृतव्रणउवाच ॥ हंततेकथयिष्यामिमहदाख्यानमुत्तमम् ॥ भृगूणांराजशार्दूलवंशेजातस्यभारत ९ रामस्यजामदग्न्यस्यचरितंदेवसंमितम् ॥ हैहयाधिपतेश्चैवकार्तवीर्यस्यभारत १० रामेणचार्जुनोनामहैहयाधिपतिर्हतः ॥ तस्यबाहुशतान्यासंस्त्रीणिसप्तचपांडव ११ दत्तात्रेयप्रसादेनविमानंकांचनंतथा ॥ ऐश्वर्यंसर्वभूतेषुपृथिव्यांपृथिवीपते १२ अव्याहतगतिश्चैवरथस्तस्यमहात्मनः ॥ रथेनतेनतुसदावरदानेनवीर्यवान् १३ ममर्ददेवान्यक्षांश्चऋषींश्चैवसमंततः ॥ भूतांश्चैवससर्वांस्तुपीडयामाससर्वतः १४ ततोदेवाःसमेत्याहुऋषयश्चमहाव्रताः ॥ देवदेवंसुरारिघ्नंविष्णुंसत्यपराक्रमम् १५ भगवन्भूतरक्षार्थमर्जुनंजहिवैप्रभो ॥ विमानेनचदिव्येनहैहयाधिपतिःप्रभुः १६

नाभिःमोक्षस्यसाधनम् २८ देवयोनिःदेवस्थानम् २९ । ३० ॥ इत्यारण्यकेपर्वणि नैलकंठीये भारतभावदीपे चतुर्दशाधिकशततमोऽध्यायः ॥ ११४ ॥ ॥ सइति १ । २ । ३ । ४ आयान्आगच्छन् ५ । ६ । ७ । ८ । ९ । १० । ११ । १२ । १३ । १४ । १५ । १६ ॥ ९६ ॥

१७ । १८ । १९ । २० । २१ । २२ । २३ । २४ एकतइति । बहिःश्यामाअंतरारक्ता ःकर्णायेषांते एकतःश्यामकर्णास्तेषाम् २५ । २६ । २७ । २८ जन्याःवरपक्षीयाः २९ । ३० अवलोककोऽवलोक

शचीसहायंक्रीडंतंधर्षयामासवासवम् ॥ ततस्तुभगवान्देवःशक्रेणसहितस्तदा ॥ कार्तवीर्यविनाशार्थंमंत्रयामासभारत १७ यत्तद्भूतहितंकार्यंसुरेंद्रेणनिवेदितम् ॥
संप्रतिश्रुत्यतत्सर्वंभगवाँल्लोकपूजितः १८ जगामबदरींरम्यांस्वमेवाश्रममंडलम् ॥ एतस्मिन्नेवकालेतुपृथिव्यांपृथिवीपतिः १९ कान्यकुब्जेमहानासीत्पार्थिवः
सुमहाबलः ॥ गाधीतिविश्रुतोलोकेवनवासंजगामह २० वनेतुतस्यवसतःकन्याजज्ञेऽप्सरःसमा ॥ ऋचीकोभार्गवस्तांचवरयामासभारत २१ तमुवाचततो
गाधिर्ब्राह्मणंसंशितव्रतम् ॥ उचितंनःकुलेकिंचित्पूर्वैर्यत्संप्रवर्तितम् २२ एकतःश्यामकर्णानांपांडुराणांतरस्विनाम् ॥ सहस्रंवाजिनांशुल्कमितिविद्धिद्विजोत्तम
२३ नचापिभगवान्वाच्योदीयतामितिभार्गव ॥ देयामेदुहिताचैवत्वद्विधायमहात्मने २४ ॥ ऋचीकउवाच ॥ एकतःश्यामकर्णानांपांडुराणांतरस्विनाम् ॥ दास्या
म्यश्वसहस्रंतेममभार्यासुताऽस्तुते २५ ॥ अकृतव्रणउवाच ॥ सतथेतिप्रतिज्ञायराजन्वरुणमब्रवीत् ॥ एकतःश्यामकर्णानांपांडुराणांतरस्विनाम् २६ सहस्रंवा
जिनामेकंशुल्कार्थंप्रतिदीयताम् ॥ तस्मैप्रादात्सहस्रंवैवाजिनांवरुणस्तदा २७ तदश्वतीर्थंविख्यातमुत्थितायत्रतेहयाः ॥ गंगायांकान्यकुब्जेवैददौसत्यवतींतदा २८
ततोगाधिःसुतांचास्मैजन्याश्चासन्सुरास्तदा ॥ लब्ध्वाहयसहस्रंतुतांश्चदृष्ट्वादिवौकसः २९ धर्मेणलब्ध्वातांभार्यामृचीकोद्विजसत्तमः ॥ यथाकामंयथाजोषंतयारे
मेसुमध्यया ३० तंविवाहेकृतेराजन्सभार्यमवलोककः ॥ आजगामभृगुश्रेष्ठःपुत्रंदृष्ट्वाननंदह ३१ भार्यापतीतमासीनंगुरुंसुरगणार्चितम् ॥ अर्चित्वापर्युपासी
नौप्रांजलीतस्थतुस्तदा ३२ ततःस्नुषांसभगवान्प्रहृष्टोभृगुरब्रवीत् ॥ वरंवृणीष्वसुभगेदाताह्यस्मितवेप्सितम् ३३ सावैप्रसादयामासतंगुरुंपुत्रकारणात् ॥
आत्मनश्चैवमातुश्चप्रसादंचचकारसः ३४ ॥ भृगुरुवाच ॥ ऋतौत्वंचैवमाताचस्नातेपुंसवनायवै ॥ आलिंगेतांपृथग्वृक्षौसाश्वत्थंत्वमुदुंबरम् ३५ चरुद्वयमिदं
भद्रेजनन्याश्चतवैवच ॥ विश्वमावर्तयित्वातुमयायत्नेनसाधितम् ३६ प्राशितव्यंप्रयत्नेनेत्युक्त्वाऽदर्शनंगतः ॥ आलिंगनेचरौचैवचक्रतुस्तेविपर्ययम् ३७ ततः
पुनःसभगवान्कालेबहुतिथेगते ॥ दिव्यज्ञानाद्विदित्वातुभगवानागतःपुनः ३८ अथोवाचमहातेजाभृगुःसत्यवतींस्नुषाम् ॥ उपयुक्तश्चरुर्भद्रेवृक्षेचालिंगनंकृतम्
३९ विपरीतेनतेसुभ्रूर्मात्राचैवासिवंचिता ॥ ब्राह्मणःक्षत्रवृत्तिर्वैतवपुत्रोभविष्यति ४० क्षत्रियोब्राह्मणाचारोमातुस्तवसुतोमहान् ॥ भविष्यतिमहावीर्यः
साधूनांमार्गमास्थितः ४१ ततःप्रसादयामासश्वशुरंसापुनःपुनः ॥ नमेपुत्रोभवेदीदृक्कामंपौत्रोभवेदिति ४२ एवमस्त्वितिसातेनपांडवप्रतिनंदिता ॥
जमदग्निंततःपुत्रंजज्ञेसाकालआगते ४३

नार्थी ३१ । ३२ । ३३ । ३४ । ३५ विश्वंविराट्पुरुषमावर्तयित्वामुहुर्मुहुरनुसंधाय एतयोश्चर्वोर्भक्षणेनविश्वस्रष्टृतुल्यौपुत्रौभविष्यतइतिभावः ३६ तेउभेप्रतीत्युक्तेतीकारलोपः संधिर्वाआर्षः । आलिंगने
 अश्वत्थोदुंबरयोः ३७ । ३८ । ३९ । ४० । ४१ । ४२ । ४३

४४ । ४५ ॥ इत्यारण्यकेपर्वणि नैलकंठीये भारतभावदीपे पंचदशाधिकशततमोऽध्यायः ॥ ११५ ॥ ॥ सवेदेति १ । २ । ३ । ४ । ५ । ६ ततस्तस्यस्पृहयामासतमैच्छत् ७ अंभसिसरस्येवक्लिन्ना

तेजसावर्चसाचैवयुक्तंभार्गवनंदनम् ॥ सवर्धमानस्तेजस्वीवेदस्याध्ययनेनच ४४ बहूनृषीन्महातेजाःपांडवेयात्यवर्तत ॥ तंतुकृत्स्नोधनुर्वेदःप्रत्यभाद्भरतर्षभ ॥ चतुर्विधानिचास्त्राणिभास्करोपमवर्चसम् ४५ ॥ इतिश्रीमहाभारतेआरण्यके० लोमशतीर्थयात्रायांकार्तवीर्योपाख्यानेपंचदशाधिकशततमोऽध्यायः ॥ ११५ ॥ ॥

॥ अकृतव्रणउवाच ॥ सवेदाध्ययनेयुक्तोजमदग्निर्महातपाः ॥ तपस्तेपेततोवेदान्नियमाद्वशमानयत् १ सप्रसेनजितंराजन्नधिगम्यनराधिपम् ॥ रेणुकांवरयामास सचतस्मैददौनृपः २ रेणुकांत्वथसंप्राप्यभार्यांभार्गवनंदनः ॥ आश्रमस्थस्तयासार्धंतपस्तेपेऽनुकूलया ३ तस्याःकुमाराश्चत्वारोजज्ञिरेरामपंचमाः ॥ सर्वेषामज घन्यस्तुरामआसीज्जघन्यजः ४ फलाहारेषुसर्वेषुगतेष्वथसुतेषुवै ॥ रेणुकास्नातुमगत्कदाचिन्नियतव्रता ५ सातुचित्ररथंनाममार्तिकावतकंनृपम् ॥ ददर्शरेणुकाराजन्ना गच्छंतीयदृच्छया ६ क्रीडंतंसलिलेदृष्ट्वासभार्यंपद्ममालिनम् ॥ ऋद्धिमंतंततस्तस्यस्पृहयामासरेणुका ७ व्यभिचाराच्चतस्मात्साक्लिन्नांभसिविचेतना ॥ प्रविवेशा श्रमंतत्रतांवैभर्ताऽन्वबुध्यत ८ सतांदृष्ट्वाच्युतांधैर्याद्ब्राह्मयालक्ष्म्याविवर्जिताम् ॥ धिक्शब्देनमहातेजागर्हयामासवीर्यवान् ९ ततोज्येष्ठोजामदग्न्योरुमण्वान्नाम नामतः ॥ आजगामसुषेणश्चवसुर्विश्वावसुस्तथा १० तानानुपूर्व्याद्भगवान्वधेमातुरचोदयत् ॥ नचतेजातसंमोहाःकिंचिदूचुर्विचेतसः ११ ततःशशापतान्क्रोधा त्तेशप्ताश्चेतनांजहुः ॥ मृगपक्षिसधर्माणःक्षिप्रमासन्जडोपमाः १२ ततोरामोऽभ्ययात्पश्चादाश्रमंपरवीरहा ॥ तमुवाचमहाबाहुर्जमदग्निर्महातपाः १३ जहीमां मातरंपापांमाचपुत्रव्यथांकृथाः ॥ ततआदायपरशुंरामोमातुःशिरोऽहरत् १४ ततस्तस्यमहाराजजमदग्नेर्महात्मनः ॥ कोपोऽभ्यगच्छत्सहसाप्रसन्नश्चाब्रवीदि दम् १५ ममेदंवचनात्तातकृतंतेकर्मदुष्करम् ॥ वृणीष्वकामान्धर्मज्ञयावतोवांछसेहृदा १६ सवव्रेमातुरुत्थानमस्मृतिंचवधस्यवै ॥ पापेनतेनचास्पर्शंभ्रातृणांप्र कृतिंतथा १७ अप्रतिद्वंद्वतांयुद्धेदीर्घमायुश्चभारत ॥ ददौचसर्वान्कामांस्तान्जमदग्निर्महातपाः १८ कदाचित्तुतथैवास्यविनिष्क्रांताःसुताःप्रभो ॥ अथानूपपति र्वीरःकार्तवीर्योऽभ्यवर्तत १९ तमाश्रमपदंप्राप्तमृषेर्भार्यासमार्चयत् ॥ सयुद्धमदसंमत्तोनाभ्यनंदत्तथार्चनम् २० प्रमथ्यचाश्रमात्तस्माद्धोमधेनोस्तथाबलात् ॥ जहारवत्संक्रोशंत्याबभंजचमहाद्रुमान् २१ आगतायचरामायतदाऽचष्टपितास्वयम् ॥ गांचरोरुदतींदृष्ट्वाकोपोरामंसमाविशत् २२ समृत्युवशमापन्नंकार्तवीर्यमु पाद्रवत् ॥ तस्याथयुधिविक्रम्यभार्गवःपरवीरहा २३ चिच्छेदनिशितैर्भल्लैर्बाहून्परिघसन्निभान् ॥ सहस्रसंमितान्राजन्प्रगृह्यरुचिरंधनुः २४ अभिभूतःसरामेणसं युक्तःकालधर्मणा ॥ अर्जुनस्याथदायादारामेणकृतमन्यवः २५

द्रुता । तथाचोक्तं 'सुंदरंपुरुषंदृष्ट्वाभ्रातरंपितरंसुतम् । योनिर्द्रवतिनारीणांसत्यंसत्यंजनार्दन' इति ८ । ९ । १० । ११ । १२ । १३ । १४ । १५ । १६ । १७ । १८ । १९ । २० । २१ । २२ । २३ २४ । कालधर्मणामृत्युना २५

२६ । २७ । २८ भार्यावधदोषात्स्वयमपिताद्दशमेवमरणंप्रापेत्याशयः २९ ॥ ॥ इत्यारण्यकेपर्वणि नैलकंठीये भारतभावदीपे षोडशाऽधिकशततमोऽध्यायः ॥ ११६ ॥ ॥ ममेति १ । २ । ३ । ४
५ । ६ । ७ । ८ । ९ । १० । ११ दशव्यामायतां व्यामोहस्तचतुष्टयं चत्वारिंशद्धस्तायामविस्तारां नवोत्सेधां षट्त्रिंशद्धस्तोच्छ्रायांचेत्यर्थः व्यायामेतिप्रमादपाठः १२ खंडशःखंडानिखंडानिकृत्वाव्यभ

आश्रमस्थंविनारामंजमदग्निमुपाद्रवन् ॥ तेतंजघ्नुर्महावीर्यमयुध्यंतंतपस्विनम् २६ असकृद्रामरामेतिविक्रोशंतमनाथवत् ॥ कार्तवीर्यस्यपुत्रास्तुजमदग्निंयु
धिष्ठिर २७ पीडयित्वाशरैर्जग्मुर्यथागतमरिंदमाः ॥ अपक्रांतेषुवैतेषुजमदग्नौतथागते २८ समित्पाणिरुपागच्छदाश्रमंभृगुनंदनः ॥ सदृष्ट्वापितरंवीरस्तथा
मृत्युवशंगतम् ॥ अनर्हंतंतथाभूतंविललापसुदुःखितः २९ ॥ इतिश्रीमहाभारतेआरण्यकेपर्वणितीर्थयात्रापर्वणिलोमशतीर्थयात्रायांकार्तवीर्योपाख्यानेजमदग्निवधे
षोडशाधिकशततमोऽध्यायः ११६ ॥ ॥ रामउवाच ॥ ॥ ममापराधात्तैःक्षुद्रैर्हतस्त्वंतातबालिशैः ॥ कार्तवीर्यस्यदायादैर्वनेमृगइवेषुभिः १ धर्मज्ञस्यकथंतात
वर्तमानस्यसत्पथे ॥ मृत्युरेवंविधोयुक्तःसर्वभूतेष्वनागसः २ किंनुतैर्नकृतंपापंयैर्भवांस्तपसिस्थितः ॥ अयुध्यमानोवृद्धःसन्हतःशरशतैःशितैः ३ किंनुतेतत्रव
क्ष्यंतिसचिवेषुसुहृत्सुच ॥ अयुध्यमानंधर्मज्ञमेकंहत्वाऽनपत्रपाः ४ लालप्यैवंसकरुणंबहुनानाविधंनृप ॥ प्रेतकार्याणिसर्वाणिपितुश्चक्रेमहातपाः ५ ददाह
पितरंचाग्नौरामःपरपुरंजयः ॥ प्रतिजज्ञेवधंचापिसर्वक्षत्रस्यभारत ६ संक्रुद्धोऽतिबलःसंख्येशस्त्रमादायवीर्यवान् ॥ जघ्निवान्कार्तवीर्यस्यसुतानेकोऽन्तको
पमः ७ तेषांचानुगतायेचक्षत्रियाःक्षत्रियर्षभ ॥ तांश्चसर्वानवामृद्नाद्रामःप्रहरतांवरः ८ त्रिःसप्तकृत्वःपृथिवींकृत्वानिःक्षत्रियांप्रभुः ॥ समंतपंचकेपंचचकाररु
धिरह्रदान् ९ सतेषुतर्पयामासभृगून्भृगुकुलोद्वहः ॥ साक्षाद्ददर्शचर्चीकंसचरामंन्यवारयत् १० ततोयज्ञेनमहताजामदग्न्यःप्रतापवान् ॥ तर्पयामासदेवेन्द्रमृत्विग्भ्यःप्रद
दौमहीम् ११ वेदींचाप्यददद्धैमींकश्यपायमहात्मने ॥ दशव्यामायतांकृत्वानवोत्सेधांविशांपते १२ तांकश्यपस्यानुमतेब्राह्मणाःखंडशस्तदा ॥ व्यभजंस्तेतदाराजन्प्र
ख्याताःखांडवायनाः १३ सप्रदायमहींतस्मैकश्यपायमहात्मने ॥ अस्मिन्महेंद्रेशैलेंद्रेवसत्यमितविक्रमः १४ एवंवैरमभूत्तस्यक्षत्रियैर्लोकवासिभिः ॥ पृथिवीचापिवि
जितारामेणामिततेजसा १५ ॥ वैशंपायनउवाच ॥ ततश्चतुर्दशींरामःसमयेनमहामनाः ॥ दर्शयामासतान्विप्रान्धर्मराजंचसानुजम् १६ सतमानर्चराजेंद्रभ्रातृभिःस
हितःप्रभुः ॥ द्विजानांचपरांपूजांचक्रेनृपतिसत्तमः १७ अर्चित्वाजामदग्न्यंसपूजितस्तेनचोदितः ॥ महेंद्रउष्यतांरात्रिंप्रययौदक्षिणामुखः १८ ॥ इतिश्रीमहाभारते
आरण्यकेपर्वणितीर्थयात्रापर्वणिलोमशतीर्थयात्रायांकार्तवीर्योपाख्यानेसप्तदशाधिकशततमोऽध्यायः ॥ ११७ ॥ ॥ वैशंपायनउवाच ॥ गच्छन्सतीर्थानिमहानु
भावःपुण्यानिरम्याणिददर्शराजा ॥ सर्वाणिविप्रैरुपशोभितानिक्वचित्क्वचिद्भारतसागरस्य १

जन् १३ । १४ । १५ । १६ आनर्चअर्चितवान् १७ तेनचउदितइतिच्छेदः उष्यउषित्वा १८ ॥ ॥ इत्यारण्यकेपर्वणि नैलकंठीये भारतभावदीपे सप्तदशाधिकशततमोऽध्यायः ॥ ११७ ॥ गच्छन्निति १

वृत्तवानसद्वृत्तः पार्थिवःपृथ्वीपतिःकश्यपस्तस्यपुत्रःसूर्यस्तस्यपौत्रोयुधिष्ठिरः तत्पितुर्धर्मस्यसूर्यपुत्रत्वात् प्रशस्तांनामनदीम् २ । ३ नारीतीर्थानि ग्राहरूपाःपंचाप्सरसोमुनिशापवशाद्यत्रस्थिताअर्जुनेनचशापान्मोचितास्तानि नारीतीर्थानि ४ । ५ । ६ अंबुवरोत्तमस्यसमुद्रस्य ७ । ८ । ९ । १० । ११ । १२ । १३ तेषुतीर्थेषुउपवासान्समीपवासिनोविबुधान्पंडितानुपोष्यवस्त्रावास्यरत्नानिचते

सवृत्तवांस्तेषुकृताभिषेकःसहानुजःपार्थिवपुत्रपौत्रः ॥ समुद्रगांपुण्यतमांप्रशस्तांजगामपारीक्षितपांडुपुत्रः २ तत्रापिचाप्लुत्यमहानुभावःसंतर्पयामासपितॄन्सुरांश्च ॥ द्विजातिमुख्येषुधनंविसृज्यगोदावरींसागरगामगच्छत् ३ ततोविपाप्माद्रविडेषुराजन्समुद्रमासाद्यचलोकपुण्यम् ॥ अगस्त्यतीर्थंचमहापवित्रंनारीतीर्थान्यथवीरोददर्श ४ तत्रार्जुनस्याग्र्यधनुर्धरस्यनिशम्यतत्कर्मनरैरशक्यम् ॥ संपूज्यमानःपरमर्षिसंघैःपरांमुदंपांडुसुतःसलेभे ५ सतेषुतीर्थेष्वभिषिक्तगात्रःकृष्णासहायःसहितोऽनुजैश्च ॥ संपूजयन्विक्रममर्जुनस्यरेमेमहीपालपतिःपृथिव्याः ६ ततःसहस्राणिगवांप्रदायतीर्थेषुतेष्वंबुधरोत्तमस्य ॥ हृष्टःसहभ्रातृभिरर्जुनस्यसंकीर्तयामासगवांप्रदानम् ७ सतानितीर्थानिचसागरस्यपुण्यानिचान्यानिबहूनिराजन् ॥ क्रमेणगच्छन्परिपूर्णकामःशूर्पारकंपुण्यतमंददर्श ८ तत्रोदधेःकंचिदतीत्यदेशंख्यातंपृथिव्यांवनमाससाद ॥ तमंसुरैस्तत्रतपःपुरस्तादिष्टंतथापुण्यपरैर्नरेन्द्रैः ९ सतत्रतामग्र्यधनुर्धरस्यवेदींददर्शायतपीनबाहुः ॥ ऋचीकपुत्रस्यतपस्विसंघैःसमावृतांपुण्यकृदर्चनीयाम् १० ततोवसूनांवसुधाधिपःसमरुद्गणानांचतथाऽश्विनोश्च ॥ वैवस्वतादित्यधनेश्वराणामिंद्रस्यविष्णोःसवितुर्विभोश्च ११ भवस्यचंद्रस्यदिवाकरस्यपतेरपांसाध्यगणस्यचैव ॥ धातुःपितॄणांचतथामहात्मारुद्रस्यराजन्सगणस्यचैव १२ सरस्वत्याःसिद्धगणस्यचैवपुण्याश्चयेचाप्यमरास्तथाऽन्ये ॥ पुण्यानिचाप्यायतनानितेषांददर्शराजासुमनोहराणि १३ तेषूपवासान्विबुधानुपोष्यदत्वाचरत्नानिमहांतिराजा ॥ तीर्थेषुसर्वेषुपरिप्लुतांगःपुनःसशूर्पारकमाजगाम १४ सतेनतीर्थेनतुसागरस्यपुनःप्रयातःसहसोदरीयैः ॥ द्विजैःपृथिव्यांप्रथितंमहद्भिस्तीर्थंप्रभाससमुपाजगाम १५ तत्राभिषिक्तःपृथुलोहिताक्षःसहानुजैर्देवगणान्पितॄंश्च ॥ संतर्पयामासतथैवकृष्णातेचापिविप्राःसहलोमशेन १६ सद्वादशाहंजलवायुभक्षःकुर्वन्क्षपाहःसुतदाभिषेकम् ॥ समंततोऽग्नीनुपदीपयित्वातेपेतपोधर्मभृतांवरिष्ठः १७ तमुग्रमास्थायतपश्चरंतंशुश्रावरामश्चजनार्दनश्च ॥ तौसर्ववृष्णिप्रवरौससैन्यौयुधिष्ठिरंजग्मतुराजमीढम् १८ तेवृष्णयःपांडुसुतान्समीक्ष्यभूमौशयानान्मलदिग्धगात्रान् ॥ अनर्हतींद्रौपदींचापिदृष्ट्वासुदुःखिताश्चुक्रुशुरार्तनादम् १९ ततःसरामंचजनार्दनंचकार्ष्णिंचसांबंचशिनेश्चपौत्रम् ॥ अन्यांश्चवृष्णीनुपगम्यपूजांचक्रेयथाधर्ममहीनसत्वः २० तेचापिसर्वान्प्रतिपूज्यपार्थांस्तैःसत्कृताःपांडुसुतैस्तथैव ॥ युधिष्ठिरंसंपरिवार्यराजन्नुपाविशन्देवगणायथेंद्रम् २१ तेषांसससर्वंचरितंपरेषांवनेचवासंपरमप्रतीतः ॥ अस्त्रार्थमिंद्रस्यगतंचपार्थंनिवेशनंहृष्टमनाःशशंस २२

भ्यएवदत्वा १४ तेनतीर्थेनसिंधुतीरमार्गेण १५ । १६ । १७ । १८ । १९ कार्ष्णिंप्रद्युम्नं पौत्रंसात्यकिम् २० । २१ । २२

२३ ॥ इत्यारण्यकेपर्वणि नैलकंठीये भारतभावदीपे अष्टादशाधिकशततमोऽध्यायः ॥ ११८ ॥ प्रभामेति १ । २ । ३ हलीति । हलधरत्वाद्धर्मध्यापिनिंदांकरिष्यतीतिध्वनितम् ४ भवाय अभ्युदयाय
५ विवरंशरीरंगूहनायनददातीत्यर्थः ६ मिथःशंकाधर्माधर्मयोः किंबलीयइतिशास्त्रानुभवयोर्विरोधात्संशयः ७ राज्याच्चसुखाच्चचलेन्नतुधर्मादितिशेषः तत्रहेतुःधर्मादिति । कथमित्युपहासार्थम् ८ । ९
अवनिप्रधानोधृतराष्ट्रः १० नासाविति । किंनामपापंकृत्वाऽहमचक्षुर्जातः कौन्तेयंप्रव्राज्यकीदृशोभविष्यामीतिधियानासौपश्यतीत्यध्याहृत्ययोज्यम् ११ चामीकराभान् कनकप्रभान् एतन्मरणचिन्हं

श्रुत्वातुतेतस्यवचःप्रतीतास्तांश्चापिदृष्ट्वासुकृशानतीव ॥ नेत्रोद्भवंसंमुमुचुर्महार्हादुःखार्तिजंवारिमहानुभावाः २३ ॥ ॥ इतिश्रीमहाभारतेआरण्यकेपर्वणितीर्थयात्रा
पर्वणिलोमशतीर्थयात्रायांप्रभासेयादवपांडवसमागमेअष्टादशाधिकशततमोऽध्यायः ॥ ११८ ॥ ॥ जनमेजयउवाच ॥ प्रभासतीर्थमासाद्यपांडवावृष्णयस्त
था ॥ किमकुर्वन्कथाश्चैषांकास्तत्रासंस्तपोधन १ तेहिसर्वेमहात्मानःसर्वशास्त्रविशारदाः ॥ वृष्णयःपांडवाश्चैवसुहृदश्चपरस्परम् २ ॥ वैशंपायनउवाच ॥ प्रभास
तीर्थंसंप्राप्यपुण्यंतीर्थंमहोदधेः ॥ वृष्णयःपांडवान्वीराःपरिवार्योपतस्थिरे ३ ततोगोक्षीरकुंदेंदुमृणालरजतप्रभः ॥ वनमालीहलीरामोबभाषेपुष्करेक्षणम् ४
॥ बलदेवउवाच ॥ नकृष्णधर्मश्चरितोभवायजंतोरधर्मश्चपराभवाय ॥ युधिष्ठिरोयत्रजटीमहात्मावनाश्रयःक्लिश्यतिचीरवासाः ५ दुर्योधनश्चापिमहींप्रशास्तिनचा
स्यभूमिर्विवरंददाति ॥ धर्मादधर्मश्चरितोवरीयानितीवमन्येतनरोऽल्पबुद्धिः ६ दुर्योधनेचापिविवर्धमानेयुधिष्ठिरेचासुखमात्तराज्ये ॥ किंत्वत्रकर्तव्यमितिप्रजा
भिःशंकामिथःसंजनितानराणाम् ७ अयंसधर्मप्रभवोनरेंद्रोधर्मेधृतःसत्यधृतिःप्रदाता ॥ चलेद्धिराज्याच्चसुखाच्चपार्थोधर्मादपेतस्तुकथंविवर्धेत् ८ कथंनुभीष्मश्च
कृपश्चविप्रोद्रोणश्चराजाचकुलस्यवृद्धः ॥ प्रव्राज्यपार्थान्सुखमाप्नुवंतिधिक्पापबुद्धीन्भरतप्रधानान् ९ किंनामवक्ष्यत्यवनिप्रधानःपितॄन्समागम्यपरत्रपापः ॥ पुत्रेषु
सम्यक्चरितंमयेतिपुत्रानपापान्व्यपरोप्यराज्यात् १० नासौधियासंप्रतिपश्यतिस्मकिंनामकृत्वाऽहमचक्षुरेवम् ॥ जातःपृथिव्यामितिपार्थिवेषुप्रव्राज्यकौंतेयमिति
स्मराज्यात् ११ नूनंसमृद्धान्पितृलोकभूमौचामीकराभान्क्षितिजान्प्रफुल्लान् ॥ विचित्रवीर्यस्यसुतःसपुत्रःकृत्वानृशंसंबतपश्यतिस्म १२ व्यूढोत्तरांसान्पृथुलो
हिताक्षानिमान्स्मपृच्छन्सशृणातिनूनम् ॥ प्रास्थापयद्यत्सवनंसशंकोयुधिष्ठिरंसानुजमात्तशस्त्रम् १३ योऽयंपरेषांपृतनांसमृद्धांनिरायुधोदीर्घभुजोनिहन्यात् ॥
श्रुत्वैवशब्दंहिवृकोदरस्यमुंचंतिसैन्यानिशकृत्समूत्रम् १४ सक्षुत्पिपासाध्वकृशस्तरस्वीसमेत्यनानायुधबाणपाणिः ॥ वनेस्मरन्वासमिमंसुघोरंशेषंनकुर्यादितिनिश्चि
तंमे १५ नह्यस्यवीर्येणबलेनकश्चित्समःपृथिव्यामपिविद्यतेऽन्यः ॥ सशीतवातातपकर्शितांगोनशेषमाजावसुहृत्सुकुर्यात् १६

नृशंसंनिंद्यंकर्म १२ इमान्भीष्मादीन् शृणातिहिनस्ति शृणोतीतिलेखकप्रमादः नशृणोति इति गौडपाठेतु ‘अयमग्निर्वैश्वानरोयोऽयमंतःपुरुषेयेनेदमन्नंपच्यतेयदिदमद्यतेतस्यैषघोषोभवति । यमेतत्कर्णा
वपिधायशृणोतिमयदोत्क्रमिष्यन्भवतिनैनंघोषंशृणोति’ इति श्रुत्यर्थोऽनुसंधेयः १३ । १४ शेषंनकुर्यान्निःशेषमेवनाशयेदित्यर्थः १५ । १६

स्वस्तिक्षेमेणआगमतआगतः १७ । १८ सोऽयंनकुलः १९ राज्ञोद्रुपदस्य २० त्रिवर्गमुख्यस्यधर्मस्य । त्रिवर्गोधर्मकामार्थैरित्यमरः । वनेअचरन्नहिअस्तसुखाइतिच्छेदः २१ । २२ इत्यारण्यकेप र्वणि नैलकंठीयेभारतभावदीपे ऊनविंशत्यधिकशततमोऽध्यायः ॥ ११९ ॥ ॥ ॥ नरामेति १ नाथवंतःऐश्वर्यवंतः । भविघञ् नात्मनानस्वयं नाथाःकार्यसाधकाः शिष्यादयइत्ये

प्राच्यांनृपानेकरथेनजित्वावृकोदरःसानुचरान्रणेषु ॥ स्वस्त्यागमद्योऽतिरथस्तरस्वीसोऽयंवनेक्लिश्यतिचीरवासाः १७ यःसिंधुकूलेव्यजयन्नृदेवान्समागता न्दाक्षिणात्यान्महीपान् ॥ तंपश्यतेमंसहदेवमद्यतरस्विनंतापसवेषरूपम् १८ यःपार्थिवानेकरथेनजिग्येदिशंप्रतीचींप्रतियुद्धशौंडः ॥ सोऽयंवनेमूलफलेन जीवन्जटीचरत्यद्यमलाचितांगः १९ सत्रेसमृद्धेतिरथस्यराज्ञोवेदीतलादुत्पतितासुताया ॥ सेयंवनेवासमिमंसुदुःखंकथंसहत्यद्यसतीसुखार्हा २० त्रिवर्गमु ख्यस्यसमीरणस्यदेवेश्वरस्याप्यथवाऽश्विनोश्च ॥ एषांसुराणांतनयाःकथंनुवनेऽचरन्ह्यस्तसुखाःसुखार्हाः २१ जितेहिधर्मस्यसुतेसभार्येसभ्रातृकेसानुचरेनि रस्ते ॥ दुर्योधनेचापिविवर्धमानेकथंनसीदत्यवनिःसशैला २२ ॥ इतिश्रीमहाभारतेआरण्यकेपर्वणितीर्थयात्रापर्वणिलोमशतीर्थयात्रायांबलरामवाक्येऊन विंशाधिकशततमोऽध्यायः ॥ ११९ ॥ ॥ सात्यकिरुवाच ॥ नरामकालःपरिदेवनाययदुत्तरंत्वत्रतदेवसर्वे ॥ समाचरामोह्यनतीतकालंयुधिष्ठिरोयद्यपि नाहकिंचित् १ येनाथवंतोऽद्यभवंतिलोकेतेनात्मनाकर्मसमारभंते ॥ तेषांतुकार्येषुभवंतिनाथाःशिब्यादयोरामयथाययातेः २ येषांतथारामसमारभंतेकार्याणि नाथाःस्वमतेनलोके ॥ तेनाथवंतःपुरुषप्रवीरानानाथवत्कृच्छ्रमवाप्नुवंति ३ कस्मादिमौरामजनार्दनौचप्रद्युम्नसांबौचमयासमेतौ ॥ वसंत्यरण्येसहसोदरीयैस्त्रै लोक्यनाथानभिगम्यपार्थाः ४ निर्यातुसाध्वद्यदशार्हसेनाप्रभूतनानायुधचित्रवर्मा ॥ यमक्षयंगच्छतुधार्तराष्ट्रःसबांधवोवृष्णिबलाभिभूतः ५ त्वंह्येवकोपात्पृ थिवीमपीमांसंवेष्टयेस्तिष्ठतुशार्ङ्गधन्वा ॥ सधार्तराष्ट्रंजहिसानुबंधंवृत्रंयथादेवपतिर्महेंद्रः ६ भ्राताचमेयःससखागुरुश्चजनार्दनस्यात्मसमश्चपार्थः ॥ यदर्थमे च्छन्मनुजाःसुपुत्रंशिष्यंगुरुंचाप्रतिकूलवादम् ७ यदर्थमभ्युद्यतमुत्तमंतत्करोतिकर्माग्र्यमपारणीयम् ॥ तस्यास्त्रवर्षाण्यहमुत्तमास्त्रैर्विहत्यसर्वाणिरणेऽभिभूय ८ कायाच्छिरःसर्पविषाग्निकल्पैःशरोत्तमैरुन्मथितास्मिराम ॥ खड्गेनचाहंनिशितेनसंख्येकायाच्छिरस्तस्यबलात्प्रमथ्य ९ ततोस्यसर्वाननुगान्हनिष्येदुर्योध नंचापिकुरूंश्चसर्वान् ॥ आत्तायुधंमामिहरौहिणेयपश्यंतुभौमायुधिजातहर्षाः १० निघ्नंतमेकंकुरुयोधमुख्यानग्निंमहाकक्षमिवांतकाले ॥ प्रद्युम्नमुक्तान्निशिता न्नशक्ताःसोढुंकृपद्रोणविकर्णकर्णाः ११ जानामिवीर्यंचजयात्मजस्यकार्ष्णिर्भवत्येवयथारणस्थः ॥ सांबःससूतंसरथंभुजाभ्यांदुःशासनंशास्तुबलात्प्रमथ्य १२ नविद्यतेजांबवतीसुतस्यरणेविषह्यंहिरणोत्कटस्य ॥ एतेनबालेनहिशंबरस्यदैत्यस्यसैन्यंसहसाप्रणुन्नम् १३

वपाठः शैब्यादयइतिपाठेतुस्वार्थेष्यञ् २ । ३ । ४ । ५ । ६ सपार्थोऽपितिष्ठत्वितिपूर्वेणान्वयः यदर्थंशत्रुवधार्थं ७ ततमुपुत्रादिकंअस्माकमस्तीतिशेषः ८ । ९ भैमाभीमकर्मकर्तारो भीमवंशजावा १० ११ जयात्मजस्याभिमन्योः १२ । १३

१४ । १५ । १६ । १७ । १८ । १९ । २० । २१ । २२ माधवमधुदेशोमथुराप्रदेशस्तत्रजात २३ । २४ । २५ । २६ । २७ । २८ । २९ । ३० । ३१ । सुतेनअभिषुतेनयज्ञेसोमपानतुल्यंतज्जलपान

वृत्तोरुरत्यायतपीनबाहुरेतेनसंख्येनिहतोऽश्वचक्रः ॥ कोनामसांबस्यमहारथस्यरणेसमक्षंरथमभ्युदीयात् १४ यथाप्रविश्यांतरमंतकस्यकालेमनुष्योनविनिष्क्रमेत ॥
तथाप्रविश्यांतरमस्यसंख्येकोनामजीवन्पुनराव्रजेच्च १५ द्रोणंचभीष्मंचमहारथौतौसुतैर्वृतंचाप्यथसोमदत्तम् ॥ सर्वाणिसैन्यानिचवासुदेवःप्रधक्ष्यतेसायकवह्नि
जालैः १६ किंनामलोकेष्वविषह्यमस्तिकृष्णस्यसर्वेषुसदेवकेषु ॥ आत्तायुधस्योत्तमबाणपाणेश्चक्रायुधस्याप्रतिमस्ययुद्धे १७ ततोऽनिरुद्धोप्यसिचर्म
पाणिर्महीमिमांधार्तराष्ट्रैर्विसंज्ञैः ॥ हृतोत्तमांगैर्निहतैःकरोतुकीर्णांकुशैर्वेदिमिवाध्वरेषु १८ गदोल्मुकौबाहुकभानुनीथाःशूरश्चसंख्येनिशठःकुमारः ॥ रणो
त्कटौसारणचारुदेष्णौकुलोचितंविप्रथयंतुकर्म १९ सवृष्णिभोजांधकयोधमुख्यासमागतासात्वतशूरसेना ॥ हत्वारणेतान्धृतराष्ट्रपुत्रान्लोकेयशस्फीतमुपाकरोतु
२० ततोऽभिमन्युःपृथिवींप्रशास्तुयावद्व्रतंधर्मभृतांवरिष्ठः ॥ युधिष्ठिरःपारयतेमहात्माद्यूतेयथोक्तंकुरुसत्तमेन २१ अस्मत्प्रमुक्तैर्विशिखैर्जितारिस्ततोमहींभोक्ष्यति
धर्मराजः ॥ निर्धार्तराष्ट्रांहतसूतपुत्रामेतद्धिनःकृत्यतमंयशस्यम् २२ ॥ वासुदेवउवाच ॥ असंशयंमाधवसत्यमेतद्गृह्णीमतेवाक्यमदीनसत्व ॥ स्वाभ्यांभुजाभ्या
मजितांतुभूमिंनेच्छेत्कुरूणामृषभःकथंचित् २३ नह्येषकामान्नभयान्नलोभाद्युधिष्ठिरोजातुजह्यात्स्वधर्मम् ॥ भीमार्जुनौचातिरथौयमौचतथैवकृष्णाद्रुपदात्मजेयम्
२४ उभौहियुद्धेऽप्रतिमौपृथिव्यांवृकोदरश्चैवधनंजयश्च ॥ कस्मान्नकृत्स्नांपृथिवींप्रशासेन्माद्रीसुताभ्यांचपुरस्कृतोऽयम् २५ यदातुपंचालपतिर्महात्मासकेकयश्चे
दिपतिर्वयंच ॥ युध्येमविक्रम्यरणेसमेतास्तदैवसर्वेरिपवोहिनस्युः २६ ॥ युधिष्ठिरउवाच ॥ नेदंचित्रंमाधवयद्ब्रवीषिसत्यंतुमेरक्ष्यतमंनराज्यम् ॥ कृष्णस्तुमांवेद
यथावदेकःकृष्णंचवेदाहमथोयथावत् २७ यदैवकालंपुरुषप्रवीरोवेत्स्यत्ययंमाधवविक्रमस्य ॥ तदारणेत्वंचशिनिप्रवीरसुयोधनंजेष्यसिकेशवश्च २८ प्रतिप्रयांत्व
द्यदशार्हवीराद्दृष्टोऽस्मिनाथैर्नरलोकनाथैः ॥ धर्मेऽप्रमादंकुरुताप्रमेयाद्रष्टास्मिभूयःसुखिनःसमेतान् २९ तेन्योन्यमामंत्र्यतथाभिवाद्यवृद्धान्परिष्वज्यशिशूंश्चसर्वान् ॥
यदुप्रवीराःस्वगृहाणिजग्मुस्तेचापितीर्थान्यनुसंविचेरुः ३० विसृज्यकृष्णंत्वथधर्मराजोविदर्भराजोपचितांसुतीर्थाम् ॥ जगामपुण्यांसरितंपयोष्णींसभ्रातृभृत्यःसह
लोमशेन ३१ सुतेनसोमेनविमिश्रतोयांपयःपयोष्णींप्रतिसोऽध्युवास ॥ द्विजातिमुख्यैर्मुदितैर्महात्मासंस्तूयमानःस्तुतिभिर्वराभिः ३२ ॥ इतिश्रीमहाभारते
आरण्यकेपर्वणितीर्थयात्रायांयादवगमनेविंशत्यधिकशततमोऽध्यायः ॥ १२० ॥ ॥ लोमशउवाच ॥ नृगेणयजमानेनसोमेनेहपुरंदरः ॥ तर्पितः
श्रूयतेराजन्सतृप्तोमुदमभ्यगात् १

मित्यर्थः । पयोष्णींप्रतिपयोष्ण्यां पयोमात्रमध्युवासभक्षितवान् ३२ ॥ इत्यारण्य० नैलकंठीये भा० विंशत्यधिकशततमोऽध्यायः ॥ १२० ॥ ॥ ॥ नृगेणेति १

२ आमूर्तरयसोगयनामा ३ वानस्पत्यंवृक्षजंचषालादि भौमंमृन्मयंस्थाल्यादि ४ चषालेयूपकटकः । यूपोयज्ञस्तंभः । चमसाःसोमपानपात्राणि । पात्र्योहविःस्थापनार्थानिमृन्मयानिपात्राणि । स्रुचः हविःप्रदानार्थाः स्रुवाःहविरवदानार्थाः ५ । ६ । ७ प्रसंख्यानान् एकयत्नेनभूयःस्वर्णमुद्रादेर्मापकान्खारीद्रोणादीन् ८ । ९ । १० । ११ । १२ । १३ । १४ । १५ । १६ । १७ । १८ । १९ । २०

इहदेवैःसहेंद्रैश्चप्रजापतिभिरेवच ॥ इष्टंबहुविधैर्यज्ञैर्महद्भिर्भूरिदक्षिणैः २ आमूर्तरयसश्चेहराजावज्रधरंप्रभुः ॥ तर्पयामाससोमेनहयमेधेषुसप्तसु ३ तस्यसप्तसुयज्ञेषुसर्वमासीद्धिरण्मयम् ॥ वानस्पत्यंचभौमंचयद्द्रव्यंनियतंमखे ४ चषालयूपचमसाःस्थाल्यःपात्र्यःस्रुचःस्रुवाः ॥ तेष्वेवचास्ययज्ञेषुप्रयोगाःसप्तविश्रुताः ५ सप्तैकैकस्ययूपस्यचषालाश्चोपरिस्थिताः ॥ तस्यस्मयूपान्यज्ञेषुभ्राजमानान्हिरण्मयान् ६ स्वयमुत्थापयामासुर्देवाःसेंद्रायुधिष्ठिर ॥ तेषुतस्यमखाग्र्येषुगयस्यपृथिवीपतेः ७ अमाद्यदिंद्रःसोमेनदक्षिणाभिर्द्विजातयः ॥ प्रसंख्यानानसंख्येयान्प्रत्यगृह्णन्द्विजातयः ८ सिकतावायथालोकेयथावादिवितारकाः ॥ यथावावर्षतोधाराअसंख्येयाःस्मकेनचित् ९ तथैवतदसंख्येयंधनंयत्प्रददौगयः ॥ सदस्येभ्योमहाराजतेषुयज्ञेषुसप्तसु १० भवेत्संख्येयमेतद्धियदेतत्परिकीर्तितम् ॥ नतस्यशक्याःसंख्यातुंदक्षिणादक्षिणावतः ११ हिरण्मयीभिर्गोभिश्चकृताभिर्विश्वकर्मणा ॥ ब्राह्मणांस्तर्पयामासनानादिग्भ्यःसमागतान् १२ अल्पावशेषापृथिवीचैत्यैरासीन्महात्मनः ॥ गयस्ययजमानस्यतत्रतत्रविशांपते १३ सलोकान्प्राप्तवानैंद्रान्कर्मणातेनभारत ॥ सलोकतांतस्यगच्छेत्पयोष्ण्यांयउपस्पृशेत् १४ तस्मात्त्वमत्रराजेंद्रभ्रातृभिःसहितोऽच्युत ॥ उपस्पृश्यमहीपालधूतपाप्माभविष्यसि १५ ॥ वैशंपायनउवाच ॥ सपयोष्ण्यांनरश्रेष्ठःस्नात्वावैभ्रातृभिःसह ॥ वैदूर्यपर्वतंचैवनर्मदांचमहानदीम् १६ समागमत्तेजस्वीभ्रातृभिःसहितोऽनघ ॥ तत्रास्यसर्वाण्याचख्यौलोमशोभगवानृषिः १७ तीर्थानिरमणीयानिपुण्यान्यायतनानिच ॥ यथायोगंयथाप्रीतिप्रययौभ्रातृभिःसह ॥ तत्रतत्राददद्वित्तंब्राह्मणेभ्यःसहस्रशः १८ ॥ लोमशउवाच ॥ देवानामेतिकौंतेयतथाराज्ञांसलोकताम् ॥ वैदूर्यपर्वतंदृष्ट्वानर्मदामवतीर्यच १९ संधिरेषनरश्रेष्ठत्रेतायाद्वापरस्यच ॥ एनमासाद्यकौंतेयसर्वपापैःप्रमुच्यते २० एषशर्यातियज्ञस्यदेशस्तातप्रकाशते ॥ साक्षाद्यत्रापिबत्सोममश्विभ्यांसहकौशिकः २१ चुकोपभार्गवश्चापिमहेंद्रस्यमहातपाः ॥ संस्तंभयामासचतंवासवंच्यवनःप्रभुः ॥ सुकन्यांचापिभार्यांसराजपुत्रीमवाप्तवान् २२ ॥ युधिष्ठिरउवाच ॥ कथंविष्टंभितस्तेनभगवान्पाकशासनः ॥ किमर्थंभार्गवश्चापिकोपंचक्रेमहातपाः २३ नासत्यौचकथंब्रह्मन्कृतवान्सोमपीथिनौ ॥ एतत्सर्वंयथावृत्तमाख्यातुभगवान्मम २४ ॥ ॥ इतिश्रीमहाभारतेआरण्यकेपर्वणितीर्थयात्रापर्वणिलोमशतीर्थयात्रायांसौकन्येएकविंशाधिकशततमोऽध्यायः ॥ १२१ ॥ ॥ ॥ ॥ ॥ ॥ ॥ ॥ ॥ ॥

२१ । २२ । २३ । २४ सोमस्यपीथःपानंतद्वंतौसोमपीथिनौ २५ ॥ इत्यारण्यकेपर्वणि नैलकंठीये भारतभावदीपे एकविंशाधिकशततमोऽध्यायः ॥ १२१ ॥ ॥ ॥ ॥

भृगोरिति १ वीरस्थानेनवीरासनेन २ । ३ । ४ । ५ । ६ । ७ । ८ । ९ । १० क्षामकंठः क्षीणध्वनिः ११ अतएवसातद्वचनंनशृणोति १२ । १३ । १४ । आनाहो मलविष्टंभः १५ । १६

॥ लोमशउवाच ॥ भृगोर्महर्षेःपुत्रोऽभूच्च्यवनोनामभारत ॥ समीपेसरसस्त्वस्यतपस्तेपेमहाद्युतिः १ स्थाणुभूतोमहातेजावीरस्थानेनपांडव ॥ अतिष्ठतचि
रंकालमेकदेशेविशांपते २ सवल्मीकोऽभवदृषिर्लताभिरिवसंवृतः ॥ कालेनमहताराजन्समाकीर्णःपिपीलिकैः ३ तथाससंवृतोधीमान्मृत्पिंडइवसर्वशः ॥ तप्य
तेस्मतपोघोरंवल्मीकेनसमावृतः ४ अथदीर्घस्यकालस्यशर्यातिर्नामपार्थिवः ॥ आजगामसरोरम्यंविहर्तुमिदमुत्तमम् ५ तस्यस्त्रीणांसहस्त्राणिचत्वार्यासन्परि
ग्रहः ॥ एकैवचसुतासुभ्रूःसुकन्यानामभारत ६ सासखीभिःपरिवृतादिव्याभरणभूषिता ॥ चंक्रम्यमाणावल्मीकंभार्गवस्यसमासदत् ७ सावैवसुमतींतत्रपश्यंती
सुमनोरमाम् ॥ वनस्पतीन्विचिन्वंतीविजहारसखीवृता ८ रूपेणवयसाचैवमदनेनमदेनच ॥ बभंजवनवृक्षाणांशाखाःपरमपुष्पिताः ९ तांसखीरहितामेकामेकवस्त्राम
लंकृताम् ॥ ददर्शभार्गवोधीमांश्चरंतीमिवविद्युतम् १० तांपश्यमानोविजनेसरेमेपरमद्युतिः ॥ क्षामकंठश्चविप्रर्षिस्तपोबलसमन्वितः ११ तामाबभाषेकल्या
णींसाचास्यनशृणोतिवै ॥ ततःसुकन्यावल्मीकेदृष्ट्वाभार्गवचक्षुषी १२ कौतूहलात्कंटकेनबुद्धिमोहबलात्कृता ॥ किंनुखल्विदमित्युक्त्वानिर्बिभेदास्यलोचने
१३ अक्रुध्यत्ससतयाविद्धनेत्रेपरममन्युमान् ॥ ततःशर्यातिसैन्यस्यशकृन्मूत्रेसमावृणोत् १४ ततोरुद्धेशकृन्मूत्रेसैन्यमानाहदुःखितम् ॥ तथागतमभिप्रेक्ष्यप
र्यपृच्छत्सपार्थिवः १५ तपोनित्यस्यवृद्धस्यरोषणस्यविशेषतः ॥ केनापकृतमद्येहभार्गवस्यमहात्मनः १६ ज्ञातंवायदिवाऽज्ञातंतद्द्रुतंब्रूतमाचिरम् ॥ तमूचुःसै
निकाःसर्वेनविद्मोऽपकृतंवयम् १७ सर्वोपायैर्यथाकामंभवांस्तदधिगच्छतु ॥ ततःसपृथिवीपालःसाम्नाचोग्रेणचस्वयम् १८ पर्यपृच्छत्सुहृद्वर्गंपर्यजानन्नचैवते ॥
आनाहार्तंततोदृष्ट्वातत्सैन्यमसुखार्दितम् १९ पितरंदुःखितंदृष्ट्वासुकन्येदमथाब्रवीत् ॥ मयाऽटंत्येहवल्मीकेदृष्टंसत्वमभिज्वलत् २० खद्योतवदभिज्ञातंतन्मयाविद्धमं
तिकात् ॥ एतच्छ्रुत्वातुवल्मीकंशर्यातिस्तूर्णमभ्ययात् २१ तत्रापश्यत्तपोवृद्धंवयोवृद्धंचभार्गवम् ॥ अयाचदथसैन्यार्थंप्रांजलिःपृथिवीपतिः २२ अज्ञानाद्बाल
यायत्तेकृतंतत्क्षंतुमर्हसि ॥ ततोऽब्रवीन्महीपालंच्यवनोभार्गवस्तदा २३ अपमानादहंविद्धोह्यनयादर्पपूर्णया ॥ रूपौदार्यसमायुक्तांलोभमोहबलात्कृताम् २४
तामेवप्रतिगृह्याहंराजन्दुहितरंतव ॥ क्षंस्यामीतिमहीपालसत्यमेतद्ब्रवीमिते २५ ॥ ॥ लोमशउवाच ॥ ऋषेर्वचनमाज्ञायशर्यातिरविचारयन् ॥
ददौदुहितरंतस्मैच्यवनायमहात्मने २६ प्रतिगृह्यचतांकन्यांभगवान्प्रससादह ॥ प्राप्तप्रसादोराजावैससैन्यःपुरमाव्रजत् २७ सुकन्याऽपिपतिंलब्ध्वातपस्विन
मनिंदिता ॥ नित्यंपर्यचरत्प्रीत्यातपसानियमेनच २८

१७ । १८ । १९ । २० । २१ । २२ । २३ । २४ । २५ । २६ । २७ । २८

२९ ॥ इत्यारण्यकेपर्वणि नैलकंठीये भारतभावदीपे द्वाविंशाधिकशततमोऽध्यायः ॥ १२२ ॥ ॥ ॥ ॥ कस्यचिदिति । विवृतामनाच्छादिताम् १ । २ । ३ । ४ गताध्वनेअतीतवय

अग्नीनामतिथीनांचशुश्रूषुरनसूयिका ॥ समाराधयतक्षिप्रंच्यवनंसाशुभानना २९ ॥ ॥ इतिश्रीमहाभारतेआरण्यकेपर्वणितीर्थयात्रापर्वणिलोमशतीर्थ
यात्रायांसौकन्येद्वाविंशाधिकशततमोऽध्यायः ॥ १२२ ॥ ॥ लोमशउवाच ॥ कस्यचित्त्वथकालस्यत्रिदशावश्विनौनृप ॥ कृताभिषेकांविवृतांसुक
न्यांतामपश्यताम् १ तांदृष्ट्वादर्शनीयांगींदेवराजसुतामिव ॥ ऊचतुःसमभिद्रुत्यनासत्यावश्विनाविदम् २ कस्यत्वमसिवामोरुवनेऽस्मिन्किंकरोषिच ॥ इच्छाव
भद्रेज्ञातुंत्वांतत्त्वमाख्याहिशोभने ३ ततःसुकन्यासव्रीडातावुवाचसुरोत्तमौ ॥ शर्यातितनयांवित्तंभार्यांमांच्यवनस्यच ४ अथाश्विनौप्रहस्यैतामब्रूतांपुनरे
वतु ॥ कथंत्वमसिकल्याणिपित्रादत्तागताध्वने ५ भ्राजसेऽस्मिन्वनेभीरुविद्युत्सौदामनीयथा ॥ नदेवेष्वपितुल्यांहित्वयापश्यावभाविनि ६ अनाभरणसंपन्ना
परमांबरवर्जिता ॥ शोभयस्यधिकंभद्रेवनमप्यनलंकृता ७ सर्वाभरणसंपन्नापरमांबरधारिणी ॥ शोभसेत्वनवद्यांगिनत्वेवंमलपंकिनी ८ कस्मादेवंविधाभूत्वा
जराजर्जरितंपतिम् ॥ त्वमुपास्सेहकल्याणिकामभोगबहिष्कृतम् ९ असमर्थंपरित्राणेपोषणेतुशुचिस्मिते ॥ सात्वंच्यवनमुत्सृज्यवरयस्वैकमावयोः १० पत्य
र्थंदेवगर्भाभेमावृथायौवनंकृथाः ॥ एवमुक्तासुकन्यातौसुरौताविदमब्रवीत् ११ रताऽहंच्यवनेपत्यौमैवंमांपर्यशंकतम् ॥ तावब्रूतांपुनस्त्वेनामावांदेवभिषग्वरौ
१२ युवानंरूपसंपन्नंकरिष्यावःपतिंतव ॥ ततस्तस्यावयोश्चैववृणीष्वान्यतमंपतिम् १३ एतेनसमयेनैनमामंत्रयपतिंशुभे ॥ सातयोर्वचनाद्राजन्नुपसंगम्य
भार्गवम् १४ उवाचवाक्यंयत्ताभ्यामुक्तंभृगुसुतंप्रति ॥ तच्छ्रुत्वाच्यवनोभार्यामुवाचक्रियतामिति १५ ऊचतूराजपुत्रींतांपतिस्तवविशत्वपः ॥ ततोंऽभश्च्य
वनःशीघ्रंरूपार्थीप्रविवेशह १६ अश्विनावपितद्राजन्सरःप्राविशतांतदा ॥ ततोमुहूर्तादुत्तीर्णाःसर्वेतेसरसस्तदा १७ दिव्यरूपधराःसर्वेयुवानोमृष्टकुंडलाः ॥ तुल्यवे
षधराश्चैवमनसःप्रीतिवर्धनाः १८ तेऽब्रुवन्सहिताःसर्वेवृणीष्वान्यतमंशुभे ॥ अस्माकमीप्सितंभद्रेपतित्वेवरवर्णिनि १९ यत्रवाऽप्यभिकामाऽसितंवृणीष्वसुशोभने ॥
सासमीक्ष्यतुतान्सर्वांस्तुल्यरूपधरान्स्थितान् २० निश्चित्यमनसाबुद्ध्यादेवीवव्रेस्वकंपतिम् ॥ लब्ध्वातुच्यवनोभार्यांवयोरूपंचवांछितम् २१ हृष्टोऽब्रवीन्महाते
जास्तौनासत्याविदंवचः ॥ यथाऽहंरूपसंपन्नोवयसाचसमन्वितः २२ कृतोभवद्भ्यांवृद्धःसन्भार्यांचप्राप्तवानिमाम् ॥ तस्माद्युवांकरिष्यामिप्रीत्याऽहंसोमपीथिनौ ॥
मिषतोदेवराजस्यसत्यमेतद्ब्रवीमिवाम् २३

सेइत्यर्थः ५ । ६ । ७ । ८ । ९ । १० । ११ । १२ । १३ । १४ । १५ । १६ । १७ । १८ । १९ । २० । २१ । २२ 'अश्विनौवैदेवानामसोमपावास्ताम्' इतिश्रुतंतस्यैतदुपबृंहणंतस्माद्युवामिति । युवयो
रसोमपत्वं मिषतःपश्यतः दूरीकरिष्यामीत्यर्थः २३

२४ ॥ ॥ इत्यारण्यकेपर्वणि नैलकंठीये भारतभावदीपे त्रयोविंशाधिककशततमोऽध्यायः ॥ १२३ ॥ ॥ ततइति । वयस्थंयुवानं 'युवंच्यवानमश्विनाजरंतंपुनर्युवानंचरथायचक्रथुः' इतिमंत्रलिंगात्

तच्छ्रुत्वाहृष्टमनसौदिवंतौप्रतिजग्मतुः ॥ च्यवनश्चसुकन्याचसुराविवविजह्रतुः २४ ॥ ॥ इतिश्रीमहाभारतेआरण्यकेपर्वणितीर्थयात्रापर्वणिलोमशतीर्थयात्रा
यांसौकन्येत्रयोविंशाधिकशततमोऽध्यायः ॥ १२३ ॥ ॥ लोमशउवाच ॥ ततःशुश्रावशर्यातिर्वयस्थंच्यवनंकृतम् ॥ सुहृष्टःसेनयासार्धमुपायाद्भार्गवाश्रमम्
१ च्यवनंचसुकन्यांचदृष्ट्वादेवसुताविव ॥ रेमेसभार्यःशर्यातिःकृत्स्नांप्राप्यमहीमिव २ ऋषिणासत्कृतस्तेनसभार्यःपृथिवीपतिः ॥ उपोपविष्टःकल्याणीःकथाश्चक्रेमनो
रमाः ३ अथैनंभार्गवोराजन्नुवाचपरिसांत्वयन् ॥ याजयिष्यामिराजंस्त्वांसंभारानवकल्पय ४ ततःपरमसंहृष्टःशर्यातिरवनीपतिः ॥ च्यवनस्यमहाराजतद्वाक्यंप्र
त्यपूजयत् ५ प्रशस्तेऽहनियज्ञीयेसर्वकामसमृद्धिमत् ॥ कारयामासशर्यातिर्यज्ञायतनमुत्तमम् ६ तत्रैनंच्यवनोराजन्याजयामासभार्गवः ॥ अद्भुतानिचतत्रासन्यानि
तानिनिबोधमे ७ अगृह्णाच्च्यवनःसोममश्विनोर्देवयोस्तदा ॥ तमिंद्रोवारयामासगृह्णानंसतयोर्ग्रहम् ८ ॥ इंद्रउवाच ॥ उभावेतौनसोमार्हौनासत्यावितिमेमतिः ॥
भिषजौदिविदेवानांकर्मणातेननार्हतः ९ ॥ ॥ च्यवनउवाच ॥ ॥ महोत्साहौमहात्मानौरूपद्रविणवत्तरौ ॥ यौचक्रतुर्मांमघवन्वृंदारकमिवाजरम् १० ऋते
त्वांविबुधांश्चान्यान्कथंवैनार्हतःसवम् ॥ अश्विनावपिदेवेंद्रदेवौविद्धिपुरंदर ११ ॥ ॥ इंद्रउवाच ॥ ॥ चिकित्सकौकर्मकरौकामरूपसमन्वितौ ॥ लोकेचरं
तौमर्त्यानांकथंसोममिहार्हतः १२ ॥ ॥ लोमशउवाच ॥ ॥ एतदेवयदावाक्यमाम्रेडयतिदेवराट् ॥ अनादृत्यततःशक्रंग्रहंजग्राहभार्गवः १३ ग्रहीष्यंतंतुतं
सोममश्विनोरुत्तमंतदा ॥ समीक्ष्यबलभिद्देवइदंवचनमब्रवीत् १४ आभ्यामर्थायसोमंत्वंग्रहीष्यसियदिस्वयम् ॥ वज्रंतेप्रहरिष्यामिघोररूपमनुत्तमम् १५ एवमु
क्तःस्मयन्निंद्रमभिवीक्ष्यसभार्गवः ॥ जग्राहविधिवत्सोममश्विभ्यामुत्तमंग्रहम् १६ ततोऽस्मैप्राहरद्वज्रंघोररूपंशचीपतिः ॥ तस्यप्रहरतोबाहुंस्तंभयामासभार्गवः ॥
१७ तंस्तंभयित्वाच्यवनोजुहुवेमंत्रतोऽनलम् ॥ कृत्यार्थीसुमहातेजादेवंहिंसितुमुद्यतः १८ ततःकृत्याऽथसंजज्ञेमुनेस्तस्यतपोबलात् ॥ मदोनाममहावीर्योबृहत्का
योमहासुरः १९ शरीरंयस्यनिर्देष्टुमशक्यंतुसुरासुरैः ॥ तस्यास्यमभवद्घोरंतीक्ष्णाग्रदशनंमहत् २० हनुरेकास्थितातस्यभूमावेकादिवंगता ॥ चतस्रश्चायतादंष्ट्रायो
जनानांशतंशतम् २१ इतरेतस्यदशनाबभूवुर्दशयोजनाः ॥ प्रासादशिखराकाराःशूलाग्रसमदर्शनाः २२ बाहूपर्वतसंकाशावायतावयुतंसमौ ॥ नेत्रेरविशशिप्रख्येवक्त्रं
कालाग्निसंनिभम् २३ लेलिहन्जिह्वयावक्त्रंविद्युच्चपललोलया ॥ व्यात्ताननोघोरदृष्टिर्ग्रसन्निवजगद्बलात् २४

च्यवानंच्यवनंचरथाय धर्माचरणार्थम् १ ।२।३ संभारान् यज्ञोपकरणानि ४ । ५ । ६ । ७ ग्रहंसोमस्यगृण्हानंतयोरर्थे ८ । ९ । १० सवंसोमम् ११ । १२ आम्रेडयतिपुनःपुनरावर्तयति १३ । १४ । १५
१६ । १७ । १८ । १९ । २० । २१ । २२ । २३ । २४

२५ ॥ ॥ इत्यारण्यकेपर्वणि नैलकंठीये भारतभावदीपे चतुर्विंशत्यधिकशततमोऽध्यायः ॥ १२४ ॥ ॥ ॥ तंदृष्ट्वेति १ सृक्किणीगल्लगर्भौ २ । ३ । ४ । ५ । ६ । ७ मदंचेति । सुरापानस्त्रीद्यूतमृगयाख्यव्यसनानि मदकरत्वात्त्याज्यानीतिभावः ८ । ९ । १० । ११ । १२ । १३ संधिर्द्वयोरिति । संप्रतिकलिद्वापरसंधावप्यत्रतीर्थेत्रेताद्वापरसंधितुल्यःकालोऽस्ति अत्रस्नातानांकलिस्पर्शोनास्तीतिभावः १४ । १५ सदास्रोतःसदाप्रवाहयुक्तम् १६ पावकाइवदीप्यमानाःपावकाः १७ त्रीणिशृंगाणीति । प्रागव्याख्यातरीत्यात्रिकोणंवाराणसीक्षेत्रं त्रीणिप्रस्रवणानीतिचप्रयागम् ।

सभक्षयिष्यन्संक्रुद्धःशतक्रतुमुपाद्रवत् ॥ महताघोररूपेणलोकान्शब्देननादयन् २५ ॥ इतिश्रीमहाभारतेआरण्यकेपर्वणितीर्थयात्रापर्वणिलोमशतीर्थयात्रायां सौकन्येचतुर्विंशत्यधिकशततमोऽध्यायः ॥ १२४ ॥ ॥ लोमशउवाच ॥ तंदृष्ट्वाघोरवदनंमदंदेवःशतक्रतुः ॥ आयांतंभक्षयिष्यंतंव्यात्ताननमिवांतकम् १ भयात्संस्तंभितभुजःसृक्किणीलेलिहन्मुहुः ॥ ततोऽब्रवीद्देवराजश्च्यवनंभयपीडितः २ सोमार्हावश्विनावेतावद्यप्रभृतिभार्गव ॥ भविष्यतःसत्यमेतद्वचोविप्रप्रसीदमे ३ नतेमिथ्यासमारंभोभवत्वेषपरोविधिः ॥ जानामिचाहंविप्रर्षेनमिथ्यात्वंकरिष्यसि ४ सोमार्हावश्विनावेतौयथावाऽद्यकृतौत्वया ॥ भूयएवतुतेवीर्यंप्रकाशेदिति भार्गव ५ सुकन्यायाःपितुश्चास्यलोकेकीर्तिःप्रथेदिति ॥ अतोमयैतद्विहितंतववीर्यप्रकाशनम् ६ तस्मात्प्रसादंकुरुमेभवत्वेवंयथेच्छसि ॥ एवमुक्तस्यशक्रेण भार्गवस्यमहात्मनः ७ समन्युर्व्यगमच्छीघ्रंमुमोचचपुरंदरम् ॥ मदंचव्यभजद्राजन्पानेस्त्रीषुचवीर्यवान् ८ अक्षेषुमृगयायांचपूर्वसृष्टंपुनःपुनः ॥ तदामदंविनिक्षिप्यशक्रंसंतर्प्यचेंदुना ९ अश्विभ्यांसहितान्देवान्याजयित्वाचतंनृपम् ॥ विख्याप्यवीर्यंलोकेषुसर्वेषुवदतांवरः १० सुकन्ययासहारण्येविजहारानुकूलया ॥ तस्यैतद्द्विजसंघुष्टंसरोराजन्प्रकाशते ११ अत्रत्वंसहसोदर्यैःपितॄन्देवांश्चतर्पय ॥ एतद्दृष्ट्वामहीपालसिकताक्षंचभारत १२ सैंधवारण्यमासाद्यकुल्यानांकुरुदर्शनम् ॥ पुष्करेषुमहाराजसर्वेषुचजलंस्पृश १३ स्थाणोर्मंत्राणिचजपन्सिद्धिंप्राप्स्यसिभारत ॥ संधिर्द्वयोर्नरश्रेष्ठत्रेताया द्वापरस्यच १४ अयंहिदृश्यतेपार्थसर्वपापप्रणाशनः ॥ अत्रोपस्पृशचैवत्वंसर्वपापप्रणाशने १५ आर्चीकपर्वतश्चैवनिवासोवैमनीषिणाम् ॥ सदाफलःसदास्रोतोमरुतांस्थानमुत्तमम् १६ चैत्याश्चैते बहुविधास्त्रिदशानांयुधिष्ठिर ॥ एतच्चंद्रमसस्तीर्थमृषयःपर्युपासते ॥ वैखानसावालखिल्याःपावकावायुभोजनाः १७ शृंगाणित्रीणिपुण्यानित्रीणिप्रस्रवणानि च ॥ सर्वाण्यनुपरिक्रम्ययथाकाममुपस्पृश १८ शान्तनुश्चात्रराजेंद्रशुनकश्चनराधिपः ॥ नरनारायणौचोभौस्थानंप्राप्ताःसनातनम् १९ इहनित्यशयादेवाःपितरश्चमहर्षिभिः ॥ आर्चीकपर्वतेतेपुस्तान्यजस्वयुधिष्ठिर २०

एतानिसर्वाण्यनुपरिक्रम्यप्रदक्षिणीकृत्ययथाकाममिहस्नाहि । यथाकाममित्यस्यकाशीप्रयागभेदेविनां चंद्रतीर्थसेवनमैच्छिकमितरेषामत्यावश्यकमितिभावः । गौडास्तु त्रीणिशृंगाणिशुभ्राणित्रीणिप्रस्रवणानिच ॥ पुष्कराण्यादिसिद्धानिनविद्मस्तत्रकारणम् इतिश्लोकमत्रापिपठंति सचप्रागेवव्याख्यातः । अत्रपाठस्तुकाश्यादिस्तुत्यापूर्वोक्तार्थस्यदृढीकारार्थः १८ । १९ नित्यशयानित्यंशयानाः सन्निहिताइत्यर्थः तेपुस्तपश्चक्रुः २०

२१ । २२ । २३ । २४ । २५ । साहदेविःसृंजयपुत्रस्यपुत्रः २६ ॥ ॥ इत्यारण्यकेपर्वणि नैलकंठीये भारतभावदीपे पंचविंशत्यधिकशततमोऽध्यायः ॥ १२५ ॥ ॥ ॥ ॥

इहतेवैचरून्प्राश्नन्नृषयश्चविशांपते ॥ यमुनाचाक्षयस्रोताकृष्णश्चेहतपोरतः २१ यमौचभीमसेनश्चकृष्णाचामित्रकर्शन ॥ सर्वेचात्रगमिष्यामस्त्वयैवसह
पांडव २२ एतत्प्रस्रवणंपुण्यमिंद्रस्यमनुजेश्वर ॥ यत्रधाताविधाताचवरुणश्चोर्ध्वमागताः २३ इहतेऽप्यवसन्राजन्क्षांताःपरमधर्मिणः ॥ मैत्राणामृजुबुद्धी
नामयंगिरिवरःशुभः २४ एषासायमुनाराजन्महर्षिगणसेविता ॥ नानायज्ञचिताराजन्पुण्यापापभयापहा २५ अत्रराजामहेष्वासोमांधाताऽयजतस्वयम् ॥
साहदेविश्चकौन्तेयसोमकोददतांवरः २६ ॥ इतिश्रीमहाभारतेआरण्यकेपर्वणितीर्थयात्रापर्वणिलोमशतीर्थयात्रायांसौकन्येपंचविंशत्यधिकशततमोऽध्यायः
॥ १२५ ॥ ॥ युधिष्ठिरउवाच ॥ मांधाताराजशार्दूलस्त्रिषुलोकेषुविश्रुतः ॥ कथंजातोमहाब्रह्मन्यौवनाश्वोनृपोत्तमः १ कथंचैनांपरांकाष्ठांप्राप्तवानमि
तद्युतिः ॥ यस्यलोकास्त्रयोवश्याविष्णोरिवमहात्मनः २ एतदिच्छाम्यहंश्रोतुंचरितंतस्यधीमतः ॥ यथामांधातृशब्दश्चतस्यशक्रसमद्युतेः ॥ जन्मचाप्रति
वीर्यस्यकुशलोह्यसिभाषितुम् ३ ॥ लोमशउवाच ॥ शृणुष्वावहितोराजन्राज्ञस्तस्यमहात्मनः ॥ यथामांधातृशब्दोवैलोकेषुपरिगीयते ४ इक्ष्वाकुवंशप्रभवो
युवनाश्वोमहीपतिः ॥ सोऽयजत्पृथिवीपालःक्रतुभिर्भूरिदक्षिणैः ५ अश्वमेधसहस्रंचप्राप्यधर्मभृतांवरः ॥ अन्यैश्चक्रतुभिर्मुख्यैरयजत्स्वाप्तदक्षिणैः ६ अनप
त्यस्तुराजर्षिःसमहात्मामहाव्रतः ॥ मंत्रिष्वाधायतद्राज्यंवननित्योबभूवह ७ शास्त्रदृष्टेनविधिनासंयोज्यात्मानमात्मवान् ॥ सकदाचिन्नृपोराजन्नुपवासेनदुःखि
तः ८ पिपासाशुष्कहृदयःप्रविवेशाश्रमंभृगोः ॥ तामेवरात्रिंराजेंद्रमहात्माभृगुनंदनः ९ इष्टिंचकारसौद्युम्नेर्महर्षिःपुत्रकारणात् ॥ संभृतोमंत्रपूतेनवारिणाकलशोमहान्
१० तत्रातिष्ठतराजेंद्रपूर्वमेवसमाहितः ॥ यत्प्राश्यप्रसवेत्तस्यपत्नीशक्रसमंसुतम् ११ तंन्यस्यवेद्यांकलशंसुषुपुस्तेमहर्षयः ॥ रात्रिजागरणाच्छ्रांतान्सौद्युम्निःसमती
त्यतान् १२ शुष्ककंठःपिपासार्तःपानीयार्थीभृशंनृपः ॥ तंप्रविश्याश्रमंश्रांतःपानीयंसोऽभ्ययाचत १३ तस्यश्रांतस्यशुष्केणकंठेनक्रोशतस्तदा ॥ नाश्रौषीत्कश्चनत
दाशकुनेरिववाशतः १४ ततस्तंकलशंदृष्ट्वाजलपूर्णंसपार्थिवः ॥ अभ्यद्रवतवेगेनपीत्वाचांभोव्यवासृजत् १५ सपीत्वाशीतलंतोयंपिपासार्तोमहीपतिः ॥ निर्वाणम
गमद्धीमान्सुसुखीचाभवत्तदा १६ ततस्तेप्रत्यबुध्यंतमुनयःसतपोधनाः ॥ निस्तोयंतंचकलशंददृशुःसर्वएवते १७ कस्यकर्मेदमितितेपर्यपृच्छन्समागताः ॥ युवना
श्वोममेत्येवंसत्यंसमभिपद्यत १८ नयुक्तमितितंप्राहभगवान्भार्गवस्तदा ॥ सुतार्थंस्थापिताह्यापस्तपसाचैवसंभृताः १९ मयाह्यत्राहितंब्रह्मतपआस्थायदारुणम् ॥
पुत्रार्थंतवराजर्षेमहाबलपराक्रम २०

यौवनाश्वोयुवनाश्वपुत्रः १ परांकाष्ठांस्वर्गिष्वेवश्रेष्ठंस्थानम् २ । ३ । ४ । ५ । ६ । ७ आत्मानंचित्तं आत्मवान्जितचित्तः संयोज्येष्टदेवतयाऐक्यंनीत्वा ८ । ९ सौद्युम्नेः युवनाश्वस्य १० । ११ । १२ । १३
वाशतः शब्दंकुर्वतः १४ । १५ निर्वाणं तपःफलम् १६ । १७ । १८ । १९ । २०

२१ । २२ । २३ । २४ इष्टिमिच्छितम् २५ । २६ । २७ । २८ किंधास्यतिपास्यतिस्तन्याभावात् २९ मांधास्यतिमांधाता धातेतिलुडंतस्यव्याख्यानंधास्यतीति प्रदेशिनीं तर्जनीम् ३० । ३१ किष्कून्हस्तान्वितस्तीन्वा । किष्कुर्हस्तेवितस्तौचेत्यमरः ३२ ध्यातमात्रस्यइंद्रेणायमेवंविधोभवत्वितिसंकल्पितस्य ३३ शृंगोद्भवाः स्वर्गजाः । शृंगंप्रभुत्वेशिखरेइत्या

॥१०३॥ महाबलोमहावीर्यस्तपोबलसमन्वितः ॥ यःशक्रमपिवीर्येणगमयेद्यमसादनम् २१ अनेनविधिनाराजन्मयैतदुपपादितम् ॥ अब्भक्षणंत्वयाराजन्नयुक्तंकृतमद्यवै २२ नत्वद्यशक्यमस्माभिरेतत्कर्तुमतोऽन्यथा ॥ नूनंदैवकृतंह्येतद्यदेवंकृतवानसि २३ पिपासितेनयाःपीताविधिमंत्रपुरस्कृताः ॥ आपस्त्वयामहाराजमत्तपोवीर्यसंभृताः २४ ताभ्यस्त्वमात्मनापुत्रमीदृशंजनयिष्यसि ॥ विधास्यामोवयंतत्रतवेष्टिंपरमाद्भुताम् २५ यथाशक्रसमंपुत्रंजनयिष्यसिवीर्यवान् ॥ गर्भधारणजंवाऽपिनखेदंसमवाप्स्यसि २६ ततोवर्षशतेपूर्णेतस्यराज्ञोमहात्मनः ॥ वामंपार्श्वंविनिर्भिद्यसुतःसूर्यइवस्थितः २७ निश्चक्राममहातेजानचतंमृत्युराविशत् ॥ युवनाश्वंनरपतिंतदद्भुतमिवाभवत् २८ ततःशक्रोमहातेजास्तंदिदृक्षुरुपागमत् ॥ ततोदेवामहेंद्रंतमपृच्छन्धास्यतीतिकिम् २९ प्रदेशिनींततोऽस्यास्येशक्रःसमभिसंदधे ॥ मामयंधास्यतीत्येवंभाषितेचैववज्रिणा ३० मांधातेतिचनामास्यचक्रुःसेंद्रादिवौकसः ३१ प्रदेशिनींशक्रदत्तामास्वाद्यसशिशुस्तदा ॥ अवर्धतमहातेजाःकिष्कून्राजंस्त्रयोदश ३२ वेदास्तंसधनुर्वेदादिव्यान्यस्त्राणिचेश्वरम् ॥ उपतस्थुर्महाराजध्यातमात्रस्यसर्वशः ३३ आजगवंनामधनुःशराःशृंगोद्भवाश्चये ॥ अभेद्यंकवचंचैवसद्यस्तमुपशिश्रियुः ३४ सोभिषिक्तोमघवतास्वयंशक्रेणभारत ॥ धर्मेणव्यजयल्लोकांस्त्रीन्विष्णुरिवविक्रमैः ३५ तस्याप्रतिहतंचक्रंप्रावर्ततमहात्मनः ॥ रत्नानिचैवराजर्षिंस्वयमेवोपतस्थिरे ३६ तस्येयंवसुसंपूर्णावसुधावसुधाधिप ॥ तेनेष्टंविविधैर्यज्ञैर्बहुभिःस्वाप्तदक्षिणैः ३७ चितचैत्योमहातेजाधर्मान्प्राप्यचपुष्कलान् ॥ शक्रस्यार्धासनंराजँल्लब्धवानमितद्युतिः ३८ एकाह्नापृथिवीतेनधर्मनित्येनधीमता ॥ विजिताशासनादेवसरत्नाकरपत्तना ३९ तस्यचैत्यैर्महाराजक्रतूनांदक्षिणावताम् ॥ चतुरंतामहीव्याप्तानासीत्किंचिदनावृतम् ४० तेनपद्मसहस्राणिगवांदशमहात्मना ॥ ब्राह्मणानांमहाराजदत्तानीतिप्रचक्षते ४१ तेनद्वादशवार्षिक्यामनावृष्ट्यांमहात्मना ॥ वृष्टंसस्यविवृद्ध्यर्थंमिषतोवज्रपाणिनः ४२ तेनसोमकुलोत्पन्नोगांधाराधिपतिर्महान् ॥ गर्जन्निवमहामेघःप्रमथ्यनिहतःशरैः ४३ प्रजाश्चतुर्विधास्तेनत्राताराजन्कृतात्मना ॥ तेनात्मतपसालोकास्तापिताश्चातितेजसा ४४ तस्यैतद्देवयजनंस्थानमादित्यवर्चसः ॥ यस्यपुण्यतमेदेशेकुरुक्षेत्रस्यमध्यतः ४५ एतत्तेसर्वमाख्यातंमांधातुश्चरितंमहत् ॥ जन्मचाग्र्यंमहीपालयन्मांत्वंपरिपृच्छसि ४६

दिः स्वर्गमीनविशेषयोरितिविश्वः दिव्याइत्यर्थः ३४ । ३५ चक्रमाज्ञा ३६ । ३७ चितचैत्यःकृतचयनक्रतुः ३८ । ३९ । ४० पद्मंशतकोटयस्तेषामपिसहस्राणिदश ४१ । ४२ । ४३ चतुर्विधाः सुरनरतिर्यक्स्थावराः ४४ । ४५ । ४६

४७ ॥ इत्यारण्यकेपर्वणिनैलकंठीयेभारतभावदीपेषड्विंशत्यधिकशततमोऽध्यायः ॥ १२६ ॥ ॥ ॥ कथमिति १ । २ । ३ । ४ । ५ स्फिचिकट्याम् ६ । ७ अमात्यपर्षदोमध्येमंत्रिसभांतः
८ क्षत्तादौवारिकः ९ । १० । ११ । १२ । १३ । १४ । १५ । १६ । १७ । १८ जंतुनापशुभूतेन । 'सवरुणंराजानमुपससारपुत्रोमेजायतांतेनत्वायजा' इति इतिपुत्रस्यापिपशुकरणंबव्हृचब्राह्मणेपरामृष्टं

॥ वैशंपायनउवाच ॥ एवमुक्तःसकौन्तेयोलोमशेनमहार्षिणा ॥ पप्रच्छानंतरंभूयःसोमकंप्रतिभारत ४७ ॥ इतिश्रीमहाभारतेआरण्यकेपर्वणितीर्थयात्रापर्वणिलोमशतीर्थयात्रायांमांधातुपाख्यानेषड्विंशत्यधिकशततमोऽध्यायः ॥ १२६ ॥ ॥ युधिष्ठिरउवाच ॥ कथंवीर्यःसराजाभूत्सोमकोवदतांवर ॥ कर्माण्यस्यप्रभावंचश्रोतुमिच्छामितत्त्वतः १ ॥ लोमशउवाच ॥ युधिष्ठिरासीन्नृपतिःसोमकोनामधार्मिकः ॥ तस्यभार्याशतंराजन्सदृशीनामभूत्तदा २ सवैयत्नेनमहतातासुपुत्रंमहीपतिः ॥ कंचिन्नासादयामासकालेनमहतापि ३ कदाचित्तस्यवृद्धस्यघटमानस्ययत्नतः ॥ जंतुर्नामसुतस्तस्मिन्स्त्रीशतेसमजायत ४ तंजातंमातरःसर्वाःपरिवार्यसमासते ॥ सततंपृष्ठतःकृत्वाकामभोगान्विशांपते ५ ततःपिपीलिकाजंतुंकदाचिददशत्स्फिचि ॥ सदष्टोव्यनदन्नादंतेनदुःखेनबालकः ६ ततस्तामातरःसर्वाःप्राक्रोशन्भृशदुःखिताः ॥ प्रवार्यजंतुंसहसासशब्दस्तुमुलोऽभवत् ७ तमार्तनादंसहसाशुश्रावसमहीपतिः ॥ अमात्यपर्षदोमध्येउपविष्टःसहर्त्विजा ८ ततःप्रस्थापयामासकिमेतदितिपार्थिवः ॥ तस्मैक्षत्तायथावृत्तमाचचक्षेसुतंप्रति ९ त्वरमाणःसचोत्थायसोमकःसहमंत्रिभिः ॥ प्रविश्यांतःपुरंपुत्रमाश्वासयदरिंदमः १० सांत्वयित्वातुतंपुत्रंनिष्क्रम्यांतःपुरान्नृपः ॥ ऋत्विजासहितोराजन्सहामात्यउपाविशत् ११ ॥ सोमकउवाच ॥ धिगस्त्विहैकपुत्रत्वमपुत्रत्वंवरंभवेत् ॥ नित्यातुरत्वाद्भूतानांशोकएवैकपुत्रता १२ इदंभार्याशतंब्रह्मन्परीक्ष्यसदृशंप्रभो ॥ पुत्रार्थिनामयावोढंनतासांविद्यतेप्रजा १३ एकःकथंचिदुत्पन्नःपुत्रोजंतुरयंमम ॥ यतमानासुसर्वासुकिंनुदुःखमतःपरम् १४ वयश्चसमतीतंमेसभार्यस्यद्विजोत्तम ॥ आसांप्राणाःसमायत्तामममचात्रैकपुत्रके १५ स्यान्नुकर्मतथायुक्तंयेनपुत्रशतंभवेत् ॥ महतालघुनावाऽपिकर्मणादुष्करेणवा १६ ॥ ऋत्विगुवाच ॥ अस्तिचैतादृशंकर्मयेनपुत्रशतंभवेत् ॥ यदिशक्नोषितत्कर्तुमथवक्ष्यामिसोमक १७ ॥ सोमकउवाच ॥ कार्यंवायदिवाऽकार्यंयेनपुत्रशतंभवेत् ॥ कृतमेवेतितद्विद्धिभगवान्प्रब्रवीतुमे १८ ॥ ऋत्विगुवाच ॥ यजस्वजंतुनाराजंस्त्वंमयाविततेक्रतौ ॥ ततःपुत्रशतंश्रीमद्भविष्यत्यचिरेणते १९ वपायांहूयमानायांधूममाघ्रायमातरः ॥ ततस्ताःसुमहावीर्यान्जनयिष्यंतितेसुतान् २० तस्यामेवतुतेजंतुर्भवितापुनरात्मजः ॥ उत्तरेचास्यसौवर्णंलक्ष्मपार्श्वेभविष्यति २१ ॥ इतिश्रीमहाभारतेआरण्यकेपर्वणिलोमशतीर्थयात्रायांजंतूपाख्यानेसप्तविंशत्यधिकशततमोऽध्यायः ॥ १२७ ॥ ॥ ॥ ॥ सोमकउवाच ॥ ब्रह्मन्यद्यद्यथाकार्यंतत्कुरुष्वतथातथा ॥ पुत्रकामतयासर्वंकरिष्यामिवचस्तव १ ॥ लोमशउवाच ॥ ततःसयाजयामाससोमकंतेनजंतुना ॥ मातरस्तुबलात्पुत्रमपाकर्षुःकृपान्विताः २

ततोनशास्त्रविरोधः १९ । २० । २१ ॥ इत्यारण्यकेपर्वणि नैलकंठीये भारतभावदीपे सप्तविंशत्यधिकशततमोऽध्यायः ॥ १२७ ॥ ॥ ब्रह्मन्निति १ । २

वाशंत्यःक्रोशंत्यः ३ । ४ वपांदेहांतर्गतमपूपाकारंमांसं ५ । ६ । ७ । ८ लक्षणंचिन्हं ९ सोमकस्यऋत्विगितिशेषः १० । ११ । १२ । १३ । १४ । १५ । १६ । १७ । १८ । १९ क्षांतःक्षमावान् उष्यउषित्वा २० अभिचारपापंकुमार्गोपदेष्टृषुयाजकेष्वेवयाज्यस्यनिपातस्तुगुरौकरुणाप्रयुक्तःस्वयंकृतोनतुन्याय्यइत्यध्यायतात्पर्यम् २१ ॥ इत्यारण्यकेपर्वणि नैलकंठीये भारतभावदीपे अष्टाविंशत्य

हाहताःस्मेतिवाशंत्यस्तीव्रशोकसमाहताः ॥ रुदंत्यःकरुणंवापिगृहीत्वादक्षिणेकरे ३ सव्येपाणौगृहीत्वातुयाजकोऽपिस्मकर्षति ॥ कुररीणामिवार्तानांसमाकृष्य तुतंसुतम् ४ विशस्यचैनंविधिवद्वपामस्यजुहावसः ॥ वपायांहूयमानायांगंधमाघ्रायमातरः ५ आर्तानिपेतुःसहसापृथिव्यांकुरुनंदन ॥ सर्वाश्चगर्भानलभं स्ततस्ताःपरमांगनाः ६ ततोदशसुमासेषुसोमकस्यविशांपते ॥ जज्ञेपुत्रशतंपूर्णंतासुसर्वासुभारत ७ जंतुर्ज्येष्ठःसमभवज्जनित्र्यामेवपार्थिव ॥ सतासामिष्टए वासीन्नतथातेनिजाःसुताः ८ तच्चलक्षणमस्यासीत्सौवर्णंपार्श्वउत्तरे ॥ तस्मिन्पुत्रशतेचाग्र्यःसबभूवगुणैरपि ९ ततःसलोकमगमत्सोमकस्यगुरुःपरम् ॥ अथ कालेव्यतीतेतुसोमकोऽप्यगमत्परम् १० अथतंनरकेघोरेपच्यमानंददर्शसः ॥ तमपृच्छत्किमर्थंत्वंनरकेपच्यसेद्विज ११ तमब्रवीद्गुरुःसोऽथपच्यमानोऽग्निना भृशम् ॥ त्वंमयायाजितोराजंस्तस्येदंकर्मणःफलम् १२ एतच्छ्रुत्वासराजर्षिर्धर्मराजानमब्रवीत् ॥ अहमत्रप्रवेक्ष्यामिमुच्यतांममयाजकः ॥ मत्कृतेहिमहा भागःपच्यतेनरकाग्निना १३ ॥ धर्मउवाच ॥ नान्यःकर्तुःफलंराजन्नुपभुंक्तेकदाचन ॥ इमानितवदृश्यंतेफलानिवदतांवर १४ ॥ सोमकउवाच ॥ पुण्यान्नकाम येलोकानृतेऽहंब्रह्मवादिनम् ॥ इच्छाम्यहमनेनैवसहवस्तुंसुरालये १५ नरकेवाधर्मराजकर्मणाऽस्यसमोह्यहम् ॥ पुण्यापुण्यफलंदेवसममस्त्वावयोरिदम् १६ ॥ धर्मराजउवाच ॥ यद्येवमीप्सितंराजन्भुंक्ष्वास्यसहितःफलम् ॥ तुल्यकालंसहानेनपश्चात्प्राप्स्यसिसद्गतिम् १७ ॥ लोमशउवाच ॥ सचकारतथासर्वंरा जाराजीवलोचनः ॥ क्षीणपापश्चतस्मात्सविमुक्तोगुरुणासह १८ लेभेकामान्शुभान्राजन्कर्मणानिर्जितान्स्वयम् ॥ सहतेनैवविप्रेणगुरुणासगुरुप्रियः १९ ए षतस्याश्रमःपुण्योयएषोऽग्रेविराजते ॥ क्षांतउष्यात्रषड्रात्रंप्राप्नोतिसुगतिंनरः २० एतस्मिन्नपिराजेंद्रवत्स्यामोविगतज्वराः ॥ षड्रात्रंनियतात्मानःसज्जी भवकुरूद्वह २१ ॥ ॥ इतिश्रीमहाभारतेआरण्यकेपर्वणितीर्थयात्रापर्वणिलोमशतीर्थयात्रायांजंतूपाख्यानेअष्टाविंशाधिकशततमोऽध्यायः ॥ १२८ ॥

॥ लोमशउवाच ॥ अस्मिन्किलस्वयंराजन्निष्टवान्वैप्रजापतिः ॥ सत्रमिष्टीकृतंनामपुरावर्षसहस्रिकम् १ अंबरीषश्चनाभागइष्टवान्यमुनामनु ॥ यत्रेष्ट्वादश पद्मानिसदस्येभ्योऽधिसृष्टवान् २ यज्ञैश्चतपसाचैवपरांसिद्धिमवापसः ॥ देशश्चनाहुषस्यायंयज्वनःपुण्यकर्मणः ३ सार्वभौमस्यकौन्तेयययातेरमितौजसः ॥ स्पर्धमानस्यशक्रेणतस्येदंयज्ञवास्त्विह ४

धिकशततमोऽध्यायः ॥ १२८ ॥ ॥ ॥ ॥ अस्मिन्निति १ दशपद्मानिगवामितिशेषः । तस्यद्वादशग्नतंदक्षिणाइति यागीयदक्षिणादौ सर्वत्रगोपदस्यैवाध्याहारदर्शनात् अभिसृष्टवान्दत्तवान् २ । ३ । यज्ञवास्तुयज्ञभूमिः । इहअस्मिन्वास्तुनि इदमुत्तरान्वयि ४

अग्निभिरग्निस्थापनार्थैरिष्टकारचितैःस्थंडिलैः ५ शमीआमिक्षार्थंदध्युत्पादनार्थमानीताशमीशाखा एकपत्राशातितपत्रा अंतर्वेदिशाखायाःपलाशान्यसर्वाणिप्रशात्यमूलतःशाखांपरिवास्योपवेषंकरोतीतिसूत्रात् यापूर्वमेकपत्रशाखाऽभूत्सैषाउपवेषरूपेणावशिष्टादृश्यतेअग्रभागस्यवन्हौप्रहृतत्वात् परिवास्यच्छित्वा सरकंसुराग्रहपात्रं। सरकोऽस्त्रीसीधुपात्रे इतिमेदिनी ६ प्रसर्पणंसंचारभूमिः रौप्यायांरूप्यवत्श्वेतवर्णायांस्थल्यांनद्यांवा सामीप्येसप्तमी प्रसर्पणंतीर्थमित्यन्ये ७ अनुवंशंपरंपरागतमाख्यानश्लोकं । उलूखलैरिति । उलूखलसदृशानिस्त्रीणांकर्णाभरणानिभवंतीति स्वयमुलूखलैरेवाभरणैर्युक्तासतीतिशेषः एतेनविकृतवेषत्वंपिशाच्याः ८ उक्तंभाषणमेवाहद्वाभ्यां युगंधरइति । अत्रप्राञ्चः आस्मिंस्तीर्थेसपुत्राब्राह्मणीस्नातुमागतातांप्रतिपिशाचीवदति त्वयायुगंधरेपर्वतेदेशेवादधिप्राशनंकृतं तत्रोष्ट्रीक्षीरं गर्दभ्यादिक्षीरंचदधिक्रियते । तथाअच्युतस्थलाख्येसंकरजानांग्रामेवासश्चकृतः । तथाभूतिलयाख्येदस्युग्रामेऽग्निदग्धानांमृतानांक्षेपणंयस्यांनद्यांक्रियतेतस्यांस्नाताऽसि अतोदोषत्रयवतीत्वंएतत्करणेहिप्रायश्चित्तंधर्मशास्त्रेप्रसिद्धं । औष्ट्रमैकशफंक्षीरंसुरातुल्यमिति । संसृज्यसंकरैःसार्धंप्राजापत्यंव्रतंचरेदिति । प्रोष्यभूतिलयेविप्रःप्राजापत्यंव्रतंचरेदितिच तच्चत्वयानकृतमतःकथमत्रवस्तुमिच्छसि दोषवतामिहतीर्थवासोदुर्लभइत्यर्थः । एवंपिशाचीवाक्यंश्रुत्वाऽपिसाब्राह्मणीतत्रस्नानादिकंकृतवती ततस्तयाराक्षस्यातस्याघटपिठरादिकंनाशितं उक्तंच । 'एतत्तवदिवावृत्तंरात्रौवृत्तंतुद्रक्ष्यसि'इति वृत्तंजातं रात्रौतुतवपुत्रमपिनाशयिष्यामीतिभावः । अथापिद्वितीयांरात्रिंवस्तुमिच्छसिचेत्तवभूयांसमपकारंकरिष्यामीतियुगंधरादिदेशत्रयनिंदापरत्वेनव्याचख्युः । अर्वाञ्चस्तुयुगंधरादौदधिप्राशनादिकंत्रयमधिकारकारणंकृत्वा एकरात्रमिहयदिवस्तुमिच्छसिचेद्वस । अत्रपिशाचीवचनव्याजेनैकरात्रवासोनियम्यते यदितुद्वितीयंदिवारात्रंवत्स्यसितर्हिएतत्तवदिवाकालेवृत्तंभविष्यति एत

पश्यनानाविधाकारैरग्निभिर्निचितांमहीम् ॥ मज्जंतीमिवचाक्रांतांययातेर्यज्ञकर्मभिः ५ एषाशम्येकपत्रायासरकंचैतदुत्तमम् ॥ पश्यरामन्हदानेतान्पश्य
नारायणाश्रमम् ६ एतच्चर्चीकपुत्रस्ययोगैर्विचरतोमहीम् ॥ प्रसर्पणंमहीपालरौप्यायाममितौजसः ७ अत्रानुवंशंपठतःशृणुमेकुरुनंदन ॥ उलूखलैराभर
णैःपिशाचीयदभाषत ८ युगंधरेदधिप्राश्यउषित्वाचाच्युतस्थले ॥ तद्वद्भूतलयेस्नात्वासपुत्रावस्तुमर्हसि ९

द्दितिवस्त्रपात्राहारताडनादिकमभिनीयदर्शयति । रात्रौत्वतोऽन्यथाप्राणापहारांतमित्यर्थइति । ब्रह्मज्ञानिवंशावतंसलक्ष्मणानुचरास्तु द्वारमेतत्कुरुक्षेत्रस्येत्युपसंहारादस्यक्षेत्रस्यद्विविधकुरुक्षेत्रप्रापकत्वमवगतं कुरुक्षेत्रद्वयंच । एकंशतपथेप्रवर्ग्यकांडे तेषांकुरुक्षेत्रंदेवयजनमासतस्मादाहुःकुरुक्षेत्रंदेवानांदेवयजनमितिकर्मागंकुरुदेशांतर्गतंप्रसिद्धम् । अपरंच अविमुक्तंवैकुरुक्षेत्रमित्यादिनाज्ञानांगमविमुक्ताख्यंजाबालरामतापनीयोपनिषदोःप्रसिद्धम् । ततश्चास्यक्षेत्रस्यक्रममुक्तौसद्योमुक्तौपरंपरयाहेतुत्वादत्रवासेदेवाविघ्नमाचरंति । मुक्तोहिदेवपशुत्वान्निवर्ततइति । तथाबृहदारण्यकेआत्मेत्येवोपासीतेत्यैकात्म्यंज्ञेयमित्युक्त्वाऽथयोन्यांदेवतामुपास्तेऽन्योऽसावन्योऽहमितिनसवेदयथापशुरेवसदेवानामितिभेददर्शिनोदेवपशुत्वमुक्त्वा तस्मादेषांतन्नप्रियंयदेतन्मनुष्याविद्युरित्यैकात्म्यज्ञानंदेवानामप्रियंपशुनाशइवपशुपतेरित्युक्तम् । ज्ञातैकात्म्यस्यतुदेवाअप्रियंकर्तुमसमर्थास्तथाचतत्रैवश्रूयते । तस्यहनदेवाश्चनाभूत्याईशतआत्माह्येषांसभवतीति देवाश्चनदेवाअपि अभूत्यैअनैश्वर्याय एवंसतियदिब्रह्मिष्ठाऽसितर्हित्रचिरकालंवस्तुमर्हसीति पिशाचीकांचित्सपुत्रांस्त्रियमिहवस्तुमिच्छंतींप्रतिप्रब्रवीति युगंधरइति युगानिकृतत्रेताद्वापरकलिसंज्ञानिधारयतीतियुगंधरःस्थूलशरीराभिमानीजीवः तथाहिश्रुतिः । 'कलिःशयानोभवतिसंजिहानस्तुद्वापरः ॥ उत्तिष्ठंस्त्रेताभवतिकृतंसंपद्यतेचरन्'इति । शयानोधर्ममाचार्यादिमुखादजानन्पुरुषःकलिः । सएवसंजिहानस्तंजानन्द्वापरोभवति । उत्तिष्ठन्धर्मानुष्ठानार्थंयतमानस्त्रेताभवति । धर्मंचरन्ननुतिष्ठंस्तुकृतंभवतीतिपुंसएवयुगंधरत्वमाह । दधिप्राशनशब्देनधर्मप्रजासंपत्त्यर्थोदारसंयोगउच्यते । तथाहिगृह्यसूत्रे । समंजंतुविश्वेदेवाइतिदध्नःप्राश्यप्रतिप्रयच्छेदितिविवाहांते–

दंपत्योर्हृदयसंधानार्थंदधिप्राशनंविधीयतेतत्र 'समापोहृदयानिनौ संमातरिश्वासंधातासमुदेष्ट्रीदधातुनौ'इतिमंत्रशेषः । मंत्रार्थस्तु विश्वेदेवाः नौआवयोर्हृदयानि वृत्तिबहुत्वात्बहुवचनं समंजंतुस्निग्धानिकुर्वंतु । संशब्दावृत्त्या समंजंत्वित्यस्याप्यावृत्तिर्ज्ञेया । आपोनौहृदयानिसमंजंत्वित्यर्थः स्निग्धयोर्हृद्वयोःसंधानंभवतीति । मातरिश्वाप्राणवायुर्नौहृदयानिसंदधातु । एवंधातासंदधातु । उनिश्चितं देष्ट्रीअंतर्यामिणी देवताचसंदधातु । व्यवहिताश्चेतिछंदसिव्यवहितोपसर्गेणापिक्रियायाः संबंधः । पूर्ववदुपसर्गावृत्त्याक्रियापदस्यावृत्तिरिति । तथाचक्षौमेवसानौजायापतीसहोभौचरतांधर्मंप्रजांप्रजनयावहा इतिश्रुतिलिंगाभ्यां धर्मप्रजोत्पादने सहाधिकारात् । 'जायमानोवैब्राह्मणस्त्रिभिर्ऋणवाजायते ब्रह्मचर्येणऋषिभ्योयज्ञेनदेवेभ्यः प्रजयापितृभ्यः' इतिचश्रुतानामृणानामपाकरणं दारसंयोगंविनानभवतीतिदधिप्राशनशब्देनलक्षितलक्षणयाआनृण्यंग्राह्यं तेनस्वधर्मनिष्ठःप्रजावानेतत्तीर्थंसेवितुमर्हतीतिपूर्वपादार्थः । अच्युतस्थलेच्युतियोग्यस्थूलशरीरापेक्षयाअच्युतंस्थलंलिंगशरीरं तत्रउषित्वासूत्रात्मानमुपास्येत्यर्थः । भूतानिवियदादीनिलीयंतेऽस्मिन्निितिकारणंब्रह्मभूतलयः । भूतिलयइतिपाठेभूतिरैश्वर्यं । तस्यापिचलयोऽस्मिन्निितिशुद्धं ब्रह्मतयोरन्यतरत्रस्नात्वामलंत्यक्त्वा 'यथैषीकतूलमग्नौप्रोतंप्रदूयेतैवंहास्यसर्वेपाप्मानः

एकरात्रमुषित्वेहद्वितीयंयदिवत्स्यसि ॥ एतद्वैतेदिवावृत्तंरात्रौवृत्तमितोऽन्यथा १० अद्यचात्रनिवत्स्यामःक्षपांभरतसत्तम ॥ द्वारमेतत्तुकौंतेयकुरुक्षेत्रस्य भारत ११ अत्रैवनाहुषोराजाराजन्क्रतुभिरिष्टवान् ॥ ययातिर्बहुरत्नौघैर्यत्रेन्द्रोमुदमभ्यगात् १२ एतत्प्लक्षावतरणंयमुनातीर्थमुत्तमम् ॥ एतद्वैनाकपृष्ठस्यद्वारमाहुर्मनीषिणः १३ अत्रसारस्वतैर्यज्ञैरीजानाःपरमर्षयः ॥ यूपोलूखलिकास्तातगच्छंत्यवभृथप्लवम् १४ अत्रवैभरतोराजाराजन्क्रतुभिरिष्टवान् ॥ हयमेधेनयज्ञेनमेध्यमश्वमवासृजत् १५ असकृत्कृष्णसारंगंधर्मेणाप्यचमेदिनीम् ॥ अत्रैवपुरुषव्याघ्रमरुत्तःसत्रमुत्तमम् १६ प्रापचैवर्षिमुख्येनसंवर्तेनाभिपालितः ॥ अत्रोपस्पृश्यराजेंद्रसर्वाँल्लोकान्प्रपश्यति ॥ पूयतेदुष्कृताच्चैवअत्रापिसमुपस्पृश १७ ॥ ॥ वैशंपायनउवाच ॥ ॥ तत्रसभ्रातृकःस्नात्वास्तूयमानोमहर्षिभिः ॥ लोमशंपांडवश्रेष्ठइदंवचनमब्रवीत् १८ सर्वाँल्लोकान्प्रपश्यामितपसासत्यविक्रम ॥ इहस्थःपांडवश्रेष्ठंपश्यामिश्वेतवाहनम् १९ ॥ ॥ लोमशउवाच ॥ ॥ एवमेतन्महाबाहोपश्यंतिपरमर्षयः ॥ सरस्वतीमिमांपुण्यांपुण्यैकशरणावृताम् २०

प्रदूयेते'इतितज्ज्ञानफलश्रवणात् । तद्वदितितच्छब्देनपूर्वार्धोक्तेकर्मोपास्तीउच्येते ताभ्यांयुक्तंयथास्यात्तथाभूतलयेस्नानं तेनदैनंदिनसुषुप्तेर्निवृत्तिः । तत्रापिप्रत्यहंब्रह्मप्राप्तिःश्रूयते 'यत्रैतत्पुरुषःस्वपितिनामसतासोम्यतदासंपन्नोभवति' इति सताब्रह्मणा । तथाचकर्मोपास्तिपूर्वकंयोब्रह्मजानातिसोऽत्रवस्तुमर्हति तस्यपिशाचादिबाधानास्तीत्यर्थः ९ त्वंत्वब्रह्मविदेकरात्रमेवात्रवस्तुंयोग्या यदिद्वितीयांवस्तुमिच्छसितर्हितेनवएतन्मदीयंवृत्तंभविष्यतिमद्वत्पिशाचीभूत्वात्रस्नानंनलप्स्यसे एतदितिस्ववृत्तस्याभिनीयप्रदर्शनं द्वितीयदिनवासस्यैवैतत्फलं द्वितीयरात्रिवासेतुइतोऽन्यथाअहल्यादिवन्मोहप्राप्त्याशिलाभावोभविष्यतितेनतीर्थदर्शनमपिनलप्स्यसेइति १० अतोऽत्रक्षपांरात्रिमेवएकांवत्स्यामः प्रातरेवप्रस्थास्यामइतिभावः । द्वारमित्यर्धंतुउक्तार्थमस्ति ११ अत्रैवकुरुक्षेत्रद्वारे १२ । १३ सारस्वतैर्ब्राह्मणैर्ऋत्विग्भिर्यज्ञैरीजानाः यूपोलूखलिकाः यूपानुलूखलानिचयज्ञसाधनान्यादृदतेयूपोलूखलिकाः । पशुभिःपुरोडाशैश्चइष्टवंतइत्यर्थः १४ । १५ कृष्णसारंगंकृष्णहरिणसदृशं एकदेशेकृष्णवर्णंश्यामकर्णमित्यर्थः १६ । १७ १८ इहस्थोयमुनान्तर्गतप्लक्षावतरणस्थः १९ तीर्थांतरमाह सरस्वतीमिति २०

२१ । २२ ॥ इत्यारण्यकेपर्वणि नैलकंठीये भारतभावदीपे एकोनत्रिंशदधिकशततमोऽध्यायः ॥ १२९ ॥ ॥ इहेति १ । २ । ३ । ४ । ५ । ६ । ७ । ८ बद्धापाशैरितिशेषः विपाशःपा शहीनः अतएवविपाशानाम ९ । १० औत्तराणामौदीच्यानाम ११ वर्षवसतिस्थानम १२ एषइति । योरामः प्रख्यातःसत्यविक्रमश्च विदेहादुत्तरंचयद्द्वारं यद्वर्षस्यद्वारमेषोऽनुभूयमानोवातिकषंडोवातानीतः पद्मादिसमूहोनात्यवर्ततेतेनरामेण कृतमितिपूर्वेणान्वयः अनेनवायोरप्यस्मिन्वर्षेप्रवेशोनास्तिकिमुतेतरस्येतिप द्मादेर्वातानीतस्यात्राप्रवेशाद्रामसामर्थ्यंप्रत्यक्षमाश्चर्यमित्यर्थः १३ युगंपंचसंवत्सरात्मकंतस्मिन्क्षीणे

यत्रस्नात्वानरश्रेष्ठधूतपाप्माभविष्यसि ॥ इहसारस्वतैर्यज्ञैरिष्टवंतःसुरर्षयः ॥ ऋषयश्चैवकौन्तेयतथाराजर्षयोऽपिच २१ वेदीप्रजापतेरेषासमंतात्पंचयोजना ॥ कुरोर्वैयज्ञ शीलस्यक्षेत्रमेतन्महात्मनः २२ ॥ इतिश्रीमहाभारतेआरण्यकेपर्वणितीर्थयात्रापर्वणिलोमशतीर्थयात्रायामेकोनत्रिंशाधिकशततमोऽध्यायः ॥ १२९ ॥ ॥ लोमश उवाच ॥ इहमर्त्यास्तनूस्त्यक्त्वास्वर्गंगच्छंतिभारत ॥ मर्तुकामानराराजन्निहायांतिसहस्रशः १ एवमाशीःप्रयुक्ताहिदक्षेणयजतापुरा ॥ इहयेवैमरिष्यंतितेवैस्वर्गजि तोनराः २ एषासरस्वतीरम्यादिव्याचौघवतीनदी ॥ एतद्विनशनंनामसरस्वत्याविशांपते ३ द्वारंनिषादराष्ट्रस्ययेषांदोषात्सरस्वती ॥ प्रविष्टापृथिवींवीरमानिषादा हिमांविदुः ४ एषवैचमसोद्भेदोयत्रदृश्यासरस्वती ॥ यत्रैनामभ्यवर्तंतसर्वाःपुण्याःसमुद्रगाः ५ एतत्सिंधोर्महत्तीर्थंयत्रागस्त्यमरिंदम ॥ लोपामुद्रासमागम्यभर्तारमवृ णीतवै ६ एतत्प्रकाशतेतीर्थंप्रभासंभास्करद्युते ॥ इंद्रस्यदयितंपुण्यंपवित्रंपापनाशनम् ७ एतद्विष्णुपदंनामदृश्यतेतीर्थमुत्तमम् ॥ एषारम्याविपाशाचनदीपरमपावनी ८ अत्रवैपुत्रशोकेनवसिष्ठोभगवानृषिः ॥ बद्ध्वात्मानंनिपतितोविपाशःपुनरुत्थितः ९ काश्मीरमंडलंचैतत्सर्वपुण्यमरिंदम ॥ महर्षिभिश्चाध्युषितंपश्येदंभ्रातृभिःसह १० यत्रौत्तराणांसर्वेषामृषीणांनाहुषस्यच ॥ अग्नेश्चैवात्रसंवादःकाश्यपस्यचभारत ११ एतद्द्वारंमहाराजमानसस्यप्रकाशते ॥ वर्षमस्यगिरेर्मध्येरामेणश्रीमताकृतम् १२ एषवातिकषंडोवैप्रख्यातःसत्यविक्रमः ॥ नात्यवर्ततयद्द्वारंविदेहादुत्तरंचयः १३ इदमाश्चर्यमपरंदेशेऽस्मिन्पुरुषर्षभ ॥ क्षीणेयुगेतुकौंतेयशर्वस्यसहपार्षदैः १४ स होमयाचभवतिदर्शनंकामरूपिणः ॥ अस्मिन्सरसिसत्रैर्वैचैत्रेमासिपिनाकिनम् १५ यजंतेयाजकाःसम्यक्परिवारंशुभार्थिनः ॥ अत्रोपस्पृश्यसरसिश्रद्दधानोजितेंद्रियः १६ क्षीणपापःशुभाँल्लोकान्प्राप्नुतेनात्रसंशयः ॥ एषउज्जानकोनामपावकिर्यत्रशांतवान् ॥ अरुंधतीसहायश्चवसिष्ठोभगवानृषिः १७ ह्रदश्चकुशवानेषयत्रपद्मंकुशेश यम् ॥ आश्रमश्चैवरुक्मिण्यायत्राशाम्यदकोपना १८ समाधीनांसमासस्तुपांडवेयश्रुतस्त्वया ॥ तंद्रक्ष्यसिमहाराजभृगुतुंगंमहागिरिम् १९ वितस्तांपश्यराजेंद्रसर्वपा पप्रमोचनीम् ॥ महर्षिभिश्चाध्युषितांशीततोयांसुनिर्मलाम् २० जलांचोपजलांचैवयमुनामभितोनदीम् ॥ उशीनरोवैयत्रेष्ट्वावासवादत्यरिच्यत २१ तांदेवसमितिंतस्य वासवश्चविशांपते ॥ अभ्यागच्छन्नृपवरंज्ञातुमग्निश्चभारत २२ जिज्ञासमानौवरदौमहात्मानमुशीनरम् ॥ इंद्रःश्येनःकपोतोऽग्निर्भूत्वायज्ञेऽभिजग्मतुः २३

समाप्तेसति यदासौरसावनबार्हस्पत्यनाक्षत्रचान्द्राःसंवत्सराएककालंसमाप्यंतेसयुगक्षयकालस्तस्मिन्नित्यर्थः । युगेक्षीणेइत्यस्यसंवत्सरांतइतिवाऽर्थः चैत्रप्रतिपद्युगादिरितिव्यवहारात् १४ अतएवपूर्वदिनेशिवंदृष्ट्वा प्रतिपदमारभ्यमासमात्रंपिनाकिनंयजंतइतिसंगच्छते १५ । १६ पावकिःस्कंदः शांतवान्शमंप्राप वसिष्ठोऽपिशान्तवान् १७ कुशवान्जलवान् । 'शरंवनंकुशंनीरम्' इतिधनंजयः अकोपनाजितक्रोधा १८ समासःसंक्षेपः यस्मिन्दृष्टेसमाधिफलंभवतीत्यर्थः १९ । २० । २१ देवसमितिंराजसभाम् २२ । २३

निलिल्येलीनः २४ ॥ ॥ इत्यारण्यकेपर्वणि नैलकंठीये भारतभावदीपे त्रिंशदधिकशततमोऽध्यायः ॥ १३० ॥ ॥ धर्मात्मानमिति १ । २ । ३ । ४ । ५ । ६ । ७ । ८ । ९ । १०

ऊरूराज्ञःसमासाद्यकपोतःश्येनजाद्भयात् ॥ शरणार्थीतदाराजन्निलिल्येभयपीडितः २४ ॥ इतिश्रीमहाभारतेआरण्यकेपर्वणितीर्थयात्रापर्वणिलोमशतीर्थ यात्रायांश्येनकपोतीयेत्रिंशदधिकशततमोऽध्यायः ॥ १३० ॥ ॥ ॥ ॥ श्येनउवाच ॥ धर्मात्मानंत्वाऽऽहुरेकंसर्वेराजन्महीक्षितः ॥ सर्वधर्मविरुद्धं त्वंकस्मात्कर्मचिकीर्षसि १ विहितंभक्षणंराजन्पीड्यमानस्यमेक्षुधा ॥ मारक्षीर्धर्मलोभेनधर्ममुत्सृष्टवानसि २ ॥ राजोवाच ॥ संत्रस्तरूपस्त्राणार्थीत्वत्तोभीतो महाद्विज ॥ मत्सकाशमनुप्राप्तःप्राणगृध्नुरयंद्विजः ३ एवमभ्यागतस्येहकपोतस्याभयार्थिनः ॥ अप्रदानेपरंधर्मंकथंश्येननपश्यसि ४ प्रस्पंदमानःसम्भ्रांतः कपोतःश्येनलक्ष्यते ॥ मत्सकाशंजीवितार्थीतस्यत्यागोविगर्हितः ५ योहिकश्चिद्द्विजान्हन्याद्गांवालोकस्यमातरम् ॥ शरणागतंचत्यजतेतुल्यंतेषांहिपातकम् ६ ॥ श्येनउवाच ॥ आहारात्सर्वभूतानिसंभवंतिमहीपते ॥ आहारेणविवर्धंतेतेनजीवंतिजंतवः ७ शक्यतेदुस्त्यजेऽप्यर्थेचिररात्रायजीवितुम् ॥ नतुभोजनमुत्सृज्य शक्यंवर्तयितुंचिरम् ८ भक्ष्याद्वियोजितस्याद्यममप्राणाविशांपते ॥ विसृज्यकायमेष्यंतिपंथानमकुतोभयम् ९ प्रमृतेमयिधर्मात्मन्पुत्रदारादिनंक्ष्यति ॥ रक्षमा णःकपोतंत्वंबहून्प्राणान्नरक्षसि १० धर्मंयोबाधतेधर्मोनसधर्मःकुवर्त्मतत् ॥ अविरोधात्तुयोधर्मःसधर्मःसत्यविक्रम ११ विरोधिषुमहीपालनिश्चित्यगुरुलाघवम् ॥ नबाधाविद्यतेयत्रतंधर्मंसमुपाचरेत् १२ गुरुलाघवमादायधर्माधर्मविनिश्चये ॥ यतोभूयांस्ततोराजन्कुरुष्वधर्मनिश्चयम् १३ ॥ राजोवाच ॥ बहुकल्याणसंयुक्तं भाषसेविहगोत्तम ॥ सुपर्णःपक्षिराट्किंत्वंधर्मज्ञश्चास्यसंशयम् १४ तथाहिधर्मसंयुक्तंबहुचित्रंचभाषसे ॥ नतेऽस्त्यविदितंकिंचिदितित्वांलक्षयाम्यहम् १५ शर णैषिपरित्यागंकथंसाध्वितिमन्यसे ॥ आहारार्थंसमारंभस्तवचायंविहंगम १६ शक्यश्चाप्यन्यथाकर्तुमाहारोऽप्यधिकस्त्वया ॥ गोवृषोवावराहोवामृगोवामहि षोऽपिवा ॥ त्वदर्थमद्यक्रियतांयच्चान्यदिहकांक्षसि १७ ॥ श्येनउवाच ॥ नवराहंनचोक्षाणंनमृगान्विविधांस्तथा ॥ भक्षयामिमहाराजकिंममान्येनकेनचित् १८ यस्तुमेदेवविहितोभक्षःक्षत्रियपुंगव ॥ तमुत्सृजमहीपालकपोतमिममेवमे १९ श्येनःकपोतानत्तीतिस्थितिरेषासनातनी ॥ माराजन्सारमज्ञात्वाकदली स्कंधमासज २० ॥ राजोवाच ॥ राष्ट्रंशिबीनामृद्धंवैददानितवखेचर ॥ यंवाकामयसेकामंश्येनसर्वंददानिते २१ विनेमंपक्षिणंश्येनशरणार्थिनमागतम् ॥ येने मंवर्जयेथास्त्वंकर्मणापक्षिसत्तम ॥ तदाचक्ष्वकरिष्यामिनहिदास्येकपोतकम् २२ ॥ श्येनउवाच ॥ उशीनरकपोतेतेयदिस्नेहोनराधिप ॥ आत्मनोमांसमुत्कृ त्यकपोततुलयाधृतम् २३ यदासमंकपोतेनतवमांसंनृपोत्तम ॥ तदादेयंतुतन्मह्यंसामेतुष्टिर्भविष्यति २४ ॥ राजोवाच ॥ अनुग्रहमिमंमन्येश्येनयन्माऽभियाचसे ॥ तस्मात्तेऽद्यप्रदास्यामिस्वमांसंतुलयाधृतम् २५

११ । १२ । १३ । १४ । १५ । १६ । १७ । १८ । १९ कदलीस्कंधमासजेतिकदलीस्कंधतुल्येनिःसारेऽस्मिन्धर्मेमासज्जोभवेत्यर्थः २० । २१ । २२ । २३ । २४ । २५

२६ । २७ । २८ । २९ । ३० । ३१ । ३२ । ३३ स्वदेहत्यागेनापिशरणागतोरक्षणीयइत्यध्यायतात्पर्यम् ३४ ॥ इत्यारण्यकेपर्वणि नैलकंठीये भारतभावदीपे एकत्रिंशदधिकशततमोऽध्यायः ॥ १३१ ॥

॥ लोमशउवाच ॥ उत्कृत्त्यसस्वयंमांसंराजापरमधर्मवित् ॥ तुलयामासकौंतेयकपोतेनसमंविभो २६ ध्रियमाणःकपोतस्तुमांसेनात्यतिरिच्यते ॥ पुनश्चोत्कृत्यमांसानिराजाप्रादादुशीनरः २७ नविद्यतेयदामांसंकपोतेनसमंधृतम् ॥ ततउत्कृत्तमांसोऽसावारुरोहस्वयंतुलाम् २८ ॥ श्येनउवाच ॥ इंद्रोऽहमस्मिधर्मज्ञकपोतोहव्यवाडयम् ॥ जिज्ञासमानौधर्मेत्वांयज्ञवाटमुपागतौ २९ यत्तेमांसानिगात्रेभ्यउत्कृत्तानिविशांपते ॥ एषातेभास्वतीकीर्तिर्लोकानभिभविष्यति ३० यावल्लोकेमनुष्यास्त्वांकथयिष्यंतिपार्थिव ॥ तावत्कीर्तिश्चलोकाश्चस्थास्यंतितवशाश्वताः ३१ इत्येवमुक्त्वाराजानमारुरोहदिवंपुनः ॥ उशीनरोऽपिधर्मात्माधर्मेणावृत्यरोदसी ३२ विभ्राजमानोवपुषाऽप्यारुरोहत्रिविष्टपम् ॥ तदेतत्सदनंराजन्राज्ञस्तस्यमहात्मनः ३३ पश्यस्वैतन्मयासार्धंपुण्यंपापप्रमोचनम् ॥ तत्रवैसततंदेवामुनयश्चसनातनाः ॥ दृश्यंतेब्राह्मणैराजन्पुण्यवद्भिर्महात्मभिः ३४ ॥ इतिश्रीमहाभारतेआरण्यकेपर्वणितीर्थयात्रापर्वणिलोमशतीर्थयात्रायांश्येनकपोतीयेएकत्रिंशदधिकशततमोऽध्यायः ॥ १३१ ॥ ॥ ॥ लोमशउवाच ॥ यःकथ्यतेमंत्रविदग्र्यबुद्धिरौद्दालकिःश्वेतकेतुःपृथिव्याम् ॥ तस्याश्रमंपश्यनरेंद्रपुण्यंसदाफलैरुपपन्नंमहीजैः १ साक्षादत्रश्वेतकेतुर्ददर्शसरस्वतींमानुषदेहरूपाम् ॥ वेत्स्यामिवाणीमितिसंप्रवृत्तांसरस्वतींश्वेतकेतुर्बभाषे २ अस्मिन्युगेब्रह्मकृतांवरिष्ठावास्तांमुनीमातुलभागिनेयौ ॥ अष्टावक्रश्चैवकहोडसूनुरौद्दालकिःश्वेतकेतुःपृथिव्याम् ३ विदेहराजस्यमहीपतेस्तौविप्रावुभौमातुलभागिनेयौ ॥ प्रविश्ययज्ञायतनंविवादेबंदिंनिजग्राहतुरप्रमेयौ ४ उपास्स्वकौंतेयसहानुजस्त्वंतस्याश्रमंपुण्यतमंप्रविश्य ॥ अष्टावक्रंयस्यदौहित्रमाहुर्योऽसौबंदिंजनकस्याथयज्ञे ५ वादीविप्राग्र्योबालएवाभिगम्यवादेभंक्त्वामज्जयामासनद्याम् ६ ॥ युधिष्ठिरउवाच ॥ कथंप्रभावःसबभूवविप्रस्तथाभूतंयोनिजग्राहबंदिम् ॥ अष्टावक्रःकेनचासौबभूवतत्सर्वंमेलोमशशंसतत्त्वम् ७ ॥ लोमशउवाच ॥ उद्दालकस्यनियतःशिष्यएकोनाम्नाकहोडइतिविश्रुतोऽभूत् ॥ शुश्रूषुराचार्यवशानुवर्तीदीर्घंकालंसोऽध्ययनंचकार ८ तंवैविप्राःपर्यचरन्सशिष्यस्तांचज्ञात्वापरिचर्यांगुरुःसः ॥ तस्मैप्रादात्सद्यएवश्रुतंचभार्यांचवैदुहितरंस्वांसुजाताम् ९ तस्यागर्भःसमभवदग्निकल्पःसोऽधीयानंपितरंचाप्युवाच ॥ सर्वांरात्रिमध्ययनंकरोषिनेदंपितःसम्यगिवोपवर्तते १० उपालब्धःशिष्यमध्येमहर्षिःसतंकोपादुदरस्थंशशाप ॥ यस्मात्कुक्षौवर्तमानोब्रवीषितस्माद्वक्रोभविताऽस्यष्टकृत्वः ११ सवैतथावक्रएवाभ्यजायदष्टावक्रःप्रथितोवैमहर्षिः ॥ अस्यासीद्वैमातुलःश्वेतकेतुःसतेनतुल्योवयसाबभूव १२ संपीड्यमानातुतदासुजातासावर्धमानेनसुतेनकुक्षौ ॥ उवाचभर्तारमिदंरहोगताप्रसाद्यहीनंवसुनाधनार्थिनी १३

यःकथ्यतेइति १ । २ । ३ बंदिंबंदिनंनिजग्राहतुर्निजगृहतुः संप्रसारणाभावआर्षः नितरांग्राहवदाचरतुरितिवा ४ । ५ । ६ । ७ । ८ । ९ । १० अष्टकृत्वोऽष्टवारमष्टसुस्थानेष्वित्यर्थः ११ । १२ । १३

प्रजातापसृता १४ । १५ । १६ । १७ । १८ । १९ । २० । २१ । २२ । २३ ॥ इत्यारण्यकेपर्वणि नैलकंठीये भारतभावदीपे द्वात्रिंशदधिकशततमोऽध्यायः ॥ १३२ ॥ ॥ ॥ अंधस्येति । अंधादीनामक्षमत्वान्मार्गोदेयइत्यर्थः अनमेत्यसमीपमप्राप्य १ । २ । ३ ऐंद्रद्युम्नेहेजनक ४ । ५ । ६ ज्ञानागमेज्ञानशास्त्रेवेदांतेष्वित्यर्थः निष्ठांनिश्चयम् ७ वेदजानीतेयदितर्हिईरय जुष्टांमुनिसेवितां एक

कथंकरिष्याम्यधनामहर्षेमासश्चायंदशमोवर्ततेमे ॥ नैवास्तितेवसुकिंचित्प्रजातायेनाहमेतामापदंनिस्तरेयम् १४ उक्तस्त्वेवंभार्ययावैकहोडोवित्तस्यार्थेजनकमथाभ्यगच्छत् ॥ सवैतदावादविदानिगृह्यनिमज्जितोबंदिनेहाप्सुविप्रः १५ उद्दालकस्तंतुतदानिशम्यसूतेनवादेऽप्सुनिमज्जितंतथा ॥ उवाचतांतत्रततःसुजातामष्टावक्रेगूहितव्योऽयमर्थः १६ ररक्षसाचापितमस्यमंत्रंजातोऽप्यसौनैवशुश्रावविप्रः ॥ उद्दालकंपितृवच्चापिमेनेतथाऽष्टावक्रोभ्रातृवच्छ्वेतकेतुम् १७ ततोवर्षेद्वादशेश्वेतकेतुरष्टावक्रंपितुरंकेनिषण्णम् ॥ अपाकर्षद्गृह्यपाणौरुदंतंनायंतवांकःपितुरित्युक्तवांश्च १८ यत्तेनोक्तंदुरुक्तंतत्तदानींहृदिस्थितंतस्यसुदुःखमासीत् ॥ गृहंगत्वामातरंसोऽभिगम्यपप्रच्छेदंक्कनुतातोममेति १९ ततःसुजातापरमार्तरूपाशापाद्भीतासर्वमेवाचचक्षे ॥ तद्वैतत्त्वंसर्वमाज्ञायरात्रावित्यब्रवीच्छ्वेतकेतुंसविप्रः २० गच्छावयज्ञंजनकस्यराज्ञोबह्वाश्चर्यःश्रूयतेतस्ययज्ञः ॥ श्रोष्यावोऽत्रब्राह्मणानांविवादमन्नंचाग्र्यंतत्रभोक्ष्यावहेच २१ विचक्षणत्वंचभविष्यतेनौशिवश्चसौम्यश्चहिब्रह्मघोषः २२ तौजग्मतुर्मातुलभागिनेयौयज्ञंसमृद्धंजनकस्यराज्ञः ॥ अष्टावक्रःपथिराज्ञासमेत्यप्रोत्सार्यमाणोवाक्यमिदंजगाद २३ ॥ इतिश्रीमहाभारतेआरण्यकेपर्वणितीर्थयात्रापर्वणिलोमशतीर्थयात्रायामष्टावक्रीयेद्वात्रिंशदधिकशततमोऽध्यायः ॥ १३२ ॥

॥ अष्टावक्रउवाच ॥ अंधस्यपंथाबधिरस्यपंथाःस्त्रियःपंथाभारवाहस्यपंथाः ॥ राज्ञःपंथाब्राह्मणेनासमेत्यसमेत्यतुब्राह्मणस्यैवपंथाः १ ॥ राजोवाच ॥ पंथाअयंतेऽद्यमयाऽतिदिष्टोयेनेच्छसितेनकामंव्रजस्व ॥ नपावकोविद्यतेवैलघीयानिंद्रोऽपिनित्यंनमतेब्राह्मणानाम् २ ॥ अष्टावक्रउवाच ॥ प्राप्तौस्वयज्ञंनृपसंदिदृक्षूकौतूहलंनौबलवन्नरेंद्र ॥ प्राप्ताविहावामतिथीप्रवेशंकांक्षावहेद्वारपतेस्तवाज्ञाम् ३ ऐंद्रद्युम्नेयज्ञदृशाविहावांविवक्षूवैजनकेंद्रंदिदृक्षू ॥ तौवैक्रोधव्याधिनादह्यमानावयंचनौद्वारपालोरुणद्धि ४ ॥ द्वारपालउवाच ॥ वंदेःसमादेशकरावयंस्मनिबोधवाक्यंचमयेर्यमाणम् ॥ नवैबालाःप्रविशंत्यत्रविप्रावृद्धाविदग्धाःप्रविशंत्यत्रविप्राः ५ ॥ अष्टावक्रउवाच ॥ यद्यत्रवृद्धेषुकृतःप्रवेशोयुक्तंप्रवेष्टुंममद्वारपाल ॥ वयंहिवृद्धाश्चरितव्रताश्चवेदप्रभावेनसमन्विताश्च ६ शुश्रूषवश्चापिजितेंद्रियाश्चज्ञानागमेचापिगताःस्मनिष्ठाम् ॥ नबालइत्यवमंतव्यमाहुर्बालोऽप्यग्निर्दहतिस्पृश्यमानः ७ ॥ द्वारपालउवाच ॥ सरस्वतीमीरयवेदजुष्टामेकाक्षरांबहुरूपांविराजम् ॥ अंगात्मानंसमवेक्षस्वबालंकिंश्लाघसेदुर्लभोवैमनीषी ८ ॥ अष्टावक्रउवाच ॥ नज्ञायतेकायवृद्ध्याविवृद्धिर्यथाष्ठीलाशाल्मलेःसंप्रवृद्धा ॥ ह्रस्वोऽल्पकायःफलितोविवृद्धोयश्चाफलस्तस्यनवृद्धभावः ९

मेवाक्षरंब्रह्मप्रतिपाद्यंयस्यांतामेकाक्षरां बहुरूपांमंत्रार्थवादादिरूपां विराजंविशेषेणकर्मकांडादाधिक्येनराजमाना अंगेतिसंबोधने ८ शाल्मलेरष्ठीला शाल्मलिफलांतर्गतग्रंथिः सहिकेवलतूलमयत्वान्निःसारः अतोदेहवृद्धिर्व्यर्था अल्पकायःकृशः ९

१० । ११ अनूचानःसांगवेदाध्यायी १२ पुष्करमालिनेस्वर्णमालाधारिणे १३ । १४ । १५ उपायतःप्रयतिष्येइत्युक्त्वा यज्ञवाटादन्यत्रतस्यराजदर्शनंकारयित्वाआह प्रवेशनेकुरुयत्नमिति राज्ञःपु
रस्तात्किंचित्ज्ञानंप्रकाशयेत्यर्थः १६ सम्राट्सार्वभौमः १७ । १८ सोऽहमद्वैतंब्रह्मकथयितुमागतोऽस्मि एतेनकृत्स्नस्यास्यप्रबंधस्यतात्पर्यमुपन्यस्तम् १९ । २० । २१ विज्ञानमत्ताअपिपराजयंप्राप्यस
भातोनिःसृताः २२ निहतोनिर्जितः शेष्यतेप्रसुप्तपुरुषवज्जडोभविष्यति २३ ब्रह्माद्वैतंकथयितुमागतोस्मीतिप्रतिजानानमष्टावक्रंप्रतिपृच्छतिराजा त्रिंशकेति । उभयतस्तीक्ष्णाग्राभिःषड्भिःशलाकाभिरेकस्मिन्
शंकौप्रोतमध्याभिः पृथग्गताभिर्द्वादशारंषण्नाभिचक्रंजायते तत्रद्वादशराशयःअराः राशिद्वयात्मानःषड्ऋतवोनाभयः एकैकस्मिन्राशौत्रिंशत्रिंशदंशास्तदेतद्भचक्रंषष्ट्यानाडीभिःपरिवर्तते । अस्यषष्ट्य

॥ द्वारपालउवाच ॥ ॥ वृद्धेभ्यएवेहमतिंस्मबालागृण्हंतिकालेनभवंतिवृद्धाः ॥ नहिज्ञानमल्पकालेनशक्यंकस्माद्बालःस्थविरइवप्रभाषसे १० ॥ अष्टावक्रउवाच ॥
नतेनस्थविरोभवतियेनास्यपलितंशिरः ॥ बालोऽपियःप्रजानातितंदेवाःस्थविरंविदुः ११ नहायनैर्नपलितैर्नवित्तेननबंधुभिः ॥ ऋषयश्चक्रिरेधर्मंयोऽनूचानःसनो
महान् १२ दिदृक्षुरस्मिसंप्राप्तोबंदिनंराजसंसदि ॥ निवेदयस्वमांद्वाःस्थराज्ञेपुष्करमालिने १३ द्रष्टाऽस्यद्यवदतोऽस्मान्द्वारपालमनीषिभिः ॥ सहवादेविवृद्धं
तुबंदिनंचापिनिर्जितम् १४ पश्यंतुविप्राःपरिपूर्णविद्याःसहैवराज्ञासपुरोधमुख्याः ॥ उताहोवाऽप्युच्चतांनीचतांवातूष्णींभूतेष्वेवसर्वेष्वथाद्य १५ ॥ ॥ द्वारपाल
उवाच ॥ ॥ कथंयज्ञंदशवर्षोविशेस्त्वंविनीतानांविदुषांसंप्रवेशम् ॥ उपायतःप्रयतिष्येतवाहंप्रवेशनेकुरुयत्नंयथावत् १६ ॥ ॥ अष्टावक्रउवाच ॥ ॥ भो
राजन्जनकानांवरिष्ठस्त्वंवैसम्राट्त्वयिसर्वंसमृद्धम् ॥ त्वंवाकर्ताकर्मणांयज्ञियानांययातिरेकोनृपतिर्वापुरस्तात् १७ वृद्धान्बंदीवादविदोनिगृह्यवादेभग्नानप्रतिशंकं
मानः ॥ त्वयाऽभिसृष्टैःपुरुषैराप्तकृद्भिर्जलेसर्वान्मज्जयतीतिनःश्रुतम् १८ सोऽहंश्रुत्वाब्राह्मणानांसकाशेब्रह्माद्वैतंकथयितुमागतोऽस्मि ॥ क्वासौबंदीयावदेनंसमे
त्यनक्षत्राणीवसवितानाशयामि १९ ॥ ॥ राजोवाच ॥ ॥ आशंससेबंदिनंवैविजेतुमविज्ञायत्वंवाक्यबलंपरस्य ॥ विज्ञातवीर्यैःशक्यमेवंप्रवक्तुंदृष्टश्चासौब्राह्म
णैर्वेदशीलैः २० आशंससेत्वंबंदिनंवैविजेतुमविज्ञात्वातुबलंबंदिनोऽस्य ॥ समागताब्राह्मणास्तेनपूर्वंनशोभंतेभास्करेणेवताराः २१ आशंसंतोबंदिनंजेतुका
मास्तस्यांतिकंप्राप्यविलुप्तशोभाः ॥ विज्ञानमत्तानिःसृताश्चैवतातकथंसदस्यैर्वचनंविस्तरेयुः २२ ॥ ॥ अष्टावक्रउवाच ॥ ॥ विवादितोऽसौनहिमादृशै
र्हिसिंहीकृतस्तेनवदत्यभीतः ॥ समेत्यमांनिहतःशेष्यतेऽद्यमार्गेभग्नंशकटमिवाचलाक्षम् २३ ॥ ॥ राजोवाच ॥ ॥ त्रिंशकद्वादशांशस्यचतुर्विंशतिपर्व
णः ॥ यस्त्रिषष्टिशतारस्यवेदार्थंसपरःकविः २४

धिकशतत्रयपरिवर्तैःसावनःसंवत्सरोभवति । अस्मिंश्चक्रेकुलालचक्रवत्प्रदक्षिणमावर्तमानेपिपीलिकापंक्तिवत् प्रतीपंसूर्यादयःपरिभ्रमंति । तत्रचंद्रस्यसप्तविंशत्यहोरात्रैर्भगणभोगः । सूर्यस्यसपादपंचषष्ट्य
धिकेनाह्नांशतत्रयेणसएवसौरःसंवत्सरः । अस्मिंश्चक्रेस्वस्वगत्यागच्छतोःसूर्यचंद्रयोर्यदाऽत्यंतंविप्रकर्षस्तदापौर्णमासी यदाऽत्यंतंसन्निकर्षस्तदादर्शस्तेद्वेपर्वणी । एवंचतुर्विंशत्यापर्वभिश्चतुःपंचाशदधिकेनाह्नां
शतत्रयेणचान्द्रःसंवत्सरस्तत्त्रयंपृच्छति त्रयाणामपिपृथक्कर्मसुविनियोगात् । तथाचोक्तंमाधवे'अब्दःपंचविधश्चांद्रोव्रतादौतिलकादिके । सुजन्मादिव्रतेसौरोगोसत्रादिषुसावनः'इति । त्रिंशकद्वादशांशस्य–

त्रिंशतोगणस्त्रिंशकस्तेएवद्वादशसंख्याकाअंशायस्येतिसौरसंवत्सरप्रश्नः । चतुर्विंशतिपर्वेणइतिचान्द्रस्य । त्रीणिषष्ट्यासहितानिशतान्यरायस्येतिसावनस्य । त्रिविधस्यास्यकालचक्रस्ययोऽर्थप्रयोजनंवेदसपरः कविरुत्कृष्टःक्रांतदर्शी २४ इतिपृष्टोऽपरआहोत्तरं षण्नाभीति । त्रिशेषार्थोक्तयाविद्वत्ताप्रकाशः शेषोऽनुवादः प्रश्रयोमासाराशयो वातेषुहित्रिंशदहोरात्राअंशावाप्रत्येकंप्रत्येकंप्रधीयंते । चक्रंपात्वस्मिन्कालेयथा कालंविहितोधर्मस्त्वांपात्वित्यर्थः । एतेनधर्मस्यश्रेयःसाधनत्वंविधीयते केवलकालज्ञानस्यापुरुषार्थत्वात् । मानांतरानवगतंप्रयोजनवदर्थप्रतिपादयद्धिशास्त्रंभवति अन्यथाशास्त्रत्वव्याघातः । एवमन्यत्रापिपि धानंद्रष्टव्यं । 'राशिस्त्रिंशल्लवस्तान्द्विपडनुपततोर्केणसौरोऽब्दइष्टः सोमेष्विष्टोतु वांद्रीशरदपिचचतुर्विंशकात्पर्वणांस्यात् । गोसत्रेसावनोऽब्दोगगनरसगुणैराज्यहैराशियुग्मादृत्वाख्यश्चर्तुयाजांस्वसमयविहिताः श्रेयमेस्युर्मखत्रयाः' २५ रथसंयुक्ते अश्वेइवमहचारिण्यौ श्येनपातेश्येनवदकस्मातपतनशीलेयेउभेवर्तेतेदिवौकसांदेवानांमध्येनयोःसंबंधिनंगर्भंकोधत्तेकस्यगर्भेतेउत्पद्येतेकंचजनयतइत्यर्थः २६ उत्तरंतयो र्नामाप्यमंगलमितिमत्वापरोक्षेणनिर्दिशति तेउभेअधिदैवंविद्युदशनी । अध्यात्मंदुःखमृत्यू । विद्युदर्चिरशनिरंगाराइतिपंचाग्निविद्यायांतयोर्भेदेनव्यपदेशात् क्रमादाकाशेनदेहेनचरथेनवडवेइवनित्यसंयुक्ते श्येनपातेचनेतत्वगृहेमास्मपतयातां राजन्नत्वशात्रवाणामपिगृहेमास्मपतयातामित्यत्यन्तामंगलत्वंतयोर्दर्शितं वातसारथिर्मेघोमनश्चआगंता आकाशाद्वृष्ट्यर्थंसुषुप्त्याख्यात्कारणात् कर्मफलभोगार्थमुदेष्यंस्तेउभेपूर्वो क्तेविद्युदशनीदुःखमृत्यूचगर्भंधत्तइत्येकमुत्तरम । तेचतमेववातसारथिंविद्युतमग्निमनश्चसुषुवतुरित्यपरं । यथाधूमज्योतिरादिसन्निपातरूपत्वादग्निरूपोमेघोग्निमेवविद्युदादिद्वारासूते एवंमनःप्रभवौदुः

॥ अष्टावक्रउवाच ॥ ॥ चतुर्विंशतिपर्वत्वांषण्नाभिद्वादशप्रधि ॥ तत्त्रिषष्टिशतारंवैचक्रंपातुसदागति २५ ॥ ॥ राजोवाच ॥ ॥ वडवेइवसंयुक्तेश्ये नपातेदिवौकसाम् ॥ कस्तयोर्गर्भमाधत्तेगर्भंसुषुवतुश्चकम् २६ ॥ ॥ अष्टावक्रउवाच ॥ ॥ मास्मतेतेगृहेराजन्शात्रवाणामपिध्रुवम् ॥ वातसारथिरागं तागर्भंसुषुवतुश्चतम् २७ ॥ ॥ राजोवाच ॥ ॥ किंस्वित्सुप्तंनिनिमिषतिकिंस्विज्जातंनचोपति ॥ कस्यस्विद्धृदयंनास्तिकिंस्विद्वेगेनवर्धते २८ ॥ ॥ अष्टावक्रउवाच ॥ ॥ मत्स्यःसुप्तोननिमिषत्यंडंजातंनचोपति ॥ अश्मनोहृदयंनास्तिनदीवेगेनवर्धते २९

खमृत्यूस्वर्वासनारूपेणमनमःकारणेभवतः तथाचवीजांकुरवन्मनसोदुःखादेश्चहेतुहेतुमद्भावान्मनसोलयोदुःखाभावार्थमभ्यसनीयइत्यर्थः । एतेनाश्मापिनद्धंमधुपर्यपश्यन्मत्स्यंनदीनउदनिक्षियंतमितिमंत्रवर्णउप बृंहितः । अश्माअशनवताजलेशोपयतामेघेनविषयान्भुंजानेनमनसावामधुसलिलंतद्रदेकरसंब्रह्मवापिनद्धमाच्छादितं मनसोदुःखहेतुत्वंदृष्टांतमुखेनाह मत्स्यमिति । नेत्युपमार्थोनिपातः दीनेऽल्पेउदनिउदकेक्षियं तंनिवसंतमत्स्यंनमीनमिवाकुलमित्यर्थः क्षियंतमित्यस्यैवाक्षिश्यमानमित्यर्थः 'हन्त्येषोदुःखमृत्यूतडिदशनिसमेश्येनवच्छीघ्रपाते नित्योद्गद्धेरथेऽश्वेइवकरणमुराधीश्वरःप्राज्ञखोत्थः । स्वेगर्भंधत्तएनंसुषुवतुरितर वापनातंतुजन्यां चेतःशार्वीनिरुंध्यादसुपवनवशांविश्वचित्रांमुमुक्षुः'२७ स्वप्नइति स्वपितृषोर्नजिङ्गितिजकारांतस्यस्वप्नजशब्दस्यस्वप्नावस्थावद्धाचित्तं सुषुप्त्यवस्थांप्राप्तंकिंननिमिषतिलुप्तदृङ्नभवतीतिप्रश्नार्थः २८ तद्यथामहामत्स्यउभेकूलेअनुसंचरतीत्यादिश्रुत्या मत्स्योपमितश्चिद्रूपःपुरुषोजाग्रत्स्वप्नयोरिहपरलोकयोश्चसंचरणेनश्रान्तोमत्स्यइवकूलद्वयसंचारेणसुप्तिप्रलययोःकार्यकारणसंघातस्यनिखिलप्राणना दिशक्त्युपरमेऽनुपरतदृकशक्तिरेकएवास्ते । नहिद्रष्टुर्दृष्टेर्विपरिलोपोविद्यते विनाशित्वादितिश्रुतेस्तदुपरमाभ्युपगमेकृतहानादिदोषप्राप्तिः सुखमहमस्वाप्संनकिंचिदवेदिषमितिपरामर्शानुपपत्तिश्चअस्यावि ना शित्वादजातत्वम । यत्तुजातमंडंब्रह्माडभूतभौतिकात्मकंतन्नचोपति चुपमंदायांगतौ नचेष्टते किंत्वयमेवचतच्चेष्टयतेइत्यर्थः अश्मनोऽशरीरस्यहृदयं शोकायतनंनास्ति । अश्मशरीरमितियास्कः ।

अशरीरंवावसंतंनप्रियाप्रियेस्पृशतः । 'तीर्णोहितदासर्वान्शोकान्हृदयस्यभवति' इतिश्रुत्योस्तद्दृष्टेर्देहाद्यसंगेयोगीनिर्मनस्कोजीवन्मुक्तोभवतीत्यर्थः । नदीचित्तनदी योगिनोव्युत्थितस्यवेगेनसद्यःकृत्स्नप्रपंच रूपेणवर्धते । योगिदृष्ट्यास्वाप्नवद्व्यावहारिकोऽपिप्रपंचोदृष्टिसमसमयोत्पत्तिकइत्यर्थः । एवंदृगलोपोदृश्यस्यजाड्यंदेहासंगिनोमुक्तिःसंसारस्यमनोमात्रत्वंचात्रदर्शितम् । पुंमीनोनिर्निमेषःस्वपितिभवनदी चारखिन्नःस्वरूपेजातंब्रह्मांडींपंडजडमपिजवतेयेनलोहाश्मनीत्या ॥ यस्याकायस्यनास्तिकचिदपिहृदयंशोकनीडंसमाधौयत्स्थामायानदीयंद्रुतमहमिदमाद्यात्मनोदेतिसोऽस्मि २९ वाक्प्रलापेवाचांप्रकृष्टेसंलापे एषबंदीदृश्यतामितिशेषः ३० ॥ इत्यारण्यकेपर्वणि नैलकंठीये भारतभावदीपे त्रयस्त्रिंशदधिकशततमोऽध्यायः ॥ १३३ ॥ ॥ ६ ॥ ॥ अत्रेति १ ग्लहंपराजितस्यजलेनिपातन रूपंपणं । प्रपन्नःस्वीकृतवान् मेममपुरतोनवक्ष्यसिप्रत्युत्तरमितिशेषः समिद्धतेजसःप्रलयकालेऽत्यंतप्रदीप्तस्याग्नेःपुरोयथानदीवेगःशुष्यतितथाशुष्कोभविष्यसीत्यर्थः २ मामांप्रबोधजानीहि । भौवा

॥ राजोवाच ॥ नत्वांमन्येमानुषंदेवसत्वंनत्वंबालःस्थविरःसंमतोमे ॥ नतेतुल्योविद्यतेवाक्प्रलापेतस्माद्द्वारंवितराम्येषबंदी ३० ॥ इतिश्रीमहाभारतेआरण्यकेपर्वणितीर्थयात्रापर्वणिलोमशतीर्थयात्रायामष्टावक्रीयेत्रयस्त्रिंशदधिकशततमोऽध्यायः ॥ १३३ ॥ ॥ ६ ॥ ॥ अष्टावक्रउवाच ॥ अत्रोग्रसेनसमितेषुराजन्समागतेष्वप्रतिमेषुराजसु ॥ नावैमिबंदिंवरमत्रवादिनांमहाजलेहंसमिवाददामि १ नमेऽद्यवक्ष्यस्यतिवादिमानिन्ग्लहंप्रपन्नःसरितामिवागमः ॥ हुताशनस्येवसमिद्धतेजसःस्थिरोभवस्वेहममाद्यबंदिन् २ व्याघ्रंशयानंप्रतिमाप्रबोधआशीविषंसृक्किणीसंलिहानम् ॥ पदाहतस्येहशिरोभिहत्यनादष्टोवैमोक्ष्यसेतन्निबोध ३ योवैदर्पात्संहननोपपन्नःसुदुर्बलःपर्वतमाविहंति ॥ तस्यैवपाणिःसनखोविदीर्यतेनचैवशैलस्यहिदृश्यतेव्रणः ४ सर्वेराज्ञोमैथिलस्यमैनाकस्येवपर्वताः ॥ निकृष्टभूताराजानोवत्साह्यनडुहोयथा ५ यथामहेन्द्रःप्रवरःसुराणांनदीषुगंगाप्रवरायथैव ॥ तथानृपाणांप्रवरस्त्वमेकोबंदिंसमभ्यानयमत्सकाशम् ६ ॥ ॥ लोमशउवाच ॥ ॥ एवमष्टावक्रःसमितौहिगर्जन्जातक्रोधोबंदिनमाहराजन् ॥ उक्तेवाक्येचोत्तरंमेब्रवीहिवाक्यस्यचाप्युत्तरंतेब्रवीमि ७ ॥ बंद्युवाच ॥ एकएवाग्निर्बहुधासमिध्यतेएकःसूर्यःसर्वमिदंविभाति ॥ एकोवीरोदेवराजोऽरिहंतायमःपितॄणामीश्वरश्चैकएव ८ ॥ अष्टावक्रउवाच ॥ द्वाविंद्राग्नीचरतोवैसखायौद्वौदेवर्षीनारदपर्वतौच ॥ द्वावश्विनौद्वेरथस्यापिचक्रेभार्यापतीद्वौविहितौविधात्रा ९

दिकस्यबुधेर्लोटिरूपंअसंधिरार्षः । पदाहतस्यमत्पितुर्निग्रहणाद्दहंपूर्वमेवत्वयापदाहतस्तस्यमेशिरोभिहत्यत्वंनमुच्यसेअदष्टःसन् ३ संहननेनदेहेनदृढकायत्वेनोपपन्नः ४ । ५ बंदिंबंदिनं विभक्त्यलोपेनकारलोपआर्षः ६ । ७ पूर्वंप्रतिज्ञातंब्रह्माद्वैतमेववादकथामुखेनप्रपंचयन् बंदिमुखेनबौद्धपक्षमुत्थापयति एकएवेति । यथाएकोग्निःसूर्योवाइतराप्रकाश्योन्यप्रकाशकश्च एवंदेवानामिंद्रियाणांराजाप्रधानभूतोधीधातुरहमिदमाद्याकारेणप्रकाशमानोवीरोऽरिहंतेतिपराभिमततत्त्वांतराभिभावकोयमःसर्वेन्द्रियाणांनियंता पितॄणांविपयोपहारद्वारापालयितॄणामिंद्रियाणामीश्वरोभोक्ताकर्ताचप्रधानभूतएकएवनान्यत्तत्त्वंपृथगस्ति । स्वप्नेसर्वेषांक्रियाकारकादीनांबुद्धिमात्रत्वोपलंभादित्यर्थः । धीर्देवेन्द्राग्निवत्सातदिदमहमितिव्यक्तनानास्वरूपास्वंचान्यंचस्वयंसाप्रथयतिरविवत्सारिपुःसाचमृत्युः । साश्रोत्रादेःप्रयोक्त्रीसकलमिदमिहस्वप्नवद्धीमयंस्यादित्येवंतार्किकेणप्रथममुपगतोबंदिनाबौद्धपक्षः १ । ८ अष्टावक्रोद्वासुपर्णेतिमंत्रेतयोरन्यःपिप्पलंस्वाद्वत्तीतिसत्वमनश्नन्योऽभिपश्यतिज्ञइतिपैंगिरहस्यव्याख्यातेनप्रकारेणबुद्धिचै-

तन्ययोःसखायावित्युक्तेरिंद्राग्न्यादिवत्तौसहैवचरतः नहिदृश्यायाबुद्धेर्द्रष्टृत्वंसंभवति प्रकाश्यस्यैवप्रकाशत्वमितिपरिहरति द्वाविंद्राग्नीइति । स्वप्नेऽपिबाधिताद्बोद्धव्यादबाधितोबोद्धाऽन्योऽस्तीतिभावः ।
स्वातंत्र्यादिंद्रआत्माऽनलवदिहपराधीनसिद्धिश्चबुद्धिर्दृग्दृश्येतेऽज्ञसत्वेइतिखलुविवृतेपैंगिनाद्वेतिमंत्रे ॥ भिन्नेदेवर्षिदस्रप्रभृतिवदपितेसूर्यचित्रांशुकाभेअन्योन्यापेक्षयाचव्यवहृतिपथगेचक्रवद्दंपतीवत् २ । ९
बंदी बोद्धुःकर्माधीनत्वमितिमीमांसकमतमाह त्रिरिति । पुण्येनदेवस्थावरमानुषरूपंजन्मत्रयंसुकृतेनैवलभते । पापेननारकस्थावरतिर्यग्रूपं स्वर्गान्नरकाद्वाच्युतस्यौषधिभावपूर्वकमेवरेतोद्वारा नृप
शुतिर्यग्योनिसंभवस्यश्रौतप्रसिद्धेः अतएवत्रयोवेदायुक्तास्तात्पर्येणसन्नद्धाइववाजपेयोपलक्षितमाश्रमत्रयोचितंकृत्स्नंकर्मजातंवहंति वेदस्यापिकर्ममात्रपरत्वमित्यर्थः । अध्वर्यवोयज्ञस्ययोक्तारस्त्रैवर्णिकास्त्री
ण्येवप्रातःसवनादीनितन्वते तेनयथाकालंकृतस्यकर्मणःफलंकालानुरोध्येवानुभवंतीत्यर्थः । त्रयोलोकाःस्वर्गोनरकोभूश्चेतिभोगभूमयः । त्रीण्येववेदेज्योतिष्मतांज्योतींषिसुखमार्गप्रकाशकानिजाग्रदा
दीनि । 'तस्यत्रयआवसथास्त्रयःस्वप्ना' इतिश्रुतेः नास्तिततोऽन्यत्तत्त्वमित्यर्थः । देवःस्थाणुर्नरःस्यात्सुकृतकृदितरोनारकस्थाणुतिर्यग्जन्मात्रैवर्णिकःस्याच्छ्रुतियुगधिकृतोवाजपेयादियज्ञे ॥ कालेकृ
लेयजंतेफलमपिचतथाभुंजतेयज्ञभाजः सत्वाद्यैर्यांतिलोकान्स्वरवनिनरकान्स्वप्नजाग्रत्सुषुप्तीः ३ । १० अष्टावक्रएतद्दूषयति चतुष्टयमिति । ब्राह्मणानांब्रह्मविदांनिकेतंज्ञानोपलब्धिस्थानं चतुष्टयंचतुःसं
ख्यावयवोपेतम् । आश्रमत्रयादन्योऽस्तिमोक्षाश्रमोयदहरेवविरजेत्तदहरेवप्रव्रजेदितिश्रुतिसिद्धइत्यर्थः । यज्ञंज्ञानयज्ञं शूद्रस्याप्यस्त्यत्राधिकारोऽकर्मरूपत्वादित्यर्थः । दिशःदिश्यंतइतिदिशउप

॥ बंद्युवाच ॥ ॥ त्रिःसूयतेकर्मणावैप्रजेयंत्रयोयुक्तावाजपेयंवहंति ॥ अध्वर्यवस्त्रिसवनानितन्वतेत्रयोलोकास्त्रीणिज्योतींषिचाहुः १० ॥ ॥ अष्टावक्रउवाच ॥ चतुष्टयंब्राह्मणानांनिकेतंचत्वारोवर्णायज्ञमिमंवहंति ॥ दिशश्चतस्रोवर्णचतुष्टयंचचतुष्पदागौरपिशश्वदुक्ता ११ ॥ बंद्युवाच ॥ पंचाग्नयःपंचपदाचपंक्तिर्यज्ञाःपंचैवाप्यथपंचेंद्रियाणि ॥ दृष्टावेदेपंचचूडाप्सराश्चलोकेख्यातंपंचनदंचपुण्यम् १२ ॥ ॥ अष्टावक्रउवाच ॥ ॥ षडाधानेदक्षिणामाहुरेकेषट्चैवेमेऋतवःकालचक्रम् ॥ षडिंद्रियाण्युतषट्कृत्तिकाश्चषट्साद्यस्काःसर्ववेदेषुदृष्टाः १३

दिष्टाःसंति चतस्रोऽवस्थाःविराट्सूत्रांतर्यामितुर्यसाक्षात्काररूपाः विश्वतैजसप्राज्ञेभ्यःसर्वप्राणिप्रसिद्धेभ्योऽन्याइत्यर्थः । अतएवतासांवाचकंचतुष्टयमकारउकारमकारार्धमात्रारूपमुपनिषत्प्रसिद्धम् ।
नचार्धमात्रायाअप्रसिद्धत्वंवाच्यं यस्माच्चतुष्पदापरापश्यंतीमध्यमावैखरीतिपादचतुष्टयवतीगौर्वाणीशश्वत्सदैवोक्ता । चत्वारिवाक्परिमितापदानीतिमंत्रेइतिशेषः । जिज्ञास्यंब्रह्मसद्भिव्रतिवनियतिभिर्ज्ञानयज्ञे
ऽधिकारिचातुर्वर्ण्यंचतुष्पात्तदुपदिशतिवागंडसूत्रेशशुद्धम् ॥ चत्वारोवाचिवर्णाअजमदलकलावैखरीमध्यमाख्यौपश्यंत्याख्यःपराख्यःसचतुरवयवःप्रत्ययोऽस्याःप्रसिद्धः ४ । ११ तुरीयमपलपन्बंद्युवाच
पंचाग्नयोगार्हपत्यदक्षिणाग्न्याहवनीयसभ्यावसथ्याः । पंचपदाऽष्टाक्षरैःपादैःपंक्तिश्छंदः । यज्ञाःपंच अग्निहोत्रदर्शपूर्णमासौचातुर्मास्यानिपशुःसोमइतिश्रुताः । एतेत्रयःपंचकायथाएवंपंचैवेन्द्रियाणि
शब्दादिपंचकग्राहकाणिनषष्ठोविषयइंद्रियंवास्तीत्यर्थः । दृष्टावेदे अप्सराआपःपुरुषवचसोभवंतीतिश्रुतेः शरीराकारपरिणतेषुजडप्रधानेषुभूतेषुसरत्यनुगच्छतीत्यप्सराश्चितिः पंचचूडापंचैवतत्तद्विषयाकारतयाप्रमा
णविपर्ययविकल्पनिद्रास्मृतिरूपवृत्तिपंचकसारूप्येणशिखापंचकवत्येवदृष्टा । वृत्तिनिरोधस्यसमाधेरपिनिद्रायामेवांतर्भावइतिभावः । लोकेऽपिपंचानांविषयस्रोतसांसमाहारःपंचनदमुपेयमेवमेवचितिशक्तेरेवकर्तृ
त्वभोक्तृत्वेइत्युत्तरार्धार्थः । अग्निच्छंदःक्रतूनामिवखलुमनसः खानिपंचैवभागाभ्रांतिर्निद्राविकल्पःस्मृतिरमलमतिर्वृत्तयःपंचतस्य ॥ ताभिःशाखावतीवस्वरिहजलपरीणामकायानुकर्त्रीशुद्धाशुद्धप्रवाहा भव
तिचितिनदीतज्जसौख्यादिभोक्त्री ५ । १२ कर्तृत्वादिधर्मकमस्तिषष्ठमिंद्रियंमनः सुषुप्तावितरवत्तल्लयस्याप्यनुभूयमानत्वात् । कर्तृत्वादेस्तत्सहभावनियतत्वदृष्टेश्च । चित्ताभावसाक्षीत्वात्माततःपृथक्कर्त्रादिरूपः–

सप्तमोऽस्तीत्याहाष्टावक्रः षडाधानेईति षट्गाईतिशेषः दीक्षणादयोमनसश्चक्षुरादिसाजात्येदृष्टांताः । साग्रस्कायज्ञविशेषाः । शोनक्षत्रर्तुयज्ञाइवसमवपुषः षट्षडेवंसंचित्ताःश्रोत्राद्यादुःखसब्दाद्यनुभवित्रिनइतोऽन्या ऽनुभूतिःसमाक्षी ॥ धीयोगात्सप्तभिस्तैरनुभवकरणैरत्र सप्तर्षिसंज्ञैर्भुंके छंदोभिधानानपरिमितवपुश्छादकानष्टमोऽर्थान् ६ । १३ अथतर्कमतेनवंदीप्रत्यवतिष्ठते सप्तग्राम्याः मनःषष्ठैरिंद्रियैर्बुध्याचात्मगुणभूतयासम र्पितामंतव्यबोद्धव्यशब्दादयोविषयास्तेष्वेकैकस्मिन्नासक्तएकैकःपुरुषपशुस्तेचग्राम्याऐहिकावन्याआमुष्मिकाविषयास्तेष्वासक्ततयाप्रत्येकंसप्तसप्तपुरुषपशवःसप्तच्छंदांसिच्छादयंतिस्वस्वरूपार्पणजातसुखलेशेन परमात्मानंगूहयंतीतितान्सप्तविषयान एकंक्रतुंकर्तारमात्मानंवहंतिप्रापयंति केसप्तर्षयः ॥ प्राणावाऋषयइति श्रुतेःसप्तैवोक्तामनआदयस्तदुपनीतानिसप्तचैवार्हणान्यर्हणीयानिसुखानि । यथासप्तभिस्तंत्री भिर्वाद्यमानाएकावीणाशब्दंनिर्वर्तयतिएवमेतःसप्तभिरात्मासुखमनुभवति । अन्यथाऽकरणत्वात्सुप्तौजडएवन्यस्तवास्यतक्षवत् अवादितवीणावच्चतिष्ठति । नतावतास्यकर्तृत्वापगमइत्यर्थः । भौमेष्व र्थेषुदिव्येष्वपिनरपशवःसप्तसप्तैवबद्धा भोक्तारंप्रापयंतिक्रतुपदंविदितंसप्ततान्सप्तखानि ॥ सप्तैवैषांसुखानिप्रतिविषयभवान्येकवीणेवदेही भोगंतंत्रींद्रियाद्योरवमिवकुरुतेयोऽत्रकर्तासभोक्ता ७ । १४ उक्तानेवसप्तकर्तृत्वादिधर्मवताऽहंकारेण सार्धमष्टौविवक्षन्नष्टावक्रोऽष्टौग्रहाअष्टावतिग्रहाइतिश्रुतेंद्रियविषयरूपग्रहातिग्रहरूपंबंधनमुपन्यस्य तदन्यमात्मानंपृथक्करोति अष्टौशाणाइति । शाणाःशणसूत्रेणनिर्वृ त्तागोण्यआवपनविशेषास्ताइवइंद्रियप्रवेशयोग्याविषयाअष्टौतेशतमानमनंतंप्रमाणंधारयंति । संक्षेपेणाष्टाव्प्यनंताविषयाइत्यर्थः । अष्टौपादाःविषयदेशंप्रतिगतिसाधनानींद्रियाणियस्यसः शरभःशं लभंतेऽस्मात् । ' एतस्यैवानंदस्यान्यानिभूतानिमात्रामुपजीवंति ' इतिश्रुतेः परमानंदरूपःपरमात्मासोऽयंज्ञातःसन्सिंहघाती हिनस्तिदुःखंददातीतिसिंहोऽद्वैतम् । द्वितीयाद्वैभयंभवतीतिश्रुतेःतस्यद्वैतस्यघा

॥ बंद्युवाच ॥ सप्तग्राम्याःपशवःसप्तवन्याःसप्तच्छंदांसिक्रतुमेकंवहंति ॥ सप्तर्षयःसप्तचाप्यर्हणानिसप्ततंत्रीप्रथिताचैववीणा १४ ॥ अष्टावक्रउवाच ॥ अष्टौशा णाःशतमानंवहंतितथाऽष्टपादःशरभःसिंहघाती ॥ अष्टौवसून्शुश्रुमदेवतासुयूपश्चाष्टास्त्रिर्विहितःसर्वयज्ञे १५ ॥ बंद्युवाच ॥ नवैवोक्ताःसामिधेन्यःपितॄणांतथा प्राहुर्नवयोगंविसर्गम् ॥ नवाक्षराबृहतीसंप्रदिष्टानवैवयोगोगणनामेतिशश्वत् १६

तकः । सुषुप्तौजडत्वेसुखमहमस्वाप्समितिव्युत्थितस्यस्वरूपसुखपरामर्शानुपपत्तिः । नचदुःखाभावस्यैवैषपरामर्शः तत्प्रकाशकस्यसाक्षिणःसत्त्वेतस्यतदानींजडत्वोक्त्ययोगात् । अतएवाष्टौवसून्वा सनाः देवतास्वेवतत्तदिंद्रियाधिष्ठात्रीषु लिंगात्मनीतियावत् शुश्रुमवेदे नत्वात्मनीत्यर्थः । यूपश्चयोपयतिमोहयतीतियूपोनृपशोर्बंधनस्थानमज्ञानंतदेवाष्टास्त्रिरष्टकोणमष्टधारंसत्सर्वयज्ञेषुग्रहातिग्रहसंज्ञक विषयेंद्रियसंयोगेषुवर्ततइतिशेषः । शाणागोण्योऽष्टेनेऽर्थाःशतमथशरभःप्रत्यागानंदस्तैःपूर्वोक्तैःसाहमर्थैर्व्रजतिसविषयान्खानितान्यंघ्रयोऽस्य । सिंहघ्नोहिंस्रभेदद्विडितिवसुपदंभेदसंस्कारजातांलिंगस्थंदे वतौघेवसतिसनृपशोर्बंधनेमोहयूपे ८ । १५ तत्रद्वैतघातित्वंशरभस्यानुपपन्नं सर्वेषांयुगपत्संसारोच्छेदापत्तेरित्याशंकतेबंदी नवैवेति । यथापितॄणामिष्टौएकैव उशंतस्त्वानिधीमहीतिऋक्त्रिरभ्यस्ता प्रत्येकंत्रि समित्कानवसामिधेन्योऽग्निसमिंधनार्थाऋचःसंपद्यंतेतथाएकाप्रकृतिरेवत्रयोगुणाः स्वस्वेतरप्रधानगुणभावेनप्रत्येकंत्रिविधाःसंतोनवैवसंयुज्यमानाअंशानांबहुत्वाल्पत्वतारतम्येनविविधंसर्गंकुर्वंति । यथा नवाक्षरैश्चतुर्भिःपादैर्बृहतीसंज्ञकंछंदोभवति यथावानवैवांकाःक्रमभेदेनस्थितायथेष्टंसंख्यावाचिनोभवंत्येवं गुणानवैवोक्तविधयासंतोऽनेकधाभावंभजंते तस्मात्प्रधाननियतायाअवश्याभ्युपगंतव्यत्वा द्द्वैतंसत्यमेवेतिभावः । त्रिःपाठेनानुपाठंत्रिसर्गमिदितियथासामिधेन्यृक्नवत्वं प्राप्नोत्येवंप्रधानंत्रिगुणमनुगुणंत्रिप्रवेशान्नवत्वम् ॥ गत्वाऽनन्तंनवांकीगणितमिवमहन्मुख्यमेतत्प्रसूते तस्मान्नैतत्प्रधानाधिक मिहबृहतीवाक्षरेभ्योनवभ्यः ९ । १६

तदेतदिंद्रोमायाभिःपुरुरूपईयतेयुक्ताह्यस्यहरयःशतादशेतिश्रुत्यनुसाराद्द्वैतस्यानिर्वचनीयमायासहायेब्रह्मण्येवभानोपपत्तौ नसत्याप्रकृतिरभ्युपेयेत्याशयवानष्टावक्रःपरिहरन्नाह दिशइति । तावाएतादशै
वभूतमात्राअधिप्रज्ञंदशप्रज्ञामात्राअधिभूतमितितस्यवाचासृष्टौपृथिवीचाग्निश्चेतिचकौषीतकीयैतरेयकयोर्दर्शनाद्दशैववागाद्याः प्रज्ञामात्राग्न्यादीनांभूतमात्राणांस्रष्टृयः । दिशंतिविषयस्वरूपमतिमृ
जंतितादिशोवागाद्यादशैव पुरुषस्यदेहाख्येपुरेवसतोजीवस्य पूर्णपरंब्रह्मैवदशशतानिसहस्रंचविभूतिभेदेनमाययाबहुरूपंभूत्वाऽस्तीत्याहुर्वेदाः । एतेनायंवैहरयोयंवैदशचसहस्राणिप्रयुतान्यर्बु
दानीतियुक्ताह्यस्यहरयःशतादशेत्येवमंत्यपादस्यश्रौतीव्याख्यादर्शिता । तथाचरज्जूरगवन्मायाबुद्धस्य बाधिताऽपीतरस्यास्तीतिवक्तुंशक्यं । परमतेतु विभोरलुप्तदृशःपुरुषस्यमुक्तौतददर्शनोक्तिरनु
पपन्ना दृष्टांताभावादितिभावः । परापूर्वेषांसख्यावृणक्तिवितुर्तुराणोअपरेभिरेति । अनानुभूतीरवधून्वानःपूर्वीरिंद्रःशरदस्तर्तरीति । रूपंरूपंप्रतिरूपोबभूवतदस्यरूपंप्रतिचक्षणाय । इंद्रोमायाभिः
पुरुरूपईयतेयुक्ताह्यस्यहरयःशतादशेतिदाशतय्याम् ४ । ७ अष्टकाध्यायवर्गेऋचावैंद्र्यौआम्नायेते । अनयोरर्थः । द्वयाहप्राजापत्यादेवाश्चासुराश्चततःकानीयसाएवदेवा ज्यायांसोअसुराइतिश्रुतिप्रसिद्धाः
पूर्वदेवाःस्वाभाविकासंगपाप्मरूपाःकामक्रोधादयस्तेषांसख्यासख्यानिपरावृणक्तिदूराद्वर्जयति । वितर्तुराणःततारेतितर्तुराणस्तीर्णवान् । तरतेर्लिडादेशः कानच्द्विर्त्वंबहुलंछंदसीत्युकारोऽतादेशोरपरः । तीव्र
वैराग्याभ्यासादिमान् अपरेभिःअपरैर्दैवैः शास्त्रीयैःशमदमादिभिरेतिप्राप्नोति सख्येत्यनुषज्यते कामादीन्जित्वाऽत्यादरेणशमादिपरोभवतीत्यर्थः । एवंभूतःअनानुभूतीरननुभवान् भ्रांतिज्ञानानिशुक्ति
रजतज्ञानतुल्यानि देहाद्यात्मज्ञानान्यवधून्वानोऽपनुदन्नात्मनस्तत्तदुपाध्याकारतांनिषेधन्निंद्रःपरमेश्वरोऽप्यविद्ययाजीवभावमापन्नःसन् लब्धात्मतत्त्वोविद्वान्पूर्वीःशरदःअनादिकालप्रवृत्तकर्मवासनास्त

॥ अष्टावक्रउवाच ॥ दिशोदशोक्ताःपुरुषस्यलोकेसहस्रमाहुर्दशपूर्णंचतानि ॥ दशैवमासान्बिभ्रतिगर्भवत्योदशैरकादशदासादशार्हाः १७

॥ बंद्युवाच ॥ एकादशैकादशिनःपशूनामेकादशैवात्रभवंतियूपाः ॥ एकादशप्राणभृतांविकाराएकादशोक्तादिविदेवेषुरुद्राः १८

र्तरीत्यतिशयेनतरति वीतबंधोभवतीत्यर्थः । अत्रअननुभूतिपदेनशुक्तौरजतंपश्यन् रजतंवाशुक्तिवानानुभवतीतिलौकिकप्रयत्नेनदेहाद्यात्मज्ञानस्याननुभूतित्वंवदंतीश्रुतिर्देहादेर्मिथ्यात्वंसूचयति । तद्व्यु
त्पादनायमंत्रोरूपंरूपमित्यादिस्तत्रमाययेतिअनृतेनाज्ञानेनेत्यर्थः । सत्यत्वेतत्कार्यपदार्थदर्शनस्याननुभूतित्वायोगादिति शेषंस्पष्टार्थम् । अनानुभूतीरित्यत्रश्रावयादीन् प्रकृत्यआद्याक्षरंप्लुतंतेषामनन्वि
त्यस्यमध्यमित्यनेनाननुइतिवर्णत्रयस्यमध्यंप्लुतंदीर्घंभवतीतिप्रातिशाख्येदीर्घत्वविधानादननुभूतीरित्यर्थः पदपाठश्चैवमेवेतिदिक् । दशैवमासानिति । यथास्त्रियोगर्भेणांतरालिकःसंबंधोबीजकुसूलन्यायेनै
वमसंगस्यचिदात्मनोऽहंकारेणेत्यर्थः । दशैरकाः आसमंतादीरयंत्युपदिशंतितत्त्वमित्यैरकास्तत्त्वदर्शिनउपदेष्टारः । दशमासास्तत्त्वस्यक्षेपकाः । दशअर्हास्तत्त्वविद्याधिकारिणः । एवमुक्तविधंब्रह्माद्वैतं
बुधानामनुभवसिद्धं मूढानांविद्वेष्यं चित्तशुद्धिमतांश्रद्धेयमित्यर्थः । स्वोत्थप्रज्ञादिशोऽस्मिन्दशपुरिवसतःपूरविद्याष्टकात्माताःपूर्णवस्त्वनंताःस्वगहिसमपुरांव्यापनात्पूर्णतास्य ॥ पुंपुर्योर्गर्भमात्रोरिव
पृथगपृथक्त्वेनसत्यानृतेस्तः केऽप्यारूढाःपदंतत्कतिचनविमुखाः केपितत्प्राप्तियोग्याः १० । १७ एकादशेति प्राणभृतांपशूनांजीवपशूनांएकादशिनःएकादशेंद्रियाणिप्रकाशकानियेषुतेविषयाःशब्दादयस्तेएका
दशैवसंख्याताः तएवसर्वेऽपिप्रत्येकंयूपाबंधकारागादयः नैषांकश्चिदप्यबंधकोऽस्तीतिवक्तुंपुनरेकादशग्रहणम् । अतोऽत्रअविमृष्टविधेयांशतादोषोनास्तीतिज्ञेयम् । विकाराःशब्दादिग्रहजाहर्षविषादाः
तएतेदिविस्वर्गेऽपिरुद्रारोदयितारो देवानामपिसंतिकिमुतमनुष्याणाम् । तथाचसत्यात्मनोऽसंगत्वंकथंस्यात् प्रत्यक्षेणदुःखानुभवादित्याक्षेपः । रुद्राएकादशोक्ताःस्वरपिसुरपशून्रोदयंतींद्रियाणिते ॥११०॥
षामेकादशार्थान्पशुनिगडनेयूपभूताभवंति ॥ रागद्वेषद्वयानिप्रतिविषयममीतद्युजांस्युर्विकारास्तद्वंतस्तेऽपिचैकादशयदिहसिनोत्येकएकैकमेषाम् ११ । १८

दृष्टांतमुखेनैवदार्ष्टांतिकंनिर्दिशन्परिहरत्यष्टावक्रः यद्यप्यत्रसंवत्सरजगत्यौमासाक्षरेभ्योऽनतिरिक्तेएवंसंघातादभ्यःशुद्धश्चेतनोमूढानामप्रसिद्धस्तथापि आनंदाद्ध्येवखल्विमानिभूतानिजायंतइतिश्रुतेर्यथा
अहर्गणानांद्वादशाहएवंसंघातस्यकृत्स्नस्यशुद्धंब्रह्मैवप्रकृतिः एतदेवकुतइत्यपेक्षायांचित्तशुद्ध्यैकगम्योऽयमर्थोनशुष्कतर्कगम्यइत्याह द्वादशादित्यानिति । धीराःध्यानवंतोयोगिनः । आदित्यान् आददतेइंद्रि
याणिस्वस्वविषयेभ्योव्यावर्तयंतितद्द्वाराप्रत्यकतत्त्वमधिगमयंतितान् द्वादशसंख्याकानाहुः सनत्सुजाताध्याउद्योगादौ । 'धर्मश्चसत्यंचदमस्तपश्चअमात्सर्यंह्रीस्तितिक्षाऽनसूया । यज्ञश्चदानंचधृतिर्यमोमहान्
व्रतानिवैद्वादशब्राह्मणस्य'इति । बंधप्रत्यक्षमेतद्दृढमथजगतीवर्णवद्वर्णमासात्संघातात्प्रत्यगात्मानधिकइतियदप्यस्तिलोकेतथापि ॥ वागारभ्योविकारःप्रकृतिरविकृतिर्द्वादशाहादिवत्कोऽप्यस्त्येषांभानआत्मा
शमिभिरधिगतोवैकृतानैनमीयुः १२ । १९ ब्रह्मलोकंगतानामेवज्ञानंभवतीतिकेषांचिन्निर्बंधः कृतयुगादावेवज्ञानंभवतिनकलावित्यपिकेचित्तान्निराचष्टे त्रयोदशीति । देशकालापेक्षाचित्तशुद्धिर्न पुरुषयत्न
माध्येत्याक्षेपोवंदिप्रोक्तपूर्वार्धेन । नह्येतादौसधर्मःसकलुषसमयेनापिभूरादिषट्केनोपातालेषुसप्तस्वपितु कृतयुगेसत्यलोकेचसोऽस्ति ॥ तस्मात्सामर्थ्यसिद्धातिथिरियमपिनस्त्रासयेऽतीवशस्तानोवालोकास्त
पोंताइतिमखतपसीश्रेयसेनात्मचर्चा । १३ । उत्तरार्धेतु केशीअग्निर्वायुःसूर्यश्चकेशिनइतिवैदिकप्रसिद्धेरग्न्यादिवदसंगआत्मा । त्रयोदशसंख्यानि दशेंद्रियाणिबुद्धिमनोहंकाराख्यानि अहःशब्दोऽत्रक्रतुवाच्यपि

॥ अष्टावक्रउवाच ॥ संवत्सरंद्वादशमासमाहुर्जगत्याःपादोद्वादशैवाक्षराणि ॥ द्वादशाहःप्राकृतोयज्ञउक्तोद्वादशादित्यान्कथयंतीहधीराः १९ ॥ बंद्युवाच ॥
त्रयोदशीतिथिरुक्ताप्रशस्तात्रयोदशद्वीपवतीमहीच ॥ लोमशउवाच ॥ एतावदुक्त्वाविरराम बंदीश्लोकस्यार्धंव्याजहाराष्टवक्रः ॥ अष्टावक्रउवाच ॥ त्रयोदशा
हानिससारकेशीत्रयोदशादीन्यतिच्छंदांसिचाहुः २० ततोमहानुदतिष्ठन्निनादस्तूष्णींभूतंसूतपुत्रंनिशम्य ॥ अधोमुखंध्यानपरंतदानीमष्टावक्रंचाप्युदीर्यंतमेव
२१ तस्मिंस्तथासंकुलेवर्तमानेस्फीतेयज्ञेजनकस्योतराज्ञः ॥ अष्टावक्रंपूजयंतोऽभ्युपेयुर्विप्राःसर्वेप्रांजलयःप्रतीताः २२ ॥ अष्टावक्रउवाच ॥ अनेनैव
ब्राह्मणाःशुश्रुवांसोवादेजित्वासलिलेमज्जिताःप्राक् ॥ तानेवधर्मानयमद्यबंदीप्राप्नोतुगृह्याशुनिमज्जयैनम् २३ ॥ बंद्युवाच ॥ अहंपुत्रोवरुणस्योतराज्ञस्तत्रास
सत्रंद्वादशवार्षिकंवै ॥ सत्रेणतेजनकतुल्यकालंतदर्थंतेप्रहितामेद्विजाग्र्याः २४

लक्षणया विषयेंद्रियसंबंधरूपभोगाख्येयज्ञेवर्तते असंगस्याप्यात्मनोबुद्ध्यादिसंगात् ध्यायतीवलेलायतीवेत्यादिश्रुतेःसंगित्वमिवभाति अतोबुद्ध्यादयःशोधनीयाएवनतूदासीत । नतस्यप्राणाउत्क्रामंत्य
त्रैवसमवनीयंतेतदिदमप्येनर्हियएवंवेदाहंब्रह्मास्मीतिश्रुत्यवष्टंभेनेहैवदेशेकालेचमुक्तिरस्तीतिभावः । यतोऽतिच्छंदांसिछादकमज्ञानमतिक्रांतानिधर्मादीनिद्वादश । त्रयोदशादीनित्रयोदशानांबुद्ध्यादीना
मादीन्यदनशीलानिधर्मादिबलादुत्पन्नेज्ञानेबुद्ध्यादयोनिवर्ततइत्यर्थः । तेषुबुद्ध्यादिषुनिवृत्तेषुब्रह्माद्वैतंकथयितुमागतोऽस्मीतिप्राक्प्रतिज्ञातं तदिहस्वयमेवप्रकाशतइत्युक्तमितिभावः । एतर्ह्यत्रैवदेवाइव
मुनिमनुजायांतिसार्वात्म्यमित्याद्युक्तेःसाऽहंमनोधीखदशकमनुयन्नग्निवाय्वर्कतुल्यः ॥ संगीवासंग्यपिस्यात्रिदशगणमदंत्येवधर्मादयस्तेयेऽतिच्छंदोभिधानास्तिमिरमतिगताएवमद्वैतसिद्धिः । १४ । तदयं
संग्रहः । तत्त्वंधीसाक्षिमाक्ष्येश्रुतिषुकृतिपरोऽस्यत्रकर्तापिसोऽत्तापचानाषष्ठमेतस्वमथसमतिकैस्तैःकरोत्यष्टमोऽन्यः ॥ सोऽहंसाक्षीततोऽन्येगुणमयमखिलंचिन्मयास्तेमदुःखाद्वित्स्यातदुःखीतरात्साशमयु
गिहचिदद्वैतभागष्टवक्रः । १५ । ग्रंथविस्तरभयादुदाहृतोपक्रमाननुगुण्यात् क्लिष्टत्वात्प्रयोजनवदर्थापर्यवसायित्वाच्च टीकांतरोक्ताअर्थानेहप्रदर्शिताः २० सूतपुत्रं शोभनःऊतःपटस्तद्वत्प्रकृतिविकृत्यात्मैकस्तंतुभि
रोतुभिश्चप्रोतत्वादतःक्रतुरपिसूतःशोभनयज्ञोवरुणस्तस्यपुत्रम् । सइत्तंतुंसविजानात्योमितिमंत्रवर्णात्तंत्वाद्यात्मकस्यक्रतोःसूतशब्दवाच्यत्वंउदीर्यंतमुदीर्यमाणंस्तूयमानमित्यर्थः । २१ । २२ शुश्रुवांसः
पंडिताः २३ । २४

जनितारंवरुणम् २५ विप्राइति वाचाउच्चैःपाठेनैवउतमेधयाऊहापोहकौशलेनविप्राविदानाःपंडिताअपिजितामज्जिताश्च तांप्रसिद्धांवाचंवेदमयींमेधयासहितां बंदिनाकुतर्कार्णवेमज्जितामहंयथाउज्जहारोद्धृत वानस्मितथासंतःसदसद्वचनविवेककुशलाअत्रचिन्वंतिपरीक्षयंति लोंडर्थेलट् परीक्षयंतित्वित्यर्थः २६ ननुबंदिनोद्धृतांवाचंत्वमेवकुतर्कार्णवेमज्जितवानसितत्रकिंसद्भिःपरीक्षणीयमित्याशंक्याह अग्निर्दहन्निति। अग्निर्दहन्स्वभावेनदाहकोऽपिजातवेदाः जातानिसतामसतांचवृत्तानिवेदजानातीतिजातवेदाः सतांसत्याभिसंधीनांगृहान्शरीराणिविसर्जयन्वर्जयंस्तेजसायथाअधाक्षीत्स्म अर्थादनृताभिसंधिगृहान् नशब्द उपमार्थे। अपोननावादुरितावरेमेत्यादिवत्। यथातप्तपरशुग्रहणेवह्निः सत्याभिसंधिनदहति सत्यपक्षपातीनतुजातिवयोविद्यादिपक्षपाती एवंसंतोऽपिबालादिषु अतोबालवचनमितिमद्वाक्यंनावमंतव्यमितिभावः

तेतुसर्वेवरुणस्योतयज्ञंद्रष्टुंगताइमआयांतिभूयः ॥ अष्टावक्रंपूजयेपूजनीयंयस्यहेतोर्जनितारंसमेष्ये २५ ॥ अष्टावक्रउवाच ॥ विप्राःसमुद्रांभसिमज्जितायेवाचाजिता मेधयावाविदानाः ॥ तांमेधयावाचमथोज्जहारयथावाचमवचिन्वंतिसंतः २६ अग्निर्दहन्जातवेदाःसतांगृहान्विसर्जयंस्तेजसानस्मधाक्षीत् ॥ बालेषुपुत्रेषुकृपणं वदत्सुतथावाचमवचिन्वंतिसंतः २७ श्लेष्मातकीक्षीणवर्चाःशृणोषिउताहोत्वांस्तुतयोमादयंति ॥ हस्तीवत्वंजनकवितुद्यमानोनमामिकांवाचमिमांशृणोषि २८ ॥ जनकउवाच ॥ शृणोमिवाचंतवदिव्यरूपाममानुषींदिव्यरूपोऽसिसाक्षात् ॥ अजैषीर्यद्बंदिनंत्वंविवादेनिसृष्टएषतवकामोऽद्यबंदी २९ ॥ अष्टावक्रउवाच ॥ नानेनजीवताकश्चिदर्थोमेबंदिनानृप ॥ पितायद्यस्यवरुणोमज्जयैनंजलाशये ३० ॥ बंद्युवाच ॥ अहंपुत्रोवरुणस्योतराज्ञोनमेभयंविद्यतेमज्जितस्य ॥ इमंमुहूर्तं पितरंद्रक्ष्यतेऽयमष्टावक्रश्चिरनष्टंकहोडम् ३१ ॥ लोमशउवाच ॥ ततस्तेपूजिताविप्रावरुणेनमहात्मना ॥ उदतिष्ठंस्ततःसर्वेजनकस्यसमीपतः ३२ ॥ कहोडउवाच ॥ इत्यर्थमिच्छंतिसुतान्जनाजननकर्मणा ॥ यदहंनाशकंकर्तुंतत्पुत्रःकृतवान्मम ३३ उताबलस्यबलवानुतबालस्यपंडितः ॥ उतवाऽविदुषोविद्वान्पुत्रोजनकजा यते ३४ शितेनतेपरशुनास्वयमेवांतकोनृप ॥ शिरांस्यपाहरन्नाजौरिपूणांभद्रमस्तुते ३५ महदौक्थ्यंगीयतेसामचाग्र्यंसम्यक्सोमःपीयतेचात्रसत्रे ॥ शुचीन्मार्गान्प्रतिजगृहुश्चहृष्टाःसाक्षाद्देवाजनकस्योतराज्ञः ३६ ॥ लोमशउवाच ॥ समुत्थितेष्वथसर्वेषुराजन्विप्रेषुतेष्वधिकंसुप्रभेषु ॥ अनुज्ञातोजनकेनाथराज्ञा विवेशतोयंसागरस्योतबंदी ३७ अष्टावक्रःपितरंपूजयित्वासंपूजितोब्राह्मणैस्तैर्यथावत् ॥ प्रत्याजगामाश्रममेवचाग्र्यंजित्वासौतिंसहितोमातुलेन ३८ ततोऽष्टावक्रं मातुरथांतिकेपितानदींसमंगांशीघ्रमिमांविशस्व ॥ प्रोवाचचैनंसतथाविवेशसमैरंगैश्चापिबभूवसद्यः ३९ नदीसमंगाचबभूवपुण्यायस्यांस्नातोमुच्यतेकिल्बिषाद्धि ॥ त्वमप्येनांस्नानपानावगाहैःसभ्रातृकःसहभार्योविशस्व ४०

२७ श्लेष्मातकीशब्दितस्तरुविशेषस्तस्यपत्रेपुभोजनंतत्फलभक्षणंचबुद्धिघ्नंदोषकरंचेतिप्रसिद्धम् २८ अद्यतवकामोनिसृष्टः एपबंदीदृश्यतामितिशेषः २९। ३०। ३१। ३२ इत्यर्थमेतदर्थम् ३३। ३४ शितेन तीक्ष्णेनतेतवरिपूणामित्यन्वयः यमादपितवशत्रुसंहरणशक्तिरधिकेतिभावः ३५ औक्थ्यमुक्थ्याख्यक्रतुविशेषेगेयं साक्षादित्यपरोक्षंदेवतासान्निध्यमुच्यते ३६। ३७ सौतिंसूतस्यवरुणस्यपुत्रम् ३८ समान्यं गानिकरोतीतिसमंगेतियोगोदर्शितः शकंध्वादित्वात्पररूपम् ३९। ४०

मनीतोविश्रब्धः ४१ ॥ इत्यारण्यकेपर्वणि नैलकंठीये भारतभावदीपे चतुस्त्रिंशदधिकशततमोऽध्यायः ॥ १३४ ॥ ॥ ॥ एषेति । मधुविलेतिअष्टावक्रांगसमीकरणात्पूर्वंसमंगायाएवनाम १ । २

अत्रकौंतेयसहितोभ्रातृभिस्त्वंसुखोषितःसहविप्रैःप्रतीतः ॥ पुण्यान्यन्यानिशुचिकर्मैकभक्तिर्मयासार्धंचरितास्याजमीढ ४१ ॥ इतिश्रीमहाभारतेआरण्यकेपर्वणि
तीर्थयात्रापर्वणिलोमशतीर्थयात्रायामष्टावक्रीयेचतुस्त्रिंशदधिकशततमोऽध्यायः ॥ १३४ ॥ ॥ लोमशउवाच ॥ एषामधुविलाराजन्समंगासंप्रकाशते ॥ एत
त्कर्दमिलंनामभरतस्याभिषेचनम् १ अलक्ष्म्याकिलसंयुक्तोवृत्रंहत्वाशचीपतिः ॥ आप्लुतःसर्वपापेभ्यःसमंगायांव्यमुच्यत २ एतद्विनशनंकुक्षौमैनाकस्यनरर्षभ ॥
अदितिर्यत्रपुत्रार्थंतदन्नमपचत्पुरा ३ एनंपर्वतराजानमारुह्यभरतर्षभाः ॥ अयशस्यामसंशब्द्यामलक्ष्मींव्यपनोत्स्यथ ४ एतेकनखलाराजन्नृषीणांदयितानगाः ॥
एषाप्रकाशतेगंगायुधिष्ठिरमहानदी ५ सनत्कुमारोभगवानत्रसिद्धिमगात्पुरा ॥ आजमीढावगाह्यैनांसर्वपापैःप्रमोक्ष्यसे ६ अपांह्रदंचपुण्याख्यंभृगुतुंगंचपर्वतम् ॥
उष्णीगंगेचकौंतेयसामात्यःसमुपस्पृश ७ आश्रमःस्थूलशिरसोरमणीयःप्रकाशते ॥ अत्रमानंचकौंतेयक्रोधंचैवविवर्जय ८ एषरैभ्याश्रमःश्रीमान्पांडवेयप्रकाशते ॥
भारद्वाजोयत्रकविर्यवक्रीतोव्यनश्यत ९ ॥ युधिष्ठिरउवाच ॥ कथंयुक्तोऽभवदृषिर्भरद्वाजःप्रतापवान् ॥ किमर्थंचयवक्रीतःपुत्रोऽनश्यतवैमुनेः १० एतत्सर्वंयथा
वृत्तंश्रोतुमिच्छामितत्त्वतः ॥ कर्मभिर्देवकल्पानांकीर्त्यमानैर्भृशंरमे ११ ॥ लोमशउवाच ॥ भरद्वाजश्चरैभ्यश्चसखायौसंबभूवतुः ॥ तावूषतुरिहात्यंतंप्रीयमाणाव
नंतरम् १२ रैभ्यस्यतुसुतावास्तामर्वावसुपरावसू ॥ आसीद्यवक्रीःपुत्रस्तुभरद्वाजस्यभारत १३ रैभ्योविद्वान्सहापत्यस्तपस्वीचेतरोऽभवत् ॥ तयोश्चाप्यतुलाकी
र्तिर्बाल्यात्प्रभृतिभारत १४ यवक्रीःपितरंदृष्ट्वातपस्विनमसत्कृतम् ॥ दृष्ट्वाचसत्कृतंविप्रैरैभ्यंपुत्रैःसहानघः १५ पर्यतप्यतततेजस्वीमन्युनाऽभिपरिप्लुतः ॥ तपस्तेपेततो
घोरंवेदज्ञानायपांडव १६ ससमिद्धेमहत्यग्नौशरीरमुपतापयन् ॥ जनयामाससंतापमिंद्रस्यसुमहातपाः १७ ततइंद्रोयवक्रीतमुपगम्ययुधिष्ठिर ॥ अब्रवीत्कस्यहेतो
स्त्वमास्थितस्तपउत्तमम् १८ ॥ यवक्रीतउवाच ॥ द्विजानामनधीतावैवेदाःसुरगणार्चित ॥ प्रतिभांत्वितितप्येऽहमिदंपरमकंतपः १९ स्वाध्यायार्थंसमारंभोममायं
पाकशासन ॥ तपसाज्ञातुमिच्छामिसर्वज्ञानानिकौशिक २० कालेनमहतावेदाःशक्यागुरुमुखाद्विभो ॥ प्राप्तुंतस्मादयंयत्नःपरमोमेसमास्थितः २१ ॥ इंद्रउवाच ॥
अमार्गएषविप्रर्षेयेनत्वंयातुमिच्छसि ॥ किंविघातेनतेविप्रगच्छाधीहिगुरोर्मुखात् २२ ॥ लोमशउवाच ॥ एवमुक्त्वागतःशक्रोयवक्रीरपिभारत ॥ भूयएवाकरो
द्यत्नंतपस्यमितविक्रमः २३ घोरेणतपसाराजंस्तप्यमानोमहत्तपः ॥ संतापयामासभृशंदेवेंद्रमितिनःश्रुतम् २४ तंतथातप्यमानंतुतपस्तीव्रंमहामुनिम् ॥
उपेत्यबलभिद्देवोवारयामासवैपुनः २५

अन्नंब्रह्मौदनं अदितिःपुत्रकामा । साध्येभ्योदेवेभ्योब्रह्मौदनमपचदितिश्रुतेः ३ अयशस्यामयशस्करींअसंशब्द्यामकीर्तनीयां ४ । ५ । ६ । ७ । ८ । ९ । १० । ११ । १२ । १३ इतरोभरद्वाजस्तप
स्व्येवनतुशिष्यादिसंपन्नः १४ । १५ । १६ । १७ । १८ । १९ सर्वज्ञानानिसर्वशास्त्राणि २० । २१ विघातेनआत्मनाशनेन २२ । २३ । २४ । २५

नप्रतिभास्यंतीतिनकारावृत्त्यायोज्यम् २६ । २७ । २८ । २९ । ३० । ३१ । ३२ । ३३ । ३४ । ३५ । ३६ । ३७ । ३८ । ३९ । ४० । ४१ । ४२ । ४३ । ४४ । ४५ अमर्त्यइतिच्छेदः अमरइत्यर्थः

अशक्योऽर्थःसमारब्धोनैतद्बुद्धिकृतंतव ॥ प्रतिभास्यंतिवैवेदास्तवचैवपितुश्चते २६ ॥ यवक्रीतउवाच ॥ नचैतदेवंक्रियतेदेवराजममेप्सितम् ॥ महतानियमेनाहं तप्स्येघोरतरंतपः २७ समिद्धेऽग्नावुपकृत्यांगमंगंहोष्यामिवामघवंस्तन्निबोध ॥ यद्येतदेवंनकरोषिकामंममेप्सितंदेवराजेहसर्वम् २८ ॥ लोमशउवाच ॥ निश्चयं तमभिज्ञायमुनेस्तस्यमहात्मनः ॥ प्रतिवारणहेत्वर्थंबुद्ध्यासंचिंत्यबुद्धिमान् २९ ततइंद्रोऽकरोद्रूपंब्राह्मणस्यतपस्विनः ॥ अनेकशतवर्षस्यदुर्बलस्यसयक्ष्मणः ३० यवक्रीतस्ययत्तीर्थमुचितंशौचकर्मणि ॥ भागीरथ्यांतत्रसेतुंवालुकाभिश्चकारसः ३१ यदाऽस्यवदतोवाक्यंनसचक्रेद्विजोत्तमः ॥ वालुकाभिस्ततःशक्रोगंगांसमभि पूरयन् ३२ वालुकामुष्टिमनिशंभागीरथ्यांव्यसर्जयत् ॥ सेतुमभ्यारभच्छक्रोयवक्रीतंनिदर्शयन् ३३ तंददर्शयवक्रीतोयत्नवंतंनिबंधने ॥ प्रहसंश्चाब्रवीद्वाक्यमिदं समुनिपुंगवः ३४ किमिदंवर्ततेब्रह्मन्किंचतेहचिकीर्षितम् ॥ अतीवहिमहान्यत्नःक्रियतेऽयंनिरर्थकः ३५ ॥ इंद्रउवाच ॥ बंधिष्येसेतुनागंगांसुखःपंथाभविष्यति ॥ क्लिश्यतेहिजनस्ताततरमाणःपुनःपुनः ३६ ॥ यवक्रीतउवाच ॥ नायंशक्यस्त्वयाबद्धुंमहानोघस्तपोधन ॥ अशक्याद्विनिवर्तस्वशक्यमर्थंसमारभ ३७ ॥ इंद्रउवाच ॥ यथैवभवताचेदंतपोवेदार्थमुद्यतम् ॥ अशक्यंतद्वदस्माभिरयंभारःसमाहितः ३८ ॥ यवक्रीतउवाच ॥ यथातवनिरर्थोऽयमारंभस्त्रिदशेश्वर ॥ तथायदिममापीदं मन्यसेपाकशासन ३९ क्रियतांयद्भवेच्छक्यंत्वयासुरगणेश्वर ॥ वरांश्चमेप्रयच्छान्यान्यैरन्यान्भवितास्म्यति ४० ॥ लोमशउवाच ॥ तस्मैप्रादाद्वरानिंद्रउक्त वान्यान्महातपाः ॥ प्रतिभास्यंतितेवेदाःपित्रासहयथेप्सिताः ४१ यच्चान्यत्कांक्षसेकामंयवक्रीर्गम्यतामिति ॥ सलब्धकामःपितरंसमेत्याथेदमब्रवीत् ४२ ॥ यवक्रीतउवाच ॥ प्रतिभास्यंतिवैवेदाममतातस्यचोभयोः ॥ अतिचान्यान्भविष्यावोवरालब्धास्तथामया ४३ ॥ भरद्वाजउवाच ॥ दर्पस्तेभवितातातवराँ ल्लब्ध्वायथेप्सितान् ॥ सदर्पपूर्णःकृपणःक्षिप्रमेवविनंक्ष्यसि ४४ अत्राप्युदाहरंतीमागाथादेवैरुदाहृताः ॥ मुनिरासीत्पुरापुत्रबालभिर्नामवीर्यवान् ४५ सपुत्रशो कादुद्विग्नस्तपस्तेपेसुदुष्करम् ॥ भवेन्ममसुतोऽमर्त्यइतितंलब्धवांश्चसः ४६ तस्यप्रसादोवैदेवैःकृतोनत्वमरैःसमः ॥ नामर्त्योविद्यतेमर्त्योनिमित्तायुर्भविष्यति ४७ ॥ बालधिरुवाच ॥ यथेमेपर्वताःशश्वत्तिष्ठंतिसुरसत्तमाः ॥ अक्षयास्तन्निमित्तंमेसुतस्यायुर्भविष्यति ४८ ॥ भरद्वाजउवाच ॥ तस्यपुत्रस्तदाजज्ञेमेधावीक्रोधन स्तदा ॥ सतच्छ्रुत्वाऽकरोद्दर्पमृषींश्चैवावमन्यत ४९ विकुर्वाणोमुनीनांचव्यचरत्समहीमिमाम् ॥ आससादमहावीर्यंधनुषाक्षंमनीषिणम् ५० तस्यापचक्रेमेधावीतं शशापसवीर्यवान् ॥ भवभस्मेतिचोक्तःसनभस्मसमपद्यत ५१ धनुषाक्षस्तुतंदृष्ट्वामेधाविनमनामयम् ॥ निमित्तमस्यमहिषैर्भेदयामासवीर्यवान् ५२ सनिमित्तेविनष्टे तुममारसहसाशिशुः ॥ तंमृतंपुत्रमादायविललापततःपिता ५३

४६ । ४७ । ४८ । ४९ । ५० । ५१ निमित्तंपर्वतान् भेदयामासखंडयामास ५२ । ५३

५४ दिष्टंदैवविहितं ५५ । ५६ । ५७ । ५८ । ५९ । ६० ॥ इत्यारण्यकेपर्वणि नैलकंठीये भारतभावदीपे पंचत्रिंशदधिकशततमोऽध्यायः ॥ १३५ ॥ ॥ चंक्रम्यमाणोभृशंपर्यटन्
माधवेवैशाखे १ । २ हृतचेतनोवशीकृतचित्तः ३ । ४ एकांतमुन्नीय एकांतेकार्यरतंसमाप्य । मज्जयामास शोकसमुद्रेइतिशेषः । सज्जयामासेतिपाठे स्वशत्रुमपकर्तुंरैभ्यंसन्नद्धंचकार

लालप्यमानंतंदृष्ट्वामुनयःपरमार्तवत् ॥ ऊचुर्वेदविदःसर्वेगाथांयांतांनिबोधमे ५४ नदिष्टमर्थमत्येतुमीशोमर्त्यःकथंचन ॥ महिषैर्भेदयामासधनुषाक्षोमहीध
रान् ५५ एनंलब्ध्वावरान्बालादर्पपूर्णास्तपस्विनः ॥ क्षिप्रमेवविनश्यंतियथानस्यात्तथाभवान् ५६ एषरैभ्योमहावीर्यःपुत्रौचास्यतथाविधौ ॥ तंयथापुत्र
नाभ्येषितथाकुर्यास्त्वतंद्रितः ५७ सहिक्रुद्धःसमर्थश्चपुत्रंपीडयितुंरुषा ॥ रैभ्यश्चापितपस्वीचकोपनश्चमहानृषिः ५८ ॥ यवक्रीतउवाच ॥ एवंकरिष्येमा
तापंतातकार्षीःकथंचन ॥ यथाहिमेभवान्मान्यस्तथारैभ्यःपितामम ५९ ॥ लोमशउवाच ॥ उक्त्वासपितरंश्लक्ष्णंयवक्रीरकुतोभयः ॥ विप्रकुर्वन्नृषीनन्या
नतुष्यत्परयामुदा ६० ॥ इतिश्रीमहाभारतेआरण्यकेपर्वणितीर्थयात्रापर्वणिलोमशतीर्थयात्रायांयवक्रीतोपाख्यानेपंचत्रिंशदधिकशततमोऽध्यायः ॥ १३५ ॥ लो
मशउवाच ॥ चंक्रम्यमाणःसतदायवक्रीरकुतोभयः ॥ जगाममाधवेमासिरैभ्याश्रमपदंप्रति १ सददर्शाश्रमेरम्येपुष्पितद्रुमभूषिते ॥ विचरंतींस्नुषांतस्यकिन्नरी
मिवभारत २ यवक्रीस्तामुवाचेदमुपातिष्ठस्वमामिति ॥ निर्लज्जोलज्जयायुक्तांकामेनहृतचेतनः ३ सातस्यशीलमाज्ञायतस्माच्छापाच्चबिभ्यती ॥ तेजस्वि
तांचरैभ्यस्यतथेत्युक्त्वाजगामह ४ ततएकांतमुन्नीयमज्जयामासभारत ॥ आजगामतदारैभ्यःस्वमाश्रममरिंदम ५ रुदतींचस्नुषांदृष्ट्वाभार्यामार्तांपरावसोः ॥
सांत्वयन्श्लक्ष्णयावाचापर्यपृच्छद्युधिष्ठिर ६ सातस्मैसर्वमाचष्टयवक्रीभाषितंशुभा ॥ प्रत्युक्तंचयवक्रीतंप्रेक्षापूर्वंतथाऽऽत्मना ७ शृण्वानस्यैवरैभ्यस्ययव
क्रेस्तद्विचेष्टितम् ॥ दहन्निवतदाचेतःक्रोधःसमभवन्महान् ८ सतदामन्युनाऽविष्टस्तपस्वीकोपनोभृशम् ॥ अवलुच्यजटामेकांजुहावाग्नौसुसंस्कृतैः ९ ततः
समभवन्नारीतस्यारूपेणसंमिता ॥ अवलुच्यापरांचापिजुहावाग्नौजटांपुनः १० ततःसमभवद्रक्षोघोराक्षंभीमदर्शनम् ॥ अब्रूतांतौतदारैभ्यंकिंकार्यंकरवामहे
११ तावब्रवीदृषिःक्रुद्धोयवक्रीर्वध्यतामिति ॥ जग्मतुस्तौतथेत्युक्त्वायवक्रीतजिघांसया १२ ततस्तंसमुपास्थायकृत्यासृष्टामहात्मना ॥ कमंडलुंजहारास्य
मोहयित्वेवभारत १३ उच्छिष्टंतुयवक्रीतमपकृष्टकमंडलुम् ॥ ततउद्यतशूलःसराक्षसःसमुपाद्रवत् १४ तमाद्रवंतंसंप्रेक्ष्यशूलहस्तंजिघांसया ॥ यवक्रीःसहसो
त्थायप्राद्रवद्येनवैसरः १५ जलहीनंसरोदृष्ट्वायवक्रीस्त्वरितःपुनः ॥ जगामसरितःसर्वास्ताश्चाप्यासन्विशोषिताः १६ सकाल्यमानोघोरेणशूलहस्तेनरक्षसा ॥
अग्निहोत्रंपितुर्भीतःसहसाप्रविवेशह १७ सवैप्रविशमानस्तुशूद्रेणांधेनरक्षिणा ॥ निगृहीतोबलाद्द्वारिसोऽवातिष्ठतपार्थिव १८ निगृहीतंतुशूद्रेणयवक्रीतंसराक्षसः ॥
ताडयामासशूलेनसभिन्नहृदयोऽपतत् १९

तदेवाह आजगामेत्यादिना ५ । ६ प्रत्युक्तंप्रत्याख्यातं मदुपरिबलात्कारंकृतवानित्युक्तवतीत्यर्थः ७ । ८ सुसंस्कृतैः स्वरवर्णादिसंस्कारयुक्तैर्मंत्रैः ९ नारीकृत्या १० । ११ । १२ । १३ । १४ । १५
१६ काल्यमानः सर्वतोनिषिध्यमानः अग्निहोत्रेअग्निहोत्रशालायां १७ अवातिष्ठत बहिरेव १८ । १९

२० ॥ इत्यारण्यकेपर्वणि नैलकंठीये भारतभावदीपे षट्त्रिंशदधिकशततमोऽध्यायः ॥ १३६ ॥ ॥ भरद्वाजइति । आन्हिकंस्वाध्यायंप्रत्यहंकर्तव्यं ब्रह्मयज्ञम् १ हतपुत्रत्वेन आशौचयुक्तत्वात् २ । ३ ४ शुद्ध्यतिनिःसंदेहंभवति ५ । ६ अग्न्यगारंप्रविष्टस्यरक्षोभयंनभवेदितिभावः ७ । ८ शूद्रस्यशूद्रकृतं विप्रियंपुत्रनिरोधेनकृतम् ९ । १० । ११ । १२ । १३ । १४ । किल्बिषीशोकाक्रां

॥११३॥ यवक्रीतंसहत्वातुराक्षसोरैभ्यमागमत् ॥ अनुज्ञातस्तुरैभ्येणतयानार्यासहावसत् २० ॥ ॥ इतिश्रीमहाभारतेआरण्यकेपर्वणितीर्थयात्रापर्वणिलोमशतीर्थयात्रायांयवक्रीतोपाख्यानेषट्त्रिंशदधिकशततमोऽध्यायः ॥ १३६ ॥ ॥ लोमशउवाच ॥ भरद्वाजस्तुकौंतेयकृत्वास्वाध्यायमाह्निकम् ॥ समित्कलापमादाय प्रविवेशस्वमाश्रमम् १ तंस्मदृष्ट्वापुरासर्वेप्रत्युत्तिष्ठंतिपावकाः ॥ नत्वेतमुपतिष्ठंतिहतपुत्रंतदाऽग्नयः २ वैकृतंत्वग्निहोत्रेसलक्षयित्वामहातपाः ॥ तमंधंशूद्रमासीनंगृहपालमथाब्रवीत् ३ किंनुमेनाग्नयःशूद्रप्रतिनंदंतिदर्शनम् ॥ त्वंचापिनयथापूर्वंकच्चित्क्षेममिहाश्रमे ४ कच्चिन्नरैभ्यंपुत्रोमेगतवानल्पचेतनः ॥ एतदाचक्ष्वमेशीघ्रंनहिशुद्ध्यतिमेमनः ५ ॥ शूद्रउवाच ॥ रैभ्यंयातोनूनमयंपुत्रस्तेमंदचेतनः ॥ तथाहिनिहतःशेतेराक्षसेनबलीयसा ६ प्रकाल्यमानस्तेनायंशूलहस्तेनरक्षसा ॥ अग्न्यगारंप्रतिद्वारिमयादोर्भ्यांनिवारितः ७ ततःसविहताशोऽत्रजलकामोऽशुचिर्ध्रुवम् ॥ निहतःसोऽतिवेगेनशूलहस्तेनरक्षसा ८ भरद्वाजस्तुतच्छ्रुत्वाशूद्रस्यविप्रियंमहत् ॥ गतासुंपुत्रमादायविललापसुदुःखितः ९ ॥ भरद्वाजउवाच ॥ ब्राह्मणानांकिलार्थायननुत्वंतप्तवांस्तपः ॥ द्विजानामनधीतावैवेदाःसंप्रतिभांत्विति १० तथाकल्याणशीलस्त्वंब्राह्मणेषुमहात्मसु ॥ अनागाःसर्वभूतेषुकर्कशत्वमुपेयिवान् ११ प्रतिषिद्धोमयातातरैभ्यावसथदर्शनात् ॥ गतवानेवतंद्रष्टुंकालांतकयमोपमम् १२ यःसजानन्महातेजावृद्धस्यैकंममात्मजम् ॥ गतवानेवकोपस्यवशंपरमदुर्मतिः १३ पुत्रशोकमनुप्राप्तएषरैभ्यस्यकर्मणा ॥ त्यक्ष्यामित्वामृतेपुत्रप्राणानिष्टतमान्भुवि १४ यथाहंपुत्रशोकेनदेहंत्यक्ष्यामिकिल्बिषी ॥ तथाज्येष्ठःसुतोरैभ्यंहिंस्याच्छीघ्रमनागसम् १५ सुखिनोवैनरायेषांजात्यापुत्रोनविद्यते ॥ येपुत्रशोकमप्राप्यविचरंतियथासुखम् १६ येतुपुत्रकृताच्छोकाद्भृशंव्याकुलचेतसः ॥ शपंतीष्टान्सखीनार्तास्तेभ्यःपापतरोनुकः १७ परासुश्चसुतोदृष्टःशप्तश्चेष्टःसखामया ॥ ईदृशीमापदंकोऽत्रद्वितीयोऽनुभविष्यति १८ ॥ लोमशउवाच ॥ विलप्यैवंबहुविधंभरद्वाजोऽदहत्सुतम् ॥ सुसमिद्धंततःपश्चात्प्रविवेशहुताशनम् १९ ॥ इतिश्रीमहाभारतेआरण्यकेपर्वणितीर्थयात्रापर्वणिलोमशतीर्थयात्रायांयवक्रीतोपाख्यानेसप्तत्रिंशदधिकशततमोऽध्यायः ॥ १३७ ॥ लोमशउवाच ॥ एतस्मिन्नेवकालेतुबृहद्द्युम्नोमहीपतिः ॥ सत्रंतेनेमहाभागोरैभ्ययाज्यःप्रतापवान् १ तेनरैभ्यस्यवैपुत्रावर्वावसुपरावसू ॥ वृतौसहायौसत्रार्थेबृहद्द्युम्नेनधीमता २ तत्रतौसमनुज्ञातौपित्राकौंतेयजग्मतुः ॥ आश्रमेत्वभवद्रैभ्योभार्याचैवपरावसोः ३ अथावलोककोऽगच्छद्गृहानेकःपरावसुः ॥ कृष्णाजिनेनसंवीतंददर्शपितरंवने ४ जघन्यरात्रेनिद्रांधःसावशेषेतमस्यपि ॥ चरंतंगहनेऽरण्येमेनेसपितरंमृगम् ५ ॥११३॥

तः १५ । १६ । १७ । १८ । १९ इत्यारण्यकेपर्वणि नैलकंठीये भारतभावदीपे सप्तत्रिंशदधिकशततमोऽध्यायः ॥ १३७ ॥ एतस्मिन्निति १ । २ । ३ अवलोककःअवलोकनार्थी गृहान्भार्याम् ४ । ५

६ । ७ । ८ । ९ । १० । ११ । १२ । १३ त्रिदशपतेदेवपजाधीश १४ । १५ । १६ प्रभाषितो मिथ्यावाद्यसीत्यधिक्षिप्तः १७ रहस्यवेदं सूर्यमंत्रप्रकाशकंवेदं घृणिरितिद्वेअक्षरे सूर्यइतित्रीणि आदित्यइतित्रीणि।
'एतद्वैसावित्रस्याष्टाक्षरंपदंश्रियाभिषिक्तम्'इतिकाठकब्राह्मणं कृतवान्ददर्श १८ मूर्तिमान्सूर्यस्तंद्विजंददर्शआत्मानंदर्शयामास १९ तंदेवाःप्रकर्षेणवरयामासुः निरासुर्निराचक्रुर्यज्ञादितिशेषः २० । २१ प्रति

मृगंतुमन्यमानेनपितावैतेनहिंसितः ॥ अकामयानेनतदाशरीरत्राणमिच्छता ६ तस्यसप्रेतकार्याणिकृत्वासर्वाणिभारत ॥ पुनरागम्यतत्सत्रमब्रवीद्भ्रातरंव
चः ७ इदंकर्मनशक्तस्त्वंवोढुमेकःकथंचन ॥ मयाचहिंसितस्तातोमन्यमानेनतंमृगम् ८ सोऽस्मदर्थेव्रतंतातचरत्वंब्रह्महिंसनम् ॥ समर्थोऽप्यहमेकाकीकर्म
कर्तुमिदंमुने ९ ॥ अर्वावसुरुवाच ॥ करोतुवैभवान्सत्रंबृहद्द्युम्नस्यधीमतः ॥ ब्रह्मवध्यांचरिष्येऽहंत्वदर्थेनियतेंद्रियः १० ॥ लोमशउवाच ॥ सतस्यब्रह्मव
ध्यायाःपारंगत्वायुधिष्ठिर ॥ अर्वावसुस्तदासत्रमाजगामपुनर्मुनिः ११ ततःपरावसुर्दृष्ट्वाभ्रातरंसमुपस्थितम् ॥ बृहद्द्युम्नमुवाचेदंवचनंहर्षगद्गदम् १२ एष
तेब्रह्महायज्ञंमाद्रष्टुंप्रविशेदिति ॥ ब्रह्महाप्रेक्षितेनापिपीडयेत्त्वामसंशयम् १३ ॥ लोमशउवाच ॥ तच्छ्रुत्वैवतदाराजाप्रेष्यानाहसविद्पते ॥ प्रेष्यैरुत्सार्यमा
णस्तुराजन्नर्वावसुस्तदा १४ नमयाब्रह्महत्येयंकृतेत्याहपुनःपुनः ॥ उच्यमानोऽसकृत्प्रेष्यैर्ब्रह्महन्निितिभारत १५ नैवस्मप्रतिजानातिब्रह्मवध्यांस्वयंकृताम् ॥ ममभ्रात्रा
कृतमिदंमयासपरिमोक्षितः १६ सतथाप्रवदन्क्रोधात्तैश्चप्रेष्यैःप्रभाषितः ॥ तूष्णींजगामब्रह्मर्षिर्वनमेवमहातपाः १७ उग्रंतपःसमास्थायदिवाकरमथाश्रितः ॥ रह
स्यवेदंकृतवान्सूर्यस्यद्विजसत्तमः १८ मूर्तिमांस्तंददर्शाथस्वयमग्रभुगव्ययः ॥ लोमशउवाच ॥ प्रीतास्तस्याभवन्देवाःकर्मणाऽर्वावसोर्नृप १९ तंतेप्रवरयामासुर्नि
रासुश्चपरावसुम् ॥ ततोदेवावरंतस्मैददुरग्निपुरोगमाः २० सचापिवरयामासपितुरुत्थानमात्मनः ॥ अनागस्त्वंततोभ्रातुःपितुश्चास्मरणंवधे २१ भरद्वाजस्यचोत्था
नंयवक्रीतस्यचोभयोः ॥ प्रतिष्ठांचापिवेदस्यसौरस्यद्विजसत्तमः ॥ एवमस्त्वितितंदेवाःप्रोचुश्चापिवरान्ददुः २२ ततःप्रादुर्बभूवुस्तेसर्वएवयुधिष्ठिर ॥ अथाब्रवीद्यव
क्रीतोदेवानग्निपुरोगमान् २३ समधीतंमयाब्रह्मव्रतानिचरितानिच ॥ कथंचरैभ्यःशक्तोमामधीयानंतपस्विनम् २४ तथायुक्तेनविधिनानिहंतुममरोत्तमाः ॥ देवा
ऊचुः ॥ मैवंकृथायवक्रीततथावदसिवैमुने ॥ ऋतेगुरुमधीताहिसुखंवेदास्त्वयापुरा २५ अनेनतुगुरून्दुःखात्तोषयित्वाऽऽत्मकर्मणा ॥ कालेनमहताक्लेशाद्ब्रह्माधिगतमु
त्तमम् २६ ॥ लोमशउवाच ॥ यवक्रीतमथोक्त्वैवंदेवाःसेंद्रपुरोगमाः ॥ संजीवयित्वातान्सर्वान्पुनर्जग्मुस्त्रिविष्टपम् २७ आश्रमस्तस्यपुण्योऽयंसदापुष्पफलद्रुमः ॥
अत्रोष्यराजशार्दूलसर्वपापंप्रमोक्ष्यसि २८ ॥ इतिश्रीमहाभारतेआरण्यकेप० तीर्थयात्रापर्वणिलोमश० यवक्रीतोपाख्यानेअष्टत्रिंशदधिकशततमोऽध्यायः ॥ १३८ ॥
॥ लोमशउवाच ॥ उशीरबीजंमैनाकंगिरिंश्वेतंचभारत ॥ समतीतोऽसिकौंतेयकालशैलंचपार्थिव १ एषागंगासप्तविधाराजतेभरतर्षभ ॥ स्थानंविरजसंपुण्यं
यत्राग्निर्नित्यमिध्यते २

ष्ठांसंप्रदायप्रवृत्तिं सौरोवेदःपूर्वमुक्तः २२ । २३ समधीतंसम्यक्प्राप्तंब्रह्मवेदः २४ । २५ । २६ । २७ । २८ ॥ इत्यारण्यकेपर्वणि नैलकंठीये भारतभावदीपे अष्टत्रिंशदधिकशततमोऽध्यायः ॥ १३८ ॥
उशीरेति १ यत्राग्निर्नित्यमिध्यतइति । त्रियोगिनारायणाख्यंहरिद्वारात्परतःस्थानमस्ति २

३ । ४ । ५ । ६ । ७ । ८ । ९ । १० विशालाबदरी ११ । १२ । १३ । १४ । १५ इंद्रस्यइंद्रसंबंधिनो जांबूनदंसुवर्णं तन्मयात्पर्वतान्मेरोः गोपाययेतिणिजंतस्यरूपं देवैरितिशेषः स्वार्थेवाणिव् आजमीढवं

एतद्वैमानुषेणाद्यनशक्यंद्रष्टुमद्भुतम् ॥ समाधिंकुरुताव्यग्रास्तीर्थान्येतानिद्रक्ष्यथ ३ एतद्द्रक्ष्यसिदेवानामाक्रीडंचरणांकितम् ॥ अतिक्रांतोऽसिकौंतेयकालशैलंचप
र्वतम् ४ श्वेतंगिरिंप्रवेक्ष्यामोमंदरंचैवपर्वतम् ॥ यत्रमाणिवरोयक्षःकुबेरश्चैवयक्षराट् ५ अष्टाशीतिसहस्राणिगंधर्वाःशीघ्रगामिनः ॥ तथाकिंपुरुषाराजन्यक्षाश्चैवच
तुर्गुणाः ६ अनेकरूपसंस्थानानानाप्रहरणाश्चते ॥ यक्षेंद्रंमनुजश्रेष्ठमाणिभद्रमुपासते ७ तेषामृद्धिरतीवात्रगतौवायुसमाश्चते ॥ स्थानात्प्रच्यावयेयुर्येदेवराजमपिध्रुवम्
८ तैस्तातबलिभिर्गुप्तायातुधानैश्चरक्षिताः ॥ दुर्गमाःपर्वताःपार्थसमाधिंपरमंकुरु ९ कुबेरसचिवाश्चान्येरौद्रामैत्राश्चराक्षसाः ॥ तैःसमेष्यामकौंतेयसंयतोविक्रमेणच
१० कैलासःपर्वतोराजन्षड्योजनसमुच्छ्रितः ॥ यत्रदेवाःसमायांतिविशालायत्रभारत ११ असंख्येयास्तुकौंतेययक्षराक्षसकिन्नराः ॥ नागाःसुपर्णागंधर्वाःकुबेरसद
नंप्रति १२ तान्विगाहस्वपार्थाद्यतपसाचदमेनच ॥ रक्ष्यमाणोमयाराजन्भीमसेनबलेनच १३ स्वस्तितेवरुणोराजायमश्चसमितिंजयः ॥ गंगाचयमुनाचैवपर्वतश्चद
धातुते १४ मरुतश्चसहाश्विभ्यांसरितश्चसरांसिच ॥ स्वस्तिदेवासुरेभ्यश्चवसुभ्यश्चमहाद्युते १५ इंद्रस्यजांबूनदपर्वताद्वैशृणोमिघोषंतववेदविगंगे ॥ गोपाययेमंसुभ
गेगिरिभ्यःसर्वाजमीढोपचितंनरेंद्रम् १६ ददस्वशर्मप्रविविक्षतोमतोऽस्यशैलानिमाञ्छैलसुतेनृपस्य ॥ उक्त्वातथासागरगांसविप्रोयत्तोभवस्वेतिशशासपार्थम् १७
॥ युधिष्ठिरउवाच ॥ ॥ अपूर्वोऽयंसंभ्रमोलोमशस्यकृष्णांचसर्वेरक्षतमाप्रमादम् ॥ देशोह्ययंदुर्गतमोऽस्यतस्मात्परंशौचमिहाचरध्वम् १८ ॥ वैशंपायनउवाच ॥
ततोऽब्रवीद्भीममुदारवीर्यंकृष्णांयत्तःपालयभीमसेन ॥ शून्येऽर्जुनेऽसन्निहितेचतातत्वामेवकृष्णाभजतेभयेषु १९ ततोमहात्मासयमौसमेत्यमूर्धन्युपाघ्रायविमृज्यगा
त्रे ॥ उवाचतौबाष्पकलंसराजामाभैष्टमागच्छतमप्रमत्तौ २० ॥ इतिश्रीमहाभारतेआरण्यकेपर्वणितीर्थयात्रापर्वणिलोमशतीर्थयात्रायांकैलासादिगिरिप्रवेशेऊनचत्वा
रिंशदधिकशततमोऽध्यायः ॥ १३९ ॥ ॥ ॥ ॥ युधिष्ठिरउवाच ॥ अंतर्हितानिभूतानिबलवंतिमहांतिच ॥ अग्निनातपसाचैवशक्यंगंतुंवृकोदर १
सन्निवर्तयकौंतेयक्षुत्पिपासेबलाश्रयात् ॥ ततोबलंचदाक्ष्यंचसंश्रयस्ववृकोदर २ ऋषेस्त्वयाश्रुतंवाक्यंकैलासंपर्वतंप्रति ॥ बुध्याप्रपश्यकौंतेयकथंकृष्णागमिष्यति
३ अथवासहदेवेनधौम्येनचसमंविभो ॥ सूतैःपौरोगवैश्चैवसर्वैश्चपरिचारकैः ४ रथैरश्वैश्चयेचान्येविप्राःक्लेशासहाःपथि ॥ सर्वैस्त्वंसहितोभीमनिवर्तस्वायतेक्षण ५
त्रयोवयंगमिष्यामोलघ्वाहारायतव्रताः ॥ अहंचनकुलश्चैवलोमशश्चमहातपाः ६ ममागमनमाकांक्षन्गंगाद्वारेसमाहितः ॥ वसेहद्रौपदींरक्षन्यावदागमनंमम ७

शेअपचितंपूजितंश्रेष्ठमित्यर्थः १६ ददस्वदेहि १७ शौचंवाङ्मनःकायशुद्धिं १८ । १९ भैष्टमितिच्छेदः २० ॥ इत्यारण्यकेपर्वणि नैलकंठीये भारतभावदीपे ऊनचत्वारिंशदधिकशततमोऽध्यायः ॥ १३९ ॥
अंतर्हितानीति १ । २ । ३ । ४ । ५ । ६ । ७

८ । ९ । १० । ११ १२ । १३ । १४ । १५ । १६ । १७ । १८ । १९ । २० । २१ । २२ । २३ । २४ । २५ । २६ । २७ परिदायरक्षार्थंसमर्प्य २८ । २९ ॥ इत्यारण्यकेपर्वणि नैलकंठीये भारत

भीमउवाच ॥ राजपुत्रीश्रमेणार्तादुःखार्ताचैवभारत ॥ व्रजत्येवहिकल्याणीश्वेतवाहदिदृक्षया ८ तवचाप्यरतिस्तीव्रावर्ततेतमपश्यतः ॥ गुडाकेशंमहात्मानंसंग्रामे
ष्वपलायिनम् ९ किंपुनःसहदेवंचमांचकृष्णांचभारत ॥ द्विजाःकामंनिवर्ततांसर्वेचपरिचारकाः १० सूताःपौरोगवाश्चैवयंचमन्येतनोभवान् ॥ नह्यहंहातुमिच्छा
मिभवंतमिहकर्हिचित् ११ शैलेऽस्मिन्राक्षसाकीर्णेदुर्गेषुविषमेषुच ॥ इयंचापिमहाभागाराजपुत्रीपतिव्रता १२ त्वामृतेपुरुषव्याघ्रनोत्सहेद्विनिवर्तितुम् ॥ तथैव
सहदेवोऽयंसततंत्वामनुव्रतः १३ नजातुविनिवर्तेतमनोज्ञोह्यहमस्यवै ॥ अपिचात्रमहाराजसव्यसाचिदिदृक्षया १४ सर्वेलालसभूताःस्मतस्माद्यास्यामहेसह ॥ यद्य
शक्योरथैर्गंतुंशैलोऽयंबहुकन्दरः १५ पद्भिरेवगमिष्यामोमाराजन्विमनाभव ॥ अहंवहिष्येपांचालींयत्रयत्रनशक्ष्यति १६ इतिमेवर्ततेबुद्धिर्माराजन्विमनाभव ॥
सुकुमारौतथावीरौमाद्रीनंदिकरावुभौ ॥ दुर्गेसंतारयिष्यामियत्राशक्तौभविष्यतः १७ ॥ युधिष्ठिरउवाच ॥ एवंतेभाषमाणस्यबलंभीमाभिवर्धताम् ॥ यत्त्वमुत्सहसे
वोढुंपांचालींचयशस्विनीम् १८ यमजौचापिभद्रंतेनैतदन्यत्रविद्यते ॥ बलंतवयशश्चैवधर्मःकीर्तिश्चवर्धताम् १९ यत्त्वमुत्सहसेनेतुंभ्रातरौसहकृष्णया ॥ मातेग्ला
निर्महाबाहोमाचतेऽस्तुपराभवः २० ॥ ॥ वैशंपायनउवाच ॥ ततःकृष्णाऽब्रवीद्वाक्यंप्रहसंतीमनोरमा ॥ गमिष्यामिनसंतापःकार्योमांप्रतिभारत २१
॥ लोमशउवाच ॥ तपसाशक्यतेगंतुंपर्वतंगंधमादनम् ॥ तपसाचैवकौंतेयसर्वेयोक्ष्यामहेवयम् २२ नकुलःसहदेवश्चभीमसेनश्चपार्थिव ॥ अहंचत्वंचकौंतेयद्रक्ष्यामः
श्वेतवाहनम् २३ ॥ वैशंपायनउवाच ॥ एवंसंभाषमाणास्तेसुबाहुविषयंमहत् ॥ ददृशुर्मुदिताराजन्प्रभूतगजवाजिमत् २४ किराततंगणाकीर्णंपुलिंदशतसंकुलम् ॥
हिमवत्यमरैर्जुष्टंबह्वाश्चर्यसमाकुलम् ॥ सुबाहुश्चापितान्दृष्ट्वापूजयाप्रत्यगृह्णत २५ विषयांतेकुलिंदानामीश्वरःप्रीतिपूर्वकम् ॥ ततस्तेपूजितास्तेनसर्वएवसुखोषिताः
२६ प्रतस्थुर्विमलेसूर्येहिमवंतंगिरिंप्रति ॥ इंद्रसेनमुखांश्चापिभृत्यान्पौरोगवांस्तथा २७ सूदांश्चपारिबर्हांश्चद्रौपद्याःसर्वशोनृप ॥ राज्ञःकुलिंदाधिपतेःपरिदायमहा
रथाः २८ पद्भिरेवमहावीर्याययुःकौरवनंदनाः ॥ तेशनैःप्राद्रवन्सर्वेकृष्णयासहपांडवाः ॥ तस्माद्देशात्सुसंहृष्टाद्रष्टुकामाधनंजयम् २९ इतिश्रीमहाभारतेआरण्यके
पर्वणितीर्थयात्रापर्वणिलोमशतीर्थयात्रायांगंधमादनप्रवेशेचत्वारिंशदधिकशततमोऽध्यायः ॥ १४० ॥ ॥ युधिष्ठिरउवाच ॥ भीमसेनयमौचोभौपांचालिचनिबो
धत ॥ नास्तिभूतस्यनाशोवैपश्यतास्मान्वनेचरान् १ दुर्बलाःक्लेशिताःस्मेतियद्ब्रवामेतरेतरम् ॥ अशक्येऽपिव्रजामोयद्धनंजयदिदृक्षया २ तन्मेदहतिगात्राणितूल
राशिमिवानलः ॥ यच्चवीरंनपश्यामिधनंजयमुपांतिकात् ३ तस्यदर्शनतृष्णंमांसानुजंवनमास्थितम् ॥ याज्ञसेन्याःपरामर्शःसचवीरदहत्युत ४

भावदीपे चत्वारिंशदधिकशततमोऽध्यायः ॥ १४० ॥ ॥ ॥ भीमसेनेति । भूतस्यप्राक्तनकर्मणः १ । २ । ३ परामर्शः केशेषुग्रहणम् ४

५ । ६ । ७ ८ अप्रतिमानं नास्तिप्रतिमानंसादृश्यंयस्यसोऽप्रतिमानस्तम् ९ प्रभिन्नंस्रवन्मदम् १० अनवरोऽहीनः ११ । १२ । १३ । १४ अभयस्यचदाता अमितात्मामहामनाः १५ । १६ । १७ । १८ अमितमहिंसितमजितमितियावत् १९ हेभीम २० सोमइतिमधुरवाक्यत्वंलक्ष्यते २१ । २२ । २३ नलिनींपुष्करिणीं २४ । २५ । २६ अनियतोऽशुचिः २७ । २८ ॥ इत्यारण्यकेपर्वणि नैलकंठीये भारत

नकुलात्पूर्वजंपार्थंनपश्याम्यमितौजसम् ॥ अजेयमुग्रधन्वानंतेनतप्येवृकोदर ५ तीर्थानिचैवरम्याणिवनानिचसरांसिच ॥ चरामिसहयुष्माभिस्तस्यदर्शनकांक्षया ६ पंचवर्षाण्यहंवीरंसत्यसंधंधनंजयम् ॥ यन्नपश्यामिबीभत्सुंतेनतप्येवृकोदर ७ तंवैश्यामंगुडाकेशंसिंहविक्रांतगामिनम् ॥ नपश्यामिमहाबाहुंतेनतप्येवृकोदर ८ कृतास्त्रंनिपुणंयुद्धेऽप्रतिमानंधनुष्मताम् ॥ नपश्यामिकुरुश्रेष्ठंतेनतप्येवृकोदर ९ चरंतमरिसंघेषुकालेक्रुद्धमिवांतकम् ॥ प्रभिन्नमिवमातंगंसिंहस्कंधंधनंजयम् १० यःसशक्रादनवरोवीर्येणद्रविणेनच ॥ यमयोःपूर्वजःपार्थःश्वेताश्वोऽमितविक्रमः ११ दुःखेनमहताऽऽविष्टस्तंनपश्यामिफाल्गुनम् ॥ अजेयमुग्रधन्वानंतेनतप्येवृकोदर १२ सततंयःक्षमाशीलःक्षिप्यमाणोऽप्यणीयसा ॥ ऋजुमार्गप्रपन्नस्यशर्मदाताऽभयस्यच १३ सतुजिह्मप्रवृत्तस्यमाययाऽभिजिघांसतः ॥ अपिवज्रधरस्यापिभवेत्कालविषोपमः १४ शत्रोरपिप्रपन्नस्यसोऽनृशंसःप्रतापवान् ॥ दाताऽभयस्यबीभत्सुरमितात्मामहाबलः १५ सर्वेषामाश्रयोऽस्माकंरणेऽरीणांप्रमर्दिता ॥ आहर्तासर्वरत्नानांसर्वेषांनःसुखावहः १६ रत्नानियस्यवीर्येणदिव्यान्यासन्पुरामम ॥ बहूनिबहुजातीनियानिप्राप्तःसुयोधनः १७ यस्यबाहुबलाद्वीरसभाचासीत्पुरामम ॥ सर्वरत्नमयीख्यातात्रिषुलोकेषुपांडव १८ वासुदेवसमंवीर्येकार्तवीर्यसमंयुधि ॥ अजेयमजितंयुद्धेतंनपश्यामिफाल्गुनम् १९ संकर्षणंमहावीर्यंत्वांचभीमापराजितम् ॥ अनुयातःस्ववीर्येणवासुदेवंचशत्रुहा २० यस्यबाहुबलेतुल्यःप्रभावेचपुरंदरः ॥ जवेवायुर्मुखेसोमःक्रोधेमृत्युःसनातनः २१ तेवयंतंनरव्याघ्रंसर्वेवीरदिदृक्षवः ॥ प्रवेक्ष्यामोमहाबाहोपर्वतंगंधमादनम् २२ विशालाबदरीयत्रनरनारायणाश्रमः ॥ तंसदाध्युषितंयक्षैर्द्रक्ष्यामोगिरिमुत्तमम् २३ कुबेरनलिनींरम्यांराक्षसैरभिसेविताम् ॥ पद्भिरेवगमिष्यामस्तप्यमानामहत्तपः २४ नचयानवताशक्योगंतुंदेशोवृकोदर ॥ ननृशंसेनलुब्धेननाप्रशांतेनभारत २५ तत्रसर्वेगमिष्यामोभीमार्जुनगवेषिणः ॥ सायुधाबद्धनिस्त्रिंशाःसार्धंविप्रैर्महाव्रतैः २६ मक्षिकादंशमशकान्सिंहान्व्याघ्रान्सरीसृपान् ॥ प्राप्नोत्यनियतःपार्थनियतस्तान्नपश्यति २७ तेवयंनियतात्मानःपर्वतंगंधमादनम् ॥ प्रवेक्ष्यामोमिताहाराधनंजयदिदृक्षवः २८ ॥ इतिश्रीमहाभारतेआरण्यकेप० तीर्थयात्रापर्वणिलोमशतीर्थयात्रायांगंधमादनप्रवेशे एकचत्वारिंशदधिकशततमोऽध्यायः ॥ १४१ ॥ लोमशउवाच ॥ द्रष्टारःपर्वताःसर्वेनद्यःसपुरकानानाः ॥ तीर्थानिचैवश्रीमंतिस्पृष्टंचसलिलंकरैः १ पर्वतंमंदरंदिव्यमेषपंथाःप्रयास्यति ॥ समाहितानिरुद्विग्नाःसर्वेभवतपांडवाः २ अयंदेवनिवासोवैगंतव्योवोभविष्यति ॥ ऋषीणांचैवदिव्यानांनिवासःपुण्यकर्मणाम् ३ एषाशिवजलापुण्यायातिसौम्यमहानदी ॥ बदरीप्रभवाराजन्देवर्षिगणसेविता ४

भावदीपे एकचत्वारिंशदधिकशततमोऽध्यायः ॥ १४१ ॥ ॥ भोद्रष्टारः सर्वेमंदरादन्येपर्वताद्दष्टाइतिशेषः १ । २ । ३ महानदीगंगा अलकनंदा वा ४

उपयाताइष्टसिद्ध्यर्थंप्रार्थिता ५ सामगाः तैत्तिरीयकेब्रह्मविद्भिर्येसामश्रूयते ' एत्तत्सामगायन्नास्ते हा ३ वुहा ३ वुहा ३ वु अहमन्नम 'इत्यादि मरीच्यादयोऽत्रसार्वात्म्यंस्वस्यपश्यंतोगायंतीत्यर्थः ६ आन्हिकंनैयमिकं
जपं परिधावन्तिपरिचरंति तमिंद्रम् ७ । ८ । ९ वादतवादयत अक्षरलोप आर्षः १० । ११ । १२ पांडुरंश्वेतं अस्थ्नांराशिमितिशेषः १३ । १४ । १५ नरकस्यभौमासुरस्य १६ । १७ । १८ । १९ । २०

एषावैहायसैर्नित्यंवालखिल्यैर्महात्मभिः ॥ अर्चिताचोपयाताचगंधर्वैश्चमहात्मभिः ५ अत्रसामस्मगायंतिसामगाःपुण्यनिःस्वनाः ॥ मरीचिःपुलहश्चैवभृगुश्चैवांगि
रास्तथा ६ अत्राह्निकंसुरश्रेष्ठोजपतेसमरुद्गणः ॥ साध्याश्चैवाश्विनौचैवपरिधावंतितंतदा ७ चंद्रमाःसहसूर्येणज्योतींषिचग्रहैःसह ॥ अहोरात्रविभागेननदीमेनामनु
व्रजन् ८ एतस्याःसलिलंमूर्ध्निवृषांकःपर्यधारयत् ॥ गंगाद्वारेमहाभागयेनलोकस्थितिर्भवेत् ९ एतांभगवतींदेवींभवंतःसर्वएवहि ॥ प्रयतेनात्मनातातप्रतिगम्याभि
वादत १० तस्यतद्वचनंश्रुत्वालोमशस्यमहात्मनः ॥ आकाशगंगांप्रयताःपांडवास्तेऽभ्यवादयन् ११ अभिवाद्यचतेसर्वेपांडवाधर्मचारिणः ॥ पुनःप्रयाताःसंहृष्टाःसर्वे
ऋषिगणैःसहः १२ ततोदूरात्प्रकाशन्तपांडुरंमेरुसंनिभम् ॥ ददृशुस्तेनरश्रेष्ठाविकीर्णंसर्वतोदिशम् १३ तान्प्रष्टुकामान्विज्ञायपांडवान्सतुलोमशः ॥ उवाचवाक्यंवा
क्यज्ञःशृणुध्वंपांडुनंदनाः १४ एतद्विकीर्णंसुश्रीमत्कैलासशिखरोपमम् ॥ यत्पश्यसिनरश्रेष्ठपर्वतप्रतिमंस्थितम् १५ एतान्यस्थीनिदैत्यस्यनरकस्यमहात्मनः ॥ पर्वतप्र
तिमंभातिपर्वतप्रस्तराश्रितम् १६ पुरातनेनदेवेनविष्णुनापरमात्मना ॥ दैत्योविनिहतस्तेनसुरराजहितैषिणा १७ दशवर्षसहस्राणितपस्तप्यन्महामनाः ॥ ऐंद्रंप्रा
र्थयतेस्थानंतपःस्वाध्यायविक्रमात् १८ तपोबलेनमहताबाहुवेगबलेनच ॥ नित्यमेवदुराधर्षोधर्षयन्सदितेःसुतः १९ सतुतस्यबलंज्ञात्वाधर्मंचचरितव्रतम् ॥ भया
भिभूतःसंविग्नःशक्रआसीत्तदाऽनघ २० तेनसंचिंतितोदेवोमनसाविष्णुरव्ययः ॥ सर्वत्रगःप्रभुःश्रीमानागतश्चस्थितोबभौ २१ ऋषयश्चापितंसर्वेतुष्टुवुश्चदिवौकसः ॥
तंदृष्ट्वाज्वलमानश्रीर्भगवान्हव्यवाहनः २२ नष्टतेजाःसनभवत्तस्यतेजोभिभर्त्सितः ॥ तंदृष्ट्वावरदंदेवंविष्णुंदेवगणेश्वरम् २३ प्रांजलिःप्रणतोभूत्वानमस्कृत्यचवज्रभृत् ॥
प्राहवाक्यंततस्तत्त्वंयतस्तस्यभयंभवेत् २४ ॥ विष्णुरुवाच ॥ जानामितेभयंशक्रदैत्येन्द्रान्नरकात्ततः ॥ ऐंद्रंप्रार्थयतेस्थानंतपःसिद्धेनकर्मणा २५ सोऽहमेनंतवप्री
त्यातपःसिद्धमपिध्रुवम् ॥ वियुनज्मिदेहाद्देवेंद्रमुहूर्तंप्रतिपालय २६ तस्यविष्णुर्महातेजाःपाणिनाचेतनांहरत् ॥ सपपाततत्तोभूमौगिरिराजइवाहतः २७ तस्यैतद
स्थिसंघातंमायाविनिहतस्यवै ॥ इदंद्वितीयमपरंविष्णोःकर्मप्रकाशते २८ नष्टावसुमतीकृत्स्नापातालेचैवमज्जिता ॥ पुनरुद्धरितातेनवाराहेणैकशृंगिणा २९
॥ युधिष्ठिरउवाच ॥ भगवन्विस्तरेणेमांकथांकथयतत्त्वतः ॥ कथंतेनसुरेशेननष्टावसुमतीतदा ३० योजनानांशतंब्रह्मन्पुनरुद्धरितातदा ॥ केनचैवप्रकारेणजगतो
धरणीध्रुवा ३१ शिवादेवीमहाभागासर्वसस्यप्ररोहिणी ॥ कस्यचैवप्रभावाद्धियोजनानांशतंगता ३२

२१ । २२ । २३ । २४ । २५ । २६ पाणिनाचपेटाघातेनचे तनांहरत्प्राणान्जहार २७ । २८ । २९ । ३० केनचमत्कारेणउद्धरिता पुनरुद्धृतेतिशेषः ३१ गता अधस्तादितिशेषः ३२

केनतद्वीर्यंसर्वस्वंदर्शितंपरमात्मनः ॥ एतत्सर्वंयथातत्त्वमिच्छामिद्विजसत्तम ॥ श्रोतुंविस्तरशःसर्वंत्वंहितस्यप्रतिश्रयः ३३ ॥ लोमशउवाच ॥ यत्तेऽहंपरिपृष्टोऽस्मिकथामेतांयुधिष्ठिर ॥ तत्सर्वमखिलेनेहश्रूयतांममभाषतः ३४ पुराकृतयुगेतातवर्त्तमानेभयंकरे ॥ यमत्वंकारयामासआदिदेवःपुरातनः ३५ यमत्वंकुर्वतस्तस्यदेवदेवस्यधीमतः ॥ नतत्रम्रियतेकश्चिज्जायतेवातथाऽच्युत ३६ वर्धंतेपक्षिसंघाश्चतथापशुगवेडकम् ॥ गवाश्वंचमृगाश्चैवसर्वेतेपिशिताशनाः ३७ तथापुरुषशार्दूलमानुषाश्चपरंतप ॥ सहस्रशोह्ययुतशोवर्धंतेसलिलंयथा ३८ ॥ एतस्मिन्संकुलेतातवर्त्तमानेभयंकरे ॥ अतिभाराद्वसुमतीयोजनानांशतंगता ३९ सावैव्यथितसर्वांगीभारेणाक्रांतचेतना ॥ नारायणंवरंदेवंप्रपन्नाशरणंगता ४० ॥ पृथिव्युवाच ॥ भगवंस्त्वत्प्रसादाद्धितिष्ठेयंसुचिरंत्विह ॥ भारेणास्मिसमाक्रांतानशक्नोमिस्मवर्तितुम् ४१ ममेमंभगवन्भारंव्यपनेतुंत्वमर्हसि ॥ शरणागताऽस्मितेदेवप्रसादंकुरुमेविभो ४२ तस्यास्तद्वचनंश्रुत्वाभगवानक्षरःप्रभुः ॥ प्रोवाचवचनंहृष्टःश्रव्याक्षरसमीरितम् ४३ ॥ ॥ विष्णुरुवाच ॥ ॥ नतेमहिभयंकार्यंभारार्तेवसुधारिणि ॥ अयमेवंतथाकुर्मियथालघ्वीभविष्यसि ४४ ॥ लोमशउवाच ॥ ॥ सतांविसर्जयित्वातुवसुधांशैलकुंडलाम् ॥ ततोवराहःसंवृत्तएकशृंगोमहाद्युतिः ४५ रक्ताभ्यांनयनाभ्यांतुभयमुत्पादयन्निव ॥ धूमंचज्वलयँल्लक्ष्म्यातत्रदेशेव्यवर्धत ४६ सगृहीत्वावसुमतींशृंगेणैकेनभास्वता ॥ योजनानांशतंवीरसमुद्धरतिसोऽक्षरः ४७ तस्यांचोद्धार्यमाणायांसंक्षोभःसमजायत ॥ देवाःसंक्षुभिताःसर्वेऋषयश्चतपोधनाः ४८ हाहाभूतमभूत्सर्वंत्रिदिवंव्योमभूस्तथा ॥ नपर्यवस्थितःकश्चिद्देवोवामानुषोऽपिवा ४९ ततोब्रह्माणमासीनंज्वलमानमिवश्रिया ॥ देवाःसर्षिगणाश्चैवउपतस्थुरनेकशः ५० उपसर्प्यचदेवेशंब्रह्माणंलोकसाक्षिकम् ॥ भूत्वाप्रांजलयःसर्वेवाक्यमुच्चारयंस्तदा ५१ लोकाःसंक्षुभिताःसर्वेव्याकुलंचचराचरम् ॥ समुद्राणांचसंक्षोभस्त्रिदशेशप्रकाशते ५२ सैषावसुमतीकृत्स्नायोजनानांशतंगता ॥ किमेतत्किंप्रभावेणयेनेदंव्याकुलंजगत् ॥ आख्यातुनोभवान्शीघ्रंविसंज्ञाःस्मेहसर्वशः ५३ ॥ ॥ ब्रह्मोवाच ॥ असुरेभ्योभयंनास्तियुष्माकंकुत्रचित्क्वचित् ॥ श्रूयतांयत्कृतेष्वेषसंक्षोभोजायतेऽमराः ५४ योऽसौसर्वत्रगःश्रीमानक्षरात्माव्यवस्थितः ॥ तस्यप्रभावात्संक्षोभस्त्रिदिवस्यप्रकाशते ५५ येषावसुमतीकृत्स्नायोजनानांशतंगता ॥ समुद्धृतापुनस्तेनविष्णुनापरमात्मना ५६ तस्यामुद्धार्यमाणायांसंक्षोभःसमजायत ॥ एवंभवंतोजानंतुच्छिद्यतांसंशयश्चवः ५७ ॥ देवाऊचुः ॥ कृतद्भूतंवसुमतींसमुद्धरतिहृष्टवत् ॥ तंदेशंभगवन्ब्रूहितत्रयास्यामहेवयम् ५८ ॥११६॥

नंदनेइंद्रवने अत्रएतत्समीपे ५९ । ६० । ६१ । ६२।६३ ॥ इत्यारण्यकेपर्वणि नैलकंठीये भारतभावदीपे द्विचत्वारिंशदधिकशततमोऽध्यायः ॥ १४२ ॥ ॥ तेशूराइति १।२।३।४।५।६।७।८।९।१०।११।१२

ब्रह्मोवाच ॥ हंतगच्छतभद्रंवोनंदनेपश्यतास्थितम् ॥ एषोऽत्रभगवान्श्रीमान्सुपर्णःसंप्रकाशते ५९ वाराहेणैवरूपेणभगवाँल्लोकभावनः ॥ कालानलइवाभातिपृ
थिवीतलमुद्धरन् ६० एतस्योरसिसुव्यक्तंश्रीवत्समभिराजते ॥ पश्यध्वंविबुधाःसर्वेभूतमेतदनामयम् ६१ ॥ लोमशउवाच ॥ ततोदृष्ट्वामहात्मानंश्रुत्वाचामंत्र्यचाम
राः ॥ पितामहंपुरस्कृत्यजग्मुर्देवायथागतम् ६२ ॥ वैशंपायनउवाच ॥ श्रुत्वातुतांकथांसर्वेपांडवाजनमेजय ॥ लोमशादेशितेनाशुपथाजग्मुःप्रहृष्टवत् ६३
॥ इतिश्रीमहाभारतेआरण्यकेपर्वणितीर्थयात्रापर्वणिलोमशतीर्थयात्रायांगंधमादनप्रवेशेद्विचत्वारिंशदधिकशततमोऽध्यायः ॥ १४२ ॥ वैशंपायनउवाच ॥ तेशूरा
स्ततधन्वानस्तूणवंतःसमार्गणाः ॥ बद्धगोधांगुलित्राणाःखड्गवंतोऽमितौजसः १ परिगृह्यद्विजश्रेष्ठान्ज्येष्ठाःसर्वधनुष्मताम् ॥ पांचालीसहिताराजन्प्रययुर्गंधमादनम्
२ सरांसिसरितश्चैवपर्वतांश्चवनानिच ॥ वृक्षांश्चबहुलच्छायान्ददृशुर्गिरिमूर्धनि ३ नित्यपुष्पफलान्देशान्देवर्षिगणसेवितान् ॥ आत्मन्यात्मानमाधायवीरामूलफला
शिनः ४ चेरुरुच्चावचाकारान्देशान्विषमसंकटान् ॥ पश्यंतोमृगजातानिबहूनिविविधानिच ५ ऋषिसिद्धामरयुतंगंधर्वाप्सरसांप्रियम् ॥ विविशुस्तेमहात्मानःकिंन्न
राचरितंगिरिम् ६ प्रविशत्स्वथवीरेषुपर्वतंगंधमादनम् ॥ चंडवातंमहद्वर्षंप्रादुरासीद्विशांपते ७ ततोरेणुःसमुद्भूतःसपत्रबहुलोमहान् ॥ पृथिवींचांतरिक्षंचद्यांचैवस
हसाऽऽवृणोत् ८ नस्मप्रज्ञायतेकिंचिदावृतेव्योम्निरेणुना ॥ नचापिशेकुस्तत्कर्तुमन्योन्यस्याभिभाषणम् ९ नचापश्यंस्ततोऽन्योन्यंतमसाऽऽवृतचक्षुषः ॥ आकृष्य
माणावातेनसाश्मचूर्णेनभारत १० द्रुमाणांवातभग्नानांपततांभूतलेऽनिशम् ॥ अन्येषांचमहीजानांशब्दःसमभवन्महान् ११ द्यौःस्वित्पततिकिंभूमिर्दीर्यतेपर्वतोनु
किम् ॥ इतितेमेनिरेसर्वेपवनेनापिमोहिताः १२ तेयथाऽनंतरान्वृक्षान्वल्मीकान्विषमाणिच ॥ पाणिभिःपरिमार्गंतोभीतावायोर्निलिल्यिरे १३ ततःकार्मुकमादाय
भीमसेनोमहाबलः ॥ कृष्णामादायसंगम्यतस्थावाश्रित्यपादपम् १४ धर्मराजश्चधौम्यश्चनिलिल्यातेमहावने ॥ अग्निहोत्राण्युपादायसहदेवस्तुपर्वते १५ नकुलो
ब्राह्मणाश्चान्येलोमशश्चमहातपाः ॥ वृक्षानासाद्यसंत्रस्तास्तत्रतत्रनिलिल्यिरे १६ मंदीभूतेतुपवनेतस्मिन्रजसिशाम्यति ॥ महद्भिर्जलधारौघैर्वर्षमभ्याजगामह
१७ भृशंचटचटाशब्दोवज्राणांक्षिप्यतामिव ॥ ततस्ताश्चचलाभासश्चेरुरभ्रेषुविद्युतः १८ ततोऽश्मसहिताधाराःसंवृण्वंत्यःसमंततः ॥ प्रपेतुरनिशंतत्रशीघ्रवातसमी
रिताः १९ तत्रसागरगाह्यापःकीर्यमाणाःसमंततः ॥ प्रादुरासन्सकलुषाःफेनवन्त्योविशांपते २० वहंत्योवारिबहुलंफेनोडुपपरिप्लुतम् ॥ परिसस्रुर्महाशब्दाःप्रकर्षंत्यो
महीरुहान् २१ तस्मिन्नुपरतेशब्देवातेचसमतांगते ॥ गतेह्यंभसिनिम्नानिप्रादुर्भूतेदिवाकरे २२

पथामार्गेण अनन्तरान्संनिहितान् निलिल्यिरे निलीनाः १३ संगम्यादायेत्यन्वयः गत्वागृहीत्वेत्यर्थः १४ । १५ । १६ । १७ । १८ अश्मसहिताःकरकासहिताः १९ । २० वारिवहंत्योनद्यः २१ । २२

२३ ॥ इत्यारण्यकेपर्वणि नैलकंठीये भारतभावदीपे त्रिचत्वारिंशदधिकशततमोऽध्यायः ॥ १४३ ॥ ॥ ॥ ॥ ॥ क्रोशमात्रमिति १ । २ । ३ । ४ । ५ । ६ । ७

निर्जग्मुस्तेशनैःसर्वेसमाजग्मुश्चभारत ॥ प्रतस्थिरेपुनर्वीराःपर्वतंगंधमादनम् २३ ॥ ॥ इतिश्रीमहाभारतेआरण्यकेपर्वणितीर्थयात्रापर्वणिलोमशतीर्थयात्रायांगंधमादनप्रवेशेत्रिचत्वारिंशदधिकशततमोऽध्यायः ॥ १४३ ॥ ॥ वैशंपायनउवाच ॥ क्रोशमात्रंप्रयातेषुपांडवेषुमहात्मसु ॥ पद्भ्यामनुचितागंतुंद्रौपदीसमुपाविशत् १ श्रांतादुःखपरीताचवातवर्षेणतेनच ॥ सौकुमार्याच्चपांचालीसंमुमोहतपस्विनी २ साकंपमानामोहेनबाहुभ्यामसितेक्षणा ॥ वृत्ताभ्यामनुरूपाभ्यामूरूसमवलंबत ३ आलंबमानासहितावूरूगजकरोपमौ ॥ पपातसहसाभूमौवेपंतीकदलीयथा ४ तांपतंतींवरारोहांभज्यमानांलतामिव ॥ नकुलःसमभिद्रुत्यपरिजग्राहवीर्यवान् ५ ॥ नकुलउवाच ॥ राजन्पंचालराजस्यसुतेयमसितेक्षणा ॥ श्रांतानिपतिताभूमौतामवेक्षस्वभारत ६ अदुःखार्हापरंदुःखंप्राप्तेयंमृदुगामिनी ॥ आश्वासयमहाराजतामिमांश्रमकर्शिताम् ७ ॥ वैशंपायनउवाच ॥ राजातुवचनात्तस्यभृशंदुःखसमन्वितः ॥ भीमश्चसहदेवश्चसहसासमुपाद्रवन् ८ तामवेक्ष्यतुकौंतेयोविवर्णवदनांकृशाम् ॥ अंकमानीयधर्मात्मापर्यदेवयदातुरः ९ ॥ युधिष्ठिरउवाच ॥ कथंवेश्मसुगुप्तेषुस्वास्तीर्णशयनोचिता ॥ भूमौनिपतिताशेतेसुखार्हावरवर्णिनी १० सुकुमारौकथंपादौमुखंचकमलप्रभम् ॥ मत्कृतेऽद्यवरार्हायाःश्यामतांसमुपागतम् ११ किमिदंद्यूतकामेनमयाकृतमबुद्धिना ॥ आदायकृष्णांचरतावनेमृगगणायुते १२ सुखंप्राप्स्यसिकल्याणिपांडवान्प्राप्यवैपतीन् ॥ इतिद्रुपदराजेनपित्रादत्ताऽऽयतेक्षणा १३ तत्सर्वमनवाप्येयंश्रमशोकाध्वकर्शिता ॥ शेतेनिपतिताभूमौपापस्यममकर्मभिः १४ ॥ वैशंपायनउवाच ॥ तथालालप्यमानेतुधर्मराजेयुधिष्ठिरे ॥ धौम्यप्रभृतयःसर्वेतत्राजग्मुर्द्विजोत्तमाः १५ तेसमाश्वासयामासुराशीर्भिश्चाप्यपूजयन् ॥ रक्षोघ्नांश्चतथामंत्राञ्जेपुश्चक्रुश्चतेक्रियाः १६ पठ्यमानेषुमंत्रेषुशांत्यर्थंपरमर्षिभिः ॥ स्पृश्यमानाकरैःशीतैःपांडवैश्चमुहुर्मुहुः १७ सेव्यमानाचशीतेनजलमिश्रेणवायुना ॥ पांचालीसुखमासाद्यलेभेचेतःशनैःशनैः १८ परिगृह्यचतांदीनांकृष्णामजिनसंस्तरे ॥ पार्थाविश्रामयामासुर्लब्धसंज्ञांतपस्विनीम् १९ तस्यायमौरक्ततलौपादौपूजितलक्षणौ ॥ कराभ्यांकिणजाताभ्यांशनकैःसंववाहतुः २० पर्याश्वासयदप्येनांधर्मराजोयुधिष्ठिरः ॥ उवाचकुरुश्रेष्ठोभीमसेनमिदंवचः २१ बहवःपर्वताभीमविषमाहिमदुर्गमाः ॥ तेषुकृष्णामहाबाहोकथंनुविचरिष्यति २२ ॥ भीमसेनउवाच ॥ त्वांराजन्राजपुत्रींचयमौचपुरुषर्षभ ॥ स्वयंनेष्यामिराजेंद्रमाविषादेमनःकृथाः २३ हैडिंबश्चमहावीर्योविहगोमद्बलोपमः ॥ वहेदनघसर्वान्नोवचनात्तेघटोत्कचः २४ ॥ वैशंपायनउवाच ॥ अनुज्ञातोधर्मराज्ञापुत्रंसस्माराराक्षसम् ॥ घटोत्कचस्तुधर्मात्मास्मृतमात्रःपितुस्तदा २५

८ । ९ । १० । ११ । १२ । १३ । १४ । १५ । १६ । १७ । १८ । १९ । २० । २१ । २२ । २३ विहगइवविहगःखेचरः २४ । २५

२६ । २७ । २८ ॥ ॥ इत्यारण्यकेपर्वणि नैलकंठीये भारतभावदीपे चतुश्चत्वारिंशदधिकशततमोऽध्यायः ॥ १४४ ॥ ॥ धर्मज्ञइति १ । २ । ३ । ४ । ५ । ६ वक्ष्यंतिवहनंकरिष्यंति ७

कृतांजलिरुपातिष्ठदभिवाद्याथपांडवान् ॥ ब्राह्मणांश्चमहाबाहुःसचतैरभिनंदितः २६ उवाचभीमसेनंसपितरंभीमविक्रमम् ॥ स्मृतोऽस्मिभवताशीघ्रंशुश्रूषुरहमागतः
२७ आज्ञापयमहाबाहोसर्वंकर्ताऽस्म्यसंशयम् ॥ तच्छ्रुत्वाभीमसेनस्तुराक्षसंपरीषस्वजे २८ ॥इतिश्रीमहाभारतेआरण्यकेपर्वणितीर्थयात्रापर्वणिलोमशतीर्थयात्रायांगं
धमादनप्रवेशेचतुश्चत्वारिंशदधिकशततमोऽध्यायः ॥ १४४ ॥ युधिष्ठिरउवाच ॥ धर्मज्ञोबलवान्शूरःसत्योराक्षसपुंगवः ॥ भक्तोस्मानौरसःपुत्रोभीमगृह्णातुमाचिरम्
१ तवबाहुबलेनाहमतिभीमपराक्रम ॥ अक्षतःसहपांचाल्यागच्छेयंगंधमादनम् २ ॥ वैशंपायनउवाच ॥ भ्रातुर्वचनमाज्ञायभीमसेनोघटोत्कचम् ॥ आदिदेशनरव्या
घ्रस्तनयंशत्रुकर्शनम् ३ ॥ भीमसेनउवाच ॥ हैडिंबेयपरिश्रांतातवमाताऽपराजिता ॥ त्वंचकामगमस्तातबलवान्वहतांखग ४ स्कंधमारोप्यभद्रंतेमध्येऽस्माकंविहाय
सा ॥ गच्छनीचिकयागत्यायथाचैनांनपीडयेः ५ ॥ ॥ घटोत्कचउवाच ॥ धर्मराजंचधौम्यंचकृष्णांचयमजौतथा ॥ एकोऽप्यहमलंवोढुंकिमुताद्यसहायवान् ६
अन्येचशतशःशूराविहंगाःकामरूपिणः ॥ सर्वान्वोब्राह्मणैःसार्धंवक्ष्यंतिसहिताऽनघ ७ एवमुक्त्वाततःकृष्णामुवाहसघटोत्कचः ॥ पांडूनांमध्यगोवीरःपांडवानपिचा
परे ८ लोमशःसिद्धमार्गेणजगामानुपमद्युतिः ॥ स्वेनैवसप्रभावेणद्वितीयइवभास्करः ९ ब्राह्मणांश्चापितान्सर्वान्समुपादायराक्षसाः ॥ नियोगाद्राक्षसेंद्रस्यजग्मुर्भीमपरा
क्रमाः १० एवंसुरमणीयानिवनान्युपवनानिच ॥ आलोकयन्तस्तेजग्मुर्विशालांबदरींप्रति ११ तेत्वाशुगतिभिर्वीराराक्षसैस्तैर्महाजवैः ॥ उह्यमानाययुःशीघ्रंमहद
ध्वानमल्पवत् १२ देशान्म्लेच्छजनाकीर्णान्नानारत्नाकरायुतान् ॥ ददृशुर्गिरिपादांश्चनानाधातुसमाचितान् १३ विद्याधरसमाकीर्णान्युतान्वानरकिन्नरैः ॥ तथाकिं
पुरुषैश्चैवगंधर्वैश्चसमंततः १४ मयूरैश्चमरैश्चैववानरैरुरुभिस्तथा ॥ वराहैर्गवयैश्चैवमहिषैश्चसमावृतान् १५ नदीजालसमाकीर्णान्नानापक्षियुतान्बहून् ॥ नानाविधमृ
गैर्जुष्टान्वानरैश्चोपशोभितान् १६ समदैश्चापिविहगैःपादपैरन्वितांस्तथा ॥ तेऽवतीर्यबहून्देशानुत्तरांश्चकुरूनपि १७ ददृशुर्विविधाश्चर्यंकैलासंपर्वतोत्तमम् ॥ तस्या
भ्याशेतुददृशुर्नरनारायणाश्रमम् १८ उपेतंपादपैर्दिव्यैःसदापुष्पफलोपगैः ॥ ददृशुस्तांचबदरींवृत्तस्कंधांमनोरमाम् १९ स्निग्धामविरलच्छायांश्रियापरमयायु
ताम् ॥ पत्रैःस्निग्धैरविरलैरुपेतांमृदुभिःशुभाम् २० विशालशाखांविस्तीर्णामतिद्युतिसमन्विताम् ॥ फलैरुपचितैर्दिव्यैराचितांस्वादुभिर्भृशम् २१ मधुस्रवैःसदा
दिव्यांमहर्षिगणसेविताम् ॥ मदप्रमुदितैर्नित्यंनानाद्विजगणैर्युताम् २२ अदंशमशकेदेशेबहुमूलफलोदके ॥ नीलशाद्वलसंछन्नेदेवगंधर्वसेविते २३ सुसमीकृतभू
भागेस्वभावविहितेशुभे ॥ जातांहिममृदुस्पर्शेदेशेऽपहतकंटके २४ तामुपेत्यमहात्मानःसहतैर्ब्राह्मणर्षभैः ॥ अवतेरुस्ततःसर्वेराक्षसस्कंधतःशनैः २५

८ । ९ । १० । ११ । १२ रत्नाकरैरासमंताद्युतान् १३ । १४ । १५ । १६ । १७ अभ्यासेसमीपे १८ । १९ । २० । २१ । २२ । २३ । २४ स्वभावतएवविशेषेणहितेस्वभावविहिते जातांबदरीम् २५

२६ । २७ महर्षिगणसंबाधमृषिगणव्याप्तं ब्राह्मयालक्ष्म्याऋग्यजुःसामात्मिकया । 'ऋचःसामानियजूंषिसाह्विश्रीरमृतासताम्'इतिश्रुतेः २८ सुष्टुसंमृष्टं समार्जनमनुलेपनंचयत्रतत् २९ अग्निशरणैरग्न्यगारैः आचितंव्याप्तं कठिनैःशिक्यैःकरंडैर्वा ३० । ३१ देवचर्यासत्यसंकल्पत्वादिकातयाउपशोभितम् ३२ । ३३ ब्रह्मभूतैर्ब्रह्मवित्त्वेनब्रह्मभावंगतैः तथाचश्रुतिः ब्रह्मविद्ब्रह्मैवभवतीति ३४ । ३५ । ३६

ततस्तमाश्रमंरम्यंनरनारायणाश्रितम् ॥ ददृशुःपांडवाराजन्सहिताद्विजपुंगवैः २६ तमसारहितंपुण्यमनामृष्टंरवेःकरैः ॥ क्षुत्तृड्शीतोष्णदोषैश्चवर्जितंशोकनाशनम् २७ महर्षिगणसंबाधंब्राह्मयालक्ष्म्यासमन्वितम् ॥ दुष्प्रवेशंमहाराजनरैर्धर्मबहिष्कृतैः २८ बलिहोमार्चितंदिव्यंसुसंमृष्टानुलेपनम् ॥ दिव्यपुष्पोपहारैश्च सर्वतोऽभिविराजितम् २९ विशालैरग्निशरणैःस्रुग्भांडैराचितंशुभैः ॥ महद्भिस्तोयकलशैःकठिनैश्चोपशोभितम् ३० शरण्यंसर्वभूतानांब्रह्मघोषनिनादितम् ॥ दिव्यमाश्रयणीयंतमाश्रमंश्रमनाशनम् ३१ श्रियायुतमनिर्देश्यंदेवचर्योपशोभितम् ॥ फलमूलाशनैर्दांतैश्चारुकृष्णाजिनांबरैः ३२ सूर्यवैश्वानरसमैस्तपसाभावितात्मभिः ॥ महर्षिभिर्मोक्षपरैर्यतिभिर्नियतेंद्रियैः ३३ ब्रह्मभूतैर्महाभागैरुपेतंब्रह्मवादिभिः ॥ सोऽभ्यगच्छन्महातेजास्तानृषीन्प्रयतःशुचिः ३४ भ्रातृभिः सहितोधीमान्धर्मपुत्रोयुधिष्ठिरः ॥ दिव्यज्ञानोपपन्नास्तेदृष्ट्वाप्राप्तंयुधिष्ठिरम् ३५ अभ्यगच्छंतसुप्रीताःसर्वएवमहर्षयः ॥ आशीर्वादान्प्रयुंजानाःस्वाध्यायनिरताभृशम् ३६ प्रीतास्तेतस्यसत्कारंविधिनापावकोपमाः ॥ उपाजह्रुश्चसलिलंपुष्पमूलफलंशुचि ३७ सतैःप्रीत्याऽथसत्कारमुपनीतंमहर्षिभिः ॥ प्रयतःप्रतिगृह्याथ धर्मराजोयुधिष्ठिरः ३८ तंशक्रसदनप्रख्यंदिव्यगंधंमनोरमम् ॥ प्रीतःस्वर्गोपमंपुण्यंपांडवःसहकृष्णया ३९ विवेशशोभयायुक्तंभ्रातृभिश्चसहानघ ॥ ब्राह्मणैर्वेदवेदांगपारगैश्चसहस्रशः ४० तत्रापश्यतधर्मात्मादेवदेवर्षिपूजितम् ॥ नरनारायणस्थानंभागीरथ्योपशोभितम् ४१ पश्यंतस्तेनरव्याघ्रारेमिरेतत्रपांडवाः ॥ मधुस्रवफलंदिव्यंब्रह्मर्षिगणसेवितम् ४२ तदुपेत्यमहात्मानस्तेऽवसन्ब्राह्मणैःसह ॥ मुदायुक्तामहात्मानोरेमिरेतत्रतेतदा ४३ आलोकयंतोमैनाकंनानाद्विजगणायुतम् ॥ हिरण्यशिखरंचैवतच्चबिंदुसरःशिवम् ४४ तस्मिन्विहरमाणाश्चपांडवाःसहकृष्णया ॥ मनोज्ञेकाननवरेसर्वर्तुकुसुमोज्ज्वले ४५ पादपैःपुष्पविकचैःफलभारावनामिभिः ॥ शोभितेसर्वतोरम्यैःपुंस्कोकिलगणायुतैः ४६ स्निग्धपत्रैरविरलैःशीतच्छायैर्मनोरमैः ॥ सरांसिचविचित्राणिप्रसन्नसलिलानिच ४७ कमलैःसोत्पलैश्चैव भ्राजमानानिसर्वशः ॥ पश्यंतश्चारुरूपाणिरेमिरेतत्रपांडवाः ४८ पुण्यगंधःसुखस्पर्शोववौतत्रसमीरणः ॥ ह्लादयन्पांडवान्सर्वान्द्रौपद्यासहितान्प्रभो ४९ भागीरथींसुतीर्थांचसीतांविमलपंकजाम् ॥ मणिप्रवालप्रस्तारांपादपैरुपशोभिताम् ५० दिव्यपुष्पसमाकीर्णांमनःप्रीतिविवर्धनीम् ॥ वीक्षमाणामहात्मानोविशालांबदरीमनु ५१ तस्मिन्देवर्षिचरितेदेशेपरमदुर्गमे ॥ भागीरथीपुण्यजलेतर्पयांचक्रिरेतदा ५२

सत्कारंचक्रुरितिशेषः ३७ । ३८ । ३९ । ४० । ४१ । ४२ तदुपेत्यस्थानंप्राप्य ४३ । ४४ । ४५ पुष्पविकचैर्विकसितकुसुमैः ४६ । ४७ । ४८ । ४९ सीतांनामतः प्रस्तारःसोपानपादगणादिरूपः घट्ट इत्यर्थः ५० । ५१ । ५२

५३ । ५४ । इत्यारण्यकेपर्वणि नैलकंठीयेभारतभावदीपे पंचचत्वारिंशदधिकशततमोऽध्यायः ॥ १४५ ॥ ॥ तत्रेति १ पूर्वोत्तरेऐशानकोणे २ । ३ शुभाकल्याणी शुभंशोभायुतं सौगंधिकंपद्मजातिभेदः ४ गंधेति संस्थानमाकारः ५ हरआहर इदमेतज्जातीयं ६ । ७ । ८ । ९ । १० प्रभिन्नोमत्तः ११ ग्लानिर्वैक्लव्येदेहचित्तयोरवसादौ भयंतत्कारणंस्वोच्छेदबुद्धिः भयाभावादेवमयायत्नेनगंतव्यमित्यादरः संभ्रमः

देवानृषींश्चकौंतेयाः परमंशौचमास्थिताः ॥ तत्रतेतर्पयंतश्चजपंतश्चकुरूद्वहाः ५३ ब्राह्मणैःसहितावीराह्यवसन्पुरुषर्षभाः ॥ कृष्णायास्तत्रपश्यंतःक्रीडितान्यमरप्रभाः ॥ विचित्राणिनरव्याघ्रारेमिरेतत्रपांडवाः ५४ ॥ इतिश्रीमहाभारतेआरण्यकेपर्वणितीर्थयात्रापर्वणिलोमशतीर्थयात्रायांगंधमादनप्रवेशेपंचचत्वारिंशदधिकशततमोऽध्यायः १४५ ॥ ॥ ॥ वैशंपायनउवाच ॥ तत्रतेपुरुषव्याघ्राःपरमंशौचमास्थिताः ॥ षड्रात्रमवसन्वीराधनंजयदिदृक्षवः १ ततःपूर्वोत्तरेवायुःप्लवमानोयदृच्छया ॥ सहस्रपत्रमर्काभंदिव्यंपद्ममुपाहरत् २ तदपश्यतपांचालीदिव्यगंधंमनोरमम् ॥ अनिलेनाहृतंभूमौपतितंजलजंशुचि ३ तच्छुभाशुभमासाद्यसौगंधिकमनुत्तमम् ॥ अतीवमुदिताराजन्भीमसेनमथाब्रवीत् ४ पश्यदिव्यंसुरुचिरंभीमपुष्पमनुत्तमम् ॥ गंधसंस्थानसंपन्नंमनसोममनंदनम् ५ इदंचधर्मराजायप्रदास्यामिपरंतप ॥ हरेदंममकामायकाम्यकेपुनराश्रमे ६ यदितेऽहंप्रियापार्थबहूनीमान्युपाहर ॥ तान्यहंनेतुमिच्छामिकाम्यकंपुनराश्रमम् ७ एवमुक्त्वाशुभापांगीभीमसेनमनिंदिता ॥ जगामपुष्पमादायधर्मराजायतस्तदा ८ अभिप्रायंतुविज्ञायमहिष्याःपुरुषर्षभः ॥ प्रियायाःप्रियकामःसप्रायाद्भीमोमहाबलः ९ वातंतमेवाभिमुखोयतस्तत्पुष्पमागतम् ॥ आजिहीर्षुर्जगामाशुसपुष्पाण्यपराण्यपि १० रुक्मपृष्ठंधनुर्गृह्यशरांश्चाशीविषोपमान् ॥ मृगराडिवसंक्रुद्धःप्रभिन्नइवकुंजरः ११ ददृशुःसर्वभूतानिमहाबाणधनुर्धरम् ॥ नग्लानिर्नचवैक्लव्यंनभयंनचसंभ्रमः ॥ कदाचिज्जुषतेपार्थमात्मजंमातरिश्वनः १२ द्रौपद्याःप्रियमन्विच्छन्सबाहुबलमाश्रितः १३ व्यपेतभयसंमोहःशैलमभ्यपतद्बली ॥ सतंद्रुमलतागुल्मच्छन्नंनीलशिलातलम् १४ गिरिंचचारारिहरःकिन्नराचरितंशुभम् ॥ नानावर्णधरैश्चित्रंधातुद्रुममृगांडजैः १५ सर्वभूषणसंपूर्णंभूमेर्भुजमिवोच्छ्रितम् ॥ सर्वत्ररमणीयेषुगंधमादनसानुषु १६ सक्तचक्षुरभिप्रायान्हृदयेनानुचिंतयन् ॥ पुंस्कोकिलनिनादेषुषट्पदाचरितेषुच १७ बद्धश्रोत्रमनश्चक्षुर्जगामामितविक्रमः ॥ आजिघ्रन्समहातेजाःसर्वर्तुकुसुमोद्भवम् १८ गंधमुद्धतमुद्दामोवनेमत्तइवद्विपः ॥ वीज्यमानःसुपुण्येननानाकुसुमगंधिना १९ पितुःसंस्पर्शशीतेनगंधमादनवायुना ॥ ह्रियमाणश्रमःपित्रासंप्रहृष्टतनूरुहः २० सयक्षगंधर्वसुरब्रह्मर्षिगणसेवितम् ॥ विलोकयामासतदापुष्पहेतोररिंदमः २१ विषमच्छेदैरचितैरनुलिप्तइवांगुलैः ॥ बलिभिर्धातुविच्छेदैःकांचनांजनराजतैः ॥ सपक्षमिवनृत्यंतंपार्श्वलग्नैःपयोधरैः २२

सोऽपितंनजुषतेनेवने तत्रहेतुः आत्मजमिति मातरिश्वनोवायोः सार्धः १२ । १३ । १४ । १५ । १६ अभिप्रायानदेवर्षिगंधर्वादिलीलोन्नयनहेतून्पुष्पकुशादिसंस्तरान् १७ । १८ । १९ पितुर्यथापुत्रस्पर्शःशीतस्तादृक्स्पर्शयतावायुनेत्यर्थः पित्रावायुना २० । २१ धातुविच्छेदैर्धातुभेदैः अंगुलेरिवविषमच्छेदैःसप्तपर्णादिभिर्नानाधातुरंजितपत्रैःरचितैः बलिभिस्त्रिपुंड्राकारैरनुलिप्तइवेत्यर्थः । आंजनेतिकृष्णधातुग्रहणं पीतकृष्णश्वेतधातुभिरित्यर्थः पयोधरैर्मेघैः २२

दरीबिलगृहं कंदरं महाप्रपातः अभिरामादरीप्रभृतयो यस्मिन् २३ विषाणाग्रैर्दन्ताग्रैः । 'विषाणं कुष्ठकेळीवंत्रिषुशृंगेभदंतयोः' इतिमेदिनी । शिलाः समपाषाणाः शयनासनयोग्याः उपलास्तदन्ये २४ शष्पं बालतृणं कवलोग्रासस्तद्युक्तैः २५ । २६ । २७ कनकवर्णाभः पीतदीप्तिः सिंहसंहननः सिंहवद्दृढांगः २८ वारणानामपिवारणो निवारकः संग्रामादौ विचेष्टितैर्व्यावृत्ताभिर्निश्चेष्टाभिरेकाग्राभिरित्यर्थः २९ रूपस्य

मुक्ताहारैरिवचितं च्युतैः प्रस्रवणोदकैः ॥ अभिरामदरीकुंजनिर्झरोदककंदरम् २३ अप्सरोनूपुररवैः प्रनृत्तवरबर्हिणम् ॥ दिग्वारणविषाणाग्रैर्घृष्टोपलशिलातलम् २४ स्रस्तांशुकमिवाक्षोभ्यैर्निम्नगानिःसृतैर्जलैः ॥ सशष्पकवलैः स्वस्थैरदूरपरिवर्तिभिः २५ भयानभिज्ञैर्हरिणैः कौतूहलनिरीक्षितः ॥ चालयानः स्ववेगेनलताजालान्यनेकशः २६ आक्रीडमानोहृष्टात्माश्रीमान्वायुसुतोययौ ॥ प्रियामनोरथंकर्तुमुद्यतश्चारुलोचनः २७ प्रांशुः कनकवर्णाभः सिंहसंहननोयुवा ॥ मत्तवारणविक्रांतो मत्तवारणवेगवान् २८ मत्तवारणताम्राक्षोमत्तवारणवारणः ॥ प्रियपार्श्वोपविष्टाभिर्व्यावृत्ताभिर्विचेष्टितैः २९ यक्षगंधर्वयोषाभिरदृश्याभिर्निरीक्षितः ॥ नवावतारंरूपस्यविक्रीडन्निवपांडवः ३० चचाररमणीयेषु गंधमादनसानुषु ॥ संस्मरन्विविधान्क्लेशान्दुर्योधनकृतान्बहून् ३१ द्रौपद्यावनवासिन्याः प्रियंकर्तुंसमुद्यतः ॥ सोऽचिंतयद्गतेस्वर्गमर्जुनेमयिचागते ३२ पुष्पहेतोः कथंत्वार्यः करिष्यतियुधिष्ठिरः ॥ स्नेहान्नरवरोनूनमविश्वासाद्बलस्यच ३३ नकुलंसहदेवंचनमोक्ष्यतियुधिष्ठिरः ॥ कथंतुकुसुमावाप्तिः स्याच्छीघ्रमितिचिंतयन् ३४ प्रतस्थेनरशार्दूलः पक्षिराडिववेगितः ॥ सज्जमानमनोदृष्टिः फुल्लेषुगिरिसानुषु ३५ द्रौपदीवाक्यपाथेयोभीमः शीघ्रतरंययौ ॥ कंपयन्मेदिनींपद्भ्यांनिर्घातइवपर्वसु ३६ त्रासयन्गजयूथानिवातरंहावृकोदरः ॥ सिंहव्याघ्रमृगांश्चैवमर्दयानोमहाबलः ३७ उन्मूलयन्महावृक्षान्पोथयंस्तरसाबली ॥ लतावल्लीश्चवेगेनविकर्षन्पांडुनंदनः ॥ उपर्युपरिशैलाग्रमारुरुक्षुरिवद्विपः ३८ विनर्दमानोऽतिभृशंसविद्युदिवतोयदः ॥ तेनशब्देनमहताभीमस्यप्रतिबोधिताः ३९ गुहांसंत्यज्यजुर्व्याघ्रानिलिल्युर्वनवासिनः ॥ समुत्पेतुः खगास्त्रस्तामृगयूथानिदुद्रुवुः ४० ऋक्षाश्चोत्ससृजुर्वृक्षांस्तत्यजुर्हरयोगुहाम् ॥ व्यजृंभंतमहासिंहामहिषाश्चावलोकयन् ४१ तेनवित्रासितानागाः करेणुपरिवारिताः ॥ तद्वनंसंपरित्यज्यजग्मुरन्यन्महावनम् ४२ वराहमृगसंघाश्चमहिषाश्चवनेचराः ॥ व्याघ्रगोमायुसंघाश्चप्रणेदुर्गवयैःसह ४३ रथांगसाह्वदात्यूहाहंसकारंडवप्लवाः ॥ शुकाः पुंस्कोकिलाः क्रौंचाविसंज्ञाभेजिरेदिशः ४४ तथाऽन्येदर्पितानागाः करेणुशरपीडिताः ॥ सिंहव्याघ्राश्चसंक्रुद्धाभीमसेनमथाद्रवन् ४५ शकृन्मूत्रंचमुंचानाभयविभ्रांतमानसाः ॥ व्यादितास्यामहारौद्राव्यनदन्भीषणान्रवान् ४६ ततोवायुसुतः क्रोधात्स्वबाहुबलमाश्रितः ॥ गजेनान्यान्गजान्श्रीमान्सिंहंसिंहेनवाविभुः ४७

सौंदर्यस्य । 'रूपंस्वभावेसौंदर्ये' इतिमेदिनी ३० । ३१ । ३२ । ३३ । ३४ । ३५ निर्घातउत्पातः पर्वसुउत्सवेषु ३६ । ३७ पोथयन्मर्दयन् लताभूचरा वल्लीवृक्षचरेतिभेदः ३८ । ३९ । ४० अवलोकयन् व्यलोकयन् ४१ । ४२ । ४३ रथांगसाह्वाश्चक्रसमाननामानश्चक्रवाकाइतियावत् दात्यूहोमयूरश्चातकोवा । 'दात्यूहः कालकंठके चातकेपि' इतिमेदिनी ४४ करेणुशरेणहस्तिनीकृतेनोत्तेजनेनपीडिताः 'शरस्तूत्तेजने बाणे' इतिमेदिनी ४५ । ४६ ४७

२५०

४८ । ४९ । ५० । ५१ आस्रावी मत्तगजइवेत्यर्थः कदलीस्तंभान्मृगविशेषपादान् । 'रंभावृक्षेऽथकदलीपताकामृगभेदयोः' इतिमेदिनी । उत्तरश्लोकाद्बलिनामित्यपकृष्यबलिनांयक्षादीनां
पताकास्तंभान्वा ५२ । । ५३ । ५४ । ५५ । ५६ । ५७ । ५८ नलिनोत्पलंपद्मपुष्पं । 'उत्पलीतुपपर्पट्यांक्लीवं कुष्ठप्रसूनयोः' इतिमेदिनी । उद्दामोबंधनशून्यः ५९ अभ्यगंतुंपर्वतोपरिवनंगंतुमुद्यतः

तलप्रहारैरन्यांश्चव्यहनत्पांडवोबली ॥ तेवध्यमानाभीमेनसिंहव्याघ्रतरक्षवः ४८ भयाद्विसस्रजुर्भीमंशकृन्मूत्रंचसुस्रुवुः ॥ प्रविवेशततःक्षिप्रंतानपास्यमहाबलः ४९
वनंपांडुसुतःश्रीमान्शब्देनापूरयन्दिशः ॥ अथापश्यन्महाबाहुर्गंधमादनसानुषु ५० सुरम्यंकदलीषंडंबहुयोजनविस्तृतम् ॥ तमभ्यगच्छद्वेगेनक्षोभयिष्यन्महाबलः
५१ महागजइवास्रावीप्रभंजन्विविधान्द्रुमान् ॥ उत्पाट्यकदलीस्तंभान्बहुतालसमुच्छ्रयान् ५२ चिक्षेपतरसाभीमःसमंताद्बलिनांवरः ॥ विनदन्सुमहातेजानृसिं
हइवदर्पितः ५३ ततःसत्वान्युपाक्रामद्बहूनिसुमहांतिच ॥ रुरुवानरसिंहांश्चमहिषांश्चजलाशयान् ५४ तेनशब्देनचैवाथभीमसेनरवेणच ॥ वनांतरगताश्चापिवित्रे
सुर्मृगपक्षिणः ५५ तंशब्दंसहसाश्रुत्वामृगपक्षिसमीरितम् ॥ जलार्द्रपक्षाविहगाःसमुत्पेतुःसहस्रशः ५६ तानौदकान्पक्षिगणान्निरीक्ष्यभरतर्षभः ॥ तानेवानुसरन्
रम्यंददर्शसुमहत्सरः ५७ कांचनैःकदलीषंडैर्मंदमारुतकंपितैः ॥ वीज्यमानमिवाक्षोभ्यंतीरात्तीरविसर्पिभिः ५८ तत्सरोऽथावतीर्याशुप्रभूतनलिनोत्पलम् ॥ महागज
इवोद्दामश्चिक्रीडबलवद्बली ५९ विक्रीड्यतस्मिन्सुचिरमुत्ततारामितद्युतिः ॥ ततोऽभ्यगंतुंवेगेनतद्वनंबहुपादपम् ६० दध्मौचशंखंस्वनवत्सर्वप्राणेनपांडवः ॥
आस्फोटयच्चबलवान्भीमःसंनादयन्दिशः ६१ तस्यशंखस्यशब्देनभीमसेनरवेणच ॥ बाहुशब्देनचोग्रेणनदंतीवगिरेर्गुहाः ६२ तंवज्रनिष्पेषसममास्फोटितमहार
वम् ॥ श्रुत्वाशैलगुहासुप्तैःसिंहैर्मुक्तोमहास्वनः ६३ सिंहनादभयत्रस्तैःकुंजरैरपिभारत ॥ मुक्तोविरावःसुमहान्पर्वतोयेनपूरितः ६४ तंतुनादंततःश्रुत्वामुक्तंवारणपुं
गवैः ॥ भ्रातरंभीमसेनंतुविज्ञायहनुमान्कपिः ६५ दिवंगमंरुरोधाथमार्गंभीमस्यकारणात् ॥ अनेनहिपथामावैगच्छेदितिविचार्यसः ६६ आस्तएकायनेमार्गेकदली
षंडमंडिते ॥ भ्रातुर्भीमस्यरक्षार्थंतंमार्गमवरुध्यवै ६७ माऽत्रप्राप्स्यतिशापंवाधर्षणांवेतिपांडवः ॥ कदलीषंडमध्यस्थोह्येवंसंचिंत्यवानरः ६८ प्राजृंभतमहाकायोहनू
मान्नामवानरः ॥ कदलीषंडमध्यस्थोनिद्रावशगतस्तदा ६९ जृंभमाणःसुविपुलंशक्रध्वजमिवोच्छ्रितम् ॥ आस्फोटयच्चलांगूलमिंद्राशनिसमस्वनम् ७० तस्यलांगू
लनिनदंपर्वतःसुगुहामुखैः ॥ उद्गारमिवगौर्नर्दन्नुत्ससर्जसमंततः ७१ लांगूलास्फोटशब्दाच्चचलितःसमहागिरिः ॥ विघूर्णमानशिखरःसमंतात्पर्यशीर्यत ७२ सलांगू
लरवस्तस्यमत्तवारणनिःस्वनम् ॥ अंतर्धायविचित्रेषुचचारगिरिसानुषु ७३ सभीमसेनस्तच्छ्रुत्वासंप्रहृष्टतनूरुहः ॥ शब्दप्रभवमन्विच्छंश्चचारकदलीवनम् ७४

गन्तिविशेषः ६० । ६१ । ६२ आस्फोटितउद्भावितःबाहुघातोवा ६३ । ६४ । ६५ दिवंगमंमार्गं स्वर्गमार्गं ६६ एकायनेअतिसंकुचिते ६७ वानरःकपिः वानानिशुष्कफलानिरात्याददातइतिवानरःअहिंस्र
इत्यर्थः ६८ । ६९ । ७० उद्गारंप्रतिशब्दंगौरिवउत्ससर्ज ७१ । ७२ । ७३ । ७४

७५ । ७६ बाहाःस्वस्तिकंचतुरस्रंमूलंअंसइतियावत् तत्रन्यस्तकंधरमित्यर्थः । तत्रहेतुः स्कंधेति विपुलांसत्वादित्यर्थः ७७ आभुग्नं द्विगुणीकृतम् ७८ । ७९ उडुपंचंद्रम् ८० अशोकानामशोकपुष्पाणाम् ८१

कदलीवनमध्यस्थमथपीनेशिलातले ॥ ददर्शसुमहाबाहुर्वानराधिपतिंतदा ७५ विद्युत्संपातदुष्प्रेक्षंविद्युत्संपातपिंगलम् ॥ विद्युत्संपातनिनदंविद्युत्संपातचंच
लम् ७६ बाहुस्वस्तिकविन्यस्तपीनहस्वशिरोधरम् ॥ स्कंधभूयिष्ठकायत्वात्तनुमध्यकटीतटम् ७७ किंचिच्चाभुग्नशीर्षेणदीर्घरोमांचितेनच ॥ लांगूलेनोर्ध्व
गतिनाध्वजेनेवविराजितम् ७८ हस्वौष्ठंताम्रजिह्वास्यंरक्तकर्णंचलद्भ्रुवम् ॥ विवृत्तदंष्ट्रादशनंशुक्लतीक्ष्णाग्रशोभितम् ७९ अपश्यद्वदनंतस्यरश्मिवंतमिवो
डुपम् ॥ वदनाभ्यंतरगतैःशुक्लैर्दंतैरलंकृतम् ८० केसरोत्करसंमिश्रमशोकानामिवोत्करम् ॥ हिरण्मयीनांमध्यस्थंकदलीनांमहाद्युतिम् ८१ दीप्यमानेनवपु
षास्वर्चिष्मंतमिवानलम् ॥ निरीक्षंतममित्रघ्नंलोचनैर्मधुपिंगलैः ८२ तंवानरवरंधीमानतिकायंमहाबलम् ॥ स्वर्गपंथानमावृत्यहिमवंतमिवस्थितम् ८३
दृष्ट्वाचैनंमहाबाहुरेकंतस्मिन्महावने ॥ अथोपसृत्यतरसाविभीर्भीमस्ततोबली ८४ सिंहनादंचकारोग्रंवज्राशनिसमंबली ॥ तेनशब्देनभीमस्यवित्रेसुर्मृगपक्षिणः
८५ हनूमांश्चमहासत्वईषदुन्मील्यलोचने ॥ दृष्ट्वातमथसावज्ञंलोचनैर्मधुपिंगलैः ॥ स्मितेनचैनमासाद्यहनूमानिदमब्रवीत् ८६ ॥ ॥ हनूमानुवाच ॥
किमर्थंसरुजस्तेऽहंसुखसुप्तःप्रबोधितः ॥ ननुनामत्वयाकार्यादयाभूतेषुजानता ८७ वयंधर्मंनजानीमस्तिर्यग्योनिमुपाश्रिताः ॥ नरास्तुबुद्धिसंपन्नादयांकुर्व
तिजंतुषु ८८ क्रूरेषुकर्मसुकथंदेहवाक्चित्तदूषिषु ॥ धर्मघातिषुसज्जंतेबुद्धिमंतोभवद्विधाः ८९ नत्वंधर्मंविजानासिबुधानोपासितास्त्वया ॥ अल्पबुद्धितया
बाल्यादुत्सादयसियन्मृगान् ९० ब्रूहिकस्त्वंकिमर्थंवाकिमिदंवनमागतः ॥ वर्जितंमानुषैर्भावैस्तथैवपुरुषैरपि ९१ क्वचत्वयाऽद्यगंतव्यंप्रब्रूहिपुरुषर्षभ ॥ अतःपर
मगम्योयंपर्वतःसुदुरारुहः ९२ विनासिद्धगतिंवीरगतिरत्रनविद्यते ॥ देवलोकस्यमार्गोऽयमगम्योमानुषैःसदा ९३ कारुण्यात्त्वामहंवीरवारयामिनिबोधमे ॥ नातः
परंत्वयाशक्यंगंतुमाश्वसिहिप्रभो ९४ स्वागतंसर्वथैवेहतवाद्यमनुजर्षभ ॥ इमान्यमृतकल्पानिमूलानिचफलानिच ९५ भक्षयित्वानिवर्तस्वमावृथाप्राप्स्यसेवधम् ॥
ग्राह्यंयदिवचोमह्यंहितंमनुजपुंगव ९६ ॥ इतिश्रीमहाभारतेआरण्यकेपर्वणितीर्थयात्रापर्वणिलोमशतीर्थयात्रायांभीमकदलीखंडप्रवेशेषट्चत्वारिंशदधिकशततमोऽ
ध्यायः ॥ १४६ ॥ ॥ वैशंपायनउवाच ॥ एतच्छ्रुत्वावचस्तस्यवानरेंद्रस्यधीमतः ॥ भीमसेनस्तदावीरःप्रोवाचामित्रकर्षणः १ ॥ भीमउवाच ॥ कोभवान्किंनिमित्तं
वावानरंवपुरास्थितः ॥ ब्राह्मणानंतरोवर्णःक्षत्रियस्त्वांतुपृच्छति २ कौरवःसोमवंशीयःकुंत्यागर्भेणधारितः ॥ पांडवोवायुतनयोभीमसेनइतिश्रुतः ३ सवाक्यंकुरुवी
रस्यस्मितेनप्रतिगृह्यतत् ॥ हनूमान्वायुतनयोवायुपुत्रमभाषत ४

८२ । ८३ । ८४ । ८५ । ८६ सरुजःसपीडः तेत्वया ८७ । ८८ । ८९ । ९० । ९१ । ९२ । ९३ आश्वसिहिविश्वासंकुरु ९४ । ९५ मह्यं मम ९६ ॥ इत्यारण्यकेपर्वणि नैलकंठीये भारतभावदीपे षट्चत्वारिंशदधिकशततमोऽध्यायः ॥ १४६ ॥ ॥ ॥ एतद्विति १ । २ । ३ । ४

वैशसंनिरोधं ५ । ६।७ निर्गुणइति । गुणाःसत्वादयोरूपादयश्चतैर्वर्जितः अतएवपरमः कोशपंचकेहि अनात्मन्यात्मत्वममुख्यमाध्यासिकत्वात्तस्य ततोऽन्यस्तुनिरुपाधिचिन्मात्रोमुख्यआत्मामसम्भूतआकाशोघट मिवदेहंव्याप्यस्थितः एतेनशुद्धस्त्वंपदार्थउक्तः अस्यनिर्गुणत्वेऽनुभवंप्रमाणयतिज्ञानविज्ञेयमिति ज्ञानंशास्त्रार्थध्यानजप्रमातेनज्ञेयं ज्ञातविज्ञेयमितिपाठे सर्वप्रकाशकमहंकारादिसाक्षिणमित्यर्थः तस्यावमानना

॥ हनूमानुवाच ॥ वानरोऽहंनतेमार्गंप्रदास्यामियथेप्सितम् ॥ साधुगच्छनिवर्तस्वमात्वंप्राप्स्यसिवैशसम् ५ ॥ भीमसेनउवाच ॥ वैशसंवाऽस्तुयद्वान्यन्नत्वां पृच्छामिवानर ॥ प्रयच्छमार्गमुत्तिष्ठमामत्तःप्राप्स्यसेव्यथाम् ६ ॥ हनूमानुवाच ॥ नास्तिशक्तिर्ममोत्थातुंव्याधिनाक्लेशितोह्यहम् ॥ यद्यवश्यंप्रयातव्यंलंघ यित्वाप्रयाहिमाम् ७ ॥ भीमउवाच ॥ निर्गुणःपरमात्मातुदेहंव्याप्यावतिष्ठते ॥ तमहंज्ञानविज्ञेयंनावमन्येनलंघये ८ यद्यागमैर्नविद्यांचतमहंभूतभावनम् क्रमेयंत्वांगिरिंचैवहनूमानिवसागरम् ९ ॥ हनूमानुवाच ॥ कएषहनुमान्नामसागरोयेनलंघितः ॥ पृच्छामित्वांनरश्रेष्ठकथ्यतांयदिशक्यते १० ॥ भीमउवाच ॥ भ्रातामममगुणश्लाघ्योबुद्धिसत्वबलान्वितः ॥ रामायणेऽतिविख्यातःश्रीमान्वानरपुंगवः ११ रामपत्नीकृतेयेनशतयोजनविस्तृतः ॥ सागरःप्लवगेन्द्रेण क्रमेणैकेनलंघितः १२ समेभ्रातामहावीर्यस्तुल्योऽहंतस्यतेजसा ॥ बलेपराक्रमेयुद्धेशक्तोऽहंतवनिग्रहे १३ उत्तिष्ठदेहिमेमार्गंपश्यमेचाद्यपौरुषम् ॥ मच्छास नमकुर्वाणंत्वांवानेष्येयमक्षयम् १४ ॥ वैशंपायनउवाच ॥ विज्ञायतंबलोन्मत्तंबाहुवीर्येणदर्पितम् ॥ हृदयेनावहस्यैनंहनूमान्वाक्यमब्रवीत् १५ ॥ हनूमानु वाच ॥ प्रसीदनास्तिमेशक्तिरुत्थातुंजरयाऽनघ ॥ ममानुकंपयात्वेतत्पुच्छमुत्सार्यगम्यताम् १६ ॥ वैशंपायनउवाच ॥ एवमुक्तेहनुमताहीनवीर्यपराक्र मम् ॥ मनसाऽचिंतयद्भीमःस्वबाहुबलदर्पितः १७ पुच्छेप्रगृह्यतरसाहीनवीर्यपराक्रमम् ॥ सालोक्यमंतकस्यैनंनयाम्यद्येहवानरम् १८ सावज्ञमथवामेनस्म यन्जग्राहपाणिना ॥ नचाशकच्चालयितुंभीमःपुच्छंमहाकपेः १९ उच्चिक्षेपपुनर्दोर्भ्यामिंद्रायुधमिवोच्छ्रितम् ॥ नोद्धर्तुमशकद्भीमोदोर्भ्यामपिमहाबलः २० उत्क्षिप्तभ्रूर्विवृत्ताक्षःसंहतभ्रुकुटीमुखः ॥ स्विन्नगात्रोऽभवद्भीमोनचोद्धर्तुंशशाकतम् २१ यत्नवानपितुश्रीमान्लांगूलोद्धरणोद्धुरः ॥ कपेःपार्श्वगतोभीमस्त स्थौव्रीडानताननः २२ प्रणिपत्यचकौंतेयःप्रांजलिर्वाक्यमब्रवीत् ॥ प्रसीदकपिशार्दूलदुरुक्तंक्षम्यतांमम २३ सिद्धोवायदिवादेवोगंधर्वोवाऽथगुह्यकः ॥ पृष्टःस न्कामयाब्रूहिकस्त्वंवानररूपधृक् २४ नचेद्गुह्यंमहाबाहोश्रोतव्यंचेद्भवेन्मम ॥ शिष्यवत्त्वांतुपृच्छामिउपपन्नोऽस्मितेनघ २५ ॥ हनूमानुवाच ॥ यत्तेममपरिज्ञानेकौ तूहलमरिंदम ॥ तत्सर्वमखिलेनत्वंशृणुपांडवनंदन २६

शाळग्रामादिवत्तदुपाधिभूतस्यशरीरस्यलंघनेनभवत्यतस्तद्द्वयंनकुर्वेइत्यर्थः ८ भूतभावनंभूतानांवियदादीनांजरायुजादीनांचभावनंरचनंयस्मात्तम् । आत्मनआकाशःसंभूतः आत्मनःसर्वएवआत्मानोव्युच्च रंतीत्यादिश्रुतिभ्यः एतेनतत्पदार्थउक्तः तयोःसामानाधिकरण्यादभेदेब्रह्माद्वैतंचदर्शितम् ९ । १० । ११ क्रमेणपादविक्षेपेण १२ । १३ । १४ । १५ । १६ एवमुक्तेसति । तमित्यध्याहारः तंहीनवीर्यपराक्रमं मनसाऽचिंतयन्मेने १७ । १८ । १९ । २० । २१ । २२ । २३ । २४ । २५ । २६

२७ । २८ उपतस्थुर्वालिनं ममचसुग्रीवेणप्रीतिरभवत् २९ निकृतो निरस्तः ३० । ३१ । ३२ । ३३ । ३४ ॥ ॥ इत्यारण्यकेपर्वणि नैलकंठीये भारतभावदीपे सप्तचत्वारिंशदधिकशततमो

अहंकेसरिणःक्षेत्रेवायुनाजगदायुना ॥ जातःकमलपत्राक्षहनूमान्नामवानरः २७ सूर्यपुत्रंचसुग्रीवंशक्रपुत्रंचवालिनम् ॥ सर्वेवानरराजानस्तथावानरयूथपाः २८ उपतस्थुर्महावीर्याममचामित्रकर्षण ॥ सुग्रीवेणाभवत्प्रीतिरनिलस्याग्निनायथा २९ निकृतःसततोभ्रात्राकस्मिंश्चित्कारणांतरे ॥ ऋष्यमूकेमयासार्धंसुग्रीवोन्यवसच्चिरम् ३० अथदाशरथिर्वीरोरामोनाममहाबलः ॥ विष्णुर्मानुषरूपेणचचारवसुधातलम् ३१ सपितुःप्रियमन्विच्छन्सहभार्यःसहानुजः ॥ सधनुर्धन्विनांश्रेष्ठोदंडकारण्यमाश्रितः ३२ तस्यभार्याजनस्थानाच्छलेनापहृताबलात् ॥ राक्षसेंद्रेणबलिनारावणेनदुरात्मना ३३ सुवर्णरत्नचित्रेणमृगरूपेणरक्षसा ॥ वंचयित्वानरव्याघ्रंमारीचेनतदाऽनघ ३४ ॥ इतिश्रीमहाभारतेआरण्यकेपर्वणितीर्थयात्रापर्वणिलोमशतीर्थयात्रायांहनुमद्भीमसंवादेसप्तचत्वारिंशदधिकशततमोऽध्यायः ॥ १४७ ॥ ॥ ॥

॥ हनूमानुवाच ॥ हृतदारःसहभ्रात्रापत्नींमार्गन्सराघवः ॥ दृष्टवाञ्शैलशिखरेसुग्रीवंवानरर्षभम् १ तेनतस्याभवत्सख्यंराघवस्यमहात्मनः ॥ सहत्वावालिनंराज्येसुग्रीवमभिषिक्तवान् २ सराज्यंप्राप्यसुग्रीवःसीतायाःपरिमार्गणे ॥ वानरान्प्रेषयामासशतशोऽथसहस्रशः ३ ततोवानरकोटीभिःसहितोऽहंनरर्षभ ॥ सीतांमार्गन्महाबाहोप्रयातोदक्षिणांदिशम् ४ ततःप्रवृत्तिःसीतायागृध्रेणसुमहात्मना ॥ संपातिनासमाख्यातारावणस्यनिवेशने ५ ततोऽहंकार्यसिद्ध्यर्थंरामस्याक्लिष्टकर्मणः ॥ शतयोजनविस्तारमर्णवंसहसाप्लुतः ६ अहंस्ववीर्यादुत्तीर्यसागरंमकरालयम् ॥ सुतांजनकराजस्यसीतांसुरसुतोपमाम् ७ दृष्टवान्भरतश्रेष्ठरावणस्यनिवेशने ॥ समेत्यतामहंदेवींवैदेहींराघवप्रियाम् ८ दग्ध्वालंकामशेषेणसाट्टप्राकारतोरणाम् ॥ प्रत्यागतश्चास्यपुनर्नामतत्रप्रकाश्यवै ९ मद्वाक्यंचावधार्याशुरामोराजीवलोचनः ॥ सबुद्धिपूर्वंसैन्यस्यबद्ध्वासेतुंमहोदधौ १० वृतोवानरकोटीभिःसमुत्तीर्णोमहार्णवम् ॥ ततोरामेणवीर्येणहत्वातान्सर्वराक्षसान् ११ रणेतुराक्षसगणंरावणंलोकरावणम् ॥ निशाचरेंद्रंहत्वातुसभ्रातृसुतबांधवम् १२ राज्येऽभिषिच्यलंकायांराक्षसेंद्रंविभीषणम् ॥ धार्मिकंभक्तिमंतंचभक्तानुगतवत्सलम् १३ ततःप्रत्याहृताभार्यानष्टावेदश्रुतिर्यथा ॥ तयैवसहितःसाध्व्यापत्न्यारामोमहायशाः १४ गत्वाततोऽतित्वरितःस्वांपुरींरघुनंदनः ॥ अध्यावसत्ततोऽयोध्यामयोध्यांद्विषतांप्रभुः १५ ततःप्रतिष्ठितोराज्येरामोनृपतिसत्तमः ॥ वरंमयायाचितोऽसौरामोराजीवलोचनः १६ यावद्रामकथेयंतेभवेल्लोकेषुशत्रुहन् ॥ तावज्जीवेयमित्येवंतथास्त्वितिचसोऽब्रवीत् १७ सीताप्रसादाच्चसदामामिहस्थमरिंदम ॥ उपतिष्ठंतिदिव्याहिभोगाभीमयथेप्सिताः १८ दशवर्षसहस्राणिदशवर्षशतानिच ॥ राज्यंकारितवान्रामस्ततःस्वभवनंगतः १९

ऽध्यायः ॥ १४७ ॥ ॥ हृतदारइति १ । २ । ३ । ४ । ५ । ६ । ७ समेत्यविदित्वासंभाषणादिनानिश्चित्येत्यर्थः ८ अस्यरामस्य तत्रलंकायाम् ९ अवधार्यनिश्चित्य १० । ११ लोकरावणंलोकपीडाकरम् १२ । १३ । १४ अयोध्यांयोद्धुमशक्याम् १५ । १६ । १७ । १८ कारितवान् कृतवान् स्वार्थेणिच् स्वभवनंवैकुंठम् १९

२० । २१ । २२ ॥ इत्यारण्यकेपर्वणिनैलकंठीये भारतभावदीपे अष्टचत्वारिंशदधिकशततमोऽध्यायः ॥ १४८ ॥ ॥ ॥ एवमिति १ । २ । ३ । ४ हरिर्वानरः ५ । ६ । ७ । ८ वर्ष्मशरीरम् ९
भावान्तत्त्वानि कर्मशुभाशुभं वीर्यंफलोदयपर्यंतशक्तिः भवाभवावुत्पत्तिविनाशौ ऐश्वर्यानैश्वर्येवा १० कृतमेवसर्वंकृतकृत्याएवेत्यर्थः ततएवहेतोःकृतयुगंनाम ११ गुणतांमुख्यमप्यमुख्यतांगतं १२ । १३
नसामेति । त्रयीधर्मस्यचित्तशुद्ध्यर्थत्वात्तस्याश्चतदानींस्वभावसिद्धत्वान्नसामादीन्यासन् मानवीक्रियाकृष्याद्यारंभरूपा किंतु अभिध्यायफलंसंकल्पादेवसर्वंसंपद्यतइत्यर्थः १४ वैकृतंकपटं१५ विग्रहोवैरं तंद्रीआ

तदिहाप्सरसस्तातगंधर्वाश्चसदाऽनघ ॥ तस्यवीरस्यचरितंगायंतोरमयंतिमाम् २० अयंचमार्गोमर्त्यानामगम्यःकुरुनंदन ॥ ततोऽहंरुद्धवान्मार्गंतवेमंदेवसेवितम्
२१ धर्षयेद्वाशपेद्वाऽपिमाकश्चिदितिभारत ॥ दिव्योदेवपथोह्येषनात्रगच्छंतिमानुषाः ॥ यदर्थमागतश्चासिअतएवसरश्चतत् २२ ॥ इतिश्रीमहाभारतेआरण्य
केपर्वणितीर्थयात्रापर्वणिलोमशतीर्थयात्रायांहनुमद्भीमसंवादेअष्टचत्वारिंशदधिकशततमोऽध्यायः ॥ १४८ ॥ ॥ वैशंपायनउवाच ॥ एवमुक्तोमहाबाहुर्भीम
सेनःप्रतापवान् ॥ प्रणिपत्यततःप्रीत्याभ्रातरंहृष्टमानसः १ उवाचश्लक्ष्णयावाचाहनूमंतंकपीश्वरम् ॥ मयाधन्यतरोनास्तियदार्यंदृष्टवानहम् २ अनुग्रहोमेसुमहां
स्तृप्तिश्चतवदर्शनात् ॥ एवंतुकृतमिच्छामित्वयाऽद्यप्रियमात्मनः ३ यत्तेतदासीत्प्लवतःसागरंमकरालयम् ॥ रूपमप्रतिमंवीरतदिच्छामिनिरीक्षितुम् ४ एवंतुष्टो
भविष्यामिश्रद्धास्यामिचतेवचः ॥ एवमुक्तःसतेजस्वीप्रहस्यहरिरब्रवीत् ५ नतच्छक्यंत्वयाद्रष्टुंरूपंनान्येनकेनचित् ॥ कालावस्थातदाह्यन्यानसावर्ततिसांप्रतम् ६
अन्यःकृतयुगेकालस्त्रेतायांद्वापरेपरः ॥ अयंप्रध्वंसनःकालोनाद्यतद्रूपमस्तिमे ७ भूमिर्नद्योनगाःशैलाःसिद्धादेवामहर्षयः ॥ कालंसमनुवर्ततेयथाभावायुगेयुगे ८
बलवर्ष्मप्रभावाहिप्रहीयंत्युद्भवंतिच ॥ तदलंबतततद्रूपंद्रष्टुंकुरुकुलोद्वह ॥ युगंसमनुवर्तामिकालोहिदुरतिक्रमः ९ ॥ भीमउवाच ॥ युगसंख्यांसमाचक्ष्वआचारंचयुगे
युगे ॥ धर्मकामार्थभावांश्चकर्मवीर्येभवाभवौ १० ॥ हनूमानुवाच ॥ कृतंनामयुगंतातयत्रधर्मःसनातनः ॥ कृतमेवनकर्तव्यंतस्मिन्कालेयुगोत्तमे ११ नतत्रधर्माः
सीदंतिक्षीयंतेनचवैप्रजाः ॥ ततःकृतयुगंनामकालेनगुणतांगतम् १२ देवदानवगंधर्वयक्षराक्षसपन्नगाः ॥ नासन्कृतयुगेतातत्तदानक्रयविक्रयः १३ नसामऋग्यजुर्व
र्णाःक्रियानासीच्चमानवी ॥ अभिध्यायफलंतत्रधर्मःसंन्यासएवच १४ नतस्मिन्युगसंसर्गेव्याधयोनेंद्रियक्षयः ॥ नासूयानापिरुदितंनदर्पोनापिवैकृतम् १५ नविग्रहः
कुतस्तंद्रीनद्वेषोनचपैशुनम् ॥ नभयंनापिसंतापोनचेर्ष्यानचमत्सरः १६ ततःपरमकंब्रह्मसागतिर्योगिनांपरा ॥ आत्माचसर्वभूतानांशुक्लोनारायणस्तदा १७
ब्राह्मणाःक्षत्रियावैश्याःशूद्राश्चकृतलक्षणाः ॥ कृतेयुगेसमभवन्स्वकर्मनिरताःप्रजाः १८

लस्यं द्वेषःपरानिष्टचिंतनं पैशुनंतद्भाषणं ईर्ष्याअक्षमा मत्सरःपरोत्कर्षासहिष्णुत्वं १६ ततोऽसूयादित्यागात् परमकंपरमानंदात्मकंब्रह्मप्राप्यतइतिशेषः गतिःप्राप्यं आत्मेतिश्वेतरक्तपीतकृष्णरूपाणिक्रमेण कृता
दिषुभवंतीतिकृतेनारायणःशुक्लइत्युक्तम् १७ कृतलक्षणाःकृतानिस्वतःसिद्धानिलक्षणानिशमोदमस्तपइत्यादीनियेषांते १८

समंब्रह्मनदेवआश्रयादिर्यस्यतत्तथा ब्रह्मैवफलप्राप्तयेश्रयेत् । तत्प्राप्त्यर्थएवआचारोयस्य । तस्यैवचज्ञानंकेवलंनिरुपाधिविषयं । ब्रह्मैवकर्माणिगत्यागत्यादीनियेषांते अहमग्निरहंहुतमित्यादिवचनात् १९ एकोदेवःप्रत्यगात्मा तत्रैवसदायुक्तायोगवंतः । एकोमंत्रःप्रणवः एकोविधिर्वेदांतश्रवणादिः एकाक्रियाध्यानादिः । एकएवतत्त्वप्रतिपादकोवेदोयेषांसर्वेऽपिज्ञाननिष्ठाएवनतुकेवलकर्मठाव्यसनिनोवा २० कालोदर्शादिस्तद्युक्तेनकर्मणाकामफलेनेच्छिनफलेनरूयादिनास्वर्गादिनावासंयोगस्तदभावात् २१ आत्मनिब्रह्मणियोगऐक्यंतेनसमायुक्तोऽयंधर्मोयोगाख्यःकृतलक्षणःकृतयुगसूचकः । यदैवयत्रैवपुंसिईदृग्धर्मो वर्धते तदैवकृतयुगमित्यर्थः चतुष्पादोऽविकलः २२ त्रैगुण्यंप्रवृत्तिप्रकाशमोहात्मकरजःसत्त्वतमसांसमाहारस्तेनवर्जितंसत्रंयज्ञक्रिया रजोमिश्रत्वात् २३ सत्येनैवप्रवृत्ताः २४ भावसंकल्पाःभावोभावनाक्रिया

समाश्रयंसमाचारंसमज्ञानंचकेवलम् ॥ तदाहिसमकर्माणोवर्णाधर्मानवाप्नुवन् १९ एकदेवसदायुक्ताएकमंत्रविधिक्रियाः ॥ पृथग्धर्मास्त्वेकवेदाधर्ममेकमनुव्रताः २० चातुराश्रम्ययुक्तेनकर्मणाकालयोगिना ॥ अकामफलसंयोगात्प्राप्नुवंतिपरांगतिम् २१ आत्मयोगसमायुक्तोधर्मोऽयंकृतलक्षणः ॥ कृतेयुगेचतुष्पादश्चातुर्वर्ण्यस्यशाश्वतः २२ एतत्कृतयुगंनामत्रैगुण्यपरिवर्जितम् ॥ त्रेतामपिनिबोधत्वंयस्मिन्सत्रंप्रवर्तते २३ पादेनह्रसतेधर्मोरक्ततांयातिचाच्युतः ॥ सत्यप्रवृत्ताश्चनराःक्रियाधर्मपरायणाः २४ ततोयज्ञाःप्रवर्तंतेधर्माश्चविविधाःक्रियाः ॥ त्रेतायांभावसंकल्पाःक्रियादानफलोपगाः २५ प्रचलंतिनवैधर्मात्तपोदानपरायणाः ॥ स्वधर्मस्थाःक्रियावंतोनरास्त्रेतायुगेऽभवन् २६ द्वापरेचयुगेधर्मोद्विभागोनःप्रवर्तते ॥ विष्णुर्वैपीततांयातिचतुर्धावेदएवच २७ ततोऽन्येचचतुर्वेदास्त्रिवेदाश्चतथापरे ॥ द्विवेदाश्चैकवेदाश्चाप्यनृचश्चतथापरे २८ एवंशास्त्रेषुभिन्नेषुबहुधानीयतेक्रिया ॥ तपोदानप्रवृत्ताचराजसीभवतिप्रजा २९ एकदेवस्यचाज्ञानाद्वेदास्तेबहवःकृताः ॥ सत्त्वस्यचेहविभ्रंशात्सत्येकश्चिदवस्थितः ३० सत्यात्प्रच्यवमानानांव्याधयोबहवोऽभवन् ॥ कामाश्चोपद्रवाश्चैवतदादैवकारिताः ३१ यैरर्द्यमानाःसुभृशंतपस्तप्यंतिमानवाः ॥ कामकामाःस्वर्गकामायज्ञांस्तन्वंतिचापरे ३२ एवंद्वापरमासाद्यप्रजाःक्षीयंत्यधर्मतः ॥ पादेनैकेनकौंतेयधर्मःकलियुगेस्थितः ३३ तामसंयुगमासाद्यकृष्णोभवतिकेशवः ॥ वेदाचाराःप्रशाम्यंतिधर्मयज्ञक्रियास्तथा ३४ ईतयोव्याधयस्तंद्रीदोषाःक्रोधादयस्तथा ॥ उपद्रवाःप्रवर्तंतेआधयःक्षुद्भयंतथा ३५ युगेष्वावर्तमानेषुधर्मोव्यावर्ततेपुनः ॥ धर्मेव्यावर्तमानेतुलोकोव्यावर्ततेपुनः ३६ लोकेक्षीणेक्षयंयांतिभावालोकप्रवर्तकाः ॥ युगक्षयकृताधर्माःप्रार्थनानिविकुर्वते ३७

अहमनेनकर्मणाइदंफलमनेनप्रकारेणकरिष्यामीत्येवंरूपा तद्विषयएवसंकल्पोयेषां अतएवक्रियादिभिःफलोपगाःफलभुजोनतुकृतवत्संकल्पसिद्धाः २५ । २६ द्विभागोनःपादद्वयहीनःचतुर्धावेदःकृतःकृत्स्नस्यैकेनधारयितुमशक्यत्वात् २७ अनृचःऋङ्मात्रेणापिहीनाअतिमांद्यात् यद्वाचतुर्वेदाइतिवेदत्रयोक्तंकर्मज्योतिष्टोमादिकमथर्वणोपनिषदुक्तंध्यानंचसहैववाऽनुतिष्ठंतीतिकर्मोपास्तिसमुच्चयउक्तः । त्रिवेदाइति केवलकर्मठाः । द्विवेदाइति स्वशाखोक्तंसंध्यावंदनादिकर्मध्यानंचानुतिष्ठंति । एकवेदाध्यानैकनिष्ठाः । अनृचःकृतकृत्याः 'विपर्यस्तोनिदिध्यासेत्किंध्यानमविपर्यये' इत्युक्तेर्ध्यानादपिविरक्ताः २८ । २९ सत्त्वस्यबुद्धेर्विभ्रंशात् क्षयात् ३० । ३१ यैर्व्याधिभिःकामैश्च ३२ । ३३ तामसंतमोगुणप्रधानंकलिं ३४ ईतयोऽतिवृष्ट्यादयः ३५ व्यावर्ततेनश्यति ३६ भावाधर्मज्ञानादयः प्रार्थनानिविकुर्वते अन्यत्नाश्यतेऽन्यत्जायतेपौष्टिकमपिकर्मविधिलोपान्नाशकंभवतीतिभावः ३७

चिरजीविनोमादृशाअपि युगानुवर्तिनःकालानुसारिणोभवंति ३८ अनर्थकेषुनिष्प्रयोजनेषु भावोऽभिनिवेशः ३९ स्वस्तिकल्याणम् ४० ॥ ॥ इत्यारण्यकेपर्वणि नैलकंठीये भारतभावदीपे ऊनपंचाश

एतत्कलियुगंनामअचिराद्यत्प्रवर्तते ॥ युगानुवर्तनंत्वेतत्कुर्वंतिचिरजीविनः ३८ यच्चैतन्मत्परिज्ञानेकौतूहलमरिंदम ॥ अनर्थकेषुकोभावःपुरुषस्यविजानतः ३९ एतत्तेसर्वमाख्यातंयन्मांत्वंपरिपृच्छसि ॥ युगसंख्यांमहाबाहोस्वस्तिप्राप्नुहिगम्यताम् ४० ॥ ॥ इतिश्रीमहाभारतेआरण्यकेपर्वणितीर्थयात्रापर्वणिलोमशतीर्थयात्रायांकदलीषंडेहनुमद्भीमसंवादेऊनपंचाशदधिकशततमोऽध्यायः ॥ १४९ ॥ ॥ भीमसेनउवाच ॥ पूर्वरूपमदृष्ट्वातेनयास्यामिकथंचन ॥ यदितेऽहमनुग्राह्योदर्शयात्मानमात्मना १ ॥ वैशंपायनउवाच ॥ एवमुक्तस्तुभीमेनस्मितंकृत्वाप्लवंगमः ॥ तद्रूपंदर्शयामासयद्वैसागरलंघने २ भ्रातुःप्रियमभीप्सन्वैचकारसुमहद्वपुः ॥ देहस्तस्यततोऽतीववर्धत्यायामविस्तरैः ३ सद्रुमंकदलीषंडंछादयन्नमितद्युतिः ॥ गिरिश्चोच्छ्रयमाक्रम्यतस्थौतत्रचवानरः ४ समुच्छ्रितमहाकायोद्वितीयइवपर्वतः ॥ ताम्रेक्षणस्तीक्ष्णदंष्ट्रोभ्रुकुटीकुटिलाननः ५ दीर्घलांगूलमाविध्यदिशोव्याप्यस्थितःकपिः ॥ तद्रूपंमहदालक्ष्यभ्रातुःकौरवनंदनः ६ विसिष्मियेतदाभीमोजहृषेचपुनःपुनः ॥ तमर्कमिवतेजोभिःसौवर्णमिवपर्वतम् ७ प्रदीप्तमिवचाकाशंदृष्ट्वाभीमोन्यमीलयत् ॥ आबभाषेचहनुमान्भीमसेनंस्मयन्निव ८ एतावदिहशक्तस्त्वंद्रष्टुंरूपंममानघ ॥ वर्धेऽहंचाप्यतोभूयोयावन्मेमनसिस्थितम् ॥ भीमशत्रुषुचात्यर्थंवर्धतेमूर्तिरोजसा ९ ॥ वैशंपायनउवाच ॥ तदद्भुतंमहारौद्रंविंध्यपर्वतसन्निभम् ॥ दृष्ट्वाहनुमतोवर्ष्मसंभ्रांतःपवनात्मजः १० प्रत्युवाचततोभीमःसंप्रहृष्टतनूरुहः ॥ कृतांजलिरदीनात्माहनुमंतमवस्थितम् ११ दृष्टंप्रमाणंविपुलंशरीरस्यास्यतेविभो ॥ संहरस्वमहावीर्यस्वयमात्मानमात्मना १२ नहिशक्नोमित्वांद्रष्टुंदिवाकरमिवोदितम् ॥ अप्रमेयमनाधृष्यंमैनाकमिवपर्वतम् १३ विस्मयश्चैवमेवीरसुमहान्मनसोऽद्यवै ॥ यद्रामस्त्वयिपार्श्वस्थेस्वयंरावणमभ्यगात् १४ त्वमेवशक्तस्तांलंकांसयोधांसहवाहनाम् ॥ स्वबाहुबलमाश्रित्यविनाशयितुमंजसा १५ नहितेकिंचिदप्राप्यंमारुतात्मजविद्यते ॥ तवनैकस्यपर्याप्तोरावणःसगणोयुधि १६ ॥ वैशंपायनउवाच ॥ एवमुक्तस्तुभीमेनहनुमान्प्लवगोत्तमः ॥ प्रत्युवाचततोवाक्यंस्निग्धगंभीरयागिरा १७ हनूमानुवाच ॥ एवमेतन्महाबाहोयथावदसिभारत ॥ भीमसेननपर्याप्तोममासौराक्षसाधमः १८ मयातुनिहतेतस्मिन्रावणेलोककंटके ॥ कीर्तिर्नश्येद्राघवस्यततएतदुपेक्षितम् १९ तेनवीरेणतंहत्वासगणंराक्षसाधमम् ॥ आनीतास्वपुरंसीताकीर्तिश्चाख्यापितानृषु २० तद्गच्छविपुलप्रज्ञभ्रातुःप्रियहितेरतः ॥ अरिष्टंक्षेममध्वानंवायुनापरिरक्षितः २१ एषपंथाःकुरुश्रेष्ठसौगंधिकवनायते ॥ द्रक्ष्यसेधनदोद्यानंरक्षितंयक्षराक्षसैः २२ नचतेतरसाकार्यःकुसुमावचयःस्वयम् ॥ दैवतानिहिमान्यानिपुरुषेणविशेषतः २३

दधिकशततमोऽध्यायः ॥ १४९ ॥ ॥ पूर्वरूपमिति १ । २ । ३ गिरिश्चविंध्यगिरिरिवइवार्थेचः ४ । ५ । ६ । ७ । ८ । ९ । १० । ११ । १२ । १३ । १४ । १५ पर्याप्तःसमर्थः १६ । १७ १८ । १९ । २० अरिष्टंनिर्विघ्नम् २१ । २२ पुरुषेणमर्त्येन २३

२४ गमयस्वबोधपूर्वकमनुतिष्ठस्वार्थेणिच् २५। २६ दुर्जनवधोऽधर्मोऽपिधर्मएवपरोपघातकंसत्यं धर्मोप्यधर्मएव २७ आचारः शौचादिस्तेनधर्मःप्राप्यतेततोवेदाधिगमस्ततोयज्ञानुष्ठानंततोदेवताप्रसादइत्यर्थः २८ वेदेति। यज्ञैर्देवानांनीत्यामनुष्याणांचस्थितिरित्यर्थ २९ पणोभृतिस्तामर्हतीतिपण्यासेवा। पणोवराटमानेस्यादित्युपक्रम्य व्यवहारेभृतौधने इतिमेदिनी वार्ताजीविकार्थावृत्तिः ३० साचक्रमेणब्राह्मणस्यत्रयीयाजनाध्यापनादिः वैश्यस्यवार्तापण्यादिः क्षत्रियस्यदंडादिः ३१ सालोकयात्रा ३२। ३३ ऋतंसत्यमात्मज्ञानाख्यं एकोवर्णःशुक्लःकेवलसात्विकः धर्मोयोगाख्यः ३४। ३५ भैक्ष्येति। गुरौत्रिव

बलिहोमनमस्कारैर्मंत्रैश्चभरतर्षभ ॥ दैवतानिप्रसादंहिभक्त्याकुर्वंतिभारत २४ मातातसाहसंकार्षीःस्वधर्मंपरिपालय ॥ स्वधर्मस्थःपरंधर्मंबुध्यस्वगमयस्व च २५ नहिवर्ममविज्ञायवृद्धाननुपसेव्यच ॥ धर्मार्थौवेदितुंशक्यौबृहस्पतिसमैरपि २६ अधर्मोयत्रधर्माख्योधर्मश्चाधर्मसंज्ञितः ॥ सविज्ञेयोविभागेनयत्र मुह्यंत्यबुद्धयः २७ आचारसंभवोधर्मोधर्मेवेदाःप्रतिष्ठिताः ॥ वेदैर्यज्ञाःसमुत्पन्नायज्ञैर्देवाःप्रतिष्ठिताः २८ वेदाचारविधानोक्तैर्यज्ञैर्धार्यंतिदेवताः ॥ बृहस्प त्युशनःप्रोक्तैर्नयैर्धार्यंतिमानवाः २९ पण्याकरवणिज्याभिःकृष्यागोजाविपोषणैः ॥ वार्तयाधार्यतेसर्वंधर्मैरेतैर्द्विजातिभिः ३० त्रयीवार्तादंडनीतिस्तिस्रोवि द्याविजानताम् ॥ ताभिःसम्यक्प्रयुक्ताभिर्लोकयात्राविधीयते ३१ साचेद्धर्मक्रियानस्यात्त्रयीधर्ममृतेभुवि ॥ दंडनीतिमृतेचापिनिर्मर्यादमिदंभवेत् ३२ वार्ता धर्मेह्यवर्तिन्योविनश्येयुरिमाःप्रजाः ॥ सुप्रवृत्तैस्त्रिभिर्ह्येतैर्धर्मैःसूयंतिवैप्रजाः ३३ द्विजातीनामृतंधर्मोह्येकश्चैवैकवर्णिकः ॥ यज्ञाध्ययनदानानित्रयःसाधारणाःस्मृताः ३४ याजनाध्यापनंविप्रेधर्मश्चैवप्रतिग्रहः ॥ पालनंक्षत्रियाणांवैवैश्यधर्मश्चपोषणम् ३५ शुश्रूषाचद्विजातीनांशूद्राणांधर्मउच्यते ॥ भैक्ष्यहोमव्रतैर्हीनास्तथैवगुरुवा सिताः ३६ क्षत्रधर्मोऽत्रकौंतेयतवधर्मोऽत्ररक्षणम् ॥ स्वधर्मंप्रतिपद्यस्वविनीतोनियतेंद्रियः ३७ वृद्धैःसंमंत्र्यसद्भिश्चबुद्धिमद्भिःश्रुतान्वितैः ॥ आस्थितःशास्तिदंडेन व्यसनीपरिभूयते ३८ निग्रहानुग्रहैःसम्यग्यदाराजाप्रवर्तते ॥ तदाभवंतिलोकस्यमर्यादाःसुव्यवस्थिताः ३९ तस्माद्देशेचदुर्गेचशत्रुमित्रबलेषुच ॥ नित्यंचारेणबोद्ध व्यंस्थानंवृद्धिःक्षयस्तथा ४० राज्ञामुपायश्चारश्चबुद्धिर्मंत्रपराक्रमाः ॥ निग्रहप्रग्रहौचैवदाक्ष्यंवैकार्यसाधकम् ४१ साम्नादानेनभेदेनदंडेनोपेक्षणेनच ॥ साधनीयानिक र्माणिसमासव्यासयोगतः ४२ मंत्रमूलानयाःसर्वेचाराश्चभरतर्षभ ॥ सुमंत्रितेनयासिद्धिस्तांद्विजैःसहमंत्रयेत् ४३ स्त्रियामूढेनबालेनलुब्धेनलघुनाऽपिवा ॥ नमंत्र यीतगुह्यानितेषुचोन्मादलक्षणम् ४४ मंत्रयेत्सहविद्वद्भिःशक्तैःकर्माणिकारयेत् ॥ स्निग्धैश्चनीतिविन्यासान्मूर्खान्सर्वत्रवर्जयेत् ४५ धार्मिकान्धर्मकार्येषुअर्थकार्येषुपं डितान् ॥ स्त्रीषुक्लीबान्नियुंजीतक्रूरान्क्रूरेषुकर्मसु ४६

र्णे वानितंवासोयेषांतेशूद्राभैक्ष्यादिभिर्हीनाभवंति ३६ क्षत्रधर्मोऽत्रप्रकरणेउच्यते सचतवधर्मोऽत्रलोके ३७ आस्थितोऽनुगृहीतः ३८। ३९ स्थानंसिद्धसंरक्षणम् ४०। ४१ समासःसामादिपंचकेएकेनद्वित्रैर्वा कार्यसाधनं व्यासःसर्वैस्तत्सिद्धिः ४२। ४३। ४४ स्निग्धैर्हितेप्सुभिः नीतेःप्रजादारापत्यादेर्विन्यासाःस्थापनानि ४५। ४६

स्वेभ्यश्चारेभ्यःउत्कोचादिनालोभितेभ्यः ४७ बुद्धयाजीवनाशया प्रतिपन्नेषुशरणागतेषु ४८ । ४९ घोरोधर्मोराजधर्मः ५० । ५१ । ५२ ॥ ॥ इत्यारण्यकेपर्वणि नैलकंठीये भारतभावदीपे पंचा

स्वेभ्यश्चैवपरेभ्यश्चकार्याकार्यसमुद्भवा ॥ बुद्धिःकर्मसुविज्ञेयारिपूणांचबलाबलम् ४७ बुद्धयास्वप्रतिपन्नेषुकुर्यात्साधुष्वनुग्रहम् ॥ निग्रहंचाप्यशिष्टेषुनिर्मर्यादेषुकार
येत् ४८ निग्रहेप्रग्रहेसम्यग्यदाराजाप्रवर्तते ॥ तदाभवतिलोकस्यमर्यादासुव्यवस्थिता ४९ एषतेऽभिहितःपार्थघोरोधर्मोदुरन्वयः ॥ तंस्वधर्मविभागेनविनयस्थो
ऽनुपालय ५० तपोधर्मदमेज्याभिर्विप्रायांतियथादिवम् ॥ दानातिथ्यक्रियाधर्मैर्यांतिवैश्याश्चसद्गतिम् ५१ क्षत्रंयातितथास्वर्गंभुविनिग्रहपालनैः ॥ सम्यक्प्रणीतदं
डाहिकामद्वेषविवर्जिताः ॥ अलुब्धाविगतक्रोधाःसतांयांतिसलोकताम् ५२ ॥ ॥ इतिश्रीमहाभारतेआरण्यकेपर्वणितीर्थयात्रापर्वणिलोमशतीर्थयात्रायांहनूमद्भी
मसेनसंवादेपंचाशदधिकशततमोऽध्यायः ॥ १५० ॥ ॥ वैशंपायनउवाच ॥ ततःसंहृत्यविपुलंतद्वपुःकामतःकृतम् ॥ भीमसेनंपुनर्दोर्भ्यांपर्यष्वजतवानरः १
परिष्वक्तस्यतस्याशुभ्रात्राभीमस्यभारत ॥ श्रमोनाशमुपागच्छत्सर्वंचासीत्प्रदक्षिणम् २ बलंचातिबलोमेनेनमेऽस्तिसदृशोमहान् ॥ ततःपुनरथोवाचपर्यश्रुनयनोहरिः
३ भीममाभाष्यसौहार्दाद्बाष्पगद्गदयागिरा ॥ गच्छवीरस्वमावासंस्मर्तव्योऽस्मिकथांतरे ४ इहस्थश्चकुरुश्रेष्ठननिवेद्योऽस्मिकर्हिचित् ॥ धनदस्यालयाच्चापिविसृष्टा
नांमहाबल ५ देशकालइहायातुंदेवगंधर्वयोषिताम् ॥ ममापिसफलंचक्षुःस्मारितश्चास्मिराघवम् ६ रामाभिधानंविष्णुंहिजगद्धृदयनंदनम् ॥ सीतावक्त्रारविंदार्कं
दशास्यध्वांतभास्करम् ७ मानुषंगात्रसंस्पर्शंगत्वाभीमत्वयासह ॥ तदस्मद्दर्शनंवीरकौन्तेयामोघमस्तुते ८ भ्रातृत्वंत्वंपुरस्कृत्यवरंवरयभारत ॥ यदितावन्मयाक्षुद्राग
त्वावारणसाह्वयम् ९ धार्तराष्ट्रानिहंतव्यायावदेतत्करोम्यहम् ॥ शिलयानगरंवाऽपिमर्दितव्यंमयायदि १० बध्वादुर्योधनंचाद्यआनयामितवांतिकम् ॥ यावदेतत्क
रोम्यद्यकामंतवमहाबल ११ वैशंपायनउवाच ॥ भीमसेनस्तुतद्वाक्यंश्रुत्वातस्यमहात्मनः ॥ प्रत्युवाचहनूमंतंप्रहृष्टेनांतरात्मना १२ कृतमेवत्वयासर्वंममवानरपुं
गव ॥ स्वस्तितेऽस्तुमहाबाहोकामयेत्वांप्रसीदमे १३ सनाथाःपांडवाःसर्वेत्वयानाथेनवीर्यवन् ॥ तवैवतेजसासर्वान्विजेष्यामोवयंपरान् १४ एवमुक्तस्तुहनुमान्भी
मसेनमभाषत ॥ भ्रातृत्वात्सौहृदाच्चैवकरिष्यामिप्रियंतव १५ चमुंविगाह्यशत्रूणांपरशक्तिसमाकुलाम् ॥ यदासिंहरवंवीरकरिष्यसिमहाबल १६ तदाऽहंबृंहयि
ष्यामिस्वरवेणरवंतव ॥ विजयस्यध्वजस्थश्चनादान्मोक्ष्यामिदारुणान् १७ शत्रूणांयेप्राणहराःसुखंयेनहनिष्यथ ॥ एवमाभाष्यहनुमांस्तदापांडवनंदनम् १८ मा
र्गमाख्यायभीमायतत्रैवांतरधीयत १९ ॥ इतिश्रीमहाभारतेआरण्यकेपर्वणितीर्थयात्रायांगंधमा० हनूमद्भीमसंवादेएकपंचाशदधिकशततमोऽध्यायः ॥ १५१ ॥

शदधिकशततमोऽध्यायः ॥ १५० ॥ ॥ ॥ ततइति १ । २ । ३ । ४ । ५ । ६ । ७ । ८ । ९ । १० । ११ । १२ । १३ । १४ । १५ । १६ । १७ । १८ । १९
॥ इत्यारण्यकेपर्वणि नैलकंठीये भारतभावदीपे एकपंचाशदधिकशततमोऽध्यायः ॥ १५१ ॥ ॥ ॥ ॥ ॥ ॥ ॥ ॥ ॥ ॥

गतेइति १ । २ । ३ । ४ । ५ । ६ । ७ । ८ । ९ । १० । ११ । १२ । १३ । १४ ॥ ॥ इत्यारण्यकेपर्वणि नैलकंठीये भारतभावदीपे द्विपंचाशदधिकशततमोऽध्यायः ॥ १५२ ॥ ॥ सगत्वेति १

॥ वैशंपायनउवाच ॥ ॥ गतेतस्मिन्हरिवरेभीमोऽपिबलिनांवरः ॥ तेनमार्गेणविपुलंव्यचरद्गंधमादनम् १ अनुस्मरन्वपुस्तस्यश्रियंचाप्रतिमांभुवि ॥ माहात्म्य मनुभावंचस्मरन्दाशरथेर्ययौ २ सतानिरमणीयानिवनान्युपवनानिच ॥ विलोकयामासतदासौगंधिकवनेप्सया ३ फुल्लद्रुमविचित्राणिसरांसिसरितस्तथा ॥ ना नाकुसुमचित्राणिपुष्पितानिवनानिच ४ मत्तवारणयूथानिपंकक्लिन्नानिभारत ॥ वर्षतामिवमेघानांवृंदानिददृशेतदा ५ हरिणैश्चपलापांगैर्हरिणीसहितैर्वनम् ॥ सशष्पकवलैःश्रीमान्पथिदृष्ट्वाद्रुतंययौ ६ महिषैश्चवराहैश्चशार्दूलैश्चनिषेवितम् ॥ व्यपेतभीर्गिरिंशौर्याद्भीमसेनोव्यगाहत ७ कुसुमानतगंधैश्चताम्रपल्लवकोमलैः ॥ याच्यमानइवारण्येद्रुमैर्मारुतकंपितैः ८ कृतपद्मांजलिपुटामत्तषट्पदसेविताः ॥ प्रियतीर्थवनामार्गेपद्मिनीःसमतिक्रमन् ९ मज्जमानमनोदृष्टिःफुल्लेषुगिरिसानुषु ॥ द्रौपदीवाक्यपाथेयोभीमःशीघ्रतरंययौ १० परिवृत्तेऽहनिततःप्रकीर्णहरिणेवने ॥ कांचनैर्विमलैःपद्मैर्ददर्शविपुलांनदीम् ११ हंसकारंडवयुतांचक्रवाकोपशोभि ताम् ॥ रचितामिवतस्याद्रेर्मालांविमलपंकजाम् १२ तस्यांनद्यांमहासत्वःसौगंधिकवनंमहत् ॥ अपश्यत्प्रीतिजननंबालार्कसदृशद्युति १३ तद्दृष्ट्वालब्धकामः समनसापांडुनंदनः ॥ वनवासपरिक्लिष्टांजगाममनसाप्रियाम् १४ ॥ ॥ इतिश्रीमहाभारतेआरण्यकेपर्वणितीर्थयात्रापर्वणिलोमशतीर्थयात्रायांसौगंधिका हरणेद्विपंचाशदधिकशततमोऽध्यायः ॥ १५२ ॥ ॥ वैशंपायनउवाच ॥ ॥ सगत्वानलिनींरम्यांराक्षसैरभिरक्षिताम् ॥ कैलासशिखराभ्याशेददर्श शुभकाननाम् १ कुबेरभुवनाभ्याशेजातांपर्वतनिर्झरैः ॥ सुरम्यांविपुलच्छायांनानाद्रुमलताकुलाम् २ हरितांबुजसंछन्नांदिव्यांकनकपुष्कराम् ॥ नानापक्षिजना कीर्णांसूपतीर्थामकर्दमाम् ३ अतीवरम्यांसुजलांजातांपर्वतसानुषु ॥ विचित्रभूतांलोकस्यशुभामद्भुतदर्शनाम् ४ तत्रामृतरसंशीतंलघुकुंतीसुतःशुभम् ॥ ददर्शविम लंतोयंपिबंश्चबहुपांडवः ५ तांतुपुष्करिणींरम्यांदिव्यसौगंधिकावृताम् ॥ जातरूपमयैःपद्मैश्छन्नांपरमगंधिभिः ६ वैदूर्यवरनालैश्चबहुचित्रैर्मनोरमैः ॥ हंसकारंडवो द्धूतैःसृजद्भिरमलंरजः ७ आक्रीडंराजराजस्यकुबेरस्यमहात्मनः ॥ गंधर्वैरप्सरोभिश्चदेवैश्चपरमार्चिताम् ८ सेवितामृषिभिर्दिव्यैर्यक्षैःकिंपुरुषैस्तथा ॥ राक्षसैःकिन्नरै श्चापिगुप्तांवैश्रवणेनच ९ तांचदृष्ट्वैवकौंतेयोभीमसेनोमहाबलः ॥ बभूवपरमप्रीतोदिव्यंसंप्रेक्ष्यतत्सरः १० तच्चक्रोधवशानामराक्षसाराजशासनात् ॥ रक्षंतिशतसाह स्राश्चित्रायुधपरिच्छदाः ११ तेतुदृष्ट्वैवकौंतेयमजिनैःप्रतिवासितम् ॥ रुक्मांगदधरंवीरंभीमंभीमपराक्रमम् १२ सायुधंबद्धनिस्त्रिंशमशंकितमरिंदमम् ॥ पुष्करेप्सुमु पायांतमन्योन्यमभिचुक्रुशुः १३ अयंपुरुषशार्दूलःसायुधोऽजिनसंवृतः ॥ यच्चिकीर्षुरिहप्राप्तस्तत्संप्रष्टुमिहार्हथ १४

२ सूपतीर्थांशोभनानिउपतीर्थानितीराणियस्यांसा ३ । ४ लघुआरोग्यकरम् ५ जातरूपंस्वर्णम् ६ हंसादिपोतैर्हंसाद्युद्धूतैर्वा ७ आक्रीडंक्रीडास्थानम् ८ । ९ । १० । ११ । १२ । १३ । १४

१५ । १६ ॥ ॥ इत्यारण्यकेपर्वणि नैलकंठीये भारतभावदीपे त्रिपंचाशदधिकशततमोऽध्यायः ॥ १५३ ॥ ॥ पांडवइति १ अनिलोढंवायुनाआनीतम् २।३।४।५।६।७।८। ९ । १० । ११ । १२

ततःसर्वेमहाबाहुंसमासाद्यवृकोदरम् ॥ तेजोयुक्तमपृच्छंतकस्त्वमाख्यातुमर्हसि १५ मुनिवेषधरश्चैवसायुधश्चैवलक्ष्यसे ॥ यदर्थमभिसंप्राप्तस्तदाचक्ष्वमहा
मते १६ ॥ ॥ इतिश्रीमहाभारतेआरण्यकेपर्वणितीर्थयात्रापर्वणिलोमशतीर्थयात्रायांसौगंधिकाहरणेत्रिपंचाशदधिकशततमोऽध्यायः ॥ १५३ ॥ ॥ ॥
॥ भीमउवाच ॥ पांडवोभीमसेनोऽहंधर्मराजादनंतरः ॥ विशालांबदरींप्राप्तोभ्रातृभिःसहराक्षसाः १ अपश्यत्तत्रपांचालीसौगंधिकमनुत्तमम् ॥ अनिलोढ
मितोनूनंसाबहूनिपरीप्सति २ तस्यामामनवद्यांग्याधर्मपत्न्याःप्रियेस्थितम् ॥ पुष्पाहारमिहप्राप्तंनिबोधतनिशाचराः ३ ॥ राक्षसाऊचुः ॥ आक्रीडोऽयं
कुबेरस्यदयितःपुरुषर्षभ ॥ नेहशक्यंमनुष्येणविहर्तुंमर्त्यधर्मणा ४ देवर्षयस्तथायक्षादेवाश्चात्रवृकोदर ॥ आमंत्र्ययक्षप्रवरंपिबंतिरमयंतिच ॥ गंधर्वाप्सर
सश्चैवविहरंत्यत्रपांडव ५ अन्यायेनेहयःकश्चिदवमन्यधनेश्वरम् ॥ विहर्तुमिच्छेद्दुर्वृत्तःसविनश्येन्नसंशयः ६ तमनादृत्यपद्मानिजिहीर्षसिबलादितः ॥ धर्मरा
जस्यचात्मानंब्रवीषिभ्रातरंकथम् ७ आमंत्र्ययक्षराजंवैततःपिबहरस्वच ॥ नातोऽन्यथात्वयाशक्यंकिंचित्पुष्करमीक्षितुम् ८ ॥ भीमसेनउवाच ॥ राक्ष
सास्तंनपश्यामिधनेश्वरमिहांतिके ॥ दृष्ट्वापिचमहाराजंनाहंयाचितुमुत्सहे ९ नहियाचंतिराजानएषधर्मःसनातनः ॥ नचाहंहातुमिच्छामिक्षात्रधर्मंकथंचन
१० इयंचनलिनीरम्याजातापर्वतनिर्झरे ॥ नेयंभवनमासाद्यकुबेरस्यमहात्मनः ११ तुल्याहिसर्वभूतानामियंवैश्रवणस्यच ॥ एवंगतेषुद्रव्येषुकःकंयाचितु
मर्हति १२ ॥ वैशंपायनउवाच ॥ इत्युक्त्वाराक्षसान्सर्वान्भीमसेनोह्यमर्षणः ॥ व्यगाहतमहाबाहुर्नलिनींतांमहाबलः १३ ततःसराक्षसैर्वाचाप्रतिषिद्धःप्रता
पवान् ॥ मामैवमितिसक्रोधैर्भर्त्सयद्भिःसमंततः १४ कदर्थीकृत्यतुसतान्राक्षसान्भीमविक्रमः ॥ व्यगाहतमहातेजास्तेतंसर्वेन्यवारयन् १५ गृह्णीतबध्नीत
विकर्ततेमंपचामखादामचभीमसेनम् ॥ क्रुद्धाब्रुवंतोभिययुर्द्रुतंतेशस्त्राणिचोद्यम्यविवृत्तनेत्राः १६ ततःसगुर्वींयमदंडकल्पांमहागदांकांचनपट्टनद्धाम् ॥ प्रगृह्यतानभ्य
पतत्तरस्वीततोब्रवीत्तिष्ठततिष्ठतेति १७ तेतंतदातोमरपट्टिशाद्यैर्व्याविद्धशस्त्रैःसहसानिपेतुः ॥ जिघांसवःक्रोधवशाःसुभीमाभीमंसमंतात्परिवव्रुरुग्राः १८ वातेनकुं
त्यांबलवान्सुजातःशूरस्तरस्वीद्विषतांनिहंता ॥ सत्येचधर्मेचरतःसदैवपराक्रमेशत्रुभिरप्रधृष्यः १९ तेषांसमार्गान्विविधान्महात्माविहन्यशस्त्राणिचशात्रवाणाम् ॥
यथाप्रवीरान्निजघानभीमःपरंशतंपुष्करिणीसमीपे २० तेतस्यवीर्यंचबलंचदृष्ट्वाविद्याबलंबाहुबलंतथैव ॥ अशक्नुवंतःसहितंसमंताद्धतप्रवीराःसहसानिवृत्ताः २१ विदी
र्यमाणास्ततएवहंतुमाकाशमास्थायविमूढसंज्ञाः ॥ कैलासशृंगाण्यभिदुद्रुवुस्तेभीमार्दिताःक्रोधवशाःप्रभग्नाः २२ सशक्रवद्दानवदैत्यसंघान्विक्रम्यजित्वाचरणेऽरिसं
घान् ॥ विगाह्यतांपुष्करिणींजितारिःकामायजग्राहततोऽम्बुजानि २३

१३ । १४ । १५ । १६ । १७ । १८ । १९ विहन्यविनाश्य । वाल्यपीत्यनुनासिकालोपपक्षेइदंरूपम् २० सहितमेकीभूयाप्यशक्नुवंतः २१ । २२ विक्रम्यजित्वाचअभिभूयवशीकृत्यचेत्यर्थः २३

२४ । २५ कामात् कामायस्त्वेष्टसिद्ध्यर्थम् २६ । २७ ॥ ॥ इत्यारण्यकेपर्वणि नैलकंठीये भारतभावदीपे चतुष्पंचाशदधिकशततमोऽध्यायः ॥ १५४ ॥ ॥ ॥ ॥ ततइति १ । २ । ३

ततःसपीत्वाऽमृतकल्पमंभोभूयोबभूवोत्तमवीर्यतेजाः ॥ उत्पाटयजग्राहचसोंऽबुजानिसौगंधिकान्युत्तमगंधवंति ॥ २४ ॥ ततस्तुतेक्रोधवशाःसमेत्यधनेश्वरंभीमबल प्रणुन्नाः ॥ भीमस्यवीर्यंचबलंचसंख्येयथावदाचख्युरतीवभीताः २५ तेषांवचस्ततुनिशम्यदेवःप्रहस्यरक्षांसिततोऽभ्युवाच ॥ गृह्णातुभीमोजलजानिकामात्कृष्णानि मित्तंविदितंममैतत् २६ ततोऽभ्यनुज्ञाप्यधनेश्वरंतेजग्मुःकुरूणांप्रवरंविरोषाः ॥ भीमंचतस्यांददृशुर्नलिन्यांयथोपजोषंविहरंतमेकम् २७ ॥ इतिश्रीमहाभारतेआर ण्यकेपर्वणितीर्थयात्रापर्वणिलोमशतीर्थयात्रायांसौगंधिकाहरणेचतुष्पंचाशदधिकशततमोऽध्यायः ॥ १५४ ॥ ॥ ॥ ॥ वैशंपायनउवाच ॥ ततस्तानिमहा र्हाणिदिव्यानिभरतर्षभ ॥ बहूनिबहुरूपाणिविरजांसिसमाददे १ ततोवायुर्महाञ्शीघ्रोनीचैःशर्करकर्षणः ॥ प्रादुरासीत्खरस्पर्शःसंग्राममभिचोदयन् २ पपातमहती चोल्कासनिर्घातामहाभया ॥ निष्प्रभश्चाभवत्सूर्यश्छन्नरश्मिस्तमोवृतः ३ निर्घातश्चाभवद्भीमोभीमेविक्रममास्थिते ॥ चचालपृथिवीचापिपांसुवर्षंपपातच ४ सलोहितादिशश्चासन्खरवाचोमृगद्विजाः ॥ तमोवृतमभूत्सर्वंनप्राज्ञायतकिंचन ५ अन्येचबहवोभीमाउत्पातास्तत्रजज्ञिरे ॥ तदद्भुतमभिप्रेक्ष्यधर्मपुत्रोयुधिष्ठिरः ६ उवाचवदतांश्रेष्ठःकोऽस्मानभिभविष्यति ॥ सज्जीभवतभद्रंवःपांडवायुद्धदुर्मदाः ७ यथारूपाणिपश्यामिस्वभ्यग्रोनःपराक्रमः ॥ एवमुक्त्वाततोराजावीक्षांचक्रेसमंततः ८ अपश्यमानोभीमंतुधर्मपुत्रोयुधिष्ठिरः ॥ ततःकृष्णांयमौचापिसमीपस्थावरिंदमः ९ पप्रच्छभ्रातरंभीमंभीमकर्माणमाहवे ॥ कच्चित्कृभीमःपांचालिकिंचित्कृत्यं चिकीर्षति १० कृतवानपिवावीरःसाहसंसाहसप्रियः ॥ इमेह्यकस्मादुत्पातामहासमरदर्शनाः ११ दर्शयंतोभयंतीव्रंप्रादुर्भूताःसमंततः ॥ तेतथावादिनंकृष्णाप्रत्युवा चमनस्विनी ॥ प्रियाप्रियंचिकीर्षंतीमहिषीचारुहासिनी १२ ॥ द्रौपद्युवाच ॥ यत्तत्सौगंधिकंराजन्नाहृतंमातरिश्वना ॥ तन्मयाभीमसेनस्यप्रीतयाऽद्योपपादितम् १३ अपिचोक्तोमयावीरोयदिपश्येर्बहून्यपि ॥ तानिसर्वाण्युपादायशीघ्रमागम्यतामिति १४ सतुनूनंमहाबाहुःप्रियार्थंममपांडवः ॥ प्रागुदीचींदिशंराजंस्तान्याहर्तु मितोगतः १५ उक्तस्त्वेवंतयाराजायमाविदमथाब्रवीत् ॥ गच्छामसहितास्तूर्णंयेनयातोवृकोदरः १६ वहंतुराक्षसाविप्रान्यथाश्रांतान्यथाकृशान् ॥ त्वमप्यमरसंका शवहकृष्णांघटोत्कच १७ व्यक्तंदूरमितोभीमःप्रविष्टइतिमेमतिः ॥ चिरंचतस्यकालोयंसचवायुसमोजवे १८ तरस्वीवैनतेयस्यसदृशोभुविलंघने ॥ उत्पतेदपिचाका शंनिपतेच्चयथेच्छकम् १९ तमन्वियामभवतांप्रभावाद्रजनीचराः ॥ पुरासनापराध्नोतिसिद्धानांब्रह्मवादिनाम् २० तथेत्युक्त्वातुतेसर्वेहैडिंबप्रमुखास्तदा ॥ उद्देशज्ञाःकुबेरस्यनलिन्याभरतर्षभ २१ आदायपांडवांश्चैवतांश्चविप्राननेकशः ॥ लोमशेनैवसहिताःप्रययुःप्रीतमानसाः २२ तेसर्वेत्वरितागत्वाददृशुःशुभकान नाम् ॥ पद्मसौगंधिकवतींनलिनींसुमनोरमाम् २३

४ । ५ । ६ । ७ स्वभ्यग्रःसुतरामासन्नः पराक्रमःपराक्रमकालः ८ । ९ । १० । ११ । १२ । १३ । १४ । १५ । १६ । १७ । १८ । १९ । २० उद्देशज्ञाःस्थलज्ञाः २१ । २२ । २३

२४ । २५ । २६ । २७ । २८ । २९ । ३० । ३१ । ३२ । ३३ । ३४ ॥ इत्यारण्यकेपर्वणि नैलकंठीये भारतभावदीपे पंचपंचाशदधिकशततमोऽध्यायः ॥ १५५ ॥ ॥ तस्मिन्निति १ । २

तंचभीमंमहात्मानंतस्यास्तीरेमनस्विनम् ॥ दशर्शुर्निहतांश्चैवयक्षांश्चविपुलेक्षणान् २४ भिन्नकायाक्षिबाहूरूनूसंचूर्णितशिरोधरान् ॥ तंचभीमंमहात्मानंतस्यास्ती
रेव्यवस्थितम् २५ सक्रोधंस्तब्धनयनंसंदष्टदशनच्छदम् ॥ उद्यम्यचगदांदोर्भ्यांनदीतीरेष्ववस्थितम् २६ प्रजासंक्षेपसमयेदंडहस्तमिवांतकम् ॥ तंदृष्ट्वाधर्मराजस्तुप
रिष्वज्यपुनःपुनः २७ उवाचश्लक्ष्णयावाचाकौंतेयकिमिदंकृतम् ॥ साहसंबतभद्रंतेदेवानामथचाप्रियम् २८ पुनरेवंनकर्तव्यंममवेदिच्छसिप्रियम् ॥ अनुशिष्यतुकौं
तेयंपद्मानिपरिगृह्यच २९ तस्यामेवनलिन्यांतुविजह्रुरमरोपमाः ॥ एतस्मिन्नेवकालेतुप्रगृहीतशिलायुधाः ३० प्रादुरासन्महाकायास्तस्योद्यानस्यरक्षिणः ॥ तेदृष्ट्वा
धर्मराजानंमहर्षिंचापिलोमशम् ३१ नकुलंसहदेवंचतथान्यान्ब्राह्मणर्षभान् ॥ विनयेननताःसर्वेप्रणिपत्यचभारत ३२ सांत्विताधर्मराजेनप्रसेदुःक्षणदाचराः ॥
विदिताश्चकुबेरस्यतत्रतेकुरुपुंगवाः ३३ ऊषुर्नातिचिरंकालंरममाणाःकुरूद्वहाः ॥ प्रतीक्षमाणाबीभत्सुंगंधमादनसानुषु ३४ ॥ इतिश्रीमहाभारतेआरण्यकेपर्व
णितीर्थयात्रापर्वणिलोमशतीर्थयात्रायांसौगंधिकाहरणेपंचपंचाशदधिकशततमोऽध्यायः १५५ ॥ ॥ ॥ वैशंपायनउवाच ॥ ॥ तस्मिन्निवसमानो
ऽथधर्मराजोयुधिष्ठिरः ॥ कृष्णयासहितान्भ्रातॄन्नित्युवाचसहद्विजान् १ दृष्टानितीर्थान्यस्माभिःपुण्यानिचशिवानिच ॥ मनसोह्लादनीयानिवनानिचपृथक्पृथक् २ देवैः
पूर्वंविचीर्णानिमुनिभिश्चमहात्मभिः ॥ यथाक्रमविशेषेणद्विजैःसंपूजितानिच ३ ऋषीणांपूर्वचरितंतथाकर्मविचेष्टितम् ॥ राजर्षीणांचचरितंकथाश्चविविधाःशुभाः ४
शृण्वानास्तत्रतत्रस्मआश्रमेषुशिवेषुच ॥ अभिषेकंद्विजैःसार्धंकृतवंतोविशेषतः ५ अर्चिताःसततंदेवाःपुष्पैरद्भिःसदाचवः ॥ यथालब्धैर्मूलफलैःपितरश्चापितर्पिताः
६ पर्वतेषुचरम्येषुसर्वेषुचसरस्सुच ॥ उदधौचमहापुण्येसूपस्पृष्टंमहात्मभिः ७ इलासरस्वतीसिंधुर्यमुनानर्मदातथा ॥ नानातीर्थेषुरम्येषुसूपस्पृष्टंसहद्विजैः ८ गंगाद्वा
रमतिक्रम्यबहवःपर्वताःशुभाः ॥ हिमवान्पर्वतश्चैवनानाद्विजगणायुतः ९ विशालाबदरीदृष्टानरनारायणाश्रमः ॥ दिव्यपुष्करिणीदृष्टासिद्धदेवर्षिपूजिता १० यथा
क्रमविशेषेणसर्वाण्यायतनानिच ॥ दर्शितानिद्विजश्रेष्ठालोमशेनमहात्मना ११ इमंवैश्रवणावासंपुण्यंसिद्धनिषेवितम् ॥ कथंभीमगमिष्यामोगतिरंतरधीयताम् १२
॥ वैशंपायनउवाच ॥ एवंब्रुवतिराजेंद्रेवागुवाचाशरीरिणी ॥ नशक्योदुर्गमोगंतुमितोवैश्रवणाश्रमात् १३ अनेनैवपथाराजन्प्रतिगच्छयथागतम् ॥ नरनारायणस्था
नंबदरीत्यभिविश्रुतम् १४ तस्माद्यास्यसिकौंतेयसिद्धचारणसेवितम् ॥ बहुपुष्पफलंरम्यमाश्रमंवृषपर्वणः १५ अतिक्रम्यचतंपार्थत्वार्ष्टिषेणाश्रमेवसेः ॥ ततोद्रक्ष्य
सिकौंतेयनिवेशंधनदस्यच १६ एतस्मिन्नंतरेवायुर्दिव्यगंधवहःशुचिः ॥ सुखप्रह्लादनःशीतःपुष्पवर्षंववर्षच १७ श्रुत्वातुदिव्यामाकाशाद्वाचंसर्वेविसिस्मियुः ॥ ऋषी
णांब्राह्मणानांचपार्थिवानांविशेषतः १८

३ । ४ । ५ । ६ । ७ । ८ । ९ । १० । ११ गतिरंतरधीयतां अंतर्गतिःकुबेरभवनेप्रवेशःकथंभवेदित्यधीयतांविचार्यतां १२ इतोहेतोर्वैश्रवणाश्रमात् प्रतिगच्छपरावर्तस्व १३ । १४ । १५ । १६ । १७ । १८

१९ । २० । २१ ॥ ॥ इत्यारण्यकेपर्वणि नैलकंठीये भारतभावदीपे षट्पंचाशदधिकशततमोऽध्यायः ॥ १५६ ॥ ॥ तत्रस्तानिति १ । २ जहारधर्मादीनांमनोहृतवान् उत्तमोऽस्मीतिब्रुवन् ३

श्रुत्वातन्महदाश्चर्यंद्विजोधौम्योऽब्रवीत्तदा ॥ नशक्यमुत्तरंवक्तुमेवंभवतुभारत १९ ततोयुधिष्ठिरोराजाप्रतिजग्राहतद्वचः ॥ प्रत्यागम्यपुनस्तंतुनरनारायणाश्रमम् २० भीमसेनादिभिःसर्वैर्भ्रातृभिःपरिवारितः ॥ पांचाल्याब्राह्मणाश्चैवन्यवसंतसुखंतदा २१ ॥ इतिश्रीमहाभारतेआरण्यकेपर्वणितीर्थयात्रापर्वणिलोमशतीर्थयात्रायांपुनर्नारायणाश्रमागमनेषट्पंचाशदधिकशततमोऽध्यायः १५६ ॥ ॥ समाप्तंचेदंतीर्थयात्रापर्व ॥ ॥ अथजटासुरवधपर्व ॥ वैशंपायनउवाच ॥ ततस्तान्परिविश्वस्तान्वसतस्तत्रपांडवान् ॥ पर्वतेंद्रेद्विजैःसार्धंपार्थागमनकांक्षया १ गतेषुतेषुरक्षःसुभीमसेनात्मजेऽपिच ॥ रहितान्भीमसेनेनकदाचित्तान्यदृच्छया २ जहारधर्मराजानंयमौकृष्णांचराक्षसः ॥ ब्राह्मणोमंत्रकुशलःसर्वशास्त्रविदुत्तमः ३ इतिब्रुवन्पांडवेयान्पर्युपास्तेस्मनित्यशः ॥ परीप्समानःपार्थानांकलापानिधनूंषिच ४ अंतरंसंपरिप्रेप्सुर्द्रौपद्याहरणंप्रति ॥ दुष्टात्मापापबुद्धिःसनाम्नाख्यातोजटासुरः ५ पोषणंतस्यराजेंद्रचक्रेपांडवनंदनः ॥ बुबुधेनचतंपार्थोभस्मच्छन्नमिवानलम् ६ सभीमसेनेनिष्क्रांतेमृगयार्थमरिंदम ॥ घटोत्कचंसानुचरंदृष्ट्वाविप्रद्रुतंदिशः ७ लोमशप्रभृतींस्तांस्तुमहर्षींश्चसमाहितान् ॥ स्नातुंविनिर्गतान्दृष्ट्वापुष्पार्थंचतपोधनान् ८ रूपमन्यत्समास्थायविकृतंभैरवंमहत् ॥ गृहीत्वासर्वशस्त्राणिद्रौपदींपरिगृह्यच ९ प्रातिष्ठतसदुष्टात्मात्रीन्गृहीत्वाचपांडवान् ॥ सहदेवस्तुयत्नेनततोऽपक्रम्यपांडवः १० विक्रम्यकौशिकंखड्गंमोक्षयित्वाग्रहंरिपोः ॥ आक्रंदद्भीमसेनंवैयेनयातोमहाबलः ११ तमब्रवीद्धर्मराजोह्रियमाणोयुधिष्ठिरः ॥ धर्मस्तेहीयतेमूढनतत्त्वंसमवेक्षसे १२ येऽन्येकेचिन्मनुष्येषुतिर्यग्योनिगताश्चये ॥ धर्मंतेसमवेक्षंतेरक्षांसिचविशेषतः १३ धर्मस्यराक्षसामूलंधर्मंतेविदुरुत्तमम् ॥ एतत्परीक्ष्यसर्वंत्वंसमीपेस्थातुमर्हसि १४ देवाश्चऋषयःसिद्धाःपितरश्चापिराक्षस ॥ गंधर्वोरगरक्षांसिवयांसिपशवस्तथा १५ तिर्यग्योनिगताश्चैवअपिकीटपिपीलिकाः ॥ मनुष्यानुपजीवंतितततस्त्वमपिजीवसि १६ समृद्ध्यायस्यलोकस्यलोकोयुष्माकमृध्यति ॥ इमंचलोकंशोचंतमनुशोचंतिदेवताः १७ पूज्यमानाश्चवर्धंतेहव्यकव्यैर्यथाविधि ॥ वयंराष्ट्रस्यगोप्तारोरक्षितारश्चराक्षस १८ राष्ट्रस्यारक्ष्यमाणस्यकुतोभूतिःकुतःसुखम् ॥ नचराजाऽवमंतव्योरक्षसाजात्वनागसि १९ अणुरप्यपचारश्चनास्त्यस्माकंनराशन ॥ विघसाशान्यथाशक्त्याकुर्महेदेवतादिषु २० गुरूंश्चब्राह्मणांश्चैवप्रमाणप्रवणाःसदा ॥ द्रोग्धव्यंनचमित्रेषुनविश्वस्तेषुकर्हिचित् २१ येषांचान्नानिभुंजीतयत्रचस्यात्प्रतिश्रयः ॥ सत्वंप्रतिश्रयेऽस्माकंपूज्यमानःसुखोषितः २२ भुक्त्वाचान्नानिदुष्प्रज्ञकथमस्मान्जिहीर्षसि ॥ एवमेवत्वमाचारोवृथावृद्धोवृथामतिः २३

कलापानिनिषंगादीनि ४ । । ५ । ६ । ७ । ८ । ९ कौशिकंकोशादागतंग्रहंग्रहणं १० । ११ । १२ १३ । १४ । १५ । १६ युष्माकंदेवासुरादीनांऋध्यति ऋच्छतीतिपाठेवृद्धिंगच्छति १७ । १८ । १९ ॥१२६॥ विघसाशान् देवासुरब्राह्मणादिशेषान्नंविघसंतस्यआशोभोजनंयेषांतान् २० । २१ । प्रतिश्रयोगृहं २२ । २३

नभविष्यसिमरिष्यसि २४ । २५ । २६ । २७ । २८ । २९ । ३० सत्कृत्यं साधुकार्यं ३१ । ३२ । ३३ राक्षसेइतिमूर्यास्तात्प्रागयंमरिष्यतीत्यर्थः ३४ तिष्ठस्वस्थिरोभव ३५ । ३६ । ३७ । ३८

वृथामरणमर्हश्चवृथाऽद्यनभविष्यसि ॥ अथचेद्दुष्टबुद्धिस्त्वंसर्वैर्धर्मैर्विवर्जितः २४ प्रदायशस्त्राण्यस्माकंयुद्धेनद्रौपदींहर ॥ अथचेत्त्वमविज्ञानादिदंकर्मकरिष्यसि २५
अधर्मंचाप्यकीर्तिंचलोकेप्राप्स्यसिकेवलम् ॥ एतामद्यपरामृश्यस्त्रियंराक्षसमानुषीम् २६ विषमेतत्समालोड्यकुंभेनप्राशितंत्वया ॥ ततोयुधिष्ठिरस्तस्यगुरुकः[1]समप
द्यत २७ सतुभाराभिभूतात्मानतथाशीघ्रगोऽभवत् ॥ अथाब्रवीद्द्रौपदींचनकुलंचयुधिष्ठिरः २८ माभैष्टराक्षसान्मूढाद्गतिरस्यमयाहृता ॥ नातिदूरेमहाबाहुर्भवितापव
नात्मजः २९ अस्मिन्मुहूर्तेसंप्राप्तेनभविष्यतिराक्षसः ॥ सहदेवस्तुतंदृष्ट्वाराक्षसंमूढचेतसम् ३० उवाचवचनंराजन्कुंतीपुत्रंयुधिष्ठिरम् ॥ राजन्किंनामसत्कृत्यंक्षत्रिय
स्यास्त्यतोऽधिकम् ३१ यद्युद्धेऽभिमुखःप्राणांस्त्यजेच्छत्रुंजयेतवा ॥ एषचास्मान्वयंचैनंयुध्यमानाःपरंतप ३२ सूदयेममहाबाहोदेशकालोह्ययंनृप ॥ क्षत्रधर्मस्य
संप्राप्तःकालःसत्यपराक्रमः ३३ जयंतोहन्यमानावाप्राप्तुमर्हामसद्गतिम् ॥ राक्षसेजीवमानेऽद्यरविरस्तमियाद्यदि ३४ नाहंब्रूयांपुनर्जातुक्षत्रियोऽस्मीतिभारत ॥ भो
भोराक्षसतिष्ठस्वसहदेवोऽस्मिपांडवः ३५ हत्वावामांनयस्वैनांहतोवाऽद्येहस्वप्स्यसि ॥ तदाब्रुवतिमाद्रेयेभीमसेनोयदृच्छया ३६ प्रत्यदृश्यद्गदाहस्तःसवज्रइववासवः ॥
सोऽपश्यद्भ्रातरौतत्रद्रौपदींचयशस्विनीम् ३७ क्षितिस्थंसहदेवंचक्षिपंतंराक्षसंतदा ॥ मार्गाच्चराक्षसंमूढंकालोपहतचेतसम् ३८ भ्रमंतंतत्रतत्रैवदैवेनविनिवारितम् ॥
भ्रातॄंस्तान्ह्रियतोदृष्ट्वाद्रौपदींचमहाबलः ३९ क्रोधमाहारयद्भीमोराक्षसंचेदमब्रवीत् ॥ विज्ञातोऽसिमयापूर्वंपापःशस्त्रपरीक्षणे ४० आस्थातुत्वयिमेनास्तियतोऽसिन
हतस्तदा ॥ ब्रह्मरूपप्रतिच्छन्नोननोवदसिचाप्रियम् ४१ प्रियेषुरममाणंत्वांनचैवाप्रियकारिणम् ॥ अतिथिंब्रह्मरूपंचकथंहन्यामनागसम् ४२ राक्षसंजानमानोऽपि
योहन्यान्नरकंव्रजेत् ॥ अपक्वस्यचकालेनवधस्तवनविद्यते ४३ नूनमद्यासिसंपक्वोयथातेमतिरीदृशी ॥ दत्ताकृष्णापहरणेकालेनाद्भुतकर्मणा ४४ बडिशोऽयंत्वयाग्र
स्तःकालसूत्रेणलंबितः ॥ मत्स्योंऽभसीवस्यूतास्यःकथमद्यभविष्यसि ४५ यंचासिप्रस्थितोदेशंमनःपूर्वंगतंचते ॥ नतंगंताऽसिगंतासिमार्गंबकहिडिंबयोः ४६ एव
मुक्तस्तुभीमेनराक्षसःकालचोदितः ॥ भीतउत्सृज्यतान्सर्वान्युद्धायसमुपस्थितः ४७ अब्रवीच्चपुनर्भीमंरोषात्प्रस्फुरिताधरः ॥ नमेमूढादिशःपापत्वदर्थंमेविलंबितम्
४८ श्रुतामेराक्षसायेयेत्वयाविनिहतारणे ॥ तेषामद्यकरिष्यामितवास्रेणोदकक्रियाम् ४९ एवमुक्तस्ततोभीमःसृक्किणीपरिसंलिहन् ॥ स्मयमानइवक्रोधात्साक्षात्का
लांतकोपमः ५० बाहुसंरंभमेवेक्षन्नभिदुद्रावराक्षसम् ॥ राक्षसोऽपितदाभीमंयुद्धार्थिनमवस्थितम् ५१

ह्रियतोह्रियमाणान् ३९ । ४० आस्थात्वन्मारणेआदरः ४१ । ४२ । ४३ । ४४ बडिशोमत्स्यवेधनं भविष्यसिजीविष्यसि ४५ । ४६ । ४७ । ४८ अस्रेणलोहितेन ४९ । ५० बाहुसंरभ्येतेआस्फोट्येते यस्यांक्रियायांयथास्यात्तथाबाहुसंरंभम् ५१

१ गुरुकःभारवान् ।

५२।५३ । ५४ । ५५ । ५६ । ५७ । ५८ । ५९ । ६० आविध्यभ्रामयित्वा ६१ मुंजीकृताःरज्ज्वर्थंमुंजवज्जर्जरीकृताः ६२ महाभ्रैरिवेत्यभूतोपमा ६३ । ६४।६५ । ६६ शिरोधरांग्रीवां ६७ अभ्यवर्तता

मुहुर्मुहुर्व्यादंदानःसृक्किणीपरिसंलिहन् ॥ अभिदुद्राव संरब्धोबलिर्वज्रधरंयथा ५२ वर्तमानेतदाताभ्यांबाहुयुद्धेसुदारुणे ॥ माद्रीपुत्रावतिक्रुद्धावुभावप्यभ्यधावताम् ५३ न्यवारयत्तौप्रहसन्कुंतीपुत्रोवृकोदरः ॥ शक्तोऽहंराक्षसस्येतिप्रेक्षध्वमितिचाब्रवीत् ५४ आत्मनाभ्रातृभिश्चैवधर्मेणसुकृतेनच ॥ इष्टेनचशपेराजन्सूदयिष्यामि राक्षसम् ५५ इत्येवमुक्त्वातौवीरौस्पर्धमानौपरस्परम् ॥ बाहुभ्यांसमसज्जेतामुभौरक्षोवृकोदरौ ५६ तयोरासीत्संप्रहारःक्रुद्धयोर्भीमरक्षसोः ॥ अमृष्यमाणयोःसंख्ये देवदानवयोरिव ५७ आरुज्यारुज्यतौवृक्षानन्योन्यमभिजघ्नतुः ॥ जीमूताविवगर्जंतौनिनदंतौमहाबलौ ५८ बभंजतुर्महावृक्षानूरुभिर्बलिनांवरौ ॥ अन्योन्येनाभिसं रब्धौपरस्परवधैषिणौ ५९ तद्वृक्षयुद्धमभवन्महीरुहविनाशनम् ॥ वालिसुग्रीवयोर्भ्रात्रोःपुरास्त्रीकांक्षिणोर्यथा ६० आविध्याविध्यतौवृक्षान्मुहूर्तमितरेतरम् ॥ ताडयामासतुरुभौविनदंतौमुहुर्मुहुः ६१ तस्मिन्देशेयदावृक्षाःसर्वएवनिपातिताः ॥ मुंजीकृताश्चशतशःपरस्परवधेप्सया ६२ ततःशिलाःसमादायमुहूर्तमिवभारत ॥ महाभ्रैरिवशैलेंद्रौयुयुधातेमहाबलौ ६३ शिलाभिरुग्ररूपाभिर्बृहतीभिःपरस्परम् ॥ वज्रैरिवमहावेगैराजघ्नतुरमर्षणौ ६४ अभिद्रुत्यचभूयस्तावन्योन्यबलदर्पितौ ॥ भुजाभ्यांपरिगृह्याथचकर्षातेगजाविव ६५ मुष्टिभिश्चमहाघोरैरन्योन्यमभिजघ्नतुः ॥ ततःकटकटाशब्दोबभूवसुमहात्मनोः ६६ ततःसंहृत्यमुष्टिंतुपंचशीर्षमिवो रगम् ॥ वेगेनाभ्यहनद्भीमोराक्षसस्यशिरोधराम् ६७ ततःश्रांतंतुतद्रक्षोभीमसेनभुजाहतम् ॥ सुपरिश्रांतमालक्ष्यभीमसेनोऽभ्यवर्तत ६८ ततएनंमहाबाहुर्बाहुभ्या ममरोपमः ॥ समुत्क्षिप्यबलाद्भीमोविनिष्पिष्यमहीतले ६९ तस्यगात्राणिसर्वाणिचूर्णयामासपांडवः ॥ अरत्निनाचाभिहत्यशिरःकायादपाहरत् ७० संदष्टोष्ठंविवृ त्ताक्षंफलंवृक्षादिवच्युतम् ॥ जटासुरस्यतुशिरोभीमसेनबलाद्धृतम् ७१ पपातरुधिरादिग्धंसंदष्टदशनच्छदम् ॥ तंनिहत्यमहेष्वासोयुधिष्ठिरमुपागमत् ॥ स्तूयमानो द्विजाग्र्यैस्तुमरुद्भिरिववासवः ७२ ॥ इतिश्रीमहाभारतेआरण्यकेपर्वणितीर्थयात्रापर्वणिलोमशतीर्थयात्रायांसप्तपंचाशदधिकशततमोऽध्यायः ॥ १५७ ॥ ॥ ॥

॥ समाप्तंचजटासुरवधपर्व ॥ अथयक्षयुद्धपर्व ॥ वैशंपायनउवाच ॥ निहतेराक्षसेतस्मिन्पुनर्नारायणाश्रमम् ॥ अभ्येत्यराजाकौंतेयोनिवासमकरोत्प्रभुः १ ससमा नीयतान्सर्वान्भ्रातॄन्नित्यब्रवीद्वचः ॥ द्रौपद्यासहितान्कालेसंस्मरन्भ्रातरंजयम् २ समाश्चतस्रोऽभिगताःशिवेनचरतांवने ॥ कृतोद्देशःसबीभत्सुःपंचमीमभितःस मामू ३ प्राप्यपर्वतराजानंश्वेतंशिखरिणांवरम् ॥ पुष्पितैर्द्रुमषंडैश्चमत्तकोकिलषट्पदैः ४ मयूरैश्चातकैश्चापिनित्योत्सवविभूषितम् ॥ व्याघ्रैर्वराहैर्महिषैर्गवयैर्हरिणै स्तथा ५ श्वापदैर्व्यालरूपैश्चरुरुभिश्चनिषेवितम् ॥ फुल्लैःसहस्रपत्रैश्चशतपत्रैस्तथोत्पलैः ६

धिकोत्साहवानभूत् ६८ । ६९ अरत्निनातलप्रहारेणेत्यर्थः ७० । ७१ । ७२ ॥ इत्यारण्यकेपर्वणि नैलकंठीये भारतभावदीपे सप्तपंचाशदधिकशततमोऽध्यायः ॥ १५७ ॥ ॥ निहतेइति १ जयमर्जुनम् २ कृतोद्देशःपंचमेवर्षेमयाऽवश्यमागंतव्यमितिकृतसंकेतः ३ श्वेतंकैलासम् ४ । ५ । ६

७ तत्रापि देशे अस्माभिरितिशेषः उद्देशः कृतः संधिरार्षः ८ । ९ । १० । ११ सुखोदर्कंसुखोदयम् १२ । १३ । १४ । १५ । १६ श्वेतंहिमाचलम् १७ । १८ । १९ । २० । २१ । २२ । २३ । २४

प्रफुल्लैःकमलैश्चैवतथानीलोत्पलैरपि ॥ महापुण्यंपवित्रंचसुरासुरनिषेवितम् ७ तत्रापिचकृतोद्देशःसमागमदिदृक्षुभिः ॥ कृतश्चसमयस्तेनपार्थेनामिततेजसा ८
पंचवर्षाणिवत्स्यामिविद्यार्थीतिपुरामयि ॥ अत्रगांडीवधन्वानमवाप्तास्त्रमरिंदमम् ९ देवलोकादिमंलोकंद्रक्ष्यामःपुनरागतम् ॥ इत्युक्त्वाब्राह्मणान्सर्वानामंत्रयत
पांडवः १० कारणंचैवतत्तेषामाचचक्षेतपस्विनाम् ॥ तानुग्रतपसःप्रीतान्कृत्वापार्थाःप्रदक्षिणाम् ११ ब्राह्मणास्तेऽन्वमोदंतशिवेनकुशलेनच ॥ सुखोदर्कमिमंक्लेश
मचिराद्भरतर्षभ १२ क्षत्रधर्मेणधर्मज्ञतीर्त्वागांपालयिष्यसि ॥ तत्तुराजावचस्तेषांप्रतिगृह्यतपस्विनाम् १३ प्रतस्थेसहविप्रैस्तैर्भ्रातृभिश्चपरंतपः ॥ राक्षसैरनुयातोवै
लोमशेनाभिरक्षितः १४ क्वचित्पद्भ्यांततोऽगच्छद्राक्षसैरुह्यतेक्वचित् ॥ तत्रतत्रमहातेजाभ्रातृभिःसहसुव्रतः १५ ततोयुधिष्ठिरोराजाबहून्क्लेशान्विचिंतयन् ॥
सिंहव्याघ्रगजाकीर्णामुदीचींप्रययौदिशम् १६ अवेक्षमाणःकैलासंमैनाकंचैवपर्वतम् ॥ गंधमादनपादांश्चश्वेतंचापिशिलोच्चयम् १७ उपर्युपरिशैलस्यबह्वीश्चसरितः
शिवाः ॥ पृष्ठंहिमवतःपुण्यंययौसप्तदशेऽहनि १८ ददृशुःपांडवाराजन्गंधमादनमंतिकात् ॥ पृष्ठेहिमवतःपुण्येनानाद्रुमलतावृते १९ सलिलावर्तसंजातैःपु
ष्पितैश्चमहीरुहैः ॥ समावृतंपुण्यतममाश्रमंवृषपर्वणः २० तमुपागम्यराजर्षिंधर्मात्मानमरिंदमाः ॥ पांडवावृषपर्वाणमवंदंतगतक्लमाः २१ अभ्यनंदत्स
राजर्षिःपुत्रवद्भरतर्षभान् ॥ पूजिताश्चावसंस्तत्रसप्तरात्रमरिंदमाः २२ अष्टमेऽहनिसंप्राप्तेतमृषिंलोकविश्रुतम् ॥ आमंत्र्यवृषपर्वाणंप्रस्थानंप्रत्यरोचयन् २३ एकैकश
श्चतान्विप्रान्निवेद्यवृषपर्वणि ॥ न्यासभूतान्यथाकालंबंधूनिवसुसत्कृतान् २४ पारिबर्हंचतंशेषंपरिदायमहात्मने ॥ ततस्तेयज्ञपात्राणिरत्नान्याभरणानिच २५
न्यदधुःपांडवाराजन्नाश्रमेवृषपर्वणः ॥ अतीतानागतेविद्वान्कुशलःसर्वधर्मवित् २६ अन्वशासत्सधर्मज्ञःपुत्रवद्भरतर्षभान् ॥ तेऽनुज्ञातामहात्मानःप्रययुर्दिशमुत्तराम्
२७ तान्प्रस्थितानभ्यगच्छद्वृषपर्वामहीपतिः ॥ उपन्यस्यमहातेजाविप्रेभ्यःपांडवांस्तदा २८ अनुसंसार्यकौंतेयानाशीर्भिरभिनंद्यच ॥ वृषपर्वानिववृतेपंथानमुप
दिश्यच २९ नानामृगगणैर्जुष्टंकौंतेयःसत्यविक्रमः ॥ पदातिर्भ्रातृभिःसार्धंप्रातिष्ठतयुधिष्ठिरः ३० नानाद्रुमनिरोधेषुवसंतःशैलसानुषु ॥ पर्वतंविविशुस्तेतंचतुर्थेऽ
हनिपांडवाः ३१ महाभ्रघनसंकाशंसलिलोपहितंशुभम् ॥ मणिकांचनरूप्यस्यशिलनांचसमुच्चयान् ३२ तेसमासाद्यपंथानंयथोक्तंवृषपर्वणा ॥ अनुसस्रुर्यथोद्देशंपश्यं
तोविविधान्नगान् ३३ उपर्युपरिशैलस्यगुहाःपरमदुर्गमाः ॥ सुदुर्गमांस्तेसुबहून्सुखेनैवाभिचक्रमुः ३४ धौम्यःकृष्णाचपार्थाश्चलोमशश्चमहानृषिः ॥ अगच्छन्स
हितास्तत्रनकश्चिदवहीयते ३५ तेमृगद्विजसंघुष्टंनानाद्रुमलतायुतम् ॥ शाखामृगगणैश्चैवसेवितंसुमनोरमम् ३६ पुण्यंपद्मसरोयुक्तंसपल्वलमहावनम् ॥
उपतस्थुर्महाभागामाल्यवंतंमहागिरिम् ३७

२५ । २६ । २७ उपन्यस्यनिवेद्य २८ अनुसंसार्यअनुगम्य २९ । ३० । ३१ । ३२ । ३३ । ३४ । ३५ । ३६ । ३७

३८ । ३९ । ४० । ४१ । ४२ । ४३ । ४४ । ४५ काश्मरीगंभारी ४६ क्षीरिकाराजादना ४७ । ४८ । ४९ । ५० । ५१ । ५२ । ५३ । ५४ । ५५ । ५६ तामरसानां रक्तोत्पलानां रस एवआसवो

ततःकिंपुरुषावासंसिद्धचारणसेवितम् ॥ ददृशुर्हृष्टरोमाणःपर्वतंगंधमादनम् ३८ विद्याधरानुचरितंकिन्नरीभिस्तथैवच ॥ गजसंघसमावासंसिंहव्याघ्रगणायुतम् ३९ शरभोन्नादसंघुष्टंनानामृगनिषेवितम् ॥ तेगंधमादनवनंतन्नंदनवनोपमम् ४० मुदिताःपांडुतनयामनोहृदयनंदनम् ॥ विविशुःक्रमशोवीराःशरण्यंशुभकाननम् ४१ द्रौपदीसहितावीरास्तैश्चविप्रैर्महात्मभिः ॥ शृण्वंतःप्रीतिजननान्वल्गून्मदकलान्शुभान् ४२ श्रोत्ररम्यान्सुमधुरान्शब्दान्खगमुखेरितान् ॥ सर्वर्तुफलभाराढ्यान्सर्वर्तुकुसुमोज्ज्वलान् ४३ पश्यंतःपादपांश्चापिफलभारावनामितान् ॥ आम्रानाम्रातकान्भव्यान्नारिकेलान्सतिंदुकान् ४४ मुंजातकांस्तथाजीरान्दाडिमान्बीजपूरकान् ॥ पनसाँल्लकुचान्मोचान्खर्जूरानम्लवेतसान् ४५ पारावतांस्तथाक्षौद्रान्नीपांश्चापिमनोरमान् ॥ बिल्वान्कपित्थान्जंबूंश्चकाश्मरीर्बदरीस्तथा ४६ प्लक्षानुदुंबरवटानश्वत्थान्क्षीरिकास्तथा ॥ भल्लातकानामलकीर्हरीतकबिभीतकान् ४७ इंगुदान्करमर्दांश्चतिंदुकांश्चमहाबलान् ॥ एतानन्यांश्चविविधान्गंधमादनसानुषु ४८ फलैरमृतकल्पैस्तानाचितान्स्वादुभिस्तरून् ॥ तथैवचंपकाशोकान्केतकान्बकुलांस्तथा ४९ पुन्नागान्सप्तपर्णांश्चकर्णिकारान्सकेतकान् ॥ पाटलान्कुटजान्रम्यान्मंदारेंदीवरांस्तथा ५० पारिजातान्कोविदारान्देवदारुद्रुमांस्तथा ॥ शालांस्तालांस्तमालांश्चपिप्पलान्हिंगुकांस्तथा ५१ शाल्मलीःकिंशुकाशोकान्शिंशपाःसरलांस्तथा ॥ चकोरैःशतपत्रैश्चभृंगराजैस्तथाशुकैः ५२ कोकिलैःकलविंकैश्चहारितैर्जीवजीवकैः ॥ प्रियकैश्चातकैश्चैवतथाऽन्यैर्विविधैःखगैः ५३ श्रोत्ररम्यंसुमधुरंकूजद्भिश्चाप्यधिष्ठितान् ॥ सरांसिचमनोज्ञानिसमंताज्जलचारिभिः ५४ कुमुदैःपुंडरीकैश्चतथाकोकनदोत्पलैः ॥ कल्हारैःकमलैश्चैवआचितानिसमंततः ५५ कादंबैश्चक्रवाकैश्चकुररैर्जलकुक्कुटैः ॥ कारंडवैःप्लवैर्हंसैर्बकैर्मद्गुभिरेवच ५६ एतैश्चान्यैश्चकीर्णानिसमंताज्जलचारिभिः ॥ हृष्टैस्तथातामरसरसासवमदालसैः ५७ पद्मोदरच्युतरजःकिंजल्कारुणरंजितैः ॥ मंजुस्वरैर्मधुकरैर्विरुतान्कमलाकरान् ५८ अपश्यंस्तेनरव्याघ्रागंधमादनसानुषु ॥ तथैवपद्मषंडैश्चमंडितांश्चसमंततः ५९ शिखंडिनीभिःसहितान्लतामंडलकेषुच ॥ मेघतूर्यरवोद्दाममदनाकुलितान्भृशम् ६० कृत्वैवकेकामधुरंसंगीतंमधुरस्वरम् ॥ चित्रान्कलापान्विस्तीर्यसविलासान्मदालसान् ६१ मयूरान्ददृशुर्हृष्टान्नृत्यतोवनलालसान् ॥ कांश्चित्प्रियाभिःसहितान्रममाणान्कलापिनः ६२ वल्लीलतासंकटेषुकुटजेषुस्थितांस्तथा ॥ कांश्चिच्चकुटजानांतुविटपेषूत्कटानिव ६३ कलापरुचिराटोपनिचितान्मुकुटानिव ॥ विवरेषुतरूणांचरुचिरान्ददृशुश्चते ६४ सिंधुवारांस्तथोदारान्मन्मथस्येवतोमरान् ॥ सुवर्णवर्णकुसुमान्गिरीणांशिखरेषुच ६५ कर्णिकारान्विकसितान्कर्णपूरानिवोत्तमान् ॥ तथाऽपश्यन्कुरबकान्वनराजिषुपुष्पितान् ६६

मद्यंतज्जेनमदेनअलसाः ५७ विरुतान्विशिष्टशब्दयुतान् ५८ । ५९ । ६० । ६१ । ६२ कुटजेषुवृक्षविशेषेषुवल्लीनांलताप्रतानांनितैःसंकटेषुकुंजीकृतेषु ६३ । ६४ सिंधुवारान् पुष्पविशेषान् ६५ । ६६

कामवश्यानांनराणामौत्सुक्यकरान् ६७ । ६८ । ६९ । ७० । ७१ स्फाटिकाभानिनिर्मलानि सारसानामभिरुतंचयेषुतानिसरांसीत्युत्तरेणान्वयः ७२ । ७३ । ७४ । ७५ । ७६ हेभीम ७७ । ७८ । ७९

कामवश्यौत्सुक्यकरान्कामस्यैवशरोत्करान् ॥ तथैववनराजीनामुदारान्रचितानिव ६७ विराजमानांस्तेऽपश्यंस्तिलकांस्तिलकानिव ॥ तथाऽनंगशराकारान्सह कारान्मनोरमान् ६८ अपश्यन्भ्रमरारावान्मंजरीभिर्विराजितान् ॥ हिरण्यसदृशैः पुष्पैर्दावाग्निसदृशैरपि ६९ लोहितैरंजनाभैश्चवैदूर्यसदृशैरपि ॥ अतीवदृक्षाराजंते पुष्पिताःशैलसानुषु ७० तथाशालांस्तमालांश्चपाटलाबकुलानपि ॥ मालाइवसमासक्ताःशैलानांशिखरेषुच ७१ विमलस्फाटिकाभानिपांडुरच्छदनैर्द्विजैः ॥ कलहंसैरुपेतानिसारसाभिरुतानिच ७२ सरांसिबहुशःपार्थाःपश्यंतःशैलसानुषु ॥ पद्मोत्पलविमिश्राणिसुखशीतजलानिच ७३ एवंक्रमेणतेवीरावीक्षमाणाःसमंततः ॥ गंधवंत्यथमाल्यानिरसवंतिफलानिच ७४ सरांसिचमनोज्ञानिवृक्षांश्चातिमनोरमान् ॥ विविशुःपांडवाःसर्वेविस्मयोत्फुल्ललोचनाः ७५ कमलोत्पलकह्लारपुंडरीकसुगंधिना ॥ सेव्यमानावनेतस्मिन्सुखस्पर्शेनवायुना ७६ ततोयुधिष्ठिरोभीममाहेदंप्रीतिमद्वचः ॥ अहोश्रीमदिदंभीमगंधमादनकाननम् ७७ वनेह्यस्मिन्मनोरम्ये दिव्याःकाननजाद्रुमाः ॥ लताश्चविविधाकाराःपत्रपुष्पफलोपगाः ७८ भांत्येतेपुष्पविकचाःपुंस्कोकिलकुलाकुलाः ॥ नात्रकंटकिनःकेचिन्नचविद्यंत्यपुष्पिताः ॥ ७९ स्निग्धपत्रफलावृक्षागंधमादनसानुषु ॥ भ्रमरारावमधुरानलिनीःफुल्लपंकजाः ८० विलोड्यमानाःपश्येमाःकरिभिःसकरेणुभिः ॥ पश्येमांनलिनींचान्यांकमलोत्पलमालिनीम् ८१ स्रग्धरांविग्रहवतींसाक्षाच्छ्रियमिवापराम् ॥ नानाकुसुमगंधाढ्यास्तस्येमाःकाननोत्तमे ८२ उपगीयमानाभ्रमरैराजंतेवनराजयः ॥ पश्य भीमशुभान्देशान्देवाक्रीडान्समन्ततः ८३ अमानुषगतिंप्राप्ताःसंसिद्धाःस्मवृकोदर ॥ लताभिःपुष्पिताग्राभिःपुष्पिताःपादपोत्तमाः ८४ संश्लिष्टाःपार्थशोभंतेगंधमादनसानुषु ॥ शिखंडिनीभिश्चरतांसहितानांशिखंडिनाम् ८५ नदतांशृणुनिर्घोषंभीमपर्वतसानुषु ॥ चकोराःशतपत्राश्चमत्तकोकिलसारिकाः ८६ पत्रिणःपुष्पितानेतान्संपतंतिमहाद्रुमान् ॥ रक्तपीतारुणाःपार्थपादपाग्रगताःखगाः ८७ परस्परमुदीक्षंतेबहवोजीवजीवकाः ॥ हरितारुणवर्णानांशाद्वलानांसमीपतः ८८ सारसाः प्रतिदृश्यंतेशैलप्रस्रवणेष्वपि ॥ वदंतिमधुरावाचःसर्वभूतमनोरमाः ८९ भृंगराजोपचक्राश्चलोहपृष्ठाःपतत्रिणः ॥ चतुर्विषाणाःपद्माभाःकुंजराःसकरेणवः ९० एतेवैदूर्यवर्णाभंक्षोभयंतिमहत्सरः ॥ बहुतालसमुत्सेधाःशैलशृंगपरिच्युताः ९१ नानाप्रस्रवणेभ्यश्चवारिधाराःपतंतिच ॥ भास्कराभप्रभाभीमाःशारदाभ्रघनोपमाः ९२ शोभयंतिमहाशैलंनानारजतधातवः ॥ क्वचिदंजनवर्णाभाःक्वचित्कांचनसन्निभाः ९३ धातवोहरितालस्यक्वचिद्धिंगुलकस्यच ॥ मनःशिलागुहाश्चैवसंध्याभ्रनिकरोपमाः ९४ शशलोहितवर्णाभाःक्वचिद्गैरिकधातवः ॥ सितासिताभ्रप्रतिमाबालसूर्यसमप्रभाः ९५

८० नलिनींसरसींकमलोत्पलयोरवांतरजातिभेदः ८१ विग्रहवतींशरीरवतीं तस्यशैलस्य ८२ । ८३ । ८४ । ८५ । ८६ । ८७ । ८८ । ८९ भृंगराजादयःपक्षिविशेषाः चतुर्विषाणाश्चतुर्दंताः पद्माभाः श्वेताः ९० । ९१ । ९२ । ९३ । ९४ । ९५

यथोक्तंवृषपर्वणानिमित्तभूतेनउक्तंमयासुरेण तथाहि सभापर्वणिमयेनवृषपर्वकथायुधिष्ठिरंप्रतिसभाकरणप्रसंगादुक्तेत्युक्तं 'सपूर्वदेवचरितंतदातत्रविशांपते। कथयामासदैतेयःपांडुपुत्रेषुभारत' इतिसमयः पूर्वदेवोऽसुरःवृषपर्वा ९६ । ९७ । ९८ । ९९ । १०० । १०१ । १०२ । १०३ ॥ इत्यारण्यकेपर्वणि नैलकंठीये भारतभावदीपे अष्टपंचाशदधिकशततमोऽध्यायः ॥ १५८ ॥ ॥ युधिष्ठिरइति नामकीर्तयन्युधि

एतेबहुविधाःशैलंशोभयंतिमहाप्रभाः ॥ गंधर्वाःसहकांताभिर्यथोक्तंवृषपर्वणा ९६ दृश्यंतेशैलशृंगेषुपार्थकिंपुरुषैःसह ॥ गीतानांसमतालानांतथासाम्नांचनिःस्वनः ९७ श्रूयतेबहुधाभीमसर्वभूतमनोहरः महागंगामुदीक्षस्वपुण्यांदेवनदींशुभाम् ९८ कलहंसगणैर्जुष्टामृषिकिन्नरसेविताम् ॥ धातुभिश्चसरिद्भिश्चकिन्नरैर्मृगपक्षिभिः ९९ गंधर्वैरप्सरोभिश्चकाननैश्चमनोरमैः ॥ व्यालैश्चविविधाकारैःशतशीर्षैःसमंततः १०० उपेतंपश्यकौंतेयशैलराजमरिंदम ॥ वैशंपायनउवाच ॥ तेप्रीतमनसःशूराःप्राप्तागतिमनुत्तमाम् १०१ नातृप्यन्पर्वतेंद्रस्यदर्शनेनपरंतपाः ॥ उपेतमथमाल्यैश्चफलवद्भिश्चपादपैः २ आर्ष्टिषेणस्यराजर्षेराश्रमंददृशुस्तदा ॥ ततस्तेतिग्मतपसंकृशंधमनिसंततम् ॥ पारगंसर्वधर्माणामार्ष्टिषेणमुपागमन् १०३ ॥ ॥ इतिश्रीमहाभारतेआरण्यकेपर्वणियक्षयुद्धपर्वणिगंधमादनप्रवेशेअष्टपंचाशदधिकशततमोऽध्यायः ॥ १५८ ॥ ॥ ॥ ॥ वैशंपायनउवाच ॥ युधिष्ठिरस्तमासाद्यतपसादग्धकिल्बिषम् ॥ अभ्यवादयतप्रीतःशिरसानामकीर्तयन् १ ततःकृष्णाचभीमश्चयमौचसुतपस्विनौ ॥ शिरोभिःप्राप्यराजर्षिंपरिवार्योपतस्थिरे २ तथैवधौम्योधर्मज्ञःपांडवानांपुरोहितः ॥ यथान्यायमुपाक्रांतस्तमृषिंसंशितव्रतम् ३ अन्वजानात्सधर्मज्ञोमुनिर्दिव्येनचक्षुषा ॥ पांडोःपुत्रान्कुरुश्रेष्ठानास्यतामितिचाब्रवीत् ४ कुरूणामृषभंपार्थंपूजयित्वामहातपाः ॥ सहभ्रातृभिरासीनंपर्यपृच्छदनामयम् ५ नानृतेकुरुषेभावंकच्चिद्धर्मेप्रवर्तसे ॥ मातापित्रोश्चतेवृत्तिःकच्चित्पार्थनसीदति ६ कच्चित्तेगुरवःसर्वेवृद्धावैद्याश्चपूजिताः ॥ कच्चिन्नकुरुषेभावंपार्थपापेषुकर्मसु ७ सुकृतंप्रतिकर्तुंचकच्चिद्धातुंचदुष्कृतम् ॥ यथान्यायंकुरुश्रेष्ठजानासिनविकत्थसे ८ यथार्हमानिताःकच्चित्त्वयानन्दंतिसाधवः ॥ वनेष्वपिवसन्कच्चिद्धर्ममेवानुवर्तसे ९ कच्चिद्धौम्यस्त्वदाचारैर्नपार्थपरितप्यते ॥ दानधर्मतपःशौचैरार्जवेनतितिक्षया १० पितृपैतामहंवृत्तंकच्चित्पार्थानुवर्तसे ॥ कच्चिद्राजर्षियातेनपथागच्छसिपांडव ११ स्वेस्वेकिलकुलेजातेपुत्रेनप्तरिवापुनः ॥ पितरःपितृलोकस्थाःशोचंतिचहसंतिच १२ किंतस्यदुष्कृतेऽस्माभिःसंप्राप्तव्यंभविष्यति ॥ किंचास्यसुकृतेस्माभिःप्राप्तव्यमितिशोभनम् १३ पितामातातथैवाग्निर्गुरुरात्माचपंचमः ॥ यस्यैतेपूजिताःपार्थतस्यलोकावुभौजितौ १४ ॥ युधिष्ठिरउवाच ॥ भगवानार्यमाऽऽहैतद्यथावद्धर्मनिश्चयम् ॥ यथाशक्तियथान्यायंक्रियतेविधिवन्मया १५ ॥ आर्ष्टिषेणउवाच ॥ अब्भक्षावायुभक्षाश्चप्लवमानाविहायसा ॥ जुषंतेपर्वतश्रेष्ठमृषयःपर्वसंधिषु १६

ष्ठिरोऽहंत्वामभिवादयेइतिवदन् १ । २ । ३ मुनिःआर्ष्टिषेणः ४ । ५ वृत्तिर्यथायोग्यमाज्ञापालनश्राद्धकरणादिरूपा ६ वैद्याःविद्ययाविदिताः ७ सुष्ठुकृतमस्यतमुपकारिणं दुष्कृतमपकारिणंहातुंत्यक्तुंनविकत्थसे ज्ञातास्मीतिनश्लाघसे ८ । ९ । १० । ११ । १२ । १३ । १४ यथावत्माहयथामामाह १५ पर्वसंधिषुप्रतिपत्पंचदश्योरंतराले १६

१७ । १८ । १९ । २० । २१ । २२ । २३ । २४ यानंमार्गम् २५ । २६ । २७ उद्यानंक्रीडावनयुतम् २८ । २९ । ३० । ३१ । ३२ ॥ ॥ इत्यारण्यकेपर्वणि नैलकंठीये भारतभावदीपे ऊनषष्ट्य

कामिनःसहकांताभिःपरस्परमनुव्रताः ॥ दृश्यंतेशैलशृंगस्थायथाकिंपुरुषान्नृप १७ अरजांसिचवासांसिवसानाःकौशिकानिच ॥ दृश्यंतेबहवःपार्थगंधर्वाप्सरसांग
णाः १८ विद्याधरगणाश्चैवस्रग्विणःप्रियदर्शनाः ॥ महोरगगणाश्चैवसुपर्णाश्चोरगादयः १९ अस्यचोपरिशैलस्यश्रूयतेपर्वसंधिषु ॥ भेरीपणवशंखानांमृदंगानांच
निःस्वनः २० इहस्थैरेवतत्सर्वंश्रोतव्यंभरतर्षभाः ॥ नकार्यावःकथंचित्स्यात्तत्राभिगमनेमतिः २१ नचाप्यतःपरंशक्यंगंतुंभरतसत्तमाः ॥ विहारोह्यत्रदेवानाममानुष
गतिस्तुसा २२ ईषच्चपलकर्माणंमनुष्यमिहभारत ॥ द्विषंतिसर्वभूतानिताडयंतिचराक्षसाः २३ अस्यातिक्रम्यशिखरंकैलासस्ययुधिष्ठिर ॥ गतिःपरमसिद्धानांदेवर्षी
णांप्रकाशते २४ चापलादिहगच्छंतंपार्थयानमितःपरम् ॥ अयःशूलादिभिर्घ्नंतिराक्षसाःशत्रुसूदन २५ अप्सरोभिःपरिवृतःसमृद्ध्यानरवाहनः ॥ इहवैश्रवणस्तात
पर्वसंधिषुदृश्यते २६ शिखरस्थंसमासीनमधिपंयक्षरक्षसाम् ॥ प्रेक्षंतसर्वभूतानिभानुमंतमिवोदितम् २७ देवदानवसिद्धानांतथावैश्रवणस्यच ॥ गिरेःशिखरमुद्या
नमिदंभरतसत्तम २८ उपासीनस्यधनदंतुम्बुरोःपर्वसंधिषु ॥ गीतसामस्वनस्तातश्रूयतेगंधमादने २९ एतदेवंविधंचित्रमिहतातयुधिष्ठिर ॥ प्रेक्षंतेसर्वभूतानिबहुशः
पर्वसंधिषु ३० भुंजानामुनिभोज्यानिरसवंतिफलानिच ॥ वसध्वंपांडवश्रेष्ठायावदर्जुनदर्शनात् ३१ नतातचपलैर्भाव्यमिहप्राप्तैःकथंचन ॥ उषित्वेहयथाकामंयथाश्र
द्धंविहृत्यच ॥ ततःशस्त्रजितांतातपृथिवींपालयिष्यसि ३२ ॥ इतिश्रीमहाभारतेआरण्यकेपर्वणियक्षयुद्धप० आर्ष्टिषेणयुधिष्ठिरसंवादेऊनषष्ट्यधिकशततमोऽध्यायः
॥ १५९ ॥ ॥ जनमेजयउवाच ॥ ॥ आर्ष्टिषेणाश्रमेतस्मिन्ममपूर्वपितामहाः ॥ पांडोःपुत्रामहात्मानःसर्वेदिव्यपराक्रमाः १ कियंतंकालमवसन्पर्वतेगं
धमादने ॥ किंचचक्रुर्महावीर्याःसर्वेऽतिबलपौरुषाः २ कानिचाभ्यवहार्याणितत्रतेषांमहात्मनाम् ॥ वसतांलोकवीराणामासंस्तद्ब्रूहिसत्तम ३ विस्तरेणचमेशंसभी
मसेनपराक्रमम् ॥ यद्यच्चक्रेमहाबाहुस्तस्मिन्हैमवतेगिरौ ४ नखल्वासीत्पुनर्युद्धंतस्ययक्षैर्द्विजोत्तम ॥ कच्चित्समागमस्तेषामासीद्वैश्रवणस्यच ५ तत्रह्यायातिधन
दआर्ष्टिषेणोयथाऽब्रवीत् ॥ एतदिच्छाम्यहंश्रोतुंविस्तरेणतपोधन ॥ नहिमेशृण्वतस्तृप्तिरस्तितेषांविचेष्टितम् ६ ॥ वैशंपायनउवाच ॥ एतदात्महितंश्रुत्वातस्याप्र
तिमतेजसः ॥ शासनंसततंचक्रुस्तथैवभरतर्षभाः ७ भुंजानामुनिभोज्यानिरसवंतिफलानिच ॥ शुद्धबाणहतानांचमृगाणांपिशितान्यपि ८ मेध्यानिहिमवत्पृष्ठेमधू
निविविधानिच ॥ एवंतेन्यवसंस्तत्रपांडवाभरतर्षभाः ९ तथानिवसतांतेषांपंचमंवर्षमभ्यगात् ॥ शृण्वतांलोमशोक्तानिवाक्यानिविविधान्युत १० कृत्यकालउपस्था
स्यइतिचोक्त्वाघटोत्कचः ॥ राक्षसैःसहसर्वैश्चपूर्वमेवगतःप्रभो ११ आर्ष्टिषेणाश्रमेतेषांवसतांवैमहात्मनाम् ॥ अगच्छन्बहवोमासाःपश्यतांमहदद्भुतम् १२

धिकशततमोऽध्यायः ॥ १५९ ॥ ॥ ॥ आर्ष्टिषेणेति १ । २ । ३ । ४ । ५ । ६ । ७ । ८ । ९ । १० । ११ । १२

१३ । १४ । १५ । १६ । १७ । १८ । १९ । २० । २१ । २२ । २३ । २४ । २५ । २६ । २७ । २८ पृथुर्विशिष्टौअंसौयस्यसपृथुव्यंसः २९ । ३० । ३१ । ३२ । ३३ ग्लानिःश्रमः कातर्यंभयं वैक्ल
म. भा. टी. व्यमनुत्साहः मत्सरःपरोत्कर्षासहिष्णुत्वम् ३४ एकायनं वामदक्षिणसंचारशून्यम् ३५ । ३६ । ३७ परिक्षिप्तंपरितआवृतम् ३८ चयाट्टालकशोभिना चयःप्राकारस्यमूलबंधः अट्टालकउपरिगृहम् । 'चयःसमूहे

तैस्तत्रविहरद्भिश्चरममाणैश्चपांडवैः ॥ प्रीतिमंतोमहाभागामुनयश्चारणास्तथा १३ आजग्मुःपांडवान्द्रष्टुंशुद्धात्मानोयतव्रताः ॥ तैतैःसहकथांचक्रुर्दिव्यांभरतसत्त
॥१३०॥ माः १४ ततःकतिपयाहस्यमहाह्रदनिवासिनम् ॥ ऋद्धिमंतंमहानागंसुपर्णःसहसाऽहरत् १५ प्राकंपतमहाशैलःप्रामृद्यंतमहाद्रुमाः ॥ ददृशुःसर्वभूतानिपांडवा
श्चतदद्भुतम् १६ ततःशैलोत्तमस्याग्रात्पांडवान्प्रतिमारुतः ॥ अवहत्सर्वमाल्यानिगंधवंतिशुभानिच १७ तत्रपुष्पाणिदिव्यानिसुहृद्भिःसहपांडवाः ॥ ददृशुःपंच
वर्णानिद्रौपदीचयशस्विनी १८ भीमसेनंततःकृष्णाकालेवचनमब्रवीत् ॥ विविक्तेपर्वतोद्देशेसुखासीनंमहाभुजम् १९ सुपर्णानिलवेगेनश्वसनेनमहाबलात् ॥ पंच
वर्णानिपात्यंतेपुष्पाणिभरतर्षभ २० प्रत्यक्षंसर्वभूतानांनदीमश्वरथांप्रति ॥ खांडवेसत्यसंधेनभ्रात्रातवमहात्मना २१ गन्धर्वोरगरक्षांसिवासवश्चनिवारितः ॥ हता
मायाविनश्चोग्राधनुःप्राप्तंचगांडिवम् २२ तवापिसुमहत्तेजोमहद्बाहुबलंचते ॥ अविषह्यमनाधृष्यंशक्रतुल्यपराक्रम २३ त्वद्बाहुबलवेगेनत्रासिताःसर्वराक्षसाः ॥ हि
त्वाशैलंप्रपद्यंतांभीमसेनदिशोदश २४ ततःशैलोत्तमस्याग्रंचित्रमाल्यधरंशिवम् ॥ व्यपेतभयसंमोहाःपश्यंतुसुहृदस्तव २५ एवंप्रणिहितंभीमचिरात्प्रभृतिमेमनः ॥
द्रष्टुमिच्छामिशैलाग्रंत्वद्बाहुबलपालिता २६ ततःक्षिप्तमिवात्मानंद्रौपद्यासपरंतपः ॥ नामृष्यतमहाबाहुःप्रहारमिवसद्गवः २७ सिंहर्षभगतिःश्रीमानुदारःकनकप्र
भः ॥ मनस्वीबलवान्दृप्तोमानीशूरश्चपांडवः २८ लोहिताक्षःपृथुव्यंसोमत्तवारणविक्रमः ॥ सिंहदंष्ट्रोबृहत्स्कंधःशालपोतइवोद्गतः २९ महात्माचारुसर्वांगःकंबुग्री
वोमहाभुजः ॥ रुक्मपृष्ठंधनुःखड्गंतूणांश्चापिपरामृशत् ३० सकेसरीवचोत्सिक्तःप्रभिन्नइववारणः ॥ व्यपेतभयसंमोहःशैलमभ्यपतद्बली ३१ तंमृगेंद्रमिवायांतंप्रभिन्न
मिववारणम् ॥ ददृशुःसर्वभूतानिबाणकार्मुकधारिणम् ३२ द्रौपद्यावर्धयन्हर्षंगदामादायपांडवः ॥ व्यपेतभयसंमोहःशैलराजंसमाश्रितः ३३ नग्लानिर्नचकातर्यंन
वैक्लव्यंनमत्सरः ॥ कदाचिज्जुषतेपार्थमात्मजंमातरिश्वनः ३४ तदेकायनमासाद्यविषमंभीमदर्शनम् ॥ बहुतालोच्छ्रयंशृंगमारुरोहमहाबलः ३५ सकिन्नरमहानागमु
निगंधर्वराक्षसान् ॥ हर्षयन्पर्वतस्याग्रमारुह्यसमहाबलः ३६ ततोवैश्रवणावासंददर्शभरतर्षभः ॥ कांचनैःस्फाटिकैश्चैववेश्मभिःसमलंकृतम् ३७ प्राकारेणपरिक्षिप्तं
सौवर्णेनसमंततः ॥ सर्वरत्नद्युतिमतासर्वोद्यानवतातथा ३८ शैलादभ्युच्छ्रयवताचयाट्टालकशोभिना ॥ द्वारतोरणनिर्व्यूहध्वजसंबाधशोभिना ३९ विलासिनीभिर
त्यर्थंनृत्यंतीभिःसमंततः ॥ वायुनाधूयमानाभिःपताकाभिरलंकृतम् ४० धनुष्कोटिमवष्टभ्यवक्रभावेनबाहुना ॥ पश्यमानःसखेदेनद्रविणाधिपतेःपुरम् ४१

प्राकारमूलबंधेसमाहिते ' इतिमेदिनी । तोरणंबहिर्द्वारं निर्व्यूहःनागदंताख्यंगृहाद्बहिर्गतंदारु । ' निर्व्यूहोनागदंतेस्यात् ' इतिविश्वः ३९ । ४० वक्रभावेनवक्रेणबाहुनाउपलक्षितः एतेऽस्माकमत्युद्रच्छंतीतिवा
वक्रबुद्ध्या खेदेनतद्दर्शनात्स्वसंपत्स्मरणंतेन द्रविणाधिपतेःधनाधिपतेः ४१

४२ । ४३ ददृशे ददर्श ४४ । ४५ । ४६ । ४७ । ४८ । ४९ । ५० । ५१ । ५२ । ५३ । ५४ । ५५ । ५६ । ५७ । ५८ । ५९ अदर्शयदधीकारंस्वाम्यंमाम्दर्शितवान्यःसमणिमानितियत्तदोरध्या

मोदयन्सर्वभूतानिगंधमादनसंभवः ॥ सर्वगंधवहस्तत्रमारुतःसुसुखोववौ ४२ चित्राविविधवर्णाभाश्चित्रमंजरिधारिणः ॥ आचिंत्याविविधास्तत्रद्रुमाःपरमशोभिनः
४३ रत्नजालपरिक्षिप्तंचित्रमाल्यविभूषितम् ॥ राक्षसाधिपतेःस्थानंददृशेभरतर्षभः ४४ गदाखड्गधनुष्पाणिःसमभित्यक्तजीवितः ॥ भीमसेनोमहाबाहुस्तस्थौगि
रिरिवाचलः ४५ ततःशंखमुपाध्मासीद्विषतांलोमहर्षणम् ॥ ज्याघोषतलशब्दंचकृत्वाभूतान्यमोहयत् ४६ ततःप्रहृष्टरोमाणस्तंशब्दमभिदुद्रुवुः ॥ यक्षराक्षसगंधर्वाः
पांडवस्यसमीपतः ४७ गदापरिघनिस्त्रिंशशूलशक्तिपरश्वधाः ॥ प्रगृहीताव्यरोचंतयक्षराक्षसबाहुभिः ४८ ततःप्रववृतेयुद्धंतेषांतस्यचभारत ॥ तैःप्रयुक्तान्महामायैः
शूलशक्तिपरश्वधान् ४९ भल्लैर्भीमःप्रचिच्छेदभीमवेगतरैस्ततः ॥ अंतरिक्षगतानांचभूमिष्ठानांचगर्जताम् ५० शरैर्विव्याधगात्राणिराक्षसानांमहाबलः ॥ सालोहित
महावृष्टिरभ्यवर्षन्महाबलम् ५१ गदापरिघपाणीनांरक्षसांकायसंभवाः ॥ कायेभ्यःप्रच्युताधाराराक्षसानांसमंततः ५२ भीमबाहुबलोत्सृष्टैरायुधैर्यक्षरक्षसाम् ॥
विनिकृत्तानिदृश्यंतेशरीराणिशिरांसिच ५३ प्रच्छाद्यमानंरक्षोभिःपांडवंप्रियदर्शनम् ॥ ददृशुःसर्वभूतानिसूर्यमभ्रगणैरिव ५४ सरश्मिभिरिवादित्यःशरैररिनिघा
तिभिः ॥ सर्वानार्छन्महाबाहुर्बलवान्सत्यविक्रमः ५५ अभितर्जयमानाश्चरुवंतश्चमहारवान् ॥ नमोहंभीमसेनस्यददृशुःसर्वराक्षसाः ५६ यक्षाविकृतसर्वांगाभीम
सेनभयार्दिताः ॥ भीममार्तस्वरंचक्रुर्विप्रकीर्णमहायुधाः ५७ उत्सृज्यतेगदाशूलानसिशक्तिपरश्वधान् ॥ दक्षिणांदिशमाजग्मुस्त्रासितादृढधन्वना ५८ तत्रशूल
गदापाणिर्व्यूढोरस्कोमहाभुजः ॥ सखावैश्रवणस्यासीन्मणिमान्नामराक्षसः ५९ अदर्शयदधीकारंपौरुषंचमहाबलः ॥ सतान्दृष्ट्वापरावृत्तान्स्मयमानइवा
ब्रवीत् ६० एकेनबहवःसंख्येमानुषेणपराजिताः ॥ प्राप्यवैश्रवणावासंकिंवक्ष्यथधनेश्वरम् ६१ एवमाभाष्यतान्सर्वानभ्यवर्ततराक्षसः ॥ शक्तिशूलगदापाणिरभ्यधाव
त्सपांडवम् ६२ तमापतंतंवेगेनप्रभिन्नमिववारणम् ॥ वत्सदंतैस्त्रिभिःपार्श्वेभीमसेनःसमार्दयत् ६३ मणिमानपिसंक्रुद्धःप्रगृह्यमहतींगदाम् ॥ प्राहिणोद्भीमसेनायपरि
गृह्यमहाबलः ६४ विद्युद्रूपांमहाघोरामाकाशेमहतींगदाम् ॥ शरैर्बहुभिरानर्छद्भीमसेनःशिलाशितैः ६५ प्रत्यहन्यंततेसर्वेगदामासाद्यसायकाः ॥ नवेगंधारयामासु
र्गदावेगस्यवेगिताः ६६ गदायुद्धसमाचारंबुध्यमानःसवीर्यवान् ॥ व्यंसयामासतंतस्यप्रहारंभीमविक्रमः ६७ ततःशक्तिंमहाघोरांरुक्मदंडामयस्मयीम् ॥ तस्मिन्ने
वांतरेधीमान्प्रजहाराथराक्षसः ६८ साभुजंभीमनिर्ह्रादाभित्त्वाभीमस्यदक्षिणम् ॥ साग्निज्वालामहारौद्रापपातसहसाभुवि ६९ सोऽतिविद्धोमहेष्वासःशक्त्याऽमित
पराक्रमः ॥ गदांजग्राहकौन्तेयःक्रोधपर्याकुलेक्षणः ७०

हारेणयोज्यम् ६० संख्येसंग्रामे ६१ । ६२ । ६३ । ६४ । ६५ प्रत्यहन्यंतप्रतिहताः वेगितावेगवंतोऽपि गदावेगस्यगदायांवेगोऽत्यभ्यासोयस्यतस्य ६६ सभीमः व्यंसयामास व्यर्थीचकार ६७
अयस्मयीं छांदसंभत्वं अयोमयीम् ६८ । ६९ । ७०

शैक्यां शीकयतिशत्रून्पराभवनीतिशैक्या । शीकयतेर्ऋहलोर्ण्यदितिण्यत् ततः स्वार्थिकोऽण् ७१ । ७२ । ७३ । ७४ । ७५ । ७६ । ७७ । ॥ इत्यारण्यकेपर्वणि नैलकंठीये भारतभावदीपे षष्ट्यधिकशत

रुक्मपट्टविनद्धांतांशत्रूणांभयवर्धिनीम् ॥ प्रगृह्याथनदन्भीमःशैक्यांसर्वायसींगदाम् ७१ तरसाचाभिदुद्रावमणिमंतंमहाबलम् ॥ दीप्यमानंमहाशूलंप्रगृह्यमणि मानपि ७२ प्राहिणोद्भीमसेनायवेगेनमहतानदन् ॥ भंक्त्वाशूलंगदाग्रेणगदायुद्धविशारदः ७३ अभिदुद्रावतंहंतुंगरुत्मानिवपन्नगम् ॥ सोऽन्तरिक्षमवप्लुत्यविधूय सहसागदाम् ७४ प्रचिक्षेपमहाबाहुर्विनद्यरणमूर्धनि ॥ सेंद्राशनिरिवेंद्रेणविसृष्टावातरंहसा ७५ हत्वारक्षःक्षितिंप्राप्यकृत्येवनिपपातह ॥ तंराक्षसंभीमबलंभीमसेने नपातितम् ७६ ददृशुःसर्वभूतानिसिंहेनेवगवांपतिम् ॥ तंप्रेक्ष्यनिहतंभूमौहतशेषानिशाचराः ॥ भीममार्तस्वरंकृत्वाजग्मुःप्राचींदिशंप्रति ७७ ॥ इतिश्रीमहाभारते आरण्यकेपर्वणियक्षयुद्धपर्वणिमणिमद्वधेषष्ट्यधिकशततमोऽध्यायः ॥ १६० ॥ वैशंपायनउवाच ॥ श्रुत्वाबहुविधैःशब्दैर्नाद्यमानांगिरेर्गुहाम् ॥ अजातशत्रुःकौंते योमाद्रीपुत्रावुभावपि १ धौम्यःकृष्णाचविप्राश्चसर्वेचसुहृदस्तथा ॥ भीमसेनमपश्यंतःसर्वेविमनसोऽभवन् २ द्रौपदीमार्ष्टिषेणायसंप्रधार्यमहारथाः ॥ सहिताःसायु धाःशूराःशैलमारुरुहुस्तदा ३ ततःसंप्राप्यशैलाग्रंवीक्षमाणामहारथाः ॥ ददृशुस्तेमहेष्वासाभीमसेनमरिंदमाः ४ स्फुरतश्चमहाकायान्गतसत्वांश्चराक्षसान् ॥ महाबला न्महासत्वान्भीमसेनेनपातितान् ५ शुशुभेसमहाबाहुर्गदाखड्गधनुर्धरः ॥ निहत्यसमरेसर्वान्दानवान्मघवानिव ६ ततस्तेभ्रातरंदृष्ट्वापरिष्वज्यमहारथाः ॥ तत्रोपवि विशुःपार्थाःप्राप्तागतिमनुत्तमाम् ७ तैश्चतुर्भिर्महेष्वासैर्गिरिशृंगमशोभत ॥ लोकपालैर्महाभागैर्दिवंदेववरैरिव ८ कुबेरसदनंदृष्ट्वाराक्षसांश्चनिपातितान् ॥ भ्राताभ्रातरमा सीनमब्रवीत्पृथिवीपतिः ९ ॥ युधिष्ठिरउवाच ॥ साहसाद्यदिवामोहाद्भीमपापमिदंकृतम् ॥ नैतत्तेसदृशंवीरमुनेरिवमृषावधः १० राजद्विष्टंनकर्तव्यमितिधर्मविदो विदुः ॥ त्रिदशानामिदंद्विष्टंभीमसेनत्वयाकृतम् ११ अर्थधर्मावनादृत्ययःपापेकुरुतेमनः ॥ कर्मणांपार्थपापानांसफलंविंदतेध्रुवम् ॥ पुनरेवंनकर्तव्यंममचेदिच्छसि प्रियम् १२ ॥ वैशंपायनउवाच ॥ एवमुक्त्वासधर्मात्माभ्राताभ्रातरमच्युतम् ॥ अर्थतत्त्वविभागज्ञःकुंतीपुत्रोयुधिष्ठिरः १३ विररामहातेजास्तमेवार्थंविचिंतयन् ॥ ततस्तेहतशिष्टायेभीमसेनेनराक्षसाः १४ सहिताःप्रत्यपद्यंतकुबेरसदनंप्रति ॥ तेजवेनमहावेगाःप्राप्यवैश्रवणालयम् १५ भीममार्तस्वरंचक्रुर्भीमसेनभयार्दिताः ॥ न्यस्तशस्त्रायुधाःक्लांताःशोणिताक्ततनुच्छदाः १६ प्रकीर्णमूर्धजाराजन्यक्षाधिपतिमब्रुवन् ॥ गदापरिघनिस्त्रिंशतोमरप्रासयोधिनः १७ राक्षसानिहताःसर्वेतवदेव पुरःसराः ॥ प्रमृद्यतरसाशैलंमानुषेणधनेश्वर १८ एकेनसहिताःसंख्येरणेक्रोधवशागणाः ॥ प्रवराराक्षसेंद्राणांयक्षाणांचनराधिप १९

तमोऽध्यायः ॥ १६० ॥ ॥ श्रुत्वेति १ । २ संप्रधार्यरक्षार्थंसमर्प्य ३ । ४ । ५ । ६ । ७ । ८ । ९ मुनेरिववनवासिनस्तेतवैतत् सदृशंनोचितं यत् मृषानिर्निमित्तं वधोरक्षसांहिंसा १० । ११ । १२ । १३ । १४ सहितामिलिताः १५ तनुच्छदःकवचादिः १६ । १७ । १८ । १९

लब्धशेषालब्धप्रसादाः । 'शेषःसंकर्षणेवधेअनंतेनाप्रसादेच' इतिमेदिनी । लब्धशैलइतिगौडपाठेतु लब्धोभीमेनजितःशैलःशैलस्थराक्षसगणः २० । २१ द्वितीयमिवद्वितीयंभयहेतुं । 'द्वितीयाद्वैभयंभवति' इतिश्रुतेः २२ युज्यतांरथइतिशेषः अभ्रघनःसजलमेघः । 'अभ्रंमेघेचगगनेधातुभेदेचकांचने' इतिमेदिनीकोशात् कांचनमेघसंकाशमितिवा २३ गंधर्वैर्दयैर्योजयामासुःयक्षाइतिशेषः विमलाक्षाःद

शेरतेनिहतादेवगतसत्वाःपरासवः ॥ लब्धशेषावयंमुक्तामणिमांस्तेसखाहतः २० मानुषेणकृतंकर्मविधत्स्वयदनंतरम् ॥ सतच्छ्रुत्वातुसंक्रुद्धःसर्वयक्षगणाधिपः २१ कोपसंरक्तनयनःकथमित्यब्रवीद्वचः ॥ द्वितीयमपराध्यंतंभीमंश्रुत्वाधनेश्वरः २२ चुक्रोधयक्षाधिपतिर्युज्यतामितिचाब्रवीत् ॥ अथाभ्रघनसंकाशंगिरिशृंगमिवोच्छ्रितम् २३ रथंसंयोजयामासुर्गंधर्वैर्हेममालिभिः ॥ तस्यसर्वगुणोपेताविमलाक्षाहयोत्तमाः २४ तेजोबलगुणोपेतानानारत्नविभूषिताः ॥ शोभमानारथेयुक्तास्तरिष्यंतइवाशुगाः २५ हेषयामासुरन्योन्यंहेषितैर्विजयावहैः ॥ सतमास्थायभगवान्राजराजोमहारथम् २६ प्रययौदेवगंधर्वैःस्तूयमानोमहाद्युतिः ॥ तंप्रयांतंमहात्मानंसर्वेयक्षाधनाधिपम् २७ रक्ताक्षाहेमसंकाशामहाकायामहाबलाः ॥ सायुधाबद्धनिस्त्रिंशायक्षादशशतावराः २८ तेजवेनमहावेगाःप्लवमानाविहायसा ॥ गंधमादनमाजग्मुःप्रकर्षंतइवांबरम् २९ तत्केसरिमहाजालंधनाधिपतिपालितम् ॥ कुबेरंचमहात्मानंयक्षरक्षोगणावृतम् ३० ददृशुर्हृष्टरोमाणःपांडवाःप्रियदर्शनम् ॥ कुबेरस्तुमहासत्वान्पांडोःपुत्रान्महारथान् ३१ आत्तकार्मुकनिस्त्रिंशान्दृष्ट्वाप्रीतोऽभवत्तदा ॥ देवकार्यंचिकीर्षन्सहृदयेनतुतोषह ३२ तेपक्षिणइवापेतुर्गिरिशृंगंमहाजवाः ॥ तस्थुस्तेषांसमभ्याशेधनेश्वरपुरःसराः ३३ ततस्तंहृष्टमनसंपांडवान्प्रतिभारत ॥ समीक्ष्ययक्षगंधर्वानिर्विकारमवस्थिताः ३४ पांडवाश्चमहात्मानःप्रणम्यधनदंप्रभुम् ॥ नकुलःसहदेवश्चधर्मपुत्रश्चधर्मवित् ३५ अपराद्धमिवात्मानंमन्यमानामहारथाः ॥ तस्थुःप्रांजलयःसर्वेपरिवार्यधनेश्वरम् ३६ सद्मासनवरंश्रीमत्पुष्पकंविश्वकर्मणा ॥ विहितंचित्रपर्यंतमातिष्ठतधनाधिपः ३७ तमासीनंमहाकायाःशंकुकर्णामहाजवाः ॥ उपोपविविशुर्यक्षाराक्षसाश्चसहस्रशः ३८ शतशश्चापिगंधर्वास्तथैवाप्सरसांगणाः ॥ परिवार्योपतिष्ठंतयथादेवाःशतक्रतुम् ३९ कांचनींशिरसाबिभ्रद्भीमसेनःस्रजंशुभाम् ॥ पाशखड्गधनुष्पाणिरुदैक्षतधनाधिपम् ४० भीमसेनस्यनग्लानिर्विक्षतस्यापिराक्षसैः ॥ आसीत्तस्यामवस्थायांकुबेरमपिपश्यतः ४१ आददानंशितान्बाणान्योद्धुकाममवस्थितम् ॥ दृष्ट्वाभीमंधर्मसुतमब्रवीन्नरवाहनः ४२ विदुस्त्वांसर्वभूतानिपार्थभूतहितेरतम् ॥ निर्भयश्चापिशैलाग्रेवसत्वंभ्रातृभिःसह ४३ नचमन्युस्त्वयाकार्योभीमसेनस्यपांडव ॥ कालेनैतेहताःपूर्वंनिमित्तमनुजस्तव ४४ व्रीडाचात्रनकर्तव्यासाहसंयदिदंकृतम् ॥ दृष्टश्चापिसुरैःपूर्वंविनाशोयक्षरक्षसाम् ४५ नभीमसेनेकोपोमेप्रीतोऽस्मिभरतर्षभ ॥ कर्मणाभीमसेनस्यममतुष्टिरभूत्पुरा ४६

शावर्तशुद्धाः २४ । २५ । २६ । २७ । २८ । २९ केसरिमहाजालमश्वानांमहद्वृंदं ३० । ३१ । ३२ । ३३ । ३४ । ३५ । ३६ । ३७ । ३८ । ३९ । ४० । ४१ । ४२ । ४३ । ४४ दृष्टोज्ञातः ४५ । ४६

॥ ४७ । ४८ । ४९ । ५० ममभया संक्लेशोभाविदुःखं ५१ । ५२ । ५३ कुशवत्यांकुशस्थलीसंज्ञेदेशविशेषे ५४ । ५५ । ५६ एधितंसमिद्धं ५७ मौर्ख्यांतदविचाराक्षमत्वात् अतएवअगस्त्योऽयमित्यज्ञानभा
वात् मौर्ख्यमपिदर्पात्संपत्तिगर्वात् सोऽपिमोहात्संपत्तेर्नश्वरत्वाज्ञानात् ५८ न्यष्ठीवत्थूत्कृतवान् ५९ । ६० । ६१ सैन्यानामिति । तव सैन्यानांमध्ये यस्तवआज्ञांकरिष्यतितत् घोरंशापमानुषात्मरण
रूपंनप्राप्स्यते घोरत्वेहेतुः पुत्रेति पुत्रपौत्राःबलानिसैन्यानिचतेष्वन्वितं राक्षसाः सर्वेपुत्रादियुक्तामानुषवध्याभवंत्वित्येकस्यापराधेबहूनांदंडरूपइतिघोरत्वंशापस्येत्यर्थः ६२ । ६३ ॥ ॥ इत्यारण्यकेपर्वणि

॥ वैशंपायनउवाच ॥ एवमुक्त्वातुराजानंभीमसेनमभाषत ॥ नैतन्मनसिमेतातवर्ततेकुरुसत्तम ४७ यदिदंसाहसंभीमकृष्णार्थेकृतवानसि ॥ मामनादृत्यदेवां
श्चविनाशंयक्षरक्षसाम् ४८ स्वबाहुबलमाश्रित्यतेनाहंप्रीतिमांस्त्वयि ॥ शापादद्यविनिर्मुक्तोघोरादस्मिवृकोदर ४९ अहंपूर्वमगस्त्येनक्रुद्धेनपरमर्षिणा ॥ श
प्तोऽपराधेकस्मिंश्चित्तस्यैषानिष्कृतिःकृता ५० दृष्टोहिममसंक्लेशःपुरापांडवनंदन ॥ नतवात्रापराधोऽस्तिकथंचिदपिपांडव ५१ ॥ युधिष्ठिरउवाच ॥ कथंशप्तोऽसिभ
गवन्नगस्त्येनमहात्मना ॥ श्रोतुमिच्छाम्यहंदेवतवैतच्छापकारणम् ५२ इदंचाश्चर्यभूतंमेयत्क्रोधात्तस्यधीमतः ॥ तदैवत्वंननिर्दग्धःसबलःसपदानुगः ५३ ॥ धने
श्वरउवाच ॥ देवतानामभून्मंत्रःकुशवत्यांनरेश्वर ॥ वृतस्तत्राहमगमंमहापद्मशतैस्त्रिभिः ५४ यक्षाणांघोररूपाणांविविधायुधधारिणाम् ॥ अध्वन्यहमथापश्यमगस्त्य
मृषिसत्तमम् ५५ उग्रंतपस्तप्यमानंयमुनातीरमाश्रितम् ॥ नानापक्षिगणाकीर्णंपुष्पितद्रुमशोभितम् ५६ तमूर्ध्वबाहुंदृष्ट्वैवसूर्यस्याभिमुखेस्थितम् ॥ तेजोराशिंदीप्य
मानंहुताशनमिवैधितम् ५७ राक्षसाधिपतिःश्रीमान्मणिमान्नाममेसखा ॥ मौर्ख्यादज्ञानभावाच्चदर्पान्मोहाच्चपार्थिव ५८ न्यष्ठीवदाकाशगतोमहर्षेस्तस्यमूर्धनि ॥
सकोपान्मामुवाचेदंदिशःसर्वादहन्निव ५९ मामवज्ञायदुष्टात्मायस्मादेषसखातव ॥ धर्षणांकृतवानेतांपश्यतस्तेधनेश्वर ६० तस्मात्सहैभिःसैन्यैस्तेवधंप्राप्स्यतिमा
नुषात् ॥ त्वंचाप्येभिर्हतैःसैन्यैःक्लेशंप्राप्येहदुर्मतिः ॥ तमेवमानुषंदृष्ट्वाकिल्बिषाद्विप्रमोक्ष्यसे ६१ सैन्यानांतुतवैतेषांपुत्रपौत्रबलान्वितम् ॥ नशापंप्राप्स्यतेघोरंतत्तवा
ज्ञांकरिष्यति ६२ एषशापोमयाप्राप्तःप्राक्तस्माद्दृषिसत्तमात् ॥ सभीमेनमहाराजभ्रात्रातवविमोक्षितः ६३ ॥ इतिश्रीमहाभारतेआरण्यकेपर्वणियक्षयुद्धपर्वणिकुबेर
दर्शनेएकषष्ट्यधिकशततमोऽध्यायः ॥ १६१ ॥ ॥ ॥ ॥ धनदउवाच ॥ ॥ युधिष्ठिरधृतिर्दाक्ष्यंदेशकालपराक्रमाः ॥ लोकतंत्रविधानानामेष
पंचविधोविधिः १ धृतिमंतश्चदक्षाश्चस्वेस्वेकर्मणिभारत ॥ पराक्रमविधानज्ञानराःकृतयुगेऽभवन् २ धृतिमान्देशकालज्ञःसर्वधर्मविधानवित् ॥ क्षत्रियःक्षत्रियश्रेष्ठ
प्रशास्तिपृथिवींचिरम् ३ यएवंवर्ततेपार्थपुरुषःसर्वकर्मसु ॥ सलोकेलभतेवीरयशःप्रेत्यचसद्गतिम् ४

नैलकंठीये भारतभावदीपे एकषष्ट्यधिकशततमोऽध्यायः ॥ १६१ ॥ एवंशापकीर्तनव्याजेनमहतामवज्ञानकर्तव्येतिसूचितमर्थंकंठतोऽपिवक्तुंप्राह युधिष्ठिरेत्यादिना । धृतिःसंकटेष्वविक्लवता दाक्ष्यंयत्नशी
लता पराक्रमःशत्रूणामभिभवनहेतुः क्रिया देशकालयोरानुकूल्यंचेति विधानानांकार्याणांविधिरभ्युदयहेतुः । अदेशेअकालेचकृतंधृत्यादिकमभिभवहेतुरित्यर्थः १ धृतिमंतइति । कृतयुगेहिज्ञानप्राधान्यात्
[illegible]देशकालेचाभ्युदयहेतुत्वात्तत्रदेशकालप्रतीक्षाऽऽसीदित्यर्थः २ क्षत्रियाणांतुसर्वदैवैतत्पंचकमावश्यकमित्याह धृतिमानिति ३ । ४

वृत्रहेतिपराक्रमंनिर्दिशति ५ संरंभात्कोपात् ६ । ७ निकृतीनांवंचनापराणाम् ८ इममुपदेशंप्रकृतेयोजयति अधर्मज्ञइति अवलिप्तोगर्वितः ९ । १० प्रथमंप्रथमोत्पन्नानिरक्षांसितत्संबंधित्वात्पक्षोऽपिप्रथमः ।
रक्षोभयहेतावपितामिस्रपक्षेत्वंतत्रनिर्भयोवसेत्यर्थः । केचित्तु इतएवप्रथमशब्दान्मासारंभेकृष्णपक्षस्यप्राथम्यमिच्छंति तदसत् पूर्वपक्षापरपक्षशब्दयोःक्रमेणशुक्लकृष्णयोरेवरूढत्वात् श्रौतेऽपिपौर्णमासतएवेष्ट्या
रंभात् । नचपूर्णोमासोऽस्यामितियोगात्पौर्णमास्यंतोमासइतिवाच्यं तत्रमासशब्दस्यचंद्रवाचित्वात् । 'सूर्यामासाविचरंतादिवि' इतिमंत्रवर्णात् । सूर्यामासासूर्याचंद्रमसाविसर्थः निपुणतरमुपपादितमे

देशकालांतरप्रेप्सुःकृत्वाशक्रःपराक्रमम् ॥ संप्राप्तस्त्रिदिवेराज्यंवृत्रहावसुभिःसह ५ यस्तुकेवलसंरंभात्प्रपातंननिरीक्षते ॥ पापात्मापापबुद्धिर्यःपापमेवानुवर्तते ६
कर्मणामविभागज्ञःप्रेत्यचेहविनश्यति ॥ अकालज्ञःसुदुर्मेधाःकार्याणामविशेषवित् ७ वृथाचारसमारंभःप्रेत्यचेहविनश्यति ॥ साहसेवर्तमानानांनिकृतीनांदुरात्म
नाम् ८ सर्वसामर्थ्यलिप्सूनांपापोभवतिनिश्चयः ॥ अधर्मज्ञोऽवलिप्तश्चबालबुद्धिरमर्षणः ९ निर्भयोभीमसेनोऽयंतंशाधिपुरुषर्षभ ॥ आर्ष्टिषेणस्यराजर्षेःप्राप्यभूयस्त्व
माश्रमम् १० तामिस्रंप्रथमंपक्षंवीतशोकभयोवस ॥ अलकाःसहगंधर्वैर्यक्षाश्चसहकिन्नरैः ११ मन्नियुक्तामनुष्येंद्रसर्वेचगिरिवासिनः ॥ रक्षिष्यंतिमहाबाहोसहितं
द्विजसत्तमैः १२ साहसादनुसंप्राप्तःप्रतिबुध्यवृकोदरः ॥ वार्यतांसाध्वयंराजंस्त्वयाधर्मभृतांवर १३ अतःपरंचवोराजन्द्रक्ष्यन्तिवनगोचराः ॥ उपस्थास्यंतिवोराजन्
रक्षिष्यंतेचवःसदा १४ तथैवचान्नपानानिस्वादुनिचबहूनिच ॥ आहरिष्यंतिमत्प्रेष्याःसदावःपुरुषर्षभाः १५ यथाजिष्णुर्महेंद्रस्ययथावायोर्वृकोदरः ॥ धर्मस्यत्वंय
थातातयोगोत्पन्नोनिजःसुतः १६ आत्मजावात्मसंपन्नौयमौचोभौयथाऽश्विनोः ॥ रक्ष्यास्तद्वन्ममापीहयूयंसर्वेयुधिष्ठिर १७ अर्थतत्त्वविधानज्ञःसर्वधर्मविधानवित् ॥
भीमसेनादवरजःफाल्गुनःकुशलीदिवि १८ याःकाश्चनमतालोकेस्वर्ग्याःपरमसंपदः ॥ जन्मप्रभृतिताःसर्वाःस्थितास्तातधनंजये १९ दमोदानंबलंबुद्धिर्ह्रीर्धृति
स्तेजउत्तमम् ॥ एतान्यपिमहासत्त्वेस्थितान्यमिततेजसि २० नमोहात्कुरुतेजिष्णुःकर्मपांडवगर्हितम् ॥ नपार्थस्यमृषोक्तानिकथयंतिनरानृषु २१ सदेवपितृगंध
र्वैःकुरूणांकीर्तिवर्धनः ॥ मानितःकुरुतेऽस्त्राणिशक्रसद्मनिभारत २२ योऽसौसर्वान्महीपालान्धर्मेणवशमानयत् ॥ सशांतनुर्महातेजाःपितुस्तवपितामहः २३ प्री
यतेपार्थपार्थेनदिविगांडीवधन्वना ॥ सम्यक्चासौमहावीर्यःकुलधुर्येणपार्थिवः २४ पितॄन्देवानृषीन्विप्रान्पूजयित्वामहातपाः ॥ सप्तमुख्यान्महामेधानाहरद्यमुनांप्रति
२५ अधिराजःसराजंस्त्वांशांतनुःप्रपितामहः ॥ स्वर्गजिच्छक्रलोकस्थःकुशलंपरिपृच्छति २६ ॥ ॥ वैशंपायनउवाच ॥ ॥ एतच्छ्रुत्वातुवचनंधनदेनप्रभाषि
तम् ॥ पांडवाश्चततस्तेनबभूवुःसंप्रहर्षिताः २७

तदस्माभिःकाण्वशतपथभाष्येएकपादीकांडे । अलकाअलकावासिनः ११ मन्नियुक्तारक्षिष्यंति सहितंत्वामितिशेषः १२ साहसादनुसंप्राप्तइतिप्रतिबुद्धयवार्यताम् १३ । १४ । १५ यथेति । इंद्रा
दीनामौरसपुत्रत्वाद्यथायूयंरक्ष्यास्तथाममापीतिश्लोकद्वयार्थः १६ । १७ अर्थेति । तत्त्वं याथात्म्यं विधानंप्राप्त्युपायम् १८ स्वर्ग्याःस्वर्मार्यहिताःसंपदः १९ ताएवाह दमइति । तेजःशौर्यपराभिभव
सामर्थ्यम् २० । २१ कुरुतेअभ्यस्यति २२ । २३ । २४ महामेधानश्वमेधान् २५ । २६ । २७

प्राध्वंकृत्वाबध्वाउपसंहृत्येत्यर्थः । प्राध्वंबंधनेइतिगतिसंज्ञायांकुगतिप्रादयइतिप्राप्तोऽपिसमासोमहाविभाषयानादृतः ॥मश्वक्रे स्वदोषानर्जुनगुणांश्चश्रुत्वालज्जितःस्वापराधंक्षमापयितुमित्यर्थः । प्राज्यंकृत्वेत्य पिपाठः प्रकर्षेणअज्यंभाज्यं ज्यारहितमित्यर्थः २८ नंदिःसमृद्धिः २९ स्वेषुवेश्मसुअस्मदीयेषु योयुष्मत्संबंधिनः कामानकाम्यमानानर्थान् नपरिहास्यंतिकिंतुसाधयिष्यंत्येवेत्यर्थः ३० सृष्टोविसर्जितः संप्रा प्स्यतियुष्मान् ३१ अस्तं गृहं । अपाःसोममस्तमिंद्रप्रयाहीतिमंत्रवर्णात् ३२ परिस्तोमाश्चित्रकंबलाहस्त्यादीनांपल्याणभूताः ३३ ऐरावतपथेइंद्रपुरीप्रदेशे ३४ । ३५ अपाकृष्यंतअपाकृतानि ३६

ततःशक्तिंगदांखड्गंधनुश्चभरतर्षभः ॥ प्राध्वंकृत्वानमश्चक्रेकुबेरायवृकोदरः २८ ततोऽब्रवीद्धनाध्यक्षःशरण्यःशरणागतम् ॥ मानहाभवशत्रूणांसुहृदांनंदिवर्धनः २९ स्वेषुवेश्मसुरम्येषुवसतामित्रतापनाः ॥ कामान्नपरिहास्यंतियक्षावोभरतर्षभाः ३० शीघ्रमेवगुडाकेशःकृतास्त्रःपुनरेष्यति ॥ साक्षान्मघवतासृष्टःसंप्राप्स्यतिधनंजयः ३१ एवमुत्तमकर्माणमनुशिष्ययुधिष्ठिरम् ॥ अस्तंगिरिवरश्रेष्ठंप्रययौगुह्यकाधिपः ३२ तंपरिस्तोमसंकीर्णैर्नानारत्नविभूषितैः ॥ यानैरनुययुर्यक्षाराक्षसाश्चसह स्रशः ३३ पक्षिणामिवनिर्घोषःकुबेरस[..]नंप्रति ॥ बभूवपरमाश्वानामैरावतपथेयथा ३४ तेजग्मुस्तूर्णमाकाशंधनाधिपतिवाजिनः ॥ प्रकर्षंतइवाभ्राणिपिबंतइवमा रुतम् ३५ ततस्तानिशरीराणिगतसत्वानिरक्षसाम् ॥ अपाकृष्यंतशैलाग्राद्धनाधिपतिशासनात् ३६ तेषांहिशापकालःसकृतोगस्त्येनधीमता ॥ समरेनिहतास्त स्माच्छापस्यांतोऽभवत्तदा ३७ पांडवाश्चमहात्मानस्तेषुवेश्मसुताःक्षपाः ॥ सुखमूषुर्गतोद्वेगाःपूजिताःसर्वराक्षसैः ३८ ॥ ॥ इतिश्रीमहाभारतेआरण्यकेपर्वणिय क्षयुद्ध० कुबेरवाक्येद्विषष्ट्यधिकशततमोऽध्यायः ॥ १६२ ॥ ॥ वैशंपायनउवाच ॥ ॥ ततःसूर्योदयेधौम्यःकृत्वाऽऽह्निकमरिंदम ॥ आर्ष्टिषेणेनसहि तःपांडवानभ्यवर्तत १ तेऽभिवाद्यार्ष्टिषेणस्यपादौधौम्यस्यचैवह ॥ ततःप्रांजलयःसर्वेब्राह्मणांस्तानपूजयन् २ ततोयुधिष्ठिरंधौम्योगृहीत्वादक्षिणेकरे ॥ प्राचींदि शमभिप्रेक्ष्यमहर्षिरिदमब्रवीत् ३ असौसागरपर्यंतांभूमिमावृत्यतिष्ठति ॥ शैलराजोमहाराजमंदरोऽतिविराजते ४ इंद्रवैश्रवणावेतांदिशंपांडवरक्षतः ॥ पर्वतैश्चवनां तैश्चकाननैश्चैवशोभिताम् ५ एतदाहुर्महेंद्रस्यराज्ञोवैश्रवणस्यच ॥ ऋषयःसर्वधर्मज्ञाःसद्मतातमनीषिणः ६ अतश्चोद्यंतमादित्यमुपतिष्ठंतिवैप्रजाः ॥ ऋषयश्चापि धर्मज्ञाःसिद्धाःसाध्याश्चदेवताः ७ यमस्तुराजाधर्मज्ञःसर्वप्राणभृतांप्रभुः ॥ प्रेतसत्वगतिंह्येनांदक्षिणामाश्रितोदिशम् ८ एतत्संयमनंपुण्यमतीवाद्भुतदर्शनम् ॥ प्रेत राजस्यभवनमृद्ध्यापरमयायुतम् ९ तंप्राप्यसविताराजन्सत्येनप्रतितिष्ठति ॥ अस्तंपर्वतराजानमेतमाहुर्मनीषिणः १० एतंपर्वतराजानंसमुद्रंचमहोदधिम् ॥ आव सन्वरुणोराजाभूतानिपरिरक्षति ११ उदीचींदीपयन्नेषदिशंतिष्ठतिवीर्यवान् ॥ महामेरुर्महाभागशिवोब्रह्मविदांगतिः १२ यस्मिन्ब्रह्मसदश्चैवभूतात्माचावतिष्ठते ॥ प्रजापतिःसृजन्सर्वंयत्किंचिज्जंगमागमम् १३

३७ । ३८ ॥ ॥ इत्यारण्यकेपर्वणि नैलकंठीये भारतभावदीपे द्विषष्ट्यधिकशततमोऽध्यायः ॥ १६२ ॥ ॥ अर्जुनेनतपोबलाद्देवेभ्योऽस्त्राणिलब्धानीतिविस्मयोनकर्तव्यएतदर्थंकर्मफलो र्जितिं विष्णुलोकप्राप्त्यंतांवर्णयत्यध्यायेन धौम्योयुधिष्ठिरगर्वपरिहारार्थं ततइत्यादिना १ । २ । ३ । ४ । ५ । ६ । ७ प्रेतसत्वगतिंमृतानांप्राणिनांगम्याम् ८ संयमनंनामतः ९ । १० आवसन्नधिति ष्ठन् ११ । १२ भूतात्मासर्वेषांभूतानामात्मा संपूर्णब्रह्मांडपिंडाभिमानित्वात् १३

१४ अत्रैवप्रजापतौ १५ । १६ यमिति प्रकृतेःपंचभूतात्मिकायाःप्रकृतिमुपादानम् १७ ब्रह्मणश्चतुर्मुखस्य १८ । १९ ननुसर्वंसोपाधिककार्यंब्रह्मणोऽन्तःपातीतिवैदिकसिद्धांतस्तत्कथंविष्णोःस्थानंततःपरमित्युच्यतेअतआह प्राच्यामिति । मेरावेवायंतारतम्येनदेशविशेषविभागो नतुसोपाधिकमपिकिंचिदजातमस्ति इममेवस्थानभेदमाश्रित्यब्रह्मलोकादावर्ततेनतुविष्णुलोकादितिपौराणिकीव्यवस्थाज्ञेया २० । २१ २२ । २३ । २४ । २५ ध्रुवमक्षयमव्ययमिति उत्पत्तिह्रासनाशशून्यमित्यर्थः एतच्चयथाघटाकाशयोर्मिथ्यात्वाविशेषेऽपिव्यवहारमाश्रित्यघटोनित्यआकाशोनित्यइतिविभागः एवंब्रह्मलोकांतमनित्यं वैकुंठं नित्यमिति परमार्थतस्तुक्रममुक्तिस्थानत्वादौपचारिकंध्रुवत्वादिज्ञेयं प्रणमनमस्कुरु २६ उपावृत्यप्रदक्षिणंगत्वैव । भचक्रवेगातकुलालचक्रेप्रतीपंक्रमंतीपिपीलिकेव प्रदक्षिणंकुरुतइत्यर्थः २७ । २८ प्रकर्षेन्न

यानाहुर्ब्रह्मणःपुत्रान्मानसान्दक्षसप्तमान् ॥ तेषामपिमहामेरुःशिवंस्थानमनामयम् १४ अत्रैवप्रतितिष्ठंतिपुनरेवोदयंतिच ॥ सप्तदेवर्षयस्तातवसिष्ठप्रमुखास्तदा
१५ देशंविरजसंपश्यमेरोःशिखरमुत्तमम् ॥ यत्रात्मतृप्तैरध्यास्तेदेवैःसहपितामहः १६ यमाहुःसर्वभूतानांप्रकृतेःप्रकृतिंध्रुवम् ॥ अनादिनिधनंदेवंप्रभुंनारायणंपरम्
१७ ब्रह्मणःसदनात्तस्यपरंस्थानंप्रकाशते ॥ देवापियंनपश्यंतिसर्वतेजोमयंशुभम् १८ अत्यर्कानलदीप्तंतत्स्थानंविष्णोर्महात्मनः ॥ स्वयैवप्रभयाराजन्दुष्प्रेक्ष्यं
देवदानवैः १९ प्राच्यांनारायणस्थानंमेरावतिविराजते ॥ यत्रभूतेश्वरस्तातसर्वप्रकृतिरात्मभूः २० भासयन्सर्वभूतानिसुश्रियाऽभिविराजते ॥ नात्रब्रह्मर्षयस्तात
कुतएवमहर्षयः २१ प्राप्नुवंतिगतिंह्येतांयतीनांकुरुसत्तम ॥ नतंज्योतींषिसर्वाणिप्राप्यभासंतिपांडव २२ स्वयंप्रभुरचिंत्यात्मातत्रह्यतिविराजते ॥ यतयस्तत्र
गच्छंतिभक्त्यानारायणंहरिम् २३ परेणतपसायुक्ताभाविताःकर्मभिःशुभैः ॥ योगसिद्धामहात्मानस्तमोमोहविवर्जिताः २४ तत्रगत्वापुनर्नेमंलोकमायांति
भारत ॥ स्वयंभुवंमहात्मानंदेवदेवंसनातनम् २५ स्थानमेतन्महाभागध्रुवमक्षयमव्ययम् ॥ ईश्वरस्यसदाह्येतत्प्रणमात्रयुधिष्ठिर २६ एनंत्वहरहर्मेरुंसूर्याचंद्र
मसौध्रुवम् ॥ प्रदक्षिणमुपावृत्यकुरुतःकुरुनंदन २७ ज्योतींषिचाप्यशेषेणसर्वाण्यनवसर्वतः ॥ परियांतिमहाराजगिरिराजंप्रदक्षिणम् २८ एतंज्योतींषिसर्वाणि
प्रकर्षन्भगवानपि ॥ कुरुतेवितमस्कर्माआदित्योऽभिप्रदक्षिणम् २९ अस्तंप्राप्यततःसंध्यामतिक्रम्यदिवाकरः ॥ उदीचींभजतेकाष्ठांदिशमेषविभावसुः ३० समे
रुमनुवृत्तःसपुनर्गच्छतिपांडव ॥ प्राङ्मुखःसवितादेवःसर्वभूतहितेरतः ३१ समासान्विभजन्कालेबहुधापर्वसंधिषु ॥ तथैवभगवान्सोमोनक्षत्रैःसहगच्छति ३२
एवमेतंत्वतिक्रम्यमहामेरुमतंद्रितः ॥ भावयन्सर्वभूतानिपुनर्गच्छतिमंदरम् ३३ तथातमिस्रहादेवोमयूखैर्भावयन्जगत् ॥ मार्गमेतदसंबाधमादित्यःपरिवर्तते ३४
सिसृक्षुःशिशिराण्येवदक्षिणांभजतेदिशम् ॥ ततःसर्वाणिभूतानिकालोऽभ्यर्छतिशैशिरः ३५

भिभवन् प्रदक्षिणंकुरुतइत्यनुवादउत्तरार्धार्थः २९ अस्तमदर्शनं । अयमर्थः मेरुंप्रदक्षिणंकुर्वन्नादित्योयत्रस्थोनदृश्यते तदेवास्तस्थानं ततउदीचींकाष्ठांदिशांमध्येऽतिश्रेष्ठांदिशंभजते अत्रसंध्योत्तरमुदङ्मुखः ३० ततउदीच्याःपरांकाष्ठांप्राप्यप्राङ्मुखइतिवदतामेरोश्चतुष्कोणत्वंसूचितंभवति । एतदेवतत्त्वमित्यास्थिताःपाखंडिनोद्वौसूर्यावितिकल्पयंति वस्तुतोऽत्रपरभ्रांतिरनूद्यते आकारेतात्पर्याभावादितिज्ञेयं ३१ ससोमोमासान्विभजन्नितिसंबंधः तत्रमासविभागप्रकारोऽष्टावक्रीयेउक्तः ३२ । ३३ । ३४ शिशिराणिशीतानि ३५

तेजांसिसमुपादत्तेग्रीष्मे ३६ । ३७ अनिर्देश्यंमार्गमंतरिक्षम् ३८ वह्निवायू परस्परंवर्धयंतौजलमुत्क्षिपतइतिप्रसिद्धं सजलस्थाल्यांवायूद्दीपितोऽग्निर्बाष्पवायुंवर्धयति वायुश्चस्थालीजलमुत्क्षिपतीतितृष्टिमारुत संतापानप्रतिसूर्यस्यैवहेतुत्वंयुक्तमितिभावः ३९ । ४० । ४१ । ४२ ॥ इत्यारण्यकेपर्वणि नैलकंठीये भारतभावदीपे त्रिषष्ट्यधिकशततमोऽध्यायः ॥ १६३ ॥ ॥ तस्मिन्निति १ । २ । ३ महतीचला लक्ष्मीःशोभायस्यमहाचलस्य । 'चलालक्ष्म्यांपुमानृकंपे' इति मेदिनी । सानून्येवतीक्ष्णाग्राणि पुंसंचारायोग्यानिशृंगाणीत्युच्यंते ४ रोधसोरोधस्वत्यः नवशैवालादिनाऽऽच्छादितनीराइत्यर्थः ५ । ६ ७ विभक्तभावोनबभूवाहोरात्रविभागोनासीत् नित्यमौषधिप्रभोपेतत्वात् अहोइतिरुत्वमार्षं ८ यंसूर्यंविभावसुर्वह्निरास्थितः । 'आदित्योवाअस्तंयन्नग्निमनुप्रविशति' इतिश्रुतेः यस्यसूर्यस्याश्रयेणैवरात्रौवह्निर्जं

स्थावराणांचभूतानांजंगमानांचतेजसा ॥ तेजांसिसमुपादत्तेनिवृत्तःसविभावसुः ३६ ततःस्वेदक्लमौतंद्रीग्लानिश्चभजतेनरान् ॥ प्राणिभिःसततंस्वप्नोह्यभीक्ष्णंच निषेव्यते ३७ एवमेतदनिर्देश्यंमार्गमावृत्यभानुमान् ॥ पुनःसृजतिवर्षाणिभगवान्भावयन्प्रजाः ३८ वृष्टिमारुतसंतापैःसुखैःस्थावरजंगमान् ॥ वर्धयन्सुमहातेजाः पुनःप्रतिनिवर्तते ३९ एवमेषचरन्पार्थकालचक्रमतंद्रितः ॥ प्रकर्षन्सर्वभूतानिसवितापरिवर्तते ४० संततागतिरेतस्यनैषतिष्ठतिपांडव ॥ आदायैवतुभूतानांतेजोवि सृजतेपुनः ४१ विभजन्सर्वभूतानामायुःकर्मचभारत ॥ अहोरात्रंकलाःकाष्ठाःसृजत्येषसदाविभुः ४२ ॥ इतिश्रीमहाभारतेआरण्यकेपर्वणियक्षयुद्धपर्वणिमेरुदर्शने त्रिषष्ट्यधिकशततमोऽध्यायः ॥ १६३ ॥ ॥ ॥ ॥ ॥ ॥ वैशंपायनउवाच ॥ तस्मिन्नगेंद्रेवसतांतुतेषांमहात्मनांसद्व्रतमास्थितानाम् ॥ रतिः प्रमोदश्चबभूवतेषामाकांक्षतांदर्शनमर्जुनस्य १ तान्वीर्ययुक्तान्सुविशुद्धकामांस्तेजस्विनःसत्यधृतिप्रधानान् ॥ संप्रीयमाणाबहवोऽभिजग्मुर्गंधर्वसंघाश्चमहर्षयश्च २ तंपादपैःपुष्पधरैरुपेतंनगोत्तमंप्राप्यमहारथानाम् ॥ मनःप्रसादःपरमोबभूवयथादिवंप्राप्यमरुद्गणानाम् ३ मयूरहंसस्वननादितानिपुष्पोपकीर्णानिमहाचलस्य ॥ शृंगाणिसानूनिचपश्यमानागिरेःपरंहर्षमवाप्यतस्थुः ४ साक्षात्कुबेरेणकृताश्चतस्मिन्नगोत्तमेसंवृतकूलरोधसः ॥ कादंबकारंडवहंसजुष्टाःपद्माकुलाःपुष्करिणीर पश्यन् ५ क्रीडाप्रदेशांश्चसमृद्धरूपान्सुचित्रमाल्यावृतजातशोभान् ॥ मणिप्रकीर्णांश्चमनोरमांश्चयथाभवेयुर्धनदस्यराज्ञः ६ अनेकवर्णैश्चसुगंधिभिश्चमहाद्रुमैः संततमभ्रजालैः ॥ तपःप्रधानाःसततंचरंतःशृंगंगिरेश्चिंतयितुंनशेकुः ७ स्वतेजसातस्यनगोत्तमस्यमहौषधीनांचतथाप्रभावात् ॥ विभक्तभावोनबभूवकश्चिदहो निशानांपुरुषप्रवीर ८ यमास्थितःस्थावरजंगमानिविभावसुर्भावयतेऽमितौजाः ॥ तस्योदयंचास्तमनंचवीरास्तत्रस्थितास्तेददृशुर्नृसिंहाः ९ रवेस्तमिस्रागम निर्गमांस्तेतथोदयंचास्तमनंचवीराः ॥ समावृताःप्रेक्ष्यतमोनुदस्यगभस्तिजालैःप्रदिशोदिशश्च १० स्वाध्यायवंतःसततक्रियाश्चधर्मप्रधानाश्चशुचिव्रताश्च ॥ सत्येस्थितास्तस्यमहारथस्यसत्यव्रतस्यागमनप्रतीक्षाः ११

गद्दीपयति तस्योदयमित्यन्वयः ९ तमिस्रागमनिर्गमाःअस्तोदयस्थानानि बहुत्वंलोकांतराभिप्रायं तथाहि यद्दाक्षिणात्यानामुदयस्थानंतदुदीच्यानामस्तस्थानं पाश्चात्यानांनिशीथस्थानं प्राच्यानांमध्याह्न स्थानमितिक्रमेणउदयादिस्थानानांबहुत्वंगम्यते । उदयमुदयाचलं । अस्तमितिमांतमव्ययमदर्शनवाचि तदर्थंअनितिचेष्टतेस्मिन्नित्यस्तमनमस्तमयस्थानं अस्ताचलमित्यादौत्वस्तपदंगृहवाचि प्रदिशोदिशा मंतरालानि १० सततक्रियाःअविच्छिन्नधर्माचरणाः ११

१२ । १३ । १४ यत्काम्यकात् यदाकाम्यकाख्यवनात् १५ । १६ । १७ । १८ । १९ । २० ॥ इत्यारण्यकेपर्वणि नैलकंठीये भारतभावदीपे चतुःषष्ट्यधिकशततमोऽध्यायः ॥ १६४ ॥ ॥ ॥

इहैवहर्षोऽस्तुसमागतानांक्षिप्रंकृतास्त्रेणधनंजयेन ॥ इतिब्रुवंतःपरमाशिषस्तेपार्थास्तपोयोगपराबभूवुः १२ दृष्ट्वाविचित्राणिगिरौवनानिकिरीटिनंचिंतयता मभीक्ष्णम् ॥ बभूवरात्रिर्दिवसश्चतेषांसंवत्सरेणैवसमानरूपः १३ यदैवधौम्यानुमतेमहात्माकृत्वाजटांप्रव्रजितःसजिष्णुः ॥ तदैवतेषांनबभूवहर्षःकुतोरतिस्त द्गतमानसानाम् १४ भ्रातुर्नियोगात्तुयुधिष्ठिरस्यवनादसौवारणमत्तगामी ॥ यत्काम्यकात्प्रव्रजितःसजिष्णुस्तदैवतेशोकहताबभूवुः १५ तथैवतंचिंतयतांसि ताश्वमस्त्रार्थिनंवासवमभ्युपेतम् ॥ मासोऽथकृच्छ्रेणतदाव्यतीतस्तस्मिन्नगेभारतभारतानाम् १६ उषित्वापंचवर्षाणिसहस्राक्षनिवेशने ॥ अवाप्यदिव्यान्य स्त्राणिसर्वाणिविबुधेश्वरात् १७ आग्नेयंवारुणंसौम्यंवायव्यमथवैष्णवम् ॥ ऐंद्रंपाशुपतंब्राह्मंपारमेष्ठ्यंप्रजापतेः १८ यमस्यधातुःसवितुस्त्वष्टुर्वैश्रवणस्यच ॥ तानि प्राप्यसहस्राक्षादभिवाद्यशतक्रतुम् १९ अनुज्ञातस्तदातेनकृत्वाचापिप्रदक्षिणम् ॥ आगच्छदर्जुनःप्रीतःप्रहृष्टोगंधमादनम् २० ॥ इतिश्रीमहाभारतेआरण्यकेप० यक्षयुद्धपर्वणिअर्जुनाभिगमनेचतुःषष्ट्यधिकशततमोऽध्यायः ॥ १६४ ॥ ॥ समाप्तंचयक्षयुद्धपर्व ॥ अथनिवातकवचयुद्धपर्व ॥ वैशंपायनउवाच ॥ ततःक दाचिद्धरिसंप्रयुक्तंमहेंद्रवाहंसहसोपयातम् ॥ विद्युत्प्रभंप्रेक्ष्यमहारथानांहर्षोऽर्जुनंचिंतयतांबभूव १ सदीप्यमानःसहसाऽन्तरिक्षंप्रकाशयन्मातलिसंगृहीतः ॥ बभौमहो ल्केवघनांतरस्थाशिखेवचाग्नेर्ज्वलिताविधूमा २ तमास्थितःसंददृशेकिरीटीस्रग्वीनवान्याभरणानिबिभ्रत् ॥ धनंजयोवज्रधरप्रभावःश्रियाज्वलन्पर्वतमाजगाम ३ सशै लमासाद्यकिरीटमालीमहेंद्रवाहादवरुह्यतस्मात् ॥ धौम्यस्यपादावभिवाद्यधीमानजातशत्रोस्तदनंतरंच ४ वृकोदरस्यापिचवंद्यपादौमाद्रीसुताभ्यामभिवादितश्च ॥ समेत्यकृष्णांपरिसांत्व्यचैनांप्रह्वोऽभवद्भ्रातुरुपह्वरेसः ५ बभूवतेषांपरमःप्रहर्षस्तेनाप्रमेयेणसमागतानाम् ॥ सचापितान्प्रेक्ष्यकिरीटमालीननंदराजानमभिप्रशंसन् ६ यमास्थितःसप्तजवान्पूगान्दितेःसुतानांनमुचेर्निहंता ॥ तमिंद्रवाहंसमुपेत्यपार्थाःप्रदक्षिणंचक्रुरदीनसत्वाः ७ तेमातलेश्चक्रुरतीवहृष्टाःसत्कारमग्र्यंसुरराजतुल्यम् ॥ सर्वान्यथावच्चदिवौकसस्तेपप्रच्छुरेनंकुरुराजपुत्राः ८ तानप्यसौमातलिरभ्यनंदत्पितेवपुत्राननुशिष्यपार्थान् ॥ ययौरथेनाप्रतिमप्रभेणपुनःसकाशंत्रिदिवेश्वरस्य ९ गतेतुतस्मिन्नरदेववर्यःशक्रात्मजःशक्ररिपुप्रमाथी ॥ शक्रेणदत्तानिददौमहात्मामहाधनान्युत्तमरूपवंति १० दिवाकराभाणिविभूषणानिप्रियःप्रियायैसुतसोममात्रे ॥ ततःसतेषांकुरुपुंगवानांतेषांचसूर्याग्निसमप्रभाणाम् ११

ततइति । हरिभिरश्वैःसंप्रयुक्तंमहेंद्रस्यवाहंरथम् १ । २ । ३ । ४ प्रह्वोनम्रः उपह्वरेसमीपे ५ । ६ पूगान्यूथानि ७ एनंमातलिम् ८ । ९ । १० सुतसोमोभीमाद्द्रौपद्यांजातः ११

१२ । १३ आवसतिंरात्रिं प्रतीतोहृष्टः १४ ॥ इत्यारण्यकेपर्वणि नैलकंठीये भारतभावदीपे पंचषष्ट्यधिकशततमोऽध्यायः ॥ १६५ ॥ ॥ ॥ ॥ ततइति १ । २ । ३ । ४

विप्रर्षभाणामुपविश्यमध्येसर्वंयथावत्कथयांबभूव ॥ एवंमयाऽस्त्राण्युपशिक्षितानिशक्राच्चवाताच्चशिवाच्चसाक्षात् १२ तथैवशीलेनसमाधिनाऽथप्रीताःसुरामेसहिताःसहेंद्राः ॥ संक्षेपतोवैसविशुद्धकर्मातेभ्यःसमाख्यायदिविप्रवासम् १३ माद्रीसुताभ्यांसहितःकिरीटीसुष्वापतामावसतिंप्रतीतः १४ ॥ इतिश्रीमहाभारतेआरण्यकेपर्वणिनिवातकवचयुद्धपर्वणिअर्जुनसमागमेपंचषष्ट्यधिकशततमोऽध्यायः ॥ १६५ ॥ ॥ ॥ ॥ वैशंपायनउवाच ॥ ततोरजन्यांव्युष्टायांधर्मराजंयुधिष्ठिरम् ॥ भ्रातृभिःसहितःसर्वैरवंदतधनंजयः १ एतस्मिन्नेवकालेतुसर्ववादित्रनिःस्वनः ॥ बभूवतुमुलःशब्दस्त्वंतरिक्षेदिवौकसाम् २ रथनेमिस्वनश्चैवघंटाशब्दश्चभारत ॥ पृथग्व्यालमृगाणांचपक्षिणामिवसर्वशः ३ तेसमंतादनुययुर्गंधर्वाप्सरसांगणाः ॥ विमानैःसूर्यसंकाशैर्देवराजमरिंदमम् ४ ततःसहरिभिर्युक्तंजांबूनदपरिष्कृतम् ॥ मेघनादिनमारुह्यश्रियापरमयाज्वलन् ५ पार्थानभ्याजगामाथदेवराजःपुरंदरः ॥ आगत्यचसहस्राक्षोरथादवरुरोहवै ६ तंदृष्ट्वैवमहात्मानंधर्मराजोयुधिष्ठिरः ॥ भ्रातृभिःसहितःश्रीमान्देवराजमुपागमत् ७ पूजयामासचैवाथविधिवद्भूरिदक्षिणः ॥ यथार्हममितात्मानंविधिदृष्टेनकर्मणा ८ धनंजयश्चतेजस्वीप्रणिपत्यपुरंदरम् ॥ भृत्यवत्प्रणतस्तस्थौदेवराजसमीपतः ९ आघ्रायतंमहातेजाःकुंतीपुत्रोयुधिष्ठिरः ॥ धनंजयमभिप्रेक्ष्यविनीतंस्थितमंतिके १० जटिलंदेवराजस्यतपोयुक्तमकल्मषम् ॥ हर्षेणमहताऽऽविष्टःफाल्गुनस्याथदर्शनात् ११ बभूवपरमप्रीतोदेवराजंचपूजयन् ॥ तंतथाऽदीनमनसंराजानंहर्षसंप्लुतम् १२ उवाचवचनंधीमान्देवराजःपुरंदरः ॥ त्वमिमांपृथिवींराजन्प्रशासिष्यसिपांडव ॥ स्वस्तिप्राप्नुहिकौंतेयकाम्यकंपुनराश्रमम् १३ अस्त्राणिलब्धानिचपांडवेनसर्वाणिमत्तःप्रयतेनराजन् ॥ कृतप्रियश्चास्मिधनंजयेनजेतुंनशक्यस्त्रिभिरेषलोकैः १४ एवमुक्त्वासहस्राक्षःकुंतीपुत्रंयुधिष्ठिरम् ॥ जगामत्रिदिवंहृष्टःस्तूयमानोमहर्षिभिः १५ धनेश्वरगृहस्थानांपांडवानांसमागमम् ॥ शक्रेणयइदंविद्वानधीयीतसमाहितः १६ संवत्सरंब्रह्मचारीनियतःसंशितव्रतः ॥ सजीवेद्धिनिराबाधःससुखीशरदांशतम् १७ ॥ इतिश्रीमहाभारतेआरण्यकेपर्वणिनिवातकवचयुद्धपर्वणिइंद्रागमनेषट्षष्ट्यधिकशततमोऽध्यायः ॥ १६६ ॥ ॥ ॥ ॥ वैशंपायनउवाच ॥ यथागतंगतेशक्रेभ्रातृभिःसहसंगतः ॥ कृष्णयाचैवबीभत्सुर्धर्मपुत्रमपूजयत् १ अभिवादयमानंतंमूर्ध्न्युपाघ्रायपांडवम् ॥ हर्षगद्गदयावाचाप्रहृष्टोऽर्जुनमब्रवीत् २ कथमर्जुनकालोऽयंस्वर्गेव्यतिगतस्तव ॥ कथंचास्त्राण्यवाप्तानिदेवराजश्चतोषितः ३

हरिभिर्युक्तंरथम ५ । ६ । ७ अमितात्मा अमितबुद्धिः ८ । ९ । १० । ११ अदीनेतिच्छेदः १२ । १३ कृतप्रियःशत्रुवधेन १४ । १५ । १६ । १७ ॥ ॥ इत्यारण्यकेपर्वणि नैलकंठीये भारतभावदीपे षट्षष्ट्यधिकशततमोऽध्यायः ॥ १६६ ॥ ॥ ॥ यथेति १ प्रहृष्टोधर्मपुत्रः २ । ३

४ । ५ । ६ । ७ । ८ हंतेत्यव्ययंवाक्यारंभेहर्षेवा । 'हंतवाक्यारंभहर्षविवादेखेदसंभ्रमे' इतिमेदिनी ९ । १० । ११ । १२ । १३ । १४ शैशिरंहिममयम् १५ । १६ प्राणोबलम् १७ वराहवत्संस्थितमाका

सम्यग्वातेगृहीतानिकच्चिदस्त्राणिपांडव ॥ कच्चित्सुराधिपःप्रीतोरुद्रोवाऽस्त्राण्यदात्तव ४ यथादृष्टश्चतेशक्रोभगवान्वापिनाकधृक् ॥ यथैवास्त्राण्यवाप्तानियथैवाराधि
तश्चते ५ यथोक्तवांस्त्वांभगवान्शतक्रतुररिंदम ॥ कृतप्रियस्त्वयाऽस्मीतितस्यतेकिंप्रियंकृतम् ६ एतदिच्छाम्यहंश्रोतुंविस्तरेणमहाद्युते ॥ यथातुष्टोमहादेवोदेवरा
जस्तथाऽनघ ७ यच्चापिवज्रपाणेस्तुप्रियंकृतमरिंदम ॥ एतदाख्याहिमेसर्वमखिलेनधनंजय ८ ॥ अर्जुनउवाच ॥ शृणुहंतमहाराजविधिनायेनदृष्टवान् ॥ शतक्रतुमहं
देवंभगवंतंचशंकरम् ९ विद्यामधीत्यतांराजंस्त्वयोक्तामरिमर्दन ॥ भवताचसमादिष्टस्तपसेप्रस्थितोवनम् १० भृगुतुंगमथोगत्वाकाम्यकादास्थितस्तपः ॥ एकरात्रो
षितःकंचिदपश्यंब्राह्मणंपथि ११ समामपृच्छत्कौंतेयक्वासिगंताब्रवीहिमे ॥ तस्माअवितथंसर्वमब्रुवंकुरुनंदन १२ सतथ्यंममतच्छ्रुत्वाब्राह्मणोराजसत्तम ॥ अपूजयत
मांराजन्प्रीतिमांश्चाभवन्मयि १३ ततोमामब्रवीत्प्रीतस्तपआतिष्ठभारत ॥ तपस्वीनचिरेणत्वंद्रक्ष्यसेविबुधाधिपम् १४ ततोऽहंवचनात्तस्यगिरिमारुह्यशैशिरम् ॥
तपोऽतप्यंमहाराजमासंमूलफलाशनः १५ द्वितीयश्चापिमेमासोजलंभक्षयतोगतः ॥ निराहारस्तृतीयेऽथमासेपांडवनंदन १६ ऊर्ध्वबाहुश्चतुर्थंतुमासमस्मिस्थितस्त
दा ॥ नचमेहीयतेप्राणस्तदद्भुतमिवाभवत् १७ पंचमेत्वथसंप्राप्तेप्रथमेदिवसेगते ॥ वराहसंस्थितंभूतंमत्समीपंसमागमत् १८ निघ्नन्प्रोथेनपृथिवींविलिखंश्चरणैरपि ॥
संमार्जन्जठरेणोर्वींविवर्तंश्चमुहुर्मुहुः १९ अनुतस्यापरंभूतंमहत्कैरातसंस्थितम् ॥ धनुर्बाणासिमत्प्राप्तंस्त्रीगणानुगतंतदा २० ततोहंधनुरादायतथाऽक्षय्येमहेषुधी ॥
अताडयंशरेणाथतद्भूतंलोमहर्षणम् २१ युगपत्तंकिरातस्तुविकृष्यबलवद्धनुः ॥ अभ्याजघ्नेदृढतरंकंपयन्निवमेमनः २२ सतुमामब्रवीद्राजन्ममपूर्वपरिग्रहः ॥ मृग
याधर्ममुत्सृज्यकिमर्थंताडितस्त्वया २३ एषतेनिशितैर्बाणैर्दर्पंहन्मिस्थिरोभव ॥ सधनुष्मान्महाकायस्ततोमामभ्यभाषत २४ ततोगिरिमिवात्यर्थमावृणोन्मांम
हाशरैः ॥ तंचाहंशरवर्षेणमहतासमवाकिरम् २५ ततःशरैर्दीप्तमुखैर्यंत्रितैरनुमंत्रितैः ॥ प्रत्यविध्यमहंतंतुवज्रैरिवशिलोच्चयम् २६ तस्यतच्छतधारूपमभवच्चसह
स्रधा ॥ तानिचास्यशरीराणिशरैरहमताडयम् २७ पुनस्तानिशरीराणिएकीभूतानिभारत ॥ अदृश्यंतमहाराजतान्यहंव्यधमंपुनः २८ अणुर्बृहच्छिराभूत्वाबृहच्चा
णुशिराःपुनः ॥ एकीभूतस्तदाराजन्सोऽभ्यवर्ततमांयुधि २९ यदाभिभवितुंबाणैर्नचशक्नोमितंरणे ॥ ततोमहास्त्रमातिष्ठंवायव्यंभरतर्षभ ३० नचैनमशकंहंतुंतदद्भुत
मिवाभवत् ॥ तस्मिन्प्रतिहतेचास्त्रेविस्मयोमेमहानभूत् ३१ भूयएवमहाराजसविशेषमहंततः ॥ अस्त्रपूगेनमहतारणेभूतमवाकिरम् ३२

रोयस्य १८ प्रोथेनमुखाग्रेणपोत्राख्येन विवर्तनत्विषमेणभावेनवर्तमानः इतस्ततःपर्यटन्वा १९ । २० । २१ । २२ । २३ । २४ । २५ अनुपश्चात् यंत्रितैर्दृढाकृष्टैः २६ । २७ । २८ । २९ । ३० । ३१ । ३२

स्थूणाकर्णइतिशंकुकर्णाख्योरुद्रावतारभेदस्तद्दैवत्यमस्त्रं जालंजलमयंवारुणम् ३३ । ३४ । ३५ । ३६ । ३७ । ३८ ३९ व्यायामंसंघट्टनं अपारयन् अशक्नुवन् ४० । ४१ । ४२ । ४३ गोवृषोबलीवर्दश्रेष्ठः

स्थूणाकर्णमथोजालंशरवर्षमथोल्बणम् ॥ शलभास्त्रमश्मवर्षंसमास्थायाहमभ्ययाम् ३३ जग्रासप्रसभंतानिसर्वाण्यस्त्राणिमेनृप ॥ तेषुसर्वेषुजग्धेषुब्रह्मास्त्रंमहदा दिशम् ३४ ततःप्रज्वलितैर्बाणैःसर्वतःसोऽपचीयते ॥ उपचीयमानश्चमयामहास्त्रेणव्यवर्धत ३५ ततःसंतापितालोकामत्प्रसूतेनतेजसा ॥ क्षणेनहिदिशःखं चसर्वतोहिविदीपितम् ३६ तदप्यस्त्रंमहातेजाःक्षणेनैवव्यशातयत् ॥ ब्रह्मास्त्रेतुहतेराजन्भयंमांमहदाविशत् ३७ ततोऽहंधनुरादायतथाऽक्षय्येमहेषुधी ॥ सह साऽभ्यहनंभूतंतान्यप्यस्त्राण्यभक्षयत् ३८ हतेष्वस्त्रेषुसर्वेषुभक्षितेष्वायुधेषुच ॥ ममतस्यचभूतस्यबाहुयुद्धमवर्तत ३९ व्यायामंमुष्टिभिःकृत्वातलैरपिसमागतैः ॥ अपारयंश्चतद्भूतंनिश्चेष्टमगमंमहीम् ४० ततःप्रहस्यतद्भूतंतत्रैवांतरधीयत ॥ सहस्त्रीभिर्महाराजपश्यतोमेऽद्भुतोपमम् ४१ एवंकृत्वासभगवांस्ततोऽन्यद्रूपमास्थि तः ॥ दिव्यमेवमहाराजवसानोऽद्भुतमंबरम् ४२ हित्वाकिरातरूपंचभगवांस्त्रिदशेश्वरः ॥ स्वरूपंदिव्यमास्थायतस्थौतत्रमहेश्वरः ४३ अदृश्यतततःसाक्षाद्भग वान्गोवृषध्वजः ॥ उमासहायोव्यालधृग्बहुरूपःपिनाकधृक् ४४ समामभ्येत्यसमरेतथैवाभिमुखंस्थितम् ॥ शूलपाणिरथोवाचतुष्टोऽस्मीतिपरंतप ४५ तत स्तद्धनुरादायतूणौचाक्षय्यसायकौ ॥ प्रादान्ममैवभगवान्वरयस्वेतिचाब्रवीत् ४६ तुष्टोऽस्मितवकौन्तेयब्रूहिकिंकरवाणिते ॥ मनोगतंवीरयत्तेतद्ब्रूहिवितराम्य हम् ४७ अमरत्वमपाहायब्रूहियत्तेमनोगतम् ॥ ततःप्रांजलिरेवाहमस्त्रेषुगतमानसः ४८ प्रणम्यमनसाशर्वंततोवचनमाददे ॥ भगवान्मेप्रसन्नश्चेदीप्सितोऽयं वरोमम ४९ अस्त्राणीच्छाम्यहंज्ञातुंयानिदेवेषुकानिचित् ॥ ददानीत्येवभगवानब्रवीत्र्यंबकश्चमाम् ५० रौद्रमस्त्रंमदीयंत्वामुपस्थास्यतिपांडव ॥ प्रददौचम मप्रीतःसोऽस्त्रंपाशुपतंमहत् ५१ उवाचचमहादेवोदत्वामेऽस्त्रंसनातनम् ॥ नप्रयोज्यंभवेदेतन्मानुषेषुकथंचन ५२ जगद्विनिर्दहेदेवमल्पतेजसिपातितम् ॥ पीड्य मानेनबलवत्प्रयोज्यंस्याद्धनंजय ५३ अस्त्राणांप्रतिघातेचसर्वथैवप्रयोजयेत् ॥ तदप्रतिहतंदिव्यंसर्वास्त्रप्रतिषेधनम् ५४ मूर्तिमन्मेस्थितंपार्श्वेप्रसन्नेगोवृषध्वजे ॥ उत्सादनममित्राणांपरसेनानिकर्तनम् ५५ दुरासदंदुष्प्रसहंसुरदानवराक्षसैः ॥ अनुज्ञातस्त्वहंतेनतत्रैवसमुपाविशम् ५६ प्रेक्षतश्चैवमेदेवस्तत्रैवांतरधीयत ५७ ॥ इतिश्रीमहाभारतेआरण्यकेप० निवातकवचवधपर्वणिगंधमादनवासेयुधिष्ठिरार्जुनसंवादेसप्तषष्ट्यधिकशततमोऽध्यायः ॥ १६७ ॥ ॥ अर्जुनउवाच ॥ ततस्तामवसंप्रीतोरजनींतत्रभारत ॥ प्रसादाद्देवदेवस्यत्र्यंबकस्यमहात्मनः १ व्युषितोरजनींचाहंकृत्वापौर्वाह्णिकीःक्रियाः ॥ अपश्यंतंद्विजश्रेष्ठंदृष्टवानस्मियंपु रा २ तस्मैचाहंयथावृत्तंसर्वमेवन्यवेदयम् ॥ भगवंतंमहादेवंसमेतोऽस्मीतिभारत ३

४४ । ४५ । ४६ । ४७ । ४८ । ४९ । ५० । ५१ । ५२ । ५३ । ५४ ५५ । ५६ । ५७ ॥ इत्यारण्यकेपर्वणि नैलकंठीये भारतभावदीपे सप्तषष्ट्यधिकशततमोऽध्यायः ॥ १६७ ॥ ततइति १ । २ । ३

३ । ४ । ५ । ६ । ७ । ८ । ९ । १० देवयानैर्विमानैः सद्मनिवासिनःस्त्रीबालादयः शचीजयंतादयइत्यर्थः ११ । १२ । १३ यथास्थानंप्राच्यामिन्द्रंप्रतीच्यांवरुणमित्यादि १४ । १५ । १६

समामुवाचराजेंद्रप्रीयमाणोद्विजोत्तमः ॥ दृष्टस्त्वयामहादेवोयथानान्येनकेनचित् ४ समेत्यलोकपालैस्तुसर्वैर्वैवस्वतादिभिः ॥ द्रष्टाऽस्यनवदेवेन्द्रंसचतेऽस्त्रा
णिदास्यति ५ एवमुक्त्वासमांराजन्नाश्लिष्यचपुनःपुनः ॥ अगच्छत्सयथाकामंब्राह्मणःसूर्यसन्निभः ६ अथापराह्णेतस्याह्नःप्रावात्पुण्यःसमीरणः ॥ पुनर्नवमिमं
लोकंकुर्वन्निवसपत्नहन् ७ दिव्यानिचैवमाल्यानिसुगंधीनिनवानिच ॥ शैशिरस्यगिरेःपादेप्रादुरासन्समीपतः ८ वादित्राणिचदिव्यानिसुघोराणिसमंततः ॥
स्तुतयश्चेंद्रसंयुक्ताअश्रूयंतमनोहराः ९ गणाश्चाप्सरसांतत्रगंधर्वाणांतथैवच ॥ पुरस्ताद्देवदेवस्यजगुर्गीतानिसर्वशः १० मरुतांचगणास्तत्रदेवयानैरुपाग
मन् ॥ महेंद्रानुचरायेचयेचसद्मनिवासिनः ११ ततोमरुत्वान्हरिभिर्युक्तैर्वाहैःस्वलंकृतैः ॥ शचीसहायस्तत्रायात्सहसर्वैस्तदामरैः १२ एतस्मिन्नेवकालेतुकुबेरो
नरवाहनः ॥ दर्शयामाससमांराजन्लक्ष्म्यापरमयायुतः १३ दक्षिणस्यांदिशियमंप्रत्यपश्यंव्यवस्थितम् ॥ वरुणंदेवराजंचयथास्थानमवस्थितम् १४ तेमामू
चुर्महाराजसांत्वयित्वानरर्षभ ॥ सव्यसाचिन्निरीक्षास्माँल्लोकपालानवस्थितान् १५ सुरकार्यार्थसिद्ध्यर्थंदृष्टवानसिशंकरम् ॥ अस्मत्तोऽपिगृहाणत्वमस्त्राणीति
समंततः १६ ततोऽहंप्रयतोभूत्वाप्रणिपत्यसुरर्षभान् ॥ प्रत्यगृह्णंतदाऽस्त्राणिमहांतिविधिवद्विभो १७ गृहीतास्त्रस्ततोदेवैरनुज्ञातोऽस्मिभारत ॥ अथदेवा
ययुःसर्वेयथागतमरिंदम १८ मघवानपिदेवेशोरथमारुह्यसुप्रभम् ॥ उवाचभगवान्स्वर्गेगंतव्यंफाल्गुनत्वया १९ पुरैवागमनादस्माद्वेदाहंत्वांधनंजय ॥ अ
तःपरंत्वहंवैत्वांदर्शयेभरतर्षभ २० त्वयाहितीर्थेषुपुरासमाप्लावःकृतोऽसकृत् ॥ तपश्चेदंमहत्तप्तंस्वर्गंगंताऽसिपांडव २१ भूयश्चैवचतप्तव्यंतपश्चरणमुत्तमम् ॥
स्वर्गेत्ववश्यंगंतव्यंत्वयाशत्रुनिषूदन २२ मातलिर्मन्नियोगात्त्वांत्रिदिवंप्रापयिष्यति ॥ विदितस्त्वंहिदेवानांमुनीनांचमहात्मनाम् २३ ततोऽहमब्रुवंशक्रंप्रसीद
भगवन्मम ॥ आचार्यंवरयेयंत्वामस्त्रार्थेत्रिदशेश्वर २४ ॥ इंद्रउवाच ॥ क्रूरकर्मास्त्रवित्तातभविष्यसिपरंतप ॥ यदर्थमस्त्राणीप्सुस्त्वंतंकामंपांडवाप्नुहि २५
ततोऽहमब्रुवंनाहंदिव्यान्यस्त्राणिशत्रुहन् ॥ मानुषेषुप्रयोक्ष्यामिविनास्त्रप्रतिघातनात् २६ तानिदिव्यानिमेऽस्त्राणिप्रयच्छविबुधाधिप ॥ लोकांश्चास्त्रजितान्पश्चा
ल्लभेयंसुरपुंगव २७ ॥ इंद्रउवाच ॥ परीक्षार्थंमयैतत्तेवाक्यमुक्तंधनंजय ॥ ममात्मजस्यवचनंसूपपन्नमिदंतव २८ शिक्षमेभवनंगत्वासर्वाण्यस्त्राणिभारत ॥
वायोरग्नेर्वसुभ्योऽपिवरुणात्समरुद्गणात् २९ साध्यंपैतामहंचैवगंधर्वोरगरक्षसाम् ॥ वैष्णवानिचसर्वाणिनैर्ऋतानितथैवच ३० मद्गतानिचजानीहिसर्वास्त्राणिकुरू
द्वह ॥ एवमुक्त्वातुमांशक्रस्तत्रैवांतरधीयत ३१

१७ । १८ । १९ । २० । २१ । २२ । २३ । २४ त्वं क्रूरकर्माभविष्यसीतिसंबंधः २५ अस्त्रस्यैवप्रतिघातार्थमस्त्रंमोक्ष्ये नत्वन्यत्रमानुषे २६ । २७ । २८ । २९ । ३० । ३१

मायामयमिवात्यद्भुतम् ३२ । ३३ । ३४ । ३५ । ३६ । ३७ । ३८ । पदात्स्थानान्नचलितः रथस्यभ्रमणेऽपिदृढासनइत्यर्थः । ३९ । ४० । ४१ । ४२ सुरर्षिणामिति दैर्घ्याभावआर्षः समा

॥१.३७॥ अथापश्यंहरियुजंरथमैन्द्रमुपस्थितम् ॥ दिव्यंमायामयंपुण्यंयत्तंमातलिनानृप ३२. लोकपालेषुयातेषुमामुवाचाथमातलिः ॥ द्रष्टुमिच्छतिशक्रस्त्वांदेवराजो महाद्युते ३३ संसिध्यस्वमहाबाहोकुरुकार्यमनंतरम् ॥ पश्यपुण्यकृताँल्लोकान्सशरीरोदिवंव्रज ३४ देवराजःसहस्राक्षस्त्वांदिदृक्षतिभारत ॥ इत्युक्तोऽहंमात लिनागिरिमामंत्र्यशैशिरम् ३५ प्रदक्षिणमुपावृत्त्यसमारोहंरथोत्तमम् ॥ चोदयामाससहयान्मनोमारुतरंहसः ३६ मातलिर्हयतत्त्वज्ञोयथावद्भूरिदक्षिणः ॥ अ वैक्षतचमेवक्त्रंस्थितस्याथससारथिः ३७ तथाभ्रांतेरथेराजन्विस्मितश्चेदमब्रवीत् ॥ अत्यद्भुतमिदंत्वद्यविचित्रंप्रतिभातिमे ३८ यदास्थितोरथंदिव्यंपदान्नचलितःपदम् ॥ देवराजोऽपिहिमयानित्यमत्रोपलक्षितः ३९ विचलन्प्रथमोत्पातेहयानांभरतर्षभ ॥ त्वंपुनःस्थितएवात्ररथेभ्रांतेकुरूद्वह ४० अतिशक्रमिदंसर्वंतवेतिप्रतिभा तिमे ॥ इत्युक्त्वाऽऽकाशमाविश्यमातलिर्विबुधालयान् ४१ दर्शयामासमेराजन्विमानानिचभारत ॥ सरथोहरिभिर्युक्तोह्यूर्ध्वमाचक्रमेततः ४२ ऋषयो देवताश्चैवपूजयंतिनरोत्तम ॥ ततःकामगमाँल्लोकानपश्यंवैसुरर्षिणाम् ४३ गंधर्वाप्सरसांचैवप्रभावममितौजसाम् ॥ नंदनादीनिदेवानांवनान्युपवनानिच ४४ दर्शयामासमेशीघ्रंमातलिःशक्रसारथिः ॥ ततःशक्रस्यभवनमपश्यममरावतीम् ४५ दिव्यैःकामफलैर्वृक्षैरत्नैश्चसमलंकृताम् ॥ नतत्रसूर्यस्तपतिनशी तोष्णेनचक्लमः ४६ नबाधतेतत्ररजस्तत्रास्तिनजरानृप ॥ नतत्रशोकोदैन्यंवादौर्बल्यंचोपलक्ष्यते ४७ दिवौकसांमहाराजनग्लानिररिमर्दन ॥ नक्रोधलो भौतत्रास्तांसुरादीनांविशांपते ४८ नित्यतुष्टाश्चतेराजन्प्राणिनःसुरवेश्मनि ॥ नित्यपुष्पफलास्तत्रपादपाहरितच्छदाः ४९ पुष्करिण्यश्चविविधाःपद्मसौगंधि कायुताः ॥ शीतस्तत्रववौवायुःसुगंधीजीवनःशुचिः ५० सर्वरत्नविचित्राचभूमिःपुष्पविभूषिता ॥ मृगद्विजाश्चबहवोरुचिरामधुरस्वराः ५१ विमानगामि नश्चात्रदृश्यंतेबहवोंऽबरे ॥ ततोऽपश्यंवसूनरुद्रान्साध्यांश्चसमरुद्गणान् ५२ आदित्यानश्विनौचैवतान्सर्वान्प्रत्यपूजयम् ॥ तेमांवीर्येणयशसातेजसाचबलेनच ५३ अस्त्रैश्चाप्यन्वजानंतसंग्रामेविजयेनच ॥ प्रविश्यतांपुरींदिव्यांदेवगंधर्वपूजिताम् ५४ देवराजंसहस्राक्षमुपातिष्ठंकृतांजलिः ॥ ददावर्धासनंप्रीतःशक्रोमेदद तांवरः ५५ बहुमानाच्चगात्राणिपस्पर्शममवासवः ॥ तत्राहंदेवगंधर्वैःसहितोभूरिदक्षिणैः ५६ अस्त्रार्थमवसंस्वर्गेशिक्षाणोऽस्त्राणिभारत ॥ विश्वावसोश्चवैपुत्र श्चित्रसेनोऽभवत्सखा ५७ सचगांधर्वमखिलंग्राहयामासमांनृप ॥ तत्राहमवसंराजन्गृहीतास्त्रःसुपूजितः ५८ सुखंशक्रस्यभवनेसर्वकामसमन्वितः ॥ शृण्वन्वै गीतशब्दंचतूर्यशब्दंचपुष्कलम् ॥ पश्यंश्चाप्सरसःश्रेष्ठानृत्यंतीर्भरतर्षभ ५९ ॥१.३७॥

हारवहुत्वंवा बहुसमुदायाभिप्रायेण ४३ । ४४ । ४५ । ४६ । ४७ । ४८ । ४९ । ५० । ५१ । ५२ । ५३ अन्वजानन्त वीर्यादिमान्भवेत्याशीर्वादान्ददुरित्यर्थः ५४ । ५५ । ५६ । ५७ । ५८ । ५९

तत्सर्वमिति । अनवज्ञायादृत्यादरपूर्वकं तथ्यंयथावदत्यर्थंपुरुषार्थइतिविज्ञायप्रतिगृह्यरागशून्येनमनसांऽगीकृत्याप्यहमस्त्रेष्वेवव्यवस्थितोऽभूवं नगीतादिषु ६० तेनकामेनास्त्रेच्छयानतुभोगेच्छया ६१ । ६२
६३ । ६४ । ६५ । ६६ पंचभिःप्रयोगादिभिः आवृत्तिःपुनःपुनःप्रयोगोपसंहारौ ६७ प्रायश्चित्तमस्त्राग्निनादग्धानामनागसांपुनरुज्जीवनं प्रतीघातंपरास्त्रेणाभिभूतस्यस्वास्त्रस्योद्दीपनं । गुर्वर्थो दक्षिणा

तत्सर्वमनवज्ञायतथ्यंविज्ञायभारत ॥ अत्यर्थंप्रतिगृह्याहमस्त्रेष्वेवव्यवस्थितः ६० ततोऽतुष्यत्सहस्राक्षस्तेनकामेनमेविभुः ॥ एवंमेवसतोराजन्नेषकालोऽत्यगाद्दिवि
६१ कृतास्त्रमतिविश्वस्तमथमांहरिवाहनः ॥ संस्पृश्यमूर्ध्निपाणिभ्यामिदंवचनमब्रवीत् ६२ नत्वमद्ययुधाजेतुंशक्यःसुरगणैरपि ॥ किंपुनर्मानुषेलोकेमानुषैर
कृतात्मभिः ६३ अप्रमेयोऽप्रधृष्यश्चयुद्धेष्वप्रतिमस्तथा ॥ अथाब्रवीत्पुनर्देवःसंप्रहृष्टतनूरुहः ६४ अस्त्रयुद्धेसमोवीरनतेकश्चिद्भविष्यति ॥ अप्रमत्तःसदादक्षः
सत्यवादीजितेंद्रियः ६५ ब्रह्मण्यश्चास्त्रविच्चासिशूरश्चासिकुरूद्वह ॥ अस्त्राणिसमवाप्तानित्वयादशचपंचच ६६ पंचभिर्विधिभिःपार्थविद्यतेनत्वयासमः ॥प्रयो
गमुपसंहारमावृत्तिंचधनंजय ६७ प्रायश्चित्तंचवेत्थत्वंप्रतीघातंचसर्वशः ॥ ततोगुर्वर्थकालोऽयंसमुत्पन्नःपरंतप ६८ प्रतिजानीष्वतंकर्तुंततोवेत्स्याम्यहंपरम् ॥
ततोऽहमब्रुवंराजन्देवराजमिदंवचः ६९ विषह्यंयन्मयाकर्तुंकृतमेवनिबोधतत् ॥ ततोमामब्रवीद्राजन्प्रहसन्बलवृत्रहा ७० नाविषह्यंतवाद्यास्तित्रिषुलोकेषुकिंचन ॥
निवातकवचानामदानवाममशत्रवः ७१ समुद्रकुक्षिमाश्रित्यदुर्गेप्रतिवसंत्युत ॥ तिस्रःकोटयःसमाख्यातास्तुल्यरूपबलप्रभाः ७२ तांस्तत्रजहिकौन्तेयगुर्वर्थ
स्तेभविष्यति ॥ ततोमातलिसंयुक्तंमयूरसमरोमभिः ७३ हयैरुपेतंप्रादान्मेरथंदिव्यंमहाप्रभम् ॥ बबंधचैवमेमूर्ध्निकिरीटमिदमुत्तमम् ७४ स्वरूपसदृशंचैव
प्रादादंगविभूषणम् ॥ अभेद्यंकवचंचेदंस्पर्शरूपवदुत्तमम् ७५ अजरांज्यामिमांचापिगांडीवेसमयोजयत् ॥ ततःप्रायामहंतेनस्यंदनेनविराजता ७६ येनाजय
द्देवपतिर्बलिंवैरोचनिंपुरा ॥ ततोदेवाःसर्वएवतेनघोषेणबोधिताः ७७ मन्वानादेवराजंमांसमाजग्मुर्विशांपते ॥ दृष्ट्वाचमामपृच्छंतकिंकरिष्यसिफाल्गुन ७८ तान
ब्रुवंयथाभूतमिदंकर्ताऽस्मिसंयुगे ॥ निवातकवचानांतुप्रस्थितंमांवधैषिणम् ७९ निबोधतमहाभागाःशिवंचाशास्तुमेऽनघाः ॥ तुष्टुवुर्मांप्रसन्नास्तेयथादेवंपुरंदरम्
८० रथेनानेनमघवाजितवाञ्शंबरंयुधि ॥ नमुचिंबलवृत्रौचप्रह्लादनरकावपि ८१ बहूनिचसहस्राणिप्रयुतान्यर्बुदान्यपि ॥ रथेनानेनदैत्यानांजितवान्मघवायुधि
८२ त्वमप्यनेनकौन्तेयनिवातकवचान्रणे ॥ विजेतायुधिविक्रम्यपुरेवमघवावशी ८३ अयंचशंखप्रवरोयेनजेताऽसिदानवान् ॥ अनेनविजितालोकाःशक्रेणा
पिमहात्मना ८४ प्रदीयमानंदेवैस्तंदेवदत्तंजलोद्भवम् ॥ प्रत्यगृह्णंजयायैनंस्तूयमानस्तदाऽमरैः ८५ सशंखीकवचीबाणीप्रगृहीतशरासनः ॥ दानवालयमत्युग्रं
प्रयातोऽस्मियुयुत्सया ८६ ॥ इतिश्रीमहाभारतेआरण्यकेपर्वणिनिवातकवचयुद्धपर्वणिअर्जुनवाक्येअष्टषष्ट्यधिकशततमोऽध्यायः ॥ १६८ ॥ ॥ ॥

६८ वेत्स्यामिवेदयिष्यामि परंकार्यमितिशेषः ६९ विषह्यंशक्यं ७० । ७१ । ७२ । ७३ । ७४ । ७५ प्रायांप्रयाणंकृतवान् ७६ । ७७ । ७८ । ७९ आशास्तआशाध्वम् ८० । ८१ । ८२ । ८३ । ८४
८५ । ८६ ॥ ॥ इत्यारण्यकेपर्वणि नैलकंठीये भारतभावदीपे अष्टषष्ट्यधिकशततमोऽध्यायः ॥ १६८ ॥ ॥ ॥ ॥ ॥ ॥ ॥ ॥

ततोऽहमिति १ । २ तिमिर्मत्स्यस्तंगिलतिमहामत्स्यस्तिमिंगिलः तमपिगिलतीतितिमितिमिंगिलः तिमिरिवगिलनीयस्तिमिंगिलोयस्येतिविग्रहः ३ । ४ । ५ घूर्णतेभ्रमति ६ निपत्यगत्वापृथिवीतलेपाताले ७ आलक्ष्यसर्वसंपदुपेतमितिशेषः आश्लिष्येतिपाठे भूमावववतीर्यनिम्नस्थंरथचक्रंदृढमाश्लिष्यउन्नीतवानित्यर्थः । प्राद्रवत्प्रकर्षेणवेगवानभूत् ८ । ९ । १० । ११ । १२ । १३ दिवंस्तब्ध्वाआकाशंव्याप्य

अर्जुनउवाच ॥ ततोऽहंस्तूयमानस्तुतत्रतत्रमहर्षिभिः ॥ अपश्यमुदधिंभीममपांपतिमथाव्ययम् १ फेनवत्यःप्रकीर्णाश्चसंहताश्चसमुत्थिताः ॥ ऊर्मयश्चात्रदृश्यंते वल्गंतइवपर्वताः २ नावःसहस्रशस्तत्ररत्नपूर्णाःसमंततः ॥ तिमिंगिलाःकच्छपाश्चतथातिमितिमिंगिलाः ३ मकराश्चात्रदृश्यंतेजलेमग्नाइवाद्रयः ॥ शंखानांच सहस्राणिमग्नान्यप्सुसमंततः ४ दृश्यंतेस्मयथारात्रौतारास्तन्वभ्रसंवृताः ॥ तथासहस्रशस्तत्ररत्नसंघाःप्लवंत्युत ५ वायुश्चघूर्णतेभीमस्तदद्भुतमिवाभवत् ॥ तमुदीक्ष्य महावेगंसर्वांभोनिधिमुत्तमम् ६ अपश्यंदानवाकीर्णंतद्दैत्यपुरमंतिकात् ॥ तत्रैवमातलिस्तूर्णंनिपत्यपृथिवीतले ७ रथंतंतुसमालक्ष्यप्राद्रवद्रथयोगवित् ॥ त्रासयन् रथघोषेणतत्पुरंसमुपाद्रवत् ८ रथघोषंतुतंश्रुत्वास्तनयित्नोरिवांबरे ॥ मन्वानादेवराजंमामाविग्नादानवाऽभवन् ९ सर्वेसंभ्रांतमनसःशरचापधराःस्थिताः ॥ तथाऽसिशूलपरशुगदामुसलपाणयः १० ततोद्वाराणिपिदधुर्दानवास्त्रस्तचेतसः ॥ संविधायपुरेरक्षांनस्मकश्चनदृश्यते ११ ततःशंखमुपादायदेवदत्तंमहास्वनम् ॥ परमां मुदमाश्रित्यप्राधमंतंशनैरहम् १२ सतुशब्दोदिवंस्तब्ध्वाप्रतिशब्दमजीजनत् ॥ वित्रेसुश्चनिलिल्युश्चभूतानिसुमहांत्यपि १३ ततोनिवातकवचाःसर्वएवस्वलंकृताः ॥ दंशिताविविधैस्त्राणैर्विचित्रायुधपाणयः १४ आयसैश्चमहाशूलैर्गदाभिर्मुसलैरपि ॥ पट्टिशैःकरवालैश्चरथचक्रैश्चभारत १५ शतघ्नीभिर्भुशुंडीभिःखड्गैश्चित्रैःस्वलंकृतैः ॥ प्रगृहीतैर्दितेःपुत्राःप्रादुरासन्सहस्रशः १६ ततोविचार्यबहुशोरथमार्गेषुतान्हयान् ॥ प्राचोदयत्समेदेशेमातलिर्भरतर्षभ १७ तेनतेषांप्रणुन्नानामाशुत्वाच्छीघ्रगामिनाम् ॥ नान्वपश्यंतदाकिंचितन्मेऽद्भुतमिवाभवत् १८ ततस्तेदानवास्तत्रवादित्राणिसहस्रशः ॥ विकृतस्वररूपाणिभृशंसर्वाण्यनादयन् १९ तेनशब्देनसहसासमुद्रेपर्वतोपमाः ॥ आप्लवंतगतैःसत्वैर्मत्स्याःशतसहस्रशः २० ततोवेगेनमहतादानवामामुपाद्रवन् ॥ विमुंचंतःशितान्बाणान्शतशोऽथ सहस्रशः २१ ससंप्रहारस्तुमुलस्तेषांचममभारत ॥ अवर्ततमहाघोरोनिवातकवचांतकः २२ ततोदेवर्षयश्चैवदानवर्षिगणाश्चये ॥ ब्रह्मर्षयश्चसिद्धाश्चसमाजग्मुर्महामृधे २३ तेवैमामनुरूपाभिर्मधुराभिर्जयैषिणः ॥ अस्तुवन्मुनयोवाग्भिर्यथेंद्रंतारकामये २४ ॥ इतिश्रीमहाभारतेआरण्यकेपर्वणियुद्धारंभेऊनसप्तत्यधिकशततमोऽध्यायः ॥ १६९ ॥ ॥ अर्जुनउवाच ॥ ततोनिवातकवचाःसर्वेवेगेनभारत ॥ अभ्यद्रवन्मांसहिताःप्रगृहीतायुधारणे १ आच्छाद्यरथपंथानमुत्क्रोशंतोमहारथाः ॥ आवृत्यसर्वतस्तेमांशरवर्षैरवाकिरन् २

१४ दंशिताःसन्नद्धाः त्राणैःकवचैः १५ । १६ । १७ । १८ । १९ आप्लवंतपलायनंकृतवंतः गतैःसत्वैर्विगताभिर्बुद्धिभिरुपलक्षिताः भ्रांताइत्यर्थः २० । २१ । २२ । २३ तारकामयेतारार्थेसंग्रामे २४ ॥ इत्यारण्यकेपर्वणिनैलकंठीये भारतभावदीपे ऊनसप्तत्यधिकशततमोऽध्यायः ॥ १६९ ॥ ॥ ततइति १ । २

३ । ४ । ५ । ६ । ७ । ८ शताःशतानिअयुतमित्यर्थः हरयोऽश्वाः शांताःपरीक्षिताः । शमेरालोचनार्थाभिष्ठा ९ । १० । ११ । १२ । १३ चिच्छेदअहमितिशेषः । परोक्षार्थेलिट् प्रयोगेणाजानतैवमया
एतत्कृतमितिशत्रूणामत्यंतापकर्षःसूचितः १४ । १५ । १६ अस्माभिः पूजायांबहुत्वंअश्वाद्यपेक्षयावा १७ लघुभिःशीघ्रगैः १८ । १९ तिग्मतैजसंतीक्ष्णदाहकं माधवंनाममधोर्दैत्यस्यत्वधार्थेनिर्मितत्वात् २०

ततोपरेमहावीर्याःशूलपट्टिशपाणयः ॥ शूलानिचभुशुंडीश्चमुमुचुर्दानवामयि ३ तच्छूलवर्षंसुमहद्गदाशक्तिसमाकुलम् ॥ अनिशंसृज्यमानंतैरपतन्मद्रथोपरि ४
अन्येमामभ्यधावंतनिवातकवचायुधि ॥ जितशस्त्रायुधारौद्राःकालरूपाःप्रहारिणः ५ तानहंविविधैर्बाणैर्वेगवद्भिरजिह्मगैः ॥ गांडीवमुक्तैरभ्यघ्नमेकैकंदशभिर्मृधे ६ ते
कृताविमुखाःसर्वेमत्प्रयुक्तैःशिलाशितैः ॥ ततोमातलिनातूर्णंहयास्तेसंप्रचोदिताः ७ मार्गान्बहुविधांस्तत्रविचेरुर्वातरंहसः ॥ सुसंयतामातलिनाप्रामथ्नंतदितेःसुता
न् ८ शतंशतास्तेहरयस्तस्मिन्युक्तामहारथे ॥ शांतामातलिनायत्ताव्यचरन्नल्पकाइव ९ तेषांचरणपातेनरथनेमिस्वनेनच ॥ ममबाणनिपातैश्चहतास्तेशतशोऽसु
राः १० गतासवस्तथैवान्येप्रगृहीतशरासनाः ॥ हतसारथयस्तत्रव्यकृष्यंततुरंगमैः ११ तेदिशोविदिशःसर्वेप्रतिरुध्यप्रहारिणः ॥ अभ्यघ्नन्विविधैःशस्त्रैस्ततो
मेव्यथितंमनः १२ ततोऽहंमातलेर्वीर्यमपश्यंपरमाद्भुतम् ॥ अश्वांस्तथावेगवतोयदयत्नादधारयत् १३ ततोऽहंलघुभिश्चित्रैरस्त्रैस्तानसुरान्रणे ॥ चिच्छेदसायु
धान्राजञ्छतशोऽथसहस्रशः १४ एवंमेचरतस्तत्रसर्वयत्नेनशत्रुहन् ॥ प्रीतिमानभवद्वीरोमातलिःशक्रसारथिः १५ वध्यमानास्ततस्तैस्तुहयैस्तेनरथेनच ॥ अगम
न्प्रक्षयंकेचिन्न्यवर्तंततथापरे १६ स्पर्धमानाइवास्माभिर्निवातकवचारणे ॥ शरवर्षैःशरार्तंमांमहद्भिःप्रत्यवारयन् १७ ततोऽहंलघुभिश्चित्रैर्ब्रह्मास्त्रपरिमंत्रितैः ॥ व्यध
मंसायकैराशुशतशोऽथसहस्रशः १८ ततःसंपीड्यमानास्तेक्रोधाविष्टामहारथाः ॥ अपीडयन्मांसहिताःशक्तिशूलासिवृष्टिभिः १९ ततोऽहमस्त्रमातिष्ठंपरमंतिग्मतेज
सम् ॥ दयितंदेवराजस्यमाधवंनामभारत २० ततःखड्गत्रिशूलेनतोमरांश्चसहस्रशः ॥ अस्त्रवीर्येणशतधातैर्मुक्तानहमच्छिदम् २१ छित्त्वाप्रहरणान्येषांततस्तानपिसर्व
शः ॥ प्रत्यविध्यमहंरोषाद्दशभिर्दशभिःशरैः २२ गांडीवाद्धितदासंख्येयथाभ्रमरपंक्तयः ॥ निष्पतंतिमहाबाणास्तन्मातलिरपूजयत् २३ तेषामपितुबाणास्तेतन्मा
तलिरपूजयत् ॥ अवाकिरन्मांबलवत्तानहंव्यधमंशरैः २४ वध्यमानास्ततस्तेतुनिवातकवचाःपुनः ॥ शरवर्षैर्महद्भिर्मांसमंतात्पर्यवारयन् २५ शरवेगान्निहत्याहम
स्त्रैरस्त्रविघातिभिः ॥ ज्वलद्भिःपरमैःशीघ्रैस्तानविध्यंसहस्रशः २६ तेषांछिन्नानिगात्राणिविसृजंतिस्मशोणितम् ॥ प्रावृषीवाभिवृष्टानिशृंगाण्यथधराभृताम् २७
इंद्राशनिसमस्पर्शैर्वेगवद्भिरजिह्मगैः ॥ मद्बाणैर्वध्यमानास्तेसमुद्विग्नाःस्मदानवाः २८ शतधाभिन्नदेहास्तेक्षीणप्रहरणौजसः ॥ ततोनिवातकवचामामयुध्यंतमायया
२९ ॥ इतिश्रीमहाभारतेआरण्यकेपर्वणिनिवातकवचयुद्धपर्वणिसप्तत्यधिकशततमोऽध्यायः ॥ १७० ॥ ॥ ॥ ॥ ॥ ॥ ॥

ततोमाधवास्त्रादुत्पन्नेनखड्गसहितेनत्रिशूलेन । खड्गांश्चशूलांश्चेतिपाठे शरैरित्युत्तरश्लोकादपकर्षणीयम् २१ । २२ । २३ तेषांतेबाणामामवाकिरन्निति संबंधः तदपिमातलिरपूजयत् २४ । २५
 २६ । २७ । २८ । २९ ॥ इत्यारण्यकेपर्वणि नैलकंठीये भारतभावदीपे सप्तत्यधिकशततमोऽध्यायः ॥ १७० ॥ ॥ ॥ ॥ ॥ ॥ ॥ ॥

ततोऽश्मेति । नगमात्रैर्वृक्षप्रमाणैः १ । २ पावकप्रकरावन्हिराशयः ३ । ४ । ५ । ६ । ७ । ८ । ९ । १० । ११ । १२ । १३ । १४ । १५ । १६ । १७ । १८

॥१३९॥ ॥ अर्जुनउवाच ॥ ततोऽश्मवर्षंसुमहत्प्रादुरासीत्समंततः ॥ नगमात्रैःशिलाखंडैस्तन्मांदृढमपीडयत् १ तदहंवज्रसंकाशैर्महेंद्रास्त्रप्रचोदितैः ॥ अचूर्णयंवेगवद्भिःशर
जालैर्महाहवे २ चूर्ण्यमानेऽश्मवर्षेतुपावकःसमजायत ॥ तत्राश्मचूर्णान्यपतन्पावकप्रकराइव ३ ततोऽश्मवर्षेविहतेजलवर्षंमहत्तरम् ॥ धाराभिरक्षमात्राभिःप्रा
दुरासीन्ममांतिके ४ नभसःप्रच्युताधारास्तिग्मवीर्याःसहस्रशः ॥ आवृण्वन्सर्वतोव्योमदिशश्चोपदिशस्तथा ५ धाराणांचनिपातेनवायोर्विस्फूर्जितेनच ॥ गर्जितेनच
दैत्यानांनप्राज्ञायतकिंचन ६ धारादिविचसंबद्धावसुधायांचसर्वशः ॥ व्यामोहयंतमांतत्रनिपतंत्योनिशंभुवि ७ तत्रोपदिष्टमिंद्रेणदिव्यमस्त्रंविशोषणम् ॥ दीप्तंप्राहिणवं
घोरमशुष्यत्तेनतज्जलम् ८ हतेश्मवर्षेचमयाजलवर्षेचशोषिते ॥ मुमुचुर्दानवामायामग्निंवायुंचभारत ९ ततोहमग्निंव्यधमंसलिलास्त्रेणसर्वशः ॥ शैलेनचमहास्त्रे
णवायोर्वेगमधारयम् १० तस्यांप्रतिहतायांतेदानवायुद्धदुर्मदाः ॥ प्राकुर्वन्विविधांमायांयौगपद्येनभारत ११ ततोवर्षंप्रादुरभूत्सुमहल्लोमहर्षणम् ॥ अस्त्राणांघो
ररूपाणामग्नेर्वायोस्तथाऽश्मनाम् १२ सातुमायामयीवृष्टिःपीडयामासमांयुधि ॥ अथघोरंतमस्तीव्रंप्रादुरासीत्समंततः १३ तमसासंवृतेलोकेघोरेणपरुषेणच ॥
हरयोविमुखाश्चासन्प्रास्खलच्चापिमातलिः १४ हस्ताद्धिरश्मयश्चास्यप्रतोदःप्रापतद्भुवि ॥ असकृच्चाहमांभीतःक्वासीतिभरतर्षभः १५ मांचभीराविशत्तीव्रातस्मि
न्विगतचेतसि ॥ सचमांविगतज्ञानःसंत्रस्तमिदमब्रवीत् १६ सुराणामसुराणांचसंग्रामःसुमहानभूत् ॥ अमृतार्थेपुरापार्थसचदृष्टोमयाऽनघ १७ शंबरस्यवधेघोरःसं
ग्रामःसुमहानभूत् ॥ सारथ्यंदेवराजस्यतत्रापिकृतवानहम् १८ तथैववृत्रस्यवधेसंगृहीताहयामया ॥ वैरोचनेर्महायुद्धंदृष्टंचापिसुदारुणम् १९ एतेमयामहाघोराः
संग्रामाःपर्युपासिताः ॥ नचापिविगतज्ञानोभूतपूर्वोऽस्मिपांडव २० पितामहेनसंहारःप्रजानांविहितोध्रुवम् ॥ नहियुद्धमिदंयुक्तमन्यत्रजगतःक्षयात् २१ तस्य
तद्वचनंश्रुत्वासंस्तभ्यात्मानमात्मना ॥ मोहयिष्यन्दानवानामहंमायाबलंमहत् २२ अब्रुवंमातलिंभीतंपश्यमेभुजयोर्बलम् ॥ अस्त्राणांचप्रभावंवैधनुषोगांडिवस्य
च २३ अद्यास्त्रमाययैतेषांमायामेतांसुदारुणाम् ॥ विनिहन्मितमश्चोग्रंमाभैःसूतस्थिरोभव २४ एवमुक्त्वाऽहमसृजमस्त्रमायांनराधिप ॥ मोहनींसर्वभूतानां
हितायत्रिदिवौकसाम् २५ पीड्यमानासुमायासुतासुतास्वसुरोत्तमाः ॥ पुनर्बहुविधामायाःप्राकुर्वन्नमितौजसः २६ पुनःप्रकाशमभवत्तमसाग्रस्यतेपुनः ॥ भ
वत्यदर्शनोलोकःपुनरप्सुनिमज्जति २७ सुसंगृहीतैर्हरिभिःप्रकाशेसतिमातलिः ॥ व्यचरत्स्यंदनाग्र्येणसंग्रामेलोमहर्षणे २८ ततःपर्यपतन्नुग्रानिवातकवचा
मयि ॥ तानहंविवरंदृष्ट्वाप्राहिण्वंयमसादनम् २९ ॥१३९॥

वैरोचनेर्बलेः १९ । २० । २१ । २२ । २३ । २४ । २५ मोहनास्त्रेणपीडयमानासुनश्यमानासु २६ । २७ । २८ । २९

३० ॥ इत्यारण्यकेपर्वणि नैलकंठीये भारतभावदीपे एकसप्तत्यधिकशततमोऽध्यायः ॥ १७१ ॥ ॥ अदृश्यमानाइति १ । २ । ३ । ४ । ५ । ६ । ७ । ८ हरीन्अत्यंतंहरणशीलान्

वर्तमानेतथायुद्धेनिवातकवचांतके ॥ नापश्यंसहसासर्वान्दानवान्माययावृतान् ३० ॥ इतिश्रीमहाभारतेआरण्यकेप० निवातकवचयुद्धप० मायायुद्धेएक
सप्तत्यधिकशततमोऽध्यायः ॥ १७१ ॥ ॥ ॥ ॥ अर्जुनउवाच ॥ अदृश्यमानास्तेदैत्यायोधयंतिस्ममायया ॥ अदृश्येनास्त्रवीर्येणतानप्यहमयो
धयम् १ गांडीवमुक्ताविशिखाःसम्यगस्त्रप्रचोदिताः ॥ अच्छिंदन्नुत्तमांगानियत्रयत्रस्मतेऽभवन् २ ततोनिवातकवचावध्यमानामयायुधि ॥ संहृत्यमायांस
हसाप्राविशन्पुरमात्मनः ३ व्यपयातेषुदैत्येषुप्रादुर्भूतेचदर्शने ॥ अपश्यंदानवांस्तत्रहतान्शतसहस्रशः ४ विनिष्पिष्टानितत्रैषांशस्त्राण्याभरणानिच ॥ श
तशःस्मप्रदृश्यंतेगात्राणिकवचानिच ५ हयानांनांतरंह्यासीत्पदाद्विचलितुंपदम् ॥ उत्पत्यसहसातस्थुरंतरिक्षगमास्ततः ६ ततोनिवातकवचाव्योमसंछा
द्यकेवलम् ॥ अदृश्याह्यभ्यवर्ततविसृजंतःशिलोच्चयान् ७ अंतर्भूमिगताश्चान्येहयानांचरणान्यथ ॥ व्यगृण्हन्दानवाघोरारथचक्रेचभारत ८ विनिगृह्यहरी
नश्वान्रथंचममयुध्यतः ॥ सर्वतोमामविध्यंतसरथंधरणीधरैः ९ पर्वतैरुपचीयद्भिःपतमानैस्तथाऽपरैः ॥ सदेशोयत्रवर्तामगुहेवसमपद्यत १० पर्वतैश्छा
द्यमानोऽहंनिगृहीतैश्ववाजिभिः ॥ अगच्छंपरमामार्तिंमातलिस्तदलक्षयत् ११ लक्षयित्वाचमांभीतमिदंवचनमब्रवीत् ॥ अर्जुनार्जुनमाभैस्त्वंवज्रमस्त्रमुदी
रय १२ ततोऽहंतस्यतद्वाक्यंश्रुत्वावज्रमुदीरयम् ॥ देवराजस्यदयितंभीममस्त्रंनराधिप १३ अचलंस्थानमासाद्यगांडीवमनुमंत्र्यच ॥ अमुंचंवज्रसंस्पर्शा
नायसान्निशितान्शरान् १४ ततोमायाश्वताःसर्वानिवातकवचांश्चतान् ॥ तेवज्रचोदिताबाणावज्रभूताःसमाविशन् १५ तेवज्रवेगविहतादानवाःपर्वतोपमाः ॥
इतरेतरमाश्लिष्यन्यपतन्पृथिवीतले १६ अंतर्भूमौचयेऽगृण्हन्दानवारथवाजिनः ॥ अनुप्रविश्यतान्बाणाःप्राहिण्वन्यमसादनम् १७ हतैर्निवातकवचैर्निरस्तैःपर्व
तोपमैः ॥ समाच्छाद्यतदेशःसविकीर्णैरिवपर्वतैः १८ नहयानांक्षतिःकाचिन्नरथस्यनमातलेः ॥ ममचादृश्यततदातदद्भुतमिवाभवत् १९ ततोमांप्रहसन्राज
न्मातलिःप्रत्यभाषत ॥ नैतदर्जुनदेवेषुत्वयिवीर्यंयदीक्ष्यते २० हतेष्वसुरसंघेषुदारास्तेषांतुसर्वशः ॥ प्राक्रोशन्नगरेतस्मिन्यथाशरदिसारसाः २१ ततोमा
तलिनासार्धमहंतत्पुरमभ्ययाम् ॥ त्रासयन्रथघोषेणनिवातकवचस्त्रियः २२ तान्दृष्ट्वादशसाहस्रान्मयूरसदृशान्हयान् ॥ रथंचरविसंकाशंप्राद्रवन्गणशःस्त्रियः
२३ ताभिराभरणैःशब्दस्त्रासिताभिःसमीरितः ॥ शिलानामिवशैलेषुपततीनामभूत्तदा २४ वित्रस्तादैत्यनार्यस्ताःस्वानिवेश्मान्यथाविशन् ॥ बहुरत्नवि
चित्राणिशातकुंभमयानिच २५ तदद्भुताकारमहंदृष्ट्वानगरमुत्तमम् ॥ विशिष्टंदेवनगरादपृच्छंमातलिंततः २६

अविध्यंतव्याप्नुवंतः अच्छिन्नंतेतिपाठेऽपिसएवार्थः ९ । १० । ११ । १२ । १३ । १४ । १५ । १६ । १७ । १८ । १९ । २० सारसाहंसाः । लक्ष्मणाइतिपाठेसारस्यः २१ । २२ । २३ । २४ । २५ । २६

नआवासयंतिनाध्यामंते २७ । २८ । २९ अंतनाशं निवातकवचानामितिशेषः ३० । ३१ । ३२ । ३३ । ३४ प्रशाम्यप्रकर्षेणआलोच्य ३५ ॥ ॥ इत्यारण्यकेपर्वणि नैलकंठीये भारतभावदीपे

इदमेवंविधंकस्माद्देवानावासयंत्युत ॥ पुरंदरपुराद्धीदंविशिष्टमितिलक्षये २७ ॥ मातलिरुवाच ॥ आसीदिदंपुरापार्थदेवराजस्यनःपुरम् ॥ ततोनिवातक
वचैरेतैःप्रच्याविताःसुराः २८ तपस्तप्त्वामहत्तीव्रंप्रसाद्यचपितामहम् ॥ इदंवृतंनिवासायदेवेभ्यश्चाभयंयुधि २९ ततःशक्रेणभगवान्स्वयंभूरितिचोदितः ॥
विधत्तांभगवानंतमात्मनोहितकाम्यया ३० ततउक्तोभगवतादिष्टमत्रेतिभारत ॥ भवितांऽतस्त्वमप्येषांदेहेनान्येनशत्रुहन् ३१ ततएषांवधार्थायशक्रोऽस्त्रा
णिददौतव ॥ नहिशक्याःसुरैर्हंतुंयएतेनिहतास्त्वया ३२ कालस्यपरिणामेनततस्त्वमिहभारत ॥ एषामंतकरःप्राप्तस्तत्त्वयाचकृतंतथा ३३ दानवानांविना
शायअस्त्राणांपरमंबलम् ॥ ग्राहितस्त्वंमहेंद्रेणपुरुषेंद्रतदुत्तमम् ३४ ॥ अर्जुनउवाच ॥ ततःप्रशाम्यनगरंदानवांश्चनिहत्यतान् ॥ पुनर्मातलिनासार्धमगच्छंदे
वसद्मतत् ३५ ॥ इतिश्रीमहाभारतेआरण्यकेप० निवातकवचयुद्धप० निवातककवचयुद्धे द्विसप्तत्यधिकशततमोऽध्यायः ॥ १७२ ॥ ॥ ॥ ॥
॥ अर्जुनउवाच ॥ निवर्तमानेनमयामहद्दृष्टंततोऽपरम् ॥ पुरंकामचरंदिव्यंपावकार्कसमप्रभम् १ रत्नद्रुममयैश्चित्रैःसुस्वरैश्चपतत्रिभिः ॥ पौलोमैःकालकंजैश्चनि
त्यहृष्टैरधिष्ठितम् २ गोपुराट्टालकोपेतंचतुर्द्वारंदुरासदम् ॥ सर्वरत्नमयंदिव्यमद्भुतोपमदर्शनम् ३ द्रुमैःपुष्पफलोपेतैःसर्वरत्नमयैर्वृतम् ॥ तथापतत्रिभिर्दिव्यै
रुपेतंसुमनोहरैः ४ असुरैर्नित्यमुदितैःशूलर्ष्टिमुसलायुधैः ॥ चापमुद्गरहस्तैश्चस्रग्विभिःसर्वतोवृतम् ५ तदहंप्रेक्ष्यदैत्यानांपुरमद्भुतदर्शनम् ॥ अपृच्छंमात
लिंराजन्किमिदंवर्ततेऽद्भुतम् ६ ॥ मातलिरुवाच ॥ पुलोमानामदैतेयीकालकाचमहासुरी ॥ दिव्यंवर्षसहस्रंतेचेरतुःपरमंतपः ७ तपसोंतेततस्ताभ्यांस्वयं
भूरददद्वरम् ॥ अगृण्हीतांवरंतेतुसुतानामल्पदुःखताम् ८ अवध्यतांचराजेंद्रसुरराक्षसपन्नगैः ॥ पुरंसुरमणीयंचखचरंसुमहाप्रभम् ९ सर्वरत्नैःसमुदितंदुर्धर्ष
ममरैरपि ॥ महर्षियक्षगंधर्वपन्नगासुरराक्षसैः १० सर्वकामगुणोपेतंवीतशोकमनामयम् ॥ ब्रह्मणाभरतश्रेष्ठकालकेयकृतेकृतम् ११ तदेतत्खपुरंदिव्यंचर
त्यमरवर्जितम् ॥ पौलोमाध्युषितंवीरकालकंजैश्चदानवैः १२ हिरण्यपुरमित्येवंख्यायतेनगरंमहत् ॥ रक्षितंकालकेयैश्चपौलोमैश्चमहासुरैः १३ तएतेमुदिताराजन्नवध्याःसर्वदैवतैः ॥ निवसंत्यत्रराजेंद्रगतोद्वेगानिरुत्सुकाः १४ मानुषान्मृत्युरेतेषांनिर्दिष्टोब्रह्मणापुरा ॥ एतानपिरणेपार्थकालकंजान्दुरासदान् ॥ वज्रास्त्रे
णनयस्वाशुविनाशंसुमहाबलान् १५ ॥ अर्जुनउवाच ॥ सुरासुरैरवध्यंतदहंज्ञात्वाविशांपते ॥ अब्रुवंमातलिंहृष्टोयाह्येतत्पुरमंजसा १६ त्रिदशेशद्विषोयावत्क्ष
यमस्त्रैर्नयाम्यहम् ॥ नकथंचिद्धिमेपापानवध्यायेसुरद्विषः १७ उवाहमांततःशीघ्रंहिरण्यपुरमंतिकात् ॥ रथेनतेनदिव्येनहरियुक्तेनमातलिः १८

द्विसप्तत्यधिकशततमोऽध्यायः ॥ १७२ ॥ ॥ ॥ ॥ ॥ ॥ ॥ ॥ निवर्तमानेनेति १ । २ । ३ । ४ । ५ । ६ । ७ । ८ । ९ १० । ११ खपुरंखचरत्वात्
१२ । १३ । १४ । १५ । १६ नवध्याइतिनअपितुवध्याएव १७ । १८

१९ । २० । २१ । २२ । २३ । २४ । २५ । २६ । २७ । २८ व्यगृह्णं विशेषेणगृहीतवान् बाणवृष्ट्यारुद्धवानित्यर्थः २९ । ३० । ३१ आरुह्यगगनमुत्पत्य अवातरदवतीर्णःपाठांतरेमातलिमारुह्यआलं
व्यमहीमवतरं अवतीर्णोऽभवमितिशेषः ३२ पर्यवर्ततपरिवार्यअवर्तंत गार्ध्रराजितैर्गृध्रपत्रशोभितैः ३३ युद्धेनिमित्तेसतिसंन्यवर्तंत इमेवयमितिशेषः युद्धेनजेतुमितिशेषः ३४ । ३५ । ३६ । ३७ अस्त्रप्रचुदितैः

तेमामालक्ष्यदैतेयाविचित्राभरणांबराः ॥ समुत्पेतुर्महावेगारथानास्थायदंशिताः १९ ततोनालीकनाराचैर्भल्लैःशक्त्यृष्टितोमरैः ॥ प्रत्यघ्नन्दानवेंद्रामांकुद्धास्तीव्र
पराक्रमाः २० तदहंशरवर्षेणमहताप्रत्यवारयम् ॥ शस्त्रवर्षमहद्राजन्विद्याबलमुपाश्रितः २१ व्यामोहयंचतान्सर्वान्रथमार्गैश्चरन्रणे ॥ तेऽन्योन्यमभिसंमूढाः
पातयंतिस्मदानवान् २२ तेषामेवंविमूढानामन्योन्यमभिधावताम् ॥ शिरांसिविशिखैर्दीप्तैर्न्यहनंशतसंघशः २३ तेवध्यमानादैतेयाःपुरमास्थायतत्पुनः ॥
खमुत्पेतुःसनगरामायामास्थायदानवीम् २४ ततोऽहंशरवर्षेणमहताकुरुनंदन ॥ मार्गमावृत्यदैत्यानांगतिंचैषामवारयम् २५ तत्पुरंखचरंदिव्यंकामगंसूर्यस
प्रभं ॥ दैतेयैर्वरदानेनधार्यतेस्मयथासुखम् २६ अंतर्भूमौनिपततिपुनरूर्ध्वंप्रतिष्ठते ॥ पुनस्तिर्यक्प्रयात्याशुपुनरप्सुनिमज्जति २७ अमरावतिसंकाशंतत्पुरंकाम
गंमहत् ॥ अहमस्त्रैर्बहुविधैःप्रत्यगृण्हंपरंतप २८ ततोऽहंशरजालेनदिव्यास्त्रनुदितेनच ॥ व्यगृण्हंसहदैतेयैस्तत्पुरंपुरुषर्षभ २९ विक्षतंचायसैर्बाणैर्मत्प्रयुक्तै
रजिह्मगैः ॥ महीमभ्यपतद्राजन्प्रभग्नंपुरमासुरम् ३० तेवध्यमानामद्बाणैर्वज्रवेगैरयस्मयैः ॥ पर्यभ्रमंतवैराजन्नसुराःकालचोदिताः ३१ ततोमातलिरारुह्यपुर
स्तान्निपतन्निव ॥ महीमवातरत्क्षिप्रंरथेनादित्यवर्चसा ३२ ततोरथसहस्राणिषष्टिस्तेषाममर्षिणाम् ॥ युयुत्सूनांमयासार्धंपर्यवर्ततभारत ॥ तान्यहंनिशितैर्बा
णैर्व्यधमंगार्ध्रराजितैः ३३ तेयुद्धेसन्यवर्ततसमुद्रस्ययथोर्मयः ॥ नेमेशक्यामानुषेणयुद्धेनेतिप्रचिंत्यतत् ३४ ततोऽहमानुपूर्व्येणदिव्यान्यस्त्राण्ययोजयम् ॥
ततस्तानिसहस्राणिरथिनांचित्रयोधिनाम् ३५ अस्त्राणिममदिव्यानिप्रत्यघ्नञ्छनकैरिव ॥ रथमार्गान्विचित्रांस्तेविचरंतोमहाबलाः ३६ प्रत्यदृश्यंतसंग्रामेशतशोऽ
थसहस्रशः ॥ विचित्रमुकुटापीडाविचित्रकवचध्वजाः ३७ विचित्राभरणाश्चैवनंदयंतीवमेमनः ॥ अहंतुशरवर्षैस्तानस्त्रप्रचुदितैरणे ३८ नाशक्नुवंपीडयितुंतेतु
मांप्रत्यपीडयन् ॥ तैःपीड्यमानोबहुभिःकृतास्त्रैःकुशलैर्युधि ३९ व्यथितोऽस्मिमहायुद्धेभयंचागान्महन्मम ॥ ततोऽहंदेवदेवायरुद्रायप्रयतोरणे ४० स्वस्ति
भूतेभ्यइत्युक्त्वामहास्त्रंसमचोदयम् ॥ यत्तद्रौद्रमितिख्यातंसर्वामित्रविनाशनम् ४१ ततोऽपश्यंत्रिशिरसंपुरुषंनवलोचनम् ॥ त्रिमुखंषड्भुजंदीप्तमर्कज्वलनमूर्धजम्
४२ लेलिहानैर्महानागैःकृतचीरममित्रहन् ॥ विभीस्ततस्तदस्त्रंतुघोरंरौद्रंसनातनम् ४३ दृष्ट्वागांडीवसंयोगमानीयभरतर्षभ ॥ नमस्कृत्वात्रिनेत्रायशर्वायामित
तेजसे ४४ मुक्तवान्दानवेंद्राणांपराभावायभारत ॥ मुक्तमात्रेततस्तस्मिन्रूपाण्यासन्सहस्रशः ४५

अस्त्राणांप्रचुदितंप्रेरणं यदर्थंतैः । उदुपधाद्भावादिकर्मणोरितिभावेनिष्ठायाःकित्वं ३८ । ३९ । ४० । ४१ । ४२ कृतंपीडितं निगृहीतं चीरंवस्त्रंयेन ४३ । ४४ । पराभावाय अत्यंताभावाय ४५

मृगाणामथसिंहानांव्याघ्राणांचविशांपते ॥ ऋक्षाणांमहिषाणांचपन्नगानांतथागवाम् ४६ शरभाणांगजानांचवानराणांचसंवशः ॥ ऋषभाणांवराहाणांमार्जाराणां तथैवच ४७ शालावृकाणांप्रेतानांभुरुंडानांचसर्वशः ॥ गृध्राणांगरुडानांचचमराणांतथैवच ४८ देवानांचऋषीणांचगंधर्वाणांचसर्वशः ॥ पिशाचानांसयक्षाणां तथैवचसुरद्विषाम् ४९ गुह्यकानांचसंग्रामेनैर्ऋतानांतथैवच ॥ झषाणांगजवक्त्राणामुलूकानांतथैवच ५० मीनवाजिसरूपाणांनानाशस्त्रासिपाणिनाम् ॥ तथैवयातु धानानांगदामुद्गरधारिणाम् ५१ एतैश्चान्यैश्चबहुभिर्नानारूपधरैस्तथा ॥ सर्वमासीज्जगद्व्याप्तंतस्मिन्नस्त्रेविसर्जिते ५२ त्रिशिरोभिश्चतुर्दंष्ट्रैश्चतुरास्यैश्चतुर्भुजैः ॥ अनेकरूपसंयुक्तैर्मांसमेदोवसास्थिभिः ५३ अभीक्ष्णंवध्यमानास्तेदानवानाशमागताः ॥ अर्कज्वलनतेजोभिर्वज्राशनिसमप्रभैः ५४ अद्रिसारमयैश्चान्यैर्बाणैररिनिबर्हणैः ॥ न्यहनंदानवान्सर्वान्मुहूर्तेनैवभारत ५५ गांडीवास्त्रप्रणुन्नांस्तान्गतासून्नभसश्च्युतान् ॥ दृष्ट्वाऽहंप्राणमंभूयस्त्रिपुरघ्नायवेधसे ५६ तथारौद्रास्त्रनिष्पिष्टान्दिव्याभरणभूषितान् ॥ निशम्यपरमंहर्षमगमद्देवसारथिः ५७ तदसह्यंकृतंकर्मदेवैरपिदुरासदम् ॥ दृष्ट्वामांपूजयामासमातलिःशक्रसारथिः ५८ उवाचवचनंचेदंप्रीयमाणः कृतांजलिः ॥ सुरासुरैरसह्यंहिकर्मयत्साधितंत्वया ५९ नह्येतत्संयुगेकर्तुमपिशक्तःसुरेश्वरः ॥ सुरासुरैरवध्यंहिपुरमेतत्खगंमहत् ६० त्वयाविमथितंवीर स्ववीर्यतपसोबलात् ॥ विध्वस्तेखपुरेतस्मिन्दानवेषुहतेषुच ६१ विनदंत्यःस्त्रियःसर्वानिष्पेतुर्नगराद्बहिः ॥ प्रकीर्णकेश्योव्यथिताःकुर्य्यइवदुःखिताः ६२ पेतुःपुत्रानपितॄन्भ्रातॄन्शोचमानामहीतले ॥ रुदंत्योदीनकंठ्यस्तुनिनदंत्योहतेश्वराः ६३ उरांसिघ्नतीनिर्ग्रंथ्योविस्रस्तस्रग्विभूषणाः ॥ तच्छोकयुक्तमश्रीकंदुःखदैन्यसमाहतम् ६४ नबभौदानवपुरंहतत्विट्कंहतेश्वरम् ॥ गंधर्वनगराकारंहतनागमिवह्रदम् ६५ शुष्कवृक्षमिवारण्यमदृश्यमभवत्पुरम् ॥ मांतुसंहृष्टमनसं क्षिप्रंमातलिरानयत् ६६ देवराजस्यभवनंकृतकर्माणमाहवात् ॥ हिरण्यपुरमुत्सृज्यनिहत्यचमहासुरान् ६७ निवातकवचांश्चैवततोऽहंशक्रमागमम् ॥ ममकर्म चदेवेंद्रंमातलिर्विस्तरेणतत् ६८ सर्वंविश्रावयामासयथाभूतंमहाद्युते ॥ हिरण्यपुरघातंचमायानांचनिवारणम् ६९ निवातकवचानांचवधंसंख्येमहौजसाम् ॥ तच्छ्रुत्वाभगवान्प्रीतःसहस्राक्षःपुरंदरः ७० मरुद्भिःसहितःश्रीमान्साधुसाध्वित्यथाब्रवीत् ॥ ततोमांदेवराजोवैसमाश्वास्यपुनःपुनः ७१ अब्रवीद्विबुधैःसार्धमिदंसमधुरंवचः ॥ अतिदेवासुरंकर्मकृतमेवत्त्वयारणे ७२ गुर्वर्थश्चकृतःपार्थमहाशत्रून्घ्नतामम ॥ एवमेवसदाभाव्यंस्थिरेणाजौधनंजय ७३ असंमूढेनचास्त्राणांकर्तव्यंप्रतिपादनम् ॥ अविषह्योरणेहित्वंदेवदानवराक्षसैः ७४

७५ ॥ ॥ इत्यारण्यकेपर्वणि नैलकंठीये भारतभावदीपे त्रिसप्तत्यधिकशततमोऽध्यायः ॥ १७३ ॥ ॥ ॥ ॥ ततइति । अतिविश्वस्तंअतिअत्यंतंविश्वस्तं शत्रूनूजेष्यतीतिवि
श्वासोयस्मिंस्तं संरूढादेहेनिमग्नाःशरास्तैर्विक्षतं विगृह्यविशेषेणगृहीत्वास्वीयत्वेनांगीकृत्येत्यर्थः १. त्वात्वाम् २ । ३ । ४ । ५ रुचिराणिदीप्तिमंति । अतएवबृहंतिबहुमूल्यानि ६ । ७ । ८ । ९ । १०

सयक्षासुरगंधर्वैःसपक्षिगणपन्नगैः ॥ वसुधांचापिकौन्तेयत्वद्बाहुबलनिर्जिताम् ॥ पालयिष्यतिधर्मात्माकुंतीपुत्रोयुधिष्ठिरः ७५ ॥ ॥ इतिश्रीमहाभारतेआरण्य
केपर्वणिनिवातकवचयुद्धपर्वणिहिरण्यपुरदैत्यवधेत्रिसप्तत्यधिकशततमोऽध्यायः ॥ १७३ ॥ ॥ अर्जुनउवाच ॥ ॥ ततोमामतिविश्वस्तंसंरूढशरविक्षतम् ॥
देवराजोविगृह्येदंकालेवचनमब्रवीत् १ दिव्यान्यस्त्राणिसर्वाणित्वयितिष्ठंतिभारत ॥ नत्वाऽभिभवितुंशक्तोमानुषोभुविकश्चन २ भीष्मोद्रोणःकृपःकर्णःशकुनिःसह
राजभिः ॥ संग्रामस्थस्यतेपुत्रकलांनार्हंतिषोडशीम् ३ इदंचमेतनुत्राणंप्रायच्छन्मघवान्प्रभुः ॥ अभेद्यंकवचंदिव्यंस्रजंचैवहिरण्मयीम् ४ देवदत्तंचमेशंखंपुनःप्रा
दान्महारवम् ॥ दिव्यंचेदंकिरीटंमेस्वयमिंद्रोयुयोजह ५ ततोदिव्यानिवस्त्राणिदिव्यान्याभरणानिच ॥ प्रादाच्छक्रोममैतानिरुचिराणिबृहंतिच ६ एवंसंपूजि
तस्तत्रसुखमस्म्युषितोनृप ॥ इंद्रस्यभवनेपुण्येगंधर्वशिशुभिःसह ७ ततोमामब्रवीच्छक्रःप्रीतिमानमरैःसह ॥ समयोऽर्जुनगंतुंतेभ्रातरोहिस्मरंतिते ८ एवमिंद्र
स्यभवनेपंचवर्षाणिभारत ॥ उषितानिमयाराजन्स्मरताद्यूतजंकलिम् ९ ततोभवंतमद्राक्षंभ्रातृभिःपरिवारितम् ॥ गंधमादनपादस्यपर्वतस्यास्यमूर्धनि १०
॥ युधिष्ठिरउवाच ॥ ॥ दिष्ट्याधनंजयास्त्राणित्वयाप्राप्तानिभारत ॥ दिष्ट्याचाराधितोराजादेवानामीश्वरःप्रभुः ११ दिष्ट्याचभगवान्स्थाणुर्देव्यासहपरंतप ॥
साक्षाद्दृष्टःस्वयुद्धेनतोषितश्चत्वयाऽनघ १२ दिष्ट्याचलोकपालैस्त्वंसमेतोभरतर्षभ ॥ दिष्ट्यावर्धामहेपार्थदिष्ट्यासिपुनरागतः १३ अद्यकृत्स्नांमहींदेवींविजि
तांपुरमालिनीम् ॥ मन्येचधृतराष्ट्रस्यपुत्रानपिवशीकृतान् १४ इच्छामितानिचास्त्राणिद्रष्टुंदिव्यानिभारत ॥ यैस्तथावीर्यवंतस्तेनिवातकवचाहताः १५
॥ अर्जुनउवाच ॥ ॥ श्वःप्रभातेभवान्द्रष्टादिव्यान्यस्त्राणिसर्वशः ॥ निवातकवचाघोरायैर्मयाविनिपातिताः १६ ॥ ॥ वैशंपायनउवाच ॥ ॥ एवमागमनंत
त्रकथयित्वाधनंजयः ॥ भ्रातृभिःसहितःसर्वैरजनींतामुवासह १७ ॥ ॥ इतिश्रीमहाभारतेआरण्यकेपर्वणिनिवातकवचयुद्धपर्वणिअस्त्रदर्शनसंकेतेचतुःसप्तत्यधिक
शततमोऽध्यायः ॥ १७४ ॥ ॥ ॥ वैशंपायनउवाच ॥ ॥ तस्यांरात्र्यांव्यतीतायांधर्मराजोयुधिष्ठिरः ॥ उत्थायावश्यकार्याणिकृतवान्भ्रातृभिःस
ह १ ततःसंचोदयामाससोऽर्जुनंमातृनंदनम् ॥ दर्शयास्त्राणिकौन्तेययैर्जितादानवास्त्वया २ ततोधनंजयोराजन्देवैर्दत्तानिपांडवः ॥ अस्त्राणितानिदिव्या
निदर्शयामासभारत ३

देवानांराजाइंद्रः ११ । १२ । १३ । १४ तेत्वयाहताः १५ । १६ । १७ ॥ ॥ इत्यारण्यकपर्वणि नैलकंठीये भारतभावदीपे चतुःसप्तत्यधिकशततमोऽध्यायः ॥ १७४ ॥ ॥ ॥
तस्यामिति १. मातृनंदनं मातःसुखकरम् २ । ३

अस्त्राणिदर्शयितुमिच्छोरर्जुनस्यभावनामाह गिरीति । गिरयएवकूबरादयस्तद्वंतं । कूबरो यस्मिन्युगंध्रियतेतद्दारु पादौचक्रे अक्षस्तयोःसंधानदारु शुभावेणवइववेणवोयस्मिन्ततत्शुभवेणु त्रिवेणुअक्षकूबरयोःसंधानार्थंत्रिशिखंदारुतद्वंतं । सुपांसुलुगितिद्वितीयायाआर्षोलुक् रथपदेवाक्षीवत्वंध्येयम् ४ पृथिवीमेवपार्थिवंमानसंभूमिरूपंरथं राक्षसवायसादिवत्स्वार्थेतद्धितः आस्थायध्यानबलेनारूह्य दिव्येनेंद्रदत्तेन ५ वारिजंशंखं देवदत्तंनामतः ६ दर्शनायदर्शयितुम् ७ अर्जुनेनअनेकब्रह्मांडगर्भस्यमहादेवस्यसाम्यंभावनाबलाद्गतेनसमाक्रांतापृथिवीसमकंपत ८ । ९ । १० । ११ । १२ । १३

यथान्यायंमहातेजाःशौचंपरममास्थितः ॥ गिरिकूबरपादाक्षंशुभवेणुत्रिवेणुमत् ४ पार्थिवंरथमास्थायशोभमानोधनंजयः ॥ दिव्येनसंवृतस्तेनकवचेनसुवर्चसा ॥ ५ धनुरादायगांडीवंदेवदत्तंसवारिजम् ॥ शोशुभ्यमानःकौन्तेयआनुपूर्व्यान्महाभुजः ६ अस्त्राणितानिदिव्यानिदर्शनायोपचक्रमे ॥ अथप्रयोक्ष्यमाणेषुदिव्येष्वस्त्रेषुतेषुवै ७ समाक्रांतामहीपद्भ्यांसमकंपतसद्रुमा ॥ क्षुभिताःसरितश्चैवतथैवचमहोदधिः ८ शैलाश्चापिव्यदीर्यंतनववौचसमीरणः ॥ नबभासेसहस्रांशुर्नजज्वालचपावकः ९ नवेदाःप्रतिभांतिस्मद्विजातीनांकथंचन ॥ अंतर्भूमिगतायेचप्राणिनोजनमेजय १० पीड्यमानाःसमुत्थायपांडवंपर्यवारयन् ॥ वेपमानाःप्रांजलयस्तेसर्वेविकृताननाः ११ दह्यमानास्तदाऽस्त्रैस्तेयाचंतिस्मधनंजयम् ॥ ततोब्रह्मर्षयश्चैवसिद्धायेचमहर्षयः १२ जंगमानिचभूतानिसर्वाण्येवावतस्थिरे ॥ देवर्षयश्चप्रवरास्तथैवचदिवौकसः १३ यक्षराक्षसगंधर्वास्तथैवचपतत्रिणः ॥ खेचराणिचभूतानिसर्वाण्येवावतस्थिरे १४ ततःपितामहश्चैवलोकपालाश्चसर्वशः ॥ भगवांश्चमहादेवःसगणोऽभ्याययौतदा १५ ततोवायुर्महाराजदिव्यैर्माल्यैःसमन्वितः ॥ अभितःपांडवंचित्रैरवचक्रेसमंततः १६ जगुश्चगाथाविविधागंधर्वाःसुरचोदिताः ॥ ननृतुःसंघशश्चैवराजन्नप्सरसांगणाः १७ तस्मिंश्चतादृशेकालेनारदश्चोदितःसुरैः ॥ आगम्याहवचःपार्थंश्रवणीयमिदंनृप १८ अर्जुनार्जुनमायुंक्ष्वदिव्यान्यस्त्राणिभारत ॥ नैतानिनिरधिष्ठानेप्रयुज्यंतेकथंचन १९ अधिष्ठानेनवानार्तःप्रयुंजीतकदाचन ॥ प्रयोगेसुमहान्दोषोह्यस्त्राणांकुरुनंदन २० एतानिरक्ष्यमाणानिधनंजययथागमम् ॥ बलवंतिसुखार्हाणिभविष्यंतिनसंशयः २१ अरक्ष्यमाणान्येतानित्रैलोक्यस्यापिपांडव ॥ भवंतिस्मविनाशायमैवंभूयःकृथाःक्वचित् २२ अजातशत्रोत्वंचैवद्रक्ष्यसेतानिसंयुगे ॥ योज्यमानानिपार्थेनद्विषतामवमर्दने २३ ॥ ॥ वैशंपायनउवाच ॥ ॥ निवार्याथततःपार्थंसर्वेदेवायथागतम् ॥ जग्मुरन्येचयेतत्रसमाजग्मुर्नरर्षभ २४ तेषुसर्वेषुकौरव्यप्रतियातेषुपांडवाः ॥ तस्मिन्नेववनेहृष्टास्तऊषुःसहकृष्णया २५ ॥ ॥ इतिश्रीमहाभारतेआरण्यकेपर्वणिनिवातक०पर्वणिअस्त्रदर्शनेपंचसप्तत्यधिकशततमोऽध्यायः ॥ १७५ ॥ ॥ समाप्तंचनिवातकवचयुद्धपर्व ॥ अथाजगरपर्व ॥ जनमेजयउवाच ॥ तस्मिन्कृतास्त्रेरथिनांप्रवीरेप्रत्यागतेभवनाद्वृत्रहंतुः ॥ अतःपरंकिमकुर्वंतपार्थाःसमेत्यशूरेणधनंजयेन १

१४ । १५ । १६ । १७ । १८ निरधिष्ठानेलक्ष्याभावेसति १९ अधिष्ठानेऽपिवाअनार्तःनप्रयुंजीत २० । २१ । २२ । २३ । २४ । २५ ॥ ॥ इत्यारण्यकेपर्वणि नैलकंठीये भारतभावदीपे पंचसप्तत्यधिकशततमोऽध्यायः ॥ १७५ ॥ ॥ ॥ तस्मिन्निति । वृत्रहंतुरिंद्रस्य १

आक्रीडमुद्यानम् २ । ३ वासंस्थानं प्राणिनांभूमिस्थानामैश्वर्यमितिशेषः ४ पूर्वाश्चषट्समाः ५ । ६ । ७ । ८ विचरन्नविचरंतः अपकृष्टदेशान्दूरस्थान्नज्ञास्यंति अपितुसमीपस्थानेवैतइतिज्ञास्यंती
त्यर्थः । ज्ञास्यंत्यनाथानितिपाठेअनाथानितिदेशविशेषणं अप्रसिद्धान्देशान् तेषुसंवत्सरंगूढंविहृत्येतिसंबंधः ९ तत्रयुद्धेउद्धरेमकंटकवत्दूरीकरवाम निर्यात्यप्रत्यर्प्यआपकारिणेऽपकारंकृत्वेत्यर्थः । फलं
राज्यप्राप्तिः पुष्पंशत्रुवधः निर्यात्यउद्धरेमेत्यन्वयः १० ततोहेतोर्महीमावसाधितिष्ठ ननुइहैवसुखंमहदस्तिकिंमहीवासेनेत्याशंक्याह स्वर्गेति ११ । १२ निग्रहेचवंधनेवाभ्रातृत्वाद्वधेऽप्रवृत्तिश्चेदितिभावः १३

॥ वैशंपायनउवाच ॥ वनेषुतेष्वेवतुतेनरेंद्राःसहार्जुनेनेंद्रसमेनवीराः ॥ तस्मिंश्चशैलप्रवरेसुरम्येधनेश्वराक्रीडगताविजह्रुः २ वेश्मानितान्यप्रतिमानिपश्यन्क्रीडाश्चना
नाद्रुमसन्निबद्धाः ॥ चचारधन्वीबहुधानरेंद्रःसोऽस्त्रेषुयत्तःसततंकिरीटी ३ अवाप्यवासंनरदेवपुत्राःप्रसादजंवैश्रवणस्यराज्ञः ॥ नप्राणिनांतेस्पृहयंतिराजन्शिवश्चका
लःसबभूवतेषाम् ४ समेत्यपार्थेनयथैकरात्रमूषुःसमास्तत्रतदाचतस्रः ॥ पूर्वाश्चषट्तादशपांडवानांशिवाबभूवुर्वसतांवनेषु ५ ततोऽब्रवीद्वायुसुतस्तरस्वीजिष्णुश्चराजान
मुपोपविश्य ॥ यमौचवीरौसुरराजकल्पावेकांतमास्थायहितंप्रियंच ६ तवप्रतिज्ञांकुरुराजसत्यांचिकीर्षमाणास्त्वदनुप्रियंच ॥ ततोनगच्छामवनान्यपास्यसुयोधनंसानु
चरंनिहंतुम् ७ एकादशंवर्षमिदंवसामःसुयोधनेनात्तसुखाःसुखार्हाः ॥ तंवंचयित्वाऽधमबुद्धिशीलमज्ञातवासंसुखमाप्नुयाम ८ तवाज्ञयापार्थिवनिर्विशंकाविहायमानं
विचरन्वनानि ॥ समीपवासेनविलोभितास्तेज्ञास्यंतिनास्मानपकृष्टदेशान् ९ संवत्सरंतत्रविहृत्यगूढंनराधमंतंसुखमुद्धरेम ॥ निर्यात्यवैरंसफलंसपुष्पंतस्मैनरेंद्राधमपूरु
षाय १० सुयोधनायानुचरैर्वृतायततोमहीमावसधर्मराज ॥ स्वर्गोपमंदेशमिमंचरद्भिःशक्योविहंतुंनरदेवशोकः ११ कीर्तिस्तुतेभारतपुण्यगंधानश्येद्धिलोकेषुचरा
चरेषु ॥ तत्प्राप्यराज्यंकुरुपुंगवानांशक्यंमहत्प्राप्तुमथक्रियाश्च १२ इदंतुशक्यंसततंनरेंद्रप्राप्तुंत्वयायल्लभसेकुबेरात् ॥ कुरुष्वबुद्धिंद्विषतांवधायकृतागसांभारतनिग्रहेच
१३ तेजस्तवोग्रंनसहेतराजन्समेत्यसाक्षादपिवज्रपाणिः ॥ नहिव्यथांजातुकरिष्यतस्तौसमेत्यदेवैरपिधर्मराज १४ तवार्थसिद्ध्यर्थमभिप्रवृत्तौसुपर्णकेतुश्चशिनेश्च
नप्ता ॥ तथैवकृष्णोऽप्रतिमोबलेनतथैवचाहंनरदेववर्य १५ तवार्थसिद्ध्यर्थमभिप्रपन्नोयथैवकृष्णःसहयादवैस्तैः ॥ तथैवचाहंनरदेववर्ययमौचवीरौकृतिनौप्रयोगे १६
त्वदर्थयोगप्रभवप्रधानाःशमंकरिष्यामपरान्समेत्य ॥ वैशंपायनउवाच ॥ ततस्तदाज्ञायमतंमहात्मातेषांचधर्मस्यसुतोवरिष्ठः १७ प्रदक्षिणंवैश्रवणाधिवासंचकारधर्मा
र्थविदुत्तमौजाः ॥ आमंत्र्यवेश्मानिनदीःसरांसिसर्वाणिरक्षांसिचधर्मराजः १८ यथागतंमार्गमवेक्षमाणःपुनर्गिरिंचैवनिरीक्षमाणः ॥ ततोमहात्मासविशुद्धबुद्धिःसं
प्रार्थयामासनगेंद्रवर्यम् १९

समेत्ययुद्धंप्राप्य १४ सुपर्णकेतुःकृष्णः शिनेर्नप्तासात्यकिः एतयोर्वीर्येहितकारित्वंचाह तथैवेति । कृष्णोऽर्जुनः अहंभीमसेनः १५ प्रयोगेऽस्त्रप्रयोगे कृतिनौकुशलौ १६ त्वदर्थयोगप्रभवप्रधानाःतव
अर्थयोगोधनलाभः प्रभवऐश्वर्योत्कर्षस्तद्द्वयंप्रधानंयेषांतेतथा । शमंसाम शत्रुनाशेनक्षेमंवा । समेत्यसाम्नायुद्धेनवा १७ । १८ । १९

इतिप्रार्थयामासेतिपूर्वेणसंबंधः मतिंचकारगमनेइतिशेषः २० । २१ । २२ । २३ ॥ इत्यारण्यकेपर्वणि नैलकंठीये भारतभावदीपे षट्सप्तत्यधिकशततमोऽध्यायः ॥ १७६ ॥ ॥ एवं तीर्थयात्रादिप्रभवेनदेवताप्रसादादुत्तमलोकप्राप्तिरद्भुतसामर्थ्यप्राप्तिश्चेतिदर्शितं प्राप्तमपिचैतदपर्वतामनर्थकरंभवतीतिदर्पजयार्थंनहुषभीमसेनयोर्दुरवस्थांवर्णयति नगोत्तमंप्रस्रवणैरुपेतमित्यादिना । नगोत्तमंगंधमादनंजहतांत्यजताम् १ कुबेरस्यकांतंप्रियम् २ समुच्छ्रयान्उच्चैस्त्वानि संनिरोधान्संकीर्णत्वानि गोष्ठान्स्थानानि हरीणांसिंहानांगिरिषुनद्युत्तारणार्थाःसेतवोमाला श्रमहत्सुप्रवाहेषुतत्रैवदेवप्रयागादौसांगाइति

समाप्तकर्मासहितःसुहृद्भिर्जित्वासपत्नान्प्रतिलभ्यराज्यम् ॥ शैलेंद्रभूयस्तपसेजितात्माद्रष्टातवास्मीतिमतिंचकार २० व्रतश्चसर्वैरनुजैर्द्विजैश्चतेनैवमार्गेणपतिःकुरूणाम् ॥ उवाहचैतान्गणशस्तथैवघटोत्कचःपर्वतनिर्झरेषु २१ तान्प्रस्थितान्प्रीतमनामहर्षिःपितेवपुत्राननुशिष्यसर्वान् ॥ सलोमशःप्रीतमनाजगामदिवौकसांपुण्यतमंनिवासम् २२ तेनार्ष्टिषेणेनतथानुशिष्टास्तीर्थानिरम्याणितपोवनानि ॥ महांतिचान्यानिसरांसिपार्थाःसंपश्यमानाःप्रययुर्नराग्र्याः २३ ॥ इतिश्रीमहाभारतेआरण्यकेपर्वणिआजगरपर्वणिगंधमादनप्रस्थानेषट्सप्तत्यधिकशततमोऽध्यायः ॥ १७६ ॥ ॥ ॥ ॥ वैशंपायनउवाच ॥ नगोत्तमंप्रस्रवणैरुपेतंदिशांगजैःकिन्नरपक्षिभिश्च ॥ सुखंनिवासंजहतांहितेषांनप्रीतिरासीद्भरतर्षभाणाम् १ ततस्तुतेषांपुनरेवहर्षःकैलासमालोक्यमहान्बभूव ॥ कुबेरकांतंभरतर्षभाणांमहीधरंवारिधरप्रकाशम् २ समुच्छ्रयान्पर्वतसंनिरोधान्गोष्ठान्हरीणांगिरिसेतुमालाः ॥ बहून्प्रपातांश्चसमीक्ष्यवीराःस्थलानिनिम्नानिचतत्रतत्र ३ तथैवचान्यानिमहावनानिमृगद्विजानेकपसेवितानि ॥ आलोकयंतोऽभिययुःप्रतीतास्तेधन्विनःखड्गधरानराग्र्याः ४ वनानिरम्याणिनदीःसरांसिगुहागिरीणांगिरिगह्वराणि ॥ एतेनिवासाःसततंबभूवुर्निशानिशंप्राप्यनरर्षभाणाम् ५ तेदुर्गवासंबहुधानिरुष्यव्यतीत्यकैलासमचिंत्यरूपम् ॥ आसेदुरत्यर्थमनोरमंतेतमाश्रमाग्र्यंवृषपर्वणस्तु ६ समेत्यराज्ञावृषपर्वणातेप्रत्यर्चितास्तेनचवीतमोहाः ॥ शशंसिरेविस्तरशःप्रवासंगिरौयथावद्वृषपर्वणस्ते ७ सुखोषितास्तस्यतएकरात्रंपुण्याश्रमेदेवमहर्षिजुष्टे ॥ अभ्याययुस्तेबदरींविशालांसुखेनवीराःपुनरेववासम् ८ ऊषुस्ततस्तत्रमहानुभावानारायणस्थानगताःसमग्राः ॥ कुबेरकांतांनलिनींविशोकाःसंपश्यमानाःसुरसिद्धजुष्टाम् ९ तांचाथदृष्ट्वानलिनींविशोकाःपांडोःसुताःसर्वनरप्रधानाः ॥ तेरेमिरेनंदनवासमेत्यद्विजर्षयोवीतमलायथैव १० ततःक्रमेणोपययुर्नृवीरायथागतेनैवपथासमग्राः ॥ विहृत्यमासंसुखिनोबदर्यांकिरातराज्ञोविषयंसुबाहोः ११ चीनांस्तुषारान्दरदांश्चसर्वान्देशान्कुलिंदस्यचभूमिरत्नान् ॥ अतीत्यदुर्गंहिमवत्प्रदेशंपुरंसुबाहोर्ददृशुर्नृवीराः १२ श्रुत्वाचतान्पार्थिवपुत्रपौत्रान्प्राप्तान्सुबाहुर्विषयेसमग्रान् ॥ प्रत्युद्ययौप्रीतियुतःसराजातंचाभ्यनंदन्वृषभाःकुरूणाम् १३ समेत्यराज्ञातुसुबाहुनातेसूतैर्विशोकप्रमुखैश्चसर्वे ॥ सहेंद्रसेनैःपरिचारकैश्चपौरोगवैर्येचमहानसस्थाः १४

प्रसिद्धाः प्रपातान्भृगून् ३ अनेकपाःद्विपाः ४ गुहाअल्पप्रमाणादरी गह्वरं महतीदरी निशानिशंरात्रिंदिनम् ५ । ६ । ७ । ८ नलिनींसरसीम् ९ नंदनमिंद्रवनम् १० । ११ । १२ । १३ पौरोगवैः पुरोगामिभिः पटगृहादिसामग्रीवाहैः १४

यामुनंयमुनोद्गमं १५ पुंमियथाश्वेतमुत्तरीयंश्वेतारुणमुष्णीषंचतद्वत् गिरौप्रस्रवणानिअरुणपांडुसानूनिचभांतीत्युत्प्रेक्षा विशाखयूपंस्थानविशेषः १६ । १७ विषादस्तेजःप्रतिघातजःक्षोभः मोहोवैचित्त्यम् १८
द्वीपोद्वीपवदाश्रयः ग्राहेणसर्पेण १९ । २० । २१ तृणोदपात्रावरणाः आसनार्थंतृणेन पाद्यार्थमुदकपात्रेणच आवृण्वंति । पाठांतरे आहरंतिप्रत्येकमानोतेनवरयंतितितथाभूताः अश्मकुट्टावानप्रस्थाःदंतोलूख

सुखोषितास्तत्रतएकरात्रंप्रूतान्समादायरथांश्चसर्वान् ॥ घटोत्कचंसानुचरंविसृज्यततोऽभ्ययुर्यामुनमद्रिराजम् १५ तस्मिन्गिरौप्रस्रवणोपपन्नेहिमोत्तरीयारुणपांडु
सानौ ॥ विशाखयूपंसमुपेत्यचक्रुस्तदानिवासंपुरुषप्रवीराः १६ वराहनानामृगपक्षिजुष्टंमहावनंचैत्ररथप्रकाशम् ॥ शिवेनपार्थामृगयाप्रधानाःसंवत्सरंतत्रवनेवि
जन्हुः १७ तत्राससादातिबलंभुजंगंक्षुधार्दितंमृत्युमिवोग्ररूपम् ॥ वृकोदरःपर्वतकंदरायांविषादमोहव्यथितांतरात्मा १८ द्वीपोऽभवद्यत्रवृकोदरस्ययुधिष्ठिरोधर्मभृ
तांवरिष्ठः ॥ अमोक्षयद्यस्तमनंततेजाग्राहेणसंवेष्टितसर्वगात्रम् १९ तेद्वादशंवर्षमुपोपयातंवनेविहर्तुंकुरवःप्रतीताः ॥ तस्माद्वनाच्चैत्ररथप्रकाशाच्छ्रियाज्वलंतस्तपसा
चयुक्ताः २० ततश्चयात्वामरुधन्वपार्श्वंसदाधनुर्वेदरतिप्रधानाः ॥ सरस्वतीमेत्यनिवासकामाःसरस्ततोद्वैतवनंप्रतीयुः २१ समीक्ष्यतान्द्वैतवनेनिविष्टान्निवासिनस्तत्र
ततोऽभिजग्मुः ॥ तपोदमाचारसमाधियुक्तास्तृणोदपात्रावरणाश्मकुट्टाः २२ प्लक्षाक्षरौहीतकवेतसाश्चतथाबदर्यःखदिराःशिरीषाः ॥ बिल्वेंगुदाःपीलुशमीकरीराः
सरस्वतीतीररुहाबभूवुः २३ तांयक्षगंधर्वमहर्षिकांतामागारभूतामिवदेवतानाम् ॥ सरस्वतींप्रीतियुताश्चरंतःसुखंविजन्हुर्नरदेवपुत्राः २४ ॥ इतिश्रीमहाभारतेआ
रण्यकेपर्व० आजगरपर्वणिपुनर्द्वैतवनप्रवेशेसप्तसप्तत्यधिकशततमोऽध्यायः ॥ १७७ ॥ ॥ जनमेजयउवाच ॥ ॥ कथंनागायुतप्राणोभीमोभीमपराक्रमः ॥
भयमाहारयत्तीव्रंतस्मादजगरान्मुने १ पौलस्त्यंधनदंयुद्धेयआह्वयतिदर्पितः ॥ नलिन्यांकदनंकृत्वानिहंतायक्षरक्षसाम् २ तंशंससिभयाविष्टमापन्नमरिसूदनम् ॥
एतदिच्छाम्यहंश्रोतुंपरंकौतूहलंहिमे ३ ॥ वैशंपायनउवाच ॥ ॥ बह्वाश्चर्येवनेतेषांवसतामुग्रधन्विनाम् ॥ प्राप्तानामाश्रमाद्राजन्राजर्षेर्वृषपर्वणः ४ यदृच्छयाधनु
ष्पाणिर्बद्धखड्गोवृकोदरः ॥ ददर्शतद्वनंरम्यंदेवगंधर्वसेवितम् ५ सददर्शशुभान्देशान्गिरेर्हिमवतस्तदा ॥ देवर्षिसिद्धचरितानप्सरोगणसेवितान् ६ चकोरैरुपचक्रैश्चप
क्षिभिर्जीवजीवकैः ॥ कोकिलैर्भृंगराजैश्चतत्रतत्रविनादितान् ७ नित्यपुष्पफलैर्वृक्षैर्हिमसंस्पर्शकोमलैः ॥ उपेतान्बहुलच्छायैर्मनोनयननंदनैः ८ ससंपश्यन्गिरिनदी
वैंदूर्यमणिसंनिभैः ॥ सलिलैर्हिमसंकाशैर्हंसकारंडवायुतैः ९ वनानिदेवदारूणांमेघानामिववागुराः ॥ हरिचंदनमिश्राणितुंगकालीयकान्यपि १० मृगयांपरिधावन्स
समेषुमरुधन्वसु ॥ विध्यन्मृगान्शरैःशुद्धैश्चचारसमहाबलः ११ भीमसेनस्तुविख्यातोमहांतंदंष्ट्रिणंबलात् ॥ निघ्नन्नागशतप्राणोवनेतस्मिन्महाबलः १२

लिकाएवमतोजरयानष्टदंताअश्मकुट्टाभवंति २२ बभूवुःशोभावंतइतिशेषः २३ । २४ ॥ ॥ इत्यारण्यकेपर्वणि नैलकंठीये भारतभावदीपे सप्तसप्तत्यधिकशततमोऽध्यायः ॥ १७७ ॥ ॥ कथमिति
१ । २ । ३ । ४ । ५ । ६ । ७ । ८ । ९ तुंगकालीयकंचकाष्ठविशेषो १० मरुधन्वसुगिरेर्निर्जलप्रदेशेषु । 'मरुर्नागिरिधन्वनोः' इति मेदिनी ११ । १२

१३ । १४ । १५ । १६ । १७ । १८ । १९ । २० । २१ । २२ । २३ । २४ पर्वतस्याभोगोविस्तीर्णता तत्परिमाणंवर्ष्मशरीरंयस्यतत् २५ । २६ । २७ पृदाकुःसर्पः २८ । २९ । ३० । ३१ सत्वंबुद्धि

मृगाणांसवराहाणांमहिषाणांमहाभुजः ॥ विनिघ्नंस्तत्रतत्रैवभीमोभीमपराक्रमः १३ समातंगशतप्राणोमनुष्यशतवारणः ॥ सिंहशार्दूलविक्रांतोवनेतस्मिन्महाबलः १४ वृक्षानुत्पाटयामासतरसावैबभंजच ॥ पृथिव्याश्चप्रदेशान्वैनादयंस्तुवनानिच १५ पर्वताग्राणिवैमृद्नन्नादयानश्चविज्वरः ॥ प्रक्षिपन्पादपांश्चापिनादेनापूरयन्महीम् १६ वेगेनन्यपतद्भीमोनिर्भयश्चपुनःपुनः ॥ आस्फोटयन्क्ष्वेडयंश्चतलतालांश्चवादयन् १७ चिरसंबद्धदर्पस्तुभीमसेनोवनेतदा ॥ गजेंद्राश्चमहासत्वामृगेंद्राश्चमहाबलाः १८ भीमसेनस्यनादेनव्यमुंचंतगुहाभयात् ॥ क्वचित्प्रधावंस्तिष्ठंश्चक्वचिच्चोपविशंस्तथा १९ मृगप्रेप्सुर्महारौद्रेवनेचरतिनिर्भयः ॥ सतत्रमनुजव्याघ्रोवनेवनचरोपमः २० पद्भ्यामभिसमापेदेभीमसेनोमहाबलः ॥ सप्रविष्टोमहारण्येनादान्नदतिचाद्भुतान् २१ त्रासयन्सर्वभूतानिमहासत्वपराक्रमः ॥ ततोभीमस्यशब्देनभीताःसर्पागुहाशयाः २२ अतिक्रांतास्तुवेगेनजगामानुसृतःशनैः ॥ ततोऽमरवरप्रख्योभीमसेनोमहाबलः २३ सददर्शमहाकायंभुजंगंलोमहर्षणम् ॥ गिरिदुर्गेसमापन्नंकायेनावृत्यकंदरम् २४ पर्वताभोगवर्ष्माणमतिकायंमहाबलम् ॥ चित्रांगमंगजैश्चित्रैर्हरिद्रासदृशच्छविम् २५ गुहाकारेणवक्त्रेणचतुर्दंष्ट्रेणराजता ॥ दीप्ताक्षेणातिताम्रेणलिहानंसृक्किणीमुहुः २६ त्रासनंसर्वभूतानांकालांतकयमोपमम् ॥ निःश्वासक्ष्वेडनादेनभर्त्सयंतमिवस्थितम् २७ सभीमंसहसाऽभ्येत्यपृदाकुःकुपितोभृशम् ॥ जग्राहाजगरोग्राहोभुजयोरुभयोर्बलात् २८ तेनसंस्पृष्टगात्रस्यभीमसेनस्यवैतदा ॥ संज्ञामुमोहसहसावरदानेनतस्यहि २९ दशनागसहस्राणिधारयंतिहियद्बलम् ॥ तद्बलंभीमसेनस्यभुजयोरसमंपरैः ३० सतेजस्वीतथातेनभुजगेनवशीकृतः ॥ विस्फुरन्शनकैर्भीमोनशशाकविचेष्टितुम् ३१ नागायुतसमप्राणःसिंहस्कंधोमहाभुजः ॥ गृहीतोव्यजहात्सत्वंवरदानविमोहितः ३२ सहिप्रयत्नमकरोत्तीव्रमात्मविमोक्षणे ॥ नचैनमशकद्वीरःकथंचित्प्रतिबाधितुम् ३३ ॥ इतिश्रीमहाभारतेआरण्यकेपर्वणिआजगरपर्वणिअजगरग्रहणेअष्टसप्तत्यधिकशततमोऽध्यायः ॥ १७८ ॥ ॥

॥ वैशंपायनउवाच ॥ सभीमसेनस्तेजस्वीतथासर्पवशंगतः ॥ चिंतयामाससर्पस्यवीर्यमत्यद्भुतंमहत् १ उवाचचमहासर्पंकामयाब्रूहिपन्नग ॥ कस्त्वंभोभुजगश्रेष्ठकिंमयाचकरिष्यसि २ पांडवोभीमसेनोऽहंधर्मराजादनंतरः ॥ नागायुतसमप्राणस्त्वयानीतःकथंवशम् ३ सिंहाःकेसरिणोव्याघ्रामहिषावारणास्तथा ॥ समागताश्चशतशोनिहताश्चमयायुधि ४ राक्षसाश्चपिशाचाश्चपन्नगाश्चमहाबलाः ॥ भुजवेगमशक्तामेसोढुंपन्नगसत्तम ५ किंनुविद्याबलंकिंनुवरदानमथोतव ॥ उद्योगमपिकुर्वाणोवशगोऽस्मिकृतस्त्वया ६ असत्योविक्रमोनॄणामितिमेधीयतेमतिः ॥ यथेदंमेत्वयानागबलंप्रतिहतंमहत् ७

३२ । ३३ ॥ इत्यारण्यकेपर्वणि नैलकंठीये भारतभावदीपे अष्टसप्तत्यधिकशततमोऽध्यायः ॥ १७८ ॥ सभीमसेनइति १ कामयाइच्छातः २ । ३ । ४ । ५ । ६ । ७

भोगेनदेहेन ८ विमुच्यतस्यबाहुबलंजिज्ञासितुमित्याशयः ९ । १० । ११ । १२ १३।१४ दायादंस्ववंश्यंपुत्रं अतएवावध्यं । अमेध्यमितिपाठे वैश्वदेवाद्यनर्हत्वादभक्ष्यंनरमांसमित्यर्थः । उपयोक्ष्यामिभक्षितु
मिच्छामि विधानंदैवं १५ षष्ठेकालेऽष्टधाविभक्तस्यान्होभागे १६ । १७ । १८ । १९ स्मार्तंस्मृतिविषयं पुराणंचिरकालीनमपिस्मरामीत्यर्थः २० विभागविदात्मानात्मविवेकवित् २१

॥ वैशंपायनउवाच ॥ ॥ इत्येवंवादिनंवीरंभीममक्लिष्टकारिणम् ॥ भोगेनमहताग्रह्यसमंतात्पर्यवेष्टयत् ८ निगृह्यैनंमहाबाहुंततःसभुजगस्तदा ॥ विमुच्यास्य
भुजौपीनाविदंवचनमब्रवीत् ९ दिष्टस्त्वंक्षुधितस्याद्यदेवैर्भक्षोमहाभुज ॥ दिष्ट्याकालस्यमहतःप्रियाःप्राणाहिदेहिनाम् १० यथात्विदंमयाप्राप्तंसर्परूपमरिंदम ॥ त
थाऽवश्यंमयाऽऽख्याप्यंतवाद्यशृणुसत्तम ११ इमामवस्थांसंप्राप्तोह्यहंकोपान्महर्षिणाम् ॥ शापस्यांतंपरिप्रेप्सुःसर्वंतत्कथयामिते १२ नहुषोनामराजर्षिर्व्यक्तंते
श्रोत्रमागतः ॥ तवैवपूर्वःपूर्वेषामायोर्वंशधरःसुतः १३ सोऽहंशापादगस्त्यस्यब्राह्मणानवमन्यच ॥ इमामवस्थामापन्नःपश्यदैवमिदंमम १४ त्वांचेदवध्यंदायाद
मतीवप्रियदर्शनम् ॥ अहमद्योपयोक्ष्यामिविधानंपश्ययादृशम् १५ नहिमेमुच्यतेकश्चित्कथंचित्प्रग्रहंगतः ॥ गजोवामहिषोवाऽपिषष्ठेकालेनरोत्तम १६ नासिके
वलसर्पेणतिर्यग्योनिषुवर्तता ॥ गृहीतःकौरवश्रेष्ठवरदानमिदंमम १७ पतताहिविमानाग्रान्मयाशक्रासनाद्दृतम् ॥ कुरुशापांतमित्युक्तोभगवान्मुनिसत्तमः १८
समामुवाचतेजस्वीकृपयाऽभिपरिप्लुतः ॥ मोक्षस्तेभविताराजन्कस्माच्चित्कालपर्ययात् १९ ततोऽस्मिपतितोभूमौनचमामजहात्स्मृतिः ॥ स्मार्तमस्तिपुराणंमेय
थैवाधिगतंतथा २० यस्तुतेव्याहृतान्प्रश्नान्प्रतिब्रूयाद्विभागवित् ॥ सत्वांमोक्षयिताशापादितिमामब्रवीदृषिः २१ गृहीतस्यत्वयाराजन्प्राणिनोऽपिबलीयसः ॥
सत्वभ्रंशोऽधिकस्यापिसर्वस्याशुभविष्यति २२ इतिचाप्यहमश्रौषंवचस्तेषांदयावताम् ॥ मयिसंजातहार्दानामथतेऽन्तर्हिताद्विजाः २३ सोऽहंपरमदुष्कर्मावसामि
निरयेऽशुचौ ॥ सर्पयोनिमिमांप्राप्यकालाकांक्षीमहाद्युते २४ तमुवाचमहाबाहुर्भीमसेनोभुजंगमम् ॥ नचकुप्येमहासर्पनचात्मानंविगर्हये २५ यस्मादभावीभावी
वामनुष्यःसुखदुःखयोः ॥ आगमेयदिवाऽपायेनतत्रग्लपयेन्मनः २६ दैवंपुरुषकारेणकोवंचयितुमर्हति ॥ दैवमेवपरंमन्येपुरुषार्थोनिरर्थकः २७ पश्यदैवोपघा
ताद्भिभुजवीर्यव्यपाश्रयम् ॥ इमामवस्थांसंप्राप्तमनिमित्तमिहाद्यमाम् २८ किंतुनाद्यानुशोचामितथात्मानंविनाशितम् ॥ यथातुविपिनेन्यस्तान्भ्रातॄन्रा
ज्यपरिच्युतान् २९ हिमवांश्चसुदुर्गोऽयंयक्षराक्षससंकुलः ॥ मांसमुद्वीक्षमाणास्तेप्रपतिष्यंतिविह्वलाः ३० विनष्टमथमांश्रुत्वाभविष्यंतिनिरुद्यमाः ॥ धर्म
शीलामयातेहिबाध्यंतेराज्यगृद्धिना ३१

२२ । २३ । २४ । २५ यस्मान्मनुष्यःपुण्यपापसाम्येनोपात्तजन्मा सुखस्यागमेकदाचिदभावीसामर्थ्यहीनः कदाचिद्भावीसामर्थ्यवान्अवश्यंभवति एवंसुखस्यापायेदुःखस्याप्यागमेऽपायेच
तस्मादवश्यंभावित्वादन्यतरस्य सुखापायेदुःखागमेवामनोनग्लपयेन्नग्लानिंनयेत् २६ । २७ । २८ । २९ । ३० मयाराज्यगृद्धिनाराज्यकामेन धर्मशीलाःसत्यप्रतिज्ञा बाध्यंते परुषोक्तिभिरितिशेषः ३१

३२ । ३३ । ३४ । ३५ । ३६ । ३७ । ३८ । ३९ । ४० । ४१ वर्तिकापक्षिविशेषः ४२ । ४३ दक्षिणोभुजःस्फुरतीतिभविष्यतोऽनिष्टप्रशमनस्यलिंगम् ४४ विकारःस्फुरणम् ४५ । ४६

अथवानार्जुनोधीमान्विषादमुपयास्यति ॥ सर्वास्त्रविदनाधृष्योदेवगंधर्वराक्षसैः ३२ समर्थःसमहाबाहुरेकोऽपिसुमहाबलः ॥ देवराजमपिस्थानात्प्रच्यावयितुमंजसा ३३ किंपुनर्धृतराष्ट्रस्यपुत्रंदुर्द्यूतदेविनम् ॥ विद्विष्टंसर्वलोकस्यदंभमोहपरायणम् ३४ मातरंचैवशोचामिकृपणांपुत्रगृद्धिनीम् ॥ याऽस्माकंनित्यमाशास्तेमहत्त्वम धिकंपरैः ३५ तस्याःकथंत्वनाथायामद्विनाशाद्भुजंगम ॥ अफलास्तेभविष्यंतिमयिसर्वेमनोरथाः ३६ नकुलःसहदेवश्चयमौचगुरुवर्तिनौ ॥ मद्बाहुबलसंगुप्तौनित्यंपुरु षमानिनौ ३७ भविष्यतोनिरुत्साहौभ्रष्टवीर्यपराक्रमौ ॥ मद्विनाशात्परिद्यूनावितिमेवर्ततेमतिः ३८ एवंविधंबहुतदाविललापवृकोदरः ॥ भुजंगभोगसंरुद्धोनाशक च्चविचेष्टितुम् ३९ युधिष्ठिरस्तुकौंतेयोबभूवास्वस्थचेतनः ॥ अनिष्टदर्शनान्घोरानुत्पातान्परिचिंतयन् ४० दारुणंह्यशिवंनादंशिवादक्षिणतःस्थिता ॥ दीप्तायांदि शिवित्रस्तारौतितस्याश्रमस्यह ४१ एकपक्षाक्षिचरणावर्तिकाघोरदर्शना ॥ रक्तंवमंतीददृशेप्रत्यादित्यमभासुरा ४२ प्रववौचानिलोरूक्षश्चंडःशर्करकर्षणः ॥ अपसव्या निसर्वाणिमृगपक्षिरुतानिच ४३ पृष्ठतोवायसःकृष्णोयाहियाहीतिशंसति ॥ मुहुर्मुहुःस्फुरतिचदक्षिणोऽस्यभुजस्तथा ४४ हृदयंचरणश्चापिवामोऽस्यपरितप्य ति ॥ सव्यस्याक्ष्णोविकारश्चाप्यनिष्टःसमपद्यत ४५ धर्मराजोऽपिमेधावीमन्यमानोमहद्भयम् ॥ द्रौपदींपरिपप्रच्छक्कभीमइतिभारत ४६ शशंसतस्मैपांचालीचिरयातं वृकोदरम् ॥ सप्रतस्थेमहाबाहुर्धौम्येनसहितोनृपः ४७ द्रौपद्यारक्षणंकार्यमित्युवाचधनंजयम् ॥ नकुलंसहदेवंचव्यादिदेशद्विजान्प्रति ४८ सतस्यपदमुन्नीयतस्मा देवाश्रमात्प्रभुः ॥ मृगयामासकौन्तेयोभीमसेनंमहावने ४९ सप्राचींदिशमास्थायमहतोगजयूथपान् ॥ ददर्शपृथिवींचिन्हैर्भीमस्यपरिचिन्हिताम् ५० ततो मृगसहस्राणिमृगेंद्राणांशतानिच ॥ पतितानिवनेदृष्ट्वामार्गंतस्याविशन्नृपः ५१ धावतस्तस्यवीरस्यमृगार्थेवातरंहसः ॥ ऊरुवातविनिर्भग्नाद्रुमाव्यावर्जिताःपथि ५२ सगत्वातैस्तदाचिन्हैर्ददर्शगिरिगव्हरे ॥ रूक्षमारुतभूयिष्ठेनिष्पत्रद्रुमसंकुले ५३ ईरिणेनिर्जलेदेशेकंटकिद्रुमसंकुले ॥ अश्मस्थाणुक्षुपाकीर्णेसुदुर्गेविषमो त्कटे ॥ गृहीतंभुजगेंद्रेणनिश्चेष्टमनुजंतदा ५४ ॥ इतिश्रीमहाभारतेआरण्यकेपर्वणिआजगरपर्वणियुधिष्ठिरभीमदर्शनेऊनाशीत्यधिकशततमोऽध्यायः ॥ १७९ ॥

वैशंपायनउवाच ॥ युधिष्ठिरस्तमासाद्यसर्पभोगेनवेष्टितम् ॥ दयितंभ्रातरंधीमानिदंवचनमब्रवीत् १ कुंतीमातःकथमिमामापदंत्वमवाप्तवान् ॥ कश्चायंपर्वताभोग प्रतिमःपन्नगोत्तमः २ सधर्मराजमालक्ष्यभ्राताभ्रातरमग्रजम् ॥ कथयामासतत्सर्वंग्रहणादिविचेष्टितम् ३

४७ । ४८ । ४९ यूथपान्पतितान्ददर्शेत्यन्वयः ५० । ५१ । ५२ । ५३ ईरिणेऊषरे क्षुपाह्रस्वशाखाः । 'ह्रस्वशाखाशिफःक्षुपः' इत्यमरः ५४ ॥ ॥ इत्यारण्यकेपर्वणि नैलकंठीये भारतभावदीपे ऊ नाशीत्यधिकशततमोऽध्यायः ॥ १७९ ॥ ॥ युधिष्ठिरइति १ । २ । ३

प्राणवान्वायुभक्षः सर्पइवनतुसर्पः ४ । ५ । ६ । ७ । ८ । ९ किमाहृत्यविदित्वावेतिस्वस्यसर्वशक्तिमत्त्वंसर्वज्ञत्वंचसूचयति १० । ११ । १२ । १३ । १४ । १५ । १६ नहुषस्तुज्ञानमेवपुरुषार्थ इतिमत्वा नचान्यदपिकामयेइतिस्वस्यज्ञानादन्यत्रवैराग्यप्रदर्शनकामःप्रश्नमेववृणोति प्रश्नानिति १७ । १८ ब्राह्मणेनेतिघंटंकरोतीतिवद्धाविनींवृत्तिमाश्रित्य अब्राह्मणेऽपिमुमुक्षौब्रह्मविद्राचिब्राह्मणशब्दप्रयोगः श्रुतौ 'अमौनंचमौनंचनिर्विद्याथब्राह्मणः' इति श्रवणमननात्मकममौनं निदिध्यासनात्मकंमौनंच निर्विद्यनिष्पाद्य ब्राह्मणोब्रह्मविद्भवतीतिदर्शनात् केवलंनिर्विशेषंवेत्तिपुरुषार्थत्वेनजानातिचेत्तर्हितद्रक्ष्यामिमति संवादाय १९ सत्त्वयान्येवब्रह्मविल्लक्षणानि तानिब्रह्मविद्यासाधकानीतिमन्वानोब्रह्मविदोलक्षणंब्रह्मस्वरूपंचपृच्छति ब्राह्मणइति २० सत्यंयथार्थमहिंस्रंचवचनं आनृशंस्यमनैष्ठुर्यं तपःस्वधर्माचरणं घृणाकृपा

॥ भीमउवाच ॥ अयमार्यमहासत्त्वोभक्षार्थंमांगृहीतवान् ॥ नहुषोनामराजर्षिःप्राणवानिवसंस्थितः ४ ॥ युधिष्ठिरउवाच ॥ मुच्यतामयमायुष्मन्भ्रातामेऽमि तविक्रमः ॥ वयमाहारमन्यंतेदास्यामःक्षुन्निवारणम् ॥ ५ सर्पउवाच ॥ आहारोराजपुत्रोऽयंमयाप्राप्तोमुखागतः ॥ गम्यतांनेहस्थातव्यंश्वोभवानपिमेभवेत् ६ व्रतमेतन्महाबाहोविषयंममयोव्रजेत् ॥ समेभक्षोभवेत्तातत्वंचापिविषयेमम ७ चिरेणाद्यमयाऽऽहारःप्राप्तोऽयमनुजस्तव ॥ नाहमेनंविमोक्ष्यामिनचान्यमभिकांक्षये ८ ॥ युधिष्ठिरउवाच ॥ देवोवायदिवादैत्यउरगोवाभवान्यदि ॥ सत्यंसर्पवचोब्रूहिपृच्छतित्वांयुधिष्ठिरः ॥ किमर्थंचत्वयाग्रस्तोभीमसेनोभुजंगम ९ किमाहृत्यवि दित्वावाप्रीतिस्तेस्याद्भुजंगम ॥ किमाहारंप्रयच्छामिकथंमुंचेद्भवानिमम् १० ॥ सर्पउवाच ॥ नहुषोनामराजाहमासंपूर्वस्तवानघ ॥ प्रथितःपंचमःसोमादायोः पुत्रोनराधिप ११ क्रतुभिस्तपसाचैवस्वाध्यायेनदमेनच ॥ त्रैलोक्यैश्वर्यमव्यग्रंप्राप्तोऽहंविक्रमेणच १२ तदैश्वर्यंसमासाद्यदर्पोमामगमत्तदा ॥ सहस्रंहिद्विजाती नामुवाहशिबिकांमम १३ ऐश्वर्यमदमत्तोऽहमवमन्यततोद्विजान् ॥ इमामगस्त्येनदशामानीतःपृथिवीपते १४ नतुमामजहात्प्रज्ञायावदद्येतिपांडव ॥ तस्यैवानु ग्रहाद्राजन्नगस्त्यस्यमहात्मनः १५ षष्ठेकालेमयाऽऽहारःप्राप्तोऽयमनुजस्तव ॥ नाहमेनंविमोक्ष्यामिनचान्यदपिकामये १६ प्रश्नानुच्चारितानद्यव्याहरिष्यसिचेन्मम ॥ अथपश्चाद्विमोक्ष्यामिभ्रातरंतेवृकोदरम् १७ ॥ युधिष्ठिरउवाच ॥ ब्रूहिसर्पयथाकामंप्रतिवक्ष्यामितेवचः ॥ अपिचेच्छक्नुयांप्रीतिमाहर्तुंतेभुजंगम १८ वेद्यंच ब्राह्मणेनहतद्भवान्वेत्तिकेवलम् ॥ सर्पराजततःश्रुत्वाप्रतिवक्ष्यामितेवचः १९ ॥ सर्पउवाच ॥ ब्राह्मणःकोभवेद्राजन्वेद्यंकिंचयुधिष्ठिर ॥ ब्रवीह्यतिमतिंत्वां हिवाक्यैरनुमिमीमहे २० ॥ युधिष्ठिरउवाच ॥ सत्यंदानंक्षमाशीलमानृशंस्यंतपोघृणा ॥ दृश्यंतेयत्रनागेंद्रसब्राह्मणइतिस्मृतः २१ वेद्यंसर्पपरंब्रह्मनिर्दुः खमसुखंचयत् ॥ यत्रगत्वानशोचंतिभवतःकिंविवक्षितम् २२

२१ परंनिर्विशेषं सविशेषस्यवाङ्मनसगोचरस्यश्रुत्यैवाब्रह्मत्वोक्तेः 'यन्मनसानमनुतेयेनाहुर्मनोमतं । तदेवब्रह्मत्वंविद्धिनेदंयदिदमुपासते' इत्यादिना ब्रह्मत्रिविधपरिच्छेदशून्यंवस्तु । तत्रपरमते परमाणो र्नित्यत्वात् कालतःपरिच्छेदाभावेऽपिदेशतोवस्तुतश्चपरिच्छेदोऽस्ति तथाऽऽकाशस्यनित्यत्वाद्विभुत्वाच्चकालतोदेशतश्चतदभावेऽपिवस्तुतःपरिच्छेदोऽस्त्येव अयमपित्रिविधः । 'वृक्षस्यस्वगतोभेदःपत्रपुष्प फलादितः ॥ वृक्षांतरात्सजातीयोविजातीयःशिलादितः' इत्युक्तलक्षणः । सएवपरमतेईश्वरस्यनित्यज्ञानादिभ्यःआत्मांतराकाशादिभ्यश्चास्तीतितस्याप्यभावोऽत्राभिप्रेतः अतएवसुखादिधर्मवन्नभवति । यत्रअखंडैकरसेगत्वानशोचति शोकायतनस्यहृदयस्यैवाभावात्पुनःसंसारंनप्राप्नोतीत्यर्थः । एवंस्वमतमुक्त्वा परमतंजिज्ञासते भवतःकिंविवक्षितमिति २२

सर्पस्तुब्राह्मणपदेनजातिमात्रंविवक्षित्वा शूद्रेतल्लक्षणंव्यभिचारयति चातुर्वर्ण्यमितिसार्द्धेन । चतुर्णांवर्णानांहितं सत्यंप्रमाणंच धर्मव्यवस्थापकं ब्रह्मशूद्रेवेदः । शूद्राचारस्मृतेरपि वेदमूलत्वात्सर्वोप्याचारादिः श्रुतिमूलकइत्यर्थः । एवंचसत्यादिकं यदिशूद्रेऽप्यस्ति तर्हिसोपिब्राह्मणएवस्यादित्याह शूद्रेष्वपीति २३ सुखदुःखातीतंपदमेवनास्तीत्युक्तरूपंब्रह्माप्याक्षिपति वेद्यमिति । पदंपदनीयंप्राप्यस्थानम् २४ इतरस्तु ब्राह्मणपदेनब्रह्मविदंविवक्षित्वा शूद्रादेरपिब्राह्मणत्वमभ्युपगम्यपरिहरति शूद्रेत्विति । शूद्रलक्ष्मकामादिकंनब्राह्मणेऽस्ति नापिब्राह्मणलक्ष्मशमादिकंशूद्रेऽस्तीत्यर्थः । शूद्रोऽपिशमाद्युपेतोब्राह्मणएव ब्राह्मणोऽपिकामाद्युपेतःशूद्रएवेत्यर्थः २५ । २६ यदप्युक्तंसुखदुःखातीतंपदंनास्ति तदपिअनुवादपूर्वकमभ्युपगमेनैवपरिहरतिसार्धेन यत्पुनरिति । पदंपदनीयंप्रागप्राप्तंसत्कर्मणाप्राप्यंस्थानं तत्सुखदुःखाभ्यांहीनंनास्ति ब्रह्मलोकस्थानामपिऐश्वर्यतारतम्यकृतंदुःखमस्त्येव किंपुनर्लोकांतरस्थानाम् २७ एतदेवदृष्टांतेनापवदति यथेति। यथाशीतलस्यजलस्यमध्येऽभ्यंतरे उष्णंअग्निर्नास्ति। नापिउष्णेऽग्नौशीततायुक्तंजलं तयोःपरस्परविरोधेनसंयोगायोगात् २८ एवंपदंपदनीयं ज्ञेयंवस्तु क्वचिद्देशे कालेवासुखदुःखाभ्यांहीनं प्राप्तंनास्ति आध्यासिकयोःसुखदुःखयोरधिष्ठानेन ज्ञेयवस्तुनासह सर्पस्यरज्ज्वेव कालत्रयेऽपि संबंधो नास्तीत्यर्थः । ओहाङ्गतौअस्यओदितश्चेतिनिष्ठा तस्यनःघुमास्थेतिसूत्रेणआतईत्वं हाङःपद्यतेश्चगत्यर्थत्वात्ज्ञानार्थत्वाच्चहीनंप्राप्तमितिपदंज्ञेयमितिचव्याख्यातं अन्यथातुप्रश्नोत्तरयोरेकरूपत्वादेषाममम

॥ सर्पउवाच ॥ चातुर्वर्ण्यंप्रमाणंचसत्यंचब्रह्मचैवहि ॥ शूद्रेष्वपिचसत्यंचदानमक्रोधएवच ॥ आनृशंस्यमहिंसाचघृणाचैवयुधिष्ठिर २३ वेद्यंयच्चात्रनिर्दुःखम
सुखंचनराधिप ॥ ताभ्यांहीनंपदंचान्यन्नतदस्तीतिलक्षये २४ ॥ युधिष्ठिरउवाच ॥ शूद्रेतुयद्भवेल्लक्ष्मद्विजेतच्चनविद्यते ॥ नवैशूद्रोभवेच्छूद्रोब्राह्मणोनचब्राह्मणः २५
यत्रैतल्लक्ष्यतेसर्पवृत्तंसब्राह्मणःस्मृतः ॥ यत्रैतन्नभवेत्सर्पतंशूद्रमितिनिर्दिशेत् २६ यत्पुनर्भवताप्रोक्तंनवेद्यंविद्यतीतिच ॥ ताभ्यांहीनमतोऽन्यत्रपदंनास्तीतिचे
दपि २७ एवमेतन्मतंसर्पताभ्यांहीनंनविद्यते ॥ यथाशीतोष्णयोर्मध्येभवेन्नोष्णंनशीतता २८ एवंवैसुखदुःखाभ्यांहीनंनास्तिपदंक्वचित् ॥ एषाममममतिः
सर्पयथावामन्यतेभवान् २९ ॥ सर्पउवाच ॥ यदितेवृत्ततोराजन्ब्राह्मणःप्रसमीक्षितः ॥ वृथाजातिस्तदाऽऽयुष्मन्कृतिर्यावन्नविद्यते ३० ॥ युधिष्ठिरउवाच ॥
जातिरत्रमहासर्पमनुष्यत्वेमहामते ॥ संकरात्सर्ववर्णानांदुष्परीक्ष्येतिमेमतिः ३१ सर्वेसर्वास्वपत्यानिजनयंतिसदानराः ॥ वाङ्मैथुनमथोजन्ममरणंचसमंनृणाम्
३२ इदमार्षंप्रमाणंचयेयजामहइत्यपि ॥ तस्माच्छीलंप्रधानेष्टंविदुर्येतत्त्वदर्शिनः ३३

मतिरितिवाक्यशेषे स्वमतेःपृथक्करणंनोपपद्यते । अन्येतु सिद्धांते ताभ्यांहीनंपदंकिंनास्तिअपितुअस्त्येवेतिकाक्वाव्याचक्षते । अयंभावः यत्कर्मप्राप्यंस्थानं तत्सुखदुःखवर्जितंकदाचिदपिनास्ति यत्तुज्ञेयंवस्तु नित्यप्राप्तं प्रमाणसामर्थ्यात्कंठगतविस्मृतचामीकरवत् तवकंठेचामीकरं त्वमेवब्रह्मेतिच वाक्यैकसिद्धमज्ञानापनयनमात्रमपेक्षते नतत्रसुखदुःखसंबंधोऽस्ति अकर्मजत्वात्तत्प्राप्तेः अतएवच तस्यानित्यत्वमपिनअजन्यत्वादिति २९ प्रथमप्रश्नस्योत्तरमाक्षिपति यदीति ३० उत्तरमाह जातिरिति ३१ वागादीनामिवमैथुनस्यापिसाधारण्याज्जातिर्दुर्ज्ञेया तथाचश्रुतिः । 'नचैतद्विद्मोब्राह्मणाःस्मोवयमब्राह्मणावा' इतिब्राह्मण्येसंशयमुपन्यस्यति ३२ ननुजात्यनिश्चयेकथंब्राह्मणोऽहमित्याद्यभिमानपुरःसरंयागादौप्रवर्ततेत्याशंक्याह इदमार्षमिति । अत्र येयजामहइत्यनेनच येवयंस्मो ब्राह्मणाअन्येवातेवयंयजामहइतिब्राह्मण्येऽनवधारणंदर्शितं मंत्रलिंगमपि 'यएवास्मिससन्यजे' इति । नन्वेवंस्वस्याब्राह्मणत्वपक्षे यज्ञस्यानिष्टकरत्वमापततीत्याशंक्य तत्परिहाराय यागेयजमानस्यप्रवरवरणंक्रियतेयाज्ञिकैः तच्चाग्निर्होतेतिमंत्रे गौतमवदयास्यवदंगिरोवद्ब्राह्मणवदितिकुर्वंति तस्यचप्रयोजनमब्राह्मणस्यापियजमानस्यब्राह्मणत्वसंपादनं तस्मादाचारएवब्राह्मण्यनिश्चयेहेतुर्वेदप्रामाण्यादित्युपसंहरति तस्मादिति । प्रधानंचतदिष्टंचेतिकर्मधारयः ३३

कर्मैवब्राह्मण्यहेतुरित्याह प्रागिति । नाभिवर्धनान्नालच्छेदनात् ३४ जायतेसंयुज्यते वेदसंयोगानंतरमेवब्राह्मण्यमुदेति तद्वत्प्रवरणेनापीतिभावः । द्वैयेजातौसंशयेसति ३५ वृत्तंवैदिकसंस्कारोयदिनविद्य तेतर्हि सर्वाःप्रजाः कृतकृत्याः शूद्रतुल्याः तथाचस्मृतिः । 'नशूद्रेपातकंकिंचिन्नचसंस्कारमर्हति' इतितेषांसंस्कारानर्हत्वनिष्पापत्वाभिधानात्कृतकृत्यत्वंदर्शयति तद्वत् त्रैवर्णिकाअपिस्युरित्यर्थः । अत्र वृत्ताभावे ३६ उपसंहरति यत्रेति ३७ । ३८ ॥ इत्यारण्यकेपर्वणि नैलकंठीये भारतभावदीपे अशीत्यधिकशततमोऽध्यायः ॥ १८० ॥ ॥ एवंयुधिष्ठिरमुखेनब्रह्मविल्लक्षणानिब्रह्मचनिरूप्य सर्पमुखे नचित्तशुद्धिद्वारा आत्मविविदिषोत्पादनद्वारावा ब्रह्मप्राप्त्युपायान्दानादीन्वक्तुमयमध्यायआरभ्यते भवानेतादृशइति । अनुत्तमागतिःस्वर्गावाप्तिः १ । २ । ३ गुरुलाघवंगौरवंलाघवंचेत्यर्थः ४ कार्यगरीयस्त्वमेवसामान्यतोविवृणोति कस्माच्चिदिति । अयमत्रनिर्णयः । 'पिशुनायाभयंदातुंनसत्यंमतिमांस्त्यजेत् । साधूनामभयायेहत्यजेत्सत्यमपिध्रुवम् । स्तेनेषुचप्रियाख्यानादहिंसाश्रेयसीमता । अहिं

प्राङ्नाभिवर्धनात्पुंसोजातकर्मविधीयते ॥ तत्रास्यमातासावित्रीपितात्वाचार्यउच्यते ३४ तावच्छूद्रसमोह्येषयावद्वेदेनजायते ॥ तस्मिन्नेवंमतिद्वैधेमनुःस्वायंभुवो
ऽब्रवीत् ३५ कृतकृत्याःपुनर्वर्णायदिवृत्तंनविद्यते ॥ संकरस्त्वत्रनागेंद्रबलवान्प्रसमीक्षितः ३६ यत्रेदानींमहासर्पसंस्कृतंवृत्तमिष्यते ॥ तंब्राह्मणमहंपूर्वमुक्तवान्भुज
गोत्तम ३७ ॥ सर्पउवाच ॥ श्रुतंविदितवेद्यस्यतववाक्यंयुधिष्ठिर ॥ भक्षयेयमहंकस्माद्भ्रातरंतेवृकोदरम् ३८ ॥ इतिश्रीमहाभारतेआरण्यकेपर्वणिआजगरपर्व
णिअजगरयुधिष्ठिरसंवादेअशीत्यधिकशततमोऽध्यायः ॥ १८० ॥ ॥ युधिष्ठिरउवाच ॥ भवानेतादृशोलोकेवेदवेदांगपारगः ॥ ब्रूहिकिंकुर्वतःकर्मभवेद्गतिरनु
त्तमा १ ॥ सर्पउवाच ॥ पात्रेदत्वाप्रियाण्युक्त्वासत्यमुक्त्वाचभारत ॥ अहिंसानिरतःस्वर्गंगच्छेदितिमतिर्मम २ ॥ युधिष्ठिरउवाच ॥ दानाद्वासर्पसत्याद्वाकिमतोगुरु
दृश्यते ॥ अहिंसाप्रिययोश्चैवगुरुलाघवमुच्यताम् ३ ॥ सर्पउवाच ॥ दानंचसत्यंतत्त्वंवाअहिंसाप्रियमेवच ॥ एषांकार्यगरीयस्त्वाद्दृश्यतेगुरुलाघवम् ४ कस्माच्चिद्दान
योगाद्धिसत्यमेवविशिष्यते ॥ सत्यवाक्याच्चराजेंद्रकिंचिद्दानंविशिष्यते ५ एवमेवमहेष्वासप्रियवाक्यान्महीपते ॥ अहिंसादृश्यतेगुर्वीततश्चप्रियमिष्यते ६ एवमेत
द्भवेद्राजन्कार्यापेक्षमनंतरम् ॥ यदभिप्रेतमन्यत्तेब्रूहियावद्ब्रवीम्यहम् ७ ॥ युधिष्ठिरउवाच ॥ कथंस्वर्गेगतिःसर्पकर्मणांचफलंध्रुवम् ॥ अशरीरस्यदृश्येतप्रब्रूहिविषयां
श्चमे ८ ॥ सर्पउवाच ॥ तिस्रोवैगतयोराजन्परिदिष्टाःस्वकर्मभिः ॥ मानुषंस्वर्गवासश्चतिर्यग्योनिश्चतत्रिधा ९

सातःपरात्मारव्यप्रियाख्यानंविशिष्यते' । एतच्चपुत्रांस्तत्त्वोपदेशेनप्रव्राज्य पितरंदुःखयतानारदेन मदालसयाचकृतम् ५ तदेतदाह ततश्चप्रियमिष्यते अहिंसातोपिप्रियंगुरुतरमित्यर्थः ६ । ७ देहातिरिक्तमा त्मानंसाधयितुं प्राक्कर्मसद्भावंदर्शयिष्यन् कर्मणानिष्फलत्वंतावदाशंकते कथमिति । अशरीरस्यनष्टदेहस्यकथंस्वर्गतिःकथंवातत्रविषयोपभोगः कथंवाकर्मफलस्यध्रुवत्वमप्रत्याख्येयत्वमित्यर्थः सदेहस्यह्येतत्त्रयं युज्यते नतुदेहहीनस्येतिभावः ८ अत्रोत्तरमाह तिस्रइति । यथामृद्विकारेष्वपिघटशरावोदंचनादिषु कुलालगतौ संकल्पक्रियाभेदौ वैषम्यहेतूभवतः एवंभौतिकेष्वपि सुरनरतिर्यक्शरीरेषु तदन्यकर्त्रात्मगतसं कल्पक्रियाभेदौ वैषम्यहेतूभवतइतिभावः तथाचश्रुतयः । 'तंविद्याकर्मणीसमन्वारभेतेपूर्वप्रज्ञाच । योनिमन्येप्रपद्यंतेशरीरत्वायदेहिनः । स्थाणुमन्येनुसंयंतियथाकर्मयथाश्रुतम्'इत्याद्याः । तंत्यक्तदेहं विद्या उपासनाकर्मयज्ञादि पूर्वप्रज्ञाप्राग्भवीयसंस्कारः समन्वारभेतेअनुगच्छतइतिश्रुतिपदानामर्थः । स्थाणुंस्थाणुत्वं योनिंसुरनरतिर्यग्रूपां तद्गतित्रयं त्रिधाप्रत्येकमुत्तममध्यमाधमभावेनत्रिप्रकारम् ९

एतदेवविवृणोति तत्रेत्यादिना । कारणैःकर्मभिः १० विपरीतैरिति । अयमर्थः पुण्यपापयोःसाम्येनमानुषत्वंप्राप्य पुण्याधिक्येस्वर्गंगच्छति पापाधिक्येनरकं तत्रच तदधिकांशयोर्भोगेनक्षयेजातेसति पुण्यपापयोःसाम्येस्वर्गादधस्तनं तिर्यग्योनेरुपरितनंचपुनर्मानुषत्वंगच्छतीति ११ । १२ तत्रापितिर्यग्योनौविशेषमाह तिर्यग्योन्याइति पृथग्भावस्ततोमुक्तिर्मनुष्यार्थेमनुष्यजन्मलाभायविधीयतेवेदेनबोध्यते यतोगवादिभ्योगोजातितएवयज्ञेउपयुक्तादेवत्वमपिदृश्यते प्रत्यक्षमुपलभ्यतेबह्वृचब्राह्मणे । 'पशुर्वैनीयमानःसमृत्युंप्रापश्यत्सदेवान्नान्वकामयतैतुंतंदेवाअब्रुवन्नेहिस्वर्गंवैत्वालोकंगमयिष्यामः' इति १३ सोऽयमिति । यथालोकेकार्यवांश्चरतिइतस्ततःपर्यटनंकरोति तद्रहितस्तुस्वस्थानेसुखमास्ते एवमिहापिसंसारमोक्षाविति भावः । महतिब्रह्मण्यात्मानंजीवमवस्थापयते उपाधित्यागेनमहाकाशेघटाकाशमिवप्रलीनंकरोति १४ एतदकरणेदोषमाह जातइति । सचदेहवान्देहाभिमानीआत्माजीवः बलवानदृष्टोपगृहीतः जातोजातःपुनःपुनर्लब्धजन्मा फलार्थःसुखकामः भुंक्तेदेहयोगजंफलंनितिशेषः एतेनफलार्थिनःप्रवृत्तिस्ततःकर्म ततोजन्म ततःफलभोगस्ततोरागोऽभुक्तेरागानुदयात्ततःफलार्थितेतिसंसाराविच्छेदोदर्शितः । यस्तुनिष्पृक्तःनिर्गतंपृक्तंफलसंयोगोयस्मात्सफलासंगीत्यर्थः सप्रजानांलक्षणंज्ञापकंजन्ममरणादिकमसाधारणंधर्मंभावयतीतितथा निष्कामकर्मकर्ता चित्तशुद्ध्यतिशयाज्जन्ममरणादीन्दोषान्पश्यतीत्यर्थः । यद्वा प्रजानांकार्यमात्रस्यलक्षणमनिर्वचनीयत्वंभावयतीतितथा असंगःपुमानधिष्ठानज्ञानेन तत्राध्यस्तस्यसंसा

तत्रवैमानुषाल्लोकाद्दानादिभिरतंद्रितः ॥ अहिंसार्थसमायुक्तैःकारणैःस्वर्गमश्नुते १० विपरीतैश्चराजेंद्रकारणैर्मानुषोभवेत् ॥ तिर्यग्योनिस्तथाताताविशेषश्चात्रवक्ष्यते ११ कामक्रोधसमायुक्तोहिंसालोभसमन्वितः ॥ मनुष्यत्वात्परिभ्रष्टस्तिर्यग्योनौप्रसूयते १२ तिर्यग्योन्याःपृथग्भावोमनुष्यार्थेविधीयते ॥ गवादिभ्यस्तथाश्वेभ्योदेवत्वमपिदृश्यते १३ सोयमेतागतीस्तातजंतुश्चरतिकार्यवान् ॥ नित्येमहतिचात्मानमवस्थापयतेद्विजः १४ जातोजातश्चबलवान्भुंक्तेचात्मासदेहवान् ॥ फलार्थस्तातनिष्पृक्तःप्रजालक्षणभावनः १५ ॥ युधिष्ठिरउवाच ॥ शब्देस्पर्शेचरूपेचतथैवरसगंधयोः ॥ तस्याधिष्ठानमव्यग्रोब्रूहिसर्पयथातथम् १६ किंनगृह्णासिविषयान्युगपत्त्वंमहामते ॥ एतावदुच्यतांचोक्तंसर्वंपन्नगसत्तम १७ ॥ सर्पउवाच ॥ यदात्मद्रव्यमायुष्मन्देहसंश्रयणान्वितम् ॥ करणाधिष्ठितंभोगानुपभुंक्तेयथाविधि १८ ज्ञानंचैवात्रबुद्धिश्चमनश्चभरतर्षभ ॥ तस्यभोगाधिकरणेकरणानिनिबोधमे १९

रस्यमिथ्यात्वं शुक्तिरजतस्येवपश्यतीत्यर्थः १५ इदमाक्षिपति शब्देइति । तस्यप्रजालक्षणलक्ष्यस्यानिर्वचनीयस्याहमर्थप्रसिद्धप्रजारूपकार्यस्यकिमधिष्ठानं तदाइदमर्थप्रसिद्धेशब्दादौविषयेग्राह्येसति किंतस्याधिष्ठानम् । यथाप्रकाश्यप्रकाशकयोर्घटसूर्ययोरधिष्ठानेभूनभसीभिन्नेदृष्टे तद्वदहमिदमर्थयोरप्यधिष्ठानेपृथक्त्वाच्येइतिभावः १६ यदितुतर्कमतेइवप्रकाश्यप्रकाशकयोःसुखज्ञानयोरेकात्माधिष्ठानत्वमिष्टं तर्हि तद्वदेवयुगपज्ज्ञानानुपलब्धिर्लिंगेनसिद्धंमनोनामकमात्मातिरिक्तंद्रव्यान्तरमभ्युपेयं तेनविनाऽऽत्मनितत्संयोगवैजात्यसिद्धस्यकार्यवैजात्यस्योदयासंभवादितिशंकते किंनेति १७ उत्तरमाह यदिति । यत्परमतप्रसिद्धमात्मरूपंद्रव्यंसुखदुःखादिगुणानामाश्रयभूतं तद्देहसंश्रयणेनस्थूलसूक्ष्मशरीररूपोपाध्यालंबनेनहेतुनाअन्वितं बुद्ध्यादियुक्तंभवति आत्मनिसुखादिभानमवस्थात्रयोपाधिकंनस्वाभाविकमवस्थांतरगतस्यसुखादेरवस्थांतरेदर्शनाभावात् । ततउपाधिविशिष्टमात्मद्रव्यं करणैर्वक्ष्यमाणैरधिष्ठितंसत्भोगान्भुंक्ते तथाचश्रुतिः । 'आत्मेंद्रियमनोयुक्तंभोक्तेत्याहुर्मनीषिणः' इति यथाविधिकर्मानुरूपम् १८ ज्ञानंरूपाद्याकाराधीवृत्तिस्तेनतत्साधनानींद्रियाणिगृह्यंते बुद्धिःकर्त्रादिधर्मकंविज्ञानम् 'विज्ञानंयज्ञंतनुते' इतिश्रुतेः । मनःसर्वबाह्यकरणानुग्राहकमंतःकरणं भोगाधिकरणेदेहे एतेनविकारभाजांकर्त्रादीनांकरणत्ववचनेन तद्भिन्नस्याकर्त्रात्मकमधिष्ठानंविवेचितम् १९

द्वितीयप्रश्नोत्तरमाह मनसेति । विषयस्यग्राहकत्वेनायतनंस्थानमिंद्रियं तत्स्थेनमनसाकरणेन भूतात्माजीवः क्षेत्रात्तेनतेनद्वारेणनिःसृतः क्रमशइमानूरूपादीन्पर्येति । अनेनान्यत्रमनाअभूवंनाश्रौषमन्यत्रमना अभूवंनापश्यमित्याद्यनुभवस्यश्रुत्यैवप्रदर्शितत्वान्मनोनामव्यापकंकरणंसिद्धम् २० तत्रेति । तच्चमनस्तत्रविषयग्रहणेकर्तव्येसतिविधीयते बुद्ध्याकर्ष्यांव्यापाराविष्टंक्रियतेऽतोव्यापारकालभेदान्मनोयुगपद्विष याऩ्नगृण्हातीत्यर्थः २१ बुद्धेरपिपरप्रेर्यत्वमाह सइति । योबुद्धिमनइंद्रियैः करणैरुपेतःसन् भोक्तास्वतस्त्वभोक्तेत्युक्तः सआत्माभ्रुवोरंतरमाश्रितइतिगुरूक्तयुक्त्यातदुपासकस्यतदुपलब्धिस्थानमुक्तं । बुद्धिद्र व्येषुरूपादिमत्सुग्राह्येषुसृजतिप्रेरयति अयस्कांतइवलोहं परावरामात्मानात्मविषयत्वेनोत्तमाधमां कुलालश्चक्रमिव बुद्धिर्व्यापाराविष्टंवमनोव्यापारयत्यात्मातुनतथेत्यर्थः २२ ननुबुद्धेरेवकर्तृत्वेनसर्वव्यवहार निर्वाहेसति किंक्लीबसदृशेनात्मांतरेणेत्याशंक्याह बुद्धेरिति । बुद्धितदभावयोर्यावेदनाज्ज्ञानंसाक्षिरूपं बुधैर्योगिभिर्बुद्धेःसकाशाद्विविक्ततयादृश्यते युक्त्यानुभवेनचगृह्यते एषतदेवज्ञानं क्षेत्रज्ञभावनआत्मप्रकाशकोवि धिरज्ञातज्ञापनंस्वप्रकाशमित्यर्थः नहिलयोदयवत्याबुद्धेरात्मत्वंसंभवति कृतनाशाकृताभ्यागमप्रसंगादित्यन्यत्रविस्तरः २३ मनसइति । बुद्धिमनसोरन्यतरस्यकर्तृत्वंकरणत्वंवाऽस्तु किमुभयकल्पनयेत्याश यः २४ कार्यभेदाद्द्वयंकल्प्यतइत्याह बुद्धिरिति । बुद्धिरतीवात्मानुगा अत्यंतमात्मनासहतादात्म्यंप्राप्तालोहपिंडइवाग्निना अतःसाआत्मचैतन्यानुविद्धा उत्पातेनोत्क्रांत्यादिनाविधीयते वशीक्रियते । तथाचो त्पातवत्याअनुगतआत्माप्युत्पातवान्जलचंद्रचांचल्यन्यायेनभवति एतेनबुद्ध्यात्मनोरन्योन्याध्यासोदर्शितः इममेवाश्रित्यतार्किकास्तयोर्धर्मधर्मिभावमुपयंति । नन्वध्यस्यंतामुपहितेषूपाधिधर्माः घटाकाशेइव

मनसातातपर्येतिक्रमशोविषयानिमान् ॥ विषयायतनस्थेनभूतात्माक्षेत्रनिःसृतः २० तत्रचापिनरव्याघ्रमनोजंतोर्विधीयते ॥ तस्माद्युगपदत्रास्यग्रहणंनोपप द्यते २१ सआत्मापुरुषव्याघ्रभ्रुवोरंतरमाश्रितः ॥ बुद्धिंद्रव्येषुसृजतिविविधेषुपरावराम् २२ बुद्धेरुत्तरकालाचवेदनादृश्यतेबुधैः ॥ एषवैराजशार्दूलविधिःक्षेत्र ज्ञभावनः २३ ॥ ॥ युधिष्ठिरउवाच ॥ ॥ मनसश्चापिबुद्धेश्चब्रूहिमेलक्षणंपरम् ॥ एतदध्यात्मविदुषांपरंकार्यंविधीयते २४ ॥ सर्पउवाच ॥ बुद्धिरात्मानुगा तीवउत्पातेनविधीयते ॥ तदाश्रिताहिसाज्ञेयाबुद्धिस्तस्यैषिणीभवेत् २५ बुद्धिरुत्पद्यतेकार्यान्मनस्तूत्पन्नमेवहि ॥ बुद्धेर्गुणविधानेनमनस्तद्गुणवद्भवेत् २६

घटगतिर्नतुविपरीतमपि घटेआकाशगतस्यास्पर्शत्वादेरदर्शनादित्याशंक्याह तदाश्रिताहिसाज्ञेयेति प्रसिद्धंह्यात्मचैतन्यंबुद्ध्याश्रितमतएवबौद्धाबुद्धिरेवचेतनेतिवदंति घटशब्दोऽयमितिदृष्टान्तेऽपि शब्दवत्त्व स्याकाशधर्मस्यघटेऽऽध्यासदर्शनात् नन्वत्रान्योन्यस्मिन्नन्योन्यधर्मयोरेवाध्यासउतधर्मिणोरपि आद्ये धर्मिणोःसमसत्त्वेनद्वैतापत्तिः । अंत्ये द्वयोरपिमिथ्यात्वापत्त्याशून्यशेषतापत्तिरित्याशंक्याह बुद्धिस्तस्यै षिणीभवेदिति । बुद्धिःस्वरूपसिद्ध्यर्थमात्मानमधिष्ठानमिच्छति रज्जूरगइवरज्जुं । तथाचधर्माणामेवान्योन्याध्यासो नतुधर्मिणोः शुक्तौरजतस्येव रजतेशुक्तेरध्यासाभावात् अतोनोक्तदोषद्वयप्रसंगः २५ नन्वापद्यतांद्वैतंनतुसर्वप्रमाणसिद्धायाबुद्धेर्मिथ्यात्वंवक्तुंशक्यमित्याशंक्याह बुद्धिरुत्पद्यतेकार्यादिति विषयेंद्रियसंयोगादेःकार्याद्बुद्धिरुत्पद्यते तन्निवृत्तौनिवर्ततइतिबुद्धेरनित्यत्वंप्रसिद्धं नित्यानित्ययोश्चात्मबु द्ध्योर्नधर्मधर्मिभावःसिद्ध्यति घटेयावद्रूपाभावस्यादर्शनेनात्मनियावद्दुःखाभावलक्षणस्यमोक्षस्यासिद्धेः । नापिसंयोगः सहिउभयकर्मजोवाऽन्यतरकर्मजोवामल्लयोःपक्षिवृक्षयोर्वादृष्टो नचविभुनाऽऽत्मनाता दृशःसंयोगोबुद्धेरस्ति आकाशेनेवघटस्य । यत्तुतयोरपिसंयोगमभ्युपगच्छंति तद्युक्तिशून्यं परिभाषामात्रं । तस्माद्रज्जूरगयोरिवानिर्वचनीयस्तयोःसंबंधइतिरज्जुवदात्मानित्यो रज्जूरगवदाविर्भावतिरोभा ववतीबुद्धिर्मिथ्येतियुक्तमुत्पश्यामः । नन्वेवंबुद्धेराकस्मिकत्वे तद्धर्माणांदुःखादीनामप्याकस्मिकत्वापातात्कृतनाशाकृताभ्यागमस्तदवस्थएवेत्याशंक्याह मनस्तूत्पन्नमेवहीति बुद्धेर्नाशेऽपि तज्जन्यवासनातन्तुसं–

तानात्मकंमनोऽस्त्येव ततश्चपूर्ववासनयाबुद्धिरुत्पद्यते बुद्ध्याचवासनाविवर्धतइत्यनादिरनंताचैषाबुद्धिवासनयोर्बीजांकुरवत्संततिः तदेतदाहबुद्धेरिति । गुणविधानेनसुखाद्याकारपरिणामधारणेनगुणविधिर्नास्तीतिपाठे गुणविधिरुपादानत्वेनास्ति किंतूपादेयत्वमेव मनस्तूपादानंपटतंतुवदनयोर्भेदइत्यर्थः तद्गुणवत्तद्वासनायुक्तम् २६ विशेषणंव्यावर्तकं तस्मात्कार्यभेदान्मनोबुद्ध्योर्भेदस्तेनच वासनाबीजनाशात् संसा

एतद्विशेषणंतातमनोबुद्ध्योर्यदंतरम् ॥ त्वमप्यत्राभिसंबुद्धःकथंवामन्यतेभवान् २७ ॥ युधिष्ठिरउवाच ॥ अहोबुद्धिमतांश्रेष्ठशुभाबुद्धिरियंतव ॥ विदितंवेदितव्यंतेकस्मात्समनुपृच्छसि २८ सर्वज्ञंत्वांकथंमोहआविशत्स्वर्गवासिनम् ॥ एवमद्भुतकर्माणमितिमेसंशयोमहान् २९ ॥ सर्पउवाच ॥ सुप्रज्ञमपिचेच्छूरमृद्धिर्मोहयतेनरम् ॥ वर्तमानःसुखेसर्वोमुह्यतीतिमतिर्मम ३० सोहमैश्वर्यमोहेनमदाविष्टोयुधिष्ठिर ॥ पतितःप्रतिसंबुद्धस्त्वांतुसंबोधयाम्यहम् ३१ कृतंकार्यंमहाराजत्वयाममपरंतप ॥ क्षीणःशापःसुकृच्छ्रोमेत्वयासंभाष्यसाधुना ३२ अहंहिदिविदिव्येनविमानेनचरन्पुरा ॥ अभिमानेनमत्तःसन्कंचिन्नान्यमचिंतयम् ३३ ब्रह्मर्षिदेवगंधर्वयक्षराक्षसपन्नगाः ॥ करान्ममप्रयच्छंतिसर्वेत्रैलोक्यवासिनः ३४ चक्षुषायंप्रपश्यामिप्राणिनंपृथिवीपते ॥ तस्यतेजोहराम्याशुतद्धिदृष्टेर्बलंमम ३५ ब्रह्मर्षीणांसहस्रंहिउवाहशिबिकांमम ॥ समामपनयोराजन्भ्रंशयामासवैश्रियः ३६ तत्रह्यगस्त्यःपादेनवहन्स्पृष्टोमयामुनिः ॥ अगस्त्येनततोऽस्म्युक्तोध्वंससर्पेतिवैरुषा ३७ ततस्तस्माद्विमानाग्र्यात्प्रच्युतश्च्युतलक्षणः ॥ प्रपतन्बुबुधेत्मानंव्यालीभूतमधोमुखम् ॥ अयाचंतमहंविप्रंशापस्यांतोभवेदिति ३८ ॥ सर्पउवाच ॥ प्रमादात्संप्रमूढस्यभगवन्क्षंतुमर्हसि ॥ ततःसमामुवाचेदंप्रपतंतंकृपान्वितः ३९ युधिष्ठिरोधर्मराजःशापात्त्वांमोक्षयिष्यति ॥ अभिमानस्यघोरस्यपापस्यचनराधिप ४० फलेक्षीणेमहाराजफलंपुण्यमवाप्स्यसि ॥ ततोमेविस्मयोजातस्तद्दृष्ट्वातपसोबलम् ४१ ब्रह्मचब्राह्मणत्वंचयेनत्वाहमचूचुदम् ॥ सत्यंदमस्तपोदानमहिंसाधर्मनित्यता ४२ साधकानिसदापुंसांनजातिर्नकुलंनृप ॥ अरिष्टएषतेभ्राताभीमसेनोमहाबलः ॥ स्वस्तितेऽस्तुमहाराजगमिष्यामिदिवंपुनः ४३ ॥ वैशंपायनउवाच ॥ इत्युक्त्वाऽऽजगरंदेहंमुक्त्वासनहुषोनृपः ॥ दिव्यंवपुःसमास्थायगतस्त्रिदिवमेवह ४४ युधिष्ठिरोपिधर्मात्माभ्रात्राभीमेनसंगतः ॥ धौम्येनसहितःश्रीमानाश्रमंपुनरागमत् ४५ ततोद्विजेभ्यःसर्वेभ्यःसमेतेभ्योयथातथम् ॥ कथयामासतत्सर्वंधर्मराजोयुधिष्ठिरः ४६ तच्छ्रुत्वातेद्विजाःसर्वेभ्रातरश्चास्ययेत्रयः ॥ आसन्सुव्रीडिताराजन्द्रौपदीचयशस्विनी ४७ तेतुसर्वेद्विजश्रेष्ठाःपांडवानांहितेप्सया ॥ मैवमित्यब्रुवन्भीमंगर्हयंतोऽस्यसाहसम् ४८ पांडवास्तुभयान्मुक्तंप्रेक्ष्यभीमंमहाबलम् ॥ हर्षमाहारयांचक्रुर्विजह्रुश्चमुदायुताः ४९ ॥ ॥ इतिश्रीमहाभारतेआरण्यकेपर्वणिआजगरपर्वणिभीममोचनेएकाशीत्यधिकशततमोऽध्यायः ॥ १८१ ॥ ॥ समाप्तंचेदमाजगरंपर्व ॥

रांकुरोनजायतइतिसिद्धम् २७ । २८ । २९ । ३० जातमपिज्ञानमैश्वर्यजादर्पाद्भ्रश्यतीतिज्ञाततत्त्वोऽपिशमादीनाश्रयेदितिविशेषग्रंथतात्पर्यम् ३१ । ३२ । ३३ । ३४ । ३५ । ३६ । ३७ । ३८ । ३९ । ४० । ४१ ब्राह्मणत्वंब्रह्मविलक्षणं स्पष्टार्थमन्यत् ४२ । ४३ । ४४ । ४५ । ४६ । ४७ । ४८ । ४९ ॥ ॥ इत्यारण्यकेपर्वणि नैलकंठीये भारतभावदीपे एकाशीत्यधिकशततमोऽध्यायः ॥ १८१ ॥ ॥

उक्तामेवब्रह्मविद्यांमार्कंडेयमुखेनना नाख्यानपूर्वकंप्रपंचयिष्यंस्तदुपोद्घातत्वेनकाम्यकप्रवेशंतावदाह निदाघांतकरःकालइत्यादिना १ असिताःकृष्णवर्णाः २ तपात्ययेवर्षासु निकेताइवमंडपीभूताइत्यर्थः
३ । ४ समवस्तृतेआच्छादिते स्थावराणिभूतलादीनि ५ आशुगाःबाणवत्तीव्रवेगाः सिंधवोनद्यःशोणघर्घराद्याः ६ । ७ स्तोककाएवस्तोककाश्चातकाः । 'स्तोकश्चातकपल्वपेचातकेपुमान' इतिमे
दिनी । दर्दुरामंडूकाः ८ मरुधन्वसुगिरेःशुष्कस्थानेषु ९ रूढकक्षाणिबहुतृणानिवनानि प्रस्थशब्दोदितानिसानूनिचयस्यांसातथा । 'प्रस्थोस्त्रियांमानभेदेसानावत्युच्चवस्तुनि' इतिमेदिनी १० । ११

अथमार्कंडेयसमास्यापर्व ॥ ॥ वैशंपायनउवाच ॥ निदाघांतकरःकालःसर्वभूतसुखावहः ॥ तत्रैववसतांतेषांप्रावृट्समभिपद्यत १ छादयंतोमहाघोषाःखंदिशश्च
बलाहकाः ॥ प्रववर्षुर्दिवारात्रमसिताःसततंतदा २ तपात्ययनिकेताश्चशतशोऽथसहस्रशः ॥ अपेतार्कप्रभाजालाःसविद्युद्विमलप्रभाः ३ विरूढशष्पाधरणीमत्त
दंशसरीसृपा ॥ बभूवपयसासिक्ताशांतासर्वमनोरमा ४ नस्मप्रज्ञायतेकिंचिदंभसासमवस्तृते ॥ समंवाविषमंवाऽपिनद्योवास्थावराणिच ५ क्षुब्धतोयामहावेगाः
श्वसमानाइवाशुगाः ॥ सिंधवःशोभयांचक्रुःकाननानितपात्यये ६ नदतांकाननांतेषुश्रूयंतेविविधाःस्वनाः ॥ वृष्टिभिश्छाद्यमानानांवराहमृगपक्षिणाम् ७
स्तोककाःशिखिनश्चैवपुंस्कोकिलगणैःसह ॥ मत्ताःपरिपतंतिस्मदर्दुराश्चैवदर्पिताः ८ तथाबहुविधाकाराप्रावृण्मेवानुनादिता ॥ अभ्यतीताशिवातेषांचरतांमरु
धन्वसु ९ क्रौंचहंससमाकीर्णाशरत्प्रमुदिताऽभवत ॥ रूढकक्षवनप्रस्थाप्रसन्नजलनिम्नगा १० विमलाकाशनक्षत्राशरत्तेषांशिवाऽभवत् ॥ मृगद्विजसमाकीर्णा
पांडवानांमहात्मनाम् ११ दृश्यंतेशांतरजसःक्षपाजलदशीतलाः ॥ ग्रहनक्षत्रसंघैश्चसोमेनचविराजिताः १२ कुमुदैःपुंडरीकैश्चशीतवारिधराःशिवाः ॥ नदीःपुष्क
रिणीश्चैवददृशुःसमलंकृताः १३ आकाशनीकाशतटांतीरवानीरसंकुलाम् ॥ बभूवचरतांहर्षःपुण्यतीर्थांसरस्वतीम् १४ तेवैमुमुदिरेवीराःप्रसन्नसलिलांशिवाम् ॥
पश्यंतोदृढधन्वानःपरिपूर्णांसरस्वतीम् १५ तेषांपुण्यतमारात्रिःपर्वसंधौस्मशारदी ॥ तत्रैववसतामासीत्कार्तिकीजनमेजय १६ पुण्यकृद्भिर्महासत्वैस्तापसैःसह
पांडवाः ॥ तत्सर्वेभरतश्रेष्ठाःसमूहुर्योगमुत्तमम् १७ तस्मिंस्तत्राभ्युदयेतस्मिन्धौम्येनसहपांडवाः ॥ सूतैःपौरोगवैश्चैवकाम्यकंप्रययुर्वनम् १८ ॥ ॥ इतिश्रीमहा
भारतेआरण्यकेपर्वणिमार्कंडेयसमास्यापर्वणिकाम्यकवनप्रवेशेद्व्यशीत्यधिकशततमोऽध्यायः ॥ १८२ ॥ ॥ ॥ वैशंपायनउवाच ॥ काम्यकंप्राप्यकौरव्य
युधिष्ठिरपुरोगमाः ॥ कृतातिथ्यामुनिगणैर्निषेदुःसहकृष्णया १ ततस्तान्परिविश्वस्तान्वसतःपांडुनंदनान् ॥ ब्राह्मणाबहवस्तत्रसमंतात्पर्यवारयन् २ अथाब्रवीद्द्विजः
कश्चिदर्जुनस्यप्रियःसखा ॥ सएष्यतिमहाबाहुर्वशीशौरिरुदारधीः ३ विदिताहिहरेर्यूयमिहायाताःकुरूद्वहाः ॥ सदाहिदर्शनाकांक्षीश्रेयोन्वेषीचवोहरिः ४
बहुवत्सरजीवीचमार्कंडेयोमहातपाः ॥ स्वाध्यायतपसायुक्तःक्षिप्रंयुष्मान्समेष्यति ५

१२ । १३ नीकाशःसदृशः १४ । १५ कार्तिकीकृत्तिकायुक्तापौर्णमासी १६ योगंयुज्यतेरथादावितिव्युत्पत्त्यावाहनादिकं समूहुरारोपितभारंकृतवंतः १७ । १८ ॥ इत्यारण्यकेपर्वणि नैलकंठीये
भारतभावदीपे द्व्यशीत्यधिकशततमोऽध्यायः ॥ १८२ ॥ काम्यकमिति १ । २ शौरिःकृष्णः ३ आयाताविदिताइत्यन्वयः वोयुष्माकंश्रेयोऽन्वेषी ४ । ५

६ । ७ । ८ । ९ । १० । ११ । १२ भूतपतीरुद्रः गुहेनकार्तिकेयेन १३ । १४ मधुहामधुसूदनः १५ तस्यार्थेधर्मस्यवृद्ध्यर्थम् १६ । १७ । १८ एषादानादिरूपामदारतिर्नित्यंप्रीतिविषयः १९ । २०

तथैवब्रुवतस्तस्यप्रत्यदृश्यतकेशवः ॥ शैब्यसुग्रीवयुक्तेनरथेनरथिनांवरः ६ मघवानिवपौलोम्यासहितःसत्यभामया ॥ उपायाद्देवकीपुत्रोदिदृक्षुःकुरुसत्तमान्
७ अवतीर्यरथात्कृष्णोधर्मराजंयथाविधि ॥ ववंदेमुदितोधीमान्भीमंचबलिनांवरम् ८ पूजयामासधौम्यंचयमाभ्यामभिवादितः ॥ परिष्वज्यगुडाकेशंद्रौपदींपर्य
सांत्वयत् ९ सदृष्ट्वाफाल्गुनंवीरंचिरस्यप्रियमागतम् ॥ पर्यष्वजतदाशार्हःपुनःपुनररिंदमः १० तथैवसत्यभामाऽपिद्रौपदींपरिषस्वजे ॥ पांडवानांप्रियांभार्यां
कृष्णस्यमहिषीप्रिया ११ ततस्तेपांडवाःसर्वेसभार्याःसपुरोहिताः ॥ आनर्चुःपुंडरीकाक्षंपरिवव्रुश्चसर्वशः १२ कृष्णस्तुपार्थेनसमेत्यविद्वान्धनंजयेनासुरतर्जनेन ॥
बभौयथाभूतपतिर्महात्मासमेत्यसाक्षाद्भगवान्गुहेन १३ ततःसमस्तानिकिरीटमालीवनेषुवृत्तानिगदाग्रजाय ॥ उक्त्वायथावत्पुनरन्वपृच्छत्कथंसुभद्राचसचाभिमन्युः
१४ सपूजयित्वामधुहायथावत्पार्थंचकृष्णांचपुरोहितंच ॥ उवाचराजानमभिप्रशंसन्युधिष्ठिरंतत्रसहोपविश्य १५ धर्मःपरःपांडवराज्यलाभात्तस्यार्थमाहुस्तपएव
राजन् ॥ सत्यार्जवाभ्यांचरतास्वधर्मंजितस्त्वयाऽयंचपरश्चलोकः १६ अधीतमग्रेचरताव्रतानिसम्यग्धनुर्वेदमवाप्यकृत्स्नम् ॥ क्षात्रेणधर्मेणवसूनिलब्ध्वासर्वेह्यवाप्ताः
क्रतवःपुराणाः १७ नग्राम्यधर्मेषुरतिस्तवास्तिकामान्नकिंचित्कुरुषेनरेंद्र ॥ नचार्थलोभात्प्रजहासिधर्मंतस्मात्प्रभावादसिधर्मराजः १८ दानंचसत्यंचतपश्चराजन्श्रद्धा
चबुद्धिश्चक्षमाधृतिश्च ॥ अवाप्यराष्ट्राणिवसूनिभोगानेषापरापार्थसदारतिस्ते १९ यदाजनौघःकुरुजांगलानांकृष्णांसभायामवशामपश्यत् ॥ अपेतधर्मव्यवहारवृत्तं
सहेततत्पांडवकस्त्वदन्यः २० असंशयंसर्वसमृद्धकामःक्षिप्रंप्रजाःपालयिताऽसिसम्यक् ॥ इमेवयंनिग्रहणेकुरूणांयदिप्रतिज्ञाभवतःसमाप्ता २१ धौम्यंचभीमंचयु
धिष्ठिरंचयमौचकृष्णांचदशार्हसिंहः ॥ उवाचदिष्ट्याभवतांशिवेनप्राप्तःकिरीटीमुदितःकृतास्त्रः २२ प्रोवाचकृष्णामपियाज्ञसेनींदशार्हभर्तासहितःसुहृद्भिः ॥ दिष्ट्या
समग्राऽसिधनंजयेनसमागतेत्येवमुवाचकृष्णः २३ कृष्णेधनुर्वेदरतिप्रधानास्तवात्मजास्तेशिशवःसुशीलाः ॥ सद्भिःसदैवाचरितंसुहृद्भिश्चरंतिपुत्रास्तवयाज्ञसेनि २४
राज्येनराष्ट्रैश्चनिमंत्र्यमाणाःपित्राचकृष्णेतवसोदरैश्च ॥ नयज्ञसेनस्यनमातुलानांगृहेषुबालारतिमाप्नुवंति २५ आनर्तमेवाभिमुखाःशिवेनगत्वाधनुर्वेदरतिप्रधानाः ॥
तवात्मजावृष्णिपुरंप्रविश्यनदैवतेभ्यःस्पृहयंतिकृष्णे २६ यथात्वमेवार्हसितेषुवृत्तंप्रयोक्तुमार्याचयथैवकुंती ॥ तेष्वप्रमादेनतथाकरोतितथैवभूयश्चतथासुभद्रा २७
यथाऽनिरुद्धस्ययथाऽभिमन्योर्यथासुनीथस्ययथैवभानोः ॥ तथाविनेताचगतिश्चकृष्णेतवात्मजानामपिरौक्मिणेयः २८

निग्रहणेयत्ताःस्मइतिशेषः २१ । २२ । २३ तवात्मजाःप्रतिविंध्यादयः २४ । २५ आनर्तंद्वारकादेशम् २६ यथात्वमर्हसितथासुभद्राऽर्हति यथाकुंतीप्रयोक्तुमर्हतितथासुभद्राप्यर्हति यथाचार्हं
तितथैवकरोतितिसंबंधः २७ । रौक्मिणेयःप्रद्युम्नः २८

२९ । ३० । ३१ । ३२ मधूनांमाथुराणां हलायुधःप्रग्रहणोनियंतायस्याःसासेना यत्तासन्नद्धा ३३ भौमस्यनरकासुरस्य सौभाधिपतेःशाल्वस्य ३४ । ३५ । ३६ । ३७ । ३८ । ३९ । ४० । ४१ । ४२

गदासिचर्मग्रहणेषुशूरानस्त्रेषुशिक्षासुरथाश्वयाने ॥ सम्यग्विनेताविनयेदतंद्रीस्तांश्चाभिमन्युःसततंकुमारः २९ सचापिसम्यक्प्रणिधायशिक्षांशस्त्राणिचैषां
विधिवत्प्रदाय ॥ तवात्मजानांचतथाऽभिमन्योःपराक्रमैस्तुष्यतिरौक्मिणेयः ३० यथाविहारंप्रसमीक्षमाणाःप्रयांतिपुत्रास्तवयाज्ञसेनि ॥ एकैकमेषामनुयां
तितत्ररथाश्वयानानिचदंतिनश्च ३१ अथाब्रवीद्धर्मराजंतुकृष्णोदशार्हयोधाःकुकुरांधकाश्च ॥ एतेनिदेशंतवपालयंतस्तिष्ठंतुयत्रेच्छसितत्रराजन् ३२ आवर्त
तांकार्मुकवेगवाताहलायुधप्रग्रहणामधूनाम् ॥ सेनातवार्थेषुनरेंद्रयत्तासप्तसादिपत्त्यश्वरथासनागा ३३ प्रस्थाप्यतांपांडवधार्तराष्ट्रःसुयोधनःपापकृतांवरिष्ठः ॥
सपानुबंधःससुहृद्गणश्चभौमस्यसौभाधिपतेश्चमार्गम् ३४ कामंतथातिष्ठनरेंद्रतस्मिन्यथाकृतस्तेसमयःसभायाम् ॥ दाशार्हयोधैस्तुहतारियोधंप्रतीक्षतांनागपुरं
भवंतम् ३५ व्यपेतमन्युर्व्यपनीतपाप्माविहृत्ययत्रेच्छसितत्रकामम् ॥ ततःप्रसिद्धंप्रथमंविशोकःप्रपत्स्यसेनागपुरंसराष्ट्रम् ३६ ततस्तदाज्ञायमतंमहात्मायथा
वदुक्तंपुरुषोत्तमेन ॥ प्रशस्यविप्रेक्ष्यचधर्मराजःकृतांजलिःकेशवमित्युवाच ३७ असंशयंकेशवपांडवानांभवान्गतिस्त्वच्छरणाहिपार्थाः ॥ कालोदयेतच्चततश्च
भूयःकर्ताभवान्कर्मनसंशयोऽस्ति ३८ यथाप्रतिज्ञंविहृतश्चकालःसर्वाःसमाद्वादशनिर्जनेषु ॥ अज्ञातचर्यांविधिवत्समाप्यभवद्गताःकेशवपांडवेयाः ३९ एषैवबु
द्धिर्जुषतांसदात्वांसत्येस्थिताःकेशवपांडवेयाः ॥ सदानधर्माःसजनाःसदाराःसबांधवास्त्वच्छरणाहिपार्थाः ४० ॥ वैशंपायनउवाच ॥ तथावदतिवार्ष्णेयेधर्म
राजेचभारत ॥ अथपश्चात्तपोवृद्धोबहुवर्षसहस्रधृक् ४१ प्रत्यदृश्यतधर्मात्मामार्कंडेयोमहातपाः ॥ अजरश्चामरश्चैवरूपौदार्यगुणान्वितः ४२ व्यदृश्यतततथा
युक्तोयथास्यात्पंचविंशकः ॥ तमागतमृषिंवृद्धंबहुवर्षसहस्रिणम् ४३ आनर्चुर्ब्राह्मणाःसर्वेकृष्णश्चसहपांडवैः ॥ तमर्चितंसुविश्वस्तमासीनमृषिसत्तमम् ॥ ब्रा
ह्मणानांमतेनाहपांडवानांचकेशवः ४४ ॥ कृष्णउवाच ॥ शुश्रूषवःपांडवास्तेब्राह्मणाश्चसमागताः ॥ द्रौपदीसत्यभामाचतथाऽहंपरमंवचः ४५ पुरावृत्ताःकथाः
पुण्याःसदाचारान्सनातनान् ॥ राज्ञांस्त्रीणामृषीणांचमार्कंडेयविचक्ष्वनः ४६ ॥ वैशंपायनउवाच ॥ तेषुतत्रोपविष्टेषुदेवर्षिरपिनारदः ॥ आजगामविशुद्धा
त्मापांडवानवलोककः ४७ तमप्यथमहात्मानंसर्वेतेपुरुषर्षभाः ॥ पाद्यार्घ्याभ्यांयथान्यायमुपतस्थुर्मनीषिणः ४८ नारदस्त्वथदेवर्षिर्ज्ञात्वातांस्तुकृतक्षणान् ॥
मार्कंडेयस्यवदतस्तांकथामन्वमोदत ४९ उवाचचैनंकालज्ञःस्मयन्निवसनातनः ॥ ब्रह्मर्षेकथ्यतांयत्तेपांडवेषुविवक्षितम् ५० एवमुक्तःप्रत्युवाचमार्कंडेयोमहातपाः ॥
क्षणंकुरुध्वंविपुलमाख्यातव्यंभविष्यति ५१

पंचविंशकःवर्षैरितिशेषः ४३ सुविश्वस्तंभगवन्मायादोहदनिश्चयम ४४ । ४५ । ४६ अवलोककःअवलोकनार्थी ४७ । ४८ । ४९ सनातनः कृष्णः ५० । ५१

५२ । ५३ । ५४ । ५५ भवत्येवहीति । धर्माधर्मफलयोर्विपर्ययंदृष्ट्वापुरुषःकर्मणःफलंकथंस्विदश्नाति ईश्वरोवाकथंस्वित्कर्तास्तीतिधर्मेश्वरयोराक्षेपः ऋध्यतःसमृद्धियुतान् ५६ कथंस्विदित्यस्योभयत्रसंबंधः ५७ कुतोवेति । स्वभावातकर्मणोवा अत्येइहैवपरत्रापिवा कृतंकर्मणासाधितंसुखमन्वेतीत्यर्थः ५८ शुभाशुभैःकर्मभिः सद्योविनाशिभिरिहवाकारीर्यादिभिर्वृष्ट्याद्यर्थैविहितैः परत्रवादेहत्यागेसति कथंसंयुज्यते किमाश्रित्यचकर्माणितिष्ठंतीतिफलस्यव्यभिचारादाशुविनाशित्वादाश्रयाभावाच्चेतित्रेधाप्राक्कर्मसद्भावाक्षेपः ५९ । ६० स्थित्यर्थंलोकरक्षार्थम् ६१ । ६२ । ६३ तत्रधर्माधर्मफलयोस्तावदव्यभिचारंदर्शय

एवमुक्ताःक्षणंचक्रुःपांडवाःसहतैर्द्विजैः ॥ मध्यंदिनेयथाऽऽदित्यंप्रेक्षंतस्तेमहामुनिम् ५२ ॥ वैशंपायनउवाच ॥ तंविवक्षंतमालक्ष्यकुरुराजोमहामुनिम् ॥ कथासंजननार्थायचोदयामासपांडवः ५३ भवान्दैवतदैत्यानामृषीणांचमहात्मनाम् ॥ राजर्षीणांचसर्वेषांचरितज्ञःपुरातनः ५४ सेव्यश्चोपासितव्यश्चमतोनःकांक्षितश्चिरम् ॥ अयंचदेवकीपुत्रःप्राप्तोऽस्मानवलोककः ५५ भवत्येवहिमेबुद्धिर्दृष्ट्वाऽऽत्मानंसुखाच्च्युतम् ॥ धार्तराष्ट्रांश्चदुर्वृत्तानृद्ध्यतःप्रेक्ष्यसर्वशः ५६ कर्मणःपुरुषःकर्ताशुभस्याप्यशुभस्यवा ॥ सफलंतदुपाश्नातिकथंकर्तास्विदीश्वरः ५७ कुतोवासुखदुःखेषुनृणांब्रह्मविदांवर ॥ इहवाकृतमन्वेतिपरदेहेऽथवापुनः ५८ देहीचदेहंसंत्यज्यमृग्यमाणःशुभाशुभैः ॥ कथंसंयुज्यतेप्रेत्यइहवाद्विजसत्तम ५९ ऐहलौकिकमेवेहउताहोपारलौकिकम् ॥ क्वचकर्माणितिष्ठंतिजंतोःप्रेतस्यभार्गव ६० ॥ मार्कंडेयउवाच ॥ त्वद्युक्तोऽयमनुप्रश्नोयथावद्वदतांवर ॥ विदितंवेदितव्यंतेस्थित्यर्थंत्वंतुपृच्छसि ६१ अत्रतेकथयिष्यामितदिहैकमनाःशृणु ॥ यथेहामुत्रचनरःसुखदुःखमुपाश्नुते ६२ निर्मलानिशरीराणिविशुद्धानिशरीरिणाम् ॥ ससर्जधर्मतंत्राणिपूर्वोत्पन्नःप्रजापतिः ६३ अमोघफलसंकल्पाःसुव्रताःसत्यवादिनः ॥ ब्रह्मभूतानराःपुण्याःपुराणाःकुरुसत्तम ६४ सर्वेदेवैःसमायांतिस्वच्छंदेननभस्तलम् ॥ ततश्चपुनरायांतिसर्वेस्वच्छंदचारिणः ६५ स्वच्छंदमरणाश्चासन्नराःस्वच्छंदचारिणः ॥ अल्पबाधानिरातंकाःसिद्धार्थानिरुपद्रवाः ६६ द्रष्टारोदेवसंघानामृषीणांचमहात्मनाम् ॥ प्रत्यक्षाःसर्वधर्माणांदांताविगतमत्सराः ६७ आसन्वर्षसहस्रीयास्तथापुत्रसहस्रिणः ॥ ततःकालांतरेऽन्यस्मिन्पृथिवीतलचारिणः ६८ कामक्रोधाभिभूतास्तेमायाव्याजोपजीविनः ॥ लोभमोहाभिभूताश्चत्यक्तादेहैस्ततोनराः ६९ अशुभैःकर्मभिःपापास्तिर्यङ्निरयगामिनः ॥ संसारेषुविचित्रेषुपच्यमानाःपुनःपुनः ७० मोघेष्टामोघसंकल्पामोघज्ञानाविचेतसः ॥ सर्वाभिशंकिनश्चैवसंवृत्ताःक्लेशदायिनः ७१ अशुभैःकर्मभिश्चापिप्रायशःपरिचिह्निताः ॥ दौष्कुल्याव्याधिबहुलादुरात्मानोऽप्रतापिनः ७२ भवंत्यल्पायुषःपापारौद्रकर्मफलोदयाः ॥ नाथंतःसर्वकामानांनास्तिकाभिन्नचेतसः ७३ जंतोःप्रेतस्यकौन्तेयगतिःस्वैरिहकर्मभिः ॥ प्राज्ञस्यहीनबुद्धेश्चकर्मकोशःक्वतिष्ठति ७४ क्वस्थस्तत्समुपाश्नातिसुकृतंयदिवेतरत् ॥ इतितेदर्शनंयच्चतत्राप्यनुनयंशृणु ७५

न्यथमंदोपंनिरस्यति निर्मलानीत्यादिना ६४ । ६५ । ६६ । ६७ । ६८ मायाकूटकार्षापणादिर्व्याजंदंभस्तदेवोपजीवंति नतुधर्मं तेमायाव्याजोपजीविनः ६९ । ७० । ७१ । ७२ नाथंतःप्रार्थयमानाः कामानांकामान् ७३ अंत्यंप्रश्नमनुवदति जंतोःप्रेतस्येतिद्वाभ्याम् ७४ अनुनयंसिद्धान्तम् ७५

तस्योत्तरेणैवार्थात्कर्मणामाशुविनाशित्वदोषोनिरस्तोभवतीत्यभिसंधायाह अयमादीति । आदिशरीरेण लिंगदेहेन यावन्मोक्षंस्थायिना देवसृष्टेनधर्माधर्मसंसृष्टेन । यद्वाधर्माद्यनुरोधिनाईश्वरेणवासृष्टेनावि ष्कृतेन सर्ववासनामयं लिंगमेव कर्मणामाश्रयइत्यर्थः ७६ कलेवरंस्थूलदेहंयुगपद्देहद्वयेनसंभवतिसंयुज्यते पूर्वत्यागात्प्रागेवतृणजलौकान्यायेनापरमादत्ते नतुतदनंतरं अतएवांतरामध्ये क्षणमात्रमप्यभवोऽसं सारोनास्ति ७७ तत्रस्थूलदेहांतरे यत्तुमरणानंतरं मध्ये यावद्गर्भवासमातिवाहिकशरीरारूढो दिविभुव्यंतरिक्षेनरकेवाभवतीतितत्स्थूलदृष्ट्यैवज्ञेयं उभयत्रभोगसाम्येन स्थूलातिवाहिकयोर्भेदाभावात् यथोक्तं वसिष्ठेन । ‘ आतिवाहिकएवायंत्वादृशैश्चित्तदेहकः ॥ आधिभौतिकयाबुद्ध्यागृहीतश्चिरभावनात् ’ इति ७८ कृतांतोयमस्तत्संबंधीविधिःपुण्यपापफलभोगेनियोगस्तेनसंयुक्तस्तमनुतिष्ठन् निरादानःप्राप्तंसु खंदुःखंवादूरीकर्तुमशक्तः । दोऽवखंडने इत्यस्यरूपम् ७९ अबुद्धीनांतत्त्वज्ञानहीनानांगतिः स्वर्गनरकरूपा उत्तमांपुनरावृत्तिवर्जितां ८० । ८१ शुक्लजातीयाःशुक्लोयोगजोधर्मस्तत्प्रकारास्तदेकार्जनपराः प्रकार वचनेजातीयर् । योन्यंतरमातिवाहिकयोन्यपेक्षयाऽन्यामाधिभौतिकीं योनिम् ८२ वशिनईश्वराः मंदरोगिणोनीरोगाः । ‘ नतत्रशोकोनजरानमृत्युःप्राप्तस्ययोगाग्निमयंशरीरं ’ इतिश्रुतेः प्रारब्धकर्मप्राबल्या

अयमादिशरीरेणदेवसृष्टेनमानवः ॥ शुभानामशुभानांचकुरुतेसंचयंमहत् ७६ आयुषोंतेप्रहायेदंक्षीणप्रायंकलेवरम् ॥ संभवत्येवयुगपद्योनौनास्त्यंतराऽभवः ७७ तत्रास्यस्वकृतंकर्मच्छायेवानुगतंसदा ॥ फलत्यथसुखार्होवादुःखार्होवाऽथजायते ७८ कृतांतविधिसंयुक्तःसजंतुर्लक्षणैःशुभैः ॥ अशुभैर्वानिरादानोलक्ष्यतेज्ञान दृष्टिभिः ७९ एषातावदबुद्धीनांगतिरुक्तायुधिष्ठिर ॥ अतःपरंज्ञानवतांनिबोधगतिमुत्तमाम् ८० मनुष्यास्तप्ततपसःसर्वागमपरायणाः ॥ स्थिरव्रताःसत्यपरा गुरुशुश्रूषणेरताः ८१ सुशीलाःशुक्लजातीयाःक्षांतादांताःसुतेजसः ॥ शुचियोन्यंतरगताःप्रायशःशुभलक्षणाः ८२ जितेंद्रियत्वाद्वशिनःशुक्लत्वान्मंदरोगिणः ॥ अल्पाबाधपरित्रासाद्भवंतिनिरुपद्रवाः ८३ च्यवंतंजायमानंचगर्भस्थंचैवसर्वशः ॥ स्वमात्मानंपरंचैवबुध्यंतेज्ञानचक्षुषा ८४ ऋषयस्तेमहात्मानःप्रत्यक्षागमबुद्धयः ॥ कर्मभूमिमिमांप्राप्यपुनर्यांतिसुरालयम् ८५ किंचिद्दैवाद्धठात्किंचित्किंचिदेवस्वकर्मभिः ॥ प्राप्नुवंतिनराराजन्माते ऽस्त्वन्याविचारणा ८६ इमामत्रोपमांचापिनिबोध वदतांवर ॥ मनुष्यलोकेयच्छ्रेयःपरंमन्येयुधिष्ठिर ८७ इहवैकस्यनामुत्रअमुत्रैकस्यनोइह ॥ इहवाऽमुत्रचैकस्यनामुत्रैकस्यनोइह ८८

एकदाचित्प्राप्तमेवचापक्वयोगिनांरोगादिकंचेत्तत्राह अल्पेति । अल्पं द्वैतदर्शनम् । ‘ अथयत्रान्यत्पश्यत्यन्यच्छृणोतितदल्पं ’ इतिश्रुतेः तस्मादाबाधो दुःखं ततस्त्रासात् निरुपद्रवाः उपसमीपेस्थित्वाद्रवतिस्वी यंधर्ममासिंचतीत्युपद्रवोंऽतःकरणंतद्रहिताः एतेनप्रारब्धस्यापिप्रतिघातायनिर्बीजःसमाधिःप्रभवतीतिदर्शितम् ८३ ननुतादृशोऽप्यपांतरतमानामवेदाचार्यः कलिद्वापरयोः संधौ सत्यवत्यां व्यासतयासमज नीतिस्मर्यतेमोक्षधर्मेषु अतःशुक्लजातीयानामप्युत्क्रांतिगत्यागतयोऽपरिहार्याइत्याशंक्याहच्यवंतमिति । अधिकारिणांतेषांलोकानुग्रहार्थं स्वेच्छयागृहाद्गृहांतरप्रवेशवदिहपरत्रचसंचारो नकर्माधीनतयाऽ स्माकमिवदुःखायभवतीत्याशयः । तथानिर्णीतं यावदधिकारमवस्थितिराधिकारिकाणामित्यत्र ८४ । ८५ दैवात्मूढोन्मत्तजडभरतादिभिर्यल्लभ्यतेतद्दैवादेव हठात्योगसिद्धैर्विश्वामित्रादिभिः इतरैः स्वकर्मभिः अन्यातेषामन्यतमाएकैवकाचित्स्थितिरस्तीतिविचारणा तेतवमास्तु ८६ एवमात्मविदांस्वातंत्र्यमुक्त्वेतरेषांस्थितिचातुर्विध्यमाह इमामिति ८७ इहवेति । परंश्रेयइत्यनुकृष्यते वाशब्दएवार्थे द्विरावर्तते । एकस्यइहैवपरंश्रेयोऽस्ति नामुत्रपरलोके । एकस्यामुत्रैवास्तिनत्विह इहचामुत्रचएकस्यश्रेयोऽस्ति एकस्यतूभयत्रापिनास्तीति ८८

इममेवश्लोकंव्याचष्टे धनानीत्यादिना ८९ येइति । तेषामसौ लोकएवनत्वयम् ९० । ९१ प्रजनेपुत्रोत्पादने ९२ भवंतस्तु लोकद्वयेऽपिश्रेयांसइत्याह सर्वेभवंतइति ९३ । ९४ तस्माद्धर्माधर्मफलयोर्वैपरीत्यं
यत्त्वयाप्रागुक्तंतत्तथानमंतव्यमित्युपसंहरति माभूदिति ९५ मार्कंडेयसमास्यायां सहासने इत्यर्थः आसउपवेशनेऽस्माण्ण्यत् ॥ इत्यारण्यकेपर्वणिनैलकंठीये भारतभावदीपे त्र्यशीत्यधिकशततमोऽ

धनानियेषांविपुलानिसंतिनित्यंरमंतेसुविभूषितांगाः ॥ तेषामयंशत्रुवरघ्नलोकोनासौसदादेहसुखेरतानाम् ८९ येयोगयुक्तास्तपसिप्रसक्ताःस्वाध्यायशीलाजरयंति देहान् ॥ जितेंद्रियाःप्राणिवधेनिवृत्तास्तेषामसौनायमरिघ्नलोकः ९० येधर्ममेवप्रथमंचरंतिधर्मेणलब्ध्वाचधनानिकाले ॥ दारानवाप्यक्रतुभिर्यजंतेतेषामयंचैवपर श्चलोकः ९१ येनैवविद्यांनतपोनदानंनचापिमूढाःप्रजनेयतंति ॥ नचानुगच्छंतिसुखान्नभोगांस्तेषामयंचैवपरश्चलोकः ९२ सर्वेभवंतस्त्वतिवीर्यसत्वादिव्यौजसः संहननोपपन्नाः ॥ लोकादमुष्मादवनिंप्रपन्नाःस्वधीतविद्याःसुरकार्यहेतोः ९३ कृत्वैवकर्माणिमहांतिशूरास्तपोदमाचारविहारशीलाः ॥ देवानृषीन्प्रेतगणांश्च सर्वान्संतर्पयित्वाविधिनापरेण ९४ स्वर्गंपरंपुण्यकृतोनिवासंक्रमेणसंप्राप्स्यथकर्मभिःस्वैः ॥ माभूद्विशंकातवकौरवेंद्रदृष्ट्वात्मनःक्लेशमिमंसुखार्हम् ९५ ॥ इतिश्रीमहा भारतेआरण्यकेपर्वणिमार्कंडेयसमास्यापर्वणित्र्यशीत्यधिकशततमोऽध्यायः ॥ १८३ ॥ ॥ ॥ वैशंपायनउवाच ॥ मार्कंडेयंमहात्मानमूचुःपांडुसुतास्तदा ॥ माहात्म्यंद्विजमुख्यानांश्रोतुमिच्छामकथ्यताम् १ एवमुक्तःसभगवान्मार्कंडेयोमहातपाः ॥ उवाचसुमहातेजाःसर्वशास्त्रविशारदः २ ॥ मार्कंडेयउवाच ॥ हैहयानांकुलकरोराजापरपुरंजयः ॥ कुमारोरूपसंपन्नोमृगयांव्यचरद्बली ३ चरमाणस्तुसोऽरण्येतृणवीरुत्समावृते ॥ कृष्णाजिनोत्तरासंगंददर्शमुनिमंतिके ४ सतेननिहतोऽरण्येमन्यमानेनवैमृगम् ॥ व्यथितःकर्मतत्कृत्वाशोकोपहतचेतनः ५ जगामहैहयानांवैसकाशंप्रथितात्मनाम् ॥ राज्ञांराजीवनेत्रोऽसौकुमारःपृथिवी पतिः ॥ तेषांचतद्यथावृत्तंकथयामासवैतदा ६ तंचापिहिंसितंतातमुनिंमूलफलाशिनम् ॥ श्रुत्वादृष्ट्वाचतेतत्रबभूवुर्दीनमानसाः ७ कस्यायमितितेसर्वेमार्गमाणास्तत स्ततः ॥ जग्मुश्चारिष्टनेम्नोऽथताक्ष्यस्याश्रममंजसा ८ तेऽभिवाद्यमहात्मानंतंमुनिंनियतव्रतम् ॥ तस्थुःसर्वेसतुमुनिस्तेषांपूजामथाहरत् ९ तेतमूचुर्महात्मानंनवयं सत्क्रियांमुने ॥ त्वत्तोर्हाःकर्मदोषेणब्राह्मणोहिंसितोहिनः १० तानब्रवीत्सविप्रर्षिःकथंवोब्राह्मणोहतः ॥ क्वचासौब्रूतसहिताःपश्यध्वंमेतपोबलम् ११ तेतुतत्सर्वम खिलमाख्यायास्मैयथातथम् ॥ नापश्यंस्तमृषिंतत्रगतासुंतेसमागताः १२ अन्वेषमाणाःसव्रीडाःस्वप्नवद्गतचेतनाः ॥ तानब्रवीत्तत्रमुनिस्तार्क्ष्यःपरपुरंजयः १३ स्यादयंब्राह्मणःसोऽथयुष्माभिर्योविनाशितः ॥ पुत्रोह्ययंममनृपास्तपोबलसमन्वितः १४ तेचदृष्ट्वैवतमृषिंविस्मयंपरमंगताः ॥ महदाश्चर्यमितिवैतेब्रुवाणामहीपते १५

॥ ब्रह्मविदांशुक्लजातीयानांस्वच्छंदमरणंतेषामित्यादिनाप्रोक्तंमहाभाग्यंप्रश्नपूर्वकंविवरीतुमयमध्यायआरभ्यते मार्कंडेयमिति कथ्यतांत्वया १ । २
ध्यायः ॥ १८३ ॥ ॥ ॥ कुमारत्वादविवेकत्वं सूचितं ३ उत्तरासंगः प्रावरणम् ४ । ५ । ६ । ७ अरिष्टनेमिशब्दइकारांतोऽप्यत्रमत्वंतोऽपिज्ञेयः ८ । ९ । १० । ११ । १२ तार्क्ष्यः तृक्षस्यकश्यपस्यापत्यं
१३ स्यादयमितिअंगुल्यानिर्दिशति १४ । १५

१६ । १७ हेतुयोगःमुक्तिसंबंधः समासःसंक्षेपस्ताभ्यामितिपंचम्यर्थेतसिः । सत्यमेवाभिजानीमइत्यादिना सत्यादीनिमृत्युजयसाधनान्युच्यंते १८ यदिति । ब्राह्मणानिदाशून्याःस्तुतिपराश्चस्मइत्यर्थः १९ भृत्यान्भार्यादीन् अत्यशनेनअशनादधिकेनदानमानादिना २० पुण्यदेशःगंगातीरादिःतेजस्विनांयोगसिद्धानांदेशःसमीप्यंतत्संगादिसर्थः २१ एतद्वैइति । यौष्माकीणंहत्यादोषमपिसंलापमात्राद्वयंहंतुंसमर्थाःस्मइत्यर्थः २२ । २३ ॥ ॥ इत्यारण्यकेपर्वणि नैलकंठीये भारतभावदीपे चतुरशीत्यधिकशततमोऽध्यायः ॥ १८४ ॥ ॥ मृत्युजयहेतुःपूर्वोक्तः सत्यादिर्धर्मोवनस्थानामेवयुज्यते नतुगृहस्थानां तेषांदुष्प्रतिग्रहब्रह्मविद्वेषादिनादोषप्रसक्त्या तादृशधर्मसंभवादिसाशयवानध्यायमारभतेभूयइति १ सोऽत्रिरर्थंभूयोनानुरुध्यत् अत्यंतमर्थार्थीनबभूव कुतः धर्मव्यक्तिर्धर्मस्यफलद्वाराऽभिव्यक्तिः फलव्य

मृतोह्ययमुपानीतःकथंजीवितमाप्तवान् ॥ किमेतत्तपसोवीर्यंयेनायंजीवितःपुनः १६ श्रोतुमिच्छामहेविप्रयदिश्रोतव्यमित्युत ॥ सतानुवाचनास्माकंमृत्युःप्रभवतेनृपाः १७ कारणंवःप्रवक्ष्यामिहेतुयोगसमासतः ॥ सत्यमेवाभिजानीमोनानृतेकुर्महेमनः ॥ स्वधर्ममनुतिष्ठामस्तस्मान्मृत्युभयंननः १८ यद्ब्राह्मणानांकुशलंतदेषांकथयामहे ॥ नैषांदुश्चरितंब्रूमस्तस्मान्मृत्युभयंननः १९ अतिथीनन्नपानेनभृत्यानत्यशनेनच ॥ संभोज्यशेषमश्नीमस्तस्मान्मृत्युभयंननः २० शांतादांताःक्षमाशीलास्तीर्थदानपरायणाः ॥ पुण्यदेशनिवासाच्चतस्मान्मृत्युभयंननः ॥ तेजस्विदेशवासाच्चतस्मान्मृत्युभयंननः २१ एतद्वैलेशमात्रंवःसमाख्यातंविमत्सराः ॥ गच्छध्वंसहिताःसर्वेनपापाद्भयमस्तिवः २२ एवमस्त्वितितेसर्वेप्रतिपूज्यमहामुनिम् ॥ स्वदेशमगमन्हृष्टाराजानोभरतर्षभ २३ ॥ ॥ इतिश्रीमहाभारतेआरण्यकेपर्वणिमार्कंडेयसमास्यापर्वणिब्राह्मणमाहात्म्यकथनेचतुरशीत्यधिकशततमोऽध्यायः ॥ १८४ ॥ ॥ मार्कंडेयउवाच ॥ ॥ भूयएवमहाभाग्यंब्राह्मणानांनिबोधमे ॥ वैन्योनाममहराजर्षिरश्वमेधायदीक्षितः १ तमत्रिर्गंतुमारेभेवित्तार्थमितिनःश्रुतम् ॥ भूयोर्थंनानुरुध्यत्सधर्मव्यक्तिनिदर्शनात् २ सविचिंत्यमहातेजावनमेवान्वरोचयत् ॥ धर्मपत्नींसमाहूयपुत्रांश्चेदमुवाचह ३ प्राप्स्यामःफलमत्यंतंबहुलंनिरुपद्रवम् ॥ अरण्यगमनंक्षिप्रंरोचतांवोगुणाधिकम् ४ तंभार्याप्रत्युवाचाथधर्ममेवानुतन्वती ॥ वैन्यंगत्वामहात्मानमर्थयस्वधनंबहु ५ सतेदास्यतिराजर्षिर्यजमानोऽर्थितोधनम् ॥ ततआदायविप्रर्षेप्रतिगृह्यधनंबहु ६ भृत्यान्सुतान्संविभज्यततोव्रजयथेप्सितम् ॥ एषवैपरमोधर्मोधर्मविद्भिरुदाहृतः ७ ॥ ॥ अत्रिरुवाच ॥ ॥ कथितोसौमहाभागगौतमेनमहात्मना ॥ वैन्योधर्मार्थसंयुक्तःसत्यव्रतसमन्वितः ८ किंत्वस्तितत्रद्वेष्टारोविवसंतिहिमेद्विजाः ॥ यथामेगौतमःप्राहततोनव्यवसाम्यहम् ९ तत्रस्मवाचंकल्याणींधर्मकामार्थसंहिताम् ॥ मयोक्तामन्यथाब्रूयुस्ततस्तेवैनिरर्थिकाम् १०

क्तयाहिधर्मोनश्यत्यतस्तद्रक्षणार्थंनैच्छद्वित्यर्थः २ वनंगंतुमितिशेषः ३ निरुपद्रवमक्षयंमोक्षाख्यम् ४ धर्मंयज्ञादिकमनुतन्वतीविस्तारयंती हेतौशतृप्रत्ययः धर्मार्थेधनमेवार्जस्वेत्युवाचेत्यर्थः ५ । ६ भृत्यानिसतिथिदेवतादीनां सुतानितिभायादीनांचोपलक्षणं धर्मविद्भिर्मन्वादिभिः । ‘ अनधीत्यद्विजोवेदाननुत्पाद्यसुतानपि । अनिष्ट्वाविविधैर्यज्ञैर्मोक्षमिच्छन्व्रजत्यधः ’ इतिवदद्भिः ७ ‘ दशसूनासहस्राणिनित्यंवहतिसौनिकः । तेनतुल्यःस्मृतोराजाघोरस्तस्यप्रतिग्रहः ’ इतिमनुवाक्यादेवराजप्रतिग्रहेदोषंजानन्नत्रिस्तत्रविघ्नमुपन्यस्यतिकथितइत्यादिना ८ व्यवसामिउद्यमंकरोमि ९ निरार्थिकामपिवाचंवदतांपराजयोऽपि पापावहइतिभावः तथाचस्मृतिः । गुरुंत्वंकृत्यहुंकृत्यविप्रंनिर्जित्यवादतः । अरण्येनिर्जलेदेशेभवतिब्रह्मराक्षसः ’ इति १०

एवंजानन्नपिस्नेहदोषात्तत्कर्तुंप्रतिजानीतेगमिष्यामीति ११ । १२ पूजयानइतितङ् कर्तृगामित्वात्स्तुतिफलस्ययुक्तः धन्योधनार्हः ईशईशितानियंता प्रथमःहिरण्यगर्भइवअग्रजः नृपःमनुष्याणांरक्षकः १३ । १४ अत्रपरलोकमेवबहुमन्वानोगौतमआह मैवमिति १५ तत्रेंद्रइवात्रराजैवमहेंद्रइतिवित्तार्थीअत्रिःपरपक्षंदूषयति अथेति १६ । १७ । १८ दर्शनेदृष्टिपथे १९ । २० । २१ । २२ नौआवयोः २३ । २४ ब्राह्मेणबलेनराज्ञोबलंनतुस्वकीयमितिसमाधानग्रंथार्थस्तेनगौतमोक्तानिंदाऽपिव्यर्था नाप्यत्रिप्रोक्तास्तुतिरपिनिर्मूलेतिज्ञेयं यद्यपिलोभमूलकत्वंस्तुतिपक्षेस्पष्टमप्रामाण्यकारणंतथाऽप्यविद्यमानै

गमिष्यामिमहाप्राज्ञेरोचतेमेवचस्तव ॥ गाश्वमेदास्यतेवैन्यःप्रभूतंचार्थसंचयम् ११ एवमुक्त्वाजगामाशुवैन्ययज्ञंमहातपाः ॥ गत्वाचयज्ञायतनमत्रिस्तुष्टावतं नृपम् १२ वाक्यैर्मंगलसंयुक्तैःपूजयानोऽब्रवीद्वचः ॥ अत्रिरुवाच ॥ राजन्धन्यस्त्वमीशश्चभुवित्वंप्रथमोनृपः १३ स्तुवंतित्वांमुनिगणास्त्वदन्योनास्तिधर्मवित् ॥ तमब्रवीदृषिःक्रुद्धोवचनंवैमहातपाः १४ ॥ गौतमउवाच ॥ मैवमत्रेपुनर्ब्रूयानतेप्रज्ञासमाहिता ॥ अत्रनःप्रथमंस्थातामहेंद्रोवैप्रजापतिः १५ अथात्रिरपिराजेंद्रगौतमं प्रत्यभाषत ॥ अयमेवविधाताहियथैवेंद्रःप्रजापतिः ॥ त्वमेवमुह्यसेमोहान्नप्रज्ञानंतवास्तिह १६ ॥ गौतमउवाच ॥ जानामिनाहंमुह्यामित्वमेवात्रविमुह्यसे ॥ स्तौषित्वंदर्शनप्रेप्सूराजानंजनसंसदि १७ नवेत्थपरमंधर्मंनचावैषिप्रयोजनम् ॥ बालस्त्वमसिमूढश्चवृद्धःकेनापिहेतुना १८ विवदंतौतथातौतुमुनीनांदर्शने स्थितौ ॥ येतस्ययज्ञेसंवृत्तास्तेऽपृच्छंतकथंत्विमौ १९ प्रवेशःकेनदत्तोऽयमुभयोर्वैन्यसंसदि ॥ उच्चैःसमभिभाषंतौकेनकार्येणधिष्ठितौ २० ततःपरमधर्मात्माकाश्यपःसर्वधर्मवित् ॥ विवादिनावनुप्राप्तौतावुभौप्रत्यवेदयत् २१ अथाब्रवीत्सदस्यांस्तुगौतमोमुनिसत्तमान् ॥ आवयोर्व्याहृतंप्रश्नंशृणुतद्विजसत्तमाः २२ वैन्यं विधातेत्याहात्रिरत्रनौसंशयोमहान् ॥ श्रुत्वैवतुमहात्मानोमुनयोऽभ्यद्रवन्द्रुतम् २३ सनत्कुमारंधर्मज्ञंसंशयच्छेदनायवै ॥ सचतेषांवचःश्रुत्वायथातत्त्वंमहातपाः ॥ प्रत्युवाचाथतानेवंधर्मार्थसहितंवचः २४ ॥ सनत्कुमारउवाच ॥ ब्रह्मक्षत्रेणसहितंक्षत्रंचब्रह्मणासह ॥ संयुक्तौदहतःशत्रून्वनानीवाग्निमारुतौ २५ राजावैप्रथितो धर्मःप्रजानांपतिरेवच ॥ सएवशक्रःशुक्रश्चसधाताचबृहस्पतिः २६ प्रजापतिर्विराट्सम्राट्क्षत्रियोभूपतिर्नृपः ॥ यएभिःस्तूयतेशब्दैःकस्तंनार्चितुमर्हति २७ पुरायोनिर्युधाजिच्चअभियामुदितोभवः ॥ स्वर्णेतासहजिब्दभ्रुरितिराजाऽभिधीयते २८ सत्ययोनिःपुराविच्चसत्यधर्मप्रवर्तकः ॥ अधर्मादृषयोभीताबलंक्षत्रेसमादधन् २९ आदित्योदिविदेवेषुतमोनुदतितेजसा ॥ तथैवनृपतिर्भूमावधर्मान्नुदतेभृशम् ३०

रपिविशेषणैर्धनार्थिनाराजास्तोतव्यइतिसनत्कुमाराशयः २५ प्रथितःप्रथांगतः । धर्मोधर्मस्थापकः । शक्रोरक्षिता । शुक्रोनीतिवित् । धाताअतएवजनकः । बृहस्पतिर्हितोपदेष्टा २६ । २७ पुरायोनिर्धर्मप्रवर्तकत्वेनप्रथमकारणम् । युधाजित्संग्रामेजयकर्तृत्वेनोपद्रवनाशकः । अभियाःअभितोयातियामिकवद्रक्षणार्थमित्यभियाः मुदितः भवःईश्वरः । स्वर्णेतास्वर्गंप्रतिगमयिता । सहजित्सद्योजयशीलः । बभ्रुर्विष्णुः । ‘ बभ्रुर्नानकुलेविष्णौविपुलेपिंगलेत्रिषु ’ इतिबलशर्मा २८ अधर्मादिति । सर्वंब्राह्मंबलंक्षत्रेऽस्तीत्यर्थः २९ । ३०

३१ । ३२ । ३३ । ३४ । ३५ । ३६ सत्यादिधर्मफलत्वेनेएवसिद्धयतीसाख्यायिकात्वसानमुखेनोपसंहरति प्रदायचेति ३७ ॥ इत्यारण्यकेपर्वणि नैलकंठीये भारतभावदीपे पंचाशीत्यधिकशततमो
ऽध्यायः ॥ १८५ ॥ ॥ वनेसत्यादिधर्मवतायत्कर्तव्यंयत्प्राप्यंयच्चज्ञेयंतदाहाध्यायेन अत्रैवचसरस्वत्येत्यादिना । सरस्वतीयज्ञभोक्त्रीयज्ञफलदात्रीचदेवता अग्निहोत्रादहमभ्यागताऽस्मीतिवाक्यशेषात्
१ कथंकुर्याच्छ्रेयइत्यावर्तते २ लोकान्कामान् विरजाआसक्तिहीनः चरेयमुपलभेयं । तेषांसर्वेषुलोकेषुकामचारोभवतीतिश्रुतिप्रसिद्धसर्वकामभाक्त्वरूपंफलंकेनोपायेनप्राप्नुयादित्यर्थः ३ । ४ ब्रह्मसगुणं

ततोराज्ञःप्रधानत्वंशास्त्रप्रामाण्यदर्शनात् ॥ उत्तरःसिद्ध्यतेपक्षोयेनराजेतिभाषितम् ३१ ॥ मार्कंडेयउवाच ॥ ततःसराजासंहृष्टःसिद्धेपक्षेमहामनाः ॥ तमत्रि
मब्रवीत्प्रीतःपूर्वंयेनाभिसंस्तुतः ३२ यस्मात्पूर्वंमनुष्येषुज्यायांसंमामिहाब्रवीः ॥ सर्वदेवैश्चविप्रर्षेसंमितंश्रेष्ठमेवच ३३ तस्मात्तेऽहंप्रदास्यामिविविधंवसुभूरिच ॥
दासीसहस्रंश्यामानांसुवस्त्राणामलंकृतम् ३४ दशकोटिर्हिरण्यस्यरुक्मभारांस्तथादश ॥ एतद्ददामिविप्रर्षेसर्वज्ञस्त्वंमतोहिमे ३५ तदत्रिर्न्यायतःसर्वंप्रतिगृह्या
भिसत्कृतः ॥ प्रत्युज्जगामतेजस्वीगृहानेवमहातपाः ३६ प्रदायचधनंप्रीतःपुत्रेभ्यःप्रयतात्मवान् ॥ तपःसमभिसंधायवनमेवान्वपद्यत ३७ ॥ इतिश्रीमहा
भारतेआरण्यकेपर्वणिमार्कंडेयसमास्यापर्वणिब्राह्मणमाहात्म्येपंचाशीत्यधिकशततमोऽध्यायः ॥ १८५ ॥ ॥ ॥ ॥ मार्कंडेयउवाच ॥ अत्रैवचसरस्व
त्यागीतंपरपुरंजय ॥ पृष्टयामुनिनावीरशृणुताक्ष्येंणधीमता १ ॥ ताक्ष्येउवाच ॥ किंनुश्रेयःपुरुषस्येहभद्रेकथंकुर्वन्नच्यवतेस्वधर्मात् ॥ आचक्ष्वमेचारुसर्वांगिकु
र्यात्त्वयाशिष्टोनच्यवेयंस्वधर्मात् २ कथंवाग्निंजुहुयांपूजयेवाकस्मिन्कालेकेनधर्मोननश्येत् ॥ एतत्सर्वंसुभगेप्रब्रवीहियथालोकान्विरजाःसंचरेयम् ३ ॥ मार्कंडेय
उवाच ॥ ॥ एवंपृष्टाप्रीतियुक्तेनतेनशुश्रूषुमीक्ष्योत्तमबुद्धियुक्तम् ॥ ताक्ष्यैविप्रंधर्मयुक्तंहितंचसरस्वतीवाक्यमिदंबभाषे ४ ॥ सरस्वत्युवाच ॥ योब्रह्मजानाति
यथाप्रदेशंस्वाध्यायनित्यःशुचिरप्रमत्तः ॥ सर्वैपारंदेवलोकस्यगंतासहामरैःप्राप्नुयात्प्रीतियोगम् ५ तत्रस्मरम्याविपुलाविशोकाःसुपुष्पिताःपुष्करिण्यःसुपुण्याः ॥
अकर्दमामीनवत्यःसुतीर्थाहिरण्मयैरावृताःपुंडरीकैः ६ तासांतीरेष्वासतेपुण्यभाजोनहीयमानाःपृथगप्सरोभिः ॥ सुपुण्यगंधाभिरलंकृताभिर्हिरण्यवर्णाभिरतीव
हृष्टाः ७ परंलोकंगोप्रदास्त्वाप्नुवंतिदत्वाऽनड्वाहंसूर्यलोकंव्रजंति ॥ वासोदत्वाचांद्रमसंतुलोकंदत्वाहिरण्यममरत्वमेति ८ धेनुंदत्वासुप्रभांसुप्रदोहांकल्याणवत्साम
पलायिनींच ॥ यावंतिरोमाणिभवंतितस्यास्तावद्वर्षाण्यासतेदेवलोके ९ अनड्वाहंसुव्रतंयोददातिहलस्यवोढारमनंतवीर्यं ॥ धुरंधरंबलवंतंयुवानंप्राप्नोतिलोकान्द
शधेनुदस्य १० ददातियोवैकपिलांसचैलांकांस्योपदोहांद्रविणैरुत्तरीयैः ॥ तैस्तैर्गुणैःकामदुहाऽथभूत्वानरंप्रदातारमुपैतिसागौः ११

हार्दाकाशाख्यं यथाप्रदेशं देशभेदमनतिक्रांतमर्चिरादिमार्गेणलभ्यमित्यर्थः । निर्गुणविदोनतस्यप्राणाउत्क्रामंतीतिगतिनिषेधात् । स्वाध्यायःप्रणवजपः देवलोकस्यपारं कार्यब्रह्मलोकं ५ एनमेवस्तौतिद्वाभ्यां
तत्रेति ६ । ७ देवलोकस्य पारस्तावद्दूरेऽस्तु मध्यत्रतुकथंप्राप्यतइत्यतआह परमित्यादिना । अनडुहमनड्वाहं शकटवहनसमर्थंबलीवर्दं ८ धेनुंदोग्ध्रीगां ९ । १० उत्तरीयैःपश्चाद्धवैर्दक्षिणादिभिर्द्रव्यैःसहितां ११

१२ तिलधेनुर्दानकांडेप्रसिद्धा १३ दानवैःकामक्रोधादिभिःसंनिरुद्धेव्याप्ते तीव्रांधकारेअंधेतमसि देहाभिनिवेशाख्ये तारयतेयोगविघ्नान्नाशयति १४ ब्राह्मदेयां ब्राह्मेणालंकृतसकन्यामुदकपूर्वांदद्यादे पत्राह्मोविवाहइति गृह्योक्तेनविधिनादेयां १५ यःसप्तेति । श्रौतंधर्ममनुतिष्ठन्नात्मनासहपूर्वानपरांश्चतारयतीत्यर्थः १६ अग्निहोत्रंजुह्वानोलोभजालंभिनत्त्यतःसंमोहंछित्वेत्यादिना मैत्रायणीयोपनिषद्य ग्निहोत्रस्यज्ञानांतरंगत्वमुक्तमतस्तदाश्रितमेवविशेषंव्रतादिकंपृच्छति किमिति । पुराणंवेदोदितम् १७ अनिर्णिक्तपादोऽप्रक्षालितपाणिपादोऽनाचांतश्च अब्रह्मवित्वेदंपाठतोऽर्थतश्चाविद्वान् अविपश्चित् वेदादधिगतस्यार्थस्यानुभवहीनः बुभुत्सवःपरचित्तंज्ञातुमिच्छवः यस्मात्शुचिकामाजुषंतिसेवंते १८ ऋत्विगप्येवंविधएवकर्तव्यइत्याह नाश्रोत्रियमिति । देवहव्येदेवानांहव्यदानादौ मोघंनिष्फलं पुरेतिशी लगोत्रादिज्ञानात्प्राक् अपूर्वमज्ञातकुलशीलं आहवेदइतिशेषः १९ कृशाःधनादिप्रभवेनदर्पेण हीनाः ऋत्विजोयजमानावा गवांलोकंकार्यंब्रह्मलोकसमीपस्थं परमंचदेवंब्रह्माणं ततःक्रमेण सत्यंचपरमं

यावंतिरोमाणिभवंतिधेन्वास्तावत्फलंभवतिगोप्रदाने ॥ पुत्रांश्चपौत्रांश्चकुलंचसर्वमासप्तमंतारयतेपरत्र १२ सदक्षिणांकांचनचारुशृंगींकांस्योपदोहांद्रविणैरु त्तरीयैः ॥ धेनुंतिलानांददतोद्विजायलोकावसूनांसुलभाभवंति १३ स्वकर्मभिर्दानवसंनिरुद्धेतीव्रांधकारेनरकेसंपतंतम् ॥ महार्णवेनौरिववातयुक्तादानंगवां तारयतेपरत्र १४ योब्राह्मदेयांतुददातिकन्यांभूमिप्रदानंचकरोतिविप्रे ॥ ददातिदानंविधिनाचयश्चसलोकमाप्नोतिपुरंदरस्य १५ यःसप्तवर्षाणिजुहोतिताक्ष्र्य हव्यंत्वग्नौनियतःसाधुशीलः ॥ सप्तावरान्सप्तपूर्वान्पुनातिपितामहानात्मनाकर्मभिःस्वैः १६ ॥ ताक्ष्र्यउवाच ॥ ॥ किमग्निहोत्रस्यव्रतंपुराणमाचक्ष्वमेपृच्छत श्चानुरूपे ॥ त्वयाऽनुशिष्टोऽहमिहाद्यविद्यांयदग्निहोत्रस्यव्रतंपुराणम् १७ ॥ सरस्वत्युवाच ॥ नवाऽशुचिर्नाप्यनिर्णिक्तपाणिर्नाब्रह्मविज्जुहुयान्नाविपश्चित् ॥ बुभुत्सवःशुचिकामाहिदेवानाश्रद्दधानाद्धिहविर्जुषंति १८ नाश्रोत्रियंदेवहव्येनियुंज्यान्मोघंपुरासिंचतितादृशोहि ॥ अपूर्वमश्रोत्रियमाहताक्ष्र्यनवैतादृक्जुहुयाद ग्निहोत्रम् १९ कृशाश्चयेजुह्वतिश्रद्दधानाःसत्यव्रताहुतशिष्टाशिनश्च ॥ गवांलोकंप्राप्यतेपुण्यगंधंपश्यंतिदेवंपरमंचापिसत्यम् २० ॥ ताक्ष्र्यउवाच ॥ क्षेत्रज्ञभूतां परलोकभावेकर्मोदयेबुद्धिमतिप्रविष्टाम् ॥ प्रज्ञांचदेवींसुभगेविमृश्यपृच्छामित्वांकाह्यसिचारुरूपे २१ ॥ सरस्वत्युवाच ॥ ॥ अग्निहोत्रादहमभ्यागताऽस्मिविप्र र्षभाणांसंशयच्छेदनाय ॥ त्वत्संयोगादहमेतमब्रुवंभावेस्थितातथ्यमर्थंयथावत् २२ ॥ ताक्ष्र्यउवाच ॥ ॥ नहित्वयासदृशीकाचिदस्तिविभ्राजसेह्यतिमात्रं यथाश्रीः ॥ रूपंचतेदिव्यमनंतकांतिप्रज्ञांचदेवींसुभगेबिभर्षि २३

ब्रह्माख्यंपश्यंति एतेनसर्वगुणयुक्तस्याग्निहोत्रस्य परंपरयाकैवल्यजनकत्वमुक्तम् २० क्षेत्रज्ञभूतांपरमात्मरूपांत्वांप्रज्ञांपृच्छामि त्वंचकाऽसीतिपृच्छामि प्रज्ञांविशिनष्टि परोलोकआत्मातस्यभावेस्वरूपे विषये कर्मोदये कर्मफलेब्रह्मलोकांतेचविषये बुद्धिमतिउत्कृष्टतरांबुद्धिंप्रविष्टां कर्मब्रह्मतत्त्वयोर्निविष्टामित्यर्थः किंकृत्वात्वांदेवींउभयतत्त्वंद्योतयंतीं विमृश्यज्ञात्वा २१ अग्निहोत्रात्सत्कर्मणःसकाशादहंपरापरवि द्यारूपा सरस्वत्यभ्यागताआविर्भूताऽस्मि त्वत्संयोगात्त्वत्संनिधिंप्राप्यएतमर्थंकर्मणांपारंपर्येणकैवल्यहेतुत्वंसगुणब्रह्मविद्यांचाब्रुवं यतोहंभावेस्थिता श्रद्धावानग्निहोत्रादिनादेवताप्रसादंप्राप्य कर्मोपास्तिज्ञान फलानिविंदतीत्यर्थः २२ नहित्वयेतिश्लोकत्रयतात्पर्यंसोपासनेनकर्मणाविद्यासमुल्लसतीति २३

यज्ञेषुश्रेष्ठानिकर्मागावबद्धोपामनानि उपासनास्वरूपंच । ‘ अहंक्रतुरहंयज्ञःस्वधाऽहमहमौषधम् ॥ मंत्रोऽहमहमेवाज्यमहमग्निरहंहुतम् ’ इतिभगवदुपदिष्टंसर्वेषुयज्ञांगेषुब्रह्मदृष्टिकरणम् २४ वानस्पत्यंसमिज्जुह्वादि । आयसंसौवर्णादि । पार्थिवंव्रीह्यादि । दिव्येनदिवेस्वर्गायहितेनरूपेण । प्रज्ञया अहंक्रतुरित्यादिनाउक्तविधप्रज्ञात्मकेन तवैवप्रत्यगात्मनःसिद्धिःप्राप्तिर्मुक्तिर्वा नत्वनात्मभूतस्थानांतरसिद्धिरिति विद्धि २५ इदंतवैवसिद्धिरित्यनेनोपक्षिप्तंप्रत्यग्रूपंव्यायच्छंतेनिगृह्णंतिइंद्रियादीनीतिशेषः संप्रतीताःसम्यग्विश्वासयुक्ताः २६ वेदविदएवप्रपन्नानत्ववैदिकाः । ‘ नावेदविन्मनुतेतंबृहंतम् ’ इतिश्रुतेः परंब्रह्म परेभ्योविराट्सूत्रांतर्यामिभ्यःसोपाधिकेभ्यःपरं निरुपाधिकत्वाच्छ्रेष्ठं प्रथितंसच्चिदानंदरूपेणसर्वत्रप्रथांगतं यथोक्तं । ‘ अस्तिभातिप्रियंरूपंनामचेत्यर्थपंचकम् । आद्यंत्रयंब्रह्मरूपंजगद्रूपंततोद्वयम् ’ इति । पुराणं पुरापिनवं तेनसोपाधिकानामुत्पत्तिःसूचिता । व्रतमहिंसादि पुण्यंजपादि योगश्चित्तवृत्तिनिरोधस्तैः तपःस्वधर्माचरणमेवधनंयेषांतेप्राप्नुवंतीतिशेषः २७ अस्यप्रत्यग्वस्तुनोऽद्वयत्वसिद्ध्यर्थमितएवांतर्याम्यादिनासमुत्थानमाह तस्येति । तस्यचिदात्मनोमध्ये वेतसोवंजुलतरुरिवसबीजांकुरोब्रह्मांडवृक्षश्चितापरिच्छेद्यत्वात्तन्मध्यस्थः पुण्योरमणीयोगंधइवगंधादिर्विषयोधर्मज्ञानवैराग्यैश्वर्यवतियस्मिन्नस्तीतिपुण्यगंधः सहस्रमनंतंशाखाइवभोगस्थानानियस्मिन् विपुलोऽपरिच्छिन्नोविभाति तस्यमूलादविद्यारूपात्सरितइवसंततप्रवाहवत्योभोगवासनाःप्रस्रवंत्युत्तिष्ठंति । मधुव

॥ सरस्वत्युवाच ॥ श्रेष्ठानियानिद्धिपदांवरिष्ठयज्ञेषुविद्वन्नुपपादयंति ॥ तैरेवचाहंसंप्रवृद्धाभवामिचाप्यायितारूपवतीचविप्र २४ यच्चापिद्रव्यमुपयुज्यतेहवानस्पत्यमायसंपार्थिवंवा ॥ दिव्येनरूपेणचप्रज्ञयाचतवैवसिद्धिरितिविद्धिविद्वन् २५ ॥ तार्क्ष्यउवाच ॥ इदंश्रेयःपरममन्यमानाव्यायच्छंतेमुनयःसंप्रतीताः ॥ आचक्ष्वमेतंपरमंविशोकंमोक्षंपरंयंप्रविशंतिधीराः ॥ सांख्यायोगाःपरमंयंविदंतिपरंपुराणंतमहंनवेद्मि २६ ॥ सरस्वत्युवाच ॥ तंवैपरंवेदविदःप्रपन्नाःपरंपरेभ्यः प्रथितंपुराणम् ॥ स्वाध्यायवंतोव्रतपुण्ययोगैस्तपोधनावीतशोकाविमुक्ताः २७ तस्याथमध्येवेतसःपुण्यगंधःसहस्रशाखोविपुलोविभाति ॥ तस्यमूलात्सरितः प्रस्रवंतिमधूदकप्रस्रवणाःसुपुण्याः २८ शाखांशाखांमहानद्यःसंयांतिसिकताशयाः ॥ धानापूपामांसशाकाःसदापायसकर्दमाः २९ यस्मिन्नग्निमुखादेवाःसेंद्राः सहमरुद्गणाः ॥ ईजिरेक्रतुभिःश्रेष्ठैस्तत्पदंपरमंमम ३० ॥ इतिश्रीम० आ० प० मार्कंडेयसमास्यापर्वणिसरस्वतीतार्क्ष्यसंवादेषडशीत्यधिकशततमोऽध्यायः ॥ १८६ ॥

न्मृष्टमुदकवदाप्यायनकरंभोगजंसुखंप्रस्रवंतितामधूदकप्रस्रवणाः भोगवासनाह्युत्तरकालीनंभोगसुखंप्रवृत्तिजननादिद्वाराप्रस्रवतीतिप्रसिद्धम् २८ शाखामिति । महानद्योवासनाः पुराशाखांशाखांतत्तद्भोगस्थानं संयांति स्वप्रवाहपतितंपुरुषंनयंतीत्यर्थः । पुण्यवासनया पुण्यमाचरन्स्वर्गंगच्छत्येवमन्यत्रापि । सिकताइवपरस्परमसंश्लिष्टाःपुत्रपश्वादयस्तासुशेरते ताःसिकताशयाः पुत्रादिविषयाइत्यर्थः । धानाभृष्टयवाः अपूपाःसच्छिद्रंभक्ष्यं शेषंप्रसिद्धं । धानादिकं मधूदकस्थानीयस्यसुखस्यविशेषणं विषयसुखंहिधानावन्नस्त्रसजातीयंप्रसूते अपूपवदनेकच्छिद्रयुक्तं मांसवद्धिंसालभ्यं नानुपहत्यभूतानिभोगःसंभवतीतिप्रसिद्धेः । शाकवदल्पसारं पायसवन्मुखमधुरं पाकेगुरुतरंच कर्दमवच्चित्तपटस्यमलिनीकरणंचेति परचैतन्यभूमावनाद्यविद्यामूलादुत्थितोऽयंसंसारवृक्षोऽतिविरसफलोऽविद्ययाविद्यानाशात्समूलमुन्मूलनीयइत्यर्थः तथाचचिदद्वैतमव्याहतम् २९ यस्मिन्यत्प्राप्तिनिमित्तं श्रेष्ठैःक्रतुभिर्योगयज्ञैरग्न्यादयोयद्गच्छंति तन्ममविद्यारूपायाःसरस्वत्याःपदंपदनीयंप्रापणीयंस्थानं परमंसर्वोत्कृष्टं ज्ञातृज्ञानज्ञेयभानशून्यं ब्रह्माद्वैतम् ३० ॥ ॥ इत्यारण्यकेपर्वणि नैलकंठीये भारतभावदीपे षडशीत्यधिकशततमोऽध्यायः ॥ १८६ ॥ ॥ ॥ ॥ ॥ ॥ ॥

पूर्वत्रचिद्भूमावविद्यामूलोजगद्वृक्षउत्थितः सोऽविद्याक्षयेभूमावेवलीयतइतिदर्शितं । तत्र सकृदविद्याक्षयेसंसारभानंनस्यात् दृश्यतेचक्षीणाविद्यानामपिमार्कंडेयादीनांसंसारभानमस्मदादिवदितिजीवन्मुक्तौसं दिहानोराजामार्कंडेयमुवाचेत्याह ततःसइति । मनोर्मनुतेइतिअभिमानात्मकोऽहंकारोमनुः । विशेषेणवस्तेआच्छादयतिचित्प्रकाशमितिविवोऽज्ञानं तद्वान्विवस्वान् मायावीईश्वरः । 'मायिनंतुमहेश्वरम्' इतिश्रुतेः सएववैवस्वतस्तस्यवैवस्वतस्यचरितं संचरणं अविद्यानाशेसत्याविद्यकोऽहंकारःकथंसंचरति नहितंतुदाहेपटस्तिष्ठतीत्याक्षेपः १ अपरस्त्वाख्यायिकामनुसृत्यैवउत्तरमाह विवस्वतइत्यादिना । अत्रपरब्रह्मणएवरूपांतरं मत्स्याख्योजीवः सोहंकारेणमनुनाउत्तरोत्तरश्रेष्ठेष्वलिंजरादिरूपेषुस्थूलदेहेषु तपोबलान्निपात्यते । सचसमुद्राख्येवैराजेदेहेनिपतितश्चकल्पांतेऽविद्यानाशरूपेसत्यपिदग्धपटन्यायेना

वैशंपायनउवाच ॥ ततःसपांडवोविप्रंमार्कंडेयमुवाचह ॥ कथयस्वेतिचरितंमनोर्वैवस्वतस्यच १ ॥ मार्कंडेयउवाच ॥ विवस्वतःसुतोराजन्महर्षिःसुप्रतापवान् ॥ बभूव नरशार्दूलप्रजापतिसमद्युतिः २ ओजसातेजसालक्ष्म्यातपसाचविशेषतः ॥ अतिचक्रामपितरंमनुःस्वंचापितामहम् ३ ऊर्ध्वबाहुर्विशालायांबदर्यांसन राधिप ॥ एकपादस्थितस्तीव्रंचकारसुमहत्तपः ४ अवाक्शिरास्तथाचापिनेत्रैरनिमिषैर्दृढम् ॥ सोऽतप्यततपोघोरंवर्षाणामयुतंतदा ५ तंकदाचित्तपस्यं तमार्द्रचीरजटाधरम् ॥ चीरिणीतीरमागम्यमत्स्योवचनमब्रवीत् ६ भगवन्क्षुद्रमत्स्योऽस्मिबलवद्भ्योभयंमम ॥ मत्स्येभ्योहिततोमांत्वंत्रातुमर्हसिसुव्रत ७ दुर्बलंबलवंतोहिमत्स्यामत्स्यंविशेषतः ॥ आस्वदंतिसदावृत्तिर्विहितानःसनातनी ८ तस्माद्भयौघान्महतोमज्जंतंमांविशेषतः ॥ त्रातुमर्हसिकर्ताऽस्मिकृतेप्र तिकृतंतव ९ समत्स्यवचनंश्रुत्वाकृपयाऽभिपरिप्लुतः ॥ मनुर्वैवस्वतोऽगृह्णात्तंमत्स्यंपाणिनास्वयम् १० उदकांतमुपानीयमत्स्यंवैवस्वतोमनुः ॥ अलिंजरे प्राक्षिपत्तंचंद्रांशुसदृशप्रभे ११ सतत्रववृधेराजन्मत्स्यःपरमसत्कृतः ॥ पुत्रवत्स्वीकरोतस्मैमनुर्भावंविशेषतः १२ अथकालेनमहतासमत्स्यःसुमहानभूत् ॥ अलिंजरेयथाचैवनासौसमभवत्किल १३ अथमत्स्योमनुंदृष्ट्वापुनरेवाभ्यभाषत ॥ भगवन्साधुमेऽद्यान्यत्स्थानंसंप्रतिपादय १४ उद्धृत्यालिंजरात्तस्मात्ततःसभग वान्मनुः ॥ तंमत्स्यमनयद्वापींमहतींसमनुस्तदा १५ तत्रतंप्राक्षिपच्चापिमनुःपरपुरंजय ॥ अथावर्धतमत्स्यःसपुनर्वर्षगणान्बहून् १६ द्वियोजनायतावापीवि स्तृताचापियोजनम् ॥ तस्यांनासौसमभवन्मत्स्योराजीवलोचनः १७ विचेष्टितुंचकौन्तेयमत्स्योवाप्यांविशांपते ॥ मनुंमत्स्यस्ततोदृष्ट्वापुनरेवाभ्यभाषत १८ नयमांभगवन्साधोसमुद्रमहिषींप्रियाम् ॥ गंगांतत्रनिवत्स्यामियथावातातमन्यसे १९

नुवर्तमानमहंकारं सप्तर्षिसंज्ञैःप्राणादिभिर्बीजसंज्ञैः प्रारब्धकर्मभिश्चसहितं चरमदेहनाव्यारूढं वासनावरत्रयाजीवमत्स्येन प्रलयकालेप्यूह्यमानं मेरुशृंगसमेऽचलेभगवतोरूपे सद्वासनयालब्धास्पदं विलीन मनुलक्ष्य जीवमत्स्योऽदर्शनंप्राप्नोति विलीनेह्यहंकारे जीवत्वंनश्यति । सपुनर्निरस्तजीवभावोऽहंकारोब्रह्मरूपतामापन्नोयथापूर्ववासनयाजगत्सृजति । नष्टेऽप्यविद्याख्येकारणेसंसारभानलक्षणंकार्यं चक्रभ्रमिवत्कंचित्कालमनुवर्ततइत्यध्यायतात्पर्यम् २ अक्षरार्थस्तु पितरमीश्वरंपितामहंशुद्धंब्रह्मातिचक्रामदेहादावावेशबलान्नमनुतइत्यर्थः ३ एवमहंकारस्यईशाद्यज्ञानात् बंधेप्रसक्ते तपसस्तन्निवृत्त्युपायत्वमाह ऊर्ध्वबाहुरित्यादिना ४ । ५ चीरिणी नदीविशेषः ६ । ७ । ८ । ९ । १० अलिंजरे मणिकाख्यपात्रे ११ । १२ नसमभवत्स्थूलत्वेननममावित्यर्थः १३ । १४ । १५ । १६ । १७ । १८ । १९

२० समत्स्योऽच्युतइतिसंबंधः २१ । २२ । २३ । २४ मत्स्यस्पर्शगंधजंचिदाभाससंपर्कजंसुखंयस्यास्तीतितस्यमनोः २५ । २६ । २७ । २८ संप्रक्षालनमेकीभावेनशुक्तिरजतस्येवप्रपंचमल
स्यदूरीकरणम् २९ त्रसानांजंगमानां इंगंचलनशीलंवृक्षादि नेंगतिपाषाणादि कालोंऽतः ३० वटारकारज्जुः । वटवेष्टनेऽस्यरूपं सप्तर्षिभिःप्राणेंद्रियैः ३१ बीजानिकर्माणिसुसंगुप्तानि दर्शनायोग्यानि

निदेशेहिमयातुभ्यंस्थातव्यमनसूयता ॥ वृद्धिर्हिपरमाप्राप्तात्वत्कृतेहिमयाऽनघ २० एवमुक्तोमनुर्मत्स्यमनयद्भगवान्वशी ॥ नदींगंगांतत्रचैनंस्वयंप्राक्षिप
दच्युतः २१ सतत्रववृधेमत्स्यःकिंचित्कालमरिंदम ॥ ततःपुनर्मनुंदृष्ट्वामत्स्योवचनमब्रवीत् २२ गंगायांहिनशक्तोमिबृहत्त्वाच्चेष्टितुंप्रभो ॥ समुद्रंनयमामाशु
प्रसीदभगवन्निति २३ उद्धृत्यगंगासलिलात्ततोमत्स्यंमनुःस्वयम् ॥ समुद्रमनयत्पार्थतत्रचैनमवासृजत् २४ सुमहानपिमत्स्यस्तुसमनोर्नयतस्तदा ॥ आसीद्य
थेष्टहार्यश्चस्पर्शगंधसुखस्यवै २५ यदासमुद्रेप्रक्षिप्तःसमत्स्योमनुनातदा ॥ ततएनमिदंवाक्यंस्मयमानइवाब्रवीत् २६ भगवन्हिकृतारक्षात्वयासर्वाविशेषतः ॥
प्राप्तकालंतुयत्कार्यंत्वयातच्छ्रूयतांमम २७ अचिराद्भगवन्भौममिदंस्थावरजंगमम् ॥ सर्वमेवमहाभागप्रलयंवैगमिष्यति २८ संप्रक्षालनकालोऽयंलोकानांसमु
पस्थितः ॥ तस्मात्त्वांबोधयाम्यद्ययत्तेहितमनुत्तमम् २९ त्रसानांस्थावराणांचयच्चेंगंयच्चनेंगति ॥ तस्यसर्वस्यसंप्राप्तःकालःपरमदारुणः ३० नौश्चकारयित
व्यातेदृढायुक्तवटारका ॥ तत्रसप्तर्षिभिःसार्धमारुहेथामहामुने ३१ बीजानांचैवसर्वाणियथोक्तानिद्विजैःपुरा ॥ तस्यामारोहयेर्नावसुसंगुप्तानिभागशः ३२
नौस्थश्चमांप्रतीक्षेथास्ततोमुनिजनप्रिय ॥ आगमिष्याम्यहंशृंगीविज्ञेयस्तेनतापस ३३ एवमेतत्त्वयाकार्यमापृष्टोऽसिव्रजाम्यहम् ॥ तानशक्यामहत्योवैआप
स्तर्तुंमयाविना ३४ नाभिशंक्यमिदंचापिवचनंमेत्वयाविभो ॥ एवंकरिष्यइतितंसमत्स्यंप्रत्यभाषत ३५ जग्मतुश्चयथाकाममनुज्ञाप्यपरस्परम् ॥ ततोमनु
र्महाराजयथोक्तंमत्स्यकेनह ३६ बीजान्यादायसर्वाणिसागरंपुप्लुवेतदा ॥ नौकयाशुभयावीरमहोर्मिणमरिंदम ३७ चिंतयामासचमनुस्तंमत्स्यंपृथिवीपते ॥ सच
तच्चिंतितंज्ञात्वामत्स्यःपरपुरंजय ३८ शृंगीतत्राजगामाशुतदाभरतसत्तम ॥ तंदृष्ट्वामनुजव्याघ्रमनुर्मत्स्यंजलार्णवे ३९ शृंगिणंतंयथोक्तेनरूपेणाद्रिमिवोच्छ्रितम् ॥
वटारकमयंपाशमथमत्स्यस्यमूर्धनि ४० मनुर्मनुजशार्दूलतस्मिन्शृंगेन्यवेशयत् ॥ संयतस्तेनपाशेनमत्स्यःपरपुरंजय ४१ वेगेनमहतानावंप्राकर्षल्लवणांभसि ॥
सचतांस्तारयन्नावासमुद्रंमनुजेश्वर ४२ नृत्यमानमिवोर्मीभिर्गर्जमानमिवांभसा ॥ क्षोभ्यमाणामहावातैःसानौस्तस्मिन्महोदधौ ४३ घूर्णतेचपलेवस्त्रीमत्तापरपुरं
जय ॥ नैवभूमिर्नचदिशःप्रदिशोवाचकाशिरे ४४ सर्वमांभसमेवासीत्खंद्यौश्चनरपुंगव ॥ एवंभूतेतदालोकेसंकुलेभरतर्षभ ४५ अदृश्यंतसप्तर्षयोमनुर्मत्स्यस्तथै
वच ॥ एवंबहून्वर्षगणांस्तांनावंसोऽथमत्स्यकः ४६

अदृष्टानीत्यर्थः ३२ आमंतरात्मानंप्रतीक्षेथाः प्रतीपंजडात्मनाद्विप्रातिकूल्येनईक्षेथाआलोचय आगमिष्याम्याविर्भविष्यामि शृंगीशृणातिहिनस्तिजीवोपाधीन्वाचतेइतिशृंगंमूर्तिस्तद्वान् कथापक्षेसुगममेव ३३
आपःसंसारः मयाविनामदीयंज्ञानंविना ३४ । ३५ । ३६ । ३७ । ३८ । ३९ । ४० । ४१ । ४२ । ४३ । ४४ । ४५ । ४६

४७ । ४८ । ४९ । ५० । ५१ अहमिति । अचलेअमूर्तेकारणात्मनिशृंगेवंधनस्यफलमीश्वरानुग्रहादहंब्रह्मास्मीतिज्ञानमित्यर्थः । तथाचान्यत्रपूर्वंमूर्तौधृतंचित्तंमूर्तेरेकैकावयवत्यागेनैकदेशेस्थितमात्रेच धारयेत् इत्युक्त्वा । तत्रलब्धपदंचित्तमाकृष्यव्योम्निधारयेत् । तच्चयक्त्वामदारोहेनकिंचिदपिचिंतयेदितिव्योमाख्यामूर्तद्वारामूर्तामूर्तेतरेशुद्धेआरोहउक्तः । अत्रहिमवतःशृंगेनावंबध्नीतेत्यहंप्रजापतिर्ब्रह्मेतिचश्लोकाभ्यां मूर्त्त्यराधनादेवकारणंब्रह्मनिर्विशेषंचब्रह्मक्रमेणप्राप्यतइतिदर्शितं । मत्स्यरूपेणज्ञातेनयूयंभयान्मोक्षिताइति भयमहंकारादेरेवधर्मइत्युक्तं शेषंस्पष्टम् ५२ । ५३ । ५४ । ५५ । ५६ । ५७ । ५८ ॥ इत्यारण्यकेपर्वणि नैलकंठीये भारतभावदीपे सप्ताशीत्यधिकशततमोऽध्यायः ॥ १८७ ॥ ॥ ॥ ॥ एवंजीवन्मुक्तिंप्रसाध्य तस्याथमध्येवेतसःपुण्यगंधाइत्यादिनानिर्गुणेब्रह्मण्येव

चकर्षातंद्रितोराजंस्तस्मिन्सलिलसंचये ॥ ततोहिमवतःशृंगंयत्परंभरतर्षभ ४७ तत्राकर्षत्ततोनावंसमत्स्यःकुरुनंदन ॥ अथाब्रवीत्तदामत्स्यस्तानृषीन्प्रहसन् शनैः ४८ अस्मिन्हिमवतःशृंगेनावंबध्नीतमाचिरम् ॥ साबद्धातत्रतैस्तूर्णमृषिभिर्भरतर्षभ ४९ नौर्मत्स्यस्यवचःश्रुत्वाशृंगेहिमवतस्तदा ॥ तच्चनौबंधनंनामशृंगंहिमवतःपरम् ५० ख्यातमद्यापिकौंतेयतद्विद्धिभरतर्षभ ॥ अथाब्रवीदनिमिषस्तानृषीन्सहितस्तदा ५१ अहंप्रजापतिर्ब्रह्मामत्परंनाधिगम्यते ॥ मत्स्यरूपेणयूयंचमयाऽस्मान्मोक्षिताभयात् ५२ मनुनाचप्रजाःसर्वाःसदेवासुरमानुषाः ॥ स्रष्टव्याःसर्वलोकाश्चयच्चेंगंयच्चनेंगति ५३ तपसाचापितीव्रेणप्रतिभाऽस्यभविष्यति ॥ मत्प्रसादात्प्रजासर्गेनचमोहंगमिष्यति ५४ इत्युक्त्वावचनंमत्स्यःक्षणेनादर्शनंगतः ॥ स्रष्टुकामःप्रजाश्चापिमनुर्वैवस्वतःस्वयम् ५५ प्रमूढोऽभूत्प्रजासर्गेतपस्तेपेमहत्ततः ॥ तपसामहतायुक्तःसोऽथस्रष्टुंप्रचक्रमे ५६ सर्वाःप्रजामनुःसाक्षाद्यथावद्भरतर्षभ ॥ इत्येतन्मात्स्यकंनामपुराणंपरिकीर्तितम् ५७ आख्यानमिदमाख्यातंसर्वपापहरंमया ॥ यइदंशृणुयान्नित्यंमनोश्चरितमादितः ॥ ससुखीसर्वपूर्णार्थःसर्वलोकमियान्नरः ५८ ॥ इतिश्रीमहाभारतेआरण्यकेपर्वणिमार्कंडेयसमास्यापर्वणिमत्स्योपाख्यानेसप्ताशीत्यधिकशततमोऽध्यायः ॥ १८७ ॥ ॥ ॥ ॥ वैशंपायनउवाच ॥ ततःसपुनरेवाथमार्कंडेयंयशस्विनम् ॥ पप्रच्छविनयोपेतोधर्मराजोयुधिष्ठिरः १ नैकेयुगसहस्रांतास्त्वयादृष्टामहामुने ॥ नचापीहसमःकश्चिदायुष्मान्दृश्यतेतव २ वर्जयित्वामहात्मानंब्रह्माणंपरमेष्ठिनम् ॥ नतेऽस्तिसदृशःकश्चिदायुषाब्रह्मवित्तम ३ अनंतरिक्षेलोकेऽस्मिन्देवदानववर्जिते ॥ त्वमेवप्रलयेविप्रब्रह्माणमुपतिष्ठसे ४ प्रलयेचापिनिर्वृत्तेप्रबुद्धेचपितामहे ॥ त्वमेकःसृज्यमानानिभूतानीहप्रपश्यसि ५ चतुर्विधानिविप्रर्षेयथावत्परमेष्ठिना ॥ वायुभूतादिशःकृत्वाविक्षिप्यापस्ततस्ततः ६ त्वयालोकगुरुःसाक्षात्सर्वलोकपितामहः ॥ आराधितोद्विजश्रेष्ठतत्परेणसमाधिना ७

सगुणस्यमायिकौभावाभावावुक्तौ तत्प्रपंचार्थंततःसपुनरेवाथेत्यादिमन्यमानोयथाविधीत्यंतमध्यायद्वयमारभ्यतेऽद्वैतसिद्ध्यर्थे १ । २ । ३ अनंतरिक्षेस्थूलवियदाद्यभाववतिअस्मिन्लोकेप्रत्यगात्मनि प्रलये स्थूलप्रपंचस्यलयेसति । ब्रह्माणंसूत्रात्मानंसूक्ष्मभूतमयहिरण्यगर्भम् ४ इहहृदयपुंडरीके ५ चतुर्विधानिवासनामयानिजरायुजाण्डजस्वेदजोद्भिज्जानि अस्यप्रलयस्यपुरुषयत्नसाध्यतामाह वायुभूताइति। दिशःस्थूलंजगत्प्राणनिरोधेनवायुमात्रतामापाद्य ततस्ततस्तेनतेनोपायेनापोदेहाकारपरिणताविक्षिप्यपरित्यज्य ब्रह्मांडस्थूलदेहेतंर्चालिंगेप्रविलाप्येत्यर्थः ६ लोकगुरुःसूत्रात्मा समाधिनामनःप्रणिधानेन ७

अनेकशोऽनेकैरुपायैः कृतकार्यं सर्वब्रह्मांडं स्वप्रमाणमात्रसंमितंकृत्वा सार्वात्म्यंप्राप्येत्यर्थः । यद्वा स्वंप्रसक्तिरिवप्रमाणंयस्मिन् स्वसंवेद्यंकृत्वा सार्वज्ञ्यंप्राप्येत्यर्थः । घोरेणतीव्रेण तपसा ऐकाग्र्येण । 'मनसश्चेंद्रियाणांचऐकाग्र्यंपरमंतपः' इतिस्मृतेः । वेधसोविराजोमरीच्यादयोवा निर्जिताःस्वात्मसात्कृताः ८ नारायणस्यांकःस्थानं समीपंवा । 'अंकःस्थानेंऽतिके' इति विश्वः । तत्रप्रख्यःप्रख्यातो भगवद्भक्तेषूत्तमः सांपरायेपरलोके स्थूलदेहत्यागेवाकर्तव्येसत्यतिपठ्यसेऽत्यंतंस्तूयसे लोकैरितिशेषः । भगवानित्यादिसार्धः अक्षराधिक्यमार्षम् विष्णोर्ब्रह्मणउपलब्धिस्थानत्वेनतत्संबंधिकर्णिकोद्धरणंकृत्वा योगकलयाहृदयपुंडरीकमुद्घाट्येत्यर्थः त्वयादृग्भ्यांभगवाननेकशोऽनेकवारंदृष्टइत्यन्वयः रत्नानितत्तज्जात्युत्कृष्टवस्तूनि तेषामलंकारोनिवारणक्रिया परंवैराग्यमितियावत् योगोभियोगाऽभ्यासःवैराग्याभ्यासाभ्यामित्यर्थः । दृग्भ्यामितिद्वित्वमंतर्दृष्ट्याहार्दाकाशेदृष्टोबहिर्दृष्ट्याऽपियोगजधर्मसंस्कृतयाव्यवहितादिदर्शिन्याकृत्स्नब्रह्मांडरूपीकरतलामलकवद्दृष्टइत्यभिप्रायेण ९ । १० तवत्वांनविंशतीत्यपकृष्यते ११ शेषमवशिष्टं पंचमहाभूतप्रलयेसतीत्यर्थः १२ एकार्णवसदृशेएकरसेलोकेआत्मनि सलिलएकोद्रष्टाऽद्वैतोभवति आत्मानमेवलोकमुपासीतेत्यादौ निर्विशेषेआत्मनिसलिललोक

स्वप्रमाणमथोविप्रत्वयाकृतमनेकशः ॥ घोरेणाविश्यतपसावेधसोनिर्जितास्त्वया ८ नारायणांकप्रख्यस्त्वंसांपरायेऽतिपठ्यसे ॥ भगवाननेकशःकृत्वात्वयाविष्णोश्चविश्वकृत् ९ कर्णिकोद्धरणंदिव्यंब्रह्मणःकामरूपिणः ॥ रत्नालंकारयोगाभ्यांदृग्भ्यांदृष्टस्त्वयापुरा १० तस्मात्त्वांतकोमृत्युर्जरावादेहनाशिनी ॥ नत्वांविशतिविप्रर्षेप्रसादात्परमेष्ठिनः ११ यदानैवरविर्नाग्निर्नवायुर्नचचंद्रमाः ॥ नैवांतरिक्षंनैवोर्वीशेषंभवतिकिंचन १२ तस्मिन्नेकार्णवेलोकेनष्टेस्थावरजंगमे ॥ नष्टेदेवासुरगणेसमुत्सन्नमहोरगे १३ शयानममितात्मानंपद्मोत्पलनिकेतनम् ॥ त्वमेकःसर्वभूतेशंब्रह्माणमुपतिष्ठसि १४ एतत्प्रत्यक्षतःसर्वंपूर्ववृत्तंद्विजोत्तम ॥ तस्मादिच्छाम्यहंश्रोतुंसर्वहेत्वात्मिकांकथाम् १५ अनुभूतंहिबहुशस्त्वयैकेनद्विजोत्तम ॥ नतेस्त्यविदितंकिंचित्सर्वलोकेषुनित्यदा १६ ॥ मार्कंडेयउवाच ॥ हंततेवर्तयिष्यामिनमस्कृत्वास्वयंभुवे ॥ पुरुषायपुराणायशाश्वतायाव्ययायच १७ अव्यक्तायसुसूक्ष्मायनिर्गुणायगुणात्मने ॥ सएषपुरुषव्याघ्रपीतवासाजनार्दनः १८ एषकर्ताविकर्ताचभूतात्माभूतकृत्प्रभुः ॥ अचिन्त्यंमहदाश्चर्यंपवित्रमितिचोच्यते १९ अनादिनिधनंभूतंविश्वमव्ययमक्षयम् ॥ एषकर्तानक्रियतेकारणंचापिपौरुषे २० यद्येषपुरुषोवेदवेदाअपिनतंविदुः ॥ सर्वमाश्चर्यमेवैतन्निर्वृत्तंराजसत्तम २१

शब्दयोःप्रयोगदर्शनात् स्थावरादौनष्टेबाधितेसति १३ स्वयमपितत्रशयानं समुद्रेवीचिवल्लीनं पद्मोत्पलनिकेतनं हृत्पद्मवल्लीपुष्पस्थमात्मानं मायाविनं ब्रह्माणंब्रह्म अनुवाद्यापेक्षयापुंस्त्वम् १४ एतत्सर्वंत्वयादृष्टमितिशेषः १५ । १६ स्वयंभुवेअजन्मने अस्यापिजन्यत्वेतस्यतस्यापीत्यनवस्थापातः पुरुषायपूर्णाय पुराणायनित्यैकरूपाय शाश्वतायानादये अव्ययायनित्याय १७ अव्यक्तायरूपादिहीनाय सुसूक्ष्मायदुर्लक्ष्याय गुणात्मनेमायोपाधये सएषइत्यंगुल्यानिर्दिशति १८ विकर्ताविविधरूपस्वकर्ता महद्ब्रह्म १९ विश्वंविश्वात्मकमप्यव्ययंअपरिणामि अतएवाक्षयमविनाशि एषपीतवासाः कर्तैवनतुक्रियते एतेनकृष्णमूर्तेर्व्यवहारापेक्षयानित्यत्वमनादित्वंचदर्शितंतच्चव्युत्पादितमादिसभापर्वटीकयोः । पौरुषेकारणंचायमेव तस्मात्प्रार्थनीयइतिभावः २० यएनमितिवक्तव्येयद्येषइत्युक्तिर्वेद्यवेदित्रोरत्यंताभेदप्रदर्शनार्था तथाचश्रुतिः । 'ब्रह्मवाइदमग्रआसीत्तदात्मानमेवावेदहंब्रह्मास्मीतितदिदंसर्वमभवत्' इति । 'ब्रह्मैवपश्यतिब्रह्मनाब्रह्मपश्यति' इतिस्मृतिश्च । वेदाअपिनतंविदुरवाङ्मनसगोचरत्वात् । सर्वमिति । आदितःपरमात्मनोनिर्वृत्तंनिष्पन्नमेतत्प्रत्यक्षादिगम्यं सर्वंजगत्साश्चर्यमेवस्वप्नमायेंद्रजालवदसंभावनीयोत्पत्तिस्थितिकमेव कदा जगतःक्षयेदृष्टेसति । अधि–

घ्रानसाक्षात्कारात्प्रागेववादिभिःप्रधानपरमाण्वादिकंजगत्कारणमनुमीयते तस्मिन्सतितुप्रधानादेरभावावधारणात् कथमेकस्मादपरिणामिनोऽसहायाद्विचित्ररचनात्मकंजगज्जातं रज्ज्वाःसर्पइवेत्यत्यंताश्चर्यमितिभावः । तथाचब्रह्मैवसंसरतितदेवचजगदात्मनानिर्वर्ततइतिश्लोकद्वयतात्पर्यम् २१ अयमेवपुरुषः स्वाज्ञानोत्थमाश्चर्यरूपंजगत्पश्यंस्तत्ररागादिमान्भूत्वायुगचतुष्टयात्माभवति तथाचश्रुतिः । 'कलिःशयानोभवतिसंजिहानस्तुद्वापरः ॥ उत्तिष्ठंस्त्रेताभवति कृतंसंपद्यतेचरन्'इति धर्मात्पराङ्मुखःपुरुषएवकलिः धर्मशास्त्राचार्याद्विजानन्द्वापरः तमनुष्ठातुमिच्छंस्त्रेता अनुतिष्ठन्कृतंभवति एतेषांव्युत्क्रमेणकालप्रमाणमाहकलेर्बीभत्सत्वप्रदर्शनार्थं चत्वार्याहुरित्यादिना २२ तावच्छतीचतुःशती संध्यापूर्वस्मिन्युगे उत्तरयुगधर्माणामुपसर्जनतयासंक्रमः संध्यांशस्तूत्तरस्मिन्पूर्वयुगधर्माणां

आदितोमनुजव्याघ्रकृत्स्नस्यजगतःक्षये ॥ चत्वार्याहुःसहस्राणिवर्षाणांतत्कृतंयुगम् २२ तस्यतावच्छतीसंध्यासंध्यांशश्चतथाविधः ॥ त्रीणिवर्षसहस्राणित्रेतायुगमिहोच्यते २३ तस्यतावच्छतीसंध्यासंध्यांशश्चततःपरम् ॥ तथावर्षसहस्रेद्वेद्वापरंपरिमाणतः २४ तस्यापिद्विशतीसंध्यासंध्यांशश्चतथाविधः ॥ सहस्रमेकंवर्षाणांततःकलियुगंस्मृतम् २५ तस्यवर्षशतंसंधिःसंध्यांशश्चततःपरम् ॥ संधिसंध्यांशयोस्तुल्यंप्रमाणमुपधारय २६ क्षीणेकलियुगेचैवप्रवर्त्ततिकृतंयुगम् ॥ एषाद्वादशसाहस्रीयुगाख्यापरिकीर्तिता २७ एतत्सहस्रपर्यंतमहोब्राह्ममुदाहृतम् ॥ विश्वंहिब्रह्मभवनेसर्वतःपरिवर्त्तते २८ लोकानांमनुजव्याघ्रप्रलयंतंविदुर्बुधाः ॥ अल्पावशिष्टेतुतदायुगांतेभरतर्षभ २९ सहस्रांतेनराःसर्वेप्रायशोऽनृतवादिनः ॥ यज्ञप्रतिनिधिःपार्थदानप्रतिनिधिस्तथा ३० व्रतप्रतिनिधिश्चैवतस्मिन्कालेप्रवर्त्तते ॥ ब्राह्मणाःशूद्रकर्माणस्तथाशूद्राधनार्जकाः ३१ क्षत्रधर्मेणवाप्यत्रवर्तयंतिगतेयुगे ॥ निवृत्तयज्ञस्वाध्यायादंडाजिनविवर्जिताः ३२ ब्राह्मणाःसर्वभक्षाश्चभविष्यंतिकलौयुगे ॥ अजपाब्राह्मणास्तातशूद्राजपपरायणाः ३३ विपरीतेतदालोकेपूर्वरूपंक्षयस्यतत् ॥ बहवोम्लेच्छराजानःपृथिव्यांमनुजाधिप ३४ मृषानुशासिनःपापामृषावादपरायणाः ॥ आंध्राःशकाःपुलिंदाश्चयवनाश्चनराधिपाः ३५ कांबोजाबाह्लिकाःशूरास्तथाऽऽभीरानरोत्तम ॥ नतदाब्राह्मणःकश्चित्स्वधर्ममुपजीवति ३६ क्षत्रियाश्चापिवैश्याश्चविकर्मस्थानराधिप ॥ अल्पायुषःस्वल्पबलाःस्वल्पवीर्यपराक्रमाः ३७ अल्पसाराल्पदेहाश्चतथासत्याल्पभाषिणः ॥ बहुशून्याजनपदामृगव्यालावृतादिशः ३८ युगान्तेसमनुप्राप्तेवृथाचब्रह्मवादिनः ॥ भोवादिनस्तथाशूद्राब्राह्मणाश्चार्यवादिनः ३९ युगांतेमनुजव्याघ्रभवंतिबहुजंतवः ॥ नतथाघ्राणयुक्ताश्चसर्वगंधाविशांपते ४० रसाश्चमनुजव्याघ्रनतथास्वादुयोगिनः ॥ बहुप्रजाह्रस्वदेहाःशीलाचारविवर्जिताः ॥ मुखेभगाःस्त्रियोराजन्भविष्यंतियुगक्षये ४१

तथाविधउत्तरप्रकारस्त्रिशतीमितोऽयमेवपूर्वयुगापेक्षयासंध्यांशउत्तरयुगापेक्षयासंध्येतिचोच्यते । तथाच कृतत्रेतयोः संध्यासंध्यांशो सप्तशती । त्रेताद्वापरयोः पंचशती । द्वापारकल्योस्त्रिशती । कलिकृतयोस्तुपंचशतीतितिज्ञेयं । एवंच कृतस्यादौचतुःशती कल्यपेक्षयासंध्यांशोऽपिकृतापेक्षयासंध्या एवंसर्वत्र । तेनसंध्यासंध्यांशयोस्तुल्यंप्रमाणंभवति २३ । २४ । २५ । २६ । २७ । २८ । २९ कलेर्दोषान्वर्णयति प्रहाणाययत्नासेनमोक्षमार्गेप्रीतिजननायच सहस्रांतइति । सहस्रस्यचतुर्थाकृतस्यान्तेऽन्तिमपादे ३० । ३१ । ३२ । ३३ । ३४ । ३५ स्वधर्मैयाजनप्रतिग्रहादि ३६ । ३७ सत्येऽल्पंसत्याल्पंसत्यवादोऽत्यंतमल्पइत्यर्थः ३८ वृथाअनुभवाभावात् ३९ । ४० मुखेभगाःस्त्रियोवंगेषुप्रसिद्धाः प्रथमंमुखेनैवभगकार्यंकृत्वापुरुषस्यकाममुद्दीपयंत्यः अत्यंतंरतार्तत्वात् ४१

अट्टशूलाइति । 'अट्टमन्नंशिवोवेदोब्राह्मणाश्चचतुष्पथाः ॥ केशोभगंसमाख्यातंशूलंतद्विक्रयंविदुः' इति पूर्वेषांव्याख्यासंक्षेपः । अट्टमन्नंतदेवशूलंदुःखदंयेषांते क्षुध्याधिग्रस्ताइत्यर्थः । शिवाःसर्वपुरुष
प्रार्थनीयतयाकल्याणरूपः शूलाःपण्यस्त्रियोयेषुतेशिवशूलाः विटचारांगनापूर्णाश्चतुष्पथाइत्यर्थः । स्त्रियः पाणिग्रहणवत्योऽपिकेशोपलक्षितंसौभाग्यंलज्जामूलंशीलंशूलमिवदुःखदंत्याज्यंचयासांताःकेशशूलाः
भर्तृद्वेषिण्यस्त्यक्तलज्जाश्चेत्यर्थः । 'अट्टंभक्तेचशुष्केचशूलंस्याद्रोगआयुधे ॥ योगेशूलातुपण्यस्त्रीशिवंक्षेमे जलेसुखे ॥ चतुष्पथश्चतुर्मार्गेसंगमे ब्राह्मणेपिच ॥ केशःस्यात्पुंसिवरुणेऽह्रीबेरे कुंतलेऽपिच '

अट्टशूलाजनपदाःशिवशूलाश्चतुष्पथाः ॥ केशशूलाःस्त्रियोराजन्भविष्यंतियुगक्षये ४२ अल्पक्षीरास्तथागावोभविष्यंतिजनाधिप ॥ अल्पपुष्पफलाश्चापि
पादपाबहुवायसाः ४३ ब्रह्मवध्यानुलिप्तानांतथामिथ्याभिशंसिनाम् ॥ नृपाणांपृथिवीपालप्रतिगृह्णंतिवैद्विजाः ४४ लोभमोहपरीताश्चमिथ्याधर्मध्वजावृ
ताः ॥ भिक्षार्थंपृथिवीपालचंचूर्यंतेद्विजैर्दिशः ४५ करभारभयाद्भीतागृहस्थाःपरिमोषकाः ॥ मुनिच्छद्माकृतिच्छन्नावाणिज्यमुपजीविनः ४६ मिथ्याचन
खरोमाणिधारयंतितदाद्विजाः ॥ अर्थलोभान्नरव्याघ्रतथाचब्रह्मचारिणः ४७ आश्रमेषुवृथाचाराःपानपागुरुतल्पगाः ॥ इहलौकिकमीहंतेमांसशोणितवर्ध
नम् ४८ बहुपाषंडसंकीर्णाःपरान्नगुणवादिनः ॥ आश्रमामनुजव्याघ्रभविष्यंतियुगक्षये ४९ यथर्तुवर्षीभगवान्नतथापाकशासनः ॥ नचापिसर्वबीजानिसम्य
ग्रोहंतिभारत ५० हिंसाभिरामश्चजनस्तथासंपद्यतेशुचिः ॥ अधर्मफलमत्यर्थंतदाभवतिचानघ ५१ तदाचपृथिवीपालयोभवेद्धर्मसंयुतः ॥ अल्पायुःसहिमं
तव्योनहिधर्मोऽस्तिकश्चन ५२ भूयिष्ठंकूटमानैश्चपण्यंविक्रीडतेजनः ॥ वणिजश्चनरव्याघ्रबहुमायाभवंत्युत ५३ धर्मिष्ठाःपरिहीयंतेपापीयान्वर्धतेजनः ॥
धर्मस्यबलहानिःस्यादधर्मश्चबलीतथा ५४ अल्पायुषोदरिद्राश्चधर्मिष्ठामानवास्तथा ॥ दीर्घायुषःसमृद्धाश्चविधर्माणोयुगक्षये ५५ नगराणांविहारेषुविधर्मा
णोयुगक्षये ॥ अधर्मिष्ठैरुपायैश्चप्रजाव्यवहरंत्युत ५६ संचयेनतथाऽल्पेनभवंत्याढ्यमदान्विताः ॥ धनंविश्वासतोन्यस्तंमिथोभूयिष्ठशोनराः ५७ हर्तुंव्य
वसिताराजन्पापाचारसमन्विताः ॥ नैतदस्तीतिमनुजावर्ततेनिरपत्रपाः ५८ पुरुषादानिसत्वानिपक्षिणोऽथमृगास्तथा ॥ नगराणांविहारेषुचैत्येष्वपिचशे
रते ५९ सप्तवर्षाष्टवर्षाश्चस्त्रियोगर्भधरानृप ॥ दशद्वादशवर्षाणांपुंसांपुत्रःप्रजायते ६० भवंतिषोडशेवर्षेनराःपलितिनस्तथा ॥ आयुःक्षयोमनुष्याणांक्षिप्रमे
वप्रपद्यते ६१ क्षीणायुषोमहाराजतरुणावृद्धशीलिनः ॥ तरुणानांचयच्छीलंतद्वृद्धेषुप्रजायते ६२ विपरीतास्तदानार्योवंचयित्वाऽर्हतःपतीन् ॥ व्युच्चरंत्य
पिदुःशीलादासैःपशुभिरेवच ६३ वीरपत्न्यस्तथानार्यःसंश्रयंतिनरान्नृप ॥ भर्तारमपिजीवंतमन्यान्व्यभिचरन्त्युत ६४

इतिमेदिनी । ऽह्रीबेरंलज्जामूलंशीलमित्यर्थः बेरशब्दःकर्णाटेषुमूलेप्रसिद्धः ४२ । ४३ मिथ्याधर्मःकपटधर्मःसएवध्वजइवख्यात्यर्थंज्ञाप्योयेषांतेतथा चंचूर्यंते पीड्यंतेदिशःधिक्स्थाःजनाः ४४ । ४५ । ४६
४७ पानपाः मद्यपाः ४८ । ४९ । ५० शुचिः ब्राह्मणपरिव्राजकादिः अशुचिरितिवाच्छेदः ५१ । ५२ । ५३ । ५४ विधर्माणः त्यक्तधर्माः ५५ नगराणांनगरस्थानांविहारेषुक्रीडासु विधर्माणोव्यभिचा
रिणः ५६ आढ्योऽहमितिमदः आढ्यमदः ५७ । ५८ पुरुषादानिवृकव्याघ्रादीनि चैत्येषुदेवतास्थानेषु ५९ गर्भधराः अतिकामातुराइत्यर्थः ६० । ६१ । ६२ अर्हतःयोग्यान् ६३ । ६४

६५ । ६६ ततोदिनकरैर्दीप्तैरित्यतःप्राक्तनेनग्रंथेनकलिरूपःस्त्रीपुंसयोदुराचारबाहुल्यादनन्तंनरकंप्राप्नोतीतिदर्शितं तत्परिहारार्थंयोगमनुतिष्ठेदितिविधीयतेस्वानुभवकथनप्रकारेण ततोदिनकरैरित्यादिना। सोऽयंग्रंथोबहिर्दृष्टीनांकल्पांतप्रतिपादनपरतयाभासमानोऽपि योगपरएवास्ति । अनंतरिक्षेलोकेऽस्मिन्निति वाक्यशेषे आकाशाभावस्याप्युक्तत्वेननिराश्रयस्यजलधातुमात्रस्यसत्त्वायोगात् समानप्रकारे पुष्करप्रादुर्भावेच । 'नष्टानलानिलेलोकेनष्टाकाशमहीतले' इतिस्पष्टंभूतपंचकनाशस्यप्रतिपादनात् तथापिकथापक्षेस्पष्टोऽर्थइतियोगपक्षएवव्याख्यायते । कथापक्षे दिनकरैर्द्वादशादित्यैःपीयते सप्तभिर्दीप्तैःसप्तज्वालाभिःकल्पांताग्निनाचभस्मसात्दृश्यतइतिद्वयोःसंबंधः ६७ । ६८ तस्यैवविवरणं ततःसंवर्तकइति ६९ ततःसवह्निः ७० । ७१ । ७२ । ७३ गजकुलप्रख्याःगजसमुदायाइवकृष्णाः ७४ । ७५ । ७६ । ७७

तस्मिन्युगसहस्रांतेसंप्राप्तेचायुषःक्षये ॥ अनावृष्टिर्महाराजजायतेबहुवार्षिकी ६५ ततस्तान्यल्पसाराणिसत्वानिक्षुधितानिवै ॥ प्रलयंयांतिभूयिष्ठंपृथिव्यां पृथिवीपते ६६ ततोदिनकरैर्दीप्तैःसप्तभिर्मनुजाधिप ॥ पीयतेसलिलंसर्वंसमुद्रेषुसरित्सुच ६७ यच्चकाष्ठंतृणंचापिशुष्कंचार्द्रंचभारत ॥ सर्वंतद्भस्मसाद्भूतं दृश्यतेभरतर्षभ ६८ ततःसंवर्तकोवह्निर्वायुनासहभारत ॥ लोकमाविशतेपूर्वमादित्यैरुपशोषितम् ६९ ततःसपृथिवींभित्त्वाप्रविश्यचरसातलम् ॥ देवदानवयक्षाणांभयंजनयतेमहत् ७० निर्दहन्नागलोकंचयच्चकिंचित्क्षिताविह ॥ अधस्तात्पृथिवीपालसर्वंनाशयतेक्षणात् ७१ ततोयोजनविंशानांसहस्राणिशतानिच ॥ निर्दहत्यशिवोवायुःसचसंवर्तकोऽनलः ७२ सदेवासुरगंधर्वंसयक्षोरगराक्षसम् ॥ ततोदहतिदीप्तःससर्वमेवजगद्विभुः ७३ ततोगजकुलप्रख्यास्तडिन्मालाविभूषिताः ॥ उत्तिष्ठंतिमहामेघानभस्यद्भुतदर्शनाः ७४ केचिन्नीलोत्पलश्यामाःकेचित्कुमुदसन्निभाः ॥ केचित्किंजल्कसंकाशाःकेचित्पीताःपयोधराः ७५ केचिद्धारिद्रसंकाशाःकाकांडकनिभास्तथा ॥ केचित्कमलपत्राभाःकेचिद्धिंगुलसप्रभाः ७६ केचित्पुरवराकाराःकेचिद्गजकुलोपमाः ॥ केचिदंजनसंकाशाःकेचिन्मकरसन्निभाः ७७ विद्युन्मालापिनद्धांगाःसमुत्तिष्ठंतिवैघनाः ॥ घोररूपामहाराजघोरस्वननिनादिताः ॥ ततोजलधराःसर्वेव्याप्नुवंतिनभस्तलम् ७८ तैरियंपृथिवीसर्वासपर्वतवनाकरा ॥ आपूर्यतेमहाराजसलिलौघपरिप्लुता ७९ ततस्तेजलदाघोराराविणःपुरुषर्षभ ॥ सर्वतःप्लावयंत्याशुचोदिताःपरमेष्ठिना ८० वर्षमाणामहत्तोयंपूरयंतोवसुंधराम् ॥ सुघोरमशिवंरौद्रंनाशयंतिचपावकम् ८१ ततोद्वादशवर्षाणिपयोदास्तउपप्लवे ॥ धाराभिःपूरयंतोवैचोद्यमानामहात्मना ८२ ततःसमुद्रःस्वांवेलामतिक्रामतिभारत ॥ पर्वताश्चविदीर्यंतेमहीचाप्सुनिमज्जति ८३

७८ । ७९ राविणःशब्दवंतः ८० । ८१ । ८२ योगपक्षेतु दिनकरैःसूर्यनाडीइडातया बहुवचनंतदीयावयवाभिप्रायेण सलिलंचैतन्यगर्भिताचित्तवृत्तिः समुद्रेषुकामेषु । कामंसमुद्रमाविशेतिमंत्रवर्णात् सरित्सुनाडीषु प्रसृतापीयतेसंह्रीयते सप्तभिःप्राणैरुद्दीपितयानाड्यावायुमाकृष्यचित्तवृत्तिर्निरुध्यतइत्यर्थः । तदाकाष्ठादितुल्यंशरीरंभस्मसमाद्भूतमदर्शनंगतंदृश्यतेअनुभूयते तदानींजाठरोऽग्निरपिलोकदृष्ट्यास्थितंदेहंनबाधतेवायुनातस्यापिलोकंइष्टंस्थानंभ्रूघ्राणसंधिरूपंपतनीनीतत्वादित्याह ततइति । पूर्वमादित्यैरिडानाडीरूपैरुपशोषितमित्येतदेवप्रपंचयतिचतुर्भिस्ततःसइत्यादिभिः वायुरनलश्चनाड्यंतर्गतोदहति तत्तदवयवमभिमानस्त्यागादसत्कल्पंकरोतीत्यर्थः । अत्रउपाध्यंतराश्रयंविनापूर्वोपाधिनिर्मोकोनभवतीत्याशंक्य तदानीमेवरेचकाभ्यासाज्जलवातुमालंब्यभूयातुंतत्रात्मनात्यजतीत्याह ततोगजकुलप्रख्याइत्यादिना—

महीचाप्सुनिमज्जतीत्यंतेन ततःसमुद्रइति । समुद्रोदेहविषयः कामः स्वांवेलांदेहानुल्लंघनंअविक्रामति सकामःसर्वथानिवर्ततइत्यर्थः ८३ वाय्वग्न्योःसाहचर्यात्अग्निसहितंवायुमालंब्य जलधातुमपित्यजतीत्याह सर्वत
इति । पयोदाइति तन्नाशेनतद्गतस्यजलस्यापिनाशोलक्ष्यते तत्रवायुवेगपराहताःपयोदानश्यंति स्वयंभूःनभस्तलंसंवेष्टयित्वाआकाशंसहगतस्यमारुतंपीत्वाआकाशनाशेनैवतत्कार्यस्यमारुतस्यनाशंकृत्वास्वपिति
स्वंभसगात्मानंअपितिगच्छति । तथाचस्वपितिशब्दनिर्वचनंश्रूयते ' यत्रैतत्पुरुषःस्वपितिनामसतासोम्यतदासंपन्नोभवतितस्मादेनंस्वपितीत्याचक्षते ' स्वंह्यपीतोभवतीति स्वयंभूःसूत्रात्मा सताशुद्धेनब्रह्म
णासंपन्नऐक्यंगतःस्वप्रत्यगात्मना ८४ । ८५ भौतिकप्रपंचप्रलयमाह तस्मिन्निति ८६ अनंतरिक्षेइतिपंचमहाभूतलयउक्तः एकोऽहंस्थूलप्रपंचातीतस्तैजसंसूक्ष्मंप्रपंचंप्राप्तःसन्भ्रमामीति ८७ भ्रमहेतुमाह

सर्वतःसहसाभ्रांतास्तेपयोदानभस्तलम् ॥ संवेष्टयित्वानश्यंतिवायुवेगपराहताः ८४ ततस्तंमारुतंघोरंस्वयंभूर्मनुजाधिप ॥ आदिःपद्मालयोदेवःपीत्वास्वपिति
भारत ८५ तस्मिन्नेकार्णवेघोरेनष्टेस्थावरजंगमे ॥ नष्टेदेवासुरगणेयक्षराक्षसवर्जिते ८६ निर्मनुष्येमहीपालनिःश्वापदमहीरुहे ॥ अनंतरिक्षेलोकेऽस्मिन्भ्र
माम्येकोऽहमाहतः ८७ एकार्णवेजलेघोरेविचरन्पार्थिवोत्तम ॥ अपश्यन्सर्वभूतानिवैक्लव्यमगमंततः ८८ ततःसुदीर्घंगत्वाऽहंप्लवमानोनराधिप ॥ श्रांतः
क्वचिन्नशरणंलभाम्यहमतंद्रितः ८९ ततःकदाचित्पश्यामितस्मिन्सलिलसंचये ॥ न्यग्रोधंसुमहांतंवैविशालंपृथिवीपते ९० शाखायांतस्यवृक्षस्यविस्तीर्णा
यांनराधिप ॥ पर्यंकेपृथिवीपालदिव्यास्तरणसंस्तृते ९१ उपविष्टंमहाराजपूर्णेंदुसदृशाननम् ॥ फुल्लपद्मविशालाक्षंबालंपश्यामिभारत ९२ ततोमेपृथिवीपाल
विस्मयःसुमहानभूत् ॥ कथंत्वयंशिशुःशेतेलोकेनाशमुपागते ९३ तपसाचिंतयंश्चापितंशिशुंनोपलक्षये ॥ भूतंभव्यंभविष्यंचजानन्नपिनराधिप ९४ अतसी
पुष्पवर्णाभःश्रीवत्सकृतभूषणः ॥ साक्षाल्लक्ष्म्याइवावासःसतदाप्रतिभातिमे ९५ ततोमामब्रवीद्बालःसपद्मनिभलोचनः ॥ श्रीवत्सधारीद्युतिमान्वाक्यंश्रुति
सुखावहम् ९६ जानामित्वांपरिश्रांतंततोविश्रामकांक्षिणम् ॥ मार्कंडेयइहास्वत्वंयावदिच्छसिभार्गव ९७ अभ्यंतरंशरीरंमेप्रविश्यमुनिसत्तम ॥ आस्वभो
विहितोवासःप्रसादस्तेकृतोमया ९८ ततोबालेनतेनैवमुक्तस्यासीत्तदाधमम ॥ निर्वेदोजीवितेदीर्घेमनुष्यत्वेचभारत ९९ ततोबालेनतेनास्यंसहसाविवृतंकृतम् ॥
तस्याहमवशोवक्त्रंदैवयोगात्प्रवेशितः १०० ततःप्रविष्टस्तत्कुक्षिंसहसामनुजाधिप ॥ सराष्ट्रनगराकीर्णांकृत्स्नांपश्यामिमेदिनीम् १०१ गंगांशतद्रुंसीतां
चयमुनामथकौशिकीम् ॥ चर्मण्वतींवेत्रवतींचंद्रभागांसरस्वतीम् १०२

एकेति । एकार्णवेनिर्विशेषेब्रह्मणि तमसाछन्नतयाघोरेजलेसति पारावारशून्यजलात्मनाविवर्तमानेसति शुक्तौरजतरूप्यात्मना तस्माच्चजलभ्रमाद्वैक्लव्यंमूर्छांअगमंप्राप्तवानस्मि ८८ ततःसुदीर्घंगत्वाऽहमित्या
दिनासएषपुरुषव्याघ्रसंबंधीतेजनार्दनइत्यंतेनग्रंथेनकृष्णमूर्तेरेवसर्वात्म्यंसर्वकर्तृत्वंचोक्तं तदेतदुपपादितंआदिसर्गेः अनेकबीजगर्भफलतुल्यस्यानेकब्रह्मांडकारणत्वंकृष्णस्ययुज्यतेइति ८९ । ९० । ९१
९२ । ९३ । ९४ । ९५ । ९६ । ९७ । ९८ ततोबालेनेति । निर्वेदोवैराग्यं धिङ्ममदीर्घजीवित्वंमानुषत्वंच यन्मांबालोऽपिप्रसादस्तेकृतोमयेतिवदतीतिस्वाज्ञानप्रकाशनं
भगवन्मायायाःप्राबल्यख्यापनार्थम् ९९ । १०० । १०१ । १०२

॥१५८॥ सिंधुंचैवविपाशांचनदींगोदावरीमपि ॥ वस्वोकसारांनलिनींनर्मदांचैवभारत ३ नदींताम्राचवेणांचपुण्यतोयांशुभावहाम् ॥ सुवेणांकृष्णवेणांचइरामांचमहा अ०
नदीम् ४ वितस्तांचमहाराजकावेरींचमहानदीम् ॥ शोणंचपुरुषव्याघ्रविशल्यांकिंपुनामपि ५ एताश्चान्याश्चनद्योऽहंपृथिव्यांयानरोत्तम ॥ परिक्रामन्प्रपश्या १८८
मितस्यकुक्षौमहात्मनः ६ ततःसमुद्रंपश्यामियादोगणनिषेवितम् ॥ रत्नाकरममित्रघ्नपयसोनिधिमुत्तमम् ७ तत्रपश्यामिगगनंचंद्रसूर्यविराजितम् ॥ जाज्व
ल्यमानंतेजोभिःपावकार्कसमप्रभम् ८ पश्यामिचमहींराजन्काननैरुपशोभिताम् ॥ यजंतेहितदाराजन्ब्राह्मणाबहुभिर्मखैः ९ क्षत्रियाश्चप्रवर्तंतेसर्ववर्णानुरंजनैः ॥
वैश्याःकृषिंयथान्यायंकारयंतिनराधिप ११० शुश्रूषायांचनिरताद्विजानांवृषलास्तदा ॥ ततःपरिपतन्राजंस्तस्यकुक्षौमहात्मनः ११ हिमवन्तंचपश्यामिहेम
कूटंचपर्वतम् ॥ निषधंचापिपश्यामिश्वेतंचरजतान्वितम् १२ पश्यामिचमहीपालपर्वतंगंधमादनम् ॥ मंदरंमनुजव्याघ्रनीलंचापिमहागिरिम् १३ पश्यामिच
महाराजमेरुंकनकपर्वतम् ॥ महेंद्रंचैवपश्यामिविंध्यंचगिरिमुत्तमम् १४ मलयंचापिपश्यामिपारियात्रंचपर्वतम् ॥ एतेचान्येचबहवोयावंतःपृथिवीधराः १५
तस्योदरेमयादृष्टाःसर्वेरत्नविभूषिताः ॥ सिंहान्व्याघ्रान्वराहांश्चपश्यामिमनुजाधिप १६ पृथिव्यांयानिचान्यानिसत्वानिजगतीपते ॥ तानिसर्वाण्यहंतत्रपश्य
न्पर्यचरंतदा १७ कुक्षौतस्यनरव्याघ्रप्रविष्टःसंचरन्दिशः ॥ शक्रादींश्चापिपश्यामिकृत्स्नान्देवगणानहम् १८ साध्यान्रुद्रांस्तथाऽऽदित्यान्गुह्यकान्पितर
स्तथा ॥ सर्पान्नागान्सुपर्णांश्चवसून्प्यश्विनावपि ११९ गंधर्वाप्सरसोयक्षानृषींश्चैवमहीपते ॥ दैत्यदानवसंघांश्चनागांश्चमनुजाधिप १२० सिंहिकातनयां
श्चापियेचान्येसुरशत्रवः ॥ यच्चकिंचिन्मयालोकेदृष्टंस्थावरजंगमम् २१ सर्वंपश्याम्यहंराजंस्तस्यकुक्षौमहात्मनः ॥ त्वरमाणःफलाहारःकृत्स्नंजगदिदंविभो
२२ अंतःशरीरेतस्याहंवर्षाणामधिकंशतम् ॥ नचपश्यामितस्याहंदेहस्यांतंकदाचन २३ सततंधावमानश्चचिंतयानोविशांपते ॥ आसादयामिनैवांतंतस्य
राजन्महात्मनः २४ ततस्तमेवशरणंगतोऽस्मिविधिवत्तदा ॥ वरेण्यंवरदंदेवंमनसाकर्मणैवच २५ ततोऽहंसहसाराजन्वायुवेगेननिःसृतः ॥ महात्मनोमुखा
त्तस्यनिवृत्तात्पुरुषोत्तम २६ ततस्तस्यैवशाखायांन्यग्रोधस्यविशांपते ॥ आस्तेमनुजशार्दूलकृत्स्नमादायवैजगत् २७ तेनैवबालवेषेणश्रीवत्सकृतलक्षणम् ॥
आसीनंतंनरव्याघ्रपश्याम्यमिततेजसम् २८ ततोमामब्रवीद्बालःसप्रीतःप्रहसन्निव ॥ श्रीवत्सधारीद्युतिमान्पीतवासामहाद्युतिः २९ अपीदानींशरीरेऽस्मिन्मामके
मुनिसत्तम ॥ उषितस्त्वंपरिश्रांतोमार्कंडेयब्रवीमिते १३० मुहूर्तादथमेदृष्टिःप्रादुर्भूतापुनर्नवा ॥ ययानिर्मुक्तमात्मानमपश्यंलब्धचेतसम् ३१ तस्यताम्रतलौ ॥१५८॥
तातचरणौसुप्रतिष्ठितौ ॥ सुजातौमृदुरक्ताभिरंगुलीभिर्विराजितौ १३२

३३ । ३४ । ३५ । ३६ । ३७ । ३८ । ३९ । ४० । ४१ । ४२ । ४३ ॥ ॥ इत्यारण्यकेपर्वणि नैलकंठीये भारतभावदीपे अष्टाशीत्यधिकशततमोऽध्यायः ॥ १८८ ॥ ॥ काममिति १
२ अपांनाराइति । अपांअबुपलक्षितस्यपांचभौतिकस्यसंघातस्यनाराइतियौगिकंनाम आपोवैनरसूनवइतिप्रदेशांतरेविवरणात् नरेणाविद्यावच्छिन्नरूपेणानादिना नारेनानुपार्थांब्रह्मणिशुक्तोरजतमिवकल्पि

प्रयत्नेनमयामूर्ध्नागृहीत्वाह्यभिवंदितौ ॥ दृष्ट्वाऽपरिमितंतस्यप्रभावममितौजसः ३३ विनयेनांजलिंकृत्वाप्रयत्नेनोपगम्यह ॥ दृष्टोमयासभूतात्मादेवःकमललो
चनः ३४ तमहंप्रांजलिर्भूत्वानमस्कृत्येदमब्रुवम् ॥ ज्ञातुमिच्छामिदेवत्वांमायांचैतांतवोत्तमाम् ३५ आस्येनानुप्रविष्टोऽहंशरीरेभगवंस्तव ॥ दृष्टवानखिलान्स
र्वान्समस्तान्जठरेहिते ३६ तवदेवशरीरस्थादेवदानवराक्षसाः ॥ यक्षगंधर्वनागाश्चजगत्स्थावरजंगमम् ३७ त्वत्प्रसादाच्चमेदेवस्मृतिर्नपरिहीयते ॥ द्रुतमंतः
शरीरेतेसततंपरिवर्तिनः ३८ निर्गतोऽहमकामस्तुइच्छयातेमहाप्रभो ॥ इच्छामिपुंडरीकाक्षज्ञातुंत्वाऽहमनिंदितम् ३९ इहभूत्वाशिशुःसाक्षात्किंभवानवतिष्ठते ॥
पीत्वाजगदिदंसर्वमेतदाख्यातुमर्हसि १४० किमर्थंचजगत्सर्वंशरीरस्थंतवानघ ॥ कियंतंचत्वयाकालमिहस्थेयमरिंदम ४१ एतदिच्छामिदेवेशश्रोतुंब्राह्मणकाम्य
या ॥ त्वत्तःकमलपत्राक्षविस्तरेणयथातथम् ४२ महद्ध्येतदचिंत्यंचयदहंदृष्टवान्प्रभो ॥ इत्युक्तःसमयाश्रीमान्देवदेवोमहाद्युतिः ॥ सांत्वयन्मामिदंवाक्यमुवाच
वदतांवरः १४३ ॥ ॥ इतिश्रीमहाभारतेआरण्यकेपर्वणिमार्कंडेयसमास्यापर्वणिअष्टाशीत्यधिकशततमोऽध्यायः ॥ १८८ ॥ ॥ देवउवाच ॥
कामंदेवापिमांविप्रनहिजानंतितत्त्वतः ॥ त्वत्प्रीत्यातुप्रवक्ष्यामियथेदंविसृजाम्यहम् १ पितृभक्तोसिविप्रर्षेमांचैवशरणंगतः ॥ ततोदृष्टोऽस्मितेसाक्षाद्ब्रह्मचर्यंचते
महत् २ अपांनाराइतिपुरासंज्ञाकर्मकृतंमया ॥ तेननारायणोऽप्युक्तोममतत्त्वयनंसदा ३ अहंनारायणोनामप्रभवःशाश्वतोऽव्ययः ॥ विधातासर्वभूतानांसंहर्ता
चद्विजोत्तम ४ अहंविष्णुरहंब्रह्माशक्रश्चाहंसुराधिपः ॥ अहंवैश्रवणोराजायमःप्रेताधिपस्तथा ५ अहंशिवश्चसोमश्चकश्यपोऽथप्रजापतिः ॥ अहंधाताविधाता
चयज्ञश्चाहंद्विजोत्तम ६ अग्निरास्यंक्षितिःपादौचंद्रादित्यौचलोचने ॥ द्यौर्मूर्धाखंदिशःश्रोत्रेतथाऽऽपःस्वेदसंभवाः ७ सदिशंचनभःकायोवायुर्मनसिमेस्थितः ॥
मयाक्रतुशतैरिष्टंबहुभिःस्वाप्तदक्षिणैः ८ यजंतेवेदविदुषोमांदेवयजनेस्थितम् ॥ पृथिव्यांक्षत्रियेंद्राश्चपार्थिवाःस्वर्गकांक्षिणः ९ यजंतेमांतथावैश्याःस्वर्गलोकजि
गीषया ॥ चतुःसमुद्रपर्यंतांमेरुमंदरभूषणाम् १० शेषोभूत्वाऽहमेवैतांधारयामिवसुंधराम् ॥ वाराहंरूपमास्थायमयेयंजगतीपुरा ११

तत्वात् । ममतत्त्वयनमिति ' तत्सृष्ट्वा तदेवानुप्राविशत ' इतिश्रुतेरहमेवसंघातस्यस्रष्टा तदभिमानीचेतिजीवेश्वरयोरभेदोदर्शितः ३ । ४ अहंविष्णुरहंब्रह्मेत्यादिनानत्पदार्थमनूद्यतस्यब्रह्मादिजीवाभिन्नत्वंद्युप्र
भृतिजडवर्गाभिन्नत्वंचेतनाचेतनस्थितिकर्तृत्वंचप्रतिपाद्यते ५ । ६ । ७ । ८ । ९ । १० । ११

१२ । १३ । १४ । १५ । १६ । १७ । १८ । १९ । २० । २१ । २२ । २३ । २४ । २५ । २६ तदात्मानंसृजाम्यहं आत्मानंकृष्णादिविग्रहंसृजामि सूर्यवदा

मज्जमानाजलेविप्रवीर्येणासीत्समुद्धृता ॥ अग्निश्चवडवावक्त्रोभूत्वाहंद्विजसत्तम १२ पिबाम्यपःसदाविद्धिस्ताश्चैवविसृजाम्यहम् ॥ ब्रह्मवक्त्रंभुजौक्षत्रमूरूमेसंस्थिता
विशः १३ पादौशूद्राभवंतीमेविक्रमेणक्रमेणच ॥ ऋग्वेदःसामवेदश्चयजुर्वेदोऽप्यथर्वणः १४ मत्तःप्रादुर्भवंत्येतेमामेवप्रविशंतिच ॥ यतयःशांतिपरमायतात्मानोबुभु
त्सवः १५ कामक्रोधद्वेषमुक्तानिःसंगावीतकल्मषाः ॥ सत्वस्थानिरहंकारानित्यमध्यात्मकोविदाः १६ मामेवसततंविप्राश्चिंतयंतउपासते ॥ अहंसंवर्तकोवह्निरहंसं
वर्तकोऽनलः १७ अहंसंवर्तकःसूर्यस्त्वहंसंवर्तकोऽनिलः ॥ तारारूपाणिदृश्यंतेयान्येतानिनभस्तले १८ममवैरोमकूपाणिविद्धित्वंद्विजसत्तम ॥ रत्नाकराःसमुद्राश्चस
र्वएवचतुर्दिशम् १९ वसनंशयनंचैवविलयंचैवविद्धिमे ॥ मयैवसुविभक्तास्तेदेवकार्यार्थसिद्धये २० कामंक्रोधंचहर्षंचभयंमोहंतथैवच ॥ ममैवविद्धिरोमाणिसर्वाण्ये
तानिसत्तम २१ प्राप्नुवंतिनराविप्रयत्कृत्वाकर्मशोभनम् ॥ सत्यंदानंतपश्चोग्रमहिंसाचैवजंतुषु २२ मद्विधानेनविहितामम देहविहारिणः ॥ मयाऽभिभूतविज्ञाना
विचेष्टंतेनकामतः २३ सम्यग्वेदमधीयानायजंतेविविधैर्मखैः ॥ शांतात्मानोजितक्रोधाःप्राप्नुवंतिद्विजातयः २४ प्राप्तुंनशक्योयोविद्वन्नरैर्दुष्कृतकर्मभिः ॥
लोभाभिभूतैःकृपणैरनार्यैरकृतात्मभिः २५ तस्मान्महाफलंविद्धिनराणांभावितात्मनाम् ॥ सुदुष्प्रापंविमूढानांमार्गयोगैर्निषेवितम् २६ यदायदाचधर्मस्यग्लानिर्भव
तिसत्तम ॥ अभ्युत्थानमधर्मस्यतदाऽऽत्मानंसृजाम्यहम् २७ दैत्याहिंसानुरक्ताश्चअवध्याःसुरसत्तमैः ॥ राक्षसाश्चापिलोकेऽस्मिन्यदोत्पत्स्यंतिदारुणाः ॥
२८ तदाऽहंसंप्रसूयामिगृहेषुशुभकर्मणाम् ॥ प्रविष्टोमानुषंदेहंसर्वंप्रशमयाम्यहम् २९ सृष्ट्वादेवमनुष्यांस्तुगंधर्वोरगराक्षसान् ॥ स्थावराणिचभूतानिसंहराम्यात्ममा
यया ३० कर्मकालेपुनर्देहमविचिंत्यंसृजाम्यहम् ॥ आविश्यमानुषंदेहंमर्यादाबंधकारणात् ३१ श्वेतःकृतयुगेवर्णःपीतस्त्रेतायुगेमम ॥ रक्तोद्वापरमासाद्यकृ
ष्णःकलियुगेतथा ३२ त्रयोभागाह्यधर्मस्यतस्मिन्कालेभवंतिच ॥ अंतकालेचसम्प्राप्तेकालोभूत्वाऽतिदारुणः ३३ त्रैलोक्यंनाशयाम्येकःकृत्स्नंस्थावरजंगमम् ॥
अहंत्रिवर्त्माविश्वात्मासर्वलोकसुखावहः ३४ आविर्भूःसर्वगोऽनंतोहृषीकेशउरुक्रमः ॥ कालचक्रंनयाम्येकोब्रह्मन्नहमरूपकम् ३५ शमनंसर्वभूतानांसर्वलोककृतोद्य
मम् ॥ एवंप्रणिहितःसम्यङ्ममात्मामुनिसत्तम ॥ सर्वभूतेषुविप्रेंद्रनचमांवेत्तिकश्चन ३६ सर्वलोकेचमांभक्ताःपूजयंतिचसर्वशः ॥ यच्चकिंचित्त्वयाप्राप्तंमयिक्लेशात्म
कंद्विज ३७ सुखोदयायतत्सर्वंश्रेयसेचतवानघ ॥ यच्चकिंचित्त्वयालोकेदृष्टंस्थावरजंगमम् ३८

विर्भावयामि । यथासूर्यआविर्भवंस्तिरोभवंश्चअस्तोदयाभ्यांनस्पृश्यते किंत्वस्माभिरेवतत्तौकल्पितौ एवंनंदनंदनेऽपिजन्मनाशौमूढदृष्ट्यैवकल्पितावितिसर्थः २७ । २८ । २९ । ३० । ३१ । ३२ । ३३ । ३४ । ३५ । ३६ । ३७ । ३८

अर्धममेति । पितामहोब्रह्मांडात्मा अर्धममेतिस्वस्वरूपंविकारांतर्वर्तितद्वर्तिचेति दर्शितं । यथा मृत् घटादिकार्यमध्यवर्तिनी तद्बहिर्भूताच तद्वत् अतएवसूत्रं 'विकारावर्तिचतथास्थितिमाहेति' । 'जगद्व्यापार वर्जंप्रकरणादसंनिहितत्वाच्च भोगमात्रसाम्यलिंगाच्च' इति सूत्राभ्यां नित्यसिद्धेश्वरस्य उपासनासिद्धानामीश्वराणां चाद्यस्यजगत्सृष्टौ स्वातंत्र्यं इतरेषांभूतसृष्टिकालेसन्निधानादसामर्थ्यं च उभयेषांगीतवादित्रादिभोगे साम्यंचास्तीतिप्रदर्श्य आद्यस्यस्वरूपंमहदादिविकाराद्बहिर्भूतं चकारात्तदंतर्वर्ति च । 'सभूमिं सर्वतोवृत्वाऽत्यतिष्ठद्दशांगुलम्' इतिवेदएवाविकारस्यरूपस्यस्थितिमाह । तस्मात्कृष्णमूर्तिर्व्यवहा

विहितःसर्वथैवासौममात्माभूतभावनः ॥ अर्धममशरीरस्यसर्वलोकपितामहः ३९ अहंनारायणोनामशंखचक्रगदाधरः ॥ यावद्युगानांविप्रर्षेसहस्रपरिवर्तनात् ४०
तावत्स्वपिमिविश्वात्मासर्वभूतानिमोहयन् ॥ एवंसर्वमहंकालमिहास्सेमुनिसत्तम ४१ अशिशुःशिशुरूपेणयावद्ब्रह्मानबुध्यते ॥ मयाचदत्तोविप्राग्र्यवरस्तेब्रह्मरूपिणा
४२ असकृत्परितुष्टेनविप्रर्षिगणपूजित ॥ सर्वमेकार्णवंदृष्ट्वानष्टंस्थावरजंगमम् ४३ विक्लवोऽसिमयाज्ञातस्ततस्तेदर्शितंजगत् ॥ अभ्यंतरंशरीरस्यप्रविष्टोऽसियदामम
४४ दृष्ट्वालोकंसमस्तंचविस्मितोनावबुध्यसे ॥ ततोऽसिवक्त्राद्विप्रर्षेद्रुतंनिःसारितोमया ४५ आख्यातस्तेमयाचात्मादुर्ज्ञेयोहिसुरासुरैः ४६ यावत्सभगवान्ब्रह्मानबु
ध्येतमहातपाः ॥ तावत्त्वमिहविप्रर्षेविश्रब्धश्चरवैसुखम् ४७ ततोविबुद्धेतस्मिंस्तुसर्वलोकपितामहे ॥ एकीभूतोहिस्रक्ष्यामिशरीराणिद्विजोत्तम ४८ आकाशंपृथिवीं
ज्योतिर्वायुंसलिलमेवच ॥ लोकेयच्चभवेच्छेषमिहस्थावरजंगमम् ४९ ॥ मार्कंडेयउवाच ॥ ॥ इत्युक्त्वाऽन्तर्हितस्तातसदेवःपरमाद्भुतः ॥ प्रजाश्चेमाःप्रपश्यामिवि
चित्राविविधाःकृताः ५० एवंदृष्टंमयाराजंस्तस्मिन्प्राप्तेयुगक्षये ॥ आश्चर्यंभरतश्रेष्ठसर्वधर्मभृतांवर ५१ यःसदेवोमयादृष्टःपुरापद्मायतेक्षणः ॥ सएषपुरुषव्याघ्रसंबंधी
तेजनार्दनः ५२ अस्यैववरदानाद्धिस्मृतिर्नप्रजहातिमाम् ॥ दीर्घमायुश्चकौंतेयस्वच्छंदमरणंमम ५३ सएषकृष्णोवार्ष्णेयःपुराणपुरुषोविभुः ॥ आस्तेहरिरचिंत्यात्मा
क्रीडन्निवमहाभुजः ५४ एषधाताविधाताचसंहर्ताचैवशाश्वतः ॥ श्रीवत्सवक्षागोविंदःप्रजापतिपतिःप्रभुः ५५ दृष्ट्वेमंवृष्णिप्रवरंस्मृतिर्मामियमागता ॥ आदिदेवमयं
जिष्णुंपुरुषंपीतवाससम् ५६ सर्वेषामेवभूतानांपितामाताचमाधवः ॥ गच्छध्वमेनंशरणंशरण्यंकौरवर्षभाः ५७ ॥ वैशंपायनउवाच ॥ ॥ एवमुक्तास्तेपार्थायमौ
चपुरुषर्षभौ ॥ द्रौपद्यासहिताःसर्वेनमश्चक्रुर्जनार्दनम् ५८ सचैतान्पुरुषव्याघ्रसाम्नापरमवल्गुना ॥ सांत्वयामाससमानार्होमन्यमानोयथाविधि ५९ ॥ इतिश्रीमहाभा
रतेआरण्यकेपर्वणिमार्कंडेयसमास्यापर्वणिभविष्यकथनेएकोननवत्यधिकशततमोऽध्यायः ॥ १८९ ॥ ॥ ॥ ॥ ॥ ॥ ॥ ॥

रतोवियदादिवन्नित्येतियुक्तमुत्पश्यामः श्रुतिविरोधस्त्वत्रप्रागेवनिरस्तः ३९ । ४० । ४१ । ४२ । ४३ । ४४ । ४५ । ४६ यावदिति । ब्रह्माविराट् इहलिंगात्मनि स्थूलाध्यासोदयादर्वाक्सूक्ष्मेएवस्थातव्यमित्यर्थः स्पष्टार्थमन्यत् ४७ । ४८ । ४९ । ५० । ५१ । ५२ । ५३ । ५४ । ५५ । ५६ । ५७ । ५८ । ५९ ॥ ॥ इत्यारण्यकेपर्वणि नैलकंठीये भारतभावदीपे एकोननवत्यधिकशततमोऽध्यायः ॥ १८९ ॥ ॥ ॥ ॥ ॥ ॥ ॥ ॥ ॥ ॥ ॥ ॥ ॥ ॥ ॥

एवंकृष्णाद्वैतंप्रसाध्य तत्रप्रीतिहेतोर्विषयवैराग्यस्योत्पादनायपुनर्भविष्यमेवाध्यायद्वयेनप्रश्नपूर्वकमाह युधिष्ठिरस्त्वित्यादिना । साम्राज्येकर्तव्येसति १ । २ किंतुकथंतु शेषंजगद्भविष्यतिउत्कर्षंप्राप्स्यति ३ । ४ काष्ठांअवधिं कृतंकृतयुगम् ५ । ६ । ७ । कलुषंकलिम् ८ निर्व्याजश्छद्महीनः उपाधिवर्जितःलोभादिहीनःवृषइवचतुष्पात् ९ अर्धेनाधर्मेण १० । ११ । १२ । १३ धर्मवैतं

॥ वैशंपायनउवाच ॥ ॥ युधिष्ठिरस्तुकौंतेयोमार्कंडेयंमहामुनिम् ॥ पुनःपप्रच्छसाम्राज्येभविष्यांजगतोगतिम् १ ॥ युधिष्ठिरउवाच ॥ ॥ आश्चर्यभूतंभवतःश्रुतंनोवदतांवर ॥ मुनेभार्गवयद्वृत्तंयुगादौप्रभवात्ययम् २ अस्मिन्कलियुगेत्वस्तिपुनःकौतूहलंमम ॥ समाकुलेषुधर्मेषुकिंतुशेषंभविष्यति ३ किंवीर्यामानवास्तत्र किमाहारविहारिणः ॥ किमायुषःकिंवसनाभविष्यंतियुगक्षये ४ कांचकाष्ठांसमासाद्यपुनःसंपत्स्यतेकृतम् ॥ विस्तरेणमुनेब्रूहिविचित्राणीहभाषसे ५ इत्युक्तःसमुनिश्रेष्ठःपुनरेवाभ्यभाषत ॥ रमयन्वृष्णिशार्दूलंपांडवांश्चमहानृषिः ६ ॥ मार्कंडेयउवाच ॥ ॥ शृणुराजन्मयादृष्टंयत्पुराश्रुतमेवच ॥ अनुभूतंचराजेंद्रदेवदेवप्रसादजम्
७ भविष्यंसर्वलोकस्यवृत्तांतंभरतर्षभ ॥ कलुषंकालमासाद्यकथ्यमानंनिबोधमे ८ कृतेचतुष्पात्सकलोनिर्व्याजोपाधिवर्जितः ॥ वृषःप्रतिष्ठितोधर्मोमनुष्येभरतर्षभ
९ अधर्मपादविद्धस्तुत्रिभिरंशैःप्रतिष्ठितः ॥ त्रेतायांद्वापरेऽर्धेनव्यामिश्रोधर्मउच्यते १० त्रिभिरंशैरधर्मस्तुलोकानाक्रम्यतिष्ठति ॥ तामसंयुगमासाद्यतदाभरतसत्तम॥
११ चतुर्थांशेनधर्मस्तुमनुष्यानुपतिष्ठति ॥ आयुर्वीर्यमथोबुद्धिर्बलंतेजश्चपांडव १२ मनुष्याणामनुयुगंह्रासतीतिनिबोधमे ॥ राजानोब्राह्मणावैश्याःशूद्राश्चैवयुधिष्ठिर १३ व्याजैर्धर्मंचरिष्यंतिधर्मवैतंसिकानराः ॥ सत्यंसंक्षेप्स्यतेलोकेनरैःपंडितमानिभिः १४ सत्यहान्याततस्तेषामायुरल्पंभविष्यति ॥ आयुषःप्रक्षयाद्विद्यानशक्ष्यंत्युपजीवितुम् १५ विद्याहीनानविज्ञानाल्लोभोऽप्यभिभविष्यति ॥ लोभक्रोधपरामूढाःकामासक्ताश्चमानवाः १६ वैरबद्धाभविष्यंतिपरस्परवधैषिणः ॥ ब्राह्मणाःक्षत्रियावैश्याःसंकीर्यंतःपरस्परम् १७ शूद्रतुल्याभविष्यंतितपःसत्यविवर्जिताः ॥ अंत्यामध्याभविष्यंतिमध्याश्चांत्यानसंशयः १८ ईदृशोभवितालोकोयुगांतेपर्युपस्थिते ॥ वस्त्राणांप्रवराशाणीधान्यानांकोरदूषकाः १९ भार्यामित्राश्चपुरुषाभविष्यंतियुगक्षये ॥ मत्स्यामिषेणजीवंतोदुहंतश्चाप्यजैडकम् २० गोषुनष्टासुपुरुषायेपिनित्यंधृतव्रताः ॥ तेऽपिलोभसमायुक्ताभविष्यंतियुगक्षये २१ अन्योन्यंपरिमुष्णंतोहिंसयंतश्चमानवाः ॥ अजपानास्तिकाःस्तेनाभविष्यंतियुगक्षये २२ सरित्तीरेषुकुद्दालैर्वापयिष्यंतिचौषधीः ॥ ताश्चाप्यल्पफलास्तेषांभविष्यंतियुगक्षये २३ श्राद्धेदैवेचपुरुषायेऽपिनित्यंधृतव्रताः ॥ तेऽपिलोभसमायुक्ताभोक्ष्यंतीहपरस्परम्
२४ पितापुत्रस्यभोक्ताचपितुःपुत्रस्तथैवच ॥ अतिक्रांतानिभोज्यानिभविष्यंतियुगक्षये २५ नव्रतानिचरिष्यंतिब्राह्मणावेदनिंदकाः ॥ नयक्ष्यंतिनहोष्यंतिहेतुवादविमोहिताः ॥ निम्नेकृषिंकरिष्यंतिहेतुवादविमोहिताः २६

सिकाःधर्मजालिकाः । 'वीतंसोबंधनोपायेपशूनांपक्षिणामपि'इतिमेदिनी धर्मजालंविस्तार्य लोकान्वंचयंतीत्यर्थः १४ । १५ । १६ । १७ अंत्याइति । चांडालाःक्षत्रियादिकर्म क्षत्रियादयश्चांडालकर्म करिष्यंतीत्यर्थः १८ शाणीशणसूत्रजा १९ । २० । २१ । २२ । २३ । २४ । २५ निम्नेषुहीनेषुकर्मसु २६

२७ बृहद्वादीअकर्ताब्रह्माऽहमितिवदनशीलः २८ । २९ । ३० । ३१ । ३२ । ३३ । ३४ । ३५ । ३६ परार्थान्परधनानि ३७ हस्तोहस्तंपरिमुषेद्धस्तवदेकोदरजोऽपिभ्राताभ्रातरंवंचयेदेव

निम्नेकृषिंकरिष्यंतियोक्ष्यंतिधुरिधेनुकाः ॥ एकहायनवत्सांश्चयोजयिष्यंतिमानवाः २७ पुत्रःपितृवधंकृत्वापितापुत्रवधंतथा ॥ निरुद्वेगोबृहद्वादीनिंदामुपलप्स्यते २८ म्लेच्छभूतंजगत्सर्वंनिष्क्रियंयज्ञवर्जितम् ॥ भविष्यतिनिरानंदमनुत्सवमथोतथा २९ प्रायशःकृपणानांहितथाबंधुमतामपि ॥ विधवानांचवित्तानिहरिष्यंतीहमानवाः ३० स्वल्पवीर्यबलाःस्तब्धालोभमोहपरायणाः ॥ तत्कथादानसंतुष्टादुष्टानामपिमानवाः ३१ परिग्रहंकरिष्यंतिमायाचारपरिग्रहाः ॥ समाह्वयंतःकौंतेयराजानःपापबुद्धयः ३२ परस्परवधोद्युक्तामूर्खाःपंडितमानिनः ॥ भविष्यंतियुगस्यांतेक्षत्रियालोककंटकाः ३३ अरक्षितारोलुब्धाश्चमानाहंकारदर्पिताः ॥ केवलंदंडरुचयोभविष्यंतियुगक्षये ३४ आक्रम्याक्रम्यसाधूनांदारांश्चापिधनानिच ॥ भोक्ष्यंतेनिरनुक्रोशारुदतामपिभारत ३५ नकन्यांयाचतेकश्चिन्नापिकन्याप्रदीयते ॥ स्वयंग्राहाभविष्यंतियुगांतेसमुपस्थिते ३६ राजानश्चाप्यसंतुष्टाःपरार्थान्मूढचेतसः ॥ सर्वोपायैर्हरिष्यंतियुगांतेपर्युपस्थिते ३७ म्लेच्छीभूतंजगत्सर्वंभविष्यतिनसंशयः ॥ हस्तोहस्तंपरिमुषेद्युगांतेसमुपस्थिते ३८ सत्यंसंक्षिप्यतेलोकेनरैःपंडितमानिभिः ॥ स्थविराबालमतयोबालाःस्थविरबुद्धयः ३९ भीरुस्तथाशूरमानीशूराभीरुविषादिनः ॥ नविश्वसंतिचान्योन्यंयुगांतेपर्युपस्थिते ४० एकाहार्यंयुगंसर्वंलोभमोहव्यवस्थितम् ॥ अधर्मोवर्द्धतेतत्रनतुधर्मःप्रवर्त्तते ४१ ब्राह्मणाःक्षत्रियावैश्यानशिष्यंतिजनाधिप ॥ एकवर्णस्तदालोकोभविष्यतियुगक्षये ४२ नक्षंस्यतिपितापुत्रंपुत्रश्चपितरंतथा ॥ भार्याश्चरतिशुश्रूषांनकरिष्यंतिसंक्षये ४३ येयवान्नाजनपदागोधूमान्नास्तथैवच ॥ तान्देशान्संश्रयिष्यंतियुगांतेपर्युपस्थिते ४४ स्वैराचाराश्चपुरुषायोषितश्चविशांपते ॥ अन्योन्यंनसहिष्यंतियुगांतेपर्युपस्थिते ४५ म्लेच्छभूतंजगत्सर्वंभविष्यतियुधिष्ठिर ॥ नश्राद्धैस्तर्पयिष्यंतिदैवतानीहमानवाः ४६ नकश्चित्कस्यचिच्छ्रोतानकश्चित्कस्यचिद्गुरुः ॥ तमोग्रस्तस्तदालोकोभविष्यतिजनाधिप ४७ परमायुश्चभवितातदावर्षाणिषोडश ॥ ततःप्राणान्विमोक्ष्यंतियुगांतेसमुपस्थिते ४८ पंचमेवाऽथषष्ठेवावर्षेकन्याप्रसूयते ॥ सप्तवर्षाष्टवर्षाश्चप्रजास्यंतिनरास्तदा ४९ पत्यौस्त्रीतुतदाराजन्पुरुषोवास्त्रियंप्रति ॥ युगांतेराजशार्दूलनतोषमुपयास्यति ५० अल्पद्रव्यावृथालिंगाहिंसाचप्रभविष्यति ॥ नकश्चित्कस्यचिद्दाताभविष्यतियुगक्षये ५१ अट्टशूलाजनपदाःशिवशूलाश्चतुष्पथाः ॥ केशशूलाःस्त्रियश्चापिभविष्यंतियुगक्षये ५२ म्लेच्छाचाराःसर्वभक्षादारुणाःसर्वकर्मसु ॥ भाविनःपश्चिमेकालेमनुष्यानात्रसंशयः ५३ क्रयविक्रयकालेचसर्वःसर्वस्यवंचनम् ॥ युगांतेभरतश्रेष्ठवित्तलोभात्करिष्यति ५४

३८ । ३९ । ४० । ४१ एकाहार्यंएकविधमेवमांसशाकादिकमाहारमर्हतीतितथा भक्ष्याभक्ष्यविभागोनास्तीत्यर्थः ४२ एकवर्णःवर्णविभागनाशनात् । ४३ । ४४ । ४५ । ४६ । ४७ । ४८ प्रजास्यंति प्रजाःजनयिष्यंति ४९ । ५० । ५१ । ५२ । ५३ । ५४

ज्ञानानि ज्ञेयस्वरूपाणि ५५ । ५६ । ५७ । ५८ वृषलार्दिताःशूद्रपीडिताः ५९ संक्षेप्स्यतेनाशंगमिष्यति ६० । ६१ काकाइवसर्वतःशंकिनःनीचवृत्त्युपजीविनोवा ६२ । ६३ । ६४ एडू

ज्ञानानिचाप्यविज्ञायकरिष्यंतिक्रियास्तथा ॥ आत्मच्छंदेनवर्तंतेयुगांतेसमुपस्थिते ५५ स्वभावात्क्रूरकर्माणश्चान्योन्यमभिशंसिनः ॥ भवितारोजनाःसर्वेसंप्राप्तेतु युगक्षये ५६ आरामांश्चैववृक्षांश्चनाशयिष्यंतिनिर्व्यथाः ॥ भवितासंशयोलोकेजीवितस्यहिदेहिनाम् ५७ तथालोभाभिभूताश्चभविष्यंतिनराननृप ॥ ब्राह्मणांश्च हनिष्यंतिब्राह्मणस्वोपभोगिनः ५८ हाहाकृताद्विजाश्चैवभयार्तावृषलार्दिताः ॥ त्रातारमलभंतोवैभ्रमिष्यंतिमहीमिमाम् ५९ जीवितांतकराःक्रूरारौद्राःप्राणिविहिंसकाः ॥ यदाभविष्यंतिनरास्तदासंक्षेप्स्यतेयुगम् ६० आश्रयिष्यंतिचनदीःपर्वतान्विषमाणिच ॥ प्रधावमानावित्रस्ताद्विजाःकुरुकुलोद्वह ६१ दस्युभिःपीडितारा जन्काकाइवद्विजोत्तमाः ॥ कुराजभिश्चसततंकरभारप्रपीडिताः ६२ धैर्यंत्यक्त्वामहीपालदारुणेयुगसंक्षये ॥ विकर्माणिकरिष्यंतिशूद्राणांपरिचारकाः ६३ शूद्रा धर्मंप्रवक्ष्यंतिब्राह्मणाःपर्युपासकाः ॥ श्रोतारश्चभविष्यंतिप्रामाण्येनव्यवस्थिताः ६४ विपरीतश्चलोकोऽयंभविष्यत्यधरोत्तरः ॥ एडूकान्पूजयिष्यंतिवर्जयिष्यंति देवताः ६५ शूद्राःपरिचरिष्यंतिनद्विजान्युगसंक्षये ॥ आश्रमेषुमहर्षीणांब्राह्मणावसथेषुच ६६ देवस्थानेषुचैत्येषुनागानामालयेषुच ॥ एडूकचिह्नापृथिवीनदेवगृह भूषिता ६७ भविष्यतियुगेक्षीणेतद्युगांतस्यलक्षणम् ॥ यदारौद्राधर्महीनामांसादाःपानपास्तथा ६८ भविष्यंतिनरानित्यंतदासंक्षेप्स्यतेयुगम् ॥ पुष्पंपुष्पेयदाराज न्फलेवाफलमाश्रितम् ६९ प्रजास्यतिमहाराजतदासंक्षेप्स्यतेयुगम् ॥ अकालवर्षीपर्जन्योभविष्यतिगतेयुगे ७० अक्रमेणमनुष्याणांभविष्यंतितदाक्रियाः ॥ विरोधमथयास्यंतिवृषलाब्राह्मणैःसह ७१ महीम्लेच्छजनाकीर्णाभविष्यतिततोऽचिरात् ॥ करभारभयाद्विप्राभविष्यंतिदिशोदश ७२ निर्विशेषाजनपदास्तथा विष्टिकरार्दिताः ॥ आश्रमानुपलप्स्यंतिफलमूलोपजीविनः ७३ एवंपर्याकुलेलोकेमर्यादानभविष्यति ॥ नस्थास्यंत्युपदेशेचशिष्याविप्रियकारिणः ७४ आचार्योऽपनिधिश्चैवभर्त्स्यतेतदनंतरम् ॥ अर्थयुक्त्याप्रवात्स्यंतिमित्रसंबंधिबांधवाः ७५ अभावःसर्वभूतानांयुगांतेसंभविष्यति ॥ दिशःप्रज्वलिताःसर्वानक्ष त्राण्यप्रभाणिच ७६ ज्योतींषिप्रतिकूलानिवाताःपर्याकुलास्तथा ॥ उल्कापाताश्चबहवोमहाभयनिदर्शकाः ७७ षड्भिरन्यैश्चसहितोभास्करःप्रतपिष्यति ॥ तुमुलाश्चापिनिर्ह्रादादिग्दाहाश्चापिसर्वशः ७८ कबंधांतर्हितोभानुरुदयास्तमनेतदा ॥ अकालवर्षीभगवान्भविष्यतिसहस्रदृक् ७९ सस्यानिचनरोक्ष्यंति युगांतेपर्युपस्थिते ॥ अभीक्ष्णंक्रूरवादिन्यःपरुषारुदितप्रियाः ८०

कान अस्थ्यंकितानिकुड्यानि । 'भित्तिःस्त्रीकुड्यमेडूकंयदंतर्न्यस्तकीकसम' इत्यमरः ६५ । ६६ । ६७ । ६८ । ६९ । ७० । ७१ । ७२ निर्विशेषाःतुल्याचारवेषाः विष्टिकराःभूतिमदत्वाकार्यंकारयंतिते ७३ । ७४ । आचार्योऽपि अपनिधिःनिर्धनः भर्त्स्यतेधिक्क्रियते अर्थयुक्त्याधनयोगेन नतुस्नेहेनधर्मेणवा ७५ । ७६ । ७७ । ७८ कबंधांतर्हितः राहुंतरितः ७९ । ८०

८१ । ८२ । ८३ । ८४ । ८५ । ८६ । ८७ । ८८ । ८९ यदेति । गुरुसूर्यचंद्राः यदायुगपत्पुष्यनक्षत्रमेष्यंतितदाकृतयुगप्रवृत्तिरित्यर्थः ९० । ९१ । ९२ । ९३ । ९४ । ९५ । ९६ । ९७

भर्तॄणांवचनेचैवनस्थास्यंतितततःस्त्रियः ॥ पुत्राश्चमातापितरौहनिष्यंतियुगक्षये ८१ सूदयिष्यंतिचपतीन्स्त्रियःपुत्रानपाश्रिताः ॥ अपर्वणिमहाराजसूर्यराहुरुपै
ष्यति ८२ युगांतेहुतभुक्चापिसर्वतःप्रज्वलिष्यति ॥ पानीयंभोजनंचापियाचमानास्तदाऽध्वगाः ८३ नलप्स्यंतेनिवासंचनिरस्ताःपथिशेरते ॥ निर्घातवाय
सानागाःशकुनाःसमृगद्विजाः ८४ रूक्षावाचोविमोक्ष्यंतियुगांतेपर्युपस्थिते ॥ मित्रसंबंधिनश्चापिसंत्यक्ष्यंतिनरास्तदा ८५ जनंपरिजनंचापियुगांतेपर्युप
स्थिते ॥ अथदेशान्दिशश्चापिपत्तनानिपुराणिच ८६ क्रमशःसंश्रयिष्यंतियुगांतेपर्युपस्थिते ॥ हातातहासुतेत्येवंतदावाचःसुदारुणाः ८७ विक्रोशमान
श्चान्योन्यंजनोगांपर्यटिष्यति ॥ ततस्तुमुलसंघातेवर्तमानेयुगक्षये ८८ द्विजातिपूर्वकोलोकःक्रमेणप्रभविष्यति ॥ ततःकालांतरेऽन्यस्मिन्पुनर्लोकविवृद्धये
८९ भविष्यतिपुनर्दैवमनुकूलंयदृच्छया ॥ यदासूर्यश्चचंद्रश्चतथातिष्यबृहस्पती ९० एकराशौसमेष्यंतिप्रपत्स्यतितदाकृतम् ॥ कालवर्षीचपर्जन्योनक्षत्राणि
शुभानिच ९१ प्रदक्षिणाग्रहाश्चापिभविष्यंत्यनुलोमगाः ॥ क्षेमंसुभिक्षमारोग्यंभविष्यतिनिरामयम् ९२ कल्कीविष्णुयशानामद्विजःकालप्रचोदितः ॥
उत्पत्स्यतेमहावीर्योमहाबुद्धिपराक्रमः ९३ संभूतःसंभलग्रामेब्राह्मणावसथेशुभे ॥ मनसातस्यसर्वाणिवाहनान्यायुधानिच ९४ उपस्थास्यंतियोधाश्चशस्त्रा
णिकवचानिच ॥ सधर्मविजयीराजाचक्रवर्तीभविष्यति ९५ सचेमंसंकुलंलोकंप्रसादमुपनेष्यति ॥ उत्थितोब्राह्मणोदीप्तःक्षयांतकृदुदारधीः ९६ संक्षेपको
हिसर्वस्ययुगस्यपरिवर्तकः ॥ ससर्वत्रगतान्क्षुद्रान्ब्राह्मणैःपरिवारितः ॥ उत्सादयिष्यतितदासर्वम्लेच्छगणान्द्विजः ९७ ॥ इतिश्रीमहाभारतेआरण्यकेपर्वणि
मार्कंडेयसमास्यापर्वणिभविष्यकथनेनवत्यधिकशततमोऽध्यायः ॥ १९० ॥ ॥ मार्कंडेयउवाच ॥ ततश्चोरक्षयंकृत्वाद्विजेभ्यःपृथिवीमिमाम् ॥ वाजिमेधम
हायज्ञेविधिवत्कल्पयिष्यति १ स्थापयित्वाचमर्यादाःस्वयंभुविहिताःशुभाः ॥ वनंपुण्ययशःकर्मारमणीयंप्रवेक्ष्यति २ तच्छीलमनुवर्त्स्यंतिमनुष्यालोकवा
सिनः ॥ विप्रैश्चोरक्षयेचैवकृतेक्षेमंभविष्यति ३ कृष्णाजिनानिशक्तीश्चत्रिशूलान्यायुधानिच ॥ स्थापयन्द्विजशार्दूलोदेशेषुविजितेषुच ४ संस्तूयमानोविप्रेंद्रैर्मा
नयानोद्विजोत्तमान् ॥ कल्कीचरिष्यतिमहींसदादस्युवधेरतः ५ हामातस्तातपुत्रेतितास्तावाचःसुदारुणाः ॥ विक्रोशमानान्सुभृशंदस्यून्नेष्यतिसंक्षयम् ६ ततोऽध
र्मविनाशोवैधर्मवृद्धिश्चभारत ॥ भविष्यतिकृतेप्राप्तेक्रियावांश्चजनस्तथा ७ आरामाश्चैवचैत्याश्चतडागावसथास्तथा ॥ पुष्करिण्यश्चविविधादेवतायतनानिच ८

॥ इत्यारण्यकेपर्वणि नैलकंठीये भारतभावदीपे नवत्यधिकशततमोऽध्यायः ॥ १९० ॥ ॥ ततइति । कल्पयिष्यतिदास्यति १ । २ विप्रैर्हेतुभिः कृतेयुगे ३ कृष्णाजिनानिब्रह्मचारिपरिधेयानि तेनसर्वा
णिब्राह्मणकर्माणिलक्ष्यंते शक्तीरित्यादिनाराजधर्माः स्थापयन्ब्रह्मक्षत्रयोर्धर्मव्यवस्थांचक्रेइतिभावः ४ । ५ । ६ अधर्मविनाशइतिच्छेदः ७ । ८

यज्ञक्रियाश्वविविधाभविष्यंतिकृतेयुगे ॥ ब्राह्मणाःसाधवश्चैवमुनयश्वतपस्विनः ९ आश्रमाःसहपाषंडाःस्थिताःसत्यजनाःप्रजाः ॥ प्रयंतिसर्वबीजानिरोप्यमाणा
निचैवह १० सर्वेष्वृतुषुराजेन्द्रसर्वंसस्यंभविष्यति ॥ नरादानेषुनिरताव्रतेषुनियमेषुच ११ जप्ययज्ञपराविप्राधर्मकामामुदायुताः ॥ पालयिष्यंतिराजानोधर्मेणे
मांवसुंधराम् १२ व्यवहाररतावैश्याभविष्यंतिकृतेयुगे ॥ षट्कर्मनिरताविप्राःक्षत्रियाविक्रमेरताः १३ शुश्रूषायांरताःशूद्रास्तथावर्णत्रयस्यच ॥ एषधर्मःकृत
युगेत्रेतायांद्वापरेतथा १४ पश्चिमेयुगकालेचयःसतेसंप्रकीर्तितः ॥ सर्वलोकस्यविदितायुगसंख्याचपांडव १५ एतत्तेसर्वमाख्यातमतीतानागतंतथा ॥ वायु
प्रोक्तमनुस्मृत्यपुराणमृषिसंस्तुतम् १६ एवंसंसारमार्गामेबहुशश्चिरजीविना ॥ दृष्टाश्चैवानुभूताश्वतांस्तेकथितवानहम् १७ इदंचैवापरंभूयःसहभ्रातृभिरच्युत ॥
धर्मसंशयमोक्षार्थंनिबोधवचनंमम १८ धर्मेत्वयाऽऽत्मासंयोज्योनित्यंधर्मभृतांवर ॥ धर्मात्माहिसुखंराजन्प्रेत्यचेहचनंदति १९ निबोधचशुभांवाणींयांप्रवक्ष्या
मितेऽनघ ॥ नब्राह्मणेपरिभवःकर्तव्यस्तेकदाचन २० ब्राह्मणःकुपितोहन्यादपिलोकान्प्रतिज्ञया ॥ ॥ वैशंपायनउवाच ॥ ॥ मार्कंडेयवचःश्रुत्वाकुरूणां
प्रवरोनृपः २१ उवाचवचनंधीमान्परमंपरमद्युतिः ॥ कस्मिन्धर्मेमयास्थेयंप्रजाःसंरक्षतामुने २२ कथंचवर्तमानोवैनच्यवेयंस्वधर्मतः ॥ मार्कंडेयउवाच ॥ ॥
दयावान्सर्वभूतेषुहितोरक्तोऽनसूयकः २३ सत्यवादीमृदुर्दांतःप्रजानांरक्षणेरतः ॥ चरधर्मंत्यजाधर्मंपितॄन्देवांश्वपूजय २४ प्रमादाद्यत्कृतंतेऽभूत्सम्यग्दानेनत
जय ॥ अलंतेमानमाश्रित्यसततंपरवान्भव २५ विजित्यपृथिवींसर्वांमोदमानःसुखीभव ॥ एषभूतोभविष्यश्वधर्मस्तेसमुदीरितः २६ नतेऽस्त्यविदितंकिंचि
दतीतानागतंभुवि ॥ तस्मादिमंपरिक्लेशंत्वंतातहृदिमाकृथाः २७ प्राज्ञास्तातनमुह्यंतिकालेनापिप्रपीडिताः ॥ एषकालेमहाबाहोअपिसर्वदिवौकसाम् २८
मुह्यंतिहिप्रजास्तातकालेनापिप्रचोदिताः ॥ माचतत्रविशंकाऽभूद्यन्मयोक्तंतवानघ २९ अशंक्यंमद्वचोह्येतद्धर्मलोपोभवेत्तव ॥ जातोऽसिप्रथितेवंशेकुरूणांभरत
र्षभ ३० कर्मणामनसावाचासर्वमेतत्समाचर ॥ ॥ युधिष्ठिरउवाच ॥ यत्त्वयोक्तंद्विजश्रेष्ठवाक्यंश्रुतिमनोहरम् ३१ तथाकरिष्येयत्नेनभवतःशासनंविभो ॥
नमेलोभोऽस्तिविप्रेंद्रनभयंनचमत्सरः ३२ करिष्यामिहितत्सर्वमुक्तंयत्तेमयिप्रभो ॥ ॥ वैशंपायनउवाच ॥ ॥ श्रुत्वातुवचनंतस्यमार्कंडेयस्यधीमतः ३३
संहृष्टाःपांडवाराजन्सहिताःशार्ङ्गधन्वना ॥ विप्रर्षभाश्वतेसर्वेयेतत्रासन्समागताः ३४

३५ ॥ इत्यारण्यकेपर्वणि नैलकंठीये भारतभावदीपे एकनवत्यधिकशततमोऽध्यायः ॥ १९१ ॥ ॥ मारणस्तंभनाद्यान्यपिकर्माणि कृष्णाद्वैतविद्याबलेनैवसिद्ध्यंतीतिमंडूकाख्यायिकयैवाह भूयइति

तथाकथांशुभांश्रुत्वामार्कंडेयस्यधीमतः ॥ विस्मिताःसमपद्यंतपुराणस्यनिवेदनात् ३५ ॥ ॥ इतिश्रीमहाभारतेआरण्यकेपर्वणिमार्कंडेयसमास्यापर्वणियुधिष्ठि
रानुशासनेएकनवत्यधिकशततमोऽध्यायः ॥ १९१ ॥ ॥ ॥ ॥ वैशंपायनउवाच ॥ भूयएवब्राह्मणमहाभाग्यंवक्तुमर्हसीत्यब्रवीत्पांडवेयोमार्कंडेयम्
१ अथाचष्टमार्कंडेयोऽपूर्वमिदंश्रूयतांब्राह्मणानांचरितम् २ अयोध्यायामिक्ष्वाकुकुलोद्वहःपार्थिवःपरीक्षिन्नाममृगयामगमत् ३ तमेकाश्वेनमृगमनुसरंतंमृगोदूर
मपाहरत् ४ अध्वनिजातश्रमःक्षुत्तृष्णाभिभूतश्चैकस्मिन्देशेनीलंगहनंवनखंडमपश्यत् ५ तच्चविवेश ततस्तस्यवनखंडस्यमध्येऽतीवरमणीयंसरोदृष्ट्वासाश्वएवव्यगा
हत ६ अथाश्वस्तःसबिसमृणालमश्वायाग्रतोनिक्षिप्यपुष्करिणीतीरेसंविवेश ॥ ततःशयानोमधुरंगीतमशृणोत् ७ सश्रुत्वाऽचिंतयन्नेहमनुष्यगतिंपश्यामिक
स्यखल्वयंगीतशब्दइति ८ अथापश्यत्कन्यांपरमरूपदर्शनीयांपुष्पाण्यवचिन्वतींगायंतींच ॥ अथसाराज्ञःसमीपेपर्यक्रामत् ९ तामब्रवीद्राजाकस्यासिभद्रे
कावात्वमिति ॥ साप्रत्युवाचकन्याऽस्मीति तांराजोवाचार्थीत्वयाऽहमिति १० अथोवाचकन्यासमयेनाहंशक्यात्वयालब्धुंनान्यथेति राजातांसमयमपृच्छत् ॥
कन्योवाचनोदकंमेदर्शयितव्यमिति ११ सराजातांबाढमित्युक्त्वातामुपयेमे कृतोद्वाहश्चराजापरीक्षित्क्रीडमानोमुदापरमयायुक्तस्तूष्णींसंगम्यतयासहास्ते १२
ततस्तत्रैवासीनेराजनिसेनाऽन्वगच्छत् १३ सासेनोपविष्टंराजानंपरिवार्यातिष्ठत्पर्याश्वस्तश्चराजातयैवसहशिबिकयाप्रायादवघोटितया सस्वंनगरमनुप्राप्यरहसितयास
हास्ते १४ तत्राभ्याशस्थोऽपिकश्चिन्नापश्यदथप्रधानामात्योऽभ्याशचरास्तस्यस्त्रियोऽपृच्छत् १५ किमत्रप्रयोजनंवर्ततेइत्यथाब्रुवंस्ताःस्त्रियः १६ अपूर्वमिवप
श्यामउदकंनात्रनीयतइत्यथामात्योऽनुदकंवनंकारयित्वोदारवृक्षंबहुपुष्पफलमूलं तस्यमध्येमुक्ताजालमयींपार्श्वेवापींगूढांसुधासलिललिप्तां सरहस्युपगम्यराजानमब्र
वीत् १७ वनमिदमुदारकंसाध्वत्ररम्यतामिति १८ सतस्यवचनात्तयैवसहदेव्यातद्वनंप्राविशत्सकदाचित्तस्मिन्काननेरम्येतयैवसव्यवाहरदथक्षुत्तृष्णार्दितःश्रांतो
ऽतिमुक्तकागारमपश्यत् १९ तत्प्रविश्यराजासहप्रिययासुधाकृतांविमलांसलिलपूर्णांवापीमपश्यत् २० दृष्ट्वैवचतांतस्याश्चतीरेसहैवतयादेव्याऽवातिष्ठत् २१
अथतांदेवींसराजाऽब्रवीत्साध्ववतरवापीसलिलमिति ॥ सातद्वचःश्रुत्वाऽवतीर्यवापींन्यमज्जन्नपुनरुदमज्जत् २२ तांसमृगयमाणोराजानापश्यद्वापीमथनिःस्राव्यमं
डूकंश्वभ्रमुखेदृष्ट्वाक्रुद्धआज्ञापयामाससराजा २३ सर्वत्रमंडूकवधःक्रियतामिति योमयार्थीसमांमृतमंडूकोपायनमादायोपतिष्ठेदिति २४ अथमंडूकवधेघोरेक्रियमा
णेदिक्षुसर्वासुमंडूकान्भयमाविवेश तेभीतामंडूकराज्ञेयथावृत्तंन्यवेदयन् २५

१।२।३।४।५।६। ७।८।९।१०।११। १२।१३ अवघोटितयाश्लक्ष्णीकृतया १४ अभ्याशस्थोऽपिनिकटस्थोपिनापश्यत्क्रीडासक्तंराजानमितिशेषः १५ प्रयोजनंकर्तव्यम् १६ ।१७
१८ अतिमुक्तकागारंवासंतीगृहम् १९।२०।२१।२२।२३।२४।२५

२६ । २७ धनोद्रेकः श्रीतपसोरुत्कर्षः २८ प्रतिजानीहिनिश्चयंकुरु प्राप्यप्रापय्यमृत्युं क्रोधंस्त्रीशोकजं अलंकृत्वामाकुरु २९ । ३० । ३१ विप्रलब्धाः वंचिताः ३२ । ३३ । ३४ ब्रह्मण्यंब्राह्मणहितंतेन

ततोमंडूकराट्तापसवेषधारीराजानमभ्यगच्छदुपेत्यचैनमुवाच २६ माराजन्क्रोधवशंगमः प्रसादंकुरुनार्हसिमंडूकानामनपराधिनांवधंकर्तुमिति श्लोकौचात्रभवतः २७ मामंडूकान्जिघांसस्त्वंकोपंसंधारयाच्युत ॥ प्रक्षीयतेधनोद्रेकोजनानामविजानताम् २८ प्रतिजानीहिनैतांस्त्वंप्राप्यक्रोधंविमोक्ष्यसि ॥ अलंकृत्वातवाधर्मंमंडूकैः किंहतैर्हितै २९ तमेवंवादिनमिष्टजनशोकपरीतात्माराजाऽथोवाच ३० नहिक्षम्यतेतन्मयाहनिष्याम्येतानेतैर्दुरात्मभिः प्रियामेभक्षिता ॥ सर्वथैवमेवध्यामंडूकानार्हसिविद्वन्मामुपरोद्धुमिति ३१ सतद्वाक्यमुपलभ्यव्यथितेंद्रियमनाः प्रोवाच प्रसीदराजन्नहमायुर्नाममंडूकराजोममसादुहितासुशोभनानाम तस्याहिदौःशील्यमेतद्बहवस्तयाराजानोविप्रलब्धाः पूर्वाइति ३२ तमब्रवीद्राजातयाऽऽसमर्थीसामेदीयतामिति ३३ अथैनांराज्ञेपिताऽदादब्रवीच्चैनामेनंराजानंशुश्रूषस्वेति ३४ सएवमुक्त्वादुहितरंक्रुद्धः शशापयस्मात्त्वयाराजानोविप्रलब्धाबहवस्तस्मादब्रह्मण्यानितवापत्यानिभविष्यंत्यानृतिकत्वात्तवेति ३५ सचराजातामुपलभ्यतस्यांसुरतगुणनिबद्धहृदयोलोकत्रयैश्वर्यमिवोपलभ्यहर्षेणबाष्पकलयावाचाप्रणिपत्याभिपूज्यमंडूकराजमब्रवीदनुगृहीतोऽस्मीति ३६ सचमंडूकराजोदुहितरमनुज्ञाप्ययथागतमगच्छत् ३७ अथकस्यचित्कालस्यतस्यांकुमारास्त्रयस्तस्यराज्ञः संबभूवुः शलोदलोबलश्चेतिततस्तेषांज्येष्ठंशलंसमयेपिताराज्येभिषिच्यतपसिधृतात्मावनंजगाम ३८ अथकदाचिच्छलोमृगयामनुचरन्मृगमासाद्यरथेनान्वधावत् ३९ सूतंचोवाचशीघ्रंमांवहस्वेति सतथोक्तः सूतोराजानमब्रवीत् ४० नक्रियतामनुबंधोनैषशक्यस्त्वयामृगोऽयंग्रहीतुंयद्यपितेरथेयुक्तौवाम्यौस्यातामिति ततोऽब्रवीद्राजासूतमाचक्ष्वमेवाम्यौहन्मिचत्वामिति ॥ सएवमुक्तोराजभयभीतः सूतोवामदेवशापभीतश्चसन्नाचख्यौराज्ञे ॥ ततः पुनः सराजाखड्गमुद्यम्यशीघ्रंकथयस्वेतितमाहहनिष्येत्वामिति ॥ सतदाऽऽहराजभयभीतः सूतोवामदेवस्याश्वौवाम्यौमनोजवाविति ४१ अथैनमेवंब्रुवाणमब्रवीद्राजावामदेवाश्रमंप्रयाहीति सगत्वावामदेवाश्रमंतमृषिमब्रवीत् ४२ भगवन्मृगोमेविद्धः पलायतेसंभावयितुमर्हसिवाम्यौदातुमितितमब्रवीदृषिर्ददानितेवाम्यौकृतकार्येणभवताममैववाम्यौनिर्यात्यौक्षिप्रमितिसचताववश्वौप्रतिगृह्यानुज्ञाप्यऋषिंप्रायाद्वामीप्रयुक्तेनरथेनमृगंप्रतिगच्छंश्चाब्रवीत्सूतमश्वरत्नाविमावयोग्यौब्राह्मणानांनैतौप्रतिदेयौवामदेवायेत्युक्त्वामृगमवाप्यस्वनगरमेत्याश्वावंतः पुरेऽस्थापयत् ४३ अथर्षिश्चिंतयामासतरुणोराजपुत्रः कल्याणंपत्रमासाद्यरमते नप्रतिनिर्यातयत्यहोकष्टमिति ४४ समनसाविचिंत्यमासिपूर्णेशिष्यमब्रवीत् ४५ गच्छात्रेयराजानंब्रूहियदिपर्याप्तंनिर्यातयोपाध्यायवाम्याविति सगत्वैवंतंराजानमब्रवीत्तंराजाप्रत्युवाचराज्ञामेतद्वाहनमनर्होब्राह्मणारत्नानामेवंविधानांकिंब्राह्मणानामश्वैः कार्यंसाधुगम्यताम् ४६

रहितानिअब्रह्मण्यानि ३५ । ३६ । ३७ । ३८ । ३९ । ४० वाम्यौवामदेवीयौरथेयुक्तौअश्वौअश्वतरौवामीप्रयुक्तेनेतिवाक्यशेषात् ४१ । ४२ । ४३ पत्रंवाहनम् ४४ । ४५ । ४६

४७ अंतरेभेदे ४८ । ४९ । ५० वाहोवाहनम् ५१ यदेतत्ब्राह्मणस्यस्वमाजीवमानोऽस्येतदिहघोरमनिष्टपाकंव्रतंकर्माहुरित्यन्वयः वहंतुचतुर्दिक्षुप्रापयंतुचतुर्धाकृत्वेतिशेषः ५२ येत्वांमांहंतुमुद्युक्तंतेमदी
यास्त्वामेवपातयंत्वित्यर्थः ५३ । ५४ असत्यंमिथ्यावादिनमपित्वात्वांनानुशास्मिनदंडयामि अद्यप्रभृतितवाज्ञामितिसंबंधः तवापराधान्क्षमिष्येआज्ञयाचवर्तिष्येइतिवरद्वयंज्ञेयं ५५ एतत्प्रत्याचष्टे नेति । अनु

सगत्वैतदुपाध्यायायाचष्टतच्छ्रुत्वावचनमप्रियंवामदेवःक्रोधपरीतात्मास्वयमेवराजानमभिगम्याश्वार्थमचोदयन्नचाददद्राजा ४७ ॥ वामदेवउवाच ॥ प्रयच्छवा
म्यौममपार्थिवत्वंकृतंहितेकार्यमाभ्यामशक्यम् ॥ मात्वाऽवधीद्वरुणोघोरपाशैर्ब्रह्मक्षत्रस्यांतरेवर्तमानम् ४८ ॥ राजोवाच ॥ अनड्वाहौसुव्रतौसाधुदांतावे
तद्विप्राणांवाहनंवामदेव ॥ ताभ्यांयाहित्वंयत्रकामोमहर्षेच्छंदांसिवैत्वादृशंसंवहंति ४९ ॥ वामदेवउवाच ॥ छंदांसिवैमादृशंसंवहंतिलोकेऽमुष्मिन्पार्थिवयानि
संति ॥ अस्मिंस्तुलोकेममयानमेतदस्मद्विधानामपरेषांचराजन् ५० ॥ राजोवाच ॥ चत्वारस्त्वांवागर्दभाःसंवहंतुश्रेष्ठाश्वतर्योहरयोवातरंहाः ॥ तैस्त्वंयाहिक्ष
त्रियस्यैषवाहोममैववाम्यौनतवैतौहिविद्धि ५१ ॥ वामदेवउवाच ॥ घोरंव्रतंब्राह्मणस्यैतदाहुरेतद्राजन्यदिहाजीवमानः ॥ अयस्मयाघोररूपामहांतश्चत्वारोवाया
तुधानाःसुरौद्राः ॥ मयाप्रयुक्तास्त्वद्वधमीप्समानावहंतुत्वांशितशूलाश्चतुर्धा ५२ ॥ राजोवाच ॥ येत्वांविदुर्ब्राह्मणंवामदेववाचाहंतुंमनसाकर्मणावा ॥ तेत्वांस
शिष्यमिहपातयंतुमद्वाक्यनुन्नाःशितशूलासिहस्ताः ५३ ॥ वामदेवउवाच ॥ ममैतौवाम्यौप्रतिगृह्यराजन्पुनर्ददानीतिप्रपद्यमेत्वम् ॥ प्रयच्छशीघ्रंममवाम्यौत्व
मश्वौयद्यात्मानंजीवितुंतेक्षमंस्यात् ५४ ॥ राजोवाच ॥ नब्राह्मणेभ्योमृगयाप्रसूतानत्वाऽनुशास्म्यद्यप्रभृतिह्यसत्यम् ॥ तवैवाज्ञांसंप्रणिधायसर्वांतथाब्रह्मन्पु
ण्यलोकंलभेयम् ५५ ॥ वामदेवउवाच ॥ नानुयोगाब्राह्मणानांभवंतिवाचाराजन्मनसाकर्मणावा ॥ यस्त्वेवंब्रह्मतपसाऽन्वेतिविद्वांस्तेनश्रेष्ठोभवतिहिजीवमानः
५६ ॥ मार्कंडेयउवाच ॥ एवमुक्तेवामदेवेनराजन्समुत्तस्थूराक्षसाघोररूपाः ॥ तैःशूलहस्तैर्वध्यमानःसराजाप्रोवाचेदंवाक्यमुच्चैस्तदानीम् ५७ इक्ष्वाकवोयदिब्रह्मन्द
लोवाविधेयामेयदिचेमेविशोऽपि ॥ नोत्स्रक्ष्येऽहंवामदेवस्यवाम्यौनैवंविधाःकर्मशीलाभवंति ५८ एवंब्रुवन्नेवसयातुधानैर्हतोजगामाशुमहींक्षितीशः ॥ ततोविदि
त्वानृपतिंनिपातितमिक्ष्वाकवोवैदलमभ्यषिंचन् ५९ राज्येतदातत्रगत्वासविप्रःप्रोवाचेदंवचनंवामदेवः ॥ दलंराजानंब्राह्मणानांहिदेयमेवंराजन्सर्वधर्मेषुदृष्टम् ६०
बिभेषिचेत्त्वमधर्मान्नरेंद्रप्रयच्छमेशीघ्रमेवाद्यवाम्यौ ॥ एतच्छ्रुत्वावामदेवस्यवाक्यंसपार्थिवःसूतमुवाचरोषात् ६१ एकंहिमेसायकंचित्ररूपंदिग्धंविषेणाहरसंगृही
तम् ॥ येनविद्धोवामदेवःशयीतसंदश्यमानःश्वभिरार्तरूपः ६२ ॥ वामदेवउवाच ॥ ॥ जानामिपुत्रंदशवर्षंतवाहंजातंमहिष्यांश्येनजितंनरेंद्र ॥ तंजहित्वंम
द्वचनात्प्रणुन्नस्तूर्णंप्रियंसायकैर्घोररूपैः ६३

योगःशासनं अदंड्याब्राह्मणाइत्यर्थः । ब्रह्मब्राह्मणजातिं योब्राह्मणसेवीसजीवत्यन्योनश्यतीत्यर्थः वरद्वयमपिनिरर्थकमितिभावः ५६ । ५७ दलःकनिष्ठोभ्राता विधेयाआज्ञाकारिणः ५८ निपातितंमृतं
५९ । ६० । ६१ । ६२ तंजहि तवसायकस्त्वत्पुत्रमेवाहिंसिष्यतिनतुमामित्यर्थः ६३

६४ । ६५ । ६६ एवमुक्त्वावामदेवेनस्तंभितहस्तपादोराजाउवाच इक्ष्वाकवइति ६७ संस्पृश्यहत्वा एनसोब्रह्महत्याख्यत्रमायजातपापात् ६८ एनंनृशंसंभर्तारंदिनेदिनेसूनृतानिकल्याणकराणिवाक्यानिसंदिशंती तिसंबंधः ब्राह्मणेभ्योमृगयतीब्राह्मणान्सेवितुमिच्छंती ६९ । ७० । ७१ । ७२ ॥ ॥ इत्यारण्यकेपर्वणि नैलकंठीये भारतभावदीपे द्विनवत्यधिकशततमोऽध्यायः ॥ १९२ ॥ ॥ मार्कंडेयमृषय

मार्कंडेयउवाच ॥ एवमुक्तोवामदेवेनराजन्नंतःपुरेराजपुत्रंजघान ॥ समायकस्तिग्मतेजाविसृष्टःश्रुत्वादलस्तत्रवाक्यंबभाषे ६४ ॥ राजोवाच ॥ इक्ष्वाकवोहंत चरामिवःप्रियंनिहन्मीमंविप्रमद्यप्रमथ्य ॥ आनीयतामपरस्तिग्मतेजाःपश्यध्वंमेवीर्यमद्यक्षितीशाः ६५ ॥ वामदेवउवाच ॥ यत्त्वमेनंसायकंघोररूपंविषेणदिग्धं ममसंदधासि ॥ नत्वेतंत्वंशरवर्यंविमोक्तुंसंधातुंवाशक्ष्यसेमानवेंद्र ६६ ॥ राजोवाच ॥ इक्ष्वाकवःपश्यतमांगृहीतंनवैशक्नोम्येषशरंविमोक्तुम् ॥ नचास्यकर्तुंना शमभ्युत्सहामिआयुष्मान्वैजीवतुवामदेवः ६७ ॥ वामदेवउवाच ॥ संस्पृशैनांमहिषींसायकेनततस्तस्मादेनसोमोक्ष्यसेत्वम् ॥ ततस्तथाकृतवान्पार्थिवस्तुततो मुनिंराजपुत्रीबभाषे ६८ ॥ राजपुत्र्युवाच ॥ यथायुक्तावामदेवाहमेनंदिनेदिनेसंदिशंतीनृशंसम् ॥ ब्राह्मणेभ्योमृगयतीसूनृतानितथाब्रह्मन्पुण्यलोकंलभेयम् ६९ ॥ वामदेवउवाच ॥ त्वयात्रातंराजकुलंशुभेक्षणेवरंवृणीष्वाप्रतिमंददानिते ॥ प्रशाधीमंस्वजनंराजपुत्रिइक्ष्वाकुराज्यंसुमहच्चाप्यनिंद्ये ७० ॥ राजपुत्र्युवाच ॥ वरंवृणेभगवंस्त्वेवमेषविमुच्यतांकिल्बिषादद्यभर्ता ॥ शिवेनचाध्याहिसपुत्रबांधवंवरोवृतोह्येषमयाद्विजाग्र्य ७१ ॥ मार्कंडेयउवाच ॥ श्रुत्वावचःसमुनीराजपुत्र्यास्त थाऽस्त्वितिप्राहकुरुप्रवीर ॥ ततःसराजामुदितोबभूववाम्यौचास्मैप्रददौसंप्रणम्य ७२ ॥ इतिश्रीमहाभारतेआरण्यकेपर्वणिमार्कंडेयसमास्यापर्वणिमंडूकोपाख्या नेद्विनवत्यधिकशततमोऽध्यायः ॥ १९२ ॥ ॥ वैशंपायनउवाच ॥ मार्कंडेयमृषयोब्राह्मणायुधिष्ठिरश्चपर्यपृच्छन्नृषिःकेनदीर्घायुरासीद्बकोमार्कंडेयस्तुतान्सर्वानु वाच १ महातपादीर्घायुश्चबकोराजर्षिर्नात्रकार्याविचारणा २ एतच्छ्रुत्वातुकौंतेयोभ्रातृभिःसहभारत ॥ मार्कंडेयंपर्यपृच्छद्धर्मराजोयुधिष्ठिरः ३ बकदाल्भ्यौमहा त्मानौश्रूयेतेचिरजीविनौ ॥ सखायौदेवराजस्यतावृषीलोकसंमतौ ४ एतदिच्छामिभगवन्बकशक्रसमागमम् ॥ सुखदुःखसमायुक्तंतत्त्वेनकथयस्वमे ५ ॥ मार्कं डेयउवाच ॥ वृत्तेदेवासुरेराजन्संग्रामेलोमहर्षणे ॥ त्रयाणामपिलोकानामिंद्रोलोकाधिपोऽभवत् ६ सम्यग्वर्षतिपर्जन्येसस्यसंपदउत्तमाः ॥ निरामयाःसुधर्मिष्ठाः प्रजाधर्मपरायणाः ७ मुदितश्चजनःसर्वःस्वधर्मेषुव्यवस्थितः ॥ ताःप्रजामुदिताःसर्वादृष्ट्वाबलनिषूदनः ८ ततस्तुमुदितोराजन्देवराजःशतक्रतुः ॥ ऐरावतंसमा स्थायताःपश्यन्मुदिताःप्रजाः ९ आश्रमांश्वविचित्रांश्चनदीश्चविविधाःशुभाः ॥ नगराणिसमृद्धानिखेटान्जनपदांस्तथा १० प्रजापालनदक्षांश्चनरेंद्रान्धर्मचारिणः ॥ उदपानंप्रपावापीतडागानिसरांसिच ११ नानाब्रह्मसमाचारैःसेवितानिद्विजोत्तमैः ॥ ततोऽवतीर्यरम्यायांपृथ्व्यांराजञ्छतक्रतुः १२

इत्यादेरध्यायस्यतात्पर्यंब्रह्मविद्यालब्धंचिरजीवित्वमपिदुःखमिश्रमतोविदेहकैवल्यमेवश्रेष्ठमिति १ । २ । ३ । ४ । ५ । ६ । ७ । ८ । ९ । १० । ११ । १२

१३ । १४ । १५ । १६ १७ । १८ । १९ । २० । २१ । २२ । २३ । २४ । २५ । २६ । २७ । २८ । २९ । ३० । ३१ । ३२ । ३३ । ३४ । ३५ । ३६ । ३७

तत्ररम्येशिवेदेशेबहुवृक्षसमाकुले ॥ पूर्वस्यांदिशिरम्यायांसमुद्राभ्याशतोनृप १३ तत्राश्रमपदंरम्यंमृगद्विजनिषेवितम् ॥ तत्राश्रमपदेरम्येबकंपश्यतिदेवराट् १४
बकस्तुदृष्ट्वादेवेन्द्रंदृढंप्रीतमनाऽभवत् ॥ पाद्यासनार्घदानेनफलमूलैरथार्चयत् १५ सुखोपविष्टोवरदस्ततस्तुबलसूदनः ॥ ततःप्रश्नंबकंदेवउवाचत्रिदशेश्वरः १६
शतंवर्षसहस्राणिमुनेजातस्यतेऽनघ ॥ समाख्याहिममब्रह्मन्किंदुःखंचिरजीविनाम् १७ ॥ बकउवाच ॥ अप्रियैःसहसंवासःप्रियैश्चापिविनाभवः ॥ असद्भिः
संप्रयोगश्चतद्दुःखंचिरजीविनाम् १८ पुत्रदारविनाशोऽत्रज्ञातीनांसुहृदामपि ॥ परेष्वायत्तताकृच्छ्रंकिंनुदुःखतरंततः १९ नान्यद्दुःखतरंकिंचिल्लोकेषुप्रतिभा
तिमे ॥ अर्थैर्विहीनःपुरुषःपरैःसंपरिभूयते २० अकुलानांकुलेभावंकुलीनानांकुलक्षयम् ॥ संयोगंविप्रयोगंचपश्यंतिचिरजीविनः २१ अपिप्रत्यक्षमेवैत
त्तवदेवशतक्रतो ॥ अकुलानांसमृद्धानांकथंकुलविपर्ययः २२ देवदानवगंधर्वमनुष्योरगराक्षसाः ॥ प्राप्नुवंतिविपर्यासंकिंनुदुःखतरंततः २३ कुलेजाताश्च
क्लिश्यंतेदौष्कुलेयवशानुगाः ॥ आढ्यैर्दरिद्राऽवमताःकिंनुदुःखतरंततः २४ लोकेवैधर्म्यमेतत्तुदृश्यतेबहुविस्तरम् ॥ हीनज्ञानाश्चदृश्यंतेक्लिश्यंतेप्राज्ञकोविदाः
२५ बहुदुःखपरिक्लेशंमानुष्यमिहदृश्यते ॥ इंद्रउवाच ॥ पुनरेवमहाभागदेवर्षिगणसेवित २६ समाख्याहिममब्रह्मन्किंसुखंचिरजीविनाम् ॥ बकउवाच ॥
अष्टमेद्वादशेवाऽपिशाकंयःपचतेगृहे २७ कुमित्राण्यनपाश्रित्यकिंवैसुखतरंततः ॥ यत्राहानिनगण्यंतेनैनमाहुर्महाशनम् २८ अपिशाकंपचानस्यसुखंवैमघ
वन्गृहे ॥ अर्जितंस्वेनवीर्येणनाप्यपाश्रित्यकंचन २९ फलशाकमपिश्रेयोभोक्तुंह्यकृपणंगृहे ॥ परस्यतुगृहेभोक्तुःपरिभूतस्यनित्यशः ३० सुमृष्टमपिनश्रेयोवि
कल्पोऽयमतःसताम् ॥ श्ववत्कीलालपोयस्तुपरान्नंभोक्तुमिच्छति ३१ धिगस्तुतस्यतद्भुक्तंकृपणस्यदुरात्मनः ॥ योदत्वाऽतिथिभूतेभ्यःपितृभ्यश्चद्विजोत्तमः ३२
शिष्टान्यन्नानियोभुंक्तेकिंवैसुखतरंततः ॥ अतोमृष्टतरंनान्यत्पूतंकिंचिच्छतक्रतो ३३ दत्वायस्त्वतिथिभ्योवैभुंक्तेतेनैवनित्यशः ॥ यावतोह्यंधसःपिंडानश्नातिस
ततंद्विजः ३४ तावतांगोसहस्राणांफलंप्राप्नोतिदायकः ॥ यदेनोयौवनकृतंतत्सर्वंनश्यतेध्रुवम् ३५ सदक्षिणस्यभुक्तस्यद्विजस्यतुकरेगतम् ॥ यद्वारिवारिणासिं
चेत्तद्धयेनस्तरतेक्षणात् ३६ एताश्चान्याश्चवैबह्वीःकथयित्वाकथाःशुभाः ॥ बकेनसहदेवेंद्रआपृच्छ्यत्रिदिवंगतः ३७ ॥ इतिश्रीमहाभारतेआरण्यकेपर्वणिमार्कंडेय
समास्यापर्वणिब्राह्मणमहाभाग्येबककशक्रसंवादेत्रिनवत्यधिकशततमोऽध्यायः ॥ १९३ ॥ ॥ ॥ ॥ ॥ ॥

विद्याबलंयुद्धप्रजापालनादिव्यग्रेष्वपिराजस्वस्तीतिदर्शयितुमाह ततइति १ । २ नैततूयत्पंथास्त्याज्यइत्येतन्नेत्यर्थः तत्रहेतुःपूर्वैति । पूर्वैचतेकर्मकर्त्रादयश्चेतिविग्रहः अनुमंतृयत्कृप्रभृतयआदिशब्दार्थः अवधा नतोविचारतःअधरेति । आवयोस्तारतम्यं नास्तीत्यर्थः ३ क्रूरइति । पूर्वार्द्धेखलवृत्तं नाप्नुयात्साधुत्वंवैकथंनकुर्यादित्यर्थः ४ । ५ । ६ । ७ राज्ञःशिबेः ८ ॥ इत्यारण्यकेपर्वणि नैलकंठीये भारतभावदीपे चतुर्नवत्यधिकशततमोऽध्यायः ॥ १९४ ॥ ॥ इदमिति १ । २ । विद्वेषणंयाचकस्यद्वेषं प्रीत्यैवददासिचेत्ग्रहीष्यामीत्यर्थः ३ हेदद्य ददोदानंतदर्ह दत्वानकीर्तये दुःखसत्येवकीर्तनंस्यान्नान्यथेति

॥ वैशंपायनउवाच ॥ ततःपांडवाःपुनर्मार्कंडेयमूचुः १ कथितंब्राह्मणमहाभाग्यंराजन्यमहाभाग्यमिदानींशुश्रूषामहइति तानुवाचमार्कंडेयोमहर्षिःश्रूयतामिति इदानींराजन्यानांमहाभाग्यमिति ॥ कुरूणामन्यतमःसुहोत्रोनामराजामहर्षीनभिगम्यनिवृत्यरथस्थमेवराजानमौशीनरंशिबिंददर्शाभिमुखंतौसमेत्यपरस्परेणयथावयः पूजांप्रयुज्यगुणसाम्येनपरस्परेणतुल्यात्मानौविदित्वाऽन्योन्यस्यपंथानंनददतुस्तत्रनारदःप्रादुरासीत्किमिदंभवतोःपरस्परस्यपंथानमावृत्यतिष्ठतइति २ तावूचतु र्नारदं नैतद्भगवन्पूर्वकर्मकर्त्रादिभिर्विशिष्टस्यपंथाउपदिश्यतेसमर्थायवा आवांचसख्यंपरस्परेणोपगतौ तच्चावधानतोऽत्युत्कृष्टमधरोत्तरंपरिभ्रष्टम् ॥ नारदस्त्वेव मुक्तःश्लोकत्रयमपठत् ३ क्रूरःकौरव्यमृदवेमृदुःक्रूरेचकौरव ॥ साधुश्चासाधवेसाधुःसाधवेनाप्नुयात्कथम् ४ कृतंशतगुणंकुर्यान्नास्तिदेवेषुनिर्णयः ॥ औशी नरःसाधुशीलोभवतोवैमहीपतिः ५ जयेत्कदर्यंदानेनसत्येनानृतवादिनम् ॥ क्षमयाक्रूरकर्माणमसाधुंसाधुनाजयेत् ६ तदुभावेवभवंतावुदारौयइदानींभवद्भ्याम न्यतमःसोऽपसर्पतुएतद्वैनिदर्शनमित्युक्त्वातूष्णींनारदोबभूव ॥ एतच्छ्रुत्वातुकौरव्यःशिबिंप्रदक्षिणंकृत्वापंथानंदत्वाबहुकर्मभिःप्रशस्यप्रययौ ७ तदेतद्राज्ञो महाभाग्यमप्युक्तवान्नारदः ८ ॥ ॥ इतिश्रीमहाभारतेआरण्यकेपर्वणिमार्कंडेयसमास्यापर्वणिशिबिचरितेचतुर्नवत्यधिकशततमोऽध्यायः ॥ १९४ ॥ ॥

॥ मार्कंडेयउवाच ॥ इदमन्यच्छ्रूयतांययातिर्नाहुषोराजाराज्यस्थःपौरजनावृतआसांचक्रे ॥ गुर्वर्थीब्राह्मणउपेत्याब्रवीत्भोराजन्गुर्वर्थंभिक्षेयंसमयादिति १ ॥ राजोवाच ॥ ॥ ब्रवीतुभगवान्समयमिति २ ॥ ब्राह्मणउवाच ॥ विद्वेषणंपरमंजीवलोकेकुर्यान्नरःपार्थिवयाच्यमानः ॥ तत्वांपृच्छामिकथंतुराजन्दद्या द्भवान्दयितंचमेऽद्य ३ ॥ राजोवाच ॥ नचानुकीर्तयेदद्यदत्वाअयाच्यमर्थंनचसंशृणोमि ॥ प्राप्यमर्थंचसंश्रुत्यतंचापिदत्वासुसुखीभवामि ४ ददामितेरो हिणीनांसहस्रंप्रियोहिमेब्राह्मणोयाचमानः ॥ नमेमनःकुप्यतियाचमानेदत्तंनशोचामिकदाचिदर्थम् ५ इत्युक्त्वाब्राह्मणायराजागोसहस्रंददौ ॥ प्राप्तवांश्चगवां सहस्रंब्राह्मणइति ६ ॥ ॥ इतिश्रीमहाभारतेआरण्यकेपर्वणिमार्कंडेयसमास्यापर्वणिनाहुषचरितेपंचनवत्यधिकशततमोऽध्यायः ॥ १९५ ॥ ॥

॥ वैशंपायनउवाच ॥ भूयएवमहाभाग्यंकथ्यतामित्यब्रवीत्पांडवः १

भावः । दुःखंचप्रियवियोगेऽतोममादेयाभावात्त्वयाऽप्ययाच्योऽर्थोनास्तीत्यतःसर्वंप्राप्यंस्त्रीपुत्रदेहांतंदेयमेव नत्वप्राप्यंदातुंशक्यमित्यर्थः ४ रोहिणीनांगवां । रोहिणीकंठरुग्भिदीत्युपक्रम्य लोहितागवोरितिमे दिनी ५ अमाधावपिमाधुत्वं गीताइष्टार्थदानंचमहाभाग्यमिध्यायद्वयतात्पर्यम् ६ ॥ इत्यारण्यकेपर्वणि नैलकंठीये भारतभावदीपे पंचनवत्यधिकशततमोऽध्यायः ॥ १९५ ॥ ॥ भूयइति १

२ उपांशुबहिरनुद्घाटितं कुप्यंस्वर्णरूप्यादन्यत् ३ । ४ । ५ । ६ । ७ कशेनपुंस्त्वमार्षं ८ हिंसिहिनस्सिताडयसि ९ शपंतंशापंदित्संतं हेविप्र योनददातिस्वीयंधनंतुभ्यं तस्मैवाएतत्शापदानमुचितं । उता
होस्वित्एतद्ब्राह्मण्यंब्राह्मणयोग्यंस्वीयमपिदित्सन्नशापयोग्यः नापिशांतिधर्माब्राह्मणःशापंदातुमर्हतीत्यर्थः १० ॥ ११ क्षेपणंदूरीकरणं अवश्यंसप्रसादनीयइत्यर्थः १२ दैवसिकांएकदिवसजातामुत्पत्तिंध
नस्य । स्वनियमभंगायप्रवृत्तंब्राह्मणंदंडयितुमपिप्रार्थितादधिकंदत्वाप्रसादयितुमपिसमर्थाराजानइतितात्पर्यम् १३ ॥ ॥ इत्यारण्यकेपर्वणि नैलकंठीये भारतभावदीपे षण्णवत्यधिकशततमोऽध्यायः ॥ १९६ ॥

अथाचष्टमार्कंडेयोमहाराजवृषदर्भेसेदुकनामानौराजानौनीतिमार्गरतावस्त्रोपात्तकृतिनौ २ सेदुकोवृषदर्भस्यबालस्यैवउपांशुव्रतमभ्यजानात्कुप्यमदेयंब्राह्मणस्य ३
अथतंसेदुकंब्राह्मणःकश्चिद्वेदाध्ययनसंपन्नआशिषंदत्वागुर्वर्थीभिक्षितवान् ४ अश्वसहस्रंमेभवान्ददात्विितितंसेदुकोब्राह्मणमब्रवीत् ५ नास्तिसंभवोगुर्वर्थे
दातुमिति ६ सत्वंगच्छवृषदर्भसकाशं राजापरमधर्मज्ञोब्राह्मणतंभिक्षस्व सतेदास्यतितस्यैतदुपांशुव्रतमिति ७ अथब्राह्मणोवृषदर्भसकाशंगत्वाअश्वसहस्रमयाचत्
सराजातंकशेनाताडयत् ८ तंब्राह्मणोऽब्रवीत्किंहिंस्यनागसंमामिति ९ एवमुक्त्वातंशपंतंराजाहविप्रकिंयोनददातितुभ्यमुताहोस्विद्ब्राह्मण्यमेतत् १०
॥ ब्राह्मणउवाच ॥ ॥ राजाधिराजतवसमीपंसेदुकेनप्रेषितोभिक्षितुमागतः ॥ तेनानुशिष्टेनमयात्वंभिक्षितोऽसि ११ ॥ ॥ राजोवाच ॥ ॥ पूर्वाह्णेते
दास्यामियोमेऽद्यबलिरागमिष्यति ॥ योहन्यतेकशयाकथंमोघंक्षेपणंतस्यस्यात् १२ इत्युक्त्वाब्राह्मणायदैवसिकामुत्पत्तिंप्रादात् ॥ अधिकस्याश्वसहस्र
स्यमूल्यमेवादादिति १३ ॥ इतिश्रीमहाभारतेआरण्यकेपर्वणिमार्कंडेयसमास्यापर्वणिसेदुकवृषदर्भचरितेषण्णवत्यधिकशततमोऽध्यायः ॥ १९६ ॥ ॥
॥ मार्कंडेयउवाच ॥ देवानांकथासंजाता महीतलंगत्वामहीपतिंशिबिमौशीनरंसाध्वेनंशिबिंजिज्ञास्यामइति ॥ एवंभोइत्युक्त्वाअग्नींद्रावुपतिष्ठेताम् १ अग्निः
कपोतरूपेणतमभ्यधावदामिषार्थमिंद्रःश्येनरूपेण २ अथकपोतोराज्ञोदिव्यासनासीनस्योत्संगंन्यपतत् ३ अथपुरोहितोराजानमब्रवीत् ॥ प्राणरक्षार्थंश्ये
नाद्भीतोभवंतंप्राणार्थीप्रपद्यते ४ वसुददातुअंतवान्पार्थिवोऽस्यनिष्कृतिंकुर्यात्घोरंकपोतस्यनिपातमाहुः ५ अथकपोतोराजानमब्रवीत् ॥ प्राणरक्षार्थंश्ये
नाद्भीतोभवंतंप्राणार्थीप्रपद्येअंगैरंगानिप्राप्यार्थीमुनिर्भूत्वाप्राणांस्त्वांप्रपद्ये ६ स्वाध्यायेनकर्शितंब्रह्मचारिणंमांविद्धि ॥ तपसादमेनयुक्तमाचार्यस्याप्रतिकूलभा
षिणम् ॥ एवंयुक्तमपापंमांविद्धि ७ गदामिवेदान्विचिनोमिच्छंदःसर्वेवेदाअक्षरशोमेअधीताः ॥ नसाधुदानंश्रोत्रियस्यप्रदानंमाप्रादाःश्येनायनकपोतोऽस्मि
८ अथश्येनोराजानमब्रवीत् ९

॥ देवानामिति १ । २ । ३ । ४ घोरंनिंदितंअनिष्टसूचकमित्यर्थः मृत्युदूतत्वात्कपोतस्य अंतवान्दिगंतानामीश्वरः ५ अंगैरिति । मुनिरहंस्वशरीरेणकपोतशरीरंप्रविष्टोऽस्मीत्यर्थः प्राणान्प्राणरक्षकत्वेनत्वमेव
ममप्राणाइत्यर्थः ६ । ७ श्रोत्रियस्यमे श्येनायत्वत्कर्तृकंप्रदानंनसाधुदानं ८ । ९

पर्यायेणेतिपितृपुत्रभार्यामातृप्रभृतीनामाधरोत्तर्येण याजायासैवभवांतरेमाता यःपुत्रःसएवपिता एवंशत्रुर्मित्रंभवति मित्रंवाशत्रुरिति भवेषुजन्मसुपर्यायेणवसतिःस्थितिर्भवति अतस्त्वंसर्गेसृष्टौअस्मात्कपोतात्जातोऽसि अतस्त्वं तवजन्मांतरीयंपितरंकपोतंआददानोरक्षन् ममआहारेविघ्नंमाकुर्वित्यर्थः १० शकुनेनेत्यकारांतोऽपि । एतयोःस्वरूपंज्ञात्वासाधुकर्मकथंकुर्यामितिविमृशतीत्यर्थः ११ । १२ ह्रस्वा शैशवेएवप्रजाप्रमीयते म्रियते १३ मोघंनिष्फलंसोऽन्नंविंदतिलभते अप्रचेताःअनुदारः १४ अस्मात्कपोतात् एनंकपोतंमोचयित्वा तेतुभ्यंप्रतिनयंतुप्रतिनिधित्वेनसमर्पयंतु १५ ददस्व दददानेइत्यस्यरूपं

पर्यायेणवसतिर्वाभवेषुसर्गेजातःपूर्वमस्मात्कपोतात् ॥ त्वमाददानोऽथकपोतमेनंमात्वंराजन्विघ्नकर्ताभवेथाः १० ॥ राजोवाच ॥ केनेदृशीजातुपराहिदृष्टावागुच्यमानाशकुनेनसंस्कृता ॥ यांवैकपोतोवदतेयांचश्येनउभौविदित्वाकथमस्तुसाधु ११ नास्यवर्षंवर्षतिवर्षकालेनास्यबीजंरोहतिकालउप्तम् ॥ भीतंप्रपन्नंयोहिददातिशत्रवेनत्राणंलभेत्त्राणमिच्छन्सकाले १२ जाताह्रस्वाप्रजाप्रमीयतेसदानवासंपितरोऽस्यकुर्वते ॥ भीतंप्रपन्नंयोहिददातिशत्रवेनास्यदेवाःप्रतिगृह्णंतिहव्यम् १३ मोघमन्नंविंदतिचाप्रचेताःस्वर्गाल्लोकाद्भ्रश्यतिशीघ्रमेव ॥ भीतंप्रपन्नंयोहिददातिशत्रवेसेंद्रादेवाःप्रहरंत्यस्यवज्रम् १४ उक्षाणंपक्त्वासहओदनेनअस्मात्कपोतात्प्रतितेनयंतु ॥ यस्मिन्देशेरमसेऽतीवश्येनतत्रमांसंशिबयस्तेवहंतु १५ ॥ श्येनउवाच ॥ नोक्षाणोराजन्प्रार्थयेयंनचान्यदस्मान्मांसमधिकंवाकपोतात् ॥ देवैर्दत्तःसोऽद्यममैषभक्षस्तन्मेददस्वशकुनानामभावात् १६ ॥ राजोवाच ॥ उक्षाणंवेहतमनूनंनयंतुतेपश्यंतुपुरुषाममैव ॥ भयाहितस्यदायंममांतिकात्त्वांप्रत्याम्नायंतुत्वंह्येनंमाहिंसीः १७ त्यजेप्राणान्नैवदद्यांकपोतंसौम्योह्ययंकिंनजानासिश्येन ॥ यथाक्लेशंमाकुरुष्वेहसौम्यनाहंकपोतमर्पयिष्येकथंचित् १८ यथामांवैसाधुवादैःप्रसन्नाःप्रशंसेयुःशिबयःकर्मणातु ॥ यथाश्येनप्रियमेवकुर्यांप्रशाधिमांयद्वदेस्तत्करोमि १९ ॥ श्येनउवाच ॥ ऊरोर्दक्षिणादुत्कृत्यस्वपिशितंतावद्राजन्यावन्मांसंकपोतेनसमम् ॥ तथातस्मात्साधुत्रातःकपोतःप्रशंसेयुश्चशिबयःकृतंचप्रियंस्यान्ममेति २० अथसदक्षिणादूरोरुत्कृत्यस्वमांसपेशींतुलयाऽधारयत् ॥ गुरुतरएवकपोतआसीत् २१ पुनरन्यमुच्चकर्तगुरुतरएवकपोतः ॥ एवंसर्वंसमधिकृत्यशरीरंतुलायामारोपयामास तत्तथापिगुरुतरएवकपोतआसीत् २२ अथराजास्वयमेवतुलामारुरोह ॥ नचव्यलीकमासीद्राज्ञएतद्वृत्तांतंदृष्ट्वात्रातइत्युक्त्वाप्रालीयतश्येनः अथराजाअब्रवीत् २३ कपोतंविद्युःशिबयस्त्वांकपोतपृच्छामितेशकुनेकोनुश्येनः ॥ नानीश्वरईदृशंजातुकुर्यादेतंप्रश्नंभगवन्मेविचक्ष्व २४ ॥ कपोतउवाच ॥ वैश्वानरोऽहंज्वलनोधूमकेतुरथैवश्येनोवज्रहस्तःशचीपतिः ॥ साधुज्ञातुंत्वामृषभंसौरथेयनौजिज्ञासयात्वत्सकाशंप्रपन्नौ २५

शकुनानांएकस्मिन्नेवबहुत्वं अभावात्नाशेन १६ उक्षाणंवलीवर्दंवेहवंवंध्यांगांवा अनूनंसर्वांगसंपूर्णंयथास्यात्तथा भयाहितस्यभीग्रस्तस्यकपोतस्य दायंप्रतिधनं प्रत्याम्नायंनयंतुप्रापयंतु पश्यन्तुआलोचयंतुच संतः एनंकपोतंमाहिंसीरिति १७ सौम्योह्ययं सोमसंयुक्तक्रतुवन्नित्यंपरिपाल्योह्ययं हेसौम्य सोमवत्प्रियदर्शन १८ । १९ । २० । २१ अधिकृत्यच्छित्वा २२ अपर्याप्तौ स्वयमेवतुलामाविवेश व्यलीकं अप्रियं त्रातस्त्वयाकपोतइत्युक्त्वा २३ । २४ हेसौरथेयसुरथायाःपुत्र नौआवांविद्धीतिशेषः २५

असिनाखड्गेनएतन्मांसं वःनृपाणां लक्ष्मचिह्नंकरोमि २६ । २७ शिबिनाशिथिलशरीरेणजातंऔद्भिदंउद्भेदेनजातं यशसादीप्यमानम् २८ ॥ इत्यारण्यकेपर्वणि नैलकंठीये भारतभावदीपे सप्तनवत्यधिकशततमोऽध्यायः ॥ १९७ ॥ ॥ भूयइति १ । २ । ३ आयुष्मंतंचिरकालभोग्यंस्वर्गस्थानं पुंस्त्वमार्षं अवतरेत्स्वर्गात्भूमौप्रथममितिशेषः ४ । ५ । ६ पार्श्वरथचक्रप्रदेशस्थमश्वम् ७ । ८

यामेतांपेशींममनिष्क्रयायप्रादाद्भवानसिनोत्कृत्यराजन् ॥ एतद्वोलक्ष्मशिवंकरोमिहिरण्यवर्णंरुचिरंपुण्यगंधम् २६ एतासांप्रजानांपालयितायशस्वीसुरर्षीणाम
थसंमतोभृशम् ॥ एतस्मात्पार्श्वात्पुरुषोजनिष्यतिकपोतरोमेतिचतस्यनाम २७ कपोतरोमाणंशिबिनौद्भिदंपुत्रंप्राप्स्यसिनृपवृषसंहननंयशोदीप्यमानंद्रष्टाऽसिशूरमृषभंसौरथानाम् २८ ॥ इतिश्रीमहाभारतेआरण्यकेपर्वणिमार्कंडेयसमास्यापर्वणिशिबिचरितेसप्तनवत्यधिकशततमोऽध्यायः ॥ १९७ ॥ ॥ ॥
वैशंपायनउवाच ॥ भूयएवमहाभाग्यंकथ्यतामित्यब्रवीत्पांडवोमार्कंडेयम् ॥ अथाचष्टमार्कंडेयः ॥ अष्टकस्यवैश्वामित्रेरश्वमेधेसर्वेराजानःप्रागच्छन् १ भ्रातरश्चास्यप्रतर्दनोवसुमनाःशिबिरौशीनरइति सचसमाप्तयज्ञोभ्रातृभिःसहरथेनप्रायात्तेचनारदमागच्छंतमभिवाद्यारोहतुभवान्रथमित्यब्रुवन् २ तांस्तथेत्युक्त्वारथमारुरोह ॥ अथतेषामेकःसुरर्षिंनारदमब्रवीत् ॥ प्रसाद्यभगवंतंकिंचिदिच्छेयंप्रष्टुमिति ३ पृच्छेत्यब्रवीदृषिः ॥ सोऽब्रवीदायुष्मंतःसर्वगुणप्रमुदिताः ॥ अथायुष्मंतंस्वर्गस्थानंचतुर्भिर्यातव्यंस्यात्कोऽवतरेत् ॥ अयमष्टकोवतरेदित्यब्रवीदृषिः ४ किंकारणमित्यपृच्छत् ॥ अथाचष्टाष्टकस्यगृहेमयाउषितंसमांरथेनानुप्रावहदथापश्यमनेकानिगोसहस्राणिवर्णशोविविक्तानितमहमपृच्छंकस्येमागावइतिसोऽब्रवीत् ॥ मयानिसृष्टाइत्येतास्तेनैवस्वयंश्लाघतिकथितेन ॥ एषोऽवतरेदथत्रिभिर्यातव्यंसांप्रतंकोवतरेत् ५ प्रतर्दनइत्यब्रवीदृषिः ॥ तत्रकिंकारणंप्रतर्दनस्यापिगृहेमयोषितंसमांरथेनानुप्रावहत् ६ अथैनंब्राह्मणोऽभिक्षेताश्वंमेददातुभवान्निवृत्तोदास्यामीत्यब्रवीद्ब्राह्मणं त्वरितमेवदीयतामित्यब्रवीद्ब्राह्मणस्त्वरितमेवसब्राह्मणस्यैवमुक्त्वादक्षिणंपार्श्वमददत् ७ अथान्योऽप्यश्वार्थीब्राह्मणआगच्छत् ॥ तथैवचैनमुक्त्वावामपार्ष्णिमभ्यदादथप्रायात्पुनरपिचान्योऽप्यश्वार्थीब्राह्मणआगच्छत्त्वरितोऽथतस्मैअपनह्यवामंधुर्यमददत् ८ अथप्रायात्पुनरन्यआगच्छदश्वार्थीब्राह्मणस्तमब्रवीदतियातोदास्यामित्वरितमेवमेदीयतामित्यब्रवीद्ब्राह्मणस्तस्मैदत्वाऽश्वंरथधुरंगृह्णताऽव्याहृतंब्राह्मणानांसांप्रतंनास्तिकिंचिदिति ९ यएषददातिचासूयतिचतेनव्याहृतेनतथाऽवतरेत् ॥ अथद्वाभ्यांयातव्यमितिकोऽवतरेत् १० वसुमनाअवतरेदित्यब्रवीदृषिः ११ किंकारणमित्यपृच्छदथाचष्टनारदः ॥ अहंपरिभ्रमन्वसुमनसोगृहमुपस्थितः १२ स्वस्तिवचनमासीत्पुष्परथस्यप्रयोजनेन तमहमन्वगच्छंस्वस्तिवाचितेषुब्राह्मणेषुरथोब्राह्मणानांदर्शितः १३ तमहंरथंप्राशंसमथराजाऽब्रवीद्भगवतारथःप्रशस्तः ॥ एषभगवतोभगवतारथइति १४

अतियातोऽतिवेगवान् अश्वचतुष्टयस्यापिदानात्धुरंस्वहस्तेनैवगृण्हतासांप्रतंयुक्तायुक्तविचारः ९ । १० । ११ । १२ पुष्परथस्यगिरिगगनसागरेष्वप्रतिषिद्धमार्गस्य प्रयोजनेनतदर्थमित्यर्थः १३ रथःस्तुतएवनतुयाचितः राजाऽपिममाशयंबुद्ध्वाऽपि रथंनदत्तवान् रथस्तुतिंचानुमोदितवानितिभयद्वकार्थः १४

द्रोहवचनेनअदत्वात्तृथास्तवेन १५ । १६ । १७ । १८ । १९ । २० । २१ महित्वापूजयित्वाकपालंशीर्षास्थिपात्रम् २२ । २३ । २४ । २५ । २६ योदत्वाश्लाघतेयश्चासूयेतयश्चार्थिनोलिप्सितमिंगितैर्ज्ञात्वाऽपि तंस्तुतिमात्रेणैवसंभावयति नतर्थेन यश्चब्राह्मणेनार्थितःश्रद्धाक्षमापूर्वकमदेयमपिददाति अकर्तव्यमपिकरोति तेउत्तरोत्तरंश्रेष्ठाः तत्राप्यंत्योनारदादपिश्रेष्ठइतिदातुर्गुणदोषविधानपरोऽध्यायः २७

अथकदाचित्पुनरप्यहमुपस्थितःपुनरेवचरथप्रयोजनमासीत् ॥ सम्यगयमेषभगवतइत्येवंराजाऽब्रवीदितिपुनरेवतृतीयंस्वस्तिवाचनंसमभावयमथराजाब्राह्मणानां दर्शयन्मामभिप्रेक्ष्याब्रवीत् ॥ अथोभगवतापुष्परथस्यस्वस्तिवाचनानिसुष्ठुसंभावितानिएतेनद्रोहवचनेनावतरेत् १५ अथैकेनयातव्यंस्यात्कोवतरेत्पुनर्नारदआह ॥ शिबिर्यायादहमवतरेयंअत्रकिंकारणमित्यब्रवीत् ॥ असावहंशिबिनासमोनास्मियतोब्राह्मणःकश्चिदेनमब्रवीत् १६ शिबेअन्नार्थ्यस्मीतितमब्रवीच्छिबिःकिंक्रियतामाज्ञापयतुभवानिति १७ अथैनंब्राह्मणोऽब्रवीत्यएषतेपुत्रोबृहद्गर्भोनामएषप्रमातव्यइतितमेनंसंस्कुरुअन्नंचोपपादयततोहंप्रतीक्ष्यइति ॥ ततःपुत्रंप्रमाथ्यसंस्कृत्यविधिनासाधयित्वापात्र्यामर्पयित्वाशिरसाप्रतिगृह्यब्राह्मणममृगयत् १८ अथास्यमृगयमाणस्यकश्चिदाचष्ट एषतेब्राह्मणोनगरंप्रविश्यदहतितेगृहंकोशागारमायुधागारंस्त्र्यगारमश्वशालांहस्तिशालांचक्रुद्धइति १९ अथशिबिस्तथैवाविकृतमुखवर्णोनगरंप्रविश्यब्राह्मणंतमब्रवीत्सिद्धंभगवन्नन्नमितिब्राह्मणोनकिंचिद्व्याजहारविस्मयादधोमुखश्चासीत् २० ततःप्रासादयद्ब्राह्मणंभगवन्भुज्यतामिति ॥ मुहूर्तादुद्वीक्ष्यशिबिमब्रवीत् २१ त्वमेवैतदशानेतितत्राहतथेतिशिबिस्तथैवाविमना महित्वाकपालमभ्युद्धार्यभोक्तुमैच्छत् २२ अथास्यब्राह्मणोहस्तमगृह्णात् ॥ अब्रवीच्चैनंजितक्रोधोऽसिनतेकिंचिदपरित्याज्यंब्राह्मणार्थेब्राह्मणोऽपितंमहाभागंसभाजयत् २३ सद्युद्वीक्षमाणःपुत्रमपश्यदग्रेतिष्ठंतंदेवकुमारमिवपुण्यगंधान्वितमलंकृतंसर्वंचतमर्थंविधायब्राह्मणोऽतरधीयत २४ तस्यराजर्षेर्विधातातेनैववेषेणपरीक्षार्थमागतइति ॥ तस्मिन्नंतर्हितेअमात्याराजानमूचुः ॥ किंप्रेप्सुनाभवताइदमेवंजानताकृतमिति २५ शिबिरुवाच ॥ नैवाहमेतद्यशसेददानिनचार्थहेतोर्नचभोगतृष्णया ॥ पापैरनासेवितएषमार्गइत्येवमेतत्सकलंकरोमि २६ सद्भिःसदाऽध्यासितंतुप्रशस्तंतस्मात्प्रशस्तंश्रयतेमतिर्मे ॥ एतन्महाभाग्यवरंशिबेस्तुतस्मादहंवेदयथावदेतत् २७ ॥ इतिश्रीम० आ० प० मार्कंडेयसमास्याप० राजन्यमहाभाग्येशिबिचरितेअष्टनवत्यधिकशततमोऽध्यायः ॥ १९८ ॥ ॥ ॥

॥ वैशंपायनउवाच ॥ मार्कंडेयमृषयःपांडवाःपर्यपृच्छन्नस्तिकश्चिद्भवतश्चिरजाततरइति १ सतानुवाचास्तिखलुराजर्षिरिंद्रद्युम्नोनामक्षीणपुण्यस्त्रिदिवात्प्रच्युतःकीर्तिर्मेव्युच्छिन्नेतिसमामुपातिष्ठदथप्रत्यभिजानातिमांभवानिति २

॥ इत्यारण्यकेपर्वणि नैलकंठीये भारतभावदीपे अष्टनवत्यधिकशततमोऽध्यायः ॥ १९८ ॥ ॥ मार्कंडेयमृषयइति । यावत्कीर्तिस्तावत्स्वर्गेतिष्ठति तुल्यन्यायत्वाद्यावदकीर्तिस्तावन्नरकेऽप्यतःकीर्त्यकीर्त्योर्लोकर्मानुरूपं ब्राह्मणादिशरीरंनीचयोनिवाउभावपिभूमौप्राप्नुतइत्यध्यायतात्पर्यम् १ प्रत्यभिजानाति परिचिनोति २

कार्यंपुण्यंतदर्थाश्चेष्टाजपादयस्ताभिराकुलत्वात्   वासायनिकाःवासीविद्यागारंतदेवअयनंवासायनंतत्रभवाः   ग्रामैकरात्रवासिनस्तीर्थाटनशीलाः   शरीरोपतापेनकृच्छ्रोपवासादिजन्मनादेहतापेन अतोन

तमहमब्रुवंकार्यचेष्टाकुलत्वान्नवयंवासायनिकाग्रामैकरात्रवासिनोनप्रत्यभिजानीमोऽप्यात्मनोर्थानामनुष्ठानंनशरीरोपतापेनात्मनःसमारभामोर्थानामनुष्ठानम् ३ अ
स्तिखलुहिमवतिप्रावारकर्णोनामोलूकःप्रतिवसति ॥ समत्तश्चिरजातोभवंतंयदिजानीयादितःप्रकृष्टेचाध्वनिहिमवांस्तत्रासौप्रतिवसतीति ४ ततःसमामश्वोभूत्वा
तत्रावहद्यत्रबभूवोलूकः ॥ अथैनंसराजापप्रच्छप्रतिजानातिमांभवानिति ५ समुहूर्तमिवध्यात्वाऽब्रवीदेनंनाभिजानामिभवंतमितिसएवमुक्तइंद्रद्युम्नःपुनस्तमुलूकमब्रवीद्रा
जर्षिः ६ अथास्तिकश्चिद्भवतःसकाशाच्चिरजातइतिसएवमुक्तोऽब्रवीदस्तिखल्विंद्रद्युम्नंनामसरस्तस्मिन्नाडीजंघोनामबकःप्रतिवसतिसोऽस्मत्तश्चिरजाततरस्तंपृच्छेति ततइं
द्रद्युम्नोमांचोलूकमादायतत्सरोऽगच्छद्यत्रासौनाडीजंघोनामबकोबभूव ७ सोऽस्माभिःपृष्टोभवानिममिंद्रद्युम्नंराजानमभिजानातीतिसएवंमुहूर्तंध्यात्वाऽब्रवीन्नाभिजाना
म्यहमिंद्रद्युम्नंराजानमिति ॥ ततःसोस्माभिःपृष्टःकश्चिद्भवतोऽन्यश्चिरजाततरोऽस्तीतिसनोऽब्रवोदस्तिखल्वस्मिन्नेवसरस्यकूपारोनामकच्छपःप्रतिवसति ॥ समत्त
श्चिरजाततरःसयदिकथंचिदभिजानीयादिमंराजानंतमकूपारंपृच्छध्वमिति ८ ततःसबकस्तमकूपारंकच्छपंविज्ञापयामास ॥ अस्माकमभिप्रेतंभवंतंकिंचिदर्थम
भिप्रष्टुंसाध्वागम्यतांतावदिति तच्छ्रुत्वाकच्छपस्तस्मात्सरसउत्थायाभ्यगच्छद्यत्रतिष्ठामोवयं तस्यसरसस्तीरेआगतंचैनंवयमपृच्छामभवानिंद्रद्युम्नंराजानमभिजा
नातीति ९ समुहूर्तंध्यात्वाबाष्पसंपूर्णनयनउद्विग्नहृदयोवेपमानोविसंज्ञकल्पःप्रांजलिरब्रवीत्किमहमेनंप्रत्यभिज्ञास्यामीहह्यनेनसहस्रकृत्वश्चितिषुयूपाआहिताः
१० सरश्चेदमस्यदक्षिणाभिर्दत्ताभिर्गोभिरतिक्रममाणाभिःकृतम् ॥ अत्रचाहंप्रतिवसामीति ११ अथैतत्सकलंकच्छपेनोदाहृतंश्रुत्वातदनंतरंदेवलोकाद्देवर
थःप्रादुरासीद्वाचश्चाश्रूयंतेंद्रद्युम्नंप्रतिप्रस्तुतस्तेस्वर्गोयथोचितंस्थानंप्रतिपद्यस्वकीर्तिमानस्यव्यग्रोयाहीति १२ ॥ भवंतिचात्रश्लोकाः ॥ ॥ दिवंस्पृशति
भूमिंचशब्दःपुण्यस्यकर्मणः ॥ यावत्सशब्दोभवतितावत्पुरुषउच्यते १३ अकीर्तिःकीर्त्यतेलोकेयस्यभूतस्यकस्यचित् ॥ सपतत्यधमाँल्लोकान्यावच्छब्दः
प्रकीर्त्यते १४ तस्मात्कल्याणवृत्तःस्यादनंतायनरःसदा ॥ विहायचित्तंपापिष्ठंधर्ममेवसमाश्रयेत् १५ इत्येतच्छ्रुत्वासराजाऽब्रवीत्तिष्ठतावद्यावदिमौवृ
द्धौयथास्थानंप्रतिपादयामीति १६ समांप्रावारकर्णंचोलूकंयथोचितेस्थानेप्रतिपाद्यतेनैवयानेनसंस्थितोयथोचितंस्थानंप्रतिपेदे तन्मयाऽनुभूतंचिरजीविनेदृ
शमितिपांडवानुवाचमार्कंडेयः १७

वयमतीतानागतविदःस्म इतिभावः ३ खलुप्रसिद्धम् ४ सःइंद्रद्युम्नोऽश्वोभूत्वामामवहत् ५ । ६ । ७ । ८ । ९ चितिषुअग्निचयनेषुकर्तव्येषुसत्सु १० । ११ । १२ पुरुषः
स्वर्गस्थइतिशेषः १३ । १४ । १५ । १६ । १७

असौमार्कंडेयः १८ ॥ ॥ इत्यारण्यकेपर्वणि नैलकंठीये भारतभावदीपे ऊनशताधिकशततमोऽध्यायः ॥ १९९ ॥ ॥ अतःपरंस्वर्गप्रदान्साधारणान्धर्मानाह अध्यायेन श्रुत्वासराजाराजर्षिरित्यादिना वदंतिलोकेषुविशिष्टबुद्ध्यइत्यंतेन १ । २ । ३ । ४ पर्यश्नंतिबालवृद्धातिथिभ्यःपूर्वमश्नंति यत्रजन्मनिअसत्यंवृथागोब्राह्मणादित्राणंविनाकीर्त्यते तदपित्रवृथेत्यर्थः ५ आरूढश्चासौपति

पांडवाश्चोचुः साधुशोभनंभवताकृतंराजानमिंद्रद्युम्नंस्वर्गलोकाच्च्युतंस्वेस्थानेप्रतिपादयतेत्यथैतानब्रवीदसौनतुदेवकीपुत्रेणापिकृष्णेननरकेमज्जमानोराजर्षिर्नृगस्तस्मात्कृच्छ्रात्पुनःसमुद्धृत्यस्वर्गंप्रापितइति १८ ॥ ॥ इतिश्रीमहाभारतेआरण्यकेपर्वणिमार्कंडेयसमास्यापर्वणिइंद्रद्युम्नोपाख्यानेऊनशताधिकशततमोऽध्यायः ॥ १९९ ॥ ॥ वैशंपायनउवाच ॥ ॥ श्रुत्वासराजाराजर्षिरिंद्रद्युम्नस्यतत्तदा ॥ मार्कंडेयान्महाभागात्स्वर्गस्यप्रतिपादनम् १ युधिष्ठिरोमहाराजपुनःपप्रच्छतंमुनिम् ॥ कीदृशीषुह्यवस्थासुदत्वादानंमहामुने २ इंद्रलोकंत्वनुभवेत्पुरुषस्तद्ब्रवीहिमे ॥ गार्हस्थ्येऽप्यथवाबाल्येयौवनेस्थाविरेऽपिवा ॥ यथाफलंसमश्नातितथात्वंकथयस्वमे ३ ॥ ॥ मार्कंडेयउवाच ॥ ॥ वृथाजन्मानिचत्वारिवृथादानानिषोडश ॥ वृथाजन्मह्यपुत्रस्ययेचधर्मबहिष्कृताः ४ परपाकेषुयेऽश्नंतिआत्मार्थंचपचेत्तुयः ॥ पर्यश्नंतिवृथायत्रतदसत्यंप्रकीर्त्यते ५ आरूढपतितेदत्तमन्यायोपहृतंचयत् ॥ व्यर्थंतुपतितेदानंब्राह्मणेतस्करेतथा ६ गुरौचानृतिकेपापेकृतघ्नेग्रामयाजके ॥ वेदविक्रयिणेदत्तंतथावृषलयाजके ७ ब्रह्मबंधुषुयद्दत्तंयद्दत्तंवृषलीपतौ ॥ स्त्रीजनेषुचयद्दत्तंव्यालग्राहेतथैवच ८ परिचारकेषुयद्दत्तंवृथादानानिषोडश ॥ तमोवृतस्तुयोदद्याद्भयात्क्रोधात्तथैवच ९ भुंक्तेचदानंतत्सर्वंगर्भस्थस्तुनरःसदा ॥ ददद्दानंद्विजातिभ्योवृद्धभावेनमानवः १० तस्मात्सर्वास्ववस्थासुसर्वदानानिपार्थिव ॥ दातव्यानिद्विजातिभ्यःस्वर्गमार्गजिगीषया ११ ॥ ॥ युधिष्ठिरउवाच ॥ ॥ चातुर्वर्ण्यस्यसर्वस्यवर्तमानाःप्रतिग्रहे ॥ केनविप्राविशेषेणतारयंतितरंतिच १२ ॥ मार्कंडेयउवाच ॥ जपैर्मंत्रैश्चहोमैश्चस्वाध्यायाध्ययनेनच ॥ नावंवेदमयींकृत्वातारयंतितरंतिच १३ ब्राह्मणांस्तोषयेद्यस्तुतुष्यंतेतस्यदेवताः ॥ वचनाच्चापिविप्राणांस्वर्गलोकमवाप्नुयात् १४ पितृदैवतपूजाभिर्ब्राह्मणाभ्यर्चनेनच ॥ अनंतंपुण्यलोकंतुगंताऽसित्वंनसंशयः १५ श्लेष्मादिभिर्व्याप्ततनुर्म्रियमाणोऽविचेतनः ॥ ब्राह्मणाएवसंपूज्याःपुण्यस्वर्गमभीप्सता १६ श्राद्धकालेतुयत्नेनभोक्तव्याह्यजुगुप्सिताः ॥ दुर्वर्णःकुनखीकुष्ठीमायावीकुंडगोलकौ १७ वर्जनीयाःप्रयत्नेनकांडपृष्ठाश्चदेहिनः ॥ जुगुप्सितंहियच्छ्राद्धंदहत्यग्निरिवेंधनम् १८ येयेश्राद्धेनयुज्यंतेमूकांधबधिरादयः ॥ तेपिसर्वेनियोक्तव्यामिश्रितावेदपारगैः १९ प्रतिग्रहश्चवैदेयःशृणुयस्ययुधिष्ठिर ॥ प्रदातारंतथाऽऽत्मानंयस्तारयतिशक्तिमान् २०

तः । 'आरूढोनैष्ठिकंधर्मंयस्तुप्रच्यवतेपुनः ॥ प्रायश्चित्तंनतस्यास्तियेनशुद्ध्येत्सआत्महा' इतिश्लोकोक्तः नैष्ठिकंयावज्जीवब्रह्मचर्यं चतुर्थाश्रमंवानप्रस्थत्वंवा प्रच्यवतेगार्हस्थ्येच्छादिनातांनिष्ठांत्यजति ६ गुरावप्यानृतिकेऽनृतप्रिये वृषलःशूद्रः ७ ब्रह्मबंधवोजातिमात्रब्राह्मणावृत्ताध्ययनशून्याः ८ । ९ दानंदानफलंअन्यत्तुदानंवृद्धभावेनजरयाभुंक्ते १० । ११ । १२ । १३ । १४ । १५ । १६ अजुगुप्सिताः अभिशस्तपतितवर्जिताः दुर्वर्णः अतिगौरोऽतिकृष्णोबीभत्सवर्णः १७ कांडपृष्ठाःबाणनिषंगधराः क्षात्रवृत्तयइत्यर्थः १८ । १९ । २०

२१ । २२ २३ माल्यं निर्माल्यं २४ आकल्पःगंधादिनाऽलंकरणम् २५ । २६ अभिभूतायदारिद्र्यादेव २७ अभिवर्जितं दत्तम् २८ सावहुभ्योदत्ता २९ । ३० । ३१ । ३२ । ३३ । ३४ । ३५ । ३६ । ३७

तस्मिन्देयंद्विजेदानंसर्वागमविजानता ॥ प्रदातारंतथाऽऽत्मानंतारयेद्यःसशक्तिमान् २१ नतथाहविषोहोमैर्नपुष्पैर्नानुलेपनैः ॥ अग्नयःपार्थतुष्यंतियथाह्यतिथि
भोजने २२ तस्मात्त्वंसर्वयत्नेनयतस्वातिथिभोजने ॥ पादोदकंपादघृतंदीपमन्नंप्रतिश्रयम् २३ प्रयच्छंतितुयेराजन्नोपसर्पंतितेयमम् ॥ देवमाल्यापनयनंद्वि
जोच्छिष्टावमार्जनम् २४ आकल्पपरिचर्याचगात्रसंवाहनानिच ॥ अत्रैकैकंनृपश्रेष्ठगोदानाद्व्यतिरिच्यते २५ कपिलायाःप्रदानात्तुमुच्यतेनात्रसंशयः ॥ तस्मा
दलंकृतांदद्यात्कपिलांतुद्विजातये २६ श्रोत्रियायदरिद्रायगृहस्थायाग्निहोत्रिणे ॥ पुत्रदाराभिभूतायतथाह्यनुपकारिणे २७ एवंविधेषुदातव्यानसमृद्धेषुभारत ॥
कोगुणोभरतश्रेष्ठसमृद्धेष्वभिवर्जितम् २८ एकस्यैकाप्रदातव्यानबहूनांकदाचन ॥ सागौर्विक्रयमापन्नाहन्यात्रिपुरुषंकुलम् २९ नतारयतिदातारंब्राह्मणंनैवनैव
तु ॥ सुवर्णस्यविशुद्धस्यसुवर्णंयःप्रयच्छति ३० सुवर्णानांशतंतेनदत्तंभवतिशाश्वतम् ॥ अनड्वाहंतुयोदद्याद्बलवंतंधुरंधरम् ३१ सनिस्तरतिदुर्गाणिस्वर्गलोकं
चगच्छति ॥ वसुंधरांतुयोदद्याद्द्विजायविदुषात्मने ३२ दातारंह्यनुगच्छंतिसर्वेकामाभिवांछिताः ॥ प्रच्छंतिचात्रदातारंवदंतिपुरुषाभुवि ३३ अध्वनिक्षीणगात्रा
श्चपांसुपादावगुंठिताः ॥ तेषामेवश्रमार्तानांयोह्यन्नंकथयेद्बुधः ३४ अन्नदातृसमःसोऽपिकीर्त्यतेनात्रसंशयः ॥ तस्मात्त्वंसर्वदानानिहित्वाऽन्नंसंप्रयच्छह ३५ न
हीदृशंपुण्यफलंविचित्रमिहविद्यते ॥ यथाशक्तिचयोदद्यादन्नंविप्रेषुसंस्कृतम् ३६ सतेनकर्मणाऽऽप्नोतिप्रजापतिसलोकताम् ॥ अन्नमेवविशिष्टंहितस्मात्परतरंन
च ३७ अन्नंप्रजापतिश्चोक्तःसचसंवत्सरोमतः ॥ संवत्सरस्तुयज्ञोऽसौसर्वंयज्ञेप्रतिष्ठितम् ३८ तस्मात्सर्वाणिभूतानिस्थावराणिचराणिच ॥ तस्मादन्नंविशिष्टं
हिसर्वेभ्यइतिविश्रुतम् ३९ येषांतटाकानिमहोदकानिवाप्यश्चकूपाश्चप्रतिश्रयाश्च ॥ अन्नस्यदानंमधुराचवाणीयमस्यतेनिर्वचनाभवंति ४० धान्यंश्रमेणार्जितवि
त्तसंचितंविप्रेसुशीलेचप्रयच्छतेयः ॥ वसुंधरातस्यभवेत्सुतुष्टाधारांवसूनांप्रतिमुंचतीव ४१ अन्नदाःप्रथमंयांतिसत्यवाक्तदनंतरम् ॥ अयाचितप्रदाताचसमंयांति
त्रयोजनाः ४२ ॥ ॥ वैशंपायनउवाच ॥ ॥ कौतूहलसमुत्पन्नःपर्यपृच्छद्युधिष्ठिरः ॥ मार्कंडेयंमहात्मानंपुनरेवसहानुजः ४३ यमलोकस्यचाध्वानमंतरं
मानुषस्यच ॥ कीदृशंकिंप्रमाणंवाकथंवातन्महामुने ॥ तरंतिपुरुषाश्चैवयेनोपायेनशंसमे ४४ ॥ ॥ मार्कंडेयउवाच ॥ ॥ सर्वगुह्यतमंप्रश्नंपवित्रमृषिसंस्तु
तम् ॥ कथयिष्यामितेराजन्धर्मंधर्मभृतांवर ४५ षडशीतिसहस्राणियोजनानांनराधिप ॥ यमलोकस्यचाध्वानमंतरंमानुषस्यच ४६ आकाशंतदपानीयंघो
रंकान्तारदर्शनम् ॥ नतत्रवृक्षच्छायावापानीयंकेतनानिच ४७

५७ प्रजापतिःविराट् अन्नंविराडितिश्रुतेः ३८ । ३९ प्रतिश्रयाःगृहाः येषांयैः उत्सृष्टाइतिशेषः निर्वचनाः यमवार्त्तामपिनशृण्वंतीत्यर्थः ४० वसूनांधनानाम् ४१ । ४२ । ४३ । ४४ । ४५ । ४६ । ४७

विश्रमेद्यत्रवैश्रांतःपुरुषोऽध्वनिकर्शितः ॥ नीयतेयमदूतैस्तुयमस्याज्ञाकरैर्बलात् ४८ नराःस्त्रियस्तथैवान्येपृथिव्यांजीवसंज्ञिताः ॥ ब्राह्मणेभ्यःप्रदानानिनानारूपाणिपार्थिव ४९ हयादीनांप्रकृष्टानितेऽध्वानंयांतिवैनराः ॥ सन्निवार्यातपंयांतिच्छत्रेणैवहिच्छत्रदाः ५० तृप्ताश्चैवान्नदातारोह्यतृप्ताश्चाप्यनन्नदाः ॥ वस्त्रिणोवस्त्रदायांतिअवस्त्राश्चाप्यवस्त्रदाः ५१ हिरण्यदाःसुखंयांतिपुरुषास्त्वभ्यलंकृताः ॥ भूमिदास्तुसुखंयांतिसर्वैःकामैःसुतर्पिताः ५२ यांतिचैवापरिक्लिष्टानराःसस्यप्रदायकाः ॥ नराःसुखतरंयांतिविमानेषुगृहप्रदाः ५३ पानीयदाह्यतृषिताःप्रहृष्टमनसोनराः ॥ पंथानंद्योतयंतश्चयांतिदीपप्रदाःसुखम् ५४ गोप्रदास्तुसुखंयांतिनिर्मुक्ताःसर्वपातकैः ॥ विमानैर्हंससंयुक्तैर्यांतिमासोपवासिनः ५५ तथाबर्हिप्रयुक्तैश्चषष्ठरात्रोपवासिनः ॥ त्रिरात्रंक्षपतेयस्तुएकभक्तेनपांडव ५६ अंतराचैवनाश्नातितस्यलोकाह्यनामयाः ॥ पानीयस्यगुणादिव्याःप्रेतलोकसुखावहाः ५७ तत्रपुष्पोदकानामनदीतेषांविधीयते ॥ शीतलंसलिलंतत्रपिबंतिह्यमृतोपमम् ५८ येचदुष्कृतकर्माणःपूयंतेषांविधीयते ॥ एवंनदीमहाराजसर्वकामप्रदाहिसा ५९ तस्मात्त्वमपिराजेंद्रपूजयैनान्यथाविधि ॥ अध्वनिक्षीणगात्रश्चपथिपांसुसमन्वितः ६० पृच्छतेह्यन्नदातारंगृहमायातिचाशया ॥ तंपूजयाथयत्नेनसोऽतिथिर्ब्राह्मणश्चसः ६१ तंयांतमनुगच्छंतिदेवाःसर्वेसवासवाः ॥ तस्मिन्संपूजितेप्रीतानिराशायांत्यपूजिते ६२ तस्मात्त्वमपिराजेंद्रपूजयैनंयथाविधि ॥ एतत्तेशतशःप्रोक्तंकिंभूयःश्रोतुमिच्छसि ६३ ॥ युधिष्ठिरउवाच ॥ पुनःपुनरहंश्रोतुंकथांधर्मसमाश्रयाम् ॥ पुण्यामिच्छामिधर्मज्ञकथ्यमानांत्वयाविभो ६४ ॥ ॥ मार्कंडेयउवाच ॥ ॥ धर्मांतरंप्रतिकथांकथ्यमानांमयानृप ॥ सर्वपापहरांनित्यंशृणुष्वावहितोमम ६५ कपिलायांतुदत्तायांयत्फलंज्येष्ठपुष्करे ॥ तत्फलंभरतश्रेष्ठविप्राणांपादधावने ६६ द्विजपादोदकक्लिन्नायावत्तिष्ठतिमेदिनी ॥ तावत्पुष्करपर्णेनपिबंतिपितरोजलम् ६७ स्वागतेनाग्नयस्तृप्ताआसनेनशतक्रतुः ॥ पितरःपादशौचेनअन्नाद्येनप्रजापतिः ६८ यावद्वत्सस्यवैपादौशिरश्चैवप्रदृश्यते ॥ तस्मिन्कालेप्रदातव्याप्रयत्नेनांतरात्मना ६९ अंतरिक्षगतोवत्सोयावद्योन्यांप्रदृश्यते ॥ तावद्गौःपृथिवीज्ञेयायावद्गर्भंनमुंचति ७० यावंतितस्यारोमाणिवत्सस्यचयुधिष्ठिर ॥ तावद्युगसहस्राणिस्वर्गलोकेमहीयते ७१ सुवर्णनासांयःकृत्वासखुरांकृष्णधेनुकाम् ॥ तिलैःप्रच्छादितांदद्यात्सर्वरत्नैरलंकृताम् ७२ प्रतिग्रहंगृहीत्वायःपुनर्ददतिसाधवे ॥ फलानांफलमश्नातितदादत्त्वाचभारत ७३ ससमुद्रगुहातेनसशैलवनकानना ॥ चतुरंताभवेद्दत्तापृथिवीनात्रसंशयः ७४ अंतर्जानुशयोयस्तुभुंजतेसक्तभाजनः ॥ योद्विजःशब्दरहितंसक्षमस्तारणायवै ७५ अपानपानगदितास्तथाऽन्येयेद्विजातयः ॥ जपंतिसंहितांसम्यक्तेनित्यंतारणक्षमाः ७६

अपानपाःअमद्यपाः नगदिताःनकेनचिद्दोषवत्तयाकीर्तिताः ७६

७७ । ७८ । ७९ नभवंतीहमानवाःस्वर्गंप्राप्योपर्युपरिगच्छंतोमुक्तिमेवप्राप्नुवंतीत्यर्थः ८० । ८१ । ८२ । ८३ । ८४ । ८५ । ८६ । ८७ । ८८ । ८९ । ९० । ९१ । ९२ । ९३ पवित्राणांत्रिसुपर्णा
दिमंत्राणाम् ९४ । ९५ अभिषेचनंतीर्थेषुयज्ञांतेऽवभृथेवास्नानम् ९६ भावश्चित्तम् ९७ नदुष्करमिति । इंद्रियगामिनांविषयाणांविशुद्धिंविनाअशनंभोगःसुकरं भोगोविषयशुद्धिंनापेक्षतेपण्यांगनासंगादिनाऽपि

हव्यंकव्यंचयत्किंचित्सर्वंतच्छ्रोत्रियोऽर्हति ॥ दत्तंहिश्रोत्रियेसाधौज्वलितेऽग्नौयथाहुतम् ७७ मन्युप्रहरणाविप्रानविप्राःशस्त्रयोधिनः ॥ निहन्युर्मन्युनाविप्रावज्रपा
णिरिवासुरान् ७८ धर्माश्रितेयंतुकथाकथितेयंतवानघ ॥ यांश्रुत्वामुनयःप्रीतानैमिषारण्यवासिनः ७९ वीतशोकभयक्रोधाविपाप्मानस्तथैवच ॥ श्रुत्वेमांतुकथांराजन्न
भवंतीहमानवाः ८० ॥ युधिष्ठिरउवाच ॥ किंतच्छौचंभवेद्येनविप्रःशुद्धःसदाभवेत् ॥ तदिच्छामिमहाप्राज्ञश्रोतुंधर्मभृतांवर ८१ ॥ मार्कंडेयउवाच ॥
वाक्शौचंकर्मशौचंचयच्चशौचंजलात्मकम् ॥ त्रिभिःशौचैरुपेतोयःसस्वर्गीनात्रसंशयः ८२ सायंप्रातश्चसंध्यांयोब्राह्मणोऽभ्युपसेवते ॥ प्रजपन्पावनींदेवींगाय
त्रींवेदमातरम् ८३ सतयापावितोदेव्याब्राह्मणोनष्टकिल्बिषः ॥ नसीदेत्प्रतिगृह्णानोमहीमपिससागराम् ८४ येचास्यदारुणाःकेचिद्ग्रहाःसूर्यादयोदिवि ॥ तेचा
स्यसौम्याजायंतेशिवाःशिवतराःसदा ८५ सर्वेनानुगतंचैनंदारुणाःपिशिताशनाः ॥ घोररूपामहाकायाधर्षयंतिद्विजोत्तमम् ८६ नाध्यापनाद्याजनाद्वाअन्य
स्माद्वाप्रतिग्रहात् ॥ दोषोभवतिविप्राणांज्वलिताग्निसमाद्विजाः ८७ दुर्वेदावासुवेदावाप्राकृताःसंस्कृतास्तथा ॥ ब्राह्मणानावमंतव्याभस्मच्छन्नाइवाग्नयः ८८
यथाश्मशानेदीप्तौजाःपावकोनैवदुष्यति ॥ एवंविद्वानविद्वान्वाब्राह्मणोदैवतंमहत् ८९ प्राकारैश्चपुरद्वारैःप्रासादैश्चपृथग्विधैः ॥ नगराणिनशोभंतेहीनानिब्राह्मणो
त्तमैः ९० वेदाढ्यावृत्तसंपन्नाज्ञानवंतस्तपस्विनः ॥ यत्रतिष्ठंतिवैविप्रास्तन्नामनगरंनृप ९१ व्रजेवाऽप्यथवाऽरण्येयत्रसंतिबहुश्रुताः ॥ तत्तन्नगरमित्याहुः
पार्थतीर्थंचतद्भवेत् ९२ रक्षितारंचराजानंब्राह्मणंचतपस्विनम् ॥ अभिगम्याभिपूज्याथसद्यःपापात्प्रमुच्यते ९३ पुण्यतीर्थाभिषेकंचपवित्राणांचकीर्तनम् ॥ सद्भिः
संभाषणंचैवप्रशस्तंकीर्त्यतेबुधैः ९४ साधुसंगमपूतेनवाक्सुभाषितवारिणा ॥ पवित्रीकृतमात्मानंसंतोमन्यंतिनित्यशः ९५ त्रिदंडधारणंमौनंजटाभारोऽथमुंडनम् ॥
वल्कलाजिनसंवेष्टंव्रतचर्याऽभिषेचनम् ९६ अग्निहोत्रंवनेवासःशरीरपरिशोषणम् ॥ सर्वाण्येतानिमिथ्यास्युर्यदिभावोननिर्मलः ९७ नदुष्करमनाशित्वंसुकरं
ह्यशनंविना ॥ विशुद्धिंचक्षुरादीनांषण्णामिंद्रियगामिनाम् ॥ विकारितेषांराजेंद्रसुदुष्करतरंमनः ९८ येपापानिनकुर्वंतिमनोवाक्कर्मबुद्धिभिः ॥ तेतपंतिमहा
त्मानोनशरीरस्यशोषणम् ९९ नज्ञातिभ्योदयायस्यशुक्लदेहोविकल्मषः ॥ हिंसासातपसस्तस्यनानाशित्वंतपःस्मृतम् १०० तिष्ठन्गृहेचैवमुनिर्नित्यंशुचिरलं
कृतः ॥ यावज्जीवंदयावांश्चसर्वपापैःप्रमुच्यते १०१

तत्सिद्धेः । किंतुअनाशित्वंअमृतत्वंभोगवर्जनंवातांविनानसुकरंयतोदुष्करंस्वभावतोदुःसंपादमितियोजना । दुष्करत्वेहेतुमाहार्धेन विकारीति।सुदुष्करतरंदुर्जयम् ९८ । ९९ ज्ञातिभ्यःपुत्राद्यर्थे शुक्लदेहःशुक्लवृत्त्यु
पजीवी अविकल्मषःशुक्लवृत्त्यायःकुटुंबंपीडयतिसनिष्कल्मषोनभवतीत्यर्थः तस्योपपादनमुत्तरार्धेन हिंसेति । अनाशित्वंअशनत्यागः १०० । १०१

मांसशोणितलेपनःदेहः २ अज्ञातंशास्त्रार्तिकतुस्वयमेवकल्पितंतप्तशिलारोहणादितेनक्लेशएव नतुअन्यत्पापंप्रहीयते भावशून्यस्येति तदपिभावश्चेतशुद्धिहेतुरितिभावः ३ पुण्यादेवदयारूपात वाङ्मनःकाय शुद्धिरूपाच्चवैराग्यशुद्धिमोक्षाःस्युर्नतुफलाद्यशनादिनेत्यर्थः ४ स्थानकुटिकासनात्स्थावरगृहत्यामात ५ । ६ विधित्सितमाह ज्ञानेनेति ७ क्लेशैः अविद्यादिभिः ८ आत्मनेति । शरीराणीतिशेषः आत्मनावि प्रहीणानिनिरात्मकानिरज्जूरगादिवत्यतःकाष्ठादिसमानिजडानिदृश्यानीत्यर्थः । एतेनयद्दृश्यंतन्मिथ्येतिनियमोदर्शितः । मूढदृष्ट्याऽपिनियमांतरमाह विनश्यंतीति । यद्दृश्यंतद्विनाशिअतोवियदादिकमहंकारश्चसा क्षिभास्यत्वात्घटवद्विनाश्येवेत्यर्थः ९ नास्मिदेहादिदृश्यरूपइतिवा नाहमहंकाराख्यद्रष्टृरूपोवा नममत्संबंधिदेहाहंकारादिकमितिवाऽऽत्मानंविंदते १० द्व्यक्षरात्तत्त्वमितिवाक्यात्अभिसंधाय शास्त्राशयं प्रत्यगात्मनःकेवलीभावंज्ञात्वा श्लोकपदैः 'सत्यंज्ञानमनंतम्' इत्यादिभिर्मंत्रपदैःअंकितानिचिह्नितानिब्राह्मणानि 'ब्रह्मविदाप्नोतिपरं' इत्यादीनि तैःउपनिषदांशतैःसहस्रैर्वेत्यर्थः प्रत्ययोऽहंब्रह्मास्मीत्य

नहिपापानिकर्माणिशुद्ध्यन्त्यनशनादिभिः ॥ सीदत्यनशनादेवमांसशोणितलेपनः २ अज्ञातंकर्मकृत्वाचक्लेशोनान्यत्प्रहीयते ॥ नाग्निर्दहतिकर्माणिभावशून्यस्यदेहिनः ३ पुण्यादेवप्रव्रजंतिशुध्यंत्यनशनानिच ॥ नमूलफलभक्षित्वान्नमौनान्नानिलाशनात् ४ शिरसोमुंडनाद्वाऽपिनस्थानकुटिकासनात् ॥ नजटाधारणाद्वाऽपिनतुस्थंडिलशय्यया ५ नित्यंह्यनशनाद्वाऽपिनाग्निशुश्रूषणादपि ॥ नचोदकप्रवेशेननचक्ष्माशयनादपि ६ ज्ञानेनकर्मणावाऽपिजरामरणमेवच ॥ व्याधयश्चप्रहीयंतेप्राप्यतेचोत्तमंपदम् ७ बीजान्यग्निदग्धानिनरोहंतिपुनर्यथा ॥ ज्ञानदग्धैस्तथाक्लेशैर्नात्मासंयुज्यतेपुनः ८ आत्मनाविप्रहीणानिकाष्ठकुड्योपमानिच ॥ विनश्यंतिनसंदेहःफेनानीवमहार्णवे ९ आत्मानंविंदतेयेनसर्वभूतगुहाशयम् ॥ श्लोकेनयदिवाऽर्धेनक्षीणंतस्यप्रयोजनम् १० द्व्यक्षरादभिसंधायकेचिच्छ्लोकपदांकितैः ॥ शतैरन्यैःसहस्रैश्चप्रत्ययोमोक्षलक्षणम् ११ नायंलोकोऽस्तिनपरोनसुखंसंशयात्मनः ॥ ऋचुर्ज्ञानविदोवृद्धाःप्रत्ययोमोक्षलक्षणम् १२ विदितार्थस्तुवेदानांपरिवेदप्रयोजनम् ॥ उद्विजेत्सतुवेदेभ्योदावाग्नेरिवमानवः १३ शुष्कंतर्कंपरित्यज्यआश्रयस्वश्रुतिंस्मृतिम् ॥ एकाक्षराभिसंबद्धंतत्त्वंहेतुभिरिच्छसि ॥ बुद्धिर्नतस्यसिद्ध्येतसाधनस्यविपर्ययात् ११४

नुभवःस्वसाक्षिकः अद्रष्टृत्वादिश्चलोकसाक्षिकः मोक्षस्यलक्षणंज्ञापकम् ११ । १२ परिवेदसाकल्येनवेद विदितार्थोज्ञातात्मतत्त्वः वेदेभ्यःवेदोक्तकर्मभ्यः १३ शुष्कतर्कप्रपंचःसत्योऽबाध्यत्वात् आत्मवत् । व्यतिरेकेणशुक्तिरजतवद्वेत्यादिरूपम् । श्रुतिं 'नेहनानास्तिकिंचन' इति । स्मृतिं 'अज्ञानप्रभवालोकावेदाश्चाज्ञानसंभवाः ॥ विदितात्मसतत्त्वस्यनेहनानाऽस्तिकिंचन' इत्यादिकां जग त्त्राधमदर्शिनीं आश्रयस्व 'नैषातर्केणमतिरापनेया । नावेदविन्मनुतेतंबृहंतम्' इतिश्रुतिभ्याएकंचततअक्षरंव्यापकंत्रिविधभेदशून्यंवस्तु तत्संबद्धंश्रुतिस्मृतितत्त्वं हेतुभिःश्रौतयुक्तिभिः । 'अन्नेनसोम्य शुंगेनापोमूलमन्विच्छअद्भिःसोम्यशुंगेनतेजोमूलमन्विच्छतेजसासोमशुंगेनसन्मूलमन्विच्छसन्मूलाःसोम्येमाःप्रजाः' इत्यादिभिःकार्यलिंगकेनानुमानेनपरमकारणंदर्शयंतीभिः शुंगेनकार्येणमूलंकारणमिच्छ सियदीतिशेषः । बुद्धिस्तत्त्वज्ञानं साधनस्यशमादेःशास्त्रादेःविपर्ययात्अभावात्अवैदिकत्वाद्वा ११४

वेदेति । तत्र अक्षरंतत्त्वंवेदःप्रणवः वाच्यवाचकयोरभेदात् शरीरंप्रतिमाप्रणवद्वारैव तदधिगमस्यसर्वत्रदर्शनात् तथाचश्रुतिः । ' एतद्वैसत्यकामपरंचापरंब्रह्मयदोंकारस्तस्माद्विद्वानेतेनैवायतनेनैकतरमन्वेति ' इत्यादिका वेदस्तत्वंतत्त्वाधिगमहेतुः तत्समासोपलब्धौ तस्यवेदस्यसमासःसंक्षेपःप्रलयोयत्रसतत्समासआत्मा । ' यत्रवेदाअवेदाः ' इतिश्रुतेः तस्योपलब्धौ आत्माक्लीबःस्वप्रकाशआत्मा नघटवत्स्वात्मानं प्रकाशयति स्वात्मनिवृत्तिविरोधात् कथंतर्हितज्ज्ञानस्यसाध्यत्वमुच्यतइत्याशंक्याह तत्सवेद्यस्यवेद्यमिति । तत्तस्मात्सआत्मावेद्यस्य बुद्धिसत्वस्यवेद्यंज्ञेयं । ' दृश्यतेत्वग्र्ययाबुद्ध्या मनसैवानुद्रष्टव्यम् ' इत्यादिश्रुतिभ्यः । कथंतर्हियन्मनसानमनुतइत्यादिश्रवणं उच्यते । ' चक्षुःसन्निहितंकुंभंयथासूर्योऽवभासयेत् ॥ चित्तवृत्त्यातथाव्याप्तंचिदात्मैवप्रकाशयेत् ॥ स्वप्रकाशंचिदात्मानंवृत्तिरात्मांतरंविना ॥ भासयेद्भास्करमिवचक्षुःसूर्यांतरंविना ॥ वृत्तिव्याप्तिमपेक्ष्यैववेद्यत्वंप्राहुरात्मनः । चिदंतरानपेक्षत्वादवेद्यत्वंतथागमाः ' आगमाः । यन्मनसानमनुते मनसैवानुद्रष्टव्यम् ' इत्याद्याः । ' विज्ञातारमरेकेन विजानीयादितिश्रुतिः । निराकरोतिवेद्यत्वमनवस्थाभयादिति १५ । १६ प्रसादेननैर्मल्येनअनशनंनामचित्तेंद्रियनिरोधोनत्वाहारत्यागइत्याह तस्मादिति १७ उक्तमर्थंपिंडीकृत्याह तपसेति । तपसास्वधर्मा

वेदपूर्वंवेदितव्यंप्रयत्नात्तद्वैवेदस्तस्यवेदःशरीरम् ॥ वेदस्तत्त्वंतत्समासोपलब्धौक्लीबस्त्वात्मातत्सवेद्यस्यवेद्यम् १५ वेदोक्तमायुर्देवानामाशिषश्चैवकर्मणाम् ॥ फलत्यनुयुगंलोकेप्रभावश्चशरीरिणाम् १६ इंद्रियाणांप्रसादेनतदेतत्परिवर्जयेत् ॥ तस्मादनशनंदिव्यंनिरुद्धेंद्रियगोचरम् १७ तपसास्वर्गगमनंभोगोदानेन जायते ॥ ज्ञानेनमोक्षोविज्ञेयस्तीर्थस्नानादघक्षयः १८ ॥ वैशंपायनउवाच ॥ एवमुक्तस्तुराजेन्द्रप्रत्युवाचमहायशाः ॥ भगवन्श्रोतुमिच्छामिप्रधानविधि मुत्तमम् १९ ॥ मार्कंडेयउवाच ॥ यत्त्वमिच्छसिराजेंद्रदानधर्मंयुधिष्ठिर ॥ इष्टंचेदंसदामह्यंराजन्गौरवतस्तथा २० शृणुदानरहस्यानिश्रुतिस्मृत्युदितानिच ॥ छायायांकरिणःश्राद्धंतत्कर्णपरिवीजिते ॥ दशकल्पायुतानीहनक्षीयेतयुधिष्ठिर २१ जीवनायसमाक्लिन्नंवसुदत्वामहीयते ॥ वैश्यंतुवासयेद्यस्तुसर्वयज्ञैःसइष्ट वान् २२ प्रतिस्रोतश्चित्रवाहाःपर्जन्योऽन्नानुसंचरन् ॥ महाधुरियथानावामहापापैःप्रमुच्यते ॥ विप्लवेविप्रदत्तानिदधिमस्त्वक्षयाणिच २३ पर्वसुद्विगुणंदान मृतौदशगुणंभवेत् २४ अयनेविषुवेचैवषडशीतिमुखेषुच ॥ चंद्रसूर्योपरागेचदत्तमक्षयमुच्यते २५ ऋतुषुदशगुणंवदंतिदत्तंशतगुणमृत्वयनादिषुध्रुवम् ॥ भवति सहस्रगुणंदिनस्यराहोर्विषुवतिचाक्षयमश्नुतेफलम् १२६

चरणेन १८ । १९ । २० छायायांकरिणः गुरुमायोगेऽश्वत्थच्छायागजच्छायाख्यंपर्व देशकालयोगजं कर्णाइवकर्णाअश्वत्थपल्लवास्तैर्वीजितेदेशेजलोपांते २१ समाक्लिन्नंआर्द्रंवसुअन्नादिद्रव्यं वैश्यंविशंत्यस्मिन्नितिवेशोधर्मगृहं तदधिकारिणंवैश्यं ' वृद्धयौषधाख्यान्नधने त्रिषुरत्नेवसुस्मृतम् ' इति । ' वेशोवेश्यागृहेप्रोक्तोनेपथ्येगृहमात्रके ' इतिचविश्वः २२ प्रतिस्रोतश्चित्रवाहा इतिसार्धःश्लोकः । प्रतिप्रतीपं पूर्ववाहिन्याःनद्याः पश्चिमामुखंस्रोतःप्रवाहोयत्रतत्तीर्थंप्रतिस्रोतः तत्रपात्रेऽर्पिताश्चित्रवाहा उत्तमाश्वाःविपरिणम्य अक्षयाइत्यपकृष्यते अक्षयफलाइत्यर्थः । पर्जन्योऽन्नानुसंचरन् अन्नार्थंअनुसंचरन्पर्जन्य इंद्रोऽप्यक्षयः अतिथिरूपेणतृप्तइंद्रोऽप्यक्षयस्वर्गप्रदइत्यर्थः । ' पर्जन्योमघवावृषा ' इतिहलायुधः । महाधुरिमहतिधूःसदृशेप्रवाहेविप्लवेराहूपरागे विप्रदत्तानिविप्रेभ्योदत्तानि दधिमस्तुदध्नोमंडं । ' मंडं दधिभवं मस्तु ' इत्यमरः । चकारात्पूर्वोक्तानि नापुरुषोवायथामहाधुरियोगभारे यथासर्वपापैःप्रमुच्यते तथैवगजच्छायाश्राद्धादिकर्तारोऽपिमुच्यंतइत्यर्थः २३ पर्वसुदर्शादिषु २४ विषुवेतुला मेषसंक्रांत्योः षडशीतिमुखेमिथुनकन्यामीनसंक्रांतिषु २५ । १२६

नाभूमिदोभूमिमश्नातिराजन्नायानदोयानमारुह्ययाति ॥ यान्यान्कामान्ब्राह्मणेभ्योददातितांस्तान्कामान्जायमानःसभुंक्ते २७ अग्नेरपत्यंप्रथमंसुवर्णंभूर्वैष्ण वीसूर्यसुताश्चगावः ॥ लोकास्त्रयस्तेनभवंतिदत्तायःकांचनंगाश्चमहींचदद्यात् २८ परंहिदानान्नबभूवशाश्वतंभव्यंत्रिलोकेभवतेकुतःपुनः ॥ तस्मात्प्रधानंपरमं हिदानंवदंतिलोकेषुविशिष्टबुद्धयः १२९ ॥ इतिश्रीमहाभारतेआरण्यकेपर्वणिमार्कंडेयसमास्यापर्वणिदानमहादानमाहात्म्येद्विशततमोऽध्यायः ॥ २०० ॥ ॥

॥ वैशंपायनउवाच ॥ श्रुत्वातुराजाराजर्षेरिंद्रद्युम्नस्यतत्तथा ॥ मार्कंडेयान्महाभागात्स्वर्गस्यप्रतिपादनम् १ युधिष्ठिरोमहाराजपप्रच्छभरतर्षभ ॥ मार्कंडेयं तपोवृद्धंदीर्घायुषमकल्मषम् २ विदितास्तवधर्मज्ञदेवदानवराक्षसाः ॥ राजवंशाश्चविविधाऋषिवंशाश्चशाश्वताः ३ नतेस्त्यविदितंकिंचिदस्मिँल्लोकेद्विजो त्तम ॥ कथांवेत्सिमुनेदिव्यांमनुष्योरगरक्षसाम् ४ देवगंधर्वयक्षाणांकिन्नराप्सरसांतथा ॥ इदमिच्छाम्यहंश्रोतुंतत्त्वेनद्विजसत्तम ५ कुवलाश्वइतिख्यातइक्ष्वा कुरपराजितः ॥ कथंनामविपर्यासाद्धुंधुमारत्वमागतः ६ एतदिच्छामितत्त्वेनज्ञातुंभार्गवसत्तम ॥ विपर्यस्तंयथानामकुवलाश्वस्यधीमतः ७ ॥ वैशंपायनउ वाच ॥ युधिष्ठिरेणैवमुक्तोमार्कंडेयोमहामुनिः ॥ धौन्धुमारमुपाख्यानंकथयामासभारत ८ ॥ मार्कंडेयउवाच ॥ हंततेकथयिष्यामिशृणुराजन्युधिष्ठिर ॥ धर्मिष्ठमिदमाख्यानंधुन्धुमारस्यतच्छृणु ९ यथासराजाइक्ष्वाकुःकुवलाश्वोमहीपतिः ॥ धुंधुमारत्वमगमत्तच्छृणुष्वमहीपते १० महर्षिर्विश्रुतस्तातउत्तंक इतिभारत ॥ मरुधन्वसुरम्येषुआश्रमस्तस्यकौरव ११ उत्तंकस्तुमहाराजतपोऽतप्यत्सुदुश्चरम् ॥ आरिराधयिषुर्विष्णुंबहून्वर्षगणान्विभुः १२ तस्यप्रीतः सभगवान्साक्षाद्दर्शनमेयिवान् ॥ दृष्ट्वैवचर्षिःप्रह्वस्तंतुष्टावविविधैःस्तवैः १३ ॥ उत्तंकउवाच ॥ ॥ त्वयादेवप्रजाःसर्वाःससुरासुरमानवाः ॥ स्थावराणिचभू तानिजंगमानितथैवच १४ ब्रह्मवेदाश्चवेद्यंचत्वयासृष्टंमहाद्युते ॥ शिरस्तेगगनंदेवनेत्रेशशिदिवाकरौ १५ निःश्वासःपवनश्चापितेजोग्निश्चतवाच्युत ॥ बाहव स्तेदिशःसर्वाःकुक्षिश्चापिमहार्णवः १६ ऊरूतेपर्वतादेवखंजंघेमधुसूदन ॥ पादौतेपृथिवीदेवीरोमाण्योषधयस्तथा १७ इंद्रसोमाग्निवरुणादेवासुरमहोरगाः ॥ प्रह्वास्त्वामुपतिष्ठंतिस्तुवंतोविविधैःस्तवैः १८ त्वयाव्याप्तानिसर्वाणिभूतानिभुवनेश्वर ॥ योगिनःसुमहावीर्याःस्तुवंतित्वांमहर्षयः १९ त्वयितुष्टेजगत्स्वास्थ्यं त्वयिक्रुद्धेमहद्भयम् ॥ भयानामपनेताऽसित्वमेकःपुरुषोत्तम २० देवानांमानुषाणांचसर्वभूतसुखावहः ॥ त्रिभिर्विक्रमणैर्देवत्रयोलोकास्त्वयाहृताः २१ असुराणां समृद्धानांविनाशश्चत्वयाकृतः ॥ तवविक्रमणैर्देवानिर्वाणमगमन्परम् २२

२३ । २४ । २५ । २६ । २७ । २८ । २९ । ३० । ३१ । ३२ । ३३ । ३४ ॥ ॥ इत्यारण्यकेपर्वणि नैलकंठीये भारतभावदीपे एकाधिकद्विशततमोऽध्यायः ॥ २०१ ॥ ॥

पराभूताश्चदैत्येंद्रास्त्वयिक्रुद्धेमहाद्युते ॥ त्वंहिकर्ताविकर्ताचभूतानामिहसर्वशः २३ आराधयित्वात्वांदेवाःसुखमेधंतिसर्वशः ॥ एवंस्तुतोहृषीकेशउत्तंकेनम
हात्मना २४ उत्तंकमब्रवीद्विष्णुःप्रीतस्तेऽहंवरंवृणु ॥ उत्तंकउवाच ॥ पर्याप्तोमेवरोह्येषयदहंदृष्टवान्हरिम् २५ पुरुषंशाश्वतंदिव्यंस्रष्टारंजगतःप्रभुम् ॥ वि
ष्णुरुवाच ॥ प्रीतस्तेऽहमलौल्येनभक्त्यातवचसत्तम २६ अवश्यंहित्वयाब्रह्मन्मत्तोग्राह्योवरोद्विज ॥ एवंसच्छंद्यमानस्तुवरेणहरिणातदा २७ उत्तंकःप्रांज
लिर्वव्रेवरंभरतसत्तम ॥ यदिमेभगवन्प्रीतःपुंडरीकनिभेक्षण २८ धर्मेसत्येदमेचैवबुद्धिर्भवतुमेसदा ॥ अभ्यासश्चभवेद्भक्त्यात्वयिनित्यंममेश्वर २९ ॥ भगवा
नुवाच ॥ सर्वमेतद्धिभवितामत्प्रसादात्तवद्विज ॥ प्रतिभास्यतियोगश्चयेनयुक्तोदिवौकसाम् ३० त्रयाणामपिलोकानांमहत्कार्यंकरिष्यसि ॥ उत्सादनार्थंलो
कानांधुंधुर्नाममहासुरः ३१ तपस्यतितपोघोरंशृणुयस्तंहनिष्यति ॥ राजाहिवीर्यवांस्तातइक्ष्वाकुरपराजितः ३२ बृहदश्वइतिख्यातोभविष्यतिमहीपतिः ॥
तस्यपुत्रःशुचिर्दान्तःकुवलाश्वइतिश्रुतः ३३ सयोगबलमास्थायमामकंपार्थिवोत्तमः ॥ शासनात्तवविप्रर्षेधुंधुमारोभविष्यति ॥ एवमुक्त्वातुतंविप्रंविष्णुरंतरधी
यत ३४ ॥ इतिश्रीमहाभारतेआरण्यकेपर्वणिमार्कंडेयसमास्यापर्वणिधुंधुमारोपाख्यानेएकाधिकद्विशततमोऽध्यायः ॥ २०१ ॥ ॥ ॥ ॥
॥ मार्कंडेयउवाच ॥ इक्ष्वाकौसंस्थितेराजन्शशादःपृथिवीमिमाम् ॥ प्राप्तःपरमधर्मात्मासोऽयोध्यायांनृपोऽभवत् १ शशादस्यतुदायादःककुत्स्थोनामवीर्य
वान् ॥ अनेनाश्चापिकाकुत्स्थःपृथुश्चानेनसःसुतः २ विष्वगश्वःपृथोःपुत्रस्तस्मादद्रिश्चजज्ञिवान् ॥ अद्रेश्चयुवनाश्वस्तुश्रावस्तस्यात्मजोऽभवत् ३ तस्य
श्रावस्तकोज्ञेयःश्रावस्तीयेननिर्मिता ॥ श्रावस्तकस्यदायादोबृहदश्वोमहाबलः ४ बृहदश्वस्यदायादःकुवलाश्वइतिस्मृतः ॥ कुवलाश्वस्यपुत्राणांसहस्राण्येक
विंशतिः ५ सर्वेविद्यासुनिष्णाताबलवंतोदुरासदाः ॥ कुवलाश्वश्चपितृतोगुणैरभ्यधिकोऽभवत् ६ समयेतंपिताराज्येबृहदश्वोऽभ्यषेचयत् ॥ कुवलाश्वंमहारा
जशूरमुत्तमधार्मिकम् ७ पुत्रसंक्रामितश्रीस्तुबृहदश्वोमहीपतिः ॥ जगामतपसेधीमांस्तपोवनममित्रहा ८ अथशुश्रावराजर्षितमुत्तंकोनराधिप ॥ वनंसंप्र
स्थितंराजन्बृहदश्वंद्विजोत्तमः ९ तमुत्तंकोमहातेजाःसर्वास्त्रविदुषांवरम् ॥ न्यवारयदमेयात्मासमासाद्यनरोत्तमम् १० ॥ उत्तंकउवाच ॥ भवतारक्षणंकार्यं
तत्तावत्कर्तुमर्हसि ॥ निरुद्विग्नावयंराजंस्त्वत्प्रसादाद्भवेमहि ११ त्वयाहिपृथिवीराजन्रक्ष्यमाणामहात्मना ॥ भविष्यतिनिरुद्विग्नानारण्यंगंतुमर्हसि १२ पाल
नेहिमहान्धर्मःप्रजानामिहदृश्यते ॥ नतथादृश्यतेऽरण्येमाभूत्तेबुद्धिरीदृशी १३

इक्ष्वाकाविति १ । २ । ३ । ४ । ५ । ६ । ७ । ८ । ९ । १० । ११ । १२ । १३

ईदृशोनहिराजेंद्रधर्मः क्वचनदृश्यते ॥ प्रजानांपालनेयोवैपुराराजर्षिभिःकृतः १४ रक्षितव्याःप्रजाराज्ञातास्त्वंरक्षितुमर्हसि ॥ निरुद्विग्नस्तपश्चर्तुंनहिशक्नोमिपार्थिव १५ ममाश्रमसमीपेवैसमेषुमरुधन्वसु ॥ समुद्रोवालुकापूर्णउज्जालकइतिस्मृतः १६ बहुयोजनविस्तीर्णोबहुयोजनमायतः ॥ तत्ररौद्रोदानवेंद्रोमहावीर्यपराक्रमः १७ मधुकैटभयोःपुत्रोधुंधुर्नामसुदारुणः ॥ अंतर्भूमिगतोराजन्वसत्यमितविक्रमः १८ तंनिहत्यमहाराजवनंत्वंगंतुमर्हसि ॥ शेतेलोकविनाशायतपआस्थायदारुणम् १९ त्रिदशानांविनाशायलोकानांचापिपार्थिव ॥ अवध्योदैवतानांहिदैत्यानामथरक्षसाम् २० नागानामथयक्षाणांगंधर्वाणांचसर्वशः ॥ अवाप्यसवरंराजन्सर्वलोकपितामहात् २१ तंविनाशयभद्रंतेमातेबुद्धिरतोऽन्यथा ॥ प्राप्स्यसेमहतींकीर्तिंशाश्वतीमव्ययांध्रुवाम् २२ क्रूरस्यतस्यस्वपतोवालुकांतर्हितस्यच ॥ संवत्सरस्यपर्यंतेनिःश्वासःसंप्रवर्तते २३ यदातदाभूश्चलतिसशैलवनकानना ॥ तस्यनिःश्वासवातेनरजउद्धूयतेमहत् २४ आदित्यपथमाश्रित्यसप्ताहंभूमिकंपनम् ॥ सविस्फुलिंगंसज्वालंधूममिश्रंसुदारुणम् २५ तेनराजन्नशक्नोमितस्मिन्स्थातुंस्वआश्रमे ॥ तंविनाशयराजेंद्रलोकानांहितकाम्यया २६ लोकाःस्वस्थाभविष्यंतितस्मिन्विनिहतेऽसुरे ॥ त्वंहितस्यविनाशायपर्याप्तइतिमेमतिः २७ तेजसातवतेजश्चविष्णुराप्याययिष्यति ॥ विष्णुनाचवरोदत्तःपूर्वंममहीपते २८ यस्तंमहासुरंरौद्रंवधिष्यतिमहीपतिः ॥ तेजस्तंवैष्णवमितिप्रवेक्ष्यतिदुरासदम् २९ तत्तेजस्त्वंसमाधायराजेंद्रभुविदुःसहम् ॥ तंनिषूदयराजेंद्रदैत्यंरौद्रपराक्रमम् ३० नहिधुंधुर्महातेजास्तेजसाऽल्पेनशक्यते ॥ निर्दग्धुंपृथिवीपालसहिवर्षशतैरपि ३१ ॥ इतिश्रीमहाभारतेआरण्यकेपर्वणिमार्कंडेयसमास्यापर्वणिधुंधुमारोपाख्यानेद्व्यधिकद्विशततमोऽध्यायः ॥ २०२ ॥

॥ मार्कंडेयउवाच ॥ सएवमुक्तोराजर्षिरुत्तंकेनापराजितः ॥ उत्तंकंकौरवश्रेष्ठकृतांजलिरथाब्रवीत् १ नतेऽभिगमनंब्रह्मन्मोघमेतद्भविष्यति ॥ पुत्रोममायंभगवन्कुवलाश्वइतिस्मृतः २ धृतिमान्क्षिप्रकारीचवीर्येणाप्रतिमोभुवि ॥ प्रियंचतेसर्वमेतत्करिष्यतिनसंशयः ३ पुत्रैःपरिवृतःसर्वैःशूरैःपरिघबाहुभिः ॥ विसर्जयस्वमांब्रह्मन्न्यस्तशस्त्रोऽस्मिसांप्रतम् ४ तथाऽस्त्वितिचतेनोक्तोमुनिनाऽमिततेजसा ॥ सतमादिश्यतनयमुत्तंकायमहात्मने ५ क्रियतामितिराजर्षिर्जगामवनमुत्तमम् ॥ युधिष्ठिरउवाच ॥ कएषभगवन्दैत्योमहावीर्यस्तपोधन ६ कस्यपुत्रोऽथनप्तावाएतदिच्छामिवेदितुम् ॥ एवंमहाबलोदैत्योनश्रुतोमेतपोधन ७ एतदिच्छामिभगवन्याथातथ्येनवेदितुम् ॥ सर्वमेवमहाप्राज्ञविस्तरेणतपोधन ८ ॥ मार्कंडेयउवाच ॥ शृणुराजन्निदंसर्वंयथावृत्तंनराधिप ॥ कथ्यमानंमहाप्राज्ञविस्तरेणयथातथम् ९

एकार्णवेतदालोकेनष्टेस्थावरजंगमे ॥ प्रनष्टेषुचभूतेषुसर्वेषुभरतर्षभ १० प्रभवंलोककर्तारंविष्णुंशाश्वतमव्ययम् ॥ यमाहुर्मुनयःसिद्धाःसर्वलोकमहेश्वरम् ११
सुष्वापभगवान्विष्णुरप्सुयोगतएवसः ॥ नागस्यभोगेमहतिशेषस्यामिततेजसः १२ लोककर्तामहाभागभगवानच्युतोहरिः ॥ नागभोगेनमहतापरिरभ्यमही
मिमाम् १३ स्वपतस्तस्यदेवस्यपद्मंसूर्यसमप्रभम् ॥ नाभ्यांविनिःसृतंदिव्यंतत्रोत्पन्नःपितामहः १४ साक्षाल्लोकगुरुर्ब्रह्मापद्मेसूर्यसमप्रभः ॥ चतुर्वेदश्चतु
र्मूर्तिस्तथैवचचतुर्मुखः १५ स्वप्रभावाद्दुराधर्षोमहाबलपराक्रमः ॥ कस्यचित्त्वथकालस्यदानवौवीर्यवत्तमौ १६ मधुश्चकैटभश्चैवदृष्टवंतौहरिंप्रभुम् ॥ शयानं
शयनेदिव्येनागभोगेमहाद्युतिम् १७ बहुयोजनविस्तीर्णेबहुयोजनमायते ॥ किरीटकौस्तुभधरंपीतकौशेयवाससम् १८ दीप्यमानंश्रियाराजंस्तेजसावपुषात
था ॥ सहस्रसूर्यप्रतिममद्भुतोपमदर्शनम् १९ बिस्मयःसुमहानासीन्मधुकैटभयोस्तथा ॥ दृष्ट्वापितामहंचापिपद्मेपद्मनिभेक्षणम् २० वित्रासयेतामथतौब्र
ह्माणममितौजसम् ॥ वित्रस्यमानोबहुशोब्रह्माताभ्यांमहायशाः २१ अकंपयत्पद्मनालंततोऽबुध्यतकेशवः ॥ अथापश्यतगोविंदोदानवौवीर्यवत्तरौ २२ दृष्ट्वा
तावब्रवीद्देवःस्वागतंवांमहाबलौ ॥ ददामिवांवरंश्रेष्ठंप्रीतिर्हिममजायते २३ तौप्रहस्यहृषीकेशंमहादर्पौमहाबलौ ॥ प्रत्यब्रूतांमहाराजसहितौमधुसूदनम् २४
आवांवरयदेवत्वंवरदौस्वःसुरोत्तम ॥ दातारौस्वोवरंतुभ्यंतद्ब्रवीह्यविचारयन् २५ ॥ भगवानुवाच ॥ प्रतिगृण्हेवरंवीरावीप्सितश्चवरोमम ॥ युवांहिवीर्यसंपन्नौ
नवामस्तिसमःपुमान् २६ वध्यत्वमुपगच्छेतांममसत्यपराक्रमौ ॥ एतदिच्छाम्यहंकामंप्राप्तुंलोकहितायवै २७ ॥ मधुकैटभावूचतुः ॥ अनृतंनोक्तपूर्वंनौ
स्वैरेष्वपिकुतोऽन्यथा ॥ सत्येधर्मेचनिरतौविद्ध्यावांपुरुषोत्तम २८ बलेरूपेचशौर्येचशमेनचसमोऽस्तिनौ ॥ धर्मेतपसिदानेचशीलसत्वदमेषुच २९ उपप्लवोम
हानस्मानुपावर्ततकेशव ॥ उक्तंप्रतिकुरुष्वत्वंकालोहिदुरतिक्रमः ३० आवामिच्छावहेदेवकृतमेकंत्वयाविभो ॥ अनावृतेऽस्मिन्नाकाशेवधंसुरवरोत्तम ३१ पुत्र
त्वमधिगच्छावतवचापिसुलोचन ॥ वरएषवृतोदेवतद्विद्धिसुरसत्तम ३२ अनृतंमाभवेद्देवयद्धिनौसंश्रुतंतदा ॥ भगवानुवाच ॥ बाढमेवंकरिष्यामिसर्वमेतद्भवि
ष्यति ३३ सविचिंत्याथगोविंदोनापश्यद्यदनावृतम् ॥ अवकाशंपृथिव्यांवादिविवामधुसूदनः ३४ स्वकावनावृतावूरूदृष्ट्वादेववरस्तदा ॥ मधुकैटभयोराजन्
शिरसीमधुसूदनः ॥ चक्रेणशितधारेणन्यकृंततमहायशाः ३५ ॥ इतिश्रीमहाभारतेआरण्यकेपर्वणिमार्कंडेयसमास्यापर्वणिधुंधुमारोपाख्यानेत्र्यधिकद्विशतत
मोऽध्यायः ॥ २०३ ॥ ॥ ॥ ॥ मार्कंडेयउवाच ॥ धुंधुर्नाममहाराजतयोःपुत्रोमहाद्युतिः ॥ सतपोतप्यतमहन्महावीर्यपराक्रमः १

३५ ॥ ॥ इत्यारण्यकेपर्वणि नैलकंठीये भारतभावदीपे त्र्यधिकद्विशततमोऽध्यायः ॥ २०३ ॥ ॥ ॥ ॥ धुंधुरिति १

अतिष्ठदेकपादेनकृशोधमनिसंततः ॥ तस्मैब्रह्माददौप्रीतोवरंवव्रेसचप्रभुम् २ देवदानवयक्षाणांसर्पगंधर्वरक्षसाम् ॥ अवध्योऽहंभवेयंवैवरएषवृतोमया ३
॥१७३॥ एवंभवतुगच्छेतितमुवाचपितामहः ॥ सएवमुक्तस्तत्पादौमूर्ध्नास्पृश्यजगामह ४ सतुधुंधुर्वरंलब्ध्वामहावीर्यपराक्रमः ॥ अनुस्मरन्पितृवधंद्रुतंविष्णुमुपाग अ०
मत् ५ सतुदेवान्सगंधर्वान्जित्वाधुंधुरमर्षणः ॥ बबाधसर्वानसकृद्विष्णुंदेवांश्चवैभृशम् ६ समुद्रेवालुकापूर्णेउज्जालकइतिस्मृते ॥ आगम्यचसदुष्टात्मातंदे
शंभरतर्षभ ७ बाधतिस्मपरंशक्त्यातमुत्तंकाश्रमंविभो ॥ अंतर्भूमिगतस्तत्रवालुकांतर्हितस्तथा ८ मधुकैटभयोःपुत्रोधुंधुर्भीमपराक्रमः ॥ शेतेलोकविनाशा २०४
यतपोबलमुपाश्रितः ९ उत्तंकस्याश्रमाभ्याशेनिःश्वसन्पावकार्चिषः ॥ एतस्मिन्नेवकालेतुराजासबलवाहनः १० उत्तंकविप्रसहितःकुवलाश्वोमहीपतिः ॥ पुत्रैः
सहमहीपालःप्रययौभरतर्षभ ११ सहस्रैरेकविंशत्यापुत्राणामरिमर्दनः ॥ कुवलाश्वोनरपतिरन्वितोबलशालिनाम् १२ तमाविशत्ततोविष्णुर्भगवांस्तेजसाप्रभुः ॥
उत्तंकस्यनियोगेनलोकानांहितकाम्यया १३ तस्मिन्प्रयातेदुर्धर्षेदिविशब्दोमहानभूत् ॥ एषश्रीमानवध्योऽद्यधुंधुमारोभविष्यति १४ दिव्यैश्चपुष्पैस्तं
देवाःसमंतात्पर्यवारयन् ॥ देवदुंदुभयश्चापिनेदुःस्वयमनीरिताः १५ शीतश्चवायुःप्रववौप्रयाणेतस्यधीमतः ॥ विपांसुलांमहींकुर्वन्ववर्षचसुरेश्वरः ॥
१६ अंतरिक्षेविमानानिदेवतानांयुधिष्ठिर ॥ तत्रैवसमदृश्यंतधुंधुर्यत्रमहासुरः १७ कुवलाश्वस्यधुंधोश्चयुद्धकौतूहलान्विताः ॥ देवगंधर्वसहिताःसमवैक्षन्महर्ष
यः १८ नारायणेनकौरव्यतेजसाऽऽप्यायितस्तदा ॥ सगतोनृपतिःक्षिप्रंपुत्रैस्तैःसर्वतोदिशम् १९ अर्णवंखानयामासकुवलाश्वोमहीपतिः ॥ कुवलाश्वस्य
पुत्रैश्चतस्मिन्वैवालुकार्णवे २० सप्तभिर्दिवसैःखात्वादृष्टोधुंधुर्महाबलः ॥ आसीद्घोरंवपुस्तस्यवालुकांतर्हितंमहत् २१ दीप्यमानंयथासूर्यस्तेजसाभरतर्षभ ॥
ततोधुंधुर्महाराजदिशमावृत्यपश्चिमाम् २२ सुप्तोऽभूद्राजशार्दूलकालानलसमद्युतिः ॥ कुवलाश्वस्यपुत्रैस्तुसर्वतःपरिवारितः २३ अभिद्रुतःशरैस्तीक्ष्णैर्गदा
भिर्मुसलैरपि ॥ पट्टिशैःपरिघैःप्रासैःखड्गैश्चविमलैःशितैः २४ सवध्यमानःसंक्रुद्धःसमुत्तस्थौमहाबलः ॥ क्रुद्धश्चाभक्षयत्तेषांशस्त्राणिविविधानिच २५ आस्या
द्वमन्पावकंससंवर्तकसमंतदा ॥ तान्सर्वान्नृपतेःपुत्रानदहत्स्वेनतेजसा २६ मुखजेनाग्निनाक्रुद्धोलोकानुद्वर्तयन्निव ॥ क्षणेनराजशार्दूलपुरेवकपिलः
प्रभुः २७ सगरस्यात्मजान्क्रुद्धस्तदद्भुतमिवाभवत् ॥ तेषुक्रोधाग्निदग्धेषुतदाभरतसत्तम २८ तंप्रबुद्धंमहात्मानंकुंभकर्णमिवापरम् ॥ आससादमहातेजाः
कुवलाश्वोमहीपतिः २९ तस्यवारिमहाराजसुस्रावबहुदेहतः ॥ तदाऽऽपीयततस्तेजोराजावारिमयंनृप ३० योगीयोगेनवह्निंचशमयामासवारिणा ॥ ब्रह्मास्त्रे
णचराजेंद्रदैत्यंक्रूरपराक्रमम् ३१ ददाहभरतश्रेष्ठसर्वलोकभवायवै ॥ सोऽस्त्रेणदग्ध्वाराजर्षिःकुवलाश्वोमहाऽसुरम् ३२ सुरशत्रुममित्रघ्नस्त्रैलोक्येशइवापरः ॥ ॥१७३॥
धुंधोर्वधात्तदाराजाकुवलाश्वोमहामनाः ३३

३४ । ३५ ३६ । ३७ ३८ । ३९ । ४० । ४१ । ४२ । ४३ । ४४ । ४५ ॥ इत्यारण्यकेपर्वणि नैलकंठीये भारतभावदीपे चतुरधिकद्विशततमोऽध्यायः ॥ २०४ ॥ ततइति । पतिव्रताख्यानमितःस्त्रीमाहा

धुंधुमारइतिख्यातोनाम्नाऽप्रतिरथोऽभवत् ॥ प्रीतैश्चत्रिदशैःसर्वैर्महर्षिसहितैस्तदा ३४ वरंवृणीष्वेत्युक्तःसप्रांजलिःप्रणतस्तदा ॥ अतीवमुदितोराजन्निदंवचनमब्रवीत्
३५ दद्यांवित्तंद्विजाग्र्येभ्यःशत्रूणांचापिदुर्जयः ॥ सख्यंचविष्णुनामेस्याद्भूतेष्वद्रोहएवच ३६ धर्मेरतिश्चसततंस्वर्गेवासस्तथाऽक्षयः ॥ तथास्त्वितिततोदेवैःप्रीतै
रुक्तःसपार्थिवः ३७ ऋषिभिश्चसगंधर्वैरुत्तंकेनचधीमता ॥ संभाष्यचैनंविविधैराशीर्वादैस्ततोनृप ३८ देवामहर्षयश्चापिस्वानिस्थानानिभेजिरे ॥ तस्यपुत्रास्त्रयः
शिष्टायुधिष्ठिरतदाऽभवन् ३९ दृढाश्वःकपिलाश्वश्चचंद्राश्वश्चैवभारत ॥ तेभ्यःपरंपराराजन्निक्ष्वाकूणांमहात्मनाम् ४० वंशस्यसुमहाभागराज्ञाममिततेजसाम् ॥ एवं
सनिहतस्तेनकुवलाश्वेनसत्तम ४१ धुंधुर्नाममहादैत्योमधुकैटभयोःसुतः ॥ कुवलाश्वश्चनृपतिर्धुंधुमारइतिस्मृतः ४२ नाम्नाचगुणसंयुक्तस्तदाप्रभृतिसोऽभवत् ॥
एतत्तेसर्वमाख्यातंयन्मांत्वंपरिपृच्छसि ४३ धौंधुमारमुपाख्यानंप्रथितंयस्यकर्मणा ॥ इदंतुपुण्यमाख्यानंविष्णोःसमनुकीर्तनम् ४४ शृणुयाद्यःसधर्मात्मापुत्रवां
श्चभवेन्नरः ॥ आयुष्मान्भूतिमांश्चैवश्रुत्वाभवतिपर्वसु ॥ नचव्याधिभयंकिंचित्प्राप्नोतिविगतज्वरः ४५ ॥ इतिश्रीमहाभारतेआरण्यकेपर्वणिमार्कंडेयसमास्यापर्वणि
धुंधुमारोपाख्यानेचतुरधिकद्विशततमोऽध्यायः ॥ २०४ ॥ ॥ वैशंपायनउवाच ॥ ततोयुधिष्ठिरोराजामार्कंडेयंमहाद्युतिम् ॥ पप्रच्छभरतश्रेष्ठधर्मप्रश्नंसु
दुर्विदम् १ श्रोतुमिच्छामिभगवन्स्त्रीणांमाहात्म्यमुत्तमम् ॥ कथ्यमानंत्वयाविप्रसूक्ष्मंधर्म्यंचतत्त्वतः २ प्रत्यक्षमिहविप्रर्षेदेवादृश्यंतिसत्तम ॥ सूर्याचंद्रमसौवायुः
पृथिवीवह्निरेवच ३ पितामाताचभगवान्गुरुरेवचसत्तम ॥ यच्चान्यदेवविहितंतच्चापिभृगुनंदन ४ मान्याहिगुरवःसर्वेएकपत्न्यस्तथास्त्रियः ॥ पतिव्रतानांशुश्रूषा
दुष्कराप्रतिभातिमे ५ पतिव्रतानांमाहात्म्यंवक्तुमर्हसिनःप्रभो ॥ निरुध्यचेंद्रियग्राममनःसंरुध्यचानघ ६ पतिंदैवतवच्चापिचिंतयंत्यःस्थिताहियाः ॥ भगवन्दुष्करं
त्वेतत्प्रतिभातिममप्रभो ७ मातापित्रोश्चशुश्रूषास्त्रीणांभर्तरिचद्विज ॥ स्त्रीणांधर्मात्सुघोराद्धिनान्यंपश्यामिदुष्करम् ८ साध्वाचाराःस्त्रियोब्रह्मन्यत्कुर्वंति
सदाऽऽदृताः ॥ दुष्करंखलुकुर्वंतिपितरंमातरंचवै ९ एकपत्न्यश्चयानार्योयाश्चसत्यंवदंत्युत ॥ कुक्षिणादशमासांश्चगर्भंसंधारयंतियाः १० नार्यःकालेनसंभूय
किमद्भुततरंततः ॥ संशयंपरमंप्राप्यवेदनामतुलामपि ११ प्रजायंतेसुतान्नार्योदुःखेनमहताविभो ॥ पुष्णंतिचापिमहतास्नेहेनद्विजपुंगव १२ येचक्रूरेषुसर्वे
ष्ववर्तमानाजुगुप्सिताः ॥ स्वकर्मकुर्वंतिसदादुष्करंतच्चमेमतम् १३ क्षत्रधर्मसमाचारतत्त्वंव्याख्याहिमेद्विज ॥ धर्मःसुदुर्लभोविप्रनृशंसेनमहात्मनाम् १४
एतदिच्छामिभगवन्प्रश्नंप्रश्नविदांवर ॥ श्रोतुंभृगुकुलश्रेष्ठशुश्रूषेतवसुव्रत १५

त्म्यादीनांपृष्ठानांनिर्णयार्थम् । तत्रापिनाहंबलाकातिप्रर्षेइत्यतःप्राक्तनोग्रंथःस्पष्टार्थः १ । २ । ३ । ४ । ५ । ६ । ७ । ८ । ९ । १० । ११ । १२ । १३ । १४ । १५

॥ मार्कंडेयउवाच ॥ हंततेऽहंसमाख्यास्येप्रश्नमेतंसुदुर्वचम् ॥ तत्त्वेनभरतश्रेष्ठगदतस्तन्निबोधमे १६ मातृस्तुगौरवादन्येपितॄनन्येतुमेनिरे ॥ दुष्करंकुरुतेमाताविवर्धयतियाप्रजाः १७ तपसादेवतेज्याभिर्वंदनेनतितिक्षया ॥ अभिचारैरुपायैश्चापीहंतेपितरःसुतान् १८ एवंकृच्छ्रेणमहतापुत्रंप्राप्यसुदुर्लभम् ॥ चिंतयंतिसदावीरकीदृशोऽयंभविष्यति १९ आशंसतेहिपुत्रेषुपितामाताचभारत ॥ यशःकीर्तिमथैश्वर्यंप्रजाधर्मंतथैवच २० तयोराशांतुसफलांयःकरोतिसधर्मवित् ॥ पितामाताचराजेंद्रतुष्यतोयस्यनित्यशः २१ इहप्रेत्यचतस्याथकीर्तिर्धर्मश्चशाश्वतः ॥ नैवयज्ञक्रियाःकाश्चिन्नश्राद्धंनोपवासकम् २२ यातुभर्तरिशुश्रूषातयास्वर्गंजयत्युत ॥ एतत्प्रकरणंराजन्नधिकृत्ययुधिष्ठिर २३ पतिव्रतानांनियतंधर्मंचावहितःशृणु २४ ॥ इतिश्रीमहाभारतेआरण्यकेपर्वणिमार्कंडेयसमास्यापर्वणिपतिव्रतोपाख्यानेपंचाधिकद्विशततमोऽध्यायः ॥ २०५ ॥ ॥ ॥ ॥ मार्कंडेयउवाच ॥ कश्चिद्द्विजातिप्रवरोवेदाध्यायीतपोधनः ॥ तपस्वीधर्मशीलश्चकौशिकोनामभारत १ सांगोपनिषदोवेदानधीतेद्विजसत्तमः ॥ सवृक्षमूलेकस्मिंश्चिद्वेदानुच्चारयन्स्थितः २ उपरिष्टाच्चवृक्षस्यबलाकासंन्यलीयत ॥ तयापुरीषमुत्सृष्टंब्राह्मणस्यतदोपरि ३ तामवेक्ष्यततःक्रुद्धःसमपध्यायतद्द्विजः ॥ भृशंक्रोधाभिभूतेनबलाकासानिरीक्षिता ४ अपध्याताचविप्रेणन्यपतद्धरणीतले ॥ बलाकांपतितांदृष्ट्वागतसत्त्वामचेतनाम् ५ कारुण्यादभिसंतप्तःपर्यशोचततांद्विजः ॥ अकार्यंकृतवानस्मिरोषरागबलात्कृतः ६ ॥ मार्कंडेयउवाच ॥ इत्युक्त्वाबहुशोविद्वान्ग्रामंभैक्ष्यायसंश्रितः ॥ ग्रामेशुचीनिप्रचरन्कुलानिभरतर्षभ ७ प्रविष्टस्तत्कुलंयत्रपूर्वंचरितवांस्तुसः ॥ देहीतियाचमानोऽसौतिष्ठेत्युक्तःस्त्रियाततः ८ शौचंतुयावत्कुरुतेभाजनस्यकुटुंबिनी ॥ एतस्मिन्नंतरेराजन्क्षुधासंपीडितोभृशम् ९ भर्ताप्रविष्टःसहसातस्याभरतसत्तम ॥ सातुदृष्ट्वापतिंसाध्वीब्राह्मणंव्यवहायतम् १० पाद्यमाचमनीयंवैददौभर्तुस्तथाऽऽसनम् ॥ प्रह्वापर्यचरच्चापिभर्तारमसितेक्षणा ११ आहारेणाथभक्ष्यैश्चभोज्यैःसुमधुरैस्तथा ॥ उच्छिष्टंभाविताभर्तुर्भुंक्तेनित्यंयुधिष्ठिर १२ दैवतंचपतिंमेनेभर्तुश्चित्तानुसारिणी ॥ कर्मणामनसावाचानान्यचित्ताऽभ्यगात्पतिम् १३ तंसर्वभावोपगतापतिशुश्रूषणेरता ॥ साध्वाचाराशुचिर्दक्षाकुटुंबस्यहितैषिणी १४ भर्तुश्चापिहितंयत्तत्सततंसाऽनुवर्तते ॥ देवतातिथिभृत्यानांश्वश्रूश्वशुरयोस्तथा १५ शुश्रूषणपरानित्यंसततंसंयतेंद्रिया साब्राह्मणंतदादृष्ट्वासंस्थितंभैक्ष्यकांक्षिणम् १६ कुर्वतीपतिशुश्रूषांसस्माराथशुभेक्षणा ॥ व्रीडितासाऽभवत्साध्वीतदाभरतसत्तम ॥ भिक्षामादायविप्रायनिर्जगामयशस्विनी १७ ॥ ब्राह्मणउवाच ॥ किमिदंभवतित्वंमांतिष्ठेत्युक्त्वावरांगने ॥ उपरोधंकृतवतीनविसर्जितवत्यसि १८

१९ । २० । २१ । २२ । २३ । २४ । २५ । २६ दंडकेदंडकारण्ये २७ । २८ । २९ । ३० शुश्रूषायाइति । भर्तृशुश्रूषयासार्वज्ञ्यप्राप्तिर्दर्शिता ३१ साचब्राह्मणानांब्रह्मविदामेवास्तीतितल्लक्षणान्याह क्रोध इति ३२ अत्रलक्षणकथनंनिष्प्रयोजनमितियान्येवविद्वल्लक्षणानितानिविद्यासाधनानीतिन्यायेन ब्राह्मण्यकामस्यक्रोधादित्यागोगुर्वाराधनादिचकर्तव्यत्वेनविधीयते यइति । सत्यवाक्गुरुभक्तःक्षमावांश्चभवे

॥ मार्कंडेयउवाच ॥ ब्राह्मणंक्रोधसंतप्तंज्वलंतमिवतेजसा ॥ दृष्ट्वासाध्वीमनुष्येंद्रसांत्वपूर्वंवचोऽब्रवीत् १९ ॥ स्त्र्युवाच ॥ क्षंतुमर्हसिमेविद्वन्भर्तामेदैवतंमहत् ॥ सचापिक्षुधितःप्राप्तःश्रान्तःशुश्रूषितोमया २० ॥ ब्राह्मणउवाच ॥ ब्राह्मणानगरीयांसोगरीयांस्तेपतिःकृतः ॥ गृहस्थधर्मेवर्तंतीब्राह्मणानवमन्यसे २१ इंद्रोऽप्ये षांप्रणमतेकिंपुनर्मानवोभुवि ॥ अवलिप्तेनजानीषेवृद्धानांनश्रुतंत्वया २२ ब्राह्मणाह्यग्निसदृशादहेयुःपृथिवीमपि ॥ स्त्र्युवाच ॥ नाहंबलाकाविप्रर्षेत्यजक्रोधंतपो धन २३ अनयाक्रुद्धयादृष्ट्याक्रुद्धःकिंमांकरिष्यसि ॥ नावजानाम्यहंविप्रान्देवैस्तुल्यान्मनस्विनः २४ अपराधमिमंविप्रक्षंतुमर्हसिमेऽनघ ॥ जानामितेजोविप्रा णांमहाभाग्यंचधीमताम् २५ अपेयःसागरःक्रोधात्कृतोहिलवणोदकः ॥ तथैवदीप्ततपसांमुनीनांभावितात्मनाम् २६ येषांक्रोधाग्निरद्यापिदंडकेनोपशाम्यति ॥ ब्राह्मणानांपरिभवाद्वातापिःसुदुरात्मवान् २७ अगस्त्यमृषिमासाद्यजीर्णःक्रूरोमहासुरः ॥ बहुप्रभावाःश्रूयंतेब्राह्मणानांमहात्मनाम् २८ क्रोधःसुविपुलोब्रह्मन्प्र सादश्चमहात्मनाम् ॥ अस्मिंस्त्वतिक्रमेब्रह्मन्क्षंतुमर्हसिमेऽनघ २९ पतिशुश्रूषयाधर्मोयःसमेरोचतेद्विज ॥ दैवतेष्वपिसर्वेषुभर्तामेदैवतंपरम् ३० अविशेषेणत स्याहंकुर्यांधर्मंद्विजोत्तम ॥ शुश्रूषायाःफलंपश्यपत्युर्ब्राह्मणयादृशम् ३१ बलाकाहित्वयादग्धारोषात्तद्विदितंमया ॥ क्रोधःशत्रुःशरीरस्थोमनुष्याणांद्विजोत्तम ३२ यःक्रोधमोहौत्यजतितंदेवाब्राह्मणंविदुः ॥ योवदेदिहसत्यानिगुरुंसंतोषयेतच ३३ हिंसितश्चनहिंसेततंदेवाब्राह्मणंविदुः ॥ जितेंद्रियोधर्मपरःस्वाध्यायनिरतःशुचिः ३४ कामक्रोधौवशौयस्यतंदेवाब्राह्मणंविदुः ॥ यस्यचात्मसमोलोकोधर्मज्ञस्यमनस्विनः ३५ सर्वधर्मेषुचरतस्तंदेवाब्राह्मणंविदुः ॥ योऽध्यापयेदधीयीतयजेद्वाया जयीतवा ३६ दद्याद्वाऽपियथाशक्तितंदेवाब्राह्मणंविदुः ॥ ब्रह्मचारीवदान्योयोऽप्यधीयाद्द्विजपुंगवः ३७ स्वाध्यायवानमत्तोवैतंदेवाब्राह्मणंविदुः ॥ यद्ब्राह्मणानांकु शलंतदेषांपरिकीर्तयेत् ३८ सत्यंतथाव्याहरतांनानृतेरमतेमनः ॥ धर्मंतुब्राह्मणस्याहुःस्वाध्यायंदममार्जवम् ३९ इंद्रियाणांनिग्रहंचशाश्वतंद्विजसत्तम ॥ सत्यार्जवेधर्ममाहुःपरंधर्मविदोजनाः ४० दुर्ज्ञेयःशाश्वतोधर्मःसचसत्येप्रतिष्ठितः ॥ श्रुतिप्रमाणोधर्मःस्यादितिवृद्धानुशासनम् ४१ बहुधादृश्यतेधर्मःसूक्ष्मएवद्विजोत्तम ॥ भगवानपिधर्मज्ञःस्वाध्यायनिरतःशुचिः ४२ नतुतत्त्वेनभगवन्धर्मंवेत्सीतिमेमतिः ॥ यदिविप्रनजानीषेधर्मंपरमकंद्विज ४३ धर्मव्याधंततःपृच्छगत्वातुमिथिलांपु रीम् ॥ मातापितृभ्यांशुश्रूषुःसत्यवादीजितेंद्रियः ४४

दित्यर्थः ३३ । ३४ । ३५ । ३६ । ३७ । ३८ । ३९ । ४० शाश्वतोधर्मआत्मदर्शनं यदाहयाज्ञवल्क्यः । 'इज्याचारदमाहिंसादानस्वाध्यायकर्मणाम् ॥ अयंतुपरमोधर्मोयद्योगेनात्मदर्शनम्' इति । सत्येत्रैकालिकबाधशून्येवस्तुनिप्रतिष्ठितःपर्यवसितः अन्योऽधर्मस्त्वसत्येप्रतिष्ठितइत्यर्थात्सिद्धम् ४१ । ४२ । ४३ । ४४

४५ । ४६ साधयिष्यामिस्वकार्यविशेषः ४७ । ४८ ॥ इत्यारण्यकेपर्वणि नैलकंठीये भारतभावदीपे षडधिकद्विशततमोऽध्यायः ॥ २०६ ॥ चिंतयित्वेति । आगोऽपराधःकृतमनेनेत्यागस्कृतः १ । २ । ३
४ । ५ । ६ विमानैःसाप्तभौमिकगृहैः ७ । ८ । ९ सूनावधस्थानं तन्मध्ये १० । ११ । १२ । १३ । १४ । १५ अदेशस्थं अयोग्यदेशस्थम् १६ । १७ । १८ । १९ । २०

॥१७५॥ मिथिलायांवसेद्व्याधःसतेधर्मान्प्रवक्ष्यति ॥ तत्रगच्छस्वभद्रंतेयथाकामंद्विजोत्तम ४५ अत्युक्तमपिमेसर्वंक्षंतुमर्हस्यनिंदित ॥ स्त्रियोह्यवध्याःसर्वेषांयेधर्ममभिविंदते ४६
॥ ब्राह्मणउवाच ॥ प्रीतोऽस्मितवभद्रंतेगतःक्रोधश्चशोभने ॥ उपालंभस्त्वयाऽत्युक्तोममनिःश्रेयसंपरम् ॥ स्वस्तितेऽस्तुगमिष्यामिसाधयिष्यामिशोभने ४७ ॥ मार्कं
डेयउवाच ॥ तयाविसृष्टोनिर्गम्यस्वमेवभवनंययौ ॥ विनिंदन्सस्वमात्मानंकौशिकोद्विजसत्तमः ४८ ॥ इतिश्रीमहाभारतेआरण्यकेपर्वणिमार्कंडेयसमास्यापर्वणिप
तिव्रतोपाख्यानेषडधिकद्विशततमोऽध्यायः ॥ २०६ ॥ ॥ मार्कंडेयउवाच ॥ चिंतयित्वातदाश्चर्यंस्त्रियाप्रोक्तमशेषतः ॥ विनिंदन्सस्वमात्मानमागस्कृतइवाबभौ
१ चिंतयानःस्वधर्मस्यसूक्ष्मांगतिमथाब्रवीत् ॥ श्रद्दधानेनवैभाव्यंगच्छामिमिथिलामहम् २ कृतात्माधर्मवित्तस्यांव्याधोनिवसतेकिल ॥ तंगच्छाम्यहमद्यैववधर्मंप्रष्टुं
तपोधनम् ३ इतिसंचिंत्यमनसाश्रद्दधानःस्त्रियावचः ॥ बलाकाप्रत्ययेनासौधर्म्यैश्चवचनैःशुभैः ४ संप्रतस्थेसमिथिलांकौतूहलसमन्वितः ॥ अतिक्रामन्नरण्यानिग्रा
मांश्चनगराणिच ५ ततोजगाममिथिलांजनकेनसुरक्षिताम् ॥ धर्मसेतुसमाकीर्णांयज्ञोत्सववतींशुभाम् ६ गोपुराट्टालकवतींहर्म्यप्राकारशोभनाम् ॥ प्रविश्यनगरींर
म्यांविमानैर्बहुभिर्युताम् ७ पण्यैश्चबहुभिर्युक्तांसुविभक्तमहापथाम् ॥ अश्वैरथैस्तथानागैर्योधैश्चबहुभिर्युताम् ८ हृष्टपुष्टजनाकीर्णांनित्योत्सवसमाकुलाम् ॥ सोऽप
श्यद्बहुवृत्तांतांब्राह्मणःसमतिक्रमन् ९ धर्मव्याधमपृच्छच्चसचास्यकथितोद्विजैः ॥ अपश्यत्तत्रगत्वातंसूनामध्येव्यवस्थितम् १० मार्गमाहिषमांसानिविक्रीणंतंतपस्वि
नम् ॥ आकुलत्वाच्चक्रेतॄणामेकांतेसंस्थितोद्विजः ११ सतुज्ञात्वाद्विजंप्राप्तंसहसासंभ्रमोत्थितः ॥ आजगामयतोविप्रःस्थितएकांतदर्शने १२ ॥ व्याधउवाच ॥
अभिवादयेत्वांभगवन्स्वागतंतेद्विजोत्तम ॥ अहंव्याधोहिभद्रंतेकिंकरोमिप्रशाधिमाम् १३ एकपत्न्यायदुक्तोऽसिगच्छत्वंमिथिलामिति ॥ जानाम्येतदहंसर्वंयदर्थंत्व
मिहागतः १४ श्रुत्वाचतस्यतद्वाक्यंसविप्रोभृशविस्मितः ॥ द्वितीयमिदमाश्चर्यमित्यचिंतयतद्विजः १५ अदेशस्थंहितेस्थानमितिव्याधोऽब्रवीदिदम् ॥ गृहंगच्छा
वभगवन्यदितेरोचतेऽनघ १६ ॥ मार्कंडेयउवाच ॥ बाढमित्येवतंविप्रोहृष्टोवचनमब्रवीत् ॥ अग्रतस्तुद्विजंकृत्वासजगामगृहंप्रति १७ प्रविश्यचगृहंरम्यमासनेनाभि
पूजितः ॥ पाद्यमाचमनीयंचप्रतिगृह्यद्विजोत्तमः १८ ततःसुखोपविष्टस्तंव्याधंवचनमब्रवीत् ॥ कर्मैतद्वैनसदृशंभवतःप्रतिभातिमे ॥ अनुतप्येभृशंताततवघोरेणक
र्मणा १९ ॥ व्याधउवाच ॥ कुलोचितमिदंकर्मपितृपैतामहंपरम् ॥ वर्तमानस्यमेधर्मेस्वेमन्युंमाकृथाद्विज २० विधात्राविहितंपूर्वंकर्मस्वमनुपालयन् ॥ प्रयत्नाच्च
गुरूवृद्धौशुश्रूषेऽहंद्विजोत्तम २१ सत्यंवदेनाभ्यसूयेयथाशक्तिददानिच ॥ देवतातिथिभृत्यानामवशिष्टेनवर्तये २२ ॥१७५॥

गुरूमातापितरौ २१ नाभ्यसूयेपरगुणेषुदोषंनाविष्कुर्वे वर्तये जीवामि २२

कुत्साविद्यमानदोषसंकीर्तनं मर्हाअविद्यमानदोषारोपः पुराकृतंकर्मेतिसंबंधः २३ लोकःपरलोकः २४ । २५ । २६ । २७ । २८ नग्लातिनग्लानिंनयति २९ । ३० । ३१ । ३२ । ३३ । ३४ । अभिचा रात्स्वैरगतेः ३५ भेरुंडाः भयानकाः ३६ । ३७ । ३८ सुपरिणीतेनसाधुना येसंयुंजंतिसम्यग्योगंसेनानिवेशंकुर्वंतितएवपार्थिवाअन्येचोराइत्यर्थः ३९ । ४० । ४१ संरंभाद्भयात् ४२ । ४३ अन्यतविपरीतं

नकुत्सयाम्यहंकिंचिन्नगर्हेबलवत्तरम् ॥ कृतमन्वेतिकर्तारंपुराकर्मद्विजोत्तम २३ कृषिगोरक्ष्यवाणिज्यमिहलोकस्यजीवनम् ॥ दंडनीतिस्त्रयोविद्यातेनलोको भवत्युत २४ कर्मशूद्रेकृषिर्वैश्येसंग्रामःक्षत्रियेस्मृतः ॥ ब्रह्मचर्यंतपोमंत्राःसत्यंचब्राह्मणेसदा २५ राजाप्रशास्तिधर्मेणस्वकर्मनिरताःप्रजाः ॥ विकर्माणश्चये केचित्तान्युनक्तिस्वकर्मसु २६ भेतव्यंहिसदाराज्ञांप्रजानामधिपाहिते ॥ वारयंतिविकर्मस्थंनृपामृगमिवेषुभिः २७ जनकस्येहविप्रर्षेविकर्मस्थोनविद्यते ॥ स्व कर्मनिरतावर्णाश्चत्वारोऽपिद्विजोत्तम २८ सएषजनकोराजादुर्वृत्तमपिचेत्सुतम् ॥ दंड्यंदंडेनिक्षिपतितथानग्लातिधार्मिकम् २९ सुयुक्तचारोनृपतिःसर्वंध र्मेणपश्यति ॥ श्रीश्चराज्यंचदंडश्चक्षत्रियाणांद्विजोत्तम ३० राजानोहिस्वधर्मेणश्रियमिच्छंतिभूयसीम् ॥ सर्वेषामेववर्णानांत्राताराजाभवत्युत ३१ परेणहि हतान्ब्रह्मन्वराहमहिषानहम् ॥ मस्वयंहन्मिविप्रर्षेविक्रीणामिसदात्वहम् ३२ नभक्षयामिमांसानिऋतुगामीतथाह्यहम् ॥ सदोपवासीचतथानक्तभोजीसदाद्वि ज ३३ अशीलश्चापिपुरुषोभूत्वाभवतिशीलवान् ॥ प्राणिहिंसारतिश्चापिभवतेधार्मिकःपुनः ३४ अभिचारान्नरेंद्राणांधर्मःसंकीर्यतेमहान् ॥ अधर्मोवर्ततेचा पिसंकीर्यंतेततःप्रजाः ३५ भेरुंडावामनाःकुब्जाःस्थूलशीर्षास्तथैवच ॥ क्लीबाश्चांधाश्चबधिराजायंतेऽत्युच्चलोचनाः ३६ पार्थिवानामधर्मत्वात्प्रजानामभवः सदा ॥ सएषराजाजनकःप्रजाधर्मेणपश्यति ३७ अनुगृह्णन्प्रजाःसर्वाःस्वधर्मनिरताःसदा ॥ येचैवमांप्रशंसंतियेचनिंदंतिमानवाः ३८ सर्वान्सुपरिणीतेन कर्मणातोषयाम्यहम् ॥ येजीवंतिस्वधर्मेणसंयुंजंतिचपार्थिवाः ३९ नकिंचिदुपजीवंतिदांताउत्थानशीलिनः ॥ शक्त्यान्नदानंसततंतितिक्षाधर्मनित्यता ४० यथार्हंप्रतिपूजाचसर्वभूतेषुवैसदा ॥ त्यागान्नान्यत्रमर्त्यानांगुणास्तिष्ठंतिपूरुषे ४१ मृषावादंपरिहरेत्कुर्यात्प्रियमयाचितः ॥ नचकामान्नसंरंभान्नद्वेषाद्धर्ममुत्सृजेत् ४२ प्रियेनातिभृशंहृष्येदप्रियेनचसंज्वरेत् ॥ नमुह्येदर्थकृच्छ्रेषुनचधर्मंपरित्यजेत् ४३ कर्मचेत्किंचिदन्यत्स्यादितरन्नतदाचरेत् ॥ यत्कल्याणमभिध्यायेत्तत्रा त्मानंनियोजयेत् ४४ नपापेप्रतिपापःस्यात्साधुरेवसदाभवेत् ॥ आत्मनैवहतःपापोयःपापंकर्तुमिच्छति ४५ कर्मचैतदसाधूनांवृजिनानामसाधुवत् ॥ नध र्मोस्तीतिमन्वानाःशुचीनवहसंतिये ४६ अश्रद्दधानाधर्मस्यतेनश्यंतिनसंशयः ॥ महादृतिरिवाध्मातःपापोभवतिनित्यदा ४७ मूढानामवलिप्तानामसारंभावितं भवेत् ॥ दर्शयत्यंतरात्मातंदिवारूपमिवांशुमान् ४८

स्यात् इतरत्तादृशंद्वितीयं कल्याणमेवात्मनःपरस्यचाभिध्यायेत्जानीयात् ४४ पापेपापिनि प्रतिपापःप्रतिपापीनस्यात् ४५ वृजिनानांव्यसनवतांअसाधुश्चोरादिस्तद्वत् ४६ दृतिर्भस्त्राआध्मातःसन्नसारोऽपिपु ष्टोभवेत् ४७ तद्वन्मूढानांभावितंचिंतितं अंतरात्मैवतंमूढंदर्शयति मूढस्यमौढ्यमेवस्वरूपज्ञापकम् ४८

मृजाहीनःमलिनदेहः श्रियेतिपाठांतरेस्पष्टोर्थः ४९ मूढमतमाहअब्रुवन्निति ५० पापात्प्राकृतात्द्वितीयात्करिष्यमाणात् ५१ कर्मणेति। येनतेनेतिजपतपस्तीर्थाद्यन्यतमेनयेनकेनचिदपि पापात्परिमुच्यतइत्यनुषज्यते 'सब्राह्मणःकेनस्याद्येनस्यात्तेनेदृशएवस्यात्' इतिश्रुतिर्हिधर्मेषुधर्मोत्पत्तिविषया ज्ञानोत्पत्तौत्वेकएवश्रवणादिमार्गो 'नान्यःपंथाविद्यतेऽयनाय' इतिश्रूयते ५२ प्राकृतानीतिसंबंधः ५३ । ५४ चिकीर्षेदिति। यःसाधूनांछिद्राणिधनादिहीनतयारिक्तानिश्राद्धादीनियःविवृणोति धनादिदानेनविवृणोतिविशेषतःपिदधाति ५५ सःकल्याणंमोक्षोपायंकर्त्तुमिच्छेदेव साधुसेवनजात्पुण्यान्मुमुक्षाउदेतीत्यर्थः ५६

नलोकेराजतेमूर्खःकेवलात्मप्रशंसया ॥ अपिचेहमृजाहीनःकृतविद्यःप्रकाशते ४९ अब्रुवन्कस्यचिन्निंदामात्मपूजामवर्णयन् ॥ नकश्चिद्गुणसंपन्नःप्रकाशोभुविदृश्यते ५० विकर्मणातप्यमानःपापाद्विपरिमुच्यते ॥ नतत्कुर्यात्पुनरितिद्वितीयात्परिमुच्यते ५१ कर्मणायेनतेनेहपापाद्विजवरोत्तम ॥ एवंश्रुतिरियंब्रह्मन्धर्मेषुप्रतिदृश्यते ५२ पापान्यबुध्वेहपुराकृतानिप्राग्धर्मशीलोऽपिविहंतिपश्चात् ॥ धर्मोराजन्नुदतेपूरुषाणांयत्कुर्वतेपापमिहप्रमादात् ५३ पापंकृत्वाहिमन्येतनाहमस्मीतिपूरुषः ॥ तंतुदेवाःप्रपश्यंतिस्वस्यैवांतरपूरुषः ५४ चिकीर्षेदेवकल्याणंश्रद्दधानोऽनसूयकः ॥ वसनस्येवच्छिद्राणिसाधूनांविवृणोतियः ५५ पापंचेत्पुरुषःकृत्वाकल्याणमभिपद्यते ॥ मुच्यतेसर्वपापेभ्योमहाभ्रेणेवचंद्रमाः ५६ यथाऽऽदित्यःसमुद्यन्वैतमःपूर्वंव्यपोहति ॥ एवंकल्याणमातिष्ठन्सर्वपापैःप्रमुच्यते ५७ पापानांविद्ध्यधिष्ठानंलोभमेवद्विजोत्तम ॥ लुब्धाःपापंव्यवस्यंतिनरानातिबहुश्रुताः ५८ अधर्माधर्मरूपेणतृणैःकूपाइवावृताः ॥ तेषांदमःपवित्राणिप्रलापाधर्मसंश्रिताः ॥ सर्वंहिविद्यतेतेषुशिष्टाचारःसुदुर्लभः ५९ ॥ मार्कंडेयउवाच ॥ सतुविप्रोमहाप्राज्ञोधर्मव्याधमपृच्छत ॥ शिष्टाचारंकथमहंविद्यामितिनरोत्तम ६० एतदिच्छामिभद्रंतेश्रोतुंधर्मभृतांवर ॥ त्वत्तोमहामतेव्याधतद्ब्रवीहियथातथम् ६१ ॥ व्याधउवाच ॥ यज्ञोदानंतपोवेदाःसत्यंचद्विजसत्तम ॥ पंचैतानिपवित्राणिशिष्टाचारेषुनित्यदा ६२ कामक्रोधौवशेकृत्वादंभंलोभमनार्जवम् ॥ धर्ममित्येवसंतुष्टास्तेशिष्टाःशिष्टसंमताः ६३ नतेषांविद्यतेवृत्तंयज्ञस्वाध्यायशीलिनाम् ॥ आचारपालनंचैवद्वितीयंशिष्टलक्षणम् ६४ गुरुशुश्रूषणंसत्यमक्रोधोदानमेवच ॥ एतच्चतुष्टयंब्रह्मन्शिष्टाचारेषुनित्यदा ६५ शिष्टाचारेमनःकृत्वाप्रतिष्ठाप्यचसर्वशः ॥ यामयंलभतेवृत्तिंसानशक्याह्यतोऽन्यथा ६६ वेदस्योपनिषत्सत्यंसत्यस्योपनिषद्दमः ॥ दमस्योपनिषत्त्यागःशिष्टाचारेषुनित्यदा ६७ येतुधर्मानसूयंतेबुद्धिमोहान्वितानराः ॥ अपथागच्छतांतेषामनुयाताचपीडयते ६८

यथेति। मुमुक्षापापनाशपूर्विकैवोदेतीतिभावः ५७ । ५८ अधर्माइति । लुब्धाःधर्मशून्याअपि धर्मस्यरूपमिवरूपंयस्यतेनदंभेनआवृताः तेषांदंभिनां अतएवदंभिनांसाधूनांचविशेषानवगमात् तेषुदंभिषुशिष्टाचारःसुदुर्लभःदुर्बोधइत्यर्थः ५९ । ६० । ६१ शिष्टाचारमाह यज्ञइति ६२ शिष्टलक्षणमाह कामेति ६३ वृत्तंवृतंस्वेच्छोपात्तमितियावत्। 'वृत्तोऽधीतेऽप्यतीतेऽतिवर्तुलेऽपिमृतेवृते' इतिमेदिनी ६४ । ६५ अतोऽन्यथागुरुशुश्रुषणाद्यभावे ६६ वेदस्येति उपनिषद्रहस्यंसत्यंब्रह्मतदज्ञानेवेदोनिष्फलइत्यर्थः एवंदमाभावेसत्यंनास्ति त्यागाभावेदमोऽपिनास्तीत्यर्थः ६७ अपथाअमार्गेण अनुयाताअनुगंता ६८

श्रुतिश्चत्यागश्चतेद्वेपरंअयनंस्थानंयेषांतेश्रुतित्यागपरायणाः ६९ परांबुद्धिंआत्माकारांवृत्तिमपिनियच्छंतिनिगृह्णंति परंवैराग्यवंतइत्यर्थः । ७० । ७१ । ७२ शिष्टाचारवनिशुक्लपटोपमे योगधर्मः रागइवसा
धुर्भवेत् शुक्लेऽ वेतिइवार्थे । 'ववायथातथैवैवम्'इत्यमरः ७३ अहिंसांसत्यंचस्तौति अहिंसेति प्रतिष्ठांस्थैर्यम् ७४ । ७५ योयथेत्यर्द्धंव्याचष्टे पापात्मेत्यादिना अनात्मवान्अजितचित्तः ७६ । ७७
अहंकारोदर्पः मत्सरःपरदोषासहिष्णुत्वं तद्वर्जिताः शिष्टंगुरुशास्त्रोक्तंआचरंतःशिष्टाचाराः ७८ त्रैविद्यवृद्धाःतिस्रोविद्याऋग्यजुःसामात्मिकायत्रसत्रिविद्योयज्ञस्तत्रसाधवस्त्रैविद्यायाज्ञिकाः वृत्तंशीलंतद्व
न्तः मनस्विनःजितचित्ताः ७९ दुष्कराचारकर्मणां अन्यैर्दुष्करःआचारःशीलंकर्मयज्ञादियेषांतेषां घोरत्वंहिंसादिदोषवत्त्वम् ८० आश्चर्यमसतांदुरनुष्ठेयत्वात् सदाचारंसद्भिराचीर्णंपुराणमनादिंशाश्व

येतुशिष्टाःसुनियताःश्रुतित्यागपरायणाः ॥ धर्मपंथानमारूढाःसत्यधर्मपरायणाः ६९ नियच्छंतिपरांबुद्धिंशिष्टाचारान्विताजनाः ॥ उपाध्यायमतेयुक्ताःस्थिरया
धर्मार्थदर्शिनः ७० नास्तिकान्भिन्नमर्यादान्क्रूरान्पापमतौस्थितान् ॥ त्यजतान्ज्ञानमाश्रित्यधार्मिकानुपसेव्यच ७१ कामलोभग्रहाकीर्णांपंचेंद्रियजलांनदीम् ॥
नावंधृतिमयींकृत्वाजन्मदुर्गाणिसंतर ७२ क्रमेणसंचितोधर्मोबुद्धियोगमयोमहान् ॥ शिष्टाचारेभवेत्साधूरागःशुक्लेववाससि ७३ अहिंसासत्यवचनंसर्वभूतहितंप
रम् ॥ अहिंसापरमोधर्मःसचसत्येप्रतिष्ठितः ॥ सत्येकृत्वाप्रतिष्ठांतुप्रवर्ततेप्रवृत्तयः ७४ सत्यमेवगरीयस्तुशिष्टाचारनिषेवितम् ॥ आचारश्चसतांधर्मःसंत
श्चाचारलक्षणाः ७५ योयथाप्रकृतिर्जंतुःसस्वांप्रकृतिमश्नुते ॥ पापात्माक्रोधकामादीन्दोषानाप्नोत्यनात्मवान् ७६ आरंभोन्याययुक्तोयःसहिधर्मइतिस्मृतः ॥
अनाचारस्त्वधर्मेतिएतच्छिष्टानुशासनम् ७७ अक्रुध्यंतोऽनसूयंतोनिरहंकारमत्सराः ॥ ऋजवःशमसंपन्नाःशिष्टाचाराभवंतिते ७८ त्रैविद्यवृद्धाःशुचयोवृत्तवंतोमनस्वि
नः ॥ गुरुशुश्रूषवोदांताःशिष्टाचाराभवंत्युत ७९ तेषामहीनसत्वानांदुष्कराचारकर्मणाम् ॥ स्वैःकर्मभिःसत्कृतानांघोरत्वंसंप्रणश्यति ८० तंसदाचारमाश्चर्यंपु
राणंशाश्वतंध्रुवम् ॥ धर्मंधर्मेणपश्यंतःस्वर्गंयांतिमनीषिणः ८१ आस्तिकामानहीनाश्चद्विजातिजनपूजकाः ॥ श्रुतवृत्तोपसंपन्नाःसंतःस्वर्गनिवासिनः ८२ वेदो
क्तःपरमोधर्मोधर्मशास्त्रेषुचापरः ॥ शिष्टाचारश्चशिष्टानांत्रिविधंधर्मलक्षणम् ॥ पारणंचापिविद्यानांतीर्थानामवगाहनम् ८३ क्षमासत्यार्जवंशौचंसतामाचारदर्श
नम् ॥ सर्वभूतदयावंतोअहिंसानिरताःसदा ८४ परुषंचनभाषंतेसदासंतोद्विजप्रियाः ॥ शुभानामशुभानांचकर्मणांफलसंचये ८५ विपाकमभिजानंतितेशिष्टाःशि
ष्टसंमताः ॥ न्यायोपेतागुणोपेताःसर्वलोकहितैषिणः ८६ संतःस्वर्गजितःशुक्लाःसन्निविष्टाश्चसत्पथे ॥ दातारःसंविभक्तारोदीनानुग्रहकारिणः ८७ सर्वपूज्याःश्रुतध
नास्तथैवचतपस्विनः ॥ सर्वभूतदयावंतस्तेशिष्टाःशिष्टसंमताः ८८ दीनशिष्टाःसुखाँल्लोकानाप्नुवंतीहचश्रियम् ॥ पीडयाचकलत्रस्यभृत्यानांचसमाहिताः ८९

तंअनवच्छिन्नं ध्रुवंनित्यंअत्याज्यमित्यर्थः ८१ । ८२ वेदोक्तोऽग्निहोत्रादिः धर्मशास्त्रोक्तःअष्टकाश्राद्धादिः शिष्टाचारःहोलकादिः शिष्टानांतुष्टिरितिशेषः तदुक्तमभियुक्तैः । 'सतांहिसंदेहपदेषुवस्तुषुप्रमाणमं
तःकरणस्यवृत्तयः' इति अस्यापिशिष्टाचारेएवांतर्भावात्त्रिविधमित्युक्तं पारणंसमापनम् ८३ । ८४ । ८५ विपाकंक्रमेणपुण्यपापयोःक्षयं तेनपुण्यह्रासहेतुःसुखंनेष्टव्यं पापह्रासहेतुर्दुःखंसोढव्यमिति
भावः । न्यायोयुक्तिः गुणाःशमादयस्तदुपेताः ८६ शुक्लाःहिंसाशून्यधर्मवंतः सत्पथेब्रह्ममार्गे संविभक्तारःकुटुंबेषु ८७ श्रुतधनाःविद्याधनाः ८८ । ८९

९० एधंतेवर्धंते ९१ नाभिमानःनिरभिमानः ९२ सत्तांपदंपदनीयंप्रार्थनीयम ९३ करुणाःकरुणावंतश्चतेवेदनशीलाश्च मत्वर्थीयोच ९४ । ९५ । ९६ कर्मचकर्मैवकर्मणेतिगौडपाठेकर्मणाश्रुतेनचसंपन्नमि त्यर्थः ९७ प्रज्ञाऋतंभराख्यावस्तुयाथात्म्यविषयंज्ञानंतदेवउच्चत्वात्प्रासादं भयात्संसारात् लोकानांवृत्तानिअतीतानागतादीनि ९८ । ९९ ॥ ॥ इत्यारण्यकेपर्वणि नैलकंठीये भारतभावदीपे

॥१७७॥ अतिशक्त्याप्रयच्छंतिसंतःसद्भिःसमागताः ॥ लोकयात्रांचपश्यंतोधर्ममात्महितानिच ९० एवंसंतोवर्तमानास्त्वेधंतेशाश्वतीःसमाः ॥ अहिंसासत्यवचनमानृ शंस्यमथाऽऽर्जवम् ९१ अद्रोहोनाभिमानश्चह्रीस्तितिक्षादमःशमः ॥ धीमंतोधृतिमंतश्चभूतानामनुकंपकाः ९२ अकामद्वेषसंयुक्तास्तेसंतोलोकसाक्षिणः ॥ त्रीण्येवतुसतामाहुःसंतःपदमनुत्तमम् ९३ नचैवद्रुह्येद्दद्याच्चसत्यंचैवसदावदेत् ॥ सर्वत्रचदयावंतःसंतःकरुणवेदिनः ९४ गच्छंतीहसुसंतुष्टाधर्मपंथानमुत्तमम् ॥ शिष्टाचारामहात्मानोयेषांधर्मःसुनिश्चितः ९५ अनसूयाक्षमाशांतिःसंतोषःप्रियवादिता ॥ कामक्रोधपरित्यागःशिष्टाचारनिषेवणम् ९६ कर्मचश्रुतसंपन्नंसतांमा र्गमनुत्तमम् ॥ शिष्टाचारंनिषेवंतेनित्यंधर्ममनुव्रताः ९७ प्रज्ञाप्रासादमारुह्यमुच्यंतेमहतोभयात् ॥ प्रेक्षंतोलोकवृत्तानिविविधानिद्विजोत्तम ९८ अतिपुण्यानिपापा नितानिद्विजवरोत्तम ॥ एतत्तेसर्वमाख्यातंयथाप्रज्ञंयथाश्रुतम् ॥ शिष्टाचारगुणंब्रह्मन्पुरस्कृत्यद्विजर्षभ ९९ ॥ ॥ इतिश्रीमहाभारतेआरण्यकेपर्वणिमार्कंडेय समास्यापर्वणिब्राह्मणव्याधसंवादेसप्ताधिकद्विशततमोऽध्यायः ॥ २०७ ॥ ॥ ॥ मार्कंडेयउवाच ॥ ॥ सतुविप्रमथोवाचधर्मव्याधोयुधिष्ठिर ॥ यद हमाचरेकर्मघोरमेतदसंशयम् १ विधिस्तुबलवान्ब्रह्मन्दुस्तरंहिपुराकृतम् ॥ पुराकृतस्यपापस्यकर्मदोषोभवत्ययम् २ दोषस्यैतस्यवैब्रह्मन्विघातेयत्नवानहम् ॥ विधिनाहिहतेपूर्वंनिमित्तंघातकोभवेत् ३ निमित्तभूताहिवयंकर्मणोऽस्यद्विजोत्तम ॥ येषांहतानांमांसानिविक्रीणामीहवैद्विज ४ तेषामपिभवेद्धर्मउपयोगेनभ क्षणे ॥ देवताऽतिथिभृत्यानांपितॄणांचापिपूजनम् ५ ओषध्योवीरुधश्चैवपशवोमृगपक्षिणः ॥ अन्नाद्यभूतालोकस्यइत्यपिश्रूयतेश्रुतिः ६ आत्ममांसप्रदानेन शिबिरौशीनरोनृपः ॥ स्वर्गंसुदुर्गमंप्राप्तःक्षमावान्द्विजसत्तम ७ राज्ञोमहानसेपूर्वंरंतिदेवस्यवैद्विज ॥ द्वेसहस्रेतुवध्येतेपशूनामन्वहंतदा ८ अहन्यहनिवध्येतेद्वे सहस्रेगवांतथा ॥ समांसंददतोह्यन्नंरंतिदेवस्यनित्यशः ९ अतुलाकीर्तिरभवन्नृपस्यद्विजसत्तम ॥ चातुर्मास्येचपशवोवध्यंतइतिनित्यशः १० अग्नयोमांसकामा श्चइत्यपिश्रूयतेश्रुतिः ॥ यज्ञेषुपशवोब्रह्मन्वध्यंतेसततंद्विजैः ११ संस्कृताःकिलमन्त्रैश्चतेऽपिस्वर्गमवाप्नुवन् ॥ यदिनैवाग्नयोब्रह्मन्मांसकामाभवन्पुरा १२ भक्ष्यं नैवाभवन्मांसंकस्यचिद्द्विजसत्तम १३

सप्ताधिकद्विशततमोऽध्यायः ॥ २०७ ॥ ॥ सत्विति । एवन्मांसविक्रयात्मकम् १ । २ दोषस्येति । यत्नवानपिनपरिहर्तुंशक्नोमिविधेःप्राबल्यादित्यर्थः ३ निमित्तेति । शरवन्निमित्तभूता वयं संधातृवत्कर्तातुविधिरेवेत्यर्थः ४ । ५ अन्नाद्यभूताःअन्नंचतदद्यंचभोग्यंभक्ष्यंचेत्यर्थः 'सर्वमस्यान्नंभवति' इतिश्रुतेः ६ । ७ । ८ । ९ । १० । 'येऽस्याग्नयोजुह्वतोमांसकामाः' इतिमंत्रलिंग मपिश्रुतिरेव ११ । १२ अत्रापीत्यादिसार्धःश्लोकः । कलौतुमांसेनपैतृकस्यनिषेधादेवताशेषाद्यज्ञियमांसादन्यत्रमांसलक्षणंदुष्यत्येवेतिभावः १३

१४ अमांसाशीति । यज्ञियमांसभुजोऽपि ऋतुगामिनोब्रह्मचर्यमिव औपचारिकममांसाशित्वमितिभावः १५ सत्यानृतेज्ञानकर्ममार्गौ अत्रापियज्ञियमांसभक्षणेविधिर्विशेषः तमेवाह परकृतिमुखेन सौदासेनेति कर्तृत्वाद्यभिमानवताशठेनकर्मठेनयज्ञियमपिमांसंभक्षणीयं नज्ञानमार्गस्थेनेतिभावः । रंतिदेवनिदर्शनंतुयुगांतराभिप्रायं । अत्रकिंप्रतिभातिमे किंशब्दःकुत्सायांअत्रमांसेभक्षणीये ममानिंदाप्रतिभातिअतएवनह न्मिनभक्षयामीतिप्रागेवोक्तमयेत्यर्थः १६ कुतस्तर्हित्वंमांसविक्रयंकरोषि तत्कर्तुरपिप्रयोजकत्वाद्धिंसादोषोऽस्तीत्याशंक्याऽऽह स्वेति । स्वकर्मइत्यस्यव्याख्यापुराकृतमित्यादि १७ । १८ । १९

अत्रापिविधिरुक्तश्चमुनिभिर्मांसभक्षणे ॥ देवतानांपितृणांचभुंक्तेदत्वाऽपियःसदा ॥ यथाविधियथाश्राद्धंनप्रदुष्यतिभक्षणात् १४ अमांसाशीभवत्येवमित्यपिश्रूयते श्रुतिः ॥ भार्यांगच्छन्ब्रह्मचारीऋतौभवतिब्राह्मणः १५ सत्यानृतेविनिश्चित्यअत्रापिविधिरुच्यते ॥ सौदासेनतदाराज्ञामानुषाभक्षिताद्विज ॥ शापाभिभूतेनभृशं मत्रकिंप्रतिभातिमे १६ स्वधर्मइतिकृत्वातुनत्यजामिद्विजोत्तम ॥ पुराकृतमितिज्ञात्वाजीवाम्येतेनकर्मणा १७ स्वकर्मत्यजतोब्रह्मन्नधर्मइहदृश्यते ॥ स्वकर्मनिरतो यस्तुधर्मःसइतिनिश्चयः १८ पूर्वंहिविहितंकर्मदेहिनंनविमुंचति ॥ धात्राविधिरयंदृष्टोबहुधाकर्मनिर्णये १९ द्रष्टव्यातुभवेत्प्रज्ञाक्रूरेकर्मणिवर्तता ॥ कथंकर्मशुभंकुर्यां कथंमुच्येपराभवात् २० कर्मणस्तस्यघोरस्यबहुधानिर्णयोभवेत् ॥ दानेचसत्यवाक्येचगुरुशुश्रूषणेतथा २१ द्विजातिपूजनेचाहंधर्मेचनिरतःसदा ॥ अभिमानातिवा दाभ्यांनिवृत्तोऽस्मिद्विजोत्तम २२ कृषिंसाध्वीतिमन्यंतेतत्रहिंसापरास्मृता ॥ कर्षंतोलांगलैःपुंसोघ्नंतिभूमिशयान्बहून् २३ जीवानन्यांश्चबहुशस्तत्रकिंप्रतिभा तिमे ॥ धान्यबीजानियान्याहुर्व्रीह्यादीनिद्विजोत्तम २४ सर्वाण्येतानिजीवानितत्रकिंप्रतिभातिमे ॥ अध्याक्रम्यपशूंश्चापिघ्नंतिवैभक्षयंतिच २५ वृक्षांस्तथौषधीश्चा पिछिंदंतिपुरुषाद्विज ॥ जीवाहिबहवोब्रह्मन्वृक्षेषुचफलेषुच २६ उदकेबहवश्चापितत्रकिंप्रतिभातिमे ॥ सर्वंव्याप्तमिदंब्रह्मन्प्राणिभिःप्राणिजीवनैः २७ मत्स्यान्ग्रसं तेमत्स्याश्चतत्रकिंप्रतिभातिमे ॥ सत्वैःसत्वानिजीवंतिबहुधाद्विजसत्तम २८ प्राणिनोऽन्योन्यभक्षाश्चतत्रकिंप्रतिभातिमे ॥ चंक्रम्यमाणाजीवांश्चधरणीसंश्रितान्बहून् २९ पद्भ्यांघ्नंतिनराविप्रतत्रकिंप्रतिभातिमे ॥ उपविष्टाःशयानाश्चघ्नंतिजीवाननेकशः ३० ज्ञानविज्ञानवंतश्चतत्रकिंप्रतिभातिमे ॥ जीवैर्ग्रस्तमिदंसर्वमाकाशंपृथिवी तथा ३१ अविज्ञानाच्चहिंसंतितत्रकिंप्रतिभातिमे ॥ अहिंसेतियदुक्तंहिपुरुषैर्विस्मितैःपुरा ३२ केनहिंसंतिजीवान्वैलोकेऽस्मिन्द्विजसत्तम ॥ बहुसंचिंत्यइतिवैनास्ति कश्चिदहिंसकः ३३ अहिंसायांतुनिरयायतयोद्विजसत्तम ॥ कुर्वंत्येवहिहिंसांतेयत्नादल्पतराभवेत् ३४ आलक्ष्याश्चैवपुरुषाःकुलेजातामहागुणाः ॥ महाघोराणिकर्मा णिकृत्वालज्जंतिवैनच ३५ सुहृदःसुहृदोऽन्यांश्चदुर्हृदश्चापिदुर्हृदः ॥ सम्यक्प्रवृत्तान्पुरुषान्नसम्यगनुपश्यतः ३६

२० । २१ । २२ तथापिहिंसामिश्रंकर्मतत्राप्ययोग्यमित्याशंक्य सर्वत्रहिंसायाअपरिहार्यत्वमाह कृषिंसाध्वीतीत्यादिना । केनराजीवान्नहिंसंत्यपितुसर्वेपिहिंसंत्येवेत्यर्थः २३ । २४ । २५ । २६ २७ । २८ । २९ । ३० । ३१ । ३२ । ३३ । ३४ । ३५ । ३६

३७ । ३८ । ३९ ॥ ॥ इत्यारण्यकेपर्वणि नैलकंठीये भारतभावदीपे अष्टाधिकद्विशततमोऽध्यायः ॥ २०८ ॥ ॥ शांत्यादयोज्ञानांगभूताधर्माःप्रोक्ताः संप्रतिज्ञानंविनाकृतकृत्यतानास्तीतिवक्तुं धर्मतत्त्वस्यदुरवगाहत्वं प्रपंचस्यनिःसारत्वंचोच्यते धर्मव्याधस्त्वित्यादिना १ । २ । ३ धारणाऽवधारणंनिश्चयइत्यर्थः ४ । ५ । ६ । ७ सुनीतंगुरुशिक्षा ८ । ९ प्रहीणाःश्रांताअपीत्यर्थः १० । ११ पुत्रगृ

समृद्धैश्चनननन्दंतिबांधवाबांधवैरपि ॥ गुरूंश्चैवविनिंदंतिमूढाःपंडितमानिनः ३७ बहुलोकेविपर्यस्तंदृश्यतेद्विजसत्तम ॥ धर्मयुक्तमधर्मंचतत्रकिंप्रतिभातिमे ३८ वक्तुंबहुविधंशक्यंधर्माधर्मेषुकर्मसु ॥ स्वकर्मनिरतोयोहिसयशःप्राप्नुयान्महत् ३९ ॥ इतिश्रीमहाभारतेआरण्यकेपर्वणिमार्कंडेयसमास्यापर्वणिपतिव्रतोपाख्यानेब्राह्मणव्याधसंवादेअष्टाधिकद्विशततमोऽध्यायः ॥ २०८ ॥ ॥ मार्कंडेयउवाच ॥ धर्मव्याधस्तुनिपुणंपुनरेवयुधिष्ठिर ॥ विप्रर्षभमुवाचेदंसर्वधर्मभृतांवर १ ॥ व्याधउवाच ॥ श्रुतिप्रमाणोधर्मोऽयमितिवृद्धानुशासनम् ॥ सूक्ष्मागतिर्हिधर्मस्यबहुशाखाह्यनंतिका २ प्राणांतिकेविवाहेचवक्तव्यमनृतंभवेत् ॥ अनृतेनभवेत्सत्यंसत्येनैवानृतंभवेत् ३ यद्भूतहितमत्यंतंतत्सत्यमितिधारणा ॥ विपर्ययकृतोधर्मःपश्यधर्मस्यसूक्ष्मताम् ४ यत्करोत्यशुभंकर्मशुभंवायदिसत्तम ॥ अवश्यंतत्समाप्नोतिपुरुषोनात्रसंशयः ५ विषमांचदशांप्राप्तोदेवान्गर्हतिवैभृशम् ॥ आत्मनःकर्मदोषाणिनविजानात्यपंडितः ६ मूढोनैकृतिकश्चापिचपलश्चद्विजोत्तम ॥ सुखदुःखविपर्यासान्सदासमुपपद्यते ७ नैनंप्रज्ञासुनीतंवात्रायतेनैवपौरुषम् ॥ योयमिच्छेद्यथाकामंतंतंकामंसआप्नुयात् ८ यदिस्यादपराधीनंपौरुषस्यक्रियाफलम् ॥ संयताश्चापिदक्षाश्चमतिमंतश्चमानवाः ९ दृश्यंतेनिष्फलाःसंतःप्रहीणाःसर्वकर्मभिः ॥ भूतानामपरःकश्चिद्धिंसायांसततोत्थितः १० वंचनायांचलोकस्यससुखीजीवतेसदा ॥ अचेष्टमपिचासीनंश्रीःकंचिदुपतिष्ठति ११ कश्चित्कर्माणिकुर्वन्हिनप्राप्यमधिगच्छति ॥ देवानिष्ट्वातपस्तप्त्वाकृपणैःपुत्रगृद्धिभिः १२ दशमासधृतागर्भेजायंतेकुलपांसनाः ॥ अपरेधनधान्यैश्चभोगैश्चपितृसंचितैः १३ विपुलैरभिजायंतेलब्धास्तैरेवमंगलैः ॥ कर्मजाहिमनुष्याणांरोगानास्त्यत्रसंशयः १४ व्याधयोविनिवार्यंतेव्याधैःक्षुद्रमृगाइव ॥ तेचापिकुशलैर्वैद्यैर्निपुणैःसंभृतौषधैः १५ व्याधयोविनिवार्यंतेमृगाव्याधैरिवद्विज ॥ येषामस्तिचभोक्तव्यंग्रहणीदोषपीडिताः १६ नशक्नुवंतितेभोक्तुंपश्यधर्मभृतांवर ॥ अपरेबाहुबलिनःक्लिश्यंतिबहवोजनाः १७ दुःखेनचाधिगच्छंतिभोजनंद्विजसत्तम ॥ इतिलोकमनाक्रंदंमोहशोकपरिप्लुतम् १८ स्रोतसाऽसकृदाक्षिप्तंह्रियमाणंबलीयसा ॥ नम्रियेयुर्नजीर्येयुःसर्वेस्युःसर्वकामिकाः १९ नाप्रियंप्रतिपश्येयुर्वशित्वंयदिवैभवेत् ॥ उपर्युपरिलोकस्यसर्वोगंतुंसमीहते ॥ यततेचयथाशक्तिनचतद्वर्ततेतथा २०

द्धिभिःपुत्रकामैः १२ । १३ । १४ । १५ ग्रहणीविष्टंभरोगः १६ । १७ अनाक्रंदं असहायं । 'आक्रंदःक्रंदनेह्वानेमित्रदारुणयुद्धयोः' इतिमेदिनी १८ स्रोतसाकर्मप्रवाहेण असकृत्आक्षिप्तं आधिव्याधिभिस्ताडितं ह्रियमाणंअवशं १९ ननुसर्वेपिस्ववशाएवदृश्यंतेनेत्याह नेति २०

बहवईति । दैवज्ञशास्त्रमपिव्यभिचारिफलमित्याशयः २१ नेति । स्वीयमपिवस्तुस्वस्यानधीनंप्राक्कर्मवशाद्भवतीत्यर्थः तत्रापिदृष्टसामग्रीवैकल्यमितिलोकायतमतमाशंक्याह कर्मणेति । प्राकृतानांदेहात्मवादिनां कृतहानाकृताभ्यागमादिदोषदर्शिनांतुप्राक्कर्मैवप्रधानमितिभावः २२ एतदेववक्तुंजीवस्यनित्यत्वमाह यथेति २३ । २४ । २५ दशार्धता पंचत्वम् २६ ननुकृतनाशोऽपिकृष्यादिफलेषुदृश्यतेऽतःकृतं कर्म नदेहांतरेऽनुवर्तिष्यते देहादन्यस्यात्मनोऽभावाद्विनाशाशंक्याह अन्योहीति । भोजनफलवत्कृतस्यकर्मणःफलमपरिहार्यं यत्रतुसद्यःफलंनदृष्टंतत्रापिजन्मांतरेभविष्यतीत्यनुमेयं । यत्रचाकृतमपिफलं निधिलाभादिदृश्यते तत्रजन्मांतरीयंसाधनंकल्प्यमित्यर्थः २७ उत्पद्यतिजन्मांतरंलभते यतस्तैःप्राचीनैःकर्मभिर्भावितोरंजितः अत एवक्रममाणंप्रकृत्यश्रूयते । 'तंविद्याकर्मणीसमन्वारभेतेपूर्वप्रज्ञाचेति'। तस्मात्स्वकृतमेवस्वयंभुंक्ते नत्वन्यकृतमन्योऽतोनास्तिकृतस्यनाशइत्युक्तम २८ । २९ एवंस्थूलशरीरादन्यत्त्वमात्मनःप्रसाध्य लिंगशरीरादपिव्यतिरेकंसाधयितुंवैराग्योत्पत्त्यर्थंजन्मादीनांदुःखरूपत्वमाह

बहवःसंप्रदृश्यंतेतुल्यनक्षत्रमंगलाः ॥ महत्तुफलवैषम्यंदृश्यतेकर्मसंधिषु २१ नकेचिदीशतेब्रह्मन्स्वयंग्राह्यस्यसत्तम ॥ कर्मणाप्राकृतानांवैइहसिद्धिःप्रदृश्यते २२
यथाश्रुतिरियंब्रह्मन्जीवःकिलसनातनः ॥ शरीरमध्रुवंलोकेसर्वेषांप्राणिनामिह २३ वध्यमानेशरीरेतुदेहनाशोभवत्युत ॥ जीवःसंक्रमतेऽन्यत्रकर्मबंधनिबंधनः
२४ ॥ ब्राह्मणउवाच ॥ कथंकर्मविदांश्रेष्ठजीवोभवतिशाश्वतः ॥ एतदिच्छाम्यहंज्ञातुंतत्त्वेनवदतांवर २५ ॥ व्याधउवाच ॥ नजीवनाशोऽस्तिहिदेहभेदेमिथ्यै
तदाहुर्म्रियतीतिमूढाः ॥ जीवस्तुदेहांतरितःप्रयातिदशार्धतैवास्यशरीरभेदः २६ अन्योहिनाश्नातिकृतंहिकर्ममनुष्यलोकेमनुजस्यकश्चित् ॥ यत्तेनाकिंचिद्धि
कृतंहिकर्मतदश्नुतेनास्तिकृतस्यनाशः २७ सुपुण्यशीलाहिभवंतिपुण्यानराधमाःपापकृतोभवंति ॥ नरोऽनुयातस्त्विहकर्मभिःस्वैस्ततःसमुत्पद्यतिभावितस्तैः
२८ ॥ ॥ ब्राह्मणउवाच ॥ कथंसंभवतेयोनौकथंवापुण्यपापयोः ॥ जातीःपुण्यास्त्वपुण्याश्चकथंगच्छतिसत्तम २९ ॥ व्याधउवाच ॥ गर्भाधानसमायु
क्तंकर्मेदंसंप्रदृश्यते ॥ समासेनतुतेक्षिप्रंप्रवक्ष्यामिद्विजोत्तम ३० यथासंभृतसंभारःपुनरेवप्रजायते ॥ शुभकृच्छुभयोनीषुपापकृत्पापयोनिषु ३१ शुभैःप्रयोगैर्देव
त्वंव्यामिश्रैर्मानुषोभवेत् ॥ मोहनीयैर्वियोनीषुत्वधोगामीचकिल्बिषी ३२ जातिमृत्युजरादुःखैःसततंसमभिद्रुतः ॥ संचरेपच्यमानश्चदोषैरात्मकृतैर्नरः ३३
तिर्यग्योनिसहस्राणिगत्वानरकमेवच ॥ जीवाःसंपरिवर्ततेकर्मबंधनिबंधनाः ३४ जंतुस्तुकर्मभिस्तैस्तैःस्वकृतैःप्रेत्यदुःखितः ॥ तद्दुःखप्रतिघातार्थमपुण्यांयो
निमाप्नुते ३५ ततःकर्मसमादत्तेपुनरन्यन्नवंबहु ॥ पच्यतेतुपुनस्तेनभुक्त्वाऽपथ्यमिवातुरः ३६

गर्भेत्यादिना । गर्भाधानेनपिंडोत्पत्तिप्रकाशकेनग्रंथेन एतत्सर्वंसमायुक्तंसमाहितं तदेवसंक्षिप्याह इदंयत्संप्रदृश्यतेस्थूलदेहादिघटांततत्सर्वंकर्मैवेति । अयमर्थः म्रियमाणोजंतुर्विद्याकर्मपूर्वप्रज्ञाभिःपंचप्राणमनोबुद्धिदशेंद्रियरूपसप्तदशकात्मकेनलिंगेनदेहादुत्क्रम्य यथाकर्मस्वर्गंनरकंवागत्वातत्रभोगान्भुक्त्वा कर्मशेषेणवृष्टिद्वारेणपुनर्बीजभावंप्राप्य शुक्रशोणितरूपेणपरिणमते बीजेपुनर्लिंगशरीरेणाविष्टयंतरेवपूर्वैर्विद्यादिसंस्कारैर्युक्तोजायते तत्केनकर्मणाकुत्रजायतइत्येतत्प्रवक्ष्यामीत्यर्थः ३० संभृताःसंभाराःकर्मबीजानियेन ३१ मोहनीयैस्तामसैः अधःनरकतिर्यक्षु ३२ जातिर्जन्म संचरेयोनिसंचरेउत्क्रांत्यादिषुच ३३ । ३४ प्रेत्यमृत्वा दुःखात्मकः प्रतीघातः दुःखंभोक्तुमित्यर्थः ३५ अपथ्यमितिच्छेदः ३६

अदुःखितइतिच्छेदः । दुःखाभावस्यचसुखमितिसंज्ञा नतुसंसारेस्वरूपतःसुखमस्ति तथाचाहुः भारेऽपनीतेसुखिनःसंवृत्ताःस्मइति । ततःअदुःखेसुखाध्यासात । अनिवृत्तेतिच्छेदः ३७ निवृत्तबंधोवी
तरागः तत्रहेतुःविशुद्धश्चेति ३८ तस्यफलंतपोयोगयोःआलोचनध्यानयोःसमारंभम ३९ । ४० यतेतयतेत ४१ पुण्यफलमाहअनसूयुरिति ४२ संस्कृतस्य अष्टाचत्वारिंशत्संस्कारयुक्तस्य दांतस्यजितबाह्येंद्रिय
स्य नियतस्यशौचादिपरस्य यतात्मनःजितचित्तस्य अनंतरासुलभावृत्तिर्जीवनंविषयसुखमितियावत ४३ । ४४ स्वधर्मेणेति । यतःशिष्टाउपदेष्टारःसंति अतःकर्मणःकर्मणिषष्ठी कर्म स्वधर्मेणस्वोचितेनाचारेण

अजस्रमेवदुःखार्तोऽदुःखितःसुखसंज्ञकः ॥ ततोनिवृत्तबंधत्वात्कर्मणामुदयादपि ३७ परिक्रामतिसंसारेचक्रवद्बहुवेदनः ॥ सचेन्निवृत्तबंधस्तुविशुद्धश्चापिकर्मभिः २०९
३८ तपोयोगसमारंभंकुरुतेद्विजसत्तम ॥ कर्मभिर्बहुभिश्चापिलोकानश्नातिमानवः ३९ सचेन्निवृत्तबंधस्तुविशुद्धश्चापिकर्मभिः ॥ प्राप्नोतिसुकृताँल्लोकान्यत्रग
त्वानशोचति ४० पापंकुर्वन्पापवृत्तःपापस्यांतंनगच्छति ॥ तस्मात्पुण्यंयतेत्कर्तुंवर्जयीतचपापकम् ४१ अनसूयुःकृतज्ञश्चकल्याणानिचसेवते ॥ सुखानि
धर्ममर्थंचस्वर्गंचलभतेनरः ४२ संस्कृतस्यचदांतस्यनियतस्ययतात्मनः ॥ प्राज्ञस्यानंतरावृत्तिरिहलोकेपरत्रच ४३ सतांधर्मेणवर्तेतक्रियांशिष्टवदाचरेत् ॥
असंक्लेशेनलोकस्यवृत्तिंलिप्सेतवैद्विजः ४४ स्वधर्मेणक्रियालोकेकर्मणःसोऽप्यसंकरः ॥ संतिह्यागमविज्ञानाःशिष्टाःशास्त्रेविचक्षणाः ४५ प्राज्ञोधर्मेणरमते
धर्मेचैवोपजीवति ॥ तस्माद्धर्मादवाप्तेनधनेनद्विजसत्तम ४६ तस्यैवसिंचतेमूलंगुणान्पश्यतियत्रवै ॥ धर्मात्माभवतिह्येवंचित्तंचास्यप्रसीदति ४७ स
मित्रजनसंतुष्टइहप्रेत्यचनंदति ॥ शब्दंस्पर्शंतथारूपंगंधानिष्टांश्चसत्तम ४८ प्रभुत्वंलभतेचापिधर्मस्यैतत्फलंविदुः ॥ धर्मस्यचफलंलब्ध्वानतुष्यतिमहाद्विज ४९
अतृप्यमाणोनिर्वेदमापेदेज्ञानचक्षुषा ॥ प्रज्ञाचक्षुर्नरइहदोषंनैवानुरुध्यते ५० विरज्यतेयथाकामंनचधर्मंविमुंचति ॥ सर्वत्यागेचयततेदृष्ट्वालोकंक्षयात्मकम् ५१
ततोमोक्षेप्रयततेनानुपायादुपायतः ॥ एवंनिर्वेदमादत्तेपापंकर्मजहातिच ५२ धार्मिकश्चापिभवतिमोक्षंचलभतेपरम् ॥ तपोनिःश्रेयसंजंतोस्तस्यमूलंशमोदमः ५३
तेनसर्वानवाप्नोतिकामान्यान्मनसेच्छति ॥ इंद्रियाणांनिरोधेनसत्येनचदमेनच ॥ ब्रह्मणःपदमाप्नोतियत्परंद्विजसत्तम ५४ ॥ ब्राह्मणउवाच ॥ इंद्रियाणितुयान्याहुः
कानितानियतव्रत ॥ निग्रहश्चकथंकार्योनिग्रहस्यचकिंफलम् ५५ कथंचफलमाप्नोतितेषांधर्मभृतांवर ॥ एतदिच्छामितत्त्वेनधर्मंज्ञातुंनिबोधमे ५६ ॥ इतिश्रीमहा
भारतेआरण्यकेपर्वणिमार्कंडेयसमास्यापर्वणिब्राह्मणव्याधसंवादेनवाधिकद्विशततमोऽध्यायः ॥ २०९ ॥ ॥ ॥ ॥ ॥ ॥ ॥

क्रियाःकुरुष्व आशीर्लिङ्मध्यमैकवचनं सोऽपिअसंकरः धर्माणामितिशेषः ४५ । ४६ यत्रधर्मे ४७ । ४८ प्रभुत्वंअप्रतिहतेच्छत्वं धर्मस्येति । चित्तशुद्ध्याभोगेच्छायांक्षीणायां स्वर्गेऽपिवैराग्यंजायतेइत्यर्थः
४९ अतृप्यमाणःप्रीतिमलभमानः निर्वेदंवैराग्यं आपेदेआप्नोति लकारव्यत्ययआर्षः दोषंरागद्वेषादिकंनानुरुध्यतेतद्वशोनभवतीत्यर्थः ५० । ५१ उपायतएवमोक्षेप्रयततेनत्वनुपायाद्दैवमात्राश्रयादितियोजना ५२
तपःज्ञानंनिःश्रेयसंमोक्षसाधनम ५३ तेनतपसा ५४ तेषांनिग्रहस्यफलंचकिंकथंचफलमाप्नोतीतिसंबंधः ५५ । ५६ ॥ इत्यारण्यकेपर्वणि नैलकंठीये भारतभावदीपे नवाधिकद्विशततमोऽध्यायः ॥ २०९ ॥

एवमिति १ सूक्ष्मशरीरादध्यात्मानंविवेचितुंइंद्रियाणामजयेदोषमाह विज्ञानार्थमित्यादिना । महांधकारेविद्यमानानांघटादीनांविज्ञानार्थंघटच्छिद्राद्वहिर्गतदीप भिवब्रह्मणिविद्यमानरूपादीनांविज्ञानार्थं इंद्रियच्छिद्रद्वारा बहिर्गतं तैजसंमनः प्रथमं प्रवर्तते ततूरूपादिविज्ञानंप्राप्य ज्ञातेऽर्थे कामंरागंक्रोधंद्वेषंचभजते २ तत्ररागकार्यमाह सपादश्लोकेन ततइति ३ प्रभवति स्वकार्यसाधनेनकृतकृत्योभवति। द्वेषकार्यमाह पादोनश्लोकेन द्वेषश्चेति ४ उभयोः कार्यमाह ततोलोभेति। व्याजात्दंभात् ५ व्याजेन कौटिल्येन अर्थं धनम् ६। ७ श्रुतिसंबद्धं असंगोऽहमुदासीनोऽहमित्यादि अश्रुतियोजितं श्रुतिपथे शांत्यादौयोजितंयोगःतद्रहितंयथास्यात्तथा । शमादिशून्योऽपि असंगत्वं शास्त्रीयं शब्देनैवदर्शयतीत्यर्थः ८ मनोवाक्कायजत्वेनत्रैविध्यमेवाह पापमिति। साधवः शमादयः ९ पापकर्मिणः भावप्रधानो निर्देशः पापकर्मकरत्वादित्यर्थः १० धर्मलाभोपायमेवाह सार्द्धेन यस्त्विति ११ । १२ सूनृतं प्रियंधर्म्यंच १३। १४ ब्राह्मीं ब्राह्मणानां स्वभूतां १५ विद्यामेवाह इदमित्यादिना। इदं प्रत्यक्षादि

॥ मार्कंडेयउवाच ॥ एवमुक्तस्तुविप्रेणधर्मव्याधोयुधिष्ठिर ॥ प्रत्युवाचयथाविप्रंतच्छृणुष्वनराधिप १ ॥ व्याधउवाच ॥ विज्ञानार्थंमनुष्याणांमनःपूर्वंप्रवर्तते ॥ तत्प्राप्यकामंभजतेक्रोधंचद्विजसत्तम २ ततस्तदर्थंयततेकर्मचारभतेमहत् ॥ इष्टानांरूपगंधानामभ्यासंचनिषेवते ३ ततोरागःप्रभवतिद्वेषश्चतदनंतरम् ॥ ततोलोभःप्रभवतिमोहश्चतदनंतरम् ४ ततोलोभाभिभूतस्यरागद्वेषहतस्यच ॥ नधर्मेजायतेबुद्धिर्व्याजाद्धर्मंकरोतिच ५ व्याजेनचरतेधर्ममर्थंव्याजेनरोचते ॥ व्याजेनसिध्यमानेषुधनेषुद्विजसत्तम ६ तत्रैवरमतेबुद्धिस्ततःपापंचिकीर्षति ॥ सुहृद्भिर्वार्यमाणश्चपंडितैश्चद्विजोत्तम ७ उत्तरंश्रुतिसंबद्धंब्रवीत्यश्रुतियोजितम् ॥ अधर्मस्त्रिविधस्तस्यवर्ततेरागदोषजः ८ पापंचिंतयतेचैवब्रवीतिचकरोतिच ॥ तस्याधर्मप्रवृत्तस्यगुणानश्यंतिसाधवः ९ एकशीलैश्चमित्रत्वंभजंतेपापकर्मिणः ॥ सतेनदुःखमाप्नोतिपरत्रचविपद्यते १० पापात्माभवतिह्येवंधर्मलाभंतुमेशृणु ॥ यस्त्वेतान्प्रज्ञयादोषान्पूर्वमेवानुपश्यति ११ कुशलःसुखदुःखेषुसाधूंश्चाप्युप सेवते ॥ तस्यसाधुसमारंभाद्बुद्धिर्धर्मेषुराजते १२ ॥ ब्राह्मणउवाच ॥ ब्रवीषिसूनृतंधर्म्यंयस्यवक्तानविद्यते ॥ दिव्यप्रभावःसुमहानृषिरेवमतोऽसिमे १३ ॥ व्याधउवाच ॥ ब्राह्मणावैमहाभागाःपितरोऽग्रभुजःसदा ॥ तेषांसर्वात्मनाकार्यंप्रियंलोकेमनीषिणा १४ यत्तेषांचप्रियंतत्तेवक्ष्यामिद्विजसत्तम ॥ नम स्कृत्वाब्राह्मणेभ्योब्राह्मींविद्यांनिबोधमे १५ इदंविश्वंजगत्सर्वमजय्यंचापिसर्वशः ॥ महाभूतात्मकंब्रह्मनातःपरतरंभवेत् १६ महाभूतानिखंवायुरग्निरापस्त थाचभूः ॥ शब्दःस्पर्शश्चरूपंचरसोगंधश्चतद्गुणाः १७

प्रमाणसिद्धं विश्वं कृत्स्नं जगत्स्थावरजंगमात्मकं सर्वं सर्वमपि अजय्यं कर्मणानलभ्यं सर्वशःसर्वप्रकारेण । 'इदंसर्वंयदयमात्मा आत्मैवेदंसर्वम' इत्यादिश्रुतिभ्यः सर्वस्यात्ममात्रत्वादितिभावः। ननु पशुबंधयाजीसर्वांल्लोकानभिजयतीति कर्मजय्यत्वंजगतः कथं श्रूयते तत्राह महाभूतात्मकमिति। यतः ब्रह्म त्रिविधपरिच्छेदशून्यंवस्तु तदेवमहाभूतानिआकाशादीनि आत्माजीवः कंआनंदरूपईश्वरएतत्त्रि तयात्मकं। तथाचश्रुतिः। 'भोक्ताभोग्यंप्रेरितारं च मत्वा सर्वं प्रोक्तं त्रिविधं ब्रह्मवेतत्' इति। नातः परतरं भवेत् अतो ब्रह्मणोऽन्यत् श्रेष्ठतरं प्राप्यं नास्ति। जयश्रुतिस्तु अविद्यावद्विषयकर्मकांडाभिप्राया १६ ननु कथंविद्यानाम आत्मैकत्वप्रतिपत्तिरिति ब्रूमः । किंशालग्रामेविष्णुत्वमिव प्रत्यगात्मनिसार्वात्म्यंभावनात्मकंकुर्यादितिविधितएवइहप्रतिपत्तव्यम । उतरज्ज्वांरौप्यमिव तात्त्विकंतत्त्वमस्यादि–

शब्दप्रमाणात्प्रतिपत्तव्यम् । आद्येऽजय्यवचनव्याकोपः । द्वितीयेतात्विकाद्वैतेकर्मोंपास्तिकांडयोरप्रामाण्यम् । नचेष्टापत्तिः तद्वदेवज्ञानकांडस्याप्यप्रामाण्यापत्तेः । भेदग्राहिप्रत्यक्षादिप्रमाणांतरविरोधस्तु स्पष्टएवेत्याशंक्याह महाभूतानीति । खादयःशब्दादयश्चतद्गुणाःतस्मिन्ब्रह्मणिआश्रितागुणाः त्रिगुणात्मकमायाकार्यत्वात्मायायाश्चाश्रयोब्रह्मैव । ' देवात्मशक्तिं स्वगुणैर्निगूढां । मायांतुप्रकृतिंविद्यान्मायिनंतुमहेश्वरम् ' इत्यादिश्रुतिभ्यः । अयमर्थः । चंद्रेणासंस्पृष्टमपिजलंचंद्रेचंचलत्वानेकत्वाधःस्थत्वाद्यारोपहेतुर्भवति एवंप्रत्यगात्मनाऽसंस्पृष्टाऽपिमायातत्रदुःखित्वानेकत्वाद्यारोपहेतुर्भवतीति तथाचश्रुतयः । ' एकएवतुभूतात्माभूतेभूतेव्यवस्थितः । एकधाबहुधाचैवदृश्यतेजलचंद्रवत् । ससमानःसन्नुभौलोकावनुसंचरतिध्यायतीवलेलायतीव । घटसंवृतमाकाशंनीयमानेयथाघटे । घटोनीयेतनाकाशंतद्वज्जीवोनभोपमः ' इत्याद्याः । समानःबुद्धितादात्म्यंप्राप्तः लेलायतिलोलुपोभवति ब्रह्मैवस्वप्नादिष्विवस्वाज्ञानात्स्वस्मिन्ननेकभेदभिन्नंप्रपंचंपश्यति प्रमाणतश्चतद्बाधेएकमेवशिष्यतेअतोरज्जूरगन्यायेनप्रपंचस्याधिष्ठानादनन्यत्वैवाद्वात्ममात्रत्वं । अविद्यावस्थायांकर्मोपास्तिज्ञानकांडानांप्रामाण्यं उत्पन्नेतुज्ञानेवेदाअवेदाइतिश्रुत्यैवस्वस्यप्रामाण्यंनिषिद्धमितिनकिंचिद्दुःस्थम् । यदाहुःसंप्रदायविदः । ' देहात्मप्रत्ययोयद्वत्प्रमाणत्वेनकल्पितः । लौकिकंतद्वदेवेदंप्रमाणंत्वात्मनिश्चयात् ' इति आआत्मनिश्चयादितिच्छेदः तस्माद्युक्तमुक्तंखादयस्तद्गुणाइति १७ अत्रतार्किकाः खादयःशब्दादिगुणवंतःआत्माचगुणवानन्योनतुतेषांपरस्परंगुणगुणिभावोऽस्तीत्याहुस्तन्निरस्यति तेषामपीति । तेषांअन्यत्रधानातशब्दादीनांखादिगुणानामपिसतां गुणास्तारत्वमंद्रत्वादयःसंतिसर्वेदृश्यमानाः अनेनसाक्षात्परंपरयावाग्राह्यमात्रंपांचभौतिकमित्युक्तंफलितमाह गुणवृत्तिःपरस्परमिति । अयसिद्दग्धृत्वंवह्नेःचतुष्कोणत्वमिवान्योन्यसंक्रमोदृष्टः तद्वदात्मानात्मधर्माणामपिआत्मन्यपिआनंदोविषयानुभवोनित्यत्वंचेतिसंतिधर्मास्तेचापृथक्त्वेपिचैतन्यात्पृथगिवाव

तेषामपिगुणाःसर्वेगुणवृत्तिःपरस्परम् ॥ पूर्वपूर्वगुणाःसर्वेक्रमशोगुणिषुत्रिषु १८

भासमानाअंतःकरणेदृश्यंते । एवमंतःकरणधर्मादुःखित्वादयोऽपीतरत्रेति तयोःपरस्पराश्रितत्वमाविद्यकंयुज्यतेऽतोनात्मनःपृथग्भूताःखादयः किंतुरज्जूरगवत्तत्रैवाध्यस्ताइतिभावः । त्रिषुईशसूत्रविराट्सु । सर्वेइति एतेषांउपर्युपरिपरस्पराध्यासेऽपिपूर्वस्यसर्वेगुणाउत्तरस्मिन्भवंति उत्तरस्यतुकेचिदेवपूर्वस्मिन्भवंतीत्युक्तं अयमर्थः । यथाशुद्धेस्फटिकेजपाकुसुमसान्निध्याद्रक्तत्वाध्यासस्तत्रैवस्फटिकधीप्रमोषेसतिपद्मरागत्वाध्यासस्तत्रैवचंद्रिकायामिंद्रनीलत्वाध्यासइति चतूरूपेस्फटिकेगुणवत्सुसोपाधिकेषुत्रिषुपूर्वपूर्वगुणस्यसर्वस्याप्युत्तरोत्तरत्राध्यासोदृश्यते तथाहि । स्फटिकगतासत्ताऽनिर्वचनीयेलौहित्येऽध्यस्तानतुस्फटिकेलौहित्यधर्मोऽनिर्वचनीयत्वमध्यस्तं । एवंब्रह्मधर्माःसच्चिदानंदाःस्थूलेपिकायेदृश्यंते यथोक्तं । ' अस्तिभातिप्रियंरूपंनामचेत्यंशपंचकम् । आद्यंत्रयंब्रह्मरूपंजगद्रूपंततोऽद्वयम् ' इति । एवंचरज्जुसर्पभ्रमेभीषणत्वादयएवसर्पधर्मारज्ज्वामध्यस्यंतेनतुमिथ्यात्वादयस्तद्वत् । ननुसर्पेऽपिअभिगम्यत्वादयोरज्जुधर्मानदृश्यंतेइतिसर्वेइत्युक्तिरसंगतेतिचेत्सत्यं अखंडैकरसेब्रह्मणिसच्चिदानंदाःस्वरूपानतिरिक्ताअपि अनृतजडदुःखप्रतियोगित्वेनकल्प्यंते नतुरूपरसादिवदकल्पिताःसंति अतःकल्पितानांतेषांकार्येऽनुवृत्तिर्नानुपपन्ना येतुईशादौअकल्पिताईशनत्वादयोनतेसूत्रादिष्वनुवर्तन्ते किंतुकर्तृत्वसत्वादयएव । तस्मात्कल्पितधर्माभिप्रायेणसर्वेपूर्वस्यधर्माउत्तरस्मिन्संतीत्युक्तं तेनदृश्यंसर्वंभौतिकंतच्चब्रह्मण्यभेदेनाध्यस्तमितिपूर्वार्धार्थः । तत्रापिस्थूलंशुद्धेशसूत्रैरनुगतंसूत्रंशुद्धेशाभ्यांईशःशुद्धेनशुद्धंतुनकेनचिदनुगतमितिउत्तरार्धेऽर्थोदर्शितं । श्रौतोर्थस्तुतस्यस्पष्टएवेतिनिष्कर्षः । तथाचनद्रव्याणांप्रत्यक्षस्वरूपात्पृथक्सिद्धिरस्तीतितद्विरुद्धंतर्कमतंनिरस्तम् १८

अत्रानुभवमेवप्रमाणयति षष्ठइति । चेतनाधीवृत्तिस्तथाकामसंकल्पादयोऽप्युपलक्ष्यंते षष्ठंशब्दादिपंचकापेक्षया अयंभावः । मनोविषयंकल्पयति स्वप्नेतथादर्शनात बुद्धिस्तंप्रकाशयति अहंकारो भिमन्यतेमयायंज्ञातइति तस्मात्मनोमात्रंजगत मनसोऽभावेतत्सत्त्वेप्रमाणाभावादिति १९ ननुप्रत्यक्षमेवतत्रप्रमाणमित्याशंक्याह इंद्रियाणीति । आत्माजीवःअव्यक्तंमायातत्संज्ञकःप्रमाता प्रमाणंप्रमेयंस्व स्वप्नदृष्टांतेनमायामात्रमिदंवगंतव्यमितिभावः २० इंद्रियाणिमनोबुद्धिभ्यांसहसप्त तेषामर्थाःमंतव्यबोद्धव्याभ्यांसहशब्दादयःसप्त व्यक्ताव्यक्तैःबाह्येंद्रियग्राह्याःव्यक्ताःअन्येऽव्यक्ताःतैःसहसुसंवृतैरिति बुद्धिगुहायांलीनैरित्युक्तं तेचतुर्दश आकाशादयःपंच आत्माअहंकारोगुणत्रयंचेतिचतुर्विंशतेर्गणःव्यक्ताव्यक्तरूपः गुणःभोग्यवर्गः एतेभ्योविविक्तंयत्तदेवसर्वंसर्वात्मत्वात्सर्वशब्दाभिधेयंभोक्तृब्रह्मेत्यर्थः २१ ॥ इत्यारण्यकेपर्वणि नीलकंठीये भारतभावदीपेदशाधिकद्विशततमोऽध्यायः ॥ २१० ॥ ॥ एवंपूर्वत्रइदंजगन्महाभूतात्मकंब्रह्मेत्युक्तं तद्व्याख्यातुंभूतगुणान्विभजते सर्वात्मकत्वंब्रह्मणोव्याचष्टे

षष्ठस्तुचेतनानाममनइत्यभिधीयते ॥ सप्तमीतुभवेद्बुद्धिरहंकारस्ततःपरम् १९ इंद्रियाणिचपंचात्मारजःसत्वंतमस्तथा ॥ इत्येषसप्तदशकोराशिरव्यक्तसंज्ञकः २० सर्वैरिहेंद्रियार्थैस्तुव्यक्ताव्यक्तैःसुसंवृतैः ॥ चतुर्विंशकइत्येषव्यक्ताव्यक्तमयोगुणः ॥ एतत्तेसर्वमाख्यातंकिंभूयःश्रोतुमिच्छसि ॥ २१ ॥ ॥ इतिश्रीमहाभारतेआरण्यकेप० मार्कंडेयसमास्याप० ब्राह्मणमाहात्म्येदशाधिकद्विशततमोऽध्यायः ॥ २१० ॥ ॥ मार्कंडेयउवाच ॥ एवमुक्तःसविप्रस्तुधर्मव्याधेनभारत ॥ कथामकथयद्भूयोमनसःप्रीतिवर्धनीम् १ ॥ ब्राह्मणउवाच ॥ महाभूतानियान्याहुःपंचधर्मभृतांवर ॥ एकैकस्यगुणान्सम्यक्पंचानामपिमेवद २ व्याधउवाच ॥ भूमिरापस्तथाज्योतिर्वायुराकाशमेवच ॥ गुणोत्तराणिसर्वाणितेषांवक्ष्यामितेगुणान् ३ भूमिःपंचगुणाब्रह्मन्नुदकंचचतुर्गुणम् ॥ गुणास्त्रयस्तेजसिचत्रयश्चाकाशवातयोः ४ शब्दःस्पर्शश्चरूपंचरसोगंधश्चपंचमः ॥ एतेगुणाःपंचभूमेःसर्वेभ्योगुणवत्तराः ५ शब्दःस्पर्शश्चरूपंचरसश्चापिद्विजोत्तम ॥ अपामेतेगुणाब्रह्मन्कीर्तितास्तवसुव्रत ६ शब्दःस्पर्शश्चरूपंचतेजसोऽथगुणास्त्रयः ॥ शब्दःस्पर्शश्चवायौतुशब्दश्चाकाशएवतु ७ एतेपंचदशब्रह्मन्गुणाभूतेषुपंचसु ॥ वर्ततेसर्वभूतेषुयेषुलोकाःप्रतिष्ठिताः ८ अन्योन्यंनातिवर्ततेसम्यक्चभवतिद्विज ॥ यदातुविषयीभावमाचरंतिचराचराः ९ तदादेहीदेहमन्यंव्यतिरोहति कालतः ॥ आनुपूर्व्याविनश्यंतिजायंतेचानुपूर्वशः १० तत्रतत्रहिदृश्यंतेधातवःपांचभौतिकाः ॥ यैराव्रतमिदंसर्वंजगत्स्थावरजंगमम् ११

एवमुक्तःसइत्यादिनाऽध्यायेन १ । २ गुणोत्तराणिउत्तरोत्तरगुणाःपूर्वपूर्वस्मिन्वर्ततइत्यर्थः ३ एतदेवाह भूमिरिति । त्रयइतिआकाशेएकः वातेद्वावित्यर्थः ४ । ५ । ६ । ७ सर्वभूतेषुजरायुजादिषु लोकाःश्चिदात्मोपाधिभूतानिपंचभूतानि ८ नातिवर्ततेपंचस्वेकेनविनाइतराणिभूतानिनतिष्ठंतीत्यर्थः सम्यक्चभवतिएकीभावेनप्रकाशंते एकत्वमार्षं संपूर्वादंचुगतिपूजनयोरित्यस्माद्धातोःऋत्विगादिनाक्विनिसमःसमिरादेशः समित्येकीभावेइतियास्कः । ननुभूतानांपरस्परमवियोगेमरणंनस्यात्तत्संघातोहिचेतनआत्मेतिलोकायतमतमाशंक्याह यदेति । अविषयंविषयमिवयत्रभावयतिससंकल्पोविषयीभावः तेजीवास्तीव्रसंकल्पावेशात्स्वदेहंभावयंति तदभिमानदार्ढ्येनपूर्वदेहस्यात्यंतविस्मृतौसत्यांमृताइत्युच्यंते नतुमृतदेहेऽपिभूतानांमिथोवियोगोऽस्तीत्यर्थः । पाठांतरेभावंसंकल्पं विषमंस्वदेहविलक्षणंदेहांतरविषयम् ९ विनश्यंतितिरोभवंति जायंतेआविर्भवंति १० धातवोरेतआदयःप्रत्येकंपांचभौतिकाःसंतोऽपि ११

सृज्यतेसंसृज्यते यद्वा प्राणेभ्योदेवादेवेभ्योलोका इतिश्रूयमाणदृष्टिसृष्ट्यभिप्रायेण चक्षुरादिभिःसूर्यादिसृष्टिद्वारालोकःसृज्यतइतियथाश्रुतमेव व्यक्तंघटादि अव्यक्तंइंद्रियादि लिंगरूपादिप्रकाशस्तेनग्राह्य अनुमेयं १२ यथास्वंस्वविषयानतिक्रमेणइमानिइंद्रियाणिधारयन्निगृह्णन्तप्यतइव आत्मानमविषयमप्यालोचयतइव मनआदीनांनिग्रहएवआत्मालोचनमित्यर्थः १३ आत्मनःसोपाधिकंरूपमपेक्ष्याह लोके इति । विततंकुंडलेकनकमिवउपादानत्वेनव्यापकं निरुपाधिकंरूपमपेक्ष्याह लोकमिति । लोकंचसैंधवखिल्यवदात्मनिचिदेकरसेविलीनंपश्यति तथाचश्रुती ब्रह्मविदांद्वेअवस्थेनिरूपयतः 'यएवंवेदाहंब्रह्मास्मीति सइदंसर्वंभवति । यत्रत्वस्यसर्वमात्मैवाभूत्तत्केनकंपश्येदिति' । उक्तंचाभियुक्तैः । 'सोपाधिर्निरुपाधिश्चद्वेधाब्रह्मविदुच्यते ॥ सोपाधिकःस्यात्सर्वात्मानिरुपाख्योऽनुपाधिकः' इति । परापरज्ञः परंनिरुपाधिअपरंसोपाधि सक्तःप्रारब्धकर्मणाबद्धःसन्यावद्देहपातमेवसमाधौसोपाधिकावस्थामनुभवति नतुविदेहकैवल्येऽपीत्यर्थः १४ विद्याफलमाहपश्यतइति । 'ब्रह्मवेदब्रह्मैवभवति' इतिश्रुतेर्ब्रह्मभूतस्यउपाधित्यागादित्यर्थः अशुभेनपुण्यपापयोःफलेनसंप्रज्ञातसमाधावविवेकात्म्यधीदार्ढ्याज्जाग्रत्स्वप्नयोरपितदेवपश्यन्कर्मणानलिप्यतइत्यर्थः १५ ज्ञानमूलेति । ज्ञानंविद्यातस्याःमूलंमाया ब्रह्माकारांतःकरणवृत्तेरपिमायाकार्यत्वात् मायात्मकंमिथ्यारूपंक्लेशंअविद्यादिरूपं अतिवृत्तस्यअतिक्रम्यगतस्य योगिनःलोकसंबंधिन्याःवृत्तेर्वर्तनजीवनात्मिकायाःप्रकाशोयेनतादृशेनज्ञानरूपेणज्ञानमार्गेण पौरुषंपरमपुरुषार्थ

इंद्रियैःसृज्यतेयद्यत्तत्तद्व्यक्तमितिस्मृतम् ॥ तदव्यक्तमितिज्ञेयंलिंगग्राह्यमतींद्रियम् १२ यथास्वंग्राहकान्येषांशब्दादीनामिमानितु ॥ इंद्रियाणियदादेहीधारयन्निवतप्यते १३ लोकेविततमात्मानंलोकंचात्मनिपश्यति ॥ परापरज्ञःसक्तःसन्सततंभूतानिपश्यति १४ पश्यतःसर्वभूतानिसर्वावस्थासुसर्वदा ॥ ब्रह्मभूतस्यसंयोगोनाशुभेनोपपद्यते १५ ज्ञानमूलात्मकंक्लेशमतिवृत्तस्यपौरुषम् ॥ लोकवृत्तिप्रकाशेनज्ञानमार्गेणगम्यते १६ अनादिनिधनंजंतुमात्मयोनिंसदाव्ययम् ॥ अनौपम्यममूर्तंचभगवानाहबुद्धिमान् १७ तपोमूलमिदंसर्वंयन्मांविप्रानुपृच्छसि ॥ इंद्रियाण्येवसंयम्यतपोभवतिनान्यथा १८ इंद्रियाण्येवतत्सर्वंयत्स्वर्गनरकावुभौ ॥ निगृहीतविसृष्टानिस्वर्गायनरकायच १९ एषयोगविधिःकृत्स्नोयावदिंद्रियधारणम् ॥ एतन्मूलंहितपसःकृत्स्नस्यनरकस्यच २० इंद्रियाणांप्रसंगेनदोषमाच्छंत्यसंशयम् ॥ सन्नियम्यतुतान्येवततःसिद्धिंसमाप्नुयात् २१ षण्णामात्मनिनित्यानामैश्वर्यंयोऽधिगच्छति ॥ नसपापैःकुतोऽनर्थैर्युज्यतेविजितेंद्रियः २२

रूपो मोक्षो गम्यतेप्रकाशते मायिक्येवाविद्यामायिक्यैवविद्ययानष्टाचेन्मुच्यतेइत्यर्थः यथोक्तंश्रीभागवते । 'विद्याविद्येममतनूविद्ध्युद्धवशरीरिणां ॥ मोक्षबंधकरीआद्येमाययामेविनिर्मिते'इति । ज्ञानपूर्वात्मकर्मिमितिपाठेऽपिसएवार्थः १६ मुक्तजीवस्यस्वरूपमाह अनादीति । आद्यविशेषणेनलोकायतसंमतंदेहस्यात्मत्वंनिरस्तं जंतुंपुत्तिकादिब्रह्मांतंजीवंआत्मयोनिं जीवस्यात्मयोनित्वंवदताजीवत्वहेतोरविद्यादेःपृथक्सत्तासांख्याद्यभिमतानिरस्ता अव्ययमितितार्किकाभिमतंसुखदुःखादिविकारवत्त्वंनिरस्तं सदेतिआगंतुकविकारास्पर्शित्वमुक्तं एतेनैवक्षणिकशून्यत्ववादावपिनिरस्तौ अमूर्तमिति । अतएवात्मवादोदेहसंमितात्मवादश्चपरास्तः अनौपम्यंतर्कागम्यमित्यर्थः भगवानाह । स्वनिःश्वसितरूपेणवेदेन हेतुदृष्टांतवर्जितं 'नित्यंविभुंसर्वगतंसुसूक्ष्मंयद्भूतयोनिंपरिपश्यंतिधीराः' इत्यादिना । बुद्धिमान्बुद्धिःनियम्यत्वेनास्यास्तीतिसतथा १७ तपोध्यानम् १८ इंद्रियाणिनिगृहीतानिस्वर्गायविसृष्टानिनरकायेतियोजनयापूर्वार्धस्येवव्याख्या १९ । २० एतन्मूलमित्येतद्व्याचष्टे इंद्रियाणामिति । दोषंरागद्वेषादिरूपं आच्छंतिप्राप्नुवंति २१ षण्णांमनःषष्ठानामिंद्रियाणांनित्यानां आत्मनिकल्पितत्वेन रज्जुभुजंगवदाद्यंतशून्यानां ऐश्वर्यंनियंतृत्वं अनर्थैःप्रमातृत्वादिकर्तव्यभोक्तृत्वरूपैः २२

उक्तेऽर्थेप्रमाणसूचनार्थं 'आत्मानंरथिनंविद्धिशरीरंरथमेवच' इत्यादिकठवल्लीनामर्थंसंगृह्णाति रथइत्यादिना २३ आत्माबुद्धिः २४ इंद्रियाणामजयेशास्त्रजाऽपिप्रज्ञानश्यतीत्याह इंद्रियाणामिति २५ अनुविधीयतइतिकर्मकर्तरिलकारः यस्येंद्रियस्याधीनंमनोभवतितदेवप्रज्ञांनाशयतीत्यर्थः २६ षट्सुसंकल्पेषुशब्दादिषु फलागमेतज्जन्येसुखाद्युपलंभेविषये विप्रतिपद्यंतेरागिणः सुखमुपादेयमित्याहुर्वीतरागाहेयमित्यादिरूपाविप्रतिपत्तिः तत्रयस्तेषुअध्यवसितंवस्तुदृष्ट्यानिश्चितंयद्धेयत्वंतदेवाध्यातुंशीलंयस्यसः विषयदोषदर्शनेनवीतरागइत्यर्थः २७ ॥ ॥ इत्यारण्यकेपर्वणि नीलकंठीये भारतभावदीपे एकादशाधिकद्विशततमोऽध्यायः ॥ २११ ॥ ॥ पूर्वाध्यायांतोक्तविप्रतिपत्तिकारणंगुणत्रयंसकार्यंवक्तुमारभते एवमिति । सूक्ष्मेब्रह्मणि सूक्ष्मंतत्प्राप्तिकारणंगुणत्रयविभागं तेनार्थाद्गुणेभ्योब्रह्मविवि

रथःशरीरंपुरुषस्यदृष्टमात्मानियंतेंद्रियाण्याहुरश्वान् ॥ तैरप्रमत्तःकुशलीसदश्वैर्दान्तैःसुखंयातिरथीवधीरः २३ षण्णामात्मनियुक्तानामिंद्रियाणांप्रमाथिनाम् ॥ योधीरोधारयेद्रश्मीन्सस्यात्परमसारथिः २४ इंद्रियाणांप्रसृष्टानांहयानामिववर्त्मसु ॥ धृतिंकुर्वीतसारथ्येधृत्यातानिजयेद्ध्रुवम् २५ इंद्रियाणांविचरतांयन्मनोऽनुविधीयते ॥ तदस्यहरतेबुद्धिंनावंवायुरिवांभसि २६ येषुविप्रतिपद्यंतेषट्सुमोहात्फलागमम् ॥ तेष्वध्यवसिताध्यायीविंदतेध्यानजंफलम् २७ ॥ इतिश्रीमहाभारतेआरण्यकेपर्वणिमार्कंडेयसमास्यापर्वणिब्राह्मणव्याधसंवादेएकादशाधिकद्विशततमोऽध्यायः ॥ २११ ॥ ॥ ॥ ॥ मार्कंडेयउवाच ॥ एवंतुसूक्ष्मेकथितेधर्मेव्याधेनभारत ॥ ब्राह्मणःसपुनःसूक्ष्मंपप्रच्छसुसमाहितः १ ॥ ब्राह्मणउवाच ॥ सत्त्वस्यरजसश्चैवतमसश्चयथातथम् ॥ गुणांस्तत्त्वेनमेब्रूहियथावदिहपृच्छतः २ ॥ व्याधउवाच ॥ हंततेकथयिष्यामियन्मांत्वंपरिपृच्छसि ॥ एषांगुणान्पृथक्त्वेननिबोधगदतोमम ३ मोहात्मकंतमस्तेषांरजएषांप्रवर्तकम् ॥ प्रकाशबहुलत्वाच्चसत्वंज्यायइहोच्यते ४ अविद्याबहुलोमूढःस्वप्नशीलोविचेतनः ॥ दुर्हृषीकस्तमोध्यस्तःसक्रोधस्तामसोऽलसः ५ प्रवृत्तवाक्योमंत्रीचयोनरश्चाग्र्योऽनसूयकः ॥ विधित्समानोविप्रर्षेस्तब्धोमानीसराजसः ६ प्रकाशबहुलोधीरोनिर्विधित्सोऽनसूयकः ॥ अक्रोधनोनरोधीमान्दांतश्चैवससात्त्विकः ७ सात्विकस्त्वथसंबुद्धोलोकवृत्तेनक्लिश्यते ॥ यदाबुध्यतिबोद्धव्यंलोकवृत्तंजुगुप्सते ८ विरागस्यचरूपंतुपूर्वमेवप्रवर्तते ॥ मृदुर्भवत्यहंकारःप्रसीदत्यार्जवंचयत् ९ ततोऽस्यसर्वद्वंद्वानिप्रशाम्यंतिपरस्परम् ॥ नचास्यसंशयोनामकश्चिद्भवतिकश्चन १० शूद्रयोनौहिजातस्यसद्गुणानुपतिष्ठतः ॥ वैश्यत्वंलभतेब्रह्मन्क्षत्रियत्वंतथैवच ११ आर्जवेवर्तमानस्यब्राह्मण्यमभिजायते ॥ गुणास्तेकीर्तिताःसर्वेकिंभूयःश्रोतुमिच्छसि १२ ॥ इतिश्रीमहाभारतेआरण्यकेपर्वणिमार्कंडेयसमास्यापर्वणिब्राह्मणव्याधसंवादेद्वादशाधिकद्विशततमोऽध्यायः ॥ २१२ ॥ ॥ ॥ ॥ ॥ ॥ ॥ ॥ ॥

क्तमित्युक्तंभवति १ । २ । ३ । ४ दुर्हृषीकः दुःस्थेंद्रियः ५ विधित्साविशेषतृष्णा धेट्पानेअस्यरूपं प्रवृत्तवाक्यःप्रवृत्तिवाक् अनसूयकःपरदोषादर्शी तत्रहेतुः विधित्समानइति । स्तंभोनमस्काराद्यकरणं मानस्तद्धेतुमहत्त्वाभिमानस्तदुभयवान् ६ । ७ लोकवृत्तेरजस्तमःकार्येयदायतःतज्जुगुप्सतेनिंदति ८ विरागस्यरागहीनस्यरूपंलक्षणंमृदुःस्तंभादिहीनः आर्जवमकौटिल्यं ९ द्वंद्वानिमानापमानादीनि १० जातस्येतिकर्मणिषष्ठी वैश्यत्वंकर्तृ सद्गुणवंतंवैश्यत्वादयःस्वयमायांतीतिगुणकृतएववर्णविभागोनजातिकृतइतिभावः ११ ब्राह्मण्यंब्रह्मवित्त्वं १२ ॥ इत्यारण्यकेपर्वणिनी०भा०द्वादशाधिकद्विशततमोऽध्यायः॥२१२॥

ज्ञानक्रियाशक्तिमतोर्धीप्राणयोरात्मान्यत्वं 'अग्निर्मूर्धादिवः ककुत्पतिः पृथिव्या अयम् । अपांरेतांसिजिन्वति' इतिमंत्रप्रकाशितंवक्तुमारभते पार्थिवमिति । पार्थिवंपृथिवीबाहुल्यात्धातुंत्वगादिमयंदेहंआसाद्य प्राप्यप्रकाशप्रवृत्तिमोहाद्याश्रयोऽग्निर्विज्ञानाख्यस्तेजोधातुशरीरः शरीराभिमानीकथंभवेत् अवकाशविशेषेणनाडीमार्गभेदेनवर्तयतेशरीरंचेष्टयते १ । २ मूर्धनिसहस्रारेस्थितत्वात्श्रेष्ठत्वाद्वामूर्धानंचिदात्मानं अग्निर्विज्ञानात्माऽऽश्रितस्तदुपाधितांप्राप्तःसन् शरीरंपरिपालयन् चित्प्रतिबिंबंप्राप्यधीधातुःशरीरंचेतयतीत्यर्थः एतेनाग्निर्मूर्धेतिपदद्वयंव्याख्यातं । प्राणस्तुतयोरुभयोरप्युपाधिरित्याह प्राणइति । एतेनचिद्विज्ञानं द्वयंवायुशब्दितंतस्यककुदिवककुत्चालकतयाश्रेष्ठःप्राणइत्युक्तम् ३ अस्यककुत्त्वंव्याचष्टे भूतमिति । प्राणेचिद्विज्ञानाभ्यांयुक्तेसूत्रात्मरूपे ब्रह्मकार्यरूपंयोनिर्विराडादेः ४ सःचिद्विज्ञानप्राणानांसंघातोजंतुःसमष्टिजीवः सर्वेषांभूतानांकार्यकारणरूपाणांआत्माचेतयिता सनातनःपुरुषःपरंब्रह्मचसएव निरस्तोपाधिःसन् सएवोपाधिपक्षपातीसन्नहदाद्यात्माभवति विषयश्चशब्दादिःसएव । एतेनपतिःपृथिव्याअयमितिद्वितीयःपादोव्याख्यातः । अयंचिद्विज्ञानप्राणसंघातःपृथिव्याःक्षेत्रस्येतिश्रुतिपदयोरर्थः ५ एवमिति । सर्वत्रअन्तर्बहिश्चस्थितं सर्वंप्राणेनदेहलीदीपवन्मध्यस्थेनआंतरंविज्ञानंबाह्यंदेहेंद्रियादिकंचपाल्यतइत्यर्थः

॥ ब्राह्मणउवाच ॥ पार्थिवंधातुमासाद्यशारीरोऽग्निःकथंभवेत् ॥ अवकाशविशेषेणकथंवर्तयतेऽनिलः १ ॥ मार्कंडेयउवाच ॥ प्रश्नमेतंसमुद्दिष्टंब्राह्मणेनयुधिष्ठिर ॥ व्याधस्तुकथयामासब्राह्मणायमहात्मने २ ॥ व्याधउवाच ॥ मूर्धानमाश्रितोवह्निःशरीरंपरिपालयन् ॥ प्राणोमूर्धनिचाग्नौचवर्तमानोविचेष्टते ३ भूतंभव्यंभविष्यंचसर्वंप्राणेप्रतिष्ठितम् ॥ श्रेष्ठंतदेवभूतानांब्रह्मयोनिमुपास्महे ४ सजंतुःसर्वभूतात्मापुरुषःससनातनः ॥ महान्बुद्धिरहंकारोभूतानांविषयश्चसः ५ एवंत्विहससर्वत्रप्राणेनपरिपाल्यते ॥ पृष्ठतस्तुसमानेनस्वांस्वांगतिमुपाश्रितः ६ बस्तिमूलंगुदंचैवपावकंसमुपाश्रितः ॥ वहन्मूत्रंपुरीषंवाऽप्यपानःपरिवर्तते ७ प्रयत्नेकर्मणिबलेसएषत्रिषुवर्तते ॥ उदानमितितंप्राहुरध्यात्मविदुषोजनाः ८ संधौसंधौसंनिविष्टःसर्वेष्वपितथाऽनिलः ॥ शरीरेषुमनुष्याणांव्यानइत्युपदिश्यते ९ धातुष्वग्निस्तुविततःसतुवायुसमीरितः ॥ रसान्धातूंश्चदोषांश्चवर्तयन्परिधावति १० प्राणानांसंनिपातात्तुसन्निपातःप्रजायते ॥ ऊष्माचाग्निरितिज्ञेयोयोऽन्नंपचतिदेहिनाम् ११ समानोदानयोर्मध्येप्राणापानौसमाहितौ ॥ समर्थितस्त्वधिष्ठानंसम्यक्पचतिपावकः १२

अपांरेतांसिजिन्वतीत्येतत्पादंव्याचष्टे पृष्ठतइत्यादिना । 'अन्नमयंहिसोम्यमनआपोमयःप्राणस्तेजोमयीवाक्' इतिश्रुतेःसाक्षात्परंपरयावाप्राणमनइंद्रियाण्यपांरेतांसिजिन्वतितर्पयतिसंघातात्वेतिश्रुतिपदानामर्थः पृष्ठतःउपाध्यावेशाज्जीवत्वप्राप्त्यनंतरंसमानेनइत्थंभावेतृतीया स्वांस्वांपृथक्पृथगम्यांगतिंआश्रितोभवति समानवायुत्वंप्राप्तःपावकंजाठरमाश्रितःसन् बस्तिमूलंमूत्राशयंगुदंपुरीषाश्रयंच जाठरस्थःसमानोऽशितपीतादिकंपाचयित्वाऽपानरूपीभूत्वास्वंस्वंस्थानंनयतीत्यर्थः । श्लोकद्वयं ६ । ७ कर्मगमनादि प्रयत्नस्तदनुकूलाचेष्टा बलंभारोद्यमनादौसामर्थ्यं विदुषःसकाशात्श्रुत्वेतिशेषः ८ । ९ धातुषुत्वगादिषुअग्निर्जाठरःविततोव्याप्तः रसादीन्परिवर्तयन्परिणामयन् रसान्अन्नादीन् धातूंस्त्वगादीन् दोषान्पित्तादीन् १० कथंवर्तयतेऽनिलइतिपृष्टंतत्राह प्राणानामिति । सन्निपातःसंघर्षस्तज्जऊष्माऽग्निर्जाठरोभवति ११ संनिपातंव्याकरोति समानेति । नाभिस्थंसमानं हृदिस्थःप्राणएति गुदस्थोऽपानःकंठस्थमुदानमेति तेनप्राणापानसमानानांनाभिदेशेसंघर्षेणसमर्थितोनिष्पादितः अधिष्ठानंसप्तधातुमयंशरीरंसम्यक्पचतिवृद्ध्यादिपरिणामंनयति १२

अस्यपावकस्यपायुपर्यंतोगुदप्रदेशोगुदसंज्ञितोऽपानोभवति स्रोतांसिनाडीमार्गाः तस्मादपानात्प्राणेषुप्राणादिषुपंचसु प्राणादिभ्यःपावकोत्पत्तिः पावकाच्चापानद्वाराप्राणाद्युत्पत्तिर्भवतीतिश्रघट्टकार्थः १३ एतदेवोपपादयति अग्नीति । अग्निवेगात्कंदुकवदूर्ध्वमुत्प्लुतःप्राणोगुदांतेप्रतिहतःपुनरुत्पतन्नग्निमप्युत्क्षिपतीत्यर्थः दृश्यतेचाग्निवेगात्प्राप्पवायुवृद्धिर्वायुवेगाच्चाग्निवृद्धिःतथाचप्राणरोधेसतिजाठरंभयंनिवर्ततेऽतः प्राणोरोद्धव्यइतिभावः १४ जाठरनिरोधेसर्वेषामिंद्रियाणांनिरोधोभवतीत्याशयेनाह पक्केति । पक्वाशयःपक्वान्नस्थानं आमाशयःअपक्वान्नस्थानं नाभिमध्येइति । तात्स्थ्याज्जाठरःप्राणाइंद्रियाणि प्रतिष्ठितालीनाभवंतीत्यर्थः १५ सर्वेरसाःहृदयात्हृदयंप्राप्यदशभिःप्राणैःप्रेरिताः तेचप्राणादयःपंच नागकूर्मकृकलदेवदत्तधनंजयाश्चपंच १६ एवमूर्द्धादिपायुपर्यंतःतत्परंब्रह्म मूर्द्धनिसुषुम्नयानाड्यासहस्रारंप्राप्य येतत्रात्मानंप्राणोपाधिमाहितवंतस्तेगच्छंति देहिषुजीवदेहेषुसर्वेषामप्येषमार्गोगंतुंयोग्यइतिभावः १७ नकेवलंप्राणरोधएवपुरुषार्थःकिंतुतत्साध्यंविज्ञानमित्याह एकादशेत्यादिना । 'सप्राणन्नेवप्राणोनामभवति वदन्वाक्पश्यन्चक्षुःशृण्वन्श्रोत्रंमन्वानोमनः' इतिश्रुतेरेकादशविकारालिंगशरीरंतदात्मातत्तादात्म्यंगतः । यद्यपि 'पंचप्राणमनोबुद्धिदशेंद्रियसमन्वितं । अपंचीकृतभूतोत्थंसूक्ष्मांगंभोगसाधनम्' इतिसप्तदशात्मकंलिंगं तथाऽपिमनसिबुद्धेर्दशेंद्रियेषुसामान्याकरणवृत्तिःप्राणाद्यावायवःपंचेतिसांख्यमतेनप्राणपंचकस्यचान्तर्भावंविवक्षित्वाएकादशविकारात्मेतिज्ञेयं कलाःषोडश प्राणःश्रद्धाखंवायुर्ज्योति

अस्यापिपायुपर्यंतस्तथास्याद्गुदसंज्ञितः ॥ स्रोतांसितस्माज्जायंतेसर्वप्राणेषुदेहिनाम् १३ अग्निवेगवहःप्राणोगुदांतेप्रतिहन्यते ॥ सऊर्ध्वमागम्यपुनःसमुत्क्षिपतिपावकम् १४ पक्वाशयस्त्वधोनाभ्यामूर्ध्वमामाशयःस्थितः ॥ नाभिमध्येशरीरस्यप्राणाःसर्वेप्रतिष्ठिताः १५ प्रवृत्ताहृदयात्सर्वेतिर्यगूर्ध्वमधस्तथा ॥ वहंत्यन्नरसान्नाड्योदशप्राणप्रचोदिताः १६ योगिनामेषमार्गस्तुयेनगच्छंतितत्परम् ॥ जितक्लमाःसमाधीरामूर्धन्यात्मानमादधुः ॥ एवंसर्वेषुविततौप्राणापानौहिदेहिषु १७ एकादशविकारात्माकलासंभारसंभृतः ॥ मूर्तिमंतंहितंविद्धिनित्यंयोगजितात्मकम् १८ तस्मिन्यःसंस्थितोह्यग्निर्नित्यंस्थाल्यामिवाहितः ॥ आत्मानंतंविजानीहिनित्यंयोगजितात्मकम् १९ देवोयःसंस्थितस्तस्मिन्नब्बिंदुरिवपुष्करे ॥ क्षेत्रज्ञंतंविजानीहिनित्यंयोगजितात्मकम् २० जीवात्मकानिजानीहिरजःसत्वंतमस्तथा ॥ जीवमात्मगुणंविद्धितथाऽऽत्मानंपरात्मकम् २१ सचेतनंजीवगुणंवदंतिसचेष्टतेचेष्टयतेचसर्वम् ॥ ततःपरंक्षेत्रविदोवदंतिप्राकल्पयद्योभुवनानिसप्त २२

रापःपृथिवींद्रियंमनोऽन्नंवीर्यंतपोमंत्राःकर्मलोकानामचेतिएतासांसंभारेणसंभृतः कलारूपोपाधिनामूर्तिहीनमपिमूर्तिमंतंसूक्ष्मस्थूलदेहवंतंआत्मानंविद्धिविजानीहि । ज्ञानसाधनमाह नित्यमिति । योगेनजितआत्माबुद्धिर्येनतं आत्मानमित्युत्तरादपकृष्यते १८ प्राणादिभ्योजीवंविविनक्तितस्मिन्निति । तस्मिन्कलासंभारेअग्निवदात्माप्रकाशरूपः स्थालीवत्कलाअप्रकाशात्मिकाः आत्मानंत्वंपदार्थं १९ अस्यतत्पदार्थाभेदमाह देवइति । अब्बिंदुदृष्टांतेनासंगत्वंदर्शितं क्षेत्रज्ञंपरमात्मानम् २० ननुत्वंपदार्थःसंगीतत्पदार्थोऽसंगःकथमनयोरभेदइत्याशंक्यबिंबप्रतिबिंबयोरिवेत्याशयेनाह जीवात्मकानीति । रजआदिनाप्रवृत्त्यादयोधर्माजीवात्मकाउपाधिविशिष्टाश्रिताश्चांचल्यादयइवजलचंद्रे तंजीवं आत्मगुणंईश्वरस्यगुणंभृत्यवत्प्रेष्यं आत्मानंईश्वरंपरात्मकंनिर्गुणंविद्धि अयमर्थः । तरंगतटाकप्रतिबिंबकल्पौधीमायोपाधीजीवेश्वरौनियम्यनियामकौतयोर्जीवईश्वरात्मा ईश्वरस्तुबिंबस्थानीयासंगचिद्रूपइति तथाचश्रुतिः । 'एकएवतुभूतात्माभूतेभूतेव्यवस्थितः ॥ एकधाबहुधाचैवदृश्यतेजलचंद्रवत्' इतिभूतात्मानित्यसिद्धश्चिदात्मा एकधेतिईश्वररूपेण बहुधेतिजीवरूपेण २१ अचेतनंजडंशरीरादि सचेतनमितितदेवग्राह्यं तत्जीवस्यगुणंभोग्यंवदंति सआत्माचेष्टतेजीवरूपेण चेष्टयतेईश्वररूपेण ततस्ताभ्यां–

जीवेश्वराभ्यांपरंउत्कृष्टंतंवदंति योभुवनानिसप्तभूरादीनिप्राकल्पयत्प्रावर्तयत् ननुकथंनिरुपाधेःप्रवर्तकत्वमुच्यते अधिष्ठानतयेतिब्रूमः तथाचश्रुतिः । 'यतोवाइमानिभूतानिजायंते' इतिब्रह्मणोलक्षण मुक्त्वा अन्नमयादिकोशकारणीभूतानामन्नादिशब्दितानांविराडादीनांजगत्कारणकत्वं 'अन्नाद्ध्येवखल्विमानिभूतानिजायंते' इत्यादिनास्थूलारुंधतीन्यायेन विराडादीनिसोपाधिकानिब्रह्माणि उक्त्वा । 'प्रज्ञानघनएवानंदभुक्चेतोमुखःप्राज्ञस्तृतीयःपादएषसर्वेश्वरः' इतिमांडूक्यश्रुतिप्रसिद्धस्यानंदमयस्यईश्वरस्यकारणीभूतेआनंदाख्येब्रह्मणि । 'आनंदाद्ध्येवखल्विमानिभूतानिजायंते' इतिमुख्यंकारणत्वंव्यवस्थापितं तथाप्रदेशांतरेऽपि । 'कोह्येवान्यात्कःप्राण्याद्यदेषआकाशआनंदोनस्यात्' इतिश्रुतिराकाशाख्येकारणेयद्यानंदोनस्यात्तर्हितत्कार्येदेहादौकुतःप्राणनादिस्यादिति तत्रैव मुख्यंप्रवर्तकत्वंदर्शयति २२ ननुईश्वरसद्भावेभुवनप्रवृत्तिरेवकारणंदृश्यते नतुतदन्यस्यनिर्गुणस्य ईश्वरेणैवतस्यान्यथासिद्धत्वादित्याशंक्याह एवमिति । भूतात्मानित्यसिद्धआत्माआनंदाख्यः ऐश्वर्य स्यतुईशितव्यसापेक्षत्वान्ननित्यसिद्धत्वं सुप्तिप्रलययोरीशितव्याभावादनीश्वरत्वापत्तेरिस्यानंदस्यैवनित्यमैश्वर्यंमाययाऽभिव्यज्यतइतिभावः ज्ञानंब्रह्माकारावृत्तिस्तत्साक्षिभिस्तेनवेद्यादीशादन्यस्तत्प्रकाशक

एवंसर्वेषुभूतेषुभूतात्मासंप्रकाशते ॥ दृश्यतेत्वग्र्ययाबुद्ध्यासूक्ष्मयाज्ञानवेदिभिः २३ चित्तस्यहिप्रसादेनहंतिकर्मशुभाशुभम् ॥ प्रसन्नात्माऽऽत्मनिस्थित्वासुखमानंत्य मश्नुते २४ लक्षणंतुप्रसादस्ययथातृप्तःसुखंस्वपेत् ॥ निवातेवायथादीपोदीप्येत्कुशलदीपितः २५ पूर्वरात्रेपरेचैवयुंजानःसततंमनः ॥ लघ्वाहारोविशुद्धात्मापश्य न्नात्मानमात्मनि २६ प्रदीप्तेनेवदीपेनमनोदीपेनपश्यति ॥ दृष्ट्वाऽऽत्मानंनिरात्मानंसतदाविप्रमुच्यते २७ सर्वोपायैस्तुलोभस्यक्रोधस्यचविनिग्रहः ॥ एतत्पवित्रंलो कानांतपोवैसंक्रमोमतः २८ नित्यंक्रोधात्तपोरक्षेद्धर्मंरक्षेच्चमत्सरात् ॥ विद्यांमानापमानाभ्यामात्मानंतुप्रमादतः २९ आनृशंस्यंपरोधर्मःक्षमाचपरमंबलम् ॥ आत्म ज्ञानंपरंज्ञानंसत्यंव्रतपरंव्रतम् ३० सत्यस्यवचनंश्रेयःसत्यंज्ञानंहितंभवेत् ॥ यद्भूतहितमत्यंतंतद्वैसत्यंपरंमतम् ३१ यस्यसर्वेसमारंभानिराशीर्बंधनाःसदा ॥ त्यागेय स्यहुतंसर्वंसत्यागीसचबुद्धिमान् ३२ यतोनगुरुरप्येनंश्रावयेदुपपादयेत् ॥ तंविद्याद्ब्रह्मणोयोगंवियोगंयोगसंज्ञितम् ३३ नहिंस्यात्सर्वभूतानिमैत्रायणगतश्चरेत् ॥ नेदंजीवितमासाद्यवैरंकुर्वीतकेनचित् ३४ आकिंचन्यंसुसंतोषोनिराशित्वमचापलम् ॥ एतदेवपरंज्ञानंसदाऽऽत्मज्ञानमुत्तमम् ३५ परिग्रहंपरित्यज्यभवेद्बुद्ध्या यतव्रतः ॥ अशोकंस्थानमाश्रित्यनिश्चलंप्रेत्यचेहच ३६

इतिदर्शितम् २३ प्रसन्नात्मावृत्तिजनितकालुष्यत्यागाद्विशुद्धचित्तः आत्मनिस्थित्वाचित्तसारूप्यमपित्यक्त्वा सुखंअनायासेन आनंत्यंमोक्षम् २४ यथाजलादुत्तीर्णस्यशरीरेसंश्लिष्टःसूक्ष्मतमःपटःसन्नप्य सन्निवभाति एवंसमाधौ विकल्पाभावात्सदपिचित्तंनभातीतिसुप्तितुल्यतांप्रसादस्याह लक्षणमिति २५ विशुद्धात्माशुद्धचित्तः आत्मानंब्रह्म आत्मनिहृदये २६ निरात्मानंनिर्गुणंनिलीनंचित्तंयस्मि न्मृतं 'तावन्मनोनिरोद्धव्यंहृदियावत्क्षयंगतम । एतज्ज्ञानंचध्यानंचशेषोऽन्योग्रंथविस्तरः' इतिश्रुतिः चित्तक्षयएवात्मदर्शनमित्यर्थः २७ संक्रमःसेतुः पारप्रापकोमार्गः २८ । २९ । ३० भूतहितमनृत मपिसत्यमेवभूतानामहितकरंसत्यमप्यनृतमेवेत्यर्थः ३१ त्यागेफलत्यागे हुतंहोमयज्ञदानादि त्यागीसंन्यासी ३२ एनंब्रह्मणोयोगंनश्रावयेत् अपदार्थत्वात्किंतुउपपादयेल्लक्षणयाज्ञापयेत् तंचित्तवियोगमेव निरुद्धलक्षणयायोगसंज्ञितंप्राहुः । 'तंविद्याद्दुःखसंयोगवियोगंयोगसंज्ञितम्' इत्याद्यागमाइत्यर्थः ३३ मैत्रंमित्रभावस्तदेवायनंमार्गस्तद्गतश्चरेत् ३४ ज्ञानंज्ञानसाधनं ज्ञानमपिस्तौतिसाधनेप्रवृत्त्यर्थं सदाऽऽत्मज्ञानमुत्तममिति ३५ अशोकंस्थानंवैराग्यं प्रेत्यमृत्वास्वर्गादौ इहचराज्यादौ आश्रित्य यतव्रतोभवेत् ३६

३७ गुणाःलोकवेदादयःअगुणायस्मिन्तंगुणागुणं 'अत्रलोकाअलोकावेदाअवेदाः'इत्यादिश्रुतेः । अनासंगंकयादिसंगहीनंअतएवएककार्यंएकेनप्रत्यगात्मनैवनिष्पाद्यं अनंतरं अज्ञानमात्रापनयाद्गम्यं नतु क्रियाव्यवहितंस्वर्गादिसुखवत् वृत्तंप्राक्सिद्धं एकमेवपद्यतेगम्यते नतुज्ञानज्ञेयविभागोयस्मिन्ततएकपदम् ३८ । ३९ । ४० ॥ ॥ इत्यारण्यकेपर्वणि नीलकंठीये भारतभावदीपे ब्राह्मणव्याधसंवादे त्रयोदशा

तपोनित्येनदांतेनमुनिनासंयतात्मना ॥ अजितंजेतुकामेनभाव्यंसंगेष्वसंगिना ३७ गुणागुणमनासंगमेककार्यमनंतरम् ॥ एतद्ब्रह्मणोवृत्तमाहुरेकपदंसुखम् ३८ परित्यजतियोदुःखंसुखंचाप्युभयंनरः ॥ ब्रह्मप्राप्नोतिसोऽत्यंतमसंगेनचगच्छति ३९ यथाश्रुतमिदंसर्वंसमासेनद्विजोत्तम ॥ एतत्तेसर्वमाख्यातंकिंभूयःश्रोतुमिच्छसि ४० ॥ इतिश्रीम॰आरण्यकेप॰मार्कंडेयसमास्याप॰ब्राह्मणव्याधसंवादे त्रयोदशाधिकद्विशततमोऽध्यायः ॥ २१३ ॥ ॥ मार्कंडेयउवाच ॥ एवंसंकथितेकृत्स्नेमोक्षधर्मेयुधिष्ठिर ॥ दृढप्रीतमनाविप्रोधर्मव्याधमुवाचह १ न्याययुक्तमिदंसर्वंभवतापरिकीर्तितम् ॥ नतेऽस्त्यविदितंकिंचिद्धर्मेष्विहहिदृश्यते २ ॥ व्याधउवाच ॥ प्रत्यक्षंममयोधर्मस्तंचपश्यद्विजोत्तम ॥ येनसिद्धिरियंप्राप्तामयाब्राह्मणपुंगव ३ उत्तिष्ठभगवन्क्षिप्रंप्रविश्याभ्यंतरंगृहम् ॥ द्रष्टुमर्हसिधर्मज्ञमातरंपितरंचमे ४ ॥ मार्कंडेयउवाच ॥ इत्युक्तःसप्रविश्याथददर्शपरमार्चितम् ॥ सौधंहृद्यंचतुःशालमतीवचमनोरमम् ५ देवतागृहसंकाशंदैवतैश्चसुपूजितम् ॥ शयनासनसंबाधंगंधैश्चपरमैर्युतम् ६ तत्रशुक्लांबरधरौपितरावस्यपूजितौ ॥ कृताहारौतुसंतुष्टावुपविष्टौवरासने ॥ धर्मव्याधस्तुतौदृष्ट्वापादेषुशिरसाऽपतत् ७ ॥ वृद्धावूचतुः ॥ उत्तिष्ठोत्तिष्ठधर्मज्ञधर्मस्त्वामभिरक्षतु ॥ प्रीतौस्वस्तवशौचेनदीर्घमायुरवाप्नुहि ८ गतिमिष्टांतपोज्ञानंमेधांचपरमांगतः ॥ सत्पुत्रेणत्वयापुत्रनित्यंकालेसुपूजितौ ९ नतेऽन्यद्दैवतंकिंचिद्दैवतेष्वपिवर्तते ॥ प्रयतत्वाद्द्विजातीनांदमेनासिसमन्वितः १० पितुःपितामहायेचतथैवप्रपितामहाः ॥ प्रीतास्तेसततंपुत्रदमेनावांचपूजया ११ मनसाकर्मणावाचाशुश्रूषानैवहीयते ॥ नचान्याहितथाबुद्धिर्दृश्यतेसांप्रतंतव १२ जामदग्न्येनरामेणयथावृद्धौसुपूजितौ ॥ तथात्वयाकृतंसर्वंतद्विशिष्टंचपुत्रक १३ ततस्तंब्राह्मणंताभ्यांधर्मव्याधोन्यवेदयत् ॥ तौस्वागतेनतंविप्रमर्चयामासतुस्तदा १४ प्रतिपूज्यचतांपूजांद्विजःपप्रच्छतावुभौ ॥ सुपुत्राभ्यांसभृत्याभ्यांकच्चिद्वांकुशलंगृहे ॥ अनामयंचवांकच्चित्सदैवेहशरीरयोः १५ ॥ वृद्धावूचतुः ॥ कुशलंनौगृहेविप्रभृत्यवर्गेचसर्वशः ॥ कच्चित्त्वमप्यविघ्नेनसंप्राप्तोभगवन्निति १६ ॥ मार्कंडेयउवाच ॥ बाढमित्येवतौविप्रःप्रत्युवाचमुदाऽन्वितः ॥ धर्मव्याधोनिरीक्ष्याथततस्तंवाक्यमब्रवीत् १७ ॥ व्याधउवाच ॥ पितामाताचभगवन्नेतौमेदैवतंपरम् ॥ यद्दैवतेभ्यःकर्तव्यंतदेताभ्यांकरोम्यहम् १८ त्रयस्त्रिंशद्यथादेवाःसर्वेशक्रपुरोगमाः ॥ संपूज्याःसर्वलोकस्यतथावृद्धाविमौमम १९ उपहारानाहरंतोदेवतानांयथाद्विजाः ॥ कुर्वंतितद्वदेताभ्यांकरोम्यहमतंद्रितः २०

 धिकद्विशततमोऽध्यायः ॥ २१३ ॥ एवमिति १ । २ । ३ । ४ । ५ शयनासनसंबाधं शयनादिसंकीर्णं ६ । ७ । ८ । ९ । १० । ११ । १२ । १३ । १४ वांयुवयोः १५ नौ आवयोः १६ । १७ । १८ । १९ । २०

२१ । २२ । २३ । २४ । २५ । २६ । २७ । २८ ॥ ॥ इत्यारण्यकेपर्वणि नीलकंठीये भारतभावदीपे चतुर्दशाधिकद्विशततमोऽध्यायः ॥ २१४ ॥ ॥ ॥

एतौमेपरमंब्रह्मन्पितामाताचदैवतम् ॥ एतौपुष्पैःफलैरत्नैस्तोषयामिसदाद्विज २१ एतावेवाग्नयोमह्यंयान्वदंतिमनीषिणः ॥ यज्ञावेदाश्चचत्वारःसर्वमेतौममद्विज
२२ एतदर्थंममप्राणाभार्यापुत्राःसुहृज्जनः ॥ सपुत्रदारःशुश्रूषांनित्यमेवकरोम्यहम् २३ स्वयंचस्नापयाम्येतौतथापादौप्रधावये ॥ आहारंचप्रयच्छामिस्वयंचद्विजस
त्तम २४ अनुकूलंतथावच्मिविप्रियंपरिवर्जये ॥ अधर्मेणापिसंयुक्तंप्रियमाभ्यांकरोम्यहम् २५ धर्ममेवंगुरुंज्ञात्वाकरोमिद्विजसत्तम ॥ अतंद्रितःसदाविप्रशुश्रूषांवैकरो
म्यहम् २६ पंचैवगुरवोब्रह्मन्पुरुषस्यबुभूषतः ॥ पितामाताऽग्निरात्माचगुरुश्चद्विजसत्तम २७ एतेषुयस्तुवर्तेतसम्यगेवद्विजोत्तम ॥ भवेयुरग्नयस्तस्यपरिचीर्णास्तुनि
त्यशः ॥ गार्हस्थ्येवर्तमानस्यएषधर्मःसनातनः २८ ॥ इतिश्रीमहाभारतेआरण्यकेपर्वणिमार्कंडेयसमास्यापर्वणिद्विजव्याधसंवादेचतुर्दशाधिकद्विशततमोऽध्यायः
॥ २१४ ॥ ॥ ॥ ॥ मार्कंडेयउवाच ॥ गुरूनिवेद्यविप्रायतौमातापितरावुभौ ॥ पुनरेवसधर्मात्माव्याधोब्राह्मणमब्रवीत् १ प्रवृत्तचक्षुर्जातोऽस्मिसंपश्य
तपसोबलम् ॥ यदर्थमुक्तोऽसितयागच्छत्वंमिथिलामिति २ पतिशुश्रूषपरयादांतयासत्यशीलया ॥ मिथिलायांवसेद्व्याधःसतेधर्मान्प्रवक्ष्यति ३ ॥ ब्राह्मणउवाच ॥
पतिव्रतायाःसत्यायाःशीलाढ्यायायतव्रत ॥ संस्मृत्यवाक्यंधर्मज्ञगुणवानसिमेमतः ४ ॥ व्याधउवाच ॥ ॥ यत्तदात्वंद्विजश्रेष्ठतयोक्तोमांप्रतिप्रभो ॥ दृष्टमेवत
यासम्यगेकपत्न्यानसंशयः ५ त्वदनुग्रहबुद्ध्यातुविप्रैतद्दर्शितंमया ॥ वाक्यंचशृणुमेतातयत्तेवक्ष्येहितंद्विज ६ त्वयाविनिकृतामातापिताचद्विजसत्तम ॥ अनिसृष्टो
ऽसिनिष्क्रांतोगृहात्ताभ्यामनिंदित ७ वेदोच्चारणकार्यार्थमयुक्तंतत्त्वयाकृतम् ॥ तवशोकेनवृद्धौतावंधीभूतौतपस्विनौ ८ तौप्रसादयितुंगच्छमात्वांधर्मोऽत्यगादयम् ॥
तपस्वीत्वंमहात्माचधर्मेचनिरतःसदा ९ सर्वमेतदपार्थंतेक्षिप्रंतौसंप्रसादय ॥ श्रद्दधस्वममब्रह्मन्नान्यथाकर्तुमर्हसि ॥ गम्यतामद्यविप्रर्षेश्रेयस्तेकथयाम्यहम् १०
॥ ब्राह्मणउवाच ॥ यदेतदुक्तंभवतासर्वंसत्यमसंशयम् ॥ प्रीतोऽस्मितवभद्रंतेधर्माचारगुणान्वित ११ ॥ व्याधउवाच ॥ दैवतप्रतिमोहित्वंयस्त्वंधर्ममनुव्रतः ॥
पुराणंशाश्वतंदिव्यंदुष्प्राप्यमकृतात्मभिः १२ मातापित्रोःसकाशंहिगत्वात्वंद्विजसत्तम ॥ अतंद्रितःकुरुक्षिप्रंमातापित्रोर्हिपूजनम् ॥ अतःपरमहंधर्मंनान्यंपश्यामिकिं
चन १३ ॥ ब्राह्मणउवाच ॥ इहाहमागतोदिष्ट्यादिष्ट्यामेसंगतंत्वया ॥ ईदृशादुर्लभालोकेनराधर्मप्रदर्शकाः १४ एकोनरसहस्रेषुधर्मविद्विद्यतेनवा ॥ प्रीतो
ऽस्मितवसत्येनभद्रंतेपुरुषर्षभ १५ पतमानोऽद्यनरकेभवताऽस्मिसमुद्धृतः ॥ भवितव्यमथैवंचयद्दृष्टोऽसिमयाऽनघ १६ राजाययातिर्दौहित्रैःपतितस्तारितोयथा ॥
सद्भिःपुरुषशार्दूलतथाऽहंभवताद्विजः १७ मातापितृभ्यांशुश्रूषांकरिष्येवचनात्तव ॥ नाकृतात्मावेदयतिधर्माधर्मविनिश्चयम् १८

॥ गुरुइति १ प्रवृत्तचक्षुर्दिव्यदृष्टिः तपसः पित्रोःशुश्रूषात्मकस्य २ । ३ । ४ । ५ । ६ । ७ । ८ । ९ । १० । ११ । १२ । १३ । १४ । १५ । १६ । १७ । १८

१९ कामयाइच्छया २० । २१।२२।२३।२४ ।२५ । २६।२७।२८ निष्टनंतंशब्दंकुर्वंतम् २९ । ३० । ३१ ॥ इत्यारण्यकेपर्वणि नैलकंठीये भारतभावदीपे पंचदशाधिकद्विश

दुर्ज्ञेयःशाश्वतोधर्मःशूद्रयोनौहिवर्तते ॥ नत्वांशूद्रमहंमन्येभवितव्यंहिकारणम् १९ येनकर्मविशेषेणप्राप्तेयंशूद्रतात्वया ॥ एतदिच्छामिविज्ञातुंतत्त्वेनहिमहा
मते ॥ कामयाब्रूहिमेसर्वंसत्येनप्रयतात्मना २० ॥ व्याधउवाच ॥ अनतिक्रमणीयावैब्राह्मणामेद्विजोत्तम ॥ शृणुसर्वमिदंवृत्तंपूर्वदेहेममाऽनघ २१ अहंहिब्रा
ह्मणःपूर्वमासंद्विजवरात्मजः ॥ वेदाध्यायीसुकुशलोवेदांगानांचपारगः २२ आत्मदोषकृतैर्ब्रह्मन्नवस्थामाप्तवानिमाम् ॥ कश्चिद्राजाममसखाधनुर्वेदपरायणः
२३ संसर्गाद्धनुषिश्रेष्ठस्ततोऽहमभवंद्विज ॥ एतस्मिन्नेवकालेतुमृगयांनिर्गतोनृपः २४ सहितोयोधमुख्यैश्चमंत्रिभिश्चसुसंवृतः ॥ ततोऽभ्यहन्मृगांस्तत्रसुबहूना
श्रमंप्रति २५ अथक्षिप्तःशरोघोरोमयाऽपिद्विजसत्तम ॥ ताडितश्चऋषिस्तेनशरेणानतपर्वणा २६ भूमौनिपतितोब्रह्मन्नुवाचप्रतिनादयन् ॥ नापराध्याम्यहं
किंचित्केनपापमिदंकृतम् २७ मन्वानस्तंमृगंचाहंसंप्राप्तःसहसाप्रभो ॥ अपश्यंतमृषिंविद्धंशरेणानतपर्वणा २८ अकार्यकरणाच्चापिभृशंमेव्यथितंमनः ॥ तमुग्र
तपसंविप्रंनिष्टनंतंमहीतले २९ अजानताकृतमिदंमयेत्यहमथाब्रुवम् ॥ क्षंतुमर्हसिमेसर्वमितिचोक्तोमयामुनिः ३० ततःप्रत्यब्रवीद्वाक्यमृषिर्मांक्रोधमूर्च्छितः ॥
व्याधस्त्वंभविताक्रूरशूद्रयोनावितिद्विज ३१ ॥ ॥ इतिश्रीमहाभारतेआरण्यकेप० मार्कंडेयसमास्यापर्वणिब्राह्मणव्याधसंवादेपंचदशाधिकद्विशततमोऽध्यायः
॥ २१५ ॥ ॥ ॥ ॥ व्याधउवाच ॥ एवंशप्तोऽहमृषिणातदाद्विजवरोत्तम ॥ अभिप्रसादयमृषिंगिरात्राहीतिमांतदा १ अजानतामयाऽकार्यमिद
मद्यकृतंमुने ॥ क्षंतुमर्हसितत्सर्वंप्रसीदभगवन्निति २ ॥ ऋषिरुवाच ॥ नान्यथाभविताशापएवमेतदसंशयम् ॥ आनृशंस्यात्त्वहंकिंचित्कर्ताऽनुग्रहमद्यते ३
शूद्रयोन्यांवर्तमानोधर्मज्ञोहिभविष्यसि ॥ मातापित्रोश्चशुश्रूषांकरिष्यसिनसंशयः ४ तयाशुश्रूषयासिद्धिंमहत्त्वंसमवाप्स्यसि ॥ जातिस्मरश्चभवितास्वर्गंचैवगमि
ष्यसि ५ शापक्षयेतुनिर्वृत्तेभविताऽसिपुनर्द्विजः ॥ एवंशप्तःपुरातेनऋषिणाऽस्म्युग्रतेजसा ६ प्रसादश्चकृतस्तेनममैवंद्विपदांवर ॥ शरंचोद्धृतवानस्मितस्यवैद्वि
जसत्तम ७ आश्रमंचमयानीतोनचप्राणैर्व्ययुज्यत ॥ एतत्तेसर्वमाख्यातंयथाममपुराऽभवत् ८ अभितश्चापिगंतव्यंमयास्वर्गंद्विजोत्तम ९ ॥ ब्राह्मणउवाच ॥
एवमेतानिपुरुषादुःखानिचसुखानिच ॥ आप्नुवंतिमहाबुद्धेनोत्कंठांकर्तुमर्हसि १० दुष्करंहिकृतंकर्मजानताजातिमात्मनः ॥ लोकवृत्तांततत्त्वज्ञनित्यंधर्मपरायण
११ कर्मदोषश्चवैविद्वन्नात्मजातिकृतेनवै ॥ कंचित्कालमुष्यतांवैततोऽसिभविताद्विजः १२ सांप्रतंचमतोमेऽसिब्राह्मणोनात्रसंशयः ॥ ब्राह्मणःपतनीयेषुवर्तमानोवि
कर्मसु १३ दांभिकोदुष्कृतःप्राज्ञःशूद्रेणसदृशोभवेत् ॥ यस्तुशूद्रोदमेसत्येधर्मेचसततोत्थितः १४

ततमोऽध्यायः ॥ २१५ ॥ ॥ ॥ ॥ ॥ ॥ एवमिति । अभिप्रसादयंअडभावआर्षः १ । २ । ३ । ४ । ५ । ६ । ७ । ८ । ९ । १० । ११ । १२ । १३ । १४

१५ । १६ । १७ । १८ गुणैःगुणकार्यैःसुखदुःखमोहैः १९ । २० । २१ । २२ गताध्वानःप्राप्तज्ञानमार्गाः २३ । २४ । २५ । २६ । २७ बुद्धेस्तत्त्वज्ञानात्परंब्रह्मगताःप्राप्ताः २८ । २९ । ३० । ३१ प्रदक्षिणंकृत्वाउपदेष्टागुरुरितिबुद्ध्या ३२ । ३३ । ३४ । ३५ । ३६ । ३७ ॥ इत्यारण्यकेपर्वणि नीलकंठीये भारतभावदीपे षोडशाधिकद्विशततमोऽध्यायः ॥ २१६ ॥ ॥ ॥ धर्मव्या

तंब्राह्मणमहंमन्येवृत्तेनहिभवेद्द्विजः ॥ कर्मदोषेणविषमांगतिमाप्नोतिदारुणाम् १५ क्षीणदोषमहंमन्येचाभितस्त्वांनरोत्तम ॥ कर्तुमर्हसिनोत्कंठांत्वद्विधाह्यविषादिनः ॥ लोकवृत्तानुवृत्तज्ञानित्यंधर्मपरायणाः १६ ॥ व्याधउवाच ॥ प्रज्ञयामानसंदुःखंहन्याच्छारीरमौषधैः ॥ एतद्विज्ञानसामर्थ्यंनबालैःसमतामियात् १७ अनिष्टसंप्रयोगाच्चविप्रयोगात्प्रियस्यच ॥ मनुष्यामानसैर्दुःखैर्युज्यंतेचाल्पबुद्धयः १८ गुणैर्भूतानियुज्यंतेवियुज्यंतेतथैवच ॥ सर्वाणिनैतदेकस्यशोकस्थानंहिविद्यते १९ अनिष्टंचान्वितंपश्यंस्तथाक्षिप्रंविरज्यते ॥ ततश्चप्रतिकुर्वंतियदिपश्यंत्युपक्रमात् २० शोचतोनभवेत्किंचित्केवलंपरितप्यते ॥ परित्यजंतियेदुःखंसुखंवाऽप्युभयंनराः २१ तएवसुखमेधंतेज्ञानतृप्तामनीषिणः ॥ असंतोषपरामूढाःसंतोषंयांतिपंडिताः २२ असंतोषस्यनास्त्यंतस्तुष्टिस्तुपरमंसुखम् ॥ नशोचंतिगताध्वानःपश्यंतःपरमांगतिम् २३ नविषादेमनःकार्यंविषादोविषमुत्तमम् ॥ मारयत्यकृतप्रज्ञंबालंक्रुद्धइवोरगः २४ यंविषादोऽभिभवतिविक्रमेसमुपस्थिते ॥ तेजसातस्यहीनस्यपुरुषार्थोनविद्यते २५ अवश्यंक्रियमाणस्यकर्मणोदृश्यतेफलम् ॥ नहिनिर्वेदमागम्यकिंचित्प्राप्नोतिशोभनम् २६ अथाऽप्युपायंपश्येतदुःखस्यपरिमोक्षणे ॥ अशोचन्नारभेतैवंमुक्तश्चाव्यसनीभवेत् २७ भूतेष्वभावंसंचिंत्ययेतुबुद्धेःपरंगताः ॥ नशोचंतिकृतप्रज्ञाःपश्यंतःपरमांगतिम् २८ नशोचामिचवैविद्वन्कालाकांक्षीस्थितोह्यहम् ॥ एतैर्निदर्शनैर्ब्रह्मन्नवमीदामिसत्तम २९ ॥ ब्राह्मणउवाच ॥ कृतप्रज्ञोऽसिमेधावीबुद्धिर्हिविपुलातव ॥ नाहंभवंतंशोचामिज्ञानतृप्तोऽसिधर्मवित् ३० आपृच्छेत्वांस्वस्तितेऽस्तुधर्मस्त्वांपरिरक्षतु ॥ अप्रमादस्तुकर्तव्योधर्मेधर्मभृतांवर ३१ ॥ मार्कंडेयउवाच ॥ बाढमित्येवतंव्याधःकृतांजलिरुवाचह ॥ प्रदक्षिणमथोकृत्वाप्रस्थितोद्विजसत्तमः ३२ सतुगत्वाद्विजःसर्वांशुश्रूषांकृतवांस्तदा ॥ मातापितृभ्यांवृद्धाभ्यांयथान्यायंसुसंशितः ३३ एतत्तेसर्वमाख्यातंनिखिलेनयुधिष्ठिर ॥ पृष्टवानसियंतातधर्मंधर्मभृतांवर ३४ पतिव्रतायामाहात्म्यंब्राह्मणस्यचसत्तम ॥ मातापित्रोश्चशुश्रूषाधर्मव्याधेनकीर्तिता ३५ ॥ युधिष्ठिरउवाच ॥ अत्यद्भुतमिदंब्रह्मन्धर्माख्यानमनुत्तमम् ॥ सर्वधर्मविदांश्रेष्ठकथितंमुनिसत्तम ३६ सुखश्रव्यतयाविद्वन्मुहूर्तइवमेगतः ॥ नहितृप्तोऽस्मिभगवन्शृण्वानोधर्ममुत्तमम् ३७ ॥ इतिश्रीमहाभारतेआरण्यकेपर्वणिमार्कंडेयसमास्यापर्वणिब्राह्मणव्याधसंवादेषोडशाधिकद्विशततमोऽध्यायः ॥ २१६ ॥

॥ वैशंपायनउवाच ॥ श्रुत्वेमांधर्मसंयुक्तांधर्मराजःकथांशुभाम् ॥ पुनःपप्रच्छतमृषिंमार्कंडेयमिदंतदा १

धोक्तधर्मेषु 'मातापिताग्निरात्माचगुरुश्चद्विजसत्तम' इतिमुमुक्षूणांपंचसेव्यत्वेनप्रोक्तास्तत्रपतिव्रतोपाख्यानेधर्मव्याधनिदर्शनेनमातापित्रोःपतिव्रतानिदर्शनेनगुरोश्चशुश्रूषायाःफलंदर्शितं तत्रैवमोक्षधर्मप्रस्तावेआत्मसेवनंफलंचोक्तं । परिशिष्टस्याग्निसेवनस्यमोक्षहेतुत्वप्रकारंवक्तुंआंगिरसमारभतेश्रुत्वेमांधर्मसंयुक्तामित्यादिना १

कथमिति । ननु त्वमग्नेप्रथमोअंगिराऋषिरितिवेदेत्वह्नेरंगिरस्त्वंश्रूयते अत्रतुअंगिरसोवन्हित्वंकथंपृच्छति सत्यं उभयोरभेदेनवीजांकुरवत्परस्परजनकत्वेनवाऽदोषः तथाच ' अग्निर्वैब्राह्मणः ' इति । ' अहंत्वद
स्मिमदसित्वमेतन्ममासियोनिस्तवयोनिरस्मि ' इतिचश्रुतीभवतः । वनंसलिलंयातःप्रविष्टः । प्रविवेशिथापइतिमंत्रवर्णात् । ' जीवनंभुवनंवनम् ' इत्यमरः २ अग्निरिति । एकस्याप्यग्नेःकर्मसुदृश्यमानमनेक
त्वंकथमुपपद्यते । नहिआग्नेयोऽष्टाकपालःदर्शपूर्णमासचातुर्मास्यादिषुएकएवेतिवक्तुंशक्यं अन्यावयवत्वायोगात् । अन्यस्यचगुणस्यद्रव्यस्यवायागभेदकस्याभावाद्देवताभेदएवयागभेदहेतुरितिअवश्यंवाच्यं सचा
ग्नेरेवकथंसंभवतीत्यर्थः ३ अथएकस्यसंततौअनेकेऽग्निनामानःसंतीतितर्हिआग्नेयस्यस्कंदस्यकथंरुद्रादिपुत्रत्वमपिस्मर्यतइत्याह कुमारश्चेति ४ । ५ । ६ अंगिराऽभवत् संधिरडभावोवाआर्षः ७ तथेति । अग्नेर
प्यधिकोभूत्वा सूर्यवत् जगत्प्रकाशितवान् ८ तपश्चरन्निति 'महत्तदुल्वंस्थविरंतदासीद्येनाविष्टितःप्रविवेशिथापः' इतिश्रुतिप्रसिद्धेनकेनचिन्निमित्तेनजलेप्रविश्यतपश्चरन्नग्निरांगिरसेनतेजसासंतप्तोऽभूदित्यर्थः उल्बंउल्व

युधिष्ठिरउवाच ॥ कथमग्निर्वनंयातःकथंचाप्यंगिराःपुरा ॥ नष्टेऽग्नौहव्यमवहदग्निर्भूत्वामहाद्युतिः २ अग्निर्यदात्वेकएवबहुत्वंचास्यकर्मसु ॥ दृश्यतेभगव
न्सर्वमेतदिच्छामिवेदितुम् ३ कुमारश्चयथोत्पन्नोयथाचाग्नेःसुतोऽभवत् ॥ यथारुद्राच्चसंभूतोगंगायांकृत्तिकासुच ४ एतदिच्छाम्यहंत्वत्तःश्रोतुंभार्गवसत्तम ॥
कौतूहलसमाविष्टोयाथातथ्यंमहामुने ५ ॥ मार्कंडेयउवाच ॥ अत्राप्युदाहरंतीममितिहासंपुरातनम् ॥ यथाक्रुद्धोहुतवहस्तपस्तप्तुंवनंगतः ६ यथाचभगवानग्निः
स्वयमेवांगिराऽभवत् ॥ संतापयंश्चप्रभयानाशयंस्तिमिराणिच ७ पुरांऽगिरामहाबाहोचचारतपउत्तमम् ॥ आश्रमस्थोमहाभागोहव्यवाहंविशेषयन् ॥ तथास
भूत्वातुतदाजगत्सर्वंव्यकाशयत् ८ तपश्चरंस्तुहुतभुक्संतप्तस्तस्यतेजसा ॥ भृशंग्लानश्चतेजस्वीनचकिंचित्प्रजज्ञिवान् ९ अथसंचिंतयामासभगवान्हव्य
वाहनः ॥ अन्योऽग्निरिहलोकानांब्रह्मणासंप्रकल्पितः १० अग्नित्वंविप्रनष्टंहितप्यमानस्यमेतपः ॥ कथमग्निःपुनरहंभवेयमितिचिंत्यसः ११ अपश्यदग्निव
ल्लोकांस्तापयंतंमहामुनिम् ॥ सोपासर्पच्छनैर्भीतस्तमुवाचतदांगिराः १२ शीघ्रमेवभवस्वाग्निस्त्वंपुनर्लोकभावनः ॥ विज्ञातश्चासिलोकेषुत्रिषुसंस्थानचा
रिषु १३ त्वमग्निःप्रथमंसृष्टोब्रह्मणातिमिरापहः ॥ स्वस्थानंप्रतिपद्यस्वशीघ्रमेवतमोनुद १४ ॥ अग्निरुवाच ॥ नष्टकीर्तिरहंलोकेभवान्जातोहुताशनः ॥
भवंतमेवज्ञास्यंतिपावकंनतुमांजनाः १५ निक्षिपाम्यहमग्नित्वंत्वमग्निःप्रथमोभव ॥ भविष्यामिद्वितीयोऽहंप्राजापत्यकएवच १६ ॥ अंगिराउवाच ॥ कुरु
पुण्यंप्रजास्वर्ग्यंभवाग्निस्तिमिरापहः ॥ मांचदेवकुरुष्वाग्नेप्रथमंपुत्रमंजसा १७

णंस्थविरंप्राचीनं आविश्यतिष्ठतीत्याविष्टंभयंसंजातमस्यसआविष्ठितः ९ । १० । ११ । १२ संस्थानचारिषुस्थावरजंगमेषुसम्यक्स्थानंगतिनिवृत्तिर्येषुचरणशीलेषुचेतियोगात् त्रिषुअंतर्बहिर्दिविचउत्तमाधम
मध्यमेषुवा १३ । १४ । १५ निक्षिपामीति । अत्राग्निशब्देनदिग्देशकालकर्त्राद्यात्मासूत्रसंज्ञोहिरण्यगर्भउच्यते तस्यअग्नित्वत्यागः कारणात्मनाऽऽवस्थानं प्रथमःप्रथमजःसूत्रात्मेत्यर्थः हेप्राजापत्यप्रजापति
पुत्रहेअंगिरःअहंद्वितीयःकःकसंज्ञोविराडात्माभविष्यामि १६ कुर्विति । पुण्यंहविर्वहनंप्रजानांस्वर्ग्यंस्वर्गायहितं प्रथमंपुत्रंबृहस्पतिसंज्ञं । अयंभावः ईशसूत्रविराडुपासनाभिःसिद्धाः क्रमेणब्रह्मप्रजापतिबृहस्पति
संज्ञाः पूर्वपूर्वस्यउत्तरउत्तरःशतांशसंमितैश्वर्यः तथाचश्रुतिरारोहक्रमेणाह । ' तेयेशतंबृहस्पतेरानंदाःसएकःप्रजापतेरानंदः । तेयेशतंप्रजापतेरानंदाःसएकोब्रह्मणआनंदः ' इति तत्रापिबीजांकुरन्यायेनाग्ने–

रंगिराः अंगिरसो बृहस्पत्याख्योऽग्निरितिबोध्यम् । 'तद्यदिदमाहुरमुंयजामुंयजेत्येतस्यैवसाविसृष्टिः । सुपर्णंविप्राः कवयोवचोभिरेकसंतं बहुधाकल्पयंति' इत्यादिश्रुतिप्रसिद्धं सूत्रात्मनःसर्वदेवता रूपत्वमांगिरसतात्पर्यं तदिदंज्ञात्वायजमानस्याग्निरपिमोक्षद्वारंभवतीत्यर्थः १७ तच्छ्रुत्वेति । अकरोत् अंगीचकार जातवेदाःस्वयंकारणंगत्वास्वपुत्रमंगिरसमकरोत्तस्यापिपुत्रःस्वयंबृहस्पतिर्नामाऽभवदिति १८ तत्रबृहस्पतेःकारणत्वं कारणज्ञानादेवयुज्यते 'ब्रह्मविद्ब्रह्मैवभवति' इतिश्रुतेरतस्तत्परीक्षार्थं देवाबृहस्पतिंगति कारणंब्रह्मपप्रच्छुः १९ तस्मिंश्चतेनोक्तेसतिप्रत्यगृण्हन् अंगिरसोवचः अयंभवतां गुरुरितिअंगीकृतवंतः २० नानार्थान्पृथक्प्रयोजनान् ब्राह्मणेषुकर्मविधिवाक्येषु २१ ॥ इत्यारण्यपर्वणि नैलकंठीयेभारतभावदीपे सप्तदशाधिकद्विशततमोऽध्यायः ॥ २१७ ॥ ॥ कालाभि मानिन्योदेवताअपिअंगिरःसंज्ञात्सूत्रात्मनएवनकाशाज्जाताइतिवक्तुमध्यायमारभते ब्रह्मणइति । ब्रह्मणःकारणात्सूत्रं ततस्तदुपास्तिसिद्धोंगिराइतितस्यतृतीयत्वं । सुभाकालाभिमानिनीदेवता सुष्ठुसंवत्स राद्यात्मनाऽहोरात्राद्यात्मनावाभातीतिसुभा । शुभाइतिपाठेऽपिसैवग्राह्या १ बृहत्कीर्तित्वादीनिबृहस्पतेरेवविशेषणानि कीर्तिर्यशः ज्योतिःशारीरंतेजः ब्रह्मवेदाध्ययनं मनःसंकल्पादिरूपं मंत्रोविचारः भाःप्रति

मार्कंडेयउवाच ॥ तच्छ्रुत्वांऽगिरसोवाक्यंजातवेदास्तदाऽकरोत् ॥ राजन्बृहस्पतिर्नामतस्याप्यंगिरसःसुतः १८ ज्ञात्वाप्रथमजंतंतुवह्नेरांगिरसंसुतम् ॥ उपे त्यदेवाःपप्रच्छुःकारणंतत्रभारत १९ सतुपृष्टस्तदादेवैस्ततःकारणमब्रवीत् ॥ प्रत्यगृह्णंस्तुदेवाश्चतद्वचोंगिरसस्तदा २० तत्रनानाविधानग्नीन्प्रवक्ष्यामि महाप्रभान् ॥ कर्मभिर्बहुभिःख्यातान्नानार्थान्ब्राह्मणेष्विह २१ ॥ इतिश्रीमहाभारतेआरण्यकेपर्वणिमार्कंडेयसमास्यापर्वणिआंगिरसेसप्तदशाधिकद्विशततमोऽ ध्यायः ॥ २१७ ॥ ॥ ॥ मार्कंडेयउवाच ॥ ब्रह्मणोयस्तृतीयस्तुपुत्रःकुरुकुलोद्वह ॥ तस्याभवत्सुभाभार्याप्रजास्तस्यांचमेशृणु १ बृहत्कीर्तिर्बृह ज्ज्योतिर्बृहद्ब्रह्माबृहन्मनाः ॥ बृहन्मंत्रोबृहद्भासस्तथाराजन्बृहस्पतिः २ प्रजासुतासुसर्वासुरूपेणाऽप्रतिमाभवत् ॥ देवीभानुमतीनामप्रथमांगिरसःसुता ३ भूतानामेवसर्वेषांयस्यांरागस्तदाऽभवत् ॥ रागाद्रागेतियामाहुर्द्वितीयांऽगिरसःसुता ४ यांकपर्दिसुतामाहुर्दृश्यादृश्येतिदेहिनः ॥ तनुत्वात्सासिनीवालीतृती यांऽगिरसःसुता ५ पश्यत्यर्चिष्मतीभाभिर्हविर्भिश्चहविष्मती ॥ षष्ठीमंगिरसःकन्यांपुण्यामाहुर्महिष्मतीम् ६ महामखेष्वांगिरसीदीप्तिमत्सुमहामते ॥ महामतीतिविख्यातासप्तमीकथ्यतेसुता ७

भाविचार्यतत्त्वस्फूर्तिः एतानिबृहंतियस्यसतथा तथाशब्दःपादपूरणार्थः २ तासुवक्ष्यमाणत्वेनबुद्धिस्थासु भानुमतीसूर्ययुक्ता दिवसाभिमानिनीत्यर्थः ३ रात्रिमाह भूतानामिति । सुषुप्तिकालत्वेनश्रमनाशक त्वात्तस्यांरागोऽभवत् रागात् रागहेतुत्वात्संध्याद्वयेरागोपेतत्वाद्वा ४ कपर्दिनोरुद्रस्य सुताभिवसुतां चंद्रकलांललाटेधृतत्वात्दृश्यादृश्यरूपां तत्रहेतुः तनुत्वादिति । तेनसूक्ष्मचंद्रयुक्तत्वंलक्ष्यते चतुर्दशी युक्ताऽमावास्यासिनीवाली । 'यापूर्वाऽमावास्यासासिनीवालीयोत्तरासाकुहूः' इतिश्रुतेः ५ अर्चिष्मतीपूर्णचंद्रोपेताशुद्धपौर्णमासीयस्यांभाभिर्जनोरात्रावपिपश्यति रूपादिकमितिशेषः साचतुर्थी यस्यांह विर्भिर्देवताइज्यंतेसाहविष्मतीप्रतिपद्युक्तापौर्णमासीराकानामपंचमी पुण्यांव्रताहांमहिष्मतींनाम चतुर्दशीयुक्तांपूर्वांपौर्णमासींअनुमतींनाम । 'यापौर्णमासीसाऽनुमतिर्योत्तरासाराका' इतिश्रुतेः ६ शुद्धाममा वास्यामाह महामखेष्विति । सोमयागादिषुदीप्तिमती अमावास्यायांहिदीक्षांकर्तुंवर्धमानश्चंद्रोऽग्रेदृश्यते पौर्णमास्यांतुक्षीयमाणः अतोदीप्तिमत्सुदिनेषुएषामहामतीत्युच्यते यतोत्रमहत् महस्वान्वा अंत र्हितोविद्यतेऽस्यामितियोगात् पूर्वपदस्याकारोंऽतादेशआर्षः ७ ॥१८६॥

कुहुकुहायतेविस्मितोभवति । एकाकलाअनंशाअल्पांशवती अलवणायवागूरितिवदल्पार्थेनञ् । योत्तरासाकुहूरितिश्रुतेः प्रतिपद्युक्ताअमावास्याकुहूरितिप्रसिद्धम् ८ ॥ ॥ इत्यारण्यकेपर्वणि नीलकंठीये भारतभावदीपे अष्टादशाधिकद्विशततमोऽध्यायः ॥ २१८ ॥ ॥ ॥ तत्रक्रत्वंगभूतःकालःप्रागुक्तः अथ क्रत्वंगभूतादेवताःप्रपंचयितुं विराडुपास्तिफलावस्थस्यबृहस्पतेर्विभूतिरूपांसंततिंवक्तुमुपक्रमते बृहस्पतेरिति । चांद्रमसीचंद्रमसाआक्रांताताराराम षडग्नीन्शंयुप्रभृतीन्वक्ष्यमाणान् एकांपुत्रिकांस्वाहाख्याम् १ आहुतिषुप्रधानाहुतिषु दर्शेपौर्णमासेचयस्यआद्यंहविः हविरिषेति तृतीयाप्रथमार्थे प्रथमंहविर्विधीयते 'यदाग्नेयोऽष्टाकपालोऽमावास्यायांचपौर्णमास्यांचाच्युतोभवति' इत्यादिश्रुत्याचोद्यते सशंयुर्नाम २ चातुर्मास्येषुचतुर्षुमासेषुकर्तव्येषु वैश्वदेववरुणप्रघाससाकमेधशुनासीरीयाख्यपर्वचतुष्टयेषु । आग्नेयमष्टाकपालंनिर्वपतिसौम्यंचरुमितिप्रतिपर्वतुल्यवदग्निराम्नायते तथाऽश्वमेधेचयस्यइष्ट्यांइष्टिसमीपेअग्रजःप्रथमःपशुर्भवति । 'तत्रयापशाविष्टिरुभयतोन्यतरोवाग्नेयीवाग्नावैष्णवीचेति' आश्वलायनाद्युक्ता । तथाचदर्शपूर्णमासचातुर्मास्यपश्वश्वमेधाः यत्पूर्वकाःसोग्निर्बार्हस्पत्यःशंयुर्नामेत्यर्थः ३ शंयुसंततिमाह शंयोरिति । अप्रतिमाअतिसुंदरीधर्मजाधर्मकन्यासत्यानाम दीप्तोदीप्तिमान् ४ तस्यनामाह प्रथमेनेति । अध्वरे दर्शादौ प्रथमाज्यभागदेवतायोऽग्निःसभरद्वाजइत्यर्थः । तस्यशंयोः ५ पौर्णमासेष्विति । स्रुवोद्यतंहविःप्रथमाघारस्तस्यदेवताभरतोनामशंयोःपुत्रः ।

यांतुदृष्ट्वाभगवतींजनःकुहुकुहायते ॥ एकानंशेतितामाहुःकुहूमंगिरसःसुताम् ८ इतिश्रीमहाभारतेआरण्यकेपर्वणिमार्कंडेयसमास्यापर्वणिआंगिरसोपाख्यानेअष्टादशाधिकद्विशततमोऽध्यायः ॥ २१८ ॥ ॥ मार्कंडेयउवाच ॥ बृहस्पतेश्चांद्रमसीभार्याऽऽसीद्यायशस्विनी ॥ अग्नीन्साऽजनयत्पुण्यान्षडेकांचापिपुत्रिकाम् १ आहुतिष्वेवयस्याग्नेर्हविषाद्यंविधीयते ॥ सोऽग्निर्बृहस्पतेःपुत्रःशंयुर्नाममहाव्रतः २ चातुर्मास्येषुयस्येष्ट्यामश्वमेधेऽग्रजःपशुः ॥ दीप्तोज्वालैरनेकाभैरग्निरेकोऽथवीर्यवान् ३ शंयोरप्रतिमाभार्यासत्यासत्याथधर्मजा ॥ अग्निस्तस्यसुतोदीप्तस्तिस्रःकन्याश्चसुव्रताः ४ प्रथमेनाज्यभागेनपूज्यतेयोऽग्निरध्वरे ॥ अग्निस्तस्यभरद्वाजःप्रथमःपुत्रउच्यते ५ पौर्णमासेषुसर्वेषुहविषाज्यंस्रुवोद्यतम् ॥ भरतोनामतःसोऽग्निर्द्वितीयःशंयुतःसुतः ६ तिस्रःकन्याभवंत्यन्यायासांसभरतःपतिः ॥ भरतस्तुसुतस्तस्यभरत्येकाचपुत्रिका ७ भरतोभरतस्याग्नेःपावकस्तुप्रजापतेः ॥ महानत्यर्थमहितस्तथाभरतसत्तम ८ भरद्वाजस्यभार्यातुवीरावीरस्यपिंडदा ॥ प्राहुराज्येनतस्येज्यांसोमस्येवद्विजाःशनैः ९

पूर्णमासपदंसर्वतद्विकारपरं तेनदर्शोऽपिगृह्यते । 'पौर्णमासेनेष्टिपशुसोमाउपदिष्टाः' इत्याश्वलायनवचनात् । यद्यपिस्रौवाघारःप्राजापत्यस्तथापिसभरतसंज्ञएवप्रजापतिरितिज्ञेयम् ६ भवंति शंयुतइत्यनुकृष्यते पतिर्ज्येष्ठः अत्रकन्यानांनामधेयानिसंततिश्चानुक्ताऽपिअत्रैवांगप्रत्यंगदेवतात्वेनताबोध्याः विस्तरभयात्तुमुनिनानप्रदर्शिताः । तस्यभरतस्योर्जसंज्ञस्यपुत्रोभरतः 'ऊर्जःपुत्रंभरतंसृप्रदानुम्' इतिमंत्रवर्णात् ७ भरतःभरणंकुर्वतः तेनभरतशब्दस्यनिर्वचनंदर्शितं भरतस्यप्रजापतेः पावकःसुतः सःअत्यर्थं महितत्वात्महान् महितत्वंमहाफलप्रदातृत्वं यत्रकर्मणिआग्रयणादौ प्रथमोऽग्निर्नास्तितत्रापिअयंमहत्त्वात्कर्तव्यएवेत्यर्थः । पावकइत्यग्निपर्यायमात्रंनगुणः अग्निसंज्ञोऽग्निरित्यर्थः । तथाच 'येनयज्ञेनेत्सेंत्कुर्यादेवतत्राग्नेयमष्टाकपालम्' इतिआपस्तंबोक्तिःसंगच्छते । ईत्सेंतवर्धितुमिच्छेत् ८ शंयोःकनिष्ठपुत्रसन्ततिमुक्त्वाज्येष्ठसंततिमाह भरद्वाजस्येति । वीरानामतः वीरस्यवन्हेःपिंडदाशरीरकर्त्री मातेत्यर्थः । भरद्वाजात्वीरायांवीरोजातइत्यर्थः । तस्यआज्येनइज्यांप्राहुः शनैः उपांशु सोमस्येवेतितत्साहित्यमुच्यते । तथाऽग्नीषोमावुपांशुयष्टव्यावजामित्वाय' इतिश्रुतयोरग्नीषोमयोर्मध्यस्थोऽग्निःसइत्यर्थः ९

एतदेवाह हविषेति । द्वितीयेनआग्नेयानंतरेण अस्यैवनामांतराणिरथेत्यादीनि १० सरथप्रभ्वादिनामा शरय्वांभार्यायां सिद्धिनामपुत्रंजनयत् यःभानुं सूर्यं भाभिर्दीप्तिभिःआवृणोत्सूर्यआवृतेआ ग्नेयंअग्निदैवत्यंयागमानयन् । अग्निमग्नआवहेत्यत्रमंत्रेऽग्नियुक्तसंबुद्ध्या एषस्तूयतेसुष्टुऊयतेकीर्त्यते उङ्शब्देइतिधातुः ११ बृहस्पतेर्द्वितीयःपुत्रोनिश्च्यवनः पृथिवींस्तौतीतिपृथिवीसाहचर्यमुच्यतेतेन वागभिमानिदेवतारूपःसइत्यर्थः । 'तस्यवाचा पृथिवीवाचाग्निश्च' इतिश्रुतेः १२ निश्च्यवनपुत्रःसत्यः समयधर्मोवाचकसंबंधस्तत्कर्ता १३ सत्यस्यैवनामांतरंनिष्कृतिः अभिसेवितेगृहारामादौशोभयति शोभांकरोति १४ रुजस्करःपीडाकरः स्वनोनामसत्यपुत्रः १५ एवंद्रयोर्बार्हस्पत्ययोःकर्मकर्मेंद्रियव्यापित्वमुक्तं तृतीयस्यबुद्धिव्यापकत्वमाह यस्त्विति १६ चतुर्थमाह अंतरिति १७ एनंविश्वभुजं पा

हविषायोद्वितीयेनसोमेनसहयुज्यते ॥ रथप्रभूरयाध्वानकुंभरेताःसउच्यते १० शरय्वांजनयत्सिद्धिंभानुंभाभिःसमावृणोत् ॥ आग्नेयमानयन्नित्यमाह्वानेष्वेषसू यते ११ यस्तुनच्यवतेनित्यंयशसावर्चसाश्रिया ॥ अग्निर्निश्च्यवनोनामपृथिवींस्तौतिकेवलम् १२ विपाप्माकलुषैर्मुक्तोविशुद्धश्चार्चिषाज्वलन् ॥ विपापो ऽग्निःसुतस्तस्यसत्यःसमयधर्मकृत् १३ आक्रोशतांहिभूतानांयःकरोतिहिनिष्कृतिम् ॥ अग्निःसनिष्कृतिर्नामशोभयत्यभिसेविते १४ अनुकूजंतियेनेहवेदना र्ताःस्वयंजनाः ॥ तस्यपुत्रःस्वनोनामपावकःसरुजस्करः १५ यस्तुविश्वस्यजगतोबुद्धिमाक्रम्यतिष्ठति ॥ तंप्राहुरध्यात्मविदोविश्वजिन्नामपावकम् १६ अंतरा ग्निःस्मृतोयस्तुभुक्तंपचतिदेहिनाम् ॥ सयज्ञेविश्वभुङ्नामसर्वलोकेषुभारत १७ ब्रह्मचारीयतात्माचसततंविपुलव्रतः ॥ ब्राह्मणाःपूजयंत्येनंपाकयज्ञेषुपावकम् १८ पवित्रागोमतीनामनदीयस्याभवत्प्रिया ॥ तस्मिन्कर्माणिसर्वाणिक्रियंतेधर्मकर्तृभिः १९ वडवाग्निःपिबत्यंभोयोऽसौपरमदारुणः ॥ ऊर्ध्वभागूर्ध्वभाङ् नामकविःप्राणाश्रितस्तुयः २० उदग्द्वारंहविर्यस्यगृहेनित्यंप्रदीयते ॥ ततःस्विष्टंभवेदाज्यंस्विष्टकृत्परमःस्मृतः २१ यःप्रशांतेषुभूतेषुमन्युर्भवतिपावकः ॥ क्रुद्धस्यतुरसोजज्ञेमन्यंतीचाथपुत्रिकाम् २२ स्वाहेतिदारुणाक्रूरासर्वभूतेषुतिष्ठति ॥ त्रिदिवेयस्यसदृशोनास्तिरूपेणकश्चन ॥ अतुलत्वात्कृतोदेवैर्नाम्नाकाम स्तुपावकः २३ संहर्षाद्धारयन्क्रोधंधन्वीस्रग्वीरथेस्थितः ॥ समरेनाशयेच्छत्रूनमोघोनामपावकः २४

कयज्ञेषुस्मार्तकर्मसु १८ कर्माणिगृह्याणि १९ पंचमंबार्हस्पत्यमाह वडवाग्निरिति । सएवाध्यात्मं ऊर्ध्वभागूर्ध्वगतिरुदानसंज्ञः अतएवोर्ध्वभाङ्नामकविर्ब्राह्मणः प्राणाश्रितःप्राणवाय्वभिमानी २० षष्ठंबार्हस्पत्यमाह उदग्द्वारमिति । 'उत्तरार्धात्स्विष्टकृतम' इतिश्रुतेः । उदगागमनंगृहेस्त्रीसंबद्धेकर्मणितत्तस्तेनस्विष्टंसुष्टुइष्टंभवति आज्यंआज्यादिद्रव्यंच तत्रोत्तरार्धयोगात्पृथग्ग्रहणं तत्रापिस्विष्ट कृत्प्रापणार्थम् २१ सप्तमींकन्यामाह यइति । पावकोबृहस्पतिः मन्युःक्रोधरूपीभवतितदायोऽस्यरसस्तेजःप्रभवःप्रस्वेदःजज्ञेजातः तामेवतज्जामेवपुत्रिकांमन्ये । मन्यंतीचाथपुत्रिकेतिपाठेतु सरसएवपुत्रि कामन्यंती देवतोद्देशेनत्यक्तंहविरनुजानती २२ कासावित्यतआह स्वाहेत्यर्धेन । अस्यास्त्रिगुणात्मकत्वाचाहशीतसंततिमाह त्रिदिवेइति । एतेनराजस्याःस्वाहायाःकामरूपासंततिरुक्ता २३ तामस्याःसंततिंक्रो धाभिचाराद्यात्मिकामाह संहर्षादिति । जेष्याम्येवेत्युत्साहःसंहर्षः २४

सात्विक्याःस्वाहायाःसंततिमाह उक्थइति । उत्उर्ध्वंमोक्षपदंनयत्युक्थः त्रिभिरुक्थैः उत्तिष्ठत्यस्मात्कर्मफलमित्युक्थं । तत्रशरीरादुत्थितंकर्मेतिशरीरमुक्थं । शरीरोत्थापकतयाप्राणउक्थं । प्राणोत्थापकतयापरमात्माऽप्युक्थं । सजन्योऽग्निस्त्रिभिरत्युक्थैरभिष्टुतस्तदाऽऽत्मनास्थितः महावाचंमहतींवाचंपराख्यांतुर्यब्रह्मकलांअजनयत्आविर्भावितवान् । पूर्वेषामभ्युपासकानांयंसमाश्वासंसमाश्वसिति विश्रामंप्राप्नोत्यनेनेतितंमोक्षहेतुंविदुर्वेदाचार्याइतिशेषः २५ ॥ ॥ इत्यारण्यकेपर्वणि नीलकंठीये भारतभावदीपे एकोनविंशत्यधिकद्विशततमोऽध्यायः ॥ २१९ ॥ ॥ ॥ काश्यपइतित्रयाणांसंबंधः अत्रपाठक्रमादर्थक्रमस्यबलीयस्त्वात् आद्ययोःश्लोकयोर्व्यत्यासेनार्थोग्राह्यः अचरदिति । सपूर्वाध्यायांतोक्तउक्थोनामकाश्यपः वासिष्ठःप्राणपुत्रइतिप्राणस्यैवविशेषणं अग्निरांगिरसश्च्यवनइत्येकः १ । २ महाव्याहृतिभिःभूरन्नमग्नयेपृथिव्यैस्वाहेत्यादिभिः । भूर्भुवःस्वर्महोअग्निवायुसूर्यचंद्रपृथिव्यंतरिक्षद्युदिगुपलक्षितेनसर्वात्मकेनरूपेणतंध्यातवंतइत्यर्थः । 'तस्यैवंविदुषोयज्ञस्यात्मायजमानः । वीतरागविषयंवाचित्तम्' इतिश्रुतिस्मृत्योर्विदुषोऽपिध्येयत्वदर्शनात् जज्ञेप्रदीपइवपुत्ररूपेणाविर्भूतः अतएवअर्चिष्मानग्निरिवेतिलुप्तोपमा प्रभावनः जगत्सृष्टिकर्त्ता ३ पंचवर्णत्वमेवाहसमिद्धइति । ज्वालावर्णशि

उक्थोनाममहाभागत्रिभिरुक्थैरभिष्टुतः ॥ महावाचंत्वजनयत्समाश्वासंहियंविदुः २५ ॥ इतिश्रीमहाभारतेआरण्यकेपर्वणिमार्कंडेयसमास्यापर्वणिआंगिरसोपाख्यानेएकोनविंशत्यधिकद्विशततमोऽध्यायः ॥ २१९ ॥ ॥ ॥ ॥ मार्कंडेयउवाच ॥ काश्यपोह्यथवासिष्ठःप्राणश्चप्राणपुत्रकः ॥ अग्निरांगिरसश्चैवच्यवनस्त्रिषुवर्चकः १ अचरत्सतपस्तीव्रंपुत्रार्थेबहुवार्षिकम् ॥ पुत्रंलभेयंधर्मिष्ठंयशसाब्रह्मणासमम् २ महाव्याहृतिभिर्ध्यातःपंचभिस्तैस्तदात्वथ ॥ जज्ञेतेजोमहार्चिष्मान्पंचवर्णःप्रभावनः ३ समिद्धोऽग्निःशिरस्तस्यबाहूसूर्यनिभौतथा ॥ त्वङ्नेत्रेचसुवर्णाभेकृष्णेजंघेचभारत ४ पंचवर्णःसतपसाकृतस्तैःपंचभिर्जनैः ॥ पांचजन्यःश्रुतोदेवःपंचवंशकरस्तुसः ५ दशवर्षसहस्राणितपस्तप्त्वामहातपाः ॥ जनयत्पावकंघोरंपितॄणांसप्रजाःसृजन् ६ बृहद्रथंतरंमूर्ध्नोवक्त्राद्वातरसाहरौ ॥ शिवंनाभ्यांबलादिंद्रंवाय्वग्नीप्राणतोऽसृजत् ७ बाहुभ्यामनुदात्तौचविश्वेभूतानिचैवह ॥ एतान्सृष्ट्वाततःपंचपितॄणामसृजत्सुतान् ८ बृहद्रथस्यप्रणिधिःकाश्यपस्यमहत्तरः ॥ भानुरंगिरसोधीरःपुत्रोवर्चस्यसौभरः ९ प्राणस्यचानुदात्तस्तुव्याख्याताःपंचविंशतिः ॥ देवान्यज्ञमुषश्चान्यान्सृजन्पंचदशोत्तरान् १० सुभीममतिभीमंचभीमंभीमबलाबलम् ॥ एतान्यज्ञमुषःपंचदेवानांह्यसृजत्तपः ११

रस्तस्येत्यर्थः तथात्वगिति त्वचोऽपिसूर्यनिभत्वमुक्तम् ४ तपसाकृतइतितपोनामेत्यर्थः सएवपांचजन्यश्च यौगिकमस्यनामद्वयम् ५ पितॄणांपावकंदक्षिणाग्निं प्रजाःसृजन्प्रजास्रष्टा ६ बृहत्मूर्ध्नः रथंतरंवक्त्रात् वाशब्दश्चार्थः एतेअहोरात्रदेवते । 'राथंतरीवैरात्र्यहर्बार्हतम्' इतिश्रुतेः । अतएव तरसावेगेनहरतःआयुष्यादीतितरसाहरौ शिवंअहंकाराभिमानिनंरुद्रंनाभ्यांनाभितःप्राणतःप्राणंसृष्ट्वा वाय्वग्नीअसृजदितिसर्वत्रसंबध्यते ७ अनुदात्तौमंत्रेप्राकृतोऽनुदात्तः शतपथब्राह्मणेचवैकृतोऽनुदात्तः 'उदात्तमनुदात्तमनंत्यम्' इतिभाषिकसूत्रेणप्राकृतोदात्तस्यब्राह्मणेऽनुदात्तत्वविधानात् तेनाभ्यांचतद्वान्मंत्रब्राह्मणभागात्मकोवेदोलभ्यते बाहुभ्यामितिहस्तस्वरेणतयोरनुदात्तयोःप्रदर्शनीयत्वंसूचितं एतच्चवेदांतराणामप्युपलक्षणं विश्वेसमनस्केंद्रियदेवताः भूतानिपंच एतान्विंशतिसंख्याकान् ८ बृहद्रथस्यवासिष्ठस्यप्रणिधिरंशतइतिशेषः अंगिरसश्च्यवनस्य वर्चस्यसुवर्चकस्य ९ असुरसृष्टिमाह देवानिति । उत्तरानपाश्वासान् १० भीमबलमबलंचेतिसमाहारः तपस्तपःसंज्ञःपांचजन्यः ११

१२ । १३ यज्ञयाजिनःइष्टमित्युत्तरश्लोकादपकृष्यते १४ । १५ तदादानंतेषामादेयोभागःबर्हिर्वेद्यामुत्करेदेशे । 'तुषैर्वैफलीकरणैर्देवाहविर्यज्ञेभ्योरक्षांसिनिरभजन्नस्नामहायज्ञात्'इतिश्रुतेः अस्नालोहितेन तत्तस्माद्धेतोः यत्रचाग्निरंतर्वेद्यां १६ पक्षाभ्यामिवचक्राभ्यामुपलक्षितेतत्रचयनेप्रवर्त्तितेहविर्धानेशकटेप्रवर्त्तितेसति चिताग्नेश्चयनकर्त्तुर्यजमानस्यआज्यंतदुपलक्षितंहविःएतेउद्रहन्नुद्रहंत्युपर्यवहरंतीत्यर्थः मंत्रैरक्षोघ्नैःप्रशमिताःसंतइष्टंहविर्नमुष्णंति १७ एवमसुराणांनामानिभागधेयंनिवृत्त्युपायंचोक्त्वा पुनःपांचजन्यवंशमनुसंधत्ते बृहदुक्थइति । तपस्यतपसः भूमिमुपाश्रितइतितस्यैवपृथिव्यभिमानिदेवतात्वमुक्तम् १८ मित्रविंदोमहाविराड्बृहस्पत्यपेक्षयाश्रेष्ठः तस्मैतद्भावप्राप्तये । मित्रविंदामहावैराजीत्याश्वलायनवचनादिदमूहनीयम् १९ । २० ॥ इत्यारण्यकेपर्वणि नीलकंठीये भारतभावदीपे विंशत्यधिकद्विशततमोऽध्यायः

सुमित्रंमित्रवंतंचमित्रज्ञंमित्रवर्धनम् ॥ मित्रधर्माणमित्येतान्देवानभ्यसृजत्तपः १२ सुरप्रवीरंवीरंचसुरेशंचसुवर्चसम् ॥ सुराणामपिहंतारंपंचैतानसृजत्तपः १३ त्रिविधंसंस्थिताह्येतेपंचपंचपृथक्पृथक् ॥ मुष्णंत्यत्रस्थिताह्येतेस्वर्गतोयज्ञयाजिनः १४ तेषामिष्टंहरंत्येतेनिघ्नंतिचमहद्धविः ॥ स्पर्धयाहव्यवाहानांनिघ्नंत्येतेहरंतिच १५ बहिर्वेद्यांतदादानंकुशलैःसंप्रवर्तितम् ॥ तदेतेनोपसर्पंतियत्रचाग्निःस्थितोभवेत् १६ चिताग्नेरुद्वहन्नाज्यंपक्षाभ्यांतत्प्रवर्तिते ॥ मंत्रैःप्रशमिताह्येतेनेष्टंमुष्णंतियज्ञियम् १७ बृहदुक्थतपस्यैवपुत्रोभूमिमुपाश्रितः ॥ अग्निहोत्रेहूयमानेपृथिव्यांसद्भिरिज्यते १८ रथंतरश्चतपसःपुत्रोऽग्निःपरिपठ्यते ॥ मित्रविंदायवैतस्मैहविरध्वर्यवोविदुः १९ मुमुदेपरमप्रीतःसहपुत्रैर्महायशाः २० ॥ इतिश्रीमहाभारतेआरण्यकेपर्वणिमार्कंडेयसमास्यापर्वणिआंगिरसोपाख्यानेविंशत्यधिकद्विशततमोऽध्यायः ॥ २२० ॥

॥ मार्कंडेयउवाच ॥ गुरुभिर्नियमैर्जातोभरतोनामपावकः ॥ अग्निःपुष्टिमतिर्नामतुष्टःपुष्टिंप्रयच्छति ॥ भरत्येषप्रजाःसर्वास्ततोभरतउच्यते १ अग्निर्यश्चशिवोनामशक्तिपूजापरश्चसः ॥ दुःखार्तानांचसर्वेषांशिवकृत्सततंशिवः २ तपसस्तुफलंदृष्ट्वासंप्रवृत्तंतपोमहत् ॥ उद्धर्तुकामोमतिमान्पुत्रोजज्ञेपुरंदरः ३ ऊष्माचैवोष्मणोजज्ञेसोऽग्निर्भूतस्यलक्ष्यते ॥ अग्निश्चापिमनुर्नामप्राजापत्यमकारयत् ४ शंभुमग्निमथप्राहुर्ब्राह्मणावेदपारगाः ॥ आवसथ्यंद्विजाःप्राहुर्दीप्तमग्निंमहाप्रभम् ५ ऊर्जस्कारान्हव्यवाहान्सुवर्णसदृशप्रभान् ॥ ततस्तपोह्यजनयत्पंचयज्ञसुतानिह ६ प्रशांतेऽग्निर्महाभागपरिश्रांतोगवांपतिः ॥ असुरान्जनयन्घोरान्मर्त्यांश्चैवपृथग्विधान् ७

॥ २२० ॥ ॥ सिंहावलोकनन्यायेनशंयोःपौत्रमूर्जपुत्रंभरतंस्तातिसार्धेन गुरुभिरिति । पुष्टिमतिरित्येकंनाम १ तथैवतपस्तृतीयंसुतंशिवंस्तौति अग्निर्यश्चेति । शक्तिश्चिच्छक्तिस्तस्याःपूजानिर्विकल्पसमाधिरूपा २ तपसएवपूर्वोक्तचत्वारिंशतोऽन्येपुरंदरऊष्मामनुःशंभुरावसथ्यइतिपंचपुत्रानाहचतुर्भिः तपसइति । तपसोऽग्नेःफलमैश्वर्यंसंप्रवृद्धंदृष्ट्वातदुद्धर्तुंपिव्यंदायंपुत्रएवलभतेइतिदर्शनात्तदीयमैश्वर्यंप्राप्तुंपुरंदरोऽस्यपुत्रोजातः ३ ऊष्माचतपसःसकाशाज्जज्ञे योभूतेषूष्मणोहेतोर्लक्ष्यते अकारयदकरोत् स्वार्थेणिच् ४ । ५ उपसंहरति ऊर्जस्करानिति । यज्ञसुतान्यज्ञेऽभिषुतान् आदिकर्मणिक्तः सोमभागिनइत्यर्थः यद्वा यज्ञःसोमःसुतोयेभ्यस्तेइतियोगः ६ प्रशांतेऽस्तकालेपरिश्रांतोगवांरश्मीनांपतिःसूर्योऽग्निर्भवति । 'आदित्योवाअस्तंयन्नग्निमनुप्रविशति'इतिश्रुतेः । यश्चघोरानसुरान्जनयन्भवतितंतपोऽजनयदितिपूर्वेणान्वयः ७

तपसइति । मनुमितिप्राजापत्यकर्तृत्वमुच्यते भानुंनामतः अंगिराश्चसृजदितिसंबंधः । तपःपुत्रस्याप्यंगिरःसृज्यत्वोक्तिर्भानुंप्रतिकुलाल्पितृवदंगिरसोऽन्यथासिद्धत्वंमाभूदितितेनमूलकारणमेवांशात्कार्यात्म टइवतत्तद्रूपेणस्फुरतीतिसिद्धम् । अतएवआकाशाद्वायुरित्यादावाकाशभावमापन्नआत्मैववायुमसृजन्नकेवलआकाशइतिव्याख्यातंसंप्रदायविद्भिः ८ एवंबृहदादीन्भान्वंतान्तपसःपुत्रानुक्त्वातत्पौत्रा नाह भानोरिति ९ । १० बलदोमन्युमान्विष्णुरितित्रयःसुप्रजायाःसुताः ११ तत्रोपांशुयाजदेवताविष्णुरुभयत्रस्मर्यमाणस्त्रयोदशामावास्यायामाहुतयोहूयंते । चतुर्दशपौर्णमास्या मितिलिंगदर्शनमन्यथयति दर्शेऽपिविष्णोःस्मरणेनचतुर्दशाहुतियोगात् अतएवांतरेणहविषीविष्णुमुपांश्वैतरेयिणइत्याश्वलायनः सप्रमाणमुभयत्रोपांशुयाजमवगमयति १२ भानुभार्यायाबृहद्भासायाः संततिराग्रयणस्थैंद्राग्नावयवोऽग्निरेकः १३ हविषामाग्नेयादीनामष्टानांयोनिरुद्धवस्थानंवैश्वदेवेपर्वणिमुख्योविश्वदेवसंज्ञकोऽग्निर्द्वितीयः स्तुभःस्तूयतेभातीतिस्तुभस्तृतीयः १४ निशानाम्नीभान्वपरना

तपसश्चमनुंपुत्रंभानुंचाप्यंगिराःसृजत् ॥ बृहद्भानुंतुतंप्राहुर्ब्राह्मणवेदपारगाः ८ भानोर्भार्यासुप्रजातुबृहद्भासातुसूर्यजा ॥ असृजेतांतुषट्पुत्रान्शृणुतासांप्रजा विधिम् ९ दुर्बलानांतुभूतानामसून्यःसंप्रयच्छति ॥ तमग्निंबलदंप्राहुःप्रथमंभानुतःसुतम् १० यःप्रशांतेषुभूतेषुमन्युर्भवतिदारुणः ॥ अग्निःसमन्युमान्नाम द्वितीयोभानुतःसुतः ११ दर्शेचपौर्णमासेचयस्येहहविरुच्यते ॥ विष्णुर्नामेहयोऽग्निस्तुधृतिमान्नामसोंऽगिराः १२ इंद्रेणसहितंयस्यहविराग्रयणंस्मृतम् ॥ अग्निराग्रयणोनामभानोरेवान्वयस्तुसः १३ चातुर्मास्येषुनित्यानांहविषांयोनिरग्रहः ॥ चतुर्भिःसहितःपुत्रैर्भानोरेवान्वयःस्तुभः १४ निशात्वजनयत्कन्याम ग्नीषोमावुभौतथा ॥ मनोरेवाभवद्भार्यासुषुवेपंचपावकान् १५ पूज्यतेहविषाग्र्येणचातुर्मास्येषुपावकः ॥ पर्जन्यसहितःश्रीमानग्निर्वैश्वानरस्तुसः १६ अस्य लोकस्यसर्वस्ययःप्रभुःपरिपच्यते ॥ सोऽग्निर्विश्वपतिर्नामद्वितीयोवैमनोःसुतः १७ ततःस्विष्टंभवेदाज्यंस्विष्टकृत्परमस्तुसः ॥ कन्यासारोहिणीनामहिरण्य कशिपोःसुता १८ कर्मणासौबभौभार्यासवह्निःसप्रजापतिः ॥ प्राणानाश्रित्ययोदेहंप्रवर्त्तयतिदेहिनाम् ॥ तस्यसन्निहितोनामशब्दरूपस्यसाधनः १९ शुक्ल कृष्णगतिर्देवोयोबिभर्तिहुताशनम् ॥ अकल्मषःकल्मषाणांकर्त्ताक्रोधाश्रितस्तुसः २०

ग्नोमनोरपरातृतीयाभार्याऽभवत् कन्यांवक्ष्यमाणांरोहिणीमग्निंसोममन्यान्पंचेत्यष्टावपत्यानिसुषुवे १५ शेषान्पंचक्रमेणाह पूज्यतइत्यादिना । चातुर्मास्यानामारंभात्पूर्वेद्युर्वैश्वानरपार्जन्येष्टिःक्रियते तत्रवैश्वानरःप्रथमोमनुपुत्रः १६ परिपच्यतेऽन्नंयेनेतिशेषः सविश्वपतिर्द्वितीयः १७ स्विष्टकृद्देवकन्यारोहिणीपंचभ्योऽधिका १८ तस्याश्चकिंचिद्दोषजंभार्यात्वं वस्तुतस्तुसवन्हिःप्रजापति र्मनुसंज्ञैव कर्मणामैथुनतःप्रजाजननाख्येननिमित्तेन तथाचश्रुतिः । ‘ सइममेवात्मानंद्वेधापातयत्ततःपतिश्चपत्नीचाभवताम ’ इति । सन्निहितोनामतृतीयःशब्दरूपस्यशब्दरूपग्रहणस्यसाधनःप्रवर्त्तकः १९ चतुर्थमाहद्वाभ्यां शुक्लेति । यस्मादुपास्त्याकर्मणाऽऽराधितात्क्रमेणशुक्लकृष्णेगती अर्चिरादिधूमादिमार्गावपुनरावृत्तिपुनरावृत्तिफलौप्राप्येतेसशुक्लकृष्णगतिः अकल्मषःशुक्लत्वात् कल्मषाणांकाम्यकर्मणाम २०

अतएव कपिलःसांख्यंनिरीश्वरशास्त्रंतद्रूपोयोगस्तस्यप्रवर्त्तकः २१ पंचममाहअग्रमिति । वैश्वदेवांतेमनुष्ययज्ञार्थयत्प्रयच्छंतितदग्रम् २२ इमानन्यानित्यादिनाप्रोक्ताअष्टाग्नयोमनोरेवसंततिः २३ । २४ २५ । २६ । २७ । २८ । २९ । ३० । ३१ ॥ ॥ इत्यारण्यकेपर्वणि नीलकंठीये भारतभावदीपे एकविंशत्यधिकद्विशततमोऽध्यायः ॥ २२१ ॥ कथमग्निर्वनंयातइतिपृष्टमग्नेर्जलप्रवेशप्रकारंवक्तुमारभते आपस्येति । आपस्याऽप्सुविदितस्य सहस्यसहसंज्ञस्याग्नेर्मुदितानामपरमाप्रियाभार्या दुहितेतिपाठेऽपिसंज्ञाशब्दएवायं भूपतिर्भुवभर्ताच सहसंज्ञएवभूर्भुवर्लोकयोःस्वामी नतुस्वर्लोकस्याऽनावृत्तिस्थानस्य । त्रिधैवात्रलोकविभागोऽभिप्रेतः तेन ब्रह्मलोकादवाचीनस्यकृत्स्नस्यस्वामीत्यर्थः सपरमद्भुताख्यंपावकमजनयत् । सहसस्पुत्रोअद्भुतइतिमंत्रवर्णात् सहशब्दोऽत्रअकारांतोऽपिवेदेसकारांतोज्ञेयः १ अद्भुतमेवस्तौतिभूतानामित्तिचतुर्भिः यंपावकंपतिमभिप्रेत्य भुवनभर्ता भूतानांचतुर्विधानामात्मेतिप्राहुः सान्वयेषूपदेशपरंपरावत्सु २ नकेवलंजरायुजादीनामात्माऽपितुमहतांभूतानांवियदादीनांपतिः

कपिलंपरमर्षिंचयंप्राहुर्यतयःसदा ॥ अग्निःसकपिलोनामसांख्ययोगप्रवर्त्तकः २१ अग्रंयच्छंतिभूतानांयेनभूतानिनित्यदा ॥ कर्मस्विहविचित्रेषुसोऽग्रणीर्वह्निरुच्यते २२ इमानन्यान्समसृजत्पावकान्प्रथितान्भुवि ॥ अग्निहोत्रस्यदुष्टस्यप्रायश्चित्तार्थमुल्बणान् २३ संस्पृशेयुर्यदाऽन्योन्यंकथंचिद्वायुनाऽग्नयः ॥ इष्टिरष्टाकपालेनकार्यावैशुचयेऽग्नये २४ दक्षिणाग्निर्यदाद्वाभ्यांसंसृजेततदाकिल ॥ इष्टिरष्टाकपालेनकार्यावैवीतयेऽग्नये २५ यद्यग्नयोहिस्पृश्येयुर्निवेशस्थादवाग्निना ॥ इष्टिरष्टाकपालेनकार्यातुशुचयेऽग्नये २६ अग्निंरजस्वलावैस्त्रीसंस्पृशेदग्निहोत्रिकम् ॥ इष्टिरष्टाकपालेनकार्यावसुमतेऽग्नये २७ मृतःश्रूयेतयोजीवःपरेयुःपशवोयदा ॥ इष्टिरष्टाकपालेनकार्यासुरभिमतेऽग्नये २८ आर्तोनजुहुयादग्निंत्रिरात्रंयस्तुब्राह्मणः ॥ इष्टिरष्टाकपालेनकार्यास्यादुत्तराग्नये २९ दर्शंचपौर्णमासंचयस्यतिष्ठेत्प्रतिष्ठितम् ॥ इष्टिरष्टाकपालेनकार्यापथिकृतेऽग्नये ३० सूतिकाग्निर्यदाचाग्निंसंस्पृशेदग्निहोत्रिकम् ॥ इष्टिरष्टाकपालेनकार्याचाग्निमतेऽग्नये ३१ ॥ इतिश्रीमहाभारते आरण्यकेपर्वणिमार्कंडेयसमास्यापर्वणिआंगिरसोपाख्यानेएकविंशत्यधिकद्विशततमोऽध्यायः ॥ २२१ ॥ मार्कंडेयउवाच ॥ आपस्यमुदिताभार्यासहस्यपरमाप्रिया ॥ भूपतिर्भुवभर्ताचजनयत्पावकंपरम् १ भूतानांसाऽपिसर्वेषांयंप्राहुःपावकंपतिम् ॥ आत्माभुवनभर्तेतिसान्वयेषुद्विजातिषु २ महतांचैवभूतानांसर्वेषामिहयःपतिः ॥ भगवान्समहातेजानित्यंचरतिपावकः ३ अग्निर्गृहपतिर्नामनित्यंयज्ञेषुपूज्यते ॥ हुतंवहतियोहव्यमस्यलोकस्यपावकः ४ अपांगर्भोमहाभागःसत्वभुग्योमहाद्भुतः ॥ भूपतिर्भुवभर्ताचमहतःपतिरुच्यते ५

स्रष्टृत्वादिना अतएवभगवान् 'ऐश्वर्यस्यसमग्रस्यज्ञानस्ययशसःश्रियः । वैराग्यस्यचधर्मस्यषण्णांभगइतींगना' इतिस्मृत्युक्तगुणवान् ३ गृहपतिरधियज्ञं त्रेताग्निरध्यात्मं जाठरः उभावप्युभयत्रस्थित्वा पिंडब्रह्मांडस्थान्देवानन्नेनहविषाचतर्पयतइतिहव्यवाहौ ४ अपामिति । अप्संबंधादापापरनामासहएवमात्रअप्शब्दार्थः तस्यगर्भःपुत्रः सत्वभुक्अध्यात्मंबुद्धिसंहर्ता अधिभूतंलोकत्रयसंहर्ता महांश्चासावद्भुतः महतइतिनामैकदेशेनतस्यैवग्रहणं भामासत्यभामेतिवत् महतोमहाद्भुतस्यपतिःपिता भूपतिर्भुवभर्ताचेत्यर्थः अत्रमहच्छब्देनाऽऽध्यात्मंमहत्तत्त्वंसूक्ष्मबुद्ध्याख्यंग्राह्यं । सहशब्देनकारणमव्यक्ताख्यं । अप्शब्देन सलिलएकोद्रष्टाद्वैतोभवतीत्यादिश्रुतौसलिलेनोपमितंशुद्धंब्रह्मग्राह्यम् ५

अस्यमहस्याऽपांप्रवेशेकारणमाह दहन्निति । अधिभूतंभरतश्चिताग्निःसहस्यपौत्रोऽद्भुतपुत्रः अध्यात्मंमहतःपुत्रोऽहंकारः भरतिबिभर्तीतिभूतान्यचेतनानिखादीनिदेहाकाराणिधारयतीतिभरतोनाम
तस्यैवभूतसंहारस्थानत्वंदहन्नितिदर्शितं भरस्यभरतस्य तकारलोपआर्षः क्रतुर्नामाध्यात्मं क्रतुःसंकल्पात्मकंमनः अग्निष्टोमशब्देन 'तस्यैवंविदुषोयज्ञस्यात्मायजमानःश्रद्धापत्नीशरीरमिध्ममुरोवे
वेदिर्लोमानिबर्हिः'इत्यादिनातैत्तिरीयकेसमाम्नातोदेहतत्संबंधिक्रियाकलापात्मकोमरणरूपावभृथांतःसंसारउच्यते नियतोनित्यः ६ सइति । सहउच्यतेप्रथमइतिविशेषणात् देवैःसुरैरिंद्रियैश्चान्विष्यतेभोगा
र्थिभिःपरोहिस्वर्गःकारणात्मेतिसंसारक्रतुफलमनिवार्यंदृष्ट्वा सहोऽपिशुद्धंब्रह्माविवेशेत्युत्तरार्धार्थः । कारणात्मतांप्राप्तस्यापि तत्संबंधानपायात् । 'अन्यथासुप्तिमूर्च्छादौमुच्येतायत्नतोजनः' इत्यापद्येत ।
पक्षांतरे शवाग्निर्वोत्रंनियताख्यमायांतंदृष्ट्वा स्पर्शभयात्स्ववंश्योऽयंदुष्टइतिलज्जयाऽर्णवंविवेश । भृगुशापाद्धिसर्वभक्षत्वंप्राप्तोऽग्निरात्मानंबहुधाकृत्वाऽग्निहोत्रादिषु श्मशानादिषुचस्थितइत्युपाख्यायते ७ देवा
इति । अथर्वाणमंगिरसंतीव्रतपसंदृष्ट्वा ८ मध्वक्षंपिंगाक्षमग्निं भावप्रधानोनिर्देशः द्व्येकयोर्द्विवचनैकवचनेइतिवत् अन्यथाद्व्येकेष्विति स्यात् द्वित्वैकत्वयोरितिव्याख्यानानुपपत्तिश्च तेनैकस्त्वमवाग्नित्वंगच्छेत्यर्थः ।

दहन्भूतानिभूतानितस्याग्निर्भरतोऽभवत् ॥ अग्निष्टोमेचनियतःक्रतुश्रेष्ठोभरस्यतु ६ सवह्निःप्रथमोनित्यंदेवैरन्विष्यतेप्रभुः ॥ आयांतंनियतंदृष्ट्वाप्रविवेशार्णवंभ
यात् ७ देवास्तत्राधिगच्छंतिमार्गमाणायथादिशम् ॥ दृष्ट्वात्वग्निरथर्वाणंततोवचनमब्रवीत् ८ देवानांवहहव्यंत्वमहंवीरसुदुर्बलः ॥ अथत्वंगच्छमध्वक्षंप्रियमेत
त्कुरुष्वमे ९ प्रेष्यचाग्निरथर्वाणमन्यंदेशंततोऽगमत् ॥ मत्स्यास्तस्यसमाचख्युःक्रुद्धस्तानग्निरब्रवीत् ॥ भक्ष्यावैविविधैर्भावैर्भविष्यथशरीरिणाम् १० अथर्वा
णंतथाचापिहव्यवाहोऽब्रवीद्वचः ११ अनुनीयमानोहिभृशंदेववाक्याद्धितेनसः ॥ नैच्छद्वोढुंहविःसोढुंशरीरंचापिसोऽत्यजत् १२ सतच्छरीरंसंत्यज्यप्रविवेश
धरांतदा ॥ भूमिंस्पृष्ट्वाऽसृजद्धातून्पृथक्पृथगतीवहि १३ पूयात्सगंधंतेजश्चअस्थिभ्योदेवदारुच ॥ श्लेष्मणःस्फाटिकंतस्यपित्तान्मारकतंतथा १४ यकृत्कृ
ष्णायसंतस्यत्रिभिरेवबभुःप्रजाः ॥ नखास्तस्याभ्रपटलंशिराजालानिविद्रुमम् १५ शरीराद्विविधाश्चान्येधातवोऽस्याभवन्नृप ॥ एवंत्यक्त्वाशरीरंचपरमेतपसिस्थि
तः १६ भृग्वंगिरादिभिर्भूयस्तपसोत्थापितस्तदा ॥ भृशंजज्वालतेजस्वीतपसाऽऽप्यायितःशिखी १७ दृष्ट्वाऋषिंभयाच्चापिप्रविवेशमहार्णवम् ॥ तस्मिन्नष्टे
जगद्भीतमथर्वाणमथाश्रितम् ॥ अर्चयामासुरेवैनमथर्वाणंसुरादयः १८

तथाच'निक्षिपाम्यहमग्नित्वंत्वमग्निःप्रथमोभव' इत्युपक्रमस्योपसंहारेणसहैकवाक्यताभवति ९ प्रेष्यआदिश्य सार्धःश्लोकः १० तथाचापितथैवमत्स्यैराख्यातोऽपि वचस्त्वंमध्वक्षोभवेतिपूर्वोक्तमेव ११ शरी
रमाग्नेयंदेहं पक्षेभार्यांसक्त्वानिर्विकल्पोऽभूदित्यर्थः १२ देहत्यागप्रकारमाहसइति । ततस्थूलंशरीरंसंत्यज्य धरांधारणात्धरालयस्थानींलिंगशरीरंप्रविश्य तत्रापिसंकल्पोपनतान्भूम्यादीनसृजत् भूमिस्पृष्ट्वो
पाधावावेशंकृत्वाऽत्रधातून्नीलपीतादीन्स्नानिवासनामयानिनाडीरूपाणिदृश्यंतेयोगमार्गे । तथाचश्रुतिः 'तस्मिन्शुक्लमुतनीलमाहुःपिंगलंहरितंलोहितंच । एषपंथाब्रह्मणाह्यनुवित्तस्तेनैतिब्रह्मवित्पुण्य
कृत्तैजसश्च'इति तैजसोलिंगदेहाभिमानी पक्षांतरेतु धातून्मनःशिलादीन् १३ । १४ यकृतशरीरांतर्वर्त्यवयवविशेषः त्रिभिःकाष्ठपाषाणलोहैः १५ अन्येस्वर्णपारदादयः शरीरंलिंगं परमेनिरुपाधौ तपसिआ
लोचनात्मकेध्याने १६ तपसासामर्थ्येनउत्थापितः समाधेर्व्युत्थापितः १७ ऋषिमथर्वांगिरसं भयंपूर्वोक्तमेव सार्धःश्लोकः १८

अथर्वात्विति । अथार्णवमुन्ममाथ तेनपावकमालोक्यलोकानसृजदितिक्रमेणान्वयोज्ञेयः पूर्वोत्तरार्धयोर्व्यत्यासेन १९ । २० एवंत्विति । अग्नेरंगिरास्ततोबृहस्पतिस्ततःशंय्वादिक्रमेणवेदोक्तान्धिष्ण्यान्नूना नास्थानान्यजनयत् । अध्यात्मपक्षेतु समाधेःसकाशाद्व्युत्थितोऽहंकारंपुरस्कृत्यवृत्तिनदीषुचिदात्मासंचरतीति २१ पक्षांतरेस्पष्टएवार्थः सिंधुमिति २२ । २३ । २४ । २५ । २६ अद्भुतस्येति विभूरसिरितिश्रुतेरनुकरणं तेनविभूरसिप्रवाहणोवह्निरसिहव्यवाहनइत्यनुवाकोक्ताअन्येचधिष्ण्याअग्नयोदर्शितास्तेषांज्येष्ठोविभूरित्यर्थः यावंतःपात्रकाधिष्ण्याःसंतितावंतःसोमाःसोमयागाः एतच्चयाज्ञिकेष्वे वप्रसिद्धम् २७ तानेवाग्नीनेवात्मनिचित्तेऽधारयत् अग्निंध्यायतोऽग्निरेवप्रजारूपेणाविर्बभूवेत्यर्थः एवंचऋष्यंतराणामप्युपलक्षणं । तथाचसर्वकर्माग्निदैवत्यं सर्वेब्राह्मणाअग्निसंततिरित्युक्तंभवति २८

अथर्वात्वसृजल्लोकानात्मनाऽऽलोक्यपावकम् ॥ मिषतांसर्वभूतानामुन्ममाथमहार्णवम् १९ एवमग्निर्भगवतानष्टःपूर्वमथर्वणा ॥ आहूतःसर्वभूतानांहव्यंवह तिसर्वदा २० एवंत्वजनयद्धिष्ण्यान्वेदोक्तान्विबुधान्बहून् ॥ विचरन्विविधान्देशान्भ्रममाणस्तुतत्रवै २१ सिंधुंनदंपंचनदंदेविकाऽथसरस्वती ॥ गंगाचशत कुंभाचशरयूगंडसाह्वया २२ चर्मण्वतीमहीचैवमेध्यामेधातिथिस्तदा ॥ ताम्रवतीवेत्रवतीनद्यस्तिस्रोऽथकौशिकी २३ तमसानर्मदाचैवनदीगोदावरीतथा ॥ वेणोपवेणाभीमाचवडवाचैवभारत २४ भारतीसुप्रयोगाचकावेरीमुर्मुरातथा ॥ तुंगवेणाकृष्णवेणाकपिलाशोणएवच २५ एतानद्यस्तुधिष्ण्यानांमातरोयाःप्र कीर्तिताः २६ अद्भुतस्यप्रियाभार्यातस्यपुत्रोविभूरसिः ॥ यावंतःपावकाःप्रोक्ताःसोमास्तावंतएवतु २७ अत्रेश्चाप्यन्वयेजाताब्रह्मणोमानसाःप्रजाः ॥ अत्रिपु त्रान्स्रष्टुकामस्तानेवात्मन्यधारयत् २८ तस्यतद्ब्रह्मणःकायान्निर्हरंतिहुताशनाः ॥ एवमेतेमहात्मानःकीर्तितास्तेग्नयोमया २९ अप्रमेयायथोत्पन्नाःश्रीमंतस्तिमि रापहाः ॥ अद्भुतस्यतुमाहात्म्यंयथावेदेषुकीर्तितम् ३० तादृशंविद्धिसर्वेषामेकोह्येषहुताशनः ॥ एकएवैषभगवान्विज्ञेयःप्रथमोऽङ्गिराः ३१ बहुधानिःसृतः कायाज्ज्योतिष्टोमःक्रतुर्यथा ॥ इत्येषवंशःसुमहानग्नीनांकीर्तितोमया ॥ योऽर्चितोविविधैर्मंत्रैर्हव्यंवहतिदेहिनाम् ॥ ३२ ॥ ॥ इतिश्रीमहाभारतेआरण्यके पर्वणिमार्कंडेयसमास्यापर्वणिआंगिरसोपाख्यानेअग्निसमुद्भवेद्वाविंशत्यधिकद्विशततमोऽध्यायः ॥ २२२ ॥ ॥ मार्कंडेयउवाच ॥ अग्नीनांविविधावंशाःकीर्ति तास्तेमयाऽनघ ॥ शृणुजन्मतुकौरव्यकार्तिकेयस्यधीमतः १ अद्भुतस्याद्भुतंपुत्रंप्रवक्ष्याम्यमितौजसम् ॥ जातंब्रह्मर्षिभार्याभिर्ब्रह्मण्यंकीर्तिवर्धनम् २ देवासुराःपु रायत्ताविनिघ्नंतःपरस्परम् ॥ तत्राजयन्सदादेवान्दानवाघोररूपिणः ३ वध्यमानंबलंदृष्ट्वाबहुशस्तैःपुरंदरः ॥ ससैन्यनायकार्थायचिंतामापभृशंतदा ४ देवसेनां दानवैर्हिभग्नांदृष्ट्वामहाबलः ॥ पालयेद्वीर्यमाश्रित्यसज्ञेयःपुरुषोमया ५

तस्याऽत्रेर्ब्रह्मणोब्राह्मणस्यकायादेहात्हुताशनानिर्हरंतिनिश्चरंति सार्धः २९ । ३० । ३१ कायात्कस्यप्रजापतेःपुत्रोऽगिराःकायस्तस्मात् । कशब्दादण्प्रत्ययेकस्येदितिइकारोंतादेशःणित्वादादि वृद्धिः । ज्योतिष्टोमोयथाउद्भिदादिरूपेणबहुधानिर्गतस्तद्वत् ३२ ॥ इत्यारण्यकेपर्वणि नीलकंठीये भारतभावदीपे द्वाविंशत्यधिकद्विशततमोऽध्यायः ॥ २२२ ॥ ॥ ॥ क्रमप्राप्तंकुमारश्च यथोत्पन्नोयथाचाग्नेःसुतोऽभवदित्यस्योत्तरमाह अग्नीनांविविधावंशाइत्यादिना १ अद्भुतस्याग्नेःअद्भुतमभिनवम् २ । ३ । ४ । ५

स्त्रियादेवसेनाभिमानिदेवतया ६।७।८।९।१०।११।१२।१३।१४।१५ ॥ इत्यारण्यकेपर्वणि नीलकंठीये भारतभावदीपे त्रयोविंशत्यधिकद्विशततमोऽध्यायः ॥ २२३ ॥ ॥

सशैलंमानसंगत्वाध्यायन्नर्थमिदंभृशम् ॥ शुश्रावार्तस्वरंघोरमथमुक्तंस्त्रियातदा ६ अभिधावतुमांकश्चित्पुरुषस्त्रातुचैवह ॥ पतिंचमेप्रदिशतुस्वयंवापतिरस्तुमे
७ पुरंदरस्तुतामाहमाभैर्नास्तिभयंतव ॥ एवमुक्त्वाततोऽपश्यत्केशिनंस्थितमग्रतः ८ किरीटिनंगदापाणिंधातुमंतमिवाचलम् ॥ हस्तेगृहीत्वाकन्यांताम
थैनंवासवोऽब्रवीत् ९ अनार्यकर्मन्कस्मात्त्वमिमांकन्यांजिहीर्षसि ॥ वज्रिणंमांविजानीहिविरमास्याःप्रबाधनात् १० ॥ केश्युवाच ॥ विसृजस्वत्वमेवैनांशक्रैषा
प्रार्थितामया ॥ क्षमंतेजीवतोगंतुंस्वपुरंपाकशासन ११ एवमुक्त्वागदांकेशीचिक्षेपेंद्रवधायवै ॥ तामापतंतींचिच्छेदमध्येवज्रेणवासवः १२ अथास्यशैलशिखरंकेशी
क्रुद्धोव्यवासृजत् ॥ तदाऽऽपतंतंसंप्रेक्ष्यशैलशृंगंशतक्रतुः १३ बिभेदराजन्वज्रेणभुवितन्निपपातह ॥ पततातुतदाकेशीतेनशृंगेणताडितः १४ हित्वाकन्यांमहा
भागांप्राद्रवद्भृशपीडितः ॥ अपयातेऽसुरेतस्मिंस्तांकन्यांवासवोऽब्रवीत् ॥ कासिकस्यासिकिंचेहकुरुषेत्वंशुभानने १५ ॥ ॥ इतिश्रीमहाभारतेआरण्यकेपर्व
णिमार्कंडेयसमास्यापर्वणिआंगिर० स्कंदोत्पत्तौकेशिपराभवेत्रयोविंशत्यधिकद्विशततमोऽध्यायः ॥ २२३ ॥ ॥ कन्योवाच ॥ अहंप्रजापतेःकन्यादेवसेनेति
विश्रुता ॥ भगिनीमेदैत्यसेनासापूर्वंकेशिनाहृता १ सदैवावांभगिन्यौतुसखिभिःसहमानसम् ॥ आगच्छावेहरत्यर्थमनुज्ञाप्यप्रजापतिम् २ नित्यंचावांप्रा
र्थयतेहर्तुंकेशीमहासुरः ॥ इच्छत्येनंदैत्यसेनानचाहंपाकशासन ३ साहृताऽनेनभगवन्मुक्ताऽहंत्वद्बलेनतु ॥ त्वयादेवेंद्रनिर्दिष्टंपतिमिच्छामिदुर्जयम् ४ ॥ इंद्रउ
वाच ॥ ममामातृष्वसेयीत्वंमातादाक्षायणीमम ॥ आख्यातुंत्वहमिच्छामिस्वयमात्मबलंत्वया ५ ॥ कन्योवाच ॥ अबलाऽहंमहाबाहोपतिस्तुबलवा
न्मम ॥ वरदानात्पितुर्भावीसुरासुरनमस्कृतः ६ ॥ इंद्रउवाच ॥ कीदृशंतुबलंदेविपत्युस्तवभविष्यति ॥ एतदिच्छाम्यहंश्रोतुंतववाक्यमनिंदिते ७ ॥ कन्योवाच ॥
देवदानवयक्षाणांकिन्नरोरगरक्षसाम् ॥ जेतायोदुष्टदैत्यानांमहावीर्योमहाबलः ८ यस्तुसर्वाणिभूतानित्वयासहविजेष्यति ॥ सहिमेभविताभर्ताब्रह्मण्यःकीर्तिव
र्धनः ९ ॥ मार्कंडेयउवाच ॥ इंद्रस्तस्यावचःश्रुत्वादुःखितोऽचिंतयद्भृशम् ॥ अस्यादेव्याःपतिर्नास्तियादृशंसंप्रभाषते १० अथापश्यत्सउदयेभास्करंभास्क
रद्युतिः ॥ सोमंचैवमहाभागंविशमानंदिवाकरम् ११ अमावास्यांप्रवृत्तायांमुहूर्तेरौद्रएवतु ॥ देवासुरंचसंग्रामंसोऽपश्यदुदयेगिरौ १२ लोहितैश्चघनैर्युक्तांपूर्वांसं
ध्यांशतक्रतुः ॥ अपश्यल्लोहितोदंचभगवान्वरुणालयम् १३ भृगुभिश्चांगिरोभ्यश्चहुतंमंत्रैःपृथग्विधैः ॥ हव्यंगृहीत्वावह्निंचप्रविशंतंदिवाकरम् १४ पर्वचैवच
तुर्विंशंतदासूर्यमुपस्थितम् ॥ तथाधर्मगतंरौद्रंसोमंसूर्यगतंचतम् १५

अहमिति १।२।३।४।५।६।७।८।९।१०।११।१२।१३।१४।१५

समालोक्यैकतामेवशशिनोभास्करस्यच ॥ समवायंतुतंरौद्रंदृष्ट्वाशक्रोऽन्वचिंतयत् १६ सूर्याचंद्रमसोर्घोरंदृश्यतेपरिवेषणम् ॥ एतस्मिन्नेवरात्र्यंतेमहद्युद्धंतु
शंसति १७ सरित्सिंधुरपीयंतुप्रत्यस्त्रग्वाहिनीभृशम् ॥ शृगालिन्यग्निवक्त्राचप्रत्यादित्यंविराविणी १८ एषरौद्रश्चसंघातोमहान्युक्तश्चतेजसा ॥ सोमस्यवह्नि
सूर्याभ्यामद्भुतोयंसमागमः १९ जनयेद्यंसुतंसोमःसोऽस्यादेव्याःपतिर्भवेत् ॥ अग्निश्चैतैर्गुणैर्युक्तःसर्वैरग्निश्चदेवता २० एषचेज्जनयेद्गर्भंसोऽस्यादेव्याःपतिर्भ
वेत् ॥ एवंसंचिंत्यभगवान्ब्रह्मलोकंतदागतः २१ गृहीत्वादेवसेनांतामवदत्सपितामहम् ॥ उवाचचास्यादेव्यास्त्वंसाधुशूरंपतिंदिश २२ ॥ ब्रह्मोवाच ॥ मयै
तच्चिंतितंकार्यंत्वयादानवसूदन ॥ तथासभवितागर्भोबलवानुरुविक्रमः २३ सभविष्यतिसेनानीस्त्वयासहशतक्रतो ॥ अस्यादेव्याःपतिश्चैवसभविष्यतिवी
र्यवान् २४ एतच्छ्रुत्वानमस्तस्मैकृत्वाऽसौसहकन्यथा ॥ तत्राभ्यगच्छद्देवेंद्रोयत्रदेवर्षयोऽभवन् २५ वसिष्ठप्रमुखामुख्याविप्रेंद्राःसुमहाबलाः ॥ भागार्थंतप
सोपातुंतेषांसोमंतथाऽध्वरे २६ पिपासवोययुर्देवाःशतक्रतुपुरोगमाः ॥ इष्टिंकृत्वायथान्यायंसुसमिद्धेहुताशने २७ जुहुवुस्तेमहात्मानोहव्यंसर्वदिवौकसाम् ॥
समाहूतोहुतवहःसोऽद्भुतःसूर्यमंडलात् २८ विनिःसृत्यययौवह्निर्वाग्यतोविधिवत्प्रभुः ॥ आगम्याहवनीयंवैतैर्द्विजैर्मंत्रतोहुतम् २९ सतत्रविविधंहव्यंप्रतिगृह्यहु
ताशनः ॥ ऋषिभ्योभरतश्रेष्ठप्रायच्छतदिवौकसाम् ३० निष्क्रामंश्चाप्यपश्यत्सपत्नीस्तेषांमहात्मनाम् ॥ स्वेष्वासनेषूपविष्टाःस्वपंतीश्चतथासुखम् ३१ रुक्मवे
दिनिभास्तास्तुचंद्रलेखाइवामलाः ॥ हुताशनार्चिप्रतिमाःसर्वास्ताराइवाद्भुताः ३२ सतत्रतेनमनसाबभूवक्षुभितेंद्रियः ॥ पत्नीर्दृष्ट्वाद्विजेंद्राणांवह्निःकामवशंययौ ३३
भूयःसंचिंतयामासनन्याय्यंक्षुभितोह्यहम् ॥ साध्व्यःपत्न्योद्विजेंद्राणामकामाःकामयाम्यहम् ३४ नैताःशक्यामयाद्रष्टुंस्प्रष्टुंवाप्यनिमित्ततः ॥ गार्हपत्यंसमाविश्यत
स्मात्पश्याम्यभीक्ष्णशः ३५ ॥ मार्कंडेयउवाच ॥ संस्पृशन्निवसर्वास्ताःशिखाभिःकांचनप्रभाः ॥ पश्यमानश्चमुमुदेगार्हपत्यंसमाश्रितः ३६ निरुष्यतत्रसुचिरमेवंव
ह्निर्वशंगतः ॥ मनस्तासुविनिक्षिप्यकामयानोवरांगनाः ३७ कामसंतप्तहृदयोदेहत्यागविनिश्चितः ॥ अलाभेब्राह्मणस्त्रीणामग्निर्वनमुपागमत् ३८ स्वाहातंदक्षदुहि
ताप्रथमंकामयत्तदा ॥ सातस्यच्छिद्रमन्वैच्छच्चिरात्प्रभृतिभाविनी ३९ अप्रमत्तस्यदेवस्यनचपश्यत्यनिंदिता ॥ सातंज्ञात्वायथावत्तुवह्निंवनमुपागतम् ४० तत्त्वतः
कामसंतप्तंचिंतयामासभाविनी ॥ अहंसप्तर्षिपत्नीनांकृत्वारूपाणिपावकम् ४१ कामयिष्यामिकामार्तांतासांरूपेणमोहितम् ॥ एवंकृतेप्रीतिरस्यकामावाप्तिश्चमेभवेत्
॥ ४२ ॥ ॥ इतिश्रीमहाभारतेआरण्यकेपर्वणिमार्कंडेयसमास्यापर्वणिआंगिरसेस्कंदोत्पत्तौचतुर्विंशत्यधिकद्विशततमोऽध्यायः ॥ २२४ ॥ ॥ ॥

मार्कंडेयउवाच ॥ शिवाभार्यात्वंगिरसःशीलरूपगुणान्विता ॥ तस्याःसाप्रथमंरूपंकृत्वादेवीजनाधिप १ जगामपावकाभ्याशंतंचोवाचवरांगना ॥ मामग्नेका
मसंतप्तांत्वंकामयितुमर्हसि २ करिष्यसिनचेदेवंमृतांमामुपधारय ॥ अहमंगिरसोभार्याशिवानामहुताशन ॥ शिष्टाभिःप्रहिताप्राप्तामंत्रयित्वाविनिश्चयम् ३
अग्निरुवाच ॥ कथंमांत्वंविजानीषेकामार्तमितराःकथम् ॥ यास्त्वयाकीर्तित्ताःसर्वाःसप्तर्षीणांप्रियाःस्त्रियः ४ ॥ शिवोवाच ॥ अस्माकंत्वंप्रियोनित्यंबिभीम
स्तुवयंतव ॥ त्वच्चित्तमिंगितैर्ज्ञात्वाप्रेषिताऽस्मितवांतिकम् ५ मैथुनायेहसंप्राप्ताकामंप्राप्तंद्रुतंचर ॥ जामयोमांप्रतीक्षंतेगमिष्यामिहुताशन ६ मार्कंडेयउवाच ॥
ततोऽग्निरुपयेमेतांशिवांप्रीतिमुदायुतः ॥ प्रीत्यादेवीसमायुक्ताशुक्रंजग्राहपाणिना ७ अचिंतयन्ममेदंयेरूपंद्रक्ष्यंतिकानने ॥ तेब्राह्मणीनामनृतंदोषंवक्ष्यंतिपा
वके ८ तस्मादेतद्रक्ष्यमाणागरुडीसंभवाम्यहम् ॥ वनान्निर्गमनंचैवसुखंममभविष्यति ९ ॥ मार्कंडेयउवाच ॥ सुपर्णीसातदाभूत्वानिर्जगाममहावनात् ॥ अप
श्यत्पर्वतंश्वेतंशरस्तंबैःसुसंवृतम् १० दृष्टीविषैःसप्तशीर्षैर्गुप्तंभोगिभिरद्भुतैः ॥ रक्षोभिश्चपिशाचैश्चरौद्रैर्भूतगणैस्तथा ११ राक्षसीभिश्चसंपूर्णमनेकैश्चमृगद्विजैः ॥
सातत्रसहसागत्वाशैलपृष्ठंसुदुर्गमम् १२ प्राक्षिपत्कांचनेकुंडेशुक्रंसात्वरिताशुभा ॥ सप्तानामपिसादेवीसप्तर्षीणांमहात्मनाम् १३ पत्नीसरूपतांकृत्वाकामयामास
पावकम् ॥ दिव्यरूपमरुंधत्याःकर्तुंनशकितंतया १४ तस्यास्तपःप्रभावेणभर्तृशुश्रूषणेनच ॥ षट्कृत्वस्तत्तुनिक्षिप्तमग्नेरेतःकुरूत्तम १५ तस्मिन्कुंडेप्रतिपदिकामि
न्यास्वाहयातदा ॥ तत्स्कन्नंतेजसातत्रसंवृतंजनयत्सुतम् १६ ऋषिभिःपूजितंस्कन्नमनयत्स्कंदतांततः ॥ षट्शिराद्विगुणश्रोत्रोद्वादशाक्षिभुजक्रमः १७ एक
ग्रीवैकजठरःकुमारःसमपद्यत ॥ द्वितीयायामभिव्यक्तस्तृतीयायांशिशुर्बभौ १८ अंगप्रत्यंगसंभूतश्चतुर्थ्यामभवद्गुहः ॥ लोहिताभ्रेणमहतासंवृतःसहविद्युता १९
लोहिताभ्रेसुमहतिभातिसूर्यइवोदितः ॥ गृहीतंतुधनुस्तेनविपुलंलोमहर्षणम् २० न्यस्तंयत्त्रिपुरघ्नेनसुरारिविनिकृंतनम् ॥ तद्गृहीत्वाधनुःश्रेष्ठंननादबलवांस्तदा
२१ संमोहयन्निवेमान्सत्रीँल्लोकान्सचराचरान् ॥ तस्यतंनिनदंश्रुत्वामहामेघौघनिःस्वनम् २२ उत्पेततुर्महानागौचित्रश्चैरावतश्चह ॥ तावापतंतौसंप्रेक्ष्यसबालो
ऽर्कसमद्युतिः २३ द्वाभ्यांगृहीत्वापाणिभ्यांशक्तिंचान्येनपाणिना ॥ अपरेणाग्निदायादस्ताम्रचूडंभुजेनसः २४ महाकायमुपश्लिष्टंकुक्कुटंबलिनांवरम् ॥ गृहीत्वा
व्यनदद्भीमंचिक्रीडचमहाभुजः २५ द्वाभ्यांभुजाभ्यांबलवान्गृहीत्वाशंखमुत्तमम् ॥ प्राध्मापयतभूतानांत्रासनंबलिनामपि २६ द्वाभ्यांभुजाभ्यामाकाशंबहुशोनि
जघानह ॥ क्रीडन्भातिमहासेनस्त्रीँल्लोकान्वदनैःपिबन् २७ पर्वताग्रेऽप्रमेयात्मारश्मिमानुदयेयथा ॥ सतस्यपर्वतस्याग्रेनिषण्णोऽद्भुतविक्रमः २८ व्यलोकय
दमेयात्मामुखैर्नानाविधैर्दिशः ॥ सपश्यन्विविधान्भावांश्चकारनिनदंपुनः २९

शिवेति १। २। ३। ४। ५। ६। ७। ८। ९। १०। ११। १२। १३। १४। १५। १६। १७। १८। १९। २०। २१। २२। २३। २४। २५। २६। २७। २८। २९

॥ ३० । ३१ । ३२ । ३३ । ३४ । ३५ । ३६ । ३७ । ३८ । ३९ इत्यारण्यकेपर्वणि नीलकंठीये भारतभावदीपे पंचविंशत्यधिकद्विशततमोऽध्यायः ॥ २२५ ॥ तस्मिन्निति १ विपरी

तस्यतंनिनदंश्रुत्वान्यपतन्बहुधाजनाः ॥ भीताश्चोद्विग्नमनसस्तमेवशरणंययुः ३० येतुतंसंश्रितादेवंनानावर्णास्तदाजनाः ॥ तानप्याहुःपारिषदान्ब्राह्मणाः सुमहाबलान् ३१ सतूत्थायमहाबाहुरुपसांत्व्यचतान्जनान् ॥ धनुर्विकृष्यव्यसृजद्बाणान्श्वेतेमहागिरौ ३२ बिभेदसशरैःशैलंक्रौंचंहिमवतःसुतम् ॥ तेनहंसाश्चगृध्राश्चमेरुंगच्छंतिपर्वतम् ३३ सविशीर्णोऽपतच्छैलोभृशमार्तस्वरान्स्वरान् ॥ तस्मिन्निपतितेत्वन्येनेदुःशैलाभृशंतदा ३४ सतंनादंभृशार्तानांश्रुत्वाऽपि बलिनांवरः ॥ नप्राच्यवदमेयात्माशक्तिमुद्यम्यचानदत् ३५ सातदाविमलाशक्तिःक्षिप्तातेनमहात्मना ॥ बिभेदशिखरंघोरंश्वेतस्यतरसागिरेः ३६ सतेनाभिहतोदीर्णोगिरिःश्वेतोऽचलैःसह ॥ उत्पपातमहींत्यक्त्वाभीतःससुमहात्मनः ३७ ततःप्रव्यथिताभूमिर्व्यशीर्यतसमंततः ॥ आर्तास्कंदंसमासाद्यपुनर्बलवती बभौ ३८ पर्वताश्चनमस्कृत्यतमेवपृथिवींगताः ॥ अथैनमभजल्लोकःस्कंदंशुक्लस्यपंचमीम् ३९ इतिश्रीमहाभारतेआरण्यकेपर्वणिमार्कंडेयसमास्यापर्वणिआंगिरसेकुमारोत्पत्तौपंचविंशत्यधिकद्विशततमोऽध्यायः ॥ २२५ ॥ ॥ मार्कंडेयउवाच ॥ तस्मिन्जातेमहासत्त्वेमहासेनेमहाबले ॥ समुत्तस्थुर्महोत्पाताघोररूपाःपृथग्विधाः १ स्त्रीपुंसोर्विपरीतंचतथाद्वंद्वानियानिच ॥ ग्रहादीप्तादिशःखंचरराससचमहीभृशम् २ ऋषयश्चमहाघोरान्दृष्ट्वोत्पातान्समंततः ॥ अकुर्वन्शांतिमुद्विग्नालोकानांलोकभावनाः ३ निवसंतिवनेयेतुतस्मिंश्चैत्ररथेजनाः ॥ तेऽब्रुवन्नेषनोऽनर्थःपावकेनाहितोमहान् ४ संगम्यषड्भिःपत्नीभिःसप्तर्षीणामितिस्मह ॥ अपरेगरुडीमाहुस्त्वयाऽनर्थोऽयमाहृतः ५ यैर्दृष्टासातदादेवीतस्यारूपेणगच्छती ॥ नतुतत्स्वाहयाकर्मकृतंजानातिवैजनः ६ सुपर्णीतुवचःश्रुत्वाममायंतनयस्त्विति ॥ उपगम्यशनैःस्कंदमाहाहंजननीतव ७ अथसप्तर्षयःश्रुत्वाजातंपुत्रंमहौजसम् ॥ तत्यजुःषट्तदापत्नीर्विनादेवीमरुन्धतीम् ८ षड्भिरेवतदाजातमाहुस्तद्वनवासिनः ॥ सप्तर्षीनाहचस्वाहाममपुत्रोऽयमित्युत ९ अहंजानेनैतदेवमितिराजन्पुनःपुनः ॥ विश्वामित्रस्तुकृत्वेष्टिंसप्तर्षीणांमहामुनिः ॥ १० पावकंकामसंतप्तमदृष्टःपृष्ठतोऽन्वगात् ॥ तत्तेननिखिलंसर्वमवबुद्धंयथातथम् ११ विश्वामित्रस्तुप्रथमंकुमारंशरणंगतः ॥ स्तवंदिव्यंसंप्रचक्रेमहासेनस्यचापिसः १२ मंगलानिचसर्वाणिकौमाराणित्रयोदश ॥ जातकर्मादिकास्तस्यक्रियाश्चक्रेमहामुनिः १३ षड्वक्त्रस्यतुमाहात्म्यंकुक्कुटस्यतुसाधनम् ॥ शक्त्यादेव्याःसाधनंचतथापारिषदामपि १४ विश्वामित्रश्चकारैतत्कर्मलोकहितायवै ॥ तस्माद्दषिःकुमारस्यविश्वामित्रोऽभवत्प्रियः १५ अन्वजानाच्चस्वाहायारूपान्यत्वंमहामुनिः ॥ अब्रवीच्चमुनीन्सर्वान्नापराध्यंतिवैस्त्रियः १६

तंवैरं द्वंद्वान्यतिशीतात्युष्णादीनि २ । ३ । ४ । ५ । ६ । ७ । ८ । ९ । १० । ११ । १२ जातकर्मादिकाविवाहात्प्राचीनास्त्रयोदशक्रियाः १३ । १४ । १५ । १६

श्रुत्वातुश्रुत्वाऽपि सर्वतोलोकापवादभयाद्रामवत्पत्नीस्त्यक्तवंतइत्यर्थः १७ । १८ । १९ । २० । २१ । २२ । २३ । २४ । २५ । २६ । २७ । २८ । २९

श्रुत्वातुतत्त्वतस्तस्मात्तेपत्नीःसर्वतोऽत्यजन् ॥ मार्कंडेयउवाच ॥ स्कंदंश्रुत्वातदादेवावासवंसहिताऽब्रुवन् १७ अविषह्यबलंस्कंदंजहिशक्राशुमाचिरम् ॥ यदि वाननिहंस्येनंदेवेंद्रोयंभविष्यति १८ त्रैलोक्यंसन्निगृह्यास्मांस्त्वांचशक्रमहाबल ॥ सतानुवाचव्यथितोबालोऽयंसुमहाबलः १९ स्रष्टारमपिलोकानांयुधिवि क्रम्यनाशयेत् ॥ नबालमुत्सहेहंतुमितिशक्रःप्रभाषते २० तेब्रुवन्नास्तितेवीर्यंयतएवंप्रभाषसे ॥ सर्वास्त्वद्याभिगच्छंतुस्कंदंलोकस्यमातरः २१ कामवीर्याघ्नंतुवै नंतथेत्युक्त्वाचतायगुः ॥ तमप्रतिबलंदृष्ट्वाविषण्णवदनास्तुताः २२ अशक्योऽयंविचिंत्यैवंतमेवशरणंययुः ॥ ऊचुश्चैनंत्वमस्माकंपुत्रोभवमहाबल २३ अभि नंदस्वनःसर्वाःप्रस्नुताःस्नेहविक्लवाः ॥ तासांतद्वचनंश्रुत्वापातुकामःस्तनान्प्रभुः २४ ताःसंपूज्यमहासेनःकामांश्चासांप्रदायसः ॥ अपश्यदग्निमायांतंपितरं बलिनांबली २५ सतुसंपूजितस्तेनसहमातृगणेनह ॥ परिवार्यमहासेनंरक्षमाणःस्थितःशिवः २६ सर्वासांयातुमातॄणांनारीक्रोधसमुद्भवा ॥ धात्रीस्वपुत्रवत्स्कं दंशूलहस्ताऽभ्यरक्षत २७ लोहितस्योदधेःकन्याक्रूरालोहितभोजना ॥ परिष्वज्यमहासेनंपुत्रवत्पर्यरक्षत २८ अग्निर्भूत्वानैगमेयश्छागवक्त्रोबहुप्रजः ॥ रमयामास शैलस्थंबालंक्रीडनकैरिव २९ ॥ इतिश्रीमहाभारतेआरण्यकेपर्वणिमार्कंडेयसमास्यापर्वणिआंगिरसेस्कंदोत्पत्तौषड्विंशाधिकद्विशततमोऽध्यायः ॥ २२६ ॥

॥ मार्कंडेयउवाच ॥ ग्रहाःसोपग्रहाश्चैवऋषयोमातरस्तथा ॥ हुताशनमुखाश्चैवदृप्ताःपारिषदांगणाः १ एतेचान्येचबहवोघोरास्त्रिदिववासिनः ॥ परि वार्यमहासेनंस्थितामातृगणैःसह २ संदिग्धंविजयंदृष्ट्वाविजयेप्सुःसुरेश्वरः ॥ आरुह्यैरावतस्कंधंप्रययौदैवतैःसह ३ आदायवज्रंबलवान्सर्वैर्देवगणैर्वृतः ॥ विजि घांसुर्महासेनमिंद्रस्तूर्णतरंययौ ४ उग्रंतंचमहानादंदेवानीकंमहाप्रभम् ॥ विचित्रध्वजसन्नाहंनानावाहनकार्मुकम् ५ प्रवरांबरसंवीतंश्रियाजुष्टमलंकृतम् ॥ विजि घांसुंतमायांतंकुमारःशक्रमन्वयात् ६ विनदन्पार्थदेवेशोद्रुतंयातिमहाबलः ॥ संहर्षयन्देवसेनांजिघांसुःपावकात्मजम् ७ संपूज्यमानस्त्रिदशैस्तथैवपरमर्षिभिः ॥ समीपमथसंप्राप्तःकार्तिकेयस्यवासवः ८ सिंहनादंततश्चक्रेदेवेशःसहितैःसुरैः ॥ गुहोऽपिशब्दंतंश्रुत्वाव्यनदत्सागरोयथा ९ तस्यशब्देनमहतासमुद्धूतोदधिप्र भम् ॥ बभ्रामतत्रतत्रैवदेवसैन्यमचेतनम् १० जिघांसूनुपसंप्राप्तान्देवान्दृष्ट्वासपावकिः ॥ विससर्जमुखात्क्रुद्धःप्रवृद्धाःपावकार्चिषः ११ अदहद्देवसैन्यानिवेप मानानिभूतले ॥ तेप्रदीप्तशिरोदेहाःप्रदीप्तायुधवाहनाः १२ प्रच्युताःसहसाभांतिव्यस्तास्तारागणाइव ॥ दह्यमानाःप्रपन्नास्तेशरणंपावकात्मजम् १३ देवावज्रधरं त्यक्त्वाततःशांतिमुपागताः ॥ त्यक्तोदेवैस्ततःस्कंदेवज्रंशक्रोन्यपातयत् १४

 नैलकंठीये भारतभावदीपे षड्विंशाधिकद्विशततमोऽध्यायः ॥ २२६ ॥ ॥ ग्रहाइति । उपग्रहाराहुप्रभृतयः १ । २ । ३ । ४ । ५ । ६ । ७ । ८ । ९ । १० । ११ । १२ । १३ । १४

१५ । १६ । वज्रस्यविशनात्बाहोराखननाच्चविशाखइत्यर्थः १७ ॥ इत्यारण्यकेपर्वणि नैलकंठीये भारतभावदीपे सप्तविंशाधिकद्विशततमोऽध्यायः ॥ २२७ ॥ ॥ ॥ स्कंदेति १ । २

तद्विसृष्टंजघानाशुपार्श्वंस्कंदस्यदक्षिणम् ॥ बिभेदचमहाराजपार्श्वंतस्यमहात्मनः १५ वज्रप्रहारात्स्कंदस्यसंजातःपुरुषोऽपरः ॥ युवाकांचनसन्नाहःशक्तिधृग्दिव्यकुंडलः १६ यद्वज्रविशनाज्जातोविशाखस्तेनसोऽभवत् ॥ संजातमपरंदृष्ट्वाकालानलसमद्युतिम् १७ भयादिंद्रस्तुतंस्कंदंप्रांजलिःशरणंगतः ॥ तस्याभयंददौस्कंदःसहसैन्यस्यसत्तमः ॥ ततःप्रहृष्टास्त्रिदशावादित्राण्यभ्यवादयन् १८ ॥ इतिश्रीमहाभारतेआरण्यकेपर्वणिमार्कंडेयसमास्यापर्वणिआंगिरसेइंद्रस्कंदसमागमेसप्तविंशाधिकद्विशततमोऽध्यायः ॥ २२७ ॥ ॥ मार्कंडेयउवाच ॥ स्कंदपारिषदान्घोरान्शृणुष्वाद्भुतदर्शनान् ॥ वज्रप्रहारात्स्कंदस्यजज्ञुस्तत्रकुमारकाः १ येहरंतिशिशून्जातान्गर्भस्थांश्चैवदारुणाः ॥ वज्रप्रहारात्कन्याश्चजज्ञिरेऽस्यमहाबलाः २ कुमारास्तेविशाखंचपितृत्वेसमकल्पयन् ॥ सभूत्वाभगवान्संख्येरक्षंश्छागमुखस्तदा ३ वृतःकन्यागणैःसर्वैरात्मीयैःसहपुत्रकैः ॥ मातॄणांप्रेक्षतीनांचभद्रशाखश्चकौसलः ४ ततःकुमारपितरंस्कंदमाहुर्जनाभुवि ॥ रुद्रमग्निमुखांस्वाहांप्रदेशेषुमहाबलम् ५ यजंतिपुत्रकामाश्चपुत्रिणश्चसदाजनाः ॥ यास्तास्त्वजनयत्कन्यास्तपोनामहुताशनः ६ किंकरोमीतिताःस्कंदंसंप्राप्ताःसमभाषयन् ॥ कुमार्यऊचुः ॥ भवेमसर्वलोकस्यमातरोवयमुत्तमाः ७ प्रसादात्तवपूज्याश्चप्रियमेतत्कुरुष्वनः ॥ सोऽब्रवीद्बाढमित्येवंभविष्यध्वंपृथग्विधाः ८ शिवाश्चैवाशिवाश्चैवपुनःपुनरुदारधीः ॥ ततःसंकल्प्यपुत्रत्वेस्कंदंमातृगणोऽगमत् ९ काकीचहलिमाचैवमालिनीबृंहितातथा ॥ आर्यापलालावैमित्रासप्तैताःशिशुमातरः १० एतासांवीर्यसंपन्नःशिशुर्नामातिदारुणः ॥ स्कंदप्रसादजःपुत्रोलोहिताक्षोभयंकरः ११ एषवीराष्टकःप्रोक्तःस्कंदमातृगणोद्भवः ॥ छागवक्त्रेणसहितोनवकःपरिकीर्त्यते १२ षष्ठंछागमयंवक्त्रंस्कंदस्यैवेतिविद्धितत् ॥ षट्शिरोभ्यंतरंराजन्नित्यंमातृगणार्चितम् १३ षण्णांतुप्रवरंतस्यशीर्षाणामिहशब्द्यते ॥ शक्तिंयेनासृजद्दिव्यांभद्रशाखइतिस्मह १४ इत्येतद्विविधाकारंवृत्तंशुक्लस्यपंचमीम् ॥ तत्रयुद्धंमहाघोरंवृत्तंषष्ठ्यांजनाधिप १५ ॥ इतिश्रीमहाभारतेआरण्यकेपर्वणिमार्कंडेयसमास्यापर्वणिआंगिरसेकुमारोत्पत्तौअष्टविंशाधिकद्विशततमोऽध्यायः ॥ २२८ ॥ ॥ मार्कंडेयउवाच ॥ उपविष्टंतुतंस्कंदंहिरण्यकवचस्रजम् ॥ हिरण्यचूडमुकुटंहिरण्याक्षंमहाप्रभम् १ लोहितांबरसंवीतंतीक्ष्णदंष्ट्रंमनोरमम् ॥ सर्वलक्षणसंपन्नंत्रैलोक्यस्यापिसुप्रियम् २ ततस्तंवरदंशूरंयुवानंमृष्टकुंडलम् ॥ अभजत्पद्मरूपाश्रीःस्वयमेवशरीरिणी ३ श्रियाजुष्टःपृथुयशाःसकुमारवरस्तदा ॥ निषण्णोदृश्यतेभूतैःपौर्णमास्यांयथाशशी ४ अपूजयन्महात्मानोब्राह्मणास्तंमहाबलम् ॥ इदमाहुस्तदाचैवस्कंदंतत्रमहर्षयः ५ ॥ ऋषयऊचुः ॥ हिरण्यगर्भभद्रंतेलोकानांशंकरोभव ॥ त्वयाषड्रात्रजातेनसर्वेलोकावशीकृताः ६

३ । ४ । ५ । ६ । ७ । ८ । ९ । १० । ११ । १२ । १३ । १४ । १५ ॥ इत्यारण्यकेपर्वणि नैलकंठीये भारतभावदीपे अष्टविंशाधिकद्विशततमोऽध्यायः ॥ २२८ ॥ ॥ ॥ उपविष्टमिति १ । २ । ३ । ४ । ५ हिरण्यगर्भेतिसंबोधनेनस्कंदस्यसूत्रात्ममूर्तितांदर्शयति ६

७ । ८ । ९ । १० । ११ । १२ । १३ । १४ । १५ । १६ । १७ । १८ । १९ । २० । २१ । २२ । २३ । २४ । २५ । २६ रुद्रमग्निमिति 'रुद्रोवाएषयदग्निः' इतिश्रुतिविदोद्विजाःप्राहुः

अभयंचपुनर्दत्तंत्वयैवैषांसुरोत्तम ॥ तस्मादिंद्रोभवानस्तुत्रैलोक्यस्याभयंकरः ७ ॥ स्कंदउवाच ॥ किमिंद्रःसर्वलोकानांकरोतीहतपोधनाः ॥ कथंदेवगणांश्चैवपाति
नित्यंसुरेश्वरः ८ ॥ ऋषयऊचुः ॥ इंद्रोदधातिभूतानांबलंतेजःप्रजासुखम् ॥ तुष्टःप्रयच्छतितथासर्वान्कामान्सुरेश्वरः ९ दुर्वृत्तानांसंहरतिव्रतस्थानांप्रयच्छति ॥
अनुशास्तिचभूतानिकार्येषुबलसूदनः १० असूर्येचभवेत्सूर्यस्तथाऽचंद्रेचचंद्रमाः ॥ भवत्यग्निश्चवायुश्चपृथिव्यापश्चकारणैः ११ एतदिंद्रेणकर्तव्यमिंद्रेहिविपुलं
बलम् ॥ त्वंचवीरबलीश्रेष्ठस्तस्मादिंद्रोभवस्वनः १२ ॥ शक्रउवाच ॥ भवस्वेंद्रोमहाबाहोसर्वेषांनःसुखावहः ॥ अभिषिच्यस्वचैवाद्यप्राप्तरूपोऽसिसत्तम १३
॥ स्कंदउवाच ॥ शाधित्वमेवत्रैलोक्यमव्यग्रोविजयेरतः ॥ अहंतेकिंकरःशक्रनममेंद्रत्वमीप्सितम् १४ ॥ शक्रउवाच ॥ बलंतवाद्भुतंवीरत्वंदेवानामरीन्जहि ॥ अव
ज्ञास्यंतिमांलोकावीर्येणतवविस्मिताः १५ इंद्रत्वेतुस्थितंवीरबलहीनंपराजितम् ॥ आवयोश्चमिथोभेदेप्रयतिष्यंत्यतंद्रिताः १६ भेदितेचत्वयिविभोलोकोद्वैधमुपे
ष्यति ॥ द्विधाभूतेषुलोकेषुनिश्चितेष्वावयोस्तथा १७ विग्रहःसंप्रवर्तेतभूतभेदान्महाबल ॥ तत्रत्वंमांरणेतातयथाश्रद्धंविजेष्यसि १८ तस्मादिंद्रोभवानेवभवितामा
विचारय ॥ स्कंदउवाच ॥ त्वमेवराजाभद्रंतेत्रैलोक्यस्यममैवच १९ करोमिकिंचतेशक्रशासनंतद्ब्रवीहिमे ॥ इंद्रउवाच ॥ अहमिंद्रोभविष्यामितववाक्यान्महाबल
२० यदिसत्यमिदंवाक्यंनिश्चयाद्भाषितंत्वया ॥ यदिवाशासनंस्कंदकर्तुमिच्छसिमेशृणु २१ अभिषिच्यस्वदेवानांसैनापत्येमहाबल ॥ स्कंदउवाच ॥ दानवानांवि
नाशायदेवानामर्थसिद्धये २२ गोब्राह्मणहितार्थायसैनापत्येऽभिषिंचमाम् ॥ मार्कंडेयउवाच ॥ सोऽभिषिक्तोमघवतासर्वैर्देवगणैःसह २३ अतीवशुशुभेतत्रपूज्यमा
नोमहर्षिभिः ॥ तत्रतत्कांचनंछत्रंध्रियमाणंव्यरोचत २४ यथैवसुसमिद्धस्यपावकस्यात्ममंडलम् ॥ विश्वकर्मकृताचास्यदिव्यामालाहिरण्मयी २५ आबद्धात्रिपुरघ्ने
नस्वयमेवयशस्विना ॥ आगम्यमनुजव्याघ्रसहदेव्यापरंतप २६ अर्चयामाससुप्रीतोभगवान्गोवृषध्वजः ॥ रुद्रमग्निंद्विजाःप्राहूरुद्रसूनुस्ततस्तुसः २७ रुद्रेणशुक्रमु
त्सृष्टंतच्छ्वेतःपर्वतोऽभवत् ॥ पावकस्येंद्रियंश्वेतेकृत्तिकाभिःकृतंनगे २८ पूज्यमानंतुरुद्रेणदृष्ट्वासर्वैर्दिवौकसः ॥ रुद्रसूनुंततःप्राहुर्गुहंगुणवतांवरम् २९
अनुप्रविश्यरुद्रेणवह्निंजातोह्ययंशिशुः ॥ तत्रजातस्ततःस्कंदोरुद्रसूनुस्ततोऽभवत् ३० रुद्रस्यवह्नेःस्वाहायाःषण्णांस्त्रीणांचभारत ॥ जातःस्कंदःसुरश्रेष्ठोरुद्रसूनु
स्ततोऽभवत् ३१ अरजेवाससीरक्तेवसानःपावकात्मजः ॥ भातिदीप्तवपुःश्रीमान्रक्ताभ्राभ्यामिवांशुमान् ३२ कुक्कुटश्चाग्निनादत्तस्तस्यकेतुरलंकृतः ॥
रथेसमुच्छ्रितोभातिकालाग्निरिवलोहितः ३३

२७ । २८ । २९ प्रकारांतरेणस्कंदस्यरुद्रसूनुत्वमाह अनुप्रविश्येति । अनुप्रविश्यस्थितेनेतिशेषः ततोवह्निदेहेप्रविष्टाद्रुद्राज्जातइतिवारुद्रसूनुरित्यर्थः ३० । ३१ । ३२ । ३३

३४ । ३५ ३६ । ३७ ३८ । ३९ । ४० । ४१ । ४२ । ४३ । ४४ । ४५ । ४६ । ४७ । ४८ । ४९ । ५० । ५१ । ५२ ॥ इत्यारण्यकेपर्वणि नैलकंठीये भारतभावदीपे ऊनत्रिंशदधिकद्विशत

याचेष्टासर्वभूतानांप्रभाशांतिर्बलंतथा ॥ अग्रतस्तस्यसाशक्तिर्देवानांजयवर्धिनी ३४ विवेशकवचंचास्यशरीरेसहजंतथा ॥ युध्यमानस्यदेवस्यप्रादुर्भवतितत्सदा
३५ शक्तिर्धर्मोबलंतेजःकांतत्वंसत्यमुन्नतिः ॥ ब्रह्मण्यत्वमसंमोहोभक्तानांपरिरक्षणम् ३६ निकृंतनंचशत्रूणांलोकानांचाभिरक्षणम् ॥ स्कंदेनसहजातानिसर्वाण्येव
जनाधिप ३७ एवंदेवगणैःसर्वैःसोभिषिक्तःस्वलंकृतः ॥ बभौप्रतीतःसुमनाःपरिपूर्णेंदुमंडलः ३८ इष्टैःस्वाध्यायघोषैश्चदेवतूर्यवरैरपि ॥ देवगंधर्वगीतैश्चसर्वैरप्सर
सांगणैः ३९ एतैश्चान्यैश्चबहुभिस्तुष्टैर्हृष्टैःस्वलंकृतैः ॥ सुसंवृतःपिशाचानांगणैर्देवगणैस्तथा ४० क्रीडन्भातितदादेवैरभिषिक्तश्चपावकिः ॥ अभिषिक्तंमहासेनमप
श्यंतदिवौकसः ४१ विनिहत्यतमःसूर्यंयथेहाभ्युदितंतथा ॥ अथैनमभ्ययुःसर्वादेवसेनाःसहस्रशः ४२ अस्माकंत्वंपतिरितिब्रुवाणाःसर्वतोदिशः ॥ ताःसमासाद्यभग
वान्सर्वभूतगणैर्वृतः ४३ अर्चितस्तुस्तुतश्चैवसांत्वयामासताअपि ॥ शतक्रतुश्चाभिषिच्यस्कंदंसेनापतिंतदा ४४ सस्मारतांदेवसेनांयासातेनविमोक्षिता ॥ अयंतस्याः
पतिर्नूनंविहितोब्रह्मणास्वयम् ४५ इतिचिंत्यानयामासदेवसेनांस्वलंकृताम् ॥ स्कंदंप्रोवाचबलभिदियंकन्यासुरोत्तम ४६ अजातेत्वयिनिर्दिष्टातवपत्नीस्वयंभुवा ॥
तस्मात्त्वमस्याविधिवत्पाणिंमंत्रपुरस्कृतम् ४७ गृहाणदक्षिणंदेव्याःपाणिनापद्मवर्चसा ॥ एवमुक्तःसजग्राहतस्याःपाणिंयथाविधि ४८ बृहस्पतिर्मंत्रविद्धिजजापच
जुहावच ॥ एवंस्कंदस्यमहिषींदेवसेनांविदुर्जनाः ४९ षष्ठींयांब्राह्मणाःप्राहुर्लक्ष्मीमाशांसुखप्रदाम् ॥ सिनीवालींकुहूंचैवसद्वृत्तिमपराजिताम् ५० यदास्कंदःपतिर्लब्धः
शाश्वतोदेवसेनया ॥ तदातमाश्रयल्लक्ष्मीःस्वयंदेवीशरीरिणी ५१ श्रीजुष्टःपंचमींस्कंदस्तस्माच्छ्रीपंचमीस्मृता ॥ षष्ठ्यांकृतार्थोऽभूद्यस्मात्तस्मात्षष्ठीमहातिथिः ५२
॥ इतिश्रीमहाभारतेआरण्यकेपर्वणिमार्कंडेयसमास्यापर्वणिआंगिरसेस्कंदोपाख्यानेऊनत्रिंशदधिकद्विशततमोऽध्यायः ॥ २२९ ॥ मार्कंडेयउवाच ॥ श्रियाजुष्टंमहासे
नंदेवसेनापतिंकृतम् ॥ सप्तर्षिपत्न्यःषड्देव्यस्तत्सकाशमथागमन् १ ऋषिभिःसंपरित्यक्ताधर्मयुक्तामहाव्रताः ॥ द्रुतमागम्यचोचुस्तादेवसेनापतिंप्रभुम् २ वयंपुत्रप
रित्यक्ताभर्तृभिर्देवसंमितैः ॥ अकारणाद्रुषातैस्तुपुण्यस्थानात्परिच्युताः ३ अस्माभिःकिलजातस्त्वमितिकेनाप्युदाहृतम् ॥ तत्सत्यमेतत्संश्रुत्यतस्मान्नस्त्रातुमर्हसि ४
अक्षयश्चभवेत्स्वर्गस्त्वत्प्रसादाद्धिनःप्रभो ॥ त्वांपुत्रंचाप्यभीप्सामःकृत्वैतदनृणोभव ५ ॥ स्कंदउवाच ॥ मातरोहिभवंत्योमेसुतोवोऽहमनिंदिताः ॥ यच्चाऽपीच्छतत
त्सर्वंसंभविष्यतिवस्तथा ६ ॥ मार्कंडेयउवाच ॥ विवक्षंततःशक्रंकिंकार्यमितिसोऽब्रवीत् ॥ उक्तःस्कंदेनब्रूहीतिसोऽब्रवीद्वासवस्ततः ७ अभिजित्स्पर्धमानातुरोहिण्या
कन्यसीस्वसा ॥ इच्छंतीज्येष्ठतांदेवीतपस्तप्तुंवनंगता ८

तमोऽध्यायः ॥ २२९ ॥ ॥ ॥ ॥ श्रियेति १ । २ । ३ । ४ । ५ । ६ विवक्षंतमभिजिन्नक्षत्रस्यपतनान्नक्षत्रसंख्याकथंसमाभवेदितिप्रष्टुमिच्छंतंशक्रंसस्कंदःकिंकार्यमित्यब्रवीत्
७ कन्यसीकनिष्ठा वनंगताअधिकारंत्यक्त्वेतिशेषः ८

साचज्येष्ठतास्पर्धयागगनाच्च्युताऽतोऽहंमूढोऽस्मि नक्षत्रसंख्यापूरणप्रकारस्याज्ञानादितिभावः ९ धनिष्ठादिरिति । यस्यनक्षत्रस्याद्यक्षणे चंद्रसूर्यगुरूणांयोगस्तद्युगादिनक्षत्रं तच्चपूर्वंरोहिण्यभूत्तदाऽभिजि त्पतनकालेत्वेकन्यूनैरहोरात्रैर्भगणस्यभोगात् कृतयुगादिनक्षत्रंधनिष्ठैवाभवदित्यर्थः संख्याकलाकाष्ठादीनाम् १० तथाच कृत्तिकाभिरेवनक्षत्रसंख्यापूर्तैःकुर्विंतिशक्राशयंज्ञात्वा तास्त्रिदिवंगताः ११ ननुषट्कृ त्तिकाःकथंसप्तशीर्षाभमित्यतआह विनतेति । ऋषिपत्नीनामिवगरुत्मत्याअपिरूपंस्वाहयाधृतमितितत्साहित्यात्सप्तशीर्षाभमित्यर्थः १२ स्नुषयादेवसेनया १३ मातृगणोविनतादिसमूहः १४ । १५ ताःप्रसिद्धाः

तत्रमूढोऽस्मिभद्रंतेनक्षत्रंगगनाच्च्युतम् ॥ कालंत्विमंपरंस्कंदब्रह्मणासहचिंतय ९ धनिष्ठादिस्तदाकालोब्रह्मणापरिकल्पितः ॥ रोहिणीह्यभवत्पूर्वमेवंसंख्या समाभवत् १० एवमुक्तेतुशक्रेणत्रिदिवंकृत्तिकागताः ॥ नक्षत्रंसप्तशीर्षाभंभातितद्वह्निदैवतम् ११ विनताचाब्रवीत्स्कंदंममत्वंपिंडदःसुतः ॥ इच्छामिनित्य मेवाहंत्वयापुत्रसहासितुम् १२ ॥ स्कंदउवाच ॥ एवमस्तुनमस्तेऽस्तुपुत्रस्नेहात्प्रशाधिमाम् ॥ स्नुषयापूज्यमानावैदेविवत्स्यसिनित्यदा १३ ॥ मार्कंडेय उवाच ॥ अथमातृगणःसर्वःस्कंदंवचनमब्रवीत् ॥ वयंसर्वस्यलोकस्यमातरःकविभिःस्तुताः ॥ इच्छामोमातरस्तुभ्यंभवितुंपूजयस्वनः १४ ॥ स्कंदउवाच ॥ मातरोहिभवत्योमेभवतीनामहंसुतः ॥ उच्यतांयन्मयाकार्यंभवतीनामथेप्सितम् १५ ॥ मातरऊचुः ॥ यास्तुतामातरःपूर्वंलोकस्यास्यप्रकल्पिताः ॥ अ स्माकंतुभवेत्स्थानंतासांचैवनतद्भवेत् १६ भवेमपूज्यालोकस्यनताःपूज्याःसुरर्षभ ॥ प्रजाऽस्माकंहृतास्ताभिस्त्वत्कृतेताःप्रयच्छनः १७ ॥ स्कंदउवाच ॥ वृत्ताःप्रजानताःशक्याभवतीभिर्निषेवितुम् ॥ अन्यांवःकांप्रयच्छामिप्रजांयांमनसेच्छथ १८ ॥ मातरऊचुः ॥ इच्छामतासांमातॄणांप्रजाभोक्तुंप्रयच्छनः ॥ त्वयासहपृथग्भूतायेचतासामथेश्वराः १९ ॥ स्कंदउवाच ॥ प्रजावोदद्मिकष्टंतुभवतीभिरुदाहृतम् ॥ परिरक्षतभद्रंवःप्रजाःसाधुनमस्कृताः २० ॥ मात रऊचुः ॥ परिरक्षामभद्रंतेप्रजाःस्कंदयथेच्छसि ॥ त्वयानोरोचतेस्कंदसहवासश्चिरंप्रभो २१ ॥ स्कंदउवाच ॥ यावत्षोडशवर्षाणिभवंतितरुणाःप्रजाः ॥ प्रबाधतमनुष्याणांतावद्रूपैःपृथग्विधैः २२ अहंचवःप्रदास्यामिरौद्रमात्मानमव्ययम् ॥ परमंतेनसहिताःसुखंवत्स्यथपूजिताः २३ ॥ मार्कंडेयउवाच ॥ ततःशरीरात्स्कंदस्यपुरुषःपावकप्रभः ॥ भोक्तुंप्रजाःसमर्त्यानांनिष्पपातमहाप्रभः २४ अपतत्सहसाभूमौविसंज्ञोऽथक्षुधार्दितः ॥ स्कंदेनसोऽभ्यनुज्ञातोरौ द्ररूपोऽभवद्ग्रहः २५ स्कंदापस्मारमित्याहुर्ग्रहंतंद्विजसत्तमाः ॥ विनतातुमहारौद्राकथ्यतेशकुनिग्रहः २६ पूतनांराक्षसींप्राहुस्तंविद्यात्पूतनाग्रहम् ॥ कष्टादा रुणरूपेणघोररूपानिशाचरी २७ पिशाचीदारुणाकाराकथ्यतेशीतपूतना ॥ गर्भान्सामानुषीणांतुहरतेघोरदर्शना २८ अदितिंरेवतींप्राहुर्ग्रहस्तस्यास्तुरैवतः ॥ सोऽपिबालान्महाघोरोबाधतेवैमहाग्रहः २९

मातरोब्राह्मीमाहेश्वरीप्रभृतयः १६ त्वत्कृतेत्वदर्थंताभिर्ब्राह्म्यादिभिरस्मद्भर्तॄन् मिथ्याभिशापदोषेणकोपयंतीभिःप्रजाहृताः संगाभावादित्यर्थः संधिरार्षः नोऽस्मभ्यंप्रयच्छभर्तॄणामनुकूलनेनेत्यर्थः १७ वृत्ताम याद्त्ताअपि मयाप्रार्थिताअपि मुनयोयुष्माननांगीकरीष्यंतीतिभावः १८ मातॄणांब्राह्म्यादीनां तासांप्रजानामीश्वराःपित्रादयः १९ प्रजाःअस्मदाश्रयाः नमस्कृतायूयंमयेतिशेषः २० २१ । २२ । २३ । २४ । २५ । २६ । २७ । २८ । २९

दैत्यानांयादितिर्मातातामाहुर्मुखमंडिकाम् ॥ अत्यर्थंशिशुमांसेनसंप्रहृष्टादुरासदा ३० कुमाराश्चकुमार्यश्चयेप्रोक्ताःस्कंदसंभवाः ॥ तेऽपिगर्भभुजःसर्वेकौर व्यसुमहाग्रहाः ३१ तासामेवतुपत्नीनांपतयस्तेप्रकीर्तिताः ॥ आजायमानान्गृह्णंतिबालकान्रौद्रकर्मिणः ३२ गवांमातातुयाप्राज्ञैःकथ्यतेसुरभिर्नृप ॥ शकुनिस्तामथारुह्यसहभुंक्तेशिशून्भुवि ३३ सरमानामयामाताशुनांदेवीजनाधिप ॥ साऽपिगर्भान्समादत्तेमानुषीणांसदैवहि ३४ पादपानांचयामाताकरं जनिलयाहिसा ॥ वरदासाहिसौम्याचनित्यंभूतानुकंपिनी ३५ करंजेतांनमस्यंतितस्मात्पुत्रार्थिनोनराः ॥ इमेत्वष्टादशान्येवैग्रहामांसमधुप्रियाः ३६ द्वि पंचरात्रंतिष्ठंतिसततंसूतिकागृहे ॥ कद्रूःसूक्ष्मवपुर्भूत्वागर्भिणींप्रविशत्यथ ३७ भुंक्तेसातत्रतंगर्भंसातुनागंप्रसूयते ॥ गंधर्वाणांतुयामातासागर्भंगृह्यगच्छति ३८ ततोविलीनगर्भासामानुषीभुविदृश्यते ॥ याजनित्रीत्वप्सरसांगर्भमास्तेप्रगृह्यसा ३९ उपनष्टंततोगर्भंकथयंतिमनीषिणः ॥ लोहितस्योदधेःकन्याधात्री स्कंदस्यसास्मृता ४० लोहितायनिरित्येवंकदंबेसाहिपूज्यते ॥ पुरुषेषुयथारुद्रस्तथाऽऽर्याप्रमदास्वपि ४१ आर्यामाताकुमारस्यपृथक्कामार्थमिज्यते ॥ एवमेतेकुमाराणांमयाप्रोक्तामहाग्रहाः ४२ यावत्षोडशवर्षाणिशिशूनांह्यशिवास्ततः ॥ येचमातृगणाःप्रोक्ताःपुरुषाश्चैवयेग्रहाः ४३ सर्वेस्कंदग्रहानामज्ञेयानि त्यंशरीरिभिः ॥ तेषांप्रशमनंकार्यंस्नानंधूपमथांऽजनम् ॥ बलिकर्मोपहाराश्चस्कंदस्येज्याविशेषतः ४४ एवमभ्यर्चिताःसर्वेप्रयच्छंतिशुभंनृणाम् ॥ आयुर्वीर्यं चराजेंद्रसम्यक्पूजानमस्कृताः ४५ ऊर्ध्वंतुषोडशाद्वर्षाद्येभवंतिग्रहान्नृणाम् ॥ तानहंसंप्रवक्ष्यामिनमस्कृत्यमहेश्वरम् ४६ यःपश्यतिनरोदेवान्जाग्रद्वाशयितो ऽपिवा ॥ उन्माद्यतिसतुक्षिप्रंतंतुदेवग्रहंविदुः ४७ आसीनश्चशयानश्चयःपश्यतिनरःपितॄन् ॥ उन्माद्यतिसतुक्षिप्रंसज्ञेयस्तुपितृग्रहः ४८ अवमन्यतियःसि द्धान्क्रुद्धाश्चापिशपंतियम् ॥ उन्माद्यतिसतुक्षिप्रंज्ञेयःसिद्धग्रहस्तुसः ४९ उपाघ्रातिचयोगंधान्रसांश्चापिपृथग्विधान् ॥ उन्माद्यतिसतुक्षिप्रंसज्ञेयोराक्षसोग्रहः ५० गंधर्वाश्चापियंदिव्याःसंविशंतिनरंभुवि ॥ उन्माद्यतिसतुक्षिप्रंग्रहोगांधर्वएवसः ५१ अधिरोहंतियंनित्यंपिशाचाःपुरुषंप्रति ॥ उन्माद्यतिसतुक्षिप्रंग्रहःपै शाचएवसः ५२ आविशंतिचयंयक्षाःपुरुषंकालपर्यये ॥ उन्माद्यतिसतुक्षिप्रंज्ञेयोयक्षग्रहस्तुसः ५३ यस्यदोषैःप्रकुपितंचित्तंमुह्यतिदेहिनः ॥ उन्माद्यतिस तुक्षिप्रंसाधनंतस्यशास्त्रतः ५४ वैक्लव्याच्चभयाच्चैवघोराणांचापिदर्शनात् ॥ उन्माद्यतिसतुक्षिप्रंसांत्वंतस्यतुसाधनम् ५५ कश्चित्क्रीडितुकामोवैभोक्तुकामस्तथा ऽपरः ॥ अभिकामस्तथैवान्यइत्येषत्रिविधोग्रहः ५६ यावत्सप्ततिवर्षाणिभवंत्येतेग्रहान्नृणाम् ॥ अतःपरंदेहिनांतुग्रहतुल्योभवेज्ज्वरः ५७ अप्रकीर्णेंद्रियंदांतं शुचिंनित्यमतंद्रितम् ॥ आस्तिकंश्रद्दधानंचवर्जयंतिसदाग्रहाः ५८

मिथ्याभिशापग्रस्तानामपिस्कंदमातॄणांबालग्रहत्वादिनाचाधिकारप्राप्तिः किमुतसाक्षाद्दोषकर्तॄणामतःसर्वदोषपरिहारार्थंमहेश्वरःपूज्यइत्युपसंहरतिअप्रकीर्णेंद्रियमिति ५८

५९ ॥ ॥ इत्यारण्यकेपर्वणि नैलकंठीये भारतभावदीपे त्रिंशदधिकद्विशततमोऽध्यायः ॥ २३० ॥ ॥ ॥ ॥ ॥ ॥ यदेति १।२।३।४।५।६।७। ८

इत्येषतेग्रहोद्देशोमानुषाणांप्रकीर्तितः ॥ नस्पृशंतिग्रहाभक्तान्नरान्देवंमहेश्वरम् ५९ ॥ इतिश्रीमहाभारतेआरण्यकेपर्वणिमार्कंडेयसमास्यापर्वणिआंगिरसेमनुष्य
ग्रहकथनेत्रिंशदधिकद्विशततमोऽध्यायः ॥ २३० ॥ ॥ ॥ मार्कंडेयउवाच ॥ यदास्कंदेनमातॄणामेवमेतत्प्रियंकृतम् ॥ अथैनमब्रवीत्स्वाहाममपुत्रस्त्व
मौरसः १ इच्छाम्यहंत्वयादत्तांप्रीतिंपरमदुर्लभाम् ॥ तामब्रवीत्ततःस्कंदःप्रीतमिच्छसिकीदृशम् २ ॥ स्वाहोवाच ॥ दक्षस्याहंप्रियाकन्यास्वाहानाममहाभु
ज ॥ बाल्यात्प्रभृतिनित्यंचजातकामाहुताशने ३ नसमांकामिनींपुत्रसम्यग्जानातिपावकः ॥ इच्छामिशाश्वतंवासंवस्तुंपुत्रसहाग्निना ४ ॥ स्कंदउवाच ॥
हव्यंकव्यंचयत्किंचिद्द्विजानांमंत्रसंस्तुतम् ॥ होष्यंत्यग्नौसदादेविस्वाहेत्युक्त्वासमुद्धृतम् ५ अद्यप्रभृतिदास्यंतिसुवृत्ताःसत्पथेस्थिताः ॥ एवमग्निस्त्वयासार्धं
सदावत्स्यतिशोभने ६ ॥ मार्कंडेयउवाच ॥ एवमुक्ताततःस्वाहातुष्टास्कंदेनपूजिता ॥ पावकेनसमायुक्ताभर्त्रास्कंदमपूजयत् ७ ततोब्रह्मामहासेनंप्रजापतिर
थाब्रवीत् ॥ अभिगच्छमहादेवंपितरंत्रिपुरार्दनम् ८ रुद्रेणाग्निंसमाविश्यस्वाहामाविश्यचोमया ॥ हितार्थंसर्वलोकानांजातस्त्वमपराजितः ९ उमायोन्यांच
रुद्रेणशुक्रंसिक्तंमहात्मना ॥ अस्मिन्गिरौनिपतितंमिंजिकामिंजिकंयतः १० संभूतंलोहितोदेतुशुक्रशेषमवापतत् ॥ सूर्यरश्मिषुचाप्यन्यदन्यच्चैवापतद्भुवि ११
आसक्तमन्यद्वृक्षेषुतदेवंपंचधाऽपतत् ॥ तत्रतेविविधाकारागणाज्ञेयामनीषिभिः ॥ तवपारिषदाघोरायएतेपिशिताशिनः १२ एवमस्त्वितिचाप्युक्त्वामहासे
नोमहेश्वरम् ॥ अपूजयदमेयात्मापितरंपितृवत्सलः १३ ॥ मार्कंडेयउवाच ॥ अर्कपुष्पैस्तुतेपंचगणाःपूज्याधनार्थिभिः ॥ व्याधिप्रशमनार्थंचतेषांपूजांसमाचरेत्
१४ मिंजिकामिंजिकंचैवमिथुनंरुद्रसंभवम् ॥ नमस्कार्यंसदैवेहबालानांहितमिच्छता १५ स्त्रियोमानुषमांसादावृद्धिकानामनामतः ॥ वृक्षेषुजातास्तादेव्यो
नमस्कार्याःप्रजार्थिभिः १६ एवमेतेपिशाचानामसंख्येयागणाःस्मृताः ॥ घंटायाःसपताकायाःशृणुमेसंभवंनृप १७ ऐरावतस्यघंटेद्वेवैजयंत्यावितिश्रुते ॥
गुहस्यतेस्वयंदत्तेक्रमेणानाय्यधीमता १८ एकातत्रविशाखस्यघंटास्कंदस्यचापरा ॥ पताकाकार्तिकेयस्यविशाखस्यचलोहिता १९ यानिक्रीडनकान्यस्यदेवै
र्दत्तानिवैतदा ॥ तैरेवरमतेदेवोमहासेनोमहाबलः २० ससंवृतःपिशाचानांगणैर्देवगणैस्तथा ॥ शुशुभेकांचनेशैलेदीप्यमानःश्रियावृतः २१ तेनवीरेणशुशुभे
सशैलःशुभकाननः ॥ आदित्येनेवांशुमतामंदरश्चारुकन्दरः २२ संतानकवनैःफुल्लैःकरवीरवनैरपि ॥ पारिजातवनैश्चैवजपाशोकवनैस्तथा २३ कदंबतरुषंडैश्चदि
व्यैर्मृगगणैरपि ॥ दिव्यैःपक्षिगणैश्चैवशुशुभेश्वेतपर्वतः २४ तत्रदेवगणाःसर्वेसर्वेदेवर्षयस्तथा ॥ मेघतूर्यरवाश्चैवक्षुब्धोदधिसमस्वनाः २५

९ । १० । ११ । १२ । १३ । १४ । १५ । १६ । १७ । १८ । १९ । २० । २१ । २२ । २३ । २४ । २५

२६ । २७ । २८ । २९ । ३० । ३१ । ३२ । ३३ । जृंभकैर्ग्रहविशेषैः ३४ । ३५ । ३६ । ३७ । ३८ । ३९ । ४० । ४१ । ४२ । ४३ । ४४ । ४५ । ४६ । ४७ । ४८

तत्रदिव्याश्चगंधर्वानृत्यंतेऽप्सरसस्तथा ॥ हृष्टानांतत्रभूतानांश्रूयतेनिनदोमहान् २६ एवंसेंद्रंजगत्सर्वंश्वेतपर्वतसंस्थितम् ॥ प्रहृष्टंप्रेक्षतेस्कंदंनचग्लायतिदर्शनात् २७ ॥ मार्कंडेयउवाच ॥ यदाऽभिषिक्तोभगवान्सैनापत्येनपावकिः ॥ तदासंप्रस्थितःश्रीमान्हृष्टोभद्रवटंहरः २८ रथेनादित्यवर्णेनपार्वत्यासहितःप्रभुः ॥ सहस्रंतस्यसिंहानांतस्मिन्युक्तंरथोत्तमे २९ उत्पपातदिवंशुभ्रंकालेनाभिप्रचोदितम् ॥ तेपिबंतइवाकाशंत्रासयंतश्चराचरान् ३० सिंहानभस्यगच्छंतनदंतश्चारुकेसराः ॥ तस्मिन्रथेपशुपतिःस्थितोभात्युमयासह ३१ विद्युतासहितःसूर्यःसेंद्रचापेघनेयथा ॥ अग्रतस्तस्यभगवान्धनेशोगुह्यकैःसह ३२ आस्थायतुचिरंयातिपुष्पकंनरवाहनः ॥ ऐरावतंसमास्थायशक्रश्चापिसुरैःसह ३३ पृष्ठतोऽनुययौयांतंवरदंवृषभध्वजम् ॥ जृंभकैर्यक्षरक्षोभिःस्रग्विभिःसमलंकृतः ३४ यात्यमोघोमहायक्षोदक्षिणंपक्षमास्थितः ॥ तस्यदक्षिणतोदेवाबहवश्चित्रयोधिनः ३५ गच्छंतिवसुभिःसार्धंरुद्रैश्चसहसंगताः ॥ यमश्चमृत्युनासार्धंसर्वतःपरिवारितः ३६ घोरैर्व्याधिशतैर्यातिघोररूपवपुस्तथा ॥ यमस्यपृष्ठतश्चैवघोरस्त्रिशिखरःशितः ३७ विजयोनामरुद्रस्ययातिशूलःस्वलंकृतः ॥ तमुग्रपाशोवरुणोभगवान्सलिलेश्वरः ३८ परिवार्यशनैर्यातियादोभिर्विविधैर्वृतः ॥ पृष्ठतोविजयस्यापियातिरुद्रस्यपट्टिशः ३९ गदामुसलशक्त्याद्यैर्वृतःप्रहरणोत्तमैः ॥ पट्टिशंत्वन्वगाद्राजंश्छत्रंरौद्रंमहाप्रभम् ४० कमंडलुश्चाप्यनुतंमहर्षिगणसेवितः ॥ तस्यदक्षिणतोभातिदंडोगच्छन्श्रियावृतः ४१ भृग्वंगिरोभिःसहितोदेवतैश्चानुपूजितः ॥ एषांतुपृष्ठतोरुद्रोविमलेस्यंदनेस्थितः ४२ यातिसंहर्षयन्सर्वांस्तेजसात्रिदिवौकसः ॥ ऋषयश्चापिदेवाश्चगंधर्वाभुजगास्तथा ४३ नद्योह्रदाःसमुद्राश्चतथैवाप्सरसांगणाः ॥ नक्षत्राणिग्रहाश्चैवदेवानांशिशवश्चये ४४ स्त्रियश्चविविधाकारायांतिरुद्रस्यपृष्ठतः ॥ सृजंत्यःपुष्पवर्षाणिचारुरूपावरांगनाः ४५ पर्जन्यश्चाप्यनुययौनमस्कृत्यपिनाकिनम् ॥ छत्रंचपांडुरंसोमस्तस्यमूर्धन्यधारयत् ४६ चामरेचापिवायुश्चगृहीत्वाऽग्निश्चधिष्ठितौ ॥ शक्रश्चपृष्ठतस्तस्ययातिराजन्श्रियावृतः ४७ सहराजर्षिभिःसर्वैःस्तुवानोवृषकेतनम् ॥ गौरीविद्याऽथगांधारीकेशिनीमित्रसाह्वया ४८ सावित्र्यासहसर्वास्ताःपार्वत्यायांतिपृष्ठतः ॥ तत्रविद्यागणाःसर्वेयेकेचित्कविभिःकृताः ४९ तस्यकुर्वंतिवचनंसेंद्रादेवाश्चमूमुखे ॥ गृहीत्वातुपताकांवैयात्यग्रेराक्षसोग्रहः ॥ ५० व्यापृतस्तुश्मशानेयोनित्यंरुद्रस्यवैसखा ॥ पिंगलोनामयक्षेन्द्रोलोकस्यानंददायकः ५१ एभिश्चसहितोदेवस्तत्रयातियथासुखम् ॥ अग्रतःपृष्ठतश्चैवनहितस्यगतिर्ध्रुवा ५२ रुद्रंसत्कर्मभिर्मर्त्याःपूजयंतीहदैवतम् ॥ शिवमित्येवयंप्राहुरीशंरुद्रंपितामहम् ५३ भावैस्तुविविधाकारैःपूजयंतिमहेश्वरम् ॥ देवसेनापतिस्त्वेवंदेवसेनाभिरावृतः ॥ अनुगच्छतिदेवेशंब्रह्मण्यःकृत्तिकासुतः ५४

विद्यागणाः स्तुतिपदसमूहाः ४९ वचनंपठनं सरहस्यव्याख्यानं वा ५० । ५१ । ५२ । ५३ । ५४

अथाब्रवीन्महासेनंमहादेवोबृहद्वचः ॥ सप्तमंमारुतस्कंधंरक्षनित्यमतंद्रितः ५५ ॥ स्कंदउवाच ॥ सप्तमंमारुतस्कंधंपालयिष्याम्यहंप्रभो ॥ यदन्यदपिमेका
र्यंदेवतद्वदमाचिरम् ५६ ॥ रुद्रउवाच ॥ कार्येष्वहंत्वयापुत्रसंद्रष्टव्यःसदैवहि ॥ दर्शनान्ममभक्त्याचश्रेयःपरमवाप्स्यसि ५७ ॥ ॥ मार्कंडेयउवाच ॥
इत्युक्त्वाविससर्जैनंपरिष्वज्यमहेश्वरः ॥ विसर्जितेततःस्कंदेबभूवौत्पातिकंमहत् ५८ सहसैवमहाराजदेवान्सर्वान्प्रमोहयत् ॥ जज्वालखंसनक्षत्रंप्रमूढंभुवनं
भृशम् ५९ चचालव्यनदद्योर्वीतमोभूतंजगद्बभौ ॥ ततस्तद्दारुणंदृष्ट्वाक्षुभितःशंकरस्तदा ६० उमाचैवमहाभागादेवाश्चसमहर्षयः ॥ ततस्तेषुप्रमूढेषुपर्व
तांबुदसन्निभम् ६१ नानाप्रहरणंघोरमदृश्यतमहद्बलम् ॥ तद्वैघोरमसंख्येयंगर्जच्चविविधागिरः ६२ अभ्यद्रवद्रणेदेवान्भगवंतंचशंकरम् ॥ तैर्विसृष्टान्यनी
केषुबाणजालान्यनेकशः ६३ पर्वताश्चशतघ्न्यश्चप्रासासिपरिघागदाः ॥ निपतद्भिश्चतैर्घोरैर्देवानीकंमहायुधैः ६४ क्षणेनव्यद्रवत्सर्वंविमुखंचाप्यदृश्यत ॥
निकृत्तयोधनागाश्वंकृत्तायुधमहारथम् ६५ दानवैरर्दितंसैन्यंदेवानांविमुखंबभौ ॥ असुरैर्वध्यमानंतत्पावकैरिवकाननम् ६६ अपतद्दग्धभूयिष्ठंमहाद्रुमवनं
यथा ॥ तेविभिन्नशिरोदेहाःप्राद्रवंतोदिवौकसः ६७ ननाथमधिगच्छंतिवध्यमानामहारणे ॥ अथतद्विद्रुतंसैन्यंदृष्ट्वादेवःपुरंदरः ६८ आश्वासयन्नुवाचेदंबल
भिद्दानवार्दितम् ॥ भयंत्यजतभद्रंवःशूराःशस्त्राणिगृह्णत ६९ कुरुध्वंविक्रमेबुद्धिंमावःकाचिद्व्यथाभवेत् ॥ जयतैनान्सुदुर्वृत्तान्दानवान्घोरदर्शनान् ७०
अभिद्रवतभद्रंवोमयासहमहासुरान् ॥ शक्रस्यवचनंश्रुत्वासमाश्वस्तादिवौकसः ७१ दानवान्प्रत्ययुध्यंतशक्रंकृत्वाव्यपाश्रयम् ॥ ततस्तेत्रिदशाःसर्वेमरुत
श्चमहाबलाः ७२ प्रत्युद्ययुर्महाभागाःसाध्याश्चवसुभिःसह ॥ तैर्विसृष्टान्यनीकेषुक्रुद्धैःशस्त्राणिसंयुगे ७३ शराश्चदैत्यकायेषुपिबंतिरुधिरंबहु ॥ तेषांदेहान्वि
निर्भिद्यशरास्तेनिशितास्तदा ७४ निपतंतोऽभ्यदृश्यंतनगेभ्यइवपन्नगाः ॥ तानिदैत्यशरीराणिनिर्भिन्नानिस्मसायकैः ७५ अपतन्भूतलेराजंश्छिन्नाभ्राणी
वसर्वशः ॥ ततस्तद्दानवंसैन्यंसर्वैर्देवगणैर्युधि ७६ त्रासितंविविधैर्बाणैःकृतंचैवपराङ्मुखम् ॥ अथोत्क्रुष्टंतदाहृष्टैःसर्वैर्देवैरुदायुधैः ७७ संहतानिचतूर्याणि
प्रावाद्यंतह्यनेकशः ॥ एवमन्योन्यसंयुक्तंयुद्धमासीत्सुदारुणम् ७८ देवानांदानवानांचमांसशोणितकर्दमम् ॥ अनयोदेवलोकस्यसहसैवाभ्यदृश्यत ७९ तथा
हिदानवाघोराविनिघ्नंतिदिवौकसः ॥ ततस्तूर्यप्रणादाश्चभेरीणांचमहास्वनः ८० बभूवुर्दानवेन्द्राणांसिंहनादाश्चदारुणाः ॥ अथदैत्यबलाद्घोरान्निष्पपातम
हाबलः ८१ दानवोमहिषोनामप्रगृह्यविपुलंगिरिम् ॥ तेतंघनैरिवादित्यंदृष्ट्वासंपरिवारितम् ८२ तमुद्यतगिरिंराजन्व्यद्रवंतदिवौकसः ॥ अथाभिद्रुत्यमहि
षोदेवांश्चिक्षेपतंगिरिम् ८३ पतताऽतेनगिरिणादेवसैन्यस्यपार्थिव ॥ भीमरूपेणनिहतमयुतंप्रापतद्भुवि ८४ अथतैर्दानवैःसार्धंमहिषस्त्रासयन्सुरान् ॥ अभ्य
द्रवद्रणेतूर्णंसिंहःक्षुद्रमृगानिव ८५

८६ कूबरंधूःप्रदेशम् ८७ रेसतुःशब्दंचक्रतुः रोदसीद्यावाभूमी ८८। ८९ अहनत्हतवान् ९०। ९१। ९२। ९३। ९४। ९५। ९६ द्वारमुत्तरकुरूणामितिशेषः अगम्यमितिच्छेदः ९७ तंनद्वारेण

तमापतंतंमहिषंदृष्ट्वासेंद्रादिवौकसः ॥ व्यद्रवंतरणेभीताविकीर्णायुधकेतनाः ८६ ततःसमहिषःक्रुद्धस्तूर्णंरुद्ररथंययौ ॥ अभिद्रुत्यचजग्राहरुद्रस्यरथकूबरम् ८७ यदा रुद्ररथंक्रुद्धोमहिषःसहसाऽऽगतः ॥ रेसतूरोदसीगाढंमुमुहुश्चमहर्षयः ८८ अनदंश्चमहाकायादैत्याजलधरोपमाः ॥ आसीच्चनिश्चितंतेषांजितमस्माभिरित्युत ८९ तथाभूतेतुभगवानहनन्महिषंरणे ॥ सस्मारचतदास्कंदंमृत्युंतस्यदुरात्मनः ९० महिषोऽपिरथंदृष्ट्वारौद्रोरुद्रस्यचानदत् ॥ देवान्संत्रासयंश्चापिदैत्यांश्चापिप्रहर्षयन् ९१ ततस्तस्मिन्भयेघोरेदेवानांसमुपस्थिते ॥ आजगाममहासेनःक्रोधात्सूर्यइवज्वलन् ९२ लोहितांबरसंवीतोलोहितस्रग्विभूषणः ॥ लोहिताश्वोमहाबाहुर्हिरण्यकवचः प्रभुः ९३ रथमादित्यसंकाशमास्थितःकनकप्रभम् ॥ तंदृष्ट्वादैत्यसेनासाव्यद्रवत्सहसारणे ९४ सचापितांप्रज्वलितांमहिषस्यविदारिणीम् ॥ मुमोचशक्तिंराजेंद्रमहासेनो महाबलः ९५ सामुक्ताऽभ्यहरत्तस्यमहिषस्यशिरोमहत् ॥ पपातभिन्नेशिरसिमहिषस्त्यक्तजीवितः ९६ पतताशिरसातेनद्वारंषोडशयोजनम् ॥ पर्वताभेनपिहितंतदाऽ गम्यंततोऽभवत् ९७ उत्तराःकुरवस्तेनगच्छंत्यद्ययथासुखम् ॥ क्षिप्ताक्षिप्तातुसाशक्तिर्हत्वाशत्रून्सहस्रशः ९८ स्कंदहस्तमनुप्राप्तादृश्यतेदेवदानवैः ॥ प्रायःशरैर्विनिह तामहासेनेनधीमता ९९ शेषादैत्यगणाघोराभीतास्त्रस्तादुरासदैः ॥ स्कंदपारिषदैर्हत्वाभक्षिताश्चसहस्रशः १०० दानवान्भक्षयंतस्तेप्रपिबंतश्चशोणितम् ॥ क्षणान्निर्दा नवंसर्वमकार्षुर्भृशहर्षिताः १०१ तमांसीवयथासूर्योवृक्षानग्निर्घनान्खगः ॥ तथास्कंदोऽजयच्छत्रून्स्वेनवीर्येणकीर्तिमान् २ संपूज्यमानस्त्रिदशैरभिवाद्यमहेश्वरम् ॥ शुशुभेकृत्तिकापुत्रःप्रकीर्णांशुरिवांशुमान् ३ नष्टशत्रुर्यदास्कंदःप्रयातस्तुमहेश्वरम् ॥ तदाऽब्रवीन्महासेनंपरिष्वज्यपुरंदरः ४ ब्रह्मदत्तवरःस्कंदत्वयाऽयंमहिषोहतः ॥ देवास्तृणसमायस्यबभूवुर्जयतांवर ५ सोऽयंत्वयामहाबाहोशमितोदेवकंटकः ॥ शतंमहिषतुल्यानांदानवानांत्वयारणे ६ निहतंदेवशत्रूणांयैर्वयंपूर्वतापिताः ॥ तावकै र्भक्षिताश्चान्येदानवाःशतसंघशः ७ अजेयस्त्वंरणेऽरीणामुमापतिरिवप्रभुः ॥ एतत्तेप्रथमंदेवख्यातंकर्मभविष्यति ८ त्रिषुलोकेषुकीर्तिश्चतवाक्षय्याभविष्यति ॥ वशगाश्चभविष्यंतिसुरास्तवमहाभुज ९ महासेनमेवमुक्त्वानिवृत्तःसहदैवतैः ॥ अनुज्ञातोभगवतात्र्यंबकेणशचीपतिः ११० गतोभद्रवटंरुद्रोनिवृत्ताश्चदिवौ कसः ॥ उक्ताश्चदेवारुद्रेणस्कंदंपश्यतमामिव ११ सहत्वादानवगणान्पूज्यमानोमहर्षिभिः ॥ एकाह्नैवाजयत्सर्वंत्रैलोक्यंवह्निनंदनः १२ स्कंदस्ययइदंविप्रः पठेज्जन्मसमाहितः ॥ सपुष्टिमिहसंप्राप्यस्कंदसालोक्यमाप्नुयात् ११३ ॥ इतिश्रीमहाभारतेआरण्यकेपर्वणिमार्कंडेयसमास्यापर्वणिआंगिरसेस्कंदोत्पत्तौमहिषा सुरवधेएकत्रिंशदधिकद्विशततमोऽध्यायः ॥ २३१ ॥

९८। ९९। १००। १। २। ३। ४। ५। ६। ७। ८। ९। ११०। ११। १२। ११३ ॥ इत्यारण्यकेपर्वणि नैलकंठीये भारतभावदीपे एकत्रिंशदधिकशततमोऽध्यायः ॥ २३१ ॥

सर्वेषांग्रहाणांस्कंदाधीनत्वात्तच्छांतयेस्कंदंप्रार्थयितुकामस्तदीयंनामादिकंपृच्छति भगवन्निति १।२।३ कामजित्पूर्णमनोरथः ४ कूटंकपटंबालग्रहादि तेनमोहयतीतिकूटमोहनः ५ कन्याभर्ताअग्निपुत्रत्वेनअग्नि
रूपत्वात्तृतीयोऽग्निष्टेपतिरितिमंत्रवर्णाच्च ६।७।८।९ जुष्टंसेवितम् १० ब्रह्मण्योब्राह्मणेषुसाधुः ब्रह्मजोवेदोक्तेनगर्भाधानादिकर्मणाजातः अतएवहेतुद्वयात्ब्रह्मविद्वेदार्थज्ञाता ततएवब्रह्मेब्रह्मणिकर्मब्रह्मरूपेशेते
इतिब्रह्मेशयःअदंतत्वमार्षं कर्मब्रह्मनिष्ठावानित्यर्थः ब्रह्मवतांकर्मोपास्तिज्ञानवतांवरिष्ठोज्ञानीत्यर्थः वरिष्ठत्वेहेतुर्ब्रह्मप्रियस्तत्कर्मोपास्तिपरः ब्राह्मणोब्रह्मवित्तेनसहसमानंव्रतमद्रोहत्वादिरूपंयस्यसब्राह्मणसव्रती

युधिष्ठिरउवाच ॥ भगवन्श्रोतुमिच्छामिनामान्यस्यमहात्मनः ॥ त्रिषुलोकेषुयान्यस्यविख्यातानिद्विजोत्तम १ ॥ वैशंपायनउवाच ॥ इत्युक्तःपांडवेयेनमहात्माऋ
षिसन्निधौ ॥ उवाचभगवांस्तत्रमार्कंडेयोमहातपाः २ ॥ मार्कंडेयउवाच ॥ आग्नेयश्चैवस्कंदश्चदीप्तकीर्तिरनामयः ॥ मयूरकेतुर्धर्मात्माभूतेशोमहिषार्दनः ३ काम
जित्कामदःकांतःसत्यवाग्भुवनेश्वरः ॥ शिशुःशीघ्रःशुचिश्चंडोदीप्तवर्णःशुभाननः ४ अमोघस्त्वनघोरौद्रःप्रियश्चंद्राननस्तथा ॥ दीप्तशक्तिःप्रशांतात्माभद्रकृत्कूटमोहनः
५ षष्ठीप्रियश्चधर्मात्मापवित्रोमातृवत्सलः ॥ कन्याभर्ताविभक्तश्चस्वाहेयोरेवतीसुतः ६ प्रभुर्नेताविशाखश्चनैगमेयःसुदुश्चरः ॥ सुव्रतोललितश्चैवबालक्रीडनकप्रियः
७ खचारीब्रह्मचारीचशूरःशरवणोद्भवः ॥ विश्वामित्रप्रियश्चैवदेवसेनाप्रियस्तथा ८ वासुदेवप्रियश्चैवप्रियःप्रियकृदेवतु ॥ नामान्येतानिदिव्यानिकार्तिकेयस्ययःप
ठेत् ॥ स्वर्ग्यंकीर्तिंधनंचैवसलभेन्नात्रसंशयः ९ ॥ मार्कंडेयउवाच ॥ स्तोष्यामिदेवैर्ऋषिभिश्चजुष्टंशक्त्यागुहंनामभिरप्रमेयम् ॥ षडाननंशक्तिधरंसुवीरंनिबोधचैता
निकुरुप्रवीर १० ब्रह्मण्योवैब्रह्मजोब्रह्मविच्चब्रह्मेशयोब्रह्मवतांवरिष्ठः ॥ ब्रह्मप्रियोब्राह्मणसव्रतीत्वंब्रह्मज्ञोवैब्राह्मणानांचनेता ११ स्वाहास्वधात्वंपरमंपवित्रंमंत्रस्तुतस्त्वं
प्रथितःषडर्चिः ॥ संवत्सरस्त्वमृतवश्चषड्वैमासार्धमासावयनंदिशश्च १२ त्वंपुष्कराक्षस्त्वरविंदवक्त्रःसहस्रवक्त्रोऽसिसहस्रबाहुः ॥ त्वंलोकपालःपरमंहविश्चत्वंभावनःस
र्वसुरासुराणाम् १३ त्वमेवसेनाधिपतिःप्रचंडःप्रभुर्विभुश्चाप्यथशत्रुजेता ॥ सहस्रभूस्त्वंधरणीत्वमेवसहस्रतुष्टिश्चसहस्रभुक्च १४ सहस्रशीर्षस्त्वमनंतरूपःसहस्रपात्त्वं
गुहशक्तिधारी ॥ गंगासुतस्त्वंस्वमतेनदेवस्वाहामहीकृत्तिकानांतथैव १५ त्वंक्रीडसेषण्मुखकुक्कुटेनयथेष्टनानाविधकामरूपी ॥ दीक्षाऽसिसोमोमरुतःसदैवधर्मोऽसिवा
युरचलेंद्रइंद्रः १६ सनातनानामपिशाश्वतस्त्वंप्रभुःप्रभूणामपिचोग्रधन्वा ॥ ऋतस्यकर्तादितिजांतकस्त्वंजेतारिपूणांप्रवरःसुराणाम् १७ सूक्ष्मंतपस्तत्परमंत्वमेवपरा
वरज्ञोऽसिपरावरस्त्वम् ॥ धर्मस्यकामस्यपरस्यचैवत्वत्तेजसाकृत्स्नमिदंमहात्मन् १८ व्याप्तंजगत्सर्वसुरप्रवीरशक्त्यामयासंस्तुतलोकनाथ ॥ नमोऽस्तुतेद्वादशनेत्रबा
होअतःपरंवेद्मिगतिंनतेऽहम् १९ स्कंदस्ययइदंविप्रःपठेज्जन्मसमाहितः ॥ श्रावयेद्ब्राह्मणेभ्योयःशृणुयाद्वाद्विजेरितम् २० धनमायुर्यशोदीप्तंपुत्राञ्शत्रुजयंतथा ॥ सपु
ष्टितुष्टीसंप्राप्यस्कंदसालोक्यमाप्नुयात् २१ ॥ इतिश्रीमहाभारतेआरण्यकेपर्वणिमार्कंडेयसमास्यापर्वणिआंगिरसेकार्तिकेयस्तवेद्वात्रिंशदधिकद्विशततमोऽध्यायः
॥ २३२ ॥ ॥ ॥ ॥ ॥ ॥ समाप्तंचमार्कंडेयसमास्यापर्व ॥ ॥ ॥ ॥ ॥ ॥ ॥ ॥ ॥

अतएवब्रह्मज्ञःशुद्धब्रह्मवित् ब्राह्मणानांनेताब्रह्मपदप्रापकः ११ षडर्चिःषण्मुखत्वात्षड्जिह्वः १२।१३।१४।१५।१६।१७।१८।१९ । २० । २१ ॥ इत्यारण्यकेपर्वणि नैलकंठीये
भारतभावदीपे द्वात्रिंशदधिकद्विशततमोऽध्यायः ॥ २३२ ॥ ॥ ॥ ॥ ॥ ॥ ॥ ॥ ॥ ॥ ॥ ॥ ॥ ॥

पतिव्रतोपाख्यानेसूचितानस्त्रीधर्मान्विवरीतुंद्रौपदीसत्यभामासंवादमारभते उपासीनेषुविप्रेष्वित्यादिना। सममेकत्र १ जाहस्यमानेपरस्परमतिशयेनहसंत्यौ २ कुरुयदूत्थिताः कुरुषुयदुषुचोत्पन्नाः ३ । ४ संहता नदृढांगान् ५ । ६ व्रतंसोमवारव्रतादि तपउपवासादि स्नानंसंगमादौ मंत्रोपेतमौषधंवशीकरणार्थं विद्याकामशास्त्रोक्ता । 'रतांतेवामपादेनभर्तुर्लिंगमुपस्पृशेत् । यावज्जीवंपतिस्तस्यानर्भदासोभवे ध्रुवम्'इत्यादिका तद्वीर्यं । मूलवीर्यंमूलंअप्रच्युतंतारुण्यादितद्वीर्यं जपहोमागदाःविशकलिताःसमुदितावा अगदोऽञ्जनादिरौषधम् ७ भगदैवतंसौभाग्यवर्धकंसौरव्रतादिकं भगवेदनमितिपाठेसौभाग्यसूचकं वशानु

॥ अथद्रौपदीसत्यभामासंवादपर्व ॥ ॥ वैशंपायनउवाच ॥ ॥ उपासीनेषुविप्रेषुपांडवेषुमहात्मसु ॥ द्रौपदीसत्यभामाचविविशातेतदासमम् १ जाहस्यमानेसुप्रीतेसुखंतत्रनिषीदतुः ॥ चिरस्यदृष्ट्वाराजेंद्रतेऽन्योऽन्यस्यप्रियंवदे २ कथयामासतुश्चित्राःकथाःकुरुयदूत्थिताः ॥ अथाब्रवीत्सत्य भामाकृष्णस्यमहिषीप्रिया ३ सात्राजितीयाज्ञसेनींरहसीदंसुमध्यमा ॥ केनद्रौपदिवृत्तेनपांडवानधितिष्ठसि ४ लोकपालोपमान्वीरान्पुनःपरमसंहतान् ॥ कथंचवशगास्तुभ्यंनकुप्यंतिचतेशुभे ५ तववश्याहिसततंपांडवाःप्रियदर्शने ॥ मुखप्रेक्षाश्चतेसर्वेतत्त्वमेतद्ब्रवीहिमे ६ व्रतचर्यातपोवाऽपिस्नानमंत्रौषधानि वा ॥ विद्यावीर्यंमूलवीर्यंजपहोमागदास्तथा ७ ममाद्याचक्ष्वपांचालियशस्यंभगदैवतम् ॥ येनकृष्णेभवेन्नित्यंममकृष्णोवशानुगः ८ एवमुक्त्वासत्यभामाविर रामयशस्विनी ॥ पतिव्रतामहाभागाद्रौपदीप्रत्युवाचताम् ९ असत्स्त्रीणांसमाचारंसत्येमामनुपृच्छसि ॥ असदाचरितेमार्गेकथंस्यादनुकीर्तनम् १० अनु प्रश्नःसंशयोवानैतत्त्वय्युपपद्यते ॥ तथाह्युपेताबुद्ध्यात्वंकृष्णस्यमहिषीप्रिया ११ यदैवभर्ताजानीयान्मंत्रमूलपरांस्त्रियम् ॥ उद्विजेततदैवास्याःसर्पाद्वेश्म गतादिव १२ उद्विग्नस्यकुतःशांतिरशांतस्यकुतःसुखम् ॥ नजातुवशगोभर्तास्त्रियाःस्यान्मंत्रकर्मणा १३ अमित्रप्रहितांश्चापिगदान्परमदारुणान् ॥ मूलप्रचारै र्हिविषंप्रयच्छंतिजिघांसवः १४ जिह्वयायानिपुरुषस्त्वचावाऽप्युपसेवते ॥ तत्रचूर्णानिदत्तानिहन्युःक्षिप्रमसंशयम् १५ जलोदरसमायुक्ताःश्वित्रिणःपलिता स्तथा ॥ अपुमांसःकृताःस्त्रीभिर्जडांधबधिरास्तथा १६ पापानुगास्तुपापास्ताःपतीनुपसृजंत्युत ॥ नजातुविप्रियंभर्तुःस्त्रियाकार्यंकथंचन १७ वर्ताम्यहंतुयांवृ त्तिंपांडवेषुमहात्मसु ॥ तांसर्वांशृणुमेसत्यांसत्यभामेयशस्विनि १८ अहंकारंविहायाहंकामक्रोधौचसर्वदा ॥ सदारान्पांडवान्नित्यंप्रयतोपचराम्यहम् १९ प्रणयंप्रतिसंहृत्यनिधायात्मानमात्मनि ॥ शुश्रूषुर्निरभीमानापतीनांचित्तरक्षिणी २० दुर्व्याहृताच्छंकमानादुस्थिताद्दुरवेक्षितात् ॥ दुरासिताद्दुर्व्रजितादिंगिता ध्यासितादपि २१ सूर्यवैश्वानरसमान्सोमकल्पान्महारथान् ॥ सेवेचक्षुर्हणःपार्थानुग्रवीर्यप्रतापिनः २२

गइच्छानुसारी ८ । ९ हेसत्ये अनुकीर्तनमुत्तरम् १० । ११ । १२ । १३ औषधादिप्रयोगेऽनिष्टमाहअमित्रेति । गदान्रोगान् १४ । १५ जलोदरःउदररोगः । वृकोदरइतिपाठे कुक्षिव्याधिर्भस्मकनामा । श्वि त्रिणःकुष्ठवंतः १६ उपसृजंतिदोषैर्योजयंति १७ । १८ सदारानितिसपत्नीनामपिसेवनंपतिप्रीत्यर्थंकर्तव्यमित्यर्थः १९ प्रणयमीर्ष्यां आत्मानंचित्तं आत्मनिस्वस्मिन् निरभिमानादर्पहीना २० इंगितमभि प्रायः अध्यासितःक्षिप्तोयस्मिन्कटाक्षेतस्मादिंगिताध्यासितात् २१ चक्षुर्हणःदृष्ट्यैवरिपून्घ्नंतिलाद्दशान् २२

अभिरूपःसुंदरः २३ नाभुक्तवतीति । भर्तरिअभुक्तवति माश्नामीत्यपकृष्यते । तथाअस्नाते नस्नामीतिशेषः तथाकर्मकरेषुभृत्येष्वपिअसंविष्टेषुनसंविशामि अनाशितेषुनाश्नामीतिचत्रिपरिणामापकर्षणेनयोज्यं
२४ । २५ प्रमृष्टभांडासंमार्जितगृहोपकरणा २६ अतिरस्कृतसंभाषातिरस्कारशून्यवचना २७ अनर्मपरिहासहीनं हसितंहासः स्थानंस्थितिं अवस्करेतिरस्करोमि किरतेरिदंरूपं उत्करेइतिवा निष्कुटेषुगृहा

देवोमनुष्योगंधर्वोयुवाचापिस्वलंकृतः ॥ द्रव्यवानभिरूपोवानमेऽन्यःपुरुषोमतः २३ नाभुक्तवतिनास्नातेनासंविष्टेचभर्तरि ॥ नसंविशामिनाश्नामिसदाकर्मकरेष्वपि
२४ क्षेत्राद्वनाद्वाग्रामाद्वाभर्तारंगृहमागतम् ॥ अभ्युत्थायाभिनंदामिआसनेनोदकेनच २५ प्रमृष्टभांडामृष्टान्नाकालेभोजनदायिनी ॥ संयतागुप्तधान्याचसुसंमृष्टनि
वेशना २६ अतिरस्कृतसंभाषादुःस्त्रियोनानुसेवती ॥ अनुकूलवतीनित्यंभवाम्यनलसासदा २७ अनर्मचापिहसितंद्वारिस्थानमभीक्ष्णशः ॥ अवस्करेचिरस्थानं
निष्कुटेषुचवर्जये २८ अतिहासातिरोषौचक्रोधस्थानंचवर्जये ॥ निरताऽहंसदासत्येभर्तॄणामुपसेवने २९ सर्वथाभर्तृरहितंनममेष्टंकथंचन ॥ यदाप्रवसतेभर्ताकुटुंबार्थे
नकेनचित् ३० सुमनोवर्णकापेताभवामिव्रतचारिणी ॥ यच्चभर्तानपिबतियच्चभर्तानसेवते ३१ यच्चनाश्नातिमेभर्तासर्वंतद्वर्जयाम्यहम् ॥ यथोपदेशंनियतावर्तमाना
वरांगने ३२ स्वलंकृतासुप्रयताभर्तुःप्रियहितेरता ॥ येचधर्माःकुटुंबेषुश्वश्र्वामेकथिताःपुरा ३३ भिक्षाबलिःश्राद्धमितिस्थालीपाकाश्चपर्वसु ॥ मान्यानांमानस
त्कारायेचान्येविदितामम ३४ तान्सर्वाननुवर्तामिदिवारात्रमतंद्रिता ॥ विनयान्नियमांश्चैवसदासर्वात्मनाश्रिता ३५ मृदून्सतःसत्यशीलान्सत्यधर्मानुपालिनः ॥
आशीविषानिवक्रुद्धान्पतीन्परिचराम्यहम् ३६ पत्याश्रयोहिमेधर्मोमतःस्त्रीणांसनातनः ॥ सदेवःसागतिर्नान्यातस्यकाविप्रियंचरेत् ३७ अहंपतीन्नातिश
येनात्यश्नेनातिभूषये ॥ नापिपरिवदेश्वश्रूंसर्वदापरियंत्रिता ३८ अवधानेनसुभगेनित्योत्थिततयैवच ॥ भर्तारोवशगामह्यंगुरुशुश्रूषयैवच ३९ नित्यमार्यामहं
कुंतींवीरसूंसत्यवादिनीम् ॥ स्वयंपरिचराम्येतांपानाच्छादनभोजनैः ४० नैतामतिशयेजातुवस्त्रभूषणभोजनैः ॥ नापिपरिवदेचाहंतांपृथांपृथिवीसमाम् ४१
अष्टावग्रेब्राह्मणानांसहस्राणिस्मनित्यदा ॥ भुंजतेरुक्मपात्रीषुयुधिष्ठिरनिवेशने ४२ अष्टाशीतिसहस्राणिस्नातकागृहमेधिनः ॥ त्रिंशद्दासीकएकैकोयान्बिभ
र्तियुधिष्ठिरः ४३ दशान्यानिसहस्राणियेषामन्नंसुसंस्कृतम् ॥ ह्रियतेरुक्मपात्रीभिर्यतीनामूर्ध्वरेतसाम् ४४ तान्सर्वानग्रहारेणब्राह्मणान्वेदवादिनः ॥ यथा
र्हंपूजयामिस्मपानाच्छादनभोजनैः ४५ शतंदासीसहस्राणिकौंतेयस्यमहात्मनः ॥ कंबुकेयूरधारिण्योनिष्ककंठ्यःस्वलंकृताः ४६ महार्हमाल्याभरणाःसुवर्णा
श्चंदनोक्षिताः ॥ मणीन्हेमचबिभ्रत्योनृत्यगीतविशारदाः ४७ तासांनामचरूपंचभोजनाच्छादनानिच ॥ सर्वासामेववेदाहंकर्मचैवकृताकृतम् ४८

रामेषु २८ । २९ भर्तृरहितंभर्तृवियोगः ३० सुमनोवर्णकापेतापुष्पैरनुलेपनैश्चवर्जिता ३१ । ३२ । ३३ मानःपूजा सत्कारआदरः ३४ । ३५ । ३६ । ३७ नातिशयेनातिक्रमामि नपरिवदे नानिंदामि
३८ अवधानेनअप्रमादेन मह्यंमम ३९ । ४० । ४१ । ४२ । ४३ । ४४ अग्रहारेण वैश्वदेवांतेप्रथमदेयेनान्नेन ४५ । ४६ । ४७ । ४८

४९ अनुयात्रंस्वैरयात्रायामपिपरिवारभूतम् ५० । ५१ वेदवेद्मि ५२ । ५३ । ५४ । ५५ । ५६ । ५७ संवननंवशीकरणम् ५८ । ५९ । ६० अभिपन्नाप्रार्थयाना ६१ ॥ इत्यारण्यकेपर्वणि नीलकंठीये

॥१९९॥ अ०

२३४

शतंदासीसहस्राणिकुंतीपुत्रस्यधीमतः ॥ पात्रीहस्तादिवारात्रमतिथीन्भोजयंत्युत ४९ शतमश्वसहस्राणिदशनागायुतानिच ॥ युधिष्ठिरस्यानुयात्रमिंद्रप्रस्थनिवासिनः ५० एतदासीत्तदाराज्ञोयन्महींपर्यपालयत् ॥ येषांसंख्याविधिंचैवप्रदिशामिशृणोमिच ५१ अंतःपुराणांसर्वेषांभृत्यानांचैवसर्वशः ॥ आगोपालाविपालेभ्यःसर्वंवेदकृताकृतम् ५२ सर्वंराज्ञःसमुदयमायंचव्ययमेवच ॥ एकाऽहंवेद्मिकल्याणिपांडवानांयशस्विनि ५३ मयिसर्वंसमासज्यकुटुंबंभरतर्षभाः ॥ उपासनरताःसर्वेघटयंतिवरानने ५४ तमहंभारमासक्तमनाधृष्यंदुरात्मभिः ॥ सुखंसर्वंपरित्यज्यरात्र्यहानिघटामिवै ५५ अधृष्यंवरुणस्येवनिधिपूर्णमिवोदधिम् ॥ एकाहंवेद्मिकोशंवैपतीनांधर्मचारिणाम् ५६ अनिशायांनिशायांचसहायाक्षुत्पिपासयोः ॥ आराधयंत्याःकौरव्यांस्तुल्यारात्रिरहश्वमे ५७ प्रथमंप्रतिबुद्ध्यामिचरमंसंविशामिच ॥ नित्यकालमहंसत्येएतत्संवननंमम ५८ एतज्जानाम्यहंकर्तुंभर्तृसंवननंमहत् ॥ असत्स्त्रीणांसमाचारंनाहंकुर्यांनकामये ५९ ॥ वैशंपायनउवाच ॥ तच्छ्रुत्वाधर्मसहितंव्याहृतंकृष्णयातदा ॥ उवाचसत्यासत्कृत्यपांचालींधर्मचारिणीम् ६० अभिपन्नास्मिपांचालियाज्ञसेनिक्षमस्वमे ॥ कामकारःसखीनांहिसोपहासंप्रभाषितम् ६१

॥ इतिश्रीमहाभारतेआरण्यकेपर्वणिद्रौपदीसत्यभामासंवादपर्वणित्रयस्त्रिंशदधिकद्विशततमोऽध्यायः ॥ २३३ ॥ द्रौपद्युवाच ॥ इमंतुतेमार्गमपेतमोहंवक्ष्यामिचित्तग्रहणायभर्तुः ॥ अस्मिन्यथावत्सखिवर्तमानाभर्तारमाच्छेत्स्यसिकामिनीभ्यः १ नैतादृशंदैवतमस्तिसत्येसर्वेषुलोकेषुसदेवकेषु ॥ यथापतिस्तस्यतुसर्वकामालभ्याःप्रसादात्कुपितश्चहन्यात् २ तस्मादपत्यंविविधाश्चभोगाःशय्यासनान्युत्तमदर्शनानि ॥ वस्त्राणिमाल्यानितथैवगंधाःस्वर्गश्चलोकोविपुलाचकीर्तिः ३ सुखंसुखेनेहनजातुलभ्यंदुःखेनसाध्वीलभतेसुखानि ॥ साकृष्णमाराधयसौहृदेनप्रेम्णाचनित्यंप्रतिकर्मणाच ४ तथाऽऽसनैश्चारुभिरग्र्यमाल्यैर्दाक्षिण्ययोगैर्विविधैश्चगंधैः ॥ अस्याःप्रियोऽस्मीतियथाविदित्वात्वामेवसंश्लिष्यतितद्विधत्स्व ५ श्रुत्वास्वरंद्वारगतस्यभर्तुःप्रत्युत्थितातिष्ठगृहस्यमध्ये ॥ दृष्ट्वाप्रविष्टंत्वरिताऽऽसनेनपाद्येनचैनंप्रतिपूजयस्व ६ संप्रेषितायामथचैवदास्यामुत्थायसर्वंस्वयमेवकार्यम् ॥ जानातुकृष्णस्तवभावमेतंसर्वात्मनामांभजतीतिसत्ये ७ त्वत्सन्निधौयत्कथयेत्पतिस्तेयद्यप्यगुह्यंपरिरक्षितव्यम् ॥ काचित्सपत्नीतववासुदेवंप्रत्यादिशेत्तेनभवेद्विरागः ८ प्रियांश्चरक्तांश्चहितांश्चभर्तुस्तान्भोजयेथाविविधैरुपायैः ॥ द्वेष्यैरुपेक्ष्यैरहितैश्चतस्यभिद्यस्वनित्यंकुहकोद्यतैश्च ९ मदंप्रमादंपुरुषेषुहित्वासंयच्छभावंप्रतिगृह्यमौनम् ॥ प्रद्युम्नसांबावपितेकुमारौनोपासितव्यौरहितेकदाचित् १० महाकुलीनाभिरपापिकाभिःस्त्रीभिःसतीभिस्तवसख्यमस्तु ॥ चंडाश्चशौंडाश्चमहाशनाश्चचौराश्चदुष्टाश्चपलाश्चवर्ज्याः ११

भारतभावदीपे त्रयस्त्रिंशदधिकद्विशततमोऽध्यायः ॥ २३३ ॥ इममिति । आच्छेत्स्यसिवलाद्धरिष्यसि कामिनीभ्यःसपत्नीभ्यः १ । २ । ३ प्रतिकर्मणाकायक्लेशेन ४ । ५ । ६ । ७ । ८ । ९ रहितेविजने १० चंडाःक्रूराः शौंडाःपराभिभवसमर्थाः महाशनाःबहुभुजः दुष्टाःद्वेषाद्याक्रांताःस्त्रियोवर्ज्याइतिशेषः ११

॥१९९॥

भगदैवतंभाग्यकरं ॥ १२ ॥ ॥ इत्यारण्यकेपर्वणि नीलकंठीये भारतभावदीपे चतुस्त्रिंशदधिकद्विशततमोऽध्यायः ॥ २३४ ॥ मार्कंडेयादिभिरिति १ संविदंभाषां २ स्वजित्वाआश्लिष्य ३ कृष्णेहेद्रौपदि ४ । ५ निर्द्वंद्वानिष्प्रतिपक्षा ६ । ७ । ८ । ९ । १० । ११ । १२ । १३ । १४ । १५ प्रणयःस्नेहः १६ । १७ उपावर्त्यपांडवानितिशेषः १८ ॥ इत्यारण्यकेपर्वणि नीलकंठीये

एतद्यशस्यंभगदैवतंचस्वार्थंतथाशत्रुनिबर्हणंच ॥ महार्हमाल्याभरणांगरागाभर्तारमाराधयपुण्यगंधा १२ ॥ इतिश्रीमहाभारतेआरण्यकेपर्वणिद्रौपदीसत्यभा
मासंवादपर्वणिद्रौपदीकर्तव्यकथनेचतुस्त्रिंशदधिकद्विशततमोऽध्यायः ॥ २३४ ॥ ॥ ॥ ॥ ॥ वैशंपायनउवाच ॥ ॥ मार्कंडेयादिभिर्विप्रैः
पांडवैश्चमहात्मभिः ॥ कथाभिरनुकूलाभिःसहस्थित्वाजनार्दनः १ ततस्तैःसंविदंकृत्वायथावन्मधुसूदनः ॥ आरुरुक्षूरथंसत्यामाह्वयामासकेशवः २ सत्यभामातत
स्तत्रस्वजित्वाद्रुपदात्मजाम् ॥ उवाचवचनंहृद्यंयथाभावंसमाहितम् ३ कृष्णेमाभूत्तवोत्कंठामाव्यथामाप्रजागरः ॥ भर्तृभिर्देवसंकाशैर्जितांप्राप्स्यसिमेदिनीम् ४
नह्येवंशीलसंपन्नानैवंपूजितलक्षणाः ॥ प्राप्नुवंतिचिरंक्लेशंयथात्वमसितेक्षणे ५ अवश्यंचत्वयाभूमिरियंनिहतकंटका ॥ भर्तृभिःसहभोक्तव्यानिर्द्वंद्वेतिश्रुतंमया ६ धा
र्तराष्ट्रवधंकृत्वावैराणिप्रतियात्यच ॥ युधिष्ठिरस्थांपृथिवींद्रक्ष्यसेद्रुपदात्मजे ७ यास्ताःप्रव्राजमानांत्वांप्राहसन्दर्पमोहिताः ॥ ताःक्षिप्रंहतसंकल्पाद्रक्ष्यसित्वंकुरुस्त्रियः
८ तवदुःखोपपन्नायायैराचरितमप्रियम् ॥ विद्धिसंप्रस्थितान्सर्वांस्तान्कृष्णेयमसादनम् ९ पुत्रास्तेप्रतिविंध्यश्चसुतसोमस्तथाविधः ॥ श्रुतकर्मार्जुनिश्चैवशतानीकश्च
नाकुलिः १० सहदेवाच्चयोजातःश्रुतसेनस्तवात्मजः ॥ सर्वेकुशलिनोवीराःकृतास्त्राश्चसुतास्तव ११ अभिमन्युरिवप्रीताद्वारवत्यांरताभृशम् ॥ त्वमिवैषांसुभद्राचप्री
त्यासर्वात्मनास्थिता १२ प्रीयतेतवनिर्द्वंद्वातेभ्यश्चविगतज्वरा ॥ दुःखितातेनदुःखेनसुखेनसुखितातथा १३ भजेत्सर्वात्मनाचैवप्रद्युम्नजननीतथा ॥ भानुप्रभृतिभि
श्चैनान्विशिनष्टिचकेशवः १४ भोजनाच्छादनेचैषांनित्यंमेश्वशुरःस्थितः ॥ रामप्रभृतयःसर्वेभजंत्यंधकवृष्णयः १५ तुल्योहिप्रणयस्तेषांप्रद्युम्नस्यचभाविनि ॥ एव
मादिप्रियंसत्यंहृद्यमुक्त्वामनोनुगम् १६ गमनायमनश्चक्रेवासुदेवरथंप्रति ॥ तांकृष्णांकृष्णमहिषीचकाराभिप्रदक्षिणम् १७ आरुरोहरथंशौरेःसत्यभामाऽथभाविनी ॥
स्मयित्वातुयदुश्रेष्ठोद्रौपदींपरिसांत्व्यच ॥ उपावर्त्यततःशीघ्रैर्हयैःप्रायात्पुरंस्वकम् १८ ॥ इतिश्रीमहाभारतेआरण्यकेपर्वणिद्रौपदीसत्यभामासंवादपर्वणिकृष्णगम
नेपंचत्रिंशदधिकद्विशततमोऽध्यायः ॥ २३५ ॥ ॥ समाप्तमिदंद्रौपदीसत्यभामासंवादपर्व ॥ अथघोषयात्रापर्व ॥ ॥ जनमेजयउवाच ॥ एवंवनेवर्तमानानरा
ग्र्याःशीतोष्णवातातपकर्शितांगाः ॥ सरस्तदासाद्यवनंचपुण्यंततःपरंकिमकुर्वतपार्थाः १ ॥ वैशंपायनउवाच ॥ सरस्तदासाद्यतुपांडुपुत्राजनंसमुत्सृज्यविधायवेश्म ॥
वनानिरम्याण्यथपर्वतांश्चनदीप्रदेशांश्चतदाविचेरुः २ तथावनेतान्वसतःप्रवीरान्स्वाध्यायवंतश्चतपोधनांश्च ॥ अभ्याययुर्वेदविदःपुराणास्तान्पूजयामासुरथोनराग्र्याः ३

भारतभावदीपे पंचत्रिंशदधिकद्विशततमोऽध्यायः ॥ २३५ ॥ एवंवनेवर्तमानाइत्यादेःस्त्रपुरंतिविशुस्तदेत्यंतस्यग्रंथस्य ईर्ष्यालुर्दुर्योधनवदपमानंप्राप्नोति साधुश्चयुधिष्ठिरवच्छत्रूनप्युपकरोतीतितात्पर्यं सरो द्वैतवनस्थम् १ जनंसमुदायं वेश्मगृहं नदीप्रदेशान् तत्समीपस्थानेच २ वनेद्वैतवने ३

नृपंधृतराष्ट्रम् ४ । ५ । ६ । ७ । ८ रंकोर्मृगविशेषस्यलोमराशिमयीतूलिकारांकवकूटम् ९ इडातलस्थःभूतलस्थः । 'इडातुबुधयोषिति । सौरभेय्यांचवचनेवसुप्रशामपिस्त्रियाम्'इतिमेदिनी १० । ११
१२ उग्रतेजाअर्जुनः १३ प्रजागरस्थौभुविशयानेइतिशेषः १४ । १५ अन्यैःअन्येभ्योऽधिकः प्रतीक्षतीत्यप्युपपदाभावेऽपिच्छांदसोगर्हायांलट् १६ । १७ । १८ । १९ । २० । २१ शुभेति । फलंस्वर्गनरक

॥२००॥ ततःकदाचित्कुशलःकथासुविप्रोऽभ्यगच्छद्भुविकौरवेयान् ॥ सतैःसमेत्याथयदृच्छयैववैचित्रवीर्यंनृपमभ्यगच्छत् ४ अथोपविष्टःप्रतिसत्कृतश्चवृद्धेनराज्ञाकुरुसत्तमे
न ॥ प्रचोदितःसंकथयांबभूवधर्मानिलेंद्रप्रभवान्यमौच ५ कृशांश्चवातातपकर्शितांगान्दुःखस्यचोग्रस्यमुखेप्रपन्नान् ॥ तांचाप्यनाथामिववीरनाथांकृष्णांपरिक्लेशगुणे
नयुक्ताम् ६ ततःकथास्तस्यनिशम्यराजावैचित्रवीर्यःकृपयाऽभितप्तः ॥ वनेतथापार्थिवपुत्रपौत्रान्श्रुत्वातथादुःखनदींप्रपन्नान् ७ प्रोवाचदैन्याभिहतांतरात्मानिःश्वास
वातोपहतस्तदानीम् ॥ वाचंकथंचित्स्थिरतामुपेत्यतत्सर्वमात्मप्रभवंविचिंत्य ८ कथंनुसत्यःशुचिरार्यवृत्तोज्येष्ठःसुतानांममधर्मराजः ॥ अजातशत्रुःपृथिवीतलेस्मशे
तेपुरारांकवकूटशायी ९ प्रबोध्यतेमागधसूतपूगैर्नित्यंस्तुवद्भिःस्वयमिंद्रकल्पः ॥ पतत्रिसंघैःसजघन्यरात्रेप्रबोध्यतेनूनमिडातलस्थः १० कथंनुवातातपकर्शितांगो
वृकोदरःकोपपरिप्लुतांगः ॥ शेतेपृथिव्यामतथोचितांगःकृष्णासमक्षंवसुधातलस्थः ११ तथार्जुनःसुकुमारोमनस्वीवशेस्थितोधर्मसुतस्यराज्ञः ॥ विदूयमानैरिवसर्व
गात्रैर्ध्रुवंनशेतेवसतीरमर्षात् १२ यमौचकृष्णांचयुधिष्ठिरंचभीमंचदृष्ट्वासुखविप्रयुक्तम् ॥ विनिःश्वसन्सर्पइवोग्रतेजाध्रुवंनशेतेवसतीरमर्षात् १३ यथायमौचाप्यसुखौ
सुखार्हौसमृद्धरूपावमरौदिवीव ॥ प्रजागरस्थौध्रुवमप्रशांतौधर्मेणसत्येनचवार्यमाणौ १४ समीरणेनाथसमोबलेनसमीरणस्यैवसुतोबलीयान् ॥ सधर्मपाशेनसितोऽग्र
जेनध्रुवंविनिःश्वस्यसहत्यमर्षम् १५ सचापिभूमौपरिवर्तमानोवधंसुतानांममकांक्षमाणः ॥ सत्येनधर्मेणचवार्यमाणःकालंप्रतीक्षत्यधिकोरणेऽन्यैः १६ अजातशत्रौतु
जितेनिकृत्त्यादुःशासनोयत्परुषाण्यवोचत् ॥ तानिप्रविष्टानिवृकोदरांगंदहंतिकक्षाग्निरिवेंधनानि १७ नपापकंध्यास्यतिधर्मपुत्रोधनंजयश्चाप्यनुवर्त्स्यतेतम् ॥ अरण्य
वासेनविवर्धतेतुभीमस्यकोपोऽग्निरिवानिलेन १८ सतेनकोपेनविदह्यमानःकरंकरेणाभिनिपीड्यवीरः ॥ विनिःश्वसत्युष्णमतीवघोरंदहन्निवेमान्ममपुत्रपौत्रान् १९
गांडीवधन्वाचवृकोदरश्चसंरंभिणावंतककालकल्पौ ॥ नशेषयेतांयुधिशत्रुसेनांशरान्किरंतावशनिप्रकाशान् २० दुर्योधनःशकुनिःसूतपुत्रोदुःशासनश्चापिसुमंदचेताः ॥
मधुप्रपश्यंतिनतुप्रपातंयद्द्यूतमालंब्यहरंतिराज्यम् २१ शुभाशुभंकर्मनरोहिकृत्वाप्रतीक्षतेतस्यफलंस्मकर्ता ॥ सतेनमुह्यत्यवशःफलेनमोक्षःकथंस्यात्पुरुषस्यतस्मात्
२२ क्षेत्रेसुकृष्टेह्युपितेचबीजेदेवेचवर्षत्यृतुकालयुक्तम् ॥ नस्यात्फलंतस्यकुतःप्रसिद्धिरन्यत्रदैवादितिचिंतयामि २३ कृतंमताक्षेणयथानसाधुसाधुप्रवृत्तेनचपांडवेन ॥
मयाचदुष्पुत्रवशानुगेनयथाकुरूणामयमंतकालः २४

रूपंतेनमूढस्यतस्मान्नमोक्षोऽस्तीत्यर्थः २२ दृष्टसामग्र्यांसत्यामपिदैवप्रातिकूल्यात्फलंनजायतइत्याह क्षेत्रेइति । उपितेन्युप्ते एवंमच्चित्तेदुर्योधनादीनांचचित्ते वृद्धहितोपदेशोवृथाभवतीतिभावः २३ यथानसाधुअ
शुभंस्यात्तथामताक्षेणशकुनिनाकृतं । पांडवेनचतदानीमेवतान्अनिघ्नतासाधुकृतं मयाचतथाकृतं यथायमंतकालउपस्थितइतिशेषः २४ ॥२००॥

प्रवास्यतिव्रातइतिशेषः प्रजास्यतिअपत्यंजनयिष्यति। क्षपादौराज्यादौ एतस्यपापस्यफलमपरिहार्यमितिभावः २५ कथंतर्हिप्रागेवैतन्नचिंतितमित्याशंक्याह क्रियेतेति। यद्येवंविवेकोनृणांभवेत्तर्हिवित्तंकस्मा द्धेतोरस्मदादिरन्यायेनापिक्रियेतसाधयेत । त्वंमूर्खोऽसीतिचेदपरेऽपिपूर्वेराजानःकस्मात्वित्तंकुर्युरर्जयेयुः । अर्जितंवावित्तंपुरुषाःसाधवोऽपिकथंचिद्धर्मकामाद्यर्थेवाकस्मान्नदद्युःनपरिसृजेयुः । तस्मात्प्रा णिनांवित्तस्यार्जने अर्जितस्यपालनेचस्वाभाविकीबुद्धिरपरिहार्येतिभावः । वित्तेनेतिगौडपाठेतुवित्तेनहेतुना वित्तार्थंकस्मात्क्रियेतयत्नइतियत्नंकुर्युरितिचाध्याहृत्ययोज्यं । कथंचिद्दद्युरितिदुस्त्यजत्वंच तस्यैवोक्तं । नन्वर्जनाभावेएवकोदोषइत्यतआह प्राप्येति। अर्थकालंअर्थसाध्यदारक्रियादिकालंयौवनादिकंप्राप्य अनर्थःव्याकुलत्वंभवेत् तदेवाह तत्धनसाध्यंकार्यंकथंनुकेनप्रकारेणवाममनिर्धनस्यस्यात। कुतोवाउपायात्तत्धनंममनिर्दैवस्यस्यात्संपद्येतेतिचिंतारूपोऽनर्थःस्यादेवेत्यर्थः २६ नन्वेवमर्थस्यइदानीमप्यनर्थकरत्वंजानतात्वया पांडवानामंशःसुत्यजस्ततश्चननाशशंकाऽस्तीत्याशंक्याह कथंनुइति। पुत्र वत्पशुवच्चपिंडीभूतःम्रियतमश्चार्थः कथंनुभिद्येतद्विधाभवेत् वेणुरिवकरपत्रेणनकथंचिद्भेत्तुंशक्यइतिभावः । नचस्त्रवेतआमपात्राज्जलमिवस्तोकंस्तोकमपिनबहिर्गच्छेत् प्रार्थनायांलिङ् एवमहंप्रार्थयामितेनपरै

ध्रुवंप्रवास्यत्यसमीरितोऽपिध्रुवंप्रजास्यत्युतगर्भिणीया ॥ ध्रुवंदिनादौरजनीप्रणाशस्तथाक्षपादौचदिनप्रणाशः २५ क्रियेतकस्मादपरेचकुर्युर्वित्तंनदद्युःपुरुषाःकथं चित् ॥ प्राप्यार्थकालंचभवेदनर्थःकथंनुतत्स्यादितितत्कुतःस्यात् २६ कथंनुभिद्येतनचस्रवेतनचप्रसिच्येदितिरक्षितव्यम् ॥ अरक्ष्यमाणंशतधाप्रकीर्येद्ध्रुवंननाशो ऽस्तिकृतस्यलोके २७ गतोह्यरण्यादपिशक्रलोकंधनंजयःपश्यतवीर्यमस्य ॥ अस्त्राणिदिव्यानिचतुर्विधानिज्ञात्वापुनर्लोकमिमंप्रपन्नः २८ स्वर्गंहिगत्वासशरीरएवको मानुषःपुनरागंतुमिच्छेत् ॥ अन्यत्रकालोपहताननेकान्समीक्षमाणस्तुकुरून्मुमूर्षून् २९ धनुर्ग्राहश्चार्जुनःसव्यसाचीधनुश्चतद्गांडिवंभीमवेगम् ॥ अस्त्राणिदिव्यानिच तानितस्यत्रयस्यतेजःप्रसहेतकोऽत्र ३० निशम्यतद्वचनंपार्थिवस्यदुर्योधनंरहितेसौबलोऽथ ॥ अबोधयत्कर्णमुपेत्यसर्वंसचाप्यहृष्टोभवदल्पचेताः ३१ ॥ इतिश्री महाभारतेआरण्यकेपर्वणिघोषयात्रापर्वणिधृतराष्ट्रखेदवाक्येषट्त्रिंशदधिकद्विशततमोऽध्यायः ॥ २३६ ॥ ॥ ॥ ॥ वैशंपायनउवाच ॥ धृतराष्ट्रस्यत द्वाक्यंनिशम्यशकुनिस्तदा ॥ दुर्योधनमिदंकालेकर्णेनसहितोऽब्रवीत् १ प्रव्राज्यपांडवान्वीरान्स्वेनवीर्येणभारत ॥ भुंक्ष्वेमांपृथिवीमेकोदिविशंबरहायथा २ प्राच्या श्चदाक्षिणात्याश्चप्रतीच्योदीच्यवासिनः ॥ कृताःकरप्रदाःसर्वेराजानस्तेनराधिप ३

ग्रामपंचकमपियाचितंचेन्नदास्यामीतिदर्शितं । नचप्रसिच्येत्पात्रधारयावानबहिर्गच्छेत्तेनार्धराज्यदानेसुतरांनदेयमित्युक्तं । इतिहेतोर्धनंरक्षितव्यमेव नस्तोकमर्थवातेभ्यःप्रदेयमितिभावः तत्रहेतुः अरक्ष्य माणंशतधाप्रकीर्येदिति अर्थनाशएवमहाननर्थइत्यर्थः । नन्वर्थेनापिपुत्रनाशःसंभाव्यतइत्याशंक्याह ध्रुवमिति। तेषांमरणंदुर्गतिर्वा दैवकृतादुर्निवार्या किमर्थदानेनप्रत्यक्षदुःखेनेतिभावः २७ किंचतुल्यांशभा गिनोदायादस्योत्कर्षोऽपिदुःसहइत्याशयेनाह गतइत्यादिना २८ अन्यत्रस्वर्गे स्थानविशेषमहिम्नादिव्यज्ञानसंपन्नोऽर्जुनः कुरून्मुमूर्षून्समीक्षमाणःकोऽपिमानुषोनास्तीत्यर्थः २९ । ३० अहृष्टो मृत्युभयात् । सचाथहृष्टइतिपाठे हृष्टःपांडवेभ्योऽल्पमपिनदेयमितिधृतराष्ट्रप्रतिज्ञाश्रवणात् ३१ ॥ ॥ इत्यारण्यकेपर्वणि नीलकंठीये भारतभावदीपे षट्त्रिंशदधिकद्विशततमोऽध्यायः ॥ २३६ ॥

॥ धृतराष्ट्रस्येति १ । २ प्रतीच्याउदीच्याश्चदेशास्तद्वासिनः तेत्वया ३

साद्याःसादर्यितुंनाशर्यितुंयोग्याःशत्रवस्तेपांलक्ष्मीः साद्यलक्ष्मीः । ४ । ५ नचिरमल्पकालं शोककर्शिताः अतस्त्वत्प्रतिज्ञातोऽस्माकंसुखकालोभूयानस्तीतिभावः सातुश्रीः ६ । ७ । ८ । ९ वंद्यमानःस्तूयमानः । द्विजेस्त्रैवर्णिकैः १० । ११ नाद्रियेतनादृता । १२ । १३ । १४ । १५ त्वात्वाम् । १६ समर्थासुहृदांहर्षंशत्रूणांचशोकंदातुमितिशेषः १७ । १८ । अमित्रेष्वघदर्शनात् अघंदुःखं । 'अघंतुव्यसने

याहिसादीप्यमानेवपांडवानभजत्पुरा ॥ साऽद्यलक्ष्मीस्त्वयाराजन्नवाप्ताभ्रातृभिःसह ४ इंद्रप्रस्थगतेयांतांदीप्यमानांयुधिष्ठिरे ॥ अपश्यामश्रियंराजन्दृश्यतेसातवाद्यवै ५ शत्रवस्तवराजेंद्रनचिरंशोककर्शिताः ॥ सातुबुद्धिबलेनेयंराज्ञस्तस्माद्युधिष्ठिरात् ६ त्वयाक्षिप्तामहाबाहोदीप्यमानेवदृश्यते ॥ तथैवतवराजेंद्रराजानःपरवीरहन् ७ शासनेऽधिष्ठिताःसर्वेकिंकुर्मइतिवादिनः ॥ तवेयंपृथिवीराजन्निखिलासागरांबरा ८ सपर्वतवनादेवीसग्रामनगराकरा ॥ नानावनोद्देशवतीपर्वतैरुपशोभिता ९ वंद्यमानोद्विजैराजन्पूज्यमानश्चराजभिः ॥ पौरुषाद्दिविदेवेषुभ्राजसेरश्मिवानिव १० रुद्रैरिवयमोराजामरुद्भिरिववासवः ॥ कुरुभिस्त्वंवृतोराजन्भासिनक्षत्रराडिव ११ यैःस्मतेनाद्रियेताऽऽज्ञानचयेशासनेस्थिताः ॥ पश्यामस्तान्श्रियाहीनान्पांडवान्वनवासिनः १२ श्रूयतेहिमहाराजसरोद्वैतवनंप्रति ॥ वसंतःपांडवाःसार्धंब्राह्मणैर्वनवासिभिः १३ सप्रयाहिमहाराजश्रियापरमयायुतः ॥ तापयन्पांडुपुत्रांस्त्वंरश्मिवानिवतेजसा १४ स्थितोराज्येच्युतान्राज्याच्छ्रियाहीनाञ्छ्रियावृतः ॥ असमृद्धान्समृद्धार्थःपश्यपांडुसुतान्नृप १५ महाभिजनसंपन्नंभद्रेमहतिसंस्थितम् ॥ पांडवास्त्वाऽभिवीक्षंतुययातिमिवनाहुषम् १६ यांश्रियंसुहृदश्चैवदुर्हृदश्चविशांपते ॥ पश्यंतिपुरुषेदीप्तांसासमर्थाभवत्युत १७ समस्थोविषमस्थान्हिदुर्हृदोयोऽभिवीक्षते ॥ जगतीस्थानिवाद्रिस्थःकिमतःपरमंसुखम् १८ नपुत्रधनलाभेननराज्येनापिविंदति ॥ प्रीतिंनृपतिशार्दूलयाममित्राघदर्शनात् १९ किंनुतस्यसुखंनस्यादाश्रमेयोधनंजयम् ॥ अभिवीक्षेतसिद्धार्थोवल्कलाजिनवाससम् २० सुवाससोहितेभार्यावल्कलाजिनसंवृताम् ॥ पश्यंतुदुःखितांकृष्णांसाचनिर्विद्यतांपुनः २१ विनिंदतांतथाऽऽत्मानंजीवितंचधनच्युतम् ॥ नतथाहिसभामध्येतस्याभवितुमर्हति ॥ वैमनस्यंयथादृष्ट्वातवभार्याःस्वलंकृताः २२ ॥ वैशंपायनउवाच ॥ ॥ एवमुक्त्वातुराजानंकर्णःशकुनिनासह ॥ तूष्णींबभूवतुरुभौवाक्यांतेजनमेजय ॥ २३ ॥ ॥ इतिश्रीमहाभारतेआरण्यकेपर्वणिघोषयात्रापर्वणिकर्णशकुनिवाक्येसप्तत्रिंशदधिकद्विशततमोऽध्यायः ॥ २३७ ॥ ॥ ॥ ॥ वैशंपायनउवाच ॥ कर्णस्यवचनंश्रुत्वाराजादुर्योधनस्ततः ॥ हृष्टोभूत्वापुनर्दीनइदंवचनमब्रवीत् १ ब्रवीषियदिदंकर्णसर्वंमनसिमेस्थितम् ॥ नत्वभ्यनुज्ञांलप्स्यामिगमनेयत्रपांडवाः २ परिदेवतितान्वीरान्धृतराष्ट्रोमहीपतिः ॥ मन्यतेऽभ्यधिकांश्चापितपोयोगेनपांडवान् ३ अथवाऽप्यनुबुध्येतनृपोऽस्माकंचिकीर्षितम् ॥ एवमप्यायतिंरक्षन्नाभ्यनुज्ञातुमर्हति ४ नहिद्वैतवनेकिंचिद्विद्यतेऽन्यत्प्रयोजनम् ॥ उत्सादनमृतेतेषांवनस्थानांमहाद्युते ५

दुःखेदुरितेचनपुंसकम्' इतिमेदिनी १९ । २० निर्विद्यतांजीवितादर्पाविरक्ताभवतु २१ । २२ । २३ ॥ इत्यारण्यकेपर्वणि नीलकंठीये भारतभावदीपे सप्तत्रिंशदधिकद्विशततमोऽध्यायः ॥ २३७ ॥

कर्णस्येति १ । २ । ३ आयतिमुत्तरकालम् ४ । ५

६ इतरायावस्थानाय नाधिगच्छामिअधिगमंनिश्चयंनप्राप्नोमि ७ । ८ । ९ । १० लक्ष्म्याउपेतंपश्येतांचेज्जीवितंयुक्तमितिसंबंधः ११ । १२ । १३ कल्यंप्रातः १४ । १५ । १६ । १७ । १८ घोषागोव्रजाः १९ । २० । २१ अयमुपायोघोषयात्रैव २२ । २३ तलान्हस्ततलानि २४ ॥ इत्यारण्यकेपर्वणिनीलकंठीये भारतभावदीपे अष्टत्रिंशदधिकद्विशततमोऽध्यायः ॥ २३८ ॥ धृतराष्ट्रमिति १ । २ । ३

जानासिहियथाक्षत्ताद्यूतकालउपस्थिते ॥ अब्रवीद्यच्चमांत्वांचसौबलंवचनंतदा ६ तानिसर्वाणिवाक्यानियच्चान्यत्परिदेवितम् ॥ विचिंत्यनाधिगच्छामिगमनायेतरायवा ७ ममापिहिमहान्हर्षोयदहंभीमफाल्गुनौ ॥ क्लिष्टावरण्येपश्येयंकृष्णयासहिताविति ८ नतथाह्याप्नुयांप्रीतिमवाप्यवसुधामिमाम् ॥ दृष्ट्वायथापांडुसुतान्वल्कलाजिनवाससः ९ किंनुस्यादधिकंतस्माद्यदहंद्रुपदात्मजाम् ॥ द्रौपदींकर्णपश्येयंकाषायवसनांवने १० यदिमांधर्मराजश्चभीमसेनश्चपांडवः ॥ युक्तंपरमयालक्ष्म्यापश्येतांजीवितंभवेत् ११ उपायंनतुपश्यामियेनगच्छेमतद्वनम् ॥ यथाचाभ्यनुजानीयाद्गच्छंतंमांमहीपतिः १२ ससौबलेनसहितस्तथादुःशासनेनच ॥ उपायंपश्यनिपुणंयेनगच्छेमतद्वनम् १३ अहमप्यद्यनिश्चित्यगमनायेतरायच ॥ कल्यमेवगमिष्यामिसमीपंपार्थिवस्यह १४ मयितत्रोपविष्टेतुभीष्मेचकुरुसत्तमे ॥ उपायोयोभवेद्दृष्टस्तंब्रूयाःसहसौबलः १५ वचोभीष्मस्यराज्ञश्चनिशम्यगमनंप्रति ॥ व्यवसायंकरिष्येऽहमनुनीयपितामहम् १६ तथेत्युक्त्वातुतेसर्वेजग्मुरावसथान्प्रति ॥ व्युषितायांरजन्यांतुकर्णोराजानमभ्ययात् १७ ततोदुर्योधनंकर्णःप्रहसन्निदमब्रवीत् ॥ उपायःपरिदृष्टोऽयंतंनिबोधजनेश्वर १८ घोषाद्वैतवनेसर्वेत्वत्प्रतीक्षानराधिप ॥ घोषयात्रापदेशेनगमिष्यामोनसंशयः १९ उचितंहिसदागंतुंघोषयात्रांविशांपते ॥ एवंचत्वांपिताराजन्समनुज्ञातुमर्हति २० तथाकथयमानौतुघोषयात्राविनिश्चयम् ॥ गांधारराजःशकुनिःप्रत्युवाचहसन्निव २१ उपायोऽयंमयादृष्टोगमनायनिरामयः ॥ अनुज्ञास्यतिनोराजाबोधयिष्यतिचाप्युत २२ घोषाद्वैतवनेसर्वेत्वत्प्रतीक्षानराधिप ॥ घोषयात्रापदेशेनगमिष्यामोनसंशयः २३ ततःप्रहसिताःसर्वेतेऽन्योन्यस्यतलान्ददुः ॥ तदेवचविनिश्चित्यददृशुःकुरुसत्तमम् २४ ॥ इतिश्रीम० आ० घोषया० घोषयात्रामंत्रणेअष्टत्रिंशदधिकद्विशततमोऽध्यायः ॥ २३८ ॥ ॥ वैशंपायनउवाच ॥ धृतराष्ट्रंततःसर्वेददृशुर्जनमेजय ॥ पृष्ट्वासुखमथोराज्ञःपृष्टाराज्ञाचभारत १ ततस्तैर्विहितःपूर्वंसमंगोनामबल्लवः ॥ समीपस्थास्तदागावोधृतराष्ट्रेन्यवेदयत् २ अनंतरंचराधेयःशकुनिश्चविशांपते ॥ आहतुःपार्थिवश्रेष्ठंधृतराष्ट्रंजनाधिपम् ३ रमणीयेषुदेशेषुघोषाःसंप्रतिकौरव ॥ स्मारणेसमयःप्राप्तोवत्सानामपिचांकनम् ४ मृगयाचोचिताराजन्नस्मिन्कालेसुतस्यते ॥ दुर्योधनस्यगमनंसमनुज्ञातुमर्हसि ५ ॥ धृतराष्ट्रउवाच ॥ मृगयाशोभनातातगवांहिसमवेक्षणम् ॥ विश्रंभस्तुनगंतव्योबल्लवानामितिस्मरे ६ तेतुतत्रनरव्याघ्राःसमीपइतिनःश्रुतम् ॥ अतोनाभ्यानुजानामिगमनंतत्रवःस्वयम् ७ छद्मनानिर्जितास्तेतुकर्शिताश्चमहावने ॥ तपोनित्याश्चराधेयसमर्थाश्चमहारथाः ८

स्मारणेस्मरणहेतौकर्मणि गवांसंख्यापूर्वकंवयोवर्णजातिनाम्नांलेखनेस्मारणासमयइतिगौडाःपठंति ४ । ५ विश्रंभोविश्वासोनगंतव्योनकर्तव्यः पांडवैर्भेदितास्तेकदाचिद्युष्मांस्तत्पुरतोनिन्युश्चेदनिष्टंस्यादितिभावः ६ तदेवाह तेत्विति ७ । ८

तेजोऽग्निरेव ९ । १० । ११ । १२ अशक्यत्वमेवाह उषितोहीति १३ । १४ उद्विग्नवासइति . वनवासेनोद्विग्नेषुपांडवेषु विश्रंभात्सत्यव्रताएतेनास्मान्बाधिष्यंतइतिविश्वासाद्योभवतांवासःसदुःखंदुःखदोभविष्यति । पूर्वापकृतेविश्वासोनकर्तव्यइत्यर्थः १५ पक्षांतरमाह अथवेति १६ । १७ द्वयमपिदूषयतिधर्मज्ञइत्यादिना १८ । १९ । २० । २१ । २२ । २३ । २४ । २५ । २६ शकटाःभारवाहान्यनांसि

धर्मराजोनसंक्रुद्ध्येद्भीमसेनस्त्वमर्षणः ॥ यज्ञसेनस्यदुहितातेजएवतुकेवलम् ९ यूयंचाप्यपराध्येयुर्दर्पमोहसमन्विताः ॥ ततोविनिर्दहेयुस्तेतपसाहिसमन्विताः १० अथवासायुधावीरामन्युनाऽभिपरिप्लुताः ॥ सहिताबद्धनिस्त्रिंशादहेयुःशस्त्रतेजसा ११ अथयूयंबहुत्वात्तानभियातकथंचन ॥ अनार्यंपरमंतत्स्यादशक्यंतन्नमेमतम् १२ उषितोहिमहाबाहुरिंद्रलोकेधनंजयः ॥ दिव्यान्यस्त्राण्यवाप्याथततःप्रत्यागतोवनम् १३ अकृतास्त्रेणपृथिवीजिताबीभत्सुनापुरा ॥ किंपुनःसकृतास्त्रोऽद्यनहन्याद्वोमहारथः १४ अथवामद्वचःश्रुत्वातत्रयत्ताभविष्यथ ॥ उद्विग्नवासोविश्रंभाद्दुःखंतत्रभविष्यति १५ अथवासैनिकाःकेचिदपकुर्युर्युधिष्ठिरम् ॥ तदबुद्धिकृतंकर्मदोषमुत्पादयेत्तुवः १६ तस्माद्गच्छंतुपुरुषाःस्मारणायाप्तकारिणः ॥ नस्वयंतत्रगमनंरोचयेतवभारत १७ ॥ शकुनिरुवाच ॥ धर्मज्ञःपांडवोज्येष्ठःप्रतिज्ञातंचसंसदि ॥ तेनद्वादशवर्षाणिवस्तव्यानीतिभारत १८ अनुवृत्ताश्चतेसर्वेपांडवाधर्मचारिणः ॥ युधिष्ठिरस्तुकौंतेयोननःकोपंकरिष्यति १९ मृगयांचैवनोगंतुमिच्छासंवर्ततेभृशम् ॥ स्मारणंतुचिकीर्षामोनतुपांडवदर्शनम् २० नचानार्यसमाचारःकश्चित्तत्रभविष्यति ॥ नचतत्रगमिष्यामोयत्रतेषांप्रतिश्रयः २१ ॥ वैशंपायनउवाच ॥ एवमुक्तःशकुनिनाधृतराष्ट्रोजनेश्वरः ॥ दुर्योधनंसहामात्यमनुजज्ञेनकामतः २२ अनुज्ञातस्तुगांधारिःकर्णेनसहितस्तदा ॥ निर्ययौभरतश्रेष्ठोबलेनमहतावृतः २३ दुःशासनेनचतथासौबलेनचधीमता ॥ संवृतोभ्रातृभिश्चान्यैःस्त्रीभिश्चापिसहस्रशः २४ तंनिर्यांतंमहाबाहुंद्रष्टुंद्वैतवनंसरः ॥ पौराश्चानुययुःसर्वेसहदारावनंचतत् २५ अष्टौरथसहस्राणित्रीणिनागायुतानिच ॥ पत्तयोबहुसाहस्राहयाश्चनवतिःशताः २६ शकटापणवेशाश्चवणिजोबंदिनस्तथा ॥ नराश्चमृगयाशीलाःशतशोऽथसहस्रशः २७ ततःप्रयाणेनृपतेःसुमहानभवत्स्वनः ॥ प्रावृषीवमहावायोरुद्धतस्यविशांपते २८ गव्यूतिमात्रेन्यवसद्राजादुर्योधनस्तदा ॥ प्रयातोवाहनैःसर्वैस्ततोद्वैतवनंसरः २९ ॥ इतिश्रीमहाभारतेआरण्यकेपर्वणिघोषयात्रापर्वणिदुर्योधनप्रस्थानेऊनचत्वारिंशदधिकद्विशततमोऽध्यायः ॥ २३९ ॥ ॥ ॥ वैशंपायनउवाच ॥ अथदुर्योधनोराजातत्रतत्रवनेवसन् ॥ जगामघोषानभितस्तत्रचक्रेनिवेशनम् १ रमणीयेसमाज्ञातेसोदकेसमहीरुहे ॥ देशेसर्वगुणोपेतेचक्रुरावसथान्नराः २ तथैवतत्समीपस्थान्पृथगावसथान्बहून् ॥ कर्णस्यशकुनेश्चैवभ्रातॄणांचैवसर्वशः ३ ददर्शसतदागावःशतशोऽथसहस्रशः ॥ अंकैर्लक्षैश्चताःसर्वालक्षयामासपार्थिवः ४

आपणाःपण्यानि वेशोवेश्याजनाश्रयः २७ । २८ गव्यूतिःक्रोशद्वयं २९ ॥ इत्यारण्यकेपर्वणिनीलकंठीये भारतभावदीपे ऊनचत्वारिंशदधिकद्विशततमोऽध्यायः ॥ २३९ ॥ ॥ अथेति । चक्रेकृतवान् १ । २ । ३ अंकैश्चिह्नैः लक्षैःसंख्यानैः । 'लक्षानपुंसिसंख्यायाम' इतिमेदिनी ४

जज्ञेज्ञातवान् उपसृतान्दमनार्हान् वत्सतरान्समीपागतान्वा कालयामाससंख्यातवान् ५ त्रिहायनांस्त्रिवर्षान्वृषान् व्याहरतविजहार ६ यथोपजोषंयथारुचि ७ । ८ । ९ । १० । ११ । १२
१३ । १४ । १५ साद्यस्केनएकाहसाध्येन १६ । १७ । १८ । १९ । २० । २१ आत्मजैर्जयंतादिभिःसहेतिशेषः २२ । २३ । २४ । २५ विजिहीर्षुर्विहर्तुमिच्छुःउपसर्पततत्समीपंगच्छत

अंकयामासवत्सांश्चजज्ञेचोपसृतांस्त्वपि ॥ बालवत्साश्चयागावःकालयामासताअपि ५ अथसस्मारणंकृत्वालक्षयित्वात्रिहायनान् ॥ वृतोगोपालकैःप्रीतोव्याहर
त्कुरुनंदनः ६ सचपौरजनःसर्वःसैनिकाश्चसहस्रशः ॥ यथोपजोषंचिक्रीडुर्वनेतस्मिन्यथाऽमराः ७ ततोगोपाःप्रगातारःकुशलानृत्यवादने ॥ धार्त्तराष्ट्रमुपातिष्ठन्क
न्याश्चैवस्वलंकृताः ८ सस्त्रीगणावृतोराजाप्रहृष्टःप्रददौवसु ॥ तेभ्योयथार्हमन्नानिपानानिविविधानिच ९ ततस्तेसहिताःसर्वेतरक्षून्महिषान्मृगान् ॥ गवयर्क्षवराहां
श्चसमंतात्पर्यकालयन् १० सताञ्छरैर्विनिर्भिद्यगजांश्चसुबहून्वने ॥ रमणीयेषुदेशेषुग्राहयामासवैमृगान् ११ गोरसानुपयुंजानउपभोगांश्चभारत ॥ पश्यन्सरमणी
यानिवनान्युपवनानिच १२ मत्तभ्रमरजुष्टानिबर्हिणाभिरुतानिच ॥ अगच्छदानुपूर्व्येणपुण्यंद्वैतवनंसरः १३ मत्तभ्रमरसंजुष्टंनीलकंठरवाकुलम् ॥ सप्तच्छदसमा
कीर्णंपुन्नागबकुलैर्युतम् १४ ऋद्ध्यापरमयायुक्तोमहेंद्रइववज्रभृत् ॥ यदृच्छयाचतत्रस्थोधर्मपुत्रोयुधिष्ठिरः १५ ईजेराजर्षियज्ञेनसाद्यस्केनविशांपते ॥ दिव्येनविधिना
चैववन्येनकुरुसत्तम १६ कृत्वानिवेशमभितःसरसस्तस्यकौरव ॥ द्रौपद्यासहितोधीमान्धर्मपत्न्यानराधिपः १७ ततोदुर्योधनःप्रेष्यानादिदेशसहस्रशः ॥ आक्री
डावसथाःक्षिप्रंक्रियंतामितिभारत १८ तेतथेत्येवकौरव्यमुक्त्वावचनकारिणः ॥ चिकीर्षंतस्तदाऽऽक्रीडाञ्जग्मुर्द्वैतवनंसरः १९ प्रविशंतंवनद्वारिगंधर्वाःसमवार
यन् ॥ सेनाग्रंधार्त्तराष्ट्रस्यप्राप्तंद्वैतवनंसरः २० तत्रगंधर्वराजोवैपूर्वमेवविशांपते ॥ कुबेरभवनाद्राजन्नाजगामगणावृतः २१ गणैरप्सरसांचैवत्रिदशानांतथाऽऽ
त्मजैः ॥ विहारशीलःक्रीडार्थंतेनतत्संवृतंसरः २२ तेनतत्संवृतंदृष्ट्वातेराजपरिचारकाः ॥ प्रतिजग्मुस्ततोराजन्यत्रदुर्योधनोनृपः २३ सतुतेषांवचःश्रुत्वासैनिकान्
युद्धदुर्मदान् ॥ प्रेषयामासकौरव्यउत्सारयततानिति २४ तस्यतद्वचनंश्रुत्वाराज्ञःसेनाग्रयायिनः ॥ सरोद्वैतवनंगत्वागंधर्वानिदमब्रुवन् २५ राजादुर्योधनोनामधृतराष्ट्रसु
तोबली ॥ विजिहीर्षुरिहायातितदर्थमुपसर्पत २६ एवमुक्तास्तुगंधर्वाःप्रहसंतोविशांपते ॥ प्रत्यब्रुवंस्तान्पुरुषानिदंहिपरुषंवचः २७ नचेतयतिवोराजामंदबुद्धिः
सुयोधनः ॥ योऽस्मानाज्ञापयत्येववैश्यानिवदिवौकसः २८ यूयंमुमूर्षवश्चापिमंदप्रज्ञानसंशयः ॥ येतस्यवचनादेवमस्मान्ब्रूतविचेतसः २९ गच्छध्वंत्वरिताःसर्वे
यत्रराजासकौरवः ॥ नचेदद्यैवगच्छध्वंधर्मराजनिवेशनम् ३० एवमुक्तास्तुगंधर्वैराज्ञःसेनाग्रयायिनः ॥ संप्राद्रवन्यतोराजाधृतराष्ट्रसुतोऽभवत् ३१ ॥ इतिश्रीम
हाभारतेआरण्यकेपर्वणिघोषयात्रापर्वणिगंधर्वदुर्योधनसेनासंवादेचत्वारिंशदधिकद्विशततमोऽध्यायः ॥ २४० ॥ ॥ ॥ ॥ ॥ ॥ ॥

२६ । २७ । २८ । २९ । ३० । ३१ ॥ इत्यारण्यकेपर्वणि नीलकंठीये भारतभावदीपे चत्वारिंशदधिकद्विशततमोऽध्यायः ॥ २४० ॥ ॥ ॥ ॥ ॥ ॥

॥२०३॥ ॥ वैशंपायनउवाच ॥ ततस्तेसहिताःसर्वेदुर्योधनमुपागमन् ॥ अब्रुवंश्चमहाराजयदूचुःकौरवंप्रति १ गंधर्वैर्वारितेसैन्येधार्त्तराष्ट्रःप्रतापवान् ॥ अमर्षपूर्णःसैन्यानिप्रत्यभाषतभारत २ शासतैनानधर्मज्ञान्मर्माविप्रियकारिणः ॥ यदिप्रक्रीडतेसर्वैर्देवैःसहशतक्रतुः ३ दुर्योधनवचःश्रुत्वाधार्त्तराष्ट्रामहाबलाः ॥ सर्वएवाभिसन्नद्धायोधाश्चापिसहस्रशः ४ ततःप्रमथ्यसर्वांस्तांस्तद्वनंविविशुर्बलात् ॥ सिंहनादेनमहतापूरयंतोदिशोदश ५ ततोऽपरैरवार्यंतगंधर्वैःकुरुसैनिकाः ॥ तेवार्यमाणागंधर्वैःसाम्नैववसुधाधिप ६ ताननादृत्यगंधर्वांस्तद्वनंविविशुर्महत् ॥ यदावाचानतिष्ठंतिधार्त्तराष्ट्राःसराजकाः ७ ततस्तेखेचराःसर्वेचित्रसेनेन्यवेदयन् ॥ गंधर्वराजस्तान्सर्वान्ब्रवीत्कौरवान्प्रति ८ अनार्यान्शासतेत्येतांश्चित्रसेनोऽत्यमर्षणः ॥ अनुज्ञाताश्चगंधर्वाश्चित्रसेनेनभारत ९ प्रगृहीतायुधाःसर्वेधार्त्तराष्ट्रानभिद्रवन् ॥ तान्दृष्ट्वाऽऽपततःशीघ्रान्गंधर्वानुद्यतायुधान् १० प्राद्रवंस्तेदिशःसर्वेधार्त्तराष्ट्रस्यपश्यतः ॥ तान्दृष्ट्वाद्रवतःसर्वान्धार्त्तराष्ट्रान्पराङ्मुखान् ११ राधेयस्तुतदावीरोनासीत्तत्रपराङ्मुखः ॥ आपतंतींतुसंप्रेक्ष्यगंधर्वाणांमहाचमूम् १२ महताशरवर्षेणराधेयःप्रत्यवारयत् ॥ क्षुरप्रैर्विशिखैर्भल्लैर्वत्सदंतैस्तथाऽऽयसैः १३ गंधर्वान्शतशोऽभिघ्नँल्लघुत्वात्सूतनंदनः ॥ पातयन्नुत्तमांगानिगंधर्वाणांमहारथः १४ क्षणेनव्यधमत्सर्वांचित्रसेनस्यवाहिनीम् ॥ तेवध्यमानागंधर्वाःसूतपुत्रेणधीमता १५ भूयएवाभ्यवर्तंतशतशोऽथसहस्रशः ॥ गंधर्वभूतापृथिवीक्षणेनसमपद्यत १६ आपतद्भिर्महावेगैश्चित्रसेनस्यसैनिकैः ॥ अथदुर्योधनोराजाशकुनिश्चापिसौबलः १७ दुःशासनोविकर्णश्चयेचान्येधृतराष्ट्रजाः ॥ न्यहनंस्तत्तदासैन्यंरथैर्गरुडनिःस्वनैः १८ भूयश्चयोधयामासुःकृत्वाकर्णमथाग्रतः ॥ महतारथसंघेनरथचारेणचाप्युत १९ वैकर्तनंपरीप्संतोगंधर्वान्समवाकिरन् ॥ ततःसंन्यपतन्सर्वेगंधर्वाःकौरवैःसह २० तदासुतुमुलंयुद्धमभवल्लोमहर्षणम् ॥ ततस्तेमृदवोऽभूवन्गंधर्वाःशरपीडिताः २१ उच्चुक्रुशुश्चकौरव्यागंधर्वान्प्रेक्ष्यपीडितान् ॥ गंधर्वांस्त्रासितान्दृष्ट्वाचित्रसेनोह्यमर्षणः २२ उत्पपातासनात्क्रुद्धोवधेतेषांसमाहितः ॥ ततोमायास्त्रमास्थाययुयुधेचित्रमार्गवित् ॥ तयाऽमुह्यंतकौरव्याश्चित्रसेनस्यमायया २३ एकैकस्यतदायोधाधार्त्तराष्ट्रस्यभारत ॥ पर्यवर्तंतगंधर्वैर्दशभिर्दशभिःसह २४ ततःसंपीड्यमानास्तेबलेनमहतातदा ॥ प्राद्रवंतरणेभीतायेचराजन्जिजीषवः २५ भज्यमानेष्वनीकेषुधार्त्तराष्ट्रेषुसर्वशः ॥ कर्णोवैकर्तनोराजंस्तस्थौगिरिरिवाचलः २६ दुर्योधनश्चकर्णश्चशकुनिश्चापिसौबलः ॥ गंधर्वान्योधयामासुःसमरेभृशविक्षताः २७ सर्वएवतुगंधर्वाःशतशोऽथसहस्रशः ॥ जिघांसमानाःसहिताःकर्णमभ्यद्रवन्रणे २८ असिभिःपट्टिशैःशूलैर्गदाभिश्चमहाबलाः ॥ सूतपुत्रंजिघांसंतःसमंतात्पर्यवाकिरन् २९ ॥२०३॥

३० वरूथंरथगुप्तिं बंधुरंरथबंधनानि ३१ । ३२ ॥ इत्यार० नीं० एकचत्वारिंशदधिकद्विशततमोऽध्यायः ॥ २४१ ॥ ॥ गंधर्वैरिति १ । २ । ३ । ४ । ५ जीवग्राहंजीवंतमेवगृहीत्वेतिणमुलंतंकषा

अन्येऽस्ययुगमच्छिदन्ध्वजमन्येन्यपातयन् ॥ ईषामन्येहयानन्येसूतमन्येन्यपातयन् ३० अन्येछत्रंवरूथंचबंधुरंचतथाऽपरे ॥ गंधर्वाबहुसाहस्रास्तिलशोव्यधमन्
रथम् ३१ ततोरथादवप्लुत्यसूतपुत्रोऽसिचर्मभृत् ॥ विकर्णरथमास्थायमोक्षायाश्वानचोदयत् ३२ ॥ इतिश्रीमहाभारतेआरण्यकेपर्वणिघोषयात्राप० कर्णपराभवेएक
चत्वारिंशदधिकद्विशततमोऽध्यायः ॥ २४१ ॥ ॥ ॥ ॥ वैशंपायनउवाच ॥ गंधर्वैस्तुमहाराजभग्नेकर्णेमहारथे ॥ संप्राद्रवच्चमूःसर्वाधार्तराष्ट्रस्यपश्यतः १
तान्दृष्ट्वाद्रवतःसर्वान्धार्तराष्ट्रान्पराङ्मुखान् ॥ दुर्योधनोमहाराजोनासीत्तत्रपराङ्मुखः २ तामापतंतींसंप्रेक्ष्यगंधर्वाणांमहाचमूम् ॥ महताशरवर्षेणसोऽभ्यवर्ष
दरिंदमः ३ अचिंत्यशरवर्षंतुगंधर्वास्तस्यतंरथम् ॥ दुर्योधनंजिघांसंतःसमंतात्पर्यवारयन् ४ युगमीषांवरूथंचतथैवध्वजसारथी ॥ अश्वांस्त्रिवेणुंतल्पंचतिलशो
व्यधमञ्छरैः ५ दुर्योधनंचित्रसेनोविरथंपतितंभुवि ॥ अभिद्रुत्यमहाबाहुर्जीवग्राहमथाग्रहीत् ६ तस्मिन्गृहीतेराजेंद्रस्थितंदुःशासनंरथे ॥ पर्यगृह्णंतगंधर्वाःपरिवार्य
समंततः ७ विविंशतिचित्रसेनावादायान्येविदुद्रुवुः ॥ विंदानुविंदावपरेराजदारांश्चसर्वशः ८ सैन्यंतद्धार्तराष्ट्रस्यगंधर्वैःसमभिद्रुतम् ॥ पूर्वंप्रभग्नाःसहिताःपांडवानभ्ययु
स्तदा ९ शकटापणवेशाश्वयानयुग्यंचसर्वशः ॥ शरणंपांडवान्जग्मुर्ह्रियमाणेमहीपतौ १० ॥ सैनिकाऊचुः ॥ प्रियदर्शीमहाबाहोधार्तराष्ट्रोमहाबलः ॥ गंधर्वैर्ह्रिय
तेराजापार्थास्तमनुधावत ११ दुःशासनोदुर्विषहोदुर्मुखोदुर्जयस्तथा ॥ बध्वाह्रियंतेगंधर्वैराजदाराश्चसर्वशः १२ इतिदुर्योधनामात्याःक्रोशंतोराजगृद्धिनः ॥ आर्ता
दीनास्ततःसर्वेयुधिष्ठिरमुपागमन् १३ तांस्तथाव्यथितान्दीनान्भिक्षमाणान्युधिष्ठिरम् ॥ वृद्धान्दुर्योधनामात्यान्भीमसेनोऽभ्यभाषत १४ महताहिप्रयत्नेनसंनह्य
गजवाजिभिः ॥ अस्माभिर्यदनुष्ठेयंगंधर्वैस्तदनुष्ठितम् १५ अन्यथावर्तमानानामर्थोजातोऽयमन्यथा ॥ दुर्मंत्रितमिदंतावद्राज्ञोदुर्द्यूतदेविनः १६ द्वेष्टारमन्येक्लीबस्य
पातयंतीतिनःश्रुतम् ॥ इदंकृतंनःप्रत्यक्षंगंधर्वैरतिमानुषम् १७ दिष्ट्यालोकेपुमानस्तिकश्चिदस्मत्प्रियेस्थितः ॥ येनास्माकंहृतोभारआसीनानांसुखावहः १८ शीत
वातातपसहांस्तपसाचैवकर्शितान् ॥ समस्थोविषमस्थान्हिद्रष्टुमिच्छतिदुर्मतिः १९ अधर्मचारिणस्तस्यकौरव्यस्यदुरात्मनः ॥ येशीलमनुवर्ततितेपश्यंतिपराभवम्
२० अधर्मोहिकृतस्तेनयेनैतदुपशिक्षितम् ॥ अनृशंसास्तुकौंतेयास्तत्प्रत्यक्षंब्रवीमिवः २१ एवंब्रुवाणंकौंतेयंभीमसेनमपस्वरम् ॥ नकालःपरुषस्यायमितिराजाऽभ्य
भाषत २२ ॥ इतिश्रीमहाभारतेआरण्यकेपर्वणिघोषयात्रापर्वणिदुर्योधनादिहरणेद्विचत्वारिंशदधिकद्विशततमोऽध्यायः ॥ २४२ ॥ ॥ ॥ ॥ ॥
॥ युधिष्ठिरउवाच ॥ ॥ अस्मानभिगतांस्तातभयार्ताञ्छरणैषिणः ॥ कौरवान्विषमप्राप्तान्कथंब्रूयास्त्वमीदृशम् १

दित्वादग्रहीदित्यनुप्रयोगः ६ । ७ । ८ । ९ । १० । ११ । १२ । १३ । १४ । १५ राज्ञोयुधिष्ठिरस्य १६ क्लीबस्यअशक्तत्वात् १७ । १८ । १९ । २० । २१ अपस्वरं क्रोधेनविकलवर्णंयथास्यात्तथा ब्रुवाणम् २२ इत्यारण्यकेप० नीलकंठीयेभारतभावदीपे द्विचत्वारिंशदधिकद्विशततमोऽध्यायः ॥ २४२ ॥ ॥ ॥ ॥ अस्मानिति १

भवंतिभेदाज्ज्ञातीनांकलहाश्चवृकोदर ॥ प्रसक्तानिचवैराणिकुलधर्मोननश्यति २ यदातुकश्चिज्ज्ञातीनांबाह्यःप्रार्थयतेकुलम् ॥ नमर्षयंतितत्संतोबाह्येनाभिप्रधर्षणम् ३ जानात्येषहिदुर्बुद्धिरस्मानिहचिरोषितान् ॥ सएवंपरिभूयास्मानकार्षीदिदमप्रियम् ४ दुर्योधनस्यग्रहणाद्गंधर्वेणबलात्प्रभो ॥ स्त्रीणांबाह्याभिमर्शाच्चहतंभवतिनः कुलम् ५ शरणंचप्रपन्नानांत्राणार्थंचकुलस्यच ॥ उत्तिष्ठध्वंनरव्याघ्राःसज्जीभवतमाचिरम् ६ अर्जुनश्चयमौचैवत्वंचवीरापराजितः ॥ मोक्षयध्वंनरव्याघ्राह्रियमाणंसु योधनम् ७ एतेरथानरव्याघ्राःसर्वशस्त्रसमन्विताः ॥ धृतराष्ट्रस्यपुत्राणांविमलाःकांचनध्वजाः ८ सस्वनानधिरोहध्वंनित्यसज्जानिमान्रथान् ॥ इंद्रसेनादिभिःसूतैः कृतशस्त्रैरधिष्ठितान् ९ एतानास्थायवैयत्तागंधर्वान्योद्धुमाहवे ॥ सुयोधनस्यमोक्षायप्रयतध्वमतंद्रिताः १० यएवकश्चिद्राजन्यःशरणार्थमिहागतम् ॥ परंशक्त्याऽ भिरक्षेतकिंपुनस्त्वंवृकोदर ११ कइहार्योभवेत्त्राणमभिधावेतिचोदितः ॥ प्रांजलिंशरणापन्नंदृष्ट्वाशत्रुमपिध्रुवम् १२ वरप्रदानंराज्यंचपुत्रजन्मचपांडवाः ॥ शत्रोश्चमो क्षणंक्लेशात्त्रीणिचैकंचतत्समम् १३ किंचाप्यधिकमेतस्माद्यदापन्नःसुयोधनः ॥ त्वद्बाहुबलमाश्रित्यजीवितंपरिमार्गते १४ स्वयमेवप्रधावेयंयदिनस्याद्वृकोदर ॥ विततोमेक्रतुर्वीरनहिमेऽत्रविचारणा १५ साम्नैवतुयथाभीममोक्षयेथाःसुयोधनम् ॥ तथासर्वैरुपायैस्त्वंयतेथाःकुरुनंदन १६ नसाम्नाप्रतिपद्येतयदिगंधर्वराडसौ ॥ पराक्रमेणमृदुनामोक्षयेथाःसुयोधनम् १७ अथासौमृदुयुद्धेननमुंचेद्भीमकौरवान् ॥ सर्वोपायैर्विमोच्यास्तेनिगृह्यपरिपंथिनः १८ एतावद्धिमयाशक्यंसंदेष्टुंवैवृकोदर ॥ वैतानेकर्मणिततेवर्तमानेचभारत १९ ॥ वैशंपायनउवाच ॥ अजातशत्रोर्वचनंतच्छ्रुत्वातुधनंजयः ॥ प्रतिजज्ञेगुरोर्वाक्यंकौरवाणांविमोक्षणम् २० ॥ अर्जुनउवाच ॥ यदिसाम्नानमोक्ष्यंतिगंधर्वाधृतराष्ट्रजान् ॥ अद्यगंधर्वराजस्यभूमिःपास्यतिशोणितम् २१ अर्जुनस्यतुतांश्रुत्वाप्रतिज्ञांसत्यवादिनः ॥ कौरवाणांतदाराजन्पुनःप्रत्या गतंमनः २२ ॥ इतिश्रीमहाभारतेआरण्यकेपर्वणिघोषयात्रापर्वणिदुर्योधनमोचनानुज्ञायांत्रिचत्वारिंशदधिकद्विशततमोऽध्यायः ॥ २४३ ॥ ॥ वैशंपायनउवाच ॥ युधिष्ठिरवचःश्रुत्वाभीमसेनपुरोगमाः ॥ प्रहृष्टवदनाःसर्वेसमुत्तस्थुर्नरर्षभाः १ अभेद्यानिततःसर्वेसमनह्यंतभारत ॥ जांबूनदविचित्राणिकवचानिमहारथाः २ आयुधा निचदिव्यानिविविधानिसमादधुः ॥ तेदंशितारथैःसर्वेध्वजिनःसशरासनाः ३ पांडवाःप्रत्यदृश्यंतज्वलिताइवपावकाः ॥ तान्रथान्साधुसंपन्नान्संयुक्तान्जवनैर्हयैः ४ आस्थायरथशार्दूलाःशीघ्रमेवययुस्ततः ॥ ततःकौरवसैन्यानांप्रादुरासीन्महास्वनः ५ प्रयातान्सहितान्दृष्ट्वापांडुपुत्रान्महारथान् ॥ जितकाशिनश्चखचरास्त्व रिताश्चमहारथाः ६

७ । ८ । ९ । १० श्रेयःकल्याणंप्रतिपादयितुम् ११ । १२ । १३ । १४ । १५ । १६ । १७ । १८ । १९ खचरान्गगनगमनान् खचरान्गंधर्वान् २० । २१ । २२ ॥ ॥ इत्यारण्यकेपर्वणि नीलकंठीये

क्षणेनैववनेतस्मिन्समाजग्मुरभीतवत् ॥ न्यवर्तंततततःसर्वेगंधर्वाजितकाशिनः ७ दृष्ट्वारथगतान्वीरान्पांडवांश्चतुरोरणे ॥ तांस्तुविभ्राजितान्दृष्ट्वालोकपाला
निवोद्यतान् ८ व्यूढानीकाव्यतिष्ठंतगंधमादनवासिनः ॥ राज्ञस्तुवचनंश्रुत्वाधर्मपुत्रस्यधीमतः ९ क्रमेणमृदुनायुद्धमुपक्रांतंचभारत ॥ नतुगंधर्वराजस्यसैनि
कामंदचेतसः १० शक्यंतेमृदुनाश्रेयःप्रतिपादयितुंतदा ॥ ततस्तान्युधिदुर्धर्षान्सव्यसाचीपरंतपः ११ सांत्वपूर्वमिदंवाक्यमुवाचखचरान्रणे ॥ विसर्जय
तराजानंभ्रातरंमेसुयोधनम् १२ तएवमुक्तागंधर्वाःपांडवेनयशस्विना ॥ उत्स्मयंतस्तदापार्थमिदंवचनमब्रुवन् १३ एकस्यैववयंतातकुर्यामवचनंभुवि ॥
यस्यशासनमाज्ञायचरामोविगतज्वराः १४ तेनैकेनयथाऽऽदिष्टंतथावर्त्तामभारत ॥ नशास्ताविद्यतेऽस्माकमन्यस्तस्मात्सुरेश्वरात् १५ एवमुक्तःसगंधर्वैःकुंतीपु
त्रोधनंजयः ॥ गंधर्वान्पुनरेवेदंवचनंप्रत्यभाषत १६ नतद्गंधर्वराजस्ययुक्तंकर्मजुगुप्सितम् ॥ परदाराभिमर्शश्चमानुषैश्चसमागमः १७ उत्सृज्यध्वंमहावीर्या
न्धृतराष्ट्रसुतानिमान् ॥ दारांश्चैषांविमुंचध्वंधर्मराजस्यशासनात् १८ यदासाम्नानमुंचध्वंगंधर्वाधृतराष्ट्रजान् ॥ मोक्षयिष्यामिविक्रम्यस्वयमेवसुयोधनम् १९
एवमुक्त्वाततःपार्थःसव्यसाचीधनंजयः ॥ ससर्जनिशितान्बाणान्खचरान्खचरान्प्रति २० तथैवशरवर्षेणगंधर्वास्तेबलोत्कटाः ॥ पांडवानभ्यवर्तन्तपांडवाश्चदिवौ
कसः २१ ततःसुतुमुलंयुद्धंगंधर्वाणांतरस्विनाम् ॥ बभूवभीमवेगानांपांडवानांचभारत २२ ॥ इतिश्रीमहाभारतेआरण्यकेपर्वणिघोषयात्राप॰पांडवगं
धर्वयुद्धेचतुश्चत्वारिंशदधिकद्विशततमोऽध्यायः ॥ २४४ ॥ ॥ ॥ ॥ वैशंपायनउवाच ॥ ततोदिव्यास्त्रसंपन्नागंधर्वाहेममालिनः ॥ विसृजंतः
शरान्दीप्तान्समंतात्पर्यवारयन् १ चत्वारःपांडवावीरागंधर्वाश्चसहस्रशः ॥ रणेसंन्यपतन्राजंस्तदद्भुतमिवाभवत् २ यथाकर्णस्यचरथोधार्तराष्ट्रस्यचोभयोः ॥
गंधर्वैःशतशश्छिन्नौतथातेषांप्रचक्रिरे ३ तान्समापततोराजन्गंधर्वाञ्छतशोरणे ॥ प्रत्यगृह्णन्नरव्याघ्राःशरवर्षैरनेकशः ४ तेकीर्यमाणाःखगमाःशरवर्षैःसमं
ततः ॥ नशेकुःपांडुपुत्राणांसमीपेपरिवर्तितुम् ५ अभिक्रुद्धानभिक्रुद्धोगंधर्वानर्जुनस्तदा ॥ लक्षयित्वाऽथदिव्यानिमहास्त्राण्युपचक्रमे ६ सहस्राणांसहस्राणि
प्राहिणोद्यमसादनम् ॥ आग्नेयेनार्जुनःसंख्येगंधर्वाणांबलोत्कटः ७ तथाभीमोमहेष्वासःसंयुगेबलिनांवरः ॥ गंधर्वान्शतशोराजन्जघाननिशितैःशरैः ८ मा
द्रीपुत्रावपितथायुध्यमानौबलोत्कटौ ॥ परिगृह्याग्रतोराजन्जघ्नतुःशतशःपरान् ९ तेवध्यमानागंधर्वादिव्यैरस्त्रैर्महारथैः ॥ उत्पेतुःखमुपादायधृतराष्ट्रसुतांस्ततः
१० सतानुत्पतितान्दृष्ट्वाकुंतीपुत्रोधनंजयः ॥ महताशरजालेनसमंतात्पर्यवारयत् ११ तेबद्धाःशरजालेनशकुंताइवपंजरे ॥ ववर्षुरर्जुनंक्रोधाद्गदाशक्त्यृष्टिवृ
ष्टिभिः १२ गदाशक्त्यृष्टिवृष्टीस्तानिहत्यपरमास्त्रवित् ॥ गात्राणिचाहनद्भल्लैर्गंधर्वाणांधनंजयः १३

भारतभावदीपे चतुश्चत्वारिंशदधिकद्विशततमोऽध्यायः ॥ २४४ ॥ ॥ ततइति १ । २ तथातेषांचतुर्णामपिरथान्छन्नान्प्रचक्रिरे गंधर्वाः ३ । ४ । ५ । ६ । ७ । ८ । ९ । १० । ११ । १२ । १३ ।

१४ । १५ । १६ । १७ । १८ । १९ गृह्यगृहीत्वा २० । २१ संवृत्याच्छाद्य वियया ऽदर्शनशक्तया २२ । २३ । २४ । २५ । २६ । २७ । २८ । २९ । ३० ॥ इत्यारण्यकेपर्वणि
नीलकंठीये भारतभावदीपे पंचचत्वारिंशदधिकद्विशततमोऽध्यायः ॥ २४५ ॥ ॥ ततोऽर्जुनइति १ । २ तत्रस्थेनमयेतिशेषः ३ । ४ । ५ । ६ । ७ । ८ । ९ नित्यंसंतुष्टोमत्तइत्यर्थः

शिरोभिःप्रपतद्भिश्चचरणैर्बाहुभिस्तथा ॥ अश्मवृष्टिरिवाभातिपरेषामभवद्भयम् १४ तेवध्यमानागंधर्वाःपांडवेनमहात्मना ॥ भूमिष्ठमंतरिक्षस्थाःशरवर्षैरवाकिरन् ॥
१५ तेषांतुशरवर्षाणिसव्यसाचीपरंतपः ॥ अस्त्रैःसंवार्यतेजस्वीगंधर्वान्प्रत्यविध्यत १६ स्थूणाकर्णेंद्रजालंचसौरंचापितथाऽर्जुनः ॥ आग्नेयंचापिसौम्यंचससर्जकुरुनं
दन १७ तेदह्यमानागंधर्वाःकुंतीपुत्रस्यसायकैः ॥ दैतेयाइवशक्रेणविषादमगमन्परम् १८ ऊर्ध्वमाक्रममाणाश्चशरजालेनवारिताः ॥ विसर्पमाणाभल्लैश्चवार्यंतेसव्यसा
चिना १९ गंधर्वांस्त्रासितान्दृष्ट्वाकुंतीपुत्रेणभारत ॥ चित्रसेनोगदांगृह्यसव्यसाचिनमाद्रवत् २० तस्याभिपततस्तूर्णंगदाहस्तस्यसंयुगे ॥ गदांसर्वायसींपार्थःशरैश्चि
च्छेदसप्तधा २१ सगदांबहुधादृष्ट्वाकृत्तांबाणैस्तरस्विना ॥ संवृत्यविद्यया ऽऽत्मानंयोधयामासपांडवम् २२ अस्त्राणितस्यदिव्यानिसंप्रयुक्तानिसर्वशः ॥ दिव्यैरस्त्रैस्त
दावीरःपर्यवारयदर्जुनः २३ सवार्यमाणस्तैरस्त्रैरर्जुनेनमहात्मना ॥ गंधर्वराजोबलवान्मायया ऽन्तर्हितस्तदा २४ अंतर्हितंतमालक्ष्यप्रहरंतमथार्जुनः ॥ ताडयामासख
चरैर्दिव्यास्त्रप्रतिमंत्रितैः २५ अंतर्धानवधंचास्यचक्रेक्रुद्धोऽर्जुनस्तदा ॥ शब्दवेधंसमाश्रित्यबहुरूपोधनंजयः २६ सवध्यमानस्तैरस्त्रैरर्जुनेनमहात्मना ॥ ततोऽस्य
दर्शयामासतदा ऽऽत्मानंप्रियःसखा २७ चित्रसेनस्ततोवाचसखायंयुधिविद्धिमाम् ॥ चित्रसेनमथालक्ष्यसखायंयुधिदुर्बलम् २८ संजहारास्त्रमथतत्प्रसृष्टंपांडवर्षभः ॥
दृष्ट्वातुपांडवाःसर्वेसंहृतास्त्रंधनंजयम् २९ संजह्रुःप्रद्रुतानश्वाञ्शरवेगान्धनूंषिच ॥ चित्रसेनश्चभीमश्चसव्यसाचीयमावपि ॥ पृष्ट्वाकौशलमन्योन्यंरथेष्वेवावतस्थिरे
३० ॥ इतिश्रीमहाभारतेआरण्यकेपर्वणिघोषयात्रापर्वणिगंधर्वपराभवेपंचचत्वारिंशदधिकद्विशततमोऽध्यायः ॥ २४५ ॥ ॥ वैशंपायनउवाच ॥ ततो
ऽर्जुनश्चित्रसेनंप्रहसन्निदमब्रवीत ॥ मध्येगंधर्वसैन्यानांमहेष्वासोमहाद्युतिः १ किंतेव्यवसितंवीरकौरवाणांविनिग्रहे ॥ किमर्थंचसदारोऽयंनिगृहीतःसुयोधनः २
॥ चित्रसेनउवाच ॥ विदितोऽयमभिप्रायस्तत्रस्थेनदुरात्मनः ॥ दुर्योधनस्यपापस्यकर्णस्यचधनंजय ३ वनस्थान्भवतोज्ञात्वाक्लिश्यमानाननाथवत् ॥ समस्थो
विषमस्थांस्तान्द्रक्ष्यामीत्यनवस्थितान् ४ इमेऽवहसितुंप्राप्ताद्रौपदींचयशस्विनीम् ॥ ज्ञात्वाचिकीर्षितंचैषांमामुवाचसुरेश्वरः ५ गच्छदुर्योधनंबद्ध्वासहामात्यमिहा
नय ॥ धनंजयश्चतेरक्ष्यःसहभ्रातृभिराहवे ६ सचप्रियःसखातुभ्यंशिष्यश्चतवपांडव ॥ वचनाद्देवराजस्यततोस्मीहागतोद्रुतम् ७ अयंदुरात्माबद्धश्चगमिष्यामिसुरा
लयम् ॥ नेष्याम्येनंदुरात्मानंपाकशासनशासनात् ८ ॥ अर्जुनउवाच ॥ उत्सृज्यतांचित्रसेनभ्राता ऽस्माकंसुयोधनः ॥ धर्मराजस्यसंदेशान्ममचेदिच्छसिप्रियम्
९ ॥ चित्रसेनउवाच ॥ पापोऽयंनित्यसंतुष्टोनविमोक्षणमर्हति ॥ प्रलब्धाधर्मराजस्यकृष्णायाश्चधनंजय १०

संतुष्टत्वादम्यइति । 'दृष्टोदृप्यतिदृप्तोधर्ममतिक्रामति'इत्यापस्तंबवचनात् । प्रलब्धावंचकः १०

इदंमदुक्तंममस्थोविषमस्थांस्तानद्रक्ष्यामीति ११ । १२ । १३ । १४ । १५ इष्टानिवस्त्रालंकारादीन्याज्ञापयध्वं भवद्दर्शनान्योनेष्यतीति १६ । १७ । १८ । १९ । २० । २१
सुखंसुखेनएधंतिएधंतेवर्धंते २२ वैमनस्यंवैरंकेनचित्सहमाकृथाःमाकुरु २३ । २४ । २५ ॥ २६ । २७ ॥ ॥ इत्यारण्यकेपर्वणि नीलकंठीये भारतभावदीपे पट्चत्वारिंशदधिकद्विशततमोऽध्यायः

नेदंचिकीर्षितंतस्यकुंतीपुत्रोयुधिष्ठिरः ॥ जानातिधर्मराजोहिश्रुत्वाकुरुयथेच्छसि ११ ॥ वैशंपायनउवाच ॥ तेसर्वएवराजानमभिजग्मुर्युधिष्ठिरम् ॥ अभिगम्यचत
त्सर्वंशशंसुस्तस्यचेष्टितम् १२ अजातशत्रुस्तच्छ्रुत्वागंधर्वस्यवचस्तदा ॥ मोक्षयामासतान्सर्वान्गंधर्वान्प्रशशंसच १३ दिष्ट्याभवद्भिर्बलिभिःशक्तैःसर्वैर्नहिंसितः ॥
दुर्वृत्तोधार्त्तराष्ट्रोऽयंसामात्यज्ञातिबांधवः १४ उपकारोमहांस्तातकृतोऽयंममखेचरैः ॥ कुलंनपरिभूतंमेमोक्षणेऽस्यदुरात्मनः १५ आज्ञापयध्वमिष्टानिप्रीयामोदर्श
नेनवः ॥ प्राप्यसर्वानभिप्रायांस्ततोव्रजतमाचिरम् १६ अनुज्ञातास्तुगंधर्वाःपांडुपुत्रेणधीमता ॥ सहाप्सरोभिःसंहृष्टाश्चित्रसेनमुखाययुः १७ देवराडपिगंधर्वान्मृ
तांस्तान्समजीवयत् ॥ दिव्येनामृतवर्षेणयेहताःकौरवैर्युधि १८ ज्ञातींस्तानवमुच्याथराजदारांश्चसर्वशः ॥ कृत्वाचदुष्करंकर्मप्रीतियुक्ताश्चपांडवाः १९ सस्त्रीकु
मारैःकुरुभिःपूज्यमानामहारथाः ॥ बभ्राजिरेमहात्मानःक्रतुमध्येयथाग्नयः २० ततोदुर्योधनंमुक्तंभ्रातृभिःसहितस्तदा ॥ युधिष्ठिरस्तुप्रणयादिदंवचनमब्रवीत् २१
मास्मतातपुनःकार्षीरीदृशंसाहसंक्वचित् ॥ नहिसाहसकर्तारःसुखमेधंतिभारत २२ स्वस्तिमान्सहितःसर्वैर्भ्रातृभिःकुरुनंदन ॥ गृहानव्रजयथाकामंवैमनस्यंचमाकृथाः
२३ ॥ वैशंपायनउवाच ॥ पांडवेनाभ्यनुज्ञातोराजादुर्योधनस्तदा ॥ अभिवाद्यधर्मपुत्रंगतेंद्रियइवातुरः २४ विदीर्यमाणोव्रीडावान्जगामनगरंप्रति ॥ तस्मिन्गतेकौ
रवेयेकुंतीपुत्रोयुधिष्ठिरः २५ भ्रातृभिःसहितोवीरःपूज्यमानोद्विजातिभिः ॥ तपोधनैश्चतैःसर्वैर्वृतःशक्रइवामरैः २६ तथाद्वैतवनेतस्मिन्विजहारमुदायुतः २७
॥ इतिश्रीमहाभारतेआरण्यकेपर्वणिघोषयात्रापर्वणिदुर्योधनमोक्षणेषट्चत्वारिंशदधिकद्विशततमोऽध्यायः ॥ २४६ ॥ ॥ जनमेजयउवाच ॥ शत्रुभिर्जित
बद्धस्यपांडवैश्चमहात्मभिः ॥ मोक्षितस्ययुधापश्चान्मानिनःसुदुरात्मनः १ कत्थनस्यावलिप्तस्यगर्वितस्यचनित्यशः ॥ सदाचपौरुषौदार्यैःपांडवानवमन्यतः २
दुर्योधनस्यपापस्यनित्याहंकारवादिनः ॥ प्रवेशोहास्तिनपुरेदुष्करःप्रतिभातिमे ३ तस्यलज्जान्वितस्यैवशोकव्याकुलचेतसः ॥ प्रवेशंविस्तरेणत्वंवैशंपायनकीर्त्तय ४
॥ वैशंपायनउवाच ॥ धर्मराजनिसृष्टस्तुधार्त्तराष्ट्रःसुयोधनः ॥ लज्जयाऽधोमुखःसीदन्नुपासर्पत्सुदुःखितः ५ स्वपुरंप्रययौराजाचतुरंगबलानुगः । शोकोपहतया
बुद्ध्याचिंतयानःपराभवम् ६ विमुच्यपथियानानिदेशेसुयवसोदके ॥ सन्निविष्टःशुभेरम्येभूमिभागेयथेप्सितम् ७ हस्त्यश्वरथपादातंयथास्थानंन्यवेशयत् ॥ अथोप
विष्टंराजानंपर्यंकेज्वलनप्रभे ८ उपप्लुतंयथासोमंराहुणारात्रिसंक्षये ॥ उपागम्याब्रवीत्कर्णोदुर्योधनमिदंतदा ९

॥ २४६ ॥ शत्रुभिरिति १ कत्थनस्यात्मस्तुतिपरस्य अवलिप्तस्यपापाशयस्य गर्वितस्यात्यभिमानिनः अतएवपांडवानवमन्यतः २ अहंकारंगर्ववदतीतितथा ३ । ४ । ५ । ६ । ७ । ८ । ९

दिष्ट्याजीवसिगांधारेदिष्ट्यानःसंगमःपुनः ॥ दिष्ट्यात्वयाजिताश्चैवगंधर्वाःकामरूपिणः १० दिष्ट्यासमग्रान्पश्यामिभ्रातॄंस्तेकुरुनंदन ॥ विजिगीषून्रणेषु
क्तान्निर्जितारीन्महारथान् ११ अहंत्वभिद्रुतःसर्वैर्गंधर्वैःपश्यतस्तव ॥ नाशक्नुवंस्थापयितुंदीर्यमाणांचवाहिनीम् १२ शरक्षतांगश्चभृशंव्यपयातोऽभिपीडितः ॥
इदंत्वत्यद्भुतंमन्येयद्युष्मानिहभारत १३ अरिष्टानक्षतांश्चापिसदारबलवाहनान् ॥ विमुक्तान्संप्रपश्यामियुद्धात्तस्मादमानुषात् १४ नैतस्यकर्तालोकेऽस्मि
न्पुमान्विद्यतिभारत ॥ यत्कृतंतेमहाराजसहभ्रातृभिराहवे ॥ १५ ॥ ॥ वैशंपायनउवाच ॥ एवमुक्तस्तुकर्णेनराजादुर्योधनस्तदा ॥ उवाचांगराजानं
बाष्पगद्गदयागिरा ॥ १६ ॥ इतिश्री०म०आ०प०घोष०कर्णदुर्योधनसंवादेसप्तचत्वारिंशदधिकद्विशततमोऽध्यायः ॥ २४७ ॥ ॥ दुर्योधनउवाच ॥ अजान
तस्तेराधेयनाभ्यसूयाम्यहंवचः ॥ जानासित्वंजितान्शत्रून्गंधर्वांस्तेजसामया १ आयोधितास्तुगंधर्वाःसुचिरंसोदरैर्मम ॥ मयासहमहाबाहोकृतश्चोभयतःक्षयः २
मायाधिकास्त्वयुध्यंतयदाशूरावियद्गताः ॥ तदानोनसमंयुद्धमभवत्खेचरैःसह ३ पराजयंचप्राप्ताःस्मोरणेबंधनमेवच ॥ सभृत्यामात्यपुत्राश्चसदारबलवाहनाः ४
उच्चैराकाशमार्गेणह्रियामस्तैःसुदुःखिताः ॥ अथनःसैनिकाःकेचिदमात्याश्चमहारथाः ५ उपगम्याब्रुवन्दीनाःपांडवांश्चरणप्रदान् ॥ एषदुर्योधनोराजाधार्तराष्ट्रःसहा
नुजः ६ सामात्यदारोह्रियतेगंधर्वैर्दिवमाश्रितैः ॥ तंमोक्षयतभद्रंवःसहदारंनराधिपम् ७ परामर्शोमाऽभविष्यत्कुरुदारेषुसर्वशः ॥ एवमुक्तेतुधर्मात्माज्येष्ठःपांडुसुत
स्तदा ८ प्रसाद्यपांडवान्सर्वानाज्ञापयतमोक्षणे ॥ अथागम्यतमुद्देशंपांडवाःपुरुषर्षभाः ९ सांत्वपूर्वमयाचंतशक्ताःसंतोमहारथाः ॥ यदाचास्मान्नमुमुचुर्गंधर्वाःसांत्वि
ताअपि १० ततोऽर्जुनश्चभीमश्चयमजौचबलोत्कटौ ॥ मुमुचुःशरवर्षाणिगंधर्वान्प्रत्यनेकशः ११ अथसर्वेरणंमुक्त्वाप्रयाताःखेचरादिवम् ॥ अस्मानेवाभिकर्षंतोदी
नान्मुदितमानसाः १२ ततःसमंतात्पश्यामःशरजालेनवेष्टितम् ॥ अमानुषाणिचास्त्राणिप्रमुंचंतंधनंजयम् १३ समावृतादिशोदृष्ट्वापांडवेनशितैःशरैः ॥ धनंजयस
खाऽऽत्मानंदर्शयामासवैतदा १४ चित्रसेनःपांडवेनसमाश्लिष्यपरस्परम् ॥ कुशलंपरिपप्रच्छतैःपृष्टश्चाप्यनामयम् १५ तेसमेत्यतथाऽन्योन्यंसन्नाहान्विप्रमुच्यच ॥
एकीभूतास्ततोवीरागंधर्वाःसहपांडवैः ॥ अपूजयेतामन्योन्यंचित्रसेनधनंजयौ १६ ॥ इतिश्रीमहाभारतेआरण्यकेपर्वणिघोषयात्रापर्वणिदुर्योधनवाक्येअष्टच
त्वारिंशदधिकद्विशततमोऽध्यायः ॥ २४८ ॥ ॥ दुर्योधनउवाच ॥ ॥ चित्रसेनंसमागम्यप्रहसन्नर्जुनस्तदा ॥ इदंवचनमक्लीबमब्रवीत्परवीरहा १ भ्रातॄन्नर्हं
सिमेवीरमोक्तुंगंधर्वसत्तम ॥ अनर्हधर्षणाहीमेजीवमानेषुपांडुषु २

३ । ४ । ५ । ६ । ७ । ८ एवंभूतस्यजीवितंनश्रेयःइतिसंबंधः अभूदभविष्यत् ९ । १० । ११ । १२ । १३ । १४ । १५ श्रेणिमुख्याःशिल्पिसंघानमुख्याःप्रकृतयःइत्यर्थः १६ । १७

एवमुक्तस्तुगंधर्वःपांडवेनमहात्मना ॥ उवाचयत्कर्णवयंमंत्रयंतोविनिर्गताः ३ द्रष्टारःस्मसुखाद्धीनान्सदारान्पांडवानिति ॥ तस्मिन्नुच्चार्यमाणेतुगंधर्वेणवच
स्तथा ४ भूमेर्विवरमन्वैच्छंप्रवेष्टुंव्रीडयान्वितः ॥ युधिष्ठिरमथागम्यगंधर्वाःसहपांडवैः ५ अस्मद्दुर्मंत्रितंतस्मैबद्धांश्चास्मान्न्यवेदयन् ॥ स्त्रीसमक्षमहंदीनोबद्धः
शत्रुवशंगतः ६ युधिष्ठिरस्योपहृतःकिंनुदुःखमतःपरम् ॥ येमेनिराकृतानित्यंरिपुर्येषामहंसदा ७ तैर्मोक्षितोऽहंदुर्बुद्धिर्दत्तंतैरेवजीवितम् ॥ प्राप्तःस्यांयद्यहंवी
रवधंतस्मिन्महारणे ८ श्रेयस्तद्भवितामह्यंनैवंभूतस्यजीवितम् ॥ अभूद्यशःपृथिव्यांमेख्यातंगंधर्वतोवधात् ९ प्राप्ताश्चपुण्यलोकाःस्युर्महेंद्रसदनेऽक्षयाः ॥ यत्त्वद्य
मेव्यवसितंतच्छृणुध्वंनरर्षभाः १० इहप्रायमुपासिष्येयूयंव्रजतवैगृहान् ॥ भ्रातरश्चैवमेसर्वेयांत्वद्यस्वपुरंप्रति ११ कर्णप्रभृतयश्चैवसुहृदोबांधवाश्चये ॥ दुःशा
सनंपुरस्कृत्यप्रयांत्वद्यपुरंप्रति १२ नह्यहंसंप्रयास्यामिपुरंशत्रुनिराकृतः ॥ शत्रुमानापहोभूत्वासुहृदांमानकृत्तथा १३ ससुहृच्छोकदोजातःशत्रूणांहर्षवर्धनः ॥
वारणाह्वयमासाद्यकिंवक्ष्यामिजनाधिपम् १४ भीष्मद्रोणौकृपद्रौणीविदुरःसंजयस्तथा ॥ बाह्लीकःसौमदत्तिश्चयेचान्येवृद्धसंमताः १५ ब्राह्मणाःश्रेणिमुख्याश्च
तथोदासीनवृत्तयः ॥ किंमांवक्ष्यंतिकिंचापिप्रतिवक्ष्यामितानहम् १६ रिपूणांशिरसिस्थित्वातथाविक्रम्यचोरसि ॥ आत्मदोषात्परिभ्रष्टःकथंवक्ष्यामितानहम्
१७ दुर्विनीताःश्रियंप्राप्यविद्यामैश्वर्यमेवच ॥ तिष्ठंतिनचिरंभद्रंयथाऽहंमदगर्वितः १८ अहोनार्हमिदंकर्मकष्टंदुश्चरितंकृतम् ॥ स्वयंदुर्बुद्धिनामोहाद्येनप्राप्तोऽस्मिसं
शयम् १९ तस्मात्प्रायमुपासिष्येनहिशक्ष्यामिजीवितुम् ॥ चेतयानोहिकोजीवेत्कृच्छ्राच्छत्रुभिरुद्धृतः २० शत्रुभिश्चावहसितोमानीपौरुषवर्जितः ॥ पांडवैर्विक्रमा
ढ्यैश्चसावमानमवेक्षितः २१ ॥ वैशंपायनउवाच ॥ एवंचिंतापरिगतोदुःशासनमथाब्रवीत् ॥ दुःशासननिबोधेदंवचनंममभारत २२ प्रतीच्छत्वंमयादत्तमभिषेकं
नृपोभव ॥ प्रशाधिपृथिवींस्फीतांकर्णसौबलपालिताम् २३ भ्रातॄन्पालयविस्रब्धंमरुतोवृत्रहायथा ॥ बांधवाश्चोपजीवंतुदेवाइवशतक्रतुम् २४ ब्राह्मणेषुसदावृत्तिं
कुर्वीथाश्चाप्रमादतः ॥ बंधूनांसुहृदांचैवभवेथास्त्वंगतिःसदा २५ ज्ञातींश्चाप्यनुपश्येथाविष्णुर्देवगणान्यथा ॥ गुरवःपालनीयास्तेगच्छपालयमेदिनीम् २६ नंदय
न्सुहृदःसर्वान्शात्रवांश्चावभर्त्सयन् ॥ कंठेचैनंपरिष्वज्यगम्यतामित्युवाचह २७ तस्यतद्वचनंश्रुत्वादीनोदुःशासनोऽब्रवीत् ॥ अश्रुकंठःसुदुःखार्तःप्रांजलिःप्रणिप
त्यच २८ सगद्गदमिदंवाक्यंभ्रातरंज्येष्ठमात्मनः ॥ प्रसीदेत्यपतद्भूमौदूयमानेनचेतसा २९ दुःखितःपादयोस्तस्यनेत्रजंजलमुत्सृजन् ॥ उक्तवांश्चनरव्याघ्रोनैतदेवंभ
विष्यति ३० विदीर्येत्सकलाभूमिर्द्यौश्चापिशकलीभवेत् ॥ रविरात्मप्रभांजह्यात्सोमःशीतांशुतांत्यजेत् ३१

१८ । १९ । २० । २१ । २२ । २३ विस्रब्धंसविश्वासंयथास्यात्तथा २४ । २५ । २६ । २७ । २८ । २९ । ३० । ३१

वायुःशैघ्र्यमथोजह्याद्धिमवांश्चपरिव्रजेत् ॥ शुष्येत्तोयंसमुद्रेषुवह्निरप्युष्णतांत्यजेत् ३२ नचाहंत्वदृतेराजन्प्रशासेयंवसुंधराम् ॥ पुनःपुनःप्रसीदेतिवाक्यंचेद मुवाचह ३३ त्वमेवनःकुलेराजाभविष्यसिशतंसमाः ॥ एवमुक्त्वासराजानंसुस्वरंप्ररुरोदह ३४ पादौसंस्पृश्यमानार्हौभ्रातुर्ज्येष्ठस्यभारत ॥ तथातौदुःखितौ दृष्ट्वादुःशासनसुयोधनौ ३५ अधिगम्यव्यथाविष्टःकर्णस्तौप्रत्यभाषत ॥ विषीदथःकिंकौरव्यौबालिश्यात्प्राकृताविव ३६ नशोकःशोचमानस्यविनिवर्तेतक र्हिचित् ॥ यदाचशोचतःशोकोव्यसनंनापकर्षति ३७ सामर्थ्यंकिंततःशोकेशोचमानौप्रपश्यथः ॥ धृतिंगृह्णीतंमाशत्रून्शोचंतौनंदयिष्यथः ३८ कर्तव्यंहि कृतंराजन्पांडवैस्तवमोक्षणम् ॥ नित्यमेवप्रियंकार्यंराज्ञोविषयवासिभिः ३९ पाल्यमानास्त्वयातेहिनिवसंतिगतज्वराः ॥ नार्हस्येवंगतेमन्युंकर्तुंप्राकृतवद्यथा ॥ ४० विषण्णास्तवसोदर्यास्त्वयिप्रायंसमास्थिते ॥ उत्तिष्ठव्रजभद्रंतेसमाश्वासयसोदरान् ४१ ॥ इतिश्रीमहाभारतेआरण्यकेपर्वणिघोषयात्राप० दुर्योधनप्रा योपवेशेऊनपंचाशदधिकद्विशततमोऽध्यायः ॥ २४९ ॥ ॥ कर्णउवाच ॥ राजन्नाद्यावगच्छामितवेहलघुसत्वताम् ॥ किमत्रचित्रंयद्वीरमोक्षितःपांडवैरसि १ सद्योवशंसमापन्नःशत्रूणांशत्रुकर्शन ॥ सेनाजीवैश्चकौरव्यतथाविषयवासिभिः २ अज्ञातैर्यदिवाज्ञातैःकर्तव्यंनृपतेःप्रियम् ॥ प्रायःप्राधानाःपुरुषाःक्षोभयंत्यरिवा हिनीम् ३ निगृह्यंतेचयुद्धेषुमोक्ष्यंतेचैवसैनिकैः ॥ सेनाजीवाश्चयेराज्ञांविषयेसंतिमानवाः ४ तैःसंगम्यनृपार्थाययतितव्यंयथातथम् ॥ यद्येवंपांडवैराजन्भव द्विषयवासिभिः ५ यदृच्छयामोक्षितोऽसितत्रकापरिदेवना ॥ नचैतत्साधुयद्राजन्पांडवास्त्वांनृपोत्तमम् ६ स्वसेनयासंप्रयांतंनानुयांतिस्मपृष्ठतः ॥ शूराश्चबलवंत श्चसंयुगेष्वपलायिनः ७ भवतस्तेसहायावैप्रेष्यतांपूर्वमागताः ॥ पांडवेयानिरत्नानित्वमद्याप्युपभुंजसे ८ सत्वस्थान्पांडवान्पश्यनतेप्रायमुपाविशन् ॥ उत्ति ष्ठराजन्भद्रंतेनचिरंकर्तुमर्हसि ९ अवश्यमेवनृपतेराज्ञोविषयवासिभिः ॥ प्रियाण्याचरितव्यानितत्रकापरिदेवना १० मद्वाक्यमेतद्राजेंद्रयद्येवंनकरिष्यसि ॥ स्थास्यामीहभवत्पादौशुश्रूषन्नरिमर्दन ११ नोत्सहेजीवितुमहंत्वद्विहीनोनरर्षभ ॥ प्रायोपविष्टस्तुनृपराज्ञांहास्योभविष्यसि १२ ॥ वैशंपायनउवाच ॥ एवमुक्त स्तुकर्णेनराजादुर्योधनस्तदा ॥ नैवोत्थातुंमनश्चक्रेस्वर्गायकृतनिश्चयः १३ ॥ ॥ इतिश्रीमहाभारतेआरण्यकेपर्वणिघोषयात्रापर्वणिदुर्योधनप्रायोपवेशेकर्णवा क्येपंचाशदधिकद्विशततमोऽध्यायः ॥ २५० ॥ ॥ ॥ ॥ वैशंपायनउवाच ॥ प्रायोपविष्टंराजानंदुर्योधनममर्षणम् ॥ उवाचसांत्वयन्राजन्शकुनिः सौबलस्तदा १ ॥ शकुनिरुवाच ॥ सम्यगुक्तंहिकर्णेनतच्छ्रुतंकौरवत्वया ॥ मयाऽऽहृतांश्रियंस्फीतांतांमोहादपहासिकिम् २

३ पात्रंमृत्पात्रं आममपकं ४ भीरुमात्मनाशशंकाकुलं । क्लीबंसामर्थ्यहीनं । दीर्घसूत्रंचिरकारिणं । प्रमादिनमनवहितं । व्यसनाद्द्यूतपानमृगयादिरूपात् । विषयैःस्त्र्यादिभिराक्रांतं । त्वंतुतेषांमध्येप्रमादीविषयाक्रांतश्चेतिभावः ५ पार्थैःकृतंशोकमालंब्यमानाशयेतिसंबंधः ६ । ७ आत्मानंशरीरंमात्यज ८ । ९ । १० विकृतंम्लानं भ्रातृसौहृदंभ्रातरिसौहृदंवात्सल्यमस्यास्तीतिभ्रातृसौहृदस्तम् ११ । १२ निर्वेदंजीवितेवैराग्यं नैराश्यंराज्यलाभेइतिशेषः १३ समन्युःदैन्यवान् धर्मेणधनेनसौख्येनवानममकार्यमितिसंबंधः धर्मधनाभ्यांयत्सौख्यंतेनवा आज्ञयाआज्ञाफलेनराज्येनेत्यर्थः १४ माविहन्यतआत्मानंमाघातयतममसंकल्पंवामानाशयत १५ पूज्याभवद्भिरितिशेषः गुरवोधृतराष्ट्रादयः १६ । १७ सुहृद्भिःकर्णाद्यैः अमात्यैःशकुनिप्रभृतिभिः भ्रातृभिर्दुःशासनादिभिः स्वजनैःसंबंधिभिः १८ । १९ वाग्यतोमौनी

त्वमल्पबुद्ध्यानृपतेप्राणानुत्स्रष्टुमर्हसि ॥ अथवाऽप्यवगच्छामिनवृद्धाःसेवितास्त्वया ३ यःसमुत्पतितंहर्षंदैन्यंवाननियच्छति ॥ सनश्यतिश्रियंप्राप्यपात्रमाममिवांभसि ४ अतिभीरुमतिक्लीबंदीर्घसूत्रंप्रमादिनम् ॥ व्यसनाद्विषयाक्रान्तंनभजंतिनृपंप्रजाः ५ सत्कृतस्यहितेशोकोविपरीतेकथंभवेत् ॥ माकृतंशोभनंपार्थैःशोकमालंब्यनाशय ६ यत्रहर्षस्त्वयाकार्यःसत्कर्तव्याश्चपांडवाः ॥ तत्रशोचसिराजेंद्रविपरीतमिदंतव ७ प्रसीदमात्यजात्मानंतुष्टश्चसुकृतंस्मर ॥ प्रयच्छराज्यंपार्थानांयशोधर्ममवाप्नुहि ८ क्रियामेतांसमाज्ञायकृतज्ञस्त्वंभविष्यसि ॥ सौभ्रात्रंपांडवैःकृत्वासमवस्थाप्यचैवतान् ९ पित्र्यंराज्यंप्रयच्छैषांततःसुखमवाप्स्यसि ॥ वैशंपायनउवाच ॥ शकुनेस्तुवचःश्रुत्वादुःशासनमवेक्ष्यच १० पादयोःपतितंवीरंविकृतंभ्रातृसौहृदम् ॥ बाहुभ्यांसाधुजाताभ्यांदुःशासनमरिंदमम् ११ उत्थाप्यसंपरिष्वज्यप्रीत्याऽजिघ्रतमूर्धनि ॥ कर्णसौबलयोश्चापिसंश्रुत्यवचनान्यसौ १२ निर्वेदंपरमंगत्वाराजादुर्योधनस्तदा ॥ व्रीडयाऽभिपरीतात्मानैराश्यमगमत्परम् १३ तच्छ्रुत्वासुहृदश्चैवसमन्युरिदमब्रवीत् ॥ नधर्मधनसौख्येननैश्वर्येणनचाज्ञया १४ नैवभोगैश्चमेकार्यंमाविहन्यतगच्छत ॥ निश्चितेयंमममतिःस्थितामायोपवेशने १५ गच्छध्वंनगरंसर्वेपूज्याश्चगुरवोमम ॥ तएवमुक्ताःप्रत्युचूराजानमरिमर्दनम् १६ यागतिस्तवराजेंद्रसाऽस्माकमपिभारत ॥ कथंवासंप्रवेक्ष्यामस्त्वद्विहीनाःपुरंवयम् १७ ॥ वैशंपायनउवाच ॥ ससुहृद्भिरमात्यैश्चभ्रातृभिःस्वजनेनच ॥ बहुप्रकारमप्युक्तोनिश्चयान्नविचाल्यते १८ दर्भास्तरणमास्तीर्यनिश्चयाद्धृतराष्ट्रजः ॥ संस्पृश्यापःशुचिर्भूत्वाभूतलेसमुपस्थितः १९ कुशचीरांबरधरःपरंनियममास्थितः ॥ वाग्यतोराजशार्दूलःसस्वर्गगतिकाम्यया २० मनसोऽपचितिंकृत्वानिरस्यचबहिःक्रियाः ॥ अथतंनिश्चयंतस्यबुद्ध्वादैतेयदानवाः २१ पातालवासिनोरौद्राःपूर्वंदेवैर्विनिर्जिताः ॥ तेस्वपक्षक्षयंतंतुज्ञात्वादुर्योधनस्यवै २२ आह्वानायतदाचक्रुःकर्मवैतानसंभवम् ॥ बृहस्पत्युशनोक्तैश्चमंत्रैर्मंत्रविशारदाः २३ अथर्ववेदप्रोक्तैश्चयाश्चोपनिषदिक्रियाः ॥ मंत्रजप्यसमायुक्तास्तास्तदासमवर्तयन् २४ जुह्वत्यग्नौहविश्चैवमंत्रवत्सुसमाहिताः ॥ ब्राह्मणावेदवेदांगपारगाःसुदृढव्रताः २५

स्वर्गगतिर्मरणंतत्काम्ययातदिच्छया २० मनसाउपसमीपेचितिंदाहार्थंकाष्ठसंचयंकृत्वा संकल्प्य अवश्यंमर्तव्यमितिनिश्चित्येत्यर्थः बहिःक्रियाःस्नानपानाद्याः २१ । २२ वैतानसंभवमभिविस्तारसाध्यंनवकुंड्यादिविधानंआथर्वणिकं नतुत्रयीरूपम् २३ उपनिषदिआरण्यकेप्रोक्ताःक्रियाः ' सर्वंप्रविध्यहृदयंप्रविध्यशिरोभिवृंजप्रमनीःप्रव्रज ' इत्यादिमंत्रप्रकाशिताःशत्रुमारणार्थाएतन्मंत्रजपहोमादिरूपाः समवर्तयन्संप्रावर्तयन् दैतेयदानवाइतिपूर्वेणसंबंधः २४ । २५

कृत्याआज्ञाकरीदेवता २६ । २७ । २८ । २९ । ३० ॥ इत्यारण्यकेपर्वणिनीलकंठीयेभारतभावदीपेएकपंचाशदधिकद्विशततमोऽध्यायः ॥ २५१ ॥ ॥ भोःसुयोधनेति १ । २ कार्यविरुद्धेषुशत्रुजयवि

कर्मसिद्धौतदातत्र जृंभमाणामहाद्भुताः ॥ कृत्यासमुत्थिताराजन्किंकरोमीतिचाब्रवीत् २६ आहुर्दैत्याश्चतांतत्रसुप्रीतेनांतरात्मना ॥ प्रायोपविष्टंराजानंधार्तराष्ट्रमिहा
नय २७ तथेतिचप्रतिश्रुत्यसाकृत्याप्रययौतदा ॥ निमेषादगमच्चापियत्रराजासुयोधनः २८ समादायचराजानंप्रविवेशरसातलम् ॥ दानवानांमुहूर्ताच्चतमानीतंन्य
वेदयत् ॥ तमानीतंनृपंदृष्ट्वारात्रौसंगत्यदानवाः २९ प्रहृष्टमनसःसर्वेकिंचिदुत्फुल्ललोचनाः ॥ साभिमानमिदंवाक्यंदुर्योधनमथाब्रुवन् ३० ॥ इतिश्रीमहाभारते
आरण्यकेपर्वणिघोषयात्रापर्वणिदुर्योधनप्रायोपवेशेएकपंचाशदधिकद्विशततमोऽध्यायः ॥ २५१ ॥ ॥ ॥ दानवाऊचुः ॥ भोःसुयोधनराजेंद्रभरतानांकुलो
द्वह ॥ शूरैःपरिवृतोनित्यंतथैवचमहात्मभिः १ अकार्षीःसाहसमिदंकस्मात्प्रायोपवेशनम् ॥ आत्मत्यागीह्यधोयातिवाच्यतांचायशस्करीम् २ नहिकार्यविरुद्धेषु
बहुपापेषुकर्मसु ॥ मूलघातिषुसज्जंतेबुद्धिमंतोभवद्विधाः ३ नियच्छैनांमतिंराजन्धर्मार्थसुखनाशिनीम् ॥ यशःप्रतापवीर्यघ्नींशत्रूणांहर्षवर्धनीम् ४ श्रूयतांतुप्रभोतत्
त्वंदिव्यतांचात्मनोनृप ॥ निर्माणंचशरीरस्यततोधैर्यमवाप्नुहि ५ पुरात्वंतपसाऽस्माभिर्लब्धोराजन्महेश्वरात् ॥ पूर्वकायश्चपूर्वस्तेनिर्मितोवज्रसंचयैः ६ अस्त्रैरभेद्यः
शस्त्रैश्चाप्यधःकायश्चतेऽनघ ॥ कृतःपुष्पमयोदेव्यारूपतःस्त्रीमनोहरः ७ एवमीश्वरसंयुक्तस्तवदेहोनृपोत्तम ॥ देव्याचराजशार्दूलदिव्यस्त्वंहिनमानुषः ८ क्षत्रिया
श्चमहावीर्याभगदत्तपुरोगमाः ॥ दिव्यास्त्रविदुषःशूराःक्षपयिष्यंतितेरिपून् ९ तदलंतेविषादेनभयंतवनविद्यते ॥ सहायार्थंचतेवीराःसंभूताभुविदानवाः १० भीष्म
द्रोणकृपादींश्चप्रवेक्ष्यंत्यपरेऽसुराः ॥ यैराविष्टाघृणांत्यक्त्वायोत्स्यंतेतववैरिभिः ११ नैवपुत्रान्नचभ्रातॄन्नपितॄन्नचबांधवान् ॥ नैवशिष्यान्नचज्ञातीन्नबालान्स्थविरान्नच
१२ युधिसंप्रहरिष्यंतोमोक्ष्यंतिकुरुसत्तम ॥ निःस्नेहादानवाविष्टाःसमाक्रांतेऽन्तरात्मनि १३ प्रहरिष्यंतिविवशाःस्नेहमुत्सृज्यदूरतः ॥ हृष्टाःपुरुषशार्दूलाःकलुषी
कृतमानसाः ॥ अविज्ञानविमूढाश्चदैवाच्चविधिनिर्मितात् १४ व्याभाषमाणाश्चान्योन्यंनमेजीवन्विमोक्ष्यसे ॥ सर्वेशस्त्रास्त्रमोक्षेणपौरुषेसमवस्थिताः १५ श्लाघ
मानाःकुरुश्रेष्ठकरिष्यंतिजनक्षयम् ॥ तेऽपिपंचमहात्मानःप्रतियोत्स्यंतिपांडवाः १६ वधंचैषांकरिष्यंतिदैवयुक्तामहाबलाः ॥ दैत्यरक्षोगणाश्चैवसंभूताःक्षत्रयोनिषु
१७ योत्स्यंतियुधिविक्रम्यशत्रुभिस्तवपार्थिव ॥ गदाभिर्मुसलैःशूलैःशस्त्रैरुच्चावचैस्तथा १८ यच्चतेऽन्तर्गतंवीरभयमर्जुनसंभवम् ॥ तत्रापिविहितोऽस्माभिर्वधोपायो
ऽर्जुनस्यवै १९ हतस्यनरकस्यात्माकर्णमूर्तिमुपाश्रितः ॥ तद्वैरंसंस्मरन्वीरयोत्स्यतेकेशवार्जुनौ २०

रुद्धेषु पापेषुआत्महत्यादिषु ३ नियच्छसंयजेत्यर्थः ४ । ५ पूर्वकायःनाभेरुपरि ६ । ७ । ८ । ९ । १० असुराइतिच्छेदः घृणांकृपां ११ । १२ अंतरात्मनिचित्तेसमाक्रांतेदानवैरेव १३ अविज्ञानंकार्याकार्य
विज्ञानाभावस्तेनमूढाः दैवाददृष्टात् विधिनिर्मितात् पूर्वकर्मकृतात् १४ व्याभाषमाणाःविरुद्धमाभाषंतः १५ । १६ । १७ । १८ । १९ । २०

विक्रमेशत्रुजये शौटीरःसमर्थः २१ । २२ । २३ । २४ । २५ तेत्वया अन्यामरणार्था वैरशांत्यर्थावाबुद्धिर्नकार्या २६ । २७ जयमाप्नुहिचेत्युक्तमितिशेषः अथतैर्विसृष्टमितिसंबंधः २८ । २९

सतेविक्रमशौटीरोरणेपार्थंविजेष्यति ॥ कर्णःप्रहरतांश्रेष्ठःसर्वांश्चारीन्महारथः २१ ज्ञात्वैतच्छद्मनावज्रीरक्षार्थंसव्यसाचिनः ॥ कुंडलेकवचंचैवकर्णस्यापहरि
ष्यति २२ तस्मादस्माभिरप्यत्रदैत्याःशतसहस्रशः ॥ नियुक्काराक्षसाश्चैवयेतेसंशप्तकाइति २३ प्रख्यातास्तेऽर्जुनंवीरंहनिष्यंतिचमाशुचः ॥ असपत्नात्वयाही
यंभोक्तव्यावसुधानृप २४ माविषादंगमस्तस्मान्नैतत्त्वय्युपपद्यते ॥ विनष्टेत्वयिचास्माकंपक्षोहीयेतकौरव २५ गच्छवीरनतेबुद्धिरन्याकार्याकथंचन ॥
त्वमस्माकंगतिर्नित्यंदेवतानांचपांडवाः २६ ॥ वैशंपायनउवाच ॥ एवमुक्त्वापरिष्वज्यदैत्यास्तंराजकुंजरम् ॥ समाश्वास्यचदुर्धर्षंपुत्रवद्दानवर्षभाः २७ स्थि
रांकृत्वाबुद्धिमस्यप्रियाण्युक्त्वाचभारत ॥ गम्यतामित्यनुज्ञायजयमाप्नुहिचेत्यथ २८ तैर्विसृष्टंमहाबाहुंकृत्यासैवानयत्पुनः ॥ तमेवदेशंयत्रासौतदाप्रायमुपा
विशत् २९ प्रतिनिक्षिप्यतंवीरंकृत्यासमभिपूज्यच ॥ अनुज्ञाताचराज्ञासातत्रैवांतरधीयत ३० गतायामथतस्यांतुराजादुर्योधनस्तदा ॥ स्वप्नभूतमिदंसर्वम
चिंतयतभारत ३१ विजेष्यामिरणेपांडूनितिचास्याभवन्मतिः ॥ कर्णंसंशप्तकांश्चैवपार्थस्यामित्रघातिनः ३२ अमन्यतवधेयुक्तान्समर्थांश्चसुयोधनः ॥ एव
माशादृढातस्यधार्तराष्ट्रस्यदुर्मतेः ३३ विनिर्जयेपांडवानामभवद्भरतर्षभ ॥ कर्णोऽप्याविष्टचित्तात्मानरकस्यांतरात्मना ३४ अर्जुनस्यवधेक्रूरांकरोतिस्मतदा
मतिम् ॥ संशप्तकाश्चतेवीराराक्षसाविष्टचेतसः ३५ रजस्तमोभ्यामाक्रांताःफाल्गुनस्यवधैषिणः ॥ भीष्मद्रोणकृपाद्याश्चदानवाक्रांतचेतसः ३६ नतथापांडु
पुत्राणांस्नेहवंतोविशांपते ॥ नचाचचक्षेकस्मैचिदेतद्राजासुयोधनः ३७ दुर्योधनंनिशांतेचकर्णोवैकर्तनोऽब्रवीत् ॥ स्मयन्निवांजलिंकृत्वापार्थिवंहेतुमद्वचः ३८
नमृतोजयतेशत्रून्जीवन्भद्राणिपश्यति ॥ मृतस्यभद्राणिकुतःकौरवेयकुतोजयः ३९ नकालोऽद्यविषादस्यभयस्यमरणस्यवा ॥ परिष्वज्याब्रवीच्चैनंभुजाभ्यां
समहाभुजः ४० उत्तिष्ठराजन्किंशेषेकस्माच्छोचसिशत्रुहन् ॥ शत्रून्प्रताप्यवीर्येणसकथंमृत्युमिच्छसि ४१ अथवातेभयंजातंदृष्ट्वाऽर्जुनपराक्रमम् ॥ सत्यंतेप्र
तिजानामिवधिष्यामिरणेऽर्जुनम् ४२ गतेत्रयोदशेवर्षेसत्येनायुधमालभे ॥ आनयिष्याम्यहंपार्थान्वशंतवजनाधिप ४३ एवमुक्तस्तुकर्णेनदैत्यानांवचनात्तथा ॥
प्रणिपातेनचाप्येषामुदतिष्ठत्सुयोधनः ४४ दैत्यानांतद्वचःश्रुत्वाहृदिकृत्वास्थिरांमतिम् ॥ ततोमनुजशार्दूलोयोजयामासवाहिनीम् ४५ रथनागाश्वकलिलांपदाति
जनसंकुलाम् ॥ गंगौघप्रतिमाराजन्साप्रयातामहाचमूः ४६ श्वेतच्छत्रैःपताकाभिश्चामरैश्चसुपांडुरैः ॥ रथैर्नागैःपदातैश्चशुशुभेऽतीवसंकुला ४७

३० । ३१ । ३२ । ३३ अंतरात्मनामनसा ३४ । ३५ । ३६ पांडुपुत्राणामुपरीतिशेषः ३७ । ३८ । ३९ । ४० । ४१ । ४२ । ४३ एषांदुःशासनादीनां ४४ । ४५ । ४६ । पदातैःपदा
तिभिः साचमूर्द्यौरिवशुशुभेइतिद्वयोःसंबंधः ४७

ऽव्यपेतः अभ्रघनःमेघविस्तारोयस्मिन् । 'घनंस्यादित्युपक्रम्य विस्तारेलोहमुद्गरे' इतिमेदिनी । शरदीत्यर्थः । अव्यक्ताईषद्व्यक्ताशारदी शरज्जातपुंडरीककाशकुसुमाद्याकारच्छत्रचामरादिरूपाशोभायस्यांसा ऽव्यक्तशारदी अधिराजासार्वभौमोयुधिष्ठिरस्तद्वत् ४८ गृह्णन्दृक्प्रसारादिनाऽनुह्वन् अंजलिमालाःनमस्कारांजलिपंक्तीःबद्धांजलीनित्यर्थः ४९ देविनाद्यूतरतेन ५० । ५१ । ५२ ॥ इत्यारण्यकेपर्वणि

व्यपेताभ्रघनेकालेद्यौरिवाव्यक्तशारदी ॥ जयाशीर्भिर्द्विजेन्द्रैःसंस्तूयमानोऽधिराजवत् ४८ गृह्णन्नंजलिमालाश्चधार्त्तराष्ट्रोजनाधिपः ॥ सुयोधनोययावग्रेश्रियापरमयाज्वलन् ४९ कर्णेनसार्धंराजेंद्रसौबलेनचदेविना ॥ दुःशासनादयश्चास्यभ्रातरःसर्वएवते ५० भूरिश्रवाःसोमदत्तोमहाराजश्चबाह्लिकः ॥ रथैर्नानाविधाकारैर्हयैर्गजवरैस्तथा ५१ प्रयांतंनृपसिंहंतमनुजग्मुःकुरूद्वहाः ॥ कालेनाल्पेनराजेंद्रस्वपुरंविविशुस्तदा ५२ ॥ इतिश्रीमहाभारतेआरण्यकेपर्वणिघोषयात्राप० दुर्योधनपुरप्रवेशेद्विपंचाशदधिकद्विशततमोऽध्यायः ॥ २५२ ॥ ॥ ॥ ॥ जनमेजयउवाच ॥ वसमानेषुपार्थेषुवनेतस्मिन्महात्मसु ॥ धार्तराष्ट्रामहेष्वासाःकिमकुर्वतसत्तमाः १ कर्णोवैकर्तनश्चैवशकुनिश्चमहाबलः ॥ भीष्मद्रोणकृपाश्चैवतन्मेशंसितुमर्हसि २ ॥ वैशंपायनउवाच ॥ एवंगतेषुपार्थेषुविसृष्टेचसुयोधने ॥ आगतेहास्तिनपुरंमोक्षितेपाण्डुनंदनैः ३ भीष्मोऽब्रवीन्महाराजधार्तराष्ट्रमिदंवचः ॥ उक्तंतातयथापूर्वंगच्छतस्तेतपोवनम् ४ गमनंमेनरुचितंतवतत्रकृतंचते ॥ ततःप्राप्तंत्वयावीरग्रहणंशत्रुभिर्बलात् ५ मोक्षितश्चासिधर्मज्ञैःपांडवैर्नचलज्जसे ॥ प्रत्यक्षंतवगांधारेससैन्यस्यविशांपते ६ सूतपुत्रोऽपयाद्भीतोगंधर्वाणांतदारणात् ॥ क्रोशतस्तवराजेंद्रससैन्यस्यनृपात्मज ७ दृष्टस्तेविक्रमश्चैवपांडवानांमहात्मनाम् ॥ कर्णस्यचमहाबाहोसूतपुत्रस्यदुर्मतेः ८ नचापिपादभाक्कर्णःपांडवानांनृपोत्तम ॥ धनुर्वेदेचशौर्येचधर्मेवाधर्मवत्सल ९ तस्मादहंक्षमंमन्येपांडवैस्तैर्महात्मभिः ॥ संधिंसंधिविदांश्रेष्ठकुलस्यास्यविवृद्धये १० एवमुक्तश्चभीष्मेणधार्तराष्ट्रोजनेश्वरः ॥ प्रहस्यसहसाराजन्विप्रतस्थेससौबलः ११ तंतुप्रस्थितमाज्ञायकर्णदुःशासनादयः ॥ अनुजग्मुर्महेष्वासाधार्तराष्ट्रंमहाबलम् १२ तांस्तुसंप्रस्थितान्दृष्ट्वाभीष्मःकुरुपितामहः ॥ लज्जयाव्रीडितोराजन्जगामस्वंनिवेशनम् १३ गतेभीष्मेमहाराजधार्तराष्ट्रोजनेश्वरः ॥ पुनरागम्यतंदेशममंत्रयतमंत्रिभिः १४ किमस्माकंभवेच्छ्रेयःकिंकार्यमवशिष्यते ॥ कथंचसुकृतंतत्स्यान्मंत्रयामोऽद्ययद्धितम् १५ ॥ कर्णउवाच ॥ दुर्योधननिबोधेदंयत्त्वांवक्ष्यामिकौरव ॥ भीष्मोऽस्मान्निंदतिसदापांडवांश्चप्रशंसति १६ त्वद्द्वेषाच्चमहाबाहोममापिद्वेष्टुमर्हति ॥ विगर्हतेचमांनित्यंत्वत्समीपेनरेश्वर १७ सोऽहंभीष्मवचस्तद्वैनमृष्यामीहभारत ॥ त्वत्समक्षंयदुक्तंचभीष्मेणामित्रकर्षण ॥ १८ पांडवानांयशोराजंस्तवनिंदांचभारत ॥ अनुजानीहिमांराजन्सभृत्यबलवाहनम् १९ जेष्यामिपृथिवींराजन्सशैलवनकाननाम् ॥ जिताचपांडवैर्भूमिश्चतुर्भिर्बलशालिभिः २० तामहंतेविजेष्यामिएकएवनसंशयः ॥ संपश्यतुसुदुर्बुद्धिर्भीष्मःकुरुकुलाधमः २१

नीलकंठीये भारतभावदीपे द्विपंचाशदधिकद्विशततमोऽध्यायः ॥ २५२ ॥ ॥ वसमानेष्विति १ । २ । ३ । ४ तवगमनंनरुचितंनानुमोदितं मेमया तेत्वयाचतत्कृतम ५ । ६ अपयात अपायात पलायितः ७ । ८ । ९ संधिंक्षमंयुक्तंमन्ये १० । ११ । १२ । १३ । १४ । १५ । १६ ममापिमामपि १७ । १८ । १९ । २० । २१

२२ । २३ । २४ । २५ । २६ यायात्रिकं प्रयातुंराज्ञोऽपेक्षितंशकटापणवीथ्यादि २७ । २८ मंगलैर्मंगलद्रव्यैःसुगंधतैलादिभिःस्नातः शुभैर्नीराजनादिभिः प्रययाविति संबंधः २९ ॥ इत्यारण्यकेपर्वणि नीलकंठीये भारतभावदीपे त्रिपंचाशदधिकद्विशततमोऽध्यायः ॥ २५३ ॥ ततइति १ । २ । ३ । ४ । ५ । ६ । ७ निवेश्य विषयेऽऽत्मनःआत्मनोगोचरेकृत्वेत्यर्थः आकारपूर्वरूपलोपोवाआर्षः ८

अनिंद्यंनिंदतेयोहिअप्रशंस्यंप्रशंसति ॥ सपश्यतुबलंमेद्यआत्मानंतुविगर्हतु २२ अनुजानीहिमांराजन्ध्रुवोहिविजयस्तव ॥ प्रतिजानामितेसत्यंराजन्नायुध
मालभे २३ तच्छ्रुत्वातुवचोराजन्कर्णस्यभरतर्षभ ॥ प्रीत्यापरमयायुक्तःकर्णमाहनराधिपः २४ धन्योऽस्म्यनुगृहीतोऽस्मियस्यमेत्वंमहाबलः ॥ हितेषुवर्तसेनि
त्यंसफलंजन्मचाद्यमे २५ यदाचमन्यसेवीरसर्वशत्रुनिबर्हणम् ॥ तदानिर्गच्छभद्रंतेह्यनुशाधिचमामिति २६ एवमुक्तस्तदाकर्णोधार्त्तराष्ट्रेणधीमता ॥ सर्वमाज्ञाप
यामासप्रायात्रिकमरिंदम २७ प्रययौचमहेष्वासोनक्षत्रेशुभदैवते ॥ शुभेतिथौमुहूर्तेचपूज्यमानोद्विजातिभिः २८ मंगलैश्चशुभैःस्नातोवाग्भिश्चापिप्रपूजितः ॥ नाद
यन्रथघोषेणत्रैलोक्यंसचराचरम् २९ ॥ इतिश्रीम० आरण्यकेप० घोषयात्रापर्वणिकर्णदिग्विजयेत्रिपंचाशदधिकद्विशततमोऽध्यायः ॥ २५३ ॥ ॥ ॥
॥ वैशंपायनउवाच ॥ ततःकर्णोमहेष्वासोबलेनमहतावृतः ॥ द्रुपदस्यपुरंरम्यंरुरोधभरतर्षभ १ युद्धेनमहताचैनंचक्रेवीरंवशानुगम् ॥ सुवर्णरजतंचापिरत्नानिविविधा
निच २ करंचदापयामासद्रुपदंनृपसत्तम ॥ तंविनिर्जित्यराजेंद्रराजानस्तस्ययेऽनुगाः ३ तान्सर्वान्वशगांश्चक्रेकरंचैनानदापयत् ॥ अथोत्तरांदिशंगत्वावशेचक्रेनरा
धिपान् ४ भगदत्तंचनिर्जित्यराधेयोगिरिमारुहत् ॥ हिमवंतंमहाशैलंयुध्यमानश्चशत्रुभिः ५ प्रययौचदिशःसर्वान्नृपतीन्वशमानयत् ॥ सहैमवतिकान्जित्वा
करंसर्वानदापयत् ६ नेपालविषयेयेचराजानस्तानवाजयत् ॥ अवतीर्यततःशैलात्पूर्वांदिशमभिद्रुतः ७ अंगान्वंगान्कलिंगांश्चशुंडिकान्मिथिलानथ ॥ मागधान्कर्क
खंडांश्चनिवेश्यविषयेऽऽत्मनः ८ आवशीरांश्चयोध्यांश्चअहिक्षत्रंचनिर्जयत् ॥ पूर्वांदिशंविनिर्जित्यवत्सभूमिंतथाऽगमत् ९ वत्सभूमिंविनिर्जित्यकेवलांमृत्तिकाव
तीम् ॥ मोहनंपत्तनंचैवत्रिपुरींकोसलांतथा १० एतान्सर्वान्विनिर्जित्यकरमादायसर्वशः ॥ दक्षिणांदिशमास्थायकर्णोजित्वामहारथान् ११ रुक्मिणंदाक्षिणात्येषु
योधयामाससूतजः ॥ सयुद्धंतुमुलंकृत्वारुक्मीप्रोवाचसूतजम् १२ प्रीतोऽस्मितवराजेंद्रविक्रमेणबलेनच ॥ नतेविघ्नंकरिष्यामिप्रतिज्ञांसमपालयम् १३ प्रीत्याचाहं
प्रयच्छामिहिरण्यंयावदिच्छसि ॥ समेत्यरुक्मिणाकर्णःपांड्यंशैलंचसोऽगमत् १४ सकेरलंरणेचैवनीलंचापिमहीपतिम् ॥ वेणुदारिसुतंचैवयेचान्येनृपसत्तमाः १५
दक्षिणस्यांदिशिनृपान्करान्सर्वानदापयत् ॥ शैशुपालिंततोगत्वाविजिग्येसूतनंदनः १६ पार्श्वस्थांश्चापिनृपतीन्वशेचक्रेमहाबलः ॥ आवंत्यांश्चवशेकृत्वासाम्नाच
भरतर्षभ ॥ वृष्णिभिःसहसंगम्यपश्चिमामपिनिर्जयत् १७

निर्जयज्जितवान् अडभावआर्षः ९ । १० । ११ । १२ प्रतिज्ञांक्षत्रधर्मंसमपालयंपालितवानस्मि क्षत्रधर्मोवेक्षयैवत्वयासहयुद्धंकृतं नत्वज्जिगीषयेतिभावः १३ शैलंश्रीशैलम् १४ । १५ । १६ । १७

१८ । १९ । २० । २१ । २२ । २३ तत्कर्मकर्णविजयंपुरेउद्घोषयामास २४ । २५ । २६ अभ्युदितेभ्योऽप्युदिताःश्रेष्ठतमाः २७ । २८ हलहलाशब्दंहाहाकारं कर्णनिंदांचपांडवपक्षपा

वारुणींदिशमागम्ययावनान्बर्बरांस्तथा ॥ नृपान्पश्चिमभूमिस्थान्दापयामासवैकरान् १८ विजित्यपृथिवींसर्वांसपूर्वापरदक्षिणाम् ॥ सम्लेच्छाटविकान्वीरःसप
र्वतनिवासिनः १९ भद्रान्रोहितकांश्चैवआग्रेयान्मालवानपि ॥ गणान्सर्वान्विनिर्जित्यनीतिकृत्प्रहसन्निव २० शशकान्यवनांश्चैवविजिग्येसूतनंदनः ॥ न
ग्नजित्प्रमुखांश्चैवगणान्जित्वामहारथान् २१ एवंसपृथिवींसर्वांवशेकृत्वामहारथः ॥ विजित्यपुरुषव्याघ्रोनागसाह्वयमागमत् २२ तमागतंमहेष्वासंधार्तराष्ट्रो
जनाधिपः ॥ प्रत्युद्गम्यमहाराजसभ्रातृपितृबांधवः २३ अर्चयामासविधिनाकर्णमाहवशोभिनम् ॥ आश्रावयच्चतत्कर्मप्रीयमाणोजनेश्वरः २४ यन्नभीष्मान्न
चद्रोणान्नकृपान्नचबाह्लिकात् ॥ प्राप्तवानस्मिभद्रंतेत्वत्तःप्राप्तंमयाहितत् २५ बहुनाचकिमुक्तेनशृणुकर्णवचोमम ॥ सनाथोऽस्मिमहाबाहोत्वयानाथेनसत्तम
२६ नहितेपांडवाःसर्वेकलामर्हंतिषोडशीम् ॥ अन्येवापुरुषव्याघ्रराजानोऽभ्युदितोदिताः २७ सभवान्धृतराष्ट्रंतंगांधारींचयशस्विनीम् ॥ पश्यकर्णमहे
ष्वासअदितिंवज्रभृद्यथा २८ ततोहलहलाशब्दःप्रादुरासीद्विशांपते ॥ हाहाकाराश्चबहवोनगरेनागसाह्वये २९ केचिदेनंप्रशंसंतिनिंदंतिस्मतथाऽपरे ॥
तूष्णीमासंस्तथाचान्येनृपास्तत्रजनाधिप ३० एवंविजित्यराजेंद्रकर्णःशस्त्रभृतांवरः ॥ सपर्वतवनाकाशांससमुद्रांसनिष्कुटाम् ३१ देशैरुच्चावचैःपूर्णांपत्त
नैर्नगरैरपि ॥ द्वीपैश्चानूपसंपूर्णैःपृथिवींपृथिवीपते ३२ कालेननातिदीर्घेणवशेकृत्वातुपार्थिवान् ॥ अक्षयंधनमादायसूतजोनृपमभ्ययात् ३३ प्रविश्यचगृ
हंराजन्नभ्यंतरमरिंदम ॥ गांधारीसहितंवीरोधृतराष्ट्रंददर्शसः ३४ पुत्रवच्चनरव्याघ्रपादौजग्राहधर्मवित् ॥ धृतराष्ट्रेणचाश्लिष्यप्रेम्णाचापिविसर्जितः ३५ तदा
प्रभृतिराजाचशकुनिश्चापिसौबलः ॥ जानतेनिर्जितान्पार्थान्कर्णेनयुधिभारत ३६ ॥ इतिश्रीमहाभारतेआरण्यकेपर्वणिघोषयात्रापर्वणिकर्णदिग्विजयेचतु
ष्पंचाशदधिकद्विशततमोऽध्यायः ॥ २५४ ॥ ॥ ॥ ॥ वैशंपायनउवाच ॥ जित्वातुपृथिवींराजन्सूतपुत्रोजनाधिप ॥ अब्रवीत्परवीरघ्नोदुर्योधनमिदं
वचः १ ॥ ॥ कर्णउवाच ॥ ॥ दुर्योधननिबोधेदंयत्त्वांवक्ष्यामिकौरव ॥ श्रुत्वावाचंतथासर्वंकर्तुमर्हस्यरिंदम २ तवाद्यपृथिवीवीरनिःसपत्नानृपोत्तम ॥ तांपा
लययथाशक्रोहतशत्रुर्महामनाः ३ ॥ ॥ वैशंपायनउवाच ॥ ॥ एवमुक्तस्तुकर्णेनकर्णंराजाऽब्रवीत्पुनः ॥ नकिंचिद्दुर्लभंतस्ययस्यत्वंपुरुषर्षभ ४ सहायश्चानु
रक्तश्चमदर्थंचसमुद्यतः ॥ अभिप्रायस्तुमेकश्चित्तंवैशृणुयथातथम् ५ राजसूयंपांडवस्यदृष्ट्वाक्रतुवरंमहत् ॥ ममस्पृहासमुत्पन्नातांसंपादयसूतज ६ एवमुक्तस्ततःकर्णो
राजानमिदमब्रवीत् ॥ तवाद्यपृथिवीपालावश्याःसर्वेनृपोत्तम ७

तिनश्चक्रुरित्यर्थः २९ । ३० आकाशःपर्वतवनयोरंतरालं सस्याद्युत्पत्तिभूमिमित्यर्थः ३१ अनूपंसर्वतोजलंतेनसंपूर्णैः ३२ । ३३ । ३४ । ३५ । ३६ ॥ इत्यारण्यकेपर्वणि नीलकंठीये भारतभावदीपे
चतुष्पंचाशदधिकद्विशततमोऽध्यायः ॥ २५४ ॥ ॥ ॥ ॥ ॥ ॥ जित्वेति १ । २ । ३ । ४ । ५ । ६ । ७

८ । ९ । १० । ११।१२ जीवमानेइत्येकस्मिन्कुलेद्वौराजसूयौनभवतइतिवा तस्मिन्नजितइतिवाभावः १३ सचशत्रुर्नतत्प्रतिबंधस्माकंकश्चिदस्तित्वनेनचजितोऽस्त्येवेत्याशंक्याह दीर्घायुरिति । पितर्यकृतराजसूये जीवतिसतिस्वयंतंनकुर्यादित्यर्थः अंधस्यपितुरनधिकारात्तत्सत्त्वंयद्यप्यधिकारप्रतिबंधकंनभवतिकिंतुयुधिष्ठिरजयासामर्थ्यमेव तथापितत्कीर्तयितुमशक्यमित्येतदुदाहृतंतथाचवक्ष्यति । हतेषुयुधिष्ठिरपार्थेषुराजसूयेत

आहूयंतांद्विजवराःसंभाराश्चयथाविधि ॥ संभ्रियंतांकुरुश्रेष्ठयज्ञोपकरणानिच ८ ऋत्विजश्चसमाहूतायथोक्तावेदपारगाः ॥ क्रियांकुर्वंतुतेराजन्यथाशास्त्रमरिंदम ९

बह्वन्नपानसंयुक्तःसुसमृद्धगुणान्वितः ॥ प्रवर्ततांमहायज्ञस्तवापिभरतर्षभ १० एवमुक्तस्तुकर्णेनधार्तराष्ट्रोविशांपते ॥ पुरोहितंसमानाय्यवचनंचेदमब्रवीत् ११

राजसूयंक्रतुश्रेष्ठंसमाप्तवरदक्षिणम् ॥ आहरत्वंममकृतेयथान्यायंयथाक्रमम् १२ सएवमुक्तोनृपतिमुवाचद्विजसत्तमः ॥ नसशक्यःक्रतुश्रेष्ठोजीवमानेयुधिष्ठिरे १३

आहर्तुंकौरवश्रेष्ठकुलेतवनृपोत्तम ॥ दीर्घायुर्जीवतिचतेधृतराष्ट्रःपितानृप १४ अतश्चापिविरुद्धस्तेक्रतुरेषनृपोत्तम ॥ अस्तित्वन्यन्महत्सत्रंराजसूयसमंप्रभो १५

तेनत्वंयजराजेंद्रशृणुचेदंवचोमम ॥ यइमेपृथिवीपालाःकरदास्तवपार्थिव १६ तेकरान्संप्रयच्छंतुसुवर्णंचकृताकृतम् ॥ तेनतेक्रियतामद्यलांगलंनृपसत्तम १७

यज्ञवाटस्यतेभूमिःकृष्यतांतेनभारत ॥ तत्रयज्ञोनृपश्रेष्ठप्रभूतान्नःसुसंस्कृतः १८ प्रवर्ततांयथान्यायंसर्वतोह्यनिवारितः ॥ एषतेवैष्णवोनामयज्ञःसत्पुरुषोचितः १९

एतेननेष्टवान्कश्चिदृतेविष्णुंपुरातनम् ॥ राजसूयंक्रतुश्रेष्ठंस्पर्धत्येषमहाक्रतुः २० अस्माकंरोचतेचैवश्रेयश्चतवभारत ॥ निर्विघ्नश्चभवत्येषसफलास्यात्स्पृहातव २१

एवमुक्तस्तुतैर्विप्रैर्धार्तराष्ट्रोमहीपतिः ॥ कर्णंचसौबलंचैवभ्रातॄंश्चेदमब्रवीत् २२ रोचतेमेवचःकृत्स्नंब्राह्मणानांनसंशयः ॥ रोचतेयदियुष्माकंतस्मात्प्रब्रूतमा

चिरम् २३ एवमुक्तास्तुतेसर्वेतथेत्यूचुर्नराधिपम् ॥ संदिदेशततोराजाव्यापारस्थान्यथाक्रमम् २४ हलस्यकरणेचापिव्यादिष्टाःसर्वशिल्पिनः ॥ यथोक्तंचनृपश्रेष्ठ

कृतंसर्वंयथाक्रमम् २५ ॥ इतिश्रीमहाभारतेआरण्यकेपर्वणिघोषयात्रापर्वणिदुर्योधनयज्ञसमारंभेपंचपंचाशदधिकद्विशततमोऽध्यायः ॥ २५५ ॥ ॥ वैशंपायन

उवाच ॥ ततस्तुशिल्पिनःसर्वेअमात्यप्रवराश्चये ॥ विदुरश्चमहाप्राज्ञोधार्तराष्ट्रेन्यवेदयत् १ सज्जंक्रतुवरंराजन्कालप्राप्तंचभारत ॥ सौवर्णंचकृतंसर्वंलांगलंचमहा

धनम् २ एतच्छ्रुत्वानृपश्रेष्ठोधार्तराष्ट्रोविशांपते ॥ आज्ञापयामासनृपःक्रतुराजप्रवर्तनम् ३ ततःप्रववृतेयज्ञःप्रभूतान्नःसुसंस्कृतः ॥ दीक्षितश्चापिगांधारिर्यथा

शास्त्रंयथाक्रमम् ४ प्रहृष्टोधृतराष्ट्रश्चविदुरश्चमहायशाः ॥ भीष्मोद्रोणःकृपःकर्णोगांधारीचयशस्विनी ५ निमंत्रणार्थंदूतांश्चप्रेषयामासशीघ्रगान् ॥ पार्थिवा

नांचराजेंद्रब्राह्मणानांतथैवच ६ तेप्रयातायथोद्दिष्टादूतास्त्वरितवाहनाः ॥ तत्रकंचित्प्रयातंतुदूतंदुःशासनोऽब्रवीत् ७ गच्छद्वैतवनंशीघ्रंपांडवान्पापपूरुषान् ॥

निमंत्रययथान्यायंविप्रांस्तस्मिन्वनेतदा ८

र्थात्वया । आहूतेऽहंनरश्रेष्ठत्वांसभाजयितापुनः ' इति १४ । १५ । १६ कृतंघटितमलंकारादिरूपंअकृतमन्यत् १७ । १८ । १९ । २० । २१ । २२ । २३ व्यापारस्थान्शिल्पिनः २४ । २५

॥ इत्यारण्यकेपर्वणि नीलकंठीये भारतभावदीपे पंचपंचाशदधिकद्विशततमोऽध्यायः ॥ २२५ ॥ ततइति १ । २ । ३ । ४ । ५ । ६ । ७ । ८

९ । १० । ११ । १२ । १३ । १४ । १५ । १६ धार्तराष्ट्रेषुस्वयंक्रोधेनज्वलत्सुक्रोधहविःक्रोधरूपंसर्पिस्तेषामत्यंतोद्दीपकंमोक्ष्यतितदाऽहमागंताआगमिष्यामि १७ । १८ । १९ । २० । २१

॥२११॥ सगत्वापांडवान्सर्वानुवाचाभिप्रणम्यच ॥ दुर्योधनोमहाराजयजतेनृपसत्तमः ९ स्ववीर्यार्जितमर्थौघमवाप्यकुरुसत्तमः ॥ तत्रगच्छंतिराजानोब्राह्मणाश्चततस्ततः
१० अहंतुप्रेषितोराजन्कौरवेणमहात्मना ॥ आमंत्रयतिवोराजाधार्त्तराष्ट्रोजनेश्वरः ११ मनोभिलषितंराज्ञस्तंक्रतुंद्रष्टुमर्हथ ॥ ततोयुधिष्ठिरोराजातच्छ्रुत्वादूतभा
२५७ षितम् १२ अब्रवीन्नृपशार्दूलोदिष्ट्याराजासुयोधनः ॥ यजतेक्रतुमुख्येनपूर्वेषांकीर्तिवर्धनः १३ वयमप्युपयास्यामोनत्विदानींकथंचन ॥ समयःपरिपाल्योनोयाव
द्वर्षंत्रयोदशम् १४ श्रुत्वैतद्धर्मराजस्यभीमोवचनमब्रवीत् ॥ तदातुनृपतिर्गंताधर्मराजोयुधिष्ठिरः १५ अस्त्रशस्त्रप्रदीप्तेऽग्नौयदातंपातयिष्यति ॥ वर्षात्त्रयोदशादूर्ध्वंरण
सत्रेनराधिपः १६ यदाक्रोधहविर्मोक्ताधार्त्तराष्ट्रेषुपांडवः ॥ आगंताऽहंतदाऽस्मीतिवाच्यस्तेससुयोधनः १७ शेषास्तुपांडवाराजन्नैवोचुःकिंचिदप्रियम् ॥ दूतश्चापि
यथावृत्तंधार्तराष्ट्रेन्यवेदयत् १८ अथाजग्मुर्नरश्रेष्ठानानाजनपदेश्वराः ॥ ब्राह्मणाश्चमहाभागधार्तराष्ट्रपुरंप्रति १९ तेत्वर्चितायथाशास्त्रंयथाविधियथाक्रमम् ॥
मुदापरमयायुक्ताःप्रीताश्चापिनरेश्वराः २० धृतराष्ट्रोऽपिराजेंद्रसंवृतःसर्वकौरवैः ॥ हर्षेणमहतायुक्तोविदुरंप्रत्यभाषत २१ यथासुखीजनःसर्वःक्षत्तःस्यादन्नसंयुतः ॥
तुष्येत्तुयज्ञसदनेतथाक्षिप्रंविधीयताम् २२ विदुरस्तुतदाज्ञायसर्ववर्णानरिंदम ॥ यथाप्रमाणतोविद्वान्पूजयामासधर्मवित् २३ भक्ष्यपेयान्नपानेनमाल्यैश्चापिसुगं
धिभिः ॥ वासोभिर्विविधैश्चैवयोजयामासहृष्टवत् २४ कृत्वाह्यावसथान्वीरोयथाशास्त्रंयथाक्रमम् ॥ सांत्वयित्वाचराजेंद्रोदत्वाचविविधंवसु २५ विसर्जयामासनृपा
न्ब्राह्मणांश्चसहस्रशः ॥ विसृज्यचनृपान्सर्वान्भ्रातृभिःपरिवारितः २६ विवेशहास्तिनपुरंसहितःकर्णसौबलैः २७ ॥ इतिश्रीमहाभारतेआरण्यकेपर्वणिघोषयात्रापर्वणि
दुर्योधनयज्ञेषट्पंचाशदधिकद्विशततमोऽध्यायः ॥ २५६ ॥ ॥ ॥ ॥ वैशंपायनउवाच ॥ प्रविशंतंमहाराजसूतास्तुष्टुवुरच्युतम् ॥ जनाश्चापिमहेष्वासं
तुष्टुवूराजसत्तम १ लाजैश्चंदनचूर्णैश्चविकीर्यचजनास्ततः ॥ ऊचुर्दिष्ट्यानृपाविघ्नःसमाप्तोऽयंक्रतुस्तव २ अपरेत्वब्रुवंस्तत्रवातिकास्तंमहीपतिम् ॥ युधिष्ठिरस्ययज्ञेनन
समोह्येषतेक्रतुः ३ नैवतस्यक्रतोरेषकलामर्हतिषोडशीम् ॥ एवंतत्राब्रुवन्केचिद्वातिकास्तंजनेश्वरम् ४ सुहृदस्त्वब्रुवंस्तत्रअतिसर्वानयंक्रतुः ॥ ययातिर्नहुषश्चापिमांधा
ताभरतस्तथा ५ क्रतुमेनंसमाहृत्यपूताःसर्वेदिवंगताः ॥ एतावाचःशुभाःशृण्वन्सुहृदांभरतर्षभ ६ प्रविवेशपुरंहृष्टःस्ववेश्मचनराधिपः ॥ अभिवाद्यततःपादौमाता
पित्रोर्विशांपते ७ भीष्मद्रोणकृपादीनांविदुरस्यचधीमतः ॥ अभिवादितःकनीयोभिर्भ्रातृभिर्भ्रातृनंदनः ८

२२ । २३ । २४ । २५ । २६ कर्णसौबलैःसौबलाद्यैः २७ ॥ इत्यारण्यकेपर्वणि नीलकंठीये भारतभावदीपे षट्पंचाशदधिकद्विशततमोऽध्यायः ॥ २५६ ॥ ॥ प्रविशंतमिति १ । २ वातिकावातरोगोपहतचेतसउचितभाषणानभिज्ञाः ३ । ४ । ५ । ६ । ७ । ८ ॥२११॥

९ । १० सभाजयितापूजयिष्यामि ११ । १२ । १३ । १४ । १५ धावयेपरेणेतिशेषः १६ कीलालजंमांसंतद्धिघनीभूतंरुधिरमेव । ‘ कीलालंरुधिरेतोये ’ इतिमेदिनी । असुरंसुरारहितंचव्रतंतंत्वनियमंक

निषसादासनेमुख्येभ्रातृभिःपरिवारितः ॥ तमुत्थायमहाराजंसूतपुत्रोऽब्रवीद्वचः ९ दिष्ट्यातेभरतश्रेष्ठसमाप्तोऽयंमहाक्रतुः ॥ हतेषुयुधिपार्थेषुराजसूयेतथात्वया १०
आहृतेऽहंनरश्रेष्ठत्वांसभाजयितापुनः ॥ तमब्रवीन्महाराजोधार्तराष्ट्रोमहायशाः ११ सत्यमेतत्त्वयोक्तंहिपांडवेषुदुरात्मसु ॥ निहतेषुनरश्रेष्ठप्राप्तेचापिमहाक्रतौ १२
राजसूयेपुनर्वीरत्वमेवंवर्धयिष्यसि ॥ एवमुक्त्वामहाराजकर्णमाश्लिष्यभारत १३ राजसूयंक्रतुश्रेष्ठंचिंतयामासकौरवः ॥ सोऽब्रवीत्कौरवांश्चापिपार्श्वस्थान्नृपसत्तमः १४
कदातुतंक्रतुवरंराजसूयंमहाधनम् ॥ निहत्यपांडवान्सर्वान्नाहरिष्यामिकौरवाः १५ तमब्रवीत्तदाकर्णःशृणुमेराजकुंजर ॥ पादौनधावयेतावद्यावन्ननिहतोऽर्जुनः १६
कीलालजंनखादेयंकरिष्येचासुरव्रतम् ॥ नास्तीतिनैववक्ष्यामियाचितोयेनकेनचित् १७ अथोत्क्रुष्टंमहेष्वासैर्धार्तराष्ट्रैर्महारथैः ॥ प्रतिज्ञातेफाल्गुनस्यवधेकर्णेनसंयुगे
१८ विजितांश्चाप्यमन्यंतपांडवान्धृतराष्ट्रजाः ॥ दुर्योधनोऽपिराजेंद्रविसृज्यनरपुंगवान् १९ प्रविवेशगृहंश्रीमान्यथाचैत्ररथंप्रभुः ॥ तेऽपिसर्वेमहेष्वासाजग्मुर्वेश्मा
निभारत २० पांडवाश्चमहेष्वासादूतवाक्यप्रचोदिताः ॥ चिंतयंतस्तमेवार्थंनालभंतसुखंक्वचित् २१ भूयश्चचारैराजेंद्रप्रवृत्तिरुपपादिता ॥ प्रतिज्ञासूतपुत्रस्यविजय
स्यवधंप्रति २२ एतच्छ्रुत्वाधर्मसुतःसमुद्विग्नोनराधिप ॥ अभेद्यकवचंमत्वाकर्णमद्भुतविक्रमम् २३ अनुस्मरंश्चसंक्लेशान्नशांतिमुपायातिसः ॥ तस्यचिंतापरीतस्य
बुद्धिर्जज्ञेमहात्मनः २४ बहुव्यालमृगाकीर्णंत्यक्तुंद्वैतवनंवनम् ॥ धार्तराष्ट्रोऽपिनृपतिःप्रशशासवसुंधराम् २५ भ्रातृभिःसहितोवीरैर्भीष्मद्रोणकृपैस्तथा ॥ संगम्य
सूतपुत्रेणकर्णेनाहवशोभिना २६ दुर्योधनःप्रियेनित्यंवर्तमानोमहीभृताम् ॥ पूजयामासविप्रेंद्रान्क्रतुभिर्भूरिदक्षिणैः २७ भ्रातॄणांचप्रियंराजन्सचकारपरंतपः ॥
निश्चित्यमनसावीरोदत्तभुक्तफलंधनम् २८ ॥ इतिश्रीमहाभारतेआरण्यकेपर्व० घोषयात्रापर्वणियुधिष्ठिरचिंतायांसप्तपंचाशदधिकद्विशततमोऽध्यायः ॥ २५७ ॥
॥ समाप्तंचघोषयात्रापर्व ॥ अथमृगस्वप्नोद्भवपर्व ॥ जनमेजयउवाच ॥ दुर्योधनंमोक्षयित्वापांडुपुत्रामहाबलाः ॥ किमकार्षुर्वनेतस्मिंस्तन्ममाख्यातुमर्हसि १ ॥
॥ वैशंपायनउवाच ॥ ततःशयानंकौन्तेयंरात्रौद्वैतवनेमृगाः ॥ स्वप्नांतेदर्शयामासुर्बाष्पकंठायुधिष्ठिरम् २ तानब्रवीत्सराजेंद्रोवेपमानान्कृतांजलीन् ॥ ब्रूतयद्वक्तु
कामाःस्थकेभवंतःकिमिष्यते ३ एवमुक्ताःपांडवेनकौन्तेयेनयशस्विना ॥ प्रत्यब्रुवन्मृगास्तत्रहतशेषायुधिष्ठिरम् ४ वयंमृगाद्वैतवनेहतशिष्टास्तुभारत ॥ नोत्सीदेमम
हाराजक्रियतांवासपर्ययः ५ भवतोभ्रातरःशूराःसर्वएवास्त्रकोविदाः ॥ कुलान्यल्पावशिष्टानिकृतवंतोवनौकसाम् ६

रिष्ये मद्यंमांसंचत्यक्ष्येइत्यर्थः १७ उत्क्रुष्टमुच्चैःशब्दःकृतः १८ । १९ । २० । २१ । २२ । २३ । २४ । २५ । २६ । २७ । २८ ॥ इत्यारण्यकेपर्वणि नीलकंठीये भारतभावदीपे सप्तपंचाशदधिकद्विशततमो
ऽध्यायः ॥ २५७ ॥ ॥ ॥ ॥ दुर्योधनमिति १ । २ । ३ । ४ वासस्यपर्ययोवैपरीत्यं नात्रवस्तव्यमित्यर्थः ५ । ६

७ । ८ । ९ । १० । ११ एकंत्रयंवत्सरं उपयुंक्ष्महेभक्षयामः १२ । १३ । १४ । १५ । १६ । १७ ॥ इत्यारण्यकेपर्वणि नीलकंठीये भारतभावदीपे अष्टपंचाशदधिकद्विशततमोऽध्यायः ॥ २५८ ॥
वनेइति १ ध्यांतःध्यायंतः २ । ३ वत्कालेतस्मिन्काले द्यूतोद्भवस्यद्यूतहेतोःशकुन्यादेः ४ । ५ । ६ । ७ । ८ अवलोककोऽवलोकितुकामः ९ । १० । ११ । १२ । १३ अनंतंसुखंनप्राप्नोतिकिंश्चित्

बीजभूतावयंकेचिदवशिष्टामाहाते ॥ विवर्धेमहिराजेंद्रप्रसादात्तेयुधिष्ठिर ७ तान्वेपमान्वित्रस्तान्बीजमात्रावशेषितान् ॥ मृगान्दृष्ट्वासुदुःखार्तोधर्मराजोयुधिष्ठिरः ८ तांस्तथेत्यब्रवीद्राजासर्वभूतहितेरतः ॥ यथाभवंतोब्रूवतेकरिष्यामिचतत्तथा ९ इत्येवंप्रतिबुद्धःसरात्र्यंतेराजसत्तमः ॥ अब्रवीत्सहितान्भ्रातॄन्दयापन्नोमृगान्प्रति १० उक्तोरात्रौमृगैरस्मिस्वप्नांतेहतशेषितैः ॥ तंतुभूताःस्मभद्रंतेदयानःक्रियतामिति ११ तेसत्यमाहुःकर्तव्यादयाऽस्माभिर्वनौकसाम् ॥ साष्टमासंहिनोवर्षंयदेनानुपयुंक्ष्महे १२ पुनर्बहुमृगंरम्यंकाम्यकंकाननोत्तमम् ॥ मरुभूमेःशिरस्थानंतृणबिंदुसरःप्रति १३ तत्रेमांवसतिंशिष्टांविहरंतोरमेमहि ॥ ततस्तेपांडवाःशीघ्रंप्रययुर्धर्मकोविदाः १४ ब्राह्मणैःसहिताराजन्येचतत्रसहोषिताः ॥ इंद्रसेनादिभिश्चैवप्रेष्यैरनुगतास्तदा १५ तेयात्वानुसृतैर्मार्गैःस्वन्नैःशुचिजलान्वितैः ॥ ददृशुःकाम्यकंपुण्यमाश्रमंतपसायुतम् १६ विविविशुस्तेस्मकौरव्यावृताविप्रर्षभैस्तदा ॥ तद्वनंभरतश्रेष्ठाःस्वर्गंसुकृतिनोयथा १७ ॥ इतिश्रीमहाभारतेआरण्यकेपर्वणिमृगस्वप्नोद्भवपर्वणिकाम्यकप्रवेशेअष्टपंचाशदधिकद्विशततमोऽध्यायः ॥ २५८ ॥ ॥ ॥ समाप्तंचमृगस्वप्नोद्भवपर्व ॥ अथव्रीहिद्रौणिकपर्व ॥ ॥ वैशंपायनउवाच ॥ वनेनिवसतांतेषांपांडवानांमहात्मनाम् ॥ वर्षाण्येकादशातीयुःकृच्छ्रेणभरतर्षभ १ फलमूलाशनास्तेहिसुखार्हादुःखमुत्तमम् ॥ प्राप्तकालमनुध्यांतःसेहिरेवरपूरुषाः २ युधिष्ठिरस्तुराजर्षिरात्मकर्मापराधजम् ॥ चिंतयन्समहाबाहुर्भ्रातॄणांदुःखमुत्तमम् ३ नसुष्वापसुखंराजाहृदिशल्यैरिवार्पितैः ॥ दौरात्म्यमनुपश्यंस्तत्कालेद्यूतोद्भवस्यहि ४ संस्मरन्परुषावाचःसूतपुत्रस्यपांडवः ॥ निःश्वासपरमोदीनोबिभ्रत्कोपविषंमहत् ५ अर्जुनोयमजौचोभौद्रौपदीचयशस्विनी ॥ सचभीमोमहातेजाःसर्वेषामुत्तमोबली ६ युधिष्ठिरमुदीक्षंतःसेहुर्दुःखमनुत्तमम् ॥ अवशिष्टमल्पकालंमन्वानाःपुरुषर्षभाः ७ वपुरन्यदिवाकार्षुरुत्साहामर्षचेष्टितैः ॥ कस्यचित्त्वथकालस्यव्यासःसत्यवतीसुतः ८ आजगाममहायोगीपांडवानवलोककः ॥ तमागतमभिप्रेक्ष्यकुंतीपुत्रोयुधिष्ठिरः ९ प्रत्युद्गम्यमहात्मानंप्रत्यगृह्णाद्यथाविधि ॥ तमासीनमुपासीनःशुश्रूषुर्नियतेंद्रियः १० तोषयन्प्रणिपातेनव्यासंपांडवनंदनः ॥ तानवेक्ष्यकृशान्पौत्रान्वनेवन्येनजीवतः ११ महर्षिरनुकंपार्थमब्रवीद्बाष्पगद्गदम् ॥ युधिष्ठिरमहाबाहोशृणुधर्मभृतांवर १२ नातप्ततपसोलोकेप्राप्नुवंतिमहासुखम् ॥ सुखदुःखेहिपुरुषःपर्यायेणोपसेवते १३ नह्यनंतंसुखंकश्चित्प्राप्नोतिपुरुषर्षभ ॥ प्रज्ञावांस्त्वेवपुरुषःसंयुक्तःपरयाधिया १४ उदयास्तमनज्ञोहिनहृष्यतिनशोचति ॥ सुखमापतितंसेवेद्दुःखमापतितंवहेत् १५

पृथग्जनः कस्तर्हितंतत्प्राप्नोतीत्याह प्रज्ञावानिति । परयाधियाब्रह्मविद्यया १४ उदयास्तमनंजगतउत्पत्तिस्थितिलयकारणंब्रह्म तज्ज्ञोनशोचतिनकांक्षति मिथ्याभूतेजगतिप्रियस्यसुखस्याभावात्तद्वियोगजःशोकोवा तदिच्छावा तस्यनजायतइत्यर्थः । प्रारब्धकर्मोपस्थापितंसुखदुःखाद्यपरिहार्यमित्याह सुखमिति १५

तपसाज्ञानेन महद्ब्रह्म १६ । १७ । १८ । १९ । २० कालेदानकाले २१ अनायासंक्लेशपरिहारं निर्वृतिंसुखं परांमोक्षाख्यां २२ दांतोजितेंद्रियः दांतत्वप्रतिपत्तियोग्यतामापादितआत्मामनोयस्य जितचि
त्तइत्यर्थः २३ संविभक्ताअन्नादेर्विभागकर्ता दाताधनादेः २४ इंद्रियजयफलमाह मान्येति । व्यसनैःस्त्रीमद्यद्यूताद्यैः २५ शुभमेवानुशेते शुभपक्षपातिनीबुद्धिर्यस्य कालधर्मेणमरणेन तद्योगाच्छुभानुशययोगात्सक
ल्याणमतिरेवप्रादुर्भवतिजायते २६ दानजानांधर्माणां तपसःकायक्लेशकृतस्यकृच्छ्रादेः एतयोर्मध्ये प्रेत्यमृत्वा किंबहुगुणंकिंपरलोकेश्रेष्ठमित्यर्थः २७ । २८ । २९ । ३० दुःखार्जितस्यधनस्येतिशेषः मतंश्रेष्ठत्वेन

कालप्राप्तमुपासीतसस्यानामिवकर्षकः ॥ तपसोहिपरंनास्तितपसाविंदतेमहत् १६ नासाध्यंतपसःकिंचिदितिबुद्ध्यस्वभारत ॥ सत्यमार्जवमक्रोधःसंविभागोदमः
शमः १७ अनसूयाऽविहिंसाचशौचमिंद्रियसंयमः ॥ पावनानिमहाराजनराणांपुण्यकर्मणाम् १८ अधर्मरुचयोमूढास्तिर्यग्गतिपरायणाः ॥ कृच्छ्रांयोनिमनुप्राप्ता
नसुखंविंदतेजनाः १९ इहयत्क्रियतेकर्मतत्परत्रोपयुज्यते ॥ तस्माच्छरीरंयुंजीततपसानियमेनच २० यथाशक्तिप्रयच्छेतसंपूज्याभिप्रणम्यच ॥ कालेप्राप्तेचहृष्टात्मा
राजन्विगतमत्सरः २१ सत्यवादीलभेतायुरनायासमथार्जवम् ॥ अक्रोधनोऽनसूयश्चनिर्वृतिंलभतेपराम् २२ दांतःशमपरःशश्वत्परिक्लेशंनविंदति ॥ नचतप्यतिदां
तात्मादृष्ट्वापरगतांश्रियम् २३ संविभक्ताचदाताचभोगवान्सुखवान्नरः ॥ भवत्यहिंसकश्चैवपरमारोग्यमश्नुते २४ मान्यमानयिताजन्मकुलेमहतिविंदति ॥ व्यसनैर्न
तुसंयोगंप्राप्नोतिविजितेंद्रियः २५ शुभानुशयबुद्धिर्हिसंयुक्तःकालधर्मणा ॥ प्रादुर्भवतितद्योगात्कल्याणमतिरेवसः २६ ॥ युधिष्ठिरउवाच ॥ भगवन्दानधर्माणांतप
सोवामहामुने ॥ किंस्विद्बहुगुणंप्रेत्यकिंवादुष्करमुच्यते २७ ॥ व्यासउवाच ॥ दानान्नदुष्करंतातपृथिव्यामस्तिकिंचन ॥ अर्थेचमहतीतृष्णासचदुःखेनलभ्यते ॥
२८ परित्यज्यप्रियान्प्राणान्धनार्थेहिमहामते ॥ प्रविशंतिनरावीराःसमुद्रमटवींतथा २९ कृषिगोरक्ष्यमित्येकेप्रतिपद्यंतिमानवाः ॥ पुरुषाःप्रेष्यतामेकेनिर्गच्छंति
धनार्थिनः ३० तस्माद्दुःखार्जितस्यैवपरित्यागःसुदुष्करः ॥ नदुष्करतरंदानात्तस्माद्दानंमतंमम ३१ विशेषस्त्वत्रविज्ञेयोन्यायेनोपार्जितंधनम् ॥ पात्रेकालेचदेशेच
साधुभ्यःप्रतिपादयेत् ३२ अन्यायात्समुपात्तेनदानधर्मोधनेनयः ॥ क्रियतेनसकर्तारंत्रायतेमहतोभयात् ३३ पात्रेदानंस्वल्पमपिकालेदत्तंयुधिष्ठिर ॥ मनसाहिवि
शुद्धेनप्रेत्यानंतफलंस्मृतम् ३४ अत्राप्युदाहरंतीममितिहासंपुरातनम् ॥ व्रीहिद्रोणपरित्यागाद्यत्फलंप्रापमुद्गलः ३५ ॥ इतिश्रीमहाभारतेआरण्यकेपर्वणिव्रीहिद्रौ
णिकपर्वणिदानदुष्करत्वकथनेऊनषष्ट्यधिकद्विशततमोऽध्यायः ॥ २५९ ॥ ॥ ॥ ॥ युधिष्ठिरउवाच ॥ व्रीहिद्रोणःपरित्यक्तःकथंतेनमहात्मना ॥
कस्मैदत्तश्चभगवन्विधिनाकेनचात्थमे १ प्रत्यक्षधर्माभगवान्यस्यतुष्टोहिकर्मभिः ॥ सफलंतस्यजन्माहंमन्येसद्धर्मचारिणः २ ॥ व्यासउवाच ॥ शिलोंछवृ
त्तिर्धर्मात्मामुद्गलःसंयतेंद्रियः ॥ आसीद्राजन्कुरुक्षेत्रेसत्यवागनसूयकः ३

३१ । ३२ । ३३ । ३४ द्रोणोमानविशेषस्तन्मिताव्रीहयस्तेषांदानात् ३५ ॥ इत्यारण्यकेपर्वणि नीलकंठीये भारतभावदीपे ऊनषष्ट्यधिकद्विशततमोऽध्यायः ॥ २५९ ॥ ॥ व्रीहिद्रोणइति १
प्रत्यक्षधर्मा नृणांधर्मस्यवेत्ता भगवानीश्वरः २ शिलंकणिशार्जनं उंछःकणशोऽर्जनं । 'उंछःकणशआदानंकणिशाद्यर्जनंशिलम्' इतियादवः । तेउभेवृत्तिर्जीवनंयस्यसशिलोंछवृत्तिः ३

कापोतींवृत्तिमल्पसंग्रहरूपां इष्टीकृतंइष्टिभिरेवनिर्वर्त्यं नतुपश्वादिना सत्रंयज्ञम् ४ । ५ । ६ । ७ पर्वंवैश्वदेववरुणप्रघासादिकंकर्म कालंकालेफाल्गुन्यादौ अत्यंतसंयोगेद्वितीया व्रीहिद्रोणमाढंय

अतिथिव्रतीक्रियावांश्चकापोतींवृत्तिमास्थितः ॥ सत्रमिष्टीकृतंनामसमुपास्तेमहातपाः ४ सपुत्रदारोहिमुनिःपक्षाहारोबभूवह॥ कपोतवृत्त्यापक्षेणव्रीहिद्रोणमुपार्जयत् ५ दर्शंचपौर्णमासंचकुर्वन्विगतमत्सरः ॥ देवतातिथिशेषेणकुरुतेदेहयापनम् ६ तस्येंद्रःसहितोदेवैःसाक्षात्त्रिभुवनेश्वरः ॥ प्रत्यगृण्हान्महाराजभागंपर्वणिपर्वणि ७ सपर्वकालंकृत्वातुमुनिवृत्त्यासमन्वितः ॥ अतिथिभ्योददावन्नंप्रहृष्टेनांतरात्मना ८ व्रीहिद्रोणस्यतद्यस्यददतोऽन्नंमहात्मनः ॥ शिष्टंमात्सर्यहीनस्यवर्धत्यतिथिदर्शनात् ॥ ९ तच्छतान्यपिभुंजंतिब्राह्मणानांमनीषिणाम् ॥ मुनेस्त्यागविशुद्धयातुतदन्नंवृद्धिमर्च्छति १० तंतुशुश्रावधर्मिष्ठंमुद्गलंसंशितव्रतम् ॥ दुर्वासानृपदिग्वासास्तमथाभ्याजगामह ११ बिभ्रच्चानियतंवेषमुन्मत्तइवपांडव ॥ विकचःपरुषावाचोव्याहरन्विविधामुनिः १२ अभिगम्याथतंविप्रमुवाचमुनिसत्तमः ॥ अन्नार्थिनमनुप्राप्तंविद्धिमांद्विजसत्तम १३ स्वागतंतेऽस्त्वितिमुनिंमुद्गलःप्रत्यभाषत ॥ पाद्यमाचमनीयंचप्रतिपाद्यार्घ्यमुत्तमम् १४ प्रादात्सतापसायान्नंक्षुधितायातिथिव्रती ॥ उन्मत्तायपरांश्रद्धामास्थायसधृतव्रतः १५ ततस्तदन्नंरसवत्सएवक्षुधयाऽन्वितः ॥ बुभुजेकृत्स्नमुन्मत्तःप्रादात्तस्मैचमुद्गलः १६ भुक्त्वाचान्नंततःसर्वमुच्छिष्टेनात्मनस्ततः ॥ अथांगलिलिंपेऽन्नेनयथागतमगाच्चसः १७ एवंद्वितीयेसंप्राप्तेयथाकालेमनीषिणः ॥ आगम्यबुभुजेसर्वमन्नमुंछोपजीविनः १८ निराहारस्तुसमुनिरुंछमार्जयतेपुनः ॥ नचैनंविक्रियांनेतुमशकन्मुद्गलंक्षुधा १९ नक्रोधोनचमात्सर्यंनावमानोनसंभ्रमः ॥ सपुत्रदारमुंछंतमाविवेशद्विजोत्तमम् २० तथातमुंछधर्माणंदुर्वासामुनिसत्तमम् ॥ उपतस्थेयथाकालंषट्कृत्वःकृतनिश्चयः २१ नचास्यमनसाकश्चिद्विकारंददृशेमुनिः ॥ शुद्धसत्वस्यशुद्धंसददृशेनिर्मलंमनः २२ तमुवाचततःप्रीतःसमुनिर्मुद्गलंततः ॥ त्वत्समोनास्तिलोकेऽस्मिन्दातामात्सर्यवर्जितः २३ क्षुद्धर्मसंज्ञांप्रणुदत्यादत्तेधैर्यमेवच ॥ रसानुसारिणीजिह्वाकर्षत्येवरसान्प्रति २४ आहारप्रभवाःप्राणामनोदुर्निग्रहंचलम् ॥ मनसश्चेंद्रियाणांचाप्यैकाग्र्यंनिश्चितंतपः २५ श्रमेणोपार्जितंत्यक्तुंदुःखंशुद्धेनचेतसा ॥ तत्सर्वंभवतासाधोयथावदुपपादितम् २६ प्रीताःस्मोऽनुगृहीताश्चसमेत्यभवतासह ॥ इंद्रियाभिजयोधैर्यंसंविभागोदमःशमः २७ दयासत्यंचधर्मश्चत्वयिसर्वंप्रतिष्ठितम् ॥ जितास्तेकर्मभिर्लोकाःप्राप्तोऽसिपरमांगतिम् २८ अहोदानंविघुष्टंतेसुमहत्स्वर्गवासिभिः ॥ सशरीरोभवान्गंतास्वर्गंसुचरितव्रत २९ इत्येवंवदतस्तस्यतदादुर्वाससोमुनेः ॥ देवदूतोविमानेनमुद्गलंप्रत्युपस्थितः ३० हंससारसयुक्तेनकिंकिणीजालमालिना ॥ कामगेनविचित्रेणदिव्यगंधवतातथा ३१

दासिध्यतितदाददाति ८ तदाचदीयमानंतद्वर्धतिवर्धते ९ अर्च्छतिप्राप्नोति १० । ११ विकचोहसन्मुंडोवा १२ । १३ । १४ । १५ । १६ । १७ द्वितीयपक्षे १८ । १९ । २० । २१ । २२ । २३ क्षुतक्षुधा धर्मसहितांसंज्ञां त्वयातु प्राणधर्मःक्षुधा इंद्रियधर्मोरसना तदुभयंजितमित्यर्थः २४ । २५ । २६ । २७ । २८ । २९ । ३० । ३१

उवाचदेवदूतइत्यनुकृष्यते ३२ । ३३ । ३४ । ३५ व्यवसायंनिश्चयम ३६ ॥ इत्यारण्यकेपर्वणि नीलकंठीये भारतभावदीपे षष्ट्यधिकद्विशततमोऽध्यायः ॥ २६० ॥ ॥ महर्षेइति । विमृशसि शुभमशुभंवेतिविचारयसि १ स्वर्लोकःसुखलोकः । 'यन्नदुःखेनसंभिन्नंनचग्रस्तमनंतरं ॥ अभिलाषोपनीतंयत्तत्सुखंस्वःपदास्पदम्'इतिश्रुतिः तत्प्रधानत्वाल्लोकोऽपिस्वःशब्दवाच्यः ऊर्ध्वंगमनादित्यूर्ध्वगःसत्पथो ब्रह्ममार्गः क्रममुक्तिस्थानमित्यर्थः देवयानेनमार्गेण अर्चिरादिपर्वत्वताचरंत्यस्मिन्निति देवयानचरः पुंसःपुमांसः२।३ । ४ धर्मोग्र्यंधर्मश्रेष्ठंयोगम ५ यामाधामाश्चगणविशेषाः ६ देवानांनिकायाआलयायेषुतेषांदे

उवाचचैनंविप्रर्षिंविमानंकर्मभिर्जितम् ॥ समुपारोहसंसिद्धिंप्राप्तोऽसिपरमांमुने ३२ तमेवंवादिनमृषिर्देवदूतमुवाचह ॥ इच्छामिभवताप्रोक्तान्गुणान्स्वर्गनिवासिनाम् ३३ केगुणास्तत्रवसतांकिंतपःकश्चनिश्चयः ॥ स्वर्गेतत्रसुखंकिंचदोषोवादेवदूतक ३४ सतांसाप्तपदंमित्रमाहुःसंतःकुलोचिताः ॥ मित्रतांचपुरस्कृत्यपृच्छामित्वामहंविभो ३५ यदत्रतथ्यंपथ्यंचतद्ब्रवीह्यविचारयन् ॥ श्रुत्वातथाकरिष्यामिव्यवसायंगिरातव ३६ ॥ ॥ इतिश्री० आ० प० व्रीहिद्रौणिकपर्वणिमुद्गलोपाख्याने षष्ट्यधिकद्विशततमोऽध्यायः ॥ २६० ॥ ॥ देवदूतउवाच ॥ महर्षेआर्यबुद्धिस्त्वंयःस्वर्गसुखमुत्तमम् ॥ संप्राप्तंबहुमंतव्यंविमृशस्यबुधोयथा १ उपरिष्टाद्सस्वर्लोकोयोऽयंस्वरितिसंज्ञितः ॥ ऊर्ध्वगःसत्पथःशश्वद्देवयानचरोमुने २ नातप्ततपसःपुंसोनामहायज्ञयाजिनः ॥ नानृतानास्तिकाश्चैवतत्रगच्छंतिमुद्गल ३ धर्मात्मानोजितात्मानःशांतादांताविमत्सराः ॥ दानधर्मरताःपुंसःशूराश्चाहवलक्षणाः ४ तत्रगच्छंतिधर्माग्र्यंकृत्वाशमदमात्मकम् ॥ लोकान्पुण्यकृतांब्रह्मन्सद्भिराचरितान्नृभिः ५ देवाःसाध्यास्तथाविश्वेतथैवचमहर्षयः ॥ यामाधामाश्चमौद्गल्यगंधर्वाप्सरसस्तथा ६ एषांदेवनिकायानांपृथक्पृथगनेकशः ॥ भास्वंतःकामसंपन्नालोकास्तेजोमयाःशुभाः ७ त्रयस्त्रिंशत्सहस्राणियोजनानिहिरण्मयः ॥ मेरुःपर्वतराड्यत्रदेवोद्यानानिमुद्गल ८ नंदनादीनिपुण्यानिविहाराःपुण्यकर्मणाम् ॥ नक्षुत्पिपासेनग्लानिर्नशीतोष्णेभयंतथा ९ बीभत्समशुभंवापितत्रकिंचिन्नविद्यते ॥ मनोज्ञाःसर्वतोगंधाःसुखस्पर्शाश्चसर्वशः १० शब्दाःश्रुतिमनोग्राह्याःसर्वतस्तत्रवैमुने ॥ नशोकोनजरातत्रनायासपरिदेवने ११ ईदृशःसमुनेलोकःस्वकर्मफलहेतुकः ॥ सुकृतैस्तत्रपुरुषाःसंभवंत्यात्मकर्मभिः १२ तैजसानिशरीराणिभवंत्यत्रोपपद्यताम् ॥ कर्मजान्येवमौद्गल्यनमातृपितृजान्युत १३ नसंस्वेदोनदौर्गंध्यंपुरीषंमूत्रमेवच ॥ तेषांनचरजोवस्त्रंबाधतेतत्रवैमुने १४ नम्लायंतिस्रजस्तेषांदिव्यगंधामनोरमाः ॥ संयुज्यंतेविमानैश्चब्रह्मन्नेवंविधैश्चते १५ ईर्ष्याशोकक्लमापेतामोहमात्सर्यवर्जिताः ॥ सुखंस्वर्गजितस्तत्रवर्तयंतेमहामुने १६ तेषांतथाविधानांतुलोकानांमुनिपुंगव ॥ उपर्युपरिलोकस्यलोकादिव्यागुणान्विताः १७ पुरस्ताद्ब्राह्मणास्तत्रलोकास्तेजोमयाःशुभाः ॥ यत्रयांत्यृषयोब्रह्मन्पूताःस्वैःकर्मभिःशुभैः १८ ऋभवोनामतत्रान्येदेवानामपिदेवताः ॥ तेषांलोकात्परतरेयान्यजंतीहदेवताः १९ स्वयंप्रभास्तेभास्वंतोलोकाःकामदुघाःपरे ॥ नतेषांस्त्रीकृतस्तापोनलोकैश्वर्यमत्सरः २०

वनिकायानाम् ७ त्रयस्त्रिंशत्सहस्राणियोजनान्युपरिपरिधिरित्यर्थः उच्छ्रायस्यचतुरशीतिसहस्रमानमितिजंबूखंडेवक्ष्यमाणत्वात ८ । ९ । १० । ११ । १२ उपपद्यतामुपगच्छताम् १३ । १४ एवंविधैरित्युद्दिश्य मानप्रदर्शनम् १५ । १६ । १७ । १८ । १९ । २०

२१ । २२ । २३ । २४ । २५ व्युष्टिःसंपत्तिः २६ । २७ । २८ । २९ । ३० । ३१ । ३२ । ३३ । ३४ । ३५ । ३६ । ३७ । ३८ । ३९ । ४० । ४१ । ४२ । ४३ । ४४

नवर्तयंत्याहुतिभिस्तेनाप्यमृतभोजनाः ॥ तथादिव्यशरीरास्तेनचविग्रहमूर्तयः २१ नसुखेसुखकामास्तेदेवदेवाःसनातनाः ॥ नकल्पपरिवर्तेषुपरिवर्तंतितेतथा २२ जरामृत्युःकुतस्तेषांहर्षःप्रीतिःसुखंनच ॥ नदुःखंनसुखंचापिरागद्वेषौकुतोमुने २३ देवानामपिमौद्गल्यकांक्षितासागतिःपरा ॥ दुष्प्रापापरमासिद्धिरगम्याकामगोचरैः २४ त्रयस्त्रिंशदिमेदेवायेषांलोकामनीषिभिः ॥ गम्यंतेनियमैःश्रेष्ठैर्दानैर्वाविधिपूर्वकैः २५ सेयंदानकृताव्युष्टिरनुप्राप्तासुखंत्वया ॥ तांभुंक्ष्वसुकृतैर्लब्धांतपसाद्योतितप्रभः २६ एतत्स्वर्गसुखंविप्रलोकानानाविधास्तथा ॥ गुणाःस्वर्गस्यप्रोक्तास्तेदोषानपिनिबोधमे २७ कृतस्यकर्मणस्तत्रभुज्यतेयत्फलंदिवि ॥ नचान्यत्क्रियतेकर्ममूलच्छेदेनभुज्यते २८ सोत्रदोषोममतस्तस्यांतेपतनंचयत् ॥ सुखव्याप्तमनस्कानांपतनंयच्चमुद्गल २९ असंतोषःपरीतापोदृष्ट्वादीप्ततराःश्रियः ॥ यद्भवत्यवरेस्थानेस्थितानांतत्सुदुष्करम् ३० संज्ञामोहश्चपततांरजसाचप्रधर्षणम् ॥ प्रम्लानेषुचमाल्येषुततःपिपतिषोर्भयम् ३१ आब्रह्मभवनादेतेदोषामौद्गल्यदारुणाः ॥ नाकलोकेसुकृतिनांगुणास्त्वयुतशोनृणाम् ३२ अयंत्वन्योगुणःश्रेष्ठश्च्युतानांस्वर्गतोमुने ॥ शुभानुशययोगेनमनुष्येषूपजायते ३३ तत्रापिसमहाभागःसुखभागभिजायते ॥ नचेत्संबुध्यतेतत्रगच्छत्यधमतांततः ३४ इहयत्क्रियतेकर्मतत्परत्रोपभुज्यते ॥ कर्मभूमिरियंब्रह्मन्फलभूमिरसौमता ३५ ॥ मुद्गलउवाच ॥ महांतस्तुअमीदोषास्त्वयास्वर्गस्यकीर्तिताः ॥ निर्दोषएवयस्त्वन्योलोकंतंप्रवदस्वमे ३६ ॥ देवदूतउवाच ॥ ब्रह्मणःसदनादूर्ध्वंतद्विष्णोःपरमंपदम् ॥ शुद्धंसनातनंज्योतिःपरंब्रह्मेतियद्विदुः ३७ नतत्रविप्रगच्छंतिपुरुषाविषयात्मकाः ॥ दंभलोभमहाक्रोधमोहद्रोहैरभिद्रुताः ३८ निर्ममानिरहंकारानिर्द्वंद्वाःसंयतेंद्रियाः ॥ ध्यानयोगपराश्चैवतत्रगच्छंतिमानवाः ३९ एतत्तेसर्वमाख्यातंयन्मांपृच्छसिमुद्गल ॥ तवानुकंपयासाधोसाधुगच्छाममाचिरम् ४० ॥ व्यासउवाच ॥ एतच्छ्रुत्वातुमौद्गल्योवाक्यंविममृशेधिया ॥ विमृश्यचमुनिश्रेष्ठोदेवदूतमुवाचह ४१ देवदूतनमस्तेऽस्तुगच्छतातयथासुखम् ॥ महादोषेणमेकार्यंनस्वर्गेणसुखेनवा ४२ पतनांतेमहादुःखंपरितापःसुदारुणः ॥ स्वर्गभाजश्चरंतीहतस्मात्स्वर्गंनकामये ४३ यत्रगत्वानशोचंतिनव्यथंतिचलंतिवा ॥ तदहंस्थानमत्यंतंमार्गयिष्यामिकेवलम् ४४ इत्युक्त्वासमुनिर्वाक्यंदेवदूतंविसृज्यतम् ॥ शिलोंछवृत्तिर्धर्मात्माशममातिष्ठदुत्तमम् ४५ तुल्यनिंदास्तुतिर्भूत्वासमलोष्टाश्मकांचनः ॥ ज्ञानयोगेनशुद्धेनध्याननित्योबभूवह ४६ ध्यानयोगाद्बलंलब्ध्वाप्राप्यबुद्धिमनुत्तमाम् ॥ जगामशाश्वतींसिद्धिंपरांनिर्वाणलक्षणाम् ४७ तस्मात्त्वमपिकौन्तेयनशोकंकर्तुमर्हसि ॥ राज्यात्स्फीतात्परिभ्रष्टस्तपसातदवाप्स्यसि ४८ सुखस्यानंतरंदुःखंदुःखस्यानंतरंसुखम् ॥ पर्यायेणोपसर्पंतेनरंनेमिमराइव ४९

४५ । ४६ बलंपरवैराग्यं बुद्धिंज्ञानम् ४७ । ४८ नेमिंचक्रधारां अराः नाभिनेमिसंधानदारूणि ४९

५० । ५१ ॥ इत्यारण्यकेपर्वणि नीलकंठीये भारतभावदीपे एकषष्ट्यधिकद्विशततमोऽध्यायः ॥ २६१ ॥ ॥ ॥ ॥ वसत्स्विति १ । २ । ३ । ४ । ५ । ६ अघंदुरत्यय ७ । ८

पितृपैतामहंराज्यंप्राप्स्यस्यमितविक्रम ॥ वर्षात्त्रयोदशादूर्ध्वंव्येतुतेमानसोज्वरः ५० ॥ वैशंपायनउवाच ॥ सएवमुक्त्वाभगवान्व्यासःपांडवनंदनम् ॥
जगामतपसेधीमान्पुनरेवाश्रमंप्रति ५१ ॥ इतिश्रीमहा० आरण्यकेप० व्रीहिद्रौणिकपर्वणिमुद्गलदेवदूतसंवादेएकषष्ट्यधिकद्विशततमोऽध्यायः ॥ २६१ ॥ ॥
समाप्तंचव्रीहिद्रौणिकपर्व ॥ अथद्रौपदीहरणपर्व ॥ जनमेजयउवाच ॥ वसत्स्वेवंवनेतेषुपांडवेषुमहात्मसु ॥ रममाणेषुचित्राभिःकथाभिर्मुनिभिःसह १ सूर्यद
त्ताक्षयान्नेनकृष्णायाभोजनावधि ॥ ब्राह्मणांस्तर्पमाणेषुयेचान्नार्थमुपागताः २ आरण्यानांमृगाणांचमांसैर्नानाविधैरपि ॥ धार्तराष्ट्रादुरात्मानःसर्वेदुर्योधनादयः ॥
३ कथंतेष्वन्ववर्ततपापाचारामहामुने ॥ दुःशासनस्यकर्णस्यशकुनेश्चमतेस्थिताः ४ एतदाचक्ष्वभगवन्वैशंपायनपृच्छतः ॥ वैशंपायनउवाच ॥ श्रुत्वातेषांतथा
वृत्तिंनगरेवसतामिव ५ दुर्योधनोमहाराजतेषुपापमरोचयत् ॥ तथातैर्निकृतिप्रज्ञैःकर्णदुःशासनादिभिः ६ नानोपायैरघंतेषुचिंतयत्सुदुरात्मसु ॥ अभ्याग
च्छत्सधर्मात्मातपस्वीसुमहायशाः ७ शिष्यायुतसमोपेतोदुर्वासानामकामतः ॥ तमागतमभिप्रेक्ष्यमुनिंपरमकोपनम् ८ दुर्योधनोविनीतात्माप्रश्रयेणदमेनच ॥
सहितोभ्रातृभिःश्रीमानातिथ्येनन्यमंत्रयत् ९ विधिवत्पूजयामासस्वयंकिंकरवत्स्थितः ॥ अहानिकतिचित्तत्रतस्थौसमुनिसत्तमः १० तंचपर्यचरद्राजादिवा
रात्रमतंद्रितः ॥ दुर्योधनोमहाराजशापात्तस्यविशंकितः ११ क्षुधितोऽस्मिददस्वान्नंशीघ्रंममनराधिप ॥ इत्युक्त्वागच्छतिस्नातुंप्रत्यागच्छतिवैचिरात् ॥ न
भोक्ष्याम्यद्यमेनास्तिक्षुधेत्युक्त्वैत्यदर्शनम् १२ अकस्मादेत्यचब्रूतेभोजयास्मांस्त्वरान्वितः ॥ कदाचिच्चनिशीथेसउत्थायनिकृतौस्थितः १३ पूर्ववत्कारयित्वा
न्नंनभुंक्तेगर्हयन्स्मसः ॥ वर्तमानेतथातस्मिन्यदादुर्योधनोनृपः १४ विकृतिंनैतिनक्रोधंतदातुष्टोऽभवन्मुनिः ॥ आहचैनंदुराधर्षोवरदोस्मीऽतिभारत १५
॥ दुर्वासाउवाच ॥ वरंवरयभद्रंतेयत्तेमनसिवर्तते ॥ मयिप्रीतेतुयद्धर्म्यंनालभ्यंविद्यतेतव १६ ॥ वैशंपायनउवाच ॥ एतच्छ्रुत्वावचस्तस्यमहर्षेर्भावितात्मनः ॥
अमन्यतपुनर्जातमात्मानंससुयोधनः १७ प्रागेवमंत्रितंचासीत्कर्णदुःशासनादिभिः ॥ याचनीयंमुनेस्तुष्टादितिनिश्चित्यदुर्मतिः १८ अतिहर्षान्वितोराजन्वरमेनम
याचत ॥ शिष्यैःसहममब्रह्मन्यथाजातोऽतिथिर्भवान् १९ अस्मत्कुलेमहाराजोज्येष्ठःश्रेष्ठोयुधिष्ठिरः ॥ वनेवसतिधर्मात्माभ्रातृभिःपरिवारितः २० गुणवाञ्शीलसं
पन्नस्तस्यत्वमतिथिर्भव ॥ यदाचराजपुत्रीसासुकुमारीयशस्विनी २१ भोजयित्वाद्विजान्सर्वान्पतींश्चवरवर्णिनी ॥ विश्रांताचस्वयंभुक्त्वासुखासीनाभवेद्यदा २२ तदा
त्वंतत्रगच्छेथायद्यनुग्राह्यतामयि ॥ तथाकरिष्येत्वत्प्रीत्येत्येवमुक्त्वासुयोधनम् २३ दुर्वासाअपिविप्रेंद्रोयथागतमगात्ततः ॥ कृतार्थमपिचात्मानंतदामेनेसुयोधनः २४

९ । १० । ११ । १२ । १३ । १४ । १५ धर्म्यंधर्मादनपेतम् १६ । १७ । १८ । १९ । २० । २१ । २२ । २३ । २४

२५ । २६ । २७ । २८ ॥ इत्यारण्यकेपर्वणि नीलकंठीये भारतभावदीपे द्विषष्ट्यधिकद्विशततमोऽध्यायः ॥ २६२ ॥ ॥ ततइति १ । २ । ३ । ४ । ५ एतस्मिन्नंतरेकाले ६ । ७ कृष्णंपापकर्षकं कंसस्यकामादेर्दुष्टराज्ञोवानिषूदनं हेकृष्णकृष्ण अत्यादरसूचनार्थंद्विर्वचनं । 'कृषिर्भूवाचकःशब्दोणश्चनिर्वृतिवाचकः । तयोरैक्यंपरंब्रह्मकृष्णइत्यभिधीयते'इतिश्रुतिप्रणीतः कृष्णपदस्यार्थः । महांतौब्रह्मांडपिंडा

करेणचकरंगृह्यकर्णस्यमुदितोभृशम् ॥ कर्णोभिभ्रातृसहितमित्युवाचनृपंमुदा २५ ॥ कर्णउवाच ॥ दिष्ट्याकामःसुसंवृत्तोदिष्ट्याकौरववर्धसे ॥ दिष्ट्यातेशत्रवोमग्ना दुस्तरेव्यसनार्णवे २६ दुर्वासःक्रोधजेवह्नौपतिताःपांडुनंदनाः ॥ स्वैरेवतेमहापापैर्गतावैदुस्तरंतमः २७ ॥ वैशंपायनउवाच ॥ इत्थंतेनिकृतिप्रज्ञाराजन्दुर्योधनादयः ॥ हसंतःप्रीतमनसोजग्मुःस्वंस्वंनिकेतनम् ॥ २८ ॥ इतिश्रीमहाभारतेआरण्यकेपर्वणिद्रौपदीहरणपर्वणिदुर्वासउपाख्यानेद्विषष्ट्यधिकद्विशततमोऽध्यायः ॥ २६२ ॥

॥ वैशंपायनउवाच ॥ ततःकदाचिद्दुर्वासाःसुखासीनांस्तुपांडवान् ॥ भुक्त्वाचावस्थितांकृष्णांज्ञात्वातस्मिन्वनेमुनिः १ अभ्यागच्छत्परिवृतःशिष्यैरयुतसंमितैः ॥ दृष्ट्वाऽऽयांतंतमतिथिंसचराजायुधिष्ठिरः २ जगामाभिमुखःश्रीमान्सहभ्रातृभिरच्युतः ॥ तस्मैबद्ध्वांऽजलिंसम्यगुपवेश्यवरासने ३ विधिवत्पूजयित्वातमातिथ्येनन्यमंत्रयत् ॥ आह्निकंभगवन्कृत्वाशीघ्रमेहीतिचाब्रवीत् ४ जगामचमुनिःसोऽपिस्नातुंशिष्यैःसहानघः ॥ भोजयेत्सहशिष्यंमांकथमित्यविचिंतयन् ५ न्यमज्जत्सलिलेचापिमुनिसंघःसमाहितः ॥ एतस्मिन्नंतरेराजन्द्रौपदीयोषितांवरा ६ चिंतामवापपरमामन्नहेतोःपतिव्रता ॥ साचिंतयंतीचयदानान्नहेतुमविंदत ७ मनसाचिंतयामासकृष्णंकंसनिषूदनम् ॥ कृष्णकृष्णमहाबाहोदेवकीनंदनाव्यय ८ वासुदेवजगन्नाथप्रणतार्तिविनाशन ॥ विश्वात्मन्विश्वजनकविश्वहर्तःप्रभोऽव्यय ९ प्रपन्नपालगोपालप्रजापालपरात्पर ॥ आकूतीनांचचित्तीनांप्रवर्तकनताऽस्मिते १० वरेण्यवरदानंतअगतीनांगतिर्भव ॥ पुराणपुरुषप्राणमनोवृत्त्याद्यगोचर ११ सर्वाध्यक्षपराध्यक्षत्वामहंशरणंगता ॥ पाहिमांकृपयादेवशरणागतवत्सल १२ नीलोत्पलदलश्यामपद्मगर्भारुणेक्षण ॥ पीतांबरपरीधानलसत्कौस्तुभभूषण १३ त्वमादिरंतोभूतानांत्वमेवचपरायणम् ॥ परात्परतरंज्योतिर्विश्वात्मासर्वतोमुखः १४ त्वामेवाहुःपरंबीजंनिधानंसर्वसंपदाम् ॥ त्वयानाथेनदेवेशसर्वापद्भ्योभयंनहि ॥ १५ दुःशासनादहंपूर्वंसभायांमोचितायथा ॥ तथैवसंकटादस्मान्मामुद्धर्तुमिहार्हसि १६ ॥ वैशंपायनउवाच ॥ एवंस्तुतस्तदादेवःकृष्णयाभक्तवत्सलः ॥ द्रौपद्याःसंकटंज्ञात्वादेवदेवोजगत्पतिः १७ पार्श्वस्थांशयनेत्यक्त्वारुक्मिणींकेशवःप्रभुः ॥ तत्राजगामत्वरितोह्यचिंत्यगतिरीश्वरः १८ ततस्तंद्रौपदीदृष्ट्वाप्रणम्यपरयामुदा ॥ अब्रवीद्वासुदेवायमुनेरागमनादिकम् १९ ततस्तामब्रवीत्कृष्णःक्षुधितोऽस्मिभृशातुरः ॥ शीघ्रंभोजयमांकृष्णेपश्चात्सर्वंकरिष्यसि २० निशम्यतद्वचःकृष्णालज्जितावाक्यमब्रवीत् ॥ स्थाल्यांभास्करदत्तायामन्नंमद्भोजनावधि २१ भुक्तवत्यस्म्यहंदेवतस्मादन्नंनविद्यते ॥ ततःप्रोवाचभगवान्कृष्णांकमललोचनः २२

वष्टंभक्षमौवाहूयस्य । 'संबाहुभ्यांधमतिसंपतत्रैर्द्यावाभूमीजनयन्देवएकः'इतिश्रुतेः अव्ययाविनाशिन् अत्रदेवकीनंदनस्याव्ययत्वंवदंत्याकृष्णमूर्तेरभौतिकत्वमुक्तं एवमादिनाम्नामर्थःशंकरभगवत्पादीयेविष्णुसहस्रनामव्याख्यानेएवद्रष्टव्यः ८ । ९ आकूतीनांचित्तीनांचेतिचेतोवृत्तिविशेषाणां १० । ११ । १२ । १३ । १४ । १५ । १६ । १७ । १८ । १९ । २० । २१ । २२

२३ । २४ । २५ । २६ । २७ देवनद्यांतत्रस्थएवतीर्थविशेषे २८ । ३२ । ३० । ३१ । ३२ । ३३ । ३४ । ३५ । ३६ । ३७ । ३८ । ३९ । ४० । ४१ । ४२ । ४३ । ४४ । ४५ । ४६ । ४७

कृष्णेननर्मकालोऽयंक्षुच्छ्रमेणातुरेमयि ॥ शीघ्रंगच्छममस्थालीमानयित्वाप्रदर्शय २३ इतिनिर्बंधतःस्थालीमानाय्यसयदूद्वहः ॥ स्थाल्याःकण्ठेऽथसंलग्नंशाकान्नंवी
क्ष्यकेशवः २४ उपयुज्याब्रवीदेनाभनेनहरिरीश्वरः ॥ विश्वात्माप्रीयतांदेवस्तुष्टश्चास्त्वितियज्ञभुक् २५ आकारयमुनीन्शीघ्रंभोजनायेतिचाब्रवीत् ॥ सहदेवंमहाबाहुः
कृष्णःक्लेशविनाशनः २६ ततोजगामत्वरितःसहदेवोमहायशाः ॥ आकारितुंतुतान्सर्वान्भोजनार्थंनृपोत्तम २७ स्नातुंगतान्देवनद्यांदुर्वासःप्रभृतीन्मुनीन् ॥ तेचाव
तीर्णाःसलिलेकृतवंतोऽघमर्षणम् २८ दृष्ट्वोद्गारान्सान्नरसांस्तृप्त्यापरमयायुताः ॥ उत्तीर्यसलिलात्तस्माद्दृष्टवंतःपरस्परम् २९ दुर्वाससमभिप्रेक्ष्यतेसर्वेमुनयोऽब्रुवन् ॥ राज्ञा
हिकारयित्वाऽन्नंवगंस्नातुंसमागताः ३० आकंठतृप्ताविप्रर्षेकिंस्विद्भुंजामहेवयम् ॥ वृथापाकःकृतोऽस्माभिस्तत्रकिंकरवामहे ३१ ॥ दुर्वासाउवाच ॥ वृथापाकेनराज
र्षेरपराधःकृतोमहान् ॥ माऽस्मानधाक्षुर्दृष्ट्वैवपांडवाःक्रूरचक्षुषा ३२ स्मृत्वाऽनुभावंराजर्षेरंबरीषस्यधीमतः ॥ बिभेमिसुतरांविप्राहरिपादाश्रयाज्जनात् ३३ पांडवाश्च
महात्मानःसर्वेधर्मपरायणाः ॥ शूराश्चकृतविद्याश्चव्रतिनस्तपसिस्थिताः ३४ सदाचाररतानित्यंवासुदेवपरायणाः ॥ क्रुद्धास्तेनिर्दहेयुर्वैतूलराशिमिवानलः ॥ तत
एतानपृष्ट्वैवशिष्याःशीघ्रंपलायत ३५ ॥ वैशंपायनउवाच ॥ इत्युक्तास्तेद्विजाःसर्वेमुनिनागुरुणातदा ॥ पांडवेभ्योभृशंभीतादुद्रुवुस्तेदिशोदश ३६ सहदेवोदेवनद्यामप
श्यन्मुनिसत्तमान् ॥ तीर्थेष्वितस्ततस्तस्याविचचारगवेषयन् ३७ तत्रस्थेभ्यस्तापसेभ्यःश्रुत्वातांश्चैवविद्रुतान् ॥ युधिष्ठिरमथाभ्येत्यतंवृत्तांतंन्यवेदयत् ३८ तत
स्तेपांडवाःसर्वेप्रत्यागमनकांक्षिणः ॥ प्रतीक्षंतःकियत्कालंजितात्मानोऽवतस्थिरे ३९ निशीथेऽभ्येत्यचाकस्मादस्मान्सछलयिष्यति ॥ कथंचनिस्तरेमास्मात्कृ
च्छ्राद्दैवोपसादितात् ४० इतिचिंतापरान्दृष्ट्वानिःश्वसंतोमुहुर्मुहुः ॥ उवाचवचनंश्रीमान्कृष्णःप्रत्यक्षतांगतः ४१ ॥ श्रीकृष्णउवाच ॥ भवतामापदंज्ञात्वाऋषेःपरम
कोपनात् ॥ द्रौपद्याचिंतितःपार्थाअहंसत्वरमागतः ४२ नभयंविद्यतेतस्माद्दृषेर्दुर्वाससोऽल्पकम् ॥ तेजसाभवतांभीतःपूर्वमेवपलायितः ४३ धर्मनित्यास्तुयेकेचिन्नतेसी
दंतिकर्हिचित् ॥ आपृच्छेवोगमिष्यामिनियतंभद्रमस्तुवः ४४ ॥ वैशंपायनउवाच ॥ श्रुत्वेरितंकेशवस्यबभूवुःस्वस्थमानसाः ॥ द्रौपद्यासहिताःपार्थास्तमूचुर्विग
तज्वराः ४५ त्वयानाथेनगोविंददुस्तरामापदंविभो ॥ तीर्णाःप्लवमिवासाद्यमज्जमानामहार्णवे ४६ स्वस्तिसाधयभद्रंतेइत्याज्ञातोययौपुरीम् ॥ पांडवाश्चमहाभागद्रौप
द्यासहिताःप्रभो ४७ ऊचुःप्रहृष्टमनसोविहरंतोवनाद्वनम् ॥ इतितेऽभिहितंराजन्यत्पृष्टोऽहमिहत्वया ४८ एवंविधान्यलीकानिधार्तराष्ट्रैर्दुरात्मभिः ॥ पांडवेषुवनस्थेषु
प्रयुक्तानिवृथाऽभवन् ॥ ४९ ॥ इतिश्रीमहाभारतेआरण्यकेपर्वणिद्रौपदीहरणपर्वणिदुर्वासउपाख्यानेत्रिषष्ट्यधिकद्विशततमोऽध्यायः ॥ २६३ ॥ ॥ ॥

४८ अलीकानिच्छलानि । 'अलीकंत्वप्रियेऽनृते' इतिनानार्थः ४९ ॥ ॥ इत्यारण्यकेपर्वणि नीलकंठीये भारतभावदीपे त्रिषष्ट्यधिकद्विशततमोऽध्यायः ॥ २६३ ॥ ॥ ॥

तस्मिन्निति १।२।३।४।५।६ परिबर्हेणपरिच्छदेन। 'परिबर्हस्तुराजार्हवस्तुन्यपिपरिच्छदे' इतिविश्वः ७।८ नीलाभ्रंनीलमेघं ९।१०।११ कोटिकास्यंकोटीदुर्गमंतःपुरंतत्राधिकृताःकोटिकास्तेषामास्यमिवमुख्यं। आख्यमितिपाठेसंख्यांतरंतत्कारमितिवा। अश्येतिपाठेकोटिकाअश्याव्याप्यायस्येतिवा राजानंक्षत्रियंप्रभुंवा 'राजाप्रभौचनृपतौक्षत्रियेरजनीपतौ' इतिमेदिनी १२।१३।१४।१५

वैशंपायनउवाच ॥ तस्मिन्बहुमृगेऽरण्येअटमानामहारथाः ॥ काम्यकेभरतश्रेष्ठाविजन्हुस्तेयथाऽमराः १ प्रेक्षमाणाबहुविधान्वनोद्देशान्समंततः ॥ यथर्तुकालरम्याश्चवनराजीःसुपुष्पिताः २ पांडवामृगयाशीलाश्चरंतस्तन्महद्वनम् ॥ विजन्हुरिंद्रप्रतिमाःकंचित्कालमरिंदम ३ ततस्तेयौगपद्येनययुःसर्वेचतुर्दिशम् ॥ मृगयांपुरुषव्याघ्राब्राह्मणार्थेपरंतपाः ४ द्रौपदीमाश्रमेन्यस्यतृणबिंदोरनुज्ञया ॥ महर्षेर्दीप्ततपसोधौम्यस्यचपुरोधसः ५ ततस्तुराजासिंधूनांवार्धक्षत्रिर्महायशाः ॥ विवाहकामःशाल्वेयान्प्रयातःसोऽभवत्तदा ६ महतापरिबर्हेणराजयोग्येनसंवृतः ॥ राजभिर्बहुभिःसार्धमुपायात्काम्यकंचसः ७ तत्रापश्यत्प्रियांभार्यांपांडवानांयशस्विनीम् ॥ तिष्ठंतीमाश्रमद्वारिद्रौपदींनिर्जनेवने ८ विभ्राजमानांवपुषाबिभ्रतींरूपमुत्तमम् ॥ भ्राजयंतींवनोद्देशंनीलाभ्रमिवविद्युतम् ९ अप्सरादेवकन्यावामायावादेवनिर्मिता ॥ इतिकृत्वांऽजलिंसर्वेददृशुस्तामनिंदिताम् १० ततःसराजासिंधूनांवार्धक्षत्रिर्जयद्रथः ॥ विस्मितस्त्वनवद्यांगींदृष्ट्वातांदुष्टमानसः ११ सकोटिकास्यंराजानमब्रवीत्काममोहितः ॥ कस्यत्वेषाऽनवद्यांगीयदिवाऽपिनमानुषी १२ विवाहार्थोनमेकश्चिदिमांप्राप्यातिसुंदरीम् ॥ एतामेवाहमादायगमिष्यामिस्वमालयम् १३ गच्छजानीहिसौम्येमांकस्यवाऽत्रकुतोऽपिवा ॥ किमर्थमागतासुभ्रूरिदंकंटकितंवनम् १४ अपिनामवरारोहामामेषालोकसुंदरी ॥ भजेदद्यायतापांगीसुदतीतनुमध्यमा १५ अप्यहंकृतकामःस्यामिमांप्राप्यवरस्त्रियम् ॥ गच्छजानीहिकोन्वस्यानाथइत्येवकोटिक १६ सकोटिकास्यस्तच्छ्रुत्वारथात्प्रस्कंद्यकुंडली ॥ उपेत्यपप्रच्छतदाक्रोष्टाव्याघ्रवधूमिव १७ ॥ इतिश्रीम० भा० आ० प० द्रौपदी ह० प० जयद्रथागमनेचतुःषष्ट्यधिकद्विशततमोऽध्यायः ॥ २६४ ॥ कोटिकउवाच ॥ कात्वंकदंबस्यविनाम्यशाखामेकाऽऽश्रमेतिष्ठसिशोभमाना ॥ देदीप्यमानाऽग्निशिखेवनक्तंव्याधूयमानापवनेनसुभ्रूः १ अतीवरूपेणसमन्वितात्वंनचाप्यरण्येषुबिभेषिकिंनु ॥ देवीनुयक्षीयदिदानवीवावराप्सरादैत्यवरांगनावा २ वपुष्मतीवोरगराजकन्यावनेचरीवाक्षणदाचरस्त्री ॥ यद्येवराज्ञोवरुणस्यपत्नीयमस्यसोमस्यधनेश्वरस्य ३ धातुर्विधातुःसवितुर्विभोर्वाशक्रस्यवात्वंसदनात्प्रपन्ना ॥ नह्येवनःपृच्छसियेवयंस्मनचापिजानीमतवेहनाथम् ४ वयंहिमानंतववर्धयंतःपृच्छामभद्रेप्रभवंप्रभुंच ॥ आचक्ष्वबन्धूंश्चपतिंकुलंचतत्त्वेनयच्चेहकरोषिकार्यम् ५ अहंतुराज्ञःसुरथस्यपुत्रोयंकोटिकास्येतिविदुर्मनुष्याः ॥ असौतुयस्तिष्ठतिकांचनांगेरथेहुतोऽग्निश्चयनेयथैव ६ त्रिगर्तराजःकमलायताक्षःक्षेमंकरोनामसएषवीरः ॥ अस्मात्परस्त्वेषमहाधनुष्मान्पुत्रःकुलिंदाधिपतेर्वरिष्ठः ७

१६।१७ ॥ इत्यारण्यकेपर्वणिनीलकंठीये भारतभावदीपेचतुःषष्ट्यधिकद्विशततमोऽध्यायः ॥ २६४ ॥ केति १।२।३ धातुःप्रजापतेःसरस्वतीवा विधातुःकश्यपस्यरुद्रस्यवा अदितिःपार्वतीवा विभोर्विष्णोर्लक्ष्मीर्वा ४ प्रभवंपितरंप्रभुंमहान्तम् ५ राज्ञःक्षत्रियस्यचयनेइष्टकोच्चये ६।७

८ अनुचक्रंसैन्यमनुलक्षीकृत्यप्रयांति । ' चक्रंसैन्यरथांगयोः'इतिविश्वः । पाठांतरेऽनुयात्रायात्रोपकरणपालाइत्यर्थः ९ । १० पदातिनःपद्भ्यामतितुंसततंगंतुंशीलंयेषांतेपदातयः ११ । १२ । १३ । १४
॥ इत्यारण्यकेपर्वणि नीलकंठीये भारतभावदीपे पंचषष्ट्यधिकद्विशततमोऽध्यायः ॥ २६५ ॥ ॥ ॥ ॥ अथेति । शिबीनांशिबिवंश्यानांक्षत्रियाणां मंदंस्वैरं अवेक्ष्यसंकोच्य तदेवाहवि

निरीक्षतेत्वांविपुलायताक्षःसुपुष्पितःपर्वतवासनित्यः ॥ असौतुयःपुष्करिणीसमीपेश्यामोयुवातिष्ठतिदर्शनीयः ८ इक्ष्वाकुराज्ञःसुभवस्यपुत्रःसएवहंताद्विषतांसु गात्रि ॥ यस्यानुचक्रंध्वजिनःप्रयांतिसौवीरकाद्वादशराजपुत्राः ९ शोणाश्वयुक्तेषुरथेषुसर्वेमखेषुदीप्ताइवहव्यवाहाः ॥ अंगारकःकुंजरोगुप्तकश्चशत्रुंजयःसंजय सुप्रवृद्धौ १० भयंकरोऽथभ्रमरोरविश्चशूरःप्रतापःकुहनश्चनाम ॥ यंषट्सहस्रारथिनोऽनुयांतिनागाहयाश्चैवपदातिनश्च ११ जयद्रथोनामयदिश्रुतस्तेसौवीर राजःसुभगेसएषः ॥ तस्यापरेभ्रातरोऽदीनसत्वाबलाहकानीकविदारणाद्याः १२ सौवीरवीराःप्रवरायुवानोराजानमेतेबलिनोऽनुयांति ॥ एतैःसहायैरुपयाति राजामरुद्गणैरिंद्रइवाभिगुप्तः १३ अजानतांख्यापयनःसुकेशिकस्यासिभार्यादुहिताचकस्य १४ ॥ इतिश्रीमहाभारतेआरण्यकेपर्वणिद्रौपदीहरणपर्वणिकोटि कास्यप्रश्नेपंचषष्ट्यधिकद्विशततमोऽध्यायः ॥ २६५ ॥ ॥ वैशंपायनउवाच ॥ अथाब्रवीद्द्रौपदीराजपुत्रीपृष्टाशिबीनांप्रवरेणतेन ॥ अवेक्ष्यमंदंप्रविमुच्यशा खांसंगृह्णतीकौशिकमुत्तरीयम् १ बुद्ध्याऽभिजानामिनरेंद्रपुत्रनमादृशीत्वामभिभाष्टुमर्हति ॥ नत्वेहवक्ताऽस्तितवेहवाक्यमन्योनरोवाऽप्यथवाऽपिनारी २ एका ह्यहंसंप्रतितेनवाचंददानिवैभद्रनिबोधचेदम् ॥ अहंह्यरण्येकथमेकमेकात्वामालपेयंनिरतास्वधर्मे ३ जानामिचत्वांसुरथस्यपुत्रंयंकोटिकास्येतिविदुर्मनुष्याः ॥ तस्मादहंशैब्यतथैवतुभ्यमाख्यामिबंधून्प्रथितंकुलंच ४ अपत्यमस्मिद्रुपदस्यराज्ञःकृष्णेतिमांशैब्यविदुर्मनुष्याः ॥ साऽहंवृणेपंचजनान्पतित्वेयेखांडवप्रस्थगताः श्रुतास्ते ५ युधिष्ठिरोभीमसेनार्जुनौचमाद्र्याश्चपुत्रौपुरुषप्रवीरौ ॥ तेमांनिवेश्येहदिशश्चतस्रोविभज्यपार्थामृगयांप्रयाताः ६ प्राचींराजादक्षिणांभीमसेनोजयःप्र तीचींयमजावुदीचीम् ॥ मन्येतुतेषांरथसत्तमानांकालोऽभितःप्राप्तइहोपयातुम् ७ संमानितायास्यथतैर्यथेष्टंविमुच्यवाहानवरोहयध्वम् ॥ प्रियातिथिर्धर्मसुतो महात्माप्रीतोभविष्यत्यभिवीक्ष्ययुष्मान् ८ एतावदुक्त्वाद्रुपदात्मजासाशैब्यात्मजंचंद्रमुखीप्रतीता ॥ विवेशतांपर्णशालांप्रशस्तांसंचिंत्यतेषामतिथित्वमर्थे ९ ॥ इतिश्रीमहाभारतेआरण्यकेपर्वणिद्रौपदीहरणपर्वणिद्रौपदीवाक्येषट्षष्ट्यधिकद्विशततमोऽध्यायः ॥ २६६ ॥ ॥ वैशंपायनउवाच ॥ तथासीनेषुसर्वेषुते षुराजसुभारत ॥ यदुक्तंकृष्णयासार्धंतत्सर्वंप्रत्यवेदयत् १ कोटिकास्यवचःश्रुत्वाशैब्यंसौवीरकोऽब्रवीत् ॥ यदावाचंव्याहरंत्यामस्यांमेरमतेमनः २ सीमंतिनीनांमु ख्यायांविनिवृत्तःकथंभवान् ॥ एतांदृष्ट्वास्त्रियोमेऽन्यायथाशाखामृगास्त्रियः ३

मुच्येति कौशिकंकोशजम् १ अभिभाष्टुंअभिभाषितुम् २ तेनकारणेन ३ । ४ पंचजनान् पंचपुरुषान् ५ । ६ जयोऽर्जुनः ७ । ८ तेषामर्थे अतिथिषुयोग्यंस्वधर्मपूजादिकंकर्तुंसंचिंत्यशालांविवेश ९ ॥ इत्यारण्य केपर्वणि नीलकंठीये भारतभावदीपे षट्षष्ट्यधिकद्विशततमोऽध्यायः ॥ २६६ ॥ तथेति । १ सौवीरकोजयद्रथः २ यदाअस्यांमेमनोरमते तदाभवान्कथंविनिवृत्तइतियोज्यम् ३

४ । ५ । ६ । ७ सिंहगोष्ठं सिंहसभां । 'गोष्ठंगोस्थानकंगोष्ठीसभासंलापयोःस्त्रियाम्' इतिमेदिनी । लिंगंत्वविवक्षितं गोष्ठमिवगोष्ठमितिवा स्थानमेव ८ सप्तमोबलाहकादीन्पड्भ्रातॄनुपलक्ष्य आत्मनाशरीरेण सप्तानांपूरणः ९ । १० अनुतिष्ठसिपालयसि विदितालब्धाः ११ । १२ । १३ । १४ । १५ । १६ । १७ श्रियःसंक्षयेसतीतिशेषः हीनलक्ष्मीकेइत्यर्थः १८ समाःसंवत्सरान् १९ । २० । २१ । २२ । २३

प्रतिभांतिमहाबाहोसत्यमेतद्ब्रवीमिते ॥ दर्शनादेवहिमनस्तयामेऽपहृतंभृशम् ४ तांसमाचक्ष्वकल्याणींयदिस्याच्छैब्यमानुषी ॥ कोटिकउवाच ॥ एषावैद्रौपदीकृष्णाराजपुत्रीयशस्विनी ५ पंचानांपांडुपुत्राणांमहिषीसंमताभृशम् ॥ सर्वेषांचैवपार्थानांप्रियाबहुमतासती ६ तयासमेत्यसौवीरसौवीराभिमुखोव्रज ॥ वैशंपायनउवाच ॥ एवमुक्तःप्रत्युवाचपश्यामिद्रौपदीमिति ७ पतिःसौवीरसिंधूनांदुष्टभावोजयद्रथः ॥ सप्रविश्याश्रमंपुण्यंसिंहगोष्ठंवृकोयथा ८ आत्मनासप्तमःकृष्णामिदंवचनमब्रवीत् ॥ कुशलंतेवरारोहेभर्तारस्तेऽप्यनामयाः ९ येषांकुशलकामाऽसितेऽपिकच्चिदनामयाः ॥ द्रौपद्युवाच ॥ अपितेकुशलंराजन्राष्ट्रेकोशेबलेतथा १० कच्चिदेकःशिबीनाढ्यान्सौवीरान्सहसिंधुभिः ॥ अनुतिष्ठसिधर्मेणयेचान्येविदितास्त्वया ११ कौरव्यःकुशलीराजाकुंतीपुत्रोयुधिष्ठिरः ॥ अहंचभ्रातरश्चास्ययांश्चान्यान्परिपृच्छसि १२ पाद्यंप्रतिगृहाणेदमासनंचनृपात्मज ॥ मृगान्पंचाशतंचैवप्रातराशंददानिते १३ ऐणेयान्पृषतान्न्यंकून्हरिणान्शरभान्शशान् ॥ ऋक्षान्रुरून्शंबरांश्चगवयांश्चमृगान्बहून् १४ वराहान्महिषांश्चैवयाश्चान्यामृगजातयः ॥ प्रदास्यतिस्वयंतुभ्यंकुंतीपुत्रोयुधिष्ठिरः १५ जयद्रथउवाच ॥ कुशलंप्रातराशस्यसर्वेमेदित्सितंत्वया ॥ एहिमेरथमारोहसुखमाप्नुहिकेवलम् १६ गतश्रीकान्हृतराज्यान्कृपणान्गतचेतसः ॥ अरण्यवासिनःपार्थान्नानुरोद्धुंत्वमर्हसि १७ नैवप्राज्ञागतश्रीकंभर्तारमुपयुंजते ॥ युंजानमनुयुंजीतनश्रियःसंक्षयेवसेत् १८ श्रियाविहीनाराष्ट्राच्चविनष्टाःशाश्वतीःसमाः ॥ अलंतेपांडुपुत्राणांभक्त्याक्लेशमुपासितुम् १९ भार्यामेभवसुश्रोणित्यजैनान्सुखमाप्नुहि ॥ अखिलान्सिंधुसौवीरानाप्नुहित्वंमयासह २० ॥ वैशंपायनउवाच ॥ इत्युक्तासिंधुराजेनवाक्यंहृदयकंपनम् ॥ कृष्णातस्मादपाक्रामद्देशात्सभ्रुकुटीमुखी २१ अवमत्यास्यतद्वाक्यमाक्षिप्यचसुमध्यमा ॥ मैवमित्यब्रवीत्कृष्णालज्जस्वेतिचसैंधव २२ साकांक्षमाणाभर्तॄणामुपयातमनिंदिता ॥ विलोभयामासपरंवाक्यैर्वाक्यानियुंजती २३ ॥ ॥ इतिश्रीमहाभारतेआरण्यकेपर्वणिद्रौपदीहरणपर्वणिजयद्रथद्रौपदीसंवादेसप्तषष्ट्यधिकद्विशततमोऽध्यायः ॥ २६७ ॥

॥ वैशंपायनउवाच ॥ सरोषरागोपहतेनवल्गुनासरागनेत्रेणनतोन्नतभ्रुवा ॥ मुखेनविस्फूर्यसुवीरराष्ट्रपंततोऽब्रवीत्तंद्रुपदात्मजापुनः १ यशस्विनस्तीक्ष्णविषान्महारथानभिब्रुवन्मूढनलज्जसेकथम् ॥ महेंद्रकल्पान्निरतान्स्वकर्मसुस्थितान्समूहेष्वपियक्षरक्षसाम् २

॥ इत्यारण्यकेपर्वणि नीलकंठीये भारतभावदीपे सप्तषष्ट्यधिकद्विशततमोऽध्यायः ॥ २६७ ॥ ॥ सरोषेति । रोषेणरागोरक्तिमातेनसहितंसरोषरागं तदुपहतंचम्लानंचतेनवल्गुनासुंदरेण नतेस्वभावतउन्नतेक्रोधेनभ्रुवौयस्यास्तथा विस्फूर्यफूत्कारंकृत्वा १ अभिअभिक्रम्यब्रुवन् स्थितानचलान् यक्षादिभिरप्यजेयानित्यर्थः २

ईडयंस्तुत्यं वनेचरंवानप्रस्थं पापंपापवचनं प्रवदंतिसंतइतिशेषः श्वनराःशुनकतुल्यानरास्त्वादृशास्तुएवमुक्तरीत्याभषंतिब्रुवंति ३ क्षत्रियसंनिवेशेनृपसमाजे पातालमुखेमहागर्ते प्रतिसंहरेत्प्रतिषेधेत ४ उपत्यका
मद्रिसमीपभूमिं दंडीदंडमात्रायुधोयूथात्समूहादपसेधसिअपकर्षसि ५ बाल्यात्मौढ्यात् पक्ष्माणिमुखोपरिस्थकेशान् पदासमाहत्यलुनासिछिनत्सि ६ । ७ । ८ वेण्वादयःफलिताएवनश्यंति कर्कटीचपरिणतग
र्भानश्यतीतिलोकप्रसिद्धं ९ विभीषणेनभयप्रदर्शनेन १० वयमिति। सप्तदशअष्टौकर्माणिनवशक्त्यादयश्चनित्यंसंतियेषुतानिसप्तदशानि नित्ययोगेमत्वर्थीयोर्शआद्यच् । तत्र'कृषिर्वणिक्पथोदुर्गंसेतुःकुंजरबंधनं ॥
खन्याकरकरादानंशून्यानांचनिवेशनं ॥ अष्टौसंधानकर्माणिनियुक्तानिमनीषिभिः' इतिकर्माष्टकंकोशवृद्धिकरं तथा प्रभुशक्तिर्मंत्रशक्तिरुत्साहशक्तिः प्रभुसिद्धिर्मंत्रसिद्धिरुत्साहसिद्धिः प्रभूदयोमंत्रोदयउत्साहो
दयः प्रभुत्वादीनांस्वरूपतःसामर्थ्यतः फलतश्चयेषुनित्ययोगइत्यर्थः अनवमेषुअनीचेषु षड्भ्योगुणेभ्यः ल्यब्लोपेपंचमी षड्गुणान्प्राप्यपांडवेभ्योऽभ्यधिकाःतेचशौर्यंतेजोधृतिदाक्षिण्यदानैश्वर्याणि भवताऽप्यु

नोकिंचिदीड्यंप्रवदंतिपापंवनेचरंवागृहमेधिनंवा ॥ तपस्विनंसंपरिपूर्णविद्यंभषंतिहैवंश्वनराःसुवीर ३ अहंतुमन्येतवनास्तिकश्चिदेतादृशेक्षत्रियसंनिवेशे ॥ यस्त्वद्यपा
तालमुखेपतंतंपाणौगृहीत्वाप्रतिसंहरेत ४ नागंप्रभिन्नंगिरिकूटकल्पमुपत्यकांहैमवर्तींचरंतम् ॥ दंडीवयूथादपसेधसित्वंयोजेतुमाशंससिधर्मराजम् ५ बाल्यात्प्रसुप्त
स्यमहाबलस्यसिंहस्यपक्ष्माणिमुखाल्लुनासि ॥ पदासमाहत्यपलायमानःक्रुद्धंयदाद्रक्ष्यसिभीमसेनम् ६ महाबलंघोरतरंप्रवृद्धंजातंहरिंपर्वतकंदरेषु ॥ प्रसुप्तमुग्रंप्रपदेनहं
सियःक्रुद्धमायोत्स्यसिजिष्णुमुग्रम् ७ कृष्णोरगौतीक्ष्णमुखौद्विजिह्वौमत्तःपदाऽऽक्रामसिपुच्छदेशे ॥ यःपांडवाभ्यांपुरुषोत्तमाभ्यांजघन्यजाभ्यांप्रयुयुत्ससेत्वम् ८
यथाचवेणुःकदलीनलोवाफलंत्यभावायनभूतयेऽऽत्मनः ॥ तथैवमांतैःपरिरक्ष्यमाणामादास्यसेकर्कटकीवगर्भम् ९ ॥ जयद्रथउवाच ॥ जानामिकृष्णेविदितंममैतद्य
थाविधास्तेनरदेवपुत्राः ॥ नत्वेवमेतेनविभीषणेनशक्यावयंत्रासयितुंत्वयाद्य १० वयंपुनःसप्तदशेषुकृष्णेकुलेषुसर्वेऽनवमेषुजाताः ॥ षड्भ्योगुणेभ्योऽभ्यधिकाविही
नानुमन्यामहेद्रौपदिपांडुपुत्रान् ११ साक्षिप्रमातिष्ठगजंरथंवानवाक्यमात्रेणवयंहिशक्याः ॥ आशंसवात्वंकृपणंवदंतीसौवीरराजस्यपुनःप्रसादम् १२ ॥ द्रौपद्युवाच ॥
महाबलाकिंत्विहदुर्बलेवसौवीरराजस्यमताऽहमस्मि ॥ नाहंप्रमाथादिहसंप्रतीतासौवीरराजंकृपणंवदेयम् १३ यस्याहिकृष्णौपदवींचरेतांसमास्थितावेकरथेसमेतौ ॥
इंद्रोऽपितांनापहरेत्कथंचिन्मनुष्यमात्रःकृपणःकुतोऽन्यः १४ यथाकिरीटीपरवीरघातीनिघ्नन्रथस्थोद्विषतांमनांसि ॥ मदंतरेत्वद्ध्वजिनींप्रवेष्टाकक्षंदहन्नग्निरिवोष्णगेषु
१५ जनार्दनःसांधकवृष्णिवीरामहेष्वासाकेकयाश्चापिसर्वे ॥ एतेहिसर्वेममराजपुत्राःप्रहृष्टरूपाःपदवींचरेयुः १६ मौर्वीविसृष्टाःस्तनयित्नुघोषागांडीवमुक्तास्त्वतिवेग
वंतः ॥ हस्तंसमाहत्यधनंजयस्यभीमाःशब्दंघोरतरंनदंति १७

क्ताः शौर्यंतेजइतियत्रयुद्धेचाप्यपलायनंशौर्ये एवांतर्भूतमितिषडेवक्षत्रियकर्माणितस्यगुणत्वेनोच्यंते संधिविग्रहयानासनद्वैधीभावाश्रयाख्यास्तुगुणानीतिशास्त्रोक्तानिहगृह्यंतेतेषांसर्वेषांमुत्कर्षानाधायकत्वात हीनव
लएवसंधिद्वैधादीनिइच्छतिनप्रबलइति ११ शक्याःनिवारितुमितिशेषः पुनरितिपांडवपराजयानंतरंवाइदानीमेववा त्वंमत्प्रसादमाशंसप्रार्थय १२ प्रमाथात्निग्रहात प्रतीतासादराप्रख्याताना सभायांवस्त्रराशिप्रदा
नेनभगवदनुगृहीतत्वात । 'प्रतीतःसादरेज्ञातेहृष्टे'इतिमेदिनी १३ कृष्णौवासुदेवार्जुनौ पदवींचरेतामन्वेषणंकुरुतएवेत्यर्थः १४ मदंतरेमन्निमित्तंप्रवेष्टाप्रकर्षेणवेष्टयिष्यति उष्णगेषुनिदाघेषु १५ । १६ गांडीवमु
क्ताइतिमूचनाच्छराइतिविशेष्यानिर्देशोनदोषाय १७

१८ अभविष्यतभविष्यतीत्यर्थे व्यत्ययेनलृङ् १९ अधमेतिच्छेदः २० । २१ संभ्रमंभयंआगतैवास्मि नतुत्वद्वशेस्थास्यामीत्यर्थः २२ । २३ । २४ । २५ । २६ । २७ । २८ ॥ ॥ इत्यारण्यकेपर्वणि नीलकंठीये भारतभावदीपे अष्टषष्ट्यधिकद्विशततमोऽध्यायः ॥ २६८ ॥ ततइति १ महावनंकाम्यकं २ महावनंमहानालयः गृहिणीगृहमुच्यतइत्युक्तेर्गृहिणी । 'वनंनपुंसकंनीरेनिवासालयकानने' इतिमेदिनी। महाधनमितिपाठेमहच्चतद्धनंचेतिस्त्रीरूपमेवधनं ३ समाच्छाद्यमोहयित्वा समन्युःदैन्यसहितः प्राणानामाध्यात्मिकानामिंद्रियाणांपतिर्मुख्यःप्राणः ४ अराजकंराजहीनं शौंडैःशुंडयाविदितैर्गजैःपीतरसःपीतजलः

गांडीवमुक्तांश्चमहाशरौघान्पतंगसंघानिवशीघ्रवेगान् ॥ यदाद्रष्टाऽस्यर्जुनंवीर्यशालिनंतदास्वबुद्धिंप्रतिनिंदिताऽसि १८ सशंखघोषःसतलत्रघोषोगांडीवधन्वा मुहुरुद्धहंश्च ॥ यदाशरानर्पयितातवोरसितदामनस्तेकिमिवाभविष्यत् १९ गदाहस्तंभीममभिद्रवंतंमाद्रीपुत्रौसंपततौदिशश्च ॥ अमर्षजंक्रोधविषंवमंतौद्दृष्ट्वाचिरंतापमुपैष्यसेऽधम २० यथावाहंनातिचरेकथंचित्पतीन्महार्हान्मनसाऽपिजातु ॥ तेनाद्यसत्येनवशीकृतंत्वांद्रष्टाऽस्मिपार्थैःपरिकृष्यमाणम् २१ नसंभ्रमंगंतुमहंहिशक्ष्येत्वयानृशंसेनविकृष्यमाणा ॥ समागताऽहंहिकुरुप्रवीरैःपुनर्वनंकाम्यकमागताऽस्मि २२ ॥ वैशंपायनउवाच ॥ साताननुप्रेक्ष्यविशालनेत्रा जिघृक्षमाणानवभर्त्सयंती ॥ प्रोवाचमामास्पृशतेऽतिभीताधौम्यंप्रचुक्रोशपुरोहितंसा २३ जग्राहतामुत्तरवस्त्रदेशेजयद्रथस्तंसमवाक्षिपत्सा ॥ तयासमाक्षिप्ततनुःसपापःपपातशाखीवनिकृत्तमूलः २४ प्रगृह्यमाणातुमहाजवेनमुहुर्विनिःश्वस्यचराजपुत्री ॥ साऽऽकृष्यमाणारथमारुरोहधौम्यस्यपादावभिवाद्यकृष्णा ॥ २५ ॥ धौम्यउवाच ॥ नेयंशक्यात्वयानेतुमविजित्यमहारथान् ॥ धर्मंक्षत्रस्यपौराणमवेक्षस्वजयद्रथ २६ क्षुद्रंकृत्वाफलंपापत्वंप्राप्स्यसिनसंशयः ॥ आसाद्यपांडवान्वीरान्धर्मराजपुरोगमान् २७ ॥ वैशंपायनउवाच ॥ इत्युक्त्वाह्रियमाणांतांराजपुत्रींयशस्विनीम् ॥ अन्वगच्छत्तदाधौम्यःपदातिगणमध्यगः २८ ॥ इतिश्रीमहाभारतेआरण्यकेपर्वणिद्रौपदीहरणपर्वणिद्रौपदीहरणेअष्टषष्ट्यधिकद्विशततमोऽध्यायः ॥ २६८ ॥ ॥ ॥ ॥ वैशंपायनउवाच ॥ ततोदिशःसंप्रविहृत्यपार्थामृगान्वराहान्महिषांश्चहत्वा ॥ धनुर्धराःश्रेष्ठतमाःपृथिव्यांपृथक्चरंतःसहिताबभूवुः १ ततोमृगव्यालगणानुकीर्णंमहावनंतद्विहगोपघुष्टम् ॥ भ्रातॄंश्चतानभ्यवदद्युधिष्ठिरःश्रुत्वागिरोव्याहरतांमृगाणाम् २ आदित्यदीप्तांदिशमभ्युपेत्यमृगाद्विजाःक्रूरमिमेवदंति ॥ आयासमुग्रंप्रतिवेदयंतोमहावनंशत्रुभिर्बाध्यमानम् ३ क्षिप्रंनिवर्तध्वमलंमृगैर्नोमनोहिमेदूयतिदह्यतेच ॥ बुद्धिंसमाच्छाद्यचमेसमन्युरुद्धूयतेप्राणपतिःशरीरे ४ सरःसुपर्णेनहृतोरगंयथाराष्ट्रंयथाऽराजकमात्तलक्ष्मि ॥ एवंविधंमेप्रतिभातिकाम्यकंशौंडैर्यथापीतरसश्चकुंभः ५ तेसैंधवैरत्यनिलोग्रवेगैर्महाजवैर्वाजिभिरुह्यमानाः ॥ युक्तैर्बृहद्भिःसुरथैर्नृवीरास्तदाऽऽश्रमायाभिमुखाबभूवुः ६ तेषांतुगोमायुरनल्पघोषोनिवर्त्ततांवाममुपेत्यपार्श्वम् ॥ प्रव्याहरत्तत्प्रविमृश्यराजाप्रोवाचभीमंचधनंजयंच ७

यथादासीमुदकुंभंनयंतीमनुलक्ष्यमहामात्रस्तयाऽज्ञातमेव गजंतत्पृष्ठतो नीत्वा तेनतज्जलंशोषयति साचाकस्माद्धटंलघुतयारिक्तंपश्चाज्जानातितद्वत् अस्माभिरज्ञातोऽस्मद्धनंकश्चिद्धरिष्यति तदारिक्तकुंभवद्धनंपश्चाद्द्रक्ष्यामइत्यर्थः ५ सैंधवैःसिंधुदेशजैर्वाजिभिरश्वैः सुरथैःशोभनरथैः समानाधिकरणंतृतीयात्रयम् ६ । ७

८ प्रेष्यवधूंदासभार्याम् ९ अंतितरःसमीतरः आर्ततरइतिपपाठः १० । ११ । १२ । १३ । १४ । १५ । १६ । १७ । १८ पुरायावदनर्हतेतनुंनददाति तावच्छीघ्रमनुयातेतिचतुर्थेनसंबंधः १९ । २० । २१

यथावदत्येषविहीनयोनिःशालावृकोवाममुपेत्यपार्श्वम् ॥ सुव्यक्तमस्मानवमन्यपापैःकृतोऽभिमर्दःकुरुभिःप्रसह्य ८ इत्येवंतेतद्वनमाविशंतोमहत्यरण्येमृगयांच
रित्वा ॥ बालामपश्यंततदारुदंतींधात्रेयिकांप्रेष्यवधूंप्रियायाः ९ तामिंद्रसेनस्त्वरितोऽभिसृत्यरथादवप्लुत्यततोऽभ्यधावत् ॥ प्रोवाचचैनांवचनंनरेंद्रधात्रेयिकामंतितर
स्तदानीम् १० किंरोदिषित्वंपतिताधरण्यांकिंतेमुखंशुष्यतिदीनवर्णम् ॥ कच्चिन्नपापैःसुनृशंसकृद्भिःप्रमाथिताद्रौपदीराजपुत्री ११ अचिंत्यरूपासुविशालनेत्राशरीर
तुल्याकुरुपुंगवानाम् ॥ यद्येवदेवीपृथिवींप्रविष्टादिवंप्रपन्नाऽप्यथवासमुद्रम् १२ तस्यागमिष्यंतिपदेहिपार्थायथाहिसंतप्यतिधर्मपुत्रः ॥ कोहीदृशानामरिमर्दनानां
क्लेशक्षमानामपराजितानाम् १३ प्राणैःसमामिष्टतमांजिहीर्षेदनुत्तमंरत्नमिवप्रमूढः ॥ नबुध्यतेनाथवतीमिहाद्यबहिश्चरंहृदयंपांडवानाम् १४ कस्याद्यकायंप्रतिभिद्य
घोरामहींप्रवेक्ष्यंतिशिताःशराग्र्याः ॥ मात्वंशुचस्तांप्रतिभीरुविद्धियथाऽद्यकृष्णापुनरेष्यतीति १५ निहत्यसर्वान्द्विषतःसमग्रान्पार्थाःसमेष्यंत्यथयाज्ञसेन्या ॥ अथा
ब्रवीच्चारुमुखंविमृज्यधात्रेयिकासारथिमिंद्रसेनम् १६ जयद्रथेनापहृताप्रमथ्यपंचेंद्रकल्पान्परिभूयकृष्णा ॥ तिष्ठंतिवर्त्मानिनवान्यमूनिवृक्षाश्चनम्लांतितथैवभग्नाः
१७ आवर्तयध्वंह्यनुयातशीघ्रंनदूरयातैवहिराजपुत्री ॥ सन्नह्यध्वंसर्वएवेंद्रकल्पामहांतिचारूणिचदंशनानि १८ गृह्णीतचापानिमहाधनानिशरांश्चशीघ्रंपदवींचरध्वम् ॥
पुराहिनिर्भर्त्सनदंडमोहिताप्रमोहचित्तावदनेनशुष्यता १९ ददातिकस्मैचिदनर्हतेतनुंवराज्यपूर्णामिवभस्मनिस्रुचम् ॥ पुरातुषाग्नाविवहूयतेहविःपुराश्मशानेस्रगिवाप
विद्ध्यते २० पुराचसोमोऽध्वरगोऽवलिह्यतेशुनायथाविप्रजनेप्रमोहिते ॥ महत्यरण्येमृगयांचरित्वापुराशृगालोनलिनींविगाहते २१ मावःप्रियायाःसुनसंसुलोचनं
चंद्रप्रभाच्छंवदनंप्रसन्नम् ॥ स्पृश्याच्छुभंकश्चिदकृत्यकारीश्वावैपुरोडाशमिवाध्वरस्थम् ॥ एतानिवर्त्मान्यनुयातशीघ्रंमावःकालःक्षिप्रमिहात्यगाद्वै २२ ॥ युधिष्ठिर
उवाच ॥ भद्रेप्रतिक्रामनियच्छवाचंमाऽस्मत्सकाशेपरुषाण्यवोचः ॥ राजानोवायदिवाराजपुत्राबलेनमत्तावंचनांप्राप्नुवंति २३ ॥ वैशंपायनउवाच ॥ एतावदुक्त्वाप्रय
युर्हिशीघ्रंतान्येववर्त्मान्यनुवर्तमानाः ॥ मुहुर्मुहुर्व्यालवदुच्छ्वसंतोज्यांविक्षिपंतश्चमहाधनुर्भ्यः २४ ततोऽपश्यंस्तस्यसैन्यस्यरेणुमुद्धूतंवैवाजिखुरप्रणुन्नम् ॥ पदातीनां
मध्यगतंचधौम्यंविक्रोशंतंभीममभिद्रवेति २५ तेसांत्व्यधौम्यंपरिदीनसत्वाःसुखंभवानेत्वितिराजपुत्राः ॥ श्येनायथैवामिषसंप्रयुक्ताजवेनतत्सैन्यमथाभ्यधावन् २६
तेषांमहेंद्रोपमविक्रमाणांसंरब्धानांधर्षणाद्याज्ञसेन्याः ॥ क्रोधःप्रजज्वालजयद्रथंचदृष्ट्वाप्रियांतस्यरथेस्थितांच २७

२२ प्रतिक्रामदूरेभव परुषाणि अनर्हतेतनुंददातीत्यादीनिदुःश्राव्याणिमत्तत्वात् वंचनांस्वजनस्यतवैववधरूपाम् २३ । २४ । २५ । २६ धर्षणात्पराभवात् २७

२८ ॥ इत्या० प० नी० भा० ऊनसप्तत्यधिकद्विशततमोऽध्यायः ॥ २६९ ॥ ततइति १ । २ । ३ अनायुष्यमायुर्नाशकंमृत्युदमित्यर्थः ४ । ५ । ६ । ७ परेहि शरणंगच्छ एनंधर्मराजम् ८ । ९ आजानेया

प्रचुकुशुश्चाप्यथसिंधुराजंवृकोदरश्चैवधनंजयश्च ॥ यमौचराजाचमहाधनुर्धरास्ततोदिशःसंमुमुहुःपरेषाम् २८ ॥ इतिश्रीमहाभारतेआरण्यकेप० द्रौ० ह० प० पार्थागमनेऊनसप्तत्यधिकद्विशततमोऽध्यायः ॥ २६९ ॥ वैशंपायनउवाच ॥ ततोघोरतरःशब्दोवनेसमभवत्तदा ॥ भीमसेनार्जुनौदृष्ट्वाक्षत्रियाणाममर्षिणाम् १ तेषांध्वजाग्राण्यभिवीक्ष्यराजास्वयंदुरात्माकुरुपुंगवानाम् ॥ जयद्रथोयाज्ञसेनीमुवाचरथेस्थितांभानुमतींहतौजाः २ आयांतीमेपंचरथामहांतोमन्येचकृष्णेपतयस्तवैते ॥ साजानतीख्यापयनःसुकेशिपरंपरंपांडवानांरथस्थम् ३ ॥ द्रौपद्युवाच ॥ किंतेज्ञातैर्मूढमहाधनुर्धरैरनायुष्यंकर्मकृत्वाऽतिघोरम् ॥ एतेवीराःपतयोमेसमेतानवःशेषःकश्चिदिहास्तियुद्धे ४ आख्यातव्यंत्वेवसर्वंमुमूर्षोर्मयातुभ्यंपृष्टयाधर्मएषः ॥ नमेव्यथाविद्यतेत्वद्भयंवासंपश्यंत्याःसानुजंधर्मराजम् ५ यस्यध्वजाग्रेनदतोमृदंगौनंदोपनंदौमधुरौयुक्तरूपौ ॥ एतंस्वधर्मार्थविनिश्चयज्ञंसदाजनाःकृत्यवंतोऽनुयांति ६ यएषजांबूनदशुद्धगौरःप्रचंडघोणस्तनुरायताक्षः ॥ एतंकुरुश्रेष्ठतमंवदंतियुधिष्ठिरंधर्मसुतंपतिंमे ७ अप्येषशत्रोःशरणागतस्यदद्यात्प्राणान्धर्मचारीनृवीरः ॥ परेह्येनंमूढजवेनभूतयेत्वमात्मनःप्रांजलिर्न्यस्तशस्त्रः ८ अथाप्येनंपश्यसियंरथस्थंमहाभुजंशालमिवप्रवृद्धम् ॥ संदष्टौष्ठंभ्रुकुटीसंहतभ्रुवंवृकोदरोनामपतिर्ममैषः ९ आजानेयाबलिनःसाधुदांतामहाबलाःशूरमुदावहंति ॥ एतस्यकर्माण्यतिमानुषाणिभीमेतिशब्दोऽस्यगतःपृथिव्याम् १० नास्यापराद्धाःशेषमवाप्नुवंतिनायंवैरंविस्मरतेकदाचित् ॥ वैरस्यांतंसंविधायोपयातिपश्चाच्छांतिंनचगच्छत्यतीव ११ धनुर्धराग्र्योधृतिमान्यशस्वीजितेंद्रियोवृद्धसेवीनृवीरः ॥ भ्राताचशिष्यश्चयुधिष्ठिरस्यधनंजयोनामपतिर्ममैषः १२ योवैनकामान्नभयान्नलोभात्त्यजेद्धर्मंननृशंसंचकुर्यात् ॥ सएषवैश्वानरतुल्यतेजाःकुंतीसुतःशत्रुसहःप्रमाथी १३ यःसर्वधर्मार्थविनिश्चयज्ञोभयार्तानांभयहर्तामनीषी ॥ यस्योत्तमंरूपमाहुःपृथिव्यांयंपांडवाःपरिरक्षंतिसर्वे १४ प्राणैर्गरीयांसमनुव्रतंवैसएषवीरोनकुलःपतिर्मे ॥ यःखड्गयोधीलघुचित्रहस्तोमहांश्चधीमान्सहदेवोऽद्वितीयः १५ यस्याद्यकर्मद्रक्ष्यसेमूढसत्त्वशतक्रतोर्वादैत्यसेनासुसंख्ये ॥ शूरःकृतास्त्रोमतिमान्मनस्वीप्रियंकरोधर्मसुतस्यराज्ञः १६ यएषचंद्रार्कसमानतेजाजघन्यजःपांडवानांप्रियश्च ॥ बुद्ध्यासमोयस्यनरोनविद्यतेवक्तातथासत्सुविनिश्चयज्ञः १७ सएषशूरोनित्यममर्षणश्चधीमान्प्राज्ञःसहदेवःपतिर्मे ॥ त्यजेत्प्राणान्प्रविशेद्धव्यवाहंनत्वेवैषव्याहरेद्धर्मबाह्यम् १८ सदामनस्वीक्षत्रधर्मेरतश्चकुंत्याःप्राणैरिष्टतमोनृवीरः ॥ विशीर्यंतींनावमिवार्णवांतेरत्नाभिपूर्णांमकरस्यपृष्ठे १९

अश्वविशेषाः १० अपराद्धाःअपराधवंतः शेषंजीवनं वैरस्यांतंशत्रुनाशंसंविधाय आहत्योपयाति कुर्वन्नपिअतीवशांतिंनोपैतीति मरणांतानिवैराणीतिलोकेप्रसिद्धं अयंतुमारयित्वापिपुत्रपौत्रादिकमपिनशेषयतीत्यस्यंतंदीर्घकोपित्वमुक्तम् ११ । १२ । १३ यंपरिरक्षंतिमनकुलःइतिद्वयोःसंबंधः १४ । १५ मूढसत्त्वमूढबुद्धे शतक्रतोर्वाशतक्रतोरिव १६ । १७ । १८ । १९

जीवएवजीवन्नेवअमृत्वैवपुनर्जन्मप्राप्स्यसे २० । २१ ॥ इत्यारण्यकेपर्वणि नीलकंठीये भारतभावदीपे सप्तत्यधिकद्विशततमोऽध्यायः ॥ २७० ॥ संतिष्ठतेति १ । २। ३ । ४ अंतरमभ्यहारयत् भीमजयद्रथयो

सेनांतवेमांहतसर्वयोधांविक्षोभितांद्रक्ष्यसिपांडुपुत्रैः ॥ इत्येतेवैकथिताःपांडुपुत्रायांस्त्वंमोहादवमन्यप्रवृत्तः ॥ यद्येतेभ्योमुच्यसेऽरिष्टदेहःपुनर्जन्मप्राप्स्यसे
जीवएव २० ॥ वैशंपायनउवाच ॥ ततःपार्थाःपंचपंचेंद्रकल्पास्त्यक्त्वात्रस्तान्प्रांजलींस्तान्पदातीन् ॥ यथानीकंशरवर्षांधकारंचक्रुःक्रुद्धाःसर्वतःसंनिगृह्य
२१ ॥ इतिश्रीमहाभारतेआरण्यकेपर्वणिद्रौपदीहरणप० द्रौपदीवाक्येसप्तत्यधिकद्विशततमोऽध्यायः ॥ २७० ॥ ॥ ॥ ॥ वैशंपायनउवाच ॥ सं
तिष्ठतप्रहरततूर्णंविपरिधावत ॥ इतिस्मसैंधवोराजाचोदयामासतान्नृपान् १ ततोघोरतमःशब्दोरणेसमभवत्तदा ॥ भीमार्जुनयमान्दृष्ट्वासैन्यानांसयुधिष्ठिरा
न् २ शिबिसौवीरसिंधूनांविषादश्चाप्यजायत ॥ तान्दृष्ट्वापुरुषव्याघ्रान्व्याघ्रानिवबलोत्कटान् ३ हेमचित्रसमुत्सेधांसर्वशैक्यायसींगदाम् ॥ प्रगृह्याभ्यद्रव
द्भीमःसैन्धवंकालचोदितम् ४ तदंतरमथावृत्यकोटिकास्योऽभ्यहारयत् ॥ महतारथवंशेनपरिवार्यवृकोदरम् ५ शक्तितोमरनाराचैर्वीरबाहुप्रचोदितैः ॥ की
र्यमाणोऽपिबहुभिर्नस्मभीमोऽभ्यकंपत ६ गजंतुसगजारोहंपदातींश्चचतुर्दश ॥ जघानगदयाभीमःसैंधवध्वजिनीमुखे ७ पार्थःपंचशतान्शूरान्पार्वतीयान्म
हारथान् ॥ परीप्समानःसौवीरंजघानध्वजिनीमुखे ८ राजास्वयंसुवीराणांप्रवराणांप्रहारिणाम् ॥ निमेषमात्रेणशतंजघानसमरेतदा ९ ददृशेनकुलस्तत्ररथा
त्प्रस्कंद्यखड्गधृक् ॥ शिरांसिपादरक्षाणांबीजवत्प्रवपन्मुहुः १० सहदेवस्तुसंयायरथेनगजयोधिनः ॥ पातयामासनाराचैर्द्रुमेभ्यइवबर्हिणः ११ ततस्त्रिगर्तः
सधनुरवतीर्यमहारथात् ॥ गदयाचतुरोवाहान्राज्ञस्तस्यतदाऽवधीत् १२ तमभ्याशगतंराजापदातिंकुंतिनंदनः ॥ अर्धचंद्रेणबाणेनविव्याधोरसिधर्मराट् १३ स
भिन्नहृदयोवीरोवक्त्राच्छोणितमुद्वमन् ॥ पपाताभिमुखःपार्थेछिन्नमूलइवद्रुमः १४ इंद्रसेनद्वितीयस्तुरथात्प्रस्कंद्यधर्मराट् ॥ हताश्वःसहदेवस्यप्रतिपेदेमहारथम्
१५ नकुलंत्वभिसंधायक्षेमंकरमहामुखौ ॥ उभावुभयतस्तीक्ष्णैःशरवर्षैरवर्षताम् १६ तोमरैरभिवर्षंतौजीमूताविववार्षिकौ ॥ एकैकेनविपाठेनजघ्नेमाद्रवतीसुतः
१७ त्रिगर्तराजःसुरथस्तस्याथरथधूर्गतः ॥ रथमाक्षेपयामासगजेनगजयानवित् १८ नकुलस्त्वभीस्तस्माद्रथाच्चर्मासिपाणिमान् ॥ उद्भ्रांतंस्थानमास्थाय
तस्थौगिरिरिवाचलः १९ सुरथस्तंगजवरंवधायनकुलस्यतु ॥ प्रेषयामाससक्रोधमत्युच्छ्रितकरंततः २० नकुलस्तस्यनागस्यसमीपपरिवर्तिनः ॥ सविषाणं
भुजंमूलेखड्गेननिरकृंतत २१ सविनद्यमहानादंगजःकिंकिणिभूषणः ॥ पतन्नवाक्शिराभूमौहस्त्यारोहमपोथयत् २२ सतत्कर्ममहत्कृत्वाशूरोमाद्रवतीसुतः ॥
भीमसेनरथंप्राप्यशर्मलेभेमहारथः २३ भीमस्त्वापततोराज्ञःकोटिकास्यस्यसंगरे ॥ सूतस्यनुदतोवाहान्क्षुरेणापाहरच्छिरः २४

 मध्येप्रवेशेनव्यवधानंकृतवान् । रथवंशेनरथवर्गेण ५।६।७ । ८ । ९ । १० । ११ । १२ । १३ । १४ । १५ । १६ । १७ । १८ । १९ । २० सविषाणंभुजं सदंतंशुंडादंडं मूलेगंडप्रदेशे २१ । २२ । २३ । २४

२५ तलयुक्तेनमुष्टियुक्तेन 'तलंस्वरूपे । इत्युपक्रम्य । चपेटेचत्सरौ' इतिमेदिनी त्सरुःखड्गादिमुष्टिः २६ । २७ । २८ । २९ । ३० । ३१ । ३२ । ३३ । ३४ आदिश्यनाम्नविश्राव्य ३५ सैनिकान्

नवुबोधहतंसूतंसराजाबाहुशालिना ॥ तस्याश्वाव्यद्रवन्संख्येहतसूतास्ततस्ततः २५ विमुखंहतसूतंतंभीमःप्रहरतांवरः ॥ जघानतलयुक्तेनप्रासेनाभ्येत्य पांडवः २६ द्वादशानांतुसर्वेषांसौवीराणांधनंजयः ॥ चकर्तनिशितैर्भल्लैर्धनूंषिचशिरांसिच २७ शिबीनिक्ष्वाकुमुख्यांश्चत्रिगर्तान्सैंधवानपि ॥ जघानातिर थःसंख्येबाणगोचरमागतान् २८ सादिताःप्रत्यदृश्यंतबहवःसव्यसाचिना ॥ सपताकाश्चमातंगाःसध्वजाश्चमहारथाः २९ प्रच्छाद्यपृथिवींतस्थुःसर्वमायोध नंप्रति ॥ शरीराण्यशिरस्कानिविदेहानिशिरांसिच ३० श्वगृध्रकंककाकोलभासगोमायुवायसाः ॥ अतृप्यंस्तत्रवीराणांहतानांमांसशोणितैः ३१ हतेषुतेषु वीरेषुसिंधुराजोजयद्रथः ॥ विमुच्यकृष्णांसंत्रस्तःपलायनमनाऽभवत् ३२ सतस्मिन्संकुलेसैन्येद्रौपदीमवतार्यताम् ॥ प्राणप्रेप्सुरुपाधावद्वनंयेननराधमः ३३ द्रौपदींधर्मराजस्तुदृष्ट्वाधौम्यपुरस्कृताम् ॥ माद्रीपुत्रेणवीरेणरथमारोपयत्तदा ३४ ततस्तद्विद्रुतंसैन्यमपयातेजयद्रथे ॥ आदिश्यादिश्यनाराचैराजघानवृको दरः ३५ सव्यसाचीतुतंदृष्ट्वापलायंतंजयद्रथम् ॥ वारयामासनिघ्नंतंभीमंसैंधवसैनिकान् ३६ ॥ अर्जुनउवाच ॥ यस्यापचारात्प्राप्तोऽयमस्मान्क्लेशोदुरा सदः ॥ तमस्मिन्समरोद्देशेनपश्यामिजयद्रथम् ३७ तमेवान्विषभद्रंतेकिंतेयोधैर्निपातितैः ॥ अनामिषमिदंकर्मकथंवामन्यतेभवान् ३८ ॥ वैशंपायनउवाच ॥ इत्युक्तोभीमसेनस्तुगुडाकेशेनधीमता ॥ युधिष्ठिरमभिप्रेक्ष्यवाग्मीवचनमब्रवीत् ३९ हतप्रवीरारिपवोभूयिष्ठंविद्रुतादिशः ॥ गृहीत्वाद्रौपदींराजन्निवर्त्ततुभवानितः ४० यमाभ्यांसहराजेंद्रधौम्येनचमहात्मना ॥ प्राप्याश्रमपदंराजन्द्रौपदींपरिसांत्वय ४१ नहिमेमोक्ष्यतेजीवन्मूढःसैन्धवकोनृपः ॥ पातालतलसंस्थोऽपिय दिशक्रोऽस्यसारथिः ४२ ॥ युधिष्ठिरउवाच ॥ नहंतव्योमहाबाहोदुरात्माऽपिससैंधवः ॥ दुःशलामभिसंस्मृत्यगांधारींचयशस्विनीम् ४३ ॥ वैशंपायन उवाच ॥ तच्छ्रुत्वाद्रौपदीभीममुवाचव्याकुलेंद्रिया ॥ कुपिताह्रीमतीप्राज्ञापतीभीमार्जुनावुभौ ४४ कर्तव्यंचेत्प्रियंमह्यंवध्यःसपुरुषाधमः ॥ सैंधवापसदःपा पोदुर्मतिःकुलपांसनः ४५ भार्याभिहर्त्तावैरीयोयश्चराज्यहरोरिपुः ॥ याचमानोऽपिसंग्रामेनमोक्तव्यःकथंचन ४६ इत्युक्तौतौनरव्याघ्रौययतुर्यत्रसैंधवः ॥ राजानिववृतेकृष्णामादायसपुरोहितः ४७ सप्रविश्याश्रमपदमपविद्धबृसीमठम् ॥ मार्कंडेयादिभिर्विप्रैरनुकीर्णंददर्शह ४८ द्रौपदीमनुशोचद्भिर्ब्राह्मणैस्तैःसमा हितैः ॥ समियायमहाप्राज्ञःसभार्योभ्रातृमध्यगः ४९ तेस्मतंमुदितादृष्ट्वापुनःप्रत्यागतंनृपम् ॥ जित्वातान्सिंधुसौवीरान्द्रौपदींचाहृतांपुनः ५०

निघ्नंतंभीमंवारयामास ३६ समरोद्देशेरणभूमौ ३७ अन्विषअन्विच्छ ३८ । ३९ । ४० । ४१ । ४२ दुःशलांदुर्योधनभगिनीम् ४३ । ४४ । ४५ । ४६ । ४७ अपविद्धाइतस्ततोविशीर्णा बृस्योक्र षीणामासनानि मठाश्चच्छात्राणामालयायत्रतत् ४८ । ४९ । ५०

५१ । ५२ । ५३ । ५४ । ५५ अतिविक्रमयुक्तानिकर्माणि ५६ । ५७ । ५८ । ५९ । ६० ॥ इत्यारण्यकेपर्वणि नीलकंठीये भारतभावदीपे एकसप्तत्यधिकद्विशततमोऽध्यायः ॥ २७१ ॥ जयद्रथस्त्विति १ । २ अत्रास्यजयद्रथस्यपरदारहर्तुःक्षत्रियाधमत्वात्पंचधामारणमुक्तंशिरोगृहीत्वेत्यादिना शिरःकेशेष्वित्यर्थः ताडयामासचपेटाभिरितिशेषः यथोक्तंनीतिशास्त्रे । ' वामपाणिकचोत्पीडाभूमौनिष्पेषणं

सतैःपरिवृतोराजातत्रैवोपविवेशह ॥ प्रविवेशाश्रमंकृष्णायमाभ्यांसहभाविनी ५१ भीमसेनार्जुनौचापिश्रुत्वाक्रोशगतंरिपुम् ॥ स्वयमश्वांस्तुदंतौतौजवेनैवाभ्य धावताम् ५२ इदमत्यद्भुतंचात्रचकारपुरुषोऽर्जुनः ॥ क्रोशमात्रगतानश्वान्सैंधवस्यजघानयत् ५३ सहिदिव्यास्त्रसंपन्नःकृच्छ्रकालेऽप्यसंभ्रमः ॥ अकरोद्दुष्करंकर्मशरै रस्त्रानुमंत्रितैः ५४ ततोऽभ्यधावतांवीरावुभौभीमधनंजयौ ॥ हताश्वंसैंधवंभीतमेकंव्याकुलचेतसम् ५५ सैंधवस्तुहतान्दृष्ट्वातथाऽश्वान्स्वान्सुदुःखितः ॥ अतिविक्र मकर्माणिकुर्वाणंचधनंजयम् ५६ पलायनकृतोत्साहःप्राद्रवद्येनवैवनम् ॥ सैंधवंत्वभिसंप्रेक्ष्यपराक्रांतंपलायने ५७ अनुयायमहाबाहुःफाल्गुनोवाक्यमब्रवीत् ॥ अनेनवीर्येणकथंस्त्रियंप्रार्थयसेबलात् ५८ राजपुत्रनिवर्तस्वनतेयुक्तंपलायनम् ॥ कथंह्यनुचरान्हित्वाशत्रुमध्येपलायसे ५९ इत्युच्यमानःपार्थेनसैंधवोनन्यवर्तत ॥ तिष्ठतिष्ठेतितंभीमःसहसाऽभ्यद्रवद्बली ॥ मावधीरितिपार्थस्तंदयावान्प्रत्यभाषत ६० ॥ ॥ इतिश्रीमहाभारतेआरण्यकेपर्वणिद्रौपदीहरणपर्वणिजयद्रथपलायने एकसप्तत्यधिकद्विशततमोऽध्यायः ॥ २७१ ॥ ॥ समाप्तंचद्रौपदीहरणपर्व ॥ अथजयद्रथविमोक्षणपर्व ॥ वैशंपायनउवाच ॥ जयद्रथस्तुसंप्रेक्ष्यभ्रातरावुद्यता वुभौ ॥ प्राधावत्तूर्णमव्यग्रोजीवितेप्सुःसुदुःखितः १ तंभीमसेनोधावंतमवतीर्यरथाद्बली ॥ अभिद्रुत्यनिजग्राहकेशपक्षेह्यमर्षणः २ समुद्यम्यचतंभीमोनिष्पिपेषमही तले ॥ शिरोगृहीत्वाराजानंताडयामासचैवह ३ पुनःसंजीवमानस्यतस्योत्पतितुमिच्छतः ॥ पदामूर्ध्निमहाबाहुःप्राहरद्विलपिष्ययतः ४ तस्यजानूददौभीमोजघ्नेचैन मरत्निना ॥ समोहमगमद्राजाप्रहारवरपीडितः ५ सरोषंभीमसेनंतुवारयामासफाल्गुनः ॥ दुःशलायाःकृतेराजायत्तदाऽऽहेतिकौरव ६ ॥ भीमसेनउवाच ॥ नायंपाप समाचारोमत्तोजीवितुमर्हति ॥ कृष्णायास्तदनर्हायाःपरिक्लेष्टानराधमः ७ किंनुशक्यंमयाकर्तुंयद्राजासततंघृणी ॥ त्वंचबालिशयाबुद्ध्यासदैवास्मान्प्रबाधसे ८ एव मुक्त्वासटास्तस्यपंचचक्रेवृकोदरः ॥ अर्धचंद्रेणबाणेनकिंचिदब्रुवतस्तदा ९ विकत्थयित्वाराजानंततःप्राहवृकोदरः ॥ जीवितुंचेच्छसेमूढहेतुंमेगदतःशृणु १० दासोऽ स्मीतितथावाच्यंसंसत्सुचसभासुच ॥ एवंतेजीवितंदद्यामेषयुद्धजितोविधिः ११ एवमस्त्वितितंराजाकृष्यमाणोजयद्रथः ॥ प्रोवाचपुरुषव्याघ्रंभीममाहवशोभिनम् १२

बलात ॥ मूर्ध्निपादप्रहरणंजानुनोदरमर्दनं ॥ मालूराकारयामुष्ट्याकपोलेदृढताडनं ॥ कफोणिपातोप्यसकृतसर्वतस्तलताडनं ॥' तालेनयुद्धेभ्रमणंमारणंस्मृतमष्टधा'इति ॥ चतुर्भिःक्षत्रियंहन्यात्पंचभिःक्षत्रिया धमम ॥ षड्भिर्वैश्यंमसप्तभिस्तुशूद्रंसंकरमष्टभिः ' इति ३ । ४ । ५ । ६ । ७ घृणीदयावान् बालिशयास्वल्पया बाधसेशत्रुंहंतुंनददासि ८ सटाःजटाः केशसंन्निवेशेमध्येमध्येपंचसुस्थानेष्वर्धचंद्रे णबाणेनक्षौरवद्वापयामासेत्यर्थः ९ । १० । ११ । १२

१३ । १४ । १५ । १६ । १७ । १८ । १९ । २० । २१ । २२ । २३ । २४ । २५ बलिमुपहारं २६ । २७ । २८ नारायणःसहायोयस्यतंनारायणसहायकं २९ शरंशृणातिहिनस्तीतिशरमस्त्रं ३०
नारायणसहायस्याजेयत्वंवक्तुंनारायणमाहात्म्यमेवाह देवदेवइत्यादिना । देवानांद्योतकानांसूर्यचंद्राग्निचक्षुर्मनोवाचांज्योतिषां देवःप्रकाशकः । ‘ येनसूर्यस्तपतितेजसेद्धःयेनचक्षूंषिपश्यंति ’ इत्यादिश्रुतिभ्यः ।
अनंतस्त्रिविधपरिच्छेदशून्यआत्मास्वरूपंयस्य । प्रधानंत्रिगुणात्मिकामाया पुरुषश्चिद्रूपस्तदुभयात्माचिदचिन्मयः । अव्यक्तोजगत्कारणरूपोबीजांतर्गतवटतुल्यःअतएवविश्वात्माविश्वएवात्माचेतनांशेन विश्वमूर्ति

ततएनंविचेष्टंतंबद्ध्वापार्थोवृकोदरः ॥ रथमारोपयामासविसंज्ञंपांसुगुंठितम् १३ ततस्तंरथमास्थायभीमःपार्थानुगस्तदा ॥ अभ्येत्याश्रममध्यस्थमभ्यगच्छद्यु
धिष्ठिरम् १४ दर्शयामासभीमस्तुतदवस्थंजयद्रथम् ॥ तंराजाप्राहसद्दृष्ट्वामुच्यतामितिचाब्रवीत् १५ राजानंचाब्रवीद्भीमोद्रौपद्याःकथ्यतामिति ॥ दासभावंगतोह्येष
पांडूनांपापचेतनः १६ तमुवाचततोज्येष्ठोभ्रातासप्रणयंवचः ॥ मुंचेममधमाचारंप्रमाणाययदितेवयम् १७ द्रौपदीचाब्रवीद्भीममभिप्रेक्ष्ययुधिष्ठिरम् ॥ दासोऽयंमुच्य
तांराज्ञस्त्वयापंचसटःकृतः १८ समुक्तोऽभ्येत्यराजानमभिवाद्ययुधिष्ठिरम् ॥ ववंदेविह्वलोराजंस्तांश्चदृष्ट्वामुनींस्तदा १९ तमुवाचघृणीराजाधर्मपुत्रोयुधिष्ठिरः ॥ तथा
जयद्रथंदृष्ट्वागृहीतंसव्यसाचिना २० अदासोगच्छमुक्तोऽसिमैवंकार्षीःपुनःक्वचित् ॥ स्त्रीकामंवाधिगस्तुत्वांक्षुद्रःक्षुद्रसहायवान् २१ एवंविधंहिकःकुर्यात्त्वदन्यःपुरु
षाधमः ॥ गतसत्वमिवज्ञात्वाकर्तारमशुभस्यतम् २२ संप्रेक्ष्यभरतश्रेष्ठःकृपांचक्रेनराधिपः ॥ धर्मेतेवर्धतांबुद्धिर्माचाधर्मेमनःकृथाः २३ साश्वःसरथपादातःस्वस्ति
गच्छजयद्रथ ॥ एवमुक्तस्तुसव्रीडंतूष्णींकिंचिदवाङ्मुखः २४ जगामराजन्दुःखार्तोगंगाद्वारायभारत ॥ सदेवंशरणंगत्वाविरूपाक्षमुमापतिम् २५ तपश्चचार
विपुलंतस्यप्रीतोवृषध्वजः ॥ बलिंस्वयंप्रत्यगृह्णात्प्रीयमाणस्त्रिलोचनः २६ वरंचास्मैददौदेवःसजग्राहचतच्छृणु ॥ समस्तान्सरथान्पंचजयेयंयुधिपांडवान् २७
इतिराजाऽब्रवीद्देवंनेतिदेवस्तमब्रवीत् ॥ अजय्यांश्चाप्यवध्यांश्चवारयिष्यसितान्युधि २८ ऋतेऽर्जुनंमहाबाहुंनरंनामसुरेश्वरम् ॥ बदर्यांतप्ततपसंनारायणसहायकम्
२९ अजितंसर्वलोकानांदेवैरपिदुरासदम् ॥ मयादत्तंपाशुपतंदिव्यमप्रतिमंशरम् ॥ अवापलोकपालेभ्योवज्रादीन्समहाशरान् ३० देवदेवोह्यनंतात्माविष्णुःसुरगुरुः
प्रभुः ॥ प्रधानपुरुषोऽव्यक्तोविश्वात्माविश्वमूर्तिमान् ३१ युगांतकालेसंप्राप्तेकालाग्निर्दहतेजगत् ॥ सपर्वतार्णवद्वीपंसशैलवनकाननम् ३२ निर्दहन्नागलोकांश्चपाताल
तलचारिणः ॥ अथांतरिक्षेसुमहन्नानावर्णाःपयोधराः ३३ घोरस्वराविनदिनस्तडिन्मालावलंबिनः ॥ समुत्तिष्ठन्दिशःसर्वाविवर्षंतःसमंततः ३४ ततोग्निंनाशया
मासुःसंवर्ताग्निनियामकाः ॥ अक्षमात्रैश्चधाराभिस्तिष्ठंत्यापूर्वसर्वशः ३५

मानजडांशेन ३१ एवंनारायणस्यजगद्धेतुत्वमुक्त्वातस्यजगत्संहर्तृत्वमाह युगांतेति । कालाग्निरूपोनारायणोनिर्दहते ३२ । ३३ विनदिनोगर्जंतः समुत्तिष्ठन् समुदतिष्ठन् उत्तिष्ठंतीत्यर्थः ३४ नाशयामासुःपयोधराइ
तिपूर्वेणान्वयः अक्षमात्रैरथाक्षमात्राभिःस्थूलाभिः सामान्येनपुंस्त्वं । यद्वाधाराभिरितिधाराशब्दआकारांतःसोमपाशब्दवत्पुंलिंगः धावमानाएवरांतिआददतेक्लेदनीयंवस्त्विति धाराः । राआदानेऽस्मात्क्विप् ३५

एकार्णवेइति । अवांतरप्रलयेऽस्मिन्पत्रननाशोक्तिर्निदाघइवतदनुपलंभमात्रपरा ३६ चतुर्युगसहस्रप्रमाणंब्रह्मणोदिनंतदंते आप्लुतासलिलेंतर्हितेत्यर्थः नारायणइत्याख्यानामयस्य । यद्वानारायणादेवआख्याप्रथाय स्यसहिरण्यगर्भःसूत्रात्माविश्वाभिमानीअतएवसहस्रपादादिमान् ३७ स्वप्नुकामः स्वदिनांते फटासहस्रंफणासहस्रमध्यतिष्ठदिनिशेषः ३८ अमितद्युतिमत्यंतंद्योतमानं ३९ । ४० सत्वोद्रेकात्तमसोऽभिभवेसतिस्व स्वस्याविर्भावात् शून्यंप्राणिसंचारहीनं ४१ नारायणपदंनिर्वक्तिआपइति । नराज्जातानाराः । नृनरयोर्वृद्धिश्चेतिगौरादिगणपाठात्प्राप्तोङीषगणकार्यस्यानित्यत्वान्न । तत्तनवस्तस्यनारायणस्यैवतनवः । यथा सौवर्णंकुंडलंसुवर्णमेवैवंनरजाआपोनरएवेत्यर्थः नाराआपोदेहाद्याकारपरिणताअयनंनिवासस्थानंयस्य अथवा ताभिःसहतत्तादात्म्यंप्राप्याऽऽस्तेइतिवानारायणइति । 'तत्सृष्ट्वातदेवानुप्राविशत्'इति । 'आत्मेंद्रिय मनोयुक्तंभोक्तेत्याहुर्मनीषिणः'इतिचश्रुतिः परमात्मनएवसृष्टदेहेप्रवेशंदेहसंबंधेनभोक्तृत्वंचदर्शयति तेनचेतनाचेतनंसर्वंजगन्नारायणात्मकमित्युक्तंभवति ४२ प्रध्यानेति । ध्यानसमकालेप्रजाहेतोःप्रजानामुत्पत्त्यर्थं

एकार्णवेतदातस्मिन्नुपशान्तचराचरे ॥ नष्टचंद्रार्कपवनेग्रहनक्षत्रवर्जिते ३६ चतुर्युगसहस्रांतेसलिलेनाप्लुतामही ॥ ततोनारायणाख्यस्तुसहस्राक्षःसहस्रपात् ३७ सहस्रशीर्षापुरुषःस्वप्नुकामस्त्वतींद्रियः ॥ फटासहस्रविकटंशेषंपर्यंकभाजनम् ३८ सहस्रमिवतिग्मांशुसंघातममितद्युतिम् ॥ कुंदेंदुहारगोक्षीरमृणालकुमुदप्रभम् ३९ तत्रासौभगवान्देवःस्वपन्जलनिधौतदा ॥ नैशेनतमसाव्याप्तांस्वांरात्रिंकुरुतेविभुः ४० सत्वोद्रेकात्प्रबुद्धस्तुशून्यंलोकमपश्यत ॥ इमंचोदाहरंत्यत्रश्लोकंनारायणंप्रति ४१ आपोनारास्तत्तनवइत्यपांनामशुश्रुम ॥ अयनंतेनचैवास्तेतेननारायणःस्मृतः ४२ प्रध्यानसमकालंतुप्रजाहेतोःसनातनः ॥ ध्यातमात्रेतुभगवन्नाभ्यांपद्मःसमुत्थितः ४३ ततश्चतुर्मुखोब्रह्मानाभिपद्माद्विनिःसृतः ॥ तत्रोपविष्टःसहसापद्मेलोकपितामहः ४४ शून्यंदृष्ट्वाजगत्कृत्स्नमानसानात्मनःसमान् ॥ ततोमरीचिप्रमुखान्महर्षीनसृजन्नव ४५ तेऽसृजन्सर्वभूतानित्रसानिस्थावराणिच ॥ यक्षराक्षसभूतानिपिशाचोरगमानुषान् ॥ ४६ सृज्यतेब्रह्ममूर्तिस्तुरक्षतेपौरुषीतनुः ॥ रौद्रीभावेनशमयेत्तिस्रोऽवस्थाःप्रजापतेः ४७ नश्रुतंतेसिंधुपतेविष्णोरद्भुतकर्मणः ॥ कथ्यमानानिमुनिभिर्ब्राह्मणैर्वेदपारगैः ४८ जलेनसमनुप्राप्तेसर्वतःपृथिवीतले ॥ तदाचैकार्णवेतस्मिन्नेकाकाशेप्रभुश्चरन् ४९ निशायामिवखद्योतःप्रावृट्कालेसमंततः ॥ प्रतिष्ठानायपृथिवींमार्गमाणस्तदाऽभवत् ५० जलेनिमग्नांगांदृष्ट्वाचोद्धर्तुंमनसेच्छति ॥ किंनुरूपमहंकृत्वासलिलादुद्धरेमहीम् ५१

सनातनश्चिरंतनोब्रह्मनाभिपद्माद्विनिःसृतस्तादृशेनरूपेणध्यातुर्दृष्टौप्रत्यभादित्यर्थः ततोध्यातमात्रेध्यानानंतरंविष्णोर्नाभ्यांपद्मःसमुत्थितः ४३ तस्मिंश्चपद्मेपितामहउपविष्टइतिक्रमभंगेनयोज्यं ४४ मरीचिप्रमुखान् 'मरीचिरत्र्यंगिरसौपुलस्त्यःपुलहःक्रतुः । वसिष्ठोनारदश्चैवभृगुर्नवमहर्षयः' ४५ त्रसानिजंगमानि ४६ प्रजापतेरीश्वरस्यमायाशबलस्यतिस्रोऽवस्थाएकैकगुणोत्कर्षनिमित्ताः । रजसउत्कर्षेब्रह्मासंसृज्यते ।सत्वोत्कर्षे पौरुषींवैष्णवींतनुंप्रविश्यरक्षति । तमसउत्कर्षेरौद्रीभावेनरुद्रभावेनशमयेदिति ४७ हेसिंधुपते तेतवश्रुतंश्रवणंनास्ति यतोविष्णोरद्भुतकर्मणःकथ्यमानानिकथनीयानिकर्माणिनवेत्सीतिशेषः ४८ तान्येवकर्माण्याहएकार्णवेसत्येकाकाशेआकाशमात्रे वायुतेजःपृथिवीरहितेजलमात्रेसति ४९ खद्योतइतिप्रकाशमात्रत्वमुच्यते प्रतिष्ठानायलोकप्रतिष्ठापनार्थम् ५० । ५१

जलक्रीडायामभिरुचितंप्रीतिर्यस्य ५२ वराहवपुषमात्मानमितिशेषः वाङ्मयंचतुर्वेदमयंवेदसंमितं वेदप्रमितयज्ञरूपं ५३ वर्ष्मशरीरं ५४ दंष्ट्रेणदंष्ट्रयाम्यविशत्न्यवेशयत् ५५ एवंवराहावतारमुक्त्वानरसिंहावतार माह पुनरेवेत्यादिना । अपूर्वांलोकेपूर्वंनदृष्टां ५६ । ५७ । ५८ । ५९ मृगेंद्रेणापिसमुपेत्यदैत्यसमीपंगत्वासमुपाद्रवत् हिरण्यकशिपुःकरजैर्नखैर्दारितः ६० एवंनृसिंहावतारकथामुपसंहृत्यवामनावतारकथांप्रस्तौ तिएवमिति ६१ गर्भधारितः गर्भधारितः सप्तमीतियोगविभागात्समासः ६२ दुर्दिनंप्रावृड्दिनंतत्रभवोऽम्भोदःकृष्णमेघस्तत्सदृशः । 'मेघच्छन्नेऽह्निदुर्दिनम्' इत्यमरः श्रीवत्सेनोरसिभूषितइतिलुप्तविभक्तिकंपदं

एवंसंचिंत्यमनसादृष्ट्वादिव्येनचक्षुषा ॥ जलक्रीडाभिरुचितंवाराहंरूपमस्मरत् ५२ कृत्वावराहवपुषंवाङ्मयंवेदसंमितम् ॥ दशयोजनविस्तीर्णमायतंशतयोजनम् ५३ महापर्वतवर्ष्माभंतीक्ष्णदंष्ट्रंप्रदीप्तिमत् ॥ महामेघौघनिर्घोषंनीलजीमूतसन्निभम् ५४ भूत्वायज्ञवराहोवैअपःसंप्राविशत्प्रभुः ॥ दंष्ट्रेणैकेनचोद्धृत्यस्वेस्थानेन्यविशन्महीम् ५५ पुनरेवमहाबाहुरपूर्वांतनुमाश्रितः ॥ नरस्यकृत्वाऽर्धतनुंसिंहस्यार्धतनुंप्रभुः ५६ दैत्येंद्रस्यसभांगत्वापाणिंसंस्पृश्यपाणिना ॥ दैत्यानामादिपुरुषः सुरारिर्दितिनंदनः ५७ दृष्ट्वाचापूर्वपुरुषंक्रोधात्संरक्तलोचनः ॥ शूलोद्यतकरःस्रग्वीहिरण्यकशिपुस्तदा ५८ मेघस्तनितनिर्घोषोनीलाभ्रचयसन्निभः ॥ देवारिर्दितिजो वीरोनृसिंहंसमुपाद्रवत् ५९ समुपेत्यततस्तीक्ष्णैर्मृगेंद्रेणबलीयसा ॥ नारसिंहेनवपुषादारितःकरजैर्भृशम् ६० एवंनिहत्यभगवान्दैत्येंद्रंरिपुघातिनम् ॥ भूयोऽन्यः पुंडरीकाक्षःप्रभुर्लोकहितायच ६१ कश्यपस्यात्मजःश्रीमानदित्यागर्भधारितः ॥ पूर्णेवर्षसहस्रेतुप्रसूतागर्भमुत्तमम् ६२ दुर्दिनांभोदसदृशोदीप्ताक्षोवामनाकृतिः ॥ दंडीकमंडलुधरःश्रीवत्सोरसिभूषितः ६३ जटीयज्ञोपवीतीचभगवान्बालरूपधृक् ॥ यज्ञवाटंगतःश्रीमान्दानवेंद्रस्यवैतदा ६४ बृहस्पतिसहायोसौप्रविष्टोबलिनोमखे ॥ तंदृष्ट्वावामनतनुंप्रहृष्टोबलिरब्रवीत् ६५ प्रीतोऽस्मिदर्शनेविप्रब्रूहित्वंकिंददानिते ॥ एवमुक्तस्तुबलिनावामनःप्रत्युवाचह ६६ स्वस्तीत्युक्त्वाबलिंदेवःस्मयमानोऽभ्यभाषत ॥ मेदिनींदानवपतेदेहिमेविक्रमत्रयम् ६७ बलिर्ददौप्रसन्नात्माविप्रायामिततेजसे ॥ ततोदिव्याद्भुततमंरूपंविक्रमतोहरेः ६८ विक्रमैस्त्रिभिरक्षोभ्योजहाराशुसमेदिनीम् ॥ ददौशक्रायचमहींविष्णुर्देवःसनातनः ६९ एषतेवामनोनामप्रादुर्भावःप्रकीर्तितः ॥ तेनदेवाःप्रादुरासन्वैष्णवंचोच्यतेजगत् ७० असतांनिग्रहार्थायधर्मसंरक्षणायच ॥ अवतीर्णोमनुष्याणामजायतयदुक्षये ७१ सएवंभगवान्विष्णुःकृष्णेतिपरिकीर्त्यते ॥ अनाद्यंतमजंदेवंप्रभुंलोकनमस्कृतम् ७२ यंदेवंविदुषोगांति तस्यकर्माणिसैंधव ॥ यमाहुरजितंकृष्णंशंखचक्रगदाधरम् ७३ श्रीवत्सधारिणंदेवंपीतकौशेयवाससम् ॥ प्रधानंसोऽस्त्रविदुषांतेनकृष्णेनरक्ष्यते ७४ सहायःपुंडरीकाक्षःश्रीमानतुलविक्रमः ॥ समानस्यंदनेपार्थमास्थायपरवीरहा ७५

६३ बालःवामनः वाटंस्थानं ६४ बलिनोबलेःअयमिकारांतइन्नंतश्चशब्दोदृश्यते ६५ ददानित्वदीप्सितमितिशेषः ६६ । ६७ दिव्यंचतदद्भुततमंचरूपंबभूवेतिशेषः ६८ । ६९ । ७० अवतीर्णोऽवतरणंकुर्वन्नजायत आविर्भूतःयदुक्षयेयदूनांगृहे ७१ । ७२ तस्यकर्माणिविदुषोविद्वांसःगांतिगायंति ७३ सोऽर्जुनःअस्त्रविदुषांप्रधानंश्रेष्ठःयंअजितमाहुस्तेनकृष्णेनरक्ष्यते ७४ । ७५

तेनकृष्णसहायत्वेनहेतुना भावःपूज्यतमः । 'भावःपूज्यतमेलोके' इत्यनेकार्थः ७६ दिनैकमेकदिनमेवनसर्वदा ७७ । ७८ । ७९ दक्षयज्ञेभगस्यनेत्रेनिपातितवान्भगनेत्रनिपातनः ८० । ८१ । ८२ ॥ इत्यारण्यकेपर्वणिनीलकंठीयेभारतभावदीपेद्विसप्तत्यधिकद्विशततमोऽध्यायः ॥ २७२ ॥ ॥ एवमिति १ । २ । ३ । ४ । ५ दैवंधर्माधर्मौ विधिःसदसत्कर्मणी ताभ्यांनिर्मितं ६ ईदृशोभावःपरेणहरणं

नशक्यतेतेनजेतुंत्रिदशैरपिदुःसहः ॥ कःपुनर्मानुषोभावोरणेपार्थंविजेष्यति ७६ तमेकंवर्जयित्वातुसर्वैयौधिष्ठिरंबलम् ॥ चतुरःपांडवान्राजन्दिनैकंजेष्यसेरिपून् ७७ ॥ वैशंपायनउवाच ॥ इत्येवमुक्त्वानृपतिंसर्वपापहरोहरः ॥ उमापतिःपशुपतिर्यज्ञहात्रिपुरार्दनः ७८ वामनैर्विकटैःकुब्जैरुग्रश्रवणदर्शनैः ॥ वृतःपारिषदैर्घोरैर्नाना प्रहरणोद्यतैः ७९ त्र्यंबकोराजशार्दूलभगनेत्रनिपातनः ॥ उमासहायोभगवांस्तत्रैवांतरधीयत ८० जयद्रथोऽपिमंदात्मास्वमेवभवनंययौ ॥ पांडवाश्चवनेतस्मिन्न्यव सन्काम्यकेतथा ८१ ॥ इतिश्रीमहाभारतेआरण्यकेपर्वणिजयद्रथविमोक्षणपर्वणिद्विसप्तत्यधिकद्विशततमोऽध्यायः ॥ २७२ ॥ ॥ समाप्तंचजयद्रथविमो क्षणपर्व ॥ अथरामोपाख्यानपर्व ॥ जनमेजयउवाच ॥ एवंहृतायांकृष्णायांप्राप्यक्लेशमनुत्तमम् ॥ अतऊर्ध्वंनरव्याघ्राःकिमकुर्वतपांडवाः १ ॥ वैशंपायनउवाच ॥ एवंकृष्णांमोक्षयित्वाविनिर्जित्यजयद्रथम् ॥ आसांचक्रेमुनिगणैर्धर्मराजोयुधिष्ठिरः २ तेषांमध्येमहर्षीणांशृण्वतामनुशोचताम् ॥ मार्कंडेयमिदंवाक्यमब्रवीत्पांडु नंदनः ३ ॥ युधिष्ठिरउवाच ॥ भगवन्देवर्षीणांत्वंख्यातोभूतभविष्यवित् ॥ संशयंपरिपृच्छामिच्छिंधिमेहृदिसंस्थितम् ४ द्रुपदस्यसुताह्येषावेदिमध्यात्समु त्थिता ॥ अयोनिजामहाभागास्नुषापांडोर्महात्मनः ५ मन्येकालश्चभगवान्दैवंचविधिनिर्मितम् ॥ भवितव्यंचभूतानांयस्यनास्तिव्यतिक्रमः ६ इमांहिपत्नीम स्माकंधर्मज्ञांधर्मचारिणीम् ॥ संस्पृशेदीदृशोभावःशुचिंस्तैन्यमिवानृतम् ७ नहिपापंकृतंकिंचित्कर्मवानिंदितंक्वचित् ॥ द्रौपद्याब्राह्मणेष्वेवधर्मःसुचरितोमहान् ८ तांजहारबलाद्राजामूढबुद्धिर्जयद्रथः ॥ तस्याःसंहरणात्पापःशिरसःकेशपातनम् ९ पराजयंचसंग्रामेससहायःसमाप्तवान् ॥ प्रत्याहृतातथाऽस्माभिर्हत्वातत्सैंधवं बलम् १० तद्दारहरणंप्राप्तमस्माभिरवितर्कितम् ॥ दुःखश्चायंवनेवासोमृगयायांचजीविका ११ हिंसाचमृगजातीनांवनौकोभिर्वनौकसाम् ॥ ज्ञातिभिर्विप्रवासश्च मिथ्याव्यवसितैरियम् १२ अस्तिनूनंमयाकश्चिदल्पभाग्यतरोनरः ॥ भवतादृष्टपूर्वोवाश्रुतपूर्वोऽपिवाभवेत् १३ ॥ इतिश्रीमहाभारतेआरण्यकेपर्वणिरामोपा ख्यानपर्वणियुधिष्ठिरप्रश्नेत्रिसप्तत्यधिकद्विशततमोऽध्यायः ॥ २७३ ॥ मार्कंडेयउवाच ॥ प्राप्तमप्रतिमंदुःखंरामेणभरतर्षभ ॥ रक्षसाजानकीतस्यहृताभार्याबलीय सा १ आश्रमाद्राक्षसेंद्रेणरावणेनदुरात्मना ॥ मायामास्थायतरसाहत्वागृध्रंजटायुषम् २ प्रत्याजहारतांरामःसुग्रीवबलमाश्रितः ॥ बद्ध्वासेतुंसमुद्रस्यदग्ध्वालंकांशितैः शरैः ३ ॥ युधिष्ठिरउवाच ॥ कस्मिन्रामःकुलेजातःकिंवीर्यःकिंपराक्रमः ॥ रावणःकस्यपुत्रोवाकिंवैरंतस्यतेनह ४

७ । ८ । ९ । १० । ११ मिथ्याव्यवसितैःवृथातापसवेषधरैःइयंहिंसाक्रियतइतिशेषः १२ मयासमइतिशेषः १३ ॥ ॥ इत्यारण्यकेपर्वणिनीलकंठीयेभारतभावदीपेत्रिसप्तत्यधिकद्विशततमोऽध्यायः ॥ २७३ ॥ प्राप्तमिति १ मायांमंन्यासिवेषं २ । ३ । ४

एतन्मेभगवन्सर्वंसम्यगाख्यातुमर्हसि ॥ श्रोतुमिच्छामिचरितंरामस्याक्लिष्टकर्मणः ५ ॥ मार्कंडेयउवाच ॥ अजोनामाऽभवद्राजामहानिक्ष्वाकुवंशजः ॥ तस्यपुत्रो
दशरथःशश्वत्स्वाध्यायवाञ्छुचिः ६ अभवंस्तस्यचत्वारःपुत्राधर्मार्थकोविदाः ॥ रामलक्ष्मणशत्रुघ्नाभरतश्चमहाबलः ७ रामस्यमाताकौसल्याकैकेयीभरतस्यतु ॥
सुतौलक्ष्मणशत्रुघ्नौसुमित्रायाःपरंतपौ ८ विदेहराजोजनकःसीतातस्यात्मजाविभो ॥ यांचकारस्वयंत्वष्टारामस्यमहिषींप्रियाम् ९ एतद्रामस्यतेजन्मसीतायाश्चप्रकी
र्तितम् ॥ रावणस्यापितेजन्मव्याख्यास्यामिजनेश्वर १० पितामहोरावणस्यसाक्षाद्देवःप्रजापतिः ॥ स्वयंभूःसर्वलोकानांप्रभुःस्रष्टामहातपाः ११ पुलस्त्योनामत
स्यासीन्मानसोदयितःसुतः ॥ तस्यवैश्रवणोनामगविपुत्रोऽभवत्प्रभुः १२ पितरंससमुत्सृज्यपितामहमुपस्थितः ॥ तस्यकोपात्पिताराजन्ससर्जात्मानमात्मना १३
सजज्ञेविश्रवानामतस्यात्मार्धेनवैद्विजः ॥ प्रतीकारायसक्रोधस्ततोवैश्रवणस्यवै १४ पितामहस्तुप्रीतात्माददौवैश्रवणस्यह ॥ अमरत्वंधनेशत्वंलोकपालत्वमेवच १५
ईशानेनतथासख्यंपुत्रंचनलकूबरम् ॥ राजधानीनिवेशंचलंकांरक्षोगणान्विताम् १६ विमानंपुष्पकंनामकामगंचददौप्रभुः ॥ यक्षाणामाधिपत्यंचराजराजत्वमे
वच १७ ॥ इतिश्रीमहाभारतेआरण्यकेपर्वणिरामोपाख्यानपर्वणिरामरावणयोर्जन्मकथनेचतुःसप्तत्यधिकद्विशततमोऽध्यायः ॥ २७४ ॥ ॥ मार्कंडेयउवाच ॥
पुलस्त्यस्यतुयःक्रोधादर्धदेहोऽभवन्मुनिः ॥ विश्रवानामसक्रोधःसवैश्रवणमैक्षत १ बुबुधेतंतुसक्रोधंपितरंराक्षसेश्वरः ॥ कुबेरस्तत्प्रसादार्थंयततेस्मसदानृप २
सराजराजोलंकायांन्यवसन्नरवाहनः ॥ राक्षसीःप्रददौतिस्रःपितुर्वैपरिचारिकाः ३ ताःसदातंमहात्मानंसंतोषयितुमुद्यताः ॥ ऋषिंभरतशार्दूलनृत्यगीतविशारदाः
४ पुष्पोत्कटाचराकाचमालिनीचविशांपते ॥ अन्योन्यस्पर्धयाराजञ्श्रेयस्कामाःसुमध्यमाः ५ सतासांभगवांस्तुष्टोमहात्माप्रददौवरान् ॥ लोकपालोपमान्पुत्राने
कैकस्यायथेप्सितान् ६ पुष्पोत्कटायांजज्ञातेद्वौपुत्रौराक्षसेश्वरौ ॥ कुंभकर्णदशग्रीवौबलेनाप्रतिमौभुवि ७ मालिनीजनयामासपुत्रमेकंविभीषणम् ॥ राकायांमिथु
नंजज्ञेखरःशूर्पणखातथा ८ विभीषणस्तुरूपेणसर्वेभ्योऽभ्यधिकोऽभवत् ॥ सबभूवमहाभागोधर्मगोप्ताक्रियारतिः ९ दशग्रीवस्तुसर्वेषांश्रेष्ठोराक्षसपुंगवः ॥ महो
त्साहोमहावीर्योमहासत्वपराक्रमः १० कुंभकर्णोबलेनासीत्सर्वेभ्योऽभ्यधिकोयुधि ॥ मायावीरणशौंडश्चरौद्रश्चरजनीचरः ११ खरोधनुषिविक्रांतोब्रह्मद्विट्पि
शिताशनः ॥ सिद्धविघ्नकरीचापिरौद्रीशूर्पणखातदा १२

वैश्रवणंबाधितुंपुलस्त्यएवयोगबलेनविश्रवःसंज्ञंदेहांतरंचक्रेइत्यर्थः १३ । १४ । १५ । १६ । १७ ॥ इत्यारण्यकेपर्वणि नीलकंठीये भारतभावदीपे चतुःसप्तत्यधिकद्विशततमोऽध्यायः ॥ २७४ ॥ पुलस्त्यस्येति
१ पितरंविश्रवसं राक्षसेश्वरःकुबेरोरक्षःपुरीनायकत्वात् २ । ३ । ४ । ५ । ६ । ७ । ८ । ९ । १० । ११ । १२

पित्राविश्रवसा १३ । १४ । १५ पंचदिक्षुचत्वारएकःसूर्यइतिपंचानामग्नीनांमध्यगःपंचाग्निः १६ विभीषणस्तपोऽतिष्ठदित्यन्वयः १७ । १८ । १९ । २० । २१ महदीप्सयाश्रेष्ठपदापेक्षया २२ । २३

सर्वेवेदविदःशूराःसर्वेसुचरितव्रताः ॥ ऊषुःपित्रासहरतागंधमादनपर्वते १३ ततोवैश्रवणंतत्रददृशुर्नरवाहनम् ॥ पित्रासार्धंसमासीनमृद्ध्यापरमयायुतम् १४ जाता
मर्षास्ततस्तेतुतपसेधृतनिश्चयाः ॥ ब्रह्माणंतोषयामासुर्घोरेणतपसातदा १५ अतिष्ठदेकपादेनसहस्रंपरिवत्सरान् ॥ वायुभक्षोदशग्रीवःपंचाग्निःसुसमाहितः १६
अधःशायीकुंभकर्णोयताहारोयतव्रतः ॥ विभीषणःशीर्णपर्णमेकमभ्यवहारयन् १७ उपवासरतिर्धीमान्सदाजप्यपरायणः ॥ तमेवकालमातिष्ठत्तीव्रंतपउदारधीः
१८ खरःशूर्पणखाचैवतेषांवैतप्यतांतपः ॥ परिचर्यांचरक्षांचचक्रतुर्हृष्टमानसौ १९ पूर्णेवर्षसहस्रेतुशिरश्छित्त्वादशाननः ॥ जुहोत्यग्नौदुराधर्षस्तेनातुष्यज्जगत्प्रभुः
२० ततोब्रह्मास्वयंगत्वातपसस्तान्न्यवारयत् ॥ प्रलोभ्यवरदानेनसर्वानेवपृथक्पृथक् २१ ॥ ब्रह्मोवाच ॥ प्रीतोऽस्मिवोनिवर्तध्वंवरान्वृणुतपुत्रकाः ॥ यद्यदिष्टमृ
तेत्वेकममरत्वंतथास्तुतत् २२ यद्यदग्नौहुतंसर्वंशिरस्तेमहदीप्सया ॥ तथैवतानितेदेहेभविष्यंतियथेप्सया २३ वैरूप्यंचनतेदेहेकामरूपधरस्तथा ॥ भविष्यसिरणे
ऽरीणांविजेतानचसंशयः २४ ॥ रावणउवाच ॥ गंधर्वदेवासुरतोयक्षराक्षसतस्तथा ॥ सर्पकिंनरभूतेभ्योनमेभूयात्पराभवः २५ ॥ ॥ ब्रह्मोवाच ॥ ॥ यएते
कीर्तिताःसर्वेनतेभ्योऽस्तिभयंतव ॥ ऋतेमनुष्याद्भद्रंतेतथातद्विहितंमया २६ ॥ ॥ मार्कंडेयउवाच ॥ ॥ एवमुक्तोदशग्रीवस्तुष्टःसमभवत्तदा ॥ अवमेनेहिदु
र्बुद्धिर्मनुष्यान्पुरुषादकः २७ कुंभकर्णमथोवाचतथैवप्रपितामहः ॥ सववेमहतींनिद्रांतमसाग्रस्तचेतनः २८ तथाभविष्यतीत्युक्त्वाविभीषणमुवाचह ॥ वरंवृ
णीष्वपुत्रत्वंप्रीतोऽस्मीतिपुनःपुनः २९ ॥ ॥ विभीषणउवाच ॥ ॥ परमापद्गतस्यापिनाधर्मेममतिर्भवेत् ॥ अशिक्षितंचभगवन्ब्रह्मास्त्रंप्रतिभातुमे ३०
॥ ब्रह्मोवाच ॥ ॥ यस्माद्राक्षसयोनौतेजातस्यामित्रकर्शन ॥ नाधर्मेधीयतेबुद्धिरमरत्वंददानिते ३१ ॥ मार्कंडेयउवाच ॥ राक्षसस्तुवरंलब्ध्वादशग्रीवोविशां
पते ॥ लंकायाश्च्यावयामासयुधिजित्वाधनेश्वरम् ३२ हित्वासभगवाँल्लंकामाविशद्गंधमादनम् ॥ गंधर्वयक्षानुगतोरक्षःकिंपुरुषैःसह ३३ विमानंपुष्पकंतस्यज
हाराक्रम्यरावणः ॥ शशापतंवैश्रवणोनत्वामेतद्वहिष्यति ३४ यस्तुत्वांसमरेहंतातमेवैतद्वहिष्यति ॥ अवमन्यगुरुंमांचक्षिप्रंत्वंनभविष्यसि ३५ विभीषणस्तुध
र्मात्मासतांमार्गमनुस्मरन् ॥ अन्वगच्छन्महाराजश्रियापरमयायुतः ३६ तस्मैसभगवांस्तुष्टोभ्राताभ्रात्रेधनेश्वरः ॥ सैनापत्यंददौधीमान्यक्षराक्षससेनयोः ३७ रा
क्षसाःपुरुषादाश्चपिशाचाश्चमहाबलाः ॥ सर्वेसमेत्यराजानमभ्यषिंचन्दशाननम् ३८

२४ । २५ । २६ । २७ तमर्मेति । अनिष्टामपिनिद्रांमोहाद्वृतवानित्यर्थः २८ । २९ । ३० योनौक्षेत्रे नतुरेतोऽत्रराक्षसमस्ति तस्मान्मातृदोषादेवक्रौर्यंरावणादीनामित्यर्थः । नराणांमातुलक्रमइतिप्रसिद्धम्
३१ । ३२ । ३३ । ३४ नर्भाविष्यसिमरिष्यसि ३५ अन्वगच्छत्कुबेरमितिशेषः ३६ । ३७ । ३८

रत्नानि । 'जातौजातौयदुत्कृष्टंतद्रत्नमभिधीयते' । विहंगमःखेचरः ३९ रावयामास हिंसार्थस्यरुडोरूपमिदम् ४० ॥ ॥ इत्यारण्यकेपर्वणि नीलकंठीये भारतभावदीपे पंचसप्तत्यधिकद्विशततमो ऽध्यायः ॥ २७५ ॥ ॥ ततइति १ । २ विप्रकारैर्विविधैःप्रकारैः ३ ४ । ५ । ६ । ७ । ८ । ९ । १० । ११ । १२ वज्रसंहननावज्रवद्दृढांगाः १३ यत्रेच्छातत्रैवनिवासोयेषां

॥२२४॥ दशग्रीवश्चदैत्यानांदेवानांचबलोत्कटः ॥ आक्रम्यरत्नान्यहरत्कामरूपीविहंगमः ३९ रावयामासलोकान्यत्तस्माद्रावणउच्यते ॥ दशग्रीवःकामबलोदेवानांभय मादधत् ४० ॥ ॥ इतिश्रीमहाभारतेआरण्यकेपर्वणिरामोपाख्यानपर्वणिरावणादिवरप्राप्तौपंचसप्तत्यधिकद्विशततमोऽध्यायः ॥ २७५ ॥ ॥ ॥ ॥ मार्कंडेयउवाच ॥ ॥ ततोब्रह्मर्षयःसर्वेसिद्धादेवर्षयस्तथा ॥ हव्यवाहंपुरस्कृत्यब्रह्माणंशरणंगताः १ ॥ ॥ अग्निरुवाच ॥ ॥ योसौविश्रवसःपुत्रोदशग्री वोमहाबलः ॥ अवध्योवरदानेनकृतोभगवतापुरा २ सबाधतेप्रजाःसर्वाविप्रकारैर्महाबलः ॥ ततोनस्त्रातुभगवान्नान्यस्त्राताहिविद्यते ३ ॥ ॥ ब्रह्मोवाच ॥ नसदेवासुरैःशक्योयुद्धेजेतुंविभावसो ॥ विहितंतत्रयत्कार्यमभितस्तस्यनिग्रहः ४ तदर्थमवतीर्णोऽसौमन्नियोगाच्चतुर्भुजः ॥ विष्णुःप्रहरतांश्रेष्ठःसतत्कर्मकरिष्य ति ५ ॥ ॥ मार्कंडेयउवाच ॥ ॥ पितामहस्ततस्तेषांसंनिधौशक्रमब्रवीत् ॥ सर्वैर्देवगणैःसार्धंसंभवत्वंमहीतले ६ विष्णोःसहायानृक्षीषुवानरीषुचसर्वशः ॥ जनयध्वंसुतान्वीरान्कामरूपबलान्वितान् ७ ततोभागानुभागेनदेवगंधर्वदानवाः ॥ अवतर्तुंमहींसर्वेमंत्रयामासुरंजसा ८ तेषांसमक्षंगंधर्वींदुंदुभींनामनामतः ॥ श शासवरदोदेवोगच्छकार्यार्थसिद्धये ९ पितामहवचःश्रुत्वागंधर्वीदुंदुभीततः ॥ मंथरामानुषेलोकेकुब्जासमभवत्तदा १० शक्रप्रभृतयश्चैवसर्वेतेसुरसत्तमाः ॥ वानर र्क्षवरस्त्रीषुजनयामासुरात्मजान् ११ तेऽन्ववर्तन्पितॄन्सर्वेयशसाचबलेनच ॥ भेत्तारोगिरिशृंगाणांसालतालशिलायुधाः १२ वज्रसंहननाःसर्वेसर्वेचौघबलास्तथा ॥ कामवीर्यबलाश्चैवसर्वेयुद्धविशारदाः १३ नागायुतसमप्राणावायुवेगसमाजवे ॥ यत्रेच्छकनिवासाश्चकेचिदत्रवनौकसः १४ एवंविधायतत्सर्वंभगवाँल्लोकभावनः ॥ मंथरांबोधयामासयद्यत्कार्यंयथायथा १५ सातद्वचःसमाज्ञायतथाचक्रेमनोजवा ॥ इतश्चेतश्चगच्छंतीवैरसंधुक्षणेरता १६ ॥ ॥ इतिश्रीमहाभारतेआरण्यकेपर्व णिरामोपाख्यानपर्वणिवानराद्युत्पत्तौषट्सप्तत्यधिकद्विशततमोऽध्यायः ॥ २७६ ॥ ॥ युधिष्ठिरउवाच ॥ उक्तंभगवताजन्मरामादीनांपृथक्पृथक् ॥ प्रस्थानकारणं ब्रह्मन्श्रोतुमिच्छामिकथ्यताम् १ कथंदाशरथीवीरौभ्रातरौरामलक्ष्मणौ ॥ संप्रस्थितौवनंब्रह्मन्मैथिलीचयशस्विनी २ ॥ मार्कंडेयउवाच ॥ जातपुत्रोदशरथःप्री तिमानभवन्नृप ॥ क्रियारतिर्धर्मरतःसततंवृद्धसेविता ३ क्रमेणचास्यतेपुत्राव्यवर्धंतमहौजसः ॥ वेदेषुसरहस्येषुधनुर्वेदेषुपारगाः ४ चरितब्रह्मचर्यास्तेकृतदाराश्चपा र्थिव ॥ यदातदादशरथःप्रीतिमानभवत्सुखी ५ ज्येष्ठोरामोभवत्तेषांरमयामासहिप्रजाः ॥ मनोहरतयाधीमान्पितुर्हृदयनंदनः ६

तेयत्रेच्छकनिवासाः १४ यद्यत्कार्यंकैकेयीप्रलोभनंरामप्रव्राजनादिच १५ संधुक्षणेदीपने १६ ॥ ॥ इत्यारण्यकेपर्वणि नीलकंठीये भारतभावदीपे षट्सप्तत्यधिकद्विशततमोऽध्यायः ॥ २७६ ॥ ॥ ॥२२५॥
उक्तमिति १ । २ । ३ । ४ । ५ रामपदंनिर्वक्तिज्येष्ठइति ६

७ । ८ महांतौशत्रुजयक्षमौबाहूयस्यतं दीर्घौवाजानुपर्यंतौबाहूयस्यतम् ९ । १० सर्वशोऽनुरक्ताःप्रकृतयःप्रजायस्मिस्तंसर्वानुरक्तप्रकृतिम् ११ । १२ । १३ भद्रंतेइतियुधिष्ठिरंप्रत्याशीर्वचनं पुरोहितंवसिष्ठम्

ततःसराजामतिमान्मत्वाऽऽत्मानंवयोधिकम् ॥ मंत्रयामाससचिवैर्धर्मज्ञैश्चपुरोहितैः ७ अभिषेकायरामस्ययौवराज्येनभारत ॥ प्राप्तकालंचतेसर्वेमेनिरेमंत्रिसत्तमाः
८ लोहिताक्षंमहाबाहुंमत्तमातंगगामिनम् ॥ दीर्घबाहुंमहोरस्कंनीलकुंचितमूर्धजम् ९ दीप्यमानंश्रियावीरंशक्रादनवरंरणे ॥ पारगंसर्वधर्माणांबृहस्पतिसमंमतौ
१० सर्वानुरक्तप्रकृतिंसर्वविद्याविशारदम् ॥ जितेंद्रियममित्राणामपिदृष्टिमनोहरम् ११ नियंतारमसाधूनांगोप्तारंधर्मचारिणाम् ॥ धृतिमंतमनाधृष्यंजेतारमपरा
जितम् १२ पुत्रंराजादशरथःकौसल्यानंदिवर्धनम् ॥ संदृश्यपरमांप्रीतिमगच्छत्कुरुनंदन १३ चिंतयंश्चमहातेजागुणान्रामस्यवीर्यवान् ॥ अभ्यभाषतभद्रंतेप्रीयमाणः
पुरोहितम् १४ अद्यपुष्योनिशिब्रह्मन्पुण्यंयोगमुपैष्यति ॥ संभाराःसंभ्रियंतांमेरामश्चोपनिमंत्र्यताम् १५ इतितद्राजवचनंप्रतिश्रुत्याथमंथरा ॥ कैकेयीमभिगम्येदं
कालेवचनमब्रवीत् १६ अद्यकैकेयिदौर्भाग्यंराज्ञातेख्यापितंमहत् ॥ आशीविषस्त्वांसंक्रुद्धश्चंडोदशतुदुर्भगे १७ सुभगाखलुकौसल्यायस्याःपुत्रोऽभिषेक्ष्यते ॥ कुतो
हितवसौभाग्यंयस्याःपुत्रोनराज्यभाक् १८ सातद्वचनमाज्ञायसर्वाभरणभूषिता ॥ वेदीविलग्नमध्येवबिभ्रतीरूपमुत्तमम् १९ विविक्तेपतिमासाद्यहसंतीवशुचिस्मिता ॥
प्रणयंव्यंजयंतीवमधुरंवाक्यमब्रवीत् २० सत्यप्रतिज्ञयन्मेत्वंकाममेकंनिसृष्टवान् ॥ उपाकुरुष्वतद्राजंस्तस्मान्मुच्यस्वसंकटात् २१ ॥ राजोवाच ॥ वरंददानितेहंत
तद्गृहाणयदिच्छसि ॥ अवध्योवध्यतांकोऽद्यवध्यःकोऽद्यविमुच्यताम् २२ धनंददानिकस्याद्यह्रियतांकस्यवापुनः ॥ ब्राह्मणस्वादिहान्यत्रयत्किंचिद्वित्तमस्तिमे
२३ पृथिव्यांराजराजोऽस्मिचातुर्वर्ण्यस्यरक्षिता ॥ यस्तेऽभिलषितःकामोब्रूहिकल्याणिमाचिरम् २४ सातद्वचनमाज्ञायपरिगृह्यनराधिपम् ॥ आत्मनोबलमाज्ञायत
तएनमुवाचह २५ आभिषेचनिकंयत्तेरामार्थमुपकल्पितम् ॥ भरतस्तदवाप्नोतुवनंगच्छतुराघवः २६ सतद्राजावचःश्रुत्वाविप्रियंदारुणोदयम् ॥ दुःखार्तोभरतश्रेष्ठन
किंचिद्व्याजहारह २७ ततस्तथोक्तंपितरंरामोविज्ञायवीर्यवान् ॥ वनंप्रतस्थेधर्मात्माराजासत्योभवत्विति २८ तमन्वगच्छल्लक्ष्मीवान्धनुष्माँल्लक्ष्मणस्तदा ॥ सीता
चभार्याभद्रंतेवैदेहीजनकात्मजा २९ ततोवनंगतेरामेराजादशरथस्तदा ॥ समयुज्यतदेहस्यकालपर्यायधर्मणा ३० रामंतुगतमाज्ञायराजानंचतथागतम् ॥ आना
य्यभरतंदेवीकैकेयीवाक्यमब्रवीत् ३१ गतोदशरथःस्वर्गंवनस्थौरामलक्ष्मणौ ॥ गृहाणराज्यंविपुलंक्षेमंनिहतकंटकम् ३२ तामुवाचसधर्मात्मानृशंसंबततेकृतम् ॥
पतिंहत्वाकुलंचेदमुत्साद्यधनलुब्धया ३३ अयशःपातयित्वामेमूर्ध्नित्वंकुलपांसने ॥ सकामाभवमेमातरित्युक्त्वाप्ररुरोदह ३४

१४ । १५ । १६ । १७ । १८ वेदीवद्विलग्नःकृशोमध्योयस्याः १९ । २० कामंवरंउपाकुरुष्वदेहि संकटात्कष्टात् २१ । २२ । २३ । २४ । २५ । २६ । २७ । २८ सीतालांगलपद्धतिस्ततोजातत्वा
दियमपिमाता विदेहापत्यत्वाद्वैदेही २९ कालपर्यायधर्मणामृत्युना ३० । ३१ । ३२ । ३३ । ३४

चारिच्यंविशोध्येदंकैकेय्यैवकृतंनतुमयेतिप्रदर्श्य ३५ । ३६ । ३७ । ३८ । ३९ । ४० । ४१ । ४२ । ४३ । ४४ । ४५ । ४६ । ४७ । ४८ । ४९ सिंहंहिंस्रं केसरिणंसटावंतंमृगराजं ५० स्रोतोभ्य

सचारित्रंविशोध्याथसर्वप्रकृतिसन्निधौ ॥ अन्वयाद्भ्रातरंरामंविनिवर्तनलालसः ३५ कौसल्यांचसुमित्रांचकैकेयींचसुदुःखितः ॥ अग्रेप्रस्थाप्ययानैःसशत्रुघ्नसहितोययौ
३६ वसिष्ठवामदेवाभ्यांविप्रैश्चान्यैःसहस्रशः ॥ पौरजानपदैःसार्धंरामानयनकांक्षया ३७ ददर्शचित्रकूटस्थंसरामंसहलक्ष्मणम् ॥ तापसानामलंकारंधारयंतंधनुर्धरम्
३८ विसर्जितःसरामेणपितुर्वचनकारिणा ॥ नंदिग्रामेऽकरोद्राज्यंपुरस्कृत्यास्यपादुके ३९ रामस्तुपुनराशंक्यपौरजानपदागमम् ॥ प्रविवेशमहारण्यंशरभंगाश्रमंप्रति
४० सत्कृत्यशरभंगंसदंडकारण्यमाश्रितः ॥ नदींगोदावरींरम्यामाश्रित्यन्यवसत्तदा ४१ वसतस्तस्यरामस्यततःशूर्पणखाकृतम् ॥ खरेणासीन्महद्वैरंजनस्थाननिवा
सिना ४२ रक्षार्थंतापसानांतुराघवोधर्मवत्सलः ॥ चतुर्दशसहस्राणिजघानभुविराक्षसान् ४३ दूषणंचखरंचैवनिहत्यसुमहाबलौ ॥ चक्रेक्षेमंपुनर्धीमान्धर्मारण्यंस
राघवः ४४ हतेषुतेषुरक्षःसुततःशूर्पणखापुनः ॥ ययौनिकृत्तनासोष्ठीलंकांभ्रातुर्निवेशनम् ४५ ततोरावणमभ्येत्यराक्षसीदुःखमूर्छिता ॥ पपातपादयोर्भ्रातुःसंशु
ष्करुधिरानना ४६ तांतथाविकृतांदृष्ट्वारावणःक्रोधमूर्छितः ॥ उत्पपातासनात्क्रुद्धोदंतैर्दंतानुपस्पृशन् ४७ स्वानमात्यान्विसृज्याथविविक्तेतामुवाचसः ॥ केनास्येवं
कृताभद्रेमामचिंत्यावमन्यच ४८ कःशूलंतीक्ष्णमासाद्यसर्वगात्रैर्निषेवते ॥ कःशिरस्यग्निमाधायविश्वस्तःस्वपतेसुखम् ४९ आशीविषंघोरतरंपादेनस्पृशतीहकः ॥
सिंहंकेसरिणंकश्चदंष्ट्राग्रांस्पृश्यतिष्ठति ५० इत्येवंब्रुवतस्तस्यस्रोतोभ्यस्तेजसोऽर्चिषः ॥ निश्चेरुर्दह्यतोरात्रौवृक्षस्येवस्वरंध्रतः ५१ तस्यतत्सर्वमाचख्यौभगिनीराम
विक्रमम् ॥ खरदूषणसंयुक्तंराक्षसानांपराभवम् ५२ सनिश्चित्यततःकृत्यंस्वसारमुपसांत्व्यच ॥ ऊर्ध्वमाचक्रमेराजाविधायनगरेविधिम् ५३ त्रिकूटंसमतिक्रम्यकाल
पर्वतमेवच ॥ ददर्शमकरावासंगंभीरोदंमहोदधिम् ५४ तमतीत्याथगोकर्णमभ्यगच्छद्दशाननः ॥ दयितंस्थानमव्यग्रंशूलपाणेर्महात्मनः ५५ तत्राभ्यगच्छन्मारीचं
पूर्वामात्यंदशाननः ॥ पुरारामभयादेवतापस्यंसमुपाश्रितम् ५६ ॥ इतिश्रीमहाभारतेआरण्यकेपर्वणिरामोपा० पर्वणिरामवनाभिगमनेसप्तसप्तत्यधिकद्विशततमो
ऽध्यायः ॥ २७७ ॥ ॥ मार्कंडेयउवाच ॥ मारीचस्त्वथसंभ्रांतोदृष्ट्वारावणमागतम् ॥ पूजयामाससत्कारैःफलमूलादिभिस्ततः १ विश्रांतंचैनमासीनमन्वा
सीनःसराक्षसः ॥ उवाचप्रश्रितंवाक्यंवाक्यज्ञोवाक्यकोविदम् २ नतेप्रकृतिमान्वर्णःकच्चित्क्षेमंपुरेतव ॥ कच्चित्प्रकृतयःसर्वाभजंतेत्वांयथापुरा ३ किमिहागमनेचापि
कार्यंतेराक्षसेश्वर ॥ कृतमित्येवतद्विद्धियद्यपिस्यात्सुदुष्करम् ४ शशंसरावणस्तस्मैतत्सर्वंरामचेष्टितम् ॥ समासेनैवकार्याणिक्रोधामर्षसमन्वितः ५

श्चक्षुरादिरंध्रेभ्यःतेजसोऽर्चिषोऽग्नेर्ज्वालाः ५१ खरदूषणसंयुक्तंतत्पराभवसहितं ५२ विधिंरक्षां ५३ पुरारामभयाद्विश्वामित्रयज्ञप्रसंगेनजातात् ५४ । ५५ । ५६ ॥ इत्यारण्यकेपर्वणिनीलकंठीये
भारतभावदीपेसप्तसप्तत्यधिकद्विशततमोऽध्यायः ॥ २७७ ॥ ॥ मारीचइति १ प्रसृतंपुष्कलार्थवत् २ । ३ । ४ । ५

रामसाद्याल रामंनैवासादयेरित्यर्थः । अलंखल्वोःप्रतिषेधयोःप्राचांक्त्वेतिनिषेधार्थकालंशब्दयोगेक्त्वाप्रत्ययः ६ । ७ । ८ । ९ । १० । ११ । १२ । १३ उदकमौर्ध्वदेहिकम् १४ । १५ । १६ । १७

मारीचस्त्वब्रवीच्छ्रुत्वासमासेनैवरावणम् ॥ अलंतेराममासाद्यवीर्यज्ञोह्यस्मितस्यवै ६ बाणवेगंहिकस्तस्यशक्तःसोढुंमहात्मनः ॥ प्रव्रज्यायांहिमेहेतुःसएवपुरुषर्ष
भः ७ विनाशमुखमेतत्तेकेनाख्यातंदुरात्मना ॥ तमुवाचाथसक्रोधोरावणःपरिभर्त्सयन् ८ अकुर्वतोऽस्मद्वचनंस्यान्मृत्युरपितेध्रुवम् ॥ मारीचश्चिंतयामासवि
शिष्टान्मरणंवरम् ९ अवश्यंमरणेप्राप्तेकरिष्याम्यस्ययन्मतम् ॥ ततस्तंप्रत्युवाचाथमारीचोरक्षसांवरम् १० किंतेसाह्यंमयाकार्यंकरिष्याम्यवशोऽपितत् ॥ तमब्रवीद्द
शग्रीवोगच्छसीतांप्रलोभय ११ रत्नशृंगोमृगोभूत्वारत्नचित्रतनूरुहः ॥ ध्रुवंसीतासमालक्ष्यत्वांरामंचोदयिष्यति १२ अपक्रांतेचकाकुत्स्थेसीतावश्याभविष्यति ॥ ता
मादायापनेष्यामिततःसनभविष्यति १३ भार्यावियोगाद्दुर्बुद्धिरेतत्साह्यंकुरुष्वमे ॥ इत्येवमुक्तोमारीचःकृत्वोदकमथात्मनः १४ रावणंपुरतोयांतमन्वगच्छत्सु
दुःखितः ॥ ततस्तस्याश्रमंगत्वारामस्याक्लिष्टकर्मणः १५ चक्रतुस्तद्यथासर्वमुभौयत्पूर्वमंत्रितम् ॥ रावणस्तुयतिर्भूत्वामुंडःकुंडीत्रिदंडधृक् १६ मृगश्चभूत्वामारीच
स्तंदेशमुपजग्मतुः ॥ दर्शयामासमारीचोवैदेहींमृगरूपधृक् १७ चोदयामासतस्यार्थेसारामंविधिचोदिता ॥ रामस्तस्याःप्रियंकुर्वन्धनुरादायसत्वरः १८ रक्षार्थे
लक्ष्मणंन्यस्यप्रययौमृगलिप्सया ॥ सधन्वीबद्धतूणीरःखड्गगोधांगुलित्रवान् १९ अन्वधावन्मृगंरामोरुद्रस्तारामृगंयथा ॥ सोऽन्तर्हितःपुनस्तस्यदर्शनंराक्षसोव्र
जन् २० चकर्षमहदध्वानंरामस्तंबुबुधेततः ॥ निशाचरंविदित्वातंराघवःप्रतिभानवान् २१ अमोघंशरमादायजघानमृगरूपिणम् ॥ सरामबाणाभिहतःकृत्वारामस्व
रंतदा २२ हासीतेलक्ष्मणेत्येवंचुक्रोशार्तस्वरेणह ॥ शुश्रावतस्यवैदेहीततस्तांकरुणांगिरम् २३ साप्राद्रवद्यतःशब्दस्तामुवाचाथलक्ष्मणः ॥ अलंतेशंकयाभीरुको
रामंप्रहरिष्यति २४ मुहूर्ताद्द्रक्ष्यसेरामंभर्तारंत्वंशुचिस्मिते ॥ इत्युक्तासाप्ररुदतीपर्यशंकतलक्ष्मणम् २५ हतावैस्त्रीस्वभावेनशुक्लचारित्रभूषणा ॥ सातंपरुषमारब्धा
वक्तुंसाध्वीपतिव्रता २६ नैषकामोभवेन्मूढयंत्वंप्रार्थयसेहृदा ॥ अप्यहंशस्त्रमादायहन्यामात्मानमात्मना २७ पतेयंगिरिशृंगाद्वाविशेयंवाहुताशनम् ॥ रामंभर्तारमु
त्सृज्यनत्वहंत्वांकथंचन २८ निहीनमुपतिष्ठेयंशार्दूलीक्रोष्टुकंयथा ॥ एतादृशंवचःश्रुत्वालक्ष्मणःप्रियराघवः २९ पिधायकर्णौसद्वृत्तःप्रस्थितोयेनराघवः ॥ सराम
स्यपदंगृह्यप्रससारधनुर्धरः ३० अवीक्षमाणोबिंबोष्ठींप्रययौलक्ष्मणस्तदा ॥ एतस्मिन्नंतरेरक्षोरावणःप्रत्यदृश्यत ३१ अभव्योभव्यरूपेणभस्मच्छन्नइवानलः ॥ यतिवे
षप्रतिच्छन्नोजिहीर्षुस्तामनिंदिताम् ३२ सातमालक्ष्यसंप्राप्तंधर्मज्ञाजनकात्मजा ॥ निमंत्रयामासतदाफलमूलाशनादिभिः ३३

१८ गोधाज्याघातवारणंअंगुलित्रंचतद्वान् १९ तारामृगंताराऱूपंमृगं प्रजापतिःस्वांदुहितरंमृगोभूत्वाजगामतस्यरुद्रःशिरोऽच्छिनत्तदेतन्मृगशीर्षनामनक्षत्रम् २० । २१ । २२ । २३ । २४ पर्यशंकत ल
क्ष्मणोमय्यभिलाषवानितिशंकामकरोत् २५ । २६ । २७ । २८ । २९ । ३० । ३१ । ३२ । ३३

३४ । ३५ । ३६ । ३७ । ३८ भिन्नकरटंभिन्नगंडस्थलंमत्तं करेणुर्हस्तिनी ३९ माध्वीकंमधुपुष्पजंमद्यं मधुमाधवींक्षौद्रजांसुरां सौवीरंकांजिकम् ४० । ४१ । ४२ । ४३ ॥ ॥ इत्यारण्यकेपर्वणि नीलकंठीये भारतभावदीपे अष्टसप्तत्यधिकद्विशततमोऽध्यायः ॥ २७८ ॥ ॥ सखेति १ । २ स्वमैथिलींस्वाचासौमैथिली स्वाआत्मीयास्नुषामैथिलसुतेत्यर्थः ध्रियमाणेजीवति ३ नखरैर्नखैस्तीक्ष्णैः ४ चक्षारसु

अवमन्यततःसर्वंस्वरूपंप्रत्यपद्यत ॥ सांत्वयामासवैदेहीमितिराक्षसपुंगवः ३४ सीतेराक्षसराजोऽहंरावणोनामविश्रुतः ॥ ममलंकापुरीनाम्नारम्यापारेमहोदधेः ३५ तत्रत्वंनरनारीषुशोभिष्यसिमयासह ॥ भार्यामेभवसुश्रोणितापसंत्यजराघवम् ३६ एवमादीनिवाक्यानिश्रुत्वातस्याथजानकी ॥ पिधायकर्णौसुश्रोणीमैवमित्यब्रवीद्वचः ३७ प्रपतेद्द्यौःसनक्षत्रापृथिवीशकलीभवेत् ॥ शैत्यमग्निरियान्नाहंत्यजेयंरघुनंदनम् ३८ कथंहिभिन्नकरटंपद्मिनंवनगोचरम् ॥ उपस्थायमहानागंकरेणुःसूकरंस्पृशेत् ३९ कथंहिपीत्वामाध्वीकंपीत्वाचमधुमाधवीम् ॥ लोभंसौवीरकेकुर्यान्नारीकाचिदितिस्मरेत् ४० इतिसातंसमाभाष्यप्रविवेशाश्रमंततः ॥ क्रोधात्प्रस्फुरमाणोष्ठीविधुन्वानाकरौमुहुः ४१ तामभिद्रुत्यसुश्रोणींरावणःप्रत्यषेधयत् ॥ भर्त्सयित्वातुरूक्षेणस्वरेणगतचेतनाम् ४२ मूर्धजेषुनिजग्राहऊर्ध्वमाचक्रमेततः ॥ तांददर्शततोगृध्रोजटायुर्गिरिगोचरः ॥ रुदतींरामरामेतिह्रियमाणांतपस्विनीम् ४३ ॥ ॥ इतिश्रीमहाभारतेआरण्यकेपर्वणिरामोपाख्यानपर्वणिमारीचवधेसीताहरणेचअष्टसप्तत्यधिकद्विशततमोऽध्यायः ॥ २७८ ॥ ॥ मार्कंडेयउवाच ॥ ॥ सखादशरथस्यासीज्जटायुररुणात्मजः ॥ गृध्रराजोमहावीरःसंपातिर्यस्यसोदरः १ सददर्शतदासीतांरावणांकगतांस्नुषाम् ॥ सक्रोधोऽभ्यद्रवत्पक्षीरावणंराक्षसेश्वरम् २ अथैनमब्रवीद्गृध्रोमुंचमुंचस्वमैथिलीम् ॥ ध्रियमाणेमयिकथंहरिष्यसिनिशाचर ३ नहिमेमोक्ष्यसेजीवन्यदिनोत्सृज्यसेवधूम् ॥ उक्त्वैवंराक्षसेन्द्रंतंचकर्तनखरैर्भृशम् ४ पक्षतुंडप्रहारैश्चबहुशोजर्जरीकृतम् ॥ चक्षाररुधिरंभूरिगिरिःप्रस्रवणैरिव ५ सवध्यमानोगृध्रेणरामप्रियहितैषिणा ॥ खड्गमादायचिच्छेदभुजौतस्यपतत्रिणः ६ निहत्यगृध्रराजंसभिन्नाभ्रशिखरोपमम् ॥ ऊर्ध्वमाचक्रमेसीतांगृहीत्वांऽकेनराक्षसः ७ यत्रयत्रतुवैदेहीपश्यत्याश्रममंडलम् ॥ सरोवासरितोवाऽपितत्रमुंचतिभूषणम् ८ साददर्शगिरिप्रस्थेपंचवानरपुंगवान् ॥ तत्रवासोमहद्दिव्यमुत्ससर्जमनस्विनी ९ तत्तेषांवानरेंद्राणांपपातपवनोद्धतम् ॥ मध्येसुपीतंपंचानांविद्युन्मेघांतरेयथा १० अचिरेणातिचक्रामखेचरःखेचरन्निव ॥ ददर्शाथपुरींरम्यांबहुद्वारांमनोरमाम् ११ प्राकारवप्रसंबाधांनिर्मितांविश्वकर्मणा ॥ प्रविवेशपुरींलंकांससीतोराक्षसेश्वरः १२ एवंहृतायांवैदेह्यांरामोहत्वामहामृगम् ॥ निवृत्तोददृशेधीमान्भ्रातरंलक्ष्मणंतथा १३ कथमुत्सृज्यवैदेहींवनेराक्षससेविते ॥ इतितंभ्रातरंदृष्ट्वाप्राप्तोऽसीतिव्यगर्हयत् १४ मृगरूपधरेणाथरक्षसासोऽपकर्षणम् ॥ भ्रातुरागमनंचैवचिंतयन्पर्यतप्यत १५ गर्हयन्नेवरामस्तुत्वरितस्तंसमासदत् ॥ अपिजीवतिवैदेहीमितिपश्यामिलक्ष्मण १६

स्राव ५ । ६ अंकेनोत्संगेन ७ । ८ गिरिप्रस्थेपर्वतशिखरे । ' प्रस्थोऽस्त्रियांमानभेदेसानावत्युच्चवस्तुनि ' इतिमेदिनी ९ । १० । ११ प्राकारःपरिधिभित्तिः वप्रस्तद्वाह्यंवेणुमयंदुर्गं ताभ्यांसंबाधांदुर्गमाम् । ' वप्रःस्थानेपुमानस्त्रीवेणुक्षेत्रचपेटके ' इतिमेदिनी १२ । १३ कथंप्राप्तोऽसीतिसंबंधः १४ । १५ । १६

१७ । १८ । १९ वांयुवयोः २० आहूते २१ । २२ । २३ । २४ । २५ । २६ । २७ । २८ उरसिनेत्रेउदरेमुखंचयस्य कवंधःशीर्षहीनःपुमान् २९ । ३० येनयतस्तन्मुखंततःकृष्यते ३१ । ३२ । ३३

तस्यतत्सर्वमाचख्यौसीतायालक्ष्मणोवचः ॥ यदुक्तवत्यसदृशंवैदेहीपश्चिमंवचः १७ दह्यमानेनतुहृदारामोऽभ्यपतदाश्रमम् ॥ सददर्शतदागृध्रंनिहतंपर्वतोपमम्
१८ राक्षसंशंकमानस्तंविकृष्यबलवद्धनुः ॥ अभ्यधावतकाकुत्स्थस्ततस्तंसहलक्ष्मणः १९ सतावुवाचतेजस्वीसहितौरामलक्ष्मणौ ॥ गृध्रराजोऽस्मिभद्रंवांसखादश
रथस्यवै २० तस्यतद्वचनंश्रुत्वासगृह्यधनुषीशुभे ॥ कोऽयंपितरमस्माकंनाम्नाऽऽहेत्यूचतुश्चतौ २१ ततोदहशतुस्तौतंछिन्नपक्षद्वयंखगम् ॥ तयोःशशंसगृध्रस्तुसीता
र्थेरावणाद्वधम् २२ अपृच्छद्राघवोगृध्रंरावणःकांदिशंगतः ॥ तस्यगृध्रःशिरःकंपैराचचक्षेममारच २३ दक्षिणामितिकाकुत्स्थोविदित्वाऽस्यतदिंगितम् ॥ सत्कारंलं
भयामाससखायंपूजयन्पितुः २४ ततोदृष्ट्वाऽऽश्रमपदंव्यपविद्धबृसीमठम् ॥ विध्वस्तकलशंशून्यंगोमायुशतसंकुलम् २५ दुःखशोकसमाविष्टौवैदेहीहरणार्दितौ ॥
जग्मतुर्दंडकारण्यंदक्षिणेनपरंतपौ २६ वनेमहतितस्मिंस्तुरामःसौमित्रिणासह ॥ ददर्शमृगयूथानिद्रवमाणानिसर्वशः २७ शब्दंचघोरंसत्वानांदावाग्नेरिववर्धतः ॥
अपश्येतांमुहूर्ताच्चकबंधंघोरदर्शनम् २८ मेघपर्वतसंकाशंशालस्कंधंमहाभुजम् ॥ उरोगतविशालाक्षंमहोदरमहामुखम् २९ यदृच्छयाऽथतद्रक्षःकरेजग्राहलक्ष्मणम् ॥
विषादमगमत्सद्यःसौमित्रिरथभारत ३० सराममभिसंप्रेक्ष्यकृष्यतेयेनतन्मुखम् ॥ विषण्णश्चाब्रवीद्रामंपश्यावस्थामिमांमम ३१ हरणंचैववैदेह्याममचायमुपप्लवः ॥
राज्यभ्रंशश्चभवतस्तातस्यमरणंतथा ३२ नाहंत्वांसहवैदेह्यासमेतंकोसलागतम् ॥ द्रक्ष्यामिपृथिवीराज्येपितृपैतामहेस्थितम् ३३ द्रक्ष्यंत्यार्यस्यधन्यायेकुशलाज
शमीदलैः ॥ अभिषिक्तस्यवदनंसोमंशांतघनंयथा ३४ एवंबहुविधंधीमान्विललापसलक्ष्मणः ॥ तमुवाचाथकाकुत्स्थःसंभ्रमेष्वप्यसंभ्रमः ३५ माविषीदनरव्याघ्रनै
षकश्चिन्मयिस्थिते ॥ छिंध्यस्यदक्षिणंबाहुंछिन्नःसव्योमयाभुजः ३६ इत्येवंवदतातस्यभुजोरामेणपातितः ॥ खड्गेनभृशतीक्ष्णेननिकृत्तस्तिलकांडवत् ३७
ततोऽस्यदक्षिणंबाहुंखड्गेनाजघ्निवान्बली ॥ सौमित्रिरपिसंप्रेक्ष्यभ्रातरंराघवंस्थितम् ३८ पुनर्जघानपार्श्वेवैतद्रक्षोलक्ष्मणोभृशम् ॥ गतासुरपतद्भूमौकबंधःसुमहां
स्ततः ३९ तस्यदेहाद्विनिःसृत्यपुरुषोदिव्यदर्शनः ॥ ददृशेदिवमास्थायदिविसूर्यइवज्वलन् ४० पप्रच्छरामस्तंवाग्मीकस्त्वंप्रब्रूहिपृच्छतः ॥ कामयाकि
मिदंचित्रमाश्चर्यंप्रतिभातिमे ४१ तस्याचचक्षेगंधर्वोविश्वावसुरहंनृप ॥ प्राप्तोब्राह्मणशापेनयोनिंराक्षससेविताम् ४२ रावणेनहृतासीताराज्ञालंकाधिवासिना ॥
सुग्रीवमभिगच्छस्वसतेसाह्यंकरिष्यति ४३ एषापंपाशिवजलाहंसकारंडवायुता ॥ ऋश्यमूकस्यशैलस्यसंनिकर्षेतटाकिनी ४४ वसतेतत्रसुग्रीवश्चतुर्भिःसचिवैः
सह ॥ भ्राताबानरराजस्यवालिनोहेममालिनः ४५

३४ एवंबहुविधंराममब्रवीत असंभ्रमोनिर्भयः ३५ । ३६ । ३७ । ३८ । ३९ विनिःसृत्य दिव्यदर्शनोऽभूत पुरुषःकबंधदेहधारी सचददृशेदृष्टः ४० कामयाइच्छया ४१ । ४२ । ४३ पंपानामतटाकिनीसरसी ४४ । ४५

४६ । ४७ । ४८ इत्यारण्यकेपर्वणिनीलकंठीयेभारतभावदीपेऊनाशीत्यधिकद्विशततमोऽऽध्यायः ॥ २७९ ॥ ॥ ॥ ततइति । अविदूरेसमीपे नलिनींपुष्करिणीं उत्पलानिकुमुदानि १ अमृतगंधिनाऽमृत

 तेनत्वंसहसंगम्यदुःखमूलंनिवेदय ॥ समानशीलोभवतःसाहाय्यंसकरिष्यति ४६ एतावच्छक्यमस्माभिर्वक्तुंद्रष्टाऽसिजानकीम् ॥ ध्रुवंवानरराजस्यविदितोरावणा
लयः ४७ इत्युक्त्वांऽर्न्तर्हितोदिव्यःपुरुषःसमहाप्रभः ॥ विस्मयंजग्मतुश्चोभौप्रवीरौरामलक्ष्मणौ ४८ ॥ इतिश्रीम० आर० प० रामो०कबंधहननेऊनाशीत्यधिक
द्विशततमोऽध्यायः ॥ २७९ ॥ ॥ मार्कंडेयउवाच ॥ ततोऽविदूरेनलिनींप्रभूतकमलोत्पलाम् ॥ सीताहरणदुःखार्तःपंपांरामःसमासदत् १ मारुतेनसुशीतेनसुखे
नामृतगंधिना ॥ सेव्यमानोवनेतस्मिन्जगाममनसाप्रियाम् २ विललापसराजेंद्रस्तत्रकांतामनुस्मरन् ॥ कामबाणाभिसंतप्तःसौमित्रिस्तमथाब्रवीत् ३ नत्वामेवंविधो
भावःस्प्रष्टुमर्हतिमानद ॥ आत्मवंतमिवव्याधिःपुरुषंवृद्धशीलिनम् ४ प्रवृत्तिरुपलब्धातेवैदेह्यारावणस्यच ॥ तांत्वंपुरुषकारेणबुद्ध्याचैवोपपादय ५ अभिगच्छावसु
ग्रीवंशैलस्थंहरिपुंगवम् ॥ मयिशिष्येचभृत्येचसहायेचसमाश्वस ६ एवंबहुविधैर्वाक्यैर्लक्ष्मणेनसराघवः ॥ उक्तःप्रकृतिमापेदेकार्येचानंतरोऽभवत् ७ निषेव्यवारिपंपा
यास्तर्पयित्वापितॄनपि ॥ प्रतस्थतुरुभौवीरौभ्रातरौरामलक्ष्मणौ ८ तावृष्यमूकमभ्येत्यबहुमूलफलद्रुमम् ॥ गिर्यग्रेवानरान्पंचवीरौददृशतुस्तदा ९ सुग्रीवःप्रेषया
माससचिवंवानरंतयोः ॥ बुद्धिमंतंहनूमंतंहिमवंतमिवस्थितम् १० तेनसंभाष्यपूर्वंतौसुग्रीवमभिजग्मतुः ॥ सख्यंवानरराजेनचक्रेरामस्तदानृप ११ तद्वासोदर्शया
मासुस्तस्यकार्येनिवेदिते ॥ वानराणांतुयत्सीताह्रियमाणाव्यपासृजत् १२ तत्प्रत्ययकरंलब्ध्वासुग्रीवंप्लवगाधिपम् ॥ पृथिव्यांवानरैश्वर्येस्वयंरामोऽभ्यषेचयत् १३
प्रतिजज्ञेचकाकुत्स्थःसमरेवालिनोवधम् ॥ सुग्रीवश्चापिवैदेह्याःपुनरानयनंनृप १४ इत्युक्त्वासमयंकृत्वाविश्वास्यचपरस्परम् ॥ अभ्येत्यसर्वेकिष्किंधांतस्थुर्युद्धाभि
कांक्षिणः १५ सुग्रीवःप्राप्यकिष्किंधांननादौघनिभस्वनः ॥ नास्यतन्ममृषेवालीतारातंप्रत्यषेधयत् १६ यथानदतिसुग्रीवोबलवानेषवानरः ॥ मन्येचाश्रयवान्प्राप्तो
नत्वंनिष्क्रांतुमर्हसि १७ हेममालीततोवालीतारांताराधिपाननाम् ॥ प्रोवाचवचनंवाग्मीतांवानरपतिःपतिः १८ सर्वभूतरुतज्ञात्वंपश्यबुद्ध्यासमन्विता ॥ केनचाश्र
यवान्प्राप्तोममैषभ्रातृगंधिकः १९ चिंतयित्वामुहूर्तंतुताराताराधिपप्रभा ॥ पतिमित्यब्रवीत्प्राज्ञाशृणुसर्वंकपीश्वर २० हृतदारोमहासत्वोरामोदशरथात्मजः ॥
तुल्यारिमित्रतांप्राप्तःसुग्रीवेणधनुर्धरः २१ भ्राताचास्यमहाबाहुःसौमित्रिरपराजितः ॥ लक्ष्मणोनाममेधावीस्थितःकार्यार्थसिद्धये २२ मैंदश्चद्विविदश्चापिहनूमांश्चा
निलात्मजः ॥ जांबवानृक्षराजश्चसुग्रीवसचिवाःस्थिताः २३ सर्वएतेमहात्मानोबुद्धिमंतोमहाबलाः ॥ अलंतवविनाशायरामवीर्यबलाश्रयात् २४

अ० २८०

सहशोन २ । ३ । ४ उपपादयसफलीकुरु ५ । ६ अनंतरःसंलग्नः ७ । ८ ऋष्यमूकंपर्वतं ९ । १० । ११ । १२ । १३ । १४ । १५ ओघोजनवृंदस्तन्निभःस्वनोयस्य । 'ओघोवेगेजलस्यच । वृंदेपरंपरायांच'
इतिमेदिनी १६ आश्रयवान्परबलाश्रितः १७ । १८ । १९ । २० । २१ । २२ । २३ । २४

ईर्षुरीर्ष्यालुः २५ । २६ । २७ । २८ जीवितसामर्थ्यंजीवनस्यश्लाघ्यत्वम् २९ । ३० । ३१ । ३२ । ३३ । ३४ । ३५ । ३६ । ३७ । ३८ । ३९ । ४० । ४१ । ४२

तस्यास्तदाक्षिप्यवचोहितमुक्तंकपीश्वरः ॥ पर्यशंकततामीर्षुःसुग्रीवगतमानसाम् २५ तारांपरुषमुक्त्वातुनिर्जगामगुहामुखात् ॥ स्थितंमाल्यवतोऽभ्याशेसुग्रीवंसो
ऽभ्यभाषत २६ असकृत्त्वंमयापूर्वंनिर्जितोजीवितप्रियः ॥ मुक्तोज्ञातिरितिज्ञात्वाकात्वरामरणेपुनः २७ इत्युक्तःप्राहसुग्रीवोभ्रातरंहेतुमद्वचः ॥ प्राप्तकालममित्र
घ्नोरामंसंबोधयन्निव २८ हृतराज्यस्यमेराजन्हृतदारस्यचत्वया ॥ किंमेजीवितसामर्थ्यमितिविद्धिसमागतम् २९ एवमुक्त्वाबहुविधंततस्तौसन्निपेततुः ॥ समरेवा
लिसुग्रीवौशालतालशिलायुधौ ३० उभौजघ्नतुरन्योन्यमुभौभूमौनिपेततुः ॥ उभौववल्गतुश्चित्रंमुष्टिभिश्चनिजघ्नतुः ३१ उभौरुधिरसंसिक्तौनखदंतपरिक्षतौ ॥
शुशुभातेतदावीरौपुष्पिताविवकिंशुकौ ३२ नविशेषस्तयोर्युद्धेयदाकश्चनदृश्यते ॥ सुग्रीवस्यतदामालांहनुमान्कंठआसजत् ३३ समालयातदावीरःशुशुभेकंठसक्त
या ॥ श्रीमानिवमहाशैलोमलयोमेघमालया ३४ कृतचिह्नंतुसुग्रीवंरामोदृष्ट्वामहाधनुः ॥ विचकर्षधनुःश्रेष्ठंवालिमुद्दिश्यलक्ष्यवत् ३५ विस्फारस्तस्यधनुषोयंत्रस्ये
वतदाबभौ ॥ वितत्रासतदावालीशरेणाभिहतोरसि ३६ सभिन्नहृदयोवालीवक्त्राच्छोणितमुद्वमन् ॥ ददर्शावस्थितंराममंततःसौमित्रिणासह ३७ गर्हयित्वासकाकु
त्स्थंपपातभुविमूर्च्छितः ॥ तारादर्शतंभूमौतारापतिसमौजसम् ३८ हतेवालिनिसुग्रीवःकिष्किंधांप्रत्यपद्यत ॥ तांचतारापतिमुखींतारांनिपतितेश्वराम् ३९ रा
मस्तुचतुरोमासान्पृष्ठेमाल्यवतःशुभे ॥ निवासमकरोद्धीमान्सुग्रीवेनाभ्युपस्थितः ४० रावणोऽपिपुरींगत्वालंकांकामबलात्कृतः ॥ सीतांनिवेशयामासभवनेनं
दनोपमे ४१ अशोकवनिकाभ्याशेतापसाश्रमसंनिभे ॥ भर्तृस्मरणतन्वंगीतापसीवेषधारिणी ४२ उपवासतपःशीलातत्रासपृथुलेक्षणा ॥ उवासदुःखवसतिंफलमू
लकृताशना ४३ दिदेशराक्षसीस्तत्ररक्षणेराक्षसाधिपः ॥ प्रासासिशूलपरशुमुद्गरालातधारिणीः ४४ द्व्यक्षींत्र्यक्षींललाटाक्षींदीर्घजिह्वामजिह्विकाम् ॥ त्रिस्तनी
मेकपादांचत्रिजटामेकलोचनाम् ४५ एताश्चान्याश्चदीप्ताक्ष्यःकरभोत्कटमूर्द्धजाः ॥ परिवार्यासतेसीतांदिवारात्रमतंद्रिताः ४६ तास्तुतामायतापांगींपिशाच्योदा
रुणस्वराः ॥ तर्जयंतिसदारौद्राःपरुषव्यंजनस्वराः ४७ खादामपाटयामैनांतिलशःप्रविभज्यताम् ॥ येयंभर्तारमस्माकमवमन्येहजीवति ४८ इत्येवंपरिभर्त्सैतीस्त्रा
स्यमानापुनःपुनः ॥ भर्तृशोकसमाविष्टानिःश्वस्येदमुवाचताः ४९ आर्याःखादतमांशीघ्रंनमेलोभोऽस्तिजीविते ॥ विनातंपुंडरीकाक्षंनीलकुंचितमूर्धजम् ५० अप्ये
वाहंनिराहाराजीवितप्रियवर्जिता ॥ शोषयिष्यामिगात्राणिव्यालीतालगतायथा ५१ नत्वन्यमभिगच्छेयंपुमांसंराघवादृते ॥ इतिजानीतसत्यंमेक्रियतांयदनंतरम् ॥
५२ तस्यास्तद्वचनंश्रुत्वाराक्षस्यस्ताःखरस्वनाः ॥ आख्यातुंराक्षसेन्द्रायजग्मुस्तत्सर्वमादृताः ५३

४३ । ४४ । ४५ करभोत्कटमूर्धजाःउग्रमहाकेशाः ४६ परुषव्यंजनस्वरात्मकाःशब्दायासांताः ४७ । ४८ । ४९ । ५० । ५१ । ५२ । ५३

५४ । ५५ । ५६ । ५७ । ५८ । ५९ वधूंस्नुषाम ६० । ६१ । ६२ । ६३ । ६४ । ६५ । ६६ । ६७ । ६८ परिक्षिप्ताव्याप्ता ६९ । ७० । ७१ । ७२ । ७३ । ७४ ॥ ॥ इत्यारण्यके

गतासुतासुसर्वासुत्रिजटानामराक्षसी ॥ सांत्वयामासवैदेहींधर्मज्ञाप्रियवादिनी ५४ सीतेवक्ष्यामितेकिंचिद्विश्वासंकुरुमेसखि ॥ भयंत्वंत्यजवामोरुशृणुचेदंवचोमम ५५ अविंध्योनाममेधावीवृद्धोराक्षसपुंगवः ॥ सरामस्यहितान्वेषीत्वदर्थेहिसमावदत् ५६ सीतामद्वचनाद्वाच्यासमाश्वास्यप्रसाद्यच ॥ भर्तातेकुशलीरामोलक्ष्मणानुगतोबली ५७ सख्यंवानरराजेनशक्रप्रतिमतेजसा ॥ कृतवान्राघवःश्रीमांस्त्वदर्थेचसमुद्यतः ५८ माचतेऽस्तुभयंभीरुरावणाल्लोकगर्हितात् ॥ नलकूबरशापेनरक्षिताह्यसिनंदिनि ५९ शप्तोह्येषपुरापापोवधूंरंभांपरामृशन् ॥ नशक्तोत्यवशांनारीमुपैतुमजितेंद्रियः ६० क्षिप्रमेष्यतितेभर्तासुग्रीवेणाभिरक्षितः ॥ सौमित्रिसहितोधीमांस्त्वांचेतोमोक्षयिष्यति ६१ स्वप्नाहिसुमहाघोरादृष्टामेऽनिष्टदर्शनाः ॥ विनाशायास्यदुर्बुद्धेःपौलस्त्यकुलघातिनः ६२ दारुणोह्येषदुष्टात्माक्षुद्रकर्मानिशाचरः ॥ स्वभावाच्छीलदोषेणसर्वेषांभयवर्धनः ६३ स्पर्धतेसर्वदेवैर्यःकालोपहतचेतनः ॥ मयाविनाशलिंगानिस्वप्नेदृष्टानितस्यवै ६४ तैलाभिषिक्तोविकचोमज्जन्पंकेदशाननः ॥ असकृत्खरयुक्तेतुरथेनृत्यन्निवस्थितः ६५ कुंभकर्णादयश्चेमेनग्नाःपतितमूर्धजाः ॥ गच्छंतिदक्षिणामाशांरक्तमाल्यानुलेपनाः ६६ श्वेतातपत्रःसोष्णीषःशुक्लमाल्यानुलेपनः ॥ श्वेतपर्वतमारूढएकएवविभीषणः ६७ सचिवाश्चास्यचत्वारःशुक्लमाल्यानुलेपनाः ॥ श्वेतपर्वतमारूढामोक्ष्यंतेऽस्मान्महाभयात् ६८ रामस्यास्त्रेणपृथिवीपरिक्षिप्तासमागरा ॥ यशसापृथिवींकृत्स्नांपूरयिष्यतितेपतिः ६९ अस्थिसंचयमारूढोभुंजानोमधुपायसम् ॥ लक्ष्मणश्चमयादृष्टोदिधक्षुःसर्वतोदिशम् ७० रुदतीरुधिरार्द्रांगीव्याघ्रेणपरिरक्षिता ॥ असकृत्त्वंमयादृष्टागच्छंतीदिशमुत्तराम् ७१ हर्षमेष्यसिवैदेहिक्षिप्रंभर्त्रासमन्विता ॥ राघवेणसहभ्रात्रासीतेत्वमचिरादिव ७२ इत्येतन्मृगशावाक्षीतच्छ्रुत्वात्रिजटावचः ॥ बभूवाशावतीबालापुनर्भर्तृसमागमे ७३ यावदभ्यागतारौद्राःपिशाच्यस्ताःसुदारुणाः ॥ ददृशुस्तांत्रिजटयासहासीनांयथापुरा ७४ ॥ इतिश्रीमहाभारतेआरण्यकेपर्वणित्रिजटाकृतसीतासांत्वनेअशीत्यधिकद्विशततमोऽध्यायः ॥ २८० ॥ ॥ ॥ मार्कंडेयउवाच ॥ ततस्तांभर्तृशोकार्तांदीनांमलिनवाससम् ॥ मणिशेषाभ्यलंकारांरुदतींचपतिव्रताम् १ राक्षसीभिरुपास्यंतींसमासीनांशिलातले ॥ रावणःकामबाणार्तोददर्शोपससर्पच २ देवदानवगंधर्वयक्षकिंपुरुषैर्युधि ॥ अजितोऽशोकवनिकांययौकंदर्पपीडितः ३ दिव्यांबरधरःश्रीमान्सुमृष्टमणिकुंडलः ॥ विचित्रमाल्यमुकुटोवसंतइवमूर्तिमान् ४ नकल्पवृक्षसदृशोयत्नादपिविभूषितः ॥ श्मशानचैत्यद्रुमवद्भूषितोपिभयंकरः ५ सतस्यास्तनुमध्यायाःसमीपेरजनीचरः ॥ ददृशेरोहिणीमेत्यशनैश्चरइवग्रहः ६

पर्वणि नीलकंठीये भारतभावदीपे अशीत्यधिकद्विशततमोऽध्यायः ॥ २८० ॥ ॥ ॥ ततइति । मणिर्मंगलसूत्रगतःसएवशेषोयेषांते तत्समदृशाअभ्यलंकारायस्यास्ताम् १ । उपास्यंतीमुपास्यमानाम् २ । ३ । ४ । ५ । ६

रौहींहरिणीम् ७ परिकर्मवस्त्राभरणादिनाप्रसाधनम् ८ । ९ । १० । ११ । १२ । १३ । १४ । १५ । १६ । १७ । १८ । १९ हेभद्रसुख भद्रंकल्याणावहंसुखंयस्य पारदार्यसुखंत्वकल्याणावहमितिभावः ।

सतामामंत्र्यसुश्रोणींपुष्पकेतुशराहतः ॥ इदमित्यब्रवीद्वाक्यंत्रस्तांरौहीमिवाबलाम् ७ सीतेपर्याप्तमेतावत्कृतोभर्तुरनुग्रहः ॥ प्रसादंकुरुतन्वंगिक्रियतांपरिकर्मते ॥
८ भजस्वमांवरारोहेमहार्हाभरणांबरा ॥ भवमेसर्वनारीणामुत्तमावरवर्णिनी ९ संतिमेदेवकन्याश्चगंधर्वाणांचयोषितः ॥ संतिदानवकन्याश्चदैत्यानांचापियोषितः
१० चतुर्दशपिशाचानांकोट्योमेवचनेस्थिताः ॥ द्विस्तावत्पुरुषादानांरक्षसांभीमकर्मणाम् ११ ततोमेत्रिगुणायक्षायेमद्वचनकारिणः ॥ केचिदेवधनाध्यक्षंभ्रातरंमे
समाश्रिताः १२ गंधर्वाप्सरसोभद्रेमामापानगतंसदा ॥ उपतिष्ठंतिवामोरुयथैवभ्रातरंमम १३ पुत्रोऽहमपिविप्रर्षेःसाक्षाद्विश्रवसोमुनेः ॥ पंचमोलोकपालानामिति
मेप्रथितंयशः १४ दिव्यानिभक्ष्यभोज्यानिपानानिविविधानिच ॥ यथैवत्रिदशेशस्यतथैवममभाविनि १५ क्षीयतांदुष्कृतंकर्मवनवासकृतंतव ॥ भार्यामेभवसुश्रो
णियथामंदोदरीतथा १६ इत्युक्तातेनवैदेहीपरिवृत्यशुभानना ॥ तृणमंतरतःकृत्वातमुवाचनिशाचरम् १७ अशिवेनातिवामोरुरजस्रंनेत्रवारिणा ॥ स्तनावपतितौ
बालासंहतावभिवर्षती १८ उवाचवाक्यंतंक्षुद्रंवैदेहीपतिदेवता ॥ असकृद्वदतोवाक्यमीदृशंराक्षसेश्वर १९ विषादयुक्तमेतत्तेमयाश्रुतमभाग्यया ॥ तद्भद्रसुखभद्रंते
मानसंविनिवर्त्यताम् २० परदाराऽस्म्यलभ्याचसततंचपतिव्रता ॥ नचैवौपयिकीभार्यामानुषीकृपणातव २१ विवशांधर्षयित्वाचकांत्वंप्रीतिमवाप्स्यसि ॥ प्रजा
पतिसमोविप्रोब्रह्मयोनिःपितातव २२ नचपालयसेधर्मंलोकपालसमःकथम् ॥ भ्रातरंराजराजानंमहेश्वरसखंप्रभुम् २३ धनेश्वरंव्यपदिशन्कथंत्विहनलज्जसे ॥
इत्युक्त्वाप्रारुदत्सीताकंपयंतीपयोधरौ २४ शिरोधरांचतन्वंगीमुखंप्रच्छाद्यवाससा ॥ तस्यारुदत्याभाविन्यादीर्घावेणीसुसंयता २५ ददृशेस्वसितास्निग्धाकाली
व्यालीवमूर्धनि ॥ श्रुत्वातद्रावणोवाक्यंसीतयोक्तंसुनिष्ठुरम् २६ प्रत्याख्यातोऽपिदुर्मेधाःपुनरेवाब्रवीद्वचः ॥ काममंगानिमेसीतेदुनोतुमकरध्वजः २७ नत्वाम
कामांसुश्रोणींसमेष्येचारुहासिनीम् ॥ किंनुशक्यंमयाकर्तुंयत्त्वमद्यापिमानुषम् २८ आहारभूतमस्माकंराममेवानुरुध्यसे ॥ इत्युक्त्वातामनिंद्यांगींसराक्षसमहे
श्वरः २९ तत्रैवांतर्हितोभूत्वाजगामाभिमतांदिशम् ॥ राक्षसीभिःपरिवृतावैदेहीशोककर्शिता ॥ सेव्यमानात्रिजटयातत्रैवन्यवसत्तदा ३० ॥ ॥ इतिश्री
महाभारते आरण्यकेपर्वणि रामोपाख्यानपर्वणि सीतारावणसंवादे एकाशीत्यधिकद्विशततमोऽध्यायः २८१ ॥ ॥ मार्कंडेयउवाच ॥ राघवःसहसौमित्रिःसु
ग्रीवेणाभिपालितः ॥ वसन्माल्यवतःपृष्ठेददृशेविमलंनभः १ सदृष्ट्वाविमलेव्योम्निनिर्मलंशशलक्षणम् ॥ ग्रहनक्षत्रताराभिरनुयातममित्रहा २ कुमुदोत्पलपद्मानांगं
धमादायवायुना ॥ महीधरस्थःशीतेनसहसाप्रतिबोधितः ३

विनिवर्त्यतांमत्तइतिशेषः २० औपयिकीउपयोगार्हा २१ । २२ । २३ । २४ शिरोमुखंचप्रच्छाद्यधरांददृशेऽपश्यदितिसंबंधः २५ । २६ । २७ । २८ । २९ । ३० ॥ ॥ इत्यारण्यकेपर्वणि नीलकं
१७ ठीये भारतभावदीपे एकाशीत्यधिकद्विशततमोऽध्यायः ॥ २८१ ॥ ॥ राघवइति १ । २ । ३

४ ग्राम्यधर्मेषुमैथुनादिषुनिमित्तभूतेषु प्रमत्तमसावधानम् ५ । ६ । ७ । ८ । ९ । १० । ११ गुरोर्वाक्येहितेच रतस्तत्परः १२ । १३ । १४ । १५ । १६ । १७ । १८ । १९ । २०

प्रभातेलक्ष्मणंवीरमभ्यभाषतदुर्मनाः ॥ सीतांसंस्मृत्यधर्मात्मारुद्धांराक्षसवेश्मनि ४ गच्छलक्ष्मणजानीहिकिष्किंधायांकपीश्वरम् ॥ प्रमत्तंग्राम्यधर्मेषुकृतघ्नंस्वार्थपंडितम् ५ योऽसौकुलाधमोमूढोमयाराज्येऽभिषेचितः ॥ सर्ववानरगोपुच्छायमृक्षाश्चभजंतिवै ६ यदर्थेनिहतोवालीमयारघुकुलोद्वह ॥ त्वयासहमहाबाहोकिष्किंधोपवनेतदा ७ कृतघ्नंतमहंमन्येवानरापसदंभुवि ॥ योमामेवंगतोमूढोनजानीतेऽद्यलक्ष्मण ८ असौमन्येनजानीतेसमयप्रतिपालनम् ॥ कृतोपकारंमांनूनमवमन्याल्पयाधिया ९ यदितावदनुद्युक्तःशेतेकामसुखात्मकः ॥ नेतव्योवालिमार्गेणसर्वभूतगतिंत्वया १० अथापिघटतेऽस्माकमर्थेवानरपुंगवः ॥ तमादायैवकाकुत्स्थत्वरस्वान्भवमाचिरम् ११ इत्युक्तोलक्ष्मणोभ्रात्रागुरुवाक्यहितेरतः ॥ प्रतस्थेरुचिरंगृह्यसमार्गणगुणंधनुः १२ किष्किंधाद्वारमासाद्यप्रविवेशानिवारितः ॥ सक्रोधइतितंमत्वाराजाप्रत्युद्ययौहरिः १३ तंसदारोविनीतात्मासुग्रीवःप्लवगाधिपः ॥ पूजयाप्रतिजग्राहप्रीयमाणस्तदर्हया १४ तमब्रवीद्रामवचःसौमित्रिरकुतोभयः ॥ सतत्सर्वमशेषेणश्रुत्वाप्रह्वःकृतांजलिः १५ सभृत्यदारोराजेंद्रसुग्रीवोवानराधिपः ॥ इदमाहवचःप्रीतोलक्ष्मणंनरकुंजरम् १६ नास्मिलक्ष्मणदुर्मेधानाकृतघ्नोननिर्घृणः ॥ श्रूयतांयःप्रयत्नोमेसीतापर्येषणेकृतः १७ दिशःप्रस्थापिताःसर्वेविनीताहरयोमया ॥ सर्वेषांचकृतःकालोमासेनागमनंपुनः १८ यैरियंसवनासाद्रिःसपुरासागरांबरा ॥ विचेतव्यामहीवीरसग्रामनगराकरा १९ समासःपंचरात्रेणपूर्णोभवितुमर्हति ॥ ततःश्रोष्यसिरामेणसहितःसुमहत्प्रियम् २० इत्युक्तोलक्ष्मणस्तेनवानरेंद्रेणधीमता ॥ त्यक्त्वारोषमदीनात्मासुग्रीवंप्रत्यपूजयत् २१ सरामंसहसुग्रीवोमाल्यवत्पृष्ठमास्थितम् ॥ अभिगम्योदयंतस्यकार्यस्यप्रत्यवेदयत् २२ इत्येवंवानरेंद्रास्तेसमाजग्मुःसहस्रशः ॥ दिशस्तिस्रोविचित्याथनतुयेदक्षिणांगताः २३ आचख्युस्तत्ररामायमहींसागरमेखलाम् ॥ विचितांनतुवैदेह्यादर्शनंरावणस्यवा २४ गतास्तुदक्षिणामाशांयेवैवानरपुंगवाः ॥ आशावांस्तेषुकाकुत्स्थःप्राणानार्तोऽभ्यधारयत् २५ द्विमासोपरमेकालेव्यतीतेप्लवगास्ततः ॥ सुग्रीवमभिगम्येदंत्वरितावाक्यमब्रुवन् २६ रक्षितंवालिनायत्तत्स्फीतंमधुवनंमहत् ॥ त्वयाचप्लवगश्रेष्ठतद्भुंक्तेपवनात्मजः २७ वालिपुत्रोंगदश्चैवयेचान्येप्लवगर्षभाः ॥ विचेतुंदक्षिणामाशांराजन्प्रस्थापितास्त्वया २८ तेषामपनयंश्रुत्वामेनेसकृतकृत्यताम् ॥ कृतार्थानांहिभृत्यानामेतद्भवतिचेष्टितम् २९ सतद्रामायमेधावीशशंसप्लवगर्षभः ॥ रामश्चाप्यनुमानेनमेनेदृष्टांतुमैथिलीम् ३० हनुमत्प्रमुखाश्चापिविश्रांतास्तेप्लवंगमाः ॥ अभिजग्मुर्हरींद्रंतंरामलक्ष्मणसन्निधौ ३१ गतिंचमुखवर्णंचदृष्ट्वारामोहनूमतः ॥ अगमत्प्रत्ययंभूयोदृष्टासीतेतिभारत ३२ हनूमत्प्रमुखास्तेतुवानराःपूर्णमानसाः ॥ प्रणेमुर्विधिवद्रामंसुग्रीवंलक्ष्मणंतथा ३३

२१ । २२ । २३ । २४ । २५ द्वयोर्मासयोरुपरमःसमाप्तिर्यस्मिंस्तस्मिन्काले २६ । २७ । २८ । २९ । ३० । ३१ । ३२ । ३३

३४ कारयिष्यामिस्वार्थेणिच् ३५ । ३६ । ३७ । ३८ । ३९ । ४० । ४१ । ४२ । ४३ । ४४ । ४५ । ४६ । ४७ । ४८ सत्पदंगतवंताविति॒शेषः ४९ । ५० । ५१

तानुवाचनतान्रामःप्रगृह्यसशरंधनुः ॥ अपिमांजीवयिष्वध्वमपिवःकृतकृत्यता ३४ अपिराज्यमयोध्यायांकारयिष्याम्यहंपुनः ॥ निहत्यसमरेशत्रूनाहृत्यजनका
त्मजाम् ३५ अमोक्षयित्वावैदेहीमहत्वाचरणेरिपून् ॥ हृतदारोऽवधूतश्चनाहंजीवितुमुत्सहे ३६ इत्युक्तवचनंरामंप्रत्युवाचानिलात्मजः ॥ प्रियमाख्यामितेरामदृष्टा
साजानकीमया ३७ विचित्यदक्षिणामाशांसपर्वतवनाकराम् ॥ श्रांतांःकालेव्यतीतेस्मदृष्टवंतोमहागुहाम् ३८ प्रविशामोवयंतांतुबहुयोजनमायताम् ॥ अंधकारां
सुविपिनांगहनांकीटसेविताम् ३९ गत्वासुमहदध्वानमादित्यस्यप्रभांततः ॥ दृष्टवंतःस्मतत्रैवभवनंदिव्यमंतरा ४० मयस्यकिलदैत्यस्यतदासद्वेश्मराघव ॥ तत्रप्रभा
वतीनामतपोऽतप्यततापसी ४१ तयादत्तानिभोज्यानिपानानिविविधानिच ॥ भुक्त्वालब्धबलाःसंतस्तयोक्तेनपथाततः ४२ निर्यायतस्मादुद्देशात्पश्यामोलवणां
भसः ॥ समीपेसह्यमलयौदर्दुरंचमहागिरिम् ४३ ततोमलयमारुह्यपश्यंतोवरुणालयम् ॥ विषण्णाव्यथिताःखिन्नानिराशाजीवितेभृशम् ४४ अनेकशतविस्तीर्णयो
जनानांमहोदधिम् ॥ तिमिनक्रझषावासंचिंतयंतःसुदुःखिताः ४५ तत्रानशनसंकल्पंकृत्वाऽऽसीनावयंतदा ॥ ततःकथांतेगृध्रस्यजटायोरभवत्कथा ४६ ततःपर्वत
शृंगाभंघोररूपंभयावहम् ॥ पक्षिणंदृष्टवंतःस्मवैनतेयमिवापरम् ४७ सोऽस्मानतर्कयद्भोक्तुमथाभ्येत्यवचोऽब्रवीत् ॥ भोःकएषममभ्रातुर्जटायोःकुरुतेकथाम् ४८
संपातिर्नामतस्याहंज्येष्ठोभ्राताखगाधिपः ॥ अन्योन्यस्पर्धयारूढावावामादित्यसत्पदम् ४९ ततोदग्धाविमौपक्षौनदग्धौतुजटायुषः ॥ तदामेचिरदृष्टःसभ्रातागृध्र
पतिःप्रियः ५० निर्दग्धपक्षःपतितोह्यहमस्मिन्महागिरौ ॥ तस्यैवंवदतोऽस्माभिर्हतोभ्रातानिवेदितः ५१ व्यसनंभवतश्चेदंसंक्षेपाद्वैनिवेदितम् ॥ ससंपातिस्तदाराजन्
श्रुत्वासुमहदप्रियम् ५२ विषण्णचेताःपप्रच्छपुनरस्मानरिंदम ॥ कःसरामःकथंसीताजटायुश्चकथंहतः ५३ इच्छामिसर्वमेवैतच्छ्रोतुंप्लवगसत्तमाः ॥ तस्याहंसर्वमेवैत
द्भवतोव्यसनागमम् ५४ प्रायोपवेशनेचैवहेतुंविस्तरशोऽब्रुवम् ॥ सोऽस्मानुत्थापयामासवाक्येनानेनपक्षिराट् ५५ रावणोविदितोमह्यंलंकाचास्यमहापुरी ॥ दृष्टापारे
समुद्रस्यत्रिकूटगिरिकंदरे ५६ भवित्रीतत्रवैदेहीनमेऽस्त्यत्रविचारणा ॥ इतितस्यवचःश्रुत्वावयमुत्थायसत्वराः ५७ सागरक्रमणेमंत्रंमंत्रयामःपरंतप ॥ नाध्यवास्यद्य
दाकश्चित्सागरस्यविलंघनम् ५८ ततःपितरमाविश्यपुप्लुवेऽहंमहार्णवम् ॥ शतयोजनविस्तीर्णंनिहत्यजलराक्षसीम् ५९ तत्रसीतामयादृष्टारावणांतःपुरेसती ॥ उपवा
सतपःशीलाभर्तृदर्शनलालसा ६० जटिलामलदिग्धांगीकृशादीनातपस्विनी ॥ निमित्तैस्तामहंसीतामुपलभ्यपृथग्विधैः ६१ उपसृत्याब्रुवंचार्यामभिगम्यरहोग
ताम् ॥ सीतेरामस्यदूतोऽहंवानरोमारुतात्मजः ६२ त्वद्दर्शनमभिप्रेप्सुरिहप्राप्तोविहायसा ॥ राजपुत्रौकुशलिनौभ्रातरौरामलक्ष्मणौ ६३

५२ । ५३ । ५४ । ५५ । ५६ । ५७ । ५८ । ५९ । ६० । ६१ । ६२ । ६३

६४ । ६५ । ६६ । ६७ । ६८ धारिताजीवनंप्राप्ता इदानीमेतद्वियोगादत्यंतंव्याकुलायास्तस्यालाभार्थंशीघ्रंयतितव्यमितिभावः ६९ । ७० । ७१ ॥ इ० नी० मा० भा० द्व्यशीत्यधिकद्विशततमो

॥२३०॥ सर्वशाखामृगेंद्रेणसुग्रीवेणाभिपालितौ ॥ कुशलंत्वाऽब्रवीद्रामःसीतेसौमित्रिणासह ६४ सखिभावाच्चसुग्रीवःकुशलंत्वाऽनुपृच्छति ॥ क्षिप्रमेष्यतितेभर्त्तासर्वशाखा मृगैःसह ६५ प्रत्ययंकुरुमेदेविवानरोऽस्मिनराक्षसः ॥ मुहूर्त्तमिवचध्यात्वासीतामांप्रत्युवाचह ६६ अवैमित्वांहनूमंतमविंध्यवचनादहम् ॥ अविंध्योहिमहाबाहो राक्षसोवृद्धसंमतः ६७ कथितस्तेनसुग्रीवस्त्वद्विधैःसचिवैर्वृतः ॥ गम्यतामितिचोक्त्वामांसीताप्रादादिमंमणिम् ६८ धारितायेनवैदेहीकालमेतमनिंदिता ॥ प्रत्ययार्थं कथांचेमांकथयामासजानकी ६९ क्षिप्तामिषीकांकाकायचित्रकूटेमहागिरौ ॥ भवतापुरुषव्याघ्रप्रत्यभिज्ञानकारणात् ७० ग्राहयित्वाऽहमात्मानंततोदग्ध्वाचतां पुरीम् ॥ संप्राप्तइतितंरामःप्रियवादिनमार्चयत् ७१ ॥ इतिश्रीम०भा०आ०प०रामोपाख्यानपर्वणिहनुमत्प्रत्यागमनेद्व्यशीत्यधिकद्विशततमोऽध्यायः ॥ २८२ ॥

॥ मार्कंडेयउवाच ॥ ततस्तत्रैवरामस्यसमासीनस्यतैःसह ॥ समाजग्मुःकपिश्रेष्ठाःसुग्रीववचनात्तदा १ वृतःकोटिसहस्रेणवानराणांतरस्विनाम् ॥ श्वशुरोवालिनः श्रीमान्सुषेणोराममभ्ययात् २ कोटीशतवृतोवाऽपिगजोगवयएवच ॥ वानरेंद्रौमहावीर्यौपृथक्पृथगदृश्यताम् ३ षष्टिकोटिसहस्राणिप्रकर्षन्प्रत्यदृश्यत ॥ गोलांगू लोमहाराजगवाक्षोभीमदर्शनः ४ गंधमादनवासीतुप्रथितोगंधमादनः ॥ कोटीशतसहस्राणिहरीणांसमकर्षत ५ पनसोनाममेधावीवानरःसुमहाबलः ॥ कोटीर्दश द्वादशचत्रिंशत्पंचप्रकर्षति ६ श्रीमान्दधिमुखोनामहरिवृद्धोऽतिवीर्यवान् ॥ प्रचकर्षमहासैन्यंहरीणांभीमतेजसाम् ७ कृष्णानांमुखपुंड्राणामृक्षाणांभीमकर्मणाम् ॥ कोटीशतसहस्रेणजांबवान्प्रत्यदृश्यत ८ एतेचान्येचबहवोहरियूथपयूथपाः ॥ असंख्येयामहाराजसमीयूरामकारणात् ९ गिरिकूटनिभांगानांसिंहानामिवगर्जताम् ॥ श्रूयतेतुमुलःशब्दस्तत्रतत्रप्रधावताम् १० गिरिकूटनिभाःकेचित्केचिन्महिषसन्निभाः ॥ शरदभ्रप्रतीकाशाःकेचिद्धिंगुलकाननाः ११ उत्पतंतःपतंतश्चप्लवमानाश्च वानराः ॥ उद्धुन्वंतोऽपरेरेणून्समाजग्मुःसमंततः १२ सवानरमहासैन्यःपूर्णसागरसन्निभः ॥ निवेशमकरोत्तत्रसुग्रीवानुमतेतदा १३ ततस्तेषुहरींद्रेषुसमावृत्तेषुसर्वशः ॥ तिथौप्रशस्तेनक्षत्रेमुहूर्तेचाभिपूजिते १४ तेनव्यूढेनसैन्येनलोकानुद्वर्तयन्निव ॥ प्रययौराघवःश्रीमान्सुग्रीवसहितस्तदा १५ मुखमासीत्तुसैन्यस्यहनूमान्मारुता त्मजः ॥ जघनंपालयामाससौमित्रिरकुतोभयः १६ बद्धगोधांगुलित्राणौराघवौतत्रजग्मतुः ॥ वृतौहरिमहामात्रैश्चंद्रसूर्यौग्रहैरिव १७ प्रबभौहरिसैन्यंतत्सालताल शिलायुधम् ॥ सुमहच्छालिभवनंयथासूर्योदयंप्रति १८ नलनीलांगदक्राथमैंदद्विविदपालिता ॥ ययौसुमहतीसेनाराघवस्यार्थसिद्धये १९ विविधेषुप्रशस्तेषुबहु मूलफलेषुच ॥ प्रभूतमधुमांसेषुवारिमत्सुशिवेषुच २०

ऽध्यायः ॥ २८२ ॥ ॥ ॥ ॥ ततस्तत्रैवेति १ । २ । ३ । ४ । ५ । ६ । ७ मुखेपुंड्रस्तिलकंयेषांते ललाटेऊर्ध्वपुंड्राकारेणचिह्नेनचिह्नितानाम् ८ । ९ १० । ११ । १२ । १३ । १४ ॥२३०॥ १५ । १६ । १७ शालिभिर्भातीतिशालिभंतच्चतद्वनंचकशालिभवनं तद्वत्पीतवर्णमित्यर्थः १८ । १९ । २०

२१ । २२ । २३ । २४ । २५ । २६ । २७ २८ प्लवः अलाबुघटादिमयंतरणसाधनं उडुपंक्षुद्रनौकाताभ्यांप्रतारस्तरणम् २९ समारप्स्याभिआराधयिष्यामि ३० । ३१ । ३२ । ३३ मधुरं

निवसंतीनिराबाधातथैवगिरिसानुषु ॥ उपायाद्धरिसेनासाक्षारोदमथसागरम् २१ द्वितीयसागरनिभंतद्बलंबहुलध्वजम् ॥ वेलावनंसमासाद्यनिवासमकरोत्तदा २२
ततोदाशरथिःश्रीमान्सुग्रीवंप्रत्यभाषत ॥ मध्येवानरमुख्यानांप्राप्तकालमिदंवचः २३ उपायःकोनुभवतांमतःसागरलंघने ॥ इयंहिमहतीसेनासागरश्चातिदुस्तरः २४
तत्रान्येव्याहरंतिस्मवानराबहुमानिनः ॥ समर्थालंघनेसिंधोर्नतुतत्कृत्स्नकारकम् २५ केचिन्नौभिर्व्यवस्यंतिकेचिच्चविविधैःप्लवैः ॥ नेतिरामस्तुतान्सर्वान्सांत्वयन्प्रत्य
भाषत २६ शतयोजनविस्तारंनशक्ताःसर्ववानराः ॥ क्रांतुंतोयनिधिंवीरानैषावोनैष्ठिकीमतिः २७ नावोनसंतिसेनायाबह्व्यस्तारयितुंतथा ॥ वणिजामुपघातंचकथम
स्मद्विधश्चरेत् २८ विस्तीर्णंचैवनःसैन्यंहन्याच्छिद्रेणवैपरः ॥ प्लवोडुपप्रतारश्चनैवात्रममरोचते २९ अहंत्विमंजलनिधिंसमारप्स्याम्युपायतः ॥ प्रतिशेष्याप्युपव
सन्दर्शयिष्यतिमांततः ३० नचेद्दर्शयितामार्गंधक्ष्याम्येनमहंततः ॥ महास्त्रैरप्रतिहतैरत्यग्निपवनोज्ज्वलैः ३१ इत्युक्त्वासहसौमित्रिरुपस्पृश्याथराघवः ॥ प्रतिशिश्ये
जलनिधिंविधिवत्कुशसंस्तरे ३२ सागरस्तुततःस्वप्नेदर्शयामासराघवम् ॥ देवोनदनदीभर्ताश्रीमान्यादोगणैर्वृतः ३३ कौसल्यामातरित्येवमाभाष्यमधुरंवचः ॥ इदमित्या
हरत्नानामाकरैःशतशोवृतः ३४ ब्रूहिकिंतेकरोम्यत्रसाहाय्यंपुरुषर्षभ ॥ ऐक्ष्वाकोह्यस्मितज्ज्ञातिरितिरामस्तमब्रवीत् ३५ मार्गमिच्छामिसैन्यस्यदत्तंनदनदीपते ॥ येन
गत्वादशग्रीवंहन्यांपौलस्त्यपांसनम् ३६ यद्येवंयाचतोमार्गंनप्रदास्यतिमेभवान् ॥ शरैस्त्वांशोषयिष्यामिदिव्यास्त्रप्रतिमंत्रितैः ३७ इत्येवंब्रुवतःश्रुत्वारामस्यवरुणा
लयः ॥ उवाचव्यथितोवाक्यमितिबद्धांजलिःस्थितः ॥ ३८ नेच्छामिप्रतिघातंतेनास्मिविघ्नकरस्तव ॥ शृणुचेदंवचोरामश्रुत्वाकर्तव्यमाचर ३९ यदिदास्यामितेमार्गं
सैन्यस्यव्रजतोऽऽज्ञया ॥ अन्येऽप्याज्ञापयिष्यंतिमामेवंधनुषोबलात् ४० अस्तित्वत्रनलोनामवानरःशिल्पिसंमतः ॥ त्वष्टुर्देवस्यतनयोबलवान्विश्वकर्मणः ४१ सय
त्काष्ठंतृणंवापिशिलांवाक्षेप्स्यतेमयि ॥ सर्वंतद्धारयिष्यामिसतेसेतुर्भविष्यति ४२ इत्युक्त्वांऽतर्हितेतस्मिन्रामोनलमुवाचह ॥ कुरुसेतुंसमुद्रेत्वंशक्तोह्यसिमतोमम
४३ तेनोपायेनकाकुत्स्थःसेतुबंधमकारयत् ॥ दशयोजनविस्तारमायतंशतयोजनम् ४४ नलसेतुरितिख्यातोयोऽद्यापिप्रथितोभुवि ॥ रामस्याज्ञांपुरस्कृत्यनिर्यातो
गिरिसंनिभः ४५ तत्रस्थंसतुधर्मात्मासमागच्छद्विभीषणः ॥ भ्रातावैराक्षसेंद्रस्यचतुर्भिःसचिवैःसह ४६ प्रतिजग्राहरामस्तंस्वागतेनमहामनाः ॥ सुग्रीवस्यतुशंकाऽ
भूत्प्रणिधिःस्यादितिस्मह ४७ राघवःसत्यचेष्टाभिःसम्यक्चचरितेंगितैः ॥ यदातत्त्वेनतुष्टोऽभूत्ततएनमपूजयत् ४८

वचइदंशृण्वित्याहेतिशेषेणयोज्यम् ३४ । ३५ । ३६ । ३७ । ३८ । ३९ आज्ञयेतिच्छेदः पूर्वरूपमार्षम् ४० । ४१ । ४२ । ४३ । ४४ । ४५ । ४६ प्रणिधिश्छलकृद्गूढचारोवा
'प्रणिधिर्नाखलेचरे' इतिमेदिनी ४७ । ४८

४९ । ५० । ५१ । ५२ । ५३ दौत्येनहेतुना ५४ ॥ इत्यारण्यकेपर्वणि नीलकंठीये भारतभावदीपे त्र्यशीत्यधिकद्विशततमोऽध्यायः ॥ २८३ ॥ प्रभूतेति १ संविधंसम्यग्विध्वंसत्यनयातांयात्रादिसंपत्तिम् २ । ३ कपाटैर्यंत्रैश्चगोलाद्युत्क्षेपणसाधनैर्दुर्धर्षाः परिखाःसहुडाःसोपलाश्च हुडंमूत्राद्युत्सर्जनार्थशृंगं उपलाःप्रक्षेप्यागोलकाः ४ समधूच्छिष्टमुद्गराःमधूच्छिष्टंक्षौद्रं मधुमद्यादिव्यावृत्त्यर्थमुच्छिष्टपदम् ५ गुल्मागुप्तैः

सर्वराक्षसराज्येचाप्यभ्यषिंचद्विभीषणम् ॥ चक्रेचमंत्रसचिवंसुहृदंलक्ष्मणस्यच ४९ विभीषणमतेचैवसोऽत्यक्रामन्महार्णवम् ॥ ससैन्यःसेतुनातेनमासेनैवनराधिप ५० ततोगत्वासमासाद्यलंकोद्यानान्यनेकशः ॥ भेदयामासकपिभिर्महांतिचबहूनिच ५१ ततस्तौरावणामात्यौमंत्रिणौशुकसारणौ ॥ चरौवानररूपेणतौजग्राहविभीषणः ५२ प्रतिपन्नौयदारूपंराक्षसंतौनिशाचरौ ॥ दर्शयित्वाततःसैन्यंरामःपश्चादवासृजत् ५३ निवेश्योपवनेसैन्यंतत्पुरःप्राज्ञवानरम् ॥ प्रेषयामासदौत्येनरावणस्यततोंऽगदम् ५४ ॥ इतिश्रीमहाभारतेआरण्यकेपर्वणिरामोपाख्यानपर्वणिसेतुबंधनेत्र्यशीत्यधिकद्विशततमोऽध्यायः ॥ २८३ ॥ ॥ मार्कंडेयउवाच ॥ प्रभूतान्नोदकेतस्मिन्बहुमूलफलेवने ॥ सेनांनिवेश्यकाकुत्स्थोविधिवत्पर्यरक्षत १ रावणःसंविधंचक्रेलंकायांशास्त्रनिर्मिताम् ॥ प्रकृत्यैवदुराधर्षादृढप्राकारतोरणा २ अगाधतोयाःपरिखामीननक्रसमाकुलाः ॥ बभूवुःसप्तदुर्धर्षाःखादिरैःशंकुभिश्चिताः ३ कपाटयंत्रदुर्धर्षाबभूवुःसहुडोपलाः ॥ साशीविषघटातोयाःससर्जरसपांसवः ४ मुसलालातनाराचतोमरासिपरश्वधैः ॥ अन्विताश्चशतघ्नीभिःसमधूच्छिष्टमुद्गराः ५ पुरद्वारेषुसर्वेषुगुल्माःस्थावरजंगमाः ॥ बभूवुःपत्तिबहुलाःप्रभूतगजवाजिनः ६ अंगदस्त्वथलंकायाद्वारदेशमुपागतः ॥ विदितोराक्षसेंद्रस्यप्रविवेशगतव्यथः ७ मध्येराक्षसकोटीनांबह्वीनांसुमहाबलः ॥ शुशुभेमेघमालाभिरादित्यइवसंवृतः ८ ससमासाद्यपौलस्त्यममात्यैरभिसंवृतम् ॥ रामसंदेशमामंत्र्यवाग्मीवक्तुंप्रचक्रमे ९ आहत्वांराघवोराजन्कोसलेंद्रोमहायशाः ॥ प्राप्तकालमिदंवाक्यंतदादत्स्वकुरुष्वच १० अकृतात्मानमासाद्यराजानमनयेरतम् ॥ विनश्यंत्यनयाविष्टादेशाश्चनगराणिच ११ त्वयैकेनापराद्धंमेसीतामाहरताबलात् ॥ वधायानपराद्धानामन्येषांतद्भविष्यति १२ येत्वयाबलदर्पाभ्यामाविष्टेनवनेचराः ॥ ऋषयोहिंसिताःपूर्वंदेवाश्चाप्यवमानिताः १३ राजर्षयश्चनिहतारुदत्यश्चहृताःस्त्रियः ॥ तदिदंसमनुप्राप्तंफलंतस्यानयस्यते १४ हंतास्मित्वांसहामात्यैर्युध्यस्वपुरुषोभव ॥ पश्यमेधनुषोवीर्यंमानुषस्यनिशाचर १५ मुच्यतांजानकीसीतानमेमोक्ष्यसिकर्हिचित् ॥ अराक्षसमिमंलोकंकर्तास्मिनिशितैःशरैः १६ इतितस्यब्रुवाणस्यदूतस्यपरुषंवचः ॥ श्रुत्वानममृषेराजारावणःक्रोधमूर्च्छितः १७ इंगितज्ञास्ततोभर्तुश्चत्वारोरजनीचराः ॥ चतुर्ष्वंगेषुजगृहुःशार्दूलमिवपक्षिणः १८ तांस्तथांऽगेषुसंसक्तानंगदोरजनीचरान् ॥ आदायैवखमुत्पत्यप्रासादतलमाविशत् १९ वेगेनोत्पततस्तस्यपेतुस्तेरजनीचराः ॥ भुविसंभिन्नहृदयाःप्रहारवरपीडिताः २० संसक्तोहर्म्यशिखरात्तस्मात्पुनरवापतत् ॥ लंघयित्वापुरींलंकांसुवेलस्यसमीपतः २१

प्रवेशनस्थानानि बुरुजाख्यामहास्तंभाःस्थावरगुल्माःजंगमाःगुल्माःसेनाद्या अलंगड्इत्यभिहिताः ६ गतव्यथोनिर्भयः ७ । ८ आमंत्र्यहेरावणइतिसंबोध्य ९ । १० । ११ । १२ । १३ । १४ । १५ । १६ । १७ । १८ । १९ । २० । २१

२२ सर्वाभिसारोयुगपत्सर्वेषामभिसारोयत्नस्तेन । ' सुलतानढत्रा ' इति म्लेच्छप्रसिद्धेन २३ ऋक्षाधिपतिर्जांबवान् २४ करभोमणिबंधादिकनिष्ठांतंहस्तप्रदेशस्तद्वदरुणपांडवःश्वेतारुणाः २५ । २६ । २७ शणो गोणीसूत्रोपादानवीरुत् २८ । २९ यातैर्दुर्गरक्षणार्थंसामग्रीकृता सैवतेषांनगरनाशायाभूदित्याह बिभिदुस्तेइत्यादिना । कर्णस्तिर्यग्यानंतेनप्रकारेणयत्पाषाणादिविस्तरेणक्रियते तत्तद्गृहविशेषं कर्णाट्ट मितिवदंति तद्धिदिक्कोणस्यचतुरस्रस्योपरिविदिक्कोणंचतुरस्रं तदुपरिदिक्कोणं तदुपरिपुनर्विदिक्कोणमित्येवंक्रमेणोत्तरोत्तरकल्पप्रमाणैश्चतुरस्रैःसमाप्यतइतिप्रसिद्धम् ३० । ३१ । ३२ । ३३ । ३४ । ३५

कोसलेंद्रमथागम्यसर्वमावेद्यवानरः ॥ विशश्रामसतेजस्वीराघवेणाभिनंदितः २२ ततःसर्वाभिसारेणहरीणांवातरंहसाम् ॥ भेदयामासलंकायाःप्राकारंरघुनंदनः २३
विभीषणर्क्षाधिपतीपुरस्कृत्याथलक्ष्मणः ॥ दक्षिणंनगरद्वारमवामृद्राद्दुरासदम् २४ करभारुणपांडूनांहरीणांयुद्धशालिनाम् ॥ कोटीशतसहस्रेणलंकामभ्यपतत्तदा
२५ प्रलंबबाहूरुकरजंघांतरविलंबिनाम् ॥ ऋक्षाणांधूम्रवर्णानांतिस्रःकोटयोव्यवस्थिताः २६ उत्पतद्भिःपतद्भिश्चनिपतद्भिश्चवानरैः ॥ नादृश्यततदासूर्योरजसाना
शितप्रभः २७ शालिप्रसूनसदृशैःशिरीषकुसुमप्रभैः ॥ तरुणादित्यसदृशैःशणगौरैश्चवानरैः २८ प्राकारंददृशुस्तेतुसमंतात्कपिलीकृतम् ॥ राक्षसाविस्मिताराजन्स
स्त्रीवृद्धाःसमंततः २९ बिभिदुस्तेमणिस्तंभान्कर्णाट्टशिखराणिच ॥ भग्नोन्मथितशृंगाणियंत्राणिचविचिक्षिपुः ३० परिगृह्यशतघ्नीश्चसचक्राःसहुडोपलाः ॥ चिक्षि
पुर्भुजवेगेनलंकामध्येमहास्वनाः ३१ प्राकारस्थाश्चयेकेचिन्निशाचरगणास्तथा ॥ प्रदुद्रुवुस्तेशतशःकपिभिःसमभिद्रुताः ३२ ततस्तुराजवचनाद्राक्षसाःकामरूपिणः ॥
निर्ययुर्विकृताकाराःसहस्रशतसंघशः ३३ शस्त्रवर्षाणिवर्षंतोद्रावयित्वावनौकसः ॥ प्राकारंशोभयंतस्तेपरंविक्रममास्थिताः ३४ समाषराशिसदृशैर्बभूवक्षणदाचरैः ॥
कृतोनिर्वानरोभूयःप्राकारोभीमदर्शनैः ३५ पेतुःशूलविभिन्नांगाबहवोवानरर्षभाः ॥ स्तंभतोरणभग्नाश्चपेतुस्तत्रनिशाचराः ३६ केशाकेश्यभवद्युद्धंरक्षसांवानरैः
सह ॥ नखैर्दंतैश्चवीराणांखादतांवैपरस्परम् ३७ निष्टनंतोह्युभयतस्तत्रवानरराक्षसाः ॥ हतानिपतिताभूमौनमुंचंतिपरस्परम् ३८ रामस्तुशरजालानिववर्षजलदो
यथा ॥ तानिलंकांसमासाद्यजघ्नुस्तान्रजनीचरान् ३९ सौमित्रिरपिनाराचैर्दृढधन्वाजितक्लमः ॥ आदिश्यादिश्यदुर्गस्थान्पातयामासराक्षसान् ४० ततःप्रत्यव
हारोऽभूत्सैन्यानांराघवाज्ञया ॥ कृतेविमर्देलंकायांलब्धलक्ष्योजयोत्तरः ४१ ॥ इतिश्रीमहाभारतेआरण्यकेपर्वणिरामोपाख्यानपर्वणिलंकाप्रवेशेचतुरशीत्यधिकद्विशत
तमोऽध्यायः ॥ २८४ ॥ ॥ मार्कंडेयउवाच ॥ ततोनिविशमानांस्तान्सैनिकान्रावणानुगाः ॥ अभिजग्मुर्गणाऽनेकेपिशाचक्षुद्ररक्षसाम् १ पर्वणःपतनोजंभः
खरःक्रोधवशोहरिः ॥ प्ररुजश्चारुजश्चैवप्रघसश्चैवमादयः २ ततोऽभिपततांतेषामदृश्यानांदुरात्मनाम् ॥ अंतर्धानवधंतज्ज्ञश्चकारसविभीषणः ३

स्तंभतःस्तंभैवानरोपातैः रणेभग्नारणभग्नाः ३६ केशाकेशिअन्योन्यंकेशेषुगृहीत्वा ३७ निष्टनंतःशब्दंकुर्वंतः ३८ । ३९ आदिश्यसंमुखीकृत्येत्यर्थः ४० प्रत्यवहारःशिबिरंप्रतिगमनं लब्धाआयुधैः प्राप्ता लक्ष्यावेध्यायस्मिन्नवंध्यप्रहारइतियावत् जयोत्तरोजयोत्कर्षवान् ॥ ४१ ॥ ॥ इत्यारण्यकेपर्वणिनीलकंठीयेभारतभावदीपे चतुरशीत्यधिकद्विशततमोऽध्यायः ॥ २८४ ॥ ॥ ॥
१८ गणाअनेकेइतिछेदः १ । २ अंतर्धानवधमंतर्धानशक्तेर्नाशम् ३

॥२३२॥ तेदृश्यमानाहरिभिर्बलिभिर्दूरपातिभिः ॥ निहताःसर्वशोराजन्महींजग्मुर्गतासवः ४ अमृष्यमाणःसबलोरावणोनिर्ययावथ ॥ राक्षसानांबलैर्घोरैःपिशाचानांचसंवृतः अ०
५ युद्धशास्त्रविधानज्ञउशनाइवचापरः ॥ व्यूह्यचौशनसंव्यूहंहरीनभ्यवहारयत् ६ राघवस्तुविनिर्यांतंव्यूढानीकंदशाननम् ॥ बार्हस्पत्यंविधिंकृत्वाप्रत्यव्यूहन्निशाचरम्
७ समेत्ययुयुधेतत्रततोरामेणरावणः ॥ युयुधेलक्ष्मणश्चापितथैवेंद्रजितासह ८ विरूपाक्षेणसुग्रीवस्तारेणचनिखर्वटः ॥ तुंडेनचनलस्तत्रपटुशःपनसेनच ९ विषह्यं २८६
यंहियोमेनेससतेनसमेयिवान् ॥ युयुधेयुद्धवेलायांस्वबाहुबलमाश्रितः १० ससंप्रहारोववृधेभीरूणांभयवर्धनः ॥ लोमसंहर्षणोघोरःपुरादेवासुरेयथा ११ रावणोराम
मानर्छच्छक्तिशूलासिवृष्टिभिः ॥ निशितैरायसैस्तीक्ष्णैरावणंचापिराघवः १२ तथैवेंद्रजितंयत्तंलक्ष्मणोमर्मभेदिभिः ॥ इंद्रजिच्चापिसौमित्रिंबिभेदबहुभिःशरैः १३
विभीषणःप्रहस्तंश्चप्रहस्तश्चविभीषणम् ॥ खगपत्रैःशरैस्तीक्ष्णैरभ्यवर्षद्गतव्यथः १४ तेषांबलवतामासीन्महास्त्राणांसमागमः ॥ विव्यथुःसकलायेनत्रयोलोकाश्चराच
राः १५ ॥ इतिश्रीम० आरण्यकेपर्वणि रामोपाख्यानपर्वणिरामरावणादिद्वंद्वयुद्धेपंचाशीत्यधिकद्विशततमोऽध्यायः ॥ २८५ ॥ मार्कंडेयउवाच ॥ ततःप्रहस्तः
सहसासमभ्येत्यविभीषणम् ॥ गदायाताडयामासविनद्यरणकर्कशः १ सतयाऽभिहतोधीमान्गदयाभीमवेगया ॥ नाकंपतमहाबाहुर्हिमवानिवसुस्थिरः २ ततः
प्रगृह्यविपुलांशतघंटांविभीषणः ॥ अनुमंत्र्यमहाशक्तिंचिक्षेपास्यशिरःप्रति ३ पतंत्यासतयावेगाद्राक्षसोऽशनिवेगया ॥ हृतोत्तमांगोददृशेवातरुग्णइवद्रुमः ४
तंदृष्ट्वानिहतंसंख्येप्रहस्तंक्षणदाचरम् ॥ अभिदुद्रावधूम्राक्षोवेगेनमहताकपीन् ५ तस्यमेघोपमंसैन्यमापतद्भीमदर्शनम् ॥ दृष्ट्वैवसहसादीर्णारणेवानरपुंगवाः ६ ततस्ता
न्सहसादीर्णान्दृष्ट्वावानरपुंगवान् ॥ निर्ययौकपिशार्दूलोहनूमान्मारुतात्मजः ७ तंदृष्ट्वाऽवस्थितंसंख्येहरयःपवनात्मजम् ॥ महत्यात्वरयाराजन्संन्यवर्तंतसर्वशः
८ ततःशब्दोमहानासीत्तुमुलोलोमहर्षणः ॥ रामरावणसैन्यानामन्योन्यमभिधावताम् ९ तस्मिन्प्रवृत्तेसंग्रामेघोरेरुधिरकर्दमे ॥ धूम्राक्षःकपिसैन्यंतद्द्रावया
मासपत्रिभिः १० तंसरक्षोमहामात्रमापतंतंसपत्नजित् ॥ प्रतिजग्राहहनुमांस्तरसापवनात्मजः ११ तयोर्युद्धमभूद्घोरंहरिराक्षसवीरयोः ॥ जिगीषतोर्युधाऽन्यो
न्यमिंद्रप्रह्लादयोरिव १२ गदाभिःपरिघैश्चैवराक्षसोजघ्निवान्कपिम् ॥ कपिश्चजघ्निवान्रक्षःसस्कंधविटपैर्द्रुमैः १३ ततस्तमतिकोपेनसाश्वंसरथंससारथिम् ॥
धूम्राक्षमवधीत्क्रुद्धोहनूमान्मारुतात्मजः १४ ततस्तंनिहतंदृष्ट्वाधूम्राक्षंराक्षसोत्तमम् ॥ हरयोजातविस्रंभाजघ्नुरन्येचसैनिकान् १५ तेवध्यमानाहरिभिर्बलिभिर्जितका
शिभिः ॥ राक्षसाभग्नसंकल्पालंकामभ्यपतन्भयात् १६

१७ । १८ । १९ । २० आगतसाध्वसोजातभयः २१ । २२ । २३ । २४ । २५ । २६ । २७ । २८ । २९ ॥ ॥ इत्यारण्यकेपर्वणि नीलकंठीये भारतभावदीपे षडशीत्यधिक

तेऽभिपत्यपुरंभग्नाहतशेषानिशाचराः ॥ सर्वैराज्ञेयथावृत्तंरावणायन्यवेदयन् १७ श्रुत्वातुरावणस्तेभ्यःप्रहस्तंनिहतंयुधि ॥ धूम्राक्षंचमहेष्वासंससैन्यंवानरर्ष
भैः १८ सुदीर्घमिवनिःश्वस्यसमुत्पत्त्यवरासनात् ॥ उवाचकुंभकर्णस्यकर्मकालोऽयमागतः १९ इत्येवमुक्त्वाविविधैर्वादित्रैःसुमहास्वनैः ॥ शयानमतिनिद्रालुंकुं
भकर्णमबोधयत् २० प्रबोध्यमहताचैनंयत्नेनागतसाध्वसः ॥ स्वस्थमासीनमव्यग्रंविनिद्रंराक्षसाधिपः २१ ततोऽब्रवीद्दशग्रीवःकुंभकर्णंमहाबलम् ॥ धन्योऽसिय
स्यतेनिद्राकुंभकर्णेयमीदृशी २२ यइदंदारुणाकारंनजानीषेमहाभयम् ॥ एषतीर्त्वाऽर्णवंरामःसेतुनाहरिभिःसह २३ अवमन्येहनःसर्वान्करोतिकदनंमहत् ॥ मयात्व
पहृताभार्यासीतानामाऽस्यजानकी २४ तांनेतुंसइहायातोबद्ध्वासेतुंमहार्णवे ॥ तेनचैवप्रहस्तादिर्महान्नःस्वजनोहतः २५तस्यनान्योनिहंताऽस्तित्वामृतेशत्रुकर्शन ॥
सदंशितोऽभिनिर्यायत्वमद्यबलिनांवर २६ रामादीन्समरेसर्वान्जहिशत्रूनरिंदम ॥ दूषणावरजौचैववज्रवेगप्रमाथिनौ २७ तौत्वांबलेनमहतासहितावनुयास्यतः ॥
इत्युक्त्वाराक्षसपतिःकुंभकर्णंतरस्विनम् ॥ संदिदेशेतिकर्तव्येवज्रवेगप्रमाथिनौ २८ तथेत्युक्त्वातुतौवीरौरावणंदूषणानुजौ ॥ कुंभकर्णंपुरस्कृत्यतूर्णंनिर्ययतुःपुरात्
२९ ॥ ॥ इतिश्रीमहाभारतेआरण्यकेपर्वणिरामोपाख्यानपर्वणिकुंभकर्णनिर्गमनेषडशीत्यधिकद्विशततमोऽध्यायः ॥ २८६ ॥ ॥ मार्कंडेयउवाच ॥ ॥
ततोनिर्यायस्वपुरात्कुंभकर्णःसहानुगः ॥ अपश्यत्कपिसैन्यंतज्जितकाश्यग्रतःस्थितम् १ सवीक्ष्यमाणस्तत्सैन्यंरामदर्शनकांक्षया ॥ अपश्यच्चापिसौमित्रिंधनुष्पा
णिंव्यवस्थितम् २ तमभ्येत्याशुहरयःपरिवव्रुःसमंततः ॥ अभ्यघ्नंश्चमहाकायैर्बहुभिर्जगतीरुहैः ३ करजैरतुदंश्चान्येविहायभयमुत्तमम् ॥ बहुधायुध्यमानास्तेयुद्ध
मार्गैःप्लवंगमाः ४ नानाप्रहरणैर्भीमैराक्षसेंद्रमताडयन् ॥ सताड्यमानःप्रहसन्भक्षयामासवानरान् ५ बलंचंडबलाख्यंचवज्रबाहुंचवानरम् ॥ तद्दृष्ट्वाव्यथनंकर्मकुंभक
र्णस्यरक्षसः ६ उदक्रोशन्परित्रस्तास्तारप्रभृतयस्तदा ॥ तानुच्चैःक्रोशतःसैन्यान्श्रुत्वासहरियूथपान् ७ अभिदुद्रावसुग्रीवःकुंभकर्णमपेतभीः ॥ ततोनिपत्यवेगेनकुंभ
कर्णंमहामनाः ८ शालेनजघ्निवान्मूर्ध्निबलेनकपिकुंजरः ॥ समहात्मामहावेगःकुंभकर्णस्यमूर्धनि ९ बिभेदशालंसुग्रीवोनचैवाव्यथयत्कपिः ॥ ततोविनद्यसहसा
शालस्पर्शविबोधितः १० दोर्भ्यामादायसुग्रीवंकुंभकर्णोऽहरद्बलात् ॥ ह्रियमाणंतुसुग्रीवंकुंभकर्णेनरक्षसा ११ अवेक्ष्याभ्यद्रवद्वीरःसौमित्रिर्मित्रनंदनः ॥ सोऽभि
पत्यमहावेगंरुक्मपुंखंमहाशरम् १२ प्राहिणोत्कुंभकर्णायलक्ष्मणःपरवीरहा ॥ सतस्यदेहावरणंभित्त्वादेहंचसायकः १३ जगामदारयन्भूमिंरुधिरेणसमुक्षितः ॥ त
थासभिन्नहृदयःसमुत्सृज्यकपीश्वरम् १४ कुंभकर्णोमहेष्वासःप्रगृहीतशिलायुधः ॥ अभिदुद्रावसौमित्रिमुद्यम्यमहतींशिलाम् १५

द्विशततमोऽध्यायः ॥ २८६ ॥ ॥ ततइति । जितकाशि दृढमुष्टि । काशिर्मुष्टिःप्रकाशनादितियास्कः १ । २ । ३ । ४ । ५ । ६ । ७ । ८ । ९ । १० । ११ । १२ । १३ । १४ । १५

तस्याभिपततस्तूर्णंक्षुराभ्यामुच्छ्रितौकरौ ॥ चिच्छेदनिशिताग्राभ्यांसबभूवचतुर्भुजः १६ तानप्यस्यभुजान्सर्वान्प्रगृहीतशिलायुधान् ॥ क्षुरैश्चिच्छेदलघ्वस्त्रंसौमित्रिःप्रतिदर्शयन् १७ सबभूवातिकायश्चबहुपादशिरोभुजः ॥ तंब्रह्मास्त्रेणसौमित्रिर्ददाराद्रिचयोपमम् १८ सपपातमहावीर्योदिव्यास्त्राभिहतोरणे ॥ महाशनिविदिर्दग्धःपादपोऽङ्कुरवानिव १९ तंदृष्ट्वावृत्रसंकाशंकुंभकर्णंतरस्विनम् ॥ गतासुंपतितंभूमौराक्षसाःप्राद्रवन्भयात् २० तथातान्द्रवतोयोधान्दृष्ट्वातौदूषणानुजौ ॥ अवस्थाप्याऽथसौमित्रिंसंक्रुद्धावभ्यधावताम् २१ तावाद्रवंतौसंक्रुद्धौवज्रवेगप्रमाथिनौ ॥ अभिजग्राहसौमित्रिर्विनद्योभौपतत्रिभिः २२ ततःसुतुमुलंयुद्धमभवल्लोमहर्षणम् ॥ दूषणानुजयोःपार्थलक्ष्मणस्यचधीमतः २३ महताशरवर्षेणराक्षसौसोऽभ्यवर्षत ॥ तौचापिवीरौसंक्रुद्धावुभौतौसमवर्षताम् २४ मुहूर्त्तमेवमभवद्वज्रवेगप्रमाथिनोः ॥ सौमित्रेश्चमहाबाहोःसंप्रहारःसुदारुणः २५ अथाद्रिशृंगमादायहनुमान्मारुतात्मजः ॥ अभिद्रुत्याददेप्राणान्वज्रवेगस्यरक्षसः २६ नीलश्चमहताग्राव्णादूषणावरजंहरिः ॥ प्रमाथिनमभिद्रुत्यप्रममाथमहाबलः २७ ततःप्रावर्त्ततपुनःसंग्रामःकटुकोदयः ॥ रामरावणसैन्यानामन्योन्यमभिधावताम् २८ शतशोनैर्ऋतान्वन्याजघ्नुर्वन्यांश्चनैर्ऋताः ॥ नैर्ऋतास्तत्रवध्यंतेप्रायेणनतुवानराः २९ ॥ इतिश्रीमहाभारतेआरण्यकेपर्वणिरामोपाख्यानपर्वणिकुंभकर्णादिवधेसप्ताशीत्यधिकद्विशततमोऽध्यायः ॥ २८७ ॥

॥ मार्कंडेयउवाच ॥ ततःश्रुत्वाहतंसंख्येकुंभकर्णंसहानुगम् ॥ प्रहस्तंचमहेष्वासंधूम्राक्षंचातितेजसम् १ पुत्रमिंद्रजितंवीरंरावणःप्रत्यभाषत ॥ जहिराममित्रघ्नसुग्रीवंचसलक्ष्मणम् २ त्वयाहिममसत्पुत्रयशोदीप्तमुपार्जितम् ॥ जित्वावज्रधरंसंख्येसहस्राक्षंशचीपतिम् ३ अंतर्हितःप्रकाशोवादिव्यैर्दत्तवरैःशरैः ॥ जहिशत्रूनमित्रघ्नममशस्त्रभृतांवर ४ रामलक्ष्मणसुग्रीवाःशरस्पर्शंनतेऽनघ ॥ समर्थाःप्रतिसोढुंचकुतस्तदनुयायिनः ५ अगतायाप्रहस्तेनकुंभकर्णेनचानघ ॥ खरस्यापचितिःसंख्येतांगच्छत्वंमहाभुज ६ त्वमद्यनिशितैर्बाणैर्हत्वाशत्रून्ससैनिकान् ॥ प्रतिनंदयमांपुत्रपुराजित्वेववासवम् ७ इत्युक्तःसतथेत्युक्त्वारथमास्थायदंशितः ॥ प्रययाविंद्रजिद्राजंस्तूर्णमायोधनंप्रति ८ ततोविश्राव्यविस्पष्टंनामराक्षसपुंगवः ॥ आह्वयामाससमरेलक्ष्मणंशुभलक्षणम् ९ तंलक्ष्मणोऽभ्यधावच्चप्रगृह्यसशरंधनुः ॥ त्रासयंस्तलघोषेणसिंहःक्षुद्रमृगान्यथा १० तयोःसमभवद्युद्धंसुमहज्जयगृद्धिनोः ॥ दिव्यास्त्रविदुषोस्तीव्रमन्योन्यस्पर्धिनोस्तदा ११ रावणिस्तुयदानैवंविशेषयतिसायकैः ॥ ततोगुरुतरंयत्नमातिष्ठद्बलिनांवरः १२ ततएनंमहावेगैरर्दयामासतोमरैः ॥ तानागतान्सचिच्छेदसौमित्रिर्निशितैःशरैः १३ तेनिकृत्ताःशरैस्तीक्ष्णैर्न्यपतन्धरणीतले ॥ तमंगदोवालिसुतःश्रीमानुद्यम्यपादपम् १४

१५ । १६ । १७ ससर्जउत्सृष्टवान् शालस्कंधंमहास्कंधंतरुम १८ । १९ । २० । २१ । २२ । २३ । २४ तानहरीन् तौचरामलक्ष्मणौ २५ । २६ ॥ इत्यारण्यकेपर्वणिनीलकंठीयेभारतभावदीपेअष्टाशीत्य

अभिद्रुत्यमहावेगस्ताडयामाससमूर्धनि ॥ तस्येंद्रजिदसंभ्रांतःप्रासेनोरसिवीर्यवान् १५ प्रहर्तुमैच्छत्तंचास्यप्रासंचिच्छेदलक्ष्मणः ॥ तमभ्याशगतंवीरमंगदंरावणात्मजः
१६ गदयाऽताडयत्सव्येपार्श्वेवानरपुंगवम् ॥ तमचिंत्यप्रहारंसबलवान्वालिनःसुतः १७ ससर्जेंद्रजितःक्रोधाच्छालस्कंधंतथांऽगदः ॥ सोंऽगदेनरुषोत्सृष्टोवधायेंद्र
जितस्तरुः १८ जघानेंद्रजितःपार्थरथंसाश्वंससारथिम् ॥ ततोहताश्वात्प्रस्कंद्यरथात्सहतसारथिः १९ तत्रैवांतर्दधेराजन्मायथारावणात्मजः ॥ अंतर्हितंविदित्वातंबहु
मायंचराक्षसम् २० रामस्तंदेशमागम्यतत्सैन्यंपर्यरक्षत ॥ सराममुद्दिश्यशरैस्ततोदत्तवरैस्तदा २१ विव्याधसर्वगात्रेषुलक्ष्मणंचमहाबलम् ॥ तमदृश्यंशरैःशूरौमाय
यांतर्हितंतदा २२ योधयामासतुरुभौरावणिंरामलक्ष्मणौ ॥ सरुषासर्वगात्रेषुतयोःपुरुषसिंहयोः २३ व्यसृजत्सायकान्भूयःशतशोऽथसहस्रशः ॥ तमदृश्यंविचिन्वंतः
सृजंतमनिशंशरान् २४ हरयोविविशुर्व्योमप्रगृह्यमहतीःशिलाः ॥ तांश्चतौचाप्यदृश्यःसशरैर्विव्याधराक्षसः २५ सभृशंताडयामासरावणिर्माययावृतः ॥ तौशरैराचि
तौवीरौभ्रातरौरामलक्ष्मणौ ॥ पेततुर्गगनाद्भूमिंसूर्याचंद्रमसाविव २६ ॥ इतिश्रीमहाभारतेआरण्यकेपर्वणिरामोपाख्यानपर्वणिइंद्रजिद्युद्धेअष्टाशीत्यधिकद्विशततमो
ऽध्यायः ॥ २८८ ॥ ॥ मार्कंडेयउवाच ॥ तावुभौपतितौदृष्ट्वाभ्रातरौरामलक्ष्मणौ ॥ बबंधरावणिर्भूयःशरैर्दत्तवरैस्तदा १ तौवीरौशरबंधेनबद्धाविंद्रजितारणे ॥
रेजतुःपुरुषव्याघ्रौशकुंताविवपंजरे २ तौदृष्ट्वापतितौभूमौशतशःसायकैश्चितौ ॥ सुग्रीवःकपिभिःसार्धंपरिवार्यततःस्थितः ३ सुषेणमैंदद्विविदैःकुमुदेनांगदेनच ॥
हनुमन्नीलतारैश्चनलेनचकपीश्वरः ४ ततस्तंदेशमागम्यकृतकर्माविभीषणः ॥ बोधयामासतौवीरौप्रज्ञास्त्रेणप्रबोधितौ ५ विशल्यौचापिसुग्रीवःक्षणेनैतौचकारह ॥
विशल्यया महौषध्यादिव्यमंत्रप्रयुक्तया ६ तौलब्धसंज्ञौनृवरौविशल्यावुदतिष्ठताम् ॥ गततंद्रीक्लमौचापिक्षणेनैतौमहारथौ ७ ततोविभीषणःपार्थराममिक्ष्वाकुनंदनम् ॥
उवाचविज्वरंदृष्ट्वाकृतांजलिरिदंवचः ८ इदमंभोगृहीत्वातुराजराजस्यशासनात् ॥ गुह्यकोऽभ्यागतःश्वेतात्त्वत्सकाशमरिंदम ९ इदमंभःकुबेरस्तेमहाराजप्रयच्छति ॥ अं
तर्हितानांभूतानांदर्शनार्थंपरंतपः १० अनेनमृष्टनयनोभूतान्यंतर्हितान्युत ॥ भवान्द्रक्ष्यतियस्मैचप्रदास्यतिनरःसतु ११ तथेतिरामस्तद्वारिप्रतिगृह्याभिसंस्कृतम् ॥
चकारनेत्रयोःशौचंलक्ष्मणश्चमहामनाः १२ सुग्रीवजांबवंतौचहनुमानंगदस्तथा ॥ मैंदद्विविदनीलाश्चप्रायःप्लवगसत्तमाः १३ तथासमभवच्चापियदुवाचविभीषणः ॥
क्षणेनातींद्रियाण्येषांचक्षूंष्यासन्युधिष्ठिर १४ इंद्रजित्कृतकर्माचपित्रेकर्मतदात्मनः ॥ निवेद्यपुनरागच्छत्त्वरयाऽऽजिशिरःप्रति १५ तमापतंतंसंक्रुद्धंपुन
रेवयुयुत्सया ॥ अभिदुद्रावसौमित्रिर्विभीषणमतेस्थितः १६

धिकद्विशततमोऽध्यायः ॥ २८८ ॥ ॥ ॥ ताविति १ । २ । ३ । ४ । ५ । ६ । ७ । ८ । ९ । १० । ११ । १२ । १३ । अतींद्रियाण्यतींद्रियार्थग्राहकाणि १४ । १५ । १६

कृतसंज्ञोविभीषणेनसंकेतितः १७।१८।१९।२०।२१।२२।२३।२४।२५।२६।२७।२८। २९। ३०।३१। ३२ निधायत्वद्धा असिंखड्गम ३३ इत्यारण्यकेपर्वणिनीलकंठीये

अकृतान्हिकमेवैनंजिघांसुर्जितकाशिनम् ॥ शरैर्जघानसंक्रुद्धःकृतसंज्ञोऽथलक्ष्मणः १७ तयोःसमभवद्युद्धंतदाऽन्योन्यंजिगीषतोः ॥ अतीवचित्रमाश्चर्यंशक्रप्रल्हाद
योरिव १८ अविध्यदिंद्रजित्तीक्ष्णैःसौमित्रिंमर्मभेदिभिः ॥ सौमित्रिश्चानलस्पर्शैरविध्यद्रावणिंशरैः १९ सौमित्रिशरसंस्पर्शाद्रावणिःक्रोधमूर्छितः ॥ असृजल्लक्ष्मणा
याष्टौशरानाशीविषोपमान् २० तस्यासून्पावकस्पर्शैःसौमित्रिःपत्रिभिस्त्रिभिः ॥ यथानिरहरद्वीरस्तन्मेनिगदतःशृणु २१ एकेनास्यधनुष्मंतंबाहुंदेहादपातयत् ॥
द्वितीयेनसनाराचंभुजंभूमौन्यपातयत् २२ तृतीयेनतुबाणेनपृथुधारेणभास्वता ॥ जहारसुनसंचारुशिरोभ्राजिष्णुकुंडलम् २३ विनिकृत्तभुजस्कंधंकबंधंभीमदर्श
नम् ॥ तंहत्वासूतमप्यस्त्रैर्जघानबलिनांवरः २४ लंकांप्रवेशयामासुस्तंरथंवाजिनस्तदा ॥ ददर्शरावणस्तंचरथंपुत्रविनाकृतम् २५ सपुत्रंनिहतंदृष्ट्वात्रासात्संभ्रांत
मानसः ॥ रावणःशोकमोहार्तोवैदेहींहंतुमुद्यतः २६ अशोकवनिकास्थांतांरामदर्शनलालसाम् ॥ खड्गमादायदुष्टात्माजवेनाभिपपातह २७ तंदृष्ट्वातस्यदुर्बुद्धेरविंध्यः
पापनिश्चयम् ॥ शमयामाससंक्रुद्धंश्रूयतांयेनहेतुना २८ महाराज्येस्थितोदीप्तेनस्त्रियंहंतुमर्हसि ॥ हतैवैषायदास्त्रीचबंधनस्थाचतेवशे २९ नचैषादेहभेदेनहतास्या
दितिमेमतिः ॥ जहिभर्तारमेवास्याहतेतस्मिन्हताभवेत् ३० नहितेविक्रमेतुल्यःसाक्षादपिशतक्रतुः ॥ असकृद्धित्वयासेंद्रास्त्रासितास्त्रिदशायुधि ३१ एवंबहुविधै
र्वाक्यैरविंध्योरावणंतदा ॥ क्रुद्धंसंशमयामासजगृहेचसतद्वचः ३२ निर्याणेसमतिंकृत्वानिधायासिंक्षपाचरः ॥ आज्ञापयामासतदारथोमेकल्प्यतामिति ३३ ॥
॥ इतिश्रीमहाभारतेआरण्यकेपर्वणिरामोपाख्यानपर्वणिइंद्रजिद्वधेऊननवत्यधिकद्विशततमोऽध्यायः ॥ २८९ ॥ ॥ ॥ मार्कंडेयउवाच ॥ ततःक्रुद्धोदशग्रीवः
प्रियेपुत्रेनिपातिते ॥ निर्ययौरथमास्थायहेमरत्नविभूषितम् १ संवृतोराक्षसैर्घोरैर्विविधायुधपाणिभिः ॥ अभिदुद्रावरामंसयोधयन्हरियूथपान् २ तमाद्रवंतंसंक्रुद्धंमैं
दनीलनलांगदाः ॥ हनूमान्जांबवांश्चैवससैन्याःपर्यवारयन् ३ तेदशग्रीवसैन्यंतदृक्षवानरपुंगवाः ॥ द्रुमैर्विध्वंसयांचक्रुर्दशग्रीवस्यपश्यतः ४ ततःस्वसैन्यमालोक्य
बध्यमानमरातिभिः ॥ मायावीचासृजन्मायांरावणोराक्षसाधिपः ५ तस्यदेहविनिष्क्रांताःशतशोऽथसहस्रशः ॥ राक्षसाःप्रत्यदृश्यंतशरशक्त्यृष्टिपाणयः ६ तान्रामो
जघ्निवान्सर्वान्दिव्येनास्त्रेणराक्षसान् ॥ अथभूयोऽपिमायांसव्यदधाद्राक्षसाधिपः ७ कृत्वारामस्यरूपाणिलक्ष्मणस्यचभारत ॥ अभिदुद्रावरामंचलक्ष्मणंचदशाननः ८
ततस्तेराममर्च्छंतोलक्ष्मणंचक्षपाचराः ॥ अभिपेतुस्तदारामंप्रगृहीतशरासनाः ९ तांदृष्ट्वाराक्षसेंद्रस्यमायामिक्ष्वाकुनंदनः ॥ उवाचरामंसौमित्रिरसंभ्रांतोबृहद्वचः १०
जहीमान्राक्षसान्पापानात्मनःप्रतिरूपकान् ॥ जघानरामस्तांश्चान्यानात्मनःप्रतिरूपकान् ११

भारतभावदीपेऊननवत्यधिकद्विशततमोऽध्यायः ॥ २८९ ॥ ॥ ॥ ततःक्रुद्धइति १।२।३।४।५।६। ७ रामस्यरूपंकृत्वालक्ष्मणमभिदुद्राव लक्ष्मणस्यरूपंकृत्वाराममितियोजना ८।९।१०।११

१२ । १३ । १४ । १५ । १६ । १७ । १८ । १९ । २० । २१ । २२ । २३ विकृतांभीषणाम् २४ । २५ । २६ । २७ । २८ । २९ । ३० । ३१ पंचभूतानितस्त्यजुर्मृतइत्यर्थः ३२ । ३३

ततोहर्यश्वयुक्तेनरथेनादित्यवर्चसा ॥ उपतस्थेरणेराममंमातलिःशक्रसारथिः १२ ॥ मातलिरुवाच ॥ अयंहर्यश्वयुक्जैत्रोमघोनःस्यंदनोत्तमः ॥ अनेनशक्रःकाकुत्स्थ
समरेदैत्यदानवान् १३ शतशःपुरुषव्याघ्ररथोदारेणजघ्निवान् ॥ तदनेननरव्याघ्रमयायत्तेनसंयुगे १४ स्यंदनेनजहिक्षिप्रंरावणंमाचिरंकृथाः ॥ इत्युक्तोराघवस्तथ्यं
वचोऽशंकतमातलेः १५ मायैषाराक्षसस्येतितमुवाचविभीषणः ॥ नेयंमायानरव्याघ्ररावणस्यदुरात्मनः १६ तदातिष्ठरथंशीघ्रमिममैंद्रंमहाद्युते ॥ ततःप्रहृष्टः
काकुत्स्थस्तथेत्युक्त्वाविभीषणम् १७ रथेनाभिपपाताथदशग्रीवंरुषाऽन्वितः ॥ हाहाकृतानिभूतानिरावणेसमभिद्रुते १८ सिंहनादाःसपटहादिविदिव्यास्तथा
ऽनदन् ॥ दशकंधरराजसून्वोस्तथायुद्धमभून्महत् १९ अलब्धोपममन्यत्रतयोरेवतथाऽभवत् ॥ सरामायमहाघोरंविससर्जनिशाचरः २० शूलमिंद्राशनिप्रख्यंब्रह्म
दंडमिवोद्यतम् ॥ तच्छूलंसत्वरंरामश्चिच्छेदनिशितैःशरैः २१ तद्दृष्ट्वादुष्करंकर्मरावणंभयमाविशत् ॥ ततःक्रुद्धःससर्जाशुदशग्रीवःशिताञ्छरान् २२ सहस्रायुत
शोरामेशस्त्राणिविविधानिच ॥ ततोभुशुंडीःशूलानिमुसलानिपरश्वधान् २३ शक्तीश्चविविधाकाराःशतघ्नीश्वशितान्क्षुरान् ॥ तांमायांविकृतांदृष्ट्वादशग्रीवस्यरक्ष
सः २४ भयात्प्रदुद्रुवुःसर्वेवानराःसर्वतोदिशम् ॥ ततःसुपत्रंसुमुखंहेमपुंखंशरोत्तमम् २५ तूणादादायकाकुत्स्थोब्रह्मास्त्रेणयुयोजह ॥ तंबाणवर्यंरामेणब्रह्मास्त्रेणानु
मंत्रितम् २६ जहृषुर्देवगंधर्वादृष्ट्वाशक्रपुरोगमाः ॥ अल्पावशेषमायुश्चततोऽमन्यंतरक्षसः २७ ब्रह्मास्त्रोदीरणाच्छत्रोर्देवदानवकिंनराः ॥ ततःससर्जतंरामःशरमप्र
तिमौजसम् २८ रावणांतकरंघोरंब्रह्मदंडमिवोद्यतम् ॥ मुक्तमात्रेणरामेणदूराकृष्टेनभारत २९ सतेनराक्षसश्रेष्ठःसरथःसाश्वसारथिः ॥ प्रजज्वालमहाज्वालेनाग्निना
ऽभिपरिप्लुतः ३० ततःप्रहृष्टास्त्रिदशाःसहगंधर्वचारणाः ॥ निहतंरावणंदृष्ट्वारामेणाक्लिष्टकर्मणा ३१ तत्यजुस्तंमहाभागंपंचभूतानिरावणम् ॥ भ्रंशितःसर्वलोकेषुस
हिब्रह्मास्त्रतेजसा ३२ शरीरधातवोह्यस्यमांसंरुधिरमेवच । नेशुर्ब्रह्मास्त्रनिर्दग्धानचभस्माऽप्यदृश्यत ३३ ॥ ॥ इतिश्रीमहाभारतेआरण्यकेपर्वणिरामोपाख्यान
पर्वणिरावणवधेनवत्यधिकद्विशततमोऽध्यायः ॥ २९० ॥ ॥ मार्कंडेयउवाच ॥ ॥ सहत्वारावणंक्षुद्रंराक्षसेंद्रंसुरद्विषम् ॥ बभूवहृष्टःससुहृद्रामःसौमित्रि
णासह १ ततोहतेदशग्रीवेदेवाःसर्षिपुरोगमाः ॥ आशीर्भिर्जययुक्ताभिरानर्चुस्तंमहाभुजम् २ रामंकमलपत्राक्षंतुष्टुवुःसर्वदेवताः ॥ गंधर्वाःपुष्पवर्षैश्चवाग्भिश्चत्रिद
शालयाः ३ पूजयित्वायथारामंप्रतिजग्मुर्यथागतम् ॥ तन्महोत्सवसंकाशमासीदाकाशमच्युत ४ ततोहत्वादशग्रीवंलंकांरामोमहायशाः ॥ विभीषणायप्रददौप्रभुः
परपुरंजयः ५ ततःसीतांपुरस्कृत्यविभीषणपुरस्कृताम् ॥ अविंध्योनामसुप्रज्ञोवृद्धामात्योविनिर्ययौ ६

१९ ॥ इत्यारण्यकेपर्वणि नीलकंठीये भारतभावदीपे नवत्यधिकद्विशततमोऽध्यायः ॥ २९० ॥ ॥ ॥ सहत्वेति १ । २ त्रिदशालयःस्वर्गस्तत्स्थाः ३ । ४ । ५ । ६

उवाचचमहात्मानंकाकुत्स्थंदैन्यमास्थितः ॥ प्रतीच्छदेवींसद्वृत्तांमहात्मन्जानकीमिति ७ एतच्छ्रुत्वावचस्तस्मादवतीर्यरथोत्तमात् ॥ बाष्पेणापिहितांसीतांददर्शे क्ष्वाकुनंदनः ८ तांदृष्ट्वाचारुसर्वांगींयानस्थांशोककर्शिताम् ॥ मलोपचितसर्वांगींजटिलांकृष्णवाससम् ९ उवाचरामोवैदेहींपरामर्शविशंकितः ॥ गच्छवैदेहिमुक्तात्वं यत्कार्यंतन्मयाकृतम् १० मामासाद्यपतिंभद्रेनत्वंराक्षसवेश्मनि ॥ जरांव्रजेथाइतिमेनिहतोऽसौनिशाचरः ११ कथंह्यस्मद्विधोजातुजानन्धर्मविनिश्चयम् ॥ पर हस्तगतांनारींमुहूर्तमपिधारयेत् १२ सुवृत्तामसुवृत्तांवाऽप्यहंत्वामद्यमैथिलि ॥ नोत्सहेपरिभोगायश्वावलीढंहविर्यथा १३ ततःसासहसाबालातच्छ्रुत्वादारुणंवचः ॥ पपातदेवीव्यथितानिकृत्ताकदलीयथा १४ योऽप्यस्याहर्षसंभूतोमुखरागस्तदाऽभवत् ॥ क्षणेनसपुनर्नष्टोनिःश्वासइवदर्पणे १५ ततस्तेहरयःसर्वेतच्छ्रुत्वाराममभाषि तम् ॥ गतासुकल्पानिश्चेष्टाबभूवुःसहलक्ष्मणाः १६ ततोदेवोविशुद्धात्माविमानेनचतुर्मुखः ॥ पद्मयोनिर्जगत्स्रष्टादर्शयामासराघवम् १७ शक्रश्चाग्निश्चवायुश्चयमो वरुणएवच ॥ यक्षाधिपश्चभगवांस्तथासप्तर्षयोऽमलाः १८ राजादशरथश्चैवदिव्यभास्वरमूर्तिमान् ॥ विमानेनमहार्हेणहंसयुक्तेनभास्वता १९ ततोंऽतरिक्षंतत्सर्वंदेव गंधर्वसंकुलम् ॥ शुशुभेतारकाचित्रंशरदीवनभस्तलम् २० ततउत्थायवैदेहीतेषांमध्येयशस्विनी ॥ उवाचवाक्यंकल्याणीरामंपृथुलवक्षसम् २१ राजपुत्रनतेदोषंक रोमिविदिताहिते ॥ गतिःस्त्रीणांनराणांचशृणुचेदंवचोमम २२ अंतश्चरतिभूतानांमातरिश्वासदागतिः ॥ समेविमुंचतुप्राणान्यदिपापंचराम्यहम् २३ अग्निराप स्तथाऽऽकाशंपृथिवीवायुरेवच ॥ विमुंचंतुममप्राणान्यदिपापंचराम्यहम् २४ यथाऽहंत्वदृतेवीरनान्यंस्वप्नेऽप्यचिंतयम् ॥ तथामेदेवनिर्दिष्टस्त्वमेवहिपतिर्भव २५ ततोऽन्तरिक्षेवागासीत्सुभगालोकसाक्षिणी ॥ पुण्यासंहर्षणीतेषांवानराणांमहात्मनाम् २६ ॥ ॥ वायुरुवाच ॥ ॥ भोभोराघवसत्यंवैवायुरस्मिसदागतिः ॥ अपापामैथिलीराजन्संगच्छसहभार्यया २७ ॥ ॥ अग्निरुवाच ॥ ॥ अहमंतःशरीरस्थोभूतानांरघुनंदन ॥ सुसूक्ष्ममपिकाकुत्स्थमैथिलीनापराध्यति २८ ॥ वरुणउवाच ॥ रसावैमत्प्रसूताहिभूतदेहेषुराघव ॥ अहंवैत्वांप्रब्रवीमिमैथिलीप्रतिगृह्यताम् २९ ॥ ब्रह्मोवाच ॥ पुत्रनैतदिहाश्चर्यंत्वयिराजर्षिधर्मणि ॥ साधोस द्वृत्तकाकुत्स्थशृणुचेदंवचोमम ३० शत्रुरेवत्वयावीरदेवगंधर्वभोगिनाम् ॥ यक्षाणांदानवानांचमहर्षीणांचपातितः ३१ अवध्यःसर्वभूतानांमत्प्रसादात्पुराऽभ वत् ॥ कस्माच्चित्कारणात्पापःकंचित्कालमुपेक्षितः ३२ वधार्थमात्मनस्तेनहृतासीतादुरात्मना ॥ नलकूबरशापेनरक्षाचास्याःकृतामया ३३ यद्ययकामामासेवेत्स्त्रि यमन्यामपिध्रुवम् ॥ शतधाऽस्यफलेन्मूर्धाइत्युक्तःसोऽभवत्पुरा ३४

३५ । । ३६ । ३७ । ३८ । ३९ । ४० । ४१ । ४२ । ४३ । ४४ । ४५ । ४६ । ४७ । ४८ । ४९ । ५० । ५१ । ५२ । ५३ यत्र शिश्ये पूर्वं समुद्रप्रार्थनार्थं

नात्रशंकात्वयाकार्याप्रतीच्छेमांमहाद्युते ॥ कृतंत्वयामहत्कार्यंदेवानाममरप्रभ ३५ ॥ दशरथउवाच ॥ प्रीतोऽस्मिवत्सभद्रंतेपितादशरथोऽस्मिते ॥ अनुजानामिरा
ज्यंचप्रशाधिपुरुषोत्तम ३६ ॥ रामउवाच ॥ अभिवादयेत्वांराजेंद्रयदित्वंजनकोमम ॥ गमिष्यामिपुरींरम्यामयोध्यांशासनात्तव ३७ ॥ मार्कंडेयउवाच ॥ तमुवाच
पिताभूयःप्रहृष्टोभरतर्षभ ॥ गच्छायोध्यांप्रशाधीतिरामंरक्तांतलोचनम् ३८ संपूर्णानीहवर्षाणिचतुर्दशमहाद्युते ॥ ततोदेवान्नमस्कृत्यसुहृद्भिरभिनंदितः ३९ महेंद्रइव
पौलोम्याभार्ययासससमेयिवान् ॥ ततोवरंददौतस्मैद्याविंध्यायपरंतपः ४० त्रिजटांचार्थमानाभ्यांयोजयामासराक्षसीम् ॥ तमुवाचततोब्रह्मादेवैःशक्रपुरोगमैः ४१ कौ
सल्यामातरिष्टांस्तेवरानद्यददानिकान् ॥ वव्रेरामःस्थितिंधर्मेशत्रुभिश्चापराजयम् ४२ राक्षसैर्निहतानांचवानराणांसमुद्भवम् ॥ ततस्तेब्रह्मणाप्रोक्तेतथेतिवचनेतदा ४३
समुत्तस्थुर्महाराजवानरालब्धचेतसः ॥ सीताचापिमहाभागावरंहनुमतेददौ ४४ रामकीर्त्यासमंपुत्रजीवितंतेभविष्यति ॥ दिव्यास्त्वामुपभोगाश्चमत्प्रसादकृताःसदा
४५ उपस्थास्यंतिहनुमन्निितिस्महरिलोचन ॥ ततस्तेप्रेक्षमाणानांतेषामक्लिष्टकर्मणाम् ४६ अंतर्धानंययुर्देवाःसर्वेशक्रपुरोगमाः ॥ दृष्ट्वारामंतुजानक्यासंगतंशक्र
सारथिः ४७ उवाचपरमप्रीतःसुहृन्मध्यइदंवचः ॥ देवगंधर्वयक्षाणांमानुषासुरभोगिनाम् ४८ अपनीतंत्वयादुःखमिदंसत्यपराक्रम ॥ सदेवासुरगंधर्वायक्षराक्षसप
न्नगाः ४९ कथयिष्यंतिलोकास्त्वांयावद्भूमिर्धरिष्यति ॥ इत्येवमुक्त्वाऽनुज्ञाप्यरामंशस्त्रभृतांवरम् ५० संपूज्यापाक्रमत्तेनरथेनादित्यवर्चसा ॥ ततःसीतांपुरस्कृत्यरामः
सौमित्रिणासह ५१ सुग्रीवप्रमुखैश्चैवसहितःसर्ववानरैः ॥ विधायरक्षांलंकायांविभीषणपुरस्कृतः ५२ संततारपुनस्तेनसेतुनामकरालयम् ॥ पुष्पकेणविमानेनखे
चरेणविराजता ५३ कामगेनयथामुख्यैरमात्यैःसंवृतोवशी ॥ ततस्तीरेसमुद्रस्ययत्रशिश्येसपार्थिवः ५४ तत्रैवोवासधर्मात्मासहितःसर्ववानरैः ॥ अथैनान्राघवः
कालेसमानीयाभ्यपूज्यच ५५ विसर्जयामासतदारत्नैःसंतोष्यसर्वशः ॥ गतेषुवानरेंद्रेषुगोपुच्छर्क्षेषुतेषुच ५६ सुग्रीवसहितोरामःकिष्किंधांपुनरागमत् ॥
विभीषणेनानुगतःसुग्रीवसहितस्तदा ५७ पुष्पकेणविमानेनवैदेह्यादर्शयन्वनम् ॥ किष्किंधांतुसमासाद्यरामःप्रहरतांवरः ५८ अंगदंकृतकर्माणंयौवराज्येऽभ्यषे
चयत् ॥ ततस्तैरेवसहितोरामःसौमित्रिणासह ५९ यथागतेनमार्गेणप्रययौस्वपुरंप्रति ॥ अयोध्यांससमासाद्यपुरींराष्ट्रपतिस्ततः ६० भरतायहनूमंतंदूतंप्रा
स्थापयत्तदा ॥ लक्षयित्वेंगितंसर्वंप्रियंतस्मैनिवेद्यवै ६१ वायुपुत्रेपुनःप्राप्तेनंदिग्राममुपागमत् ॥ सतत्रमलदिग्धांगंभरतंचीरवाससम् ६२ अग्रतःपादुके
कृत्वाददर्शासीनमासने ॥ संगतोभरतेनाथशत्रुघ्नेनचवीर्यवान् ६३

शयनं कृतवान् ५४ । ५५ । ५६ । ५७ । ५८ । ५९ । ६० । ६१ । ६२ । ६३

गुरुणारामेण ६४ । ६५ वैष्णवे नक्षत्रे श्रवणे ६६ । ६७ । ६८ । ६९. जारूथ्यान्त्रिगुणदक्षिणानित्यर्जुनमिश्रः । जूर्तृभ्यामूथन्नित्युणादिमूत्रे जरूथंमांसमितिशाब्दिकाः तदा मांसमयान्मांसादिदानप्रधानान्पुष्टानित्यर्थः । निरर्गलान्अन्नार्थिनामनावृतद्वारान् । जरूथोऽसुरविशेष इति वेदभाष्यं । 'जरूथंहन्यक्षिरायेपुरंधिम्' इतिमंत्रवर्णात् । जरूथंगरूथंगृणातेरितियास्कवचनाञ्चजरूथंस्तोत्रं । तथाचायं मंत्रोनिरुक्तभाष्येव्याख्यातः हेऽग्नेत्वांपुरंधिमहांतं समिधानःसम्यग्दीपयन् वसिष्ठोमुनीरायेधनप्राप्तये जरूथंस्तोत्रं हन्गमयन् यक्षियजति । अत्रजरतेःस्तुत्यर्थस्यशब्दसारूप्यादर्थाविरोधःचजरूथंस्तोत्रमित्यु

राघवःसहसौमित्रिर्मुमुदेभरतर्षभ ॥ ततोभरतशत्रुघ्नौसमेतौगुरुणातदा ६४ वैदेह्यादर्शनेनोभौप्रहर्षंसमवापतुः ॥ तस्मैतद्भरतोराज्यमागतायातिसत्कृतम् ॥ न्यासं निर्यातयामासयुक्तःपरमयामुदा ६५ ततस्तंवैष्णवेशूरंनक्षत्रेऽभिमतेऽहनि ॥ वसिष्ठोवामदेवश्चसहितावभ्यषिंचताम् ६६ सोऽभिषिक्तःकपिश्रेष्ठंसुग्रीवंससुहृज्जनम् ॥ विभीषणंच पौलस्त्यमन्वजानाद्गृहान्प्रति ६७ अभ्यर्च्यविविधैर्भोगैःप्रीतियुक्तौमुदायुतौ ॥ समाधायेतिकर्तव्यंदुःखेनविससर्जह ६८ पुष्पकंचविमानंतत्पूजयित्वास राघवः ॥ प्रादाद्वैश्रवणायैवप्रीत्यासरघुनंदनः ६९ ततोदेवर्षिसहितःसरितंगोमतीमनु ॥ दशाश्वमेधानाजह्रेजारूथ्यान्सनिरर्गलान् ७० ॥ इतिश्रीमहाभारतेआरण्यकेपर्वणिरामोपाख्यानपर्वणिरामाभिषेकेएकनवत्यधिकद्विशततमोऽध्यायः ॥ २९१ ॥ ॥ मार्कंडेयउवाच ॥ एवमेतन्महाबाहोरामेणामिततेजसा ॥ प्राप्तंव्यसनमत्युग्रंवनवासकृतंपुरा १ माशुचःपुरुषव्याघ्रक्षत्रियोऽसिपरंतप ॥ बाहुवीर्याश्रितेमार्गेवर्तसेदीप्तनिर्णये २ नहितेवृजिनंकिंचिद्वर्ततेपरमण्वपि ॥ अस्मिन्मार्गेनिषीदेयुःसेंद्राऽपिससुरासुराः ३ संहत्यनिहतोवृत्रोमरुद्भिर्वज्रपाणिना ॥ नमुचिश्चैवदुर्धर्षोदीर्घजिह्वाचराक्षसी ४ सहायवतिसर्वार्थाःसंतिष्ठंतीहसर्वशः ॥ किंनुतस्याजितंसंख्येयस्यभ्राताधनंजयः ५ अयंचबलिनांश्रेष्ठोभीमोभीमपराक्रमः ॥ युवानौचमहेष्वासौवीरौमाद्रवतीसुतौ ६ एभिःसहायैःकस्मात्त्वंविषीदसिपरंतप ॥ यइमेवज्रिणःसेनांजयेयुःसमरुद्गणाम् ७ त्वमप्येभिर्महेष्वासैःसहायैर्देवरूपिभिः ॥ विजेष्यसिरणेसर्वानमित्रान्भरतर्षभ ८ इतश्चत्वमिमांपश्यसैंधवेनदुरात्मना ॥ बलिनावीर्यमत्तेनहृतामेभिर्महात्मभिः ९ आनीतांद्रौपदींकृष्णांकृत्वाकर्मसुदुष्करम् ॥ जयद्रथंचराजानंविजितंवशमागतम् १० असहायेनरामेणवैदेहीपुनराहृता ॥ हत्वासंख्येदशग्रीवंराक्षसंभीमविक्रमम् ११ यस्यशाखामृगामित्राण्यृक्षाःकालमुखास्तथा ॥ जात्यंतरगताराजन्नेतद्बुध्यानुचिंतय १२ तस्मात्त्वंकुरुश्रेष्ठमाशुचोभरतर्षभ ॥ त्वद्विधाहिमहात्मानोनशोचंतिपरंतप १३ ॥ वैशंपायनउवाच ॥ एवमाश्वासितोराजामार्कंडेयेनधीमता ॥ त्यक्त्वादुःखमदीनात्मापुनरप्येनमब्रवीत् ॥ १४ ॥

॥ इतिश्रीमहाभारतेआरण्यकेपर्वणिरामोपाख्यानपर्वणियुधिष्ठिराश्वासनेद्विनवत्यधिकद्विशततमोऽध्यायः ॥ २९२ ॥ ॥ ॥ ॥ समाप्तंचरामोपाख्यानपर्व ॥

॥ अथपतिव्रतामाहात्म्यपर्व ॥ ॥ युधिष्ठिरउवाच ॥ नात्मानमनुशोचामिनेमान्भ्रातॄन्महामुने ॥ हरणंचापिराज्यस्ययथेमांद्रुपदात्मजाम् १

च्यतइति जारूथ्यान्स्तोत्रार्हानित्यर्थः ७० ॥ इत्यारण्यकेपर्वणि नीलकंठीये भारतभावदीपे एकनवत्यधिकद्विशततमोऽध्यायः ॥ २९१ ॥ ॥ ॥ एवमेतदिति १ दीप्तनिर्णयेअसंदिग्धेप्रत्यक्षफले २ । ३ । ४ । ५ । ६ । ७ । ८ । ९ । १० । ११ । १२ । १३ । १४ इत्यारण्यकेपर्वणिनीलकंठीयेभारतभावदीपे द्विनवत्यधिकद्विशततमोऽध्यायः ॥ २९२ ॥ ॥ ॥ ॥ नात्मानमिति १

२ । ३ । ४ । ५ । ६ । ७ । ८ सावित्र्या सावित्रीसवितृकन्या तद्दैवत्ययाऋचा साच । 'सोमोवधूयुरभवदश्विनास्तामुभावरा । सूर्यांयत्पत्येशंसंतींमनसासविताऽददात्'इति यदासवित्रात्वष्टासावित्रीस्व
कन्या सूर्यासूर्यस्यस्त्री सूर्यायदत्ता तदासोमोऽस्यावधूयुर्वध्वाअनुचरोऽभूत् सविताच सूर्यां पत्येपत्युःकल्याणार्थं शंसंतींकथयंतीं मनसा उभौवरौपुत्ररूपावश्विनौअददादितिमंत्रार्थः । इतएतद्वाक्यादेत

द्यूतेदुरात्मभिःक्लिष्टाःकृष्णयातारितावयम् ॥ जयद्रथेनचपुनर्वनाच्चापिहृताबलात् २ अस्तिसीमंतिनीकाचिद्दृष्टपूर्वाऽपिवाश्रुता ॥ पतिव्रतामहाभागायथेयंद्रुपदा
त्मजा ३ ॥ मार्कंडेयउवाच ॥ शृणुराजन्कुलस्त्रीणांमहाभाग्यंयुधिष्ठिर ॥ सर्वमेतद्यथाप्राप्तंसावित्र्याराजकन्यया ४ आसीन्मद्रेषुधर्मात्माराजापरमधार्मिकः ॥ ब्रह्म
ण्यश्वमहात्माचसत्यसंधोजितेंद्रियः ५ यज्वादानपतिर्दक्षःपौरजानपदप्रियः ॥ पार्थिवोऽश्वपतिर्नामसर्वभूतहितेरतः ६ क्षमावाननपत्यश्चसत्यवाग्विजितेंद्रियः ॥
अतिक्रांतेनवयसासंतापमुपजग्मिवान् ७ अपत्योत्पादनार्थंचतीव्रंनियममास्थितः ॥ कालेपरिमिताहारोब्रह्मचारीजितेंद्रियः ८ हुत्वाशतसहस्रंससावित्र्याराजसत्तम ॥
षष्ठेषष्ठेतदाकालेबभूवमितभोजनः ९ एतेननियमेनासीद्वर्षाण्यष्टादशैवतु ॥ पूर्णेत्वष्टादशेवर्षेसावित्रीतुष्टिमभ्यगात् १० रूपिणीतुतदाराजन्दर्शयामासतंनृपम् ॥
अग्निहोत्रात्समुत्थायहर्षेणमहताऽन्विता ॥ उवाचचैनंवरदावचनंपार्थिवंतदा ११ सावित्र्युवाच ॥ ब्रह्मचर्येणशुद्धेनदमेननियमेनच ॥ सर्वात्मनाचभक्त्याचतुष्टाऽ
स्मितवपार्थिव १२ वरंवृणीष्वाश्वपतेमद्रराजयदीप्सितम् ॥ नप्रमादश्चधर्मेषुकर्तव्यस्तेकथंचन १३ ॥ अश्वपतिरुवाच ॥ अपत्यार्थःसमारंभःकृतोधर्मेप्सयामया ॥
पुत्रामेबहवोदेविभवेयुःकुलभावनाः १४ तुष्टासियदिमेदेविवरमेतंवृणोम्यहम् ॥ संतानंपरमोधर्मइत्याहुर्मांद्विजातयः १५ ॥ सावित्र्युवाच ॥ पूर्वमेवमयाराजन्नभि
प्रायमिमंतव ॥ ज्ञात्वापुत्रार्थमुक्तोवैभगवांस्तेपितामहः १६ प्रसादाच्चैवतस्मात्तेस्वयंभुविहिताद्भुवि ॥ कन्यातेजस्विनीसौम्यक्षिप्रमेवभविष्यति १७ उत्तरंचनतेकिं
चिद्व्याहर्तव्यंकथंचन ॥ पितामहनिसर्गेणतुष्टाह्येतद्ब्रवीमिते १८ ॥ मार्कंडेयउवाच ॥ सतथेतिप्रतिज्ञायसावित्र्यावचनंनृपः ॥ प्रसादयामासपुनःक्षिप्रमेतद्भविष्यति
१९ अंतर्हितायांसावित्र्यांजगामस्वपुरंनृपः ॥ स्वराज्येचावसद्वीरःप्रजाधर्मेणपालयन् २० कस्मिंश्चित्तुगतेकालेसराजानियतव्रतः ॥ ज्येष्ठायांधर्मचारिण्यांमहिष्यांग
र्भमादधे २१ राजपुत्र्यास्तुगर्भःसमानव्याभरतर्षभ ॥ व्यवर्धततदाशुक्लेतारापतिरिवांबरे २२ प्राप्तेकालेतुसुषुवेकन्यांराजीवलोचनाम् ॥ क्रियाश्चतस्यामुदितश्चक्रेच
नृपसत्तमः २३ सावित्र्याप्रीतयादत्तासावित्र्याहुतयाह्यपि ॥ सावित्रीत्येवनामास्याश्चक्रुर्विप्रास्तथापिता २४ साविग्रहवतीवश्रीर्व्यवर्धतनृपात्मजा ॥ कालेनचापिसा
कन्यायौवनस्थाबभूवह २५ तांसुमध्यांपृथुश्रोणींप्रतिमांकांचनीमिव ॥ प्राप्तेयंदेवकन्येतिदृष्ट्वासंमेनिरेजनाः २६ तांतुपद्मपलाशाक्षींज्वलंतीमिवतेजसा ॥
नकश्चिद्वरयामासतेजसाप्रतिवारितः २७

स्यमंत्रस्यलक्षहोमादपत्यप्राप्तिर्भवतीतिगम्यते । षष्ठेकालेऽष्टधाविभक्तस्याह्नःषष्ठेंऽशे ९ । १० । ११ । १२ । १३ । १४ । १५ । १६ । १७ उत्तरंपुत्रार्थप्रार्थनावचनं निसर्गेणाज्ञया १८ प्रतिज्ञायांगीकृत्य
१९ । २० । २१ मानव्या मनुपुत्र्याः २२ । २३ । २४ । २५ । २६ प्रतिवारितोऽभिभूतः २७

२८ सुमनसइष्टदेवतायाः । ' सुपर्वाणः सुमनसस्त्रिदिवेशाः ' इत्यमरः । शेषाः प्रसादपूर्वकंदत्तानिमाल्यानि प्रसादभूतामालाइत्यर्थः । ' प्रसादाभिजनिर्माल्यदानेशेषानुकीर्तिता ' इतिविश्वः २९ । ३० । ३१

अथोपोष्यशिरःस्नातादेवतामभिगम्यसा ॥ हुत्वाग्निंविधिवद्विप्रान्वाचयामासपर्वणि २८ ततःसुमनसःशेषाःप्रतिगृह्यमहात्मनः ॥ पितुःसमीपमगमद्देवीश्रीरिवरू
॥२३७॥ पिणी २९ साभिवाद्यपितुःपादौशेषाःपूर्वंनिवेद्यच ॥ कृतांजलिर्वरारोहानृपतेःपार्श्वमास्थिता ३० यौवनस्थांतुतांदृष्ट्वास्वांसुतांदेवरूपिणीम् ॥ अयाच्यमानांचवरैर्नृ
पतिर्दुःखितोऽभवत् ३१ ॥ राजोवाच ॥ पुत्रिप्रदानकालस्तेनचकश्चिद्वृणोतिमाम् ॥ स्वयमन्विच्छभर्तारंगुणैःसदृशमात्मनः ३२ प्रार्थितःपुरुषोयश्चसनिवेद्यस्त्वया
मम ॥ विमृश्याहंप्रदास्यामिवरयत्वंयथेप्सितम् ३३ श्रुतंहिधर्मशास्त्रेषुपठ्यमानंद्विजातिभिः ॥ तथात्वमपिकल्याणिगदतोमेवचःशृणु ३४ अप्रदातापितावाच्योवा
च्यश्चानुपयन्पतिः ॥ मृतेभर्तरिपुत्रश्चवाच्योमातुररक्षिता ३५ इदंमेवचनंश्रुत्वाभर्तुरन्वेषणेत्वर ॥ देवतानांयथावाच्योनभवेयंतथाकुरु ३६ ॥ मार्कंडेयउवाच ॥ एव
मुक्त्वादुहितरंतथावृद्धांश्चमंत्रिणः ॥ व्यादिदेशानुयात्रंचगम्यतामित्यचोदयत् ३७ साभिवाद्यपितुःपादौव्रीडितेवतपस्विनी ॥ पितुर्वचनमाज्ञायनिर्जगामाविचारितम् ३८
साहैमंरथमास्थायस्थविरैःसचिवैर्वृता ॥ तपोवनानिरम्याणिराजर्षीणांजगामह ३९ मान्यानांतत्रवृद्धानांकृत्वापादाभिवादनम् ॥ वनानिक्रमशस्तातसर्वाण्येवाभ्य
गच्छत ४० एवंतीर्थेषुसर्वेषुधनोत्सर्गंनृपात्मजा ॥ कुर्वतीद्विजमुख्यानांतंतंदेशंजगामह ४१ ॥ इतिश्रीम० भा० आर० पर्वणिपतिव्रतामाहात्म्यपर्वणिसावित्र्युपा
ख्यानेत्रिनवत्यधिकद्विशततमोऽध्यायः ॥ २९३ ॥ ॥ मार्कंडेयउवाच ॥ अथमद्राधिपोराजानारदेनसमागतः ॥ उपविष्टःसभामध्येकथायोगेनभारत १ ततोऽभि
गम्यतीर्थानिसर्वाण्येवाश्रमांस्तथा ॥ आजगामपितुर्वेश्मसावित्रीसहमंत्रिभिः २ नारदेनसहासीनंसादृष्ट्वापितरंशुभा ॥ उभयोरेवशिरसाचक्रेपादाभिवादनम् ३
॥ नारदउवाच ॥ क्वगताऽभूत्सुतेयंतेकुतश्चैवागतानृप ॥ किमर्थंयुवतींभर्त्रेनचैनांसंप्रयच्छसि ४ ॥ अश्वपतिरुवाच ॥ कार्येणखल्वनेनैवप्रेषिताऽद्यैवचागता ॥ एतस्याः
शृणुदेवर्षेभर्तारंयोऽनयावृतः ५ मार्कंडेयउवाच ॥ साब्रूहिविस्तरेणेतिपित्रासंचोदिताशुभा ॥ तदैवतस्यवचनंप्रतिगृह्येदमब्रवीत् ६ ॥ सावित्र्युवाच ॥ आसीच्छाल्वेषु
धर्मात्माक्षत्रियःपृथिवीपतिः ॥ द्युमत्सेनइतिख्यातःपश्चादंधोबभूवह ७ विनष्टचक्षुषस्तस्यबालपुत्रस्यधीमतः ॥ सामीप्येनहृतंराज्यंछिद्रेऽस्मिन्पूर्ववैरिणा ८ सबाल
वत्सयासार्धंभार्ययाप्रस्थितोवनम् ॥ महारण्यंगतश्चापितपस्तेपेमहाव्रतः ९ तस्यपुत्रःपुरेजातःसंवृद्धश्चतपोवने ॥ सत्यवाननुरूपोमेभर्तेतिमनसावृतः १० ॥
॥ नारदउवाच ॥ अहोबतमहत्पापंसावित्र्यानृपतेकृतम् ॥ अजानंत्यायदनयागुणवान्सत्यवान्वृतः ११

३२ प्रार्थितइच्छितः ३३ । ३४ वाच्योनिंद्यः अनुपयन्नृतावगच्छन् ३५ । ३६ अनुयात्रंयात्रोपकरणंवाहनादि ३७ । ३८ । ३९ । ४० । ४१ ॥ इत्यारण्यकेपर्वणिनीलकंठीये भारतभावदीपे त्रिनवत्य-
धिकद्विशततमोऽध्यायः ॥ २९३ ॥ ॥ ॥ ॥ अथेति । कथायोगेनकथाप्रसंगेन १ । २ । ३ । ४ । ५ । ६ । ७ सामीप्येनसमीपवासिना छिद्रेअंधत्वेसति ८ । ९ सत्यवान्नामतः १० । ११

१२ । १३ तेजस्वीप्रभववान्बुद्धिमान्वा वाशब्दश्चार्थे १४ । १५ । १६ सांकृतेःसंकृतिपुत्रस्य १७ । १८ । १९ । २० । २१ आक्रम्याभिभूय २२ । २३ । २४ । २५ अंशःकाष्ठपाषाणादेःशकलः

सत्यंवदत्यस्यपितासत्यंमाताप्रभाषते ॥ तथाऽस्यब्राह्मणाश्चक्रुर्नामैतत्सत्यवानिति १२ बालस्याश्वाःप्रियाश्चास्यकरोत्यश्वांश्चमृन्मयान् ॥ चित्रेऽपिविलिखत्यश्वां
श्चित्राश्वइतिचोच्यते १३ ॥ ॥ राजोवाच ॥ अपीदानींसतेजस्वीबुद्धिमान्वानृपात्मजः ॥ क्षमावानपिवाशूरःसत्यवान्पितृवत्सलः १४ ॥ नारदउवाच ॥ विव
स्वानिवतेजस्वीबृहस्पतिसमोमतौ ॥ महेंद्रइववीरश्चवसुधेवक्षमान्वितः १५ ॥ अश्वपतिरुवाच ॥ अपिराजात्मजोदाताब्रह्मण्यश्चापिसत्यवान् ॥ रूपवानप्युदारोवाऽ
प्यथवाप्रियदर्शनः १६ ॥ नारदउवाच ॥ सांकृतेरंतिदेवस्यस्वशक्त्यादानतःसमः ॥ ब्रह्मण्यःसत्यवादीचशिबिरौशीनरोयथा १७ ययातिरिवचोदारःसोमवत्प्रिय
दर्शनः ॥ रूपेणान्यतमोऽश्विभ्यांद्युमत्सेनसुतोबली १८ सदांतःसमृदुःशूरःससत्यःसंयतेंद्रियः ॥ समैत्रःसोऽनसूयश्चसह्रीमान्द्युतिमांश्चसः १९ नित्यशश्चार्जवंतस्मिन्
स्थितिस्तस्यैवचध्रुवा ॥ संक्षेपतस्तपोवृद्धैःशीलवृद्धैश्चकथ्यते २० ॥ अश्वपतिरुवाच ॥ गुणैरुपेतंसर्वैस्तंभगवन्प्रब्रवीषिमे ॥ दोषानप्यस्यमेब्रूहियदिसंतीहकेचन
२१ ॥ नारदउवाच ॥ एकएवास्यदोषोहिगुणानाक्रम्यतिष्ठति ॥ सचदोषःप्रयत्नेननशक्यमतिवर्तितुम् २२ एकोदोषोऽस्तिनान्योऽस्यसोऽद्यप्रभृतिसत्यवान् ॥ संवत्स
रेणक्षीणायुर्देहन्यासंकरिष्यति २३ ॥ साविव्युवाच ॥ एहिसावित्रिगच्छस्वअन्यंवरयशोभने ॥ तस्यदोषोमहानेकोगुणानाक्रम्यचस्थितः २४ यथामेभगवानाहनारदो
देवसत्कृतः ॥ संवत्सरेणसोऽल्पायुर्देहन्यासंकरिष्यति २५ ॥ राजोवाच ॥ सकृदंशोनिपततिसकृत्कन्याप्रदीयते ॥ सकृदाहददानीतित्रीण्येतानिसकृत्सकृत् २६ दीर्घा
युरथवाऽल्पायुःसगुणोनिर्गुणोऽपिवा ॥ सकृद्वृतोमयाभर्तानद्वितीयंवृणोम्यहम् २७ मनसानिश्चयंकृत्वाततोवाचाऽभिधीयते ॥ क्रियतेकर्मणापश्चात्प्रमाणंमेमनस्ततः
२८ ॥ नारदउवाच ॥ स्थिराबुद्धिर्नरश्रेष्ठसावित्र्यादुहितुस्तव ॥ नैषावारयितुंशक्याधर्मादस्मात्कथंचन २९ नान्यस्मिन्पुरुषेसंतियेसत्यवतिवैगुणाः ॥ प्रदानमेवतस्मान्मे
रोचतेदुहितुस्तव ३० ॥ राजोवाच ॥ अविचाल्यमेतदुक्तंतथ्यंचभवतावचः ॥ करिष्याम्येतदेवंचगुरुर्हिभगवान्मम ३१ ॥ नारदउवाच ॥ अविघ्नमस्तुसावित्र्याःप्रदाने
दुहितुस्तव ॥ साधयिष्याम्यहंतावत्सर्वेषांभद्रमस्तुवः ३२ ॥ मार्कंडेयउवाच ॥ एवमुक्त्वासमुत्पत्यनारदस्त्रिदिवंगतः ॥ राजाऽपिदुहितुःसज्जंवैवाहिकमकारयत् ३३
॥ इतिश्रीमहाभारतेआरण्यकेपर्वणिपतिव्रतामा० सावित्र्युपाख्यानेचतुर्नवत्यधिकद्विशततमोऽध्यायः ॥ २९४ ॥ ॥ ॥ मार्कंडेयउवाच ॥ अथकन्याप्रदानेसत
मेवार्थंविचिंतयन् ॥ समानिन्येचतत्सर्वंभांडंवैवाहिकंनृपः १ ततोवृद्धान्द्विजान्सर्वानृत्विजःसपुरोहितान् ॥ समाहूयदिनेपुण्येप्रययौसहकन्यया २

सकृन्निपतति कृतस्यकरणंनास्तीत्यर्थः २६ । २७ । २८ । २९ । ३० यत्ततसावित्र्यावचनमविचाल्यंभवताचतथ्यमुक्तम् ३१ साधयिष्यामि गमिष्यामि । धातूनामनेकार्थत्वाद्गत्यर्थोऽयं ३२ । ३३
इत्यार० प०नी० भा० चतुर्नवत्यधिकद्विशततमोऽध्यायः ॥ २९४ ॥ ॥ ॥ अथेति । भांडं वैवाहिकमुपकरणंविवाहोचितं १ । २

३ कौश्यांकुशमय्यांबृस्यामासने ४ आत्मनिवेदनमश्वपतिरहमितिज्ञानं । ५ । ६ । ७ । ८ । ९ भवाभवात्मकमुत्पत्तिविनाशात्मकं ते त्वांप्रति १० मामां ११ । १२ । १३ । निर्वर्ततुनिष्पद्यतां १४ । १५

मेध्यारण्यंसगत्वाचद्युमत्सेनाश्रमंनृपः ॥ पद्भ्यामेवद्विजैःसार्धंराजर्षिंतमुपागमत् ३ तत्रापश्यन्महाभागंशालवृक्षमुपाश्रितम् ॥ कौश्यांबृस्यांसमासीनंचक्षुर्हीनंनृपं तदा ४ सराजातस्यराजर्षेःकृत्वापूजांयथार्हतः ॥ वाचासुनियतोभूत्वाचकारात्मनिवेदनम् ५ तस्यार्घ्यमासनंचैवगांचावेद्यसधर्मवित् ॥ किमागमनमित्येवंराजाराजान मब्रवीत् ६ तस्यसर्वमभिप्रायमितिकर्तव्यतांचताम् ॥ सत्यवंतंसमुद्दिश्यसर्वमेवन्यवेदयत् ७ ॥ अश्वपतिरुवाच ॥ सावित्रीनामराजर्षेकन्येयंममशोभना ॥ तांस्वध र्मेणधर्मज्ञस्नुषार्थेत्वंगृहाणमे ८ ॥ द्युमत्सेनउवाच ॥ च्युताःस्मराज्याद्वनवासमाश्रितास्चरामधर्मंनियतास्तपस्विनः ॥ कथंत्वनर्हावनवासमाश्रमेनिवत्स्यतेक्लेशमिमं सुतातव ९ ॥ अश्वपतिरुवाच ॥ सुखंचदुःखंचभवाभवात्मकंयदाविजानातिसुताऽहमेवच ॥ नमद्विधेयुज्यतिवाक्यमीदृशंविनिश्चयेनाभिगतोऽस्मितेनृप १० आशां नार्हसिमेहंतुंसौहृदात्प्रणतस्यच ॥ अभितश्चागतंप्रेम्णाप्रत्याख्यातुंनमाऽर्हसि ११ अनुरूपोहियुक्तश्चत्वंममाहंतवापिच ॥ स्नुषांप्रतीच्छमेकन्यांभार्यांसत्यवतस्ततः १२ ॥ द्युमत्सेनउवाच ॥ पूर्वमेवाभिलषितःसंबंधोमेत्वयासह ॥ भ्रष्टराज्यस्त्वहमितिततएतद्विचारितम् १३ अभिप्रायस्त्वयंयोमेपूर्वमेवाभिकांक्षितः ॥ सनिर्वर्त तुमेऽद्यैवकांक्षितोह्यसिमेऽतिथिः १४ ततःसर्वान्समानाय्यद्विजानाश्रमवासिनः ॥ यथाविधिसमुद्वाहंकारयामासतुर्नृपौ १५ दत्वासोऽश्वपतिःकन्यांयथार्हंसपरिच्छ दम् ॥ ययौस्वमेवभवनंयुक्तःपरमयामुदा १६ सत्यवानपितांभार्यांलब्ध्वासर्वगुणान्विताम् ॥ मुमुदेसाचतंलब्ध्वाभर्तारंमनसेप्सितम् १७ गतेपितरिसर्वाणिसंन्यस्या भरणानिसा ॥ जगृहेवल्कलान्येववस्त्रंकाषायमेवच १८ परिचारैर्गुणैश्चैवप्रश्रयेणदमेनच ॥ सर्वकामक्रियाभिश्चसर्वेषांतुष्टिमादधे १९ श्वश्रूंशरीरसत्कारैःसर्वैराच्छा दनादिभिः ॥ श्वशुरंदेवसत्कारैर्वाचःसंयमनेनच २० तथैवप्रियवादेननैपुणेनशमेनच ॥ रहश्चैवोपचारेणभर्तारंपर्यतोषयत् २१ एवंतत्राश्रमेतेषांतदानिवसतांसताम् ॥ कालस्तपस्यतांकश्चिदपाक्रामतभारत २२ सावित्र्याग्लायमानायास्तिष्ठंत्यास्तुदिवानिशम् ॥ नारदेनयदुक्तंतद्वाक्यंमनसिवर्तते २३ ॥ इतिश्रीम० आ० प० सावित्र्युपा ख्यानपर्वणिपंचनवत्यधिकद्विशततमोऽध्यायः ॥ २९५ ॥ ॥ ॥ मार्कंडेयउवाच ॥ ततःकालेबहुतिथेव्यतिक्रांतेकदाचन ॥ प्राप्तःसकालोमर्तव्यंयत्रसत्य वतानृप १ गणयंत्याश्चसावित्र्यादिवसेदिवसेगते ॥ यद्वाक्यंनारदेनोक्तंवर्ततेहृदिनित्यशः २ चतुर्थेऽहनिमर्तव्यमितिसंचिंत्यभाविनी ॥ व्रतंत्रिरात्रमुद्दिश्यदिवारात्रं स्थिताऽभवत् ३ तंश्रुत्वानियमंतस्याभृशंदुःखान्वितोनृपः ॥ उत्थायवाक्यंसावित्रीमब्रवीत्परिसांत्वयन् ४

सपरिच्छदंपारिबर्हसहितम् १६ । १७ । १८ । परिचारैःसेवनैः गुणैःशीलसत्यादिभिः प्रश्रयेणस्नेहेन दमेनजितेंद्रियतया सर्वकामक्रियाभिःसर्वेषामिष्टसंपादनेन १९ । २० । २१ । २२ । २३
॥ इत्यारण्यकेपर्वणिनीलकंठीये भारतभावदीपे पंचनवत्यधिकद्विशततमोऽध्यायः ॥ २९५ ॥ ॥ ॥ ततइति १ । २ । ३ । ४

वसतीनांस्थानं भोजनत्र्यानिरोधः उपवसतीत्यादौवमतेस्तादर्थ्यदर्शनात् ५ पारयिष्यामि समापयिष्यामि। व्यवसायकृतमुद्योगकृतम् ६ । ७ । ८ । ९ युगंहस्तचतुष्कं तावदुदितेउपरियाते १०

॥ द्युमत्सेनउवाच ॥ अतितीव्रोऽयमारंभस्त्वयारब्धोनृपात्मजे ॥ तिसृणांवसतीनांहिस्थानंपरमदुश्चरम् ५ ॥ सावित्र्युवाच ॥ नकार्यस्तातसंतापःपारयिष्याम्यहं
व्रतम् ॥ व्यवसायकृतंहीदंव्यवसायश्चकारणम् ६ ॥ द्युमत्सेनउवाच ॥ ॥ व्रतंभिंधीतिवक्तुंत्वांनास्मिशक्तःकथंचन ॥ पारयस्वेतिवचनंयुक्तमस्मद्विधोवदेत् ७
॥ मार्कंडेयउवाच ॥ एवमुक्त्वाद्युमत्सेनोविरराममहामनाः ॥ तिष्ठंतीचैवसावित्रीकाष्ठभूतेवलक्ष्यते ८ श्वोभूतेभर्तृमरणेसावित्र्याभरतर्षभ ॥ दुःखान्वितायास्तिष्ठं
त्याःसारात्रिर्व्यत्यवर्तत ९ अद्यतद्दिवसंचेतिहुत्वादीप्तंहुताशनम् ॥ युगमात्रोदितेसूर्येकृत्वापौर्वाह्णिकीःक्रियाः १० ततःसर्वान्द्विजान्वृद्धान्श्वश्रूंश्वशुरमेवच ॥ अ
भिवाद्यानुपूर्व्येणप्रांजलिर्नियतास्थिता ११ अवैधव्याशिषस्तेतुसावित्र्यर्थंहिताःशुभाः ॥ ऊचुस्तपस्विनःसर्वेतपोवननिवासिनः १२ एवमस्त्वितिसावित्रीध्यान
योगपरायणा ॥ मनसातागिरःसर्वाःप्रत्यगृह्णात्तपस्विनाम् १३ तंकालंतंमुहूर्तंचप्रतीक्षंतीनृपात्मजा ॥ यथोक्तंनारदवचश्चिंतयंतीसुदुःखिता १४ ततस्तुश्वश्रूश्वशुरा
वूचतुस्तांनृपात्मजाम् ॥ एकांतमास्थितांवाक्यंप्रीत्याभरतसत्तम १५ ॥ श्वशुरावूचतुः ॥ व्रतंयथोपदिष्टंतुतथातत्पारितंत्वया ॥ आहारकालःसंप्राप्तःक्रियतांयद
नंतरम् १६ ॥ सावित्र्युउवाच ॥ अस्तंगतेमयाऽऽदित्येभोक्तव्यंकृतकामया ॥ एषमेहृदिसंकल्पःसमयश्चकृतोमया १७ ॥ मार्कंडेयउवाच ॥ एवंसंभाषमाणायाः
सावित्र्याभोजनंप्रति ॥ स्कंधेपरशुमादायसत्यवान्प्रस्थितोवनम् १८ सावित्रीत्वाहभर्तारंनैकस्त्वंगंतुमर्हसि ॥ सहत्वयागमिष्यामिनहित्वांहातुमुत्सहे १९ ॥ सत्य
वानुवाच ॥ वनंनगतपूर्वंतेदुःखःपंथाश्चभाविनि ॥ व्रतोपवासक्षामाचकथंपद्भ्यांगमिष्यसि २० ॥ सावित्र्युवाच ॥ उपवासान्नमेग्लानिर्नास्तिचापिपरिश्रमः ॥
गमनेचकृतोत्साहांप्रतिषेद्धुंनमाऽर्हसि २१ ॥ सत्यवानुवाच ॥ यदितेगमनोत्साहःकरिष्यामितवप्रियम् ॥ ममत्वामंत्रयगुरून्नमांदोषःस्पृशेदयम् २२ ॥ मार्कंडेय
उवाच ॥ साऽभिवाद्याब्रवीच्छ्वश्रूंश्वशुरंचमहाव्रता ॥ अयंगच्छतिमेभर्ताफलाहारोमहावनम् २३ इच्छेयमभ्यनुज्ञाताआर्ययाश्वशुरेणह ॥ अनेनसहनिर्गंतुंनमेऽद्यवि
रहःक्षमः २४ गुर्वग्निहोत्रार्थंकृतेप्रस्थितश्चसुतस्तव ॥ ननिवार्योनिवार्यःस्यादन्यथाप्रस्थितोवनम् २५ संवत्सरःकिंचिदूनोननिष्क्रांताऽहमाश्रमात् ॥ वनंकुसुमि
तंद्रष्टुंपरंकौतूहलंहिमे २६ ॥ द्युमत्सेनउवाच ॥ यतःप्रभृतिसावित्रीपित्रादत्तास्नुषामम ॥ नानयाभ्यर्थनायुक्तमुक्तपूर्वंस्मराम्यहम् २७ तदेषालभतांकामंयथाऽभिल
षितंवधूः ॥ अप्रमादश्चकर्तव्यःपुत्रिसत्यवतःपथि २८ ॥ मार्कंडेयउवाच ॥ उभाभ्यामभ्यनुज्ञातासाजगामयशस्विनी ॥ सहभर्त्राहसंतीवहृदयेनविदूयता २९ सा
वनानिविविचित्राणिरमणीयानिसर्वशः ॥ मयूरगणजुष्टानिददर्शविपुलेक्षणा ३०

११ । १२ । १३ । १४ । १५ । १६ । १७ । १८ । १९ । २० । २१ । २२ । २३ । २४ । २५ । २६ । २७ । २८ । २९ । ३०

३१ । ३२ । ३३ ॥ ॥ इत्यारण्यकेपर्वणि नीलकंठीये भारतभावदीपे षण्णवत्यधिकद्विशततमोऽध्यायः ॥ २९६ ॥ ॥ अथेति । कठिनंस्थालीं 'कठिनंनिष्ठुरेस्थाल्याम्' इतिविश्वः १ । २

नदीःपुण्यवहाश्चैवपुष्पितांश्चनगोत्तमान् ॥ सत्यवानाहपश्येतिसावित्रींमधुरंवचः ३१ निरीक्षमाणाभर्त्तारंसर्वावस्थमनिंदिता ॥ मृतमेवहिभर्त्तारंकालेमुनिवचःस्मरन् ३२ अनुव्रजंतीभर्तारंजगाममृदुगामिनी ॥ द्विधेवहृदयंकृत्वातंचकालमवेक्षती ३३ ॥ ॥ इतिश्रीमहाभारते आरण्यकेपर्वणि पतिव्रतामा०सावित्र्युपाख्यानेषण्णवत्यधिकद्विशततमोऽध्यायः ॥ २९६ ॥ ॥ मार्कंडेयउवाच ॥ अथभार्यासहायःसफलान्यादायवीर्यवान् ॥ कठिनंपूरयामासततःकाष्ठान्यपाटयत् १ तस्यपाटयतःकाष्ठंस्वेदोवैसमजायत ॥ व्यायामेनचतेनास्यजज्ञेशिरसिवेदना २ सोऽभिगम्यप्रियांभार्यामुवाचश्रमपीडितः ॥ सत्यवानुवाच ॥ व्यायामेनममानेन जाताशिरसिवेदना ३ अंगानिचैवसावित्रिहृदयंदूयतीवच ॥ अस्वस्थमिवचात्मानंलक्षयेमितभाषिणि ४ शूलैरिवशिरोविद्धमिदंसंलक्षयाम्यहम् ॥ तत्स्वप्तुमिच्छेकल्याणिनस्थातुंशक्तिरस्तिमे ५ सासमासाद्यसावित्रीभर्तारमुपगम्यच ॥ उत्संगेऽस्यशिरःकृत्वानिषसादमहीतले ६ ततःसानारदवचोविमृशंतीतपस्विनी ॥ तंमुहूर्तंक्षणंवेलांदिवसंचयुयोजह ७ मुहूर्तादेवचापश्यत्पुरुषंरक्तवाससम् ॥ बद्धमौलिंवपुष्मंतमादित्यसमतेजसम् ८ श्यामावदातंरक्ताक्षंपाशहस्तंभयावहम् ॥ स्थितंसत्यवतःपार्श्वेनिरीक्षंतंतमेवच ९ तंदृष्ट्वासहसोत्थायभर्तुर्न्यस्यशनैःशिरः ॥ कृतांजलिरुवाचार्ताहृदयेनप्रवेपती १० ॥ सावित्र्युवाच ॥ दैवतंत्वाऽभिजानामिवपुरेतद्ध्यमानुषम् ॥ कामयाब्रूहिदेवेशकस्त्वंकिंचचिकीर्षसि ११ ॥ यमउवाच ॥ पतिव्रताऽसिसावित्रितथैवचतपोन्विता ॥ अतस्त्वामभिभाषामिविद्धिमांत्वंशुभेयमम् १२ अयंतेसत्यवान्भर्ताक्षीणायुःपार्थिवात्मजः ॥ नेष्यामितमहंबद्ध्वाविद्ध्येतन्मेचिकीर्षितम् १३ ॥ सावित्र्युवाच ॥ श्रूयतेभगवन्दूतास्तवागच्छंतिमानवान् ॥ नेतुंकिलभवान्कस्मादागतोऽसिस्वयंप्रभो १४ ॥ मार्कंडेयउवाच ॥ इत्युक्तःपितृराजस्तांभगवान्स्वचिकीर्षितम् ॥ यथावत्सर्वमाख्यातुंतत्प्रियार्थंप्रचक्रमे १५ अयंचधर्मसंयुक्तोरूपवान्गुणसागरः ॥ नार्होमत्पुरुषैर्नेतुमतोऽस्मिस्वयमागतः १६ ततःसत्यवतःकायात्पाशबद्धंवशंगतम् ॥ अंगुष्ठमात्रंपुरुषंनिश्चकर्षयमोबलात् १७ ततःसमुद्धृतप्राणंगतश्वासंहतप्रभम् ॥ निर्विचेष्टंशरीरंतद्बभूवाप्रियदर्शनम् १८ यमस्तुतंततोबद्ध्वाप्रयातोदक्षिणामुखः ॥ सावित्रीचैवदुःखार्तायममेवान्वगच्छत ॥ नियमव्रतसंसिद्धामहाभागापतिव्रता १९ ॥ यमउवाच ॥ निवर्तगच्छसावित्रिकुरुष्वास्यौर्ध्वदेहिकम् ॥ कृतंभर्तुस्त्वयाऽऽनृण्यंयावद्गम्यंगतंत्वया २० ॥ सावित्र्युवाच ॥ यत्रमेनीयतेभर्त्तास्वयंवायत्रगच्छति ॥ मयाचतत्रगंतव्यमेषधर्मःसनातनः २१ तपसागुरुभक्त्याचभर्तुःस्नेहाद्व्रतेनच ॥ तवचैवप्रसादेननमेप्रतिहतागतिः २२ प्राहुःसाप्तपदंमैत्रंबुधास्तत्त्वार्थदर्शिनः ॥ मित्रतांचपुरस्कृत्यकिंचिद्वक्ष्यामितच्छृणु २३

३ । ४ । ५ । ६ युयोजानुचिंतितवती ७ । ८ । ९ । १० कामया इच्छया ११ । १२ । १३ । १४ । १५ । १६ अंगुष्ठमात्रंहृदयाकाशप्रतिष्ठितत्वात्तत्प्रमाणं पुर्यष्टकवेष्टितं सूक्ष्मशरीरवंतम् १७ । १८ । १९ । २० । २१ । २२ । २३

अनात्मवंतोऽजितेंद्रियाः वने धर्मंयज्ञादिरूपंनचरंति जितेंद्रियाएव वनेग्रामेवायज्ञादींस्त्रीसंबद्धान्धर्मान्कुर्वंति तेनगृहस्थवानप्रस्थयोःसंग्रहः वासंगुरुकुलवासंब्रह्मचर्यं परिश्रमंपरित्यागरूपमाश्रमंसंन्यासं। पाठांतरेप्रतिश्रयं प्रतिनिवृत्तःश्रयःकर्मफलाश्रयणमत्रेतिप्रतिश्रयंसंन्यासं विज्ञानतः चतुर्थ्यर्थेसार्वविभक्तिकस्तसिः धर्मस्यफलमात्मविज्ञानमित्यर्थः । 'तमेतंवेदानुवचनेनब्राह्मणाविविदिषंतियज्ञेनदानेन तपसाऽनाशकेन' इति एतमेवप्रव्राजिनोलोकमिच्छंतःप्रव्रजंतीतिचवेदानुवचनस्य यज्ञादीनां प्रव्रजनस्यचात्मलाभार्थत्वश्रवणात् २४ एतेषामाश्रमधर्माणांसमुच्चयंवारयतिएकस्येति। चतुर्णामन्यतमस्यैकस्या श्रमस्यधर्मेण सतांमतेनदंभादिरहितश्रद्धयासम्यगनुष्ठितेनेत्यर्थः सर्वेवयमाश्रमास्तंमार्गंज्ञानमार्गंप्रपन्नाःप्राप्ताःस्मः अतोहेतोरस्मत्सदृशोऽभिताऽन्यानांकर्मणांकर्ता धर्मंचवासंचप्रतिश्रयंचेति। पाठक्रमापेक्षया द्वितीयंनैष्ठिकंगुरुकुलवासंदाराऽकरणरूपं तृतीयं पारिव्राज्यंदारादित्यागरूपंवानवांछे ज्ञानहेतोःप्रधानभूतस्यधर्मस्याद्येऽपिसिद्धेरित्यर्थः । मद्भर्तुर्हरणेनात्रयोर्ममानाशयेतिभावः २५ निवर्तनिवर्तस्व

नानात्मवंतस्तुवनेचरंतिधर्मंचवासंचपरिश्रमंच ॥ विज्ञानतोधर्ममुदाहरंतितस्मात्संतोधर्ममाहुःप्रधानम् २४ एकस्यधर्मेणसतांमतेनसर्वेस्मतंमार्गमनुप्रपन्नाः ॥ मावै
द्वितीयंमातृतीयंचवांछेतस्मात्संतोधर्ममाहुःप्रधानम् २५ ॥ यमउवाच ॥ निवर्ततुष्टोऽस्मितवानयागिरास्वराक्षरव्यंजनहेतुयुक्तया ॥ वरंवृणीष्वेहविनाऽ
स्यजीवितंददानितेसर्वमनिंदितेवरम् २६ ॥ सावित्र्युवाच ॥ च्युतःस्वराज्याद्वनवासमाश्रितोविनष्टचक्षुःश्वशुरोममाश्रमे ॥ सलब्धचक्षुर्बलवान्भवेन्नृपा
स्तवप्रसादाज्ज्वलनार्कसंनिभः २७ ॥ यमउवाच ॥ ददानितेऽहंतमनिंदितेवरंयथात्वयोक्तंभविताचतत्तथा ॥ तवाध्वनाग्लानिमिवोपलक्षयेनिवर्तगच्छस्व
नतेश्रमोभवेत् २८ ॥ सावित्र्युवाच ॥ श्रमःकुतोभर्तृसमीपतोहिमेयतोहिभर्ताममसागतिर्ध्रुवा ॥ यतःपतिंनेष्यसितत्रमेगतिःसुरेशभूयश्चवचोनिबोधमे २९ सतां
सकृत्संगतमीप्सितंपरंततःपरंमित्रमितिप्रचक्षते ॥ नचाफलंसत्पुरुषेणसंगतंततःसतांसंनिवसेत्समागमे ३० ॥ यमउवाच ॥ मनोऽनुकूलंबुधबुद्धिवर्धनंत्वयाय
दुक्तंवचनंहिताश्रयम् ॥ विनापुनःसत्यवतोऽस्यजीवितंवरंद्वितीयंवरयस्वभामिनि ३१ ॥ सावित्र्युवाच ॥ हृतंपुरामेश्वशुरस्यधीमतःस्वमेवराज्यंलभतांसपा
र्थिवः ॥ जह्यात्स्वधर्मान्नचमेगुरुर्यथाद्वितीयमेतद्वरयामितेवरम् ३२ ॥ यमउवाच ॥ स्वमेवराज्यंप्रतिपत्स्यतेऽचिरान्नचस्वधर्मात्परिहास्यतेनृपः ॥ कृतेन
कामेनमयानृपात्मजेनिवर्तगच्छस्वनतेश्रमोभवेत् ३३ ॥ सावित्र्युवाच ॥ प्रजास्त्वयैतानियमेनसंयतानियम्यचैतानयसेनिकामया ॥ ततोयमत्वंतवदेवविश्रुतं
निबोधचेमांगिरमीरितांमया ३४

स्वरउदात्तादिः अक्षरमकरादि व्यंजनंककारादि एतद्युक्तत्वेनवाक्यस्यशब्दतोनिर्दोषत्वमुक्तं हेतुयुक्तत्वेनयुक्तियुक्तत्वमप्युक्तम् २६ भर्तारंमोचयिष्याम्येवेतिस्वयंनिश्चिन्वाना वरांतराण्येवतावत्प्रार्थयंती सावित्र्युवाच च्युतइति २७ अध्वनामार्गेण नतुभर्तृनाशेन अनष्ट एवभर्तैराशयः २८ यतोयत्रभर्तासागतिस्तत्रैवगमनं ध्रुवानिश्चिता २९ सतामिति। साधोस्तत्वसमागममात्रेणजातामैत्रीयं निष्फलानैव भवेदितिभावः ३० हिताश्रयंयुक्त्यनुकूलं पूर्वमाश्रमधर्माणांज्ञानहेतुत्वमुक्तमिहतुसत्संगस्येतिभेदः । तथाचश्रुतिः 'तद्विज्ञानार्थंसगुरुमेवाभिगच्छेत्' इति ३१ गुरुःश्वशुरः ३२ । ३३ ज्ञानानवाप्तौदोष माह प्रजाइति। नियमेननियमनेन संयतानिगृहीताःसत्यःभवंतिताश्चपुनःकर्मभूतास्त्वंनिकामयाकामितेनार्थेन नयसेसंयोजयसि यातनांतेसत्कर्मफलमपिताभ्योददासि। नकामयेतिपाठे तास्त्वमिच्छयाननयसेक र्मफलायेतिशेषः किंतुतत्तत्कर्मवशादेवेत्यर्थः। येषांतुज्ञानिनांकामनैवनास्ति नतेत्वद्वशेभवंति नापिदेहैःफलायसंयुज्यंतइत्यर्थः तथाचश्रुतिः। इतिनुकामयमानस्येतिसंसारिणामुच्चावचांगतिमुपसंहृत्य 'अथाकामयमा–

नोयोऽकामोनिष्काम आप्तकामः स्यान्नतस्यप्राणाउत्क्रामंत्यत्रैवसमवनीयंतेब्रह्मैवसन्ब्रह्माप्येति' इति । तद्विदामकामानांगत्याद्यभावंदर्शयति तथासकामानांपुनःपुनःसंसारंचदर्शयति । 'नसांपरायःप्रतिभातिबालंप्रमाद्यंतंवित्तलोभेनमूढं' । अयंलोकोनास्तिपरइतिमानी पुनःपुनर्वशमापद्यतेमे इतियमयातनानिवृत्त्यर्थंसारमुपादिशन् श्रोतारमभिमुखीकरोतिनिबोधेति ३४ अद्रोहःद्रोहाभावः अनुग्रहोदया दानंसंविभागः त्वमपिमयिदयांकुर्वितिभावः ३५ एवंप्रायइत्यल्पायुर्भर्तुरभिनयति अशक्तिपेशलाः शक्तिकौशलहीनाः । पाठांतरेभक्तिःश्रद्धा कौशलंचताभ्यांहीनाःसंधिरार्षः आयुःशक्तिकौशलहीनामनुष्यामादृशाः संतस्त्वमित्रेष्वपिप्राप्तेषुशरणागतेषुदयांकुर्वंति किमुतमादृशेषुदीनेष्वितिभावः ३६ यथातृप्तिकरमितिशेषः ३७ औरसमितिदत्तकीतादिव्यावृत्तिः ३८ । ३९ समुद्यतामुपस्थितां ४० विवस्वतः वस्यतेआच्छाद्यते इतिवः आच्छादनं तद्वान् वस्वांस्तदन्यो विवस्वान्निरावरणोजगदात्मासूर्यः 'सूर्यआत्माजगतस्तस्थुषश्च' इतिश्रुतेः । तस्यतनयःपुत्रः अत्यंतहितइत्यर्थः समेनशत्रुमित्रादितारतम्यहीनेनतवध

अद्रोहःसर्वभूतेषुकर्मणामनसागिरा ॥ अनुग्रहश्चदानंचसतांधर्मःसनातनः ३५ एवंप्रायश्चलोकोऽयंमनुष्याःशक्तिपेशलाः ॥ संतस्त्वेवाप्यमित्रेषुदयांप्राप्तेषु कुर्वते ३६ ॥ यमउवाच ॥ पिपासितस्येवभवेद्यथापयस्तथात्वयावाक्यमिदंसमीरितम् ॥ विनापुनःसत्यवतोऽस्यजीवितंवरंवृणीष्वेहशुभेयदिच्छसि ३७ सावित्र्युवाच ॥ ममानपत्यःपृथिवीपतिःपिताभवेत्पितुःपुत्रशतंतथौरसम् ॥ कुलस्यसंतानकरंचयद्भवेत्तृतीयमेतद्वरयामितेवरम् ३८ ॥ यमउवाच ॥ कुलस्यसंतानकरंसुवर्चसंशतंसुतानांपितुरस्तुतेशुभे ॥ कृतेनकामेननराधिपात्मजेनिवर्तदूरंहिपथस्त्वमागता ३९ ॥ सावित्र्युवाच ॥ नदूरमेतन्ममभर्तृसन्निधौमनोहिमेदूरतरंप्रधावति ॥ अथव्रजन्नेवगिरंसमुद्यतांमयोच्यमानांशृणुभूयएवच ४० विवस्वतस्त्वंतनयःप्रतापवांस्ततोहिवैवस्वतउच्यसेबुधैः ॥ समेनधर्मेणचरंतिताःप्रजास्ततस्तवेहेश्वरधर्मराजता ४१ आत्मन्यपिनविश्वासस्तथाभवतिसत्सुयः ॥ तस्मात्सत्सुविशेषेणसर्वःप्रणयमिच्छति ४२ सौहृदात्सर्वभूतानांविश्वासोनामजायते ॥ तस्मात्सत्सुविशेषेणविश्वासंकुरुतेजनः ४३ ॥ यमउवाच ॥ उदाहृतंतेवचनंयदंगनेशुभेनतादृक्त्वदृतेश्रुतंमया ॥ अनेनतुष्टोऽस्मिविनाऽस्यजीवितंवरंचतुर्थंवरयस्वगच्छच ४४ ॥ सावित्र्युवाच ॥ ममात्मजंसत्यवतस्तथौरसंभवेदुभाभ्यामिहयत्कुलोद्वहम् ॥ शतंसुतानांबलवीर्यशालिनामिदंचतुर्थंवरयामितेवरम् ४५ ॥ यमउवाच ॥ शतंसुतानांबलवीर्यशालिनांभविष्यतिप्रीतिकरंतवाबले ॥ परिश्रमस्तेनभवेन्नृपात्मजेनिवर्तदूरंहिपथस्त्वमागता ४६ ॥ सावित्र्युवाच ॥ सतांसदाशाश्वतधर्मवृत्तिःसंतोनसीदंतिनचव्यथंति ॥ सतांसद्भिर्नाफलःसंगमोऽस्तिसद्भ्योभयंनानुवर्ततिसंतः ४७ संतोहिसत्येननयंतिसूर्यंसंतोभूमिंतपसाधारयंति ॥ संतोगतिर्भूतभव्यस्यराजन्सतांमध्येनावसीदंतिसंतः ४८

र्मेणप्रशासनेनताःप्रजाश्चरंति त्वदाज्ञावशगाइत्यर्थः अतएवतवनामधर्मराजइति धर्मेणैवराजतेधर्मोऽस्यराजतइतिवा ४१ लौकिकेष्वपिविश्वासंकुर्वन्निष्टसिद्धिंप्राप्नोति । किमुतत्वयिधर्मराजेइत्याशयेनाह आत्मन्यपीति । प्रणयंप्रार्थनां ४२ ४३ तेत्वया ४४ ममात्मजंसत्यवतश्चऔरसं नतुक्षेत्रराष्ट्रादिवदन्यतोमयिजातमित्यर्थः ४५ । ४६ शाश्वतोधर्मःपत्युःसकाशादेवापत्योत्पादनं सतांमादृशानांदाराणांतत्रैववृत्तिःननुगतायुषिपत्यौकथंततस्यादित्यतआहसंतइति । वरंदत्वासंतोनव्यर्थंभवंतिनापिसीदंति किंतुउक्तंनिर्वहंत्येवेत्यर्थः । अत्यंताशक्येऽर्थेकथंस्यादित्यतआह सतामिति । सतामशक्यमपिनास्ति भयंचान्यस्यतेभ्योनास्तीतितत्त्वतोऽहंनिर्भयाऽस्मीतिभावः ४७ त्वयाऽपिमत्यंस्त्वीयंरक्षणीयमित्याह संतोहीति । भूतभव्यस्य भूतस्यभविष्यस्यच ४८

परस्परंउपकारप्रत्युपकारम् ४९ एतत्त्रयं प्रसादोऽर्थोमानश्च दरिद्रस्यप्रसादोनार्थाय श्रीमतांप्रसादोऽर्थकृदपिनमानदः सतांतुमानदइति खलेतुप्रसादएवनास्ति अतस्त्रयंत्वय्येवस्थितमितित्वंरक्षिताऽस्माकं
भवेतिभावः ५० । ५१ तेत्वत्तःअपवर्गःपुत्रफलप्राप्तिः सुकृताद्विनासमीचीनाद्दांपत्ययोगादृते क्षेत्रजादिपुत्रार्पणेननकृतोनिष्पादितोभवति यथाऽन्येषुवरेषुभर्तृषुमदयंत्यांवसिष्ठस्येव नतद्वत् यस्मादेवंतस्माद्वरंवृणे

आर्यजुष्टमिदंवृत्तमितिविज्ञायशाश्वतम् ॥ संतःपरार्थंकुर्वाणानावेक्षंतिपरस्परम् ४९ नचप्रसादःसत्पुरुषेषुमोघोनचाप्यर्थोनश्यतिनाभिमानः ॥ यस्मादेतन्नियतंसत्सु
नित्यंतस्मात्संतोरक्षितारोभवंति ५० ॥ यमउवाच ॥ यथायथाभाषसिधर्मसंहितंमनोऽनुकूलंसुपदंमहार्थवत् ॥ तथातथामेत्वयिभक्तिरुत्तमावरंवृणीष्वाप्रतिमंपतिव्रते
५१ ॥ सावित्र्युवाच ॥ नतेऽपवर्गःसुकृताद्विनाकृतस्तथायथाऽन्येषुवरेषुमानद ॥ वरंवृणेजीवतुसत्यवानयंयथामृताह्येवमहंपतिंविना ५२ नकामयेभर्तृविनाकृतासुखं
नकामयेभर्तृविनाकृतादिवम् ॥ नकामयेभर्तृविनाकृताश्रियंनभर्तृहीनाव्यवसामिजीवितुम् ५३ वरातिसर्गःशतपुत्रताममत्वयैवदत्तोह्रियतेचमेरतिः ॥ वरंवृणेजी
वतुसत्यवानयंतवैवसत्यंवचनंभविष्यति ५४ ॥ मार्कंडेयउवाच ॥ तथेत्युक्त्वातुतंपाशंमुक्त्वावैवस्वतोयमः ॥ धर्मराजःप्रहृष्टात्मासावित्रीमिदमब्रवीत् ५५ एषभद्रे
मयामुक्तोभर्तातेकुलनंदिनि ॥ अरोगस्तवनेयश्चसिद्धार्थःसभविष्यति ५६ चतुर्वर्षशतायुश्चत्वयासार्धमवाप्स्यति ॥ इष्ट्वायज्ञैश्चधर्मेणख्यातिंलोकेगमिष्यति ५७
त्वयिपुत्रशतंचैवसत्यवान्जनयिष्यति ॥ तेचापिसर्वेराजानःक्षत्रियाःपुत्रपौत्रिणः ५८ ख्यातास्त्वन्नामधेयाश्चभविष्यंतीहशाश्वताः ॥ पितुश्चतेपुत्रशतंभवितातव
मातरि ५९ मालव्यांमालवानामशाश्वताःपुत्रपौत्रिणः ॥ भ्रातरस्तेभविष्यंतिक्षत्रियास्त्रिदशोपमाः ६० एवंतस्यैवरंदत्वाधर्मराजःप्रतापवान् ॥ निवर्तयित्वासावित्रीं
स्वमेवभवनंययौ ६१ सावित्र्यपियमेयातेभर्तारंप्रतिलभ्यच ॥ जगामतत्रयत्रास्याभर्तुःशावंकलेवरम् ६२ साभूमौप्रेक्ष्यभर्तारमुपसृत्योपगृह्यच ॥ उत्संगेशिरआरो
प्यभूमावुपविवेशह ६३ संज्ञांचसपुनर्लब्ध्वासावित्रीमभ्यभाषत ॥ प्रोष्यागतइवप्रेम्णापुनःपुनरुदीक्ष्यवै ६४ ॥ सत्यवानुवाच ॥ सुचिरंबतसुप्तोऽस्मिकिमर्थंनाव
बोधितः ॥ क्ववासौपुरुषःश्यामोयोऽसौमांसंचकर्षह ६५ ॥ सावित्र्युवाच ॥ सुचिरंत्वंप्रसुप्तोऽसिममांकेपुरुषर्षभ ॥ गतःसभगवान्देवःप्रजासंयमनोयमः ६६
विश्रांतोऽसिमहाभागविनिद्रश्चनृपात्मज ॥ यदिशक्यंसमुत्तिष्ठविगाढांपश्यशर्वरीम् ६७ ॥ मार्कंडेयउवाच ॥ उपलभ्यततःसंज्ञांसुखसुप्तइवोत्थितः ॥ दिशःसर्वा
वनांतांश्चनिरीक्ष्योवाचसत्यवान् ६८ फलाहारोऽस्मिनिष्क्रांतस्त्वयासहसुमध्यमे ॥ ततःपाटयतःकाष्ठंशिरसोमेरुजाऽभवत् ६९ शिरोऽभितापसंतप्तःस्थातुंचिरम
शक्नुवन् ॥ तवोत्संगेप्रसुप्तोऽस्मिइतिसर्वंस्मरेशुभे ७० त्वयोपगूढस्यचमेनिद्रयाऽपहृतंमनः ॥ ततोऽपश्यंतमोघोरंपुरुषंचमहौजसम् ७१ तद्यदित्वंविजानासिकिंतद्ब्रूहि
सुमध्यमे ॥ स्वप्नोमेयदिवादृष्टोयदिवासत्यमेवतत् ७२

५२ व्यवसामिशक्नोमि ५३ । ५४ । ५५ । ५६ । ५७ । ५८ त्वन्नामधेयाःसावित्राइति ५९ । ६० । ६१ शावंश्यामं ६२ । ६३ । ६४ । ६५ । ६६ । ६७ । ६८ । ६९ । ७० । ७१ । ७२

॥२४१॥ तमुवाचाथसावित्रीरजनीव्यवगाहते ॥ श्वस्तेसर्वंयथावृत्तमाख्यास्यामिनृपात्मज ७३ उत्तिष्ठोत्तिष्ठभद्रंतेपितरौपश्यसुव्रत ॥ विगाढारजनीचेयंनिवृत्तश्चदिवाकरः ७४ नक्तंचराश्चरंत्येतेहृष्टाःक्रूराभिभाषिणः ॥ श्रूयंतेपर्णशब्दाश्चमृगाणांचरतांवने ७५ एताघोरंशिवानादान्दिशंदक्षिणपश्चिमाम् ॥ आस्थायविरुवंत्युग्राःकंपयंत्योमनोमम ७६ ॥ सत्यवानुवाच ॥ वनंप्रतिभयाकारंघनेनतमसावृतम् ॥ नविज्ञास्यसिपंथानंगंतुंचैवनशक्ष्यसि ७७ ॥ सावित्र्युवाच ॥ अस्मिन्नद्यवनेदग्धेशुष्कवृक्षःस्थितोज्वलन् ॥ वायुनाधम्यमानोऽत्रदृश्यतेऽग्निःक्वचित्क्वचित् ७८ ततोऽग्निमानयित्वेहज्वालयिष्यामिसर्वतः ॥ काष्ठानीमानिसंतीहजहिसंतापमात्मनः ७९ यदिनोत्सहसेगंतुंसरुजंत्वांहिलक्षये ॥ नचज्ञास्यसिपंथानंतमसासंवृतेवने ८० श्वःप्रभातेवनेदृश्येयास्यावोऽनुमतेतव ॥ वसावेहक्षपामेकांरुचितंयदितेऽनघ ८१ ॥ सत्यवानुवाच ॥ शिरोरुजानिवृत्तामेस्वस्थान्यंगानिलक्षये ॥ मातापितृभ्यामिच्छामिसंगमंत्वत्प्रसादजम् ८२ नकदाचिद्विकालेहिगतपूर्वोमयाऽऽश्रमः ॥ अनागतायांसंध्यायांमातामेप्ररुणद्धिमाम् ८३ दिवाऽपिमयिनिष्क्रांतेसंतप्येतेगुरूमम ॥ विचिनोतिहिमांतातःसहैवाश्रमवासिभिः ८४ मात्रापित्राचसुभृशंदुःखिताभ्यामहंपुरा ॥ उपालब्धश्चबहुशश्चिरेणागच्छसीतिहि ८५ कात्ववस्थातयोरद्यमदर्थमितिचिंतये ॥ तयोरदृश्येमयिचमहद्दुःखंभविष्यति ८६ पुरामामूचतुश्चैवरात्रावस्रायमाणकौ ॥ भृशंसुदुःखितौवृद्धौबहुशःप्रीतिसंयुतौ ८७ त्वयाहीनौनजीवावमुहूर्तमपिपुत्रक ॥ यावद्धरिष्यसेपुत्रतावन्नौजीवितंध्रुवम् ८८ वृद्धयोरंधयोर्दृष्टिस्त्वयिवंशःप्रतिष्ठितः ॥ त्वयिपिंडश्चकीर्तिश्चसंतानंचावयोरिति ८९ मातावृद्धापितावृद्धस्तयोर्यष्टिरहंकिल ॥ तौरात्रौमामपश्यंतौकामवस्थांगमिष्यतः ९० निद्रायाश्चाभ्यसूयामियस्याहेतोःपितामम ॥ माताचसंशयंप्राप्तामत्कृतेऽनपकारिणी ९१ अहंचसंशयंप्राप्तःकृच्छ्रामापदमास्थितः ॥ मातापितृभ्यांहिविनानाहंजीवितुमुत्सहे ९२ व्यक्तमाकुलयाबुद्ध्याप्रज्ञाचक्षुःपितामम ॥ एकैकमस्यांवेलायांपृच्छत्याश्रमवासिनम् ९३ नात्मानमनुशोचामियथाऽहंपितरंशुभे ॥ भर्तारंचाप्यनुगतांमातरंपरिदुर्बलम् ९४ मत्कृतेनहितावद्यसंतापंपरमेष्यतः ॥ जीवंतावनुजीवामिभर्तव्यौतौमयेतिह ९५ तयोःप्रियंमेकर्तव्यमितिजानामिचाप्यहम् ॥ मार्कंडेयउवाच ॥ एवमुक्त्वासधर्मात्मागुरुभक्तोगुरुप्रियः ९६ उच्छ्रित्यबाहूदुःखार्तःसुस्वरंप्ररुरोदह ॥ ततोऽब्रवीत्तथादृष्ट्वाभर्तारंशोककर्शितम् ९७ प्रमृज्याश्रूणिनेत्राभ्यांसावित्रीधर्मचारिणी ॥ यदिमेऽस्तितपस्तप्तंयदिदत्तंहुतंयदि ९८ श्वश्रूश्वशुरभर्तॄणांममपुण्याऽस्तुशर्वरी ॥ नस्मराम्युक्तपूर्वांवैस्वैरेष्वप्यनृतांगिरम् ९९ तेननसत्येनतावद्यध्रियेतांश्वशुरौमम ॥ सत्यवानुवाच ॥ कामयेदर्शनंपित्रोर्याहिसावित्रिमाचिरम् १०० ॥२४१॥

१०१ । २ । ३ । कठिनेफलपूर्णेपात्रे ४ । ५ । ६ । ७ । ८ । ९ । १० ॥ ११ ॥ इत्यारण्यकेपर्वणिनीलकंठीयेभारतभावदीपे सप्तनवत्यधिकद्विशततमोऽध्यायः ॥ २९७ ॥ ॥ एतस्मिन्ने

पुरामातुःपितुर्वाऽपियदिपश्यामिविप्रियम् ॥ नजीविष्येवरारोहेसत्येनात्मानमालभे १०१ यदिधर्मेचतेबुद्धिर्मांचेज्जीवंतमिच्छसि ॥ ममप्रियंवाकर्तव्यंगच्छावा
श्रमंमंतिकात् १२ ॥ मार्कंडेयउवाच ॥ सावित्रीततउत्थायकेशान्संयम्यभाविनी ॥ पतिमुत्थापयामासबाहुभ्यांपरिगृह्यवै ३ उत्थायसत्यवांश्चापिप्रमृज्यांगा
निपाणिना ॥ सर्वादिशःसमालोक्यकठिनेदृष्टिमादधे ४ तमुवाचाथसावित्रीश्वःफलानिहरिष्यसि ॥ योगक्षेमार्थमेतंतेनेष्यामिपरशुंत्वहम् ५ कृत्वाकठिनभा
रंसावृक्षशाखावलंबिनम् ॥ गृहीत्वापरशुंभर्तुःसकाशेपुनरागमत् ६ वामेस्कंधेतुवामोरूर्भर्तुर्बाहुंनिवेश्यच ॥ दक्षिणेनपरिष्वज्यजगामगजगामिनी ७ ॥ सत्य
वानुवाच ॥ अभ्यासगमनाद्भीरुपंथानोविदितामम ॥ वृक्षांतरालोकितयाज्योत्स्नयाचापिलक्षये ८ आगतौस्वःपथायेनफलान्यवचितानिच ॥ यथागतंशुभेगच्छ
पंथानंमाविचारय ९ पलाशखंडेचैतस्मिन्पंथाव्यावर्ततेद्विधा ॥ तस्योत्तरेणयःपंथास्तेनगच्छत्वरस्वच १० स्वस्थोऽस्मिबलवानस्मिदिदृक्षुःपितरावुभौ ॥
ब्रुवन्नेवत्वरायुक्तःसंप्रायादाश्रमंप्रति ॥ १११ ॥ इतिश्रीमहाभारतेआरण्यकेपर्वणिपतिव्रतामा० सावित्र्युपाख्यानेसप्तनवत्यधिकद्विशततमोऽध्यायः ॥ २९७ ॥
मार्कंडेयउवाच ॥ एतस्मिन्नेवकालेतुद्युमत्सेनोमहाबलः ॥ लब्धचक्षुःप्रसन्नायांदृष्ट्यांसर्वंददर्शह १ ससर्वानाश्रमान्गत्वाशैब्ययासहभार्यया ॥ पुत्रहेतोःपरामा
र्तिंजगामभरतर्षभ २ तावाश्रमान्नदीश्चैववनानिचसरांसिच ॥ तस्यांनिशिविचिन्वंतौदंपतीपरिजग्मतुः ३ श्रुत्वाशब्दंतुयंकंचिदुन्मुखौसुतशंकया ॥ सावित्री
सहितोभ्येतिसत्यवानित्यभाषताम् ४ भिन्नैश्चपरुषैःपादैःसव्रणैःशोणितोक्षितैः ॥ कुशकंटकविद्धांगावुन्मत्ताविवधावतः ५ ततोऽभिसृत्यतैर्विप्रैःसर्वैराश्रमवा
सिभिः ॥ परिवार्यसमाश्वास्यतावानीतौस्वमाश्रमम् ६ तत्रभार्यासहायःसवृतोवृद्धैस्तपोधनैः ॥ आश्वासितोऽपिचित्रार्थैःपूर्वराज्ञांकथाश्रयैः ७ ततस्तौपुनराश्व
स्तौवृद्धौपुत्रदिदृक्षया ॥ बाल्यवृत्तानिपुत्रस्यस्मरंतौभृशदुःखितौ ८ पुनरुक्त्वाचकरुणांवाचंतौशोककर्शितौ ॥ हापुत्रहासाध्विवधूःक्वासिक्वासीत्यरोदताम् ॥
ब्राह्मणःसत्यवाक्तेषामुवाचेदंतयोर्वचः ९ ॥ सुवर्चाउवाच ॥ यथाऽस्यभार्यासावित्रीतपसाचदमेनच ॥ आचारेणचसंयुक्तातथाजीवतिसत्यवान् १० ॥ गौतम
उवाच ॥ वेदाःसांगामयाऽधीतास्तपोमेसंचितंमहत् ॥ कौमारब्रह्मचर्यंचगुरवोऽग्निश्चतोषिताः ११ समाहितेनचीर्णानिसर्वाण्येवव्रतानिमे ॥ वायुभक्षोपवासश्चकृतो
मेविधिवत्सदा १२ अनेनतपसावेद्मिसर्वंपरचिकीर्षितम् ॥ सत्यमेतन्निबोधध्वंध्रियतेसत्यवानिति १३ ॥ शिष्यउवाच ॥ उपाध्यायस्यमेवक्त्राद्यथावाक्यंविनिः
सृतम् ॥ नैवजातुभवेन्मिथ्यातथाजीवतिसत्यवान् १४ ॥ ऋषयऊचुः ॥ यथाऽस्यभार्यासावित्रीसर्वैरेवसुलक्षणैः ॥ अवैधव्यकरैर्युक्तातथाजीवतिसत्यवान् १५

वेति १ । २ । ३ । ४ भिन्नैर्विदीर्णैः परुषैःकर्कशैः ५ । ६ । ७ । ८ । ९ । १० । ११ । १२ । १३ । १४ । १५

१६ । १७ शांतायांप्रसन्नायां पार्थिवीपार्थिवत्वयोग्या प्रवृत्तिर्धर्मः १८ । १९ । २० । २१ । २२ । २३ । २४ । २५ । २६ । २७ विरात्रेबहुरात्रेकाले आगतमागमनम् २८ । २९ । ३० । ३१

॥२४२॥ ॥ भारद्वाजउवाच ॥ यथाऽस्यभार्यासावित्रीतपसाचदमेनच ॥ आचारेणचसंयुक्तातथाजीवतिसत्यवान् १६ ॥ दाल्भ्यउवाच ॥ यथाद्दष्टिःप्रवृत्ताते सावित्र्याश्वय
थाव्रतम् ॥ गताऽऽहारमकृत्वाचनयाजीवतिसत्यवान् १७ ॥ आपस्तंबउवाच ॥ यथावदंतिशांतायांदिशिवैमृगपक्षिणः ॥ पार्थिवीचप्रवृत्तिस्तेतथाजीवतिसत्य
वान् १८ ॥ धौम्यउवाच ॥ सर्वैर्गुणैरुपेतस्तेयथापुत्रोजनप्रियः ॥ दीर्घायुर्लक्षणोपेतस्तथाजीवतिसत्यवान् १९ ॥ मार्कंडेयउवाच ॥ एवमाश्वासितस्तैस्तु
सत्यवाग्भिस्तपस्विभिः ॥ तांस्तान्विगणयन्सर्वांस्ततःस्थिरइवाभवत् २० ततोमुहूर्तात्सावित्रीभर्त्रासत्यवतासह ॥ आजगामाश्रमंरात्रौप्रहृष्टाप्रविवेशह २१
॥ ब्राह्मणाऊचुः ॥ पुत्रेणसंगतंत्वांतुचक्षुष्मंतंनिरीक्ष्यच ॥ सर्वेवयंवैपृच्छामोवृद्धिंवैपृथिवीपते २२ समागमेनपुत्रस्यसावित्र्यादर्शनेनच ॥ चक्षुषश्चात्मनोलाभात्रि
भिर्दिष्ट्याविवर्धसे २३ सर्वैरस्माभिरुक्तंयत्तथातन्नात्रसंशयः ॥ भूयोभूयःसमृद्धिस्तेक्षिप्रमेवभविष्यति २४ ततोऽग्निंतत्रसंज्वाल्यद्विजास्तेसर्वएवहि ॥ उपासां
चक्रिरेपार्थद्युमत्सेनंमहीपतिम् २५ शैब्याचसत्यवांश्चैवसावित्रीचैकतःस्थिताः ॥ सर्वैस्तैरभ्यनुज्ञाताविशोकाःसमुपाविशन् २६ ततोराज्ञासहासीनाःसर्वेतेवन
वासिनः ॥ जातकौतूहलाःपार्थपप्रच्छुर्नृपतेःसुतम् २७ ॥ ऋषयऊचुः ॥ प्रागेवनागतंकस्मात्सभार्येणत्वयाविभो ॥ विरात्रेचागतंकस्मात्कोऽनुबंधस्तवाभवत्
२८ संतापितःपितामातावनेचैवनृपात्मज ॥ कस्मादितिनजानीमस्तत्सर्वंवक्तुमर्हसि २९ ॥ सत्यवानुवाच ॥ पित्राऽहमभ्यनुज्ञातःसावित्रीसहितोगतः ॥
अथमेऽभूच्छिरोदुःखंवनेकाष्ठानिभिंदतः ३० सुप्तश्चाहंवेदनयाचिरमित्युपलक्षये ॥ तावत्कालंनचमयासुप्तपूर्वंकदाचन ३१ सर्वेषामेवभवतांसंतापोमाभवेदिति ॥
अतोविरात्रागमनंनान्यदस्तीहकारणम् ३२ ॥ गौतमउवाच ॥ अकस्माच्चक्षुषःप्राप्तिर्द्युमत्सेनस्यतेपितुः ॥ नास्यत्वंकारणंवेत्सिसावित्रीवक्तुमर्हति ३३ श्रोतु
मिच्छामिसावित्रित्वंहिवेत्थपरावरम् ॥ त्वांहिजानामिसावित्रिसावित्रीमिवतेजसा ३४ त्वमत्रहेतुंजानीषेतस्मात्सत्यंनिरुच्यताम् ॥ रहस्यंयदितेनास्तिकिंचिद
त्रवदस्वनः ३५ ॥ सावित्र्युवाच ॥ एवमेतद्यथावेत्थसंकल्पोनान्यथाहिवः ॥ नहिकिंचिद्रहस्यंमेश्रूयतांतथ्यमेवयत् ३६ मृत्युर्मेपत्युराख्यातोनारदेनमहात्मना ॥
सचाद्यदिवसःप्राप्तस्ततोनैनंजहाम्यहम् ३७ सुप्तंचैनंयमःसाक्षादुपागच्छत्सकिंकरः ॥ सएनमनयद्बद्ध्वादिशंपितृनिषेविताम् ३८ अस्तौषंतमहंदेवंसत्येनवचसा
विभुम् ॥ पंचवैतेनमेदत्तावराःशृणुततान्मम ३९ चक्षुषीचस्वराज्यंचद्वौवरौश्वशुरस्यमे ॥ लब्धंपितुःपुत्रशतंपुत्राणांचात्मनःशतम् ४० चतुर्वर्षशतायुर्मेभ
र्तालब्धश्चसत्यवान् ॥ भर्तुर्हिजीवितार्थंतुमयाचीर्णंत्विदंव्रतम् ४१ ॥२४२॥

३२ । ३३ । ३४ । ३५ । ३६ । ३७ । ३८ । ३९ । ४० । ४१

४२ । ४३ ४४ ॥ ॥ इत्यारण्यकेपर्वणिनीलकंठीयेभारतभावदीपे अष्टनवत्यधिकद्विशततमोऽध्यायः ॥ २९८ ॥ ॥ तस्यामिति १ । २ । ३ । ४ । ५ । ६ चिररात्रायबहुकालम् ७ । ८ । ९

एतत्सर्वंमयाऽऽख्यातंकारणंविस्तरेणवः ॥ यथावृत्तंसुखोदर्कमिदंदुःखंमहन्मम ४२ ॥ ऋषयऊचुः ॥ निमज्जमानंव्यसनैरभिद्रुतंकुलंनरेंद्रस्यतमोमयेन्हदे ॥ त्वयासु
शीलव्रतपुण्ययाकुलंसमुद्धृतंसाध्विपुनःकुलीनया ४३ ॥ मार्कंडेयउवाच ॥ तथाप्रशस्यह्यभिपूज्यचैववरस्त्रियंतामृषयःसमागताः ॥ नरेंद्रमामंत्र्यसपुत्रमंजसाशिवेन
जग्मुर्मुदिताःस्वमालयम् ४४ ॥ इतिश्रीमहाभारतेआरण्यकेपर्वणिपतिव्रतामाहात्म्यपर्वणिसावित्र्युपाख्यानेअष्टनवत्यधिकद्विशततमोऽध्यायः ॥ २९८ ॥
॥ मार्कंडेयउवाच ॥ तस्यांरात्र्यांव्यतीतायामुदितेसूर्यमंडले ॥ कृतपौर्वाह्णिकाःसर्वेसमेयुस्तेतपोधनाः १ तदेवसर्वंसावित्र्यामहाभाग्यंमहर्षयः ॥ द्युमत्सेनायनातृप्य
न्कथयंतःपुनःपुनः २ ततःप्रकृतयःसर्वाःशाल्वेभ्योऽभ्यागतानृप ॥ आचख्युर्निहतंचैवस्वेनामात्येनतंद्विषम् ३ तंमंत्रिणाहतंश्रुत्वाससहायंसबांधवम् ॥ न्यवेदयन्यथा
वृत्तंविद्रुतंचद्विषद्बलम् ४ ऐकमत्यंचसर्वस्यजनस्याथनृपंप्रति ॥ सचक्षुर्वाऽप्यचक्षुर्वासनोराजाभवत्विति ५ अनेननिश्चयेनेहवयंप्रस्थापितानृप ॥ प्राप्तानीमानियाना
निचतुरंगंचतेबलम् ६ प्रयाहिराजन्भद्रंतेघुष्टस्तेनगरेजयः ॥ अध्यास्वचिररात्रायपितृपैतामहंपदम् ७ चक्षुष्मंतंचतंदृष्ट्वाराजानंवपुषाऽन्वितम् ॥ मूर्धानिप
तिताःसर्वेविस्मयोत्फुल्ललोचनाः ८ ततोऽभिवाद्यतान्वृद्धान्द्विजानाश्रमवासिनः ॥ तैश्चाभिपूजितःसर्वैःप्रययौनगरंप्रति ९ शैब्याचसहसावित्र्यास्वास्तीर्णे
नसुवर्चसा ॥ नरयुक्तेनयानेनप्रययौसेनयावृता १० ततोऽभिषिषिचुःप्रीत्याद्युमत्सेनपुरोहिताः ॥ पुत्रंचास्यमहात्मानंयौवराज्येऽभ्यषेचयन् ११ ततःकालेन
महतासावित्र्याःकीर्तिवर्धनम् ॥ तद्वैपुत्रशतंजज्ञेशूराणामनिवर्तिनाम् १२ भ्रातृणांसोदराणांचतथैवास्याऽभवच्छतम् ॥ मद्राधिपस्याश्वपतेर्मालव्यांसुमहद्बलम्
१३ एवमात्मापितामाताश्वश्रूःश्वशुरएवच ॥ भर्तुःकुलंचसावित्र्यासर्वंकृच्छ्रात्समुद्धृतम् १४ तथैवैषाहिकल्याणीद्रौपदीशीलसंमता ॥ तारयिष्यतिवःसर्वान्सा
वित्रीवकुलांगना १५ ॥ वैशंपायनउवाच ॥ एवंसपांडवस्तेनअनुनीतोमहात्मना ॥ विशोकोविज्वरोराजन्काम्यकेन्यवसत्तदा १६ यश्चेदंशृणुयाद्भक्त्या
सावित्र्याख्यानमुत्तमम् ॥ ससुखीसर्वसिद्धार्थोनदुःखंप्राप्नुयान्नरः १७ ॥ इतिश्रीमहाभारतेआरण्यकेपर्वणिपतिव्रतामाहात्म्यपर्वणिसावित्र्युपाख्यानेनवनवत्य
धिकद्विशततमोऽध्यायः ॥ २९९ ॥ ॥ ॥ ॥ समाप्तंचेदंपतिव्रतामाहात्म्यपर्व ॥ अथकुंडलाहरणपर्व ॥ ॥ जनमेजयउवाच ॥ यत्तत्तदामहद्ब्रह्मन्
लोमशोवाक्यमब्रवीत् ॥ इंद्रस्यवचनादेवपांडुपुत्रंयुधिष्ठिरम् १ यच्चापितेभयंतीव्रंनचकीर्तयसेक्वचित् ॥ तच्चाप्यपहरिष्यामिधनंजयइतोगते २ किंनुतज्ज
पतांश्रेष्ठकर्णंप्रतिमहद्भयम् ॥ आसीन्नचसधर्मात्माकथयामासकस्यचित् ३

१० । ११ । १२ । १३ । १४ । १५ । १६ । १७ ॥ इत्यारण्यकेपर्वणि नीलकंठीये भारतभावदीपे नवनवत्यधिकद्विशततमोऽध्यायः ॥ २९९ ॥ ॥ यत्तदिति १ । २ । ३

॥ वैशंपायनउवाच ॥ अयंतेराजशार्दूलकथयामिकथामिमाम् ॥ पृच्छतोभरतश्रेष्ठशुश्रूषस्वगिरंमम ४ द्वादशेसमतिक्रांतेवर्षेप्राप्तेत्रयोदशे ॥ पांडूनांहितकृच्छक्रःकर्णं भिक्षितुमुद्यतः ५ अभिप्रायमथोज्ञात्वामहेंद्रस्यविभावसुः ॥ कुंडलार्थेमहाराजसूर्यःकर्णमुपागतः ६ महार्हेशयनेवीरंस्पर्ध्यास्तरणसंवृते ॥ शयानमतिविश्वस्तंब्रह्मण्यंसत्यवादिनम् ७ स्वप्नांतेनिशिराजेंद्रदर्शयामासरश्मिवान् ॥ कृपयापरयाऽऽविष्टःपुत्रस्नेहाच्चभारत ८ ब्राह्मणोवेदविद्भूत्वासूर्योयोगार्द्धिरूपवान् ॥ हितार्थमब्रवीत्कर्णंसांत्वपूर्वमिदंवचः ९ कर्णमद्वचनंतातशृणुसत्यभृतांवर ॥ ब्रुवतोऽद्यमहाबाहोसौहृदात्परमंहितम् १० उपायास्यतिशक्रस्त्वांपांडवानांहितेप्सया ॥ ब्राह्मणच्छद्मनाकर्णकुंडलोपजिहीर्षया ११ विदितंतेनशीलंतेसर्वस्यजगतस्तथा ॥ यथात्वंभिक्षितःसद्भिर्ददास्येवनयाचसे १२ त्वंहितातददास्येवब्राह्मणेभ्यःप्रयाचितम् ॥ वित्तंयच्चान्यदप्याहुर्नप्रत्याख्यासिकस्यचित् १३ त्वांतुचैवंविधंज्ञात्वास्वयंवैपाकशासनः ॥ आगंताकुंडलार्थायकवचंचैवभिक्षितुम् १४ तस्मैप्रयाचमानायनदेयेकुंडलेत्वया ॥ अनुनेयःपरंशक्त्याश्रेयएतद्धितंपरम् १५ कुंडलार्थेब्रुवंस्तातकारणैर्बहुभिस्त्वया ॥ अन्यैर्बहुविधैर्वित्तैःसन्निवार्यःपुनःपुनः १६ रत्नैःस्त्रीभिस्तथागोभिर्धनैर्बहुविधैरपि ॥ निदर्शनैश्चबहुभिःकुंडलेप्सुःपुरंदरः १७ यदिदास्यसिकर्णत्वंसहजेकुंडलेशुभे ॥ आयुषःप्रक्षयंगत्वामृत्योर्वशमुपैष्यसि १८ कवचेनसमायुक्तःकुंडलाभ्यांचमानद ॥ अवध्यस्त्वंरणेऽरीणामितिविद्धिवचोमम १९ अमृतादुत्थितंह्येतदुभयंरत्नसंभवम् ॥ तस्माद्रक्ष्यंत्वयाकर्णजीवितंचेत्प्रियंतव २० ॥ कर्णउवाच ॥ कोमामेवंभवान्प्राहदर्शयन्सौहृदंपरम् ॥ कामयाभगवन्ब्रूहिकोभवान्द्विजवेषधृक् २१ ॥ ब्राह्मणउवाच ॥ अहंतातसहस्रांशुःसौहृदात्त्वांनिदर्शये ॥ कुरुष्वैतद्वचोमेत्वमेतच्छ्रेयःपरंहिते २२ ॥ कर्णउवाच ॥ श्रेयएवममात्यंतंयस्यमेगोपतिःप्रभुः ॥ प्रवक्ताऽद्यहितान्वेषीशृणुचेदंवचोमम २३ प्रसादयेत्वांवरदंप्रणयाच्चब्रवीम्यहम् ॥ ननिवार्योव्रतादस्मादहंयद्यस्मितेप्रियः २४ व्रतंवैममलोकोऽयंवेत्तिकृत्स्नंविभावसो ॥ यथाहंद्विजमुख्येभ्योदद्यांप्राणानपिध्रुवम् २५ यद्यागच्छतिमांशक्रोब्राह्मणच्छद्मनाऽऽवृतः ॥ हितार्थंपांडुपुत्राणांखेचरोत्तमभिक्षितुम् २६ दास्यामिविबुधश्रेष्ठकुंडलेवर्मचोत्तमम् ॥ नमेकीर्तिःप्रणश्येतत्रिषुलोकेषुविश्रुता २७ मद्विधस्ययशस्यंहिनयुक्तंप्राणरक्षणम् ॥ युक्तंहियशसायुक्तंमरणंलोकसंमतम् २८ सोऽहमिंद्रायदास्यामिकुंडलेसहवर्मणा ॥ यदिमाबलसूदनोभिक्षार्थमुपयास्यति २९ हितार्थंपांडुपुत्राणांकुंडलेमेप्रयाचितुम् ॥ तन्मेकीर्तिकरंलोकेतस्याकीर्तिर्भविष्यति ३० वृणोमिकीर्तिंलोकेहिजीवितेनापिभानुमन् ॥ कीर्तिमानश्नुतेस्वर्गंहीनकीर्तिस्तुनश्यति ३१

३२ । ३३ । ३४ । ३५ । ३६ । ३७ । ३८ । ३९ ॥ इत्यारण्यकेपर्वणिनीलकंठीयेभारतभावदीपे त्रिशततमोऽध्यायः ॥ ३०० ॥ ॥ माऽहितमिति । अहितमितिच्छेदः १ । २ । ३ जीवतांपुत्रादीनांकार्यं
प्रयोजनंपरिष्वंगादिजंसुखंपित्रादिःकुरुतेलभते त्वयिमृतेतत्रत्पित्रादीनांकिंसुखंस्यादितिभावः ४ । ५ । ६ । ७ । ८ । ९ । १० । ११ विशाखयोःविशाखानक्षत्रस्यद्वेभास्वरेतारेतयोर्मध्येगतःपूर्णचंद्रः १२

कीर्तिर्हिपुरुषंलोकेसंजीवयतिमातृवत् ॥ अकीर्तिर्जीवितंहंतिजीवतोऽपिशरीरिणः ३२ अयंपुराणःश्लोकोहिस्वयंगीतोविभावसो ॥ धात्रालोकेश्वरयथाकीर्तिरायुर्न
रस्यह ३३ पुरुषस्यपरेलोकेकीर्तिरेवपरायणम् ॥ इहलोकेविशुद्धाचकीर्तिरायुर्विवर्द्धनी ३४ सोऽहंशरीरजेदत्वाकीर्तिंप्राप्स्यामिशाश्वतीम् ॥ दत्वाचविधिवद्दानं
ब्राह्मणेभ्योयथाविधि ३५ हुत्वाशरीरंसंग्रामेकृत्वाकर्मसुदुष्करम् ॥ विजित्यचपरानाजौयशःप्राप्स्यामिकेवलम् ३६ भीतानामभयंदत्वासंग्रामेजीवितार्थिनाम् ॥
वृद्धान्बालान्द्विजातींश्चमोक्षयित्वामहाभयात् ३७ प्राप्स्यामिपरमंलोकेयशःस्वर्ग्यमनुत्तमम् ॥ जीवितेनापिमेरक्ष्याकीर्तिस्तद्विद्धिमेव्रतम् ३८ सोऽहंदत्वामघवते
भिक्षामेतामनुत्तमाम् ॥ ब्राह्मणच्छद्मिनेदेवलोकेगंतापरांगतिं ३९ इतिश्रीमहाभारतेआरण्यकेपर्वणिकुंडलाहरणपर्वणिसूर्यकर्णसंवादेत्रिशततमोऽध्यायः ॥ ३०० ॥
॥ सूर्यउवाच ॥ माऽहितंकर्णकार्षीस्त्वमात्मनःसुहृदांतथा ॥ पुत्राणामथभार्याणामथोमातुरथोपितुः १ शरीरस्याविरोधेनप्राणिनांप्राणभृद्वर ॥ इष्यतेयशसःप्राप्तिः
कीर्तिश्चत्रिदिवेस्थिरा २ यस्त्वंप्राणविरोधेनकीर्तिमिच्छसिशाश्वतीम् ॥ सातेप्राणान्समादायगमिष्यतिनसंशयः ३ जीवतांकुरुतेकार्यंपितामातासुतास्तथा ॥ येचान्ये
बांधवाःकेचिल्लोकेऽस्मिन्पुरुषर्षभ ४ राजानश्चनरव्याघ्रपौरुषेणनिबोधतत् ॥ कीर्तिश्चजीवतःसाध्वीपुरुषस्यमहाद्युते ५ मृतस्यकीर्त्याकिंकार्यंभस्मीभूतस्यदेहिनः ॥
मृतःकीर्तिंनजानीतेजीवन्कीर्तिंसमश्नुते ६ मृतस्यकीर्तिर्मर्त्यस्ययथामालागतायुषः ॥ अहंतुत्वांब्रवीम्येतद्भक्तोऽसीतिहितेप्सया ७ भक्तिमंतोहिमेरक्ष्याइत्येतेनापि
हेतुना ॥ भक्तोऽयंपरयाभक्त्यामामित्येवमहाभुज ८ ममापिभक्तिरुत्पन्नासत्वंकुरुवचोमम ॥ अस्तिचात्रपरंकिंचिदध्यात्मंदेवनिर्मितम् ॥ अतश्चत्वांब्रवीम्येत
त्क्रियतामविशंकया ९ देवगुह्यंत्वयाज्ञातुंनशक्यंपुरुषर्षभ ॥ तस्मान्नाख्यामितेगुह्यंकालेवेत्स्यतितद्भवान् १० पुनरुक्तंचवक्ष्यामित्वंराधेयनिबोधतत् ॥ मास्मैते
कुंडलेदद्याभिक्षितेवज्रपाणिना ११ शोभसेकुंडलाभ्यांचरुचिराभ्यांमहाद्युते ॥ विशाखयोर्मध्यगतःशशीवविमलेदिवि १२ कीर्तिश्चजीवतःसाध्वीपुरुषस्येतिवि
द्धितत् ॥ प्रत्याख्येयस्त्वयातातकुंडलार्थेसुरेश्वरः १३ शक्याबहुविधैर्वाक्यैःकुंडलेप्सात्वयाऽनघ ॥ विहंतुंदेवराजस्यहेतुयुक्तैःपुनःपुनः १४ हेतुमदुपपन्नार्थैर्माधुर्य
कृतभूषणैः ॥ पुरंदरस्यकर्णत्वंबुद्धिमेतामपानुद १५ त्वंहिनित्यंनरव्याघ्रस्पर्धसेसव्यसाचिना ॥ सव्यसाचीत्वयाचेहयुधिशूरःसमेष्यति १६ नतुत्वामर्जुनःशक्रः
कुंडलाभ्यांसमन्वितम् ॥ विजेतुंयुधियद्यस्यस्वयमिंद्रःसखाभवेत् १७

१३ विहंतुंशक्येतिसंबंधः हेतुर्जीवनादिप्रदर्शनंतद्युक्तैः १४ हेतुर्युक्तिस्तद्वंतिचउपपन्नार्थानिहेत्वाभासरहितानिचतैः ‘ सर्वतएवात्मानंगोपायेत् ’। ‘ नसर्पायांगुलिंदद्यात् ’। ‘ शरीरमाद्यंखलुधर्मसाधनम् ’
इत्यादिभिर्वाक्यैः १५ । १६ । १७

१८ ॥ इत्यारण्यकेपर्वणिनीलकंठीये भारतभावदीपे एकाधिकत्रिशततमोऽध्यायः ॥ ३०१ ॥ ॥ भगवंतमिति १ । २ । ३ । ४ । ५ । ६ । ७ । ८ । ९ । १० । ११ । १२ । १३ । १४ । १५

तस्मान्नदेयेशक्रायत्वयैतेकुंडलेशुभे ॥ संग्रामेयदिनिर्जेतुंकर्णकामयसेऽर्जुनम् ॥ १८ ॥ इतिश्रीमहाभारतेआरण्यकेपर्वणिकुंडलाहरणपर्वणिसूर्यकर्णसंवादेएकाधिक
द्विशततमोऽध्यायः ॥ ३०१ ॥ ॥ ॥ कर्णउवाच ॥ भगवंतमहंभक्तोयथामांवेत्थगोपते ॥ तथापरमतिग्मांशोनान्यदेवंकथंचन १ नमेदारानमेपुत्रानचा
त्मासुहृदोनच ॥ तथेष्टावैसदाभक्त्यायथात्वंगोपतेमम २ इष्टानांचमहात्मानोभक्तानांचनसंशयः ॥ कुर्वंतिभक्तिमिष्टांचजानीषेत्वंचभास्कर ३ इष्टोभक्तश्चमेकर्णोनचा
न्यद्दैवतंदिवि ॥ जानीतइतिवैकृत्वाभगवानाहमद्धितम् ४ भूयश्चशिरसायाचेप्रसाद्यचपुनःपुनः ॥ इतिब्रवीमितिग्मांशोत्वंतुमेक्षंतुमर्हसि ५ बिभेमिनतथामृत्योर्य
थाबिभ्येऽनृतादहम् ॥ विशेषेणद्विजातीनांसर्वेषांसर्वदासताम् ६ प्रदानेजीवितस्यापिनमेऽत्रास्तिविचारणा ॥ यच्चमामात्थदेवत्वंपांडवंफाल्गुनंप्रति ७ व्येतुसंताप
जंदुःखंतवभास्करमानसम् ॥ अर्जुनंप्रतिमांचैवविजेष्यामिरणेऽर्जुनम् ८ तवापिविदितंदेवममाप्यस्त्रबलंमहत् ॥ जामदग्न्यादुपात्तंयत्तथाद्रोणान्महात्मनः ९ इदंत्वम
नुजानीहिसुरश्रेष्ठव्रतंमम ॥ भिक्षतेवज्रिणेदद्यामपिजीवितमात्मनः १० ॥ सूर्यउवाच ॥ यदितातददास्यैतेवज्रिणेकुंडलेशुभे ॥ त्वमप्येनमथोब्रूयाविजयार्थंमहा
बलम् ११ नियमेनप्रदद्यांतेकुंडलेवैशतक्रतो ॥ अवध्योह्यसिभूतानांकुंडलाभ्यांसमन्वितः १२ अर्जुनेनविनाशंहितवदानवसूदनः ॥ प्रार्थयानोरणेवत्सकुंडलेतेजिही
र्षति १३ सत्वमप्येनमाराध्यसूनृताभिःपुनःपुनः ॥ अभ्यर्थयेथादेवेशममोघार्थंपुरंदरम् १४ अमोघांदेहिमेशक्तिममित्रविनिबर्हिणीम् ॥ दास्यामितेसहस्राक्षकुंडलेवर्म
चोत्तमम् १५ इत्येवंनियमेनत्वंदद्याःशक्रायकुंडले ॥ तयात्वंकर्णसंग्रामेहनिष्यसिरणेरिपून् १६ नाहत्वाहिमहाबाहोशत्रूनेतिकरंपुनः ॥ साशक्तिर्देवराजस्यशतशोऽथस
हस्रशः १७ ॥ वैशंपायनउवाच ॥ एवमुक्त्वासहस्रांशुःसहसांऽतरधीयत ॥ ततःसूर्यायजप्यांतेकर्णःस्वप्नंन्यवेदयत् १८ यथादृष्टंयथातत्त्वंयथोक्तमुभयोर्निशि ॥ तत्स
र्वमानुपूर्व्येणशशंसास्मैवृषस्तदा १९ तच्छ्रुत्वाभगवान्देवोभानुःस्वर्भानुसूदनः ॥ उवाचतंतथेत्येवकर्णंसूर्यःस्मयन्निव २० ततस्तत्त्वमितिज्ञात्वाराधेयःपरवीरहा ॥
शक्तिमेवाभिकांक्षन्वैवासवंप्रत्यपालयत् २१ ॥ इतिश्रीमहाभारतेआरण्यकेपर्वणिकुंडलाहरणपर्वणिसूर्यकर्णसंवादेद्व्यधिकत्रिशततमोऽध्यायः ॥ ३०२ ॥ ॥
॥ जनमेजयउवाच ॥ किंतद्गुह्यंनचाख्यातंकर्णायेहोष्णरश्मिना ॥ कीदृशेकुंडलेतेचकवचंचैवकीदृशम् १ कुतश्चकवचंतस्यकुंडलेचैवसत्तम ॥ एतदिच्छाम्यहंश्रोतुं
तन्मेब्रूहितपोधन २ ॥ वैशंपायनउवाच ॥ अयंराजन्ब्रवीम्येतत्तस्यगुह्यंविभावसोः ॥ यादृशेकुंडलेतेचकवचंचैवयादृशम् ३ कुंतिभोजंपुराराजन्ब्राह्मणः
पर्युपस्थितः ॥ तिग्मतेजामहाप्रांशुःश्मश्रुदंडजटाधरः ४

१६ । १७ । १८ अस्मैसूर्याय वृषःकर्णः १९ स्वर्भानुसूदनोराहुदमनः २० । २१ ॥ इत्यारण्यकेपर्वणिनीलकंठीयेभारतभावदीपेद्व्यधिकत्रिशततमोऽध्यायः ॥ ३०२ ॥ किंतद्गुह्यमिति १ । २ । ३ । ४

५ । ६ । ७ । ८ । ९ । १० अनवमन्य अवमानमकृत्वा ११ । १२ वस्तुंवासंकर्तुं १३ पराश्वस्यपरमाश्वासंकृत्वा अभिराधनंकर्तुमितिशेषः १४ । १५ । १६ । १७ । १८ प्रणिधानंचित्तैका

दर्शनीयोऽनवद्यांगस्तेजसाप्रज्वलन्निव ॥ मधुपिंगोमधुरवाक्तपःस्वाध्यायभूषणः ५ सराजानंकुंतिभोजमब्रवीत्सुमहातपाः ॥ भिक्षामिच्छामिवैभोक्तुंतवगेहे
विमत्सर ६ नमेव्यलीकंकर्तव्यंत्वयावातवचानुगैः ॥ एवंवत्स्यामितेगेहेयदितेरोचतेऽनघ ७ यथाकामंचगच्छेयमागच्छेयंतथैवच ॥ शय्यासनेचमेराजन्नापराध्ये
तकश्चन ८ तमब्रवीत्कुंतिभोजःप्रीतियुक्तमिदंवचः ॥ एवमस्तुपरंचेतिपुनश्चैनमथाब्रवीत् ९ ममकन्यामहाप्राज्ञपृथानामयशस्विनी ॥ शीलवृत्तान्वितासाध्वी
नियताचैवभाविनी १० उपस्थास्यतिसात्वांवैपूजयाऽनवमन्यच ॥ तस्याश्चशीलवृत्तेनतुष्टिंसमुपयास्यसि ११ एवमुक्त्वातुतंविप्रमभिपूज्ययथाविधि ॥ उवाच
कन्यामभ्येत्यपृथांपृथुललोचनाम् १२ अयंवत्सेमहाभागोब्राह्मणोवस्तुमिच्छति ॥ ममगेहेमयाचास्यतथेत्येवंप्रतिश्रुतम् १३ त्वयिवत्सेपराश्वस्यब्राह्मणस्या
भिराधनम् ॥ तन्मेवाक्यममिथ्यात्वंकर्तुमर्हसिकर्हिचित् १४ अयंतपस्वीभगवान्स्वाध्यायनियतोद्विजः ॥ यद्यद्ब्रूयान्महातेजास्तत्तद्देयममत्सरात् १५ ब्राह्मणो
हिपरंतेजोब्राह्मणोहिपरंतपः ॥ ब्राह्मणानांनमस्कारैःसूर्योदिविविराजते १६ अमानयन्हिमानार्हान्वातापिश्चमहासुरः ॥ निहतोब्रह्मदंडेनतालजंघस्तथैवच १७
सोऽयंवत्सेमहाभारआहितस्त्वयिसांप्रतम् ॥ त्वंसदानियताकुर्याब्राह्मणस्याभिराधनम् १८ जानामिप्रणिधानंतेबाल्यात्प्रभृतिनंदिनि ॥ ब्राह्मणेष्विहसर्वेषु
गुरुबंधुषुचैवह १९ तथाप्रेष्येषुसर्वेषुमित्रसंबंधिमातृषु ॥ मयिचैवयथावत्त्वंसर्वमावृत्त्यवर्तसे २० नह्यतुष्टोजनोस्तीहपुरेचांतःपुरेचते ॥ सम्यग्वृत्त्याऽनवद्यांगि
तवभृत्यजनेष्वपि २१ संदेष्टव्यांतुमन्येत्वांद्विजातिंकोपनंप्रति ॥ पृथेबालेतिकृत्वावैसुताचासिममेतिच २२ वृष्णीनांचकुलेजाताशूरस्यदयितासुता ॥ दत्ताप्री
तिमतामह्यंपित्राबालापुरास्वयम् २३ वसुदेवस्यभगिनीसुतानांप्रवराम म ॥ अग्र्यमग्रेप्रतिज्ञायतेनाऽसिदुहितामम २४ तादृशेहिकुलेजाताकुलेचैवविवर्धिता ॥
सुखात्सुखमनुप्राप्ताह्रदाद्ध्रदमिवागता २५ दौष्कुलेयाविशेषेणकथंचित्प्रग्रहंगताः ॥ बालभावाद्विकुर्वंतिप्रायशःप्रमदाःशुभे २६ पृथेराजकुलेजन्मरूपंचापितवा
द्भुतम् ॥ तेनतेनासिसंपन्नासमुपेताचभाविनी २७ सात्वंदर्पंपरित्यज्यदंभंमानंचभाविनि ॥ आराध्यवरदंविप्रंश्रेयसायोक्ष्यसेपृथे २८ एवंप्राप्स्यसिकल्याणिक
ल्याणमनघेध्रुवम् ॥ कोपितेचद्विजश्रेष्ठेकृत्स्नंदह्येतमेकुलम् २९ ॥ इतिश्रीमहाभारतेआरण्यकेपर्वणिकुंडलाहरणपर्वणिपृथोपदेशेत्र्यधिकत्रिशततमोऽध्यायः ॥३०३॥
॥ कुंत्युवाच ॥ ब्राह्मणंयंत्रिताराजन्नुपस्थास्यामिपूजया ॥ यथाप्रतिज्ञंराजेंद्रनचमिथ्याब्रवीम्यहम् १ एषचैवस्वभावोमेपूजयेयंद्विजानिति ॥ तवचैवप्रियंकार्यंश्रे
यश्चपरमंमम २ यद्येवैष्यतिसायाह्नेयदिप्रातरथोनिशि ॥ यद्यर्धरात्रेभगवान्नमेकोपंकरिष्यति ३

ग्र्यम् १९ आवृत्यव्याप्य २० । २१ । २२ । २३ अग्र्यंअग्रेदेयं मयाप्रथममपत्यंतुभ्यंदेयमितिप्रतिज्ञातमित्यर्थः २४ । २५ दौष्कुलेयाःदुष्कुलेजाताः प्रग्रहंनिर्बंधं गताःप्राप्ताः विकुर्वंतिदौःस्थ्यंकुर्वंति
२६ । २७ । २८ । २९ ॥ इत्यारण्यकेपर्वणिनीलकंठीयेभारतभावदीपे त्र्यधिकत्रिशततमोऽध्यायः ॥ ३०३ ॥ ॥ ॥ ब्राह्मणमिति । यंत्रितानियमयुक्ता १ । २ । ३

४ विस्रब्धोविश्वस्तः व्यलीकमप्रियम् ५ । ६ । ७ । ८ । ९ । १० । ११ । १२ । १३ । १४ । १५ । १६ । १७ अग्निशरणेअग्न्यगारे १८ तंद्रीमालस्यम् १९ परिचारार्हपूजार्हं २० ॥ इत्यारण्यकेपर्वणि नीलकंठीयेभारतभावदीपे चतुरधिकत्रिशततमोऽध्यायः ॥ ३०४ ॥ ॥ ॥ सात्विति १ । २ प्रतिश्रयैः आश्रयैःशयनासनाद्यैः ३ अन्नादिनासमुदाचारःसमुपसर्पणम् ४ निर्भर्त्सनंधिक्कारः अप

लाभोममैषराजेंद्रयद्वैपूजयतीद्विजान् ॥ आदेशेतवतिष्ठंतीहितंकुर्यांनरोत्तम ४ विस्रब्धोभवराजेंद्रनव्यलीकंद्विजोत्तमः ॥ वसन्प्राप्स्यतितेगेहेसत्यमेतद्ब्रवीमिते ५ यत्प्रियंचद्विजस्यास्यहितंचैवतवानघ ॥ यतिष्यामितथाराजन्व्येतुतेमानसोज्वरः ६ ब्राह्मणाहिमहाभागाःपूजिताःपृथिवीपते ॥ तारणायसमर्थाःस्युर्विपरीतेवधाय च ७ साऽहमेतद्विजानंतीतोषयिष्येद्विजोत्तमम् ॥ नमत्कृतेव्यथांराजन्प्राप्स्यसिद्विजसत्तमात् ८ अपराधेऽपिराजेंद्रराज्ञामश्रेयसेद्विजाः ॥ भवंतिच्यवनोय द्वत्सुकन्यायाःकृतेपुरा ९ नियमेनपरेणाहमुपस्थास्येद्विजोत्तमम् ॥ यथात्वयानरेंद्रेदंभाषितंब्राह्मणंप्रति १० एवंब्रुवंतींबहुशःपरिष्वज्यसमर्थ्यंच ॥ इतिचेतिच कर्तव्यंराजासर्वमथादिशत् ११ ॥ राजोवाच ॥ एवमेतत्त्वयाभद्रेकर्तव्यमविशंकया ॥ मद्धितार्थंतथात्मार्थंकुलार्थंचाप्यनिंदिते १२ एवमुक्त्वातुतांकन्यांकुंति भोजोमहायशाः ॥ पृथांपरिददौतस्मैद्विजायद्विजवत्सलः १३ इयंब्रह्मन्ममसुताबालासुखविवर्धिता ॥ अपराध्येतयत्किंचिन्नकार्यंहृदितत्त्वया १४ द्विजातयोमहा भागावृद्धबालतपस्विषु ॥ भवंत्यक्रोधनाःप्रायोह्यपराद्धेषुनित्यदा १५ सुमहत्यपराधेऽपिक्षांतिःकार्याद्विजातिभिः ॥ यथाशक्तियथोत्साहंपूजाग्राह्याद्विजोत्तम १६ तथेतिब्राह्मणेनोक्तेसराजाप्रीतमानसः ॥ हंसचंद्रांशुसंकाशंगृहमस्मैन्यवेदयत् १७ तत्राग्निशरणेक्लृप्तमासनंतस्यभानुमत् ॥ आहारादिचसर्वंतत्तथैवप्रत्यवेद यत् १८ निक्षिप्यराजपुत्रीतुतंद्रींमानंतथैवच ॥ आतस्थेपरमंयत्नंब्राह्मणस्याभिराधने १९ तत्रसाब्राह्मणंगत्वापृथाशौचपरासती ॥ विधिवत्परिचारार्हंदेववत्पर्य तोषयत् २० ॥ इतिश्रीमहाभारतेआरण्यकेपर्वणिपृथाद्विजपरिचर्यायांचतुरधिकत्रिशततमोऽध्यायः ॥ ३०४ ॥ वैशंपायनउवाच ॥ सातुकन्यामहाराजब्राह्मणंसं शितव्रतम् ॥ तोषयामासशुद्धेनमनसासंशितव्रता १ प्रातरेष्याम्यथेत्युक्त्वाकदाचिद्द्विजसत्तमः ॥ ततआयातिराजेंद्रसायंरात्रावथोपुनः २ तंचसर्वासुवेलासुभ क्ष्यभोज्यप्रतिश्रयैः ॥ पूजयामाससाकन्यावर्धमानैस्तुसर्वदा ३ अन्नादिसमुदाचारःशय्यासनकृतस्तथा ॥ दिवसेदिवसेतस्यवर्धतेनतुहीयते ४ निर्भर्त्सनाऽपवादैश्चत थैवाप्रिययागिरा ॥ ब्राह्मणस्यपृथाराजन्नचकाराप्रियंतदा ५ व्यस्तेकालेपुनश्चैतिनचैतिबहुशोद्विजः ॥ सुदुर्लभमपिह्यन्नंदीयतामितिसोऽब्रवीत् ६ कृतमेवचतत्स र्वंयथातस्मैन्यवेदयत् ॥ शिष्यवत्पुत्रवच्चैवस्वस्रवच्चसुसंयता ७ यथोपजोषंराजेंद्रद्विजातिप्रवरस्यसा ॥ प्रीतिमुत्पादयामासकन्यारत्नमनिंदिता ८ तस्यास्तुशीलवृत्ते नतुतोषद्विजसत्तमः ॥ अवधानेनभूयोऽस्याःपरंयत्नमथाकरोत् ९ तांप्रभातेचसायंचपितापप्रच्छभारत ॥ अपितुष्यतितेपुत्रिब्राह्मणःपरिचर्यया १०

वादोऽन्यादेर्दूषणं पाठांतरेऽपदेशोव्याजः अप्रिययागालनरूपया ५ । ६ । ७ यथोपजोषंप्रियमनतिक्रम्य ८ शीलंशमादि वृत्तंपरिचर्या अवधानमैकाग्र्यं एतैस्तुतोष । यद्वाअस्याःपृथायाः श्रेयोऽर्थमवधानेन समाधिकाले यत्नमकरोत् यत्नेनतस्याःकल्याणंचिंतितवानित्यर्थः ९ । १०

॥ ११ । १२ । १३ । १४ । १५ । १६ । १७ । १८ द्वितीयैद्वितीयवारं १९ । २० । २१ विहितोविधानतःविशेषेणहितस्तृप्तोवा २२ । २३ इत्यार०प०नी०भा०भा०पंचाधिकत्रिशततमोऽध्यायः ॥ ३०५ ॥

तंसाऽपरममित्येवप्रत्युवाचयशस्विनी ॥ ततःप्रीतिमवाप्याग्र्यांकुंतिभोजोमहामनाः ११ ततःसंवत्सरेपूर्णेयदाऽसौजपतांवरः ॥ नापश्यदुष्कृतंकिंचित्पृथायाःसौहृदे
रतः १२ ततःप्रीतमनाभूत्वासएनांब्राह्मणोऽब्रवीत् ॥ प्रीतोऽस्मिपरमंभद्रेपरिचारेणतेशुभे १३ वरान्वृणीष्वकल्याणिदुरापान्मानुषैरिह ॥ यैस्त्वंसीमंतिनीःसर्वा
यशसाऽभिभविष्यसि १४ ॥ कुंत्युवाच ॥ कृतानिममसर्वाणियस्यामेवेदवित्तम ॥ त्वंप्रसन्नःपिताचैवकृतंविप्रवरैर्मम १५ ॥ ब्राह्मणउवाच ॥ यदिनेच्छसिमत्त
स्त्वंवरंभद्रेशुचिस्मिते ॥ इमंमंत्रंगृहाणत्वमाह्वानायदिवौकसाम् १६ यंयंदेवंत्वमेतेनमंत्रेणावाहयिष्यसि ॥ तेनतेनवशेभद्रेस्थातव्यंतेभविष्यति १७ अकामोवासका
मोवासमेष्यतितेवशे ॥ विबुधोमंत्रसंशांतोभवेद्भृत्यइवानतः १८ ॥ वैशंपायनउवाच ॥ नशशाकद्वितीयंसाप्रत्याख्यातुमनिंदिता ॥ तंवैद्विजातिप्रवरंतदाशापभया
न्नृप १९ ततस्तामनवद्यांगींग्राहयामाससद्विजः ॥ मंत्रग्रामंतदाराजन्नथर्वशिरसिश्रुतम् २० तंप्रदायतुराजेंद्रकुंतिभोजमुवाचह ॥ उषितोऽस्मिसुखंराजन्कन्य
यापरितोषितः २१ तवगेहेषुविहितःसदासुप्रतिपूजितः ॥ साधयिष्यामहेतावदित्युक्त्वांऽतरधीयत २२ सतुराजाद्विजंदृष्ट्वातत्रैवांतर्हितंतदा ॥ बभूवविस्मया
विष्टःपृथांचसमपूजयत् २३ ॥ इतिश्रीमहाभारतेआरण्यकेपर्वणिकुंडलाह०पृथायामंत्रप्राप्तौपंचाधिकत्रिशततमोऽध्यायः ॥ ३०५॥ वैशंपायनउवाच ॥ गतेतस्मिन्
द्विजश्रेष्ठेकस्मिंश्चित्कारणांतरे ॥ चिंतयामाससाकन्यामंत्रग्रामबलाबलम् १ अयंवैकीदृशस्तेनममदत्तोमहात्मना ॥ मंत्रग्रामोबलंतस्यज्ञास्येनातिचिरादिति २
एवंसंचिंतयंतीसाददर्शर्तुंयदृच्छया ॥ व्रीडितासाऽभवद्बालाकन्याभावेरजस्वला ३ ततोहर्म्यतलस्थासामहार्हशयनोचिता ॥ प्राच्यांदिशिसमुद्यंतंददर्शादित्यमंडलम्
४ तत्रबद्धमनोदृष्टिरभवत्सासुमध्यमा ॥ नचातप्यतरूपेणभानोःसंध्यागतस्यसा ५ तस्यादृष्टिरभूद्दिव्यासाऽपश्यद्दिव्यदर्शनम् ॥ आमुक्तकवचंदेवंकुंडलाभ्यां
विभूषितम् ६ तस्याःकौतूहलंत्वासीन्मंत्रंप्रतिनराधिप ॥ आह्वानमकरोत्साऽथतस्यदेवस्यभाविनी ७ प्राणानुपस्पृश्यतदाह्वाजुहावदिवाकरम् ॥ आजगामततोराजं
स्त्वरमाणोदिवाकरः ८ मधुपिंगोमहाबाहुःकंबुग्रीवोहसन्निव ॥ अंगदीबद्धमुकुटोदिशःप्रज्वालयन्निव ९ योगात्कृत्वाद्विधाऽऽत्मानमाजगामततापच ॥ आबभा
षेततःकुंतींसाम्नापरमवल्गुना १० आगतोऽस्मिवशंभद्रेतवमंत्रबलात्कृतः ॥ किंकरोमिवशोराज्ञिब्रूहिकर्तातदस्मिते ११ ॥ कुंत्युवाच ॥ गम्यतांभगवंस्तत्रयतएवा
गतोह्यसि ॥ कौतूहलात्समाहूतःप्रसीदभगवन्निति १२ ॥ सूर्यउवाच ॥ गमिष्येऽहंयथामांत्वंब्रवीषितनुमध्यमे ॥ नतुदेवंसमाहूयन्याय्यंप्रेषयितुंतथा १३

॥ गतेइति १ । २ ऋतुंरजः ३ । ४ । ५ । ६ । ७ प्राणानिंद्रियाणि चक्षुःश्रोत्रादीन्युपस्पृश्य जलेनसम्यगाचम्येत्यर्थः ८ । ९ । १० वशंकामम ११ । १२ यथाऽहंगमिष्येतथामामांब्रवीषि नतुतद्योग्यभि
त्याह नत्विति । वृथाप्रसादमप्राप्य १३

१४ । १५ । १६ ब्राह्मणंदुर्वाससं १७ । १८ विनयंदंडं धास्यामिधारयिष्यामि १९ । २० । २१ अपचारोऽपराधःकृतः २२ । २३ । २४ । २५ । २६ । २७ । २८ ॥ इत्यारण्यकेपर्वणिनीलकंठीयेभा

तवाभिसंधिःसुभगेसूर्यात्पुत्रोभवेदिति ॥ वीर्येणाप्रतिमोलोकेकवचीकुंडलीतिच १४ सात्वमात्मप्रदानंवैकुरुष्वगजगामिनि ॥ उत्पत्स्यतिहिपुत्रस्तेयथासंकल्पमं
गने १५ अथगच्छाम्यहंभद्रेत्वयासंगम्यसुस्मिते ॥ यदित्वंवचनंनाद्यकरिष्यसिममप्रियम् १६ शपिष्येत्वामहंक्रुद्धोब्राह्मणंपितरंचते ॥ त्वत्कृतेतान्प्रधक्ष्यामिस
र्वानपिनसंशयः १७ पितरंचैवतेमूढंयोनवेत्तितवानयम् ॥ तस्यचब्राह्मणस्याद्ययोऽसौमंत्रमदात्तव १८ शीलवृत्तमविज्ञायधास्यामिविनयंपरम् ॥ एतेहिविबुधाः
सर्वेपुरंदरमुखादिवि १९ त्वयाप्रलब्धंपश्यंतिस्मयंतइवभाविनि ॥ पश्यचैनान्सुरगणान्दिव्यंचक्षुरिदंहिते ॥ पूर्वमेवमयादत्तंदृष्टवत्यसियेनमां २० ॥ वैशंपायन
उवाच ॥ ततोऽपश्यत्त्रिदशान्राजपुत्रीसर्वानेवस्वेषुधिष्ण्येषुखस्थान् ॥ प्रभावंतंभानुमंतंमहांतंयथाऽऽदित्यंरोचमानांस्तथैव २१ सातान्दृष्ट्वाव्रीडमानेवबालासूर्यं
देवीवचनंप्राहभीता ॥ गच्छत्वंवैगोपतेस्वंविमानंकन्याभावाद्दुःखएवापचारः २२ पितामातागुरवश्चैवयेऽन्येदेहस्यास्यप्रभवंतिप्रदाने ॥ नाहंधर्मंलोपयिष्यामिलोके
स्त्रीणांवृत्तंपूज्यतेदेहरक्षा २३ मयामंत्रबलंज्ञातुमाहूतस्त्वंविभावसो ॥ बाल्याद्बालेतितत्कृत्वाक्षंतुमर्हसिमेविभो २४ ॥ सूर्यउवाच ॥ बालेतिकृत्वाऽनुनयंतवाहंददा
निनान्याऽनुनयंलभेत ॥ आत्मप्रदानंकुरुकुंतिकन्येशांतिस्तवैवंहिभवेच्चभीरु २५ नचापिगंतुंयुक्तंहिमयामिथ्याकृतेनवै ॥ असमेत्यत्वयाभीरुमंत्राहूतेनभाविनि
२६ गमिष्याम्यनवद्यांगिलोकेसमवहास्यतां ॥ सर्वेषांविबुधानांचवक्तव्यःस्यांतथाशुभे २७ सात्वंमयासमागच्छपुत्रंलप्स्यसिमादृशम् ॥ विशिष्टासर्वलोकेषुभवि
ष्यसिनसंशयः २८ ॥ ॥ इतिश्रीमहाभारतेआरण्यकेपर्वणिकुंडलाहरणपर्वणिसूर्याह्वानेषडधिकत्रिशततमोऽध्यायः ३०६ ॥ ॥ वैशंपायनउवाच ॥ सातुकन्या
बहुविधंब्रुवंतीमधुरंवचः ॥ अनुनेतुंसहस्रांशुंनशशाकमनस्विनी १ नशशाकयदाबालाप्रत्याख्यातुंतमोनुदम् ॥ भीताशापात्ततोराजन्दध्यौदीर्घमथांतरम् २ अ
नागसःपितुःशापोब्राह्मणस्यतथैवच ॥ मन्निमित्तःकथंनस्यात्क्रुद्धादस्माद्विभावसोः ३ बालेनापिसतामोहाद्भृशंपापकृतान्यपि ॥ नाभ्यासादयितव्यानितेजांसिचत
पांसिच ४ साऽहमद्यभृशंभीतागृहीत्वाचकरेभृशम् ॥ कथंत्वकार्यंकुर्यांवैप्रदानंह्यात्मनःस्वयम् ५ ॥ वैशंपायनउवाच ॥ सावैशापपरित्रस्ताबहुचिंतयतीहृदा ॥
मोहेनाभिपरीतांगीस्मयमानापुनःपुनः ६ तंदेवमब्रवीद्भीताबंधूनांराजसत्तम ॥ व्रीडाविह्वलयावाचाशापत्रस्ताविशांपते ७ ॥ कुन्त्युवाच ॥ पितामेध्रियतेदेव
माताचान्येचबांधवाः ॥ नतेषुध्रियमाणेषुविधिलोपोभवेदयम् ८

रतभावदीपेषडधिकत्रिशततमोऽध्यायः ॥ ३०६ ॥ सातुकन्येति १ दध्यौचिंतितवती अंतरंकालम् २ । ३ बालेनाल्पवयसापिसतासाधुना मोहाच्चित्तपारवश्यात् पापंकृतंहिंसितंयैस्तानिनिष्पापान्यपितेजां सिसूर्यादीनितपांसिदुर्वासआदीनि । नाभ्यासादयितव्यान्यत्यंतंप्रत्यासत्तिविषयाणिनकर्तव्यानि ४ । ५ । ६ बंधूनांसखीनां ताभ्यइत्यर्थः ७ ध्रियतेजीवति ८

नशेत्स्वय्येन ९ । १० । ११ प्रभवंति स्वाम्यमर्हंति १२ कामयतेसर्वानितिकन्येतिकन्याशब्दनिर्वचनम् १३ तत्रहेतुः लोककाम्ययालोकप्रियतयाकामवत्तया १४ अन्योविवाहनियमादिर्विकारः १५ । १६ १७ अमृतमयंसहजंवर्म १८ । १९ । २० । २१ । २२ । २३ । २४ । २५ प्रस्थितंसंगमायोपक्रांतम् २६ । २७ आत्मसंस्थांवचनवशां एनांनदूषयामास कन्यात्वस्थापनेनेतिशेषः २८ ॥ इत्यारण्यके

त्वयातुसंगमोदेवयदिस्याद्विधिवर्जितः ॥ मन्निमित्तंकुलस्यास्यलोकेकीर्तिर्नशेत्ततः ९ अथवाधर्ममेतंत्वंमन्यसेतपतांवर ॥ ऋतेप्रदानाद्बंधुभ्यस्तवकामंकरोम्य
हम् १० आत्मप्रदानंदुर्धर्षतवकृत्वासतीत्वहम् ॥ त्वयिधर्मोयशश्चैवकीर्तिरायुश्चदेहिनाम् ११ ॥ सूर्यउवाच ॥ नतेपितानतेमातागुरवोवाशुचिस्मिते ॥ प्रभवंति
वरारोहेभद्रंतेशृणमेवचः १२ सर्वान्कामयतेयस्मात्कमेर्धातोश्चभाविनि ॥ तस्मात्कन्येहसुश्रोणीस्वतंत्रावरवर्णिनि १३ नाधर्मश्चरितःकश्चित्त्वयाभवतिभाविनि ॥
अधर्मंकुतएवाहंचरेयंलोककाम्यया १४ अनावृताःस्त्रियःसर्वानराश्चवरवर्णिनि ॥ स्वभावएषलोकानांविकारोऽन्यइतिस्मृतः १५ सामयासहसंगम्यपुनःकन्याभवि
ष्यसि ॥ पुत्रश्चतेमहाबाहुर्भविष्यतिमहायशाः १६ ॥ ॥ कुंत्युवाच ॥ ॥ यदिपुत्रोममभवेत्त्वत्तःसर्वतमोनुद ॥ कुंडलीकवचीशूरोमहाबाहुर्महाबलः १७
॥ सूर्यउवाच ॥ भविष्यतिमहाबाहुःकुंडलीदिव्यवर्मभृत् ॥ उभयंचामृतमयंतस्यभद्रेभविष्यति १८ ॥ कुंत्युवाच ॥ यद्येतदमृतादस्तिकुंडलेवर्मचोत्तमम् ॥ ममपुत्र
स्ययंवैत्वंमत्तउत्पादयिष्यसि १९ अस्तुमेसंगमोदेवयथोक्तंभगवंस्त्वया ॥ त्वद्वीर्यरूपसत्वौजाधर्मयुक्तोभवेत्सच २० ॥ सूर्यउवाच ॥ अदित्याकुंडलेराज्ञिदत्तेमेमत्त
काशिनि ॥ तेऽस्यदास्यामिवैभीरुवर्मचैवेदमुत्तमम् २१ ॥ कुंत्युवाच ॥ परमंभगवन्नेवंसंगमिष्येत्वयासह ॥ यदिपुत्रोभवेदेवंयथावदसिगोपते २२ ॥ वैशंपायन
उवाच ॥ तथेत्युक्त्वातुतांकुंतीमाविवेशविहंगमः ॥ स्वर्भानुशत्रुर्योगात्मानाभ्यांपस्पर्शचैवताम् २३ ततःसाविह्वलेवासीत्कन्यासूर्यस्यतेजसा ॥ पपातचाथसादेवी
शयनेमूढचेतना २४ ॥ सूर्यउवाच ॥ साधयिष्यामिसुश्रोणिपुत्रंवैजनयिष्यसि ॥ सर्वशस्त्रभृतांश्रेष्ठंकन्याचैवभविष्यसि २५ ॥ वैशंपायनउवाच ॥ ततःसाव्रीडि
ताबालातदासूर्यमथाब्रवीत् ॥ एवमस्त्वितिराजेंद्रप्रस्थितंभूरिवर्चसम् २६ इतिस्मोक्ताकुंतिराजात्मजासाविवस्वंतंयाचमानासलज्जा ॥ तस्मिन्पुण्येशयनीयेपपात
मोहाविष्टाभज्यमानालतेव २७ तिग्मांशुस्तांतेजसामोहयित्वायोगेनाविश्यात्मसंस्थांचकार ॥ नचैवैनांदूषयामासभानुःसंज्ञांलेभेभूयएवाथबाला २८ ॥ इतिश्री
महाभारतेआरण्यकेपर्वणिकुंडलाहरणपर्वणिसूर्यकुंतीसमागमेसप्ताधिकत्रिशततमोऽध्यायः ॥ ३०७ ॥ ॥ वैशंपायनउवाच ॥ ततोगर्भःसमभवत्पृथायाःपृथि
वीपते ॥ शुक्ले दशोत्तरेपक्षेतारापतिरिवांबरे १ साबांधवभयाद्बालागर्भंतंविनिगूहती ॥ धारयामाससुश्रोणीनचैनांबुबुधेजनः २ नहितांवेदनार्यन्याकाचिद्धात्रेयि
काम्रते ॥ कन्यापुरगतांबालांनिपुणांपरिरक्षणे ३ ततःकालेनसागर्भंसुषुवेवरवर्णिनी ॥ कन्यैवतस्यदेवस्यप्रसादादमरप्रभम् ४ तथैवाबद्धकवचंकनकोज्ज्वलकुंडलम् ॥
हर्यक्षंवृषभस्कंधंयथाऽस्यपितरंतथा ५

 पर्वणि नी० भारतभावदीपे सप्ताधिकत्रिशततमोऽध्यायः ॥ ३०७ ॥ ततइति । दशोत्तरेएकादशेशुक्लेपक्षेप्रतिपदि चंद्रइवबालउद्गतः माघशुक्लप्रतिपदिकर्णनिषेकजन्मेत्यर्थः १ । २ । ३ । ४ हर्यक्षंसिंहनेत्रम् ५

६ मधूच्छिष्टंसिक्थकं मयनमितिभाषायां तेनस्थितायांसर्वतोलिप्तायांमंजूषायांजलप्रवेशोनभवेदित्यर्थः ७ । ८ । ९ । १० । ११ । १२ । १३ । १४ । १५ । १६ । १७ । १८ । १९ । २० । २१

जातमात्रंचतंगर्भंधात्र्यासंमंत्र्यभाविनी ॥ मंजूषायांसमाधायस्वास्तीर्णायांसमंततः ६ मधूच्छिष्टस्थितायांसासुखायांरुदतीतथा ॥ श्लक्ष्णायांसुपिधानायामश्वनद्या मवासृजत् ७ जानतीचाप्यकर्तव्यंकन्यायागर्भधारणम् ॥ पुत्रस्नेहेनसाराजन्करुणंपर्यदेवयत् ८ समुत्सृजंतीमंजूषामश्वनद्यांतदाजले ॥ उवाचरुदतीकुंतीयानिवा क्यानितच्छृणु ९ स्वस्तितेचांतरिक्षेभ्यःपार्थिवेभ्यश्चपुत्रक ॥ दिव्येभ्यश्चैवभूतेभ्यस्तथातोयचराश्चये १० शिवास्तेसंतुपंथानोमाचतेपरिपंथिनः ॥ आगताश्चत थापुत्रभवंत्वद्रोहचेतसः ११ पातुत्वांवरुणोराजासलिलेसलिलेश्वरः ॥ अंतरिक्षेऽन्तरिक्षस्थःपवनःसर्वगस्तथा १२ पितात्वांपातुसर्वत्रतपनस्तपतांवरः ॥ येनदत्तो ऽसिमेपुत्रदिव्येनविधिना।किल १३ आदित्यावसवोरुद्राःसाध्याविश्वेचदेवताः ॥ मरुतश्चसहेन्द्रेणदिशश्चसदिगीश्वराः १४ रक्षंतुत्वांसुराःसर्वेसमेषुविषमेषुच ॥ वे त्स्यामित्वांविदेशेऽपिकवचेनाभिसूचितम् १५ धन्यस्तेपुत्रजनकोदेवोभानुर्विभावसुः ॥ यस्त्वांद्रक्ष्यतिदिव्येनचक्षुषावाहिनीगतम् १६ धन्यासाप्रमदायात्वांपुत्रत्वे कल्पयिष्यति ॥ यस्यास्त्वंतृषितःपुत्रस्तनंपास्यसिदेवज १७ कोनुस्वप्नस्तयादृष्टोयात्वामादित्यवर्चसम् ॥ दिव्यवर्मसमायुक्तंदिव्यकुंडलभूषितम् १८ पद्मायत विशालाक्षंपद्मताम्रदलोज्ज्वलम् ॥ सुललाटंसुकेशांतंपुत्रत्वेकल्पयिष्यति १९ धन्याद्रक्ष्यंतिपुत्रत्वांभूमौसंसर्पमाणकम् ॥ अव्यक्तकलवाक्यानिवदन्तंरेणुगुंठितम् २० धन्याद्रक्ष्यन्तिपुत्रत्वांपुनर्यौवनगोचरम् ॥ हिमवद्वनसंभूतंसिंहंकेसरिणंयथा २१ एवंबहुविधंराजन्विलप्यकरुणंपृथा ॥ अवासृजतमंजूषामश्वनद्यांतदाजले २२ रु दतीपुत्रशोकार्तानिशीथेकमलेक्षणा ॥ धात्र्यासहपृथाराजन्पुत्रदर्शनलालसा २३ विसर्जयित्वामंजूषांसंबोधनभयात्पितुः ॥ विवेशराजभवनंपुनःशोकातुराततः ॥ २४ मंजूषात्वश्वनद्याःसाययौचर्मण्वतींनदीम् ॥ चर्मण्वत्याश्चयमुनांततोगंगांजगामह २५ गंगायाःसूतविषयंचंपामनुययौपुरीम् ॥ समंजूषागतोगर्भस्तरंगैरुह्यमा नकः २६ अमृतादुत्थितंदिव्यंतनुवर्मसकुंडलम् ॥ धारयामासतंगर्भंदैवंचविधिनिर्मितम् २७ ॥ इतिश्रीमहाभारतेआरण्यकेपर्वणिकुंडलाहरणपर्वणिकर्णपरित्यागे अष्टाधिकत्रिशततमोऽध्यायः ॥ ३०८ ॥ ॥ वैशंपायनउवाच ॥ एतस्मिन्नेवकालेतुधृतराष्ट्रस्यवैसखा ॥ सूतोऽधिरथइत्येवसदारोजाह्नवींययौ १ तस्यभार्या ऽभवद्राजन्रूपेणासदृशीभुवि ॥ राधानाममहाभागानसापुत्रमविंदत २ अपत्यार्थेपरंयत्नमकरोच्चविशेषतः ॥ साददर्शाथमंजूषामुह्यमानांयदृच्छया ३ दत्तरक्षाप्रति सरामन्वालंभनशोभनाम् ॥ ऊर्मीतरंगैर्जाह्नव्याःसमानीतामुपह्वरम् ४ सातुकौतूहलात्प्राप्तांग्राहयामासभाविनी ॥ ततोनिवेदयामाससूतस्याधिरथस्यवै ५ सतामु द्धृत्यमंजूषामुत्सार्यजलमंतिकात् ॥ यंत्रैरुद्घाटयामाससोऽपश्यत्तत्रबालकम् ६

२२ । २३ । २४ । २५ । २६ दैवंदेवजं विधिनाईश्वरेणनिर्मितम् २७ ॥ ॥ इत्यारण्यकेपर्वणि नीलकंठीये भारतभावदीपे अष्टाधिकत्रिशततमोऽध्यायः ॥ ३०८ ॥ ॥ एतस्मिन्निति १ । २ ३ दत्तोरक्षार्थंप्रतिसरोदूर्वाकंकणादिरूपोयस्यांतां अन्वालंभनंकुंकुमहस्तदानं उपह्वरंसमीपम् ४ । ५ उत्सार्यपरतोनीत्वा ६

७ । ८ यतोजातोऽस्मि उत्पत्तिदिनादारभ्यायैवेदमद्भुतंदृष्टम् ९ । १० । ११ । १२ वसुवर्मस्वर्णकवचम् १३ । १४ अंगेषुजनपदविशेषेषु १५ । १६ उपसदनंगुरूपसदनम् १७ परमेष्वासतां महाधनुर्धे

तरुणादित्यसंकाशंहेमवर्मधरंतथा ॥ मृष्टकुंडलयुक्तेनवदनेनविराजता ७ ससूतोभार्ययासार्धंविस्मयोत्फुल्ललोचनः ॥ अंकमारोप्यतंबालंभार्यांवचनमब्रवीत् ८
इदमत्यद्भुतंभीरुयतोजातोऽस्मिभाविनी ॥ दृष्टवान्देवगर्भोऽयंमन्येऽस्माकमुपागतः ९ अनपत्यस्यपुत्रोऽयंदेवैर्दत्तोध्रुवंमम ॥ इत्युक्त्वातंददौपुत्रंराधायैसमहीपते १०
प्रतिजग्राहतंराधाविधिवद्दिव्यरूपिणम् ॥ पुत्रंकमलगर्भाभंदेवगर्भंश्रियावृतम् ११ पुपोषचैनंविधिवद्ववृधेसचवीर्यवान् ॥ ततःप्रभृतिचाप्यन्येप्राभवन्नौरसाःसुताः
१२ वसुवर्मधरंदृष्ट्वातंबालंहेमकुंडलम् ॥ नामास्यवसुषेणेतिततश्चक्रुर्द्विजातयः १३ एवंससूतपुत्रत्वंजगामामितविक्रमः ॥ वसुषेणइतिख्यातोवृषइत्येवचप्रभुः १४
सूतस्यववृधेऽङ्गेषुश्रेष्ठःपुत्रःसवीर्यवान् ॥ चारेणविदितश्चासीत्पृथयादिव्यवर्मभृत् १५ सूतस्त्वधिरथःपुत्रंविवृद्धंसमयेनतम् ॥ दृष्ट्वाप्रस्थापयामासपुरंवारणसाह्व
यम् १६ तत्रोपसदनंचक्रेद्रोणस्येष्वस्त्रकर्मणि ॥ सख्यंदुर्योधनेनैवमभवत्सचवीर्यवान् १७ द्रोणात्कृपाच्चरामाच्चसोऽस्त्रग्रामंचतुर्विधम् ॥ लब्ध्वालोकेऽभवत्ख्यातः
परमेष्वासतांगतः १८ संधायधार्तराष्ट्रेणपार्थानांविप्रियेरतः ॥ योद्धुमाशंसतेनित्यंफाल्गुनेनमहात्मना १९ सदाहितस्यस्पर्धाऽऽसीदर्जुनेनविशांपते ॥ अर्जुनस्य
चकर्णेनयतोदृष्टोबभूवसः २० एतद्गुह्यंमहाराजसूर्यस्यासीन्नसंशयः ॥ यःसूर्यसंभवःकर्णःकुंत्यांसूतकुलेतथा २१ तंतुकुंडलिनंदृष्ट्वावर्मणाचसमन्वितम् ॥ अवध्यंसम
रेमत्वापर्यतप्यद्युधिष्ठिरः २२ यदाचकर्णोराजेंद्रभानुमंतंदिवाकरम् ॥ स्तौतिमध्यंदिनेप्राप्तेप्रांजलिःसलिलोत्थितः २३ तत्रैनमुपतिष्ठंतिब्राह्मणाधनहेतुना ॥
नादेयंतस्यतत्कालेकिंचिदस्तिद्विजातिषु २४ तमिंद्रोब्राह्मणोभूत्वाभिक्षांदेहीत्युपस्थितः ॥ स्वागतंचेतिराधेयस्तमथप्रत्यभाषत २५ ॥ इतिश्रीमहाभारते
आरण्यकेपर्वणिकुंडलाहरणपर्वणिराधाकर्णप्राप्तौनवाधिकत्रिशततमोऽध्यायः ॥ ३०९ ॥ ॥ वैशंपायनउवाच ॥ देवराजमनुप्राप्तंब्राह्मणच्छद्मनावृतम् ॥ दृष्ट्वास्वा
गतमित्याहनबुबोधास्यमानसम् १ हिरण्यकंठीःप्रमदाग्रामान्वाबहुगोकुलान् ॥ किंददानीतितंविप्रमुवाचाधिरथिस्ततः २ ॥ ब्राह्मणउवाच ॥ हिरण्यकंठ्यः
प्रमदायच्चान्यत्प्रीतिवर्धनम् ॥ नाहंदत्तमिहेच्छामितदर्थिभ्यःप्रदीयताम् ३ यदेतत्सहजंवर्मकुंडलेचतवानघ ॥ एतदुत्कृत्यमेदेहियदिसत्यव्रतोभवान् ४ एतदिच्छा
म्यहंक्षिप्रंत्वयादत्तंपरंतप ॥ एषमेसर्वलाभानांलाभःपरमकोमतः ५ ॥ कर्णउवाच ॥ अवनिंप्रमदागाश्चनिवापंबहुवार्षिकम् ॥ तत्तेविप्रप्रदास्यामिनतुवर्मसकुंडलम्
६ ॥ वैशंपायनउवाच ॥ एवंबहुविधैर्वाक्यैर्याच्यमानःसतुद्विजः ॥ कर्णेनभरतश्रेष्ठनान्यंवरमयाचत ७

रताम् १८ । १९ यतःकालेदृष्टः २० । २१ । २२ । २३ । २४ । २५ ॥ इत्यारण्यकेपर्वणिनीलकंठीये भारतभावदीपेनवाधिकत्रिशततमोऽध्यायः ॥ ३०९ ॥ ॥ देवराजमिति १ । २ । ३
४ । ५ अवनिंगृहार्थं निवापंन्युप्यतेबीजमस्मिन्निति क्षेत्रं बहुवार्षिकंयावज्जीविकवृत्तिरूपम् ६ । ७

८ । ९ । १० । ११ गमनीयोवध्यः १२ । १३ । १४ । १५ । १६ । १७ आयानेव आगच्छन्नेव १८ । १९ । २० । २१ । २२ । २३ । २४ । २५

सांत्वितश्च यथाशक्तिपूजितश्चयथाविधि ॥ नचान्यंसद्विजश्रेष्ठःकामयामासवैवरम् ८ यदानान्यंप्रवृणुतेवरंवैद्विजसत्तमः ॥ तदैनमब्रवीद्भूयोराधेयःप्रहसन्निव ९
सहजंवर्ममेविद्धिकुंडलेचामृतोद्भवे ॥ तेनावध्योऽस्मिलोकेषुततोनैतज्जहाम्यहम् १० विशालंपृथिवीराज्यंक्षेमंनिहतकंटकम् ॥ प्रतिगृह्णीष्वमत्तस्त्वंसाधुब्राह्मणपुंगव
११ कुंडलाभ्यांविमुक्तोऽहंवर्मणासहजेनच ॥ गमनीयोभविष्यामिशत्रूणांद्विजसत्तम १२ ॥ वैशंपायनउवाच ॥ यदन्यंनवरंवव्रेभगवान्पाकशासनः ॥ ततःप्रहस्य
कर्णस्तंपुनरित्यब्रवीद्वचः १३ विदितोदेवदेवेशप्रागेवासिममप्रभो ॥ नतुन्याय्यंमयादातुंतवशक्रवृथावरम् १४ त्वंहिदेवेश्वरःसाक्षात्त्वयादेयोवरोमम ॥ अन्येषां
चैवभूतानामीश्वरोह्यसिभूतकृत् १५ यदिदास्यामितेदेवकुंडलेकवचंतथा ॥ वध्यतामुपयास्यामित्वंचशक्रावहास्यताम् १६ तस्माद्विनिमयंकृत्वाकुंडलेवर्मचो
त्तमम् ॥ हरस्वशक्रकामंमेनदद्यामहमन्यथा १७ ॥ शक्रउवाच ॥ विदितोऽहंरवेःपूर्वमायानेवतवांतिकम् ॥ तेनतेसर्वमाख्यातमेवमेतन्नसंशयः १८ काममस्तु
तथाताततवकर्णयथेच्छसि ॥ वर्जयित्वातुमेवज्रंप्रवृणीष्वयथेच्छसि १९ ॥ वैशंपायनउवाच ॥ ततःकर्णःप्रहृष्टस्तुउपसंगम्यवासवम् ॥ अमोघांशक्तिमभ्येत्यव
व्रेसंपूर्णमानसः २० ॥ कर्णउवाच ॥ वर्मणाकुंडलाभ्यांचशक्तिंमेदेहिवासव ॥ अमोघांशत्रुसंघानांघातिनींपृतनामुखे २१ ततःसंचिंत्यमनसामुहूर्तमिववासवः ॥
शक्त्यर्थंपृथिवीपालकर्णंवाक्यमथाब्रवीत् २२ कुंडलेमेप्रयच्छस्ववर्मचैवशरीरजम् ॥ गृहाणकर्णशक्तिंत्वमनेनसमयेनच २३ अमोघाहंतिशतशःशत्रून्ममकरच्युता ॥
पुनश्चपाणिमभ्येतिममदैत्यान्विनिघ्नतः २४ सेयंतवकरप्राप्ताहत्वैकंरिपुमूर्जितम् ॥ गर्जंतंप्रतपंतंचमामेवैष्यतिसूतज २५ ॥ कर्णउवाच ॥ एकमेवाहमिच्छा
मिरिपुंहंतुंमहाहवे ॥ गर्जंतंप्रतपंतंचयतोममभयंभवेत् २६ ॥ इंद्रउवाच ॥ एकंहनिष्यसिरिपुंगर्जंतंबलिनंरणे ॥ त्वंतुयंप्रार्थयस्येकंरक्ष्यतेसमहात्मना २७ यमाहुर्वेद
विद्वांसोवराहमपराजितम् ॥ नारायणमचिंत्यंचतेनकृष्णेनरक्ष्यते २८ ॥ कर्णउवाच ॥ एवमप्यस्तुभगवन्नेकवीरवधेमम ॥ अमोघांदेहिमेशक्तिंयथाहन्यांप्रतापिनम् २९
उत्कृत्यतुप्रदास्यामिकुंडलेकवचंचते ॥ निकृत्तेषुतुगात्रेषुनमेबीभत्सताभवेत् ३० ॥ इंद्रउवाच ॥ नतेबीभत्सताकर्णभविष्यतिकथंचन ॥ व्रणश्चैवनगात्रेषुयस्त्वंनानृत
मिच्छसि ३१ यादृशस्तेपितुर्वर्णस्तेजश्चवदतांवर ॥ तादृशेनैववर्णेनत्वंकर्णभवितापुनः ३२ विद्यमानेषुशस्त्रेषुयद्यमोघामसंशये ॥ प्रमत्तोमोक्ष्यसेचापित्वय्येवैषा
पतिष्यति ३३ ॥ कर्णउवाच ॥ संशयंपरमंप्राप्यविमोक्ष्येवासवीमिमाम् ॥ यथामामात्थशक्रत्वंसत्यमेतद्ब्रवीमिते ३४ ॥ वैशंपायनउवाच ॥ ततःशक्तिंप्रज्वलितां
प्रतिगृह्यविशांपते ॥ शस्त्रंगृहीत्वानिशितंसर्वगात्राण्यकृंतत ३५

२६ । २७ । २८ । २९ । ३० । ३१ । ३३ । ३४ । ३५

३६ । ३७ त्वत्तादेनरि कृतनिछिनत्तिवा अंगानीतिकर्णइत्यर्थः ३८ । ३९ । ४० । ४१ । ४२ ॥ इत्यारण्यकेपर्वणिनीलकंठीयेभारतभावदीपे दशाधिकत्रिशततमोऽध्यायः ॥ ३१० ॥ एवमिति १ । २

ततोदेवामानवादानवाश्चनिकृंतंतंकर्णमात्मानमेवम् ॥ दृष्ट्वासर्वेसिंहनादान्प्रणेदुर्नह्यस्यासीन्मुखजोवैविकारः ३६ ततोदिव्यादुंदुभयःप्रणेदुःपपातोच्चैःपुष्पवर्षंचदि
व्यम् ॥ दृष्ट्वाकर्णंशस्त्रसंकृत्तगात्रंमुहुश्चापिस्मयमानंनृवीरम् ३७ ततश्छित्वाकवचंदिव्यमंगात्तथैवार्द्रंप्रददौवासवाय ॥ तथोत्कृत्त्यप्रददौकुंडलेतेकर्णात्तस्मात्कर्म
णातेनकर्णः ३८ ततःशक्रःप्रहसन्वंचयित्वाकर्णंलोकेयशसायोजयित्वा ॥ कृतंकार्यंपांडवानांहिमेनेततःपश्चाद्दिवमेवोत्पपात ३९ श्रुत्वाकर्णंमुषितंधार्तराष्ट्रादी
नाःसर्वेभग्नदर्पाइवासन् ॥ तांचावस्थांगमितंसूतपुत्रंश्रुत्वापार्थाजहृषुःकाननस्थाः ४० ॥ जनमेजयउवाच ॥ क्वस्थावीराःपांडवास्तेबभूवुःकुतश्चैतेश्रुतवंतःप्रियं
तत् ॥ किंवाऽकार्षुर्द्वादशेऽब्देव्यतीतेतन्मेसर्वंभगवान्व्याकरोतु ४१ ॥ वैशंपायनउवाच ॥ लब्ध्वाकृष्णांसैंधवंद्रावयित्वाविप्रैःसार्धंकाम्यकादाश्रमात्ते ॥ मार्कं
डेयाच्छ्रुतवंतःपुराणंदेवर्षीणांचरितंविस्तरेण ४२ ॥ ॥ इतिश्रीमहाभारतेआरण्यकेपर्वणिकुंडलाहरणपर्वणिकवचकुंडलदानेदशाधिकत्रिशततमोऽध्यायः ॥ ३१० ॥
समाप्तंचेदंकुंडलाहरणपर्व ॥ अथारणेयपर्व ॥ जनमेजयउवाच ॥ एवंहृतायांभार्यायांप्राप्यक्लेशमनुत्तमम् ॥ प्रतिपद्यततःकृष्णांकिमकुर्वतपांडवाः १ ॥ वैशंपायन
उवाच ॥ एवंहृतायांकृष्णायांप्राप्यक्लेशमनुत्तमम् ॥ विहायकाम्यकंराजासहभ्रातृभिरच्युतः २ पुनर्द्वैतवनंरम्यमाजगामयुधिष्ठिरः ॥ स्वादुमूलफलंरम्यंविचित्रबहुपा
दपम् ३ अनुभुक्तफलाहाराःसर्वएवमिताशनाः ॥ न्यवसन्पांडवास्तत्रकृष्णयासहभार्यया ४ वसन्द्वैतवनेराजाकुंतीपुत्रोयुधिष्ठिरः ॥ भीमसेनोऽर्जुनश्चैवमाद्रीपु
त्रौचपांडवौ ५ ब्राह्मणार्थेपराक्रांताधर्मात्मानोयतव्रताः ॥ क्लेशमाच्छंतविपुलंसुखोदर्कंपरंतपाः ६ तस्मिन्प्रतिवसंतस्तेयत्प्रापुःकुरुसत्तमाः ॥ वनेक्लेशंसुखोदर्कंत
त्प्रवक्ष्यामितेशृणु ७ अरणीसहितंमंथंब्राह्मणस्यतपस्विनः ॥ मृगस्यघर्षमाणस्यविषाणेसमसज्जत ८ तदादायगतोराजंस्त्वरमाणोमहामृगः ॥ आश्रमांतरितः
शीघ्रंप्लवमानोमहाजवः ९ ह्रियमाणंतुतंदृष्ट्वासविप्रःकुरुसत्तम ॥ त्वरितोऽभ्यागमत्तत्रअग्निहोत्रपरीप्सया १० अजातशत्रुमासीनंभ्रातृभिःसहितंवने ॥ आगम्य
ब्राह्मणस्तूर्णंसंतप्तश्चेदमब्रवीत् ११ अरणीसहितंमंथंसमासक्तंवनस्पतौ ॥ मृगस्यघर्षमाणस्यविषाणेसमसज्जत १२ तमादायगतोराजंस्त्वरमाणोमहामृगः ॥
आश्रमात्त्वरितःशीघ्रंप्लवमानोमहाजवः १३ तस्यगत्वापदंराजन्नासाद्यचमहामृगम् ॥ अग्निहोत्रंनलुप्येततदानयतपांडवाः १४ ब्राह्मणस्यवचःश्रुत्वासंतप्तोऽथयु
धिष्ठिरः ॥ धनुरादायकौंतेयःप्राद्रवद्भ्रातृभिःसह १५ सन्नद्धाधन्विनःसर्वेप्राद्रवन्नरपुंगवाः ॥ ब्राह्मणार्थेयततस्तेशीघ्रमन्वगमन्मृगम् १६ कर्णिनालीकनाराचानु
त्सृजंतोमहारथाः ॥ नाविध्यन्पांडवास्तत्रपश्यंतोमृगमंतिकात् १७

३ अनुभुक्ताःव्रतिनः फलाहाराःफलान्येवाहर्तुंशीलाः ४ । ५ । ६ । ७ अरणीउत्तराधरेअग्निमथनकाष्ठेताभ्यांसहितं मंथंनिर्मथनदंडम् ८ आश्रमांतरितःआश्रमदूरगतः ९ । १० । ११ । १२ । १३ पदं
मार्गेचिह्नं गत्वाप्राप्य तेनैवपथातदानयत १४ । १५ । १६ । १७

१८ । १९ । २० धर्मोनममज्ज धर्मलोपोऽर्थलोपश्चनाभूत् आलस्यादित्युपचर्यते त्वयिअनुत्तराःप्रतिवाक्यरहिताः सर्वभूतेषुकार्यार्थेउपस्थिते ओमित्येवत्वदामोनतुवाक्यांतरमित्यर्थः संशयंब्राह्मणस्यकर्मलोपनिमित्तंदोषम् २१ ॥ इत्यारण्यकेपर्वणिनीलकंठीयेभारतभावदीपे एकादशाधिकत्रिशततमोऽध्यायः ॥ ३११ ॥ ॥ नापदामिति । निमित्तंफलं धर्मःप्रारब्धरूपस्त्वर्थंफलंसुखदुःखरूपंविभजति १ प्रेष्यवत्

तेषांप्रयतमानानांनादृश्यतमहामृगः ॥ अपश्यंतोमृगंश्रांतादुःखंप्राप्तामनस्विनः १८ शीतलच्छायमागम्यन्यग्रोधंगहनेवने ॥ क्षुत्पिपासापरीतांगाःपांडवाःसमुपाविशन् १९ तेषांसमुपविष्टानांनकुलोदुःखितस्तदा ॥ अब्रवीद्भ्रातरंश्रेष्ठममर्षात्कुरुनंदनम् २० नास्मिन्कुलेजातुममज्जधर्मोनचालस्यादर्थलोपोबभूव ॥ अनुत्तराःसर्वभूतेषुभूयःसंप्राप्ताःस्मःसंशयंकिन्नुराजन् २१ ॥ इतिश्रीमहाभारतेआरण्यकेपर्वणिआरणेयपर्वणिमृगान्वेषणेएकादशाधिकत्रिशततमोऽध्यायः ॥ ३११ ॥

युधिष्ठिरउवाच ॥ नापदामस्तिमर्यादाननिमित्तंनकारणम् ॥ धर्मस्तुविभजत्यर्थमुभयोःपुण्यपापयोः १ ॥ भीमउवाच ॥ प्रातिकाम्यनयत्कृष्णांसभायांप्रेष्यवत्तदा ॥ नमयानिहतस्तत्रतेनप्राप्ताःस्मसंशयम् २ ॥ अर्जुनउवाच ॥ वाचस्तीक्ष्णास्थिभेदिन्यःसूतपुत्रेणभाषिताः ॥ अतितीव्रामयाक्षांतास्तेनप्राप्ताःस्मसंशयम् ३ ॥ सहदेवउवाच ॥ शकुनिस्त्वांयदाऽजैषीदक्षद्यूतेनभारत ॥ समयानहतस्तत्रतेनप्राप्ताःस्मसंशयम् ४ ॥ वैशंपायनउवाच ॥ ततोयुधिष्ठिरोराजानकुलंवाक्यमब्रवीत् ॥ आरुह्यवृक्षंमाद्रेयनिरीक्षस्वदिशोदश ५ पानीयमंतिकेपश्यवृक्षांश्चाप्युदकाश्रितान् ॥ एतेहिभ्रातरःश्रांतास्तवतातपिपासिताः ६ नकुलस्तुतथेत्युक्त्वाशीघ्रमारुह्यपादपम् ॥ अब्रवीद्भ्रातरंज्येष्ठमभिवीक्ष्यसमंततः ७ पश्यामिबहुलान्राजन्वृक्षानुदकसंश्रयान् ॥ सारसानांचनिर्ह्रादमत्रोदकमसंशयम् ८ ततोऽब्रवीत्सत्यधृतिःकुंतीपुत्रोयुधिष्ठिरः ॥ गच्छसौम्यततःशीघ्रंतूणैःपानीयमानय ९ नकुलस्तुतथेत्युक्त्वाभ्रातुर्ज्येष्ठस्यशासनात् ॥ प्राद्रवद्यत्रपानीयंशीघ्रंचैवान्वपद्यत १० सदृष्ट्वाविमलंतोयंसारसैःपरिवारितम् ॥ पातुकामस्ततोवाचमंतरिक्षात्सशुश्रुवे ११ ॥ यक्षउवाच ॥ मातातसाहसंकार्षीर्ममपूर्वपरिग्रहः ॥ प्रश्नानुक्त्वातुमाद्रेयततःपिबहरस्वच १२ अनादृत्यतुतद्वाक्यंनकुलःसुपिपासितः ॥ अपिबच्छीतलंतोयंपीत्वाचनिपपातह १३ चिरायमाणेनकुलेकुंतीपुत्रोयुधिष्ठिरः ॥ अब्रवीद्भ्रातरंवीरंसहदेवमरिंदमम् १४ भ्राताहिचिरयातोनःसहदेवतवाग्रजः ॥ तथैवानयसोदर्यंपानीयंचत्वमानय १५ सहदेवस्तथेत्युक्त्वातांदिशंप्रत्यपद्यत ॥ ददर्शचहतंभूमौभ्रातरंनकुलंतदा १६ भ्रातृशोकाभिसंतप्तस्तृषयाचप्रपीडितः ॥ अभिदुद्रावपानीयंततोवागभ्यभाषत १७ मातातसाहसंकार्षीर्ममपूर्वपरिग्रहः ॥ प्रश्नानुक्त्वायथाकामंपिबस्वचहरस्वच १८ अनादृत्यतुतद्वाक्यंसहदेवःपिपासितः ॥ अपिबच्छीतलंतोयंपीत्वाचनिपपातह १९ अथाब्रवीत्सविजयंकुंतीपुत्रोयुधिष्ठिरः ॥ भ्रातरौतेपरिगतौबीभत्सोशत्रुकर्शन २० तौचैवानयभद्रंतेपानीयंचत्वमानय ॥ त्वंहिनस्तातसर्वेषांदुःखितानामपाश्रयः २१

प्रेष्यामिव । २ । ३ । ४ । ५ । ६ । ७ । ८ । ९ । १० । ११ साहसंजलपानरूपं परिग्रहोनियमः योमत्प्रश्नान्वदेत्सएवेतःपयःपिबेद्धरेद्वेति १२ । १३ । १४ । १५ । १६ । १७ । १८ । १९ । २० । २१

२२ । २३ । २४ । २५ । २६ । २७ दृश्यमानोभूत्वेतिशेषः २८ । २९ । ३० विधानेनयत्नेन ३१ नभविष्यसिमरिष्यसि ३२ । ३३ । ३४ । ३५ । ३६ । ३७ । ३८ । ३९ । ४० । ४१

एवमुक्तोगुडाकेशःप्रगृह्यसशरंधनुः ॥ आमुक्तखड्गोमेधावीतत्सरःप्रत्यपद्यत २२ ततःपुरुषशार्दूलौपानीयहरणेगतौ ॥ तौददर्शहतौतत्रभ्रातरौश्वेतवाहनः २३
प्रसुप्ताविवतौदृष्ट्वानरसिंहःसुदुःखितः ॥ धनुरुद्यम्यकौंतेयोव्यलोकयततद्वनम् २४ नापश्यत्तत्रकिंचित्सभूतमस्मिन्महावने ॥ सव्यसाचीततःश्रांतःपानीयंसो
ऽभ्यधावत २५ अभिधावंस्ततोवाक्यमंतरिक्षात्सशुश्रुवे ॥ किमासीदसिपानीयंनैतच्छक्यंबलात्त्वया २६ कौंतेययदिप्रश्नांस्तान्मयोक्तान्प्रतिपत्स्यसे ॥ ततः
पास्यसिपानीयंहरिष्यसिचभारत २७ वारितस्त्वब्रवीत्पार्थोदृश्यमानोनिवारय ॥ यावद्बाणैर्विनिर्भिन्नःपुनर्नैवंवदिष्यसि २८ एवमुक्त्वाततःपार्थःशरैरस्त्रानुमं
त्रितैः ॥ प्रववर्षदिशःकृत्स्नाःशब्दवेधंचदर्शयन् २९ कर्णिनालीकनाराचानुत्सृजन्भरतर्षभ ॥ सत्वमोघानिषून्मुक्त्वातृष्णयाऽभिप्रपीडितः ३० अनेकैरि
षुसंघातैरंतरिक्षेववर्षह ॥ यक्षउवाच ॥ किंविघातेनतेपार्थप्रश्नानुक्त्वाततःपिब ३१ अनुक्त्वाचपिबन्प्रश्नान्पीत्वैवनभविष्यसि ॥ एवमुक्तस्ततःपार्थःसव्यसाची
धनंजयः ३२ अवज्ञायैवतांवाचंपीत्वैवनिपपातह ॥ अथाब्रवीद्भीमसेनंकुंतीपुत्रोयुधिष्ठिरः ३३ नकुलःसहदेवश्चबीभत्सुश्चपरंतप ॥ चिरंगतास्तोयहेतोर्नचा
गच्छंतिभारत ३४ तांश्चैवानयभद्रंतेपानीयंचत्वमानय ॥ भीमसेनस्तथेत्युक्त्वातंदेशंप्रत्यपद्यत ३५ यत्रतेपुरुषव्याघ्राभ्रातरोऽस्यनिपातिताः ॥ तान्दृष्ट्वा
दुःखितोभीमस्तृषयाचप्रपीडितः ३६ अमन्यतमहाबाहुःकर्मतद्यक्षरक्षसाम् ॥ सचिंतयामासतदायोद्धव्यंध्रुवमद्यवै ३७ पास्यामितावत्पानीयमितिपार्थोवृकोदरः ॥
ततोऽभ्यधावत्पानीयंपिपासुःपुरुषर्षभः ३८ ॥ यक्षउवाच ॥ मातातसाहसंकार्षीर्ममपूर्वपरिग्रहः ॥ प्रश्नानुक्त्वातुकौंतेयततःपिबहरस्वच ३९ एवमुक्तस्तदाभीमो
यक्षेणामिततेजसा ॥ अनुक्त्वैवतुतान्प्रश्नान्पीत्वैवनिपपातह ४० ततःकुंतीसुतोराजाप्रचिंत्यपुरुषर्षभः ॥ समुत्थायमहाबाहुर्दह्यमानेनचेतसा ४१ व्यपेतजन
निर्घोषंप्रविवेशमहावनम् ॥ रुरुभिश्चवराहैश्चपक्षिभिश्चनिषेवितम् ४२ नीलभास्वरवर्णैश्चपादपैरुपशोभितम् ॥ भ्रमरैरुपगीतंचपक्षिभिश्चमहायशाः ४३ सग
च्छन्काननेतस्मिन्हेमजालपरिष्कृतम् ॥ ददर्शतत्सरःश्रीमान्विश्वकर्मकृतंयथा ४४ उपेतंनलिनीजालैःसिंधुवारैःसवेतसैः ॥ केतकैःकरवीरैश्चपिप्पलैश्चैवसंवृतम् ॥
श्रमार्तस्तदुपागम्यसरोदृष्ट्वाऽथविस्मितः ४५ ॥ इतिश्रीमहाभारतेआरण्यकेपर्वणिआरणेयपर्वणिनकुलादिपतनेद्वादशाधिकत्रिशततमोऽध्यायः ॥ ३१२ ॥
॥ वैशंपायनउवाच ॥ सददर्शहतान्भ्रातॄन्लोकपालानिवच्युतान् ॥ युगांतेसमनुप्राप्तेशक्रप्रतिमगौरवान् १ विनिकीर्णधनुर्बाणंदृष्ट्वानिहतमर्जुनम् ॥ भीम
सेनंयमौचैवनिर्विचेष्टान्गतायुषः २ सदीर्घमुष्णंनिःश्वस्यशोकबाष्पपरिप्लुतः ॥ तान्दृष्ट्वापतितान्भ्रातॄन्सर्वांश्चिंतासमन्वितः ३

४२ । ४३ हेमजालानिहेमवर्णानिकेसराणितैःपरिष्कृतंमंडितं ४४ सिंधुवारैर्जलजविशेषैः ४५ ॥ ॥ इत्यारण्यकेपर्वणि नीलकंठीयेभारतभावदीपे द्वादशाधिकत्रिशततमोऽध्यायः ॥ ३१२ ॥ ॥
-४ सदर्शेति १ । २ । ३

४ । ५ विधर्मिण्योऽनृताः ६ । ७ । ८ नकस्यचिदजेताऽपितुसर्वस्यैवजेता ९ आश्रांराज्याशां संहृत्यविनाश्य १० । ११ । १२ । १३ । १४ । १५ । १६ दध्यौकारणंमरणहेतुंविचारितवान् १७ । १८

धर्मपुत्रोमहाबाहुर्विललापसुविस्तरम् ॥ ननुत्वयामहाबाहोप्रतिज्ञातंवृकोदर ४ सुयोधनस्यभेत्स्यामिगदयासक्थिनीरणे ॥ व्यर्थंतदद्यमेसर्वंत्वयिवीरेनिपातिते
५ महात्मनिमहाबाहोकुरूणांकीर्तिवर्धने ॥ मनुष्यसंभवावाचोविधर्मिण्यःप्रतिश्रुताः ६ भवतांदिव्यवाचस्तुताभवंतुकथंमृषा ॥ देवाश्चापियदाऽवोचन्सूत
केत्वांधनंजय ७ सहस्राक्षादनवरःकुंतिपुत्रस्तवेतिवै ॥ उत्तरेपारियात्रेचजगुर्भूतानिसर्वशः ८ विप्रनष्टांश्रियंचैषामाहर्तापुनरंजसा ॥ नास्यजेतारणेकश्चिदजेता
नैपकस्यचित् ९ सोऽयंमृत्युवशंयातःकथंजिष्णुर्महाबलः ॥ अयंममाशांसंहृत्यशेतेभूमौधनंजयः १० आश्रित्ययंवयंनाथंदुःखान्येतानिसेहिम ॥ रणेप्रमत्तौवी
रौचसदाशत्रुनिबर्हणौ ११ कथंरिपुवशंयातौकुंतीपुत्रौमहाबलौ ॥ यौसर्वास्त्राप्रतिहतौभीमसेनधनंजयौ १२ अश्मसारमयंनूनंहृदयंममदुर्हृदः ॥ यमौयदेतौ
दृष्ट्वाऽद्यपतितौनावदीर्यते १३ शास्त्रज्ञादेशकालज्ञास्तपोयुक्ताःक्रियान्विताः ॥ अकृत्वासदृशंकर्मकिंशेध्वंपुरुषर्षभाः १४ अविक्षतशरीराश्चाप्यप्रमृष्टशरासनाः ॥
असंज्ञाभुविसंगम्यकिंशेध्वमपराजिताः १५ सानूनिवाद्रेःसंसुप्तान्दृष्ट्वाभ्रातॄन्महामतिः ॥ सुखंप्रसुप्तान्प्रस्विन्नःखिन्नःकष्टांदशांगतः १६ एवमेवदमित्युक्त्वा
धर्मात्मासनरेश्वरः ॥ शोकसागरमध्यस्थोदध्यौकारणमाकुलः १७ इतिकर्तव्यतांचेतिदेशकालविभागवित् ॥ नाभिपेदेमहाबाहुश्चिंतयानोमहामतिः १८
अथसंस्तभ्यधर्मात्मातदात्मानंतपःसुतः ॥ एवंविलप्यबहुधाधर्मपुत्रोयुधिष्ठिरः १९ बुद्ध्याविचिंतयामासवीराःकेननिपातिताः २० नैषांशस्त्रप्रहारोऽस्तिपदं
नेहास्तिकस्यचित् ॥ भूतंमहदिदंमन्येभ्रातरोयेनमेहताः २१ एकाग्रंचिंतयिष्यामिपीत्वावेत्स्यामिवाजलम् ॥ स्यात्तुदुर्योधनेनेदमुपांशुविहितंकृतम् २२
गांधारराजरचितंसततंजिह्मबुद्धिना ॥ यस्यकार्यमकार्यंवासममेवभवत्युत २३ कस्तस्यविश्वसेद्वीरोदुष्कृतेरकृतात्मनः ॥ अथवापुरुषैर्गूढैःप्रयोगोऽयंदुरात्मनः
२४ भवेदितिमहाबुद्धिर्बहुधातदचिंतयत् ॥ तस्यासीन्नविषेणेदमुदकंदूषितंयथा २५ मृतानामपिचैतेषांविकृतंनैवजायते ॥ मुखवर्णाःप्रसन्नामेभ्रातॄणामित्य
चिंतयत् २६ एकैकशश्चौघबलानिमान्पुरुषसत्तमान् ॥ कोऽन्यःप्रतिसमासेतकालांतकयमादृते २७ एतेनव्यवसायेनतत्तोयंव्यवगाढवान् ॥ गाहमानश्चतत्तो
यमंतरिक्षात्सशुश्रुवे २८ ॥ यक्षउवाच ॥ अहंबकःशैवलमत्स्यभक्षोनीतामयाप्रेतवशंतवानुजाः ॥ त्वंपंचमोभवितराजपुत्रनचेत्प्रश्नान्पृच्छतोव्याकरोषि २९
मातातसाहसंकार्षीर्ममपूर्वपरिग्रहः ॥ प्रश्नानुक्त्वातुकौंतेयततःपिबहरस्वच ३० ॥ युधिष्ठिरउवाच ॥ रुद्राणांवावसूनांवामरुतांवाप्रधानभाक् ॥ पृच्छामिकोभवा
न्देवोनैतच्छकुनिनाकृतम् ३१

तपःसुतोधर्मपुत्रः १९ । २० । २१ उपांशुविहितमस्माभिरज्ञातंसद्भिर्हितम् २२ । २३ दुष्कृतेःपापकर्मणः २४ । २५ । २६ ओघबलान्महाप्रवाहवेगान् प्रतिसमासेतप्रतियुद्ध्येत कालेंऽतंकरोतियस्तादृशो यमःकालांतकयमस्तस्मात् २७ । २८ । २९ । ३० प्रधानभाक्प्राधान्यभाक् ३१

३२ तैतव ३३ तेत्वया ३४ । ३५ । ३६ । ३७ । ३८ । ३९ । ४० । ४१ । ४२ । ४३ यद्यतःआत्मनैवात्मस्वरूपंवक्तव्यमतस्तेप्रश्नान्प्रतिवक्ष्यामि ४४ किंस्विदादित्यमुन्नयतीत्यादिप्रश्नोत्तरमालिका आत्मनस्तत्त्वंनिर्णेतुमारब्धा ‘ तरतिशोकमात्मवित् ’ इतितज्ज्ञानस्यफलवत्त्वश्रवणात्तत्सिद्ध्येचोच्चावचंसाधनजातमस्यांनिरूप्यते तांव्याख्यास्यामः ४५ आदित्यमादत्तेशब्दादीन्श्रोत्रादिभिरित्यादि सोजीवस्तं गौरोऽहमंधोऽहमदुःख्यहंकर्ताऽहमित्याद्यनुभवाद्देहाद्यात्मतयाभासमानं वादिभिश्चानेकधाविकल्प्यमानं ब्रह्मवेदउन्नयतिदेहादिभ्यःपृथक्करोतिश्रुतिरेवात्मतत्त्वनिर्णयेमानमित्यर्थः तथाचश्रुतिः । ‘ नावेदविन्मनुतेतंबृहंतं ’ इति । ननुसर्वेऽपिवेदादात्मानंजानंतिनेत्याह देवाइति । देवाःशमादयस्तस्याभितश्चराःसहायाः । अस्तंस्वस्थानमपहतपाप्मादिगुणाष्टकविशिष्टंतत्कारणभूतंहार्दाकाशंनत्येलंधर्मः सा क्षात्परंपरयावा कर्मोपासनारूपोनयतिप्रापयति । सएवमुक्तविधंस्वरूपंसगुणब्रह्मभावंप्राप्य तद्बाधेन सत्येसर्वबाधावधिभूतेशुद्धचिन्मात्रेप्रतिष्ठितोभवति । तथाचश्रुतिः ‘ सएवंविद्वानस्माच्छरीरभेदा

हिमवान्पारियात्रश्चविंध्योमलयएवच ॥ चत्वारःपर्वताःकेनपातिताभूरितेजसः ३२ अतीवतेमहत्कर्मकृतंचबलिनांवर ॥ यान्नदेवानगंधर्वानासुराश्चनराक्षसाः ३३ विषहेरन्महायुद्धेकृतंतेतन्महाद्भुतम् ॥ नतेजानामियत्कार्यंनाभिजानामिकांक्षितम् ३४ कौतूहलंमहज्जातंसाध्वसंचागतंमम ॥ येनास्म्युद्विग्नहृदयःसमुत्पन्नशि रोज्वरः ३५ पृच्छामिभगवंस्तस्मात्कोभवानिहतिष्ठति ॥ यक्षउवाच ॥ यक्षोऽहमस्मिभद्रंतेनास्मिपक्षीजलेचरः ३६ मयैतेनिहताःसर्वेभ्रातरस्तेमहौजसः ॥ वैशं पायनउवाच ॥ ततस्तामशिवांश्रुत्वावाचंसपरुषाक्षराम् ३७ यक्षस्यब्रुवतोराजन्नुपक्रम्यतदास्थितः ॥ विरूपाक्षंमहाकायंयक्षंतालसमुच्छ्रयम् ३८ ज्वलनार्कप्र तीकाशमधृष्यंपर्वतोपमम् ॥ वृक्षमाश्रित्यतिष्ठंतंददर्शभरतर्षभः ३९ मेघगंभीरनादेनतर्जयंतंमहास्वनम् ॥ यक्षउवाच ॥ इमेतेभ्रातरोराजन्वार्यमाणामयाऽस कृत् ४० बलात्तोयंजिहीर्षंतस्ततोवैमृदितामया ॥ नपेयमुदकंराजन्प्राणानिहपरीप्सता ४१ पार्थमासाहसंकार्षीर्ममपूर्वपरिग्रहः ॥ प्रश्नानुक्त्वातुकौंतेयततः पिबहरस्वच ४२ ॥ युधिष्ठिरउवाच ॥ नचाहंकामयेयक्षतवपूर्वपरिग्रहम् ॥ कामंनैतत्प्रशंसंतिसंतोहिपुरुषाःसदा ४३ यदात्मनास्वमात्मानंप्रशंसेपुरुषर्षभ ॥ यथाप्रज्ञंतुतेप्रश्नान्प्रतिवक्ष्यामिपृच्छमाम् ४४ ॥ यक्षउवाच ॥ किंस्विदादित्यमुन्नयतिकेचतस्याभितश्चराः ॥ कश्चैनमस्तंनयतिकस्मिंश्चप्रतितिष्ठति ४५ ॥ युधिष्ठिरउवाच ॥ ब्रह्मादित्यमुन्नयतिदेवास्तस्याभितश्चराः ॥ धर्मश्चास्तंनयतिचसत्येचप्रतितिष्ठति ४६ ॥ यक्षउवाच ॥ केनस्विच्छ्रोत्रियोभवतिकेन स्विद्विंदतेमहत् ॥ केनस्विद्द्वितीयवान्भवतिराजन्केनचबुद्धिमान् ४७ ॥ युधिष्ठिरउवाच ॥ श्रुतेनश्रोत्रियोभवतितपसाविंदतेमहत् ॥ धृत्याद्वितीयवान् भवतिबुद्धिमान्वृद्धसेवया ४८

दूर्ध्वमुत्क्रम्यामुष्मिन्स्वर्गेलोकेसर्वान्कामानाप्त्वाऽमृतःसमभवत् ’ इति । प्रथमंशास्त्रजंज्ञानं ततःशमादिसंपन्नस्ययोगबलाद्देहाद्यध्यासनिवृत्तिस्ततःस्वर्गाख्यसगुणब्रह्मदर्शनं ततः केवलीभावइतिश्रुतेरर्थः ४६ । ४७ वेदस्यसत्येप्रतिष्ठाहेतुत्वमुक्तंतत्रदृष्टंद्वारमाह श्रुतेनेति । श्रोत्रियोवेदाध्यायी श्रुतेनाचार्यमुखाद्वेदार्थावधारणेनभवति नत्वक्षरग्रहणमात्रेण । ततश्चतपसायुक्त्याच श्रुतस्यार्थस्यालोचनेमहत्ब्रह्म विंदतेजानातिमानमेयगताऽसंभावनानिवृत्त्यानिश्चिनोति धृत्या ‘ धृत्यायया धारयतेमनःप्राणेंद्रियक्रियाः । योगेनाव्यभिचारिण्याधृतिःसापार्थसात्विकी ’ इत्युक्तलक्षणया निदिध्यासनेनेत्यर्थः द्वितीयमनी शत्वादिविशिष्टादविद्याप्रत्युपस्थापिताज्जैवाद्रूपात्तद्विपरीतंविद्याप्राप्यंप्रतीचोयद्द्वितीयंरूपंतद्वान्भवति । एतत्त्रयनिश्चयात्मिकाबुद्धिर्गुरूपदेशादेवप्राप्येत्याह बुद्धिमानिति । तथाचश्रुतिः । ‘ आत्मावाऽरेद्रष्टव्यः–

श्रोतव्योमंतव्योनिदिध्यासितव्यः आचार्यवान्पुरुषोवेद ' इत्यादिरात्मदर्शनसाधनत्वेनश्रवणादित्रयमाचार्यवत्त्वंचेतिदर्शयति ४८ । ४९ श्रवणाद्यधिकारेहेतुमाहत्रिभिरुत्तरैः स्वाध्यायोवेदाध्ययनंविप्राणांदेवत्वंस्वर्गलोकआपकं । तपःशमादिकंसदाचारइत्युपादेयद्वयं । मानुषोभावोदेहाद्यभिमानः । मरणंजन्ममरणप्रापकः । परिवादोदेवब्राह्मणादिदूषणं असदाचारइतिहेयद्वयम् ५० । ५१ परित्यागआर्तानामितिशेषः ५२ । ५३ इतोऽप्यंतरंगंहेतुमाह प्राणमनसीनिरुध्यमाने यज्ञेसामयजुषीइवज्ञानयज्ञोपकारके ऋग्रूपएकामुख्या यज्ञंज्ञानंवृणुतेस्वीकरोति ज्ञानोत्पादिकेत्यर्थः तथाचश्रुतिः । ' मनोवाचंप्राणंतान्यात्मनेकुरुत ' इति आत्महितार्थमेतत्त्रयंप्रजापतिनासृष्टमित्याह तथातंत्वौपनिषदं पुरुषमित्यौपनिषदत्वविशेषणंवाचोमुख्यत्वमाह ५४ । ५५ शमादीनांप्राणजयादीनांचासंभवेयज्ञाद्येवकर्तव्यमित्याह आवपतांआसमंतादेवांस्तर्पयतां वर्षवृष्टिः श्रेष्ठंफलं सर्वलोकोपकारकत्वात् यथोक्तं । ' अग्नौप्रास्ताहुतिःसम्यगादित्यमुपतिष्ठते आदित्याज्जायतेवृष्टिः ' इति । निवपतांनिवापःपितृतर्पणंतत्कुर्वतां

॥ यक्षउवाच ॥ किंब्राह्मणानांदेवत्वंकश्चधर्मःसतामिव ॥ कश्चैषांमानुषोभावःकिमेषामसतामिव ४९ ॥ युधिष्ठिरउवाच ॥ स्वाध्यायएषांदेवत्वंतपएषांसतामिव ॥ मरणंमानुषोभावःपरिवादोऽसतामिव ५० ॥ यक्षउवाच ॥ किंक्षत्रियाणांदेवत्वंकश्चधर्मःसतामिव ॥ कश्चैषांमानुषोभावःकिमेषामसतामिव ५१ ॥ युधिष्ठिरउवाच ॥ इष्वस्त्रमेषांदेवत्वंयज्ञएषांसतामिव ॥ भयंवैमानुषोभावःपरित्यागोऽसतामिव ५२ ॥ यक्षउवाच ॥ किमेकंयज्ञियंसामकिमेकंयज्ञियंयजुः ॥ काचैषांवृणुतेयज्ञंकांयज्ञोनातिवर्तते ५३ ॥ युधिष्ठिरउवाच ॥ प्राणोवैयज्ञियंसाममनोवैयज्ञियंयजुः ॥ ऋगेकावृणुतेयज्ञंतांयज्ञोनातिवर्तते ५४ ॥ यक्षउवाच ॥ किंस्विदावपतांश्रेष्ठंकिंस्विन्निवपतांवरम् ॥ किंस्वित्प्रतिष्ठमानानांकिंस्वित्प्रसवतांवरम् ५५ ॥ युधिष्ठिरउवाच ॥ वर्षमावपतांश्रेष्ठंबीजंनिवपतांवरम् ॥ गावःप्रतिष्ठमानानांपुत्रःप्रसवतांवरः ५६ ॥ यक्षउवाच ॥ इंद्रियार्थाननुभवन्बुद्धिमाँल्लोकपूजितः ॥ संमतःसर्वभूतानामुच्छ्वसन्कोनजीवति ५७ ॥ युधिष्ठिरउवाच ॥ देवतातिथिभृत्यानांपितॄणामात्मनश्चयः ॥ ननिर्वपतिपंचानामुच्छ्वसन्नसजीवति ५८ ॥ यक्षउवाच ॥ किंस्विद्गुरुतरंभूमेःकिंस्विदुच्चतरंचखात् ॥ किंस्विच्छीघ्रतरंवायोःकिंस्विद्बहुतरंतृणात् ५९ ॥ युधिष्ठिरउवाच ॥ मातागुरुतराभूमेःखात्पितोच्चतरस्तथा ॥ मनःशीघ्रतरंवाताच्चिंताबहुतरीतृणात् ६० ॥ यक्षउवाच ॥ किंस्वित्सुप्तंननिमिषतिकिंस्विज्जातंनचोपति ॥ कस्यस्विद्धृदयंनास्तिकिंस्विद्वेगेनवर्धते ६१

बीजंक्षेत्रारामाद्यात्मोपकारकंफलं । ' आयुःप्रजांधनंविद्यांस्वर्गंमोक्षंसुखानिच । प्रयच्छंतुतथाराज्यंप्रीतास्तुभ्यंपितामहाः ' इतिस्मृत्युक्तं । प्रतिष्ठमानानामिहैवप्रतिष्ठालिप्सूनांगावःश्रेष्ठं । प्रसवतांसंततिमिच्छूनांपुत्रःश्रेष्ठंफलं दौहित्रादिभ्यःगवांपुत्रस्यचदृष्टार्थत्वेऽपि अतिथिप्रीणनद्वारा श्राद्धप्रदानादिद्वारोपकारकत्वेनपरंपरयाश्रवणाद्यधिकारहेतुत्वंज्ञेयं ५६ इतोऽपिसाधनान्तरंश्रेयस्तन्निंदति इंद्रियार्थानितिइंद्रियार्थान्शब्दादीन् लोकेयनादिवत्त्वेनपूजितः संमतोदानाधिकारित्वेन ५७ ननिर्वपतिनप्रयच्छतिदेवतादिभ्यः ५८ उक्तसाधनाशक्तेनमातापित्रोःशुश्रूषा मनोनिरोधस्तृणवत्तुच्छायाश्चिंतायास्त्यागश्चकर्तव्यइत्याह किंस्विद्गुर्वपिति ५९ । ६० । ६१

ननुमनोनाशेशून्यमेवावशिष्यतइत्याशंक्यनेत्याहमत्स्यइति । मत्स्यइवमत्स्योजीवः जाग्रत्स्वप्नयोरिहलोकपरलोकयोर्वा तीरयोरिवसंचारेणसुप्तःस्वनीडभूतंसद्रूपंब्रह्मप्राप्तोननिमिषति मनोवलुप्तदृष्टिर्नभवति ।
'नहिद्रष्टुर्दृष्टेर्विपरिलोपोविद्यतेऽविनाशित्वात्' इतिश्रुतेः । ननुमत्स्योऽविनाशित्वादजातश्चेत्कस्तर्हिजातइत्यतआह अंडंपिंडब्रह्मांडरूपंजातमुत्पन्नंसत्नचोपतिनचलति चुपमंदायांगतौ । पुरुषप्रवर्तितमेवाहं
कारादिजडजातंचेष्टतेइत्यर्थः । 'कोह्येवान्यात्कःप्राण्याद्यदेषआकाशआनंदोनस्यात्' इतिश्रुतेः । कस्तर्हिजाताजातयोरेतयोःसंयोगस्यदुःखदस्यनिवृत्त्युपायइत्यतआह अश्मनःअशरीरस्यनिवृत्तदेहत्रयाध्यास
स्ययोगिनोहृदयंशोकनीडंनास्ति । कथंतर्हिसमाधेरपिव्युत्तिष्ठंतीत्याह नदीचित्तनदी वेगेनवर्धते सुषुप्तावस्थापन्नस्यस्वप्नदर्शनवत्समाहितोत्थितस्यायंप्रपंचोदृष्टिसमसमयमात्रजातइत्यर्थः ६२ । ६३ मनोरोधा
शक्तस्यदानमेवश्रेयइत्याह सार्थोयथाप्रवसतोमित्रमेवंमरिष्यतोमर्त्यस्यदानंमित्रमित्यर्थः ६४ । ६५ दानस्यचित्तशुद्धिद्वारायज्ञादौयज्ञादेश्चचित्तैकाग्र्यद्वारासमष्ट्युपास्तौप्रवृत्तिहेतुत्वमाह अतिथिरितिअग्निराह
वनीयादिरूपः गवामृतंक्षीरंतदेवसोमाख्यंहोतव्यंसोयंसनातनोनित्योधर्मः अमृतोमोक्षहेतुः तत्रद्वारमाह वायुःसर्वमिदंजगत् 'वायुरेवव्यष्टिर्वायुःसमष्टिः' इतिश्रुतेःपिंडब्रह्मांडात्मकवायुरूपत्वप्राप्तेर्मोक्षद्वारमित्यर्थः

॥ युधिष्ठिरउवाच ॥ मत्स्यःसुप्तोननिमिषत्यंडंजातंनचोपति ॥ अश्मनोहृदयंनास्तिनदीवेगेनवर्धते ६२ ॥ यक्षउवाच ॥ किंस्वित्प्रवसतोमित्रंकिंस्विन्मित्रंगृहे
सतः ॥ आतुरस्यचकिंमित्रंकिंस्विन्मित्रंमरिष्यतः ६३ ॥ युधिष्ठिरउवाच ॥ सार्थःप्रवसतोमित्रंभार्यामित्रंगृहेसतः ॥ आतुरस्यभिषङ्मित्रंदानंमित्रंमरिष्यतः
६४ ॥ यक्षउवाच ॥ कोऽतिथिःसर्वभूतानांकिंस्विद्धर्मंसनातनम् ॥ अमृतंकिंस्विद्राजेंद्रकिंस्वित्सर्वमिदंजगत् ६५ ॥ युधिष्ठिरउवाच ॥ अतिथिःसर्वभूता
नामग्निःसोमोगवामृतम् ॥ सनातनोऽमृतोधर्मोवायुःसर्वमिदंजगत् ६६ ॥ यक्षउवाच ॥ किंस्विदेकोविचरतेजातःकोजायतेपुनः ॥ किंस्विद्धिमस्यभैषज्यंकिंस्विदाव
पनंमहत् ६७ ॥ युधिष्ठिरउवाच ॥ सूर्यएकोविचरतेचंद्रमाजायतेपुनः ॥ अग्निर्हिमस्यभैषज्यंभूमिरावपनंमहत् ६८ ॥ यक्षउवाच ॥ किंस्विदेकपदंधर्म्यंकिंस्विदे
कपदंयशः ॥ किंस्विदेकपदंस्वर्ग्यंकिंस्विदेकपदंसुखम् ६९ ॥ युधिष्ठिरउवाच ॥ दाक्ष्यमेकपदंधर्म्यंदानमेकपदंयशः ॥ सत्यमेकपदंस्वर्ग्यंशीलमेकपदंसुखम् ७०
॥ यक्षउवाच ॥ किंस्विदात्मामनुष्यस्यकिंस्विद्दैवकृतःसखा ॥ उपजीवनंकिंस्विदस्यकिंस्विदस्यपरायणम् ७१ ॥ युधिष्ठिरउवाच ॥ पुत्रआत्मामनुष्यस्यभार्या
दैवकृतःसखा ॥ उपजीवनंचपर्जन्योदानमस्यपरायणम् ७२

६६ । ६७ उक्तलक्षणस्यत्रायोरपिसंहारेकिमवशिष्यतइत्याह सूर्यएकोविचरतेसूर्यवच्चित्प्रकाशरूपआत्मैवास्ति । अवस्थात्रयेतदभावेचप्रकाश्यसत्वासत्त्वयोः सूर्यइवकुतस्तर्हिप्रपंचभानमतआह चंद्रमाजायतेपुनः
'चंद्रमामनोभूत्वा' इतिश्रुतेर्मनएवाविद्यावशादुत्पद्यते तच्चदुःखप्रदंजगत्कल्पयति अविद्यानिवृत्त्युपायमाह अग्निर्हिमस्यभैषज्यं । 'अग्निर्वाग्भूत्वा' इतिश्रुतेर्वागेवतत्त्वमस्यादिका हिमस्यसूर्याभिभावकस्या
विद्याजाड्यस्यऔषधंनिवारकं । भूमिःशरीरंतदेवमहदावपनंविद्याअविद्यायाश्चनिधानपात्रं इहैवसंसारित्ववदसंसारिब्रह्मभावोऽपिसाक्षात्क्रियतइत्यर्थः ६८ अत्रद्वाभ्यांप्रश्नाभ्यांब्रह्मविद्यासूत्रंससाधनमुप
क्षिप्तं ततःसप्तभिस्त्वंपदार्थशोधःससाधनःकृतः इदानींपुनःप्रकारांतरेणसाधनान्येवविदधत्तत्त्वंपदार्थयोरभेदंतत्त्वमस्यहंब्रह्मास्मीत्यादिमहावाक्यप्रतिपाद्यंदर्शयतिनवभिः किंस्विदेकपदमित्यादिना ६९ एकपदं
एकमेवपर्यवसानस्थानं दाक्ष्येकृत्स्नोधर्मःपर्यवसितइत्यर्थः एवमुत्तरत्र ७० उद्योगोदानंसत्यंशीलंचसेव्यं तत्रापिदानमेव पुत्रवदात्मा भार्यावत्सखा पर्जन्यवदुपजीवनंच आत्मप्रदत्वाद्वरमणीयफलत्वाच्चादत्तमुप
तिष्ठतीतिवचनेनोपजीवनहेतुत्वाच्चेत्याह किंस्विदात्मेति ७१ । ७२

७३ धन्यंधनायहितं । धनमपिश्रुतमेवनस्वर्णादीत्याह उत्तमंश्रुतमिति । लाभआरोग्यंधर्मसाधनत्वात् । तुष्टिःसंतोषः । उद्योगोऽध्ययनमारोग्यंसंतोषश्चदृष्टद्वारेणज्ञानेउपकुर्वंतीत्यर्थः ७४ । ७५ आनृशंस्यंसर्वभूताभयदानं संन्यासइत्यर्थः । त्रयी मोक्षमंत्रस्त्रयीतिश्रुतेस्त्रयीशब्देनात्रत्रिमात्रःप्रणवउच्यते तदाश्रितोधर्मोऽकारउकारमकारार्थानांस्थूलसूक्ष्मकारणोपाधीनां क्रमेण पूर्वपूर्वस्योत्तरोत्तरत्र प्रविलापनेनार्धमात्रार्थेतुरीयेब्रह्मण्यवस्थानं सदाफलोऽविनाशिफलः मोक्षहेतुत्वात् । तस्यधर्मस्यप्राप्तावुपायोमनोनिग्रहएव तावतैवज्ञाताऽऽत्मतत्त्वोभूत्वाशोकंतरति मनोनिग्रहमार्गश्चसद्भिःकृपालुभिरेवप्रदर्शनीयइतितात्पर्यार्थः ७६ मनोनिग्रहेदृढंद्वारंमानादिचतुष्टयत्यागइत्याह किंनुइति ७७ । ७८ मानादित्यागोऽपिधर्मफलमतोऽत्रापिब्राह्मणेदत्तंयद्दानंतदेवधर्महेतुत्वादुपकरोतिनान्यत्रदत्तमित्याह किमर्थमिति ७९ । ८० । ८१ ननुदानबलान्मानादीन्जित्वामनोनिगृह्णतएवात्यंतिकोदुःखनाशोभविष्यतिकिंप्रविलापनरूपेणत्रयीधर्मेणेत्याशंक्याहअज्ञानेनेति । अज्ञानकार्येण स्थूलसू

॥ यक्षउवाच ॥ धन्यानामुत्तमंकिंस्विद्धनानांस्यात्किमुत्तमम् ॥ लाभानामुत्तमंकिंस्यात्सुखानांस्यात्किमुत्तमम् ७३ ॥ युधिष्ठिरउवाच ॥ धन्यानामुत्तमंदाक्ष्यंधनानामुत्तमंश्रुतम् ॥ लाभानांश्रेयआरोग्यंसुखानांतुष्टिरुत्तमा ७४ ॥ यक्षउवाच ॥ कश्चधर्मःपरोलोकेकश्चधर्मःसदाफलः ॥ किंनियम्यनशोचंतिकैश्चसंधिर्नजीर्यते ७५ ॥ युधिष्ठिरउवाच ॥ आनृशंस्यंपरोधर्मस्त्रयीधर्मःसदाफलः ॥ मनोयम्यनशोचंतिसंधिःसद्भिर्नजीर्यते ७६ ॥ यक्षउवाच ॥ किंनुहित्वाप्रियोभवतिकिंनुहित्वानशोचति ॥ किंनुहित्वाऽर्थवान्भवतिकिंनुहित्वासुखीभवेत् ७७ ॥ युधिष्ठिरउवाच ॥ मानंहित्वाप्रियोभवतिक्रोधंहित्वानशोचति ॥ कामंहित्वाऽर्थवान्भवतिलोभंहित्वासुखीभवेत् ७८ ॥ यक्षउवाच ॥ किमर्थंब्राह्मणेदानंकिमर्थंनटनर्तके ॥ किमर्थंचैवभृत्येषुकिमर्थंचैवराजसु ७९ ॥ युधिष्ठिरउवाच ॥ धर्मार्थंब्राह्मणेदानंयशोऽर्थंनटनर्तके ॥ भृत्येषुभरणार्थंवैभयार्थंचैवराजसु ८० ॥ यक्षउवाच ॥ केनस्विदावृतोलोकःकेनस्विन्नप्रकाशते ॥ केनत्यजतिमित्राणिकेनस्वर्गंनगच्छति ८१ ॥ युधिष्ठिरउवाच ॥ अज्ञानेनावृतोलोकस्तमसानप्रकाशते ॥ लोभात्त्यजतिमित्राणिसंगात्स्वर्गंनगच्छति ८२ ॥ यक्षउवाच ॥ मृतःकथंस्यात्पुरुषःकथंराष्ट्रंमृतंभवेत् ॥ श्राद्धंमृतंकथंवास्यात्कथंयज्ञोमृतोभवेत् ८३ ॥ युधिष्ठिरउवाच ॥ मृतोदरिद्रःपुरुषोमृतंराष्ट्रमराजकम् ॥ मृतमश्रोत्रियंश्राद्धंमृतोयज्ञस्त्वदक्षिणः ८४ ॥ यक्षउवाच ॥ कादिक्किमुदकंप्रोक्तंकिमन्नंकिंचवैविषम् ॥ श्राद्धस्यकालमाख्याहिततःपिबहरस्वच ८५

क्ष्मशरीरद्वयेनजरामरणशोकमोहाद्याश्रयेण लोक्यतइतिलोकआत्मा आवृतस्तिरोहितः कल्पितभुजंगेनेवरज्जुः अतोऽज्ञाननाशार्थंत्रयीधर्मोऽवश्यमेष्टव्यः । ननुसुषुप्तौदेहद्वयस्याभावादज्ञाननाशोऽस्त्येव किंत्रयीधर्मेणेत्यतआह तमसामूलाज्ञानेन सुषुप्तावप्यावृतोऽतोनप्रकाशते तस्माद्देहत्रयमपिप्रविलापनीयमेवेत्यर्थः ज्ञानाज्ञानयोरेवविरोधादज्ञानकृतःसंसारोनमनोरोधमात्रेणनश्यति किंतुसर्वबाधेनरज्जुमधिगम्यैवयथासमूलस्यभयस्यनाशस्तथादेहत्रयबाधेनस्वरूपाधिगमेनैव समूलस्यसंसारस्यनाशइतिभावः अतोलोभसंगौत्यक्त्वाज्ञानमेवसाधनीयमित्याह लोभादिति ८२ । ८३ लोभसंगयोरत्यागेदोषमाहमृतइति । दरिद्रोलुब्धचित्तः सदानायसमर्थत्वेनमृतएव तत्रदृष्टांतः मृतंराष्ट्रमिव राष्ट्रंप्राणभूमिपतेःसंचारस्थानंशरीरंतत्त्वराजकंनष्टप्राणंयथातथादरिद्रोजीवन्मृतइत्यर्थः । अग्निमंदप्रभृतंद्वयंश्रुतिप्रसिद्धमेव ८४ । ८५

एवंलोभादित्यागेनदानाद्यनुष्ठानेनशमादिसंपत्त्याचयुक्तस्यश्रवणादिमतोयज्ज्ञातव्यंब्रह्मात्मैक्यंतदाह कादिगिति ॥ संतोवेदप्रमाणनिष्ठाः दिक्दिशत्युपदिशतीतिदिगुपदेष्टारइत्यर्थः आचार्यवचनाद्ब्रह्म ज्ञातव्यमितिभावः । तथाजलं 'पंचम्यामाहुतावापःपुरुषवचसोभवंति' इतिश्रुतेर्जलंपिंडब्रह्मांडात्मकंकार्यंतदभिमानीचेतनश्च तेनव्यष्टिसमष्टिजीवोलक्ष्यते । आकाशः । 'सर्वाणिहवाइमानिभूतान्याकाशादेवसमुत्पद्यंतआकाशेऽस्तंयंति' इतिश्रुतेराकाशोऽव्याकृतंकारणं तदभिमानीईश्वरस्तेनोच्यते अनयोर्जलमाकाशमितिसामानाधिकरण्यादभेदउपाध्यंशप्रहाणेनोभयत्रशुद्धचिन्मात्रलक्षणया सोऽयंदेवदत्तइसत्रेव तदेतद्देशकालरूपविशेषणप्रहाणेनदेवदत्तस्वरूपमात्रलक्षणया एतावानेवसर्वेषुवेदांतेषुज्ञातव्योर्थः । ननुव्यावर्तकेउपाधिभेदेजाग्रतिसतिकथमनयोरभेदःस्यादतआह गौरन्नमिति । गच्छतीतिगौरिंद्रियंतद्ग्राह्यंशब्दाद्यर्थजातंवातदन्नमदनीयंप्रविलापनीयं सैंधवोदकन्यायेन । यथासैंधवखिल्यउदकेप्रास्तउदकमेवानुविलीयते । अत्रह्येतेसर्वएकंभवंतीत्यादितिश्रुतिभ्यः उपाध्योर्मिथ्यात्वादेवरज्जूरगवत्प्रविलयः

॥ युधिष्ठिरउवाच ॥ संतोदिग्जलमाकाशंगौरन्नंप्रार्थनाविषम् ॥ श्राद्धस्यब्राह्मणःकालःकथंवायक्षमन्यसे ८६ ॥ यक्षउवाच ॥ तपःकिंलक्षणंप्रोक्तंकोदमश्चप्रकीर्तितः ॥ क्षमाचकापराप्रोक्ताकाचह्रीःपरिकीर्तिता ८७ ॥ युधिष्ठिरउवाच ॥ तपःस्वधर्मवर्तित्वंमनसोदमनंदमः ॥ क्षमाद्वंद्वसहिष्णुत्वंह्रीरकार्यनिवर्तनम् ८८ ॥ यक्षउवाच ॥ किंज्ञानंप्रोच्यतेराजन्कःशमश्चप्रकीर्तितः ॥ दयाचकापराप्रोक्ताकिंचार्जवमुदाहृतम् ८९ ॥ युधिष्ठिरउवाच ॥ ज्ञानंतत्त्वार्थसंबोधःशमश्चित्तप्रशांतता ॥ दयासर्वसुखैषित्वमार्जवंसमचित्तता ९० यक्षउवाच ॥ कःशत्रुर्दुर्जयःपुंसांकश्चव्याधिरनंतकः ॥ कीदृशश्चस्मृतःसाधुरसाधुःकीदृशःस्मृतः ९१ ॥ युधिष्ठिरउवाच ॥ क्रोधःसुदुर्जयःशत्रुर्लोभोव्याधिरनंतकः ॥ सर्वभूतहितःसाधुरसाधुर्निर्दयःस्मृतः ९२ ॥ यक्षउवाच ॥ कोमोहःप्रोच्यतेराजन्कश्चमानःप्रकीर्तितः ॥ किमालस्यंचविज्ञेयंकश्चशोकःप्रकीर्तितः ९३ ॥ युधिष्ठिरउवाच ॥ मोहोहिधर्ममूढत्वंमानस्त्वात्माभिमानिता ॥ धर्मनिष्क्रियताऽऽलस्यंशोकस्त्वज्ञानमुच्यते ९४ ॥ यक्षउवाच ॥ किंस्थैर्यमृषिभिःप्रोक्तंकिंचधैर्यमुदाहृतम् ॥ स्नानंचकिंपरंप्रोक्तंदानंचकिमिहोच्यते ९५ ॥ युधिष्ठिरउवाच ॥ स्वधर्मेस्थिरतास्थैर्यंधैर्यमिंद्रियनिग्रहः ॥ स्नानंमनोमलत्यागोदानंवैभूतरक्षणम् ९६ यक्षउवाच ॥ ॥ कःपंडितःपुमान्ज्ञेयोनास्तिकःकश्चउच्यते ॥ कोमूर्खःकश्चकामःस्यात्कोमत्सरइतिस्मृतः ९७ ॥ युधिष्ठिरउवाच ॥ धर्मज्ञःपंडितोज्ञेयोनास्तिकोमूर्खउच्यते ॥ कामःसंसारहेतुश्चहृत्तापोमत्सरःस्मृतः ९८ ॥ यक्षउवाच ॥ कोऽहंकारइतिप्रोक्तःकश्चदंभःप्रकीर्तितः ॥ किंतद्दैवंपरंप्रोक्तंकिंतत्पैशुन्यमुच्यते ९९

सुखसाध्यइत्यर्थः । प्रार्थनाकामः सएवविषमिवविषंजन्ममरणहेतुत्वात् अतःकामंत्यक्त्वागुरूपदेशेनप्रपंचंप्रविलाप्यप्रत्यक्ब्रह्मणोरभेदंसाक्षात्कुर्यादित्यर्थः । ब्राह्मणोब्रह्मवित् श्राद्धस्यश्रद्धयाप्रदेयस्य कालःसमयः यदैवसत्पात्रलाभस्तदैवधर्मज्ञानादिकमनुष्ठेयंशिक्षणीयंच । समाप्तासप्रावनाब्रह्मविद्या तथाऽप्यन्यान्यपिज्ञानसाधनानितल्लक्षणानिचप्रष्टुमिच्छुः पूर्णवरंभ्रातृजीवनादिसुखंनददातो धर्मराजं परामृशति कथंवायक्षमन्यसेइति । तवमतेएतावताकृतकृत्यत्वमस्तिनास्तिवेतिप्रश्नाभिप्रायः ८६ । ८७ तपआद्यष्टकस्यज्ञानसाधनस्यलक्षणान्याहद्वाभ्यां तपःस्वधर्मेति ८८ । ८९ । ९० । ९१ क्रोधलोभनिर्दयत्वानित्यक्त्वा सर्वभूतहितःस्यादित्यर्थः ९२ । ९३ त्रिभिर्मोहादीनांलक्षणान्याह मोहोहीत्यादिना ९४ । ९५ । ९६ । ९७ नास्तिकोनास्तिपरलोकइतिवादी सएवमूर्खोनततोऽन्यः पृथङ्मूर्खः प्रष्टव्यइत्यर्थः । संसारहेतुर्वासना ९८ । ९९

महत्त्वतदज्ञानंचाहंकारः । धर्मोध्वजोच्छ्रयोध्वजवदुच्छ्रितोलोकेषुख्यात्यर्थः । दंभदर्पपैशुन्यानित्यक्त्वादैवाधीनोयदृच्छालाभसंतुष्टो निर्दंभोनिष्कामंचधर्ममाचरेदित्यर्थः १०० । १०१ नन्वर्थकामयो विरोधिनोःसतोस्तादृशोधर्मोदुरनुष्ठेयइत्याशंक्याह यदेति । धर्मोग्निहोत्रादिः पारिव्राज्यवद्भार्याविरोधीनभवति यदाचभार्यादानादिप्रतिबंधकंविनाधर्मेविरोधिनीनभवति तदाधर्मोऽर्थान्प्रसूते भार्याच कामंपूरयति तेनत्रिवर्गोऽव्ययंसंगमंप्राप्नोति तथाचगृहिणामप्यस्तिधर्मद्वारेणमोक्षेऽधिकारइत्युक्तं २ अक्षयोनरकोनित्यसंसारित्वं ३ तद्धेतुमासुरींसंपदमाह ब्राह्मणमित्यादिना ४ । ५ । ६ स्वाध्यायेनाऽक्षरावाप्त्या श्रुतेनतदर्थग्रहणेन सार्थवेदाधिगमेनेत्यर्थः ७ कुलंनकारणं स्वाध्यायःश्रुतंचद्वयंमिलित्वैकमेवतदपिनकारणमितियोज्यं ८ । ९ । १० अतिरिच्यतेनीचतायामितिशेषः ११ । १२

॥ युधिष्ठिरउवाच ॥ महाज्ञानमहंकारोदंभोधर्मोध्वजोच्छ्रयः ॥ दैवंदानफलंप्रोक्तंपैशुन्यंपरदूषणम् १०० ॥ यक्षउवाच ॥ धर्मश्चार्थश्चकामश्चपरस्परविरोधिनः ॥ एषांनित्यविरुद्धानांकथमेकत्रसंगमः १०१ ॥ युधिष्ठिरउवाच ॥ यदाधर्मश्चभार्याचपरस्परवशानुगौ ॥ तदाधर्मार्थकामानांत्रयाणामपिसंगमः २ ॥ यक्षउवाच ॥ अक्षयोनरकःकेनप्राप्यतेभरतर्षभ ॥ एतन्मेपृच्छतःप्रश्नंतच्छीघ्रंवक्तुमर्हसि ३ ॥ युधिष्ठिरउवाच ॥ ब्राह्मणंस्वयमाहूययाचमानमकिंचनम् ॥ पश्चान्नास्तीतियोब्रूयात्सोऽक्षयंनरकंव्रजेत् ४ वेदेषुधर्मशास्त्रेषुमिथ्यायोवैद्विजातिषु ॥ देवेषुपितृधर्मेषुसोऽक्षयंनरकंव्रजेत् ५ विद्यमानेधनेलोभाद्दानभोगविवर्जितः ॥ पश्चान्नास्तीतियोब्रूयात्सोऽक्षयंनरकंव्रजेत् ६ यक्षउवाच ॥ राजन्कुलेनवृत्तेनस्वाध्यायेनश्रुतेनवा ॥ ब्राह्मण्यंकेनभवतिप्रब्रूह्येतत्सुनिश्चितम् ७ ॥ युधिष्ठिरउवाच ॥ शृणुयक्षकुलंतातनस्वाध्यायोनचश्रुतम् ॥ कारणंहिद्विजत्वेचवृत्तमेवनसंशयः ८ वृत्तंयत्नेनसंरक्ष्यंब्राह्मणेनविशेषतः ॥ अक्षीणवृत्तोनक्षीणोवृत्ततस्तुहतोहतः ९ पठकाःपाठकाश्चैवयेचान्येशास्त्रचिंतकाः ॥ सर्वेव्यसनिनोमूर्खायःक्रियावान्सपंडितः १० चतुर्वेदोऽपिदुर्वृत्तःसशूद्रादतिरिच्यते ॥ योऽग्निहोत्रपरोदांतःसब्राह्मणइतिस्मृतः ११ ॥ यक्षउवाच ॥ प्रियवचनवादीकिंलभतेविमृशितकार्यकरःकिंलभते ॥ बहुमित्रकरःकिंलभतेधर्मेरतःकिंलभतेकथय १२ ॥ युधिष्ठिरउवाच ॥ प्रियवचनवादीप्रियोभवतिविमृशितकार्यकरोऽधिकंजयति ॥ बहुमित्रकरःसुखंवसतेयश्चधर्मरतःसगतिंलभते १३ ॥ यक्षउवाच ॥ कोमोदतेकिमाश्चर्यंकःपंथाःकाचवार्तिका ॥ वदमेचतुरःप्रश्नान्मृताजीवंतुबांधवाः १४ ॥ युधिष्ठिरउवाच ॥ पंचमेऽहनिषष्ठेवाशाकंपचतिस्वेगृहे ॥ अनृणीचाप्रवासीचसवारिचरमोदते १५ अहन्यहनिभूतानिगच्छंतीहयमालयम् ॥ शेषाःस्थावरमिच्छंतिकिमाश्चर्यमतःपरम् १६ तर्कोऽप्रतिष्ठःश्रुतयोविभिन्नानैकोऋषिर्यस्यमतंप्रमाणम् ॥ धर्मस्यतत्त्वंनिहितंगुहायांमहाजनोयेनगतःसपंथाः ११७

१३ । १४ कर्मोपास्तिज्ञानानामंतरंगसाधनंवैराग्यमाहप्रश्नचतुष्टयोत्तरत्वेन हेवारिचरहेयक्ष । ऋणंप्रवासंचाकुर्वन्यदृच्छालाभसंतुष्टोमवेदित्यर्थः १५ अहनीति । देहस्यविनाशित्वमनुसंधाय प्राप्तानपि भोगांस्त्यक्त्वाशीघ्रंपरमार्थाययतितव्यमित्यर्थः १६ तर्कइति । अप्रतिष्ठोनिर्णयशून्यः । श्रुतयोऽपिविभिन्नाःपरस्परविरुद्धार्थवादिन्यः मुनयोऽपितद्व्याख्यातारस्तादृशाएव । अतोऽनंतासुधर्मशास्त्रादिविद्यासुश्रममकृत्वाबहुजनसंमतमेवमार्गमनुसरेदित्यर्थः ११७

अस्मिन्निति । भुज्यमाना अपिरूयादयोनचिरस्थायिनइतिसर्वतोवैराग्यमेवाश्रयेदितिभावः ११८ कर्मज्ञानफलेविवेक्तुंपृच्छतिव्याख्यातेति । याथातथ्यंयथार्थयथास्यात्तथा । पुरुषं पुरिशरीरेवसतीतिपुरुषस्तंजीवंतमित्यर्थः कोजीवतिकश्चावाप्तसकलकामइतिप्रश्नौ ११९ तयोरुत्तरंदिवमितिद्वाभ्यां पुण्येनकर्मणासकामेननिष्कामेणवाद्युभूमिव्यापीकीर्तिशब्दोभवति यावत्कीर्तिरस्तितावज्जीवतीत्यर्थः पश्चादिहलोकेपूर्ववासनानुरूपाणिकर्माणिकरोति तत्रापिसोपानारोहक्रमेणनिष्कामोमुच्यते अवरोहक्रमेणसकामोऽधिकमधिकंवासनापाशैर्बध्यतइतिविवेकः २० तुल्येइति । ब्रह्मविदेव सर्वधनी 'यस्तमात्मानमनुविद्यविजानातिसर्वांश्चलोकानाप्नोति सर्वांश्चकामान्' इतितस्यैवाप्तसकलकामत्वश्रुतेः । तस्यस्वाभाविकमिदंलक्षणं तुल्येप्रियाप्रियेइति । तदेवसाधकस्ययत्नसाध्यंज्ञानसाधनमित्युच्यते यथोक्तं । 'उत्पन्नात्मप्रबोधस्यत्वद्वेष्टृत्वादयोगुणाः ॥ अयत्नतोभवंत्यस्यनतुसाधनरूपिणः' इति २१ एवंपुत्रस्यज्ञानंपरीक्ष्यधर्मेस्थितिंपरीक्षितुमाह यमेकमिच्छसिसजीवत्विति २२ । २३ जीवंजीवंतम् २४ । २५ अनुभावेननकुलगतसामर्थ्येन २६ । २७ नोऽस्मान्माऽवधीत् २८ आनृशंस्यमवैषम्यं परमार्थात्सत्यात् २९ । ३० धीयतेनिश्चिनुते ३१ । ३२ । १३३ ॥ ॥ इत्यारण्यकेपर्वणि नीलकंठीये भारतभावदीपे त्रयोदशाधिकत्रिशततमोऽध्यायः ॥ ३१३ ॥ ॥ ततस्तेइति १

अस्मिन्महामोहमयेकटाहेसूर्याग्निनारात्रिदिवेंधनेन ॥ मासर्तुदर्वीपरिघट्टनेनभूतानिकालःपचतीतिवार्ता ११८ ॥ ॥ यक्षउवाच ॥ ॥ व्याख्यातामेत्वया प्रश्नायाथातथ्यंपरंतप ॥ पुरुषंत्विदानींव्याख्याहियश्चसर्वधनीनरः ११९ ॥ ॥ युधिष्ठिरउवाच ॥ ॥ दिवंस्पृशतिभूमिंचशब्दःपुण्येनकर्मणा ॥ यावत्सशब्दोभवतितावत्पुरुषउच्यते २० तुल्येप्रियाप्रियेयस्यसुखदुःखेतथैवच ॥ अतीतानागतेचोभेसवैसर्वधनीनरः २१ ॥ ॥ यक्षउवाच ॥ ॥ व्याख्यातःपुरुषोराजन्यश्चसर्वधनीनरः ॥ तस्मात्त्वमेकंभ्रातॄणांयमिच्छसिसजीवतु २२ ॥ युधिष्ठिरउवाच ॥ ॥ श्यामोयएषरक्ताक्षोबृहच्छालइवोत्थितः ॥ व्यूढोरस्कोमहाबाहुर्नकुलोयक्षजीवतु २३ ॥ ॥ यक्षउवाच ॥ ॥ प्रियस्तेभीमसेनोऽयमर्जुनोवःपरायणम् ॥ सकस्मान्नकुलंराजन्सापत्नंजीवमिच्छसि २४ यस्यनागसहस्रेणदशसंख्येनवैबलम् ॥ तुल्यंतंभीममुत्सृज्यनकुलंजीवमिच्छसि २५ तथैनंमनुजाःप्राहुर्भीमसेनंप्रियंतव ॥ अथकेनानुभावेनसापत्नंजीवमिच्छसि २६ यस्यबाहुबलंसर्वेपांडवाःसमुपासते ॥ अर्जुनंतमपाहायनकुलंजीवमिच्छसि २७॥ युधिष्ठिरउवाच ॥ धर्मएवहतोहंतिधर्मोरक्षतिरक्षितः ॥ तस्माद्धर्मंनत्यजामिमानोधर्मोहतोऽवधीत् २८ आनृशंस्यंपरोधर्मःपरमार्थाच्चमेमतम् ॥ आनृशंस्यंचिकीर्षामिनकुलोयक्षजीवतु २९ धर्मशीलःसदाराजाइतिमांमानवाविदुः ॥ स्वधर्मान्नचलिष्यामिनकुलोयक्षजीवतु ३० कुंतीचैवतुमाद्रीचद्वेभार्येतुपितुर्मम ॥ उभेसपुत्रेस्यातांवैइतिमेधीयतेमतिः ३१ यथाकुंतीतथामाद्रीविशेषोनास्तिमेतयोः ॥ मातृभ्यांसममिच्छामिनकुलोयक्षजीवतु १३२ ॥ यक्षउवाच ॥ ॥ तस्यतेऽर्थाच्चकामाच्चआनृशंस्यंपरंमतम् ॥ तस्मात्तेभ्रातरःसर्वेजीवंतुभरतर्षभ १३३ ॥ इतिश्रीमहाभारते आरण्यकेपर्वणिआरणेयपर्वणियक्षप्रश्नेत्रयोदशाधिकत्रिशततमोऽध्यायः ॥ ३१३ ॥ ॥ वैशंपायनउवाच ॥ ततस्तेयक्षवचनादुदतिष्ठंतपांडवाः ॥ क्षुत्पिपासेचसर्वेषांक्षणेनव्यपगच्छताम् १

२ । ३ । ४ सुहृदः सुहृत् छांदसमदंतत्वम् ५ । ६ यशःख्यातिः सत्यंयथार्थभाषणं दमोबाह्येंद्रियजयः शौचंद्विविधं मृज्जलादिनाबाह्यं कामक्रोधादिराहित्यादांतरं आर्जवमवक्रता मार्दवमितिपाठे अक्रूरता ह्रीरकार्यप्रवृत्तिवारकश्चेतोवृत्तिविशेषः अचापलंमनसःस्थैर्यं दानंप्रसिद्धं तपःस्वधर्माचरणं ब्रह्मचर्यमुपस्थनिग्रहः तनवःशरीराणि ७ अहिंसावाङ्मनःशरीरैःपरपीडावर्जनं समतामानापमानादिष्ववैषम्यं शांतिश्चित्तनिग्रहः तपःकृच्छ्रचांद्रायणादि शौचंव्याख्यातं अमत्सरःपरगुणानदृष्ट्वाऽसंतापः मत्सरस्तदभावः द्वाराणिधर्मप्राप्तिमुखानि ८ दिष्ट्यापंचसुरक्तोऽसिपंचस्वात्मदर्शनसाधनेषु । 'शांतोदांतउपरतस्तितिक्षुःसमाहितोभूत्वाऽऽत्मन्येवात्मानंपश्यति' इतिश्रुत्युक्तेषुशमादिषु दिष्ट्यापूर्वपुण्यवशाद्रक्तोऽसि तस्यफलंचषट्पदीजयः पद्यंतेप्राप्नुवंतिदेहिनमितिपदानिषडूर्मयः 'योऽशनायापिपासेशोकंमोहंजरांमृत्युमत्येति' इतिश्रुत्युक्ताः तेषांषण्णांपदानांसमाहारःषट्पदी सात्वयाजिता । तेषुपदेषुद्वेपदेपूर्वंजातमात्रस्यह्यशनापिपासेप्रथमंभवतः । द्वेमध्ये शोकमोहौ शोकइष्टवियोगजश्चित्तस्य

॥ युधिष्ठिरउवाच ॥ ॥ सरस्येकेनपादेनतिष्ठंतमपराजितम् ॥ पृच्छामिकोभवान्देवोनमेयक्षोमतोभवान् २ वसूनांवाभवानेकोरुद्राणामथवाभवान् ॥ अथवामरुतांश्रेष्ठोवज्रीवात्रिदशेश्वरः ३ ममहिभ्रातरइमेसहस्रशतयोधिनः ॥ तंयोधंनप्रपश्यामियेनसर्वेनिपातिताः ४ सुखंप्रतिप्रबुद्धानामिंद्रियाण्युपलक्षये ॥ सभवान्सुहृदोऽस्माकमथवानःपिताभवान् ५ ॥ ॥ यक्षउवाच ॥ ॥ अहंतेजनकस्तातधर्मोमृदुपराक्रम ॥ त्वांदिदृक्षुरनुप्राप्तोविद्धिमांभरतर्षभ ६ यशःसत्यंदमःशौचमार्जवंह्रीरचापलम् ॥ दानंतपोब्रह्मचर्यमित्येतास्तनवोमम ७ अहिंसासमताशांतिस्तपःशौचममत्सरः ॥ द्वाराण्येतानिमेविद्धिप्रियोह्यसिसदामम ८ दिष्ट्यापंचसुरक्तोऽसिदिष्ट्यातेषट्पदीजिता ॥ द्वेपूर्वेमध्यमेद्वेचद्वेचांतेसांपरायिके ९ धर्मोऽहमितिभद्रंतेजिज्ञासुस्त्वामिहागतः ॥ आनृशंस्येनतुष्टोऽस्मिवरंदास्यामितेऽनघ १० वरंवृणीष्वराजेंद्रदाताह्यस्मितवानघ ॥ येहिमेपुरुषाभक्तानतेषामस्तिदुर्गतिः ११ ॥ युधिष्ठिरउवाच ॥ ॥ अरणीसहितंयस्यमृगोह्यादायगच्छति ॥ तस्याग्नयोनलुप्येरन्प्रथमोऽस्तुवरोमम १२ ॥ ॥ यक्षउवाच ॥ ॥ अरणीसहितंह्यस्यब्राह्मणस्यहृतंमया ॥ मृगवेषेणकौंतेयजिज्ञासार्थंतवप्रभो १३ ॥ वैशंपायनउवाच ॥ ददानीत्येवभगवानुत्तरंप्रत्यपद्यत ॥ अन्यंवरयभद्रन्तेवरंत्वममरोपम १४ ॥ युधिष्ठिरउवाच ॥ वर्षाणिद्वादशारण्येत्रयोदशमुपस्थितम् ॥ तत्रनोनाभिजानीयुर्वसतोमनुजाःक्वचित् १५

संतापः । मोहोऽतिपापेनकार्याकार्यप्रतिसंधानशून्यत्वं । एतेमध्ये मध्यमेवयसिप्राप्नुतः । प्राज्ञस्तुपंचसुमहायज्ञेषु । 'कामक्रोधौलोभमोहौमदमानौचषट्पदी । षट्पदींसमतिक्रम्यमुच्यतेनात्रसंशयः' इतिव्याचक्रुस्तदध्यात्माधिकाराद्धेपूर्वेइतिवाक्यशेषासामंजस्याच्चोपेक्षितं । सांपरायिके जरामृत्यू उत्तरेवयस्युपतिष्ठतः द्वेअंतेसांपरायिके संपरायःपरलोकस्तंप्रतिनेतुमुदितेसांपरायिके ९ धर्मोऽहमितिभद्रंते अहंधर्मस्तवपिताऽस्मीतिस्वरूपप्रकाशनं इतिभद्रंतेइत्यनेनइतिएवमुक्तप्रकारेणयशःप्रभृतिभिर्दशभिर्धर्मतनुभिरहिंसादिभिर्धर्मद्वारैश्चोत्पन्नेनादृष्टेन शमादिपंचकानुरक्तस्यषट्पदीजयफलं भद्रंकल्याणं मोक्षसुखाख्यमद्वयसच्चिदानंदमात्रं तेतवास्त्वितिशेषः । एवंप्रश्नानुवादमुखेनप्रतिपादितांब्रह्मविद्यां यशःसत्यंदमःशौचमित्यादिश्लोकत्रयेणोपसंहृत्याख्यायिकामनुसरति जिज्ञासुस्त्वामिहागतइत्यादिना १० । ११ अरणीसहितमरण्योःसमारोपितमग्निं यद्वा अरण्योःसहितंसमुदायः अरणीद्वयमितियावत् १२ । १३ । १४ अरण्येगतानितिशेषः नोऽस्मान् १५

१६ । १७ । १८ छंदतइच्छातः १९ । २० । २१ । २२ । २३ । २४ । २५ । २६ आरणेयमरणीसंपुटम् २७ समुत्थानसमागतंभीमादीनांसमुत्थानंचधर्मराजेनसहसमागतंसंमेलनंचेतिसमाहारः पितुर्धर्म
स्यपुत्रस्ययुधिष्ठिरस्य चावसमागतमितिसमासैकदेशभूतमप्यनुवर्तते २८ कदर्यभावेकार्पण्ये सदाख्यानंशुभाख्यानम् २९ ॥ ॥ इत्यारण्यकेपर्वणि नीलकंठीये भारतभावदीपे चतुर्दशाधिकत्रिशततमो

॥ वैशंपायनउवाच ॥ ददानीत्येवभगवानुत्तरंप्रत्यपद्यत ॥ भूयश्चाश्वासयामासकौन्तेयंसत्यविक्रमम् १६ यद्यपिस्वेनरूपेणचरिष्यथमहीमिमाम् ॥ नवोविज्ञास्यते
कश्चिन्त्रिषुलोकेषुभारत १७ वर्षंत्रयोदशमिदंमत्प्रसादात्कुरूद्वहाः ॥ विराटनगरेगूढाअविज्ञाताश्चरिष्यथ १८ यद्वःसंकल्पितंरूपंमनसायस्ययादृशम् ॥ तादृशंता
दृशंसर्वेछंदतोधारयिष्यथ १९ अरणीसहितंचेदंब्राह्मणायप्रयच्छत ॥ जिज्ञासार्थंमयाह्येतदाहृतंमृगरूपिणा २० प्रवृणीष्वापरंसौम्यवरमिष्टंददानिते ॥ नतृप्यामि
नरश्रेष्ठप्रयच्छन्वैवरांस्तथा २१ तृतीयंगृह्यतांपुत्रवरमप्रतिमंमहत् ॥ त्वंहिमत्प्रभवोराजन्विदुरश्चममांशजः २२ ॥ युधिष्ठिरउवाच ॥ देवदेवोमयादृष्टोभवान्साक्षा
त्सनातनः ॥ यंददासिवरंतुष्टस्तंग्रहीष्याम्यहंपितः २३ जयेयंलोभमोहौचक्रोधंचाहंसदाविभो ॥ दानेतपसिसत्येचमनोमेसततंभवेत् २४ ॥ धर्मउवाच ॥ उपपन्नो
गुणैरेतैःस्वभावेनासिपांडव ॥ भवान्धर्मःपुनश्चैवयथोक्तंतेभविष्यति २५ ॥ ॥ वैशंपायनउवाच ॥ इत्युक्त्वाऽन्तर्दधेधर्मोभगवाँल्लोकभावनः ॥ समेताःपांडवाश्चैवसुख
सुप्तामनस्विनः २६ उपेत्यचाश्रमंवीराःसर्वएवगतक्लमाः ॥ आरणेयंददुस्तस्मैब्राह्मणायतपस्विने २७ इदंसमुत्थानसमागतंमहत्पितुश्चपुत्रस्यचकीर्तिवर्धनम् ॥
पठन्नरःस्याद्विजितेंद्रियोवशीसपुत्रपौत्रःशतवर्षभाग्भवेत् २८ नचाप्यधर्मेनसुहृद्विभेदनेपरस्वहारेपरदारमर्शने ॥ कदर्यभावेनरमेन्मनःसदानृणांसदाख्यानमिदंवि
जानताम् २९ ॥ इतिश्रीमहाभारतेआरण्यकेपर्वणिआरणेयपर्वणिनकुलादिजीवनादिवरप्राप्तौचतुर्दशाधिकत्रिशततमोऽध्यायः ॥ ३१४ ॥ ॥ वैशंपायनउवाच ॥
धर्मेणतेऽभ्यनुज्ञाताःपांडवाःसत्यविक्रमाः ॥ अज्ञातवासंवत्स्यंतश्छन्नावर्षंत्रयोदशम् १ उपोपविष्टाविद्वांसःसहिताःसंशितव्रताः ॥ येतद्भक्तावसंतिस्मवनवासेत
पस्विनः २ तानब्रुवन्महात्मानःस्थिताःप्रांजलयस्तदा ॥ अभ्यनुज्ञापयिष्यंतस्तंनिवासंधृतव्रताः ३ विदितंभवतांसर्वंधार्तराष्ट्रैर्यथावयम् ॥ छद्मनाहृतराज्याश्चानयाश्च
बहुशःकृताः ४ उषिताश्चवनेकृच्छ्रेवयंद्वादशवत्सरान् ॥ अज्ञातवाससमयंशेषंवर्षंत्रयोदशम् ५ तद्वसामोवयंछन्नास्तदनुज्ञातुमर्हथ ॥ सुयोधनश्चदुष्टात्माकर्णश्चसह
सौबलः ६ जानंतोविषमंकुर्युरस्मास्वत्यंतवैरिणः ॥ युक्तचाराश्चयुक्ताश्चपौरस्यस्वजनस्य ७ अपिनस्तद्भवेद्भूयोयद्वयंब्राह्मणैःसह ॥ समस्ताःस्वेषुराष्ट्रेषुस्वराज्य
स्थाभवेमहि ८ ॥ वैशंपायनउवाच ॥ इत्युक्त्वादुःखशोकार्तःशुचिर्धर्मसुतस्तदा ॥ संमूर्छितोऽभवद्राजासाश्रुकंठोयुधिष्ठिरः ९ तमथाश्वासयन्सर्वेब्राह्मणाभ्रातृ
भिःसह ॥ अथधौम्योऽब्रवीद्वाक्यंमहार्थंनृपतिंतदा १०

ऽध्यायः ॥ ३१४ ॥ ॥ ॥ ॥ धर्मेणेति । वत्स्यंतोवस्तुमिच्छंतः १ । २ स्थिताःस्वधर्मनिष्ठाः ३ । ४ । ५ । ६ युक्तायोजिताश्चारायैस्ते युक्ताअवहिताः पौरस्यस्वजनस्यचास्माभिरा
श्रितस्यविषमंकुर्युरतोराष्ट्रांतेऽस्माभिर्गंतव्यमित्याशयः ७ । ८ अथुचिरार्तिग्रस्तत्वात्शुचिरित्यत्रपाठःस्वच्छः ९ । १०

राजन्विद्वान्भवान्दांतःसत्यसंधोजितेंद्रियः ॥ नैवंविधाःप्रमुह्यंतेनराःकस्यांचिदापदि ११ देवैरप्यापदःप्राप्ताश्छन्नैश्चबहुशस्तथा ॥ तत्रतत्रसपत्नानांनिग्रहार्थंमहात्मभिः १२ इंद्रेणनिषधान्प्राप्यगिरिप्रस्थाश्रमेतदा ॥ छन्नेनोष्यकृतंकर्मद्विषतांचविनिग्रहे १३ विष्णुनाऽश्वशिरःप्राप्यतथाऽदित्यानिवत्स्यता ॥ गर्भेवधार्थंदैत्यानामज्ञातेनोषितंचिरम् १४ प्राप्यवामनरूपेणप्रच्छन्नंब्रह्मरूपिणा ॥ बलेर्यथाहृतंराज्यंविक्रमैस्तच्चतेश्रुतम् १५ हुताशनेनयच्चापःप्रविश्यच्छन्नमासता ॥ विबुधानांकृतंकर्मतच्चसर्वंश्रुतंत्वया १६ प्रच्छन्नंचापिधर्मज्ञहरिणाऽरिविनिग्रहे ॥ वज्रंप्रविश्यशक्रस्ययत्कृतंतच्चतेश्रुतम् १७ और्वेणवसताच्छन्नमूरौब्रह्मर्षिणातदा ॥ यत्कृतंतातदेवेषुकर्मतत्तेऽनघश्रुतम् ॥ १८ एवंविवस्वतातातच्छन्नेनोत्तमतेजसा ॥ निर्दग्धाःशात्रवाःसर्वेवसताभुविसर्वशः १९ विष्णुनावसताचापिगृहेदशरथस्यवै ॥ दशग्रीवोहतश्छन्नंसंयुगेभीमकर्मणा २० एवमेवमहात्मानःप्रच्छन्नास्तत्रतत्रह ॥ अजयञ्छात्रवान्युद्धेतथात्वमपिजेष्यसि २१ तथाधौम्येनधर्मज्ञोवाक्यैःसंपरितोषितः ॥ शास्त्रबुद्ध्यासुबुध्याचनचचालयुधिष्ठिरः २२ अथाब्रवीन्महाबाहुर्भीमसेनोमहाबलः ॥ राजानंबलिनांश्रेष्ठोगिरासंपरिहर्षयन् २३ अवेक्षयामहाराजतवगांडीवधन्वना ॥ धर्मानुगतयाबुद्ध्यानकिंचित्साहसंकृतम् २४ सहदेवोमयानित्यंनकुलश्चनिवारितौ ॥ शक्तौविध्वंसनेतेषांशत्रूणांभीमविक्रमौ २५ नवयंतत्प्रहास्यामोयस्मिन्मोक्ष्यतिनोभवान् ॥ भवान्विधत्तांतत्सर्वंक्षिप्रंजेष्यामहेरिपून् २६ इत्युक्तेभीमसेनेनब्राह्मणाःपरमाशिषा ॥ उक्त्वाचापृच्छ्यभरतान्यथास्वान्स्वान्ययुर्गृहान् २७ सर्वेवेदविदोमुख्यायतयोमुनयस्तथा ॥ आसेदुस्तेयथान्यायंपुनर्दर्शनकांक्षया २८ सहधौम्येनविद्वांसस्तथापंचचपांडवाः ॥ उत्थायप्रययुर्वीराःकृष्णामादायधन्विनः २९ क्रोशमात्रमुपागम्यतस्माद्देशान्निमित्ततः ॥ श्वोभूतेमनुजव्याघ्राश्छन्नवासार्थमुद्यताः ३० पृथक्शास्त्रविदःसर्वेसर्वेमंत्रविशारदाः ॥ संधिविग्रहकालज्ञामंत्रायसमुपाविशन् ३१ ॥ इतिश्रीमहाभारतेशतसाहस्र्यांसंहितायांवैयासक्यामारण्यकेपर्वणिआरणेयपर्वणिअज्ञातवासमंत्रणेपंचदशाधिकत्रिशततमोऽध्यायः ॥ ३१५ ॥ ॥ आरणेयपर्वसमाप्तम् ॥ समाप्तंचेदमारण्यकंपर्वेति ॥ ॥ ॥ ॥ इदमारण्यकंश्रुत्वामहापापैःप्रमुच्यते ॥ अधनोधनमाप्नोतिपुत्रपौत्रसमन्वितः १ यंयंप्रार्थयतेकामंतंतंप्राप्नोत्यसंशयम् ॥ नारीवापुरुषोवापिशुचिःप्रयतमानसः २ आरण्यकेश्रुतेऽधीतेब्राह्मणान्पायसादिभिः ॥ भोजयेद्वस्त्रगोस्वर्णदानैरत्नैःप्रपूजितान् ३ ब्राह्मणेषुचतुष्टेषुसंतुष्टाःपांडुनंदनाः ॥ ब्रह्माविष्णुस्तथारुद्रःशक्रोदेवगणास्तथा ४

मंत्रायविचारार्थं ३१ ॥ इतिश्रीमत्पदवाक्यप्रमाणज्ञमर्यादाधुरंधरचतुर्धरवंशावतंसगोविंदसूरिसूनोर्नीलकंठस्य कृतौ भारतभावदीपे आरण्यपर्वार्थप्रकाशे पंचदशाधिकत्रिशततमोऽध्यायः ॥ ३१५ ॥ ॥ ॥

भूतानिमुनयोदेव्यस्तथापितृगणाश्चये ॥ वाचकंपूजयेच्छक्त्यावस्त्रान्नैःस्वर्णभूषणैः ५ विशेषतस्तुकपिलादेयातुजपपाठके ॥ कांस्यदोहारौप्यखुरास्वर्णशृंगीसभूषणा ॥ पांडूनांपरितोषार्थंदद्यादन्नंद्विजातये ६ आरण्यकाख्यमाख्यानंशृणुयाद्योनरोत्तमः ॥ ससर्वकाममाप्नोतिपुनःस्वर्गतिमाप्नुयात् ७ ॥ इत्यारण्यकश्रवणमहिमादानविधिश्चसमाप्तः ॥ ॥ अस्मिन्पर्वणिवृत्तांताः ॥ पांडवप्रव्राजनम् ॥ पौरानुगमनम् ॥ पौरवाक्यंपौरविसर्जनंच ॥ ब्राह्मणानुगमनम् ॥ युधिष्ठिरचिंता ॥ शौनकवाक्यम् ॥ धौम्यस्तवः ॥ आदित्यनामाष्टशतम् ॥ विदुरनिर्वासनम् ॥ विदुरागमनम् ॥ धृतराष्ट्रस्यसंतापः ॥ व्यासागमनम् ॥ सुरभींद्रसंवादः ॥ अर्जुनवाक्यम् ॥ भीमसेनवाक्यम् ॥ व्यासदर्शनम् ॥ कौन्तेयगमनम् ॥ लोकपालागमनम् ॥ विद्यालाभः ॥ शस्त्रप्राप्तिः ॥ किरातयुद्धम् ॥ इंद्रलोकगमनम् ॥ नलोपाख्यानम् ॥ अक्षज्ञानप्राप्तिः ॥ नारदागमनम् ॥ पुलस्त्यतीर्थयात्रा ॥ लोमशागमनम् ॥ तत्तीर्थयात्राप्रस्थानम् ॥ अगस्त्यप्रभावः ॥ विंध्यशैलचरितम् ॥ वातापिनाशनम् ॥ समुद्रशोषणम् ॥ कालेयवधः ॥ सगरपुत्रविनाशः ॥ गंगावतारः ॥ ऋष्यशृंगोपाख्यानम् ॥ वृष्णिपांचालागमनम् ॥ हलधरवाक्यम् ॥ वासुदेववाक्यम् ॥ जामदग्न्यचरितम् ॥ सौकन्योपाख्यानम् ॥ श्येनकपोतीयम् ॥ अष्टावक्रीयम् ॥ गंधमादनप्रवेशः ॥ औत्पातिकम् ॥ घटोत्कचगमनम् ॥ जटासुरवधः ॥ आर्ष्टिषेणाश्रमनिवासः ॥ हनूमद्भीमसमागमः ॥ पुष्पाभिहरणम् ॥ यक्षयुद्धम् ॥ वैश्रवणसमागमनम् ॥ निवातकवचवधः ॥ अर्जुनागमनम् ॥ शस्त्रदर्शनम् ॥ आजगरम् ॥ काम्यकागमनम् ॥ वासुदेवसत्यभामागमनम् ॥ नारदागमनम् ॥ मार्कंडेयागमनम् ॥ मार्कंडेयसमास्याभविष्यम् ॥ ब्राह्मणमाहात्म्यम् ॥ धुंधुमारोपाख्यानम् ॥ सरस्वतीतार्क्ष्यसंवादः ॥ मनुचरितम् ॥ मंडूकोपाख्यानम् ॥ पतिव्रतोपाख्यानम् ॥ धर्मव्याधोपाख्यानम् ॥ मधुकैटभोपाख्यानम् ॥ द्रौपदीसत्यभामासंवादः ॥ घोषयात्रादुर्योधनकर्म ॥ प्रावृड्वर्णनम् ॥ इंद्रद्युम्नोपाख्यानम् ॥ आंगिरसं स्कंदजननम् ॥ धार्त्तराष्ट्रयज्ञः ॥ व्यासदर्शनम् ॥ मृगस्वप्नदर्शनम् ॥ व्रीहिद्रौणिकम् ॥ द्रौपदीप्रमाथः ॥ दुर्वासउपाख्यानम् ॥ रामोपाख्यानम् ॥ सावित्र्युपाख्यानम् ॥ कुंडलाहरणम् ॥ आरणेययक्षप्रश्नाः ॥ समाप्तावृत्तांताः ॥ अस्याग्रेविराटपर्वभविष्यति तस्यायमाद्यःश्लोकः ॥ ॥ जनमेजयउवाच ॥ ॥ कथंविराटनगरेममपूर्वपितामहाः ॥ अज्ञातवासमुषितादुर्योधनभयार्दिताः ॥ १ ॥

यद्यपिवनपर्वणिएकोनसप्तत्यधिकद्विशताध्यायाआदिपर्वणिसूत्राध्यायेलिखितास्तथाऽप्यत्रलिपिकरप्रमाददध्यायवृद्धिर्जाताकुत्रवृद्धिर्न तन्निश्चयोनभवतीतिज्ञेयं श्लोकसंख्यायाअप्याधिक्यंतथैवबोध्यम् ॥

॥ इति श्रीमहाभारते वनपर्व समाप्तम् ॥

अथ श्रीमहाभारते विराटपर्वप्रारंभः

विराटपर्व ४.
कंक
बृहन्नडा
बल्लव
ग्रंथिक
सैरंध्री
तंतिपाळ

॥ महाभारतम् ॥

विराटपर्व ।

—४—

विषयानुक्रमणिका ।

भूत्वा चरिष्यामीति सहदेवः प्रोवाच—सैरन्ध्रीवेषेण राजभार्यां सुदेष्णामुपस्थास्ये इति द्रौपद्यब्रवीद्युधिष्ठिरं प्रति— २

४ युधिष्ठिरस्य भीमादिभ्रातॄन् प्रति स्वाग्निरक्षण--सूतादिप्रस्थापनविषयिण्युक्तिः—धौम्यो युधिष्ठिरादीन्प्रति राजगृहवासविषयिणीं नीतिमभ्यधात्-वैशम्पायनकथितः पाण्डवानां प्रस्थानवृत्तान्तः— २

५ द्रौपदीसहिताः पाण्डवाः स्वान्यस्त्राण्यादाय पदातय एव शूरसेनादीन् देशानतिक्रम्यात्मनो व्याधान् ब्रुवाणा विराटनगराभ्याशं प्रापुः-तत उत्पथे गहने महतीं शमीं दृष्ट्वा तस्यामायुधानि समासज्य तत्र मायाशवं च निर्मायास्माकं कुलधर्मोऽयं यच्छवस्योद्बन्धनमिति मार्गे गोपालादीन् कथयन्तः परस्परव्यवहारार्थं गुह्यानि नामानि धृत्वा राजधानीसमीपमाजग्मुः— ४

६ युधिष्ठिरकृतो दुर्गास्तवः प्रसन्नायास्तस्याः सकाशाद्वरलाभश्च— ५

७ युधिष्ठिरस्य विप्ररूपेणाक्षान्कक्षे निक्षिप्य विराटसभायां प्रवेशः-तस्य महानुभावतां वीक्ष्य विराटेन सभास्तारीकरणम्- ६

८ भीमस्य सूदवेषेण विराटसभायां प्रवेशः-सत्कृत्य विराटेन तत्काम्यया स्वमहानसाधिपत्ये नियोजनम्— ६

९ द्रौपद्याः सैरन्ध्रीवेषेण विराटनगरे प्रवेशः-राजभार्यया सुदेष्णया समाहूय स्ववेश्मनि तस्या निवासनम्— ७

१० गोपालवेषधारणपूर्वकं सहदेवस्य विराटसभायां प्रवेशः-विराटेन सत्कृत्य तस्य गोरक्षणे नियोजनम्— ८

११ अर्जुनस्य षण्ढवेषेण विराटसभायां प्रवेशः-विराटेन राज्ञा तस्य प्रमदाभिरपुंस्त्वं परीक्ष्य कन्यकान्तःपुरे कन्यानाटने विनियोजनम्— ८

१२ हयान्वीक्षमाणं नकुलं प्रेक्ष्य विराटेन नूनमयं हयज्ञो भवितेति वितर्क्य तमाहूय शिल्पं च पृष्ट्वाऽश्वपालने तस्य नियोजनम्— ८

(२) समयपालनपर्व

१३ पाण्डवाचरणविषयके जनमेजयप्रश्ने वैशम्पायनस्योत्तरम्-सर्वैः पाण्डवैः स्वकर्मणा नृपं तोषयित्वा लब्धद्रव्यस्य विक्रयव्याजेन यथार्हं भ्रातृषु विभजनम्-वसत्सु पाण्डवेषु चतुर्थे मासे उत्सवप्रसङ्गेनागतानां मल्लानां मध्ये प्रधानेन जीमूतेन सह युद्धार्थं विराटाज्ञया भीमसेनस्य रङ्गप्रवेशः-युद्धं कुर्वतः सर्वमल्लोपमर्दिना भृशमुत्सिक्तस्य जीमूतमल्लस्य बाहुयुद्धे भीमेन कृतो वधः— ९

(३) कीचकवधपर्व

१४ सुदेष्णागृहे कदाचिद्द्रौपदीं सैरन्ध्रीवेषेण परिचरन्तीमालोक्योन्मादमुपगतवता कीचकेन सुदेष्णां प्रति तस्याः प्रार्थनम्-ततो द्रौपदीमेत्य त्वत्सङ्गमसङ्कल्पविवृद्धेन कामाग्निना दह्यमानमात्मप्रदानेनोद्धरेति प्रार्थना-द्रौपद्या परदाराभिमर्शने दोषान्, स्वस्य दुर्लभत्वं चोक्त्वा स्वात्मानं कामयमानस्य कीचकस्य परुषभाषणैः प्रत्याख्यानम्— २३

१५ कीचकेन सुदेष्णां प्रति द्रौपद्याः स्ववशीकरणप्रार्थना---कीचक-

रुधिरस्रावः—द्रौपद्या जलपूर्णे हेमपात्रे तद्रुधिरधारणम्—उत्तरस्य सभायां प्रवेशः—उत्तरवाक्येन विराटेन कङ्कस्य क्षमापनम्—विरते कङ्कस्य क्षतजस्रावे बृहन्नलाप्रवेशः—राज्ञः कुमारं प्रति कर्णादिभिः सह युद्धप्रकारप्रश्नः— ४८

६९ उत्तरेण कौरवजयस्य देवपुत्रकृतत्वमुक्त्वा तत्पराक्रमं चोपवर्ण्य तं दिदृक्षते राज्ञे स सम्प्रत्यन्तर्हितो द्वित्रैरहोभिः प्रादुर्भविष्यतीत्यभिधानम्—पार्थेनोत्तरायै रणाहृतवस्त्रभूषणादिसमर्पणम्—उत्तरेण सह पाण्डवैरग्रेतनकर्तव्यमन्त्रणम् ४९

(५) वैवाहिकपर्व

७० कुरुविजयदिनात्तृतीये दिवसे प्रभाते युधिष्ठिरादिभी राजलक्षणानि धृत्वा सदोगतैर्नृपासनेषूपवेशनम्—ततः सभां प्रविष्टेन विराटेन राज्ञा तांस्तथावस्थितान्वीक्ष्य कङ्कबुध्या सरोषं युधिष्ठिरस्य राजासनोपवेशनाधिक्षेपः—अर्जुनेन विराटं प्रति युधिष्ठिरस्य याथातथ्यकथनेनेन्द्रासनारोहणार्हत्वमभिधाय राजासनारोहणार्हत्वप्रतिपादनम्— ५०

७१ भीमार्दीन्पृच्छते विराटायार्जुनेन बल्लवादीन् भीमत्वादिना निरूप्य सर्वेषां तद्गृहे सुखेन निवासाभिधानम्—पुनर्हृष्टेनोत्तरेणासाधारणाकारेण युधिष्ठिरादीन्निर्दिश्यार्जुनपराक्रमवर्णनम्—उत्तरेण सह सम्मन्त्र्य राज्ञा सकोशदण्डराज्यनिवेदनेन युधिष्ठिरं प्रसाद्य मुदा सर्वाश्चाभिनन्द्योत्तराया अर्जुनभार्यात्वेन प्रतिग्रहप्रार्थनम्—स्नुषात्वेनार्जुनेन तस्याः स्वीकारः— ५०

राज्ञा पृष्टेनार्जुनेनोत्तराया भार्यात्वेनापरिग्रहे लोकान्यथाशङ्कापाकरणरूपहेत्वभिधानम्—विराटेनार्जुनप्रशंसनपूर्वकमभिमन्यवे कन्यादानाङ्गीकारः—युधिष्ठिरेण तदनुज्ञानम्-विराटेन युधिष्ठिरेण च श्रीकृष्णाय सुहृद्भ्यश्च दूतप्रेषणम्-पाण्डवानामुपप्लव्यनगरगमनम्-तत्र सर्वेषां पाण्डवपक्षीयाणां राज्ञां समागमनमभिमन्युना सहोत्तराया विवाहोत्सवश्च— ५१

श्रवणमहिमा— ५२

भविष्यत्पर्वसूचनपूर्वकं विराटपर्वसमाप्तिः—

समाप्तेयं विराटपर्वविषयानुक्रमणिका ।

॥ शुभं भवतु ॥

ॐ

॥ श्रीगणेशायनमः ॥ श्रीमल्लारयेनमः ॥ श्रीमद्गोपालमानम्य प्राचीनाचार्यवर्त्मना ॥ विराटपर्वप्रद्योतीभावदीपोवितन्यते ॥ १ ॥ तत्रपूर्वस्मिन्पर्वणि ' दिष्ट्यापंचसुरक्तोऽसिदिष्ट्यातेषट्पदीजिता । द्वेपूर्वेमध्यमेद्वेचद्वेचांत्येसांपरायिके ' इति ' शांतोदांतउपरतस्तितिक्षुःसमाहितोभूत्वाऽऽत्मन्येवात्मानंपश्यति ' इतिश्रुतिप्रसिद्धेष्वात्मदर्शनसाधनेषुशमादिषुरक्तः षडूर्मिलक्षणांपट्पदींजातमात्रस्याशनापिपासे प्ररूढस्यशोकमोहौ वृद्धस्यजरामृत्यूइति लोके ' योऽशनायापिपासेशोकंमोहंजरांमृत्युमत्येति ' इतिवेदेचप्रसिद्धांजयतीत्युक्तं तांजितवतात्वव्यक्तलिंगेनस्थेयं । आत्यंतिक्यांकृतकृत्यतायांतु व्यक्तलिंगेनापिभाव्यमित्येतत्पांडवाचरणप्रदर्शनेनदर्शयितुंविराटपर्वारभते । तत्र वर्षंत्रयोदशमिदंमत्प्रसादात्कुरूद्वहाः । विराटनगरेगूढाअविज्ञाताश्चरिष्यथ ' इतिप्राक्कथितधर्मवाक्यार्थमनुवदन् जनमे

॥ श्रीगणेशाय नमः ॥ श्रीवेदव्यासायनमः ॥ नारायणंनमस्कृत्यनरंचैवनरोत्तमम् ॥ देवींसरस्वतींचैवततोजयमुदीरयेत् १ ॥ जनमेजयउवाच ॥ कथं विराटनगरेमम पूर्वपितामहाः ॥ अज्ञातवासमुषितादुर्योधनभयार्दिताः २ पतिव्रतामहाभागासततंब्रह्मवादिनी ॥ द्रौपदीचकथंब्रह्मन्नज्ञातादुःखिताऽवसत् ३ ॥ वैशंपायनउवाच ॥ यथाविराटनगरेतवपूर्वपितामहाः ॥ अज्ञातवासमुषितास्तच्छृणुष्वनराधिप ४ तथासतुवरान्लब्ध्वाधर्माधर्मभृतांवरः ॥ गत्वाऽऽश्रमंब्राह्मणेभ्यआचख्यौसर्वमेवतत् ५ कथयित्वातुतत्सर्वंब्राह्मणेभ्योयुधिष्ठिरः ॥ अरणीसहितंतस्मैब्राह्मणायन्यवेदयत् ६ ततोयुधिष्ठिरोराजाधर्मपुत्रोमहामनाः ॥ संनिवर्त्यानुजान्सर्वानितिहोवाचभारत ७ द्वादशेमानिवर्षाणिराज्यविप्रोषितावयम् ॥ त्रयोदशोऽयंसंप्राप्तःकृच्छ्रात्परमदुर्वसः ८ ससाधुकौंतेयइतोवासमर्जुनरोचय ॥ संवत्सरमिमंयत्रवसेमाविदिताःपरैः ९ ॥ अर्जुनउवाच ॥ तस्यैववरदानेनधर्मस्यमनुजाधिप ॥ अज्ञाताविचरिष्यामोनराणांनात्रसंशयः १० तत्र वासायराष्ट्राणिकीर्त्तयिष्यामिकानिचित् ॥ रमणीयानिगुप्तानितेषांकिंचित्स्मरोचय ११ संतिरम्याजनपदाबह्वन्नाःपरितःकुरून् ॥ पंचालाश्चेदिमत्स्याश्चशूरसेनाःपटच्चराः १२ दशार्णानवराष्ट्राश्चमल्लाःशाल्वायुगंधराः ॥ कुंतिराष्ट्रंचविपुलंसुराष्ट्रावंतयस्तथा १३ एतेषांकतमोराजन्निवासस्तवरोचते ॥ यत्रवत्स्यामहेराजन्संवत्सरमिमंवयम् १४ ॥ युधिष्ठिरउवाच ॥ श्रुतमेतन्महाबाहोयथासभगवान्प्रभुः ॥ अब्रवीत्सर्वभूतेशस्तत्तथानतदन्यथा १५ अवश्यंत्वेववासार्थंरमणीयंशिवंसुखम् ॥ संमंत्र्यसहितैःसर्वैर्वस्तव्यमकुतोभयैः १६ मत्स्योविराटोबलवानभिरक्तोऽथपांडवान् ॥ धर्मशीलोवदान्यश्चवृद्धश्चसततंप्रियः १७ विराटनगरेतातसंवत्सरमिमंवयम् ॥ कुर्वंतस्तस्यकर्माणिविहरिष्यामभारत १८

जयउवाच कथमिति । पूर्वःपितापरीक्षित् तस्यपितामहाः अज्ञातवासंयथास्यात्तथाकथंउषिताः वासंकृतवंतः । समूलघातंन्यवधीदितिवत्कषादित्वाद्वसतेरनुप्रयोगः वासमितिणमुलंतम् २ ब्रह्मवादिनीश्रीकृष्णकीर्त्तनशीला ३ । ४ । ५ अरणीसहितंअरण्योर्मिथुनं । अरणीसहितंमंथमितिपाठे मंथोऽग्निनिर्मथनदंडस्तमरणीभ्यांसहितं ब्राह्मणायन्यवेदयदित्यर्थः ६ संनिवर्त्यएकत्रआनीय अत्रवर्त्तितेत्यर्थः नचपुनरावर्त्ततइत्यादिप्रयोगदर्शनात् । संनिकृष्येतिपाठेऽपिसएवार्थः ७ अयंसंवत्सरः संवत्सरमिममितिवाक्यशेषात् ८ वत्स्यामइतिपाठेअविदिताइतिच्छेदः ९ नराणामज्ञाताइतिसंबंधः १० । ११ । १२ । १३ । १४ प्रभुर्धर्मः । ' यद्यपिस्वेनरूपेणचरिष्यथमहीमिमां ॥ नवोविज्ञायतेकश्चित्त्रिषुलोकेषुकश्चन ' इत्यब्रवीत् १५ यद्यप्येवंतथापि कश्चित्प्रच्छन्नतयावस्तव्यमेवेत्याह अवश्यंत्वेवेति १६ । १७ । १८

वक्ष्यामहेनिर्वोढुंशक्ष्यामहेइति वहेरिदंरूपं प्रब्रूतप्रत्येकमितिशेषः १९ । २० । २१ । २२ । २३ सभास्तारःसभ्यः । 'सभासदःसभास्तारा' इत्यमरः । कंकोनामतः । 'कंकश्छद्मद्विजेख्यातोलोहपृष्ठेक्ष तांतयोः' इतिविश्वकोशात् । स्वस्यकृतांतस्नुत्वेनआत्मावैपुत्रनामासीतिश्रुतेस्तदनन्यत्वात् तन्नाम्नोधारणेमिथ्यावादित्वंनभविष्यतीतिभावः । मताक्षःबृहदश्वात्ज्ञाताक्षतत्त्वः प्रियदेवनःक्रीडाप्रियः २४ दांतान्गजदंतमयान् । दंतःपर्वतसानुतत्सदृशानवा शारीन् निर्वर्त्स्यामिचालयिष्यामि । 'दंतःसानुनिकथ्यते' इतिविश्वः । तानेवचतुर्वर्णानाह वैदूर्यान्हरितमणिमयान्नीलान् कांचनान् सौवर्णा नृपीतान् ज्योतींषिचरसाश्चज्योतीरसास्तैःसह ज्योतिः शब्देनात्रलोहितंलक्ष्यते । 'यदग्नेरोहितंरूपंतेजसस्तद्रूपम्' इतिश्रुतेः ज्योतीरूपाःलोहिताः । रसःपारदःतद्रूपाःश्वेताः । तैरुभयैःसहचतुर्वर्ण

यानियानिचकर्माणितस्यवक्ष्यामहेवयम् ॥ आसाद्यमत्स्यंतत्कर्मप्रब्रूतकुरुनंदनाः १९ ॥ अर्जुनवाच ॥ नरदेवकथंतस्यराष्ट्रेकर्मकरिष्यसि ॥ विराटनगरे साधोरंस्यसेकेनकर्मणा २० मृदुर्वदान्योह्रीमांश्चधार्मिकःसत्यविक्रमः ॥ राजंस्त्वमापदाऽऽकृष्टःकिंकरिष्यसिपांडव २१ नदुःखमुचितंकिंचिद्राजावेदयथाजनः ॥ सइमामापदंप्राप्यकथंघोरांतरिष्यसि २२ ॥ युधिष्ठिरउवाच ॥ शृणुध्वंयत्करिष्यामिकर्मवैकुरुनंदनाः ॥ विराटमनुसंप्राप्यराजानंपुरुषर्षभाः २३ सभास्तारोभविष्यामितस्यराज्ञोमहात्मनः ॥ कंकोनामद्विजोभूत्वामताक्षःप्रियदेवनः २४ वैदूर्यान्कांचनान्दांतान्फलैर्ज्योतीरसैःसह ॥ कृष्णाक्षाँल्लोहिताक्षांश्वनिर्वर्त्स्यामिमनोरमान् २५ विराटराजंरमयन्सामात्यंसहबांधवम् ॥ नचमांवेत्स्यतेकश्चित्तोषयिष्येचतंनृपम् २६ आसंयुधिष्ठिरस्याहंपुराप्राणसमःसखा ॥ इतिवक्ष्यामिराजानंयदिमांसोऽनुयोक्ष्यते २७ इत्येतद्वोमयाख्यातंविहरिष्याम्यहंयथा ॥ वृकोदरविराटेत्वंरंस्यसेकेनहेतुना २८ ॥ इतिश्रीमहाभारतेविराटपर्वणि पांडवप्रवेशपर्वणियुधिष्ठिरादिमंत्रणेप्रथमोऽध्यायः ॥ १ ॥ ॥ भीमसेनउवाच ॥ पौरोगवोब्रुवाणोऽहंबल्लवोनामभारत ॥ उपस्थास्यामिराजानंविराटमितिमेमतिः १ सूपानस्यकरिष्यामिकुशलोऽस्मिमहानसे ॥ कृतपूर्वाणियान्यस्यव्यंजनानिसुशिक्षितैः २ तान्यप्यभिभविष्यामिप्रीतिंसंजनयन्नहम् ॥ आहरिष्यामिदारूणांनिचयान्महतोऽपिच ३ यत्प्रेक्ष्यविपुलंकर्मराजासंयोक्ष्यतेसमाम् ॥ अमानुषाणिकुर्वाणस्तानिकर्माणिभारत ४ राज्ञस्तस्यपरेप्रेष्यामंस्यंतेमांयथानृपम् ॥ भक्ष्यान्नरसपानानांभविष्यामितथेश्वरः ५ द्विपावाबलिनोराजन्वृषभावामहाबलाः ॥ विनिग्राह्यायदिमयानिग्रहीष्यामितानपि ६

संपत्तिः तथा फलैःशारीस्थापनार्थानिकोष्ठयुक्तानिकाष्ठादिमयानिफलकानितैःसह तेषांनिर्वर्तनेकरणमाह कृष्णाक्षान्कृष्णाःअक्षाःपाशाःयेषांचालनार्थमितिकृष्णाक्षास्तान् शारीनेव तथालोहिताक्षानिसपि २५ । २६ युधिष्ठिराख्यस्यशरीरस्ययथाप्राणउत्थापकस्तद्वच्चिदात्माऽपीतिप्राणसाम्येन युधिष्ठिरात्मैवविवक्षितइतिभावः । अनुयोक्ष्यते प्रश्नंकरिष्यति २७ । २८ ॥ इतिश्रीमहाभारते विराटपर्वणि नीलकंठीये भारतभावदीपे प्रथमोऽध्यायः ॥ १ ॥ ॥ पौरोगवः पुरःपुरस्तात्गावोरश्मयोयस्यसपुरोगुर्वायुः पिंडोत्पत्तौहिप्रथमंरजोरेतसोःकल्के वायुरश्मिभूतःप्राणआविर्भवति पश्चादिंद्रियांतराणीतिशास्त्रप्रसिद्धं तस्यपुत्रःपौरोगवः । लोकेतुपौरोगवोमहानसाध्यक्षःवल्लवःसूपकारः एतदेवममान्वर्थनाम १ । २ । ३ । ४ । ईश्वरःयथेष्टंविनियोगकर्त्ताऽतएवनृपोयथा तथाप्रियोऽहं लोकानांभविष्यामीत्युक्तम् ५ । ६

नियोत्स्यामि निहीनंयथास्यात्तथामारणवर्जंयोत्स्यामि ७ तदेवाह नत्विति ८ आरालिकोगोविकर्त्तासूपकर्त्तानियोधकइति । अरालाःमत्तगजास्तैःसहक्रीडतितान्जयतिवाआरालिकः । ' अरालःकुटिले सर्जरसेचैमत्तदंतिनि ' इतिविश्वः । गोविकर्त्तागवांमहतांबलीवर्दानामपिविकर्त्ता दमनेनविकृतिजनकः । वृषभान्महाबलान्निग्रहीष्यामीत्युपक्रमात् । सूपकर्त्तामुद्गादिविकारकर्त्ता । पक्षेसुत रामुपकर्त्ता । नियोधकःमारणवर्जंमल्लयुद्धकर्ता । पक्षेनितरांयोधकः । विषमश्लोकीकृतस्तु आरालिकः प्रकृतीनांगुणदोषसूचकोहस्तिदमकोवा । तथाचविक्रमादित्यः ' आरालिकःसूचनकोह स्तिनांदमकस्तथा ' इति । गोविकर्त्तागवांवाचांविकर्त्तागद्यपद्यादिभेदानांप्रयोक्तेति । केचित्तु ' आरालिकोऽत्रपाकीस्यात्सूपकर्त्तातुशाककृत् ॥ तैलान्नंपचतेयस्तुगोविकर्तासउच्यते ' इत्यप्युदाहरंतितत्रमूलं

येचकेचिन्नियोत्स्यंतिसमाजेषुनियोधकाः ॥ तानहंहिनियोत्स्यामिरतिंतस्यविवर्द्धयन् ७ नत्वेतान्युद्ध्यमानान्वैहनिष्यामिकथंचन ॥ तथैतान्पातयिष्यामियथायाः स्यंतिनक्षयम् ८ आरालिकोगोविकर्त्तासूपकर्त्तानियोधकः ॥ आसंयुधिष्ठिरस्याहमितिवक्ष्यामिपृच्छतः ९ आत्मानमात्मनारक्षंश्चरिष्यामिविशांपते ॥ इत्येतत्प्रति जानामिविहरिष्याम्यहंयथा १० ॥ युधिष्ठिरउवाच ॥ यमग्निर्ब्राह्मणोभूत्वासमागच्छन्नृणांवरम् ॥ दिधक्षुःखांडवंदावंदाशार्हसहितंपुरा ११ महाबलंमहाबाहु मजितंकुरुनंदनम् ॥ सोऽयंकिंकर्मकौंतेयःकरिष्यतिधनंजयः १२ योऽयमासाद्यतंदावंतर्पयामासपावकम् ॥ विजित्यैकरथेनेंद्रंहत्वापन्नगराक्षसान् १३ वासुकेः सर्पराजस्यस्वसारंहृतवांश्चयः ॥ श्रेष्ठोयःप्रतियोधानांसोऽर्जुनःकिंकरिष्यति १४ सूर्यःप्रतपतांश्रेष्ठोद्विपदांब्राह्मणोवरः ॥ आशीविषश्चसर्पाणामग्निस्तेजस्विनांवरः १५ आयुधानांवरंवज्रंककुद्मीचगवांवरः ॥ ह्रदानामुदधिःश्रेष्ठःपर्जन्योवर्षतांवरः १६ धृतराष्ट्रश्चनागानांहस्तिष्वैरावणोवरः ॥ पुत्रःप्रियाणामधिकोभार्याचसु हृदांवरा १७ यथैतानिविशिष्टानिजात्यांजात्यांवृकोदर ॥ एवंयुवागुडाकेशःश्रेष्ठःसर्वधनुष्मताम् १८ सोऽयमिंद्रादनवरोवासुदेवान्महाद्युतिः ॥ गांडीवधन्वाबी भत्सुःश्वेताश्वःकिंकरिष्यति १९ उषित्वापंचवर्षाणिसहस्राक्षस्यवेश्मनि ॥ अस्त्रयोगंसमासाद्यस्ववीर्यान्मानुषाद्भुतम् ॥ दिव्यान्यस्त्राणिचाप्तानिदेवरूपेणभास्वता २० यंमन्येद्वादशंरुद्रमादित्यानांत्रयोदशम् ॥ वसूनांनवमंमन्येग्रहाणांदशमंतथा २१ यस्यबाहूसमौदीर्घौज्याघातकठिनत्वचौ ॥ दक्षिणेचैवसव्येचगवामिववहः कृतः २२ हिमवानिवशैलानांसमुद्रःसरितामिव ॥ त्रिदशानांयथाशक्रोवसूनामिवहव्यवाट् २३ मृगाणामिवशार्दूलोगरुडःपततामिव ॥ वरःसन्नह्यमाना नांसोऽर्जुनःकिंकरिष्यति २४ ॥ अर्जुनउवाच ॥ प्रतिज्ञांषंढकोऽस्मीतिकरिष्यामिमहीपते ॥ ज्याघातौहिमहांतौमेसंवर्तुंनृपदुष्करौ २५ वलयैश्छादयिष्यामि बाहूकिणकृताविमौ ॥ कर्णयोःप्रतिमुच्याहंकुंडलेज्वलनप्रभे २६

द्रष्टव्यं ९ । १० । ११ । १२ । १३ वासुकेःस्वसारमुलूपींहृतवान् सौंदर्येणेतिशेषः १४ सर्पाणांसरीसृपाणां आशीविषोदंष्ट्राविषः १५ । १६ । १७ । १८ । १९ मानुषेषुअद्भुतंमानुषाद्भुतं २० । २१ गवांवृषभाणांस्कंधेइव वहः युगघर्षणजःकिणःकृतः । एतस्यैवगोपनंकठिनमितिभावः २२ । २३ पततांपक्षिणां २४ षंढकोऽस्मीति षंढेगोपतिःश्रीगोपालस्तस्यप्रतिकृतिरवतारांतरंपंढकः कृष्णसखाऽस्मी त्यर्थः । पक्षेक्लीबः । ' षंढोवर्षवरेक्लीबेगोपतौवंध्यपुरुषे ' इतिविश्वः । संवर्तुंपिधातुं २५ । २६

पिनद्धाःकंबवःशंखवलयानियेनसःपिनद्धकंबुः तृतीयांप्रकृतिंस्त्रीपुंसापेक्षया क्लीबत्वंतृतीयं गतःप्राप्तः नरइतिरलयोर्डलयोश्चाभेदान्नरः बृहंश्चासौनरश्चेतिनारायणत्वआग्रेनरइत्यर्थः क्लीत्वंस्वरूपगोपनार्थम् २७ आख्यायिकाःपूर्वराजचरितानि २८ । २९ समुदाचारंसमीचीनमुत्कृष्टतरंमहावदान्यत्वादिरूपं ताभिःकृतंबहुकर्मचवदन् माययाकपटक्लीबवेषेणआत्मानंशरीरं आत्मनाबुद्ध्या ३० परितश्चारयितुंशीलंयस्याः सापरिचारिणीसैवपरिचारिका द्रौपद्याःभर्तेतिगूढोऽभिसंधिः । पक्षेपरिचारिकासेवाकर्त्री ३१ । ३२ ॥ इतिश्रीमहाभारतेविराटपर्वणिनीलकंठीयेभारतभावदीपे द्वितीयोऽध्यायः ॥ २ ॥ ॥ ॥ इत्येवमिति

॥ २ ॥

पिनद्धकंबुःपाणिभ्यांतृतीयांप्रकृतिंगतः ॥ वेणीकृतशिराराजन्नाम्नाचैवबृहन्नला २७ पठन्नाख्यायिकाश्चैवस्त्रीणांवैपुनःपुनः ॥ रमयिष्येमहीपालमन्यांश्चांतःपुरेजनान् २८ गीतंनृत्यंविचित्रंचवादित्रंविविधंतथा ॥ शिक्षयिष्याम्यहंराजन्विराटस्यपुरस्त्रियः २९ प्रजानांसमुदाचारंबहुकर्मकृतंवदन् ॥ छादयिष्यामिकौंतेयमाययात्मानमात्मना ३० युधिष्ठिरस्यगेहेवैद्रौपद्याःपरिचारिका ॥ उषिताऽस्मीतिवक्ष्यामिपृष्टोराज्ञाचपांडव ३१ एतेनविधिनाछन्नःकृतकेनयथाऽनलः ॥ विहरिष्यामिराजेंद्रविराटभवनेसुखम् ३२ ॥ इतिश्रीमहाभारतेविराटपर्वणिपांडवप्रवेशपर्वणियुधिष्ठिरादिमंत्रणेद्वितीयोऽध्यायः ॥ २ ॥ ॥

॥ वैशंपायनउवाच ॥ इत्येवमुक्त्वापुरुषप्रवीरस्तथाऽर्जुनोधर्मभृतांवरिष्ठः ॥ वाक्यंतथाऽसौविरराममभूयोनृपोऽपरंभ्रातरमाबभाषे १ ॥ युधिष्ठिरउवाच ॥ किंत्वंनकुलकुर्वाणस्तत्रतातचरिष्यसि ॥ कर्मतत्त्वंसमाचक्ष्वराज्येतस्यमहीपतेः ॥ सुकुमारश्चशूरश्चदर्शनीयःसुखोचितः २ ॥ नकुलउवाच ॥ अश्वबंधोभविष्यामिविराटनृपतेरहम् ॥ सर्वथाज्ञानसंपन्नःकुशलःपरिरक्षणे ३ ग्रंथिकोनामनाम्नाऽहंकर्मैतत्सुप्रियंमम ॥ कुशलोऽस्म्यश्वशिक्षायांतथैवाश्वचिकित्सने ॥ प्रियाश्चसततंमेऽश्वाःकुरुराजयथातव ४ येमामामंत्रयिष्यंतिविराटनगरेजनाः ॥ तेभ्यएवंप्रवक्ष्यामिविहरिष्याम्यहंयथा ५ पांडवेनपुरातातअश्वेष्वधिकृतःपुरा ॥ विराटनगरेछन्नश्चरिष्यामिमहीपते ६ ॥ युधिष्ठिरउवाच ॥ सहदेवकथंतस्यसमीपेविहरिष्यसि ॥ किंवात्वंकर्मकुर्वाणःप्रच्छन्नोविहरिष्यसि ७ ॥ सहदेवउवाच ॥ गोसंख्याताभविष्यामिविराटस्यमहीपतेः ॥ प्रतिषेद्धाचदोग्धाचसंख्यानेकुशलोगवाम् ८ तंतिपालइतिख्यातोनाम्नाऽहंविदितस्त्वथ ॥ निपुणंचचरिष्यामिव्येतुतेमानसोज्वरः ९ अहंहिसततंगोषुभवताप्रहितःपुरा ॥ तत्रमेकौशलंसर्वमवबुद्धंविशांपते १० लक्षणंचरितंचापिगवांयच्चापिमंगलम् ॥ तत्सर्वंमेसुविदितमन्यच्चापिमहीपते ११ वृषभानपिजानामिराजन्पूजितलक्षणान् ॥ येषांमूत्रमुपाघ्रायअपिवंध्याप्रसूयते १२ सोऽहमेवंचरिष्यामिप्रीतिरत्रहिमेसदा ॥ नचमांवेत्स्यतेकश्चित्तोषयिष्येचपार्थिवम् १३

१ । २ परिरक्षणेअश्वानामितिशेषः ३ ग्रंथान् आयुर्वेदंआध्वर्यवंचवेत्तीतिग्रंथिकोऽश्विनोःसुतत्वात् । 'अश्विनौवैदेवानांभिषजावश्विनावध्वर्यू' इतिश्रुतेः ४ । ५ अश्वेषु नास्तिश्चोयेषांतेशूराःसमरेतृणीकृतप्राणास्तेषुअधिकृतोमुख्यइतिगूढाशयः । पक्षेस्पष्टोऽर्थः ६ । ७ संख्यानेपरीक्षायां ८ तंतिपालःतंतिर्बलीवर्दा यस्यांदीर्घस्थूलरज्ज्वांवणिग्भिरल्पैर्दामभिर्बद्ध्यंतेसा प्रकृतोपयोगिनी । गूढाभिसंधौतुतंतिर्वाक् । 'तस्यवाक्तंतिर्नामानिदामानि' इतिश्रुतेर्वाक्पालः युष्मद्वचनार्थानुष्ठातेत्यर्थः ९ । १० । ११ । १२ । १३

इयंहीति । माताकुलवृत्तिः आदिभूमिः गौर्वा ‘ मातागौर्यादिजननीगोब्रह्माण्यादिभूमिषु ’ इतिमेदिनी । स्वसाअंबिका पार्वतीवत्पूज्येत्यर्थः ‘ एषतेरुद्रभागःसहस्वस्रांबिकयातंजुषस्वशरद्राअस्यांबिका स्वसा ’ इतिमंत्रब्राह्मणदर्शनात् । ‘ जायागार्हपत्यःपुत्रोऽन्वाहार्यपचनः ’ इतितस्याअपिदेवतात्वेनसंस्तवात् । ‘ मातासत्यवतीभूमिर्धेनुर्ज्येष्ठास्वसाभवेत् ’ इत्यप्युदाहरंति १४ । १५ बालानित्यनूतना १६ यतोयस्मिन्दिनेजाता ततआरभ्यमाल्यादीन्भोगानेववेत्ति नक्लेशानित्यर्थः १७ सैरंध्रीति । सीरंप्रतिसीरांतःपटःध्रियतेऽनयाऽस्येवैतिसीरंध्रासैवसैरंध्री स्वार्थेतद्धितः अंतःपुरपरिचारिकाराजभार्यावा । ‘ सैरंध्रीपरवेश्मस्थाशिल्पकृत्स्ववशास्त्रियां ॥ वर्णसंकरसंभूतस्त्रीमहिल्लिकयोरपि ’ इतिविश्वः । मतल्लिकयोरितिमेदिनीपाठः । आद्ये महिल्लिकाराजदाराः द्वितीयेमतल्लिकाःप्रशस्तस्त्रियइति । दासी

॥ युधिष्ठिरउवाच ॥ इयंहिनःप्रियाभार्याप्राणेभ्योऽपिगरीयसी ॥ मातेवपरिपाल्याचपूज्याज्येष्ठेवचस्वसा १४ केनस्मद्रौपदीकृष्णाकर्मणाविचरिष्यति ॥ नहि किंचिद्विजानातिकर्मकर्तुंयथास्त्रियः १५ सुकुमारीचबालाचराजपुत्रीयशस्विनी ॥ पतिव्रतामहाभागाकथंनुविचरिष्यति १६ माल्यगंधानलंकारान्वस्त्राणिवि विधानिच ॥ एतान्येवाभिजानातियतोजाताहिभामिनी १७ द्रौपद्युवाच ॥ सैरंध्र्योऽरक्षितालोकेभुजिष्याःसंतिभारत ॥ नैवमन्याःस्त्रियोयांतिइतिलोकस्यनि श्चयः ॥ साऽहंब्रुवाणासैरंध्रीकुशलाकेशकर्मणि १८ युधिष्ठिरस्यगेहेवैद्रौपद्याःपरिचारिका ॥ उषिताऽस्मीतिवक्ष्यामिपृष्टाराज्ञाचभारत १९ आत्मगुप्ताचरि ष्यामियन्मांत्वंपरिपृच्छसि २० सुदेष्णांप्रत्युपस्थास्येराजभार्यांयशस्विनीम् ॥ सारक्षिष्यतिमांप्राप्तांमाभूत्तेदुःखमीदृशम् २१ ॥ युधिष्ठिरउवाच ॥ कल्याणं भाषसेकृष्णेकुलेजाताऽसिभामिनि ॥ नपापमभिजानासिसाध्वीसाधुव्रतेस्थिता २२ यथानदुर्हृदःपापाभवंतिसुखिनःपुनः ॥ कुर्यास्तत्त्वंहिकल्याणिलक्षयेयुर्नतेतथा २३ ॥ इतिश्रीमहाभारतेविराटपर्वणिपांडवप्रवेशपर्वणियुधिष्ठिरादिमंत्रणेतृतीयोऽध्यायः ॥ ३ ॥ युधिष्ठिरउवाच ॥ कर्माण्युक्तानियुष्माभिर्यानियानिकरिष्यथ ॥ ममचापियथाबुद्धिरुचिताविधिनिश्चयात् १ पुरोहितोऽयमस्माकमग्निहोत्राणिरक्षतु ॥ सूदपौरोगवैःसार्द्धंद्रुपदस्यनिवेशने २ इंद्रसेनमुखाश्चेमेरथानादायकेवलान् ॥ यांतुद्वारवतींशीघ्रमितिमेवर्त्ततेमतिः ३ इमाश्चनार्योद्रौपद्याःसर्वाश्चपरिचारिकाः ॥ पंचालानेवगच्छंतुसूदपौरोगवैःसह ४ सर्वैरपिचवक्तव्यंनप्राज्ञायंतपांडवाः ॥ गताह्यस्मानपाहायसर्वेद्वैतवनादिति ५ वैशंपायनउवाच ॥ एवंतेऽन्योन्यमामंत्र्यकर्माण्युक्त्वापृथक्पृथक् ॥ धौम्यमामंत्रयामासुःसचतान्मंत्रमब्रवीत् ६ ॥ धौ म्यउवाच ॥ विहितंपांडवाःसर्वंब्राह्मणेषुसुहृत्सुच ॥ यानेप्रहरणेचैवतथैवाग्निषुभारत ७

पक्षेअरक्षिताइतिच्छेदः स्ववशाइत्युक्तेःपक्षेरक्षिताइत्येव । भुजिष्यापालनीयापालयित्रीच भुजपालनाभ्यवहारयोरित्यस्यरूपं नैवमन्याःस्त्रियोरूपवतीर्यांतिप्राप्नुवंतिपश्यंतीतरेइत्यर्थः दासीइतिभावः पक्षेनैवंप्रकाशेयांतिसंचरंतीत्यर्थः १८ द्रौपद्याःपरिचारिकेति । राहोःशिरइतिवद्भेदेऽपिभेदोपचारः द्रौपदीरूपायुधिष्ठिरस्यपरिचारिकेत्यर्थः १९ । २० । २१ । २२ २३ ॥ इतिश्रीमहाभारतेवि०नी०भा०तृतीयोऽध्यायः ॥ ३ ॥ ॥ कर्माणीति १ अग्निहोत्राणिअग्निहोत्रपात्राण्यरणीसहितानि होमसाधनभूताधेनूर्वा २ । ३ । ४ नप्राज्ञायंतेतियथार्थमेव रहस्येवंतैर्मत्स्यदेशेवस्तव्यमितिमंत्रितत्वात् ५ । ६ विहितं शास्त्रोक्तं ब्राह्मणादिषुउपस्थितेषु परिचर्यादिकंपांडवाःसर्वंजानंतीतिशेषः यानेविजययात्रायां प्रहरणेयुद्धे यद्यप्येवंतथाऽपिकिंचिद्वक्ष्यामीतिभावः ७

तदेवाह त्वयेति । त्वयायुधिष्ठिरेण इदंलोकवृत्तं प्राकृतजनशीलं अरक्ष्यमाणासुस्त्रीषुसाध्वीष्वपिअन्यायकल्पनं अतःकृष्णारक्ष्यैवेत्यर्थः ८ विद्वांसोऽपिसुहृद्भिःप्रीत्याऽवश्यंबोधनीयाएवेत्याह विदिते चापीति । एवंसौहार्दप्रदर्शनेनमर्यादयोऽनुसृताभवंतीतिभावः ९ हंतेत्यनुकंपायां राजवसतिंराजकुलेवासं तद्विधिमित्यर्थः १० दुर्वसंदुःखेनवस्तुंशक्यम् ११ । १२ दृष्टद्वारः प्रतीहारद्वारानिवेदितैवराजानंद्रष्टुमिच्छेन्नत्वननुज्ञातइत्यर्थः दिष्टेत्यपिपाठः पाठांतरे रहस्येषुमंत्रकार्येषु नविश्वसेत् संमतोऽस्मीतिबुद्ध्यातत्रनगच्छेत् पुत्रादिष्वपिअविश्वस्ताराजानोमंत्रविप्लवभयात्तद्योमारयेयुरितिभावः तदेवेति । परेणसह वैरंमाभूदितिपराननंनान्विच्छेत् १३ यानंपरकीयमितिशेषः १५ दुष्टचारिणोदुष्टाचाराः यत्रयत्रद्यूतमद्यवेश्यादिस्थानेषुस्वनगरस्थपरकीयचारमंडलेवाआसीनमेनं सूतान्प्रियोऽपरेभेदितोऽयमितिशंकेरन्तत्र नोपविशेत् राजगामिपैशुन्यभयादित्यर्थः १५ नानुशिष्यात्इदमित्थंकुर्विंतिनाज्ञापयेत् तूष्णींमौनेन कालेपराक्रमसमये समभिपूजयेत्स्तुवीत १६ स्तुतिरप्यभूतार्थानकर्तव्येत्याह असूयंतीति । दूषयंती

त्वयारक्षाविधातव्याकृष्णायाःफाल्गुनेनच ॥ विदितंवोयथासर्वंलोकवृत्तमिदंतव ८ विदितेचापिवक्तव्यंसुहृद्भिरनुरागतः ॥ एषधर्मश्चकामश्चअर्थश्चैवसनातनः ९ अतोऽहमपिवक्ष्यामिहेतुमत्रनिबोधत ॥ हंतेमांराजवसतिंराजपुत्राब्रवीम्यहम् १० यथाराजकुलंप्राप्यसर्वान्दोषांस्तरिष्यथ ॥ दुर्वसंचैवकौरव्यजानताराजवेश्मनि ११ अमानितैर्मानितैर्वाअज्ञातैःपरिवत्सरम् ॥ ततश्चतुर्दशेवर्षेचरिष्यथयथासुखम् १२ दृष्टद्वारोलभेद्द्रष्टुंराजस्वेषुनविश्वसेत् ॥ तदेवासनमन्विच्छेद्यत्र नाभिपतेत्परः १३ योनयानंनपर्यंकंनपीठंनगजंरथम् ॥ आरोहेत्संमतोऽस्मीतिसराजवसतिंवसेत् १४ यत्रयत्रैनमासीनंशंकेरन्दुष्टचारिणः ॥ नतत्रोपविशेद्योवैसराजवसतिंवसेत् १५ नचानुशिष्याद्राजानमपृच्छंतंकदाचन ॥ तूष्णींत्वेनमुपासीतकालेसमभिपूजयेत् १६ असूयंतिहिराजानोजनाननृतवादिनः ॥ तथैवचावमन्यंतेमंत्रिणंवादिनंमृषा १७ नैषांदारेषुकुर्वीतमैत्रींप्राज्ञःकदाचन ॥ अंतःपुरचरायेचद्वेष्टियानहिताश्चये १८ विदितेचास्यकुर्वीतकार्याणिसुलघून्यपि ॥ एवंविचरतोराज्ञिनक्षतिर्जायतेक्वचित् १९ गच्छन्नपिपरांभूमिमपृष्टोह्यनियोजितः ॥ जात्यंधइवमन्येतमर्यादामनुचिंतयन् २० नहिपुत्रंननप्तारंनभ्रातरमरिंदमाः ॥ समतिक्रांतमर्यादंपूजयंतिनराधिपाः २१ यत्नाच्चोपचरेदेनमग्निवद्देववत्त्विह ॥ अनृतेनोपचीर्णोहिहन्यादेवनसंशयः २२ यद्यद्भर्ताऽनुयुंजीततत्तदेवानुवर्तयेत् ॥ प्रमादमवलेपंचकोपंचपरिवर्जयेत् २३ समर्थनासुसर्वासुहितंचाप्रियमेवच ॥ संवर्णयेत्तदेवास्यप्रियादपिहितंभवेत् २४

त्यर्थः १७ येंऽतःपुरचराः यांश्चराजाद्वेष्टि येचराज्ञोऽहितास्तैःसर्वैःसह मैत्रींनकुर्यात् १८ राज्ञिराजसन्निधौ विचारतोविचारपूर्वकंवसतोनक्षतिर्मानहान्यादिर्जायते १९ गच्छन्निति । परांउत्कृष्टांभूमिंनित्यंगच्छन्आसनार्थंप्राप्नुवन् राज्ञा अपृष्टोऽसंभाषितोऽनियोजितः स्वेस्थानेउपविशेत्यनाज्ञप्तो जात्यंधइवतत्स्थानमपश्यंतमिवात्मानंमन्येत यावद्राजानसंभावयेत्तावत्स्वासनंदिशतितावत्तत्रतीक्षेतेत्यर्थः २० अन्यथादोषमाह नहीति २१ यत्नादिति । अतिसान्निध्यादग्निरिवराजादहति अवज्ञानादेवइवसर्वंहरतीत्यर्थः । अनृतेनकूटकार्षापणादिनाउपचीर्णआराधितःहन्यादेव २२ भर्ताराजाअनुयुंजीतआज्ञापयेत्पृच्छेद्वा अनुवर्तयेत् कुर्यात्वदेद्वा । प्रमादंअनवधानतां अवलेपंशौर्यादिगर्वम् २३ समर्थनासुकार्याकार्यपरीक्षासु हितंपरिणामसुखंप्रियंश्रुतिसुखंचवदेत् उभयोःसमुच्चयासंभवे प्रियादपिहितंभवेत् प्रियंत्यक्त्वाऽपियद्धितंभवेत्तदेववदेन्नतुहितविरोधिप्रियंवदेदित्यर्थः २४

अस्यसर्वार्थेषुसर्वेष्वर्थसाधनेषु अनुकूलोयत्नवान्भवेत् नतुप्रातिकूल्यमालस्यंवाकुर्यादित्यर्थः २५ पांडेतःपरिहासकः । ' पंडितःसिल्हकेकवौ ' इतिविश्वः । खंडितइतिपाठेविच्छिन्नधनसेवेत किंत्वविच्छेदेनैव सेवेतेत्यर्थः । अप्रमत्तोऽवहितः २६ स्वस्थानादराजदत्तान्नविकंपेतनचलेत् २७ पंडितोविद्यावान् राजांगकथाधीरमयन् पार्श्वेतिष्ठेत् रक्षिणांराजगोप्तृणांतुस्थानंपृष्ठतः २८ शूरेणपंडितेनवा पुरस्तात् आसनेउपवेशनंनकर्त्तव्यमित्यर्थः । राज्ञांसंदर्शने समक्षंप्रवृत्तमविभक्तवेतनादिदानं अहंपूर्विकयानाकारितःसन् नसंजयेत्स्वीकुर्यात् २९ एतत्तुधाष्टर्यं दरिद्राणामपिव्यलीकस्थानमप्रियपदं किमुतराज्ञामिति भावः उत्तमंपरमंमेतिराज्ञोदितमनृतंबहिर्नप्रकाशयेत् ३० हियस्मात्अनृतवादिनोनृपान् हियतोऽन्येराजानोऽसूयंतिदोषवत्त्वेनकीर्त्तयंति तस्मात्स्वामिनोऽकीर्त्तिकरंनवदेदित्यर्थः । अवमन्यंतेराजान इतिशेषः ३१ प्रियोभोगवांश्चभवतीतिसंबंधः ३२ । ३३ । ३४ । नचेति । क्रोधचापलयोःसूचकमोष्ठादीनांसमाक्षेपंप्रचालनंनकुर्यादित्यर्थः । वातंमुखजं अधस्तनंवा शनैरितरेणाज्ञातंयथाभवेत्तथाकुर्या

अनुकूलोभवेच्चास्यसर्वार्थेषुकथासु च ॥ अप्रियंचाहितंयत्स्यात्तदस्मैनानुवर्णयेत् २५ नाहमस्यप्रियोऽस्मीतिमत्वासेवेतपंडितः ॥ अप्रमत्तश्चसततंहितंकुर्यात्प्रियं चयत् २६ नास्यानिष्टानिसेवेतनाहितैःसहसंवदेत् ॥ स्वस्थानान्नविकंपेतसराजवसतिंवसेत् २७ दक्षिणंवाऽथवामंवापार्श्वमासीतपंडितः ॥ रक्षिणांह्यात्तशस्त्राणांस्थानंपश्चाद्विधीयते २८ नित्यंहिप्रतिषिद्धंतुपुरस्तादासनंमहत् ॥ नचसंदर्शनेकिंचित्प्रवृत्तमपिसंजयेत् २९ अपिह्येतद्दरिद्राणांव्यलीकस्थानमुत्तमम् ॥ नमृषाभिहितंराज्ञांमनुष्येषुप्रकाशयेत् ३० असूयंतिहिराजानोनराननृतवादिनः ॥ तथैवचावमन्यंतेनरान्पंडितमानिनः ३१ शूरोऽस्मीतिनदृप्तःस्याद्बुद्धिमानितिवा पुनः ॥ प्रियमेवाचरन्राज्ञःप्रियोभवतिभोगवान् ३२ ऐश्वर्यंप्राप्यदुष्प्रापंप्रियंप्राप्यचराजतः ॥ अप्रमत्तोभवेद्राज्ञःप्रियेषुचहितेषु च ३३ यस्यकोपोमहाबाधःप्रसादश्च महाफलः ॥ कस्तस्यमनसाऽपीच्छेदनर्थंप्राज्ञसंमतः ३४ नचोष्ठौनभुजौजानूनचवाक्यंसमाक्षिपेत् ॥ सदावातंचवाचंचष्ठीवनंचाचरेच्छनैः ३५ हास्यवस्तुषुचान्यस्य वर्तमानेषुकेषुचित् ॥ नातिगाढंप्रहृष्येतनचाप्युन्मत्तवद्धसेत् ३६ नचातिधैर्येणचरेद्गुरुतांहिव्रजेत्ततः ॥ स्मितंतुमृदुपूर्वेणदर्शयेतप्रसादजम् ३७ लाभेनहर्षयेद्यस्तु नव्यथेद्योऽवमानितः ॥ असंमूढश्चयोनित्यंसराजवसतिंवसेत् ३८ राजानंराजपुत्रंवासंवर्णयतियःसदा ॥ अमात्यःपंडितोभूत्वासचिरंतिष्ठतेप्रियः ३९ प्रगृहीतश्चयोऽमात्योनिगृहीतस्त्वकारणैः ॥ ननिर्वदतिराजानंलभतेसंपदंपुनः ४० प्रत्यक्षंचपरोक्षंचगुणवादीविचक्षणः ॥ उपजीवीभवेद्राज्ञोविषयेयोऽपिवाभवेत् ४१ अमात्योहिबलाद्भोक्तुंराजानंप्रार्थयेतयः ॥ नसतिष्ठेच्चिरंस्थानंगच्छेच्चप्राणसंशयम् ४२

दित्यर्थः ३५ हास्येति । अन्यस्यराजसेवकस्य हास्यवस्तुषुहास्यास्पदेषुअयथास्थितेषुउष्णीषादिषुवर्त्तमानेषुनिमित्तेषु तदीयवैकल्येनातिगाढंनप्रहृष्येत्नापिहसेत् तावतैवराजानएनंक्षुद्रंमन्यंतइतिभावः नचैवंभूतेनिमित्तेनतिधैर्येणकाष्ठवत्स्थेयमित्याह नातीति ३६ गुरुतांजडतां किमप्ययंनजानातीतिवदेयुरितिभावः अतएवस्मितंमृदुपूर्वंकिंचिद्दर्शयेदेव ३७ नहर्षयेत्हृष्येत् असंमूढःसेवायामेकाग्रः ३८ राजानदाश्रिताश्चस्तोतव्याश्चेत्याहराजानमिति । संवर्तयतीतिपाठेऽनुसरति तिष्ठतेप्रकाशते ३९ ननिर्वदतिनर्निंदति दंडितोऽप्यमात्यःपुनरभ्युदयकामोराजानंनर्निंदेदित्यर्थः ४० योराज्ञोविषयेभवेत् देशेभवेत् योवाराज्ञउपजीवीस्मराज्ञोगुणवादीस्यादितिसंबंधः ४१ बलाद्धठात् भोक्तुंकुटिलीकर्तुं येनकेनचिद्व्याजेनलोकान्दंडयेतिशिक्षयन्यःप्रार्थयेत् सराज्ञःप्रियोऽपिबहुजनविरोधात्चिरंस्थानंपदंनतिष्ठेतनाधितिष्ठेत अवश्यंपदच्युतोभवेदित्यर्थः भोक्तुमितिभुजकौटिल्येइत्यस्यरूपम् ४२

श्रेयइति । राज्ञःसकाशादात्मनःस्वस्यश्रेयोधनमानादिलाभंदृष्ट्वा परमन्यं सदासर्वदा राज्ञासार्धंनसंवदेन्नसंवादयेत् किंतुमहाराजोनभवादृशान्मंत्रेलक्षयतीत्येवलोकेपरंदर्शयेत् । योग्यभूमिषु युद्धे परराष्ट्रिकैःसहसंलापेवा राजानंविशेषयेत्राज्ञोऽपेक्षया स्वीयंशौर्यं यौक्तिकत्वंवाधिकंदर्शयेत् तेनराजाभीयतइतिभावः ४३ अम्लानःउत्साही बलवान्धीबलयुक्तः मृदुःअनिष्ठुरः दांतो जितेंद्रियःसुशिक्षितोवा ४४ अन्यस्मिन्पुंसिकस्यचित्कार्यस्यार्थेप्रेष्यमाणे एहिइदंकुर्वित्युच्यमानेसतियस्तदागमनात्पूर्वंसमुत्पतेत्तत्कार्यंकर्तुंसशीघ्रकारी राजवसतिंवसेत् ४५ आंतरेधनदारसंरक्षणादौ बाह्येसामंतजये आदिष्टआज्ञप्तोनैवकंपेत नैवसंशयंभयंवाकुर्यात् अनिःसंशयोनिर्भयश्चतत्कार्यंकुर्यादेवेत्यर्थः ४६ प्रियाणांप्रियाणिस्त्रीपुत्रान्नपानादिसुखानि दुःखेनप्रवासादिना ४७ समवेषं वस्त्रालंकारादिकं राज्ञासमानंनकुर्यात् उच्चैःअतिशयेन बहुधाबहुप्रकारं नकुर्यात्नभिंद्यादित्यर्थः ४८ धनंउत्कोचादिनाप्राप्तंकिंचिदपिअत्यल्पमपिनस्पृशेत् ४९ यत्संप्रयच्छतिराजा तदेव

श्रेयःसदाऽऽत्मनोदृष्ट्वापरंराज्ञानसंवदेत् ॥ विशेषयेन्नराजानंयोग्यभूमिषुसर्वदा ४३ अम्लानोबलवान्शूरश्छायेवानुगतःसदा ॥ सत्यवादीमृदुर्दांतःसराजवसतिंवसेत् ४४ अन्यस्मिन्प्रेष्यमाणेतुपुरस्ताद्यःसमुत्पतेत् ॥ अहंकिंकरवाणीतिसराजवसतिंवसेत् ४५ आंतरेचैवबाह्येचराज्ञायश्चाथसर्वदा ॥ आदिष्टोनैवकंपेतसराजवसतिं वसेत् ४६ योवैगृहेभ्यःप्रवसन्प्रियाणांनानुसंस्मरेत् ॥ दुःखेनसुखमन्विच्छेत्सराजवसतिंवसेत् ४७ समवेषंनकुर्वीतनोच्चैःसन्निहितोवसेत् ॥ नमंत्रंबहुधाकुर्यादेवंराज्ञः प्रियोभवेत् ४८ नकर्मणिनियुक्तःसन्धनंकिंचिदपिस्पृशेत् ॥ प्राप्नोतिहिहरन्द्रव्यंबंधनंयदिवावधम् ४९ यानंवस्त्रमलंकारंयच्चान्यत्संप्रयच्छति ॥ तदेवधारयेन्नित्य मेवंप्रियतरोभवेत् ५० एवंसंयम्यचित्तानियत्नतःपांडुनंदनाः ॥ संवत्सरमिमंतातथाशीलाबुभूषत ॥ अथस्वविषयंप्राप्ययथाकामंकरिष्यथ ५१ ॥ युधिष्ठिरउवाच ॥ अनुशिष्टाःस्मभद्रंतेनैतद्वक्ताऽस्तिकश्चन ॥ कुंतीमृतेमातरंनोविदुरंवामहामतिम् ५२ यदेवानंतरंकार्यंतद्भवान्कर्तुमर्हति ॥ तारणायास्यदुःखस्यप्रस्थानायजयायच ५३ ॥ वैशंपायनउवाच ॥ एवमुक्तस्ततोराज्ञाधौम्योऽथद्विजसत्तमः ॥ अकरोद्विधिवत्सर्वंप्रस्थानेयद्विधीयते ५४ तेषांसमिध्यतानग्नीन्मंत्रवच्चजुहावसः ॥ समृद्धिवृद्धिलाभायपृथिवीविजयायच ५५ अग्नीन्प्रदक्षिणीकृत्यब्राह्मणांश्चतपोधनान् ॥ याज्ञसेनींपुरस्कृत्यषडेवाथप्रवव्रजुः ५६ गतेषुतेषुवीरेषुधौम्योऽथजपतांवरः ॥ अग्निहोत्राण्युपादायपांचालानभ्यगच्छत ५७ इंद्रसेनादयश्चैवयथोक्ताःप्राप्ययादवान् ॥ रथानश्वांश्चरक्षंतःसुखमूषुःसुसंवृताः ५८ ॥ इतिश्रीमहाभारतेविराट पर्वणिपांडवप्रवेशपर्वणिधौम्योपदेशेचतुर्थोऽध्यायः ॥ ४ ॥ ॥ ॥

राजदत्तंयानादिकंधारयेत् नतुतदन्यस्मैदद्यादित्यर्थः ५० संयम्यनिगृह्य इमंत्रयोदशंसंवत्सरं हेतातयुधिष्ठिर यूयंसर्वेतथाशीलाःयथोक्तसद्वृत्ताःसंतोबुभूषत ऐश्वर्यंप्राप्तुमिच्छत । अथअनंतरं स्वविषयंस्वदेशंप्राप्य यथाकामंयथेष्टंकरिष्यथ क्रीडामितिशेषः ५१ । ५२ अनंतरंअनुपदंकार्यंशांतिकंपौष्टिकंच अस्यअज्ञातवासदुःखस्यतारणाय प्रस्थानाय शत्रून्प्रतियोद्धुंगमनाय जयाय चयत्कर्मप्रभवतितत्कर्तुमर्हति ५३ । ५४ समिद्ध्यउद्दीप्य समृद्धिर्जनाभिसंपत्तिः वृद्धिर्युद्धेविशेषः लाभोराज्यस्य लब्धायाअपिपृथिव्याविजयायवशीकरणाय ५५ षट् द्रौपद्यासहिताः ५६ । ५७ । ५८ ॥ इतिविराटपर्वणिनीलकंठीये भारतभावदीपेचतुर्थोऽध्यायः ॥ ४ ॥ ॥ ॥ ॥ ॥ ॥ ॥ ॥

तेवीराइति । निस्त्रिंशःखड्गः कलापिनस्तूणवंतः ततायुधेतिपाठेसज्जीकृतधनुषः ततायुधाश्चतेकलापिनश्चेतिविग्रहः बद्धंगोधातलंज्याघातवारणाख्यमंगुलित्राणंचयैस्तैबद्धगोधांगुलित्राणाः 'गोधातल
निहाकयोः' इतिमेदिनी १ । २ । ३ अंतरेणमध्यतः मत्स्यस्यैव राज्ञोलुब्धाव्याधाःस्मइतिब्रुवाणाः पक्षेराज्याकांक्षिणः 'लुब्धआकांक्षिणिव्याधे' इतिमेदिनी विषयंमत्स्यस्यैवदेशं लुब्धत्वाभिनया

वैशंपायनउवाच ॥ तेवीराबद्धनिस्त्रिंशास्तथाबद्धकलापिनः ॥ बद्धगोधांगुलित्राणाःकालिंदीमभितोययुः १ ततस्तेदक्षिणंतीरमन्वगच्छन्पदातयः ॥ निवृत्त
वनवासाहिस्वराष्ट्रंप्रेप्सवस्तदा ॥ वसंतोगिरिदुर्गेषुवनदुर्गेषुधन्विनः २ विध्यंतोमृगजातानिमहेष्वासामहाबलाः ॥ उत्तरेणदशार्णांस्तेपंचालान्दक्षिणेनच ३
अंतरेणयकृल्लोमान्शूरसेनांश्चपांडवाः ॥ लुब्धाब्रुवाणामत्स्यस्यविषयंप्राविशन्वनात् ४ धन्विनोबद्धनिस्त्रिंशाविवर्णाःश्मश्रुधारिणः ॥ ततोजनपदंप्राप्यकृष्णा
राजानमब्रवीत् ५ पश्यैकपद्योदृश्यंतेक्षेत्राणिविविधानिच ॥ व्यक्तंदूरेविराटस्यराजधानीभविष्यति ॥ वसामेहापरांरात्रिंबलवान्मेपरिश्रमः ६ ॥ युधिष्ठिरउ
वाच ॥ धनंजयसमुद्यम्यपांचालींवहभारत ॥ राजधान्यांनिवत्स्यामोविमुक्ताश्चवनादितः ७ ॥ वैशंपायनउवाच ॥ तामादायार्जुनस्तूर्णंद्रौपदींगजराडिव ॥
संप्राप्यनगराभ्यासमवतारयदर्जुनः ८ सराजधानींसंप्राप्यकौंतेयोऽर्जुनमब्रवीत् ॥ क्वायुधानिसमासज्ज्यप्रवेक्ष्यामःपुरंवयम् ९ सायुधाश्चप्रवेक्ष्यामोवयंतातपुरंयदि ॥
समुद्वेगंजनस्यास्यकरिष्यामोनसंशयः १० गांडीवंचमहद्गाढंलोकेचविदितंनृणाम् ॥ तच्चेदायुधमादायगच्छामोनगरंवयम् ॥ क्षिप्रमस्मान्विजानीयुर्मनुष्याना
त्रसंशयः ११ ततोद्वादशवर्षाणिप्रवेष्टव्यंवनेपुनः ॥ एकस्मिन्नपिविज्ञातेप्रतिज्ञातंहिनस्तथा १२ ॥ अर्जुनउवाच ॥ इयंकूटेमनुष्येंद्रगहनामहतीशमी ॥
भीमशाखादुरारोहाश्मशानस्यसमीपतः १३ नचापिविद्यतेकश्चिन्मनुष्यइतिमेमतिः ॥ योऽस्मान्निदधतोद्रष्टाभवेच्छस्त्राणिपांडवाः १४ उत्पथेहिवनेजातामृग
व्यालनिषेविते ॥ समीपेचश्मशानस्यगहनस्यविशेषतः १५ समाधायायुधंशम्यांगच्छामोनगरंप्रति ॥ एवमत्रयथायोगंविहरिष्यामभारत १६ ॥ वैशंपायनउ
वाच ॥ एवमुक्त्वासराजानंधर्मराजंयुधिष्ठिरम् ॥ प्रचक्रमेनिधानायशस्त्राणांभरतर्षभ १७ येनदेवान्मनुष्यांश्चसर्वांश्चैकरथोऽजयत् ॥ स्फीतान्जनपदांश्चान्यान
जयत्कुरुपुंगवः १८ तदुदारंमहाघोषंसपत्नबलसूदनम् ॥ अपज्यमकरोत्पार्थोगांडीवंसुभयंकरम् १९ येनवीरःकुरुक्षेत्रमभ्यरक्षत्परंतपः ॥ अमुंचद्धनुषस्त
स्यज्यामक्षय्यांयुधिष्ठिरः २० पांचालान्येनसंग्रामेभीमसेनोऽजयत्प्रभुः ॥ प्रत्यषेधद्बहूनेकःसपत्नांश्चैवदिग्जये २१ निशम्ययस्यविस्फारंव्यद्रवंतरणात्परे ॥
पर्वतस्येवदीर्णस्यविस्फोटमशनेरिव २२ सैंधवंयेनराजानंपर्यामृषितवानथ ॥ ज्यापाशंधनुषस्तस्यभीमसेनोऽवतारयत् २३ अजयत्पश्चिमामाशांधनुषायेनपां
डवः ॥ माद्रीपुत्रोमहाबाहुस्ताम्रास्योमितभाषिता २४

थैविवर्णाः ४ । ५ एकपद्यः क्षेत्रगामिनःक्षुद्रमार्गाः ६ । ७ । ८ । ९ । १० । ११ । १२ कूटेइवकूटेउच्चप्रदेशे 'मायाद्रिशृंगयोःकूटम्' इतिमेदिनी दुरारोहा श्मशानस्थत्वात् १३ । १४ उत्पथेमा
र्गाद्बहिर्भूते १५ । १६ । १७ । १८ संपन्नबलानां देवाराधनप्राप्तबलानामसुरादीनामपिसूदनं १९ । २० । २१ । २२ सैंधवंजयद्रथम् २३ । २४

संक्रंदनःशत्रूणामाक्रंदनकरः २५ अपज्यंज्यारहितं २६ विपाठानबाणविशेषान् तादृशानक्षुरधारांश्च २७ अन्वशासत्आज्ञापितवान् २८ तस्याःशम्याःवकाशानि भागुरिमतेनअल्लोपः अवकाशाख्यानि सुषिरस्थानानि २९ वर्षतिमेघः तिरोवर्षाणिअसंमुखानि वर्षाणिवृष्टीः यत्रापश्यत तत्रपर्यबंधतपर्यबध्नात ३० । ३१ पूतिकंअमंगलं अशीत्यधिकशतवर्षा नोऽस्माकंइयमितिशवनिर्देशः पक्षे शमीआयुधरक्षकत्वान्मातेवास्माकमित्यभिसंधिः ३२ कुलधर्मोऽयंक्षत्रधर्मोयंयदायुधसंगोपनमितिगूढआशयः पक्षे अयंमातुर्वृक्षेबंधनाख्यः ३३ । ३४ । ३५ वत्स्यंतोवस्तुमिच्छंतः ३६ ॥ इतिविराटपर्वणिनीलकंठीये

तस्यमौर्वीमपाकर्षच्छूरःसंक्रंदनोयुधि ॥ कुलेनास्तिसमोरूपेयस्येतिनकुलःस्मृतः २५ दक्षिणांदक्षिणाचारोदिशंयेनाजयत्प्रभुः ॥ अपज्यमकरोद्वीरःसहदेवस्तदायुधम् २६ खड्गांश्चदीप्तान्दीर्घांश्चकलापांश्चमहाधनान् ॥ विपाठान्क्षुरधारांश्चधनुर्भिर्निदधुःसह २७ ॥ वैशंपायनउवाच ॥ अथान्वशासन्नकुलंकुंतीपुत्रोयुधिष्ठिरः ॥ आरुह्येमांशमींवीरधनूंष्येतानिनिक्षिप २८ तामुपारुह्यनकुलोधनूंषिनिदधेस्वयम् ॥ यानितस्यावकाशानिदिव्यरूपाण्यमन्यत २९ यत्रचापश्यतसवैतिरोवर्षाणिवर्षति ॥ तत्रतानिदृढैःपाशैःसुगाढंपर्यबंधत ३० शरीरंचमृतस्यैकंसमबध्नंतपांडवाः ॥ विवर्जयिष्यंतिनरादूरादेवशमीमिमाम् ३१ आबद्धंशवमत्रेतिगंधमाघ्रायपूतिकम् ॥ अशीतिशतवर्षेयंमातानइतिवादिनः ३२ कुलधर्मोऽयमस्माकंपूर्वैराचरितोऽपिवा ॥ समासज्ज्याथवृक्षेऽस्मिन्नितिवैव्याहरंतिते ३३ आगोपालाविपालेभ्यआचक्षाणाःपरंतपाः ॥ आजग्मुर्नगराभ्याशंपार्थाःशत्रुनिबर्हणाः ३४ जयोजयंतोविजयोजयत्सेनोजयद्बलः ॥ इतिगुह्यानिनामानिचक्रेतेषांयुधिष्ठिरः ३५ ततोयथाप्रतिज्ञाभिःप्राविशन्नगरंमहत् ॥ अज्ञातचर्यांवत्स्यंतोराष्ट्रेवर्षंत्रयोदशम् ३६ ॥ इतिश्रीमहाभारतेविराटपर्वणिपांडवप्रवेशपर्वणिपुरप्रवेशेअस्त्रसंस्थापनेपंचमोऽध्यायः ॥ ५ ॥ ॥ वैशंपायनउवाच ॥ विराटनगरंरम्यंगच्छमानोयुधिष्ठिरः ॥ अस्तुवन्मनसादेवींदुर्गांत्रिभुवनेश्वरीम् १ यशोदागर्भसंभूतांनारायणवरप्रियाम् ॥ नंदगोपकुलेजातांमंगल्यांकुलवर्धिनीम् २ कंसविद्रावणकरीमसुराणांक्षयंकरीम् ॥ शिलातटविनिक्षिप्तामाकाशंप्रतिगामिनीम् ३ वासुदेवस्यभगिनींदिव्यमाल्यविभूषिताम् ॥ दिव्यांबरधरांदेवींखड्गखेटकधारिणीम् ४ भारावतरणेपुण्येयेस्मरंतिसदाशिवाम् ॥ तान्वैतारयतेपापात्पंकेगामिवदुर्बलाम् ५ स्तोतुंप्रचक्रमेभूयोविविधैःस्तोत्रसंभवैः ॥ आमंत्र्यदर्शनाकांक्षीराजादेवींसहानुजः ६ नमोऽस्तुवरदेकृष्णेकुमारिब्रह्मचारिणि ॥ बालार्कसदृशाकारेपूर्णचंद्रनिभानने ७ चतुर्भुजेचतुर्वक्त्रेपीनश्रोणिपयोधरे ॥ मयूरपिच्छवलयेकेयूरांगदधारिणि ॥ भासिदेवियथापद्मानारायणपरिग्रहः ८

भारतभावदीपेपंचमोऽध्यायः ॥ ५ ॥ ॥ गच्छमानःगच्छन् दुर्गांदुर्गमसंकटतारिणीं १ नारायणेनदत्तायेवराः उमेतिभद्रकालीतिदेवास्त्वांपूजयिष्यंतीत्येवमादयोविष्णुपुराणादौश्रुतास्तत्प्रियांमंगल्यांमंगलप्रदां २ शिलातटेकंसेनैवविनिक्षिप्तासतीआकाशंगतातां ३ खेटकंचर्म ४ । ५ स्तोत्रार्थमेवसंभवउद्भवोयेषांनाम्नांवरदेइत्यादीनां तैः आमंत्र्यसंबोध्य स्तोतुंप्रचक्रमेइतिपूर्वेणसंबंधः ६ कृष्णेकृष्णस्वरूपे ७ चतुर्भुजेचतुर्वक्त्रेइतिविष्णुब्रह्मरूपत्वमुक्तं मयूरपिच्छाभानिइंद्रनीलादिमणिखचितानिवलयानियस्यास्तथाविधे पद्मालक्ष्मीः अतएवनारायणपरिग्रहोविष्णुकांता ८

ब्रह्मचर्यमित्यनन्यगामित्वंदर्शितं तेनलौकिकलक्ष्मीतोव्यावृत्तिः कृष्णच्छविर्नीलमेघस्तेनसमा कृष्णाकृष्णवर्णा ९ अष्टभुजामाह बिभ्रतीति । विपुलौवराभयप्रदत्वेनऊर्जितौद्वौबाहू ततएकःपात्रीपात्रवान् पंकजीपंकजवान् घंटीघंटावान्पंचमः १० पाशंधनुर्महाचक्रंचबिभ्रतीतिपूर्वेणान्वयः एतान्येवविविधान्यायुधानि कुंडलपूर्णौयौद्वौकर्णौताभ्यांविराजिता ११ केशबंधेनकबरीरूपेण

स्वरूपंब्रह्मचर्यंचविशदंतवखेचरि ॥ कृष्णच्छविसमाकृष्णासंकर्षणसमानना ९ बिभ्रतीविपुलौबाहूशक्रध्वजसमुच्छ्रयौ ॥ पात्रीचपंकजीघंटीस्त्रीविशुद्धाचयाभुवि १० पाशंधनुर्महाचक्रंविविधान्यायुधानिच ॥ कुंडलाभ्यांसुपूर्णाभ्यांकर्णाभ्यांचविभूषिता ११ चंद्रविस्पर्द्धिनादेविमुखेनत्वंविराजसे ॥ मुकुटेनविचित्रेणकेशबंधेनशोभिना १२ भुजंगाभोगवासेनश्रोणिसूत्रेणराजता ॥ विभ्राजसेचाबद्धेनभोगेनेवेहमंदरः १३ ध्वजेनशिखिपिच्छानामुच्छ्रितेनविराजसे ॥ कौमारंव्रतमास्थायत्रिदिवंपावितंत्वया १४ तेनत्वंस्तूयसेदेवित्रिदशैःपूज्यसेऽपिच ॥ त्रैलोक्यरक्षणार्थायमहिषासुरनाशिनि ॥ प्रसन्नामेसुरश्रेष्ठेदयांकुरुशिवाभव १५ जयात्वंविजयाचैवसंग्रामेचजयप्रदा ॥ ममापिविजयंदेहिवरदात्वंचसांप्रतम् १६ विंध्येचैवनगश्रेष्ठेतवस्थानंहिशाश्वतम् ॥ कालिकालिमहाकालिसीधुमांसपशुप्रिये १७ कृतानुयात्राभूतैस्त्वंवरदाकामचारिणि ॥ भारावतारेयेचत्वांसंस्मरिष्यंतिमानवाः १८ प्रणमंतिचयेत्वांहिप्रभातेतुनराभुवि ॥ नतेषांदुर्लभंकिंचित्पुत्रतोधनतोऽपिवा १९ दुर्गात्तारयसेदुर्गेतत्त्वंदुर्गास्मृताजनैः ॥ कांतारेष्ववसन्नानांमग्नानांचमहार्णवे २० दस्युभिर्वानिरुद्धानांत्वंगतिःपरमानृणाम् ॥ जलप्रतरणेचैवकांतारेष्वटवीषुच २१ येस्मरंतिमहादेविनचसीदंतितेनराः ॥ त्वंकीर्तिःश्रीर्धृतिःसिद्धिर्ह्रीर्विद्यासंततिर्मतिः २२ संध्यारात्रिःप्रभानिद्राज्योत्स्नाकांतिःक्षमादया ॥ नृणांचबंधनंमोहंपुत्रनाशंधनक्षयम् २३ व्याधिंमृत्युंभयंचैवपूजितानाशयिष्यसि ॥ सोऽहंराज्यात्परिभ्रष्टःशरणंत्वांप्रपन्नवान् २४ प्रणतश्चयथामूर्ध्नातवदेविसुरेश्वरि ॥ त्राहिमांपद्मपत्राक्षिसत्येसत्याभवस्वनः २५ शरणंभवमेदुर्गेशरण्येभक्तवत्सले ॥ एवंस्तुताहिसादेवीदर्शयामासपांडवम् २६ उपगम्यतुराजानमिदंवचनमब्रवीत् ॥ देव्युवाच ॥ शृणुराजन्महाबाहोमदीयंवचनंप्रभो २७ भविष्यत्यचिरादेवसंग्रामेविजयस्तव ॥ ममप्रसादान्निर्जित्यहत्वाकौरववाहिनीम् २८ राज्यंनिष्कंटकंकृत्वाभोक्ष्यसेमेदिनींपुनः ॥ भ्रातृभिःसहितोराजन्प्रीतिंप्राप्स्यसिपुष्कलाम् २९ मत्प्रसादाच्चतेसौख्यमारोग्यंचभविष्यति ॥ येचसंकीर्त्तयिष्यंतिलोकेविगतकल्मषाः ३० तेषांतुष्टाप्रदास्यामिराज्यमायुर्वपुःसुतम् ॥ प्रवासेनगरेचापिसंग्रामेशत्रुसंकटे ३१

१२ वेणींवर्णयतिभुजंगेति । भुजंगाभोगवासेन सर्पशरीराकारेण वासोवासना तेनतदाकारउपलक्ष्यते कटिसूत्रेणसह राजताशोभमानेन कटिसूत्रोपरिलंबमानयावेण्येत्यर्थः भोगेनभुजंगफणया तद्वताभुजंगेनेत्यर्थः भोगिनेवेतियुक्तःपाठः १३ । १४ शिवाकल्याणरूपा १५ । १६ । १७ कृतानुयात्रानित्यमनुसृता भूतैर्ब्रह्माद्यैःप्राचीनैः १८ । १९ कांतारेमहारण्ये २० कांतारेदुर्गममार्गे २१ । २२ । २३ । २४ । २५ । २६ । २७ । २८ । २९ संकीर्त्तयिष्यंतिमामितिशेषः ३० । ३१

३२ । ३३ । ३४ । ३५ ॥ इतिविराटपर्वणिनीलकंठीये भारतभावदीपेदुर्गास्तवःषष्ठोऽध्यायः ॥ ६ ॥ ॥ वैदूर्यरूपानकांचनांश्चशारीन् इदंश्वेतरक्तशारीणांशारिफलकस्यचोपलक्षणं अक्षान्पा शांश्चवासमासतिमुच्यबद्ध्वा कक्षेपरिगृह्यआत्मनःदिर्शितसंबंधः १ । २ । ३ नचिरेणशीघ्रमेव ४ विशोवैश्यान् ५ नतुद्विजोऽयंद्विजत्वेपोऽपिराजेत्वभविष्यतीत्यर्थः ६ शरीरलिंगैःआजानुबाहुत्वादिभिः तामरसी पाणी एतेनस्वामिनवशंकादर्शिता ७ द्विजंत्रैवर्णिकत्वात ८ कामचरःत्वदिच्छानुवर्ती ९ प्रीत्याऽऽत्मना प्रीतिमतामनसा कामेनरागेण तातेतिश्रेष्ठत्वात्संबोधयति १० शिल्पंकौशलं किंविषयं

अटव्यांदुर्गकांतारेसागरेगहनेगिरौ ॥ येस्मरिष्यंतिमांराजन्यथाऽहंभवतास्मृता ३२ ननेषांदुर्लभंकिंचिदस्मिँल्लोकेभविष्यति ॥ इदंस्तोत्रवरंभक्त्याशृणुयाद्वापठे तवा ३३ तस्यसर्वाणिकार्याणिसिद्धिंयास्यंतिपांडवाः ॥ मत्प्रसादाच्चवःसर्वान्विराटनगरेस्थितान् ३४ नप्रज्ञास्यंतिकुरवोनरावातन्निवासिनः ॥ इत्युक्त्वावरदादेवी युधिष्ठिरमरिंदमम् ॥ रक्षांकृत्वाचपांडूनांतत्रैवांतरधीयत ॥ ३५ ॥ ॥ इतिश्रीमहाभारतेविराटपर्वणिपांडवप्रवेशपर्वणिदुर्गास्तवेषष्ठोऽध्यायः ॥ ६ ॥ ॥ ॥ वैशंपायनउवाच ॥ ततोविराटंप्रथमंयुधिष्ठिरोराजासभायामुपविष्टमाव्रजत् ॥ वैदूर्यरूपान्प्रतिमुच्यकांचनानक्षान्सकक्षेपरिगृह्यवाससा १ नराधिपोराष्ट्रपतिंयश स्विनंमहायशाःकौरववंशवर्द्धनः ॥ महानुभावोनरराजसत्कृतोदुरासदस्तीक्ष्णविषोयथोरगः २ बलेनरूपेणनरर्षभोमहानपूर्वरूपेणयथामरस्तथा ॥ महाभ्रजालैरिव संवृतोरविर्यथाऽनलोभस्मवृतश्चवीर्यवान् ३ तमापतंतंप्रसमीक्ष्यपांडवंविराटराडिंदुमिवाभ्रसंवृतम् ॥ समागतंपूर्णशशिप्रभाननंमहानुभावंनचिरेणदृष्टवान् ४ मंत्रि द्विजान्सूतमुखान्विशस्तथायेचापिकेचित्परितःसमासते ॥ पप्रच्छकोऽयंप्रथमंसमेयिवान्नृपोपमोऽयंसमवेक्षतेसभाम् ५ नतुद्विजोऽयंभवितानरोत्तमःपतिःपृथि व्याइतिमेमनोगतम् ॥ नचास्यदासोनरथोनकुंजरःसमीपतोभ्राजतिचायमिंद्रवत् ६ शरीरलिंगैरुपसूचितोह्ययंमूर्धाभिषिक्तइतिमेमनोगतम् ॥ समीपमायातिच मेगतव्यथोयथागजस्तामरसींमदोत्कटः ७ वितर्कयंतंतुनरर्षभस्तथायुधिष्ठिरोऽभ्येत्यविराटमब्रवीत् ॥ सम्राड्विजानात्विहजीवनार्थिनंविनष्टसर्वस्वमुपागतंद्विजम् ८ इहाहमिच्छामितवानघांतिकेवस्तुंयथाकामचरस्तथाविभो ॥ तमब्रवीत्स्वागतमित्यनंतरंराजाप्रहृष्टःप्रतिसंगृहाणच ९ तंराजसिंहंप्रतिगृह्यराजाप्रीत्याऽऽत्मनाचैव मिदंबभाषे ॥ कामेनताताभिवदाम्यहंत्वांकस्यासिराज्ञोविषयादिहागतः १० गोत्रंचनामापिचशंसतत्त्वतःकिंचापिशिल्पंतवविद्यतेकृतम् ११ ॥ ॥ युधिष्ठिर उवाच ॥ ॥ युधिष्ठिरस्यासमहंपुरासखावैयाघ्रपद्यःपुनरस्मिविप्रः ॥ अक्षान्प्रयोक्तुंकुशलोऽस्मिदेविनांकंकेतिनाम्नास्मिविराटविश्रुतः १२

तवत्वया कृतंसंपादितम ११ युधिष्ठिरस्येति । लोके पक्षेयुधिष्ठिरोऽहंतवसखास्यासंभूयासमितिसंबंधः असेराशीर्लिङिच्छांदसआर्द्धधातुकत्वाभावःतेनभूभावःअसोरिखलोपाभावश्चनभवतः सलोपा भावोऽपिछांदसः युधिष्ठिरस्याहमहंसखेतिपाठेऽपि युधिष्ठिरोऽहंममसखास्याःभवेतिसंबंधः हमितितुपादपूरणार्थोनिपातः पक्षे अहमहमितिद्विरुक्तिः सार्वभौमोऽपरसेवांचिकीर्षामीतिचिंतयावै चित्त्यमधिका । वैयाघ्रपद्यःव्याघ्रपादोत्रेभवः व्याघ्रइवपततीतिव्याघ्रपाद्यमस्तस्यकुलेजातोवैयाघ्रपद्यः गर्गादित्वायञ् यद्वा वैयाघ्रंव्याघ्रचर्मतेनपरिवृतोरथोऽपिवैयाघ्रः सएवपद्मंपादक्रमणीयं–

वाहनमस्येतिवैयाघ्रपद्यः परिवृतोरथइत्यधिकृत्यद्वैपवैयाघ्रादित्यञ् विप्रःविशेषेणप्रातिपूरयतिब्राह्मणादीनधनादिभिरितिविप्रः धर्मसूनुत्वाद्वाविप्रोऽहं ब्राह्मणइतिपाठेतुब्रह्मविदितिमुख्यएवार्थो ग्रहीतुंशक्यः कंकइतिकृतांतनामेतिप्रागेवोक्तं अक्षान्प्रयोक्तुंकुशलःबृहदश्वशिष्यत्वात् १२ देविनःदेवनशीलाः १३ प्राप्तोविवादइति । द्यूतिनांमध्येइतिशेषः द्यूतकृतांमध्येहीनतःहीनात्पराजितात् यंकंचकमपिप्रथमंराजानंराजपुत्रंवा मुख्यंजयवंतं प्रथमशब्दोऽत्रश्रेष्ठवाची तंप्रतिविवादःप्राप्तोनविद्यतेइतिन सत्यगंधरहितेद्यूतेपराजिताजयवद्भिःसहनित्यंकलहंकुर्वंत्येवेत्यर्थः हेविशांपतेहेमत्स्येत्यादरा र्थाद्विःसंबोधयति यस्मादेवंतस्मात्कश्चनकोऽपिमयाजितोमेमदीयंधनंनधारयेत् अहंकलहाद्भीतस्त्वमेवसत्यंज्ञात्वामदीयंधनंदापयेत्यर्थः १४ तेतव अप्रियमितिच्छेदः यथाऽहंविषयेदेशेप्रभुस्तथाकंकोऽपी तियोजना १५ अंतर्धनदारादीन् बहिःसैन्यारामादीन् पश्येःपर्यालोचय अपावृतंअनावृतं १६ अनुवादेयुः पूर्वंदेहीत्युक्त्वादत्तस्यैवक्षेत्रारामादेः प्रतिवर्षंपुनर्देहीतिराजवचनंयदधिकारिषुप्रतितदनु

विराटउवाच ॥ ददामितेहंतवरंयमिच्छसिप्रशाधिमत्स्यान्वशगोह्यहंतव ॥ प्रियाश्चधूर्तामममदेविनःसदाभवांश्चदेवोपमराज्यमर्हति १३ ॥ युधिष्ठिरउवाच ॥ प्राप्तो विवादःप्रथमंविशांपतेनविद्यतेकंचनमत्स्यहीनतः ॥ नमेजितःकश्चनधारयेद्धनंवरोममैषोऽस्तुतवप्रसादजः १४ ॥ विराटउवाच ॥ हन्यामवश्यंयदितेऽप्रियं चरेत्प्रव्राजयेयंविषयाद्द्विजांस्तथा ॥ शृण्वंतुमेजानपदाःसमागताःकंकोयथाऽहंविषयेप्रभुस्तथा १५ समानयानोभविताऽसिमेसखाप्रभूतवस्त्रोबहुपानभो जनः ॥ पश्येस्त्वमंतश्चबहिश्चसर्वदाकृतंचतेद्वारमपावृतंमया १६ येत्वानुवादेयुरवृत्तिकर्शिताब्रूयाश्चतेषांवचनेनमांसदा ॥ दास्यामिसर्वंतदहंनसंशयोनतेभयं विद्यतिसन्निधौमम १७ ॥ वैशंपायनउवाच ॥ एवंसलब्ध्वातुवरंसमागमंविराटराजेननरर्षभस्तदा ॥ उवासधीरःपरमार्चितःसुखीनचापिकश्चिच्चरितंबुबोधतत् १८ ॥ इतिश्रीमहाभारतेविराटपर्वणिपांडवप्रवेशपर्वणियुधिष्ठिरप्रवेशोनामसप्तमोऽध्यायः ॥ ७ ॥ ॥ वैशंपायनउवाच ॥ अथापरोभीमबलःश्रियाज्वलन्नुपाययौ सिंहविलासविक्रमः ॥ खजांचदर्वींचकरेणधारयन्नसिंचकालांगमकोशमव्रणम् १ ससूदरूपःपरमेणवर्चसारविर्यथालोकमिमंप्रकाशयन् ॥ सकृष्णवासागिरिरा जसारवांस्तंमत्स्यराजंसमुपेत्यतस्थिवान् २ तंप्रेक्ष्यराजारमयन्नुपागतंततोऽब्रवीज्जानपदान्समागतान् ॥ सिंहोन्नतांसोऽयमतीवरूपवान्प्रदृश्यतेकोनुवरर्षभोयुवा ३ अदृष्टपूर्वःपुरुषोरविर्यथावितर्कयन्नास्यलभामिनिश्चयम् ॥ तथाऽस्यचित्तंह्यपिसंवितर्कयन्नरर्षभस्यास्यनयामितत्त्वतः ४ दृष्ट्वैवचैनंतुविचारयाम्यहंगंधर्वराजो यदिवापुरंदरः ॥ जानीतकोऽयंममदर्शनेस्थितोयदीप्सितंतल्लभतांचमाचिरम् ५

वादस्तन्निमित्तंयेत्वांप्रतिअयुःप्राप्नुयुस्तेषांवचनेनसदाऽनवसरेपिमांब्रूयाः क्षणमपिब्राह्मणवृत्तेःप्रतिबंधोमाभूदित्याशयः १७ वरंश्रेष्ठं समागमंप्रीतिं १८ ॥ इतिश्रीमहाभारतेविराटपर्वणिनीलकंठीयेभा रतभावदीपेसप्तमोऽध्यायः ॥ ७ ॥ खजांमंथनदंडं अंगारावक्षेपणंवा हस्ताकारंपिष्टविकारप्रमथनार्थंवादंडं 'खजामंथप्रहस्तयोः' इतिविश्वः दर्वींशाकादिपरिवेषणार्थां असिमासाद्यवकर्त्तनार्थं खड्गं कालांगंकृष्णायासमयंतीक्ष्णमित्यर्थः अकोशंपिधानहीनम् १ गिरिराजसारःमहामेरुवत्कठिनदेहः यद्वागिरिराजसारोलोहं तेनतद्विकाररूपंपात्रजातंलक्ष्यते भक्ष्यद्रव्यपाकार्थंस्नेहपाकार्थंवातद्वान् २ । ३ तत्त्वतःतत्त्वंनयामिनप्राप्नोमि ४ । ५

अवदत उक्तवान् अच्युतोधर्मः फलमदत्वानच्यवतइतियोगाचस्यानुजं ६ सूदः पाककर्त्ता बल्लवोनामतः ७ । ८ । ९ । १० तवकर्म नचैवसममन्ये इतरकर्मणेतिशेषः अतिमानुषंकर्मभवदसीत्यर्थः ११ १२ । १३ ॥ इतिविराटपर्वणि नीलकंठीयेभारतभावदीपेऽष्टमोऽध्यायः ॥ ८ ॥ ॥ वेल्लिताग्रान् आकुंचिताग्रान् समुत्क्षिप्य वेणीकृत्य १ जुगूहेगोपितवती २ । ३ । ४ युयुक्षतियोजयितुमिच्छति पुपूषतीतिपाठेपोषयितुमिच्छति ५ । ६ । ७ । ८ नैवंरूपात्वमसि किंतुदासान्दासीश्चप्रेषयंतीव बहूनांस्त्रीणांस्वामिन्यसीत्यर्थः ९ नोच्चौनत्वहिर्निर्गतौ गूढावित्यर्थः नोच्चौगुल्फौपादग्रंथीयस्याःसा तथात्रिगंभीरा

विराटवाक्येनचतेनचोदितानराविराटस्यसुशीघ्रगामिनः ॥ उपेत्यकौंतेयमथाब्रुवंस्तदायथासराजाऽवदताच्युतानुजम् ६ ततोविराटंसमुपेत्यपांडवस्त्वदीनरूपं वचनंमहामनाः ॥ उवाचसूदोऽस्मिनरेंद्रबल्लवोभजस्वमांव्यंजनकारमुत्तमम् ७ ॥ विराटउवाच ॥ नसूदतांबल्लवश्रद्दधामितेसहस्रनेत्रप्रतिमोविराजसे ॥ श्रियाचरूपेणचविक्रमेणचप्रभाससेत्वंनृवरोनरेष्विव ८ ॥ भीमउवाच ॥ नरेंद्रसूदःपरिचारकोऽस्मितेजानामिसूपान्प्रथमंचकेवलान् ॥ आस्वादितायेनृपतेपुराऽभवन्युधिष्ठिरेणापिनृपेणसर्वशः ९ बलेनतुल्यश्चनविद्यतेमयानियुद्धशीलश्चसदैवपार्थिव ॥ गजैश्चसिंहैश्चसमेयिवानहंसदाकरिष्यामितवानवप्रियम् ॥ १० ॥ विराटउवाच ॥ ददामितेहंतवरान्महानसेतथाचकुर्याःकुशलंप्रभाषसे ॥ नचैवमन्येतवकर्मयत्समंसमुद्रनेमिंपृथिवींत्वमर्हसि ११ यथाहिकामोभवतस्तथाकृतंमहानसेत्वंभवमेपुरस्कृतः ॥ नराश्चयेतत्रसमाहिताःपुराभवांश्चतेषामधिपोमयाकृतः १२ ॥ वैशंपायनउवाच ॥ तथासभीमोविहितोमहानसेविराटराज्ञोदयितोऽभवद्दृढम् ॥ उवासराज्येनचतंपृथग्जनोबुबोधतत्रानुचराश्चकेचन १३ ॥ इतिश्रीमहाभारतेविराटपर्वणिपांडवप्रवेशपर्वणिभीमप्रवेशेअष्टमोऽध्यायः ॥ ८ ॥ ॥ वैशंपायनउवाच ॥ ततःकेशान्समुत्क्षिप्यवेल्लिताग्राननिंदितान् ॥ कृष्णान्सूक्ष्मान्मृदून्दीर्घान्समुद्ग्रथ्यशुचिस्मिता १ जुगूहेदक्षिणेपार्श्वेमृदूनसितलोचना ॥ वासश्चपरिधायैकंकृष्णासुमलिनंमहत् २ कृत्वावेषंचसैरंध्र्यास्ततोव्यचरदार्त्तवत् ॥ तांनराःपरिधावंतींस्त्रियश्चसमुपाद्रवन् ३ अपृच्छंश्चैवतांदृष्ट्वाकात्वंकिंचचिकीर्षसि ॥ सातानुवाचराजेंद्रसैरंध्र्यहमिहागता ४ कर्मचेच्छामिवैकर्तुंतस्ययोमांयुयुक्षति ॥ तस्यारूपेणवेषेणश्लक्ष्णयाचतथागिरा ॥ नश्रद्दधततांदासीमन्नहेतोरुपस्थिताम् ५ विराटस्यतुकैकेयीभार्यापरमसंमता ॥ आलोकयंतीददृशेप्रासादाद्द्रुपदात्मजाम् ६ सासमीक्ष्यतथारूपामनाथामेकवाससम् ॥ समाहूयाब्रवीद्भद्रेकात्वंकिंचचिकीर्षसि ७ सतामुवाचराजेंद्रसैरंध्र्यहमुपागता ॥ कर्मचेच्छाम्यहंकर्तुंतस्ययोमांयुयुक्षति ८ ॥ सुदेष्णोवाच ॥ नैवंरूपाभवंत्येवयथावदसिभामिनि ॥ प्रेषयंतीववैदासीर्दासांश्चविविधान्बहून् ९ नोच्चगुल्फासंहतोरुस्त्रिगंभीराषडुन्नता ॥ रक्तापंचसुरक्तेषुहंसगद्गदभाषिणी १० सुकेशीसुस्तनीश्यामापीनश्रोणिपयोधरा ॥ तेनतेनैवसंपन्नाकाश्मीरीवतुरंगमी ११

त्रिपुशब्दबुद्धिनाभीषुगहना षडुन्नता पदसुनासिकाक्षिद्वयश्रोत्रनखस्तनकृकाटिकाम्रुउच्चाना पंचसुस्थानेषु पादपाणितलनेत्रांतोष्ठजिव्हानखेषु एतान्येवसंज्ञयापंचरक्तानितेषुरक्ता हंसवत्गद्गदं किंचिल्लुप्ताक्षरंमधुरंवाभाषते साहंसगद्गदभाषिणी १० तेनतेनलक्षणेनमंदगतित्वादिना ११

अरालेत्रक्रेकृष्णेवापक्ष्मणीययोस्तादृशेनयनेयस्याःसा तथाकंबुग्रीवा शंखवद्रेखात्रयांकितग्रीवा गूढशिरागुप्तनाडिका १२ । १३ । १४ । १५ । १६ सैरंध्रीभुजिष्यापदेभाक्प्रार्थेन्याख्याते १७ कर्तुं संस्कर्तुम् १८ । १९कृष्णांचभार्यापांडूनामितिस्वात्मना स्वस्याराधनंसंभवतीतिनेयंमृषोक्तिः २० । २१ राजात्वांचेद्यदिच्छतितदात्वांमूर्ध्निवासये परंतुराजात्वांसर्वेणचेतसागच्छेत्स्पृहयेदेवेतिशंके २२ त्वंस्त्रीणामपिमोहकरीकिमुतपुंसामित्याह स्त्रियइति २३ वृक्षानिति । वृक्षाअपित्वांदृष्ट्वास्तब्धाःसंतीत्यर्थः २४ । २५ प्रसक्तंआसक्तियुक्तंयथास्यात्तथा २६ एवमनेनैवस्त्रीवृक्षादिस्तब्धीभावचिन्हेन २७ । २८ कर्कटीपद

अरालपक्ष्मनयनाबिंबोष्ठीतनुमध्यमा ॥ कंबुग्रीवागूढशिरापूर्णचंद्रनिभानना १२ शारदोत्पलपत्राक्ष्याशारदोत्पलगंधया ॥ शारदोत्पलसेविन्यारूपेणसदृशीश्रिया १३ कात्वंब्रूहियथाभद्रेनासिदासीकथंचन ॥ यक्षीवायदिवादेवीगंधर्वीयदिवाऽप्सराः १४ देवकन्याभुजंगीवानगरस्याथदेवता ॥ विद्याधरीकिन्नरीवायदिवारोहिणीस्वयम् १५ अलंबुषामिश्रकेशीपुंडरीकाऽथमालिनी ॥ इंद्राणीवारुणीवात्वंत्वष्टुर्धातुःप्रजापतेः ॥ देव्योदेवेषुविख्यातास्तासांत्वंकतमाशुभे १६ ॥ द्रौपद्युवाच ॥ नास्मिदेवीनगंधर्वीनासुरीनचराक्षसी ॥ सैरंध्रीतुभुजिष्याऽस्मिसत्यमेतद्ब्रवीमिते १७ केशान्जानाम्यहंकर्तुंपिंषेसाधुविलेपनम् ॥ मल्लिकोत्पलपद्मानांचंपकानांतथाशुभे १८ ग्रथयिष्येविचित्राश्चस्रजःपरमशोभनाः ॥ आराधयंसत्यभामांकृष्णस्यमहिषींप्रियाम् १९ कृष्णांचभार्यांपांडूनांकुरूणामेकसुंदरीम् ॥ तत्रतत्रचराम्येवंलभमानासुभोजनम् २० वासांसियावंतिलभेतावत्तावद्रमेतथा ॥ मालिनीत्येवमेनामस्वयंदेवीचकारसा ॥ साऽहमद्यागतादेविसुदेष्णेत्वन्निवेशनम् २१ ॥ सुदेष्णोवाच ॥ मूर्ध्नित्वांवासयेयंवैसंशयोमेनविद्यते ॥ नचेदिच्छतिराजात्वांगच्छेत्सर्वेणचेतसा २२ स्त्रियोराजकुलेयाश्चयाश्चेमाममवेश्मनि ॥ प्रसक्तास्त्वांनिरीक्षंतेपुमांसंकंनमोहयेः २३ वृक्षांश्चावस्थितान्पश्ययइमेममवेश्मनि ॥ तेऽपित्वांसन्नमंतीवपुमांसंकंनमोहयेः २४ राजाविराटःसुश्रोणिदृष्ट्वावपुरमानुषम् ॥ विहायमांवरारोहेगच्छेत्सर्वेणचेतसा २५ यंहित्वमनवद्यांगितरलायतलोचने ॥ प्रसक्तमभिवीक्षेथाःसकामवशगोभवेत् २६ यश्चत्वांसततंपश्येत्पुरुषश्चारुहासिनि ॥ एवंसर्वानवद्यांगिसचानंगवशोभवेत् २७ अध्यारोहेद्यथावृक्षान्वधायैवात्मनोनरः ॥ राजवेश्मनितेसुभ्रुगृहेतुस्यात्तथामम २८ यथाचकर्कटीगर्भमाधत्तेमृत्युमात्मनः ॥ तथाविधमहंमन्येवासंतवशुचिस्मिते २९ ॥ ॥ द्रौपद्युवाच ॥ ॥ नास्मिलभ्याविराटेननचान्येनकदाचन ॥ गंधर्वाःपतयोमह्यंयुवानःपंचभामिनि ३० पुत्रागंधर्वराजस्यमहासत्वस्यकस्यचित् ॥ रक्षंतितेचमांनित्यंदुःखाचारातथाह्यहम् ३१ योमेनदद्यादुच्छिष्टंनचपादौप्रधावयेत् ॥ प्रीणेरंस्तेनवासेनगंधर्वाःपतयोमम ३२

पादवान्जंतुः २९ मह्यंमम गंधर्वाइतिदेवतांशजत्वादमानुषत्वमात्रंविवक्षितं अतिमानुषकर्माणइत्यर्थः ३० गंधर्वतुल्योराजागंधर्वराजःपांडुस्तस्येतिगूढोऽभिसंधिः दुःखादुःखवतीतिदुःखदाचाहं परपत्नीत्वात् आरासिंहीव सिंहीपरैरनाक्रमणीया 'आरःपुंसितरोर्भेदेतथाकर्कटदंष्ट्रिणोः' इतिमेदिनी आरशब्दाददंतत्वात्स्त्रियांटाप् स्वयमेवतीक्ष्णव्रताऽस्मीतिभावः दुःखाचारेति । क्लेशकालोऽयंकिंयान्ममास्तीतिदर्शयति ३१ । ३२

परांतनुंप्रविश्येत्यनेनपरलोकंगच्छेदेवेत्युक्तम् ३३ तेऽपिदुःखशीलाः केनचिन्निमित्तेनदुःखंसहंतीत्यर्थः बलवंतश्चतेप्रियाश्च ३४ हेनंदिनिसुखदे ३५ । ३६ । ३७ ॥ ॥ इतिविराटपर्वणिनीलकंठीये भारतभावदीपेनवमोऽध्यायः ॥ ९ ॥ ॥ उपयातउपायात् १ । २ । ३ । ४ वेशोरूपांतरप्रकाशनंकर्मयस्यसवैश्यः अरिष्टनेमिःअप्रतिहतचक्रोऽस्मीतिगूढोऽभिसंधिः कुरुपुंगवानांपांडवानांमध्येगो

योहिमांपुरुषोगृद्ध्येद्यथाऽन्याःप्राकृताःस्त्रियः ॥ तामेवनिवसेद्रात्रिंप्रविश्यचपरांतनुम् ३३ नचाऽप्यहंचालयितुंशक्याकेनचिदंगने ॥ दुःखशीलाहिगंधर्वास्तेचमे बलवत्प्रियाः ३४ प्रच्छन्नाश्चापिरक्षंतितेमांनित्यंशुचिस्मिते ॥ सुदेष्णोवाच ॥ एवंत्वांवासयिष्यामियथात्वंनंदिनीच्छसि ३५ नचपादौनचोच्छिष्टंस्प्रक्ष्यसित्वंकथंचन ॥ ॥ वैशंपायनउवाच ॥ ॥ एवंकृष्णाविराटस्यभार्ययापरिसांत्विता ३६ उवासनगरेतस्मिन्पतिधर्मवतीसती ॥ नचैनांवेदतत्रान्यस्तत्त्वेनजनमेजय ३७ ॥ इतिश्रीमहाभारतेविराटपर्वणिपांडवप्रवेशपर्वणिद्रौपदीप्रवेशेनवमोऽध्यायः ॥ ९ ॥ ॥ वैशंपायनउवाच ॥ सहदेवोऽपिगोपानांकृत्वावेषमनुत्तमम् ॥ भाषांचैषांसमास्थायविराटमुपयादथ १ गोष्ठमासाद्यतिष्ठंतंभवनस्यसमीपतः ॥ राजाऽथदृष्ट्वापुरुषान्प्राहिणोज्जातविस्मयः २ तमायांतमभिप्रेक्ष्यभ्राजमानंनरर्षभम् ॥ समुपस्थायवैराजापप्रच्छकुरुनंदनम् ३ कस्यवात्वंकुतोवात्वंकिंवात्वंतुचिकीर्षसि ॥ नहिमेदृष्टपूर्वस्त्वंतत्त्वंब्रूहिनरर्षभ ४ संप्राप्यराजानममित्रतापनंततोऽब्रवीन्मेघमहौघनिःस्वनः ॥ वैश्योऽस्मिनाम्नाऽहमरिष्टनेमिर्गोसंख्यआसंकुरुपुंगवानाम् ५ वस्तुंत्वयीच्छामिविशांवरिष्ठतान्राजसिंहान्नहिवेद्मिपार्थान् ॥ नशक्यतेजीवितुमप्यकर्मणानचत्वदन्योममरोचतेनृपः ६ ॥ विराटउवाच ॥ त्वंब्राह्मणोयदिवाक्षत्रियोऽसिसमुद्रनेमीश्वररूपवानसि ॥ आचक्ष्वमेतत्त्वममित्रकर्शननवैश्यकर्मत्वयिविद्यतेक्षमम् ७ कस्यासिराज्ञोविषयादिहागतःकिंवाऽपिशिल्पंतवविद्यतेकृतम् ॥ कथंत्वमस्मासुनिवत्स्यसेसदावदस्वकिंचापितवेहवेतनम् ८ ॥ सहदेवउवाच ॥ पंचानांपांडुपुत्राणांज्येष्ठोभ्रातायुधिष्ठिरः ॥ तस्याष्टशतसाहस्रागवांवर्गाःशतंशतम् ९ अपरेशतसाहस्राद्विस्तावंतस्तथाऽपरे ॥ तेषांगोसंख्यआसंवैतंतिपालेतिमांविदुः १० भूतंभव्यंभविष्यंचयच्चसंख्यागतंगवाम् ॥ नमेऽस्त्यविदितंकिंचित्समंताद्दशयोजनम् ११ गुणाःसुविदितात्यासन्ममतस्यमहात्मनः ॥ आसीच्चसमयादृष्टःकुरुराजोयुधिष्ठिरः १२ क्षिप्रंचगावोबहुलाभवंतिनतासुरोगोभवतीहकश्चन ॥ तैस्तैरुपायैर्विदितंममैतदेतानिशिल्पानिमयिस्थितानि १३ वृषभांश्चापिजानामिराजन्पूजितलक्षणान् ॥ येषांमूत्रमुपाघ्रायअपिवंध्याप्रसूयते १४ ॥ विराटउवाच ॥ शतंसहस्राणिसमाहितानिसवर्णवर्णस्यविमिश्रितान्गुणैः ॥ पशून्सपालान्भवतेददाम्यहंत्वदाश्रयामेपशवोभवंत्विह १५

संख्यः गोइतिइंद्रियवाचित्वात्पंचानांसंख्यायस्यसगोसंख्यः पंचसंख्यः पंचमइत्यर्थः ५ तान्राजसिंहान् वर्त्तमानकाले राजमूर्धस्थानन्नवेद्मिनोपलभे स्वर्गीध्वस्तइतिवद्विशेषणादर्शनाद्विशिष्टादर्शनमुक्तमित्यदोषः ६ । ७ । ८ । ९ गोसंख्योगवांपरीक्षकः तंतिपालःवचनकरः १० संख्यागतंपरीक्षायामवगतम् ११ । १२ । १३ । १४ समानोवर्णोयेषांतेसवर्णाः वर्णस्यवर्णेनविमिश्रिताश्चपाटलादयः विभक्त्यलोपआर्षः सवर्णाश्चवर्णविमिश्रिताश्चतांस्तत्तद्गुणैरुपलक्षितान् १५

राज्ञोराज्यकर्तुः विशांपतेःप्रजापालकस्य भरणंवेतनम् १६ ॥ इतिविराटपर्वणिनीलकंठीये भारतभावदीपेदशमोऽध्यायः ॥ १० ॥ अदृश्यतदृष्टः रूपसंपदाउपलक्षितः प्राकारवप्रेस्थितैःतत्समीपेवास्थितोऽ
दृश्यतदृष्टः प्रतिमुच्यपरिधाय दीर्घेकुंडलेताटंके कंबूनांशंखानामुपरिकंबुपरिहाटकेकनकमयेवलयेचपरिमुच्य १ दीर्घान्मूर्धजान्बाहूचप्रविकीर्यप्रसार्य २ । ३ । ४ । ५ । ६ परिहारकामः अमात्येषुराज्य

॥ वैशंपायनउवाच ॥ तथासराज्ञोविदितोविशांपतेरुवासतत्रैवसुखंनरोत्तमः ॥ नचैनमन्येऽपिविदुःकथंचनप्रादाच्चतस्मैभरणंयथेप्सितम् १६ ॥ इतिश्रीमहाभारते
विराटपर्वणिपांडवप्रवेशपर्वणिसहदेवप्रवेशेदशमोऽध्यायः ॥ १० ॥ वैशंपायनउवाच ॥ अथापरोऽदृश्यतरूपसंपदास्त्रीणामलंकारधरोबृहत्पुमान् ॥ प्राकारवप्रेप्रति
मुच्यकुंडलेदीर्घेचकंबूपरिहाटकेशुभे १ बाहूचदीर्घान्प्रविकीर्यमूर्धजान्महाभुजोवारणतुल्यविक्रमः ॥ गतेनभूमिंप्रतिकंपयंस्तदाविराटमासाद्यसभासमीपतः २ तंप्रे
क्ष्यराजोपगतंसभातलेव्याजात्प्रतिच्छन्नमरिप्रमाथिनम् ॥ विराजमानंपरमेणवर्चसासुतंमहेंद्रस्यगजेंद्रविक्रमम् ३ सर्वानपृच्छच्चसमनुचारिणःकुतोऽयमायातिपुरा
नमेश्रुतः ॥ नचैनमूचुर्विदितंतदानराःसविस्मयंवाक्यमिदंनृपोऽब्रवीत् ४ सत्वोपपन्नःपुरुषोऽमरोपमःश्यामोयुवावारणयूथपोपमः ॥ आमुच्यकंबूपरिहाटकेशुभे
विमुच्यवेणीमपिनह्यकुंडले ५ स्रग्वीसुकेशःपरिधायचान्यथाशुशोभधन्वीकवचीशरीयथा ॥ आरुह्ययानंपरिधावतांभवान्सुतैःसमोमेभववामयासमः ६ वृद्धोह्यहंवै
परिहारकामःसर्वान्मत्स्यांस्तरसापालयस्व ॥ नैवंविधाःक्लीबरूपाभवंतिकथंचनेतिप्रतिभातिमेमनः ७ ॥ अर्जुनउवाच ॥ गायामिनृत्याम्यथवादयामिभद्रोऽस्मि
नृत्येकुशलोऽस्मिगीते ॥ त्वमुत्तरायैप्रदिशस्वमांस्वयंभवामिदेव्यानरदेवनर्तकः ८ इदंतुरूपंममयेनकिंतवप्रकीर्तयित्वाभृशशोकवर्द्धनम् ॥ बृहन्नलांमांनरदेवविद्धिसुतं
सुतांवापितृमातृवर्जिताम् ९ ॥ विराटउवाच ॥ ददामितेहंतवरंबृहन्नलेसुतांचमेनर्तययाश्चतादृशीः ॥ इदंतुतेकर्मसमंनमेमतंसमुद्रनेमिंपृथिवींत्वमर्हसि १०
॥ वैशंपायनउवाच ॥ बृहन्नलांतामभिवीक्ष्यमत्स्यराट्कलासुनृत्येषुतथैववादिते ॥ संमंत्र्यराजाविविधैःस्वमंत्रिभिःपरीक्ष्यचैनंप्रमदाभिराशुवै ११ अपुंस्त्वमप्यस्य
निशम्यचास्थिरंततःकुमारीपुरमुत्ससर्जतम् ॥ सशिक्षयामासचगीतवादितंसुतांविराटस्यधनंजयःप्रभुः १२ सखीश्चतस्याःपरिचारिकास्तथाप्रियश्चतासांसबभूवपांडवः
१३ तथाससत्रेणधनंजयोवसन्प्रियाणिकुर्वन्सहताभिरात्मवान् ॥ तथाचतंतत्रनजज्ञिरेजनाबहिश्चरावाऽप्यथचांतरेचराः १४ ॥ इतिश्रीमहाभारतेविराटपर्वणिपांडव
प्रवेशपर्वणिअर्जुनप्रवेशोनामएकादशोऽध्यायः ॥ ११ ॥ वैशंपायनउवाच ॥ अथापरोऽदृश्यतपांडवःप्रभुर्विराटराजंतरसासमेयिवान् ॥ तमापतंतंददृशेपृथग्जनो
विमुक्तमभ्रादिवसूर्यमंडलम् १ सवैहयानैक्षततांस्ततस्ततःसमीक्षमाणंसददर्शमत्स्यराट् ॥ ततोऽब्रवीत्ताननुगान्नरेश्वरःकुतोऽयमायातिनरोऽमरोपमः २

भारंन्यस्तुकामः ७ देव्याउत्तरायाः ८ येनहेतुनाइदंरूपंममजातंतत्कीर्तनं तवनिकटेव्यर्थंदुःखकरंचेत्यर्थः ९ तेसमंत्वदाकृत्यायुक्तंनइतिमेममतम् १० । ११ अपुंस्त्वंक्लीबत्वं निशम्यआलोच्य १२ । १३
सत्रेणकैतवेन ' सत्रमाच्छादनेयज्ञेसदादानेचकैतवे ' इतिविश्वः नजज्ञिरेनज्ञातवंतः १४ ॥ ॥ इतिविराटपर्वणिनीलकंठीये भारतभावदीपे एकादशोऽध्यायः ॥ ११ ॥ ॥ ॥ ॥ १ । २

१ । ४ । ५ । ६ प्रकृतिंजातिं विनयंशिक्षां प्रतिपत्तिंदोषनिराकरणप्रकारं चिकित्सितंव्याध्युपशमोपायम् ७ कातरंभीरु वडवाअश्वा अतएवग्रंथिकमश्वशास्त्रज्ञम् ८ । ९ । १० । ११

स्वयंहयानीक्षतिमामकान्दृढंध्रुवंहयज्ञोभविताविचक्षणः ॥ प्रवेश्यतामेषसमीपमाशुमेविभातिवीरोहियथाऽमरस्तथा ३ अभ्येत्यराजानममित्रहाऽब्रवीज्जयोऽस्तुतेपार्थिवभद्रमस्तुवः ॥ हयेषुयुक्तोनृपसंमतःसदातवाश्वसूतोनिपुणोभवाम्यहम् ४ ॥ विराटउवाच ॥ ददामियानानिधनंनिवेशनंममाश्वसूतोभवितुंत्वमर्हसि ॥ कुतोऽसिकस्यासिकथंत्वमागतःप्रब्रूहिशिल्पंतवविद्यतेचयत् ५ ॥ नकुलउवाच ॥ पंचानांपांडुपुत्राणांज्येष्ठोभ्रातायुधिष्ठिरः ॥ तेनाहमश्वेषुपुरानियुक्तःशत्रुकर्शन ६ अश्वानांप्रकृतिंवेद्मिविनयंचापिसर्वशः ॥ दुष्टानांप्रतिपत्तिंचकृत्स्नंचैवचिकित्सितम् ७ नकातरंस्यान्ममजातुवाहनंनमेऽस्तिदुष्टावडवाकुतोहयाः ॥ जनस्तुमामाहसचापिपांडवोयुधिष्ठिरोग्रंथिकमेवनामतः ८ ॥ विराटउवाच ॥ यदस्तिकिंचिन्ममवाजिवाहनंतदस्तुसर्वंत्वदधीनमद्यवै ॥ येचापिकेचिन्ममवाजियोजकास्त्वदाश्रयाःसारथयश्चसंतुमे ९ इदंतवेष्टंयदिवैसुरोपमब्रवीहियत्तेप्रसमीक्षितंवसु ॥ नतेऽनुरूपंहयकर्मविद्यतेप्रभासिराजेवहिसंमतोमम १० युधिष्ठिरस्येवहिदर्शनेनमेसमंतवेदंप्रियमत्रदर्शनं ॥ कथंतुभृत्यैःसविनाकृतोवनेवसत्यनिंद्योरमतेचपांडवः ११ ॥ वैशंपायनउवाच ॥ तथासगंधर्ववरोपमोयुवाविराटराज्ञामुदितेनपूजितः ॥ नचैनमन्येऽपिविदुःकथंचनप्रियाभिरामंविचरंतमंतरा १२ एवंहिमत्स्येन्यवसंतपांडवायथाप्रतिज्ञाभिरमोघदर्शनाः ॥ अज्ञातचर्यांव्यचरन्समाहिताःसमुद्रनेमीपतयोऽतिदुःखिताः १३ ॥ इतिश्रीमहाभारतेविराटपर्वणिपांडवप्रवेशपर्वणिनकुलप्रवेशेद्वादशोऽध्यायः ॥ १२ ॥ ॥ समाप्तंचेदंप्रवेशपर्व ॥ अथसमयपालनपर्व ॥ ॥

॥ जनमेजयउवाच ॥ एवंतेमत्स्यनगरेप्रच्छन्नाःकुरुनंदनाः ॥ अतऊर्ध्वंमहावीर्याःकिमकुर्वतवैद्विज १ ॥ वैशंपायनउवाच ॥ एवंमत्स्यस्यनगरेप्रच्छन्नाःकुरुनंदनाः ॥ आराधयंतोराजानंयदकुर्वततच्छृणु २ तृणबिंदुप्रसादाच्चधर्मस्यचमहात्मनः ॥ अज्ञातवासमेवंतुविराटनगरेऽवसन् ३ युधिष्ठिरःसभास्तारोमत्स्यानामभवत्प्रियः ॥ तथैवचविराटस्यसपुत्रस्यविशांपते ४ सह्याक्षहृदयज्ञस्तान्क्रीडयामासपांडवः ॥ अक्षवत्यांयथाकामंसूत्रबद्धानिवद्विजान् ५ अज्ञातंचविराटस्यविजित्यवसुधर्मराट् ॥ भ्रातृभ्यःपुरुषव्याघ्रोयथार्हंसंप्रयच्छति ६ भीमसेनोऽपिमांसानिभक्ष्याणिविविधानिच ॥ अतिसृष्टानिमत्स्येनविक्रीणीतेयुधिष्ठिरे ७ वासांसिपरिजीर्णानिलब्धान्यंतःपुरेऽर्जुनः ॥ विक्रीणानश्चसर्वेभ्यःपांडवेभ्यःप्रयच्छति ८ सहदेवोऽपिगोपानांवेषमास्थायपांडवः ॥ दधिक्षीरंघृतंचैवपांडवेभ्यःप्रयच्छति ९ नकुलोऽपिधनंलब्ध्वाकृतेकर्मणिवाजिनाम् ॥ तुष्टेतस्मिन्नरपतौपांडवेभ्यःप्रयच्छति १०

१२ । १३ ॥ इतिश्रीम० विराटपर्वणिनीलकंठीयेभारतभावदीपे नकुलप्रवेशोनामद्वादशोऽध्यायः ॥ १२ ॥ एवमिति १ । २ । ३ । ४ । ५ । ६ । ७ । ९ । १०

११ संपादयंतोऽन्योन्यमाराधयंतः गर्भधृताइवप्रच्छन्नत्वेनसेवाश्रमेणचदुःखिताइत्यर्थः १२ । १३ ब्रह्मणउत्सवःशरदिनवधान्योत्पत्तौसर्वैःक्रियतेसचदेशविशेषेप्रसिद्धः १४ यथाब्रह्मणःसमाजेब्रह्म
लोके कैलासेवापशुपतेःसमाजेइव मत्स्येषुसमापेतुरितिसंबंधः १५ । १६ स्ववदाताःअत्यंतनिर्मलाः मनस्विनःप्रीतमनसः लब्धलक्षाःप्राप्तविजयाः १७ । १८ सूदेनभीमेन १९ दुःखेनैव पारतंत्र्यात
प्राकट्यभयाद्वादुःखं नतुभंगभयात् विवृतेप्रकाशे २० । २१ कक्षांपरिकरं कच्छामितिपाठेऽपिसएवार्थः यद्वाकक्षांरज्जुं रज्ज्वापाटनभयान्मल्लैरंगुल्योबध्यंतइतिप्रसिद्धेरंगुलीर्बद्ध्वेत्यर्थः २२ । २३
२४ । २५ । २६ कृतंक्वचिद्देशेनिपीडनं प्रतिकृतंतस्यमोचनं सुसंकटैःमुष्टिग्रहणेनकृशीकृतैः संकटकैरितिपाठेसकवचैःसकिणैर्वा 'कंटकोबाहुचरणकृतचेकठिनेकिणे' इतिविश्वः संनिपातोऽ
गसंघट्टनं अवधूतंतेनैवदूरीकरणं प्रमाथादयउक्तामल्लशास्त्रे 'निपात्यपेषणंभूमौप्रमाथइतिकथ्यते । यत्तूत्थायांगमथनंतदुन्मथनमुच्यते' २७ 'क्षेपणंकथ्यतेयत्तुस्थानात्प्रच्यावनंहठात् ।

कृष्णातुसर्वान्भर्तृंस्तान्निरीक्षंतीतपस्विनी ॥ यथापुनरविज्ञातातथाचरतिभामिनी ११ एवंसंपादयंतस्तेतदाऽन्योन्यंमहारथाः ॥ विराटनगरेचेरुःपुनर्गर्भधृता
इव १२ साशंकाधार्तराष्ट्रस्यभयात्पांडुसुतास्तदा ॥ प्रेक्षमाणास्तदाकृष्णामूषुश्छन्नानराधिप १३ अथमासेचतुर्थेतुब्रह्मणःसुमहोत्सवः ॥ आसीत्समृद्धोमत्स्येषु
पुरुषाणांसुसंमतः १४ तत्रमल्लाःसमापेतुर्दिग्भ्योराजन्सहस्रशः ॥ समाजेब्रह्मणोराजन्यथापशुपतेरिव १५ महाकायामहावीर्याःकालखंजाइवासुराः ॥ वीर्यो
न्मत्ताबलोदग्राराज्ञासमभिपूजिताः १६ सिंहस्कंधकटिग्रीवाःस्ववदातामनस्विनः ॥ असकृल्लब्धलक्षास्तेरंगेपार्थिवसन्निधौ १७ तेषामेकोमहानासीत्सर्वमल्लानथाह्व
यत् ॥ आवल्गमानंतंरंगेनोपतिष्ठतिकश्चन १८ यदासर्वेविमनसस्तेमल्लाहतचेतसः ॥ अथसूदेनतंमल्लंयोधयामासमत्स्यराट् १९ नोद्यमानस्तदाभीमोदुःखेनै
वाकरोन्मतिम् ॥ नहिशक्नोतिविवृतेप्रत्याख्यातुंनराधिपम् २० ततःसपुरुषव्याघ्रःशार्दूलशिथिलश्चरन् ॥ प्रविवेशमहारंगंविराटमभिपूजयन् २१ बबंधकक्षांकौं
तेयस्ततःसंहर्षयन्जनम् ॥ ततस्तुवृत्रसंकाशंभीमोमल्लंसमाह्वयत् २२ जीमूतंनामतंतत्रमल्लंप्रख्यातविक्रमम् ॥ तावुभौसुमहोत्साहावुभौभीमपराक्रमौ २३ मत्ता
विवमहाकायौवारणौषष्टिहायनौ ॥ ततस्तौनरशार्दूलौबाहुयुद्धंसमीयतुः २४ वीरौपरमसंहृष्टावन्योन्यजयकांक्षिणौ ॥ आसीत्सुभीमःसंपातोवज्रपर्वतयोरिव ॥
२५ उभौपरमसंहृष्टौबलेनातिबलावुभौ ॥ अन्योन्यस्यांतरंप्रेप्सूपरस्परजयैषिणौ २६ उभौपरमसंहृष्टौमत्ताविवमहागजौ ॥ कृतप्रतिकृतैश्चित्रैर्बाहुभिश्चसुसंकटैः ॥
सन्निपातावधूतैश्चप्रमाथोन्मथनैस्तथा २७ क्षेपणैर्मुष्टिभिश्चैववराहोद्धूतनिःस्वनैः ॥ तलैर्वज्रनिपातैश्चप्रसृष्टाभिस्तथैवच २८ शलाकानखपातैश्चपादोद्धूतैश्चदा
रुणैः ॥ जानुभिश्चाश्मनिर्घोषैःशिरोभिश्चाववट्टनैः २९ तद्युद्धमभवद्घोरमशस्त्रंबाहुतेजसा ॥ बलप्राणेनशूराणांसमाजोत्सवसन्निधौ ३० अरज्यतजनःसर्वःसो
त्कुष्टनिनदोत्थितः ॥ बलिनोःसंयुगेराजन्वृत्रवासवयोरिव ३१

उभयोर्भुजयोर्मुष्टिरुरोमध्येनिपात्यते । मुष्टिरित्युच्यतेतज्ज्ञैर्मल्लविद्याविशारदैः । अत्राङ्मुखंस्कंधगतंभ्रामयित्वानथैवयः । क्षिप्तस्यशब्दःसभवेद्वराहोद्धूतनिःस्वनः ' तलैर्वज्रनिपातैर्वज्रवद्दृढपातैश्चपेटैः
'अंगुल्यःप्रसृतायास्तुताःप्रसृष्टाउदीरिताः' २८ 'ऋज्वीदृढारुणाक्षिप्ताशलाकासाङ्गुलीस्मृता' तस्यानखपातैः पादोद्धूतैःपादप्रसारणेनाक्षेपैः जानुभिःशिरोभिश्चकृतैरवघट्टनैरास्फालनैः अश्मनि
र्घोषैरित्युभयनिशेषणं २९ अशस्त्रंनिर्द्वंद्वयथोक्तंतत्रैव 'बाहुयुद्धंहिमल्लानामशस्त्रमृषिभिःस्मृतं । मृतस्य तस्यनरस्वर्गोयशोनेहापिविद्यते' इति बलप्राणेन बलेनशारीरबलेन प्राणेनमानसबलेनच ३०
सोत्कुष्टनिनदः हीहीशब्दोच्चारणेनर्याजितस्यसमुत्थापनंतत्सहितः ३१

'आकृष्यक्रोडीकरणंप्रकर्षणमुदाहृतं । आकर्षणंलीलयैवसंमुखीकरणंस्मृतं । पुरःपश्चात्पार्श्वयोश्चाभ्याकर्षोभ्रमणंतथा । पश्चात्प्रपातनंवेगाद्विकर्षणमुदाहृतम्' ३२ । ३३ । ३४ । ३५ गतसत्वं

प्रकर्षणाकर्षणयोरभ्याकर्षविकर्षणैः ॥ आकर्षतुरथान्योऽन्यंजानुभिश्चापिजघ्नतुः ३२ ततःशब्देनमहताभर्त्सयंतौपरस्परम् ॥ व्यूढोरस्कौदीर्घभुजौनियुद्धकुशलावुभौ ॥ बाहुभिःसमसज्जेतामायसैःपरिघैरिव ३३ चकर्षदोर्भ्यामुत्पात्यभीमोमल्लममित्रहा ॥ निनदंतमभिक्रोशन्शार्दूलइववारणम् ३४ समुद्यम्यमहाबाहुर्भ्रामयामासवीर्यवान् ॥ ततोमल्लाश्चमत्स्याश्चविस्मयंचक्रिरेपरम् ३५ भ्रामयित्वाशतगुणंगतसत्वमचेतनम् ॥ प्रत्यपिंषन्महाबाहुर्मल्लंभुविवृकोदरः ३६ तस्मिन्विनिहतेवीरेजीमूतेलोकविश्रुते ॥ विराटःपरमंहर्षमगच्छद्बांधवैःसह ३७ प्रहर्षात्प्रददौवित्तंबहुराजामहामनाः ॥ बल्लवायमहारंगेयथावैश्रवणस्तथा ३८ एवंससुबहून्मल्लान्पुरुषांश्चमहाबलान् ॥ विनिघ्नन्मत्स्यराजस्यप्रीतिमाहरदुत्तमाम् ३९ यदास्यतुल्यःपुरुषोनकश्चित्तत्रविद्यते ॥ ततोव्याघ्रैश्चसिंहैश्चद्विरदैश्चाप्ययोधयत् ४० पुनरंतःपुरगतःस्त्रीणांमध्येवृकोदरः ॥ योध्यतेसविराटेनसिंहैर्मत्तैर्महाबलैः ४१ बीभत्सुरपिगीतेनस्वनृत्येनचपांडवः ॥ विराटंतोषयामाससर्वाश्चांतःपुरस्त्रियः ४२ अश्वैर्विनीतैर्जवनैस्तत्रतत्रसमागतैः ॥ तोषयामासराजानंनकुलोनृपसत्तमम् ४३ तस्मैप्रदेयंप्रायच्छत्प्रीतोराजाधनंबहु ॥ विनीतान्वृषभान्दृष्ट्वासहदेवस्यचाभितः ॥ धनंददौबहुविधंविराटःपुरुषर्षभः ४४ द्रौपदीप्रेक्ष्यतान्सर्वान्क्लिश्यमानान्महारथान् ॥ नातिप्रीतमनाराजन्निःश्वासपरमाऽभवत् ४५ एवंतेन्यवसंस्तत्रप्रच्छन्नाःपुरुषर्षभाः ॥ कर्माणितस्यकुर्वाणाविराटनृपतेस्तदा ४६ इतिश्रीमहा० वि० प० समयपालनपर्वणिजीमूतवधेत्रयोदशोऽध्यायः॥ १३॥ समाप्तंचेदंसमयपालनपर्व ॥ अथकीचकवधपर्व॥

वैशंपायनउवाच ॥ वसमानेषुपार्थेषुमत्स्यस्यनगरेतदा ॥ महारथेषुच्छन्नेषुमासादशसमाययुः १ याज्ञसेनीसुदेष्णांतुशुश्रूषंतीविशांपते ॥ आवसत्परिचाराहासुदुःखंजनमेजय २ तथाचरंतीपांचालीसुदेष्णायानिवेशने ॥ तांदेवींतोषयामासतथाचांतःपुरस्त्रियः ३ तस्मिन्वर्षेगतप्रायेकीचकस्तुमहाबलः ॥ सेनापतिर्विराटस्यददर्शद्रुपदात्मजाम् ४ तांदृष्ट्वादेवगर्भाभांचरंतींदेवतामिव ॥ कीचकःकामयामासकामबाणप्रपीडितः ५ सतुकामाग्निसंतप्तःसुदेष्णामभिगम्यवै ॥ प्रहसन्निवसेनानीरिदंवचनमब्रवीत् ६ नेयंमयाजातुपुरेहदृष्टाराज्ञोविराटस्यनिवेशनेशुभा ॥ रूपेणचोन्मादयतीवमांभृशंगंधेनजातामदिरेवभामिनी ७ कादेवरूपाहृदयंगमाशुभेह्याचक्ष्वमेकस्यकुतोऽत्रशोभने ॥ चित्तंहिनिर्मथ्यकरोतिमांवशेनचान्यदत्रौषधमस्तिमेमतम् ८ अहोतवेयंपरिचारिकाशुभाप्रत्यग्ररूपाप्रतिभातिमामियम् ॥ अयुक्तरूपंहिकरोतिकर्मतेप्रशास्तुमांयच्चममास्तिकिंचन ९ प्रभूतनागाश्वरथंमहाजनंसमृद्धियुक्तंबहुपानभोजनम् ॥ मनोहरंकांचनचित्रभूषणंगृहंमहच्छोभयतामियंमम १० ततःसुदेष्णामनुमंत्र्यकीचकस्ततःसमभ्येत्यनराधिपात्मजाम् ॥ उवाचकृष्णामभिसांत्वयंस्तदामृगेंद्रकन्यामिवजंबुकोवने ११

नष्टबुद्धिं अतएवअचेतनं शवभूतम ३६ । ३७ । ३८ । ३९ । ४० । ४१ । ४२ । ४३ । ४४ । ४५ । ४६ ॥ इतिविराटपर्वणिनीलकंठीये भारतभावदीपेत्रयोदशोऽध्यायः ॥ १३ ॥ वसमानेष्विति १ २ । ३ । ४ । ५ । ६ । ७ अन्यदौषधंएतांविना ८ प्रत्यग्ररूपादिव्यरूपा ९ । १० । ११

१२ । १३ परपुष्टःकोकिलः १४ । १५ भूतिःईश्वरी ऐश्वर्याभिमानिनीदेवता १६ अनंगांगविहारिणी स्मरदेहेनक्रीडंती रतिरित्यर्थः १७ ईक्षणपक्ष्माणांनेत्रपक्ष्मणांस्मितंईषदुन्मीलनंतदेवज्योत्स्नोपमंमनसआ ह्लादकरं लक्ष्माणमितिपाठेवक्त्रचंद्रविशेषणम् १८ । १९ सुजातौउन्नतौ निरंतरौपृथुत्वात्संश्लिष्टौ २० कुड्मलेतिमुकुलीभूतपद्माकारौ २१ कराग्रंअंगुष्ठादिमध्यमांतोवितस्तिस्तेनसंमितंकृशमित्यर्थः २२

कात्वंकस्यासिकल्याणिकुतोवात्वंवरानने ॥ प्राप्ताविराटनगरंतत्त्वमाचक्ष्वशोभने १२ रूपमग्र्यंतथाकांतिःसौकुमार्यमनुत्तमम् ॥ कांत्याविभातिवक्त्रंतेशशांकइवनि
र्मलम् १३ नेत्रेसुविपुलेसुभ्रुपद्मपत्रनिभेशुभे ॥ वाक्यंतेचारुसर्वांगिपरपुष्टरुतोपमम् १४ एवंरूपामयानारीकाचिदन्यामहीतले ॥ नदृष्टपूर्वासुश्रोणि
यादृशीत्वमनिंदिते १५ लक्ष्मीःपद्मालयाकात्वमथभूतिःसुमध्यमे ॥ ह्रीःश्रीःकीर्तिरथोकांतिरासांकात्वंवरानने १६ अतीवरूपिणीकिंत्वमनंगांगविहारिणी ॥
अतीवभ्राजसेसुभ्रुप्रभेवेंदोरनुत्तमा १७ अपिचेक्षणपक्ष्माणांस्मितज्योत्स्नोपमंशुभम् ॥ दिव्यांशुरश्मिभिर्वृत्तंदिव्यकांतिमनोरमम् १८ निरीक्ष्यवक्त्रचंद्रंतेलक्ष्म्याऽ
नुपमयायुतम् ॥ कृत्स्नेजगतिकोनेहकामस्यवशगोभवेत् १९ हारालंकारयोग्यौतुस्तनौचोभौसुशोभनौ ॥ सुजातौसहितौलक्ष्म्यापीनौवृत्तौनिरंतरौ २० कुड्
मलांबुरुहाकारौतवसुभ्रुपयोधरौ ॥ कामप्रतोदाविवमांतुदतश्चारुहासिनि २१ वलीविभंगचतुरंस्तनभारविनामितम् ॥ कराग्रसंमितंमध्यंतवेदंतनुमध्यमे २२
दृष्ट्वैवचारुजघनंसरित्पुलिनसंनिभम् ॥ कामव्याधिरसाध्योमामप्याक्रामतिभामिनि २३ जज्वालचाग्निमदनोदावाग्निरिवनिर्दयः ॥ त्वत्संगमाभिसंकल्पविवृद्धोमां
दहत्ययम् २४ आत्मप्रदानवर्षेणसंगमांभोधरेणच ॥ शमयस्ववरारोहेज्वलंतंमन्मथानलम् २५ मच्चित्तोन्मादनकरामन्मथस्यशरोत्कराः ॥ त्वत्संगमाशानिशि
तास्तीव्राःशशिनिभानने ॥ मह्यंविदार्यहृदयमिदंनिर्दयवेगिताः २६ प्रविष्टाह्यसितापांगिप्रचंडाश्चंडदारुणाः ॥ अत्युन्मादसमारंभाःप्रीत्युन्मादकरामम ॥ आत्म
प्रदानसंभोगैर्मामुद्धर्तुमिहार्हसि २७ चित्रमाल्यांबरधरासर्वाभरणभूषिता ॥ कामंप्रकामंसेवत्वंमयासहविलासिनि २८ नार्हसीहासुखंवस्तुंसुखार्हासुखवर्जिता ॥
प्राप्नुह्यनुत्तमंसौख्यंमत्तस्त्वंमत्तगामिनि २९ स्वादून्यमृतकल्पानिपेयानिविविधानिच ॥ पिबमानामनोज्ञानिरममाणायथासुखम् ३० भोगोपचारान्विविधा
न्सौभाग्यंचाप्यनुत्तमम् ॥ पानंपिबमहाभागेभोगैश्चानुत्तमैःशुभैः ३१ इदंहिरूपंप्रथमंतवानघेनिरर्थकंकेवलमद्यभामिनि ॥ अधार्यमाणास्रगिवोत्तमाशुभानशोभसे
सुंदरिशोभनासती ३२ त्यजामिदारान्ममयेपुरातनाभवंतुदास्यस्तवचारुहासिनि ॥ अहंचतेसुंदरिदासवत्स्थितःसदाभविष्येवशगोवरानने ३३ ॥ द्रौपद्युवाच ॥
अप्रार्थनीयामिहमांसूतपुत्राभिमन्यसे ॥ निहीनवर्णांसैरंध्रींबीभत्सांकेशकारिणीम् ३४ परदाराऽस्मिभद्रंतेनयुक्तंत्वयिसांप्रतम् ॥ दयिताःप्राणिनांदाराधर्मंसमनु
चिंतय ३५ परदारेनतेबुद्धिर्जातुकार्याकथंचन ॥ विवर्जनंह्यकार्याणामेतत्सुपुरुषव्रतम् ३६

२३ अग्निमदनो मदनाग्निः २४ । २५ । २६ अत्युन्मादंमरणकालीनंसन्निपातंसमारभंतेतेअत्युन्मादसमारंभाः त्वदलाभेमरिष्याम्येवेतिभावः २७ कामंस्वैरं प्रकामंअतिशयितम् २८ प्राप्नुहि लभस्व २९ । ३० । ३१ । ३२ । ३३ अभिमन्यसे कामयसे ३४ । ३५ । ३६

मिथ्याभिगृध्नः वितथाभिनिवेशी महद्भयंमृत्युं ३७ । ३८ । ३९ । ४० । ४१ । ४२ । ४३ । ४४ । ४५ । ४६ । ४७ । ४८ । ४९ । ५० मन्यसेलिप्ससे शिशोश्चंद्रवदहंतवदुर्लभाऽस्मीतिभावः ५१ तेषांप्रियामिति । तेषांप्रसिद्धानांगंधर्वाणांप्रियांप्रार्थयतस्तेतव भुविगत्वादिवंवागत्वा शरणंत्राता कश्चिन्नभविष्यति अतएवहेकीचक तेतवकामांधस्य सादृशाद्दृष्टिर्बुद्धिरितियावत् याशुभंस्वीयंअर्थयेतका मयेत शुभेच्छारूपातवनास्तीत्यर्थः तेनचशुभेनपरदारनिवृत्तिरूपेण कामितेन संजीवनंभवतीतिशेषः अन्यथामरिष्यसीत्यर्थः नमेभुवीतिपाठेतेषांप्रियांप्रार्थयतोमेममकोऽपित्राताना

मिथ्याभिगृध्नोहिनरःपापात्मामोहमास्थितः ॥ अयशःप्राप्नुयाद्घोरंमहद्वाप्राप्नुयाद्भयम् ३७ ॥ वैशंपायनउवाच ॥ एवमुक्तस्तुसैरंध्र्याकीचकःकाममोहितः ॥ जानन्नपिसुदुर्बुद्धिःपरदाराभिमर्शने ३८ दोषान्बहून्प्राणहरान्सर्वलोकविगर्हितान् ॥ प्रोवाचेदंसुदुर्बुद्धिर्द्रौपदीमजितेंद्रियः ३९ नार्हस्येवंवरारोहेप्रत्याख्यातुंवरानने ॥ मांमन्मथसमाविष्टंत्वत्कृतेचारुहासिनि ४० प्रत्याख्यायचमांभीरुवशगंप्रियवादिनम् ॥ नूनंत्वमसितापांगिपश्चात्तापंकरिष्यसि ४१ अहंहिसुभ्रुराज्यस्यकृत्स्नस्यास्यसुमध्यमे ॥ प्रभुर्वासयिताचैववीर्येचाप्रतिमःक्षितौ ४२ पृथिव्यांमत्समोनास्तिकश्चिदन्यःपुमानिह ॥ रूपयौवनसौभाग्यैर्भोगैश्चानुत्तमैःशुभैः ४३ सर्वकामसमृद्धेषुभोगेष्वनुपमेष्विह ॥ भोक्तव्येषुचकल्याणिकस्माद्दास्येरताह्यसि ४४ मयादत्तमिदंराज्यंस्वामिन्यसिशुभानने ॥ भजस्वमांवरारोहेभुंक्ष्वभोगाननुत्तमान् ४५ एवमुक्तातुसासाध्वीकीचकेनाशुभंवचः ॥ कीचकंप्रत्युवाचेदंगर्हयंत्यस्यतद्वचः ॥ ४६ ॥ सैरंध्र्युवाच ॥ मासूतपुत्रमुह्यस्वमाऽद्यत्यक्षस्वजीवितम् ॥ जानीहिपंचभिर्घोरैर्नित्यंमामभिरक्षिताम् ४७ नचाप्यहंत्वयालभ्यागंधर्वाःपतयोमम ॥ तेत्वांनिहन्युःकुपिताःसाध्वलंमाव्यनीनशः ४८ अशक्यरूपंपुरुषैरध्वानंगंतुमिच्छसि ॥ यथानिश्चेतनोबालःकूलस्थःकूलमुत्तरम् ॥ तर्तुमिच्छतिमंदात्मातथात्वंकर्तुमिच्छसि ४९ अंतर्महींवायदिवोर्ध्वमुत्पतेःसमुद्रपारंयदिवाप्रधावसि ॥ तथाऽपितेषांनविमोक्षमर्हसिप्रमाथिनोदेवसुताहिखेचराः ५० त्वंकालरात्रीमिवकश्चिदातुरःकिंमांदृढंप्रार्थयसेऽद्यकीचक ॥ किंमातुरंकेशयितोयथाशिशुश्चंद्रंजिघृक्षुरिवमन्यसेहिमाम् ५१ तेषांप्रियांप्रार्थयतोनतेभुविगत्वादिवंवाशरणंभविष्यति ॥ नवर्ततेकीचकतेदृशाशुभंयातेनसंजीवनमर्थयेतसा ५२ ॥ इतिश्रीमहाभारतेविराटपर्वणिकीचकवधपर्वणिकीचककृष्णासंवादेचतुर्दशोऽध्यायः ॥ १४ ॥ ॥ ॥ ॥ वैशंपायनउवाच ॥ प्रत्याख्यातोराजपुत्र्यासुदेष्णांकीचकोऽब्रवीत् ॥ अमर्यादेनकामेनघोरेणाभिपरिप्लुतः १ यथाकैकेयिसैरंध्रीसमेयात्तद्विधीयताम् ॥ येनोपायेनसैरंध्रीभजेन्मांगजगामिनी ॥ तंसुदेष्णेपरीप्सस्वप्राणान्मोहात्प्रहासिषम् २

भविष्यतीति दृशाबुद्धिस्तवनास्तीतिसंबंधः यातेचसंजीवनमर्थयत्तमितिपाठेतु यादृष्टिस्तेतवसंजीवनंचभवति कीदृशंसंजीवनं अर्थयत्तंवस्त्वधीनं तस्माद्वितथाभिनिवेशिनस्तेजीवनंनास्तीत्यर्थः ५२ ॥ इतिविराटपर्वणिनीलकंठीयेभारतभावदीपेचतुर्दशोऽध्यायः ॥ १४ ॥ ॥ ॥ ॥ १ समेयात् मामुपगच्छेत् माऊहादितिच्छेदः ऊहात्वितर्कात्वं उपायंयुक्त्यापरीप्सस्वे तियोज्यं प्राणान्माप्रहासिषमितिच २

३ कृष्णायाःप्राप्त्यर्थंउद्योगंउद्यमंचानुचिंतेतियोज्यं ४ पर्वणिमद्यपायिनां उत्सवकालेचतुर्दश्यादौ समुद्दिश्य अथाहंसुदेष्णार्थंमद्यादिकंकारयामीतिकीर्तयित्वाख्यापयित्वा ५ विजनेएकांते निरवग्रहेनि
ष्प्रतिबंधे ६ । ७ । ८ उपमंत्रिताप्रार्थिता ९ पानंमद्यंसुरामन्नंचेत्युपक्रमात् तस्यैवपिपासापातुमिच्छा १० । ११ । १२ । १३ । १४ । १५ । १६ । १७ । १८ । १९ । २० ॥ २१ ॥

॥ वैशंपायनउवाच ॥ तस्यसाबहुशःश्रुत्वावाचंविलपतस्तदा ॥ विराटमहिषीदेवीकृपांचक्रेमनस्विनी ३ स्वमंत्रमभिसंधायतस्यार्थमनुचिंत्यच ॥ उद्योगंचै वकृष्णायाःसुदेष्णासूतमब्रवीत् ४ पर्वणित्वंसमुद्दिश्यसुरामन्नंचकारय ॥ तत्रैनांप्रेषयिष्यामिसुराहारींतवांतिकम् ५ तत्रसंप्रेषितामेनांविजनेनिरवग्रहे ॥ सांत्व येथायथाकामंसांत्वमानारमेद्यदि ६ ॥ वैशंपायनउवाच ॥ इत्युक्तःसविनिष्क्रम्यभगिन्यावचनात्तदा ॥ सुरामाहारयामासराजार्हांसुपरिष्कृताम् ७ अजांश्चवि विधाकारान्बहूंश्चोच्चावचांस्तदा ॥ कारयामासकुशलैरन्नंपानंसुशोभनम् ८ तस्मिन्कृतेतदादेवीकीचकेनोपमंत्रिता ॥ सुदेष्णाप्रेषयामाससैरंध्रींकीचकालयम् ९ ॥ सुदेष्णोवाच ॥ उत्तिष्ठगच्छसैरंध्रिकीचकस्यनिवेशनम् ॥ पानमानयकल्याणिपिपासामांप्रबाधते १० ॥ सैरंध्र्युवाच ॥ नगच्छेयमहंतस्यराजपुत्रिनिवेश नम् ॥ त्वमेवराज्ञिजानासियथासनिरपत्रपः ११ नचाहमनवद्यांगितववेश्मनिभामिनि ॥ कामवृत्ताभविष्यामिपतीनांव्यभिचारिणी १२ त्वंचैवदेविजानासियथा ससमयःकृतः ॥ प्रविशंत्यामयापूर्वंतववेश्मनिभामिनि १३ कीचकस्तुसुकेशांतेमूढोमदनदर्पितः ॥ सोऽवमंस्यतिमांदृष्ट्वानयास्येतत्रशोभने १४ संतिबह्व्यस्त वप्रेष्याराजपुत्रिवशानुगाः ॥ अन्यांप्रेषयभद्रंतेसहिमामवमंस्यते १५ ॥ सुदेष्णोवाच ॥ नैवत्वांजातुहिंस्यात्सइतःसंप्रेषितांमया ॥ इत्युक्त्वाप्रददौपात्रं सपिधानंहिरण्मयम् १६ साशंकमानारुदतीदैवंशरणमीयुषी ॥ प्रातिष्ठतसुराहारीकीचकस्यनिवेशनम् १७ ॥ सैरंध्र्युवाच ॥ यथाऽहमन्यंभर्तृभ्योनाभिजानामि कंचन ॥ तेनसत्येनमांप्राप्तांमाकुर्यात्कीचकोवशे १८ ॥ वैशंपायनउवाच ॥ उपातिष्ठतसासूर्यंमुहूर्तमबलाततः ॥ सतस्यास्तनुमध्यायाःसर्वंसूर्योऽवबुद्धवान् १९ अंतर्हितंततस्तस्यारक्षोरक्षार्थमादिशत् ॥ तच्चैनांनाजहात्तत्रसर्वावस्थास्वनिंदिताम् २० तांमृगीमिवसंत्रस्तांदृष्ट्वाकृष्णांसमीपगाम् ॥ उदतिष्ठन्मुदासूतो नावंलब्ध्वेवपारगः २१ ॥ ॥ इतिश्रीमहाभारतेविराटपर्वणिकीचकवधपर्वणिद्रौपदीसुराहरणेपंचदशोऽध्यायः ॥ १५ ॥ ॥ कीचकउवाच ॥ ॥ स्वागतंतेसुकेशांतेसुव्युष्टारजनीमम ॥ स्वामिनीत्वमनुप्राप्ताप्रकुरुष्वममप्रियम् १ सुवर्णमालाःकंबूश्चकुंडलेपरिहाटके ॥ नानापत्तनजेशुभ्रेमणिरत्नंचशोभ नम् २ आहरंतुचवस्त्राणिकौशिकान्यजिनानिच ॥ अस्तिमेशयनंदिव्यंत्वदर्थमुपकल्पितम् ॥ एहितत्रमयासार्द्धंपिबस्वमधुमाधवीम् ३ ॥ द्रौपद्युवाच ॥ अप्रैषीद्राजपुत्रीमांसुराहारींतवांतिकम् ॥ पानमाहरमेक्षिप्रंपिपासामेऽतिचाब्रवीत् ४

इतिविराटपर्वणिनीलकंठीयेभारतभावदीपे पंचदशोऽध्यायः ॥ १५ ॥ ॥ १ ॥ परितोहाटकेययोस्ते परिहाटकेकुंडले ताटंकेइत्यर्थः २ मधुमाधवींमधुपुष्पजांमदिराम् ३ सुराहारींसुरामाहर्तुंकामां पिपासामेऽतिमेममअतिपिपासा ४

५ । ६ । ७ । ८ विधुन्वानाकंपमाना ९ । १० अपोवाहद्दूरीचकार ११ । १२ । १३ । १४ धूमच्छायाःकर्म नेत्रेकर्तृणी अभजतां छायामित्येकवचनांतःपाठःस्वच्छः १५ । १६ अंगुष्ठं

कीचकउवाच ॥ अन्याभद्रेनयिष्यंतिराजपुत्र्याःप्रतिश्रुतम् ॥ इत्येनांदक्षिणेपाणौसूतपुत्रःपरामृशत् ५ ॥ द्रौपद्युवाच ॥ यथैवाहंनाभिचरेकदाचित्पतीन्मदाद्यैमनसाऽपिजातु ॥ तेनैवसत्येनवशीकृतंत्वांद्रष्टास्मिपापंपरिकृष्यमाणम् ६ ॥ वैशंपायनउवाच ॥ सतामभिप्रेक्ष्यविशालनेत्रांजिघृक्षमाणःपरिभर्त्सयंतीम् ॥ जग्राहतामुत्तरवस्त्रदेशेसकीचकस्तांसहसाऽऽक्षिपंतीम् ७ प्रगृह्यमाणातुमहाजवेनमुहुर्विनिःश्वस्यचराजपुत्री ॥ तयासमाक्षिप्ततनुःसपापःपपातशाखीवनिकृत्तमूलः ८ साग्रहीताविधुन्वानाभूमावाक्षिप्यकीचकम् ॥ सभांशरणमागच्छद्यत्रराजायुधिष्ठिरः ९ तांकीचकःप्रधावंतींकेशपाशेपरामृशत् ॥ अथैनांपश्यतोराज्ञःपातयित्वापदाऽवधीत् १० तस्ययोऽसौतदाऽर्केणराक्षसःसंनियोजितः ॥ सकीचकमपोवाहवातवेगेनभारत ११ सपपाततदाभूमौरक्षोबलसमाहतः ॥ विघूर्णमानोनिश्चेष्टश्छिन्नमूलइवद्रुमः १२ तांचासीनौददृशतुर्भीमसेनयुधिष्ठिरौ ॥ अमृष्यमाणौकृष्णायाःकीचकेनपराभवम् १३ तस्यभीमोवधंप्रेप्सुःकीचकस्यदुरात्मनः ॥ दंतैर्दंतांस्तदारोषान्निष्पिपेषमहामनाः १४ धूमच्छायाह्यभजतांनेत्रेचोच्छ्रितपक्ष्मणी ॥ सस्वेदाभ्रुकुटीचोग्राललाटेसमवर्तत १५ हस्तेनममृदेचैवललाटंपरवीरहा ॥ भूयश्चत्वरितःक्रुद्धःसहसोत्थातुमैच्छत १६ अथावमृद्राद्गुंष्ठमंगुष्ठेनयुधिष्ठिरः ॥ प्रबोधनभयाद्राजाभीमंतंप्रत्यषेधयत् १७ तंमत्तमिवमातंगंवीक्षमाणंवनस्पतिम् ॥ सतमावारयामासभीमसेनंयुधिष्ठिरः १८ आलोकयसिकिंवृक्षंसूददारुकृतेनवै ॥ यदितेदारुभिःकृत्यंबहिर्वृक्षान्निगृह्यताम् १९ सासभाद्वारमासाद्यरुदतीमत्स्यमब्रवीत् ॥ अवेक्षमाणासुश्रोणीपतींस्तान्दीनचेतसः २० आकारमभिरक्षंतीप्रतिज्ञाधर्मसंहिता ॥ दह्यमानेवरौद्रेणचक्षुषाद्रुपदात्मजा २१ ॥ द्रौपद्युवाच ॥ येषांवैरीनस्वपितिषष्ठेऽपिविषयेवसन् ॥ तेषांमांमानिनींभार्यांसूतपुत्रःपदाऽवधीत् २२ येदद्युर्नचयाचेयुर्ब्रह्मण्याःसत्यवादिनः ॥ तेषांमांमानिनींभार्यांसूतपुत्रःपदाऽवधीत् २३ येषांदुंदुभिनिर्घोषोज्याघोषःश्रूयतेऽनिशम् ॥ तेषांमांमानिनींभार्यांसूतपुत्रःपदाऽवधीत् २४ येचतेजस्विनोदांताबलवंतोऽतिमानिनः ॥ तेषांमांमानिनींभार्यांसूतपुत्रःपदाऽवधीत् २५ सर्वलोकमिमंहन्युर्धर्मपाशसितास्तुये ॥ तेषांमांमानिनींभार्यांसूतपुत्रःपदाऽवधीत् २६ शरणंयेप्रपन्नानांभवंतिशरणार्थिनाम् ॥ चरंतिलोकेप्रच्छन्नाःक्वनुतेऽद्यमहारथाः २७ कथंतेसूतपुत्रेणवध्यमानांप्रियांसतीम् ॥ मर्षयंतियथाक्लीबाबलवंतोऽमितौजसः २८ क्वनुतेषाममर्षश्चवीर्यंतेजश्चवर्तते ॥ नपरीप्संतियेभार्यांवध्यमानांदुरात्मना २९

पादांगुष्ठं अंगुष्ठेनहस्तांगुष्ठेन आचारादेवंज्ञेयं १७ । १८ । १९ । २० अभिरक्षंतीगूहमाना धर्मसंहिताधर्मबद्धा २१ षष्ठेविषये देशपंचकव्यवधानेऽपिनस्वपिति तेषांसार्वभौमत्वात् यद्वा बाह्येंद्रियग्राह्यपंचविषयापेक्षया षष्ठेमनोमात्रग्राह्ये स्वप्नमनोरथादिरूपेऽपिविषयेनस्वपिति भयार्दितःसन् किमुतलोकेनस्वपितीत्यर्थः २२ । २३ । २४ । २५ सिताःबद्धाः २६ । २७ २८ । २९

३० । ३१ । ३२ । ३३ । ३४ कौशलं साध्वसाधुनिर्णयेइतिशेषः किंनुकथंनु ३५ । ३६ । ३७ । ३८ । ३९ माऽत्रस्थाःमातिष्ठ ४० । ४१ । ४२ शैलूषीवनटीव निर्लज्जा ४३ दुःखंदुःख

मयाऽत्रशक्यंकिंकर्तुंविराटेधर्मदूषके ॥ यःपश्यन्मांमर्षयतिवध्यमानामनागसम् ३० नराजाराजवत्किंचित्समाचरतिकीचके ॥ दस्यूनामिवधर्मस्तेनहिसंसदि
शोभते ३१ नाहमेतेनयुक्तंवैहंतुंमत्स्यतवांतिके ॥ सभासदोऽत्रपश्यंतुकीचकस्यव्यतिक्रमम् ३२ कीचकोनचधर्मज्ञोनचमत्स्यःकथंचन ॥ सभासदोऽप्यधर्म
ज्ञायएनंपर्युपासते ३३ ॥ वैशंपायनउवाच ॥ एवंविधैर्वचोभिःसातदाकृष्णाऽश्रुलोचना ॥ उपालभतराजानंमत्स्यानांवरवर्णिनी ३४ ॥ विराटउवाच ॥
परोक्षंनाभिजानामिविग्रहंयुवयोरहम् ॥ अर्थतत्त्वमविज्ञायकिंनुस्यात्कौशलंमम ३५ ॥ वैशंपायनउवाच ॥ ततस्तुसभ्याविज्ञायकृष्णांभूयोऽभ्यपूजयन् ॥
साधुसाध्वितिचाप्याहुःकीचकंचव्यगर्हयन् ३६ ॥ सभ्याऊचुः ॥ यस्येयंचारुसर्वांगीभार्यास्यादायतेक्षणा ॥ परोलाभस्तुतस्यस्यान्नचशोचेत्कथंचन ३७ न
हीदृशीमनुष्येषुसुलभावरवर्णिनी ॥ नारीसर्वानवद्यांगीदेवींमन्यामहेवयम् ३८ ॥ वैशंपायनउवाच ॥ एवंसंपूजयंतस्तेकृष्णांप्रेक्ष्यसभासदः ॥ युधिष्ठिरस्यकोपा
त्तुलल्लाटेस्वेदआगमत् ३९ अथाब्रवीद्राजपुत्रींकौरव्योमहिषींप्रियाम् ॥ गच्छसैरंध्रिमाऽत्रस्थाःसुदेष्णायानिवेशनम् ४० भर्तारमनुरुंधंत्यःक्लिश्यंतेवीरपत्नयः ॥
शुश्रूषयाक्लिश्यमानाःपतिलोकंजयंत्युत ४१ मन्येनकालंक्रोधस्यपश्यंतिपतयस्तव ॥ तेनत्वांनाभिधावंतिगंधर्वाःसूर्यवर्चसः ४२ अकालज्ञाऽसिसैरंध्रिशैलूषी
वविरोदिषि ॥ विघ्नंकरोषिमत्स्यानांदीव्यतांराजसंसदि ४३ गच्छसैरंध्रिगंधर्वाःकरिष्यंतितवप्रियम् ॥ व्यपनेष्यंतितेदुःखंयेनतेविप्रियंकृतम् ४४ ॥ सैरंध्र्युवाच ॥
अतीवतेषांघृणिनामर्थेऽहंधर्मचारिणी ॥ तस्यतस्यैवतेवध्यायेषांज्येष्ठोऽक्षदेविता ४५ ॥ वैशंपायनउवाच ॥ इत्युक्त्वाप्राद्रवत्कृष्णासुदेष्णायानिवेशनम् ॥
केशान्मुक्त्वाचसुश्रोणीसंरंभाल्लोहितेक्षणा ४६ शुशुभेवदनंतस्यारुदत्याःसुचिरंतदा ॥ मेघलेखाविनिर्मुक्तंदिवीवशशिमंडलम् ॥ ४७ सुदेष्णोवाच ॥ कस्त्वाऽव
धीद्वरारोहेकस्माद्रोदिषिशोभने ॥ कस्याऽद्यनसुखंभद्रेकेनतेविप्रियंकृतम् ४८ ॥ द्रौपद्युवाच ॥ कीचकोमाऽवधीत्तत्रसुराहारींगतांतव ॥ सभायांपश्यतोराज्ञोयथै
वविजनेवने ४९ सुदेष्णोवाच ॥ घातयामिसुकेशांतेकीचकंयदिमन्यसे ॥ योऽसौत्वांकामसंमत्तोदुर्लभामवमन्यते ५० सैरंध्र्युवाच ॥ अन्येचैनंवधिष्यंति
येषामागःकरोतिसः ॥ मन्येचैवाद्यसुव्यक्तंयमलोकंगमिष्यति ५१ ॥ इतिश्रीमहाभारतेविराटपर्वणिकीचकवधपर्वणिद्रौपदीपरिभवेषोडशोऽध्यायः ॥ १६ ॥
॥ वैशंपायनउवाच ॥ साहतासूतपुत्रेणराजपत्नीयशस्विनी ॥ वधंकृष्णापरीप्संतीसेनावाहस्यभामिनी १ जगामावासमेवाथसातदाद्रुपदात्मजा ॥ कृत्वा
शौचंयथान्यायंकृष्णासातनुमध्यमा २

यितारं व्यपनेष्यंतिजीवितादितिशेषः ४४ घृणिनांदयावतां तेषामर्थेतस्यतस्यसर्वस्यैवतेवध्याःस्युः ४५ । ४६ । ४७ । ४८ पश्यतोराज्ञइत्यनादरेषष्ठी राजानंलक्षीकृत्येत्यर्थः ४९ । ५० । ५१
॥ इतिश्रीमहाभारतेविराटपर्वणिनीलकंठीयेभारतभावदीपे षोडशोऽध्यायः ॥ १६ ॥ ॥ ॥ सेनावाहस्यसेनापतेःकीचकस्य १ । २

३ । ४ । ५ । ६ यः तत्कर्मपदाहतिरूपं कृतवान् तस्मिन् जीवति ७ । ८ । ९ संमूर्छितेवगृहिद्धिशोभारूपामात्सेव प्रजज्वालअशोभत १० सर्वश्वेतेवेति । पांचालीद्रौपदी वरर्षभंवरणीयंपतिंश्रेष्ठंभीमसेनंउप लक्ष्य वासितेवपुष्पिणीत्वेनकामातुरेव उपातिष्ठतसमीपेस्थितवती वस्तुतोनकामातुरा किंतुद्रेषातुरैवेतिभावः तत्रदृष्टांतद्वयं इवशब्दःकाकाक्षिवदुभयत्रसंबध्यते सर्वश्वेतैवमाहेयीवचेति । सर्वश्वेता वकी यथाकामातुरावरर्षभंपतिमितिएकः तस्याःकामातुरत्वेहेतुः वनेजातेति । जलेजातातेनजलसामीप्येलब्धाहारत्वेनउन्मत्तत्वंसूच्यते तथामाहेयीगौःसाऽपिवासितासतीवरर्षभंसांडबलीवर्दं तस्या अपिवासितात्वेविशेषणं त्रिहायणीति । त्रिवर्षाहिगौर्यौवनारूढाकामातुराचभवति अन्येतु 'श्वेतःसितेराजहंसेकैलासेद्वीपभूपयोः' इतिकोशमुदाहृत्यसर्वश्वेताहंसीतिव्याचक्षते तत्रसर्वपदंव्यर्थं हंस

गात्राणिवाससीचैवप्रक्षाल्यसलिलेनसा ॥ चिंतयामासरुदतीतस्यदुःखस्यनिर्णयम् ३ किंकरोमिक्वगच्छामिकथंकार्यंभवेन्मम ॥ इत्येवंचिंतयित्वासाभीमं वैमनसाऽगमत् ४ नान्यःकर्त्ताऋतेभीमान्ममाद्यमनसःप्रियम् ॥ ततउत्थायरात्रौसाविहायशयनंस्वकम् ५ प्राद्रवन्नाथमिच्छंतीकृष्णानाथवतीसती ॥ भव नंभीमसेनस्यक्षिप्रमायतलोचना ६ दुःखेनमहतायुक्तामानसेनमनस्विनी ॥ सैरंध्र्युवाच ॥ तस्मिन्जीवतिपापिष्ठेसेनावाहेममद्विषि ७ तत्कर्मकृतवानद्य कथंनिद्रांनिषेवसे ॥ वैशंपायनउवाच ॥ एवमुक्त्वाऽथतांशालांप्रविवेशमनस्विनी ८ यस्यांभीमस्तथाशेतेमृगराजइवश्वसन् ॥ तस्यारूपेणसाशालाभीम स्यचमहात्मनः ९ संमूर्छितेवकौरव्यप्रजज्वालचतेजसा ॥ सावैमहानसंप्राप्यभीमसेनंशुचिस्मिता १० सर्वश्वेतेवमाहेयीवनेजातात्रिहायणी ॥ उपातिष्ठत पांचालीवासितेववरर्षभम् ११ सालतेवमहाशालंफुल्लंगोमतितीरजम् ॥ परिष्वजतपांचालीमध्यमंपांडुनंदनम् १२ बाहुभ्यांपरिरभ्यैनंप्राबोधयदनिंदिता ॥ सिंहंसुप्तंवनेदुर्गेमृगराजवधूरिव १३ भीमसेनमुपाश्लिष्यद्धस्तिनीवमहागजम् ॥ वीणेवमधुरालापागांधारंसाधुमूर्छती ॥ अभ्यभाषतपांचालीभीमसेनमनिंदि ता १४ उत्तिष्ठोत्तिष्ठकिंशेषेभीमसेनयथामृतः ॥ नामृतस्यहिपापीयान्भार्यामालभ्यजीवति १५ ससंप्रहायशयनंराजपुत्र्याप्रबोधितः ॥ उपातिष्ठतमेघाभः पर्यंकेसोपसंग्रहे १६ अथाब्रवीद्राजपुत्रींकौरव्योमहिषींप्रियाम् ॥ केनास्यर्थेनसंप्राप्तात्वरितेवममांतिकम् १७ नतेप्रकृतिमान्वर्णःकृशापांडुश्चलक्ष्यसे ॥ आ चक्ष्वपरिशेषेणसर्वंविद्यामहंयथा १८ सुखंवायदिवादुःखंद्वेष्यंवायदिवाप्रियम् ॥ यथावत्सर्वमाचक्ष्वश्रुत्वाज्ञास्यामियत्क्षमम् १९ अहमेवहितेकृष्णेविश्वा स्यःसर्वकर्मसु ॥ अहमापत्सुचापित्वांमोक्षयामिपुनःपुनः २०

स्यलोहितलोचनास्यचरणत्वात्प्रतिकूलंच यद्यपि 'त्रिहायणीत्रिवर्षागौः' इतिचशोकात् त्रिहायणीपदेनैवगौर्लभ्यते तथापितत्कामातुरत्वज्ञापनार्थमुपक्षीणंसद्विशेष्यसमर्पकंपदांतरमपेक्षतएवेतिन व्यर्थविशेषणत्वं अन्येव्याख्यानप्रकाराःसर्वेऽनेनैवदोषेणग्रस्ताइत्युपेक्षिताः ११ मध्यमंपांडुनंदनंभीमसेनं यमयोःसहजातत्वेनपौर्वापर्याभावात्तौकनिष्ठावेवयुधिष्ठिरोज्येष्ठएव मध्यमत्वंभीमार्जुन योरेवविश्रांतं तत्रापिअत्रप्रकरणात्अर्जुनस्यसंप्रतिपुंस्त्वाभावाच्च मध्यमत्वंभीमसेनेएवमुख्यमित्याशयेनैवैतदुक्तं परिष्वजतपर्यष्वजतआलिंगितवती १२ । १३ गांधारंस्वरविशेषं मूर्छतीमूर्छयंती १४ १५ सोपसंग्रहेसतूलिके १६ । १७ विद्यांजानीयां १८ ज्ञास्यामिउपायंचिंतयिष्यामि क्षमंयोग्यं १९ । २०

२१ ॥ इतिविराटपर्वणिनीलकंठीयेभारतभावदीपेसप्तदशोऽध्यायः ॥ १७ ॥ १ सभाशाला तस्यां परिषत्जनसमाजस्तस्यमध्ये तदाद्यूतकाले २ । ३ सैंधवेनजयद्रथेन ४ । ५ । ६ । ७ । ८ । ९
१० प्रव्रज्यंप्रव्रजनं व्रजयजोर्भावेक्यप् तस्मैप्रव्रज्याय ११ निष्कःसुवर्णपलंतेषांसहस्रेण १२ रुक्मंस्वर्णरूपंहिरण्यं 'तस्माद्रजतꣳहिरण्यमश्रुजम्' इतिश्रुतौ हिरण्यशब्दस्यरजतेऽपिदर्शनात् यानंग

शीघ्रमुक्त्वायथाकामंयत्तेकार्यंविवक्षितम् ॥ गच्छवैशयनायैवपुरानान्येनबुध्यते २१ ॥ इतिश्रीमहाभारतेविराटपर्वणिकीचकवधपर्वणिद्रौपदीभीमसंवादेसप्तदशोऽध्यायः ॥ १७ ॥ ॥ द्रौपद्युवाच ॥ अशोच्यत्वंकुतस्तस्यायस्याभर्तायुधिष्ठिरः ॥ जानन्सर्वाणिदुःखानिकिंमांत्वंपरिपृच्छसि १ यन्मांदासीप्रवादेनप्रातिकामीतदाऽनयत् ॥ सभापरिषदोमध्येतन्मांदहतिभारत २ पार्थिवस्यसुतानामकानुजीवतिमादृशी ॥ अनुभूयेदृशंदुःखमन्यत्रद्रौपदींप्रभो ३ वनवासगतायाश्चसैंधवेनदुरात्मना ॥ परामर्शोद्वितीयोवैसोढुमुत्सहतेतुका ४ मत्स्यराज्ञःसमक्षंतुतस्यधूर्तस्यपश्यतः ॥ कीचकेनपरामृष्टाकानुजीवतिमादृशी ५ एवंबहुविधैःक्लेशैःक्लिश्यमानांचभारत ॥ नमांजानासिकौंतेयकिंफलंजीवितेनमे ६ योऽयंराज्ञोविराटस्यकीचकोनामभारत ॥ सेनानीःपुरुषव्याघ्रश्यालःपरमदुर्मतिः ७ समांसैरंध्रिवेषेणवसंतींराजवेश्मनि ॥ नित्यमेवाहदुष्टात्माभार्याममभवेतिवै ८ तेनोपमंत्र्यमाणायावधार्हेणसपत्नहन् ॥ कालेनेवफलंपक्वंहृदयंमेविदीर्यते ९ भ्रातरंचविगर्हस्वज्येष्ठंदुर्द्यूतदेविनम् ॥ यस्याऽस्मिकर्मणाप्राप्तादुःखमेतदनंतकम् १० कोहिराज्यंपरित्यज्यसर्वस्वंचात्मनासह ॥ प्रव्रज्यायैवदीव्येतविनादुर्द्यूतदेविनम् ११ यदिनिष्कसहस्रेणयच्चान्यत्सारवद्धनम् ॥ सायंप्रातरदेविष्यदपिसंवत्सरान्बहून् १२ रुक्मंहिरण्यंवासांसियानंयुग्यमजाविकम् ॥ अश्वाश्वतरसंघाश्चनजातुक्षयमावहेत् १३ सोऽयंद्यूतप्रवादेनश्रियःप्रत्यवरोपितः ॥ तूष्णीमास्तेयथामूढःस्वानिकर्माणिचिंतयन् १४ दशनागसहस्राणिहयानांहेममालिनाम् ॥ यंयांतमनुयांतीहसोऽयंद्यूतेनजीवति १५ रथाःशतसहस्राणिनृपाणाममितौजसाम् ॥ उपासंतमहाराजमिंद्रप्रस्थेयुधिष्ठिरम् १६ शतंदासीसहस्राणांयस्यनित्यंमहानसे ॥ पात्रीहस्तंदिवारात्रमतिथीन्भोजयत्युत १७ एषनिष्कसहस्राणिप्रदायददतांवरः ॥ द्यूतजेनह्यनर्थेनमहतासमुपाश्रितः १८ एनंहिस्वरसंपन्नाबहवःसूतमागधाः ॥ सायंप्रातरुपातिष्ठन्सुमृष्टमणिकुंडलाः १९ सहस्रमृषयोयस्यनित्यमासन्सभासदः ॥ तपःश्रुतोपसंपन्नाःसर्वकामैरुपस्थिताः २० अष्टाशीतिसहस्राणिस्नातकागृहमेधिनः ॥ त्रिंशद्दासीकएकैकोयान्बिभर्तियुधिष्ठिरः २१ अप्रतिग्राहिणांचैवयतीनामूर्ध्वरेतसां ॥ दशचापिसहस्राणिसोऽयमास्तेनरेश्वरः २२ आनृशंस्यमनुक्रोशंसंविभागस्तथैवच ॥ यस्मिन्नेतानिसर्वाणिसोऽयमास्तेनरेश्वरः २३ अंधान्वृद्धांस्तथाऽनाथान्बालान्राष्ट्रेषुदुर्गतान् ॥ बिभर्त्तिविविधान्राजाधृतिमान्सत्यविक्रमः ॥ संविभागमनानित्यमानृशंस्याद्युधिष्ठिरः २४

जादि युग्यंयुगोपेतंरथशकटादि अश्वावडवा १३ । १४ । १५ । १६ । १७ । १८ । १९ । २० । २१ यतीनांदशसहस्राणिबिभर्तीतिपूर्वेणान्वयः २२ आनृशंस्यंअभैष्ठुर्यं अनुक्रोशंदयां २३ । २४

निरयंपारतंत्र्यं कंकोहमितियुधिष्ठिरोब्रूते कंकव्रतयुधिष्ठिरइतिपाठे कंकव्रतश्चासौयुधिष्ठिरश्चेतिसमासः २५ । २६ । २७ । २८ । २९ सदस्यंसभासदम् ३० । ३१ । ३२ । ३३ ॥ इतिश्रीम० विराट पर्वनी० भारतभावदीपेऽष्टादशोऽध्यायः ॥ १८ ॥ ॥ इदमिति १ हीनेनीचे अलमेविषमे २ । ३ । ४ । ५ । ६ । ७ । ८ । ९ प्रियसंवासादप्रियस्यभीमसेनस्य संवासःसहवासःसंबंधस्तस्मात्

सएषनिरयंप्राप्तोमत्स्यस्यपरिचारकः ॥ सभायांदेविताराज्ञःकंकोब्रूतेयुधिष्ठिरः २५ इंद्रप्रस्थेनिवसतःसमयेयस्यपार्थिवाः ॥ आसन्बलिभृतःसर्वेसोऽद्यान्यै र्भृतिमिच्छति २६ पार्थिवाःपृथिवीपालायस्यासन्वशवर्तिनः ॥ सवशेविवशोराजापरेषामद्यवर्तते २७ प्रताप्यपृथिवींसर्वांरश्मिमानिवतेजसा ॥ सोऽयंराज्ञो विराटस्यसभास्तारोयुधिष्ठिरः २८ यमुपासंतराजानःसभायामृषिभिःसह ॥ तमुपासीनमद्यान्यंपश्यपांडवपांडवम् २९ सदस्यंसमुपासीनंपरस्यप्रियवादि नम् ॥ दृष्ट्वायुधिष्ठिरंकोपोवर्द्धतेमामसंशयम् ३० अतदर्हंमहाप्राज्ञंजीवितार्थेऽभिसंस्थितम् ॥ दृष्ट्वाकस्यनदुःखंस्याद्धर्मात्मानंयुधिष्ठिरम् ३१ उपास्तेस्मस भायांयंकृत्स्नावीरवसुंधरा ॥ तमुपासीनमप्यन्यंपश्यभारतभारतम् ३२ एवंबहुविधैर्दुःखैःपीड्यमानामनाथवत् ॥ शोकसागरमध्यस्थांकिंमांभीमनपश्यसि ३३ ॥ इतिश्रीमहाभारतेविराटपर्वणिकीचकवधपर्वणिद्रौपदीभीमसंवादेअष्टादशोऽध्यायः १८ ॥ ॥ ॥ द्रौपद्युवाच ॥ इदंतुतेमहद्दुःखंयत्प्रवक्ष्यामिभारत ॥ नमेऽभ्यसूयाकर्त्तव्यादुःखादेतद्ब्रवीम्यहम् १ सूदकर्मणिहीनेत्वमसमेभरतर्षभ ॥ ब्रुवन्बल्लवजातीयःकस्यशोकंनवर्द्धयेः २ सूपकारंविराटस्यबल्लवंत्वांविदु र्जनाः ॥ प्रेष्यत्वंसमनुप्राप्तंततोदुःखतरंनुकिम् ३ यदामहानसेसिद्धोविराटमुपतिष्ठसि ॥ ब्रुवाणोबल्लवःसूदस्तदासीदतिमेमनः ४ यदाप्रहृष्टःसम्राट्त्वांसं योधयतिकुंजरैः ॥ हसंत्यंतःपुरेनार्योममतूद्विजतेमनः ५ शार्दूलैर्महिषैःसिंहैरागारेयोध्यसेयदा ॥ कैकेय्याःप्रेक्षमाणायास्तदामेकश्मलंभवेत् ६ ततउत्था यकैकेयीसर्वास्ताःप्रत्यभाषत ॥ प्रेष्याःसमुत्थिताश्चापिकैकेयींताःस्त्रियोऽब्रुवन् ७ प्रेक्ष्यमामनवद्यांगींकश्मलोपहतामिव ॥ स्नेहात्संवासजाद्धर्मात्सूदमेषाशु चिस्मिता ८ योध्यमानंमहावीर्यमियंसमनुशोचति ॥ कल्याणरूपासैरंध्रीबल्लवश्चापिसुंदरः ९ स्त्रीणांचित्तंचदुर्ज्ञेयंयुक्तरूपौचमेमतौ ॥ सैरंध्रीप्रियसंवासा न्नित्यंकरुणवादिनी १० अस्मिन्राजकुलेचेमौतुल्यकालनिवासिनौ ॥ इतिब्रुवाणावाक्यानिसामांनित्यमतर्जयत् ११ क्रुध्यंतींमांचसंप्रेक्ष्यसमशंकतमांत्वयि ॥ तस्यांतथाब्रुवत्यांतुदुःखंमांमहदाविशत् १२ त्वय्येवंनिरयंप्राप्तेभीमेभीमपराक्रमे ॥ शोकेयौधिष्ठिरेमग्नानाहंजीवितुमुत्सहे १३ यःसदेवान्मनुष्यांश्चसर्वांश्चै करथोऽजयत् ॥ सोऽयंराज्ञोविराटस्यकन्यानांनर्त्तकोयुवा १४ योऽतर्पयदमेयात्माखांडवेजातवेदसम् ॥ सोंऽतःपुरगतःपार्थकूपेऽग्निरिवसंवृतः १५ यस्मा द्भयममित्राणांसदैवपुरुषर्षभात् ॥ सलोकपरिभूतेनवेषेणास्तेधनंजयः १६ यस्यज्याक्षेपकठिनौबाहूपरिघसन्निभौ ॥ सशंखपरिपूर्णाभ्यांशोचन्नास्तेधनंजयः १७ यस्यज्यातलनिर्घोषात्समकंपंतशत्रवः ॥ स्त्रियोगीतस्वनंतस्यमुदिताःपर्युपासते १८

तस्मिन्हस्त्यादिभिःसहयोध्यमानेसति करुणावादिनीदीनवादिनीभवति १० संवासमेवाहअस्मिन्निति ११ । १२ निरयंदुःखम् १३ । १४ । १५ लोकेपरिभूतेननिंदितेन १६ शंखपरिपूर्णाभ्यांबाहुभ्याम् १७ । १८

१९ । २० । २१ स्प्रष्टुंआकलयितुंयमितिशेषः यस्येत्यपिपठंति अप्रतिमानीतिच्छेदः २२ । २३ । २४ । २५ । २६ । २७ । २८ । २९ दिशोनश्यंति शोकेनआंध्यमायातीत्यर्थः ३० आर्याश्वश्रूः ३१

किरीटंसूर्यसंकाशंयस्यमूर्द्धन्यशोभत ॥ वेणीविकृतकेशांतःसोऽयमद्यधनंजयः १९ तंवेणीकृतकेशांतंभीमधन्वानमर्जुनम् ॥ कन्यापरिवृतंदृष्ट्वाभीमसीदतिमेमनः २०
यस्मिन्नस्त्राणिदिव्यानिसमस्तानिमहात्मनि ॥ आधारःसर्वविद्यानांसधारयतिकुण्डले २१ स्प्रष्टुंराजसहस्राणितेजसाऽप्रतिमानिवै ॥ समरेनाभ्यवर्तंतवेलामिवमहार्णवः
२२ सोऽयंराज्ञोविराटस्यकन्यानांनर्तकोयुवा ॥ आस्तेवेषप्रतिच्छन्नःकन्यानांपरिचारकः २३ यस्यस्मरथघोषेणसमकंपतमेदिनी ॥ सपर्वतवनाभीमसहस्थावरजंग
मा २४ यस्मिन्जातमहाभागेकुंत्याःशोकोव्यनश्यत ॥ सशोचयतिमामद्यभीमसेनतवानुजः २५ भूषितंतमलंकारैःकुंडलैःपरिहाटकैः ॥ कंबुपाणिनमायांतंदृष्ट्वासीद
तिमेमनः २६ यस्यनास्तिसमोवीर्येकश्चिदुर्व्यांधनुर्धरः ॥ सोऽद्यकन्यापरिवृतोगायन्नास्तेधनंजयः २७ धर्मेशौर्येचसत्येचजीवलोकस्यसंमतम् ॥ स्त्रीवेषविकृतं
पार्थंदृष्ट्वासीदतिमेमनः २८ यदाह्येनंपरिवृतंकन्याभिर्देवरूपिणम् ॥ प्रभिन्नमिवमातंगंपरिकीर्णंकरेणुभिः २९ मत्स्यमर्थपतिंपार्थंविराटंसमुपस्थितम् ॥ पश्यामितु
र्यमध्यस्थंदिशोनश्यंतिमेतदा ३० नूनमार्यानजानातिकृच्छ्रंप्राप्तंधनंजयम् ॥ अजातशत्रुंकौरव्यंमग्नंदुर्द्यूतदेविनम् ३१ तथादृष्ट्वायवीयांसंसहदेवंगवांपतिम् ॥
गोषुगोवेषमायांतंपांडुभूताऽस्मिभारत ३२ सहदेवस्यवृत्तानिचिंतयंतीपुनःपुनः ॥ ननिद्रामभिगच्छामिभीमसेनकुतोरतिम् ३३ नविंदामिमहाबाहोसहदेवस्य
दुष्कृतम् ॥ यस्मिन्नेवंविधंदुःखंप्राप्नुयात्सत्यविक्रमः ३४ दूयामिभरतश्रेष्ठदृष्ट्वातेभ्रातरंप्रियम् ॥ गोषुगोवृषसंकाशंमत्स्येनाभिनिवेशितम् ॥ ३५ संरब्धं
रक्तनेपथ्यंगोपालानांपुरोगमम् ॥ विराटमभिनंदंतमथमेभवतिज्वरः ३६ सहदेवंहिमेवीरंनित्यमार्याप्रशंसति ॥ महाभिजनसंपन्नःशीलवान्वृत्तवानिति ३७
ह्रीनिषेवोमधुरवाग्धार्मिकश्चप्रियश्चमे ॥ सतेऽरण्येषुवोढव्योयाज्ञसेनिक्षपास्वपि ३८ सुकुमारश्चशूरश्चराजानंचाप्यनुव्रतः ॥ ज्येष्ठापचायिनंवीरंस्वयंपांचा
लिभोजयेः ३९ इत्युवाचहिमांकुंतीरुदतीपुत्रगृद्धिनी ॥ प्रव्रजंतंमहारण्यंतंपरिष्वज्यतिष्ठती ४० तंदृष्ट्वाव्यापृतंगोषुवत्सचर्मक्षपाशयम् ॥ सहदेवंयुधांश्रेष्ठंकिंनुजीवा
मिपांडव ४१ यस्त्रिभिर्नित्यसंपन्नोरूपेणास्त्रेणमेधया ॥ सोऽश्वबंधोविराटस्यपश्यकालस्यपर्ययम् ४२ अभ्यकीर्यंतवृंदानिदामग्रंथिमुदीक्ष्यतम् ॥
विनयंतंजवेनाश्वान्महाराजस्यपश्यतः ४३ अपश्यमेनंश्रीमंतंमत्स्यंभ्राजिष्णुमुत्तमम् ॥ विराटमुपतिष्ठंतंदर्शयंतंचवाजिनः ४४ किंनुमांमन्यसेपार्थसु
खिनीतिपरंतप ॥ एवंदुःखशताविष्टायुधिष्ठिरनिमित्ततः ४५

गोवेषंमहोक्षसदृशं ३२ । ३३ । ३४ दूयामिखेदंप्राप्नोमि ३५ रक्तनेपथ्यं रक्तंगैरिकादिधातुमयंनेपथ्यमलंकारोयस्य ३६ । ३७ । ३८ ज्येष्ठापचायिनंज्येष्ठपूजकम् ३९ । ४० वत्सचर्मणिक्षपायांशेतेइतितं वत्सचर्मक्षपाशयम् ४१ । ४२ अभ्यकीर्यंतव्यशीर्यंत वृंदानिशत्रूणामितिशेषः दामग्रंथिकम् ४३ एनंनकुलं वाजिनोऽश्वान्दर्शयंतं विराटंविराटाय ४४ । ४५

४६ ध्रियमाणेषुजीवत्सु ॥ ४७ ॥ इतिविराटपर्वणिनीलकंठीये भारतभावदीपे एकोनविंशोऽध्यायः ॥ १९ ॥ ॥ सैरंध्र्यावेषेणसैरंध्रीवेषेण शौचदामृज्जलादिशौचसाधनप्रदा १ । २ । ३ । ४ पुरुषस्य दुर्योधनादेः यःकालः सएवकालएव प्रतिपालयेकालमितिशेषः ५ कालएवसर्वंविपरीतंकरोतीत्याह ददत्वेति । येस्त्रयंदातारस्तएवकालेनदरिद्राःसंतोयाचकाभवंतीत्यर्थः तथाअन्यान्हत्वापरैरपिवध्यंति वध्यंते पातयित्वाअन्यान् तएवान्यैःपात्यंतइति ६ अतिभारोदुष्करंदैवस्यकिमपिनास्ति अस्यदैवस्यअतिवर्त्तनंअतिक्रमणंचनास्ति केनचित्कृतमितिशेषः दैवस्यप्राधान्यप्रतिपादकमागमंप्रतिपालयेमानये दैवाधीनाऽस्मीतिमत्वानशोचामीत्यर्थः ७ स्थितमिति । यथारिक्तंसरःपुनःकालेनपूर्यते एवमहमपिपुनःश्रियंप्राप्स्याम्येवेतिनिश्चयेन पर्यायंकालवैपरीत्यंइच्छंती ८ यस्यपुंसोऽर्थोदैवेन

अतःप्रतिविशिष्टानिदुःखान्यन्यानिभारत ॥ वर्त्ततेमयिकौंतेयवक्ष्यामिशृणुतान्यपि ४६ युष्मासुध्रियमाणेषुदुःखानिविविधान्युत ॥ शोषयंतिशरीरंमेकिंनुदुःखमतःपरम् ४७ ॥ इतिश्रीमहाभारतेविराटपर्वणिकीचकवधपर्वणिद्रौपदीभीमसंवादेएकोनविंशोऽध्यायः ॥ १९ ॥ ॥ द्रौपद्युवाच ॥ अहंसैरंध्रिवेषेणचरंतीराजवेश्मनि ॥ शौचदाऽस्मिसुदेष्णायाअक्षधूर्तस्यकरणात् १ विक्रियांपश्यमेतीव्रांराजपुत्र्याःपरंतप ॥ आत्मकालमुदीक्षंतिसर्वेदुःखंकिलांतवत् २ अनित्याकिलमर्त्यानामर्थसिद्धिर्जयाजयौ ॥ इतिकृत्वाप्रतीक्षामिभर्तृणामुदयंपुनः ३ चक्रवत्परिवर्त्ततेह्यर्थाश्चव्यसनानिच ॥ इतिकृत्वाप्रतीक्षामिभर्तृणामुदयंपुनः ४ यएवहेतुर्भवतिपुरुषस्यजयावहः ॥ पराजयेचहेतुःसइतिप्रतिपालये ॥ किंमांनप्रतिजानीषेभीमसेनमृतामिव ५ दत्वायाचंतिपुरुषाहत्वावध्यंतिचापरे ॥ पातयित्वाचपात्यंतेपरैरितिचमेश्रुतम् ६ नदैवस्यातिभारोऽस्तिनचैवास्यातिवर्त्तनम् ॥ इतिचाप्यागमंभूयोदैवस्तप्रतिपालये ७ स्थितंपूर्वंजलंयत्रपुनस्तत्रैवगच्छति ॥ इतिपर्यायमिच्छंतीप्रतीक्षेउदयंपुनः ८ दैवेनकिलयस्यार्थःसुनीतोऽपिविपद्यते ॥ दैवस्यचागमेयत्नस्तेनकार्योविजानता ९ यत्तुमेवचनस्यास्यकथितस्यप्रयोजनम् ॥ पृच्छमांदुखितांतत्त्वंपृष्टाचात्रब्रवीमिते १० महिषीपांडुपुत्राणांदुहिताद्रुपदस्यच ॥ इमामवस्थांसंप्राप्तामदन्याकाजिजीविषेत् ११ कुरून्परिभवेत्सर्वान्पंचालानपिभारत ॥ पांडवेयांश्चसंप्राप्तोममक्लेशोह्यरिंदम १२ भ्रातृभिःश्वशुरैःपुत्रैर्बहुभिःपरिवारिता ॥ एवंसमुदितानारीकात्वन्यादुःखिताभवेत् १३ नूनंहिबालयाधातुर्मयावैविप्रियंकृतम् ॥ यस्यप्रसादाद्दुर्नीतंप्राप्ताऽस्मिभरतर्षभ १४ वर्णावकाशमपिमेपश्यपांडवयादृशम् ॥ तादृशोमेनतत्रासीद्दुःखेपरमकेतदा १५ त्वमेवभीमजानीषेयन्मेपार्थसुखंपुरा ॥ साऽहंदासीत्वमापन्नानशांतिमवशालभे १६

त्विपद्यतेनश्यति तेनदैवस्यैवआगमेआनुकूल्येयत्नःकार्यः दैवान्नष्टोऽर्थः पुनर्जपहोमादिनाआहर्तव्यइत्यर्थः ९ । १० । ११ कुरूनिति । ममएतत्संबंधीमन्निमित्तकः कचग्रहादिरयंक्लेशः पांडवेयान्पांडोःस्त्रीपांडवीकुंतीतस्याःपुत्रान्युष्मान्प्राप्तःसन् कुरून्भीष्मादीन्पंचालान्द्रुपदादींश्चपरिभवेत्नाशयेदित्यर्थः १२ समुदितासम्यगुदयवत्यपि एवं काऽन्यादुःखिताभवेन्नकाऽपि श्रीमतामापदोनदृष्टाएव ममतुदृष्टाइतिमहदाश्चर्यमितिभावः १३ बालयानतुप्रौढयात्वं बाल्येकृतमपराधंनस्मरामि यस्यप्रसादादिदंदुर्नीतंदुरवस्थांप्राप्ताऽस्मि १४ वर्णावकाशोदीप्तिसंकोचः वन्याव्रवल्कलधारणयुक्तात्स्वातंत्र्याद्धिव्यावक्रंतंयुक्तंपारतंत्र्यमतिदुःखदमितिभावः तत्रवने इदानींयथादीप्तिसंकोचोऽस्ति नतथावनेआसीदित्यर्थः १५ अवशापराधीना १६

अदैविकंनकिंतुदैविकमेव १७ विनिपातंपराभवं १८ । १९ । २० । २१ । २२ । २३ पुराकिणवंतौनैवाऽभूतां किंत्विदानीमेवजातावित्यर्थः २४ । २५ वर्णकोविलेपनं वर्णकश्चा रणेऽस्त्रीतुचंदने ’ इतिमेदिनी ‘ वर्णकोऽस्त्रीविलेपनम् ’ इत्यमरः २६ । २७ बाष्पकलयाबाष्पेणगद्गदया मंजुलयावा घट्टयंतीकंपयंतीव २८ कर्त्तव्येमर्त्तव्ये कुहिंसायामित्यस्यरूपम् २९ । ३० ३१

नादैविकमहंमन्येयत्रपार्थोधनंजयः ॥ भीमधन्वामहाबाहुरास्तेच्छन्नइवानलः १७ अशक्यावेदितुंपार्थप्राणिनांवैगतिर्नरैः ॥ विनिपातमिमंमन्येयुष्माकंह्यविचिं तितम् १८ यस्याममममुखप्रेक्षायूयमिंद्रसमाःसदा ॥ साप्रेक्षेमुखमन्यासामवराणांवरासती १९ पश्यपांडवमेऽवस्थांयथानार्हामिवैतथा ॥ युष्मासुध्रियमाणेषुपश्य कालस्यपर्ययम् २० यस्याःसागरपर्यंताप्टथिवीवशवर्तिनी ॥ आसीत्साऽद्यसुदेष्णायाभीताऽहंवशवर्तिनी २१ यस्याःपुरःसराआसन्पृष्ठतश्चानुगामिनः ॥ साऽहमद्यसुदेष्णायाःपुरःपश्चाच्चगामिनी २२ इदंतुदुःखंकौंतेयममासह्यंनिबोधतत् ॥ यानजातुस्वयंपिंषेगात्रोद्वर्त्तनमात्मनः ॥ अन्यत्रकुंत्याभद्रंतेसाऽपिनष्म्यद्य चंदनम् २३ पश्यकौंतेयपाणीमेनैवाऽभूतांहियौपुरा ॥ इत्यस्यदर्शयामासकिणवंतौकरावुभौ २४ बिभेमिकुंत्यायानाहंयुष्माकंवाकदाचन ॥ साद्याऽग्रतोविराटस्य भीतातिष्ठामिकिंकरी २५ किंनुवक्ष्यतिसम्राण्मांवर्णकःसुकृतोनवा ॥ नान्यपिष्टंहिमत्स्यस्यचंदनंकिलरोचते २६ ॥ वैशंपायनउवाच ॥ साकीर्त्तयंतीदुःखानिभीम सेनस्यभामिनी ॥ रुरोदशनकैःकृष्णाभीमसेनमुदीक्षती २७ साबाष्पकलयावाचानिःश्वसंतीपुनःपुनः ॥ हृदयंभीमसेनस्यघट्टयंतीदमब्रवीत् २८ नाल्पंकृतंमया भीमदेवानांकिल्बिषंपुरा ॥ अभाग्यायत्रजीवामिकर्त्तव्येसतिपांडव २९ ॥ वैशंपायनउवाच ॥ ततस्तस्याःकरौसूक्ष्मौकिणबद्धौवृकोदरः ॥ मुखमानीयवेपन्त्यारु रोदपरवीरहा ३० तौगृहीत्वाचकौंतेयोबाष्पमुत्सृज्यवीर्यवान् ॥ ततःपरमदुःखार्तइदंवचनमब्रवीत् ३१ ॥ इतिश्रीमहा० विराटप० कीचकवधप० द्रौपदीभीमसं० विंशोऽध्यायः ॥ २० ॥ ॥ भीमसेनउवाच ॥ धिगस्तुमेबाहुबलंगांडीवंफाल्गुनस्यच ॥ यत्तेरक्तौपुराभूत्वापाणीकृताकिणाविमौ १ सभायांतुविराटस्यकरोमिक दनंमहत् ॥ तत्रमेकारणंभातिकौंतेयोयत्प्रतीक्षते २ अथवाकीचकस्याहंपोथयामिपदाशिरः ॥ ऐश्वर्यमदमत्तस्यक्रीडन्निवमहाद्विपः ३ अपश्यंत्वांयदा कृष्णेकीचकेनपदाहताम् ॥ तदैवाहंचिकीर्षामिमत्स्यानांकदनंमहत् ४ तत्रमांधर्मराजस्तुकटाक्षेणन्यवारयत् ॥ तदहंतस्यविज्ञायस्थितएवास्मिभामिनि ५ यच्च राष्ट्रात्प्रच्यवनंकुरूणामवधश्चयः ॥ सुयोधनस्यकर्णस्यशकुनेःसौबलस्यच ६ दुःशासनस्यपापस्ययन्मयानाहृतंशिरः ॥ तन्मेदहतिगात्राणिहृदिशल्यमिवा र्पितम् ॥ माधर्मंजहिसुश्रोणिक्रोधंजहिमहामते ७ इमंतुसमुपालंभंत्वत्तोराजायुधिष्ठिरः ॥ शृणुयाद्वाऽपिकल्याणिकृत्स्नंजह्यात्सजीवितम् ८ धनंजयोवासुश्रो णियमौवातनुमध्यमे ॥ लोकांतरगतेष्वेषुनाहंशक्ष्यामिजीवितुम् ९

॥ इतिविराटपर्वणिनीलकंठीयेभारतभावदीपेविंशोऽध्यायः ॥ २० ॥ ॥ ॥ धिगिति १ सभायामिति । कारणंनाकस्यमाभूदितिहेतुः प्रतीक्षतेतदेवमूचयन्मामवेक्षते अन्यथातदानीमेव कदनं करोमि कृतंस्यादिसर्थः २ पोथयामिचूर्णीकरोमि ३ । ४ । ५ । ६ नाहृतंछित्वानानीतं ७ । ८ । ९

अन्वपद्यतअनुसृतवती १० । ११ । १२ १३ । १४ । १५ । १६ मादीर्घअदीर्घंअल्पमित्यर्थः सुप्सुपेतिसमासः क्षमक्षमस्त्र मासमर्धंचेतिसार्धमासमित्यर्थः १७ । १८ अनंतरःआसन्नः सन्नद्धोभवेतियावत् १९ कैकेयीसुदेष्णा नेयात्नगच्छेत् २० तंभावं राजाऽस्यांकीचकहंतार्याविरक्तःस्यादित्येवंरूपमभिप्रायं २१ । २२ । २३ । २४ क्षणंस्वीकारं २५ । २६ वध्यंतंवध्यमानं २७ । २८ । २९ अवर्त्तयत्कृतवान्

पुरासुकन्याभार्याचभार्गवंच्यवनंवने ॥ वल्मीकभूतंशाम्यंतमन्वपद्यतभामिनी १० नारायणीचेंद्रसेनारूपेणयदितेश्रुता ॥ पतिमन्वचरद्वृद्धंपुरावर्षसहस्रिणम् ११ दुहिताजनकस्यापिवैदेहीयदितेश्रुता ॥ पतिमन्वचरत्सीतामहारण्यनिवासिनम् १२ रक्षसानिग्रहंप्राप्यरामस्यमहिषीप्रिया ॥ क्लिश्यमानाऽपिसुश्रोणिराममेवा न्वपद्यत १३ लोपामुद्रातथाभीरुवयोरूपसमन्विता ॥ अगस्तिमन्वयाद्धित्वाकामान्सर्वानमानुषान् १४ द्युमत्सेनसुतंवीरंसत्यवंतमनिंदिता ॥ सावित्र्यनुच चारैकायमलोकंमनस्विनी १५ यथैताःकीर्तितानार्योरूपवत्यःपतिव्रताः ॥ तथात्वमपिकल्याणिसर्वैःसमुदितागुणैः १६ मादीर्घंक्षमकालंत्वंमासमर्द्धंचसंमितम् ॥ पूर्णेत्रयोदशेवर्षेराज्ञांराज्ञीभविष्यसि १७ ॥ द्रौपद्युवाच ॥ आर्त्तयैतन्मयाभीमकृतंबाष्पप्रमोचनम् ॥ अपारयंत्यादुःखानिनराजानमुपालभे १८ किमुक्तेनव्यती तेनभीमसेनमहाबल ॥ प्रत्युपस्थितकालस्यकार्यस्यानंतरोभव १९ ममेहभीमकैकेयीरूपाभिभवशंकया ॥ नित्यमुद्विजतेराजाकथंनेयादिमामिति २० तस्या विदित्वातंभावंस्वयंचानृतदर्शनः ॥ कीचकोऽयंसुदुष्टात्मासदाप्रार्थयतेहिमाम् २१ तमहंकुपिताभीमपुनःकोपंनियम्यच ॥ अब्रुवंकामसंमूढमात्मानंरक्षकीचक २२ गंधर्वाणामहंभार्यापंचानांमहिषीप्रिया ॥ तेत्वांनिहन्युःकुपिताःशूराःसाहसकारिणः २३ एवमुक्तःसुदुष्टात्माकीचकःप्रत्युवाचह ॥ नाहंबिभेमिसैरंध्रीगंध र्वाणांशुचिस्मिते २४ शतंशतसहस्राणिगंधर्वाणामहंरणे ॥ समागतंहनिष्यामित्वंभीरुकुरुमेक्षणम् २५ इत्युक्तेचाब्रुवंमत्तंकामातुरमहंपुनः ॥ नत्वंप्रतिबलस्तेषांगंध र्वाणांयशस्विनाम् २६ धर्मेस्थिताऽस्मिसततंकुलशीलसमन्विता ॥ नेच्छामिकंचिद्वध्यंतंतेनजीवसिकीचक ॥ २७ एवमुक्तःसदुष्टात्माप्राहसत्स्वनवत्तदा ॥ अथ मांतत्रकैकेयीप्रेषयत्प्रणयेनतु २८ तेनैवदेशितापूर्वंभ्रातृप्रियचिकीर्षया ॥ सुरामानयकल्याणिकीचकस्यनिवेशनात् २९ सूतपुत्रस्तुमांदृष्ट्वामहत्सांत्वमवर्त्तयत् ॥ सांत्वेप्रतिहतेकुद्धःपरामर्शमनाऽभवत् ३० विदित्वातस्यसंकल्पंकीचकस्यदुरात्मनः ॥ तथाऽहंराजशरणंजवेनैवप्रधाविता ३१ संदर्शनेतुमांराज्ञःसूतपुत्रःपरा मृशत् ॥ पातयित्वातुदुष्टात्मापदाऽहंतेनताडिता ३२ प्रेक्षतेस्मविराटस्तुकंकस्तुबहवोजनाः ॥ रथिनःपीठमर्दाश्चहस्त्यारोहाश्चनैगमाः ३३ उपालब्धोमया राजाकंकश्चापिपुनःपुनः ॥ ततोनवारितोराज्ञानतस्याविनयःकृतः ३४

सांत्वंप्रियवादम् ३० राजशरणंराजाधिष्ठितंस्थानम् ३१ संदर्शनेप्रत्यक्षम् ३२ पीठमर्दाःराजप्रियाः 'पीठमर्दोऽतिधृष्टेस्यान्नायकस्यप्रियेऽपिच' इतिमेदिनी नैगमाःनागराःवणिजोवा 'नैगमःस्यादुप निषद्वणिजोर्नागरेऽपिच' इतिमेदिनी ३३ तस्यकीचकस्याविनयः नकृतःननाशितः ३४

सारथिर्युद्धेसहायः नरस्यराज्ञः स्त्रियःसुदेष्णायाश्चसंमतःसंबंधित्वात् ३५ तर्हिकथंतयोर्विप्रियंतद्वधेनकर्त्तव्यमित्याशंक्याह शूरइति । मुग्धवान्मौढ्यंगतवान् दारामर्शीतवैवस्त्रियंमांस्पृष्टवान् ३६ तिष्ठतेस्थिरो
भवति बुभूषतिप्राप्तुमिच्छति ३७ । ३८ दर्शनेदर्शनेप्रतिदर्शनं सएवंराजवल्लभःकामात्माच यदिमांहन्यात्ताडयेत् ताडनभयाद्राऽहंयदिजीवितंजह्यां तत्तर्हिधर्मेयतमानानांभवतांधर्मोनशिष्यति शौर्येव्यर्थं
स्यादित्यर्थः ३९ एतदेवाह समयमिति । समयंमर्यादांत्रयोदशवर्षरूपां भार्यापोषणीयानभविष्यति ४० । ४१ जायात्आविर्भवेत् वदतांकथयतांब्राह्मणानांमुखात्वर्णधर्मश्चश्रुतः ४२ । ४३

योऽयंराज्ञोविराटस्यकीचकोनामसारथिः ॥ त्यक्तधर्मानृशंसश्चनरस्त्रीसंमतःप्रियः ३५ शूरोऽभिमानीपापात्मासर्वार्थेषुचमुग्धवान् ॥ दारामर्शीमहाभागलभते
ऽर्थान्बहूनपि ३६ आहरेदपिवित्तानिपरेषांक्रोशतामपि ॥ नतिष्ठतेस्मसन्मार्गेनचधर्मंबुभूषति ३७ पापात्मापापभावश्चकामबाणवशानुगः ॥ अविनीतश्चदु
ष्टात्माप्रत्याख्यातःपुनःपुनः ३८ दर्शनेदर्शनेहन्याद्यदिजह्यांचजीवितम् ॥ तद्धर्मेयतमानानांमहान्धर्मोनशिष्यति ३९ समयंरक्षमाणानांभार्यावोनभविष्यति ॥ भा
र्यायांरक्ष्यमाणायांप्रजाभवतिरक्षिता ४० प्रजायांरक्ष्यमाणायामात्माभवतिरक्षितः ॥ आत्माहिजायतेतस्यांतेनजायांविदुर्बुधाः ४१ भर्त्तातुभार्ययारक्ष्यःकथंजा
यान्ममोदरे ॥ वदतांवर्णधर्मंश्चब्राह्मणानामितिश्रुतः ४२ क्षत्रियस्यसदाधर्मोनान्यःशत्रुनिबर्हणात् ॥ पश्यतोधर्मराजस्यकीचकोमांपदाऽवधीत् ४३ तवचैवसमक्षे
वैभीमसेनमहाबल ॥ त्वयाह्यहंपरित्रातातस्माद्घोराज्जटासुरात् ४४ जयद्रथंतथैवत्वमजैषीर्भ्रातृभिःसह ॥ जहीममपिपापिष्ठंयोऽयंमामवमन्यते ४५ कीचकोराजवा
ल्लभ्याच्छोककृन्ममभारत ॥ तमेवंकामसंमत्तंभिंधिकुंभमिवाश्मनि ४६ योनिमित्तमनर्थानांबहूनांममभारत ॥ तंचेज्जीवंतमादित्यःप्रातरभ्युदयिष्यति ४७ विष
मालोड्यपास्यामिमाकीचकवशंगमम् ॥ श्रेयोहिमरणंमह्यंभीमसेनतवाग्रतः ४८ ॥ वैशंपायनउवाच ॥ इत्युक्त्वाप्रारुदत्कृष्णाभीमस्योरःसमाश्रिता ॥ भीमश्च
तांपरिष्वज्यमहत्सांत्वंप्रयुज्यच ४९ आश्वासयित्वाबहुशोभृशमार्त्तांसुमध्यमाम् ॥ हेतुतत्त्वार्थसंयुक्तैर्वचोभिर्द्रुपदात्मजाम् ५० प्रमृज्यवदनंतस्याःपाणि
नाऽश्रुसमाकुलम् ॥ कीचकंमनसाऽगच्छत्सृक्किणीपरिसंलिहन् ॥ उवाचचैनांदुःखार्तांभीमःक्रोधसमन्वितः ५१ ॥ इतिश्रीमहाभारतेविराटपर्वणिकीचकवधपर्व
णिद्रौपदीसांत्वनेएकविंशोऽध्यायः ॥ २१ ॥ ॥ भीमसेनउवाच ॥ तथाभद्रेकरिष्यामियथात्वंभीरुभाषसे ॥ अद्यतंसूदयिष्यामिकीचकंसहबांधवम् १ अस्याःप्र
दोषेशर्वर्याःकुरुष्वानेनसंगतम् ॥ दुःखंशोकंचनिर्धूययाज्ञसेनिशुचिस्मिते २ यैषानर्तनशालेहमत्स्यराजेनकारिता ॥ दिवाऽत्रकन्यानृत्यंतिरात्रौयांतियथागृहम् ३ त
त्रास्तिशयनंदिव्यंदृढांगंसुप्रतिष्ठितम् ॥ तत्रास्यदर्शयिष्यामिपूर्वप्रेतान्पितामहान् ४ यथाचत्वांनपश्येयुःकुर्वाणांतेनसंविदम् ॥ कुर्यास्तथात्वंकल्याणियथासन्निहितोभवेत् ५

४४ । ४५ । ४६ अभ्युदयिष्यतिअभ्युदेष्यति ४७ कीचकवशंमागमंनगच्छेयम ४८ । ४९ हेतुभिर्युक्तिभिःतत्त्वार्थैर्यथार्थभूतैश्चार्थैःसंयुक्तानितैः ५० आगच्छत्स्मृतवान् सृक्किणीगल्लयोरभ्यंतरे परिसंलिहन्जिव्हयापरामृशन् ५१ ॥ ॥ इतिविराटपर्वणिनीलकंठीये भारतभावदीपे एकविंशोऽध्यायः ॥ २१ ॥ ॥ तथेति १ प्रदोषेरजनीमुखे संगतंसंभाषणं निर्धूयअपाकृत्य २ । ३ दृढांगंकाष्ठफलकमयम् ४ । ५

६

६ । ७ अहनंहतवान् ८ । ९ । १० नौआवयोः ११ समयंसंकेतं प्रतिपद्यस्वस्वीकुरु १२ । १३ । १४ । १५ । १६ । १७ दिवसार्द्धं अहोरात्रार्द्धं दिनमे

॥ वैशंपायनउवाच ॥ तथातौकथयित्वातुबाष्पमुत्सृज्यदुःखितौ ॥ रात्रिशेषंतमत्युग्रंधारयामासतुर्हृदि ६ तस्यांरात्र्यांव्यतीतायांप्रातरुत्थायकीचकः ॥ गत्वाराजकुलायैवद्रौपदीमिदमब्रवीत् ७ सभायांपश्यतोराज्ञःपातयित्वापदाऽहनम् ॥ नचैवालभसेत्राणमभिपन्नाबलीयसा ८ प्रवादेनेहमत्स्यानांराजानाम्नाऽयमुच्यते ॥ अहमेवहिमत्स्यानांराजावैवाहिनीपतिः ९ मांसुखंप्रतिपद्यस्वदासोभीरुभवामिते ॥ अह्नायतवसुश्रोणिशतंनिष्कान्ददाम्यहम् १० दासीशतंचतेदद्यांदासानामपिचापरम् ॥ रथंचाश्वतरीयुक्तमस्तुनौभीरुसंगमः ११ ॥ द्रौपद्युवाच ॥ एवंमेसमयंत्वद्यप्रतिपद्यस्वकीचक ॥ नत्वांसखावाभ्रातावाजानीयात्संगतंमया १२ अनुप्रवादाद्भीताऽस्मिगंधर्वाणांयशस्विनाम् ॥ एवंमेप्रतिजानीहिततोऽहंवशगातव १३ ॥ कीचकउवाच ॥ एवमेतत्करिष्यामियथासुश्रोणिभाषसे ॥ एकोभद्रेगमिष्यामिशून्यमावसथंतव १४ समागमार्थंरंभोरुत्वयामदनमोहितः ॥ यथात्वांनैवपश्येयुर्गंधर्वाःसूर्यवर्चसः १५ ॥ द्रौपद्युवाच ॥ यदेतन्नर्तनागारंमत्स्यराजेनकारितम् ॥ दिवाऽत्रकन्यानृत्यंतिरात्रौयांतियथागृहम् १६ तमिस्रेतत्रगच्छेथागंधर्वास्तन्नजानते ॥ तत्रदोषःपरिहृतोभविष्यतिनसंशयः १७ ॥ वैशंपायनउवाच ॥ तमर्थमपिजल्पंत्याःकृष्णायाःकीचकेनह ॥ दिवसार्द्धंसमभवन्मासेनैवसमंनृप १८ कीचकोऽथगृहंगत्वाभृशंहर्षपरिप्लुतः ॥ सैरंध्रीरूपिणंमूढोमृत्युंतंनावबुद्धवान् १९ गंधाभरणमाल्येषुव्यासक्तःसविशेषतः ॥ अलंचक्रेतदात्मानंसत्वरःकाममोहितः २० तस्यतत्कुर्वतःकर्मकालोदीर्घइवाभवत् ॥ अनुचिंतयतश्चापितामेवायतलोचनाम् २१ आसीदभ्यधिकाचापिश्रीःश्रियंप्रमुमुक्षतः ॥ निर्वाणकालेदीपस्यवर्तीमिवदिधक्षतः २२ कृतसंप्रत्ययस्तस्याःकीचकःकाममोहितः ॥ नाजानाद्दिवसंयांतंचिंतयानःसमागमम् २३ ततस्तुद्रौपदीगत्वातदाभीमंमहानसे ॥ उपातिष्ठतकल्याणीकौरव्यंपतिमंतिकम् २४ तमुवाचसुकेशांताकीचकस्यमयाकृतः ॥ संगमोनर्तनागारेयथाऽवोचःपरंतप २५ शून्यंसनर्तनागारमागमिष्यतिकीचकः ॥ एकोनिशिमहाबाहोकीचकंतंनिषूदय २६ तंसूतपुत्रंकौंतेयकीचकंमददर्पितम् ॥ गत्वात्वंनर्तनागारंनिर्जीवंकुरुपांडव २७ दर्पाच्चसूतपुत्रोऽसौगंधर्वानवमन्यते ॥ तंत्वंप्रहरतांश्रेष्ठह्रदान्नागमिवोद्धर २८ अश्रुदुःखाभिभूतायाममममार्जस्वभारत ॥ आत्मनश्चैवभद्रंतेकुरुमानंकुलस्यच २९ ॥ भीमसेनउवाच ॥ स्वागतंतेवरारोहेयन्मांवेदयसेप्रियम् ॥ नह्यन्यंकंचिदिच्छामिसहायंवरवर्णिनि ३० यामेप्रीतिस्त्वयाऽऽख्याताकीचकस्यसमागमे ॥ हत्वाहिडिंबंसाप्रीतिर्ममासीद्वरवर्णिनि ३१ सत्यंभ्रातृंश्चधर्मंचपुरस्कृत्यब्रवीमिते ॥ कीचकंनिहनिष्यामिवृत्रंदेवपतिर्यथा ३२

कश्चिपिमासेनसमप्रीत्कंठयादभूत् १८ । १९ । २० । २१ । २२ कृतसंप्रत्ययः कृतविश्वासः नाजानात्नज्ञातवान् २३ । २४ । २५ । २६ । २७ ह्रदात्यमुनाह्रदान्नागंकालियंकृष्णोयथोद्धृतवांस्तद्वच्चमेनमिहलोकाद्दूरेपातयेतिभावः २८ । २९ । ३० । ३१ । ३२

३३ । ३४ । ३५ । ३६ तस्यतेमादृश्यमानः नागोहस्ती अलभ्यांत्वाम् ३७। ३८ । ३९ । ४० । ४१ । ४२ । ४३ यत्कृतंयदर्जितंधनादितत्सर्वं तेतुभ्यंप्रापितंदत्तमितिसंबंधः ४४ अतःपरं

तंगह्वरेप्रकाशेवापोथयिष्यामिकीचकम् ॥ अथचेदपियोत्स्यंतिहिंसेमत्स्यानपिध्रुवम् ३३ ततोदुर्योधनंहत्वाप्रतिपत्स्येवसुंधराम् ॥ कामंमत्स्यमुपास्तांहि
कुंतीपुत्रोयुधिष्ठिरः ३४ ॥ द्रौपद्युवाच ॥ यथानसंत्यजेथास्त्वंसत्यंवैमत्कृतेविभो ॥ निगूढस्त्वंतथापार्थकीचकंतंनिषूदय ३५ ॥ भीमसेनउवाच ॥ एवमे
तत्करिष्यामियथात्वंभीरुभाषसे ॥ अद्यतंसूदयिष्यामिकीचकंसहबांधवैः ३६ अदृश्यमानस्तस्याथतमस्विन्यामनिंदिते ॥ नागोबिल्वमिवाक्रम्यपोथयि
ष्याम्यहंशिरः ॥ अलभ्यामिच्छतस्तस्यकीचकस्यदुरात्मनः ३७ ॥ वैशंपायनउवाच ॥ भीमोऽथप्रथमंगत्वारात्रौच्छन्नउपाविशत् ॥ मृगंहरिरिवादृश्यःप्रत्या
कांक्षतकीचकम् ३८ कीचकश्चाप्यलंकृत्ययथाकाममुपागमत् ॥ तांवेलांनर्त्तनागारंपांचालीसंगमाशया ३९ मन्यमानःससंकेतमागारंप्राविशच्चतत् ॥ प्रवि
श्यचसतद्वेश्मतमसासंवृतंमहत् ४० पूर्वागतंततस्तत्रभीममप्रतिमौजसम् ॥ एकांतावस्थितंचैनमाससादसदुर्मतिः ४१ शयानंशयनेतत्रसूतपुत्रःपरामृश
त् ॥ जाज्वल्यमानंकोपेनकृष्णाधर्षणजेनह ४२ उपासंगम्यचैवैनंकीचकःकाममोहितः ॥ हर्षोन्मथितचित्तात्मास्मयमानोऽभ्यभाषत ४३ प्रापितंतेमयावि
त्तंबहुरूपमनंतकम् ॥ यत्कृतंधनरत्नाढ्यंदासीशतपरिच्छदम् ४४ रूपलावण्ययुक्ताभिर्युवतीभिरलंकृतम् ॥ गृहंचांतःपुरंसुभ्रुक्रीडारतिविराजितम् ॥ त
त्सर्वंत्वांसमुद्दिश्यसहसाऽहमुपागतः ४५ अकस्मान्मांप्रशंसंतिसदागृहगताःस्त्रियः ॥ सुवासादर्शनीयश्चनान्योऽस्तित्वादृशःपुमान् ४६ ॥ भीमसेनउवाच ॥
दिष्ट्यात्वंदर्शनीयोऽथदिष्ट्याऽऽत्मानंप्रशंससि ॥ ईदृशस्तुत्वयास्पर्शःस्पृष्टपूर्वोनकर्हिचित् ४७ स्पर्शंवेत्सिविदग्धस्त्वंकामधर्मविचक्षणः ॥ स्त्रीणांप्रीतिकरोनान्य
स्त्वत्समःपुरुषस्त्विह ४८ ॥ वैशंपायनउवाच ॥ इत्युक्त्वातंमहाबाहुर्भीमोभीमपराक्रमः ॥ सहसोत्पत्यकौंतेयःप्रहस्येदमुवाचह ४९ अद्यत्वांभगिनीपापंकृष्य
माणंमयाभुवि ॥ द्रक्ष्यतेऽद्रिप्रतीकाशंसिंहेनेवमहागजम् ५० निराबाधात्वयिहतेसैरंध्रीविचरिष्यति ॥ सुखमेवचरिष्यंतिसैरंध्र्याःपतयःसदा ५१ ततोज
ग्राहकेशेषुमाल्यवत्सुमहाबलः ॥ सकेशेषुपरामृष्टोबलेनबलिनांवरः ५२ आक्षिप्यकेशान्वेगेनबाह्वोर्जग्राहपांडवम् ॥ बाहुयुद्धंतयोरासीत्क्रुद्धयोर्नरसिंहयोः ५३
वसंतेवासिताहेतोर्बलवद्गजयोरिव ॥ कीचकानांतुमुख्यस्यनराणामुत्तमस्यच ५४ वालिसुग्रीवयोर्भ्रात्रोःपुरेवकपिसिंहयोः ॥ अन्योन्यमभिसंरब्धौपरस्परजयै
षिणौ ५५ ततःसमुद्यम्यभुजौपंचशीर्षाविवोरगौ ॥ नखदंष्ट्राभिरन्योन्यंघ्नतःक्रोधविषोद्धतौ ५६ वेगेनाभिहतोभीमःकीचकेनबलीयसा ॥ स्थिरप्रतिज्ञःसर
णेपदान्नचलितंपदम् ५७ तावन्योन्यंसमाश्लिष्यप्रकर्षंतौपरस्परम् ॥ उभावपिप्रकाशेतेप्रवृद्धौवृषभाविव ५८

त्वांसमुद्दिश्याहमत्रागतोऽस्मि ४५ प्रशंसंतित्वयाऽहंवृतइतिहेतोरित्यभिप्रायः ४६ । ४७ । ४८ । ४९ । ५० । ५१ । ५२ । ५३ वासिताहेतोर्हस्तिनीनिमित्तम् ५४
५५ । ५६ । ५७ । ५८

५९ करटामुखंगंडस्थलस्थंमदनिर्गमस्थानं 'करटोगजगंडेस्यात्' इतिमेदिनी ६० । ६१ ६२ । ६३ । ६४ आकलितमाक्रांतं द्रुतपदंचलितस्थानंयथास्यात्तथास्थितम् ६५ । ६६ । ६७ । ६८
६९ सहित्वासोढ्वा बलादहीयतबलहीनोऽभूत् ७० वक्षस्यानीयानबंभुजंकृत्वा तत्राभिनालच्छिरःसंयोज्येत्यर्थः ७१ । ७२ गृहीत्वाचेतिपाठे इवार्थेचः ७३ योक्त्रयामासबबंध रशनयारज्ज्वा ७४ । ७५

॥ १८ ॥ तयोर्ह्यासीत्सुतुमुलःसंप्रहारःसुदारुणः ॥ नखदंतायुधवतोर्व्याघ्रयोरिवदृप्तयोः ५९ अभिपत्याथबाहुभ्यांप्रत्यगृह्णादमर्षितः ॥ मातंगइवमातंगंप्रभिन्नकरटामुखम् ६० सचाप्येनंतदाभीमःप्रतिजग्राहवीर्यवान् ॥ तमाक्षिपत्कीचकोऽथबलेनबलिनांवरः ६१ तयोर्भुजविनिष्पेषादुभयोर्बलिनोस्तदा ॥ शब्दःसमभवद्घोरोवेणुस्फोटसमोयुधि ६२ अथैनमाक्षिप्यबलाद्गृहमध्येवृकोदरः ॥ धूनयामासवेगेनवायुश्चंडइवद्रुमम् ६३ भीमेनचपरामृष्टोदुर्बलोबलिनारणे ॥ प्रास्पंदतयथाप्राणंविचकर्षचपांडवम् ६४ ईषदाकलितंचापिक्रोधाद्द्रुतपदंस्थितम् ॥ कीचकोबलवान्भीमंजानुभ्यामाक्षिपद्भुवि ६५ पातितोभुविभीमस्तुकीचकेनबलीयसा ॥ उत्पपाताथवेगेनदंडपाणिरिवांतकः ६६ स्पर्द्धयाचबलोन्मत्तौतावुभौसूतपांडवौ ॥ निशीथेपर्यकर्षेतांबलिनौनिर्जनेस्थले ६७ ततस्तद्भवनंश्रेष्ठंप्राकंपतमुहुर्मुहुः ॥ बलवच्चापिसंक्रुद्धावन्योन्यंप्रतिगर्जतः ६८ तलाभ्यांसतुभीमेनवक्षस्यभिहतोबली ॥ कीचकोरोषसंतप्तःपदान्नचलितःपदम् ६९ मुहूर्तंतुसतंवेगंसहित्वाभुविदुःसहम् ॥ बलादहीयततदासूतोभीमबलार्दितः ७० तंहीयमानंविज्ञायभीमसेनोमहाबलः ॥ वक्षस्यानीयवेगेनममर्दैनंविचेतसम् ७१ क्रोधाविष्टोविनिःश्वस्यपुनश्चैनंवृकोदरः ॥ जग्राहजयतांश्रेष्ठःकेशेष्वेवतदाभृशम् ७२ गृहीत्वाकीचकंभीमोविरराजमहाबलः ॥ शार्दूलःपिशिताकांक्षीगृहीत्वेवमहामृगम् ७३ ततएनंपरिश्रांतमुपलभ्यवृकोदरः ॥ योक्त्रयामासबाहुभ्यांपशुंरशनयायथा ७४ नदंतंचमहानादंभिन्नभेरीसमस्वनम् ॥ भ्रामयामाससुचिरंविस्फुरंतमचेतसम् ७५ प्रगृह्यतरसादोर्भ्यांकंठंतस्यवृकोदरः ॥ अपीडयतकृष्णायास्तदाकोपोपशांतये ७६ अथतंभग्नसर्वांगंव्याविद्धनयनांबरम् ॥ आक्रम्यचकटीदेशेजानुनाकीचकाधमम् ॥ अपीडयतबाहुभ्यांपशुमारममारयत् ७७ तंविषीदंतमाज्ञायकीचकंपांडुनंदनः ॥ भूतलेभ्रामयामासवाक्यंचेदमुवाचह ७८ अद्याहमनृणोभूत्वाभ्रातुर्भार्यापहारिणम् ॥ शांतिंलब्धास्मिपरमांहत्वासैरंध्रिकंटकम् ७९ इत्येवमुक्त्वापुरुषप्रवीरस्तंकीचकंक्रोधसरागनेत्रः ॥ अस्त्रस्तवस्त्राभरणंस्फुरंतमुद्भ्रांतनेत्रंव्यसुमुत्ससर्ज ८० निष्पिष्यपाणिनापाणिंसंदष्टौष्ठपुटंबली ॥ समाक्रम्यचसंक्रुद्धोबलेनबलिनांवरः ८१ तस्यपादौचपाणीचशिरोग्रीवांचसर्वशः ॥ कायेप्रवेशयामासपशोरिवपिनाकधृक् ८२ तंसंमथितसर्वांगंमांसपिंडोपमंकृतम् ॥ कृष्णायादर्शयामासभीमसेनोमहाबलः ८३ उवाचचमहातेजाद्रौपदींयोषितांवराम् ॥ पश्यैनमेहिपांचालिकामुकोऽयंयथाकृतः ८४ ॥ १८ ॥

दोर्भ्यांपाणिभ्याम् ७६ व्याविद्धेअतिपीडनात् अधःक्षिप्ते नयनेनयनगोलकेअंबरंवस्त्रंचयस्य नयनाकाशोवा पशुमारंपशुंमारयित्वेवेतियज्ञियपशुवदित्यर्थः ७७ । ७८ सैरंध्रिकंटकंह्रस्वत्वंसमासनिमित्तम् ७९ । ८० । ८१ तस्यपादौचेति । कायेदेहमध्यभागे तत्तच्छिद्रमार्गेणैवांगान्यंतःप्रवेश्य 'योअस्मैरेवान्नमुनोतिसोमं निररत्नौमघवातंदधाति' इतिश्रुतमरत्नौनिर्धानमेतदेवद्रष्टव्यं रेवान्धनवान् निर्धानं निष्कृष्यस्थापनम् ८२ कृष्णायाःद्रौपद्यै ८३ । ८४

८५ । ८६ सुकेशांते सुष्टुकौटिल्येनविराजमानाःकेशांतायस्याः शोभतइत्युपहासः एवमेवधार्त्तराष्ट्रान्मारयिष्यामीतिभावः ८७ रोषस्यशमंअंतं फलस्यजातत्वात् ८८ । ८९ । ९० । ९१

एवमुक्त्वामहाराजभीमोभीमपराक्रमः ॥ पादेनपीडयामासतस्यकायंदुरात्मनः ८५ ततोऽग्निंतत्रप्रज्वाल्यदर्शयित्वातुकीचकम् ॥ पांचालींसतदावीरइदंवच
नमब्रवीत् ८६ पार्थयंतिसुकेशांतेयेत्वांशीलगुणान्विताम् ॥ एवंतेभीरुवध्यंतेकीचकःशोभतेयथा ८७ तत्कृत्वादुष्करंकर्मकृष्णायाःप्रियमुत्तमम् ॥ तथासकी
चकंहत्वागत्वारोषस्यवैशमम् ८८ आमंत्र्यद्रौपदींकृष्णांक्षिप्रमायान्महानसम् ॥ कीचकंघातयित्वातुद्रौपदीयोषितांवरा ॥ प्रहृष्टागतसंतापासभापालानुवाचह
८९ कीचकोऽयंहतःशेतेगंधर्वैःपतिभिर्मम ॥ परस्त्रीकामसंमत्तस्तत्रागच्छतपश्यत ९० तच्छ्रुत्वाभाषितंतस्यानर्तनागाररक्षिणः ॥ सहसैवसमाजग्मुरादायोल्काः
सहस्रशः ९१ ततोगत्वाऽथतद्वेश्मकीचकंविनिपातितम् ॥ गतासुंददृशुर्भूमौरुधिरेणसमुक्षितम् ९२ पाणिपादविहीनंतुदृष्ट्वाचव्यथिताऽभवन् ॥ निरीक्षं
तिततःसर्वेपरंविस्मयमागताः ९३ अमानुषंकृतंकर्मतंदृष्ट्वाविनिपातितम् ॥ क्वास्यग्रीवाक्वचरणौक्वपाणीक्वशिरस्तथा ॥ इतिस्मतंपरीक्षंतेगंधर्वेणहतंतदा ९४
॥ इतिश्रीमहाभारतेविराटपर्वणिकीचकवधपर्वणिकीचकवधेद्वाविंशोऽध्यायः ॥ २२ ॥ ॥ ॥ ॥ वैशंपायनउवाच ॥ तस्मिन्कालेसमागम्यसर्वेत
त्रास्यबांधवाः ॥ रुरुदुःकीचकंदृष्ट्वापरिवार्यसमंततः १ सर्वेसंहृष्टरोमाणःसंत्रस्ताःप्रेक्ष्यकीचकम् ॥ तथासंभिन्नसर्वांगंकूर्मस्थलइवोद्धृतम् २ पोथितंभीमसे
नेनतमिंद्रेणेवदानवम् ॥ संस्कारयितुमिच्छंतोबहिर्नेतुंप्रचक्रमुः ३ ददृशुस्तेततःकृष्णांसूतपुत्राःसमागताः ॥ अदूराच्चानवद्यांगींस्तंभमालिंग्यतिष्ठतीम् ४
समवेतेषुसर्वेषुतामूचुरुपकीचकाः ॥ हन्यतांशीघ्रमसतीयत्कृतेकीचकोहतः ५ अथवानैवहंतव्यादह्यतांकामिनासह ॥ मृतस्यापिप्रियंकार्यंसूतपुत्रस्यसर्वथा ६
ततोविराटमूचुस्तेकीचकोऽस्याःकृतेहतः ॥ सहानेनाद्यदह्येमतदनुज्ञातुमर्हसि ७ पराक्रमंतुसूतानांमत्वाराजाऽन्वमोदत ॥ सैरंध्र्याःसूतपुत्रेणसहदाहंविशांपतिः
८ तांसमासाद्यवित्रस्तांकृष्णांकमललोचनाम् ॥ मोमुह्यमानांतेतत्रजगृहुःकीचकाभृशम् ९ ततस्तुतांसमारोप्यनिबद्ध्यचसुमध्यमाम् ॥ जग्मुरुद्यम्यतेसर्वे
श्मशानाभिमुखास्तदा १० ह्रियमाणातुसाराजन्सूतपुत्रैरनिंदिता ॥ प्राक्रोशन्नाथमिच्छंतीकृष्णानाथवतीसती ११ ॥ द्रौपद्युवाच ॥ जयोजयंतोविजयोजय
त्सेनोजयद्बलः ॥ तेमेवाचंविजानंतुसूतपुत्रानयंतिमाम् १२ येषांज्यातलनिर्घोषोविस्फूर्जितमिवाशनेः ॥ व्यश्रूयतमहायुद्धेभीमघोषस्तरस्विनाम् १३
रथघोषश्चबलवान्गंधर्वाणांतरस्विनाम् ॥ तेमेवाचंविजानंतुसूतपुत्रानयंतिमाम् १४ ॥ वैशंपायनउवाच ॥ तस्यास्ताःकृपणावाचःकृष्णायाःपरिदेवितम् ॥
श्रुत्वैवाभ्यपतद्भीमःशयनादविचारयन् १५

९२ । ९३ । ९४ । ॥ इतिविराटपर्वणिनैलकंठीये भारतभावदीपेद्वाविंशोऽध्यायः ॥ २२ ॥ ॥ ॥ तस्मिन्निति १ । २ । ३ । ४ । ५ । ६ । ७ । ८ । ९ । १०
११ । १२ । १३ । १४ । १५

१६ व्यायतंव्यापरंयत्नंकृत्वा वेषंचविपरिवर्त्य गंधर्ववेषसदृशंकृत्वा १७ अभ्यवस्कंद्यनिपत्य द्रुममारुह्य ततश्चद्रौपदीनयनप्रदेशंदृष्ट्वेत्यर्थः १८ । १९ मूर्धिशुष्कमितिशोषणोन्मुखत्वेनातिपक्वत्वंसूच्यते २० परिरभ्यउपक्रम्यउत्पाटनार्थयत्नंकृत्वा उत्पाटितंचतंस्कंधेआरोपयामास व्यामंप्रसारितयोर्बाह्वोरंतरम् २१ । २२ । २३ । २४ । २५ । २६ । २७ । २८ विमुच्यमोचयित्वा २९ । ३० अन्येनमार्गेण ३१

॥ १९ ॥ ॥ भीमसेनउवाच ॥ अहंशृणोमितेवाचंत्वयासैरंध्रिभाषिताम् ॥ तस्मात्तेसूतपुत्रेभ्योभयंभीरुनविद्यते १६ ॥ वैशंपायनउवाच ॥ इत्युक्त्वासमहाबाहुर्विजजृंभेजिघांसया ॥ ततःसव्यायतंकृत्वावेषंविपरिवर्त्यच १७ अद्वारेणाभ्यवस्कंद्यनिर्जगामबहिस्तदा ॥ सभीमसेनःप्राकारादारुह्यतरसाद्रुमम् १८ श्मशानाभिमुखःप्रायाद्यत्रतेकीचकागताः ॥ सलंघयित्वाप्राकारंनिःसृत्यचपुरोत्तमात् ॥ जवेनपतितोभीमःसूतानामग्रतस्तदा १९ चितासमीपेगत्वासतत्रापश्यद्वनस्पतिम् ॥ तालमात्रंमहास्कंधंमूर्धशुष्कंविशांपते २० तंनागवदुपक्रम्यबाहुभ्यांपरिरभ्यच ॥ स्कंधमारोपयामासदशव्यामंपरंतपः २१ सतंवृक्षंदशव्यामंसस्कंधविटपंबली ॥ प्रगृह्याभ्यद्रवत्सूतान्दंडपाणिरिवांतकः २२ ऊरुवेगेनतस्याथन्यग्रोधाश्वत्थकिंशुकाः ॥ भूमौनिपतितावृक्षाःसंघशस्तत्रशेरते २३ तंसिंहमिवसंक्रुद्धंदृष्ट्वागंधर्वमागतम् ॥ वित्रेसुःसर्वशःसूताविषादभयकंपिताः २४ गंधर्वोबलवानेतिक्रुद्धउद्यम्यपादपम् ॥ सैरंध्रीमुच्यतांशीघ्रंयतोनोभयमागतम् २५ तेतुदृष्ट्वातदाऽऽविद्धंभीमसेनेनपादपम् ॥ विमुच्यद्रौपदींतत्रप्राद्रवन्नगरंप्रति २६ द्रवतस्तांस्तुसंप्रेक्ष्यसवज्रीदानवानिव ॥ शतंपंचाधिकंभीमःप्राहिणोद्यमसादनम् २७ वृक्षेणैतेनराजेंद्रप्रभंजनसुतोबली ॥ ततआश्वासयत्कृष्णांसविमुच्यविशांपते २८ उवाचचमहाबाहुःपांचालींतत्रद्रौपदीम् ॥ अश्रुपूर्णमुखींदीनांदुर्धर्षःसवृकोदरः २९ एवंतेभीरुवध्यंतेयेत्वांक्लिश्यंत्यनागसम् ॥ प्रैहित्वंनगरंकृष्णेनभयंविद्यतेतव ३० अन्येनाहंगमिष्यामिविराटस्यमहानसम् ३१ ॥ वैशंपायनउवाच ॥ पंचाधिकंशतंतच्चनिहतंतेनभारत ॥ महावनमिवच्छिन्नंशिश्येविगलितद्रुमम् ३२ एवंतेनिहताराजन्शतंपंचचकीचकाः ॥ सचसेनापतिःपूर्वमित्येतत्सूतषट्शतम् ३३ तद्दृष्ट्वामहदाश्चर्यंनरानार्यश्चसंगताः ॥ विस्मयंपरमंगत्वानोचुःकिंचनभारत ३४ ॥ इतिश्रीमहाभारतेविराटपर्वणिकीचकवधपर्वणित्रयोविंशोऽध्यायः ॥ २३ ॥ ॥ ॥ वैशंपायनउवाच ॥ तेदृष्ट्वानिहतान्सूतान्राज्ञेगत्वान्यवेदयन् ॥ गंधर्वैर्निहताराजन्सूतपुत्रामहाबलाः १ यथावज्रेणवैदीर्णंपर्वतस्यमहच्छिरः ॥ व्यतिकीर्णाःप्रदृश्यंतेतथासूतामहीतले २ सैरंध्रीचविमुक्ताऽसौपुनरायातितेगृहम् ॥ सर्वंसंशयितंराजन्नगरंतेभविष्यति ३ यथारूपाचसैरंध्रीगंधर्वाश्चमहाबलाः ॥ पुंसामिष्टश्चविषयोमैथुनायनसंशयः ४ यथासैरंध्रिदोषेणनतेराजन्निदंपुरम् ॥ विनाशमेतिवैक्षिप्रंतथानीतिर्विधीयताम् ५ तेषांतद्वचनंश्रुत्वाविराटोवाहिनीपतिः ॥ अब्रवीत्क्रियतामेषांसूतानांपरमक्रिया ६ ॥ २२ ॥

शिश्येशयितम् ३२ षट्शतंषडधिकंशतम् ३३ । ३४ ॥ इतिविराटपर्वणिनीलकंठीये भारतभावदीपेत्रयोविंशोऽध्यायः ॥ २३ ॥ ततइति १ । २ । ३ । ४ । ५ । ६

७ । ८ । ९ नहित्वामिति । हित्वांहातुंयोग्यां कृत्यार्थेतवैकेन्केन्यत्वनइतित्वन् जहातेश्चेतिहित्वंअक्त्वायामपिच्छांदसं पित्वोभिक्षेतेत्यादिवत् त्वांसैरंध्रीं हित्वांत्यक्तुंयोग्यामप्यहंराजागच्छेतिवक्तुंनोत्सहे स्त्रियास्तुसुदेष्णायास्तत्रतांप्रत्येतद्वक्तुमदोषइतिराजावाक्यानुवादः यस्मादेवंराजामांआज्ञापितवान् तस्मादेवंत्वांप्रतिब्रवीम्यहमितिसुदेष्णावचनम् १० । ११ । १२ । १३ । १४ । १५

एकस्मिन्नेववेतसर्वेसुसमिद्धेहुताशने ॥ दह्यंतांकीचकाःशीघ्रंत्वरैगंधैश्चसर्वशः ७ सुदेष्णामब्रवीद्राजामहिषींजातसाध्वसः ॥ सैरंध्रीमागतांब्रूयाममैववचनादिदम्
८ गच्छसैरंध्रिभद्रंतेयथाकामंवरानने ॥ बिभेतिराजासुश्रोणिगंधर्वेभ्यःपराभवात् ९ नहित्वामुत्सहेवक्तुंस्वयंगंधर्वरक्षिताम् ॥ स्त्रियास्त्वदोषस्तांवक्तुमतस्त्वांप्र
ब्रवीम्यहम् १० ॥ वैशंपायनउवाच ॥ अथमुक्ताभयात्कृष्णासूतपुत्रान्निरस्यच ॥ मोक्षिताभीमसेनेनजगामनगरंप्रति ११ त्रासितेवमृगीबालाशार्दूलेनम
नस्विनी ॥ गात्राणिवाससीचैवप्रक्षाल्यसलिलेनसा १२ तांदृष्ट्वापुरुषाराजन्प्राद्रवंतदिशोदश ॥ गंधर्वाणांभयत्रस्ताःकेचिद्दृष्टीन्यमीलयन् १३ ततोमहान
सद्वारिभीमसेनमवस्थितम् ॥ ददर्शराजन्पांचालीयथामत्तंमहाद्विपम् १४ तंविस्मयंतीशनकैःसंज्ञाभिरिदमब्रवीत् ॥ गंधर्वराजायनमोयेनास्मिपरिमोचिता
१५ ॥ भीमसेनउवाच ॥ येपुराविचरंतीहपुरुषावशवर्तिनः ॥ तस्यास्तेवचनंश्रुत्वाह्यनृणाविहरंत्वतः १६ ॥ वैशंपायनउवाच ॥ ततःसानर्त्तनागारेधनंजय
मपश्यत ॥ राज्ञःकन्याविराटस्यनर्त्तयानंमहाभुजम् १७ ततस्तानर्त्तनागाराद्विनिष्क्रम्यसहार्जुनाः ॥ कन्याददृशुरायांतींक्लिष्टांकृष्णामनागसम् १८ ॥ कन्याऊचुः ॥
दिष्ट्यासैरंध्रिमुक्तासिदिष्ट्याऽसिपुनरागता ॥ दिष्ट्याविनिहताःसूतायेत्वांक्लिश्यंत्यनागसम् १९ बृहन्नलोवाच ॥ कथंसैरंध्रिमुक्ताऽसिकथंपापाश्चतेहताः ॥
इच्छामिवैतवश्रोतुंसर्वमेवयथातथम् २० ॥ सैरंध्र्युवाच ॥ बृहन्नलेकिंनुतवसैरंध्र्याकार्यमद्यवै ॥ यात्वंवससिकल्याणिसदाकन्यापुरेसुखम् २१ नहिदुःखंसमा
प्नोषिसैरंध्रीयदुपाश्नुते ॥ तेनमांदुःखितामेवंपृच्छसेप्रहसन्निव २२ ॥ बृहन्नलोवाच ॥ बृहन्नलाऽपिकल्याणिदुःखमाप्नोत्यनुत्तमम् ॥ तिर्यग्योनिगताबालेन
चैनामवबुद्ध्यसे २३ त्वयासहोषिताचास्मित्वंचसर्वैःसहोषिता ॥ क्लिश्यंत्यांत्वयिसुश्रोणिकोनुदुःखंनचिंतयेत् २४ नतुकेनचिदत्यंतंकस्यचिद्धृदयंक्वचित् ॥
वेदितुंशक्यतेनूनंतेनमांनावबुद्ध्यसे २५ ॥ वैशंपायनउवाच ॥ ततःसहैवकन्याभिर्द्रौपदीराजवेश्मतत् ॥ प्रविवेशसुदेष्णायाःसमीपमुपगामिनी २६ तामब्रवीद्राज
पुत्रीविराटवचनादिदम् ॥ सैरंध्रिगम्यतांशीघ्रंयत्रकामयसेगतिम् २७

पुरुषायस्याःवशवर्तिनआज्ञाकारिणः इहविराट्पुरेपुरात्वर्षमात्रंविहरंतिते तस्याःवचनंगंधर्वराजायनमइत्यादिरूपंश्रुत्वाऽतःपरंअनृणास्तदाज्ञासंपादनेनअज्ञातवाससमाप्त्यावाकृतकृत्याःसंतोविहरंतु १६
१७ । १८ । १९ । २० । २१ प्रहसन्निवेतिपूर्वसंस्कारात्पुल्लिंगप्रयोगः प्रहसंतीवेत्यर्थः २२ तिर्यक्नीचंक्लीबत्वंतन्मयीयोनिःशरीरंतत्रगता २३ । २४ । २५ । २६ । २७

२८ । २९ । ३० ॥ इतिविराटपर्वणिनीलकंठीयेभारतभावदीपेचतुर्विंशोऽध्यायः ॥ २४ ॥ ॥ ॥ ॥ 'अत्याहितंमहाभीतिः कर्मजीवानपेक्षिच' इत्यमरः १ । २ । ३ । ४ । ५

राजाबिभेतितेभद्रेगंधर्वेभ्यःपराभवात् ॥ त्वंचापितरुणीसुभ्रुरूपेणाप्रतिमाभुवि ॥ पुंसामिष्टश्चविषयोगंधर्वाश्चातिकोपनाः २८ सैरंध्र्युवाच ॥ त्रयोदशाह मात्रंमेराजाक्षम्यतुभामिनी ॥ कृतकृत्याभविष्यंतिगंधर्वास्तेनसंशयः २९ ततोमामुपनेष्यंतिकरिष्यंतिचतेप्रियम् ॥ ध्रुवंचश्रेयसाराजायोक्ष्यतेसहबांधवैः ॥ ३० ॥ ॥ इतिश्रीमहाभारतेविराटपर्वणिकीचकवधपर्वणिकीचकदाहेचतुर्विंशोऽध्यायः ॥ २४ ॥ ॥ समाप्तंचेदंकीचकवधपर्व ॥ ॥ अथगोहरणपर्व ॥ ॥ वैशंपायनउवाच ॥ कीचकस्यतुघातेनसानुजस्यविशांपते ॥ अत्याहितंचिंतयित्वाव्यस्मयंतपृथक्जनाः १ तस्मिन्पुरेजनपदेसंजल्पोभूच्चसंघशः ॥ शौर्याद्धि वल्लभोराज्ञोमहासत्वःसकीचकः २ आसीत्प्रहर्त्तासैन्यानांदारामर्शीचदुर्मतिः ॥ सहतःखलुपापात्मागंधर्वैर्दुष्टपूरुषः ३ इत्यजल्पन्महाराजपरानीकविनाशनम् ॥ देशेदेशेमनुष्याश्चकीचकंदुष्प्रधर्षणम् ४ अथवैधार्त्तराष्ट्रेणप्रयुक्तायेबहिश्चराः ॥ मृगयित्वाबहून्ग्रामान्राष्ट्राणिनगराणिच ५ संविधाययथादृष्टंयथादेशप्रदर्शनम् ॥ कृतकृत्यान्यवर्त्तंततेचरानगरंप्रति ६ तत्रदृष्ट्वातुराजानंकौरव्यंधृतराष्ट्रजम् ॥ द्रोणकर्णकृपैःसार्द्धंभीष्मेणचमहात्मना ७ संगतंभ्रातृभिश्चापित्रिगर्तैश्चमहा रथैः ॥ दुर्योधनंसभामध्येआसीनमिदमब्रुवन् ८ ॥ चराऊचुः ॥ कृतोऽस्माभिःपरोयत्नस्तेषामन्वेषणेसदा ॥ पांडवानांमनुष्येंद्रतस्मिन्महतिकानने ९ नि र्जनेमृगसंकीर्णेनानाद्रुमलताकुले ॥ लताप्रतानबहुलेनानागुल्मसमावृते १० नचविद्मोगतायेनपार्थाःसुदृढविक्रमाः ॥ मार्गमाणाःपदन्यासंतेषुतेषुतथातथा ११ गिरिकूटेषुतुंगेषुनानाजनपदेषुच ॥ जनाकीर्णेषुदेशेषुखर्वटेपुपुरेषुच १२ नरेंद्रबहुशोऽन्विष्टानैवविद्मश्चपांडवान् ॥ अत्यंतंवाविनष्टास्तेभद्रंतुभ्यंनरर्षभ १३ वर्त्मन्यन्वेष्यमाणावैरथिनांरथिसत्तम ॥ नहिविद्मोगतिंतेषांवासंहिनरसत्तम १४ किंचित्कालंमनुष्येंद्रसूतानामनुगावयम् ॥ मृगयित्वायथान्यायंवेदितार्थाः स्मतत्त्वतः १५ प्राप्ताद्वारवतींसूताविनापार्थैःपरंतप ॥ नतत्रकृष्णाराजेंद्रपांडवाश्चमहाव्रताः १६ सर्वथाविप्रणष्टास्तेनमस्तेभरतर्षभ ॥ नहिविद्मो गतिंतेषांवासंवापिमहात्मनाम् १७ पांडवानांप्रवृत्तिंचविद्मःकर्मापिवाकृतम् ॥ सनःशाधिमनुष्येंद्रअतऊर्ध्वंविशांपते १८ अन्वेषणेपांडवानांभूयःकिंकरवामहे ॥ इमांचनःप्रियांवीरवाचंभद्रवतींशृणु १९ येनत्रिगर्त्तानिहताबलेनमहतानृप ॥ सूतेनराज्ञोमत्स्यस्यकीचकेनबलीयसा २० सहतःपतितःशेतेगंधर्वैर्निशिभारत ॥ अदृश्यमानैर्दुष्टात्माभ्रातृभिःसहसोदरैः २१

कृतकृत्याः कीचकवधज्ञानेनात्रैवपांडवानांवासंस्मयमेवधार्तराष्ट्रःअनुमानतोज्ञास्यतीत्याशयः ६ । ७ । ८ । ९ । १० येनमार्गेण ११ गिरिकूटेषुगिरिशिखरेषु १२ । १३ सूतानांपां डवीयानामिंद्रसेनादीनां १४ । १५ । १६ । १७ । १८ । १९ । २० । २१

२२ ॥ इतिविराटपर्वणिनीलकंठीयेभारतभावदीपे पंचविंशोऽध्यायः ॥ २५ ॥ ॥ ततइति १ । २ । ३ । ४ दुःखादुःखयितारः संरब्धाःकुपिताः ५ यथातेपुनर्वनंप्रविशेयुस्तथाबुभू
षध्वं तान्प्राप्तुमिच्छतेत्यर्थः ६ तत्फलंचाह अत्यंतमित्यादिना ७ । ८ जनपदाकुलान्जनव्याप्तान् ' भवेज्जनपदोजानपदोऽपिजनदेशयोः ' इतिमेदिनी गोष्ठीषुविद्वत्सभासु सिद्धानांप्रव्र

प्रियमेतदुपश्रुत्यशत्रूणांचपराभवम् ॥ कृतकृत्यश्चकौरव्यविधत्स्वयदनंतरम् २२ ॥ इतिश्रीमहाभारतेविराटपर्वणिगोहरणपर्वणिचारप्रत्यागमनेपंचविंशो
ऽध्यायः ॥ २५ ॥ ॥ वैशंपायनउवाच ॥ ततोदुर्योधनोराजाज्ञात्वातेषांवचस्तदा ॥ चिरमंतर्मनाभूत्वाप्रत्युवाचसभासदः १ सुदुःखाखलुकार्याणांगति
र्विज्ञातुमंततः ॥ तस्मात्सर्वेनिरीक्षध्वंक्कनुतेपांडवागताः २ अल्पावशिष्टंकालस्यगतभूयिष्ठमंततः ॥ तेषामज्ञातचर्यायामस्मिन्वर्षेत्रयोदशे ३ अस्यवर्षस्य
शेषंचेद्व्यतीयुरिहपांडवाः ॥ निवृत्तसमयास्तेहिसत्यव्रतपरायणाः ४ क्षरंतइवनागेंद्राःसर्वेह्याशीविषोपमाः ॥ दुःखाभवेयुःसंरब्धाःकौरवान्प्रतितेध्रुवम् ५
सर्वेकालस्यवेत्तारःकृच्छ्ररूपधराःस्थिताः ॥ प्रविशेयुर्जितक्रोधास्तावदेवपुनर्वनम् ६ तस्मात्क्षिप्रंबुभूषध्वंयथातेऽत्यंतमव्ययम् ॥ राज्यंनिर्द्वंद्वमव्यग्रंनिः
सपत्नंचिरंभवेत् ७ अथाब्रवीत्ततःकर्णःक्षिप्रंगच्छंतुभारत ॥ अन्येधूर्तानरादक्षानिभृताःसाधुकारिणः ८ चरंतुदेशान्संवीताःस्फीतान्जनपदाकुलान् ॥ तत्र
गोष्ठीषुरम्यासुसिद्धप्रव्रजितेषुच ९ परिचारेषुतीर्थेषुविविधेष्वाकरेषुच ॥ विज्ञातव्यामनुष्यैस्तैस्तर्कयासुविनीतया १० विविधैस्तत्परैःसम्यक्तज्ज्ञैर्निपुण
संवृतैः ॥ अन्वेष्टव्याःसुनिपुणैःपांडवाश्छन्नवासिनः ११ नदीकुंजेषुतीर्थेषुग्रामेषुनगरेषुच ॥ आश्रमेषुचरम्येषुपर्वतेषुगुहासुच १२ अथाग्रजानंतरजःपापभावा
नुरागवान् ॥ ज्येष्ठंदुःशासनस्तत्रभ्राताभ्रातरमब्रवीत् १३ येषुनःप्रत्ययोराजंश्चारेषुमनुजाधिप ॥ तेयांतुदत्तदेयावैभूयस्तान्परिमार्गितुम् १४ एतच्चकर्णोय
त्प्राहसर्वमीहामहेतथा ॥ यथोद्दिष्टंचराःसर्वेमृगयंतुयतस्ततः १५ एतेचान्येचभूयांसोदेशाद्देशंयथाविधि ॥ नतुतेषांगतिर्वासःप्रवृत्तिश्चोपलभ्यते १६ अत्यंतं
वानिगूढास्तेपारंचोर्मिमतोगताः ॥ व्यालैश्चापिमहारण्येभक्षिताःशूरमानिनः १७ अथवाविषमंप्राप्यविनष्टाःशाश्वतीःसमाः ॥ तस्मान्मानसमव्यग्रंकृत्वात्वंकु
रुनंदन ॥ कुरुकार्यंमहोत्साहंमन्यसेयन्नराधिप ॥ १८ ॥ इतिश्रीमहाभारतेविराटपर्वणिगोहरणपर्वणिकर्णदुःशासनवाक्येषड्विंशोऽध्यायः ॥ २६ ॥ ॥
वैशंपायनउवाच ॥ अथाब्रवीन्महावीर्योद्रोणस्तत्त्वार्थदर्शिवान् ॥ नताद्दशाविनश्यंतिनप्रयांतिपराभवम् १ शूराश्चकृतविद्याश्चबुद्धिमंतोजितेंद्रियाः ॥ धर्मज्ञाश्च
कृतज्ञाश्चधर्मराजमनुव्रताः २ नीतिधर्मार्थतत्त्वज्ञंपितृवच्चसमाहितम् ॥ धर्मेस्थितंसत्यधृतिंज्येष्ठंज्येष्ठानुयायिनः ३

जितंगमनंयेषुतेषुमुनीनामाश्रमेषु ९ परिआगत्यचरंत्येषुतेपरिचाराःराजपुराणि तेषु तर्कयाकांक्षया ' तर्कःकांक्षावितर्कयोः ' इतिमेदिनी १० । ११ । १२ अग्रजानंतरजःद्वितीयोभ्राता १३ । १४
१५ । १६ ऊर्मिमतःसिंधोः १७ । १८ ॥ ॥ इतिविराटपर्वणिनीलकंठीयेभारतभावदीपे षड्विंशोऽध्यायः ॥ २६ ॥ ॥ अथेति १ । २ । ३

४ विधेयानांकिंकराणां निभृतानांअत्यंतावहितानां ५ । ६ अकालिकंविलंबासहं ७ । ८ गृह्णीयादपिचक्षुषा प्रत्यक्षदृष्टोऽपिमोहयेदेवेत्यर्थः ९ । १० ॥ ॥ इतिविराटपर्वणिनीलकंठीये भारतभावदीपेसप्तविंशोऽध्यायः ॥ २७ ॥ ॥ ॥ ततइति १ अभिसंदधत् तद्वाक्यानुगुणमेववदन् भारतींभरतवंशीयपांडवविषयां गिरंवाचं भारतान्कौरवान्उवाचेतिसंबंधः २ । ३ समंवदत्

अनुव्रतामहात्मानंभ्रातरोभ्रातरंनृप ॥ अजातशत्रुंश्रीमंतंसर्वभ्रातॄननुव्रतम् ४ तेषांतथाविधेयानांनिभृतानांमहात्मनाम् ॥ किमर्थंनीतिमान्पार्थःश्रेयोनैषां करिष्यति ५ तस्माद्यत्नात्प्रतीक्षंतेकालस्योदयमागतम् ॥ नहितेनाशमृच्छेयुरितिपश्याम्यहंधिया ६ सांप्रतंचैवयत्कार्यंतच्चक्षिप्रमकालिकम् ॥ क्रियतांसा धुसंचिंत्यवासश्चैषांप्रचिंत्यताम् ७ यथावत्पांडुपुत्राणांसर्वार्थेषुधृतात्मनाम् ॥ दुर्ज्ञेयाःखलुशूरास्तेदुरापास्तपसावृताः ८ शुद्धात्मागुणवान्पार्थःसत्यवान्नीतिमान् शुचिः ॥ तेजोराशिरसंख्येयोगृह्णीयादपिचक्षुषा ९ विज्ञायक्रियतांतस्माद्भूयश्चमृगयामहे ॥ ब्राह्मणैश्चारकैःसिद्धैर्येचान्येतद्विदोजनाः १० ॥ इतिश्रीमहा भारतेविराटपर्वणिगोहरणपर्वणिद्रोणवाक्येचारप्रत्याचारेसप्तविंशोऽध्यायः ॥ २७ ॥ ॥ वैशंपायनउवाच ॥ ततःशांतनवोभीष्मोभरतानांपितामहः ॥ श्रुतवान्देशकालज्ञस्तत्त्वज्ञःसर्वधर्मवित् १ आचार्यवाक्योपरमेतद्वाक्यमभिसंदधत् ॥ हितार्थंसमुवाचैनांभारतींभारतान्प्रति २ युधिष्ठिरेसमासक्तांधर्मज्ञे धर्मसंवृताम् ॥ असत्सुदुर्लभांनित्यंसतांचाभिमतांसदा ३ भीष्मःसमवदत्तत्रगिरंसाधुभिरर्चिताम् ॥ यथैषब्राह्मणःप्राहद्रोणःसर्वार्थतत्त्ववित् ४ सर्वलक्षण संपन्नासाधुव्रतसमन्विताः ॥ श्रुतव्रतोपपन्नाश्चनानाश्रुतिसमन्विताः ५ वृद्धानुशासनेयुक्ताःसत्यव्रतपरायणाः ॥ समयंसमयज्ञास्तेपालयंतःशुचिव्रताः ६ क्षत्रधर्मरतानित्यंकेशवानुगताःसदा ॥ प्रवीरपुरुषास्तेवैमहात्मानोमहाबलाः ॥ नावसीदितुमर्हंतिउद्वहंतःसतांधुरम् ७ धर्मतश्चैवगुप्तास्तेस्ववीर्येणचपांडवाः ॥ ननाशमधिगच्छेयुरितिमेधीयतेमतिः ८ तत्रबुद्धिंप्रवक्ष्यामिपांडवान्प्रतिभारत ॥ नतुनीतिःसुनीतस्यशक्यतेऽन्वेषितुंपरैः ९ यत्तुशक्यमिहास्माभिस्तान्वै संचिंत्यपांडवान् ॥ बुद्ध्याप्रयुक्तंनद्रोहात्प्रवक्ष्यामिनिबोधतत् १० नत्वियंमादृशैर्नीतिस्तस्यवाच्याकथंचन ॥ सात्वियंसाधुवक्तव्यानत्वनीतिःकथंचन ११ वृद्धानुशासनेताततिष्ठतासत्यशीलिना ॥ अवश्यंत्विहधीरेणसतांमध्येविवक्षता १२

समंपक्षपातशून्यं वदत्वदन् नुभभावआर्षः ४ श्रुतंशास्त्रं नानाश्रुतिरनेकाख्यायिका ५ । ६ महात्मानउदारचित्ताः सतांधुरंधर्मं ७ । ८ परैःअनीतिपरैः अन्वेषितुंअनुगंतुं ९ यत्तुप्रयुक्तंप्रयोगः शक्यंज्ञातुंयोग्यः तदेववक्ष्यामिनतुभवतांद्रोहात् १० नत्विति । तस्यदुर्जनस्य त्वादृशस्येतिगूढोऽभिसंधिः सातु तुशब्दोहेत्वर्थेसाहि यतःनीतिरियंसाधुवाच्यासाधुष्वेववक्तव्याऽतोऽसाधौत्वयिने वैषावक्तव्येत्यर्थः अनीतिस्तुकथंचनसाधुष्वसाधुषुवानैववक्तव्येत्यर्थः ११ तिष्ठतावक्तव्यमितिसंबंधः १२

तत्रवक्तव्येपति यथाइतरोजनःपांडवानांनिवासंलोकसाधारणंमन्यते तथाऽहंनमन्येइतियोजना १३ असाधारण्यमेवाहतत्रेति । तत्रपुरादौ असांप्रतमकल्याणम् १४ वदान्यःप्रियवादी
'वदान्योदानशीलेचचारुवादिनिवाच्यवत्' इतिमेदिनी निभृतःनियतेंद्रियः भाव्यःअवश्यंभावी ओरावश्यकेइतिण्यत् १५ भव्योभविता १६ असूयकःपरगुणेषुदोषारोपकः ईर्षुः
परोत्कर्षासहिष्णुः अभिमानीआत्मसंभावितः मत्सरीपरद्रोहकर्त्ता तत्रयत्रयुधिष्ठिरइत्यनुकृष्यते १७ । १८ । १९ । २० दर्शनंधर्मब्रह्मस्वरूपावेक्षणं निष्प्रतीपंपाखंडमार्गवर्जितम्

यथार्हमिहवक्तव्यंसर्वथाधर्मलिप्सया ॥ तत्रनाहंतथामन्येयथायमितरोजनः १३ निवासंधर्मराजस्यवर्षेऽस्मिन्वैत्रयोदशे ॥ तत्रतातनतेषांहिराज्ञांभाव्यमसां
प्रतम् १४ पुरेजनपदेचापियत्रराजायुधिष्ठिरः ॥ दानशीलोवदान्यश्चनिभृतोह्रीनिषेवकः ॥ जनोजनपदेभाव्योयत्रराजायुधिष्ठिरः १५ प्रियवादीसदादांतो
भव्यःसत्यपरोजनः ॥ हृष्टःपुष्टःशुचिर्दक्षोयत्रराजायुधिष्ठिरः १६ नासूयकोनचापीर्षुर्नाभिमानीनमत्सरी ॥ भविष्यतिजनस्तत्रस्वयंधर्ममनुव्रतः १७ ब्रह्म
घोषाश्चभूयांसःपूर्णाहुत्यस्तथैवच ॥ क्रतवश्चभविष्यंतिभूयांसोभूरिदक्षिणाः १८ सदाचतत्रपर्जन्यःसम्यग्वर्षीनसंशयः ॥ संपन्नसस्याचमहीनिरातंकाभवि
ष्यति १९ गुणवंतिचधान्यानिरसवंतिफलानिच ॥ गंधवंतिचमाल्यानिशुभशब्दाचभारती २० वायुश्चसुखसंस्पर्शोनिष्प्रतीपंचदर्शनम् ॥ नभयंत्वाविशे
त्तत्रयत्रराजायुधिष्ठिरः २१ गावश्चबहुलास्तत्रनकृशानचदुर्बलाः ॥ पयांसिदधिसर्पींषिरसवंतिहितानिच २२ गुणवंतिचपेयानिभोज्यानिरसवंतिच ॥ तत्रदे
शेभविष्यंतियत्रराजायुधिष्ठिरः २३ रसाःस्पर्शाश्चगंधाश्चशब्दाश्चापिगुणान्विताः ॥ दृश्यानिचप्रसन्नानियत्रराजायुधिष्ठिरः २४ धर्माश्चतत्रसर्वैस्तुसेविताश्चद्वि
जातिभिः ॥ स्वैःस्वैर्गुणैश्चसंयुक्ताअस्मिन्वर्षेत्रयोदशे २५ देशेतस्मिन्भविष्यंतितातपांडवसंयुते ॥ संप्रीतिमान्जनस्तत्रसंतुष्टःशुचिरव्ययः २६ देवतााति
थिपूजासुसर्वभावानुरागवान् ॥ इष्टदानोमहोत्साहःस्वस्वधर्मपरायणः २७ अशुभाद्धिशुभप्रेप्सुरिष्टयज्ञःशुभव्रतः ॥ भविष्यतिजनस्तत्रयत्रराजायुधिष्ठिरः २८
त्यक्तवाक्यानृतस्तातशुभकल्याणमंगलः ॥ शुभार्थेप्सुःशुभमतिर्यत्रराजायुधिष्ठिरः २९ भविष्यतिजनस्तत्रनित्यंचेष्टप्रियव्रतः ॥ धर्मात्माशक्यतेज्ञातुंनापि
तातद्विजातिभिः ३० किंपुनःप्राकृतैस्तातपार्थोविज्ञायतेक्वचित् ॥ यस्मिन्सत्यंधृतिर्दानंपराशांतिर्ध्रुवाक्षमा ३१ ह्रीःश्रीःकीर्त्तिःपरंतेजआनृशंस्यमथार्जवम् ॥
तस्मात्तत्रनिवासंतुच्छन्नंयत्नेनधीमतः ॥ गतिंचपरमांतत्रनोत्सहेवक्तुमन्यथा ३२

२१ । २२ । २३ दृश्यानिरूपाणि २४ । २५ । २६ सर्वभावेनसर्वात्मनाऽनुरागवान् २७ अशुभात्अशुभंत्यक्त्वा २८ । २९ इष्टंयागादिप्रियंपरसुखदंचव्रतंपालनीयंयस्य
एवंभूतस्यदुर्ज्ञेयत्वमप्याहधर्मात्मेति ३० । ३१ तस्मादिति । धीमतःपांडवस्यवासंछन्नंतत्रविद्धीतिशेषः परमांगतिंगमनंचतत्रैवस्वकीयंकुरु एतच्चाहमन्यथाविपरीतंवचोवक्तुंनोत्सहे वृद्धत्वात्पांडवे
षुद्वेषस्याधर्मरूपत्वाच्चेतिभावः ३२

३३ ॥ इतिविराटपर्वणिनीलकंठीये भारतभावदीपेअष्टाविंशोऽध्यायः ॥ २८ ॥ युक्तंयुक्तिमत् प्राप्तंप्राप्तकालम् १ तत्त्वतश्चसहेतुकंयुक्त्याभासहीनम् २ तीर्थैश्चारैः ३ । ४ सत्रंकैतवंवेषां तररूपं छन्नेषुगुप्तेषु उदयंउद्गमनं प्रतिज्ञातेकालेउत्क्रांतेसति सामीप्येसप्तमी कालेऽल्पावशिष्टेसतीत्यर्थः ५ परराष्ट्रेषुमित्रराष्ट्रेषु स्वराष्ट्रेषुच स्वस्यबलंसैन्यंसामर्थ्यंचयत्तज्ज्ञातव्यम् ६ । ७ नीतिर्भक्तवेतनदानचारप्रवृत्त्यादिका तथाविधीयतांयथायेनप्रकारेणतैःसहसंदधामहेशरादिसंधानंकुर्महे यद्वा बलकोशयोरल्पत्वंस्वस्य परस्यबहुत्वं नीतिर्यथाप्रतिज्ञंसामरूपाविधीयतां यथातैः सहसंदधामहेसख्यंकुर्महेइति कालोदयेमृत्यूदयरूपेयुद्धेप्राप्तेसति तेषांविधीयतइतिपाठे तेषांकालतःउदयेप्राप्तेसतियथासम्यग्विधीयतेतथानीतिर्विधीयताम् ८ नियतमचंचलं नियमेनबुद्धयस्व ९

एवमेतत्तुसंचिंत्ययत्कृतेमन्यसेहितम् ॥ तत्क्षिप्रंकुरुकौरव्ययद्येवंश्रद्दधासिमे ३३ ॥ इतिश्रीमहाभारते विराटपर्वणि गोहरणपर्वणिचारप्रत्याचारेभीष्मवाक्ये अष्टाविंशोऽध्यायः ॥ २८ ॥ ॥ वैशंपायनउवाच ॥ ततःशारद्वतोवाक्यमित्युवाचकृपस्तदा ॥ युक्तंप्राप्तंचवृद्धेनपांडवान्प्रतिभाषितम् १ धर्मार्थसहितंश्लक्ष्णं तत्त्वतश्चसहेतुकम् ॥ तत्रानुरूपंभीष्मेणममाप्यत्रगिरंशृणु २ तेषांचैवगतिस्तीर्थैर्वासश्चैवांप्रचिंत्यताम् ॥ नीतिर्विधीयतांचापिसांप्रतंयाहिताभवेत् ३ ना वज्ञेयोरिपुस्तातप्राकृतोऽपिबुभूषता ॥ किंपुनःपांडवास्तातसर्वास्त्रकुशलारणे ४ तस्मात्सत्रंप्रविष्टेषुपांडवेषुमहात्मसु ॥ गूढभावेषुच्छन्नेषुकालेचोदयमागते ५ स्वराष्ट्रेपरराष्ट्रेचज्ञातव्यंबलमात्मनः ॥ उदयःपांडवानांचप्राप्तेकालेनसंशयः ६ निवृत्तसमयाःपार्थामहात्मानोमहाबलाः ॥ महोत्साहाभविष्यंतिपांडवाह्यमितौ जसः ७ तस्माद्बलंचकोशश्चनीतिश्चापिविधीयताम् ॥ यथाकालोदयेप्राप्तेसम्यक्तैःसंदधामहे ८ तातबुद्ध्याऽपितत्सर्वंबुद्ध्यस्वबलमात्मनः ॥ नियतंसर्वमि त्रेषुबलवत्स्वबलेषुच ९ उच्चावचंबलंज्ञात्वामध्यस्थंचापिभारत ॥ प्रहृष्टमप्रहृष्टंचसंदधामतथापरैः १० साम्नाभेदेनदानेनदंडेनबलिकर्मणा ॥ न्यायेनाक्रम्यचपरा न्बलाच्चानम्यदुर्बलान् ११ सांत्वयित्वातुमित्राणिबलंचाभाष्यतांसुखम् ॥ सुकोशबलसंवृद्धःसम्यक्सिद्धिमवाप्स्यसि १२ योत्स्यसेचापिबलिभिररिभिःप्रत्युप स्थितैः ॥ अन्यैस्त्वंपांडवैर्वापिहीनैःस्वबलवाहनैः १३ एवंसर्वंविनिश्चित्यव्यवसायंस्वधर्मतः ॥ यथाकालंमनुष्येंद्रचिरंसुखमवाप्स्यसि १४ ॥ इतिश्रीमहा भारतेविराटपर्वणिगोहरणपर्वणिचारप्रत्याचारेकृपवाक्येएकोनत्रिंशोऽध्यायः ॥ २९ ॥

बोधफलमाहउच्चेति । उच्चादिभेदेनत्रिविधमपिप्रहृष्टंवाअप्रहृष्टंवाज्ञातव्यं उच्चंसमंवास्वबलंअप्रहृष्टंचेत्प्रहृष्टबलैःशत्रुभिःसहसंदधामसंधिंकरवाम विपरीतंचेदपिसंदधामशरानितिशेषः संधनीयमि तिपाठेऽपितदेवार्थद्वयं आतोधातोरित्यालोपः अनीयर्प्रत्ययेपरेभवति संधानीयामीतियुक्तःपाठः १० साम्येसामभेदौ अपरस्याधिक्येदानं स्वस्याधिक्येदंडोयुद्धेनिपातनंवा बलिकर्मवाकरा दानाख्यं इतिबलज्ञानफलम् ११ बलंस्वसैन्यं सुखंयथास्यात्तथाआभाष्यतांप्रीतिवादेनभक्तवेतनमानदानेनसंमंत्रणीयमित्यर्थः सिद्धिंजयम् १२ । १३ अन्यैःशत्रुभिः पांडवैश्चापिसहयोत्स्यसे कीदृशैः स्वबलादिनाहीनैः १४ व्यवसायंस्वकर्तव्यम् १५ ॥ इतिविराटपर्वणिनीलकंठीयेभारतभावदीपेएकोनत्रिंशोऽध्यायः ॥ २९ ॥

अथेति १ वाक्यमुवाचेत्यत्रहेतुमाह असकृदिति । निकृताःवंचितास्त्रिगर्ताइतिशेषः प्रभोहेजनमेजय २ बाधितःसुशर्मा बलवतांकौरवाणांविभौस्वामिनिभीष्मेममपिप्रेमति कर्णंचोदीक्ष्यदुर्योधनम

॥ वैशंपायनउवाच ॥ अथराजात्रिगर्तानांसुशर्मारथयूथपः ॥ प्राप्तकालमिदंवाक्यमुवाचत्वरितोबली १ असकृन्निकृताःपूर्वंमत्स्यशाल्वेयकैःप्रभो ॥ सूतेनैवचम
त्स्यस्यकीचकेनपुनःपुनः २ बाधितोबंधुभिःसार्द्धंबलाद्बलवतांविभो ॥ सकर्णमभ्युदीक्ष्याथदुर्योधनमभाषत ३ असकृन्मत्स्यराज्ञामेराष्ट्रंबाधितमोजसा ॥ प्रणेता
कीचकस्तस्यबलवानभवत्पुरा ४ क्रूरोऽमर्षीसुदुष्टात्माभुविप्रख्यातविक्रमः ॥ निहतःसतुगंधर्वैःपापकर्मानृशंसवान् ५ तस्मिन्विनिहतेराजाहतदर्पोनिराश्रयः ॥
भविष्यतिनिरुत्साहोविराटइतिमेमतिः ६ तत्रयात्राममतायदितेरोचतेऽनघ ॥ कौरवाणांचसर्वेषांकर्णस्यचमहात्मनः ७ एतत्प्राप्तमहंमन्येकार्यमात्ययिकं
हिनः ॥ राष्ट्रंतस्याभियास्यामोबहुधान्यसमाकुलम् ८ आददामोऽस्यरत्नानिविविधानिवसूनिच ॥ ग्रामान्राष्ट्राणिवातस्यहरिष्यामोविभागशः ९ अथवागो
सहस्राणिशुभानिचबहूनिच ॥ विविधानिहरिष्यामःप्रतिपीड्यपुरंबलात् १० कौरवैःसहसंगत्यत्रिगर्तैश्चविशांपते ॥ गास्तस्यापहरामोऽद्यसर्वैश्चैवसुसंहताः
११ संविभागेनकृत्वातुनिबध्नीमोऽस्यपौरुषम् ॥ हत्वाचास्यचमूंकृत्स्नांवशमेवानयामहे १२ तंवशेन्यायतःकृत्वासुखंवत्स्यामहेवयम् ॥ भवतांबलवृद्धिश्च
भविष्यतिनसंशयः १३ तच्छ्रुत्वावचनंतस्यकर्णोराजानमब्रवीत ॥ सूक्तंसुशर्मणावाक्यंप्राप्तकालंहितंचनः १४ तस्मात्क्षिप्रंविनिर्यामोयोजयित्वावरूथिनीम् ॥
विभज्यचाप्यनीकानियथावामन्यसेऽनघ १५ प्राज्ञोवाकुरुवृद्धोऽयंसर्वेषांनःपितामहः ॥ आचार्यश्चयथाद्रोणःकृपःशारद्वतस्तथा ॥ मन्यंतेतेयथासर्वेतथाया
त्राविधीयताम् १६ संमंत्र्यचाशुगच्छामःसाधनार्थंमहीपतेः ॥ किंचनःपांडवैःकार्यंहीनार्थबलपौरुषैः १७ अत्यंतंवाप्रनष्टास्तेप्राप्तावापियमक्षयम् ॥ यामो
राजन्निरुद्विग्राविराटनगरंवयम् ॥ आदास्यामोहिगास्तस्यविविधानिवसूनिच १८ ॥ वैशंपायनउवाच ॥ ततोदुर्योधनोराजावाक्यमादायतस्यतत् ॥ वैक
र्तनस्यकर्णस्यक्षिप्रमाज्ञापयत्स्वयम् १९ शासनेनित्यसंयुक्तंदुःशासनमनंतरम् ॥ सहवृद्धैस्तुसंमंत्र्यक्षिप्रंयोजयवाहिनीम् २० यथोद्देशंचगच्छामःसहितास्त
त्रकौरवैः ॥ सुशर्माचयथोद्दिष्टंदेशंयातुमहारथः ॥ त्रिगर्तैःसहितोराजासमग्रबलवाहनः २१ प्रागेवहिसुसंवीतोमत्स्यस्यविषयंप्रति ॥ जघन्यतोवयंतत्रयास्या
मोदिवसांतरे ॥ विषयंमत्स्यराजस्यसुसमृद्धंसुसंहताः २२ तेयांतुसहितास्तत्रविराटनगरंप्रति ॥ क्षिप्रंगोपान्समासाद्यगृह्णंतुविपुलंधनम् २३ गवांशतसहस्रा
णिश्रीमंतिगुणवंतिच ॥ वयमप्यनुगृह्णीमोद्विधाकृत्वावरूथिनीम् २४

भाषत ३ । ४ । ५ । ६ । ७ । ८ । ९ । १० । ११ निबध्नीमःनिगृह्णीमः १२ । १३ । १४ विनिर्यामःनिर्गच्छामः १५ । १६ । १७ । १८ । १९ । २० यथोद्देशंयथानिर्दिष्टांदक्षिणामुत्तरांवादिशं
यथायोग्यंबलविभागंवाउद्दिश्येत्यर्थः २१ । २२ । २३ । २४

गृद्धाः लुब्धाः २५।२६ न्यगृण्हंतकालयामासुः २७ ॥ इतिविराटपर्वणिनीलकंठीयेभारतभावदीपे त्रिंशोऽध्यायः ॥ ३० ॥ ॥ छद्मलिंगेनब्राह्मणादिकपटवेषेणप्रविष्टानांव्यतीतोऽतिक्रांतःसमयःसंवत्सरः १।२ संभावनां कीचकवत्अयमपिममजयकर्त्ताभविष्यतीत्येवंरूपां ३।४।५।६।७।८ मानेशुःनाशमदर्शनं दूरेइतियावत् मागच्छेयुः ९ तनुत्राणिकवचानि भानुमंतिदीप्यमानानि वज्रायसंअशनिलोहं यद्वावज्रवदच्छेद्यमभेद्यंचयदयः भाषायां 'पोलाद' इतिसंज्ञितं तद्वज्रायसं तन्मयोगर्भोंतःकवचेतेनसहितंसवज्रायसगर्भं पाठांतरे संनाहायसज्जीभावाय सगर्भं

31 ॥ वैशंपायनउवाच ॥ तेस्मगत्वायथोद्दिष्टांदिशंवन्हेर्महीपते ॥ सन्नद्धारथिनःसर्वेसपदाताबलोत्कटाः २५ प्रतिवैरंचिकीर्षंतोगोषुगृद्धामहाबलाः ॥ आदातुंगाःसुशर्माऽथकृष्णपक्षस्यसप्तमीम् २६ अपरेदिवसेसर्वेराजन्संभूयकौरवाः ॥ अष्टम्यांतेन्यगृह्णंतगोकुलानिसहस्रशः २७ ॥ इतिश्रीमहाभारतेविराटपर्वणिगोहरणपर्वणिदक्षिणगोग्रहेसुशर्मादियानेत्रिंशोऽध्यायः ॥ ३० ॥ ॥ ॥ वैशंपायनउवाच ॥ ततस्तेषांमहाराजतत्रैवामिततेजसाम् ॥ छद्मलिंगप्रविष्टानांपांडवानांमहात्मनाम् १ व्यतीतःसमयःसम्यग्वसतांवैपुरोत्तमे ॥ कुर्वतांतस्यकर्माणिविराटस्यमहीपतेः २ कीचकेतुहतेराजाविराटःपरवीरहा ॥ परांसंभावनांचक्रेकुंतीपुत्रेयुधिष्ठिरे ३ ततस्त्रयोदशस्यांतेतस्यवर्षस्यभारत ॥ सुशर्मणागृहीतंतद्गोधनंतरसाबहु ४ ततोजवेनमहतागोपःपुरमथाव्रजत् ॥ सदृष्ट्वामत्स्यराजंचरथात्प्रस्कंद्यकुंडली ५ शूरैःपरिवृतंयोधैःकुंडलांगदधारिभिः ॥ संवृतंमंत्रिभिःसार्द्धंपांडवैश्चमहात्मभिः ६ तंसभायांमहाराजमासीनंराष्ट्रवर्द्धनम् ॥ सोऽब्रवीदुपसंगम्यविराटंप्रणतस्तदा ७ अस्मान्युधिविनिर्जित्यपरिभूयसबांधवान् ॥ गवांशतसहस्राणित्रिगर्त्ताःकालयंतिते ८ तान्परीप्सस्वराजेंद्रमानेशुःपशवस्तव ॥ तच्छ्रुत्वानृपतिःसेनांमत्स्यानांसमयोजयत् ९ रथनागाश्वकलिलांपत्तिध्वजसमाकुलाम् ॥ राजानोराजपुत्राश्चतनुत्राण्यथभेजिरे १० भानुमंतिविचित्राणिशूरसेव्यानिभागशः ॥ सवज्रायसगर्भंतुकवचंतत्रकांचनम् ११ विराटस्यप्रियोभ्राताशतानीकोऽभ्यहारयत् ॥ सर्वपारसवंवर्मकल्याणपटलंदृढम् १२ शतानीकादवरजोमदिराक्षोऽभ्यहारयत् ॥ शतसूर्यंशतावर्तंशतबिंदुशताक्षिमत् १३ अभेद्यकल्पंमत्स्यानांराजाकवचमाहरत् ॥ उत्सेधेयस्यपद्मानिशतंसौगंधिकानिच १४ सुवर्णपृष्ठंसूर्याभंसूर्यदत्तोऽभ्यहारयत् ॥ दृढमायसगर्भंचश्वेतंवर्मशताक्षिमत् १५ विराटस्यसुतोज्येष्ठोवीरःशंखोऽभ्यहारयत् ॥ शतशश्चतनुत्राणियथास्वंतेमहारथाः १६

सकंटकम् 'गर्भोभ्रूणेऽर्भकेकुक्षौसंधौपनसकंटके' इतिनानार्थः 'वज्रंस्याद्धीरकेपवौ' इतिच १०।११ अभ्यहारयत्स्वयंत्र पारसवंपरान्सुनोतिपीडयति सुवतिक्षिपतिवापरसवं ऋदोरप्स्वार्थेतद्धितः पारसवंशस्त्रं सर्वशस्त्रसहमित्यर्थः कल्याणपटलंसुवर्णपत्राच्छादितं 'कल्याणमक्षयेस्वर्णे' इतिविश्वः १२ आवर्त्ततेपुनःपुनर्म्लीयतिविलसतीतियोगात्चंद्रःपद्मंवा बिंदुःसूक्ष्मचक्रं अक्षिनेत्राकारंचक्रं १३ उत्सेधेउच्छ्राये संपूर्णेविस्तारे कल्हारजातीयानि शतंपद्मानिपंक्त्यानिविष्टानि एवंविशालमित्यर्थः १४।१५।१६

अभ्यनह्यंतेतिपाठेसंधिरार्षः सूपस्करेषुशोभनरथांगेषु १७ । १८ उच्छिश्रिये उच्छ्रितोऽभूत् १९ । २० गोपालस्तंतिपालाख्यः दामग्रंथिर्ह्यश्वपालः २१ । २२ । २३ । २४ । २५
२६ । २७ २८ । २९ । ३० प्रभिन्नकरटामुखाः 'काकेभगंडौकरटौ' इत्यमरः ३१ । ३२ । ३३ । ३४ निरीक्षंतंनिरीक्षमाणं पुल्लिंगमार्षम् ३५ ॥ इतिविराटपर्वणिनीलकंठीये

योत्स्यमानाअनह्यंतदेवरूपाःप्रहारिणः ॥ सूपस्करेषुशुभ्रेषुमहत्सुचमहारथाः १७ पृथक्कांचनसन्नाहान्रथेष्वश्वानयोजयन् ॥ सूर्यचंद्रप्रतीकाशेरथेदिव्येहि
रण्मये १८ महानुभावोमत्स्यस्यध्वजउच्छिश्रियेतदा ॥ अथान्यान्विविधाकारान्ध्वजान्हेमपरिष्कृतान् १९ यथास्वंक्षत्रियाःशूरारथेषुसमयोजयन् ॥ अथ
मत्स्योऽब्रवीद्राजाशतानीकंजघन्यजम् २० कंकबल्लवगोपालादामग्रंथिश्ववीर्यवान् ॥ युद्ध्येयुरितिमेबुद्धिर्वर्ततेनात्रसंशयः २१ एतेषामपिदीयंतांरथाध्वज
पताकिनः ॥ कवचानिचचित्राणिदृढानिचमृदूनिच २२ प्रतिमुंचंतुगात्रेषुदीयंतामायुधानिच ॥ वीरांगरूपाःपुरुषानागराजकरोपमाः २३ नेमेजातुनयु
द्ध्येरन्नितिमेधीयतेमतिः ॥ एतच्छ्रुत्वातुनृपतेर्वाक्यंत्वरितमानसः ॥ शतानीकस्तुपार्थेभ्योरथान्राजन्समादिशत् २४ सहदेवायराज्ञेचभीमायनकुलायच ॥
तान्प्रहृष्टांस्ततःसूताराजभक्तिपुरस्कृताः २५ निर्दिष्टान्नरदेवेनरथान्शीघ्रमयोजयन् ॥ कवचानिविचित्राणिमृदूनिचदृढानिच २६ विराटःप्रादिशद्यानि
तेषामक्लिष्टकर्मणाम् ॥ तान्यामुच्यशरीरेषुदंशितास्तेपरंतपाः २७ रथान्हयैःसुसंपन्नानास्थायचनरोत्तमाः ॥ निर्ययुर्मुदिताःपार्थाःशत्रुसंघावमर्दिनः २८
तरस्विनश्छन्नरूपाःसर्वेयुद्धविशारदाः ॥ रथान्हेमपरिच्छन्नानास्थायचमहारथाः २९ विराटमन्वयुःपार्थाःसहिताःकुरुपुंगवाः ॥ चत्वारोभ्रातरःशूराःपांड
वाःसत्यविक्रमाः ३० भीमाश्चमत्तमातंगाःप्रभिन्नकरटामुखाः ॥ क्षरंतश्चैवनागेंद्राःसुदंताःषष्टिहायनाः ३१ स्वारूढायुद्धकुशलैःशिक्षिताहस्तिसादिभिः ॥
राजानमन्वयुःपश्चाच्चलंतइवपर्वताः ३२ विशारदानांमुख्यानांहृष्टानांचारुजीविनाम् ॥ अष्टौरथसहस्राणिदशनागशतानिच ३३ षष्टिश्चाश्वसहस्राणिमत्स्या
नामभिनिर्ययुः ॥ तदनीकंविराटस्यशुशुभेभरतर्षभ ३४ संप्रयातंतदाराजन्निरीक्षंतंगवांपदम् ॥ तद्बलाग्र्यंविराटस्यसंप्रस्थितमशोभत ॥ दृढायुधजनाकीर्णं
गजाश्वरथसंकुलम् ३५ ॥ इतिश्रीमहाभारतेविराटपर्वणिगोहरणपर्वणिदक्षिणगोग्रहेमत्स्यराजरणोद्योगेएकत्रिंशोऽध्यायः ॥ ३१ ॥ वैशंपायनउवाच ॥ नि
र्यायनगराच्छूराव्यूढानीकाःप्रहारिणः ॥ त्रिगर्तानस्पृशन्मत्स्याःसूर्येपरिणतेसति १ तेत्रिगर्ताश्चमत्स्याश्चसंरब्धायुद्धदुर्मदाः ॥ अन्योन्यमभिगर्जंतोगोषु
गृद्धामहाबलाः २ भीमाश्चमत्तमातंगास्तोमरांकुशनोदिताः ॥ ग्रामणीयैःसमारूढाःकुशलैर्हस्तिसादिभिः ३ तेषांसमागमोघोरस्तुमुलोलोमहर्षणः ॥ घ्नतां
परस्परंराजन्यमराष्ट्रविवर्द्धनः ४

भारतभावदीपेएकत्रिंशोऽध्यायः ॥ ३१ ॥ ॥ ॥ निर्यायनिर्गत्य अस्पृशन्प्राप्तवंतः परिणतेपंचधाविभक्तस्याह्नश्चतुर्थभागंप्राप्ते १ । २ ग्रामणीयैःराजकीयैः 'ग्रामणीर्नापिते
पुंसित्रिष्वध्यक्षेऽधिपेऽपिच' इतिनानार्थः ३ समागमःसंग्रामः ४

अवलंबति अवरोहति ५ । ६ सैन्येनसेनोत्थेन ७ व्यतिषिक्तानिहस्तात्हस्तांतरंगतानि ८ अस्यतांक्षिपताम् ९ । १० । ११ । १२ । १३ नागभोगनिकाशैः सर्पदेहोपमैः १४ । १५ । १६ कश्मलंमूर्छाआविशत् शूरानितिशेषः येषांगरुत्मतांपक्षिणांअंतरिक्षेगतिर्दर्शनंच तेऽपिशरैःप्रवेजिताःउद्वेगंप्रापिताःसंतःउपाविशन् ध्वजाग्रादौ बाण

देवासुरसमोराजन्नासीत्सूर्येऽवलंबति ॥ पदातिरथनागेंद्रहयारोहबलौघवान् ५ अन्योऽन्यमभ्यापततांनिघ्नतांचेतरेतरम् ॥ उदतिष्ठद्रजोभौमंनप्राज्ञायत किंचन ६ पक्षिणश्चापतन्भूमौसैन्येनरजसाऽऽवृताः ॥ इषुभिर्व्यतिसर्पद्भिरादित्योऽतरधीयत ७ खद्योतैरिवसंयुक्तमंतरिक्षंव्यराजत ॥ रुक्मपृष्ठानिचापानिव्यतिषिक्तानिधन्विनाम् ८ पततांलोकवीराणांसव्यदक्षिणमस्यताम् ॥ रथारथैःसमाजग्मुःपादातैश्चपदातयः ९ सादिनःसादिभिश्चैवगजैश्चापिमहागजाः ॥ असिभिःपट्टिशैःप्रासैःशक्तिभिस्तोमरैरपि १० संरब्धाःसमरेराजन्निजघ्नुरितरेतरम् ॥ निघ्नंतःसमरेऽन्योन्यंशूराःपरिघबाहवः ११ नशेकुरभिसंरब्धाःशूरान्कर्तुंपराङ्मुखान् ॥ कृत्तोत्तरोष्ठंसुनसंकृत्तकेशमलंकृतम् १२ अदृश्यतशिरश्छिन्नंरजोध्वस्तंसकुंडलम् ॥ अदृश्यंस्तत्रगात्राणिशरैश्छिन्नानिभागशः १३ शालस्कंधनिकाशानिक्षत्रियाणांमहामृधे ॥ नागभोगनिकाशैश्चबाहुभिश्चंदनोक्षितैः १४ आस्तीर्णावसुधाभातिशिरोभिश्चसकुंडलैः ॥ रथिनांरथिभिश्चात्रसंप्रहारोऽभ्यवर्तत १५ सादिभिःसादिनांचापिपदातीनांपदातिभिः ॥ उपाशाम्यद्रजोभौमंरुधिरेणप्रसर्पता १६ कश्मलंचाविशद्घोरंनिर्मर्यादमवर्तत ॥ उपाविशन्गरुत्मंतःशरैर्गाढंप्रवेजिताः ॥ अंतरिक्षेगतिर्येषांदर्शनंचाप्यरुध्यत १७ तेघ्नंतःसमरेऽन्योन्यंशूराःपरिघबाहवः ॥ नशेकुरभिसंरब्धाःशूरान्कर्तुंपराङ्मुखान् १८ शतानीकःशतंहत्वाविशालाक्षश्चतुःशतम् ॥ प्रविष्टौमहतींसेनांत्रिगर्त्तानांमहारथौ १९ तौप्रविष्टौमहासेनांबलवंतौमनस्विनौ ॥ आर्च्छेतांबाहुसंरब्धौकेशाकेशिरथारथि २० लक्षयित्वात्रिगर्तानांतौप्रविष्टौरथव्रजम् ॥ अग्रतःसूर्यदत्तश्चमदिराक्षश्चपृष्ठतः २१ विराटस्तत्रसंग्रामेहत्वापंचशतान्रथान् ॥ हयानांचशतान्यष्टौहत्वापंचमहारथान् २२ चरन्सविविधान्मार्गान्रथेनरथसत्तमः ॥ त्रिगर्त्तानांसुशर्माणमार्च्छद्रुक्मरथंरणे २३ तौव्याहरतांतत्रमहात्मानौमहाबलौ ॥ अन्योन्यमभिगर्जंतौगोष्ठेपुवृषभाविव २४ ततोराजात्रिगर्त्तानांसुशर्मायुद्धदुर्मदः ॥ मत्स्यंसमीयाद्राजानंद्वैरथेननरर्षभः २५ ततोरथाभ्यांरथिनौव्यतीयतुरमर्षणौ ॥ शरान्व्यसृजतांशीघ्रंतोयधाराघनाइव २६

पटलेनतेषांगतिर्दर्शनंचन्यरुध्यत निरुद्धम् १७ । १८ त्रिगर्त्तानांतेनांप्रविष्टावित्यन्वयः १९ प्रविश्यचतामार्च्छेतांमोहितवंतौ केशाकेशि केशेषुकेशेषुगृहीत्वाप्रवृत्तंयुद्धंकेशाकेशि एवंरथारथि पाठांतरे नखानखि नखैर्नखैश्चप्रहृत्येदंयुद्धंप्रवृत्तंनखानखि केशेषुगृहीत्वायोधान् रथेषुगृहीत्वारथांश्चप्रक्षिपतइतिभावः २० सूर्यदत्तःशतानीकः २१ । २२ । २३ तौ विराटसुशर्माणौ २४ । २५ । २६

२७ । २८ । २९ ततःसैन्यामितिश्लोकःप्राचीनपुस्तकेष्वन्यथापठ्यते ‘ततःसेनाःसमाहत्यमत्स्यराजसुशर्मणौ । नजानीतांतदाऽन्योन्यंसैन्येनरजसावृतौ’ इति तत्रसुशर्मणाविति-हस्त्वत्वमार्षं सेनाःसेना
स्थानशूरान्समाहत्यअन्योन्यसंघट्टंकारयित्वा सैन्येनसेनोत्थेन ३० ॥ इतिविराटपर्वणिनीलकंठीये भारतभावदीपेद्वात्रिंशोऽध्यायः ॥ ३२ ॥ ॥ ॥ तमसानैशेनांधकारेण मुहूर्त्तं

अन्योऽन्यंचापिसंरब्धौविचेरतुरमर्षणौ ॥ कृतास्त्रौनिशितैर्बाणैरसिशक्तिगदाभृतौ २७ ततोराजासुशर्माणंविव्याधदशभिःशरैः ॥ पंचभिःपंचभिश्चास्यविव्याध
चतुरोहयान् २८ तथैवमत्स्यराजानंसुशर्मायुद्धदुर्मदः ॥ पंचाशद्भिःशितैर्बाणैर्विव्याधपरमास्त्रवित् २९ ततःसैन्यंमहाराजमत्स्यराजसुशर्मणोः ॥ नाभ्यजान
त्तदाऽन्योन्यंसैन्येनरजसाऽऽवृतम् ३० ॥ इतिश्रीमहाभारतेविराटपर्वणिगोग्रहणपर्वणिदक्षिणगोग्रहेविराटसुशर्मयुद्धेद्वात्रिंशोऽध्यायः ॥ ३२ ॥ ॥ ॥
॥ वैशंपायनउवाच ॥ तमसाऽभिप्लुतेलोकेरजसाचैवभारत ॥ अतिष्ठन्वैमुहूर्त्तंतुव्यूढानीकाःप्रहारिणः १ ततोंऽधकारंप्रणुदन्नुदतिष्ठतचंद्रमाः ॥ कुर्वाणोविमलां
रात्रिंनंदयन्क्षत्रियान्युधि २ ततःप्रकाशमासाद्यपुनर्युद्धमवर्तत ॥ घोररूपंततस्तेस्मनावैक्षंतपरस्परम् ३ ततःसुशर्मात्रैगर्त्तःसहभ्रात्रायवीयसा ॥ अभ्यद्रवन्म
त्स्यराजंरथव्रातेनसर्वशः ४ ततोरथाभ्यांप्रस्कंद्यभ्रातरौक्षत्रियर्षभौ ॥ गदापाणीसुसंरब्धौसमभ्यद्रवतांरथान् ५ तथैवतेषांतुबलानितानिक्रुद्धान्यथान्योऽन्यमभि
द्रवंति ॥ गदासिखड्गैश्चपरश्वधैश्चप्रासैश्चतीक्ष्णाग्रसुपीतधारैः ६ बलंतुमत्स्यस्यबलेनराजासर्वंत्रिगर्ताधिपतिःसुशर्मा ॥ प्रमथ्यजित्वाचप्रसह्यमत्स्यंविराटमोज
स्विनमभ्यधावत् ७ तौनिहत्यपृथग्धुर्यावुभौतौपार्ष्णिसारथी ॥ विरथंमत्स्यराजानंजीवग्राहमगृण्हताम् ८ तमुन्मथ्यसुशर्माऽथयुवतीमिवकामुकः ॥ स्यंदनं
स्वंसमारोप्यप्रययौशीघ्रवाहनः ९ तस्मिन्गृहीतेविरथेविराटेबलवत्तरे ॥ प्राद्रवंतभयान्मत्स्यास्त्रिगर्तैरर्दिताभृशम् १० तेषुसंत्रस्यमानेषुकुंतीपुत्रोयुधिष्ठिरः ॥ प्रत्य
भाषन्महाबाहुंभीमसेनमरिंदमम् ११ मत्स्यराजःपरामृष्टस्त्रिगर्तेनसुशर्मणा ॥ तंमोचयमहाबाहोनगच्छेद्द्विषतांवशम् १२ उषिताःस्मसुखंसर्वेसर्वकामैःसुपूजिताः ॥
भीमसेनत्वयाकार्यातस्यवासस्यनिष्कृतिः १३ ॥ भीमसेनउवाच ॥ अहमेनंपरित्रास्येशासनात्तवपार्थिव ॥ पश्यमेसुमहत्कर्मयुध्यतःसहशत्रुभिः १४ स्वबाहु
बलमाश्रित्यतिष्ठत्वंभ्रातृभिःसह ॥ एकांतमाश्रितोराजन्पश्यमेऽद्यपराक्रमम् १५

आचंद्रोदयकालं नतुघटीद्वयमात्रं कृष्णपक्षस्यसप्तमीमिति सप्तम्यांगोग्रहणस्योक्तत्वात् १ । २ । ३ । ४ प्रस्कंद्यअवरुह्य ५ तीक्ष्णानिअग्राणि सुपीताःसुतरांपीताः शोषिताःकृशीकृताः
अनायासेनशीघ्रंपरशरीरप्रवेशक्षमाःधाराश्चयेषांतेतीक्ष्णाग्रसुपीतधारास्तैः तीक्ष्णायसपीतेतिपाठेऽपि पीतशब्दस्योक्तएवार्थः ६ बलंजित्वाचेतिसंबंधः ७ । ८ । ९ । १० । ११
१२ । १३ । १४ । १५

अपारुज्यउत्पाट्य १६ । १७ । १८ । १९ । २० । २१ । २२ । २३ विराटंसमवीक्ष्यैनं हेसमेहेसाध्वो इतिविराटंवीक्ष्यवाचाहशाचसंभाव्य एनंसुशर्माणंतिष्ठतिष्ठेतिचावददितिसंबंधः 'सर्वसाधु समानेषुसमंस्यादभिधेयवत्' इतिमेदिनी २४ रथपुंगवःतिष्ठतिष्ठेतिभाषमाणः महत्कर्मान्योन्ययुद्धंपश्यतां कर्मव्यतिहारेतङ् अयंमांमहत्कर्मकुर्वाणंपश्यतु अहंचैनंद्रक्ष्येइत्यर्थः २५ रथाःसंगता

सुस्कंधोऽयंमहावृक्षोगदारूपइवस्थितः ॥ अहमेनमारुज्यद्रावयिष्यामिशात्रवान् १६ ॥ वैशंपायनउवाच ॥ तंमत्तमिवमातंगंवीक्षमाणंवनस्पतिम् ॥ अब्रवीद्भ्रातरंवीरंधर्मराजोयुधिष्ठिरः १७ माभीमसाहसंकार्षीस्तिष्ठत्वेषवनस्पतिः ॥ मात्वंवृक्षेणकर्माणिकुर्वाणमतिमानुषम् १८ जनाःसमवबुध्येरन्भीमोऽयमिति भारत ॥ अन्यदेवायुधंकिंचित्प्रतिपद्यस्वमानुषम् १९ चापंवायदिवाशक्तिंनिस्त्रिंशंवापरश्वधम् ॥ यदेवमानुषंभीमभवेदन्यैरलक्षितम् २० तदेवायुधमादाय मोक्षयाशुमहीपतिम् ॥ यमौचचक्ररक्षौतेभवितारौमहाबलौ २१ सहिताःसमरेतत्रमत्स्यराजंपरीप्सत ॥ वैशंपायनउवाच ॥ एवमुक्तस्तुवेगेनभीमसेनोमहाबलः २२ गृहीत्वातुधनुःश्रेष्ठंजवेनसुमहाजवः ॥ व्यमुंचच्छरवर्षाणिसतोयइवतोयदः २३ तंभीमोभीमकर्माणंसुशर्माणमथाद्रवत् ॥ विराटंसमवीक्ष्यैनंतिष्ठतिष्ठेतिचावदत् २४ सुशर्माचिंतयामासकालांतकयमोपमम् ॥ तिष्ठतिष्ठेतिभाषंतंपृष्ठतोरथपुंगवः ॥ पश्यतांसुमहत्कर्ममहद्युद्धमुपस्थितम् २५ परावृत्तो धनुर्गृह्यसुशर्माभ्रातृभिःसह ॥ निमेषांतरमात्रेणभीमसेनेनतेरथाः २६ रथानांचगजानांचवाजिनांचससादिनाम् ॥ सहस्रशतसंघाताःशूराणामुग्रधन्विनाम् २७ पातिताभीमसेनेनविराटस्यसमीपतः ॥ पत्तयोनिहतास्तेषांगदांगृह्यमहात्मना २८ तद्दृष्ट्वातादृशंयुद्धंसुशर्मायुद्धदुर्मदः ॥ चिंतयामासमनसाकिंशेषंहिबलस्यमे ॥ अपरोदृश्यतेसैन्येपुरामग्नोमहाबले २९ आकर्णपूर्णेनतदाधनुषाप्रत्यदृश्यत ॥ सुशर्मासायकांस्तीक्ष्णान्क्षिपतेचपुनःपुनः ३० ततःसमस्तास्तेसर्वेतुरगानभ्यचोदयन् ॥ दिव्यमस्त्रंविकुर्वाणास्त्रिगर्त्तान्प्रत्यमर्षणाः ३१ तान्निवृत्तरथान्दृष्ट्वापांडवान्सामहाचमूः ॥ वैराटिःपरमक्रुद्धोयुयुधेपरमाद्भुतम् ३२ सहस्रमवधीत्तत्रकुंतीपुत्रोयुधिष्ठिरः ॥ भीमःसप्तसहस्राणियमलोकमदर्शयत् ३३ नकुलश्चापिसप्तैवशतानिप्राहिणोच्छरैः ॥ शतानित्रीणिशूराणांसहदेवःप्रतापवान् ३४ युधिष्ठिरसमादिष्टोनिजघ्नेपुरुषर्षभः ॥ ततोऽभ्यपतदत्युग्रःसुशर्माणमुदायुधः ३५ हत्वातांमहतींसेनांत्रिगर्त्तानांमहारथः ॥ ततोयुधिष्ठिरोराजात्वरमाणोमहारथः ३६ अभिपत्यसुशर्माणंशरैरभ्याहनद्भृशम् ॥ सुशर्माऽपिसुसंरब्धस्त्वरमाणोयुधिष्ठिरम् ३७ अविध्यन्नवभिर्बाणैश्चतुर्भिश्चतुरोहयान् ॥ ततोराजन्नाशुकारीकुंतीपुत्रोवृकोदरः ३८

इतिशेषः २६ । २७ । २८ चिंतयामासेति । सुशर्मा बलस्यसैन्यस्यकिंशेषंकुत्सितंवधंचिंतयामास 'शेषःसंकर्षणेवधे' इतिमेदिनी तत्रहेतुः हियस्मात्मेममअपरोभ्रातामहाबलेसैन्येपुरामग्नो दृश्यते भ्रातुःसंकटंदृष्ट्वा सैन्यनाशंचिंतयामासेत्यर्थः २९ धनुषाशोभमानइतिशेषः ३० तेसर्वेमत्स्याः ३१ । ३२ । ३३ । ३४ अत्युग्रोयुधिष्ठिरः वाक्यशेषात् ३५ । ३६ । ३७ । ३८

३९ । ४० । ४१ । ४२ त्रैगर्तंत्रिगर्ताधिपतिं ४३ । ४४ । ४५ भीमसंकाशः भीमसंकाशःभीमोपमः ‘ रामरावणयोर्युद्धंरामरावणयोरिव ’ इतिवदनुपमइत्यर्थः ४६ । ४७ केश
पक्षेकेशकलापे ‘ पाशःपक्षश्चहस्तश्चकलापार्थाःकचात्परे ’ इति पक्षोमासार्धकेइत्युपक्रम्यकेशादेःपरतोवृंदइतिमेदिनी अत्रोक्तंनीतिशास्त्रे ‘ वामपाणिकचोत्पीडा १ भूमौनिष्पेषणं

समासाद्यसुशर्माणमश्वानस्यव्यपोथयत् ॥ पृष्ठगोपांश्चतस्याथहत्वापरमसायकैः ३९ अथास्यसारथिंक्रुद्धोरथोपस्थादपातयत् ॥ चक्ररक्षश्चशूरोवैमदिराक्षोऽ
तिविश्रुतः ४० समायाद्विरथंदृष्ट्वात्रिगर्तंप्राहरत्तदा ॥ ततोविराटःप्रस्कंद्यरथादथसुशर्मणः ४१ गदांतस्यपरामृश्यतमेवाभ्यद्रवद्बली ॥ सचचारगदापाणिर्वृद्धोऽ
पितरुणोयथा ४२ पलायमानंत्रैगर्तंदृष्ट्वाभीमोऽभ्यभाषत ॥ राजपुत्रनिवर्तस्वनतेयुक्तंपलायनम् ४३ अनेनवीर्येणकथंगास्त्वंप्रार्थयसेबलात् ॥ कथंचानुचरां
स्त्यक्त्वाशत्रुमध्येविषीदसि ४४ इत्युक्तःसतुपार्थेनसुशर्मारथयूथपः ॥ तिष्ठतिष्ठेतिभीमंससहसाऽभ्यद्रवद्बली ४५ भीमस्तुभीमसंकाशोरथात्प्रस्कंद्यपांडवः ॥
प्राद्रवत्तूर्णमव्यग्रोजीवितेप्सुःसुशर्मणः ४६ तंभीमसेनोधावंतमभ्यधावतवीर्यवान् ॥ त्रिगर्तराजमादातुंसिंहःक्षुद्रमृगंयथा ४७ अभिद्रुत्यसुशर्माणंकेशपक्षेपरा
मृशत् ॥ समुद्यम्यतुरोषात्तंनिष्पिपेषमहीतले ४८ पदामूर्ध्निमहाबाहुःप्राहरद्विलपिष्यतः ॥ तस्यजानुंददौभीमोजघ्नेचैनमरत्निना ॥ समोहमगमद्राजाप्रहारवरपी
डितः ४९ तस्मिन्गृहीतेविरथेत्रिगर्तानांमहारथे ॥ अभज्यतबलंसर्वंत्रैगर्तंतद्भयातुरम् ५० निवर्त्यगास्ततःसर्वाःपांडुपुत्रामहारथाः ॥ अवजित्यसुशर्माणं
धनंचादायसर्वशः ५१ स्वबाहुबलसंपन्नाह्रीनिषेवायतव्रताः ॥ विराटस्यमहात्मानःपरिक्लेशविनाशनाः ५२ स्थिताःसमक्षंतेसर्वेत्वथभीमोऽभ्यभाषत ५३ नायं
पापसमाचारोमत्तोजीवितुमर्हति ॥ किंतुशक्यंमयाकर्तुंयद्राजासततंघृणी ५४ गलेगृहीत्वाराजानमानीयविवशंवशम् ॥ ततएनंविचेष्टंतंबद्ध्वापार्थोवृकोदरः ५५
रथमारोपयामासविसंज्ञंपांसुगुंठितम् ॥ अभ्येत्यरणमध्यस्थमभ्यगच्छद्युधिष्ठिरम् ५६ दर्शयामासभीमस्तुसुशर्माणंनराधिपम् ॥ प्रोवाचपुरुषव्याघ्रोभीममाहव
शोभिनम् ५७ तंराजाप्राहसन्दृष्ट्वामुच्यतांवैनराधमः ॥ एवमुक्तोऽब्रवीद्भीमःसुशर्माणंमहाबलम् ५८ ॥ भीमउवाच ॥ जीवितुंचेच्छसेमूढहेतुंमेगदतःशृणु ॥ दा
सोऽस्मीतित्वयावाच्यंसंसत्सुचसभासुच ५९ एवंतेजीवितंदद्यामेषयुद्धजितोविधिः ॥ तमुवाचततोज्येष्ठोभ्रातासप्रणयंवचः ६०

बलात् २ मूर्ध्निपादप्रहरणम् ३ जानुनोदरमर्दनम् ४ मालूराकारयामुष्ट्या कपोलेदृढताडनम् ५ कफोणिपातोऽप्यसकृत् ६ सर्वतस्तलताडनं ७ तालेनयुद्धेभ्रमणंमारणम् ८ स्मृतमष्टधा ॥
चतुर्भिःक्षत्रियंहन्यात्पंचभिःक्षत्रियाधमम् ॥ षड्भिर्वैश्यंसप्तभिस्तुशूद्रंसंकरमष्टभिः ’ इति एतेषांमध्येतंकेशग्रहादिभिःपंचभिर्मारयताऽस्यक्षत्रियाधमत्वंदर्शितम् ४८ । ४९ । ५० । ५१ । ५२ । ५३
घृणीदयालुः ५४ । विवशंअचित्तं वशंपराधीनम् ५५ । ५६ । ५७ । ५८ । ५९ । ६०

६१ ॥ इतिविराटपर्वणिनीलकंठीयेभारतभावदीपे त्रयस्त्रिंशोऽध्यायः ॥ ३३ ॥ एवमिति १ । २ । ३ । ४ । ५ । ६ । ७ । प्रतीताःहृष्टाः ८ । ९ । १० नःअस्मत्संबंधि

॥ युधिष्ठिरउवाच ॥ मुंचमुंचाधमाचारंप्रमाणंयदितेवयम् ॥ दासभावंगतोह्येषविराटस्यमहीपतेः ॥ अदासोगच्छमुक्तोऽसिमैवंकार्षीःकदाचन ६१ ॥ इतिश्री
महाभारतेविराटपर्वणिगोग्रहणपर्वणिदक्षिणगोग्रहेत्रयस्त्रिंशोऽध्यायः ॥ ३३ ॥ ॥ वैशंपायनउवाच ॥ एवमुक्तेतुसव्रीडःसुशर्माऽऽसीदधोमुखः ॥ समुक्तोऽभ्येत्यरा
जानमभिवाद्यप्रतस्थिवान् १ विसृज्यतुसुशर्माणंपांडवास्तेहतद्विषः ॥ स्वबाहुबलसंपन्नाह्रीनिषेवायतव्रताः ॥ संग्रामशिरसोमध्येतांरात्रिंसुखिनोऽवसन् २
ततोविराटःकौंतेयानतिमानुषविक्रमान् ॥ अर्चयामासवित्तेनमानेनचमहारथान् ३ ॥ विराटउवाच ॥ यथैवममरत्नानियुष्माकंतानिवैतथा ॥ कार्यंकुरुतवैसर्वे
यथाकामंयथासुखम् ४ ददाम्यलंकृताःकन्यावसूनिविविधानिच ॥ मनसश्चाप्यभिप्रेतंयुद्धेशत्रुनिबर्हणाः ५ युष्माकंविक्रमादद्यमुक्तोऽहंस्वस्तिमानिह ॥ तस्माद्भ
वंतोमत्स्यानामीश्वराःसर्वएवहि ६ ॥ वैशंपायनउवाच ॥ तथेतिवादिनंमत्स्यंकौरवेयाःपृथक्पृथक् ॥ ऊचुःप्रांजलयःसर्वेयुधिष्ठिरपुरोगमाः ७ प्रतिनंदामतेवाक्यंस
र्वंचैवविशांपते ॥ एतेनैवप्रतीताःस्मयत्त्वंमुक्तोऽद्यशत्रुभिः ८ ततोऽब्रवीत्प्रीतमनामत्स्यराजोयुधिष्ठिरम् ॥ पुनरेवमहाबाहुर्विराटोराजसत्तमः ९ एहित्वामभिषेक्ष्या
मिमत्स्यराजस्तुनोभवान् १० मनसश्चाप्यभिप्रेतंयथेष्टंभुविदुर्लभम् ॥ तत्तेहंसंप्रदास्यामिसर्वमर्हतिनोभवान् ११ रत्नानिगाःसुवर्णंचमणिमुक्तमथापिच ॥ वैयाघ्र
पद्यविप्रेंद्रसर्वथैवनमोस्तुते १२ त्वत्कृतेह्यद्यपश्यामिराज्यंसंतानमेवच ॥ यतश्चजातसंरंभोनचशत्रुवशंगतः १३ ततोयुधिष्ठिरोमत्स्यंपुनरेवाभ्यभाषत ॥ प्रतिनंदा
मितेवाक्यंमनोज्ञंमत्स्यभाषसे १४ आनृशंस्यपरोनित्यंसुसुखीसततंभव ॥ गच्छंतुदूतास्त्वरितंनगरंतवपार्थिव १५ सुहृदांप्रियमाख्यातुंघोषयंतुचतेजयम् ॥
ततस्तद्वचनान्मत्स्योदूतान्राजासमादिशत् ॥ १६ आचक्षध्वंपुरंगत्वासंग्रामविजयंमम ॥ कुमार्यःसमलंकृत्यपर्यागच्छंतुमेपुरात् १७ वादित्राणिचसर्वाणिगणि
काश्चस्वलंकृताः ॥ एतांचाज्ञांततःश्रुत्वाराज्ञामत्स्येननोदिताः ॥ तामाज्ञांशिरसाकृत्वाप्रस्थिताहृष्टमानसाः १८ तेगत्वातत्रतांरात्रिमथसूर्योदयंप्रति ॥ विराटस्यपुरा
भ्याशेदूताजयमघोषयन् १९ ॥ इतिश्रीमहाभारतेविराटपर्वणिगोहरणपर्वणिदक्षिणगोग्रहेविराटजयघोषेचतुस्त्रिंशोऽध्यायः ॥ ३४ ॥ ॥ वैशंपायनउवाच ॥
यातेत्रिगर्त्तान्मत्स्येतुपशूंस्तान्वैपरीप्सति ॥ दुर्योधनःसहामात्योविराटमुपयादथ १ भीष्मोद्रोणश्चकर्णश्चकृपश्चपरमास्त्रवित् ॥ द्रौणिश्चसौबलश्चैवतथादुः
शासनःप्रभो २ विविंशतिर्विकर्णश्चचित्रसेनश्चवीर्यवान् ॥ दुर्मुखोदुःशलश्चैवयेचैवान्येमहारथाः ३

सर्वंभवान्प्रहीतुमर्हति ११ । १२ यतोनिगृहीतः जातसंरंभोजातभयोऽपित्वद्बलाभ्रचशत्रुवशंगतोऽस्मि १३ । १४ । १५ । १६ । १७ । १८ १९ ॥ इतिविराटपर्वणिनीलकंठीयेभारतभावदीपे चतुस्त्रिंशो
ऽध्यायः ॥ ३४ ॥ परीप्सतिलिप्सति यतः अथ अतः विराटंविराटदेशंउपयातउपायात् १ । २ । ३

४ कालयंतिनयंति रथवंशेनरथसमूहेन ५ घोषस्यघोषस्थानांमत्रांगोपालानांच हन्यतोहन्यमानानामारावःशब्दोमहानभूत् ६ । ७ । ८ भूमिंजयमित्युत्तरस्यैवनामांतरं ९ । १० शून्यपालंराज्ञो
सन्निधानेपालकम् ११ । १२ । १३ । १४ यूथपोगंधहस्ती १५ पाशोपधानामिति । पाशौमौर्वीप्रांतद्वयगतौ तावेवउपधानेवीणायांतंत्रीसंधानार्थकीलविशेषौयस्यांसापाशोपधानाताां ज्यातंत्रीमौर्व्येव
तंत्रीकार्ष्णायसतंतवोयस्यांतां चापोधनुर्यष्टिः सैवअलाबुसहितोदंडोयस्यास्तां महास्वनामित्युभयत्रतुल्यं शरास्ततोनिःसरंतस्तएववर्णाः शब्दवत्त्वसामान्यात्स्वरस्पर्शादयोयस्यां धनुःशब्दोऽत्रस

एतेमत्स्यानुपागम्यविराटस्यमहीपतेः ॥ घोषान्विद्राव्यतरसागोधनंजह्रुरोजसा ४ षष्टिंगवांसहस्राणिकुरवःकालयंतिच ॥ महतारथवंशेनपरिवार्यसमंततः
५ गोपालानांतुघोषस्यहन्यतांतैर्महारथैः ॥ आरावःसुमहानासीत्संप्रहारेभयंकरे ६ गोपाध्यक्षोभयत्रस्तोरथमास्थायसत्वरः ॥ जगामनगरायैवपरिक्रोशंस्तदा
र्त्तवत् ७ सप्रविश्यपुरंराज्ञोनृपवेश्माभ्ययात्ततः ॥ अवतीर्यरथात्तूर्णमाख्यातुंप्रविवेशह ८ दृष्ट्वाभूमिंजयंनामपुत्रंमत्स्यस्यमानिनम् ॥ तस्मैतत्सर्वमाचष्टराष्ट्र
स्यपशुकर्षणम् ९ षष्टिंगवांसहस्राणिकुरवःकालयंतिते ॥ तद्विजेतुंसमुत्तिष्ठगोधनंराष्ट्रवर्धन १० राजपुत्रहितप्रेप्सुःक्षिप्रंनिर्याहिचस्वयम् ॥ त्वांहिमत्स्यो
महीपालःशून्यपालमिहाकरोत् ११ त्वयापरिषदोमध्येश्लाघतेसनराधिपः ॥ पुत्रोममानुरूपश्चशूरश्चेतिकुलोद्वहः १२ इष्वस्त्रेनिपुणोयोधःसदावीरश्चमेसुतः ॥
तस्यतत्सत्यमेवास्तुमनुष्येंद्रस्यभाषितम् १३ आवर्त्तयकुरून्जित्वापशून्पशुमतांवर ॥ निर्दहैषामनीकानिभीमेनशरतेजसा १४ धनुश्च्युतैरुक्मपुंखैःशरैः
सन्नतपर्वभिः ॥ द्विषतांभिंध्यनीकानिगजानामिवयूथपः १५ पाशोपधानांज्यातंत्रींचापदंडांमहास्वनाम् ॥ शरवर्णांधनुर्वीणांशत्रुमध्येप्रवादय १६ श्वेतान्र
जतसंकाशान्रथेयुज्यंतुतेहयाः ॥ ध्वजंचसिंहंसौवर्णमुच्छ्रयंतुतवप्रभो १७ रुक्मपुंखाःप्रसन्नाग्रामुक्ताहस्तवतात्वया ॥ छादयंतुशराःसूर्यंराज्ञांमार्गनिरोधकाः १८
रणेजित्वाकुरून्सर्वान्वज्रपाणिरिवासुरान् ॥ यशोमहदवाप्यत्वंप्रविशेदंपुरंपुनः १९ त्वंहिराष्ट्रस्यपरमागतिर्मत्स्यपतेःसुतः ॥ यथाहिपांडुपुत्राणामर्जुनोजय
तांवरः २० एवमेवगतिर्नूनंभवान्विषयवासिनाम् ॥ गतिमंतोवयंत्वद्यसर्वेविषयवासिनः २१ ॥ वैशंपायनउवाच ॥ स्त्रीमध्यउक्तस्तेनासौतद्वाक्यमभयं
करम् ॥ अंतःपुरेश्लाघमानइदंवचनमब्रवीत् २२ ॥ इतिश्रीमहाभारतेविराटपर्वणिगोहरणपर्वणिउत्तरगोग्रहेगोपवाक्येपंचत्रिंशोऽध्यायः ॥ ३५ ॥ ॥ उत्तर
उवाच ॥ अद्याहमनुगच्छेयंदृढधन्वागवांपदम् ॥ यदिमेसारथिःकश्चिद्भवेदश्वेषुकोविदः १ तंत्वहंनावगच्छामियोमेयंताभवेन्नरः ॥ पश्यध्वंसारथिंक्षिप्रंममयुक्तंप्र
यास्यतः २ अष्टाविंशतिरात्रंवामासंवानूनमंततः ॥ यत्तदासीन्महद्युद्धंतत्रमेसारथिर्हतः ३

ज्यचापयाची तामेववीणांशत्रूणांमध्येप्रवादय १६ युज्यंतुयुज्यंतां सिंहंसिंहाकारंसौवर्णं १७ हस्तवताहढहस्तेन प्रशंसायांमतुप् १८ । १९ । २० । २१ । २२ ॥ इतिविराटपर्वणि
नीलकंठीयेभारतभावदीपे पंचत्रिंशोऽध्यायः ॥ ३५ ॥ ॥ १ । २ । ३

हययानविदं अश्वगतिज्ञम् ४ । ५ । ६ । ७ । ८ । ९ । १० । ११ । १२ । १३ । १४ । १५ । १६ । १७ । १८ । १९ । २० । २१ । २२ । २३ नर्तनागृहं व्यासश्रंथोयुजितिण्यंताद्युचिटाबंतं सत्रेण च्छद्मना २४ ॥ इति० वि० प० नी० भा० भा० षट्त्रिंशोऽध्यायः ॥ ३६ ॥ माल्यंमाला 'माल्यंकुसुमतत्स्रजोः' इति मेदिनी सुदक्षिणाभ्रातृच्छंदानुवर्तिनी 'दक्षिणादक्षिणोद्भूतसरलच्छंदवर्तिषु'

सलभेयंयदात्वन्यंहययानविदंनरम् ॥ त्वरावानद्ययात्वाऽहंसमुच्छ्रितमहाध्वजम् ४ विगाह्यतत्परानीकंगजवाजिरथाकुलम् ॥ शस्त्रप्रतापनिर्वीर्यान्कुरूञ्जित्वाऽऽनये पशून् ५ दुर्योधनंशांतनवंकर्णंवैकर्त्तनंकृपम् ॥ द्रोणंचसहपुत्रेणमहेष्वासान्समागतान् ६ वित्रासयित्वासंग्रामेदानवानिववज्रभृत् ॥ अनेनैवमुहूर्तेनपुनःप्रत्यानये पशून् ७ शून्यमासाद्यकुरवःप्रयांत्यादायगोधनम् ॥ किंतुशक्यंमयाकर्तुंयदहंतत्रनाभवम् ८ पश्येयुरद्यमेवीर्यंकुरवस्तेसमागताः ॥ किंनुपार्थोऽर्जुनःसाक्षादय मस्मान्प्रबाधते ९ ॥ वैशंपायनउवाच ॥ श्रुत्वातदर्जुनोवाक्यंराज्ञःपुत्रस्यभाषतः ॥ अतीतसमयेकालेप्रियांभार्यामनिंदिताम् १० द्रुपदस्यसुतांतन्वींपांचालीं पावकात्मजाम् ॥ सत्यार्जवगुणोपेतांभर्तुःप्रियहितेरताम् ११ उवाचरहसिप्रीतःकृष्णांसर्वार्थकोविदः ॥ उत्तरंब्रूहिकल्याणिक्षिप्रंमद्वचनादिदम् १२ अयंवैपांड वस्यासीत्सारथिःसंमतोदृढः ॥ महायुद्धेषुसंसिद्धःसतेयंताभविष्यति १३ ॥ वैशंपायनउवाच ॥ तस्यतद्वचनंस्त्रीषुभाषतश्चपुनःपुनः ॥ नसाऽमर्षतपांचालीबी भत्सोःपरिकीर्त्तनम् १४ अथैनमुपसंगम्यस्त्रीमध्यात्सातपस्विनी ॥ व्रीडमानेवशनकैरिदंवचनमब्रवीत् १५ योऽसौबृहद्वारणाभोयुवासुप्रियदर्शनः ॥ बृहन्नले तिविख्यातःपार्थस्यासीत्ससारथिः १६ धनुष्यनवरश्चासीत्तस्यशिष्योमहात्मनः ॥ दृष्टपूर्वोमयावीरचरंत्यापांडवान्प्रति १७ यदातत्पावकोदावमदहत्खांडवंमहत् ॥ अर्जुनस्यतदाऽनेनसंगृहीताहयोत्तमाः १८ तेनसारथिनापार्थःसर्वभूतानिसर्वशः ॥ अजयत्खांडवप्रस्थेनहियंताऽस्तिताद्दशः १९ ॥ उत्तरउवाच ॥ सैरंध्रिजाना सितथायुवानंनपुंसकोनैवभवेद्यथाऽसौ ॥ अहंनशक्नोमिबृहन्नलांशुभेवक्तुंस्वयंयच्छहयान्ममेतिवै ॥ २० ॥ द्रौपद्युवाच ॥ येयंकुमारीसुश्रोणीभगिनीतेयवीयसी ॥ अस्याःसावीरवचनंकरिष्यतिनसंशयः २१ यदिवैसारथिःसस्यात्कुरून्सर्वान्नसंशयः ॥ जित्वागाश्चसमादायध्रुवमागमनंभवेत् २२ एवमुक्तःससैरंध्र्याभगिनीं प्रत्यभाषत ॥ गच्छत्वमनवद्यांगितामानयबृहन्नलाम् २३ साभ्रात्राप्रेषिताशीघ्रमगच्छन्नर्तनागृहम् ॥ यत्रास्तेसमहाबाहुश्छन्नसत्रेणपांडवः २४ ॥ इतिश्रीमहाभारते विराटपर्वणिगोहरणपर्वणिउत्तरगोग्रहेबृहन्नलासारथ्यकथनेषट्त्रिंशोऽध्यायः ॥ ३६ ॥ ॥ वैशंपायनउवाच ॥ साप्राद्रवत्कांचनमाल्यधारिणीज्येष्ठेनभ्रात्राप्र हितायशस्विनी ॥ सुदक्षिणावेदिविलग्नमध्यासापद्मपत्राभनिभाशिखंडिनी १

इतिमेदिनी वेदिवद्विलग्नःकृशोमध्योयस्याःसा पद्मपत्राभिनवाशिखंडिनीतिप्राचीनपाठः पद्मपत्राभनिभा पद्मपत्रेषुआभातीतिपद्मपत्राभालक्ष्मीःतद्वत्निभादीप्तिर्यस्याःसा येतु पद्मपत्राभंमरकतंतन्निभांव्या मामितिव्याचख्युस्तेषांकनकोज्ज्वलत्वचमितिवाक्यशेषेणविरोधःस्पष्टः शिखंडिनी मयूरपिच्छालंकारवती १

अरालपक्ष्मावक्राक्षिपक्ष्मा शतन्हृदाविद्युत् २ । ३ प्रमुखेऽग्रे ४ । ५ किंकिमर्थमागमनम् ६ प्रणयंविनयं भावयंतीदर्शयंती ७ । ८ । ९ । १० । ११ यावद्गावोदूरतरंह्रियंते ततः

तन्वीशुभांगीमणिचित्रमेखलामत्स्यस्यराज्ञोदुहिताश्रियावृता ॥ तन्नर्त्तनागारमरालपक्ष्माशतह्रदामेवमिवान्वपद्यत २ साहस्तिहस्तोपमसंहितोरूःस्वनिंदिताचा
रुदतीसुमध्यमा ॥ आसाद्यतंवैवरमाल्यधारिणीपार्थंशुभानागवधूरिवद्विपम् ३ सारत्नभूतामनसःप्रियाऽर्चितासुताविराटस्ययथेंद्रलक्ष्मीः ॥ सुदर्शनीयाप्रमुखे
यशस्विनीप्रीत्याऽब्रवीदर्जुनमायतेक्षणा ४ सुसंहतोरुंकनकोज्ज्वलत्वचंपार्थःकुमारींसतदाऽभ्यभाषत ॥ किमागमःकांचनमाल्यधारिणिमृगाक्षिकिंत्वंत्वरितेवभामि
नि ॥ किंतेमुखंसुंदरिनप्रसन्नमाचक्ष्वतत्त्वंममशीघ्रमंगने ५ ॥ वैशंपायनउवाच ॥ सतांदृष्ट्वाविशालाक्षींराजपुत्रींसखींतथा ॥ प्रहसन्नब्रवीद्राजन्किमागमनमित्यु
त ६ तमब्रवीद्राजपुत्रीसमुपेत्यनरर्षभम् ॥ प्रणयंभावयंतीसासखीमध्यइदंवचः ७ गावोराष्ट्रस्यकुरुभिःकाल्यंतेनोबृहन्नले ॥ ताविजेतुंममभ्राताप्रयास्यतिधनुर्धरः
८ नाचिरंनिहतस्तस्यसंग्रामेरथसारथिः ॥ तेननास्तिसमःसूतोयोऽस्यसारथ्यमाचरेत् ९ तस्मैप्रयतमानायसारथ्यर्थंबृहन्नले ॥ आचचक्षेहयज्ञानेसैरंध्रीकौशलं
तव १० अर्जुनस्यकिलासीस्त्वंसारथिर्दयितःपुरा ॥ त्वयाऽजयत्सहायेनपृथिवींपांडवर्षभः ११ सासारथ्यंममभ्रातुःकुरुसाधुबृहन्नले ॥ पुरादूरतरंगावोह्रियंते
कुरुभिर्हिनः १२ अथैतद्वचनंमेऽद्यनियुक्तानकरिष्यसि ॥ प्रणयादुच्यमानात्वंपरित्यक्ष्यामिजीवितम् १३ एवमुक्तस्तुसुश्रोण्यातयासख्यापरंतपः ॥ जगाम
राजपुत्रस्यसकाशममितौजसः १४ तमाव्रजंतंत्वरितंप्रभिन्नमिवकुंजरम् ॥ अन्वगच्छद्विशालाक्षीशिशुंगजवधूरिव १५ दूरादेवतुतांप्रेक्ष्यराजपुत्रोऽभ्यभाषत ॥
त्वयासारथिनापार्थःखांडवेऽग्निमतर्पयत् १६ पृथिवीमजयत्कृत्स्नांकुंतीपुत्रोधनंजयः ॥ सैरंध्रीत्वांसमाचष्टेसाहिजानातिपांडवान् १७ संयच्छमामकानश्वांस्तथैव
त्वंबृहन्नले ॥ कुरुभिर्योत्स्यमानस्यगोधनानिपरीप्सतः १८ अर्जुनस्यकिलासीस्त्वंसारथिर्दयितःपुरा ॥ त्वयाऽजयत्सहायेनपृथिवींपांडवर्षभः १९ एवमुक्ताप्रत्युवा
चराजपुत्रंबृहन्नला ॥ काशक्तिर्ममसारथ्यंकर्तुंसंग्राममूर्धनि २० गीतंवायदिवानृत्यंवादित्रंवापृथग्विधम् ॥ तत्करिष्यामिभद्रंतेसारथ्यंतुकुतोमम २१ ॥ उत्तर
उवाच ॥ बृहन्नलेगायनोवानर्त्तनोवापुनर्भव ॥ क्षिप्रंमेरथमास्थायनिगृह्णीष्वहयोत्तमान् २२ ॥ वैशंपायनउवाच ॥ सतत्रनर्मसंयुक्तमकरोत्पांडवोबहु ॥ उत्त
रायाःप्रमुखतःसर्वंजानन्नरिंदमः २३ ऊर्ध्वमुत्क्षिप्यकवचंशरीरेप्रत्यमुंचत ॥ कुमार्यस्तत्रतंदृष्ट्वाप्राहसन्पृथुलोचनाः २४ सतुदृष्ट्वाविमुह्यंतंस्वयमेवोत्तरस्ततः ॥ क
वचेनमहार्हेणसमनह्यद्बृहन्नलाम् २५ सबिभ्रत्कवचंचाग्र्यंस्वयमप्यंशुमत्प्रभम् ॥ ध्वजंचसिंहमुच्छ्रित्यसारथ्येसमकल्पयत् २६ धनूंषिचमहार्हाणिबाणांश्चरुचिरा
न्बहून् ॥ आदायप्रययौवीरःसबृहन्नलसारथिः २७ अथोत्तराचकन्याश्चसख्यस्तामब्रुवंस्तदा ॥ बृहन्नलेआनयेथावासांसिरुचिराणिच २८

प्रागेवसारथ्यंकुरु १२ । १३ । १४ । १५ । १६ । १७ । १८ । १९ । २० । २१ । २२ । २३ । २४ । २५ । २६ । २७ । २८

पांचालिकार्थे ' पांचालिकापुत्तिकास्याद्वस्त्रदंतादिभिःकृता ' इत्यमरः २९ । ३० । ३१ । ३२ । ३३ । ३४ ॥ ॥ इतिविराटपर्वणिनीलकंठीयेभारतभावदीपे सप्तत्रिंशोऽध्यायः ॥ ३७ ॥ ॥ ॥ सइति १ । २ । ३ । ४ । ५ अतिवेगेनआकाशे ६ । ७ । ८ हृष्टरोमारोमांचितः ९ नोत्सहेइत्यत्रहेतुमाहबहुलिति १० । ११ कलिलंगहनाम १२

॥२८॥ पांचालिकार्थेचित्राणिसूक्ष्माणिचमृदूनिच ॥ विजित्यसंग्राममगतान्भीष्मद्रोणमुखान्कुरून् २९ एवंताब्रुवतीःकन्याःसहिताःपांडुनंदनः ॥ प्रत्युवाचहसन्पार्थोमे
घदुंदुभिनिःस्वनः ३० ॥ बृहन्नलोवाच ॥ यद्युत्तरोऽयंसंग्रामेविजेष्यतिमहारथान् ॥ अथाहरिष्येवासांसिदिव्यानिरुचिराणिच ३१ ॥ वैशंपायनउवाच ॥ एव
मुक्त्वातुबीभत्सुस्ततःप्राचोदयद्धयान् ॥ कुरूनभिमुखःशूरोनानाध्वजपताकिनः ३२ तमुत्तरंवीक्ष्यरथोत्तमेस्थितंबृहन्नलायाःसहितंमहाभुजम् ॥ स्त्रियश्चकन्याश्च
द्विजाश्चसुव्रताःप्रदक्षिणंचक्रुरथोचुरंगनाः ३३ यदर्जुनस्यर्षभतुल्यगामिनःपुराऽभवत्खांडवदाहमंगलम् ॥ कुरून्समासाद्यरणेबृहन्नलेसहोत्तरेणाद्यतदस्तुमंगलम् ३४
॥ इतिश्रीमहाभारतेविराटपर्वणिगोहरणपर्वणिउत्तरगोग्रहेउत्तरनिर्याणंनामसप्तत्रिंशोऽध्यायः ॥ ३७ ॥ ॥ वैशंपायनउवाच ॥ सराजधान्यानिर्यायवैराटिरकु
तोभयः ॥ प्रयाहीत्यब्रवीत्सूतंयत्रतेकुरवोगताः १ समवेतान्कुरून्सर्वान्जिगीषूनवजित्यवै ॥ गास्तेषांक्षिप्रमादायपुनरेष्याम्यहंपुरम् २ ततस्तांश्चोदयामाससदश्वा
न्पांडुनंदनः ॥ तेहयानरसिंहेननोदितावातरंहसः ॥ आलिखंतइवाकाशमूहुःकांचनमालिनः ३ नातिदूरमथोगत्वामत्स्यपुत्रधनंजयौ ॥ अवेक्षेताममित्रघ्नौ
कुरूणांबलिनांबलम् ४ श्मशानमभितोगत्वाआससादकुरूनथ ॥ तांशमीमन्ववीक्षेतांव्यूढानीकांश्चसर्वशः ५ तदनीकंमहत्तेषांविबभौसागरोपमम् ॥ सर्पमा
णमिवाकाशेवनंबहुलपादपम् ६ ददृशेपार्थिवोरेणुर्जनितस्तेनसर्पता ॥ दृष्टिप्रणाशोभूतानांदिवस्पृक्कुरुसत्तम ७ तदनीकंमहद्दृष्ट्वागजाश्वरथसंकुलम् ॥ कर्णदुर्योधन
कृपैर्गुप्तंशांतनवेनच ८ द्रोणेनचसपुत्रेणमहेष्वासेनधीमता ॥ हृष्टरोमाभयोद्विग्नःपार्थंवैराटिरब्रवीत् ९ ॥ उत्तरउवाच ॥ नोत्सहेकुरुभिर्योद्धुंरोमहर्षंहिपश्यमे ॥
बहुप्रवीरमत्युग्रंदेवैरपिदुरासदम् १० प्रतियोद्धुंनशक्ष्यामिकुरुसैन्यमनंतकम् ॥ नाशंसेभारतींसेनांप्रवेष्टुंभीमकार्मुकाम् ११ रथनागाश्वकलिलांपत्तिध्वजसमा
कुलाम् ॥ दृष्ट्वैवहिपरानाजौमनःप्रव्यथतीवमे १२ यत्रद्रोणश्चभीष्मश्चकृपःकर्णोविविंशतिः ॥ अश्वत्थामाविकर्णश्चसोमदत्तश्चबाल्हिकः १३ दुर्योधनस्तथा
वीरोराजाचरथिनांवरः ॥ द्युतिमंतोमहेष्वासाःसर्वेयुद्धविशारदाः १४ दृष्ट्वैवहिकुरूनेतान्व्यूढानीकान्प्रहारिणः ॥ हृषितानिचरोमाणिकश्मलंचागतंमम १५
वैशंपायनउवाच ॥ अविजातोविजातस्यमौर्ख्याद्धूर्तस्यपश्यतः ॥ परिदेवयतेमंदःसकाशेसव्यसाचिनः १६ त्रिगर्तान्मेपितायातःशून्येसंप्रणिधायमाम् ॥
सर्वांसेनामुपादायनमेसंतीहसैनिकाः १७ सोहमेकोबहून्बालःकृतास्त्रानकृतश्रमः ॥ प्रतियोद्धुंनशक्ष्यामिनिवर्तस्वबृहन्नले १८

१३ । १४ कश्मलंमूर्च्छा १५ अविजातः जातंसामान्यंविगतंयस्मात्सविजातोऽसाधारणस्तदन्योऽविजातः साधारणःप्राकृतः प्राचांतुमयकारःपाठः तदा वियातोधृष्टः ' धृष्टेधृष्णुर्वियातश्च ' ॥२८॥
इत्यमरः अवियातोऽप्रगल्भः धूर्तस्यछद्मवेषधारिणः १६ । १७ । १८

१९ । २१ आमिषंमांसं तत्रयथागृध्राःपतंति तत्तुल्यानांगोलुब्धानां पृथिव्यांनिमित्तभूतायां एतेनाग्रेभाविसंग्रामेष्वपित्वांनेष्यामीत्युक्तम अभिनिर्यायाभिनिर्गत्य नयुयुत्ससेयोद्धुंनेच्छसि

॥ बृहन्नलोवाच ॥ भयेनदीनरूपोऽसिद्विषतांहर्षवर्द्धनः ॥ नचतावत्कृतंकर्मपरैःकिंचिद्रणाजिरे १९ स्वयमेवचमामात्थवहमांकौरवान्प्रति ॥ सोऽहंत्वांतत्रने
ष्यामियत्रैतेबहुलाध्वजाः २० मध्यमामिषगृध्राणांकुरूणामाततायिनाम् ॥ नेष्यामित्वांमहाबाहोपृथिव्यामपियुध्यताम् २१ तथास्त्रीषुप्रतिश्रुत्यपौरुषंपुरुषे
षुच ॥ कत्थमानोभिनिर्यायकिमर्थंनयुयुत्ससे २२ नचेद्विजित्यगास्तास्त्वंगृहान्वैप्रतियास्यसि ॥ प्रहसिष्यंतिवीरास्त्वांनरानार्यश्चसंगताः २३ अहमप्यत्रसै
रंध्याख्याताुसारथ्यकर्मणि ॥ नचशक्ष्याम्यनिर्जित्यगाःप्रयातुंपुरंप्रति २४ स्तोत्रेणचैवसैरंध्यास्तववाक्येनतेनच ॥ कथंनयुध्येयमहंकुरून्सर्वान्स्थिरोभव २५
उत्तरउवाच ॥ कामंहरंतुमत्स्यानांभूयांसःकुरवोधनम् ॥ प्रहसंतुचमांनार्योनरावाऽपिबृहन्नले २६ संग्रामेनचकार्यंमेगावोगच्छंतुचापिमे ॥ शून्यंमेनगरंचापि
पितुश्चैवबिभेम्यहम् २७ ॥ वैशंपायनउवाच ॥ इत्युक्त्वाप्राद्रवद्भीतोरथात्प्रस्कंद्यकुंडली ॥ त्यक्त्वामानंचदर्पंचविसृज्यसशरंधनुः २८ ॥ बृहन्नलोवाच ॥ नैष
शूरैःस्मृतोधर्मःक्षत्रियस्यपलायनम् ॥ श्रेयस्तुमरणंयुद्धेनभीतस्यपलायनम् २९ ॥ वैशंपायनउवाच ॥ एवमुक्त्वातुकौंतेयःसोऽवप्लुत्यरथोत्तमात् ॥ तमन्वधा
वद्धावंतंराजपुत्रंधनंजयः ३० दीर्घांवेणींविधुन्वानःसाधुरक्तेचवाससी ॥ विधूयवेणींधावंतमजानंतोऽर्जुनंतदा ३१ सैनिकाःप्राहसन्केचित्तथारूपमवेक्ष्यतम् ॥
तंशीघ्रमभिधावंतंसंप्रेक्ष्यकुरवोऽब्रुवन् ३२ कएषवेषसंच्छन्नोभस्मन्येवहुताशनः ॥ किंचिदस्ययथापुंसःकिंचिदस्ययथास्त्रियः ३३ सारूप्यमर्जुनस्यैवक्लीबरूपंबि
भर्तिच ॥ तदेवैतच्छिरोग्रीवंतौबाहूपरिघोपमौ ॥ तद्वदेवास्यविक्रांतंनायमन्योधनंजयात् ३४ अमरेष्विवदेवेंद्रोमानुषेषुधनंजयः ॥ एकःकोऽस्मानुपायायाद
न्योलोकेधनंजयात् ३५ एकःपुत्रोविराटस्यशून्येसन्निहितःपुरे ॥ सएषकिलनिर्यातोबालभावान्नपौरुषात् ३६ सत्रेणनूनंछन्नंहिचरंतंपार्थमर्जुनम् ॥ उत्तरःसार
थिंकृत्वानिर्यातोनगराद्बहिः ३७ सनोमन्यामहेदृष्ट्वाभीतएषपलायते ॥ तंनूनमेषधावंतंजिघृक्षतिधनंजयः ३८ ॥ वैशंपायनउवाच ॥ इतिस्मकुरवःसर्वेविमृशं
तःपृथक्पृथक् ॥ नचव्यवसितुंकिंचिदुत्तरंशक्नुवंतिते ३९ छन्नंतथातंसत्रेणपांडवंप्रेक्ष्यभारत ॥ उत्तरंतुप्रधावंतमभिद्रुत्यधनंजयः ॥ गत्वापदशतंतूर्णंकेशपक्षेप
रामृशत् ४० सोऽर्जुनेनपरामृष्टःपर्यदेवयदार्त्तवत् ॥ बहुलंकृपणंचैवविराटस्यसुतस्तदा ४१ ॥ उत्तरउवाच ॥ शृणुयास्त्वंहिकल्याणिबृहन्नलेसुमध्यमे ॥ निवर्त्त
यरथंक्षिप्रंजीवन्भद्राणिपश्यति ४२ शातकुंभस्यशुद्धस्यशतंनिष्कान्ददामिते ॥ मणीनष्टौचवैदूर्यान्हेमबद्धान्महाप्रभान् ४३ हेमदंडप्रतिच्छन्नंरथंयुक्तंचसुव्रतैः ॥ म
त्तांश्चदशमातंगान्मुंचमांत्वंबृहन्नले ४४ ॥ वैशंपायनउवाच ॥ एवमादीनिवाक्यानिविलपंतमचेतसम् ॥ प्रहस्यपुरुषव्याघ्रोरथस्यांतिकमानयत् ४५

२१ । २२ । २३ । २४ । २५ । २६ । २७ । २८ । २९ । ३० । ३१ । ३२ । ३३ । ३४ । ३५ । ३६ । ३७ । ३८ । ३९ । ४० । ४१ । ४२ । ४३ । ४४ । ४५

४६ । ४७ । ४८ । ४९ । ५० । ५१ ॥ इतिविराटपर्वणिनीलकंठीये भारतभावदीपे अष्टत्रिंशोऽध्यायः ॥ ३८ ॥ तमिति १ । २ । ३ । ४ । ५ । ६ । ७ वैशसंवैरं युद्धेकदनंवा ८
९ नदीजेति । हेनदीजगांगेयहेभीष्म लंकेशस्यरावणस्य वनंतस्यारिर्नाशकोहनूमान् सःकेतुर्ध्वजोयस्यसः लंकेशवनारिकेतुः नगोवृक्षस्तदाह्वयःवृक्षनामा नामेतिवितर्के निश्चितंवाअर्जुनइत्यर्थः

अथैनमब्रवीत्पार्थोभयार्त्तंनष्टचेतसम् ॥ यदिनोत्सहसेयोद्धुंशत्रुभिःशत्रुकर्षण ॥ एहिमेत्वंहयान्यच्छयुध्यमानस्यशत्रुभिः ४६ प्रयाह्येतद्रथानीकंमद्बाहुबलरक्षितः ॥ अप्रधृष्यतमंघोरंगुप्तंवीरैर्महारथैः ४७ माभैस्त्वंराजपुत्राग्र्यक्षत्रियोऽसिपरंतप ॥ कथंपुरुषशार्दूलशत्रुमध्येविषीदसि ४८ अहंवैकुरुभिर्योत्स्येविजेष्यामिचतेपशून् ॥ प्रविश्यैतद्रथानीकमप्रधृष्यंदुरासदम् ४९ यंताभवनरश्रेष्ठयोत्स्येऽहंकुरुभिःसह ॥ एवंब्रुवाणोबीभत्सुर्वैराटिमपराजितः ॥ समाश्वास्यमुहूर्तंतमुत्तरंभरतर्षभ ५० ततएनंविचेष्टंतमकामंभयपीडितम् ॥ रथमारोपयामासपार्थःप्रहरतांवरः ५१ ॥ इतिश्रीमहाभारतेविराटपर्वणिगोहरणपर्वणिउत्तरगोग्रहेउत्तराश्वासनेअष्टत्रिंशोऽध्यायः ॥ ३८ ॥

॥ वैशंपायनउवाच ॥ तंदृष्ट्वाक्लीबवेषेणरथस्थंनरपुंगवम् ॥ शमीमभिमुखंयांतंरथमारोप्यचोत्तरम् १ भीष्मद्रोणमुखास्तत्रकुरवोरथिसत्तमाः ॥ वित्रस्तमनसःसर्वेधनंजयकृताद्भयात् २ तानवेक्ष्यहतोत्साहानुत्पातानपिचाद्भुतान् ॥ गुरुःशस्त्रभृतांश्रेष्ठोभारद्वाजोऽभ्यभाषत ३ चंडाश्चवाताःसंवांतिरूक्षाःशर्करवर्षिणः ॥ भस्मवर्णप्रकाशेनतमसासंवृतंनभः ४ रूक्षवर्णाश्चजलदादृश्यंतेऽद्भुतदर्शनाः ॥ निःसरंतिचकोशेभ्यःशस्त्राणिविविधानिच ५ शिवाश्चविनदंत्येतादीप्तायांदिशिदारुणाः ॥ हयाश्चाश्रूणिमुंचंतिध्वजाःकंपंत्यकंपिताः ६ यादृशान्यत्ररूपाणिसंदृश्यंतेबहूनिच ॥ यत्ताभवंतस्तिष्ठंतुसाध्वसंसमुपस्थितम् ७ रक्षध्वमपिचात्मानंव्यूहध्वंवाहिनीमपि ॥ वैशसंचप्रतीक्षध्वंरक्षध्वंचापिगोधनम् ८ एषवीरोमहेष्वासःसर्वशस्त्रभृतांवरः ॥ आगतःक्लीबवेषेणपार्थोनास्त्यत्रसंशयः ९ नदीजलंकेशवनारिकेतुर्नगाह्वयोनामनगारिसूनुः ॥ एषोऽङ्गनावेषधरःकिरीटीजित्वाऽवयंनेष्यतिचाद्यगावः १० सएषपार्थोविक्रांतःसव्यसाचीपरंतपः ॥ नायुद्धेननिवर्तेतसर्वैरपिसुरासुरैः ११ क्लेशितश्चवनेशूरोवासवेनापिशिक्षितः ॥ अमर्षवशमापन्नोवासवप्रतिमोयुधि ॥ नेहास्यप्रतियोद्धारमहंपश्यामिकौरवाः १२ महादेवोऽपिपार्थेनश्रूयतेयुधितोषितः ॥ किरातवेषप्रच्छन्नोगिरौहिमवतिप्रभुः १३ ॥ कर्णउवाच ॥ सदाभवान्फाल्गुनस्यगुणैरस्मान्विकत्थसे ॥ नचार्जुनःकलापूर्णोममदुर्योधनस्यच १४ ॥ दुर्योधनउवाच ॥ यद्येषपार्थोराधेयकृतंकार्यंभवेन्मम ॥ ज्ञाताःपुनश्चरिष्यंतिद्वादशाब्दान्विशांपते १५ अथैषकश्चिदेवान्यःक्लीबवेषेणमानवः ॥ शरैरेनंसुनिशितैःपातयिष्यामिभूतले १६ ॥ वैशंपायनउवाच ॥ तस्मिन्ब्रुवतितद्वाक्यंधार्त्तराष्ट्रेपरंतप ॥ भीष्मोद्रोणःकृपोद्रौणिःपौरुषंतदपूजयन् १७ ॥ इतिश्रीम० वि० प० गो० प० उत्तरगोग्रहेअर्जुनप्रशंसायामेकोनचत्वारिंशोऽध्यायः ॥ ३९ ॥

'शैलवृक्षौनगावगौ' इत्यमरः नगारिरिंद्रस्तस्यसूनुः एषःअंगनावेषधरः किरीटीएतन्नामा यं जित्वा वःयुष्माकंगाःधेनूःनेष्यति तंदुर्योधनंअवपालय १० । ११ । १२ । १३ कलापोऽशोंऽशः पर्णःकृत्स्नः १४ । १५ । १६ । १७ ॥ इतिविराटपर्वणिनीलकंठीये भारतभावदीपेएकोनचत्वारिंशोऽध्यायः ॥ ३९ ॥

तामिति १ अवहरअवतारय २ बाहुविक्षेपंसोढुंनशक्ष्यंतीतिसंबंधः भूमिंजयहेउत्तर पलाशिनींबहुपत्रवतीम ३ । ४ । ५ तृणराजस्तालस्तत्समम ६ महामात्रंअतिप्रमाणम ७ । ८ ॥ इतिविराटपर्वणिनीलकंठीये भारतभावदीपे चत्वारिंशोऽध्यायः ॥ ४० ॥ ॥ अस्मिन्निति १ आलब्धुंस्प्रष्टुं २ । ३ । ४ दायादंपुत्रम ५ । ६ । ७ अपह्नत्यवृक्षादधआनीय ८ संनहनानि धनुर्षांबंधनानि ९ । १० । ११ । १२

॥ वैशंपायनउवाच ॥ तांशमीमुपसंगम्यपार्थोवैराटिमब्रवीत् ॥ सुकुमारंसमाज्ञायसंग्रामेनातिकोविदम् १ समादिष्टोमयाक्षिप्रंधनूंष्यवहरोत्तर ॥ नेमानिहित्वदीयानिसोढुंशक्ष्यंतिमेबलम् ॥ भारंचापिगुरुंवोढुंकुंजरंवाप्रमर्दितुम् २ ममवाबाहुविक्षेपंशत्रूनिहविजेष्यतः ॥ तस्माद्भूमिंजयारोहशमीमेतांपलाशिनीम् ३ अस्यांहि पांडुपुत्राणांधनूंषिनिहितान्युत ॥ युधिष्ठिरस्यभीमस्यबीभत्सोर्यमयोस्तथा ४ ध्वजाःशराश्चशूराणांदिव्यानिकवचानिच ॥ अत्रचैतन्महावीर्यंधनुःपार्थस्यगांडिवम् ५ एकंशतसहस्रेणसंमितंराष्ट्रवर्धनम् ॥ व्यायामसहमत्यर्थंतृणराजसमंमहत् ६ सर्वायुधमहामात्रंशत्रुसंबाधकारकम् ॥ सुवर्णविकृतंदिव्यंश्लक्ष्णमायतमव्रणम् ७ अलंभारंगुरुंवोढुंदारुणंचारुदर्शनम् ॥ तादृशान्येवसर्वाणिबलवंतिदृढानिच ॥ युधिष्ठिरस्यभीमस्यबीभत्सोर्यमयोस्तथा ८ ॥ इतिश्रीमहाभारतेविराटपर्वणिगोहरणपर्वणि उत्तरगोग्रहेअर्जुनास्त्रकथनेचत्वारिंशोऽध्यायः ॥ ४० ॥ ॥ उत्तरउवाच ॥ अस्मिन्वृक्षेकिलोद्बद्धंशरीरमितिनःश्रुतम् ॥ तदहंराजपुत्रःसन्स्पृशेयंपाणिना कथम् १ नैवंविधंमयायुक्तमालब्धुंक्षत्रयोनिना ॥ महताराजपुत्रेणमंत्रयज्ञविदासता २ स्पृष्टवंतंशरीरंमांशववाहमिवाशुचिम् ॥ कथंवाव्यवहार्यंवैकुर्वीथास्त्वंबृहन्नले ३ ॥ बृहन्नलोवाच ॥ व्यवहार्यश्चराजेंद्रशुचिश्चैवभविष्यसि ॥ धनूंष्येतानिमाभैस्त्वंशरीरंनात्रविद्यते ४ दायादंमत्स्यराजस्यकुलेजातंमनस्विनाम् ॥ त्वांकथंनिंदितंकर्मकारयेयंनृपात्मज ५ ॥ वैशंपायनउवाच ॥ एवमुक्तःसपार्थेनरथात्प्रस्कंद्यकुंडली ॥ आरुरोहशमीवृक्षंवैराटिरवशस्तदा ६ तमन्वशासच्छत्रुघ्नोरथेतिष्ठन्धनंजयः ॥ अवरोपयवृक्षाग्राद्धनूंष्येतानिमाचिरम् ७ परिवेष्टनमेतेषांक्षिप्रंचैवव्यपानुद ॥ सोपहृत्यमहार्हाणिधनूंषिपृथुवक्षसाम् ॥ परिवेष्टनपत्राणिविमुच्यसमुपानयत् ८ तथासंनहनान्येषांपरिमुच्यसमंततः ॥ अपश्यद्गांडिवंतत्रचतुर्भिरपरैःसह ९ तेषांविमुच्यमानानांधनुषामर्कवर्चसाम् ॥ विनिश्चेरुःप्रभादिव्याग्रहाणामुदयेष्विव १० सतेषांरूपमालोक्यभोगिनामिवजृंभताम् ॥ हृष्टरोमाभयोद्विग्नःक्षणेनसमपद्यत ११ संस्पृश्यतानिचापानिभानुमंतिबृहंतिच ॥ वैराटिरर्जुनंराजन्निदंवचनमब्रवीत् १२ इ०म०वि०गो०उत्तरगोग्रहेअस्त्रारोपणेएकचत्वारिंशोऽध्यायः ॥ ४१ ॥ ॥ उत्तरउवाच ॥ बिंदवोजातरूपस्यशतंयस्मिन्निपातिताः ॥ सहस्रकोटिसौवर्णाःकस्यैतद्धनुरुत्तमम् १ वारणायत्रसौवर्णाःपृष्ठेभासंतिदंशिताः ॥ सुपार्श्वंसुग्रहंचैवकस्यैतद्धनुरुत्तमम् २

॥ इतिविराटपर्वणिनीलकंठीये भारतभावदीपेएकचत्वारिंशोऽध्यायः ॥ ४१ ॥ ॥ कस्यजातरूपस्यजातकीर्तेः ‘ रूपंस्वभावेसौंदर्येनालोकपशुशृंदयोः । ग्रंथावृत्तौनाटकादावाकारश्लोकयोरपि ’ इतिमेदिनी बिंदवःसौवर्णाइतिसंबंधः सहस्रेसहस्रवत्यौबलवत्यौदीप्तिमत्यौवाकोटीप्रांतौयस्यतत्सहस्रकोटि ‘ सहोबलेज्योतिषिच ’ इतिमेदिनी सहश्शब्दान्मत्वर्थीयोरप्रत्ययः १ दंशिताःभासमानाः सुग्रहं गृह्यतेऽस्मिन्निति ग्रहोमध्यं २

तपनीयस्यसुवर्णस्य इंद्रगोपकाःकीटविशेषाःरक्तपीतभास्वरवर्णाः ३ । ४ सौवर्णाःशलभाः सुवर्णःकृष्णागुरुवर्णद्रव्यं 'मीना' इतिसंज्ञितं तन्मयाः तेषुहिनीलवर्णेषुतपनीयाख्यस्वर्णभूषणानिशोभंते 'सुवर्णं श्वसुवर्णाचकृष्णागुरुमखांतरे' इतिविश्वः सुवर्णमणयःस्वर्णबिंदवः शोभनवर्णमणिखचितत्वाद्वासुवर्णमणिचित्रत्वं ५ साहस्राःसहस्रशःसंख्याताः लोमवाहिनःपत्रवंतः लोमच्छेदिनइत्यन्ये उपासंगेनिषंगे ६ विपाठाःस्थूलदंडाबाणविशेषाः 'विपाठःस्थूलदंडःस्यात्' इतिकल्पद्रुः गार्ध्रपत्राःगृध्रपत्रवाहिनः शिलाशिताःशिलायांतीक्ष्णीकृताः पीताःकर्मारेणतेजनजलंपायिताः सर्वायसाःकेवलंलोहमयाः

॥ ३० ॥ काष्ठदंडरहिताइत्यर्थः ७ वराहकर्णाकारैःशल्यैः व्यामिश्रानयुक्तान् धारयते शरानचित्ररूपानेवेतिभावः ८ चंद्रार्बिबार्धवद्दर्शनंयेषां अर्धचंद्राकाराइत्यर्थः ९ पूर्वैरुपरिस्थैरर्धैःउपलक्षिताः सुवाससःसुपुंखाबाणाएव उत्तरैरग्रभागैर्हैमपुंखैः सुवर्णधाराचित्रितैः १० शिलीभेकी पृष्ठेचित्ररूपेणयस्यपरिचयार्थं शिलीमुखोभेक्यामुखमिवमुखंयस्य सायकःखड्गः 'शरेखड्गेचसायकः' इत्यमरः ११ वैयाघ्रकोशेव्याघ्रचर्मकोशे

तपनीयस्यशुद्धस्यपृष्ठेयस्येंद्रगोपकाः ॥ पृष्ठेविभक्ताःशोभंतेकस्यैतद्धनुरुत्तमम् ३ सूर्यायत्रचसौवर्णास्त्रयोभासंतिदंशिताः ॥ तेजसाप्रज्वलंतोहिकस्यैतद्धनुरुत्तमम् ४ शलभायत्रसौवर्णास्तपनीयविभूषिताः ॥ सुवर्णमणिचित्रंचकस्यैतद्धनुरुत्तमम् ५ इमेचकस्यनाराचाःसहस्रालोमवाहिनः ॥ समंतात्कलधौताग्राउपासंगेहिरण्मये ६ विपाठाःपृथवःकस्यगार्ध्रपत्राःशिलाशिताः ॥ हारिद्रवर्णाःसुमुखाःपीताःसर्वायसाःशराः ७ कस्यायमसितश्चापःपंचशार्दूललक्षणः ॥ वराहकर्णव्यामिश्रान्शरान्धारयतेदश ८ कस्येमेपृथवोदीर्घाश्चंद्रबिंबार्धदर्शनाः ॥ शतानिसप्ततिष्ठंतिनाराचारुधिराशनाः ९ कस्येमेशुकपत्राभैःपूर्वैरर्धैःसुवाससः ॥ उत्तरैरायसैःपीतैर्हैमपुंखैःशिलाशितैः १० गुरुभारसहोदिव्यःशात्रवाणांभयंकरः ॥ कस्यायंसायकोदीर्घःशिलीपृष्ठःशिलीमुखः ११ वैयाघ्रकोशेनिहितोहेमचित्रत्सरुर्महान् ॥ सुफलश्चित्रकोशश्चकिंकिणीसायकोमहान् १२ कस्यहेमत्सरुर्दिव्यःखड्गःपरमनिर्मलः ॥ कस्यायंविमलःखड्गोगव्येकोशेसमर्पितः १३ हेमत्सरुरनाधृष्योनैषध्योभारसाधनः ॥ कस्यपांचनखेकोशेसायकोहेमविग्रहः १४ प्रमाणरूपसंपन्नःपीतआकाशसन्निभः ॥ कस्यहेममयेकोशेसुतप्तेपावकप्रभे १५ निस्त्रिंशोऽयंगुरुःपीतःसायकःपरनिर्व्रणः ॥ कस्यायमसितःखड्गोहेमबिंदुभिरावृतः १६ आशीविषसमस्पर्शःपरकायप्रभेदनः ॥ गुरुभारसहोदिव्यःसपत्नानांभयप्रदः १७ निर्दिशस्वयथातत्त्वंमयापृष्टाबृहन्नले ॥ विस्मयोमेपरोजातोदृष्ट्वासर्वमिदंमहत् ॥ १८ ॥ ॥ इतिश्रीमहाभारतेविराटपर्वणिगोहरणपर्वणिउत्तरवाक्यंनामद्विचत्वारिंशोऽध्यायः ॥ ४२ ॥ ॥ ॥ ॥ बृहन्नलोवाच ॥ यन्मांपूर्वमिहापृच्छःशत्रुसेनापहारिणम् ॥ गांडीवमेतत्पार्थस्यलोकेषुविदितंधनुः १ सर्वायुधमहामात्रंशातकुंभपरिष्कृतम् ॥ एतत्तदर्जुनस्यासीद्गांडीवंपरमायुधम् २

'त्सरुःखड्गादिमुष्टौस्यात्' इत्यमरः सुफलःशोभनभल्लिकः 'फलंशस्त्राग्रेव्युष्टिलाभयोः' इतिविश्वः किंकिणयुक्तः सायकः १२ गव्येगोचर्मजे १३ नैषध्योनिषधदेशजः पांचनखेअजचर्मजे 'पंचनखोऽजेकूर्मे' इति विश्वः हेमविग्रहःसुवर्णेनालंकृतदेहः १४ आकाशसन्निभःकृष्णभास्वरः १५ निस्त्रिंशःत्रिंशतोंऽगुलिभ्योनिर्गतः त्रिंशदंगुलाधिकःसायकःखड्गः परेषांशस्त्रेणनिर्गतोव्रणोयस्य परानभिभूनः शिक्यइतिपाठे पुरुषद्वयेनोह्यमाना सांगीतिप्रसिद्धालघोग्यः १६ । १७ । १८ ॥ इतिविराटपर्वणिनीलकंठीयेभारतभावदीपेद्विचत्वारिंशोऽध्यायः ॥ ४२ ॥ अपहरतीत्यपहारीकालः सोऽस्त्यस्मिन्नित्यपहारिणं पामादित्वान्मत्वर्थीयोनप्रत्ययः कालरूपीत्यर्थः १ । २ ॥ ३० ॥

धनुषांशतसहस्रेणलक्षेणसंमितं ३ । ४ । ५ त्रीणिवर्षाणिपंचशतंवर्षाणि प्रजापतिरधारयदितिसंबंधः अत्रब्रह्मादीनांवर्षाणिदेवमानेनैवज्ञेयानि योह्यस्माकंसौरःसंवत्सरः सतेषामेकंदिनमितिशास्त्र प्रसिद्धं पार्थःपंचचषष्टिंचेत्यत्रतुवर्षशब्दोवृष्टिपरः तथाचसंवत्सरे वर्षद्वयंजायते 'तथाहिएकेनवर्षेणतृप्तःशरदिव्रीह्याग्रयणंकरोति अपरेणतृप्तोवसंतेयवाग्रयणंकरोति' तथाचाचाग्रयणंप्रकृत्य आश्वलायनःश्रुतिमुदाहरति 'अपिहिदेवाआहुस्तृप्तोनूनं वर्षस्याग्रयणेनहियजते' इति तथान्यत्रापितदेवप्रकृत्यश्रुतं 'व्रीहिभिरिष्ट्वाव्रीहिभिरेवयजेताथयवेभ्योयवैरिष्ट्वायवैरेवयजेतव्रीहिभ्यः' इति एवंचैकस्मिन्संवत्सरे कर्कायनाद्येकंवर्षमपरंमकरायनादीतिद्वेवर्षे ततश्चसार्द्धद्वात्रिंशतासंवत्सरैःपंचषष्टिर्वर्षाणिभवंतीतियुक्तमुक्तं पार्थःपंचचषष्टिंचवर्षाणिएतद्धनुर्दधारेति अन्येतुअतीतमनागतंचकालमे कीकृत्य पंचषष्टिंसंवत्सरंधनुर्द्धारणंवर्णयंति 'वर्षोऽस्त्रीभारतादौतुजंबूद्वीपाब्दवृष्टिषु' इतिमेदिनी 'वृष्टिर्वर्षे' इत्यमरश्च तत्रप्राचांमतेऽधारयदितिभूतकालानुपपत्तिः वक्तुःकदाचिदायु

यत्तच्छतसहस्रेणसंमितंराष्ट्रवर्द्धनम् ॥ येनदेवान्मनुष्यांश्चपार्थोविजयतेमृधे ३ चित्रमुच्चावचैर्वर्णैःश्लक्ष्णमायतमव्रणम् ॥ देवदानवगंधर्वैःपूजितंशाश्वतीःसमाः
४ एतद्वर्षसहस्रंतुब्रह्मापूर्वमधारयत् ॥ ततोऽनंतरमेवाथप्रजापतिरधारयत् ५ त्रीणिपंचशतंचैवशक्रोऽशीतिचपंचच ॥ सोमःपंचशतंराजातथैववरुणःशतम् ॥
पार्थःपंचचषष्टिंचवर्षाणिश्वेतवाहनः ६ महावीर्यंमहादिव्यमेतत्तद्धनुरुत्तमम् ॥ एतत्पार्थमनुप्राप्तंवरुणाच्चारुदर्शनम् ७ पूजितंसुरमर्त्येषुबिभर्तिपरमंवपुः ॥
सुपार्श्वंभीमसेनस्यजातरूपग्रहंधनुः ॥ येनपार्थोऽजयत्कृत्स्नांदिशंप्राचींपरंतपः ८ इंद्रगोपकचित्रंचयदेतच्चारुदर्शनम् ॥ राज्ञोयुधिष्ठिरस्यैतद्वैराटेधनुरुत्तमम् ९
सूर्यायस्मिंस्तुसौवर्णाःप्रकाशन्तेप्रकाशिनः ॥ तेजसाप्रज्वलंतोवैनकुलस्यैतदायुधम् १० शलभायत्रसौवर्णास्तपनीयविचित्रिताः ॥ एतन्माद्रीसुतस्यापिसहदेवस्य
कार्मुकम् ११ येत्विमेक्षुरसंकाशाःसहस्रालोमवाहिनः ॥ एतेऽर्जुनस्यवैराटेशराःसर्पविषोपमाः १२ एतेज्वलंतःसंग्रामेतेजसाशीघ्रगामिनः ॥ भवंतिवीरस्या
क्षय्याव्यूहतःसमरेरिपून् १३ येचेमेपृथवोदीर्घाश्चंद्रबिंबार्धदर्शनाः ॥ एतेभीमस्यनिशितारिपुक्षयकराःशराः १४ हारिद्रवर्णायेत्वेतेहेमपुंखाःशिलाशिताः ॥
नकुलस्यकलापोऽयंपंचशार्दूललक्षणः १५ येनासौव्यजयत्कृत्स्नांप्रतीचींदिशमाहवे ॥ कलापोह्येषतस्यासीन्माद्रीपुत्रस्यधीमतः १६ येत्विमेभास्कराकाराः
सर्वपारसवाःशराः ॥ एतेचित्रक्रियोपेताःसहदेवस्यधीमतः १७ येत्विमेनिशिताःपीताःपृथवोदीर्घवाससः ॥ हेमपुंखास्त्रिपर्वाणोराज्ञएतेमहाशराः १८ यस्त्वयं
सायकोदीर्घःशिलीपृष्ठःशिलीमुखः ॥ अर्जुनस्यैषसंग्रामेगुरुभारसहोदृढः १९ वैयाघ्रकोशःसुमहान्भीमसेनस्यसायकः ॥ गुरुभारसहोदिव्यःशात्रवाणांभयंकरः
२० सुफलश्चित्रकोशश्चहेमत्सरुरनुत्तमः ॥ निस्त्रिंशःकौरवस्यैषधर्मराजस्यधीमतः २१

र्ज्ञानकल्पनेऽपि प्रतिपत्तुःपारोक्ष्येणार्जुनवयोविदोऽप्रतिपत्तिश्चेतिविचारणीयं अस्माकंतुगांडीवलाभानंतरंगतेषुसार्द्धद्वात्रिंशद्वर्षेषु त्रयोदशवर्षाणिवनवासे ब्राह्मणकार्यार्थमायुधागारंप्रविष्टस्या र्जुनस्य द्रौपदीधर्मराजयोः सहासनकालेऽनुप्रवेशनिमित्ते द्वादशवर्षाणि इतिपंचविंशतिर्गतानि अन्यान्यपिदिग्विजयराजसूयराज्यकरणादिकाले मागेवसार्द्धसप्तवर्षाणिगतानीतिसमुन्नेयं ६ । ७ । ८ ९ । १० । ११ सहस्राणिजर्जस्विनोहृदाः सहस्रशःसंमितावा १२ व्यूहतःक्षिपतः १३ । १४ । १५ । १६ सर्वपारसवाः सर्वंचतत्पारंपरसमूहंस्नुवतेहिंसंतितेसर्वपारसवाः सर्वशत्रुसमूहनाशकराः १७ । १८ । १९ । २० । २१

चित्रयोधने विचित्रयुद्धनिमित्तं निहितःपालितः २२ । २३ ॥ इतिविराटपर्वणिनीलकंठीये भारतभावदीपे त्रिचत्वारिंशोऽध्यायः ॥ ४३ ॥ ॥ सुवर्णेति १ । २ पराकीर्यअपास्य
३ । ४ । ५ । ६ । ७ । ८ नररूपस्यममहाविष्णोर्नामानि संकटेस्मर्यमाणानि विजयावहानीत्यभिप्रेत्याह एकाग्रेति ९ । १० । ११ । १२ । १३ । १४ । १५ नक्षत्राभ्यांताराभ्यां

यस्तुपांचनखेकोशेनिहितश्चित्रयोधने ॥ नकुलस्यैषनिस्त्रिंशोगुरुभारसहोदृढः २१ यस्त्वयंविपुलःखड्गोगव्येकोशेसमर्पितः ॥ सहदेवस्यविद्धयेनंसर्वभारसहंदृ
ढम् २३ ॥ इतिश्रीमहाभारतेविराटपर्वणिगोहरणपर्वणिउत्तरगोग्रहेआयुधवर्णनंनामत्रिचत्वारिंशोऽध्यायः ॥ ४३ ॥ ॥ ॥ उत्तरउवाच ॥ सुवर्णविकृता
नीमान्यायुधानिमहात्मनः ॥ रुचिराणिप्रकाशंतेपार्थानामाशुकारिणाम् १ क्कनुस्विदर्जुनःपार्थःकौरव्योवायुधिष्ठिरः ॥ नकुलःसहदेवश्चभीमसेनश्चपांडवः २
सर्वएवमहात्मानःसर्वामित्रविनाशनाः ॥ राज्यमक्षैःपराकीर्यनश्रूयंतेकथंचन ३ द्रौपदीक्कचपांचालीस्त्रीरत्नमितिविश्रुता ॥ जितानक्षैस्तदाकृष्णातानेवान्वगमद्व
नम् ४ ॥ अर्जुनउवाच ॥ अहमस्म्यर्जुनःपार्थःसभास्तारोयुधिष्ठिरः ॥ बल्लवोभीमसेनस्तुपितुस्तेरसपाचकः ५ अश्वबंधोऽथनकुलःसहदेवस्तुगोकुले ॥ सैरंध्रीं
द्रौपदींविद्धियत्कृतेकीचकाहताः ६ ॥ उत्तरउवाच ॥ दशपार्थस्यनामानियानिपूर्वंश्रुतानिमे ॥ प्रब्रूयास्तानियदिमेश्रद्दध्यांसर्वमेवते ७ अर्जुनउवाच ॥ हंत
तेऽहंसमाचक्षेदशनामानियानिमे ॥ वैराटेशृणुतानित्वंयानिपूर्वंश्रुतानिते ८ एकाग्रमानसोभूत्वाशृणुसर्वंसमाहितः ॥ अर्जुनःफाल्गुनोजिष्णुःकिरीटीश्वेतवाहनः ॥
बीभत्सुर्विजयःकृष्णःसव्यसाचीधनंजयः ९ ॥ उत्तरउवाच ॥ केनासिविजयोनामकेनासिश्वेतवाहनः ॥ किरीटीनामकेनासिसव्यसाचीकथंभवान् १० अर्जुनः
फाल्गुनोजिष्णुःकृष्णोबीभत्सुरेवच ॥ धनंजयश्चकेनासिब्रूहितन्ममतत्त्वतः ११ श्रुतामेतस्यवीरस्यकेवलानामहेतवः ॥ तत्सर्वंयदिमेब्रूयाःश्रद्दध्यांसर्वमेवते १२
अर्जुनउवाच ॥ सर्वान्जनपदान्जित्वावित्तमादायकेवलम् ॥ मध्येधनस्यतिष्ठामितेनाहुर्मांधनंजयम् १३ अभिप्रयामिसंग्रामेयदहंयुद्धदुर्मदान् ॥ नाजित्वा
विनिवर्त्तामितेनमांविजयंविदुः १४ श्वेताःकांचनसन्नाहारथेयुज्यंतिमेहयाः ॥ संग्रामेयुद्ध्यमानस्यतेनाहंश्वेतवाहनः १५ उत्तराभ्यांफल्गुनीभ्यांनक्षत्राभ्यामहं
दिवा ॥ जातोहिमवतःपृष्ठेतेनमांफाल्गुनंविदुः १६ पुराशक्रेणमेदत्तंयुध्यतोदानवर्षभैः ॥ किरीटंमूर्ध्निसूर्याभंतेनाहुर्मांकिरीटिनम् १७ नकुर्यांकर्मबीभत्संयुध्य
मानःकथंचन ॥ तेनदेवमनुष्येषुबीभत्सुरितिविश्रुतः १८ उभौमेदक्षिणौपाणीगांडीवस्यविकर्षणे ॥ तेनदेवमनुष्येषुसव्यसाचीतिमांविदुः १९ पृथिव्यांचतुरं
तायांवर्णोमेदुर्लभःसमः ॥ करोमिकर्मशुक्लंचतस्मान्मामर्जुनंविदुः २० ॥ अहंदुरापोदुर्धर्षोदमनःपाकशासनिः ॥ तेनदेवमनुष्येषुजिष्णुर्नामास्मिविश्रुतः २१

तत्रस्थितेचंद्रेइत्यर्थः उत्तराभ्यांच पूर्वाभ्यामितिपाठे नक्षत्रसंधावित्यर्थः १६ । १७ बीभत्सुरिति । भदिकल्याणेसुखेचेत्यस्यसनिरूपं १८ विकर्षणेशक्तातिविशेषः सव्येनवामेनापिहस्तेनसचितुंज्याकर्षणादि
क्रियायांसंबद्धुंशीलमस्येतिसव्यसाचीत्यर्थः १९ अर्जुनइति । ऋजगतिस्थानार्जनोपार्जनेष्वित्यतउनन्प्रत्ययेभवति वर्णोदीप्तिःसमऋजुःदीप्तिमत्त्वात्समत्वात्शुद्धकर्मकरत्वाच्चार्जुनइत्यर्थः २० जिष्णुर्जयशीलः२१

कृष्णात्वदातस्यकृष्णभास्वरवर्णस्य कर्षतिचित्तमितिमनोहरत्वाद्वाकृष्णइत्याह प्रियत्वादिति २२ । २३ नागराजऐरावतस्तस्येवकरोपमा हस्तयोःसादृश्यंयस्य हस्तिहस्तोपमकरेत्यर्थः २४ कर्मदिग्विजयादि
२५ ॥ इतिविराटपर्वणिनीलकंठीये भारतभावदीपेचतुश्चत्वारिंशोऽध्यायः ॥ ४४ ॥ आस्थायेति १ नुदामिदूरीकरोमि २ भैरवंभयानकंमहत्कर्मकुर्वाणम् ३ उपासंगानतूणीरान् ४ गृह्यगृहीत्वा
शीघ्रेणवेगेन ततःशमीतोऽवातरत् इतरेषामायुधानितत्रनिधायेतिशेषः ५ अवजेष्यामिहेलयाजेष्यामि ६ त्वंतुभयंत्यजेत्याह संकल्पेतित्रिभिः । इदंमयागुप्तंरक्षितंरथोपस्थं रथोपरिभागस्तेतवनगरंनगर
वद्रक्षकंभविष्यति तत्ररथांगेषुनगरांगसंपत्तिमाह संकल्पपक्षविक्षेपमिति । संकल्पःसम्यक्कल्पनंचक्राक्षध्वजकूबरयुगादीनामंगानांदार्ढ्येनसमर्थनं तदेवपक्षयोर्वीथीनांपार्श्वयोर्विक्षेपोविस्तारोयस्मिन् बाहूएवस्वी

कृष्णइत्येवदशमंनामचक्रेपितामम ॥ कृष्णावदातस्यततःप्रियत्वाद्बालकस्यवै २२ ॥ वैशंपायनउवाच ॥ ततःसपार्थंवैराटिरभ्यवादयदंतिकात् ॥ अहंभूमिंजयो
नामनाम्नाहमपिचोत्तरः २३ दिष्ट्यात्वांपार्थपश्यामिस्वागतंतेधनंजय ॥ लोहिताक्षमहाबाहोनागराजकरोपम २४ यदज्ञानादवोचंत्वांक्षंतुमर्हसितन्मम ॥ यत
स्त्वयाकृतंपूर्वंचित्रंकर्मसुदुष्करम् ॥ अतोभयंव्यतीतंमेप्रीतिश्चपरमात्वयि २५ ॥ इतिश्रीमहाभारतेविराटपर्वणिगोहरणपर्वणिउत्तरगोग्रहेअर्जुनपरिचयेचतुश्चत्वा
रिंशोऽध्यायः ॥ ४४ ॥ ॥ ॥ ॥ उत्तरउवाच ॥ आस्थायरुचिरंवीररथंसारथिनामया ॥ कतमंयास्यसेऽनीकमुक्तोयास्याम्यहंत्वया १ ॥ अर्जुनउवाच ॥
प्रीतोऽस्मिपुरुषव्याघ्रनभयंविद्यतेतव ॥ सर्वान्नुदामितेशत्रून्रणेरणविशारद २ स्वस्थोभवमहाबाहोपश्यमांशत्रुभिःसह ॥ युध्यमानंविमर्देऽस्मिन्कुर्वाणंभैरवंमहत्
३ एतान्सर्वानुपासंगान्क्षिप्रंबध्नीहिमेरथे ॥ एकंचाहरनिस्त्रिंशंजातरूपपरिष्कृतम् ४ ॥ वैशंपायनउवाच ॥ अर्जुनस्यवचःश्रुत्वात्वरावानुत्तरस्तदा ॥ अर्जुनस्यायु
धान्गृह्यशीघ्रेणावातरत्ततः ५ ॥ अर्जुनउवाच ॥ अहंवैकुरुभिर्योत्स्याम्यवजेष्यामितेपशून् ६ संकल्पपक्षविक्षेपंबाहुप्राकारतोरणम् ॥ त्रिदंडतूणसंबाधमनेकध्वजसं
कुलम् ७ ज्याक्षेपणंक्रोधकृतंनेमीनिनददुंदुभिः ॥ नगरंतेमयागुप्तंरथोपस्थंभविष्यति ८ अधिष्ठितोमयासंख्येरथोगांडीवधन्वना ॥ अजेयःशत्रुसैन्यानांवैराटेव्येतु
तेभयम् ९ ॥ उत्तरउवाच ॥ बिभेमिनाहमेतेषांजानामित्वांस्थिरंयुधि ॥ केशवेनापिसंग्रामेसाक्षादिंद्रेणवासमम् १० इदंतुचिंतयन्नेवंपरिमुह्यामिकेवलम् ॥ नि
श्चयंचापिदुर्मेधानगच्छामिकथंचन ११ एवंयुक्तांगरूपस्यलक्षणैःसूचितस्यच ॥ केनकर्मविपाकेनक्लीबत्वमिदमागतम् १२ मन्येत्वांक्लीबवेषेणचरंतंशूलपाणि
नम् ॥ गंधर्वराजप्रतिमंदेवंवाऽपिशतक्रतुम् १३

यौबाहुतुल्यत्वाद्रांधवाएववा प्राकारःपुरपरिधिभित्तिस्तस्मिंस्तोरणंपुरद्वारंयस्मिन् रथिसारथ्योरपिरथांगत्वविवक्षयाएतदुक्तं त्रिदंडः ईषातदुभयपार्श्वदारुणीचेतिमिलित्वात्रिदंडउच्यते सचतूणोनिषंगश्चताभ्यां
संबाधंसंकटंदुष्प्रवेशं पक्षेत्रिदंडंसैन्यत्रयं रथिनांहस्तिसादिनांहयसादिनांचेतित्रीणिसैन्यानि तेषांतूणोपलक्षितानिआयुधानितैःसंबाधं अनेकध्वजसंकुलंबहुध्वजव्याप्तं अनेकेनअनन्येनध्वजेनवानरेण संकुलं
भयंकरं 'एकेमुख्यान्यकेवलाः' इतिनानार्थः ७ ज्याधनुर्मौर्वीसैवक्षेपणानिगोल्लासनानि नालिकाख्यानियस्मिन् क्रोधेनपरजिघांसाहेतुनाचित्तवृत्तिविशेषेणनिमित्तभूतेन कृतंपरिष्कृतंद्वयमपि ८ फलितमाह
११ अधिष्ठितइति ९ केशवेनइंद्रेणवा समंसार्धं संग्रामेत्वांस्थिरंजानामि १० । ११ युक्तांगरूपस्य युक्तानिसमीचीनान्यंगानियुद्धांगानि शस्त्रास्त्रनैपुणादीनि रूपमाकृतिश्चयस्य लक्षणैःपंचरकत्वादिभिः १२ । १३

१४ परवान्नाथवान् उत्तीर्णमापद्भयइतिशेषः १५ । १६ । १७ शत्रुरथारुजानशत्रुरथभंजकान् मूलविभुजादित्वात्कः तीर्थतोगुरुतः १८ । १९ यातेगमने पदंपदंसर्वमपिपदं भूमौक्षिप्तं ततद्रष्टारोवा नपश्यंतिवेगवत्त्वात् सुग्रीवमेघपुष्पशैब्यबलाहकाभगवतोऽश्वास्तत्सादृश्यमेषांवाहानामुक्तम् २० । २१ पार्ष्णिगुरुःस्थितयोरश्वयोःपृष्ठभागं पाश्चात्यंयुगमितियावत् 'पार्ष्णिःस्यादुन्मदस्त्रियां स्त्रियांद्वयोः

॥ अर्जुनउवाच ॥ भ्रातुर्नियोगाज्ज्येष्ठस्यसंवत्सरमिदंव्रतम् ॥ चरामिव्रतवर्यंचसत्यमेतद्ब्रवीमिते १४ नास्मिक्लीबोमहाबाहोपरवान्धर्मसंयुतः ॥ समाप्तव्रतमुत्तीर्णंविद्धिमांत्वंनृपात्मज १५ ॥ उत्तरउवाच ॥ परमोऽनुग्रहोमेऽद्ययतस्तर्कोनमेवृथा ॥ नहीदृशाःक्लीबरूपाभवंतितुनरोत्तम १६ सहायवानस्मिरणेयुध्येयममरैरपि ॥ साध्वसंहिप्रनष्टंमेकिंकरोमिब्रवीहिमे १७ अहंतेसंग्रहीष्यामिहयान्शत्रुरथारुजान् ॥ शिक्षितोह्यस्मिसारथ्येतीर्थतःपुरुषर्षभ १८ दारुकोवासुदेवस्ययथाशक्रस्यमातलिः ॥ तथामांविद्धिसारथ्येशिक्षितंनरपुंगव १९ यस्ययातेनपश्यंतिभूमौक्षिप्तंपदंपदम् ॥ दक्षिणांयोधुरंयुक्तःसुग्रीवसदृशोहयः २० योऽयंधुरंधुर्यवरोवामांवहतिशोभनः ॥ तंमन्येमेघपुष्पस्यजवेनसदृशंहयम् २१ योऽयंकांचनसंनाहःपार्ष्णिंवहतिशोभनः ॥ समंशैब्यस्यतंमन्येजवेनबलवत्तरम् २२ योऽयंवहतिमेपार्ष्णिंदक्षिणामभितःस्थितः ॥ बलाहकादपिमतःसजवेवीर्यवत्तरः २३ त्वामेवायंरथोवोढुंसंग्रामेऽर्हतिधन्विनम् ॥ त्वंचेमंरथमास्थाययोद्धुमर्होमतोमम २४ ॥ वैशंपायनउवाच ॥ ततोविमुच्यबाहुभ्यांवलयानिसवीर्यवान् ॥ चित्रेकांचनसन्नाहेप्रत्यमुंचततदातले २५ कृष्णान्भंगिमतःकेशान्श्वेतेनोद्ग्रथ्यवाससा ॥ अथासौप्राङ्मुखोभूत्वाशुचिःप्रयतमानसः ॥ अभिदध्यौमहाबाहुःसर्वास्त्राणिरथोत्तमे २६ ऊचुश्चपार्थंसर्वाणिप्रांजलीनिनृपात्मजम् ॥ इमेस्मपरमोदाराःकिंकराःपांडुनंदन २७ प्रणिपत्यततःपार्थःसमालभ्यचपाणिना ॥ सर्वाणिमानसानीहभवतेत्यभ्यभाषत २८ प्रतिगृह्यततोऽस्त्राणिप्रहृष्टवदनोऽभवत् ॥ अधिज्यंतरसाकृत्वागांडीवंव्याक्षिपद्धनुः २९ तस्यविक्षिप्यमाणस्यधनुषोऽभून्महाध्वनिः ॥ यथाशैलस्यमहतःशैलेनैवावजघ्नतः ३० सनिर्घातोऽभवद्भूमिर्दिक्षुवायुर्ववौभृशम् ॥ पपातमहतीचोल्कादिशोनप्रचकाशिरे ॥ भ्रांतध्वजंखंतदासीत्प्रकंपितमहाद्रुमम् ३१ तंशब्दंकुरवोऽजानन्विस्फोटमशनेरिव ॥ यदर्जुनोधनुःश्रेष्ठंबाहुभ्यामाक्षिपद्रथे ३२ ॥ उत्तरउवाच ॥ एकस्त्वंपांडवश्रेष्ठबहूनेतान्महारथान् ॥ कथंजेष्यसिसंग्रामेसर्वशस्त्रास्त्रपारगान् ३३ असहायोऽसिकौंतेयससहायाश्चकौरवाः ॥ अतएवमहाबाहोभीतस्तिष्ठामितेऽग्रतः ३४ उवाचपार्थोमाभैषीःप्रहस्यस्वनवत्तदा ३५

सैन्यपृष्ठे' इतिमेदिनी २२ । २३ । २४ पर्यमुंचतदाश्वभिइतिपाठेतु कुंडलेइतिशेषः २५ भंगिमतःकौटिल्यवतः अभिदध्यौस्मृतवान् २६ । २७ मानसानिमप्रयोजनकालेस्मृतिगोचराणि २८ प्रतिगृह्यअनुकूलानिकृत्वा व्याक्षिपत्टणत्कारितवान् २९ अवजघ्नतःअवहन्यमानस्य अभिनिघ्नतइतिपाठांतरम् ३० भूमिर्भूविदारकः प्रचकाशिरेप्रकाशवत्योऽभूवन् भ्रांताइतश्चलिताध्वजायस्मिन् एतेनपरसैन्यवाहेषुशब्दजात्रासादुत्पथगामित्वंव्यज्यते प्रकंपितमहाद्रुमसित्यनेनभूमिकंपोव्यज्यते ३१ । ३२ । ३३ । ३४ । ३५

३६ । ३७ । ३८ । ३९ । ४० । ४१ ॥ इतिविराटपर्वणिनीलकंठीये भारतभावदीपे पंचचत्वारिंशोऽध्यायः ॥ ४५ ॥ ॥ उत्तरमिति १ सिंहंसिंहाकारं २ देवींमायामित्यद्भुतत्वंध्वजस्य दर्शितम् मायामय
इवध्वजोऽद्भुतइत्यर्थः विश्वकर्मणाब्रह्मणाभौमनेनवा कांचनंकांचनवर्णं सिंहंहिंसंलांगूलं यस्यपुच्छविक्षेपणेनैवबहून्हस्त्यादीन्पोथयंतमित्यर्थः वानरलक्षणंवानरस्वरूपम् ३ प्रसादंप्रसादमाप्तं सःपावकः

युध्यमानस्यमेवीरगंधर्वैःसुमहाबलैः ॥ सहायोघोषयात्रायांकस्तदाऽऽसीत्सखामम ३६ तथाप्रतिभयेतस्मिन्देवदानवसंकुले ॥ खांडवेयुध्यमानस्यकस्तदासीत्सखा
मम ३७ निवातकवचैःसार्धंपौलोमैश्चमहाबलैः ॥ युध्यतोदेवराजार्थेकःसहायस्तदाऽभवत् ३८ स्वयंवरेतुपांचाल्याराजभिःसहसंयुगे ॥ युध्यतोबहुभिस्तातकःस
हायस्तदाऽभवत् ३९ उपजीव्यगुरुंद्रोणंशक्रंवैश्रवणंयमम् ॥ वरुणंपावकंचैवकृपंकृष्णंचमाधवम् ४० पिनाकपाणिनंचैवकथमेतान्नयोधये ॥ रथंवाहयमेशीघ्रंव्येतु
तेमानसोज्वरः ४१ इतिश्रीमहाभारतेविरा०गोहरणप०उत्तरगोग्रहेउत्तरार्जुनयोर्वाक्येनामपंचचत्वारिंशोऽध्यायः ॥ ४५ ॥ ॥ वैशंपायनउवाच ॥ उत्तरंसारथिंकृ
त्वाशमींकृत्वाप्रदक्षिणम् ॥ आयुधंसर्वमादायप्रययौपांडवर्षभः १ ध्वजंसिंहंरथात्तस्मादपनीयमहारथः ॥ प्रणिधायशमीमूलेप्रायादुत्तरसारथिः २ दैवींमायांरथेयु
क्तांविहितांविश्वकर्मणा ॥ कांचनंसिंहलांगूलंध्वजंवानरलक्षणम् ३ मनसाचिंतयामासप्रसादंपावकस्यच ॥ सचतच्चिंतितंज्ञात्वाध्वजेभूतान्यदेशयत् ४ सपताकंवि
चित्रांगंसोपासंगंमहाबलम् ॥ खात्पपातरथेतूर्णंदिव्यरूपंमनोरमम् ५ रथंतमागतंदृष्ट्वादक्षिणंप्राकरोत्तदा ॥ रथमास्थायबीभत्सुःकौंतेयःश्वेतवाहनः ६ बद्धगोधांगु
लित्राणःप्रगृहीतशरासनः ॥ ततःप्रायादुदीचींचकपिप्रवरकेतनः ७ स्वनवंतंमहाशंखंबलवानरिमर्दनः ॥ प्राधमद्बलमास्थायद्विषतांलोमहर्षणम् ८ ततस्तेजवनाधु
र्याजानुभ्यामगमन्महीम् ॥ उत्तरश्चापिसंत्रस्तोरथोपस्थउपाविशत् ९ संस्थाप्यचाश्वान्कौंतेयःसमुद्यम्यचरश्मिभिः ॥ उत्तरंचपरिष्वज्यसमाश्वासयदर्जुनः १०
अर्जुनउवाच ॥ माभैस्त्वंराजपुत्राग्र्यक्षत्रियोऽसिपरंतप ॥ कथंतुपुरुषव्याघ्रशत्रुमध्येविषीदसि ११ श्रुतास्तेशंखशब्दाश्चभेरीशब्दाश्चपुष्कलाः ॥ कुंजराणांचनद
तांव्यूढानीकेषुतिष्ठताम् १२ सत्वंकथमिहानेनशंखशब्देनभीषितः ॥ विवर्णरूपोवित्रस्तःपुरुषःप्राकृतोयथा १३ उत्तरउवाच ॥ श्रुतामेशंखशब्दाश्चभेरीशब्दाश्च
पुष्कलाः ॥ कुंजराणांनिनदतांव्यूढानीकेषुतिष्ठताम् १४ नैवंविधःशंखशब्दःपुराजातुमयाश्रुतः ॥ ध्वजस्यचापिरूपंमेदृष्टपूर्वंनहीदृशम् १५ धनुषश्चैवनिर्घोषःश्रुत
पूर्वोनमेक्वचित् ॥ अस्यशंखस्यशब्देनधनुषोनिःस्वनेनच १६ अमानुषाणाशब्देनभूतानांध्वजवासिनाम् ॥ रथस्यचनिनादेनमनोमुह्यतिमेभृशम् १७ व्याकुला
श्चदिशःसर्वाहृदयंव्यथतीवमे ॥ ध्वजेनपिहिताःसर्वादिशोनप्रतिभांतिमे १८ गांडीवस्यचशब्देनकर्णौमेबधिरीकृतौ ॥ समुहूर्तंप्रयातंतुपार्थोवैराटिमब्रवीत् १९
अर्जुनउवाच ॥ एकांतंरथमास्थायपद्भ्यांत्वमवपीडयन् ॥ दृढंचरश्मीन्संयच्छशंखंध्मास्याम्यहंपुनः २०

तच्चिंतितंअर्जुनचिंतितं अदेशयतअयोजयत् ४ । ५ । ६ । ७ । ८ तेजवनाःप्रसिद्धाः वेगवंतोऽपिदुत्तरथस्थः ९ संस्थाप्ययथावरहत्वा १० । ११ । १२ । १३ । १४ । १५ । १६ । १७ । १८ । १९
एकांतंसुदृढं सप्तम्यंतपाठस्तुलेखकप्रमादः रथंसुदृढंअवलंब्येत्यर्थः २०

२१ । २२ । २३ । २४ । २५ । २६ । २७ अनाहतः अक्षतोधावति २८ । २९ ज्योतींषि सूर्यवसुर्वाङ्मनांसि ३०।३१ । ३२।३३ इतिविराटपर्वणिनीलकंठीये भारतभावदीपे षट्चत्वारिंशोऽध्यायः॥४६॥
अथेति १ आचार्यैर्द्रोणंकृपंचप्रतिमयाऽयमर्थउक्तः पाठांतरेऽयमाचार्योऽस्मिन्नर्थेविषयेमयाकर्णेनचोक्तइतियोजना २ । ३ । ४ । ५ हीनेति । नजातमधिकंवाऽज्ञातवासकालं ज्ञातुमर्हति ६ तत्रऊनपक्षे इष्टमेवसिद्धं अधिकपक्षेऽपिदोषमाह अर्थानामिति । द्वैधेद्विप्रकारत्वेसंशयोभवति अर्थानांप्रयोजनानां अयंभावः यदितेनिस्तीर्णप्रतिज्ञास्तर्हितेषांस्वांशलाभार्थमामुपगतानांमत्प्रसादतस्तत्प्राप्तिर्वैरिवृद्धेर्भसंभ

॥ वैशंपायनउवाच ॥ ततःशंखमुपाध्मासीद्दारयन्निवपर्वतान् ॥ गुहागिरीणांचतदादिशःशैलांस्तथैवच ॥ उत्तरश्चापिसंलीनोरथोपस्थउपाविशत् २१ तस्यशंखस्यशब्देनरथनेमिस्वनेनच ॥ गांडीवस्यचघोषेणपृथिवीसमकंपत २२ तंसमाश्वासयामासपुनरेवधनंजयः २३ ॥ द्रोणउवाच ॥ यथारथस्यनिर्घोषोयथामेघउदीर्यते ॥ कंपतेचयथाभूमिर्नैषोऽन्यःसव्यसाचिनः २४ शस्त्राणिनप्रकाशंतेनप्रहृष्यंतिवाजिनः ॥ अग्नयश्चनभासंतेसमिद्धास्तन्नशोभनम् २५ प्रत्यादित्यंचनःसर्वेमृगाघोरप्रवादिनः ॥ ध्वजेषुचनिलीयंतेवायसास्तन्नशोभनम् २६ शकुनाश्चापसव्यानोवेदयंतिमहद्भयम् २७ गोमायुरेषसेनायांरुदन्मध्येनधावति ॥ अनाहतश्चनिष्क्रांतोमहद्वेदयतेभयम् २८ भवतांरोमकूपाणिप्रहृष्टान्युपलक्षये ॥ ध्रुवंविनाशोयुद्धेनक्षत्रियाणांप्रदृश्यते २९ ज्योतींषिनप्रकाशंतेदारुणामृगपक्षिणः ॥ उत्पाताविविधाघोरादृश्यंतेक्षत्रनाशनाः ३० विशेषतइहाऽस्माकंनिमित्तानिविनाशने ॥ उल्काभिश्चप्रदीप्ताभिर्बाध्यतेपृतनातव ॥ वाहनान्यप्रहृष्टानिरुदंतीवविशांपते ३१ उपासतेचसैन्यानिगृध्रास्तवसमंततः ॥ तप्स्यसेवाहिनींदृष्ट्वापार्थबाणप्रपीडिताम् ॥ पराभूताचवःसेनानकश्चिद्योद्धुमिच्छति ३२ विवर्णमुखभूयिष्ठाःसर्वेयोधाविचेतसः ॥ गाःसंप्रस्थाप्यतिष्ठामोव्यूढानीकाःप्रहारिणः ३३ इति॰म॰विरा॰गो॰उत्तरगोग्रहेऔत्पातिकोनामषट्चत्वारिंशोऽध्यायः ॥ ४६ ॥ वैशंपायनउवाच ॥ अथदुर्योधनोराजासमरेभीष्ममब्रवीत् ॥ द्रोणंचरथशार्दूलंकृपंचसुमहारथम् १ उक्तोऽयमर्थआचार्यैर्मयाकर्णेनचासकृत् ॥ पुनरेवप्रवक्ष्यामिनहितृप्यामितंब्रुवन् २ पराभूतैर्हिवस्तव्यंतैश्चद्वादशवत्सरान् ॥ वनेजनपदेऽज्ञातैरेषएवपणोहिनः ३ तेषांनतावन्निर्वृत्तंवर्त्ततेतुत्रयोदशम् ॥ अज्ञातवासोबीभत्सुरथास्माभिःसमागतः ४ अनिवृत्तेतुनिर्वासेयदिबीभत्सुरागतः ॥ पुनर्द्वादशवर्षाणिवनेवत्स्यंतिपांडवाः ५ लोभाद्वातेनजानीयुरस्मान्वामोहआविशत् ॥ हीनातिरिक्तमेतेषांभीष्मोवेदितुमर्हति ६ अर्थानांचपुनर्द्वैधेनित्यंभवतिसंशयः ॥ अन्यथाचिंतितोह्यर्थःपुनर्भवतिसोऽन्यथा ७ उत्तरंमार्गमाणानांमत्स्यानांचयुयुत्सताम् ॥ यदिबीभत्सुरायातस्तदाकस्यापराध्नुमः ८ त्रिगर्त्तानांवयंहेतोर्मत्स्यान्योद्धुमिहागताः ॥ मत्स्यानांविप्रकारांस्तेबहूनस्मानकीर्तयन् ९

वति संशयाक्रांतानामकस्माद्युद्धार्थयागमनंदोषएवेति पूर्ववैरेणसत्यपिसंशयेऽस्मज्जिघांसयाआगतानांपराजयोऽपिसंभाव्यतइत्याहान्यथेति । अन्यायेनयुध्यतःपराजयेऽप्यधिकैवनष्टिरस्तीतिभावः ७ उत्तरंगोग्रहंमार्गमाणानामिच्छतामस्माकं अनादरेषष्ठी अस्माननादृत्येत्यर्थः वालिसुग्रीवयोर्युद्धेप्रविशन् रामइवार्जुनोऽपिकुरुमत्स्यसंनिपातेप्रविशन्नपराधीस्यादित्यर्थः ८ ननुतर्हिमत्स्यत्रिगर्त्तविमर्देकुरुभिर्धिकिमर्थंगंतव्यमित्याशंक्याह त्रिगर्तानामित्यादिना । तेनवसमक्षमितिशेषः ९

तेषांत्रिगर्त्तानामर्थे ततमत्स्यैःसहयुद्धंप्रतिश्रुतं १० नकेवलंमित्रपक्षपातमात्रमस्माकमस्ति अपितुस्वार्थोऽप्यस्तीत्याह अष्टम्यामिति । तथाचस्वार्थंयुद्ध्यतांनास्माकमपराधोस्ति मत्स्येगवांत्रिगर्त्तैर्हृतानां पदंमार्गंगतेसतिअस्माभिरिमागावोगृहीतव्याः ११ तेत्रिगर्त्ताः उपसंधायवंचयित्वा मत्स्येनसंगतंस्नेहंकुर्युः सर्वथापक्षत्रयेऽपिअस्माभिरिदानींयोद्धव्यमेवेत्यर्थः १२ तान्त्रिगर्त्तान् अपाहायगोभिःसहउपेक्ष्य केवलंरात्रिरात्रौस्वगृहमायातइदानींमातरस्मान्योद्धुमिहागतइतिसंबंधः १३ पक्षांतरमाह वेषामिति १४ फलितमाह सर्वैरिति । सर्वैरस्माभिरेकीभूययेआगतास्तैःसहयोद्धव्यमेवेत्यर्थः १५ । १६ आत्माचित्तं प्रणिधीयतांसावधानंक्रियतां १७ लब्धस्यगोधनस्यनाशेअस्माभिःस्वपुरंनप्रवेष्टव्यमितिप्रतिजानीते आच्छिन्नइति । पदातयस्त्वस्मिन्युद्धेनंक्ष्यंत्येवाश्वास्तुकदाचिज्जीविष्यंत्यपीत्याह शरैरिति । मा गांव्यारूयावक्तुरपकर्षसूचिका वस्तुतस्तु आच्छिन्नेऽपहृतेगोधनेनिमित्ते देवेनवासहसंग्रामेउपस्थितेसतिअस्माकंभीष्मादीनांमध्ये ह इतिप्रसिद्धः कोऽस्तियोनपुरंव्रजेत् अपितुमत्स्येकंसर्वैएवस्वंपुरंगं

तेषांभयाभिभूतानांतदस्माभिःप्रतिश्रुतम् ॥ प्रथमंतैर्गृहीतव्यंमत्स्यानांगोधनंमहत् ॥ सप्तम्यामपराह्णेवैतथातैस्तुसमाहितम् १० अष्टम्यांपुनरस्माभिरादित्यस्योदयंप्रति ॥ इमागावोग्रहीतव्यागतेमत्स्येगवांपदम् ११ तेवागाश्चानयिष्यंतियदिवास्युःपराजिताः ॥ अस्मान्वाप्युपसंधायकुर्युर्मत्स्येनसंगतम् १२ अथवातानपाहायमत्स्योजनपदैःसह ॥ सर्वयासेनयासार्धंसंवृतोभीमरूपया ॥ आयातःकेवलंरात्रिमस्मान्योद्धुमिहागतः १३ तेषामेवमहावीर्यःकश्चिदेषपुरःसरः ॥ अस्मान्जेतुमिहायातोमत्स्योवापिस्वयंभवेत् १४ यद्येषराजामत्स्यानांयदिबीभत्सुरागतः ॥ सर्वैर्योद्धव्यमस्माभिरितिनःसमयःकृतः १५ अथकस्मात्स्थिताह्येतेरथेपुरथसत्तमाः ॥ भीष्मोद्रोणःकृपश्चैवविकर्णोद्रौणिरेवच १६ संभ्रांतमनसःसर्वेकालेह्यस्मिन्महारथाः ॥ नान्यत्रयुद्धाच्छ्रेयोऽस्तितथाऽऽत्माप्रणिधीयताम् १७ आच्छिन्नेगोधनेऽस्माकमपिदेवेनवज्रिणा ॥ यमेनवाऽपिसंग्रामेकोहास्तिनपुरंव्रजेत् १८ शरैरेभिःप्रणुन्नानांभग्नानांगहनेवने ॥ कोहिजीवेत्पदातीनांभवेदश्वेषुसंशयः १९ दुर्योधनवचःश्रुत्वाराधेयस्त्वब्रवीद्वचः ॥ आचार्यंपृष्ठतःकृत्वातथानीतिर्विधीयताम् २० जानातिहिमतंतेषामतस्त्रासयतीहनः ॥ अर्जुनेचास्यसंप्रीतिमधिकामुपलक्षये २१ तथाहिदृष्ट्वाबीभत्सुमुपायांतंप्रशंसति ॥ यथासेनानभज्येततथानीतिर्विधीयताम् २२ हेषितंह्युपशृण्वानेद्रोणेसर्वंविघट्टितम् अदेशिकामहारण्येग्रीष्मेशत्रुवशंगताः ॥ यथानविभ्रमेत्सेनातथानीतिर्विधीयताम् २३ इष्टाहिपांडवानित्यमाचार्यस्यविशेषतः ॥ आसयन्नपरार्थाश्चकथ्यतेस्मस्वयंतथा २४ अश्वानांहेषितंश्रुत्वाकःप्रशंसापरोभवेत् ॥ स्थानेवाऽपिव्रजंतोवासदाहेषंतिवाजिनः २५ सदाचवायवोवांतिनित्यंवर्षतिवासवः ॥ स्तनयित्नोश्चनिर्घोषःश्रूयतेबहुशस्तथा २६

तुंदेवानपिजेतुंगाश्चाच्छेत्तुंसमर्थाःस्मेत्यर्थः १८ शरैरिति । एभिरितिस्वकीयशरप्रदर्शनं १९ आचार्यंरणाद्भीतंपृष्ठतःकृत्वा सेनामुखादपसार्य अस्मिन्भीतेसर्वेऽपिभीताःस्युरितिभावः २० तेषांपांडवानांमतंसंमतं अस्मत्तेजोवधकरणंजानातीति २१ । २२ द्रोणेभीतेमतिसर्वंविघट्टितंविचलितंभवेत् सामर्थ्यमितिशेषः ग्रीष्मेघर्मकालेवसंतेइत्यर्थः इतःषण्मासानंतरंयुद्धारंभस्यशरदिदृष्टत्वात् अदेशिकाःस्वदेशात्च्युताः व्यूहभंगोमाभूदित्यर्थः २३ इष्टाहीति । पांडवाःअपरार्थाः मास्तिपरार्थोयेषांतेऽपरार्थाःस्वार्थपराः आसयन्द्रोणंत्वत्समीपेस्थापितवंतः परकीयोऽयमित्यर्थः तत्रहेतुमाह स्वयंद्रोणेनतथाकथ्यते यथापांडवीयत्वंस्वस्यप्रकाशतेतथेत्यर्थः २४ एतदेवविवृणोति । अश्वानामित्यादिना २५ २६

॥ पार्थस्यार्जुनस्यागमनेऽर्थःकिंकार्यं किमर्थंवासोऽनेनप्रशस्यते तत्रहेतुः अत्रपार्थश्रेयति कामादभिलाषात् अस्मासुवादेषात् जिघांसातःरोषात्तन्मूलादभिज्वलनात् २७ द्रोणमुपहसतिआचार्यइत्यादिना ।
कारुणिकाइत्यनेनयुद्धधर्मानभिज्ञत्वमुक्तं अपापंअहिंसातद्दर्शिनः २८ । २९ आश्चर्यरूपाणिविनोदादीनि इज्यास्त्रेयज्ञायुधेकपालादौ तेषामुपसंधानेआसादनप्रोक्षणादौ परेषांइज्यास्त्रज्ञानांयाज्ञिकानां
विवरज्ञानेछिद्रदर्शने ३० मनुष्यचरितेषुस्नानाचमनभोजनादिषु हस्त्यश्वरथचर्यासु हस्त्यादिनावाहनेनचर्यागमनं खरादीनांकर्मणिचिकित्सादौ ३१ प्रतोलीषुगृहबाह्यावयवेषु प्रदीयमानबलिदानादाविति

किमत्रकार्यंपार्थस्यकथंवासप्रशस्यते ॥ अन्यत्रकामाद्द्वेषाद्वारोषादस्मासुकेवलात् २७ आचार्यावैकारुणिकाःप्राज्ञाश्चापापदर्शिनः ॥ नैतेमहाभयेप्राप्तेसंप्रष्टव्याः
कथंचन २८ प्रासादेषुविचित्रेषुगोष्ठीषूपवनेषुच ॥ कथाविचित्राःकुर्वाणाःपंडितास्तत्रशोभनाः २९ बहून्याश्चर्यरूपाणिकुर्वाणाजनसंसदि ॥ इज्यास्त्रेचोपसंधा
नेपंडितास्तत्रशोभनाः ३० परेषांविवरज्ञानेमनुष्यचरितेषुच ॥ हस्त्यश्वरथचर्यासुखरोष्ट्राजाविकर्मणि ३१ गोधनेषुप्रतोलीषुवरद्वारमुखेषुच ॥ अन्नसंस्कारदो
षेषुपंडितास्तत्रशोभनाः ३२ पंडितान्पृष्ठतःकृत्वापरेषांगुणवादिनः ॥ विधीयतांतथानीतिर्यथावध्योभवेत्परः ३३ गावश्चसंप्रतिष्ठाप्यसेनांव्यूह्यसमंततः ॥
आरक्षाश्चविधीयंतांयत्रयोत्स्यामहेपरान् ३४ ॥ इतिश्रीमहाभारतेविराटपर्वणिगोहरणपर्वणिउत्तरगोग्रहेदुर्योधनवाक्येसप्तचत्वारिंशोऽध्यायः ॥ ४७ ॥ कर्णउ
वाच ॥ सर्वानायुष्मतोभीतान्संत्रस्तानिवलक्षये ॥ अयुद्धमनसश्चैवसर्वांश्चैवानवस्थितान् १ यद्येषराजामत्स्यानांयदिबीभत्सुरागतः ॥ अहमावारयिष्यामिवेलेवम
करालयम् २ ममचापप्रयुक्तानांशराणांनतपर्वणाम् ॥ नावृत्तिर्गच्छतांतेषांसर्पाणामिवसर्पताम् ३ रुक्मपुंखाःसुतीक्ष्णाग्रामुक्ताहस्तवतामया ॥ छादयंतु
शराःपार्थंशलभाइवपादपम् ४ शराणांपुंखसक्तानांमौर्व्याभिहतयादृढम् ॥ श्रूयतांतलयोःशब्दोभेर्योराहतयोरिव ५ समाहितोहिबीभत्सुर्वर्षाण्यष्टौचपंचच ॥
जातस्नेहश्चयुद्धेऽस्मिन्मयिसंप्रहरिष्यति ६ पात्रीभूतश्चकौंतेयोब्राह्मणोगुणवानिव ॥ शरौघान्प्रतिगृह्णातुमयामुक्तान्सहस्रशः ७ एषचैवमहेष्वासस्त्रिषुलोकेषु
विश्रुतः ॥ अहंचापिनरश्रेष्ठादर्जुनान्नावरःक्वचित् ८ इतश्चेतश्चनिर्मुक्तैःकांचनैर्गार्ध्रवाजितैः ॥ दृश्यतामद्यवैव्योमखद्योतैरिवसंवृतम् ९ अद्याहमृणमक्षय्यंपु
रावाचाप्रतिश्रुतम् ॥ धार्त्तराष्ट्रायदास्यामिनिहत्यसमरेऽर्जुनम् १० अंतराच्छिद्यमानानांपुंखानांव्यतिशीर्यताम् ॥ शलभानामिवाकाशेप्रचारःसंप्रदृश्यताम् ११
इंद्राशनिसमस्पर्शंमहेंद्रसमतेजसम् ॥ अर्दयिष्याम्यहंपार्थमुल्काभिरिवकुंजरम् १२ रथादतिरथंशूरंसर्वशस्त्रभृतांवरम् ॥ विवशंपार्थमादास्येगरुत्मानिवपन्नगम् १३
तमग्निमिवदुर्धर्षमसिशक्तिशरेंधनम् ॥ पांडवाग्निमहंदीप्तंप्रदहंतमिवाहितम् १४

त्यर्थः संस्कारोवैश्वदेवादिना दोषःकेशकीटपातादिना ३२ । ३३ गाःवइतिच्छेदः गावश्चसंप्रतिष्ठंतामिति पाठांतरे गावइत्येकंपदं आरक्षाःरक्षकाः ३४ ॥ इतिविराटपर्वणिनीलकंठीयेभारतभावदीपेसप्त
चत्वारिंशोऽध्यायः ॥ ४७ ॥ ॥ सर्वानिति । सर्वान्भीष्मदीन्अनवस्थितान्चंचलान् १ । २ आवृत्तिर्लक्ष्यच्युतिर्न ३ । ४ पुंखसक्तानांसक्तपुंखानां ५ । ६ । ७ । ८ गार्ध्रवाजितैःगृध्रपत्रै
र्वाजोवेगःशब्दः पक्षोवा संजातोयेषान्तैः 'वाजोनिःस्वनपक्षयोः वेगेपुमान्' इतिमेदिनी ९ अक्षय्यमितरैःक्षपयितुमशक्यम् १० पुंखानांपुंखवतांशराणाम् ११ । १२ । १३ । १४

१५ । १६ नतपर्वभिःसमीकृतग्रंथिप्रदेशैः १७ । १८ । १९ विपन्नानांभ्रंशितामाम् २० । २१ । २२ धनंगोधनम् २३ ॥ इतिविराटपर्वणिनीलकंठीये भारतभावदीपेअष्टचत्वारिंशोऽध्यायः ॥ ४८ ॥
अर्थानांगवादीनां प्रकृतिंप्राप्तकारणं अनुबंधंप्राप्तौबाफलं नहिद्यूतमर्थप्राप्तेर्मुख्यंकारणं नापिततःप्राप्तानामर्थानांपरिणामेसुखकरत्वंचास्तीत्यभिसंधिः १ मायाइति । येषांशकुन्यादीनांमायाःकपटानि
बहवःबहयःसंति तेषांदृष्टयायुद्धंपापिष्ठं नाशकरत्वात् नहीदानीमर्जुनोद्यूतेनेवमायामात्रेणजेतुंशक्यइतिभावः पाठांतरे नयाःनीतयःसामाद्यास्तेषांमध्येयुद्धंपापिष्ठम् २ देशेति । इदानींग्रीष्मोनयुद्ध
कालः श्रांत्याजलाभावेनचसद्योवाहनानांनाशापत्तेः नापिदेशोगिरिदुर्गाद्याश्रितोऽस्तीतिभावः इदंयुद्धंफलंनलभतेफलंनलंभयेत् परस्यतुदेशकालावनुकूलावेववर्तेतेइतिभावः विक्रांतंपराक्रमः ३

अश्ववेगपुरोवातोरथौघस्तनयित्नुमान् ॥ शरधारोमहामेघःशमयिष्यामिपांडवम् १५ मत्कार्मुकविनिर्मुक्ताःपार्थमाशीविषोपमाः ॥ शराःसमभिसर्पंतुवल्मीकमिव
पन्नगाः १६ सुतेजनैरुक्मपुंखैःसुधौतैर्नतपर्वभिः ॥ आचितंपश्यकौंतेयंकर्णिकारैरिवाचलम् १७ जामदग्न्यान्मयाह्यस्त्रंयत्प्राप्तमृषिसत्तमात् ॥ तदुपाश्रित्यवीर्यंच
युद्ध्येयमपिवासवम् १८ ध्वजाग्रेवानरस्तिष्ठन्भल्लेननिहतोमया ॥ अद्यैवपततांभूमौविनदन्भैरवान्रवान् १९ शत्रोर्मयाविपन्नानांभूतानांध्वजवासिनाम् ॥ दिशः
प्रतिष्ठमानानामस्तुशब्दोदिवंगमः २० अद्यदुर्योधनस्याहंशल्यंहृदिचिरस्थितम् ॥ समूलमुद्धरिष्यामिबीभत्सुंपातयन्रथात् २१ हताश्वंविरथंपार्थंपौरुषेपर्यव
स्थितम् ॥ निःश्वसंतंयथानागमद्यपश्यंतुकौरवाः २२ कामंगच्छंतुकुरवोधनमादायकेवलम् ॥ रथेषुवापितिष्ठंतोयुद्धंपश्यंतुमामकम् २३ इतिश्रीमहाभारतेविराट
पर्वणिगोहरणपर्वणिउत्तरगोग्रहेकर्णविकत्थने अष्टचत्वारिंशोऽध्यायः ॥ ४८ ॥ ॥ ॥ कृपउवाच ॥ सदैवतवराधेययुद्धेक्रूरतरामतिः ॥ नार्थानांप्रकृतिं
वेत्सिनानुबंधमवेक्षसे १ मायाहिबहवःसंतिशास्त्रमाश्रित्यचिंतिताः ॥ तेषांयुद्धंतुपापिष्ठंवेदयंतिपुराविदः २ देशकालेनसंयुक्तंयुद्धंविजयदंभवेत् ॥ हीनकालंतदे
वेहफलंनलभतेपुनः ॥ देशेकालेचविक्रांतंकल्याणायविधीयते ३ आनुकूल्येनकार्याणामंतरंसंविधीयते ॥ भारंहिरथकारस्यनव्यवस्यंतिपंडिताः ४ परिचिंत्यतु
पार्थेनसंनिपातोननःक्षमः ॥ एकःकुरूनभ्यगच्छदेकश्चाग्निमतर्पयत् ५ एकश्चपंचवर्षाणिब्रह्मचर्यमधारयत् ॥ एकःसुभद्रामारोप्यद्वैरथेकृष्णमाह्वयत् ६ एकः
किरातरूपेणस्थितंरुद्रमयोधयत् ॥ अस्मिन्नेववनेपार्थोहृतांकृष्णामवाजयत् ७ एकश्चपंचवर्षाणिशक्रादस्त्राण्यशिक्षत ॥ एकःसोऽयमरिंजित्वाकुरूणामकरोद्यशः
८ एकोगंधर्वराजानंचित्रसेनमरिंदमः ॥ विजिग्येतरसासंख्येसेनांप्राप्यसुदुर्जयाम् ९ तथानिवातकवचाःकालखंजाश्चदानवाः ॥ दैवतैरप्यवध्यास्तेएकेनयुधि
पातिताः १०

देशादेरानुकूल्येनहेतुना कार्याणांयुद्धादीनामंतरंतादर्थ्यंफलवत्त्वमितियावत् संविधीयतेसम्यक्क्रियते ‘ अंतरमवकाशावधिपरिधानांतर्द्धिभेदतादर्थ्ये ’ इतिमेदिनी मंत्राणामितिपाठे देशाद्यानुकूल्येनकार्यं
विचार्यमित्यर्थः तत्राभाणकमाह भारमिति । यथारथकारेणदिव्योऽयंमयानिर्मितोरथः सुदृढांगोऽनेनत्वंदेवानपिसर्वथाजेष्यसीत्युक्ते तद्वचसिभारंदत्वादेशकालानुकूल्यमनपेक्ष्यैव पंडितानव्यवस्यंति यो
द्धुमितिशेषः एवंत्वद्वचसिभारंदत्वा देशाद्यानुकूल्यमनवेक्ष्य कथमस्माभिर्योद्धव्यं तवतुवचनंरथकारवचमवदर्थशून्यमितिभावः ‘ सर्वानायुष्मतोभीतान्संत्रस्तानिवलक्षये ’ इतियत्कर्णेनोक्तंतस्यैतदुत्तरम्
४ विचारफलमाह परिचिंत्येति ५ । ६ । ७ । ८ । ९ । १०

११ । १२ प्रदेशिन्यातर्जन्या १३ । १४ मध्येनमध्यतउत्सर्तुंउत्सर्पितुम १५ । १६ । १७ । १८ । १९ । २० । २१ यत्तूक्तं 'काममगच्छंतुकुरवोधनमादायकेवलं ॥ रथेषुवाऽपितिष्ठंतोयुद्धंपश्यंतुमामकम्' इतितत्राह षड्रथाइति। संहताःषडपिएकीभूयतेनैकेकेनयोद्धुंकथंचिच्छक्ष्यामोनत्वेकैकशइतिभावः २२ । २३ ॥ इतिविराटपर्वणिनीलकंठीये भारतभावदीपेएकोनपंचाशत्तमोऽध्यायः॥ ४९ ॥ नचेति। शूराःपर वित्तंजित्वापरसीमामुल्लंघ्यस्वनगरंप्रतिनीत्वाऽपिनश्लाघंते त्वंत्वेतेषामेकतममप्यकृत्वाकत्थसेऽतोनिर्लज्जोऽसीतिभावः १ । २ । ३ यदुक्तं 'नैतेमहाभयेप्राप्तेसंप्रष्टव्याः' इत्यादिना ब्राह्मणानांभोजनादावेव

९० एकेनहित्वयाकर्णकिंनामेहकृतंपुरा ॥ एकैकेनयथातेषांभूमिपालावशेकृताः ११ इंद्रोऽपिहिनपार्थेनसंयुगेयोद्धुमर्हति ॥ यस्तेनाशंसतेयोद्धुंकर्तव्यंतस्यभेषजम् १२ आशीविषस्यक्रुद्धस्यपाणिमुद्यम्यदक्षिणम् ॥ अवमुच्यप्रदेशिन्यादंष्ट्रामादातुमिच्छसि १३ अथवाकुंजरंमत्तमेकएवचरन्वने ॥ अनंकुशंसमारुह्यनगरंगंतुमिच्छसि १४ समिद्धंपावकंचैवघृतमेदोवसाहुतम् ॥ घृताक्तश्चीरवासास्त्वंमध्येनोत्सर्तुमिच्छसि १५ आत्मानंकःसमुद्बध्यकंठेबध्वामहाशिलाम् ॥ समुद्रंतरतेदोर्भ्यांतत्रकिंनामपौरुषम् १६ अकृतास्त्रःकृतास्त्रंवैबलवंतंसुदुर्बलः ॥ तादृशंकर्णयःपार्थंयोद्धुमिच्छेत्सदुर्मतिः १७ अस्माभिर्ह्येषनिकृतोवर्षाणीहत्रयोदश ॥ सिंहःपाशविनिर्मुक्तोननःशेषंकरिष्यति १८ एकांतेपार्थमासीनंकूपेऽग्निमिवसंवृतम् ॥ अज्ञानादभ्यवस्कंद्यप्राप्ताःस्मोभयमुत्तमम् १९ सहयुध्यामहेपार्थमागतंयुद्धदुर्मदम् ॥ सैन्यास्तिष्ठंतुसन्नद्धाव्यूढानीकाःप्रहारिणः २० द्रोणोदुर्योधनोभीष्मोभवान्द्रौणिस्तथावयम् ॥ सर्वेयुध्यामहेपार्थंकर्णमासाहसंकृथाः २१ वयंव्यवसितंपार्थंवज्रपाणिमिवोद्यतम् ॥ षड्रथाःप्रतियुध्येमतिष्ठेमयदिसंहताः २२ व्यूढानीकानिसैन्यानियत्ताःपरमधन्विनः ॥ युध्यामहेऽर्जुनंसंख्येदानवाइववासवम् २३ ॥ इतिश्रीविराटपर्वणिगोहरणपर्वणिउत्तरगोग्रहेकृपवाक्यंनामएकोनपंचाशत्तमोऽध्यायः ॥ ४९ ॥ अश्वत्थामोवाच ॥ नचतावाजितागावोनचसीमांतरंगताः ॥ नहास्तिनपुरंप्राप्तास्त्वंचकर्णविकत्थसे १ संग्रामांश्चबहूञ्जित्वालब्ध्वाचविपुलंधनम् ॥ विजित्यचपरांसेनांनाहुःकिंचनपौरुषम् २ दहत्यग्निरवाक्यस्तुतूष्णींभातिदिवाकरः ॥ तूष्णींधारयतेलोकान्वसुधासचराचरान् ३ चातुर्वर्ण्यस्यकर्माणिविहितानिस्वयंभुवा ॥ धनंयैरधिगंतव्यंयच्चकुर्वन्नदुष्यति ४ अधीत्यब्राह्मणोवेदान्याजयेतयजेतवा ॥ क्षत्रियोधनुराश्रित्ययजेन्नैवनयाजयेत् ५ वैश्योधिगम्यवित्तानिब्रह्मकर्माणिकारयेत् ॥ शूद्रःशुश्रूषणंकुर्यात्त्रिषुवर्णेषुनित्यशः ॥ वंदनायोगाविधिभिर्वैतसींवृत्तिमास्थितः ६ वर्तमानायथाशास्त्रंप्राप्यचापिमहीमिमाम् ॥ सत्कुर्वंतिमहाभागागुरून्सुविगुणानपि ७ प्राप्यद्यूतेनकोराज्यंक्षत्रियस्तोष्टुमर्हति ॥ तथानृशंसरूपोऽयंधार्तराष्ट्रश्चनिर्घृणः ८

कौशलंनयुद्धेइति तत्रतवापिवैश्यत्वान्नयुद्धेसामर्थ्यमस्तीतिदर्शयिष्यन्वर्णानांकर्माणिविभजते चातुर्वर्ण्यस्येत्यादिना ४ । ५ वित्तान्यधिगम्यकृष्यादिनेतिशेषः ब्रह्मकर्माणिवेदोक्तकर्माण्याधानादीनिकारयेत् स्वार्थेणिच् ६ वर्तमानाइति । न्यायेनपृथिवींजित्वाऽपिसंतोविगुणानपिगुरून्सत्कुर्वंति त्वंत्वन्यायेनपांडवंजित्वासाधूनपिगुरून्निंदसीतिभावः ७ एतदेवाहप्राप्येति । निर्घृणोनिर्लज्जः ८

निकृत्याशाठ्येन वंचनायोगैश्छद्मोपायैः वितंसोबंधनोपायस्तेनजीवतीतिवैतंसिकोव्याधः ९ । १० इंद्रप्रस्थंतत्स्थाःपांडवाः ११ । १२ मूलमिति । एषांपांडवानांमूलं महत्महच्छब्दवाच्यंब्रह्मश्रीकृष्णाख्यं वेद वाक्यंब्राह्मणाश्चयथोक्तमादिपर्वणि 'मूलंकृष्णोब्रह्मचब्राह्मणाश्च' इति तदेतद्वेदविरुद्धमनृतंद्यूतंकुर्वता धार्तराष्ट्रेणधर्मस्यमूलंकृतंछिन्नं इदानींचब्राह्मणानवजानतास्त्वयाऽपितदेवकृतं अतोधर्मनाशाद्भवतां नाशोऽवश्यंभावीत्यर्थः मूलंकीदृशं चंदनंयथाशांतंशीतलं नतुदाहकंक्रोधरूपं तथाचदुर्योधनःकेवलंक्रोधमयइत्युक्तंप्राक् 'दुर्योधनोमन्युमयोमहाद्रुमः' इति सारार्थीकर्मकारयिथा इतिव्यवहितेनसंबंधः सारार्थीधनार्थी 'धनेचसारम्' इतिमेदिनी पांडवान्कर्मकारानिवकृतवानसियत्रकालेतत्रतदाविदुरःकिमब्रवीत् क्षयमूलंद्यूतमिति तदिदानींस्मरेतिभावः सूतेतिसंबोधयन्क्षत्रियत्वादस्ययुद्धेष्व कौशलंव्यनक्ति 'नन्त्रादिसोवैदेवंक्षत्रम्' इतिश्रुतेर्दिव्यात्क्षत्रात्कुंत्यांजातस्यास्यकथमक्षत्रत्वंयुद्धाकौशलंचेति विदुषाऽप्यश्वत्थाम्नावक्तुंयुक्तमितिचेच्छृणु सर्वेषांहिवर्णानांद्विविधंजन्म योनिजंसंस्कारजंच तत्रयएवयोनिःसएवसंस्कर्ताचेत्सएकजोनप्रकृतितश्च्यवते कर्णस्तुदैवक्षत्रजोऽप्यक्षत्रियेणसूतेनसंस्कृतइतिद्विजातत्वात् क्षत्रियत्वेनप्रहर्तुंकुशलोऽपिसूतत्वेनपरकीयप्रहारंसोढुमशक्तइतियुद्धात्पलायते इत्याशये नैनंसूर्यपुत्रंजानन्नपिसूतेतिसंबोधयति तथाचमंत्रवर्णः 'सहस्वमन्योअभिमातिमस्मे रुजन्मृणन्प्रमृणन्प्रेहिशत्रून् ॥ उग्रंतेपाजोनन्वारुरुध्रे वशीवशंनयसएकजत्वम्' इतिअस्यार्थः तापसोमन्युर्ऋषिःसंकल्पाधिष्ठात्रीं देवतांमन्युसंज्ञांप्रार्थयते त्वयामन्योइतिसूक्तेतृतीयेयमृक् यस्तेमन्यवितिमध्यंदिनइतिमाध्यंदिनेसवनेश्येनयागेशत्रुमारणार्थेऽस्यसूक्तस्यविनियोगः हेमन्योअस्मैशरणागतायराज्यायवा एतद्रक्षणार्थमितियावत्

तथाऽधिगम्यवित्तानिकोविकत्थेद्विचक्षणः ॥ निकृत्यावंचनायोगैश्चरन्वैतंसिकोयथा ९ कतमंद्वैरथंयुद्धंयत्राजैषीर्धनंजयम् ॥ नकुलंसहदेवंवाधनंयेषांत्वयाहृतम्
१० युधिष्ठिरोजितःकस्मिन्भीमश्चबलिनांवरः ॥ इंद्रप्रस्थंत्वयाकस्मिन्संग्रामेनिर्जितंपुरा ११ तथैवकतमद्युद्धंयस्मिन्कृष्णाजितात्वया ॥ एकवस्त्रासभांनीता
दुष्टकर्मन्रजस्वला १२ मूलमेषांमहत्कृत्तंसारार्थीचंदनंयथा ॥ कर्मकारयिथाःसूततत्रकिंविदुरोऽब्रवीत् १३ यथाशक्तिमनुष्याणांशममालक्षयामहे ॥ अन्येषामपिस
त्वानामपिकीटपिपीलिकैः ॥ द्रौपद्याःसंपरिक्लेशंनक्षंतुंपांडवोऽर्हति १४ क्षयायधार्तराष्ट्राणांप्रादुर्भूतोधनंजयः ॥ त्वंपुनःपंडितोभूत्वावाचंवक्तुमिहेच्छसि १५ वैरांत
करणोजिष्णुर्नेनःशेषंकरिष्यति १६ नैषदेवान्नगंधर्वान्नासुरान्नचराक्षसान् ॥ भयादिहनयुध्येतकुंतीपुत्रोधनंजयः १७

अभिमार्तिसर्वतःपीडांपित्रादिभिःसहविरोधंज्ञातिवधदोषंवासहस्वक्षमस्व कथंतेषांरक्षणंस्यादतआह रुजन्रोगंप्राप्नुवन् मृणन्म्रियमाणोजराग्रस्तइत्यर्थः प्रमृणन्असंतंआसन्नमृत्युर्वाशत्रून्प्रेहिप्रकर्षेणजेतुंगच्छ अत्रशरीरगतंरोगादितदभिमानिनिचेतसिउपचर्यते नन्वशक्तेनरोगाद्याक्रांतेनमयाकथंशत्रवोजेतुंशक्याइत्याशंक्याह उग्रमिति । उग्रंपरमर्दनक्षमंतेतवपाजस्तेजोननुनिश्चितंआरुरुध्रेआरोद्धुंशत्रून्समर्थमस्ति दृष्टसं कल्पस्यहितेजःपरानवश्यंनाशयेदेवेत्यर्थः एतदेवाह वशीसर्वमस्यवशेस्तीतिवशी संकल्पदार्ढ्यादेवह्यगस्त्यादिभिःसमुद्रपानादीन्यपिकृतानि अतएवसर्वंजगत्त्वमेववशंनयसे वशित्वेहेतुः हेएकजएकस्माज्जात नन्वे कमेवमनःसंकल्पस्योपादानमितिव्यर्थंविशेषणमितिचेन्न कुंडव्यावृत्त्यर्थत्वात् सह्यन्येनजातोऽन्येनचआत्मीयबुद्ध्यासंस्कृतइतिनदृढसंकल्पोभवति नचपरांस्त्रातुंशक्नोतिद्विजत्वात् तथाचलोकेआभाणकः यस्यद्वेवच नेसद्विपितृकइतिवक्तारोभवंति अतएकजेत्यर्थवद्वचनं दत्तक्रीतादौतुशास्त्रीयंएकस्यैवस्वत्वमस्तीतिनासौकुंडतुल्यइतिदिक् १३ ननुममसूतत्वाद्दोषवत्त्वंचेत् सुजाताअपितेकुतोनशाम्यंति कुतोवापरसाहाय्यार्थं मस्मान्योद्धुमागता वालिवधेरामइवेत्याशंक्याहयथाशक्तीतिद्वाभ्यां । पिपीलिकैरपिकृतंशमंलक्षयामहे इतियोन्यं वालिरामयोर्विरोधाभावेऽपिरामेणवालीहतइतिसोऽपराधी पांडवास्तुयुष्माभिरपकृताइतियुष्मान् जिघांसंतोनापराध्यंतीतिभावः १४ । १५ । १६ नैवनयुध्येत अपितुयुद्ध्यंतैवेत्यर्थः १७

एष्यतिगमिष्यति १८ । १९ देवेनदेवयोग्येनयुध्येत २० । २१ अहरःहृतवानसि आनैषीःआनीतवानसि यथाउत्साहपूर्वकमेतत्कर्मत्वयाकृतंतथैवेदानीमपराक्रमोयुध्यस्वेत्यर्थः २२ । २३ नचेति । चकारात् त्रेताऽपिनभवतीत्यध्याहार्यं अयमर्थः क्रमेणएकद्वित्रिचतुरंकांकितैःप्रदेशैरंकचतुष्टयवान्पाशोभवति तत्रएकांकःकलिः द्व्यंकोद्वापरः त्र्यंकस्त्रेता चतुरंकःकृतं तत्रद्यूतेपंचस्वीयाःपंचपरकीयाश्चदीनारादयःस्थाप्यंते तदितःपाशप्रक्षेपेयद्येकांकउपर्यायातितर्हि स्वीयेष्वेकएवजितोभवति यदिद्वौतदापरकीयंदीनारद्वयंस्वीयश्चैकोजितः यदित्र्यंकउपरिपतेत्तदापरकीयंत्रयंस्वीयंचत्रयंजितं चतुरंकस्योपरिपतनेसर्वेऽपिस्वीयाः

यंयमेषोऽतिसंक्रुद्धःसंग्रामेनिपतिष्यति ॥ वृक्षंगरुत्मान्वेगेनविनिहत्यतमेष्यति १८ त्वत्तोविशिष्टंवीर्येणधनुष्यमरराट्समम् ॥ वासुदेवसमंयुद्धेतंपार्थंकोनपूजयेत् १९ देवंदेवेनयुध्येतमानुषेणचमानुषम् ॥ अस्त्रंह्यस्त्रेणयोहन्यात्कोऽर्जुनेनसमःपुमान् २० पुत्रादनंतरंशिष्यइतिधर्मविदोविदुः ॥ एतेनापिनिमित्तेनप्रियोद्रोणस्य पांडवः २१ यथात्वमकरोर्द्यूतमिंद्रप्रस्थंयथाऽहरः ॥ यथाऽऽनैषीःसभांकृष्णांतथायुध्यस्वपांडवम् २२ अयंतेमातुलःप्राज्ञःक्षत्रधर्मस्यकोविदः ॥ दुर्द्यूतदेवीगांधारः शकुनिर्युध्यतामिह २३ नाक्षान्क्षिपतिगांडीवंनकृतंद्वापरंनच ॥ ज्वलतोनिशितान्बाणांस्तांस्तान्क्षिपतिगांडिवम् २४ नहिगांडीवनिर्मुक्तागार्ध्रपक्षाःसुतेजनाः ॥ नांतरेष्ववतिष्ठंतेगिरीणामपिदारणाः २५ अंतकःपवनोमृत्युस्तथाऽग्निर्वडवामुखः ॥ कुर्युरेतेक्वचिच्छेषंनतुक्रुद्धोधनंजयः २६ यथासभायांद्यूतंत्वंमातुलेनसहाकरोः ॥ तथायुध्वस्वसंग्रामेसौबलेनसुरक्षितः २७ युध्यंतांकामतोयोधानाहंयोत्स्येधनंजयम् ॥ मत्स्योह्यस्माभिरायोध्योयद्यागच्छेद्गवांपदम् २८ ॥ इतिश्रीम० भा० वि० गोहरणपर्वणिउ० द्रौणिवाक्यंनामपंचाशत्तमोऽध्यायः ॥ ५० ॥ भीष्मउवाच ॥ साधुपश्यतिवैद्रौणिःकृपःसाध्वनुपश्यति ॥ कर्णस्तुक्षत्रधर्मेणकेवलंयोद्धुमिच्छति १ आचार्योनाभिवक्तव्यःपुरुषेणविजानता ॥ देशकालौतुसंप्रेक्ष्ययोद्धव्यमितिमेमतिः २ यस्यसूर्यसमाःपंचसपत्नाःस्युःप्रहारिणः ॥ कथमभ्युदयेतेषांनप्रमुह्येतपंडितः ३ स्वार्थेसर्वेविमुह्यंतियेऽपिधर्मविदोजनाः ॥ तस्माद्राजन्ब्रवीम्येषवाक्यंतेयदिरोचते ४ कर्णोहियदवोचत्त्वांतेजःसंजननायतत् ॥ आचार्यपुत्रःक्षमतांमहत्कार्यमुपस्थितम् ५ नायंकालोविरोधस्यकौंतेयेसमुपस्थिते ॥ क्षंतव्यंभवतासर्वमाचार्येणकृपेणच ६ भवतांहिकृतास्त्रत्वंयथाऽऽदित्येप्रभातथा ॥ यथाचंद्रमसोलक्ष्मीःसर्वथानापकृष्यते ७ एवंभवत्सुब्राह्मण्यंब्रह्मास्त्रंचप्रतिष्ठितम् ॥ चत्वारएकतोवेदाःक्षात्रमेकत्रदृश्यते ८ नैतत्समस्तमुभयंकस्मिंश्चिदनुशुश्रुम ॥ अन्यत्रभारताचार्यात्सपुत्रादितिमेमतिः ९ वेदांताश्चपुराणानिइतिहासंपुरातनम् ॥ जामदग्न्यमृतेराजन्कोद्रोणादधिकोभवेत् १० ब्रह्मास्त्रंचैववेदाश्चनैतदन्यत्रदृश्यते ॥ आचार्यपुत्रःक्षमतांनायंकालोविभेदने ११ सर्वेसंहत्ययुध्यामःपाकशासनिमागतम् १२

परकीयाश्चजिताभवंति तथाचकलिपातेजयोनास्ति द्वापरादिपातेउत्तरोत्तरवृद्ध्याजयोऽस्ति तेनगांडीवस्थाःशराःसर्वथानजयावहाइत्यर्थः २४ । २५ । २६ । २७ । २८ ॥ इतिविराटपर्वणिनीलकंठीये भारतभावदीपे पंचाशत्तमोऽध्यायः ॥ ५० ॥ ॥ साध्विति १ । २ यस्यदुर्योधनस्यपंचपांडवाः ३ । ४ यत्अवोचदाचार्यस्यनिंदारूपं तत्तस्यैवतेजःसंजननायैव नतुद्वेषात् ५ । ६ । ७ । ८ । ९ । १० । ११ । १२

बलस्यसैन्यस्यव्य समानिविनाशकानि १३ नैवेति । अस्माकमिदंन्याय्यंवचनंत्वयानैवनिंद्यं रोषेणदुर्द्यूतादिदर्शनजेनपरीतस्तेनगुरुणाद्रोणेन गुणा अर्जुनस्य १४ हितंबलवतासह निर्बलैर्भवद्भिर्वि
चार्ययोद्धव्यमित्येवंरूपं १५ आचार्यइति । रोषादेतद्वचनमाचार्येणोक्तं नतुभेदार्थमितिभावः पाठांतरे अभिषद्यमाणेअभिमृष्यमाणे उपालभ्यमानेइतियावत् शेषकारितंशेषंकर्त्तव्यकारणीयंचतत्सर्वंन
कृतंस्यात् प्रस्तुतकार्यनाशोभवेदित्यर्थः १६ । १७ प्रथमंमुख्यंभेदोनकार्यः क्षंतव्यंचेतियदुक्तंतेनैवाहंवाक्येनप्रसन्नोऽस्मि १८ । १९ धनंचेति । धनंलब्ध्वाअस्मानुपेक्ष्यगृहंगमिष्यति गोधनेअत्यंतंदू
रतोऽन्यैर्नीते युध्यतामस्माकंअंतमेवायंकरिष्यतीतिभावः २० समायुंज्यात्संप्राप्नुयात् पराजय्यात्पराजयंप्राप्नुयात् २१ पुरस्ताद्वाक्यमुक्तं अज्ञानवासकालःपूर्णोनवेतिप्रथमंविचार्यमित्येवंरूपं २२
॥ इतिविराटपर्वणिनीलकंठीयेभारतभावदीपे एकपंचाशत्तमोऽध्यायः ॥ ५१ ॥ ॥ ॥ कलाकाष्ठाश्चेति १ । २ अत्रचतुर्विंशत्यापक्षैश्चांद्रःसंवत्सरः चतुष्पंचाशदधिकशतत्रयदि

बलस्यव्यसनानीहयान्युक्तानिमनीषिभिः ॥ मुख्योभेदोहितेषांतुपापिष्ठोविदुषांमतः १३ ॥ अश्वत्थामोवाच ॥ नैवन्याय्यमिदंवाच्यमस्माकंपुरुषर्षभ ॥ किं
तुरोषपरीतेनगुरुणाभाषितागुणाः १४ शत्रोरपिगुणाग्राह्यादोषावाच्यागुरोरपि ॥ सर्वथासर्वयत्नेनपुत्रेशिष्येहितंवदेत् १५ ॥ दुर्योधनउवाच ॥ आचार्यएषक्षमतां
शांतिरत्रविधीयताम् ॥ अभिद्यमानेतुगुरौतद्वृत्तंरोषकारितम् १६ ॥ वैशंपायनउवाच ॥ ततोदुर्योधनोद्रोणंक्षमयामासभारत ॥ सहकर्णेनभीष्मेणकृपेणचमहा
त्मना १७ ॥ द्रोणउवाच ॥ यदेतत्प्रथमंवाक्यंभीष्मःशांतनवोऽब्रवीत् ॥ तेनैवाहंप्रसन्नोवैनीतिरत्रविधीयताम् १८ यथादुर्योधनंपार्थोनोपसर्पतिसंगरे ॥ सा
हसाद्यदिवामोहात्तथानीतिर्विधीयताम् १९ वनवासेह्यनिर्वृत्तेदर्शयेन्नधनंजयः ॥ धनंचालभमानोऽत्रनाद्यतत्क्षंतुमर्हति २० यथानायंसमायुंज्याद्धार्त्तराष्ट्रान्कथं
चन ॥ नचसेनाःपराजय्यात्तथानीतिर्विधीयताम् २१ उक्तंदुर्योधनेनापिपुरस्ताद्वाक्यमीदृशम् ॥ तदनुस्मृत्यगांगेययथावद्वक्तुमर्हसि २२ ॥ इतिश्रीमहाभारते
विराटपर्वणिगोहरणपर्वणिद्रोणवाक्येएकपंचाशत्तमोऽध्यायः ॥ ५१ ॥ ॥ भीष्मउवाच ॥ कलाकाष्ठाश्चयुज्यंतेमुहूर्त्ताश्चदिनानिच ॥ अर्धमासाश्चमासा
श्चनक्षत्राणिग्रहास्तथा १ ऋतवश्चापियुज्यंतेतथासंवत्सराअपि ॥ एवंकालविभागेनकालचक्रंप्रवर्तते २ तेषांकालातिरेकेणज्योतिषांचव्यतिक्रमात् ॥ पंचमे
पंचमेवर्षेद्वौमासावुपजायतः ३ एषामभ्यधिकामासाःपंचचद्वादशक्षपाः ॥ त्रयोदशानांवर्षाणामितिमेवर्त्ततेमतिः ४

नात्मकः षष्ट्यधिकशतत्रयदिनात्मासावनः सएव द्वादशवार्षिकादिप्रतिज्ञासु गवामयनादिसत्रादिषुचउपयुज्यते त्रीणिशतानिपंचषष्टिश्चदिनानि पंचदशघटिकाएकत्रिंशत्पलानित्रिंशदक्षराणि
सौरस्यसंवत्सरस्यमानं तत्रप्रायेणज्योतिर्विदःसौरसंवत्सरानुरोधेनैववर्षप्रवेशादिकंकुर्वंति स्मार्तैस्त्वद्धापनादौतुचांद्रेणेतिविशेषेसत्यपि यदाएतयोरांतरालिकःसावनाब्दोगण्यते तदासौरगताधृद्धिस्त
त्रगण्यते एवंगणनायांक्रियमाणायां त्रयोदशस्वब्देषु पंचचांद्रामासाः द्वेदिनेसप्तत्रिंशन्नाडयःपंचचत्वारिंशत्पलानिपंचदशाक्षराणिच तथाचकिंचिदधिकानिनवदिनान्यत्राधिपूर्तेरधिकानिजातानि ज्यो
तिषांनक्षत्राणांव्यतिक्रमात् सूर्येणचंद्रेणचलंघनात् उपजायतःअधिकौभवतः ३ अत्रतुअर्धमासाश्चमासाश्चयुज्यंतइतिग्रहणात् त्रयोदशानांवर्षाणांचांद्रमासाःषट्पंचाशदधिकंशतंभवंतीति तएवगृहीता
इतिज्ञेयं तथाचविजयदशम्यां द्यूते पांडवपराजयः लोकेतस्यैवप्रायेणद्यूतकालत्वात् ग्रीष्मेचगोग्रहार्थंप्रवृत्ताइत्युक्तं तेनविजयदशम्यामागामिन्यांत्रयोदशाब्दपूरणंभविष्यतीतिदुर्योधनप्रत्याशा–

पांडवास्तुचांद्राब्दमानेनत्रयोदशवत्सरानतिवाह्य कृतकृत्याअभूवन् तत्रविजयदशमीतःपूर्वंपंचमासाःद्वादशदिनानिप्रकटीभवितव्यं तत्रदर्शितमासे चैत्रकृष्णसप्तम्यामाविर्भूताः प्रतिज्ञांनिस्तीर्यैवका निचिदधिकान्यपिदिनानिअतिवाह्यआविर्भूताइत्यर्थः ४ । ५ । ६ । ७ । ८ यच्चयदिचपांडवमनृतोऽयमर्जुनइतिख्यायात्कथयेत्सपराभवंगच्छेत् ९ । १० । ११ । १२ । १३ धर्मसंहितंकर्म अयुद्धेन

सर्वंयथावच्चरितंयद्यदेभिःप्रतिश्रुतम् ॥ एवमेतद्ध्रुवंज्ञात्वाततोबीभत्सुरागतः ५ सर्वेचैवमहात्मानःसर्वेधर्मार्थकोविदाः ॥ येषांयुधिष्ठिरोराजाकस्माद्धर्मेऽपराध्नुयुः ६ अलुब्धाश्चैवकौंतेयाःकृतवंतश्चदुष्करम् ॥ नचापिकेवलंराज्यमिच्छेयुस्तेऽनुपायतः ७ तदैवतेहिविक्रांतुमीषुःकौरवनंदनाः ॥ धर्मपाशनिबद्धास्तुनचेलुःक्षत्रियव्रतात् ८ यच्चानृतइतिख्यायाद्यःसगच्छेत्पराभवम् ॥ वृणुयुर्मरणंपार्थानानृतत्वंकथंचन ९ प्राप्तकालेतुप्राप्तव्यंनोत्सृजेयुर्नरर्षभाः ॥ अपिवज्रभृतागुप्तं तथावीर्याहिपांडवाः १० प्रतियुध्येमसमरेसर्वशस्त्रभृतांवरम् ॥ तस्माद्यदत्रकल्याणंलोकेसद्भिरनुष्ठितम् ॥ तत्संविधीयतांशीघ्रंमावोह्यर्थोऽभ्यगात्परम् ११ नहि पश्यामिसंग्रामेकदाचिदपिकौरव ॥ एकांतसिद्धिंराजेंद्रसंप्राप्तश्चधनंजयः १२ संप्रवृत्तेतुसंग्रामेभावाभावौजयाजयौ ॥ अवश्यमेकंस्पृशतोदृष्टमेतदसंशयम् १३ तस्माद्युद्धोचितंकर्मकर्मवाधर्मसंहितम् ॥ क्रियतामाशुराजेंद्रसंप्राप्तश्चधनंजयः १४ ॥ दुर्योधनउवाच ॥ नाहंराज्यंप्रदास्यामिपांडवानांपितामह ॥ युद्धोपचारिकंयत्तुतच्छीघ्रंप्रविधीयताम् १५ भीष्मउवाच ॥ अत्रयामामिकाबुद्धिःश्रूयतांयदिरोचते ॥ सर्वथाहिमयाश्रेयोवक्तव्यंकुरुनंदन १६ क्षिप्रंबलचतुर्भागंगृह्यगच्छपुरंप्रति ॥ ततोऽपरश्चतुर्भागोगाःसमादायगच्छतु १७ वयंचार्धेनसैन्यस्यप्रतियोत्स्यामपांडवम् ॥ अहंद्रोणश्चकर्णश्चअश्वत्थामाकृपस्तथा ॥ प्रतियोत्स्यामबीभत्सुमागतंकृतनिश्चयम् १८ मत्स्यंवापुनरायातमागतंवाशतक्रतुम् ॥ अहमावारयिष्यामिवेलेवमकरालयम् १९ ॥ वैशंपायनउवाच ॥ तद्वाक्यं रुरुचेतेषांभीष्मेणोक्तंमहात्मना ॥ तथाहिकृतवान्राजाकौरवाणामनंतरम् २० भीष्मःप्रस्थाप्यराजानंगोधनंतदनंतरम् ॥ सेनामुख्यान्व्यवस्थाप्यव्यूहितुंसंप्रचक्रमे २१ ॥ भीष्मउवाच ॥ आचार्यमध्येतिष्ठत्वमश्वत्थामातुसव्यतः ॥ कृपःशारद्वतोधीमान्पार्श्वंरक्षतुदक्षिणम् २२ अग्रतःसूतपुत्रस्तुकर्णस्तिष्ठतुदंशितः ॥ अहंसर्वस्यसैन्यस्यपश्चात्स्थास्यामिपालयन् २३ ॥ इतिश्रीमहाभारतेविराटपर्वणिगोहरणपर्वणिभीष्मसैन्यव्यूहेद्विपंचाशत्तमोऽध्यायः ॥ ५२ ॥

॥ वैशंपायनउवाच ॥ तथाव्यूढेष्वनीकेषुकौरवेयेषुभारत ॥ उपायादर्जुनस्तूर्णंरथघोषेणनादयन् १ ददृशुस्तेध्वजाग्रंवैशुश्रुवुश्चमहास्वनम् ॥ दोधूयमानस्य भृशंगांडीवस्यचनिःस्वनम् २ ततस्तुसर्वमालोक्यद्रोणोवचनमब्रवीत् ॥ महारथमनुप्राप्तंदृष्ट्वागांडीवधन्विनम् ३ ॥ द्रोणउवाच ॥ एतद्ध्वजाग्रंपार्थस्यदूरतःसंप्रकाशते ॥ एषघोषःसरथजोरोरवीतिचवानरः ४

एतैःसहऐक्यंगत्वाराज्यप्रदानम् १४ । १५ । १६ । १७ । १८ । १९ अनंतरंअविलंबितम् २० । २१ । २२ । २३ ॥ इतिविराटपर्वणिनीलकंठीयेभारतभावदीपे द्विपंचाशत्तमोऽध्यायः ॥ ५२ ॥ ॥ तथेति १ । २ । ३ । ४

५ मेममकर्णौसंस्पृश्यअतिक्रांतौ ६ । ७ । ८ चारुतलंहस्तावापश्चारुतलं तद्वान्चारुतली स्रुग्भिःजुहूप्रभृतिभिः ९ इषुपातेइषुपातप्रमितेदेशे असौदुर्योधनः १० । ११ महेष्वासाःमहनीयध

एषतिष्ठन्रथश्रेष्ठेरथेचरथिनांवरः ॥ उत्कर्षतिधनुःश्रेष्ठंगांडीवमशनिस्वनम् ५ इमौचबाणौसहितौपादयोर्मेव्यवस्थितौ ॥ अपरौचाप्यतिक्रांतौकर्णौसंस्पृश्यमे
शरौ ६ निरुष्यहिवनेवासंकृत्वाकर्मातिमानुषम् ॥ अभिवादयतेपार्थःश्रोत्रेचपरिपृच्छति ७ चिरदृष्टोऽयमस्माभिःप्रज्ञावान्बांधवप्रियः ॥ अतीवज्वलितोल
क्ष्म्यापांडुपुत्रोधनंजयः ८ रथीशरीचारुतलीनिषंगीशंखीपताकीकवचीकिरीटी ॥ खड्गीचधन्वीचविभातिपार्थःशिखीवृतःस्रुग्भिरिवाज्यसिक्तः ९ ॥ अर्जुन
उवाच ॥ इषुपातेचसेनायाहयान्संयच्छसारथे ॥ यावत्समीक्षेसैन्येस्मिन्क्वासौकुरुकुलाधमः १० सर्वानेताननादृत्यदृष्ट्वातमतिमानिनम् ॥ तस्यमूर्ध्निपतिष्या
मिततएतेपराजिताः ११ एषव्यवस्थितोद्रोणोद्रौणिश्चतदनंतरम् ॥ भीष्मःकृपश्चकर्णश्चमहेष्वासाःसमागताः १२ राजानंनात्रपश्यामिगाःसमादायगच्छति ॥
दक्षिणंमार्गमास्थायशंकेजीवपरायणः १३ उत्सृजैतद्रथानीकंगच्छयत्रसुयोधनः ॥ तत्रैवयोत्स्येवैराटेनास्तियुद्धंनिरामिषम् ॥ तंजित्वाविनिवर्त्तिष्येगाःसमा
दायवैपुनः १४ ॥ वैशंपायनउवाच ॥ एवमुक्तःसवैराटिर्हयान्संयम्ययत्नतः ॥ नियम्यचततोरश्मीन्यत्रतेकुरुपुंगवाः ॥ अचोदयत्ततोवाहान्यत्रदुर्योधनोगतः
१५ उत्सृज्यरथवंशंतुप्रयातेश्वेतवाहने ॥ अभिप्रायंविदित्वाचकृपोवचनमब्रवीत् १६ नैषोऽन्तरेणराजानंबीभत्सुःस्थातुमिच्छति ॥ तस्यपार्ष्णिंग्रहीष्यामोजवे
नाभिप्रयास्यतः १७ नह्येनमतिसंक्रुद्धमेकोयुध्येतसंयुगे ॥ अन्योदेवात्सहस्राक्षात्कृष्णाद्वादेवकीसुतात् ॥ आचार्याच्चसपुत्राद्वाभारद्वाजान्महारथात् १८
किंनोगावःकरिष्यंतिधनंवाविपुलंतथा ॥ दुर्योधनःपार्थजलेपुरानौरिवमज्जति १९ तथैवगत्वाबीभत्सुर्नामविश्राव्यचात्मनः ॥ शलभैरिवतांसेनांशरैःशीघ्रमवा
किरत् २० कीर्यमाणाःशरौघैस्तुयोधास्तेपार्थचोदितैः ॥ नापश्यन्नावृतांभूमिंनांतरिक्षंचपत्रिभिः २१ तेषामापततांयुद्धेनापयानेऽभवन्मतिः ॥ शीघ्रत्वमेवपा
र्थस्यपूजयंतिस्मचेतसा २२ ततःशंखंप्रदध्मौसद्विषतांलोमहर्षणम् ॥ विस्फार्यचधनुःश्रेष्ठंध्वजेभूतान्यचोदयत् २३ तस्यशंखस्यशब्देनरथनेमिस्वनेनच ॥
गांडीवस्यचघोषेणपृथिवीसमकंपत २४ अमानुषाणांभूतानांतेषांचध्वजवासिनाम् ॥ ऊर्ध्वपुच्छान्विधुन्वानारेभमाणाःसमंततः ॥ गावःप्रतिन्यवर्त्तंतदिशमा
स्थायदक्षिणाम् २५ ॥ इतिश्रीमहाभारतेविराटपर्वणिगोहरणपर्वणिउत्तरगोग्रहेगोनिवर्त्तनेत्रिपंचाशत्तमोऽध्यायः ॥ ५३ ॥ ॥ वैशंपायनउवाच ॥ सश
त्रुसेनांतरसाप्रणुद्यगास्ताविजित्याथधनुर्धराग्र्यः ॥ दुर्योधनायाभिमुखंप्रयातोभूयोरणंसोऽभिचिकीर्षमाणः १ गोषुप्रयातासुजवेनमत्स्यान्किरीटिनंकृतकार्यंच
मत्वा ॥ दुर्योधनायाभिमुखंप्रयातंकुरुप्रवीराःसहसाऽभिपेतुः २

नुषः १२ । १३ । १४ । १५ रथवंशंरथसमूहं १६ । १७ । १८ । १९ । २० आवृतांभूमिंनापश्यन्नितिन अपितुशरैरावृतामेवापश्यन् २१ । २२ । २३ । २४ रेभमाणाःहंभारवंकुर्वाणाः २५
॥ इतिविराटपर्वणिनीलकंठीये भारतभावदीपेत्रिपंचाशत्तमोऽध्यायः ॥ ५३ ॥ ॥ सइति १ । २

३ एतेनपथा कांचनमयारश्मयोरज्जवस्ताएवयोक्त्राणिबंधनानियेषांतान् कुरुसिंहस्यदुर्योधनस्यवृंदंमुख्यं वृंहिवृद्धौअस्मात्कमत्ययेहस्यदः ४ । ५ सुवर्णकक्षेःस्वर्णरयोकक्षौपल्याणस्यपश्चाद्दंचलपल्लवोयेषान्तेः ६ 'कक्षःस्यादंतरीयस्यपश्चाद्दंचलपल्लवे' इतिमेदिनी अभीप्समानाःकर्णजीवंतमिच्छंतः ७ व्रातंसमूहम् ८ विपाठःस्थूलदंडोवाणः ९ विकृष्यविलिख्यछित्वेत्यर्थः अस्य तंप्रसिद्धं ध्वजंचमध्यउन्मथ्यापातयत अपयातअपायात् १० गणस्यबाधितारंतेजोहरं शत्रुंतपनामा ११ । १२ नगोवृक्षः नगाग्रात्पर्वताग्रात् 'शैलवृक्षौनगावगौ' इत्यमरः १३ । १४ गतासवः

तेषामनीकानिबहूनिगाढंव्यूढानिदृष्ट्वाबहुलध्वजानि ॥ मत्स्यस्यपुत्रंद्विषतांनिहंतावैराटिमामंत्र्यततोऽभ्युवाच ३ एतेनतूर्णंप्रतिपादयेमान्श्वेतान्हयान्कांचनरश्मियोक्त्रान् ॥ जवेनसर्वेणकुरुप्रयत्नमासादयेऽहंकुरुसिंहवृंदम् ४ गजोगजेनेवमयादुरात्मायोद्धुंसमाकांक्षतिसूतपुत्रः ॥ तमेवमांप्रापयराजपुत्रदुर्योधनापाश्रयजातदर्पं ५ सतैर्हयैर्वातजवैर्बृहद्भिःपुत्रोविराटस्यसुवर्णकक्षैः ॥ व्यध्वंसयत्तद्रथिनामनीकंततोऽवहत्पांडवमाजिमध्ये ६ तंचित्रसेनोविशिखैर्विपाठैःसंग्रामजिच्छत्रुसहोजयश्च ॥ प्रत्युद्ययुर्भारतमापतंतंमहारथाःकर्णमभीप्समानाः ७ ततःसतेषांपुरुषप्रवीरःशरासनार्चिःशरवेगतापः ॥ व्रातंरथानामदहत्समन्युर्वनंयथाग्निःकुरुपुंगवानाम् ८ तस्मिंस्तुयुद्धेतुमुलेप्रवृत्तेपार्थंविकर्णोऽतिरथंरथेन ॥ विपाठवर्षेणकुरुप्रवीरोभीमेनभीमानुजमाससाद ९ ततोविकर्णस्यधनुर्विकृष्यजांबूनदाग्र्योपचितंदृढज्यम् ॥ अपातयत्तंध्वजमस्यमथ्यच्छिन्नध्वजःसोऽप्यपयाज्जवेन १० तंशात्रवाणांगणबाधितारंकर्माणिकुर्वंतममानुषाणि ॥ शत्रुंतपःपार्थममृष्यमाणःसमार्दयच्छरवर्षेणपार्थं ११ सतेनराज्ञाऽतिरथेनविद्धोविगाहमानोध्वजिनींकुरूणां ॥ शत्रुंतपंपंचभिराशुविध्वाततोऽस्यसूतंदशभिर्जघान १२ ततःसविद्धोभरतर्षभेणबाणेनगात्रावरणातिगेन ॥ गतासुराजौनिपपातभूमौनगोनगाग्रादिववातरुग्णः १३ नरर्षभास्तेनररर्षभेणवीरारणेवीरतरेणभग्नाः ॥ चकंपिरेवातवशेनकालेप्रकंपितानीवमहावनानि १४ हतास्तुपार्थेननरप्रवीरागतासवोर्व्यांसुषुपुःसुवेषाः ॥ वसुप्रदावासवतुल्यवीर्याःपराजितावासवजेनसंख्ये १५ सुवर्णकार्ष्णायसवर्मनद्धानागायथाहैमवताःप्रवृद्धाः ॥ तथासशत्रून्समरेविनिघ्नन्गांडीवधन्वापुरुषप्रवीरः १६ चचारसंख्येविदिशोदिशश्चदहन्निवाग्निर्वनमातपांते ॥ प्रकीर्णपर्णानियथावसंतेविशातयित्वापवनोऽम्बुदांश्च १७ तथासपत्नान्विकिरन्किरीटीचचारसंख्येऽतिरथोरथेन ॥ शोणाश्ववाहस्यहयान्निहत्यवैकर्तनभ्रातुरदीनसत्वः ॥ एकेनसंग्रामजितःशरेणशिरोजहाराथकिरीटमाली १८ तस्मिन्हतेभ्रातरिसूतपुत्रोवैकर्तनोवीर्यमथाददानः ॥ प्रगृह्यदंताविवनागराजोमहर्षभंव्याघ्रइवाभ्यधावत् १९ सपांडवंद्वादशभिःपृषत्कैर्वैकर्तनःशीघ्रमथोजघान ॥ विव्याधगात्रेषुहयांश्चसर्वान्विराटपुत्रंचकरेनिजघ्ने २०

उर्व्यांपृथिव्यांविच्छेदःसंधिराषः १५ । १६ आतपांतेग्रीष्मस्यांतेनिदाघे 'अंतःस्वरूपेनाशेना' इतिमेदिनी १७ शोणाश्वाःवाहेवाहकेरथेयस्यतस्य १८ आददानआदातुमिच्छन्प्रगृह्यआग्रहेणदंताविवपर्वतशिखरतुल्यौअर्जुनोत्तरौप्रतिअभ्यधावत् 'दंतःसानुनिकथ्यते' इतिविश्वः 'दंतोऽद्रिकटकेकुंजे' इतिमेदिनी १९ । २०

वेगंप्रगृह्यस्वीकृत्य २१ निशम्यपुद्धादुपरम्य दिदृक्षमाणास्तस्थुः २२ । २३ कर्णस्यांतर्धानानंतरमितरेऽपिशरैरंतर्हिताःकृताः २४ । २५ प्रक्ष्वेडितोमुक्तोज्यातलयोर्निःस्वनोयेनतंपूजयतां तलतालशब्दः
तलेनचपेटयातालःकरास्फालनंतज्जःशब्दोऽभूत 'तलश्चपेटेतालद्रौ । तालःकरास्फाले' इतिचमेदिनी २६ उद्धूतमुपरि कृतंलांगूलमेवमहतीपताकाध्वजा वलोयस्मिंस्तस्यध्वजस्यउत्तमोअंसौ उपरिस्थतिर्यक्

तमापतंतंसहसाकिरीटीवैकर्तनंवैतरसाऽभिपत्य ॥ प्रगृह्यवेगंन्यपतज्जवेननागंगरुत्मानिवचित्रपक्षः २१ तावुत्तमौसर्वधनुर्धराणांमहाबलौसर्वसपत्नसाहौ ॥ कर्ण
स्यपार्थस्यनिशम्ययुद्धंदिदृक्षमाणाःकुरवोऽभितस्थुः २२ सपांडवस्तूग्रमुदीर्णकोपःकृतागसंकर्णमुदीक्ष्यहर्षात् ॥ क्षणेनसाश्वंसरथंससारथिमंतर्दधेघोरशरौघवृष्ट्या
२३ ततःसुविद्धाःसरथाःसनागायोधाविनेदुर्भरतर्षभाणाम् ॥ अंतर्हिताभीष्ममुखाःसहाश्वाःकिरीटिनाकीर्णरथाःपृषत्कैः २४ सचापितानर्जुनबाहुमुक्ताञ्छरान्
शरौघैःप्रतिहत्यवीरः ॥ तस्थौमहात्मासधनुःसबाणःसविस्फुलिंगोऽग्निरिवाशुकर्णः २५ ततस्त्वभूद्वैतलतालशब्दःसशंखभेरीपणवप्रणादः ॥ प्रक्ष्वेडितज्यातलनिः
स्वनंतंवैकर्तनंपूजयतांकुरूणाम् २६ उद्धूतलांगूलमहापताकध्वजोत्तमांसाकुलभीषणांतम् ॥ गांडीवनिर्ह्रादकृतप्रणादंकिरीटिनंप्रेक्ष्यननादकर्णः २७ सचापिवै
कर्तनमर्दयित्वासाश्वंससूतंसरथंपृषत्कैः ॥ तमाववर्षप्रसभंकिरीटीपितामहंद्रोणकृपौचदृष्ट्वा २८ सचापिपार्थंबहुभिःपृषत्कैर्वैकर्तनोमेघइवाभ्यवर्षत् ॥ तथैवकर्णंच
किरीटमालीसंछादयामासशितैःपृषत्कैः २९ तयोःसुतीक्ष्णान्सृजतोःशरौघान्महाशरौघास्त्रविवर्द्धनेरणे ॥ रथेविलग्नाविवचंद्रसूर्यौघनांतरेणानुददर्शलोकः ॥
३० अथाशुकारीचतुरोहयांश्चविव्याधकर्णोनिशितैःकिरीटिनः ॥ त्रिभिश्चयंतारममृष्यमाणोविव्याधतूर्णंत्रिभिरस्यकेतुम् ३१ ततोऽभिविद्धःसमरावमर्दीप्रबो
धितःसिंहइवप्रसुप्तः ॥ गांडीवधन्वाऋषभःकुरूणामजिह्मगैःकर्णमियायजिष्णुः ३२ शरास्त्रवृष्ट्यानिहतोमहात्माप्रादुश्चकारातिमनुष्यकर्म ॥ प्राच्छादयत्कर्णरथं
पृषत्कैर्लोकानिमान्सूर्यइवांशुजालैः ३३ सहस्तिनेवाभिहतोगजेंद्रःप्रगृह्यभल्लान्निशितान्निषंगात् ॥ आकर्णपूर्णंचधनुर्विकृष्यविव्याधगात्रेष्वथसूतपुत्रम् ३४
अथास्यबाहूरुशिरोललाटंग्रीवांवरांगानिपरावमर्दी ॥ शितैश्चबाणैर्युधिनिर्बिभेदगांडीवमुक्तैरशनिप्रकाशैः ३५ सपार्थमुक्तैरिषुभिःप्रणुन्नोगजोगजेनेवजितस्त
रस्वी ॥ विहायसंग्रामशिरःप्रयातोवैकर्तनःपांडवबाणतप्तः ३६ ॥ इतिश्रीविराटपर्वणिगोहरणपर्वणिउत्तरगोग्रहेकर्णापयानेचतुःपंचाशत्तमोऽध्यायः ॥ ५४ ॥
॥ ॥ वैशंपायनउवाच ॥ ॥ अपयातेतुराधेयेदुर्योधनपुरोगमाः ॥ अनीकेनयथास्वेनशनैराच्छंतपांडवम् १ बहुधातस्यसैन्यस्यव्यूढस्यापततःशरैः ॥
अधारयतवेगंसवेलेवतुमहोदधेः २

फलकाग्रभागौ तत्रआकुलाव्यग्राः येभीषणाःभूतादयःतेअंतेसमीपेयस्यतं गांडीवनिर्ह्रादेनसहकृतःप्रणादोयेनतं गांडीवनिर्ह्रादकृतप्रणादंकिरीटिनं ध्वजोपरिस्थभूतनादैः संवर्द्धितनादमित्यर्थः २७ द्रोण
कृपौचदृष्ट्वाववर्षेतिअनुकृष्यते २८ । २९ महद्भिःशरौघैश्चविवर्धनंछेदनंयत्रतस्मिन्रणेविलग्नौसंनिहितौचंद्रसूर्यौघनमध्यादिवतौ बाणसंघमध्याल्लोकोऽनुददर्श ३० । ३१ । ३२ । ३३ । ३४ । ३५ । ३६
॥ इतिविराटपर्वणिनीलकंठीये भारतभावदीपेचतुष्पंचाशत्तमोऽध्यायः ॥ ५४ ॥ आर्छंतआगताः १ । २

प्रत्यायात्प्रातिकूल्येनाभिमुखोऽगादित्यर्थः ३ दिशोदशप्रच्छादितवान् ४ अनिविद्धं अंतरंअवकाशः ५ उत्तरस्यहयानांशिक्षाशिल्पोपपन्नत्वादितिसंबंधः द्रुतंवर्गं अपूजयन्अरयइत्यपकृष्यते ६ । ७ शैलं प्रतिशैलसमीपे बलाभ्राणिबलरूपाणिअचंचलानिअभ्राणि सूर्यरश्मिव्याप्तानियथातथातान्यनीकानि शरव्याप्तान्यर्जुनसमीपेरेजुरित्यर्थः ८ शुभैःपुष्पैःफलसूचकत्वात्तेषांशुभत्वम् ९ स्रजःपुष्पं हिरण्मयंस्वर्णं चंपकजं शुष्यत्शरेःशीर्णंच तद्वच्छत्रादीनिच सदागतिःवायुः खेदधार बाणजालांतर्हितत्वात्तेषामधःपतनंनाभूदित्यर्थः १० रथांगदेशान्युगस्यैकदेशान्आदायहयाःपरिपेतुरित्यन्वयः ११ गजान्कर्णादि प्रदेशेषुआहत्य विध्वाऽपातयत्पातयतिस्म १२ अग्रजानांसेनाग्रगामिनांगजानां गतचेतसांमृतानाम् १३ कालक्षयंकालस्यऐश्वर्यंजगदित्यर्थः अग्रशिखःअग्रवत्तीक्ष्णाःशिखायस्य १४ । १५ दैवारिपात्

ततःप्रहस्यबीभत्सुःकौंतेयःश्वेतवाहनः ॥ दिव्यमस्त्रंप्रकुर्वाणःप्रत्यायाद्रथसत्तमः ३ यथारश्मिभिरादित्यःप्रच्छादयतिमेदिनीम् ॥ तथागांडीवनिर्मुक्तैःशरैः पार्थोदिशोदश ४ नरथानांनचाश्वानांनगजानांनवर्मणाम् ॥ अनिविद्धंशितैर्बाणैरासीत्द्व्यंगुलमंतरम् ५ दिव्ययोगाच्चपार्थस्यहयानामुत्तरस्यच ॥ शिक्षा शिल्पोपपन्नत्वादस्त्राणांचपरिक्रमात् ॥ वीर्यवत्त्वंद्रुतंचाग्र्यंदृष्ट्वाजिष्णोरपूजयन् ६ कालाग्निमिवबीभत्सुंनिर्दहंतमिवप्रजाः ॥ नारयःप्रेक्षितुंशेकुर्ज्वलंतमिवपाव कम् ७ तानिग्रस्तान्यनीकानिरेजुरर्जुनमार्गणैः ॥ शैलंप्रतिबलाभ्राणिव्याप्तानीवार्करश्मिभिः ८ अशोकानांवनानीवच्छन्नानिबहुशःशुभैः ॥ रेजुःपार्थशरै स्तत्रतदासैन्यानिभारत ९ स्रजोऽर्जुनशरैःशीर्णंशुष्यत्पुष्पंहिरण्मयम् ॥ छत्राणिचपताकाश्चखेदधारसदागतिः १० स्वबलत्रासनात्त्रस्ताःपरिपेतुर्दिशोदश ॥ रथांगदेशानादायपार्थच्छिन्नयुगाहयाः ११ कर्णकक्षविषाणेषुअंतरोष्ठेषुचैवह ॥ मर्मसंगेपुचाहत्यपातयत्समरेगजान् १२ कौरवाग्रगजानांतुशरीरैर्गतचेत साम् ॥ क्षणेनसंवृताभूमिर्मेघैरिवनभस्तलम् १३ युगांतसमयेसर्वंयथास्थावरजंगमम् ॥ कालक्षयमशेषेणदहत्यग्रशिखःशिखी ॥ तद्वत्पार्थोमहाराजददाह समरेरिपून् १४ ततःसर्वास्त्रतेजोभिर्धनुषोनिःस्वनेनच ॥ शब्देनामानुषाणांचभूतानांध्वजवासिनाम् ॥ भैरवंशब्दमत्यर्थंवानरस्यचकुर्वतः १५ दैवारिपाच्चबीभत्सुस्तस्मिन्दौर्योधनेबले ॥ भयमुत्पादयामासबलवानरिमर्दनः १६ रथशक्तिममित्राणांप्रागेवनिपतद्भुवि ॥ सोऽपयात्सहसापश्चात्सा हसाच्चाभ्युपेयिवान् १७ शरव्रातैःसुतीक्ष्णाग्रैःसमादिष्टैःखगैरिव ॥ अर्जुनस्तुखमावव्रेलोहितप्राशनैःखगैः १८ अत्रमध्येयथार्कस्यरश्मयस्तिग्मतेजसः ॥ दिशासुचतथाराजन्नसंख्याताःशरास्तदा १९

देवारीनसुरान्पातीतिदेवारिपः समुद्रस्तत्रजातोदैवारिपःशंखस्तस्मात् चावभैरवंशब्दंकुर्वतइत्यनुकृष्यते १६ अमित्राणांवैरिणांरथशक्तिःशरीरसामर्थ्यं 'रथःस्यंदनदेहयोः' इतिकोशः प्रागेवसहसादर्शनमात्रादेव निपतत्न्यपातयत् शक्तिरितिपाठेन्यपतत् अडभावादिरार्षः सोऽर्जुनःअपयात् पयगतौ गत्यभावादित्यर्थः साहसाच्चअशकवद्रूपात्पश्चात्तान्युद्धार्थंउपेयिवान् १७ खगैःपक्षिभिरिव खगैर्बाणैः १८ अत्रमध्येअत्रंअमत्रं 'अत्राण्यस्मैपड्भिःसंभरंति' इत्यादाविवात्रापिमध्यमवर्णलोपश्छांदसः यदाहशौनकोबृहद्देवतायां 'वर्णस्यवर्णयोर्लोपोबहूनांव्यंजनस्यवा ॥ अत्राणीतिकपिर्नाभादनोयामी स्यघासुष' इति अत्राण्यस्मैपड्भिःअमत्राणीत्यपेक्षितेवर्णस्यलोपः प्रियातष्टामिमेकपिः वृषाकपिरित्यपेक्षिते वृषाइत्येतयोर्वर्णयोर्लोपः अयंनाभावदाति नाभानेदिष्ठइत्यपेक्षितेवर्णत्रयलोपः दनोविशइंद्र

दनोदानमनसइत्यपेक्षितेबहूनांवर्णानांलोपः 'दनोदानमनसः' इतियास्कः तस्वायामियाचामीत्यपेक्षिते अघामुहन्यंतेगावः मघास्वित्यपेक्षितेव्यंजनलोपः यथापात्रेप्रविष्टाःसूर्यरश्मयोऽवकाशाभावात्संकुचंति तद्वद्गगनेऽर्जुनबाणानमांतीत्यर्थः १९ सकृदेवतत्क्षणमेव आनतमुपगतं रथमर्जुनरथं परेरिपवः अभ्यसितुंपरिचेतुंशेकुः तुशब्दोहेत्वर्थेऽतःसपुनःक्षणांतरेऽलभ्यःपरैर्ज्ञातुमशक्यः तत्रहेतुमाह अश्वैरिति। सः अश्वैःसह परान्रथात् अतिप्रपादयेत् इमंलोकमतिहापयित्वाऽमुंलोकंनयेत् दृष्टमात्रोर्जुनःशरैःपरान्परलोकंप्रापयतीत्यर्थः २० नससज्जिरेनशक्ताः किंतुभित्वापरतएवगताः एवंरथोऽपिद्विषांअनीकेष्वि त्यर्थः शराणांरथस्यचगतिर्निकुंठिताभवतीत्यर्थः २१ अनंतभोगःबहुफणःशेषइत्यर्थः २२ सर्वमेवातिगःसर्वाधिकः सर्वशब्दाभिभावीत्यर्थः २३ तत्ररणभूमौ अल्पांतरांतरेअल्पेअन्यांतरेपदेपदे संतता

सकृदेवानतंशेकूरथमभ्यसितुंपरे ॥ अलभ्यःपुनरश्वैस्तुरथात्सोऽतिप्रपादयेत् २० तेशराद्विटशरीरेषुयथैवनससज्जिरे ॥ द्विडनीकेषुबीभत्सोर्नससज्जेरथस्तदा २१
सतद्विक्षोभयामासद्यरातिबलमंजसा ॥ अनंतभोगोभुजगःक्रीडन्निवमहार्णवे २२ अस्यतोनित्यमत्यर्थंसर्वमेवातिगस्तथा ॥ अश्रुतःश्रूयतेभूतैर्धनुर्घोषःकिरीटिनः २३
संततास्तत्रमातंगाबाणैरल्पांतरांतरे ॥ संवृतास्तेनदृश्यंतेमेघाइवगभस्तिभिः २४ दिशोऽनुभ्रमतःसर्वाःसव्यदक्षिणमस्यतः ॥ सततंदृश्यतेयुद्धेसायकासनमंडलम् २५
पतंत्यरूपेषुयथाचक्षूंषिनकदाचन ॥ नालक्ष्येषुशराःपेतुस्तथागांडीवधन्वनः २६ मार्गोगजसहस्रस्ययुगपद्गच्छतोवने ॥ यथाभवेत्तथाजज्ञेरथमार्गःकिरीटिनः २७
नूनंपार्थजयैषित्वाच्छक्रःसर्वामरैःसह ॥ हंत्यस्मानित्यमन्यंतपार्थेननिहताःपरे २८ घ्नंतमत्यर्थमहितान्विजयंतत्रमेनिरे ॥ कालमर्जुनरूपेणसंहरंतमिवप्रजाः २९
कुरुसेनाशरीराणिपार्थेनैवाहतान्यपि ॥ सेदुःपार्थहतानीवपार्थकर्मानुशासनात् ३० ओषधीनांशिरांसीवद्विषच्छीर्षाणिसोऽन्वयात् ॥ अवनेशुःकुरूणांहिवीर्याण्य
र्जुनजाद्भयात् ३१ अर्जुनानिलभिन्नानिवनान्यर्जुनविद्विषाम् ॥ चक्रुर्लोहितधाराभिर्धरणींलोहितांतराम् ३२ लोहितेनसमायुक्तैःपांसुभिःपवनोद्धुतैः ॥ बभूवुर्लो
हितास्तत्रभृशमादित्यरश्मयः ३३ सार्कंखंतत्क्षणेनासीत्संध्यायामेवलोहितम् ॥ अप्यस्तंप्राप्यसूर्योऽपिनिवर्त्तेतनपांडवः ३४ तान्सर्वान्समरेशूरःपौरुषेसमवस्थि
तान् ॥ दिव्यैरस्त्रैरचिंत्यात्मासर्वानार्च्छद्धनुर्धरान् ३५ सतुद्रोणंत्रिसप्तत्याक्षुरप्राणांसमार्पयत् ॥ दुःसहंदशभिर्बाणैर्द्रौणिमष्टाभिरेवच ३६ दुःशासनंद्वादशभिः
कृपंशारद्वतंत्रिभिः ॥ भीष्मंशांतनवंषष्ट्याराजानंचशतेनह ॥ कर्णंचकर्णिनाकर्णेविव्याधपरवीरहा ३७

इत्यर्थः तेनकारणेन तेगभस्तिभिःसूर्यरश्मिभिःसंवृतामेघाइवदृश्यंते २४ सायकासनंधनुस्तस्यमंडलमतिवेगात् अलातचक्रसदृशमित्यर्थः २५। २६ मार्गइति। गजसहस्रेणवनमिवार्जुनरथेनपरसैन्यमुपमृद्यतइत्य र्थः २७। २८ विजयमर्जुनंकालमिवमेनिरे २९ पार्थेनवहतानिपार्थहतानीव सेदुर्विशीर्णानिबभूवुरिति रामरावणयोर्युद्धंरामरावणयोरिवेतिवदभूतोपमेयमित्यर्थः यतोऽत्रपार्थकर्मैवानुशासनमुपमार्थकर्तव्यं नान्यकर्म अतःपार्थहतानीवसेदुरित्यर्थः ३० ओषधीनांव्रीह्यादीनांशिरांसिकणिशानि अन्वयात् अनुक्रमात् अवनेशुःनष्टानि अर्जुनजात् अर्जुनकृतात् भयात् छेदरूपात् ३१ अर्जुनविद्विषांस्थाणुभूतानां वना निआलयानिशरीराणीतियावत् 'वनंनपुंसकंनीरेनिवासालयकानने' इतिमेदिनी ३२। ३३। ३४। ३५। ३६ कर्णिनाबाणेन कर्णेकर्णदेशे ३७

३८ । ३९ । ४० अरिष्टंशुभं वैय्याघ्रंव्याघ्रचर्मपरिवृतम् ४१ । ४२ । ४३ । ४४ अत्रैवसमयेएनंअत्र मानय अवरोहच अध्यारूढोभवबुद्धायसज्जोभव एनंअनुलक्षीकृत्येत्यर्थः एतदेवद्वयमंक ट्यति यदिमेइति । प्रथमंअप्रहारान्माननं पश्चात्प्रहारेणाधिरोहणंचेत्यर्थः ४५ । ४६ । ४७ व्यावहार्येणव्यवहारयोग्येनअश्रान्तेनेत्यर्थः ४८ । ४९ । ५० । ५१ नागकक्षाहस्त्यंकिबपताकांच

॥ ४० ॥ तस्मिन्विद्धेमहेष्वासेकर्णेसर्वास्त्रकोविदे ॥ हताश्वसूतेविरथेततोऽनीकमभज्यत ३८ तत्प्रभग्नंबलंदृष्ट्वापार्थमाजिस्थितंपुनः ॥ अभिप्रायंसमाज्ञायवैराटिरिदमब्रवीत् ३९ अ० ५५
आस्थायरुचिरंजिष्णोरथंसारथिनामया ॥ कतमंयास्यसेऽनीकमुक्तोयास्याम्यहंत्वया ४० ॥ अर्जुनउवाच ॥ लोहिताश्वमरिष्टंयंवैयाघ्रमनुपश्यसि ॥ नीलांपताका
माश्रित्यरथेतिष्ठंतमुत्तर ४१ कृपस्यैतदनीकाग्र्यंप्रापयस्वैतदेवमाम् ॥ एतस्यदर्शयिष्यामिशीघ्रास्त्रंदृढधन्विनः ४२ ध्वजेकमंडलुर्यस्यशातकौंभमयःशुभः ॥ आ
चार्यएषहिद्रोणःसर्वशस्त्रभृतांवरः ४३ सदाममैषमान्यस्तुसर्वशस्त्रभृतामपि ॥ सुप्रसन्नंमहावीरंकुरुष्वैनंप्रदक्षिणम् ४४ अत्रैवावावरोहैनमेषधर्मःसनातनः ॥ यदि
मेप्रथमंद्रोणःशरीरेप्रहरिष्यति ॥ ततोऽस्यप्रहरिष्यामिनास्यकोपोभवेदिति ४५ अस्याविदूरेहिधनुर्ध्वजाग्रेयस्यदृश्यते ॥ आचार्यस्यैषपुत्रोवैअश्वत्थामामहारथः
४६ सदाममैषमान्यस्तुसर्वशस्त्रभृतामपि ॥ एतस्यत्वंरथंप्राप्यनिवर्तेथाःपुनःपुनः ४७ यएषतुरथानीकेसुवर्णकवचावृतः ॥ सेनाग्र्येणतृतीयेनव्यावहार्येणतिष्ठति ४८
यस्यनागोध्वजाग्रेऽसौहेमकेतनसंवृतः ॥ धृतराष्ट्रात्मजःश्रीमानेषराजासुयोधनः ४९ एतस्याभिमुखंवीररथंपररथारुजम् ॥ प्रापयस्वैषराजाहिप्रमाथीयुद्धदुर्मदः ५०
एषद्रोणस्यशिष्याणांशीघ्रास्त्रेप्रथमोमतः ॥ एतस्यदर्शयिष्यामिशीघ्रास्त्रंविपुलंरणे ५१ नागकक्षातुरुचिराध्वजाग्रेयस्यतिष्ठति ॥ एषवैकर्तनःकर्णोविदितःपूर्वमे
वते ५२ एतस्यरथमास्थायराधेयस्यदुरात्मनः ॥ यत्तोभवेथाःसंग्रामेस्पर्द्धतेहिसदामया ५३ यस्तुनीलानुसारेणपंचतारेणकेतुना ॥ हस्तावापीबृहद्धन्वारथेति
ष्ठतिवीर्यवान् ५४ यस्यतारार्कचित्रोऽसौध्वजोरथवरेस्थितः ॥ यस्यैतत्पांडुरंछत्रंविमलंमूर्ध्नितिष्ठति ५५ महतोरथवंशस्यनानाध्वजपताकिनः ॥ बलाहकाग्रेसू
र्योवायएषप्रमुखेस्थितः ५६ हैमंचंद्रार्कसंकाशंकवचंयस्यदृश्यते ॥ जातरूपशिरस्त्राणंमनस्तापयतीवमे ५७ एषशांतनवोभीष्मःसर्वेषांनःपितामहः ॥ राजश्रि
याऽभिवृद्धश्वसुयोधनवशानुगः ५८ पश्चादेषप्रयातव्योनमेविघ्नकरोभवेत् ॥ एतेनयुध्यमानस्ययत्तःसंयच्छमेहयान् ५९ ततोऽभ्यवहदव्यग्रोवैराटिःसव्यसाचिनम् ॥
यत्रातिष्ठत्कृपोराजन्योत्स्यमानोधनंजयम् ६० इतिश्रीमहाभारतेविराटपर्वणिगोहरणपर्वणिअर्जुनकृपसंग्रामेपंचपंचाशत्तमोऽध्यायः ५५ वैशंपायनउवाच ॥
तान्यनीकान्यदृश्यंतकुरूणामग्र्यधन्विनाम् ॥ संसर्पंतेयथामेघाघर्मांतेमंदमारुताः १ अभ्याशेवाजिनस्तस्थुःसमारूढाःप्रहारिणः ॥ भीमरूपाश्चमातंगास्तोमरांकुश
नोदिताः ॥ महामात्रैःसमारूढाविचित्रकवचोज्ज्वलाः २

लः हस्तिशृंखलेत्यन्ये ५२ । ५३ नीलानुसारेणनीलपताकावता ताराःसुवर्णमंडलानि हस्तावापोहस्तत्राणंतद्वान् ५४ । ५५ सूर्योवासूर्यइव ५६ । ५७ । ५८ । ५९ । ६० ॥ ॥ इतिविराटपर्वणि नीलकंठीये भारतभावदीपे पंचपंचाशत्तमोऽध्यायः ॥ ५५ ॥ ॥ तानीति । घर्मांतेप्रावृट्काले १ । २

समारुह्य विमानमितिशेषः सुदर्शनंशत्रुसमागमंउपायात् ' सुदर्शनोहरेश्चक्रेद्वीपेशत्रुसमागमे ' इतिमेदिनी सुदर्शनंयानमित्यन्ये ३ तत्मंडलंसभूमिभागः ग्रहाणांमंडलमिवत्रृतंशुशुभे ४ । ५ शतसहस्राणां शतंलक्षशतं कोटिसंख्याःस्थूणाः एकाहिरण्मयीस्थूणाचयदधारयत ६ । ७ त्रयस्त्रिंशत अष्टौवसवएकादशरुद्राद्वादशादित्याःप्रजापतिश्चवषट्कारश्चेतिब्राह्मणम ८ । ९ । १० । ११ अलंबुषोप्रसे

ततःशक्रःसुरगणैःसमारुह्यसुदर्शनम् ॥ सहोपायात्तदाराजन्विश्वाश्विमरुतांगणैः ३ तद्देवयक्षगंधर्वमहोरगसमाकुलम् ॥ शुशुभेऽभ्रविनिर्मुक्तंग्रहाणामिवमंडलम् ४ अस्त्राणांचबलंतेषांमानुषेषुप्रयुंजताम् ॥ तच्चभीममहद्युद्धंकृपार्जुनसमागमे ॥ द्रष्टुमभ्यागतादेवाःस्वविमानैःपृथक्पृथक् ५ शतंशतसहस्राणांयत्रस्थूणाहिरण्मयी ॥ मणिरत्नमयीचान्याप्रासादंतदधारयत् ६ ततःकामगमंदिव्यंसर्वरत्नविभूषितम् ॥ विमानंदेवराजस्यशुशुभेखेचरंतदा ७ तत्रदेवास्त्रयस्त्रिंशत्तिष्ठंतिसहवासवाः ॥ गंधर्वाराक्षसाःसर्पाःपितरश्चमहर्षिभिः ८ तथाराजावसुमनाबलाक्षःसुप्रतर्दनः ॥ अष्टकश्चशिबिश्चैवययातिर्नहुषोगयः ९ मनुःपूरूरघुर्भानुःकृशाश्वःसगरोनलः ॥ विमानेदेवराजस्यसमदृश्यंतसुप्रभाः १० अग्नेरीशस्यसोमस्यवरुणस्यप्रजापतेः ॥ तथाधातुर्विधातुश्चकुबेरस्ययमस्यच ११ अलंबुषोग्रसेनानांगंधर्वस्यचतुंबुरोः ॥ यथामानंयथोद्देशंविमानानिचकाशिरे १२ सर्वदेवनिकायाश्चसिद्धाश्चपरमर्षयः ॥ अर्जुनस्यकुरूणांचद्रष्टुंयुद्धमुपागताः १३ दिव्यानांसर्वमाल्यानांगंधःपुण्योऽथसर्वशः ॥ प्रससारवसंताग्रेवनानामिवभारत १४ तत्ररत्नानिदेवानांसमदृश्यंततिष्ठताम् ॥ आतपत्राणिवासांसिस्रजश्चव्यजनानिच १५ उपाशाम्यद्रजोभौमंसर्वंव्याप्तंमरीचिभिः ॥ दिव्यगंधानुपादायवायुर्योधानसेवत १६ प्रभासितमिवाकाशंचित्ररूपमलंकृतम् ॥ संपतद्भिःस्थितैश्चापिनानारत्नावभासितैः १७ विमानैर्विविधैश्चित्रैरुपानीतैःसुरोत्तमैः ॥ वज्रभृच्छुशुभेतत्रविमानस्थैःसुरैर्वृतः १८ बिभ्रन्मालांमहातेजाःपद्मोत्पलसमायुताम् ॥ विप्रेक्ष्यमाणोबहुभिर्नातृप्यत्सुमहाहवम् १९ ॥ इतिश्रीमहाभारतेविराटपर्वणिगोहरणपर्वणिदेवागमनेषट्पंचाशतमोऽध्यायः ॥ ५६ ॥ ॥ वैशंपायनउवाच ॥ दृष्ट्वाव्यूढान्यनीकानिकुरूणांकुरुनंदन ॥ तत्रवैराटिमामंत्र्यपार्थोवचनमब्रवीत् १ जांबूनदमयीवेदीध्वजेयस्यप्रदृश्यते ॥ तस्यदक्षिणयतोयाहिकृपःशारद्वतोयतः २ ॥ वैशंपायनउवाच ॥ धनंजयवचःश्रुत्वावैराटिस्त्वरितस्ततः ॥ हयान्रजतसंकाशान्हेमभांडानचोदयत् ३ आनुपूर्व्यात्तुतत्सर्वमास्थायजवमुत्तमम् ॥ प्राहिणोच्चंद्रसंकाशान्कुपितानिवतान्हयान् ४ सगत्वाकुरुसेनायाःसमीपंहयकोविदः ॥ पुनरावर्त्तयामासतान्हयान्वातरंहसः ५ प्रदक्षिणमुपावृत्यमंडलंसव्यमेवच ॥ कुरून्संमोहयामासमत्स्योयानेनतत्त्ववित् ६ कृपस्यरथमास्थायवैराटिरकुतोभयः ॥ प्रदक्षिणमुपावृत्यतस्थौतस्याग्रतोबली ७ ततोऽर्जुनःशंखवरंदेवदत्तंमहारवम् ॥ प्रदध्मौबलमास्थायनामविश्राव्यचात्मनः ८ तस्यशब्दोमहानासीद्धम्यमानस्यजिष्णुना ॥ तथावीर्यवतासंख्येपर्वतस्येवदीर्यतः ९

नांतत्प्रभृतीनांगंधर्वाणां १२ । १३ । १४ । १५ । १६ । १७ । १८ । १९ ॥ इतिविराटपर्वणिनीलकंठीयेभारतभावदीपे षट्पंचाशत्तमोऽध्यायः ॥ ५६ ॥ ॥ दृष्ट्वेति १ । २
१४ हेमभांडानस्वर्णालंकारान् ३ । ४ । ५ मत्स्यःउत्तरः ६ । ७ । ८ । ९

१० वज्रःअशनिः ११ । १२ महोदधिजंशंखं १३ । १४ रथौरथिनौ १५ । १६ । १७ । १८ । १९ । २० । २१ कनकपर्वाग्रैःकनकलिप्तफलकैः २२ । २३ । २४

॥ ४१ ॥

पूजयांचक्रिरेशंखंकुरवःसहसैनिकाः ॥ अर्जुनेनतथाध्मातःशतधायन्नदीर्यते १० दिवमावृत्यशब्दस्तुनिवृत्तःशुश्रुवेपुनः ॥ सृष्टोमघवतावज्रःप्रपतन्निवपर्वते ११ एतस्मिन्नंतरेवीरोबलवीर्यसमन्वितः ॥ अर्जुनंप्रतिसंरब्धःकृपःपरमदुर्जयः ॥ अमृष्यमाणस्तंशब्दंकृपःशारद्वतस्तदा १२ अर्जुनंप्रतिसंरब्धोयुद्धार्थीसमहारथः ॥ महोदधिजमादायदध्मौवेगेनवीर्यवान् १३ सतुशब्देनलोकांस्त्रीनावृत्यरथिनांवरः ॥ धनुरादायसुमहज्ज्याशब्दमकरोत्तदा १४ तौरथौसूर्यसंकाशौयोत्स्यमानौमहाबलौ ॥ शारदाविवजीमूतौव्यरोचेतांव्यवस्थितौ १५ ततःशारद्वतस्तूर्णंपार्थंदशभिराशुगैः ॥ विव्याधपरवीरघ्नंनिशितैर्मर्मभेदिभिः १६ पार्थोऽपिविश्रुतंलोकेगांडीवंपरमायुधम् ॥ विकृष्यचिक्षेपबहून्नाराचान्मर्मभेदिनः १७ तानप्राप्तान्शितैर्बाणैर्नाराचान्रक्तभोजनान् ॥ कृपश्चिच्छेदपार्थस्यशतशोऽथसहस्रशः १८ ततःपार्थस्तुसंक्रुद्धश्चित्रान्मार्गान्प्रदर्शयन् ॥ दिशःसंछादयन्बाणैःप्रदिशश्चमहारथः ॥ एकच्छायमिवाकाशमकरोत्सर्वतःप्रभुः १९ प्राच्छादयदमेयात्मापार्थःशरशतैःकृपम् ॥ सशरैरर्दितःक्रुद्धःशितैरग्निशिखोपमैः २० तूर्णंदशसहस्रेणपार्थमप्रतिमौजसम् ॥ अर्दयित्वामहात्मानंननर्दसमरेकृपः २१ ततःकनकपर्वाग्रैर्वीरःसन्नतपर्वभिः ॥ त्वरन्गांडीवनिर्मुक्तैरर्जुनस्तस्यवाजिनः २२ चतुर्भिश्चतुरस्तीक्ष्णैरविध्यत्परमेषुभिः ॥ तेहयानिशितैर्बाणैर्ज्वलद्भिरिवपन्नगैः ॥ उत्पेतुःसहसासर्वेकृपःस्थानादथाच्यवत् २३ च्युतंतुगौतमंस्थानात्समीक्ष्यकुरुनंदनः ॥ नाविध्यत्परवीरघ्नोरक्षमाणोऽस्यगौरवम् २४ सतुलब्ध्वापुनःस्थानंगौतमःसव्यसाचिनम् ॥ विव्याधदशभिर्बाणैस्त्वरितःकंकपत्रिभिः २५ ततःपार्थोधनुस्तस्यभल्लेननिशितेनह ॥ चिच्छेदैकेनभूयश्चहस्तावापमथाहरत् २६ अथास्यकवचंबाणैर्निशितैर्मर्मभेदिभिः ॥ व्यधमन्नचपार्थोऽस्यशरीरमवपीडयत् २७ तस्यनिर्मुच्यमानस्यकवचात्कायआबभौ ॥ समयेमुच्यमानस्यसर्पस्येवतनुर्यथा २८ छिन्नेधनुषिपार्थेनसोऽन्यदादायकार्मुकम् ॥ चकारगौतमःसज्यंतदद्भुतमिवाभवत् २९ सतदप्यस्यकौंतेयश्चिच्छेदनतपर्वणा ॥ एवमन्यानिचापानिबहूनिकृतहस्तवत् ॥ शारद्वतस्यचिच्छेदपांडवःपरवीरहा ३० सछिन्नधनुरादायरथशक्तिंप्रतापवान् ॥ प्राहिणोत्पांडुपुत्रायप्रदीप्तामशनीमिव ३१ तामर्जुनस्तदायांतींशक्तिंहेमविभूषिताम् ॥ वियद्गतांमहोल्काभांचिच्छेददशभिःशरैः ३२ साऽपतद्दशधाछिन्नाभूमौपार्थेनधीमता ३३ युगपच्चैवभल्लैस्तुततःसज्यधनुःकृपः ॥ तमाशुनिशितैःपार्थंबिभेददशभिःशरैः ३४ ततःपार्थोमहातेजाविशिखानग्नितेजसः ॥ चिक्षेपसमरेक्रुद्धस्त्रयोदशशिलाशितान् ३५ अथास्ययुगमेकेनचतुर्भिश्चतुरोहयान् ॥ षष्ठेनचशिरःकायाच्छरेणरथसारथेः ३६ त्रिभिस्त्रिवेणुंसमरेद्वाभ्यामक्षंमहारथः ॥ द्वादशेनतुभल्लेनचकर्तास्यध्वजंतदा ३७

॥ ४१ ॥

स्थानंस्थैर्यं संग्राममिति यावत् २५ । २६ । २७ । २८ । २९ । ३० । ३१ । ३२ । ३३ । ३४ । ३५ । ३६ । ३७

३८ । ३९ नुन्नाद्‍दूरीकृता प्रतिमार्गंअगमत पराऽऽवृत्तेत्यर्थः ४० । ४१ असव्यंआवृत्यअप्रदक्षिणंकृत्वेत्यर्थः यमकंशत्रूणांनिरोधकंमंडलंकृत्वा यस्मिन्कृतेशत्रुरपमानितोलज्जितस्तिष्ठति ४२ अपजन्हुर्नीतवंतः
॥ इतिविराटपर्वणिनीलकंठीये भारतभावदीपेसप्तपंचाशत्तमोऽध्यायः ॥ ५७ ॥ ॥ कृपइति १ । २ । ३ । ४ । ५ । ६ । ७ । ८ । ९ । १० । ११ । १२ प्रतिद्वंद्विनोर्द्रोणार्जुनयोर्वाजिनांमिश्रणेनातिसान्नि

ततोवज्रनिकाशेनफाल्गुनःप्रहसन्निव ॥ त्रयोदशेनेंद्रसमःकृपंवक्षस्यविध्यत ३८ सच्छिन्नधन्वाविरथोहताश्वोहतसारथिः ॥ गदापाणिरवप्लुत्यतूर्णंचिक्षेपतांगदाम्
३९ साचमुक्तागदागुर्वीकृपेणसुपरिष्कृता ॥ अर्जुनेनशरैर्नुन्नाप्रतिमार्गमथागमत् ४० ततुयोधाःपरीप्संतःशारद्वतममर्षणम् ॥ सर्वतःसमरेपार्थंशरवर्षैरवाकिरन्
४१ ततोविराटस्यसुतोऽसव्यमावृत्यवाजिनः ॥ यमकंमंडलंकृत्वातान्योधान्प्रत्यवारयत् ४२ ततःकृपमुपादायविरथंतेनरर्षभाः ॥ अपजन्हुर्महावेगाःकुंतीपुत्राद्धनं
जयात् ४३ ॥ इतिश्रीमहाभारतेविराटपर्वणिगोहरणपर्वणिउत्तरगोग्रहणेकृपापयानेसप्तपंचाशत्तमोऽध्यायः ॥ ५७ ॥ ॥ वैशंपायनउवाच ॥ कृपेऽपनीतेद्रोणस्तुप्र
गृह्यसशरंधनुः ॥ अभ्यद्रवदनाधृष्यःशोणाश्वःश्वेतवाहनम् १ सतुरुक्मरथंदृष्ट्वागुरुमायांतमंतिकात् ॥ अर्जुनोजयतांश्रेष्ठउत्तरंवाक्यमब्रवीत् २ ॥ अर्जुनउवाच ॥
यत्रैषाकांचनीवेदीध्वजेयस्यप्रकाशते ॥ उच्छ्रितापवरेदंडेपताकाभिरलंकृता ॥ अत्रमांवहभद्रंतेद्रोणानीकायसारथे ३ अश्वाःशोणाःप्रकाशंतेबृहंतश्चारुवाहिनः ॥
स्निग्धविद्रुमसंकाशास्ताम्रास्याःप्रियदर्शनाः ॥ युक्तारथवरेयस्यसर्वशिक्षाविशारदाः ४ दीर्घबाहुर्महातेजाबलरूपसमन्वितः ॥ सर्वलोकेषुविक्रांतोभारद्वाजःप्रता
पवान् ५ बुद्ध्यातुल्योह्युशनसाबृहस्पतिसमोनये ॥ वेदास्तथैवचत्वारोब्रह्मचर्यंतथैवच ६ ससंहाराणिसर्वाणिदिव्यान्यस्त्राणिमारिष ॥ धनुर्वेदश्चकात्स्न्र्येनयस्मि
न्नित्यंप्रतिष्ठितः ७ क्षमादमश्चसत्यंचआनृशंस्यमथार्जवम् ॥ एतेचान्येचबहवोयस्मिन्नित्यंद्विजेगुणाः ८ तेनाहंयोद्धुमिच्छामिमहाभागेनसंयुगे ॥ तस्मात्तंप्रापया
ऽऽचार्यंक्षिप्रमुत्तरवाहय ९ ॥ वैशंपायनउवाच ॥ अर्जुनेनैवमुक्तस्तुवैराटिर्हेमभूषणान् ॥ चोदयामासतानश्वान्भारद्वाजरथंप्रति १० तमापतंतंवेगेनपांडवंरथिनां
वरम् ॥ द्रोणःप्रत्युद्ययौपार्थंमत्तोमत्तमिवद्विपम् ११ ततःप्राध्मापयच्छंखंभेरीशतनिनादिनम् ॥ प्रचुक्षुभेबलंसर्वमुद्धूतइवसागरः १२ अथशोणान्सदश्वांस्तान्हंस
वर्णैर्मनोजवैः ॥ मिश्रितान्समरेदृष्ट्वाव्यस्मयंतरणेनराः १३ तौरथौवीरसंपन्नौदृष्ट्वासंग्राममूर्धनि ॥ आचार्यशिष्यावजितौकृतविद्यौमनस्विनौ १४ समाश्लिष्टौतदाऽन्यो
न्यंद्रोणपार्थौमहाबलौ ॥ दृष्ट्वाप्राकंपतमुहुर्भरतानांमहद्बलम् १५ हर्षयुक्तस्ततःपार्थःप्रहसन्निववीर्यवान् ॥ रथंरथेनद्रोणस्यसमासाद्यमहारथः १६ अभिवाद्यमहा
बाहुःसामपूर्वमिदंवचः ॥ उवाचश्लक्ष्णयावाचाकौंतेयःपरवीरहा १७ उषिताःस्मोवनेवासंप्रतिकर्मचिकीर्षवः ॥ कोपंनार्हसिनःकर्तुंसदासमरदुर्जय १८ अहंतुप्रहृतेपूर्वं
प्रहरिष्यामितेऽनघ ॥ इतिमेवर्ततेबुद्धिस्तद्भवान्कर्तुमर्हति १९

ध्याद्विस्मयोजातः १३ । १४ यदातुतौसमाश्लिष्टौ परस्परंरथस्थावेवालिंगितवंतौ तदाभरतानांबलंप्राकंपत द्रोणोऽर्जुनेनसख्यंगतोऽस्मानेवप्रहरिष्यतीतिशंकया १५ । १६ । १७ प्रतिकर्मशत्रूणामपकारं १८ । १९

कृतहस्तवत्सुशिक्षितहस्तयुक्तंयथास्यात्तथाचिच्छेद २० । २१ । २२ सममविशेषेण २३ विदुषौविद्वांसौ २४ । २५ । २६ । २७ । २८ शिलाधौतैर्दृषदितेजितैः २९ । ३० भारसाधनंशत्रुमर्दनक्षमं अच्छेद्य

ततोऽस्मैप्राहिणोद्द्रोणःशरानधिकविंशतिम् ॥ अप्राप्तांश्चैवतान्पार्थश्चिच्छेदकृतहस्तवत् २० ततःशरसहस्रेणरथंपार्थस्यवीर्यवान् ॥ अवाकिरत्ततोद्रोणःशीघ्रमस्त्रं विदर्शयन् २१ हयांश्चरजतप्रख्यान्कंकपत्रैःशिलाशितैः ॥ अवाकिरदमेयात्मापार्थसंकोपयन्निव २२ एवंप्रववृतेयुद्धंभारद्वाजकिरीटिनोः ॥ समंविमुंचतोःसंख्ये विशिखान्दीप्ततेजसः २३ तावुभौख्यातकर्माणावुभौवायुसमौजवे ॥ उभौदिव्यास्त्रविदुषावुभावुत्तमतेजसौ ॥ क्षिपंतौशरजालानिमोहयामासतुर्नृपान् २४ व्यस्मयं ततोयोधायेतत्रासन्समागताः ॥ शरान्विसृजतोस्तूर्णंसाधुसाध्वित्यपूजयन् २५ द्रोणंहिसमरेकोऽन्योयोद्धुमर्हतिफाल्गुनात् । रौद्रःक्षत्रियधर्मोऽयंगुरुणायदयुध्यत ॥ इत्यब्रुवञ्जनास्तत्रसंग्रामशिरसिस्थिताः २६ वीरौतावभिसंरब्धौसंनिकृष्टौमहाभुजौ ॥ छादयेतांशरव्रातैरन्योन्यमपराजितौ २७ विस्फार्यसुमहच्चापंहेमपृष्ठंदुरासदम् ॥ भारद्वाजोऽथसंक्रुद्धःफाल्गुनंप्रत्यविध्यत २८ ससायकमयैर्जालैरर्जुनस्यरथंप्रति ॥ भानुमद्भिःशिलाधौतैर्भानोराच्छादयत्प्रभाम् २९ पार्थंचसुमहाबाहुर्महावेगैर्म हारथः ॥ विव्याधनिशितैर्बाणैर्मेघोवृष्ट्येवपर्वतम् ३० तथैवदिव्यंगांडीवंधनुरादायपांडवः ॥ शत्रुघ्नंवेगवान्हृष्टोभारसाधनमुत्तमम् ३१ विससर्जशरांश्चित्रान्सु वर्णविकृतान्बहून् ॥ नाशयन्शरवर्षाणिभारद्वाजस्यवीर्यवान् ॥ तूर्णंचापविनिर्मुक्तैस्तदद्भुतमिवाभवत् ३२ सरथेनचरन्पार्थःप्रेक्षणीयोधनंजयः ॥ युगपद्दिक्षुसर्वा सुसर्वतोऽस्त्राण्यदर्शयत् ३३ एकच्छायमिवाकाशंबाणैश्चक्रेसमंततः ॥ नादृश्यततदाद्रोणोनीहारेणेवसंवृतः ३४ तस्याभवत्तदारूपंसंवृतस्यशरोत्तमैः ॥ जाज्वल्यमा नस्यतदापर्वतस्येवसर्वतः ३५ दृष्ट्वातुपार्थस्यरणेशरैःस्वरथमावृतम् ॥ सविस्फार्यधनुःश्रेष्ठंमेघस्तनितनिःस्वनम् ३६ अग्निचक्रोपमंघोरंव्यकर्षत्परमायुधम् ॥ व्यशा तयच्छरांस्तांस्तुद्रोणःसमितिशोभनः ३७ महानभूत्ततःशब्दोवंशानामिवदह्यताम् ३८ जांबूनदमयैःपुंखैश्चित्रचापविनिर्गतैः ॥ प्राच्छादयदमेयात्मादिशःसूर्यस्यच प्रभाम् ३९ ततःकनकपुंखानांशराणांनतपर्वणाम् ॥ वियच्चराणांवियतिदृश्यंतेबहवोव्रजाः ४० द्रोणस्यपुंखसक्ताश्चप्रभवंतःशरासनात् ॥ एकोदीर्घइवादृश्यदाकाशे संहतःशरः ४१ एवंतौस्वर्णविकृतान्विमुंचंतौमहाशरान् ॥ आकाशंसंवृतंवीरावुल्काभिरिवचक्रतुः ४२ शरास्तयोस्तुविबभुःकंकबर्हिणवाससः ॥ पंक्तयःशरदिख स्थानांहंसानांचरतामिव ४३ युद्धंसमभवत्तत्रसुसंरब्धंमहात्मनोः ॥ द्रोणपांडवयोर्घोरंवृत्रवासवयोरिव ४४ तौगजाविवचासाद्यविषाणाग्रैःपरस्परम् ॥ शरैःपूर्णायतो त्सृष्टैरन्योन्यमभिजघ्नतुः ४५ तौव्यवाहरतांयुद्धेसंरब्धौरणशोभिनौ ॥ उदीरयंतौसमरेदिव्यान्यस्त्राणिभागशः ४६ अथत्वाचार्यमुख्येनशरान्सृष्टान्शिलाशितान् ॥ न्यवारयच्छितैर्बाणैरर्जुनोजयतांवरः ४७ दर्शयन्वीक्षमाणानामस्त्रमुग्रपराक्रमः ॥ इषुभिस्तूर्णमाकाशंबहुभिश्चसमावृणोत् ४८

भित्यर्थः ३१ । ३२ । ३३ । ३४ । ३५ । ३६ । ३७ । ३८ । ३९ । ४० । ४१ । ४२ । ४३ । ४४ विषाणाग्रैर्दंताग्रैः ४५ व्यवाहरतां व्यवहारंधर्मयुद्धंकृतवंतौ ४६ । ४७ । ४८

जिघांसताप्यर्जुनेनसह वात्सल्यात्स्वयमक्रीडन्नतुक्रूरोऽभूत् ४९ । ५० । ५१ । ५२ । ५३ । ५४ । ५५ । ५६ । ५७ ततक्षतुःक्षीणंचक्रतुः ५८ । ५९ । ६० । ६१ । ६२ । ६३ । ६४ । आयार्तिं

जिघांसंतंनरव्याघ्रमर्जुनंतिग्मतेजसम् ॥ आचार्यमुख्यःसमरेद्रोणःशस्त्रभृतांवरः ॥ अर्जुनेनसहाक्रीडच्छरैःसन्नतपर्वभिः ४९ दिव्यान्यस्त्राणिवर्षंतंतस्मिन्वैतुमु
लेरणे ॥ अस्त्रैरस्त्राणिसंवार्यफाल्गुनंसमयोधयत् ५० तयोरासीत्संप्रहारःक्रुद्धयोर्नरसिंहयोः ॥ अमर्षिणोस्तदाऽन्योन्यंदेवदानवयोरिव ५१ ऐंद्रंवायव्यमाग्नेय
मस्त्रमस्त्रेणपांडवः ॥ द्रोणेनमुक्तमात्रंतुग्रसतिस्मपुनःपुनः ५२ एवंशूरौमहेष्वासौविसृजंतौशितान्शरान् ॥ एकच्छायंचक्रतुस्तावाकाशंशरवृष्टिभिः ५३ तत्रा
र्जुनेनमुक्तानांपततांवैशरीरिषु ॥ पर्वतेष्विववज्राणांशराणांश्रूयतेस्वनः ५४ ततोनागारथाश्चैववाजिनश्चविशांपते ॥ शोणिताक्ताव्यदृश्यंतपुष्पिताइवकिंशुकाः
५५ बाहुभिश्चसकेयूरैर्विचित्रैश्चमहारथैः ॥ सुवर्णचित्रैःकवचैर्ध्वजैश्चविनिपातितैः ५६ योधैश्चनिहतैस्तत्रपार्थबाणप्रपीडितैः ॥ बलमासीत्समुद्भ्रांतंद्रोणार्जुन
समागमे ५७ विधुन्वानौतुतौतत्रधनुषीभारसाधने ॥ आच्छादयेतामन्योन्यंततक्षतुरथेषुभिः ५८ तयोःसमभवद्युद्धंतुमुलंभरतर्षभ ॥ द्रोणकौंतेययोस्तत्रब
लिवासवयोरिव ५९ अथपूर्णायतोत्सृष्टैःशरैःसन्नतपर्वभिः ॥ व्यदारयेतामन्योन्यंप्राणद्यूतप्रवर्तते ६० अथांतरिक्षेनादोऽभूद्द्रोणंतत्रप्रशंसतां ॥ दुष्करंकृतवा
न्द्रोणोयदर्जुनमयोधयत् ६१ प्रमाथिनंमहावीर्यंदृढमुष्टिंदुरासदम् ॥ जेतारंदेवदैत्यानांसर्वेषांचमहारथम् ६२ अविभ्रमंचशिक्षांचलाघवंदूरपातिताम् ॥ पार्थ
स्यसमरेदृष्ट्वाद्रोणस्याभूच्चविस्मयः ६३ अथगांडीवमुद्यम्यदिव्यंधनुरमर्षणः ॥ विचकर्षरणेपार्थोबाहुभ्यांभरतर्षभ ६४ तस्यबाणमयंवर्षंशलभानामिवायतिम् ॥
दृष्ट्वातेविस्मिताःसर्वेसाधुसाध्वित्यपूजयन् ६५ नचबाणांतरेवायुरस्यशक्नोतिसर्पितुम् ॥ अनिशंसंदधानस्यशरानुत्सृजतस्तथा ६६ ददर्शनांतरंकश्चित्पार्थस्या
ददतोऽपिच ६७ तथाशीघ्रास्त्रयुद्धेतुवर्तमानेसुदारुणे ॥ शीघ्रंशीघ्रतरंपार्थःशरानन्यानुदीरयत् ६८ ततःशतसहस्राणिशराणांनतपर्वणाम् ॥ युगपत्प्रापतं
स्तत्रद्रोणस्यरथमंतिकात् ६९ कीर्यमाणेतदाद्रोणेशरैर्गांडीवधन्वना ॥ हाहाकारोमहानासीत्सैन्यानांभरतर्षभ ७० पांडवस्यतुशीघ्रास्त्रंमघवाप्रत्यपूजत ॥ गं
धर्वाप्सरसश्चैवयेचतत्रसमागताः ७१ ततोवृंदेनमहतारथानांरथयूथपः ॥ आचार्यपुत्रःसहसापांडवंपर्यवारयत् ७२ अश्वत्थामातुतत्कर्महृदयेनमहात्मनः ॥ पूज
यामासपार्थस्यकोपंचास्याकरोद्भृशम् ७३ समन्युवशमापन्नःपार्थमभ्यद्रवद्रणे ॥ किरञ्छरसहस्राणिपर्जन्यइववृष्टिमान् ७४ आवृत्यतुमहाबाहुर्यतोद्रौणिस्त
तोहयान् ॥ अंतरंप्रददौपार्थोद्रोणस्यव्यपसर्पितुम् ७५ सतुलब्ध्वांऽतरंतूर्णमपायाज्जवनैर्हयैः ॥ छिन्नवर्मध्वजःशूरोनिकृत्तःपरमेषुभिः ७६ ॥ इतिश्रीमहाभारते
विराटपर्वणिगोहरणपर्वणिद्रोणापयानेअष्टपंचाशत्तमोऽध्यायः ॥ ५८ ॥

संतातिं ६५ । ६६ । ६७ । ६८ । ६९ । ७० । ७१ । ७२ । ७३ । ७४ अंतरमवकाशं ७५ निकृत्तःप्रहृतः ७६ ॥ ॥ इतिविराटपर्वणिनीलकंठीयेभारतभावदीपेअष्टपंचाशत्तमोऽध्यायः ॥ ५८ ॥ ॥

ततइति । १ । २ । ३ । ४ नप्रजानंत अडभावआर्षः नचज्ञातवंतः ५ विवरंरंध्रं ६ । ७ अपकृष्यआकृष्य ८ । ९ अर्धचंद्रंअर्धचंद्राकारंललाटं आवृत्यप्रमृज्य स्वेदेनज्यांप्रमृज्येत्यर्थः तेनअश्वत्थाम्ना १० । ११ । १२ । १३ । १४ । १५ । १६ चक्षुर्दधेधृतवान् १७ । १८ । १९ । २० कामयन्अकामयमानः २१ ॥ ॥ इतिविराटपर्वणिनीलकंठीयेभारतभावदीपे

॥ वैशंपायनउवाच ॥ ततोद्रौणिर्महाराजप्रययावर्जुनंरणे ॥ तंपार्थःप्रतिजग्राहवायुवेगमिवोद्धतम् ॥ शरजालेनमहतावर्षमाणमिवांबुदम् १ तयोर्देवासुरसमःसन्निपातोमहानभूत् ॥ किरतोःशरजालानिवृत्रवासवयोरिव २ नस्मसूर्यस्तदाभातिनचवातिसमीरणः ॥ शरजालावृतेव्योम्निच्छायाभूतेसमंततः ३ महांश्चटचटाशब्दोयोधयोर्हन्यमानयोः ॥ दह्यतामिववेणूनामासीत्परपुरंजय ४ हयानस्यार्जुनःसर्वान्कृतवानल्पजीवितान् ॥ तेराजन्नप्रजानंतदिशंकांचनमोहिताः ५ ततोद्रौणिर्महावीर्यःपार्थस्यविचरिष्यतः ॥ विवरंसूक्ष्ममालोक्यज्यांचिच्छेदक्षुरेणह ॥ तदस्यापूजयन्देवाःकर्मदृष्ट्वाऽतिमानुषम् ६ द्रोणोभीष्मश्चकर्णश्चकृपश्चैवमहारथाः ॥ साधुसाध्वितिभाषंतोऽपूजयन्कर्मतस्यतत् ७ ततोद्रौणिर्धनुःश्रेष्ठमपकृष्यरथर्षभम् ॥ पुनरेवाहनत्पार्थंहृदयेकंकपत्रिभिः ८ ततःपार्थोमहाबाहुःप्रहस्यस्वनवत्तदा ॥ योजयामासनवयामौर्व्यागांडीवमोजसा ९ ततोऽर्धचंद्रमावृत्यतेनपार्थःसमागमत् ॥ वारणेनेवमत्तेनमत्तोवारणयूथपः १० ततःप्रववृतेयुद्धंपृथिव्यामेकवीरयोः ॥ रणमध्येद्वयोरेवंसुमहल्लोमहर्षणम् ११ तौवीरौददृशुःसर्वेकुरवोविस्मयान्विताः ॥ युध्यमानौमहावीर्यौयूथपाविवसंगतौ १२ तौसमाजघ्नतुर्वीरावन्योन्यंपुरुषर्षभौ ॥ शरैराशीविषाकारैर्ज्वलद्भिरिवपन्नगैः १३ अक्षयाविषुधीदिव्यौपांडवस्यमहात्मनः ॥ तेनपार्थोरणेशूरस्तस्थौगिरिरिवाचलः १४ अश्वत्थाम्नःपुनर्बाणाःक्षिप्रमभ्यस्यतोरणे ॥ जग्मुःपरिक्षयंतूर्णमभूत्तेनाधिकोऽर्जुनः १५ ततःकर्णोमहाचापंविकृष्याभ्यधिकंतथा ॥ अवाक्षिपत्ततःशब्दोहाहाकारोमहानभूत् १६ ततश्चक्षुर्दधेपार्थोयत्रविस्फार्यतेधनुः ॥ ददर्शतत्रराधेयंतस्यकोपोऽभ्यवर्धत १७ सरोषवशमापन्नःकर्णमेवजिघांसया ॥ तमैक्षतविवृत्ताभ्यांनेत्राभ्यांकुरुपुंगवः १८ तथातुविमुखेपार्थेद्रोणपुत्रस्यसायकान् ॥ त्वरिताःपुरुषाराजन्नुपाजह्रुःसहस्रशः १९ उत्सृज्यचमहाबाहुर्द्रोणपुत्रंधनंजयः ॥ अभिदुद्रावसहसाकर्णमेवसपत्नजित् २० तमभिद्रुत्यकौंतेयःक्रोधसंरक्तलोचनः ॥ कामयन्द्वैरथंतेनयुद्धंवचनमब्रवीत् २१ ॥ इतिश्रीमहाभारतेविराटपर्वणिगोहरणपर्वणिउत्तरगोग्रहेअर्जुनाश्वत्थामयुद्धेएकोनषष्टितमोऽध्यायः ॥ ५९ ॥ ॥ ॥ अर्जुनउवाच ॥ कर्णयत्तेसभामध्येबहुवाचाविकत्थितम् ॥ नमेयुधिसमोऽस्तीतितदिदंसमुपस्थितम् १ सोऽद्यकर्णमयासार्धंव्यवहृत्यमहामृधे ॥ ज्ञास्यस्यबलमात्मानंनचान्यानवमन्यसे २ अवोचःपरुषावाचोधर्ममुत्सृज्यकेवलम् ॥ इदंतुदुष्करंमन्येयदिदंतेचिकीर्षितम् ३ यत्त्वयाकथितंपूर्वंमामनासाद्यकिंचन ॥ तदद्यकुरुराधेयकुरुमध्येमयासह ४ यत्सभायांसपांचालींक्लिश्यमानांदुरात्मभिः ॥ दृष्टवानसितस्याद्यफलमाप्नुहिकेवलम् ५

एकोनषष्टितमोऽध्यायः ॥ ५९ ॥ ॥ ॥ ॥ ॥ ॥ कर्णेति । तेत्वया १ । २ । ३ । ४ । ५

६ । ७ । ८ तेतववाक्यंकर्तृ कर्मअतिशेते अल्पकर्म वाक्यंतुबहुलमित्यर्थः ९ इतःपरंतवपराक्रमं गृण्हीमहेअंगीकुर्महे १० । ११ । १२ । १३ । १४ । १५ । १६ । १७

धर्मपाशनिबद्धेनयन्मयामर्षितंपुरा ॥ तस्यराधेयकोपस्यविजयंपश्यमेमृधे ६ वनेद्वादशवर्षाणियानिसोढानिदुर्मते ॥ तस्याद्यप्रतिकोपस्यफलंप्राप्नुहिसंप्रति ७
एहिकर्णमयासार्धंप्रतियुध्यस्वसंगरे ॥ प्रेक्षकाःकुरवःसर्वेभवंतुतवसैनिकाः ८ ॥ कर्णउवाच ॥ ब्रवीषिवाचायत्पार्थकर्मणातत्समाचर ॥ अतिशेतेहितेवाक्यंकर्मैत
त्प्रथितंभुवि ९ यत्त्वयामर्षितंपूर्वंतदशक्तेनमर्षितम् ॥ इतोगृह्णीमहेपार्थतवदृष्ट्वापराक्रमम् १० धर्मपाशनिबद्धेनयत्त्वयामर्षितंपुरा ॥ तथैवबद्धमात्मानमबद्धमिवमन्यसे
११ यदितावद्वनेवासोयथोक्तश्चरितस्त्वया ॥ तत्त्वंधर्मार्थवित्क्लिष्टःसमयायोद्धुमिच्छसि १२ यदिशक्रःस्वयंपार्थयुध्यतेतवकारणात् ॥ तथापिनव्यथाकाचिन्मम
स्याद्विक्रमिष्यतः १३ अयंकौंतेयकामस्तेनचिरात्समुपस्थितः ॥ योत्स्यसेहिमयासार्द्धमद्यद्रक्ष्यसिमेबलम् १४ ॥ अर्जुनउवाच ॥ इदानीमेवतावत्त्वमपयातो
रणान्मम ॥ तेनजीवसिराधेयनिहतस्त्वनुजस्तव १५ भ्रातरंघातयित्वाकस्त्यक्त्वारणशिरश्चकः ॥ त्वदन्यःकःपुमान्सत्सुब्रूयादेवंव्यवस्थितः १६ ॥ वैशंपायनउवाच ॥
इतिकर्णंब्रुवन्नेवबीभत्सुरपराजितः ॥ अभ्ययाद्विसृजन्बाणान्कायावरणभेदिनः १७ प्रतिजग्राहतंकर्णःप्रीयमाणोमहारथः ॥ महताशरवर्षेणवर्षमाणमिवांबुदम् १८
उत्पेतुःशरजालानिघोररूपाणिसर्वशः ॥ अविध्यदश्वान्बाह्वोश्चहस्तावापंपृथक्पृथक् १९ सोऽमृष्यमाणःकर्णस्यनिषंगस्यावलंबनम् ॥ चिच्छेदनिशिताग्रेणशरेणनत
पर्वणा २० उपासंगादुपादायकर्णोबाणानथापरान् ॥ विव्याधपांडवंहस्तेतस्यमुष्टिरशीर्यत २१ ततःपार्थोमहाबाहुःकर्णस्यधनुरच्छिनत् ॥ सशक्तिंप्राहिणोत्तस्मै
तांपार्थोव्यधमच्छरैः २२ ततोऽनुपेतुर्बहवोराधेयस्यपदानुगाः ॥ तांश्चगांडीवनिर्मुक्तैःप्राहिणोद्यमसादनम् २३ ततोऽस्याश्वाञ्शरैस्तीक्ष्णैर्बीभत्सुर्भारसाधनैः ॥
आकर्णमुक्तैरभ्यघ्नंस्तेहताःप्रापतन्भुवि २४ अथापरेणबाणेनज्वलितेनमहौजसा ॥ विव्याधकर्णंकौंतेयस्तीक्ष्णेनोरसिवीर्यवान् २५ तस्यभित्वातनुत्राणंकायमभ्य
गमच्छरः ॥ ततःसतमसाऽऽविष्टोनस्मकिंचित्प्रजज्ञिवान् २६ सगाढवेदनोहित्वारणंप्रायादुदङ्मुखः ॥ ततोऽर्जुनउदक्रोशदुत्तरश्चमहारथः २७ ॥ इतिश्रीमहा
भारतेविराटपर्वणिगोहरणपर्वणिकर्णापयानेषष्टितमोऽध्यायः ॥ ६० ॥ ॥ वैशंपायनउवाच ॥ ततोवैकर्तनंजित्वापार्थोवैराटिमब्रवीत् ॥ एतन्मांप्रापयानीकंय
त्रतालोहिरण्मयः १ अत्रशांतनवोभीष्मोरथेऽस्माकंपितामहः ॥ कांक्षमाणोमयायुद्धंतिष्ठत्यमरदर्शनः २ अथसैन्यंमहद्दृष्ट्वारथनागहयाकुलम् ॥ अब्रवीदुत्तरः
पार्थमपविद्धःशरैर्भृशम् ३ नाहंशक्ष्यामिवीरेहनियंतुंतेहयोत्तमान् ॥ विषीदंतिममप्राणामनोविह्वलतीवमे ४

१८ । १९ अवलंबनंसूत्रंचिच्छेद २० ततोनिषंगेमहातूणीरेपतितेसति उपासंगात्क्षुद्रतूणीरात्स्वदेहबाणात् २१ । २२ । २३ । २४ । २५ । २६ । २७ ॥ इतिविराटपर्वणिनीलकंठीये
भारतभावदीपेषष्टितमोऽध्यायः ॥ ६० ॥ ॥ ॥ ॥ ॥ ॥ ततइति १ । २ । ३ । ४

५ । ६ । ७ । ८ । ९ । १० नसंधानं नसंदधानं वर्णलोपआर्षः ११ । १२ । १३ । १४ । १५ । १६ । १७ निशामयपश्य शतन्हदांविद्युतम् १८ । १९ । २० । २१ शतंमार्गाइतिसर्वतो

अ० ६१

अस्त्राणामिवदिव्यानांप्रभावःसंप्रयुज्यताम् ॥ त्वयाचकुरुभिश्चैवद्रवंतीवदिशोदश ५ गंधेनमूर्छितश्चाहंवसारुधिरमेदसाम् ॥ द्वैधीभूतंमनोमेऽद्यतवचैवप्रपश्यतः ६ अदृष्टपूर्वःशूराणांमयासंख्येसमागमः ॥ गदापातेनमहताशंखानांनिःस्वनेनच ७ सिंहनादैश्चशूराणांगजानांबृंहितैस्तथा ॥ गांडीवशब्देनभृशमशनिप्रतिमेनच ॥ श्रुतिःस्मृतिश्चमेवीरप्रनष्टामूढचेतसः ८ अलातचक्रप्रतिमंमंडलंसततंत्वया ॥ व्याक्षिप्यमाणंसमरेगांडीवंचप्रकर्षता ॥ दृष्टिःप्रचलितावीरहृदयंदीर्यतीवमे ९ वपुश्चो ग्रंतवरणेक्रुद्धस्येवपिनाकिनः ॥ व्यायच्छतस्तवभुजंदृष्ट्वाभीर्मेभवत्यपि १० नाददानंनसंधानंनमुंचंतंशरोत्तमान् ॥ त्वामहंसंप्रपश्यामिपश्यन्नपिनचेतनः ११ अव सीदंतिमेप्राणाभूरियंचलतीवच ॥ नचप्रतोदंरश्मींश्चसंयंतुंशक्तिरस्तिमे १२ ॥ अर्जुनउवाच ॥ माभैषीःस्तंभयात्मानंत्वयाऽपिनरपुंगव ॥ अत्यद्भुतानिकर्माणिकृ तानिरणमूर्धनि १३ राजपुत्रोऽसिभद्रंतेकुलेमत्स्यस्यविश्रुते ॥ जातस्त्वंशत्रुदमनेनावसीदितुमर्हसि १४ धृतिंकृत्वासुविपुलांराजपुत्ररथेमम ॥ युध्यमानस्यसमरेह यान्संयच्छशत्रुहन् १५ ॥ वैशंपायनउवाच ॥ एवमुक्त्वामहाबाहुर्वैराटिंनरसत्तमः ॥ अर्जुनोरथिनांश्रेष्ठउत्तरंवाक्यमब्रवीत् १६ सेनाग्रमाशुभीष्मस्यप्रापयस्वैत देवमाम् ॥ आच्छेत्स्याम्यहमेतस्यधनुर्ज्यामपिचाहवे १७ अस्यंतंदिव्यमस्त्रंमांचित्रमद्यनिशामय ॥ शतह्रदामिवायांतींस्तनयित्नोरिवांबरे १८ सुवर्णपृष्ठंगांडीवं द्रक्ष्यंतिकुरवोमम ॥ दक्षिणेनाथवामेनकतरेणस्विदस्यति १९ इतिमांसंगताःसर्वेतर्कयिष्यंतिशत्रवः ॥ शोणितोदांरथावर्त्तांनागनक्रांदुरत्ययाम् ॥ नदींप्रस्कंद यिष्यामिपरलोकप्रवाहिनीम् २० पाणिपादशिरःपृष्ठबाहुशाखानिरंतरम् ॥ वनंकुरूणांछेत्स्यामिशरैःसन्नतपर्वभिः २१ जयतःकौरवींसेनामेकस्यममधन्विनः ॥ शतंमार्गाभविष्यंतिपावकस्येवकानने २२ मयाचक्रमिवाविद्धंसैन्यंद्रक्ष्यसिकेवलम् ॥ इष्वस्त्रेशिक्षितंचित्रमहंदर्शयिताऽस्मिते २३ असंभ्रांतोरथेतिष्ठसमेषुविषमे षुच ॥ दिवमावृत्यतिष्ठंतंगिरिंभिंद्यांस्वपत्रिभिः २४ अहमिंद्रस्यवचनात्संग्रामेऽभ्यहनंपुरा ॥ पौलोमान्कालखंजांश्चसहस्राणिशतानिच २५ अहमिंद्राद्दृढांमुष्टिंब्रह्मणः कृतहस्तताम् ॥ प्रगाढेतुमुलंचित्रमितिविद्धिप्रजापतेः २६ अहंपारेसमुद्रस्यहिरण्यपुरवासिनाम् ॥ जित्वाषष्टिंसहस्राणिरथिनामुग्रधन्विनाम् २७ शीर्यमाणानि कूलानिप्रवृद्धेनेववारिणा ॥ मयाकुरूणांवृंदानिपात्यमानानिपश्यवै २८ ध्वजवृक्षंपत्तितृणंरथसिंहगणायुतम् ॥ वनमादीपयिष्यामिकुरूणामस्त्रतेजसा २९ तानहंर थनीडेभ्यःशरैःसन्नतपर्वभिः ॥ यत्तान्सर्वानतिबलान्योत्स्यमानानवस्थितान् ॥ एकःसंकालयिष्यामिवज्रपाणिरिवासुरान् ३०

मार्गस्यानिरोधउक्तः सर्वतोवाममबाणागमिष्यंतीत्यर्थः २२ आविद्धंभ्राम्यमाणं शिक्षितंशिक्षाम् २३ । २४ । २५ प्रगाढेसंकटे चित्रंनानाविधं तुमुलंसंकटयुद्धं सर्वत्रवेत्रीतिशेषः २६ जित्वाजे तुंशक्तः २७ । २८ रथसिंहगणैःआसमंतात्युतम् २९ । ३०

३१ । ३२ व्यवागाहत् आलोडितवान् ३३ । ३४ उपावृत्यसंमुखीभूय विकृष्यच्छित्वा कलधौताग्रैःस्वर्णरंजितफलकैर्बाणैः ३५ । ३६ । ३७ । ३८ । ३९ एनंदुःशासनम् ४० । ४१ । ४२ । ४३ । ४४

रौद्रंरुद्रादहंह्यस्त्रंवारुणंवरुणादपि ॥ अस्त्रमाग्नेयमग्नेश्चवायव्यंमातरिश्वनः ॥ वज्रादीनितथाऽस्त्राणिशक्रादहमवाप्तवान् ३१ धार्त्तराष्ट्रवनंघोरंनरसिंहाभिरक्षितम् ॥
अहमुत्पाटयिष्यामिवैराटेव्येतुतेभयम् ३२ ॥ वैशंपायनउवाच ॥ एवमाश्वासितस्तेनवैराटिःसव्यसाचिना ॥ व्यवागाहद्रथानीकंभीमंभीष्माभिरक्षितम् ३३
तमायांतंमहाबाहुंजिगीषंतंरणेकुरून् ॥ अभ्यवारयदव्यग्रःक्रूरकर्माऽऽपगासुतः ३४ तस्यजिष्णुरुपावृत्यध्वजंमूलादपातयत् ॥ विकृष्यकलधौताग्रैःसविद्धःप्रापत
द्भुवि ३५ तंचित्रमाल्याभरणाःकृतविद्यामनस्विनः ॥ आगच्छन्भीमधन्वानंचत्वारश्चमहाबलाः ३६ दुःशासनोविकर्णश्चदुःसहोऽथविविंशतिः ॥ आगत्यभीमध
न्वानंबीभत्सुंपर्यवारयन् ३७ दुःशासनस्तुभल्लेनविद्ध्वावैराटिमुत्तरम् ॥ द्वितीयेनार्जुनंवीरःप्रत्यविध्यत्स्तनांतरे ३८ तस्यजिष्णुरुपावृत्यपृथुधारेणकार्मुकम् ॥ चकर्त्त
गार्ध्रपत्रेणजातरूपपरिष्कृतम् ३९ अथैनंपंचभिःपश्चात्प्रत्यविध्यत्स्तनांतरे ॥ सोऽपयातोरणंहित्वापार्थबाणप्रपीडितः ४० तंविकर्णःशरैस्तीक्ष्णैर्गृध्रपत्रैरजिह्मगैः ॥
विव्याधपरवीरघ्नमर्जुनंधृतराष्ट्रजः ४१ ततस्तमपिकौंतेयःशरेणानतपर्वणा ॥ ललाटेऽभ्यहनत्तूर्णंसविद्धःप्रापतद्रथात् ४२ ततःपार्थमभिद्रुत्यदुःसहःसविविंशतिः ॥
अवाकिरच्छरैस्तीक्ष्णैःपरीप्सुर्भ्रातरंरणे ४३ तावुभौगार्ध्रपत्राभ्यांनिशिताभ्यांधनंजयः ॥ विध्वायुगपदव्यग्रस्तयोर्वाहानसूदयत् ४४ तौहताश्वौविभिन्नांगौधृतराष्ट्रा
त्मजावुभौ ॥ अभिपत्यरथैरन्यैरपनीतौपदानुगैः ४५ सर्वादिशश्चाभ्यपतद्वीभत्सुरपराजितः ॥ किरीटमालीकौंतेयोलब्धलक्षोमहाबलः ४६ ॥ इतिश्रीमहाभारते
विराटपर्वणिगो०प०अर्जुनदुःशासनादियुद्धेएकषष्टितमोऽध्यायः ॥ ६१ ॥ वैशंपायनउवाच ॥ अथसंगम्यसर्वेतेकौरवाणांमहारथाः ॥ अर्जुनंसहितायत्ताःप्रत्ययुध्यंत
भारत १ ससायकमयैर्जालैःसर्वतस्तान्महारथान् ॥ प्राच्छादयदमेयात्मानीहारेणेवपर्वतान् २ नदद्भिश्चमहानागैर्हेषमाणैश्चवाजिभिः ॥ भेरीशंखनिनादैश्चसशब्द
स्तुमुलोऽभवत् ३ नराश्वकायान्निर्भिद्यलौहानिकवचानिच ॥ पार्थस्यशरजालानिविनिष्पेतुःसहस्रशः ४ त्वरमाणःशरानस्यन्पांडवःप्रबभौरणे ॥ मध्यंदिनगतोऽ
र्चिष्मान्शरदीवदिवाकरः ५ उपप्लवंतिवित्रस्तारथेभ्योरथिनस्तथा ॥ सादिनश्चाश्वपृष्ठेभ्योभूमौचैवपदातयः ६ शरैःसंछिद्यमानानांकवचानांमहात्मनाम् ॥ ताम्रराज
तलौहानांप्रादुरासीन्महास्वनः ७ छन्नमायोधनंसर्वंशरीरैर्गतचेतसाम् ॥ गजाश्वसादिनांतत्रशितबाणात्तजीवितैः ८ रथोपस्थाभिपतितैरास्तृतामानवैर्मही ॥ प्रनृत्य
तीवसंग्रामेचापहस्तोधनंजयः ९ श्रुत्वागांडीवनिर्घोषंविस्फूर्जितमिवाशनेः ॥ त्रस्तानिसर्वसैन्यानिव्यपागच्छन्महाहवात् १०

४५ लब्धलक्षः अप्रच्युतलक्षः ४६ ॥ इतिविराटपर्वणिनीलकंठीये भारतभावदीपेएकषष्टितमोऽध्यायः ॥ ६१ ॥ ॥ ॥ ॥ ॥ अथेति १ नीहारेणधूमोष्मणा २ । ३ । ४ । ५ उपप्लवंति
इतस्ततोधावंति ६ । ७ आयोधनंरणभूः गतचेतसांमूढानां आत्तजीवितैर्मृतैःशरीरैः ८ रथोपस्थेभ्योऽभितःपतितैः ९ । १०

धारीणिशिरांसि स्रजश्चपतितानिदृश्यंते ११ । १२ । १३ त्रीणिचदशचेतित्रिदशानिवर्षाणि अवरुद्धःपार्थस्तदानींस्वेच्छयाऽचरदित्यर्थः १४ । १५ । १६ । १७ नागाहस्तिनएवकूर्माःमहाद्विपाजऊगजा

कुंडलोष्णीषधारीणिजातरूपस्रजस्तथा ॥ पतितानिस्मदृश्यंतेशिरांसिरणमूर्धनि ११ विशिखोन्मथितैर्गात्रैर्बाहुभिश्चसकार्मुकैः ॥ सहस्ताभरणैश्चान्यैःप्रच्छन्नाभाति मेदिनी १२ शिरसांपात्यमानानामंतरानिशितैःशरैः ॥ अश्मवृष्टिरिवाकाशादभवद्भरतर्षभ १३ दर्शयित्वातथाऽऽत्मानंरौद्रंरुद्रपराक्रमः ॥ अवरुद्धोऽचरत्पार्थोवर्षाणित्रिदशानिच ॥ क्रोधाग्निमुत्सृजन्वीरोधार्त्तराष्ट्रेषुपांडवः १४ तस्यतद्दहतःसैन्यंदृष्ट्वाचैवपराक्रमम् ॥ सर्वेशांतिपरायोधाधार्त्तराष्ट्रस्यपश्यतः १५ वित्रासयित्वातत्सैन्यंद्रावयित्वामहारथान् ॥ अर्जुनोजयतांश्रेष्ठःपर्यवर्त्ततभारत १६ प्रावर्त्तयन्नदींघोरांशोणितोदांतरंगिणीम् ॥ अस्थिशैवालसंबाधांयुगांतेकालनिर्मिताम् १६ शरचापप्लवांघोरांकेशशैवलशाद्वलाम् ॥ तनुत्रोष्णीषसंबाधांनागकूर्ममहाद्विपाम् १८ मेदोवसासृक्प्रवहांमहाभयविवर्धिनीम् ॥ रौद्ररूपांमहाभीमांश्वापदैरभिनादिताम् १९ तीक्ष्णशस्त्रमहाग्राहांक्रव्यादगणसेविताम् ॥ मुक्ताहारोर्मिकलिलांचित्रालंकारबुद्बुदाम् २० शरसंघमहावर्तांनागनक्रांदुरत्ययाम् ॥ महारथमहाद्वीपांशंखदुंदुभिनिःस्वनाम् ॥ चकारचतदापार्थोनदींदुस्तरशोणिताम् २१ आददानस्यहिशरान्संधायचविमुंचतः ॥ विकर्षतश्चगांडीवंनकश्चिद्ददृशेजनः २२ इतिश्रीमहाभारते विराटपर्वणिगोहरणपर्वणिअर्जुनसंकुलयुद्धेद्विषष्टितमोऽध्यायः ॥ ६२ ॥ ॥ वैशंपायनउवाच ॥ ततोदुर्योधनःकर्णोदुःशासनविविंशती ॥ द्रोणश्चसहपुत्रेणकृपश्चापिमहारथः १ पुनर्ययुश्चसंरब्धाधनंजयजिघांसवः ॥ विस्फारयंतश्चापानिबलवंतिदृढानिच २ तान्विकीर्णपताकेनरथेनादित्यवर्चसा ॥ प्रत्युद्ययौमहाराजसमंताद्वानरध्वजः ३ ततःकृपश्चकर्णश्चद्रोणश्चरथिनांवरः ॥ तंमहास्त्रैर्महावीर्यंपरिवार्यधनंजयम् ४ शरौघान्सम्यगस्यंतोजीमूताइववार्षिकाः ॥ ववर्षुःशरवर्षाणिपातयंतोधनंजयम् ५ इषुभिर्बहुभिस्तूर्णंसमरेलोमवाहिभिः ॥ अदूरात्पर्यवस्थाप्यपूरयामासुराहताः ६ तथातैरवकीर्णस्यदिव्यैरस्त्रैःसमंततः ॥ नतस्यद्व्यंगुलमपिविवृतंसंप्रदृश्यते ७ ततःप्रहस्यबीभत्सुर्दिव्यमैंद्रंमहारथः ॥ अस्त्रमादित्यसंकाशंगांडीवेसमयोजयत् ८ शररश्मिरिवादित्यःप्रतस्थेसमरेबली ॥ किरीटमालीकौंतेयःसर्वान्प्राच्छादयत्कुरून् ९ यथाबलाहकेविद्युत्पावकोवाशिलोच्चये ॥ तथागांडीवमभवदिंद्रायुधमिवानतम् १० यथावर्षतिपर्जन्येविद्युद्विभ्राजतेदिवि ॥ द्योतयंतीदिशःसर्वाःपृथिवींचसमंततः ११ तथादशदिशःसर्वाःपतद्गांडीवमावृणोत् ॥ नागाश्वरथिनःसर्वेमुमुहुस्तत्रभारत १२ सर्वेशांतिपरायोधाःस्वचित्तानिनलेभिरे ॥ संग्रामेविमुखाःसर्वेयोधास्तेहतचेतसः १३

श्चयस्यांतां १८ । १९ । २० । २१ । २२ ॥ इतिविराटपर्वणि नीलकंठीये भारतभावदीपे द्विषष्टितमोऽध्यायः ॥ ६२ ॥ ॥ १ ततइति २ विकीर्णाविस्तारितापताकाध्वजांचलोयस्यतेन ३ । ४ पातयंतः पीडयंतः ५ पर्यवस्थाप्यस्तब्धीकृत्य इषुभिःपूरयामासुःआवृतवंतः ६ । ७ । ८ । ९ । १० । ११ । १२ स्वचित्तानिअग्रमहमितिनज्ञातवंतः १३

१४ ॥ इतिविराटपर्वणिनीलकंठीयेभारतभावदीपे त्रिषष्टितमोऽध्यायः ॥ ६३ ॥ ॥ ॥ ततइति १ । २ । ३ । ४ । ५ । ६ । ७ । ८ । ९ । १० । ११ । १२ । १३ अग्निचक्रंअलातचक्रं

एवंसर्वाणिसैन्यानिभग्नानिभरतर्षभ ॥ व्यद्रवंतिदिशःसर्वानिराशानिस्वजीविते १४ ॥ इतिश्रीमहाभारतेविराटपर्वणिगोहरणपर्वणिउत्तरगोग्रहेअर्जुनसंकुलयुद्धेत्रिष
ष्टितमोऽध्यायः ॥ ६३ ॥ वैशंपायनउवाच ॥ ततःशांतनवोभीष्मोभारतानांपितामहः ॥ वध्यमानेपुयोधेषुधनंजयमुपाद्रवत् १ प्रगृह्यकार्मुकश्रेष्ठंजातरूप
परिष्कृतम् ॥ शरानादायतीक्ष्णाग्रान्मर्मभेदान्प्रमाथिनः २ पांडुरेणातपत्रेणध्रियमाणेनमूर्धनि ॥ शुशुभेसनरव्याघ्रोगिरिःसूर्योदयेयथा ३ प्रध्मायशंखंगांगे
योधार्त्तराष्ट्रान्प्रहर्षयन् ॥ प्रदक्षिणमुपावृत्यबीभत्सुंसमवारयत् ४ तमुदीक्ष्यसमायांतंकौंतेयःपरवीरहा ॥ प्रत्यगृह्णात्प्रहृष्टात्माधाराधरमिवाचलः ५ ततोभी
ष्मःशरानष्टौध्वजेपार्थस्यवीर्यवान् ॥ समार्पयन्महावेगान्श्वसमानानिवोरगान् ६ तेध्वजंपांडुपुत्रस्यसमासाद्यपतत्रिणः ॥ ज्वलंतंकपिमाजघ्नुर्ध्वजाग्रनिलयां
श्चतान् ७ ततोभल्लेनमहतापृथुधारेणपांडवः ॥ छत्रंचिच्छेदभीष्मस्यतूर्णंतदपतद्भुवि ८ ध्वजंचैवास्यकौंतेयःशरैरभ्यहनद्दृशम् ॥ शीघ्रकृद्रथवाहांश्चतथोभौ
पार्ष्णिसारथी ९ अमृष्यमाणस्तद्भीष्मोजानन्नपिसपांडवम् ॥ दिव्येनास्त्रेणमहताधनंजयमवाकिरत् १० तथैवपांडवोभीष्मेदिव्यमस्त्रमुदीरयन् ॥ प्रत्यगृह्णादमे
यात्मामहामेघमिवाचलः ११ तयोस्तदभवद्युद्धंतुमुलंलोमहर्षणम् ॥ भीष्मेणसहपार्थेनबलिवासवयोरिव १२ प्रैक्षंतकुरवःसर्वेयोधाश्चसहसैनिकाः ॥ भल्लै
र्भल्लाःसमागम्यभीष्मपांडवयोर्युधि ॥ अंतरिक्षेव्यराजंतखद्योताःप्रावृषीवहि १३ अग्निचक्रमिवाविद्धंसव्यदक्षिणमस्यतः ॥ गांडीवमभवद्राजन्पार्थस्यसृजतः
शरान् १४ ततःसंछादयामासभीष्मंशरशतैःशितैः ॥ पर्वतंवारिधाराभिश्छादयन्निवतोयदः १५ तांसवेलामिवोद्भूतांशरवृष्टिंसमुत्थिताम् ॥ व्यधमत्सायकै
र्भीष्मःपांडवंसमवारयत् १६ ततस्तानिनिकृत्तानिशरजालानिभागशः ॥ समरेचव्यशीर्यंतफाल्गुनस्यरथंप्रति १७ ततःकनकपुंखानांशरवृष्टिंसमुत्थिताम् ॥ पां
डवस्यरथात्तूर्णंशलभानामिवायतिम् ॥ व्यधमत्तांपुनस्तस्यभीष्मःशरशतैःशितैः १८ ततस्तेकुरवःसर्वेसाधुसाध्वितिचाब्रुवन् ॥ दुष्करंकृतवान्भीष्मोयदर्जु
नमयोधयत् १९ बलवांस्तरुणोदक्षःक्षिप्रकारीधनंजयः ॥ कोऽन्यःसमर्थःपार्थस्यवेगंधारयितुंरणे २० ऋतेशांतनवाद्भीष्मात्कृष्णाद्वादेवकीसुतात् ॥ आ
चार्यप्रवराद्वाऽपिभारद्वाजान्महाबलात् २१ अस्त्रैरस्त्राणिसंवार्यक्रीडंतौभरतर्षभौ ॥ चक्षूंषिसर्वभूतानांमोहयंतौमहाबलौ २२ प्राजापत्यंतथैवैंद्रमाग्नेयंरौद्रदारु
णम् ॥ कौबेरंवारुणंचैवयाम्यंवायव्यमेवच ॥ प्रयुंजानौमहात्मानौसमरेतौविचेरतुः २३ विस्मितान्यथभूतानितौदृष्ट्वासंयुगेतदा ॥ साधुपार्थमहाबाहोसाधुभी
ष्मेतिचाब्रुवन् २४ नायंयुक्तोमनुष्येषुयोऽयंसंदृश्यतेमहान् ॥ महास्त्राणांसंप्रयोगःसमरेभीष्मपार्थयोः २५ ॥ वैशंपायनउवाच ॥ एवंसर्वास्त्रविदुषोरस्त्रयुद्ध
मवर्त्तत ॥ अस्त्रयुद्धेतुनिर्वृत्तेशरयुद्धमवर्त्तत २६ अथजिष्णुरुपावृत्यक्षुरधारेणकार्मुकम् ॥ चकर्त्तभीष्मस्यतदाजातरूपपरिष्कृतम् २७

आविद्धंभ्राम्यमाणम् १४ । १५ । १६ । १७ । १८ । १९ । २० । २१ । २२ । २३ । २४ । २५ । २६ उपावृत्यसमीपमेत्य २७

॥ ४६ ॥

निमेषांतरमात्रेणभीष्मोऽन्यत्कार्मुकंरणे ॥ समादायमहाबाहुःसज्यंचक्रेमहारथः ॥ शरांश्चसुबहून्क्रुद्धोमुमोचाशुधनंजये २८ अर्जुनोऽपिशरांस्तीक्ष्णान्भीष्मा
यनिशितान्बहून् ॥ चिक्षेपसुमहातेजास्तथाभीष्मश्चपांडवे २९ तयोर्दिव्यास्त्रविदुषोरस्यतोर्निशितान्शरान् ॥ नविशेषस्तदाराजन्लक्ष्यतेस्ममहात्मनोः ३०
अथावृणोद्दशदिशःशरैरतिरथस्तदा ॥ किरीटमालीकौंतेयःशूरःशांतनवस्तथा ३१ अतीवपांडवोभीष्मंभीष्मश्चातीवपांडवम् ॥ बभूवतस्मिन्संग्रामेराजन्लोकेतद
द्भुतम् ३२ पांडवेनहताःशूराभीष्मस्यरथरक्षिणः ॥ शेरतेस्मतदाराजन्कौंतेयस्याभितोरथम् ३३ ततोगांडीवनिर्मुक्तानिरमित्रंचिकीर्षवः ॥ आगच्छन्पुंखसं
श्लिष्टाःश्वेतवाहनपत्रिणः ३४ निष्पतंतोरथात्तस्यधौताहैरण्यवाससः ॥ आकाशेसमदृश्यंतहंसानामिवपंक्तयः ३५ तस्यतद्दिव्यमस्त्रंहिविगाढंचित्रमस्यतः ॥ प्रे
क्षंतेस्मांतरिक्षस्थाःसर्वेदेवाःसवासवाः ३६ तंदृष्ट्वापरमप्रीतोगंधर्वश्चित्रमद्भुतम् ॥ शशंसदेवराजायचित्रसेनःप्रतापवान् ३७ पश्येमान्पार्थनिर्मुक्तान्संसक्तानिव
गच्छतः ॥ चित्ररूपमिदंजिष्णोर्दिव्यमस्त्रमुदीर्यतः ३८ नेदंमनुष्याःसंदध्युर्नहीदंतेषुविद्यते ॥ पौराणानांमहास्त्राणांविचित्रोऽयंसमागमः ३९ आददानस्यहि
शरान्संधायचविमुंचतः ॥ विकर्षतश्चगांडीवंनांतरंसमदृश्यत ४० मध्यंदिनगतंसूर्यंप्रतपंतमिवांबरे ॥ नाशक्नुवंतसैन्यानिपांडवंप्रतिवीक्षितुम् ४१ तथैवभीष्मंगां
गेयंद्रष्टुंनोत्सहतेजनः ४२ उभौविश्रुतकर्माणावुभौतीव्रपराक्रमौ ॥ उभौसदृशकर्माणावुभौयुधिसुदुर्जयौ ४३ इत्युक्तोदेवराजस्तुपार्थभीष्मसमागमम् ॥ पूजया
मासदिव्येनपुष्पवर्षेणभारत ४४ ततःशांतनवोभीष्मोवामंपार्श्वमताडयत् ॥ पश्यतःप्रतिसंधायविध्यतःसव्यसाचिनः ४५ ततःप्रहस्यबीभत्सुःपृथुधारेणकार्मुक
म् ॥ चिच्छेदगार्ध्रपत्रेणभीष्मस्यादित्यतेजसः ४६ अथैनंदशभिर्बाणैःप्रत्यविध्यत्स्तनांतरे ॥ यतमानंपराक्रांतंकुंतीपुत्रोधनंजयः ४७ सपीडितोमहाबाहुर्गृहीत्वा
रथकूबरम् ॥ गांगेयोयुद्धदुर्धर्षस्तस्थौदीर्घमिवांतरम् ४८ तंविसंज्ञमपोवाहसंयंतारथवाजिनाम् ॥ उपदेशमनुस्मृत्यरक्षमाणोमहारथम् ४९ ॥ इतिश्रीम०
विराटपर्वणिगोहरणपर्वणिभीष्मापयानेचतुःषष्टितमोऽध्यायः ॥ ६४ ॥ ॥ वैशंपायनउवाच ॥ भीष्मेतुसंग्रामशिरोविहायपलायमानेधृतराष्ट्रपुत्रः ॥ उत्सृज्य
केतुंविनदन्महात्माधनुर्विगृह्यार्जुनमाससाद १ सभीमधन्वानमुदग्रवीर्यंधनंजयंशत्रुगणेचरंतम् ॥ आकर्णपूर्णायतचोदितेनविव्याधभल्लेनललाटमध्ये २ सतेनबाणे
नसमर्पितेनजांबूनदाग्रेणसुसंहितेन ॥ रराजराजन्महनीयकर्मायथैकपर्वारुचिरैकशृंगः ३ अथास्यबाणेनविदारितस्यप्रादुर्बभूवासृगजस्रमुष्णम् ॥ सतस्यजांबून
दपुंखचित्रोभित्वाललाटंसुविराजतेस्म ४ दुर्योधनश्चापितमुग्रतेजाःपार्थश्चदुर्योधनमेकवीरः ॥ अन्योन्यमाजौपुरुषप्रवीरौसमौसमाजग्मतुराजमीढौ ५

अपोवाहअपसारयामास ४९ ॥ ॥ इतिविराटपर्वणिनीलकंठीये भारतभावदीपेचतुःषष्टितमोऽध्यायः ॥ ६४ ॥ ॥ धृतराष्ट्रपुत्रोदुर्योधनः उत्सृज्यउन्मुच्य केतुंपताकां १ । २ एकशृंगः
पर्वतोयथाएकेनपर्ववतादीर्घवंशेन एकःपर्वायस्मिन्निितिसमासः मतुब्लोपआर्षः ३ अमृक्रक्तं ४ । ५ ॥ ४६ ॥

६ । ७ महायसेनमहाफलकेन ८ । ९ । १० । ११ अपजग्मुःपलायनंकृतवंतः १२ । १३ अभिषंगातपराभवात्द्रवंतंआलक्ष्य प्रास्फोटयत्आस्फोटंबाहुशब्दंकृतवान् १४ तूर्याणिजयवाद्यानि तथैवेसा

ततःप्रभिन्नेनमहागजेनमहीधराभेनपुनर्विकर्णः ॥ रथैश्चतुर्भिर्गजपादरक्षैःकुंतीसुतंजिष्णुमथाभ्यधावत् ६ तमापतंतंत्वरितंगजेंद्रंधनंजयःकुंभविभागमध्ये ॥ आ
कर्णपूर्णेनमहायसेनबाणेनविव्याधमहाजवेन ७ पार्थेनसृष्टःसतुगार्ध्रपत्रआपुंखदेशात्प्रविवेशनागम् ॥ विदार्यशैलप्रवरंप्रकाशंयथाऽशनिःपर्वतमिंद्रसृष्टः ८ शर
प्रतप्तःसतुनागराजःप्रवेपितांगोव्यथितांतरात्मा ॥ संसीदमानोनिपपातमह्यांवज्राहतंशृंगमिवाचलस्य ९ निपातितेदंतिवरेपृथिव्यांत्रासाद्विकर्णःसहसाऽवतीर्य ॥
तूर्णंपदान्यष्टशतानिगत्वाविविंशतेःस्यंदनमारुरोह १० निहत्यनागंतुशरेणतेनवज्रोपमेनाद्रिवरांबुदाभम् ॥ तथाविधेनैवशरेणपार्थोदुर्योधनंवक्षसिनिर्बिभेद ११
ततोगजेराजनिचैवभिन्नेभग्नेविकर्णेचसपादरक्षे ॥ गांडीवमुक्तैर्विशिखैःप्रणुन्नास्तेयोधमुख्याःसहसाऽपजग्मुः १२ दृष्ट्वैवपार्थेनहतंचनागंयोधांश्चसर्वान्द्रवतोनिश
म्य ॥ रथंसमावृत्यकुरुप्रवीरोरणात्प्रदुद्रावयतोनपार्थः १३ तंभीमरूपंत्वरितंद्रवंतंदुर्योधनंशत्रुसहोऽभिषंगात् ॥ प्रास्फोटयद्योद्धुमनाःकिरीटीबाणेनविद्धंरुधिरं
वमंतं १४ ॥ अर्जुनउवाच ॥ विहायकीर्तिंविपुलंयशश्चयुद्धात्परावृत्यपलायसेकिम् ॥ नतेऽद्यतूर्याणिसमाहतानितथैवराज्यादवरोपितस्य १५ युधिष्ठिरस्या
स्मिनिदेशकारीपार्थस्तृतीयोयुधिसंस्थितोऽस्मि ॥ तदर्थमावृत्यमुखंप्रयच्छनरेंद्रवृत्तंस्मरधार्त्तराष्ट्र १६ मोघंतवेदंभुविनामधेयंदुर्योधनेतीहकृतंपुरस्तात् ॥ नही
हदुर्योधनतातवास्तिपलायमानस्यरणंविहाय १७ नतेपुरस्तादथपृष्ठतोवापश्यामिदुर्योधनरक्षितारम् ॥ अपेहियुद्धात्पुरुषप्रवीरप्राणान्प्रियान्पांडवतोऽद्यरक्ष १८
॥ इतिश्रीमहाभारतेविराटपर्वणिगोहरणप०दुर्योधनापयानेपंचषष्टितमोऽध्यायः ॥ ६५ ॥ वैशंपायनउवाच ॥ आहूयमानश्चसतेनसंख्येमहात्मनावैधृतराष्ट्रपुत्रः ॥
निवर्त्तितस्तस्यगिरांकुशेनमहागजोमत्तइवांकुशेन १ सोऽमृष्यमाणोवचसाऽभिमृष्टोमहारथेनातिरथस्तरस्वी ॥ पर्याववर्ताथरथेनवीरोभोगीयथापादतलाभिमृष्टः
२ तंप्रेक्ष्यकर्णःपरिवर्त्तमानंनिवर्त्यसंस्तभ्यचविद्धगात्रम् ॥ दुर्योधनस्योत्तरतोऽभ्यगच्छत्पार्थंनृवीरोयुधिहेममाली ३ भीष्मस्ततःशांतनवोविवृत्यहिरण्यकक्ष
स्त्वरयाऽभिषंगी ॥ दुर्योधनंपश्चिमतोऽभ्यरक्षत्पार्थान्महाबाहुरधिज्यधन्वा ४ द्रोणःकृपश्चैवविविंशतिश्चदुःशासनश्चैवविवृत्यशीघ्रम् ॥ सर्वेपुरस्ताद्विततो
रुचापादुर्योधनार्थंत्वरिताऽभ्युपेयुः ५ सतान्यनीकानिनिवर्त्तमानान्यालोक्यपूर्णौघनिभानिपार्थः ॥ हंसोयथामेघमिवापतंतंधनंजयःप्रत्यतपत्तरस्वी ६ तेसर्वतःसं
परिवार्यपार्थमस्त्राणिदिव्यानिसमाददानाः ॥ ववर्षुरभ्येत्यशरैःसमंतान्मेघायथाभूधरमंबुवर्गैः ७ ततोऽस्त्रमस्त्रेणनिवार्यतेषांगांडीवधन्वाकुरुपुंगवानाम् ॥ संमोह
नंशत्रुसहोऽन्यदस्त्रंप्रादुश्चकारैंद्रिरपारणीयम् ८

दिउत्तरान्यपि १५ तृतीयःपार्थःपृथासुतोऽर्जुनोऽस्मि वृत्तंद्यूतादिष्वधर्मम् १६ । १७ । १८ ॥ ॥ इतिविराटपर्वणिनीलकंठीये भारतभावदीपेपंचषष्टितमोऽध्यायः ॥ ६५ ॥ ॥ आहूयेति १
पर्याववर्तपरावृत्तवान् २ नृवीरोदुर्योधनः ३ अभिषंगीशत्रुपराजयसमर्थः ४ त्वरिताःअभ्युपेयुः संधिरार्षः ५ हंसःसूर्यः प्रत्यतपत्प्रतिनापितवान् ६ । ७ । ८

विवृत्यव्याप्य ९ । १० शांतिपराःउपरतचित्ताः ११ । १२ । १३ अमूढसंज्ञैर्भीष्मादिभिः सव्यतःकृतरूपलक्षितेन भवतायातव्यंगंतव्यं १४ । १५ । १६ । १७ । १८ । १९ अयमर्जुनोभवतोविसंज्ञानयुष्मान्यथानमुच्येत नमोचनंस्यात्तथाप्रमथ्नीतउपमृद्यात् नतुमृदितवानितिभावः २० शांतिनष्टचित्ततां नृशंसंकर्तुंसंमूढान्मारयितुं नअलंनयोग्यः अत्रहेतुः नपापेऽस्यमनोस्तियतोविशिष्टंश्रेष्ठं २१

॥४७॥ ततोदिशश्चानुदिशोविवृत्यशरैःसुधारैर्निशितैःसुपत्रैः ॥ गांडीवघोषेणमनांसितेषांमहाबलःप्रव्यथयांचकार ९ ततःपुनर्भीमरवंप्रगृह्यदोर्भ्यांमहाशंखमुदारघोषं ॥ व्यनादयत्सप्रदिशोदिशःखंभुवंचपार्थोद्विषतांनिहंता १० तेशंखनादेनकुरुप्रवीराःसंमोहिताःपार्थसमीरितेन ॥ उत्सृज्यचापानिदुरासदानिसर्वेतदाशांतिपराबभूवुः ११ तथाविसंज्ञेषुचतेषुपार्थःस्मृत्वाचवाक्यानितथोत्तरायाः ॥ निर्याहिमध्यादितिमत्स्यपुत्रमुवाचयावत्कुरवोविसंज्ञाः १२ आचार्यशारद्वतयोःसुशुक्लेकर्णस्यपीतंरुचिरंचवस्त्रम् ॥ द्रौणेश्वराज्ञश्चतथैवनीलेवस्त्रेसमादत्स्वनरप्रवीर १३ भीष्मस्यसंज्ञातुतथैवमन्येजानातिसोऽस्त्रप्रतिघातमेषः ॥ एतस्यवाहान्कुरुसव्यतस्त्वमेवंहियातव्यममूढसंज्ञैः १४ रश्मीन्समुत्सृज्यततोमहात्मारथादवप्लुत्यविराटपुत्रः ॥ वस्त्राण्युपादायमहारथानांतूर्णंपुनःस्वंरथमारुरोह १५ ततोऽन्वशासच्चतुरःसदश्वान्पुत्रोविराटस्यहिरण्यकक्षान् ॥ तेतव्यतीयुर्ध्वजिनामनीकंश्वेतावहंतोऽर्जुनमाजिमध्यात् १६ तथाऽनुयांतंपुरुषप्रवीरंभीष्मःशरैरभ्यहनत्तरस्वी ॥ सचापिभीष्मस्यहयान्निहत्यविव्याधपार्थोदशभिःपृषत्कैः १७ ततोऽर्जुनोभीष्ममपास्ययुद्धेविद्ध्वाऽस्ययंतारमरिष्टधन्वा ॥ तस्थौविमुक्तोरथवृंदमध्याद्राहुंविदार्येवसहस्ररश्मिः १८ लब्ध्वाहिसंज्ञांतुकुरुप्रवीराःपार्थंनिरीक्ष्याथसुरेंद्रकल्पम् ॥ रणेविमुक्तंस्थितमेकमाजौसधार्तराष्ट्रस्त्वरितंबभाषे १९ अयंकथंवैभवतोविमुक्तस्तथाप्रमथ्नीत यथानमुच्येत ॥ तमब्रवीच्छांतनवःप्रहस्यक्वतेगताबुद्धिरभूत्क्ववीर्यम् २० शांतिंपरांप्राप्ययदास्थितोऽभूरुत्सृज्यबाणांश्चधनुर्विचित्रम् ॥ नत्वेषबीभत्सुरलंनृशंसंकर्तुंनपापेऽस्यमनोविशिष्टम् २१ त्रैलोक्यहेतोर्नजहेत्स्वधर्मंसर्वेनतस्मान्निहतारणेऽस्मिन् ॥ क्षिप्रंकुरून्याहिकुरुप्रवीरविजित्यगाश्चप्रतियातुपार्थः ॥ मातेस्वकोऽर्थोनिपतेतमोहात्तत्संविधातव्यमरिष्टबंधम् २२ ॥ वैशंपायनउवाच ॥ दुर्योधनस्तस्यतुतन्निशम्यपितामहस्यात्महितंवचोऽथ ॥ अतीतकामोयुधिसोऽत्यमर्षीराजाविनिःश्वस्यबभूवतूष्णीम् २३ तद्भीष्मवाक्यंहितमीक्ष्यसर्वेधनंजयाग्निंचविवर्धमानम् ॥ निवर्त्तनायैवमनोनिदध्युर्दुर्योधनंतेपरिरक्षमाणाः २४ तान्प्रस्थितान्प्रीतमनाःसपार्थोधनंजयःप्रेक्ष्यकुरुप्रवीरान् ॥ अभाषमाणोऽनुनयंमुहूर्त्तंवचोऽब्रवीत्संपरिहृत्यभूयः २५ पितामहंशांतनवंचवृद्धंद्रोणंगुरुंचप्रणिपत्यमूर्ध्ना ॥ द्रौणिंकृपंचैवकुरूंश्चमान्यान्शरैर्विचित्रैरभिवाद्यचैव २६ दुर्योधनस्योत्तमरत्नचित्रंचिच्छेदपार्थोमुकुटंशरेण ॥ आमंत्र्यवीरांश्चतथैवमान्यान्गांडीवघोषेणविनाद्यलोकान् २७ सदेवदत्तंसहसाविनाद्यविदार्यवीरोद्विषतांमनांसि ॥ ध्वजेनसर्वानभिभूयशत्रून्सहेममालेनविराजमानः २८

अरिष्टबंधंकल्याणानुबंधिकर्म २२ । २३ । २४ परिहृत्यपरिवृत्य २५ शरैरेवपाददेशेपातितैरभिवाद्य मान्यान्बाल्हीकसोमदत्तादीन् २६ मुकुटंचिच्छेदेतिदुर्योधनस्यमरणमेवसूचितं २७ हेममा

२९ । ३० ॥ ॥ इतिविराटप० नील० भा० षट्षष्टितमोऽध्यायः ॥ ६६ ॥ ॥ ॥ ॥ वृषभेक्षणःश्रेष्ठदृष्टिः १ । २ । ३ । ४ । ५ । ६ । ७ आपतंतं पुंस्त्वमार्षम् ८ । ९ । १० । ११ । १२

दृष्ट्वाप्रयातांस्तुकुरून्किरीटीहृष्टोऽब्रवीत्तत्रसमत्स्यपुत्रम् ॥ आवर्त्तयाश्वान्पशवोजितास्तेयाताःपरेयाहिपुरंप्रहृष्टः २९ देवास्तुदृष्ट्वामहदद्भुतंतद्युद्धंकुरूणांसहफा
ल्गुनेन ॥ जग्मुर्यथास्वंभवनंप्रतीताःपार्थस्यकर्माणिविचिंतयंतः ३० ॥ इतिश्रीमहाभारतेविराटप० गोहरण प० समस्तकौरव पलायनेष ट्षष्टितमोऽध्यायः ॥ ६६ ॥
॥ वैशंपायनउवाच ॥ ततोविजित्यसंग्रामेकुरून्सवृषभेक्षणः ॥ समानयामासतदाविराटस्यधनंमहत् १ गतेषुचप्रभग्नेषुधार्त्तराष्ट्रेषुसर्वतः ॥ वनान्निष्क्रम्यगहनाद्बहवः
कुरुसैनिकाः २ भयात्संत्रस्तमनसःसमाजग्मुस्ततस्ततः ॥ मुक्तकेशास्त्वदृश्यंतस्थिताःप्रांजलयस्तदा ३ क्षुत्पिपासापरिश्रांताविदेशस्थाविचेतसः ॥ ऊचुःप्रणम्य
संभ्रांताःपार्थकिंकरवामते ४ ॥ अर्जुनउवाच ॥ स्वस्तिव्रजतवोभद्रंनभेतव्यंकथंचन ॥ नाहमार्तान्जिघांसामिभृशमाश्वासयामिवः ५ ॥ वैशंपायनउवाच ॥ तस्य
तामभयांवाचंश्रुत्वायोधाःसमागताः ॥ आयुःकीर्तियशोदाभिस्तमाशीर्भिरनंदयन् ६ ततोऽर्जुनंनागमिवप्रभिन्नमुत्सृज्यशत्रून्विनिवर्तमानम् ॥ विराटराष्ट्राभिमुखं
प्रयांतंनाशक्नुवंस्तंकुरवोऽभियातुम् ७ ततःसतन्मेघमिवापतंतंविद्राव्यपार्थःकुरुमेघसैन्यम् ॥ मत्स्यस्यपुत्रंद्विषतांनिहंतावचोऽब्रवोत्संपरिरभ्यभूयः ८ पितुः
सकाशेतवतातसर्वेवसंतिपार्थाविदितंतवैव ॥ तान्माप्रशंसेर्नगरंप्रविश्यभीतःप्रणश्येद्धिसमत्स्यराजः ९ मयाजितासाध्वजिनीकुरूणांमयाचगावोविजिताद्विषद्भ्यः ॥
पितुःसकाशंनगरंप्रविश्यत्वमात्मनःकर्मकृतंब्रवीहि १० ॥ उत्तरउवाच ॥ यत्तेकृतंकर्मनपारणीयंतत्कर्मकर्तुंममनास्तिशक्तिः ॥ नत्वांप्रवक्ष्यामिपितुःसकाशेयावन्न
मांवक्ष्यसिसव्यसाचिन् ११ ॥ वैशंपायनउवाच ॥ सशत्रुसेनामवजित्यजिष्णुराच्छिद्यसर्वंचधनंकुरुभ्यः ॥ श्मशानमागत्यपुनःशमींतामभ्येत्यतस्थौशरविक्षतांगः
१२ ततःसवन्हिप्रतिमोमहाकपिःसहैवभूतैर्दिवमुत्पपात ॥ तथैवमायाविहिताबभूवध्वजंचसैंहंयुयुजेरथेपुनः १३ विधायतत्त्वायुधमाजिवर्धनंकुरूत्तमानामि
षुधीःशरांस्तथा ॥ प्रायात्समत्स्योनगरंप्रहृष्टःकिरीटिनासारथिनामहात्मना १४ पार्थस्तुकृत्वापरमार्यकर्मनिहत्यशत्रून्द्विषतांनिहंता ॥ चकारवेणींचतथैवभूयो
जग्राहरश्मीन्पुनरुत्तरस्य ॥ विवेशहृष्टोनगरंमहामनाबृहन्नलारूपमुपेत्यसारथिः १५ ॥ वैशंपायनउवाच ॥ ततोनिवृत्ताःकुरवःप्रभग्नावशमास्थिताः ॥
हस्तिनापुरमुद्दिश्यसर्वेदीनाययुस्तदा १६ पंथानमुपसंगम्यफाल्गुनोवाक्यमब्रवीत् १७ राजपुत्रप्रत्यवेक्षसमानीतानिसर्वशः ॥ गोकुलानिमहाबाहोवीर
गोपालकैःसह १८ ततोऽपराह्णेयास्यामोविराटनगरंप्रति ॥ आश्वास्यपाययित्वाचपरिप्लाव्यचवाजिनः १९ गच्छंतुत्वरिताश्चैमेगोपालाःप्रेषितास्त्वया ॥
नगरेप्रियमाख्यातुंघोषयंतुचतेजयम् २०

सैंहंध्वजंविराटीयं पूर्वंतत्रस्थापितं १३ विधाययथावत्स्थापयित्वा १४ । १५ वशंपरवशतां आस्थिताःप्राप्ताः १६ । १७ । १८ । १९ । २०

 २१ विजये न तृप्तौ इतोऽप्यधिकंयुद्धंप्रार्थयानौ यद्वा जयेनस्वीयेनतृप्तौआनंदिनौ स्वस्यभांडंअलंकारादिकंयत्पूर्वमुत्सृष्टंतत्तथैवशरीरेरथेचआरोपयतांआरोपितवंतौ २२ धनंगोधनं प्रतीतोहृष्टः २३

 ॥ वैशंपायनउवाच ॥ अथोत्तरस्त्वरमाणःसदूतानाज्ञापयद्वचनात्फाल्गुनस्य ॥ आचक्षध्वंविजयंपार्थिवस्यभग्नाःपरेविजिताश्चापिगावः २१ इत्येवंतौभारतमत्स्य
वीरौसंमंत्र्यसंगम्यततःशमींताम् ॥ अभ्येत्यभूयोविजयेनतृप्तावुत्सृष्टमारोपयतांस्वभांडम् २२ सशत्रुसेनामभिभूयसर्वामाच्छिद्यसर्वंचधनंकुरुभ्यः ॥ वैराटिरायान्न
गरंप्रतीतोबृहन्नलासारथिनाप्रवीरः २३ ॥ इतिश्रीमहाभारतेविराटपर्वणिगोहरणपर्वणिउत्तरागमनेसप्तषष्टितमोऽध्यायः ॥ ६७ ॥ ॥ ॥ वैशंपायनउवाच ॥
धनंचापिविजित्याशुविराटोवाहिनीपतिः ॥ विवेशनगरंहृष्टश्चतुर्भिःपांडवैःसह १ जित्वात्रिगर्त्तान्संग्रामेगाश्चैवादायसर्वशः ॥ अशोभतमहाराजसहपार्थैःश्रियावृतः
२ तमासनगतंवीरंसुहृदांहर्षवर्द्धनम् ॥ उपासांचक्रिरेसर्वेसहपार्थैःपरंतपाः ३ उपतस्थुःप्रकृतयःसमस्ताब्राह्मणैःसह ॥ सभाजितःससैन्यस्तुप्रतिनंद्याथमत्स्यराट् ४
विसर्जयामासतदाद्विजांश्चप्रकृतीस्तथा ॥ तथासराजामत्स्यानांविराटोवाहिनीपतिः ५ उत्तरंपरिपप्रच्छक्कयातइतिचाब्रवीत् ॥ आचख्युस्तस्यतत्सर्वंस्त्रियःकन्याश्च
वेश्मनि ६ अंतःपुरचराश्चैवकुरुभिर्गोधनंहृतम् ॥ विजेतुमभिसंरब्धएकएवातिसाहसात् ॥ बृहन्नलासहायश्चनिर्गतःपृथिवींजयः ७ उपयातानतिरथान्भीष्मंशांत
नवंकृपम् ॥ कर्णंदुर्योधनंद्रोणंद्रोणपुत्रंचषड्रथान् ८ ॥ वैशंपायनउवाच ॥ राजाविराटोऽथभृशाभितप्तःश्रुत्वासुतंत्वेकरथेनयातम् ॥ बृहन्नलासारथिमाजिवर्धनं
प्रोवाचसर्वानथमंत्रिमुख्यान् ९ सर्वथाकुरवस्तेहियेचान्येवसुधाधिपाः ॥ त्रिगर्तान्निःसृतान्श्रुत्वानस्थास्यंतिकदाचन १० तस्माद्गच्छंतुमेयोधाबलेनमहतावृताः ॥
उत्तरस्यपरीप्सार्थंयेत्रिगर्तैरविक्षताः ११ हयांश्चनागांश्चरथांश्चशीघ्रंपदातिसंघांश्चततःप्रवीरान् ॥ प्रस्थापयामाससुतस्यहेतोर्विचित्रशस्त्राभरणोपपन्नान् १२ एवंस
राजामत्स्यानांविराटोवाहिनीपतिः ॥ व्यादिदेशाथतांक्षिप्रंवाहिनींचतुरंगिणीम् १३ कुमारमाशुजानीतयदिजीवतिवानवा ॥ यस्ययंतागतःषंढोमन्येऽहंसनजीवति
१४ ॥ वैशंपायनउवाच ॥ तमब्रवीद्धर्मराजोविहस्यविराटराजंतुभृशाभितप्तम् ॥ बृहन्नलासारथिश्चेन्नरेंद्रपरेननेष्यंतितवाद्यगास्ताः १५ सर्वान्महीपान्सहितान्कुरूंश्च
तथैवदेवासुरसिद्धयक्षान् ॥ अतीवजेतुंसमरेसुतस्तेस्वनुष्ठितःसारथिनाहितेन १६ ॥ वैशंपायनउवाच ॥ अथोत्तरेणप्रहितादूतास्तेशीघ्रगामिनः ॥ विराटनगरंप्राप्य
विजयंसमवेदयन् १७ राज्ञस्तत्सर्वमाचख्यौमंत्रीविजयमुत्तमम् ॥ पराजयंकुरूणांचाप्युपायांतंतथोत्तरम् १८ सर्वाविनिर्जितागावःकुरवश्चपराजिताः ॥ उत्तरःसह
सूतेनकुशलीचपरंतपः १९ ॥ युधिष्ठिरउवाच ॥ दिष्ट्याविनिर्जितागावःकुरवश्चपलायिताः ॥ नाद्भुतंत्वेवमन्येऽहंयत्तेपुत्रोऽजयत्कुरून् २०

॥ इतिविराटपर्वणिनीलकंठीये भारतभावदीपेसप्तषष्टितमोऽध्यायः ॥ ६७ ॥ ॥ ॥ ॥ दक्षिणगोग्रहवृत्तांतमाह धनंचेति १ । २ । ३ सभाजितः पूजितः ४ । ५ । ६ । ७ । ८ । ९
१० । ११ । १२ । १३ । १४ । १५ । १६ । १७ । १८ १९ । २०

२१ आच्छादयित्वावस्त्रादिभिरभ्यर्च्य २२। २३ । २४ शृंगाटकेषुचतुष्पथेषु 'शृंगाटकंभवेद्वारिकंटकेचचतुष्पथे' इतिमेदिनी २५ शृंगारवेषाभरणानाट्यरसवेषाभरणा 'शृंगारःसुरतेनाट्ये'
इतिमेदिनी २६ स्वस्तिकंमंगलारार्त्तिकादिदधिदूर्वादिधपाणौयस्यतत्स्वस्तिकपाणिभूतंऋद्धिमत् वारिजाःशंखाः २७ नांदीवाद्याःमंगलवाद्यानि तूर्यवाद्याजयवाद्यानि २८ । २९ । ३०

ध्रुवएवजयस्तस्ययस्ययंताबृहन्नला ॥ वैशंपायनउवाच ॥ ततोविराटोनृपतिःसंप्रहृष्टतनूरुहः २१ श्रुत्वांसविजयंतस्यकुमारस्यामितौजसः ॥ आच्छादयित्वा
दूतांस्तान्मंत्रिणंसोऽभ्यचोदयत् २२ राजमार्गाःक्रियंतांमेपताकाभिरलंकृताः ॥ पुष्पोपहारैरर्च्यंतांदेवताश्चापिसर्वशः २३ कुमारायोधमुख्याश्चगणिकाश्चस्व
लंकृताः ॥ वादित्राणिचसर्वाणिप्रत्युद्यांतुसुतंमम २४ घंटावान्मानवःशीघ्रंमत्तमारुह्यवारणम् ॥ शृंगाटकेषुसर्वेषुआख्यातुविजयंमम २५ उत्तराचकुमारीभिर्ब
ह्वीभिःपरिवारिता ॥ शृंगारवेषाभरणाप्रत्युद्यातुसुतंमम २६ ॥ वैशंपायनउवाच ॥ श्रुत्वाचेदंवचनंपार्थिवस्यसर्वेपुरंस्वस्तिकपाणिभूतम् ॥ भेर्यश्चतूर्याणि
चवारिजाश्चवेषैःपरार्ध्यैःप्रमदाःशुभाश्च २७ तथैवसूतैःसहमागधैश्चनांदीवाद्याःपणवास्तूर्यवाद्याः ॥ पुराद्विराटस्यमहाबलस्यप्रत्युद्ययुःपुत्रमनंतवीर्यम् २८
॥ वैशंपायनउवाच ॥ प्रस्थाप्यसेनांकन्याश्चगणिकाश्चस्वलंकृताः ॥ मत्स्यराजोमहाप्राज्ञःप्रहृष्टइदमब्रवीत् २९ अक्षानाहरसैरंध्रिकंकद्यूतंप्रवर्त्तताम् ॥ तंतथा
वादिनंदृष्ट्वापांडवःप्रत्यभाषत ३० नदेवितव्यंहृष्टेनकितवेनेतिनःश्रुतम् ॥ तंत्वामद्यमुदायुक्तंनाहंदेवितुमुत्सहे ॥ प्रियंतुतेचिकीर्षामिवर्त्ततांयदिमन्यसे ३१
॥ विराटउवाच ॥ स्त्रियोगावोहिरण्यंचयच्चान्यद्वसुकिंचन ॥ नमेकिंचित्त्वयारक्ष्यंअंतरेणापिदेवितुम् ३२ ॥ कंकउवाच ॥ किंतेद्यूतेनराजेंद्रबहुदोषेणमानद ॥
देवनेबहवोदोषास्तस्मात्तत्परिवर्जयेत् ३३ श्रुतस्तेयदिवादृष्टःपांडवेयोयुधिष्ठिरः ॥ सराष्ट्रंसुमहत्स्फीतंभ्रातॄंश्चत्रिदशोपमान् ३४ राज्यंहारितवान्सर्वंतस्माद्द्यूतं
नरोचये ॥ अथवामन्यसेराजन्दीव्यामयदिरोचते ३५ ॥ वैशंपायनउवाच ॥ प्रवर्त्तमानेद्यूतेतुमत्स्यःपांडवमब्रवीत् ॥ पश्यपुत्रेणमेयुद्धेतादृशाःकुरवोजिताः३६
ततोऽब्रवीन्महात्मासएनंराजायुधिष्ठिरः ॥ बृहन्नलायस्ययंताकथंसनजयेद्युधि ३७ इत्युक्तःकुपितोराजामत्स्यःपांडवमब्रवीत् ॥ समंपुत्रेणमेषंढंब्रह्मबंधोप्रशंससि
३८ वाच्यावाच्यंनजानीषेनूनंमामवमन्यसे ॥ भीष्मद्रोणमुखान्सर्वान्कस्मान्नसविजेष्यति ३९ वयस्यत्वात्तुतेब्रह्मन्नपराधमिमंक्षमे ॥ नेदृशंतुपुनर्वाच्यंयदिजी
वितुमिच्छसि ४० ॥ युधिष्ठिरउवाच ॥ यत्रद्रोणस्तथाभीष्मोद्रौणिर्वैकर्त्तनःकृपः ॥ दुर्योधनश्चराजेंद्रस्तथाऽन्येचमहारथाः ४१ मरुद्गणैःपरिवृतःसाक्षादपिमरु
त्पतिः ॥ कोऽन्योबृहन्नलायास्तान्प्रतियुध्येतसंगतान् ४२ यस्यबाहुबलेतुल्योनभूतोनभविष्यति ॥ अतीवसमरंदृष्ट्वाहर्षोयस्योपजायते ४३ योऽजयत्संगतान्सर्वान्ससु
रासुरमानवान् ॥ तादृशेनसहायेनकस्मात्सनविजेष्यते ४४ ॥ विराटउवाच ॥ बहुशःप्रतिषिद्धोऽसिनचवाचंनियच्छसि ॥ नियंताचेन्नविद्येतनकश्चिद्धर्ममाचरेत् ४५

हृष्टेनस्वयासह कितवेनमयानदेवितव्यम् ३१ अंतरेणविनाऽपिद्यूतम् ३२ । ३३ । ३४ । ३५ । ३६ । ३७ ब्रह्मबंधोब्राह्मणाधम ३८ । ३९ वयस्यत्वात्सख्यात् ४० । ४१ । ४२ । ४३
४४ नियच्छसिनिगृह्णासि ४५

नैवंवाच्यमिति ४६ नस्तः नासिकातः ४७ । ४८ नस्ततःनासिकानाडीतः तनोतिदेहंप्रथयतीतितच्छब्दोनाडीवचनः पुरीततिशेतेइत्यादिप्रयोगदर्शनात् ४९ । ५० । ५१ । ५२ । ५३ कुरुराजोयुधिष्ठिरः कर्णकर्णे उपाजपत्उपांशुउक्तवान् ५४ । ५५ । ५६ । ५७ अनेकाग्रंव्यग्रं ५८ । ५९ । ६० । ६१ । ६२ । ६३ । ६४ हेराजन् तेतवतत्कर्मनदूषयामि यत्अदुष्कंपरापवादहीनं हन्यादन्यायितत्दूष्यमपिनदूषयामि यतःबलवंतंप्रभुं क्षिप्रंशीघ्रं दारुणंनृशंसं कर्मप्राप्नुयादेव ‘ हृष्टोदृप्यतिदृप्तोधर्ममतिक्रामति ’ इतिस्मृतेः कलयंतमितिपाठेजानंतमपि ६५ । ६६

वैशंपायनउवाच ॥ ततःप्रकुपितोराजातमक्षेणाहनद्भृशम् ॥ मुखेयुधिष्ठिरंकोपान्नैवमित्येवभर्त्सयन् ४६ बलवत्प्रतिविद्धस्यनस्तःशोणितमावहत् ॥ तदप्राप्तंमहींपार्थःपाणिभ्यांप्रत्यगृह्णत ४७ अवैक्षतसधर्मात्माद्रौपदींपार्श्वतःस्थिताम् ॥ साज्ञात्वातमभिप्रायंभर्तुश्चित्तवशानुगा ४८ पात्रंप्रगृह्यसौवर्णंजलपूर्णमनिंदिता ॥ तच्छोणितंप्रत्यगृह्णाद्यत्प्रसुस्रावनस्ततः ४९ अथोत्तरःशुभैर्गंधैर्माल्यैश्चविविधैस्तथा ॥ अवकीर्यमाणःसंहृष्टोनगरंस्वैरमागतः ५० सभाज्यमानःपौरैश्चस्त्रीभिर्जानपदैस्तथा ॥ आसाद्यभवनद्वारंपित्रेसंप्रत्यवेदयत् ५१ ततोद्वास्थःप्रविश्यैवविराटमिदमब्रवीत् ॥ बृहन्नलासहायश्चपुत्रोद्वार्युत्तरःस्थितः ५२ ततोहृष्टोमत्स्यराजःक्षत्तारमिदमब्रवीत् ॥ प्रवेश्यतामुभौतूर्णंदर्शनेप्सुरहंतयोः ५३ क्षत्तारंकुरुराजस्तुशनैःकर्णमुपाजपत् ॥ उत्तरःप्रविशत्वेकोनप्रवेश्याबृहन्नला ५४ एतस्यहिमहाबाहोव्रतमेतत्समाहितम् ॥ योममांगेव्रणंकुर्याच्छोणितंवाऽपिदर्शयेत् ॥ अन्यत्रसंग्रामगतान्नसजीवेत्कथंचन ५५ नमृष्याद्भृशसंक्रुद्धोमांदृष्ट्वातुसशोणितम् ॥ विराटमिहसामात्यंहन्यात्सबलवाहनम् ५६ ॥ वैशंपायनउवाच ॥ ततोराज्ञःसुतोज्येष्ठःप्राविशत्पृथिवींजयः ॥ सोऽभिवाद्यपितुःपादौकंकंचाप्युपतिष्ठत ५७ ततोरुधिरसंयुक्तमनेकाग्रमनागसम् ॥ भूमावासीनमेकांतेसैरंध्याप्रत्युपस्थितम् ५८ ततःपप्रच्छपितरंत्वरमाणइवोत्तरः ॥ केनायंताडितोराजन्केनपापमिदंकृतम् ५९ ॥ विराटउवाच ॥ मयाऽयंताडितोजिह्मोनचाप्येतावदर्हति ॥ प्रशस्यमानेयच्छूरेत्वयिषंढंप्रशंसति ६० ॥ उत्तरउवाच ॥ अकार्यंतेकृतंराजन्क्षिप्रमेवप्रसाद्यताम् ॥ मात्वांब्रह्मविषंघोरंसमूलमिहनिर्दहेत् ६१ ॥ वैशंपायनउवाच ॥ सपुत्रस्यवचःश्रुत्वाविराटोराष्ट्रवर्धनः ॥ क्षमयामासकौंतेयंभस्मच्छन्नमिवानलम् ६२ क्षमयंतंतुराजानंपांडवःप्रत्यभाषत ॥ चिरंक्षांतमिदंराजन्नमन्युर्विद्यतेमम ६३ यद्ह्येतत्पतेद्भूमौरुधिरंममनस्ततः ॥ सराष्ट्रस्त्वंमहाराजविनश्येथानसंशयः ६४ नदूषयामितेराजन्यद्वैहन्याददूषकम् ॥ बलवंतंप्रभुंराजन्क्षिप्रंदारुणमाप्नुयात् ६५ ॥ वैशंपायनउवाच ॥ शोणितेतुव्यतिक्रांतेप्रविवेशबृहन्नला ॥ अभिवाद्यविराटंतुकंकंचाप्युपतिष्ठत ६६ क्षामयित्वातुकौरव्यंरणादुत्तरमागतम् ॥ प्रशशंसततोमत्स्यःशृण्वतःसव्यसाचिनः ६७ त्वयादायादवानस्मिकैकेयीनंदिवर्धन ॥ त्वयामेसदृशःपुत्रोनभूतोनभविष्यति ६८ पदंपदसहस्रेणयश्चरन्नपराध्नुयात् ॥ तेनकर्णेनतेतातकथमासीत्समागमः ६९

६७ दायादवान्पुत्रवान् ६८ पदमिति । पदंबाणनिपातस्थानं पदसहस्रेणलक्ष्यसहस्रार्थं हेत्वर्थेतृतीया सहस्रलक्ष्याणिवेद्धुमित्यर्थः चरन्बाणैःप्रचरन्नेकमपिस्थानंनापराध्नुयात् नरिक्तंकुर्यात् युगपल्लक्ष्यसहस्रमुद्दिश्यबाणैश्चरन्नेकमपिलक्ष्यंनजह्यादित्यर्थः पदंपदमितिपाठे सर्वपदंनापराध्नुयात् सहस्रेणचरन्नित्यर्थात्पदसहस्रोणोद्देशेनेतिबोध्यं समागमःसंग्रामः ६९

७० । ७१ । ७२ हृतस्वाःहृतधनाःवणिजइवसीदंतिशूराइतिशेषः ७३ । ७४ अवगाढाःपराभूताः ७५ प्रकाल्यनिर्जित्य ७६ ॥ इतिविराटप०नीलकंठीये भा०अष्टषष्टितमोऽध्यायः ॥ ६८ ॥ ॥ ॥

मनुष्यलोकेसकलेयस्यतुल्योनविद्यते ॥ तेनभीष्मेणतेतातकथमासीत्समागमः ७० आचार्योवृष्णिवीराणांकौरवाणांचयोद्विजः ॥ सर्वक्षत्रस्यचाचार्यःसर्वशस्त्रभृतांवरः ॥ तेनद्रोणेनतेतातकथमासीत्समागमः ७१ आचार्यपुत्रोयःशूरःसर्वशस्त्रभृतामपि ॥ अश्वत्थामेतिविख्यातस्तेनासीत्संगरःकथम् ७२ रणेयंप्रेक्ष्यसीदंतिहृतस्वावणिजोयथा ॥ कृपेणतेनतेतातकथमासीत्समागमः ७३ पर्वतंयोऽभिविध्येतराजपुत्रोमहेषुभिः ॥ दुर्योधनेनतेतातकथमासीत्समागमः ७४ अवगाढाद्विषंतोमेसुखोवातोऽभिवातिमाम् ॥ यस्त्वंधनमथाजैषीःकुरुभिर्ग्रस्तमाहवे ७५ तेषांभयाभिपन्नानांसर्वेषांबलशालिनाम् ॥ नूनंप्रकाल्यतान्सर्वांस्त्वयायुधिनरर्षभ ॥ आच्छिन्नंगोधनंसर्वंशार्दूलेनामिषंयथा ७६ ॥ इतिश्रीमहाभारतेविराटपर्वणिगोहरणपर्वणिविराटोत्तरसंवादेऽष्टषष्टितमोऽध्यायः ॥ ६८ ॥ उत्तरउवाच ॥ नमयानिर्जितागावोनमयानिर्जिताःपरे ॥ कृतंतत्सकलंतेनदेवपुत्रेणकेनचित् १ सहिभीतंद्रवंतंमांदेवपुत्रोन्यवर्त्तयत् ॥ सचातिष्ठद्रथोपस्थेवज्रसन्नहनोयुवा २ तेनतानिर्जितागावःकुरवश्चपराजिताः ॥ तस्यतत्कर्मवीरस्यनमयाताततत्कृतम् ३ सहिशारद्वतंद्रोणंद्रोणपुत्रंचषड्रथान् ॥ सूतपुत्रंचभीष्मंचचकारविमुखाञ्शरैः ४ दुर्योधनंविकर्णंचसनागमिवयूथपम् ॥ प्रभग्नमब्रवीद्भीतंराजपुत्रंमहाबलः ५ नहास्तिनपुरेत्राणंतवपश्यामिकिंचन ॥ व्यायामेनपरीप्सस्वजीवितंकौरवात्मज ६ नमोक्ष्यसेपलायंस्त्वंराजन्युद्धेमनःकुरु ॥ पृथिवींभोक्ष्यसेजित्वाहतोवास्वर्गमाप्स्यसि ७ सनिवृत्तोनरव्याघ्रोमुंचन्वज्रनिभाञ्शरान् ॥ सचिवैःसंवृतोराजारथेनागइवश्वसन् ८ तंदृष्ट्वारोमहर्षोऽभूदूरुकंपश्चमारिष ॥ सतत्रसिंहसंकाशमनीकंव्यधमच्छरैः ९ तत्प्रणुद्यरथानीकंसिंहसंहननोयुवा ॥ कुरूंस्तान्प्रहसन्राजन्संस्थितान्हृतवाससः १० एकेनतेनवीरेणषड्रथाःपरिनिर्जिताः ॥ शार्दूलेनेवमत्तेनयथावनचरामृगाः ११ ॥ विराटउवाच ॥ क्वसवीरोमहाबाहुर्देवपुत्रोमहायशाः ॥ योमेधनमथाजैषीत्कुरुभिर्ग्रस्तमाहवे १२ इच्छामितमहंद्रष्टुमर्चितुंचमहाबलम् ॥ येनमेत्वंचगावश्चरक्षितादेवसूनुना १३ ॥ उत्तरउवाच ॥ अंतर्धानंगतस्तत्रदेवपुत्रोमहाबलः ॥ सतुश्वोवापरश्वोवामन्येप्रादुर्भविष्यति १४ वैशंपायनउवाच ॥ एवमाख्यायमानंतुच्छन्नंसत्रेणपांडवम् ॥ वसंतंतत्रनाज्ञासीद्विराटोवाहिनीपतिः १५ ततःपार्थोऽभ्यनुज्ञातोविराटेनमहात्मना ॥ प्रददौतानिवासांसिविराटदुहितुःस्वयम् १६ उत्तरातुमहार्हाणिविविधानिनवानिच ॥ प्रतिगृह्याभवत्प्रीतातानिवासांसिभामिनी १७

नमयेति १ । २ । ३ । ४ । ५ व्यायामेननित्यंदेशांतरसंचारेण एतेनसंदेवपुत्रस्तेषामग्रेऽपिनाशंकरिष्यतीतिसूचितं । ६ । ७ । ८ रोमहर्षोऽभून्ममेतिशेषः । ९ । १० । ११ । १२ । १३ । १४ सत्रेणव्याजेन १५ । १६ । १७

मंत्रयित्वेति । युधिष्ठिरेयुधिष्ठिरविषये इतिकर्त्तव्यतांअग्रेकर्तुमिष्टां भद्रासनेराज्ञउपवेशनादिरूपांक्रियामुत्तरेणसहमंत्रयित्वा तथायथामंत्रं ततृतांव्यदधादित्युभयोरन्वयः हेराजन्जनमेजय १८ प्रहृष्टाअभूवन्नि तिशेषः १९ ॥ इतिविराटपर्वणिनीलकंठीये भारतभावदीपेएकोनसप्ततितमोऽध्यायः ॥ ६९ ॥ ततइति । १ । २ धिष्ण्येषुआयतनेषु ३ । ४ । ५ । ६ अक्षातिवापःअक्षान्अतिवपतीतितथा द्यूतकारी ७

॥५०॥ मंत्रयित्वातुकौंतेयउत्तरेणमहात्मना ॥ इतिकर्तव्यतांसर्वांराजन्पार्थेयुधिष्ठिरे १८ ततस्तथातद्व्यदधाद्यथावत्पुरुषर्षभ ॥ सहपुत्रेणमत्स्यस्यप्रहृष्टाभरतर्षभाः १९ इतिश्रीमहाभारतेविराटपर्वणिगोहरणपर्वणिविराटोत्तरसंवादेएकोनसप्ततितमोऽध्यायः ॥ ६९ ॥ समाप्तंगोहरणपर्व ॥ अथवैवाहिकपर्व ॥ वैशंपायनउवाच ॥ ततस्तृतीयेदिवसेभ्रातरःपंचपांडवाः ॥ स्नाताःशुक्लांबरधराःसमयेचरितव्रताः १ युधिष्ठिरंपुरस्कृत्यसर्वाभरणभूषिताः ॥ द्वारिमत्तायथानागाभ्राजमानामहारथाः २ विराटस्यसभांगत्वाभूमिपालासनेष्वथ ॥ निषेदुःपावकप्रख्याःसर्वेधिष्ण्येष्विवाग्नयः ३ तेषुतत्रोपविष्टेषुविराटःपृथिवीपतिः ॥ आजगामसभांकर्तुंराजकार्याणिसर्वशः ४ श्रीमतःपांडवान्दृष्ट्वाज्वलतःपावकानिव ॥ मुहूर्तमिवचध्यात्वासरोषःपृथिवीपतिः ५ अथमत्स्योऽब्रवीत्कंकंदेवरूपमिवस्थितम् ॥ मरुद्गणैरुपासीनंत्रिदशानामिवेश्वरम् ६ सकिलाक्षातिवापस्त्वंसभास्तारोमयावृतः ॥ अथराजासनेकस्मादुपविष्टस्त्वलंकृतः ७ ॥ वैशंपायनउवाच ॥ परिहासेप्सयावाक्यंविराटस्यनिशम्यतत् ॥ स्मयमानोऽर्जुनोराजन्निदंवचनमब्रवीत् ८ ॥ अर्जुनउवाच ॥ इंद्रस्याप्यासनंराजन्नयमारोढुमर्हति ॥ ब्रह्मण्यःश्रुतवांस्त्यागीयज्ञशीलोदृढव्रतः ९ एषविग्रहवान्धर्मएषवीर्यवतांवरः ॥ एषबुद्ध्याऽधिकोलोकेतपसांचपरायणम् १० एषोऽस्त्रंविविधंवेत्तित्रैलोक्येसचराचरे ॥ नचैवान्यःपुमान्वेत्तिनवेत्स्यतिकदाचन ११ नदेवानासुराःकेचिन्नमनुष्यानराक्षसाः ॥ गंधर्वयक्षप्रवराःसकिन्नरमहोरगाः १२ दीर्घदर्शीमहातेजाःपौरजानपदप्रियः ॥ पांडवानामतिरथोयज्ञधर्मपरोवशी १३ महर्षिकल्पोराजर्षिःसर्वलोकेषुविश्रुतः ॥ बलवान्धृतिमान्दक्षःसत्यवादीजितेंद्रियः ॥ धनैश्वसंचयैश्चैवशक्रवैश्रवणोपमः १४ यथामनुर्महातेजाःलोकानांपरिरक्षिता ॥ एवमेषमहातेजाःप्रजानुग्रहकारकः १५ अयंकुरूणामृषभोधर्मराजोयुधिष्ठिरः ॥ अस्यकीर्तिःस्थितालोकेसूर्यस्येवोद्यतःप्रभा १६ संसरंतिदिशःसर्वायशसोऽस्यइवांशवः ॥ उदितस्येवसूर्यस्यतेजसोऽनुगभस्तयः १७ एनंदशसहस्राणिकुंजराणांतरस्विनाम् ॥ अन्वयुःपृष्ठतोराजन्यावदध्यावसत्कुरून् १८ त्रिंशदेवंसहस्राणिरथाःकांचनमालिनः ॥ सदश्वैरुपसंपन्नाःपृष्ठतोऽनुययुस्तदा १९ एनमष्टशताःसूताःसुमृष्टमणिकुंडलाः ॥ अब्रुवन्मागधैःसार्धंपुराशक्रमिवर्षयः २० एनंनित्यमुपासंतकुरवःकिंकरायथा ॥ सर्वेचराजन्राजानोधनेश्वरमिवामराः २१ एषसर्वान्महीपालान्करदान्समकारयत् ॥ वैश्यानिवमहाभागोविवशान्स्ववशानपि २२ अष्टाशीतिसहस्राणिस्नातकानांमहात्मनाम् ॥ उपजीवंतिराजानमेनंसुचरितव्रतम् २३

परिहासेप्सयासानिंदोपालंभमपेक्ष्य यद्विराटस्यवाक्यंतन्निशम्य ८ । ९ । १० । ११ । १२ । १३ । १४ । १५ । १६ अस्यइवेत्यत्रसंधिरविवक्षितः उपमेयद्वयस्योपमाद्वयसूचनंएकेनापिइवशब्देनभवति तथाऽप्यत्रस्पष्टार्थंपुनरिवग्रहणम् १७ । १८ । १९ अब्रुवन्अस्तुवन् २० । २१ । २२ । २३

२४ । २५ शीघ्रंतीव्रं २६ । २७ । २८ ॥ ॥ इतिविराटपर्वणिनीलकंठीयेभारतभावदीपे सप्ततितमोऽध्यायः ॥ ७० ॥ ॥ ॥ ॥ १ । २ । ३ । ४ । ५

एषवृद्धाननाथांश्चपंगूनंधांश्चमानवान् ॥ पुत्रवत्पालयामासप्रजाधर्मेणवैविभुः २४ एषधर्मेदमेचैवक्रोधेचापिजितव्रतः ॥ महाप्रसादोब्रह्मण्यःसत्यवादीचपार्थिवः २५ शीघ्रंतापेनचैतस्यतप्यतेससुयोधनः ॥ सगणःसहकर्णेनसौबलेनापिवाविभुः २६ नशक्यंतेह्यस्यगुणाःप्रसंख्यातुंनरेश्वर ॥ एषधर्मपरोनित्यमानृशंस्यश्चपांडवः २७ एवंयुक्तोमहाराजःपांडवःपार्थिवर्षभः ॥ कथंनार्हतिराजार्हमासनंपृथिवीपते २८ ॥ इतिश्रीमहाभारतेविराटपर्वणिवैवाहिकपर्वणिपांडवप्रकाशेसप्ततितमोऽध्यायः ॥ ७० ॥ ॥ विराटउवाच ॥ यद्येषराजाकौरव्यःकुंतीपुत्रोयुधिष्ठिरः ॥ कतमोऽस्यार्जुनोभ्राताभीमश्चकतमोबली १ नकुलःसहदेवोवाद्रौपदीवायशस्विनी ॥ यदाद्यूतजिताःपार्थानप्राज्ञायंततेक्वचित् २ ॥ अर्जुनउवाच ॥ यएषबल्लवोब्रूतेसूदस्तवनराधिप ॥ एषभीमोमहाराजभीमवेगपराक्रमः ३ एषक्रोधवशान्हत्वापर्वतेगंधमादने ॥ सौगंधिकानिदिव्यानिकृष्णार्थेसमुपाहरत् ४ गंधर्वएषवैहंताकीचकानांदुरात्मनाम् ॥ व्याघ्रानृक्षान्वराहांश्चहतवांस्त्रीपुरेतव ५ यश्चासीदश्वबंधस्तेनकुलोऽयंपरंतपः ॥ गोसंख्यःसहदेवश्चमाद्रीपुत्रौमहारथौ ६ शृंगारवेषाभरणौरूपवंतौयशस्विनौ ॥ महारथसहस्राणांसमर्थौभरतर्षभौ ७ एषापद्मपलाशाक्षीसुमध्याचारुहासिनी ॥ सैरंध्रीद्रौपदीराजन्यस्यार्थेकीचकाहताः ८ अर्जुनोऽहंमहाराजव्यक्तंतेश्रोत्रमागतः ॥ भीमादवरजःपार्थोयमाभ्यांचापिपूर्वजः ९ उषिताःस्मोमहाराजसुखंतवनिवेशने ॥ अज्ञातवासमुषितागर्भवासइवप्रजाः १० ॥ वैशंपायनउवाच ॥ यदाऽर्जुनेनतेवीराःकथिताःपंचपांडवाः ॥ तदाऽर्जुनस्यवैराटिःकथयामासविक्रमम् ११ पुनरेवचतान्पार्थान्दर्शयामासचोत्तरः १२ ॥ उत्तरउवाच ॥ यएषजांबूनदशुद्धगौरतनुर्महान्सिंहइवप्रवृद्धः ॥ प्रचंडघोणःपृथुदीर्घनेत्रस्ताम्रायताक्षःकुरुराजएषः १३ अयंपुनर्मत्तगजेंद्रगामीप्रतप्तचामीकरशुद्धगौरः ॥ पृथ्वायतांसोगुरुदीर्घबाहुर्वृकोदरःपश्यतपश्यतैनम् १४ यस्त्वेवपार्श्वेऽस्यमहाधनुष्मान्श्यामोयुवावारणयूथपोपमः ॥ सिंहोन्नतांसोगजराजगामीपद्मायताक्षोऽर्जुनएषवीरः १५ राज्ञःसमीपेपुरुषोत्तमौतुयमाविमौविष्णुमहेंद्रकल्पौ ॥ मनुष्यलोकेसकलेसमोऽस्तिययोर्नरूपेनबलेनशीले १६ आभ्यांतुपार्श्वेकनकोत्तमांगीयैषाप्रभामूर्तिमतीवगौरी ॥ नीलोत्पलाभासुरदेवतेवकृष्णास्थितामूर्तिमतीवलक्ष्मीः १७ ॥ वैशंपायनउवाच ॥ एवंनिवेद्यतान्पार्थान्पांडवान्पंचभूपतेः ॥ ततोऽर्जुनस्यवैराटिःकथयामासविक्रमम् १८ ॥ उत्तरउवाच ॥ अयंसाद्विषतांहंतामृगाणामिवकेसरी ॥ अचरद्रथवृंदेषुनिघ्नंस्तांस्तान्वरान्रथान् १९

६ । ७ । ८ । ९ । १० । ११ । १२ प्रचंडघोणःपृथुनासिकः घोणाकंधरेत्यपि १३ । १४ १५ । १६ । १७ । १८ । १९

२० । २१ अभिपन्नोऽपराधंकृतवान् २२ । २३ । २४ । २५ । २६ । २७ समेत्यपुत्रेणसहसमयंनिश्चयंचकार विससर्जददौ २८ । २९ । ३० । ३१ । ३२ । ३३ औपयिकःउचितः ३४ । ३५ ३६ ॥ इतिविराटपर्वणिनीलकंठीये भारतभावदीपे एकसप्ततितमोऽध्यायः ॥ ७१ ॥ ॥ किमर्थमिति १ । २ । ३ याशंकाभवेत् सास्थानेउचिता अयमहंतेतत्रदुहितांनिमंत्रयेस्नुषात्वेनयाचे

अनेनविद्धोमातंगोमहानेनेकषुणाहतः ॥ सुवर्णकक्षःसंग्रामेदंताभ्यामगमन्महीम् २० अनेनविजितागावोजिताश्चकुरवोयुधि ॥ अस्यशंखप्रणादेनकर्णौमेबधिरीकृतौ २१ ॥ वैशंपायनउवाच ॥ तस्यतद्वचनंश्रुत्वामत्स्यराजःप्रतापवान् ॥ उत्तरंप्रत्युवाचेदमभिपन्नोयुधिष्ठिरे २१ प्रसादनंपांडवस्यप्राप्तकालंहिरोचये ॥ उत्तरांचप्रयच्छामिपार्थायदिमन्यसे २३ ॥ उत्तरउवाच ॥ आर्याःपूज्याश्चमान्याश्चप्राप्तकालंचमेमतम् ॥ पूज्यंतांपूजनार्हाश्चमहाभागाश्चपांडवाः २४ ॥ विराटउवाच ॥ अहंखल्वपिसंग्रामेशत्रूणांवशमागतः ॥ मोक्षितोभीमसेनेनगावश्चापिजितास्तथा २५ एतेषांबाहुवीर्येणअस्माकंविजयोमृधे ॥ एवंसर्वेसहामात्याःकुंतीपुत्रंयुधिष्ठिरम् ॥ प्रसादयामोभद्रंतेसानुजंपांडवर्षभम् २६ यदस्माभिरजानद्भिःकिंचिदुक्तोनराधिपः ॥ क्षंतुमर्हतितत्सर्वंधर्मात्माह्येषपांडवः २७ ॥ वैशंपायनउवाच ॥ ततोविराटःपरमाभितुष्टःसमेत्यराजासमयंचकार ॥ राज्यंचसर्वंविससर्जतस्मैसदंडकोशंसपुरंमहात्मा २८ पांडवांश्चततःसर्वान्मत्स्यराजःप्रतापवान् ॥ धनंजयंपुरस्कृत्यदिष्ट्यादिष्ट्येतिचाब्रवीत् २९ समुपाघ्रायमूर्द्धानंसंश्लिष्यचपुनःपुनः ॥ युधिष्ठिरंचभीमंचमाद्रीपुत्रौचपांडवौ ३० नातृप्यद्दर्शनेतेषांविराटोवाहिनीपतिः ॥ संप्रीयमाणोराजानंयुधिष्ठिरमथाब्रवीत् ३१ दिष्ट्याभवंतःसंप्राप्ताःसर्वेकुशलिनोवनात् ॥ दिष्ट्यासंपालितंकृच्छ्रमज्ञातंवैदुरात्मभिः ३२ इदंचराज्यंपार्थाययच्चान्यदपिकिंचन ॥ प्रतिगृह्णंतुतत्सर्वंपांडवाअविशंकया ३३ उत्तरांप्रतिगृह्णातुसव्यसाचीधनंजयः ॥ अयंह्यौपयिकोभर्तातस्याःपुरुषसत्तमः ३४ एवमुक्तोधर्मराजःपार्थमैक्षद्धनंजयम् ॥ ईक्षितश्चार्जुनोभ्रात्रामत्स्यंवचनमब्रवीत् ३५ प्रतिगृह्णाम्यहंराजन्स्नुषांदुहितरंतव ॥ युक्तश्चावांहिसंबंधोमत्स्यभारतयोरपि ३६ ॥ इतिश्रीमहाभारतेविराटपर्वणिवैवाहिकपर्वणिउत्तराविवाहप्रस्तावेएकसप्ततितमोऽध्यायः ॥ ७१ ॥ ॥ विराटउवाच ॥ किमर्थंपांडवश्रेष्ठभार्यांदुहितरंमम ॥ प्रतिग्रहीतुंनेमांत्वंमयादत्तामिहेच्छसि १ ॥ अर्जुनउवाच ॥ अंतःपुरेऽहमुषितःसदापश्यन्सुतांतव ॥ रहस्यंचप्रकाशंचविश्वास्तांपितृवन्मयि २ प्रियोबहुतमश्चासंनर्त्तकोगीतकोविदः ॥ आचार्यवच्चमांनित्यंमन्यतेदुहितातव ३ वयस्थयातयाराजन्सहसंवत्सरोषितः ॥ अतिशंकाभवेत्स्थानेतवलोकस्यवाविभो ४ तस्मान्निमंत्रयेऽयंतेदुहितांमनुजाधिप ॥ शुद्धोजितेंद्रियोदांतस्तस्याःशुद्धिःकृतामया ५ स्नुषायांदुहितुर्वापिपुत्रेचात्मनिवापुनः ॥ अत्रशंकांनपश्यामितेनशुद्धिर्भविष्यति ६ अभिशापादहंभीतोमिथ्यावादात्परंतप ॥ स्नुषार्थमुत्तरांराजन्प्रतिगृह्णामितेसुताम् ७

'दुहितादुर्हितादूरेहिता' इतियास्केननिरुक्तत्वात् वर्णविकारेण दुहिताशब्दआकारांतोऽप्यस्ति ४ एवंचस्नुषात्वेनएनांवरयतोमेब्रह्मचर्यशुद्धिरपिभविष्यतीत्याह शुद्धइति ५ । ६ अभिशापात्भार्यार्थंप्रतिग्रहेऽनयोःप्रागेवसंबंधआसीदितिकल्पयतोलोकस्यदुर्वाक्यभयात् ७

८।९।१०।११ अन्वशासत्‌आज्ञापितवान्‌ संयोगंविवाहसंबंधम्‌ १२ प्रेषयामासआह्वानार्थंदूतानितिशेषः १३ उपप्लव्य विराटनगरसमीपस्थनगरांतरम्‌ १४। १५। १६ १७ वेदाध्ययन

स्वस्रीयोवासुदेवस्यसाक्षाद्देवशिशुर्यथा ॥ दयितश्चक्रहस्तस्यसर्वास्त्रेषुचकोविदः ८ अभिमन्युर्महाबाहुःपुत्रोममविशांपते ॥ जामातातवयुक्तोवैभर्ताचदुहितुस्तव ९ ॥ विराटउवाच ॥ उपपन्नंकुरुश्रेष्ठेकुंतीपुत्रेधनंजये ॥ यएवंधर्मनित्यश्चजातज्ञानश्चपांडवः १० यत्कृत्यंमन्यसेपार्थक्रियतांतदनंतरम्‌ ॥ सर्वेकामाःसमृद्धा मेसंबंधीयस्यमेऽर्जुनः ११ ॥ वैशंपायनउवाच ॥ एवंब्रुवतिराजेंद्रेकुंतीपुत्रोयुधिष्ठिरः ॥ अन्वशासत्ससंयोगंसमयेमत्स्यपार्थयोः १२ ततोमित्रेषुसर्वेषुवासु देवेचभारत ॥ प्रेषयामासकौंतेयोविराटश्चमहीपतिः १३ ततस्त्रयोदशेवर्षेनिवृत्तेपंचपांडवाः ॥ उपप्लव्यंविराटस्यसमपद्यंतसर्वशः १४ अभिमन्युंचबीभत्सुरा निनायजनार्दनम्‌ ॥ आनर्तेभ्योऽपिदाशार्हानानयामासपांडवः १५ काशिराजश्चशैब्यश्चप्रीयमाणौयुधिष्ठिरे ॥ अक्षौहिणीभ्यांसहितावागतौपृथिवीपती १६ अक्षौहिण्याचसहितोयज्ञसेनोमहाबलः ॥ द्रौपद्याश्चसुतावीराःशिखंडीचापराजितः १७ धृष्टद्युम्नश्चदुर्धर्षःसर्वशस्त्रभृतांवरः ॥ समस्ताक्षौहिणीपालायज्वानो भूरिदक्षिणाः ॥ वेदावभृथसंपन्नाःसर्वेशूरास्तनुत्यजः १८ तानागतानभिप्रेक्ष्यमत्स्योधर्मभृतांवरः ॥ पूजयामासविधिवत्सभृत्यबलवाहनान्‌ १९ प्रीतोऽ भवद्दुहितरंदत्वातामभिमन्यवे ॥ ततःप्रत्युपयातेषुपार्थिवेषुततस्ततः २० तत्रागमद्वासुदेवोवनमालीहलायुधः ॥ कृतवर्माचहार्दिक्योयुयुधानश्चसा त्यकिः २१ अनाधृष्टिस्तथाऽक्रूरःसांबोनिशठएवच ॥ अभिमन्युमुपादायसहमात्रापरंतपाः २२ इंद्रसेनादयश्चैवरथैस्तैःसुसमाहितैः ॥ आययुःसहिताःसर्वे परिसंवत्सरोषिताः २३ दशनागसहस्राणिहयानांचदशायुतम्‌ ॥ रथानामर्बुदंपूर्णंनिखर्वंचपदातिनाम्‌ २४ वृष्ण्यंधकाश्चबहवोभोजाश्चपरमौजसः ॥ अन्व युर्वृष्णिशार्दूलंवासुदेवंमहाद्युतिम्‌ २५ पारिबर्हंददौकृष्णःपांडवानांमहात्मनाम्‌ ॥ स्त्रियोरत्नानिवासांसिपृथक्पृथगनेकशः ॥ ततोविवाहोविधिवद्ववृधेम त्स्यपार्थयोः २६ ततःशंखाश्चभेर्यश्चगोमुखाडंबरास्तथा ॥ पार्थैःसंयुज्यमानस्यनेदुर्मत्स्यस्यवेश्मनि २७ उच्चावचान्मृगाञ्जघ्नुर्मेध्यांश्चशतशःपशून्‌ ॥ सुरामै रेयपानानिप्रभूतान्यभ्यहारयन्‌ २८ गायनाख्यानशीलाश्चनटवैतालिकास्तथा ॥ स्तुवंतस्तानुपातिष्ठन्सूताश्चसहमागधैः २९ सुदेष्णांचपुरस्कृत्यमत्स्यानांच वरस्त्रियः ॥ आजग्मुश्चारुसर्वांग्यःसुमृष्टमणिकुंडलाः ३०

१७ संपन्नाइत्यपिपाठः १८। १९। २०। २१। २२। २३। २४। २५। २६। २७ सुरानानाद्रव्यसारस्वरूपंमद्यं मैरेयंवृक्षरसरूपंमद्यम्‌ २८। २९। ३०

अभ्यभवन्अभिभूताः ३१ । ३२ । ३३ । ३४ । ३५ । ३६ आत्मानमेवच प्रादादितिपूर्वेणान्वयः ३७ । ३८ । ३९ । ४० ॥ इतिश्रीमत्पदवाक्यप्रमाणमर्यादाधुरंधरचतुर्धरवंशावतंसगोविंदसूरिसूनोर्नीलकंठस्यकृतौ भारतभावदीपे विराटपर्वार्थप्रकाशे द्विसप्ततितमोऽध्यायः ॥ ७२ ॥ ॥ ॥ ॥ ॥ ॥ ॥ ॥ ॥ ॥

वर्णोपपन्नास्तानार्योरूपवत्यःस्वलंकृताः ॥ सर्वाश्चाभ्यभवन्कृष्णारूपेणयशसाश्रिया ३१ परिवार्योत्तरांतास्तुराजपुत्रीमलंकृताम् ॥ सुतामिवमहेंद्रस्यपुरस्कृत्योपतस्थिरे ३२ तांप्रत्यगृह्णात्कौंतेयःसुतस्यार्थेधनंजयः ॥ सौभद्रस्यानवद्यांगींविराटतनयांतदा ३३ तत्रातिष्ठन्महाराजोरूपमिंद्रस्यधारयन् ॥ स्नुषांतांप्रतिजग्राहकुंतीपुत्रोयुधिष्ठिरः ३४ प्रतिगृह्यचतांपार्थःपुरस्कृत्यजनार्दनम् ॥ विवाहंकारयामाससौभद्रस्यमहात्मनः ३५ तस्मैसप्तसहस्राणिहयानांवातरंहसाम् ॥ द्वेचनागशतेमुख्येप्रादाद्बहुधनंतदा ३६ हुत्वासम्यक्समिद्धाग्निमर्चयित्वाद्विजन्मनः ॥ राज्यंबलंचकोशंचसर्वमात्मानमेवच ३७ कृतेविवाहेतुतदाधर्मपुत्रोयुधिष्ठिरः ॥ ब्राह्मणेभ्योददौवित्तंयदुपाहरदच्युतः ३८ गोसहस्राणिरत्नानिवस्त्राणिविविधानिच ॥ भूषणानिचमुख्यानियानानिशयनानिच ३९ भोजनानिचहृद्यानिपानानिविविधानिच ॥ तन्महोत्सवसंकाशंहृष्टपुष्टजनायुतम् ॥ नगरंमत्स्यराजस्यशुशुभेभरतर्षभ ४० ॥ इतिश्रीमन्महाभारतेशतसाहस्र्यांसंहितायांवैयासिक्यांविराटपर्वणिवैवाहिकपर्वणिउत्तराविवाहे द्विसप्ततितमोऽध्यायः ॥ ७२ ॥ ॥ ॥ ॥ समाप्तंचेदंविराटपर्व ॥ अतः परमुद्योगपर्व ॥ तस्यायमाद्यःश्लोकः ॥ वैशंपायनउवाच ॥ कृत्वाविवाहंतुकुरुप्रवीरास्तदाभिमन्योर्मुदिताःस्वपक्षाः ॥ विश्रम्यरात्रावुषसिप्रतीताःसभांविराटस्यततोऽभिजग्मुः ॥ १ ॥ श्रुत्वावैराटकंपर्ववासांसिविविधानिच ॥ हिरण्यंधान्यंगावश्चदद्याद्वित्तानुसारतः ॥ १ ॥ प्रीतयेदेवतानांवैदद्याद्वैद्विजमुख्यके ॥ वाचकेतुसुसंतुष्टेतुष्टाःस्युःसर्वदेवताः ॥ २ ॥ ब्राह्मणान्भोजयेच्छक्त्यापायसैःसर्पिषासितैः ॥ एवंश्रुतेचवैराटेसम्यक्फलमवाप्नुयात् ॥ ३ ॥ ॥ ॥ अस्मिपर्वणिवृत्तांताः ॥ अज्ञातवासमंत्रः । धौम्यवाक्यं । आयुधन्यासः । विराटनगरेप्रवेशः । जीमूतवधः । कीचकवधः । दक्षिणगोग्रहः । उत्तरगोग्रहः । अभिमन्युविवाहश्च ॥

॥ अत्र विराटपर्वण्यध्यायानां श्लोकानां च व्यासोक्तसंख्याधिकसंख्यादृश्यते लिपिकरप्रमादात्कुत्रकुत्राधिक्यंजातं तन्निश्चयो न भवतीति ॥

॥ इति श्रीमहाभारते विराटपर्व समाप्तम् ॥